Microsoft Windows Server 2019 – Das Handbuch

Thomas Joos

Microsoft Windows Server 2019 – Das Handbuch

Von der Planung und Migration bis zur Konfiguration und Verwaltung

Thomas Joos

Lektorat: Sandra Bollenbacher
Fachlektorat: Georg Weiherer, Münzenberg
Korrektorat: Petra Heubach-Erdmann, Düsseldorf
Satz: Gerhard Alfes, mediaService, Siegen, *www.mediaservice.tv*
Herstellung: Stefanie Weidner
Umschlaggestaltung: Michael Oréal, *www.oreal.de*
Druck und Bindung: C.H. Beck, Nördlingen

Bibliografische Information der Deutschen Nationalbibliothek
Die Deutsche Nationalbibliothek verzeichnet diese Publikation in der deutschen Nationalbibliografie; detaillierte bibliografische Daten sind im Internet über *http://dnb.d-nb.de* abrufbar.

ISBN:
Print 978-3-96009-100-4
PDF 978-3-96010-273-1
ePub 978-3-96010-274-8
mobi 978-3-96010-275-5

1. Auflage 2019

Wieblinger Weg 17
69123 Heidelberg

Hinweis:
Der Umwelt zuliebe verzichten wir auf die Einschweißfolie.

Schreiben Sie uns:
Falls Sie Anregungen, Wünsche und Kommentare haben, lassen Sie es uns wissen: *kommentar@oreilly.de.*

5 4 3 2 1 0

Inhalt

Vorwort

Mit Windows Server 2019 stellt Microsoft die neue Version seines Server-Betriebssystems vor. In diese neue Version hat Microsoft zahlreiche Neuerungen im Bereich der Virtualisierung, Container und im Storage-Bereich integriert, aber auch neue Funktionen mit eingebunden.

Die Container-Technologie wurde verbessert, arbeitet nun mit Kubernetes zusammen, und wurde noch enger mit dem Windows-System verknüpft.

In diesem Buch habe ich für Sie alle Neuerungen aufgenommen und zeige Ihnen deren praktischer Umsetzung. Auch die Zusammenarbeit der neuen Funktionen mit bewährten Technologien von Windows-Servern sind im Buch zu finden. Außerdem habe ich viele Vorgehensweisen in der PowerShell erläutert und bin auch darauf eingegangen, wie Sie Windows-Server umfassend mit der PowerShell verwalten.

Freuen Sie sich auf Windows Server 2019 und die vielen Praxisworkshops und Anleitungen in diesem Buch. Ich hoffe, Sie haben beim Lesen so viel Spaß wie ich beim Schreiben.

Herzlichst, Ihr Thomas Joos

Teil A
Grundlagen und Installation

Kapitel 1
Neuerungen und Lizenzierung

In diesem Kapitel:

Erfahren Sie in diesem Kapitel, welche Neuerungen in Windows Server 2019 im Vergleich zu Windows Server 2016 aufweist. Zusätzlich gehen wir auf wesentliche Unterschiede zwischen Windows Server 2012/2012 R2 und Windows Server 2019 ein, um Ihnen so wichtige Entscheidungshilfen für einen eventuellen Umstieg an die Hand zu geben.

Windows Server 2019 bietet alle relevanten Funktionen von Windows Server 2016 und zahlreiche interessante neue Funktionen. Dazu gehört die verbesserte Container-Technologie auf Basis von Docker und eine weitere Bereitstellungsvariante mit der Bezeichnung »Nano«. Die Nano-Installation ist in Windows Server 2019 nur noch als Container-Image verfügbar. Dafür unterstützt Windows Server 2019 jetzt auch die effektivere Bereitstellung von Containern, vor allem auf Basis von Linux. Auch Kubernetes wird in Windows Server 2019 unterstützt.

Der Nachfolger von Windows Server 2016 bietet viele Neuerungen im Bereich der Virtualisierung und der Zusammenarbeit von Servern im Netzwerk. Um die neue Version einzusetzen, müssen Unternehmen aber nicht alle Server ersetzen. Windows Server 2019 lässt sich sowohl als Mitgliedsserver als auch als Domänencontroller in gemischten Netzwerken betreiben. Alle Vorteile erreichen Sie allerdings nur, wenn Sie sämtliche Server auf die neue Version umstellen. Natürlich können Sie Windows Server 2019 auch zusammen mit Windows Server 2012/2012 R2/2016 betreiben.

Das Wichtigste seit Windows Server 2012/2012 R2 ist, dass es nur noch die Editionen Standard, Datacenter und Essentials gibt. Das gilt auch für Windows Server 2019. In Windows Server 2019 ist die Foundation-Edition nicht mehr verfügbar. Das Betriebssystem ist, wie der Vorgänger, nur noch als 64-Bit-Software erhältlich. Für Unternehmen spielen vor allem die Editionen Standard und Datacenter eine Rolle. In Windows Server 2019 gibt es Unterschiede bei den Speicherfunktionen. Es lassen sich aber weiterhin mit der Standard-Edition Cluster, die Rechteverwaltung und alle Funktionen der Active Directory-Zertifikatsdienste betreiben.

Windows Admin Center: Die neue Verwaltungsoberfläche in Windows-Netzwerken

Zusammen mit neuen Versionen von Windows Server veröffentlicht Microsoft auch regelmäßig neue Versionen seines webbasierten Server-Managers mit der Bezeichnung Windows Admin Center (früherer Projektname Honolulu). Dabei handelt es sich um einen Webdienst, der auch auf Core-Servern mit Windows Server 2012 und 2016 installiert werden kann. Administratoren können mit einem Webbrowser auf den Dienst zugreifen und Server im Netzwerk anbinden, wie beim herkömmlichen Server-Manager auch. Im Kapitel 3 gehen wir näher auf das Windows Admin Center ein.

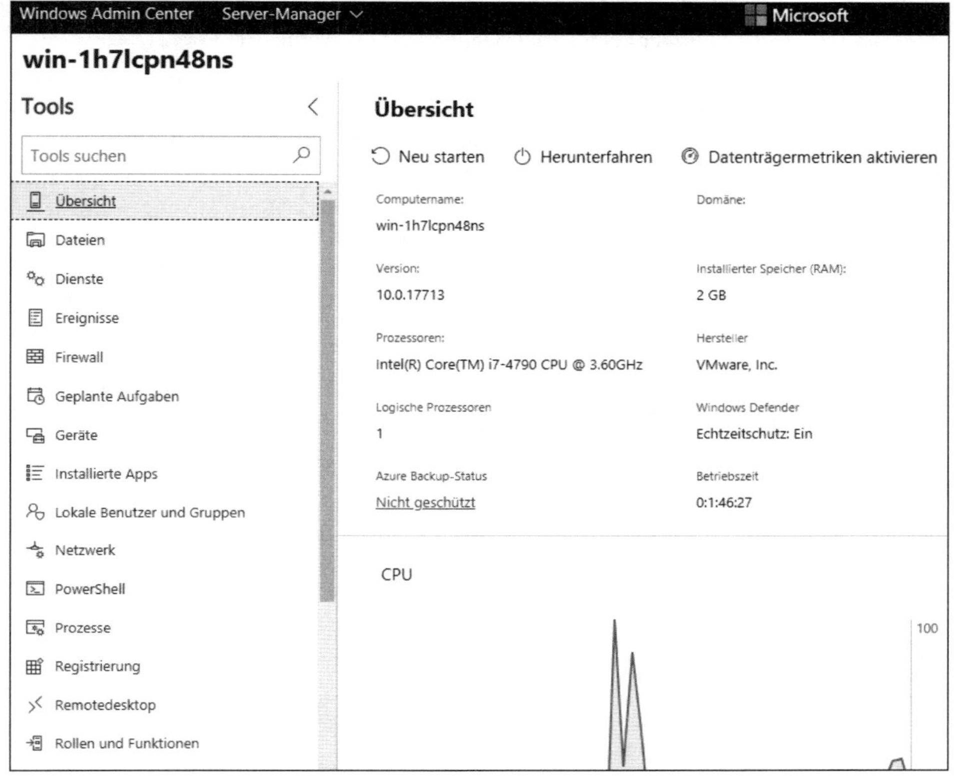

Abbildung 1.1: Das neue Windows Admin Center in Windows Server 2019

Windows Admin Center verstehen

Windows Server 2019 und das Windows Admin Center erlauben eine Verbindung von Diensten in Microsoft Azure für hybride Cloud-Umgebungen. Beispiel für den Einsatz ist die Sicherung mit Azure Backup und Azure File Sync. Die Steuerung erfolgt zentral im Windows Admin Center.

Mit dem webbasierten Server-Manager lassen sich Aufgaben durchführen, die auch der bisherige Server-Manager unterstützt. Zusätzlich verfügt der webbasierte Server-Manager über eine Failoverclusterverwaltung. Für jede Verbindung zu einem Server können eigene Anmeldedaten verwendet werden. Mit dem Windows Admin Center lassen sich nicht nur Server mit Windows Server 1709 oder Windows Server 1803 und Windows Server 2019 verwalten, sondern auch die Vorgängerversionen Windows Server 2016 und Windows Server 2012 R2.

Mit dem Windows Admin Center erhalten Administratoren also auch für Windows Server 1709 und Windows Server 1803/1809 durch die Hintertür eine grafische Oberfläche. In der neuen Version des Windows Admin Center, die mit Windows Server 2019 erscheint, sind neue Funktionen, wie die Unterstützung des Remotedesktops integriert. Administratoren können dadurch über einen Webbrowser eine Remotedesktopsitzung zu den angebundenen Servern aufbauen. Microsoft erweitert die Funktionen des Windows Admin Center ständig und integriert immer neue Funktionen.

Mit dem Windows Admin Center lassen sich nicht nur Server anbinden, sondern auch Arbeitsstationen mit Windows 10. So können Administratoren in einem zentralen Werkzeug die Server im Netzwerk, aber auch die aktuellen Arbeitsstationen verwalten.

Neben der Unterstützung für eine webbasierte Remotedesktopverbindung können in aktuellen Versionen des Windows Admin Center auch Remote-PowerShell-Sitzungen direkt im Browser gestartet werden. Außerdem können Hyper-V-Einstellungen vorgenommen werden. Auch das Switch-Embedded-Teaming (SET), also Netzwerkteams für Hyper-V, können im Windows Admin Center in der grafischen Oberfläche konfiguriert werden. In Windows Server 2016 ist dies nur mit der PowerShell möglich.

Windows Admin Center in der Praxis

Das Windows Admin Center unterstützt die Zuweisung von Metadaten (Tags) und lässt sich in unterschiedlichen Sprachen betreiben. Vor allem in größeren Unternehmen profitieren Administratoren von einer flexiblen Oberfläche, die zentral zur Verfügung steht. Es ist nur ein Gateway notwendig, auf dem das Windows Admin Center installiert wird. Auf den Arbeitsstationen ist kein Agent notwendig, die Verwaltung kann über alle gängigen Webbrowser erfolgen.

Tipp Das Windows Admin Center (*https://docs.microsoft.com/en-us/windows-server/manage/windows-admin-center/understand/windows-admin-center*) kann kostenlos bei Microsoft heruntergeladen werden.

Auf einem Server im Netzwerk wird das Gateway für das Windows Admin Center installiert. Dabei darf es sich aber nicht um einen Domänencontroller handeln. Die Installation kann auch auf Servern mit Windows Server 1709/1803/1809 und neuer erfolgen. Das Gateway kann also problemlos auf einem Core-Server betrieben werden.

Danach verbinden sich die Administratoren über einen Webbrowser mit dem Gateway. Von hier aus können alle aktuellen Windows-Server verbunden und verwaltet werden. Der Vorteil dabei besteht darin, dass Core-Server und Server mit grafischer Oberfläche gleichermaßen verwaltet werden können. Dazu kommt die Möglichkeit, zentral alle Server mit allen neuen Funktionen zu verwalten.

Mit dem Windows Admin Center lassen sich Server auf Basis von Windows Server 2012/2012 R2 genauso verwalten wie Windows Server 2016/2019 und Semi-Annual-Channel-Versionen (SAC). Dadurch spielt es für Administratoren nahezu keine Rolle mehr, welche Windows-Version installiert ist und ob ein Core-Server oder ein Server mit grafischer Oberfläche betrieben wird.

Mit dem Windows Admin Center können auch virtuelle Computer in Microsoft Azure verwaltet werden. Über die Einstellungen des Admin Centers kann festgelegt werden, welche Benutzergruppen Zugriff auf das Gateway erhalten dürfen. Über die Einstellungen können auch Erweiterungen installiert werden.

SAC- und LTSC-Versionen

Seit Windows Server 1709, dem ersten Nachfolger von Windows Server 2016, veröffentlicht Microsoft halbjährlich neue Server-Versionen, die jeweils über neue Funktionen verfügen. Diese tragen auch die Bezeichnung Semi-Annual-Channel-Versionen (SAC). Im Gegensatz zu den Hauptversionen von Windows Server tragen die SAC-Versionen nicht nur die Jahreszahl der Veröffentlichung im Namen, sondern außerdem den Monat.

SAC im Überblick

Alle zwei bis drei Jahre soll zusätzlich eine Hauptversion von Windows Server erscheinen. Diese wird die kumulierte Version der Neuerungen enthalten. Das bedeutet, dass Windows Server 1709 und der Nachfolger Windows Server 1803 über Neuerungen verfügen, die aktuell nicht in Windows Server 2016 integriert sind. Erst der Nachfolger von Windows Server 2019 wird diese Neuerungen erhalten. Das gilt ebenfalls für die Neuerungen in Windows Server 1809.

Mit dem neuen Semi-Annual Channel (SAC) stellt Microsoft alle sechs Monate eine neue Serverversion zur Verfügung, wie Windows Server 1709/1803/1809 und neuer. Die SAC-Versionen von Windows Server werden keine grafische Oberfläche erhalten. Windows Server 1709 und Windows Server 1803/1809 werden ausschließlich als Core-Server installiert. Eine grafische Oberfläche ist nicht verfügbar. Neben der Core-Version erscheinen die SAC-Versionen, also auch Windows Server 1803/1809 als Container-Image. Hier stehen das Core-Image und das Nano-Image zur Verfügung.

Eine direkte Aktualisierung zu Windows Server 1803 und zu 1809 ist nur von Windows Server 1709 möglich. Soll ein Server mit Windows Server 2016 zu Windows Server 1803/1809 migriert werden, muss der Server neu installiert werden. Generell muss darauf geachtet werden, dass Windows Server 1803 nur einen kurzen Produktzyklus hat und durch Windows Server 1809 ersetzt wird.

Um Server zu aktualisieren, müssen sich Administratoren in Zukunft ausführliche Gedanken machen. SAC-Versionen können zu Long-Term-Servicing-Channel-Versionen (LTSC) aktualisiert werden, um damit den Support-Zeitraum zu vergrößern. Allerdings können LTSC-Versionen nicht zu SAC-Versionen aktualisiert werden.

Eine Aktualisierung zwischen SAC-Versionen und LTSC-Versionen ist dagegen kein Problem. Das heißt, von Windows Server 1709 kann zu Windows Server 1803 aktualisiert werden und von Windows Server 2016 zu Windows Server 2019. Eine direkte Aktualisierung zu Windows Server 2019 ist nur von Windows Server 2012/2012 R2 und Windows Server 2016 möglich.

Hinweis SAC-Versionen stehen nur Kunden zur Verfügung, die einen Software-Assurance-Vertrag mit Microsoft geschlossen haben. Auch Kunden von Microsoft Azure können, mit etwas Verzögerung, auf die SAC-Versionen setzen.

Die Installation einer SAC-Version entspricht im Grunde genommen der Installation einer LTSC-Version als Core-Server. Windows Server 1803/1809 lassen sich generell wie Windows Server 2016/2019 als Core-Server installieren. Im Rahmen der Editionsauswahl können die Standard-Edition und die Datacenter-Edition installiert werden. Andere Editionen stehen für SAC-Versionen nicht zur Verfügung.

LTSC im Überblick

Bei Windows Server 2019 handelt es sich um die nächste Vollversion, die Microsoft im Rahmen des Long-Term Servicing Channel (LTSC) zur Verfügung stellt. Die Veröffentlichung von Windows Server 2019 stellt die Ablösung von Windows Server 2016 als aktuelle LTSC-Version dar. Die wichtigsten Neuerungen von Windows Server 2019 drehen sich um die Unterstützung von Linux und Container, inklusive Kubernetes.

Im Gegensatz zu den Versionen Windows Server 1709 und Windows Server 1803/1809, die im Rahmen des Semi-Annual-Channel-Programms (SAC) erscheinen, verfügt die LTSC-Version Windows Server 2019 über eine grafische Oberfläche. Dazu kommt, dass nur LTSC-Versionen über langjährigen Support verfügen (fünf Jahre herkömmlicher Support, fünf Jahre erweiterter Support). Wer auf SAC setzt, muss jeweils immer aktualisieren, wenn eine neue Version erscheint, ansonsten geht der Support verloren.

Die LTSC-Versionen, die alle zwei bis drei Jahre erscheinen, sollen nahezu alle Neuerungen der vorhergehenden SAC-Versionen erhalten. Windows Server 2019 verfügt also aktuell über alle Neuerungen der Versionen 1709/1803. Dabei handelt es sich vor allem um Verbesserungen im Bereich Container-Technologien und Storage Spaces Direct (Direkte Speicherplätze).

Microsoft weist darauf hin, dass gleichzeitig mit Windows Server 2019 auch die nächste SAC-Version erscheinen wird. Diese verfügt über Neuerungen, die nicht in Windows Server 2019 integriert sein werden, sondern erst in der nächsten LTSC-Version.

Support von SAC und LTSC

Mit dem Long-Term Servicing Channel erhalten Unternehmen fünf Jahre grundlegenden Support und fünf Jahre erweiterten Support. Außerdem lassen sich optional zusätzlich sechs Jahre Premium-Assurance dazubuchen. Neue Funktionen werden in dieser Zeit aber nicht in die Serverversion integriert.

Unternehmen, die ihren Server mit Windows Server 2016 zu Windows Server 1709/1803/1809 aktualisieren, wechseln automatisch in den Semi-Annual Channel. Das bedeutet, für den Server gibt es nur noch 18 Monate Support nach der Veröffentlichung. Danach muss die nächste Semi-Annual-Channel-Version oder eben die nächste Long-Term-Servicing-Channel-Version installiert werden.

Semi-Annual-Channel-Versionen bieten neue Funktionen und werden zweimal pro Jahr aktualisiert. Microsoft plant als Veröffentlichungstermin jeweils das Frühjahr und den Herbst. Semi-Annual-Channel-Versionen werden als Volumenlizenz zur Verfügung gestellt, aber auch über Software-Assurance.

Auch über Microsoft Azure stehen die Zwischenversionen zur Verfügung. Andere Cloud-Hoster werden diese Versionen ebenfalls anbieten. Und Entwickler haben auch im MSDN Zugriff auf die Zwischenversionen.

Nano und Container

Die beiden wichtigsten Neuerungen in Windows Server 2016 sind sicherlich der neue Nano-Server sowie die Container-Technologie. In den verschiedenen Kapiteln in diesem Buch zeigen wir Ihnen, wie Sie die neuen Technologien für die verschiedenen Serverrollen nutzen können. Mit Windows Server 2019 hat Microsoft die Container-Technologie erweitert und zum Beispiel die Unterstützung von Kubernetes integriert.

In diesem Zusammenhang können also auch Windows Server Container an Kubernetes angebunden werden. Das Core-Image wird noch einmal deutlich verkleinert, sodass es schneller bereitgestellt werden kann und einen kleineren Fußabdruck im Netzwerk hinterlässt. Das Nano-Image steht nur noch als Container-Image zur Verfügung.

Mit jeder neuen Version von Windows Server integriert Microsoft auch kleinere Verbesserungen, mit denen sich Container auf Basis von Docker und die Verwaltung mit Kubernetes besser nutzen lassen. Linux-VMs und Linux-Container können mit Docker einfacher parallel eingesetzt werden, sodass Administratoren und Entwickler leichter in hybriden Umgebungen arbeiten können.

Parallel können dadurch auf einem Hyper-V- oder Container-Host Windows-Container und Linux-Container genutzt werden. Hyper-V-Container lassen sich auch in Windows Server 2019 nutzen, und zwar gemeinsam mit Linux-Containern und herkömmlichen Containern. Windows Server 2019 kann jetzt problemlos gruppierte, verwaltete Dienstkonten für verschiedene Container nutzen. Dies führt zu einer erhöhten Sicherheit, weil Windows-Server und Container die Kennwörter für Dienstkonten automatisch ändern können.

Nano-Server nutzen

Mit Windows Server 2016 führt Microsoft, neben dem Core-Server, eine weitere minimale Serverinstallation hinzu. Diese trägt die Bezeichnung »Nano«. Auf Nano-Servern lassen sich zum Beispiel die Cluster-Features von Microsoft installieren. Allerdings hat Microsoft schnell erkannt, dass der Betrieb eines Nano-Servers keinen Sinn ergibt. Die Nano-Installation steht also nur noch als Container-Image zur Verfügung.

Nano-Server arbeiten mit der Docker-/Kubernetes-Container-Technologie in Windows Server 2019 zusammen. Sie lassen sich als Container-Image, aber nicht mehr als virtuelle Maschine (VM) oder auf physischer Hardware betreiben.

Core-Server mit Windows Server 2019

Core-Server sind eine Möglichkeit, um Windows ohne grafische Oberfläche zu installieren. Dadurch werden Sicherheitslücken vermieden und das System beschleunigt, da die ressourcenhungrige grafische Oberfläche fehlt.

Installieren Sie einen Core-Server, fehlen dem Betriebssystem die grafische Oberfläche und die dazugehörigen Verwaltungstools. Die Verwaltung erfolgt dann entweder über die Eingabeaufforderung, die PowerShell oder über andere Rechner. Ein Tool, um einen Core-Server einzurichten, ist *Sconfig*. Hierbei handelt es sich um einen textorientierten Assistenten zur Grundeinrichtung des Servers. Von den freien Ressourcen eines Core-Servers profitieren Serverdienste wie Hyper-V oder Domänencontroller. Auch Speicherplatz lässt sich dadurch sparen. Außerdem kann zum Beispiel Exchange Server 2019 auf einem Core-

Server installiert werden. Dies trägt zu einer erhöhten Sicherheit bei und reduziert zu installierende Updates.

Eine Core-Installation von Windows Server 2019 verbraucht über 4 GB weniger Speicherplatz als eine herkömmliche Installation mit grafischer Oberfläche. Betreiben Unternehmen zahlreiche virtuelle Server auf einem Host, lässt sich auf diese Weise für jeden einzelnen Server erheblicher Speicherplatz insgesamt auf dem Host einsparen.

Ein weiterer Vorteil ist der schnellere Neustart von Core-Servern sowie die geringere Anzahl an Neustarts nach der Installation von Patches.

Achtung Herkömmlich installierte Server lassen sich nicht zu Core-Servern umwandeln, und aus Core-Servern können Sie keine Server mit grafischer Oberfläche machen. Sie müssen beim Umwandeln also den Server neu installieren.

Container-Technologie Docker

Bei Docker handelt es sich um eine Lösung, die Anwendungen im Betriebssystem über Container virtualisieren kann. Anwendungen lassen sich dadurch leichter bereitstellen, da die Container mit den virtualisierten Anwendungen transportabel sind.

Einfach ausgedrückt handelt es sich bei Docker-Containern um virtualisierte Serveranwendungen, die keinen Server und kein eigenes Betriebssystem benötigen. Vorteil dabei ist, dass virtuelle Docker-Container mit ihren Serveranwendungen, im Rahmen von Nano-Images, die Möglichkeit bieten, exakt die Ressourcen zu verwenden, die benötigt werden.

Sie können auf einem Windows Server 2019 parallel Windows Server Container und Linux-Container nutzen. Container können als Datenablage jetzt auf Dateifreigaben zugreifen, auch auf Cluster Shared Volumes (CSV) in Clusterumgebungen.

Dadurch kann es zum Beispiel sinnvoll sein, auf Windows Server 2019 mit Kubernetes zu arbeiten. Auch diese Orchestrierungslösung lässt sich mit Windows Server 2019 nutzen. Windows Server 2019 und Kubernetes unterstützen Hyper-V-Container außerdem mit Linux-Images.

Die generelle Installation von Containern und Docker erfolgt in Windows Server 2019 auf dem gleichen Weg wie auf Core-Servern in Windows Server 2016/2019. Das Nano-Image hat Microsoft auf unter 100 MB verkleinert. Auch die Core-Installation von Windows Server 2019 ist wesentlich kleiner als die von Windows Server 2016.

Ebenfalls wichtig ist, dass Container-Images, die auf Windows Server 2016 aufbauen, in Windows Server 2019 funktionieren. Allerdings lassen sich Container, die das neue Nano-Image nutzen, nicht oder nur eingeschränkt in Windows Server 2016 betreiben.

Docker sind die besseren VMs

Virtuelle Server benötigen in den meisten Fällen deutlich mehr Ressourcen, als sie eigentlich verbrauchen, und die Images sind oft unnötig groß. Dazu kommt, dass virtuelle Server ein komplettes Betriebssystem brauchen. Genau hier setzen Nano-Images und Docker in Windows Server 2019 an. Der Overhead wird reduziert, die Bereitstellung beschleunigt. Ein sinnvoller Einsatz von Docker-Umgebungen und Nano-Installation in Windows Server 2019 besteht innerhalb Big-Data-Infrastrukturen, bei denen zahlreiche Rechenknoten verwendet werden. Verwaltet werden kann die Struktur über Kubernetes. Nano-Server werden als Container-Image bereitgestellt, also nicht als eigene Servervariante wie bei der Veröffentlichung von Windows Server 2016.

In Docker laufen Anwendungen als Container. Docker-Container wie Nano-Images erhalten IP-Adressen und Netzwerkzugriff. Die virtuellen Anwendungen stehen im Netzwerk zur Verfügung, werden aber nicht durch das Betriebssystem beeinträchtigt. Neben Hadoop lassen sich aber auch Datenbanken in Docker-Containern oder Nano-Installationen bereitstellen. Microsoft unterstützt Docker in Azure. Auch in Windows Server-Containern lassen sich Firewallregeln definieren. Gehostet werden die Container über einen Container-Host auf Basis von Windows Server 2019, der auch für die Sicherheit der Container sorgt. Die Container-Technologie ist ein Serverfeature, das Administratoren über den Server-Manager integrieren.

Hyper-V-Container

Betreiben Sie Docker-Container mit Windows Server 2019 innerhalb von Hyper-V, werden diese noch mehr abgeschottet als herkömmliche Windows Server-Container auf Basis von Docker. Dadurch erreichen Sie eine erhöhte Sicherheit und Stabilität. Windows Server-Container teilen sich einige Bereiche des Betriebssystems mit dem Host und anderen Containern. Daher ist es möglich, dass ein Container, oder ein Serverdienst in einem Container, andere Docker-Container auf dem Host beeinträchtigt. Das lässt sich mit Hyper-V-Container verhindern. In Hyper-V-Containern ist jeweils eine eigene Kopie des Betriebssystems integriert. Der Container läuft in einer Art virtuelle Maschine. Dadurch können sich Container untereinander nicht beeinträchtigen. Durch die Virtualisierung von Containern mit Hyper-V werden Container weiter voneinander abgeschottet als bei Windows Server-ContainerContainern. Sinnvoll ist das für Webserver oder Clouddienste. Windows Server-Container, Hyper-V-Container und Nano-Server lassen sich gemeinsam betreiben.

Microsoft bietet mit Hyper-V-Containern auch die Möglichkeit, Rechte zu delegieren, zum Beispiel für mandantengestützte Systeme. Hyper-V-Container eines Mandanten können miteinander kommunizieren, während die Container der anderen Mandanten vollständig abgeschottet sind. Dadurch können Sie Container in Gruppen zusammenzufassen. Die Abschottung erfolgt durch Hyper-V in Windows Server 2019. Die Container lassen sich auf andere Hyper-V-Hosts replizieren und mit Hyper-V-Clustern absichern. Auch die Übertragung von Hyper-V-Containern auf andere Knoten per Livemigration ist problemlos möglich.

Die Bereitstellung von Containern erfolgt über ein Image. Dabei spielt es für das Image keine Rolle, ob Sie Container auf herkömmlichen Weg oder innerhalb Hyper-V zur Verfügung stellen. Die Images und Container müssen dafür nicht angepasst werden. Das liegt vor allem daran, dass ein Hyper-V-Container ein ganz herkömmlicher Windows Server-Container ist, der in einer Hyper-V-Partition installiert wird. Aus Windows Server-Containern können Sie mit wenigen Schritten Hyper-V-Container erstellen und umgekehrt. Bei der Umwandlung gehen keine Einstellungen und Daten verloren. Um einen Container mit Docker als Hyper-V-Container zur Verfügung zu stellen, setzen Sie das Isolierungsflag. Der Befehl sieht dann zum Beispiel folgendermaßen aus:

Docker run --rm -it -isolation=hyperv nanoserver cmd

Docker-Container mit Windows 10 erstellen und in Windows Server 2019 bereitstellen

Microsoft hat die Container-Technologie, inklusive der Hyper-V-Container, in Windows 10 integriert. Dazu wird ein PC mit Windows 10 benötigt. Für Hyper-V-Container ist ein physischer PC notwendig oder eine VM in einer eingebetteten (nested) Virtualisierungsumgebung. Mit Windows 10 und Docker können Sie ein aktuelles Nano-Image auf Basis von Windows Server 2019 herunterladen und bereitstellen. Hierüber stehen dann die Hyper-V-Container zur Verfügung. Die Basis entspricht also den Möglichkeiten von Windows Server 2019.

Ab Windows 10 Version 1607 können Sie die Container-Technologie Docker in Windows 10 uneingeschränkt nutzen, inklusive der Möglichkeiten, die Microsoft mit Windows Server 2019 integriert. Dazu sind jedoch aktuelle Windows 10-Installationen ab Windows 10 Version 1809 notwendig. Hier stehen also ähnliche Funktionen zur Verfügung wie in Windows Server 2019, das Nano-Server-Image ist sogar vollständig identisch. Dadurch besteht die Möglichkeit, Container und Images für das Rechenzentrum auch auf Arbeitsstationen bereitzustellen oder zumindest vorzubereiten.

Bisher mussten Administratoren bei der Verwendung von Docker mit Windows ein kleines virtuelles Linux-System auf dem Rechner betreiben. Das ist ab Windows 10 Version 1607 nicht mehr notwendig. Entwickler können mit Windows 10 also Anwendungen für Container vorbereiten und diese später mit Windows Server 2019 bereitstellen.

Neues Container-Image verfügbar

Microsoft stellt ein neues Image zur Verfügung, mit dem Windows nahezu komplett auch in einem Container betrieben werden kann. Das Image soll mehr Möglichkeiten bieten als die Nano- und Core-Bereitstellungen.

Immer mehr Entwickler wollen ihre Apps und Dienste über Container zur Verfügung stellen. Zwar bietet auch Microsoft mittlerweile die Möglichkeit, Container in Windows einzubinden oder kleinere Windows-Server als Nano- und Core-Server bereitzustellen, allerdings sind die enthaltenen Funktionen in den Container-Images oft etwas eingeschränkt. Das neue Container-Image mit der Bezeichnung »windows« soll über einen deutlich größeren Funktionsumfang verfügen und bietet auch mehr APIs als die Images für Nano-Server (*nanoserver*) und Core-Server (*windowsservercore*).

Das Image kann in Docker über den folgenden Befehl abgerufen werden. Dazu muss aber Windows Server 2019 im Einsatz sein:

pull mcr.microsoft.com/windows-insider:10.0.17704.100 (oder aktuellere Version)

Um die aktuellste Version des Image zu erhalten, wird der folgende Befehl verwendet:

docker pull mcr.microsoft.com/windows-insider:latest

Alternativ steht das Image auch über Windows Server Insider Preview (*https://insider.windows.com/de-de*) zur Verfügung. Aktuell sind keine weiteren Details bekannt, außer dass das Image über einen erweiterten API-Satz verfügt, mehr Dienste als Nano- und Core-Server bietet und sich Apps wesentlich einfacher integrieren lassen. Microsoft will auch DirectX integrieren, sodass auch UI-Tests automatisiert mit dem Image durchgeführt werden können.

Bei dem Image handelt es sich um eine nahezu vollständige Windows-Version, die als Container auf einem Container-Host mit Windows Server 2019 eingesetzt werden kann.

Mit dem neuen Windows-Container-Image will Microsoft Entwickler dabei unterstützen, nicht nur spezielle Microservices in Containern zu betreiben, sondern auch Anwendungen und Dienste, die bisher eine vollständige Installation eines Windows-Servers benötigt haben. Dadurch lassen sich solche Anwendungen zum Beispiel mit Kubernetes orchestrieren.

Virtualisierung mit Hyper-V

Virtuelle Maschinen (VMs), die Sie mit Windows 10 oder Windows Server 2019 erstellen, erhalten automatisch die Version von Windows Server 2019 (8.x). Bei Migrationen von VMs von Vorgängerversionen, wie Windows Server 2016, bleibt die Version bestehen. Allerdings muss bei der Migration von VMs von Servern mit Windows Server 2012/2012 R2 die Version beachtet werden. Diese unterstützt nicht die neuen Snapshot-Funktionen und ebenso wenig die neuen binären Konfigurationsdateien, die mit Windows Server 2016 eingeführt wurden. Zwischen Windows Server 2016 und Windows Server 2019 sind die Versionen aber weitgehend kompatibel. Mehr dazu lesen Sie in den Kapiteln 7, 8 und 9.

Die Version von VMs lassen Sie mit *Get-VM * | Format-Table Name, Version* anzeigen. Die Version einer einzelnen VM ist im Hyper-V-Manager zu sehen. Um eine VM auf die neue Version zu aktualisieren, verwenden Sie den Befehl *Update-VmConfigurationVersion <Name der VM>*. Windows Server 2019 verwendet die Version 9.0. Die Version wird mit Aktualisierungen von Windows Server 2019 aber in Zukunft erhöht.

Die Konfigurationsdateien für die neuen Versionen seit Windows Server 2016 sind binär und bauen auf XML auf. Hauptsächlicher Vorteil der Dateien ist deren Robustheit bei Systemabstürzen, ähnlich zu VHDX-Dateien. Die Änderung erfolgt beim Konvertieren der VM zur neuen Version.

In den Eigenschaften von VMs steht im Bereich *Prüfpunkte* die neue Funktion *Produktionsprüfpunkte* zur Verfügung. Bei der neuen Art wird der Volumeschattenkopie-Dienst der VM verwendet, was die Erstellung von VMs für Datenbank-Server ermöglicht. Auch Linux-Server können auf diesem Weg abgesichert werden. Das ermöglicht bessere Prüfpunkte (Snapshots), zum Beispiel für Domänencontroller, Datenbankserver oder für virtuelle Exchange-Server. Die Einstellungen für die Prüfpunkte lassen sich pro VM festlegen.

Bei den neuen VMs können Sie auch im laufenden Betrieb virtuelle Netzwerkadapter hinzufügen. Dies war bis Windows 8.1/Windows Server 2012 R2 nur im ausgeschalteten Zustand möglich. Auch den Arbeitsspeicher können Sie für VMs mit Windows 10 und Windows Server 2019 im laufenden Zustand anpassen, selbst dann, wenn Sie den dynamischen Arbeitsspeicher nicht aktiviert haben.

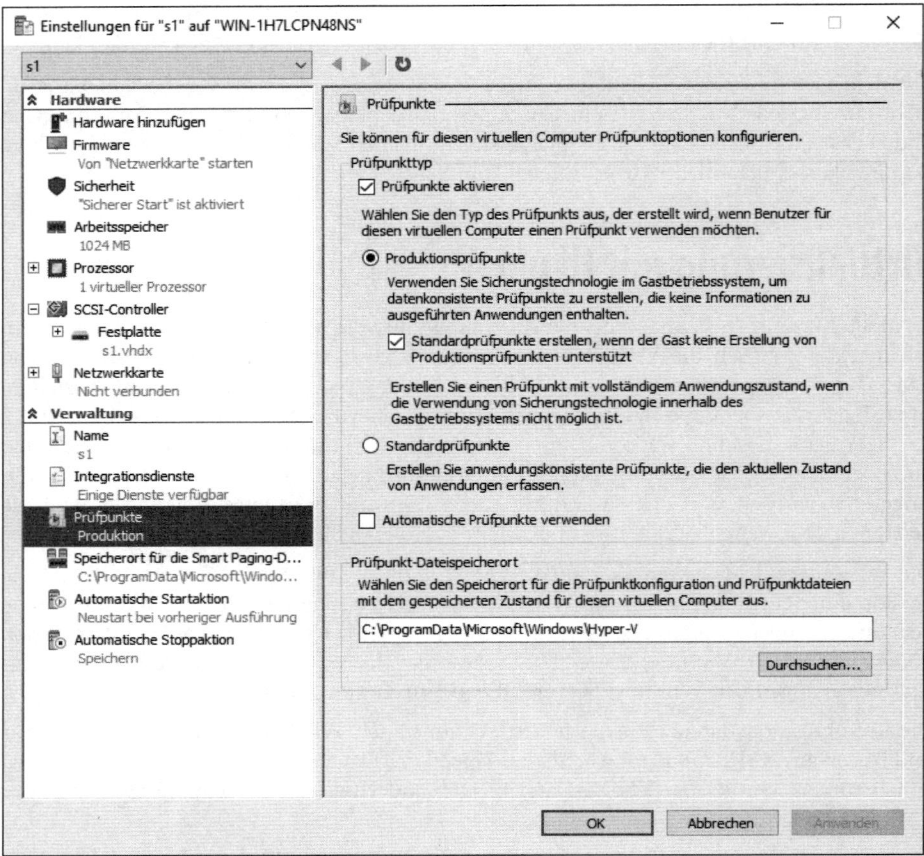

Abbildung 1.2: Die Produktionsprüfpunkte binden den Volumeschattenkopie-Dienst von Windows-Servern oder den Systempuffer von Linux-Servern mit ein.

Generation-2-VMs können Sie in Windows Server 2019 auch mit Linux-VMs nutzen. Das bietet Linux-VMs die Möglichkeit, über UEFI zu booten und die Secure Boot-Funktion von UEFI zu nutzen. Dazu müssen Sie Ubuntu ab Version 14.04 oder SUSE Linux Enterprise Server ab Version 12 einsetzen. Diese Systeme sind automatisch für Secure Boot aktiviert.

Shielded Virtual Machines – Host Guardian Service

Der Host Guardian Service überwacht die virtuellen Server auf einem Hyper-V-Host und kann bei verdächtigen Aktionen eingreifen. Die VMs werden voneinander abgeschirmt, sodass sich hochsichere virtuelle Umgebungen erstellen lassen. Der Host Guardian Service wird als Serverrolle in den Server-Manager oder das neue Windows Admin Center integriert. Die Hauptaufgabe des Dienstes ist die Abschottung des Hosts von einzelnen VMs beziehungsweise das Trennen von VMs untereinander.

Wenn eine VM durch einen Angreifer kompromittiert ist, verhindert dieser Dienst die Ausbreitung des Virus. VMs können dadurch auch nicht zu viel der Leistung des Hosts kapern, da der Dienst dies erkennt und verhindert. VMs können über diesen Dienst verschlüsselte Festplatten nutzen, auch mit vTPM. Dadurch lassen sich besonders heikle und wichtige VMs sehr effizient schützen. Jede herkömmliche VM lässt sich vom Non-Shielded-Modus in den Shielded-Modus versetzen. Bei diesem Vorgang können dann gleich die virtuellen Festplatten der VM verschlüsselt werden. Gesteuert wird das am besten über den System Center Virtual Machine Manager. Auch der Datenverkehr der Livemigration kann verschlüsselt werden. Die Festplatten der virtuellen Festplatten werden mit BitLocker verschlüsselt. Die Funktion ist allerdings nur Bestandteil von Windows Server 2019 Datacenter Edition.

Hyper-V Network Virtualization (HNV)

In Windows Server 2019 und in Windows 10 ist eine eingebettete Virtualisierung (Nested Virtualization) möglich. Diese wurde mit Windows Server 2016 eingeführt. Sie können damit auf einem virtuellen Server, den Sie mit Windows 10 oder Windows Server 2019 mit Hyper-V virtualisiert haben, Hyper-V installieren und virtuelle Switches erstellen. Durch diese Verbindung können Sie virtuelle Switches noch einmal virtualisieren, was für Testumgebungen, aber auch für die Windows Server-Container sinnvoll ist. Virtuelle Server-Container können Sie auf einem virtuellen Container-Host betreiben, der wiederum auf einer physischen Hyper-V-Maschine installiert ist.

Mit Hyper-V Network Virtualization (HNV) können Sie virtuelle Netzwerke vom physischen Netzwerk trennen. Viele Hardwareswitches von Cisco arbeiten zum Beispiel mit dieser Konfiguration zusammen. Mit dieser Technik lassen sich virtuelle Netzwerke zusammenfassen, sodass virtuelle Server in diesem Netzwerk kommunizieren können, ohne physische Netzwerke zu beeinträchtigen. Vor allem in großen Rechenzentren spielt Hyper-V Network Virtualization (HNV) eine wichtige Rolle. In einem physischen Netzwerk lassen sich mehrere virtuelle Netzwerke parallel miteinander einsetzen und dabei entweder den gleichen oder einen anderen IP-Adressraum verwenden.

Hyper-V Network Virtualization (HNV) unterstützt dynamische IP-Adressen. Das ist in Rechenzentren sinnvoll, um eine IP-Adress-Failover-Konfiguration konfigurieren zu können. Der komplette Datenverkehr in den virtuellen Switches von Windows Server 2019 läuft über die Netzwerk-Virtualisierung und die optional integrierten Drittthersteller-Produkte. Auch Netzwerkkarten-Teams arbeiten mit der Netzwerk-Virtualisierung zusammen. Große Unternehmen und Cloud-Anbieter können auf die Zugriffssteuerungsliste (Access Control List, ACL) von virtuellen Switches zugreifen und Firewalleinstellungen, Berechtigungen und Netzwerkschutz für die Datencenter einbinden und zentral verwalten. Windows Server 2019 bietet die Möglichkeit, den entsprechenden Port in Firewallregeln zu integrieren.

Hyper-V und Hyper-V Server

Auch in Windows Server 2019 stellt Microsoft die Hyper-V-Serverrolle als eigenständigen Server kostenlos zur Verfügung. Das Produkt verfügt über alle Funktionen im Bereich Hyper-V, die in Windows Server 2019 verfügbar sind. Die Installation des Servers entspricht der Installation von Windows Server 2019 in der Core-Installation. Nach der Installation ist Hyper-V als Serverrolle auf dem Server automatisch aktiviert.

Das müssen Sie zu Hyper-V wissen

Lohnenswert ist der Einsatz von Hyper-V Server zum Beispiel für Unternehmen, die Windows Server 2012/2012 R2/2016 lizenziert haben und einsetzen, aber nicht zu Windows Server 2019 wechseln wollen. Durch den kostenlosen Server profitieren Unternehmen von allen Funktionen, die Windows Server 2019 im Bereich Hyper-V bietet, ohne zusätzliche Lizenzen kaufen zu müssen. Noch sinnvoller ist der Einsatz von Hyper-V Server 2016 in Unternehmen, die auf ältere Windows-Versionen setzen oder die Windows derzeit noch nicht einsetzen und auf Linux-Server bauen. Da Hyper-V Server 2016 dynamischen Arbeitsspeicher und virtualisierte Linuxgäste unterstützt, lassen sich Linux-Server sehr gut virtuell betreiben.

Hyper-V Server 2016 kann nicht nur Windows Server 2012/2012 R2/2016 und Windows Server 2019 virtualisieren, sondern auch Windows Server 2008 R2 und älter sowie Linux und Unix. Das heißt, Unternehmen können weiterhin produktiv ihre aktuellen Server einsetzen, aber die neuen Vorteile von Windows Server 2016 effizient nutzen, und das vollkommen kostenlos. Verwalten können Sie Hyper-V Server 2016 über den Hyper-V-Manager von einer Arbeitsstation oder einem anderen Server mit Windows Server 2019. Auch die Verwaltung über die PowerShell oder mit System Center Virtual Machine Manager sowie mit System Center Configuration Manager ist möglich. Bei der Verwaltung von Hyper-V Server 2019 gibt es keine Einschränkungen im Vergleich zur vollständigen Installation von Windows Server 2019. Die lokalen Einrichtungsoptionen wie Domänenmitgliedschaft, IP-Adresse und mehr nehmen Sie über das Tool *sconfig* vor. Dieses entspricht der Einrichtung eines Core-Servers mit Windows Server 2019.

Wichtige Neuerungen in Hyper-V 2019

Mit Windows Server 2019 verbessert Microsoft auch die Virtualisierungstechnik Hyper-V, die in Windows-Servern fest integriert ist. Neben mehr Sicherheit und einer besseren Unterstützung für Linux werden Funktionen aus Microsoft Azure in Windows Server 2019 integriert.

Generell wird Hyper-V in Windows Server 2019 noch weitgehend identisch zu den Vorgängerversionen installiert und verwaltet. Es gibt weiterhin den Hyper-V-Manager und die PowerShell. Natürlich kann auch Hyper-V in Windows Server 2019 mit System Center verwaltet werden. Neu dazugekommen ist die Möglichkeit, Hyper-V mit dem Windows Admin Center zu verwalten.

Hyper-V wird nicht nur in Windows Server 2019 integriert sein, sondern weiterhin kostenlos über Microsoft Hyper-V Server zur Verfügung stehen. Die neue Version, auch der kostenlose Hyper-V-Server, können Shielded VMs mit Linux nutzen. In Windows Server 2016 können diese verschlüsselten VMs nur mit dieser Windows Server-Version eingesetzt werden. Neben dieser Neuerung hat Microsoft die Technik der Shielded VMs weiter verbessert. Shielded VMs können jetzt auch starten, wenn der Host Guardian Service (HGS) nicht kontaktiert werden kann. Dazu gibt es den Offlinemodus. Windows Server 2019 kann den Netzwerkverkehr in Hyper-V komplett verschlüsseln.

Windows Server 2019, Cluster und Microsoft Azure

Windows Server 2019 wird noch enger mit Microsoft Azure verknüpft als seine Vorgänger. So lassen sich zum Beispiel im Windows Admin Center hyperkonvergente Netzwerke verwalten, die mit Microsoft Azure in einer hybriden Umgebung verbunden sind. Lokale Server mit Hyper-V 2019 können direkt über das Windows Admin Center mit Azure Site Recovery verbunden werden.

Mit PowerShell-Cmdlets kann das Clusternamenskonto aus der ursprünglichen Active Directory-Domäne entfernt und die Clusterfunktionalität heruntergefahren werden. Anschließend kann der Cluster in eine neue Domäne verschoben werden. Solche Szenarien kommen häufig bei Zusammenschlüssen von Unternehmen vor oder wenn ein Unternehmen zu einer neuen Netzwerk-Infrastruktur wechselt. Diese neuen Möglichkeiten erhöhen die Flexibilität für Hyper-V-Cluster und deren Domänenstatus.

Unternehmen können in Windows Server 2019 mehrere Cluster gruppieren. Sinnvoll ist das in den Bereichen Hyper-V, Storage und Hyper-Converged. Dadurch können VMs von einem Cluster zu einem anderen live migriert werden. Sinnvoll ist das auch für Hyper-V in Verbindung mit Microsoft Azure oder der Verwendung des Azure-Stacks.

Hyper-V mit dem Windows Admin Center verwalten

Über das Windows Admin Center kann auf einem Server mit Windows Server 2019 auch Hyper-V installiert werden. Dazu wird der Bereich *Rollen und Funktionen* genutzt. Hier lässt sich feststellen, ob auf einem Server bereits Hyper-V installiert ist. Ist das nicht der Fall, kann die Installation über den Webbrowser erfolgen.

Nach der Installation sind auf einem Server die beiden Menübefehle *Virtuelle Computer* und *Virtuelle Switches* zu finden. Hierüber werden die VMs und virtuellen Switches des ausgewählten Hyper-V-Hosts verwaltet.

Über den Menübefehl *Einstellungen* unten links lassen sich serverspezifische Einstellungen im Windows Admin Center vornehmen. Hier lassen sich zum Beispiel auch die Hyper-V-Einstellungen eines Hyper-V-Hosts definieren. Allerdings gilt generell immer noch, dass im Windows Admin Center nur ein Teil der Einstellungen zur Verfügung steht, der in den herkömmlichen Verwaltungstools konfiguriert werden kann.

Im Windows Admin Center ist auch die Funktion Windows Server System Insights über den Menübefehl *Systemdaten* integriert. Hier lässt sich über einen Assistenten zum maschinellen Lernen ein Hyper-V-Host überwachen. Außerdem kann Insights auch Prognosen erstellen, wann es zum Beispiel auf einem Server zu eventuellen Engpässen kommen könnte.

Software Definied Networking und Software Definied Storage

Auch im Bereich eines Software Defined Datacenters hat Microsoft in Windows Server 2019 Verbesserungen integriert. Um Funktionen des Software Defined Networking zu nutzen und den Network Controller-Dienst einzusetzen, müssen Sie auf Windows Server 2019 Datacenter Edition setzen.

Netzwerke mit dem Network Controller-Dienst verwalten

Der Network Controller-Dienst erlaubt die zentrale Verwaltung, Überwachung und Konfiguration von Netzwerkgeräten. Anbinden lassen sich physische Netzwerkgeräte, aber auch virtuelle Netzwerke sowie Netzwerke in Microsoft Azure. Neben Hardware-Geräten lassen sich softwarebasierte Netzwerkdienste verwalten. Im Bereich des Fabric Network Managements erlaubt Network Controller die Konfiguration und Verwaltung von IP-Subnetzen, VLANs, Layer-2- und Layer-3-Switches sowie die Verwaltung von Netzwerkadaptern in Hosts. Mit dem Network Controller-Dienst lassen sich folgende Bereiche zentral konfigurieren und überwachen:

- Hyper-V-VMs und virtuelle Switches
- Physische Netzwerkswitches
- Firewall-Software
- VPN Gateways
- Routing and Remote Access Service (RRAS) Multitenant Gateways
- Load Balancers

Storage Spaces Direct – Speicher virtualisieren

Mit Windows Server 2019 verbessert Microsoft die Storage Spaces aus Windows Server 2016. Die Software-Defined-Storage-Lösung erlaubt das Zusammenfassen mehrerer Datenträger zu einem zentralen Speicherpool. Diesen können Sie in verschiedene Volumes aufteilen und wie herkömmliche Datenträger nutzen. In Windows Server 2019 kann ein solcher Speicher nicht nur mehrere Festplatten umfassen, sondern auch mehrere Server. Dadurch erhöht sich die Flexibilität der Datenspeicherung ganz erheblich.

Storage Spaces Direct benötigen in Windows Server 2016 einen Cluster mit mindestens drei Hosts. Unter vier Hosts unterstützt die Technik nur die Spiegelung der Daten zur Absicherung (mirrored resiliency). Sollen auch paritiätsbasierte Datenträger (parity-based resiliency) erstellt werden, sind mindestens vier oder mehr Hosts notwendig. In Windows Server 2019 sind auch Cluster mit zwei Knoten möglich. Storage Spaces Direct sind standardmäßig vor dem Ausfall eines Hosts geschützt. Die Technik kann den Ausfall eines ganzen Racks mit Servern verkraften, die Bestandteil eines Storage Spaces Direct sind. Das hängt natürlich von der Konfiguration ab sowie der Anzahl der Server, die Bestandteil des Clusters sind.

In Windows Server 2019 lassen sich in den Storage Spaces drei Storage-Tiers nutzen: NVMe, SSD und HDD. NVMe-Speicher wird zum Zwischenspeichern der Daten verwendet, während die SSD und HDD zur Datenspeicherung dienen. Administratoren können aber auch verschiedene Kombinationen dieser drei Datenträgertypen erstellen und entsprechende Storage-Tiers definieren.

Storage-Replika und Hyper-V-Replika

Mit Hyper-V-Replika lassen sich VMs zwischen verschiedenen Hyper-V-Hosts oder zu Microsoft Azure replizieren. Dazu war bereits Windows Server 2016 in der Lage. Windows Server 2019 verbessert diese Technologie und ermöglicht eine Kombination von Hyper-V-

Replika mit Storage-Replika. Bei Storage-Replika werden komplette Datenträger zwischen Rechenzentren repliziert. Das ist vor allem für Hyper-V-Hosts relevant. In Windows Server 2016 konnte diese Technik nur mit der Datacenter-Edition genutzt werden. Windows Server 2019 unterstützt auch mit der Standard-Edition die Replikation von kompletten Datenträgern. Allerdings kann nur ein Volume auf ein einzelnes Ziel repliziert werden, wenn Windows Server 2019 Standard eingesetzt wird.

Remotedesktopdienste in Windows Server 2019

Der Remote Desktop Connection Broker der Remotedesktopdienste kann mit Windows Server 2019 in einer Azure-SQL-DB laufen. Dadurch lassen sich hochverfügbare Umgebungen auch rechenzentrumsübergreifend zur Verfügung stellen.

Für virtuelle Desktops in Virtual Desktop Infrastructures (VDI) lassen sich Vorlagen auf Basis von Generation-2-VMs erstellen. Virtuelle Computer in VDI-Infrastrukturen unterstützen in Windows Server 2019 das UEFI-System und Secure Boot in UEFI. Diese VMs nutzen virtuelle SCSI-Festplatten für den Bootvorgang, arbeiten also sofort im Virtualisierungsmodus und müssen nicht erst eine Emulation für den Systemstart durchführen.

Bessere Virtual Desktop Infrastructures

Virtuelle GPUs unterstützen in Windows Server 2019 OpenGL/OpenCL. Zusammen mit den Verbesserungen in RemoteFX ermöglicht das den Betrieb grafikintensiver Anwendungen wie Adobe Photoshop auf Remotedesktopservern. Mit dem »Server Based Personal Desktop« lässt sich für Anwender ein personalisierter Server bereitstellen, der einen Windows 10-Desktop bietet. Sinnvoll ist das in Umgebungen, in denen Anwender eigene Desktops erhalten sollen, aber keine Windows 10-Lizenz vorliegt, zum Beispiel in Desktop as a Service (DaaS).

Dadurch können also Unternehmen auf Basis von Windows Server 2019 einen virtuellen Rechner für Anwender zur Verfügung stellen, der den Funktionen und Möglichkeiten von Windows 10 entspricht. Die Bereitstellung dieses Servers erfolgt als VM. Die neuen Server Based Personal Desktops ergänzen die Möglichkeiten von herkömmlich bereitgestellten Desktops um die Möglichkeit, neue Sammlungen zu erstellen, in denen Anwender echte virtuelle Computer mit administrativen Rechten erhalten.

RemoteFX, das Protokoll für die Verbesserung der Grafikleistung auf virtuellen Desktops und RDS-Sitzungen, hat Microsoft erweitert. Sie finden die Einstellungen im Hyper-V-Manager über *Hyper-V-Einstellungen* bei *Physische GPUs*. Die Grafikkarte muss diese allerdings Funktion unterstützen. In Windows Server 2019 können Sie dadurch auch den Server Based Personal Desktops virtuelle Grafikkarten auf Basis von RemoteFX zuweisen. Für jeden Server können Sie dediziert steuern, ob er RemoteFX zur Verfügung stellen soll, und wenn ja, mit wie viel Arbeitsspeicher.

Um RemoteFX in Windows Server 2019 zu nutzen, muss die Grafikkarte mindestens DirectX 11 unterstützen. Außerdem müssen Sie einen passenden Treiber installieren. Die Prozessoren auf dem Server müssen Second Level Address Translation (SLAT)-Erweiterungen und Data Execution Prevention (DEP) unterstützen. Außerdem muss die Virtualisierung in der Firmware/BIOS des Servers aktiviert sein.

RemoteFX in Windows Server 2019 unterstützt OpenGL 4.4 und OpenCL 1.1 API. Außerdem können Sie mehr Grafikspeicher einsetzen. Die neue Version unterstützt in diesem Bereich jetzt mehr als 1 GB VRAM. Sie haben hier aber Einstellungsmöglichkeiten und können auf Basis von Hyper-V festlegen, wie viel Arbeitsspeicher eine virtuelle Grafikkarte erhalten soll. In Windows Server 2019 können Anwender mit Stifteingaben arbeiten. Das funktioniert auf Hybrid-PCs/Notebooks, aber auch auf Tablets. Die Eingaben werden durch das RDP-Protokoll in die Sitzung des Anwenders weitergeleitet.

Cluster Operating System Rolling Upgrade

Die Funktion *Cluster Operating System Rolling Upgrade* aus Windows Server 2016 erlaubt die Aktualisierung von Clusterknoten mit Windows Server 2016 zu Windows Server 2019, ohne dass Serverdienste ausfallen. Bei diesen Vorgängen werden weder Hyper-V-Dienste noch Dateiserver-Freigaben beendet und stehen den Anwendern weiter zur Verfügung. Wenn Sie einen Clusterknoten zu Windows Server 2019 aktualisieren, gibt es keine Ausfallzeit.

Sie können Clusterknoten mit Windows Server 2019 installieren und in bestehende Cluster mit Windows Server 2016 integrieren. Auch das Verschieben von Clusterressourcen und virtuellen Maschinen zwischen den Clusterknoten ist möglich. Wenn alle Knoten auf Windows Server 2019 aktualisiert sind, wird die Clusterkonfiguration auf die neue Version gesetzt und unterstützt ab dann keine Vorgängerversionen mehr. Dazu steht das Cmdlet *Update-ClusterFunctionalLevel* zur Verfügung.

Der Ablauf bei dieser Migration ist folgender:

1. Der Clusterknoten wird angehalten.
2. Die virtuellen Maschinen oder anderen Cluster-Workloads werden zu einem anderen Knoten verschoben.
3. Das vorhandene Betriebssystem wird entfernt und eine Neuinstallation von Windows Server 2019 durchgeführt.
4. Der Knoten wird dem Cluster hinzugefügt.
5. An diesem Punkt wird der Cluster im gemischten Modus ausgeführt, da die restlichen Clusterknoten noch auf Windows Server 2016 oder älter basieren.
6. Die funktionelle Clusterebene bleibt bei Windows Server 2016.
7. Sie aktualisieren jetzt alle Clusterknoten.

Nach diesen Vorgängen wird die Clusterfunktionsebene für Windows Server 2019 mit dem PowerShell-Cmdlet *Update-ClusterFunctionalLevel* geändert. Ab jetzt können Sie die Vorteile von Windows Server 2019 nutzen.

Windows Server 2019 erlaubt den Betrieb von Zeugenservern (Witness) in Microsoft Azure. Für global verteilte Cluster und Rechenzentren kann die Effizienz von Clustern erheblich verbessert und die Verwaltung erleichtert werden.

Durch Cluster Compute Resiliency und Cluster Quarantine verschiebt ein Windows-Cluster Clusterressourcen nicht mehr unnötig zwischen Knoten, wenn ein Clusterknoten Probleme hat. Windows versetzt einen Knoten in Isolation, wenn das Betriebssystem erkennt, dass er nicht mehr stabil funktioniert. Alle Ressourcen werden vom Knoten verschoben und Administratoren informiert.

Der Network Controller erkennt in diesem Zusammenhang auch fehlerhafte physische und virtuelle Netzwerke und kann entsprechend eingreifen. Ein Scale-Out-File-Server lässt sich in einem Cluster mit Windows Server 2019 als Clusterressource verwenden und gleichzeitig mit einem Storage Space Direct verbinden.

Verbesserungen in Active Directory

Microsoft hat seit Windows Server 2016 einige Verbesserungen in Active Directory integriert, unter anderem in den Active Directory-Verbunddiensten. Diese werden mit Windows Server 2019 weiter ausgebaut.

LDAP-Verzeichnisse mit AD FS anbinden

Unternehmen können in Windows Server 2019 Benutzerkonten in AD FS authentifizieren, die nicht aus einem Active Directory kommen. Beispiele dafür sind X.50000-kompatible LDAP-Verzeichnisse oder SQL-Datenbanken. Microsoft nennt dazu folgende Beispiele:

- Active Directory Lightweight Directory Serverices (AD LDS)
- Apache DS
- IBM Tivoli DS
- Novell DS
- Open LDAP
- Open DJ
- Open DS
- Radiant Logic Virtual DS

Microsoft hat in Windows Server 2019 auch Verbesserungen in den Active Directory-Verbunddiensten (Active Directory Federation Services, AD FS) integriert. Hier ist es zum Beispiel möglich, eine Zugriffssteuerung auf Basis bestimmter Bedingungen zu verwenden. Diese Conditional Access Control ist vor allem für mobile Anwender interessant. Außerdem lassen sich Rechner mit Windows 10 über Geräteauthentifizierung an Windows Server 2019 anbinden.

Privileged Access Management: Admin auf Zeit

Ab Windows Server 2016 ist es darüber hinaus schwieriger, mit Pass-the-Hash-Angriffen (PtH) an vertrauliche Anmeldedaten von Administratoren zu gelangen. PtH-Angriffe zielen nicht auf die Kennwörter ab, sondern auf die Hashes, die in Active Directory erzeugt werden, nachdem sich ein Benutzer authentifiziert hat.

Dazu bietet Windows Server 2019 Privileged Access Management (privilegierte Zugriffsverwaltung, PAM) (*https://docs.microsoft.com/de-de/microsoft-identity-manager/pam/privileged-identity-management-for-active-directory-domain-services*).

Um PAM mit Windows Server 2019 zu nutzen, sind mindestens zwei Active Directory-Gesamtstrukturen notwendig. Diese werden mit einer Vertrauensstellung miteinander verbunden. Die Administratorkonten werden in einer solchen Infrastruktur von der produktiven Domäne getrennt. Dadurch steigt die Sicherheit im Netzwerk enorm. Die neue Gesamtstruktur mit den Administratorkonten wird auch als Bastion Active Directory Forest bezeichnet.

Der Vorteil dabei ist, dass die vorhandene Gesamtstruktur zu Windows Server 2019 aktualisiert werden kann und die neue Gesamtstruktur mittels PAM zukünftig die Verwaltung steuert. Dadurch wird sofort eine deutlich erhöhte Sicherheit erreicht, da selbst kompromittierte Active Directory-Umgebungen nach der Implementation von PAM sicher sind.

Zukünftig arbeiten Administratoren nicht mehr mit Administratorkonten in der Active Directory-Umgebung, sondern erhalten einen sogenannten Zugang mit Just Enough Administration (JEA). Dabei wird eine Gruppe von Cmdlets in der PowerShell definiert sowie eine genaue Zielgruppe an Objekten festgelegt, die für einen bestimmten administrativen Vorgang nötig sind.

Die Zeitdauer für diese Rechte wird über JEA gesteuert. Sobald der Zeitraum abgelaufen ist, kann der Zugang nicht mehr für die Administration genutzt werden, auch nicht für den fest definierten Zielbereich.

Mit PAM und dem Bastion Active Directory Forest stehen auch Shadow Groups zur Verfügung. Diese verfügen über administrative Rechte, jedoch ist die Mitgliedschaft zeitlich begrenzt. Dazu wird die Time to live (Lebenszeit, TTL) von Kerberos-Tickets verringert und die Gruppe überwacht.

Verbesserungen bei Dateiservern

Auch im Bereich der Dateiserver gibt es einige Neuerungen in Windows Server 2019. Diese behandeln wir in den nächsten Abschnitten. ReFS bietet in Windows Server 2019 zum Beispiel die Möglichkeit der Datendeduplizierung. Die Erweiterung mit dieser Funktion macht ReFS zu einer guten Wahl für den Einsatz auf Volumes mit VMs für Hyper-V.

Datenträger zwischen Rechenzentren replizieren (Geocluster)

Microsoft hat in Windows Server 2019 die Möglichkeit integriert, komplette Festplatten, auch innerhalb eines Storage Pools, auf andere Server zu replizieren. Diese Replikation erfolgt synchron und blockbasiert. Unternehmen erhalten auf diesem Weg die Möglichkeit, Geocluster aufzubauen. Storage Replica kann Datenträger zwischen verschiedenen Hosts replizieren. Die Technik kann auch Cluster absichern. Im Rahmen der Einrichtung können Sie synchrone und asynchrone Replikationen auswählen.

Diese Technik lässt sich zusammen mit Hyper-V-Replika, Datendeduplizierung und Storage Spaces betreiben. Unterstützt werden NTFS- und ReFS-Datenträger. Die Replikation ist unabhängig von Speichermedien. Sie können diese Technologie auch im Zusammenhang mit verteilten Clustern nutzen, die gemeinsamen Datenspeicher über mehrere Regionen hinweg nutzen sollen. Größere Unternehmen können mit der Technologie auch auf Clusterebene Daten zwischen Rechenzentren replizieren lassen (Stretched Cluster).

Advanced Format Technology (4-KB-Festplatten)

Das Festplattenformat für 4-KB-Festplatten trägt die Bezeichnung *Advanced Format Technology*. Es ermöglicht physische Festplatten mit einer Sektorgröße von 4 KB. Bisher nutzen Festplatten eine Größe von 512 Byte. Die erhöhte Sektorgröße ist notwendig, damit Hersteller Festplatten mit höherer Speicherkapazität herstellen können. Daher muss auch Hyper-V dieses Format unterstützen. Davon profitiert auch das Betriebssystem, da Windows Server 2019 ebenfalls 4 KB große Speichereinheiten nutzt. Das heißt, logische Sektoren passen in einen einzigen physischen Sektor und sind nicht mehr verteilt.

Administratoren können virtuelle Festplatten effizient auf 4-KB-Festplatten erstellen. Zusätzlich unterstützt Hyper-V virtuelle Festplatten, die auf 512e-physischen Festplatten erstellt wurden. Da nicht alle Software und Hardware das neue Format unterstützen, melden sich viele Festplatten mit einer 512-Bit-Emulation am System an, auch 512e genannt. Die Firmware der Festplatte speichert ankommende Datenpakete entsprechend in den tatsächlich vorhandenen 4-GB-Sektoren. Auch bei diesen Vorgängen ist Windows Server 2019 wesentlich schneller.

Beim Umgang mit diesen Festplatten ist es wichtig, dass die verwendeten Sektoren des Betriebssystems teilbar durch die vorhandenen physischen Sektoren sind. Ist das nicht der Fall, liegt ein logischer Sektor des Betriebssystems auf mehreren physischen Sektoren verteilt. Darunter kann die Leistung des Systems enorm leiden.

Virtueller Fibrechannel und ODX

Den Datenverkehr zwischen Storage Area Network (SAN) und Betriebssystem speichert Windows Server 2019 in einem Puffer. Bei sehr großen Datenmengen kann Windows Server 2019 solche Aktionen auch ohne das Hostsystem direkt mit der Steuerungssoftware des SANs erledigen. Das verbessert deutlich die Leistung des Systems. Für diesen Austausch nutzt Windows Server 2019 die Offloaded-Data-Transfer-Funktion (ODX). Die meisten SAN-Hersteller nutzen derzeit schon die Technik. Vor allem Hyper-V profitiert von dieser Technik, wenn zum Beispiel virtuelle Server für die Livemigration oder eine Replikation verschoben werden sollen.

Quality of Storage Policies

In Windows Server 2019 lässt sich die Bandbreite festlegen, mit denen Server und Serveranwendungen auf Datenspeicher zugreifen können. Dadurch kann jetzt also für Server eine gewisse Leistung der Datenspeicherung garantiert oder eingeschränkt werden. Sie können Richtlinien in der Art »Nicht mehr als ...:« oder »Nicht weniger als ...:« festlegen. Außerdem lassen sich Regeln wie »Erlauben, wenn verfügbar ...:« konfigurieren. Diese Richtlinien lassen sich an VMs anbinden, aber auch an einzelne virtuelle Festplatten, ganze Rechenzentren oder eben einzelne Mandanten in gehosteten Umgebungen.

Zwar erlaubt auch Windows Server 2016 Einstellungen für Storage Quality of Service. Allerdings müssen Sie hier für jeden Server Einstellungen definieren und Daten auslesen. In Windows Server 2019 lassen sich diese wichtigen Einstellungen zentral mit dem Query Policy Manager auslesen und mit der Storage QoS-Richtlinie umsetzen.

Bessere Datendeduplizierung

Bereits mit Windows Server 2012/2012 R2 hat Microsoft die Datendeduplizierung in das Betriebssystem eingeführt. Diese Technik soll verhindern, dass identische Dateien oder Daten mehrfach auf einem Speichersystem gespeichert werden und dadurch den Speicherplatz unnötig verschwenden. In Windows Server 2019 hat Microsoft die Leistung dieser Funktion deutlich verbessert.

Vor allem beim Betrieb virtueller Desktopinfrastrukturen lässt sich dadurch deutlich Speicherplatz sparen, da virtuelle Windows-Betriebssysteme zahlreiche identische Dateien verwenden. Die Datendeduplizierung kann jetzt mehrere Threads parallel nutzen und deutlich größere Datenträger bearbeiten. Außerdem ist die Technologie kompatibel mit physischen Datenträgern, aber auch mit virtuellen Festplatten.

Außerdem lassen sich Daten deduplizieren, die auf Storage Spaces Direct gespeichert werden. Seit Windows Server 1709 lassen sich ebenso ReFS-Datenträger deduplizieren. Mit Windows Server 1803 können auch ReFS-Storage-Spaces-Direct dedupliziert werden. Gleiches gilt ebenfalls für Windows Server 2019. Neben dem Windows Admin Center, der neuen webbasierten Oberfläche von Windows-Servern, können Server mit Windows Server 1803 und Windows Server 2019 außerdem mit den Remote Server Administration Tools (RSAT) verwaltet werden. Diese können Administratoren auf Arbeitsstationen mit Windows 10 installieren, um Server mit Windows Server 1803/1809 oder Windows Server 2019 zu verwalten.

Neben Storages Spaces Direct und der Unterstützung von ReFS zur Datendeduplizierung auf Storage Spaces Direct hat Microsoft in Windows Server 2019 die beiden Linux-Befehle Curl und Tar integriert. Diese stehen direkt in der Befehlszeile zur Verfügung. Sie können mit Curl und Tar Nano-Server und Nano-Images verwalten und ebenso Linux-Server, die im Netzwerk von Windows Server integriert wurden. Außerdem unterstützen die Befehle Curl und Tar Docker-Container.

Windows Server 2019 lizenzieren

Mit Windows Server 2016 hat Microsoft seine Lizenzierungspolitik teilweise deutlich überarbeitet. Unternehmen sollten, neben eventuellen Verträgen zu Leasing, Miete oder Kauf, beachten, welche Edition sie einsetzen wollen und welche Anzahl von Lizenzen benötigt werden.

Laut Microsoft soll die Lizenzierung von Windows Server 2019 identisch mit der Lizenzierung von Windows Server 2016 sein. Gleichzeitig wird aber auch angekündigt, dass die Preise für Clientzugriffslizenzen (CALs) mit Windows Server 2019 erhöht werden.

So verfügen zum Beispiel die Editionen Standard und Datacenter über fast den gleichen Funktionsumfang und eine Enterprise-Edition oder Webserver-Edition gibt es nicht mehr, so wie noch bei Windows Server 2008 R2.

Eines ändert sich auch mit Windows Server 2019 nicht: die Komplexität der Lizenzierung. Es gibt zahlreiche Verträge und viele Möglichkeiten, Windows 10 und Windows Server 2019 zu lizenzieren. Verantwortliche im Unternehmen sollten sich darüber informieren, welche Lizenzverträge und Möglichkeiten es gibt. Generell ist davon auszugehen, dass der Einsatz von Windows Server 2019 teurer wird. Das liegt vor allem an der neuen Prozessor-Kern-Lizenzierung. Der CAL-Zugriff der Anwender bleibt in Windows Server 2019 generell wie bei den Vorgängern. Die verschiedenen Windows-Editionen bieten für Unternehmen verschiedene Möglichkeiten und Auswahlkriterien. Leider verfügen die Editionen Windows 10 Pro und Windows Server 2019 Standard nicht über alle Möglichkeiten, die die größeren Editionen Windows 10 Enterprise und Windows Server 2019 Enterprise bieten.

Hier sind vor allem die Storage-Funktionen oder die fehlende Deaktivierungsmöglichkeit des Windows Stores zu bemängeln. Daher müssen mit der neuen Windows-Version auch kleinere Unternehmen häufig auf die teureren Editionen setzen, damit sie alle sinnvollen Funktionen nutzen können. Erfreulich ist dagegen, dass die wichtigsten Neuerungen in Windows Server 2019 auch in der kleineren Standard-Edition enthalten sind.

Editionen und Lizenzen im Vergleich

Microsoft hat mit Windows Server 2019 Unterschiede in den Storage-Funktionen integriert. So unterstützt nur die Datacenter-Edition alle Funktionen. In der Standard-Edition gibt es weder Storage Spaces Direct noch Storage Replica. Auch Shielded Virtual Machines fehlen in der Standard-Edition. Die anderen Funktionen hat Microsoft in der Standard-Edition integriert. Diese verfügt zum Beispiel ebenfalls über die Container-Technologie und die Nano-Images.

Allerdings muss hier beim Einsatz der Hyper-V-Container darauf geachtet werden, dass eine Lizenz der Standard-Edition nur zwei Container erlaubt, da nur zwei VMs erlaubt sind.

Die Lizenzierung erfolgt nicht mehr auf Basis der CPUs, sondern auf Basis der CPU-Kerne. In Hyper-V werden die logischen Prozessoren lizenziert, da diese das Pendant zu den physischen Prozessorkernen darstellen.

Beide Editionen decken immer nur zwei Prozessorkerne des Hosts oder zwei logische CPUs ab. Die erforderliche Mindestanzahl von Betriebssystemlizenzen für jeden Server wird durch die Anzahl der physischen Prozessorkerne des Hosts sowie die Anzahl an virtuellen Servern bestimmt, die Sie auf dem Hyper-V-Host installieren. Setzen Unternehmen also Server mit mehreren Prozessoren ein, ist pro Kern-Paar eine Lizenz notwendig, egal welche Edition im Einsatz ist.

Sie müssen für jeden Server mindestens vier Lizenzen erwerben, also für acht Kerne. Setzen Sie einen Dual-Prozessor mit je acht Kernen ein, müssen Sie also acht Lizenzen für diese 16 Kerne erwerben. Für jeden Kern mehr müssen Sie ein Core-Pack kaufen, damit alle Kerne lizenziert sind. In Windows Server 2019 Standard dürfen Sie pro Lizenz zwei VMs installieren, Windows Server 2019 Datacenter kennt kein Limit. Hier müssen Sie lediglich alle Prozessorkerne des Servers lizenzieren.

Lizenzen von Windows Server 2019 sind direkt an die physische Hardware gebunden. Jede Lizenz deckt zwei physische Prozessorkerne ab. Sie dürfen mit der Standard-Edition außerdem bis zu zwei virtuelle Server auf dem lizenzierten Host betreiben. Beim Einsatz der Datacenter-Edition dürfen Sie so viele virtuelle Server auf dem Host betreiben, wie die Hardware unterstützt.

Weiterhin gibt es in Windows Server 2012/2012 R2 die Editionen Essentials und Foundation. Die Foundation-Edition wurde mit Windows Server 2016 allerdings gestrichen. Windows Server 2019 Essentials erlaubt die Anbindung von bis zu 25 Benutzern, dafür sind keine CALs notwendig. Setzen Sie Windows Server 2012 Foundation ein, dürfen bis zu 15 Benutzer an den Server angebunden sein, hier sind keine CALs notwendig. Foundation ist direkt an die Hardware gebunden, da diese Edition nur als OEM-Version verfügbar ist. Setzen Sie auf Windows Server 2012 Foundation, müssen Sie entweder zur Standard-Edition oder zur Essentials-Edition von Windows Server 2019 wechseln.

Clientzugriffslizenzen beachten

Für die Editionen Standard und Datacenter benötigen Sie weiterhin Clientzugriffslizenzen (CALs). Auch in Windows Server 2019 können Sie diese benutzerbasiert oder pro Gerät erwerben, dürfen diese aber nicht aufsplitten. Clientzugriffslizenzen (CALs) und Remotedesktop-Clientzugriffslizenzen (RDCALs) sowie Lizenzen für die Active Directory-Rechteverwaltung (Active Directory Rights Management Service, AD RMS) sind auch in Windows Server 2019 weiterhin notwendig, aber nur in den Editionen Standard und Datacenter. Auch hier gibt es Gerätelizenzen oder Benutzerlizenzen für den Zugriff. Sie müssen bereits bei der Bestellung Ihrer Lizenzen im Voraus planen, welchen Lizenztyp Sie einsetzen wollen.

Sie können die verschiedenen Lizenzen miteinander mischen. Es ist jedoch nicht erlaubt, die einzeln erhältlichen Lizenzpakete in Geräte- und Benutzerlizenzen aufzusplitten. Sie dürfen also ein 5er-Paket Gerätelizenzen und ein 5er-Paket Benutzerlizenzen für einen Server kaufen und lizenzieren. Es ist aber nicht erlaubt, diese Pakete aufzusplitten und zum Beispiel als 2er-Gerätelizenz und 8er-Benutzerlizenz zu verwenden. Auch ist nicht zulässig, mit CALs von Vorgängerversionen auf Server mit Windows Server 2019 zuzugreifen.

Geräte-CALs und Benutzer-CALs

Wenn Sie mit Geräte-CALs lizenzieren, müssen Sie für jeden PC, der auf diesen Server zugreift, eine Lizenz kaufen, unabhängig davon, wie viele Benutzer an diesem PC arbeiten. Wenn Sie PCs betreiben, zum Beispiel im Schichtbetrieb, an denen zu unterschiedlichen Zeiten unterschiedliche Benutzer arbeiten, benötigen Sie für diese PCs nur jeweils eine Geräte-CAL. Im umgekehrten Fall, wenn also ein Benutzer mit mehreren PCs, Notebooks oder Smartphones auf den Server zugreift, benötigen Sie für diesen Benutzer mehrere Geräte-CALs, da er mit mehreren Geräten auf den Server zugreift. Alternativ können Sie auch eine Benutzer-CAL kaufen.

Jeder Benutzer mit einer Benutzer-CAL kann an beliebig vielen PCs eine Verbindung mit einem Server aufbauen. Die CALs müssen eindeutig zugewiesen sein. Sie können daher nicht nur so viele CALs kaufen, wie gleichzeitig Benutzer arbeiten, sondern müssen die Gesamtzahl Ihrer Arbeitsstationen, Smartphones und sonstiger Geräte lizenzieren, wenn Sie Geräte-Lizenzen kaufen.

Bei Benutzer-Lizenzen müssen diese genau der Anzahl der Benutzer zugewiesen werden, die insgesamt mit dem Server arbeiten. Es ist nicht erlaubt, auf einem Server Lizenzen von Standard und Datacenter zu mischen. Sie dürfen eine Lizenz auch nicht auf mehrere Server aufsplitten.

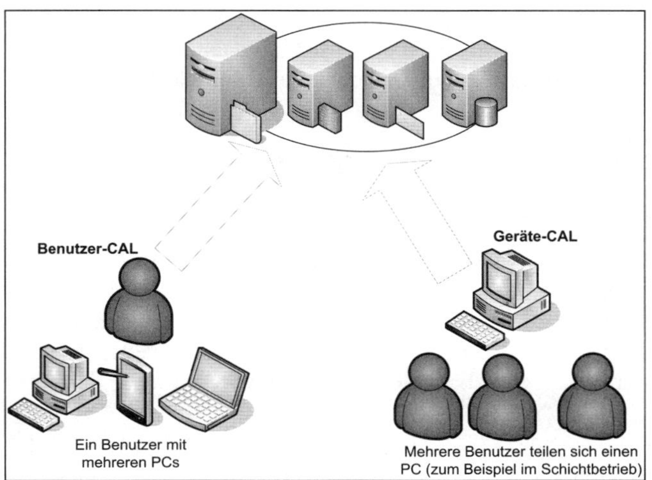

Abbildung 1.3: Windows Server 2019 lässt sich weiterhin mit Benutzer-CALs und Geräte-CALs lizenzieren.

In Ihrem Unternehmen sind beispielsweise 100 Mitarbeiter beschäftigt, von denen jedoch lediglich 63 mit PCs am Server arbeiten. Wenn Sie Geräte-CALs kaufen, wird jede gekaufte Lizenz einem bestimmten PC zugeordnet. Mit diesen PCs können sich jetzt beliebig viele Mitarbeiter mit Servern verbinden, wenn sie sich zum Beispiel PCs im Schichtbetrieb teilen. Wenn neue PCs hinzukommen, müssen Sie für diese PCs weitere Gerätelizenzen kaufen.

Im nächsten Beispiel gehen wir von einer IT-Firma aus, in der 40 Mitarbeiter beschäftigt sind. Von diesen 40 Mitarbeitern arbeiten 25 mit der Windows-Domäne. Jeder dieser Mitarbeiter hat einen PC und ein Notebook, mit denen er am Server arbeitet. Obwohl in diesem Unternehmen nur 40 Mitarbeiter beschäftigt sind, verbinden sich 50 PCs mit dem Server. Es müssen in diesem Beispiel daher 50 Gerätelizenzen erworben werden. Wenn das Unternehmen seine Lizenzen jedoch als Benutzerlizenz erwirbt, werden lediglich 25 Lizenzen benötigt, da nur 25 Benutzer mit Server arbeiten.

Windows Server 2019 für kleine Unternehmen

Sehr kleine Unternehmen können auf Windows Server 2019 Essentials setzen. Einen Nachfolger für Small Business Server (SBS) mit Exchange und einem SQL-Server gibt es nicht mehr. Unternehmen, die Microsoft Exchange nutzen wollen, müssen auf Office 365 setzen oder Exchange auf einer eigenen Servermaschine getrennt lizenzieren.

Der Server erlaubt die Anbindung von maximal 25 Benutzern und 50 PCs. Wenn mehr im Einsatz sind, müssen Unternehmen auf die Standard-Edition von Windows Server 2019 erhöhen. CALs sind für die Benutzer nicht notwendig. Neu seit Windows Server 2012 ist die Möglichkeit, die Essentials-Funktionalitäten auch als Serverdienst in den Editionen Datacenter und Standard zu installieren. Das ist auch bei Windows Server 2019 weiterhin der Fall.

Vom Funktionsumfang entspricht Windows Server 2019 Essentials in etwa den Funktionen der Standard-Edition. Allerdings verfügt Windows Server 2019 Essentials über deutlich weniger Funktionen als der Vorgänger Windows Server 2016 Essentials. Dazu kommt, dass Windows Server 2019 Essentials wohl die letzte Essentials-Edition wird. Es ist zu erwarten, dass in der nächsten Version des Windows-Servers keine Essentials-Edition mehr verfügbar sein wird. Die SAC-Versionen, die halbjährlich erscheinen, verfügen ohnehin über keine Essentials-Edition. Hier gibt es nur Datacenter und Standard als Edition.

Neue und nicht mehr vorhandene Funktionen in Windows Server 2019 Essentials

Generell handelt es sich bei der Essentials-Edition von Windows-Servern um eine funktionsreduzierte Version des ehemaligen Small Business Servers. Man merkt schnell, dass Microsoft diese Edition nicht mehr großartig unterstützen will und diese vermutlich in den nächsten LTSC-Versionen wegfallen wird. Die Lizenz darf nur auf Servern mit maximal zwei CPUs installiert werden. Es gibt keinerlei Zusatzfunktionen im Vergleich zur Standard-Edition.

Zunächst gibt es in Windows Server 2019 Essentials kein Dashboard mehr und auch keine Möglichkeit, auf den angebundenen Arbeitsstationen einen Agenten zu installieren, der den Rechner an den Server anbindet und sogar eine Sicherung und Wiederherstellung ermöglicht. Auch der Zugriff über das Internet ist nicht mehr verfügbar, genauso wie der Einrichtungs-Assistent. Microsoft hat die komplette Essentials-Experience entfernt, sodass die Installation von Windows Server 2019 Essentials der Installation eines herkömmlichen Servers mit grafischer Oberfläche entspricht.

Microsoft hat das Dashboard ersatzlos gestrichen und weist darauf hin, dass Unternehmen zur Verwaltung das neue Windows Admin Center nutzen sollen. Nur ist dieses vom Funktionsumfang eher eingeschränkt und bietet auch keine Assistenten zum Anlegen neuer Freigaben mit entsprechenden Berechtigungen. Auch die Essentials-Serverrolle in Windows Server 2019 Datacenter und Standard wurde gestrichen.

Windows Server 2019 Essentials unterstützt dafür alle Neuerungen, die auch Windows Server 2019 Standard bietet. Allerdings kann Windows Server 2019 Essentials nicht als Core-Server installiert werden. Bei der Installation wird automatisch die grafische Oberfläche mit installiert. Vom Funktionsumfang entspricht Windows Server 2016/2019 Essentials ansonsten der Standard-Edition. Eine Aktualisierung von Windows Server 2016/2019 Essentials zur Standard- und Datacenter-Edition ist natürlich möglich.

Wann lohnt sich der Einsatz von Windows Server 2019 Essentials?

Der Einsatz von Windows Server 2019 Essentials lohnt sich vor allem dann, wenn in einem kleinen Netzwerk bis maximal 25 Benutzer und 50 Geräte mit Standardaufgaben angebunden werden sollen. Zu den Geräten zählt aber auch der Zugriff mit Smartphones und Tablets. Der Preis der Edition ist günstiger, und wenn die Installation ohnehin auf einem kleinen Server mit maximal zwei CPUs erfolgt, reicht die Edition oft aus. Sind auf Dauer doch mehr Benutzer auf den Server angewiesen, kann dieser jederzeit zur Standard- oder Datacenter-Edition aufgewertet werden. Dieser Vorgang kann über die PowerShell und Eingabeaufforderung erfolgen. Die Vorgehensweise finden Sie im nächsten Abschnitt beschrieben. Wenn in kleinen Netzwerken ein Server gesucht wird, auf dem Dateifreigaben und Druckerfreigaben erstellt werden, kann Windows Server 2019 Essentials hilfreich sein.

Soll auf dem Server aber noch andere Software betrieben werden, ist es sinnvoll, auf weitere Server zu setzen oder die Dienste in der Cloud zu buchen. Vor allem der Einsatz eines E-Mail-Servers, inklusive Absicherung und Datensicherung, ist auf einem kleinen Server nicht unbedingt sinnvoll. Hier kann es für kleine Netzwerke sinnvoll sein, zu Office 365 zu wechseln. Bezüglich der Datensicherung scheiden sich die Geister. Die Daten lassen sich problemlos lokal sichern, aber vor allem bei kleinen Unternehmen kann es sinnvoll sein, die Sicherung ebenfalls in der Cloud abzulegen. Microsoft bietet dazu Microsoft Azure Backup an. Allerdings erfordert die Anbindung der Datensicherung an die Cloud eine entsprechend schnelle Datenleitung.

Schneller Wechsel zu Windows Server 2019 Standard/Datacenter möglich

Sie können einen Server mit Windows Server 2019 ohne Neuinstallation zur Standard-Edition heraufstufen. Von der Standard-Edition können Sie wiederum zur Datacenter-Edition wechseln, ebenfalls ohne erneute Installation.

Nach der Installation eines Windows-Servers müssen Sie Windows Server 2019 aktualisieren. Das gilt für alle Editionen von Windows Server 2019. Mehr Informationen erhalten Sie, wenn Sie im Startmenü nach *slui* suchen.

Sie können Windows Server 2019 entweder über das Internet aktivieren oder per Telefon. Bei der Aktivierung per Telefon werden Sie mit einem automatischen Telefonsystem verbunden. Sollten Sie Probleme bei der Aktivierung bekommen, überprüfen Sie die Uhrzeit und die Zeitzone Ihres Servers. Sind die entsprechenden Einstellungen nicht korrekt, können Sie Windows nicht aktivieren.

Über den Befehl *slui 3* wird ein Dialogfeld geöffnet, um einen neuen Produktschlüssel einzugeben. Starten Sie das Tool über die Suchfunktion des Startmenüs mit Administratorrechten über das Kontextmenü. In diesem Bereich aktivieren Sie Windows Server 2019 dann mit dem neuen Key. Der Befehl *slui 4* öffnet die Auswahl der Aktivierungshotlines.

Wollen Sie sich die aktuelle Windows Server 2019-Edition anzeigen lassen, die auf dem Computer installiert ist, öffnen Sie eine Eingabeaufforderung mit Administratorrechten und geben den Befehl *dism /online /Get-CurrentEdition* ein. Sie erhalten daraufhin die Edition und weitere Information zur Installation angezeigt. Wollen Sie feststellen, zu welchen Editionen Sie die installierte Version aktualisieren können, verwenden Sie den Befehl: *dism /online /Get-TargetEditions*

Für die Verwaltung und die Abfrage von Lizenzinformationen auf Windows Server 2019-Computern stellt Microsoft das Skript *slmgr.vbs* zur Verfügung, das Sie über die Eingabeaufforderung oder das Dialogfeld *Ausführen* (Tastenkombination [Win]+[R]) aufrufen. Auch in Windows Server 2019 Essentials ist das Skript verfügbar. Das Tool kennt verschiedene Optionen:

- */ato* – Windows online aktivieren
- */dli* – Zeigt die aktuellen Lizenzinformationen an.
- */dlv* – Zeigt noch mehr Lizenzdetails an.
- */dlv all* – Zeigt detaillierte Infos für alle installierten Lizenzen an.

Möchten Sie den Status der Aktivierung von Windows Server 2019 Essentials anzeigen, geben Sie in der Befehlszeile den Befehl *slmgr.vbs /dli* ein und führen ihn aus. Anschließend werden der Name und die Beschreibung des Betriebssystems, aber auch ein Teil des Product Key und der Lizenzstatus angezeigt.

Haben Sie den Produktschlüssel eingetragen, führen Sie die Aktivierung über die beschriebenen Wege durch. Verfügt der Computer über eine Internetverbindung, führt der Assistent die Aktivierung automatisch aus, sobald der korrekte Product Key eingegeben wurde. Sie können den Status der Aktivierung anschließend direkt einsehen, indem Sie im Startmenü *slui* eingeben. Hier wird auch das Datum der Aktivierung angezeigt.

Das muss beim Einsatz von Windows Server 2019 Essentials beachten werden

Entscheiden sich Unternehmen in kleinen Netzwerken, auf Windows Server 2019 Essentials zu setzen, dürfen sich nicht mehr als 25 Benutzer mit 50 PCs mit dem Server verbinden. Eine Installation als Core-Server ist nicht möglich. Wird der Server zum Domänencontroller heraufgestuft, darf es in Active Directory nur einen Domänencontroller geben, auf dem alle Betriebsmasterrollen installiert sind. Fällt der Domänencontroller aus, ist bei kleinen Netzwerken oft guter Rat teuer. Dazu kommt, dass es keine bidirektionalen Vertrauensstellungen zu anderen Domänen geben darf. Aus diesen Gründen ist es sinnvoll, den Server zu virtualisieren.

Als Basis kann der kostenlose Hyper-V-Server 2019 genutzt werden. Auf diesem wird Windows Server 2019 Essentials virtualisiert. Durch die Sicherung dieses virtuellen Servers kann die Umgebung nach der Einrichtung einfacher wiederhergestellt werden. Die Sicherung der VM mit Windows Server 2019 Essentials ersetzt aber nicht die Sicherung der Daten auf dem Server. Hier sollte auf jeden Fall auf eine Datensicherung gesetzt werden, die entweder VM und Daten parallel sichern kann oder die nur die Daten sichert.

Zu Windows Server 2019 Essentials migrieren

Da Windows Server 2019 über die gleichen Funktionen wie Windows Server 2019 Standard verfügt, mit sehr wenigen Ausnahmen wie die Core-Installation, lassen sich auch Daten leichter migrieren. Entweder aktualisieren Unternehmen ihren Server mit Windows Server 2012/2012 R2/2016 Essentials direkt zu Windows Server 2019 Essentials oder sie installieren einen neuen Server und übernehmen die Daten mit dem Storage Migration Service in Windows Server 2019. Allerdings kann der Storage Migration Service nur Freigaben und Rechte übernehmen. Serverdienste, Benutzer oder Domänen lassen sich nicht migrieren.

Ob sich angesichts der Einschränkungen von Windows Server 2019 Essentials eine Aktualisierung von Windows Server 2012 R2/2016 Essentials lohnt, sei dahingestellt. Hier muss aber darauf geachtet werden, dass spätestens beim Ablauf des Supports von Windows Server 2012 R2/2016 Essentials eine Lösung zur Migration gefunden werden muss. Windows Server 2019 Essentials wird bis 11.01.2022 unterstützt, der erweiterte Support endet am 12.01.2027. Hier haben Unternehmen also noch etwas Zeit. Die Unterstützung für Windows Server 2012/2012 R2 Essentials endete am 09.10.2018, der erweiterte Support endet am 10.10.2023.

Der Nachfolger von Windows Server 2019 wird mit an Sicherheit grenzender Wahrscheinlichkeit über keine Essentials-Edition mehr verfügen. Es bietet sich also an, bereits frühzeitig den Wechsel zur Standard-Edition anzugehen oder zu den zahlreichen Linux-Varianten für kleine Unternehmen zu wechseln.

PowerShell und besserer Virenschutz

In Windows Server 2019 ist die neue PowerShell integriert. Diese steht auch für Windows Server 2016 zur Verfügung, unterstützt aber nicht alle Funktionen. Die Version verbessert Desired State Configuration (DSC). Mit der Option *ThrottleLimit* können Sie die Anzahl der Zielcomputer für DSC festlegen, auf denen die von Ihnen gewünschten Einstellungen gleichzeitig umgesetzt werden können.

PowerShell in Windows Server 2019

Mit dem Modul *PowerShellGet* können Sie DSC-Ressourcen in der PowerShell Resource Gallery (*https://www.powershellgallery.com*) nutzen, installieren oder hochladen. Die wichtigste Neuerung seit PowerShell 5.0 ist das PackageManagement (auch als OneGet Framework bezeichnet). Dabei handelt es sich um einen Paketmanager zur Installation von Software. Damit können Sie Software auf Rechnern als Paket installieren oder deinstallieren.

Mit Data Center Abstraction (DAL) steht in der PowerShell ein Schnittpunkt zwischen Hardware-Geräten und der Steuerung über die PowerShell zur Verfügung. DAL bietet eine Remoteverwaltung von Rechenzentren und kompatiblen Netzwerkkomponenten über die PowerShell. Dazu müssen die Netzwerkkomponenten allerdings von Microsoft zertifiziert sein. Zu den zertifizierten Herstellern gehören derzeit Cisco und Huawei. Microsoft geht auf der Seite *https://azure.microsoft.com/en-us/?ocid=cloudplat_hp* näher auf die Funktionen und Möglichkeiten von kompatiblen Geräten ein.

Für die bessere Grundsicherung von Windows-Servern ist in Windows Server 2019 der Bordmittel-Virenschutz Windows Defender standardmäßig aktiv. Der Dienst deaktiviert sich erst, wenn ein anderer Virenschutz installiert wird, genauso wie auf Windows-Clients. Im Gegensatz zur Clientversion Windows 10 wird auf Servern allerdings nicht das Verwaltungsprogramm für Windows Defender installiert. Windows Defender schützt das System im Hintergrund automatisch. Sie können die Funktion des Schutzes auch ohne die GUI verifizieren. Dazu verwenden Sie in der Befehlszeile den Aufruf:

sc query Windefend

Das Windows-Subsystem für Linux (WSL) wird in Windows Server 2019 verbessert, sodass mehr Distributionen unterstützt werden. Mit WSL stehen unter Windows Server 2019 Linux-Befehle zur Verfügung, mit denen sich Windows-Server genauso verwalten lassen wie andere Linux-Server über das Netzwerk.

Microsoft integriert in Windows Server 2019 auch Windows Defender Advanced Threat Protection (ATP). Dabei handelt es sich um einen Schutz vor Angreifern, die noch nicht durch Definitionsdateien von Virenscannern erkannt werden. Beispiel dafür sind Zero-Day-Angreifer.

Linux-Shell in Windows Server 2019

In Windows Server 2019 steht die Linux-Shell auch im Windows-Server-System zur Verfügung. Dadurch können Sie Windows-Server mit Linux-Befehlen verwalten beziehungsweise Sie können von Windows-Servern mit installierter Linux-Shell andere Linux-Server im Netzwerk verwalten. Zusammen mit der Möglichkeit, über die Befehle *powershell* und *cmd* zwischen der Eingabeaufforderung und der PowerShell zu wechseln, können Sie die Linux-Shell zur Verwaltung nutzen.

In Windows 10 lässt sich schon länger das Windows-Subsystem for Linux nutzen. Ab Windows 10 Version 1709 müssen Administratoren nicht mehr in den Entwicklermodus wechseln, um die Funktion zu installieren. Mit Ubuntu Bash können Administratoren in Windows 10 auch Linux-Befehle nutzen. Damit dies funktioniert, muss in den optionalen Features das Feature *Windows-Subsystem für Linux* aktiviert werden.

Hier kann es interessant sein, die neue PowerShell 6.x Core zu nutzen, die nicht nur für Windows zur Verfügung steht, sondern auch für macOS und Linux. Dadurch erhalten Sie in Windows Server 2019 die Möglichkeit, mit Linux-Befehlen zu arbeiten, und in macOS oder Linux mit PowerShell-Cmdlets.

In hybriden Umgebungen ist dadurch die Verwaltung wesentlich flexibler. Mit der Linux-Shell können Sie in Windows Server 2019 zum Beispiel auch Linux-Skripts auf Windows-Servern nutzen.

Linux-Shell in Windows Server 2019 installieren

Um die Linux-Shell in Windows Server 1709 zu installieren, wechseln Sie aus der Eingabeaufforderung mit dem Befehl *powershell* in die PowerShell. Danach lassen Sie sich den Status der Linux-Shell auf dem Server anzeigen:

Get-WindowsOptionalFeature -Online -FeatureName Microsoft-Windows-Subsystem-Linux

Die Installation des Features erfolgt mit:

Enable-WindowsOptionalFeature -Online -FeatureName Microsoft-Windows-Subsystem-Linux

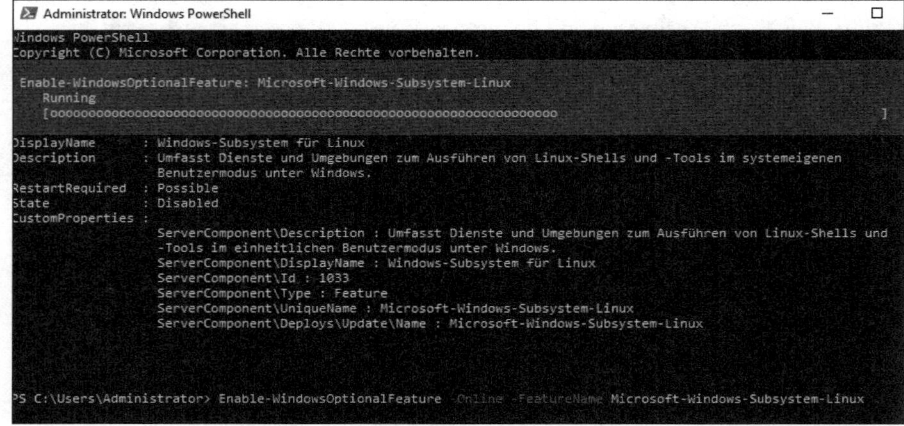

Abbildung 1.4: Installieren des Windows-Subsystems für Linux

Nach einem Neustart des Systems steht die Funktion generell zur Verfügung. Mit *bash* wechseln Sie in die Linux-Shell. Damit das funktioniert und Linux-Befehle zur Verfügung stehen, müssen Sie eine geeignete Distribution herunterladen und auf dem Server verfügbar machen. Dazu können Sie zum Beispiel ebenfalls die PowerShell verwenden:

Invoke-WebRequest -Uri https://aka.ms/wsl-ubuntu-1604 -OutFile ~/Ubuntu.zip -UseBasicParsing

Expand-Archive ~/Ubuntu.zip ~/Ubuntu

Nachdem das Zip-Archiv extrahiert wurde, müssen Sie die Distribution für die Shell verfügbar machen. Dazu verwenden Sie den Befehl *.\ubuntu.exe* im Verzeichnis der extrahierten Distribution. Der Vorgang dauert einige Zeit. Danach stehen die Ubuntu-Befehle in Windows Server 2019 zur Verfügung. Auf diesem Weg können Sie auch Debian oder Fedora installieren.

Im Rahmen der Installation müssen Sie einen Root-Benutzer anlegen, der die Linux-Befehle nutzen kann. Für die Verwendung der Shell melden Sie sich mit diesem Benutzer an. In der Bash stehen dann Linux-Befehle zur Verfügung. Um zum Beispiel die Linux-Distribution der Shell zu aktualisieren, verwenden Sie:

sudo apt-get update

sudo apt-get upgrade

Die Anmeldung an *sudo* nehmen Sie mit dem Benutzernamen und Kennwort vor, das Sie bei der Installation der Linux-Shell festgelegt haben.

Funktionsumfang und Leistung von Windows Server 2019

Für Windows Server 2019 gelten folgende Grenzwerte:

- Maximale CPUs pro Host: 512
- Maximaler Arbeitsspeicher pro Host: 24 TB
- Maximaler Arbeitsspeicher pro VM: 16 TB
- Maximale Anzahl an virtuellen CPUs pro VM: 240

Die Virtualisierung ist bei Hyper-V Server 2019 und Windows Server 2019 identisch. Auch die Neuerungen in Hyper-V von Windows Server 2019 fließen in Hyper-V Server 2019 ein. Sie können die Livemigration zwischen verschiedenen Servereditionen oder auf Wunsch Hyper-V-Replika nutzen.

Neben der Hyper-V-Serverrolle verfügt Hyper-V Server 2019 über einen etwas größeren Funktionsumfang. Sie können den Server in Windows-Domänen aufnehmen und damit effizient in Active Directory-Strukturen integrieren. Auch die Benutzerverwaltung und Umsetzung von Gruppenrichtlinien sind möglich. Dazu kommt, dass Sie so gut wie alle Tools, die Hyper-V in Windows Server 2019 unterstützen, an Hyper-V Server 2019 anbinden können. Der Remotedesktop funktioniert in Hyper-V Server 2016 ebenfalls, das gilt auch für den erweiterten Sitzungsmodus für virtuelle Server in Windows Server 2019.

Neben diesen Möglichkeiten können Sie Hyper-V Server 2016 an den Server-Manager von Windows Server 2019 anbinden und damit überwachen sowie Serverdienste installieren. Über diesen Weg können Sie auf dem Server die Speicherplätze und das Netzwerk-Teaming produktiv einrichten. Grundsätzlich lassen sich mit Hyper-V Server 2016 ebenfalls Desktops virtualisieren. Auch hier sind die entsprechenden Serverdienste Bestandteil des Servers.

Zusammenfassung

In diesem Kapitel haben wir Ihnen die wichtigsten Neuerungen von Windows Server 2019 vorgestellt und Ihnen einen kurzen Überblick über die neuen Funktionen dieses Server-Betriebssystems gegeben. Zusätzlich wurde in diesem Kapitel auf die Editionen und die Lizenzierung eingegangen.

Im nächsten Kapitel erfahren Sie, welche Möglichkeiten Sie haben, um Windows Server 2019 zu installieren und einzurichten.

Kapitel 2
Installation und Grundeinrichtung

In diesem Kapitel:

In diesem Kapitel zeigen wir Ihnen, wie Sie Windows Server 2019 installieren. Wir gehen auch darauf ein, wie Sie erweiterte Installationen durchführen, etwa mit einem USB-Stick oder auf virtuelle Festplatten, was zum Beispiel für Testumgebungen interessant ist. Zusätzlich erfahren Sie, wie Sie Core-Server installieren sowie die Installation von Hyper-V Server 2019 durchführen.

Tipp Sie können sich auf der Seite *https://www.microsoft.com/de-de/evalcenter* Testversionen von Windows Server 2019 Standard und Datacenter herunterladen. Auf dieser Seite finden Sie auch die Testversion von Windows 10 Enterprise.

Die Testversion lässt sich bis zu 180 Tage kostenlos einsetzen, Sie müssen diese aber spätestens nach zehn Tagen aktivieren. Sie sehen die noch zur Verfügung stehende Testzeit auf dem Desktop oder wenn Sie in der Eingabeaufforderung *slmgr.vbs /dlv* eingeben.

Grundlagen zur Installation

Windows Server 2012/2012 R2 und Windows Server 2016 verfügen über einen Boot-Manager, mit dessen Hilfe Sie auch mehrere Betriebssysteme parallel auf einem Server einsetzen können. Das gilt auch für Windows Server 2019. Sie haben die Möglichkeit, das Bootverhalten zu konfigurieren, festzulegen, wie lange der Boot-Manager eingeblendet bleiben soll, um eine Auswahl zu treffen, und können auch das Standardbetriebssystem bestimmen. Und auch zusätzliche Betriebssysteme lassen sich einbinden. Interessant ist das vor allem für Entwicklungs- oder Testumgebungen.

Windows Server 2019-Installation verstehen

Windows Server 2016 legt wie Windows Server 2012/2012 R2 eine versteckte Partition auf der Startfestplatte an. Diese hat in Windows Server 2016 eine Größe von 350 bis 500 MB. In diesem Bereich liegen die Startdateien von Windows Server 2016 und Daten zum Entschlüsseln von BitLocker-Laufwerken (siehe Kapitel 5). Aktualisieren Sie einen Rechner von Windows Server 2012/2012 R2 zu Windows Server 2016, belässt der Assistent die Startpartition auf einer geringeren Größe. Auch in Windows Server 2019 wird eine solche Partition angelegt.

Wer Windows Server 2019 produktiv installieren will, hat grundsätzlich vier Möglichkeiten: Die erste ist eine direkte Aktualisierung des bestehenden Windows Server 2012/2012 R2/2016-Systems zu Windows Server 2019. Der Vorteil dabei ist, dass Sie alle Einstellungen und Programme von Windows Server 2012/2012 R2/2016 nach Windows Server 2019 übernehmen.

In jedem Fall ist es empfehlenswert, vor der Aktualisierung einer Windows Server 2012/2012 R2/2016-Installation eine imagebasierte Datensicherung auf einer externen Festplatte durchzuführen. Geht bei der Aktualisierung zu Windows Server 2019 etwas schief, können Sie einfach das Image zurückspielen und so die frühere Version von Windows Server 2012/2012 R2/2016 retten. Dazu verwenden Sie am besten ein Systemabbild.

Hinweis Microsoft empfiehlt generell, eine Neuinstallation anstatt einer Aktualisierung zu Windows Server 2019 durchzuführen.

Die zweite Möglichkeit zum Testen von Windows Server 2019 ist eine komplette Neuinstallation von Windows Server 2019 auf dem Computer. In diesem Fall sollten Sie ebenfalls vorher alle Daten von Windows Server 2012/2012 R2/2016 sichern. Sie müssen zwar nach der Installation von Windows Server 2019 alle Programme neu installieren und die Daten manuell übernehmen, erhalten dafür aber ein neues, sauberes System. Der Nachteil ist, dass Ihr bisheriges System mit Windows Server 2012/2012 R2/2016 verloren ist. Sie können allerdings das erstellte Image verwenden und zurückspielen. Dann ist Windows Server 2012/2012 R2/2016 wieder einsatzbereit.

Eine weitere Möglichkeit, um Windows Server 2019 zu testen oder in einer Entwicklungsumgebung zu betreiben, ist die Installation auf einer zweiten Partition oder Festplatte des Rechners. Auch hier können Sie eine Neuinstallation von Windows Server 2019 durchführen, Windows Server 2012/2012 R2/2016 verbleibt dabei auf der Festplatte. Bei der Installation von Windows Server 2019 wird auch der Boot-Manager von Windows Server 2012/2012 R2/2016 durch die Windows Server 2019-Version ersetzt, sodass Sie auch hier die neue Version von Windows Server 2019 nutzen können. Daten können Sie dann per Kopiervorgang übernehmen und Ihr bestehendes Windows-System bleibt erhalten.

Die vierte Möglichkeit, um Windows Server 2019 zu testen, entspricht in etwa einer Parallelinstallation. Hier nutzen Sie aber keine zweite Partition, sondern erstellen während der Installation eine virtuelle Festplatte (VHD) und installieren Windows Server 2019 in diese VHD-Datei. Der Vorteil dabei ist, dass Sie die Hardware Ihres Computers nutzen, das parallele Windows unangetastet bleibt und Sie dennoch Windows Server 2019 produktiv verwenden, zum Beispiel für eine Entwicklungsumgebung. Dabei speichert Windows Server 2019 alle Daten in einer VHD-Datei, ersetzt aber den Boot-Manager von Windows Server 2012/2012 R2/2016. Sie können über diesen Weg auch Hyper-V testen, also in der virtuellen Festplatte die Virtualisierung installieren. Allerdings ist dies nur für Testumgebungen oder zur Entwicklung sinnvoll, nicht für den produktiven Einsatz.

Starten Sie Windows Server 2019, mountet das System die VHD-Datei und Sie können fast genauso schnell arbeiten wie mit einer echten Festplatte. Die meisten Administratoren werden keine Einschränkungen bemerken. Windows Server 2019 verfügt bereits standardmäßig über eine Vielzahl an Treibern, mit Ausnahme der Nano-Installation. Teilweise bieten Hersteller auch schon neue Versionen für Windows Server 2019 an.

Finden Sie beim Hersteller des Geräts keinen passenden Treiber und ist in Windows Server 2019 kein Treiber integriert, können Sie auch Windows Server 2016-Treiber in Windows Server 2019 nutzen. Das sollten Sie aber nur in Ausnahmefällen tun. Programme, die in früheren Versionen von Windows laufen, funktionieren oft in Windows Server 2019. Allerdings sollten Sie unter keinen Umständen Systemprogramme wie Virenscanner, Optimierungstools oder Anwendungen für die Datensicherung in Windows Server 2019 nutzen, die der Hersteller nicht für diese Version freigegeben hat. Auch ältere Serverprodukte sollten Sie erst dann mit Windows Server 2019 betreiben, wenn Updates oder Patches verfügbar sind.

Installation von Windows Server 2019 vorbereiten

Um Windows Server 2019 zu installieren, müssen Sie zunächst die Systemvoraussetzungen beachten und einige Vorbereitungen durchführen. Unabhängig von den Neuerungen in Windows Server 2019 und den verwendeten Serverdiensten muss der Prozessor des Servers gewisse Mindestvoraussetzungen erfüllen, damit er kompatibel mit der neuen Server-Version ist:

- 1,4 GHz 64-Bit-Prozessor
- 64-Bit-Kompatibilität
- NX und DEP
- CMPXCHG16b, LAHF/SAHF und PrefetchW
- Second Level Address Translation (Intel Extended Page Table (EPT) oder AMD Nested Page Table (NPT))

Bei der Installation eines Plug & Play-Geräts werden Sie unter Umständen darauf hingewiesen, dass der Treiber nicht digital signiert ist. Bei der Installation einer Anwendung, die einen nicht digital signierten Treiber enthält, wird beim Setup kein Fehler angezeigt. In beiden Fällen wird der nicht signierte Treiber von Windows Server 2019 nicht geladen. Wenn Sie diese Funktion umgehen wollen, deaktivieren Sie die Prüfung für nicht signierte Treiber:

1. Starten Sie den Computer neu, und drücken Sie beim Start die F8-Taste.
2. Wählen Sie *Erweiterte Startoptionen* aus.
3. Wählen Sie *Erzwingen der Treibersignatur deaktivieren* aus.
4. Starten Sie Windows Server 2019 und deinstallieren Sie den nicht signierten Treiber.

Wenn der Computer mit einer unterbrechungsfreien Stromversorgung (USV) verbunden ist, trennen Sie vor dem Ausführen von Setup das serielle oder USB-Kabel dieses Geräts. Das Installationsprogramm von Windows Server 2019 versucht automatisch, die Geräte an den seriellen Anschlüssen oder USB-Geräten zu erkennen. Eine USV kann zu Problemen bei diesem Vorgang führen und die Installation deutlich ausbremsen oder sogar mit einem Fehler abbrechen lassen.

Sichern Sie den Server. Ihre Sicherung sollte alle erforderlichen Daten und Konfigurationsdateien für eine ordnungsgemäße Ausführung des Servers einschließen. Daten wie die Einstellungen von DHCP-Servern, Netzwerkeinstellungen, aber auch andere Daten sind wichtig für den Betrieb des Servers nach der Installation.

Deaktivieren Sie die Virenschutzsoftware des Netzwerks für diesen Server, genauso wie die Überwachung durch Managementlösungen.

Windows Server 2019 installieren

In diesem Abschnitt erläutern wir Ihnen, wie Sie Windows Server 2019 neu installieren. Wir zeigen Ihnen auch, wie Sie Windows Server 2019 über einen USB-Stick installieren. Die Installation über einen USB-Stick läuft schneller ab und Sie können damit Windows Server 2019 auch auf Geräten installieren, die über kein DVD-Laufwerk verfügen. Generell lässt sich die ISO-Datei von Windows Server 2019 ohnehin schwer auf DVD brennen, da die Größe die der meisten Rohlinge übersteigt.

Die Windows Server 2019-Bereitstellung basiert auf Images. Bei Images handelt es sich quasi um eine Kopie eines installierten Betriebssystems. Windows Server 2012/2012 R2/ 2016 und Windows Server 2019 arbeiten mit dem WIM-Imageformat (Microsoft Windows Imaging). Statt eines sektorbasierten Imageformats ist das WIM-Format dateibasiert. Dies hat mehrere Vorteile:

- **WIM ist hardwareunabhängig –** Das bedeutet, Sie brauchen nur ein Image für verschiedene Hardwarekonfigurationen. Mit WIM können mehrere Images in einer Datei gespeichert werden, und zwar mit und ohne Anwendungen. WIM nutzt eine Kompression und ein Single-Instance-Verfahren. So wird die Größe von Imagedateien deutlich reduziert. Single-Instancing ist eine Technologie, bei der jede Datei nur einmal gespeichert wird. Wenn zum Beispiel Image 1, 2 und 3 alle die Datei A enthalten, sorgt Single-Instancing dafür, dass Datei A tatsächlich nur einmal gespeichert wird.
- **WIM ermöglicht die Offlinebearbeitung von Images –** Sie können Betriebssystemkomponenten, Patches und Treiber hinzufügen oder löschen, ohne ein neues Image erstellen zu müssen. Mit WIM können Images auf Partitionen jeder Größe installiert werden. Sektorbasierte Imageformate benötigen eine Partition der gleichen Größe oder eine größere Partition. Mit WIM können auf dem Zielvolumen vorhandene Daten beibehalten werden. Das Einrichten eines Image löscht nicht zwingend alle vorhandenen Daten auf der Festplatte.

Windows Server 2019 grundlegend installieren

Unabhängig davon, ob Sie Windows Server 2019 über eine DVD oder einen USB-Stick installieren, müssen Sie den entsprechenden Datenträger mit dem Computer verbinden und im BIOS oder den Booteinstellungen vom Datenträger aus starten. Anschließend beginnt der Installations-Assistent von Windows Server 2019 mit seiner Arbeit. In den meisten Fällen erscheint das Bootmenü nach dem Drücken einer Taste auf der Tastatur. Welche das ist, wird Ihnen beim Starten des Rechners am Bildschirm angezeigt.

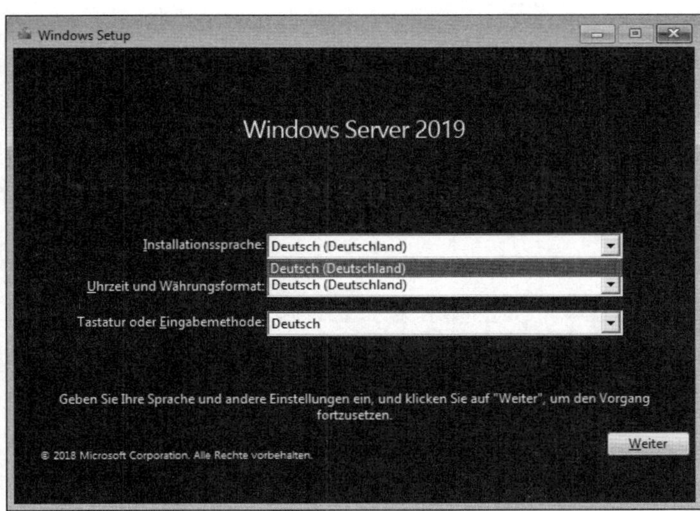

Abbildung 2.1: Starten einer Windows Server 2019-Installation

Die Installation von Windows Server 2019 findet bereits beim Starten in einer grafischen Oberfläche statt, es gibt keinen textorientierten Teil mehr. Außerdem werden weniger Fenster angezeigt und es sind weniger Eingaben für die Installation erforderlich. Die meisten Eingaben werden bereits vor Beginn der Installation durchgeführt, sodass der Computer während der Installation nicht ständig beaufsichtigt werden muss. Sie benötigen für die Installation ein bootfähiges DVD-Laufwerk oder einen USB-Stick.

Im ersten Schritt wählen Sie die Installationssprache, das Uhrzeit- und Währungsformat sowie die Tastatur- oder Eingabemethode aus und klicken auf *Weiter*.

Auf der nächsten Seite starten Sie entweder mit *Jetzt installieren* die eigentliche Installation oder durch Auswahl von *Computerreparaturoptionen* die Systemwiederherstellung von Windows Server 2019. Bis hierhin gibt es noch keine Unterschiede zur Installation von Windows Server 2012/2012 R2/2016.

Starten Sie die Installation, müssen Sie im nächsten Schritt den Product Key eingeben, wenn Sie keine spezielle Edition von Windows Server 2019 einsetzen. Sie können dazu entweder die Tastatur des Rechners oder die Bildschirmtastatur nutzen.

Im nächsten Schritt wählen Sie aus, ob Sie eine Server Core-Installation durchführen wollen (Standardauswahl) oder eine Installation eines Servers mit grafischer Oberfläche (*Desktopdarstellung*). Die Installation als Core-Server ist standardmäßig ausgewählt.

Hinweis In Windows Server 2012 R2 konnten Core-Server zu herkömmlich installierten Servern umgewandelt werden und umgekehrt. Das ist in Windows Server 2016/2019 nicht mehr möglich. Installieren Sie einen Core-Server, muss der Server neu installiert werden, wenn die grafische Oberfläche benötigt wird. Das gilt auch für Server mit grafischer Benutzeroberfläche. Diese lässt sich in Windows Server 2019 nicht mehr deinstallieren.

Abbildung 2.2: Auswählen der Installationsvariante von Windows Server 2019

Ein Core-Server verfügt über keine grafische Oberfläche, keine Shell, keine Mediafunktionen und keinerlei Zusatzkomponenten außer den notwendigen Serverdiensten. Der Anmeldebildschirm sieht allerdings identisch aus, Sie müssen sich nach der Installation über die Tastenkombination `Strg`+`Alt`+`Entf` anmelden. Sobald Sie sich angemeldet haben, sehen Sie nur eine Eingabeaufforderung.

Zur Bearbeitung des Servers können Sie den Editor (Notepad) öffnen, aber z. B. keinen Windows-Explorer oder Internet Explorer und keinen Registrierungseditor (Regedit). Durch diese Funktion können die Standardfunktionen von Windows Server 2019 betrieben werden, ohne dass der Server durch unwichtige Komponenten belastet oder kompromittiert werden kann. Als Serverrollen können Sie auf Core-Servern folgende Rollen installieren:

- Active Directory-Zertifikatsdienste (siehe Kapitel 30)
- Active Directory-Domänendienste (siehe Kapitel 11 bis 19)
- DHCP-Server (siehe Kapitel 24)
- DNS-Server (siehe Kapitel 25)
- Dateidienste (einschließlich Ressourcen-Manager für Dateiserver, siehe Kapitel 20–23)
- Active Directory Lightweight Directory Services (AD LDS)
- Hyper-V (siehe Kapitel 7 bis 9)
- Druck- und Dokumentdienste (siehe Kapitel 20 bis 23)
- Streaming Media-Dienste
- Webserver (einschließlich ASP.NET, siehe Kapitel 27)
- Windows Server Update Services (siehe Kapitel 37)
- Active Directory-Rechteverwaltungsdienste (siehe Kapitel 33)
- Routing- und RAS-Server (siehe Kapitel 32)

Mehr zum Thema der Serverrollen erfahren Sie auch in den Kapiteln 3 und 4.

Um einen Server neu zu installieren, wechseln Sie zur nächsten Seite des Assistenten und bestätigen die Lizenzbedingungen. Wählen Sie danach aus, ob Sie ein bereits installiertes Betriebssystem aktualisieren oder Windows Server 2019 neu installieren möchten. Bei einer Neuinstallation wählen Sie *Benutzerdefiniert* aus. Wollen Sie eine Aktualisierung durchführen, wählen Sie *Upgrade*.

Durch diese Auswahl haben Sie auch die Möglichkeit, erweiterte Einstellungen für die Partitionierung durchzuführen. Die *Upgrade*-Option steht nur dann zur Verfügung, wenn Sie das Setupprogramm aus jener Windows-Installation heraus starten, die Sie aktualisieren wollen. Booten Sie das Windows Server 2019-Installationsprogramm von DVD, ist nur die Option *Benutzerdefiniert* sinnvoll.

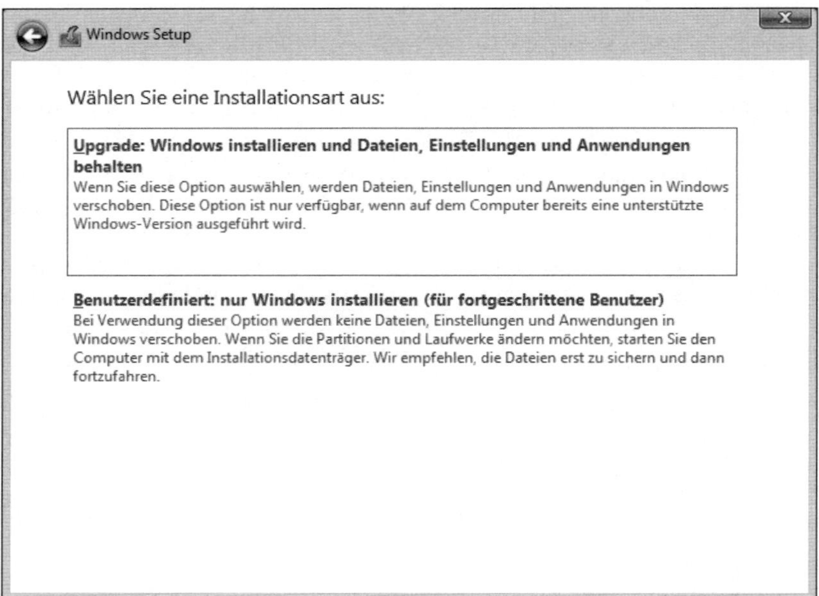

Abbildung 2.3: Auswählen der Installationsvariante

Nachdem Sie die Installationsart ausgewählt haben, gelangen Sie zum nächsten Fenster der Installationsoberfläche. Hier wählen Sie die Partition aus, auf der Windows Server 2019 installiert werden soll. In diesem Fenster können Sie auch zusätzliche Treiber laden, wenn die Controller für die Festplatten nicht erkannt werden. Klicken Sie dazu auf den Link *Treiber laden*.

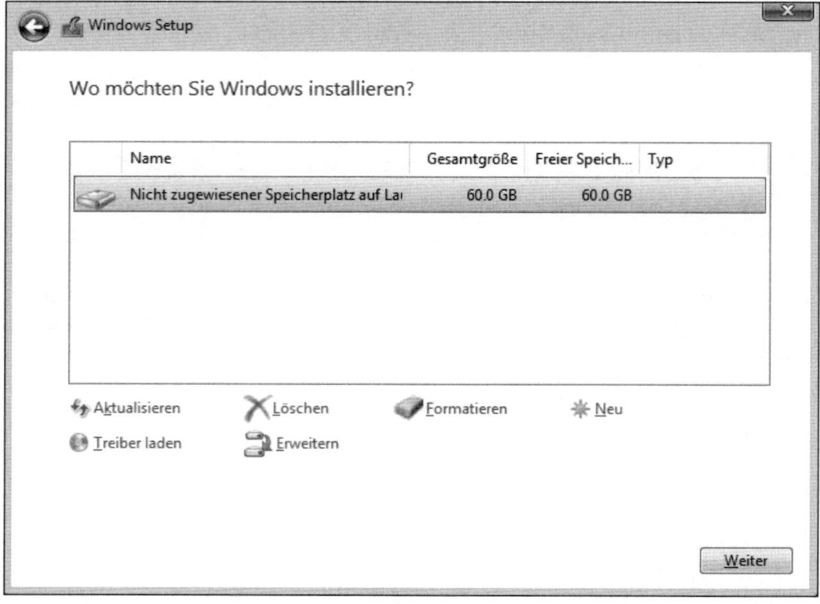

Abbildung 2.4: Auswählen der Partition für die Installation

Wollen Sie die Partitionierung ändern oder eine Partition zunächst löschen, klicken Sie auf den jeweiligen Link.

Systempartitionen und Startpartitionen sind Bezeichnungen für Partitionen oder Volumes auf einer Festplatte, die zum Starten von Windows verwendet werden. Die Systempartition enthält die hardwarebezogenen Dateien, die einem Computer mitteilen, von wo aus Windows gestartet werden kann. Eine Startpartition ist eine Partition, die die Windows-Betriebssystemdateien enthält, die sich im Windows-Dateiordner befinden.

Wenn Sie den Computer einschalten, werden die auf der Systempartition gespeicherten Informationen zum Starten des Computers verwendet. Auf einem Windows-basierten Computer ist nur eine Systempartition vorhanden, auch wenn auf dem Computer verschiedene Windows-Betriebssysteme installiert sind. Nicht-Windows-Betriebssysteme verwenden andere Systemdateien.

Wenn auf einem Multiboot-Computer ein Nicht-Windows-Betriebssystem installiert ist, befinden sich die dazugehörigen Systemdateien auf einer eigenen Partition, getrennt von der Windows-Systempartition. Eine Startpartition ist eine Partition, die Windows-Betriebssystemdateien enthält.

Mit einem Klick auf *Weiter* beginnt die Installation. Diese ist wie bei Windows Server 2012/2012 R2/2016 imagebasiert. Abhängig von der Leistung des Rechners startet die Installationsroutine den Computer nach 10 bis 20 Minuten automatisch neu. Sie müssen keine weiteren Eingaben durchführen und keine Taste drücken. Sollten Sie versehentlich eine Taste gedrückt haben und die Installation startet wieder von der DVD, schalten Sie den Rechner aus und starten Sie ihn erneut.

Der Computer bootet und es wird ein Fenster geöffnet, das Sie informiert, dass der Rechner für den ersten Start von Windows vorbereitet wird. Lassen Sie den Rechner am besten ungestört weiterarbeiten. Es kann sein, dass der Bildschirm während der Installation der Monitor- und Grafikkartentreiber ein paar Mal flackert oder schwarz wird. Dies ist normal und muss Sie nicht beunruhigen.

Sobald der Assistent seine Arbeit abgeschlossen hat, erscheint die Abfrage für das gewünschte Administratorkennwort, das Sie zur Sicherheit zwei Mal nacheinander eingeben müssen. Achten Sie beim Kennwort darauf, mindestens einen Großbuchstaben und eine Zahl oder ein Sonderzeichen zu verwenden.

Anschließend melden Sie sich mit der Tastenkombination `Strg`+`Alt`+`Entf` am Server an. Als Anmeldenamen verwenden Sie *Administrator* und das zuvor festgelegte Kennwort. In Windows Server 2019 startet nach der Anmeldung automatisch der Server-Manager (siehe Kapitel 3). Wollen Sie das nicht, können Sie die Willkommen-Kachel und den Autostart verhindern.

Tipp

Über das Menü *Ansicht* deaktivieren Sie die Willkommen-Kachel, über *Verwalten/Server-Manager-Eigenschaften* aktivieren Sie das Kontrollkästchen *Server-Manager beim Anmelden nicht automatisch starten*, wenn Sie nicht wollen, dass der Server-Manager automatisch mit Windows starten soll.

Für die Installation von Treibern benötigen Sie teilweise den Internet Explorer. Bei Windows Server 2019 ist automatisch die verstärkte Sicherheit des Internet Explorers aktiv, was beim Herunterladen von Treibern oder bei Test- und Entwicklungsumgebungen durchaus stören kann. Sie können die erweiterte Sicherheit des Internet Explorers im Server-Manager deaktivieren. Allerdings ist das aus Sicherheitsgründen für Anfänger nicht empfehlenswert. Die Sicherheit sollte im produktiven Betrieb eingeschaltet bleiben.

1. Öffnen Sie den Server-Manager.
2. Klicken Sie auf der linken Seite auf *Lokaler Server.*
3. Klicken Sie im rechten Bereich im Abschnitt *Eigenschaften* neben *Verstärkte Sicherheitskonfiguration für IE* auf den Link *Ein.*
4. Deaktivieren Sie im daraufhin geöffneten Dialogfeld die Option für alle Benutzer oder nur für Administratoren.

USB-Stick für Windows Server 2019 erstellen

Liegen Ihnen die Windows Server 2019-Installationsdateien im ISO-Format vor, können Sie die ISO-Datei im Betriebssystem bereitstellen und auf deren Basis einen bootfähigen USB-Stick erstellen. Damit die Image-Datei von Windows Server 2019 (*install.wim*) auf einen USB-Stick mit dem FAT32-Dateisystem passt, müssen Sie diese unter Umständen aufteilen. Ansonsten können Sie die Datei nicht kopieren. Das Aufteilen ist aber kein komplizierter Vorgang. Sie können in einem ersten Schritt versuchen, ob die WIM-Datei problemlos kopierbar ist. Erhalten Sie einen Kopierfehler, teilen Sie die Datei auf und gehen dazu vor, wie nachfolgend beschrieben:

Der Befehl dazu sieht zum Beispiel folgendermaßen aus:

Dism /Split-Image /ImageFile:f:\sources\install.wim /SWMFile:c:\temp\install.swm /FileSize: 3600

Die beiden Dateien können dann anstatt der Datei *install.wim* aus dem Verzeichnis *sources* auf den USB-Stick kopiert werden. Auf diesem Weg lassen sich auch UEFI-fähige USB-Sticks erstellen. Das Tool *Dism.exe* gehört auch zu den Bordmitteln von Windows 10, sodass Sie den bootfähigen Datenträger auch auf einer Arbeitsstation erstellen können. Achten Sie darauf, die korrekten Pfade zur originalen *install.wim* und die neuen *install.swm*-Dateien zu verwenden.

Windows USB/DVD Download Tool verwenden

Mit dem kostenlosen Windows USB/DVD Download Tool von Microsoft (*https://www.microsoft.com/de-de/download/details.aspx?id=56485*) können Sie USB-Sticks für die Installation von Windows Server 2019 erstellen. Die Installation lässt sich auf Arbeitsstationen mit Windows 7/8.1, aber auch Windows 10 durchführen. Neben dem Tool wird dazu noch eine ISO-Datei von Windows Server 2019 benötigt. Für das Windows USB/DVD Download Tool ist zusätzlich das .NET Framework 2.0 in Windows notwendig. Dieses kann recht einfach über das Tool *Windows-Features aktivieren oder deaktivieren* installiert werden. Hierüber lassen sich alle optionalen Features von Windows 10 installieren.

Nach der Installation des Windows USB/DVD Download Tool wird dieses gestartet, um die ISO-Datei einzulesen und auf einen USB-Stick zu extrahieren. Durch einen Klick auf *Browse* lässt sich die ISO-Datei von Windows Server 2019 auswählen. Auf der nächsten Seite wird mit der Schaltfläche *USB device* bestimmt, dass die Installationsdateien auf einen USB-Stick kopiert werden sollen. Der entsprechende USB-Stick wird anschließend ausgewählt. Mit der Schaltfläche *Begin copying* startet der Vorgang.

Befinden sich auf dem USB-Stick noch Daten, werden Sie darauf hingwiesen, dass diese gelöscht werden. Über die Schaltfläche *Erase USB Device* löscht das Windows USB/DVD Download Tool alle Daten auf dem Stick und kopiert anschließend die Installationsdateien von Windows Server 2019. Die Aktion muss mit *Ja* bestätigt werden.

USB-Stick manuell erstellen (auch mit gesplitteten SWM-Dateien)

Sie können den USB-Stick auch zukünftig für das Speichern von Daten nutzen, zum Beispiel für Treiber. Die Installationsdateien belegen etwa einen Platz von 3,5 GB:

1. Starten Sie eine Eingabeaufforderung über das Kontextmenü im Administratormodus.
2. Geben Sie *diskpart* ein.
3. Geben Sie *list disk* ein.
4. Geben Sie den Befehl *select disk <Nummer des USB-Sticks aus list disk>* ein. Sie erkennen den Stick an dessen Größe.
5. Geben Sie *clean* ein.
6. Geben Sie *create partition primary* ein.
7. Geben Sie *active* ein, um die Partition zu aktivieren. Dies ist für den Bootvorgang notwendig, denn nur so kann der USB-Stick booten.
8. Formatieren Sie den Datenträger mit *format fs=fat32 quick*.
9. Geben Sie den Befehl *assign* ein, um dem Gerät im Explorer einen Laufwerkbuchstaben zuzuordnen,
10. Beenden Sie Diskpart mit *exit*.
11. Kopieren Sie den kompletten Inhalt der Windows Server 2019-DVD/ISO-Datei in den Stammordner des USB-Sticks. Anstatt der Datei *install.wim* aus dem Verzeichnis *sources* kopieren Sie aber die beiden erstellten SWM-Dateien. Der Installations-Assistent erkennt die Dateien und verwendet sie wie die *install.wim*.
12. Booten Sie einen Computer mit diesem Stick, startet die Windows Server 2019-Installation.

Tipp

Soll der Stick auch UEFI beherrschen, sollte überprüft werden, ob die Datei *Bootx64.efi* im Verzeichnis *\efi\boot* auf dem Stick vorhanden ist. Ist sie das nicht, kann die Datei von jedem Windows 7- oder höher Rechner auf den Stick kopiert werden.

Dazu wird auf dem Rechner das Verzeichnis *C:\Windows\Boot\Efi* geöffnet. Hier befindet sich die Datei *bootmgfw.efi*. Die Datei muss auf den USB-Stick in das Verzeichnis *\EFI\BOOT* kopiert und in *BOOTX64.EFI* umbenannt werden. Ist das Verzeichnis nicht vorhanden, muss es angelegt werden. Danach ist der Stick UEFI-fähig.

Zu Windows Server 2019 aktualisieren

In diesem Abschnitt zeigen wir Ihnen, wie Sie ein bestehendes Windows Server 2012/2012 R2/2016-System direkt zu Windows Server 2019 aktualisieren. Sie können entweder identische Editionen aktualisieren, also Windows Server 2012/2012 R2/2016 Standard zu Windows Server 2019 Standard, oder zu höherwertigen Editionen, also Standard-Edition zu Datacenter-Edition. Direkte Aktualisierungen können Sie nur von Windows Server 2012/2012 R2/2016 durchführen. Vor der Aktualisierung sollten Sie das Quellbetriebssystem, also Windows Server 2012/2012 R2/2016, auf den neuesten Stand bringen.

Windows Server 2008 (R2) lässt sich nicht direkt auf Windows Server 2016 installieren. Das gilt auch für die direkte Aktualisierung zu Windows Server 2019. Abhängig von der eingesetzten Edition stehen verschiedene Aktualisierungspfade zur Verfügung. In Tabelle 2.1 zeigen wir Ihnen die unterstützten Pfade zur Aktualisierung.

Windows Server 2012/2012 R2/2016-Edition	Mögliche Aktualisierung zu Windows Server 2019
Standard, Datacenter	Standard, Datacenter
Datacenter	Datacenter

Tabelle 2.1: Mögliche Pfade zur Aktualisierung zu Windows Server 2019

Hinweis Core-Installationen von Windows Server 2012/2012 R2/2016 lassen sich nur zu Core-Installationen von Windows Server 2019 aktualisieren. Nach der Installation können Sie aber auf Wunsch die grafische Benutzeroberfläche installieren.

Starten Sie das Installationsprogramm im laufenden Betrieb von Windows Server 2012/2012 R2/2016. Sie werden auf eventuelle Probleme hingewiesen, und müssen diese vor der Aktualisierung bestätigen.

Tipp Bevor Sie Windows Server 2012/2012 R2/2016 zu Windows Server 2019 aktualisieren, sollten Sie eine Systemabbildsicherung erstellen. Der Vorteil dabei ist, dass Sie bei Problemen schnell und einfach Ihr bisheriges Windows Server 2012/2012 R2/2016-System wiederherstellen können.

Mit dem kostenlosen Tool Disk2vhd von Sysinternals können Sie physische Festplatten in eine VHD-Datei sichern und diese später zur Wiederherstellung von Daten nutzen. Die VHD-Datei können Sie auch in Windows Server 2019 als Festplatte einbinden. Dazu starten Sie den Festplatten-Manager durch Eingabe von *diskmgmt.msc* auf der Startseite und fügen die virtuelle Festplatte an.

Nach dem Download von Disk2vhd (*https://docs.microsoft.com/de-de/sysinternals/downloads/disk2vhd*) können Sie das Tool direkt ohne Installation starten. Legen Sie zunächst den Pfad und den Namen der anzulegenden VHDX-Datei fest.

Beachten Sie vor der Aktualisierung die folgenden wichtigen Aktionen:

- Bevor Sie einen Server direkt auf Windows Server 2019 aktualisieren, sollten Sie zunächst installierte Sicherheitsprogramme und Antivirenprogramme deaktivieren.
- Arbeiten Sie mit Tools zur Netzwerküberwachung, müssen Sie den zu aktualisierenden Computer in den Wartungsmodus versetzen.
- Achten Sie darauf, dass alle installierten Anwendungen, Management Packs für Netzwerküberwachungsprogramme und Tools kompatibel zu Windows Server 2019 sind. Aktualisieren Sie die Programme nach der Installation von Windows Server 2019.
- Achten Sie darauf, dass die Windows-Firewalleinstellungen Verbindungen zu anderen Servern nicht blockieren oder bestimmte IPsec-Regeln gesetzt sind.

Aktualisierung zu Windows Server 2019 durchführen

In diesem Abschnitt zeigen wir Ihnen, wie Sie Windows Server 2012/2012 R2/2016 zu Windows Server 2019 aktualisieren. Dazu muss Windows Server 2012/2012 R2/2016 gestartet sein und fehlerfrei funktionieren. Aktualisieren können Sie von Windows Server 2012/2012 R2/2016 Standard/Datacenter zu Windows Server 2019 Standard/Datacenter.

Starten Sie Windows Server 2012/2012 R2/2016 und legen Sie die Windows Server 2019-DVD in das DVD-Laufwerk. Klicken Sie dann auf *setup.exe*, um die Installation zu starten. Klicken Sie auf *Jetzt installieren*. Im nächsten Schritt erhalten Sie die Möglichkeit, die Installationsdateien zu aktualisieren. Dazu sollten Sie die Option *Online gehen, um jetzt Updates zu installieren* auswählen. Anschließend sucht der Assistent nach Updates und bindet diese in die Installation mit ein. Dies ist nicht zwingend notwendig, aber empfohlen. Im Rahmen der Aktualisierung werden Sie außerdem gefragt, ob Sie die installierten Programme und Einstellungen erhalten wollen oder ob der Assistent alles entfernen soll.

Abbildung 2.5: Aktualisieren auf Windows Server 2019

Erscheint die Abfrage des Product Keys für die Installation, geben Sie die Seriennummer ein. Auf Basis der Seriennummer entscheidet es sich, ob Sie Windows Server 2019 in der Standard- oder Datacenter-Edition installieren. Im unteren Feld erhalten Sie nach wenigen Sekunden den Hinweis, dass der Installations-Assistent den Schlüssel verifiziert hat. Klicken Sie dann auf *Weiter*.

Im nächsten Fenster wählen Sie aus, ob Sie einen Core-Server oder einen Server mit grafischer Benutzeroberfläche installieren wollen. Sie können von einem herkömmlichen Server mit Windows Server 2012/2012 R2/2016 nicht zu einer Core-Installation von Windows Server 2019 aktualisieren.

Im nächsten Schritt bestätigen Sie die Lizenzbedingungen. Danach erscheint ein Fenster, in dem Sie auswählen können, welche Daten Sie übernehmen wollen. Am besten belassen Sie hier die Auswahl auf *Upgrade: Windows installieren und Dateien, Einstellungen und Anwendungen behalten*. Klicken Sie auf *Weiter*, führt der Assistent noch verschiedene Vorbereitungen zur Installation durch. Nach der Installation startet der Einrichtungs-Assistent von Windows Server 2019, genauso wie bei einer Neuinstallation.

Upgrade von Standard- und Testversion auf Datacenter-Edition

Haben Sie Windows Server 2019 Standard installiert, können Sie auf die Datacenter-Edition aktualisieren. Sie müssen dazu Windows nicht neu installieren, die Aktualisierung kann im laufenden Betrieb erfolgen. Sie müssen lediglich nach der Aktualisierung den Server neu starten.

Zunächst wird überprüft, ob eine Aktualisierung möglich ist. Sie erhalten dazu vom Tool eine entsprechende Rückmeldung. Die Funktion entspricht den Möglichkeiten in Windows Server 2016.

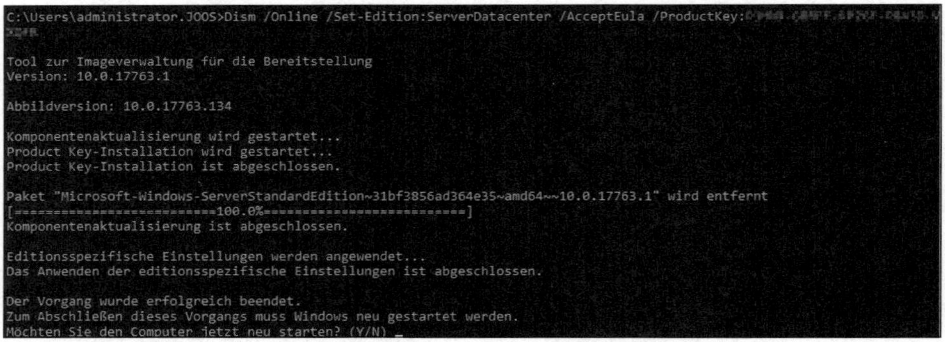

```
C:\Users\administrator.JOOS>Dism /Online /Set-Edition:ServerDatacenter /AcceptEula /ProductKey:[illegible]

Tool zur Imageverwaltung für die Bereitstellung
Version: 10.0.17763.1

Abbildversion: 10.0.17763.134

Komponentenaktualisierung wird gestartet...
Product Key-Installation wird gestartet...
Product Key-Installation ist abgeschlossen.

Paket "Microsoft-Windows-ServerStandardEdition~31bf3856ad364e35~amd64~~10.0.17763.1" wird entfernt
[==========================100.0%==========================]
Komponentenaktualisierung ist abgeschlossen.

Editionsspezifische Einstellungen werden angewendet...
Das Anwenden der editionsspezifische Einstellungen ist abgeschlossen.

Der Vorgang wurde erfolgreich beendet.
Zum Abschließen dieses Vorgangs muss Windows neu gestartet werden.
Möchten Sie den Computer jetzt neu starten? (Y/N) _
```

Abbildung 2.6: Aktualisierung eines Servers von Standard zu Datacenter

Um die Aktualisierung von Standard zu Datacenter durchzuführen, geben Sie schließlich den Befehl *Dism /Online /Set-Edition:ServerDatacenter /AcceptEula /ProductKey:xxxxx-xxxxx-xxxxx-xxxxx-xxxxx* ein. Nach der Aktualisierung starten Sie den Server neu.

Sie haben auch die Möglichkeit, eine Testversion von Windows Server 2019 in eine vollwertige Version umzuwandeln. Ob es sich bei der Version um eine Testversion handelt, sehen Sie durch Eingabe des Befehls *slmgr.vbs /dlv*. Auch in der Testversion erhalten Sie mit *dism /online /Get-TargetEditions* einen Hinweis, auf welche Edition Sie aktualisieren können. Die aktuelle Edition lassen Sie mit *dism /online /Get-CurrentEdition* anzeigen.

```
Administrator: Eingabeaufforderung
Microsoft Windows [Version 10.0.17763.134]
(c) 2018 Microsoft Corporation. Alle Rechte vorbehalten.

C:\Users\administrator.JOOS>Dism /online /Get-TargetEditions

Tool zur Imageverwaltung für die Bereitstellung
Version: 10.0.17763.1

Abbildversion: 10.0.17763.134

Editionen, auf die aktualisiert werden kann:

Zieledition : ServerDatacenter

Der Vorgang wurde erfolgreich beendet.

C:\Users\administrator.JOOS>_
```

Abbildung 2.7: Anzeigen der Edition zur Aktualisierung eines Servers

Eine Aktualisierung nehmen Sie mit dem gleichen Befehl vor wie bei der Aktualisierung von Standard zu Datacenter. Sie können auf diesem Weg von der Testversion von Windows Server 2019 Datacenter zur lizenzierten Version von Windows Server 2019 Datacenter wechseln. Der Server muss dazu mindestens zweimal neu starten.

Installation von Windows Server 2019 nacharbeiten

Bevor wir in den nächsten Kapiteln ausführlicher auf die Einrichtung und Verwaltung von Windows Server 2019 eingehen, zeigen wir Ihnen in den nächsten Abschnitten die wichtigsten Schritte, die nach der Installation notwendig sind.

Haben Sie die Installation von Windows Server 2019 abgeschlossen, sollten Sie einige erste Aufgaben durchführen, um zu überprüfen, ob das System funktioniert. Auch die Aktivierung gehört zu diesen Aufgaben.

Windows Server 2019 aktivieren

Nach der Installation müssen Sie die Aktivierung von Windows Server 2019 durchführen. Mehr Informationen erhalten Sie auch, wenn Sie im Startmenü nach *slui* suchen.

Sie können Windows Server 2019 entweder über das Internet aktivieren oder per Telefon. Bei der Aktivierung per Telefon werden Sie mit einem automatischen Telefonsystem verbunden.

Tipp Sollten Sie Probleme bei der Aktivierung bekommen, überprüfen Sie die Uhrzeit und die Zeitzone Ihres Servers. Sind die entsprechenden Einstellungen nicht korrekt, können Sie Windows nicht aktivieren.

Über den Befehl *slui 3* wird ein Dialogfeld geöffnet, um einen neuen Produktschlüssel einzugeben. Starten Sie das Tool über die Suchfunktion des Startmenüs mit Administratorrechten über das Kontextmenü. In diesem Bereich aktivieren Sie Windows Server 2019 dann mit dem neuen Key.

Der Befehl *slui 4* öffnet die Auswahl der Aktivierungshotlines. Wollen Sie sich die aktuelle Windows Server 2019-Edition anzeigen lassen, die auf dem Computer installiert ist, öffnen Sie eine Eingabeaufforderung mit Administratorrechten und geben den Befehl *dism /online /Get-CurrentEdition* ein. Sie erhalten daraufhin die Edition und weitere Informationen zur Installation angezeigt.

Wollen Sie anzeigen, zu welchen Editionen Sie die installierte Version aktualisieren können, verwenden Sie den Befehl *dism /online /Get-TargetEditions.*

Für die Verwaltung und die Abfrage von Lizenzinformationen auf Windows Server 2019-Computern stellt Microsoft das Skript *slmgr.vbs* zur Verfügung, das Sie über die Eingabeaufforderung oder das Dialogfeld *Ausführen* aufrufen. Dieses starten Sie mit der Tastenkombination [Win]+[R]. Das Tool kennt verschiedene Optionen:

- **/ato –** Windows online aktivieren
- **/dli –** Zeigt die aktuellen Lizenzinformationen an
- **/dlv –** Zeigt noch mehr Lizenzdetails an
- **/dlv all –** Zeigt detaillierte Infos für alle installierten Lizenzen an

Möchten Sie den Status der Aktivierung von Windows Server 2019 anzeigen, geben Sie in der Eingabeaufforderung den Befehl *slmgr.vbs /dli* ein und führen diesen aus. Anschließend werden der Name und die Beschreibung des Betriebssystems, aber auch ein Teil des Product Key und der Lizenzstatus angezeigt.

Haben Sie den Produktschlüssel eingetragen, führen Sie die Aktivierung über die beschriebenen Wege durch. Verfügt der Computer über eine Internetverbindung, führt der Assistent die Aktivierung automatisch aus, sobald der korrekte Product Key eingegeben wurde. Sie können den Status der Aktivierung anschließend direkt einsehen, indem Sie auf der Startseite *slui* eingeben.

Sie können den Product Key einer Windows Server 2019-Installation anpassen. Über diesen Weg aktivieren Sie Windows Server 2019 auch auf einem Core-Server:

1. Geben Sie zum Löschen des alten Product Key in der Eingabeaufforderung den Befehl *slmgr /upk* ein. Zwar ersetzen die nächsten Punkte den vorhandenen Product Key. Allerdings funktioniert das nicht immer, wenn der bisherige Key nicht zuvor gelöscht wurde.
2. Bestätigen Sie den Löschvorgang.
3. Den neuen Product Key geben Sie dann mit *slmgr /ipk xxxxx-xxxxx-xxxxx-xxxxx-xxxxx* ein.
4. Mit *slmgr /ato* aktivieren Sie Windows Server 2019.

Da ein Core-Server über keine grafische Oberfläche verfügt, müssen Sie einen solchen Server über die Eingabeaufforderung aktivieren. Verwenden Sie zur lokalen Aktivierung des Servers den Befehl *slmgr.vbs -ato.*

Nach Eingabe des Befehls wird die Aktivierung durchgeführt. Sie können Windows Server 2019 auch remote über das Netzwerk aktivieren. Verwenden Sie dazu den Befehl *slmgr.vbs <ServerName> <Benutzername> <Kennwort> -ato.*

Um einen Server lokal über das Telefon zu aktivieren, verwenden Sie den Befehl *slmgr -dti.* Notieren Sie sich die ID, die generiert wird, und rufen Sie die Aktivierungsnummer von Microsoft an. Geben Sie über die Telefontasten die ID ein und Sie erhalten vom Telefoncomputer eine Aktivierungs-ID. Diese geben Sie mit dem Befehl *slmgr -atp <Aktivierungs-*

ID> ein. Sie können die Edition eines Core-Servers auch aktualisieren, indem Sie in der Eingabeaufforderung Änderungen vornehmen:

- **Anzeigen der aktuell installierten Edition** – *dism /online /Get-CurrentEdition*
- **Mögliche Editionen zur Aktualisierung** – *dism /online /Get-TargetEditions*
- **Aktualisierung zur Zielversion durchführen** – *dism /online /Set-Edition:<edition ID> /ProductKey:<Seriennummer>*

Treiberinstallation überprüfen

Nach der Installation sollten Sie auch überprüfen, ob Windows Server 2019 alle Geräte erkannt hat, die in Ihrem Computersystem verbaut sind. Geben Sie dazu auf der Startseite *devmgmt.msc* ein und stellen Sie sicher, dass keine unbekannten Geräte vorhanden und alle Treiber installiert sind. Vor allem den Treiber des Netzwerkadapters und der Systemgeräte sollten Sie überprüfen.

Mit dem Befehl *Msinfo32* können Sie eine sehr ausführliche Übersicht über die eingebaute Hardware und die Ressourcen eines PC abrufen.

Arbeiten Sie mit der Eingabeaufforderung, lassen Sie sich mit dem Befehl *systeminfo* alle Informationen Ihres Computers anzeigen. Darunter finden sich Infos über Hotfixes, Netzwerkkarten, Prozessor, Betriebssystem, Hersteller, das ursprüngliche Installationsdatum und so weiter.

Hier empfiehlt sich die Umleitung in eine Textdatei, wobei Sie zusätzlich den Parameter */FO list* angeben sollten, um die Informationen formatiert zu speichern. Um beispielsweise alle Infos in die Textdatei *C:\sysinfo.txt* zu speichern, müssen Sie den Befehl *systeminfo /FO list > C:\sysinfo.txt* verwenden.

Netzwerkverbindung testen

Um Windows Server 2019 auf dem aktuellen Stand zu halten, ist eine Verbindung mit dem Internet und damit mit dem Netzwerk notwendig. Nachdem Sie die Treiberinstallation kontrolliert haben, überprüfen Sie über das Symbol der Netzwerkverbindung in der Taskleiste, ob Windows Server 2019 mit dem Netzwerk und dem Internet kommunizieren kann. Zeigt Windows ein Netzwerksymbol ohne Fehler an, kann der Rechner mit dem Netzwerk und dem Internet kommunizieren.

Ist eine Kommunikation des Computers mit dem Netzwerk möglich, nicht aber mit dem Internet, wird das Netzwerksymbol mit einem Ausrufezeichen gekennzeichnet. In diesem Fall überprüfen Sie die Einstellungen der Netzwerkkarte. Am schnellsten geht dies, wenn Sie auf der Startseite nach *ncpa.cpl* suchen. Verfügt der Computer über keine physische Netzwerkverbindung, ist das Netzwerksymbol mit einem roten X gekennzeichnet. In diesem Fall überprüfen Sie die Installation des Treibers und des Netzwerkkabels beziehungsweise der WLAN-Verbindung.

Windows Update aktivieren

Im nächsten Schritt sollten Sie unabhängig davon, ob Sie Treiber manuell oder über Windows Update installieren wollen, die Windows Update-Funktion in den Einstellungen aufrufen. Sie können diese Einstellungen zwar auch über Richtlinien durchführen, aber nach der Installation von Windows Server 2019 ist es empfehlenswert, diese Funktion sofort zu aktivieren, zumindest wenn der Server Zugriff auf das Internet hat.

Nach der Installation sollten Sie die aktuellsten Windows-Updates installieren, um sicherzustellen, dass das Betriebssystem auf dem neuesten Stand ist. Rufen Sie dazu im Startmenü über das Zahnradsymbol die Einstellungen auf und wechseln Sie zu *Update und Sicherheit/Windows Update*. Lassen Sie nach Updates suchen und installieren Sie diese direkt. Nach der Installation der Updates lassen Sie erneut nach Updates suchen, um sicherzustellen, dass keine weiteren Aktualisierungen mehr gefunden werden.

Haben Sie alle Aufgaben durchgeführt, starten Sie als Nächstes das Wartungscenter. Dieses finden Sie auf dem Desktop in der Taskleiste über das Kontextmenü der Windows-Startschaltfläche. Prüfen Sie, ob Fehler angezeigt werden. Sind Fehler vorhanden, gehen Sie diesen nach und beheben Sie diese.

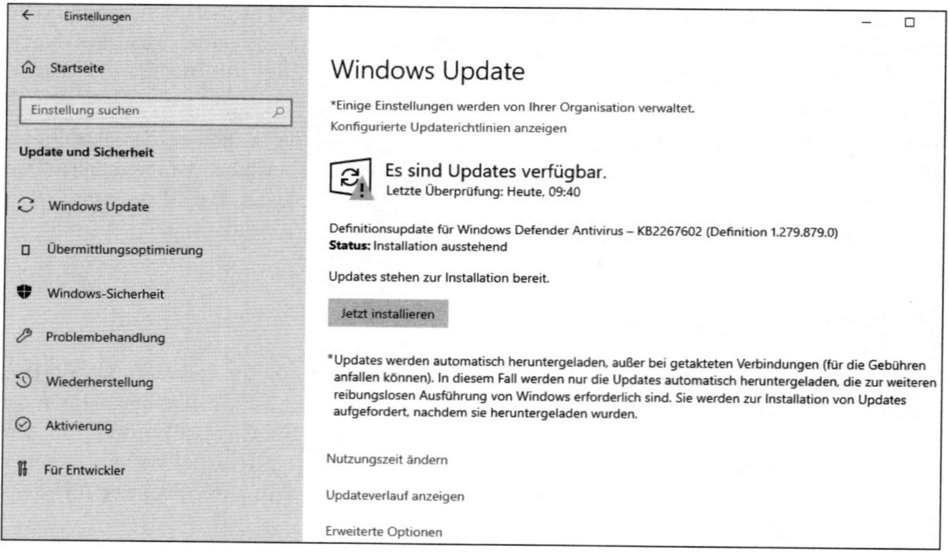

Abbildung 2.8: Nach der Installation sollten Sie den Server aktualisieren.

Sprachpakete installieren

Haben Sie ein englischsprachiges Windows-System vorliegen, oder auch eine Installation in einer anderen Sprache, können Sie beliebig weitere Sprachen installieren. Diese stehen bei Microsoft über *.cab*-Dateien zur Verfügung. Sie installieren die *.cab*-Datei und aktivieren die Sprache in Windows. Zukünftig wird die Oberfläche in der gewünschten Sprache angezeigt.

Liegt Ihnen die Sprachdatei vor, suchen Sie auf der Startseite nach *lpksetup*. Hier können Sie anschließend die Sprache installieren.

Haben Sie die Sprache installiert, müssen Sie diese aber noch aktivieren. Wechseln Sie dazu in der entsprechenden Sprache des Betriebssystems zu *Systemsteuerung/Zeit und Sprache/Sprache*. Klicken Sie anschließend auf die Sprache, die Sie aktivieren wollen, und dann auf *Optionen*. Hier können Sie jetzt die Sprache aktivieren.

Media Player deinstallieren

Standardmäßig ist in Windows Server 2019 der Windows Media Player aktiv. Auf produktiven Servern wird er nicht benötigt. Um den Media Player zu deinstallieren, rufen Sie den folgenden Befehl auf:

dism /online /Disable-Feature /FeatureName:WindowsMediaPlayer /norestart

```
Administrator: Eingabeaufforderung - dism /online /Disable-Feature /FeatureName:WindowsMediaPlayer /norestart
Microsoft Windows [Version 10.0.17713.1000]
(c) 2018 Microsoft Corporation. Alle Rechte vorbehalten.

C:\Users\Administrator>dism /online /Disable-Feature /FeatureName:WindowsMediaPlayer /norestart

Tool zur Imageverwaltung für die Bereitstellung
Version: 10.0.17713.1000

Abbildversion: 10.0.17713.1000

Features werden deaktiviert
[==========================93.8%=====================      ]
```

Abbildung 2.9: Media Player in Windows Server 2019 deaktivieren

Computernamen und Domänenmitgliedschaft festlegen

Sie müssen den Computernamen und die Domänenmitgliedschaft nach der Installation manuell festlegen. Gehen Sie dazu folgendermaßen vor:

1. Starten Sie den Server-Manager.
2. Klicken Sie auf *Lokaler Server*, dann im mittleren Bereich auf den Namen des Servers.
3. Klicken Sie im neuen Fenster auf *Ändern*.
4. Geben Sie den neuen Namen des Computers ein und booten Sie den Rechner neu.

Wollen Sie den Server auch in eine Domäne aufnehmen, gehen Sie folgendermaßen vor:

1. Tippen Sie auf der Startseite *ncpa.cpl* ein und rufen Sie die Eigenschaften der Netzwerkverbindung und von IPv4 auf.
2. Stellen Sie sicher, dass als DNS-Server mindestens ein Server eingetragen ist, der die DNS-Zone der Windows-Domäne auflösen kann, der Sie beitreten wollen.
3. Klicken Sie im Server-Manager auf *Lokaler Server* und dann auf den Link bei *Arbeitsgruppe*.
4. Klicken Sie danach auf *Ändern*. Geben Sie bei *Computername* den neuen Namen des Servers in der Domäne ein und aktivieren Sie die *Domäne*.
5. Tippen Sie den Namen der Domäne ein.

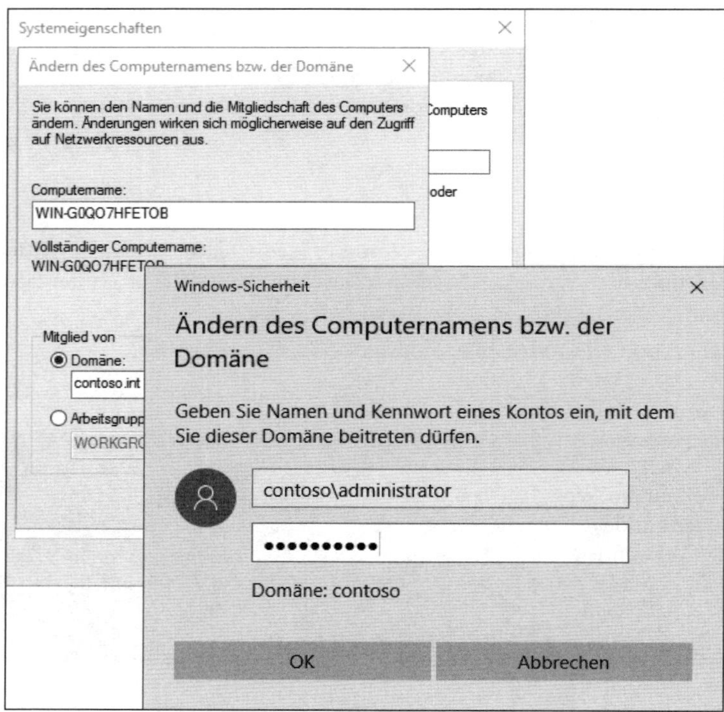

Abbildung 2.10: Computer in eine Domäne aufnehmen

6. Kann der Server über seinen DNS-Server die Domäne auflösen, öffnet sich ein Authentifizierungsfenster. Andernfalls wird eine Fehlermeldung angezeigt. In diesem Fall überprüfen Sie, ob der DNS-Server korrekt ist. Authentifizieren Sie sich an der Domäne. Kann der DNS-Server den Namen der Domäne auflösen und haben Sie sich korrekt authentifiziert, erhalten Sie eine Rückmeldung über die Aufnahme in die Domäne und können den Server neu starten.

Remotedesktop in Windows Server 2016 aktivieren

Die Einrichtung von Servern direkt im Serverraum oder Rechenzentrum ist nicht gerade sehr bequem. Hier bietet es sich an, eine Remotedesktopverbindung zu aktivieren und von Ihrem Computer aus auf den Server zuzugreifen. Das hat den Vorteil, dass Sie auf dem Server mit Maus und Tastatur arbeiten können und Treiber, die Sie mit dem Computer herunterladen, per Kopieren/Einfügen über den Remotedesktop auf den Server kopieren können. Um nach der Netzwerkverbindung eine Remotedesktopverbindung herzustellen, gehen Sie folgendermaßen vor:

1. Geben Sie im Windows-Startmenü *sysdm.cpl* ein.
2. Öffnen Sie in den Systemeigenschaften die Registerkarte *Remoteeinstellungen*. Aktivieren Sie die Option *Remoteverbindung mit diesem Computer zulassen*. Funktioniert die Verbindung nicht, deaktivieren Sie das Kontrollkästchen *Verbindungen nur von Computern zulassen, auf denen Remotedesktop mit Authentifizierung auf Netzwerkebene ausgeführt wird*. Bestätigen Sie die Eingabe mit *OK*.

3. Stellen Sie im Infobereich der Taskleiste sicher, dass eine Netzwerkverbindung hergestellt ist.

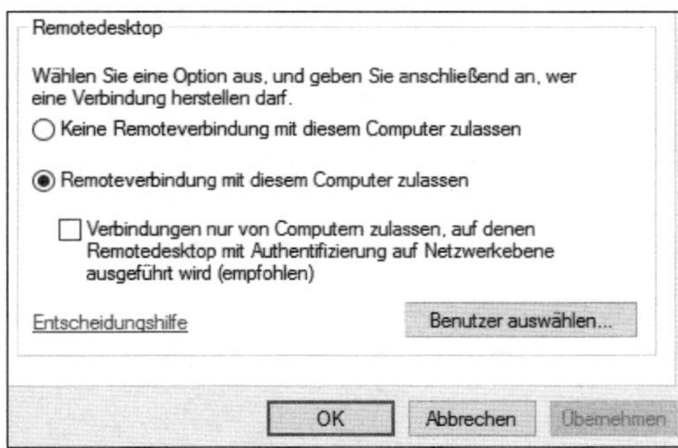

Abbildung 2.11: Remotedesktop in Windows Server 2019 aktivieren

Um zum Beispiel von einem Windows 10-Computer aus eine Remotedesktopverbindung herzustellen, geben Sie auf der Startseite *mstsc* ein. Es öffnet sich der Client für die Remotedesktopverbindung. Verwenden Sie den internen Remotedesktopclient in Windows 10, geben Sie bei *Computer* die IP-Adresse des Servers ein und bei *Benutzername* den Anmeldenamen mit der Syntax *<Name des Servers>\<Anmeldename>*. Auf Wunsch aktivieren Sie noch *Speichern der Anmeldeinformationen zulassen.*

Wechseln Sie zur Registerkarte *Anzeige* und verwenden Sie entweder den Vollbildmodus oder setzen die Anzeige auf die Auflösung, die auch der Server hat.

Auf der Registerkarte *Lokale Ressourcen* sollten Sie die Option *Auf dem Remotecomputer anwenden* bei *Windows-Tastenkombinationen anwenden* aktivieren.

Auf der Registerkarte *Leistung* aktivieren Sie die Option *LAN (10 MBit/s oder höher)* und stellen sicher, dass alle Optionen aktiviert sind. Wechseln Sie dann zur Registerkarte *Allgemein* und speichern Sie die Verbindung mit *Speichern unter.*

Starten Sie die Verbindung, müssen Sie einmalig eine Ausnahme für die Windows-Firewall eintragen lassen, das Kennwort für das Benutzerkonto angeben und das Zertifikat bestätigen. Anschließend wird eine Remotedesktopverbindung hergestellt. Bei weiteren Verbindungen sind diese Eingaben nicht mehr notwendig, wenn Sie die entsprechenden Optionen speichern lassen.

Windows Server 2019 an WLAN anbinden

Sie können einen Server mit Windows Server 2019 auch an WLANs anbinden. Zuvor müssen Sie über den Server-Manager das Feature *WLAN-Dienst* installieren.

Haben Sie eine WLAN-Karte installiert oder verwenden Sie einen WLAN-USB-Stick, können Sie den Server jetzt mit einem WLAN verbinden. Dazu klicken Sie auf das Netzwerksymbol und wählen das entsprechende WLAN aus.

Boot-Manager reparieren

Teilweise kann es passieren, dass Windows Server 2019 nicht mehr startet. In diesem Fall liegt ein Problem mit dem Boot-Manager vor. Dieser lässt sich aber über die Computerreparaturoptionen in Windows Server 2019 und auch über das Installationsmedium reparieren.

Startet der Boot-Manager nicht, sollten Sie in den Computerreparaturoptionen zur Eingabeaufforderung wechseln. Um den Boot-Manager zu reparieren, geben Sie den folgenden Befehl ein:

bcdboot C:\Windows /s C: /f BIOS

Erscheint ein Fehler, geben Sie *bcdboot D:\Windows /s C: /f BIOS* ein. Die Befehle funktionieren auf Rechnern mit UEFI nicht. Weitere Befehle, die den Boot-Manager reparieren, sind:

bootsect.exe /nt60 ALL /force

bootsect.exe /nt60 C: /mbr /force

In den Computerreparaturoptionen von Windows Server 2019 steht auch der Menüpunkt *Starthilfe* zur Verfügung. Auch mit diesem Bereich lässt sich Windows häufig wieder reparieren, wenn das Betriebssystem nicht startet.

Exchange Server 2019 auf Windows Server 2019 (Core) installieren

Microsoft stellt mit Exchange Server 2019 die neueste Version seines E-Mail-Servers zur Verfügung. Die Installation ist bei dieser Version erstmalig auch auf Core-Servern möglich. Diese Installationsvariante ist auch der empfohlene Weg. Als Betriebssystem wird Windows Server 2019 vorausgesetzt.

Voraussetzungen für die Installation von Exchange Server 2019

Um Exchange Server 2019 zu installieren, sind folgende Erweiterungen des Betriebssystems notwendig. Diese müssen vor der Installation von Exchange auf dem Server installiert werden:

- Visual C++ Redistributable Packages für Visual Studio 2013 (*https://www.microsoft.com/de-DE/download/details.aspx?id=40784*)
- Unified Communications Managed API 4.0 Runtime (*https://www.microsoft.com/en-us/download/details.aspx?id=34992*)

Nachdem diese Erweiterungen installiert sind, müssen auf dem Server die notwendigen Erweiterungen des Betriebssystems installiert werden, so wie bei den Vorgängerversionen von Exchange Server.

Auf Core-Servern kann die Unified Communications Managed API 4.0 Runtime auch über die Installationsdateien auf dem Core-Server erfolgen. Die Dateien befinden sich im Verzeichnis *UCMARedits*. Die Installation erfolgt über die Installationsdatei in diesem Verzeichnis. Vor der Installation von UCMA müssen noch Erweiterungen für das Betriebssystem installiert werden. Dies führen Sie am besten über die PowerShell durch:

Installieren der Erweiterungen für Exchange Server 2019

Diese Installation wird am einfachsten in der PowerShell vorgenommen – auch dann, wenn die Installation auf einem Server mit grafischer Oberfläche erfolgt. Die Installation aller Erweiterungen, die Exchange Server 2019 benötigt, wird auf Core-Servern mit dem folgenden Befehl durchgeführt:

Install-WindowsFeature Server-Media-Foundation, NET-Framework-45-Features, RPC-over-HTTP-proxy, RSAT-Clustering, RSAT-Clustering-CmdInterface, RSAT-Clustering-PowerShell, WAS-Process-Model, Web-Asp-Net45, Web-Basic-Auth, Web-Client-Auth, Web-Digest-Auth, Web-Dir-Browsing, Web-Dyn-Compression, Web-Http-Errors, Web-Http-Logging, Web-Http-Redirect, Web-Http-Tracing, Web-ISAPI-Ext, Web-ISAPI-Filter, Web-Metabase, Web-Mgmt-Service, Web-Net-Ext45, Web-Request-Monitor, Web-Server, Web-Stat-Compression, Web-Static-Content, Web-Windows-Auth, Web-WMI, RSAT-ADDS

Auf Servern mit grafischer Oberfläche wird der folgende Aufruf verwendet:

Install-WindowsFeature Server-Media-Foundation, NET-Framework-45-Features, RPC-over-HTTP-proxy, RSAT-Clustering, RSAT-Clustering-CmdInterface, RSAT-Clustering-Mgmt, RSAT-Clustering-PowerShell, WAS-Process-Model, Web-Asp-Net45, Web-Basic-Auth, Web-Client-Auth, Web-Digest-Auth, Web-Dir-Browsing, Web-Dyn-Compression, Web-Http-Errors, Web-Http-Logging, Web-Http-Redirect, Web-Http-Tracing, Web-ISAPI-Ext, Web-ISAPI-Filter, Web-Lgcy-Mgmt-Console, Web-Metabase, Web-Mgmt-Console, Web-Mgmt-Service, Web-Net-Ext45, Web-Request-Monitor, Web-Server, Web-Stat-Compression, Web-Static-Content, Web-Windows-Auth, Web-WMI, Windows-Identity-Foundation, RSAT-ADDS

Natürlich sollte vor der Installation von Exchange Server 2019 der Server mit den neuesten Updates versorgt werden. Für Windows Server 2019 liegen bereits einige Updates vor, die vor der Exchange-Installation auf dem Server zur Verfügung stehen sollten. Auf einem Core-Server lässt sich die PowerShell am schnellsten durch Eingabe von *powershell* in der Eingabeaufforderung öffnen. Alternativ wird mit *start powershell* eine neue Eingabeaufforderung für die PowerShell geöffnet. Mit *cmd* kann zur herkömmlichen Eingabeaufforderung zurückgewechselt werden.

Exchange Server 2019 installieren

Sobald die Erweiterungen für Exchange Server 2019 installiert sind, kann der eigentliche Installationspart beginnen. Normalerweise findet die Installation über eine ISO-Datei statt, die auf dem Server bereitgestellt wird. Das funktioniert auf virtuellen Servern und physischen Servern gleichermaßen per Doppelklick auf die Datei. Um die ISO-Datei auf einem Core-Server bereitzustellen, wird der folgende Befehl verwendet:

Mount-DiskImage C:\Software\ExchangeServer2019-x64.iso

Die Installation wird anschließend ebenfalls in der Eingabeaufforderung gestartet:

.\Setup.exe /m:install /roles:m /IAcceptExchangeServerLicenseTerms /InstallWindowsComponents

Wenn noch keine Exchange-Organisation in der Gesamtstruktur angelegt wurde, muss zusätzlich die Option */Organizationname:<Name>* angehängt werden.

Im Rahmen der Installation kann bei entsprechender Internetanbindung nach Updates für die Installationsdateien gesucht werden. In den meisten Fällen ist dies allerdings nicht notwendig. Generell lassen sich alle Vorgaben der Installation einfach übernehmen.

Auf der Seite *Empfohlene Einstellungen* bietet es sich an, die Option *Empfohlene Einstellungen nicht verwenden* zu nutzen. Denn so können die einzelnen Optionen selbst konfiguriert werden.

Auf der nächsten Seite wird ausgewählt, ob ein Exchange-Server (der auch als Postfachserver genutzt wird) oder ein Edge-Transport-Server für die Anbindung an das Internet installiert werden soll. Andere Rollen sind nicht mehr verfügbar. In Exchange Server 2019 gibt es auch keine Unified-Messaging-Rolle mehr.

Im Rahmen der Installation kann ausgewählt werden, auf welcher Festplatte die Systemdateien von Exchange installiert werden sollen. In produktiven Umgebungen ist es sinnvoll, Exchange auf einer eigenen Festplatte zu installieren. Liegt in Active Directory noch keine Exchange-Installation vor, kann im Rahmen der Installation der Name der Organisation gesteuert werden.

Auch die Verwendung des Malware-Schutzes kann im Rahmen der Installation gesteuert werden. Anschließend überprüft der Assistent, ob auf dem Server alle Voraussetzungen für Exchange Server 2019 getroffen wurden, und beginnt danach die Installation. Nach etwa einer Stunde ist die Installation des Servers abgeschlossen.

Aufgaben nach der Installation und Troubleshooting

Der Fortschritt der Installation oder eventuelle Fehler werden in der Datei *ExchangeSetup.log* festgehalten. Diese kann auch auf Core-Servern mit dem Editor geöffnet werden:

start notepad c:\ExchangeSetupLogs\ExchangeSetup.log

Für die Verwaltung kann auf Arbeitsstationen mit Windows 10 auch das Exchange Admin Center installiert werden. Die Installation erfolgt über die Installationsdateien des Exchange-Servers. Auf Core-Servern kann die Exchange Management Shell mit *LaunchEMS* gestartet werden.

Zusammenfassung

In diesem Kapitel wurde Ihnen anhand diverser Anleitungen gezeigt, wie Sie Windows Server 2019 installieren, aber auch parallel mit älteren Windows-Versionen betreiben. Außerdem wurde Ihnen erläutert, welche wichtigen Aufgaben Sie nach der Installation durchführen müssen und wie Sie Windows Server 2019 aktivieren. Und schließlich haben Sie erfahren, wie Sie Windows Server 2019 über einen USB-Stick installieren.

Im nächsten Kapitel lesen Sie, wie Sie Windows Server 2019 so einrichten, dass Sie nach der Installation optimal mit dem Server arbeiten können. Außerdem gehen wir näher auf die Installation und Einrichtung des Windows Admin Centers ein.

Kapitel 3

Erste Schritte mit Windows Server 2019

In diesem Kapitel:

In diesem Kapitel machen wir Sie mit den ersten Schritten vertraut, die zur Verwaltung eines Servers mit Windows Server 2019 notwendig sind. Außerdem erfahren Sie, wie Sie das Windows Admin Center installieren und einrichten. Mit dieser webbasierten Verwaltungsoberfläche können Sie Netzwerke mit Windows Server 2019 parallel zu den anderen Verwaltungswerkzeugen verwalten.

Erste Schritte nach der Installation

Während der Installation legt Windows Server 2019 automatisch einen Namen für den Server fest, der anschließend angepasst werden sollte. Wie Sie dazu vorgehen, lesen Sie in Kapitel 2. Viele Aufgaben, die zur Grundkonfiguration des Servers gehören, nehmen Sie direkt im Server-Manager vor. Dazu klicken Sie auf *Lokaler Server*. Im mittleren Bereich sehen Sie die verschiedenen Aufgaben, deren Assistenten Sie über einen Klick auf den entsprechenden Link erreichen. Alternativ rufen Sie das Tool *sysdm.cpl* auf. Auch hier können Sie den Namen des Servers ändern.

Windows Server 2019 mit Windows 10 verwalten

Um Windows Server 2019 mit Windows 10 zu verwalten, bietet Microsoft die Remoteserver-Verwaltungstools (Remote Server Administration Tools, RSAT) zum Download an. Achten Sie darauf, die neueste Version der Tools zu verwenden, die mit Windows 10 und Windows Server 2019 kompatibel ist.

Mit den Tools installieren Sie auf einer Arbeitsstation mit Windows 10 alle Verwaltungsprogramme, die zur Verwaltung von Windows Server 2019 notwendig sind. Mit den Tools verwalten Sie auch die Serverdienste in Windows Server 2012/2012 R2/2016. Auch Container können Sie über diesen Weg verwalten. Sie brauchen dazu aber mindestens Windows 10 Enterprise Version 1607 oder neuer.

Neben den verschiedenen Verwaltungstools der Serverrollen integriert der Installations-Assistent von RSAT auch den Server-Manager von Windows Server 2019 in Windows 10. Über den Server-Manager binden Sie die verschiedenen Server im Netzwerk an, auf denen Windows Server 2019 installiert ist. Sie können mit dem Server-Manager auf diesem Weg auch über Windows 10-Arbeitsstationen Serverrollen auf Servern installieren. Auch im Server-Manager von Windows Server 2019 können Sie andere Server mit Windows Server 2019 im Netzwerk verwalten.

Die Remoteserver-Verwaltungstools für Windows 10 umfassen Server-Manager, Verwaltungstools der Serverrollen und Features von Windows Server 2016/2019, PowerShell-Cmdlets und Befehlszeilentools für die Verwaltung von Rollen und Features. Einige Tools funktionieren für die Verwaltung von Rollen und Features für Windows Server 2008 R2 und Windows Server 2012/2012 R2/2016.

Die Remoteserver-Verwaltungstools lassen sich auch in der kleinsten Version von Windows 10 installieren, allerdings bietet nur die Enterprise-Version alle Funktionen. Sie können die Remoteserver-Verwaltungstools für Windows 10 nur auf Computern installieren, auf denen Windows 10 installiert ist.

Remoteserver-Verwaltungstools installieren

Die Remoteserver-Verwaltungstools laden Sie als *.msu*-Datei direkt im Downloadcenter herunter. Der Download steht als 64-Bit- und als 32-Bit-Version zur Verfügung. Bei der Installation wählen Sie keine Verwaltungstools aus, sondern installieren lediglich die Tools als Update in Windows 10.

Windows 10 installiert RSAT wie jedes andere Update auch, das heißt, die Installation lässt sich auch skripten. Entfernen Sie vorher alle älteren Versionen der Verwaltungstools oder Remoteserver-Verwaltungstools, auch frühere Vorabversionen sowie Versionen der Tools für verschiedene Sprachen.

Wenn Sie ein Upgrade von Windows 7/8.1 auf Windows 10 durchgeführt haben, müssen Sie die Remoteserver-Verwaltungstools für Windows 10 installieren, Sie können nicht die alten Versionen für Windows 7/8.1 parallel betreiben. Die Remoteserver-Verwaltungstools für Windows 10 unterstützen auch die Remoteverwaltung von Servern mit einer Core-Installation und teilweise auch die Server Core-Installationen von Windows Server 2008 R2/2012/2012 R2/2016.

Nach der Installation finden Sie die Remoteserver-Verwaltungstools im Startmenü. Im Gegensatz zu Windows 7 sind alle Verwaltungstools nach der Installation bereits aktiv. Wollen Sie nicht alle Verwaltungstools nutzen, können Sie einzelne davon deaktivieren. Dazu geben Sie *optionalfeatures* im Startmenü ein. Im Dialogfeld *Windows-Features* aktivieren oder deaktivieren Sie einzelne Verwaltungstools. Zur Installation müssen Sie nur das jeweilige Kontrollkästchen aktivieren, eine weitere Installation ist nicht notwendig. Wollen Sie die Tools komplett deinstallieren, gehen Sie folgendermaßen vor:

1. Rufen Sie auf der Startseite *appwiz.cpl* auf.
2. Klicken Sie auf *Installierte Updates anzeigen.*
3. Klicken Sie mit der rechten Maustaste auf das Update, mit dem RSAT installiert wurde, und dann auf *Deinstallieren*.
4. Bestätigen Sie die Deinstallation des Updates mit *Ja*.

Remoteverwaltung mit dem Server-Manager

Im Vergleich zu Windows Server 2012/2012 R2/2016 sind keine Neuerungen zu sehen. Die Server im Netzwerk lassen sich zentral im Server-Manager verwalten. Klicken Sie im Server-Manager auf *Dashboard*, können Sie über das Menü *Ansicht* die Willkommen-Kachel ausblenden und gewinnen wertvollen Platz zur Verwaltung von Servern. Über die Programmgruppe *Verwalten* erstellen Sie eigene Servergruppen.

Dazu gruppiert der Server-Manager die verschiedenen Serverfunktionen zur besseren Verwaltung. Alle installierten Serverrollen zeigt er automatisch gruppiert an. Verwaltungswerkzeuge zeigt er direkt über das Menü *Tools* an. Hierüber lassen sich alle wichtigen Werkzeuge starten. So stört auch die neue Oberfläche nicht, da alle Verwaltungsaufgaben zentral im Server-Manager stattfinden. Diese Funktionen sind nach der Installation von RSAT auch in Windows 10 verfügbar.

Um im Server-Manager in Windows Server 2019 und Windows 10 weitere Server anzubinden, klicken Sie auf *Verwalten* und dann auf *Server hinzufügen*. Im Fenster können Sie anschließend nach Servern suchen, um sie im lokalen Server-Manager zu verwalten. Auf diesem Weg erstellen Sie auch eigene Servergruppen, die Sie im Server-Manager zusammenfassen. Von diesen Gruppen können Sie dann Ereignismeldungen anzeigen lassen. Über diesen Weg binden Sie Server mit Windows Server 2019 in allen Editionen, aber auch Windows Server 2012/2012 R2/2016 an.

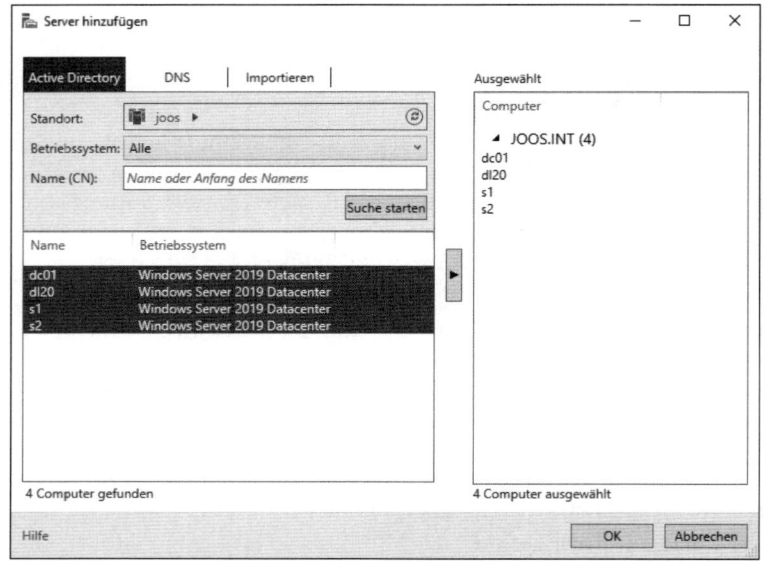

Abbildung 3.1: Verwalten von zusätzlichen Servern im Server-Manager

Um auf Servern im Netzwerk über den Server-Manager remote Rollen oder Features zu installieren, ist eine vorherige Anbindung notwendig. Im Assistenten zum Hinzufügen von zusätzlichen Rollen erscheint ein Fenster, über das Sie den Server auswählen können, auf dem Sie eine neue Rolle oder ein neues Feature installieren wollen. Dazu klicken Sie auf *Verwalten/Rollen und Features hinzufügen*.

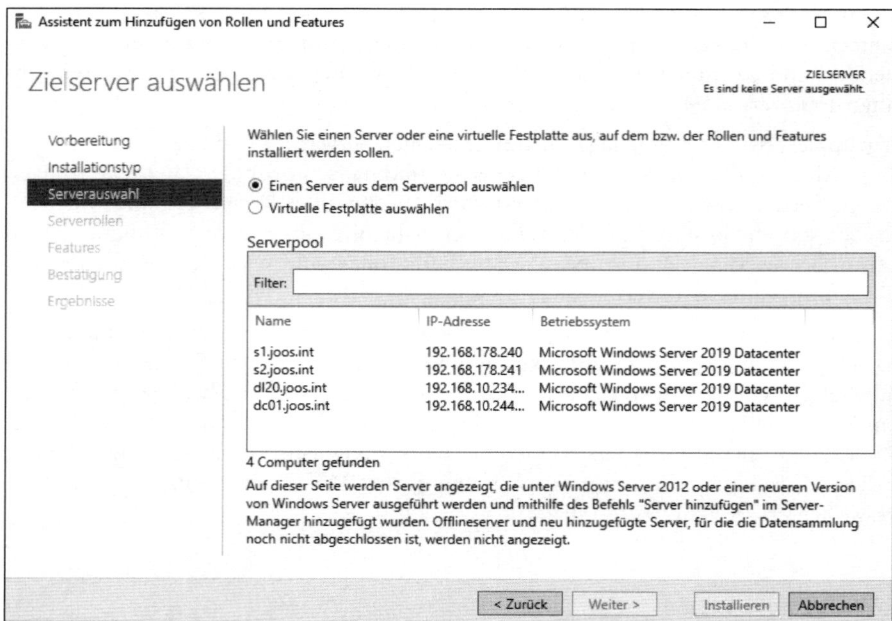

Abbildung 3.2: Auswählen des Zielservers zur Installation von Serverrollen

In Windows Server 2019 sind die Assistenten zum Hinzufügen von Rollen und Features zusammengefasst. Das heißt, Sie können über einen einzelnen Assistenten mehrere Serverrollen und Features gemeinsam und gleichzeitig installieren. Das erspart unnötige Neustarts und Installationen, da alles in einem Arbeitsschritt erfolgt. Im Assistenten lassen sich aber nicht nur physische Server im Netzwerk auswählen, um Serverrollen zu installieren, sondern auch virtuelle Festplatten auf Hyper-V-Hosts.

Beim Abschluss der Installation von Serverrollen und Features erhalten Sie eine Zusammenfassung angezeigt und die Möglichkeit geboten, die Konfiguration in XML-Dateien zu exportieren. Mit diesen Dateien können Sie dann die gleichen Rollen oder Features auf einem anderen Server installieren. Zusätzlich haben Sie die Möglichkeit, einen alternativen Pfad zu den Installationsdateien von Windows Server 2019 anzugeben. Hier sollten Sie auch die Option zum automatischen Neustart aktivieren.

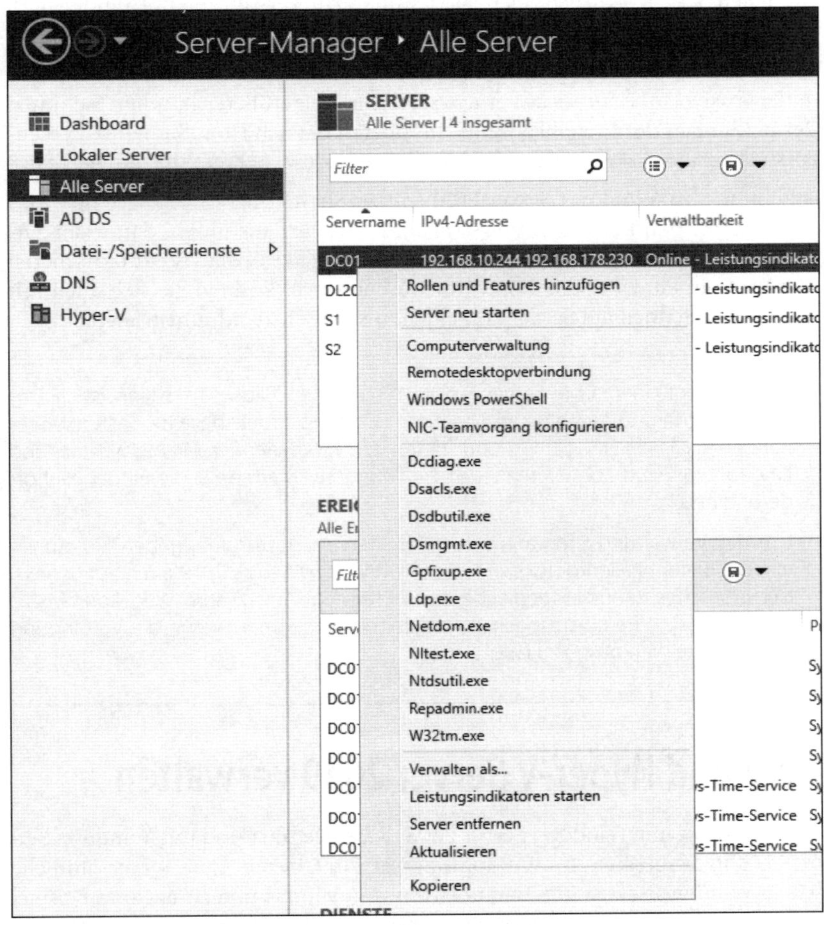

Abbildung 3.3: Über das Kontextmenü von Servern lassen sich Verwaltungswerkzeuge von Windows Server 2019 auch in Windows 10 starten.

In diesem Fall starten die Server automatisch neu, falls dies notwendig ist. Vor allem, wenn Sie Installationen von Serverrollen über das Netzwerk oder über eine RDP-Verbindung ausführen, ist dies sinnvoll, da viele Rollen die Netzwerkverbindung kappen können, zum Beispiel die Installation von Hyper-V. Damit der Assistent seine Arbeit erfolgreich fortsetzt, müssen Sie das Fenster nicht geöffnet lassen, sondern können es nach dem Start der Installation schließen.

Überall im Server-Manager lassen sich die anderen Server im Netzwerk schnell und einfach integrieren sowie verwalten. Über das Kontextmenü von Servern können Sie Server über das Netzwerk remote neu starten lassen, eine PowerShell-Sitzung auf dem Server ausführen oder eine RDP-Verbindung öffnen. Auch die Installation von Rollen und Features über das Netzwerk ist mit dem Kontextmenü möglich.

Im Server-Manager sehen Sie am Wartungscentersymbol im oberen Bereich, ob Fehler auf einem angebundenen Server vorliegen oder Maßnahmen zur Verwaltung notwendig sind. Sie können sich über diesen Weg in Windows 10 auch gesammelt alle Fehlermeldungen aller Server anzeigen lassen.

Klicken Sie in der Ansicht *Alle Server* auf einen Server im oberen Bereich, sehen Sie unten wichtige Fehlermeldungen der Ereignisanzeige. Im oberen Bereich ist außerdem zu erkennen, ob die entsprechenden Server online sind und ob Windows Server 2019 aktiviert ist.

Nach der Installation von Windows Server 2019 sollten Sie im Server-Manager über das Kontextmenü der Server den Befehl *Leistungsindikatoren starten* ausführen, damit der Server über das Netzwerk überwachbar ist sowie die Best Practices Analyzer funktionieren und Daten abrufen können. Über das Kontextmenü der Server können Sie sich auch mit einem anderen Benutzernamen am Server anmelden, um diesen zu administrieren.

Tipp

Wenn Sie auf einem Core-Server nur einen schwarzen Bildschirm sehen, ist die Eingabeaufforderung geschlossen. Um diese zu öffnen, drücken Sie die Tastenkombination `Strg`+`Alt`+`Entf` und starten den Task-Manager. Mit *Mehr Details* und Eingabe von *cmd* über *Datei/Neuen Task ausführen* starten Sie die Eingabeaufforderung neu.

Um das Verwaltungsprogramm von Core-Servern aufzurufen, geben Sie *sconfig* ein. Das Befehlszeilentool *sconfig* steht in Windows Server 2019 auch auf Servern mit grafischer Benutzeroberfläche zur Verfügung. Auf diesem Weg können Sie zum Beispiel in Fernwartungen Einstellungen vornehmen, wenn die Verbindung für grafische Werkzeuge zu langsam ist.

Core-Server und Hyper-V Server 2019 verwalten

Core-Server hat Microsoft mit Windows Server 2008 R2 eingeführt und mit Windows Server 2012/2012 R2/2016 verbessert. In Windows Server 2019 bieten Core-Server ähnliche Funktionen wie in Windows Server 2016 und noch einiges mehr. So unterstützt zum Beispiel auch Exchange Server 2019 die Installation auf Core-Servern mit Windows Server 2019.

Den Servern fehlt die grafische Oberfläche. Sie verwalten diese Server mit der Eingabeaufforderung, der PowerShell oder über das Netzwerk von anderen Servern oder auch Windows 10-Arbeitsstationen. Hier stehen die Remoteserver-Verwaltungstools zur Verfügung sowie das Windows Admin Center über einen Webbrowser.

Das Gleiche funktioniert auch für den neuen Hyper-V Server 2019. Der Hyper-V Server 2019 ist im Grunde genommen ein Core-Server mit automatisch installierter Hyper-V-Rolle.

Core-Server werden vor allem mit Windows Admin Center verwaltet. Hier stehen über den Webbrowser von Arbeitsstationen alle Werkzeuge zur Verfügung, die Administratoren benötigen.

Hinweis Core-Server lassen sich in Windows Server 2019 nicht zu Servern mit grafischer Oberfläche aktualisieren, und umgekehrt lässt sich die grafische Oberfläche nach der Einrichtung nicht deinstallieren.

Haben Sie aber die Remoteserver-Verwaltungstools (Remote Server Administration Tools, RSAT) in Windows 10 installiert, können Sie die Verwaltungstools auch von einer Windows 10-Arbeitsstation aus verwenden, ohne dass auf dem Core-Server eine grafische Oberfläche zur Verfügung steht. Auch das Windows Admin Center steht in Windows Server 2019 und Windows 10 zur Verfügung.

Sie können Hyper-V Server 2019 mit dem Hyper-V Manager in Windows 10 verwalten, auch ohne RSAT zu nutzen. Das gilt auch für das Windows Admin Center. Wichtig für die Verwaltung von Core-Servern oder Hyper-V Server 2019 über das Netzwerk sind noch die Punkte 4 und 7 in *sconfig*. Hierüber aktivieren Sie die Remoteverwaltung mit Tools wie den Hyper-V-Manager. Durch Aktivierung des Remotedesktops lässt sich Hyper-V Server auch darüber verwalten. Wie Sie dabei vorgehen, ist auch in Kapitel 2 näher erläutert.

Haben Sie sich mit einem Core-Server verbunden und versehentlich die Eingabeaufforderung geschlossen, drücken Sie die Tastenkombination `Strg`+`Alt`+`Entf` und starten den Task-Manager. Klicken Sie danach auf *Mehr Details* und dann auf *Datei/Neuen Task ausführen*. Geben Sie *cmd* ein, um die Eingabeaufforderung erneut zu öffnen.

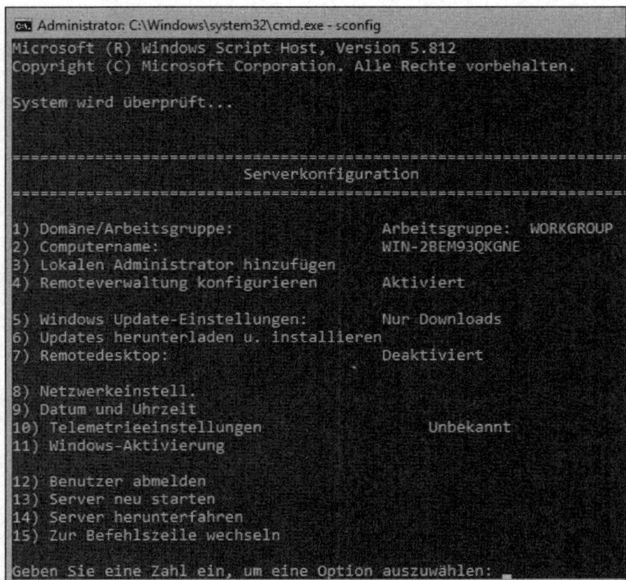

Abbildung 3.4: Die Verwaltung von Core-Servern erfolgt unter anderem mit sconfig.

Haben Sie einen Core-Server installiert, legen Sie zunächst die IP-Adresse fest, konfigurieren den DNS-Server, ändern den Namen und nehmen den Server in die Active Directory-Domäne auf. Aktivieren Sie noch die Remoteverwaltung, können Sie den Server mit grafischen Verwaltungstools verwalten, wie in den ersten Abschnitten in diesem Kapitel behandelt.

Um Core-Server zu verwalten, geben Sie in der Eingabeaufforderung *sconfig* ein. Zur Konfiguration der Netzwerkeinstellungen wählen Sie den Menüpunkt *8) Netzwerkeinstell.*:

1. Wählen Sie die Nummer des Adapters aus.
2. Wählen Sie *1) Adresse der Netzwerkkarte festlegen* aus, um die Adresse zu ändern.
3. Drücken Sie die Taste S, um eine statische IP-Adresse zu konfigurieren.
4. Geben Sie zunächst die statische IP-Adresse und danach die Subnetzmaske an.

```
Auswählen Administrator: C:\Windows\system32\cmd.exe - sconfig

Wählen Sie (D)HCP oder (S)tatische IP-Adresse aus (Leer = Abbrechen): s

Statische IP-Adresse festlegen
Geben Sie die statische IP-Adresse ein: 192.168.50.21
Geben Sie die Subnetzmaske ein (Leer = Standard: 255.255.255.0): 255.255.0.0
Geben Sie das Standardgateway ein: 192.168.178.1
NIC wird auf statische IP-Adresse festgelegt...

---------------------------
    Netzwerkkarteneinstellungen
---------------------------

NIC-Index               1
Beschreibung            Microsoft Hyper-V Network Adapter
IP-Adresse              192.168.50.21    fe80::28ce:6a6e:a79e:5c5
Subnetzmaske            255.255.0.0
DHCP aktiviert          Falsch
Standardgateway         192.168.178.1    fe80::464e:6dff:fe1b:5889
Bevorzugter DNS-Server
Alternativer DNS-Server

1) Adresse der Netzwerkkarte festlegen
2) DNS-Server festlegen
3) DNS-Servereinstellungen löschen
4) Zurück zum Hauptmenü

Gewünschte Option:
```

Abbildung 3.5: Festlegen einer statischen IP-Adresse für einen Core-Server

5. Anschließend tragen Sie über den Menüpunkt *2) DNS-Server festlegen* einen DNS-Server ein, der die Active Directory-Domäne auflösen kann.
6. Im Hauptmenü zurück nehmen Sie den Server mit dem Punkt *1) Domäne/Arbeitsgruppe* in die Domäne auf und ändern den Servernamen. Anschließend starten Sie den Server neu.
7. Über die Menüpunkte 4 und 7 im *sconfig*-Hauptmenü aktivieren Sie die Verwaltung von Remotedesktop und die Remoteverwaltung über grafische Tools wie den Server-Manager oder das Windows Admin Center.

Die Verwaltung eines Core-Servers läuft hauptsächlich über die Eingabeaufforderung oder PowerShell ab beziehungsweise mit Verwaltungstools über das Netzwerk, also in Windows Server 2019 vor allem über das Windows Admin Center.

Tipp Mit dem Befehl *start cmd /separate* öffnen Sie ein paralleles Fenster der Eingabeaufforderung, wenn Sie zwei Fenster benötigen. Wird das eine Fenster geschlossen, lässt sich über den Task-Manager durch Erstellen eines neuen Tasks mit dem Befehl *cmd* ein neues Fenster starten, aber mit einem zweiten Fenster ersparen Sie sich diesen Aufwand und können bei der Arbeit mit einem Skript parallel mit einer zweiten Oberfläche arbeiten.

Alle Tools, die eine grafische Oberfläche verwenden oder den Datei-Explorer benötigen, funktionieren auf einem Core-Server nicht. Aus diesem Grund werden auch keine Meldungen angezeigt, wenn neue Updates zur Verfügung stehen oder das Kennwort eines Benutzers abgelaufen ist. Einige Fenster funktionieren auch auf einem Core-Server. So kann zum Beispiel der Editor (Notepad) verwendet werden, um Skripts oder Dateien zu bearbeiten. Mit Notepad können Sie das Dateisystem durchsuchen und Skripts bearbeiten. Der Task-Manager steht ebenfalls zur Verfügung.

Um das lokale Administratorkennwort eines Servers anzupassen, gehen Sie folgendermaßen vor:

1. Geben Sie in der Eingabeaufforderung den Befehl *net user administrator ** ein. Durch die Eingabe des Sternchens (*) wird das eingegebene Kennwort nicht im Klartext angezeigt.
2. Geben Sie das neue Kennwort ein und bestätigen Sie.
3. Geben Sie das Kennwort noch mal ein und bestätigen Sie erneut.

Sie können natürlich auch Einstellungen des Servers in der Eingabeaufforderung anpassen. Das Kennwort des angemeldeten Benutzers ändern Sie über die Tastenkombination `Strg`+`Alt`+`Entf`. Die PowerShell ist in Core-Installationen automatisch aktiviert. Daher verwenden Sie zur Konfiguration der IP-Einstellungen nicht mehr das Befehlszeilentool *netsh*, sondern besser die Cmdlets *New-NetIPAddress* und *Get-NetIPConfiguration*. Ein Beispielaufruf für die Einrichtung lautet:

New-NetIPAddress -InterfaceIndex 12 -IPAddress 192.168.178.2 -PrefixLength 24 -DefaultGateway 192.168.1.10

Die DNS-Server tragen Sie mit *Set-DNSClientServerAddress -InterfaceIndex 12 -ServerAddresses 192.168.1.4* ein. Mehrere DNS-Server trennen Sie jeweils mit einem Komma. Das Cmdlet *Set-DnsClientServerAddress -InterfaceIndex 12 -ResetServer* wechselt zu DHCP. Achten Sie darauf, jeweils die korrekte Indexnummer für den Netzwerkadapter zu verwenden. Diesen erhalten Sie mit *Get-NetIPConfiguration*.

Einer Windows-Domäne treten Sie mit *Add-Computer* bei. Um der lokalen Administratorengruppe ein Domänenkonto hinzuzufügen, verwenden Sie den Befehl *net localgroup administrators /add <Domäne>\<Benutzername>*. Mit dem Befehl *net localgroup administratoren* können Sie sich alle Gruppenmitglieder anzeigen lassen. Die Aufnahme funktioniert auch über *sconfig*, geht aber mit der Eingabeaufforderung schneller.

Mit dem Befehl *net localgroup* können Sie sich alle lokalen Gruppen auf dem Server anzeigen lassen. So können Sie mit diesem Befehl schnell feststellen, welche Gruppen es gibt und welche Benutzerkonten enthalten sind. Außerdem lassen sich neue Benutzerkonten hinzufügen. Sie können die Benutzerverwaltung auch über die grafische Oberfläche von einem anderen Server aus durchführen, wenn Sie die Remoteverwaltung auf dem Server aktiviert haben. Mit dem Befehl *net localgroup administratoren /delete <Domäne>\<Benutzername>* entfernen Sie ein Benutzerkonto wieder aus der Gruppe.

Den Namen von Servern ändern Sie mit *Rename-Computer*. Der Aufruf von *Set-Date* ändert die Zeitzone und die Spracheinstellungen ändern Sie mit *control intl.cpl*.

Tipp Installieren Sie Windows-Installer-Pakete auf einem Core-Server, verwenden Sie beim Aufruf die Option */qb*.

Die Computerverwaltung starten Sie zum Beispiel über das Snap-in *Active Directory-Benutzer und -Computer*. Klicken Sie den Core-Server in der Konsole mit der rechten Maustaste an und wählen Sie im Kontextmenü den Eintrag *Verwalten*. Anschließend kann der Server über eine grafische Oberfläche konfiguriert werden. Über diesen Weg lassen sich zum Beispiel wesentlich einfacher Freigaben und Systemdienste verwalten als über die Eingabeaufforderung des Core-Servers.

Hardware und Treiber auf Core-Servern installieren

Installieren Sie neue Hardware, können Sie die grafische Oberfläche oder die Eingabeaufforderung verwenden. Auf Core-Servern bleibt Ihnen keine andere Wahl als die Verwendung der Eingabeaufforderung. Haben Sie die neue Hardware mit dem Server verbunden, wird diese über Plug & Play automatisch erkannt und der Treiber installiert. Dies gilt auch für Core-Server, allerdings muss in diesem Fall der Treiber in Windows Server 2019 integriert sein. Ist er das nicht und müssen Sie den Treiber manuell nachinstallieren, gehen Sie folgendermaßen vor:

1. Entpacken Sie die Treiberdateien und kopieren Sie sie in einen Ordner auf dem Server.
2. Geben Sie den Befehl *pnputil -i -a <*.inf-Datei des Treibers>* ein. Mit diesem neuen Tool können Treiber in Windows Server 2019 hinzugefügt und entfernt werden.
   - Über den Befehl *sc query type= driver* können Sie sich alle installierten Treiber auf einem Server anzeigen lassen (achten Sie auf das Leerzeichen nach dem Gleichheitszeichen).
   - Mit dem Befehl *sc delete <Treibername>* können Sie den Treiber entfernen, den Sie sich zuvor über den Befehl *sc query type= driver* anzeigen lassen können.

Für die Anbindung an iSCSI-Targets (siehe auch Kapitel 5) steht auf Core-Servern eine grafische Oberfläche zur Verfügung. Diese starten Sie durch Eingabe des Befehls *iscsicpl*. Für die Anbindung von Core-Servern an iSCSI-Targets steht auch der Befehl *iscsicli* zur Verfügung. Über *iscsicli /?* erhalten Sie eine ausführliche Hilfe zum Befehl (siehe Kapitel 5).

Windows Updates auf Core-Servern steuern

Um Windows-Updates zu steuern, verwenden Sie auf Core-Servern ebenfalls *sconfig*. Mehr zu diesem Thema lesen Sie in Kapitel 37.

Um eine sofortige Installation von Updates durchzuführen, geben Sie den Befehl *wuauclt /detectnow* ein. Die installierten Updates lassen sich durch den Aufruf von *systeminfo* oder *wmic qfe list* anzeigen.

Erweiterte Startoptionen nutzen

Die erweiterten Startoptionen bieten Möglichkeiten zur Reparatur des Servers. Wir kommen in Kapitel 35 noch ausführlicher auf das Thema zurück. Die Optionen lassen sich zum Beispiel aufrufen, wenn der Server beim Starten einige Male abstürzt oder der Windows-Start dreimal oder viermal abgebrochen wird.

Automatische Reparatur von Windows Server 2019 starten

Hier stehen verschiedene Möglichkeiten zur Verfügung:

- **Computer reparieren –** Startet die Reparatur des Betriebssystems in der Recovery-Oberfläche.
- **Abgesicherter Modus –** Startet Windows mit den mindestens erforderlichen Treibern und Diensten.
- **Abgesicherter Modus mit Netzwerktreibern –** Startet Windows im abgesicherten Modus zusammen mit den für den Zugriff auf das Internet oder auf andere Computer im Netzwerk erforderlichen Netzwerktreibern und -diensten.
- **Abgesicherter Modus mit Eingabeaufforderung –** Startet Windows im abgesicherten Modus mit einem Eingabeaufforderungsfenster anstelle der normalen Windows-Benutzeroberfläche.
- **Startprotokollierung aktivieren –** Erstellt die Datei *Ntbtlog.txt*, in der alle Treiber aufgelistet werden, die beim Starten installiert werden und für die erweiterte Problembehandlung nützlich sein können.
- **Videomodus mit niedriger Auflösung aktivieren –** Startet Windows mithilfe des aktuellen Videotreibers und mit niedrigen Einstellungen für Auflösung und Aktualisierungsrate. Mit diesem Modus können Sie die Anzeigeeinstellungen zurücksetzen.
- **Letzte als funktionierend bekannte Konfiguration –** Startet Windows mit der letzten funktionsfähigen Registrierungs- und Treiberkonfiguration.
- **Debugmodus –** Startet Windows in einem erweiterten Problembehandlungsmodus.
- **Automatischen Neustart bei Systemfehler deaktivieren –** Verhindert, dass Windows nach einem durch einen eigenen Fehler verursachten Absturz automatisch neu gestartet wird. Wählen Sie diese Option nur aus, wenn Windows in einer Schleife festgefahren ist (sogenannter Bootloop). Um die die Option in diesem Fall aktivieren zu können, schalten Sie zunächst den Rechner aus und wieder ein. Anschließend drücken Sie beim erneuten Systemstart die Taste F8, um so zu den erweiterten Startoptionen zu gelangen.
- **Erzwingen der Treibersignatur deaktivieren –** Ermöglicht, dass Treiber mit ungültigen Signaturen installiert werden.
- **Frühen Start des Treibers der Antischadsoftware deaktivieren –** In Windows Server 2019 startet der installierte Virenscanner wesentlich früher als in Windows Server 2008 R2. Das kann zu Problemen führen, wenn der Computer nicht mehr startet. Hier deaktivieren Sie diesen Schutz.

Windows Server 2019 im abgesicherten Modus starten

Wenn Windows Server 2019 nicht mehr ordnungsgemäß funktioniert, hilft oft der Start im abgesicherten Modus. Dabei werden nur notwendige Systemtreiber geladen. Administratoren haben in diesem Modus die Möglichkeit, Programme oder Treiber zu deinstallieren und das Betriebssystem zu reparieren, damit es wieder optimal funktioniert. Nachstehend erfahren Sie, welche Möglichkeiten es gibt, um den abgesicherten Modus zu starten.

Am einfachsten starten Sie den abgesicherten Modus, indem Sie während des Starts von Windows Server 2019 die Tastenkombination `Strg`+`F8` drücken. Allerdings ist es bei aktuellen Rechnern sehr schwer, den richtigen Moment zu treffen, da das Betriebssystem schneller startet als in den Vorgängerversionen. Es gibt aber noch weitere Möglichkeiten, um den abgesicherten Modus zu starten.

Abgesicherten Modus über msconfig.exe aufrufen

Startet Windows Server 2019 noch, können Sie den abgesicherten Modus auch über die Systemkonfiguration (*msconfig.exe*) im Suchfeld des Startmenüs starten. Rufen Sie das Tool auf, wechseln Sie zur Registerkarte *Start* und aktivieren Sie das Kontrollkästchen *Abgesicherter Start*.

Klicken Sie auf *OK* und starten Sie dann den Rechner neu. Damit Windows Server 2019 wieder normal startet, rufen Sie im abgesicherten Modus erneut *msconfig* auf und deaktivieren Sie den Modus wieder.

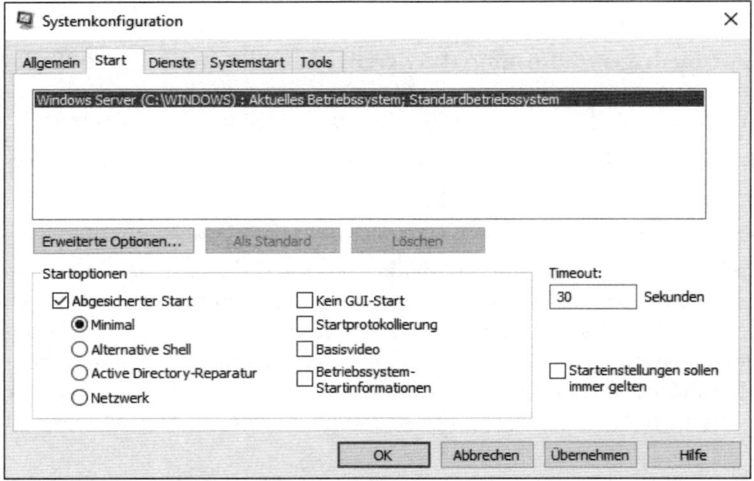

Abbildung 3.6: Den abgesicherten Modus über msconfig *starten*

Abgesicherten Modus in das Boot-Menü einbinden

Benötigen Sie den abgesicherten Modus häufiger, können Sie ihn auch in das Boot-Menü einbinden:

1. Starten Sie eine Eingabeaufforderung mit Administratorrechten. Klicken Sie dazu die Eingabeaufforderung mit der rechten Maustaste an und wählen Sie die Option *Als Administrator ausführen*.
2. Geben Sie den Befehl *bcdedit /enum /v* ein.
3. Kopieren Sie den Eintrag der Zeile *Bezeichner* im Bereich *Windows-Startladeprogramm* für die Windows-Partition, für die Sie den abgesicherten Modus einbinden wollen.
4. Geben Sie danach den folgenden Befehl ein:

   bcdedit /copy {<Bezeichner>} /d "Windows Abgesicherter Modus"

   Also zum Beispiel:

   bcdedit /copy {2704757d-cf94-11e7-91d8-d41045f10ffd} /d "Windows Abgesicherter Modus"

   Sie sollten eine erfolgreiche Rückmeldung erhalten. Geben Sie *bcdedit* ein, sollte der Eintrag bereits erscheinen.
5. Starten Sie als Nächstes *msconfig* und wechseln Sie zur Registerkarte *Start*. Auch hier sehen Sie den Eintrag. Markieren Sie den neuen Eintrag des abgesicherten Modus. Aktivieren Sie die Optionen *Abgesicherter Modus* und *Minimal*.
6. Legen Sie noch den Timeout fest, nach dem Windows automatisch das Standardbetriebssystem starten soll. Aktivieren Sie das Kontrollkästchen *Starteinstellungen sollen immer gelten*.
7. Stellen Sie sicher, dass Ihr normales Windows als Standard definiert ist. Booten Sie den Rechner, können Sie zukünftig den abgesicherten Modus direkt auswählen.

Abgesicherten Modus über die automatische Reparatur starten

Brechen Sie den Startvorgang von Windows zwei- bis dreimal ab, startet die automatische Reparatur von Windows Server 2019. Um hier in den abgesicherten Modus zu wechseln, rufen Sie im Reparaturmenü zunächst *Erweiterte Optionen* auf.

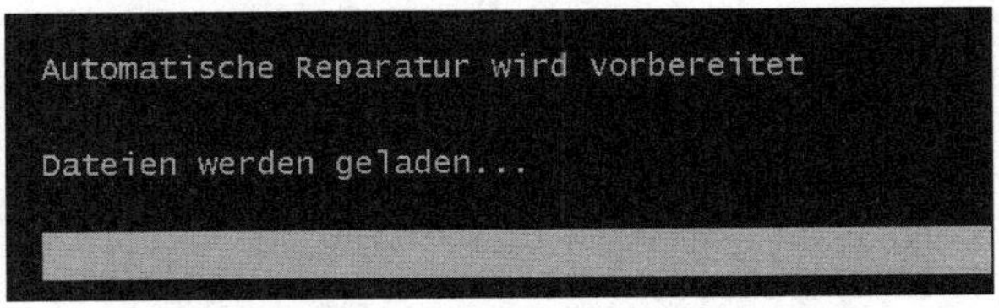

```
Automatische Reparatur wird vorbereitet

Dateien werden geladen...
```

Abbildung 3.7: Verwenden der automatischen Reparatur für den abgesicherten Modus

Im Fenster *Option auswählen* rufen Sie *Problembehandlung* auf.

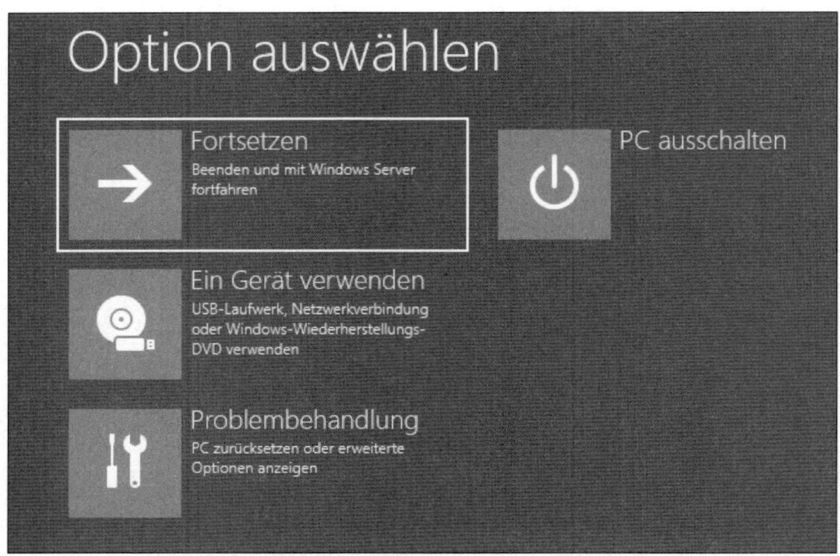

Abbildung 3.8: Auswählen der Problembehandlung

Im Fenster *Erweiterte Optionen* wählen Sie *Starteinstellungen*. Klicken Sie anschließend auf *Neu starten*, öffnet sich ein Systemmenü, über das Sie auch den abgesicherten Modus starten können.

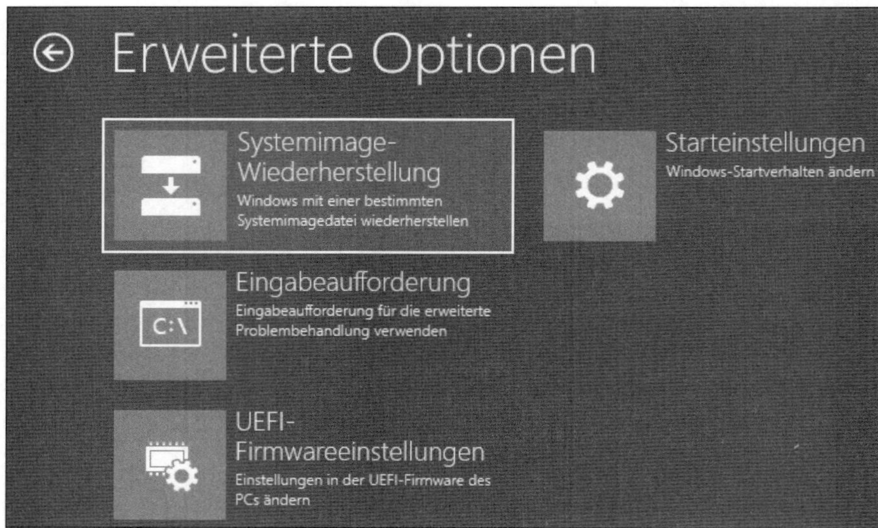

Abbildung 3.9: Die erweiterten Optionen der Systemreparatur in Windows

Windows Remote Management aktivieren

Über Windows Remote Management (WinRM) lassen sich Cmdlets auch remote auf Core-Servern, aber auch auf herkömmlichen Windows-Servern ausführen. Damit das funktioniert, muss auf dem Server, der eine Verbindung zum Core-Server aufbaut, WinRM konfiguriert werden. Die folgenden Befehle dazu müssen in einer Befehlszeile mit administrativen Rechten eingegeben werden:

winrm quickconfig

winrm set winrm/config/client @{TrustedHosts=""}*

chcp 65001

Anschließend lässt sich in der Befehlszeile eine Verbindung aufbauen:

winrs -r:<IP-Adresse des Core-Servers> -u:Administrator -p:<Kennwort > <Befehl, zum Beispiel ipconfig>

Der Befehl wird in diesem Fall auf dem Core-Server ausgeführt. So lassen sich auch Skripts für die Ausführung von Befehlen schreiben. WMI steht aber auch in der PowerShell zur Verfügung, wenn Administratoren eine Verbindung zum Core-Server aufbauen.

Wollen Sie auf einem Core-Server Daten von Festplatten auslesen, stehen verschiedene Möglichkeiten zur Verfügung. Der einfachste Weg ist, wenn das Cmdlet *Get-PhysicalDisk* verwendet wird. Dieses Cmdlet steht auch bei herkömmlichen Servern zur Verfügung und lässt sich auch lokal einsetzen. Die PowerShell zeigt eine Liste der Laufwerke an und gibt Hinweise, ob diese Mitglied eines Speicherpools sein können oder sind, wie der Status des Laufwerks ist und welche maximale Größe zur Verfügung steht. Noch mehr Informationen erhalten Sie mit *Get-PhysicalDisk |fl*.

Windows Admin Center in der Praxis

Das Windows Admin Center ist das neue Werkzeug, mit dem Administratoren über einen Webbrowser die verschiedenen Server und Arbeitsstationen zentral verwalten können. Microsoft erweitert seine Funktionen mit neuen Versionen ständig. Die Installation des Windows Admin Centers erfolgt zunächst über die Installation eines Admin Center-Gateways. Dieses stellt den Zugriffspunkt für Webbrowser dar. Die Installation kann dabei auch auf einem Core-Server erfolgen.

Hinweis Das Windows Admin Center funktioniert derzeit vor allem auf Google Chrome und Microsoft Edge. Andere Browser unterstützen die Funktionen in der Verwaltungslösung derzeit noch nicht ausreichend. Im Internet Explorer kann das Admin Center nicht genutzt werden.

Das heißt, auf einem Server kann das Admin Center nur dann direkt geöffnet werden, wenn Chrome oder Edge installiert sind. Das ist natürlich für den Gatewayendpunkt nicht notwendig. Der Browser wird nur auf dem zugreifenden Client benötigt.

Wenn im Webbrowser im Windows Admin Center eine Verbindung zu einem Server erfolgt, wird die Verbindung zwischen dem Gateway und dem entsprechenden Server hergestellt. Das heißt, alle Server kommunizieren mit dem Gateway, die Administratoren verwenden Webbrowser, zum Beispiel Google Chrome, und verbinden sich ebenfalls mit dem Gateway. Das Gateway kann auf Servern mit grafischer Oberfläche installiert werden, aber auch auf Core-Servern.

Bei Servern mit grafischer Oberfläche wird das Gateway über eine MSI-Datei in der grafischen Oberfläche installiert. Hier kann auch der Port für den Zugriff festgelegt werden. Das Gateway kann auf Servern mit Windows Server 2012 R2 und Windows Server 2016 installiert werden, aber auch auf Arbeitsstationen mit Windows 10 ab Version 1709. Am besten ist natürlich die Installation auf einem Server mit Windows Server 2019. Das Windows Admin Center bietet nahezu die gleichen Möglichkeiten wie der herkömmliche Server-Manager. Derzeit fehlen noch Einstellungen, die aber nach und nach integriert werden.

Auch PowerShell-Sitzungen und Remotedesktopverbindungen lassen sich direkt über das Windows Admin Center aufrufen. Dazu kommen Funktionen zur Verwaltung von Windows 10-Arbeitsstationen, Clustern und Hyper-Converged-Clustern. Auch VMs in Microsoft Azure lassen sich verwalten und mit lokalen Rechnern synchronisieren.

Admin Center Gateway installieren und aktualisieren

Nach dem Download des Setupprogramms für Windows Admin Center unter *https://aka.ms/WACDownload* besteht die Installation des Gateways aus der Bestätigung weniger Fenster. Hier werden auch Zertifikate und Ports gesteuert. Erscheint eine neue Version des Windows Admin Centers, können Sie diese auf dem Gateway installieren. Dadurch wird die alte Version aktualisiert und Sie können die neuen Funktionen nutzen.

Achtung Das Windows Admin Center Gateway kann nicht auf Domänencontrollern installiert werden.

Das Gateway kann jederzeit wieder deinstalliert werden. Auch die vertrauenswürdigen Hosts auf einem Host lassen sich automatisch pflegen, zum Beispiel in Umgebungen ohne Domänen oder mit mehreren Gesamtstrukturen.

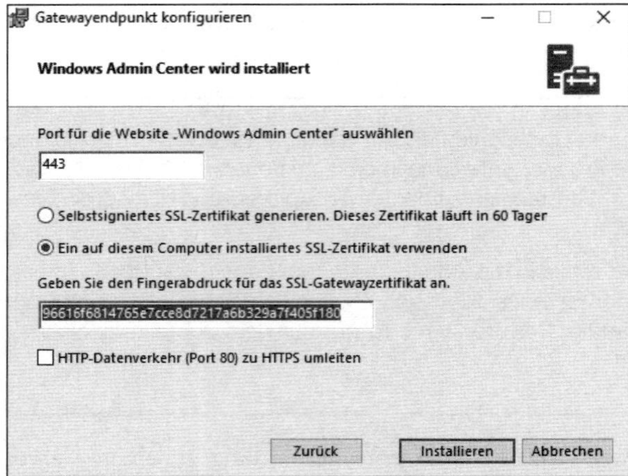

Abbildung 3.10: Installieren des Gateways für das Windows Admin Center

---

Tipp Sie müssen das Gateway für das Windows Admin Center nicht auf einem Server installieren, sondern können auch eine Arbeitsstation mit Windows 10 ab Version 1709 verwenden.

Im Rahmen der Installation wird auch der Port festgelegt und das Zertifikat angegeben, mit dem die Verbindung über SSL abgesichert wird. Wenn bei der Installation kein Zertifikat angegeben wird, verwendet das Admin Center ein selbstsigniertes Zertifikat. Verbinden sich Administratoren mit dem Gateway, erhalten diese über den Webbrowser eine Zertifikatewarnung angezeigt.

Hinweis Die Verbindung des Webbrowsers von Administratoren erfolgt über das Gateway. Dieses verbindet sich wiederum mit WinRM und Remote-PowerShell oder WMI mit dem jeweiligen Server.

Damit die Remoteverbindung zwischen den Servern funktioniert, müssen die Remoteverwaltungen auf den beteiligten Servern aktiviert sein.

Die Installation des Admin Centers kann auch über die Befehlszeile gestartet werden. Dies ist zum Beispiel sinnvoll, wenn das Gateway auf einem Core-Server installiert werden soll. Die Installation erfolgt in der Befehlszeile mit

*msiexec /i <InstallerName>.msi /qn /L*v log.txt SME_PORT=<port> SSL_CERTIFICATE_OPTION=generate*

Zum Beispiel:

*msiexec /i WindowsAdminCenter1809.msi /qn /L*v log.txt SME_PORT=6516 SSL_CERTIFICATE_OPTION=generate*

*msiexec /i WindowsAdminCenter1809.msi /qn /L*v log.txt SME_PORT=<port> SME_THUMBPRINT=<thumbprint> SSL_CERTIFICATE_OPTION=installed*

Wenn das Admin Center auf dem Core-Server installiert ist, kann auch hier der Zugriff über das Netzwerk mit einem Webbrowser erfolgen. Um Core-Server wiederum mit dem Admin Center zu verwalten, muss auf dem entsprechenden Server die Remoteverwaltung aktiviert sein.

Eine zusätzliche Software ist auf den Servern, die mit dem Admin Center verwaltet werden, nicht notwendig. Nur das Gateway muss installiert sein, die Verwaltung der angebundenen Server erfolgt mit den Standard-Verwaltungstools von Windows-Servern, die Verbindung über Browser wie Google Chrome oder Microsoft Edge. Natürlich muss zur Verwaltung auf einem Server kein Google Chrome installiert werden.

Hinweis Die Verbindung des Webbrowsers erfolgt über das Gateway. Dieses verbindet sich wiederum mit WinRM und Remote-PowerShell oder WMI mit dem jeweiligen Server. Damit die Remoteverbindung zwischen den Servern funktioniert, müssen die Remoteverwaltungen auf den beteiligten Servern aktiviert sein.

Verbindungsaufbau zu Servern herstellen

Sobald der Gatewayendpunkt für das Windows Admin Center installiert ist, kann über das Netzwerk mit der URL *https://<Gatewayendpunkt>:Port* auf das Windows Admin Center zugegriffen werden. Erscheint ein Fenster zur Anmeldung, muss der Benutzername eines Administrators eingegeben werden. Das Windows Admin Center nutzt zur Authentifizierung Active Directory.

Im Windows Admin Center lassen sich alle aktuellen Windows-Server im Netzwerk verbinden. Dazu gehören, neben Windows Server 2019, auch Server mit Windows Server 2012/2012 R2 und Windows Server 2016. Dazu nutzt das Admin Center zwischen dem Gateway und den Servern die standardmäßigen Remoteverbindungen von Windows-Servern.

Funktioniert eine Verbindung nicht, kann es auf dem entsprechenden Server helfen, mit *winrm quickconfig* die Remoteverwaltung zu aktivieren. Sobald ein Server verbunden ist, lässt er sich im Admin Center verwalten.

Das Hinzufügen von Servern erfolgt über den Link *Hinzufügen* und der anschließenden Auswahl des Objekts, das hinzugefügt werden soll.

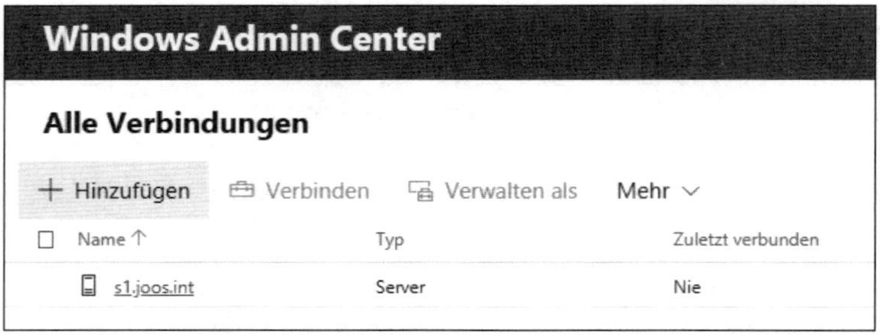

Abbildung 3.11: Hinzufügen von neuen Objekten zum Windows Admin Center

Beim ersten Start erscheint ein Assistent, der über die Möglichkeiten von Windows Admin Center informiert. Mit *Weiter* kann zur nächsten Seite des Fensters gewechselt werden. Ist die Einrichtung nach wenigen Sekunden abgeschlossen, zeigt der Browser das Startfenster des Windows Admin Centers an. Der Server, auf dem der Gatewayendpunkt installiert ist, wird automatisch hinzugefügt. Weitere Server können jederzeit hinzugefügt werden.

Das Admin Center kann nicht nur Server hinzufügen, sondern auch ganze Cluster und Arbeitsstationen. Alle Objekte lassen sich zentral im Webbrowser verwalten, sobald sich ein Administrator mit dem Gateway verbindet.

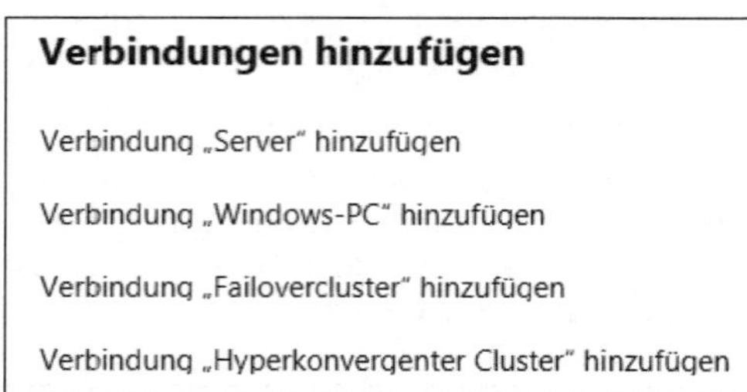

Abbildung 3.12: Hinzufügen von verschiedenen Objekten zum Windows Admin Center

Server im Windows Admin Center verwalten

Durch einen Klick auf den Server, der im Windows Admin Center bereits verbunden ist, öffnet sich die Hauptseite des Admin Centers. Hier sind auf der linken Seite zunächst alle Bereiche zu sehen, die für die einzelnen Server konfiguriert werden können.

Im oberen Bereich kann zwischen dem webbasierten Server-Manager, dem Failovercluster-Manager, dem Manager für hyperkonvergente Cluster und der Computerverwaltung von PCs umgeschaltet werden.

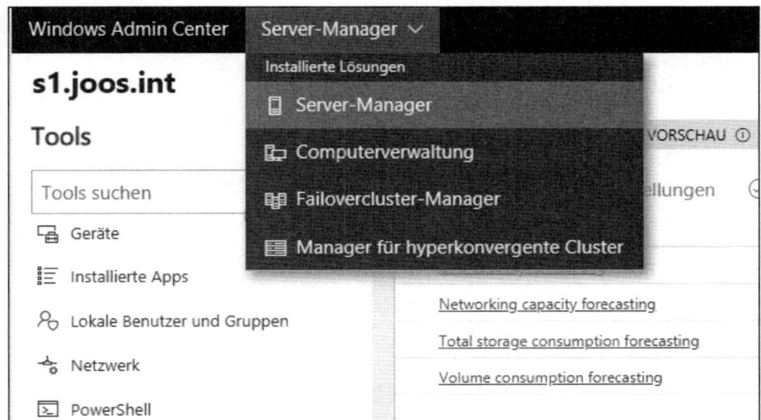

Abbildung 3.13: Verschiedene Werkzeuge im Windows Admin Center

In der Mitte des Fensters werden weitere Befehle und Informationen zum jeweiligen Server oder PC angezeigt. Hier sind im oberen Bereich verschiedene Befehle zu sehen und im unteren Bereich Informationen und Optionen zum Server.

Übersicht

Neu starten | Herunterfahren | Datenträgermetriken aktivieren | Computer-ID bearbeiten | Aktualisieren

Computername:	Domäne:	Betriebssystem:	Version:
s1	joos.int	Microsoft Windows Server 2019 Datacenter	10.0.17744
Installierter Speicher (RAM):	Speicherplatz (frei/gesamt):	Prozessoren:	Hersteller
16 GB	1.32 TB / 1.37 TB	Intel(R) Core(TM) i7-4790 CPU @ 3.60GHz	MSI
Modell	Logische Prozessoren	Windows Defender	NIC(s)
MS-7817	8	Echtzeitschutz: Ein	2
Azure Backup-Status	Betriebszeit	Angemeldete Benutzer	
Nicht geschützt	0:6:45:0	1	

Abbildung 3.14: Das Windows Admin Center zeigt verschiedene Befehle und Informationen zum Server an.

Um Server mit Windows Server 2012/2012 R2/2016 oder Windows Server 1709/1803/1809 und Windows Server 2019 anzubinden, wird zunächst über *Hinzufügen* im Hauptfenster von Windows Admin Center eine neue Serververbindung hinzugefügt. Anschließend wird ausgewählt, ob ein herkömmlicher Server (*Serververbindung hinzufügen*), ein PC

(*Windows-PC-Verbindung hinzufügen*), ein Cluster (*Failoverclusterverbindung hinzufügen*) oder ein Hyper-Converged-Cluster (*Hyperkonvergenter Cluster-Verbindung hinzufügen*) in Windows Admin Center integriert werden soll.

Im Folgenden gehen wir von der Anbindung weiterer Server aus, die mit Windows Admin Center verwaltet werden sollen. Im Fenster kann entweder der FQDN eines Servers eingegeben werden oder Sie importieren eine Liste aus Servern aus einer Textdatei. Beides ist schnell und unkompliziert möglich. Auch Tags (Markierungen) sind für Server möglich. So lassen sich zum Beispiel alle Hyper-V-Hosts mit dem Tag »Hyper-V_Host« markieren. Wird ein Import der Server durchgeführt, besteht der einfachste Weg darin, eine Textdatei zu erstellen, in der alle Server kommagetrennt oder in eigenen Zeilen aufgelistet werden.

Abbildung 3.15: Hinzufügen von Servern

Anschließend werden der Name des anzubindenden Servers sowie die Anmeldedaten angegeben. Windows Admin Center ermöglicht also die Anbindung von verschiedenen Servern mit unterschiedlichen Berechtigungen.

Nach der erfolgreichen Anbindung werden die Server im Fenster angezeigt. Durch das Anklicken eines Servers wird eine Verbindung aufgebaut. Der Zeitpunkt der letzten Verbindung wird im Windows Admin Center angezeigt. Das Windows Admin Center verfügt auch über einen Benachrichtigungsbereich. Durch einen Klick auf das Symbol mit der Glocke oben rechts zeigt es die durchgeführten Aktionen und Infos zu den Aktionen an.

Wird ein Server angeklickt, kann ein Verbindungsaufbau erfolgen. Außerdem kann über *Verwalten als* ein alternatives Benutzerkonto ausgewählt werden, mit dem der Server verbunden wird. Auch die Bearbeitung der Tags ist auf der Startseite des Windows Admin Centers möglich. Sobald der Server verbunden ist, kann er über die Befehle am linken Rand verwaltet werden. Hier lassen sich Serverrollen installieren, die Windows-Firewall anpassen, die Registry öffnen und vieles mehr.

Über die Übersichtsseite kann der Server neu gestartet oder heruntergefahren werden. Auch das Ändern des Servernamens (inklusive Domänenmitgliedschaft) kann über *Computer-ID bearbeiten* erfolgen.

Durch einen Klick auf einen Menüpunkt, zum Beispiel *Rollen und Funktionen* oder *Firewall*, erscheinen auf der rechten Seite weitere Befehle und Informationen. Auf diesem Weg lassen sich über das Netzwerk zahlreiche Einstellungen auf Servern vornehmen, bis hin zur Installation von Serverrollen und der Verwaltung von Windows-Updates. Für Hyper-V-Hosts lassen sich über den Server-Manager auch die virtuellen Switches konfigurieren. Auch Warnungen und Fehler werden hier angezeigt und lassen sich korrigieren.

Um mit dem Windows Admin Center Rollen zu installieren, wählen Sie den Menüpunkt *Rollen und Funktionen*. Danach zeigt das Fenster in der Mitte alle verfügbaren Serverrollen an. Hier ist bei *Status* zu sehen, welche Rollen bereits installiert sind. Durch einen Klick auf eine Serverrolle kann diese über das Fenster installiert oder deinstalliert werden. Auch einzelne Rollendienste lassen sich an dieser Stelle installieren oder deinstallieren.

Rollen und Funktionen

+ Installieren — Entfernen

Name	Status
˅ Rollen	2 von 92 installiert
Active Directory Lightweight Directory Services	Verfügbar
Active Directory-Domänendienste	Verfügbar
> Active Directory-Rechteverwaltungsdienste	0 von 2 installiert
Active Directory-Verbunddienste	Verfügbar
> Active Directory-Zertifikatdienste	0 von 6 installiert
> Datei-/Speicherdienste	1 von 12 installiert
Device Health Attestation	Verfügbar
DHCP-Server	Verfügbar
DNS-Server	Verfügbar
> Druck- und Dokumentdienste	0 von 3 installiert
Faxserver	Verfügbar
Host Guardian-Dienst	Verfügbar
Hyper-V	Installiert
Netzwerkcontroller	Verfügbar
Netzwerkrichtlinien- und Zugriffsdienste	Verfügbar

Abbildung 3.16: Serverrollen im Windows Admin Center installieren

Mit Markierungen arbeiten und Objekte suchen

Sie können im Windows Admin Center den einzelnen Objekten und Servern auch Markierungen (Tags) zuweisen. Das geht beim Hinzufügen eines Servers, aber auch jederzeit nachträglich. Markierungen werden in der Übersicht des Windows Admin Centers in der Spalte *Tags* angezeigt. Über den Menüpunkt *Tags bearbeiten* können Sie Servern Markierungen zuweisen, zum Beispiel »dc« oder »Hyper-V-Host«, »Dateiserver« oder »Rechenzentrum1«. Sie können Servern und Objekten wie Clustern natürlich auch mehrere Markierungen zuweisen.

Über das Kontrollkästchen links neben der Spalte *Name* können Sie mehrere Server auf einmal markieren. Klicken Sie auf *Tags bearbeiten*, können Sie den Servern gleichzeitig ein Tag zuweisen. Einmal erstellte Tags werden im Fenster angezeigt und müssen nicht neu eingetippt werden.

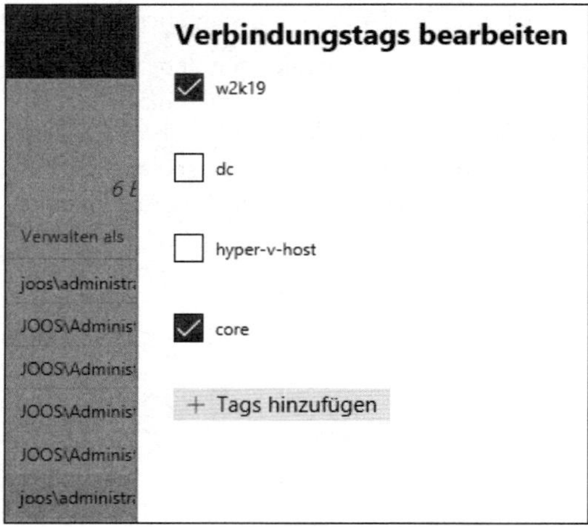

Abbildung 3.17: Mit Tags arbeiten

Sie sehen die Tags nicht nur im Windows Admin Center in der Spalte *Tags*, sondern können auch nach Tags im Suchfeld suchen. Das erleichtert die Navigation im Windows Admin Center.

6 Elemente   1 ausgewählt   Suchen

Verwalten als	Tags
joos\administrator	dc w2k19
JOOS\Administrator	w2k19
JOOS\Administrator	hyper-v-host w2k19
JOOS\Administrator	hyper-v-host w2k19
JOOS\Administrator	hyper-v-host w2k19
joos\administrator	core w2k19

Abbildung 3.18: Nach Tags suchen

Datei-Explorer, Registry-Editor, PowerShell und Remotedesktop nutzen

Neben der Verwaltung von Serverrollen und Einstellungen für den Server kann über das Windows Admin Center auch auf das Dateisystem des Servers zugegriffen werden. Hier sind Dateiaktionen auf dem jeweiligen Server möglich und Dateien lassen sich vom PC, der mit dem Windows Admin Center verbunden ist, auch hoch- und herunterladen. Auch

Informationen zu Dateien können angezeigt werden. Ordner erstellt, Daten gelöscht und umbenannt werden. Der webbasierte Datei-Explorer ist über den Menüpunkt *Dateien* zu finden.

Über den Menüpunkt *Registrierung* kann wiederum der webbasierte Registry-Editor auf dem Server geöffnet werden. Einträge in der Registry können gelesen sowie exportiert und importiert werden. Auch das Bearbeiten von Schlüsseln und Werten sowie das Anlegen von neuen Werten ist möglich.

Zusätzlich kann über *PowerShell* eine PowerShell-Sitzung im Webbrowser geöffnet werden, der Befehle auf dem remotegesteuerten Server ausführt. Mit *Remotedesktop* kann im Webbrowser eine Remotedesktopverbindung zum jeweiligen Server aufgebaut werden.

Rollenbasierte Zugriffssteuerung nutzen

Natürlich kann festgelegt werden, welche Administratoren Zugriff auf das Admin Center erhalten sollen und welche Server sie verwalten dürfen. Dazu steht im Admin Center die rollenbasierte Zugriffssteuerung zur Verfügung. Hier kann die Funktion zunächst aktiviert werden. Die Rechte werden anschließend über eine Gruppenmitgliedschaft erteilt.

Abbildung 3.19: Konfigurieren der Rechte für den Zugriff auf das Gateway

Mit der rollenbasierten Zugriffssteuerung kann über *Active Directory-Benutzer und -Gruppen* gesteuert werden, wer das Windows Admin Center nutzen soll. Generell unterscheidet das Windows Admin Center zwischen drei Benutzertypen:

- **Windows Admin Center Administrators –** Erhalten umfassende Rechte
- **Windows Admin Center Hyper-V-Administrators –** Dürfen virtuelle Computer und Switches verwalten. Die anderen Tools lassen sich zum Lesen nutzen, erlauben aber keine Änderungen
- **Windows Admin Center Readers –** Dürfen Einstellungen anzeigen, aber keine Einstellungen ändern.

Sobald das Feature aktiviert ist, kann mit den entsprechenden Rechten gearbeitet werden. Am besten werden dazu die Gruppen in Active Directory genutzt.

Die rollenbasierte Zugriffssteuerung aktivieren Sie für die einzelnen Server, wenn Sie sich mit diesen verbunden haben. Im unteren Bereich finden Sie den Menüpunkt *Einstellungen*. Klicken Sie darauf, erreichen Sie mit *Rollenbasierte Zugriffssteuerung* die Einrichtung der Berechtigungen für den jeweiligen Server.

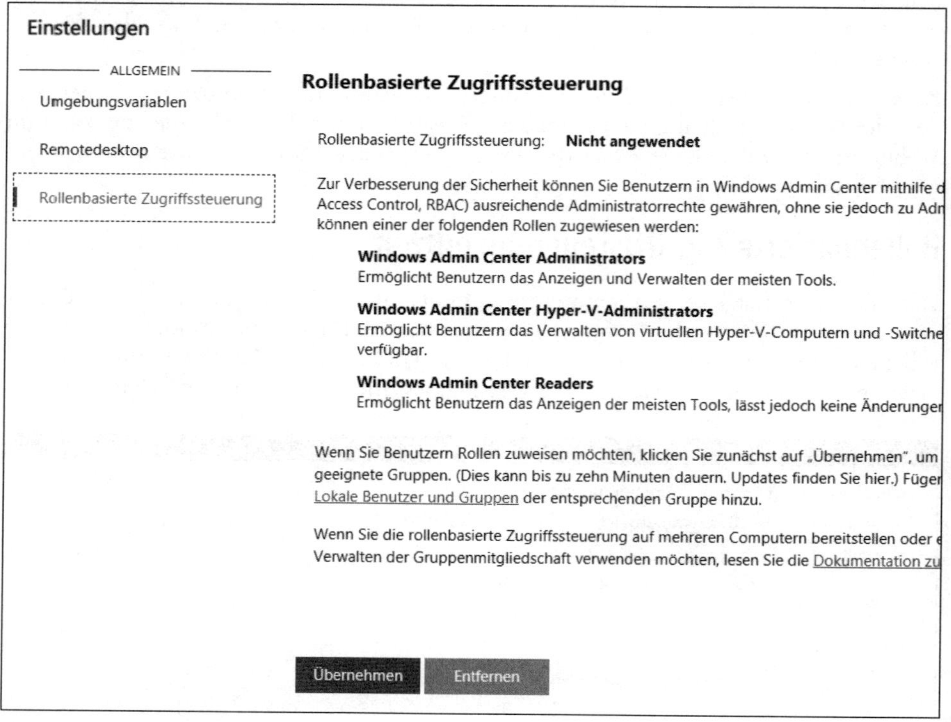

Abbildung 3.20: Steuern der rollenbasierten Zugriffssteuerung für einzelne Server

Hier können Sie zunächst festlegen, ob Sie die Berechtigungen generell aktivieren wollen. Mit *Übernehmen* wird die rollenbasierte Zugriffssteuerung auf dem entsprechenden Server aktiviert. Hierzu werden auf dem Server auch neue Gruppen angelegt. Über die Mitgliedschaft in diesen Gruppen steuern Sie anschließend die Berechtigungen, die Administratoren über das Windows Admin Center auf dem Server erhalten.

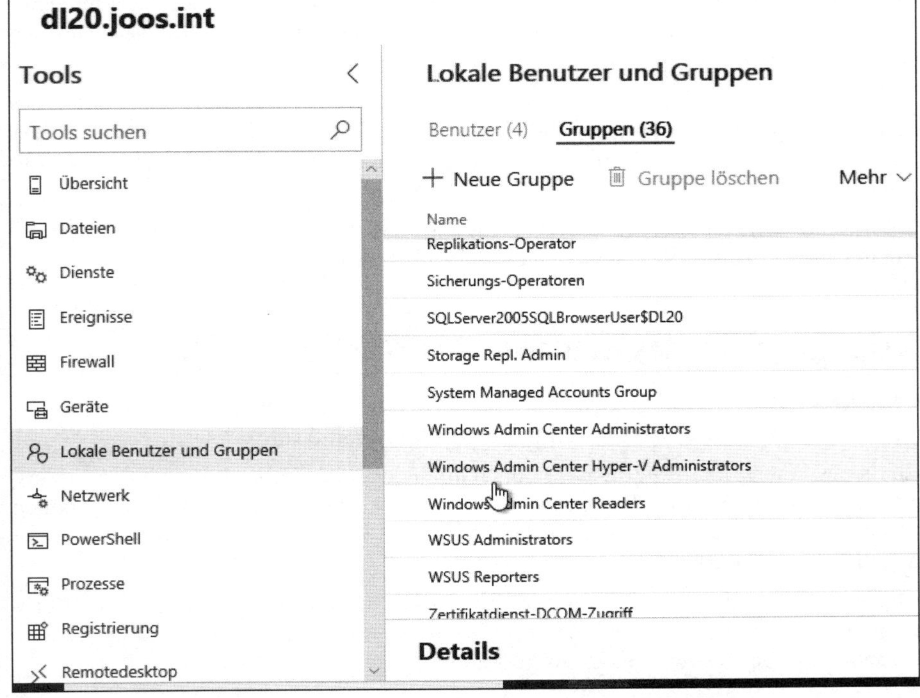

Abbildung 3.21: Verwalten von Rechten im Windows Admin Center über die Mitgliedschaft in Gruppen

Zertifikat für das Windows Admin Center verwenden

Wer das Windows Admin Center dauerhaft produktiv im Netzwerk einsetzt, sollte ein passendes Zertifikat verwenden. Hier lassen sich auch die Active Directory-Zertifikatdienste verwenden. Dazu muss dem Server mit dem Windows Admin Center-Gateway zunächst ein Zertifikat zugewiesen werden. Die Verwaltung des Zertifikats erfolgt anschließend über *certlm.msc*.

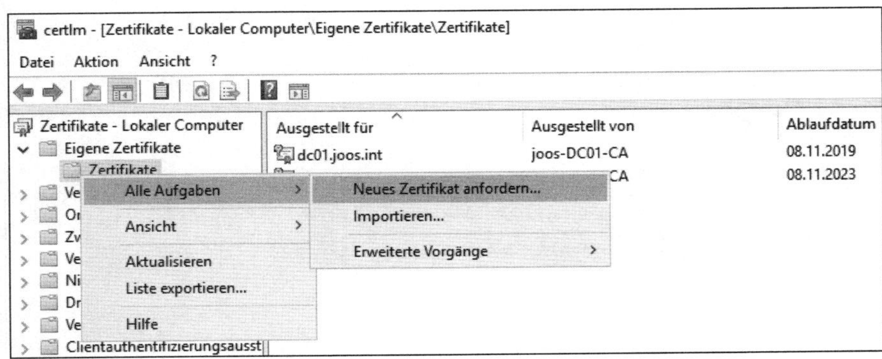

Abbildung 3.22: Abrufen von Zertifikaten für das Windows Admin Center

Auch das Abrufen von neuen Zertifikaten kann hier erfolgen. In den Eigenschaften eines Zertifikates kann anschließend der Fingerabdruck auf der Registerkarte *Details* abgerufen werden.

Der Fingerabdruck wird danach im Windows Admin Center hinterlegt. Dazu wird das Installationsprogramm aufgerufen und die Option *Ändern* ausgewählt. Auch bei einer Neuinstallation kann das Zertifikat verwendet werden, indem im entsprechenden Feld sein Fingerabdruck verwendet wird.

Anschließend steht das Zertifikat zur Verfügung und das Windows Admin Center verwendet es in Zukunft für Verbindungen der Administratoren.

Erweiterungen für das Windows Admin Center einrichten

Im Windows Admin Center finden sich oben rechts die Optionen. Hier können Erweiterungen installiert werden und die Verbindung zu Microsoft Azure erfolgen.

Auch hier erweitert Microsoft die Funktionen mit jeder neuen Version. In den Erweiterungen werden Funktionen von Drittherstellern integriert, aber auch erweiterte Funktionen von Windows-Servern, wie zum Beispiel der Windows Server Storage Migration-Assistent von Windows Server 2019.

Microsoft bietet auch eine API, mit der sich Erweiterungen für das Admin Center programmieren lassen. Diese können direkt im Windows Admin Center hinzugefügt werden. Dazu steht ein eigener Menüpunkt zur Verfügung.

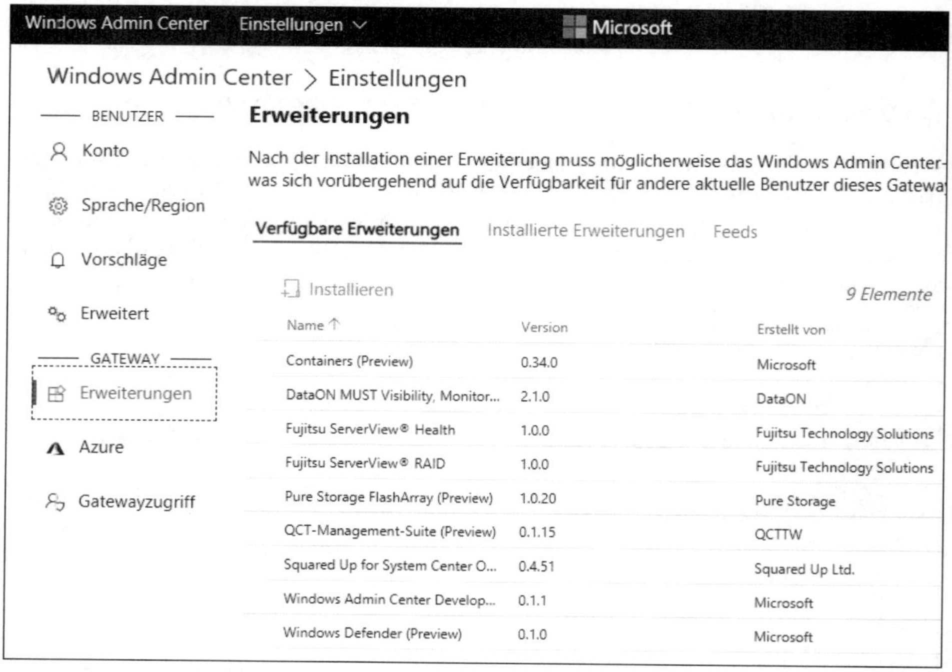

Abbildung 3.23: Erweiterungen im Windows Admin Center installieren

Windows Admin Center und Microsoft Azure

Verbinden Sie das Windows Admin Center mit Microsoft Azure, können Sie nicht nur Azure-VMs im Windows Admin Center verwalten. Zusätzlich lassen sich Server im lokalen Netzwerk mit Azure Backup sichern, VMs mit Azure Site Recovery in Azure hochverfügbar replizieren und andere Funktionen von Microsoft Azure nutzen.

Um das Windows Admin Center mit Microsoft Azure zu verbinden, müssen Sie die entsprechende Konfiguration nur auf dem Server vornehmen, auf dem das Admin Center-Gateway verbunden ist. Sobald die Anbindung einmal erfolgt ist, erhalten Administratoren, die mit dem Webbrowser auf das Gateway zugreifen, auch Zugriff auf die Funktionen in Microsoft Azure.

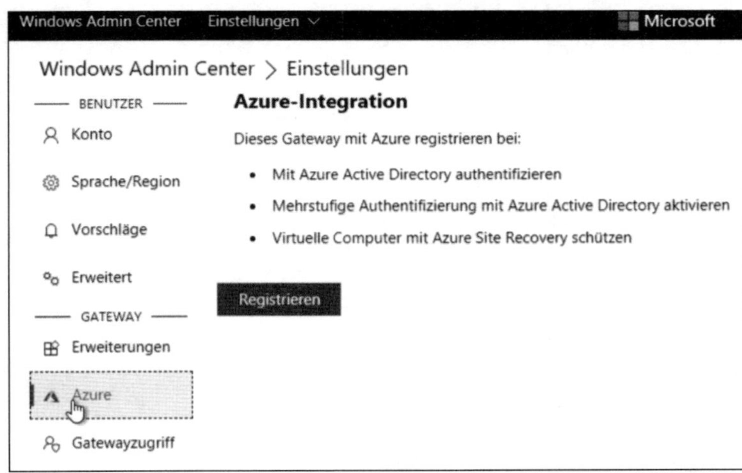

Abbildung 3.24: Verbinden des Windows Admin Centers mit Microsoft Azure

Zur Anbindung rufen Sie im Windows Admin Center über das Zahnradsymbol die Einstellungen auf. Über den Menüpunkt *Azure* können Sie mit *Registrieren* den Vorgang starten. Danach erscheint auf der rechten Seite ein Code, den Sie für die Anmeldung benötigen. Kopieren Sie den Code in die Zwischenablage.

Abbildung 3.25: Erstellen eines Zugriffscodes für Microsoft Azure

Klicken Sie auf den Link *Geräteanmeldung* und melden Sie sich mit Ihrem Azure-Konto an. Fügen Sie den Code im Fenster ein. Danach ist das Windows Admin Center mit dem entsprechenden Azure-Abonnement verbunden. Als Nächstes müssen Sie im Azure-Portal die Berechtigungen für das Windows Admin Center steuern.

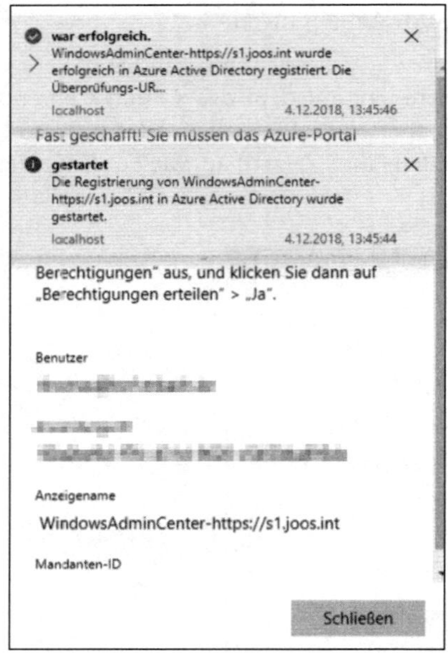

Abbildung 3.26: Bestätigen der Registrierung in Microsoft Azure

Sobald das Windows Admin Center in Microsoft Azure registriert ist, wird der Status darin angezeigt. Sie können an dieser Stelle die Berechtigungen auch wieder entfernen.

Abbildung 3.27: Anzeigen der Azure-Registrierung im Windows Admin Center

Im Azure-Portal müssen Sie noch die Berechtigungen für das Windows Admin Center freischalten. Dazu klicken Sie im Windows Admin Center in den Einstellungen bei *Azure* auf *In Azure anzeigen*.

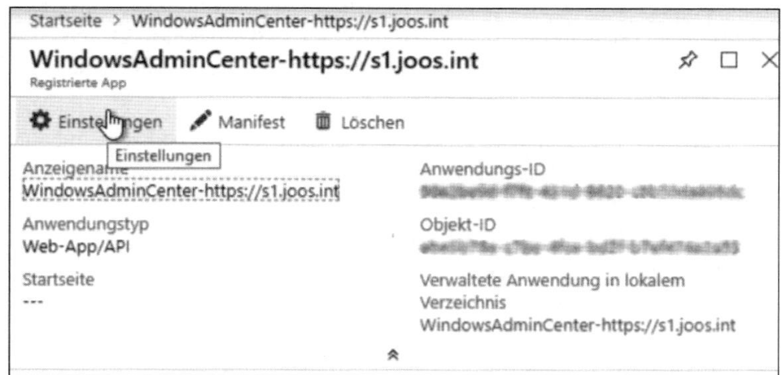

Abbildung 3.28: Anzeigen der Einstellungen für ein Windows Admin Center in Microsoft Azure

Klicken Sie im Azure-Portal bei der registrierten App auf *Einstellungen* und dann auf *Erforderliche Berechtigungen*. Danach klicken Sie auf *Berechtigungen erteilen*.

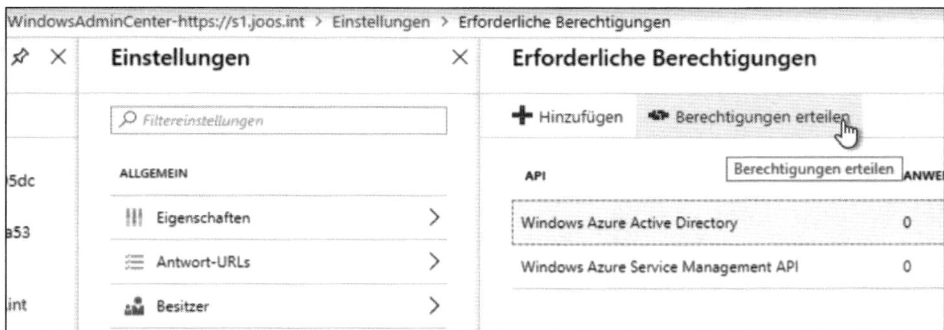

Abbildung 3.29: Berechtigungen für das Windows Admin Center in Azure verwalten

Windows Server 2019 mit Windows Admin Center überwachen

Mit dem webbasierten Windows Admin Center können Server mit Windows Server 2012 R2 und Windows Server 2016 verwaltet werden. Setzen Unternehmen auf Windows Server 2019, kann die Erweiterung Windows Server System Insights noch mehr Überwachungsfunktionen nutzen.

Administratoren müssen regelmäßig dafür sorgen, dass Server fehlerfrei und optimal funktionieren. Viele Unternehmen setzen dazu auf Überwachungslösungen von Drittherstellern oder auf Produkte der System Center-Reihe von Microsoft. Die Überwachung, ob eine Festplatte keinen Speicherplatz mehr hat, eine Festlegung, wie viel Speicherplatz verbraucht ist, und die Kontrolle eines Hyper-V-Hosts, damit neue VMs geplant werden können, sind nur einige Beispiele.

Funktionen von Windows Server System Insights

Windows Server System Insights ist eine neue Funktion in Windows Server 2019, die lokale prädiktive Analysefunktionen nativ auf Windows-Server bringt. Diese vorausschauenden Funktionen, die jeweils durch ein Modell zum maschinellen Lernen unterstützt werden, analysieren lokal Windows Server-Systemdaten. Dazu gehören Leistungsindikatoren und Ereignisse. Die Funktionen in Windows Server System Insights liefern Vorhersagen, die dabei helfen, Windows-Server effektiver zu betreiben.

Diese Funktionen werden lokal ausgeführt. Das heißt, alle Daten werden direkt auf der lokalen Windows Server-Instanz gesammelt, gespeichert und analysiert. Die Analysefunktionen können daher gänzlich ohne Cloud-Konnektivität genutzt werden. Mit Windows Server 2019 kann System Insights zukünftige Nutzung für Auslastung des Servers, Netzwerkverkehr und Datenspeicherung vorhersagen.

Systeminformationen, die Windows Server System Insights von Servern mit Windows Server 2019 bietet, lassen sich vollständig über Windows Admin Center verwalten. System Insights bietet darüber hinaus auch eine PowerShell-Schnittstelle, mit der sich Automatisierungen durchführen lassen. Wie das Windows Admin Center auch entwickelt Microsoft Windows Server System Insights ständig weiter und integriert neue Funktionen.

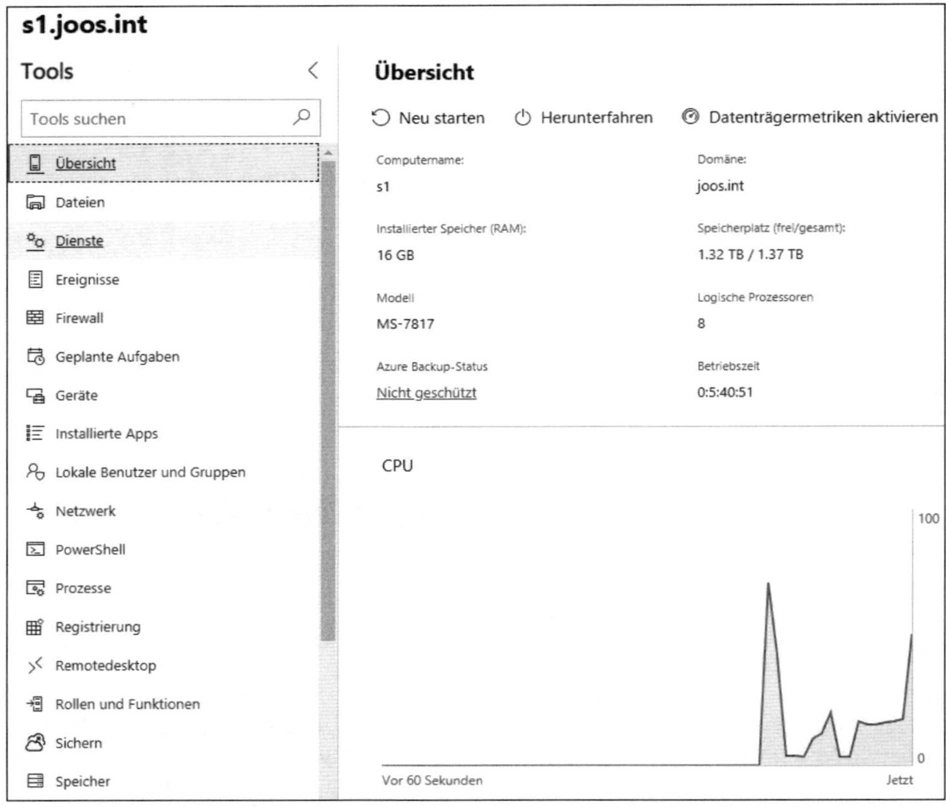

Abbildung 3.30: Server mit dem Windows Admin Center verwalten

So können Sie durch die Vorhersagefunktionen blättern und entweder eine Funktion bei Bedarf aufrufen oder so konfigurieren, dass sie nach einem regelmäßigen Zeitplan ausgeführt wird. Sie können die Vorhersageergebnisse auch visualisieren, sobald genügend Messdaten vorhanden sind. Das hilft dabei, die Entwicklung des Kapazitätsverbrauchs zu verstehen. Bis genügend Daten gemessen wurde, kann es einige Zeit dauern.

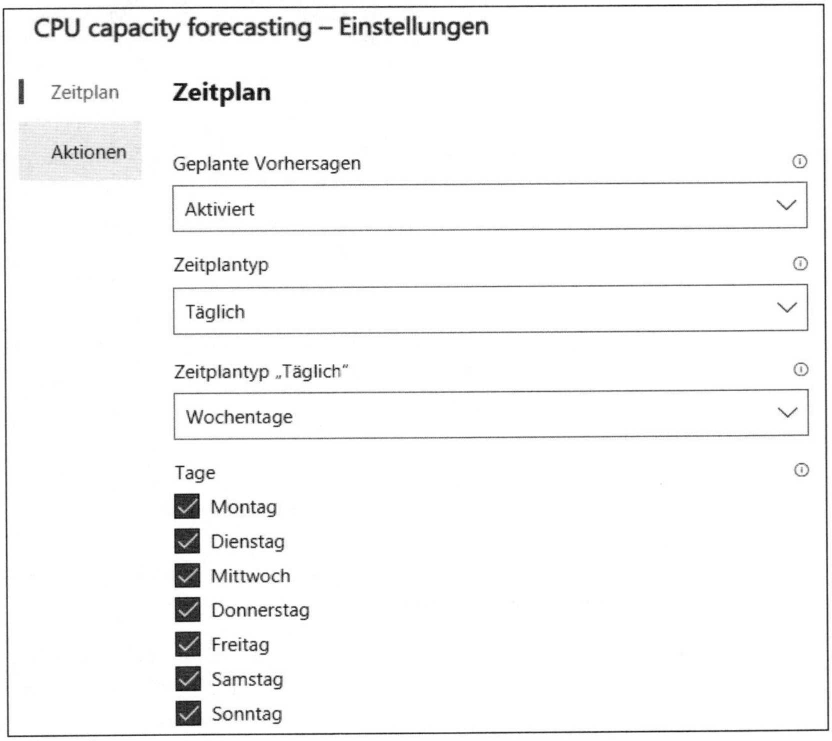

CPU capacity forecasting – Einstellungen

Zeitplan
Aktionen

Zeitplan

Geplante Vorhersagen
Aktiviert

Zeitplantyp
Täglich

Zeitplantyp „Täglich"
Wochentage

Tage
Montag
Dienstag
Mittwoch
Donnerstag
Freitag
Samstag
Sonntag

Abbildung 3.31: Einstellen von Vorhersagen

Windows Server System Insights kann aber nicht nur über die Auslastung von Servern informieren, sondern aktiv in die Serverkonfiguration eingreifen. Sie können zum Beispiel Korrekturaufträge so konfigurieren, dass sie automatisch ausgeführt werden, nachdem eine Funktion ein bestimmtes Ergebnis erzeugt hat. Für Skripts lassen sich auch Anmeldedaten hinterlegen, mit deren Berechtigungen anschließend Anpassungen am Server vorgenommen werden.

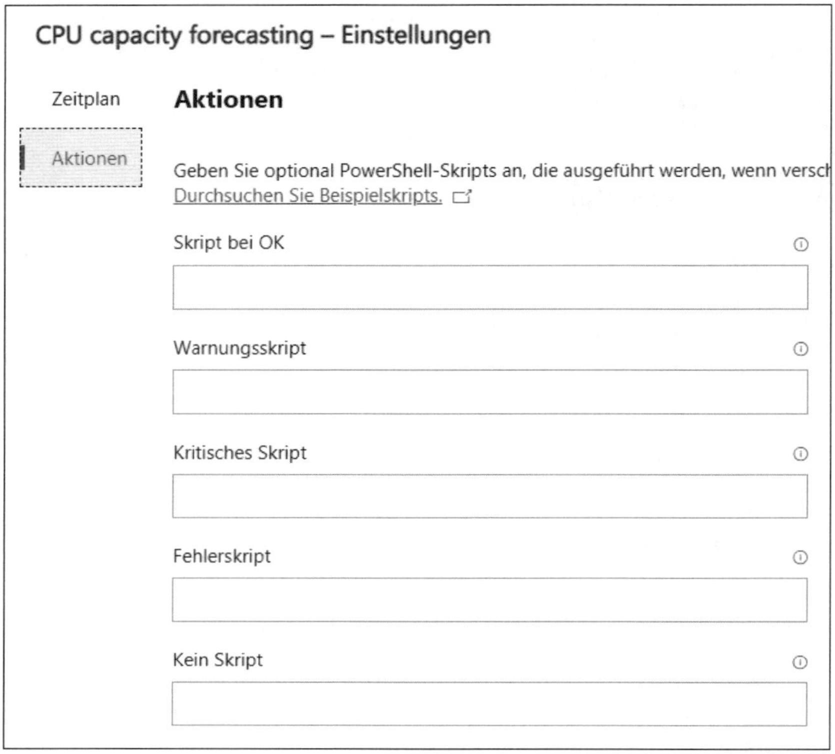

Abbildung 3.32: Anpassen von Aktionen für Windows Server System Insights

Sie können auch die PowerShell auf Remote-Instanzen verwenden, um Vorhersage-Ergebnisse zu erhalten und zu aggregieren. Auf diesem Weg können Sie auch eine Gruppe von Windows Server-Instanzen zur Überwachung koppeln. Beispiele dafür sind Cluster, gruppierte Anwendungs-Server, Server in einem bestimmten Rack oder Rechenzentrum. Hier kann flexibel gesteuert werden. Microsoft plant in Zukunft auch Cluster-Speicherprognosen, PowerShell-Skripts zur Fehlerbehebung und die Möglichkeit der dynamischen Installation neuer Vorhersagefunktionen in Windows Server System Insights zu integrieren.

Windows Server System Insights installieren

Für Windows Server System Insights wird zunächst eine Installation des Windows Admin Centers im Netzwerk benötigt. Idealerweise sollten hier möglichst aktuelle Versionen verwendet werden.

Sobald ein Server mit Windows Server 2019 angebunden ist, steht im Windows Admin Center bei der Anbindung von deutschen Servern der Menüpunkt *Systemdaten* zur Verfügung. Durch einen Klick auf diesen Menüpunkt kann im aktuellen Windows Admin Center die Erweiterung für Windows Server System Insights installiert werden. Anschließend steht der Bereich zur Verfügung, zeigt aber noch keine Daten an.

Durch einen Klick auf einen der Bereiche zur Überwachung der CPU-Last, der Netzwerk-Auslastung oder des Speicherverbrauchs kann ein Zeitplan festgelegt werden, der steuert, wann ein Server Vorhersagen erstellt.

Über *Aktionen* werden wiederum die Skripts hinterlegt, die ausgeführt werden, wenn ein Server einen bestimmten Status erreicht. Über den Menüpunkt *Aufrufen* kann eine sofortige Vorhersage erstellt und angezeigt werden.

Aufrufen Einstellungen Aktivieren Deaktivieren

Name der Funktion ↑	Zustand	Status
CPU capacity forecasting	Aktiviert	Keine
Networking capacity forecasting	Aktiviert	Keine
Total storage consumption forecasting	Aktiviert	Keine
Volume consumption forecasting	Aktiviert	Keine

Abbildung 3.33: Verwalten von Windows Server System Insights

Neben Windows Server System Insights spielen natürlich auch die Daten eine Rolle, die das Windows Admin Center im Bereich *Übersicht* anzeigt, wenn ein Server darin angeklickt wird. Hier werden Laufzeitdaten der CPU-Belastung, des Netzwerks und des Speichers angezeigt sowie eine Vielzahl weiterer Informationen über den lokalen Server.

Im Windows Admin Center können in den Einstellungen zusätzliche Erweiterungen installiert werden. Auch hier integriert Microsoft regelmäßig neue Erweiterungen und bietet außerdem Erweiterungen von Drittherstellern an. Dazu gehören aktuell zum Beispiel auch Überwachungsfunktionen von Fujitsu-Servern und andere Technologien.

Dienste und Prozesse überwachen

Mit den beiden Menüpunkten *Dienste* und *Prozesse* kann auch die Verwaltung von Systemdiensten und die Überwachung von Prozessen durchgeführt werden. Sobald der entsprechende Menüpunkt ausgewählt wurde, stehen im oberen Bereich des Fensters weitere Befehle zur Verfügung, um Dienste und Prozesse zu verwalten. Hier lassen sich zum Beispiel Systemdienste starten, beenden sowie deren Einstellungen anpassen. Bei Prozessen können Filter erstellt werden. Außerdem können Administratoren Prozesse beenden oder einen Dump des Prozesses erstellen.

Hyper-V mit dem Windows Admin Center verwalten

Über das Windows Admin Center kann auf einem Server mit Windows Server 2019 auch Hyper-V installiert und verwaltet werden. Dazu wird der Bereich *Rollen und Funktionen* genutzt. Hier ist zu erkennen, ob auf einem Server bereits Hyper-V installiert ist. Ist dies nicht der Fall ist, kann die Installation über den Webbrowser erfolgen.

Nach der Installation sind auf einem Server die beiden Menüpunkte *Virtuelle Computer* und *Virtuelle Switches* zu finden. Hierüber werden die VMs und virtuellen Switches des ausgewählten Hyper-V-Hosts verwaltet.

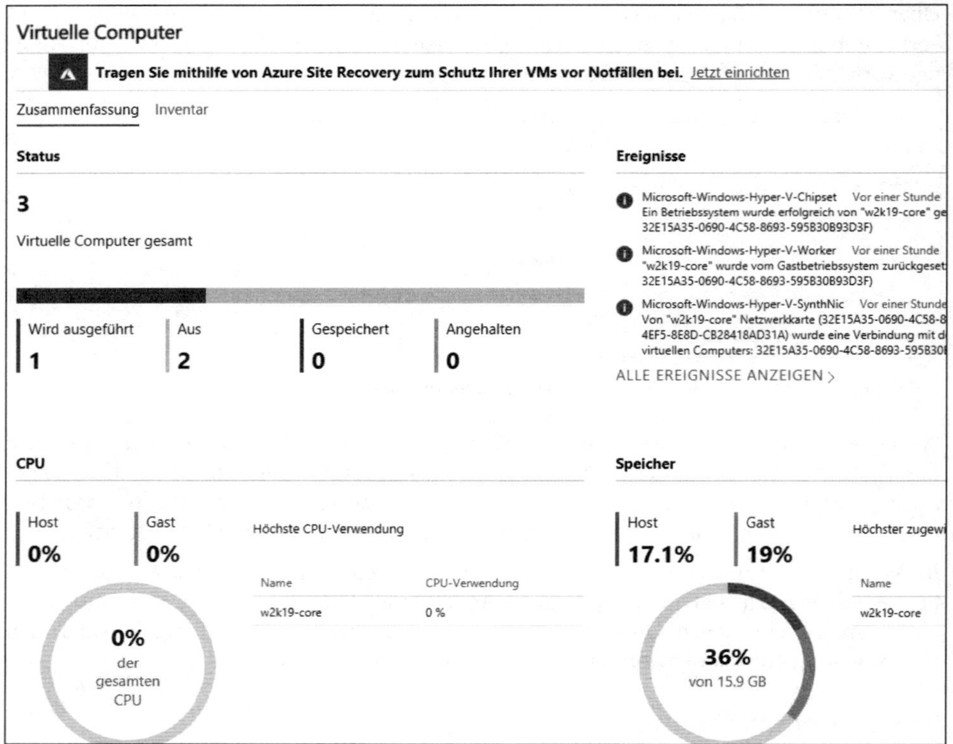

Abbildung 3.34: Hyper-V im Windows Admin Center verwalten

Mit dem Menüpunkt *Inventar* erhalten Sie Zugriff auf die VMs des Servers und können diese über den Menüpunkt *Mehr* auch verwalten.

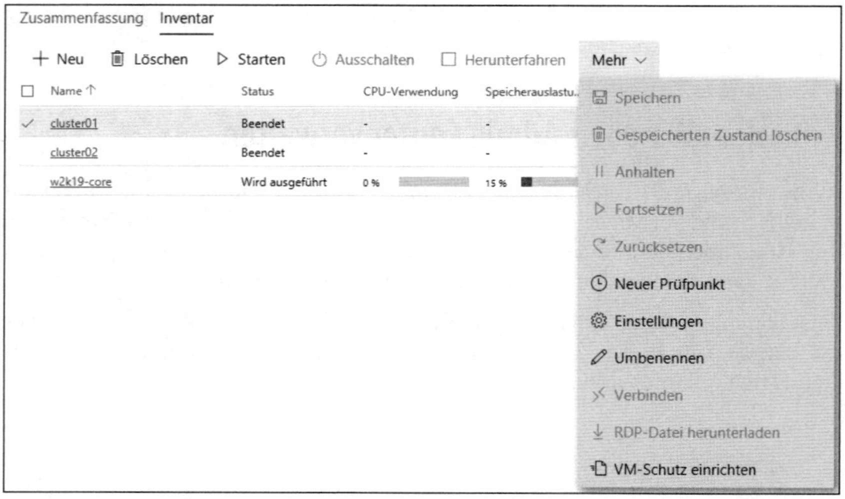

Abbildung 3.35: Verwalten von VMs im Windows Admin Center

Über den Menüpunkt *Einstellungen* unten links lassen sich serverspezifische Einstellungen im Windows Admin Center vornehmen. Hier können Sie zum Beispiel auch die Hyper-V-Einstellungen eines Hyper-V-Hosts vornehmen.

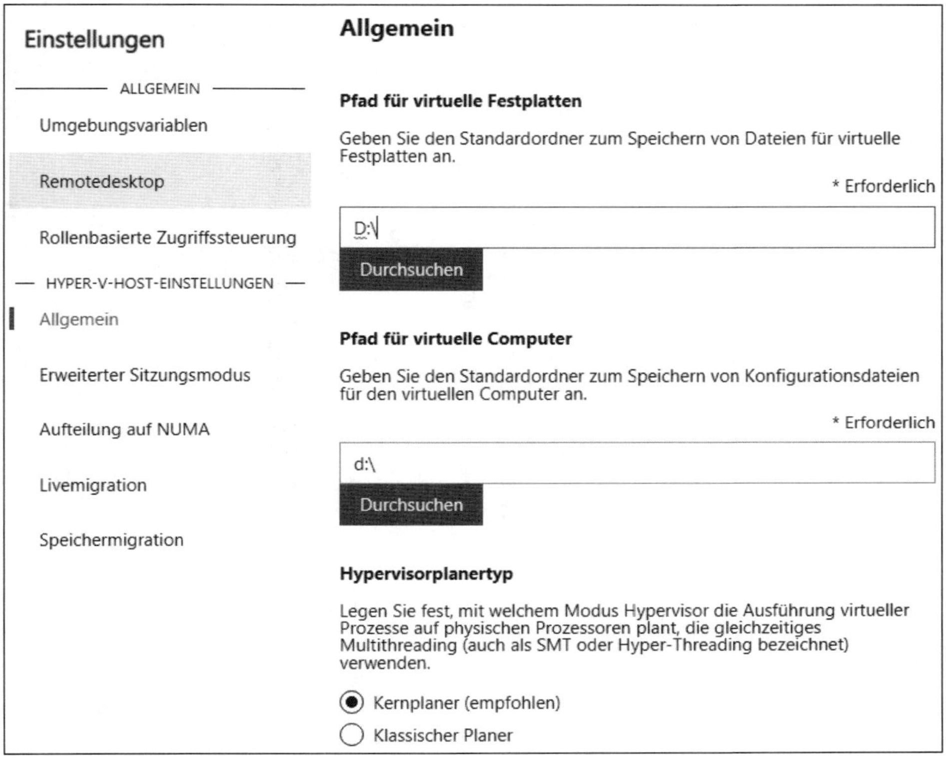

Abbildung 3.36: Einstellungen für Server im Windows Admin Center

Im Windows Admin Center ist auch die neue Funktion Windows Server System Insights über den Menüpunkt *Systemdaten* integriert. Hier kann über einen Assistenten zum maschinellen Lernen ein Hyper-V-Host überwacht werden. Dazu kann Insights auch Prognosen erstellen, wann es zum Beispiel auf einem Server zu Engpässen kommen kann.

Zusammenfassung

In diesem Kapitel haben wir Ihnen gezeigt, wie Sie mit der neuen Oberfläche in Windows Server 2019 umgehen. Wir sind darauf eingegangen, wie Sie Server im Netzwerk verwalten und mit dem Server-Manager in Windows Server 2019 umgehen.

Auch die Verwaltung und Einrichtung von Core-Servern sowie die Verwaltung von Windows Server 2019 mit den Remoteserver-Verwaltungstools in Windows war Thema des Kapitels.

Im nächsten Kapitel erfahren Sie, wie Serverrollen und Features in Windows Server 2019 installiert werden. Auch hier hat sich einiges im Vergleich zu Windows Server 2008 R2 und auch zu Windows Server 2012/2012 R2 verändert.

Kapitel 4

Serverrollen und Features installieren und einrichten

In diesem Kapitel:

In diesem Kapitel zeigen wir Ihnen, welche verschiedenen Serverrollen und Features es gibt und wie Sie diese installieren. Serverrollen beschreiben die primäre Funktion eines Servers, zum Beispiel Webserver oder Domänencontroller. Features ergänzen das Betriebssystem um weitere Funktionen. Rollendienste erweitern wiederum die Serverrollen um weitere Funktionen.

Oft verschwimmen die Grenzen zwischen Features und Rollen sowie Rollendiensten. Die notwendigen Dateien für die Installation eines Windows-Clusters werden zum Beispiel als Feature und nicht als Serverrolle installiert.

Tipp

Sie benötigen für die Installation von neuen Rollen und Dienste keine Installationsdateien von Windows Server 2019. Die notwendigen Dateien sind in der Installation eines Servers bereits verfügbar.

In Windows Server 2019 installieren Sie Rollen und Features über einen gemeinsamen Assistenten, bei Bedarf auch beides gemeinsam. Das erspart Neustarts und unnötige Konfigurationen. Sie können in Windows Server 2019 Rollen und Features über den Server-Manager oder das Windows Admin Center auch auf anderen Servern im Netzwerk installieren. Haben Sie die Remoteserver-Verwaltungstools von Windows 10 im Einsatz, können Sie die Installation auch von Arbeitsstationen aus starten. Über Arbeitsstationen können Sie mit einem Browser ebenfalls das Windows Admin Center nutzen.

In den einzelnen Kapiteln in diesem Buch gehen wir auf die Installation der jeweiligen Serverrolle ausführlich ein. In diesem Kapitel lernen Sie wiederum generelle Vorgehensweisen kennen, um Serverrollen zu installieren. In Kapitel 2 und 3 sind wir darauf eingegangen, wie Sie Serverrollen auf Core-Servern installieren.

Installieren von Serverrollen und Features auf einem Server

Auf einem Server lassen sich mehrere Rollen parallel und gleichzeitig über den Assistenten zum Hinzufügen von Rollen und Features installieren. In Windows Server 2019 können Sie Features zusammen mit Rollen installieren, wenn Sie den Server-Manager verwenden. Über den Eintrag *Verwalten/Rollen und Features hinzufügen* im Server-Manager startet ein Assistent, über den Sie einzelne oder gleichzeitig mehrere Rollen auswählen und installieren können. Im Windows Admin Center sind Rollen und Funktionen untereinander angeordnet und lassen sich über *Rollen und Funktionen* installieren.

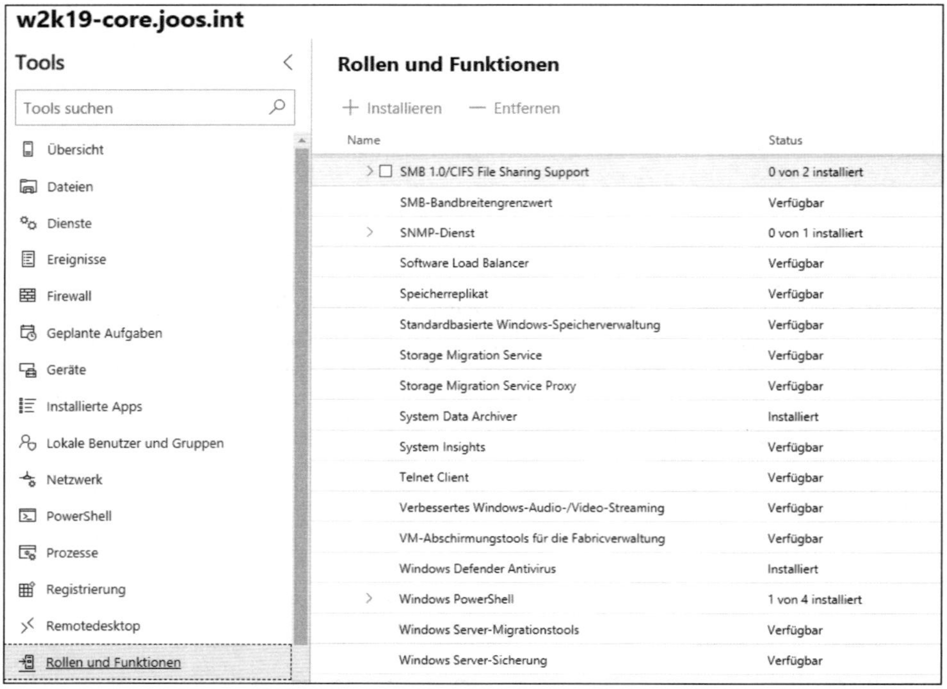

Abbildung 4.1: Rollen im Windows Admin Center installieren und verwalten

Rollen installieren

Rollen sind meistens in mehrere Rollendienste aufgeteilt, die Sie auch nachträglich noch hinzufügen können. Dazu müssen Sie lediglich den entsprechenden Assistenten erneut starten. Wählen Sie eine Rolle aus, wird der Assistent erweitert, um die Rolle zu konfigurieren oder ihr weitere Rollendienste hinzuzufügen. Im Windows Admin Center sind die einzelnen Rollendienste unter den jeweiligen Rollen angeordnet und können jederzeit installiert werden.

Rollen und Funktionen

+ Installieren — Entfernen

Name	Status
˅ Webserver (IIS)	0 von 41 installiert
˅ FTP-Server	0 von 2 installiert
FTP-Dienst	Verfügbar
FTP-Erweiterbarkeit	Verfügbar
˅ ✓ Verwaltungsprogramme	0 von 5 installiert
IIS-Verwaltungsskripts und -tools	Verfügbar
› Kompatibilität mit der IIS 6-Verwaltung	0 von 3 installiert
Verwaltungsdienst	Verfügbar
› Webserver	0 von 34 installiert

Abbildung 4.2: Installieren von Rollendiensten unterhalb von Serverrollen im Windows Admin Center

Sie können in Windows Server 2019 natürlich weiterhin Serverrollen über den Server-Manager installieren. Auf der ersten Seite des Assistenten wählen Sie zunächst aus, ob Sie eine Serverrolle oder die Remotedesktopdienste installieren möchten. Diese werden in Windows Server 2019 über den Assistenten zur Installation von Serverrollen getrennt eingerichtet.

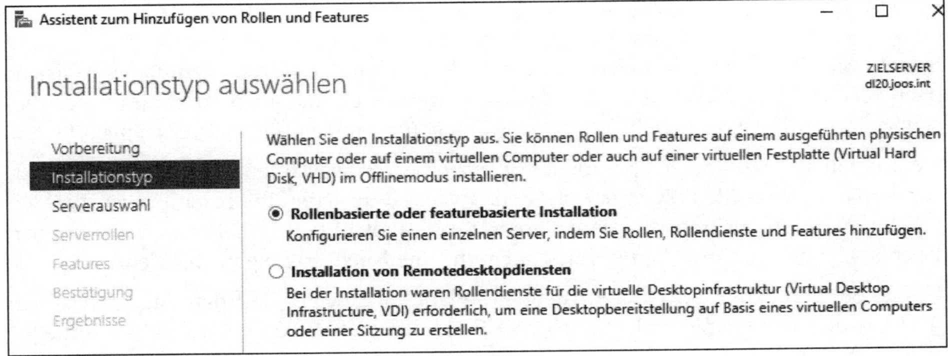

Abbildung 4.3: Auswählen des Installationstyps

Haben Sie den Installationstyp ausgewählt, können Sie auf der nächsten Seite des Assistenten den Zielserver auswählen, auf dem die Serverrolle installiert werden soll. Sie sehen im Fenster aber nur Server mit Windows Server 2012 oder einer neueren Version sowie Server, die Sie im Server-Manager bereits hinzugefügt haben (siehe Kapitel 3). Außerdem müssen die Server gestartet sein. Server, die nicht eingeschaltet sind, blendet der Assistent aus.

Um Server im Server-Manager hinzuzufügen, klicken Sie auf *Verwalten/Server hinzufügen*. Anschließend können Sie im Fenster eine Suche nach den Servern in der Domäne starten und diese im Assistenten hinzufügen. Damit die Server im Assistenten zum Hinzufügen von Rollen angezeigt werden, müssen Sie teilweise etwas warten und den Assistenten dann neu starten. Mehr zu diesem Thema lesen Sie in den Kapiteln 2 und 3.

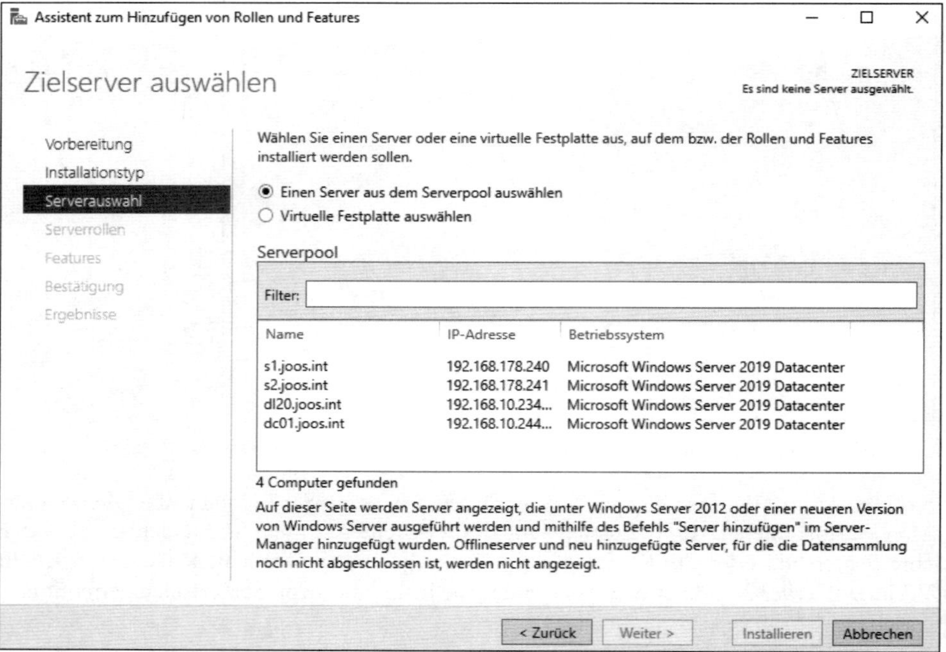

Abbildung 4.4: Auswählen des Servers zur Installation von Serverrollen

Starten Sie den Installations-Assistenten für Rollen und Features, scannt der Assistent nach Servern, die im lokalen Server-Manager angebunden und auch online sind. Aus diesen Servern können Sie den Zielserver auswählen, um Rollen und Features zu installieren.

Sie können an dieser Stelle aber nicht nur einen Server auswählen, der gerade online ist, sondern auch virtuelle Festplatten, auf denen Windows Server 2019 installiert ist. Wählen Sie diese Option aus, müssen Sie im unteren Eingabefeld den Speicherort der virtuellen Festplatte angeben. Dabei kann es sich auch um eine Netzwerkfreigabe handeln.

Haben Sie den Server oder die virtuelle Festplatte ausgewählt, auf dem Sie Serverrollen und Features installieren wollen, wählen Sie auf der nächsten Seite aus, welche Rolle Sie installieren wollen.

Wählen Sie eine Rolle zur Installation aus, zeigt der Assistent alle abhängigen Rollendienste und Features an, die durch Auswahl dieser Rolle auf dem Server ebenfalls notwendig sind. Folgende Rollen stehen für Windows Server 2019 zur Verfügung:

- **Active Directory Lightweight Directory Services (AD LDS) –** Mit diesen Diensten können Applikationen arbeiten, die Informationen in einem Ordner speichern. Im Gegensatz zu den Active Directory-Domänendiensten wird der Ordner nicht als Dienst ausgeführt. Diese Dienste benötigen keinen reinen Domänencontroller. Auf einem Server können mehrere Instanzen laufen. Bei AD LDS handelt es sich sozusagen um ein »Mini«-Active Directory ohne große Verwaltungsfunktionen. AD LDS ist eine Low-End-Variante von Active Directory. Es basiert auf der gleichen Technologie und unterstützt ebenfalls Replikation. Mit AD LDS können LDAP-Ordner für Anwendungen erstellt werden, die wiederum mit Active Directory synchronisiert werden und dieses auch für die Authentifizierung nutzen können. Auf einem Server lassen sich parallel mehrere Instanzen betreiben. Der Dienst ist für Organisationen entwickelt, die eine flexible Unterstützung ordnerfähiger Anwendungen benötigen. Mit dem Dienst können Unternehmen zum Beispiel andere LDAP-Ordner in Testumgebungen installieren, ohne auf Software eines Drittanbieters zurückgreifen zu müssen.
- **Active Directory-Domänendienste (Active Directory Domain Services, AD DS) –** Hierbei handelt es sich um die Rolle eines Domänencontrollers für das Active Directory. Bevor Sie einen Server zum Domänencontroller für das Active Directory heraufstufen können, muss diese Rolle installiert sein. Sie finden sie in den verschiedenen Kapiteln dieses Buchs wieder. Mehr zu diesem Thema lesen Sie auch in den Kapiteln 10 bis 17.
- **Active Directory-Rechteverwaltungsdienste (Active Directory Rights Management Services, AD RMS) –** Mit dieser Technologie werden Daten mit digitalen Signaturen versehen, um sie vor unerwünschtem Zugriff zu sichern. Besitzer von Dateien können basierend auf Benutzerinformationen exakt festlegen, was andere Benutzer mit den Dateien machen dürfen. Dokumente können mit »Nur Lesen«-Rechten konfiguriert werden. Mehr zu diesem Thema lesen Sie auch in Kapitel 33.

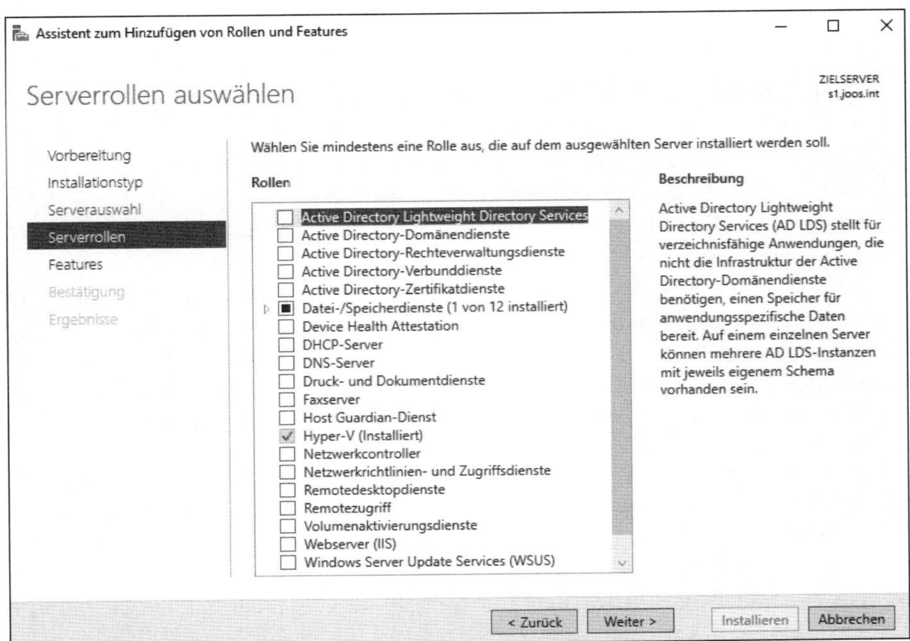

Abbildung 4.5: Auswählen der zu installierenden Serverrollen in Windows Server 2019

- **Active Directory-Verbunddienste (Active Directory Federation Services, AD FS) –** Mit den AD FS können Sie eine webbasierte Single Sign-On(SSO)-Infrastruktur aufbauen. Profitieren sollen hauptsächlich unternehmensinterne Verbände (auch mit mehreren Gesamtstrukturen) sowie Cloudplattformen. Der Identitätsverbund ermöglicht es Unternehmen, die in Active Directory gespeicherten Identitätsinformationen eines Benutzers auf sichere Weise über Verbundvertrauensstellungen gemeinsam zu nutzen, wodurch die Zusammenarbeit erheblich vereinfacht werden soll. Zum Einsatz kommen die Dienste zum Beispiel, wenn Authentifizierungsdaten zwischen lokalen Installationen und Office 365 oder Microsoft Azure ausgetauscht werden sollen.
- **Active Directory-Zertifikatdienste (Active Directory Certificate Services, AD CS) –** Diese Rolle installiert eine Zertifizierungsstelle in Windows Server 2019. Viele Serverdienste wie Exchange und SQL benötigen Zertifikate, das gilt auch für Dienste wie DirectAccess. In Active Directory-Gesamtstrukturen sind Zertifikate oft unerlässlich. Aus diesem Grund kann es sich anbieten, diese Serverrolle auf Domänencontrollern mit zu installieren. Auch unter Windows Server 2019 können Sie über einen Browser auf die Zertifizierungsstelle zugreifen. Diese Funktionalität wird allerdings nicht automatisch installiert, sondern muss über den Rollendienst *Zertifizierungsstellen-Webregistrierung* installiert werden. Nach der Installation des Rollendienstes steht auch die Webseite der Zertifizierungsstelle zur Verfügung. Die Adresse ist *http://<Servername>/certsrv*. Mehr zu diesem Thema lesen Sie auch in Kapitel 30.
- **Datei- und Speicherdienste –** Installieren Sie diese Rolle, können Sie den Server als Dateiserver verwenden, um Freigaben zu erstellen. Die Dateidienste beinhalten Erweiterungen wie die Dateiklassifizierungsdienste oder Funktionen zur Unterstützung von iSCSI und Speicherpools. Auch BranchCache, Datendeduplizierung und der Ressourcen-Manager für Dateiserver (Fileserver Resource Manager, FSRM) gehört zu dieser Serverrolle. Auch das verteilte Dateisystem (Distributed File System, DFS) installieren Sie als Rollendienst über diese Rolle. Mehr zu diesem Thema lesen Sie auch in den Kapiteln 5 und 20 bis 22.
- **Device Health Attestion –** Diese Serverrolle ist neu seit Windows Server 2016. Sie bietet Mobile Device Management-Funktionen für Windows 10.
- **DHCP-Server –** Diese Rolle beinhaltet die Funktion eines DHCP-Servers für das Netzwerk. Unter Windows Server 2019 kann der DHCP-Server auch IPv6-Adressen verteilen, ist also vollständig DHCPv6-kompatibel. Mehr zu diesem Thema lesen Sie auch in Kapitel 24.
- **DNS-Server –** Installieren Sie diese Rolle, erhält der Server die Möglichkeit, DNS-Zonen zu verwalten. Das ist zum Beispiel auch für Domänencontroller notwendig, da hier wichtige Daten in DNS gespeichert werden. DNS-Server und -Clients mit Windows Server 2019 bieten auch eine Unterstützung für die Domain Name System-Sicherheitserweiterungen (Domain Name System Security Extensions, DNSSEC). Sie können DNSSEC-Zonen signieren und hosten, um Sicherheit für die DNS-Infrastruktur bereitzustellen. In Windows Server 2019 sind diese Funktionen direkt in der grafischen Oberfläche integriert. Außerdem unterstützt DNSSEC Active Directory und auch schreibgeschützte Domänencontroller. Mehr zu diesem Thema lesen Sie auch in den Kapiteln 25 und 26.
- **Druck- und Dokumentdienste –** Mit dieser Rolle ermöglichen Sie die Verwaltung von mehreren lokal angeschlossenen Druckern an einem Server (Druckserver). Die Drucker können an diesen Server auch per LAN angeschlossen werden. Außerdem

können Sie mit dieser Rolle Scanner im Netzwerk bereitstellen. Dokumente lassen sich durch Installation dieser Rolle an SharePoint-Webseiten weiterleiten. Außerdem verwalten Sie damit auch andere Druckserver im Netzwerk zentral von einem Server aus. Mehr zu diesem Thema lesen Sie auch in Kapitel 23.

- **Faxserver** – Diese Server senden und empfangen Faxe. Auch die Verwaltung von Faxressourcen über das Netzwerk wird durch diese Rolle installiert.
- **Host Guardian-Dienst** – Mit dieser neuen Serverrolle ermöglichen Sie die Abschottung einzelner VMs von anderen VMs. Solche VMs werden in Windows Server 2019 auch als »Shielded-VMs« bezeichnet und bieten eine besondere Sicherheit.
- **Hyper-V** – Mit dieser Rolle installieren Sie Hyper-V mit den notwendigen Verwaltungsprogrammen auf dem Server. Mehr zu diesem Thema lesen Sie auch in den Kapiteln 7 bis 9.
- **Netzwerkcontroller** – Der Network Controller-Dienst erlaubt die zentrale Verwaltung, Überwachung und auch Konfiguration von Netzwerkgeräten. Anbinden lassen sich physische Netzwerkgeräte, aber auch virtuelle Netzwerke sowie Netzwerke in Microsoft Azure. Neben Hardware-Geräten lassen sich auch softwarebasierte Netzwerkdienste verwalten.
- **Netzwerkrichtlinien- und Zugriffsdienste (Network Policy and Access Services)** – Hierbei handelt es sich um eine Sicherheitsfunktion von Windows Server 2019. Mit dieser Rolle können Sie Benutzern Zugriff auf verschiedene Netzwerksegmente gewähren. Auch wenn Sie einen Server als Router zwischen verschiedenen Netzwerken einsetzen, verwenden Sie diese Rolle.
- **Remotedesktopdienste** – Bei dieser Funktion werden die Remotedesktopdienste im Anwendungsmodus installiert. Mehr zu diesem Thema lesen Sie auch in Kapitel 28.
- **Remotezugriff** – Sie installieren mit dieser Rolle DirectAccess und normale RAS-Verbindungen gemeinsam. In Windows Server 2019 erfolgt die Konfiguration von RAS und DirectAccess in einer gemeinsamen Oberfläche. Mehr zu diesem Thema lesen Sie auch in Kapitel 32.
- **Volumenaktivierungsdienste** – Mit dieser Serverrolle installieren Sie einen Schlüsselverwaltungsdienst (Key Management Service, KMS) im Netzwerk. Der Server verwaltet dann zentral die Produktschlüssel für alle Clients, die Sie über KMS aktivieren. In Active Directories sorgt der Dienst für eine Überwachung und Aktivierung der Rechner.
- **Webserver (IIS)** – Installieren Sie diese Rolle, werden die Internetinformationsdienste (Internet Information Services, IIS) auf dem Server aktiviert. Mehr zu diesem Thema lesen Sie auch in Kapitel 27.
- **Windows Server Update Services (WSUS)** – Unternehmen, die mehrere Microsoft-Produkte und Clientsysteme im Netzwerk einsetzen, kommen um eine zentrale Verwaltung der Patches kaum herum. Windows Server 2019 bietet dazu, wie bereits der Vorgänger, die Windows Server Update Services. Die grundlegende Funktion hat sich von Windows Server 2008 R2 zu Windows Server 2019 nicht geändert. Mehr zu diesem Thema lesen Sie auch in Kapitel 37.
- **Windows-Bereitstellungsdienste (Windows Deployment Services, WDS)** – Mit den Windows-Bereitstellungsdiensten können Sie Images von Windows 7/8, Windows 10, aber auch Windows Server 2012/2012 R2 und Windows Server 2016/2019 im Netzwerk verteilen und die Installation von Servern und Arbeitsstationen automatisieren. Mehr zu diesem Thema lesen Sie auch in Kapitel 39.

Wenn Sie eine Serverrolle auswählen, erscheint ein Fenster, in dem der Assistent anzeigt, welche Features und Rollendienste noch zusätzlich notwendig sind. In diesem Fenster können Sie auch festlegen, ob auf dem entsprechenden Server auch die notwendigen Verwaltungswerkzeuge installiert werden sollen. Das ist nicht auf allen Servern notwendig, wenn Sie zum Beispiel von einem zentralen Server aus verschiedene Server verwalten wollen.

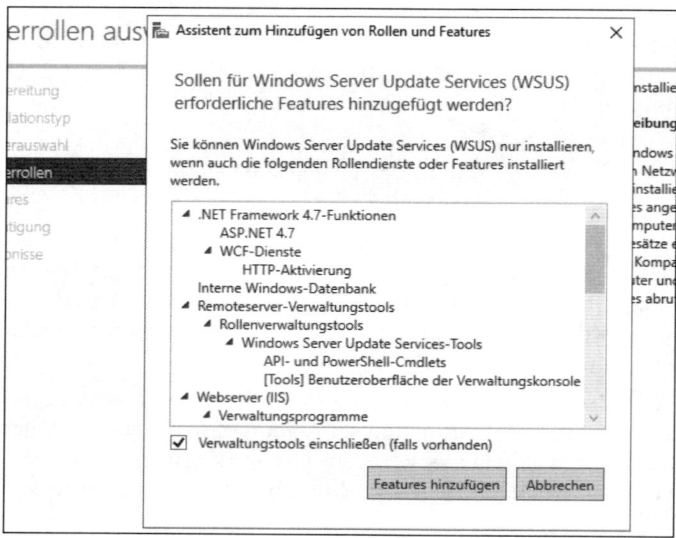

Abbildung 4.6: Hinzufügen von notwendigen Features für eine Serverrolle

Sobald Sie eine Serverrolle auswählen, erweitert sich der Assistent automatisch um weitere Seiten, auf denen Sie die entsprechende Rolle bereits während der Installation konfigurieren oder auf denen zumindest Hinweise erscheinen, was Sie für den Betrieb der Rolle beachten müssen.

Um den Assistenten abzuschließen, bestätigen Sie die weiteren Fenster. Auf Core-Servern stehen weniger Serverrollen zur Verfügung. Auch diese können Sie über den Server-Manager oder das Windows Admin Center installieren, wenn Sie Core-Server über das Netzwerk angebunden haben. Die wichtigsten Rollen für Core-Server sind:

- Active Directory-Zertifikatdienste (siehe Kapitel 30)
- Active Directory-Domänendienste (siehe die Kapitel 10 bis 17)
- DHCP-Server (siehe Kapitel 24)
- DNS-Server (siehe Kapitel 25)
- Dateidienste (einschließlich Ressourcen-Manager für Dateiserver, siehe Kapitel 20–21)
- Active Directory Lightweight Directory Services (AD LDS)
- Hyper-V (siehe die Kapitel 7 bis 9)
- Druck- und Dokumentdienste (siehe Kapitel 23)
- Webserver (einschließlich ASP.NET, siehe Kapitel 27)
- Windows Server Update Services (siehe Kapitel 37)
- Active Directory-Rechteverwaltungsserver (siehe Kapitel 33)
- Remotezugriff (siehe Kapitel 32)

Features installieren und verwalten

Serverrollen bestimmen den primären Verwendungszweck eines Servers. Mit den Rollendiensten im Server-Manager werden untergeordnete Funktionen zu Rollen hinzugefügt. Features erweitern unabhängig von Serverrollen das Betriebssystem um zusätzliche Möglichkeiten.

Verwechseln Sie Features/Funktionen nicht mit Rollendiensten. Features sind einzelne Funktionen, die einen Server erweitern. Auch die Features werden über den Server-Manager installiert, indem Sie denselben Assistenten wie bei der Installation von Serverrollen verwenden.

Hinweis Im Windows Admin Center sind die Features unterhalb der Rollen bei *Rollen und Funktionen* angeordnet.

Wählen Sie über *Verwalten/Rollen und Features hinzufügen* auf der Seite *Features auswählen* die neuen Features aus, die Sie installieren wollen. Im folgenden Abschnitt zeigen wir Ihnen, welche Features in Windows Server 2016 zur Verfügung stehen:

- **.NET Framework 3.5-Funktionen –** Dieses Feature erweitert den Server um die Funktionen von .NET Framework 3.5. und 2.0. Viele Anwendungen benötigen noch die älteren Versionen von .NET Framework.
- **.NET Framework 4.7-Funktionen –** Neu in Windows Server 2016 ist das Feature zur Installation von .NET Framework 4.7 für neue Anwendungen, die für Windows Server 2016/2019 und Windows 10 optimiert sind.
- **BitLocker-Laufwerkverschlüsselung –** BitLocker bietet eine Verschlüsselung für lokale Festplatten. BitLocker bietet im Gegensatz zum verschlüsselten Dateisystem (Encrypting File System, EFS) auch Schutz vor Diebstahl oder dem Ausbau des Datenträgers. Server in Niederlassungen lassen sich mit BitLocker besser verschlüsseln. BitLocker unterstützt auch Hardwareverschlüsselungstechnologien von Festplatten und eine inkrementelle Verschlüsselung. Bei Aktivierung verschlüsselt das System nur verwendete Bereiche der Festplatte und erweitert die Verschlüsselung, wenn neue Daten auf der Festplatte gespeichert werden. Mehr zu diesem Thema lesen Sie in Kapitel 5.
- **BitLocker-Netzwerkentsperrung –** BitLocker-Netzwerkentsperrung kann verschlüsselte Domänencomputer zentral entsperren. Das ist zum Beispiel sinnvoll, wenn Computer im Netzwerk gewartet werden sollen und neu starten müssen. Mit der zentralen Entsperrung optimieren Sie diesen Vorgang.
- **BranchCache –** Durch die Aktivierung von BranchCache als Feature kann ein Server als Client für BranchCache dienen. Um BranchCache als Server einzusetzen, müssen Sie noch den Rollendienst für BranchCache aus der Serverrolle der Dateidienste installieren. BranchCache bietet eine Zwischenspeicherung von Dateien für den schnelleren Zugriff von Windows 7/8- und Windows 10-Computern in Niederlassungen. Mehr zu diesem Thema lesen Sie auch in Kapitel 33.
- **Client für NFS –** Mit dem Client für NFS lassen sich Server mit UNIX-NFS-Freigaben verbinden.
- **Containers –** Mit diesem Feature installieren Sie die Docker-Container-Technologien auf Servern mit Windows Server 2019.

- **Data Center Bridging –** Mit dieser Funktion erweitern Sie den Server mit Funktionen, um den Datenverkehr in großen Netzwerken steuern zu können. Unterstützt der Netzwerkadapter die Funktion Converged Network Adapter (CNA), lassen sich Daten wie iSCSI oder RDMA besser nutzen (siehe Kapitel 1). Außerdem lassen sich Bandbreiten für die verschiedenen Funktionen festlegen.
- **Direct Play –** Mit diesem neuen Feature integrieren Sie DirectPlay als Komponente auf einem Server. Bei diesem Protokoll können verschiedene Transport- und Übertragungsaufgaben zwischen Servern realisiert werden. Das Feature ergibt vor allem auf Remotedesktopservern Sinn.
- **Erweitertes Speichern –** Mit dieser Funktion können Sie die Zusammenarbeit von Windows Server 2019 mit externen Speichergeräten verbessern, indem die beteiligten Komponenten Berechtigungen austauschen.
- **Failoverclustering –** Mit dieser Funktion installieren Sie die Clusterfunktionalität von Windows Server 2019. Wie andere frühere Enterprise-Funktionen steht auch das Clustering in Windows Server 2016 in der Standard-Edition zur Verfügung. Mehr zu diesem Thema lesen Sie auch in Kapitel 9.
- **Gruppenrichtlinienverwaltung –** Mit dieser Funktion installieren Sie die Gruppenrichtlinienverwaltungskonsole (Group Policy Management Console, GPMC), mit der Sie die Gruppenrichtlinien im Active Directory verwalten können. Auf Domänencontrollern wird das Feature automatisch installiert. Mehr zu diesem Thema lesen Sie auch in Kapitel 19.
- **Hostfähiger Webkern für Internetinformationsdienste –** Dieses Feature ermöglicht Serveranwendungen, eigene Konfigurationsdateien für den IIS zu verwenden, die sich von den anderen Konfigurationsdateien unterscheiden. Arbeitsordner in Windows Server 2016 und Windows 10 nutzen zum Beispiel diese Funktion.
- **Hyper-V-Unterstützung durch Host Guardian** – Installiert notwendige Funktionen, um den Hyper-V-Host an den Host Guardian Service anzubinden, mit dem wiederum VMs verschlüsselt werden können.
- **IIS-Erweiterung für OData Services for Management –** Mit dieser Funktion stellen Sie PowerShell-Cmdlets für einen Webdienst zur Verfügung. Mehr zu diesem Thema lesen Sie auch in Kapitel 27.
- **Intelligenter Hintergrundübertragungsdienst –** Bei dieser Technologie kann ein Server im Hintergrund Daten empfangen, ohne die Bandbreite im Vordergrund zu beeinträchtigen. Ein Server kann dadurch – zum Beispiel bei installiertem WSUS – Patches aus dem Internet herunterladen. Dazu wird nur so viel Bandbreite verwendet, wie derzeit bei dem Server ungenutzt ist. Andere Netzwerkanwendungen können so auf einem Server weiterhin auf die volle Netzwerkperformance zugreifen.
- **Interne Windows-Datenbank –** Hierbei handelt es sich um eine kostenlose relationale Datenbank, die einige Serverdienste nutzen. Die Datenbank kann allerdings nicht von Drittherstellerprodukten verwendet werden, sondern nur von den Funktionen und Rollen in Windows Server 2019.
- **Internetdruckclient –** Mit diesem Feature können Sie über das HTTP-Protokoll auf die Drucker des Servers zugreifen. Dadurch können Anwender über das Internet auf die Drucker zugreifen. Diese Funktion ist zum Beispiel für mobile Mitarbeiter sinnvoll, die Dokumente von unterwegs in der Firma ausdrucken wollen, zum Beispiel Aufträge oder Ähnliches.

- **IP-Adressverwaltungsserver (IPAM-Server) –** Die Serverlösung hat die Aufgabe, Infrastrukturserver, die die IP-Adressen im Netzwerk verwalten, in einer gemeinsamen Oberfläche zusammenzuführen und zentral zu verwalten und zu überwachen. Natürlich gibt es weiterhin Verwaltungskonsolen für DHCP und DNS. Zwar lassen sich viele Einstellungen von DHCP auch in der IPAM-Konsole vornehmen, aber für erweiterte Aufgaben wie Ausfallsicherheit von DHCP-Servern ist weiterhin die DHCP-Konsole notwendig. IPAM dient nicht nur der Überwachung von DNS- und DHCP-Servern, sondern bietet auch eine effiziente Verwaltungsmöglichkeit dieser Server, und zwar in einer gemeinsamen Oberfläche. Microsoft geht mit der neuen Serverrolle auf die ständig wachsende Anzahl an DNS- und DHCP-Servern in Unternehmen und der damit verbundenen komplizierteren Verwaltung ein. Damit Administratoren einen Überblick über die verschiedenen IP-Adressbereiche und DNS-Domänen erhalten, sind oft Zusatztools im Einsatz oder Excel-Tabellen, in denen die Daten aufgelistet sind. Damit soll IPAM Schluss machen. IPAM verfügt generell über folgende Funktionen: Automatisches Auffinden der IP-Adresse-Infrastruktur im Unternehmen, Erstellen von Berichten für IP-Infrastruktur, Überwachung der Infrastruktur-Server im Netzwerk und der vorhandenen IP-Adressen, Überwachung von Netzwerkzugriffschutz-Servern, Überwachung von Domänencontrollern. Mehr zu diesem Thema lesen Sie auch in Kapitel 24.
- **iSNS-Serverdienst –** Diese Funktion benötigen Unternehmen, die mit iSCSI-Geräten als Speichergerät arbeiten. Ein großer Nachteil von NAS-Systemen ist, dass die Anbindung über das LAN erfolgt. Manche Anwendungen haben Probleme damit, wenn der Datenspeicher im Netzwerk bereitgestellt und mittels IP auf die Daten zugegriffen wird, anstatt den blockbasierten Weg über SCSI oder Fibrechannel zu gehen. Zu diesem Zweck gibt es die iSCSI-Technologie. iSCSI ermöglicht den Zugriff auf NAS-Systeme mit dem bei lokalen Datenträgern üblichen Weg als normales lokales Laufwerk. Die Nachteile der IP-Kommunikation werden kompensiert. iSCSI verpackt dazu die SCSI-Daten in TCP/IP-Pakete. Mit iSNS können auf iSCSI basierte SAN-Systeme an Windows Server 2019 angebunden werden. Mit dem iSNS-Protokoll werden die verschiedenen Konfigurationen der iSCSI-Geräte und der Geräte von Speichernetzen (SAN) in einem IP-Speichernetz zentralisiert. Das Konzept kennt den Name Service, mit dem alle Geräte registriert werden, die Bereitstellung von Domain-Namen für das Internet Fibre Channel-Protokoll (iFCP) und die Discovery Domain (DD), die die Geräte in Gruppen unterteilt.
- **LPR-Portmonitor –** Windows-Betriebssysteme unterscheiden zwischen lokalen und Netzwerkdruckern. Für andere Druckprotokolle, also auch für das LPR-Druckprotokoll, werden die Verbindungen zu Druckern über sogenannte Ports (Anschlüsse) abgewickelt. Sie ergänzen die standardmäßig vorhandenen lokalen Ports. Die Druckerports für das LPR-Protokoll werden LPR-Ports genannt. Jeder LPR-Port verweist auf eine Queue eines Remotedruckservers. LPR-Ports werden also unter Windows-Betriebssystemen wie lokale Anschlüsse behandelt. Deshalb werden auch Drucker, die über das LPR-Protokoll angesprochen werden, als lokale Drucker angesehen. Mehr zu diesem Thema lesen Sie auch in Kapitel 23.
- **Media Foundation –** Dieses Feature bietet die Möglichkeit, dass Anwendungen Miniaturansichten für Mediendateien zur Verfügung stellen können. Das Tool arbeitet mit der Desktopdarstellung zusammen und ist auf Remotedesktopservern sinnvoll.
- **Message Queuing –** Mit dieser Funktion können Nachrichten gesichert und überwacht zwischen Applikationen auf dem Server ausgetauscht werden. Nachrichten können priorisiert werden und es gibt eine Vielzahl an Möglichkeiten, um die Konfigura-

tion anzupassen. Message Queuing (auch als *MSMQ* bezeichnet) ist sowohl eine Kommunikationsinfrastruktur als auch ein Entwicklungswerkzeug. Für Systemadministratoren als auch für Softwareentwickler bietet Message Queuing Möglichkeiten wie Installation und Verwaltung der Infrastruktur, Entwicklung von Nachrichtenanwendungen und vieles mehr.

- **Multipfad-E/A –** Durch Multipfad wird die Verfügbarkeit erhöht, weil mehrere Pfade (Pfad-Failover) von einem Server oder Cluster zu einem Speichersubsystem zugelassen werden. Unterstützt ein Server im SAN die Funktion Microsoft Multipfad-E/A (Multipath I/O, MPIO), können Sie mehr als einen Pfad zum Lesen und Schreiben für eine LUN (Logical Unit Number, logische Gerätenummer) aktivieren, indem Sie auf diesem Server mehrere Fibrechannel-Ports oder iSCSI-Adapter derselben LUN zuweisen. Dies gilt auch für das Zugreifen auf die LUN von einem Cluster. Stellen Sie zum Vermeiden von Datenverlust vor dem Aktivieren von Zugriff über mehrere Pfade sicher, dass der Server oder Cluster die Funktion Multipfad-E/A unterstützt.
- **MultiPoint Connector –** Dieses Serverfeature arbeitet mit den MultiPoint-Services zusammen. Mit den Funktionen lassen sich zum Beispiel MultiPoint-Server im Netzwerk verwalten.
- **Netzwerklastenausgleich –** Mit dieser Funktion können Sie einen Lastenausgleich zwischen mehreren Servern im Netzwerk bereitstellen. Zu den Anwendungen, die vom Netzwerklastenausgleich profitieren können, zählen IIS, Remotedesktopserver sowie virtuelle private Netzwerke, Windows Media-Dienste und viele Server mehr. Mithilfe des Netzwerklastenausgleichs können Sie außerdem die Serverleistung skalieren, sodass der Server mit den steigenden Anforderungen der Internetclients Schritt halten kann. Ausgefallene oder offline geschaltete Computer werden automatisch erkannt und wiederhergestellt. Die Netzwerklast wird nach dem Hinzufügen oder Entfernen von Hosts automatisch umverteilt. Mehr zu diesem Thema lesen Sie auch in Kapitel 34.
- **Netzwerkvirtualisierung –** Bietet die Möglichkeit, mehrere virtuelle Netzwerke in einem physischen Netzwerk zu betreiben. Das Feature ist vor allem für Netzwerke mit Software Defined Networking interessant, in denen Windows-Server integriert werden sollen.
- **Peer Name Resolution-Protokoll –** PNRP ermöglicht die verteilte Auflösung eines Namens in eine IPv6-Adresse und Portnummer. Einfach betrachtet ist PNRP eine P2P-Anwendung, die die Form eines Windows-Dienstes annimmt. Es baut auf IPv6 auf.
- **RAS-Verbindungs-Manager-Verwaltungskit –** Mit dem Toolkit erstellen Sie ausführbare Dateien, die auf Clientcomputern Einstellungen für RAS-Verbindungen und DirectAccess automatisieren.
- **Remotedifferenzialkomprimierung –** Dieses Feature ermöglicht die verbesserte Übertragung von geänderten Daten in schmalbandigen Netzwerken. Ist zum Beispiel ein Server über ein langsames WAN angebunden, erkennt dieses Feature, wenn Änderungen an Dateien vorgenommen wurden, und kopiert nur die geänderten Daten über das Netzwerk, nicht die komplette Datei. Diese Funktion wird zum Beispiel von DFS (Distributed File System, verteiltes Dateisystem) verwendet.
- **Remoteserver-Verwaltungstools –** Diese Funktion wird auf normal installierten Servern automatisch installiert. Sie können mit diesen Tools die Funktionen über das Netzwerk auf einem Windows Server 2019 verwalten. Mehr zu diesem Thema lesen Sie auch in Kapitel 3.

- **Remoteunterstützung –** Installieren Sie diese Funktion, können Sie an Kollegen eine Remoteunterstützungsanforderung schicken, damit sich diese per Remotedesktop auf den Server verbinden können. Diese Funktion wird normalerweise eher für Arbeitsstationen verwendet als auf Servern. Es spielt keine Rolle, ob die Verbindung mit dem entfernten Rechner über das Netzwerk, Internet oder via Modem per Telefonleitung erfolgt. Auf Remotedesktopservern kann die Funktion durchaus sinnvoll sein.
- **RPC-über-HTTP-Proxy –** Mit dieser Funktion werden Remoteprozeduraufrufe (Remote Procedure Call, RPC) in HTTP-Pakete gekapselt. Die Remotedesktopgateway-Rolle baut ebenfalls auf diese Funktion auf.
- **Sammlung von Setup- und Startereignissen –** Dieses Feature kann Setup-Protokolldateien und andere Logdateien im Netzwerk auslesen und erfassen.
- **Simple TCP/IP Services –** Installiert die einfachen TCP/IP-Dienste in Windows Server 2019. Das Feature wird aber nur für die Rückwärtskompatibilität benötigt.
- **SMB 1.0/CIFS File Sharing Support** – Installiert die Unterstützung für SMB 1.0, ebenfalls für die Rückwärtskompatibilität.
- **SMB-Bandbreitengrenzwert –** Hier steuern Sie die Bandbreite, die Servern und Computern über das SMB-Protokoll im Netzwerk zur Verfügung steht.
- **SMTP-Server –** Über diese Funktion installieren Sie einen Mailserver auf dem Server.
- **SNMP-Dienst –** Das Simple Network Management-Protokoll (SNMP) ist ein Standard, mit dem SNMP-fähige Applikationen, hauptsächlich Überwachungsprogramme für Server, Informationen von einem Server abfragen können. Hierbei handelt es sich um einen optionalen Dienst, der im Anschluss an eine erfolgreiche Konfiguration des TCP/IP-Protokolls installiert werden kann. Der SNMP-Dienst stellt einen SNMP-Agenten bereit, der eine zentrale Remoteverwaltung von Computern ermöglicht. Wenn Sie auf die vom SNMP-Agent-Dienst bereitgestellten Informationen zugreifen möchten, benötigen Sie eine Softwareanwendung des SNMP-Verwaltungssystems. Der SNMP-Dienst unterstützt zwar SNMP-Verwaltungssoftware, diese ist jedoch derzeit noch nicht im Lieferumfang enthalten.
- **Software Load Balancer –** Bietet Lastenausgleich für Netzwerkressourcen.
- **Speicherreplikat –** Ermöglicht die Replikation kompletter Datenträger auf andere Server oder Rechenzentren.
- **Standardisierte Windows-Speicherverwaltung –** Mit dem Feature lassen sich Hardwarespeichergeräte, die SMI-S unterstützen, an Windows Server 2019 anbinden und über Windows-Tools verwalten. Es stehen auch Befehle über WMI und der PowerShell zur Verfügung.
- **Storage Migration Service –** Ermöglicht die Migration von älteren Dateiservern zu Windows Server 2019 oder Microsoft Azure. Bei der Migration lassen sich Daten, Berechtigungen und Freigaben über einen Assistenten migrieren.
- **Storage Migration Service Proxy –** Stellt den Dienst zur Verfügung, mit dem ein Server über Storage Migration Service verbunden und Daten migriert werden können.
- **System Data Archiver –** Arbeitet mit Windows Server System Insights aus dem Windows Admin Center zusammen (siehe Kapitel 3).
- **System Insights –** Installiert Windows Server System Insights (siehe Kapitel 3).

- **Telnet Client** – Mit dem Telnet-Client können Sie sich per Telnet auf einen anderen Server verbinden. Standardmäßig ist dieser Client unter Windows Server 2019 nicht installiert.
- **TFTP Client** – Bei dieser Funktion handelt es sich um einen eingeschränkten FTP-Client, der hauptsächlich für die Updates von Firmware oder das Übertragen von Informationen zu Systemen gedacht ist, auf denen ein TFTP-Server läuft.

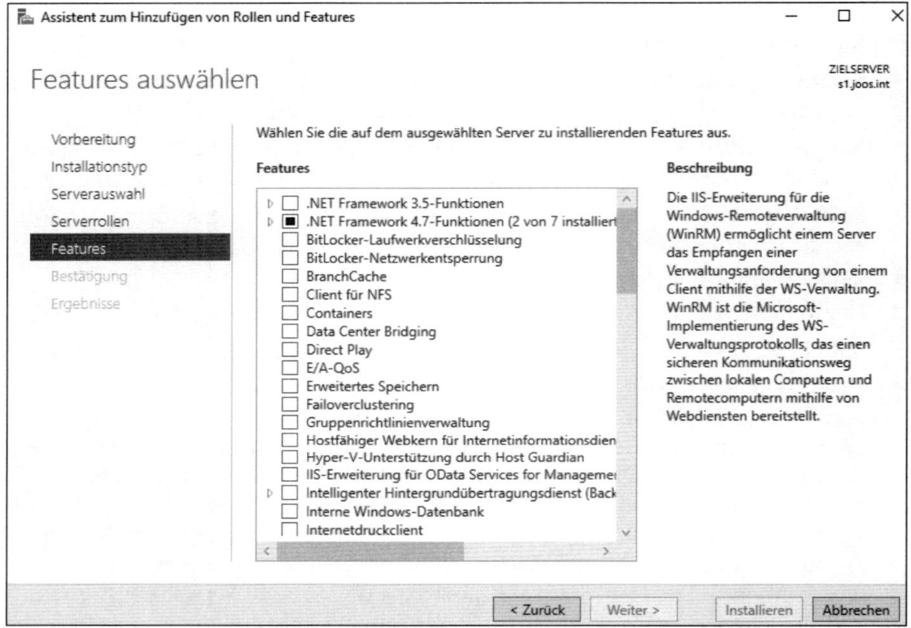

Abbildung 4.7: Installieren von Features/Funktionen über den Server-Manager

- **Verbessertes Windows-Audio-/Video-Streaming** – Diese Funktion ist für die Verteilung von Audio- oder Videostreams in Netzwerken vorgesehen. Mit dieser Funktion können Streams auch überwacht und konfiguriert werden.
- **VM-Abschirmungstools für die Fabricverwaltung** – Dieses Feature wird zusammen mit dem Host Guardian-Dienst eingesetzt, um Shield-VMs (abgeschottete VMs) zu erstellen und zu verwalten.
- **WebDAV-Redirector** – Ermöglicht die Verbindung eines Servers mit WebDAV-Freigaben im Internet, um mit dem Explorer auf Dateien im Internet oder in Cloudspeichern zugreifen zu können.
- **Windows Defender Antivirus** – Standardmäßiger Virenschutz in Windows Server 2019, auch Windows Server Anti-Malware genannt.
- **Windows Identity Foundation 3.5** – Ermöglicht, die einige .NET Framework 4.5-Funktionen auch für .NET Framework 3.5 und 4 zu nutzen. Allerdings ist das nur sinnvoll, wenn die entsprechende Serveranwendung kein .NET Framework 4.5 unterstützt.
- **Windows PowerShell** – Hierbei handelt es sich um die neue PowerShell und zusätzliche Werkzeuge dafür. Sie können an dieser Stelle noch die Unterstützung der PowerShell 2.0 aktivieren und PowerShell Web Access. Installieren Sie das Feature PowerShell

Web Access über den Server-Manager oder die PowerShell, kann auf die PowerShell auch über einen Webbrowser zugegriffen werden. So können Verwaltungsaufgaben auf einem Server auch von Tablet-PCs oder nicht kompatiblen Systemen durchgeführt werden. Mehr zu diesem Thema lesen Sie auch in Kapitel 40.

- **Windows Search –** Mit diesem Feature installieren Sie die Funktionen der Windows-Suche auf dem Server. Die Funktion ist für kleinere Dateiserver geeignet oder Remotedesktopserver, auf denen indexierte Dateien für die Anwender zur Verfügung stehen müssen, damit diese nach Dateien und Inhalten suchen können.
- **Windows Server-Migrationstools –** Die Migrationstools unterstützen bei der Migration von Windows Server 2008 R2/2012/2012 R2/2016. Zum Migrieren von Rollen, Features und Daten über die Windows Server-Migrationstools müssen Sie die Tools auch auf den Quellservern installieren, von denen Sie Daten migrieren wollen. Die Tools sind vor allem bei der Migration wertvoll, da keine Zusatzwerkzeuge lizenziert werden müssen.
- **Windows Server-Sicherung –** Das standardmäßige Datensicherungsprogramm von Windows Server wird nicht mehr automatisch installiert, sondern muss manuell nachinstalliert werden. Das Programm wurde für Windows Server 2019 überarbeitet. Die Sicherung unterstützt jetzt besser die Schattenkopien sowie die integrierten Sicherungsfunktionen von SQL Server und Exchange. Die Verwaltung der Sicherung findet über die MMC oder die Eingabeaufforderung statt. So können Sie auch über das Netzwerk mit der MMC die Datensicherung von mehreren Servern verwalten. Mehr zu diesem Thema lesen Sie auch in Kapitel 35.
- **Windows-TIFF-IFilter –** Dieses Feature benötigen Sie für die OCR-Erkennung von eingescannten Dokumenten im Zusammenspiel mit der verbesserten Suche und der Indexierung. Eingescannte Dokumente lassen sich so automatisch indexieren und über Windows Search (Rollendienst der Dateidienste) besser durchsuchen.
- **Windows-Biometrieframework –** Bietet die Unterstützung von Geräten zum Erfassen von Biometriedaten in Windows-Netzwerken, zum Beispiel Fingerabdruckscanner.
- **Windows-Prozessaktivierungssdienst –** Bei der Installation der IIS in Windows Server 2019 fordert Windows als Grundlage die Installation des Windows-Prozessaktivierungsdienstes (Windows Process Activation Service, WPAS). WPAS ist der Systembaustein, der für die IIS die Anwendungspools und Prozesse verwaltet.
- **Windows Subsystem für Linux –** Beinhaltet Dienste, um Linux-Shell und –Tools unter Windows auszuführen.
- **WinRM-IIS-Erweiterung –** Hierbei handelt es sich um die Erweiterung IIS zur Remoteverwaltung der Dienste im Netzwerk.
- **WINS-Server –** Funktioniert zum Beispiel die Namensauflösung per DNS nicht mehr, kann der interne Replikationsdienst von Active Directory auf WINS zurückgreifen. WINS dient hauptsächlich der Namensauflösung von NetBIOS-Namen.
- **WLAN-Dienst –** Möchten Sie einen Server über ein Drahtlosnetzwerk in das Netzwerk einbinden, müssen Sie diese Funktion installieren. In diesem Fall kann parallel zu einer kabelgebundenen Netzwerkanbindung der Server auch über ein Drahtlosnetzwerk angebunden werden. Der WLAN-AutoConfig-Dienst steuert in diesem Fall den Zugriff des Servers auf das Netzwerk.
- **WoW64-Unterstützung –** Das Feature unterstützt die Ausführung von 32-Bit-Anwendungen.
- **XPS-Viewer –** Der Viewer ermöglicht das Lesen von XPS-Dokumenten auf dem Server.

Rollen und Features lassen sich über den jeweiligen Assistenten hinzufügen, verwalten und wieder entfernen. In Windows Server 2019 können Sie mehrere Rollen und Features gleichzeitig installieren, indem Sie diese markieren und den Assistenten zur Installation fortsetzen.

Installation von Rollen und Features abschließen

Haben Sie im Assistenten ausgewählt, welche Rollen und Features Sie installieren wollen, bestätigen Sie auf der letzten Seite die eigentliche Installation. Über den Link *Konfigurationseinstellungen exportieren* erstellen Sie eine XML-Datei, über die Sie die Installation der ausgewählten Rollen und Features automatisieren können. Wir zeigen Ihnen in den folgenden Abschnitten auch, wie Sie mit der XML-Datei automatisiert Rollen, Rollendienste und Features installieren.

Der Link *Alternativen Quellpfad angeben* ermöglicht die Angabe eines anderen Speicherorts der Installationsdateien. Um Speicherplatz zu sparen, sind nicht alle notwendigen Binärdateien für Windows Server 2019 bereits auf dem Server vorhanden. Fehlen dem Server Binärdateien, zeigt das der Server-Manager an und Sie müssen einen alternativen Speicherort angeben.

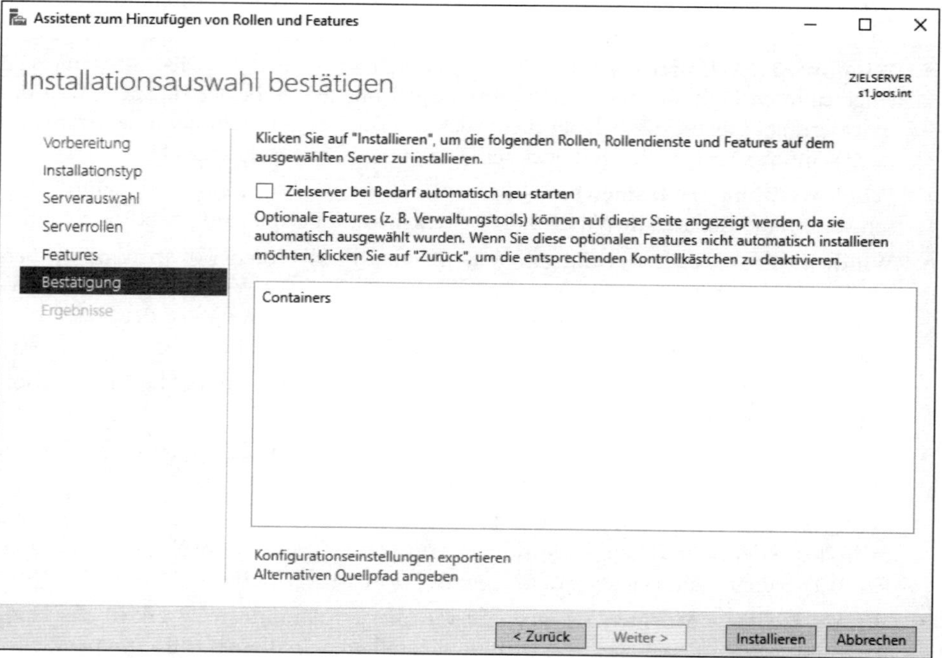

Abbildung 4.8: Fertigstellen der Installation von Serverrollen

Sie können an dieser Stelle auch die Option aktivieren, dass der Server automatisch neu starten soll, wenn dies die Rolle oder ein ausgewähltes Feature verlangt. Ein Beispiel dafür ist die Installation von Hyper-V auf einem Server.

Sie müssen das Fenster während der Installation der Rolle oder des Features nicht geöffnet lassen, sondern können es schließen. Auf diesem Weg können Sie die Installation auf mehreren Servern starten. Wollen Sie zum Installationsfenster zurückkehren, klicken Sie im Server-Manager oben rechts auf das Benachrichtigungssymbol.

Rollen in der PowerShell installieren

In diesem Abschnitt zeigen wir Ihnen, wie Sie Serverrollen und Features in der PowerShell oder automatisiert installieren. Sie können dabei auch über den Assistenten zur Installation von Serverrollen eine XML-Datei erstellen und diese mit der PowerShell auf anderen Servern zur Installation von Rollen nutzen.

Serverrollen und Features in der PowerShell verwalten

Die Installation und Verwaltung von Serverrollen findet hauptsächlich über den Server-Manager oder das Windows Admin Center statt. Allerdings gibt es neben der Nutzung dieser grafischen Oberflächen die Möglichkeit, Features auch in der PowerShell zu installieren.

Interessant sind vor allem die Cmdlets *Add-WindowsFeature*, *Get-WindowsFeature* und *Remove-WindowsFeature*. Auch die Cmdlets *Install-WindowsFeature* und *Uninstall-WindowsFeature* sind in dieser Hinsicht hilfreich. Hilfe zu den Cmdlets erhalten Sie wie immer über *help <Befehlname> -detailed*.

Mit dem Befehl *Get-WindowsFeature Hyper-V** zeigen Sie zum Beispiel an, ob die Rolle und die Verwaltungstools bereits installiert sind. In Windows Server 2019 können Sie mit *-computername* die Installation auch auf Remoteservern im Netzwerk überprüfen. Um Hyper-V oder die Verwaltungstools zu installieren, verwenden Sie das Cmdlet *Install-WindowsFeature*.

Mit *Install-WindowsFeature Hyper-V* installieren Sie die Serverrolle, mit der Option *-IncludeManagementTools* inklusive der Verwaltungstools. Soll der Server gleich noch automatisch neu starten, verwenden Sie zusätzlich die Option *-restart*. Die Verwaltungstools alleine installieren Sie mit *Install-WindowsFeature Hyper-V-Tools*.

Die Installation von Features erfolgt dann mit dem Befehl *Add-WindowsFeature <Kommagetrennte Liste>*. Beispielsweise lassen sich mit *Add-WindowsFeature RSAT-AD-PowerShell,RSAT-AD-AdminCenter* die Active Directory-Verwaltungstools installieren. Mit den Cmdlets installieren Sie auch Rollen und Features auf Core-Servern.

Unbeaufsichtigte Installation von Rollen und Features

Neben der beschriebenen Möglichkeit, Rollen und Features über die PowerShell zu installieren, indem Sie ihren Namen angeben, können Sie in der PowerShell auch die XML-Steuerungsdatei verwenden, die Sie im Assistenten zum Installieren von neuen Rollen im letzten Fenster speichern können.

Um auf einem anderen Server die gleichen Rollen und Features zu installieren, rufen Sie das entsprechende PowerShell-Cmdlet auf und geben hier zusätzlich die XML-Datei an. Dabei verwenden Sie das Cmdlet *Install-WindowsFeature* mit der Option *-ConfigurationFilePath*, zum Beispiel *Install-WindowsFeature -ConfigurationFilePath C:\Daten\iis.xml*.

Rollen und Features mit Dism installieren

Deployment Image Servicing and Management (Dism) bietet zur besseren Automatisierung der Einrichtung und Installation von Serverrollen auch für Core-Server mit Windows Server 2016 effiziente Möglichkeiten. Mit Dism lassen sich schnell und einfach wichtige Serverrollen installieren, auch skriptbasiert.

Verschiedene Verwaltungsaufgaben lassen sich mit dem Tool wesentlich schneller durchführen als in der grafischen Oberfläche. Wiederkehrende Aufgaben lassen sich damit auch automatisieren. Mit Dism installieren Sie Serverrollen und Features.

Neben der Möglichkeit, Rollen zu installieren, lassen sich mit Dism auch Windows-Images einlesen. Verwenden Sie die Option */Online*, bearbeitet Dism das aktuell gestartete Betriebssystem. Um ein WIM-Image zu laden, ist der Befehl *dism /Mount-Wim /Mount-Dir:<Ordner> /WimFile:<WIM-Datei> /Index:1* geeignet. Der Ordner zum Mounten muss vorhanden und leer sein.

Es lassen sich auch mehrere Images einlesen. Der Befehl ist dann der gleiche, aber der Wert für */Index* muss erhöht werden. Der Befehl *dism /Get-MountedWimInfo* zeigt alle gemounteten Images an. Gemountete Images lassen sich mit dem Befehl *dism /Unmount-Wim /MountDir:<Ordner> /<Option>* wieder unmounten. Als Option lassen sich mit */Commit* Änderungen speichern und mit */Discard* ohne Speichern verwerfen. Mit der Option */Add-Driver /Driver:<INF-Datei>* lassen sich Treiber in Images integrieren.

Webserver mit Dism.exe remote verwalten und Serverrollen auf Core-Servern installieren

Wollen Sie die Internetinformationsdienste (IIS) auf einem Core-Server auch über das Netzwerk verwalten, ist die Vorgehensweise folgende:

1. Installieren der IIS-Verwaltung auf dem Core-Server mit *dism /Online /Enable-Feature /FeatureName:IIS-ManagementService.*
2. Aktivieren der Remoteverwaltung, indem Sie den Wert *1* beim Registrywert *EnableRemoteManagement* im Schlüssel *HKLM\SOFTWARE\Microsoft\WebManagement\Server* setzen.
3. Mit *Net start wmsvc* den Dienst für die Remoteverwaltung starten.

Eine Möglichkeit, DNS auf einem Core-Server zu installieren, ist der Befehl *dism /Online /Enable-Feature /FeatureName:DNS-Server-Core-Role.* Mit dem Befehl *dism /Online /Disable-Feature /FeatureName:DNS-Server-Core-Role* lässt sich die Rolle wieder entfernen.

Die Installation der DHCP-Serverrolle läuft ähnlich zur Installation eines DNS-Servers ab:

dism /Online /Enable-Feature /FeatureName:DHCPServerCore

Die Deinstallation erfolgt mit

dism /Online /Disable-Feature /FeatureName:DHCPServerCore

Zusätzlich muss der Systemdienst für DHCP noch gestartet werden:

sc config dhcpserver start= auto

net start dhcpserver

Weitere Serverrollen sind zum Beispiel:

- **Dateireplikationsdienst (File Replication Service, FRS)** – *dism /Online /Enable-Feature /FeatureName:FRS-Infrastructure*
- **Distributed File System Replication** – *dism /Online /Enable-Feature /Feature-Name:DFSN-Server*
- **Network File System** – *dism /Online /Enable-Feature /FeatureName:ServerForNFS-Base* und *dism /Online /Enable-Feature /FeatureName:ClientForNFS-Base*
- **Standardrolle eines Druckservers** – *dism /Online /Enable-Feature /Feature-Name:Printing-ServerCore-Role-WOW64*
- **Line Printer Daemon (LPD)** – *dism /Online /Enable-Feature /FeatureName:Printing-LPDPrint-Service*
- **Active Directory Lightweight Directory Services (AD LDS)** – *dism /Online/Enable-Feature /FeatureName:DirectoryServices-ADAM-ServerCore*
- **Active Directory-Zertifikatdienste** – *dism /Online /Enable-Feature /FeatureName: CertificateServices*

Auch diese Rollen lassen sich mit der Option *Disable-Feature* beim Einsatz von Dism deinstallieren.

RemoteFX und Dism

RemoteFX ermöglicht eine bessere grafische Darstellung von Windows 10-Desktops, die zum Beispiel über Virtual Desktop Infrastructure (VDI) zur Verfügung gestellt werden. Die Technik funktioniert auch auf Remotedesktop-Sitzungshosts (Terminalserver). Dazu muss dann auf dem Server ebenfalls Windows Server 2019 installiert sein.

Neben einer Verbesserung der grafischen Darstellung enthält RemoteFX eine Verbesserung der USB-Unterstützung von virtuellen Windows 10-Computern zur Anbindung von USB-Laufwerken, Smartphones oder Digitalkameras. Damit Unternehmen RemoteFX nutzen können, muss auf Servern Windows Server 2019 und auf dem virtuellen Computer Windows 10 installiert sein. Auf dem Clientcomputer, mit dem Benutzer auf den virtuellen Windows 10-Computer zugreifen, muss Windows 10 installiert sein.

Auf dem Clientcomputer muss dazu der neue Remotedesktopclient von Windows 10 enthalten sein. Wenn Sie Verwaltungsports auf dem Server mit einem speziellen Verwaltungsadapter verwenden, empfiehlt Microsoft die Installation des RemoteFX-Treibers, nachdem RemoteFX auf dem Server aktiviert ist. Die Fernwartungskonsole auf Servern kann die RemoteFX-Verbindung stören. Dies liegt daran, dass diese Konsolen meist noch das alte XP-Treibermodell verwenden (XPDM). RemoteFX benötigt aber das neue Treibermodell Windows Display Driver Model (WDDM). Auf einem Server lässt sich immer nur eine Art Treiber installieren. Ist also ein XPDM-Treiber installiert, lässt sich kein WDDM-Treiber installieren. Aus diesem Grund müssen Administratoren solche alten Karten entweder deaktivieren oder den speziellen RemoteFX-Treiber für diese Karten verwenden, wenn das Gerät kompatibel ist. Den Treiber installieren Administratoren in der Eingabeaufforderung durch Eingabe von:

dism /Online /Enable-Feature /FeatureName:Microsoft-Windows-RemoteFX-Embedded-VideoCap-Setup-Package

Serverrollen mit dem Best Practices Analyzer überprüfen

Mit Windows Server 2019 erweitert Microsoft die automatische Überprüfung der Serverrollen durch Best Practices Analyzer (BPA). Diese gehören zu den Bordmitteln in Windows Server 2019 und stehen im Server-Manager auch für die Überprüfung von Serverrollen über das Netzwerk zur Verfügung. Nahezu alle Serverrollen lassen sich dadurch überprüfen und das Ergebnis zentral anzeigen.

Installieren Sie Serverrollen und konfigurieren diese, gibt es oft fehlerhafte Konfigurationen. Dazu hat Microsoft die Best Practices Analyzer entwickelt, die regelmäßig die Server auf Konfigurationsprobleme überprüfen und entsprechende Ratschläge zur Beseitigung geben.

In Windows Server 2019 werden die Ergebnisse dieser automatischen Überprüfung direkt in den einzelnen Kacheln der verschiedenen Serverdienste im Dashboard integriert.

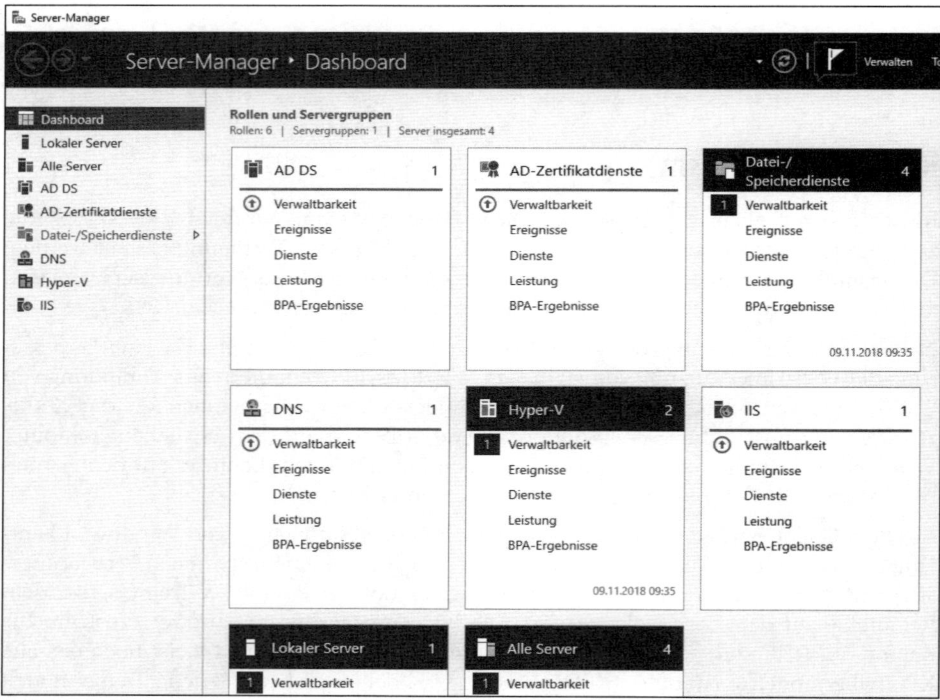

Abbildung 4.9: Best Practices Analyzer in Windows Server 2019

Überprüfen von Servern über das Netzwerk

In Windows Server 2019 lassen sich Server über den Server-Manager vollständig über das Netzwerk verwalten. Über *Verwalten/Server hinzufügen* können Sie alle Windows Server 2019-Computer im Netzwerk zum Server-Manager hinzufügen. Die Server ordnet der Server-Manager dann nach ihren Rollen und erstellt automatisch Servergruppen.

Im Dashboard des Server-Managers sind für alle Serverrollen die BPA-Ergebnisse aller Server zu sehen. Allerdings muss dazu zunächst ein Scan der Rechner im Netzwerk gestartet werden. Klicken Sie in der Ansicht *Alle Server* auf einen Server im oberen Bereich, sehen Sie unten wichtige Fehlermeldungen der Ereignisanzeige (siehe Kapitel 3).

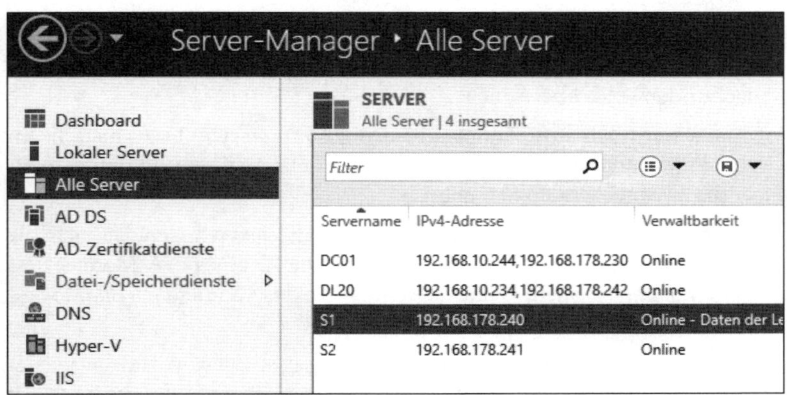

Abbildung 4.10: Überprüfen der Funktionalität von Servern im Server-Manager

Im oberen Bereich ist außerdem zu erkennen, ob die entsprechenden Server online sind und ob Windows Server 2019 aktiviert ist. Diese Informationen haben nichts mit dem BPA zu tun, ergänzen aber dessen Informationen.

Nach der Installation von Windows Server 2019 sollten Sie im Server-Manager über das Kontextmenü der Server den Befehl *Leistungsindikatoren starten* ausführen, damit der Server über das Netzwerk überwachbar ist, die neuen Best Practices Analyzer funktionieren und Daten abrufbar sind. Über das Kontextmenü der Server können Sie sich auch mit einem anderen Benutzernamen am Server anmelden, um diesen zu administrieren. Die Leistungsindikatoren haben aber nur am Rande etwas mit dem BPA zu tun. Die eigentliche Aktivierung erfolgt nachträglich.

BPA in der PowerShell starten

Am schnellsten starten und aktivieren Sie den BPA für Serverrollen durch Eingabe des Befehls *Get-BPAModel | Invoke-BpaModel* in der PowerShell. Dieser Befehl versucht auch die Aktivierung von BPAs für Serverrollen, die im Netzwerk nicht installiert sind. Das bringt zwar einige Fehlermeldungen auf den Schirm, stellt aber sicher, dass alle BPAs auch gestartet werden.

Weitere Cmdlets für die PowerShell sind *Get-BPAResult* und *Set-BPAResult*. Sie zeigen Ergebnisse an oder blenden sie aus. Zur Analyse verwenden Sie aber besser den Server-Manager. Auch hier können Sie auf Windows 10 setzen. Der Vorteil ist, dass mit der Option *-ComputerName* auch eine Konfiguration und Abfrage der Ergebnisse über das Netzwerk hinweg erfolgen kann. Das funktioniert auch über die PowerShell.

Neben der PowerShell lässt sich der BPA für einzelne Serverrollen auch im Server-Manager starten. Dazu öffnen Sie den Server-Manager und klicken auf die Serverrolle, die überprüft werden soll. Durch einen Klick auf *Server* sind die Server mit dieser Rolle im Netzwerk zu sehen.

Hier sind allerdings nur die Server zu sehen, die Sie über *Verwalten/Server hinzufügen* dem lokalen Server-Manager hinzugefügt haben. Im unteren Bereich des Server-Managers findet sich der Bereich *Best Practices Analyzer*. Durch einen Klick auf *Aufgaben/BPA-Überprüfung starten* beginnt der Test der Serverrolle. Zunächst müssen Sie aber den Server auswählen, den der BPA überprüfen soll.

Den gleichen Assistenten finden Sie im Server-Manager über *Alle Server* im unteren Bereich *Best Practices Analyzer*. Auch hierüber lassen sich alle Server, die an den lokalen Server-Manager angebunden sind, überprüfen.

Diese Überprüfung lässt sich auch auf Windows 10-Computern starten. Dazu installieren Sie die Remoteserver-Verwaltungstools für Windows 10 auf dem Rechner und binden über den Server-Manager die entsprechenden Server an.

Wollen Sie die vorhandenen Überprüfungsmöglichkeiten anzeigen, lassen Sie sich die Informationen als Liste generieren. Hier brauchen Sie auch die ID eines BPA-Models, dessen Ergebnis Sie später auslesen wollen. Dazu verwenden Sie das Cmdlet *Get-BpaModel | Format-List Name,Id.*

Wollen Sie nur für eine bestimmte Rolle einen Scan-Vorgang starten, rufen Sie wieder zunächst die ID des entsprechenden Models ab. Danach starten Sie den oder die Tests mit dem folgenden Befehl:

Invoke-BpaModel -ModelId Microsoft/Windows/DNSServer,Microsoft/Windows/FileServices

Sie müssen die ID immer als kompletten Pfad angeben, den Sie mit *Get-BpaModel* auslesen. Hyper-V hat zum Beispiel die ID »Microsoft/Windows/Hyper-V«. Sie können auch einen einzelnen Befehl verwenden, um das BPA-Model auszulesen, und gleich den Scanvorgang zu starten:

Get-BpaModel <ID> | Invoke-BpaModel

Geben Sie keine ID an, werden alle Rollen gescannt, wie bereits weiter oben gezeigt. Weitere Cmdlets für die PowerShell sind *Get-BpaResult* und *Set-BpaResult*. Diese Cmdlets zeigen Ergebnisse an oder blenden sie aus. Wollen Sie zum Beispiel die Ergebnisse einer bestimmten BPA-Prüfung anzeigen, brauchen Sie zunächst die ID. Diese lesen Sie mit dem oben gezeigten Befehl aus. Danach können Sie die Ergebnisse zum Beispiel mit folgendem Befehl auslesen. Dabei können Sie auch gezielt nach dem Text »Fehler« suchen lassen:

Get-BpaResult -ModelId Microsoft/Windows/DirectoryServices | Where-Object Severity -eq "Fehler" | Format-List Title

Um alle Ergebnisse von bestimmten Serverrollen (BPA-Models) anzuzeigen, können Sie zum Beispiel auch den folgenden Befehl verwenden:

Get-BpaResult Microsoft/Windows/DNSServer,Microsoft/Windows/FileServices

Sie können einzelne Ergebnisse auch von der Anzeige ausblenden. Das funktioniert generell ähnlich wie die gefilterte Anzeige. Dazu lassen Sie sich die Anzeige filtern und legen mit dem Cmdlet *Set-BpaResult* fest, dass diese Ergebnisse ausgeblendet werden:

Get-BpaResult -ModelId <Modell-ID> | Where { $_.<Feldname> -eq "<Wert>"} | Set-BpaResult -Exclude $true

Um zum Beispiel unwichtige Informationen für die Dateidienste auszublenden, verwenden Sie den folgenden Befehl:

Get-BpaResult -Microsoft/Windows/FileServices | Where { $_.Severity -eq "Information"} | Set-BpaResult -Exclude $true

Viele Serverrollen verfügen über Rollendienste. Diese lassen sich ebenfalls auslesen. Ein Beispiel ist der File Server Resource Manager (FSRM) der Serverrolle *Dateidienste*. Dessen Ergebnisse lassen sich zum Beispiel folgendermaßen auslesen:

Get-BpaResult Microsoft/Windows/FileServices -SubmodelID FSRM

Ausgeblendete Informationen lassen sich auch wieder einblenden. Dazu steht der entsprechende Bereich im Server-Manager ganz unten im Abschnitt *Best Practices Analyzer* zur Verfügung. Natürlich lassen sich ausgeblendete Ergebnisse auch über die PowerShell wieder einblenden. Die Syntax dazu entspricht dem Ausblenden von Ergebnissen, die Option *-Exclude* wird dabei aber auf *$false* gesetzt:

Get-BpaResult -ModelId <Modell-Id> | Where { $_.<Feldname> -eq "<Wert>" } | Set-BpaResult -Exclude $false

Um die Informationen der Dateidienste wieder einzublenden, wird folgender Befehl verwendet:

Get-BpaResult -Microsoft/Windows/FileServices | Where { $_.Severity -eq "Information"} | Set-BpaResult -Exclude $false

Zur Analyse verwenden Sie aber besser den Server-Manager. Allerdings bietet auch die PowerShell Informationen, die sich wiederum mit Skripts auslesen lassen. Mit der Option *-ComputerName* kann auch eine Konfiguration und Abfrage der Ergebnisse über das Netzwerk hinweg erfolgen. Das funktioniert ebenfalls über die PowerShell.

Ergebnisse exportieren

Um BPA-Ergebnisse zu exportieren, etwa als HTML-Datei, können Sie ebenfalls die PowerShell verwenden. Die Syntax dazu sieht folgendermaßen aus:

Get-BpaResult <Modell-ID> | ConvertTo-Html | Set-Content <Pfad>

Als Beispiel können Sie die Informationen der Dateidienste in eine HTML-Datei exportieren:

Get-BpaResult Microsoft/Windows/FileServices | ConvertTo-Html | Set-Content C:\BpaResults\FileServices.htm

Die Ergebnisse lassen sich auch als CSV-Datei exportieren:

Get-BpaResult Microsoft/Windows/FileServices | Export-Csv C:\BpaResults\FileServices.txt

Die exportierten Ergebnisse lassen sich versenden, sodass IT-Profis auch von unterwegs auf Daten des BPA zugreifen können. Die exportierten Dateien lassen sich von externen Programmen einlesen, aber auch in Excel oder normalen Webbrowsern. Dadurch können BPA-Ergebnisse überall ausgewertet werden. Auch externe Hilfe kann hinzugezogen werden, indem externe Spezialisten Zugriff auf die Daten des BPA erhalten.

Best Practices Analyzer für Hyper-V nutzen

Wie bereits erwähnt, ist der Best Practices Analyzer für Hyper-V besonders interessant, da hier nicht nur der lokale Server optimiert werden kann, sondern auch die virtuellen Server davon profitieren. Auch die virtuellen Netzwerk-Switches lassen sich durch den BPA scannen. Um einen Scanvorgang für Hyper-V zu starten, verwenden Sie:

Invoke-BpaModel -ModelId Microsoft/Windows/Hyper-V

Die Ergebnisse des Scanvorgangs können auch in einen bestimmten Pfad umgeleitet werden. Dieser Pfad muss allerdings vorher angelegt sein:

Invoke-BpaModel -ModelId Microsoft/Windows/Hyper-V -RepositoryPath C:\temp\BPA

Wollen Sie einen Scanvorgang für einen Server mit der Bezeichnung *dl20* im Netzwerk starten, verwenden Sie zum Beispiel:

Invoke-BpaModel -ComputerName dl20 -ModelId Microsoft/Windows/Hyper-V

Im angegebenen Pfad werden die Ergebnisdateien nach Serverrolle und Server in Unterverzeichnisse sortiert. Die Ergebnisse liegen als XML-Dateien vor. Diese lassen sich auch im Browser auslesen oder mit separaten Programmen, die XML-Dateien lesen können. Scanergebnisse eines Servers werden auf dem lokalen Server gespeichert, auch dann, wenn Sie einen Hyper-V-Host über das Netzwerk scannen lassen.

Wollen Sie in der PowerShell alle Scanergebnisse für Hyper-V anzeigen, verwenden Sie:

Get-BpaResult -ModelId Microsoft/Windows/Hyper-V

Haben Sie die Ergebnisse in einem Verzeichnis gespeichert, verwenden Sie:

Get-BpaResult -ModelId Microsoft/Windows/Hyper-V -RepositoryPath C:\temp\BPA

Um die Ergebnisse in der PowerShell in eine HTML-Datei zu exportieren, verwenden Sie:

Get-BpaResult -ModelId Microsoft/Windows/Hyper-V | ConvertTo-Html | Out-File C:\temp\BPA\results.htm

Best Practices Analyzer auswerten

Wenn Sie die BPA-Überprüfung gestartet haben, stehen auf den einzelnen Kacheln im Server-Manager die Ergebnisse zur Verfügung. Diese sind sofort ersichtlich und lassen sich durch einen Klick auf die Kachel öffnen. Klicken Sie auf das Ergebnis der BPA-Überprüfung, zeigt der Server-Manager die gefundenen Fehler an. Hierüber lassen sich auch alle Fehler von allen Servern im Netzwerk anzeigen.

Über das Kontextmenü eines Ergebnisses lässt sich eine erneute Überprüfung für den entsprechenden Server starten, das Ergebnis ausblenden oder in die Zwischenablage kopieren, um zum Beispiel direkt im Anschluss eine Recherche im Internet durchzuführen.

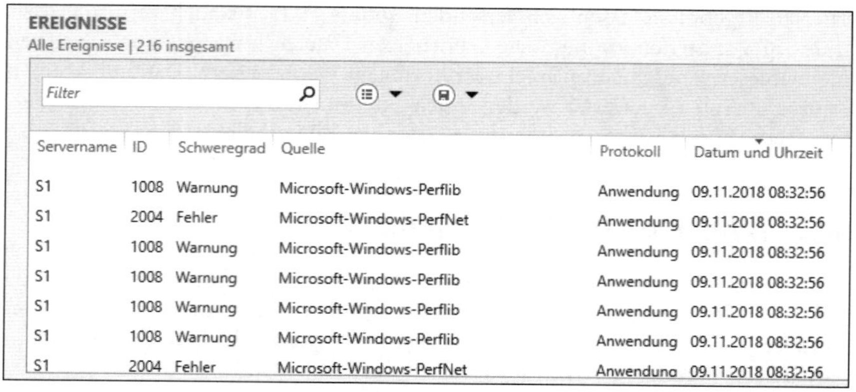

EREIGNISSE
Alle Ereignisse | 216 insgesamt

Filter

Servername	ID	Schweregrad	Quelle	Protokoll	Datum und Uhrzeit
S1	1008	Warnung	Microsoft-Windows-Perflib	Anwendung	09.11.2018 08:32:56
S1	2004	Fehler	Microsoft-Windows-PerfNet	Anwendung	09.11.2018 08:32:56
S1	1008	Warnung	Microsoft-Windows-Perflib	Anwendung	09.11.2018 08:32:56
S1	1008	Warnung	Microsoft-Windows-Perflib	Anwendung	09.11.2018 08:32:56
S1	1008	Warnung	Microsoft-Windows-Perflib	Anwendung	09.11.2018 08:32:56
S1	1008	Warnung	Microsoft-Windows-Perflib	Anwendung	09.11.2018 08:32:56
S1	2004	Fehler	Microsoft-Windows-PerfNet	Anwendung	09.11.2018 08:32:56

Abbildung 4.11: Anzeigen von Fehlern, die der Best Practices Analyzer auf Servern findet

Die BPA-Ergebnisse finden sich aber auch in der Ansicht *Lokaler Server* und *Alle Server* im Bereich *Best Practices Analyzer* unten im Server-Manager. Wenn für eine Serverrolle für einen der Server im Netzwerk ein BPA-Ergebnis angezeigt wird, wechselt die Kachel die Farbe. Auf diese Weise sehen Sie sofort, wenn für einen Server Verbesserungen möglich sind. Durch das Ausschließen eines Ergebnisses lassen sich die einzelnen Meldungen deaktivieren. Über die Ansicht im BPA können Sie bei *Schweregrad*, *Servername* und *Kategorie* das Ergebnis auch filtern lassen.

Zusammenfassend stehen nach einem Scan mit dem BPA, den Administratoren über *Aufgaben* im Bereich *Best Practices Analyzer* im Server-Manager starten, die Ergebnisse an den verschiedenen Stellen zur Verfügung: in der Ansicht *Lokaler Server* für alle Rollen des lokalen Servers, über *Alle Server* für alle Rollen auf allen Servern und für alle Rollen. Klicken Sie im Server-Manager auf eine Serverrolle, können Sie die Ansicht nach dieser Rolle filtern lassen und erhalten hier auch alle Informationen von allen Servern.

Zusammenfassung

In diesem Kapitel haben Sie erfahren, welche Serverrollen und Features es gibt, was deren Funktion ist und wie diese installiert werden. Sie fanden hier eine Auflistung, welche Serverrollen und Features in Windows Server 2019 zur Verfügung stehen und wie Sie diese integrieren. Auch die Überprüfung der Serverrollen mit Best Practices Analyzer sowie die Installation und Verwaltung über die PowerShell waren Themen in diesem Kapitel.

Ab den nächsten Kapiteln dieses Buchs steigen wir etwas tiefer in die Thematik ein und erläutern Ihnen, wie Sie Windows Server 2019 produktiv einsetzen. Den Anfang macht das folgende Kapitel 5 mit der Verwaltung der Datenträger und des Dateisystems.

Teil B
Einrichtung des Servers

Kapitel 5

Datenträger und Speicherpools verwalten

In diesem Kapitel:

Mit Windows Server 2016 wurden von Microsoft einige Neuerungen im Storage-Bereich eingeführt. Dadurch kann Datenspeicher virtualisiert und auf mehrere Windows-Server ausgedehnt werden. Außerdem hat Microsoft die Datendeduplizierung verbessert und ein besseres Speicher-Management integriert. In Windows Server 2019 erweitert Microsoft diese Funktionen noch deutlich und bietet zusätzliche Einstellungsmöglichkeiten.

Verbesserungen im Storage-Bereich

Mit Storage Quality of Services (QoS) können Sie über Richtlinien zentral für alle Server mit Windows Server 2019 festlegen, welche Leistung für Server-Anwendungen, andere Server und Anwender zur Verfügung stehen. Über diese Richtlinien lassen sich physische Festplatten steuern, aber auch virtuelle Festplatten von virtuellen Windows-Servern. Zwar konnten bereits mit Windows Server 2012 R2 Richtlinien festgelegt werden, allerdings war die Konfiguration sehr eingeschränkt und nur auf einen einzelnen Server beschränkt. Mit Windows Server 2016/2019 lassen sich jetzt für das Netzwerk weitere Richtlinien erstellen sowie deutlich mehr Einstellungen definieren.

Das ist auch interessant für Unternehmen, die iSCSI-Ziele auf Basis von Windows Server 2019 einsetzen oder Storage Spaces Direct. Über die Richtlinien lassen sich der Datendurchsatz sowie die Bandbreite festlegen und steuern. Dadurch lassen sich Anwendungen, die auf Daten zugreifen, priorisieren.

In diesem Zusammenhang ist auch die neue Speicherreplikation interessant. Mit Windows Server 2019 können Sie ganze Datenträger synchronisieren. Das ist vor allem dann sinnvoll, wenn Unternehmen Geo-Cluster betreiben oder einzelne Clusterknoten in die Cloud auslagern wollen.

Es spielt keine Rolle, welche physische Datenträger verwendet werden, die blockbasierte Replikation läuft transparent für den jeweiligen Speicher. Die Replikation lässt sich synchron, aber auch asynchron betreiben. Die entsprechenden Einstellungen dazu können Sie während der Einrichtung vornehmen.

Zur besseren Sicherheit lassen sich alle beteiligten Datenträger mit BitLocker verschlüsseln. Auch Multichannel und Multipath werden unterstützt, was vor allem für die Replikation in Clustern eine wichtige Rolle spielt.

Storage Spaces Direct und Storage Replica

Besonders interessant sind Storage Spaces Direct. Bereits mit Windows Server 2012/2012 R2 konnten Unternehmen den lokalen Datenspeicher eines Servers virtualisieren. Dabei werden die physischen Datenträger eines Servers zu einem Pool zusammengefasst, aus dem Administratoren wiederum einzelne virtuelle Laufwerke erstellen. Ab Windows Server 2016 können diese Pools auf mehrere Server ausgedehnt werden. Mit Windows Server 2019 wurden diese Funktionen noch erweitert. Der Vorteil bei dieser Art von Speichervirtualisierung ist, dass sie hervorragend skalierbar und vor allem enorm flexibel bei der Zuweisung von Datenspeicher ist.

Interessant ist dieser Einsatz zum Beispiel für Scale-out File Server. Werden diese Dateiserver eingesetzt, lassen sich herkömmliche Freigaben im Netzwerk zur Verfügung stellen. Basis der Freigabe ist der gemeinsame Datenspeicher in einem Cluster. Dieser Datenspeicher baut wiederum auf die virtuellen Festplatten auf, die Windows Server 2019 zur Verfügung stellt. Basis der virtuellen Festplatte sind Speicherpools, die wiederum die verschiedenen Festplatten in den Clusterknoten nutzen.

Dadurch lassen sich Dateiserver erstellen und in einem Cluster betreiben, ohne dass gemeinsamer Datenspeicher zur Verfügung stehen muss; der gemeinsame Datenspeicher wird über die Storage Spaces Direct zur Verfügung gestellt. In diesem Fall kann Windows

Server 2019 häufig verwendete Daten automatisch auf einer SSD speichern und weniger häufig verwendete Daten entweder auf einem LUN im SAN/NAS oder auf herkömmlichen Festplatten. Das erhöht deutlich die Leistung der Datenspeicher.

Sobald ein Cluster mit Storage Spaces Direct zur Verfügung steht, lässt sich über einen Assistenten im Clustermanager ein neuer Scale-out File Server erstellen, der auf die virtuellen Datenträger zugreifen kann. Zusammen mit der Speicherreplikation können so hoch verfügbare Dateifreigaben zur Verfügung gestellt werden. Diese lassen sich auch zur Virtualisierung mit Hyper-V nutzen.

Bessere Datendeduplizierung

Bereits mit Windows Server 2012 hat Microsoft in das Betriebssystem die Datendeduplizierung eingeführt. Diese Technik soll verhindern, dass identische Dateien oder Daten mehrfach auf einem Speichersystem gespeichert werden und dadurch den Speicherplatz unnötig belasten.

Vor allem beim Betrieb virtueller Umgebungen lässt sich dadurch deutlich Speicherplatz sparen, da virtuelle Windows-Betriebssysteme zahlreiche identische Dateien verwenden. Die Datendeduplizierung kann mehrere Threads parallel nutzen und deutlich größere Datenträger bearbeiten. Außerdem ist die Technologie kompatibel mit physischen Datenträgern, aber auch mit virtuellen Festplatten.

ReFS und Speicherpools

Das Dateisystem ReFS (Resilient File System) ist auch Bestandteil von Windows Server 2019. Sie haben die Möglichkeit, Festplatten mit dem ReFS-Dateisystem zu formatieren. Dies funktioniert aber nur bei Datenträgern in Windows Server 2012/2012 R2/2016 und Windows Server 2019. Das Betriebssystem bootet nicht von ReFS-Datenträgern. Windows 7/8/8.1 und Windows 10 unterstützen den Zugriff auf Freigaben, die auf ReFS-Datenträgern gespeichert sind, Windows 10 kann allerdings selbst keine ReFS-Datenträger erstellen.

Grundlagen zu ReFS

ReFS (Resilient File System, unverwüstliches Dateisystem) ist in der Lage, defekte Dateien automatisch zu reparieren. Außerdem gilt ReFS im Vergleich zu NTFS als wesentlich unempfindlicher gegenüber Abstürzen des Betriebssystems oder dem Ausschalten des Servers ohne vorheriges Herunterfahren. Das Dateisystem arbeitet mit den Speicherpools zusammen. Speicherpools erlauben das Zusammenfassen mehrerer physischer Datenträger zu einem logischen Pool, auch zwischen Clusterknoten in einem Cluster.

Neben der automatischen Korrektur verursacht das Dateisystem keine langen Ausfallzeiten mehr durch Reparaturmaßnahmen. Reparaturen lassen sich im laufenden Betrieb durchführen. Stundenlange Reparaturmaßnahmen gehören der Vergangenheit an. In ReFS lassen sich Metadaten und Prüfsummen von Dateien wesentlich effizienter integrieren als in Vorgängerversionen. Das Dateisystem protokolliert Änderungen in Dateien und kann ursprüngliche Änderungen speichern. NTFS überschreibt ältere Versionen von Metadaten und Prüfsummen unwiederbringlich. Das heißt, mit ReFS gehen Daten nicht verloren, sondern können im Dateisystem wiederhergestellt werden, auch wenn Anwender Dateien geändert haben. Das funktioniert ähnlich wie bei den Schattenkopien in NTFS, ist aber nicht vom Erstellen solcher Schattenkopien abhängig, sondern läuft ständig im Hintergrund. Die Technik entspricht in etwa den transaktionalen Datenbanken. Der Vorteil dabei ist, dass auch bei Stromausfällen keinerlei Daten auf ReFS-Datenträgern verloren gehen.

Allerdings handelt es sich bei ReFS um kein Dateisystem, das Daten in Datenbanken speichern kann. Microsoft hat nur einige Vorteile des transaktionalen Systems integriert. Aktuell unterstützt ReFS auch keine Wechseldatenträger. Anwender können aber mit Windows-Clients auf Freigaben zugreifen, die in Windows Server 2019 auf Basis von ReFS erstellt wurden.

ReFS trägt den immer größeren Dateien und Festplatten Rechnung. Das System unterstützt eine in nächster Zeit unerreichbare Größe von Dateien und Festplatten, die weit über die Möglichkeiten von NTFS hinausgehen. Laut Angaben von Microsoft beherrschen ReFS-Datenträger eine Größe von 16 Exabyte. Ordner auf ReFS-Datenträgern können nahezu eine unbegrenzte Anzahl an Dateien speichern, und auch die Anzahl der Ordner kann mehrere Trillionen betragen. Pfadangaben können eine Länge von 32.000 Zeichen erreichen. Die Leistung soll durch große Dateien aber nicht einbrechen, dafür sorgt die neue Technologie im Hintergrund, die Daten effizienter speichert. Wie NTFS lassen sich auch in ReFS Berechtigungen auf Basis der Zugriffssteuerungslisten (ACL) vergeben.

ReFS unterstützt bis Windows Server 2019 keine Komprimierung von Dateien über das Dateisystem und auch keine Verschlüsselung einzelner Dateien. Auch Quotas auf dem Datenträger unterstützt ReFS nicht. Ab Windows Server 2019 lassen sich Daten auf ReFS-Datenträger auch komprimieren. ReFS-Datenträger können eine Größe von bis zu 64 TB erreichen und Dateien bis zu 1 TB speichern.

Anwender und Administratoren bemerken bei der Verwendung des neuen Dateisystems keinen Unterschied zu NTFS, die Bedienung ist vollkommen transparent. Auch Entwickler können die standardmäßige API von NTFS für den Zugriff auf ReFS nutzen. Laut Microsoft sollen auch keine Inkompatibilitäten mit aktuellen Anwendungen bestehen. Programme, die mit NTFS funktionieren, sollen auch mit ReFS laufen. Das liegt nicht zuletzt daran, dass die Zugriffsschnittstelle (API), mit der das Dateisystem kommuniziert, dem von NTFS entspricht. Nur die zugrunde liegende Technik ist unterschiedlich. Die Master File Table (MFT) auf ReFS-Datenträgern unterscheidet sich ebenfalls von NTFS.

ReFS versus NTFS

Sie können auch in der Eingabeaufforderung oder der PowerShell die Formatierung durchführen und ReFS verwenden. Dazu nutzen Sie in der Eingabeaufforderung den Befehl:

Format /fs:ReFS <Laufwerksbuchstabe>:

Oder in der PowerShell den Befehl:

Format-Volume -DriveLetter <Buchstabe> -FileSystem ReFS -Full

Eine Schnellformatierung führen Sie in der Eingabeaufforderung mit dem folgenden Befehl durch:

Format /fs:ReFS /q <Buchstabe>:

Sie können für Software-RAIDs in Windows Server 2019 auch das ReFS-Datensystem verwenden. Die Erstellung und Verwaltung ist identisch mit der Verwendung von NTFS.

Hinweis Um einen Datenträger von FAT32 zu NTFS umzuwandeln, kann in der Eingabeaufforderung mit dem Befehl *convert <Buchstabe> /fs:ntfs* gearbeitet werden. Einen solchen Befehl gibt es für ReFS aber nicht. Hier muss eine Neuformatierung durchgeführt werden.

Speicherpools und ReFS

Physische Datenträger können Sie auch auf Servern mit Windows Server 2019 zu Speicherpools zusammenfassen. Es ist unerheblich, über welchen Standard die Festplatten am Computer angeschlossen sind. Speicherpools unterstützen USB, SATA (Serial ATA) oder SAS (Serial Attached SCSI). Auch heterogene Festplatten lassen sich an einem gemeinsamen Pool betreiben. Sie können auch SSDs mit SATA-Platten mischen, um die Leistung von Speicherpools zu verbessern.

Dabei spielt auch die Größe der angebundenen Platten keine Rolle. Es lassen sich verschiedene Anschlusssysteme mit verschiedenen Größen mischen und zu einem Pool zusammenfassen. Von der Anzahl an physischen Festplatten sind Speicherpools nicht begrenzt. Speicherpools lassen sich im laufenden Betrieb problemlos mit neuen physischen Festplatten erweitern. Festplatten können Administratoren auch austauschen.

Speicherplätze (Storage Spaces) sind wiederum eine Untermenge von Speicherpools. In Windows Server 2019 stellen virtuelle Festplatten die Speicherplätze da. Storage Spaces Direct nutzen wiederum alle Festplatten aller Clusterknoten in einem Cluster mit Windows Server 2019. Sie können aber in Windows Server 2019 auch weiterhin auf herkömmliche Speicherpools und Storage Spaces setzen.

Die virtuellen Festplatten sind auf die physischen Festplatten im Speicherpool verteilt. Hierbei handelt es sich um zugewiesenen Speicherplatz, den Anwender wie ein normales Laufwerk verwenden. Speicherplätze entsprechen generell virtuellen Festplatten, die sich auch in Windows 10 erstellen lassen. Speicherplätze lassen sich wie ganz normale Laufwerke in den verschiedenen Tools partitionieren, formatieren und als Speicherort für Dateien verwenden, vollkommen transparent für Anwender.

Auch BitLocker lässt sich für einzelne Speicherplätze innerhalb der Speicherpools aktivieren, unabhängig von den zugrunde liegenden Laufwerken. Der Unterschied zu normalen Laufwerken ist aber, dass Speicherplätze auf mehrere physische Festplatten innerhalb eines Speicherpools zusammengefasst sind. Sie können für Speicherplätze auch Ausfallsicherheit konfigurieren, zum Beispiel durch Spiegelung der Daten auf mehrere physische Datenträger. Zusammen mit SSDs und NVMe-Platten im Verbund lässt sich ab Windows Server 2019 die Leistung spürbar verbessern.

Wie RAID-Systeme unterstützen auch Speicherplätze Redundanzen über mehrere Laufwerke. Generell ist das Speicherplätze/Speicherpool-Prinzip ähnlich zu einem RAID-System, bietet aber wesentlich mehr Flexibilität bezüglich der integrierten Festplatten und deren Austausch. Im Gegensatz zu aktuellen Software-RAID-Systemen soll das System keine Geschwindigkeitseinbußen mit sich bringen. Microsoft verspricht Leistungen, die RAID-0- oder RAID-10-Systemen entsprechen.

Entdeckt ReFS einen Fehler in einem Speicherplatz, veranlasst das Dateisystem eine Reparatur. Dazu verwendet es gespeicherte Prüfsummen und Metadaten des Systems. Allerdings ist dazu bei der Erstellung eines Speicherplatzes eine Ausfallsicherheit notwendig.

Bei der Erstellung eines Speicherplatzes müssen Sie keine physischen Laufwerke eines Speicherpools zuweisen. Auf welchen Datenträgern Windows die Daten speichert, legt das Betriebssystem unabhängig vom Dateisystem fest.

Zwar unterstützt auch NTFS Speicherplätze, allerdings nur eingeschränkt und ohne die Möglichkeit der Reparatur von Daten. Ist eine physische Festplatte in einem Speicherpool defekt, entdeckt der Speicherplatz dies ebenfalls unabhängig vom Dateisystem und kann Daten auf andere Festplatten auslagern, um einen eventuellen Datenverlust zu vermeiden. Dazu ist ReFS aber ideal, da hier auch das Dateisystem die Integrität sicherstellt.

Allerdings ist dazu notwendig, dass Sie den Speicherpool mit Ausfallsicherheit erstellt haben. Am einfachsten gelingt das über den entsprechenden Assistenten im Server-Manager. Der Vorgang dazu findet ebenfalls transparent und ohne Zutun statt. Ist keine Ausfallsicherheit für einen Speicherplatz konfiguriert oder ist nicht die Festplatte defekt, sondern der Arbeitsspeicher, kann ReFS auch ohne konfigurierte Ausfallsicherheit des Speicherplatzes das Dateisystem im Notfall reparieren. In diesem Fall löscht ReFS defekte Dateien, die sich nicht mehr reparieren lassen. Der Vorteil dabei ist, dass nicht defekte Dateien oder Daten nicht mehr von defekten Strukturen beeinträchtigt werden. Anschließend kann der Administrator defekte Dateien wiederherstellen. ReFS kann dazu im Hintergrund automatisch das Dateisystem reparieren. Der Vorgang dauert nicht mal eine Sekunde (laut Microsoft).

Storage Spaces Direct in Windows Server 1803/1809 und Windows Server 2019 unterstützen das Dateisystem ReFS. Außerdem können Datenträger auf Basis von S2D dedupliziert werden. Seit Windows Server 1709 lassen sich auch ReFS-Datenträger deduplizieren. Das heißt, in Windows Server 1803/1809 und Windows Server 2019 können Unternehmen auf ein effektives Dateisystem setzen und dieses auch gleich deduplizieren. Unternehmen, die auf S2D setzen, sollten den Einsatz von Windows Server 2019 daher generell einplanen, zumindest testen.

Speicherplätze im Cluster nutzen

Speicherplätze unterstützen auch Thin Provisioning. Das heißt, Sie können einem Speicherplatz mehr Platz zuweisen, als der Speicherpool insgesamt zur Verfügung hat sowie die angebundenen Festplatten zusammen. Geht die Kapazität eines Speicherplatzes zur Neige, erhält der Anwender eine Nachricht und kann dem Speicherpool zusätzliche Datenträger hinzufügen. Sie können auch einzelne Festplatten in einem Speicherpool gegen größere austauschen. Die gespeicherten Daten in den Speicherplätzen sind davon nicht betroffen und der Austausch erfolgt vollkommen transparent.

Speicherpools lassen sich in Windows Server 2019 auch als freigegebenes Clustervolume (Cluster Shared Volume, CSV) in Clustern nutzen. Verwenden Sie externe Festplattenarrays, verwendet Windows Server 2019 SES (SCSI Enclosure Services) für die Verbindung. Dies beugt zum Beispiel Ausfällen vor, indem Windows Server 2019 erkennt, wenn im externen Array Festplatten defekt sind.

Datenträger erstellen und anpassen

Sie finden die Datenträgerverwaltung in der Systemsteuerung über *System und Sicherheit/ Verwaltung/Computerverwaltung* oder im Schnellmenü von Windows Server 2019 über die Tastenkombination [Win]+[X]. Als weitere Möglichkeit bietet sich der Aufruf durch Eintippen von *compmgmt.msc* im Startmenü an. Sie können die Datenträgerverwaltung auch direkt durch Eintippen von *diskmgmt.msc* im Startmenü aufrufen.

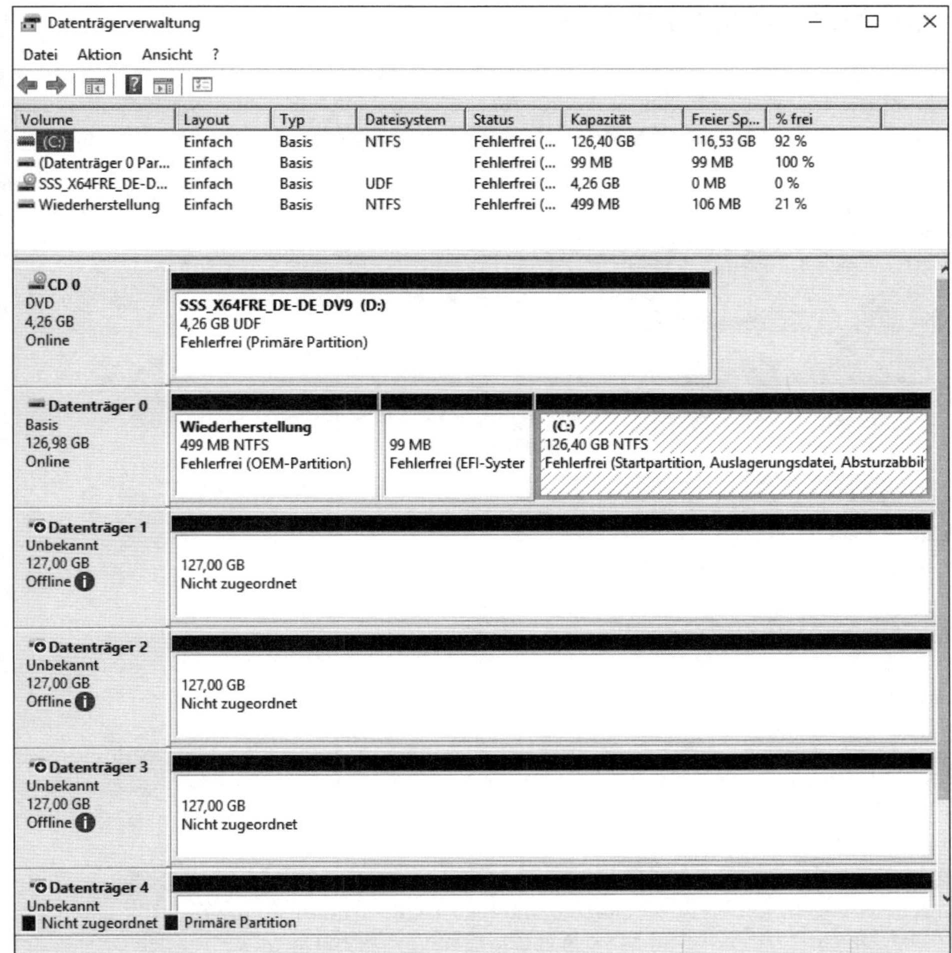

Abbildung 5.1: Verwalten von Festplatten in Windows Server 2019

Starten Sie die Datenträgerverwaltung, zum Beispiel durch Eintippen von *diskmgmt.msc* im Startmenü, werden im oberen Bereich alle konfigurierten Datenträger angezeigt. Im unteren Bereich sind die physischen Datenträger inklusive eventuell vorhandener Wechselmedien zu sehen. Bei Festplatten wird angezeigt, auf welchen der installierten Festplatten sich die logischen Laufwerke befinden und welcher Platz noch nicht zugeordnet ist.

Eine Partition, auch als Volume bezeichnet, ist ein Bereich auf einer Festplatte, der mit einem Dateisystem formatiert und mit einem Buchstaben des Alphabets identifiziert werden kann. Beispielsweise stellt das Laufwerk C: unter Windows eine Partition dar. Eine Festplatte muss partitioniert und formatiert sein, bevor Daten darauf gespeichert werden können. Auf vielen Computern wird nur eine einzige Partition eingerichtet, die der Größe der Festplatte entspricht. Es ist nicht erforderlich, eine Festplatte in mehrere kleinere Partitionen aufzuteilen.

Einrichten von Datenträgern

Wenn eine zusätzliche Festplatte im Server eingebaut wird, müssen Sie diese in Windows einbinden. Dazu ist zunächst festzulegen, wie die Festplatte initialisiert werden soll. Bestätigen Sie den Vorschlag, MBR (Master Boot Record) zu verwenden, da dies auf Windows-Systemen der Standardeinstellung entspricht. Alternativ können Sie auch GPT verwenden.

Sind die Festplatten noch als offline hinterlegt, müssen Sie diese über das Kontextmenü zunächst online schalten. Sind die Festplatten online, müssen Sie sie als Nächstes initialisieren. Erscheint kein Fenster, nehmen Sie das Initialisieren über das Kontextmenü vor.

Abbildung 5.2: Datenträger initialisieren und online schalten

Das Datenträgerpartitionsformat MBR (Master Boot Record) unterstützt Volumes mit einer Größe von bis zu zwei Terabyte und bis zu vier Primärpartitionen pro Datenträger (oder drei Primärpartitionen, eine erweiterte Partition und eine unbegrenzte Anzahl logischer Laufwerke).

Im Vergleich dazu unterstützt das Partitionsformat GPT (GUID-Partitionstabelle) Volumes mit einer Größe von bis zu 18 Exabyte und bis zu 128 Partitionen pro Datenträger. Anders als bei Datenträgern mit dem MBR-Partitionsformat werden Daten, die für den Betrieb der Plattform zwingend erforderlich sind, in Partitionen abgelegt und nicht in Sektoren ohne Partition oder in versteckten Sektoren.

Außerdem besitzen Datenträger mit dem GPT-Partitionsformat redundante Primär- und Sicherungspartitionstabellen, wodurch die Integrität der Partitionsdatenstruktur verbessert wird. Auf GPT-Datenträgern können Sie dieselben Aufgaben wie auf MBR-Datenträgern durchführen. Die Konvertierung eines MBR-Datenträgers in einen GPT-Datenträger und umgekehrt kann nur durchgeführt werden, wenn der Datenträger leer ist. Die Umwandlung nehmen Sie über das Kontextmenü des Datenträgers auf der linken Seite vor.

Nach der Initialisierung sehen Sie die Datenträger in der Datenträgerverwaltung und können diese konfigurieren. Die leeren Festplatten können Sie in dynamische Datenträger umstellen, das ist aber nicht immer notwendig und wird auch nicht von allen Serverdiensten unterstützt. Wenn Sie ein bestimmtes Speichersystem konfigurieren, zum Beispiel ein Software-RAID oder einen Speicherpool, erhalten Sie automatisch einen Hinweis, wenn Sie eine Festplatte konvertieren müssen. Windows Server 2019 unterscheidet zunächst zwei Arten von Festplatten:

1. Basisdatenträger können feste Partitionen einrichten, in denen wiederum logische Laufwerke vorhanden sind. Wenn Sie Partitionen auf einer Basisfestplatte erstellen, sind die ersten drei Partitionen, die Sie erstellen, primäre Partitionen:
   - Eine primäre Partition kann ein Betriebssystem hosten und verhält sich wie ein physischer separater Datenträger. Auf einem Basisdatenträger können bis zu vier primäre Partitionen vorhanden sein. Wenn Sie mehr als drei Partitionen erstellen möchten, erstellen Sie die vierte Partition als erweiterte Partition. Eine erweiterte Partition bietet die Möglichkeit, eine Beschränkung der möglichen Anzahl von primären Partitionen auf einer Basisfestplatte zu umgehen.
   - Eine erweiterte Partition ist ein Container, der ein oder mehrere logische Laufwerke enthalten kann. Logische Laufwerke haben dieselbe Funktion wie primäre Partitionen, können jedoch nicht für den Start eines Betriebssystems verwendet werden. Erweiterte Partitionen können mehrere logische Laufwerke enthalten, die sich formatieren lassen und denen Laufwerkbuchstaben zugewiesen werden.
2. Dynamische Datenträger lassen sich einfacher verwalten als die Basisdatenträger. Das betrifft die Veränderung der logischen Laufwerke ohne einen Neustart des Systems. Dynamische Datenträger können eine unbegrenzte Anzahl von dynamischen Volumes enthalten und funktionieren wie die primären Partitionen, die auf Basisdatenträgern verwendet werden. Konvertieren müssen Sie die Datenträger aber erst dann, wenn eine Datenträgeraufgabe dies erfordert.

Hinweis Der Hauptunterschied zwischen Basisdatenträgern und dynamischen Datenträgern besteht darin, dass dynamische Datenträger Daten zwischen zwei oder mehreren dynamischen Festplatten eines Computers freigeben und Daten auf mehrere Festplatten verteilen können.

Beispielsweise kann sich der Speicherplatz eines einzelnen dynamischen Volumes auf zwei separaten Festplatten befinden. Zudem können dynamische Datenträger Daten zwischen zwei oder mehreren Festplatten duplizieren, um dem Ausfall einer einzelnen Festplatte vorzubeugen. Diese Fähigkeit erfordert mehr Festplatten, erhöht jedoch die Zuverlässigkeit. Für die Verwaltung von Speicherpools müssen Sie in diesem Bereich aber zunächst keine Änderungen vornehmen.

Um einen vorhandenen Basisdatenträger in einen dynamischen Datenträger umzuwandeln, rufen Sie im unteren Bereich der Datenträgerverwaltung, beim Eintrag der Festplatte, über das Kontextmenü den Befehl *In dynamischen Datenträger konvertieren* auf. Es wird ein Dialogfeld angezeigt, in dem sich die zu aktualisierenden Basisfestplatten auswählen lassen. Es können also in einem Schritt alle noch vorhandenen Basisfestplatten in einem System aktualisiert werden.

Nach der Auswahl der Festplatten zeigt Windows ein zweites Dialogfeld an, in dem Sie die gewählten Festplatten noch einmal sehen. Hier können Sie entscheiden, welche der neuen Festplatten in dynamische Datenträger umgewandelt werden sollen.

Basisdatenträger können Sie in dynamische Datenträger umwandeln. Wenn Sie Datenträgerkonfigurationen wie zum Beispiel die Erweiterung eines Laufwerks durchführen wollen und Sie den Datenträger noch nicht zu einem dynamischen Datenträger konvertiert haben, schlägt der Assistent die Konvertierung vor.

Konfigurieren von Laufwerken

Sobald die Datenträger eingerichtet sind, können Sie darauf logische Laufwerke einrichten. Solche logischen Laufwerke, auf Windows-Servern auch als »Datenträger« bezeichnet, werden mit dem Befehl *Neues einfaches Volume* im Kontextmenü eines freien Bereichs angelegt.

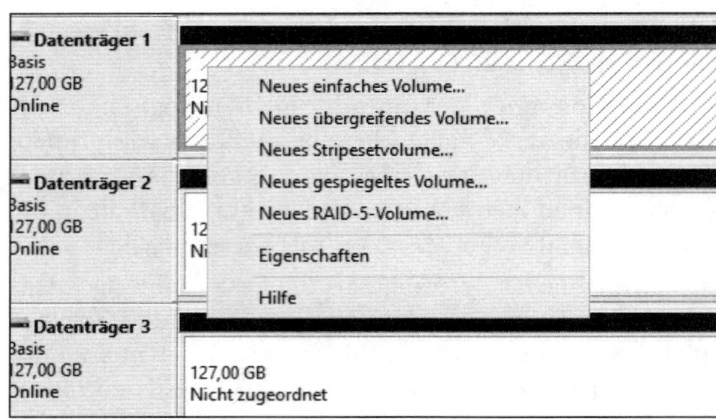

Abbildung 5.3: Anlegen eines neuen Datenträgers in Windows Server 2019

Um ein solches Volume anzulegen, müssen Sie einen freien Bereich auf einem Datenträger oder der Festplatte, auf der Sie das neue logische Laufwerk erstellen wollen, mit der rechten Maustaste anklicken.

Wenn Sie mit der rechten Maustaste allerdings direkt auf den Datenträger im linken Bereich klicken und nicht auf einen freien Bereich, wird Ihnen die Option *Neues einfaches Volume* nicht angezeigt, sondern nur die Optionen *Neues übergreifendes Volume* und *Neues Stripesetvolume* sowie *Neues gespiegeltes Volume* und *Neues RAID-5-Volume.*

Ein einfacher Datenträger hält Daten nur auf einer einzigen physischen Festplatte. Ein übergreifender Datenträger erstreckt sich über mehrere physische Festplatten, erscheint im Explorer aber als einzelnes Laufwerk. Wenn der konfigurierte Speicherplatz auf dem ersten physischen Datenträger voll ist, werden weitere Daten auf dem nächsten konfigurierten Datenträger gespeichert. Dieser Ansatz ist nur dann sinnvoll, wenn sehr große logische Datenträger notwendig sind, die größer als die vorhandenen physischen Datenträger sind. Speicherpools sind in Windows Server 2019 in diesem Bereich besser geeignet.

Ein Stripesetdatenträger geht einen Schritt weiter. Bei dieser Variante sind mehrere physische Festplatten beteiligt. Auf jeder dieser Festplatten belegt Windows den gleichen Speicherplatz. Die Daten liegen in Blöcken von 64 KB zunächst auf der ersten Festplatte, der zweiten und so weiter. Wenn eine Datei nur 8 KB groß ist, verwendet Windows trotzdem einen 64-KB-Block, die restlichen 56 KB sind dann verschwendet.

Dieser Ansatz bietet keine Fehlertoleranz. Durch die Verteilung der Daten über mehrere Festplatten erreichen Sie eine verbesserte Performance, allerdings sind die Daten verloren, wenn einer der physischen Datenträger ausfällt. Besser geeignet sind Hardware-RAIDs oder die Verwendung von Speicherpools.

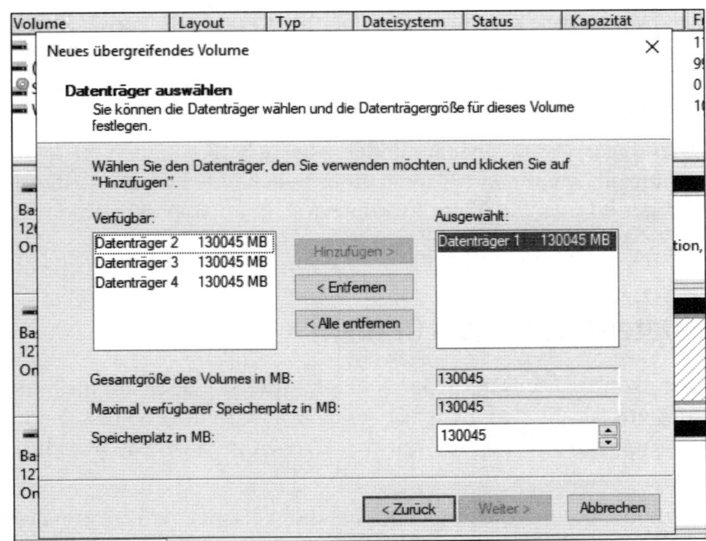

Abbildung 5.4: Auswahl der beteiligten Datenträger für übergreifende Datenträger

Falls Sie einen Datenträger erzeugen, der sich über mehrere physische Festplatten erstreckt, müssen Sie bei der Definition des Datenträgertyps im folgenden Schritt die Festplatten auswählen. Der nächste Schritt ist die Zuordnung von Laufwerkbuchstaben und -pfade. Dieser Schritt lässt sich auch jederzeit später über den Befehl *Laufwerkbuchstaben und -pfade ändern* im Kontextmenü des entsprechenden Laufwerks durchführen. Hier finden sich drei Optionen:

- Dem Laufwerk kann zunächst ein Laufwerkbuchstabe fest zugeordnet werden. Das Laufwerk lässt sich in einem leeren Ordner eines NTFS-Systems bereitstellen. Damit können Sie auch bestehende Datenträger erweitern. Diese Erweiterung kann im laufenden Betrieb erfolgen und ist sinnvoll, wenn Sie neue Ordnerstrukturen schaffen wollen, die viel Platz erfordern.
- Sie weisen dann dem Laufwerk keinen eigenen Laufwerkbuchstaben zu, sondern wählen einen bestimmten Ordner aus, der auf einem bereits konfigurierten Laufwerk liegt. Speichern Sie Daten in diesem Ordner, lagert Windows diese Daten auf den neuen Datenträger aus.
- Sie können auch auf die Zuordnung von Laufwerkbuchstaben verzichten. Dieses Laufwerk verwenden Sie dann dazu, um von einem Ordner einer Festplatte auf einen Ordner einer anderen Festplatte zu gelangen. Dazu verwenden Sie den Explorer oder den Befehl *cd* in der Eingabeaufforderung. Die ausführliche Syntax erfahren Sie, wenn Sie in der Eingabeaufforderung *cd /?* eingeben.

Im Regelfall können Sie bei der Formatierung die Standardzuordnungseinheit übernehmen. Diese setzt Windows in Abhängigkeit von der Größe des Laufwerks und ist damit in den meisten Situationen korrekt gewählt. Nur wenn feststeht, dass Sie ausschließlich mit sehr großen Dateien arbeiten, ist es durchaus sinnvoll, einen höheren Wert manuell zu setzen. Über die Befehle im Kontextmenü von Datenträgern können Sie anschließend noch weitere Funktionen ausführen.

Sie können zum Beispiel Datenträger formatieren, wobei allerdings alle vorhandenen Daten verloren gehen. Datenträger können Sie über das Kontextmenü auch erweitern. Damit können Sie bei dynamischen Datenträgern im laufenden Betrieb weiteren, nicht konfigurierten Platz hinzufügen.

Die Erweiterung eines Datenträgers kann dabei auf andere physische Festplatten erfolgen. Diese Vorgehensweise ist sinnvoll, wenn mehr Platz in einer bestehenden Ordnerstruktur notwendig ist. Die Datenträger können Sie über das Kontextmenü auch löschen und neu erstellen.

Komprimieren von Datenträgern und Ordnern

Um Speicherplatz zu sparen, können Sie Dateien auf NTFS-Laufwerken auch komprimieren. Diese Komprimierung erfolgt für den Benutzer völlig transparent, er muss keine zusätzlichen Programme verwenden und arbeitet mit den Dateien genauso wie mit allen anderen auf dem Laufwerk.

Beachten Sie bei der Verwendung der Komprimierung, dass dies zulasten der Performance des Servers geht, da dieser die Komprimierung und Dekomprimierung der Dateien übernimmt, sobald ein Benutzer darauf zugreift. Die Komprimierung kann jedoch ohne Weiteres für spezielle Archivierungsordner sinnvoll sein.

In Zeiten, in denen normalerweise genügend Speicherplatz zur Verfügung steht, sollte die Komprimierung nur für Archivdateien verwendet werden, die ansonsten Speicherplatz verschwenden. Sie können auf einem NTFS-Datenträger einzelne Ordner oder Dateien komprimieren, während andere Ordner unkomprimiert bleiben.

Achtung Die Komprimierung können Sie in den Eigenschaften eines Ordners auswählen. Komprimierte Ordner werden durch eine blaue Farbe gekennzeichnet. Die Komprimierung von Dateien steht, genau wie das verschlüsselnde Dateisystem, auf ReFS-Datenträgern nicht zur Verfügung.

Dateien, mit denen Sie ständig arbeiten, sollten Sie nicht komprimieren, da der Zugriff auf diese Daten deutlich langsamer sein kann. Archive oder Ordner mit Bildern im BMP-Format, auf die Sie nicht häufig zugreifen, lassen sich deutlich verkleinern.

Die Funktion steht nur auf NTFS-Datenträgern zur Verfügung. FAT-Laufwerke lassen sich in der Eingabeaufforderung mit dem Befehl *convert <Laufwerk> /fs:ntfs* leicht umwandeln. Allerdings lassen sich auf diesem Weg nur FAT-Laufwerke konvertieren, für ReFS-Datenträger steht diese Funktion nicht zur Verfügung. Die Komprimierung von NTFS-Laufwerken oder einzelnen Ordnern aktivieren Sie folgendermaßen:

1. Rufen Sie die Eigenschaften des Ordners auf, den Sie komprimieren wollen.
2. Klicken Sie auf der Registerkarte *Allgemein* auf *Erweitert*.
3. Aktivieren Sie das Kontrollkästchen *Inhalt komprimieren, um Speicherplatz zu sparen*.
4. Haben Sie alle geöffneten Dialogfelder bestätigt, kann ausgewählt werden, ob auch die Unterordner im Ordner komprimiert werden sollen.
5. Anschließend werden die Ordner und Dateien komprimiert.

Die Dateinamen komprimierter Daten werden daraufhin in einer blauen Schriftfarbe dargestellt. Ist das nicht gewünscht, kann diese Einstellung im Menüband des Explorers auf der Registerkarte *Ansicht* über *Optionen/Ordner- und Suchoptionen ändern* geändert werden. Dazu wird im Dialogfeld *Ordneroptionen* auf der Registerkarte *Ansicht* das Kontrollkästchen *Verschlüsselte oder komprimierte NTFS-Dateien in anderer Farbe anzeigen* deaktiviert.

Die Platzersparnis können Sie in den Eigenschaften des Ordners nachprüfen. Dort wird auf der Registerkarte *Allgemein* die originale Größe und der tatsächliche Plattenverbrauch angezeigt. Das funktioniert auch, wenn Sie die Eigenschaften von Freigaben im Netzwerk aufrufen.

Die Komprimierung lässt sich jederzeit wieder deaktivieren. Bereits komprimierte Dateien wie MP3- und JPG-Dateien oder bereits komprimierte Archive wie ZIP-Dateien profitieren nicht von der Komprimierung und werden nicht weiter verkleinert. Verschieben Sie neue Dateien in bereits komprimierte Ordner, müssen diese gegebenenfalls nachträglich komprimiert werden, da die Funktion nicht automatisch auf neue Dateien überprüft.

Festplattenverwaltung in der PowerShell und Befehlszeile

Um Festplatten zu verwalten, müssen Sie in Windows nicht immer die grafische Oberfläche nutzen. Viele Einstellungen lassen sich teilweise schneller in der PowerShell und der Eingabeaufforderung durchführen.

Tipp In Kapitel 40 zeigen wir Ihnen verschiedene Möglichkeiten, um mit der PowerShell und mit WMI Datenträger in Windows Server 2016 zu verwalten.

In der Eingabeaufforderung können Sie zum Beispiel mit *diskpart* Partitionen erstellen und verwalten. So lässt sich beispielsweise ein bootfähiger USB-Stick erstellen, mit dem Sie Windows Server 2019 installieren können (siehe Kapitel 2).

Alle Befehle, die in der PowerShell zur Verfügung stehen, lassen Sie sich mit *Get-Command -Module Storage | Sort Noun, Verb* anzeigen. Um zum Beispiel die physischen Festplatten abzufragen, hilft der Befehl *Get-PhysicalDisk*. Die Ausgabe zeigt auch an, ob sich die Platte in einem neuen Speicherpool anordnen lässt. Das erkennen Sie an der Option *CanPool* über den Wert *True*.

Wer genauere Informationen will, gibt *Get-PhysicalDisk |fl* ein. Durch Eingabe von Spalten nach *|fl* lassen sich erweiterte Informationen angeben und unwichtige ausblenden. Ein Beispiel dafür ist *Get-PhysicalDisk |fl FriendlyName, BusType, CanPool, Manufacturer, Healthstatus*. Das funktioniert mit allen Get-Cmdlets. Mit *Get-Disk* lassen Sie sich ebenfalls alle Festplatten anzeigen. Die Partitionierung lassen Sie mit *Get-Disk <Nummer> | Get-Partition* anzeigen.

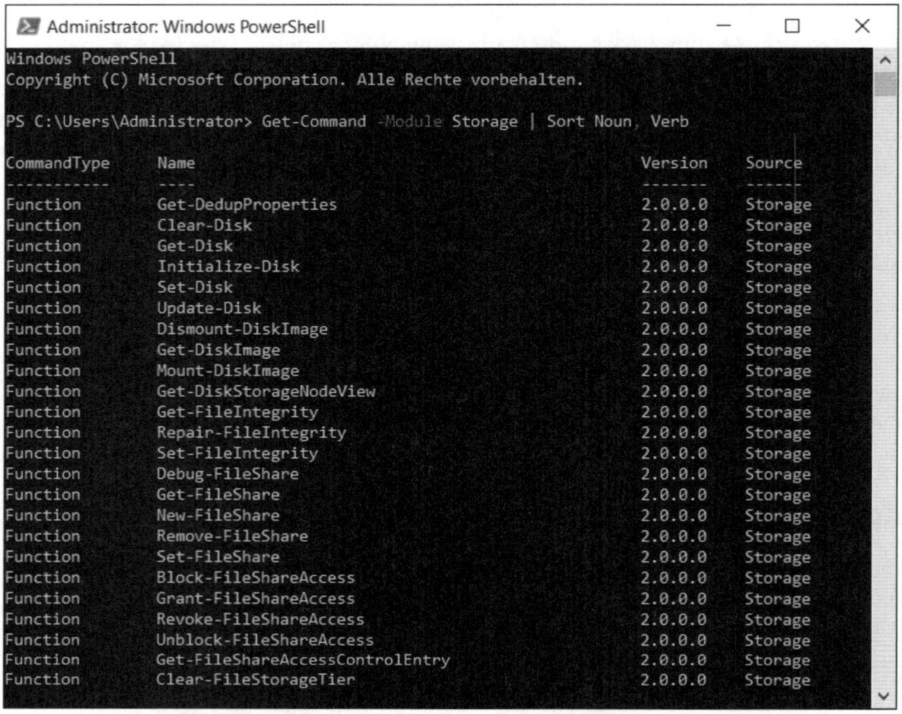

```
Administrator: Windows PowerShell
Windows PowerShell
Copyright (C) Microsoft Corporation. Alle Rechte vorbehalten.

PS C:\Users\Administrator> Get-Command -Module Storage | Sort Noun, Verb

CommandType     Name                                Version    Source
-----------     ----                                -------    ------
Function        Get-DedupProperties                 2.0.0.0    Storage
Function        Clear-Disk                          2.0.0.0    Storage
Function        Get-Disk                            2.0.0.0    Storage
Function        Initialize-Disk                     2.0.0.0    Storage
Function        Set-Disk                            2.0.0.0    Storage
Function        Update-Disk                         2.0.0.0    Storage
Function        Dismount-DiskImage                  2.0.0.0    Storage
Function        Get-DiskImage                       2.0.0.0    Storage
Function        Mount-DiskImage                     2.0.0.0    Storage
Function        Get-DiskStorageNodeView             2.0.0.0    Storage
Function        Get-FileIntegrity                   2.0.0.0    Storage
Function        Repair-FileIntegrity                2.0.0.0    Storage
Function        Set-FileIntegrity                   2.0.0.0    Storage
Function        Debug-FileShare                     2.0.0.0    Storage
Function        Get-FileShare                       2.0.0.0    Storage
Function        New-FileShare                       2.0.0.0    Storage
Function        Remove-FileShare                    2.0.0.0    Storage
Function        Set-FileShare                       2.0.0.0    Storage
Function        Block-FileShareAccess               2.0.0.0    Storage
Function        Grant-FileShareAccess               2.0.0.0    Storage
Function        Revoke-FileShareAccess              2.0.0.0    Storage
Function        Unblock-FileShareAccess             2.0.0.0    Storage
Function        Get-FileShareAccessControlEntry     2.0.0.0    Storage
Function        Clear-FileStorageTier               2.0.0.0    Storage
```

Abbildung 5.5: Verwalten des Speichers in Windows Server 2019 mit der PowerShell

Microsoft empfiehlt für den Datenträger, auf denen Sie Exchange-Datenbanken speichern, eine feste Größe der Zuordnungseinheit (NTFS Allocation Unit Size) von 64 KB. Diese Einstellung können Sie beim Anlegen eines neuen Volumes festlegen. Um zu überprüfen, ob der Datenträger optimal konfiguriert ist, verwenden Sie die Eingabeaufforderung oder die PowerShell. Geben Sie dann den folgenden Befehl ein:

fsutil fsinfo ntfsinfo [Laufwerksbuchstabe:]

Sie sehen die Größe der Zuordnungseinheit im Bereich »Bytes pro Cluster«. Ändern können Sie diese Einstellung nur über eine Neuformatierung. Arbeiten Sie mit Datenträgerkontingenten, können Sie sich mit *fsutil* Informationen zu den Kontingenten anzeigen lassen: In der Eingabeaufforderung verwenden Sie dazu die Anweisung *fsutil quota query <Laufwerk>*.

Verwenden Sie mehrere Festplatten und unterschiedliche Partitionen auf einem Computer, kann DiskExt (*https://docs.microsoft.com/de-de/sysinternals/downloads/diskext*) Informationen auslesen. Das Tool zeigt an, über welche physischen Festplatten sich eine Partition aufteilt und wo auf der physischen Festplatte eine Partition angelegt ist.

Sie können die Ausgabe mit *diskext >c:\temp\disk.txt* in eine Textdatei umleiten lassen, wenn Sie bei der Einrichtung eines Servers oder für Supportzwecke eine Dokumentation anfertigen wollen. Zeigt zum Beispiel die Datenträgerverwaltung in Windows oder der Explorer ein Laufwerk nicht mehr an, können Sie sich über DiskExt die Konfiguration der Laufwerke anzeigen lassen. Zusätzlich haben Sie auch die Möglichkeit, direkt einzelne Laufwerksbuchstaben abzufragen, wenn Sie die Option *diskext <Laufwerksbuchstabe>:* verwenden, zum Beispiel *diskext c:*.

Mit GPT-Partitionen und ReFS arbeiten

Bauen Sie in einen Server eine neue Festplatte ein, haben Sie die Möglichkeit, zwischen zwei Datenträgerpartitionsformaten auszuwählen. Das gilt auch in Windows Server 2019. Große Datenträger mit mehr als 3 TB profitieren davon, wenn Sie als Datenträgerformat GPT nutzen und als Dateisystem ReFS. Nur die beiden neuen Systeme sind für Festplatten dieser Größe optimiert.

GPT versus MBR

Das Datenträgerpartitionsformat MBR (Master Boot Record) unterstützt Festplatten mit einer Größe von bis zu zwei Terabyte. Im Vergleich dazu unterstützt das Partitionsformat GPT (GUID-Partitionstabelle) Festplatten mit einer Größe von bis zu 18 Exabyte und bis zu 128 Partitionen pro Datenträger.

Datenträger mit dem GPT-Partitionsformat sind besser vor Ausfällen geschützt, sie besitzen redundante Primär- und Sicherungspartitionstabellen. Nachdem Sie den Partitionierungsstil festgelegt haben, arbeiten Sie auf beiden Systemen identisch. Sie legen Partitionen und Volumes an, erstellen Verzeichnisse und Freigaben.

Datenträgerformat im laufenden Betrieb wechseln

Die Konvertierung eines MBR-Datenträgers in einen GPT-Datenträger und umgekehrt kann nur durchgeführt werden, wenn der Datenträger leer ist. Dazu öffnen Sie in der Datenträgerverwaltung das Kontextmenü des Datenträgers und wählen den entsprechenden Befehl aus. Sie können die Konvertierung aber auch in der Befehlszeile durchführen:

1. Starten Sie eine Eingabeaufforderung mit Administratorrechten.
2. Starten Sie *diskpart.*
3. Geben Sie *list disk* ein.
4. Geben Sie *select disk <Nummer der Disk, die Sie konvertieren wollen>* ein.
5. Geben Sie *clean* ein.
6. Geben Sie *convert gpt* ein, den umgekehrten Weg gehen Sie mit *convert mbr.*

In der Datenträgerverwaltung (*diskmgmt.msc*) finden Sie den Partitionierungsstil in den Eigenschaften des Datenträgers auf der Registerkarte *Volumes.* In der PowerShell lassen Sie sich den Partitionierungsstil mit *Get-Disk | select FriendlyName, PartitionStyle* anzeigen.

Den Partitionierungsstil legen Sie mit dem folgenden Befehl auf GPT fest:

Initialize-Disk <Nummer> -PartitionStyle GPT

Ein weiteres Beispiel, um einen Datenträger zu erstellen und zu formatieren, ist:

Get-Disk 1 | Clear-Disk -RemoveData

New-Partition -DiskNumber 1 -UseMaximumSize -IsActive -DriveLetter Z | Format-Volume -FileSystem NTFS -NewFileSystemLabel Data

Verkleinern und Erweitern von Datenträgern

Sie können Datenträger unter Windows Server 2019 erweitern oder verkleinern. Beim Verkleinern von Laufwerken gibt Windows den konfigurierten Speicherplatz als neuen unpartitionierten Bereich frei. Den freien Speicherplatz können Sie für einen anderen Datenträger verwenden. Der verkleinerte Bereich eines Datenträgers steht genauso zur Verfügung, als wäre er nie partitioniert gewesen.

Die Verkleinerung und Erweiterung nehmen Sie über das Kontextmenü des entsprechenden Datenträgers vor. Sie können dazu auch die Eingabeaufforderung verwenden. Wie Sie dabei vorgehen, lesen Sie in Kapitel 2. Sie können aber nur NTFS-Datenträger verkleinern und erweitern, ReFS unterstützt diese Funktion nicht.

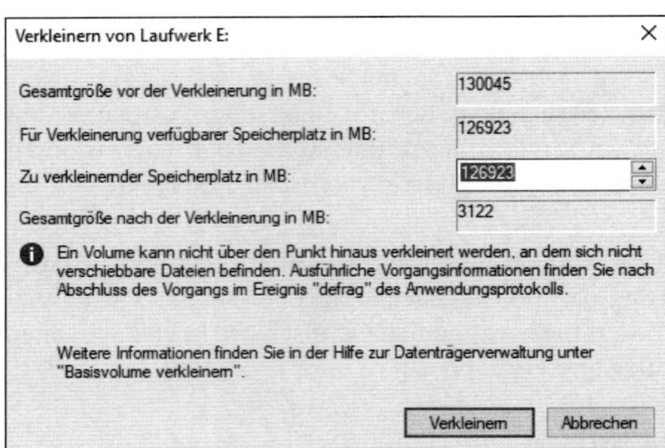

Abbildung 5.6: Erweitern und Verkleinern von bestehenden Datenträgern

Verkleinern von Partitionen

Beim Verkleinern einer Partition verschiebt Windows nicht verschiebbare Dateien, wie die Auslagerungsdatei, nicht automatisch. Sie können daher den reservierten Speicherplatz nicht über den Punkt hinaus verkleinern, an dem sich die nicht verschiebbaren Dateien befinden.

Wenn Sie die Partition weiter verkleinern wollen, verschieben Sie die Auslagerungsdatei auf einen anderen Datenträger, verkleinern das Volume und verschieben die Auslagerungsdatei dann wieder zurück auf den Datenträger. Sie können nur primäre Partitionen und logische Laufwerke auf unformatierten Partitionen oder Partitionen mit dem NTFS-Dateisystem verkleinern.

Klicken Sie auf *Verkleinern*, führt der Assistent die Aufgabe durch. Mehr ist zum Verkleinern eines Laufwerks nicht notwendig.

Erweitern von Partitionen

Vorhandenen primären Partitionen und logischen Laufwerken können Sie mehr Speicherplatz hinzufügen, indem Sie diese auf angrenzenden verfügbaren Speicherplatz auf demselben Datenträger erweitern.

Zum Erweitern eines Basisvolumes muss dieses unformatiert oder mit dem NTFS-Dateisystem formatiert sein. Sie können ein logisches Laufwerk innerhalb von zusammenhängendem freiem Speicherplatz in der erweiterten Partition, die dieses Laufwerk enthält, erweitern. Wenn Sie ein logisches Laufwerk über den in der erweiterten Partition verfügbaren Speicherplatz hinaus erweitern, wird die erweiterte Partition zur Unterbringung des logischen Laufwerks vergrößert.

Bei logischen Laufwerken, Start- oder Systemvolumes können Sie das Volume nur innerhalb von zusammenhängendem freiem Speicherplatz erweitern und nur dann, wenn der Datenträger zu einem dynamischen Datenträger aktualisiert werden kann. Bei anderen Volumes können Sie das Volume auch innerhalb von nicht zusammenhängendem Speicherplatz erweitern, werden aber aufgefordert, den Datenträger in einen dynamischen Datenträger zu konvertieren. Um ein Basisvolume zu erweitern, gehen Sie folgendermaßen vor:

1. Klicken Sie in der Datenträgerverwaltung mit der rechten Maustaste auf das Volume, das Sie erweitern möchten.
2. Klicken Sie auf *Volume erweitern.*
3. Wählen Sie die Datenträger aus, auf die Sie das bestehende Volume erweitern wollen, und schließen Sie den Assistenten ab. Belassen Sie die Auswahl auf dem aktuell ausgewählten Volume, erweitert Windows den Datenträger auf den kompletten Bereich des aktuellen Datenträgers.

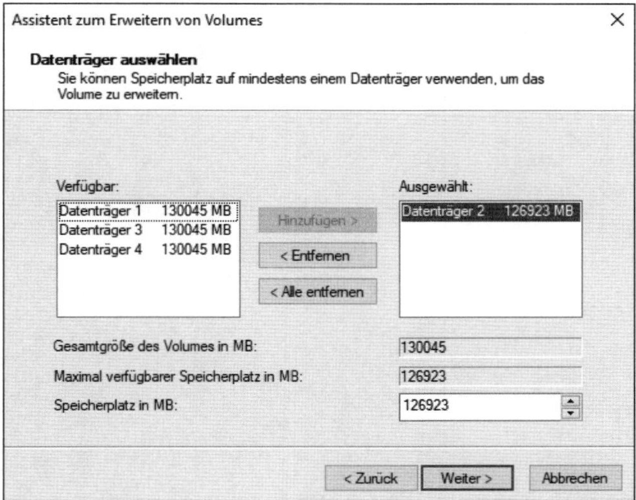

Abbildung 5.7: Erweitern eines bestehenden Datenträgers

Hinweis Es ist nicht möglich, die aktuellen System- oder Startpartitionen zu erweitern. Systempartitionen und Startpartitionen sind Namen für Partitionen oder Volumes auf einer Festplatte, die zum Starten von Windows verwendet werden.

Die Systempartition enthält die hardwarebezogenen Dateien, die einem Computer mitteilen, von wo aus Windows startet (siehe Kapitel 2). Eine Startpartition ist eine Partition, die die Windows-Betriebssystemdateien enthält, die sich im *Windows*-Dateiordner befinden. Mit einem weiteren Begriff, der aktiven Partition, wird beschrieben, welche Systempartition (und daher welches Betriebssystem) der Computer zum Starten verwendet.

Verwalten von Datenträgern

Sie können Datenträger entweder im Ordnerfenster *Dieser PC* oder in der Datenträgerverwaltung mit der rechten Maustaste anklicken und im Kontextmenü den Eintrag *Eigenschaften* wählen. Daraufhin stehen Ihnen verschiedene Registerkarten zur Verfügung.

Auf der Registerkarte *Allgemein* sehen Sie den freien und belegten Speicher. Außerdem können Sie hier die Bezeichnung des Datenträgers festlegen. Sie können den gesamten Datenträger komprimieren, was allerdings aus Performancegründen nicht empfohlen werden kann und auf ReFS-Datenträgern nicht möglich ist. Auf dieser Registerkarte legen Sie auch fest, ob das Laufwerk für die Windows-Suche indexiert werden soll.

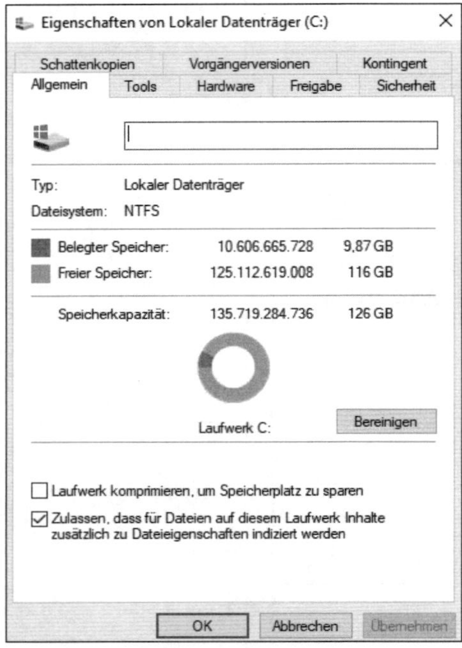

Abbildung 5.8: Allgemeine Informationen zu einem Datenträger

Auf der Registerkarte *Tools* im Eigenschaftenfenster eines Datenträgers überprüfen Sie die physische Festplatte auf fehlerhafte Sektoren. Wollen Sie den Systemdatenträger überprüfen, müssen Sie den Computer neu starten, da die Überprüfung vor dem eigentlichen Start von Windows stattfindet.

Defragmentierung verwalten

Die Defragmentierung löst ein Problem, das vor allem entsteht, wenn Dateien vergrößert werden, Anwender zusätzliche Dateien erstellen oder vorhandene löschen. Die meisten Dateien werden in Form eines Extents nicht direkt in der MFT (Master File Table) gespeichert, sondern in einem oder mehreren zusätzlichen Blöcken, auf die aus der MFT verwiesen wird.

NTFS versucht dabei, möglichst zusammenhängende Speicherblöcke zu wählen. Wenn eine Datei vergrößert wird, kann es vorkommen, dass am Ende des bisherigen Extents kein weiterer Speicherplatz mehr frei ist. Dann muss die Datei in mehreren Blöcken gespeichert werden, sie wird also fragmentiert.

Durch die Fragmentierung werden wiederum Zugriffe auf Datenträger deutlich verlangsamt, denn nun sind mehr einzelne Zugriffe und Neupositionierungen des Schreib-/Lesekopfs der Festplatte erforderlich, um auf die Datei zuzugreifen.

Eine regelmäßige Defragmentierung kann daher zu deutlichen Verbesserungen der Performance führen. Das Defragmentierungsprogramm von Windows Server 2019 ist zeitlich gesteuert, da die Defragmentierung relativ viel Rechenzeit benötigt und durch die logischerweise intensiven Zugriffe auf die Festplatte in diesem Bereich zu einer Beeinträchtigung der Performance führt. Sinn ergibt dies nur, wenn viele Dateien oft in der Größe geändert oder gelöscht werden.

Sie können nach einem Klick auf die Schaltfläche *Optimieren* in der Registerkarte *Tools* die Defragmentierung sofort starten oder den Zeitplan entsprechend anpassen. Mit der Schaltfläche *Analysieren* überprüft der Assistent, ob eine Defragmentierung sinnvoll ist oder nicht.

Die Einstellungen der automatischen Defragmentierung der Festplatten können Sie so abändern, dass diese nicht mehr automatisch startet. Dies ist beispielsweise dann angebracht, wenn Sie auf ein Defragmentierungsprogramm eines anderen Herstellers setzen.

Tippen Sie dazu *dfrgui* im Startmenü ein. Klicken Sie dann auf die Schaltfläche *Einstellungen ändern*. Dort können Sie das Kontrollkästchen *Ausführung nach Zeitplan* deaktivieren. Wollen Sie einen Bericht über die Defragmentierung beispielsweise von Laufwerk *C:* aufrufen, geben Sie den Befehl *defrag c: -a -v* in einer Eingabeaufforderung ein.

Hardware und Richtlinien von Datenträgern verwalten

Auf der Registerkarte *Hardware* im Eigenschaftenfenster eines Datenträgers können Sie die zugrunde liegende Hardware von Datenträgern konfigurieren und die Eigenschaften überprüfen.

An dieser Stelle werden Ihnen alle eingebauten Festplatten angezeigt. Wenn Sie eine der Festplatten markieren, können Sie über die Schaltfläche *Eigenschaften* weitere Einstellungen aufrufen. Diese Stelle ist der zentrale Bereich zur Verwaltung der Hardware, die den einzelnen Datenträgern zugeordnet ist.

Nachdem Sie auf der Registerkarte *Hardware* des Eigenschaftenfensters ein Laufwerk markiert und die Schaltfläche *Eigenschaften* angeklickt haben, klicken Sie im nächsten Fenster auf *Einstellungen ändern*. Danach werden Ihnen mehrere Registerkarten angezeigt.

Auf der Registerkarte *Richtlinien* können Sie festlegen, dass der Schreibcache auf der Festplatte aktiviert sein soll. Dies hat den Vorteil, dass die Festplatte Daten »als auf die Festplatte geschrieben« ansieht, sobald sich diese im Cache der Platte befinden. Wenn allerdings der Strom ausfällt, während die Daten noch vom Schreibcache auf die Festplatte geschrieben werden, kann dies zum Datenverlust führen.

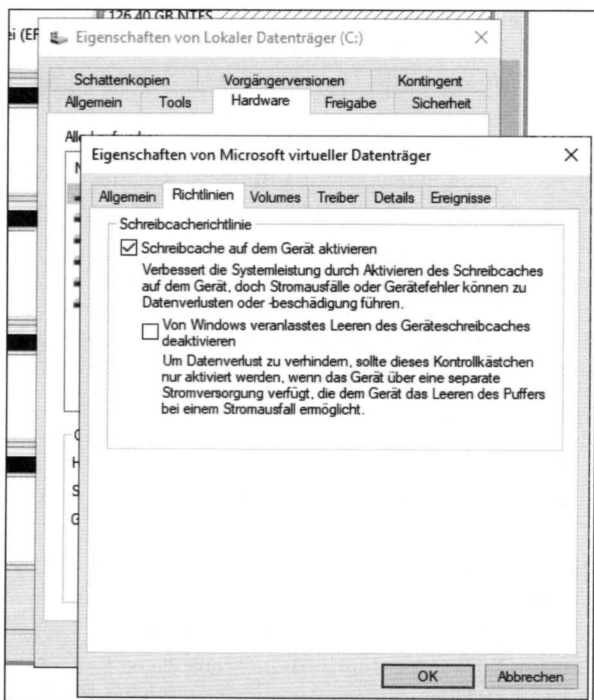

Abbildung 5.9: Aktivieren des Schreibcache einer Festplatte

Wenn Sie den Schreibcache für eine Festplatte deaktivieren, wird die Performance des Servers beeinträchtigt. Dafür ist aber sichergestellt, dass keine Daten verloren gehen, wenn der Server ausfällt.

Auf der Registerkarte *Volumes* können Sie nach einem Klick auf die Schaltfläche *Auffüllen* feststellen, welche Datenträger in Windows einer physischen Festplatte zugewiesen sind.

Klicken Sie ein Laufwerk im Explorer von Windows Server 2019 mit der rechten Maustaste an, steht Ihnen die Registerkarte *Kontingent* zur Verfügung. Aktivieren Sie die Kontingentüberwachung, können Sie festlegen, welche Datenmenge die einzelnen Benutzer auf dem Computer speichern dürfen.

Klicken Sie auf die Schaltfläche *Kontingenteinträge*, können Sie über das daraufhin geöffnete Fenster definieren, für welche Anwender Sie besondere Grenzen festlegen wollen. Alle anderen Anwender können die maximale Datenmenge speichern, die Sie auf der Hauptseite des Fensters festlegen.

Ebenfalls über den Explorer besteht die Möglichkeit, die Datenträgerverwendung zu überwachen. Dazu aktivieren Sie die Kontingentüberwachung im Explorer, legen aber keine Grenzwerte fest. So erhalten Sie eine umfangreiche Überwachung der Datenträgernutzung.

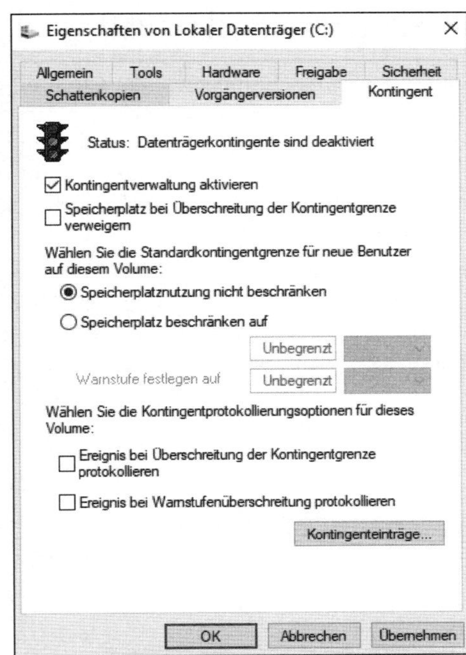

Abbildung 5.10: Festlegen und Abrufen von Kontingenteinstellungen

Über die Schaltfläche *Kontingenteinträge* sehen Sie die einzelnen Benutzer und Gruppen sowie deren Datenträgernutzung. In der Eingabeaufforderung verwenden Sie dazu die Anweisung *fsutil quota query <Laufwerk>*.

Administratoren sind von der Kontingentüberwachung nicht ausgenommen, allerdings können sie auch bei harten Grenzwerten weiter speichern. Normale Benutzer dürfen beim Erreichen des Grenzwerts keine weiteren Daten speichern.

BitLocker-Laufwerkverschlüsselung

BitLocker-Laufwerkverschlüsselung ist ein Feature zur Datenverschlüsselung von Festplatten. Selbst wenn ein Angreifer die verschlüsselte Festplatte in einen anderen Computer einbaut, schützt BitLocker die Daten vor einem Zugriff.

In Windows Server 2019 verschlüsselt BitLocker nicht die komplette Festplatte, sondern nur den verwendeten Teil. Sobald weitere Teile beschrieben werden, verschlüsselt Windows Server 2019 auch diesen Bereich. BitLocker verschlüsselt bei der Aktivierung daher nur beschriebene Sektoren und fügt dann inkrementell Sektoren hinzu, sobald diese beschrieben werden. BitLocker arbeitet auch mit Hardwareverschlüsselungen von Festplatten oder RAID-Systemen zusammen.

Interessant ist die Möglichkeit, auch USB-Sticks mit BitLocker To Go zu verschlüsseln. In diesem Fall lassen sich die Daten auf dem USB-Stick erst nach der Eingabe eines Kennworts anzeigen.

Grundlagen zu BitLocker und Trusted Platform Module (TPM)

Im Idealfall ist im Computer, dessen Festplatten Sie verschlüsseln möchten, ein Chip mit der Bezeichnung TPM (Trusted Platform Module) eingebaut. Dieser überwacht die integrierte Hardware im Computer und verweigert den Start, wenn jemand die Festplatte in einen anderen Computer eingebaut, ohne die PIN zu kennen. Zur Aktivierung von BitLocker ist ein solches TPM-Modul zwar optimal, aber nicht zwingend vorgeschrieben. In Kapitel 7 erfahren Sie mehr zu virtuellen TPMs in Hyper-V.

Wenn Sie nicht wissen, ob Ihr Computer über einen TPM-Chip verfügt, können Sie die TPM-Verwaltungskonsole durch Eintippen von *tpm.msc* im Startmenü aufrufen. Hier erhalten Sie eine entsprechende Meldung. Allerdings muss der TPM-Chip im BIOS aktiviert werden. In vielen Fällen ist der Chip nicht aktiviert, auch wenn ein solcher im Computer verbaut ist.

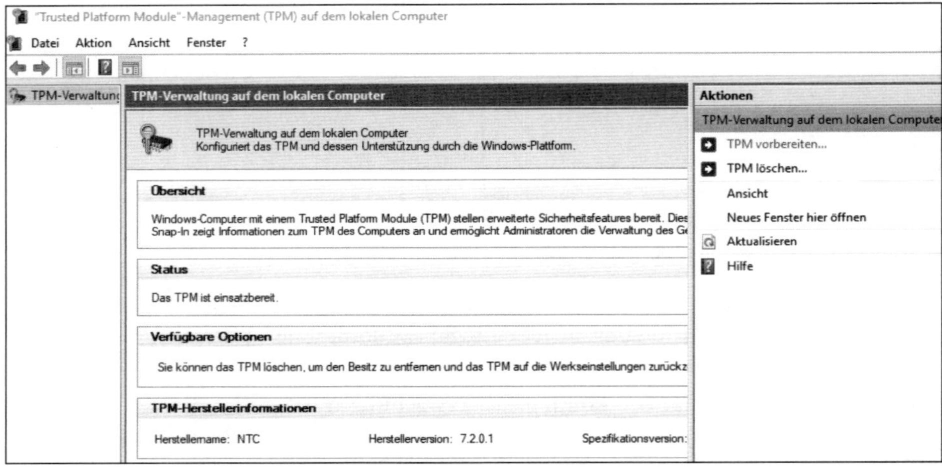

Abbildung 5.11: Verwalten von TPM-Chips in Windows Server 2019

Die Konfiguration von BitLocker findet über *Systemsteuerung/System und Sicherheit/BitLocker-Laufwerkverschlüsselung* statt. In Windows Server 2019 müssen Sie dazu aber BitLocker erst als Feature über den Server-Manager oder das Windows Admin Center installieren (siehe Kapitel 3 und 4).

Verfügt der Computer über einen TPM-Chip und haben Sie ihn im BIOS aktiviert, muss dieser nach der Installation zunächst initialisiert werden:

1. Öffnen Sie durch Eintippen von *tpm.msc* im Startmenü die TPM-Verwaltungskonsole.
2. Klicken Sie im Bereich *Aktionen* auf *TPM vorbereiten*, um den TPM-Initialisierungs-Assistenten zu starten. Diese Option erscheint nur, wenn ein TPM-Chip im Computer verbaut ist.
3. Starten Sie nach der Initialisierung den Computer neu.
4. Nach dem Neustart erscheint eine Bestätigungsaufforderung, um sicherzustellen, dass keine bösartige Software versucht, das TPM einzuschalten.
5. Bevor das TPM zum Schützen Ihres Computers nutzbar ist, muss es einem Besitzer zugeordnet sein. Beim Festlegen des TPM-Besitzers wird ein Kennwort zugewiesen, sodass nur der autorisierte TPM-Besitzer auf das TPM zugreifen und es verwalten kann.

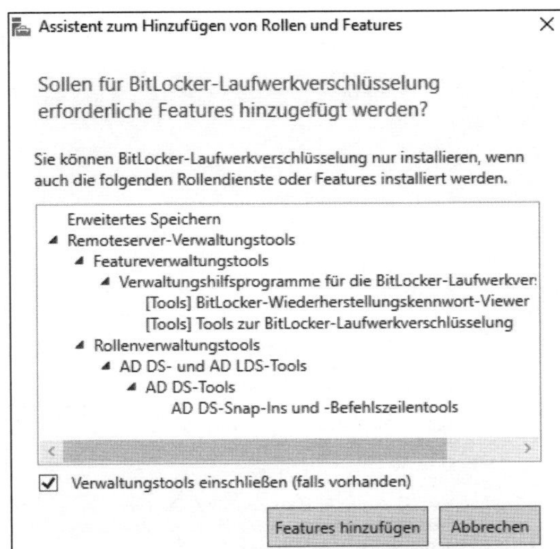

Abbildung 5.12: BitLocker muss über den Server-Manager oder das Windows Admin Center in Windows Server 2019 installiert werden.

BitLocker schnell und einfach aktivieren

BitLocker können Administratoren auch dann nutzen, wenn kein TPM-Chip verbaut ist. Dazu ist es notwendig, in die lokale Sicherheitsrichtlinie des Computers zu wechseln oder die Einstellungen über Gruppenrichtlinien festzulegen. Gehen Sie zur Konfiguration folgendermaßen vor:

1. Starten Sie durch Eingabe von *gpedit.msc* im Startmenü den Editor für lokale Gruppenrichtlinien oder öffnen Sie eine Gruppenrichtlinie in Active Directory.
2. Wechseln Sie im Navigationsbereich zum Eintrag *Computerkonfiguration/Administrative Vorlagen/Windows-Komponenten/BitLocker-Laufwerkverschlüsselung/Betriebssystemlaufwerke.*
3. Doppelklicken Sie im rechten Bereich des Fensters auf die Richtlinie *Zusätzliche Authentifizierung beim Start anfordern.*
4. Aktivieren Sie im Dialogfeld die Option *Aktiviert.*
5. Stellen Sie sicher, dass das Kontrollkästchen *BitLocker ohne kompatibles TPM zulassen* aktiviert ist.
6. Klicken Sie auf *OK.*
7. Die Richtlinie erhält darauf in der Statusspalte den Status *Aktiviert.*

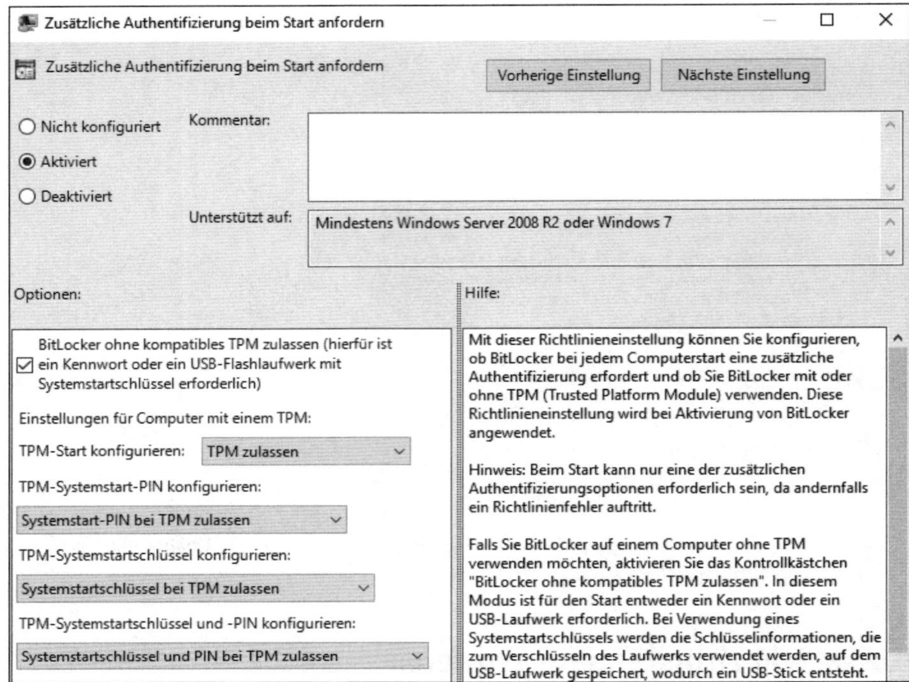

Abbildung 5.13: Verwenden von BitLocker ohne TPM als Richtlinie freischalten

Nachdem diese Aufgaben durchgeführt sind, können Sie BitLocker aktivieren. Starten Sie die Konfigurationsoberfläche von BitLocker über *Systemsteuerung/System und Sicherheit/BitLocker-Laufwerkverschlüsselung*. Die Systemsteuerung starten Sie am schnellsten, indem Sie im Suchfeld des Startmenüs *systemsteuerung* eingeben.

Klicken Sie auf den Link *BitLocker aktivieren*. Anschließend überprüft Windows den Rechner. Danach legen Sie fest, ob der Start des Rechners über einen USB-Stick oder nach der Eingabe eines Kennworts erfolgen soll. Dann legen Sie den Speicherort für den Wiederherstellungsschlüssel fest. Dieser wird benötigt, wenn das Kennwort für BitLocker nicht mehr verfügbar ist.

Windows Server 2019 kann den neuen Verschlüsselungsmodus XTS-AES zur Verschlüsselung verwenden. Dieser ist effizienter, lässt sich aber nur ab Windows Server 2019 und Windows 10 nutzen. Sie können in der Einrichtung von BitLocker aber festlegen, dass der kompatible Verschlüsselungsmodus verwendet werden soll. Das ist zum Beispiel sinnvoll, wenn der Datenträger auch auf anderen Rechnern eingesetzt werden soll.

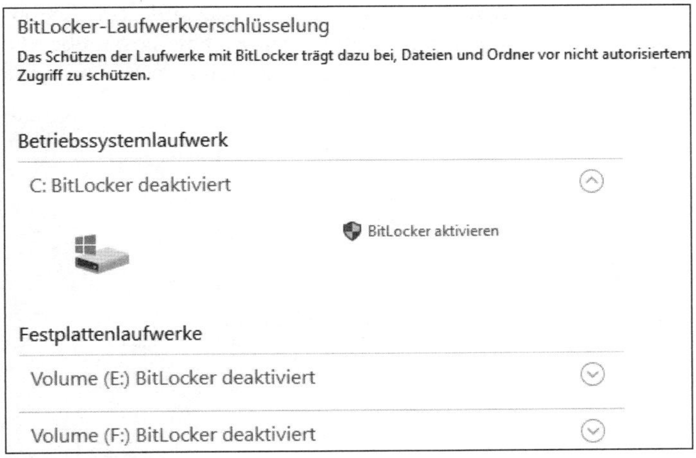

BitLocker-Laufwerkverschlüsselung

Das Schützen der Laufwerke mit BitLocker trägt dazu bei, Dateien und Ordner vor nicht autorisiertem Zugriff zu schützen.

Betriebssystemlaufwerk

C: BitLocker deaktiviert

BitLocker aktivieren

Festplattenlaufwerke

Volume (E:) BitLocker deaktiviert

Volume (F:) BitLocker deaktiviert

Abbildung 5.14: Nach der Aktivierung von BitLocker startet der Server erst nach Eingabe eines Kennworts.

Sobald Sie die Einrichtung vorgenommen haben, startet Windows neu und die Verschlüsselung beginnt. Bereits jetzt muss das BitLocker-Kennwort eingegeben werden, wenn Sie nicht mit dem TPM-Modus arbeiten. Ab jetzt ist der Server mit BitLocker geschützt. Über die Esc-Taste starten Sie den Wiederherstellungsmodus, wenn Sie das Kennwort vergessen haben. Beim Einsatz in Active Directory kann dabei auf die Daten in Active Directory oder die Daten des Microsoft-Kontos zugegriffen werden.

In Windows Server 2019 werden beim ersten Verschlüsseln nur die bereits beschriebenen Festplattensektoren verschlüsselt, wenn Sie diese Option ausgewählt haben. Werden neue Sektoren beschrieben, verschlüsselt Windows diese ebenfalls.

Windows Server 2019 erlaubt neben Storage Spaces Direct auch das Zusammenfassen mehrerer Festplatten zu Speicherpools und deren Aufteilung in Speicherplätze. Administratoren können auch für einzelne Speicherplätze BitLocker aktivieren, unabhängig von den zugrunde liegenden Festplatten. Die Vorgehensweise dazu ist identisch mit der Verschlüsselung herkömmlicher Datenträger.

Tipp

BitLocker lässt sich auch in der PowerShell verwalten. Die dazu notwendigen Befehle zeigt Windows mit *Get-Command *bitlocker** an. *Enable-BitLocker* aktiviert zum Beispiel die Verschlüsselung.

Kennen Sie das Kennwort nicht, können Sie an dieser Stelle auch die Wiederherstellung mit dem Wiederherstellungsschlüssel starten.

Wichtig ist, dass ein vorhandener USB-Stick, den Sie als Startschlüssel verwenden, keinesfalls in fremde Hände gelangen darf, da sonst der komplette Schutz des Computers ausgehebelt ist. Nach der Speicherung des Schlüssels auf dem Stick können Sie zusätzlich die Speicherung auf einem anderen Laufwerk oder das Ausdrucken aktivieren.

Nach der BitLocker-Aktivierung erreichen Sie das Fenster für die Verwaltung des Kennworts jederzeit über die Systemsteuerung. So lässt sich der Schlüssel auch nachträglich ausdrucken oder speichern.

Nach der Einrichtung von BitLocker können Sie zusätzliche Festplatten auf dem Computer verschlüsseln. Auch wenn Sie später weitere Festplatten einbauen, können Sie über die BitLocker-Verwaltungsoberfläche die Verschlüsselung nachträglich für diese Laufwerke aktivieren.

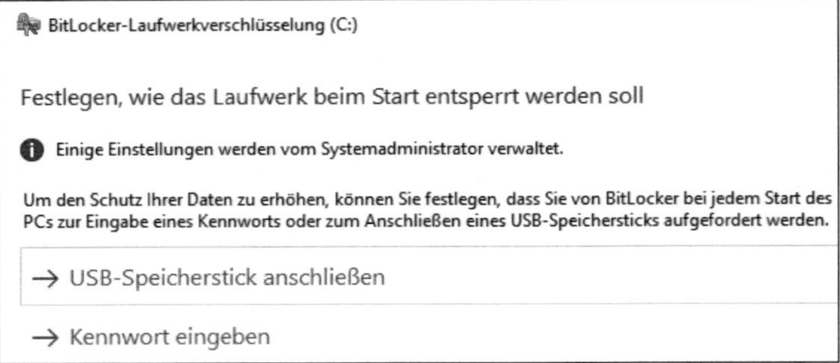
BitLocker-Laufwerkverschlüsselung (C:)
Festlegen, wie das Laufwerk beim Start entsperrt werden soll
Einige Einstellungen werden vom Systemadministrator verwaltet.
Um den Schutz Ihrer Daten zu erhöhen, können Sie festlegen, dass Sie von BitLocker bei jedem Start des PCs zur Eingabe eines Kennworts oder zum Anschließen eines USB-Speichersticks aufgefordert werden.
→ USB-Speicherstick anschließen
→ Kennwort eingeben

Abbildung 5.15: Nach der Aktivierung verwalten Sie BitLocker weiterhin über die Systemsteuerung.

Troubleshooting für BitLocker

Haben Sie das Kennwort vergessen oder ist der USB-Stick oder der TPM-Chip defekt, mit dem Sie den Rechner starten, können Sie mit dem Wiederherstellungsschlüssel auf dem Rechner den Computer starten und auf Ihre Daten zugreifen.

Wenn Daten verschlüsselt werden, trägt der Administrator immer das Risiko, dass er selbst nicht mehr an die Daten kommt, wenn er die entsprechenden Schlüssel verliert. Es besteht auch die Möglichkeit, dass der TPM-Chip defekt, der Startschlüssel zerstört ist oder Anwender ihren PIN vergessen haben. Damit bei solchen Vorfällen, auch bei der Erweiterung des Computers, die Daten noch zugänglich sind, gibt es die BitLocker-Recovery-Konsole.

Verschlüsselndes Dateisystem (EFS) – Daten einfach absichern

Neben der Verschlüsselung von kompletten Festpatten können Sie auch einzelne Verzeichnisse oder Dateien verschlüsseln lassen, auch parallel zu BitLocker. Um Dateien lokal zu verschlüsseln, wählen Sie im Kontextmenü der Datei oder des Ordners, den Sie verschlüsseln wollen, den Befehl *Eigenschaften* aus. Über die Schaltfläche *Erweitert* finden Sie im Dialogfeld *Erweiterte Attribute* das Kontrollkästchen *Inhalt verschlüsseln, um Daten zu schützen*. Durch Aktivieren dieses Kontrollkästchens wird das verschlüsselnde Dateisystem (Encrypting File System, EFS) genutzt. Sie können EFS aber nur zusammen mit NTFS nutzen. Mit dem neuen ReFS-Dateisystem funktioniert EFS nicht.

Die Verschlüsselung und der Zugriff auf diese Informationen erfolgen transparent für die Anwender. Falls ein Ordner für die Verschlüsselung ausgewählt ist, fragt das System, ob die Einstellungen für untergeordnete Ordner übernommen werden sollen.

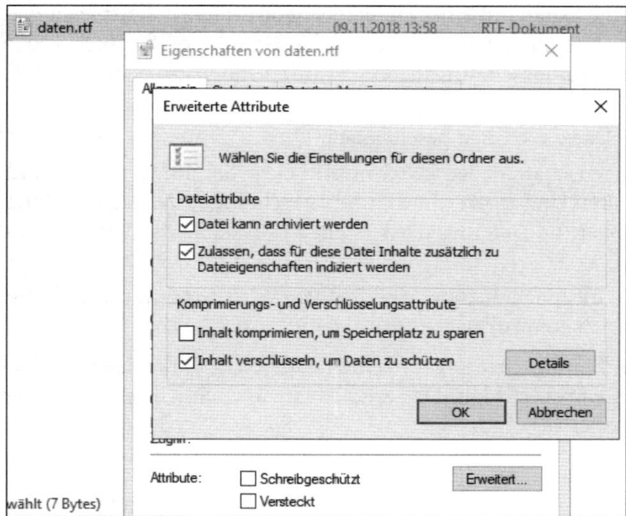

Abbildung 5.16: Verschlüsseln von Dateien in Windows 10/Windows Server 2019

Anwender können verschlüsselte Daten zwar sehen, aber die Dateien nicht öffnen und anzeigen. Auch wenn Anwender Zugriff auf verschlüsselte Daten erhalten, sind diese nur für den Anwender sichtbar, der die Daten verschlüsselt hat oder der in der Liste der berechtigten Anwender zu finden ist. Die Dateien lassen sich von Anwendern auch nicht kopieren oder verschieben. Auf diesem Weg lassen sich also sensible Daten vor Zugriff schützen.

Standardmäßig kennzeichnet Windows Server 2019 diese Dateien mit einem eigenen Symbol. Um Einstellungen dazu zu ändern, wählen Sie zunächst im Menüband des Explorers auf der Registerkarte *Ansicht* den Befehl *Optionen/Ordner und Suchoptionen*. Im daraufhin geöffneten Dialogfeld *Ordneroptionen* können Sie auf der Registerkarte *Ansicht* das Kontrollkästchen *Verschlüsselte oder komprimierte NTFS-Dateien in anderer Farbe anzeigen* ein- oder ausschalten.

Die Funktionsweise von EFS

Das verschlüsselnde Dateisystem (Encrypting File System, EFS) nutzt das EFS-Zertifikat eines Benutzers, um den Inhalt einer Datei zu verschlüsseln. Der private Schlüssel wird in verschlüsselter Form mit in der Datei abgelegt und kann zur Wiederherstellung der Datei genutzt werden. Die Verwaltung der Zertifikate findet über die Benutzerverwaltung statt.

EFS arbeitet mit dem symmetrischen DESX-Algorithmus zur Dateiverschlüsselung und dem RSA-Algorithmus zur Verschlüsselung der privaten Schlüssel. Durch eine mögliche Wiederherstellung des privaten Schlüssels ist eine Entschlüsselung von Dateien durch sogenannte Wiederherstellungs-Agents möglich.

Alternativ zur grafischen Oberfläche können Sie auch den Befehl *cipher* in der Eingabeaufforderung einsetzen, um Dateien zu ver- und entschlüsseln oder sich den Status anzeigen zu lassen. Der Befehl *cipher /e /s:C:\Vertraulich* beispielsweise verschlüsselt den Ordner *C:\Vertraulich* und alle darunter liegenden Ordner und Dateien.

Der Befehl *cipher /d /s:C:\Vertraulich* entschlüsselt die Daten im Ordner *C:\Vertraulich* und allen darunter liegenden Ordnern.

Häufig ist es sinnvoll, vertrauliche Daten mit einer anderen Person zu teilen, beispielsweise zwischen zwei Geschäftsführern oder zwischen Chef und Sekretärin. Wenn Sie auch anderen Personen Zugriff auf Ihre verschlüsselten Dateien gewähren möchten, gehen Sie folgendermaßen vor:

1. Verschlüsseln Sie zuerst die Datei wie oben beschrieben.
2. Rufen Sie nochmals die Eigenschaften der Datei auf, klicken Sie auf *Erweitert* und danach auf *Details*. Sie erhalten eine Übersicht darüber, welche Benutzer auf die Datei zugreifen und welche Benutzer die Datei wiederherstellen und dabei die Verschlüsselung aufheben können.
3. Klicken Sie auf *Hinzufügen*, um nacheinander alle Benutzer einzutragen, die auf Ihre verschlüsselte Datei Zugriff erhalten sollen.

Sie können an dieser Stelle nur Benutzer eintragen, keine Gruppen. Die Benutzer benötigen außerdem jeweils ein Basis-EFS-Zertifikat. Das erhalten sie am schnellsten, wenn sie selbst eine Datei oder einen Ordner verschlüsseln.

Wann sollte EFS nicht genutzt werden?

Einige Hindernisse können Ihnen bei der Nutzung von EFS im Wege stehen oder sogar eine erfolgreiche Wiederherstellung der Daten verhindern. Als Administrator sollten Sie diese Klippen kennen, damit Sie nicht erst im Fehlerfall bemerken, dass eine Datei nicht mehr zugänglich ist:

- Sie können eine Datei nicht gleichzeitig verschlüsseln und komprimieren. Wenn Sie eine bereits verschlüsselte Datei komprimieren und die erforderlichen Zertifikate besitzen, wird die Datei automatisch entschlüsselt.
- Wenn Sie keine NTFS-Laufwerke einsetzen, können Sie die Verschlüsselung nicht nutzen. Das gilt auch beim Einsatz von ReFS.
- Wenn Sie eine verschlüsselte Datei kopieren, wird diese während des Kopierens im Hauptspeicher des PC entschlüsselt. Am Zielort wird die Datei nur dann wieder verschlüsselt, wenn der Zielordner ebenfalls das Verschlüsselt-Attribut besitzt. Wenn Sie also eine lokal verschlüsselte Datei auf den Computer kopieren, verliert diese ihre Verschlüsselung, falls Sie im Serverordner nicht vorher ebenfalls die Verschlüsselung aktivieren.
- Systemdateien können nicht verschlüsselt werden.
- Einige Anwendungen zerstören die Zertifikate der zusätzlichen Benutzer beim Schreiben in die Datei. Nur speziell angepasste Programme, wie beispielsweise Office, behalten die EFS-Zertifikate aller Benutzer bei der Dateibearbeitung bei.

Durch Kopieren oder Verschieben unverschlüsselter Dateien in einen verschlüsselten Ordner werden diese Dateien automatisch im neuen Ordner verschlüsselt. Der umgekehrte Vorgang entschlüsselt jedoch Dateien nicht automatisch.

Speicherpools einsetzen

Windows Server 2019 bietet weiterhin die Speicherpools. Neben Storage Spaces Direct lassen sich Speicherpools auch auf einzelnen Servern betreiben. Während für den Einsatz von Storage Spaces Direct in Windows Server 2016 ein Cluster mit mindestens drei Knoten erforderlich war, reichen in Windows Server 2019 auch zwei Knoten aus.

Einfach ausgedrückt fassen Sie mehrere physische Datenträger eines Servers mit Windows Server 2019 zusammen und konfigurieren diese als einen gemeinsamen, virtuellen Datenträger. In Windows Server 2019 hat Microsoft die Funktionen erweitert und verbessert, zum Beispiel die Unterstützung für SSD/NVMe-Festplatten sowie der Möglichkeit, in einem Cluster alle lokalen Festplatten der Clusterknoten zu einem Storage Space Direct zusammenzufassen.

Speicherpools verwalten Sie am besten im Server-Manager oder der PowerShell. Hier legen Sie zunächst einen Speicherpool an und weisen diesem anschließend verschiedene Speicherplätze zu. Dabei handelt es sich um die Volumes, auf denen Sie wiederum Freigaben erstellen. Ein Pool kann mehrere Speicherplätze, auch virtuelle Festplatten genannt, umfassen. Speicherplätze bestehen in Windows Server 2019 also aus virtuellen Festplatten, die Speicherpools zugewiesen sind. Die Speicherpools nutzen wiederum die zugrunde liegenden, physischen Festplatten.

Speicherpools erstellen

Um Speicherpools in Windows Server 2019 zu erstellen, installieren Sie im Server-Manager die Serverrolle *Datei- und Speicherdienste*. Über die Kategorie *Datei-/Speicherdienste* stehen anschließend im Server-Manager die Verwaltungswerkzeuge für Speicherpools zur Verfügung (siehe auch Kapitel 4). Klicken Sie im Menü *Datei-/Speicherdienste/Speicherpools* auf *Aufgaben/Neuer Speicherpool*, können Sie anschließend einen neuen Speicherpool erstellen.

Abbildung 5.17: Erstellen eines neuen Speicherpools

Im Assistenten legen Sie zunächst einen Namen und eine Beschreibung fest. Außerdem wählen Sie den Server aus, auf dem Sie einen Speicherpool erstellen wollen. Sie können Speicherpools also auch über das Netzwerk mit dem Server-Manager erstellen und verwalten, zum Beispiel von einer Arbeitsstation mit Windows 10. Auf der nächsten Seite wählen Sie aus, welche Festplatten Bestandteil des Pools sein sollen.

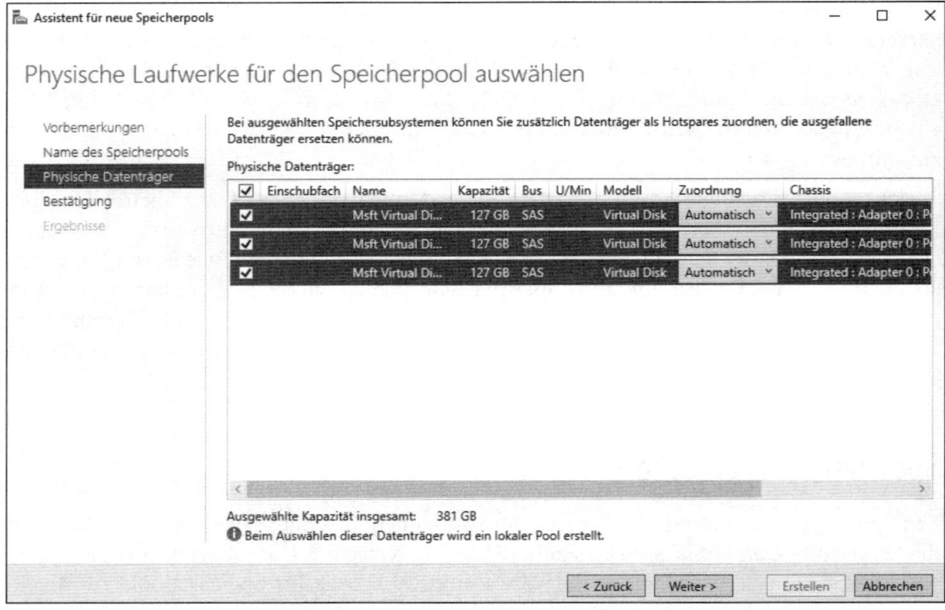

Abbildung 5.18: Auswählen der Laufwerke für einen Speicherpool

In der Spalte *Zuordnung* haben Sie noch die Möglichkeit, einzelne Festplatten als *Hot-Spare* zu kennzeichnen. In diesem Fall dient die Festplatte als Reserve im Speicherpool und wird nicht verwendet. Sie können diese Einstellung aber auch auf *Automatisch* belassen, damit Windows Server 2019 selbst steuern kann, wie mit den Festplatten umgegangen wird.

Ist der Speicherpool erstellt, legen Sie virtuelle Festplatten an, die den Speicherplatz im Speicherpool nutzen. Diese werden auch Speicherplätze (Storage Spaces) genannt.

Ein Pool kann mehrere virtuelle Festplatten (Storage Spaces) bereitstellen, die sich dann den Platz im Speicherpool teilen. Virtuelle Datenträger erstellen Sie über einen Rechtsklick auf den Pool in der Speicherverwaltung. Pools sind übrigens auch in der Clusterverwaltung von Windows Server 2019 verfügbar.

Hinweis Nachdem physische Festplatten einem Pool zugewiesen sind, erscheinen sie auch nicht mehr in der Datenträgerverwaltung. Die Steuerung erfolgt komplett über den Speicherpool im Server-Manager.

Speicherplätze in Speicherpools erstellen

Klicken Sie auf einen Pool mit der rechten Maustaste, erstellen Sie mit *Neuer virtueller Datenträger* innerhalb des Pools einen neuen virtuellen Datenträger. Dessen Daten verteilt Windows Server 2019 automatisch über den Speicherpool auf die verschiedenen physischen Datenträger, die Bestandteil des Pools sind.

Wenn im Speicherpool eine SSD-Platte integriert ist, können Sie beim Erstellen von virtuellen Datenträgern das Kontrollkästchen *Speicherebenen auf diesem virtuellen Datenträger erstellen* aktivieren. Windows Server 2019 speichert dann häufig verwendete Daten im Pool vor allem auf den SSD-Platten und lagert weniger verwendete Daten auf die langsamen Platten aus. In den nächsten Abschnitten kommen wir noch ausführlicher auf dieses Thema zurück. Außerdem können Sie beim Erstellen auch die Hochverfügbarkeit für den Speicherpool festlegen. So können zusätzlich noch leistungsstarke NVMe-Datenträger integriert werden.

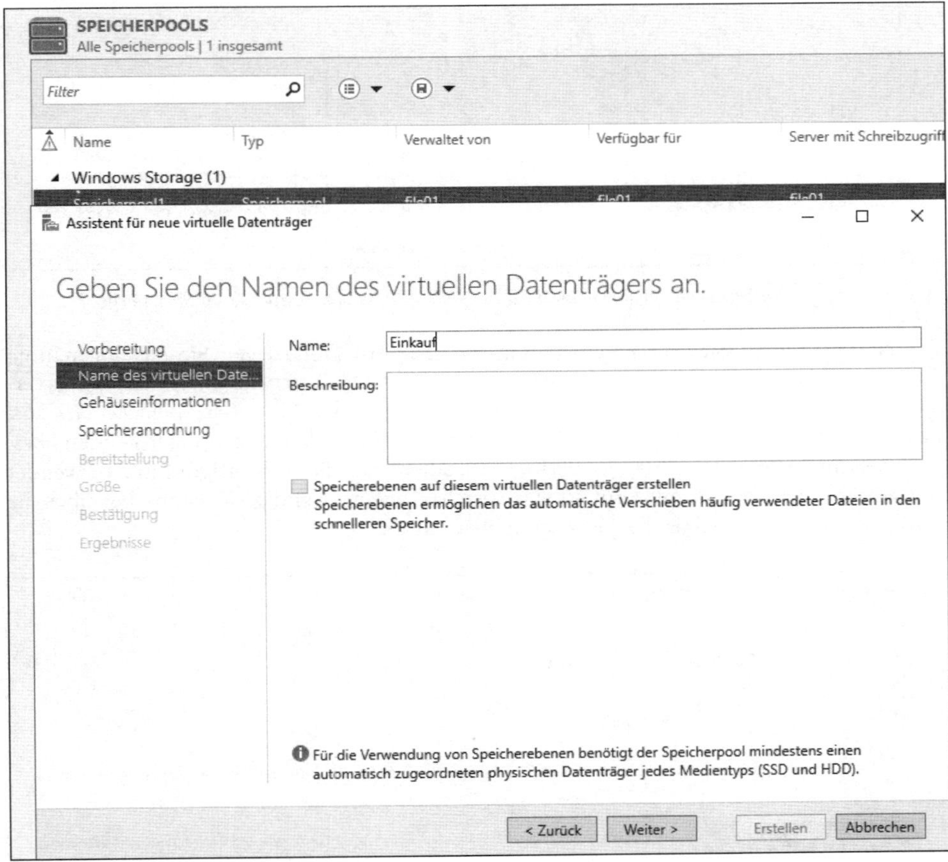

Abbildung 5.19: Erstellen eines neuen virtuellen Datenträgers

Erstellte virtuelle Festplatten erscheinen später in der Speicherverwaltung im Server-Manager unterhalb des entsprechenden Pools. Über das Kontextmenü können Sie den virtuellen Datenträger offline nehmen oder andere Verwaltungsaufgaben durchführen. Auch eine Erweiterung des Datenträgers ist möglich. Über den Befehl *Eigenschaften* lassen sich die Zustände der Daten prüfen. Hier haben Sie mehrere Möglichkeiten: *Simple*, *Mirror* und *Parity*:

- **Simple** – Erstellt einen normalen Datenträger ohne Ausfallsicherheit. Die Daten sind auf den physischen Festplatten auf dem Server verteilt. Die Geschwindigkeit steigt dadurch, Sie sind aber nicht vor dem Ausfall eines physischen Datenträgers geschützt.
- **Mirror** – Erlaubt das Spiegeln der virtuellen Festplatte auf bis zu drei physischen Festplatten, um dem Ausfall eines Datenträgers vorzubeugen. Sie benötigen dazu im Pool mindestens zwei Festplatten, um dem Ausfall eines Datenträgers vorzubeugen, oder fünf Festplatten, um dem Ausfall von zwei Datenträgern vorzubeugen.

- **Parity –** Verteilt die Daten auf Festplatten im Speicher und benötigt mindestens drei Datenträger. Diese Konfiguration wird nicht für die Verwendung in Clustern unterstützt. Sie benötigen für den Ausfall eines einzelnen Datenträgers mindestens drei physische Festplatten.

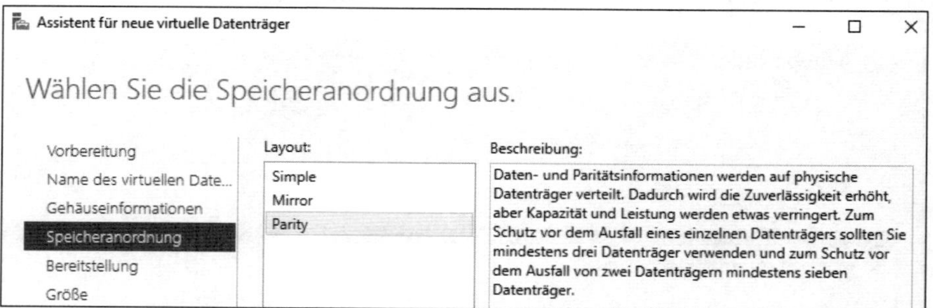

Abbildung 5.20: Festlegen der Speicheranordnung einer virtuellen Festplatte im Speicherpool

Als Nächstes legen Sie den Bereitstellungstyp fest. Mit *Dünn* legen Sie das sogenannte Thin Provisioning fest. Das heißt, virtuelle Festplatten können mehr Speicherplatz verwenden, als durch die physischen Festplatten verfügbar ist. Geht der Speicherplatz aus, erscheint eine Warnmeldung und Administratoren können dem zugrunde liegenden Speicherpool mehr Speicherplatz zur Verfügung stellen. Bei dieser Konfiguration verwendet der Speicherplatz also immer nur so viel Speicher, wie notwendig ist, kann aber über die Größe des maximalen Speicherplatzes hinauswachsen.

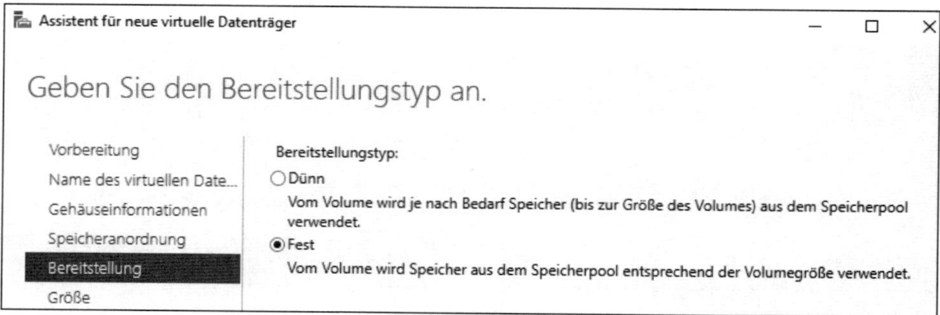

Abbildung 5.21: Festlegen der Bereitstellung eines virtuellen Datenträgers

Auf diesem Weg erstellen Sie zum Beispiel eine virtuelle Festplatte mit einer Größe von 1 TB, obwohl im Speicherpool nur 600 GB zur Verfügung stehen. Steigt die Größe der virtuellen Festplatte bis an den verfügbaren Platz an, können Administratoren weitere Festplatten in den Pool integrieren.

Bei der Auswahl des Bereitstellungstyps *Fest* legt Windows Server 2019 für die virtuelle Festplatte eine maximale Größe fest, die Sie auf der nächsten Seite bestimmen.

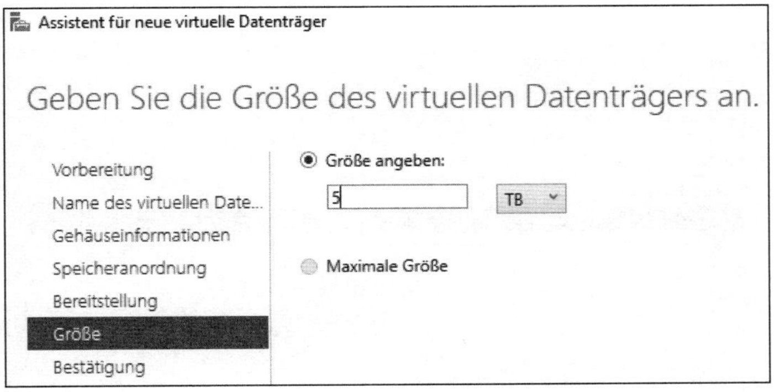

Abbildung 5.22: Festlegen der Größe eines virtuellen Datenträgers

Im nächsten Fenster definieren Sie die Größe des virtuellen Datenträgers. Haben Sie auf der vorangegangenen Seite *Fest* als Bereitstellungstyp ausgewählt, können Sie im Fenster zur Größe konfigurieren, dass der virtuelle Datenträger gleich seine maximale Größe verwendet. Das erhöht die Geschwindigkeit, kostet aber Speicherplatz auf den physischen Datenträgern des Speicherpools.

Damit Anwender Daten auf den virtuellen Datenträger im Speicherpool speichern können, müssen Sie noch Volumes anlegen, wie bei herkömmlichen Festplatten auch. Die Volumes sind Teilabschnitte eines virtuellen Datenträgers, der wiederum einem Speicherpool zugeordnet ist. Der Speicherpool ist wiederum verschiedenen physischen Festplatten zugeordnet. Wie Sie dabei vorgehen, zeigen wir Ihnen im nächsten Abschnitt.

Volumes auf virtuellen Datenträgern in Speicherpools erstellen

Haben Sie einen Speicherpool mit dazugehörigen virtuellen Festplatten erstellt, können Sie auf den einzelnen virtuellen Festplatten noch Volumes erstellen. Hierbei handelt es sich um die logischen Laufwerke, während sich die virtuellen Datenträger wie Laufwerke in der Datenträgerverwaltung verhalten.

Die Volumes sind schließlich die Datenträger, die auch im Explorer erscheinen und auf denen Sie Freigaben erstellen. Klicken Sie dazu im Server-Manager in der Verwaltung der Speicherpools mit der rechten Maustaste auf den entsprechenden virtuellen Datenträger und wählen Sie *Neues Volume* aus.

Im Assistenten haben Sie die Möglichkeit, die Volumes auch auf einem anderen Server im Netzwerk zu erstellen, wenn auf diesem Speicherpools und virtuelle Datenträger zur Verfügung stehen. Damit das funktioniert, müssen Sie den entsprechenden Server aber im Server-Manager über das Menü *Verwalten* hinzufügen (siehe Kapitel 3).

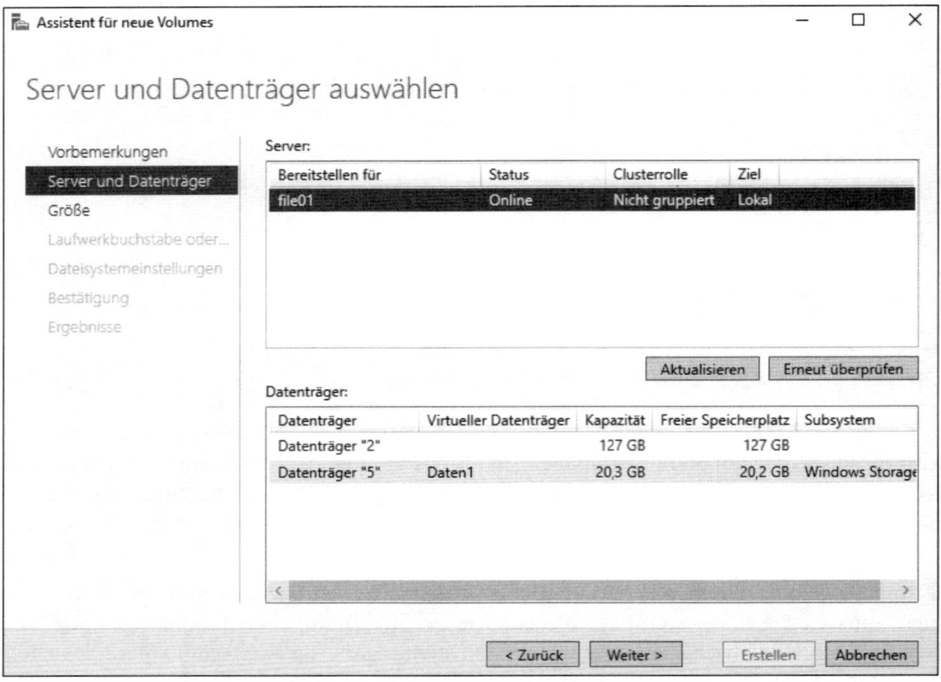

Abbildung 5.23: Erstellen von neuen Volumes auf virtuellen Festplatten

Zunächst wählen Sie aus, auf welchem Server und welchem virtuellen Datenträger Sie ein neues Volume erstellen wollen. Auf der nächsten Seite des Assistenten legen Sie fest, wie groß das neue Volume sein soll. Sie haben auch die Möglichkeit, auf einem virtuellen Datenträger in einem Speicherpool mehrere Volumes zu erstellen.

Als Nächstes bestimmen Sie, genauso wie bei normalen Laufwerken, den Laufwerkbuchstaben und das Dateisystem. Speicherpools, virtuelle Festplatten und damit verbundene Volumes unterstützen auch ReFS. Dieses Dateisystem arbeitet auch wesentlich besser mit Speicherpools zusammen als NTFS.

Haben Sie alle Eingaben vorgenommen, erstellt der Assistent das Volume und es steht im Explorer für das Erstellen von Freigaben zur Verfügung. Volumes und virtuelle Datenträger sehen Sie auch in der Datenträgerverwaltung. Sie können daher in der Datenträgerverwaltung Volumes löschen und verwalten. Virtuelle Datenträger verwalten Sie aber besser im Server-Manager über die Speicherpools.

Speicherpools verwalten und physische Festplatten hinzufügen

Im Server-Manager finden Sie die Speicherpools in den Datei-/Speicherdiensten. Im oberen Bereich sehen Sie die angelegten Speicherpools. Über das Kontextmenü rufen Sie Eigenschaften auf oder erstellen neue virtuelle Datenträger. Sind im Server weitere Datenträger verfügbar, können Sie über diesen Bereich neue physische Datenträger dem Pool hinzufügen.

Sie können an dieser Stelle auch Speicherpools löschen, allerdings nur dann, wenn mit diesem keine Volumes und damit verbundene virtuelle Datenträger verbunden sind.

In den Eigenschaften können Sie verschiedene Informationen über den Zustand des Speicherpools abrufen. Sie sehen zum Beispiel den bereits belegten Festplattenplatz, den Zustand und die Integrität. Über *Details* können Sie verschiedene Abfragen vornehmen, indem Sie die gewünschten Eigenschaften im Dropdownmenü auswählen.

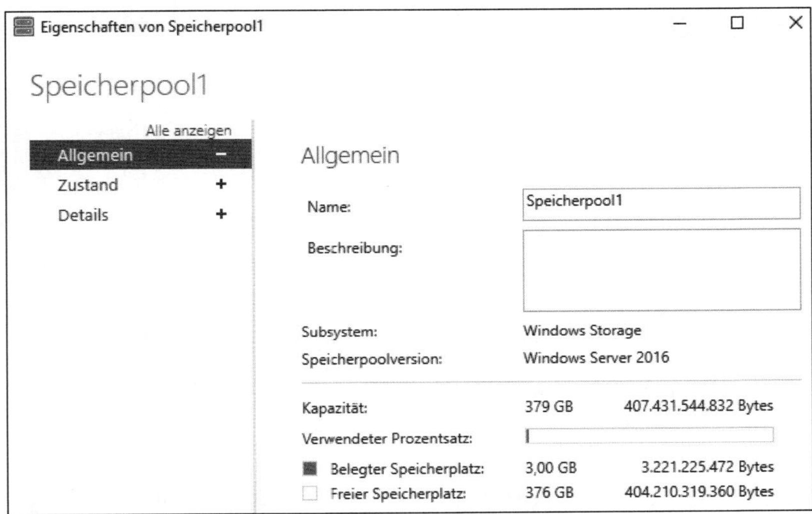

Abbildung 5.24: Abrufen von Daten für einen Speicherpool

Über das Kontextmenü des Speicherpools fügen Sie auch weitere physische Festplatten hinzu. Diese müssen mit dem Server verbunden sein, aber nicht initialisiert und nicht formatiert.

Virtuelle und physische Datenträger verwalten, trennen und löschen

Über das Kontextmenü von virtuellen Datenträgern können Sie diese zeitweise vom Speicherpool trennen, ohne dass Daten verloren gehen. Sie können virtuelle Datenträger sowohl erweitern als auch löschen. Auch für virtuelle Datenträger gibt es Eigenschaften, in denen Sie Informationen abrufen können. Sie sehen für virtuelle Datenträger ebenfalls, welche physischen Festplatten mit ihnen verbunden sind.

Benötigen Sie einen bestimmten physischen Datenträger nicht mehr, können Sie ihn über dessen Kontextmenü entfernen. Das geht allerdings nur, wenn er nicht durch einen virtuellen Datenträger in Benutzung ist.

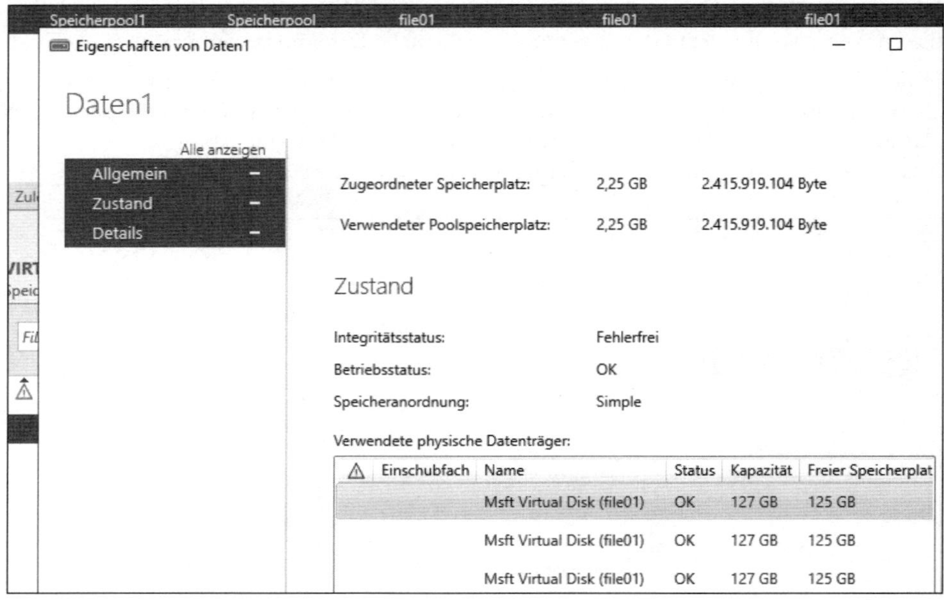

Abbildung 5.25: Virtuelle Datenträger verwalten

Speicherpools und virtuelle Festplatten mit PowerShell verwalten

Alle Befehle, die in der PowerShell zur Verwaltung von Datenträgern zur Verfügung stehen, lassen Sie sich mit *Get-Command -Module Storage | Sort Noun, Verb* anzeigen. Um zum Beispiel die physischen Festplatten abzufragen, hilft der Befehl *Get-PhysicalDisk*. Die Ausgabe zeigt auch an, ob sich die Platte in einem neuen Speicherpool anordnen lässt. Das erkennen Sie an der Option *CanPool* über den Wert *True*.

Wer genauere Informationen will, gibt *Get-PhysicalDisk |fl* (formatierte Liste) oder *Get-PhysicalDisk |ft* (formatierte Tabelle) ein. Durch Eingabe von Spalten nach *|fl* oder *|ft* lassen sich erweiterte Informationen angeben und unwichtige ausblenden. Ein Beispiel dafür ist *Get-PhysicalDisk |fl FriendlyName, BusType, CanPool, Manufacturer, Healthstatus.*

Das funktioniert mit allen Get-Cmdlets. Mit *Get-Disk* lassen Sie sich ebenfalls alle Festplatten auflisten. Die Partitionierung lassen Sie mit *Get-Disk <Nummer> | Get-Partition* anzeigen.

Um einen neuen Speicherpool zu erstellen, bietet es sich zum Beispiel an, Festplatten, die poolfähig sind, also bei der Option *CanPool* den Wert *True* haben, in einer Variablen zu speichern. Diese Variable können Sie dann an das Cmdlet *New-StoragePool* weitergeben, um einen Speicherpool zu erstellen.

```
Administrator: Windows PowerShell
Windows PowerShell
Copyright (C) Microsoft Corporation. Alle Rechte vorbehalten.

PS C:\Users\administrator.JOOS> Get-PhysicalDisk |fl FriendlyName, BusType, CanPool, Manufacturer, Healthstatus

FriendlyName : Msft Virtual Disk
BusType      : SAS
CanPool      : True
Manufacturer : Msft
HealthStatus : Healthy

FriendlyName : Msft Virtual Disk
BusType      : SAS
CanPool      : True
Manufacturer : Msft
HealthStatus : Healthy

FriendlyName : Msft Virtual Disk
BusType      : SAS
CanPool      : False
Manufacturer : Msft
HealthStatus : Healthy

FriendlyName : Msft Virtual Disk
BusType      : SAS
CanPool      : True
Manufacturer : Msft
HealthStatus : Healthy

FriendlyName : Msft Virtual Disk
BusType      : SAS
CanPool      : True
Manufacturer : Msft
HealthStatus : Healthy
```

Abbildung 5.26: Anzeigen und Abfragen der physischen Laufwerke

Nachdem ein Pool erstellt ist, können Sie virtuelle Laufwerke anlegen. Auch dieser Vorgang lässt sich leicht in der PowerShell durchführen. Dabei hilft das Cmdlet *New-VirtualDisk*.

In der PowerShell verwenden Sie zum Beispiel:

$disks= (Get-PhysicalDisk -CanPool $True

*New-StoragePool -PhysicalDisks $disks -StorageSubSystemFriendlyName *Pool1* -FriendlyName "Daten2"*

New-VirtualDisk -StoragePoolFriendlyName "Daten" -ResiliencySettingName Mirror -Size 2TB -ProvisioningType Thin -FriendlyName "Dokumente"

Um keine Thin Provisioning-Festplatte zu erstellen, sondern eine mit fester Größe, verwenden Sie den Befehl:

New-VirtualDisk -StoragePoolFriendlyName <Name> -FriendlyName <Name> -Size (<Größe>) -ProvisioningType Fixed

Um die Ausfallsicherheit zu steuern, können Sie ebenfalls die PowerShell verwenden, zum Beispiel mit:

New-VirtualDisk -FriendlyName <Name> -Size (<Größe>) -ResilencySettingsName Mirror

Get-VirtualDisk zeigt virtuelle Festplatten an, *Initialize-Disk -DiskNumber <Nummer>* initialisiert Festplatten in der PowerShell. *New-Partition -DiskNumber <Nummer> -UseMaximumSize -AssignDriveLetter* erstellt eine neue Partition, auch auf virtuellen Festplatten. Um eine neue Partition zu formatieren, verwenden Sie zum Beispiel den Befehl *Format-Volume -DriveLetter <Buchstabe> -FileSystem NTFS.*

Sie können in der PowerShell aber nicht nur Speicherpools, virtuelle Festplatten und Partitionen erstellen, sondern diese Bereiche auch verwalten und erweitern. Um zum Beispiel die Ausfallsicherheit der verschiedenen virtuellen Festplatten anzuzeigen, verwenden Sie das Cmdlet *Get-ResilencySetting*.

- *Add-PhysicalDisk -StoragePoolFriendlyName <Speicherpool>* fügt eine neue Festplatte hinzu.
- *Remove-VirtualDisk* löscht virtuelle Festplatten.
- *Remove-StoragePool* löscht einen kompletten Speicherpool.
- *Repair-VirtualDisk* kann Speicherpools reparieren.

Sie können neue Festplatten auch direkt als Hot-Spare zu einem Speicherpool hinzufügen:

Add-PhysicalDisk -StoragePoolFriendlyName <Name> -PhysicalDisks (Get-PhysicalDisk -FriendlyName <Name>) -Usage Hot-Spare

Um zum Beispiel eine physische Festplatte zu entfernen, verwenden Sie folgende Befehle:

Set-PhysicalDisk -FriendlyName <Name> -Usage Retired

Get-PhysicalDisk -FriendlyName <Name> | Get-VirtualDisk | Repair-VirtualDisk

---

Hinweis Achten Sie darauf, dass beim Entfernen einer physischen Festplatte noch genügend Speicherplatz im Pool zur Verfügung steht.

Erstellen eines Storages Spaces mit SSD-/NVMe-Festplatten

Wenn im Speicherpool SSD- oder NVMe-Platten integriert sind, aktivieren Sie beim Erstellen von virtuellen Datenträgern die Option *Speicherebenen auf diesem virtuellen Datenträger erstellen*. Diese Option ist aber nur dann verfügbar, wenn im Speicherpool verschiedene Datenträgertechniken zum Einsatz kommen, also SSD/NVMe und HDD.

Windows Server 2019 speichert häufig verwendete Daten im Pool vor allem auf SSD-/NVMe-Platten und lagert weniger verwendete Daten auf die langsamen Platten aus. Bei diesem Vorgang fasst Windows Server 2019 die Datenträger in getrennten Speicherebenen, auch Tiers genannt, zusammen. Neben der Möglichkeit, die Datenspeicherung zu automatisieren, können Sie auch selbst festlegen, welche Daten auf SSD gespeichert werden sollen.

Im Rahmen der Einrichtung der neuen virtuellen Festplatte können Sie außerdem festlegen, wie groß die schnelle Ebene (SSD) und wie groß die Standardebene (HDD) sein soll. Hier haben Sie zudem die Möglichkeit, den kompletten Speicherplatz zu verwenden, den die physischen Festplatten bieten.

SSD und HDD in der PowerShell korrekt konfigurieren

In manchen Umgebungen werden SSD und HDD nicht korrekt erkannt. Das ist zum Beispiel auch der Fall, wenn Sie die Konfiguration mit virtuellen Festplatten unter Hyper-V oder VMware vSphere/ESXi testen wollen. Ist das bei Ihnen der Fall, können Sie es in der PowerShell überprüfen und gleich korrigieren. Dazu nutzen Sie das Cmdlet *Get-PhysicalDisk*. Ausführliche Informationen zeigen Sie mit *Get-PhysicalDisk |fl* oder *Get-PhysicalDisk |ft* an.

Wenn Sie SSD-Festplatten im Pool integrieren, müssen Sie darauf achten, dass diese als SSD erkannt werden. Sie sehen das im Assistenten zum Erstellen von Pools bei Medientyp. Wird hier »Unbekannt«, »Unspecified« oder ein anderer fehlerhafter Wert angezeigt, lassen sich die neuen Funktionen in Windows Server 2019 nicht verwenden. Sie sollten daher vor der Erstellung des Speicherpools zunächst den Medientyp der Festplatten überprüfen. Dazu verwenden Sie den Befehl:

Get-PhysicalDisk |fl FriendlyName, MediaType

Hier sehen Sie jetzt, für welche Festplatte der Medientyp »SSD« festgelegt ist.

Mit dem Cmdlet *Set-PhysicalDisk* können Sie den Media-Typ auf *HDD* oder *SSD* anpassen. Die nicht spezifizierten Festplatten lassen Sie auch mit diesem Befehl anzeigen:

Get-PhysicalDisk | ? MediaType -eq "Unspecified"

Das Ergebnis können Sie anschließend mit diesem Befehl anpassen:

Set-PhysicalDisk -MediaType HDD bzw. *SSD*

Dazu können Sie das Ergebnis des ersten Befehls an den zweiten Befehl übergeben und sich danach gleich das Ergebnis anzeigen lassen:

Get-PhysicalDisk | ? MediaType -eq "Unspecified" | Set-PhysicalDisk -MediaType HDD

Get-PhysicalDisk |fl FriendlyName, MediaType

Die Einstellungen lassen sich aber auch nachträglich vornehmen, wenn Sie den Speicherpool erstellt haben. In diesem Fall erstellen Sie den Pool am einfachsten in der PowerShell. Dazu lassen Sie sich zunächst alle Festplatten anzeigen, die sich zu einem Pool zusammenfassen lassen:

Get-PhysicalDisk | Where-Object {$_.CanPool -eq $True }

Passt die Auflistung dieser Festplatten, dann speichern Sie sie in einer Variablen:

$pool = Get-PhysicalDisk | Where-Object {$_.CanPool -eq $True }

Danach erstellen Sie auf Basis der Variablen einen neuen Speicherpool:

*New-StoragePool -StorageSubSystemFriendlyName *Spaces* -FriendlyName Pool -PhysicalDisks $pool*

Nach einigen Sekunden wird der Status des Pools angezeigt, und Sie können sich an die Konfiguration der Storage Tiers machen. Wir gehen in diesem Beispiel davon aus, dass es sich bei den Festplatten 1 bis 3 um SSDs handelt und bei den Festplatten 4 bis 6 um langsamere HDDs. Diese Konfiguration können Sie auch auf virtuellen Servern sehr einfach mit sechs virtuellen Festplatten nutzen. So können Sie die Konfiguration der Möglichkeiten bereits im Vorfeld testen. Zunächst weisen Sie den Festplatten über die PowerShell den entsprechenden Medientyp zu:

Set-PhysicalDisk PhysicalDisk1 -MediaType SSD

Set-PhysicalDisk PhysicalDisk2 -MediaType SSD

Set-PhysicalDisk PhysicalDisk3 -MediaType SSD

Set-PhysicalDisk PhysicalDisk4 -MediaType HDD

Set-PhysicalDisk PhysicalDisk5 -MediaType HDD

Set-PhysicalDisk PhysicalDisk6 -MediaType HDD

Anschließend können Sie mit *Get-PhysicalDisk |fl FriendlyName, MediaType* die Zuordnung überprüfen.

Storage Tier für SSD und HDD erstellen

Nachdem Sie den Medientyp der einzelnen Festplatten festgelegt haben, können Sie in der PowerShell einen Storage Tier für SSD und einen Storage Tier für HDD erstellen. Die Befehle dazu lauten wie folgt:

New-StorageTier -StoragePoolFriendlyName Pool -FriendlyName SSD-Storage -MediaType SSD

New-StorageTier -StoragePoolFriendlyName Pool -FriendlyName HDD-Storage -MediaType HDD

Die Umsetzung können Sie mit dem folgenden Befehl testen:

Get-StoragePool -FriendlyName Pool | Get-StorageTier

Erstellen Sie jetzt im Assistenten zum Erstellen von neuen virtuellen Festplatten (Storage Spaces) im Speicherpool eine neue virtuelle Festplatte, können Sie die Berücksichtigung der Storage Tiers aktivieren. Sie haben auch die Möglichkeit festzulegen, dass bestimmte Dateien automatisch einem der erstellten Storage Tiers zugewiesen werden. Dazu speichern Sie den entsprechenden Storage Tier zunächst in einer Variablen:

$Storage = Get-StorageTier -FriendlyName "SSD-Storage"

Im Anschluss können Sie Dateien festlegen, die immer auf dem schnellen Storage Tier gespeichert werden:

Set-FileStorageTier -FilePath "<Verzeichnis und Dateiname>" -DesiredStorageTier $Storage

Wollen Sie die Konfiguration ändern, können Sie die Zuweisung der Datei wieder löschen:

Clear-FileStorageTier -FilePath "<Verzeichnis und Dateiname>"

Um die Konfiguration anzuzeigen, verwenden Sie *Get-FileStorageTier*. Um virtuelle Festplatten (Storage Spaces) im Speicherpool zu erstellen, verwenden Sie:

New-VirtualDisk -StoragePoolFriendlyName <Name> -FriendlyName <Name> -Size (<Größe>) -ProvisioningType Fixed

Um die Ausfallsicherheit zu steuern, können Sie ebenfalls die PowerShell verwenden, zum Beispiel mit:

New-VirtualDisk -FriendlyName <Name> -Size (<Größe>) -ResiliencySettingsName Mirror

Get-VirtualDisk zeigt virtuelle Festplatten an, *Initialize-Disk -DiskNumber <Nummer>* initialisiert Festplatten in der PowerShell. *New-Partition -DiskNumber <Nummer> -UseMaximumSize -AssignDriveLetter* erstellt eine neue Partition, auch auf virtuellen Festplatten. Um eine neue Partition zu formatieren, verwenden Sie zum Beispiel den Befehl *Format-Volume -DriveLetter <Buchstabe> -FileSystem NTFS.*

Sie können in der PowerShell aber nicht nur Speicherpools, virtuelle Festplatten und Partitionen erstellen, sondern diese Bereiche auch verwalten und erweitern. Um zum Beispiel die Ausfallsicherheit der verschiedenen virtuellen Festplatten anzuzeigen, verwenden Sie das Cmdlet *Get-ResiliencySetting.*

Verwenden von Schattenkopien

Eine wichtige Funktionalität zur Datensicherung von Windows Server 2019 sind die Schattenkopien. Diese stehen aber nur in NTFS zur Verfügung. Auf ReFS-Laufwerken können Sie keine Schattenkopien konfigurieren.

Benutzer können auf frühere Versionen von Dateien zurückgreifen, indem sie diese aus einer Schattenkopie wiederherstellen. Schattenkopien werden auf der Registerkarte *Schattenkopien* in den Eigenschaften von Datenträgern konfiguriert. Sie können die Datenträger auswählen, für die Schattenkopien erzeugt werden sollen.

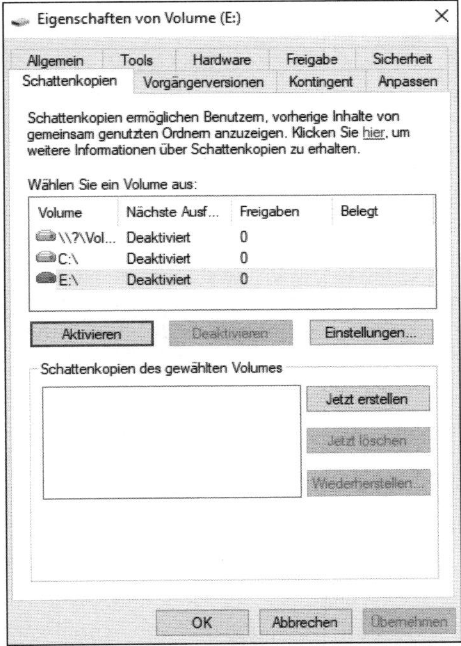

Abbildung 5.27: Aktivieren von Schattenkopien für einen Datenträger

Bei der Nutzung von Schattenkopien müssen Sie berücksichtigen, dass dafür einiges an Speicherplatz erforderlich ist, da alle Änderungen gespeichert werden müssen.

Wenn Sie zusätzliche Datenträger einbauen, müssen Sie die Schattenkopien zunächst manuell konfigurieren. Bei den Eigenschaften der Schattenkopien können Sie zudem ein Limit für den maximal dadurch belegten Platz auf dem Datenträger definieren. Darüber hinaus können Sie einen Zeitplan für die Erstellung von Schattenkopien erstellen. Sie können diese manuell jederzeit über die Schaltfläche *Jetzt erstellen* erzeugen.

Abbildung 5.28: Konfigurieren der Schattenkopien

Je nach Berechtigungsstruktur kann jeder Benutzer selbst seine Dateien wiederherstellen. Bevor Sie Schattenkopien einführen, sollten Sie sich Gedanken über die folgenden Punkte machen:

- Schattenkopien werden immer für komplette Laufwerke erstellt. Komprimierte und verschlüsselte Dateien werden ebenfalls gesichert. Für Schattenkopien muss der Datenträger mit NTFS formatiert sein.
- Wenn Sie Schattenkopien für ein Laufwerk aktivieren, werden standardmäßig 10 % des Datenträgers reserviert (was Sie auf der Registerkarte *Einstellungen* ändern können). Wenn diese 10 % belegt sind, werden die ältesten Versionen der gesicherten Dateien automatisch überschrieben.
- Während einer Sicherung reagiert die entsprechende Platte aufgrund von Schreibvorgängen eventuell etwas langsamer.
- Passen Sie den Zeitplan für die Erstellung der Schattenkopien Ihren Bedürfnissen an. Standardmäßig erstellt Windows Server 2019 an jedem Wochentag (Montag bis Freitag) um 07:00 Uhr und um 12:00 Uhr eine Schattenkopie. Je öfter Schattenkopien erstellt werden, umso mehr Versionen der Dateien stehen folglich zur Verfügung und können von Ihren Benutzern oder Administratoren wiederhergestellt werden. Maximal können 64 Schattenkopien eines Datenträgers hergestellt werden. Mit steigender Anzahl von Schattenkopien steigt auch der Speicherplatzbedarf.

Erstellen und Verwalten von virtuellen Festplatten

Windows Server 2019 kann VHD(X)-Dateien direkt in das Betriebssystem einbinden und diese wie normale Laufwerke nutzen, auch außerhalb von Speicherpools. Sinnvoll ist das für Test- und Entwicklungsumgebungen oder wenn Datenträger als iSCSI-Ziel zur Verfügung gestellt werden sollen.

Virtuelle Festplatten in der Datenträgerverwaltung erstellen

Die Steuerung dieser virtuellen Festplatten finden Sie in der Festplattenverwaltung über das Menü *Aktion*.

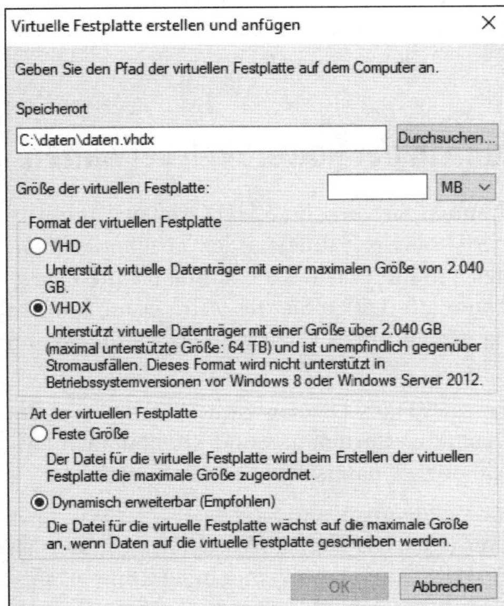

Abbildung 5.29: Verwalten von virtuellen Festplatten

Klicken Sie auf den Menübefehl *Virtuelle Festplatte erstellen*, um den Assistenten zu starten. Wie Hyper-V beherrscht auch Windows Server 2019 das VHDX-Format für virtuelle Festplatten. Diese Dateien sind unempfindlicher gegenüber Abstürzen des Host-Systems und erlauben eine Größe von bis zu 64 TB.

Im Assistenten legen Sie fest, wo Sie die VHDX-Datei der Festplatte speichern wollen und wie groß die Festplatte sein soll. An dieser Stelle legen Sie auch fest, ob die Festplatte anwachsen darf oder ob Sie eine feste Größe verwenden wollen.

Wählen Sie im Menü *Aktion* den Befehl *Virtuelle Festplatte anfügen* aus, können Sie bereits bestehende Datenträger an den Computer anbinden. Das funktioniert auch, wenn Sie auf eine VHD(X)-Datei doppelklicken.

Nachdem Sie die virtuelle Festplatte erstellt haben, zeigt Windows diese in der Datenträgerverwaltung an und Sie können sie wie jede andere auch verwalten.

Tipp Mit dem kostenlosen Tool Disk2vhd von Microsoft-Sysinternals (*https://docs.microsoft.com/de-de/sysinternals/downloads/disk2vhd*) können Sie über eine grafische Oberfläche mit einem Klick ein Image von physischen Festplatten in eine VHD(X)-Datei erstellen.

Bei der Verwendung gibt es keine Unterschiede zu physischen Datenträgern, aber alle Daten der Festplatte liegen in der Datei. Nachdem Sie den Datenträger angelegt haben, müssen Sie diesen, wie jeden anderen Datenträger auch, initialisieren und formatieren.

Klicken Sie dazu nach dem Anlegen der Festplatte mit der rechten Maustaste auf den freien Speicherplatz. Über das Kontextmenü des virtuellen Datenträgers können Sie diesen zeitweise offline schalten, also für die Verwendung deaktivieren, oder Sie können ihn wieder vom System entfernen.

VHD(X)-Festplatten konvertieren und in der PowerShell verwalten

Haben Sie noch VHD-Dateien im Einsatz, können Sie diese in VHDX-Dateien umwandeln. Sie können zum Konvertieren den Hyper-V-Manager nutzen oder das Cmdlet *Convert-VHD*. Im Hyper-V-Manager (siehe Kapitel 7, 8 und 9) rufen Sie mit dem Link *Datenträger bearbeiten* den entsprechenden Assistenten auf. Laden Sie die VHD-Datei, können Sie im Assistenten bequem die Konvertierung durchführen. Dazu wählen Sie die Aktion *Konvertieren* aus.

Auf dem gleichen Weg konvertieren Sie auch von VHDX-Dateien zum VHD-Format. Im Rahmen der Umwandlung wählen Sie das Datenträgerformat aus und können auch zwischen dem Typ der Festplatten, also feste Größe oder dynamisch erweiterbar, wechseln.

Das Cmdlet *Convert-VHD* steht außerdem zur Verfügung, wenn Sie Hyper-V in Windows 10 installiert haben, also nicht nur in den Server-Betriebssystemen. Vorteil des Cmdlets ist die Möglichkeit, nicht nur VHD-Dateien in VHDX-Dateien umwandeln zu können, sondern auch den umgekehrten Weg zu gehen. Das heißt, Sie können von den Vorteilen des neuen Formats profitieren und im Notfall wieder zurückkonvertieren, wenn eine virtuelle Festplatte an ein anderes System gehängt werden muss. Die Syntax des Befehls ist sehr einfach:

Convert-VHD -Path <Pfad zur VHD(X)-Datei> -DestinationPath <Pfad zur Zieldatei>

Eine weitere Option ist die Möglichkeit, den Typ der Festplatte zu ändern, etwa mit:

Convert-VHD -Path <Pfad der VHD/VHDX-Datei> -DestinationPath <Zielpfad und Datei> -VHDType Differencing -ParentPath <Übergeordnete Festplatte>

Ein weiteres Beispiel ist:

Convert-VHD -Path hd1.vhd -DestinationPath hd1.vhdx -VHDType Dynamic

Neben der Möglichkeit, das Format von Festplatten in der PowerShell umzuwandeln, können Sie dort auch ihre Größe anpassen. Dabei hilft das Cmdlet *Resize-VHD*, zum Beispiel:

Resize-VHD -Path c:\vm\owa.vhdx -SizeBytes 1TB

Neben diesen Spezialaufgaben können Sie auch einfach mit *New-VHD* neue Festplatten erstellen und mit *Get-VHD* Informationen zu den Festplatten anzeigen. Virtuelle Festplatten lassen sich in der PowerShell obendrein direkt mit virtuellen Servern verbinden:

Add-VMHardDiskDrive -VMName <VM> -Path <VHDX-Datei>

Natürlich können Sie virtuelle Festplatten auch direkt am Host anbinden, zum Beispiel um Daten auf die virtuelle Platte zu kopieren und diese erst dann dem virtuellen Server anzubinden: *Mount-VHD <VHD-Datei>*. Mit dem Cmdlet *Dismount-VHD* trennen Sie die virtuelle Platte wieder vom System.

VHD(X)-Dateien in den Boot-Manager einbinden

Sie können VHD(X)-Dateien bootfähig machen. Stellen Sie sicher, dass sich die VHD(X)-Datei direkt im Stammordner von C: befindet. Haben Sie bereits eine VHD(X)-Datei mit einem installierten Betriebssystem vorliegen, binden Sie diese über die Eingabeaufforderung in den Boot-Manager ein. Dadurch lassen sich zum Beispiel auch Entwicklungs-Umgebungen auf Basis physischer Hardware aufbauen, obwohl die Installation des Betriebssystems auf einer virtuellen Festplatte erfolgt.

Das funktioniert neben Windows Server 2019 auch für Windows 10. Öffnen Sie eine Eingabeaufforderung mit Administratorrechten und geben Sie folgende Befehle ein:

diskpart

select vdisk file=c:\win.vhd

attach vdisk

Zur Anbindung an das Bootmenü verwenden Sie das Verwaltungstool *Bcdedit*, das Sie über die Eingabeaufforderung steuern. Bevor Sie jedoch Änderungen am Bootspeicher vornehmen, sollten Sie diesen über die Option */export* sichern, etwa mit dem Befehl:

bcdedit /export c:\backup-bootmgr

Anschließend können Sie den Bootspeicher bearbeiten:

Der erste Befehl kopiert dazu den Eintrag einer bestehenden Installation und fügt dem Boot-Manager einen neuen Eintrag hinzu:

bcdedit /copy {current} /d "Booten von VHD"

Diesen neuen Eintrag bearbeiten Sie als Nächstes. Als Bezeichner-ID verwenden Sie die Daten, die der erste Befehl ausgibt, also die ID des neuen Eintrags im Boot-Manager. Öffnen Sie oben links in der Titelleiste der Eingabeaufforderung das Systemmenü, können Sie mit *Bearbeiten/Markieren* die GUID des Eintrags in die Zwischenablage kopieren, inklusive der geschweiften Klammern. Markieren Sie dazu den Eintrag und drücken Sie die [↵]-Taste.

Im Anschluss verbinden Sie den neuen Eintrag im Boot-Manager mit der vorhandenen VHD(X)-Datei:

bcdedit /set <Bezeichner-ID> osdevice vhd=[C:]\<Datei>.vhd

bcdedit /set <Bezeichner-ID> device vhd=[C:]\< Datei>.vhd

Starten Sie den Computer, sehen Sie den neuen Eintrag im Boot-Menü. Dieser Eintrag bootet dann von der virtuellen Festplatte. Wie Sie die Reihenfolge anpassen, sehen Sie in Kapitel 2 und 3. Über *Msconfig* können Sie den Eintrag bearbeiten.

iSCSI-Ziele über virtuelle Festplatten zur Verfügung stellen

Windows Server 2019 kann virtuelle Festplatten als iSCSI-Ziel im Netzwerk zur Verfügung stellen. Dazu müssen Sie über den Server-Manager mit *Verwalten/Rollen und Features hinzufügen* den Rollendienst *iSCSI-Zielserver* über *Datei- und Speicherdienste/Datei- und iSCSI-Dienste* installieren. Sie können die iSCSI-Ziele ebenfalls für Test- und Entwicklungsumgebungen nutzen, aber auch für das Bereitstellen von Datenspeicher über virtuelle Festplatten mit iSCSI über das Netzwerk.

Nach der Installation des Rollendienstes können Sie über den Server-Manager und der Auswahl von *Datei-/Speicherdienste/iSCSI* virtuelle Festplatten erstellen, die als iSCSI-Ziel im Netzwerk konfiguriert werden können.

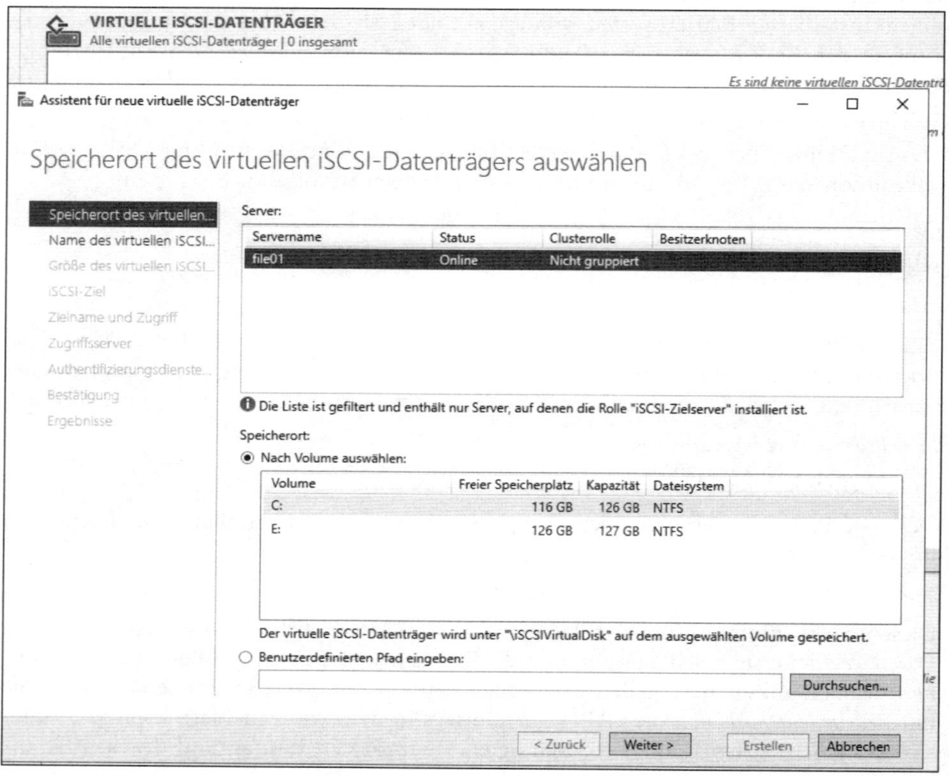

Abbildung 5.30: Erstellen von virtuellen iSCSI-Datenträgern

Sie können über den Assistenten auch auf anderen Servern im Netzwerk virtuelle iSCSI-Ziele erstellen. Damit das funktioniert, muss auf dem entsprechenden Server der Rollendienst *iSCSI-Zielserver* installiert sein.

Im Rahmen der Einrichtung legen Sie die Größe und den Speicherort der VHD(X)-Datei fest. Während der Einrichtung bestimmen Sie außerdem die Größe und den Speicherort der VHD(X)-Datei, die als iSCSI-Ziel dienen soll. Die Größe der virtuellen Festplatte können Sie beim Erstellen genauso festlegen wie bei normalen VHD(X)-Festplatten. Hier stehen auch die Optionen *Feste Größe*, *Dynamisch erweiterbar* und *Differenzierend* zur Verfügung. Mehrere virtuelle Festplatten auf Basis von VHDX-Dateien können darüber hinaus ein gemeinsames iSCSI-Ziel bereitstellen. Verbindet sich ein Server mit diesem Ziel, kann er alle virtuellen Festplatten in diesem Ziel nutzen.

Außerdem können Sie über den Assistenten steuern, welche Server im Netzwerk auf das iSCSI-Ziel zugreifen dürfen. Hier können Sie entweder die Server auswählen, die bereits auf ein iSCSI-Ziel des Servers zugegriffen haben, oder Sie legen die Computerkonten fest, wenn die zugreifenden Server Mitglied des gleichen Active Directory sind. So stellen Sie die virtuellen Festplatten eines iSCSI-Ziels nur bestimmten Servern zur Verfügung.

Mit einem iSCSI-Ziel können Sie auch mehrere virtuelle iSCSI-Festplatten zur Verfügung stellen. Nachdem Sie die virtuellen Festplatten erstellt haben, können Sie über das Kontextmenü die Einstellungen ändern. Sie legen während der Einrichtung außerdem fest, welche Server die iSCSI-Platten nutzen dürfen und wie die Anmeldung erfolgen soll.

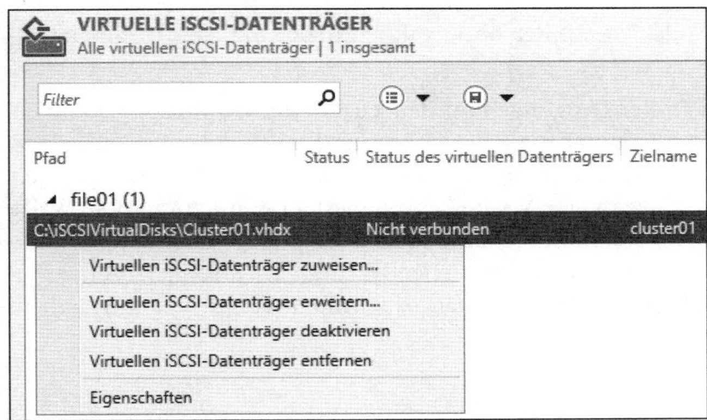

Abbildung 5.31: Verwalten virtueller iSCSI-Datenträger

iSCSI-Ziele sicher zur Verfügung stellen

Mit dem iSCSI-Initiator greifen Sie in Windows auf iSCSI-Datenträger im Netzwerk zu, das gilt auch dann, wenn die iSCSI-Ziele auf Servern mit Windows Server 2019 bereitgestellt werden. Anwender oder Angreifer können auch Verbindungen zu nicht erlaubten Zielen aufbauen. Das sollten Sie generell verhindern, das gilt natürlich ebenfalls für versehentliche Zugriffe auf iSCSI-Ziele.

Es gibt mehrere Dinge, die Sie tun können, um den unberechtigten Zugang auf ein iSCSI-Volume zu verhindern. Dies gilt vor allem dann, wenn Sie ein iSCSI-Ziel auch als Cluster Shared Volume (CSV) einsetzen. Das Erste, was Sie tun sollten, ist, sicherzustellen, dass die Sicherheitseinstellungen für die iSCSI-Ziele aktiviert sind. Wenn Sie ein Windows Server-basiertes iSCSI-Ziel einsetzen, bietet Microsoft vor allem zwei Optionen für die Verbesserung der Sicherheit: CHAP (Challenge Handshake Authentication Protocol) oder Reverse-CHAP. Microsoft empfiehlt, dass Sie CHAP verwenden. Bei CHAP werden Verbindungen von iSCSI-Initiatoren zum iSCSI-Ziel authentifiziert. Reverse-CHAP wiederum authentifiziert das iSCSI-Ziel über den iSCSI-Initiator.

Die dazu notwendige Konfiguration nehmen Sie im Assistenten zum Erstellen von iSCSI-Zielen vor. Die Einstellungen dazu können Sie aber jederzeit anpassen.

Sie können auch die Namen der iSCSI-Initiatoren auf den iSCSI-Zielen festlegen. So lassen sich Einstellungen vornehmen, in denen iSCSI-Zugriffe nur von den Servern aus erlaubt sind, die auf dem Server eingetragen sind. Zusätzlich sollten Sie den Namen der Initiator-IDs anpassen. Auf Windows-Servern folgen die Initiatoren immer einer standardmäßigen Namenskonvention, die auf dem voll qualifizierten Domänennamen des Servers basiert. Durch das Anpassen der Initiator-Namen machen Sie diesen weniger vorhersehbar und verhindern, dass unerlaubte Verbindungen aufgebaut werden.

Eine weitere Einstellung, die Sie vornehmen können, um zum Beispiel ein iSCSI Cluster Shared Volume zu sichern, ist die Aktivierung von IPsec-Tunneling. IPsec-Tunneling kann zwar nicht verhindern, dass Angreifer Verbindungen zum iSCSI-Ziel herstellen können. Allerdings stellt die Einstellung sicher, dass die Daten der anderen Verbindungen sicher davor sind, von unerlaubt von Anwendern ausgelesen zu werden.

Eine der wichtigsten Maßnahmen, die Sie ergreifen können, um iSCSI-Ziele zu sichern, ist eine optimale Absicherung des Zielvolumens. Sie sollten es nicht ermöglichen, dass Anwender, Administratoren oder Computer ohne Authentifizierung Zugriff auf iSCSI-Ziele erhalten.

Verwenden Sie zusätzlich NTFS-Berechtigungen für den Zugriff auf die Ressourcen innerhalb der Ziele. Sie erreichen dadurch eine doppelte Sicherheit. Eingehende unerlaubte Verbindungen lassen sich unterbinden, aber zusätzlich gibt es im Hintergrund mehr Sicherheit beim Zugriff auf die Daten, wenn eine Verbindung hergestellt wurde. Auf diese Weise verhindern Sie, dass Angreifer eine Verbindung aufbauen. Gelingt der Verbindungsaufbau dennoch, können Sie den Datenzugriff des Angreifers verhindern und gleichzeitig den erlaubten Datenverkehr absichern. In den nächsten Abschnitten zeigen wir Ihnen diese Vorgehensweise in der Praxis.

iSCSI-Festplatten verbinden

In Windows Server 2019 können Sie über den iSCSI-Initiator virtuelle iSCSI-Festplatten von anderen Servern mit Windows Server 2019 verbinden, aber auch iSCSI-Ziele von anderen NAS-Systemen. Dazu gehen Sie folgendermaßen vor:

Suchen Sie nach *iscsi* im Startmenü und starten Sie das Tool *iSCSI-Initiator*. Beim ersten Aufruf dieser Software müssen Sie den Start des entsprechenden Dienstes zunächst bestätigen und die Blockierung aufheben. Anschließend können Sie den Dienst über mehrere Registerkarten konfigurieren. Gehen Sie zur Anbindung folgendermaßen vor:

1. Wechseln Sie zur Registerkarte *Suche*.
2. Klicken Sie auf *Portal ermitteln* und geben Sie die IP-Adresse oder den Namen des NAS-Servers ein.
3. Wechseln Sie zur Registerkarte *Ziele*. Hier zeigt Windows die erstellten Laufwerke an. Sie sehen hier auch bei Windows Server 2019-iSCSI-Zielen die erstellten Targets.
4. Klicken Sie auf die Schaltfläche *Verbinden*. Damit baut der Server eine Verbindung mit dem Gerät auf. Bisher ist das Gerät nur verfügbar, aber noch nicht mit dem Computer verbunden.
5. Aktivieren Sie das Kontrollkästchen *Diese Verbindung der Liste der bevorzugten Ziele hinzufügen*. Diese Option muss für alle Laufwerke separat eingestellt sein.
6. Bestätigen Sie alle Dialogfelder mit *OK*.
7. Wenn Sie einen Cluster mit iSCSI erstellen, verbinden Sie das Target auch auf dem zweiten Server und allen weiteren Clusterknoten, auf denen Sie einen Cluster installieren wollen.

Mit *Multipfad aktivieren* können Sie festlegen, dass Windows Server 2019 auch alternative Netzwerkwege zwischen Server und NAS-System verwendet. Das ist zum Beispiel bei der Ausfallsicherheit wichtig oder wenn Sie das Ziel auf einem Windows-Cluster einsetzen. Sind im Unternehmen mehrere Server mit Windows Server 2019 im Einsatz, tauschen diese Daten über das Netzwerk mit der Multichannel-Funktion aus.

Mit der Funktion lassen sich von einem Server auf eine Freigabe mehrere parallele Zugriffe durchführen. Dies beschleunigt den Datenverkehr und sichert ihn außerdem gegen Ausfall eines einzelnen SMB-Kanals ab. Der Vorteil liegt darin, dass Serverdienste Daten auch auf Servern speichern können, nicht nur auf der eigenen Festplatte. Ein sinnvoller Einsatz dazu ist in Umgebungen mit Hyper-V-Hosts, die auf Windows Server 2019 aufbauen. Dazu ist weder die Installation eines Rollendienstes notwendig noch eine Konfiguration. Diesen beschleunigten Zugriff bietet Windows Server 2019 automatisch.

Tipp

Für die Anbindung an iSCSI-Targets steht auch auf Core-Servern eine grafische Oberfläche zur Verfügung. Diese starten Sie durch Eingabe des Befehls *iscsicpl*. Für die Anbindung von Core-Servern an iSCSI-Targets steht außerdem der Befehl *iscsicli* zur Verfügung. Über *iscsicli /?* erhalten Sie eine ausführliche Hilfe zum Befehl.

Nachdem Sie Targets verbunden haben, stehen in der Datenträgerverwaltung die mit diesem iSCSI-Ziel verbundenen Laufwerke zur Verfügung. Das funktioniert auf diesem Weg auch mit iSCSI-Zielen, die als virtuelle Festplatten auf Servern mit Windows Server 2019 erstellt wurden.

Beim Einsatz auf Clustern müssen Sie zur Einrichtung weitere Punkte beachten. Nachdem die Laufwerke mit dem ersten Serverknoten verbunden wurden, müssen diese über die Festplattenverwaltung online geschaltet, initialisiert, partitioniert und formatiert werden.

Belassen Sie die Datenträger als *Basis*, eine Umwandlung in dynamische Datenträger wird für den Einsatz im Cluster nicht empfohlen. Da die Datenträger aber bereits auf dem ersten Knoten initialisiert und formatiert wurden, müssen Sie diesen Schritt auf dem zweiten nicht wiederholen. Auf dem zweiten Knoten reichen das Onlineschalten und das Ändern der Laufwerkbuchstaben, die mit dem ersten Knoten übereinstimmen müssen.

Die Datenträgerverwaltung starten Sie durch Eingabe von *diskmgmt.msc* im Startmenü von Windows Server 2019. Über das Kontextmenü setzen Sie die iSCSI-Targets online, dann initialisieren Sie die Targets und als Letztes erstellen Sie ein Volume und formatieren dieses mit NTFS.

Datendeduplizierung einrichten

Vor allem beim Betrieb virtueller Desktopinfrastrukturen lässt sich durch die Datendeduplizierung deutlich Speicherplatz sparen, da virtuelle Windows-Betriebssysteme zahlreiche identische Dateien verwenden. Die Datendeduplizierung kann mehrere Threads parallel nutzen und auch größere Datenträger bearbeiten. Außerdem ist die Technologie kompatibel mit physischen Datenträgern, aber auch mit virtuellen Festplatten.

Einstieg in die Deduplizierung

Bei der Datendeduplizierung in Windows Server 2019 handelt es sich um eine Funktion, die doppelte Dateien auf den Dateiservern findet. Mit diesem Rollendienst in Windows Server 2019 erkennen Dateiserver doppelt gespeicherte Dateien in den Freigaben und können diese bereinigen. Auch in virtuellen Festplatten lassen sich doppelte Dateien finden.

Auf diese Weise lässt sich die Datenmenge auf den Festplatten und Sicherungsmedien sowie die Dauer der Datensicherung teilweise deutlich reduzieren. Die Datendeduplizierung-Funktion untersucht die angeschlossenen Festplatten regelmäßig und zeigt die Deduplizierungsrate im Server-Manager auch an.

Installieren Sie über *Datei- und Speicherdienste/Datei- und iSCSI-Dienste* den Rollendienst *Datendeduplizierung*, integriert der Installations-Assistent auch ein Befehlszeilentool, mit dem Sie die doppelten Dateien suchen können, um abzuschätzen, ob der Rollendienst auf Ihren Dateiservern sinnvoll einsetzbar ist.

Das Tool *Ddpeval* befindet sich im Ordner *\Windows\System32*. *Ddpeval* unterstützt lokale Laufwerke und Netzwerkfreigaben; die Syntax des Tools lautet *ddpeval <Volume:>*. Beispiele für die Ausführung sind *ddpeval e:* oder *ddpeval \\nas\daten*. Erst wenn das Tool doppelte Daten findet, ist es sinnvoll, die Datendeduplizierung zu verwenden. Das Tool selbst bereinigt keinerlei Dateien, sondern gibt nur an, ob die Datendeduplizierung auf dem Server sinnvoll ist.

Anschließend aktivieren Sie die Datendeduplizierung auf dem entsprechenden Server. Sie können dazu entweder den Server-Manager verwenden und die Datendeduplizierung als Rollendienst installieren oder Sie verwenden die PowerShell und das Cmdlet *Install-WindowsFeature -Name FS-Data-Deduplication*. Mit dem Cmdlet *Enable-DedupVolume <Laufwerk>* aktivieren Sie die Funktion auf einem Server. Konfigurieren können Sie die Funktion mit *Set-DedupVolume <Laufwerk> MinimumFileAgeDays <Alter>*.

Hinweis Sie können *Ddpeval* nur für Laufwerke verwenden, für die Sie die Datendeduplizierung nicht aktiviert haben. Auch für System- oder Startvolumes können Sie das Tool nicht nutzen.

Die Verwaltung der Funktion nehmen Sie ebenfalls im Server-Manager vor. Dazu klicken Sie auf *Datei-/Speicherdienste* und dann mit der rechten Maustaste auf das Volume, für das Sie die Funktion aktivieren wollen. Nach der Auswahl von *Datendeduplizierung konfigurieren* richten Sie anschließend die Funktion über einen Assistenten ein. Für den Systemdatenträger können Sie die Datendeduplizierung nicht verwenden.

Die Datendeduplizierung ist außerdem in Speicherpools und virtuellen Festplatten möglich. Haben Sie den Rollendienst installiert, erscheint beim Anlegen neuer Volumes ein Fenster, über das Sie die Funktion für das entsprechende Volume aktivieren können. Es spielt keine Rolle, ob Sie mit der Datendeduplizierung Daten auf normalen Volumes oder virtuellen Datenträgern in Speicherpools suchen.

Datendeduplizierung im Server-Manager

Um die Datendeduplizierung zu verwenden, installieren Sie den bereits erwähnten Rollendienst. Anschließend überprüfen Sie mit *Ddpeval*, ob sich die Aktivierung für Laufwerke lohnt. Wenn Sie ein positives Ergebnis erhalten, aktivieren Sie die Datendeduplizierung im Server-Manager. Klicken Sie auf *Datei-/Speicherdienste* und dann auf *Volumes*.

Im Fenster sehen Sie alle Laufwerke, die auf dem Server angelegt sind. Über das Kontextmenü des betreffenden Volumes starten Sie die Einrichtung der Datendeduplizierung.

Im neuen Fenster aktivieren Sie zunächst die Datendeduplizierung. Außerdem legen Sie das Alter fest, ab dem der Dienst Dateien als dupliziert speichern soll. Im Fenster können

Sie auch Dateierweiterungen von der Suche ausschließen. Außerdem können Sie in diesem Fenster die Optimierung des Servers über Zeitpläne steuern.

Sie können eine sofortige Durchführung der Deduplizierung mit dem folgenden Befehl starten:

Start-DedupJob -Volume <Laufwerkbuchstabe> -Type Optimization

Wollen Sie auf eine Rückgabe der Suche warten, verwenden Sie den folgenden Befehl:

Start-DedupJob <Laufwerkbuchstabe> -Type Optimization -Wait

Den aktuellen Zustand des Auftrags zeigen Sie mit *Get-DedupJob* an.

Den aktuellen Zustand der Duplizierung von Daten lassen Sie sich mit *Get-DedupStatus* anzeigen. Mehr Informationen erhalten Sie mit *Get-DedupStatus |fl* und mit *Get-DedupVolume*.

Speicherreplikation – Daten in Netzwerken replizieren

Eine der wichtigsten in Windows Server 2016 im Storage-Bereich eingeführten Funktionen ist, neben Storage Spaces Direct (siehe Kapitel 34), die Speicherreplikation (Storage Replica). In Windows Server 2019 wurden diese Funktionen noch ausgebaut und verbessert. Mit dieser Technologie lassen sich ganze Festplatten und Clusterspeicher, aber auch komplette Speicherpools (siehe in diesem Kapitel sowie in Kapitel 34) blockbasiert zwischen Servern replizieren, sogar zwischen verschiedenen Rechenzentren und der Cloud in einem Rechenzentrum.

Storage Replica verstehen

Storage Replica ist der Replikation von DFS (Distributed File System) deutlich überlegen. Storage Spaces Direct und Storage Replica arbeiten in diesem Zusammenhang auch miteinander. Die Funktion wird als neues Serverfeature über den Server-Manager installiert und steht danach zur Verfügung. Die Verwaltung erfolgt über die PowerShell oder den Failovercluster-Manager.

Die Speicherreplikation bietet vor allem drei verschiedene Einsatzszenarien. Im ersten Szenario können Sie wichtige Datenträger schnell und einfach auf andere Server (ServerA → ServerB), auch in anderen Rechenzentren replizieren. Dadurch erhalten Sie eine Absicherung Ihrer Daten, vor allem im Katastrophenfall.

Das zweite wichtige Einsatzgebiet ist das Replizieren von Daten in einem Geo-Cluster, auch Stretched Cluster genannt (Clusterknoten1 → Clusterknoten2). Ein Einsatzgebiet kann zum Beispiel die Replikation von virtuellen Servern und deren Konfigurationsdaten sowie virtueller Festplatten zwischen verschiedenen Rechenzentren sein. Dabei sind die Clusterknoten auf verschiedene Rechenzentren verteilt.

Die beiden Szenarien lassen sich zu einem gemeinsamen Einsatzszenario verbinden. Darin replizieren Sie die Daten eines Clusters zu einem anderen Cluster in einem anderen Rechenzentrum (Clusterknoten1-Cluster1 → Clusterknoten1-Cluster2). Dabei sind die Cluster aber nicht auf verschiedene Rechenzentren aufgeteilt, sondern Bestandteil eines einzigen Rechenzentrums. Die Daten werden also nicht innerhalb eines Clusters repliziert, sondern zwischen verschiedenen Clustern. Die Cluster selbst sind dann natürlich idealerweise in verschiedenen Rechenzentren verteilt.

Hinweis In der Standard-Edition von Windows Server 2019 gibt es weder Storage Spaces Direct noch Storage Replica. Wollen Sie also Storage Replica nutzen, müssen Sie auf einen Cluster mit Windows Server 2019 auf Basis der Datacenter-Edition setzen. In Windows Server 2019 hat Microsoft zwar auch in der Standard-Edition rudimentäre Replikationsmöglichkeiten geschaffen, die aber stark eingeschränkt sind.

Die Replikation kann synchron und asynchron konfiguriert werden. Größere Unternehmen können mit der Technologie auch auf Clusterebene Daten zwischen Rechenzentren replizieren (Stretched Cluster). Dadurch lassen sich Geo-Cluster aufbauen, also Cluster, deren Knoten international in verschiedenen Rechenzentren verteilt sind.

Der Vorteil der neuen Technologie ist die Unabhängigkeit von Speicherlösungen und Speicherherstellern. Sie können jeden beliebigen Speicher replizieren, solange dieser mit einem Server auf Basis von Windows Server 2019 verbunden ist und funktioniert. Die Replikation erfolgt über das Server Message Block (SMB)-Protokoll mit Windows Server 2019. Dabei kann das Protokoll auf die ganze Bandbreite zurückgreifen, die durch die Adapter zur Verfügung gestellt werden.

Sie können BitLocker-Laufwerke replizieren sowie Datenträger, auf denen die Datendeduplizierung aktiviert ist. Auch Multichannel und Multipath werden unterstützt, was vor allem für die Replikation in Clustern eine wichtige Rolle spielt (siehe Kapitel 9 und 34). Die Daten lassen sich während der Übertragung zwischen Quell- und Zielserver verschlüsseln und signieren. Wollen Sie Failover-Szenarien umsetzen, können Sie auch nur einzelne Laufwerke verwenden, Sie müssen das Failover nicht für alle replizierten Laufwerke eines Servers auf einmal starten.

Sie können zum Beispiel zwei Cluster in physisch getrennten Rechenzentren betreiben und den gemeinsamen Speicher der Cluster replizieren lassen. Fällt ein Rechenzentrum aus, kann das andere Rechenzentrum sofort übernehmen. Hier ist außerdem die neue Funktion zum Verwenden von Microsoft Azure als Cloudzeuge interessant (siehe Kapitel 34).

Ablauf der Replikation

Das Betriebssystem schreibt Blöcke auf den Quellserver (Schritt 1). Storage Replica erkennt das und speichert die Vorgänge in der Protokolldatei. Außerdem überträgt der Quellserver die Daten mit SMB sowie RDMA zum Zielserver (Schritt 2). Anschließend schreibt der Server im Zielstandort die Daten in sein Protokoll (Schritt 3). Danach bestätigt der Zielserver die erfolgreiche Replikation (Schritt 4) und der Quellserver meldet, dass er die Bestätigung empfangen hat (Schritt 5). Anschließend werden die Protokolle entsprechend angepasst (Schritt 6).

Storage Replica in der Praxis

Um die Speicherreplikation zu nutzen, müssen Sie über den Server-Manager das Feature *Speicherreplikat* installieren. Die Installation erfolgt nicht über die Serverrollen, sondern als Serverfeature, genauso wie die Clusterfunktion. Die Server, die Sie mit Storage Replica synchronisieren lassen, müssen in einer gemeinsamen Active Directory-Gesamtstruktur betrieben werden. Die Features für Windows-Clustering und Speicherreplikat installieren Sie entweder über den Server-Manager oder in der PowerShell mit:

Install-WindowsFeature -Name Storage-Replica,FS-FileServer -IncludeManagementTools -Restart

Mehr dazu lesen Sie auch in Kapitel 34. Die Features müssen natürlich auf allen beteiligten Servern installiert werden, deren Festplatten Sie replizieren möchten. In einem Cluster muss das Feature auf allen Knoten verfügbar sein. Dazu können Sie ebenfalls die PowerShell verwenden. Sie speichern dazu die Namen der Server in die Variablen und lassen dann auf den Servern die notwendigen Features installieren:

$Replica = " SRV1", "SRV2"

$ReplicaServer | % {Install-WindowsFeature -ComputerName $_ -Name Storage-Replica,FS-Fileserver -IncludeManagementTools}

Sie können SAS, JBODs, Fibre Channel SAN oder iSCSI SANs nutzen. Für die Verwaltung der Storage Replica-Funktion in der grafischen Oberfläche in einem Cluster nutzen Sie den Failovercluster-Manager. Über den Bereich *Speicher/Datenträger* (*Storage/Disks*) sehen Sie alle Datenträger, die an den Cluster angebunden sind. Über das Kontextmenü der Datenträger starten Sie den Assistenten für die Einrichtung von Storage Replica über *Replikation/Aktivieren*.

Im Failovercluster-Manager nehmen Sie die Einstellungen im Assistenten vor. Nachdem Sie das Quelllaufwerk im Assistenten des Failovercluster-Managers ausgewählt haben, wählen Sie das Ziellaufwerk für die Replikation aus. In diesem Rahmen wählen Sie auch ein Laufwerk für das Speichern der Logdateien aus. Dieses legen Sie in der PowerShell durch die Option *DestinationLogVolumeName* fest.

Danach können Sie im Failovercluster-Manager noch definieren, ob die Zielfestplatte schon Daten der Quellfestplatte enthält. In diesem Fall muss der Server nur geänderte Daten übertragen, was Bandbreite spart. Vor allem bei der Replikation in Geo-Clustern kann es daher sinnvoll sein, die erste Replikation offline vorzunehmen und erst danach die Speicherreplikation einzurichten. Anschließend ist der Assistent abgeschlossen und beginnt mit der Einrichtung der Replikation. Den Status sehen Sie im Failovercluster-Manager. In der Oberfläche ist zudem zu sehen, ob es sich bei diesem Datenträger um die Quelle, das Ziel oder den Datenträger für Logdateien handelt.

Den Status der Replikation sehen Sie ebenfalls in der PowerShell mit den beiden Cmdlets *Get-SRGroup* und *Get-SRPartnership*. Die Latenz und die Leistung der Replikation überprüfen Sie mit *Test-SRTopology*.

Storage Replica auf alleinstehenden Servern in der PowerShell steuern

Für die Replikation alleinstehender Server oder für Skripts können Sie ebenfalls die PowerShell verwenden, um die Replikation einzurichten. Dazu definieren Sie die wichtigsten Werte zunächst als Variablen und erstellen dann auf deren Basis die Replikations-Partnerschaft.

Wollen Sie zwei Datenträger auf alleinstehenden Servern mit Storage Replica replizieren, benötigen Sie auch hier zwei Server mit Windows Server 2016 oder Windows Server 2019, die Mitglied einer Domäne sind. Bei der Domäne kann es sich auch um eine Vorgängerversion von Windows Server 2016 handeln. Zunächst richten Sie auf dem Quellserver eine Storage Replica-Partnerschaft ein, zum Beispiel mit:

New-SRPartnership -SourceComputerName win1001 -SourceRGName rg01 -SourceVolumeName e: -SourceLogVolumeName e: -DestinationComputerName win10 -DestinationRGName rg02 -DestinationVolumeName e: -DestinationLogVolumeName e: -LogSizeInBytes 8gb

Alternativ können Sie die wichtigsten Daten als Variable speichern und danach die Einrichtung vornehmen. Hier legen Sie zudem gleichzeitig die Namen der Gruppen fest, in denen sich die Quell- und Zielserver befinden.

$quelle = "Node01"

$Ziel = "Node02"

$GroupNameSource = "SyncA"

$GroupNameDest = "SyncB"

New-SRPartnership -ReplicationMode Synchronous -SourceComputerName $quelle -SourceRGName $ GroupNameSource -SourceVolumeName D: -SourceLogVolumeName L: -DestinationComputerName $Ziel -DestinationRGName $GroupNameDest -DestinationVolumeName D: -DestinationLogVolumeName L: -LogSizeInBytes 8GB

Generell kann es sinnvoll sein, die Windows-Firewall auf den beteiligten Servern zu deaktivieren, vor allem, wenn Sie die Funktion noch testen. Die Datei- und Druckerfreigabe müssen Sie auf jeden Fall freischalten. Das ist notwendig, damit die Kommunikation funktioniert. Am besten verwenden Sie die PowerShell und folgende Befehle auf einem der beteiligten Server:

Enable-NetFirewallRule -CimSession <Quellserver>,<Zielserver> -DisplayGroup "Remote Desktop","File and Printer Sharing"

Nach der Einrichtung überprüfen Sie in der Ereignisanzeige auf den Servern, ob die entsprechenden Einträge für die Erstellung der Gruppe vorhanden sind. Sie finden die Informationen in der Ereignisanzeige über *Anwendungs- und Dienstprotokolle/Microsoft/Windows/StorageReplica/Admin*. Auch in der PowerShell können Sie Informationen anzeigen:

Get-WinEvent -ProviderName Microsoft-Windows-StorageReplica -MaxEvents 15 | fl

Quellserver: Ereignisse 5002, 2200 und 5015.

Zielserver: Ereignisse 2200, 5005, 5015, 5001, und 5009.

Mit *Get-NetFirewallRule -CimSession <Server1>,<Server2> -DisplayGroup "Remote Desktop","File and Printer Sharing"* lassen Sie sich die Einstellungen anzeigen. Stellen Sie sicher, dass die Datenträger auf beiden Servern verbunden sind, deren Speicher Sie replizieren wollen. Legen Sie auf den Datenträgern zum Beispiel zwei Partitionen ein, wenn Sie die

Funktion testen. Eine Partition dient für Protokolldateien, die andere für Daten, die Sie in der Testumgebung replizieren. In einer produktiven Umgebung speichern Sie die Protokolldateien natürlich am besten auf einer eigenen Festplatte. Da das System auf Basis der Protokolldateien repliziert, bietet es sich an, auf einen sehr schnellen NVMe-Datenträger zu setzen.

Wollen Sie die Replikationsquelle umdrehen, verwenden Sie zum Beispiel:

Set-SRPartnership -NewSourceComputerName Node02 -SourceRGName GroupNameDest -DestinationComputerName Node01 -DestinationRGName GroupNameSource -Confirm $true

Sie müssen bei der Einrichtung darauf achten, wie der Name des Zielservers und der Zielgruppe lautet. Arbeiten Sie mit Variablen, ist die alte Quelle das neue Ziel und umgekehrt. Das müssen Sie in den Befehlen natürlich berücksichtigen. Um die Replikationspartner zu löschen und neu einzurichten, verwenden Sie:

Get-SRPartnership | Remove-SRPartnership

Get-SRGroup | % { Remove-SRGroup -Name $_.name }

Storage Spaces Direct und Storage Replica

Microsoft bietet zudem die Möglichkeit, Storage Space Direct mit mindestens drei Hosts aufzubauen (siehe Kapitel 34). Mit weniger als vier Hosts unterstützt die Technik nur die Spiegelung der Daten zur Absicherung (mirrored resiliency). Sollen auch Paritiäts-basierte Datenträger (parity-based resiliency) erstellt werden, sind mindestens vier oder mehr Hosts notwendig. Storage Spaces Direct sind standardmäßig vor dem Ausfall eines Hosts geschützt. Die Technik kann aber auch den Ausfall eines ganzen Racks mit Servern verkraften, die Bestandteil eines Storage Spaces Direct sind. Das hängt natürlich von der Konfiguration ab sowie der Anzahl der Server, die Bestandteil des Clusters sind, in dem Storage Spaces Direct zum Einsatz kommt. Storage Spaces Direct arbeitet mit Storage Replica zusammen.

Zusammen bieten Storage Spaces Direct und Storage Replica die Möglichkeit, geografisch getrennte Cluster aufzubauen und deren Daten zu synchronisieren. Dabei kommt kein gemeinsamer Speicher im Cluster zum Einsatz, sondern die lokal angeschlossenen Datenträger im Cluster stellen den gemeinsamen Datenträger zur Verfügung. Sinnvolles Einsatzgebiet ist das Replizieren von Daten zwischen verschiedenen Clustern, die in unterschiedlichen Rechenzentren verteilt sind. Jeder Cluster nutzt dabei sein eigenes Storage Spaces Direct-System. Die Daten in den beiden Storage Spaces Direct werden dann durch Storage Replica zwischen verschiedenen Rechenzentren synchronisiert. Natürlich lassen sich Storage Spaces Direct und Storage Replica auch getrennt nutzen.

Zusammenfassung

In diesem Kapitel haben wir Ihnen gezeigt, wie Sie Festplatten in Windows Server 2019 verwalten und Laufwerke erstellen. Wir sind darauf eingegangen, wie Speicherpools sowie virtuelle Festplatten funktionieren und wie Sie das Dateisystem ReFS nutzen.

Im nächsten Kapitel zeigen wir Ihnen, wie Sie Windows Server 2019 mit dem Netzwerk verbinden.

Kapitel 6

Windows Server 2019 im Netzwerk betreiben

In diesem Kapitel:

In diesem Kapitel zeigen wir Ihnen den Umgang mit Windows Server 2019 im Netzwerk. Wir gehen auch darauf ein, wie Sie Windows Server 2019 im Netzwerk betreiben. Außerdem erläutern wir, wie Sie einen Windows Server 2019-Server mit Active Directory unter Windows Server 2019 verbinden.

Grundlagen zur Netzwerkanbindung

Die Steuerung des Netzwerkverkehrs findet weiterhin über das Netzwerk- und Freigabecenter statt. Ist Ihr Server korrekt mit dem Netzwerk verbunden, wird dies durch ein entsprechendes Symbol im Infobereich der Taskleiste signalisiert. Klicken Sie auf das Symbol, zeigt Windows weitere Informationen an. Fahren Sie mit der Maus über das Symbol, zeigt Windows auch an, ob der Server über eine Internetverbindung verfügt. Bei fehlender Internetverbindung erscheint ein Ausrufezeichen, bei fehlender physischer Netzwerkverbindung ein rotes X.

Klicken Sie auf das Symbol, zeigt Windows alle gefundenen Netzwerke an. Mit Funknetzwerken verbinden Sie sich zum Beispiel, indem Sie das Netzwerk auswählen und auf *Verbinden* klicken. In Windows Server 2019 müssen Sie dazu aber das Feature *WLAN-Dienst* installieren (siehe die Kapitel 2 bis 4).

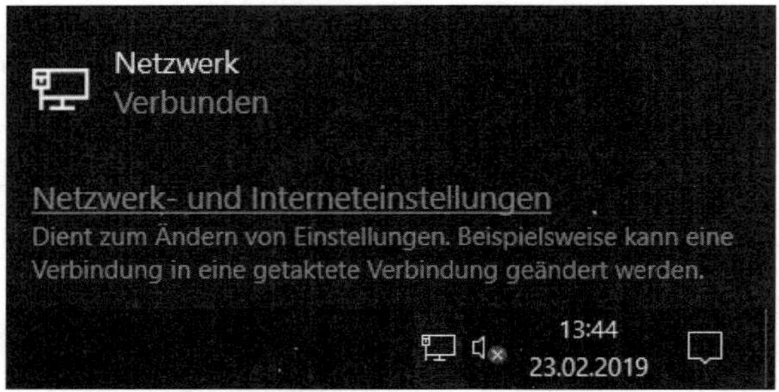

Abbildung 6.1: Überprüfen der erfolgreichen Netzwerkverbindung von Windows Server 2019

Installation der Netzwerkhardware

Die erste Voraussetzung, um einen Server mit dem Netzwerk zu verbinden, ist, dass die Netzwerkkarte im Geräte-Manager erkannt und installiert ist. Sollte der Treiber Ihrer Netzwerkkarte nicht ordnungsgemäß installiert sein, ist in Windows Server 2019 wahrscheinlich kein Treiber für die Netzwerkkarte integriert.

Sie sollten allerdings nicht einfach einen alten Treiber installieren, sondern auf der Homepage des Herstellers überprüfen, ob es einen aktuellen Windows Server 2019-Treiber gibt, und diesen installieren.

Den Geräte-Manager finden Sie in Windows Server 2019 über *Systemsteuerung/System und Sicherheit/System* und dann auf der linken Seite des Fensters über den Link *Geräte-Manager*. Alternativ tippen Sie *devmgmt.msc* im Startmenü ein oder verwenden die Tastenkombination [Win]+[Pause]. Als weitere Möglichkeit rufen Sie, wie bei allen internen Verwaltungsprogrammen, das Schnellmenü mit [Win]+[X] auf oder klicken mit der rechten Maustaste in die linke untere Ecke des Bildschirms. Der Geräte-Manager steht auch über das Windows Admin Center zur Verfügung.

Sollte Ihre Netzwerkkarte im Bereich *Andere Geräte* eingetragen sein, wurde sie nicht erkannt, und Sie müssen den Treiber manuell installieren. Wird die Karte im Bereich *Netzwerkadapter* ohne Fehler angezeigt, wurde sie korrekt installiert.

Anbindung des Computers an das Netzwerk

Ist die Karte ordnungsgemäß installiert und haben Sie Ihren Server an das Netzwerk mit einem DHCP-Server angeschlossen, ist der Server bereits mit einer dynamischen IP-Adresse versorgt. Hier müssen Sie keine besonderen Einstellungen vornehmen, da Windows Server 2019 DHCP unterstützt, wie alle anderen Windows-Versionen vorher auch.

Die Anbindung ans Netzwerk stellen Sie am besten über das Netzwerk- und Freigabecenter her. Wenn Sie mit der rechten Maustaste auf das Netzwerksymbol im Infobereich der Taskleiste neben der Uhr klicken, öffnet sich ein Kontextmenü, und Sie können die Netzwerk- und Interneteinstellungen öffnen. Anschließend wählen Sie im Bereich *Status/Netzwerkeinstellungen ändern* den Eintrag *Adapteroptionen ändern* aus. Öffnen Sie das Kontextmenü der Netzwerkverbindung und wählen Sie den Befehl *Eigenschaften.*

Markieren Sie nun im Eigenschaftenfenster den Eintrag *Internetprotokoll Version 4 (TCP/Ipv4)* und klicken Sie auf die Schaltfläche *Eigenschaften.* Hier können Sie jetzt eine passende IP-Adresse vergeben.

Hinweis Haben Sie auf dem Server einen virtuellen Switch für Hyper-V erstellt, nehmen Sie die Einstellungen für die Netzwerkverbindung nicht bei der physischen Netzwerkkarte vor, sondern beim virtuellen Switch auf dem Server. Diese Einstellungen finden Sie aber auch bei der Verwaltung der Adapter, die Sie über *ncpa.cpl* aufrufen können.

Erweiterte Verwaltung der Netzwerkverbindungen

Eine ausführliche Liste aller Netzwerkverbindungen auf dem Server erhalten Sie über den Link *Adaptereinstellungen ändern* im Netzwerk- und Freigabecenter. Nachdem Sie den Link angeklickt haben, öffnet sich ein Fenster, in dem alle Netzwerkverbindungen des Computers angezeigt werden sowie ihr aktueller Verbindungsstatus. Das gleiche Fenster können Sie auch durch Eingabe von *ncpa.cpl* über das Startmenü aufrufen.

Ist eine Netzwerkverbindung aktiviert, funktioniert aber nicht, wird sie mit einem roten X angezeigt. Sie sollten beim Einsatz mehrerer Netzwerkverbindungen diese entsprechend benennen, da Windows sie nur durchnummeriert. Der Name einer Netzwerkverbindung beeinflusst nicht ihre Konnektivität, sondern lediglich ihre Bezeichnung in Windows.

Sie ändern die Bezeichnung von Netzwerkverbindungen über das Kontextmenü. Klicken Sie eine Netzwerkverbindung mit der rechten Maustaste an, stehen Ihnen verschiedene Möglichkeiten zur Verfügung, um die Einstellungen zu verwalten oder Informationen anzuzeigen.

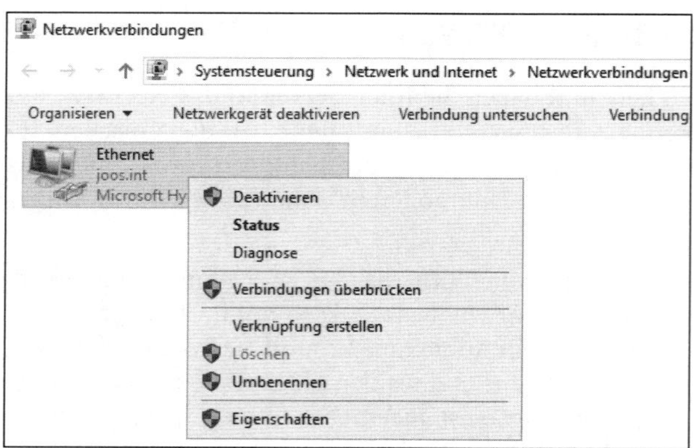

Abbildung 6.2: Verwalten von Netzwerkverbindungen

Im Kontextmenü stehen Ihnen folgende Optionen zur Verfügung:

- **Deaktivieren** – Wenn Sie diese Option auswählen, wird die Verbindung zum Netzwerk getrennt, die Netzwerkkarte wird im Geräte-Manager deaktiviert. Die Karte verhält sich so, als wäre sie nicht installiert.
- **Status** – Wenn Sie diesen Menüpunkt auswählen, werden Ihnen ausführliche Informationen über die Konfiguration der Netzwerkverbindung angezeigt sowie die Datenpakete, die über das Netzwerk gesendet wurden. Sie erkennen, mit welcher Geschwindigkeit die Verbindung aufgebaut ist, wie lange die Netzwerkverbindung besteht und wie viele Datenpakete empfangen und gesendet worden sind. Klicken Sie auf die Schaltfläche *Details*, werden Ihnen ausführlichere Informationen über die Konfiguration der Netzwerkverbindung angezeigt. Sie erkennen die IP-Adresse, die MAC-Adresse sowie eine Vielzahl weiterer Informationen, die vor allem bei der Fehlersuche hilfreich sein können.
- **Diagnose** – Startet einen Assistenten, der die Konfiguration des Adapters überprüft und Vorschläge zur Problemlösung unterbreitet.
- **Verbindungen überbrücken** – Wenn Sie diese Option aus dem Kontextmenü einer Netzwerkverbindung auswählen, können Sie den Server als Verbindung zwischen zwei Netzwerken einsetzen. Dazu wird eine Netzwerkkarte mit einem Netzwerk verbunden und eine zweite Netzwerkkarte mit einem anderen Netzwerk. Die beiden Netzwerkverbindungen müssen IP-Adressen in unterschiedlichen Subnetzen haben. Um eine Netzwerkbrücke aufzubauen, also zwei verschiedene Netzwerke physisch über den Server miteinander zu verbinden, müssen Sie zunächst die erste Verbindung auswählen, dann die `Strg`-Taste drücken und anschließend die zweite Verbindung auswählen. Wenn Sie dann im Kontextmenü die Option *Verbindungen überbrücken* auswählen, startet Windows Server 2019 den Assistenten zum Aufbau einer Netzwerkbrücke.

Eigenschaften von Netzwerkverbindungen und erweiterte Verwaltung von Netzwerkverbindungen

Wenn Sie über das Kontextmenü einer Netzwerkverbindung die Eigenschaften aufrufen oder über den Status einer Netzwerkverbindung zur gleichen Konfiguration gelangen, können Sie das Verhalten der Netzwerkverbindung ausführlich konfigurieren.

Über die Schaltfläche *Konfigurieren* können Sie die Einstellungen der Netzwerkkarte anpassen. Diese Einstellungen haben zunächst nichts mit den Netzwerkprotokollen zu tun, sondern ausschließlich mit dem Verhalten der Netzwerkkarte im Netzwerk. Die Registerkarte *Allgemein* ist zunächst weniger interessant, da hier nur einige wenige Informationen zur Netzwerkkarte angezeigt werden. Auf der Registerkarte *Erweitert* werden die Einstellungen angezeigt, die der Treiber der Netzwerkkarte unterstützt. Die angezeigten Optionen und Einstellungsmöglichkeiten sind je nach installierter Netzwerkkarte und zugehörigem Treiber unterschiedlich oder gar nicht vorhanden.

Auf der Registerkarte *Energieverwaltung* können Sie konfigurieren, ob Windows das Gerät zeitweise deaktivieren kann, wenn es nicht benötigt wird. Standardmäßig darf Windows Geräte ausschalten, um Energie zu sparen, zum Beispiel auch, um in den Energiesparmodus zu wechseln. Der Dienst *QoS-Paketplaner (Quality Of Service)* in den Eigenschaften von Netzwerkverbindungen ist dafür zuständig, dass der Server immer genügend Ressourcen zur Verfügung stellt, um auf Netzwerkpakete zu antworten. Wenn Sie zum Beispiel viele Downloads gleichzeitig aus dem Internet durchführen und parallel eine große Datenmenge auf andere Server im Netzwerk verteilen, sorgt der QoS-Paketplaner dafür, dass eine minimale Anzahl an Bandbreite zur Verfügung bleibt.

Manche »Experten« raten dazu, diesen Dienst zu deinstallieren, da er eine gewisse Bandbreite selbst verbraucht. Allerdings benötigen die wenigsten Anwender heutzutage wirklich jede kleine Menge Bandbreite, sondern profitieren besser davon, dass die Verbindung stabil bleibt. Wenn Sie das Gefühl haben, Ihr Server ist im Netzwerk zu langsam, wird die Geschwindigkeit sicherlich nicht dadurch steigen, dass Sie diesen Dienst deaktivieren oder deinstallieren. Sie können dies aber ohne Probleme selbst testen und bei Leitungsproblemen den QoS testweise deaktivieren.

In den Eigenschaften von Geräten ist auch die Registerkarte *Ereignisse* interessant. Hier sehen Sie für jedes Gerät, wann neue Treiber installiert wurden oder sonstige wichtige Ereignisse dieses Gerät betreffend eingetreten sind.

Abbildung 6.3: Anzeigen von Ereignissen von Geräten

Netzwerkkarten zusammenfassen – NIC-Teaming

Windows Server 2019 kann ohne Zusatztools Netzwerkkarten zu Teams zusammenfassen. Sie können während der Einrichtung auswählen, ob Sie einzelne Adapter im Team als Standby-Adapter nutzen wollen, also zur Ausfallsicherheit, oder ob Sie die Geschwindigkeit der Adapter zusammenfassen wollen, um die Leistung zu erhöhen. Sie können nur Ethernet-Verbindungen zu Teams zusammenfassen. Bluetooth oder WLAN gehört nicht zu den unterstützten Funktionen. Außerdem müssen alle Netzwerkkarten mit der gleichen Geschwindigkeit angeschlossen sein.

Eine physische Netzwerkkarte kann nur Mitglied in einem einzigen Team sein, außerdem ist es nicht möglich, mehrere Teams zu einem gemeinsamen Team zusammenzufassen.

Sie können in allen Editionen von Windows Server 2019 Netzwerk-Teams erstellen, auch in Core-Installationen. Die Verwaltung erfolgt im Server-Manager oder über die PowerShell. Die Einrichtung können Administratoren auch über das Netzwerk einrichten. Die Konfiguration dazu nehmen Sie direkt im Server-Manager vor. Damit das Teaming funktioniert, müssen Treiber und Hardware die Funktion unterstützen und die beteiligten Karten müssen mit dem Netzwerk verbunden sein.

Hinweis Wenn Sie beabsichtigen, Netzwerkkarten auf einem Server zusammenzufassen, achten Sie darauf, dass die Karten mit identischer Geschwindigkeit betrieben werden.

Außerdem sollten Sie den Teamvorgang vor der Erstellung von virtuellen Switches in Hyper-V durchführen. Nach der Erstellung von virtuellen Switches ist die physische Netzwerkverbindung nicht mehr für den Teamvorgang verfügbar.

Sie dürfen die Teaming-Funktion in Windows Server 2019 nicht mit Team-Funktionen von Drittherstellern kombinieren. Ansonsten besteht die Gefahr, dass der komplette Server nicht mehr funktioniert. Tritt ein solcher Fall ein, können Sie die interne Teamkonfiguration löschen. Dazu verwenden Sie die PowerShell und geben den Befehl *Get-NetLbfoTeam | Remove-NetLbfoTeam* ein.

NIC-Team erstellen

Rufen Sie über das Startmenü durch Eingabe von *ncpa.cpl* die Eigenschaften der Netzwerkverbindungen auf. Stellen Sie sicher, dass die Karten mit dem Netzwerk verbunden sind.

Starten Sie danach den Server-Manager und klicken Sie auf *Lokaler Server*. Anschließend sehen Sie die Konfiguration des NIC-Teamings im Bereich *NIC-Teamvorgang*. Standardmäßig ist das Teaming deaktiviert. Um die Funktion zu aktivieren, klicken Sie auf den Link bei *Deaktiviert*.

Hinweis Sind Sie über eine der Netzwerkkarten mit dem Remotedesktop des Servers verbunden, werden Sie bei der Erstellung des Teams vom Server getrennt. Sie müssen zum Abschließen der Konfiguration eine andere Verbindung nutzen oder direkt am Server arbeiten.

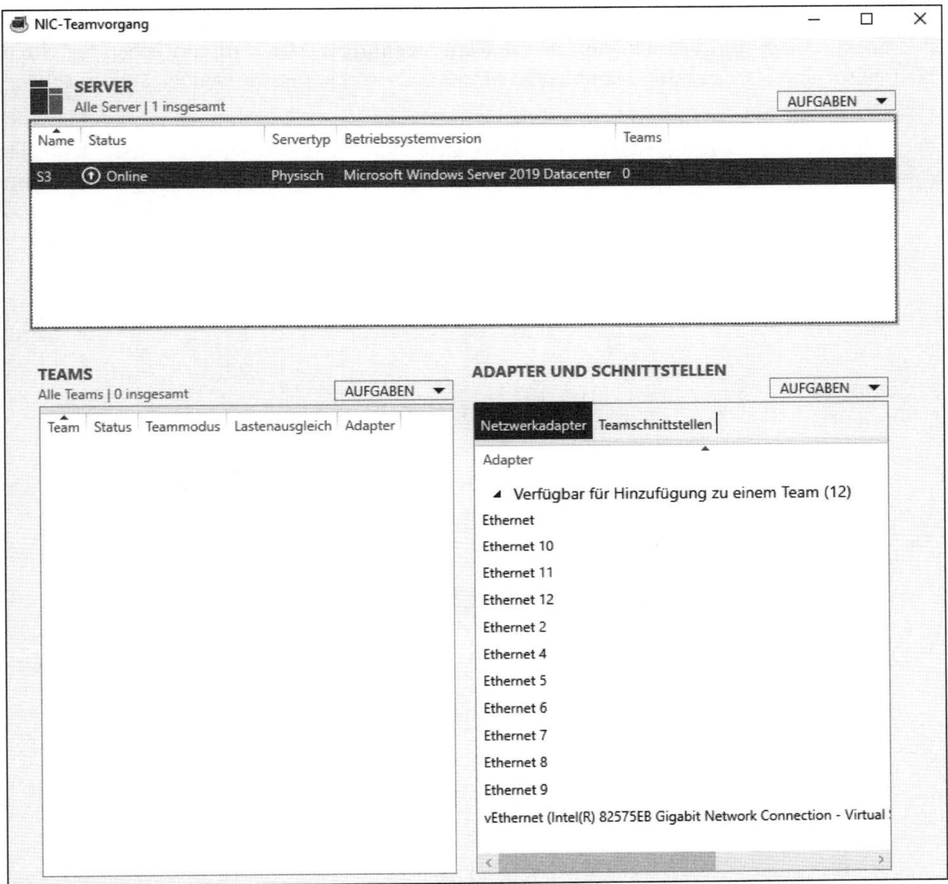

Abbildung 6.4: Starten des NIC-Teamvorgangs in Windows Server 2019

Anschließend öffnet sich ein neues Fenster. Hier sehen Sie im unteren rechten Bereich, welche Netzwerkadapter im Server kompatibel zum NIC-Teaming sind.

Tipp

Sie können in der PowerShell oder der Eingabeaufforderung auch das Tool *Lbfo-Admin* starten, um direkt zur Einrichtung von NIC-Teams zu gelangen. Das startet die Einrichtung des lokalen Servers.

Verwenden Sie den Befehl *lbfoadmin /servers <Liste von Servern>*, starten Sie die Einrichtung auf mehreren Servern. Der Befehl *lbfoadmin /ResetConfig* stellt die Standardeinstellungen der Oberfläche wieder her.

Sie können ein NIC-Team im Server-Manager auch über das Netzwerk erstellen. Dazu klicken Sie den entsprechenden Server im Server-Manager mit der rechten Maustaste an. Im Kontextmenü finden Sie auch den Bereich zum Erstellen von neuen NIC-Teams.

Um ein Team zu erstellen, klicken Sie mit der rechten Maustaste in das Fenster bei *Adapter und Schnittstellen* und wählen *Zum neuen Team hinzufügen*. Anschließend geben Sie einen Namen für das Team ein und wählen aus, welche Netzwerkkarten verwendet werden sollen.

Über den Link *Weitere Eigenschaften* können Sie zusätzliche Einstellungen vornehmen, um das NIC-Team zu konfigurieren. Hier lässt sich zum Beispiel festlegen, dass nicht alle Adapter aktiv sein sollen, sondern ein Adapter als Standby zur Verfügung steht, wenn einer der Adapter ausfällt.

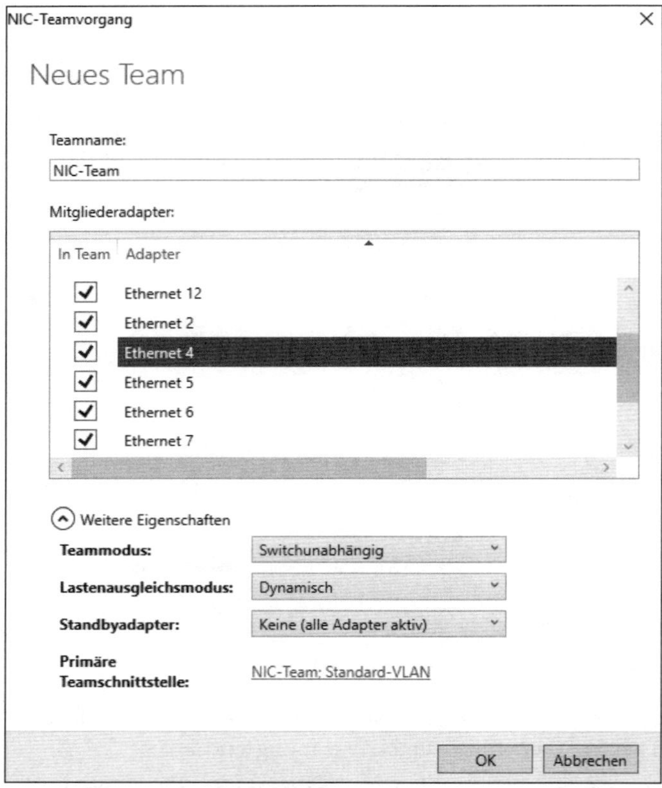

Abbildung 6.5: Erstellen eines neuen NIC-Teams

Bei *Teammodus* legen Sie fest, ob der Switch, an den die physischen Adapter des Teams angeschlossen sind, darüber informiert wird, dass es sich um ein Team handelt. Die Standardauswahl ist *Switchunabhängig*, der Switch wird also nicht informiert.

Klicken Sie bei *Primäre Teamschnittstelle* auf das Team, können Sie Einstellungen bezüglich der VLAN-Anbindung des Teams anpassen. Bestätigen Sie schließlich mit *OK*, erstellt Windows Server 2019 das entsprechende Team.

Hinweis Windows Server 2019 verwendet als MAC-Adresse des Teams die MAC-Adresse der primären Netzwerkkarte, also der Karte, mit der Sie das Team erstellt haben.

NIC-Teams auf Core-Server und in der PowerShell

Auch Core-Server unterstützen NIC-Teams. Hier können Sie die Einrichtung entweder über den Server-Manager von einem anderen Server aus durchführen oder Sie verwenden die PowerShell.

In der PowerShell können Sie sich mit *Get-NetAdapter* die einzelnen möglichen Team-Adapter anzeigen lassen und mit *Enable-NetAdapter* beziehungsweise *Disable-NetAdapter* einzelne Adapter aktivieren oder deaktivieren. Alle Cmdlets für die Verwaltung von NIC-Teams lassen Sie sich mit *Get-Command -Module NetLbfo* anzeigen. Eine Hilfeseite lässt sich zum Beispiel mit *Get-Help New-NetLbfoTeam* öffnen.

Um ein neues Team zu erstellen, verwenden Sie das Cmdlet *New-NetLbfoTeam <Name des Teams> <Kommagetrennte Liste der Netzwerkkarten>*. Bei Leerzeichen im Namen setzen Sie den gesamten Namen in Anführungszeichen. Den Namen der Adapter erfahren Sie am schnellsten, wenn Sie *Get-NetAdapter* in der PowerShell eingeben. Haben Sie das Team erstellt, lassen Sie mit *Get-NetLbfoTeam* die Einstellungen anzeigen und mit *Set-NetLbfo-Team* ändern Sie Einstellungen.

Beispiele für das Ändern sind folgende Befehle:

- *Set-NetLbfoTeam Team1 TeamingMode LACP*
- *Set-NetLbfoTeam Team1 TM LACP*
- *Set-NetLbfoTeam Team1 LoadBalancingAlgorithm HyperVPorts*
- *Set-NetLbfoTeam Team1 LBA HyperVPorts*

Teams können Sie auch umbenennen. Dazu verwenden Sie entweder den Server-Manager oder die PowerShell und den Befehl:

Rename-NetLbfoTeam <Alter Name> <Neuer Name>

NIC-Teams testen und konfigurieren

Sie müssen nach der Erstellung eines Teams noch Netzwerkeinstellungen anpassen. Windows Server 2019 entfernt die IP-Bindung von den physischen Netzwerkkarten und verbindet sie mit dem neuen virtuellen Adapter, den der Assistent für das Team erstellt. Sie sehen den Status des Teams, wenn Sie im Server-Manager in der Kategorie *Lokaler Server* bei *NIC-Teamvorgang* auf den Link *Aktiviert* klicken.

Werden das Team und die verbundenen Karten als *Aktiv* gekennzeichnet, passen Sie die Netzwerkeinstellungen des Teams an. Dazu rufen Sie die Adaptereinstellungen auf, indem Sie *ncpa.cpl* auf der Startseite eingeben. Hier sehen Sie das neue Team. Alle Netzwerkeinstellungen nehmen Sie an dieser Stelle vor.

Haben Sie die IP-Konfiguration des NIC-Teams angepasst, verhält sich der Server wie beim Einsatz einer einzelnen Netzwerkverbindung, nutzt aber alle angebundenen Netzwerkkarten. Im Server-Manager können Sie das Team jederzeit über dessen Eigenschaften anpassen und auch löschen.

Einzelne Netzwerkadapter entfernen Sie über das Kontextmenü aus dem Team oder deaktivieren den Adapter, zum Beispiel für Wartungsarbeiten.

Eigenschaften von TCP/IP und DHCP

Für den Fall, dass kein DHCP-Server für das automatische Zuweisen einer IP-Adresse zur Verfügung steht, bestimmt Windows Server 2019 eine Adresse in der für Microsoft reservierten IP-Adressierungsklasse, die von 169.254.0.1 bis 169.254.255.254 reicht.

Diese Adresse verwendet der Server, bis ein DHCP-Server erreichbar ist oder Sie eine statische IP-Adresse festlegen. Bei dieser Methode verwendet Windows Server 2019 kein DNS, WINS oder Standardgateway, da diese Methode nur für ein kleines Netzwerk mit einem einzigen Netzwerksegment entworfen ist.

WINS steht für Windows Internet Name Service und ist der Vorgänger der dynamischen DNS-Aktualisierung. Während DNS für die Namensauflösung mit voll qualifizierten Domänennamen zuständig ist, löst WINS NetBIOS-Namen auf.

Ipconfig verwenden

Es können Situationen auftreten, in denen Sie die IP-Adressinformationen für einen bestimmten Server anzeigen müssen. Dies ist der Fall, wenn Ihr Server beispielsweise nicht mit anderen Computern im Netzwerk kommuniziert oder wenn andere Server nicht mit Ihrem Server kommunizieren können. In solchen Situationen müssen Sie die IP-Adresse der anderen Server kennen, um die Ursache des Problems zu bestimmen.

Im Dialogfeld *Eigenschaften von Internetprotokoll (TCP/IP)* zeigen Sie statische TCP/IP-Informationen an. Windows enthält ein Befehlszeilentool mit der Bezeichnung Ipconfig, um TCP/IP-Informationen anzuzeigen. Mit diesem Dienstprogramm werden die TCP/IP-Konfigurationsoptionen auf einem Host überprüft, aber nicht festgelegt.

Zu diesen Optionen zählen die IP-Adresse, die Subnetzmaske und das Standardgateway. Die Befehlssyntax für dieses Dienstprogramm lautet *ipconfig*. Starten Sie das Programm am besten über eine Eingabeaufforderung (*cmd*). Mit Ipconfig können Sie jedoch nicht bestimmen, ob die IP-Adresse mithilfe der statischen oder der dynamischen Methode zugewiesen wurde.

Ausführlichere Informationen erhalten Sie mit Ipconfig, wenn Sie zusätzlich die Option */all* angeben. Auf dem Bildschirm werden die Informationen zu allen TCP/IP-Konfigurationsoptionen angezeigt. Nun sehen Sie, ob DHCP aktiviert ist. Ist dies der Fall und wird eine IP-Adresse für einen DHCP-Server angezeigt, bedeutet dies, dass die IP-Adresse mithilfe von DHCP bezogen wurde.

Zusätzlich lassen sich beim Aufruf von Ipconfig noch die beiden Optionen */renew* und */release* angeben:

- **ipconfig /release** – Entfernt die IP-Adresse vom Client und fordert keine neue an. Wenn ein Client Probleme hat, eine Verbindung mit einem DHCP-Server herzustellen, sollten Sie immer zuerst die IP-Adresse beim Client zurücksetzen.
- **ipconfig /renew** – Fordert vom DHCP-Server eine erneute Verlängerung des Lease oder eine neue IP-Adresse an. Sollte der Befehl nicht funktionieren, geben Sie zunächst *ipconfig /release* ein.

Verwenden von Befehlszeilentools für Netzwerkinformationen

Mithilfe von Befehlszeilentools können Sie schnell Informationen über Ihren Server und Ihr Netzwerk abrufen sowie diese zur Diagnose von Netzwerkproblemen einsetzen. Die

Befehle in diesem Abschnitt beziehen sich auf TCP/IP-Netzwerke. Wir gehen hier auf die häufigsten Fragen zur Ermittlung von Netzwerkinformationen in der Eingabeaufforderung ein:

- **Wie ermittle ich den Computernamen?** – Geben Sie in der Eingabeaufforderung *hostname* ein.
- **Wie ermittle ich die IP-Adresse meines Computers?** – Geben Sie in der Eingabeaufforderung *ipconfig* ein.
- **Wie ermittle ich die physische Adresse meines Computers (MAC-Adresse, Media Access Control)?** – Geben Sie in der Eingabeaufforderung *ipconfig /all* ein. Falls Ihr Server mit mehreren Netzwerkadaptern ausgestattet ist, wird die physische Adresse für jeden Adapter einzeln aufgeführt.
- **Wie erhalte ich eine neue IP-Adresse?** – Geben Sie in der Eingabeaufforderung *ipconfig /release* ein. Hierdurch geben Sie Ihre aktuelle IP-Adresse frei. Geben Sie in der Eingabeaufforderung als Nächstes *ipconfig /renew* ein, um eine neue IP-Adresse zu erhalten.
- **Wie löse ich anhand des DNS-Namens (Domain Name System) eine IP-Adresse auf?** – Geben Sie in der Eingabeaufforderung *ping <DNS-Name>* ein. Dieser Vorgang wird Reverse-Lookup genannt.
- **Wie teste ich die Kommunikation mit einem anderen Server?** – Geben Sie in der Eingabeaufforderung *ping <IP-Adresse>* des zu testenden Computers ein.

Weitere wichtige Optionen von Ipconfig sind folgende:

- **ipconfig /registerdns** – Erneuert die Registrierung des Clients am konfigurierten DNS-Server, wenn für die DNS-Zone die dynamischen Updates aktiviert sind.
- **ipconfig /displaydns** – Zeigt den lokalen DNS-Cache an, auch die zuletzt geöffneten Internetseiten und aufgelösten DNS-Namen. Löschen Sie den Verlauf im Browser, sind die Daten dennoch an dieser Stelle vorhanden. Sie müssen den lokalen DNS-Cache getrennt löschen, indem Sie *ipconfig /flushdns* verwenden.
- **ipconfig /flushdns** – Löscht den lokalen DNS-Cache.

Tipp

Unter Umständen kann es sehr hilfreich sein, sich an einer zentralen Stelle alle MAC-Adressen in Ihrem Netzwerk anzeigen zu lassen. Mit der Batchdatei *getmac.bat*, die Sie von der Seite *https://www.wintotal.de/download/getmac* herunterladen können, werden alle MAC-Adressen in einem Netzwerk in der Eingabeaufforderung ausgelesen.

Geben Sie dazu den Befehl *getmac <IP-Segment> <Startadresse> <Endadresse>* ein. So werden zum Beispiel mit *getmac 192.161.1 10 40* die MAC-Adressen aller Rechner im Subnetz *192.161.1.x* von der IP-Adresse *192.161.1.10* bis zur Adresse *192.161.1.40* ausgelesen. Danach werden die Ergebnisse in der Textdatei *used_ips.txt* ausgegeben, die im gleichen Ordner angelegt wird, aus dem Sie *getmac.bat* starten.

Mit diesem kostenlosen Tool erhalten Sie schnell alle verfügbaren MAC-Adressen in einem IP-Bereich. Öffnen Sie nach dem Scanvorgang die Textdatei *used_ips.txt*, um sich die MAC-Adressen der Clients anzeigen zu lassen.

Korrekte Namensauflösung mit Nslookup in IPv4 und IPv6 testen

Treten in einem Microsoft-Netzwerk Fehler auf oder wollen Sie den Internetzugang testen, verwenden Sie das Befehlszeilentool *Nslookup*. Wenn ein Servername mit Nslookup nicht aufgelöst werden kann, sollten Sie überprüfen, wo das Problem liegt:

1. Ist in den IP-Einstellungen des Computers der richtige DNS-Server als bevorzugt eingetragen?
2. Optional beim Einsatz in Active Directory: Verwaltet der bevorzugte DNS-Server die Zone, in der Sie eine Namensauflösung durchführen wollen?
3. Optional beim Einsatz in Active Directory: Wenn der Server diese Zone nicht verwaltet, ist dann in den Eigenschaften des Servers ein Server eingetragen, der die Zone auflösen kann?
4. Optional beim Einsatz in Active Directory: Wenn eine Weiterleitung eingetragen ist, kann dann der Server, zu dem weitergeleitet wird, die Zone auflösen?
5. Optional beim Einsatz in Active Directory: Wenn dieser Server nicht für die Zone verantwortlich ist, leitet er dann wiederum die Anfrage weiter?

An irgendeiner Stelle der Weiterleitungskette muss ein Server stehen, der die Anfrage schließlich auflösen kann, sonst kann der Client keine Verbindung aufbauen und die Abfrage des Namens wird nicht erfolgreich sein.

Sobald Sie Nslookup aufgerufen haben, können Sie beliebige Servernamen auflösen. Wenn Sie keinen vollwertigen DNS-Namen (Fully Qualified Domain Name, FQDN) eingeben, sondern nur den Computernamen, ergänzt der lokale Rechner automatisch den Namen durch das primäre DNS-Suffix des Computers beziehungsweise durch die in den IP-Einstellungen konfigurierten DNS-Suffixe.

Wenn Sie Nslookup aufrufen, um Servernamen aufzulösen, wird als DNS-Server immer der Server befragt, der in den IP-Einstellungen des lokalen Rechners hinterlegt ist. Sie können von dem lokalen Rechner aus aber auch andere DNS-Server mit der Auflösung beauftragen. Geben Sie dazu in der Eingabeaufforderung *nslookup <host> <server>*, also zum Beispiel *nslookup www.microsoft.de 192.168.178.223* ein. Bei diesem Beispiel versucht Nslookup den Host *www.microsoft.de* mithilfe des Servers 192.168.178.223 aufzulösen.

Damit Nslookup auch den korrekten Namen des DNS-Servers in Active Directory anzeigt, müssen Sie sicherstellen, dass der DNS-Server in der Forward-Lookupzone der Domäne registriert ist. Außerdem sollten Sie eine Reverse-Lookupzone erstellen, in der die IP-Adressen der Domäne registriert sind.

Zusätzlich können Sie noch Einstellungen in den IPv6-Konfigurationen der Netzwerkkarte auf dem DNS-Server vornehmen. Hier hat Windows Server 2019 die lokale Adresse des Servers hinterlegt. Diese trägt die Bezeichnung »::1«, was 127.0.0.1 in IPv4 entspricht. Aktivieren Sie für IPv6 die Option *DNS-Serveradresse automatisch beziehen*. Danach erhalten Sie auch für DNS-Server in Active Directory den korrekten Namen des Servers und seine IPv4-Adresse zurück.

Sie können mit Nslookup sehr detailliert die Schwachstellen Ihrer DNS-Auflösung testen. Wenn Sie mehrere Hosts hintereinander abfragen wollen, müssen Sie nicht jedes Mal den Befehl *nslookup <Host> <Server>* aufrufen, sondern können Nslookup mit dem Befehl *nslookup -<Server>* starten, wobei der Eintrag *<Server>* der Name oder die IP-Adresse des DNS-Servers ist, den Sie befragen wollen, zum Beispiel *nslookup -server 192.168.178.223*.

Geben Sie den Befehl *nslookup* ohne weitere Parameter ein, können Sie in der Oberfläche mit *server 192.168.178.223* den Standardserver für das aktuelle Fenster auf den DNS-Server setzen.

Tipp

Wenn Sie in der PowerShell Namensabfragen durchführen, können Sie auch gleich die Netzwerkverbindungen testen. Zwar können Sie weiterhin das Tool *ping.exe* nutzen, aber in der PowerShell finden Sie mit dem Cmdlet *Test-Connection* etwas Besseres. *Test-Connection* kann zum Beispiel mehrere Rechner auf einmal testen. Dazu geben Sie einfach den Befehl ein und danach eine Liste der Rechner, die Sie überprüfen wollen. Wollen Sie den Befehl in eine Zeile schreiben, zum Beispiel für Skripts, verwenden Sie die Syntax:

Test-Connection -Source <Quelle1>, <Quelle2> -ComputerName <Ziel1>, Ziel2>

Mit dem Befehl können Sie also auf einmal von mehreren Quellcomputern aus mehrere Zielcomputer scannen lassen. Sie können aber auch nur einen Rechner testen, indem Sie *Test-Connection <Name oder IP-Adresse>* eingeben.

Erweiterte Netzwerkeinstellungen – Routing und IPv6

Sie können manuell IP-Routen erstellen, wenn ein Server mit mehreren Netzwerken verbunden ist. Ist IPv6-Verkehr zwischen zwei Servern möglich, verwendet Windows Server 2019 zuerst automatisch IPv6 und dann erst IPv4. Dazu ist keine Konfiguration von IPv6 notwendig.

IP-Routing unter Windows Server 2019

Sie können über die IP-Eigenschaften von Netzwerkkarten immer nur ein Standardgateway festlegen. Wenn IP-Pakete zu Hosts geschickt werden sollen, die außerhalb des konfigurierten Subnetzes liegen, werden diese von Windows immer an das konfigurierte Standardgateway geschickt.

Auch wenn in einen Server mehrere Netzwerkkarten eingebaut sind, kann immer nur ein Standardgateway pro Server festgelegt werden. Wenn Sie aber Pakete zu unterschiedlichen Netzwerken schicken wollen, können Sie in Windows manuelle Routen erstellen. Diese Routen werden mit dem Befehl *route* in der Eingabeaufforderung erstellt.

Wenn Ihre Routinginfrastruktur das Routing Information-Protokoll (RIP) für IPv4 verwendet, können Sie unter Windows den RIP-Listener aktivieren, mit dessen Hilfe der Server andere Routen im Netzwerk automatisch erlernen kann, indem er gesendete RIP-Meldungen abhört und anschließend der Routingtabelle IPv4-Routen hinzufügt.

Die RIP-Überwachung lässt sich nur verwenden, wenn die Routinginfrastruktur RIP unterstützt. Alternativ können Sie den Befehl *route add -p* verwenden, um Routen manuell der IPv4-Routingtabelle hinzuzufügen.

Für IPv6 müssen Sie den Befehl *netsh interface ipv6 add route* aufrufen, um manuelle Routen zu erstellen. IPv6 wird später in diesem Kapitel behandelt.

Das Standardgateway können Sie entweder über DHCP mitgeben oder auf einer der eingebauten Netzwerkkarten manuell festlegen. Alle Netzwerkpakete, die nicht an das interne Netzwerk gesendet werden können und für die keine manuelle Route hinterlegt ist, werden zum Standardgateway geschickt.

Das Standardgateway muss sich im gleichen Subnetz befinden wie die IP-Adresse des Computers. Die zweite Schnittstelle des Standardgateways beziehungsweise weitere Schnittstellen befinden sich in anderen Subnetzen.

Wenn Sie eine alternative Konfiguration angeben (nur IPv4), ist das Standardgateway die IP-Adresse auf der Registerkarte *Alternative Konfiguration* im Feld *Standardgateway*. Die alternative Konfiguration steht nur dann für IPv4 zur Verfügung, wenn Sie DHCP verwenden. Findet der Client keinen DHCP-Server, verwendet er automatisch die Daten der alternativen Konfiguration.

In vielen Netzwerken ist es notwendig, Routen manuell in der Eingabeaufforderung zu erstellen. Um manuelle Routen zu erstellen, wird der Route-Befehl in der folgenden Syntax verwendet:

route -p add <Ziel> MASK <Netzmaske> Gateway METRIC <Metrik> IF <Schnittstelle>

Die einzelnen Parameter haben folgende Funktionen:

- **-p** – Legt fest, dass die Route auch nach dem Booten des Computers weiterhin vorhanden ist. Standardmäßig werden die Routen beim Neustart wieder gelöscht.
- **add** – Fügt eine Route hinzu, mit *delete* kann eine Route gelöscht werden.
- **Ziel** – Das Ziel kann entweder eine IP-Adresse oder ein Subnetzpräfix, eine IP-Adresse für eine Hostroute oder 0.0.0.0 für die Standardroute sein.
- **Netzwerkmaske** – Die Subnetzmaske kann entweder die korrekte Subnetzmaske für eine IP-Adresse oder ein Subnetzpräfix, 255.255.255.255 für eine Hostroute oder 0.0.0.0 für die Standardroute sein. Wenn keine Angabe gemacht wird, wird die Subnetzmaske 255.255.255.255 verwendet.
- **Gateway** – Gibt die Weiterleitungs-IP-Adresse oder die IP-Adresse des nächsten Hops an, über die die durch das Netzwerkziel und die Subnetzmaske definierten Adressen erreichbar sind. Bei Remoterouten, die über mindestens einen Router erreichbar sind, ist die Gatewayadresse die direkt erreichbare IP-Adresse eines angrenzenden Routers.
- **Metrik** – Gibt eine ganzzahlige Kostenmetrik (im Bereich von 1 bis 9.999) für die Route an. Sie wird verwendet, wenn mehrere Routen in der Routingtabelle zur Wahl stehen, die der Zieladresse eines weitergeleiteten Pakets entsprechen. Es wird die Route mit der niedrigsten Metrik ausgewählt. Die Metrik kann die Anzahl der Hops, die Geschwindigkeit und Zuverlässigkeit des Pfads, den Pfaddurchsatz oder administrative Eigenschaften widerspiegeln.
- **Schnittstelle** – Gibt den Schnittstellenindex der Schnittstelle an, über die das Ziel erreichbar ist. Eine Liste der Schnittstellen und ihrer Schnittstellenindizes können Sie mit dem Befehl *route print* anzeigen. Sie können für den Schnittstellenindex sowohl Dezimal- als auch Hexadezimalwerte verwenden. Stellen Sie Hexadezimalwerten 0x voran. Wenn Sie den IF-Parameter nicht angeben, wird die Schnittstelle anhand der Gatewayadresse ermittelt.

Internetprotokoll Version 6 (IPv6)

IPv6, das Internet Protocol Version 6 (auch IPnG, Internet Protocol Next Generation), ist der Nachfolger des gegenwärtig im Internet noch überwiegend verwendeten Internetprotokolls in der Version 4. Beide Protokolle sind Standards für die Netzwerkschicht des OSI-Modells und regeln die Adressierung und das Routing von Datenpaketen durch ein Netzwerk.

Das bisherige IPv4 bietet einen Adressraum von etwas über 4 Milliarden IP-Adressen, mit denen Server und andere Geräte angesprochen werden können. In den Anfangstagen des Internets, als es nur wenige Rechner gab, die eine IP-Adresse benötigten, galt dies als weit mehr als ausreichend. Eine IPv6-Adresse ist 128 Bit lang (IPv4: 32 Bit). Damit gibt es etwa 3,4 x 1038 (340,28 Sextillionen) IPv6-Adressen. IPv6-Adressen werden in hexadezimaler Notation mit Doppelpunkten geschrieben, die die Adresse in acht Blöcke mit einer Länge von jeweils 16 Bit unterteilen. Beispiel einer IPv6-Adresse:

2001:0db7:85b3:07d3:1319:8a2d:437a:63d4

Eine oder mehrere 16-Bit-Gruppen mit dem Wert 0000 können durch zwei aufeinanderfolgende Doppelpunkte ersetzt werden. Die resultierende Adresse darf höchstens einmal zwei aufeinanderfolgende Doppelpunkte enthalten. 2001:0db8::1428:57ab ist gleichbedeutend mit 2001:0db8:0000:0000:0000:0000:1428:57ab, aber 2001::25de::cade ist nicht korrekt, da nicht nachvollzogen werden kann, wie viele 16-Bit-Gruppen durch die zwei Doppelpunkte jeweils ersetzt wurden. Führende Nullen einer 16-Bit-Gruppe dürfen ausgelassen werden. 2001:db8::28:b ist gleichbedeutend mit 2001:0db8::0028:000b.

Netzmasken, wie sie bei IPv4 verwendet wurden, gibt es bei IPv6 nicht. Die ersten 64 Bits der IPv6-Adresse dienen üblicherweise der Netzadressierung, die letzten 64 Bits werden zur Hostadressierung verwendet. Beispiel: Hat ein Netzwerkgerät die IPv6-Adresse 2001:0db7:85b3:07d3:1319:8a2d:437a:63d4, so stammt es aus dem Subnetz 2001:0db7:85b3:07d3::/64.

Microsoft Windows Server 2019 nutzt den Next Generation TCP/IP-Stack. Hierbei handelt es sich um einen TCP/IP-Protokollstack, in den sowohl IPv4 (Internet Protocol version 4) als auch IPv6 (Internet Protocol version 6) integriert sind. Wenn eine DNS-Abfrage beispielsweise eine IPv6- und IPv4-Adresse zurückgibt, dann versucht der Stack zuerst, über IPv6 zu kommunizieren. Die Bevorzugung von IPv6 gegenüber IPv4 bietet IPv6-fähigen Anwendungen eine bessere Netzwerkkonnektivität.

Die standardmäßige Aktivierung von IPv6 und seine Bevorzugung haben keine negativen Auswirkungen auf die IPv4-Konnektivität. In Netzwerken, in denen keine IPv6-DNS-Einträge zur Verfügung stehen, wird beispielsweise nicht über IPv6-Adressen kommuniziert. Um die Vorteile einer IPv6-Konnektivität zu nutzen, müssen Netzwerkanwendungen aktualisiert werden. IPv6 bietet gegenüber IPv4 die folgenden Vorteile:

- **Größerer Adressraum –** Der 128-Bit-Adressraum von IPv6 bietet genügend Platz, um jedes Gerät im bestehenden und zukünftigen Internet mit einer eigenen, global gültigen Adresse auszustatten.
- **Effizienteres Routing –** Durch den überarbeiteten IPv6-Header und das neue Adressierungsschema, das eine hierarchische Routinginfrastruktur unterstützt, können IPv6-Router den entsprechenden Netzwerkverkehr schneller weiterleiten.
- **Einfache Konfiguration –** IPv6-Hosts können sich entweder über DHCP oder mithilfe eines lokalen Routers selbst konfigurieren.

- **Verbesserte Sicherheit –** Die IPv6-Standards beheben einige der Sicherheitsprobleme von IPv4. Sie bieten einen besseren Schutz vor Adress- und Portscans. Sie schreiben vor, dass IPv6-Implementierungen IPsec (Internet Protocol Security) unterstützen müssen.

Windows Server 2019 unterstützt bereits nach der Installation das IP-Protokoll Version 6 (IPv6). Wenn Sie die Eigenschaften der Netzwerkverbindung anzeigen lassen, sehen Sie, dass IPv6 automatisch mit den Netzwerkverbindungen verknüpft wird.

IPv6 wurde so entworfen, dass es einfacher als IPv4 zu konfigurieren ist. IPv6 kann sich automatisch selbst konfigurieren, auch ohne DHCPv6 (Dynamic Host Configuration Protocol for IPv6). Alle IPv6-Knoten konfigurieren für jede physische oder logische IPv6-Schnittstelle automatisch eine lokale Adresse mit dem Präfix fe80::/64. Diese Adressen können nur zur Kommunikation mit benachbarten Knoten verwendet werden. Sie werden nicht im DNS registriert, und wenn Daten an eine solche Adresse gesendet werden sollen, ist zusätzlich eine Zonen-ID notwendig.

Wenn Sie einen Server mit Windows Server 2019 für IPv6 konfigurieren, sind folgende automatische Einstellungen möglich:

- Ein IPv6-Host sendet eine Multicastnachricht und empfängt eine oder mehrere Routernachrichten. In diesen Routernachrichten finden sich Subnetzpräfixe (diese nutzt der IPv6-Host zum Festlegen weiterer IPv6-Adressen und zum Hinzufügen von Routen zur IPv6-Routingtabelle) und weitere Konfigurationsparameter (zum Beispiel das Standardgateway).
- Über DHCPv6 erhält der IPv6-Host Subnetzpräfixe und andere Konfigurationsparameter. Oft wird DHCPv6 bei IPv6-Hosts unter Windows zum Beispiel dazu genutzt, die IPv6-Adressen der DNS-Server zu konfigurieren, was über die Routererkennung nicht möglich ist.

Konfiguration von IPv6

Neben der automatischen Konfiguration ist auch eine manuelle Konfiguration von IPv6 möglich. Windows Server 2019 stellt dazu eine grafische Oberfläche bereit, unterstützt aber auch die Konfiguration in der Eingabeaufforderung über den Befehl Netsh.

Wenn Sie in den Eigenschaften der Netzwerkverbindung die Eigenschaften von IPv6 aufrufen, können Sie verschiedene Einstellungen vornehmen:

- **IPv6-Adresse automatisch beziehen –** Hier wird konfiguriert, dass die IPv6-Adressen für diese Verbindung oder diesen Adapter automatisch festgelegt werden.
- **Folgende IPv6-Adresse verwenden –** IPv6-Adresse und das Standardgateway für diese Verbindung oder diesen Adapter.
- **IPv6-Adresse –** Hier können Sie eine IPv6-Unicastadresse angeben.
- **Subnetzpräfixlänge –** Hier können Sie die Länge des Subnetzpräfixes für die IPv6-Adresse festlegen. Bei IPv6-Unicastadressen sollte dies 64 sein (der Standardwert).
- **Standardgateway –** Hier können Sie die IPv6-Unicastadresse des Standardgateways angeben.
- **DNS-Serveradresse automatisch beziehen –** Hier wird konfiguriert, dass die IPv6-Adresse des DNS-Servers im Netzwerk über DHCPv6 bezogen wird.
- **Folgende DNS-Serveradressen verwenden –** Hier können Sie die Adressen des primären und sekundären DNS-Servers manuell festlegen.

Über die Schaltfläche *Erweitert* kommen Sie wie bei IPv4 zu weiteren Einstellmöglichkeiten für IPv6. Auf der Registerkarte *IP-Einstellungen* können Sie die IPv6-Adressierung des Computers detaillierter spezifizieren:

- Für jede IPv6-Unicastadresse müssen Sie eine IPv6-Adresse und eine Subnetzpräfixlänge angeben. Die Schaltfläche *Hinzufügen* steht nur dann zur Verfügung, wenn die Option *Folgende IPv6-Adresse verwenden* bei den Einstellungen für die IPv6-Adresse gesetzt ist.
- Für jedes Standardgateway müssen Sie eine IPv6-Adresse angeben. Außerdem müssen Sie angeben, ob die Metrik für dieses Gateway über die Verbindungsgeschwindigkeit beziehungsweise über die Geschwindigkeit des Adapters ermittelt werden soll oder ob Sie die Metrik selbst festlegen möchten.
- Sie können festlegen, ob eine bestimmte Metrik für die IPv6-Adressen oder die Standardgateways verwendet oder ob diese über die Verbindungsgeschwindigkeit oder die Geschwindigkeit des Adapters ermittelt werden soll. Die Metrik wird verwendet, wenn mehrere Routen in der Routingtabelle zur Wahl stehen, die der Zieladresse eines weitergeleiteten Pakets entsprechen. Es wird die Route mit der niedrigsten Metrik ausgewählt. Die Metrik kann die Anzahl der Hops, die Geschwindigkeit und Zuverlässigkeit des Pfads, den Pfaddurchsatz oder administrative Eigenschaften widerspiegeln.

Auf der Registerkarte *DNS* können im Grunde genommen die gleichen Einstellungen vorgenommen werden wie auf der entsprechenden Registerkarte für IPv4.

Konfiguration von IPv6 in der Eingabeaufforderung mit Netsh

Neben der Möglichkeit, IPv6 in der grafischen Oberfläche zu konfigurieren, kann die Konfiguration über die Eingabeaufforderung erfolgen. Für diese Konfiguration wird das Befehlszeilentool Netsh verwendet.

Mit dem Befehl *netsh interface ipv6 add address* können Sie IPv6-Adressen konfigurieren. Hierbei gilt die folgende Syntax:

netsh interface ipv6 add address interface=<Schnittstellenname_oder_Index> address=<IPv6 _Adresse>/<Länge_Prefix> type=<unicast>|anycast validlifetime=<Zeit>|infinite preferredlifetime=<Zeit>|infinite store=active|persistent

Die einzelnen Optionen haben folgende Bedeutung:

- **interface** – Der Name der Verbindung, des Adapters oder der Index der Schnittstelle.
- **address** – IPv6-Adresse (optional gefolgt von der Länge des Subnetzpräfixes – standardmäßig 64).
- **type** – Typ der IPv6-Adresse – Unicast (Standard) oder Anycast.
- **validlifetime** – Die Lebensdauer, für die die Adresse gültig ist. Dieser Zeitraum kann in Tagen, Stunden, Minuten und Sekunden angegeben werden (zum Beispiel 1d2h3m4s). Standardmäßig ist die Lebensdauer unbegrenzt.
- **preferredlifetime** – Der Zeitraum, über den die Adresse bevorzugt wird. Er kann in Tagen, Stunden, Minuten und Sekunden angegeben werden (zum Beispiel 1d2h3m4s). Standardwert für diese Einstellung ist »unbegrenzt«.
- **store** – Wie die IPv6-Adresse gespeichert werden soll – entweder *active* (die Adresse wird beim Systemneustart entfernt) oder *persistent* (die Adresse bleibt beim Systemneustart erhalten, was auch die Standardeinstellung ist).

Mit dem folgenden Befehl können Sie zum Beispiel die IPv6-Unicastadresse *1002:db6::281d:1283::1* für die Schnittstelle *LAN* persistent und mit unbegrenzter Lebensdauer konfigurieren:

netsh interface ipv6 add address "LAN" 1002:db6::281d:1283::1

Mit dem Befehl *netsh interface ipv6 add route* können Sie ein Standardgateway konfigurieren und eine Standardroute (::/0) hinzufügen. Die Syntax dieses Befehls finden Sie im folgenden Abschnitt.

Auch die DNS-Server können für eine IPv6-Verbindung manuell festgelegt werden. Um DNS-Server hinzuzufügen, nutzen Sie den Befehl *netsh interface ipv6 add dnsserver.* Dabei verwenden Sie folgende Syntax:

netsh interface ipv6 add dnsserver interface=<Schnittstellenname> address=<IPv6-Adresse> index=<Reihenfolge>

Standardmäßig wird der DNS-Server an das Ende der Liste gesetzt. Wenn Sie jedoch hier einen Wert angeben, wird der DNS-Server an die entsprechende Position der Liste gesetzt. Um zum Beispiel einen DNS-Server mit der Adresse *1002:db6::281d:1283::1* und der Schnittstelle *LAN* hinzuzufügen, verwenden Sie den folgenden Befehl:

netsh interface ipv6 add dnsserver "LAN" 1002:db6::281d:1283::1

Erstellen manueller Routen für IPv6

Wie für IPv4 können auch für IPv6 manuelle Routen erstellt werden. Allerdings wird beim Erstellen manueller Routen für IPv4 der Befehl *Route* verwendet, während für IPv6 der Befehl *Netsh* verwendet wird. Der Syntax zur Erstellung einer manuellen Route für IPv6 lautet:

netsh interface ipv6 add route prefix=<IPv6-Adresse>/<Ganze Zahl> interface=<Zeichenfolge> nexthop=<IPv6-Adresse> siteprefixlength=<Ganze Zahl> metric=<Ganze Zahl> publish=<Wert> validlifetime=<Ganze Zahl>|infinite preferredlifetime=<Ganze Zahl> store=<Wert>

Die einzelnen Optionen dieses Befehls haben folgende Funktion:

- **prefix –** Adresse oder Subnetzpräfix, für die oder das eine Route hinzugefügt wird.
- **interface –** Schnittstellenname oder -index.
- **nexthop –** Gatewayadresse, wenn das Präfix nicht auf Verbindung ist.
- **siteprefixlength –** Präfixlänge für die ganze Website, falls sie auf Verbindung ist.
- **metric –** Metrische Route.
- **publish –** Stellt einen der folgenden Werte dar:
  - **publish = age –** Die Routenankündigung enthält die verbleibende Gültigkeitsdauer bis zum Löschen.
  - **publish = yes –** Die Route wird niemals gelöscht, unabhängig vom Wert der Gültigkeitsdauer, und jede Routenankündigung enthält dieselbe angegebene Gültigkeitsdauer.
  - **publish = no** oder **age –** Die Route wird nach Ablauf der Gültigkeitsdauer gelöscht.
- **no –** Nicht in Routenankündigungen angekündigt (Standard).
- **age –** In Routenankündigungen angekündigt mit sinkender Gültigkeitsdauer.

- **yes** – In Routenankündigungen angekündigt mit unveränderter Gültigkeitsdauer.
- **validlifetime** – Die Gültigkeitsdauer einer Route in Tagen, Stunden, Minuten und Sekunden (z. B. 1d2h3m4s). Der Standardwert ist infinite.
- **preferredlifetime** – Die bevorzugte Gültigkeitsdauer der Route. Standardmäßig entspricht dieser Wert der Gültigkeitsdauer.
- **store** – Stellt einen der folgenden Werte dar:
  - **active** – Änderung wird nur bis zum nächsten Systemstart beibehalten.
  - **persistent** – Änderung ist dauerhaft (Standard).

In Netzwerken mit IPv4 arbeitet Windows Server 2019 nach dem alten Standard. Sind in einem Netzwerk IPv4 und IPv6 verfügbar, priorisiert Windows Server 2019 den Datenverkehr über IPv6. Funktioniert der Datenverkehr nicht problemlos, erkennt dies Windows Server 2019 und schaltet im Hintergrund automatisch auf IPv4 um.

Um eine Namensauflösung in Windows Server 2019 zu testen, verwenden Sie am besten nicht mehr das alte Befehlszeilentool *Nslookup*, sondern das PowerShell-Cmdlet *Resolve-DNSname*. Dieses ist für IPv6 optimiert und kann anzeigen, ob bestimmte Zonen eine IPv6-Adresse verwenden. Microsoft geht auf der Seite *http://blogs.msdn.com/b/b8/archive/2012/06/05/connecting-with-ipv6-in-windows-8.aspx* ausführlicher auf das Thema ein.

Windows Server 2019 Active Directory

Windows Server 2019 können Sie als Mitgliedsserver auch in älteren Active Directory-Umgebungen integrieren.

Netzwerkeinstellungen für die Domänenaufnahme konfigurieren

Um einen Windows Server 2019-Server in Active Directory zu integrieren, rufen Sie zunächst die Verwaltung der Netzwerkverbindungen auf. Am schnellsten geht das, wenn Sie nach *ncpa.cpl* suchen. Alternativ rufen Sie das Netzwerk- und Freigabecenter über das Kontextmenü der Netzwerkverbindung auf dem Desktop auf und klicken auf *Adaptereinstellungen ändern*.

Ändern Sie die IP-Einstellungen so ab, dass der Client einen DNS-Server in der Active Directory-Struktur verwendet. Um die Verbindung zu testen, öffnen Sie eine Eingabeaufforderung auf dem Client und geben *nslookup <FQDN des Domänencontrollers>* ein. Lassen Sie anschließend den Client noch den Domänencontroller anpingen.

Domänenaufnahme durchführen

Die Domänenaufnahme starten Sie am schnellsten durch Eingabe von *sysdm.cpl* im Startmenü. Klicken Sie danach auf der Registerkarte *Computername* auf *Ändern*. Geben Sie bei *Computername* den Namen des Computers ein, den er später in der Domäne erhalten soll. Aktivieren Sie dann die Option *Domäne* bei *Mitglied von* und tragen Sie den DNS-Namen der Domäne ein, der der Client beitreten soll.

Abschließend müssen Sie sich noch an der Domäne authentifizieren. Bei erfolgreicher Eingabe wird der Server in die Domäne aufgenommen. Wie bei den Vorgängerversionen von Windows müssen Sie den Server nach der Domänenaufnahme neu starten.

Haben Sie den Server nach der Domänenaufnahme neu gestartet, melden Sie sich mit einem Benutzernamen an der Domäne an.

Tipp Sie können Server auch in der PowerShell benennen, neu starten und in Domänen aufnehmen. Dazu verwenden Sie die Cmdlets:

- *Rename-Computer -Name [Computername]*
- *Add-Computer -DomainName [Domänenname]*
- *Restart-Computer*

Domänenaufnahme testen

Auf dem Domänencontroller öffnen Sie in Windows Server 2019 den Server-Manager und dann über das Menü *Tools* das Snap-in *Active Directory-Benutzer und -Computer*. Hier sehen Sie in der Organisationseinheit *Computers* den neuen Server und können dessen Eigenschaften aufrufen. Auf der Registerkarte *Betriebssystem* sehen Sie den Stand des Betriebssystems.

Um sich mit einem Windows Server 2019-Server an Active Directory anzumelden, klicken Sie auf *Anderer Benutzer*. Geben Sie bei der ersten Anmeldung den Benutzernamen in der Syntax *<NetBIOS-Name der Domäne>\<Benutzernamen>* ein, wenn es den gleichen Benutzernamen auch auf dem lokalen Server gibt. Ist der Anmeldename nicht vorhanden, reicht auch die Anmeldung über den Benutzernamen.

Öffnen Sie nach der Anmeldung an der Domäne über das Kontextmenü der Netzwerkeinstellungen und der Auswahl von *Netzwerk- und Interneteinstellungen* das *Netzwerk- und Freigabecenter*, sehen Sie ebenfalls den Domänenstatus des Servers. Sie können auch einfach auf das Netzwerksymbol klicken, um den Domänenstatus anzuzeigen. Im Netzwerk- und Freigabecenter sehen Sie ebenfalls die Anbindung an Active Directory.

Über die Schaltfläche *Erweitert* in den Eigenschaften des TCP/IPv4-Protokolls und auch in IPv6 erreichen Sie weitere Einstellungen, um die Namensauflösung per DNS oder WINS im Netzwerk optimal einzustellen. Normalerweise werden Sie hier keine Einstellungen vornehmen müssen, da bereits die Standardeinstellungen ausreichen. Für manche Netzwerke kann jedoch eine Nachjustierung sinnvoll sein. Ob das bei Ihnen notwendig ist, erfahren Sie auf den folgenden Seiten. Vor allem wenn Sie eine Active Directory-Gesamtstruktur mit einer verschachtelten Domänenstruktur betreiben, sind Konfigurationsmaßnahmen notwendig.

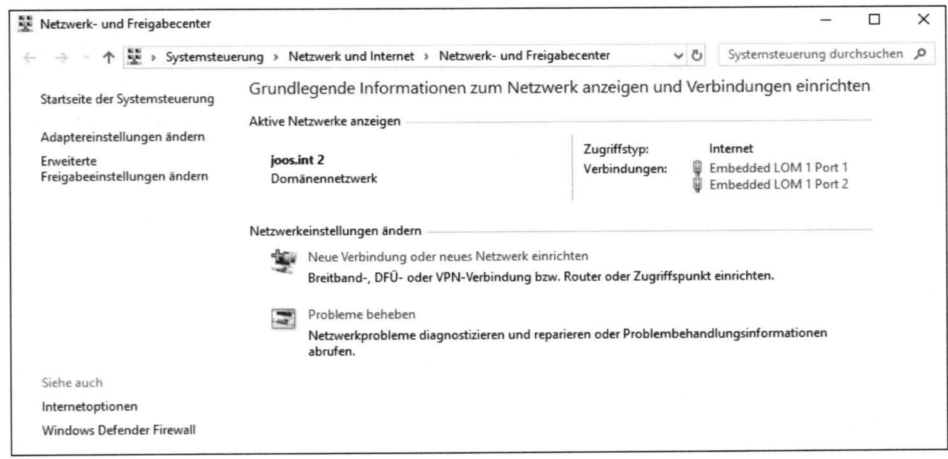

Abbildung 6.6: Anzeigen der Domänenmitgliedschaft in Windows Server 2019

Auf der Registerkarte *WINS* können Sie einen WINS-Server eintragen, sofern Sie einen solchen im Netzwerk betreiben. WINS steht für Windows Internet Name Service und ist der Vorgänger der dynamischen DNS-Aktualisierung. Während DNS für die Namensauflösung mit voll qualifizierten Domänennamen zuständig ist, werden mit WINS NetBIOS-Namen aufgelöst.

Damit sich die Server und Clients bei WINS registrieren und Daten daraus abfragen können, müssen Sie in den IP-Einstellungen die WINS-Server eintragen. Auf den Arbeitsstationen können Sie diese Einstellungen auch mithilfe eines DHCP-Servers verteilen. Mehr zu diesen Themen lesen Sie in den Kapiteln 24 bis 25.

Erweiterte TCP/IP-Einstellungen
IP-Einstellungen | DNS | WINS
DNS-Serveradressen in Verwendungsreihenfolge:
192.168.178.230
Hinzufügen... | Bearbeiten... | Entfernen
Die folgenden drei Einstellungen gelten für alle Verbindungen, für die TCP/IP aktiviert ist. Für die Auflösung unvollständiger Namen:
Primäre und verbindungsspezifische DNS-Suffixe anhängen
Übergeordnete Suffixe des primären DNS-Suffixes anhängen
Diese DNS-Suffixe anhängen (in Reihenfolge):
Hinzufügen... | Bearbeiten... | Entfernen
DNS-Suffix für diese Verbindung:
Adressen dieser Verbindung in DNS registrieren
DNS-Suffix dieser Verbindung in DNS-Registrierung verwenden
OK | Abbrechen

Abbildung 6.7: Konfigurieren der erweiterten DNS-Einstellungen in Windows Server 2019

Auf der Registerkarte *DNS* werden schließlich notwendige Einstellungen vorgenommen, um Windows Server 2019 besser in eine Windows-Domäne einzubinden. Für eine generelle Aufnahme von Windows Server 2019 in eine Domäne sind hier keine Änderungen vorzunehmen. Zunächst sind standardmäßig immer nur die folgenden Optionen aktiviert:

- *Primäre und verbindungsspezifische DNS-Suffixe anhängen*
- *Übergeordnete Suffixe des primären DNS-Suffixes anhängen*
- *Adressen dieser Verbindung in DNS registrieren*

Die einzelnen Optionen spielen bei der Namensauflösung in einer DNS-Infrastruktur eine erhebliche Rolle:

- **Primäre und verbindungsspezifische DNS-Suffixe anhängen** – Durch die Aktivierung dieser Option wird festgelegt, dass der Rechner versucht, bei der Auflösung von Rechnernamen immer automatisch das konfigurierte primäre DNS-Suffix des eigenen Computernamens anzuhängen. Wollen Sie zum Beispiel einen Rechnernamen mit der Bezeichnung *dc01* auflösen, versucht der Rechner eine Namensauflösung nach *dc01.contoso.int*, wenn das primäre DNS-Suffix des Computers *contoso.int* ist.
- **Übergeordnete Suffixe des primären DNS-Suffixes anhängen** – Diese Option bedeutet, dass auch die Namen von übergeordneten Domänen bei der Namensauflösung verwendet werden. Wenn Sie zum Beispiel in einer untergeordneten Domäne mit der Bezeichnung *muenchen.de.contoso.int* einen Servernamen *dc05* auflösen wollen, versucht der Rechner zunächst die Auflösung über *dc05.muenchen.de.contoso.int*, falls dies das primäre DNS-Suffix des Computers ist. Im Anschluss wird versucht, den Namen über *dc05.de.contoso.int* und dann über *dc05.contoso.int* aufzulösen, da diese Domänen der Domäne *muenchen.de.contoso.int* übergeordnet sind.
- **DNS-Suffix für diese Verbindung** – Zusätzlich haben Sie noch die Möglichkeit, in diesem Bereich ein weiteres beliebiges DNS-Suffix einzutragen. Wenn der Rechner den eingegebenen Namen bei seinem konfigurierten DNS-Server nicht über sein eigenes primäres DNS-Suffix finden kann, versucht er es mit dem DNS-Suffix in diesem Feld. Wollen Sie zum Beispiel den Servernamen *dc06* auflösen, versucht der Server zunächst die Auflösung in *dc06.contoso.int*, sofern das sein primäres DNS-Suffix ist. Tragen Sie im Feld *DNS-Suffix für diese Verbindung* noch ein Suffix in der Form *muenchen.de.microsoft.int* ein, versucht der Server, auch den Namen nach *dc06.muenchen.de.microsoft.int* aufzulösen.
- **Adressen dieser Verbindung in DNS registrieren** – Auch diese Option ist bereits standardmäßig aktiviert. Ein DNS-Server hat die Möglichkeit, Einträge dynamisch zu registrieren. Durch dieses dynamische DNS müssen Hosteinträge nicht mehr manuell durchgeführt werden. Sobald sich ein Rechner im Netzwerk anmeldet, versucht er, seinen FQDN (Fully Qualified Domain Name) beim konfigurierten DNS-Server automatisch einzutragen, sofern diese Option nicht deaktiviert wurde. Dieser Punkt ist für die interne Namensauflösung in einem Active Directory-Netzwerk von sehr großer Bedeutung.

Außer den standardmäßig aktivierten Optionen gibt es noch weitere Möglichkeiten, die Sie in diesem Fenster konfigurieren können:

- **Diese DNS-Suffixe anhängen** – Wenn Sie diese Option aktivieren, können Sie DNS-Suffixe konfigurieren, nach denen unvollständige Rechnernamen aufgelöst werden. Aktivieren Sie diese Option, werden weder das primäre DNS-Suffix des Servers noch die DNS-Suffixe dieser Verbindung verwendet. Es werden die DNS-Suffixe in der Reihenfolge angehängt, die im Feld *Diese DNS-Suffixe anhängen (in Reihenfolge)* konfiguriert sind. Achten Sie bei der Konfiguration darauf, dass möglichst das DNS-Suffix der Windows-Domäne, in der dieser Server Mitglied ist, als erstes in dieser Liste eingetragen ist. Diese Option wird häufig verwendet, um die Namensauflösung in Gesamtstrukturen mit mehreren Strukturen durchzuführen. Dazu werden alle Strukturen in der gewünschten Reihenfolge der Gesamtstruktur eingetragen, um eine Namensauflösung innerhalb des Active Directory zu gewährleisten. Vor allem beim Einsatz von Exchange-Servern ist diese Option sehr nützlich, wenn diese über mehrere Strukturen und Domänen verteilt sind. Standardmäßig ist diese Option nicht aktiviert.

- **DNS-Suffix dieser Verbindung in DNS-Registrierung verwenden** – Wenn Sie diese Option aktivieren, wird der Server-Name im DNS mit seinem Computernamen und seinem primären DNS-Suffix registriert, also seinem FQDN. Zusätzlich wird der Name mit dem DNS-Suffix, das im Bereich *DNS-Suffix für diese Verbindung* konfiguriert ist, auch beim DNS-Server registriert. Diese Option ist ebenfalls standardmäßig nicht aktiviert.

Wenn Sie schnell und effizient Servernamen in verschiedenen DNS-Zonen auflösen wollen, aktivieren Sie auf den Servern in den IP-Einstellungen über die Schaltfläche *Erweitert* auf der Registerkarte *DNS* die Option *Diese DNS-Suffixe anhängen (in Reihenfolge)*. Tragen Sie als Nächstes zuerst den Namensraum der eigenen Struktur ein und hängen Sie danach die Namensräume der anderen Strukturen an.

Der Sinn dieser Konfiguration ist die schnelle Auflösung von Servern in den anderen Strukturen. Wenn Sie zum Beispiel den Domänencontroller *dc1* in der Struktur *contoso.int* auflösen wollen, müssen Sie immer *dc1.contoso.int* eingeben, wenn Ihr Server nicht Mitglied dieser Struktur ist. Diese Einstellung ist nur optional, erleichtert aber die Stabilität der Namensauflösung in Active Directory. Sie sollten diese Einstellung auf jedem Domänencontroller sowie auf jedem Exchange-Server in Ihrer Gesamtstruktur und auch auf Computern von Administratoren oder Powerusern durchführen, die ständig eine Verbindung zu anderen Domänen aufbauen müssen. Zuerst sollten immer die eigene Domäne und der eigene Namensraum eingetragen werden, bevor andere Namensräume abgefragt werden.

Wenn Sie diese Maßnahme durchgeführt haben, können Sie durch Eingabe des Befehls *nslookup* den Effekt überprüfen. Sie können an dieser Stelle lediglich *dc1* eingeben. Der Server befragt seinen bevorzugten DNS-Server, ob ein Server mit dem Namen *dc1.contoso.int* gefunden wird, wenn es sich hier um Ihr primäres DNS-Suffix handelt. Da dieser Server unter Umständen in dieser Domäne nicht vorhanden ist, wird der nächste Namensraum abgefragt.

Viele Administratoren tragen auf ihrem DNS-Server einfach einen neuen statischen Hosteintrag ein, der auf die IP-Adresse des Servers des anderen Namensraums zeigt. Diese Vorgehensweise ist aber nicht korrekt, auch wenn sie grundsätzlich funktioniert. Es wird in diesem Fall nämlich nicht der richtige DNS-Name des entsprechenden Servers zurückgegeben, sondern der Servername mit der Zone des DNS-Servers, in die der Server als Host eingetragen wurde. Vor allem in größeren Active Directories sollten Administratoren darauf achten, die Konfigurationen so vorzunehmen, dass sie auch formal korrekt sind. Das hilft oft, unbedachte Probleme zu vermeiden.

Wenn Sie zum Beispiel in der Zone *microsoft.com* einen neuen Eintrag *dc1* für den Domänencontroller *dc1.contoso.com* erstellen, der auf die IP-Adresse des Servers verweist, wird der Name als *dc1.microsoft.com* aufgelöst, obwohl der eigentliche Name des Servers *dc1.contoso.com* ist. Dadurch funktioniert zwar die Auflösung, aber es wird ein falscher Name zurückgegeben.

Öffnen Sie nach der Konfiguration beziehungsweise der Aufnahme des Computers in die Domäne eine Eingabeaufforderung und geben Sie den Befehl *nslookup* ein. Die Eingabe des Befehls darf keinerlei Fehlermeldungen verursachen. Es muss der richtige FQDN des DNS-Servers und seine IP-Adresse angezeigt werden. Sollte das nicht der Fall sein, gehen Sie Schritt für Schritt vor, um den Fehler einzugrenzen:

1. Überprüfen Sie, ob das primäre DNS-Suffix mit dem Zonennamen übereinstimmt. Das primäre DNS-Suffix der Domäne wird automatisch beim Aufnehmen in die Domäne zugewiesen.
2. Stellen Sie als Nächstes fest, ob die IP-Adresse des DNS-Servers korrekt in den IP-Einstellungen des Computers eingetragen wurde.

Zusammenfassung

In diesem Kapitel haben wir Ihnen gezeigt, wie Sie Windows Server 2019 in einem Netzwerk betreiben. Auch die neue Funktion der Zusammenfassung von Netzwerkkarten (NIC-Teams) haben wir in diesem Kapitel vorgestellt. Außerdem waren IP-Routing und IPv6 Thema. Wir haben auch Standardkonfigurationen behandelt und was Sie einstellen müssen, um Windows Server 2019 in Active Directory zu betreiben, inklusive verschiedener Befehlszeilentools zur Fehlerbehebung.

Im nächsten Kapitel zeigen wir Ihnen, wie Sie Hyper-V in Windows Server 2019 nutzen, um Server zu virtualisieren.

Teil C
Virtualisierung mit Hyper-V

Kapitel 7

Hyper-V – Installation und Server virtualisieren

In diesem Kapitel:

Mit Hyper-V bietet Microsoft eine in das Betriebssystem integrierte Lösung zur Virtualisierung an. Hyper-V bietet mit der Hypervisor-Technologie eine direkte Verbindung zu den Virtualisierungsfunktionen der aktuellen AMD- und Intel-Prozessoren. Hyper-V besteht aus einer kleinen hochspezialisierten Softwareschicht, dem sogenannten Hypervisor, die direkt zwischen der Serverhardware und den virtuellen Computern positioniert ist.

Hinweis In Windows Server 2019 ist standardmäßig Windows Defender als Virenscanner installiert (siehe Kapitel 31). Allerdings hat Microsoft automatisch die notwendigen Ausnahmen für Hyper-V und die anderen Serverrollen integriert. Sollen die Ausnahmen ausgeschaltet werden, geben Sie den folgenden Befehl ein:

Set-MpPreference -DisableAutoExclusions $true

In Kapitel 31 finden Sie eine Liste der Ausnahmen von Windows Defender, auch für Hyper-V.

So funktioniert Hyper-V

Die Software partitioniert die Hardwareressourcen eines Servers. Dabei lassen sich übergeordnete und untergeordnete Partitionen, sogenannte Parent-VMs und Child-VMs, erstellen. Während in der Parent-VM die Prozesse der virtuellen Maschine, der WMI-Provider und der VM-Dienst läuft, sind in den Child-VMs die Anwendungen positioniert. Die Parent-VM verwaltet auch die Treiber der Computer. Hyper-V benötigt im Gegensatz zu vielen anderen Virtualisierungslösungen keine speziellen Treiber für aktuelle Hardware. Die Parent-VM ist sozusagen das eigentliche Hostsystem, während die Child-VMs die virtuellen Computer darstellen. Dabei tauscht nur die Parent-VM Informationen mit Hyper-V direkt aus.

Untergeordnete Partitionen stellen die Anwendungen im Benutzermodus zur Verfügung, während der Kernelmodus nur die Virtualization Service Clients (VSC) und den Windows-Kernel betreibt. Dadurch erhöht sich in der Theorie neben der Geschwindigkeit auch die Stabilität der Computer. Damit die virtuellen Computer funktionieren, nimmt Hyper-V kleinere Änderungen am Kernel der Gastsysteme vor.

Hyper-V unterstützt die AMD- und Intel-Virtualisierungsfunktionen für x64-Prozessoren und setzt diese für den Einsatz sogar voraus. Dies bedeutet, dass x86-Computer von der Virtualisierung zumindest als Hostsystem ausgeschlossen sind. Hyper-V lässt sich daher nur auf x64-Bit-Computern mit Intel VT oder AMD-V Erweiterungen installieren.

Physische und virtuelle Datenspeicher lassen sich virtuellen Maschinen in Hyper-V im laufenden Betrieb zuweisen oder von diesen Maschinen abtrennen. So können Pass-Through-Festplatten, also physische Datenspeicher an virtuelle Maschinen ohne Beeinträchtigung der Benutzer angebunden werden. Dies gilt auch für herkömmliche virtuelle Festplatten. Diese Technik funktioniert sowohl bei den virtuellen VHD/VHDX-Festplatten als auch über Festplatten, die zwar am Host physisch angeschlossen, aber nur in den virtuellen Servern konfiguriert sind. Hyper-V ermöglicht dies über einen neuen virtuellen SCSI-Controller.

Grundlagen von Hyper-V

Hyper-V Hosts können 24 TB RAM nutzen. Virtuelle Maschinen verwalten in Windows Server 2019 bis zu 16 TB Arbeitsspeicher. Virtuelle Maschinen lassen sich in Hyper-V-Clustern priorisieren und mit der Livemigration lassen sich im laufenden Betrieb mehrere Server auf einmal zwischen Clusterknoten verschieben. Fällt ein Knoten aus, verschiebt Hyper-V die virtuellen Maschinen mit der höchsten Priorität zuerst. Alle Neuerungen in Hyper-V von Windows Server 2019 finden Sie in Kapitel 1.

Tipp Hyper-V lässt sich in der PowerShell verwalten. Geben Sie in der PowerShell *Get-Command -Module Hyper-V* ein, erhalten Sie eine Liste der verfügbaren Cmdlets angezeigt.

Für Windows Server 2019 gelten folgende Grenzwerte:

- Maximale CPUs pro Host: 512
- Maximaler Arbeitsspeicher pro Host: 24 TB
- Maximaler Arbeitsspeicher pro VM: 16 TB
- Maximale Anzahl an virtuellen CPUs pro VM: 240

Hinweis Virtuelle Server lassen sich einfach mit BitLocker verwenden. In Generation-2-VMs können Sie ein virtuelles TPM (Trusted Platform Module) hinzufügen, für Generation-1-VMs speichert Windows Server 2019 die notwendigen Daten in einem versteckten Bereich der Festplatte. Mehr zu BitLocker lesen Sie in Kapitel 5.

Im Hyper-V-Manager können Sie für jeden Hyper-V-Host eigene Anmeldedaten hinterlegen. Windows Server 2019 verwendet zur Kommunikation mit den Servern das WS-MAN-Protokoll, das wesentlich performanter ist und vor allem leichter bedienbar. Es unterstützt CredSSP, Kerberos und NTLM und verwendet den Port 80 zur Verbindung zwischen Hyper-V-Manager und Hyper-V-Host.

Tipp Markieren Sie im Hyper-V-Manager mehrere VMs auf einmal, stehen im Kontextmenü die Befehle zur Verfügung, die für alle markierten VMs durchgeführt werden können.

Optimale Hochverfügbarkeit

Mit Hyper-V-Replica lassen sich in Windows Server 2019 weiterhin virtuelle Festplatten und ganze Server asynchron zwischen verschiedenen Hyper-V-Hosts im Netzwerk replizieren und synchronisieren. Die Replikation findet über das Dateisystem statt, ein Cluster ist nicht notwendig.

Die Replikationen lassen sich manuell, automatisiert oder nach einem Zeitplan ausführen. Auf diesem Weg lassen sich virtuelle Server auch hochverfügbar betreiben, ohne teure Cluster betreiben zu müssen. Die Einrichtung nehmen Sie über einen Assistenten im Hyper-V-Manager vor (siehe Kapitel 9). Außerdem können Sie die Livemigration von virtuellen Servern jetzt auch ohne Cluster verwenden (siehe Kapitel 9).

Damit Hyper-V-Hosts eine solche Replikation zulassen, müssen Sie diese zunächst generell aktivieren. Mit dieser Technologie lassen sich virtuelle Server im laufenden Betrieb zwischen verschiedenen Hyper-V-Hosts replizieren.

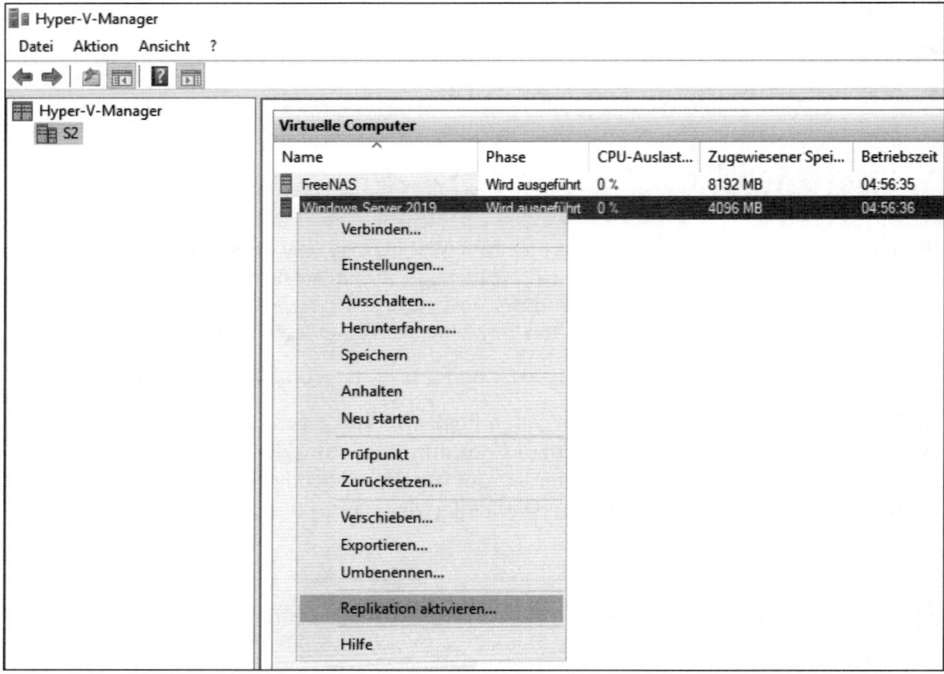

Abbildung 7.1: Konfigurieren der Hyper-V-Replikation

Auf diese Weise können Sie aber auch Testumgebungen mit produktiven Daten aufbauen oder für eine Hochverfügbarkeitslösung sorgen, indem Sie Server replizieren lassen. Die Computer müssen dabei nicht in einem Cluster konfiguriert sein, es reicht aus, wenn auf dem Hyper-V-Host Windows Server 2019 und Hyper-V installiert ist. Auch eine Replikation zum kostenlosen Hyper-V Server 2019 ist möglich. Die entsprechende Replikation steuern Sie über einen Assistenten, den Sie über das Kontextmenü von virtuellen Servern im Hyper-V-Manager starten.

Für eine bessere Leistung im Netzwerk dürfen virtuelle Server auf Hardwarefunktionen von Netzwerkkarten zugreifen, was das Tempo enorm beschleunigen kann. In den Einstellungen von virtuellen Netzwerkkarten lässt sich die Netzwerkbandbreite von Servern eingrenzen und unerwünschte DHCP- oder Routerpakete lassen sich blockieren. Dies soll verhindern, dass virtuelle Server unerwünscht als DHCP-Server oder Router agieren und das Netzwerk beeinträchtigen.

Kaufen Unternehmen neue Hostsysteme für Hyper-V, sollten sie darauf achten, genügend Netzwerkkarten in den Server einzubauen. Wichtig ist dabei auch, dass die Karten die neuen Funktionen in Hyper-V unterstützen.

Sicherheit und Bandbreitenverwaltung

In den Netzwerkeinstellungen lassen sich unter anderem Berechnungen für IPsec vom Prozessor des virtuellen Servers auf die physische Netzwerkkarte auslagern.

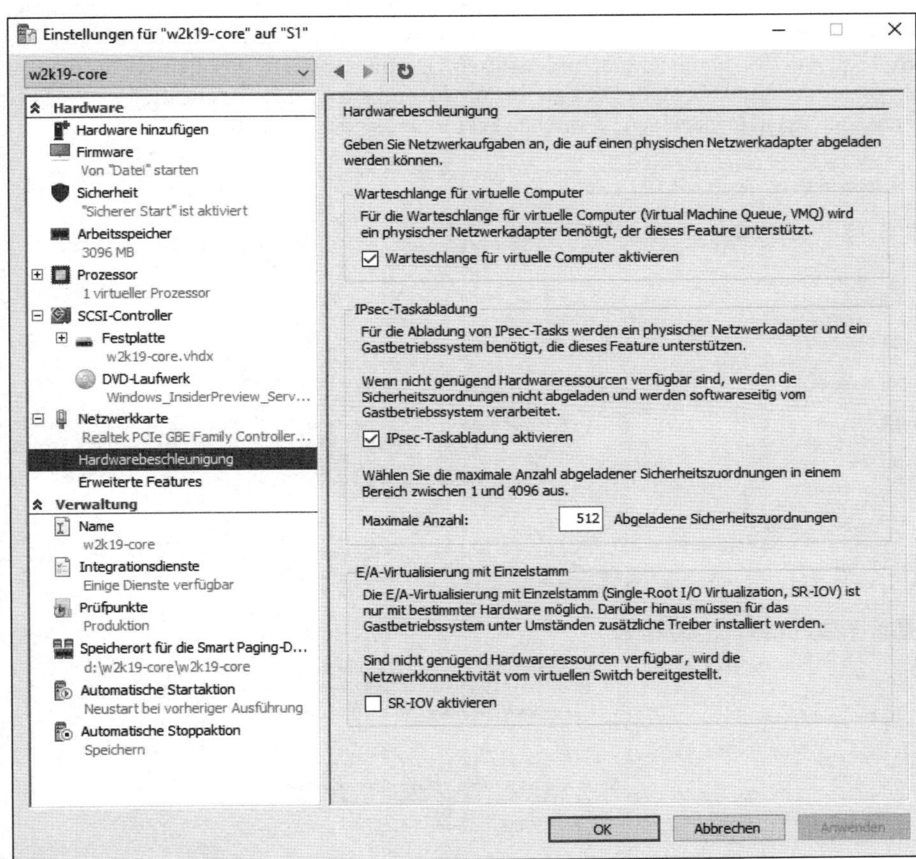

Abbildung 7.2: Einstellungen zur Hardwarebeschleunigung für virtuelle Netzwerkadapter

Eine weitere Einstellung ist *E/A-Virtualisierung mit Einzelstamm*. Hierbei handelt es sich um physische Funktionen von Netzwerkkarten, die auch in Hyper-V funktionieren. Netzwerkkarten, die diese Funktion unterstützen, stellen für virtualisierte Umgebungen implementierte E/A-Kanäle zur Verfügung, mit denen sich die Karte gegenüber virtualisierten Servern wie mehrere Netzwerkkarten verhält. SR-IOV ist vor allem bei Ein-/Ausgabe-intensiven Anwendungen interessant, also durchaus für virtuelle SQL Server.

Bei den erweiterten Features finden Sie die beiden Einstellungen *DHCP-Wächter* und *Routerwächter*. Sie sollen verhindern, dass virtuelle Server unkontrolliert als DHCP-Server oder als Router agieren.

Ebenfalls Bestandteil von Windows Server 2019 ist das Festplattenformat VHDX. Dieses erlaubt in Hyper-V eine maximale Festplattengröße von 64 TB. Hyper-V unter Windows Server 2008 R2 unterstützte mit VHD-Dateien nur 2 TB. Interessant in diesem Bereich ist auch die Möglichkeit, 4-KB-Sektoren für Festplatten zu verwenden. Windows Server 2019 unterstützt Festplatten mit großen Sektoren.

Das Festplattenformat für 4-KB-Festplatten trägt die Bezeichnung *Advanced Format Technology*. Diese Technologie unterstützt physische Festplatten mit einer Sektorgröße von 4 KB. Bisher nutzen Festplatten eine Größe von 512 Byte. Die erhöhte Sektorgröße ist notwendig, damit Hersteller Festplatten mit höherer Speicherkapazität produzieren können. Daher muss auch Hyper-V das neue Format unterstützen. Davon profitiert das Betriebssystem, da Windows Server 2019 ebenfalls 4 KB große Speichereinheiten nutzt. Das heißt, logische Sektoren passen in einen einzelnen physischen Sektor und sind nicht mehr verteilt.

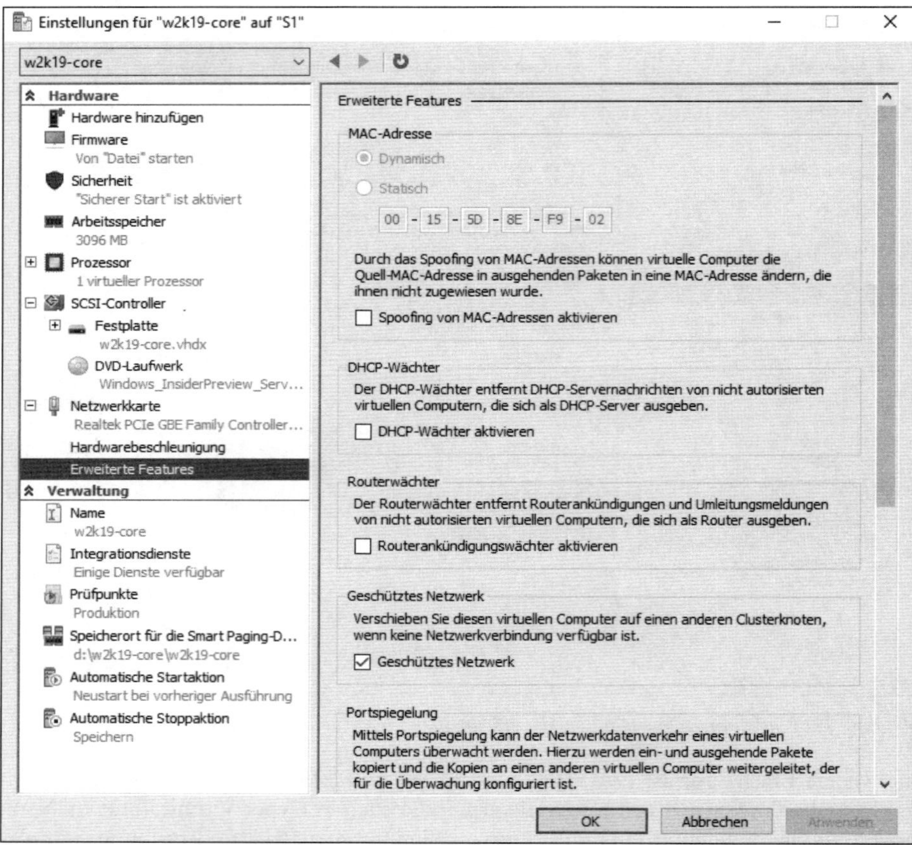

Abbildung 7.3: Erweiterte Features für virtuelle Netzwerkadapter

Außerdem bietet Hyper-V in Windows Server 2019 die Unterstützung von 4-KB-Festplattensektoren. Das heißt, Sie können virtuelle Festplatten effizient auf 4-KB-Festplatten erstellen. Zusätzlich unterstützt Hyper-V auch virtuelle Festplatten, die auf 512e-physischen Festplatten erstellt wurden. Da nicht alle Software und Hardware das neue Format unterstützen, melden sich viele Festplatten mit 512-Bit-Emulation am System an, auch 512e genannt. Die Firmware der Festplatte speichern ankommende Datenpakete dann entsprechend in den tatsächlich vorhandenen 4-KB-Sektoren. Auch bei diesen Vorgängen ist Windows Server 2019 wesentlich schneller als die Vorgänger.

Beim Umgang mit diesen Festplatten ist es wichtig, dass die verwendeten Sektoren des Betriebssystems teilbar durch die vorhandenen physischen Sektoren sind. Ist das nicht der Fall, wird ein logischer Sektor des Betriebssystems auf mehreren physischen Sektoren verteilt. Darunter kann die Leistung des Systems enorm leiden.

Schnellerer Datenfluss in Rechenzentren mit SAN

Ebenfalls verbessert ist der Umgang mit Storage Area Network (SAN) in Windows Server 2019. Hier lassen sich weiterhin Speicherplätze direkt den virtuellen Servern zuordnen. In Hyper-V können Sie mit virtuellen Fibrechannels virtuellen Servern einen direkten Zugriff auf Fibrechannels im SAN gewähren. Dadurch verbessert sich die Leistung und erlaubt die Anbindung von Hyper-V-Hosts an mehrere SANs.

Eine weitere wichtige Funktion in diesem Bereich ist die Unterstützung von ODX, auch Offloaded Data Transfer genannt. Den Datenverkehr zwischen SAN und Betriebssystem speichert Windows Server 2019 in einem Puffer. Bei sehr großen Datenmengen kann Windows Server 2019 solche Aktionen auch ohne das Hostsystem direkt mit der Steuerungssoftware des SANs erledigen, wodurch sich die Leistung des Systems deutlich verbessert. Für diesen Austausch nutzt Windows Server 2019 ODX. Die meisten SAN-Hersteller nutzen derzeit bereits diese Technik. Hyper-V profitiert davon, wenn virtuelle Server zum Beispiel zur Livemigration oder für eine Replikation verschoben werden sollen

Weitere wichtige Funktionen in Hyper-V

In Windows Server 2019 können Sie virtuelle Festplatten auf Basis von VHDX-Dateien mehreren virtuellen Servern gleichzeitig zuordnen. Diese Funktion wird Shared-VHDX genannt. Davon profitieren vor allem Unternehmen, die Windows-Cluster auf Basis virtueller Server aufbauen wollen.

Außerdem hat Microsoft die Livemigration seit Windows Server 2012 verbessert. Während der Übertragung werden Daten komprimiert und so schneller übertragen. Die Replikation von virtuellen Servern können Sie in Windows Server 2019 zwischen drei Hyper-V-Hosts auch ohne Cluster durchführen.

In Netzwerken mit 10-GBit/s-Netzwerken lässt sich dabei mit der Livemigration und der verbesserten RDMA (Remote Direct Memory Access) zwischen Servern mit Windows Server 2019 auch der Inhalt des Arbeitsspeichers austauschen. Sie haben in Windows Server 2019 weiterhin die Möglichkeit, virtuelle Server im laufenden Betrieb zu exportieren. Sie müssen die Server nicht herunterfahren, um einen Export zu starten. Die Funktion war bereits Bestandteil von Windows Server 2012 R2. Auch Snapshots, in Windows Server 2019 als Prüfpunkte bezeichnet, dürfen vorhanden sein und werden beim Export mit berücksichtigt.

In den Hyper-V-Einstellungen von Hyper-V-Hosts können Sie über den Menüpunkt *Richtlinie für den erweiterten Sitzungsmodus* die Funktionen des erweiterten Sitzungsmodus aktivieren. Danach ist die Verwaltung von virtuellen Servern deutlich einfacher. Verbinden Sie sich mit einem virtuellen Server, verwendet Windows Server 2019 das RDP-Protokoll, ohne dass Sie dieses auf dem virtuellen Computer erst aktivieren müssen. Dadurch beschleunigt sich die Fernwartung und bietet die Möglichkeit, Daten über Drag&Drop auszutauschen.

Nachdem der erweiterte Sitzungsmodus aktiviert und die Maschine neu gestartet ist, können Sie auswählen, welche Auflösung bei der Verbindung zum virtuellen Server genutzt werden soll. Dazu muss in der VM das RDP-Protokoll nicht aktiviert sein.

Über *Weitere Optionen* und durch Auswahl von *Lokale Ressourcen* lässt sich auch die Zwischenablage nutzen sowie Drucker in der Sitzung verbinden. Microsoft nutzt für VM-Connect eine erweiterte Version des RDP-Protokolls. Dieses ist vor allem bei WAN-Verbindungen deutlich schneller. Nach der Verbindung über die erweiterten Optionen lassen sich diese Funktionen im VM-Connect-Fenster über *Ansicht/Erweiterte Sitzung* oder das neue Symbol unterhalb des Menübefehls *Ansicht* aktivieren oder deaktivieren.

Der größte Vorteil der erweiterten Sitzung ist, neben der deutlich höheren Geschwindigkeit, die Möglichkeit, Dateien über die Zwischenablage mit dem Host auszutauschen.

Virtuelle Server unterstützen in Windows Server 2019 das UEFI-System und auch Secure Boot in UEFI. Dazu müssen Sie beim Erstellen einer virtuellen Maschine im neuen Fenster aber *Generation 2* als VM-Typ auswählen. Nach der Erstellung ist eine Änderung nicht mehr möglich.

In den Einstellungen der virtueller Server lassen sich ebenfalls Einstellungen für das UEFI-System vornehmen und die Secure-Boot-Funktion nutzen, um die Ausführung von Viren während des Bootens zu verhindern. Das können aber nur Generation-2-VMs. Diese VMs können außerdem von virtuellen SCSI-Platten booten. Generation-1-VMs unterstützen nur Bootvorgänge von virtuellen IDE-Platten. Linux lässt sich in Windows Server 2019 besser als virtueller Gast nutzen. Sie können Dynamic Memory jetzt auch in Linux einsetzen und viele weitere Funktionen nutzen.

Für virtuelle Festplatten lassen sich Bandbreitenbegrenzungen vorgeben, ähnlich zu den erweiterten Features für virtuelle Switches. Dies verhindert, dass ein virtueller Server eine virtuelle Festplatte zu stark auslastet.

Virtuelle Server auf Basis von Generation 2 nutzen keinerlei emulierte Hardware, wodurch sich die Geschwindigkeit der Server deutlich erhöht. Außerdem können diese Server von virtuellen SCSI-Laufwerken oder über das Netzwerk booten. PS/2-Tastaturen und -Mäuse können Sie mit Generation-2-VMs nicht nutzen.

VHDX-Dateien von Servern lassen sich im laufenden Betrieb des Servers vergrößern oder verkleinern. Die Obergrenze von virtuellen Festplatten auf Basis von VHDX bleibt bei 64 TB, die von VHD-Platten bleibt bei 2 TB.

Hinweis Virtualisieren Sie Windows Server 2019 Datacenter auf einem Hyper-V-Host mit Windows Server 2019 Datacenter, überprüft das Betriebssystem beim ersten Start, ob das Betriebssystem auf dem Host bereits aktiviert ist. Wenn ja, aktiviert sich das Betriebssystem im Gast automatisch.

Speicherorte in Hyper-V

Die Daten von Hyper-V-Hosts speichern Sie an verschiedenen Orten und Festplatten. Die Speicherorte selbst legen Sie an verschiedenen Stellen in der Hyper-V-Verwaltung fest, zum Beispiel den Hyper-V-Einstellungen und in den Einstellungen der einzelnen virtuellen Server.

Zusätzlich haben Sie in Windows Server 2019 die Möglichkeit, den Speicherort der virtuellen Festplatten und Konfigurationsdateien im laufenden Betrieb zu ändern. In den Hyper-V-Einstellungen des Hyper-V-Hosts selbst legen Sie den Standardspeicherort für neue virtuelle Server fest. Sie können den Standard-Speicherort an dieser Stelle außerdem ändern.

Sie können beim Anlegen von neuen virtuellen Servern aber auch festlegen, wo die Daten gespeichert werden sollen. Dabei unterscheidet Hyper-V den Speicherort der Konfigurationsdateien, den Speicherort für Snapshot-Dateien und den Speicherort der Smart-Paging-Dateien. Diese Funktion ist neu seit Windows Server 2012. Smart Paging soll verhindern, dass sich virtuelle Server nicht mehr starten lassen, weil der gesamte verfügbare Arbeitsspeicher bereits zugewiesen ist. Die Smart Paging-Funktion erlaubt virtuellen Servern, beim Neustart Teile der Festplatte des Hosts als Arbeitsspeicher zu nutzen.

Tipp

Microsoft empfiehlt, den Speicherort von virtuellen Festplatten mit ReFS zu formatieren. Mit diesem Dateisystem lassen sich virtuelle Festplatten sehr viel schneller erstellen. Außerdem ist das Dateisystem wesentlich stabiler (siehe Kapitel 5).

Auch Prüfpunkte (Snapshots) lassen sich auf ReFS-Datenträgern schneller erstellen und ebenso schnell wieder zusammenfügen (siehe Kapitel 8).

Windows Server Virtual Machine Licensing

Mit seinen Serverprodukten System Center, SQL Server und auch Windows Server 2019 ändert Microsoft teilweise deutlich seine Lizenzierungspolitik, vor allem im Vergleich zu Windows Server 2012/2012 R2. Im Vergleich zu Windows Server 2016 bleibt vieles beim Gleichen. Unternehmen sollten, neben eventuellen Verträgen zu Leasing, Miete oder Kauf, auch beachten, welche Edition sie einsetzen wollen und welche Anzahl von Lizenzen benötigt werden. Da immer mehr Server virtualisiert werden, spielt die Virtualisierung bei der Auswahl der Lizenz und der Lizenzierung von virtuellen Servern eine wichtige Rolle. Wir geben in diesem Abschnitt einen Überblick.

Vertriebskanäle für Windows-Server verstehen

Microsoft bietet seine Windows-Server-Systeme über zwei Kanäle an. Die Long-Term Servicing Channels (LTSC) stellen die Hauptversionen von Windows-Server dar, wie Windows Server 2016/2019. Diese erscheinen in regelmäßigen Abständen von zwei bis drei Jahren.

Mit dem Semi-Annual Channel (SAC) stellt Microsoft alle sechs Monate eine neue Serverversion zur Verfügung, wie zum Beispiel Windows Server 1809. Diese Version enthält neue Funktionen, verfügt aber über keine grafische Oberfläche. Die Neuerungen der Semi-Annual-Channel-Versionen werden in der nächsten Hauptversion integriert, aber nicht in der Hauptversion, auf der sie aufbauen, in diesem Fall Windows Server 2019. Die Updates für Windows Server 2019 werden also keine neuen Features enthalten, sondern lediglich Verbesserungen hinsichtlich der Sicherheit, Leistung und Stabilität.

Microsoft macht die Versionen aus den Kanälen auch mit der Namensgebung kenntlich. Die LTSC-Versionen erhalten als Namen die Jahreszahl des Erscheinens, also zum Beispiel Windows Server 2016/2019. Die SAC-Versionen erhalten als Bezeichnung das Jahr des Erscheinens sowie den Monat, also in diesem Fall Windows Server 1809.

Mit dem Long-Term Servicing Channel erhalten Unternehmen fünf Jahre grundlegenden Support und fünf Jahre erweiterten Support. Außerdem lassen sich optional zusätzlich sechs Jahre Premium Assurance dazubuchen. Neue Funktionen werden in dieser Zeit aber nicht in die Serverversion integriert.

Semi-Annual-Channel-Versionen bieten neue Funktionen und werden zweimal pro Jahr aktualisiert. Microsoft plant als Veröffentlichung jeweils das Frühjahr und den Herbst. Semi-Annual-Channel-Versionen werden als Volumenlizenz zur Verfügung gestellt, aber auch über Software Assurance. Auch über Microsoft Azure stehen die Zwischenversionen zur Verfügung. Andere Cloud-Hoster stellen diese Versionen ebenfalls zur Verfügung.

Edition von Windows Server 2019 beachten

Wie bei Windows Server 2012 R2 verfügen zum Beispiel die Editionen Standard und Datacenter in Windows Server 2019 nahezu über den gleichen Funktionsumfang. Eine Enterprise-Edition oder Webserver-Edition gibt es nicht mehr, das gilt auch für die Foundation-Edition. Allerdings hat Microsoft mit Windows Server 2016 Unterschiede in den Storage-Funktionen integriert, diese aber teilweise mit Windows Server 2019 geändert.

So unterstützt nur die Datacenter-Edition alle Funktionen. In der Standard-Edition gibt es weder Storage Spaces Direct noch Storage Replica. Auch Shielded Virtual Machines fehlen in der Standard-Edition. In Windows Server 2019 gelten diese Einschränkungen ebenfalls, allerdings lässt Microsoft die Storage-Replikation eines Volumes zu einem Ziel in der Standard-Edition zu. Unternehmen, die Windows Server 2019 in einer hyperkonvergenten Umgebung betreiben wollen, sollten auf Datacenter setzen, außer es gibt einzelne Einsatzgebiete, bei denen die Standard-Edition ausreicht. Unternehmen, die in solchen Umgebungen Shielded-VMs nutzen, also auf VMs, die verschlüsselt und deren administrativer Zugriff begrenzt sind, müssen auf Datacenter setzen, da diese Funktionen in der Standard-Edition fehlen. Vor dem Einsatz von Windows Server 2016/2019 in einer virtuellen Umgebung sollte also genau geplant werden, für welchen Einsatz die verschiedenen Editionen sinnvoll sind.

Container nutzen und richtig lizenzieren

Die Unterstützung von Storage Replica in der Standard-Edition von Windows Server 2019 ist vor allem für die Virtualisierung sinnvoll, da dadurch auch Hyper-V-Cluster, oder alleinstehende Hosts, Daten mit Storage Replica replizieren können. Die meisten anderen Funktionen aus Windows Server 2016/2019 hat Microsoft auch in der Standard-Edition integriert.

So verfügt diese Edition ebenfalls über die Container-Technologie und die Nano-Installation als Image. Allerdings muss hier beim Einsatz der Hyper-V-Container darauf geachtet werden, dass die Standard-Edition auch hier lediglich zwei Container unterstützt, da nur zwei VMs erlaubt sind. Hyper-V-Container werden in diesem Fall wie ein virtueller Server gewertet. Das gilt natürlich nur für Hyper-V-Container, die deutlicher voneinander abgeschottet sind als normale Container. Windows Server Container können auch in der Standard-Edition unbegrenzt erstellt werden. Nano-Server sind in Windows Server 2016 an Software Assurance gebunden. Hier gelten die gleichen lizenzrechtlichen Punkte wie bei herkömmlich installierten Servern mit Windows Server 2016. Mit Windows Server 2019 gibt es keine Nano-Installation mehr, sondern nur noch das Nano-Image als Container.

Virtual Desktop Access und Companion Subscription License

Nutzen Unternehmen Lizenzierungsvarianten mit Virtual Desktop Access (VDA), zum Beispiel Open License, Open Value, Select Plus und Enterprise Agreement, können sie auch lokale Installationen von Windows 10 einsetzen. Parallel dürfen die Anwender mit einer VDI-Lösung oder Windows To Go arbeiten, ohne weitere Lizenzen erwerben zu müssen. Anwender dürfen auf ihren Rechnern weitere Windows-Installationen virtualisieren, zum Beispiel über Hyper-V. Diese virtuellen Betriebssysteme sind bei manchen Verträgen, zum Beispiel Open License, Open Value, Select Plus und Enterprise Agreement abgedeckt, müssen aber teilweise gesondert vereinbart werden.

Um VDA zu verwenden, muss ein Software Assurance-Vertrag für das lizenzierte Gerät abgeschlossen werden. Allerdings darf in diesem Fall nur ein Hauptbenutzer mit dem System arbeiten. Andere Benutzer dürfen mit dem Computer arbeiten, erhalten aber kein Recht, zusätzlich eine VDI-Lösung oder Windows To Go zu nutzen. Stellen Unternehmen den virtuellen Desktop über Remote Desktop Services (RDS) zur Verfügung, sind zusätzlich Serverzugriffslizenzen (Windows Server-CALs und RDS-CALs) erforderlich. Diese werden durch die Windows 10-Lizenzierung nicht abgedeckt, sondern sind immer zusätzlich notwendig. Zusätzlich gibt es noch die Companion Subscription License (CSL). Diese erlaubt dem Hauptbenutzer, aber keinem anderen Benutzer des Rechners, zusätzlich bis zu vier private Geräte mit CSL zu lizenzieren, damit von diesen Rechnern aus ein Zugriff auf eine VDI-Umgebung oder Windows To Go erlaubt ist.

Microsoft hat aus dem Debakel mit der Aktivierung von Windows 10 und den Möglichkeiten zur Neuinstallation gelernt. In Zukunft und bei neueren Builds wird es möglich sein, dass Windows 10-Rechner mit einem Windows 7/8-Produktschlüssel installiert und aktiviert werden. Das ist wesentlich leichter verwaltbar, vor allem für kleine Unternehmen. Bei aktuellen, offiziellen Versionen ist das allerdings nicht immer möglich.

Auch Office darf virtualisiert werden. In einer VDA-Umgebung darf Office ebenfalls in einer Virtual Desktop Infrastructure betrieben werden. Verwenden Anwender Windows To Go, darf Office auch auf einem USB-Stick installiert und an verschiedenen Rechnern verwendet werden. Wenn Office außerdem auf Rechnern außerhalb des Unternehmens installiert werden soll, muss die Office-Anwendung für Software Assurance lizenziert werden. Dadurch erhält der Benutzer ein Roaming Use-Recht, das die Nutzung einer virtuellen Kopie von Office von jedem privaten und öffentlichen Gerät aus ermöglicht.

Hyper-V in Windows Server 2019 nutzen

Mit Windows Server 2019 verbessert Microsoft auch Hyper-V. Neben mehr Sicherheit und einer besseren Unterstützung für Linux werden Funktionen aus Microsoft Azure in Windows Server 2019 integriert.

Generell wird Hyper-V in Windows Server 2019 noch weitgehend identisch zu den Vorgängerversionen installiert und verwaltet. Es gibt weiterhin den Hyper-V-Manager. Natürlich kann auch Hyper-V in Windows Server 2019 mit System Center verwaltet werden. Neu dazugekommen ist die Möglichkeit, Hyper-V mit dem Windows Admin Center zu verwalten.

Hyper-V wird nicht nur in Windows Server 2019 integriert sein, sondern weiterhin auch kostenlos über Microsoft Hyper-V-Server zur Verfügung stehen. Die neue Version und der kostenlose Hyper-V-Server können Shielded-VMs außerdem mit Linux nutzen. In Windows Server 2016 können diese verschlüsselten VMs nur mit Windows Server 2016 eingesetzt werden. Neben dieser Neuerung hat Microsoft die Technik der Shielded-VMs weiter verbessert. Shielded-VMs können jetzt auch starten, wenn der Host Guardian Service (HGS) nicht kontaktiert werden kann. Dazu gibt es den Offlinemodus. Windows Server 2019 kann den Netzwerkverkehr in Hyper-V komplett verschlüsseln.

ReFS-Dateisystem mit Hyper-V

Das ReFS-Dateisystem arbeitet in Windows Server 2019 besser mit Hyper-V zusammen. ReFS wurde in Windows Server 2012 als Ersatz für das alternde NTFS-Dateisystem eingeführt. Microsofts Hauptziel bei der Entwicklung von ReFS war es, ein Dateisystem zu schaffen, das skalierbar ist, um den Anforderungen heutiger Rechenzentren gerecht zu werden. ReFS bietet in Windows Server 2019 die Möglichkeit der Datendeduplizierung. Die Erweiterung mit dieser Funktion macht ReFS zu einer guten Wahl für den Einsatz auf Volumes mit VMs für Hyper-V.

Container mit Kubernetes und Windows Server Container

Mit Windows Server 2016 hat Microsoft die Container-Technologie vor allem auf Basis von Docker in Windows-Server integriert. Auch Windows Server 2019 verfügt über die Container-Technologie, die sich natürlich zusammen mit Hyper-V nutzen lässt. In der neuen Version können auch Windows Server Container auf Basis von Kubernetes verwaltet werden. Parallel können dadurch auf einem Hyper-V- oder Container-Host Windows-Container und Linux-Container genutzt werden.

Hyper-V-Container lassen sich auch in Windows Server 2019 einsetzen, und zwar gemeinsam mit Linux-Containern und herkömmlichen Containern. Windows Server 2019 kann jetzt problemlos gruppierte, verwaltete Dienstkonten für verschiedene Container nutzen. Das erhöht die Sicherheit, weil Windows-Server und Container die Kennwörter für Dienstkonten automatisch ändern können.

Windows Server 2019, Cluster und Microsoft Azure

Windows Server 2019 wird noch enger mit Microsoft Azure verknüpft als seine Vorgänger. So lassen sich zum Beispiel im Windows Admin Center hyperkonvergente Netzwerke verwalten, die mit Microsoft Azure in einer hybriden Umgebung verbunden sind. Lokale Server mit Hyper-V 2019 können direkt über das Windows Admin Center mit Azure Site Recovery verbunden werden.

Mit PowerShell-Cmdlets kann das Clusternamenskonto aus der ursprünglichen Active Directory-Domäne entfernt und die Clusterfunktionalität heruntergefahren werden. Anschließend kann der Cluster in eine neue Domäne verschoben werden. Solche Szenarien kommen häufig bei Zusammenschlüssen von Unternehmen vor oder wenn ein Unternehmen zu einer neuen Netzwerk-Infrastruktur wechselt. Diese neuen Möglichkeiten erhöhen die Flexibilität für Hyper-V-Cluster und deren Domänenstatus.

Unternehmen können in Windows Server 2019 mehrere Cluster gruppieren. Sinnvoll ist das in den Bereichen Hyper-V, Storage und Hyper-Converged. Dadurch können VMs von einem Cluster zu einem anderen live migriert werden. Sinnvoll ist das auch für Hyper-V in Verbindung zu Microsoft Azure oder der Verwendung des Azure Stacks.

Speicher-Replikat und Hyper-V-Replika

Mit Hyper-V-Replika lassen sich VMs zwischen verschiedenen Hyper-V-Hosts oder zu Microsoft Azure replizieren. Dazu war bereits Windows Server 2016 in der Lage. Windows Server 2019 verbessert diese Technologie und ermöglicht eine Kombination von Hyper-V-Replika mit Storage-Replika. Bei Storage-Replika werden komplette Datenträger zwischen Rechenzentren repliziert. Das ist vor allem für Hyper-V-Hosts relevant. In Windows Server 2016 konnte diese Technik nur mit der Datacenter-Edition genutzt werden. Windows Server 2019 unterstützt auch mit der Standard-Edition die Replikation von kompletten Datenträgern.

Hyper-V mit dem Windows Admin Center verwalten

Über das Windows Admin Center kann auf einem Server mit Windows Server 2019 auch Hyper-V installiert werden. Dazu wird der Bereich *Rollen und Funktionen* genutzt. Hier ist zu sehen, ob auf einem Server bereits Hyper-V installiert ist. Wenn das nicht der Fall ist, kann die Installation über den Webbrowser erfolgen.

Nach der Installation sind auf einem Server die beiden Menüpunkte *Virtuelle Computer* und *Virtuelle Switches* zu finden. Hierüber werden die VMs und virtuellen Switches des ausgewählten Hyper-V-Hosts verwaltet.

Über den Menüpunkt *Einstellungen* unten links lassen sich serverspezifische Einstellungen im Windows Admin Center vornehmen. Hier können zum Beispiel auch die Hyper-V-Einstellungen eines Hyper-V-Hosts erledigt werden. Allerdings gilt generell immer noch, dass im Windows Admin Center nur ein Teil der Einstellungen zur Verfügung steht, die in den herkömmlichen Verwaltungstools konfiguriert werden können.

Im Windows Admin Center ist auch die neue Funktion *Windows Server System Insights* über den Menüpunkt *Systemdaten* integriert. Hier kann über einen Assistenten zum maschinellen Lernen ein Hyper-V-Host überwacht werden. Dazu kann Insights auch Prognosen erstellen, wann es zum Beispiel auf einem Server zu Engpässen kommen kann.

Hyper-V installieren und verwalten

Hyper-V installieren Sie als Serverrolle. Sie können dazu den Server-Manager verwenden, das Windows Admin Center oder die PowerShell. Binden Sie einen Server an System Center Virtual Machine Manager an, haben Sie ebenfalls die Möglichkeit, Hyper-V zu installieren, wenn Sie den Host anbinden. In Windows Server 2019 können Sie über den Server-Manager Hyper-V remote auf Servern im Netzwerk installieren.

Core-Server beherrschen auch in Windows Server 2019 Hyper-V. Die Verwaltung findet über einen Server im Netzwerk mit grafischer Oberfläche, einer Arbeitsstation mit installierten Remoteserver-Verwaltungstools, dem Windows Admin Center oder mit System Center Virtual Machine Manager statt. Mehr zum Thema lesen Sie in den Kapiteln 1 bis 4. Zusätzlich können Sie Hyper-V Server 2019 installieren. Hier ist die Serverrolle *Hyper-V* nach der Installation des Servers schon aktiviert (siehe Kapitel 2). Der Server steht kostenlos zur Verfügung und entspricht im Grunde genommen der Installation eines Core-Servers und wird auch genauso verwaltet.

Voraussetzungen für den Einsatz von Hyper-V

In diesem Abschnitt gehen wir in Stichpunkten auf die einzelnen Voraussetzungen ein, die erfüllt sein müssen, um Hyper-V einzusetzen. Sie müssen sicherstellen, dass vor der Installation im BIOS des Servers die Virtualisierungsfunktionen des Prozessors aktiviert sind.

Der Prozessor muss Data Execution Prevention (DEP) unterstützen. Diese muss im BIOS aktiviert sein. Die Bezeichnung dafür ist Intel XD bit (Execute Disable Bit) oder AMD NX bit (No Execute Bit).

Hinweis Konfigurieren Sie Ihren Virenscanner auf dem Hyper-V-Server so, dass die VHD(X)- und Konfigurationsdateien der virtuellen Computer nicht gescannt werden. Vor allem beim Einsatz der Livemigration ist dies absolut notwendig, da ansonsten die Leistung des Servers leidet oder virtuelle Maschinen beschädigt werden können.

Auch die Verzeichnisse, in denen sich Snapshots und die ISO-Dateien befinden, sollten nicht gescannt werden. In Clustern sollte das Verzeichnis des »Cluster Shared Volumes« ausgenommen werden. Außerdem empfiehlt Microsoft, dass die folgenden Prozesse nicht durch den Virenscanner gescannt werden:

- Hyper-V Virtual Machine Management: *vmms.exe*
- Hyper-V Virtual Machine Worker Process: *vmwp.exe*
- Cluster Server Service: *clussvc.exe*

Mehr dazu lesen Sie in Kapitel 31.

- Der Host muss so viel Arbeitsspeicher enthalten, wie Sie den virtuellen Computern zuweisen können. Die maximale Größe ist an das Betriebssystem gebunden. Für Hyper-V gelten daher nur die Einschränkungen des Betriebssystems. Um Hyper-V zu installieren, muss der Server über mindestens 512 MB Speicher verfügen.
- Windows Server 2019 muss als Betriebssystem für den physischen Host eingesetzt werden. Als kostenlose Alternative steht Hyper-V Server 2019 zur Verfügung. Dieser Server entspricht der vollwertigen Installation von Windows Server 2019 als Core-Server.
- Die maximale Festplattengröße für virtuelle Festplatten beträgt 64 TB (VHDX-Dateien).

Hinweis Achten Sie bei der Lizenzierung von Hyper-V-Servern auf die Anmerkungen zur Lizenzierung in Kapitel 1.

Hyper-V installieren

Für die Installation von Hyper-V verwenden Sie den Server-Manager und fügen Hyper-V wie andere Rollen als Serverrolle hinzu (siehe Kapitel 4). Auf herkömmlichen Servern startet der Assistent zum Hinzufügen von neuen Serverrollen. Sie können Hyper-V in Windows Server 2019 auch über das Netzwerk von einem Server-Manager aus installieren. Mehr dazu lesen Sie in den Kapiteln 2, 3 und 4. Außerdem ist die Installation über das Windows Admin Center möglich.

Sicherlich die einfachste Möglichkeit, Hyper-V auf einem Server mit Windows Server 2019 zu installieren, ist die Verwendung des Server-Managers. Über *Verwalten/Rollen und Features hinzufügen* wählen Sie den Server aus, auf dem Sie Hyper-V installieren wollen, und anschließend die Serverrolle *Hyper-V*.

Tipp Über *Verwalten/Rollen und Features entfernen* deinstallieren Sie Hyper-V auf dem Server. Virtuelle Server bleiben beim Deinstallieren aber weiter auf dem Server gespeichert. Installieren Sie Hyper-V erneut, sind die virtuellen Server wieder verfügbar. Benötigen Sie die virtuellen Server nicht mehr, müssen Sie den Ordner mit den virtuellen Servern manuell löschen.

Sie finden die Verwaltungstools für Hyper-V im Assistenten zum Hinzufügen von Serverrollen und Features auf der Seite *Features hinzufügen* über *Remoteserver-Verwaltungstools/Rollenverwaltungstools/Hyper-V-Verwaltungstools*. In der PowerShell installieren Sie Hyper-V und die Verwaltungstools mit *Install-WindowsFeature -Name Hyper-V -IncludeManagementTools*.

Sie können an dieser Stelle auswählen, ob Sie nur die grafische Oberfläche oder auch die PowerShell-Cmdlets installieren wollen. Mit diesen Verwaltungstools können Sie auch den kostenlosen Hyper-V-Server 2019 verwalten.

Hyper-V über das Netzwerk installieren

In Windows Server 2019 haben Sie auch die Möglichkeit, Serverrollen und Features im Server-Manager über das Netzwerk zu installieren. Dazu starten Sie auf einem Server mit Windows Server 2019 den Server-Manager und fügen die Server hinzu, auf denen Sie Hyper-V installieren wollen. Klicken Sie dazu auf *Verwalten/Server hinzufügen* und wählen Sie die jeweiligen Server aus. In den Kapiteln 3 und 4 haben wir gezeigt, wie Sie Serverrollen mit dem Windows Admin Center installieren.

Starten Sie anschließend die Installation von Serverrollen im Server-Manager, können Sie aus den hinzugefügten Servern denjenigen Server auswählen, auf dem Sie Hyper-V installieren wollen. Gehen Sie anschließend genauso vor, wie bei der Installation der Serverrolle auf dem lokalen Server.

Sie sehen im Assistenten zur Installation von Serverrollen oben rechts den Zielserver, auf dem Sie Hyper-V installieren. Auf dem Zielserver selbst bekommen Sie von der Netzwerkinstallation während der Installation nichts mit. Sie können auf dem Quellserver den Assistenten zur Installation schließen. Der Installationsvorgang ist davon nicht betroffen. Auf diesem Weg können Sie den Assistenten zur Installation von Serverrollen mehrmals starten.

Installieren Sie die Remoteserver-Verwaltungstools für Windows 10 auf einem Computer, können Sie von einem PC aus über den Server-Manager Rollen wie Hyper-V installieren. Mit RSAT in Windows 7 ist das noch nicht möglich gewesen. Mehr zu diesem Thema erfahren Sie in Kapitel 3.

Deployment Image Servicing and Management (DISM) nutzen

Neben dem Server-Manager können Sie Hyper-V auch über das Befehlszeilentool *Dism* installieren. Diese Funktion nutzen Sie vor allem auf Core-Servern oder zum Skripts der Installation. Das Tool *Dism* bietet zur besseren Automatisierung der Einrichtung und

Installation von Serverrollen auch für Core-Server mit Windows Server 2019 effiziente Möglichkeiten.

Die Hyper-V-Rolle installieren Sie zum Beispiel mit dem Befehl *dism /Online /Enable-Feature /FeatureName:Microsoft-Hyper-V.* Der Befehl installiert aber nicht die Verwaltungstools, sondern nur das Hyper-V-Feature. Um die Installation zu überprüfen, verwenden Sie *dism /Online /Get-FeatureInfo /FeatureName:Microsoft-Hyper-V.*

Eine Übersicht der verfügbaren Rollen erhalten Sie mit dem Befehl *dism /Online /Get-Features /Format:table.* Mit der zusätzlichen Option *|More* können Sie im Fenster manuell weiterscrollen.

PowerShell zur Installation von Hyper-V nutzen

Neben dem Server-Manager und Dism.exe können Sie die PowerShell zur Installation von Hyper-V nutzen. Mit dem Cmdlet-Aufruf *Get-WindowsFeature Hyper-V** zeigen Sie an, ob die Rolle und die Verwaltungstools bereits installiert sind. In Windows Server 2019 können Sie mit *-Computername* die Installation auch auf Remoteservern im Netzwerk überprüfen.

Um Hyper-V oder die Verwaltungstools zu installieren, verwenden Sie das Cmdlet *Install-WindowsFeature.* Mit *Install-WindowsFeature Hyper-V* installieren Sie die Serverrolle, mit der Option *-IncludeManagementTools* inklusive der Verwaltungstools. Soll der Server gleich automatisch neu starten, verwenden Sie noch die Option *-Restart.* Die Verwaltungstools alleine installieren Sie mit *Install-WindowsFeature Hyper-V-Tools.* Geben Sie in der PowerShell *Get-Command -Module Hyper-V* ein, erhalten Sie eine Liste der verfügbaren Cmdlets.

Erste Schritte mit Hyper-V

Nach der erfolgreichen Installation müssen Sie in der Regel den Server neu starten. Melden Sie sich nach dem Neustart mit dem gleichen Benutzerkonto an, mit dem Sie die Installation durchgeführt haben. Nach der Anmeldung führt der Assistent weitere Aufgaben durch und schließt die Installation ab. Hyper-V ist jetzt erfolgreich auf dem Server installiert. Die ausführlichen Vorgänge zu diesem Thema lesen Sie in Kapitel 4.

Nach der Installation finden Sie auf der Startseite den *Hyper-V-Manager* vor, mit dem Sie virtuelle Computer erstellen und verwalten. In der Mitte der Konsole sehen Sie nach der Erstellung die verschiedenen virtuellen Computer. Auf der rechten Seite stehen die verschiedenen Befehle zu ihrer Verwaltung zur Verfügung.

Über den Link *Neu* erstellen Sie einen neuen virtuellen Computer. Nach der Erstellung können Sie das Betriebssystem auf dem neuen Server entweder mit einer CD/DVD oder über eine ISO-Datei installieren, die als CD/DVD-Laufwerk mit dem Computer verknüpft wird.

In den nächsten Abschnitten zeigen wir Ihnen, wie Sie neue virtuelle Server mit dem Hyper-V-Manager erstellen sowie den Arbeitsspeicher, die Netzwerkverbindung und virtuelle Festplatten festlegen.

Nach der Erstellung des virtuellen Computers gehen wir ausführlicher auf die Installation und Verwaltung von neuen virtuellen Computern ein. Sie können mehrere Server auf einem einzelnen physischen Host oder auf mehreren physischen Hosts virtualisieren. Der generelle Ablauf bei der Installation der Server in einer Hyper-V-Umgebung ist folgender:

1. Sie erstellen virtuelle Switches auf Basis der physischen Netzwerkkarten in Windows Server 2019 (siehe auch Kapitel 6).
2. Sie erstellen und konfigurieren die virtuellen Server.
3. Sie installieren das Betriebssystem auf den virtuellen Servern. Die Installation läuft genauso ab wie auf normalen Servern (siehe Kapitel 2).

Wenn Sie neue Hosts im Hyper-V-Manager anbinden, können Sie alternative Anmeldedaten für jeden Host eingeben und speichern.

Diese Funktion können Sie ebenso zur Anbindung von älteren Versionen verwenden. Mit dem Hyper-V-Manager in Windows Server 2019 können Sie außerdem Hyper-V in Servern mit Windows Server 2012/2012 R2 und Windows Server 2016 verwalten.

Der Hyper-V-Manager kommuniziert über das WS-MAN-Protokoll mit den Hyper-V-Hosts im Netzwerk und unterstützt CredSSP, Kerberos und NTLM. Mit CredSSP können Sie zum Beispiel Livemigrationen durchführen, ohne zuerst Delegierungen erstellen zu müssen. WS-Man nutzt Port 80, was die Verbindung mit externen Clients und die Remoteverwaltung wesentlich vereinfacht.

Tipp

Windows Server 2019 kann VMs überwachen, ob diese zu viel CPU-Last verursachen und damit den Host sowie andere VMs beeinträchtigen. Um diese Funktion für eine VM zu aktivieren, verwenden Sie in der PowerShell den folgenden Befehl:

Set-VMProcessor -EnableHostResourceProtection $true

Virtuelle Switches in Windows Server 2019

Alle virtuellen Computer, die Sie erstellen, verwenden einen virtuellen Switch auf dem Windows Server 2019-Computer. Dieser verbindet die virtuellen Computer mit den physischen Netzwerkkarten des Hyper-V-Hosts und erlaubt eine Kommunikation der Computer mit dem Rest des Netzwerks.

Virtuelle Switches sind auf dem Hyper-V-Host hinterlegt und lassen sich während der Erstellung von virtuellen Servern oder auch nachträglich anpassen. Dazu erstellen Sie für virtuelle Server eine neue virtuelle Netzwerkkarte und verbinden diese mit dem virtuellen Server. Der virtuelle Switch ist wiederum mit der physischen Netzwerkkarte des Servers verbunden.

Bevor Sie virtuelle Computer installieren, besteht der erste Schritt in der Konfiguration der virtuellen Switches. Dazu steht im Hyper-V-Manager der Bereich *Manager für virtuelle Switches* zur Verfügung. Wie Sie Netzwerkkarten zu Teams in Windows Server 2019 zusammenfassen, lesen Sie in Kapitel 6. In Hyper-V funktioniert die Hochverfügbarkeit von Netzwerkswitches auf anderen Wegen. Wir zeigen hier die Vorgehensweisen. Setzen Sie zum Beispiel mehrere physische Netzwerkkarten ein, erstellen Sie auch mehrere virtuelle Switches.

Für eine bessere Leistung im Netzwerk dürfen virtuelle Server in Windows Server 2019 auf Hardwarefunktionen von Netzwerkkarten zugreifen, was das Tempo beschleunigen kann. In den Einstellungen von virtuellen Netzwerkkarten lässt sich die Netzwerkbandbreite von Servern eingrenzen und unerwünschte DHCP- oder Routerpakete lassen sich blockieren.

Dies soll verhindern, dass virtuelle Server unerwünscht als DHCP-Server oder Router agieren und das Netzwerk beeinträchtigen.

Kaufen Unternehmen neue Hostsysteme für Hyper-V, sollten sie darauf achten, genügend Netzwerkkarten in den Server einzubauen. Wichtig ist dabei auch, dass die Karten die neuen Funktionen in Hyper-V unterstützen.

Network Virtualization und Extensible Switch mit Windows Server 2019

Bereits mit Windows Server 2012 hat Microsoft die Möglichkeiten der Netzwerkswitches für Hyper-V deutlich erweitert und verbessert. Mit Hyper-V Network Virtualization (HNV) können Unternehmen einzelne virtuelle Netzwerke vom physischen Netzwerk trennen.

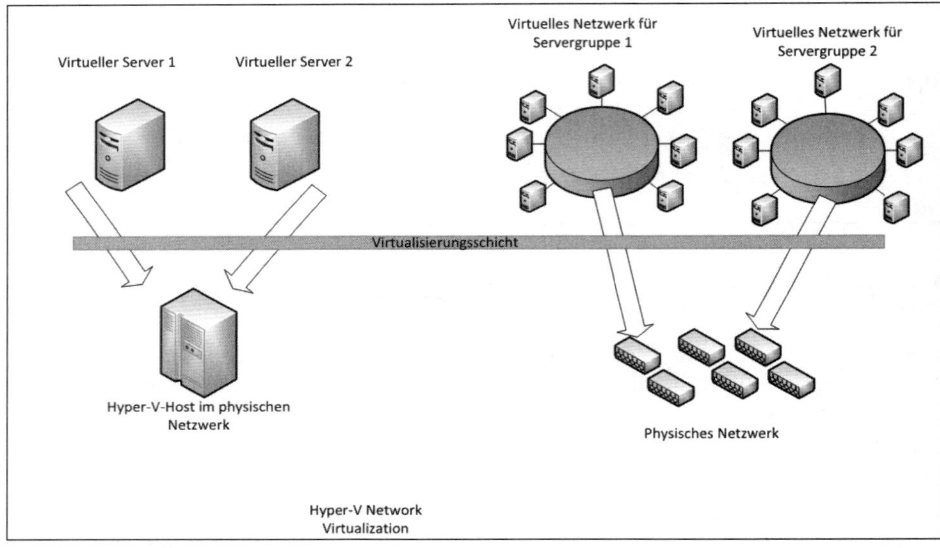

Abbildung 7.4: Mit Hyper-V- Network Virtualization werden Netzwerke noch flexibler.

Die virtuellen Server in diesen Netzwerken gehen davon aus, in einem echten physischen Netzwerk zu laufen. Einfach ausgedrückt erweitert HNV die Funktionen von virtuellen Servern auf die Netzwerkkonfiguration. In einem physischen Netzwerk lassen sich mehrere virtuelle Netzwerke parallel einsetzen. Diese können denselben oder einen anderen IP-Adressraum verwenden.

Der Datenaustausch zwischen den Netzwerken lässt sich mit HNV-Gateways einrichten. Viele Hardwareswitches von Cisco arbeiten mit dieser Konfiguration ebenfalls zusammen. Auf diesem Weg lassen sich mehrere virtuelle Netzwerke zusammenfassen, sodass Server in diesem Netzwerk kommunizieren können.

In Windows Server 2019 können Unternehmen bereits Bandbreiten im Netzwerkbereich steuern und auch Treiber von Drittherstellern in die virtuellen Switches integrieren. Hyper-V Network Virtualization (HNV) unterstützt dynamische IP-Adressen. Das ist in großen Rechenzentren sinnvoll, um eine IP-Adress-Failover-Konfiguration einzubinden. System Center Virtual Machine Manager 2019 kann mit virtuellen Netzwerken umgehen und diese zentral steuern.

Arbeiten Unternehmen mit der HNV, werden jedem virtuellen Netzwerkadapter im Netzwerk zwei IP-Adressen zugewiesen. Die Kundenadresse (Customer Address, CA) und die Anbieteradresse (Provider Address, PA) arbeiten zusammen. Die CA ermöglicht den virtuellen Servern im Netzwerk den Datenaustausch, wie normale IP-Adressen in einem Netzwerk. Die PA dient dem Datenaustausch zwischen VM und dem Hyper-V-Host sowie dem physischen Netzwerk.

Die erste wichtige Änderung in den virtuellen Switches von Hyper-V seit Windows Server 2012 R2 ist die direkte Integration der Netzwerkvirtualisierung direkt in den Switch. HNV stellt keinen vorgelagerten NDIS-Filter dar. Drittherstellerprodukte können auf diesem Weg direkt auf die CA zugreifen und auf PA kommunizieren. Dadurch arbeiten jetzt auch virtuelle Switches und die Network Virtualization Generic Routing Encapsulation (NVGRE) zusammen.

Das gibt den Dritthersteller-Produkten die Möglichkeit, über die Integration in den virtuellen Switches auf die Netzwerk-Virtualisierung zuzugreifen und mit virtuellen Servern, aber auch dem physischen Netzwerk zu kommunizieren. Der komplette Datenverkehr in den virtuellen Switches von Windows Server 2019 läuft auch über die Netzwerk-Virtualisierung und die integrierten Dritthersteller-Produkte.

HNV ist daher keine Schnittstelle mehr zwischen Netzwerkkarten und extensiblen Switches, sondern integraler Bestandteil der virtuellen Switches selbst. Auch aus diesem Grund arbeiten NIC-Teams wesentlich besser mit der Netzwerk-Virtualisierung zusammen.

Dazu bietet Windows Server 2019 die Möglichkeit, den Port in die Firewallregeln zu integrieren, nicht nur IP- und MAC-Adresse für die Quelle und das Ziel. Diese Funktion arbeitet natürlich umfassend mit der Netzwerk-Virtualisierung in Hyper-V zusammen. Die neue Version kann Datenverkehr zwischen Netzwerkkarten verschieben und unterstützt für diese Funktion auch umfassend die Netzwerkkarten-Teams.

Hyper-V-Netzwerke planen

Die Verbindung zwischen virtuellen Servern und dem Netzwerk führt Hyper-V über einen virtuellen Netzwerkswitch durch. Da sich die virtuellen Server die physischen Netzwerkkarten teilen müssen, besteht einiges an Optimierungspotenzial. Zunächst sollte jeder Server nur die Art von Netzwerkzugriff erhalten, die er benötigt. Nicht alle Server müssen mit dem Netzwerk kommunizieren können, sondern nur mit anderen Servern auf dem gleichen Host. Sie können daher verschiedene Netzwerkverbindungen für virtuelle Server erstellen.

Microsoft empfiehlt, einen eigenen Netzwerkadapter auf jedem Hyper-V-Host für die Verwaltung des Servers selbst zu verwenden. Unternehmen sollten also den Netzwerkverkehr des Hyper-V-Hosts selbst vom Netzwerkverkehr der virtuellen Maschinen trennen. Auch bei der Anbindung von Netzwerkspeicher, zum Beispiel NAS oder iSCSI, ist eine dedizierte Netzwerkkarte leistungssteigernd. Virtuelle Server, die nur wenig Netzwerkbandbreite benötigen, können Sie mit mehreren virtuellen Netzwerken zusammenfassen, bandbreitenintensive Anwendungen sollten dedizierte Netzwerkkarten und eigene externe Netzwerke erhalten.

Hyper-V unterstützt auch die Verwendung von VLANs bei Netzwerkswitches. Bei VLANs lassen sich Datenströme voneinander trennen, um die Sicherheit und die Leistung zu erhöhen. Dadurch lässt sich zum Beispiel der Netzwerkverkehr für die Verwaltung des Servers vom Netzwerkverkehr der virtuellen Server trennen. In den Eigenschaften von Netzwerkkarten der Hyper-V-Hosts müssen Sie dazu in den erweiterten Einstellungen festlegen, mit welcher VLAN-ID im Netzwerk die Karte kommunizieren soll. Anschließend muss im Hyper-V-Manager die Netzwerkverbindung ausgewählt und ebenfalls die VLAN-ID eingegeben werden. Auch hier geben Sie die entsprechende VLAN-ID vor.

Microsoft empfiehlt beim Betrieb von Hyper-V in einem Cluster für die Kommunikation innerhalb des Clusters (Heartbeat) einen eigenen Adapter. Sie können für diesen Adapter das Protokoll *E/A-Treiber für Verbindungsschicht-Topologieerkennung* deaktivieren, das gilt auch für *Antwort für Verbindungsschicht-Topologieerkennung*. Das Protokoll *Hyper-V erweiterbarer virtueller Switch* können Administratoren für Clusternetzwerke im Heartbeat ebenfalls deaktivieren.

Haben Sie die physischen Netzwerkkarten des Computers einem virtuellen Switch zugeordnet, lassen sich diese den einzelnen virtuellen Computern zuweisen. Das erfolgt beim Erstellen der virtuellen Maschine oder nachträglich in den Einstellungen über den Bereich *Netzwerkkarte*. Die erste Einstellung besteht in der Zuweisung der virtuellen Switches. Anschließend lassen sich Einstellungen vornehmen. Verschieben Sie virtuelle Maschinen mit oder ohne Livemigration zwischen Hyper-V-Hosts, kann es passieren, dass die Netzwerkverbindung nicht mehr funktioniert, wenn sich der Name und die Konfiguration des Switches zwischen Quell- und Zielserver ändern. Überprüfen Sie daher nach Livemigrationen immer, ob die virtuelle Netzwerkkarte noch funktioniert, und starten Sie den virtuellen Server neu, falls die Netzwerkverbindung nicht funktioniert.

Virtuelle Switches agieren als Layer-2-Netzwerkswitches und erlauben auch die Einbindung von Network Device Interface Specification(NDIS)-Filter und der Windows Filtering Platform-Treiber. Auf diese Weise lassen sich auch Plug-Ins von Drittherstellern in Hyper-V einbinden, die erweiterte Netzwerk- und Sicherheitseinstellungen für virtuelle Server erlauben. Die entsprechenden Einstellungen sind über den Menübefehl *Erweiterungen* für jeden einzelnen vSwitch zu finden.

Sind im Unternehmen mehrere Server mit Windows Server 2019 im Einsatz, tauschen sie Daten über das Netzwerk mit der Multichannel-Funktion aus. Mit der Funktion lassen sich von einem Server mehrere parallele Zugriffe auf eine Freigabe durchführen. Dies beschleunigt den Datenverkehr und sichert ihn auch gegen Ausfall eines einzelnen SMB-Kanals ab. Der Vorteil liegt darin, dass Serverdienste Daten auch auf Servern speichern können, nicht nur auf der eigenen Festplatte. Ein sinnvoller Einsatz dazu ist in Umgebungen mit Hyper-V-Hosts, die auf Windows Server 2019 aufbauen. Dazu ist weder die Installation eines Rollendienstes notwendig noch eine Konfiguration. Diesen beschleunigten Zugriff bietet Windows Server 2019 automatisch.

Damit die Funktion genutzt werden kann, müssen die Netzwerkadapter eine entsprechende Geschwindigkeit unterstützen. Microsoft empfiehlt dazu entweder die Installation eines 10-Gigabit-Adapters oder mindestens den Einsatz von zwei 1-Gigabit-Adaptern. Für diese Funktion können Administratoren auch die Teamfunktion von Netzwerkkarten in Windows Server 2019 nutzen. Über den Server-Manager lassen sich Netzwerkadapter zu Teams zusammenfassen, ohne dass die Treiber dies direkt unterstützen. In Hyper-V hat Microsoft die Teaming-Funktion weiter verbessert.

SMB Direct ist ebenfalls zwischen Servern mit Windows Server 2019 aktiv. Sie müssen weder Einstellungen vornehmen noch etwas installieren. Damit diese Funktion nutzbar ist, müssen die verbauten Adapter aber die RDMA-Funktion (Remote Direct Memory Access) unterstützen. Bei dieser Funktion können Server Daten aus dem Hauptspeicher eines Systems über das Netzwerk auf einen anderen Server übertragen, der aktuell Kapazitäten frei hat. So lassen sich überlastete Server beschleunigen, indem sie Daten auf nicht ausgelastete Server übertragen. Damit dies funktioniert, muss das Netzwerk extrem schnell sein und die Adapter müssen die Funktion nutzen können. Dies sind Adapter mit den Typen iWARP, Infiniband und RDAM over Converged Ethernet (RoCE). Von dieser Technik profitieren hauptsächlich Hyper-V und SQL Server.

In Windows Server 2019 kann diese Funktion ebenso für Netzwerkadapter angepasst werden, die nicht Teil eines Teams sind oder Switch Embedded Teaming (SET) nutzen.

Auch Hyper-V kann in Windows Server 2019 direkt auf das SMB-Protokoll zugreifen. Der Sinn ist, dass Unternehmen die virtuellen Festplatten in Hyper-V (VHDX) nicht direkt auf dem Hyper-V-Host speichern, sondern auf einer Freigabe im Netzwerk. Darauf lässt sich dann über Hyper-V mit SMB Multichannel, SMB Direct und Hyper-V over SMP sehr schnell zugreifen. Für Unternehmen sollen dabei keinerlei Einschränkungen entstehen.

Auch hochverfügbare Lösungen wie Livemigration funktionieren so. Der gemeinsame Datenträger des Clusters muss sich dann nicht mehr in einem teuren SAN befinden, sondern es reicht ein Server mit Windows Server 2019 und ausreichend Speicherplatz. Auf diesem Server können auch die Konfigurationsdateien der virtuellen Server gespeichert sein und eventuell vorhandene Snapshots. Cluster Shared Volume (CSV), der für Hyper-V notwendige Speicherdienst für gemeinsame Datenträger in Clustern, unterstützt das SMB 3.x-Protokoll und dessen neue Funktionen ebenfalls. CSV ist die Grundlage für die Speicherung von virtuellen Festplatten in Clustern.

Dazu muss ebenfalls auf allen Servern Windows Server 2019 installiert sein. Ein Server läuft mit der Hyper-V-Rolle, der andere als Dateiserver. Die Umgebung muss außerdem über ein Active Directory verfügen. Hier müssen die Domänencontroller aber nicht zwingend auf Windows Server 2019 umgestellt werden. Empfohlen, aber nicht unbedingt notwendig ist ein Cluster für Hyper-V und die Dateidienste. In diesem Fall lässt sich die Umgebung wesentlich schneller und sicherer betreiben.

Setzen Unternehmen zusätzlich zu Windows Server 2019 noch SQL Server ein, profitieren auch hier die Datenbankserver vom neuen SMB-Protokoll. Hier gelten die gleichen Voraussetzungen wie bei Hyper-V over SMB. Ältere Editionen als SQL Server 2008 R2 können diese Funktion nicht nutzen. Auch hier ist ein Cluster wieder der beste Weg.

Sinn dieser Funktion ist, dass Transaktionsprotokolle oder Datenbankdateien sowie eventuelle Sicherungen oder ausgelagerte Dateien auf Dateiservern mit Windows Server 2019 ausgelagert sind. Außerdem hat Microsoft den Zugriff von schnellen Schreib-/Lesevorgängen optimiert. Auch den Zugriff auf Data-Warehouses hat Microsoft durch die Erhöhung des Werts für Maximum Transmission Unit (MTU) verbessert.

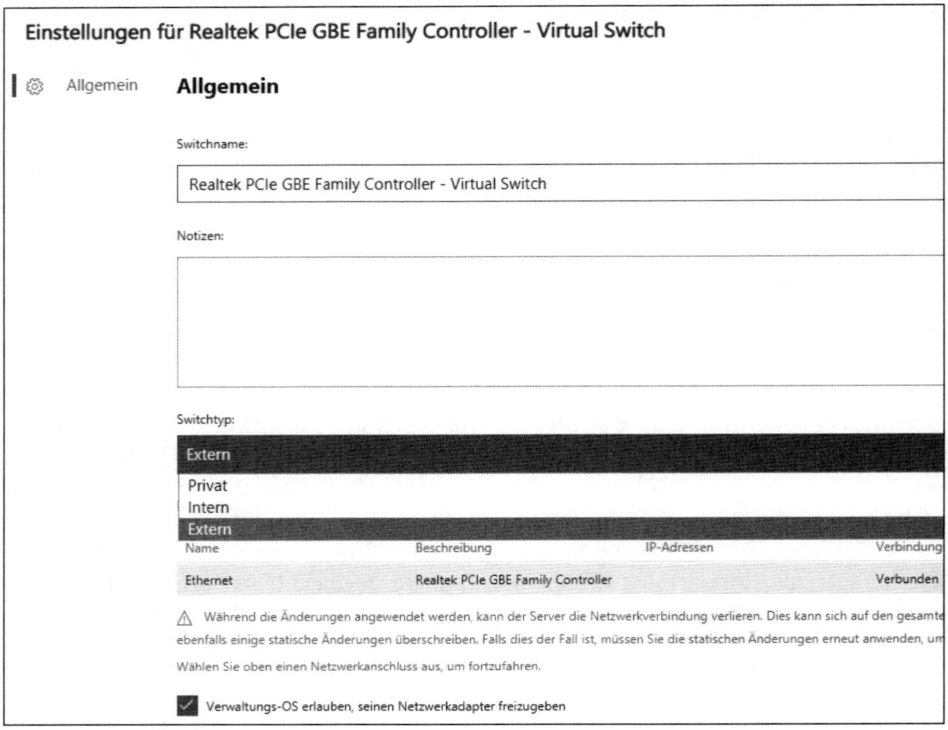

Einstellungen für Realtek PCIe GBE Family Controller - Virtual Switch

Allgemein

Allgemein

Switchname:

Realtek PCIe GBE Family Controller - Virtual Switch

Notizen:

Switchtyp:

Extern

Privat

Intern

Extern

Name	Beschreibung	IP-Adressen	Verbindung
Ethernet	Realtek PCIe GBE Family Controller		Verbunden

Während die Änderungen angewendet werden, kann der Server die Netzwerkverbindung verlieren. Dies kann sich auf den gesamt ebenfalls einige statische Änderungen überschreiben. Falls dies der Fall ist, müssen Sie die statischen Änderungen erneut anwenden, u

Wählen Sie oben einen Netzwerkanschluss aus, um fortzufahren.

Verwaltungs-OS erlauben, seinen Netzwerkadapter freizugeben

Abbildung 7.5: Verwalten von virtuellen Switches im Windows Admin Center

Erstellen und Konfigurieren von virtuellen Switches

Zunächst erstellen Sie für die einzelnen physischen Netzwerkkarten im Computer jeweils einen virtuellen Switch durch die Auswahl von *Neuer virtueller Switch* und dem Klick auf die Schaltfläche *Virtuellen Switch erstellen.* Im neuen Fenster wählen Sie die physische Netzwerkkarte aus, die Sie dem Switch zuweisen wollen, und legen fest, welche Art von Netzwerk Sie ihm zuordnen:

- **Extern –** Dieses Netzwerk ermöglicht dem virtuellen Computer eine Kommunikation mit dem Netzwerk und zwischen virtuellen Computern auf dem Host. Sie können im Hyper-V-Manager immer nur ein externes Netzwerk pro verfügbarer Netzwerkkarte erstellen, aber mehrere virtuelle Computer können sich dieses externe Netzwerk und damit die Geschwindigkeit der Karte teilen.
- **Intern –** Diese Netzwerke erlauben eine Kommunikation der virtuellen Computer untereinander auf dem physischen Host. Die Computer können nicht mit dem Netzwerk kommunizieren, außer mit dem Hyper-V-Host selbst und den anderen virtuellen Computern. Dafür ist für diese Verbindung keine Netzwerkkarte erforderlich, da die Verbindung virtuell stattfindet.
- **Privat –** Diese Netzwerke erlauben eine Kommunikation zwischen den einzelnen virtuellen Computern auf dem Host. Die Kommunikation mit dem Host selbst ist bei diesem Netzwerk nicht möglich.

Sie können bei der Konfiguration auch festlegen, dass die verwendete physische Netzwerkkarte nur für die virtuellen Computer zur Verfügung steht, nicht für das Hostbetriebssystem selbst. Standardmäßig teilen sich virtuelle Computer und der Host die Netzwerkverbindung.

Sie können die Einstellungen jederzeit nachträglich anpassen. Haben Sie mehrere Netzwerkkarten im Hyper-V-Host verbaut, können Sie mehrere virtuelle Switches auf Basis dieser Karten erstellen.

Haben Sie die physischen Netzwerkkarten des Computers einem virtuellen Switch zugeordnet, lassen sich diese anschließend den einzelnen virtuellen Computern als virtueller Netzwerkadapter zuweisen. Dies erfolgt beim Erstellen der virtuellen Maschine oder nachträglich in den Einstellungen über den Bereich *Netzwerkkarte*. Die erste Einstellung besteht in der Zuweisung des virtuellen Switches. Anschließend lassen sich Einstellungen vornehmen.

In den Eigenschaften steht auch die Steuerung der Bandbreite zur Verfügung. Dadurch lassen sich die Netzwerkgeschwindigkeiten von virtuellen Computern besser steuern. Diese Vorgaben können Sie jederzeit in den Einstellungen der virtuellen Computer anpassen, wenn Sie einen virtuellen Computer erstellt haben.

Interessant sind unterhalb der Einstellungen für die Netzwerkkarten noch die beiden Bereiche *Hardwarebeschleunigung* und *Erweiterte Features*. Bei der Hardwarebeschleunigung können Sie den virtuellen Computern erlauben, bestimmte Berechnungen direkt an die physische Netzwerkkarte weiterzugeben. Im unteren Bereich lassen sich noch Berechnungen für IPsec vom Prozessor des virtuellen Servers auf die physische Netzwerkkarte auslagern. Dadurch beschleunigen sich die Systemleistung des Servers und die Netzwerkgeschwindigkeit.

Innerhalb der erweiterten Features finden Sie die beiden neuen Einstellungen *DHCP-Wächter* und *Routerwächter*. Diese Einstellungen sollen verhindern, dass virtuelle Server unkontrolliert als DHCP-Server oder als Router agieren.

Nach der Erstellung der virtuellen Netzwerke finden Sie auf dem Host in den Netzwerkverbindungen die erstellten Verbindungen wieder. Um die Netzwerkverbindungen anzuzeigen, geben Sie *ncpa.cpl* im Startmenü ein. Wichtig in diesem Bereich ist, dass Sie zukünftig IP-Einstellungen nicht mehr in der physischen Netzwerkverbindung vornehmen, sondern in den Einstellungen des virtuellen Switches. Diese verwendet zukünftig auch der physische Windows Server 2019-Host für die Kommunikation mit dem Netzwerk, wenn Sie keine dedizierte Netzwerkkarte konfiguriert haben.

Tipp

Sie können virtuelle Switches ebenso in der PowerShell erstellen und verwalten. Die entsprechenden Cmdlets finden Sie am schnellsten, wenn Sie in der PowerShell *Get-Command *vmswitch** eingeben.

Neben den Switches können Sie auch die virtuellen Netzwerkadapter in der PowerShell steuern. Hier sehen Sie die Befehle mit *Get-Command *vmnetworkadapter**.

MAC-Adressen für Hyper-V konfigurieren

Wichtig sind die Einstellungen für virtuelle MAC-Adressen in den Einstellungen der virtuellen Netzwerkkarten. Hier müssen Sie bezüglich der Livemigration und vor allem der Aktivierung des Betriebssystems auf jeden Fall Einstellungen vornehmen, da Sie ansonsten ständig die Server neu aktivieren müssen. Außerdem spielen diese Einstellungen vor allem in NLB-Clustern mit Exchange-Servern und auch für SharePoint-Server eine wichtige Rolle.

Im Bereich *MAC-Adresse* lässt sich der dynamische MAC-Bereich festlegen, den die virtuellen Netzwerkkarten der Server erhalten. Für virtuelle Server lassen sich aber auch statische MAC-Adressen festlegen. Das ist wichtig bei einem Betrieb in einem Cluster. Verschieben Sie virtuelle Server zwischen den Clusterknoten, ändern sich beim Neustart die MAC-Adressen, da jeder Knoten seinen eigenen Pool hat.

Das kann Probleme mit der Windows-Aktivierung geben sowie mit Netzwerklastenausgleichs-Clustern. Jeder Hyper-V-Host hat einen eigenen Pool aus dynamischen MAC-Adressen. Eine solche Änderung wirkt sich an vielen Stellen aus.

Es kann sein, dass Sie das Betriebssystem neu aktivieren müssen oder ein virtueller NLB-Cluster nicht mehr funktioniert. Aus diesem Grund ist es teilweise empfehlenswert, die statische Zuordnung von MAC-Adressen zu aktivieren. Sie finden diese Einstellung in den erweiterten Features im Bereich *Netzwerkkarte* der einzelnen virtuellen Server im Hyper-V-Manager.

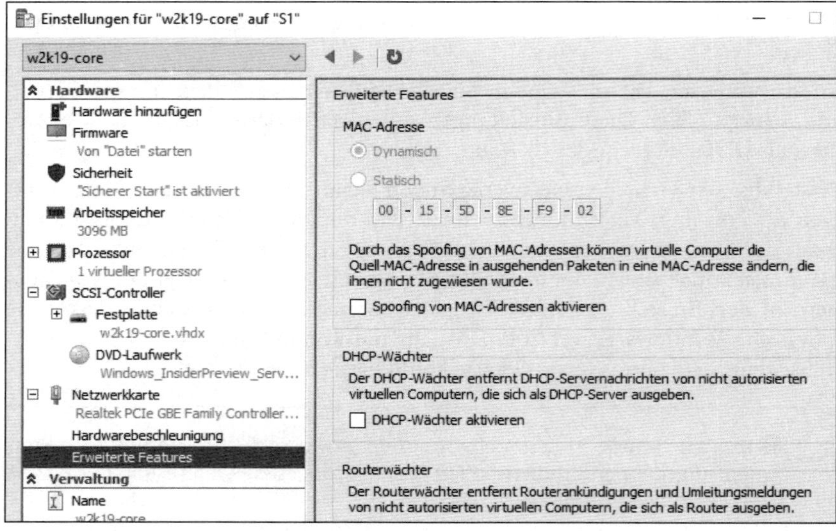

Abbildung 7.6: Verwalten der MAC-Adressen in Windows Server 2019 für virtuelle Server

Virtuelle LANs (VLAN) und Hyper-V

Hyper-V in Windows Server 2019 unterstützt auch die Verwendung von VLANs. Bei solchen Netzwerken lassen sich Datenströme voneinander trennen, um die Sicherheit und die Leistung zu erhöhen. Die Technik muss aber direkt im Netzwerk integriert sein. Switches und Netzwerkkarten müssen die Funktion unterstützen. Dadurch lässt sich zum Beispiel der Netzwerkverkehr für die Verwaltung des Servers vom Netzwerkverkehr der virtuellen Server trennen.

Damit die Anbindung funktioniert, müssen Sie in den physischen Netzwerkkarten der Hyper-V-Hosts in den erweiterten Einstellungen der Netzwerkkarte festlegen, zu welcher VLAN-ID die Karte gehören soll. Anschließend starten Sie im Hyper-V-Manager den Manager für virtuelle Switches und wählen die Netzwerkverbindung aus, die Sie an das VLAN anbinden wollen. Auch hier geben Sie die entsprechende VLAN-ID vor.

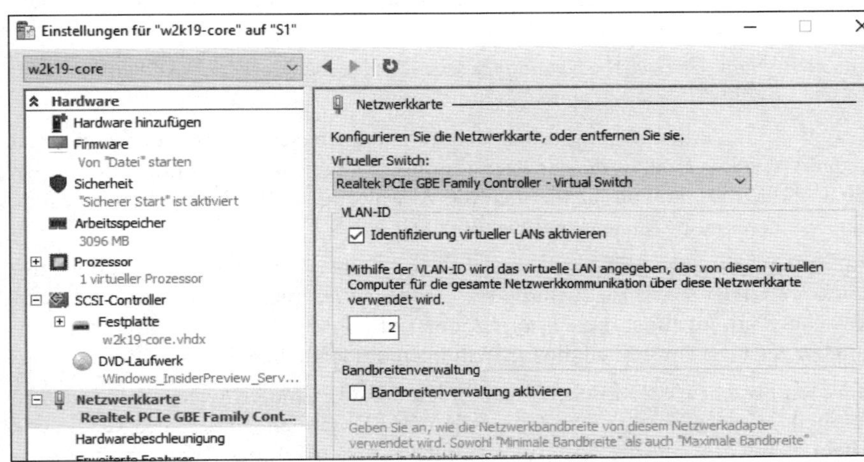

Abbildung 7.7: Konfigurieren der VLAN-Anbindung im Hyper-V-Manager

Dazu müssen Sie aber zunächst die Option *Identifizierung virtueller LANs aktivieren* setzen. Nachdem Sie die ID angegeben haben, fließt der Datenverkehr von dieser Verbindung über die entsprechende ID.

Auch interne Netzwerke in Hyper-V unterstützen die VLAN-Konfiguration. Zusätzlich können Sie auch virtuelle Server an VLANs anbinden. Dazu müssen Sie in den Einstellungen der virtuellen Server über die Eigenschaften der virtuellen Netzwerkkarten ebenfalls die VLAN-ID angeben. Wollen Sie, dass ein virtueller Server mit mehreren VLANs kommunizieren kann, fügen Sie dem Server einfach mehrere virtuelle Netzwerkkarten hinzu und konfigurieren das entsprechende VLAN.

Durch diese durchgehende Unterstützung von VLANs können Sie bei entsprechend kompatiblen Switches zum Beispiel Testumgebungen aufbauen oder Hyper-V-Hosts logisch voneinander trennen, selbst wenn diese im selben Netzwerk konfiguriert sind.

Hinweis Netzwerkkarten-Teams unterstützen ebenfalls die Anbindung an VLANs (siehe Kapitel 6). Verwenden Sie NIC-Teams in virtuellen Servern, empfiehlt Microsoft, die VLAN-Anbindung direkt über den virtuellen Switch durchzuführen, nicht für das virtuelle NIC-Team.

Seit den Linux Integration Services 3.5 lassen sich VLANs auch für virtuelle Linux-Server nutzen. Die Einstellungen dazu sind identisch mit den Möglichkeiten für virtuelle Windows-Server.

Switch Embedded Teaming – NIC-Teams für Hyper-V

Die NIC-Teaming-Funktion aus Windows Server 2012/2012 R2/2016 ist auch in Windows Server 2019 noch verfügbar und nutzbar. Besser ist es jedoch, auf die neue Variante zu setzen. Vorteil der neuen Technologie ist, dass diese ebenfalls auf Nano-Servern verfügbar ist.

Switch Embedded Teaming (SET) bietet Hochverfügbarkeit für virtuelle Netzwerkswitches. Die virtuellen Netzwerkadapter der einzelnen Hosts greifen auf virtuelle Switches zu, aber auch die VMs können auf den virtuellen Switch zugreifen und von der Leistung der virtuellen Hyper-V-Switches mit SET profitieren. Um einen solchen SET-Switch zu erstellen, verwenden Sie die PowerShell. Der Befehl ist:

New-VMSwitch -Name SETswitch -Netadaptername "set1", "set2", "set3" -AllowManagementOS $True -EnableEmbeddedTeaming $true

Dieser Befehl verbindet die drei physischen Netzwerkadapter »set1«, »set2« und »set3« mit einem neuen virtuellen Switch mit der Bezeichnung »SetSwitch«. Der Name ist natürlich frei wählbar. Wollen Sie über das Team nicht die Verwaltung des Betriebssystems zulassen, verwenden Sie die Option *-AllowManagementOS $False*.

Nachdem Sie den virtuellen SET-Switch erstellt haben, rufen Sie deren Informationen mit *Get-VMSwitch* ab. Hier sehen Sie auch die verschiedenen Adapter, die Bestandteil des virtuellen Switches sind. Ausführlichere Informationen sind mit *Get-VMSwitchTeam <Name>* zu sehen. Hier zeigt die PowerShell die Einstellungen des virtuellen Switches an.

Wollen Sie den Switch wieder löschen, verwenden Sie das Cmdlet *Remove-VMSwitch* in der PowerShell. Microsoft stellt einen Guide als Word-Dokument in der TechNet-Galerie zur Verfügung, mit der Sie die Technik ausführlich testen können (*https://gallery.technet.microsoft.com/Windows-Server-2016-839cb607*).

Natürlich lassen sich Teams auch nachträglich bearbeiten. Dazu wird das Cmdlet *Set-VMSwitch* verwendet. Um die Gruppenmitgliedschaft zu ändern, kann zum Beispiel folgender Befehl verwendet werden:

Set-VMSwitch -Name TeamedvSwitch -NetAdapterName "set1","set4"

Bei diesem Vorgang werden die zuvor hinzugefügten Mitglieder »set2« und »set3« aus dem Team entfernt und »set4« hinzugefügt. Alternativ können hier auch die Cmdlets *Add-VMSwitchTeamMember* und *Remove-VMSwitchTeamMember* verwendet werden.

Das Cmdlet *Set-VMSwitchTeam* verfügt über die Option *-LoadBalancingAlgorithm*. Hier lassen sich zwei verschiedene Werte definieren: *HyperVPort* oder *Dynamic*. Soll das Team in VMs genutzt werden, bietet es sich an, auch die Option *HyperVPort* zu verwenden. Aber auch die Option *Dynamic* ist sinnvoll einsetzbar. Die Konfiguration erfolgt hier ebenfalls in der PowerShell:

Set-VMSwitch -Name SetSwitch -VMSwitchLoadBalancingAlgorithm Dynamic

Zusätzlich kann festgelegt werden, dass bestimmte vNICs und damit VMs in einer Teamlösung an eine ganz bestimmte physische Netzwerkkarte gebunden sind, die wiederum Mitglied des Teams ist. Fällt der jeweilige Netzwerkadapter aus, wird die VM nicht vom Netzwerk getrennt, sondern Hyper-V verwendet so lange eine andere physische Netzwerkkarte des Teams, bis der ursprüngliche Adapter wieder funktioniert. Für die Verwaltung wird das Cmdlet *Set-VMNetworkAdapterTeamMapping* verwendet, zum Beispiel:

Set-VMNetworkAdapterTeamMapping -VMNetworkAdapterName SMB1 -ManagementOS -PhysicalNetAdapterName Ethernet2

Alternativ kann der Befehl auch so ausgeführt werden, dass er die Netzwerkadapter einer bestimmten VM konfiguriert:

Set-VMNetworkAdapterTeamMapping -VMName w2k19 -PhysicalNetAdapterName set2

Natürlich lässt sich die Zuordnung in der PowerShell überprüfen. Dazu steht das Cmdlet *Get-VMNetworkAdapterTeamMapping* zur Verfügung. Verbindungen zwischen VMs und physischen Netzwerkadaptern in einem Team lassen sich wieder rückgängig machen. Dazu wird das Cmdlet *Remove-VMNetworkAdapterTeamMapping* genutzt.

NAT in Hyper-V konfigurieren

In Vorgängerversionen von Windows Server 2019 bis hin zu Windows 8.1 und Windows Server 2012 R2 hat Hyper-V drei verschiedene Switches unterstützt. Interne und private Switches dienen der Kommunikation der VMs und des Hosts untereinander, während externe Switches für die Kommunikation mit dem restlichen Netzwerk genutzt werden. Bisher war die Verwendung von Network Address Translation (NAT) nur über Umwege möglich, zum Beispiel durch Funktionen im Host-Betriebssystem oder zusätzlicher Software.

NAT-Switches erstellen

Mit internen Switches lassen sich in Windows Server 2019 NAT-Umgebungen konfigurieren. Um einen NAT-Switch zu erstellen, ist die PowerShell ideal, da hier alle notwendigen Aufgaben vorgenommen werden können. Im ersten Schritt wird ein interner Switch erstellt, der später für die NAT-Konfiguration verwendet wird:

New-VMSwitch -SwitchName "NAT-Switch" -SwitchType Internal

Danach wird ein NAT-Gateway erstellt:

New-NetIPAddress -IPAddress <NAT Gateway IP> -PrefixLength <NAT Subnet Prefix Length> -InterfaceIndex <ifIndex>

Die IP-Adresse des NAT-Gateways ist frei wählbar. In diesem Beispiel ist die IP-Adresse 192.168.0.1. Als Subnetzpräfix verwenden wir 24 (255.255.255.0). Der Wert für *InterfaceIndex* wird mit *Get-NetAdapter* angezeigt. Hier wird der Switch genutzt, der zuvor erstellt wurde.

Anschließend wird das NAT-Netzwerk mit dem Cmdlet *New-NetNAT* erstellt:

New-NetNat -Name <NAT-OutsideName> -InternalIPInterfaceAddressPrefix <NAT Subnet Prefix>

In diesem Beispiel lautet der Befehl:

New-NetNat -Name NATnetwork -InternalIPInterfaceAddressPrefix 192.168.0.0/24

Informationen lassen sich mit *Get-NetNat* abrufen. Um die Konfiguration zu löschen, wird der Befehl *Remove-NetNat* verwendet.

Mit NAT in VMs arbeiten

Sobald der NAT-Switch zur Verfügung steht, kann er VMs zugewiesen werden. Auf Basis der NAT-Switches können Sie auch mit NAT-Forwarding arbeiten. Sollen zum Beispiel spezielle Ports des Hosts zu VMs weitergeleitet werden, steht das Cmdlet *Add-NetNatStaticMapping* zur Verfügung. Der Befehl sieht zum Beispiel folgendermaßen aus:

Add-NetNatStaticMapping -NatName " H704f0d2f-e492-4bc2-96ea-308095ccfd75" -Protocol TCP -ExternalIPAddress 0.0.0.0 -InternalIPAddress 192.168.0.2 -InternalPort 80 -ExternalPort 80

Virtuelle Server erstellen und installieren

Seit Windows Server 2016 gibt es auch ein neues Format für die Speicherdateien der VM-Konfiguration in Hyper-V. Dieses Format können Windows-Server jetzt wesentlich schneller lesen und schreiben als in den Vorgängerversionen bis hin zu Windows Server 2012 R2. Außerdem sind die Dateien nicht so anfällig und wesentlich robuster bei Abstürzen, ähnlich wie die VHDX-Dateien.

Das neue Format nutzt die Endung *.vmcx* und für Laufzeitdaten wird die Endung *.vmrs* verwendet. Bei diesen Dateien handelt es sich um Binärdateien, welche Sie nicht direkt bearbeiten dürfen. Bis Windows Server 2012 R2 werden in diesem Bereich XML-Dateien verwendet.

Tipp Sie sollten die Festplatten der virtuellen Server als Festplatten mit fixer Größe erstellen, nicht als dynamische Festplatten. Dies erhöht deutlich die Leistung der virtuellen Server. Microsoft empfiehlt eine solche Konfiguration auch für Exchange.

IDE oder SCSI – Welcher virtuelle Controller ist besser?

Einfach ausgedrückt können virtuelle Server in Windows Server 2016 und Windows Server 2019 zunächst nur von IDE-Controllern booten, zumindest wenn Sie Generation-1-VMs nutzen. Sie können zwar weitere SCSI-Controller hinzufügen, starten können die Server aber nur von virtuellen IDE-Controllern. Das liegt daran, dass die alten Generation-1-VMs in Windows Server 2012/2012 R2 und Windows Server 2016 nur von emulierten Controllern und nicht von virtualisierten Controllern wie SCSI starten können.

Physische IDE-Controller bieten zwar weniger Leistung als physische SCSI-Controller, im Bereich der Virtualisierung ist das aber nicht so. Dafür bieten virtuelle IDE-Controller weniger Funktionen als die virtuellen SCSI-Controller.

Verwenden Sie aber eine Generation-2-VM in Windows Server 2012 R2/2016, Windows 8.1 oder Hyper-V Server 2012 R2/2016, dann startet diese direkt von einem SCSI-Controller. Das gilt auch in Windows 10 und Windows Server 2019. Bei diesen Servern wird wiederum kein IDE-Controller verwendet. Allerdings können Sie in diesem Fall nur Computer mit Windows Server 2012/2012 R2/2016/2019 oder Windows 8/8.1/10 virtualisieren.

Das liegt unter anderem daran, dass Hyper-V virtuelle IDE-Controller emuliert, auch noch in Windows Server 2019. Das Betriebssystem in Hyper-V muss daher nicht immer davon ausgehen, dass es virtualisiert zur Verfügung gestellt wird. Ein Betriebssystem, das einen virtuellen IDE-Controller nutzt, greift auf diesen immer genauso zu wie auf einen physischen IDE-Controller. Das gilt aber nur für den eigentlichen Bootvorgang. Hyper-V schreibt die Befehle an den virtuellen IDE-Controller so um, dass die Zugriffe funktionieren. IDE-Festplatten stehen also auch dann zur Verfügung, wenn auf dem virtuellen Server die Integrationsdienste für Hyper-V nicht gestartet sind. Sobald die Integrationsdienste geladen sind, stehen in der VM auch die speziellen Treiber für virtuelle IDE- und SCSI-Controller zur Verfügung.

Bei Generation-2-VMs weiß das Betriebssystem bereits beim Starten, dass es in einer virtuellen Umgebung zur Verfügung gestellt wird. Generation-2-VMs unterstützen allerdings keinerlei emulierte Hardware, auch keine virtuellen IDE-Controller beim Booten. Generation-2-VMs booten also immer über das UEFI-System von virtuellen SCSI-Controllern. Diese werden nicht emuliert, sondern sind als Treiber direkt in den Hypervisor integriert und dadurch von der VM zugreifbar. Das ist bereits beim Booten des virtuellen Servers der Fall.

Sobald ein virtueller Server gestartet ist und die Integrationsdienste geladen sind, greifen die VMs ebenfalls über Treiber mit dem Hypervisor auf den Controller zu. Ab diesem Moment gibt es keine Leistungsunterschiede mehr zwischen virtuellen IDE- und SCSI-Controller, da beide über die gleiche Technik angebunden sind.

Der Vorteil von SCSI-Controllern ist außerdem die Möglichkeit, im laufenden Betrieb Festplatten zuordnen oder abhängen zu können. Außerdem haben Sie die Möglichkeit, physische Festplatten direkt über virtuelle SCSI-Controller an eine VM anzuhängen.

Virtuelle IDE-Controller erlauben maximal zwei virtuelle Geräte pro Controller. Außerdem dürfen Sie nur zwei virtuelle IDE-Controller pro virtuellem Server verbinden, aber dafür vier virtuelle SCSI-Controller. Mit virtuellen SCSI-Controllern stehen Ihnen mehrere Kanäle mit zahlreichen Anschlussmöglichkeiten zur Verfügung. Insgesamt können Sie pro SCSI-Controller 16 Festplatten anschließen, insgesamt also 64.

Festplatten, die Sie an virtuellen SCSI-Controllern anschließen, können Sie im laufenden Betrieb des Servers an- oder abhängen. Das geht mit virtuellen und physischen Festplatten, die Sie über virtuelle SCSI-Controller an virtuelle Server anbinden. Auch das geht mit virtuellen Festplatten an virtuellen IDE-Controllern nicht. Hier können Sie zwar jederzeit Festplatten an- und abhängen, müssen dazu aber die VM ausschalten.

Neu seit Windows Server 2012 R2 ist die Möglichkeit, die Größe von virtuellen Festplatten im laufenden Betrieb zu ändern. Auch dazu müssen die Festplatten an einem virtuellen SCSI-Controller angeschlossen sein. Das funktioniert ebenfalls in Windows Server 2019.

Was dagegen bei virtuellen IDE- und SCSI-Controllern gemeinsam funktioniert, ist die Möglichkeit, die Dienstqualität und Bandbreite von virtuellen Festplatten zu begrenzen.

Laufwerke mit der PowerShell hinzufügen

Bei virtuellen SCSI-Controllern können Sie Laufwerke im laufenden Betrieb hinzufügen. Diesen Vorgang nehmen Sie entweder im Hyper-V-Manager oder der PowerShell vor. Zunächst lassen Sie sich mit folgendem Befehl die SCSI-Controller der VM anzeigen:

Get-VMScsiController -VMname <Name der VM>

Um einem SCSI-Controller eine neue Festplatte hinzuzufügen, verwenden Sie anschließend folgenden Befehl:

Add-VMHardDiskDrive -VMname <Name der VM> -Path <Pfad zur VHDX-Datei> -ControllerType SCSI -ControllerNumber <Nummer>

Mit dem Cmdlet *Add-VMScsiController* fügen Sie einem virtuellen Server einen virtuellen SCSI-Controller hinzu.

Virtualisierung von Domänencontrollern

Mit Snapshots (Prüfpunkten) lassen sich virtuelle Server zu einem bestimmten Zeitpunkt sichern und wiederherstellen. Bei Domänencontrollern sichern Snapshots allerdings auch die Active Directory-Datenbank. Setzen Sie auf einem Domänencontroller einen Snapshot zurück, kann es zu Inkonsistenzen der Active Directory-Datenbank kommen, die auch die anderen Domänencontroller beeinflusst. Dies liegt daran, dass in Active Directory alle Objekte eine bestimmte Nummer besitzen, die Update Sequence Number (USN). In Windows Server 2019 gibt es dazu die neuen Produktionsprüfpunkte. Diese berücksichtigen auch die Datenbank von Active Directory. Virtualisieren Sie Domänencontroller, sollten Sie darauf achten, dass die Produktionsprüfpunkte für den virtuellen Server aktiviert sind. Die Einstellungen dazu finden Sie in den Eigenschaften der VM über den Menüpunkt *Prüfpunkte*.

Jeder Domänencontroller verfügt über eine eigene Liste dieser USNs und befindet sich auch selbst in dieser Liste. Setzen Sie einen Snapshot zurück, ändern sich die USNs zahlreicher Objekte, was mit hoher Wahrscheinlichkeit zu Inkonsistenzen führt. In jedem Fall aber trennen die anderen Domänencontroller den wiederhergestellten Domänencontroller vom Netzwerk.

Zeitsynchronisierung über Hyper-V deaktivieren

Standardmäßig versorgen sich virtuelle Server über den entsprechenden Hyper-V-Host mit der Uhrzeit. Auch das kann bei Domänencontrollern zu Problemen führen. Auf jedem virtuellen Computer installiert Hyper-V automatisch die Integrationsdienste. Dabei handelt es sich um ein Softwarepaket, das die Leistung virtueller Server deutlich verbessert. Rufen Sie die Einstellungen auf und klicken Sie auf *Integrationsdienste*.

Hier können Sie einstellen, ob sich die virtuellen Server mit dem Host synchronisieren sollen. Für virtuelle Windows-Server in Active Directory-Domänen sollten Sie diese Synchronisierung deaktivieren, da durch die Zeitsynchronisierung Inkonsistenzen auftreten können. Vor allem bei der Virtualisierung von SharePoint, Exchange oder virtuellen Domänencontrollern liegt in dieser Konfiguration eine häufige Fehlerquelle.

Da die Server Mitglied einer Domäne sind, synchronisieren sie die Zeit mit einem Domänencontroller. Den PDC-Master-Domänencontroller lassen Sie am besten mit einer Atomuhr im Internet oder einer Funkuhr synchronisieren. In Active Directory sind alle Domänencontroller gleichberechtigt und synchronisieren die Zeit vom PDC-Master der übergeordneten Domäne.

Domänencontroller im Cluster

Betreiben Sie Hyper-V in einem Cluster, haben Sie die Möglichkeit, virtuelle Server zwischen den Knoten zu verschieben. Dabei können Sie Server mit der Livemigration so verschieben, dass sie immer aktiv bleiben, da Hyper-V auch den Inhalt des Arbeitsspeichers zwischen den Knoten verschiebt.

Befinden sich in einem Hyper-V-Cluster mehrere Server einer Domäne, besteht die Gefahr, dass beim Verschieben Domänenmitglieder vor den Domänencontrollern verschoben werden und unter Umständen online sind, während der Domänencontroller noch offline ist. Daher sollten Sie immer zuerst die Domänencontroller verschieben, möglichst nicht zuerst die normalen Mitgliedsserver. Windows Server 2019 kann virtuelle Server im Cluster priorisieren und dafür sorgen, dass Domänencontroller zuerst verschoben werden.

Automatisches Starten und Herunterfahren

In den Einstellungen von virtuellen Maschinen sollten Sie festlegen, wie sich der virtuelle Server beim Herunterfahren oder Starten des Hostsystems verhalten soll. Hier gelten die gleichen Probleme wie bei der Livemigration im Cluster. Bei unkontrolliertem Start booten die einzelnen Computer nicht immer in der richtigen Reihenfolge.

Sie sollten daher beim Neustarten des Hosts auch die virtuellen Server herunterfahren lassen und beim Starten des Hosts manuell starten. Microsoft empfiehlt als Einstellung für *Automatische Stoppaktion* die Option *Gastbetriebssystem herunterfahren*. Die Speicherung des Zustands empfiehlt Microsoft nicht, da dadurch die Synchronisierung der Active Directory-Datenbank zwischen den Domänencontroller gestört wird. Das Herunterfahren ist die optimale Einstellung, wenn der Host neu gestartet werden muss.

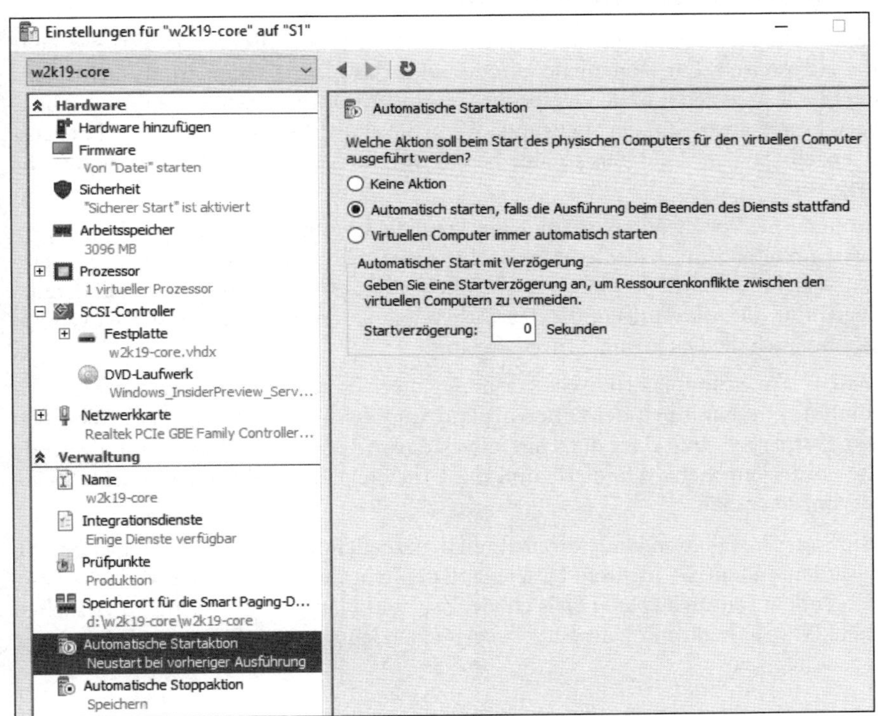

Abbildung 7.8: Konfigurieren der automatischen Stoppaktion für virtuelle Server

Beim Herunterfahren schließt ein Domänencontroller alle noch offenen Synchronisierungsvorgänge ab, sodass beim erneuten Start keine Inkonsistenzen durch veraltete Daten entstehen. Als automatische Startaktion empfiehlt Microsoft entweder keine Aktion oder die Einstellung, dass der Server neu starten soll, wenn er beim Herunterfahren gestartet war. Allerdings sollten Sie in diesem Fall darauf achten, dass andere Server nicht auch automatisch starten, wenn sie von den Domänencontrollern abhängig sind.

Dedizierte Netzwerkverbindungen einsetzen

Microsoft empfiehlt, einen Netzwerkadapter auf jedem Hyper-V-Host für die Verwaltung des Servers zu verwenden. Diese Vorgehensweise gilt auch bei der Anbindung von Netzwerkspeicher, zum Beispiel NAS oder iSCSI. Auch hier sollten Sie für jede Verbindung eine eigene Netzwerkkarte auf dem Hyper-V-Host zur Verfügung stellen.

Diese Optimierung sollten Sie ebenso auf die virtuellen Hyper-V-Server ausdehnen. Domänencontroller sollten immer effizient zur Verfügung stehen, da im Active Directory ansonsten andere Serverdienste langsam reagieren. Die meisten Serverdienste benötigen ständige Authentifizierungen an Domänencontrollern.

Daher sollten die Domänencontroller idealerweise eine eigene Netzwerkkarte mit eigenem virtuellem Switch verwenden. Lassen Sie nicht alle Domänencontroller an derselben Karte laufen, da ansonsten die Gefahr besteht, dass bei Ausfall einer Karte alle Domänencontroller gleichzeitig nicht mehr verfügbar sind.

Keine differenzierenden virtuellen Festplatten verwenden

In Hyper-V haben Sie die Möglichkeit, einem Gastsystem eine differenzierende virtuelle Festplatte zuzuweisen. Für Domänencontroller wird das nicht empfohlen, da sich solche Festplatten zu leicht wieder in den Ursprungszustand zurückversetzen lassen. Hier gibt es das gleiche Problem wie mit den Snapshots. Wenn Sie eine differenzierende Festplatte auswählen, erstellt Hyper-V auf Basis einer bereits vorhandenen virtuellen Festplatte eine neue Festplatte.

Damit können Sie von bereits vorhandenen virtuellen Festplatten ein Abbild erzeugen. Microsoft empfiehlt zunächst, die übergeordnete virtuelle Festplatte mit einem Schreibschutz zu versehen, damit sie nicht versehentlich überschrieben wird. In der Differenzplatte liegen nur die Änderungen, die das Gastsystem an der virtuellen Platte vorgenommen hat, also auch die Daten von Active Directory.

Dazu werden alle Schreibzugriffe des Gasts auf die Differenzplatte umgeleitet. Lesezugriffe kombinieren den Inhalt der Differenzplatte und den Inhalt der zugrunde liegenden virtuellen Festplatte, ohne dass der Gast etwas davon bemerkt. Die zugrunde liegende Festplatte wird nicht mehr verändert, und die Differenzplatte bleibt relativ klein, da sie nur Änderungen enthält.

Eine fertige Basisinstallation kann von mehreren virtuellen Maschinen (VMs) gleichzeitig genutzt werden, indem Sie mehrere Differenzplatten erstellen, die dieselbe virtuelle Festplatte verwenden. Dadurch sparen Sie sich viel Zeit und Platz beim Klonen von virtuellen Maschinen. Was für herkömmliche Server geeignet ist, kann für Domänencontroller daher extrem schädlich sein.

Per Hyper-V-Manager virtuelle Maschinen erstellen

Nachdem Sie die virtuellen Switches für virtuellen Computer angelegt haben, erstellen Sie die Computer, die Sie virtualisieren wollen. Dazu können Sie als Installationsmedium entweder eine DVD auswählen oder eine ISO-Datei. Um virtuelle Computer zu erstellen, gehen Sie vor wie nachfolgend erläutert.

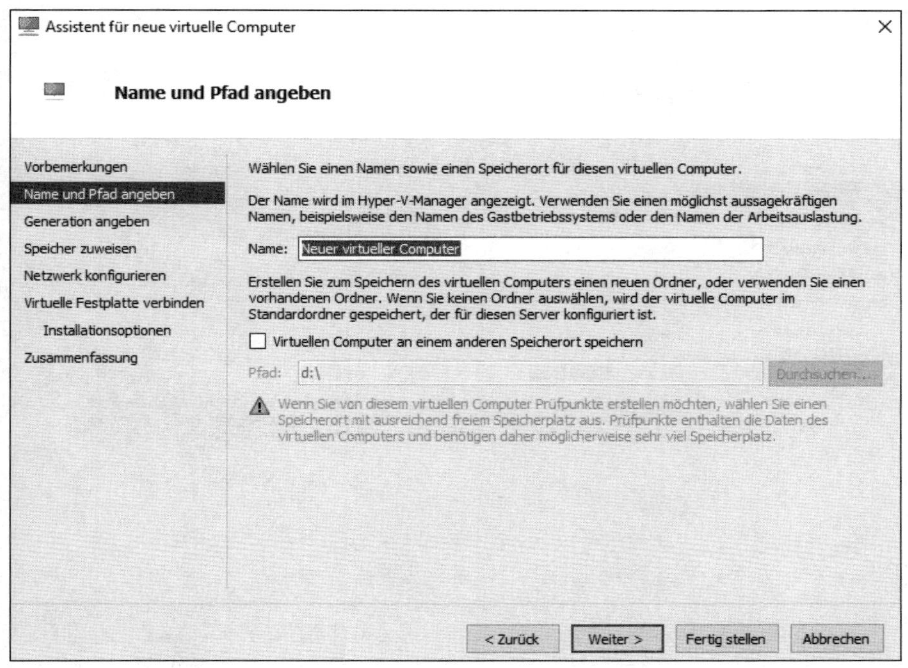

Abbildung 7.9: Starten des Assistenten zur Erstellung von virtuellen Servern

1. Starten Sie den Hyper-V-Manager. Sie können sich auch von einem anderen Server oder Computer aus mit dem Hyper-V-Host verbinden. Mehr zu diesem Thema finden Sie in Kapitel 3 und 4.
2. Klicken Sie anschließend auf *Neu/Virtueller Computer* oder verwenden Sie das Kontextmenü des Hosts zum Erstellen eines virtuellen Computers.
3. Geben Sie auf der nächsten Seite den Namen des Computers ein. Dieser Name hat nichts mit dem eigentlichen Computernamen zu tun. Es handelt sich lediglich um den Namen im Hyper-V-Manager. Es bietet sich aber an, denselben Namen zu verwenden.
4. Aktivieren Sie das Kontrollkästchen *Virtuellen Computer an einem anderen Speicherort speichern*. Sie können diesen Ordner im Hyper-V-Manager über *Hyper-V-Einstellungen* festlegen. Hier nehmen Sie darüber hinaus weitere Einstellungen vor, die für Hyper-V selbst und alle virtuellen Computer gemeinsam gelten.
5. Wählen Sie den Ordner aus, in dem Sie die Daten des virtuellen Computers speichern wollen. Sie sollten für jeden Computer einen eigenen Pfad verwenden.

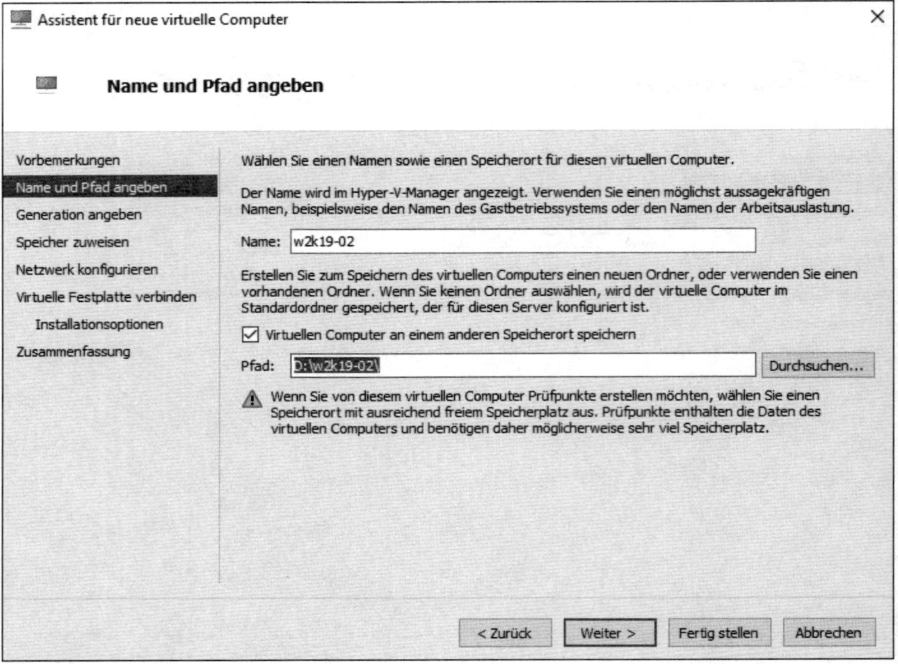

Abbildung 7.10: Auswählen des Namens sowie des Speicherorts für den virtuellen Computer

Danach wählen Sie aus, ob der virtuelle Server eine Generation-1-VM sein soll oder die neuen Funktionen von Generation-2-VMs erfüllt. Wir sind zu Beginn des Kapitels bereits auf das Thema eingegangen. Achten Sie aber darauf, dass Sie die Generation eines virtuellen Servers nicht mehr ändern können.

Wählen Sie auf der nächsten Seite aus, wie viel Arbeitsspeicher Sie dem Computer zuweisen wollen. Generell sollten Sie darauf achten, dass der gemeinsame Arbeitsspeicher aller virtueller Server nicht den physischen Speicher des Hosts überschreiten sollte. Der Arbeitsspeicher des virtuellen Computers lässt sich auch nach der Installation jederzeit anpassen, selbst im laufenden Betrieb.

Sie können an dieser Stelle den dynamischen Arbeitsspeicher aktivieren. Diese Funktion ermöglicht es, dass virtuelle Computer, die nicht ihren gesamten zugewiesenen Arbeitsspeicher ausnutzen, Teile davon anderen virtuellen Computern zur Verfügung stellen.

Virtuelle Computer können über Hyper-V den Arbeitsspeicher teilen. Die einzelnen virtuellen Computer teilen dem Hypervisor mit, wie viel Arbeitsspeicher sie benötigen. Ist genügend Arbeitsspeicher auf dem Computer frei, teilt der Hypervisor dem virtuellen Computer den benötigten Arbeitsspeicher zu und zieht ihn von anderen Computern ab, die derzeit keinen Bedarf haben.

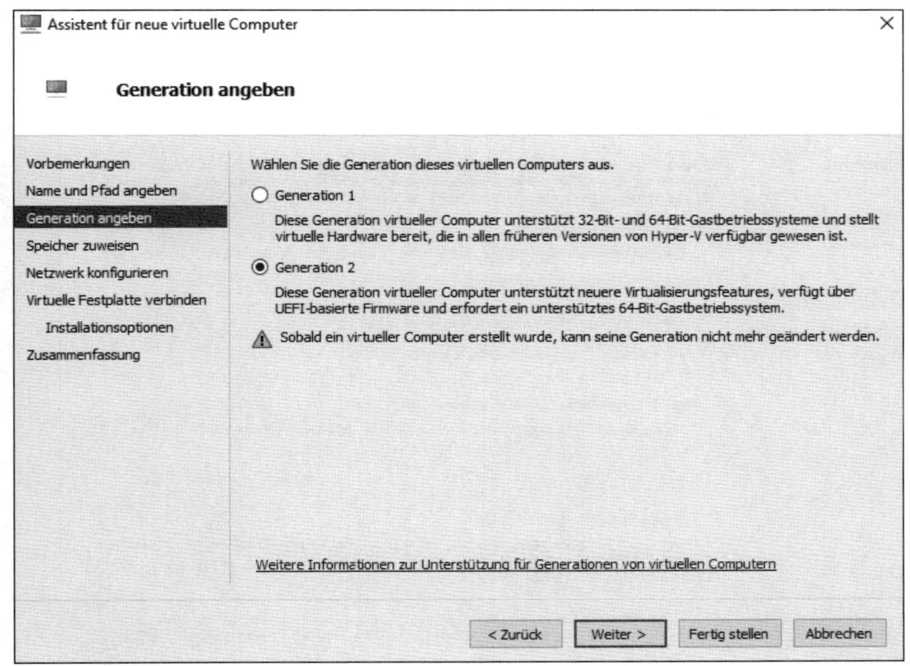

Abbildung 7.11: Auswählen des Generation-Typs eines neuen virtuellen Servers

Sobald der Speicherbedarf des Computers steigt, fragt der Server den Speicher beim Hyper-V-Host an und erhält diesen, wenn der Speicher zur Verfügung steht. Umgekehrt teilen virtuelle Computer ständig dem Hyper-V-Host mit, wie viel Arbeitsspeicher sie abgeben können.

Für virtuelle Computer können Sie nach der Erstellung in den Einstellungen einen Startwert und einen maximalen Wert für den Arbeitsspeicher zuteilen. Die Zuteilung des tatsächlichen Arbeitsspeichers steuert Hyper-V auch auf Basis der Prioritäten, die Sie den virtuellen Computern zuweisen. Um Dynamic Memory zu nutzen, aktivieren Sie das Kontrollkästchen *Dynamischen Arbeitsspeicher für diesen virtuellen Computer verwenden*. An dieser Stelle können Sie aber keine Werte konfigurieren.

Wählen Sie auf der nächsten Seite das Netzwerk aus, das Sie für die virtuellen Server erstellt haben. Hier stehen die virtuellen Switches zur Verfügung, die Sie im Vorfeld angelegt haben. Sie können nach der Erstellung des virtuellen Servers zusätzliche virtuelle Netzwerkkarten hinzufügen und diese mit einem anderen virtuellen Switch verbinden.

Auf der nächsten Seite aktivieren Sie die Option *Virtuelle Festplatte erstellen* und wählen den Pfad und die Größe aus. Lesen Sie dazu auch die Anmerkungen in den Kapiteln 1, 2 und 5. Sie können virtuellen Computern auch nachträglich jederzeit weitere virtuelle Festplatten über deren Einstellungen zuordnen.

Als Nächstes wählen Sie aus, wie Sie das Betriebssystem installieren wollen. Schließen Sie auf der nächsten Seite die Erstellung der virtuellen Maschine ab, lassen Sie diese aber nicht starten.

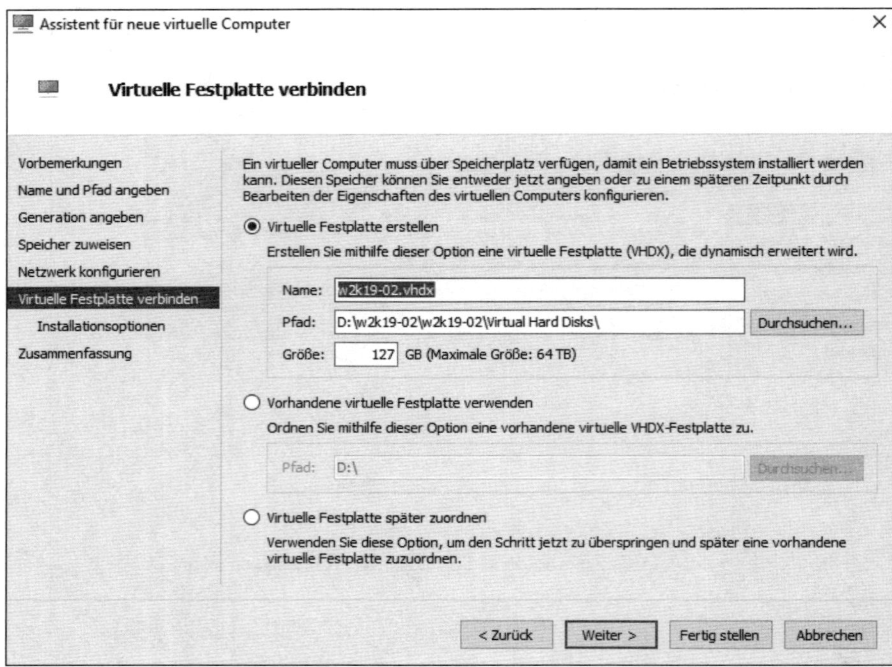

Abbildung 7.12: Virtuelle Festplatten von virtuellen Computern erstellen

Nach der erfolgreichen Erstellung des virtuellen Computers können Sie im Hyper-V-Manager weitere Einstellungen vornehmen. Rufen Sie dazu im Kontextmenü des virtuellen Computers den Eintrag *Einstellungen* auf. Klicken Sie in den Einstellungen auf *Hardware hinzufügen*, wenn Sie zusätzliche Hardware zur virtuellen Maschine hinzufügen wollen, zum Beispiel weitere virtuelle Netzwerkkarten oder einen SCSI-Controller.

Legen Sie die Installations-DVD in das Laufwerk des physischen Hosts oder laden Sie die ISO-Datei in den Einstellungen des virtuellen Computers. Klicken Sie im Hyper-V-Manager den virtuellen Computer mit der rechten Maustaste an und wählen Sie im Kontextmenü den Eintrag *Starten* aus.

Anschließend installieren Sie auf dem Server das Betriebssystem wie auf einem physischen Server. Hier gibt es keine Unterschiede. Beenden Sie das Verbindungsfenster zum virtuellen Computer, bleibt dieser weiter gestartet. Sie sehen den Status der entsprechenden virtuellen Computer im Hyper-V-Manager.

In den nächsten Abschnitten zeigen wir Ihnen, wie Sie virtuelle Server verwalten, auch in der PowerShell. Sie haben natürlich ebenso die Möglichkeit, virtuelle Server in der PowerShell zu erstellen. Dazu verwenden Sie das Cmdlet *New-VM -Name <Name des virtuellen Servers>*. Neue virtuelle Festplatten erstellen Sie mit *New-VHD*.

Tipp

Eine Liste aller erstellten virtuellen Server eines Hyper-V-Hosts rufen Sie mit *Get-VM* ab. Mit der Option *|fl* werden Ihnen weiterführende Informationen aufgelistet. Sie erhalten so auch Echtzeitdaten, also zum Beispiel den zugewiesenen Arbeitsspeicher, wenn Sie Dynamic Memory einsetzen.

Virtuelle Server steuern

Im Fernwartungsfenster des virtuellen Computers und in dessen Kontextmenü stehen verschiedene Schaltflächen zur Verfügung, mit denen Sie den Server steuern können.

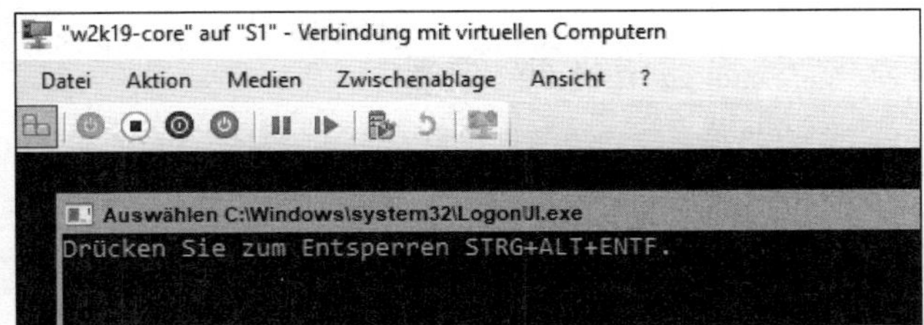

Abbildung 7.13: Symbolleiste von virtuellen Servern

- **STRG+ALT+ENTF** – Mit der ersten Schaltfläche auf der linken Seite senden Sie die Tastenkombination `Strg`+`Alt`+`Entf` an den Server.
- **Starten** – Mit dieser Schaltfläche starten Sie den Server, wenn er ausgeschaltet ist.
- **Ausschalten** – Die Schaltfläche zum Ausschalten schaltet den Server sofort aus, ohne das Betriebssystem herunterzufahren.
- **Herunterfahren** – Fährt das Betriebssystem herunter.
- **Speichern** – Mit dieser Option wird der Inhalt des Arbeitsspeichers in einer Datei auf dem Host abgespeichert und der Gast dann abgeschaltet. Beim späteren Starten wird dieser Status aus der Datei erneut in den Arbeitsspeicher geladen und die Maschine steht wieder zur Verfügung.
- **Anhalten** – Einer laufenden VM werden sämtliche CPU-Ressourcen entzogen, sie friert im aktuellen Zustand ein. Der Inhalt des Arbeitsspeichers und damit der aktuelle Zustand der Maschine bleibt erhalten und die VM läuft nach dem Fortsetzen sofort weiter.
- **Neu starten** – Diese Schaltfläche entspricht einem Reset. Das Betriebssystem wird dazu nicht herunterfahren, sondern der Zustand entspricht dem des Ausschaltens des Servers und einem sofortigen Neustart.
- **Prüfpunkt** – Mit dieser Schaltfläche erstellen Sie einen Prüfpunkt (auch Snapshot oder Momentaufnahme genannt). Mehr zu diesem Thema erfahren Sie im nächsten Kapitel.
- **Zurücksetzen** – Setzt den Server auf den letzten Prüfpunkt zurück. Mehr dazu erfahren Sie im nächsten Kapitel.
- **Erweiterter Sitzungsmodus** – Mit dieser Schaltfläche aktivieren Sie für die aktuelle Verbindung zum virtuellen Server den erweiterten Sitzungsmodus auf Basis von RDP und auch wieder den einfachen Sitzungsmodus, den Sie bereits von Vorgängerversionen von Windows Server 2019 kennen.

Tipp Neben der grafischen Oberfläche können Sie virtuelle Server in der PowerShell steuern. So schalten Sie mit *Stop-VM* virtuelle Maschinen aus, starten sie mit *Start-VM* und rufen den Zustand mit *Get-VM* ab. Um sich eine Liste der verfügbaren Befehle anzuzeigen, verwenden Sie *Get-Command *vm**.

Sie können über die PowerShell Server auch neu starten (*Restart-VM*), anhalten (*Suspend-VM*) und wieder fortführen lassen (*Resume-VM*).

Virtuelle Server können Sie mit *Import-VM* importieren und mit *Export-VM* exportieren. Prüfpunkte erstellen Sie mit *Checkpoint-VM*.

Viele Aufgaben zur Verwaltung von Hyper-V und VMs lassen sich in der PowerShell vornehmen.

Mit PowerShell Direct können Sie über PowerShell-Sitzungen auf einem Hyper-V-Host auf VMs des Hosts zugreifen und Aktionen durchführen. Dazu muss auf dem Host aber Windows Server 2019 betrieben werden. Auch in den VMs ist entweder Windows 10 oder Windows Server 2019 notwendig. Um eine Sitzung zu starten, geben Sie in der PowerShell-Sitzung auf dem Host einen der folgenden Befehle ein:

Enter-PSSession -VMName <Name der VM im Hyper-V-Manager>

Invoke-Command -VMName <Name der VM im Hyper-V-Manager> -ScriptBlock { Commands }

Für die erfolgreiche Verbindung müssen Sie sich unter Umständen erst an der Sitzung authentifizieren. Sie können auf diesem Weg über die PowerShell-Sitzung auf dem Host aber nicht nur herkömmliche Server mit der PowerShell verwalten, sondern auch Core-Server und Nano-Server. Die Vorgehensweise dazu ist die gleiche.

Wollen Sie sich mit einem anderen Benutzer authentifizieren, verwenden Sie *Enter-PSSession -VMName <Computer> -Credential <Benutzer>*. Mit *Exit-Session* beenden Sie diese Sitzung wieder.

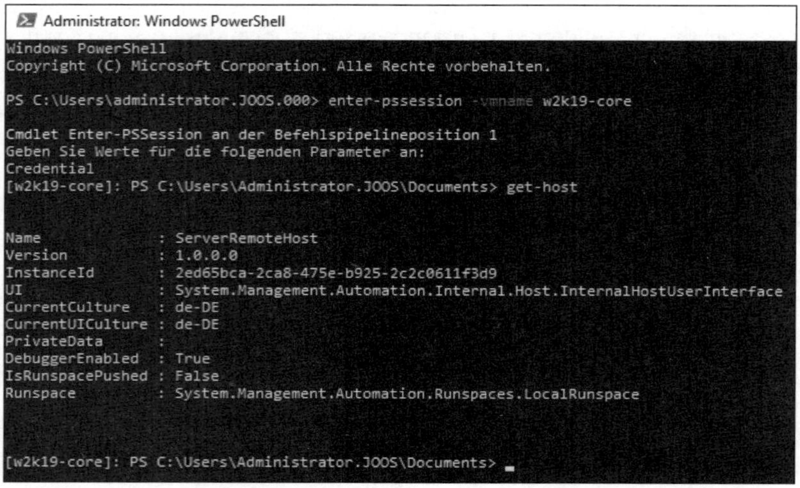

```
Administrator: Windows PowerShell
Windows PowerShell
Copyright (C) Microsoft Corporation. Alle Rechte vorbehalten.

PS C:\Users\administrator.JOOS.000> enter-pssession -vmname w2k19-core

Cmdlet Enter-PSSession an der Befehlspipelineposition 1
Geben Sie Werte für die folgenden Parameter an:
Credential
[w2k19-core]: PS C:\Users\Administrator.JOOS\Documents> get-host


Name             : ServerRemoteHost
Version          : 1.0.0.0
InstanceId       : 2ed65bca-2ca8-475e-b925-2c2c0611f3d9
UI               : System.Management.Automation.Internal.Host.InternalHostUserInterface
CurrentCulture   : de-DE
CurrentUICulture : de-DE
PrivateData      :
DebuggerEnabled  : True
IsRunspacePushed : False
Runspace         : System.Management.Automation.Runspaces.LocalRunspace



[w2k19-core]: PS C:\Users\Administrator.JOOS\Documents> _
```

Abbildung 7.14: In Windows Server 2019 greifen Sie vom Host mit der PowerShell auf VMs zu. Auch Serverrollen lassen sich dadurch installieren.

Einstellungen von virtuellen Servern anpassen

Über das Kontextmenü oder den *Aktionen*-Bereich lassen sich die verschiedenen Einstellungen der virtuellen Computer anpassen. Hierüber stellen Sie zum Beispiel die Anzahl der Prozessoren, den Arbeitsspeicher, BIOS-Einstellungen und die Schnittstellen ein. Auch neue Hardware fügen Sie über diesen Bereich hinzu.

Hinweis In Windows Server 2019 können Sie Netzwerkadapter im laufenden Betrieb hinzufügen und entfernen. Sie müssen dazu VMs also nicht mehr herunterfahren.

Sie können bei Generation-2-VMs den Arbeitsspeicher von Servern im laufenden Betrieb anpassen, auch dann, wenn Sie nicht Dynamic Memory nutzen.

Viele Einstellungen stehen aber nur dann zur Verfügung, wenn der virtuelle Server ausgeschaltet ist. Einstellungen, die im laufenden Betrieb nicht möglich sind, sind im Hyper-V-Manager abgeblendet dargestellt.

Ein weiterer Bereich in den Einstellungen von virtuellen Computern sind die BIOS-Einstellungen. Das meiste lässt sich aber nur dann anpassen, wenn der virtuelle Computer ausgeschaltet ist. Hierüber legen Sie fest, ob die [Num]-Taste beim Starten automatisch aktiviert ist und welche Bootreihenfolge der Server beachten soll.

Hardware zu virtuellen Computern hinzufügen

Wollen Sie einem virtuellen Computer neue Hardware hinzufügen, also eine neue Netzwerkkarte, einen SCSI-Controller oder neue Festplatten, klicken Sie den virtuellen Computer mit der rechten Maustaste an, wählen *Einstellungen* und klicken dann auf *Hardware hinzufügen*.

Tipp Wollen Sie in Hyper-V Betriebssysteme testen, für die es keine Integrationsdienste gibt, müssen Sie dem virtuellen Server ältere Netzwerkkarten hinzufügen. Der neue Netzwerkkartentyp arbeitet nicht mit Systemen zusammen, die offiziell nicht von Hyper-V unterstützt werden.

Im rechten Bereich wählen Sie die Hardware aus, die Sie hinzufügen wollen, und klicken auf *Hinzufügen*. Beim Hinzufügen eines Festplattencontrollers besteht zusätzlich die Möglichkeit, weitere Festplatten hinzuzufügen. Um Hardware hinzuzufügen, muss der Server ausgeschaltet sein, viele Geräte lassen sich aber auch im laufenden Betrieb hinzufügen.

Sobald Sie einem virtuellen Server einen SCSI-Controller hinzugefügt haben, können Sie weitere Festplatten hinzufügen, auch wenn der Server gestartet ist. Das geht aber nur bei virtuellen SCSI-Festplatten. Damit die Hardware hinzugefügt wird, müssen Sie die Änderung noch mit *Anwenden* oder *OK* bestätigen.

Einmal hinzugefügte Geräte lassen sich über die Schaltfläche *Entfernen* wieder vom virtuellen Computer trennen.

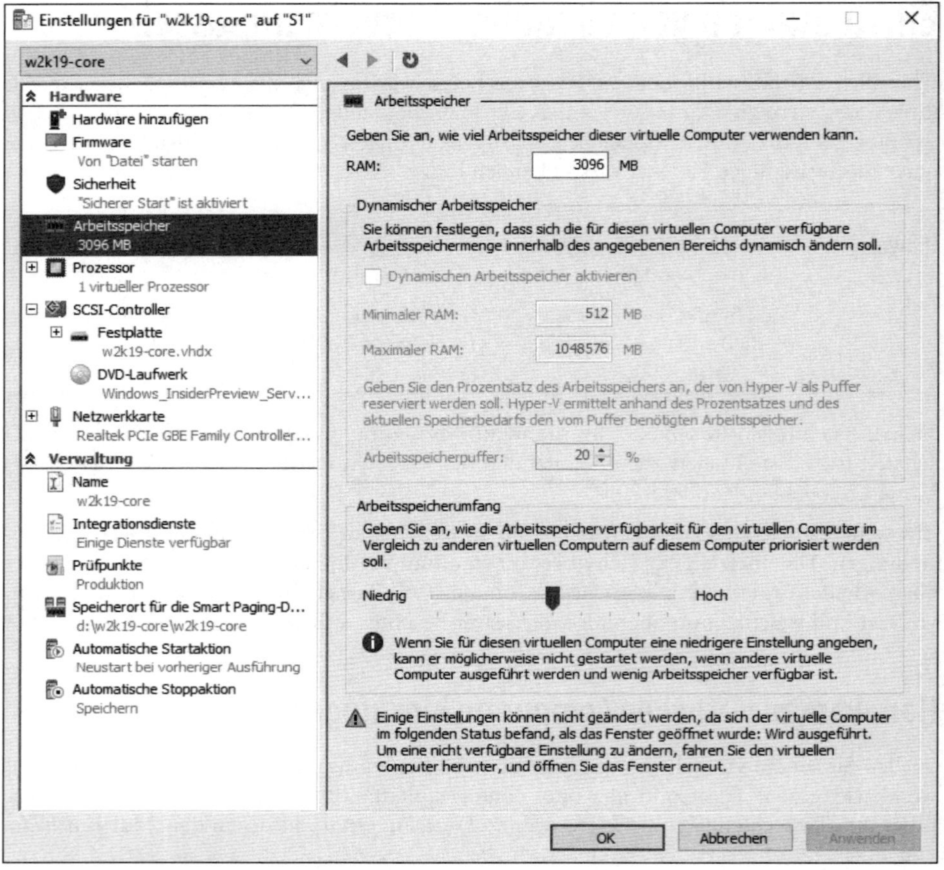

Abbildung 7.15: Einstellungen eines virtuellen Servers ändern

Interessant ist im linken Bereich die Option *Speicherort für die Smart Paging-Datei*. Smart Paging soll verhindern, dass sich virtuelle Server nicht mehr starten lassen, weil der gesamte verfügbare Arbeitsspeicher bereits zugewiesen ist. Nutzen Sie Dynamic Memory (siehe nächster Abschnitt), besteht die Möglichkeit, dass andere Server auf dem Host den gesamten Arbeitsspeicher nutzen.

Die Smart Paging-Funktion erlaubt virtuellen Servern, beim Neustart Teile der Festplatte des Hosts als Arbeitsspeicher zu nutzen. Auch diesen Bereich können Sie daher getrennt verschieben. Nach dem erfolgreichen Start wird der Festplattenplatz wieder freigegeben und der virtuelle Server erhält durch Dynamic Memory wieder seinen Speicher. In Windows Server 2019 unterstützen auch virtuelle Computer auf Basis von Linux diese Funktion.

Generation-2-VMs können Sie ebenfalls mit Linux-VMs nutzen. Das bietet Linux-VMs die Möglichkeit, über UEFI zu booten und die Secure Boot-Funktion von UEFI zu nutzen. Dazu müssen Sie Ubuntu ab Version 14.04 oder SUSE Linux Enterprise Server ab Version 12 einsetzen. Diese Systeme sind automatisch für Secure Boot aktiviert. Außerdem unterstützt Hyper-V in Windows Server 2019 die aktuellen Distributionen von CentOS, Oracle

Linux, Red Hat und Debian. Bevor Sie eine solche VM starten, sollten Sie sie aber erst konfigurieren, damit die VM auch die Microsoft UEFI Certificate Authority nutzt. Dazu müssen Sie den folgenden Befehl auf dem Host eingeben:

Set-VMFirmware vmname -SecureBootTemplate MicrosoftUEFICertificateAuthority

---

Hinweis In einigen Szenarien kann es sinnvoll sein, physische Festplatten direkt an eine VM anzubinden. Dieses Szenario bietet dann direkten Speicherzugriff von VMs auf die Festplatte. Allerdings ist das nicht immer sinnvoll. Die jeweilige Festplatte kann in den meisten Fällen nur von der jeweiligen VM genutzt werden. Außerdem müssen Administratoren genau wissen, was sie tun, denn die Festplatte befindet sich in diesem Szenario außerhalb des Hypervisors.

Was auf der einen Seite also Verbesserungen der Leistungen bietet oder Zugriff auf Installationsdateien externer Datenträger, kann auf der anderen Seite zu Problemen führen. Die Funktion ist sicherlich sinnvoll, sollte aber nicht generell verwendet werden. Eine virtuelle Festplatte auf einem schnellen Datenträger, zum Beispiel einer SSD, kann hier oft die bessere Wahl sein.

Virtuelle Festplatten zu Servern hinzufügen

Um einem Server eine neue virtuelle Festplatte hinzuzufügen, haben Sie verschiedene Möglichkeiten. Nachdem Sie einen oder mehrere SCSI-Controller als Hardware hinzugefügt haben, können Sie virtuelle Festplatten entweder zu einem virtuellen IDE-Controller hinzufügen oder einen virtuellen SCSI-Controller verwenden. Im laufenden Betrieb lassen sich virtuelle Festplatten nur an virtuelle SCSI-Controller hinzufügen. Um einen virtuellen SCSI-Controller hinzuzufügen, müssen Sie aber wiederum den virtuellen Server herunterfahren. Neue Festplatten fügen Sie im Schnelldurchlauf folgendermaßen hinzu:

1. Klicken Sie mit der rechten Maustaste auf den virtuellen Server und dann auf *Einstellungen.*
2. Klicken Sie auf den Controller, mit dem die neue virtuelle Festplatte verbunden werden soll.
3. Klicken Sie danach auf *Festplatte* und dann auf *Hinzufügen.*
4. Aktivieren Sie im neuen Dialogfeld die Option *Virtuelle Festplatte* und klicken Sie auf *Neu*, um den Assistenten für eine neue Festplatte zu starten.
5. Bestätigen Sie die Startseite des Assistenten zum Hinzufügen von neuen Festplatten und wählen Sie danach das Format aus, das die neue Festplatte erhalten soll, also VHD (bis 2 TB) oder VHDX (bis 64 TB).

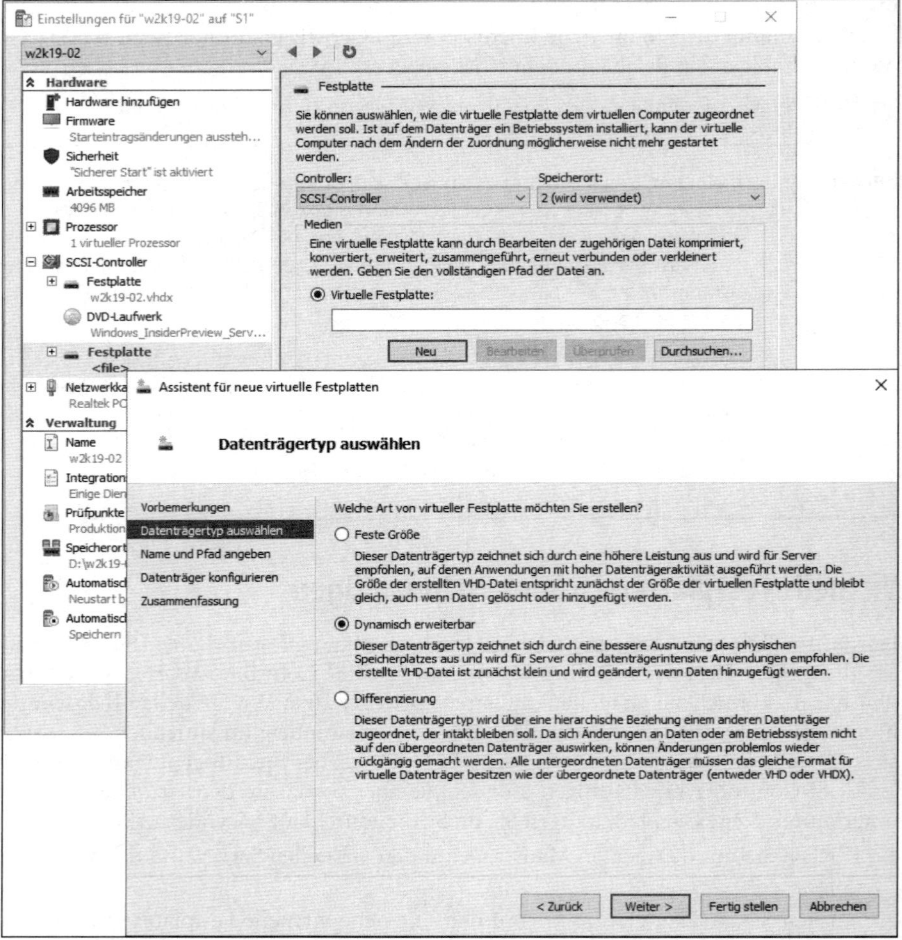

Abbildung 7.16: Hinzufügen einer virtuellen Festplatte zu einem virtuellen Server

6. Wählen Sie als Nächstes aus, ob die Festplatte eine feste Größe haben soll (*Feste Größe*), dynamisch erweiterbar (*Dynamisch erweiterbar*) oder auf einer vorhandenen Festplatte aufbauen soll (*Differenzierung*).
   - **Feste Größe –** Bei dieser Variante legen Sie eine feste Größe fest, die die virtuelle Festplatte des virtuellen Servers nicht überschreiten darf.
   - **Dynamisch erweiterbar –** Dieser Typ wird am häufigsten verwendet. Die hinterlegte VHD-Datei der Festplatte kann dynamisch mit dem Inhalt mitwachsen.
   - **Differenzierung –** Wenn Sie dies auswählen, wird auf Basis einer bereits vorhandenen virtuellen Festplatte eine neue Festplatte erstellt. Damit können Sie von bereits vorhandenen virtuellen Festplatten ein Abbild erzeugen. Microsoft empfiehlt, die übergeordnete virtuelle Festplatte mit einem Schreibschutz zu versehen, damit sie nicht versehentlich überschrieben wird. Auf der Differenzfestplatte liegen nur die Änderungen, die das Gastsystem an der virtuellen Festplatte vorgenommen hat. Dazu werden alle Schreibzugriffe des Gasts auf die Differenzfestplatte umgeleitet. Lesezugriffe kombinieren den Inhalt der Differenzfestplatte und den Inhalt der

zugrunde liegenden virtuellen Festplatte, ohne dass der Gast etwas davon bemerkt. Die zugrunde liegende Festplatte wird nicht mehr verändert, und die Differenzfestplatte bleibt relativ klein, da sie nur Änderungen enthält. Eine fertige Basisinstallation kann von mehreren virtuellen Maschinen (VMs) gleichzeitig verwendet werden, indem Sie mehrere Differenzfestplatten erstellen, die dieselbe virtuelle Festplatte verwenden. Dadurch sparen Sie sich viel Zeit und Platz beim Klonen von virtuellen Maschinen.

7. Im Anschluss legen Sie den Pfad fest, in dem Windows Server 2019 die VHD/VHDX-Datei speichern soll. Auch den Namen der Datei geben Sie hier ein.
8. Auf der nächsten Seite legen Sie die Größe der virtuellen Festplatte fest und können den Inhalt einer physischen Festplatte in die virtuelle Festplatte kopieren lassen. Danach erhalten Sie noch eine Zusammenfassung und erstellen mit *Fertig stellen* schließlich die virtuelle Festplatte.
9. Klicken Sie danach im Fenster auf *Anwenden*, damit die virtuelle Festplatte an den virtuellen Server angefügt wird.
10. Die Festplatte ist jetzt angefügt und kann in der Datenträgerverwaltung des virtuellen Servers verwaltet werden. Hier gehen Sie vor wie bei physischen Festplatten (siehe Kapitel 5).

Hinweis Dynamische Festplatten wachsen mit dem Speichervolumen einer VM mit. Dadurch benötigen die Festplatten nicht zu viel Speicherplatz nach der Installation. Der Nachteil liegt allerdings in der Leistung. Vor allem sehr leistungshungrige Systeme sind oft auf jedes Quäntchen Leistung angewiesen.

Server, deren Leistung nicht von der Festplattenleistung direkt abhängt, können diese Funktion durchaus nutzen. Allerdings unterstützen auch nicht alle Serveranwendungen dynamische Festplatten. Hier sollte also sichergestellt werden, dass der Hersteller der Serveranwendung dynamische Festplatten unterstützt, auch dann, wenn die Leistung nicht unbedingt ausschlaggebend ist. Außerdem wachsen dynamische Festplatten ständig an. Es kann passieren, dass der Speicherplatz des Hyper-V-Hosts nicht mehr ausreicht. In diesem Fall stellen VMs ihren Dienst ein. Dynamische Festplatten sind also durchaus eine interessante Funktion, sollten für leistungshungrige VMs aber nicht eingesetzt werden. Beim Einsatz der dynamischen Festplatten für herkömmliche Server sollte der Speicherplatz des Hosts im Auge behalten werden.

Speicher-Migration – Virtuelle Festplatten verschieben

In Windows Server 2019 haben Sie auch die Möglichkeit, den Speicherort von virtuellen Festplatten auf Hyper-V-Hosts zu verschieben. Diesen Vorgang können Sie im laufenden Betrieb vornehmen. Das ist zum Beispiel sinnvoll, wenn Sie einen Datenträger vergrößern oder die virtuellen Datenträger auf ein NAS oder SAN auslagern wollen.

Klicken Sie dazu mit der rechten Maustaste auf den virtuellen Server, dessen Festplatten Sie verschieben wollen. Wählen Sie danach *Verschieben* aus.

Im Assistenten wählen Sie anschließend *Speicher des virtuellen Computers verschieben* aus. Wie Sie komplette virtuelle Server zwischen Hyper-V-Hosts im laufenden Betrieb (Livemigration) verschieben, zeigen wir Ihnen in Kapitel 9. In Windows Server 2019 können Sie eine Livemigration auch ohne Cluster nutzen.

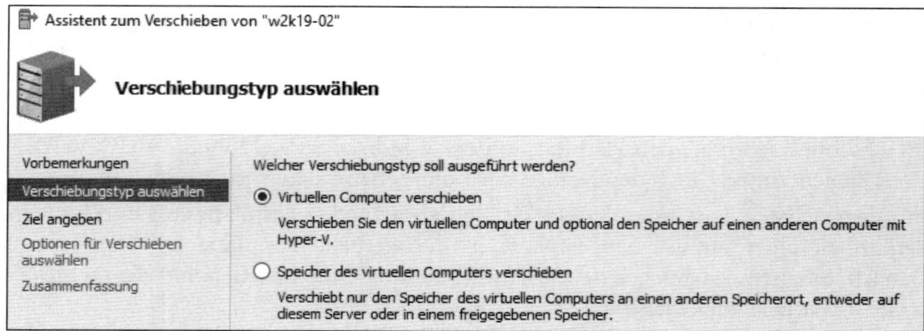

Abbildung 7.17: Verschieben des Speichers eines virtuellen Servers

Im nächsten Fenster wählen Sie aus, ob Sie die Daten des virtuellen Servers oder nur die virtuellen Festplatten verschieben wollen.

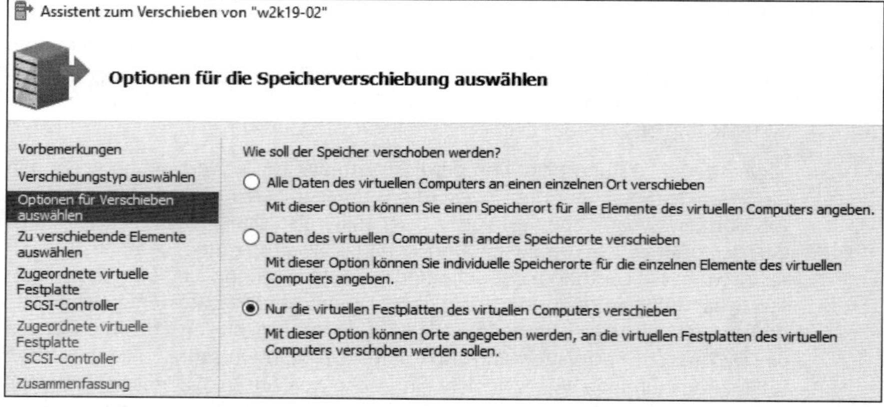

Abbildung 7.18: Verschieben des Speichers von virtuellen Festplatten oder aller Daten auswählen

Im nächsten Fenster wählen Sie den entsprechenden Ordner aus, in dem Hyper-V die Daten des Computers speichern soll. Während des Vorgangs bleibt der virtuelle Server gestartet. Sie sehen den Status im Hyper-V-Manager.

Wollen Sie Daten in verschiedenen Ordnern speichern, können Sie die entsprechende Option auswählen und im nächsten Fenster getrennte Speicherorte für Konfigurationsdateien, virtuelle Festplatte und Snapshots festlegen.

Sie können neben der Konfiguration, den Prüfpunkten und den virtuellen Festplatten auch Smart Paging-Dateien getrennt speichern. Smart Paging soll verhindern, dass sich virtuelle Server nicht mehr starten lassen, weil der gesamte verfügbare Arbeitsspeicher bereits durch andere VMs in Verwendung ist. Nutzen Sie Dynamic Memory (siehe nächster Abschnitt), besteht die Möglichkeit, dass andere Server auf dem Host den gesamten Arbeitsspeicher nutzen.

Die neue Funktion Smart Paging erlaubt virtuellen Servern, beim Neustart Teile der Festplatte des Hosts als Arbeitsspeicher zu nutzen. Auch diesen Bereich können Sie daher getrennt verschieben. Nach dem erfolgreichen Start wird der Festplattenplatz wieder freigegeben und der virtuelle Server erhält durch Dynamic Memory wieder seinen Speicher.

USB-Festplatten an Hyper-V anbinden

Leider unterstützt Hyper-V auch in der neuen Version von Windows Server 2019 keine optimale Anbindung von USB-Geräten. Sie haben aber die Möglichkeit, externe Festplatten, die am Hyper-V-Host angeschlossen sind, in virtuellen Servern zur Verfügung zu stellen. Sie können über den nachfolgend beschriebenen Weg aber auch in anderen Gastsystemen wie Linux USB-Geräte anbinden.

Neben den hier beschriebenen Möglichkeiten können Sie USB-Laufwerke auch über RDP-Sitzungen verwenden oder USB-Server im Netzwerk zur Verfügung stellen. Sie können andere USB-Geräte, wie Dongles oder Drucker, nur über RDP-Sitzungen oder entsprechende Geräte in Hyper-V nutzen.

Handelt es sich bei den virtuellen Computern um Arbeitsstationen in einer Virtual Desktop Infrastructure auf Basis von Hyper-V, können Anwender über diesen Weg USB-Geräte nutzen. In diesem Fall verbinden sie sich entweder mit Thin-Clients oder PCs über das RDP-Protokoll mit dem virtuellen Computer. Das heißt, hier stehen alle USB-Laufwerke zur Verfügung. Nur in der Hyper-V-Konsole lassen sich diese Geräte nicht nutzen.

Um eine USB-Festplatte mit einem virtuellen Server zu verbinden, schließen Sie sie direkt an den Hyper-V-Host an. Die Platte muss zunächst im System verfügbar sein. Haben Sie die externe Festplatte verbunden, öffnen Sie eine Befehlszeile mit Administratorrechten und geben *diskpart* ein. Mit *list disk* finden Sie die Nummer der externen Festplatte.

Im nächsten Schritt wählen Sie die USB-Festplatte aus, die Sie im virtuellen Server unter Hyper-V nutzen wollen. Verwenden Sie dazu den Befehl *select <Nummer der Platte>*. Anschließend setzen Sie die Festplatte mit *offline disk* offline.

Es muss die Meldung erscheinen, dass der Datenträger offline gesetzt ist. Überprüfen Sie mit *diskmgmt.msc*, ob der Datenträger in der Datenträgerverwaltung des Hyper-V-Hosts wirklich offline angezeigt wird. Mit *diskpart* sehen Sie das auch in der Eingabeaufforderung, wenn Sie *list disk* aufrufen.

Rufen Sie im Anschluss im Hyper-V-Manager die Einstellungen des virtuellen Servers auf, in dem Sie diese Festplatte zur Verfügung stellen wollen. Klicken Sie in den Einstellungen auf *SCSI-Controller*, dann auf *Festplatte* und dann auf *Hinzufügen*. Sie fügen jetzt den USB-Datenträger vom Hyper-V-Host als Datenträger über den virtuellen SCSI-Datenträger an den virtuellen Server an.

Im Fenster aktivieren Sie *Physische Festplatte* und wählen den von Ihnen offline gesetzten USB-Datenträger aus. Klicken Sie danach auf *Anwenden* und dann auf *OK*.

Öffnen Sie auf dem virtuellen Server die Festplattenverwaltung mit *diskmgmt.msc*. Hier sehen Sie den Datenträger. Über das Kontextmenü schalten Sie ihn online. Weisen Sie ihm noch einen Laufwerksbuchstaben zu. Alle Daten sind jetzt in der virtuellen Maschine verfügbar.

Virtuelle Festplatten von Servern verwalten und optimieren

Im *Aktionen*-Bereich des Hyper-V-Managers finden Sie auf der rechten Seite die beiden Menübefehle *Datenträger bearbeiten* und *Datenträger überprüfen*. Mit *Datenträger überprüfen* starten Sie einen Scanvorgang. Anschließend öffnet sich ein neues Fenster und zeigt die Daten dieser Festplatte an. So erfahren Sie, ob es sich um eine dynamisch erweiterbare Festplatte oder eine Festplatte mit fester Größe handelt. Auch die maximale Größe sowie die aktuelle Datenmenge zeigt das Fenster an.

Über *Datenträger bearbeiten* stehen Ihnen verschiedene Möglichkeiten zur Verfügung, um die aktuell ausgewählte Festplatte anzupassen:

- **Komprimieren** – Diese Aktion steht nur bei dynamisch erweiterbaren Festplatten zur Verfügung. Der Vorgang löscht leere Bereiche in der VHD(X)-Datei, wodurch diese deutlich verkleinert wird. Allerdings ergibt dieser Vorgang nur dann Sinn, wenn viele Daten von der Festplatte gelöscht wurden.
- **Konvertieren** – Mit diesem Vorgang wandeln Sie dynamisch erweiterbare Festplatten in Festplatten mit fester Größe um oder umgekehrt.
- **Erweitern** – Dieser Befehl hilft dabei, den maximalen Festplattenplatz einer VHD(X)-Datei zu vergrößern.
- **Zusammenführen** – Der Assistent zeigt diesen Befehl nur dann an, wenn Sie eine differenzierende Festplatte auswählen, zum Beispiel die AVHD(X)-Datei eines Snapshots. Da diese Datei nur die aktuellen Unterschiede zu der VHD(X)-Quelldatei enthält und auf diese verifiziert ist, lassen sich die Daten zu einer gemeinsamen VHD(X)-Datei zusammenführen, die alle Daten enthält. Die beiden Quellfestplatten bleiben bei diesem Vorgang erhalten, der Assistent erstellt eine neue virtuelle Festplatte.
- **Verbindung wiederherstellen** – Für eine differenzierende Festplatte ist es wichtig, dass die Quelldatei der verifizierten VHD(X) -Datei gefunden ist. Eine differenzierende Festplatte kann aber auch in einer Kette auf eine andere differenzierende Datei verweisen, die dann wiederum auf die VHD(X)-Datei verweist. Dies kommt zum Beispiel dann vor, wenn mehrere Snapshots aufeinander aufbauen. Ist die Kette zerstört, zum Beispiel weil sich der Pfad einer Festplatte geändert hat, lässt sich mit diesem Befehl die Verbindung wiederherstellen.

Dynamic Memory – Arbeitsspeicher anpassen

Über die Kategorie *Arbeitsspeicher* in den Einstellungen der VM bestimmen Sie die Größe des Arbeitsspeichers des virtuellen Computers.

Hinweis Bei Windows Server 2019 lässt sich der verfügbare Arbeitsspeicher im laufenden Betrieb zuweisen, auch dann, wenn kein dynamischer Arbeitsspeicher verwendet wird. Allerdings gilt es auch hier, darauf zu achten, ob die Serveranwendungen das unterstützen. Alternativ muss die VM nach der Einstellung neu gestartet werden.

Die Funktion des dynamischen Arbeitsspeichers ermöglicht es, dass virtuelle Computer, die nicht ihren gesamten zugewiesenen Arbeitsspeicher ausnutzen, diesen anderen virtuellen Computern auf dem gleichen Host zur Verfügung stellen. Mit dieser Technik erhöht sich also die Effizienz von Hyper-V und Unternehmen können mehr virtuelle Server auf

Hyper-V-Hosts betreiben. Die Zuteilung des Arbeitsspeichers übernimmt der Hypervisor. Allerdings funktionieren viele Serverdienste nicht mit dem dynamischen Speicher, zum Beispiel Exchange und SQL Server. Bevor Sie für einen virtuellen Server also den dynamischen Arbeitsspeicher nutzen, sollten Sie sicherstellen, dass die jeweiligen Serverdienste auf den VMs kompatibel mit Dynamic Memory sind.

Benötigt ein virtueller Server mehr Arbeitsspeicher, teilt Hyper-V ihm diesen zu und zieht ihn von anderen Servern ab, die derzeit keinen Bedarf haben. Virtuelle Server informieren Hyper-V auch über die Speichermenge, die sie abgeben können. Auf diese Weise kann Hyper-V den tatsächlich verfügbaren Arbeitsspeicher immer optimal verteilen und kennt die Arbeitsspeicher-Bedürfnisse der einzelnen Server.

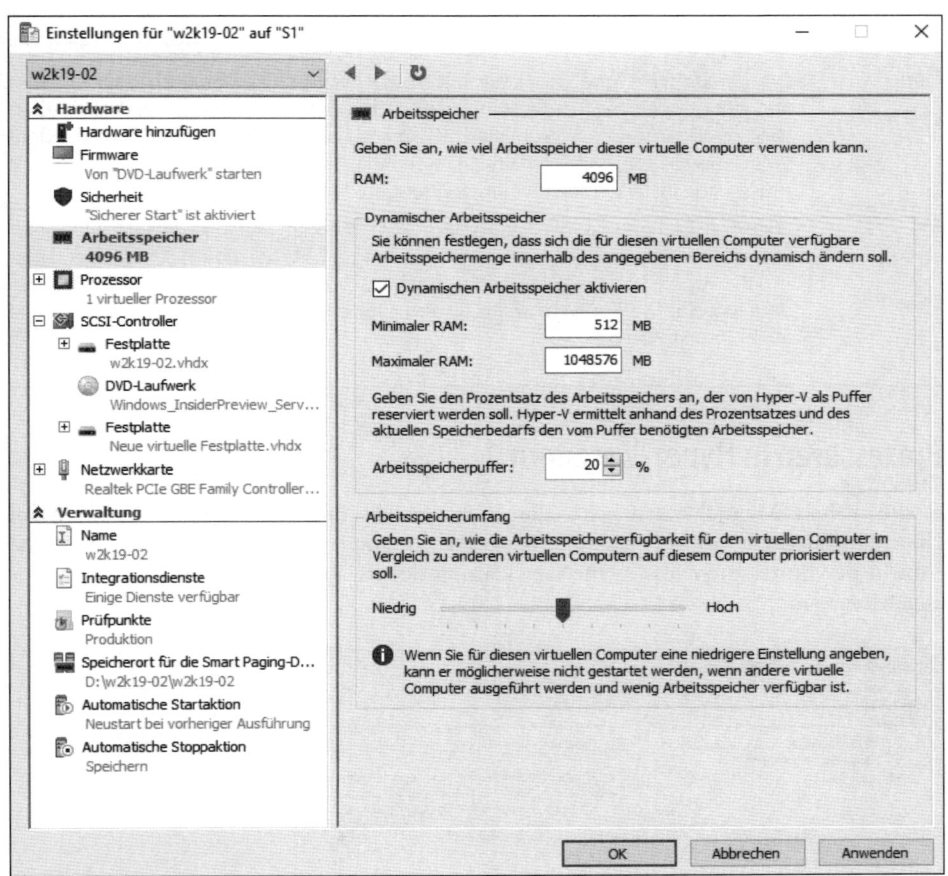

Abbildung 7.19: Arbeitsspeicher für VMs in Windows Server 2019 konfigurieren

Für virtuelle Computer können Sie nach der Erstellung in den Einstellungen einen Startwert und einen maximalen Wert für den Arbeitsspeicher zuteilen. Die Zuteilung des tatsächlichen Arbeitsspeichers steuert Hyper-V auch auf Basis der Prioritäten, die Sie den virtuellen Computern zuweisen.

Um Dynamic Memory zu nutzen, aktivieren Sie bei der Erstellung des virtuellen Servers das Kontrollkästchen *Dynamischen Arbeitsspeicher aktivieren*. Die Option können Sie jederzeit nachträglich ändern. Allerdings muss die VM dazu ausgeschaltet sein. An dieser Stelle können Sie aber keine Werte konfigurieren. Dazu rufen Sie später über das Kontextmenü die Einstellungen auf und klicken in der Kategorienleiste auf *Arbeitsspeicher.*

Geben Sie bei *Minimaler RAM* an, mit wie viel Speicher der Computer starten soll, und bei *Maximaler RAM*, wie viel Arbeitsspeicher der Server maximal erhalten kann.

Über *Arbeitsspeicherpuffer* legen Sie fest, wie viel zusätzlichen Arbeitsspeicher der virtuelle Computer erhalten soll. Diesen Speicher kann der Computer nutzen, um die Leistung zu erhöhen. Über *Arbeitsspeicherumfang* legen Sie fest, wie sich Anfragen des Computers im Vergleich zu anderen Computern verhalten sollen. Ist der maximale Arbeitsspeicher des Computers bereits ausgelastet, erhalten höher priorisierte Computer mehr Speicher, den unterpriorisierte abgeben müssen.

Tipp

Der dynamische Arbeitsspeicher in Hyper-V erlaubt das Abgeben oder Erhalten von Arbeitsspeicher für die VM im laufenden Betrieb. Mit dieser Technik geben VMs, die ihren Arbeitsspeicher nicht komplett ausschöpfen, ab, während andere VMs den Arbeitsspeicher erhalten. Die Technik ist generell recht sinnvoll, allerdings müssen die installierten Serveranwendungen damit umgehen können.

Microsoft Exchange in allen Versionen und Editionen sowie Microsoft SQL Server in einigen Editionen sind dazu nicht in der Lage. Wird bei diesen Servern der dynamische Arbeitsspeicher verwendet, bricht die Leistung der Serveranwendungen deutlich ein. Die Funktion sollte also nur für die Server aktiviert werden, die sie auch unterstützen.

Prozessoren in Hyper-V steuern

Ausführlichere Möglichkeiten bietet die Prozessorsteuerung von virtuellen Computern. Über die Kategorie *Prozessor* in den Eigenschaften eines virtuellen Servers legen Sie die Anzahl der Prozessoren sowie eine Gewichtung der Ressourcen fest, die dem Prozessor zugewiesen sind.

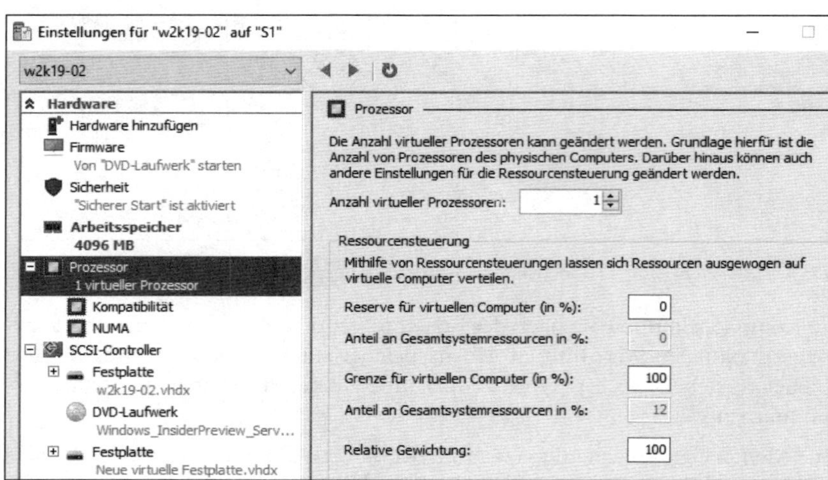

Abbildung 7.20: Konfigurieren der Prozessoreinstellungen von virtuellen Computern

Neben der eigentlichen Anzahl an Prozessoren, die dem virtuellen Computer zugewiesen sind, steuern Sie hier, wie viel Prozessorzeit diesem virtuellen Computer zur Verfügung steht. Hier stehen mehrere Möglichkeiten zur Wahl, die Sie über Prozentangaben steuern:

- **Reserve für virtuellen Computer –** Hiermit legen Sie fest, welche Ressourcen dem virtuellen Computer mindestens zur Verfügung stehen. Der eigentliche Wert darf niemals unter diesen Wert sinken. Achten Sie aber darauf, dass die reservierte Prozessorzeit sich auch auf andere virtuelle Computer auswirkt und deren maximale Anzahl auf dem Host beschränkt.
- **Anteil an Gesamtsystemressourcen –** Diese Option ist nicht anpassbar. Hier legt Hyper-V fest, welchen prozentualen Anteil die aktuell ausgewählte VM von den Gesamtressourcen erhält.
- **Grenze für virtuellen Computer –** Dieser Wert in Prozent gibt an, wie viel Prozessorzeit dem virtuellen Computer maximal zur Verfügung steht.
- **Relative Gewichtung –** Beim Einsatz mehrerer virtueller Computer auf dem Server, die identische Einstellungen im Ressourcenbereich haben, legt dieser Wert fest, in welcher Relation dieser Computer bevorzugt wird. Ein Computer, dem Sie eine relative Gewichtung von 200 zuweisen, erhält doppelt so viele Zugriff auf die CPU wie ein Computer mit einer Gewichtung von 100. Es handelt sich bei diesem Wert also nicht um eine Prozentzahl, sondern um eine benutzerdefinierte Gewichtung. Wichtige Server lassen sich dadurch bevorzugen und es ist sichergestellt, dass diese nicht zu wenig Ressourcen zugewiesen bekommen.

Wichtig für die Steuerung von Prozessoren in virtuellen Servern sind noch die beiden Unterkategorien *Kompatibilität* und *NUMA* (Non-Uniform Memory Access), die unterhalb der Kategorie *Prozessor* zu finden sind. Bei *Kompatibilität* können Sie zum Beispiel sicherstellen, dass Sie den virtuellen Server mit der Livemigration auf einen anderen Hyper-V-Host verschieben können. Bei Servern mit verschiedenen Prozessoren steuern Sie über NUMA wichtige Einstellungen.

NUMA (Non-Uniform Memory Architecture) bietet für jeden Prozessor im Server einen eigenen Speicherbereich. Diesen kann er aber anderen Prozessoren bei Bedarf zur Verfügung stellen (Distributed Shared Memory). Um in virtuellen Servern NUMA zu nutzen, muss die Funktion in den Hyper-V-Einstellungen des virtuellen Servers aktiviert sein.

In Windows Server 2019 ist das standardmäßig der Fall. Sie finden die Konfiguration in den Hyper-V-Einstellungen. Deaktivieren Sie diese Einstellung, dürfen VMs nur noch Speicher und Prozessorkerne des gleichen NUMA-Knotens einsetzen.

Allgemeine Einstellungen von virtuellen Computern verwalten

Im unteren Bereich der Einstellungen von virtuellen Computern legen Sie den von Hyper-V verwendeten Namen sowie die freigeschalteten Funktionen der Integrationsdienste fest.

Hinweis In Windows Server 2019 werden die Integrationsdienste nicht mehr über eine ISO-Datei installiert, sondern über die Windows Update-Funktion des Servers. Dadurch besteht auch die Möglichkeit zur Anbindung an WSUS (siehe Kapitel 37).

Haben Sie für einen Computer noch keinen Snapshot erstellt, also eine Sicherung des Betriebssystemzustands zu einem bestimmten Zeitpunkt, lässt sich an dieser Stelle noch der Speicherort der Dateien des virtuellen Computers anpassen. Nach der Erstellung eines Snapshots ist keine Änderung des Speicherorts mehr möglich.

Über die Kategorie *Automatische Startaktion* legen Sie fest, wie sich der virtuelle Computer bei einem Neustart des Hosts verhalten soll. Die Kategorie *Automatische Stoppaktion* dient der Konfiguration des Verhaltens, wenn der Host heruntergefahren wird.

Virtuelle Server in der PowerShell steuern – PowerShell Direct nutzen

Sie können virtuelle Server in der PowerShell erstellen. Dazu verwenden Sie das Cmdlet *New-VM -Name <Name des virtuellen Servers>*. Neue virtuelle Festplatten erstellen Sie mit *New-VHD.* Sie schalten mit *Stop-VM* virtuelle Maschinen aus, starten sie mit *Start-VM*, und rufen den Zustand und die Konfiguration mit *Get-VM* ab.

Eine Liste aller erstellten virtuellen Server eines Hyper-V-Hosts rufen Sie mit *Get-VM* ab. Mit der Option *|fl* erhalten Sie weiterführende Informationen. Alternativ verwenden Sie *|ft*. Sie erhalten so auch Echtzeitdaten, also den zugewiesenen Arbeitsspeicher, wenn Sie Dynamic Memory einsetzen.

In der PowerShell haben Sie die Möglichkeit, das Ergebnis einer Get-Abfrage an ein anderes Cmdlet zu übergeben. So können Sie zum Beispiel mit *Get-VM* die virtuellen Server eines Hyper-V-Hosts auslesen und mit *Get-VMHardDiskDrive* die virtuellen Festplatten dieser Server anzeigen lassen. Dazu verwenden Sie den Befehl *Get-VMHardDiskDrive (Get-VM).*

Tipp

In Windows Server 2019 können Sie von einer PowerShell-Sitzung auf dem Host Verwaltungsaufgaben auf den VMs durchführen. Diese neue Funktion wird PowerShell Direct genannt. Um eine Sitzung zu starten, wird in der PowerShell-Sitzung auf dem Host einer der folgenden Befehle eingegeben:

Enter-PSSession -VMName <Name der VM im Hyper-V-Manager>

Invoke-Command -VMName <Name der VM im Hyper-V-Manager> -ScriptBlock { Commands }

Sie können vom Hyper-V-Host über PowerShell Direct auch Dateien kopieren. Dazu öffnen Sie eine neue Sitzung und kopieren danach die Dateien:

$PSSession = New-PSSession -VMName <VMName> -Credential (Get-Credential)

Copy-Item -ToSession $PSSession -Path C:\data.bar -Destination C:

Mehr dazu finden Sie auf folgender Seite:

https://docs.microsoft.com/de-de/virtualization/Hyper-V-on-windows/user-guide/powershell-direct

---

VMs pausieren und Prüfpunkte erstellen

Um sich eine Liste der verfügbaren Befehle zur Verwaltung von VMs anzuzeigen, verwenden Sie *Get-Command *vm**. Sie können über die PowerShell auch VMs neu starten (*Restart-VM*), anhalten (*Suspend-VM*) und wieder fortführen lassen (*Resume-VM*).

Virtuelle Server können Sie mit *Import-VM* importieren und mit *Export-VM* exportieren. Prüfpunkte (Snapshots) erstellen Sie mit *Checkpoint-VM*. Sie können auch Pipelines nutzen. Um zum Beispiel zu überprüfen, ob Prüfpunkte für virtuelle Server auf den Hyper-V-Hosts erstellt wurden, nutzen Sie:

Get-VM | Get-VMSnapshot

Die Version der installierten Integrationsdienste lässt sich mit *Get-VM |Select Name, IntegrationServicesVersion* in Erfahrung bringen.

Quality of Service-Richtlinien in der PowerShell steuern

Damit die Richtlinien für Quality of Service korrekt erstellt werden können, sollte natürlich zuvor festgestellt werden, welchen Ressourcenverbrauch die einzelnen VMs haben. Dazu besteht die Möglichkeit, diesen Verbrauch zu messen. Administratoren aktivieren dazu mit dem Cmdlet *Enable-VMResourceMetering* die Messung. Um die Daten für einzelne VMs danach anzuzeigen, verwenden sie zum Beispiel das Cmdlet *Measure-VM* mit dem Befehl *(Get-VM | Measure-VM).HardDiskMetrics.*

Die Datenmessung lässt sich mit dem Cmdlet *Reset-VMResourceMetering* zurücksetzen und mit *Disable-VMResourceMetering* deaktivieren.

Windows Server 2019 bietet hier zum Beispiel die neue Information zu »NormalizedIOCount«. Gezählt werden an dieser Stelle IO-Operationen in 8-KB-Blöcken. IO unter 8 KB wird als 1 gezählt, IO über 8 KB als Mehrfaches von 1. Ein IO von 1 bis 8 KB zählt also als 1, ein IO von 9 KB zählt als 2, 16 KB als 2, 17 KB als 3, und so weiter. 128 KB zählen zum Beispiel als 8.

Daten von virtuellen Servern aus Hyper-V auslesen

Administratoren benötigen oft einen Überblick über die verschiedenen Server im Netzwerk. Betreiben Sie im Unternehmen virtuelle Server auf Basis von Hyper-V, können Sie mit einfachen Tools und Befehlen schnell und einfach Daten wie IP-Adressen, Festplattendaten oder die Konfiguration auslesen. Dazu sind nicht immer Zusatztools wie der System Center Virtual Machine Manager notwendig. Oft reichen Bordmittel oder günstige Freeware- beziehungsweise Open-Source-Tools.

Wir zeigen Ihnen, welche Möglichkeiten es gibt, Daten von Servern auszulesen. Vor allem Hyper-V in Windows Server 2019 bietet hier mit der PowerShell einige Möglichkeiten. Die folgenden Tools und Befehle funktionieren oft auch für physische Server oder virtuelle Server, die Sie mit anderen Lösungen wie VMware virtualisieren. Auch für Arbeitsstationen lassen sich manche der Tools nutzen.

IP-Adressen und Daten von virtuellen Servern auslesen

Im Hyper-V-Manager sehen Sie die IP-Adressen und Netzwerkdaten von virtuellen Servern, wenn Sie einen Server markieren und ganz unten die Registerkarte *Netzwerk* aufrufen. Sie sehen an dieser Stelle auch den virtuellen Switch, mit dem der virtuelle Server verbunden ist, und welchen Status die Verbindung hat. Das funktioniert auch, wenn Sie Hyper-V in Windows 10 nutzen.

Sie sehen im Fenster ebenfalls die aktuelle MAC-Adresse des Servers. Diese spielt zum Beispiel für den Aufbau eines Lastenausgleichclusters eine Rolle. Über diesen Weg können Sie die IP-Adressen der virtuellen Server im Hyper-V-Manager für alle angebundenen Hyper-V-Hosts anzeigen.

Geben Sie in der PowerShell *Get-Command -Module Hyper-V* ein, erhalten Sie eine Liste der verfügbaren Cmdlets. Besonders wichtig in diesem Zusammenhang ist das Cmdlet *Get-VM*. Eine Liste aller erstellten virtuellen Server eines Hyper-V-Hosts rufen Sie mit *Get-VM* ab. Mit der Option *|fl* erhalten Sie weiterführende Informationen. Alternativ verwenden Sie *|ft*. Sie erhalten so auch Echtzeitdaten, also auch den zugewiesenen Arbeitsspeicher, wenn Sie Dynamic Memory einsetzen.

Sie können in der PowerShell aber nicht nur Daten von virtuellen Servern auslesen, sondern mit *Get-VMhost* auch Informationen zu den Hyper-V-Hosts im Netzwerk. Ausführliche Informationen erhalten Sie über die beiden Optionen *|fl* und *|ft*.

Informationen zu virtuellen Switches zeigt die PowerShell mit *Get-VMSwitch* an. Sie können sich die Einstellungen der virtuellen Netzwerkkarten mit dem folgenden Befehl anzeigen lassen:

Get-VMNetworkAdapter -VMName <Name des virtuellen Servers> |fl

Mit diesem Cmdlet erhalten Sie unter anderem die MAC-Adressen und IP-Adressen der virtuellen Server auf dem Hyper-V-Host. Wo die virtuellen Festplatten eines virtuellen Servers gespeichert sind, sehen Sie im Hyper-V-Manager in dessen Einstellungen im Bereich *IDE-Controller* oder *SCSI-Controller*. Sie können die virtuellen Festplatten außerdem in der PowerShell mit den Cmdlets *Get-VMIdeController, Get-VMScsiController, Get-VMFibreChannelHba* und *Get-VMHardDiskDrive* abfragen.

In der PowerShell haben Sie die Möglichkeit, das Ergebnis einer Get-Abfrage an ein anderes Cmdlet zu übergeben. So können Sie zum Beispiel mit *Get-VM* die virtuellen Server eines Hyper-V-Hosts auslesen und mit *Get-VMHardDiskDrive* die virtuellen Festplatten dieser Server anzeigen lassen. Dazu verwenden Sie den Befehl *Get-VMHardDiskDrive (Get-VM)*.

Zum Auslesen der IP-Adressen und Netzwerkdaten können Sie daher nicht nur die Möglichkeiten des Abschnitts weiter vorne verwenden, sondern auch das Cmdlet *Get-VMNetworkAdapter*. Wollen Sie zum Beispiel aus allen virtuellen Servern die IP-Adressen auslesen, rufen Sie wieder mit *Get-VM* die virtuellen Server eines Hosts ab und übergeben das Ergebnis an *Get-VMNetworkAdapter*.

Anschließend können Sie zum Beispiel das Ergebnis noch filtern und nur die IP-Adressen der virtuellen Server anzeigen. Dazu verwenden Sie den Befehl *Get-VM | foreach{(Get-VMNetworkAdapter $_).IPAddresses}*. Mit dem Zusatz *foreach* liest der Befehl nacheinander die gewünschten Daten aller VMs aus und zeigt diese an. Mit dem Befehl lesen Sie aber nicht nur die IP-Adressen der virtuellen Server auf einem lokalen Hyper-V-Host aus, sondern können auch Hosts im Netzwerk abfragen. Dazu nutzen Sie den Befehl *Get-VM -ComputerName <Name des Hyper-V-Hosts> | foreach{(Get-VMNetworkAdapter $_).IPAddresses}*.

WMI-Abfragen nutzen, um Festplattendaten oder IP-Adressen anzuzeigen

Eine weitere Möglichkeit, um Daten virtueller Server, aber auch von physischen Servern im Netzwerk abzufragen, sind WMI-Abfragen. Dazu nutzen Sie die PowerShell und das Cmdlet *Get-WMI-Object*. Dem Cmdlet übergeben Sie ein bestimmtes WMI-Objekt und lassen sich so die entsprechenden Daten des Servers anzeigen. Um zum Beispiel Daten von Festplatten auszulesen, verwenden Sie das WMI-Objekt *Win32_LogicalDisk*. Als Beispiel nutzen Sie den Befehl *Get-WmiObject Win32_LogicalDisk*. Sie haben außerdem die Möglichkeit, das Ergebnis zu filtern. Dazu nutzen Sie die Option *-Filter*.

Auch für das Cmdlet *Get-WMI-Object* haben Sie die Möglichkeit, über das Netzwerk Daten von physischen oder virtuellen Servern abzufragen. Dazu nutzen Sie die Option *-Computername*. Eine ausführliche Liste der bestehenden WMI-Objekte erhalten Sie über *Get-WmiObject -List*.

Außer Laufwerken können Sie auch Einstellungen der Netzwerkkarten abfragen. Dazu verwenden Sie die Klasse *Get-WmiObject Win32_Networkadapter*. Sie sehen hier alle wichtigen physischen Einstellungen der Netzwerkkarten. Sie können in der PowerShell anzeigen, ob es sich um einen 32-Bit- oder 64-Bit-Computer handelt. Dazu verwenden Sie den Befehl *Get-WmiObject -Class Win32_ComputerSystem -ComputerName . | Select-Object -Property SystemType*.

Migration zu Hyper-V

Eine direkte Aktualisierung zu Windows Server 2019 ist von Servern mit Windows Server 2012 und Windows Server 2012 R2/2016 möglich. Ältere Versionen lassen keine direkte Aktualisierung zu. Um einen Server mit Windows Server 2012 R2/2016 und aktiviertem Hyper-V zu aktualisieren, starten Sie das Betriebssystem, legen den Windows Server 2019-Datenträger ein und starten die Installation. Ein Assistent überprüft, ob der Server alle Voraussetzungen für eine Aktualisierung erfüllt. In Kapitel 2 sind wir bereits auf diese Möglichkeiten eingegangen.

VM aus Windows Server 2012 R2/2016 in Windows Server 2019 integrieren

Um eine virtuelle Maschine (VM) von Windows Server 2012 R2/2016 in Windows Server 2019 zu importieren, gehen Sie folgendermaßen vor:

1. Kopieren Sie das Verzeichnis mit der VM auf den Hyper-V-Host mit Windows Server 2019.
2. Öffnen Sie den Hyper-V-Manager und klicken Sie auf *Virtuellen Computer importieren*.
3. Wählen Sie das Verzeichnis des neuen virtuellen Servers aus.
4. Legen Sie fest, auf welcher Art Sie die VM importieren wollen.
5. Schließen Sie den Import ab.
6. Die VM hat noch die VM-Version von Windows Server 2012 R2/2016. Um die neuen Funktionen in Hyper-V von Windows Server 2019 zu nutzen, öffnen Sie eine neue PowerShell-Sitzung.
7. Geben Sie den Befehl *Update-VmVersion <Name der VM >* an.

8. Überprüfen Sie mit *Get-VM * | Format-Table Name, Version*, ob die VM die neue Version verwendet. Sie sehen die Version auch im Hyper-V-Manager im unteren Bereich, wenn Sie die VM markieren.
9. Rufen Sie die Einstellungen der VM auf. Im Bereich *Prüfpunkte* können Sie jetzt zum Beispiel die verbesserten Snapshots nutzen.

Windows Server-Migrationstools nutzen

Microsoft unterstützt Unternehmen, die Serverrollen zu Windows Server 2019 migrieren wollen, mit den Windows Server-Migrationstools. Mit den Tools können Sie auch virtuelle Server zu Windows Server 2019-Zielservern migrieren. Bei den Tools handelt es sich um eine Sammlung verschiedener Cmdlets für die PowerShell.

Rufen Sie auf dem Zielserver mit Windows Server 2019 das Cmdlet *Install-WindowsFeature Migration* auf, um die Tools zu aktivieren, oder verwenden Sie den Server-Manager. Durch die Aktivierung ist eine Migration über die PowerShell möglich.

Die Tools befinden sich nach der Installation im Ordner *C:\Windows\System32\ServerMigrationTools*. Sie benötigen aus diesem Ordner zum Beispiel die Anwendung *SmigDeploy* auf dem Zielserver mit Windows Server 2019, doch dazu später mehr.

Sie können die Migrationstools ebenso auf Core-Servern mit Windows Server 2019 über die PowerShell installieren. In diesem Fall müssen Sie erst mit *%WinDir%\System32\WindowsPowerShell\v1.0\powershell.exe* eine PowerShell-Sitzung starten und können anschließend mit dem Cmdlet *Install-WindowsFeature Migration* die Tools installieren.

Um Hyper-V vom Quell- auf den Zielservern zu migrieren, müssen Sie auf dem Zielserver die Migrationstools installieren, wie beschrieben. Anschließend erstellen Sie auf dem Zielserver ein Installationspaket der Migrationstools für den Quellserver:

1. Öffnen Sie eine Eingabeaufforderung mit Administratorrechten.
2. Geben Sie den Befehl *cd %WinDir%\System32\ServerMigrationTools* ein.
3. Geben Sie den Befehl *smigdeploy /package /architecture amd64 /os WS12R2 /path <Ordner, zum Beispiel c:\temp\mig>* ein. Migrieren Sie von Windows Server 2012, verwenden Sie *WS12*, für Windows Server 2012 R2 verwenden Sie *WS12R2* und für Windows Server 2016 *WS16*.
4. Kopieren Sie diesen Ordner nach der erfolgreichen Ausführung des Befehls vom Zielserver mit Windows Server 2019 auf den Quellserver.
5. Öffnen Sie auf dem Quellserver eine Eingabeaufforderung mit Administratorrechten und wechseln in den Ordner mit den Migrationstools.
6. Geben Sie den Befehl *.\smigdeploy* ein, um die Migrationstools auf dem Quellserver zu registrieren.

Wichtig bei der Migration von Hyper-V-Servern zu Windows Server 2019 ist die Kompatibilität der Prozessoren. Eine Migration ist nur dann möglich, wenn die Prozessoren des Quellservers mit den Prozessoren auf dem Zielserver kompatibel sind.

Im ersten Schritt müssen Sie auf dem Quellserver notwendige Daten für Hyper-V erfassen. Dazu verwenden Sie das Cmdlet *Export-SmigServerSetting*. Mit dem Befehl erstellen Sie eine XML-Datei, die vor allem wichtige Speicheroptionen der Daten der virtuellen Server enthält. Mit der Datei können Sie diese Einstellungen in einem Arbeitsgang auf dem Zielserver importieren.

Dazu ist es aber notwendig, dass die Laufwerkskonfigurationen auf dem Quell- und dem Zielserver übereinstimmen. Ist das nicht der Fall, müssen Sie die entsprechenden Einstellungen in der XML-Datei auf dem Quellserver anpassen, bevor Sie die Migration auf den Zielserver durchführen. Ein Beispiel für die Syntax ist:

Export-SmigServerSetting -FeatureId Hyper-V -IPConfig -User All -Group -Path <Pfad> -Verbose

Die Option *-User <Enabled | Disabled | All> -Group* bietet die Möglichkeit, auch die Sicherheitseinstellungen in die Datei zu integrieren, wenn Sie die Hyper-V-Verwaltung delegiert haben. Mit *-IPConfig* können Sie die IP-Einstellungen auf dem Quellserver mit integrieren, um diese später zu migrieren.

Hat das Cmdlet die Dateien erfolgreich erstellt, kopieren Sie sie auf den Zielserver. Ist die Laufwerks- oder Ordnerstruktur zwischen Quell- und Zielserver unterschiedlich, müssen Sie die neuen Pfade in der Datei *StoragePathMappings.xml* anpassen. Kopieren Sie in diesem Zusammenhang auch alle Daten aller virtuellen Computer auf den Zielserver, nicht nur die Migrationsdateien.

Anschließend verwenden Sie das Cmdlet *Import-SmigServerSetting* für die Migration der Einstellungen auf dem Zielserver, zum Beispiel:

Import-SmigServerSetting -FeatureId Hyper-V <Parameter wie -IPConfig oder -User wie beim Export> -Path <Pfad> -Verbose -Force

Wenn Sie die IP-Einstellungen über *-IPConfig* migrieren lassen, erstellen Sie eine Liste der Adressen, zum Beispiel:

-IPConfig All -SourcePhysicalAddress "<Quell-Adresse 1>","<Quell-Adresse 2>" -TargetPhysicalAddress "<Ziel-Adresse 1>","<Ziel-Adresse 2>"

Externe virtuelle Netzwerke importiert das Cmdlet als interne virtuelle Netzwerke auf den Zielserver. Das heißt, Sie müssen nach der Migration auf dem Zielserver im Hyper-V-Manager die Einstellungen der virtuellen Netzwerke anpassen. Sie finden die Einstellungen über den Manager für virtuelle Netzwerke. Hier können Sie für jedes Netzwerk festlegen, ob es intern oder extern ist.

Anschließend sollten Sie sicherstellen, dass alle Einstellungen der importierten virtuellen Server noch korrekt sind, und diese unter Umständen nachträglich anpassen. Vor allem die Konfiguration der Datenträger, die IP-Adressen, die Konfiguration des Arbeitsspeichers und die Prozessoren sowie die generelle Konfiguration der Netzwerkverbindungen sind in diesem Zusammenhang wichtig.

Prüfen Sie darüber hinaus, ob der Assistent alle Computer vom Quell- auf den Zielserver importiert hat. Achten Sie darauf, ob die Snapshots auf dem Quell- und Zielserver übereinstimmen. Stimmt die Konfiguration, starten Sie die virtuellen Server und überprüfen im Ereignisprotokoll des Zielservers über *Anwendungs- und Dienstprotokolle/Microsoft/Windows/Hyper-V-Verwaltungsdienst für virtuelle Computer/Admin*, ob Fehler protokolliert werden.

Workloads zu Hyper-V migrieren

Ist ein Umstieg geplant, kann der kostenlose Microsoft Virtual Machine Converter (*http://www.microsoft.com/en-us/download/details.aspx?id=42497*) dabei helfen. Während der Migration übernimmt das Tool die virtuellen Festplatten aus dem VMware-Format (VMDK) zum Hyper-V-Format und konfiguriert die virtuellen Netzwerke der virtuellen Server. Außerdem kann das Tool Dynamic Memory anpassen, die dynamische Verwendung des Arbeitsspeichers in Hyper-V.

Mit dem Tool können Sie auch physische Computer zu VMs konvertieren lassen (p2V). Dabei helfen Skriptmöglichkeiten in der PowerShell, aber auch Assistenten in der grafischen Oberfläche.

Mit dem Microsoft Virtual Machine Converter lassen sich aber nur Server zu Microsoft Azure oder Hyper-V migrieren. Eine Umkehrung der Migration oder andere Ziele werden nicht unterstützt. Das Tool muss auch nicht auf einem Hyper-V-Host installiert werden. Normalerweise wird es auf einer Arbeitsstation installiert, die eine Verbindung mit dem Quell- und dem Zielsystem aufbauen kann.

Neben der Unterstützung einer Migration zu Hyper-V können Sie mit Microsoft Virtual Machine Converter (MVMC) VMs auch für die Migration zu Microsoft Azure vorbereiten. Hier lassen sich vor allem die virtuellen Festplatten migrieren. MVMC verfügt dazu auch über ein PowerShell-Cmdlet, mit dem sich die Konvertierung durchführen lässt. Das Cmdlet *ConvertTo-MvmcAzureVirtualHardDisk* hat folgende Syntax:

ConvertTo-MvmcAzureVirtualHardDisk [-SourceConnection] <MvmcSourceConnection> [-SubscriptionId] <String> [-Thumbprint] <String> [-StorageAccount] <String> [-GuestVmId] <String> [[-GuestCredential] <PSCredential>] [[-UninstallVMTools]] [[-SourceVMPowerOption] <PowerOption>] [<CommonParameters>]

Die verschiedenen Optionen und Möglichkeiten beschreibt Microsoft ausführlich in einem Word-Dokument, das zum Lieferumfang von Microsoft Virtual Machine Converter gehört. Zusätzlich stehen noch folgende Cmdlets für die PowerShell zur Verfügung:

New-MvmcSourceConnection

Get-MvmcSourceVirtualMachine

ConvertTo-MvmcVirtualHardDisk

ConvertTo-MvmcVirtualHardDiskOvf

Disable-MvmcSourceVMTools

Uninstall-MvmcSourceVMTools

New-MvmcVirtualMachineFromOvf

Stop-MvmcSourceVirtualMachine

Auch deren Syntax und der Umgang zur Konvertierung werden im Word-Dokument beschrieben. Um zum Beispiel eine virtuelle Festplatte vom VMware-Format zu konvertieren, wird der folgende Befehl verwendet:

ConvertTo-VirtualHardDisk -SourceLiteralPath "C:\VMDKs\JoosVMDK.vmdk"-DestinationLiteralPath "C:\VHDs" -VhdType FixedHardDisk -VhdFormat Vhd

Aber auch in der grafischen Oberfläche steht die Migrationsmöglichkeit zu Microsoft Azure zur Auswahl bereit.

Microsoft Virtual Machine Converter ermöglicht ebenfalls die Migration von vSphere-Clustern und kann virtuelle Server aus einem vSphere-Cluster zu Windows Server-Clustern mit Hyper-V übernehmen.

Für die Migration muss mindestens VMware vSphere (vCenter) 5.0 im Einsatz sein. Sollen VMs mehrerer vSphere-Hosts migriert werden, ist vCenter notwendig, bei der Migration von einem alleinstehenden oder einzelnen ESXi-Hosts reichen auch diese als Quelle aus. Die Gastbetriebssysteme können dazu als 32-Bit- oder als 64-Bit-Version vorliegen.

Während der Migration der Server passt Microsoft Virtual Machine Converter außerdem die Konfiguration der virtuellen Server an und berücksichtigt dabei die Einstellungen für Arbeitsspeicher und die virtuellen Prozessoren. Auch die VMware-Tools werden deinstalliert sowie die Hyper-V Integration Services installiert. Die Migration findet über einen Assistenten statt. Ebenfalls Bestandteil des Tools ist eine skriptbasierte Möglichkeit der Migration sowie eine Offlinekonvertierung der virtuellen Festplatten.

Generell ist es sinnvoll, dass die Quell-VMs gestartet sind. Nach dem Start der grafischen Oberfläche führt ein Assistent durch die Migration. Hier wird ausgewählt, ob physische Server oder VMs zu Hyper-V migriert werden sollen. Danach steht die Migration zu Microsoft Azure oder Hyper-V zur Auswahl. Auf weiteren Fenstern werden Daten aus dem Quellserver ausgelesen und es lassen sich Einstellungen der neuen VM anpassen, vor allem bezüglich der virtuellen Festplatten, CPUs, des Arbeitsspeichers und Netzwerks. Im Rahmen der Migration lassen sich virtuelle Festplatten oder konvertierte, physische Festplatten auf Dateifreigaben speichern. Während der Migration kann außerdem festgelegt werden, ob die Festplatten dynamisch erweiterbar sein sollen oder eine feste Größe erhalten. Auch das Format, also VHD oder VHDX, lässt sich auswählen.

Nachdem der Assistent abgeschlossen ist, versucht das Tool die Migration. Funktioniert etwas nicht, bietet Microsoft Virtual Machine Converter umfassenden Zugriff auf eine Logdatei, über die der Fehler schnell herauszufinden ist. Wenn die Migration erfolgreich abgeschlossen ist, lässt sich die VM auf dem Hyper-V-Host bereits starten.

Allerdings ist es hier sehr empfehlenswert, alle Einstellungen zu überprüfen. MVMC migriert zwar einen großen Teil der Einstellungen, allerdings längst nicht alle. Es ist sinnvoll, alle Eigenschaften der migrierten VM zu überprüfen, vor allem die Einstellungen des Netzwerks.

Neue VM-Version mit der PowerShell steuern

Die aktuellen Funktionen in Hyper-V von Windows 10 und Windows Server 2019 lassen sich nutzen, wenn Sie für VMs die neue Version aktivieren. VMs, die mit Windows 10 oder Windows Server 2019 erstellt werden, erhalten automatisch die aktuelle Version, bei Migrationen von VMs zu Windows 10 oder Windows Server 2019 wird die Version der Vorgängerversionen beibehalten. Diese Version hat nichts mit der Generation zu tun, also Generation 1 oder Generation 2, sondern sagt lediglich aus, mit welchem Virtualisierungshost die entsprechende VM kompatibel ist.

Auch wenn Sie einen Server zu Windows Server 2019 aktualisieren oder in einer Livemigrations-Umgebung zur neuen Serverversion verschieben, wird die Hyper-V-Version nicht aktualisiert. Sie müssen diesen Vorgang manuell durchführen.

VMs, die Sie nicht aktualisieren, können Sie jederzeit wieder zu Servern mit Windows Server 2012 R2/2016 zurückverschieben. Allerdings können Sie mit der alten Version nicht die neuen Funktionen von Windows Server 2019 nutzen.

Die Version von VMs lassen Sie mit *Get-VM * | Format-Table Name, Version* anzeigen. Um eine VM auf die neue Version zu aktualisieren, verwenden Sie den Befehl *Update-VMVersion <Name der VM>*. Die Änderung muss bestätigt werden. Außerdem ist die Änderung nur möglich, wenn die VM ausgeschaltet ist.

Eingebettete Virtualisierung in Windows Server 2019

Windows Server 2019 bietet eingebettete (nested) Virtualization. Dabei lassen sich innerhalb von Hyper-V weitere Server mit Hyper-V installieren. Das ist vor allem für Testumgebungen, aber auch für die neuen Hyper-V-Container ideal.

Die Container-Technologie Docker wird in Windows Server 2019 in das Betriebssystem integriert. Dazu gibt es eine spezielle Container-Variante nur für Hyper-V. Hier ist es notwendig, dass Hyper-V selbst virtualisierbar ist, also innerhalb einer VM ebenfalls auf Hyper-V-Technologien zugegriffen werden kann.

Nested Virtualization verstehen

Mit VMware vSphere 6 ist das bereits möglich, mit Windows Server 2016 führt Microsoft dieser Technologie ebenfalls ein. Auch in Windows Server 2019 ist eingebettete Virtualisierung verfügbar.

Hyper-V blockiert bis Windows Server 2012 R2 den Zugriff auf Virtualisierungsfunktionen des Prozessors. Ab Windows Server 2016 werden die Virtualisierungs-Erweiterungen der Prozessoren an die virtuellen Prozessoren der VMs weitergereicht, wenn diese Funktion aktiviert wird.

Generell ist es durchaus möglich, auf einem Hyper-V-Host, der als VM auf einem physischen Hyper-V-Server läuft oder auch als eine VM in vSphere, weitere VMs zu installieren, die ebenfalls wieder die Virtualisierung nutzen.

Um die eingebettete Virtualisierung in Windows Server 2019 zu nutzen, muss ein Hyper-V-Server mit Windows Server 2019 installiert werden. Dieser muss über mindestens 4 GB Arbeitsspeicher verfügen. Außerdem muss die VM im Host ebenfalls über mindestens 4 GB Arbeitsspeicher verfügen. Um diese Technik also einigermaßen praxisnah zu testen, sollte der Hyper-V-Host über mindestens 8 GB Arbeitsspeicher verfügen, besser 16 GB. Darüber hinaus wird auf diesem Server eine VM ebenfalls mit Windows Server 2019 installiert. Derzeit können Sie die Technik nur mit Intel-Prozessoren testen, für die Installation wird Intel VT-x benötigt.

Bevor auf der VM Hyper-V installiert werden kann, müssen einige Vorbereitungen getroffen werden. Zunächst muss der dynamische Arbeitsspeicher für die VM in den Einstellungen deaktiviert werden, falls Sie ihn eingeschaltet haben. Außerdem müssen die Virtualisierungs-Erweiterungen für die vCPU aktiviert werden, genauso wie MAC Address Spoofing. Die Virtualisierungserweiterungen werden am besten in der PowerShell des Hosts aktiviert, indem der folgende Befehl eingegeben wird:

Set-VMProcessor -VMName "VMName" -ExposeVirtualizationExtensions $true

Das Spoofing der MAC-Adressen wird in den Einstellungen der VM über den Menüpunkt *Erweiterte Features* unterhalb des virtuellen Netzwerkadapters eingestellt. Sie können die Funktion aber ebenfalls in der PowerShell aktivieren:

Get-VMNetworkAdapter -VMName "VMName" | Set-VMNetworkAdapter -MacAddressSpoofing On

Generell muss darauf geachtet werden, dass bei der Verwendung dieser Virtualisierung viele Funktionen in der VM nicht mehr funktionieren oder eingeschränkt sind. Livemigration ist genauso wenig möglich wie das Erstellen und Verwenden von Snapshots. Auch das Speichern des Zustands der VM ist nicht möglich, die VM muss bei Änderungen immer neu gestartet werden.

Sobald die eingebettete Virtualisierung aktiviert ist, kann in der VM Hyper-V installiert werden. Dieser Vorgang kann ebenfalls in der PowerShell auf dem Host gestartet werden. Dazu nutzen Sie die neue PowerShell Direct-Funktion in Windows Server 2019. Diese erlaubt das Ausführen von PowerShell-Befehlen auf dem Host zu den VMs:

Invoke-Command -VMName "w2k19-core" -ScriptBlock { Enable-WindowsOptionalFeature -FeatureName Microsoft-Hyper-V -Online; Restart-Computer }

Natürlich kann in der VM auch die PowerShell oder der Server-Manager verwendet werden. Die Installation über das Windows Admin Center ist ebenfalls möglich. Anschließend steht Hyper-V in der VM zur Verfügung. Die Verwaltung von Hyper-V erfolgt identisch zu der auf einem Hyper-V-Host.

Festplattendateien migrieren

Haben Sie noch VHD-Dateien im Einsatz, können Sie diese in VHDX-Dateien umwandeln. Sie können zum Konvertieren den Hyper-V-Manager nutzen oder das Cmdlet *Convert-VHD*. Auf dem gleichen Weg konvertieren Sie auch von VHDX-Dateien zum VHD-Format. Im Rahmen der Umwandlung wählen Sie das Datenträgerformat aus und können zwischen dem Typ der Festplatten, also feste Größe oder dynamisch erweiterbar, wechseln.

Das Cmdlet *Convert-VHD* steht außerdem zur Verfügung, wenn Sie Hyper-V in Windows 10 installiert haben. Die Syntax des Befehls ist:

Convert-VHD -Path <Pfad zur VHD(X)-Datei> -DestinationPath <Pfad zur Zieldatei>

Eine weitere Option ist die Möglichkeit, den Typ der Festplatte zu ändern, etwa mit:

Convert-VHD -Path <Pfad der VHD/VHDX-Datei> -DestinationPath <Zielpfad und Datei> -VHDType Differencing -ParentPath <Übergeordnete Festplatte>

Ein weiteres Beispiel ist: *Convert-VHD -Path hd1.vhd -DestinationPath hd1.vhdx -VHDType Dynamic*. Neben der Möglichkeit, das Format von Festplatten in der PowerShell umzuwandeln, können Sie auch die Größe von Festplatten in der PowerShell anpassen. Dabei hilft das Cmdlet *Resize-VHD*, zum Beispiel:

Resize-VHD -Path c:\vm\owa.vhdx -SizeBytes 1TB

Virtuelle Festplatten lassen sich in der PowerShell ebenso direkt mit virtuellen Servern verbinden:

Add-VMHardDiskDrive -VMName <VM> -Path <VHDX-Datei>

Bei virtuellen SCSI-Controllern können Sie Laufwerke im laufenden Betrieb hinzufügen. Diesen Vorgang können Sie ebenfalls in der PowerShell vornehmen. Zunächst lassen Sie sich mit folgendem Befehl die SCSI-Controller der VM anzeigen:

Get-VMScsiController -VMname <Name der VM>

Um einem SCSI-Controller eine neue Festplatte hinzuzufügen, verwenden Sie anschließend folgenden Befehl:

Add-VMHardDiskDrive -VMname <Name der VM> -Path <Pfad zur VHDX-Datei> -ControllerType SCSI -ControllerNumber <Nummer>

Mit dem Cmdlet *Add-VMScsiController* fügen Sie einem virtuellen Server einen virtuellen SCSI-Controller hinzu.

Natürlich können Sie virtuelle Festplatten auch direkt am Host anbinden, zum Beispiel um Daten auf die virtuelle Platte zu kopieren und diese erst dann dem virtuellen Server anzubinden: *Mount-VHD <VHD-Datei>*. Mit dem Cmdlet *Dismount-VHD* trennen Sie die virtuelle Platte wieder vom System.

Zusammenfassung

In diesem Kapitel haben wir Ihnen gezeigt, wie Sie Betriebssysteme mit der neuen Hyper-V-Version in Windows Server 2019 virtualisieren. Sie finden hier zahlreiche Tricks und Praxisanleitungen zur Virtualisierung von Servern im Unternehmen. Wir sind darauf eingegangen, wie Sie virtuelle Switches und auch virtuelle Datenträger anlegen und verwalten.

Im nächsten Kapitel finden Sie weiterführende Informationen zu Hyper-V, zum Beispiel, wie Sie Prüfpunkte (Snapshots) erstellen und virtuelle Server oder Hyper-V-Server sichern.

Kapitel 8

Hyper-V – Datensicherung und Wiederherstellung

In diesem Kapitel:

Im vorherigen Kapitel haben wir Ihnen gezeigt, wie Sie Hyper-V installieren und einrichten sowie virtuelle Server erstellen und konfigurieren. In diesem Kapitel gehen wir ausführlicher auf die Datensicherung und Wiederherstellung von Hyper-V sowie fortgeschrittene Themen zum Umgang mit Hyper-V ein. Auch die Neuerungen bezüglich der Datensicherung und Wiederherstellung sind Thema in diesem Kapitel.

In Kapitel 35 zeigen wir Ihnen, wie Sie Windows Server 2019 mit dem internen Sicherungsprogramm sichern und wiederherstellen. Sie haben über dieses Tool die Möglichkeit, virtuelle Server oder den kompletten Host wiederherzustellen.

Mit Hyper-V-Replika lassen sich VMs zwischen verschiedenen Hyper-V-Hosts oder zu Microsoft Azure replizieren. Dazu war bereits Windows Server 2016 in der Lage. Windows Server 2019 verbessert diese Technologie und ermöglicht eine Kombination von Hyper-V-Replika mit Storage-Replika. Bei Storage-Replika werden komplette Datenträger zwischen Rechenzentren repliziert. Das ist vor allem für Hyper-V-Hosts relevant. In Windows Server 2016 konnte diese Technik nur mit der Datacenter-Edition genutzt werden. Windows Server 2019 unterstützt auch mit der Standard-Edition die Replikation von kompletten Datenträgern. Wir gehen in diesem Kapitel und vor allem in Kapitel 9 ausführlicher auf diese Technik ein.

Hyper-V und virtuelle Server richtig sichern

Unternehmen, die über Hyper-V oder andere Virtualisierungslösungen virtuelle Server zur Verfügung stellen, müssen das Datensicherungskonzept der virtuellen Maschinen und der zugrunde liegenden Hosts in die Sicherungsstrategie mit einbinden. Die Sicherung des Hosts sowie der installierten virtuellen Server verlangt andere Herangehensweisen als die Sicherung herkömmlicher physischer Server.

Die meisten Unternehmen setzen auf Zusatzsoftware bei der Datensicherung. Hier bieten mittlerweile viele Hersteller Unterstützung speziell für Hyper-V oder VMware an. Diese Lösungen sichern die Server und den Host auf Ebene des Hypervisors.

Auch virtuelle Server lassen sich mit herkömmlichen Sicherungsstrategien sichern. Dazu installieren Sie auf den virtuellen Servern die Agents der entsprechenden Sicherungslösung. Dadurch behandelt das Datensicherungsprogramm diese Server genauso wie normale physische Server. Diese Art der Datensicherung sichert aber nicht die Konfiguration der virtuellen Maschine und verwendet auch nicht die optimierten Methoden, die Hyper-V zur Verfügung stellt.

Die Agents nutzen außerdem nicht den Hypervisor und können daher weder die Schattenkopien noch Snapshots (Prüfpunkte) zur Sicherung nutzen. Dies erhöht die zu sichernde Datenmenge und die Dauer der Datensicherung. Backups, die Hyper-V unterstützen, nutzen Schnittstellen von Hyper-V zur optimalen Sicherung. In diesem Zusammenhang kann die Software Snapshots der virtuellen Server zur Sicherung sowie den Schattenkopiedienst verwenden. Das ist wesentlich effizienter, schneller und auch stabiler als herkömmliche Sicherungen. Die Anwendung erstellt Snapshots im laufenden Betrieb automatisch, und die virtuellen Server stehen weiterhin den Anwendern zur Verfügung. Solche Onlinesicherungen belasten die Hardware des Hosts nicht und ermöglichen auch Sicherungen während des Betriebs.

Müssen Sie mehrere virtuelle Server auf einem Host sichern, kann eine kompatible Lösung auch gemeinsame Dateien erkennen und muss diese nicht doppelt sichern. Laufen auf einem Hyper-V-Host zum Beispiel zehn Server, erkennt das die Software und sichert die Daten nicht doppelt, sondern erkennt identische Systemdateien und sichert nur unterschiedliche Dateien.

Bei der Sicherung von Hyper-V spielt der Schattenkopiedienst eine wichtige Rolle, da die Sicherung auf Snapshots des Servers und der virtuellen Server aufbaut. Mit aktiviertem Schattenkopiedienst lassen sich Hyper-V-Server inklusive der laufenden virtuellen Server besser sichern.

Prüfpunkte von virtuellen Servern erstellen

Snapshots helfen dabei, den Zustand von virtuellen Servern vor Konfigurationsänderungen oder zur Sicherung zu sichern. Das heißt, Sie können bei Problemen in wenigen Sekunden den virtuellen Server auf den ursprünglichen Zustand zurücksetzen. Snapshots sind aber auch bei der Sicherung von Servern nützlich, zumindest, wenn ein optimales Datensicherungsprogramm für Hyper-V im Einsatz ist.

Prüfpunkte ersetzen allerdings keine Datensicherung, sondern bieten nur eine Rückversicherung vor einer Konfigurationsänderung auf dem Server. Sicherungslösungen, die Hyper-V unterstützen, nutzen aber Prüfpunkte für das schnelle Erstellen von Datensicherungen. Für sich alleine gesehen stellen Prüfpunkte keine adäquate Sicherung dar, da sie nur den Zustand eines Servers sichern, nicht dessen Daten.

Microsoft hat mit Windows Server 2016 die neue Hyper-V-Funktion »Backup Change Tracking« eingeführt. Softwarehersteller müssen durch diese Technik keine zusätzlichen Treiber mehr installieren, um Änderungen in VMs zu überwachen. Das erleichtert und verbessert die Datensicherung und verhindert das Installieren zusätzlicher Treiber.

Hinweis Seit Windows Server 2016 hat Microsoft Snapshots als Prüfpunkte bezeichnet, in Windows Server 2012 war die Bezeichnung noch Momentaufnahmen. Die Technik beschreibt die gleiche Funktion wie Snapshots. Die Begriffe Snapshots, Checkpoints, Prüfpunkte und Momentaufnahmen beschreiben also exakt den gleichen Vorgang.

Produktionsprüfpunkte in Windows Server 2019 nutzen

Microsoft hat die Prüfpunkte seit Windows Server 2016 deutlich verbessert. Die neue Technik trägt seitdem die Bezeichnung »Produktionsprüfpunkte« (Production Checkpoints). Dazu wird für Prüfpunkte (Checkpoints) auch der Volume Shadow Service innerhalb der VM verwendet. Stellen Sie einen solchen Prüfpunkt wieder her, entspricht das einer Systemwiederherstellung der VMs. Die Technologie hat Microsoft auch in Windows Server 2019 übernommen.

Virtuelle Linux-Server profitieren von der Technik ebenfalls, hier kommt der Systempuffer zum Einsatz, wenn die Distribution das unterstützt. Produktionsprüfpunkte (Production Checkpoints) bieten also eine Point-in-Time-Abbildung eines virtuellen Servers, die die produktiven Workloads in der VM mit einbezieht.

In den Vorgängerversionen von Windows Server 2016 hat Hyper-V nur die virtuellen Festplatten, den Status der VM, die Konfiguration der virtuellen Hardware und Konfigurationsdateien in Prüfpunkte mit einbezogen, das virtuelle Betriebssystem aber übergangen. Seit Windows Server 2016 und jetzt auch in Windows Server 2019 wurden diese Funktionen deutlich verbessert.

Spielen Sie einen Prüfpunkt zurück, kann es passieren, dass die Datenbankdateien davon beeinträchtigt werden. Das ist in Windows Server 2016/2019 nicht mehr der Fall, aber nur, wenn Sie die neuen Produktionsprüfpunkte aktivieren. Der Vorteil dabei ist, dass sich dadurch auch Datenbank-Server absichern lassen, zum Beispiel Domänencontroller oder virtuelle Exchange-Server.

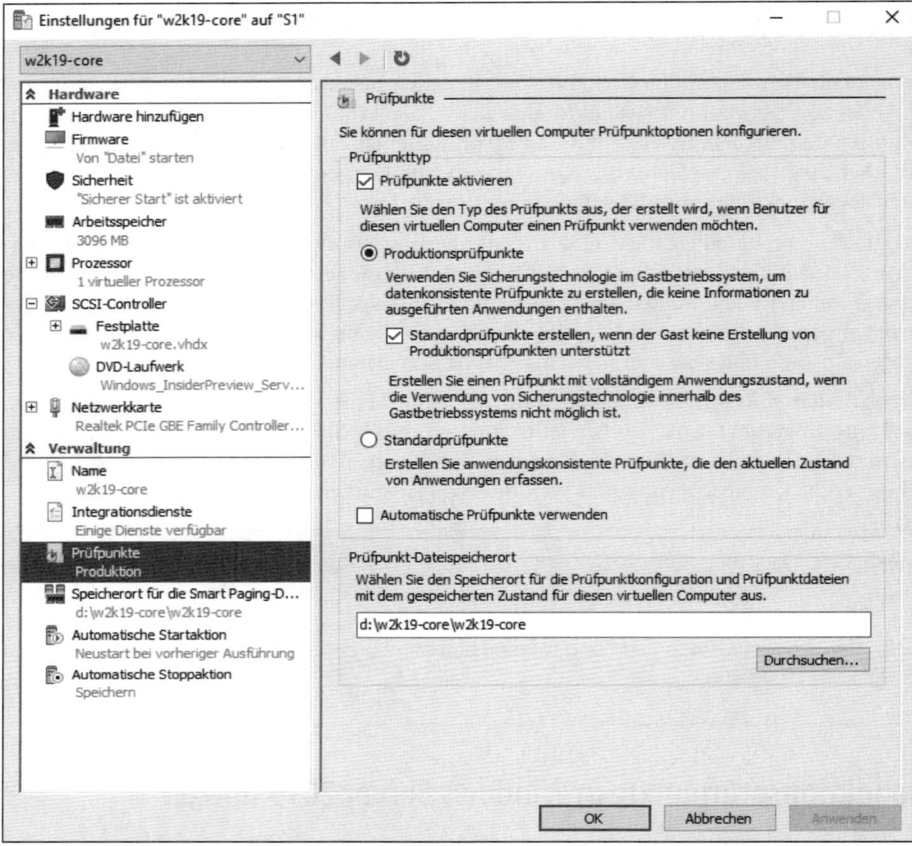

Abbildung 8.1: Windows Server 2019 und Windows 10 bieten eine neue Option für Prüfpunkte, mit denen sich auch Datenbankserver und Domänencontroller besser absichern lassen.

Sie können weiterhin noch die herkömmlichen Prüfpunkte von Windows Server 2012 R2 nutzen. Hyper-V in Windows Server 2019 verwendet standardmäßig die neuen Produktionsprüfpunkte, wenn Sie mit der neuen Version für VMs arbeiten. Nur diese Version unterstützt die neuen Prüfpunkte. Hyper-V in Windows Server 2012 R2 ist auch in Windows Server 2019 noch verfügbar, um Kompatibilität in einem Cluster zu erreichen.

Tipp Verwenden Sie die Hyper-V-Replikation in Windows Server 2019, überträgt der Assistent die Daten auf Basis von Prüfpunkten und erstellt für bereits übertragene virtuelle Server auf dem Zielserver erneut Prüfpunkte.

Ab Windows Server 2016 werden Produktionsprüfpunkte unterstützt und auch das neue binäre Format der VM-Konfigurationsdateien. Erstellen Sie in Windows Server 2019 eine neue VM, erhält diese automatisch die Version aus Windows Server 2019. Übernehmen Sie eine VM von Servern mit Windows Server 2012 R2/2016, wird weiterhin die alte Version verwendet.

Migrieren können Sie die Version in der PowerShell mit dem Cmdlet *Update-VMVersion*. Das Cmdlet *Get-VM * | Format-Table Name, Version* zeigt Ihnen die Version aller eingesetzten VMs an. Verwenden Sie die neue Version für VMs in Windows Server 2019, bestehen die Konfigurationsdateien für virtuelle Server aus Binärdateien mit den Endungen **.vmcx* und **.vmrs*. Diese werden auch in die Prüfpunkte mit einbezogen.

Maschinen der neuen Version sind nicht kompatibel mit Windows Server 2012 R2. Stellen Sie die Version um, können Sie diese VM nicht mehr auf Servern mit Windows Server 2012 R2 virtualisieren. Aber nur mit der neuen Version ab Windows Server 2016 können Sie die neuen Produktionsprüfpunkte nutzen.

Hinweis Die neuen Prüfpunkte und die neue VM-Version stehen auch in Windows 10 zur Verfügung. Die Konfiguration dabei ist identisch. Auch System Center Virtual Machine Manager kann Produktionsprüfpunkte erstellen und verwalten.

Prüfpunkte verstehen

Erstellen Sie einen Prüfpunkt, sperrt Hyper-V die *.vhd(x)*-Datei des virtuellen Servers vor zukünftigen Änderungen und speichert alle zukünftigen Daten in eine neue differenzierende Festplatte (*.avdx*). Erstellen Sie auf Basis dieses Prüfpunkts einen weiteren Prüfpunkt, verwendet auch dieser eine neue *.avdx*-Datei, die wiederum auf die vorangegangene *.avdx*-Datei verweist. Je mehr Prüfpunkte Sie erstellen, desto mehr *.avdx*-Dateien werden angelegt, was die Leistung des Servers beeinträchtigt.

Nach der Erstellung eines Prüfpunkts finden Sie im Ordner *Virtual Hard Disks* der VM mehrere Dateien, darunter eine Datei für jeden Prüfpunkt. Standardmäßig besteht ein virtueller Server aus einer *.vhd(x)*-Datei (seiner Festplatte), einer Datei, die die Einstellungen des Servers enthält, sowie den Statusdateien.

Erstellen Sie einen Prüfpunkt, legt der Server zunächst eine neue virtuelle Platte (eine *.avhd(x)*-Datei) an. Diese Datei verwendet als Basis die *.vhd(x)*-Datei. Der Snapshot schreibt zukünftige Änderungen des Servers in die *.avhd(x)*-Datei. Ab jetzt verweist die *Konfigurations*-Datei des virtuellen Servers auf die *.avhd(x)*-Datei, die die Änderungen seit dem Prüfpunkt enthält. Diese verwendet wiederum die *.vhd(x)*-Datei als Grundlage.

Wenn eine Leseanforderung in der VM notwendig ist, muss Hyper-V prüfen, ob die differenzierende Festplatte die notwendigen Daten speichert. Wenn die zu lesenden Daten nicht auf der differenzierenden Festplatte gespeichert sind, muss der Host die Daten aus der übergeordneten virtuellen Festplatte lesen. Diese Vorgänge bremsen die Leseleistung also deutlich aus. Tritt wiederum eine Schreibanforderung auf, schreibt Hyper-V die Änderung in die *.avhd(x)*-Datei, denn die VHD(X)-Datei ist durch den Prüfpunkt vor Änderungen geschützt. Jedes Mal, wenn Datenänderungen auf dem Server auftreten, führt die *.avhd(x)*-Datei die Speicherung durch. Erstellen Sie mehrere Prüfpunkte, bauen die *.avhd(x)*-Dateien aufeinander auf und verwenden als Basis die originale VHD(X)-Datei. Das Schreiben und Lesen der Daten wird weiter verzögert.

Setzen Sie den Server auf den Stand eines Prüfpunkts zurück, verwendet Hyper-V nicht mehr die *.avhd(x)*-Datei, sondern wieder die originale *.vhd(x)*-Datei. Sie sehen den Verweis zu der *.avhd(x)*-Datei auch in der Konfigurationsdatei des Servers. Ein Snapshot eines virtuellen Servers besteht aus mehreren Dateien mit der Konfiguration des Servers zum Zeitpunkt des Snapshots. Auf diese Dateien verweist die Konfigurationsdatei des Snapshots.

Erstellen Sie einen weiteren Prüfpunkt, der auf den Stand des ersten Prüfpunkts aufbaut, verwendet dieser ebenfalls eine neue differenzierende Festplatte (*.avhd(x)*). Diese erhält als Quelle aber nicht die produktive virtuelle Festplatte des Servers (*.vhd(x)*), sondern die *.avhd(x)*-Datei des vorherigen Prüfpunktss. Dies liegt daran, dass der neue Prüfpunkt auf dem alten Prüfpunkt beruht. Daher muss hier ein stufenweiser Aufbau erfolgen.

Jeder Prüfpunkt in Hyper-V nutzt eine eigene *.avhd(x)*-Datei. Jede Datei speichert die Änderungen von dem Zeitpunkt an, an dem der Prüfpunkt mit seiner *.avhd(x)*-Datei erstellt wurde. Dies wird so lange fortgeführt, bis Sie den Prüfpunkt löschen oder einen neuen Prüfpunkt erstellen. Dadurch markiert Hyper-V die vorhergehende *.avhd(x)*-Datei als lesende und die neue *.avhd(x)*-Datei als schreibende Datei. Wenn also Prüfpunkt 2 erstellt ist, nutzt Hyper-V den Prüfpunkt 1 nur lesend. Sobald Prüfpunkt 3 erstellt ist, konfiguriert Hyper-V den Prüfpunkt 2 als lesend. Prüfpunkt 1 bleibt lesend, genau wie die originale *.vhd(x)*-Datei.

Da heißt, je mehr Prüfpunkte eines Servers Sie erstellen, umso mehr differenzierende Festplatten (*.avhd(x)*) setzen Sie ein, die aufeinander aufbauen. Durch diesen Aufbau kann die Leistung eines Servers stark einbrechen.

Die Verwendung der virtuellen Festplatten kann schnell unübersichtlich werden, je mehr Prüfpunkte Sie einsetzen. Dieser Vorgang verschlechtert natürlich deutlich die Leistung von virtuellen Servern und verkompliziert auch deren Verwaltung und Konfiguration. Obwohl die VM generell nicht mehr Daten nutzt, wird teilweise bis zu 50 % mehr Platz benötigt, um zum Beispiel drei Prüfpunkte zu verwenden. Eine Prüfpunktdatei kann in einem solchen Szenario durchaus größer werden als die zugrunde liegende originale *.vhd(x)*-Datei:

Bewahren Sie Prüfpunkte also nur so lange auf, wie es unbedingt notwendig ist. Löschen Sie einen Prüfpunkt, entfernt Hyper-V auch die erstellten Dateien. Die differenzierenden Festplatten (*.avhd(x)*) schreibt Hyper-V in die produktive virtuelle Festplatte (*.vhd(x)*). Der Server muss dazu nicht neu gestartet werden (Onlinemerge).

Produktionsprüfpunkte erstellen

Die Einstellungen für die neuen Produktionsprüfpunkte finden Sie im Hyper-V-Manager oder im System Center Virtual Machine Manager in den Eigenschaften von VMs, wenn Sie auf *Prüfpunkte* klicken. Wenn Sie noch VMs mit der Version 5 einsetzen, verwenden diese weiterhin die herkömmliche Technik für Windows Server 2012 R2. Hier können Sie die neue Option *Produktionsprüfpunkte* nicht aktivieren, sondern arbeiten weiterhin mit den altbekannten Standardprüfpunkten. Bei VMs der neuen Version können Sie die neuen Produktionsprüfpunkte aktivieren.

Über das Kontrollkästchen *Standardprüfpunkte erstellen, wenn der Gast keine Erstellung von Produktionsprüfpunkten unterstützt* legen Sie fest, dass die Erstellung eines Prüfpunkts auch dann durchgeführt wird, wenn das Gastbetriebssystem die neue Funktion nicht unterstützt.

Hinweis Sie können jederzeit die Einstellungen von Prüfpunkten anpassen, auch im laufenden Betrieb der VM. Den Speicherort für Prüfpunktdateien können Sie aber nur ändern, wenn für eine VM kein Prüfpunkt vorhanden ist.

Sobald ein Prüfpunkt erstellt wurde, unabhängig davon, ob es sich um einen Produktionsprüfpunkt oder um einen Standardprüfpunkt handelt, können Sie den Speicherort der Prüfpunkte nicht anpassen.

Sie können die Konfiguration der Prüfpunkte auch in der PowerShell steuern. Dazu verwenden Sie das Cmdlet *Set-VM*. Als Option verwenden Sie den Namen der VM sowie die Art der Prüfpunkte, die Sie für die VM nutzen wollen:

Set-VM -Name <VM-Name> -CheckpointType Disabled – Prüfpunkte deaktiviert

Set-VM -Name <VM-Name> -CheckpointType Production – Prüfpunkte aktiviert. Es werden Produktionsprüfpunkte genutzt. Ist das nicht möglich, erstellt Hyper-V einen Standardprüfpunkt.

Set-VM -Name <VM-Name> -CheckpointType ProductionOnly – Prüfpunkte aktiviert. Es werden Produktionsprüfpunkte genutzt. Wenn das nicht möglich ist, erstellt Hyper-V keinen Prüfpunkt.

Set-VM -Name <VM-Name> -CheckpointType Standard – Es werden Standardprüfpunkte erstellt.

Tipp Wollen Sie einen Prüfpunkt löschen, verwenden Sie *Remove-VMSnapshot*.

Im unteren Bereich sehen Sie im Hyper-V-Manager bei *Prüfpunkte* die erstellten Snapshots und können diese jederzeit aktivieren oder löschen. Die generelle Vorgehensweise bei Produktionsprüfpunkten unterscheidet sich nicht von den vorherigen Prüfpunkten. Sie können auch in der PowerShell überprüfen, ob Prüfpunkte für virtuelle Server auf den Hyper-V-Hosts erstellt wurden. Dazu nutzen Sie den folgenden Befehl in der PowerShell:

Get-VM | Get-VMSnapshot

Hier sehen Sie auch, um welchen Typ es sich bei den einzelnen Prüfpunkten handelt und ob es übergeordnete Prüfpunkte gibt. Sie können sich mit *Get-VMSnapshot* mehr Informationen zu Prüfpunkten anzeigen lassen. Wollen Sie Informationen zu einem speziellen Prüfpunkt erhalten, verwenden Sie

Get-VMSnapshot -VMName <Name der VM> -Name <Name des Prüfpunkts>

Ausführlichere Informationen erhalten Sie mit:

Get-VMSnapshot -VMName <Name der VM> |Get-Member -MemberType Properties

Wollen Sie noch die Größe von Prüfpunkten überprüfen, können Sie weitere Befehle in der PowerShell nutzen:

Get-VMSnapshot -VMName <Name der VM> | Get-VMHardDiskDrive | Get-ChildItem

Wollen Sie auf einem Host alle Prüfpunkte löschen, fragen Sie erst alle Prüfpunkte aller VMs ab und übergeben das Ergebnis an das Cmdlet zum Löschen:

Get-VM | Remove-VMSnapshot

Hinweis Erstellen Sie eine VM mit Windows Server 2019, wird die neue Funktion automatisch aktiviert. Migrieren Sie von Windows Server 2012 R2 zu Windows Server 2019, werden die alten Einstellungen beibehalten, können aber im Hyper-V-Manager oder über den System Center Virtual Machine Manager angepasst werden.

Prüfpunkte von virtuellen Servern erstellen

Hyper-V ermöglicht die Erstellung von Prüfpunkten, auch ohne dass Sie Zusatzanwendungen installieren. Den entsprechenden Befehl finden Sie im Kontextmenü der virtuellen Computer im Hyper-V-Manager. Einen Prüfpunkt erstellen Sie über den gleichnamigen Befehl im Kontextmenü von VMs.

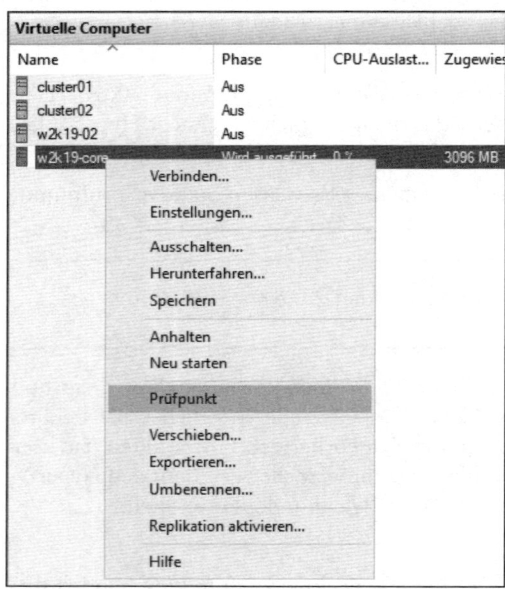

Abbildung 8.2: Prüfpunkte erstellen

Sie können auch verschiedene Optionen in der PowerShell mitgeben, zum Beispiel den Namen der VM, für die Sie einen Prüfpunkt erstellen wollen, und die Beschreibung des Prüfpunkts:

Checkpoint-VM -Name <Servername> -SnapshotName <Name des Prüfpunkts>

Um über das Netzwerk einen Prüfpunkt für eine VM zu erstellen, verwenden Sie den folgenden Befehl:

Get-VM <Name der VM> -ComputerName <Name des Hyper-V-Hosts> | Checkpoint-VM

Während der Erstellung des Prüfpunkts bleibt der Computer online und steht weiterhin den Anwendern zur Verfügung. Die erstellten Prüfpunkte zeigt der Hyper-V-Manager im mittleren Bereich der Konsole an. Hyper-V speichert die Prüfpunkte in dem Ordner, den

Sie in den Einstellungen des virtuellen Computers im Bereich *Prüfpunkt-Dateispeicherort* angeben. Sobald ein Prüfpunkt erstellt ist, können Sie den Ordner nicht mehr ändern. Löschen Sie alle Snapshots, können Sie den Ordner aber wieder anpassen.

Hinweis Entfernen Sie den Haken bei *Prüfpunkte aktivieren*, verweigert die VM das Erstellen eines Prüfpunkts. Standardmäßig ist das Erstellen von Prüfpunkten aber aktiviert.

Rufen Sie den Befehl *Zurücksetzen* im Kontextmenü des virtuellen Computers auf, wendet Hyper-V den letzten erstellten Prüfpunkt an und setzt den Computer auf diesen Stand zurück. Beim Zurücksetzen gehen aber keine Änderungen verloren, sondern werden wiederum in einem anderen Prüfpunkt erfasst.

Wenn Sie einen Server zurücksetzen oder einen älteren Prüfpunkt anwenden beziehungsweise Prüfpunkte löschen und die differenzierende Festplatte des Prüfpunkts in die übergeordnete *.vhdx*-Datei überführen, vergrößert sich unter Umständen diese Datei. In diesem Fall sollten Sie diese im Hyper-V-Manager bearbeiten und verkleinern lassen. Sie finden dazu im *Aktionen*-Bereich den Eintrag *Datenträger bearbeiten*.

Auch für die einzelnen Prüfpunkte steht ein Kontextmenü zur Verfügung, über das Sie sie steuern. Setzen Sie eine Hyper-V-kompatible Datensicherung ein, kann diese ebenfalls automatisiert einen solchen Prüfpunkt erstellen und dessen Daten sichern.

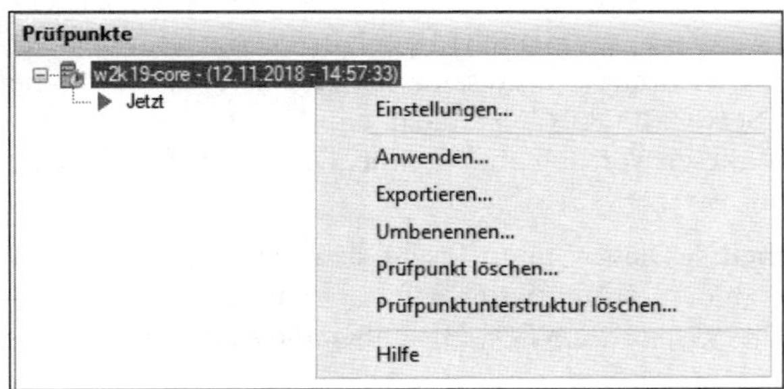

Abbildung 8.3: Verwalten der Prüfpunkte von virtuellen Servern

Verwalten der Prüfpunkte von virtuellen Servern

Im Kontextmenü von Prüfpunkten stehen verschiedene Möglichkeiten zur Verfügung:

- **Einstellungen** – Hierüber rufen Sie die Einstellungen des virtuellen Computers auf, zu dem dieser Prüfpunkt gehört. Es handelt es sich dabei um die Einstellungen, die zum Zeitpunkt des Erstellens gültig waren. Haben Sie Einstellungen nach dem Erstellen des Prüfpunkts geändert, sind diese an dieser Stelle nicht zu sehen. Auf diese Weise schützen Sie auch die Einstellungen von virtuellen Servern.
- **Anwenden** – Wählen Sie diese Option aus, setzt der Assistent den virtuellen Computer wieder auf den Stand zurück, an dem Sie diesen Prüfpunkt erstellt haben. Vorher erscheint aber ein Abfragefenster, das Sie auf die Folgen hinweist. Außerdem können Sie zuvor noch einen aktuellen Prüfpunkt erstellen. Dieser sichert dann den aktuellen Zustand. Im Gegensatz zum Zurücksetzen über das Kontextmenü der VM können Sie hier nicht nur den letzten Prüfpunkt verwenden, sondern beliebige Prüfpunkte.

Diesen Befehl können Sie auch in der PowerShell durchführen. In diesem Fall verwenden Sie:

Restore-VMSnapshot -VMName <Name der VM> -Name <Name des Prüfpunkts>

Die Daten des Prüfpunkts bleiben auf der Festplatte erhalten. Diese werden nur dann entfernt, wenn Sie einen Prüfpunkt nicht anwenden, sondern löschen. Wollen Sie zum Beispiel für alle VMs auf einem Host den aktuellsten Prüfpunkt anwenden, verwenden Sie das Cmdlet:

Get-VM | Foreach-Object { $_ | Get-VMSnapshot | Sort CreationTime | Select -Last 1 | Restore-VMSnapshot -Confirm:$false }

- **Exportieren –** Beim Exportieren von virtuellen Servern in Windows Server 2019 können Sie auch Prüfpunkte berücksichtigen. Über das Kontextmenü eines Prüfpunkts können Sie einen virtuellen Server mit dem Stand des Prüfpunkts exportieren und auf anderen Servern wieder importieren.
- **Umbenennen –** Mit dieser Option weisen Sie dem Prüfpunkt einen anderen Namen zu. Hyper-V verwendet als Namen normalerweise das Datum und die Uhrzeit. Über diesen Menübefehl können Sie zum Beispiel noch Informationen hinzufügen, warum Sie den Prüfpunkt erstellt haben.
- **Prüfpunkt löschen –** Löscht den Prüfpunkt und die dazugehörigen Daten vom Server und überführt die notwendigen Daten in die produktive Festplatte. Die Zusammenhänge erklären wir im nächsten Abschnitt. Beim Löschen eines Prüfpunkts gehen daher keine Daten verloren, sondern Änderungen, die Sie seit dem Erstellen des Snapshots durchgeführt haben, werden in die virtuelle Festplatte des Servers geschrieben und anschließend wird der Prüfpunkt und seine differenzierende Festplatte gelöscht (*.avdx*). In Windows Server 2008 R2 ist dazu ein Neustart notwendig, Windows Server 2019 beherrscht diesen Vorgang auch online. Das heißt, der virtuelle Server kann weiter in Betrieb sein.
- **Prüfpunktunterstruktur löschen –** Diese Option löscht den aktuellen Prüfpunkt sowie alle Prüfpunkte, die Sie nach dem Prüfpunkt erstellt haben und auf diesen aufbauen. Der Vorgang ist ähnlich zu *Prüfpunkt löschen*, führt aber alle zusammengehörigen Prüfpunkte zusammen.

Liegen für eine VM zum Beispiel die drei Prüfpunkte »Prüfpunkt 1«, »Prüfpunkt 2« und »Prüfpunkt 3« vor und bauen die drei Prüfpunkte aufeinander auf, können Sie jederzeit zu »Prüfpunkt 2« zurückwechseln und die Daten von »Prüfpunkt 3« löschen. Dazu klicken Sie mit der rechten Maustaste auf »Prüfpunkt 2« und wählen im Kontextmenü den Befehl *Anwenden* aus.

Die aktive Markierung *Jetzt* des virtuellen Servers zeigt den Status des virtuellen Servers an. Durch das Anwenden von »Prüfpunkt 2« wird das *Jetzt* vor »Prüfpunkt 3« geschoben. Sie können »Prüfpunkt 3« jetzt löschen, wenn Sie diesen nicht mehr benötigen. Durch das Löschen wird er nicht mehr mit dem virtuellen Server zusammengeführt, da sich der Status *Jetzt* über dem Prüfpunkt befindet.

Löschen Sie »Prüfpunkt 3«, ohne dass Sie »Prüfpunkt 2« anwenden, werden alle Änderungen aus »Prüfpunkt 3« in »Prüfpunkt 2« übertragen. Erst dann löscht der Server »Prüfpunkt 3«.

Prüfpunkte können Sie auch in der PowerShell löschen. Wollen Sie zum Beispiel Prüfpunkte einer bestimmten VM löschen, geben Sie dessen Namen an, auf Wunsch auch mit Platzhalter:

*Get-VM TestVM | Remove-VMSnapshot -Name Experiment**

Sie können Prüfpunkte aber auch auf Basis der Erstellungszeit löschen. Wollen Sie alle Prüfpunkte entfernen, die älter als 90 Tage sind, verwenden Sie:

Get-VMSnapshot -VMName TestVM | Where-Object {$_.CreationTime -lt (Get-Date). AddDays(-90) } | Remove-VMSnapshot

Datensicherung und Prüfpunkte bei Hyper-V im Cluster

Setzen Sie Hyper-V im Cluster ein, um beispielsweise die Livemigration zu nutzen, müssen Sie bei der Datensicherung und der Erstellung von Prüfpunkten einige wichtige Punkte beachten. Sie sollten es möglichst vermeiden, Prüfpunkte von laufenden virtuellen Maschinen in Clustern zu erstellen. Setzen Sie nämlich einen solchen Prüfpunkt zurück, setzt dieser nicht nur den Inhalt der virtuellen Festplatte zurück, sondern auch den des Arbeitsspeichers der VM. Dieser Umstand bereitet vor allem im Zusammenhang mit der Livemigration Probleme. Wenn Sie also Prüfpunkte von VMs in einem Cluster durchführen wollen, fahren Sie die VM herunter. Auch wenn Sie einen Prüfpunkt auf eine VM anwenden wollen, sollten Sie die entsprechende Maschine herunterfahren.

Bei Domänencontrollern sichern Prüfpunkte auch die Active Directory-Datenbank. Setzen Sie auf einem Domänencontroller einen Prüfpunkt zurück, kann es zu Inkonsistenzen innerhalb der Active Directory-Datenbank kommen, die auch die anderen Domänencontroller beeinflusst. Dies liegt daran, dass in Active Directory alle Objekte eine bestimmte Nummer besitzen, die Update Sequence Number (USN).

Jeder Domänencontroller verfügt über eine eigene Liste dieser USNs und befindet sich auch selbst in dieser Liste. Setzen Sie einen Prüfpunkt zurück, ändern sich die USNs zahlreicher Objekte, was mit hoher Wahrscheinlichkeit zu Inkonsistenzen führt. In jedem Fall aber trennen die anderen Domänencontroller den wiederhergestellten Domänencontroller vom Netzwerk, um Fehler zu beheben.

Vermeiden Sie daher möglichst Prüfpunkte auf Domänencontrollern oder verwenden Sie zumindest die Produktionsprüfpunkte. Zwar hat Microsoft das Problem in Windows Server 2019 mit der GenerationID besser im Griff, aber generell ist das Sichern von Servern, die eine Datenbank bereitstellen, nicht über Prüfpunkte empfohlen, zumindest wenn es sich vermeiden lässt. Das Gleiche gilt übrigens für alle Server, die eine Datenbank nutzen, auch Exchange Server und SQL Server. Sie sollten solche Datenbanken niemals über Prüfpunkte zurücksetzen.

Tipp

In Hyper-V haben Sie die Möglichkeit, einem Gastsystem eine differenzierende virtuelle Festplatte zuzuweisen. Dazu bauen die Festplatten auf eine übergeordnete Festplatte mit einer Windows-Installation auf und speichern die Daten auf einer eigenen Festplatte.

Für Domänencontroller ist das nicht empfohlen, da sich solche Festplatten zu leicht wieder in den Ursprungszustand zurückversetzen lassen. Hier gibt es das gleiche Problem wie mit den Prüfpunkten.

Sicherung durch Export

Die Sicherung von Hyper-V-Hosts besteht vor allem in der Sicherung der einzelnen virtuellen Computer, die auf dem Host betrieben werden. Im Hyper-V-Manager haben Sie noch die Möglichkeit, die virtuellen Computer zu exportieren. Diese lassen sich auch wieder importieren. Das funktioniert auf dem gleichen Hyper-V-Host, aber auch auf einem anderen Server.

Der Befehl zum Exportieren steht über das Kontextmenü von virtuellen Computern zur Verfügung. In Windows Server 2012 funktioniert diese Technik nur dann, wenn der virtuelle Computer nicht gestartet ist. Dies hat sich ab Windows Server 2012 R2 geändert. Sie können virtuelle Computer ab dieser Version auch im laufenden Betrieb sichern. Der Exportvorgang umfasst die *.vhd(x)*-Dateien, Prüfpunkte und die Einstellungen des virtuellen Computers. Die Größe der Exportdateien entspricht der Größe der Quelldateien.

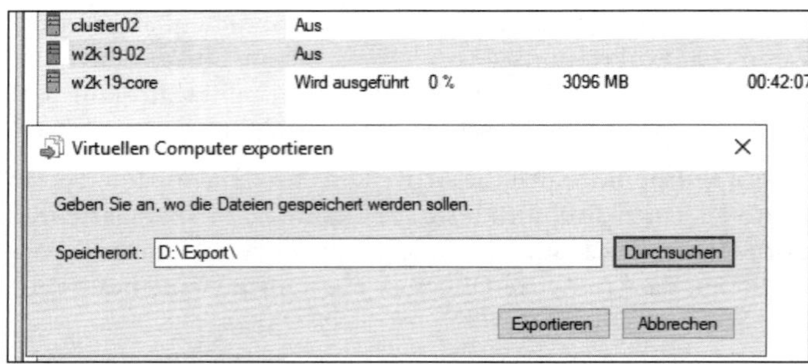

Abbildung 8.4: Exportieren von virtuellen Computern

Wollen Sie einen virtuellen Computer importieren, steht der Befehl *Virtuellen Computer importieren* im *Aktionen*-Bereich des Hyper-V-Managers zur Verfügung. Über den Assistenten wählen Sie den Ordner aus, in dem sich die Exportdatei befindet, und erhalten im nächsten Fenster Informationen zum Computernamen angezeigt. Auf der nächsten Seite legen Sie die Optionen fest, um den virtuellen Computer zu importieren.

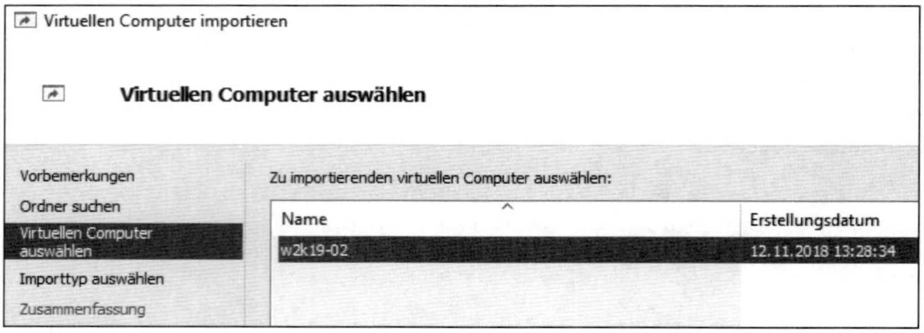

Abbildung 8.5: Importieren eines virtuellen Computers

Virtuelle Computer können Sie mit *Import-VM* importieren und mit *Export-VM* exportieren. Diese beiden Cmdlets sind für das Erstellen von Skripts also besonders hilfreich. Sie können mit *Export-VM* auch mehrere VMs auf einmal exportieren. Dazu können Sie zum Beispiel mit *Get-VM* eine Liste der VMs abfragen und diese dann an *Export-VM* weitergeben. Alternativ können Sie auch einfach mit *Get-VM* die VMs anzeigen und dann einzelne VMs exportieren:

Get-VM

Export-VM w2k19 -Path F:\Backups

Wollen Sie alle VMs exportieren, verwenden Sie im Skript das Pipe-Zeichen:

Get-VM | Export-VM -Path F:\Backups

Sie können exportierte VMs mit *Import-VM* importieren. Das Exportieren können Sie mit einem PowerShell-Skript durchführen. In diesem Fall können Sie das Skript in der Aufgabenplanung hinterlegen.

Eine weitere Möglichkeit, um VMs in Hyper-V zu skripten, besteht darin, das kostenlose »Hyper-V Virtual Machine Backup Utility« (*https://gallery.technet.microsoft.com/scriptcenter/PowerShell-Hyper-V-Backup-7d444752*) aus dem Microsoft Script Center zu verwenden. Das Skript muss auf einem Hyper-V-Host betrieben werden.

Mit dem Skript lassen sich VMs auch auf Speicherplätze im Netzwerk exportieren. Ebenso ist das Exportieren von VMs in einem Cluster möglich. Eine Hilfe zu den einzelnen Optionen finden Sie unter *https://gal.vin/2017/09/18/vm-backup-for-hyper-v*.

Setzen Sie Hyper-V ein, können Sie die Sicherung von virtuellen Servern, aber auch des ganzen Hosts über die Windows Server-Sicherung durchführen. Auch diese Sicherung kann geskriptet werden. Die Windows Server-Sicherung kann gesicherte Daten außerdem über das Netzwerk sichern. Auch als Sicherungsziel können Pfade im Netzwerk verwendet werden, zum Beispiel ein NAS-System:

"wbadmin start backup -backuptarget:\\192.168.178.8\hyperbackup: -hyperv:"Server01,Server02" -allowDeleteOldBackups -quiet"

Mit dem Befehl lassen sich die Server »Server01« und »Server02« auf dem Server mit der IP-Adresse 192.168.178.8 in der Freigabe »hyperbackup« sichern.

Shielded VMs und Host Guardian Service

Seit Windows Server 2016 erhöht Microsoft durch den Host Guardian Service (HGS) die Sicherheit von VMs. Virtuelle Server lassen sich in Hyper-V seit Windows Server 2019 härten und vor Administratoren, Angreifern und unberechtigten Zugriffen abschotten. Ausgesperrte Administratoren dürfen bestimmte VMs zwar noch steuern, also beenden oder starten, haben aber keinen Zugriff mehr auf ihre Daten. Das gilt natürlich ebenso für unberechtigte Anwender oder Schadsoftware. Auch Netzwerke, die von Angreifern übernommen wurden oder bei denen andere Bereiche kompromittiert sind, stellen keine Gefahr für gesicherte VMs dar.

Der Host Guardian Service stellt in Windows Server 2016/2019 also sicher, dass VMs in Hyper-V besser voneinander getrennt werden. Wenn eine VM durch einen Angreifer kompromittiert ist, verhindert dieser Dienst die Ausbreitung des Virus. VMs können dadurch nicht zu viel der Leistung des Hosts kapern, da der Dienst das erkennt und verhindert. Zusätzlich bietet der Host Guardian Service aber auch Verschlüsselungstechnologien und ermöglicht das Absichern von VMs auf vielfältigem Wege. So lassen sich die Festplatten mit BitLocker verschlüsseln, der Zugriff auf die Konsole einschränken und festlegen, auf welchen Hyper-V-Hosts eine gesicherte VM starten darf.

Sie können mit dem HGS nur Hyper-V-Server mit Windows Server 2016/2019 Datacenter Edition schützen. Ältere Versionen oder Windows Server 2019 Standard Edition lassen sich nicht mit HGS verbinden. In den abgesicherten VMs können Sie auch Windows Server 2012/2012 R2 betreiben. Wollen Sie eine gesicherte VDI-Infrastruktur mit Shielded VMs aufbauen, können Sie auf Windows 8/8.1 oder besser auf Windows 10 setzen.

Windows Server 2019, auch der kostenlose Hyper-V-Server 2019 können Shielded VMs ebenfalls mit Linux nutzen. In Windows Server 2016 können diese verschlüsselten VMs nur mit Windows Server 2016 eingesetzt werden. Neben dieser Neuerung hat Microsoft die Technik der Shielded-VMs weiter verbessert. Shielded VMs können jetzt auch starten, wenn der HGS nicht kontaktiert werden kann. Dazu gibt es den Offlinemodus.

Verschlüsselung ohne Shielded VMs durchführen

Wer die virtuellen Festplatten seiner VMs verschlüsseln will, muss nicht unbedingt auf Shielded-VMs setzen. Seit Windows Server 2016 lassen sich auch virtuelle Trusted Platform Modules (TPM) zu VMs hinzufügen. Dazu steht in den Eigenschaften von VMs der Menüpunkt *Sicherheit* zur Verfügung. Durch Aktivieren der Funktion *Trusted Platform Module aktivieren* steht in der VM ein virtuelles TPM zur Verfügung, das für die Verschlüsselung von BitLocker genutzt werden kann.

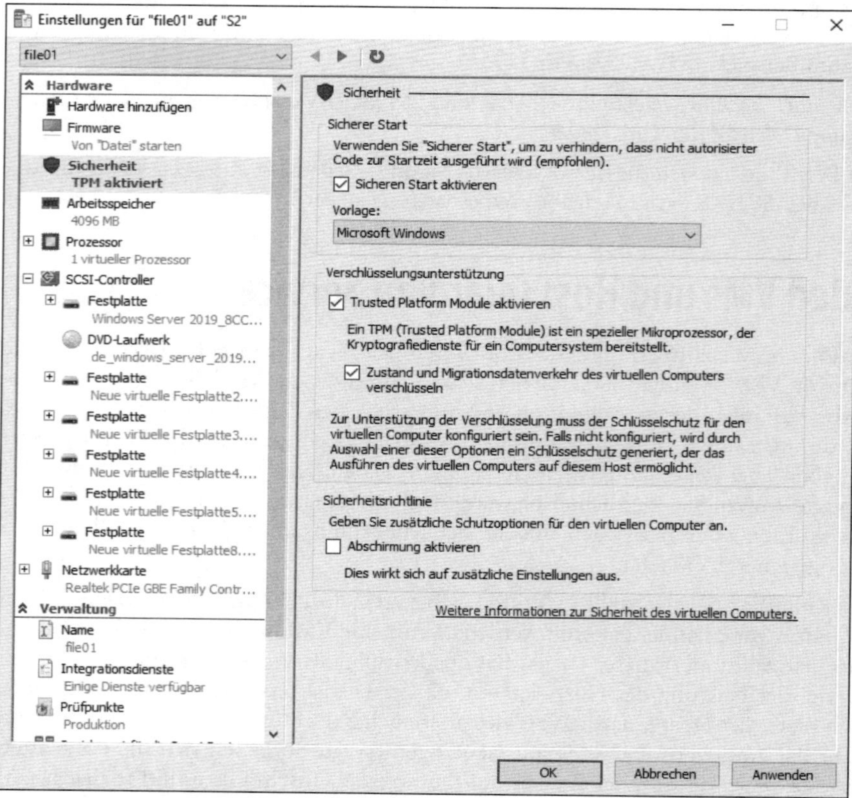

Abbildung 8.6: Aktivieren von virtuellen TPMs für VMs

VMs, die auf Basis von BitLocker mit einem vTPM verschlüsselt werden, lassen sich jederzeit in eine Guarded Fabric mit Shielded VMs integrieren. Auch eine Livemigration ist möglich. Wichtig ist, dass es sich bei der VM um eine Generation-2-VM handelt.

Neben dem Hyper-V-Manager lassen sich die Einstellungen auch in der PowerShell vornehmen:

Enable-VMTPM -VMname <Name>

aktiviert die Technik, und mit

Disable-VMTPM -VMName <Name>

wird sie deaktiviert. Das TPM wird im Geräte-Manager der VM angezeigt. Es ist unter *Sicherheitsgeräte* zu finden. Durch Auswahl von *tpm.msc* kann das Modul initialisiert und eingerichtet werden. Mehr zu BitLocker erfahren Sie in Kapitel 5.

Sichere VMs mit Shielded VMs

VMs können über den Host Guardian Service (HSG) ebenso verschlüsselte Festplatten nutzen, auch mit vTPM. Dazu setzt Windows Server 2019 auf BitLocker. VMs lassen sich vom Non-Shielded-Modus in den Shielded-Modus versetzen. Auch der Datenverkehr zur Livemigration lässt sich mit HGS verschlüsseln.

Der Attestation-Mode des Host Guardian Service kann im laufenden Betrieb angepasst werden. Dieser Modus bestimmt, wie die geschützten Hyper-V-Hosts in der Host Guardian Service-Infrastruktur authentifiziert werden. Microsoft unterstützt hier die Authentifizierung mit einem TPM-Chip (Hardware-Attestation) oder der Mitgliedschaft in einer Active Directory-Gruppe (Admin Attestation). Sie können den Modus im laufenden Betrieb wechseln. Sinnvoll ist das zum Beispiel, wenn zwischen Active Directory und TPM gewechselt werden soll, und zwar, während die VMs gestartet bleiben.

Die Funktionen zur Absicherung von VMs werden über die neue Serverrolle für den Host Guardian Service auf Hosts installiert. Ein Host Guardian Service wird von Hyper-V getrennt installiert. Der Cluster, in dem Sie den Host Guardian Service installieren, schützt wiederum Guarded Hosts. Herkömmliche VMs tragen in diesem Zusammenhang die Bezeichnung »non-Shielded VMs«, während die abgesicherte VMs als Shielded oder auch abgeschirmte/geschützte VMs bezeichnet werden. Microsoft empfiehlt den Aufbau eines Clusters beziehungsweise den Betrieb von mindestens drei physischen Hosts mit dem Host Guardian Service. Nur dadurch ist sichergestellt, dass der Dienst immer hochverfügbar zur Verfügung steht und Shielded (abgeschirmte) VMs auch dann starten können, wenn ein Host Guardian Service-Server ausfällt. Shielded VMs lassen sich auf Guarded Hosts nur dann starten, wenn der dazugehörige Host Guardian Service verfügbar ist.

Die Absicherung der VMs erfolgt durch eine eigene Active Directory-Gesamtstruktur, die von der herkömmlichen Gesamtstruktur getrennt ist. Diese wird bei der Einrichtung des HGS automatisch angelegt. Außerdem erstellt der Assistent automatisch einen Failovercluster bei der Einrichtung der Serverrolle. Neben dem Server-Manager können Sie den Host Guardian Service auch in der PowerShell installieren. Dazu verwenden Sie den Befehl:

Install-WindowsFeature -Name HostGuardianServiceRole -IncludeManagementTools -Restart

Damit der Host Guardian Service einen Hyper-V-Host als Guarded Host akzeptiert, also Shielded VMs auf diesem Host betreiben kann, muss der Hyper-V-Host vom Host Guardian Service akzeptiert werden. Dazu ist auf den Hyper-V-Hosts in produktiven Umgebungen ein TPM-Chip ab Version 2 notwendig, wenn Sie mit der Hardware-Attestation arbeiten. Dieser sichert später auch die Shielded VMs entsprechend ab. Der Server muss außerdem EFI 2.3.1 mit sicherem Start (Secure Boot) nutzen. Für die Einrichtung ist in diesem Fall keine Vertrauensstellung zwischen der Active Directory-Gesamtstruktur des Host Guardian Service und der Active Directory-Gesamtstruktur mit den Hyper-V-Hosts (Fabric) notwendig.

Setzen Sie Hyper-V-Hosts ein, die weder TPM noch UEFI unterstützen, können Sie sie auch über Active Directory absichern und an den Host Guardian Service anbinden. Die Absicherung erfolgt in diesem Fall über Active Directory-Sicherheitsgruppen. In diesem Fall erstellen Sie eine weitere Active Directory-Gesamtstruktur für den HGS und legen eine entsprechende Vertrauensstellung an.

Verbindung zwischen Host Guardian Service und Guarded Hosts

Um Shielded VMs zu nutzen, benötigen Sie zunächst einen Server beziehungsweise Cluster mit dem Host Guardian Service. Auf den zu schützenden Hyper-V-Hosts müssen Sie neben Hyper-V noch das Serverfeature *Hyper-V-Unterstützung durch Host Guardian* installieren. Dieses erweitert die Funktionen von Hyper-V um Möglichkeiten, Shielded VMs zu betreiben.

Außerdem müssen Sie bei der Installation des Hyper-V-Hosts sowie der Anbindung an den Host Guardian Service sicherstellen, dass die Remoteserver-Verwaltungstools für Shielded VMs installiert werden. Diese tragen die Bezeichnung »Abgeschirmte VM-Tools«. Diese Tools werden nicht automatisch auf Hyper-V-Hosts installiert, sondern müssen immer manuell installiert werden. Neue Shielded VMs müssen mit dem Typ Generation 2 erstellt werden. Bei der Absicherung durch den Host Guardian Service wird ein virtueller TPM-Chip (vTPM) eingebunden. Dazu können Sie das Cmdlet *Add-VMTPM* in der PowerShell nutzen. Die notwendigen Tools, um Hyper-V mit dem Host Guardian Service zu verbinden, können Sie in der PowerShell installieren:

Install-WindowsFeature -Name HostGuardian

Install-WindowsFeature -Name RSAT-Shielded-VM-Tools

Install-WindowsFeature -Name FabricShieldedTools -Restart

Die Absicherung von Hyper-V-Hosts erfolgt zum Beispiel über die Mitgliedschaft in einer Active Directory-Gruppe, wenn Sie nicht auf UEFI und TPM setzen. Wenn Sie nicht wissen, ob ein Host bereits mit einem HGS-Server verbunden ist, können Sie das mit den folgenden Cmdlets überprüfen:

Get-WindowsFeature HostGuardian

Get-HgsClientConfiguration

Host Guardian Service konfigurieren

Wenn Sie auf einem Server die Serverrolle für den Host Guardian Service installiert haben, zum Beispiel in der PowerShell mit

Install-WindowsFeature -Name HostGuardianServiceRole -IncludeManagementTools -Restart

erstellen Sie auf dem Server zunächst eine neue Active Directory-Domäne. Danach initialisieren Sie den HGS-Server. Im ersten Schritt öffnen Sie dazu eine PowerShell-Sitzung und konfigurieren die neue Domäne für HGS:

Install-HgsServer -HgsDomainName "hostgs.com" -SafeModeAdministratorPassword (Read-Host -Prompt Kennwort -AsSecureString) -Restart

Danach richten Sie die Umgebung ein. Sie können für Testumgebungen auch ein selbstsigniertes Zertifikat verwenden. In produktiven Umgebungen ist es besser, wenn Sie ein Zertifikat aus den Active Directory-Zertifikatsdiensten verwenden. Die Einrichtung ist am einfachsten, wenn Sie die einzelnen Werte, die Sie in der PowerShell angeben müssen, zuvor in Variablen speichern:

$certificatePasswd = "Kennwort"

$signingCertPath = "C:\signingCert.pfx"

$encryptionCertPath = "C:\encryptionCert.pfx"

$certStoreLocation = "Cert:\LocalMachine\My"

$certificatePassword = ConvertTo-SecureString -AsPlainText $certificatePasswd -Force

$signingCert = New-SelfSignedCertificate -DnsName "signing.$env:userdnsdomain" -CertStoreLocation $certStoreLocation

Export-PfxCertificate -Cert $signingCert -Password $certificatePassword -FilePath $signingCertPath

$encryptionCert = New-SelfSignedCertificate -DnsName "encryption.$env:userdnsdomain" -CertStoreLocation $certStoreLocation

Export-PfxCertificate -Cert $encryptionCert -Password $certificatePassword -FilePath $encryptionCertPath

$HgsServiceName = "hgscontoso"

Initialize-HGSServer -HgsServiceName $HgsServiceName -SigningCertificatePath $signingCertPath -SigningCertificatePassword $certificatePassword -EncryptionCertificatePath $encryptionCertPath -EncryptionCertificatePassword $certificatePassword -TrustActiveDirectory -Force

Vertrauensstellung zwischen Host Guardian Service und Active Directory einrichten

Nach der erfolgreichen Einrichtung müssen Sie sicherstellen, dass die Namensauflösung zwischen den beiden Active Directory-Gesamtstrukturen funktioniert. Dazu arbeiten Sie am besten mit bedingten Weiterleitungen in beiden Umgebungen (siehe Kapitel 13 und 25).

Sobald die Namensauflösung funktioniert, können Sie auf dem HGS-Server die Vertrauensstellung zwischen HGS-AD und Ihrem produktiven AD einrichten, in dem sich die

Guarded Hyper-V-Hosts befinden. Mehr dazu lesen Sie in Kapitel 17. Dazu verwenden Sie zum Beispiel die PowerShell:

$HGSDomainName = "hostgs.com"

$ADDomainName = "joos.int"

$ADDomainUser = "Administrator"

$ADAdminPasswd = "<Kennwort>"

netdom trust $HGSDomainName /domain:$ADDomainName /userD:$ADDomain-Name\$ADDomainUser /passwordD:$ADAdminPasswd /add

Guarded Hyper-V-Hosts mit HGS verbinden

Die Hyper-V-Hosts, die Sie mit dem Host Guardian Service absichern wollen, müssen Mitglied einer neuen Active Directory-Gruppe sein. Dazu legen Sie die Active Directory-Gruppe an und nehmen hier die Hyper-V-Hosts auf. Zusätzlich müssen Sie noch die SIDs der Hyper-V-Hosts auslesen und auf dem HGS-Server importieren. In dieser Umgebung gehen wir davon aus, dass die Fabric-Domäne die Bezeichnung »joos.int« hat und der erste Guarded Host die Bezeichnung »cn1.joos.int«.

$GuardedGroupName="GuardedHosts"

$GuardedHost="cn1.joos.int"

$GroupMember="CN=cn1,OU=Computers,DC=contoso,DC=int"

$guardedGroup = New-ADGroup -Name $GuardedGroupName -SamAccountName "GuardedHosts" -GroupCategory Security -GroupScope Global

Add-ADGroupMember -Identity $GuardedGroupName -Members $GroupMember

In der PowerShell lesen Sie mit *Get-AdGroup <Name der Gruppe>* auch die SID der Gruppe aus, die Sie später wiederum auf dem HGS-Server einlesen, um den Hyper-V-Host als Guarded-Host zu konfigurieren. Danach legen Sie fest, welche Active Directory-Gruppe in der Fabric-Domäne die sicheren Hyper-V-Hosts enthält:

Add-HgsAttestationHostGroup -Name "hgs" -Identifier "S-1-5-21-3577257099-2098703079-2507792109-1649"

Den Befehl führen Sie wiederum in der PowerShell des HGS-Servers aus. Die SID können Sie in der PowerShell mit *Get-AdGroup <Name der Gruppe>* auslesen. Wenn alle notwendigen Features für die Anbindung von Hyper-V an den HGS installiert wurden, melden Sie sich in der PowerShell des ersten Hyper-V-Hosts am HGS an.

Dazu ist es wichtig, dass in der Gesamtstruktur mit den Hyper-V-Hosts die HGS-Domäne als DNS-Weiterleitung konfiguriert ist und umgekehrt. In diesem Beispiel ist der Name der Domäne des HGS »hostgs.com«. Den Befehl führen Sie auf dem Hyper-V-Host aus. Achten Sie darauf, die korrekten Daten Ihrer Umgebung einzugeben:

Set-HgsClientConfiguration -AttestationServerUrl "http://hostgs.com/Attestation" -KeyProtectionServerUrl "http://hostgs.com/KeyProtection" -confirm:$false

Die erfolgreiche Anmeldung testen Sie am Guarded Host durch:

Get-HgsClientConfiguration

Auf dem HGS-Server überprüfen Sie die Konfiguration des Host Guardian Service mit:

Get-HgsTrace -RunDiagnostics

In der PowerShell testen Sie noch mit

Test-HGSServer -HgsDomainName <HGS-Domäne>

ob die Umgebung korrekt konfiguriert ist.

Hinweis Microsoft bietet Whitepaper zur Fehlerbehandlung an, wenn einzelne Bereiche nicht korrekt funktionieren (*https://docs.microsoft.com/en-us/windows-server/security/guarded-fabric-shielded-vm/guarded-fabric-and-shielded-vms-top-node*).

Zusätzlich rufen Sie mit den beiden Cmdlets

Get-HgsServer

Get-HgsAttestationPolicy

Informationen zur erstellten Umgebung ab. Hier sollten die URLs und Daten fehlerfrei angezeigt werden. Die geschützten Hyper-V-Hosts und die angebundenen System Center Virtual Machine Manager-Server müssen über diese URLs mit den Servern kommunizieren können. Außerdem sollten Sie mit dem Internet Explorer auf dem Server überprüfen, ob der HGS auf Anfragen antwortet. Dazu rufen Sie die folgende URL auf:

http://localhost/KeyProtection/service/metadata/2014-07/metadata.xml

Als Antwort erscheint eine XML-Seite mit Informationen. In produktiven Umgebungen sollten Sie noch die Ereignisse in der Ereignisanzeige der HGS-Server professionell überwachen. Entweder nutzen Sie dazu Tools wie System Center Operations Manager oder andere Überwachungswerkzeuge. Sie können dazu auch ein Ereignis-Abonnement erstellen. Im Rahmen des Abonnements können Sie die Ereignisse filtern, die das Abonnement nutzen soll. Dazu verwenden Sie den Filter:

Microsoft-Windows-HostGuardianService-Attestation/Admin,Microsoft-Windows-HostGuardianService-Attestation/Operational,Microsoft-Windows-HostGuardianService-KeyProtection/Admin,Microsoft-Windows-HostGuardianService-KeyProtection/Operational

Shielded VMs erstellen

Für das Erstellen einer Shielded VM brauchen Sie eine Vorlage für Shielded VMs sowie eine PDK-Datei, die alle Daten des Guarded Hosts und seine Zertifikate enthält. Dazu installieren Sie eine neue VM und weisen dieser eine VHDX-Datei zu. Die virtuelle Festplatte sollte zwei Partitionen enthalten, die beide mit NTFS formatiert sind. Verwenden Sie als Betriebssystem am besten Windows Server 2019.

Generell bereiten Sie diese Bereiche auf einem Hyper-V-Host vor, der (noch) nicht an HGS angebunden ist. Dabei muss es sich allerdings ebenfalls um einen Hyper-V-Host mit Windows Server 2019 handeln. Auf diesem installieren Sie zunächst die notwendigen Rollen und Features, um Shielded VMs zu verwalten. Das geht wieder am einfachsten in der PowerShell mit:

Install-WindowsFeature -Name RSAT-Shielded-VM-Tools

Install-WindowsFeature -Name FabricShieldedTools -Restart

Auf dem Hyper-V-Host erstellen Sie eine neue VM mit neuer virtueller Festplatte für die Vorlage. Achten Sie darauf, dass Sie für die virtuelle Festplatte zwei Partitionen anlegen. Formatieren Sie die Partitionen mit dem NTFS-Dateisystem.

Auch bei der Verwendung von System Center Virtual Machine Manager 2019 müssen Sie zuerst eine Vorlage für Shielded VMs erstellen. Die virtuelle Festplatte, die Sie als Vorlage verwenden, sollte in einer produktiven Umgebung mit dem GPT-Partitionsstil initialisiert werden. Bei der virtuellen Festplatte darf es sich nicht um einen dynamischen Datenträger in der Festplattenverwaltung handeln, sondern Sie müssen einen Basis-Datenträger verwenden. Das liegt daran, dass BitLocker keine dynamischen Festplatten unterstützt. Als Betriebssystem muss auf der virtuellen Festplatte Windows Server 2012/2012 R2/2016 oder 2019 installiert sein. Sie können aber auch virtuelle Festplatten mit Windows 8, 8.1 oder Windows 10 verwenden. Aktuelle Linux-Distributionen werden ebenfalls unterstützt.

Sobald Sie die Features installiert haben und die virtuelle Festplatte mit der VM vorliegt und mit Sysprep verallgemeinert wurde, erstellen Sie ein selbstsigniertes Zertifikat, das Sie für die Shielded VM-Vorlage verwenden. Um das Zertifikat später weiter zu nutzen, speichern Sie die Daten in einer Variablen:

$certificate = New-SelfSignedCertificate -DnsName cert.contoso.int -CertStoreLocation $cert-StoreLocation -KeyExportPolicy Exportable

Anschließend erstellen Sie die signierte Vorlage für die Shielded VM. Hier verwenden Sie entweder die PowerShell oder den Assistenten *TemplateDiskWizard.exe* im Verzeichnis *C:\Windows\System32*. In der PowerShell verwenden Sie den folgenden Befehl:

$TemplatePath = "C:\protected_template.vhdx"

$TemplateName = "MyTemplate"

$Version = "1.1.1.1"

Protect-ServerVHDX -Path $TemplatePath -TemplateName $TemplateName -Version $Version -Certificate $certificate

Sobald die Vorlage erstellt ist, können Sie auf Basis dieser VHDX-Datei eine neue VM erstellen. In den Eigenschaften dieser VM können Sie über den Menüpunkt *Sicherheit Einstellungen* bezüglich der Shielded VM vornehmen. Wichtig ist, dass Sie das Betriebssystem, das in der VHDX-Datei installiert ist, mit Sysprep generalisiert haben. Erst danach bereiten Sie das Betriebssystem mit dem *TemplateDiskWizard* vor, so wie beschrieben. Dabei setzen Sie entweder auf die grafische Oberfläche des Tools oder auf das Cmdlet *Protect-ServerVHDX* in der PowerShell.

Virtuelle Server gruppieren

In Windows Server 2019 können Sie virtuelle Server gruppieren und damit zu logischen Gruppen auf einem Host oder einem Cluster zusammenfassen (siehe auch Kapitel 9 und Kapitel 34). Die Verwaltung von Gruppen findet vor allem in der PowerShell statt. Dazu stehen die folgenden Cmdlets zur Verfügung:

- *New-VMGroup*
- *Get-VMGroup*
- *Remove-VMGroup*
- *Add-VMGroupMember*

- *Remove-VMGroupMember*
- *Rename-VMGroup*

Haben Sie Gruppen erstellt, können Sie jederzeit VMs zur Gruppe hinzufügen oder aus den Gruppen entfernen. Um eine Gruppe zu erstellen, verwenden Sie zum Beispiel:

New-VMGroup -Name JoosGroup -GroupType VMCollectionType

Um VMs einer Gruppe hinzuzufügen, arbeiten Sie am besten mit einer Variablen. Im ersten Schritt erstellen Sie eine Variable mit der Gruppe, der Sie eine VM hinzufügen wollen:

$VMG1 = Get-VMGroup -Name JoosGroup

Die einzelnen VMs nehmen Sie auch als Variable hinzu:

$VM1 = Get-VM -Name Essentials

Danach können Sie die VMs der Gruppe hinzufügen:

Add-VMGroupMember -VMGroup $VMG1 -VM $VM1

Die Gruppenmitgliedschaft können Sie wiederum mit der Option *Groups* anzeigen lassen, wenn Sie zum Beispiel das Cmdlet *Get-VM* verwenden:

Get-VM | ft Name, State, Groups -AutoSize

VMs können Mitglied in mehreren Gruppen sein. Lesen Sie sich dazu auch Kapitel 34 durch. Außerdem können Sie Gruppen verschachteln. Dazu müssen Sie Gruppen mit der Option *ManagementCollectionType* erstellen.

Zusammenfassung

In diesem Kapitel haben wir Ihnen gezeigt, wie Sie Hyper-V-Hosts und virtuelle Server mit Bordmitteln sichern. Wir sind ebenfalls darauf eingegangen, wie Sie Prüfpunkte von virtuellen Servern erstellen. Auch das Sichern von Hyper-V mit Export- und Importvorgängen sind Bestandteil dieses Kapitels. Mehr zum Thema Datensicherung lesen Sie in Kapitel 35.

Im nächsten Kapitel zeigen wir Ihnen, wie Sie Hyper-V hochverfügbar betreiben und die Livemigration und Replikation nutzen.

Kapitel 9

Hyper-V – Hochverfügbarkeit

In diesem Kapitel:

Microsoft hat in Windows Server 2019 die Hochverfügbarkeit in allen Bereichen weiter verbessert und bereits mit Windows Server 2012 R2 zusätzliche Möglichkeiten für kleinere Unternehmen integriert. Ein Cluster ist nicht immer notwendig und virtuelle Server lassen sich einfach zwischen Hyper-V-Hosts replizieren.

In Windows Server 2019 haben Sie weiterhin die Möglichkeit, mit der Standard-Edition einen Cluster aufzubauen (siehe auch Kapitel 34). Allerdings hat Microsoft mit Windows Server 2019 Unterschiede in den Storage-Funktionen integriert. So unterstützt nur die Datacenter-Edition alle Funktionen. In der Standard-Edition gibt es kein Storage Spaces Direct und nur eingeschränkt Storage Replica. Auch Shield Virtual Machines fehlen in der Standard-Edition.

Die anderen Funktionen hat Microsoft in der Standard-Edition integriert. So verfügt diese ebenfalls über die Container-Technologie. Allerdings muss hier beim Einsatz der Hyper-V-Container darauf geachtet werden, dass die Standard-Edition nur zwei Container lizenziert, da nur zwei VMs erlaubt sind.

Sie können auch in Windows Server 2019 Hyper-V im Cluster betreiben und virtuelle Server als Clusterressourcen betreiben. Unternehmen, die Server mit Hyper-V virtualisieren und eine Hochverfügbarkeit erreichen wollen, setzen auf die Livemigration im Cluster. Die Livemigration können Sie mit einem physischen gemeinsamen Datenträger oder mit iSCSI-Zielen bereitstellen, aber auch mit Storage Spaces Direct (siehe Kapitel 34). Die gemeinsamen Festplatten auf Basis von Shared-VHDX unterstützen keine Cluster für die Livemigration in Hyper-V. Dazu kommt, dass Shared-VHDX-Festplatten auf einem gemeinsamen Datenträger in einem physischen Cluster gespeichert sein müssen. Mehr dazu lesen Sie in Kapitel 34.

Betreiben Sie Hyper-V in einem Cluster, können Sie sicherstellen, dass beim Ausfall eines physischen Hosts alle virtuellen Server durch einen weiteren Host automatisch übernommen werden. Dazu betreiben Sie die virtuellen Server als Clusterressourcen. Beim Einsatz von virtuellen Clustern können Sie Fehler in Servern ebenfalls abfangen, allerdings keine Fehler an der Hardware, da der Cluster virtuell abgebildet ist. Natürlich können Sie die virtuellen Clusterknoten ebenso auf physischen Clustern betreiben. In diesem Fall sind die virtuellen Server vor Ausfall der Hardware geschützt und die virtuellen Clusterdienste, zum Beispiel ein Dateiserver, vor dem Ausfall des virtuellen Betriebssystems auf einem virtuellen Clusterknoten.

Einstieg in die Hochverfügbarkeit in Hyper-V

Seit Windows Server 2012 ist es möglich, die Livemigration auch auf Hyper-V-Hosts ohne Cluster zu nutzen oder virtuelle Maschinen zwischen Hyper-V-Hosts zu replizieren, ohne diese clustern zu müssen. Bei der Livemigration mit und ohne Cluster verschieben Sie virtuelle Server zwischen Hyper-V-Hosts in der Gesamtstruktur.

Ebenfalls interessant ist die Möglichkeit, die virtuellen Festplatten eines Servers mit der Livemigration zu verschieben. Das heißt, die virtuellen Server selbst bleiben auf dem aktuellen Host, nur der Speicherort der Dateien ändert sich. So können Sie zum Beispiel die Dateien auf eine Freigabe verschieben. Mehr zu diesem Thema lesen Sie in den Kapiteln 1 und 7.

Hyper-V-Replikation und Cluster

Bei Hyper-V-Replica replizieren Sie virtuelle Server auf andere Server, ebenfalls im laufenden Betrieb. Dazu ist lediglich eine Netzwerkverbindung notwendig, kein gemeinsamer Datenträger. Mit Windows Server 2012 können Sie virtuelle Server zwischen zwei Hyper-V-Hosts replizieren, seit Windows Server 2012 R2 stehen drei Server zur Verfügung.

Mit dem Hyper-V-Server 2019 bietet Microsoft die Hyper-Funktionen der Datacenter-Edition von Windows Server 2019 kostenlos an. Mit dieser Variante von Windows Server 2019 können Sie Cluster installieren sowie die Funktionen nutzen, die wir nachfolgend beschreiben. Cluster lassen sich auch in der Standard-Edition erstellen. Windows Server 2019 erlaubt bis zu 64 Clusterknoten, auch in der Standard-Edition.

Bei der Livemigration in einem Cluster überträgt Hyper-V den virtuellen Server mitsamt Inhalt des Arbeitsspeichers auf einen anderen Knoten im Cluster. Das hat den Vorteil, dass die Server immer verfügbar sind, auch bei einer Übertragung. Windows Server 2019 kann mehrere Livemigrationen auf einmal durchführen und Sie können Prioritäten festlegen.

Eine wichtige Rolle auch für Hyper-V spielt der Zugriff auf Dateifreigaben in Windows Server 2019. Durch die Verbesserungen lassen sich jetzt ebenfalls virtuelle Festplatten auf Freigaben speichern. Dies beschleunigt die Replikation und die Livemigration. Wichtig für den Zugriff auf Dateiserver ist das Server Message-Protokoll. Dieses stellt den Zugriff von Clientcomputern zum Server dar. Windows 10 und Windows Server 2019 verfügen dazu über ein verbessertes SMB-Protokoll (siehe Kapitel 5). Dieses ist vor allem für den schnellen Zugriff über das Netzwerk gedacht, wenn Daten normalerweise lokal gespeichert sein sollten. Beispiele dafür sind SQL Server-Datenbanken oder die Dateien von Hyper-V-Computern. Die neue Version erlaubt mehrere parallele Zugriffe auf Dateifreigaben. Das heißt, einzelne Zugriffe über das Netzwerk bremsen sich nicht mehr untereinander aus.

Zusätzlich ermöglicht SMB beim Einsatz auf geclusterten Dateiservern ein besseres Failover zwischen Clusterknoten. Dabei berücksichtigt Windows Server 2019 die SMB-Sitzungen der Benutzer und Server und behält diese auch bei, wenn Sie virtuelle Dateiserver zwischen Clusterknoten verschieben.

Windows Server 2019 bietet mit der Cluster Rolling Upgrade-Funktion die Möglichkeit, Cluster auf Basis von Windows Server 2012 R2/2016 direkt zu Windows Server 2019 zu aktualisieren. Bei diesem Vorgang werden einzelne Clusterknoten vom Cluster entfernt, mit Windows Server 2019 neu installiert und dann wieder in den Cluster aufgenommen. Es ist also möglich, Windows Server 2012 R2, Windows Server 2016 und Windows Server 2019 parallel im Cluster einzusetzen.

Allerdings bleibt bei diesem Vorgang der Cluster im Kompatibilitätsmodus und nutzt weiterhin SMB 3.0.2 für die Kommunikation, auch mit Servern auf Basis von Windows Server 2019 oder Arbeitsstationen mit Windows 10. Die Technik bezeichnet Microsoft auch als Cluster Dialect Fencing. Sind auf einem Clusterknoten lokale Freigaben vorhanden, nutzt Windows Server 2019 die neue Version von SMB, sogar wenn noch der Kompatibilitätsmodus für den Cluster aktiv ist. Allerdings werden in diesem Fall Freigaben auf dem Cluster, zum Beispiel über einen Scale-Out-File-Server (SOFS), mit SMB 3.0.2 abgewickelt. Sobald Sie aber auf den Windows Server 2019-Modus setzen, nutzt der SOFS das neue SMB.

Damit der Cluster das neue SMB-Protokoll nutzt, müssen alle Clusterknoten auf Basis von Windows Server 2019 betrieben werden. Danach erfolgt die Deaktivierung des Kompatibilitätsmodus. Solange sich der Cluster im Kompatibilitätsmodus mit Windows Server 2012 R2/2016 befindet, werden auch Dateifreigaben im Cluster, zum Beispiel für einen Scale-Out-File-Server, auf Basis von SMB 3.0.2/3.1.1 eingebunden. Das ändert sich erst nach der Migration, wenn der Cluster auf den Modus von Windows Server 2019 umgestellt wird.

Zusätzlich ermöglicht SMB beim Einsatz auf geclusterten Dateiservern einen Failover zwischen Clusterknoten. Dabei berücksichtigt Windows Server 2019 die SMB-Sitzungen der Benutzer und Server und behält diese auch bei, wenn Sie virtuelle Dateiserver zwischen Clusterknoten verschieben.

SMB-Scale-Out verwendet Cluster Shared Volumes (CSV) für den parallelen Zugriff auf Dateien über alle Knoten in einem Cluster. Das erhöht die Leistung und die Skalierbarkeit von Serverdiensten, da alle Knoten beteiligt sind. Die Technologie arbeitet parallel zu Funktionen wie Transparent Failover und Multichannel. Auch diese Technik wird in Clustern mit Windows Server 2019 genutzt.

Entfernen Sie bei Migrationen zu Windows Server 2019 (siehe Kapitel 34) Knoten mit Windows Server 2012 R2/2016 aus dem Cluster, muss ebenfalls das SMB-Protokoll berücksichtigt werden. Ab diesem Moment wird der Cluster im gemischten Modus ausgeführt, da die restlichen Clusterknoten noch auf Windows Server 2012 R2/2016 basieren. Bis hierher kommt noch SMB 3.0.2/3.1.1 zum Einsatz. Die funktionelle Cluster-Ebene bleibt bei Windows Server 2012 R2, bis Sie diese manuell umstellen (siehe Kapitel 34). Bei dieser Funktionsebene sind neue Features in Windows Server 2019, die die Kompatibilität beeinflussen, nicht aktiviert, das gilt ebenfalls für SMB 3.1.1.

Sie aktualisieren alle Clusterknoten nach und nach mit dieser Vorgehensweise, bis alle von Windows Server 2012 R2 auf Windows Server 2019 umgestellt sind (siehe Kapitel 34). Nach diesen Vorgängen ändern Sie die Cluster-Funktionsebene auf den Windows Server 2019-Modus. Wie das geht, zeigen wir in Kapitel 34. Dazu verwenden Sie das PowerShell-Cmdlet *Update-ClusterFunctionalLevel*. Ab jetzt können Sie die neuen Funktionen von Windows Server 2019 nutzen und SMB 3.1.1 wird im Cluster aktiviert.

Sie können dem Cluster aber keine Knoten mit Windows Server 2012 R2 hinzufügen. Die Version des Clusters können Sie mit *Get-Cluster | Select UpdateFunctionalLevel* überprüfen. So erkennen Sie, ob auch SMB 3.1.1 zum Einsatz kommt.

Windows Server 2019 kann ebenfalls als NAS-Server dienen. Im neuen Betriebssystem lassen sich nicht nur iSCSI-Ziele mit dem Server verbinden, sondern Server mit Windows Server 2019 können selbst auch als iSCSI-Ziel arbeiten (siehe Kapitel 5). Die Clusterfunktion steht außerdem in Windows Server 2019 Standard zur Verfügung.

Damit die Server mit Windows Server 2019 und Clientcomputer mit Windows 10 untereinander schneller Daten austauschen, ist keine Konfiguration notwendig. Diesen Geschwindigkeitszuwachs erhalten Unternehmen bereits standardmäßig. Von diesen Funktionen profitiert vor allem Hyper-V, wenn Sie Daten der virtuellen Server auf Freigaben mit Windows Server 2019 speichern.

Arten der Hochverfügbarkeit in Hyper-V

Mit Hyper-V-Replica lassen sich virtuelle Server zwischen Hyper-V-Hosts replizieren, ohne dass diese Bestandteil eines Clusters sein müssen. Der virtuelle Server wird vom Quellserver auf den Zielserver repliziert, also kopiert. Dieser Vorgang kann ad hoc erfolgen oder über einen Zeitplan. Aktiv bleibt immer der virtuelle Server auf dem Quellserver, der virtuelle Server auf dem Zielserver bleibt ausgeschaltet. Administratoren können ein Failover des virtuellen Servers manuell durchführen oder ihn jederzeit erneut vom Quell- auf den Zielserver replizieren. In Windows Server 2019 können Sie zwei Zielserver definieren, um virtuelle Server zu replizieren.

Mit der Livemigration ohne Cluster können Sie virtuelle Server im laufenden Betrieb vom Quell- auf den Zielserver verschieben und online schalten. Es ist kein Cluster und kein gemeinsamer Datenträger notwendig. Mehr zu diesem Thema lesen Sie in den Kapiteln 1 und 7. Im Gegensatz zur Replikation ist der virtuelle Server weiterhin nur auf einem Server verfügbar und kann im laufenden Betrieb verschoben werden.

Weiterhin gibt es in Windows Server 2019 die Möglichkeit, Hyper-V in einem Cluster zu betreiben und virtuelle Server als Clusterressourcen zu definieren. Hier sind die virtuellen Server schnell und einfach zwischen den Knoten verschiebbar. Einen Cluster können Unternehmen auch mit der Standard-Edition aufbauen. In Windows Server 2019 lassen sich mehrere Livemigrationen gleichzeitig durchführen und virtuelle Server können priorisiert werden. Alle diese Funktionen stehen über Hyper-V Server 2019 kostenlos zur Verfügung.

Hyper-V-Replikation in der Praxis

Mit der Hyper-V-Replikation, auch als Hyper-V-Replica bezeichnet, lassen sich in Windows Server 2019 und Hyper-V Server 2019 virtuelle Festplatten und komplette virtuelle Server asynchron zwischen drei Hyper-V-Hosts im Netzwerk replizieren und synchronisieren. Windows Server 2012 unterstützt zwei Hyper-V-Hosts für die Replikation, seit Windows Server 2012 R2 und in Windows Server 2016/2019 können Sie bis zu drei Hosts replizieren lassen. Sie können für die Replikation auch eine Kette konfigurieren. So kann zum Beispiel Server A zu Server B und dieser den gleichen virtuellen Server zu Server C replizieren.

In Windows Server 2012 konnten Sie das Synchronisierungsintervall nur bis zu fünf Minuten einstellen, seit Windows Server 2012 R2 haben Sie hier die Möglichkeit, alle 30 Sekunden die Daten zwischen den Hosts replizieren zu lassen. Alternativ können Sie die Replikation auf ein Intervall bis zu 15 Minuten ausdehnen.

Die Replikation findet über das Dateisystem und das Netzwerk statt, ein Cluster ist nicht notwendig. Die Replikationen lassen sich manuell, automatisiert oder nach einem Zeitplan ausführen. Sie können auf diesem Weg eine Testumgebung aufbauen oder die replizierten Server bei Ausfall eines Hyper-V-Hosts aktiv schalten. Mit Hyper-V-Replica können kleine und mittelständische Unternehmen eine effiziente Ausfallsicherheit erreichen.

Hyper-V-Hosts für Replikation aktivieren

Die Konfiguration erfolgt über einen Assistenten im Hyper-V-Manager oder der PowerShell. Die Einrichtung nehmen Sie über einen Assistenten im Hyper-V-Manager vor. Die Quell-VM läuft bei diesem Vorgang weiter. Fällt ein Hyper-V-Host aus, lassen sich die replizierten Server online schalten und als produktiver Server nutzen. Nach der ersten Übertragung müssen nur noch Änderungen übertragen werden. Die erste Übertragung können Sie mit einem externen Datenträger vornehmen, wenn die Datenleitung nicht genügend Leistung bietet.

Die Replikation ist auch in Clustern möglich. In diesem Fall können Sie VMs zwischen verschiedenen Clustern und Rechenzentren replizieren lassen. Sie starten die Replikation über das Kontextmenü der entsprechenden virtuellen Maschine in der Failoverclusterverwaltung. Die Einrichtung entspricht nach dem Start des Assistenten der Einrichtung ohne Cluster. Die Einstellungen für die Replikation nehmen Sie ebenfalls in der Clusterverwaltung vor. Dazu klicken Sie mit der rechten Maustaste auf den virtuellen Server.

Damit Hyper-V-Hosts eine Replikation ermöglichen, müssen Sie diese zunächst für alle beteiligten Hyper-V-Hosts aktivieren. Starten Sie anschließend den Assistenten über das Kontextmenü des virtuellen Servers auf dem Quellserver und geben Sie zunächst den Zielserver ein, also den Hyper-V-Host, auf den Sie die virtuelle Maschine replizieren wollen. Der virtuelle Server auf dem Quellserver bleibt aber weiterhin verfügbar und aktiv. Alle anderen VMs bleiben von der Replikation ebenfalls unbeeinträchtigt.

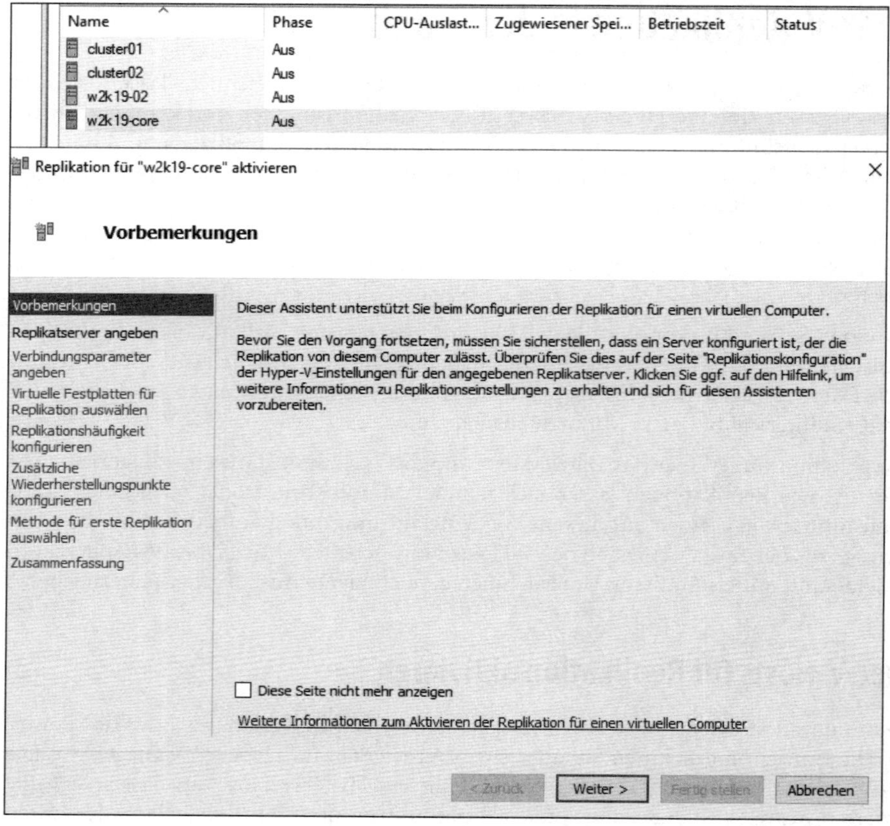

Abbildung 9.1: Aktivieren der Replikationskonfiguration in Hyper-V

Damit ein Hyper-V-Host für Replikate zur Verfügung steht, müssen Sie auf dem entsprechenden Server in den Hyper-V-Einstellungen im Bereich *Replikationskonfiguration* diese Funktion zunächst aktivieren und konfigurieren. Sie legen hier den Datenverkehr fest und von welchen Servern der aktuelle Server Replikate entgegennimmt. Daher müssen Sie diese Funktion zunächst auf allen Hyper-V-Hosts aktivieren.

Setzen Sie Hyper-V-Server 2019 ein, können Sie diesen Server auch über den Hyper-V-Manager von einem anderen Server aus verwalten und auf diesem Weg die gleichen Einstellungen vornehmen (siehe Kapitel 2 und 3). Hier gibt es keinerlei Unterschiede zu den kostenpflichtigen Editionen von Windows Server 2019.

Tipp

Achten Sie darauf, noch die Regel in der erweiterten Konfiguration der Firewall (*wf.msc*) für Hyper-V-Replica zu aktivieren. Diese hat die Bezeichnung *Hyper-V-Replikat HTTP-Listener*. Es gibt auch einen Listener für HTTPS.

Bei den Regeln handelt es sich um eingehende Netzwerkregeln, für den ausgehenden Datenverkehr müssen Sie keine Änderungen vornehmen.

In produktiven Umgebungen sollten Sie die Daten virtueller Server besser SSL-verschlüsselt mit HTTPS übertragen. In diesem Fall muss den entsprechenden Hyper-V-Hosts ein

Zertifikat von einer Zertifizierungsstelle, am besten auf Basis der Active Directory-Zertifikatsdienste, zugewiesen sein. Dazu verwenden Sie ein Zertifikat, das Clients und Server authentifizieren kann und dem Namen des Hyper-V-Hosts entspricht.

Tipp Wollen Sie Hyper-V-Replica mit HTTP nutzen, aktivieren Sie die entsprechende Firewallregel auch per PowerShell-Cmdlet mit

Enable-Netfirewallrule -displayname "Hyper-V Replica HTTP Listener (TCP-In)"

Bei der Kerberos-Authentifizierung werden die replizierten Daten nicht verschlüsselt. Nur bei der zertifikatbasierten Authentifizierung werden die replizierten Daten während der Übertragung verschlüsselt. Wollen Sie HTTPS verwenden, schalten Sie auch diese Regeln frei.

Hyper-V-Replikation mit SSL konfigurieren

In diesem Abschnitt erfahren Sie, wie Sie die Hyper-V-Replikation mit SSL übertragen und dadurch für mehr Sicherheit sorgen. Sie benötigen dazu entweder eine interne Zertifizierungsstelle oder Sie arbeiten mit einem selbstsignierten Zertifikat. Wir zeigen Ihnen nachfolgend beide Wege.

Zertifikate für Hyper-V-Replikation aufrufen

In der lokalen Verwaltung von Zertifikaten können Sie in Active Directory Zertifikate auf einem Server installieren. Diese Zertifikate verwenden Sie dann für Hyper-V-Replica. Dazu gehen Sie folgendermaßen vor:

1. Starten Sie durch Eingabe von *certlm.msc* die Verwaltung der lokalen Zertifikate.
2. Klicken Sie mit der rechten Maustaste auf *Eigene Zertifikate* und wählen Sie *Alle Aufgaben/Neues Zertifikat anfordern.*
3. Bestätigen Sie die Option *Active Directory-Registrierungsrichtlinie.*
4. Aktivieren Sie auf der nächsten Seite die Option *Computer* und klicken Sie auf *Registrieren.* Das Zertifikat erscheint anschließend in der Konsole und lässt sich nutzen.
5. Sobald Sie diese Vorgänge abgeschlossen haben, ist das Zertifikat in Hyper-V verfügbar.

Rufen Sie im lokalen Zertifikatespeicher des Servers (*certlm.msc*) die eigenen Zertifikate auf und lassen Sie sich die Eigenschaften anzeigen. Sie sehen bei der erweiterten Verwendung des Schlüssels die Möglichkeiten zur Client- und Serverauthentifizierung.

Mit selbstsignierten Zertifikaten arbeiten

Alternativ haben Sie die Möglichkeit, mit selbstsignierten Zertifikaten auf den beiden Hyper-V-Hosts zu arbeiten. Dazu verwenden Sie zum Beispiel die PowerShell und den folgenden Befehl:

New-SelfSignedCertificate -CertStoreLocation cert:\localmachine\my -DnsName <FQDN des Servers>

In produktiven Umgebungen wird das aber nicht empfohlen. Achten Sie darauf, dass die erstellten Zertifizierungsstellen auf den beiden Servern, mit denen Sie die selbstsignierten Zertifikate erstellt haben, als vertrauenswürdig angezeigt werden. Sie sehen die Zertifikate im Zertifikatespeicher des Servers. Diesen rufen Sie über *certlm.msc* auf.

Wollen Sie Hyper-V-Replica im Cluster nutzen, müssen Sie einen Hyper-V Replica Broker im Cluster-Manager von Windows Server 2019 erstellen. Dabei gehen Sie vor wie bei jeder anderen Clusterressource. Zuvor sollten Sie aber ein neues Computerkonto im Snap-in *Active Directory-Benutzer und -Computer* erstellen. Rufen Sie die Registerkarte *Sicherheit* des neuen Objekts auf und erlauben Sie dem Computerkonto des Clusters einen Vollzugriff auf das neue Konto.

Hyper-V-Replica mit SSL konfigurieren

Um SSL zu nutzen, rufen Sie auf den Hyper-V-Servern die Hyper-V-Einstellungen auf und klicken auf *Replikationskonfiguration*. Aktivieren Sie die Option *Zertifikatbasierte Authentifizierung verwenden (HTTPS)* und wählen Sie das Zertifikat aus, das Sie für die Übertragung verwenden wollen. Diese Einstellungen müssen Sie auf allen beteiligten Servern vornehmen. Richten Sie danach die Replikation ein, wie auf den folgenden Seiten beschrieben.

Virtuelle Server zwischen Hyper-V-Hosts replizieren

Haben Sie die Konfiguration nicht vor Aktivierung der Replikation auf den Hosts vorgenommen, erkennt das der Replikations-Assistent und schlägt die Konfiguration des Zielservers während der Einrichtung der Replikation einer VM vor. Diese Konfiguration ist auch über das Netzwerk möglich. Es ist allerdings empfehlenswert, diese Konfiguration vor der Einrichtung der Replikation von virtuellen Servern vorzunehmen.

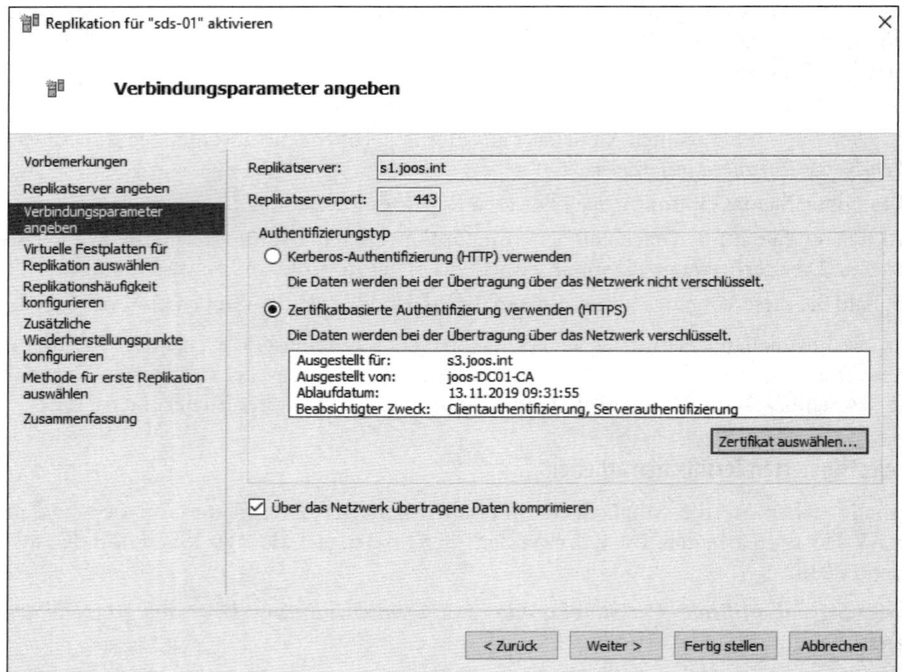

Abbildung 9.2: Festlegen der Verbindungsparameter zur Replikation

Um einen virtuellen Server zwischen Hyper-V-Hosts mit Windows Server 2019 oder Hyper-V Server 2019 zu replizieren, klicken Sie nach der Konfiguration der Hosts mit der rechten Maustaste auf den entsprechenden virtuellen Server und wählen *Replikation aktivieren*. Es startet ein Assistent, in dem Sie detailliert festlegen, wie Sie den ausgewählten Server vom Quellserver auf den Zielserver replizieren. Der virtuelle Server auf dem Quellserver bleibt dabei verfügbar und wird nicht beeinträchtigt.

Im Assistenten legen Sie danach die Zielserver und anschließend den Authentifizierungstyp fest. Für Testumgebungen verwenden Sie die Kerberos-HTTP-Übertragung, für produktive Umgebungen ist die zertifikatbasierte Authentifizierung per HTTPS besser geeignet. Welche Authentifizierung der Zielserver akzeptiert, bestimmen Sie auf dem Zielserver in den Hyper-V-Einstellungen über *Replikationskonfiguration*.

Wenn Sie auf dem Server ein Zertifikat installiert und in den Hyper-V-Einstellungen hinterlegt sowie die zertifikatsbasierte Authentifizierung aktiviert haben, können Sie für die Verbindung auch diesen Authentifizierungstyp wählen.

Außerdem steuern Sie im Assistenten, welche virtuellen Festplatten Sie replizieren wollen und in welchem Intervall die Replikation durchgeführt werden soll, nachdem Sie diese eingerichtet haben.

Im Assistenten können Sie auch die Prüfpunkte des Servers übertragen. Außerdem bestimmen Sie, ob Sie die erste Replikation über ein Speichermedium wie eine externe Festplatte durchführen wollen oder direkt über das Netzwerk. Auch einen Zeitplan legen Sie an dieser Stelle fest.

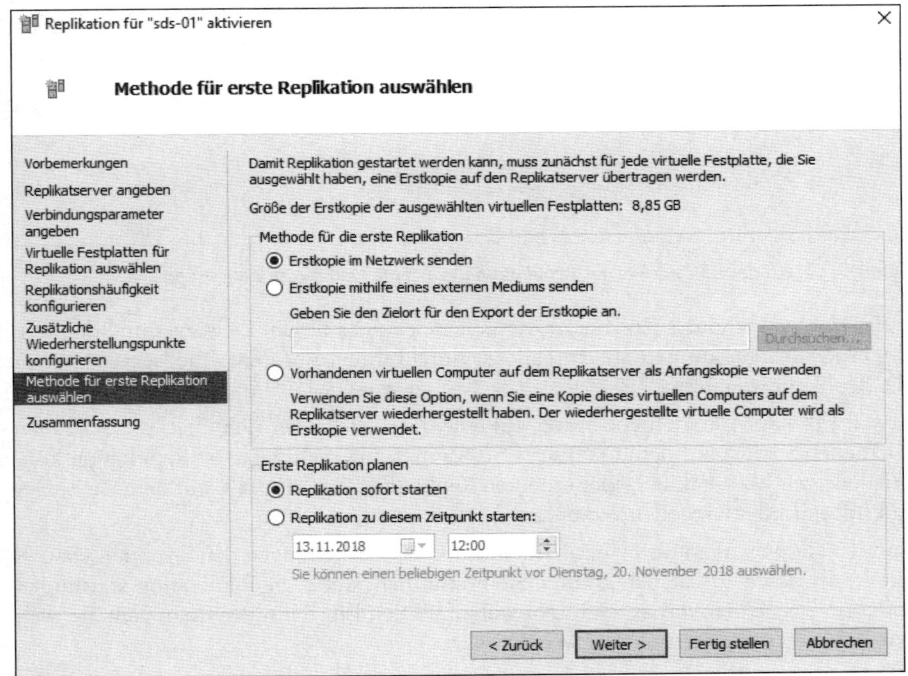

Abbildung 9.3: Festlegen des Zeitplans der Replikation

Hinweis Damit die Replikation funktioniert, müssen Sie auf dem Zielserver in den erweiterten Einstellungen der Windows-Firewall (*wf.msc*) die Regeln für den HTTP-Listener oder den HTTPS-Listener aktivieren, je nachdem, welchen Datenverkehr Sie verwenden wollen. Die Regeln sind bereits angelegt, aber noch nicht aktiviert.

Nachdem Sie die Replikation durchgeführt haben, befindet sich der virtuelle Server auf den Zielservern, ist aber ausgeschaltet.

Mit dem Kontextmenü des virtuellen Servers auf dem Quellserver können Sie über *Replikation* das Replikationsverhalten anpassen und den Status abrufen. Die Replikation können Sie ebenso zwischen verschiedenen Editionen von Windows Server 2019 durchführen und auch Hyper-V Server 2019 als Quell- und Zielserver nutzen. Am besten funktioniert die Replikation, wenn Sie eine Active Directory-Gesamtstruktur zur Authentifizierung nutzen. Den Status der Replikation sehen Sie im Hyper-V-Manager.

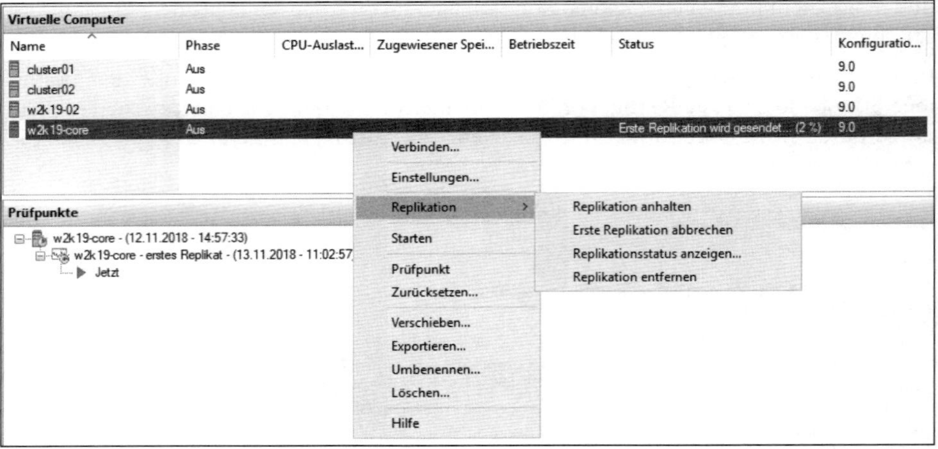

Abbildung 9.4: Nach der Einrichtung der Replikation werden die Daten zum Zielhost gesendet.

Über das Kontextmenü des replizierten virtuellen Servers auf dem Zielserver und der Auswahl von *Replikation* können Sie ein Failover durchführen. Auf dem Quellserver können Sie die Replikation steuern.

In diesem Fall kann der virtuelle Server auf einem der Zielserver (Replikat) die Aufgaben des virtuellen Servers auf dem Quellserver (Original) übernehmen. Die Replikation können Sie jederzeit beenden. Bei jeder erneuten Replikation legt Hyper-V auf dem Zielserver einen Prüfpunkt des virtuellen Servers an.

Sie können alle Vorgaben für Hyper-V-Replica in den Einstellungen der einzelnen virtuellen Server anpassen. Zusätzlich können Sie bestimmen, wann die Replikation stattfinden soll oder ob Sie sie manuell durchführen wollen. In den Einstellungen definieren Sie, welche virtuellen Festplatten repliziert werden sollen.

Tipp Mit dem Cmdlet *Measure-VMReplication* lassen Sie sich den Status der Replikate auf den einzelnen Hyper-V-Hosts anzeigen.

Failover mit Hyper-V-Replica durchführen

Der Vorteil von Hyper-V-Replica ist, dass Sie bei Ausfall eines Hyper-V-Hosts ein Failover durchführen können. Dazu klicken Sie den entsprechenden virtuellen Server, den Sie repliziert haben, im Hyper-V-Manager des Zielservers an und wählen im Kontextmenü *Replikation/Failover*.

Sie können ein Failover auch mit der Quell-VM auf dem Quellhost starten, zum Beispiel vor der geplanten Wartung eines Hosts. In diesem Fall wählen Sie aus dem Kontextmenü die Option *Replikation/Geplantes Failover* aus. Bei diesem Vorgang kann der Quellserver alle Daten noch einmal zum Zielserver replizieren.

Zusätzlich können Sie auf dem Zielserver einen Testfailover durchführen. Dabei findet kein echter Failover statt, sondern der Assistent überprüft lediglich, ob die Übernahme der VM auf dem Zielserver möglich ist.

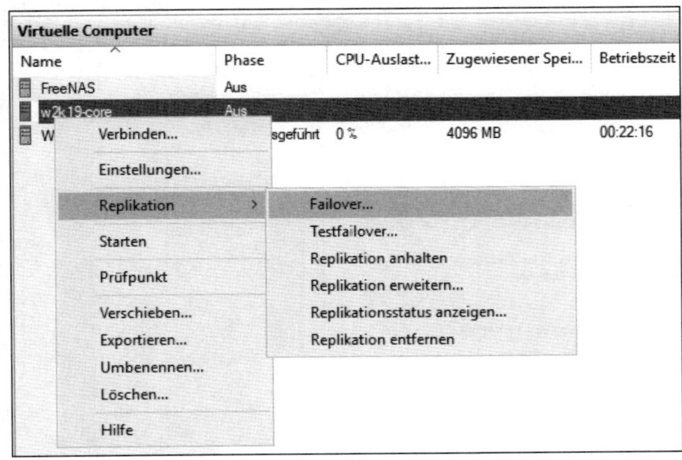

Abbildung 9.5: Verwalten der Replikation und Starten eines Failovers

Anschließend wählen Sie aus, zu welchem Wiederherstellungspunkt Sie den Failover durchführen wollen, und können den Failover starten. Dies funktioniert jedoch nicht bei ausgeschaltetem Quell-VM. Während des Failovers startet der Assistent den replizierten Server, der im Netzwerk dann zur Verfügung steht, genau wie die Quell-VM.

Auch wenn Sie ein geplantes Failover durchführen, müssen Quell-VM und Ziel-VM ausgeschaltet sein. Der Vorteil bei einem geplanten Failover vom Quell-Hyper-V-Host aus ist, dass Hyper-V noch nicht replizierte Änderungen an den Zielserver sendet, sodass dieser über den neuesten Stand verfügt. Haben Sie ein geplantes Failover durchgeführt, ist die alte Quell-VM später die neue Ziel-VM und die alte Ziel-VM die neue Quell-VM für die Replikation. Das heißt, Sie können diesen Vorgang auch wieder umkehren.

Livemigration ohne Cluster

Neben Hyper-V-Replica können Sie virtuelle Server mit der Livemigration auf einen anderen Hyper-V-Host verschieben, auch wenn dieser nicht Bestandteil eines Clusters ist. Bei diesem Vorgang kann die entsprechende virtuelle Maschine gestartet sein, genauso wie in einem Cluster. Sie müssen für die Livemigration auf beiden Servern den gleichen Prozessortyp einsetzen, ansonsten bricht der Vorgang mit einem Fehler ab. In diesem Fall nutzen Sie Hyper-V-Replica. Diese Funktion benötigt keine identischen Prozessoren.

Für die Livemigration ohne Cluster müssen die entsprechenden Hyper-V-Hosts Mitglied derselben Active Directory-Domäne sein. Das Verschieben von virtuellen Servern mit der Hyper-V-Rolle muss ein Domänen-Administrator durchführen. Außerdem muss das Konto Mitglied der lokalen Administratorgruppe auf beiden Hyper-V-Hosts sein. Um zwischen Hyper-V-Hosts ohne Cluster Livemigrationen durchzuführen, müssen Sie für die entsprechenden Computerkonten in Active Directory Einstellungen bezüglich der Kerberos-Authentifizierung vornehmen:

1. Rufen Sie dazu in *Active Directory-Benutzer und -Computer* jeweils die Eigenschaften der beiden Computer auf und wechseln Sie zur Registerkarte *Delegierung.*
2. Aktivieren Sie die Option *Computer bei Delegierungen angegebener Dienste vertrauen* und die Option *Nur Kerberos verwenden.*
3. Klicken Sie anschließend auf *Hinzufügen* und wählen Sie den Server und die Dienste aus, die für das entsprechende Computerkonto Berechtigungen haben sollen.
4. Für die Livemigration wählen Sie dazu den Server und die Dienste *cifs* und *Microsoft Virtual System Migration Service* sowie *Microsoft Virtual Control Service* aus.

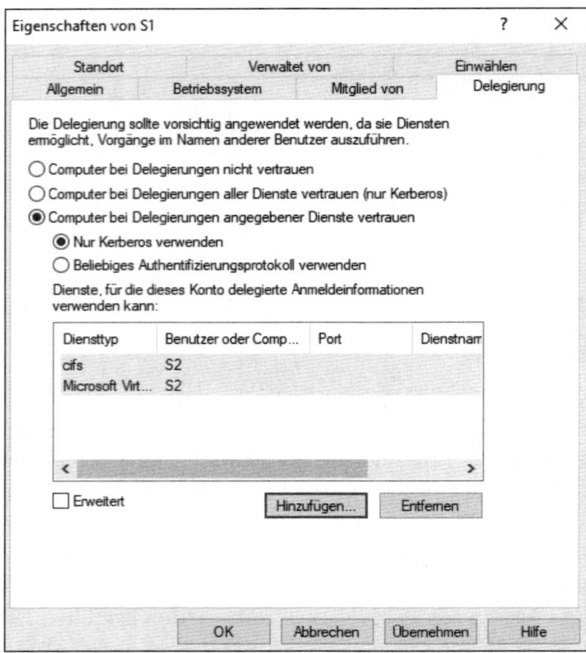

Abbildung 9.6: Konfigurieren der Berechtigungen für die Livemigration

5. Nehmen Sie diese Einstellung auf allen Hyper-V-Hosts vor, die virtuelle Maschinen austauschen sollen. Auch hier können Sie virtuelle Server zwischen verschiedenen Editionen von Windows Server 2019 auswählen und außerdem auf Hyper-V Server 2019 setzen.

Im nächsten Schritt müssen Sie auf beiden Hyper-V-Hosts in den *Hyper-V-Einstellungen* im Hyper-V-Manager die Livemigration aktivieren. Sie finden diese Einstellung im Bereich *Livemigrationen*. Aktivieren Sie zunächst die Option *Ein- und ausgehende Livemigration ermöglichen* und danach bei *Authentifizierungsprotokoll* die Option *Kerberos verwenden*.

Legen Sie fest, wie viele Livemigrationen gleichzeitig auf dem Server erlaubt sein sollen. Der Standardwert in diesem Bereich ist 2. Aktivieren Sie dann bei *Eingehende Livemigrationen* entweder *Beliebiges verfügbares Netzwerk für die Livemigration verwenden* oder hinterlegen Sie manuell IP-Adressen.

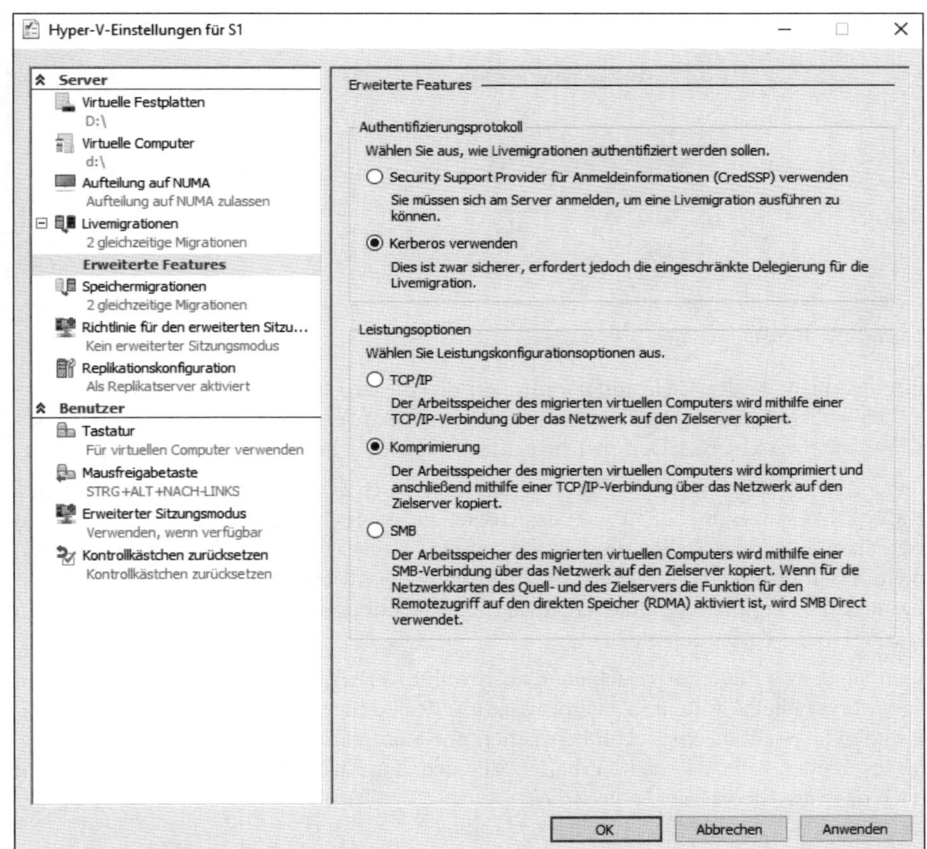

Abbildung 9.7: Konfigurieren von Livemigration in Hyper-V

Wie die meisten Einstellungen in Windows Server 2019 können Sie auch diese Einstellung in der PowerShell vornehmen. Dazu verwenden Sie der Reihe nach die folgenden Cmdlets:

Enable-VMMigration

Set-VMMigrationNetwork <IP-Adresse>

Set-VMHost –VirtualMachineMigrationAuthenticationType Kerberos

Anschließend können Sie virtuelle Server verschieben. Klicken Sie mit der rechten Maustaste auf den virtuellen Server, den Sie zwischen Hyper-V-Hosts verschieben wollen, und wählen Sie im Kontextmenü den Befehl *Verschieben* aus. Anschließend aktivieren Sie auf der Seite *Verschiebungstyp auswählen* die Option *Virtuellen Computer verschieben*.

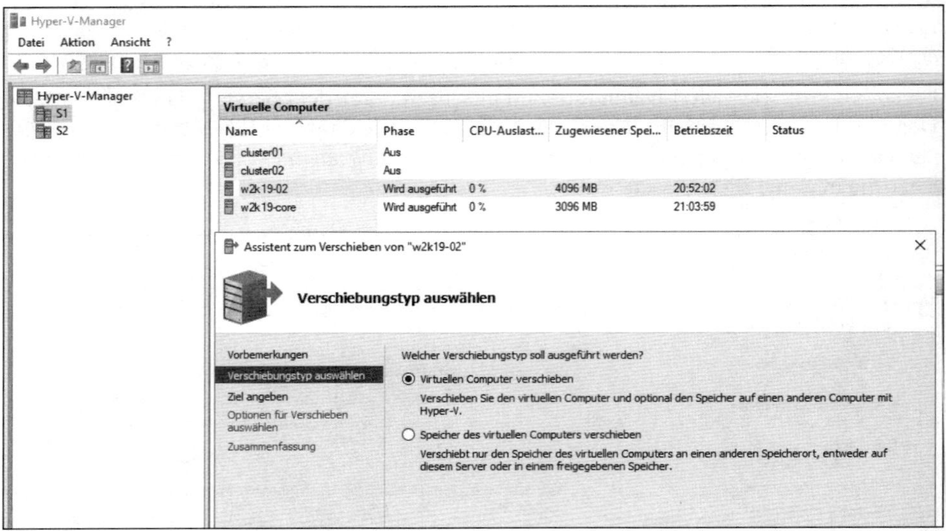

Abbildung 9.8: Durchführen einer Livemigration

Danach wählen Sie den Zielcomputer aus, auf den Sie den entsprechenden Computer verschieben wollen. Sie können neben kompletten virtuellen Servern auch lediglich die virtuellen Festplatten verschieben. Den Speicherort der Daten legen Sie ebenfalls im Assistenten fest.

Im nächsten Fenster können Sie die Livemigration noch genauer spezifizieren. Sie haben die Möglichkeit, verschiedene Daten des virtuellen Servers in unterschiedliche Ordner zu verschieben oder alle Daten des Servers inklusive der virtuellen Festplatten in einen gemeinsamen Ordner. Liegt die virtuelle Festplatte eines virtuellen Servers auf einer Freigabe, können Sie auch veranlassen, dass nur die Konfigurationsdateien zwischen den Hyper-V-Hosts verschoben werden.

Haben Sie die Option zum Verschieben ausgewählt, verbindet sich der Assistent mit dem Remoteserver über den Remotedateibrowser und Sie können den lokalen Ordner auswählen, in den Hyper-V die virtuellen Festplatten und Konfigurationsdaten des virtuellen Servers verschieben soll. Als Letztes erhalten Sie noch eine Zusammenfassung angezeigt und starten das Verschieben mit *Fertig stellen*.

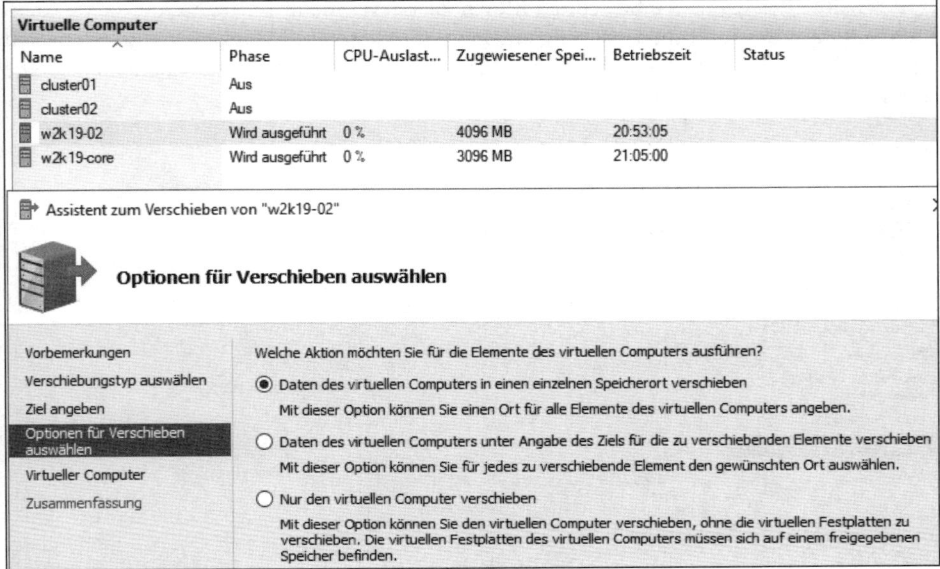

Abbildung 9.9: Verschieben einer VM auf einen anderen Server

Diesen Vorgang können Sie ebenfalls skripten. Öffnen Sie dazu auf dem Quellserver eine PowerShell-Sitzung und geben Sie den folgenden Befehl ein:

Move-VM <Virtueller Server> <Zielserver> -IncludeStorage -DestinationStoragePath <Lokaler Pfad auf dem Zielserver>

Damit die Übertragung funktioniert, müssen die Prozessoren der Hyper-V-Hosts kompatibel miteinander sein. Ist das nicht der Fall, erhalten Sie eine Fehlermeldung angezeigt und können den Server nicht im laufenden Betrieb übertragen. In diesem Fall fahren Sie den virtuellen Server herunter und starten den Vorgang erneut. In den Einstellungen von VMs können Sie im Bereich *Prozessor* bei *Erweitert* festlegen, dass beim Verschieben einer VM die Kompatibilität des virtuellen Prozessors einer VM gesetzt werden soll.

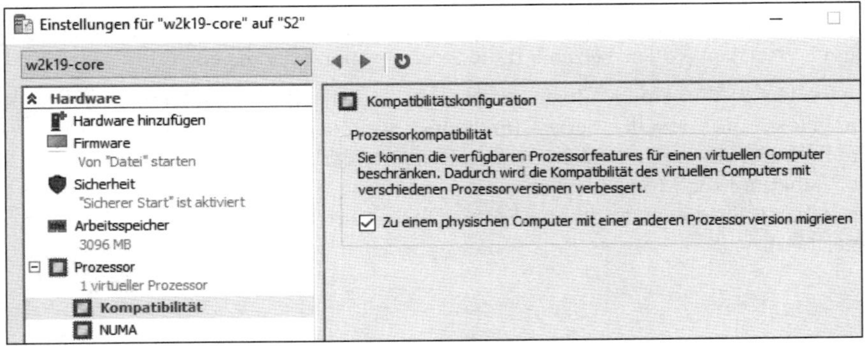

Abbildung 9.10: Aktivieren der Prozessorkompatibilität

Ist der Name der virtuellen Switches auf dem Zielserver nicht mit dem Quellserver identisch, erhalten Sie eine Fehlermeldung angezeigt und können den neuen virtuellen Switch auf dem Zielserver auswählen, damit dem virtuellen Server auch auf dem neuen Host eine Netzwerkverbindung zur Verfügung steht.

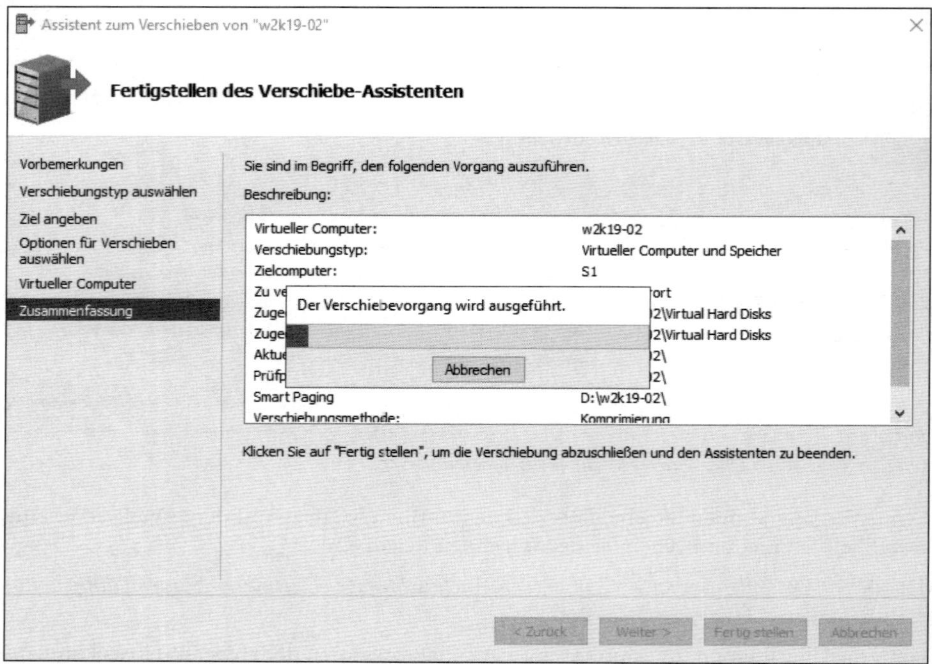

Abbildung 9.11: Verschieben eines virtuellen Servers mit der Livemigration im laufenden Betrieb

Hyper-V im Cluster – Livemigration in der Praxis

Sie können in Windows Server 2019 Hyper-V im Cluster und virtuelle Server als Clusterressourcen betreiben. Unternehmen, die Server mit Hyper-V virtualisieren und eine Hochverfügbarkeit erreichen wollen, setzen auf die Livemigration im Cluster.

Betreiben Sie Hyper-V in einem Cluster, können Sie sicherstellen, dass beim Ausfall eines physischen Hosts alle virtuellen Server durch einen weiteren Host automatisch übernommen werden. Dazu betreiben Sie die virtuellen Server als Clusterressourcen. In Kapitel 34 gehen wir näher auf die Möglichkeiten von Clustern mit Windows Server 2019 ein. Dort lesen Sie auch, wie Sie die neuen Storage Spaces Direct einrichten, um VMs im Cluster zentral zu speichern.

Hinweis Sollen VMs auf zwei Clusterknoten verteilt werden, dann kann schlussendlich nur 50 % der Leistung eines Hosts für seine VMs beansprucht werden. Die anderen 50 % dienen als Leistungsreserve für die VMs des anderen Knotens, wenn dieser aktualisiert werden soll oder ausfällt. Generell ist es hier sehr empfehlenswert, auf identische Hardware zu setzen. Nur dadurch lassen sich alle Funktionen von Hyper-V bezüglich der Replikation oder Migration von VMs effizient nutzen und virtuelle Server fehlerfrei übertragen.

Durch den Betrieb von drei Knoten in einem Cluster, bei drei identisch gewählten Servern, können die beiden anderen Knoten den Ausfall eines Knotens verkraften. In diesem Fall kann die Leistung der Knoten im Cluster mit 66 % den Ressourcen zur Verfügung gestellt werden, zum Beispiel virtuellen Servern. Die restlichen 34 % dienen dem Ausfallschutz, wenn einer der Knoten ausfällt. Insgesamt lassen sich bis zu 64 Knoten in einem Cluster zusammenfassen. Nachdem die benötigte Leistung gemessen ist, sollte dieser Sachverhalt in die Planung der Knoten mit einfließen.

Clusterknoten vorbereiten

Legen Sie einen Namen für den Cluster fest. Beim Anlegen eines neuen Clusters müssen Sie seinen Namen eingeben. Über diesen Namen erfolgt der Verbindungsaufbau der verschiedenen Verwaltungswerkzeuge und der Namensauflösung.

Jeder Knoten des Clusters erhält ein Computerkonto in derselben Domäne. Daher benötigt jeder physische Knoten einen entsprechenden Rechnernamen. Sie benötigen für den Cluster mehrere IP-Adressen. Jeder physische Knoten benötigt je eine IP-Adresse, der Cluster als Ganzes erhält eine IP-Adresse, jeder virtuelle Server und die Netzwerkkarten für die private Kommunikation des Clusters erhalten je eine IP-Adresse in einem getrennten Subnetz (wichtig!).

Auf den Clusterknoten installieren Sie zunächst Windows Server 2019 und nehmen diese in die Domäne auf. Alle Clusterknoten sollten sich in der gleichen Active Directory-Domäne befinden.

Haben Sie das Betriebssystem auf dem Server installiert und die iSCSI-Laufwerke verbunden, nehmen Sie die IP-Einstellungen für die Knoten vor. Eine Netzwerkkarte dient dabei zur Kommunikation der Server mit dem Netzwerk. Die andere Netzwerkkarte dient zur Kommunikation der Knoten untereinander, dem Heartbeat. Benennen Sie nach der Konfiguration der Netzwerkkarte die Verbindungen am besten um, zum Beispiel in *private* und *public*.

Setzen Sie Hyper-V im Cluster ein, müssen Sie bei der Datensicherung und der Erstellung von Snapshots einige wichtige Punkte beachten. Sie sollten es möglichst vermeiden, Snapshots von laufenden virtuellen Maschinen in Clustern zu erstellen. Setzen Sie einen solchen Snapshot zurück, setzt dieser nicht nur den Inhalt der virtuellen Festplatte zurück, sondern auch den des Arbeitsspeichers der VM.

Dieser Umstand macht vor allem im Zusammenhang mit der Livemigration Probleme. Wenn Sie also Snapshots von VMs in einem Cluster durchführen wollen, fahren Sie die VM herunter. Auch wenn Sie einen Snapshot auf eine VM anwenden wollen, sollten Sie die Maschine vorher herunterfahren.

Grundlage für Livemigration mit Hyper-V oder dem generellen Betrieb von Hyper-V im Cluster ist zunächst ein normaler Cluster mit Windows Server 2019. Jeder Knoten des Clusters erhält ein Computerkonto in derselben Domäne in Active Directory. Jeder physische Knoten benötigt eine IP-Adresse, der Cluster erhält eine IP-Adresse, jeder virtuelle Server und die Netzwerkkarten für die private Kommunikation des Clusters erhalten eine IP-Adresse in einem getrennten Subnetz.

Cluster mit Windows Server 2019 installieren

Um Hyper-V in einem Cluster zu betreiben, installieren Sie zunächst einen herkömmlichen Cluster mit Windows Server 2019. Das geht jetzt auch mit der Standard-Edition oder mit der kostenlosen Serverversion Hyper-V Server 2019 (siehe Kapitel 2). Bevor Sie Knoten in einen Cluster mit aufnehmen, sollten Sie aber Hyper-V auf den Knoten installieren.

Die Dateien der virtuellen Server sind auf dem gemeinsamen Datenträger des Clusters gespeichert oder auf einem Storage Space Direct (siehe Kapitel 34). Fällt der aktive Knoten aus, kann ein anderer Knoten die virtuellen Server übernehmen. Auf dem gemeinsamen Datenträger sind außerdem die virtuellen Festplatten der virtuellen Server gespeichert. Dabei kann es sich um einen herkömmlichen gemeinsamen Datenträger handeln oder eine Storage Space Direct-Infrastruktur, wie in Kapitel 34 beschrieben.

Hinweis Setzen Sie in den Einstellungen der Netzwerkverbindung auf der Registerkarte *WINS* in den erweiterten Einstellungen für IPv4 die Option *NetBIOS über TCP/IP deaktivieren*, da NetBIOS die interne Kommunikation eines Clusters stören kann.

In den erweiterten Eigenschaften der Windows-Firewall sollten Sie auf der Registerkarte *Erweitert* die Firewall für das private Clusternetz und für das Netzwerk zum Datenspeicher deaktivieren. Clustering installieren Sie auch in Windows Server 2019 als Feature über den Server-Manager.

Während der Installation nehmen Sie keine Einstellungen vor. Achten Sie darauf, dass die gemeinsamen Datenträger auf allen Knoten verbunden und mit dem gleichen Laufwerksbuchstaben versehen sind. Sie können hier außerdem iSCSI-Ziele verwenden, wie in Kapitel 5 beschrieben. Sie müssen für die Erstellung eines Clusters aber keinen gemeinsamen Datenträger konfiguriert haben. Sie können den gemeinsamen Clusterspeicher problemlos nachträglich konfigurieren, zum Beispiel über Storage Spaces Direct.

Um die notwendigen Features für einen Hyper-V-Cluster zu installieren, können Sie die PowerShell verwenden. Geben Sie die folgenden Cmdlets ein:

Install-WindowsFeature Hyper-V, Failover-Clustering, Multipath-IO

Mehr dazu lesen Sie in Kapitel 34. Mit *Restart-Ccomputer* können Sie den Server neu starten. Mit der Option *-Restart* startet er nach der Installation automatisch.

Starten Sie dann auf dem ersten Knoten den Failovercluster-Manager durch Eingabe von *cluster* im Startmenü. Klicken Sie auf den Link *Konfiguration überprüfen*. Sie wählen im Fenster zunächst die potenziellen Clusterknoten aus und legen fest, welche Tests das Tool durchführen soll.

Nachdem Sie einen Cluster erstellt haben, können Sie mit *Cluster überprüfen* die gleichen Tests durchführen. Die Tests können Sie jederzeit wiederholen.

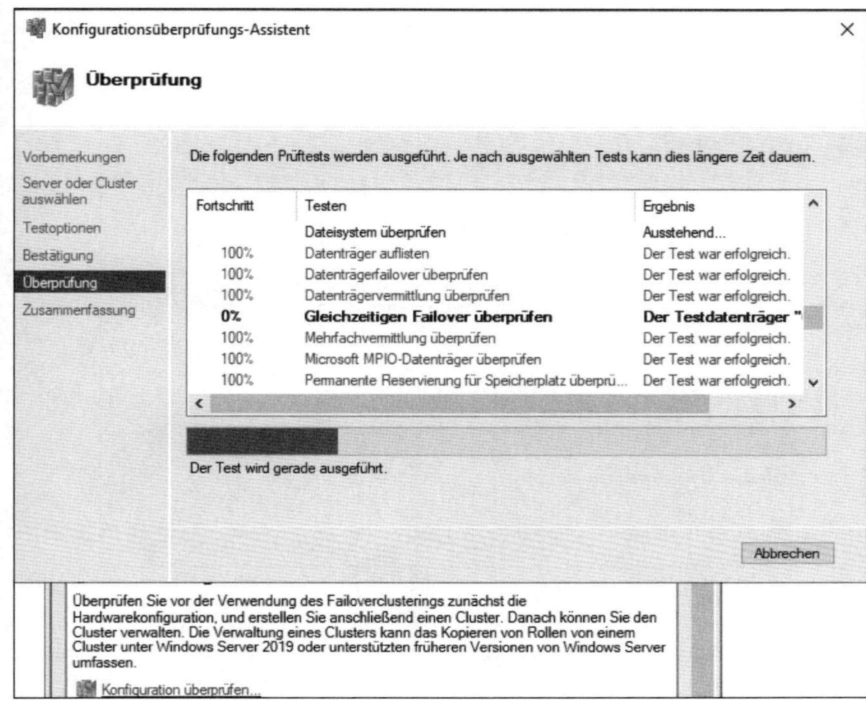

Abbildung 9.12: Testen der Server für die Clusterinstallation

Nachdem der Assistent alle wichtigen Punkte erfolgreich getestet hat, erstellen Sie den Cluster. Sie können auch in der PowerShell einen Cluster erstellen. Die Syntax dazu lautet:

New-Cluster -Name <Clustername> -StaticAddress <IP-Adresse des Clusters> -Node <Knoten 1>, <Knoten 2>

Beim Erstellen des Clusters geben Sie zunächst den Namen sowie die IP-Adresse ein. Der Name des Clusters wird zur Verwaltung genutzt, und mit der IP-Adresse greifen Sie auf den Cluster zu.

Erstellen Sie den Cluster in der grafischen Oberfläche, wählen Sie im Failovercluster-Manager die Option *Cluster erstellen*. Es startet ein Assistent, der Sie bei der Erstellung unterstützt.

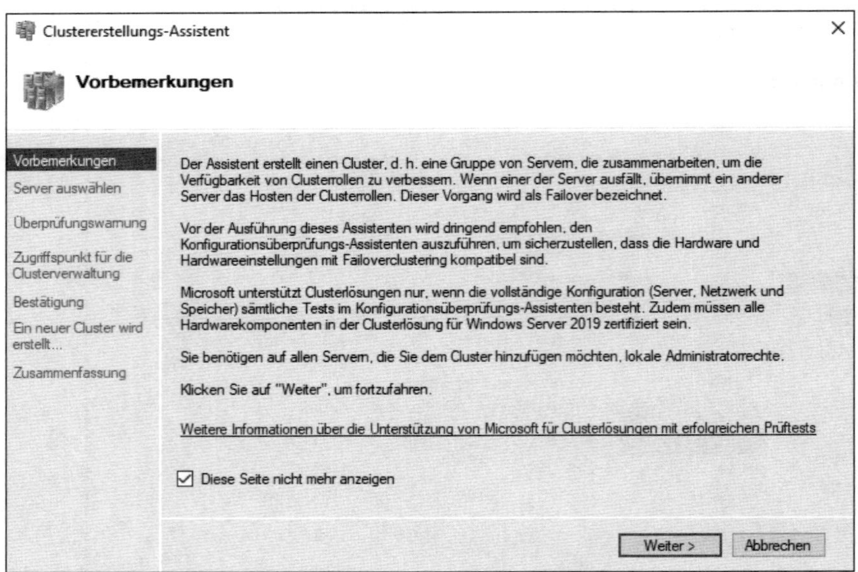

Abbildung 9.13: Erstellen eines Clusters in Windows Server 2019

Zunächst wählen Sie, wie beim Testen der Knoten, die Clusterknoten aus, die Bestandteil des Clusters sein sollen.

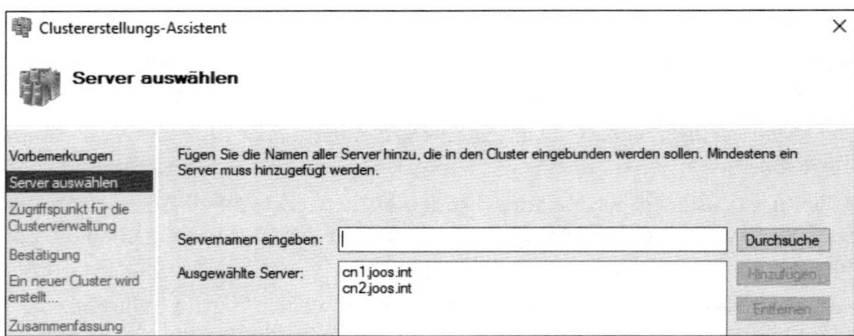

Abbildung 9.14: Auswählen der Clusterknoten

Als Nächstes wird ein Name für den Cluster als Ganzes eingegeben. In der Cluster-Verwaltung und im Windows Admin Center wird dieser Name zur Verwaltung verwendet. Anschließend lassen Sie den Cluster erstellen. Die erfolgreiche Erstellung wird im Assistenten angezeigt.

Im Windows Admin Center können Sie im oberen Bereich zwischen den verschiedenen Werkzeugen umschalten. Wählen Sie hier die Option *Failovercluster-Manager* aus, können Sie den Cluster hinzufügen und ebenfalls im Windows Admin Center verwalten.

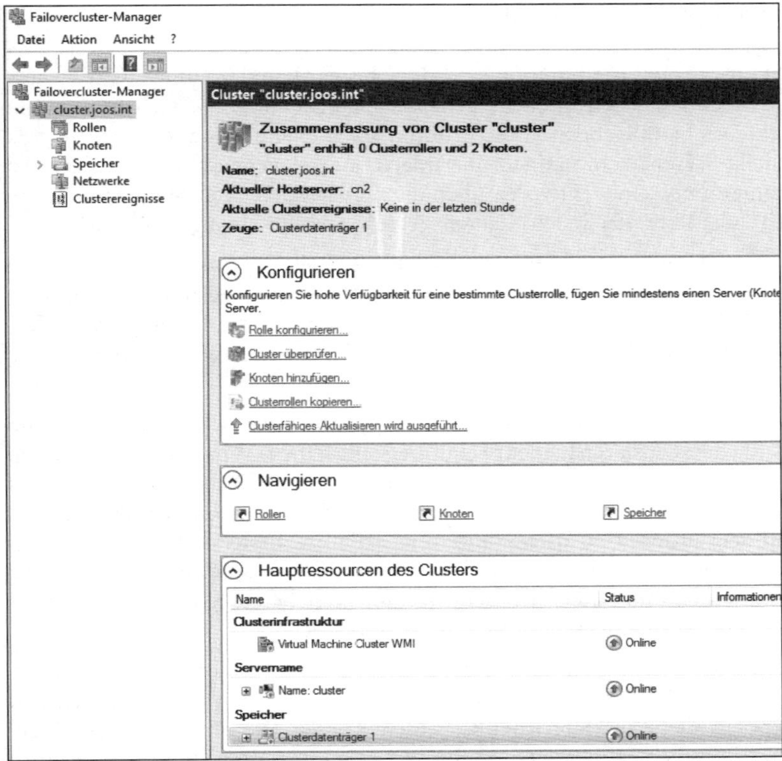

Abbildung 9.15: Anzeigen des erfolgreich installierten Clusters im Cluster-Manager

Erhalten Sie Fehlermeldungen bezüglich des Namens des Clusters, achten Sie darauf, ob ein DNS-Eintrag für den Cluster vorhanden ist. Wenn kein Eintrag vorhanden ist, erstellen Sie einen neuen. Wenn Sie eine Fehlermeldung bezüglich der Authentifizierung erhalten, versuchen Sie eine Verbindung zu einem der Clusterknoten. Danach wird der Cluster im Windows Admin Center angezeigt.

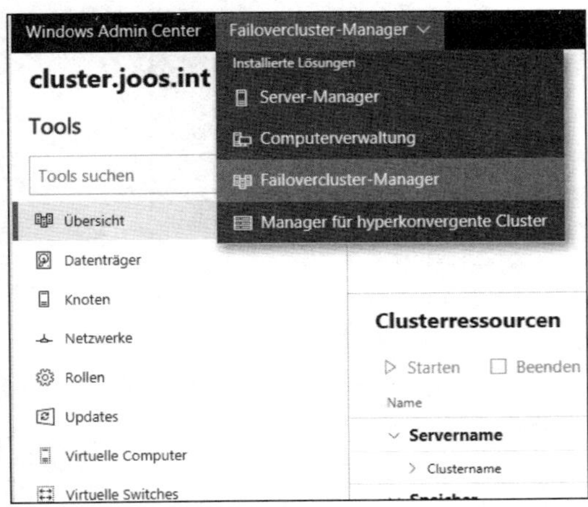

Abbildung 9.16: Verwalten von Clustern im Windows Admin Center

Cluster Shared Volumes aktivieren

Ein wichtiger Punkt für die Livemigration sind die Cluster Shared Volumes (CSV). Diese ermöglichen, dass mehrere Server in einem gemeinsamen Datenträger gleichzeitig darauf zugreifen können. Das hat folgenden Hintergrund: Neben einem automatischen Failover lassen sich virtuelle Server auch manuell übertragen, auch Livemigration genannt. Der Start einer Livemigration kann entweder über die Clusterkonsole erfolgen, per Skript (auch PowerShell) oder über den System Center Virtual Machine Manager (SCVMM).

Die Livemigration setzt voraus, dass der Clusterknoten, der die VM hostet, noch läuft. Die Livemigration liest den Arbeitsspeicher des virtuellen Servers aus und überträgt ihn zum Zielserver. Alle Systeme, die mit Hyper-V laufen, lassen sich mit der Livemigration absichern. Das heißt, es lassen sich auch Linux oder ältere Windows Server mit Livemigration im Cluster absichern.

Um Hyper-V mit Livemigration in einem Cluster zu betreiben, aktivieren Sie die Cluster Shared Volumes für den Cluster, nachdem Sie ihn erstellt haben. Windows legt dann auf der Betriebssystempartition im Ordner *ClusterStorage* Daten ab. Diese liegen aber nicht tatsächlich auf der Festplatte *C:* des Knotens, sondern auf dem gemeinsamen Datenträger, dessen Abruf auf den Ordner *C:\ClusterStorage* umgeleitet ist. Erstellen Sie einen Storage Space Direct, wie in Kapitel 34 behandelt, können Sie auf Basis dieses Storage Space Direct neue virtuelle Festplatten und schließlich neue Volumes erstellen. Diese können Sie über ihr Kontextmenü dem Cluster Shared Volume (CSV) hinzufügen.

Die *.vhd(x)*-Dateien der VMs liegen in diesem Ordner und sind daher von allen Knoten gleichzeitig zugreifbar. Fällt eine Netzwerkverbindung zum SAN von einem Knoten aus, verwendet der Knoten alternative Strecken über andere Knoten. Die virtuellen Maschinen, deren Dateien im CSV liegen, laufen uneingeschränkt weiter. Um CSV für einen Cluster zu aktivieren, gehen Sie folgendermaßen vor:

1. Starten Sie den Failovercluster-Manager.
2. Klicken Sie mit der rechten Maustaste im Bereich *Speicher/Datenträger* auf den Datenträger, den Sie für Hyper-V nutzen wollen, und wählen Sie *Zu freigegebenen Clustervolumes hinzufügen*.

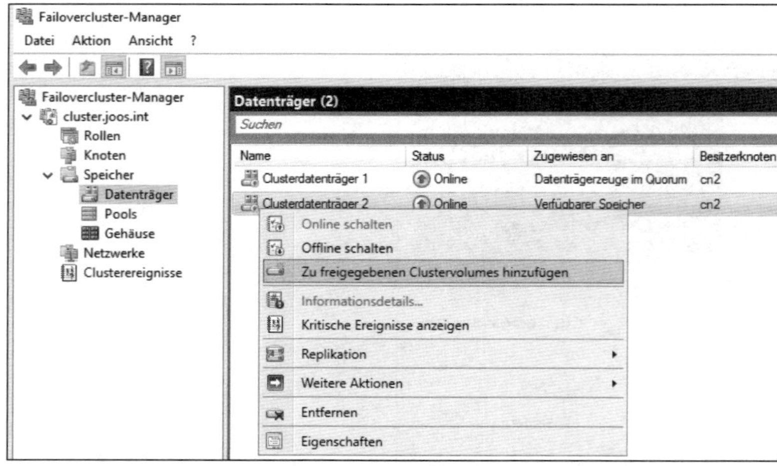

Abbildung 9.17: Clusterdatenträger zu freigegeben Clustervolumes hinzufügen

Cluster in Windows Server 2019 beherrschen Dynamic I/O. Wenn die Datenverbindung eines Knotens ausfällt, kann der Cluster den Datenverkehr, der für die Kommunikation zu den virtuellen Computern im SAN notwendig ist, automatisch über die Leitungen des zweiten Knotens routen, ohne dazu ein Failover durchführen zu müssen. Sie können einen Cluster so konfigurieren, dass die Clusterknoten den Netzwerkverkehr zwischen den Knoten und zu den CSV priorisieren.

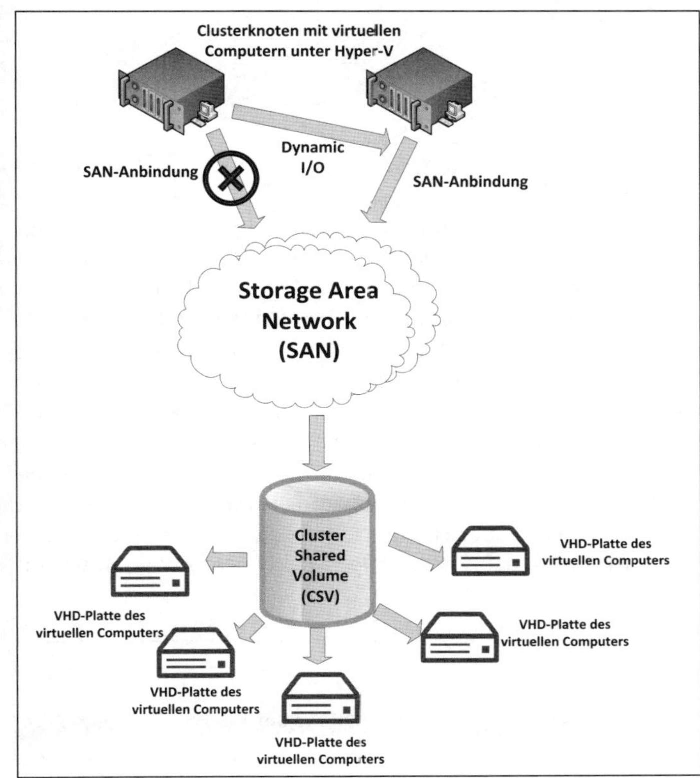

Abbildung 9.18: Dynamic I/O in einem Hyper-V-Cluster

Danach können Sie virtuelle Server in der Clusterverwaltung oder im System Center Virtual Machine Manager erstellen:

1. Um eine virtuelle Maschine in einem Cluster zu erstellen, verwenden Sie den Failovercluster-Manager. Klicken Sie mit der rechten Maustaste auf *Rollen/Virtueller Computer/ Neuer virtueller Computer* und starten Sie den Assistenten.
2. Wählen Sie den Clusterknoten aus, auf dem Sie diesen Server zunächst bereitstellen wollen.
3. Schließen Sie die Erstellung des virtuellen Servers ab. Der Assistent konfiguriert ihn automatisch für den Cluster. Die Konfiguration entspricht der Einrichtung von virtuellen Servern mit dem Hyper-V-Manager (siehe Kapitel 7).

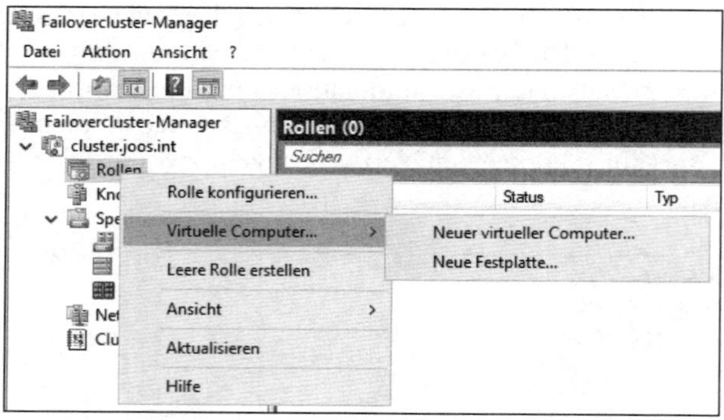

Abbildung 9.19: Erstellen einer neuen VM im Cluster

4. Klicken Sie mit der rechten Maustaste auf den virtuellen Computer, sehen Sie, dass im Failovercluster-Manager auch die Steuerung der virtuellen Maschinen hinterlegt ist. Sie können über diesen Weg den virtuellen Server komplett verwalten. Wählen Sie *Virtuelle Computer starten* aus. Dadurch wird die Ressource online geschaltet und die virtuelle Maschine startet. Über das Kontextmenü können Sie sich jetzt mit dem virtuellen Computer verbinden und das Betriebssystem installieren.

Standardmäßig kann die Livemigration nach der Installation eines Clusters und der Integration von virtuellen Computern verwendet werden. Wollen Sie eine Livemigration durchführen, klicken Sie den virtuellen Computer mit der rechten Maustaste an, rufen im Kontextmenü den Eintrag *Verschieben/Livemigration* auf und wählen den Knoten aus. Zuvor müssen Sie aber die Livemigration auf den entsprechenden Hyper-V-Hosts in den Hyper-V-Einstellungen konfigurieren. Dabei gehen Sie vor wie bei der Konfiguration von Livemigration ohne Cluster.

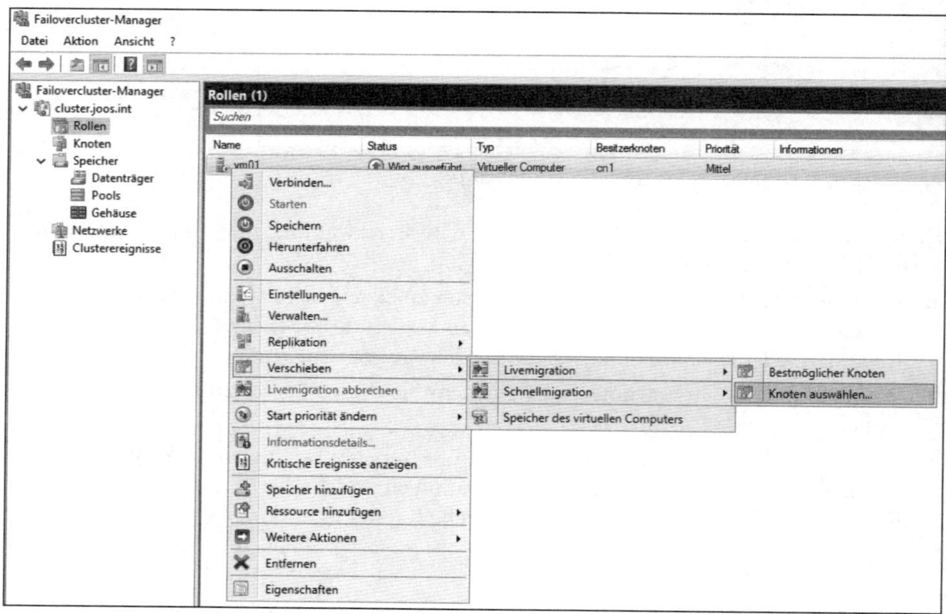

Abbildung 9.20: Starten der Livemigration in Hyper-V

Während des gesamten folgenden Ablaufs läuft die VM uneingeschränkt weiter und Anwender können ungestört mit dem virtuellen Server arbeiten. Der Ablauf dabei ist folgender:

1. Beim Start baut der Quellserver eine Verbindung zu dem Zielserver auf, der die virtuelle Maschine in Echtzeit erhalten soll.
2. Anschließend überträgt der Quellserver die Konfiguration der VM auf den Zielserver.
3. Der Zielserver erstellt auf Basis dieser leeren Konfiguration eine neue VM, die der zu verschiebenden VM entspricht.
4. Anschließend überträgt der Quellserver die einzelnen Seiten des Arbeitsspeichers zur Ziel-VM in einer Standardgröße von etwa 4 KB. In diesem Schritt zeigt sich die Geschwindigkeit des Netzwerks. Je schneller das Netzwerk, umso schneller wird der Inhalt des Arbeitsspeichers übertragen.
5. Als Nächstes übernimmt der Zielserver die virtuellen Festplatten des Quellservers für die zu übertragende virtuelle Maschine.
6. Anschließend setzt der Zielserver die virtuelle Maschine online.
7. Als Nächstes wird der virtuelle Hyper-V-Switch informiert, dass Netzwerkverkehr jetzt zur MAC-Adresse des Zielservers gesendet werden soll.

Die Leistung der Netzwerkkarte spielt dabei ebenfalls eine besondere Rolle. Aus diesem Grund sind hier dedizierte Karten sehr wichtig. Der Unterschied zur Schnellmigration ist, dass die Maschinen während der Übertragung durch Livemigration aktiv bleiben und auch der Arbeitsspeicherinhalt zwischen den Servern übertragen wird. Bei der Schnellmigration deaktiviert Hyper-V die Maschinen erst. Windows Server 2019 beherrscht neben der Livemigration auch weiterhin die Schnellmigration (*Verschieben/Schnellmigration*).

Sie können einen Cluster mit Windows Server 2019 so konfigurieren, dass die Clusterknoten den Netzwerkverkehr zwischen den Knoten und zu den gemeinsamen Datenträgern priorisieren. Für einen schnellen Überblick, welche Netzwerkeinstellungen der Cluster zur Kommunikation mit dem Cluster Shared Volume (CSV) nutzt, starten Sie eine PowerShell-Sitzung auf dem Server und rufen das Cmdlet *Get-ClusterNetwork* auf.

Tipp Sie können über das Kontextmenü von geclusterten virtuellen Servern auch eine Replikation starten, genauso wie bei normalen Hyper-V-Hosts.

Virtuelle Server im Cluster verwalten

Die virtuellen Server, die Sie im Cluster erstellen, müssen Sie in der Failoverclusterverwaltung steuern. Klicken Sie auf einen virtuellen Server, stehen im Aktionsbereich die verschiedenen Funktionen zur Verfügung. Diese erhalten Sie auch über das Kontextmenü des virtuellen Servers. Interessant ist zum Beispiel der Bereich *Startpriorität ändern*. So können Sie festlegen, wann bestimmte virtuelle Server starten sollen.

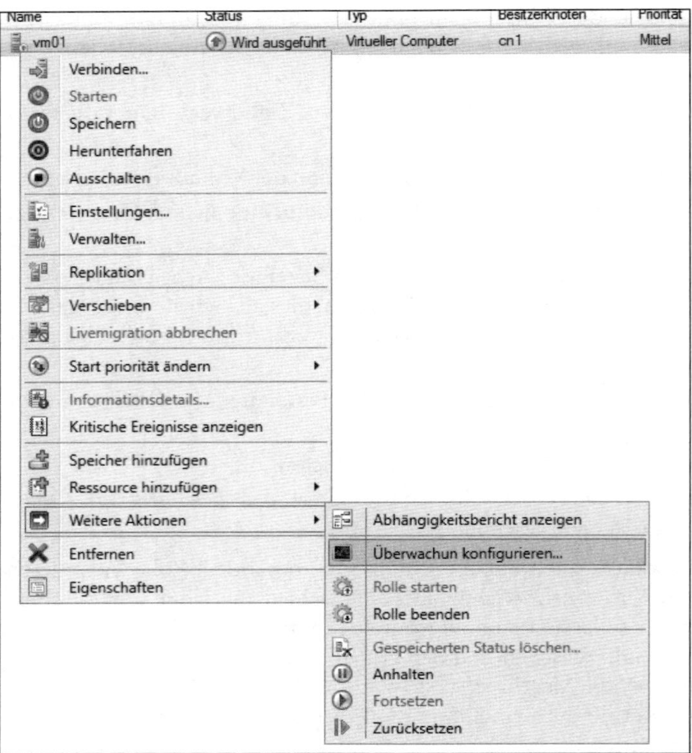

Abbildung 9.21: Verwalten von VMs im Cluster

Ebenfalls neu ist die Möglichkeit, die Überwachung für virtuelle Server im Cluster festzulegen. Sie finden diese Einstellung über *Weitere Aktionen/Überwachung konfigurieren*. Anschließend wählen Sie die Dienste aus, die der Cluster überwachen soll. Fällt in der VM einer der ausgewählten Dienste aus, kann der Cluster die VM neu starten oder auf einen anderen Knoten verschieben. Für diese Funktion müssen Sie in der Windows-Firewall allerdings die Überwachung zulassen:

1. Starten Sie mit *firewall.cpl* die Verwaltung der Windows-Firewall.
2. Klicken Sie auf *Eine App oder ein Feature durch die Windows-Firewall zulassen*.
3. Aktivieren Sie das Feature *Überwachung für virtuelle Computer* und lassen Sie es für das Domänennetzwerk zu.

Alternativ aktivieren Sie die Remoteverwaltung mit der PowerShell, indem Sie *Enable-PSRemoting* eingeben und die Regeln aktivieren lassen. Anschließend können Sie vom Hyper-V-Host aus mit der PowerShell eine Verbindung zu der VM aufbauen und die Überwachung aktivieren. Das ist zum Beispiel sinnvoll für Core-Server.

MAC-Adressen im Cluster konfigurieren

Wichtig sind die Einstellungen für virtuelle MAC-Adressen in den Einstellungen der virtuellen Netzwerkkarten. Hier müssen Sie bezüglich der Livemigration, beim Betrieb von Hyper-V im Cluster und vor allem der Aktivierung des Betriebssystems von virtuellen Servern Einstellungen vornehmen, da Sie ansonsten ständig die Server neu aktivieren müssen. Außerdem spielen diese Einstellungen auch in NLB-Clustern mit Exchange und für SharePoint eine Rolle.

Verschieben Sie einen virtuellen Server mit aktivierten dynamischen MAC-Adressen im Cluster auf einen anderen Host durch die Livemigration, kann sich dessen MAC-Adresse beim nächsten Start ändern. Jeder Hyper-V-Host hat einen eigenen Pool aus dynamischen MAC-Adressen. Welcher das ist, sehen Sie im Hyper-V-Manager über den Manager für virtuelle Switches.

Sie finden diese Einstellung im Bereich *Netzwerkkarte* der einzelnen virtuellen Server im Hyper-V-Manager. In diesen Einstellungen können Sie auch das Spoofing für Netzwerkkarten steuern. Hyper-V kann genau unterscheiden, welche Netzwerkdaten zu den einzelnen Servern gesendet werden sollen, und verwendet dazu die MAC-Adresse des virtuellen Servers. Das heißt, virtuelle Server empfangen nur die Daten, die für ihre MAC-Adresse gedacht sind.

Nacharbeiten: Überprüfung des Clusters und erste Schritte mit der Clusterverwaltung oder der PowerShell

Die zentrale Verwaltungsstelle eines Clusters ist die Failoverclusterverwaltung, mit der Sie neue Cluster erstellen, neue Knoten hinzufügen und den Cluster verwalten. Das Befehlszeilentool *Cluster* ermöglicht die Verwaltung von Clustern in der Eingabeaufforderung oder über Skripts.

Eine ausführliche Hilfe über die Optionen erhalten Sie mit dem Befehl *cluster /?*. Vor allem zur Automatisierung oder für Administratoren, die lieber mit Befehlszeilenanweisungen arbeiten, bietet Microsoft neben dem bekannten Befehl *Cluster* mit den verschiedenen Optionen auch das Cmdlet *Get-Cluster*, mit dem Sie in der PowerShell Aufgaben der Clusterverwaltung durchführen.

Generell bietet das Cmdlet *Get-Cluster* (und weitere Cmdlets) in der PowerShell die gleichen Möglichkeiten wie das Tool *Cluster* in der herkömmlichen Eingabeaufforderung. Sie müssen nicht mehr das Modul für Failovercluster in der PowerShell laden. Module kann die PowerShell automatisch laden.

Aufgabe	Eingabeaufforderung	PowerShell
Clustereigenschaften anzeigen	*cluster /prop*	*Get-Cluster*
Cluster erstellen	*cluster /create*	*New-Cluster*
Cluster löschen	*cluster /destroy*	*Remove-Cluster*
Clusterknoten hinzufügen	*cluster /add*	*Add-ClusterNode*
Cluster herunterfahren	*cluster /shutdown*	*Stop-Cluster*
Clusterquorum verwalten	*cluster /quorum*	*Get-ClusterQuorum* *Set-ClusterQuorum*
Status von Clusterknoten	*cluster node /status*	*Get-ClusterNode |fl **
Clusterknoten anhalten	*cluster node /pause*	*Suspend-ClusterNode*
Clusterknoten fortsetzen	*cluster node /resume*	*Resume-ClusterNode*
Clusterknoten starten	*cluster node /start*	*Start-ClusterNode*

→

<table>
<tr><th>Aufgabe</th><th>Eingabeaufforderung</th><th>PowerShell</th></tr>
<tr><td>Clusterknoten stoppen</td><td>cluster node /stop</td><td>Stop-ClusterNode</td></tr>
<tr><td>Clusterknoten entfernen</td><td>cluster node /evict</td><td>Remove-ClusterNode</td></tr>
<tr><td>Clusterinformationen nach dem Löschen bereinigen</td><td>cluster node /forcecleanup</td><td>Clear-ClusterNode</td></tr>
<tr><td>Clustergruppen anzeigen</td><td>cluster group</td><td>Get-ClusterGroup</td></tr>
<tr><td>Eigenschaften von Clustergruppen</td><td>cluster group /prop</td><td>Get-ClusterGroup |fl *</td></tr>
<tr><td>Erstellen von Clustergruppen</td><td>cluster group <Name> /create</td><td>Add-ClusterGroup
Add-ClusterFileServerRole
Add-ClusterPrintServerRole
Add-ClusterVirtualMachineRole
Hilfe über:
Get-Help Add-Cluster*role</td></tr>
<tr><td>Clustergruppe löschen</td><td>cluster group <Name> /delete</td><td>Remove-ClusterGroup <Name></td></tr>
<tr><td>Clustergruppe online/offline schalten</td><td>cluster group <Name> /online /offline</td><td>Start-ClusterGroup <Name>
Stop ClusterGroup <Name></td></tr>
<tr><td>Clustergruppe auf anderen Knoten verschieben</td><td>cluster group <Name> move</td><td>Move-ClusterGroup</td></tr>
<tr><td>Clusterressourcen anzeigen</td><td>cluster resource /prop</td><td>Get-ClusterResource |fl *</td></tr>
<tr><td>Erstellen/Löschen einer Cluster-ressource</td><td>cluster resource <Name> /create /delete</td><td>Add-ClusterResource
Remove-ClusterResource</td></tr>
<tr><td>Clusterressource online/offline schalten</td><td>cluster resource <Name> /online /offline</td><td>Start-ClusterResource
Stop-ClusterResource</td></tr>
<tr><td>Clusternetzwerk verwalten</td><td>cluster network /prop</td><td>Get-ClusterNetwork</td></tr>
</table>

Tabelle 9.1: Clusterverwaltung in der PowerShell und Eingabeaufforderung

Klicken Sie den Namen des Clusters in der grafischen Verwaltungsoberfläche der Clusterverwaltung mit der rechten Maustaste an, können Sie die Eigenschaften des Clusters überprüfen und anpassen. Ebenso bietet das Kontextmenü zahlreiche Verwaltungsmöglichkeiten an.

Auf der Registerkarte *Allgemein* in den Eigenschaften des Clusters können Sie dessen Namen anpassen. Über die Registerkarte *Ressourcentypen* definieren Sie, welche Windows-Ressourcen dem Cluster zur Verfügung stehen. Und mit der Registerkarte *Clusterberechtigungen* steuern Sie den administrativen Zugriff der Administratoren auf den Cluster.

Über den Konsoleneintrag *Speicher* in der Clusterverwaltung sehen Sie die gemeinsamen Datenträger. Hier sehen Sie auch den derzeitig aktuellen Knoten, der den Cluster aktiv verwaltet. Der zweite Knoten steht offline zur Verfügung. Hierüber fügen Sie auch neue Datenträger dem Cluster hinzu oder schalten vorhandene Ressourcen offline.

In einer Produktivumgebung sollten Sie auf jeden Fall den Konsoleneintrag *Netzwerke* aufrufen. Hier verwalten Sie die öffentlichen und privaten Verbindungen des Clusters. In den Eigenschaften der Verbindungen ist eingestellt, ob diese den Clients zum Verbindungsaufbau, nur für das Heartbeat oder für beides zur Verfügung stehen. Über die private Verbindung soll das Heartbeat des Clusters laufen. Markieren Sie dazu erst die *private-*, dann die *public-*Verbindung und rufen Sie die Eigenschaften auf.

Achten Sie darauf, dass bei der privaten Verbindung nur die Option *Netzwerkkommunikation für Cluster in diesem Netzwerk zulassen* aktiviert ist. Dadurch ist sichergestellt, dass dem Heartbeat ein privater Kanal im Netzwerk zur Verfügung steht.

Bei den Eigenschaften der *public*-Verbindung sollten Sie die Option *Netzwerkkommunikation für Cluster in diesem Netzwerk zulassen* und die Option *Clients das Herstellen einer Verbindung über dieses Netzwerk gestatten* aktivieren, damit auf jeden Fall sichergestellt ist, dass die Clusterverbindung intern funktioniert, auch wenn eine private Netzwerkkarte ausfällt. Bei einer fast perfekten Ausfallsicherheitskonfiguration verfügt jeder Clusterknoten über mindestens drei Netzwerkkarten. Eine Karte dient der internen Kommunikation, eine ausschließlich der privaten und die dritte dient zur Ausfallsicherheit und ist für den gemischten Modus aktiviert. Nur dadurch erhalten Sie eine optimale Ausfallsicherheit.

Wollen Sie weitere Laufwerke im Cluster zur Verfügung stellen, müssen Sie diese in die Clusterverwaltung integrieren. Zuvor müssen Sie die Laufwerke aber auf allen Knoten verfügbar machen. Bereits integrierte Laufwerke sehen Sie, wenn Sie den Menübefehl *Speicher/Datenträger* aufrufen. Hier zeigt die Failoverclusterverwaltung alle bereits integrierten Laufwerke und deren Status an. Wählen Sie nach einem Klick mit der rechten Maustaste den Kontextmenübefehl *Speicher/Datenträger*, können Sie mit *Datenträger hinzufügen* neu installierte Datenträger in den Cluster integrieren.

Zusammenfassung

In diesem Kapitel haben wir Ihnen die Funktionen gezeigt, mit denen Sie Hyper-V hochverfügbar zur Verfügung stellen. Neben der Replikation und der Livemigration ohne Cluster war auch der Betrieb eines Clusters mit Windows Server 2019 Thema dieses Kapitels. Im nächsten Kapitel erfahren Sie mehr über den Umgang mit Active Directory.

Teil D
Active Directory

Kapitel 10

Active Directory – Grundlagen und erste Schritte

In diesem Kapitel:

In diesem Kapitel zeigen wir Ihnen den praktischen Einsatz von Active Directory mit Windows Server 2019. In den weiteren Kapiteln gehen wir ausführlicher auf die Installation und Verwaltung sowie die Erweiterung von Active Directory ein.

Domänencontroller lassen sich in Windows Server 2019 leicht installieren und verwalten. Den Installations-Assistenten für Active Directory hat Microsoft bereits mit Windows Server 2012 überarbeitet. Dcpromo, der Einrichtungs-Assistent in Vorgängerversionen bis hin zu Windows Server 2008 R2, ist nicht mehr vorhanden.

Einstieg in Active Directory

Um Active Directory (AD) zu installieren, wählen Sie die Serverrolle *Active Directory-Domänendienste* aus. Nach der Installation der notwendigen Systemdateien lässt sich der Einrichtungs-Assistent über einen Link im letzten Fenster starten. Alternativ starten Sie die Einrichtung über das Benachrichtigungsfenster im Server-Manager.

Active Directory im Detail

Active Directory besteht nicht nur aus Domänencontrollern, sondern aus einer Vielzahl weiterer Serverdienste, die ein gemeines Verzeichnis nutzen, aber jeweils eigene Funktionen zur Verfügung stellen. Wir geben einen Überblick.

Wer auf Active Directory setzt, muss natürlich zunächst eine Active Directory-Domäne aufbauen. Das erfolgt über die Systemrolle *Active Directory-Domänendienste*, die auf einem Server installiert wird. Danach wird die Active Directory-Gesamtstruktur eingerichtet. Anschließend lassen sich verschiedene Dienste nutzen, die das Verzeichnis für die Authentifizierung der Benutzer und Dienste sowie zur Speicherung der eigenen Konfiguration nutzen.

Viele Microsoft-Dienste nutzen Active Directory, um die Benutzer zu authentifizieren, Daten zur Konfiguration zu speichern oder um Benutzerfunktionen zu erweitern. Durch die Installation von Microsoft Exchange Server werden zum Beispiel die Benutzerattribute um zusätzliche Funktionen für E-Mail und Groupware erweitert. Exchange-Funktionen integrieren sich direkt in die Eigenschaften der Benutzer.

Active Directory verfügt über ein erweiterbares Schema. Dieses ermöglicht, zusätzliche Informationen zu speichern. Diese Funktion wird von Exchange genutzt, aber auch von anderen Diensten, wie System Center Configuration Manager. Bei der Installation solcher Dienste wird das Schema von Active Directory um die notwendigen Attribute und Klassen erweitert. Allerdings setzen nicht alle Dienste das Erweitern des Schemas voraus, wenn Active Directory genutzt werden soll. Nur die Dienste, die mit den Standarddaten in Active Directory nicht zurechtkommen und mehr Daten speichern müssen, erweitern das AD.

Damit das Schema erweitert werden kann, wird der Schemamaster benötigt. In jeder Gesamtstruktur gibt es nur einen Schemamaster. Der erste installierte Domänencontroller der ersten Domäne und Struktur einer Gesamtstruktur erhält die Rolle des Schemamasters.

Active Directory-Systemrollen nutzen

Neben Zusatzprogrammen von Microsoft, aber auch von Drittherstellern, nutzen einige Serverdienste von Microsoft ebenfalls Active Directory als Speicherort der Konfiguration oder für Benutzerinformationen oder zur Authentifizierung. Folgende Serverrollen stehen über den Server-Manager zur Auswahl:

Active Directory Lightweight Directory Services

Active Directory-Domänendienste

Active Directory-Rechteverwaltungsdienste

Active Directory-Verbunddienste

Active Directory-Zertifikatdienste

Active Directory Lightweight Directory Services – Active Directory light

Bei Active Directory Lightweight Directory Services (AD LDS) handelt es sich um ein Mini-Active Directory, das unabhängig von Domänencontrollern funktioniert. AD LDS wird zum Beispiel verwendet, wenn ein Verzeichnis notwendig ist, aber keine umfangreichen Funktionen wie in Active Directory. Ein Beispiel für den Einsatz sind Edge-Transport-Server von Microsoft Exchange.

Active Directory-Rechteverwaltungsdienste

Mit Active Directory-Rechteverwaltungsdienste (Active Directory Rights Management Services, AD RMS) werden die Rechte für Dateien und Dokumente in Active Directory gesteuert. Wie bei der Rechteverwaltung lassen sich auch bei der dynamischen Zugriffssteuerung Richtlinien für den Zugriff auf Dateien erstellen. Diese Richtlinien steuern den Zugriff auf Dokumente parallel zum herkömmlichen Rechtemodell. Danach lassen sich Richtlinien erarbeiten, auf deren Basis Anwender Dokumente nutzen dürfen. Hier kann zum Beispiel definiert werden, ob Anwender Dokumente drucken oder per E-Mail versenden dürfen.

Active Directory-Zertifikatdienste – Zertifikate in AD nutzen

Der Einsatz einer internen Zertifizierungsstelle ist in Active Directory nahezu unerlässlich. Viele aktuelle Serversysteme von Microsoft oder auch Drittanbietern benötigen Zertifikate für den Zugriff. Beispiel dafür sind Exchange Server, die Remotedesktopdienste oder auch SharePoint. Auch SQL Server benötigt ein Zertifikat, wenn Verbindungen verschlüsselt werden sollen.

Wer im Unternehmen mit Zertifikaten arbeitet, kann auf die Active Directory-Zertifikatdienste (Active Directory Certificate Services, AD CS) setzen. Computer und Server, die Mitglied in Active Directory sind, vertrauen automatisch Zertifikaten in den Diensten. Neben der Möglichkeit, Zertifikate über Gruppenrichtlinien zuzuweisen, stellen die Zertifikatdienste auch eine eigene Webseite zur Verfügung, mit denen sich Zertifikate abrufen lassen.

Active Directory-Verbunddienste – Active Directory erweitern

Über Active Directory-Verbunddienste (Active Directory Federation Services, AD FS) können Unternehmen eine zentrale Authentifizierungsinfrastruktur aufbauen, die Single-Sign-on-Szenarien zwischen verschiedenen Active Directory-Gesamtstrukturen bietet, aber auch die Möglichkeit, Benutzer sicher für den Zugriff auf Office 365 und Microsoft Azure zu authentifizieren. In Windows Server 2019 können sich außerdem Benutzerkonten in AD FS authentifizieren, die nicht aus einem Active Directory kommen. Beispiele dafür sind X.50000-kompatible LDAP-Verzeichnisse oder auch SQL-Datenbanken:

- AD LDS
- Apache DS
- IBM Tivoli DS
- Novell DS
- Open LDAP
- Open DJ

- Open DS
- Radiant Logic Virtual DS
- Sun ONE v6, v7, v11

Passive Authentifizierungsmöglichkeiten wie SAML, OAuth, WS-Trust und WS-Federation sind ebenfalls möglich.

Active Directory mit dem Verwaltungscenter verwalten

Mit dem Active Directory-Verwaltungscenter bietet Microsoft eine zentrale Anlaufstelle für alle Routineaufgaben in Active Directory in einer einzigen Oberfläche. Der Aufbau der Konsole ist aufgabenorientiert. Im Gegensatz zu den anderen Verwaltungstools basieren die Aufgaben im Verwaltungscenter auf Befehle aus der PowerShell.

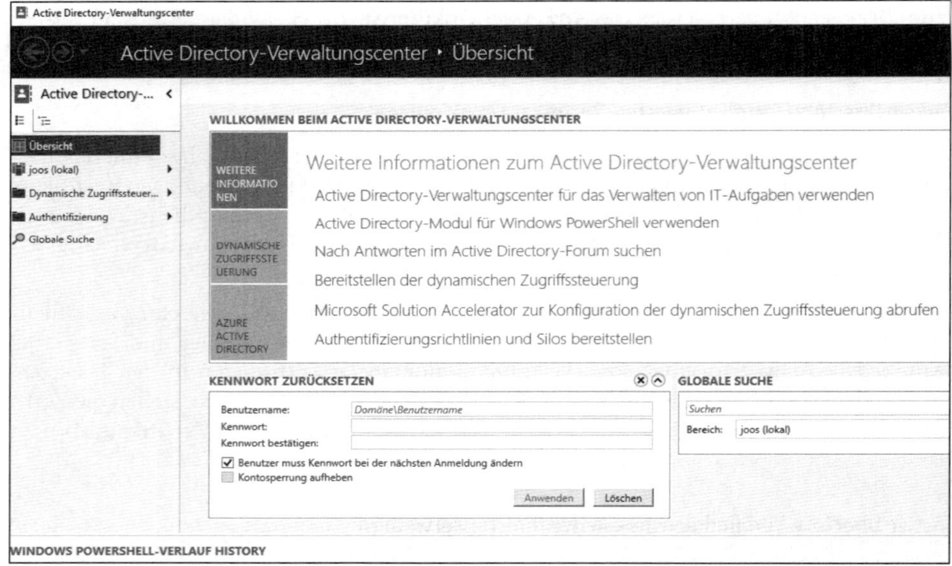

Abbildung 10.1: Active Directory verwalten Administratoren mit dem Verwaltungscenter.

Die Standard-Verwaltungskonsolen für Active Directory, zum Beispiel *Active Directory-Benutzer und -Computer* sind weiterhin verfügbar. Das gilt auch für die Snap-ins *Active Directory-Standorte und -Dienste* und *Active Directory-Domänen und -Vertrauensstellungen*.

Das *Active Directory-Verwaltungscenter* bietet nicht alle Möglichkeiten der anderen beschriebenen Snap-ins, sondern dient vor allem der Abarbeitung von Routineaufgaben, wie das Zurücksetzen von Kennwörtern oder das Anlegen von neuen Objekten. Erstellen Sie neue Objekte, wie Organisationseinheiten (Organizational Units, OUs) oder Benutzerkonten, zeigt das Center übersichtliche und leicht verständliche Formulare an.

Das Tool verbindet sich über die Active Directory-Webdienste mit Active Directory. Sie starten das Active Directory-Verwaltungscenter entweder über die Programmgruppe *Tools* im Server-Manager oder indem Sie *dsac* in der PowerShell oder der Eingabeaufforderung eingeben. Auf der linken Seite der Konsole lässt sich durch die Domänen und die Organisationseinheiten navigieren. Im linken oberen Bereich können Sie zwischen einer Baumstruktur wie in *Active Directory-Benutzer und -Computer* und einer Struktur ähnlich wie dem Startmenü wechseln.

Verwenden Sie die Listenansicht (über die Registerkarten-Symbole links oben im Active Directory-Verwaltungscenter änderbar), lässt sich beim Einblenden einer Organisationseinheit (Organizational Unit, OU) der Inhalt dieser OU an das Startfenster des Verwaltungscenters anheften, sodass dieser Bereich dauerhaft im Verwaltungscenter erscheint. Über den Menüpunkt *Globale Suche* lässt sich nach Objekten in allen Domänen der Gesamtstruktur suchen, unabhängig von der Domäne, mit der das Verwaltungscenter aktuell verbunden ist.

Direkt auf der Startseite können Sie häufige Aufgaben durchführen, wie das Zurücksetzen eines Benutzerkennworts oder das Durchsuchen von Active Directory. Sie können den Navigationsbereich des Active Directory-Verwaltungscenters jederzeit anpassen, indem Sie verschiedene Container aus jeder beliebigen Domäne als separate Knoten hinzufügen. Die Liste der zuletzt verwendeten Objekte wird automatisch unter einem Navigationsknoten angezeigt.

Hinweis In Windows Server 2019 sind Active Directory-Objekte vor dem versehentlichen Löschen geschützt. Dieser Schutz ist standardmäßig aktiviert. Nachdem Sie über das Menü *Ansicht* in *Active Directory-Benutzer und -Computer* die erweiterten Features aktiviert und das Dialogfeld *Eigenschaften* eines Objekts aufgerufen haben, finden Sie auf der Registerkarte *Objekt* das Kontrollkästchen *Objekt vor zufälligem Löschen schützen*.

Diese Option steuert die Berechtigungen auf der Registerkarte *Sicherheit*. Der Gruppe *Jeder* wird der Eintrag *Löschen* verweigert. Dies äußert sich darin, dass ein Administrator vor dem Löschen eines solchen geschützten Objekts zunächst das Kontrollkästchen zu dieser Option deaktivieren muss, bevor er es löschen kann. Deaktivieren Sie das Kontrollkästchen nicht, erhalten Sie eine Fehlermeldung, dass der Zugriff verweigert wird, wenn Sie das Objekt löschen wollen.

Active Directory für Einsteiger

Unternehmen, die verschiedene Computer im Netzwerk einsetzen und mehreren Anwendern Zugriff auf diese Computer sowie auf Freigaben im Netzwerk geben wollen, kommen kaum um einen Verzeichnisdienst herum. Active Directory ist dazu eine ideale Lösung.

Wenn in einem Unternehmen verschiedene Benutzer im Einsatz sind, die sich mit jeweils einem eigenen Benutzernamen und einem Kennwort an ihrem PC anmelden sollen, ist es sinnvoll, diese Benutzer in einem zentralen Verzeichnis zu speichern. Denn in diesem Fall können die Anmeldungen nicht nur zentral überwacht, Benutzereinstellungen gesetzt und Kennwörter verwaltet werden, sondern die Benutzernamen können auch für das Zuteilen von Berechtigungen und für die Mitgliedschaft in Gruppen verwendet werden.

Das erleichtert enorm die Verwaltung der Sicherheit und der Zugriffe auf Ressourcen im Netzwerk. Die Daten des Verzeichnisses werden auf einem Domänencontroller gespeichert. Gibt es mehrere Domänencontroller im Netzwerk, replizieren diese ihre Daten miteinander, sodass grundsätzlich alle Domänencontroller über die gleichen Daten verfügen.

Was ist Active Directory?

Einfach ausgedrückt ist Active Directory ein Verzeichnisdienst, in dem Benutzernamen sowie die Namen von Computern, Arbeitsstationen und Servern gespeichert sind. Meldet sich ein Benutzer an, erkennt Active Directory den Benutzernamen, authentifiziert ihn mit seinem Kennwort und erlaubt ihm die Anmeldung an den Computern, die Mitglied von Active Directory sind. Administrator-Benutzer dürfen sich zusätzlich auch an Servern anmelden.

Damit eine solche Technik funktioniert, müssen die Daten der Computer sowie die Anmeldedaten der Anwender gespeichert werden. Das geschieht in der Active Directory-Datenbank, die zwischen den Domänencontrollern repliziert werden. Eine Domäne ist eine Gruppe von Benutzern und Computern in Active Directory.

Daher wird auch von einer Active Directory-Domäne gesprochen. Innerhalb einer Domäne, die zum Beispiel alle Benutzer einer Niederlassung zusammenfassen kann, können sich Benutzer anmelden und Ressourcen nutzen. Die Daten der Benutzer werden auf den Domänencontrollern gespeichert.

Verschiedene Domänen nutzen

In einer Active Directory-Gesamtstuktur können mehrere Domänen betrieben und gemeinsam genutzt werden. Für jede Domäne gibt es eigene Domänencontroller. Berechtigungen lassen sich in allen Domänen der Active Directory-Gesamtstruktur nutzen, und Anwender können sich in allen Domänen anmelden. Verschiedene Domänen stellen dadurch eine Gruppierung eines Unternehmens dar. Viele Unternehmen teilen so zum Beispiel ihre Niederlassungen auf.

Ein Beispiel ist die Active Directory-Gesamtstruktur »contoso.com«. Dabei handelt es sich um die erste Domäne in der Gesamtstruktur. Wenn ein Unternehmen eine weitere Aufteilung vornehmen will, zum Beispiel nach Abteilungen, kann es eine weitere Domäne mit der Bezeichnung »sales.contoso.com« aufbauen. Domänen können auch untereinander aufgegliedert werden. So können verschiedene Städte in der Sales-Abteilung eigene Domänen bekommen, zum Beispiel »dallas.sales.contoso.com«. Die Domäne »dallas« ist der Domäne »sales« und diese der Domäne »contoso.com« untergeordnet. In jeder Domäne gibt es eigene Domänencontroller, die jedoch zu einer Active Directory-Gesamtstruktur zusammengefasst sind.

In großen Unternehmen kann es innerhalb einer Gesamtstruktur, auch Forest genannt, zwei verschiedene Strukturen, auch Trees genannt, geben. Diese beiden Strukturen sind Teil eines gemeinsamen Verzeichnisses, haben aber zwei verschiedene Namensräume. Am Beispiel der Abbildung 10.210.2 sind das die beiden Strukturen (Trees) »microsoft.com« und »contoso.com«, die Bestandteil der Active Directory-Gesamtstruktur »contoso.com« sind. In dieser Gesamtstruktur gibt es die Domänen:

- microsoft.com
- de.microsoft.com
- contoso.com
- sales.contoso.com
- dallas.sales.contoso.com

Zwischen den verschiedenen Domänen lassen sich auch Berechtigungen delegieren. So kann zum Beispiel eine Gruppe, also ein Verbund verschiedener Benutzerkonten, aus der

Domäne »contoso.com« das Recht erhalten, auf eine Freigabe eines Servers zuzugreifen, der Mitglied der Domäne »de.microsoft.com« ist. Um auf eine Dateifreigabe eines Servers zuzugreifen, muss ein Benutzer sich mit einem Konto anmelden, das über die entsprechenden Berechtigungen verfügt.

Diess wird durch das Active Directory der Domänencontroller innerhalb der jeweiligen Domäne gesetuert. Die Domänencontroller und ihre Daten lassen sich darüber hinaus auch schnell und einfach sichern und wiederherstellen.

Konkreter Nutzen von Active Directory

Auch für kleine Unternehmen ergibt der Einsatz von Active Directory Sinn. So lassen sich die Benutzernamen und Kennwörter definieren, mit denen die Benutzer sich an ihren PCs anmelden. Existieren gemeinsame Dateifreigaben, können Unternehmen mit Berechtigungen arbeiten und den Benutzerkonten Rechte für die Freigabe zuteilen. Außerdem lassen sich zentrale Sicherheitsrichtlinien festlegen und Skripts definieren. Meldet sich ein Benutzer an seinem Computer an, erhält er dadurch automatisch Zugriff auf die Dateifreigaben, die er benötigt, und das genau mit den Rechten, die er braucht. Dadurch können Mitarbeiter im Team arbeiten und die Daten werden durch Berechtigungen geschützt.

Häufig unterstützen viele Serveranwendungen wie E-Mail-Server, CRM-/ERP-Systeme und andere Lösungen die Authentifizierung mit Active Directory. Dazu gehören auch Datenbankserver wie Microsoft SQL Server sowie die meisten anderen Microsoft-Lösungen für Unternehmen. Melden sich Benutzer an ihrem PC an, können sie auf alle Ressourcen zugreifen, ohne sich erneut anmelden zu müssen. Das erleichtert die Arbeit der Anwender, und sie müssen sich nicht verschiedene Benutzernamen und Kennwörter merken. Auch Drucker lassen sich in den meisten Fällen an Active Directory anbinden. Mit etwas Konfigurationsaufwand können sogar die Anwendungen automatisch über Richtlinien installiert werden, wenn sich ein Anwender an seinem PC anmeldet. Dies trägt zu einer erheblichen Entlastung des IT-Supports bei. Mit dem einen oder anderen Tipp in diesem Kapitel lassen sich auch komplexe Active Directory-Strukturen aufbauen.

PowerShell und Active Directory

Active Directory lässt sich in Windows Server 2019 auch in der PowerShell verwalten. Dazu stellt Microsoft einige Cmdlets zur Verfügung. Mit dem Cmdlet *Install-ADDSDomainController* installieren Sie in einer bestehenden Domäne zum Beispiel einen neuen Domänencontroller. Mit *Install-ADDSDomain* installieren Sie eine neue Domäne, mit *Install-ADDS-Forest* eine neue Gesamtstruktur.

Um einen Domänencontroller herabzustufen, verwenden Sie das Cmdlet *Uninstall-ADDS-DomainController*. Die Cmdlets fragen alle notwendigen Optionen ab und starten den Server neu. Konfigurationen wie DNS-Server und globaler Katalog nehmen Sie anschließend vor. Diese Aufgaben müssen Sie nicht mehr im Assistenten zur Installation erledigen.

Auch Cmdlets, um die Installation und den Betrieb von Active Directory zu testen, hat Microsoft integriert: *Test-ADDSDomainControllerInstallation*, *Test-ADDSDomainControllerUninstallation*, *Test-ADDSDomainInstallation*, *Test-ADDSForestInstallation* und *Test-ADDS-ReadOnlyDomainControllerAccountCreation*. Mehr dazu lesen Sie in diesem Kapitel und in Kapitel 11.

Tipp Um Active Directory-Objekte abzurufen, stellt Microsoft zahlreiche Cmdlets zur Verfügung. Eine Liste erhalten Sie über den Befehl *Get-Command Get-Ad**.

Um neue Objekte zu erstellen, gibt es ebenfalls zahlreiche Cmdlets. Die Liste dazu erhalten Sie durch Eingabe von *Get-Command New-Ad**.

Eine Liste mit Befehlen zum Löschen von Objekten zeigt die PowerShell mit *Get-Command Remove-Ad** an.

Änderungen an Active Directory-Objekten nehmen Sie mit *Set*-Cmdlets vor. Eine Liste erhalten Sie über *Get-Command Set-Ad**.

Migration zu Active Directory mit Windows Server 2019

Wollen Sie Domänencontroller zu Windows Server 2019 aktualisieren, müssen Sie zunächst das Schema der Gesamtstruktur erweitern. Dazu führen Sie den Befehl *adprep /forestprep* auf einem Domänencontroller aus. Sie finden das Tool im Ordner *support\adprep* auf der Windows Server 2019-DVD.

Um das Schema zu erweitern, müssen Sie zuvor noch mit *c* die Erweiterung bestätigen. Diese Maßnahmen lassen sich nicht mehr rückgängig machen. Nach der Aktualisierung des Schemas sollten Sie mit *adprep /domainprep* noch die einzelnen Domänen aktualisieren. Installieren Sie neue Domänencontroller, lassen sich diese problemlos in Active Directory aufnehmen. Auch Mitgliedsserver mit Windows Server 2019 können Sie in bestehende Domänen aufnehmen.

Bei Migrationen können Sie Betriebsmasterrollen von Vorgängerversionen auf die neuen Domänencontroller mit Windows Server 2019 übernehmen. Die Vorgänge dazu sind identisch mit der Übernahme in Windows Server 2008 R2 sowie Windows Server 2012/2012 R2.

Sicheres DNS-System in Windows Server 2019

Bereits mit Windows Server 2008 R2 hat Microsoft die Domain Name System Security Extensions (DNSSEC) eingeführt, um Zonen und Einträge abzusichern. In Windows Server 2019 lassen sich Zonen online digital signieren. DNSSEC lässt sich komplett in Active Directory integrieren. Das umfasst auch die Möglichkeit, dynamische Updates für geschützte Zonen zu aktivieren. Windows Server 2019 unterstützt offizielle Standards wie NSEC3 und RSA/SHA-2. Ebenfalls interessant ist auch die Unterstützung von DNSSEC auf schreibgeschützten Domänencontrollern (Read-only Domain Controller, RODC, siehe Kapitel 13). Findet ein RODC mit Windows Server 2019 eine signierte DNS-Zone, legt er automatisch eine sekundäre Kopie der Zone an und überträgt die Daten der DNSEC-geschützten Zone. Dies hat den Vorteil, dass auch Niederlassungen mit RODCs gesicherte Daten auflösen können, aber die Signatur und Daten der Zone nicht in Gefahr sind.

DNSSEC lässt sich über das Kontextmenü von Zonen erstellen. Die Signierung der Zone erfolgt über einen Assistenten. Der Assistent erlaubt die manuelle Signierung, eine Aktualisierung der Signierung und eine Signierung auf Basis automatischer Einstellungen. Mit Windows Server 2019 lassen sich signierte Zonen auch auf andere DNS-Server im Netzwerk replizieren.

Active Directory remote verwalten

Administratoren können zur Remoteverwaltung von Active Directory-Domänencontrollern entweder per Remotedesktop auf den Server zugreifen oder von der eigenen Arbeitsstation aus mit der PowerShell. Neben der PowerShell stehen aber auch andere Tools auf Arbeitsstationen zur Verfügung, um Active Directory zu verwalten. Wollen Sie Windows Server 2019 von Arbeitsstationen mit Windows 10 verwalten, verwenden Sie die Remoteserver-Verwaltungstools (siehe Kapitel 3).

Die Verwaltungstools für Active Directory finden Sie zum Beispiel über *Rollenverwaltungstools/AD DS-/AD LDS-Tools.* Hier stehen auch die Cmdlets zur Verwaltung von Active Directory zur Verfügung, zum Beispiel das Active Directory-Modul für Windows PowerShell. Um einen Server über die PowerShell remote zu verwalten, müssen Sie die Remoteverwaltung auf dem Server aktivieren. Dazu geben Sie auf dem entsprechenden Server den Befehl *Enable-PSRemoting -Force* ein. Der Befehl aktiviert auch die Ausnahmen in der Windows-Firewall. Mit *Disable-PSRemoting -Force* können Sie die Remoteverwaltung eines Servers über die PowerShell wieder deaktivieren.

In Remote-PowerShell-Sitzungen verwenden Sie die gleichen Cmdlets wie auf den lokalen Servern. Allerdings erlauben nicht alle Cmdlets eine Remoteverwaltung. Sie sehen die kompatiblen Cmdlets am schnellsten, indem Sie überprüfen, ob sie die Option *-ComputerName* unterstützen. Mit dem Befehl *Get-Help * -Parameter ComputerName* lassen Sie sich eine Liste aller dieser Cmdlets anzeigen.

Rufen Sie eine Hilfe zu Cmdlets auf, kann sich die PowerShell selbstständig aktualisieren. Die PowerShell bietet das Cmdlet *Update-Help*, das die zugehörigen Hilfedateien aktualisieren kann. Dazu muss der Server über eine Internetverbindung verfügen. Der Befehl ruft die Hilfe aus dem Internet ab. Ebenfalls eine Funktion in der PowerShell ist das Cmdlet *Show-Command.* Dieses blendet ein neues Fenster mit allen Befehlen ein, die in der PowerShell verfügbar sind. Sie können im Fenster nach Befehlen suchen und sich eine Hilfe zum Befehl anzeigen lassen sowie Beispiele.

Sie können in der PowerShell auch eine Remotesitzung auf einem Server starten. Am besten verwenden Sie dazu die PowerShell Integrated Scripting Environment (ISE). Sie ist bereits aktiviert. Nach dem Start können Sie eine Verbindung mit *Datei/Neue Remote-PowerShell-Registerkarte* öffnen. Hier geben Sie einen Servernamen und einen Benutzernamen ein, mit dem Sie sich verbinden wollen. Mehr zu diesem Thema erfahren Sie in Kapitel 40.

Active Directory mit Windows Server 2019 installieren und verstehen

In diesem Abschnitt zeigen wir Ihnen, wie Active Directory grundsätzlich aufgebaut ist und wie Sie eine Umgebung mit einer neuen Domäne installieren.

Aufbau von Active Directory

Es gibt Active Directory-Domänen und Domänencontroller. Die Domäne ist die grundlegende Strukturierungseinheit. Die Domänencontroller übernehmen die Verwaltung der Ordnerinformationen innerhalb einer Domäne. Die Benutzer-, Computer-, Freigaben- und Druckerinformationen werden in einer Datenbank gespeichert. Diese Datenbank ist eine JET-Datenbank (Joint-Engine-Technologie), die Microsoft auch bei Exchange einsetzt.

Active Directory kann aus mehreren selbstständigen Domänen bestehen, die zu einer gemeinsamen Organisation gehören. Alle verbundenen Domänen von Active Directory teilen sich eine Datenbank und ein Schema. Diese Domänen bilden eine Gesamtstruktur, im Englischen auch Forest genannt. Ein Forest ist die Grenze des Verzeichnisdienstes eines Unternehmens, in dem einheitliche Berechtigungen zugewiesen und delegiert werden können.

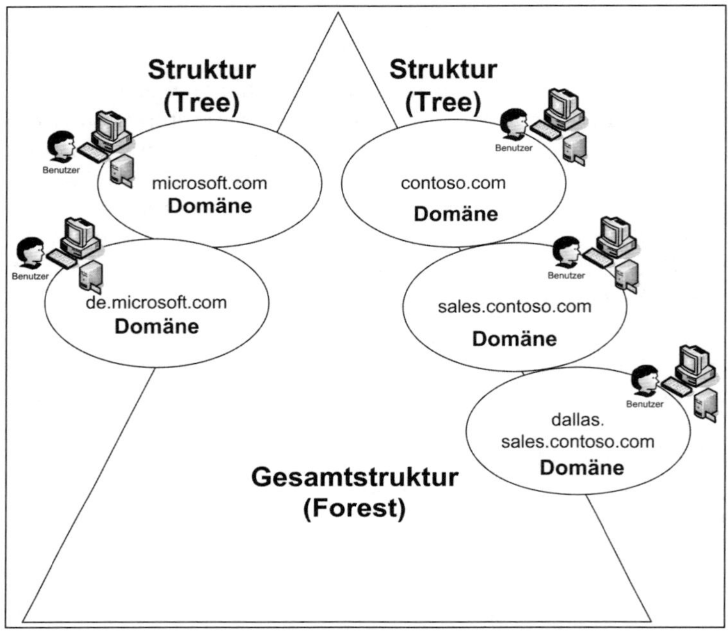

Abbildung 10.2: Aufbau einer Active Directory-Gesamtstruktur

Jede Domäne in Active Directory ist eine eigene Partition, die automatisch angelegt wird. Jede Partition wird von unterschiedlichen Domänencontrollern verwaltet. Diese Partitionierung erfolgt automatisch. Das Namensmodell von Active Directory orientiert sich an DNS. Domänen werden in Active Directory zu Strukturen (Trees) zusammengefasst. Eine Struktur muss über einen einheitlichen Namensraum verfügen. Hier wird mit DNS-Namen gearbeitet. Wenn eine Struktur beispielsweise *contoso.com* heißt, kann es innerhalb dieser Struktur weitere Einheiten geben, die beispielsweise *sales.contoso.com*, *marketing.contoso.com* und *dallas.marketing.contoso.com* heißen.

In einer Struktur (Tree) werden gegenseitige Vertrauensstellungen zwischen den beteiligten Domänen automatisch erzeugt. Darüber hinaus kann in einer Struktur eine Suche über mehrere Domänen hinweg erfolgen. Ein globaler Katalog-Server enthält die Informationen der Gesamtstruktur und kann Anfragen an die verantwortlichen Domänencontroller der jeweiligen Domäne weiterleiten.

Eine Active Directory-Gesamtstruktur (Forest) kann aus mehreren Strukturen (Trees) zusammengesetzt sein. Jedes Active Directory muss aus mindestens einer Struktur bestehen. Der ersten Domäne von Active Directory kommt eine besondere Bedeutung zu. Da sie die erste Domäne ist, bildet sie zugleich die erste Struktur von Active Directory und ist gleichzeitig die Rootdomäne der Gesamtstruktur. Wenn Sie ein Active Directory mit nur einer Domäne planen, bildet diese Domäne die Gesamtstruktur, die erste und einzige Struktur und die Rootdomäne von Active Directory. Die Domänen einer Struktur (Tree) teilen sich einen sogenannten Namensraum.

Im Beispiel von Abbildung 10.210.2 sind die beiden Strukturen *contoso.com* und *microsoft.com* trotz ihrer vollständig eigenständigen Namensräume Teil einer gemeinsamen Active Directory-Gesamtstruktur. Jede Domäne kann beliebige untergeordnete Domänen (Childdomänen genannt) haben, die wiederum wieder Childdomänen beinhalten können. Alle Domänen eines Namensraums werden als eigenständige Struktur bezeichnet.

Childdomänen sind wie die übergeordneten Domänen vollkommen eigenständig, teilen sich jedoch einen Namensraum und eine Active Directory-Gesamtstruktur. Sie bilden jeweils eigene Partitionen in Active Directory, die durch getrennte Domänencontroller verwaltet werden. Jede Domäne kann unterschiedliche Organisationseinheiten beinhalten. Organisationseinheiten können Sie sich wie Ordner im Explorer vorstellen, in denen Dateien liegen.

Durch Organisationseinheiten können Sie Objekte innerhalb von Domänen ordnen. Organisationseinheiten sind Container, in denen Objekte von Active Directory liegen. Innerhalb von Organisationseinheiten können Berechtigungen delegiert und Richtlinien definiert werden, die für alle Objekte eines solchen Containers Gültigkeit haben. Organisationseinheiten sind die kleinsten Container in Active Directory. Eine Organisationseinheit kann mehrere Unterorganisationseinheiten beinhalten.

In Active Directory gibt es durch diese Definition vier verschiedene Container:

- **Gesamtstruktur (Forest) –** Dieser Container kann Strukturen (Trees) beinhalten.
- **Struktur (Tree) –** Dieser Container beinhaltet die einzelnen Domänen von Active Directories.
- **Domänen –** Dieser Containertyp beinhaltet Organisationseinheiten.
- **Organisationseinheiten (Organizational Units, OUs) –** Dieser Container beinhaltet Benutzer- und Computerkonten, kann aber auch weitere OUs beinhalten. Vor allem die Organisationseinheiten, die dafür zuständig sind, die einzelnen Objekte der Domäne zu ordnen, sollten frühzeitig geplant werden. Auch wenn jederzeit weitere OUs erstellt werden können, sollten sie bereits bei der Planung von Active Directory berücksichtigt werden.

Der wichtigste Container in Active Directory ist die Domäne. Sie ist die logische Struktur, in der das Unternehmen abgebildet ist. Gleichzeitig hat eine Domäne Auswirkung auf die physische Speicherung von Informationen: Die Domäne stellt die Grenze dar, innerhalb der Informationen gemeinsam verwaltet werden. Der erste Schritt in der Planung von Active Directory ist daher die Gestaltung von Domänen.

Installieren einer neuen Gesamtstruktur

In diesem Abschnitt zeigen wir Ihnen in einer Schritt-für-Schritt-Anleitung, wie Sie Active Directory in Windows Server 2019 installieren. Wir gehen dabei von der Installation eines Domänencontrollers auf einem Server mit grafischer Benutzeroberfläche aus. In Kapitel 13 zeigen wir Ihnen die Installation eines Domänencontrollers auf einem Core-Server mit Windows Server 2019.

Hinweis Microsoft hat die Schemaänderungen, die für die Installation von Active Directory notwendig sind, in den Assistenten zur Installation von Active Directory integriert.

Sie können Adprep von der Windows Server 2019-DVD, aber auch weiterhin getrennt von der eigentlichen Installation von Windows Server 2019 ausführen und über das Netzwerk.

Nach der Installation ändern Sie zunächst den Namen des Servers ab. Starten Sie den Server-Manager und klicken Sie auf *Lokaler Server*. Anschließend klicken Sie auf der rechten Seite auf den Computernamen des Servers und dann auf die Schaltfläche *Ändern*. Tragen Sie den Namen des Servers ein, zum Beispiel *dc02*. Bestätigen Sie die Änderung mit *OK* und lassen Sie den Server neu starten.

Nach dem Neustart klicken Sie mit der rechten Maustaste auf das Netzwerksymbol im unteren Bereich und dann auf *Netzwerk- und Freigabecenter öffnen*. Anschließend klicken Sie auf den Link *Adaptereinstellungen ändern* links im Fenster. Rufen Sie die Eigenschaften der Netzwerkverbindung auf und dann die Eigenschaften von *Internetprotokoll Version 4*.

Tragen Sie eine statische IP-Adresse ein und aktivieren Sie die Option *Folgende DNS-Serveradressen verwenden*. Tragen Sie als IP-Adresse die IP-Adresse des Servers ein, da in Active Directory die Domänencontroller auch DNS-Server sein sollten (siehe Kapitel 6 und 25). Wenn Sie den Server als zusätzlichen Domänencontroller installieren, tragen Sie als DNS-Server die IP-Adresse eines bereits vorhandenen DNS-Servers ein.

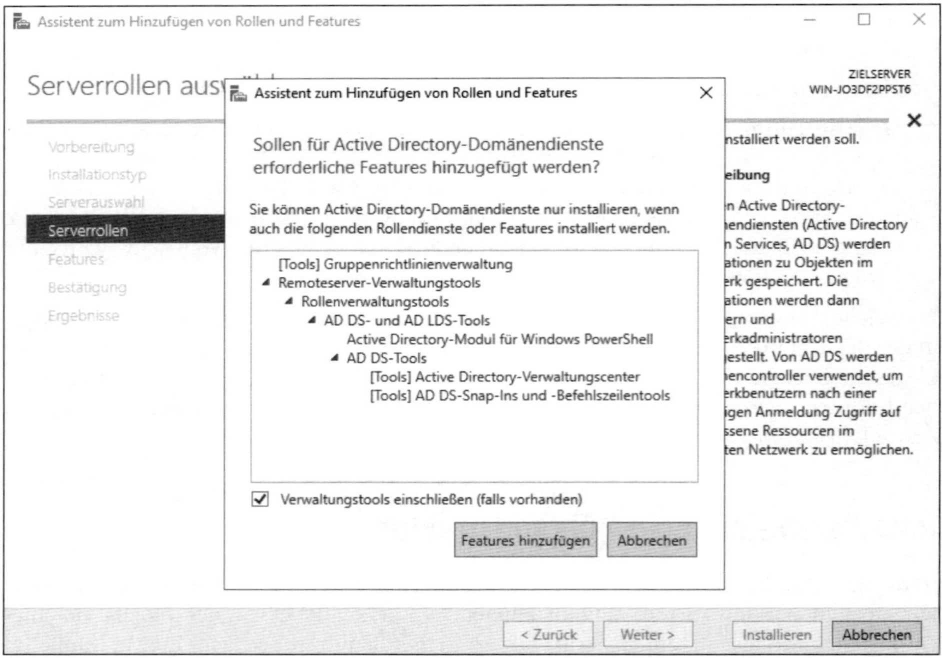

Abbildung 10.3: Starten der Active Directory-Installation

Schließen Sie alle Fenster und öffnen Sie den Server-Manager. Klicken Sie dann auf *Verwalten* im oberen Bereich und wählen Sie *Rollen und Features hinzufügen* aus. Bestätigen Sie die Startseite und wählen Sie dann *Rollenbasierte oder featurebasierte Installation* aus. Wählen Sie den lokalen Server aus der Liste im nächsten Fenster.

Wählen Sie die Rolle *Active Directory-Domänendienste* aus und bestätigen Sie dann die Schaltfläche *Features hinzufügen*, um die notwendigen Erweiterungen zum Server hinzuzufügen. Bestätigen Sie die nächsten Fenster und aktivieren Sie dann im Fenster *Installationsauswahl bestätigen* die Option *Zielserver bei Bedarf automatisch neu starten*. Klicken Sie danach auf *Installieren*.

Nach der Installation klicken Sie im Server-Manager auf *AD DS* und dann im oberen Bereich bei *Konfiguration ist für "Active Directory-Domänendienste" auf "XXX" erforderlich* auf den Link *Details*. Wählen Sie in den Aufgabendetails in der Spalte *Aktion* den Link *Server zu einem Domänencontroller heraufstufen*.

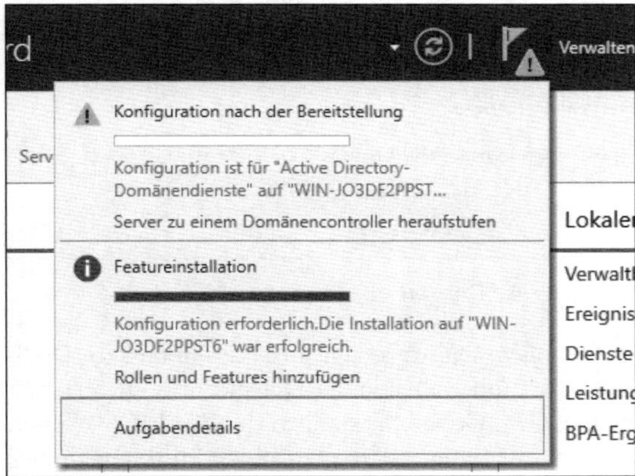

Abbildung 10.4: Starten der Installation von Active Directory im Server-Manager

Aktivieren Sie dann die Option *Neue Gesamtstruktur hinzufügen* und geben Sie den DNS-Namen der Domäne an, zum Beispiel *testdom.int*.

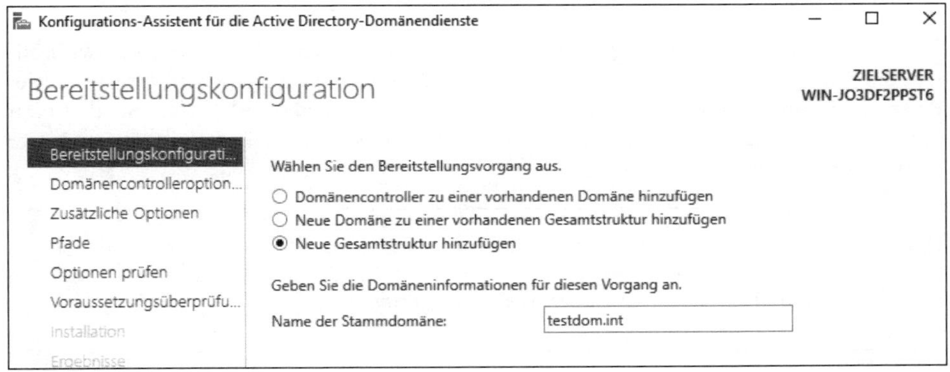

Abbildung 10.5: Erstellen einer neuen Gesamtstruktur

Active Directory

Auf der nächsten Seite belassen Sie die Standardeinstellungen und legen die Funktionsebene für Gesamtstruktur und Domäne fest. Geben Sie ein Kennwort für den Wiederherstellungsmodus ein. Der erste Domänencontroller muss ein globaler Katalog sein und darf nicht als schreibgeschützter Domänencontroller betrieben werden. Daher sind die Optionen bereits vorgewählt und lassen sich nicht ändern.

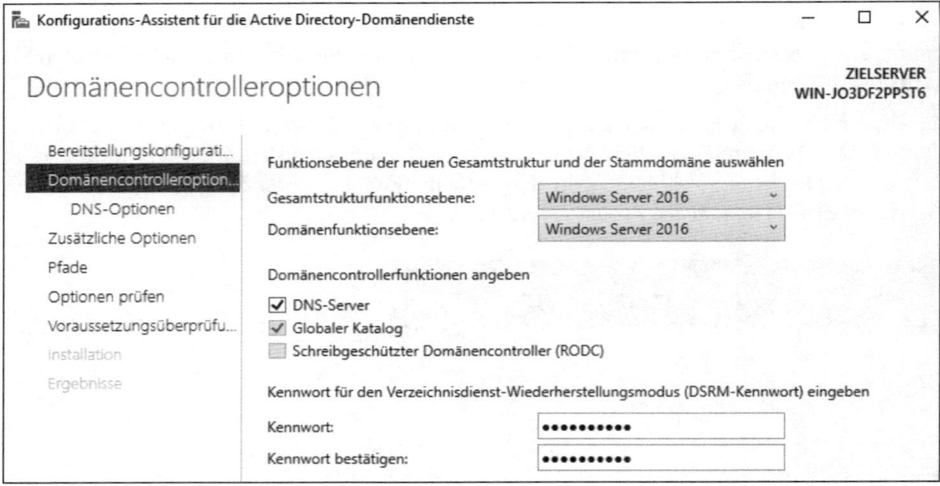

Abbildung 10.6: Konfigurieren der Optionen für eine neue Domäne

Bestätigen Sie das nächste Fenster *DNS-Optionen*. Dieses besagt nur, dass noch kein DNS-Server für die Gesamtstruktur vorhanden ist und daher keine Delegierung eingerichtet werden kann, da noch keine DNS-Zone existiert. Geben Sie danach den NetBIOS-Namen der Domäne an. Im nächsten Kapitel gehen wir genauer auf die einzelnen Punkte während der Einrichtung ein.

Hinweis Sie können Domänencontroller mit Windows Server 2019 auch in Gesamtstrukturen im Betriebsmodus Windows Server 2012/2012 R2/2016 betreiben.

Die nächsten Fenster müssen Sie lediglich bestätigen. Auf der Seite *Optionen prüfen* können Sie mit *Skript anzeigen* die Befehle anzeigen lassen, um den gleichen Vorgang in der PowerShell durchzuführen. Bestätigen Sie die restlichen Fenster und klicken Sie dann auf *Installieren*. Ignorieren Sie eventuell angezeigte Warnungen. Nach der Installation steht der Domänencontroller zur Verfügung.

Tipp Der Einrichtungs-Assistent überprüft vor der Einrichtung von Active Directory, ob Probleme beim Heraufstufen zu erwarten sind. Sie erhalten daraufhin Warnungen und Fehlerhinweise, bevor der Assistent startet.

Nach der Installation finden Sie im *Tools*-Menü des Server-Managers die verschiedenen Verwaltungswerkzeuge von Active Directory aufgelistet, zum Beispiel das Active Directory-Verwaltungscenter. Im Bereich *AD DS* des Server-Managers sind die Domänencontroller und deren Warnungen und Fehler zu sehen. Über das Kontextmenü des Servers im Bereich *AD DS* sind ebenfalls die Befehle für Active Directory zu erreichen.

Um Active Directory zu testen, starten Sie eine Eingabeaufforderung, zum Beispiel durch Eingabe von *cmd* im Startmenü. Geben Sie dann *dcdiag* ein.

Mit *nltest /dclist:<NetBIOS-Domänennamen>* lassen Sie sich den Namen des Domänencontrollers anzeigen, mit *nslookup <Vollständiger Name des DC>* muss der Name und die IP-Adresse verfügbar sein. Mehr zu diesem Thema erfahren Sie auch in Kapitel 6.

Hinweis Unter Windows Server 2019 ist es möglich, den Dienst für Active Directory im laufenden Betrieb zu stoppen und wieder zu starten. Durch diese Funktion kann Active Directory auf einem Server auch neu gestartet werden, während die anderen Dienste des Servers weiter funktionieren. Dies kann zum Beispiel für die Offlinedefragmentation der Active Directory-Datenbank sinnvoll sein oder für die Installation von Updates.

Sie finden den dazugehörigen Systemdienst *Active Directory-Domänendienste* in der Dienststeuerung. Diese können Sie ausführen, indem Sie *services.msc* auf der Startseite eintippen. Der Dienst kann auch, wie alle anderen Dienste, über die Eingabeaufforderung mit *net stop ntds* gestoppt und mit *net start ntds* wieder gestartet werden.

Active Directory remote mit der PowerShell verwalten

Mit Windows Server 2019 haben Sie die Möglichkeit, von einer lokalen PowerShell-Sitzung von Arbeitsstationen aus remote auf Domänencontroller zuzugreifen, um Active Directory zu verwalten. Das ist oftmals wesentlich bequemer und effizienter als mit Remotedesktopsitzungen.

Um Server im Netzwerk über Arbeitsstationen mit Windows 10 zu verwalten, sind die Remoteserver-Verwaltungstools notwendig. In Kapitel 3 zeigen wir Ihnen, wie Sie diese installieren und betreiben. Damit sich Active Directory remote über die PowerShell verwalten lässt, müssen Sie *Rollenverwaltungstools/AD DS-/AD LDS-Tools/Active Directory-Modul für Windows PowerShell* installiert haben. Die Installation überprüfen Sie, wenn Sie *optionalfeatures* auf der Startseite auf dem Windows 10-Compuer eingeben.

Hinweis Unter Windows 10 1809 oder höher existiert kein separater Download der RSAT-Tools mehr. Diese sind bereits in Windows 10 vorhanden und lassen sich direkt über *Einstellungen/Feature hinzufügen* installieren.

Die Installation erfolgt im Server-Manager über die Auswahl von *Remoteserver-Verwaltungstools/Rollenverwaltungstools/AD DS- und AD LDS-Tools/Active Directory-Modul für Windows PowerShell.*

Remote-PowerShell aktivieren und Verbindungsprobleme beheben

Damit sich ein Server in der PowerShell remote verwalten lässt, muss die Funktion auf dem Zielserver zunächst aktiviert werden. Dazu geben Sie in einer PowerShell-Sitzung auf dem Zielserver den Befehl *Enable-PSRemoting -Force* ein. Der Befehl richtet die entsprechenden Ausnahmen in der Firewall ein und aktiviert die notwendigen Funktionen. Rückgängig machen lässt sich der Vorgang mit *Disable-PSRemoting -Force.*

Verbinden Sie sich von einem anderen Server oder von einer Arbeitsstation mit Active Directory oder mit Verwaltungstools für Serverdienste, verwendet die Konsole immer eine Remote-PowerShell-Sitzung für die Verwaltung. Alle Befehle werden als Cmdlet übertragen, die grafische Oberfläche ist in vielen Fällen nur ein Hilfsmittel. Damit die Verbindung über das Netzwerk funktioniert, verwendet der Server die Funktionen *Windows Remote Management* (WinRM) und *Web Services for Management* (WSMan). Durch die Remote-PowerShell-Sitzung überträgt der Client seine Befehle an den Server.

Sollte die Verbindung nicht funktionieren, geben Sie in der Eingabeaufforderung noch den Befehl *winrm enumerate winrm/config/listener* ein. Ein Listener mit dem Port 5985 muss aktiv und an alle IP-Adressen des Servers gebunden sein. Selbstverständlich darf der Port nicht durch eine Firewall blockiert werden. Standardmäßig schaltet Windows Server 2019 den Port in der Windows-Firewall frei. Setzen Unternehmen eine weitere Firewall zwischen Client und Server ein, müssen sie diesen Port durchlassen.

Innerhalb einer Active Directory-Gesamtstruktur sind keine Maßnahmen notwendig. Damit der Zugriff auch über Domänengrenzen hinweg oder von einer Arbeitsgruppe zu einer Domäne funktioniert, müssen Sie auf dem Zielserver noch die Computer eintragen, die auf den Server zugreifen dürfen. Dazu verwenden Sie den folgenden Befehl:

winrm set winrm/config/client @{TrustedHosts="<Alle Quellcomputer, durch Komma getrennt>"}

Cmdlets für die Remoteverwaltung und Abrufen der Hilfe

Nicht alle Cmdlets eignen sich für eine Remoteverwaltung von Servern. Sie können vor allem die Cmdlets nutzen, die über die Option *-ComputerName* verfügen. Um sich alle Cmdlets anzeigen zu lassen, die diese Option unterstützen, also Server auch über das Netzwerk verwalten können, hilft der Befehl *Get-Help * -Parameter ComputerName.*

Wollen Sie ausführliche Hilfen anzeigen, bietet das *Get-Help*-Cmdlet noch die Möglichkeit, ausführliche Hilfen und Beispiele anzuzeigen, zum Beispiel mit den Optionen *-Examples*, *-Detailed* und *-Full.* Generell ist der Umgang mit der PowerShell nicht sehr kompliziert. Geben Sie *Get-Command* ein, sehen Sie alle Befehle, die die Shell zur Verfügung stellt. Die PowerShell bietet eine ausführliche Hilfe an.

Haben Sie nur den Teil eines Befehls in Erinnerung, können Sie mit dem Platzhalter * arbeiten. Der Befehl *Get-Command *user* zeigt zum Beispiel alle Cmdlets an, deren Namen mit *user* endet. Ist der gesuchte Befehl nicht dabei, können Sie auch mehrere Platzhalter verwenden, zum Beispiel den Befehl *Get-Command *user**. Dieser Befehl zeigt alle Befehle an, in denen das Wort »user« vorkommt.

Wurde das gewünschte Cmdlet gefunden, unterstützt Sie die PowerShell mit weiteren Möglichkeiten. Für nahezu alle Cmdlets gilt die Regel, dass sie in vier Arten vorliegen: Es gibt Cmdlets mit dem Präfix *New-*, um etwas zu erstellen, zum Beispiel *New-ADUser*. Das gleiche Cmdlet gibt es dann noch mit *Remove-*, um etwas zu löschen, zum Beispiel *Remove-ADUser*.

Wollen Sie das Objekt anpassen, gibt es das Präfix *Set-*, zum Beispiel *Set-ADUser*. Als Letztes gibt es noch das Präfix *Get-*, zum Beispiel *Get-ADUser*, um Informationen zum Objekt abzurufen. Neben diesen Cmdlets gibt es natürlich noch viele andere, zum Beispiel *Start-* und *Stop*-Cmdlets oder *Export-* und *Import*-Cmdlets. Geben Sie nur diesen Befehl ein, passiert entweder überhaupt nichts, das Cmdlet zeigt alle Objekte an oder Sie werden nach der Identität des Objekts gefragt. So listet das Cmdlet *Get-ADUser -Filter ** alle Benutzer der Organisation auf.

Mit dem Befehl *Help <Cmdlet>* erhalten Sie eine Hilfe zum entsprechenden Cmdlet, zum Beispiel *Help New-ADUser*. Für viele Cmdlets gibt es noch die Option *Help <Cmdlet> -Detailed*. Dieser Befehl bietet noch mehr Informationen. Mit *Help <Cmdlet> -Examples* lassen sich Beispiele für den Befehl anzeigen. Auch das funktioniert für alle Befehle in der PowerShell.

Rufen Sie eine Hilfe zu Cmdlets auf, kann sich die PowerShell selbstständig aktualisieren. Das funktioniert auch, wenn Sie für das Cmdlet *Get-Help* die Option *-Online* verwenden, zum Beispiel mit *Get-Help Get-Command -Online*. Die PowerShell bietet das Cmdlet *Update-Help*, das die Hilfedateien der PowerShell aktualisieren kann.

Dazu muss der Server über eine Internetverbindung verfügen. Der Befehl ruft die Hilfe direkt aus dem Internet ab. Ebenfalls eine interessante Funktion in der PowerShell ist das Cmdlet *Show-Command*. Dieses blendet ein neues Fenster mit allen Befehlen ein, die in der PowerShell verfügbar sind. Sie können im Fenster nach Befehlen suchen und sich eine Hilfe dazu anzeigen lassen sowie Beispiele.

Mit *Get*-Cmdlets lassen Sie sich Informationen zu Objekten anzeigen. Die Option *|fl* formatiert die Ausgabe. Wollen Sie aber nicht alle Informationen, sondern nur einzelne Parameter anzeigen, können Sie diese nach der Option *|fl* anordnen. Wollen Sie zum Beispiel für Benutzer nur den *DistinguishedName* und den Status anzeigen lassen, verwenden Sie den Befehl *Get-ADUser -Filter * |fl DistinguishedName, Enabled*. Groß- und Kleinschreibung spielen für die Cmdlets keine Rolle.

Sie können in der PowerShell auch eine Remotesitzung auf einem Server starten. Am besten verwenden Sie dazu die PowerShell Integrated Scripting Environment (ISE). Diese ist in Windows 8 bereits aktiviert, muss jedoch teilweise in Windows 10 als Windows-Feature nachträglich aktiviert werden. Nach dem Start können Sie eine Verbindung mit *Datei/Neue Remote-PowerShell-Registerkarte öffnen*. Hier geben Sie einen Servernamen und einen Benutzernamen ein, mit dem Sie sich verbinden wollen.

Um eine Remotesitzung in der normalen PowerShell aufzubauen, verwenden Sie das Cmdlet *New-PSSession*. Mit *Enter-PSSession <Servername>* bauen Sie eine Verbindung auf. Mit *Exit-Session* beenden Sie diese Sitzung wieder. Neu ist die Möglichkeit, Sitzungen zu unterbrechen und neu aufzubauen. Bei unterbrochenen Sitzungen laufen die Cmdlets weiter, auch wenn Sie sich vom Server getrennt haben. Dazu nutzen Sie die neuen Cmdlets *Disconnect-PSSession*, *Connect-PSSession* und *Receive-PSSession*.

Tipp Über die normale PowerShell starten Sie die PowerShell ISE, indem Sie den Befehl *ise* eingeben.

Die PowerShell erlaubt auch die Ausführung von Befehlen, wie von der Eingabeaufforderung gewohnt. Der Vorteil der Ausführung in der PowerShell ist, dass sich die Ausgabe filtern lässt. Geben Administratoren zum Beispiel *ipconfig /all* ein, erhalten sie die gleichen Informationen wie in der Eingabeaufforderung. Es sind also keine zwei Konsolen nebeneinander notwendig. Soll die Ausgabe gefiltert werden, hilft die Option *Select-String -Pattern "<Text>"*, zum Beispiel *ipconfig /all | select-string -pattern "gateway"*. Auf diesem Weg lassen sich Informationen wesentlich gezielter auslesen.

Durch die zahlreichen neuen Cmdlets erhalten Sie in der PowerShell für Anmeldeskripts deutlich mehr Möglichkeiten. In der neuen Version lassen sich jetzt auch Netzlaufwerke in Windows verbinden. Dazu verwenden Sie das Cmdlet *New-PSDrive*. Dabei hilft die neue Option *-Persist*. Alle Optionen des Cmdlets sind über *Get-Help New-PSDrive -Detailed* verfügbar.

Verwalten der Betriebsmasterrollen von Domänencontrollern

In Active Directory sind zunächst alle Domänencontroller gleichberechtigt. Allerdings gibt es fünf unterschiedliche Rollen, die ein Domänencontroller annehmen kann und die seine zentrale Aufgabe in Active Directory steuern. Die verschiedenen Rollen werden als Flexible Single Master Operations (FSMOs) bezeichnet. Jede dieser Rollen ist entweder einmalig pro Domäne (PDC-Emulator, Infrastrukturmaster, RID-Master) oder einmalig pro Gesamtstruktur (Schemamaster, Domänennamenmaster). Fällt eine dieser Rollen aus, kommt es in Active Directory zu Fehlfunktionen.

Hinweis Wollen Sie die Anzeige von Domänencontrollern in der PowerShell filtern lassen, zum Beispiel um die PDC-Master anzeigen zu lassen, verwenden Sie:

Get-ADDomainController -Filter {OperationMasterroles -like "PDC"}*

Wollen Sie nur die Namen und die installierten Betriebsmaster anzeigen, ergänzen Sie das Cmdlet noch mit

|fl Hostname, OperationMasterroles

PDC-Emulator verwalten

Die Rolle des PDC-Emulators gibt es in jeder Active Directory-Domäne ein Mal. Der erste installierte Domänencontroller einer Active Directory-Domäne bekommt diese Rolle automatisch zugewiesen. Er ist für die Anwendung und Verwaltung der Gruppenrichtlinien zuständig. Steht der Domänencontroller, der diese Rolle hat, nicht mehr zur Verfügung, werden Gruppenrichtlinien fehlerhaft angewendet und können nicht mehr verwaltet werden, da spezielle Verwaltungskonsolen, wie die Gruppenrichtlinien-Verwaltungskonsole die Verbindung zum PDC-Emulator aufbauen. Der PDC-Emulator ist darüber hinaus für Kennwortänderungen bei Benutzern verantwortlich. Er steuert auch die externen Vertrauensstellungen einer Domäne. Der PDC-Master ist auch beim Klonen virtueller Domänencontroller beteiligt (siehe Kapitel 11). Ihn selbst können Sie nicht klonen, andere Domänencontroller schon.

Außerdem ist der PDC-Emulator der Zeitserver einer Domäne. Alle hier beschriebenen Funktionen sind gestört, wenn der PDC-Emulator nicht mehr zur Verfügung steht.

Wollen Sie überprüfen, welcher Domänencontroller die Rolle des PDC-Emulators in der Domäne verwaltet, öffnen Sie das Snap-in *Active Directory-Benutzer und -Computer* im Server-Manager oder über *dsa.msc* auf der Startseite. Mit einem Klick mit der rechten Maustaste auf die Domäne im Snap-in und der Auswahl von *Betriebsmaster* im Kontextmenü öffnet sich ein neues Fenster. Hier sind die FSMOs der Domäne zu sehen.

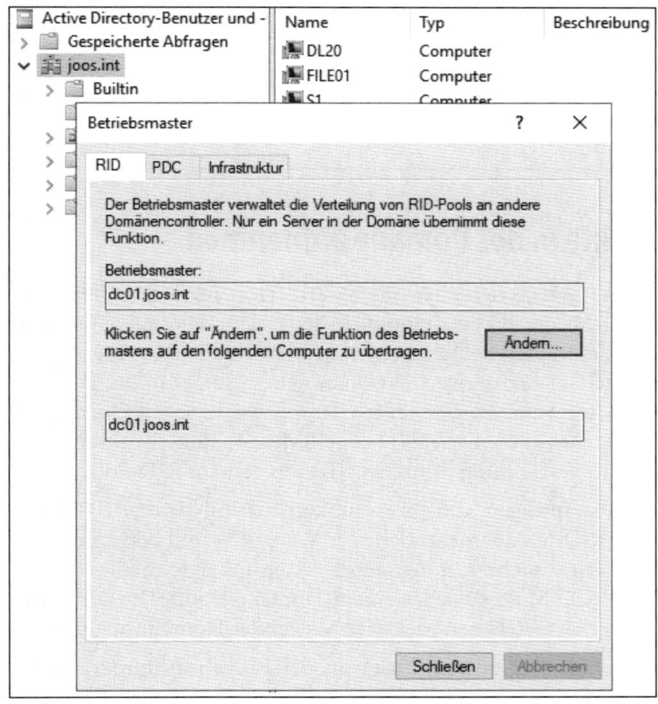

Abbildung 10.7: Verwalten der Betriebsmasterrolle in Active Directory

Auf der Registerkarte *PDC* ist der aktuelle PDC-Emulator der Domäne zu sehen. Sie können sich den aktuellen PDC-Emulator auch über den Befehl *dsquery server -hasfsmo pdc* in der Eingabeaufforderung anzeigen lassen oder den PDC-Master mit dem folgenden Cmdlet:

*Get-ADComputer(Get-ADDomainController -Discover -Service "PrimaryDC").Name -Properties * | Format-List DNSHostname,OperatingSystem,OperatingSystemVersion*

Tipp Sie können in der PowerShell Daten einzelner Domänen abfragen. Dazu verwenden Sie das Cmdlet *Get-ADDomain*. Das Cmdlet *Get-ADForest* zeigt Informationen zu Gesamtstrukturen an. Auch hier können Sie nach den Spalten auf den gleichen Wegen filtern wie bei *Get-ADDomainController*. Sinnvoll ist das Cmdlet, wenn die FSMO-Rollen pro Domäne angezeigt werden sollen. In jeder Domäne gibt es die drei FSMO-Rollen, die Sie mit dem folgenden Befehl anzeigen lassen:

Get-ADDomain | Select InfrastructureMaster, RID-Master, PDCEmulator

Schemamaster und Domänennamenmaster gibt es nur einmal pro Gesamtstruktur. Diese Informationen lassen sich wiederum mit dem Cmdlet *Get-ADForest* anzeigen:

Get-ADForest | Select-Object DomainNamingMaster, SchemaMaster

RID-Master – Neue Objekte in der Domäne aufnehmen

Auch die Rolle des RID-Masters erhält der erste installierte Domänencontroller einer Domäne automatisch. Den RID-Master gibt es einmal in jeder Domäne einer Gesamtstruktur. Seine Aufgabe ist es, den anderen Domänencontrollern einer Domäne relative Bezeichner (Relative Identifiers, RIDs) zuzuweisen. Wird ein neues Objekt in der Domäne erstellt, also ein Computerkonto, ein Benutzer oder eine Gruppe, wird diesem Objekt eine eindeutige Sicherheits-ID (SID) zugewiesen. Diese SID erstellt der Domänencontroller aus einer domänenspezifischen SID in Verbindung mit einer RID aus seinem RID-Pool.

Ist der RID-Pool eines Domänencontrollers aufgebraucht, werden ihm vom RID-Master neue RIDs zugewiesen. Steht der RID-Master nicht mehr zur Verfügung und bekommen die Domänencontroller damit keine RIDs mehr, können keine neuen Objekte mehr in dieser Domäne erstellt werden, bis der RID-Master wieder einem Domänencontroller zur Verfügung gestellt wird. Auf der Registerkarte *RID* wird der RID-Master der Domäne angezeigt.

Der Befehl *dsquery server -hasfsmo rid* zeigt den Master in der Eingabeaufforderung an. Außerdem können Sie sich die erfolgreiche Verbindung und den Status des RID-Pools anzeigen lassen. Geben Sie in der Eingabeaufforderung den Befehl *dcdiag /v /test:ridmanager* ein. Suchen Sie dann den Bereich *Starting test: RidManager*. Hier sehen Sie, ob der Domänencontroller fehlerfrei eine Verbindung zum RID-Master aufbauen kann. Tritt an dieser Stelle ein Fehler auf, sollten Sie am besten den RID-Master auf einen anderen Server transferieren oder verschieben.

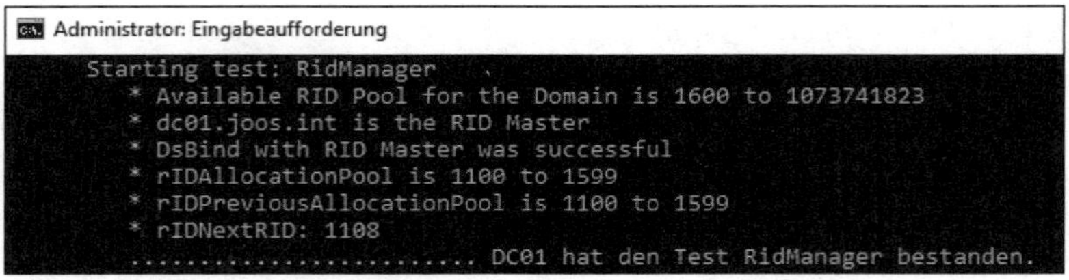

```
Administrator: Eingabeaufforderung
   Starting test: RidManager
      * Available RID Pool for the Domain is 1600 to 1073741823
      * dc01.joos.int is the RID Master
      * DsBind with RID Master was successful
      * rIDAllocationPool is 1100 to 1599
      * rIDPreviousAllocationPool is 1100 to 1599
      * rIDNextRID: 1108
      ......................... DC01 hat den Test RidManager bestanden.
```

Abbildung 10.8: Testen des RID-Managers mit Dcdiag

Die Security-ID (SID) des Domänencomputers ist in Domänen immer einzigartig und ein wichtiger Punkt bei der Bereitstellung von Windows beziehungsweise dem Überprüfen von Rechten. In manchen Fällen, vor allem beim Klonen, kann es passieren, dass doppelte SIDs im Netzwerk vorhanden sind.

Hier hilft das Sysinternals-Tool *PsGetSid* (*https://docs.microsoft.com/de-de/sysinternals/downloads/psgetsid*), das in der Eingabeaufforderung die SID von Computern anzeigen kann. Sie müssen dazu lediglich *psgetsid* eingeben. PsGetSid liest die SID von Computern ohne große Umwege aus und funktioniert auch im Netzwerk. Das heißt, Sie können mit dem Tool auch die SIDs von Remotecomputern auslesen. Zusätzlich lassen sich auch die SIDs von Benutzerkonten sowie zu Namen auslesen. Wollen Sie die SID eines Computers anzeigen, geben Sie den Namen als Argument an. Dies funktioniert auch für Benutzernamen. Um die SID zu einem Namen zu übersetzen, geben Sie die SID als Argument ein.

Infrastrukturmaster – Auflösen von Gruppen über Domänen hinweg

Auch den Infrastrukturmaster gibt es in jeder Domäne einer Gesamtstruktur einmal. Diese Rolle erhält ebenfalls wieder der erste installierte Domänencontroller einer Active Directory-Domäne. In einer Gesamtstruktur mit nur einer Domäne spielt dieser Betriebsmaster keine Rolle. Seine Bedeutung steigt jedoch beim Einsatz mehrerer Domänen oder Strukturen.

Er hat in einer Domäne die Aufgabe, die Berechtigungen für die Benutzer zu steuern, die aus unterschiedlichen Domänen kommen. Da die Berechtigungsanfragen sonst sehr lange dauern würden, wenn zum Beispiel in den Berechtigungen einer Ressource Benutzerkonten oder Gruppen aus unterschiedlichen Domänen gesetzt sind, dient der Infrastrukturmaster einer Domäne sozusagen als Cache für diese Zugriffe, um die Abfrage der Berechtigungen zu beschleunigen. Clients in der Domäne haben möglicherweise Schwierigkeiten dabei, Objekte in anderen Domänen zu finden, wenn die Rolle nicht mehr funktioniert. Der Infrastrukturmaster sollte nicht auf einem globalen Katalog positioniert werden.

Er wird außerdem für die Auflösung von Verteilergruppen verwendet, wenn Unternehmen Microsoft Exchange Server einsetzen, da auch an dieser Stelle eine Gruppe Mitglieder aus verschiedenen Domänen der Gesamtstruktur enthalten kann. Auf der Registerkarte *Infrastruktur* ist dieser zu sehen oder in der Eingabeaufforderung mit *dsquery server -hasfsmo infr*.

Schemamaster – Active Directory erweitern

Active Directory verfügt über ein erweiterbares Schema, das die Möglichkeit bietet, zusätzliche Informationen im Ordner flexibel zu speichern. Diese Funktion wird beispielsweise von Exchange genutzt. Alle notwendigen Informationen zu einem E-Mail-Postfach werden in Active Directory abgelegt. Bei der Installation von Exchange wird das Schema von Active Directory um die notwendigen Attribute und Klassen erweitert.

Damit das Schema erweitert werden kann, wird der Schemamaster benötigt. In jeder Gesamtstruktur gibt es nur einen Schemamaster. Nur auf diesem Schemamaster können Änderungen am Schema vorgenommen werden. Steht er nicht mehr zur Verfügung, können auch keine Erweiterungen des Schemas stattfinden und die Installation von Exchange schlägt fehl. Der erste installierte Domänencontroller der ersten Domäne mit der Struktur einer Gesamtstruktur erhält die Rolle des Schemamasters. Der Schemamaster hat ansonsten keine Auswirkungen auf den laufenden Betrieb.

Damit der Schemamaster angezeigt werden kann, müssen Administratoren zunächst das Snap-in registrieren, das das Schema anzeigt. Aus Sicherheitsgründen wird dieses Snap-in zwar installiert, jedoch nicht angezeigt. Durch Eingabe des Befehls *regsvr32 schmmgmt.dll* in der Eingabeaufforderung wird die Konsole verfügbar gemacht.

Im Anschluss können Sie das Snap-in *Active Directory-Schema* in eine MMC über *Datei/Snap-in hinzufügen* integrieren. Mit einem Klick mit der rechten Maustaste auf das Menü *Active Directory-Schema* und der Auswahl von *Betriebsmaster* öffnet sich ein neues Fenster, in dem der Betriebsmaster angezeigt wird. Sie können über dieses Fenster später den Betriebsmaster auch auf einen anderen Domänencontroller verschieben. Dazu müssen Sie sich über das Kontextmenü von Active Directory-Schema mit dem Domänencontroller verbinden, auf den Sie die Rolle übertragen wollen. Auch den Schemamaster können Sie sich in der Eingabeaufforderung anzeigen lassen: *dsquery server -hasfsmo schema.*

Domänennamenmaster – Neue Domänen hinzufügen

Der Domänennamenmaster ist für die Erweiterung der Gesamtstruktur um neue Domänen oder Strukturen verantwortlich. In jeder Gesamtstruktur gibt es einen Domänennamenmaster. Diese Rolle wird automatisch dem ersten installierten Domänencontroller einer neuen Gesamtstruktur zugewiesen. Immer wenn ein Server zum Domänencontroller hochgestuft wird und eine neue Domäne erstellt werden soll, wird eine Verbindung zum Domänennamenmaster aufgebaut. Steht der Master nicht zur Verfügung oder kann keine Verbindung aufgebaut werden, besteht auch nicht die Möglichkeit, eine neue Domäne zur Gesamtstruktur hinzuzufügen.

Der Domänennamenmaster hat im produktiven Betrieb einer Domäne oder der Gesamtstruktur keine Aufgabe. Er wird nur benötigt, wenn eine neue Domäne in der Gesamtstruktur erstellt werden soll. Um sich den Domänennamenmaster anzeigen zu lassen, benötigen Sie das Snap-in *Active Directory-Domänen und -Vertrauensstellungen*. Klicken Sie mit der rechten Maustaste direkt auf das Snap-in und wählen im Kontextmenü den Eintrag *Betriebsmaster* aus, öffnet sich ein neues Fenster, in dem der Domänennamenmaster dieser Gesamtstruktur angezeigt wird. Sie können ihn sich auch in der Eingabeaufforderung anzeigen lassen: *dsquery server -hasfsmo name.*

Der globale Katalog

An jedem Standort in Active Directory sollte ein globaler Katalog-Server installiert sein. Der globale Katalog ist eine weitere Rolle, die ein Domänencontroller einnehmen kann. Im Gegensatz zu den beschriebenen FSMO-Rollen kann (und sollte auch) die Funktion des globalen Katalogs mehreren Domänencontrollern zugewiesen werden.

Dem globalen Katalog kommt in einer Active Directory-Domäne eine besondere Bedeutung zu. Er enthält einen Index aller Domänen einer Gesamtstruktur. Aus diesem Grund wird er von Serverdiensten wie Exchange Server und Suchanfragen verwendet, wenn Objekte aus anderen Domänen Zugriff auf eine Ressource der lokalen Domäne enthalten. Der globale Katalog spielt darüber hinaus eine wesentliche Rolle bei der Anmeldung von Benutzern. Steht er in einer Domäne nicht mehr zur Verfügung, können sich Benutzer langsamer anmelden, wenn keine speziellen Vorbereitungen getroffen worden sind.

Ein Domänencontroller mit der Funktion des globalen Katalogs repliziert sich nicht nur mit den Domänencontrollern seiner Domäne, sondern enthält eine Teilmenge aller Domänen in der Gesamtstruktur. Der erste installierte Domänencontroller einer Gesamtstruktur ist automatisch ein globaler Katalog. Alle weiteren globalen Kataloge müssen hingegen manuell hinzugefügt werden. Der globale Katalog dient auch zur Auflösung von universalen Gruppen. Sie sollten aber nicht alle Domänencontroller zu globalen Katalogen machen, da dadurch der Replikationsverkehr zu diesen Domänencontrollern stark zunimmt. An jedem Standort sollten zwei bis drei Domänencontroller diese Aufgabe übernehmen. Während der Heraufstufung zum Domänencontroller können Sie diese Auswahl bereits treffen. Aber auch nachträglich können Sie einen Domänencontroller zum globalen Katalog konfigurieren:

1. Um einen Domänencontroller als globalen Katalog zu konfigurieren, benötigen Sie das Snap-in *Active Directory-Standorte und -Dienste* aus dem Menü *Tools* im Server-Manager. Sie starten das Tool auch mit *dssite.msc*.
2. Öffnen Sie dieses Snap-in und rufen Sie die Eigenschaften der Option *NTDS-Settings* über *Sites/<Name des Standortes>/Servers/<Servername>* auf.
3. Auf der Registerkarte *Allgemein* aktivieren Sie das Kontrollkästchen *Globaler Katalog*.

Haben Sie diese Konfiguration vorgenommen, repliziert sich der Server zukünftig mit weiteren Domänencontrollern und enthält nicht nur Informationen seiner Domäne, sondern einen Index der Gesamtstruktur.

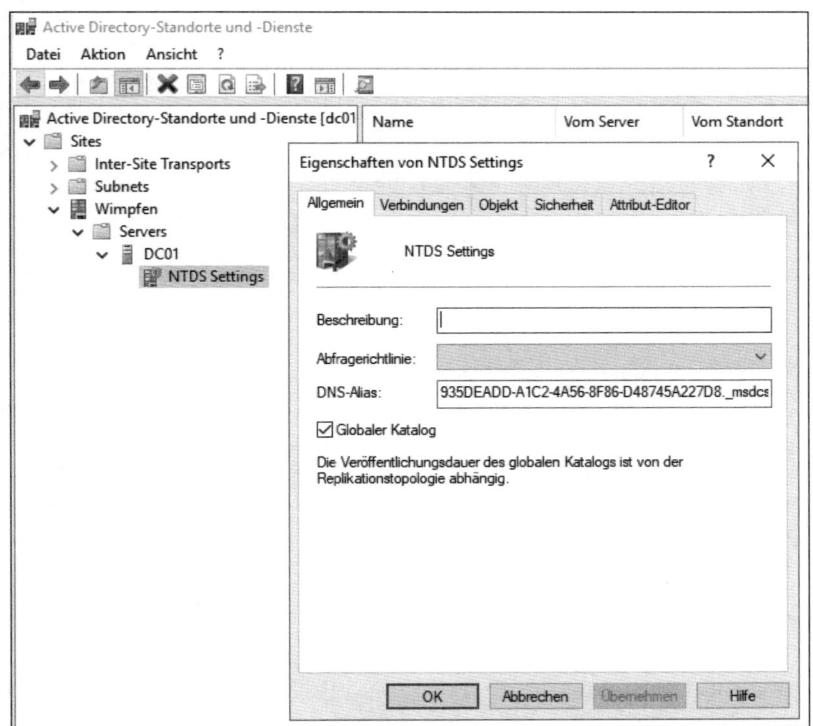

Abbildung 10.9: Festlegen eines globalen Katalogs

Vor allem bei Unternehmen mit mehreren Niederlassungen, vielen Domänencontrollern und zahlreichen globalen Katalogservern besteht die Notwendigkeit, sicherzustellen, dass die globalen Kataloge korrekt funktionieren. Alle globalen Katalogserver werden als SRV-Records in der Active Directory-Zone im DNS registriert.

Um sich die globalen Katalogserver anzeigen zu lassen, öffnen Sie das Snap-in *DNS* und navigieren zu der DNS-Zone der Rootdomäne in der Gesamtstruktur. Klicken Sie mit der Maus auf die *_tcp*-Zone. In dieser Zone werden Ihnen alle globalen Katalogserver angezeigt. Die SRV-Records dieser Server verweisen auf den Port 3268.

Hinzufügen von Attributen für den globalen Katalog

Microsoft hat vordefiniert, welche Attribute im globalen Katalog gehalten werden. Wenn Active Directory erweitert wird, kann es erforderlich werden, weitere Attribute in den Katalog aufzunehmen, nach denen häufig von Anwendern oder Anwendungen gesucht wird. Diese Anpassung kann über das Snap-in *Active Directory-Schema* erfolgen. Da durch die Modifizierung dieser Einstellungen Änderungen am Schema vorgenommen werden, dürfen Anpassungen nur durch Schema-Admins vorgenommen werden.

In diese Gruppe müssen die Administratoren explizit aufgenommen werden. Fehler bei der Verwaltung des Schemas können schwerwiegende Folgen haben. Daher muss gut überlegt werden, welche Administratoren in diese Gruppe aufgenommen werden und damit die Berechtigung erhalten, Attribute in den globalen Katalog aufzunehmen.

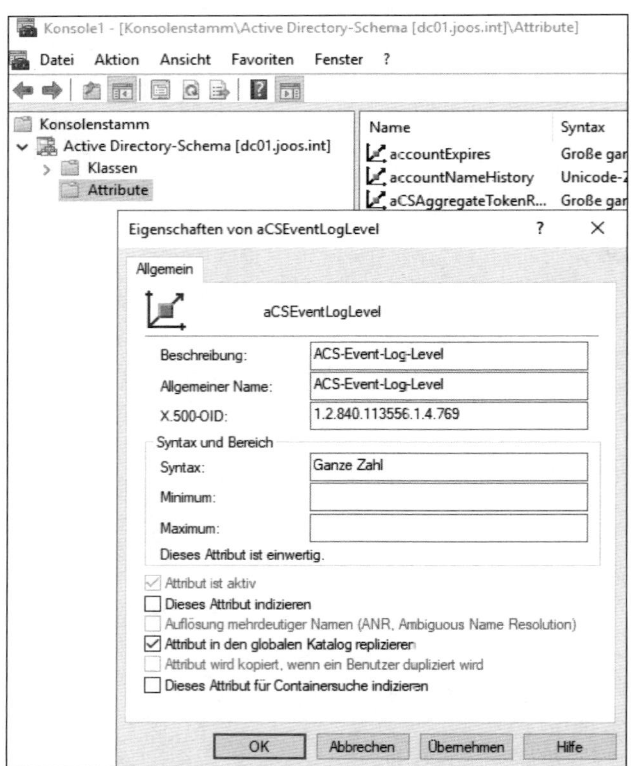

Abbildung 10.10: Attribute in den globalen Katalog übernehmen

Die Konfiguration erfolgt im Bereich *Attribute* des Schema-Snap-ins. Bei den Eigenschaften eines Attributs können mehrere Optionen gesetzt werden. Zwei der Optionen sind von besonderer Bedeutung für die Effizienz von Zugriffen auf Active Directory:

- Mit *Dieses Attribut für Containersuche indizieren* wird festgelegt, dass auf den globalen Katalogservern eine Indexierung des Attributs erfolgt. Das ist sinnvoll, wenn das Attribut für Abfragen verwendet wird.
- Mit *Attribut in den globalen Katalog replizieren* wird konfiguriert, dass ein Attribut in den globalen Katalog aufgenommen wird.

Verwaltung und Verteilung der Betriebsmaster

Die Stabilität und Performance der Betriebsmaster spielt für die Stabilität der Gesamtstruktur eine nicht unerhebliche Rolle. Aus diesem Grund sollten die Rollen auch möglichst optimal verteilt und verwaltet werden.

Standardmäßig besitzt der erste installierte Domänencontroller einer Gesamtstruktur alle fünf FSMO-Rollen seiner Domäne und der Gesamtstruktur. Jeder erste Domänencontroller weiterer Domänen verwaltet die drei Betriebsmasterrollen seiner Domäne (PDC-Emulator, RID-Master, Infrastrukturmaster). Vor allem in größeren Active Directories empfiehlt Microsoft jedoch die Verteilung der Rollen auf verschiedene Domänencontroller.

Empfehlungen zur Verteilung von Betriebsmastern

Zur optimalen Verteilung der FSMO-Rollen gibt es folgende Empfehlungen:

- Der Infrastrukturmaster sollte nicht auf einem globalen Katalog liegen, da ansonsten Probleme bei der Auflösung von Gruppen, die Mitglieder aus verschiedenen Domänen haben, auftreten können.
- Domänennamenmaster und Schemamaster sollten auf einem gemeinsamen Domänencontroller liegen, der auch globaler Katalog ist.
- PDC-Emulator und RID-Master kommunizieren viel miteinander und sollten daher auf einem gemeinsamen Domänencontroller liegen, der auch globaler Katalog ist.

Tipp Um sich einen Überblick über alle Betriebsmaster einer Gesamtstruktur zu verschaffen, können Administratoren den Befehl *netdom query fsmo* in der Eingabeaufforderung aufrufen.

Übertragen eines Betriebsmasters

Auf Basis dieser Empfehlungen sollten Sie daher nach der Installation die Betriebsmaster entsprechend auf die einzelnen Domänencontroller der Domänen beziehungsweise der Gesamtstruktur aufteilen. Betriebsmasterrollen können ohne Weiteres im laufenden Betrieb von einem auf den anderen Domänencontroller übertragen werden.

Sie sollten bei diesen Vorgängen allerdings vorsichtig sein, da bei größeren Active Directories die Replikation etwas dauern kann und die Übertragung daher nicht sofort auf alle Domänencontroller durchgeführt wird. In diesem Fall besteht die Gefahr, dass für einzelne Anwender die übertragenen Betriebsmaster zeitweilig nicht mehr zur Verfügung stehen, was die beschriebenen Konsequenzen nach sich zieht. Am besten übertragen Sie daher diese Rollen zu einer Zeit, in der die Anwender nicht im Netzwerk arbeiten.

Wie Sie gesehen haben, werden die drei Betriebsmaster einer Domäne auf verschiedenen Registerkarten an der gleichen Stelle angezeigt. An dieser Stelle werden die einzelnen FSMO-Rollen auch übertragen. Gehen Sie dazu folgendermaßen vor:

1. Klicken Sie mit der rechten Maustaste im Snap-in *Active Directory-Benutzer und -Computer* auf die Domäne und wählen Sie im Kontextmenü den Eintrag *Domänencontroller ändern* aus.
2. Wählen Sie im nächsten Fenster den Domänencontroller aus, auf den Sie die Rolle übertragen wollen, und bestätigen Sie die Eingabe.

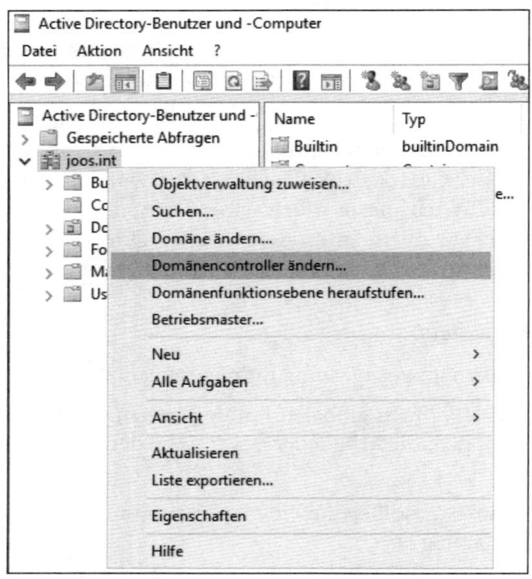

Abbildung 10.11: Ändern des Domänencontrollers in einer Verwaltungskonsole

3. Klicken Sie dann wieder mit der rechten Maustaste auf die Domäne und wählen Sie dieses Mal im Kontextmenü den Eintrag *Betriebsmaster* aus.
4. Auf den drei Registerkarten *RID*, *PCD* und *Infrastruktur* wird der aktuelle Betriebsmaster und im unteren Feld der Domänencontroller, mit dem Sie sich verbunden haben, angezeigt.
5. Klicken Sie auf der Registerkarte, deren Betriebsmaster Sie verschieben wollen, auf die Schaltfläche *Ändern*. Sie können hier auch mehrere Betriebsmaster verschieben.
6. Es erscheint eine Warnung, die Sie bestätigen müssen.
7. Nach dieser Warnung erscheint die Meldung, dass der Betriebsmaster erfolgreich übertragen wurde.
8. Auf dieselbe Weise gehen Sie bei der Übertragung der Betriebsmaster Schemamaster und Domänennamenmaster vor. Diese beiden Betriebsmaster werden in der bekannten jeweiligen Verwaltungskonsole übertragen.

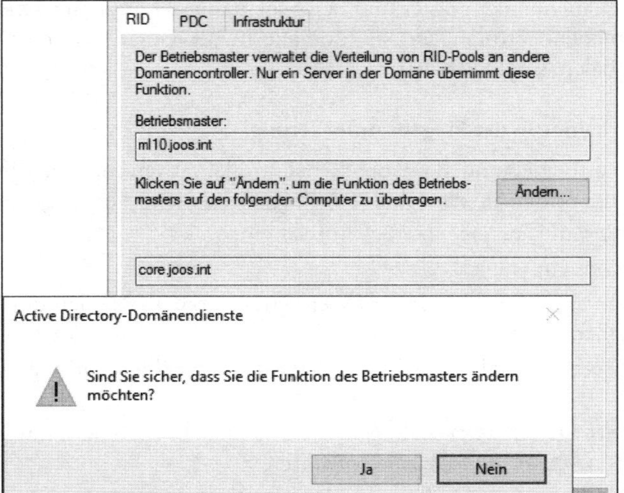

Abbildung 10.12: Übertragen von Betriebsmastern

Tipp

Betriebsmasterrollen lassen sich in der PowerShell auf andere Domänencontroller verschieben. Das passende Cmdlet dazu ist:

Move-ADDirectoryServerOperationMasterRole

Mit *Get-Help Move-ADDirectoryServerOperationMasterRole* lassen Sie sich die umfassende Syntax und einige Beispiele für das Cmdlet anzeigen.

Besitzübernahme eines Betriebsmasters

Wenn der bisherige Rolleninhaber nicht mehr zur Verfügung steht, weil er zum Beispiel ausgefallen ist, besteht auch die Möglichkeit, einem anderen Domänencontroller die FSMO-Rolle fest zuzuweisen. In diesem Fall darf der ursprüngliche Rolleninhaber jedoch nicht mehr in Active Directory integriert werden, da dieser vom Rollentausch nichts mitbekommen hat und dann zwei gleiche Betriebsmaster in einer Gesamtstruktur betrieben würden. Für die Besitzübernahme eines Betriebsmasters wird das Befehlszeilenprogramm *Ntdsutil* benötigt.

Voraussetzungen für die Besitzübernahme einer FSMO-Rolle

Wenn Sie eine FSMO-Rolle auf einen anderen Domänencontroller verschieben wollen, ohne dass der bisherige Rolleninhaber das mitbekommt, sollten Sie zwei Voraussetzungen berücksichtigen:

1. Die erste Voraussetzung ist, dass der bisherige Rolleninhaber nicht mehr ins Netzwerk integriert wird. Sie können den bisherigen Rolleninhaber neu installieren und nach der Besitzübernahme sogar mit gleichem Namen wieder in das Netzwerk integrieren. Zunächst sollten Sie jedoch die Active Directory-Replikation für den Verschiebevorgang abwarten.

2. Verschieben Sie den Domänennamenmaster und den Schemamaster am besten wieder auf einen anderen Domänencontroller der Rootdomäne in der Gesamtstruktur, der auch die Rolle eines globalen Katalogs hat.

Durchführen der Besitzübernahme in der Eingabeaufforderung

Um die Betriebsmasterrolle auf einen anderen Domänencontroller zu verschieben, öffnen Sie eine Eingabeaufforderung. Gehen Sie danach in folgender Reihenfolge vor:

1. Nach dem Aufruf von *ntdsutil* geben Sie den Befehl *roles* ein.
2. Geben Sie dann *connections* ein.
3. Danach geben Sie *connect to server <Servername>* ein. Tragen Sie als Namen des Servers den zukünftigen Rolleninhaber ein.
4. Überprüfen Sie, ob die Verbindung hergestellt wurde und keine Fehlermeldung angezeigt wird.
5. Wurde die Verbindung erfolgreich hergestellt, geben Sie den Befehl *quit* ein, um wieder zum vorherigen Menü *fsmo maintenance* zurückzukehren.
6. Geben Sie den Befehl *seize <FSMO-Rolle>* ein. Der Rollenname ist entweder *pdc* (PDC-Emulator), *rid master* (RID-Master), *schema master* (Schemamaster), *infrastructure master* (Infrastrukturmaster) oder *naming master* (Domänennamenmaster). In diesem Beispiel wird der Schemamaster verschoben. Der Befehl lautet also *seize schema master.*
7. Daraufhin erscheint ein Warnfenster, in dem Sie den Vorgang bestätigen müssen.
8. Nachdem Sie das Fenster bestätigt haben, versucht der Assistent zunächst, ob er den ursprünglichen Rolleninhaber erreicht und die Rolle damit normal übertragen werden kann.
9. Nach der erwarteten erfolglosen Kontaktaufnahme mit dem ursprünglichen Rolleninhaber wird die Rolle ohne weitere Zwischenfrage auf den neuen Server verschoben.

Tipp

Sie können Rollen mit Ntdsutil auch wie in der grafischen Oberfläche übertragen, wenn der ursprüngliche Betriebsmaster noch normal funktioniert. Geben Sie in diesem Fall statt des Befehls *seize <FSMO-Rolle>* den Befehl *transfer <FSMO-Rolle>* ein. Die sonstige Syntax des Befehls ist identisch. Um die einzelnen Rollen zu übertragen, können Sie in Ntdsutil folgende Befehle verwenden:

PDC Emulator → *transfer pdc*

RID-Master → *transfer rid master*

Schemamaster → *transfer schema master*

Infrastrukturmaster → *transfer infrastructure master*

Domänennamenmaster → *transfer naming master*

Schreibgeschützte Domänencontroller (RODC)

Eine Möglichkeit, Domänencontroller in Niederlassungen abzusichern, sind die schreibgeschützten Domänencontroller (Read-only Domain Controller, RODC). Wie Sie diese Domänencontroller installieren, zeigen wir in Kapitel 13. Diese Domänencontroller erhalten die replizierten Informationen von den normalen Domänencontrollern und nehmen selbst keine Änderungen entgegen. Durch dieses neue Feature können Sie auch Domänencontroller in kleineren Niederlassungen betreiben, ohne dass das Sicherheitskonzept eines Unternehmens beeinträchtigt ist, weil die Domänencontroller in den Niederlassungen nicht geschützt sind.

Ein RODC schützt Active Directory davor, dass Kennwörter ausspioniert werden können. Ein RODC kennt zwar alle Objekte in Active Directory, speichert aber nur die Kennwörter der Benutzer, die Sie explizit festlegen. Wird ein solcher Domänencontroller gestohlen und versucht ein Angreifer, die Kennwörter aus der Datenbank des Controllers auszulesen, sind die Konten der restlichen Domäne geschützt.

Während der Heraufstufung eines Domänencontrollers können Sie diesen zum RODC deklarieren. Der erste Domänencontroller muss allerdings ein normaler Domänencontroller sein. In diesem Fall repliziert sich der Domänencontroller von anderen Domänencontrollern, gibt aber selbst keine Änderungen weiter. Ein RODC nimmt keinerlei Änderungen an der Datenbank von Active Directory an, ein lesender Zugriff ist allerdings erlaubt. Schreibende Domänencontroller richten keine Replikationsverbindung zu RODCs ein, da eine Replikation nur von normalen Domänencontrollern (DCs) zu RODCs erfolgen kann. RODCs richten Replikationsverbindungen zu den schreibenden Domänencontrollern ein, die Sie bei der Heraufstufung angeben.

Klicken Sie im Snap-in *Active Directory-Benutzer und -Computer* mit der rechten Maustaste auf die OU *Domain Controllers*, können Sie im zugehörigen Kontextmenü den Eintrag *Konto für schreibgeschützten Domänencontroller vorbereiten* auswählen. In diesem Fall führen Sie in der Zentrale den Assistenten zum Erstellen eines neuen Domänencontrollers aus und weisen diesem ein Computerkonto zu. In der Niederlassung kann anschließend ein Administrator diesen Server installieren. Der Server bekommt automatisch die Funktion des RODC zugewiesen.

Ein RODC bietet ein vollständiges Active Directory, allerdings ohne gespeicherte Kennwörter. Dieser Ordner auf dem RODC ist, wie der Name schon sagt, schreibgeschützt (read only), also nur lesbar. Zwar kann auch ein RODC Kennwörter speichern, aber nur genau diejenigen, die ein Administrator angibt. Bei der Verwendung von RODCs werden folgende Abläufe beim Anmelden eines Benutzers abgewickelt:

1. Ein Anwender meldet sich am Standort des RODC an.
2. Der RODC überprüft, ob das Kennwort des Anwenders auf den Server repliziert wurde. Falls ja, wird der Anwender angemeldet.
3. Ist das Kennwort nicht auf dem RODC verfügbar, wird die Anmeldeanfrage an einen vollwertigen DC weitergeleitet.
4. Wird die Anmeldung erfolgreich durchgeführt, wird dem RODC ein Kerberos-Ticket zugewiesen.
5. Der RODC stellt dem Anwender jetzt noch ein eigenes Kerberos-Ticket aus, mit dem dieser Anwender arbeitet. Gruppenmitgliedschaften und Gruppenrichtlinien werden übrigens nicht über die WAN-Leitung gesendet, sondern auf dem RODC gespeichert.

6. Als Nächstes versucht der RODC, das Kennwort dieses Anwenders in seine Datenbank von einem vollwertigen DC zu replizieren. Ob das gelingt oder nicht, hängt von der jeweiligen Gruppenmitgliedschaft ab.
7. Bei der nächsten Anmeldung dieses Anwenders beginnt der beschriebene Prozess von vorne.

Tipp

Die Kennwörter von Administratorkonten in Active Directory werden in keinem Fall auf einem schreibgeschützten Domänencontroller gespeichert. Diese Kennwörter sind durch ihre Wichtigkeit von der möglichen Replikation zum schreibgeschützten Domänencontroller ausgeschlossen.

Geht die WAN-Verbindung in der Niederlassung mit dem RODC zu einem normalen DC verloren, findet keine Anmeldung mehr an der Domäne statt. Der RODC verhält sich dann wie ein normaler Mitgliedsserver und es ist nur die lokale Anmeldung am Server möglich.

Installieren Sie auf einem RODC den DNS-Dienst (Domain Name System, DNS), wird dieser Server zum schreibgeschützten DNS-Server. Hier gelten die gleichen Einschränkungen für einen RODC. Ein schreibgeschützter DNS-Server nimmt nur Änderungen von normalen DNS-Servern entgegen und akzeptiert selbst keine Änderungen. Er steht für Benutzer als normaler DNS-Server für Abfragen zur Verfügung, unterstützt aber keine dynamische DNS-Registrierung.

Versucht sich ein Client zu registrieren, erhält er vom DNS-Server eine Rückmeldung, dass keine Aktualisierung akzeptiert wird. Im Hintergrund kann der Client versuchen, sich an einem normalen DNS-Server zu registrieren, der die Änderungen dann wieder zum schreibgeschützten DNS Server repliziert.

Zusammenfassung

In diesem Kapitel haben Sie einen ersten Überblick zum Thema Active Directory in Windows Server 2019 erhalten. Wir haben Ihnen gezeigt, welche neuen Funktionen es gibt und welche Vorteile diese haben. Außerdem sind wir in diesem Kapitel auf die Installation von Active Directory in einer Testdomäne eingegangen und haben erläutert, wie Sie die Betriebsmaster verwalten. Ebenfalls Bestandteil dieses Kapitels war die Verwaltung von Active Directory über die PowerShell.

Im nächsten Kapitel gehen wir ausführlicher auf die Installation von Active Directory ein.

Kapitel 11
Active Directory – Installation und Betrieb

In diesem Kapitel:

In diesem Kapitel zeigen wir Ihnen, wie Sie Active Directory mit Windows Server 2019 aufbauen und verwalten. Wir gehen darauf ein, welche Vorbereitungen Sie für einen Domänencontroller treffen müssen und wie der beste Weg ist, um ein Active Directory zu installieren. Dieses Kapitel stellt die Grundlage für die nächsten Kapitel dar, in denen wir uns noch tiefgehender mit den Möglichkeiten von Active Directory beschäftigen.

Im letzten Kapitel haben wir Ihnen bereits gezeigt, wie Sie Active Directory in einer Testumgebung installieren. In den folgenden Abschnitten bauen wir die Installationsmöglichkeiten weiter aus. Haben Sie den Computernamen festgelegt, sollten Sie die IP-Einstellungen des Servers anpassen, wie im letzten Kapitel erläutert.

Wichtig ist an dieser Stelle, dass Sie die lokale IP-Adresse des Servers als primären DNS-Server festlegen. Da dieser Server der erste Domänencontroller des neuen Active Directory werden soll, wird er auch der erste DNS-Server. Tragen Sie in den Eigenschaften des IP-Protokolls die IP-Adresse des Servers als bevorzugten Server ein. Der nächste Schritt besteht darin, den DNS-Server für Active Directory vorzubereiten.

An dieser Stelle müssen Sie noch keinen alternativen DNS-Server eintragen. Der alternative DNS-Server in den IP-Einstellungen wird erst von einem Client befragt, wenn der bevorzugte DNS-Server nicht mehr antwortet. Auch eine fehlerhafte Auflösung akzeptiert ein DNS-Client als Antwort. Die IP-Einstellungen für Netzwerkverbindungen erreichen Sie über die Eingabe von *ncpa.cpl* im Startmenü.

Hinweis In Kapitel 6 finden Sie ebenfalls wichtige Hinweise für den Betrieb von Servern in Active Directory. Diese Anmerkungen gelten auch für Domänencontroller.

DNS für Active Directory installieren

Der Assistent für die Installation von Active Directory kann zwar auch im Rahmen der Einrichtung die DNS-Funktionalität installieren und einrichten. Für ein besseres Verständnis der Thematik ist diese Vorgehensweise allerdings nicht optimal, da Sie viele Einstellungen später nicht verstehen. Außerdem legt der Assistent keine Reverse-Lookupzone an, also die Möglichkeit, IP-Adressen nach Namen aufzulösen (siehe Kapitel 6).

Das ist zwar für den Betrieb von Active Directory nicht zwingend notwendig, allerdings verbessern Reverse-Lookupzonen die Namensauflösung und Sie erhalten bei Nslookup keine Fehlermeldungen. Um DNS zu installieren, starten Sie den Server-Manager und klicken auf *Verwalten/Rollen und Features hinzufügen*. Wählen Sie die Rolle *DNS-Server* aus. Nach der Installation müssen Sie den Server nicht neu starten.

Wollen Sie ein neues Active Directory erstellen, besteht der erste Schritt darin, auf dem ersten geplanten Domänencontroller nach der Installation von Windows Server 2019 zunächst die DNS-Erweiterung zu installieren. Nach der Installation finden Sie das Verwaltungsprogramm für den DNS-Server im Server-Manager über den Bereich *Tools*. Alternativ starten Sie das Programm mit *dnsmgmt.msc*.

Standardmäßig werden Sie mit dem lokal installierten DNS-Server verbunden. Erstellen Sie später eine einheitliche Managementkonsole (Microsoft Management Console, MMC), können Sie die Verwaltung mehrerer DNS-Server in Ihrem Unternehmen an einer Stelle verbinden. Klicken Sie mit der rechten Maustaste in der Konsole auf *DNS*, können Sie sich mit zusätzlichen DNS-Servern verbinden.

Mit den Knoten *Forward-Lookupzonen* und *Reverse-Lookupzonen* legen Sie die Zonen an, die Active Directory für seinen Betrieb benötigt. Im Menü *Globale Protokolle/DNS-Ereignisse* finden Sie gefilterte Meldungen der Ereignisanzeige des Servers. Über *Bedingte Weiterleitungen* können Sie Anfragen zu bestimmten DNS-Zonen an fest definierte DNS-Server weiterleiten.

Erstellen der notwendigen DNS-Zonen für Active Directory

Der nächste Schritt zur Erstellung von Active Directory besteht im Einrichten der neuen Zonen, die die DNS-Domänen von Active Directory verwalten. Starten Sie dazu die DNS-Verwaltung.

Die erste und wichtigste Zone, die Sie auf einem DNS-Server anlegen, ist die *Forward-Lookupzone* der ersten Domäne von Active Directory. Klicken Sie dazu in der MMC mit der rechten Maustaste auf *Forward-Lookupzonen* und wählen Sie im Kontextmenü den Eintrag *Neue Zone* aus. Es startet der Assistent zum Erstellen von neuen Zonen. Im nächsten Fenster können Sie festlegen, welche Art von Zone Sie erstellen wollen.

Wählen Sie die Option *Primäre Zone* aus. Beim Erstellen neuer Domänen in Active Directory werden ausschließlich primäre Domänen benötigt. Auf der nächsten Seite des Assistenten legen Sie den Namen der neuen Zone fest. Hier ist es extrem wichtig, dass Sie als Zonennamen exakt den Namen wählen, den Sie als DNS-Suffix des Servers eingetragen haben und den Sie als DNS-Namen der Active Directory-Domäne wählen wollen. Das DNS-Suffix des Namens legt der Installations-Assistent automatisch an, die Forward-Lookupzone auch. Das DNS-Suffix des Domänencontrollers wird später in diese Zone integriert und die erste Active Directory-Domäne speichert ihre SRV-Records ebenfalls in dieser Domäne.

Forward-Lookupzone anlegen

In diesem Beispiel lautet die Zone *joos.int*. Im Anschluss erscheint das Fenster, in dem Sie die Erstellung einer neuen Datei für die Zone bestätigen müssen. Sie könnten an dieser Stelle den Namen der Datei zwar ändern, sollten ihn aber möglichst immer so belassen, wie er festgelegt wurde.

Im nächsten Fenster legen Sie die dynamischen Updates der DNS-Zone fest. DNS-Server unter Windows Server 2019 arbeiten mit dynamischen Updates. Das heißt, alle Servernamen und IP-Adressen sowie die SRV-Records von Active Directory werden automatisch in diese Zone eingetragen. Ohne dynamische Updates können Sie in einer Zone kein Active Directory integrieren.

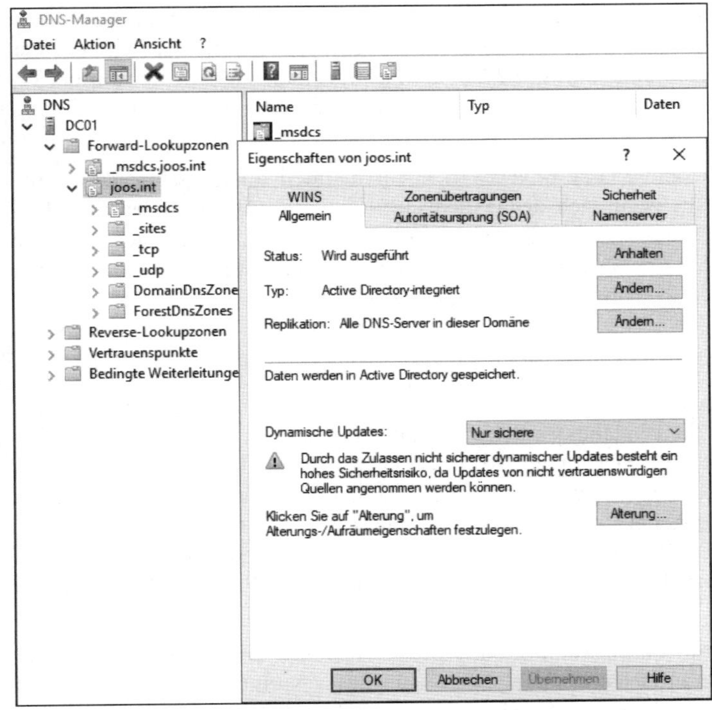

Abbildung 11.1: Aktivieren der dynamischen Updates für eine Zone

Der Installations-Assistent von Active Directory muss in einer Zone Dutzende Einträge automatisch erstellen können. Aktivieren Sie daher im Fenster bei *Dynamische Updates* die Option *Nicht sichere und sichere*. Sichere Updates können Sie nach der Erstellung von Active Directory konfigurieren. Vor der Installation ist diese Einstellung deaktiviert.

Im Anschluss erhalten Sie nochmals eine Zusammenfassung Ihrer Angaben aufgelistet. Danach wird die Zone erstellt und in der MMC angezeigt. Innerhalb der Zone sollte bereits der lokale Server als Host (A) mit seiner IP-Adresse registriert sein. Diese Registrierung findet nur statt, wenn das primäre DNS-Suffix des Servers mit der erstellten Zone übereinstimmt und die dynamische Aktualisierung zugelassen wurde. In den IP-Einstellungen des Servers muss außerdem der DNS-Server eingetragen sein, der die Zone verwaltet.

Reverse-Lookupzone anlegen

Im Anschluss an die Forward-Lookupzone sollten Sie eine Reverse-Lookupzone erstellen. Diese Zone ist dafür zuständig, IP-Adressen in Rechnernamen zu übersetzen. Diese Zonen werden zwar für den stabilen Betrieb von Active Directory nicht zwingend benötigt, gehören aber dennoch zu einer ordnungsgemäßen Namensauflösung im Netzwerk.

Klicken Sie mit der rechten Maustaste auf den Menüpunkt *Reverse-Lookupzonen* und wählen Sie *Neue Zone* aus. Auf der ersten Seite des Assistenten wählen Sie wieder die Option *Primäre Zone*. Über die folgende Seite bestimmen Sie, wie die Zonendaten repliziert werden sollen. Auf der nächsten Seite können Sie festlegen, ob Sie eine IPv4- oder eine IPv6-Reverse-Lookupzone anlegen wollen. Legen Sie auf der nächsten Seite des Assistenten den IP-Bereich fest, der durch diese Zone verwaltet werden soll. Tragen Sie zur Definition des IP-Bereichs unter *Netzwerk-ID* den IP-Bereich ein, den Sie verwalten wollen. Für jeden eigenständigen IP-Bereich müssen Sie eine eigene Zone anlegen. Verwalten Sie ein Klasse-B-Netz (255.255.0.0), können Sie auch einfach die letzte Stelle leer lassen. Hat sich bei einer Zone, die Sie für die Netzwerkkennung *192.168.* konfiguriert haben, ein Server mit der IP-Adresse *192.168.178.10* registriert, legt der DNS-Server automatisch eine Sortierung für die verschiedenen Subnetze an.

Sie müssen daher bei einem Klasse-B-Netzwerk nicht manuell für jedes Unternetz eine eigene Zone anlegen. Nur wenn sich der IP-Bereich vollständig unterscheidet, zum Beispiel *192.168.* und *10.1.*, müssen Sie zwei getrennte Zonen anlegen. Auf der nächsten Seite des Assistenten legen Sie den Zonennamen fest. Danach müssen Sie die dynamischen Updates zulassen und die Zusammenfassung bestätigen.

DNS-Zonen testen und Namen für den Server festlegen

Als Nächstes wird die neue Zone erstellt. Hat sich der Server noch nicht automatisch registriert, können Sie über die Eingabe des Befehls *ipconfig /registerdns* in der Eingabeaufforderung die dynamische Registrierung anstoßen. Danach sollte die IP-Adresse des Servers in der Zone registriert sein. Die PowerShell verfügt über Cmdlets, um Netzwerkeinstellungen eines Computers zu steuern oder abzufragen, zum Beispiel *Get-NetIPAddress*. Durch Eingabe dieses Befehls erhalten Sie umfassende Informationen zu den Netzwerkeinstellungen und IP-Adressen eines Rechners. Sie sehen alle Daten zu den IPv4- und IPv6-Adressen eines Computers.

Das funktioniert aber nur dann, wenn Sie das DNS-Suffix des Servers vorher anpassen. Konfigurieren Sie daher zunächst über *sysdm.cpl* neben den NetBIOS-Namen des neuen Domänencontrollers, zum Beispiel *dc*, noch das DNS-Suffix. Klicken Sie dazu im Fenster auf die Schaltfläche *Weitere* und geben Sie das DNS-Suffix des Servers an. Geben Sie an dieser Stelle exakt den DNS-Namen an, den Ihre Active Directory-Domäne später erhalten soll, zum Beispiel *testdom.int*.

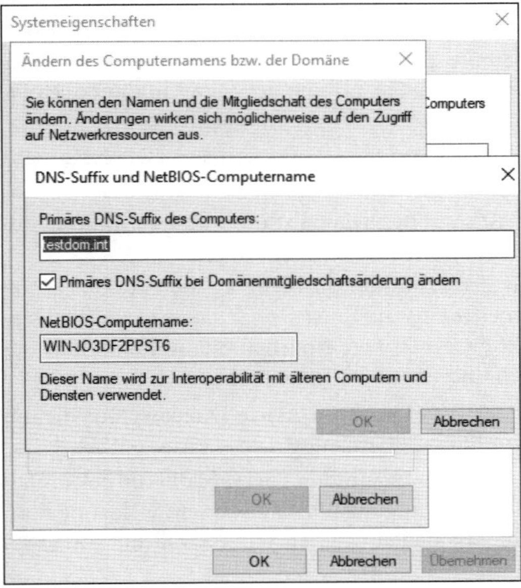

Abbildung 11.2: Definieren des Computernamens und des DNS-Suffixes eines neuen Domänencontrollers

Der vollständige Name des Servers (FQDN) setzt sich aus dem Computernamen und dem primären DNS-Suffix zusammen. Der vollständige Computername des Domänencontrollers lautet *dc.joos.int*. Haben Sie die Änderungen vorgenommen, müssen Sie den Server neu starten. Nach dem Neustart können Sie überprüfen, ob sich der Server in seine DNS-Zone eingetragen hat sowie in die Reverse-Lookupzone, die Sie erstellt haben.

Mit dem Cmdlet *Test-DnsServer* können Sie die Verfügbarkeit und generelle Funktion von einem oder mehreren DNS-Servern testen. Geben Sie in der Liste die IP-Adressen der DNS-Server ein, deren Verfügbarkeit Sie testen wollen. Danach erhalten Sie eine Zusammenfassung der wichtigen Informationen und sehen, welche DNS-Server im Netzwerk verfügbar sind.

Sie können in der PowerShell auch überprüfen, welche Netzwerkverbindungen sich auf den DNS-Servern registrieren und ob das lokale Suffix des Rechners verwendet wird. Dazu nutzen Sie das Cmdlet *Get-DnsClient*. Wollen Sie anzeigen, welche DNS-Server ein Client für die verschiedenen Netzwerkkarten verwendet, geben Sie *Get-DnsClientServerAddress* ein.

Überprüfung und Fehlerbehebung der DNS-Einstellungen

Bevor Sie Active Directory auf dem Server installieren, sollten Sie sicherstellen, dass alle DNS-Einstellungen korrekt vorgenommen sind. Überprüfen Sie, ob sich der Server sowohl in der Forward- als auch in der Reverse-Lookupzone korrekt eingetragen hat.

Öffnen Sie danach eine Eingabeaufforderung und geben Sie den Befehl *nslookup* ein. Die Eingabe des Befehls darf keinerlei Fehlermeldungen verursachen. Es müssen der richtige FQDN des DNS-Servers und seine IP-Adresse angezeigt werden. Suchen Sie in Nslookup noch nach der IP-Adresse, muss diese nach dem Servernamen aufgelöst werden.

Sollte das nicht der Fall sein, gehen Sie Schritt für Schritt vor, um den Fehler einzugrenzen:

1. Sollte ein Fehler erscheinen, versuchen Sie es einmal mit dem Befehl *ipconfig /registerdns* in der Eingabeaufforderung. Überprüfen Sie, ob sich der Server in die Zone eingetragen hat.
2. Sollte der Fehler weiterhin auftreten, überprüfen Sie, ob das primäre DNS-Suffix auf dem Server mit dem Zonennamen übereinstimmt.
3. Stellen Sie als Nächstes fest, ob die IP-Adresse des Servers stimmt und der Eintrag des bevorzugten DNS-Servers auf die IP-Adresse des Servers zeigt.
4. Überprüfen Sie in den Eigenschaften der Zone, ob die dynamische Aktualisierung zugelassen wird, und ändern Sie gegebenenfalls die Einstellung, damit die Aktualisierung stattfinden kann. Die Eigenschaften der Zonen erreichen Sie, wenn Sie mit der rechten Maustaste auf die Zone klicken und *Eigenschaften* auswählen.

Treten keine Fehler auf, können Sie mit der Erstellung von Active Directory auf diesem Server beginnen. Dazu gehen Sie vor, wie in Kapitel 10 erläutert.

Haben Sie Active Directory installiert, stehen auch in Windows Server 2019 die bekannten Tools *Dcdiag*, *Repadmin* & Co. zur Analyse zur Verfügung. Für die Namensauflösung können Sie weiterhin *Nslookup* verwenden oder die neuen Cmdlets zur Verwaltung von DNS, zum Beispiel *Resolve-DnsName*.

Tipp

Wollen Sie zum Beispiel eine Namensauflösung für einen Server mit allen notwendigen Host-Einträgen, TTL und IP-Adressen durchführen, geben Sie *Resolve-DnsName <Name des Rechners>* ein. *Resolve-DnsName -Type All <DNS-Zone>* zeigt wichtige Informationen zur DNS-Zone an.

Um den Namen eines Computers auf Basis der IP-Adresse aufzulösen, verwenden Sie *Resolve-DnsName <IP-Adresse>*. Anschließend zeigt die PowerShell die gefundenen Rechner sowie die dazugehörige Reverse-Lookupzone an.

Resolve-DnsName kann auch DNS-Namen über das Internet auflösen lassen, zum Beispiel mit *Resolve-DnsName www.microsoft.de*. Wollen Sie nur die IPv4-Adressen anzeigen, nutzen Sie *(Resolve-DnsName www.microsoft.de).IP4Address*.

Wollen Sie auch Abfragen von DNS-Zonen über einen DNS-Server anzeigen, verwenden Sie *Resolve-DnsName contoso.int -Server dc1.contoso.int*. Wer gerne mit Skripts arbeitet und sich nur die IP-Adressen anzeigen lassen will, kann auch folgenden Befehl verwenden:

([system.net.dns]::GetHostEntry("dc1.contoso.int")).AddressList.IPAddressToString

---

Installation der Active Directory-Domänendienste-Rolle

Nachdem Sie diese Vorbereitungen getroffen haben, können Sie Active Directory auf dem Server installieren. Wie Sie dabei vorgehen, lesen Sie in Kapitel 10. In den folgenden Abschnitten gehen wir ausführlicher auf die Einrichtung einer neuen Gesamtstruktur ein.

Tipp Neben dem Server-Manager (siehe Kapitel 10) können Sie die Binärdateien von Active Directory inklusive der Verwaltungstools auch in der PowerShell installieren. Dazu verwenden Sie den Befehl *Install-WindowsFeature -Name AD-Domain-Services -IncludeManagementTools*.

Ob die Binärdateien für Active Directory installiert sind, können Sie mit dem Cmdlet *Get-WindowsFeature* anzeigen. Auf diesem Weg lässt sich in der PowerShell anzeigen, welche Serverdienste bereits installiert sind.

Alle Befehle, die für Active Directory zur Verfügung stehen, erhalten Sie über *Get-Command -Module ADDSDeployment*. Hilfestellungen rufen Sie mit *Get-Help <Cmdlet>* ab.

Test der Voraussetzungen zum Betrieb von Active Directory

In der PowerShell testen Sie Domänencontroller mit den Cmdlets *Test-ADDSDomainControllerInstallation, Test-ADDSDomainControllerUninstallation, Test-ADDSDomainInstallation, Test-ADDSForestInstallation* und *Test-ADDSReadOnlyDomainControllerAccountCreation.*

Das Cmdlet *Test-ADDSDomainControllerInstallation* ermöglicht das Testen der Voraussetzungen für die Installation eines Domänencontrollers. Die Voraussetzungen für schreibgeschützte Domänencontroller testen Sie mit *Test-ADDSReadOnlyDomainControllerAccountCreation. Test-ADDSDomainControllerUninstallation* testet die Voraussetzungen für die Deinstallation eines Domänencontrollers. Das Tool bereitet die Ausführung des Cmdlets *Uninstall-ADDSDomainController* vor.

Mit *Test-ADDSDomainInstallation* testen Sie die Voraussetzungen für die Installation einer neuen Domäne in Active Directory, *Test-ADDSForestInstallation* testet das Gleiche für eine neue Gesamtstruktur auf Basis von Windows Server 2019. Für die Tests müssen Sie an verschiedenen Stellen noch Kennwörter eingeben. Diese akzeptiert das entsprechende Cmdlet aber nur als sichere Eingabe. Ein Beispiel für den Befehl ist:

Test-ADDSDomainControllerInstallation -DomainName <DNS-Name der Domäne> -SafeModeAdministratorPassword (Read-Host -Prompt Kennwort -AsSecureString)

Starten der Installation von Active Directory

Nachdem Sie die Serverrolle installiert haben, beginnen Sie mit der Einrichtung der Domäne. Diesen Vorgang starten Sie im Server-Manager über das Wartungssymbol.

Tipp Sie können die Einrichtung von Active Directory auch in der PowerShell auf einem Computer im Netzwerk durchführen. Dazu verwenden Sie den folgenden Cmdlet-Aufruf:

Invoke-Command {Install-ADDSDomainController -DomainName <Domäne> -Credential (Get-Credential) -ComputerName <Name des Servers>.

Wenn Sie die erste Domäne für Ihre Gesamtstruktur erstellen, wählen Sie die Option *Neue Gesamtstruktur hinzufügen* aus. Sie erstellen durch diese Auswahl eine neue Domäne und auch die dazugehörige Gesamtstruktur. Insgesamt gibt es in Active Directory die drei Container *Gesamtstruktur*, *Struktur* und *Domäne*. In den nächsten Kapiteln gehen wir ausführlicher auf dieses Thema ein.

Als Nächstes wählen Sie den DNS-Namen der Domäne. Dieser muss mit der erstellten DNS-Zone und dem DNS-Suffix des ersten Domänencontrollers übereinstimmen. Auf der nächsten Seite des Assistenten legen Sie die Funktionsebene der Gesamtstruktur und damit aller Domänen fest sowie einzelner Domänen. Active Directory kann unter verschiedenen Funktionsebenen betrieben werden:

- Funktionsebene der einzelnen Domänen in der Gesamtstruktur
- Funktionsebene der Gesamtstruktur, die dann für alle Domänen gültig ist

Hinweis Sie können die Funktionsebene für die Domänen im Snap-in *Active Directory-Benutzer und -Computer* über das Kontextmenü der Domäne einstellen. Die Funktionsebene für die Gesamtstruktur stellen Sie über das Snap-in *Active Directory-Domänen und -Vertrauensstellungen* ein, ebenfalls über das Kontextmenü. Das Abändern der Funktionsebene lässt sich nicht rückgängig machen.

Während die Funktionsebene der Gesamtstruktur nur einmal verändert werden muss, müssen Sie für jede Domäne der Gesamtstruktur deren eigene Funktionsebene anpassen. Diese beiden Ebenen können teilweise unabhängig voneinander jeweils verschiedene Funktionsebenen annehmen. Diese Funktionsebenen haben keine Kompatibilitätsunterschiede für Mitgliedsserver oder -PCs. Wichtig ist der Modus nur für die integrierten Domänencontroller. Das heißt, auch im Betriebsmodus *Windows Server 2019* dürfen Sie Server mit Windows Server 2008/2008 R2/2012/2012 R2 als Mitgliedsserver betreiben, nur eben nicht als Domänencontroller.

- **Windows Server 2008** – In dieser Funktionsebene werden Kennwortrichtlinien für mehrere Organisationseinheiten (OUs) unterstützt. Außerdem nutzt Windows in diesem Modus zur Replikation des *SYSVOL*-Ordners DFS, was wesentlich performanter und stabiler funktioniert. In diesem Modus können Sie den Kerberosverkehr mit AES 128 oder 256 verschlüsseln.
- **Windows Server 2008 R2** – Diese Funktionsebene ist für die Unterstützung des Active Directory-Papierkorbs notwendig oder wenn Sie Authentifizierungsrichtlinien mit Active Directory-Verbunddienste konfigurieren wollen.
- **Windows Server 2012** – Diese Funktionsebene ist notwendig, wenn Sie erweiterte Active Directory-Funktionen nutzen wollen. Dazu gehört die Möglichkeit, Domänencontroller zu klonen oder verwaltete Dienstkonten auf mehreren Servern einzusetzen. Auf der Windows Server 2012/2012 R2-Domänenfunktionsebene ist die Kerberos-Domänencontrollerrichtlinie für die Unterstützung der dynamischen Zugriffssteuerung und Kerberos Armoring aktiv. Die Windows Server 2012/2012 R2-Gesamtstrukturfunktionsebene bietet keine neuen Features, stellt aber sicher, dass alle in der Gesamtstruktur erstellten neuen Domänen automatisch auf Windows Server 2012-Domänenfunktionsebene gestellt werden.
- **Windows Server 2012 R2** – Diese neue Funktionsebene aktivieren Sie, wenn Sie nur noch Domänencontroller mit Windows Server 2012 R2 einsetzen. Die Funktionsebene

bietet die gleichen Möglichkeiten wie Windows Server 2012. Haben Sie Ihre Domänencontroller alle auf Windows Server 2012 R2 aktualisiert, sollten Sie die Gesamtstrukturfunktionsebene und die Domänenfunktionsebenen der Domänen auf Windows Server 2012 R2 heraufstufen, wenn Sie tiefgehende Active Directory-Funktionen aus Windows Server 2012 R2 nutzen, zum Beispiel Webanwendungen mit Claim-Based-Authentication und AD FS zusammen betreiben.

- **Windows Server 2016** – Diese Funktionsebene nutzen Sie, wenn Sie nur Domänencontroller mit Windows Server 2016 einsetzen. Alle neuen Funktionen in Active Directory werden damit aktiviert.

Auf der gleichen Seite des Assistenten konfigurieren Sie, dass der Domänencontroller auch als DNS-Server konfiguriert wird. Der erste Domänencontroller in der Gesamtstruktur sollte möglichst auch immer DNS-Server sein.

Tipp Installieren Sie Active Directory in der PowerShell, können Sie steuern, ob der neue Domänencontroller auch als DNS-Server fungieren soll. Dazu verwenden Sie die Option *-InstallDNS*:

- *InstallDNS:$false*
- *InstallDNS:$true*

Der neue Domänencontroller wird darüber hinaus auch der erste globale Katalog-Server. Auf dieser Seite können Sie noch festlegen, ob ein Domänencontroller zum schreibgeschützten Domänencontroller (RODC) werden soll. Hierbei wird auf dem Domänencontroller ein Replikat der Active Directory-Datenbank gespeichert, die keinerlei Änderungen akzeptiert. Mehr zu diesem Thema erfahren Sie in Kapitel 13.

Der erste Domänencontroller einer Gesamtstruktur kann nicht zum RODC konfiguriert werden, aus diesem Grund ist diese Option, genau wie die Auswahl zum globalen Katalog, deaktiviert, da dem ersten Domänencontroller gewisse Verpflichtungen zukommen, die Sie an dieser Stelle nicht ändern können. Wir kommen bei der Integration eines zusätzlichen Domänencontrollers noch auf dieses Thema zurück.

In dem Fenster legen Sie auch das Kennwort für den Verzeichnisdienst-Wiederherstellungsmodus an. Hierbei handelt es sich um das Kennwort des lokalen Administrators, wenn Sie zur Wiederherstellung von Active Directory ohne den Active Directory-Dienst starten.

Auf der nächsten Seite erkennt der Assistent, dass bereits eine Zone vorhanden ist, wenn Sie diese zuvor angelegt haben, wie in diesem Abschnitt beschrieben. Der Assistent bietet an, eine neue Zone für Active Directory zu installieren und diese unterhalb der aktuellen Zone zu integrieren. Diese DNS-Delegierung sollten Sie aktivieren, damit die Daten von Active Directory in einer eigenen Zone unterhalb der aktuellen Zone gebündelt werden.

Wollen Sie Active Directory aber genau innerhalb der Zone speichern, deaktivieren Sie die Option *DNS-Delegierung erstellen*. DNS-Delegierungen können Sie auch für andere Zonen anlegen, nicht nur für Active Directory.

DNS-Delegierung funktioniert folgendermaßen: Wenn Sie eine untergeordnete Domäne erstellen wollen, zum Beispiel die Domäne *de* unterhalb der Domäne *contoso.com*, haben Sie zwei Möglichkeiten, die Namensauflösung zu erstellen. Sie können auf den primären DNS-Servern der Zone *contoso.com* eine Unterdomäne *de* erstellen. In diesem Fall wird die neue Domäne unterhalb der Domäne *contoso.com* angezeigt. Alle DNS-Server, die die

Zone *contoso.com* verwalten, sind auch für die Domäne *de.contoso.com* zuständig. Vor allem bei größeren Unternehmen kann die Erstellung von untergeordneten DNS-Domänen Probleme bereiten. Wenn zum Beispiel in der Zentrale in Dallas die Rootdomäne *contoso.com* verwaltet werden soll, aber die Administratoren in der deutschen Domäne *de* diese Zone aus Sicherheitsgründen nicht verwalten sollen, sondern nur ihre eigene, können Sie nicht einfach eine Unterdomäne anlegen, da sonst jeder Administrator eines DNS-Servers Änderungen in der ganzen Zone vornehmen könnte.

Durch fehlerhafte Änderungen wird ein weltweites Active Directory schnell außer Funktion gesetzt. Aus diesem Grund hat Microsoft in seinen DNS-Servern die Delegation von Domänen integriert. Gehen Sie dazu folgendermaßen vor: Auf dem DNS-Server der neuen untergeordneten Domäne wird eine eigene Zone *de.contoso.com* angelegt und konfiguriert. Zukünftig verwalten die Administratoren der Domäne *de* ihre eigene Zone *de.contoso.com*.

Damit die DNS-Server und Domänencontroller der restlichen Niederlassungen ebenfalls eine Verbindung zu der Zone *de.contoso.com* herstellen können, wird in der Hauptzone *contoso.com* eine sogenannte *Delegation* eingerichtet, in der festgelegt wird, dass nicht die DNS-Server der Zone *contoso.com* für die Domäne *de.contoso.com* zuständig sind, sondern die DNS-Server der Niederlassung in Deutschland. Durch diese Konfiguration können weiterhin alle Namen aufgelöst werden, aber die Administratoren der Niederlassungen können nur ihre eigenen Zonen verwalten, nicht die Zonen der anderen Niederlassungen.

Nachdem Sie die Delegation eingerichtet haben, wird die Zone unterhalb der Hauptzone als delegiert angezeigt. Dieser DNS-Server ist nicht mehr für diese Zone verantwortlich, kann aber Namen in der Domäne durch die Delegation auflösen, indem er Anfragen an die DNS-Server weiterleitet, die in der Delegation angegeben sind.

Ein DNS-Server der Zone *contoso.com*, der eine Anfrage für die Domäne *de.contoso.com* erhält, gibt diese Abfrage an die DNS-Server weiter, die in der Delegation hinterlegt sind. Die Zone *de.contoso.com* wird auf den DNS-Servern, die die Zone verwaltet, genauso verwaltet wie die Zone *contoso.com* auf dem Haupt-DNS-Server. Die Delegation auf den DNS-Servern der Zone *contoso.com* hat keinerlei Auswirkungen auf die Verwaltung der Zone *de.contoso.com*. Die Delegation ist nur eine Verknüpfung zu den DNS-Servern in der Zone *de.contoso.com*.

In der Ansicht der DNS-Verwaltung auf den DNS-Servern von *contoso.com* werden die Delegationen grau angezeigt. Delegationen können jederzeit gelöscht und wieder angelegt werden, da sie keinerlei Auswirkungen auf die Zone haben, zu der sie delegiert sind. Lassen Sie den Assistenten zum Erstellen von Active Directory eine Delegation einrichten, erstellt er eine neue DNS-Zone mit dem Namen *_msdcs_<DNS-Name des Servers>*. In der originalen DNS-Zone legt der Assistent eine Delegierung zur neu angelegten Zone an. So ist sichergestellt, dass Anpassungen an der DNS-Zone des Servers Active Directory nicht beeinträchtigen. Legen Sie keine Delegierung an, erstellt der Assistent innerhalb der bereits vorhandenen DNS-Zone einen neuen Ordner mit der Bezeichnung *_msdcs*.

Nachdem Sie die Konfiguration von DNS abgeschlossen und einen Benutzernamen mit Administratorrechten für die Änderung der Zone eingegeben haben, wechseln Sie auf die nächste Seite des Assistenten. Hier legen Sie den NetBIOS-Namen der neuen Domäne fest.

Im nächsten Fenster bestimmen Sie den Speicherort der Datenbank und der Protokolle, die Active Directory zum Speichern der Informationen benötigt. Sie sollten hier den Ordner an der Stelle belassen, die vorgeschlagen wird. Im Anschluss müssen Sie noch die Ordner festlegen, die als *Netlogon*- und *SYSVOL*-Freigabe verwendet werden. In diesem Ordner werden die Anmeldeskripts und später die Gruppenrichtlinien gespeichert. Belassen Sie auch an dieser Stelle den Standardpfad, da eine Änderung keinen Sinn ergeben würde.

Anschließend erhalten Sie eine Zusammenfassung angezeigt. Klicken Sie auf *Weiter*, testet der Assistent den Server, ob Active Directory installiert werden kann. Sie erhalten noch Informationen und Warnungen, die Sie berücksichtigen sollten. Mit *Installieren* beginnt der Assistent die Installation von Active Directory.

Über das Kontextmenü eines Domänencontrollers in der Servergruppe *AD DS* können Sie Verwaltungstools und Tools zur Analyse der Domäne starten. Es öffnet sich eine Eingabeaufforderung, in der Sie eine Analyse durchführen können.

Die Analyse startet aber nicht, indem Sie das Tool im Kontextmenü des Servers im neuen Server-Manager starten. Hier öffnet sich lediglich eine neue Eingabeaufforderung, die die Hilfe des Tools anzeigt. Die Diagnose selbst starten Sie nach der Installation von Active Directory, indem Sie eines der Tools *Dcdiag* oder *Repadmin* verwenden und dabei auf die verschiedenen Optionen der Befehle setzen. Mehr zu diesem Thema erfahren Sie in Kapitel 10 und den folgenden Kapiteln in diesem Buch.

DNS in Active Directory integrieren und sichere Updates konfigurieren

Die erste Maßnahme, die Sie nach der Installation von Active Directory durchführen sollten, ist die Integration der DNS-Zonen in Active Directory. Windows Server 2019 führt diesen Vorgang automatisch durch, wenn der Assistent die Zone erstellt. Sie sollten die Einstellungen aber überprüfen.

Durch diese Integration werden die kompletten Daten der DNS-Zonen über die Active Directory-Replikation verteilt. Haben Sie die Installation des DNS-Servers nicht manuell vorgenommen, sondern durch den Assistenten für Active Directory, sind die Zonen bereits automatisch in Active Directory integriert. Um diese Konfiguration zu überprüfen, rufen Sie zunächst das DNS-Snap-in über den Server-Manager auf. Erweitern Sie die Zone, sehen Sie die Erweiterungen, die Active Directory hinzugefügt hat. In den einzelnen Unterdomänen der Zone finden Sie die verschiedenen SRV-Records. Um die Zone in Active Directory zu integrieren, markieren Sie die gesamte DNS-Zone.

1. Klicken Sie mit der rechten Maustaste auf die Zone und wählen Sie im Kontextmenü den Eintrag *Eigenschaften*.
2. Auf der Registerkarte *Allgemein* können Sie durch Klicken auf die Schaltfläche *Ändern* im Bereich *Typ* die Zone in Active Directory integrieren lassen.
3. Aktivieren Sie im Fenster *Zonentyp ändern* das Kontrollkästchen *Zone in Active Directory speichern*.
4. Haben Sie diese Einstellung vorgenommen, können Sie noch im Bereich *Dynamische Updates* die Option *Nur sichere* aktivieren.

Bei dieser Einstellung können sich nur Computer, die sich erfolgreich in Active Directory authentifizieren, dynamisch in DNS registrieren.

Bei der Integration der DNS-Zone in Active Directory sehen Sie auch die Möglichkeit, eine Stubzone zu erstellen. Das ist die Kopie einer Zone, die nur die für diese Zone erforderlichen Ressourceneinträge zum Identifizieren der autorisierenden DNS-Server enthält.

Abbildung 11.3: Speichern von DNS-Zonen in Active Directory

Haben Sie die Zone in Active Directory integriert, können Sie auch die Replikation der DNS-Daten anpassen: Klicken Sie in den Eigenschaften einer Zone im Bereich *Replikation* auf *Ändern*, können Sie konfigurieren, auf welche Server die DNS-Daten repliziert werden sollen. Sie können die Zone auf alle DNS-Server der Gesamtstruktur, auf alle DNS-Server der aktuellen Domäne oder auf alle Domänencontroller der aktuellen Domäne replizieren.

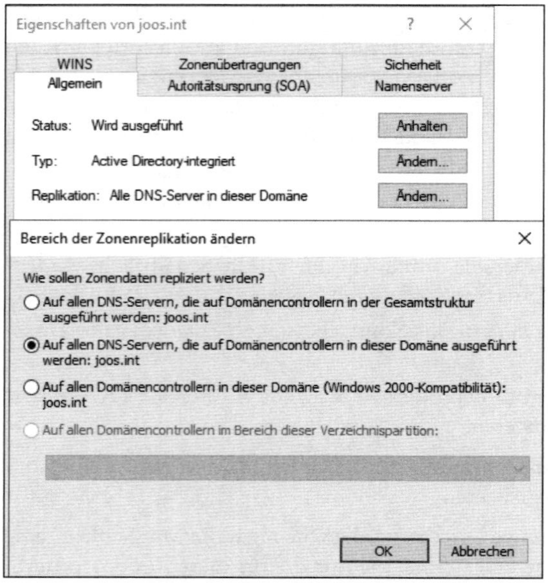

Eigenschaften von joos.int
WINS
Zonenübertragungen
Sicherheit
Allgemein
Autoritätsursprung (SOA)
Namenserver
Status: Wird ausgeführt
Anhalten
Typ: Active Directory-integriert
Ändern...
Replikation: Alle DNS-Server in dieser Domäne
Ändern...
Bereich der Zonenreplikation ändern
Wie sollen Zonendaten repliziert werden?
Auf allen DNS-Servern, die auf Domänencontrollern in der Gesamtstruktur ausgeführt werden: joos.int
Auf allen DNS-Servern, die auf Domänencontrollern in dieser Domäne ausgeführt werden: joos.int
Auf allen Domänencontrollern in dieser Domäne (Windows 2000-Kompatibilität): joos.int
Auf allen Domänencontrollern im Bereich dieser Verzeichnispartition:
OK
Abbrechen

Abbildung 11.4: Konfiguration der DNS-Datenreplikation

DNS-IP-Einstellungen anpassen

Windows Server 2019 hat die Eigenart, die Konfiguration der Netzwerkverbindungen automatisch abzuändern, sodass die Einstellungen für manche Administratoren verwirrend sein können. Geben Sie nach der Fertigstellung der Installation von Active Directory auf dem Domänencontroller in der Eingabeaufforderung *nslookup* ein, erhalten Sie unter Umständen eine etwas verwirrende Ausgabe. Der Server gibt als Adresse *:1* zurück. In Kapitel 6 sind wir bereits auf das Thema eingegangen.

Die Ausgabe wird durch eine Konfiguration der Netzwerkverbindungen verursacht. Rufen Sie zunächst die Verwaltung Ihrer Netzwerkverbindungen auf. Der schnellste Weg ist, wenn Sie *ncpa.cpl* im Startmenü eingeben. Rufen Sie die Eigenschaften des IPv6-Protokolls auf. Wie Sie sehen, hat Windows Server 2019 die Option *Folgende DNS-Serveradressen verwenden* aktiviert und den Eintrag *::1* hinterlegt. Dies entspricht bei IPv6 dem Eintrag 127.0.0.1 (localhost) bei IPv4.

Durch diesen Eintrag fragt der DNS-Server bei Reverse-Abfragen per IPv6 den lokalen DNS-Server. Legen Sie eine IPv6-Reverse-Lookupzone an und stellen Sie sicher, dass ein Zeiger zur IPv6-Adresse des Servers eingetragen wird.

Aktivieren Sie am besten die Option *DNS-Serveradresse automatisch beziehen*. Durch diese Konfiguration vermeiden Sie die irreführende Meldung in Nslookup. Rufen Sie als Nächstes die Eigenschaften für das IPv4-Protokoll auf. Auch hier hat der Assistent als bevorzugten DNS-Server die Adresse des lokalen Hosts hinterlegt (127.0.0.1). In diesem Fall funktionieren zwar Abfragen per DNS, aber diese Konfiguration ist nicht sauber und resultiert in einer fehlerhaften Ausgabe bei Nslookup. Tragen Sie auch hier die richtige IPv4-Adresse des Servers ein. Anschließend sollte die Eingabe von *nslookup* in der Eingabeaufforderung keine Fehler mehr ausgeben.

Active Directory von Installationsmedium installieren

Soll ein Domänencontroller nach der Installation seine Replikationsdaten nicht über das Netzwerk beziehen, sondern einen Datenträger verwenden, den Sie auf Basis der aktuellen Active Directory-Daten erstellt haben, müssen zuvor einige Vorbereitungen getroffen werden.

Für die Installation eines Domänencontrollers in Niederlassungen oder bereits ausgelasteten Netzwerken bietet es sich an, auf einem Quell-Domänencontroller zunächst Daten aus Active Directory zu exportieren, auf einen Datenträger zu kopieren und zur Niederlassung zu senden. Bei der Heraufstufung eines Domänencontrollers kann dieses Medium verwendet werden.

So muss der Domänencontroller in der Niederlassung nur noch das Delta zwischen Medium und aktuellen Daten mit seinen Replikationspartnern synchronisieren, was deutlich Netzwerklast spart. Auf den folgenden Seiten zeigen wir Ihnen, wie Sie dazu am besten vorgehen.

Vorbereiten des Active Directory-Installationsmediums

Um ein Installationsmedium vorzubereiten, müssen Sie sich an einem Domänencontroller mit Adminrechten anmelden. Gehen Sie im Anschluss folgendermaßen vor:

1. Öffnen Sie eine Eingabeaufforderung und geben Sie *ntdsutil* ein.
2. Geben Sie als Nächstes *activate instance ntds* ein und bestätigen Sie.
3. Geben Sie *ifm* ein und bestätigen Sie.
4. Geben Sie *create rodc c:\temp* ein, um ein Installationsmedium für einen RODC (schreibgeschützter Domänencontroller) zu erstellen. Um einen vollwertigen DC mit dem Installationsmedium zu erstellen, geben Sie *create full c:\temp* ein. Soll der *SYSVOL*-Ordner nicht mit eingeschlossen werden, verwenden Sie einen der beiden Befehle *create nosysvol rodc c:\temp* oder *create nosysvol full c:\temp*. Den Ordner können Sie natürlich beliebig ändern.
5. Beenden Sie Ntdsutil mit der wiederholten Eingabe von *quit*.
6. Überprüfen Sie, ob der Ordner erstellt wurde und die Daten darin enthalten sind.

Domänencontroller mit Medium installieren

Kopieren Sie die Daten auf ein Medium und legen dieses in den Server ein, den Sie mit diesem Medium installieren wollen. Soll die Installation unbeaufsichtigt erfolgen (siehe die Hinweise am Ende dieses Kapitels), geben Sie den Parameter */ReplicationSourcePath* an.

Verwenden Sie den Assistenten in der grafischen Oberfläche, aktivieren Sie auf der Seite *Installieren von Medium* die Option *Daten von Medien an folgendem Speicherort replizieren* und wählen Sie den lokalen Ordner aus, in dem die Daten abgelegt wurden. Dieses Fenster erscheint, wenn Sie über den Installations-Assistenten von Active Directory einen zusätzlichen Domänencontroller installieren (siehe Kapitel 12).

Active Directory mit PowerShell installieren

Auch Core-Server können Sie als Domänencontroller verwenden. Im Kapitel 13 kommen wir ausführlich auf das Thema zurück. Die Installation von Active Directory nehmen Sie in diesem Fall zum Beispiel über die PowerShell vor. Das funktioniert natürlich auch auf herkömmlichen Domänencontrollern.

Mit dem Cmdlet *Install-ADDSDomainController* installieren Sie in einer bestehenden Domäne einen neuen Domänencontroller. Mit *Install-ADDSDomain* installieren Sie eine neue Domäne, mit *Install-ADDSForest* eine neue Gesamtstruktur.

Um einen Domänencontroller herabzustufen, verwenden Sie das Cmdlet *Uninstall-ADDSDomainController*. Die Cmdlets fragen alle notwendigen Optionen ab und starten den Server neu, wenn Sie die Optionen nicht bereits mit dem Cmdlet konfiguriert haben. Konfigurationen wie DNS-Server und globaler Katalog nehmen Sie anschließend vor. Diese Aufgaben müssen Sie nicht mehr im Assistenten zur Installation vorgeben.

Bevor Sie einen Core-Server als Domänencontroller installieren, nehmen Sie die IP-Einstellungen auf dem Server vor. Gehen Sie dazu vor wie in den Kapiteln 2, 3, 4 und 6 beschrieben. Sie haben auch die Möglichkeit, Active Directory in der grafischen Benutzeroberfläche zu installieren und danach die grafische Oberfläche vom Server zu entfernen (siehe

Kapitel 3). Alternativ aktivieren Sie die Remoteverwaltung und nehmen die Einrichtung über Verwaltungstools von anderen Servern vor oder über eine Arbeitsstation. In diesem Fall nehmen Sie den Core-Server in die Domäne auf (siehe Kapitel 6), verbinden sich mit dem Server über einen anderen Rechner und den Server-Manager. Über diesen Weg können Sie auf einem Core-Server Active Directory genauso installieren wie mit lokalen Verwaltungswerkzeugen.

Um Active Directory mit der PowerShell zu installieren, geben Sie in der Eingabeaufforderung zunächst *powershell* ein. Im ersten Schritt müssen Sie mit *Install-WindowsFeature AD-Domain-Services -IncludeManagementTools* die Active Directory-Domänendienste auf dem Server installieren.

Anschließend stehen die bereits genannten Cmdlets zur Verfügung. Geben Sie keine Optionen für die Cmdlets ein, fragt der Assistent die notwendigen Daten ab. Sie können sich die Befehle auch anzeigen lassen, wenn Sie den Assistenten auf einem Server durchlaufen und sich am Ende das Skript anzeigen lassen. Hier sehen Sie die Befehle und Optionen, die Sie für die PowerShell benötigen.

Um zum Beispiel einen neuen Domänencontroller zu installieren, verwenden Sie das Cmdlet *Install-ADDSDomainController*. Damit der Befehl funktioniert, geben Sie den Namen der Domäne mit und konfigurieren das Kennwort für den Verzeichnisdienst-Wiederherstellungsmodus als SecureString. Dazu verwenden Sie folgenden Befehl:

Install-ADDSDomainController -DomainName <DNS-Name der Domäne> -SafeModeAdministratorPassword (Read-Host -Prompt Kennwort -AsSecureString)

Der Befehl fragt nach dem Kennwort für den Verzeichnisdienst-Wiederherstellungsmodus und speichert es als sichere Zeichenfolge ab.

Sie können natürlich alle notwendigen Optionen für die Installation im Cmdlet angeben, zum Beispiel noch die Installation von DNS oder die Funktionsebene von Domäne und Gesamtstruktur. Dazu verwenden Sie zum Beispiel die Befehle:

- *-ForestMode <{Win2012 | Win2016 | Win2019}>*
- *-DomainMode <{ Win2012 | Win2016 | Win2019}>*
- *-InstallDNS <{$false | $true}>*
- *-SafeModeAdministratorPassword <secure string>*

Eine neue Gesamtstruktur installieren Sie mit dem Cmdlet *Install-ADDSForest -Domainname <DNS-Name>*. Ein Beispiel für die Ausführung ist folgender Befehl:

Install-ADDSForest -DomainName corp.contoso.com -CreateDNSDelegation -DomainMode Win2008 -ForestMode Win2008R2 -DatabasePath d:\NTDS -SYSVOLPath d:\SYSVOL -LogPath e:\Logs

In Kapitel 13 zeigen wir Ihnen, wie Sie in einer Gesamtstruktur weitere Domänencontroller, Domänen oder Strukturen integrieren. Um zum Beispiel eine neue Domäne im Betriebsmodus Windows Server 2012 in einer Gesamtstruktur zu installieren, verwenden Sie den Befehl:

Install-ADDSDomain -SafeModeAdministratorPassword -Credential (Get-Credential corp\EnterpriseAdmin1) -NewDomainName child -ParentDomainName corp.contoso.com -InstallDNS -CreateDNSDelegation -DomainMode Win2012 -ReplicationSourceDC DC1.corp.contoso.com -SiteName Houston -DatabasePath d:\NTDS -SYSVOLPath d:\SYSVOL -LogPath e:\Logs -Confirm:$False

Um in dieser Domäne dann wiederum einen weiteren Domänencontroller zu installieren, verwenden Sie den Befehl

Install-ADDSDomainController -Credential (Get-Credential corp\administrator) -DomainName corp.contoso.com

Ist der entsprechende Server bereits Mitglied der Domäne und haben Sie sich mit einem Domänenadministrator angemeldet, können Sie auch den Befehl *Install-ADDSDomainController -DomainName corp.contoso.com* verwenden. Ein weiteres Beispiel für die Installation eines neuen Domänencontrollers ist:

Install-ADDSDomainController -Credential (Get-Credential contoso\EnterpriseAdmin1) -CreateDNSDelegation -DomainName corp.contoso.com -SiteName Boston -InstallationMediaPath "c:\ADDS IFM" -DatabasePath "d:\NTDS" -SYSVOLPath "d:\SYSVOL" -LogPath "e:\Logs".

In Kapitel 13 zeigen wir Ihnen ausführlich, wie Sie schreibgeschützte Domänencontroller (RODC) installieren und Core-Server als zusätzliche Domänencontroller. Sie können auch diese Domänencontroller in der PowerShell installieren. Ein Beispiel ist:

Add-ADDSReadOnlyDomainControllerAccount -DomainControllerAccountName RODC1-DomainName corp.contoso.com -SiteName Boston DelegatedAdministratorAccountName joost

Um dann auf dem Server Active Directory zu installieren, verwenden Sie:

Install-WindowsFeature -Name AD-Domain-Services -IncludeManagementTools

Den Server stufen Sie mit dem folgenden Befehl zum Domänencontroller herauf:

Install-ADDSDomainController -DomainName corp.contoso.com -SafeModeAdministratorPassword (Read-Host -Prompt "DSRM Password:" -AsSecureString) -Credential (Get-Credential Corp\joost) -UseExistingAccount

Mehr zu diesem Thema lesen Sie in Kapitel 13.

Beispiel: Erstellen einer neuen Active Directory-Gesamtstruktur in der PowerShell

Eine neue Gesamtstruktur wird mit dem Befehl *Install-AddsForest* installiert. Mit verschiedenen Optionen lassen sich die Daten der Gesamtstruktur mitgeben, um eine Domäne zu installieren. Eine typische Testumgebung sieht folgendermaßen aus:

```
Install-ADDSForest
 -CreateDnsDelegation:$false
 -DatabasePath "C:\Windows\NTDS"
 -DomainMode "Win2012R2"
 -DomainName "testdom.int"
 -DomainNetbiosName "testdom"
 -ForestMode "Win2012R2"
 -InstallDns:$true
 -LogPath "C:\Windows\NTDS" `
 -NoRebootOnCompletion:$false
 -SysvolPath "C:\Windows\SYSVOL"
 -Force:$true
```

Wird der Befehl ausgeführt, müssen Sie nur noch das Kennwort für den Verzeichnisdienstwiederherstellungsmodus eingeben. Anschließend wird die Domäne und Gesamtstruktur erstellt. Während der Installation der Gesamtstruktur wird der Server automatisch neu gestartet.

Anschließend ist die Domäne einsatzbereit. Im Rahmen der Installation wird auf dem Server auch der DNS-Dienst installiert. Nachdem der Server zum Domänencontroller heraufgestuft wurde, wird die DNS-Zone der Domäne automatisch mit sicheren DNS-Updates konfiguriert. Das heißt, es können sich zwar neue Clients in der DNS-Zone registrieren, aber nur dann, wenn sie Mitglied der Domäne sind.

Virtuelle Domänencontroller betreiben – Klonen und Snapshots

Mit Windows Server 2012 R2 hat Microsoft den Betrieb von virtuellen Domänencontrollern optimiert. Auch in Windows Server 2019 ist das Klonen möglich. Im Gegensatz zu Vorgängerversionen stellen Snapshots und geklonte Domänencontroller keine Gefahr mehr für das komplette Active Directory dar. Microsoft empfiehlt sogar, Domänencontroller virtuell zu klonen, da sich so neue Domänencontroller wesentlich schneller zur Verfügung stellen lassen als mit einer herkömmlichen Installation.

Hinweis Um Domänencontroller optimal zu virtualisieren und auch zu klonen, müssen mindestens folgende Bedingungen eingehalten werden:

- Der PDC-Emulator muss sich auf einem Domänencontroller mit Windows Server 2012/2012 R2 oder Windows Server 2016/2019 befinden (siehe Kapitel 10).
- Den PDC-Emulator können Sie nicht klonen, er muss während des Klonvorgangs immer verfügbar sein.
- Die Domäne muss bereits über mindestens zwei Domänencontroller mit Windows Server 2012/2012 R2/2016 oder Windows Server 2019 verfügen, da Sie nur den zweiten klonen können. Der erste stellt den PDC-Emulator zur Verfügung.
- Die Virtualisierungslösung muss diese neue Technik unterstützen (VM-Generation ID). Aktuell ist das vor allem Hyper-V in Windows Server 2012/2012 R2/2016/2019 und VMware vSphere 6/6.5/6.7.

Ob die von Ihnen eingesetzte Virtualisierungslösung die neue VM-Generation ID unterstützt, erkennen Sie im Geräte-Manager eines virtualisierten Servers mit Windows Server 2019. Bei den Systemgeräten muss der Treiber *Microsoft Hyper-V-Generierungszähler (Microsoft Hyper-V Generation Counter)* mit der Treiberdatei *vmgencounter.sys* existieren. Den Geräte-Manager öffnen Sie am schnellsten mit *devmgmt.msc*.

Möglichkeiten zur Virtualisierung von Domänencontrollern

Mit Windows Server 2019 haben Sie zum Beispiel die Möglichkeit, einen virtuellen Domänencontroller zu installieren, diesen mit Sysprep vorzubereiten und dieses Image für das Klonen zu verwenden. Um einen Domänencontroller zu klonen, ist die Datei *DCCloneConfig.xml* wichtig. Diese muss sich im Ordner mit der Active Directory-Datenbank befinden (standardmäßig *C:\Windows\NTDS*).

Kopieren Sie die virtuelle Festplatte des virtuellen Domänencontrollers oder exportieren und importieren Sie den virtuellen Server zu einem neuen Server, erkennt das Windows Server 2019. Das Betriebssystem stuft den neuen Server automatisch zum Domänencontroller herauf, erstellt eine neue lokale Active Directory-Datenbank und verwendet als Replikationsquelle die geklonte lokale Datenbank. Nach der erfolgreichen Heraufstufung repliziert sich der neue Domänencontroller dann ganz normal mit den anderen Domänencontrollern, wie jeder andere Domänencontroller auch.

Sie können mit diesem Klonvorgang Domänencontroller auch in neue Domänen, Strukturen oder sogar Gesamtstrukturen installieren. Damit die Sicherheit in Active Directory nicht beeinträchtigt wird, lässt sich der Vorgang auch delegieren. So müssen Domänenadmins das Klonen von neuen Domänencontrollern erst genehmigen. Das Klonen nehmen dann Hyper-V-Admins vor. Das müssen nicht unbedingt dieselben Mitarbeiter sein. Die Grundlage, um virtuelle Domänencontroller zu klonen, ist die Datei *DCCloneConfig.xml*, die Administratoren in der PowerShell erstellen lassen müssen. Es lassen sich generell alle Domänencontroller klonen, Sie müssen keine besonderen Vorbereitungen treffen.

Windows Server 2019 erkennt ein Zurücksetzen mit einem Prüfpunkt (Snapshot) und kann die fehlenden Daten zwischen lokaler Active Directory-Datenbank und der Datenbank von anderen Domänencontrollern replizieren. Sie müssen bei diesen Vorgängen nichts beachten, sondern können beliebige Prüfpunkte erstellen und diese wieder zurücksetzen, wenn das notwendig ist.

Dazu erhält neben jeder Transaktion in Active Directory (USN) auch jede Active Directory-Datenbank selbst eine ID, InvocationID genannt. Zusammen mit der USN einer Transaktion und der InvocationID der Active Directory-Datenbank auf dem jeweiligen Domänencontroller ergibt das eine eindeutige Nummerierung aller Transaktionen in Active Directory. Installieren Sie einen Domänencontroller mit Windows Server 2019 auf einem Hyper-V-Host mit Windows Server 2019, erstellt der Server eine eindeutige VM-Generation ID und speichert diese im Computerobjekt des Domänencontrollers in Active Directory. Auf diesem Weg kann Active Directory erkennen, welcher Domänencontroller virtuell betrieben wird und wie dessen ID lautet. Setzen Sie einen Prüfpunkt auf einem Windows Server 2019-Domänencontroller zurück, erkennt Active Directory das.

Bereitstellung virtueller Domänencontroller vorbereiten – XML-Dateien erstellen

Um einen virtuellen Domänencontroller zu klonen, müssen Sie für den Server eine Datei *DCCloneConfig.xml* in der PowerShell erstellen. Diese Datei können Sie auf Basis einer Vorlage erstellen und an Ihre eigenen Bedürfnisse anpassen.

Bevor Sie einen virtuellen Domänencontroller klonen, müssen Sie auf dem Server das Cmdlet *Get-ADDCCloningExcludedApplicationList* ausführen. Es überprüft, ob es auf dem virtuellen Server Anwendungen gibt, die das Klonen nicht unterstützen.

Entdeckt das Cmdlet nicht-kompatible Dienste, zum Beispiel den DHCP-Dienst oder einen installierten Virenscanner, erhalten Sie entsprechende Informationen. In diesem Fall müssen Sie den entsprechenden Dienst erst vom Server entfernen. Alternativ tragen Sie den Dienst später in die Datei *CustomDCCloneAllowList.xml* ein. Diese muss in etwa folgendermaßen aussehen:

```
<?xml version=1.0 encoding=utf-8 ?>
<AllowList>
    <Allow>
      <Name></Name>
      <Type>Service</Type>
    </Allow>
    <Allow>
      <Name></Name>
      <Type>Program</Type>
    </Allow>
</AllowList>
```

Listing 11.1 Beispiel für eine angepasste Datei CustomDCCloneAllowList.xml

Eine Liste der Anwendungen und Dienste, die das Klonen unterstützen, finden Sie in der Datei *c:\windows\system32\DefaultDCCloneAllowList.XML* auf dem virtuellen Domänencontroller. Die Konfiguration für das Klonen nehmen Sie später in der Datei *DCCloneConfig.xml* vor. Die Beispieldatei *SampleDCCloneConfig.xml* finden Sie im Ordner *C:\Windows\System32.*

In der XML-Datei pflegen Sie in den verschiedenen Bereichen die IP-Adresse des neuen Servers sowie die Subnetzmaske, das Standardgateway und die DNS-Server, die der neue Server zur Namensauflösung verwenden soll. Sie legen hier auch den neuen Namen des Domänencontrollers fest.

Tipp

Nachdem Sie die Datei *DCCloneConfig.xml* erstellt haben, kopieren Sie diese in den Ordner mit der Active Directory-Datenbank, also normalerweise in den Ordner *C:\Windows\NTDS*. DNS-Ordner legen Sie während der Heraufstufung zum Domänencontroller fest. In der PowerShell erstellen Sie die Datei neu, indem Sie das Cmdlet *New-ADDCCloneConfigFile* verwenden. Beispiel:

New-ADDCCloneConfigFile -Offline -CloneComputerName CloneDC1 -SiteName REDMOND -IPv4Address "10.0.0.2" -IPv4DNSResolver "10.0.0.1" -IPv4SubnetMask "255.255.0.0" -IPv4DefaultGateway "10.0.0.1" -Static -Path F:\Windows\NTDS

Befinden sich auf dem Quellserver nicht-kompatible Anwendungen, die das Cmdlet *Get-ADDCCloningExcludedApplicationList* anzeigt, müssen Sie diese entweder entfernen oder in die Datei *CustomDCCloneAllowList.xml* im gleichen Ordner aufnehmen.

Quell-Domänencontroller vor dem Klonen überprüfen und vorbereiten

Der Quell-Domänencontroller muss mit dem PDC-Master der Domäne kommunizieren können (siehe Kapitel 10). Das testen Sie zum Beispiel mit den beiden Befehlen *dcdiag /test:locatorcheck /v* und *nltest /server:<PDC-Emulator> /dclist:<Domäne>*. Mehr zu den beiden Befehlen lesen Sie in den Kapiteln 10 und 15.

Sie können nur Quelldomänencontroller klonen, die Mitglied der Gruppe *Klonbare Domänencontroller* in Active Directory sind. Nehmen Sie Domänencontroller dazu am besten im Snap-in *Active Directory-Benutzer und -Computer* auf der Registerkarte *Mitglied von* in dieser Gruppe auf.

Hinweis Sie können nur Domänencontroller klonen, die nicht eingeschaltet sind. Das heißt, Sie müssen den entsprechenden Domänencontroller herunterfahren, bevor Sie ihn klonen können.

Festplatten von virtuellen Domänencontrollern kopieren

Um die Festplatten eines virtuellen Domänencontrollers zu kopieren, den Sie klonen wollen, haben Sie zwei Möglichkeiten. Sie können die Festplatten mit dem Explorer kopieren und in einen neuen Server einbinden oder Sie exportieren den virtuellen Computer (siehe Kapitel 8). Microsoft empfiehlt, immer alle virtuellen Festplatten eines virtuellen Domänencontrollers zu kopieren, nicht nur die Systemfestplatte.

Hinweis Bevor Sie einen virtuellen Domänencontroller exportieren oder dessen virtuelle Festplatten kopieren, löschen Sie zuvor alle seine Prüfpunkte. Sie können nach dem Vorgang problemlos Prüfpunkte für den neuen Domänencontroller und für den Quell-DC erstellen.

Wo die virtuellen Festplatten des Domänencontrollers gespeichert sind, sehen Sie im Hyper-V-Manager in dessen Einstellungen im Bereich *IDE-Controller* oder *SCSI-Controller*.

Sie können die virtuellen Festplatten auch in der PowerShell mit den Cmdlets *Get-VMIdeController*, *Get-VMScsiController*, *Get-VMFibreChannelHba* und *Get-VMHardDiskDrive* abfragen.

Um einen virtuellen Server zu exportieren, müssen Sie ihn ausschalten. Anschließend erscheint im Kontextmenü des Servers der Menübefehl *Exportieren*.

Geklonten Domänencontroller für die Aufnahme in Active Directory vorbereiten

Bevor Sie den neuen Domänencontroller in Active Directory aufnehmen können, müssen Sie die durch den Klonvorgang angepasste Datei *DCCloneConfig.xml* vom Quellcomputer in den Ordner mit der Active Directory-Datenbank, also normalerweise in den Ordner

C:\Windows\NTDS, vom Quell- auf den Zielcomputer kopieren. Windows hat den Namen der Datei angepasst, um zu zeigen, dass ein Klonvorgang stattgefunden hat. Ändern Sie den Namen wieder um zu *DCCloneConfig.xml*.

Hinweis Bis Sie den Zielcomputer in Active Directory eingebunden haben, muss der Quell-DC ausgeschaltet bleiben. Der Ziel-DC muss aber Kontakt zum PDC-Emulator der Domäne aufbauen können, von der er geklont wurde (siehe Kapitel 10).

Befinden sich auf dem Quellserver nicht kompatible Anwendungen, die das Cmdlet *Get-ADDCCloningExcludedApplicationList* anzeigt, müssen Sie die Datei *CustomDCCloneAllowList.xml* im gleichen Ordner aufnehmen. Dazu starten Sie aber den neuen virtuellen Domänencontroller nicht, sondern binden seine virtuelle Festplatte in den Explorer des Hyper-V-Hosts ein und kopieren die Datei (siehe Kapitel 6). Nach dem Kopieren werfen Sie die virtuelle Festplatte wieder aus.

Anschließend erstellen Sie entweder einen neuen virtuellen Computer und verwenden die kopierte Festplatte (siehe Kapitel 7) oder Sie importieren den exportierten Server (siehe Kapitel 8) mit dem Hyper-V-Manager oder der PowerShell. Beim Importieren wählen Sie die Option *Virtuellen Computer kopieren* aus.

Starten Sie den Domänencontroller, liest er die Datei *DCCloneConfig.xml* ein und bereitet sich selbst für das Klonen vor. Während des Windows-Starts erhalten Sie auch eine entsprechende Meldung.

Melden Sie sich nach dem erfolgreichen Start an, können Sie die Domänendienste normal nutzen. Überprüfen Sie, ob sich der neue Domänencontroller in Active Directory eingebunden hat (siehe Kapitel 15). Der Domänencontroller muss in der Organisationseinheit *Domain Controllers* in *Active Directory-Benutzer und -Computer* eingetragen sein. Als Name verwendet der Klonvorgang den Namen, den Sie in der Datei *DCCloneConfig.xml* eingetragen haben.

Außerdem muss Windows eine Replikationsverbindung eingetragen haben. Testen Sie diese über das Kontextmenü.

Hinweis Achten Sie darauf, dass weder der Quell- noch der Ziel-DC über aktive Prüfpunkte verfügen. Löschen Sie alle Prüfpunkte. Sie können nach dem Klonvorgang für beide Domänencontroller neue Prüfpunkte erstellen.

Achten Sie darauf, dass der Quell-DC ausgeschaltet ist und der PDC-Emulator der Quelldomäne verfügbar ist. Starten Sie anschließend die Ziel-VM. Diese muss eine Verbindung zum PDC-Emulator aufbauen können. Der Quell-DC darf im Netzwerk aber nicht online sein.

Tipp In der Ereignisanzeige finden Sie Einträge der IDs 29218 und 29248 bis 29266. Achten Sie außerdem auf die Quellen *Microsoft-Windows-DirectoryServices-DSROLE-Server* und *Microsoft-Windows-ActiveDirectory_DomainService*.

Domänencontroller entfernen

In Kapitel 15 zeigen wir Ihnen, wie Sie einen Domänencontroller in Active Directory bei einem Fehler entfernen und die Metadaten bereinigen. In Windows Server 2019 können Sie dazu auch zunächst nur das Computerkonto aus der Organisationseinheit *Domain Controllers* entfernen und hier die Metadaten löschen lassen.

Herabstufen eines Domänencontrollers in der PowerShell

Ein gelöschtes Domänencontrollerkonto können Sie mit dem Active Directory-Verwaltungscenter und dem Active Directory-Papierkorb wiederherstellen (siehe Kapitel 12). Damit das funktioniert, müssen Sie den Active Directory-Papierkorb aber zunächst aktivieren. In Kapitel 12 zeigen wir Ihnen, wie Sie dazu vorgehen.

Um einen Domänencontroller herabzustufen, also von einem Domänencontroller zu einem Mitgliedsserver zu machen, verwenden Sie das Cmdlet *Uninstall-ADDSDomainController*. Mehr zu diesem Thema lesen Sie in Kapitel 15.

Um einen Domänencontroller herabzustufen, verwenden Sie den folgenden Befehl:

Uninstall-ADDSDomainController -LocalAdministratorPassword (Read-Host -Prompt Kennwort -AsSecureString

Über diesen Weg setzen Sie auch gleich das lokale Kennwort des Administrators. Handelt es sich um den letzten Domänencontroller, verwenden Sie noch die Option *-LastDomaincontrollerInDomain*. Lesen Sie sich zu diesen Anmerkungen auch Kapitel 15 durch. Haben Sie den Domänencontroller herabgestuft, können Sie die Active Directory-Domänendienste-Rolle ebenfalls in der PowerShell entfernen (siehe Kapitel 4). Dazu verwenden Sie zum Beispiel den folgenden Befehl:

Uninstall-WindowsFeature AD-Domain-Services

Entfernen von Active Directory über den Server-Manager

Starten Sie auf einem Domänencontroller den Assistenten zum Entfernen von Rollen und Features im Server-Manager, können Sie den Domänencontroller herabstufen und die Binärdateien ebenfalls entfernen. Lesen Sie sich dazu auch Kapitel 4 durch.

Starten Sie den Assistenten zum Entfernen und wählen Sie Active Directory-Domänendienste zum Entfernen aus. Der Assistent erkennt, dass der Server bereits zum Domänencontroller heraufgestuft wurde, und bietet eine Herabstufung über den Link *Diesen Domänencontroller tiefer stufen* an.

Haben Sie den Link ausgewählt, startet der Assistent zur Herabstufung. Sie können im Fenster auswählen, ob der Server eine Verbindung zu anderen Domänencontrollern aufbauen soll, um sich herabzustufen, oder ob Sie Active Directory erzwungen vom Server entfernen wollen.

Auf der nächsten Seite des Fensters erhalten Sie Informationen, welche Rollen auf dem Server von dem Entfernen betroffen sind, vor allem, ob es sich um einen DNS-Server oder einen globalen Katalog handelt. Anschließend müssen Sie das Entfernen dieser Rollen sowie das Entfernen der DNS-Delegierung noch bestätigen. Im Assistenten legen Sie auch das neue lokale Administratorkennwort fest. Durch einen Klick auf *Tiefer stufen* entfernen Sie schließlich den Domänencontroller.

Migration zu Windows Server 2019-Active Directory

Sie können Domänencontroller mit Windows Server 2019 auch in Netzwerken mit Windows Server 2008/2008 R2/2012/2016 integrieren. Dazu muss allerdings das Schema vorbereitet werden. Sie verwenden dazu das Tool *Adprep* von der Windows Server 2019-DVD. Die Syntax dazu ist:

*adprep /forestprep /forest <Gesamtstruktur> /userdomain <Domäne> /user <Benutzername> /password **

Mit der zusätzlichen Option */logdsid* aktivieren Sie eine detailliertere Protokollierung. Die Datei *adprep.log* befindet sich im Ordner *%WinDir%\System32\Debug\Adprep\Logs*.

Der Befehl *adprep /domainprep /gpprep* wird bei der AD DS-Installation ausgeführt. Mit dem Befehl werden Berechtigungen festgelegt, die für den Richtlinienergebnissatz (Resultant Set of Policy, RSOP) wichtig sind. Wir gehen nachfolgend auf die einzelnen Vorgänge ein.

Domänen zu Windows Server 2019 aktualisieren

Eine direkte Aktualisierung zu Windows Server 2019 ist nur für Domänencontroller mit Windows Server 2012/2012 R2/2016 möglich, wird aber von Microsoft nicht empfohlen (siehe Kapitel 2 und 3). Achten Sie dabei auf die Übertragung der Betriebsmaster (siehe Kapitel 10 und 15).

Hinweis Um Domänencontroller mit Windows Server 2019 in Domänen zu integrieren, muss die Gesamtstrukturfunktionsebene und die Domänenfunktionsebene auf Windows Server 2008 R2 oder höher gesetzt sein.

Wollen Sie Domänencontroller zu Windows Server 2019 aktualisieren, müssen Sie zunächst das Schema der Gesamtstruktur erweitern. Dazu führen Sie den Befehl *adprep /forestprep* auf einem Domänencontroller aus. Sie finden das Tool im Ordner *support\adprep* auf der Windows Server 2019-DVD.

Um das Schema zu erweitern, müssen Sie zuvor noch mit der Taste C die Erweiterung bestätigen. Nach der Aktualisierung des Schemas müssen Sie mit *adprep /domainprep* die einzelnen Domänen aktualisieren.

Das Active Directory-Verwaltungscenter und PowerShell

Die meisten Bereiche für Routineaufgaben können Sie im Active Directory-Verwaltungscenter durchführen. Das Tool verbindet sich über die Active Directory-Webdienste mit Active Directory und stellt Routineaufgaben zur Verfügung.

Sie starten das Active Directory-Verwaltungscenter entweder über die Programmgruppe *Tools* im Server-Manager oder indem Sie *dsac* im Startmenü eintippen. Auf der linken Seite der Konsole navigieren Sie durch die Domäne und die Organisationseinheiten. Im linken oberen Bereich können Sie die Ansicht anpassen.

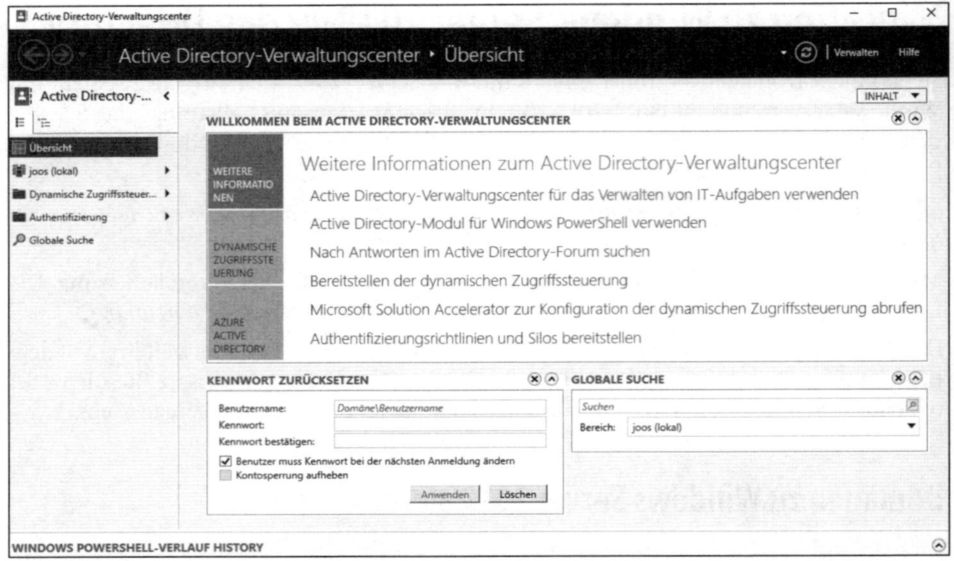

Abbildung 11.5: Das Active Directory-Verwaltungscenter in Windows Server 2019

Verwenden Sie die linke Ansicht, verhält sich die Navigation ähnlich zum Startmenü. Über die Kategorie *Globale Suche* können Sie in allen Domänen der Gesamtstruktur suchen, unabhängig von der Domäne, mit der Sie aktuell verbunden sind.

Direkt auf der Startseite können Sie häufige Aufgaben durchführen, wie das Zurücksetzen eines Benutzerkennworts oder das Durchsuchen von Active Directory. Sie können die Seite durch Anzeigen oder Ausblenden verschiedener Fenster anpassen.

Wenn Sie das Active Directory-Verwaltungscenter öffnen, wird die Domäne, an der Sie derzeit auf diesem Server angemeldet sind, im linken Bereich angezeigt. Auch Domänen, die nicht zu derselben Gesamtstruktur wie die lokale Domäne gehören, können Sie anzeigen und verwalten, wenn diese über eine Vertrauensstellung verfügen. Sowohl unidirektionale als auch bidirektionale Vertrauensstellungen werden unterstützt.

In der Listenansicht können Sie Spalten anzeigen, die mehr Informationen bieten als das Snap-in *Active Directory-Benutzer und -Computer*. Sie können Ihre Active Directory-Domänen über verschiedene Domänencontroller verwalten. Dazu klicken Sie die Domäne mit der rechten Maustaste an und wählen *Domänencontroller ändern*. Über diesen Weg ändern Sie auch die Funktionsebene von Gesamtstruktur und Domäne und aktivieren den Active Directory-Papierkorb für die entsprechende Gesamtstruktur.

Klicken Sie auf *Verwalten/Navigationsknoten hinzufügen* und im daraufhin geöffneten Fenster rechts unten auf den Link *Verbindung mit anderen Domänen herstellen*. Tippen Sie in das Feld *Verbindung herstellen* den Namen der Domäne ein, die Sie zusätzlich verwalten wollen. Wählen Sie die Container aus, die dem Navigationsbereich hinzugefügt werden sollen.

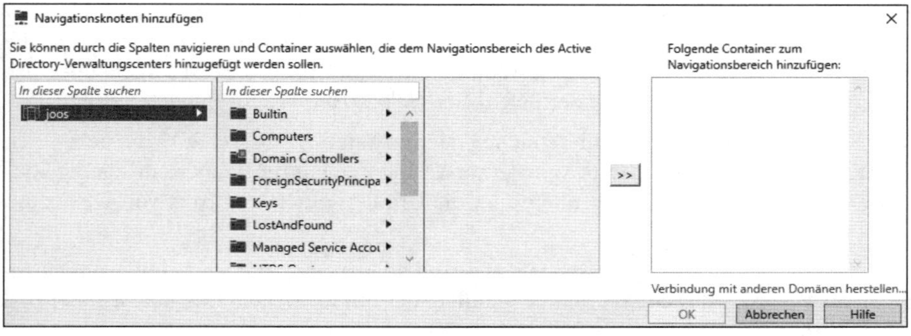

Abbildung 11.6: Anpassen der Oberfläche von Active Directory

Tipp

Sie können das Active Directory-Verwaltungscenter auch mit unterschiedlichen Anmeldeinformationen öffnen, indem Sie den Befehl *runas /user:<Domäne\Benutzerkonto> dsac* verwenden, zum Beispiel über eine Verknüpfung. Vor dem Start erscheint dann ein Fenster, in dem Sie das Kennwort für das Konto eingeben.

Zur Anpassung des Navigationsbereichs können Sie Navigationsknoten hinzufügen, umbenennen oder entfernen, Duplikate dieser Knoten erstellen oder sie im Navigationsbereich nach oben oder unten verschieben. Klicken Sie mit der rechten Maustaste auf den Knoten, den Sie ändern möchten. Sie können die Position oder den Namen des Knotens ändern oder den Knoten duplizieren.

Die Liste der zuletzt verwendeten Objekte wird automatisch unter einem Navigationsknoten angezeigt, wenn Sie mindestens einen Container innerhalb dieses Navigationsknotens besuchen. Für jeden Navigationsknoten können Sie einen bestimmten Domänencontroller konfigurieren.

Active Directory und die PowerShell

Um Active Directory-Objekte in der PowerShell abzurufen, stellt Microsoft zahlreiche neue Cmdlets zur Verfügung. Eine Liste erhalten Sie am schnellsten über den Befehl *Get-Command Get-Ad**. Um neue Objekte zu erstellen, gibt es ebenfalls zahlreiche neue Cmdlets. Die Liste dazu erhalten Sie durch Eingabe von *Get-Command New-Ad**.

Eine Liste mit Befehlen zum Löschen von Objekten zeigt die PowerShell mit *Get-Command Remove-Ad**. Änderungen an Active Directory-Objekten nehmen Sie mit *Set*-Cmdlets vor. Eine Liste erhalten Sie über *Get-Command Set-Ad**.

Neu im unteren Bereich des Active Directory-Verwaltungscenters ist die *Windows PowerShell-Verlauf History*. Diese bietet PowerShell-Befehle als Protokoll an. Dazu müssen Sie nur auf den Link klicken und sehen alle durchgeführten Aufgaben der grafischen Oberfläche als Befehl für die PowerShell. Dieses Fenster gilt aber nicht nur als Protokoll, sondern Sie können Befehle für Skripts aus dem Fenster herauskopieren.

Ebenfalls eine wichtige Funktion in der PowerShell ist das Cmdlet *Show-Command*. Dieses blendet ein Fenster mit allen Befehlen ein, die in der PowerShell verfügbar sind. Sie können im Fenster nach Befehlen suchen und sich eine Hilfe dazu anzeigen lassen sowie Beispiele. Außerdem können Sie hier Befehle zusammenbauen und ausführen lassen.

Nicht alle Cmdlets eignen sich für eine Remoteverwaltung von Servern. Sie können vor allem die Cmdlets nutzen, die über die Option *-ComputerName* verfügen. Um sich alle Cmdlets anzeigen zu lassen, die diese Option unterstützen, also Server auch über das Netzwerk verwalten können, hilft der Befehl *Get-Help * -Parameter ComputerName.*

Haben Sie Active Directory installiert, stehen auch in Windows Server 2019 die bekannten Tools *Dcdiag*, *Repadmin* & Co. zur Analyse zur Verfügung. Für die Namensauflösung können Sie weiterhin *Nslookup* verwenden oder die Cmdlets zur Verwaltung von DNS, zum Beispiel *Resolve-DnsName.*

Um die Befehle auszuführen, müssen Sie an verschiedenen Stellen noch Kennwörter eingeben. Diese akzeptiert das entsprechende Cmdlet aber nur als sichere Eingabe. Ein Beispiel für den Befehl ist:

Test-ADDSDomainControllerInstallation -Domainname <DNS-Name der Domäne> -SafeModeAdministratorPassword (Read-Host -Prompt Kennwort -AsSecureString)

Um zum Beispiel einen neuen Domänencontroller zu installieren, verwenden Sie das Cmdlet *Install-ADDSDomainController.* Damit der Befehl funktioniert, geben Sie den Namen der Domäne mit und konfigurieren das Kennwort für den Verzeichnisdienst-Wiederherstellungsmodus als SecureString. Dazu verwenden Sie folgenden Befehl:

Install-ADDSDomainController -Domainname <DNS-Name der Domäne> -SafeModeAdministratorPassword (read-host -prompt Kennwort -assecurestring)

Der Befehl fragt nach dem Kennwort für den Verzeichnisdienst-Wiederherstellungsmodus und speichert dieses als sichere Zeichenfolge ab. Domänencontroller können Sie auch in der PowerShell an neue Standorte verschieben:

Get-ADDomainController <Name des Servers> | Move-ADDirectoryServer -Site <Name des Standorts>

Sie können die Replikationsverbindungen in der PowerShell anzeigen. Dazu verwenden Sie den Befehl *Get-ADReplicationConnection.* Sie können sich in der PowerShell ausführliche Informationen zu den einzelnen Standorten anzeigen lassen. Dazu verwenden Sie den Befehl *Get-ADReplicationSite -Filter **. Um sich nur den Namen anzeigen zu lassen, verwenden Sie *Get-ADReplicationSite -Filter * | ft Name*; eine Liste der Domänencontroller und Standorte erhalten Sie mit *Get-ADDomainController -Filter * | ft Hostname,Site.*

Falls Replikationsprobleme in Active Directory auftreten, sollten Sie zunächst sicherstellen, dass die Domänencontroller, die Probleme bei der Replikation haben, für den richtigen Standort konfiguriert sind. Dazu geben Sie in der Eingabeaufforderung den Befehl *nltest /dsgetsite* ein. In der Anzeige sehen Sie, welchem Standort der Domänencontroller zugewiesen ist und ob er seinen Standort auch erkennt.

Um sich die Domänencontroller im Netzwerk anzuzeigen, reicht es aus, wenn Sie den Befehl *Get-ADDomainController* eingeben. Dadurch erhalten Sie nicht nur den Namen, sondern auch Informationen zur Domäne, Organisationseinheit, GUID, IP-Adresse, FSMO-Rollen und mehr.

Wie alle Cmdlets kann dieses Cmdlet formatiert angezeigt werden, indem der Befehl *Get-ADDomainController |fl* genutzt wird und dahinter die Spalten, die angezeigt werden sollen. Wollen Sie zum Beispiel nur den Namen, das Betriebssystem, die IP-Adresse und die installierten FSMO-Rollen anzeigen lassen, verwenden Sie den Befehl

Get-ADDomainController |fl hostname, IPV4Address, OperationMasterroles, OperatingSystem

Mit *|ft* zeigen Sie die Informationen als formatierte Tabelle an.

Tipp Bei dem Cmdlet *Get-ADDomainController,* aber auch bei anderen *Get*-Cmdlets (siehe auch Kapitel 40), haben Sie die Möglichkeit, die Anzeige zu filtern. Ein Beispielfilter ist das Anzeigen von schreibgeschützten Domänencontrollern:

Get-ADDomainController -Filter {isreadonly -eq $true}

Um die schreibgeschützten Domänencontroller auszublenden, wird das folgende Cmdlet verwendet:

Get-ADDomainController -Filter {isreadonly -eq $false}

Nach dieser Syntax können Sie nach allen anderen Feldern filtern lassen, die sich über *Get-ADDomainController* anzeigen lassen. Dazu wird einfach die Option *-Filter* und der Name der Spalte in geschweiften Klammern, zusammen mit der Option, ob der Filter zutreffen (*$true*) oder nicht zutreffen (*$false*) soll, verwendet.

In diesem Zusammenhang ist auch die Spalte *IsGlobalCatalog* wichtig, da hier nach globalen Katalogen gefiltert werden kann. Das ist vor allem in größeren Umgebungen interessant.

Objekte schützen und wiederherstellen

In Windows Server 2019 sind Active Directory-Objekte vor dem versehentlichen Löschen geschützt. Dieser Schutz ist standardmäßig aktiviert. Nachdem Sie über das Menü *Ansicht* in *Active Directory-Benutzer und -Computer* die erweiterte Ansicht aktiviert haben, finden Sie auf der Registerkarte *Objekt* das Kontrollkästchen *Objekt vor zufälligem Löschen schützen* vor.

Diese Option steuert die Berechtigungen auf der Registerkarte *Sicherheit*. Der Gruppe *Jeder* wird der Eintrag *Löschen* verweigert. Dies äußert sich darin, dass ein Administrator vor dem Löschen eines solchen geschützten Objekts zunächst das Kontrollkästchen zu dieser Option deaktivieren muss.

Den Papierkorb für gelöschte Objekte verwalten Sie in Windows Server 2019 im Active Directory-Verwaltungscenter. Grundlage ist der Papierkorb von Active Directory, den Sie zunächst für die Gesamtstruktur aktivieren müssen. Diesen Vorgang nehmen Sie über das Kontextmenü der Gesamtstruktur auf der linken Seite der Konsole im Active Directory-Verwaltungscenter vor. Sie können den Papierkorb nur dann aktivieren, wenn die Funktionsebene der Gesamtstruktur auf Windows Server 2008 R2 gesetzt ist.

Um gelöschte Objekte wiederherzustellen, verwenden Sie am besten das Active Directory Administration Center in Windows Server 2019. Das hat den Vorteil, dass Ihnen eine grafische Oberfläche zur Verfügung steht. Nachdem Sie den Papierkorb aktiviert und das Active Directory-Verwaltungscenter neu gestartet haben, gibt es für die entsprechende Gesamtstruktur einen neuen Ordner *Deleted Objects*.

Werden die Eigenschaften von Organisationseinheiten in der Verwaltungskonsole *Active Directory-Benutzer und -Computer* aufgerufen, stehen nicht alle Optionen zur Verfügung. Es fehlen zum Beispiel die Einstellungen für die Sicherheit von Objekten.

In der Konsole kann über den Menüpunkt *Ansicht* die Option *Erweiterte Features* aktiviert werden. Ab diesem Moment werden die Eigenschaften erweitert und es werden mehr Einstellungen angezeigt.

Um Objekte davor zu schützen, dass sie von einem Administrator versehentlich gelöscht werden, kann die Option *Objekt vor zufälligem Löschen schützen* auf der Registerkarte *Objekt* aktiviert werden. Dadurch wird verhindert, dass ein Objekt löschbar ist.

Wird versucht, ein Objekt zu löschen, erscheint eine Fehlermeldung, dass die Berechtigungen dazu fehlen oder dass das Objekt bereits vor dem zufälligen Löschen geschützt ist. Um das Objekt zu löschen, reicht es aus, den Haken zu entfernen und es danach zu löschen.

Es ist sinnvoll, den Schutz auch für untergeordnete Objekte zu aktivieren und zu kontrollieren, ob er auch aktiviert wurde.

Beim Anlegen von Organisationseinheiten kann der Schutz deaktiviert werden. In diesem Fall wird beim Erstellen einfach der entsprechende Haken entfernt. Beim Anlegen anderer Objekte, wie zum Beispiel Gruppen oder Benutzer, erscheint die Option nicht. Hier muss der Schutz nachträglich aktiviert werden.

Andere Objekte schützen – Active Directory-Standorte und -Dienste

Neben der Verwaltungskonsole *Active Directory-Benutzer und -Computer* lassen sich Objekte auch in anderen Konsolen sichern. So können zum Beispiel die Objekte in *Active Directory-Standorte und -Dienste* vor dem versehentlichen Löschen geschützt werden. Auch hier gibt es eine Registerkarte *Objekte* und die Option *Objekt vor dem versehentlichen Löschen schützen*. Für die Anzeige der Option muss die erweiterte Ansicht aber nicht aktiviert werden.

Löschschutz in der PowerShell abfragen und setzen

Neben der Möglichkeit, die Einstellungen in der grafischen Oberfläche vorzunehmen, kann der Löschschutz auch in der PowerShell abgefragt und gesetzt werden. Um den Löschschutz für ein Objekt abzufragen, wird der folgende Befehl verwendet:

Get-ADObject <DN des Objekts> -Properties ProtectedFromAccidentalDeletion

Aktivieren lässt sich der Löschschutz mit:

Set-ADObject <DN des Objekts> -ProtectedFromAccidentalDeletion $true

Soll der Löschschutz deaktiviert werden, kann wiederum die Option *$false* gesetzt werden. Sollen keine Objekte geschützt werden, sondern Organisationseinheiten, werden die Cmdlets *Get-ADOrganizationalUnit* und *Set-ADOrganizationalUnit* verwendet.

Zeitsynchronisierung in Windows-Netzwerken

Administratoren, die mehrere Server und verschiedene Arbeitsstationen im Netzwerk verwalten, müssen vor allem beim Einsatz in Active Directory auf die Zeitsynchronisierung achten. Während sich alleinstehende Rechner direkt mit einer Zeitquelle im Internet oder einer Funkuhr synchronisieren können, arbeiten Windows-Rechner in einem Netzwerk zusammen, vor allem beim Einsatz von Active Directory.

Die Konfiguration des Zeitdienstes in Windows ist über die Registry oder das Befehlszeilentool *W32tm* möglich. Eingeschränkte Möglichkeiten bietet auch der Befehl *net time*. Es steht allerdings keine grafische Oberfläche für die Konfiguration zur Verfügung.

Grundlagen zur Zeitsynchronisierung in Active Directory

In Active Directory sollten die Uhren der Rechner und Server nicht mehr als fünf Minuten voneinander abweichen. Da Active Directory bei der Authentifizierung mit Kerberos arbeitet, ein System, das stark auf Tickets, Zeitstempel und damit gültige Uhrzeiten aufbaut, besteht die Gefahr, dass Authentifizierungsaufgaben nicht funktionieren, wenn die Uhren einzelner Rechner stärker voneinander abweichen.

Standardmäßig toleriert Kerberos in Active Directory eine Zeitdifferenz von fünf Minuten. Diese Einstellungen sollten Sie nicht ändern, haben aber die Möglichkeit dazu. Sie müssen für diese Änderung die Gruppenrichtlinie der entsprechenden Computer anpassen. Navigieren Sie dazu zu *Computerkonfiguration/Windows-Einstellungen/Sicherheitseinstellungen/Kontorichtlinien/Kerberos-Richtlinie*. Hier finden Sie die verschiedenen Einstellungen für die Gültigkeit der Tickets.

Der PDC-Master einer Active Directory-Domäne ist der autorisierende Zeitserver der Domäne und für die Uhrzeiten aller anderen Domänencontroller, Mitgliedsserver und Arbeitsstationen in der Gesamtstruktur verantwortlich (siehe Kapitel 10). Alle Domänencontroller einer Domäne synchronisieren ihre Zeit mit dem PDC-Emulator der eigenen Domäne. Zum Synchronisieren der Zeit verbindet sich der Client oder Mitgliedsserver mit dem Domänencontroller, an dem er sich an der Domäne anmeldet.

Setzen Sie im Unternehmen eine verschachtelte Struktur mit mehreren Domänen ein, synchronisieren sich die einzelnen PDC-Master der Domänen jeweils mit dem PDC-Master der übergeordneten Domäne. Der PDC-Master der Stammdomäne ist schließlich der Server, von dem sich alle anderen Server die Zeit holen. Auf diese Weise gibt es keine Schleifen bei der Konfiguration, da die Synchronisierung der Uhrzeit genau festgelegt ist. Hierarchisch geht es vom ersten PDC-Emulator der Gesamtstruktur nach unten zu den anderen PDC-Emulatoren, den Domänencontrollern und schließlich zu den einzelnen Mitgliedsservern und Arbeitsstationen.

Das heißt, beim ersten Domänencontroller einer Gesamtstruktur müssen Sie darauf achten, entweder die Zeit mit dem Internet oder mit einer Funkuhr zu synchronisieren. Standardmäßig verwenden PDC-Master die BIOS-Zeit des Rechners, wenn im Netzwerk kein übergeordneter Zeitserver oder PDC-Emulator angegeben ist.

Hier können Sie natürlich von anderen Zeitquellen synchronisieren, neben Internetuhren und Funkuhren auch kompatible Layer-3-Netzwerkwitches. Wichtig ist nur die NTP-Kompatibilität des entsprechenden Geräts. Die Rolle des PDC-Emulators gibt es in jeder Active Directory-Domäne ein Mal. Der erste installierte Domänencontroller einer Active Directory-Domäne bekommt diese Rolle automatisch zugewiesen.

Er ist für die Anwendung und Verwaltung der Gruppenrichtlinien zuständig und darüber hinaus für Kennwortänderungen bei Benutzern verantwortlich. Er steuert die externen Vertrauensstellungen einer Domäne und stellt den Zeitserver der Domäne zur Verfügung.

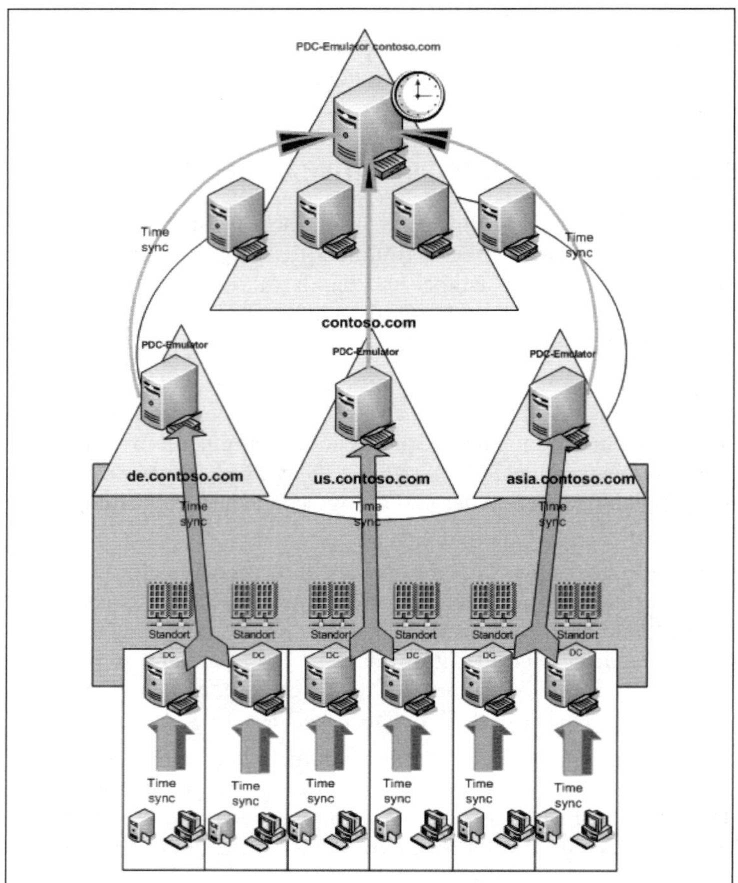

Abbildung 11.7: Zeitsynchronisierung in komplexeren Active Directory-Umgebungen

Wollen Sie überprüfen, welcher Domänencontroller die Rolle des PDC-Emulators in Ihrer Domäne verwaltet, öffnen Sie das Snap-in *Active Directory-Benutzer und -Computer* im Server-Manager oder über *dsa.msc*. Klicken Sie mit der rechten Maustaste im Snap-in auf die Domäne und wählen Sie im Kontextmenü den Eintrag *Betriebsmaster* aus. Es öffnet sich ein neues Fenster.

Klicken Sie auf die Registerkarte *PDC*. Mehr zu diesem Thema lesen Sie in Kapitel 10. Sie können sich den aktuellen PDC-Emulator auch mithilfe des Befehls *dsquery server -hasfsmo pdc* in der Eingabeaufforderung anzeigen lassen.

Das NTP-Protokoll und Befehle zur Zeitsynchronisierung

Windows verwendet für die Synchronisation der Uhren das NTP-Protokoll (Network Time Protocol). Dieses Protokoll kommuniziert über den UDP-Port 123. Das heißt, dieser Port muss zwischen allen Clientcomputern und dem entsprechenden Domänencontroller geöffnet sein. Windows synchronisiert die Zeit beim Starten von Windows und in regelmäßigen Abständen automatisch mit dem Windows Time Service (WTS oder auch W32Time).

Sie können auf einer Arbeitsstation oder einem Server einen manuellen Synchronisierungsvorgang auslösen, indem Sie in einer Eingabeaufforderung den Befehl *w32tm /resync* ausführen. Der PC oder Server verbindet sich mit seinem Zeitserver und synchronisiert die Uhrzeit.

Außer der Option *resync* stehen für den W32tm-Befehl noch weitere Optionen zur Verfügung. Diese sehen Sie, wenn Sie in der Eingabeaufforderung *w32tm* eingeben. Mit dem Befehl *w32tm /query /computer:<Computername> /configuration* lassen Sie sich zum Beispiel die aktuelle Konfiguration des Zeitdienstes anzeigen. Mit diesem Tool steuern Sie alle Zeiteinstellungen.

Achten Sie vor allem auf Domänencontrollern darauf, dass in der Ereignisanzeige unter *System* keine Fehlermeldungen der Quelle *W32Time* stehen. Bei regelmäßigen Fehlern deutet das darauf hin, dass der Domänencontroller Probleme hat, die Zeit mit seinem PDC-Emulator zu synchronisieren.

Der beste Weg, die Zeit des obersten PDC-Emulators aktuell zu halten, ist ein Zeitserver im Internet, zum Beispiel die Zeitserver der Technischen Universität in Braunschweig. Diese erreichen Sie über die Servernamen *ptbtime1.ptb.de, ptbtime2.ptb.de* und *ptbtime3.ptb.de.* Auf der Seite *http://www.pool.ntp.org* finden Sie eine Liste zahlreicher Zeitserver im Internet.

Standardmäßig konfigurieren sich Windows-Rechner automatisch mit Domänencontrollern, sobald diese Mitglied einer Domäne sind. Der Client oder Mitgliedsserver verbindet sich dazu mit dem Domänencontroller, an dem er sich an der Domäne anmeldet, zum Synchronisieren der Zeit. Sie können mit dem Befehl *w32tm /config /syncfromflags:domhier /update* diese Synchronisierung nachträglich aktivieren, wenn sie nicht funktioniert oder Sie sie ausgeschaltet haben. Anschließend müssen Sie auf dem Computer aber den Zeitdienst neu starten. Verwenden Sie dazu zum Beispiel die beiden folgenden Befehle:

net stop w32time

net start w32time

Net Time versus W32tm

Alle Zeiteinstellungen auf einem Server oder einem Mitgliedscomputer nehmen Sie mit dem Tool *W32tm* in der Eingabeaufforderung vor. Zusätzlich können Sie auch noch mit *net time* in der Eingabeaufforderung verschiedene Aufgaben durchführen. Der Befehl *net time* ist allerdings ein komplett unabhängiger Mechanismus zu W32tm und ermöglicht zum Beispiel die Zeitabfrage von Remotecomputern im Netzwerk. Das geht zwar auch mit W32tm, ist aber komplizierter und funktioniert weniger zuverlässig, vor allem wenn Ports geschlossen sind.

Net ist ein Tool im *System32*-Ordner von Windows, das verschiedene Aufgaben im Netzwerk steuert, zum Beispiel auch das Verbinden von Netzlaufwerken (*net use * \\<Freigabe>*). Wollen Sie die Uhrzeit eines Servers im Netzwerk anzeigen, verwenden Sie den Befehl *net time \\<Servername>*. Die Verbindung erfolgt dabei über das RPC-Protokoll, nicht mit NTP.

Sie können auch die lokale Zeit eines Computers mit der Zeit eines Servers im Netzwerk synchronisieren. Dazu verwenden Sie den Befehl *net time \\<Servername> /set /yes.* Der Befehl funktioniert aber nicht von alleinstehenden Servern zu Domänencontrollern aufgrund von Sicherheitsrichtlinien. Mit dem Befehl *net help time* lassen Sie sich eine ausführliche Hilfe zu *net time* anzeigen.

Rufen Sie in einer Domäne *net time* ohne Optionen auf, versucht sich der Computer mit einem Domänencontroller zu verbinden, um dessen Zeit anzuzeigen. Mit der Option */domain* können Sie die entsprechende Domäne angeben, in der der Client einen Domänencontroller zur Anzeige suchen soll.

Funkuhr versus Internetzeit – Zeitsynchronisierung konfigurieren

Wie bereits erläutert wurde, ist der einfachste Weg zur Zeitsynchronisierung die Verwendung einer Uhr im Internet. Das Problem bei dieser Konfiguration ist, dass der Server beim Ausfall der Internetleitung oder der entsprechenden Zeitserver seine Uhrzeit nicht mehr synchronisieren kann. Sie haben in diesem Fall aber die Möglichkeit, mit einer lokalen Uhr zu konfigurieren.

Haben Sie aber am PDC-Emulator direkt eine Funkuhr angeschlossen, die dessen BIOS-Zeit automatisch steuert, müssen Sie keine Server mit *W32tm* hinterlegen. In diesem Fall sollten Sie die Registry auf dem PDC-Emulator so anpassen, dass der Server konfiguriert ist, seine eigene BIOS-Zeit zu verwenden, keine externen Zeitserver.

Ansonsten erhalten Sie in der Ereignisanzeige des Servers verschiedene Fehler angezeigt, die darauf hinweisen, dass der Server seine Zeit nicht synchronisieren darf. Durch die folgende Konfiguration legen Sie in der Registry fest, dass der Domänencontroller ein zuverlässiger Zeitserver für alle Computer im Netzwerk ist, da er sich selbst mit einer Funkuhr synchronisiert. Gehen Sie dazu folgendermaßen vor:

1. Öffnen Sie den Registrierungs-Editor und navigieren Sie zu *HKEY_LOCAL_MACHINE\SYSTEM\CurrentControlSet\Services\W32Time\Config.*
2. Suchen Sie den Wert *AnnounceFlags.*
3. Ändern Sie den Wert von *AnnounceFlags* auf den Wert *A* ab.
4. Starten Sie den Zeitdienst auf dem Server neu, zum Beispiel mit dem Befehl *net stop w32time && net start w32time.*

Gehen Sie folgendermaßen vor, um einen Domänencontroller für die Synchronisierung mit einer externen Zeitquelle zu konfigurieren:

1. Öffnen Sie durch Eingabe von *regedit* auf der Startseite den Registrierungs-Editor.
2. Navigieren Sie zu *HKEY_LOCAL_MACHINE\SYSTEM\CurrentControlSet\Services\W32Time\Parameters.*
3. Klicken Sie im rechten Bereich mit der rechten Maustaste auf *Type* und ändern Sie den Wert von *NT5DS* auf *NTP* ab.
4. Navigieren Sie zu *HKEY_LOCAL_MACHINE\SYSTEM\CurrentControlSet\Services\W32Time\Config.*
5. Ändern Sie den Wert *AnnounceFlags* auf den Wert *5* ab.
6. Navigieren Sie zu *HKEY_LOCAL_MACHINE\SYSTEM\CurrentControlSet\Services\W32Time\TimeProviders\NtpServer.*
7. Klicken Sie im rechten Bereich mit der rechten Maustaste auf *Enabled* und ändern Sie den Wert auf *1* ab.
8. Navigieren Sie zu *HKEY_LOCAL_MACHINE\SYSTEM\CurrentControlSet\Services\W32Time\Parameters.*

9. Klicken Sie im rechten Bereich mit der rechten Maustaste auf *NtpServer* und ändern Sie den Wert auf den gewünschten NTP-Server ab. Tragen Sie am besten eine durch Leerzeichen getrennte Liste ein. Sie müssen *‚0x1* an das Ende der einzelnen DNS-Namen anhängen. Tragen Sie ein *‚0x2* hinter den Eintrag ein, verwendet Windows diesen Server nur, wenn er Server mit dem Eintrag *‚0x1* nicht erreichen kann. Klappt nach der Konfiguration die Zeitsynchronisierung nicht, unterstützt der entsprechende Server nicht die Standardkonfiguration von NTP. In diesem Fall tragen Sie *‚0x4* nach dem Servernamen ein. Diese Option aktiviert den Symmetric Active Mode. Normalerweise verwendet NTP einen Client-Server-Modus, der auch für die meisten Zeitserver funktioniert.
10. Navigieren Sie zu *HKEY_LOCAL_MACHINE\SYSTEM\CurrentControlSet\Services\W32Time\TimeProviders\NtpClient*.
11. Klicken Sie im rechten Bereich mit der rechten Maustaste auf *SpecialPollInterval* und ändern Sie den Wert auf *Dezimal*. Tragen Sie das Intervall in Sekunden ein, in dem sich der Server mit dem Internet synchronisiert. Der von Microsoft empfohlene Dezimalwert ist 900. Dieser Wert konfiguriert den Zeitserver für ein Intervall von 15 Minuten.
12. Geben Sie in der Eingabeaufforderung den Befehl *net stop w32time && net start w32time* ein.

Anschließend können Sie in der Ereignisanzeige des Domänencontrollers über *System* überprüfen, ob die Synchronisierung funktioniert. Hier sehen Sie entsprechende Meldungen der Quelle *Time-Service*. Neben den Eintragungen über die Registry können Sie die Einstellungen auch über *w32tm.exe* vornehmen, zum Beispiel mit den folgenden Befehlen:

w32tm /config /manualpeerlist:<Zeitserver> /syncfromflags:manual /reliable:yes /update

net stop w32time

net start w32time

Die Zeitserver trennen Sie durch Leerzeichen voneinander. Die gesamte Liste der Zeitserver tragen Sie in Anführungszeichen ein. Der Befehl hat grundsätzlich die gleichen Auswirkungen wie die Anpassungen in der Registry. Führen Sie den Befehl vor der Bearbeitung der Registry aus, sehen Sie die erstellten Einträge, zum Beispiel bei den hinterlegten Zeitservern.

Die Option *reliable* definiert den Zeitserver als vertrauenswürdige Zeitquelle. *syncfromflags* legt fest, dass sich der Server mit einem Zeitserver im Internet *(/syncfromflags:manual)* oder in der Gesamtstruktur *(/syncfromflags:domhier)* synchronisieren soll.

Mit dem Befehl *w32tm /monitor* können Sie die Synchronisierung überwachen und die Einstellungen anzeigen. Den Status der Synchronisierung sehen Sie mit dem Befehl *w32tm /query /status*. Überprüfen Sie nach der Konfiguration, ob sich der Server problemlos mit dem externen Zeitserver synchronisiert und keine Fehler in der Ereignisanzeige erscheinen. Die verschiedenen Einstellungen, die Sie in der Registry vornehmen können, finden Sie im Knowledge Base-Artikel auf der Seite *http://support.microsoft.com/kb/816042*.

Zeitsynchronisierung bei der Virtualisierung beachten

Virtualisieren Sie Server, müssen Sie bei der Zeitsynchronisierung in der entsprechenden Virtualisierungslösung eventuell ebenfalls Konfigurationen vornehmen. Vor allem, wenn Sie Domänencontroller, SharePoint oder Exchange-Server virtualisieren, sind Konfigurationsmaßnahmen notwendig. Auf jedem virtuellen Computer installiert Hyper-V automatisch die Integrationsdienste. Dabei handelt es sich um ein Softwarepaket, das die Leistung virtueller Server deutlich verbessert (siehe die Kapitel 7 bis 9).

Rufen Sie dazu für jeden Server die Einstellungen auf und klicken Sie auf *Integrationsdienste*. Hier können Sie einstellen, ob sich die virtuellen Server mit dem Host synchronisieren sollen. Für virtuelle Windows-Server in Active Directory-Domänen sollten Sie diese Synchronisierung deaktivieren, da durch die Zeitsynchronisierung Inkonsistenzen auftreten können. Vor allem bei der Virtualisierung von SharePoint, Exchange oder virtuellen Domänencontrollern liegt in dieser Konfiguration eine häufige Fehlerquelle.

Zusammenfassung

In diesem Kapitel haben wir Ihnen gezeigt, wie Sie einen Active Directory-Domänencontroller installieren. Auch den ersten Umgang mit dem Active Directory-Verwaltungscenter haben Sie in diesem Kapitel kennengelernt. Ebenfalls ein wichtiger Punkt war die Installation von Active Directory über ein Installationsmedium oder per Antwortdatei auf Core-Servern. Und schließlich war das Thema Zeitsynchronisierung ein wichtiger Bestandteil des Kapitels.

In den folgenden Kapiteln widmen wir uns der Erweiterung von Active Directory mit zusätzlichen Domänencontrollern, zum Beispiel schreibgeschützten Domänencontrollern. Auch die Installation zusätzlicher Domänen und Domänenstrukturen sind Thema dieser Kapitel.

Kapitel 12

Active Directory – Erweitern und Absichern

In diesem Kapitel:

In diesem Kapitel zeigen wir Ihnen, wie Sie Computer über das Netzwerk und delegiert zu Domänen hinzufügen und wie Sie die verwalteten Dienstkonten einsetzen. Und auch auf den Papierkorb wird in diesem Kapitel näher eingegangen.

Offline-Domänenbeitritt – Djoin

In Windows Server 2019 können Sie Computerkonten von Windows 7/8/8.1- und Windows 10-Computern auch dann einer Domäne hinzufügen, wenn diese aktuell keine Verbindung mit dem Domänencontroller haben. Das funktioniert auch für Windows-Server und natürlich auch für Core-Server mit Windows Server 2019.

Sobald der Client eine Verbindung hat, wendet er die notwendigen Einstellungen und Berechtigungen an, die für einen Domänenbeitritt notwendig sind. So können Sie zum Beispiel Clients von Niederlassungen in Domänen aufnehmen, wenn aktuell keine Verbindung zur Domäne besteht.

Seit Windows Server 2012 R2 gibt es die Möglichkeit, Computer an Domänen anzubinden, die mit DirectAccess angebunden sind. Auch hierzu können Sie das Befehlszeilentool *Djoin* verwenden. Wir zeigen Ihnen diese Vorgänge ebenfalls in diesem Kapitel. Mehr zu DirectAccess lesen Sie in Kapitel 32.

Vorteile und technische Hintergründe zum Offline-Domänenbeitritt

Wollen Sie zum Beispiel viele virtuelle Computer gleichzeitig zur Domäne aufnehmen, beispielsweise in einem Virtual Desktop Infrastructure-Szenario, können Sie das Active Directory so vorbereiten, dass sich die Computer schnell und problemlos anbinden lassen. Sobald ein solcher Client das erste Mal startet, führt er die notwendigen Änderungen durch. Ein erneuter Start des Rechners ist nicht notwendig. Dadurch beschleunigt sich auch das Bereitstellen von Windows 7/8/8.1- und Windows 10-Computern im Netzwerk.

Djoin funktioniert auch zusammen mit schreibgeschützten Domänencontrollern (RODC). Dazu nehmen Sie mit Djoin die Computer in die Domäne auf und lassen die Konten zum RODC replizieren. Sobald sich die Computer in der Niederlassung mit dem Netzwerk verbinden, authentifizieren sie sich am schreibgeschützten Domänencontroller und sind in Active Directory verfügbar.

Ein weiterer Vorteil ist der automatisierte Domänenbeitritt von neuen Computern bei der Bereitstellung von Windows 10 im Unternehmen, da Sie die notwendigen Befehle für den Domänenbeitritt in die Antwortdatei der automatischen Installation aufnehmen können.

Voraussetzungen für die Verwendung des Offline-Domänenbeitritts

Um den Offline-Domänenbeitritt zu verwenden, müssen Sie Windows 7/8/8.1, Windows 10 oder Windows Server 2008 R2/2012/2012 R2/2016/2019 als Betriebssystem einsetzen. Sie können diese Betriebssysteme aber auch in Domänen aufnehmen, die noch keine Domänencontroller unter Windows Server 2019 betreiben. In diesem Fall verwenden Sie die Option */downlevel*. Standardmäßig geht Djoin davon aus, dass eine Verbindung zu einem Domänencontroller unter Windows Server 2019 besteht.

Nur Benutzer, die über die Rechte verfügen, Computer einer Domäne hinzuzufügen, können Djoin nutzen. Dazu müssen sie entweder Domänenadminrechte haben oder ein Administrator muss die entsprechenden Rechte delegieren.

Tipp

Die Rechte, um Computer in eine Domäne aufzunehmen, können Sie über Gruppenrichtlinien setzen. Bearbeiten Sie dazu unter *Computerkonfiguration/Richtlinien/Windows-Einstellungen/Sicherheitseinstellungen/Lokale Richtlinien/Zuweisen von Benutzerrechten* den Wert *Hinzufügen von Arbeitsstationen zur Domäne*. Nehmen Sie hier die Benutzerkonten auf, die über die entsprechenden Rechte verfügen sollen.

Durchführen des Offline-Domänenbeitritts

Der Offline-Domänenbeitritt erfolgt über das Tool Djoin in der Eingabeaufforderung auf einem Computer unter Windows 7/8/8.1, Windows 10 oder Windows Server 2008 R2/2012/2012 R2/2016 oder Windows Server 2019, der bereits Mitglied der Domäne ist. Sie müssen für die Verwendung über das Schnellmenü ([⊞]+[X]) eine Eingabeaufforderung mit Administratorrechten starten und über Rechte verfügen, um Computerkonten zur Domäne hinzuzufügen.

Die Ausgabe in die Datei oder auf dem Bildschirm enthält die Metadaten für den Domänenbeitritt. Microsoft bezeichnet diese auch als Blob. Bei der Ausführung können Sie entweder eine verschlüsselte Datei erstellen, die Sie dann auf dem Clientrechner verwenden müssen.

Oder Sie speichern die Daten in einer Datei *Unattend.xml*, um Antwortdateien vollkommen zu automatisieren. Das Tool Djoin besitzt verschiedene Optionen, die in Tabelle 12.1 detailliert aufgelistet sind.

Option von Djoin	Erläuterung
/provision	Erstellen eines Computerkontos in der Domäne
/domain <Name der Domäne>	Domäne, in der Sie das Konto erstellen wollen
/machine <Name>	Name des Computers, den Sie zur Domäne hinzufügen
/machineou <Organisationseinheit>	OU, in der das Konto erstellt werden soll. Ohne Angabe einer OU verwendet Djoin die OU *Computer*.
/dcname <Name>	Name des Domänencontrollers, auf dem das Konto zuerst verfügbar sein soll
/reuse	Verwenden eines bereits vorhandenen Computerkontos, dessen Kennwort zurückgesetzt wird
/downlevel	Aufnehmen eines Computers auf einem Domänencontroller, auf dem nicht Windows Server 2019 installiert ist
/savefile <Name der Datei>.txt	Textdatei, in der Daten des Domänenbeitritts für die Ausführung auf dem Client gespeichert werden. Der Inhalt der Datei ist verschlüsselt.
/defpwd	Verwendet das standardmäßige Kennwort für Computerkonten (nicht notwendig)
/nosearch	Überspringt Konflikte, wenn das Konto bereits vorhanden ist. Benötigt die Option */dcname*.
/printblob	Gibt einen Base64-codierten Wert für Antwortdateien aus.
/requestodj	Führt einen Offline-Domänenbeitritt beim nächsten Neustart aus.
/loadfile	Verwendet die Ausgabe einer vorherigen Ausführung von Djoin.

→

Option von Djoin	Erläuterung
/windowspath <Pfad>	Pfad zum *Windows*-Ordner, wenn nicht der Standard verwendet werden soll
/loalos	Zielcomputer, den Sie der Domäne hinzufügen wollen. Diese Option kann nicht auf einem Domänencontroller durchgeführt werden.

Tabelle 12.1: Optionen von Djoin

Generell ist der Ablauf bei einem Domänenbeitritt recht einfach. Sie führen im Grunde genommen folgende Schritte durch:

1. Sie verwenden *djoin /provision*, um die Metadaten für den Domänenbeitritt des Zielcomputers zu erstellen. Als Option geben Sie die Domäne an. Achten Sie darauf, dass Sie die Eingabeaufforderung im Administratormodus öffnen. Ein Beispiel für die Datei wäre:

   djoin /provision /domain joos.int /machine client134 /savefile c:\client134.txt

   Inhalt der Datei sind das Kennwort der Maschine, der Name der Domäne und des Domänencontrollers sowie die SID der Domäne. Kopieren Sie die Datei auf den Rechner. Der Inhalt ist verschlüsselt und bringt Außenstehenden nichts.
2. Auf dem Zielcomputer verwenden Sie den folgenden Befehl, um den Rechner in die Domäne aufzunehmen:

   djoin /requestodj /loadfile c:\temp\client134.txt /windowspath %SystemRoot% /localos
3. Starten Sie den Zielcomputer, wird der Computer automatisch in die Domäne aufgenommen, sobald eine Verbindung zu einem Domänencontroller besteht.

Offline-Domänenbeitritt bei einer unbeaufsichtigten Installation über Antwortdatei

Wollen Sie einen Offline-Domänenbeitritt während der Installation zum Beispiel im unbeaufsichtigten Modus durchführen, ist dies ebenfalls möglich. Dazu müssen Sie beim Erstellen des Computerkontos auf der Domäne den Inhalt der Metadaten anstatt in einer verschlüsselten Datei in eine Antwortdatei integrieren. Antwortdateien tragen normalerweise die Bezeichnung *Unattend.xml*. Sie müssen in der Antwortdatei dazu eine neue Sektion erstellen. Diese trägt die Bezeichnung:

Microsoft-Windows-UnattendJoin/Identification/Provisioning

Diese Sektion enthält darüber hinaus eine Unterstruktur, die folgendermaßen aussieht:

```
<Component>
<Component name=Microsoft-Windows-UnattendedJoin>
     <Identification>
          <Provisioning>
               <AccountData>Base64Encoded Blob</AccountData>
          </Provisioning>
     </Identification>
</Component>
```

Sie müssen die Metadaten, die Sie beim Erstellen der Datei erhalten, zwischen die Tags *<AccountData>* und *</AccountData>* einfügen. Nachdem Sie die Datei erstellt haben, können Sie den Computer unbeaufsichtigt installieren. Die Syntax bei Antwortdateien ist *setup /unattend:<Antwortdatei>*.

DirectAccess Offline Domain Join

Sie können über den Offline-Domänenbeitritt auch Clients anbinden, die mit DirectAccess an das Netzwerk angebunden sind (siehe Kapitel 32).

Auch in diesem Fall nutzen Sie den Aufruf *djoin /provision*, um das Konto zu erstellen und eine Blob-Datei zu erhalten:

djoin /provision /domain <Name der Domäne> /machine <Name des Computers> /policynames <DA Client GPO> /rootcacerts /savefile <Datei> /reuse

Haben Sie eine Zertifizierungsstelle im Einsatz, verwenden Sie:

djoin /provision /machine <Name des Computers> /domain <Name der Domäne>> /policynames <DA Client GPO > /certtemplate <Name des Zertifikats> /savefile <Datei> /reuse

Mit *djoin /requestodj* lesen Sie die Daten aus der Blob-Datei auf dem Zielcomputer ein. Anschließend starten Sie den entsprechenden Computer, und schon ist er Mitglied der Domäne. Die Reihenfolge des Offline-Domänenbeitritts zusammen mit DirectAccess ist folgende:

1. Sie verwenden *djoin /provision* wie in diesem Kapitel beschrieben, um das Konto in der Domäne zu erstellen.
2. Sie nehmen das Konto des erstellten Clients in die DirectAccessClients-Sicherheitsgruppe auf.
3. Sie kopieren die Blob-Datei auf den Client oder versenden diese per E-Mail. Sie führen auf dem Client den Befehl *djoin /requestodj* aus.
4. Sie starten den PC neu.

Verwaltete Dienstkonten – Managed Service Accounts

Die verwalteten Dienstkonten sind seit Windows Server 2008 R2 integriert und wurden seit Windows Server 2012 R2 deutlich verbessert. In Windows Server 2019 funktionieren die verwalteten Dienstkonten noch ähnlich wie in Windows Server 2016. Sie können ein verwaltetes Dienstkonto für mehrere Server nutzen. Dazu hat Microsoft zu den bereits verwalteten Dienstkonten (Managed Service Accounts, MSA) noch die gruppierten verwalteten Dienstkonten (Grouped Managed Service Accounts, gMSA) entwickelt.

Im Fokus der neuen Funktion stehen die Dienstkonten von Serveranwendungen wie Exchange oder SQL Server, die zum einen wichtig für den Betrieb, zum anderen aber auch kritisch im Bereich der Sicherheit sind, da die Benutzerkonten, mit denen diese Dienste starten, oft über weitreichende Rechte verfügen.

Vor allem die Dienste *Lokaler Dienst*, *Netzwerkdienst* und *Lokales System* werden häufig für Serveranwendungen verwendet. Der Nachteil dieser lokalen Dienste ist die fehlende Möglichkeit, Einstellungen auf Domänenebene vorzunehmen. Verwenden Administratoren statt dieser Konten Benutzerkonten aus Active Directory, ergeben sich bezüglich der Verwaltung der Kennwörter neue Probleme.

Um die OU *Managed Service Accounts* und die darin angelegten Dienstkonten zu sehen, müssen Sie unter Umständen im Snap-in *Active Directory-Benutzer und -Computer* die erweiterte Ansicht über das Menü *Ansicht* aktivieren.

Hinweis Die Administration der verwalteten Dienstkonten findet ausschließlich in der PowerShell statt. Verwenden Sie nicht das Snap-in *Active Directory-Benutzer und -Computer*.

Verwaltete Dienstkonten – Technische Hintergründe

Verwaltete Dienstkonten sind Benutzerkonten in Active Directory, die zur Verwendung von lokalen Diensten genutzt werden. Dabei werden die Kennwörter dieser Konten nicht manuell, sondern automatisch bei bestimmten Bedingungen durch Active Directory geändert. Administratoren können solche Änderungen manuell anstoßen.

Der Vorteil ist, dass die Systemdienste, die diese Benutzerkonten verwenden, bei Kennwortänderungen nicht von Administratoren konfiguriert werden müssen, sondern die Änderung der Kennwörter automatisch übernehmen. Die Verwaltung solcher Dienstkonten lässt sich auch an Nichtadministratoren delegieren, zum Beispiel interne Programmierer des Datenbanksystems.

Das Kennwort des Computers verhält sich wie das Kennwort eines Computerkontos in Active Directory, lässt sich also zentralisiert durch das System selbst steuern. Dies bedeutet, dass das verwaltete Benutzerkonto eines Computers dann aktualisiert wird, wenn Active Directory auch das Kennwort des jeweiligen Computerkontos anpasst, das dem verwalteten Dienstkonto zugewiesen ist. Diese Einstellungen lassen sich auf dem Server in der Registry anpassen. Navigieren Sie dazu zu folgendem Schlüssel:

HKEY_LOCAL_MACHINE\SYSTEM\CurrentControlSet\Services\NetLogon\Parameters

Wichtig sind an dieser Stelle die beiden folgenden Werte:

- **DisablePasswordChange** – Der Wert muss auf *0* oder *1* gesetzt sein. Ist der Wert nicht vorhanden, geht Windows vom Wert *0* aus.
- **MaximumPasswordAge** – Hier legen Sie einen Wert zwischen 1 und 1.000.000 in Tagen fest. Der Standardwert ist 30, auch wenn der Wert nicht vorhanden ist.

Das automatisch gesetzte Kennwort hat eine Länge von 240 Zeichen und ist stark verschlüsselt. Außerdem besteht das Kennwort aus verschiedenen Zeichen, lässt sich also nicht erraten oder hacken.

In der Verwaltungskonsole *Active Directory-Benutzer und -Computer* finden Sie eine neue OU mit der Bezeichnung *Managed Service Accounts*. Diese OU ist für die Verwaltung der verwalteten Dienstkonten von zentraler Bedeutung. Verwaltete Dienstkonten lassen sich so nutzen wie die standardmäßig vorhandenen Benutzer.

Verwaltete Dienstkonten – Produktiver Einsatz

Sie legen die Dienstkonten über die PowerShell, genauer über das Active Directory-Modul der PowerShell mit dem Cmdlet *New-ADServiceAccount "Name Account"* an. Standardmäßig legt das Cmdlet in Windows Server 2019 ein neues gruppiertes verwaltetes Dienstkonto an.

Wollen Sie ein verwaltetes Dienstkonto nur für einen einzelnen Server anlegen, verwenden Sie zusätzlich die Option *-Standalone*.

Hinweis Bevor Sie gruppierte Konten anlegen, müssen Sie zunächst einen neuen Masterschlüssel für die Domäne erstellen:

Add-KdsRootKey -EffectiveImmediately

Standardmäßig dauert es ab diesem Moment zehn Stunden, bis Sie verwaltete Dienstkonten anlegen können. In Testumgebungen können Sie den Zeitraum mit dem folgenden Befehl umgehen:

Add-KdsRootKey -EffectiveTime ((Get-Date).addhours(-10))

Tipp Die Verwaltung der Managed Service Accounts findet ausschließlich in der PowerShell statt. Es gibt aber Zusatztools wie Managed Service Accounts GUI (*http://www.cjwdev.co.uk/Software/MSAGUI/Info.html*).

Der Ablauf beim manuellen Anlegen in der PowerShell bei der Verwendung von Managed Service Accounts ist folgender:

1. Sie legen das verwaltete Dienstkonto in Active Directory an.
2. Sie verbinden das Konto mit einem Computerkonto, auf dem der Dienst genutzt werden soll.
3. Sie installieren das verwaltete Dienstkonto auf dem jeweiligen Computer.
4. Sie passen die Systemdienste auf dem lokalen Computer an, um das neue Konto zu nutzen.

Zukünftig ändert sich das Kennwort für dieses Konto vollkommen automatisch, ohne dass Sie eingreifen müssen.

Die Befehlssyntax zum Anlegen eines Dienstkontos sieht folgendermaßen aus:

New-ADServiceAccount <Name> -DNSHostName <DNS-Name des Dienstes> -PrincipalsAllowedToRetrieveManagedPassword <Gruppe der Computer die das Konto nutzen> -KerberosEncryptionType <Verschlüssselungstyp>, AES128, AES256 -ServicePrincipalNames <Service Principal Names>

Sie haben auch die Möglichkeit, die Computerkonten, die das verwaltete Dienstkonto nutzen sollen, in einer Gruppe aufzunehmen. So lässt sich zum Beispiel das Konto für eine Lastenausgleichsfarm verwenden. Sie können die Funktion aber nicht in Failoverclustern verwenden.

Verwaltete Dienstkonten in der grafischen Oberfläche anlegen

Mit der Freeware *Managed Service Accounts GUI* (*http://www.cjwdev.co.uk/Software/MSAGUI/Info.html*) legen Sie wesentlich einfacher verwaltete Dienstkonten in Windows Server 2019 an.

Sie können mit dem Tool auch gruppierte verwaltete Konten anlegen, also verwaltete Dienstkonten, die sich auf mehreren Servern nutzen lassen. Dazu laden Sie sich das Tool herunter und installieren es entweder auf einer Arbeitsstation mit installierten RSAT oder auf einem Server. Starten Sie das Tool, können Sie in der grafischen Oberfläche einen verwalteten Dienst anlegen.

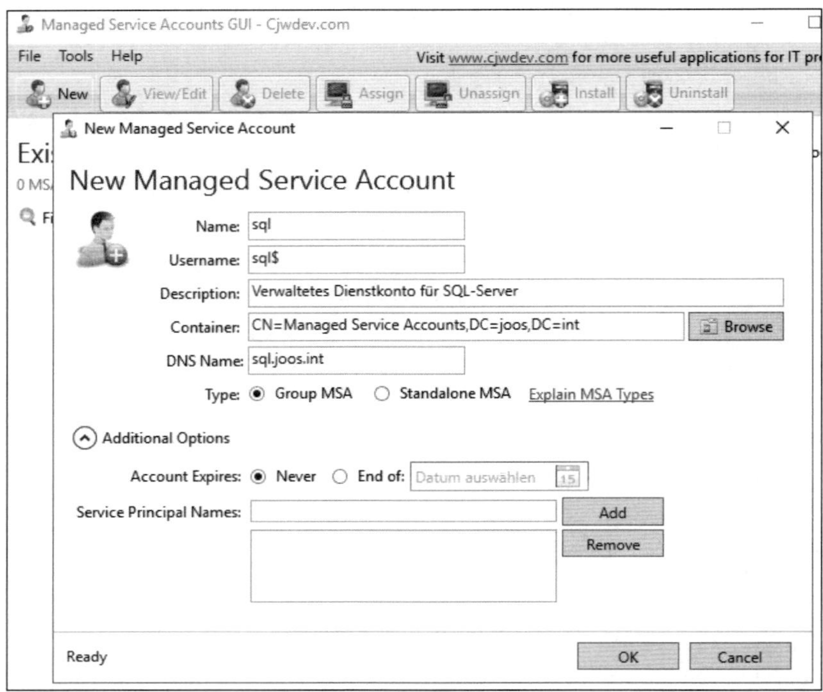

Abbildung 12.1: Verwaltete Dienstkonten können Sie mit der Freeware Managed Service Accounts GUI anlegen.

Um ein neues verwaltetes Dienstkonto anzulegen, klicken Sie im Tool auf *New*. Im neuen Fenster geben Sie alle gewünschten Daten ein. Hier wählen Sie außerdem aus, ob Sie ein klassisches verwaltetes Dienstkonto anlegen wollen oder ein gruppiertes Konto.

Sobald Sie auf *OK* klicken, wird das Konto in Active Directory angelegt. Sie sehen das neue Konto ebenfalls in der OU *Managed Service Accounts*, wenn Sie die Konsole *Active Directory-Benutzer und -Computer* starten.

Bevor Sie in Managed Service Accounts GUI gruppierte Konten anlegen können, müssen Sie, wie beim herkömmlichen Anlegen auch, einen neuen Masterschlüssel für die Domäne erstellen. Dazu verwenden Sie den Befehl:

Add-KdsRootKey -EffectiveImmediately

Standardmäßig dauert es auch hier zehn Stunden, bis Sie gruppierte verwaltete Dienstkonten anlegen können. Schneller geht es, wenn Sie

Add-KdsRootKey -EffectiveTime ((get-date).addhours(-10))

eingeben. Wenn Sie das verwaltete Dienstkonto angelegt haben, bietet Managed Service Accounts GUI an, das Konto gleich einem Server zuzuweisen. Sie können das jederzeit manuell in der PowerShell durchführen oder nachträglich in Managed Service Accounts GUI.

Im Gegensatz zu herkömmlichen verwalteten Dienstkonten können Sie gruppierte verwaltete Dienstkonten gleich mehreren Servern zuweisen. Dazu führen Sie in Managed Service Accounts GUI den Assistenten zum Verwalten des gruppierten Kontos aus und weisen die Computerkonten zu. Klicken Sie dazu auf *Add* und geben Sie den Namen des Servers ein.

Auf dem Server selbst müssen Sie beim entsprechenden Dienst das Konto auswählen, ohne ein Kennwort einzugeben. Danach wird der Dienst über das verwaltete Dienstkonto gesteuert.

Der Active Directory-Papierkorb im Praxiseinsatz

Den Papierkorb für gelöschte Objekte verwalten Sie im Active Directory-Verwaltungscenter.

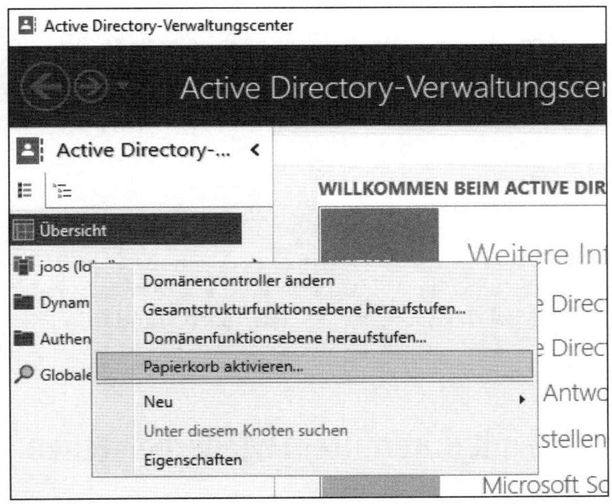

Abbildung 12.2: Aktivieren des AD-Papierkorbs im Active Directory-Verwaltungscenter

Active Directory-Papierkorb verstehen und aktivieren

Grundlage ist der Papierkorb von Active Directory, den Sie zunächst für die Gesamtstruktur aktivieren müssen. Diesen Vorgang nehmen Sie über das Kontextmenü der Gesamtstruktur auf der linken Seite der Konsole im Active Directory-Verwaltungscenter vor.

Sie können den Papierkorb auch in der PowerShell aktivieren. Der Befehl dazu am Beispiel der Domäne *contoso.com* lautet:

Enable-ADOptionalFeature -Identity 'CN=Recycle Bin Feature,CN=Optional Features, CN=Directory Service,CN=Windows NT,CN=Services,CN=Configuration,DC=contoso, DC=com' -Scope ForestOrConfigurationSet -Target 'contoso.com'

Hinweis Starten Sie nach der Aktivierung des Active Directory-Papierkorbs das Active Directory-Verwaltungscenter neu. Erst dann stehen alle Funktionen zur Verfügung, um gelöschte Objekte wiederherstellen zu können.

Der Papierkorb arbeitet mit dem Wert *isDeleted* und dem Wert *isRecycled*. Ist der Wert *isRecycled* für ein Active Directory-Objekt auf *True* gesetzt, können Sie dieses nicht wiederherstellen. Nur Objekte, bei denen *isDeleted* auf *True* gesetzt ist, lassen sich restaurieren.

Objekte lassen sich innerhalb von Tombstone-Lifetime wiederherstellen. Diese beträgt bei Windows Server 2019 180 Tage. Sie finden den jeweiligen Wert für Ihr Active Directory am besten in ADSI-Edit über den Container *Konfiguration*.

Dazu öffnen Sie ADSI-Edit über den Startbildschirm und verbinden sich über dessen Kontextmenü mit der Domäne. Wählen Sie bei *Bekannten Namenskontext auswählen* die Option *Konfiguration* aus.

Navigieren Sie zu *Konfiguration/Configuration/Services/Windows NT/Directory Service*. Rufen Sie die Eigenschaften von *Directory Service* auf. Den Tombstone-Wert finden Sie auf der Registerkarte *Attribut-Editor* beim Wert *tombstoneLifetime*. Sie können den Wert an dieser Stelle auch anpassen, das ist allerdings in den wenigsten Fällen notwendig.

Sobald Sie ein Objekt im Active Directory löschen, erhält dieses den Wert *True* bei *isDeleted* und ist in Active Directory nicht mehr verfügbar, lässt sich aber noch wiederherstellen. Der Zeitraum, in dem Sie das Objekt wiederherstellen können, bezeichnet Microsoft als Deleted Object Lifetime (DOL).

Diesen Wert, der ebenfalls 180 Tage beträgt, finden Sie über *msDS-deletedObjectLifetime*. Nach 180 Tagen, festgelegt durch die DOL, erhält das Objekt den Wert *True* bei *isRecycled* und ist **nicht** mehr wiederherstellbar.

Ist auch die Tombstone-Lifetime abgelaufen, wird das Objekt komplett aus der Datenbank gelöscht. Da beide Werte identisch sind, wird das Objekt nach 180 Tagen standardmäßig aus der Datenbank gelöscht.

Objekte aus dem AD-Papierkorb mit Bordmitteln wiederherstellen

Um gelöschte Objekte wiederherzustellen, verwenden Sie am besten das Active Directory-Verwaltungscenter in Windows Server 2019. Dies hat den Vorteil, dass Ihnen eine grafische Oberfläche zur Verfügung steht. Nachdem Sie den Papierkorb aktiviert und das Active Directory-Verwaltungscenter neu gestartet haben, existiert für die entsprechende Gesamtstruktur ein neuer Ordner mit der Bezeichnung *Deleted Objects*.

In diesem können Sie nach gelöschten Objekten suchen und diese wiederherstellen. Dazu klicken Sie die Objekte mit der rechten Maustaste an.

Sie können die Wiederherstellung auch in der PowerShell durchführen. Dazu verwenden Sie den Befehl:

Get-ADObject -Filter {<Name des Objekts>} -IncludeDeletedObjects | Restore-ADObject

Wenn Sie zum Beispiel das Benutzerkonto mit dem Anzeigenamen *Thomas Joos* wiederherstellen wollen, geben Sie ein:

Get-ADObject -Filter {displayName -eq "Thomas Joos"} -IncludeDeletedObjects | Restore-ADObject

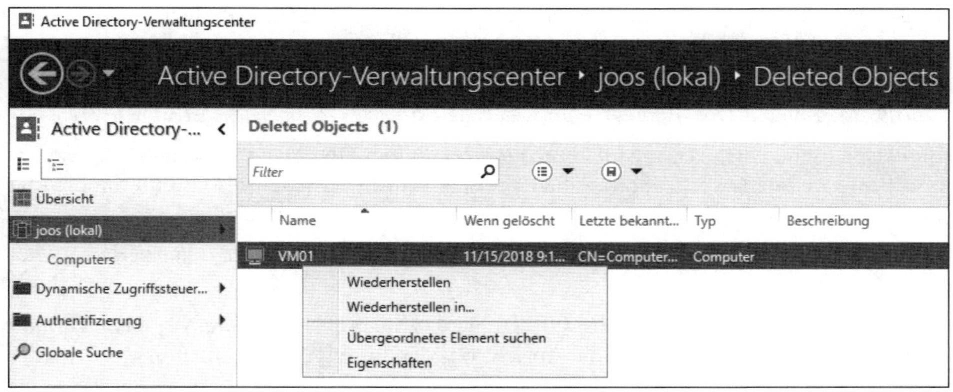

Abbildung 12.3: Wiederherstellen von Objekten aus dem Active Directory-Papierkorb

Handelt es sich bei dem Objekt, das Sie wiederherstellen wollen, um ein untergeordnetes Objekt, müssen Sie erst alle Objekte herstellen, die dem Objekt übergeordnet sind, wenn diese ebenfalls gelöscht wurden. Ansonsten bricht die Wiederherstellung untergeordneter Objekte mit einem Fehler ab. Mit dem folgenden Befehl lassen Sie sich gelöschte Objekte mit dem passenden Namen zunächst anzeigen:

Get-ADObject -Filter {displayName -eq "Thomas Joos"} -IncludeDeletedObjects

Haben Sie zum Beispiel eine OU mit Benutzerkonten gelöscht, müssen Sie erst die OU und dann die einzelnen Benutzerkonten wiederherstellen. Mit *Get-ADObject* zeigen Sie die Objekte an und übergeben diese per Pipeline-Zeichen (|) an das Cmdlet *Restore-ADObject*. Kennen Sie die ursprüngliche Hierarchie der Organisationseinheit nicht, müssen Sie mit dem Cmdlet *Get-ADObject* die Hierarchie erst wieder herausfiltern:

Get-ADObject -SearchBase "CN=Deleted Objects,DC=contoso,DC=com" -ldapFilter: "(msDs-lastKnownRDN=Thomas Joos)" -IncludeDeletedObjects -Properties lastKnownParent

Dieser Befehl gibt auch übergeordnete Objekte des gelöschten Objekts an.

Mit dem folgenden Befehl lassen Sie sich alle untergeordneten Objekte in der besagten OU anzeigen:

Get-ADObject -SearchBase "CN=Deleted Objects,DC=contoso,DC=com" -Filter {lastKnownParent -eq 'OU=Einkauf\\0ADEL:26e19d03-80db-4c9c-b7dd-e472193222e0,CN=Deleted Objects,DC=contoso,DC=com'} -IncludeDeletedObjects -Properties lastKnownParent | ft

Den Namen erhalten Sie durch den folgenden Aufruf, den Sie eben schon einmal eingegeben haben:

Get-ADObject -SearchBase "CN=Deleted Objects,DC=contoso,DC=com" -ldapFilter: "(msDs-lastKnownRDN=Thomas Joos)" -IncludeDeletedObjects -Properties lastKnownParent

Sie müssen bei der Verwendung im Cmdlet *Get-ADObject* unbedingt einen weiteren umgekehrten Schrägstrich im Namen einsetzen. Sie müssen also zunächst die Organisationseinheit *Einkauf* wiederherstellen, bevor Sie das untergeordnete Objekt *Thomas Joos* wiederherstellen können.

Da alle bisherigen Untersuchungen mit dem *lastKnownParent*-Attribut durchgeführt wurden, das auf das direkt übergeordnete Objekt verweist, aber nicht angibt, ob das nächste übergeordnete Objekt ebenfalls gelöscht wurde, müssen Sie mit dem Wert *lastKnownPa-*

rent überprüfen, ob *Einkauf* nicht noch einer weiteren Organisationseinheit untergeordnet ist, die ebenfalls gelöscht wurde:

Get-ADObject -SearchBase "CN=Deleted Objects,DC=contoso,DC=com" -ldapFilter: "(msDs-lastKnownRDN=Einkauf)" -IncludeDeletedObjects -Properties lastKnownParent

Im Beispiel sehen Sie, dass die OU *Einkauf* direkt in der Domäne *contoso.com* angelegt ist, also keine weitere Organisationseinheit gelöscht wurde. Es reicht also, wenn Sie die OU *Einkauf* wiederherstellen, um das Objekt *Thomas Joos* wiederherzustellen:

Get-ADObject -ldapFilter:"(msDS-LastKnownRDN=Einkauf)" -IncludeDeletedObjects | Restore-ADObject

Der Befehl gibt keine Ausgabe aus. Öffnen Sie das Snap-in *Active Directory-Benutzer und -Computer* und aktualisieren Sie die Ansicht mit der Taste [F5]. Die OU muss jetzt wieder vorhanden sein.

Der Befehl stellt allerdings nur die OU wieder her, nicht die gelöschten Objekte darin. Diese müssen Sie manuell herstellen, zum Beispiel mit:

Get-ADObject -SearchBase "CN=Deleted Objects,DC=contoso,DC=com" -Filter {lastKnownParent -eq "OU=Einkauf,DC=contoso,DC=com"} -IncludeDeletedObjects | Restore-ADObject

Die Lebensdauer des gelöschten Objekts wird vom Wert des *msDS-deletedObjectLifetime*-Attributs bestimmt. Die Lebensdauer eines verwalteten Objekts wird vom Wert des *tombstoneLifetime*-Attributs bestimmt. Standardmäßig sind diese Attribute auf NULL festgelegt. Die Lebensdauer des verwalteten Objekts beträgt also 180 Tage.

Sie können die Werte von *msDS-deletedObjectLifetime* und *tombstoneLifetime* jederzeit ändern. Innerhalb der Lebensdauer können Sie ein gelöschtes Objekt wiederherstellen. In der Active Directory-Datenbank wird beim Löschen eines Objekts das Attribut *isDeleted* auf den Wert *True* gesetzt.

Das gelöschte Objekt wird in den versteckten Container *Deleted Objects* verschoben und sein *Distinguished Name (DN)* erhält dadurch einen neuen Wert. Die *Deleted Object Lifetime* wird durch den Wert im Attribut *msDS-DeletedObjectLifetime* bestimmt. Ist die Zeit des im Attribut *msDS-DeletedObjectLifetime* definierten Werts abgelaufen, ändert sich das logisch gelöschte Objekt zu einem *Recycled Object*.

Organisationseinheiten und Objekte in AD absichern und sichern

Es ist schnell passiert, dass Administratoren in einem AD-Verwaltungstool eine Organisationseinheit oder ein anderes Objekt löschen. Alle darin enthaltenen Objekte werden dadurch ebenfalls gelöscht. Das lässt sich aber leicht verhindern.

Natürlich lassen sich Objekte in Active Directory über die Datensicherung und den AD-Papierkorb wiederherstellen. Allerdings ist das oft mit Arbeit verbunden und anschließenden Problemen, weil unter Umständen einzelne Funktionen nicht mehr gegeben sind. Besonders kritisch wird es, wenn eine Organisationseinheit weitere Organisationseinheiten enthält. Denn das verschachtelte Herstellen ganzer OU-Strukturen kann durchaus einige Arbeit und Zeit verursachen. Besser ist es also, Vorkehrungen zu treffen und sicherzustellen, dass sich Objekte nicht einfach so löschen lassen. Wir zeigen, wie das geht und was dahintersteckt.

Erweiterte Optionen für Organisationseinheiten einblenden

Werden die Eigenschaften von Organisationseinheiten in der Verwaltungskonsole *Active Directory-Benutzer und -Computer* aufgerufen, stehen nicht alle Optionen zur Verfügung. Es fehlen zum Beispiel die Einstellungen für die Sicherheit von Objekten.

In der Konsole kann über den Menüpunkt *Ansicht* die Option *Erweiterte Features* aktiviert werden. Ab diesem Moment werden die Eigenschaften erweitert und es werden mehr Einstellungen angezeigt.

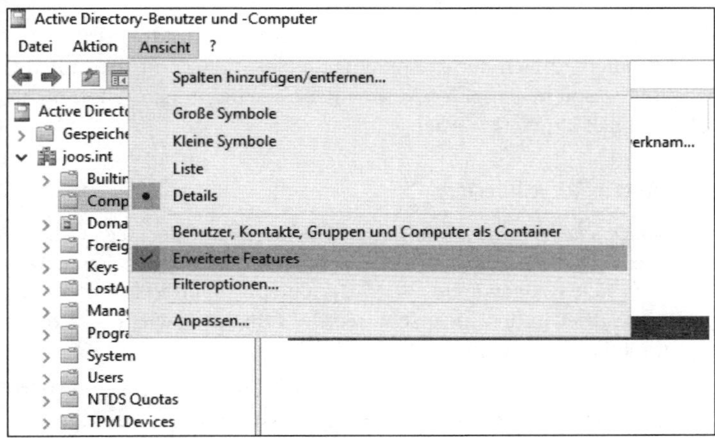

Abbildung 12.4: Aktivieren der erweiterten Ansicht in Active Directory-Benutzer und -Computer

Um Objekte davor zu schützen, dass sie von einem Administrator versehentlich gelöscht werden, kann die Option *Objekt vor zufälligem Löschen schützen* auf der Registerkarte *Objekt* aktiviert werden. Dadurch wird verhindert, dass ein Objekt löschbar ist.

Abbildung 12.5: Objekte vor zufälligem Löschen schützen

Wird versucht, ein Objekt zu löschen, erscheint eine Fehlermeldung, dass die Berechtigungen dazu fehlen oder dass das Objekt bereits vor dem zufälligen Löschen geschützt ist. Um das Objekt zu löschen, reicht es aus, den Haken zu entfernen und es danach zu löschen.

Active Directory

Es ist sinnvoll, den Schutz auch für untergeordnete Objekte zu aktivieren und zu kontrollieren, ob er auch aktiviert wurde.

Organisationseinheiten sind automatisch geschützt, andere Objekte nicht

Generell werden in Windows Server 2019 und davor Organisationseinheiten so angelegt, dass sie nicht gelöscht werden können. Der Schutz vor dem versehentlichen Löschen ist also automatisch gesetzt. Das gilt allerdings nicht für andere Objekte wie Gruppen und Benutzer. Auch hier kann der Schutz aktiviert werden, um ein versehentliches Löschen zu verhindern. Dazu wird einfach der entsprechende Haken auf der Registerkarte *Objekt* gesetzt.

Beim Anlegen von Organisationseinheiten kann der Schutz aber auch deaktiviert werden. In diesem Fall wird beim Erstellen einfach der entsprechende Haken entfernt. Beim Anlegen anderer Objekte, wie zum Beispiel Gruppen oder Benutzer, erscheint die Option nicht. Hier muss der Schutz nachträglich aktiviert werden.

Das steckt hinter dem Löschschutz in Active Directory

Durch Aktivieren der Option *Objekt vor zufälligem Löschen schützen* auf der Registerkarte *Objekt* wird dem Objekt die Benutzergruppe *Jeder* hinzugefügt. Dieser wird das Recht *Verweigert* für das Löschen des Objekts zugewiesen. Wird der entsprechende Haken wieder entfernt, wird auch die Gruppe *Jeder* in den Eigenschaften des Objekts sowie das dazugehörige Recht gelöscht. Dadurch ist das Objekt wieder löschbar.

Neben dieser Einstellung können natürlich auch die Berechtigungen für Organisationseinheiten auf der Registerkarte *Sicherheit* angepasst werden. Hier können entweder die vorhandenen Benutzergruppen entfernt oder bearbeitet werden. Dadurch kann sichergestellt werden, dass nur diejenigen Administratoren die Objekte löschen dürfen, die dazu berechtigt sind.

Das zeigt auch, dass es sinnvoll ist, einem Administrator nicht gleich die Rechte eines Domänenadmins zu geben, sondern genau festzulegen, welches Recht er braucht, und ihm nur das Recht zuzuweisen, das sinnvoll ist. Zu viele Rechte resultieren schnell in fehlenden Daten, und es ist schwer anschließend nachzuverfolgen, wer die Daten tatsächlich gelöscht hat.

Andere Objekte schützen – Active Directory-Standorte und -Dienste

Neben der Verwaltungskonsole *Active Directory-Benutzer und -Computer* lassen sich Objekte außerdem in anderen Konsolen sichern. So können zum Beispiel die Objekte in *Active Directory-Standorte und -Dienste* vor dem versehentlichen Löschen geschützt werden. Auch hier gibt es eine Registerkarte *Objekte* und die Option *Objekt vor zufälligem Löschen schützen*. Für die Anzeige der Option muss die erweiterte Ansicht aber nicht aktiviert werden.

Löschschutz in der PowerShell abfragen und setzen

Neben der Möglichkeit, die Einstellungen in der grafischen Oberfläche vorzunehmen, kann der Löschschutz auch in der PowerShell abgefragt und gesetzt werden. Um den Löschschutz für ein Objekt abzufragen, wird der folgende Befehl verwendet:

Get-ADObject ‹DN des Objekts› -Properties ProtectedFromAccidentalDeletion

Aktivieren lässt sich der Löschschutz mit:

Set-ADObject ‹DN des Objekts› -ProtectedFromAccidentalDeletion $true

Soll der Löschschutz deaktiviert werden, kann wiederum die Option *$false* gesetzt werden. Sollen keine Objekte geschützt werden, sondern Organisationseinheiten, werden die Cmdlets *Get-ADOrganizationalUnit* und *Set-ADOrganizationalUnit* verwendet.

Zusammenfassung

In diesem Kapitel sind wir auf die praktischen Hintergründe der Funktionen von Active Directory in Windows Server 2019 eingegangen. Sie haben erfahren, wie man mit verwalteten Dienstkonten das Netzwerk absichert oder mit dem Active Directory-Papierkorb Objekte wiederherstellt.

Im nächsten Kapitel gehen wir auf Erweiterungsmöglichkeiten von Active Directory und auf schreibgeschützte Domänencontroller (RODC) ein.

Kapitel 13

Active Directory – Neue Domänen und Domänencontroller

In diesem Kapitel:

In diesem Kapitel zeigen wir Ihnen, wie Sie existierende Domänen und Gesamtstrukturen mit weiteren Domänen, Domänencontrollern oder Strukturen, ergänzen. Wir gehen auch darauf ein, wie Sie schreibgeschützte Domänencontroller installieren und verwalten. In den Kapiteln 10 und 11 haben wir bereits beschrieben, wie Sie Domänencontroller installieren, auch über die PowerShell.

Auch beim Einsatz von Windows Server 2019 als Domänencontroller sollten Unternehmen für eine gewisse Hochverfügbarkeit sorgen. Zusätzliche Domänencontroller entlasten sich gegenseitig und mit schreibgeschützten Domänencontrollern lassen sich Niederlassungen und kleine Büros sicher anbinden.

Als zusätzliche Domänencontroller eignen sich auch Core-Installationen von Windows Server 2019. Diese bieten zwar keine grafische Oberfläche, dafür aber mehr Sicherheit und Leistung.

Core-Server als zusätzlichen Domänencontroller betreiben

Um einen Core-Server als Domänencontroller zu betreiben, sollte der Server zunächst als Mitgliedsserver in die Domäne aufgenommen werden. Das stellt sicher, dass später auch die Installation von Active Directory auf dem Server funktioniert. Am einfachsten ist die Konfiguration über das Tool *Sconfig*.

Über den Menüpunkt *8) Netzwerkeinstell.* wird der Server zunächst an das Netzwerk angebunden. Hier müssen die IP-Adressen, das Subnetz und die DNS-Server angegeben und konfiguriert werden.

Nachdem die IP-Adresskonfiguration vorgenommen wurde, sollte der Core-Server seinen neuen Namen über *Sconfig* erhalten. Das kann zwar auch beim Domänenbeitritt erledigt werden, es schadet aber nicht, diese Konfiguration vorher vorzunehmen. Nach einem Neustart lässt sich der Server dann als herkömmlicher Mitgliedsserver an die Domäne anbinden. Nach einem Neustart ist er Mitglied der Domäne. Auf einem Domänencontroller kann das über das Snap-in *Active Directory-Benutzer und -Computer* getestet werden. Die Domänenmitgliedschaft zeigt der Core-Server aber auch über *Sconfig* an.

Mit *nslookup* sollte die Namensauflösung getestet werden. Die anderen Domänencontroller sollten den Core-Server auflösen können und umgekehrt. Auch die Kontaktaufnahme per Ping sollte getestet werden.

Vorbereitungen in der PowerShell durchführen

Wer die Vorbereitungen zur Installation eines Domänencontrollers nicht mit *Sconfig* vornehmen will, sondern über die PowerShell, startet mit dem Befehl *powershell* aus der Eingabeaufforderung des Servers heraus eine PowerShell-Sitzung. Mit *Get-NetAdapter* lassen sich Informationen zum Netzwerkadapter des Servers auslesen. Die Informationen werden dazu verwendet, die IP-Einstellungen zu setzen, zum Beispiel mit folgendem Befehl:

New-NetIPAddress -IPAddress 192.168.178.230 -InterfaceAlias "Ethernet" -DefaultGateway 192.168.178.1 -AddressFamily IPv4 -PrefixLength 24

Die DNS-Einstellungen werden mit folgendem Cmdlet gesetzt:

Set-DnsClientServerAddress -InterfaceAlias "Ethernet" -ServerAddresses ("192.168.178.220", "192.168.178.230")

Standardmäßig registriert Windows Server 2019 den Server mit dem Namen als Domänencontroller, den er beim Start erhält. Sie können den Server in der PowerShell aber auch umbenennen. Dazu verwenden Sie den Befehl:

Rename-Computer -Name [Computername]

Nachdem der Server zum Domänencontroller heraufgestuft wurde, ist ein Umbenennen nicht mehr möglich. Um den Server danach neu zu starten, können Sie ebenfalls die PowerShell verwenden. Als Cmdlet verwenden Sie dazu *Restart-Computer*.

In der PowerShell können Sie für die Bereitstellung von Windows Server 2019 aber nicht nur Domänencontroller erstellen, sondern auch Computer mit Windows Server 2019 als Mitgliedscomputer in die Domäne aufnehmen. Dazu verwenden Sie das Cmdlet *Add-Computer -DomainName [Domänenname]*.

Tipp Um sich die Domänencontroller im Netzwerk anzuzeigen, reicht es aus, wenn Sie den Befehl *Get-ADDomainController* eingeben. Dadurch erhalten Sie Informationen zur Domäne, Organisationseinheit, GUID, IP-Adresse, FSMO-Rollen und zum Domänencontroller.

Wie alle Cmdlets kann dieses Cmdlet die Anzeige auch formatieren, indem Sie das Cmdlet *Get-ADDomainController |fl* nutzen und dahinter die Spalten, die in der PowerShell angezeigt werden sollen. Wollen Sie zum Beispiel nur den Namen, das Betriebssystem, die IP-Adresse und die installierten FSMO-Rollen anzeigen lassen, verwenden Sie den Befehl

Get-ADDomainController |fl HostName, IPV4Address, OperationMasterRoles, OperatingSystem

Mit *|ft* zeigen Sie die Informationen als formatierte Tabelle an. Bei dem Cmdlet haben Sie die Möglichkeit, die Anzeige zu filtern. Ein Beispielfilter ist das Anzeigen von schreibgeschützten Domänencontrollern:

Get-ADDomainController -Filter {isreadonly -eq $true}

Um die schreibgeschützten Domänencontroller auszublenden, verwenden Sie:

Get-ADDomainController -Filter {isreadonly -eq $false}

Nach dieser Syntax können Sie nach allen anderen Feldern filtern lassen, die sich über *Get-ADDomainController* anzeigen lassen. Dazu verwenden Sie die Option *-Filter* und den Namen der Spalte in geschweiften Klammern, zusammen mit der Option, ob der Filter zutreffend *($true)* oder nicht zutreffend *($false)* verwendet werden soll. In diesem Zusammenhang ist auch die Spalte *IsGlobalCatalog* interessant, da hier nach globalen Katalogen gefiltert werden kann. Das ist vor allem in größeren Umgebungen wichtig.

Active Directory auf dem Core-Server installieren und einrichten

Nachdem der Server generell funktioniert, werden die notwendigen Funktionen für Active Directory installiert:

Install-WindowsFeature AD-Domain-Services -IncludeManagementTools

Die erfolgreiche Installation wird in der PowerShell angezeigt. Anschließend wird Active Directory eingerichtet und der Server mit der vorhandenen Domäne verbunden. Um einen neuen Domänencontroller in einer vorhandenen Domäne zu installieren, verwenden Sie das Cmdlet *Install-ADDSDomainController*. Damit der Befehl funktioniert, geben Sie den Namen der Domäne ein und konfigurieren das Kennwort für den Verzeichnisdienst-Wiederherstellungsmodus als SecureString:

Install-ADDSDomainController -Domainname <DNS-Name der Domäne> -SafeModeAdministratorPassword (Read-Host -Prompt Kennwort -AsSecureString)

In diesem Beispiel ist der DNS-Name der Domäne *joos.int*. Der Befehl installiert auch einen DNS-Server auf dem Domänencontroller. Die Daten werden über Active Directory automatisch repliziert:

Install-ADDSDomainController -DomainName joos.int -InstallDNS:$True -Credential (Get-Credential) -SafeModeAdministratorPassword (Read-Host -Prompt Kennwort -AsSecureString)

Sobald der Server neu gestartet ist, wird er als Domänencontroller angezeigt. Das ist über das Snap-in *Active Directory-Benutzer und -Computer* zu sehen. Außerdem sollte im Snap-in *Active Directory-Standorte und -Dienste* eine Replikationsverbindung zwischen einem Domänencontroller und dem neuen Domänencontroller angezeigt werden.

Über das Kontextmenü kann eine manuelle Replikation gestartet werden. Diese sollte keine Fehlermeldungen anzeigen. Auch die DNS-Verwaltung sollte überprüft werden. Dazu kann der Core-Server über das Netzwerk an die DNS-Verwaltung auf einem anderen Server oder einer Arbeitsstation angebunden werden. Für Windows 10 stellt Microsoft in diesem Fall die Remoteserver-Verwaltungstools zur Verfügung.

Wichtig ist, dass die Zone für das Active Directory in das Active Directory integriert ist und damit durch die Replikation in Active Directory auf neue Server verteilt wird. Die IP-Adresse des Core-Servers kann dann auch als DNS-Server auf den Clients und anderen Arbeitsstationen verwendet werden.

Um die Verbindung mit Active Directory zu verifizieren, sollten auf dem Core-Server folgende Befehle ausgeführt werden. Die Domäne lautet in diesen Beispielen wieder *joos.int*:

Nltest /dsgetsite

Nltest /dclist:joos

Repadmin /showreps

Dcdiag

Schreibgeschützter Domänencontroller (RODC)

Haben Sie eine neue Domäne installiert, sollten Sie immer so schnell wie möglich einen zusätzlichen Domänencontroller installieren. Die Installation ist schnell durchgeführt und Sie können damit sichergehen, dass die Daten der Active Directory-Domäne bei Ausfall des ersten Servers nicht verloren gehen und Anwender sich weiter anmelden können. Wir zeigen Ihnen in diesem Abschnitt, wie zusätzliche Domänencontroller in einer Domäne installiert werden.

Dabei muss es sich nicht zwingend um einen schreibgeschützten Domänencontroller handeln, wir gehen aber in diesem Beispiel davon aus.

Vorbereitungen für die Integration eines zusätzlichen Domänencontrollers in eine Domäne

Der erste Schritt bei der Integration eines zusätzlichen Domänencontrollers in eine Domäne besteht aus der Installation des Betriebssystems (siehe Kapitel 2 und 3). Achten Sie darauf, dass Sie den Server mit dem gleichen Stand des Betriebssystems installieren, damit Sie eine homogene Umgebung erhalten.

Weisen Sie dem zusätzlichen Domänencontroller zunächst einen passenden Namen zu, zum Beispiel *rodc*, und konfigurieren Sie das primäre DNS-Suffix auf dem Server. Gehen Sie bei diesem Schritt so vor wie bei der Erstellung des ersten Domänencontrollers (siehe Kapitel 10 und 11).

Achtung Exchange Server 2007/2010/2013/2016 und auch Exchange Server 2019 unterstützen keine schreibgeschützten Domänencontroller. An jedem Standort, an dem ein Exchange-Server betrieben wird, muss auch ein normaler Domänencontroller positioniert werden.

Keine Probleme haben dagegen SQL Server, System Center Configuration Manager (SCCM), Outlook, System Center Operations Manager (SCOM) sowie SharePoint. Auch die Serverrollen in Windows Server 2019 haben keine Schwierigkeiten mit einem RODC.

Installieren Sie nach dem Neustart des Servers, wie beim ersten Server, ebenfalls die DNS-Rolle (siehe Kapitel 11). Haben Sie den Server als Domänencontroller in Active Directory mit aufgenommen, steht er ebenfalls als DNS-Server für die Mitgliedsserver und Arbeitsstationen zur Verfügung.

Weisen Sie dem zusätzlichen Domänencontroller zunächst den ersten Domänencontroller, den Sie installiert haben, als bevorzugten DNS-Server zu. Später kann diese Einstellung noch abgeändert werden, aber für das Beitreten der Domäne muss der Server einen DNS-Server in der Domäne erreichen können.

Integration eines neuen Domänencontrollers

Installieren Sie im Anschluss die Active Directory-Domänendienste wie bei der Installation eines normalen Domänencontrollers auch. Die Unterscheidung der Konfiguration findet erst bei der Einrichtung des Servers statt. Wählen Sie daher im Assistenten zur Einrichtung von Active Directory die Option *Domänencontroller zu einer vorhandenen Domäne hinzufügen*. Sie können diesen Vorgang auch in der PowerShell durchführen. Wie das geht, zeigen wir Ihnen in Kapitel 11.

Haben Sie die Option ausgewählt, müssen Sie noch die Domäne angeben, der Sie einen Domänencontroller hinzufügen wollen. Über die Schaltfläche *Ändern* müssen Sie das Konto eines Administrators festlegen, der über die Rechte verfügt, Domänencontroller zu einer Domäne hinzufügen zu dürfen. Verwenden Sie dazu die Syntax *<Domäne>\<Benutzername>*.

Im nächsten Fenster wählen Sie die Optionen des Servers aus. Sie können über dieses Fenster die DNS-Rolle installieren, den Server zum globalen Katalog heraufstufen und den Domänencontroller zu einem schreibgeschützten Domänencontroller heraufstufen.

Außerdem wählen Sie den physischen Standort des Domänencontrollers aus. Active Directory bietet die Möglichkeit, eine Gesamtstruktur in mehrere Standorte zu unterteilen, die durch verschiedene IP-Subnetze voneinander getrennt sind. Durch diese physische Trennung der Standorte ist es nicht notwendig, für jede Niederlassung eine eigene Domäne zu erstellen.

Abbildung 13.1: Installieren eines neuen Domänencontrollers

An jedem Standort müssen zwar weiterhin Domänencontroller installiert werden, allerdings kann die Domäne von einem zentralen Standort aus verwaltet werden, von dem die Änderungen auf die einzelnen Standorte repliziert werden. Die Replikation zwischen verschiedenen Standorten in Active Directory läuft weitgehend automatisiert ab. Damit die Replikation aber stattfinden kann, müssen Sie zunächst die notwendige Routingtopologie erstellen. Dabei fallen hauptsächlich folgende Aufgaben an:

- Erstellen von Standorten in der Active Directory-Verwaltung
- Erstellen von IP-Subnetzen und Zuweisen an die Standorte
- Erstellen von Standortverknüpfungen für die Active Directory-Replikation
- Konfiguration von Zeitplänen und Kosten für die optimale Standortreplikation

Um die standortübergreifende Replikation von Active Directory zu verwenden, sollten Sie an jedem Standort, an dem später ein Domänencontroller angeschlossen wird, ein unabhängiges IP-Subnetz verwenden. Dieses IP-Subnetz wird in der Active Directory-Verwaltung hinterlegt und dient fortan zur Unterscheidung der Standorte in Active Directory.

Das wichtigste Verwaltungswerkzeug, um Standorte in Active Directory zu verwalten, ist das Snap-in *Active Directory-Standorte und -Dienste*, das auch über den Server-Manager zur Verfügung gestellt wird.

Auf der nächsten Seite des Assistenten legen Sie fest, ob der neue Domänencontroller zum globalen Katalog konfiguriert werden soll. Außerdem können Sie an dieser Stelle festlegen, dass der Domänencontroller nur als schreibgeschützter Domänencontroller (RODC) verwendet wird, also dieser Server keine Änderungen entgegennimmt, außer als Replikation von seinem übergeordneten Domänencontroller. Im gleichen Fenster geben Sie auch das Kennwort für den Verzeichnisdienst-Wiederherstellungsmodus an.

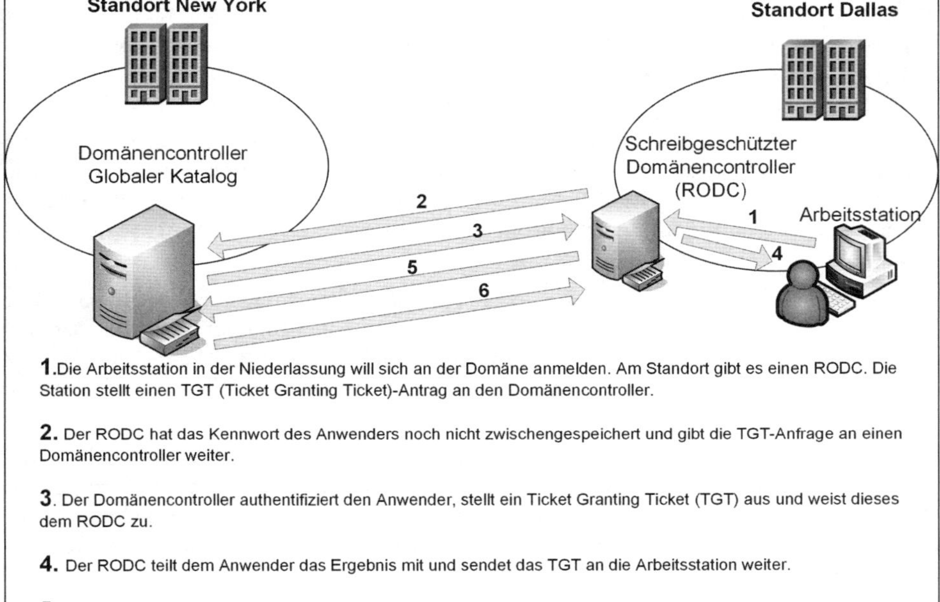

1.Die Arbeitsstation in der Niederlassung will sich an der Domäne anmelden. Am Standort gibt es einen RODC. Die Station stellt einen TGT (Ticket Granting Ticket)-Antrag an den Domänencontroller.

2. Der RODC hat das Kennwort des Anwenders noch nicht zwischengespeichert und gibt die TGT-Anfrage an einen Domänencontroller weiter.

3. Der Domänencontroller authentifiziert den Anwender, stellt ein Ticket Granting Ticket (TGT) aus und weist dieses dem RODC zu.

4. Der RODC teilt dem Anwender das Ergebnis mit und sendet das TGT an die Arbeitsstation weiter.

5. Nachdem das TGT an den Anwender ausgestellt wurde, fragt der RODC beim schreibenden Domänencontroller nach, ob das Kennwort für zukünftige Authentifizierungen auf dem RODC zwischengespeichert werden darf. Der Domänencontroller überprüft die Replikationsrichtlinie für Kennwörter, ob das Kennwort repliziert werden darf.

6. Entspricht die Replikation den Richtlinien, darf das Kennwort auf dem RODC zwischengespeichert werden, und der RODC speichert das Kennwort für zukünftige Zwecke.

Abbildung 13.2: Konfiguration des zusätzlichen Domänencontrollers als schreibgeschützten Domänencontroller (RODC)

Auf der nächsten Seite wählen Sie die Benutzergruppen oder direkt die Benutzer aus, deren Kennwörter auf den RODC repliziert werden dürfen. Wird für eine Gruppe die Replikation des Kennworts verweigert, steht den Mitgliedern dieser Gruppe der RODC nicht als Anmeldeserver zur Verfügung, da er die Kennwörter nicht verifizieren kann. Durch diese Konfiguration können Sie recht leicht festlegen, welche Benutzer sich an diesem Domänencontroller anmelden dürfen und welche nicht.

Diese Richtlinien spielen für die Authentifizierung von Benutzern an einem Domänencontroller eine wichtige Rolle. Authentifiziert sich ein Benutzer an einem RODC, kontaktiert dieser einen normalen DC, um die Anmeldeinformationen zu kopieren.

Der DC erkennt, dass die Anforderung von einem RODC kommt, und überprüft auf Basis der Richtlinien für die Kennwortreplikation, ob diese Daten zu dem jeweiligen RODC übertragen werden dürfen. Wird die Replikation durch die Richtlinie gestattet, werden die Anmeldeinformationen vom DC zum RODC übertragen und dort zwischengespeichert, sodass weitere Anmeldungen deutlich schneller ablaufen.

In der Organisationseinheit (Organizational Unit, OU) *Users* gibt es bereits die standardmäßigen Benutzergruppen *Zulässige RODC-Kennwortreplikationsgruppe* und *Abgelehnte RODC-Kennwortreplikationsgruppe*. Benutzerkonten, die Sie diesen Benutzergruppen zuordnen, können sich an diesem Domänencontroller anmelden, da die Kennwörter repliziert wurden (*Zulässige RODC-Kennwortreplikationsgruppe*). Oder sie können sich nicht anmelden, da die Kennwörter nicht zur Verfügung stehen (*Abgelehnte RODC-Kennwortreplikationsgruppe*).

Sie können die Einstellungen, die Sie in diesem Dialogfeld vornehmen, jederzeit über die Eigenschaften des Computerkontos im Server-Manager wieder anpassen, nachdem der Server zum Domänencontroller heraufgestuft worden ist.

Auf der nächsten Seite des Assistenten geben Sie eine Benutzergruppe an, die die Berechtigung zur Verwaltung des Domänencontrollers erhält. Mitglieder der angegebenen Gruppe dürfen den Server verwalten beziehungsweise Änderungen darauf vornehmen. Die Gruppe oder der Benutzer, die beziehungsweise den Sie hier angeben, erhält lokale Administratorberechtigungen auf dem Controller, aber keinerlei Rechte in der Active Directory-Domäne.

Im nächsten Dialogfeld legen Sie fest, ob der Domänencontroller die Daten von Active Directory über das Netzwerk oder die WAN-Leitung erhalten soll oder ob Sie die Datensicherung von Active Directory verwenden möchten (siehe Kapitel 11). Diese Option ist vor allem sinnvoll, wenn Sie einen neuen Domänencontroller für eine kleine Niederlassung installieren.

Ist diese Niederlassung nur über eine schmalbandige WAN-Leitung angebunden, kann die Replikation der Active Directory-Daten sehr lange dauern und vor allem die Leitung blockieren. Sie können an dieser Stelle eine Datensicherung auch auf einem Domänencontroller in der Zentrale des Servers vornehmen, auf CD/DVD brennen, mit der Post verschicken und anschließend auf dem Server einlesen.

Auf der Seite des Assistenten wählen Sie auch aus, von welchem Domänencontroller Sie die Replikation zum neuen Domänencontroller für die Installation ausführen wollen. Alle weiteren Fenster sind identisch mit der Installation des ersten Domänencontrollers.

Ein Beispielskript für die Installation eines schreibgeschützten Domänencontrollers für die PowerShell sehen Sie in Listing 13.1.

```
Import-Module ADDSDeployment
Install-ADDSDomainController `
-AllowPasswordReplicationAccountName @("CONTOSO\Zulässige RODC-Kennwortreplikations-
gruppe") `
-NoGlobalCatalog:$false `
-Credential (Get-Credential) `
-CriticalReplicationOnly:$false `
-DatabasePath "C:\Windows\NTDS" `
-DelegatedAdministratorAccountName "CONTOSO\joost" `
-DenyPasswordReplicationAccountName @("VORDEFINIERT\Administratoren", "VORDEFI-
NIERT\Server-Operatoren", "VORDEFINIERT\Sicherungs-Operatoren", "VORDEFINIERT\Kon-
ten-Operatoren", "CONTOSO\Abgelehnte RODC-Kennwortreplikationsgruppe")
-DomainName "contoso.int"
-InstallDns:$true
-LogPath "C:\Windows\NTDS"
-NoRebootOnCompletion:$false
-ReadOnlyReplica:$true
-SiteName "Erbach"
-SysvolPath "C:\Windows\SYSVOL"
-Force:$true
```

Listing 13.1 Installieren eines schreibgeschützten Domänencontrollers in der PowerShell

Achtung **Einschränkungen für schreibgeschützte Domänencontroller**

Beim Einsatz von RODCs müssen einige Einschränkungen beachtet werden:

- An jedem Active Directory-Standort wird pro Domäne nur ein einziger schreibgeschützter Domänencontroller (RODC) unterstützt.
- Zwischen RODCs kann keine Replikation durchgeführt werden.
- Wird am Active Directory-Standort ein Exchange-Server betrieben, muss an diesem Standort auch ein normaler Domänencontroller positioniert werden. Exchange unterstützt keine RODCs für den Zugriff auf den globalen Katalog.
- Fällt die WAN-Verbindung zwischen RODC und einem normalen Domänencontroller aus, können am Standort mit dem RODC keine Kennwortänderungen der Anwender durchgeführt werden. Auch Computerkonten lassen sich nicht anlegen. Außerdem wird die Anmeldung aller Konten, deren Kennwort nicht auf den RODC repliziert ist, abgelehnt.
- Werden an einem Standort mit einem RODC neue Computerkonten aufgenommen, werden die dazu notwendigen RID (Relative Identifier) von einem schreibgeschützten Domänencontroller bezogen. Ein RODC verfügt über keinen RID-Pool.

Damit sich Benutzer aus der Domäne an einem RODC authentifizieren können, müssen sie zwingend in der Gruppe *Zulässige RODC-Kennwortreplikationsgruppe* sein, ansonsten wird die Anmeldung verweigert. In den Eigenschaften des Computerkontos des schreibgeschützten Domänencontrollers auf der Registerkarte *Kennwortreplikationsrichtlinie* werden nach einem Klick auf die Schaltfläche *Erweitert* alle auf dem RODC zwischengespeicherten Kennwörter und Benutzer angezeigt.

Delegierung der RODC-Installation

Da es sich bei RODC meist um Server in Niederlassungen handelt, besteht die Möglichkeit, die Installation des Servers zu delegieren. Dazu wird vorher ein neues Computerkonto für den RODC in der Domäne erstellt und der Administrator vor Ort darf den Server dann installieren und zum RODC der Domäne heraufstufen. Gehen Sie dazu folgendermaßen vor:

1. Öffnen Sie das Snap-in *Active Directory-Benutzer und -Computer.*
2. Klicken Sie in der OU *Domain Controllers* für die Domäne, in der Sie den RODC installieren wollen, mit der rechten Maustaste.
3. Wählen Sie im Kontextmenü den Eintrag *Konto für schreibgeschützten Domänencontroller vorbereiten.*
4. Anschließend startet der Assistent.
5. Geben Sie den Namen des RODC ein. Der Administrator vor Ort muss dann den Server exakt so benennen.
6. Anschließend können alle Optionen genauso vorgegeben werden wie bei der normalen Installation eines RODC.
7. Der Administrator kann auf dem RODC vor Ort danach den Assistenten über den Server-Manager starten.

Sie können ein Konto für einen schreibgeschützten Domänencontroller auch in der PowerShell mit dem Cmdlet *Add-ADDSReadOnlyDomainControllerAccount* einrichten. Installieren Sie einen neuen schreibgeschützten Domänencontroller, können Sie ein bereits existierendes Konto verwenden.

Dabei überprüft der Assistent, ob der aktuelle Servername mit dem Namen eines vorbereiteten Kontos übereinstimmt, sobald ein Administrator den Server heraufstufen will. Der Server darf allerdings noch kein Mitglied der Domäne sein.

RODC löschen

Wenn Sie ein Computerkonto eines RODC löschen, können Sie über einen Assistenten veranlassen, dass alle Benutzer, deren Konto auf dem RODC gespeichert war, ihr Kennwort ändern müssen. Sie können auch eine Liste der Benutzer erstellen lassen. Das ist zum Beispiel sinnvoll, wenn ein RODC verloren gegangen ist und Sie das Konto aus Active Directory löschen lassen wollen.

Hinweis Wird ein schreibgeschützter Domänencontroller gestohlen, enthält dieser ausschließlich nur die Daten der Benutzerkonten, die zur Replikation auf den Server explizit ausgewählt sind. Alle anderen Daten von Active Directory sind auf dem Server nicht verfügbar und können daher auch nicht ausgelesen werden.

Entfernt ein Administrator das Computerkonto des gestohlenen Domänencontrollers, erhält er ein Auswahlfenster angezeigt, über das die Kennwörter der Benutzer und Computer, die auf den RODC repliziert sind, zurückgesetzt werden können.

Selbst wenn es einem Dieb gelingen sollte, die Daten vom RODC auszulesen, sind diese wertlos, weil sie zurückgesetzt wurden. Bei diesem Vorgang löscht Active Directory nicht die Benutzer- und Computerkonten selbst, sondern ausschließlich die Kennwörter. Diese Daten lassen sich außerdem nicht nur zurücksetzen, sondern über den Assistenten besteht zusätzlich eine Exportmöglichkeit der Konten.

Notwendige Nacharbeiten nach der Integration eines zusätzlichen Domänencontrollers

Haben Sie den Domänencontroller in die Domäne aufgenommen, sollten Sie zunächst noch einige Nacharbeiten durchführen, um ihn optimal einzubinden. Zunächst sollten Sie auf dem neuen Domänencontroller das *DNS* starten.

Überprüfen Sie, ob die Daten der DNS-Zonen auf den Domänencontroller repliziert wurden. Ist sichergestellt, dass die DNS-Daten repliziert sind, ist die DNS-Funktionalität auf dem zusätzlichen Domänencontroller vorhanden. Die Replikation kann allerdings durchaus einige Minuten dauern.

IP-Adresse und DNS-Server auf Domänencontrollern anpassen

Im nächsten Schritt sollten Sie die IP-Einstellungen auf den Domänencontrollern optimieren. Tragen Sie in den IP-Einstellungen jeweils den anderen Domänencontroller als bevorzugten Server und als alternativen Domänencontroller den Controller selbst ein, zumindest dann, wenn sich beide am selben Standort befinden. Durch diese Konfiguration ist sichergestellt, dass die beiden Domänencontroller über Kreuz die Namen auflösen können.

Wird ein Domänencontroller neu gestartet, besteht die Möglichkeit, dass der DNS-Dienst vor Active Directory beendet wird und das Herunterfahren unnötig lange dauert. In diesem Fall werden darüber hinaus noch Fehlermeldungen in der Ereignisanzeige protokolliert. Aus Gründen der Ausfallsicherheit ist es daher immer am besten, wenn ein Domänencontroller jeweils einen anderen Domänencontroller als bevorzugten DNS-Server verwendet. Nur wenn dieser bevorzugte Server nicht zur Verfügung steht, werden die eigenen Daten des Domänencontrollers verwendet. Haben Sie diese Einstellungen vorgenommen, können Sie mit dem Befehlszeilentool Nslookup überprüfen, ob die Namensauflösung auf den Domänencontrollern noch fehlerfrei funktioniert.

Öffnen Sie dazu eine Eingabeaufforderung und rufen Sie den Befehl *nslookup* auf. Geben Sie danach einmal die Bezeichnung des ersten und dann die des zweiten Domänencontrollers ein, also in diesem Beispiel *dc01.contoso.com* und *dc03.contoso.com*. Auf dem anderen Domänencontroller sollten Sie diese Aufgaben ebenfalls durchführen. Es sollte kein Fehler angezeigt werden, damit sichergestellt ist, dass die Namensauflösung funktioniert. Mehr zum Thema lesen Sie in Kapitel 10 und 11.

Replikation der beiden Domänencontroller überprüfen

Nach einigen Minuten sollten Sie die Replikation der beiden Domänencontroller überprüfen. Starten Sie dazu *Active Directory-Standorte und -Dienste* über das Menü *Tools* im Server-Manager. Navigieren Sie zum Knoten des Namens des Standorts und öffnen Sie den Knoten *Servers*.

An dieser Stelle sollten alle Domänencontroller angezeigt werden. Klicken Sie bei den Servern auf das Pluszeichen, sehen Sie darunter einen weiteren Eintrag mit der Bezeichnung *NTDS-Settings*. Klicken Sie darauf, wird auf der rechten Seite jeder Replikationspartner des Domänencontrollers angezeigt. Klicken Sie auf diese automatisch erstellten Verbindungen mit der rechten Maustaste, können Sie im Kontextmenü die Option *Jetzt replizieren* auswählen. Im Anschluss daran erscheint ein Fenster, das Sie über die erfolgreiche Replikation informiert.

Hinweis Normale Domänencontroller richten Replikationsverbindungen nur zu anderen normalen Domänencontrollern ein. Schreibgeschützte Domänencontroller sind mit einer einseitigen Replikationsverbindung konfiguriert.

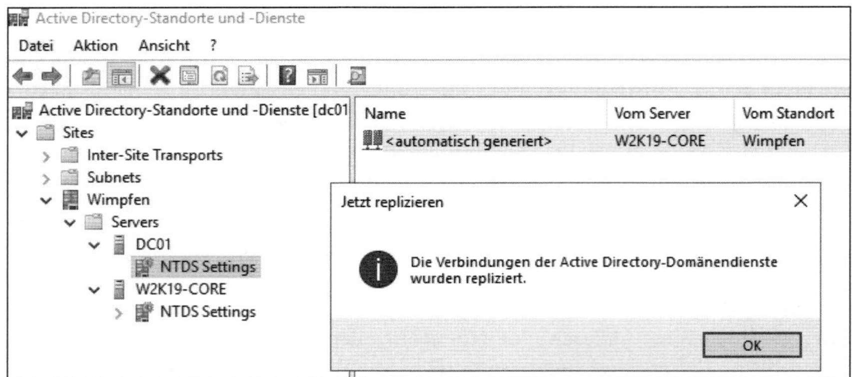

Abbildung 13.3: Überprüfen der Replikationsverbindung von neuen Domänencontrollern

Führen Sie diese Replikation für beide Domänencontroller durch, damit sichergestellt ist, dass die Active Directory-Replikation zwischen den beiden Domänencontrollern funktioniert. Damit ist die Erstellung des zusätzlichen Domänencontrollers abgeschlossen und Sie haben alle notwendigen Maßnahmen zur Überprüfung durchgeführt.

Sie sollten auch die Betriebsmaster auf den verschiedenen Servern optimal verteilen. Lesen Sie dazu die Anmerkungen in den Kapiteln 10 und 11.

Erstellen einer neuen untergeordneten Domäne

Eine weitere häufige Aufgabe in einer Active Directory-Gesamtstruktur ist die Erstellung einer untergeordneten Domäne. Wenn Sie eine Active Directory-Gesamtstruktur durch die Erstellung der ersten Domäne, also dem Heraufstufen des ersten Domänencontrollers, definieren, ist diese Domäne die Rootdomäne (Stammdomäne) der Gesamtstruktur. Viele Unternehmen binden an diese Domäne weitere Domänen, die als untergeordnete Domänen bezeichnet werden.

Ein Beispiel hierfür ist die Domäne *joos.int* als erste Domäne in einer Active Directory-Gesamtstruktur. Sie können an diese Domäne beliebig weitere untergeordnete Domänen anbinden, zum Beispiel die Domäne *de.joos.int*. Die beiden Domänen agieren vollkommen unabhängig voneinander, teilen sich aber den gleichen Namensraum. Bei der Erstellung der Domäne wird automatisch eine Vertrauensstellung zwischen *joos.int* und *de.joos.int* eingerichtet.

Auf diese Weise werden in vielen Gesamtstrukturen Niederlassungen angebunden, die eine eigene IT-Abteilung haben. In der Zentrale des Unternehmens wird eine Rootdomäne (oft auch als Stammdomäne bezeichnet) erstellt, und die einzelnen Niederlassungen werden als untergeordnete Domänen angebunden. Auch wenn die Rootdomäne nicht erreichbar ist, können alle Anwender in den untergeordneten Domänen problemlos weiterarbeiten. Eine dauerhafte Verbindung ist nicht zwingend notwendig.

Anpassen der DNS-Infrastruktur an untergeordnete Domänen

Bei der Erstellung von untergeordneten Domänen werden durch die enge Verzahnung von Active Directory und DNS auch die Anforderungen an die DNS-Infrastruktur komplizierter. Bevor Sie eine neue untergeordnete Domäne erstellen können, müssen Sie zunächst die passende DNS-Infrastruktur dafür erstellen. Wenn Sie untergeordnete Domänen erstellen, haben Sie für die Namensauflösung grundsätzlich zwei Möglichkeiten:

1. Die DNS-Server der Rootdomäne verwalten auch die DNS-Domänen der untergeordneten Domänen.
2. Die untergeordneten Domänen verwalten jeweils ihre eigene DNS-Domäne.

Erstellen Sie eine neue untergeordnete Domäne, sollten Sie zunächst genau planen, wie die DNS-Infrastruktur dafür aussehen soll. Wenn die DNS-Server der Rootdomäne auch für die Namensauflösung in der untergeordneten Domäne zuständig sind, sollten Sie die Replikationseinstellungen für die Zone so ändern, dass sie auf alle DNS-Server und Domänencontroller repliziert wird.

Da untergeordnete Domänen oft auch physisch durch eine WAN-Leitung von der Rootdomäne getrennt sind, besteht die Notwendigkeit, die DNS-Daten der untergeordneten Domäne in die Niederlassung zu replizieren. In diesem Fall müssen Berechtigungskonzepte erstellt werden, da ansonsten Administratoren der untergeordneten Domäne Änderungen an der DNS-Infrastruktur der übergeordneten Domäne durchführen können.

In vielen Unternehmen wird dieses Sicherheitsproblem dadurch gelöst, dass die untergeordnete Domäne als eigenständige Zone ausschließlich von den Administratoren der untergeordneten Domäne verwaltet wird. Dadurch ist sichergestellt, dass jede Domäne ihre eigene DNS-Zone verwaltet, damit die Administratoren der einzelnen untergeordneten Domänen sich nicht gegenseitig beeinträchtigen können.

Wir zeigen Ihnen im Anschluss die Erstellung beider Varianten. So können Sie dann selbst entscheiden, welche Möglichkeiten Sie für die einzelnen untergeordneten Domänen einsetzen.

Erstellen einer DNS-Domäne für eine neue untergeordnete Domäne

Die erste Möglichkeit der Namensauflösung ist die Erstellung einer neuen DNS-Domäne unterhalb der Rootdomäne auf den Root-Domänencontrollern. Diese Domäne befindet sich auf dem DNS-Server in der gleichen Zone wie die DNS-Domäne der Rootdomäne.

Um eine neue Domäne unterhalb einer DNS-Domäne zu erstellen, müssen Sie zunächst das Snap-in zur DNS-Verwaltung starten. Klicken Sie dann mit der rechten Maustaste auf die Zone, unter der Sie die neue DNS-Domäne erstellen wollen. Wählen Sie im Kontextmenü den Eintrag *Neue Domäne* aus. Im nächsten Fenster müssen Sie die Bezeichnung der neuen Domäne eingeben.

Da die neue Domäne unterhalb einer bereits existierenden DNS-Domäne angelegt wird, müssen Sie nur die Bezeichnung der Domäne ohne die Endung der Rootdomäne angeben. In diesem Beispiel lautet die Bezeichnung *de* unterhalb der Zone *joos.int*.

Nachdem Sie die Erstellung bestätigt haben, wird die neue Domäne unterhalb der Zone angezeigt. Weitere Angaben sind nicht erforderlich, da die Einstellungen für die Replikation der dynamischen Updates und Berechtigungen durch die übergeordnete Zone an die untergeordnete Domäne weitergegeben werden.

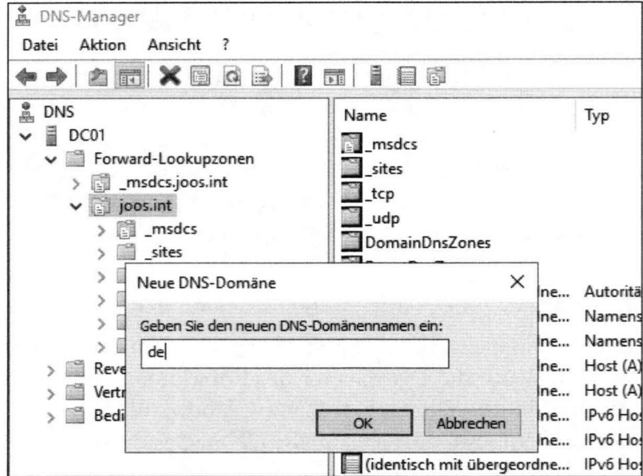

Abbildung 13.4: Erstellen einer neuen Domäne

Um auf dem Domänencontroller der untergeordneten Domäne Active Directory zu installieren, müssen Sie in den IP-Einstellungen des neuen Domänencontrollers einen DNS-Server der übergeordneten Domäne als bevorzugt eintragen. Zum Erstellen einer untergeordneten Domäne ist eine Kontaktaufnahme zu der übergeordneten Domäne notwendig.

Dieser Kontakt wird über DNS hergestellt und kann nur zustande kommen, wenn der neue Domänencontroller eine Verbindung aufbauen kann und die Namen der Domänencontroller der Rootdomäne kennt. Nach der Heraufstufung des neuen Domänencontrollers der untergeordneten Domäne sollten Sie auf diesem zunächst die DNS-Erweiterung installieren, damit er die DNS-Daten seiner Zone empfangen kann.

Zusätzlich müssen Sie dann in den Eigenschaften der DNS-Zone die Replikation so anpassen, dass die DNS-Daten nicht nur auf die DNS-Server der gleichen Domäne repliziert werden, sondern auf alle DNS-Server der Gesamtstruktur. Diese Maßnahme ist notwendig, da die DNS-Server der neuen untergeordneten Domäne nicht zur gleichen Domäne gehören.

Nachdem die DNS-Daten auf den untergeordneten Domänencontrollern angezeigt werden, können Sie in den IP-Einstellungen der Server die DNS-Server der untergeordneten Domäne als bevorzugte und die der übergeordneten Domäne als alternative DNS-Server konfigurieren. Dadurch ist sichergestellt, dass die Namensauflösung funktioniert, selbst wenn unter Umständen die DNS-Server der untergeordneten Domäne nicht zur Verfügung stehen.

Da diese Aufgabe erst durchgeführt werden kann, wenn Active Directory auf den neuen Domänencontrollern installiert wurde, müssen Sie zunächst die Heraufstufung der untergeordneten Domänencontroller vornehmen.

Delegierung von DNS-Zonen

Die zweite Variante der Namensauflösung einer neuen untergeordneten Domäne ist die sogenannte Delegierung. Installieren Sie zunächst auf dem neuen Domänencontroller die DNS-Erweiterung. Anschließend erstellen Sie auf dem neuen DNS-Server eine neue Zone. Dabei gehen Sie so vor wie in Kapitel 11 erläutert.

Die neue Zone erhält dieselbe Bezeichnung wie die neue untergeordnete Domäne. In diesem Beispiel wird der Domänencontroller *dc-berlin* der erste Domänencontroller der untergeordneten Domäne *de.joos.int* unterhalb der Domäne *joos.int*. Gehen Sie dazu folgendermaßen vor:

1. Legen Sie zunächst den Computernamen fest. Auch das primäre DNS-Suffix des neuen Domänencontrollers kann an dieser Stelle bereits eingegeben werden. Der Computername ist in diesem Beispiel *dc-berlin*, das primäre DNS-Suffix *de.joos.int*. Mehr zu diesem Thema lesen Sie in Kapitel 10 und 11.
2. Konfigurieren Sie in den IP-Einstellungen des Domänencontrollers seine eigene IP-Adresse als bevorzugten DNS-Server.
3. Erstellen Sie in der DNS-Verwaltung eine neue Zone mit der Bezeichnung der neuen untergeordneten Domäne, in diesem Beispiel *de.joos.int*. An dieser Stelle spielt die bereits vorhandene DNS-Domäne der Rootdomäne noch keinerlei Rolle. Achten Sie auf die dynamischen Updates der Zone (siehe Kapitel 11).

Im nächsten Schritt müssen Sie dafür sorgen, dass sich beide DNS-Server gegenseitig auflösen können. Es muss in der untergeordneten Domäne möglich sein, Servernamen der übergeordneten Domäne aufzulösen, und in der übergeordneten Domäne muss es möglich sein, Servernamen der untergeordneten Domäne per DNS aufzulösen. Dazu wird die DNS-Zone der Rootdomäne so konfiguriert, dass alle Abfragen an die untergeordnete Domäne an deren Domänencontroller weitergeleitet werden.

Die DNS-Server der übergeordneten Domäne kümmern sich fortan nicht mehr um die Verwaltung der untergeordneten Domäne, sondern haben diese Aufgabe an deren Domänencontroller delegiert. Für diesen Vorgang müssen Sie die Delegierung zunächst auf den DNS-Servern der übergeordneten Domäne einrichten. Klicken Sie dazu mit der rechten Maustaste auf die DNS-Zone der übergeordneten Domäne und wählen Sie im Kontextmenü den Eintrag *Neue Delegierung* aus.

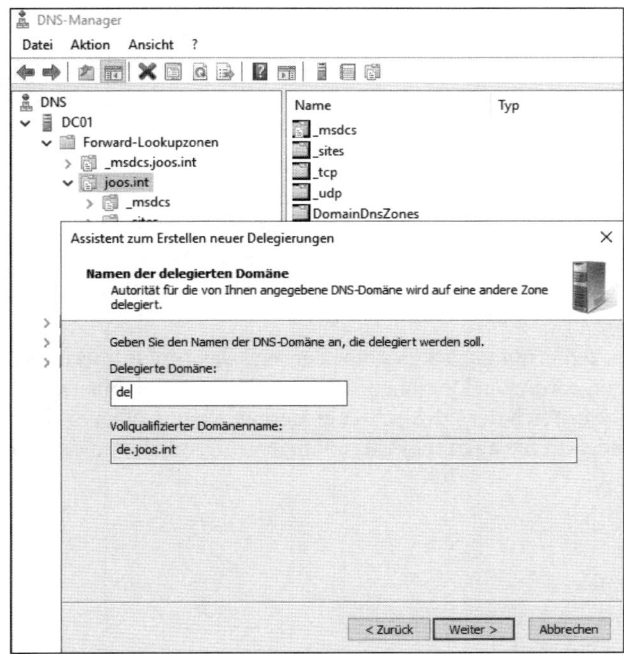

Abbildung 13.5: Erstellen einer neuen Delegierung innerhalb der übergeordneten Domäne

Es erscheint das Startfenster des Delegierungs-Assistenten. Im nächsten Fenster tragen Sie den Namen der neuen delegierten Domäne ein. Auch hier müssen Sie nur den Namen der untergeordneten Domäne eintragen, in diesem Beispiel *de*. Der Assistent vervollständigt automatisch den Namen zum FQDN. Dieser Vorgang ist vollkommen unabhängig von der Erstellung der neuen Zone in der untergeordneten Domäne.

Die Namensauflösung von der übergeordneten Domäne zu Servern der untergeordneten Domäne funktioniert allerdings erst dann, wenn die Zone in der untergeordneten Domäne erstellt wurde und die Delegierung in der übergeordneten Domäne eingerichtet ist.

Wenn ein Client oder ein Server einen DNS-Server der übergeordneten Domäne als bevorzugten DNS-Server eingetragen hat und einen Namen der untergeordneten Domäne auflösen will (zum Beispiel ein zweiter Domänencontroller für die Active Directory-Replikation), kann nach der erfolgreichen Einrichtung der Delegierung der übergeordnete DNS-Server die Anfrage an den untergeordneten DNS-Server weiterleiten, der die Antwort an den übergeordneten DNS-Server weitergibt. Dieser DNS-Server gibt die entsprechende Antwort an den Client zurück.

Im Assistenten müssen Sie den Namenserver angeben, der für die Auflösung der delegierten Domäne zuständig ist. Da an dieser Stelle die Namensauflösung noch nicht funktioniert, weil Sie diese gerade erst konfigurieren, müssen Sie die einzelnen Eingaben manuell durchführen. Dazu klicken Sie zunächst auf die Schaltfläche *Hinzufügen*.

Tragen Sie dann im Bereich *Vollqualifizierter Serverdomänenname* den Namen des Servers ein. Die Auflösung oder das Durchsuchen der Zone funktioniert an dieser Stelle noch nicht. Geben Sie danach im Bereich *IP-Adresse* die IP-Adresse des oben eingetragenen DNS-Servers der untergeordneten Domäne ein und klicken Sie auf *OK*. Nach dieser Aktion wird dieser DNS-Server als Namenserver für die Delegierung verwendet.

Sie können später noch Änderungen vornehmen oder weitere Server hinzufügen, wenn zum Beispiel in der untergeordneten Domäne ein weiterer Domänencontroller hinzugefügt wird. Durch das Eintragen von zwei Servern in der delegierten Domäne erhalten Sie eine Ausfallsicherheit bei der Namensauflösung von der übergeordneten zur untergeordneten Domäne. Im Anschluss daran wird die delegierte Domäne abgeblendet in der DNS-Domäne angezeigt.

Überprüfen Sie jetzt mit dem Befehlszeilentool Nslookup, ob die Auflösung fehlerfrei funktioniert. Öffnen Sie dazu die Eingabeaufforderung und geben Sie auf dem DNS-Server der Rootdomäne (oder einem Client, der diesen als bevorzugten DNS-Server konfiguriert hat) den Befehl *nslookup* ein. Überprüfen Sie den FQDN des DNS-Servers der untergeordneten Domäne, in diesem Beispiel also *dc-berlin.de.joos.int*.

Die IP-Adresse des Servers muss fehlerfrei zurückgegeben werden. Das funktioniert aber erst dann, wenn Sie auf dem untergeordneten Domänencontroller DNS für die untergeordnete Domäne konfiguriert haben und sich der DNS-Server eingetragen hat. Gehen Sie hier so vor, wie in Kapitel 11 gezeigt. Lesen Sie auch die Anmerkungen in Kapitel 6 zu diesem Thema.

```
Administrator: Eingabeaufforderung - nslookup
Microsoft Windows [Version 10.0.17744.1001]
(c) 2018 Microsoft Corporation. Alle Rechte vorbehalten.

C:\Users\Administrator>nslookup
Standardserver:  dc01.joos.int
Address:  192.168.178.230

> dc-berlin.de.joos.int
Server:  dc01.joos.int
Address:  192.168.178.230

Nicht autorisierende Antwort:
Name:    dc-berlin.de.joos.int
Addresses:  2003:6a:6d0d:7100:cd59:c91d:d19a:40a3
          fd00::cd59:c91d:d19a:40a3
          2003:59:8d01:6800:cd59:c91d:d19a:40a3
          192.168.178.235
```

Abbildung 13.6: Überprüfen der Namensauflösung von der übergeordneten zur untergeordneten Domäne

An dieser Stelle ist die Namensauflösung von der übergeordneten zur untergeordneten Domäne hergestellt. Sie müssen noch die Namensauflösung von der untergeordneten zur übergeordneten Domäne herstellen. Die beste Variante hierzu ist eine Weiterleitung:

1. Klicken Sie dazu mit der rechten Maustaste im DNS-Manager auf *Bedingte Weiterleitungen*.
2. Wählen Sie im Kontextmenü den Eintrag *Neuer bedingte Weiterleitung* aus (natürlich müsste es eigentlich »Neue» anstatt »Neuer« heißen) und tragen Sie die übergeordnete DNS-Domäne ein.
3. Tragen Sie die IP-Adresse eines DNS-Servers der übergeordneten Domäne ein. Wenn in der übergeordneten Domäne mehrere DNS-Server für die Namensauflösung zuständig sind, tragen Sie alle DNS-Server ein.
4. Diesen Vorgang müssen Sie nicht auf jedem DNS-Server der untergeordneten Domäne durchführen, wenn Sie die Einträge auf diese replizieren lassen. Das funktioniert allerdings erst dann, wenn die untergeordnete Domäne erstellt worden ist.

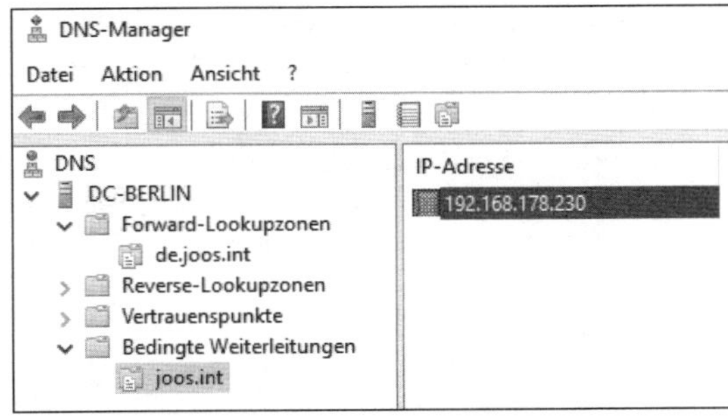

Abbildung 13.7: Konfigurieren eines Weiterleitungsservers in der untergeordneten Domäne

5. Nachdem Sie diese Konfiguration vorgenommen haben, öffnen Sie wieder eine Eingabeaufforderung und rufen den Befehl *nslookup* auf. Überprüfen Sie, ob von der untergeordneten Domäne die Domänencontroller der übergeordneten Domäne aufgelöst werden können. Auch hier sollten keine Fehler mehr auftreten. In diesem Beispiel ist *dc-berlin.de.joos.int* ein untergeordneter Domänencontroller und *dc01.joos.int* ein Domänencontroller der übergeordneten Domäne *joos.int*.

Achten Sie darauf, dass beim Einsatz von mehreren untergeordneten Domänen auch die Namensauflösung zwischen den untergeordneten Domänen untereinander funktioniert. Nur durch eine lückenlos konfigurierte Namensauflösung ist die Replikation in Active Directory sichergestellt.

Damit haben Sie die Konfiguration der DNS-Einstellungen abgeschlossen. Die Namensauflösung sollte sowohl innerhalb der Domänen als auch zwischen den Domänen reibungslos funktionieren.

Heraufstufen eines Domänencontrollers für eine neue untergeordnete Domäne

Wenn die Namensauflösung für die neue untergeordnete Domäne funktioniert und ihr zukünftiger Active Directory-Domänencontroller auch die Namen in der übergeordneten Domäne auflösen kann, können Sie mit dem Assistenten zur Einrichtung von Active Directory die neue Domäne erstellen.

Dabei gehen Sie analog vor, wie in den Kapiteln 10 und 11 bereits behandelt. Sie installieren die Serverrolle der Active Directory-Domänendienste und starten den Assistenten zur Einrichtung.

Aktivieren Sie im Assistenten die Option *Neue Domäne zu einer vorhandenen Gesamtstruktur hinzufügen* aus. Wählen Sie aus, ob Sie einer vorhandenen Domäne eine weitere Domäne hinzufügen möchten, zum Beispiel *de.joos.int* (untergeordnete Domäne), oder ob Sie in der Gesamtstruktur einen weiteren unabhängigen Namensraum hinzufügen möchten (*Strukturdomäne*), zum Beispiel der Gesamtstruktur *joos.int* den Namensraum *woodgroove.local*. Mehr dazu erfahren Sie im nächsten Abschnitt dieses Kapitels.

Im Fenster geben Sie außerdem den Namen der übergeordneten Domäne und der neuen untergeordneten Domäne ein. Außerdem müssen Sie einen Benutzernamen festlegen, der das Recht hat, neue Domänen in die Gesamtstruktur aufzunehmen.

Sie müssen sich an der übergeordneten Domäne authentifizieren. Für die Erweiterung der Domänenstruktur einer Gesamtstruktur ist deren DNS-Master verantwortlich. Dieser hat nichts mit der DNS-Namensauflösung zu tun, sondern verwaltet die Active Directory-Domänen. Mehr dazu erfahren Sie in den Kapiteln 10 und 11.

Auf der nächsten Seite wählen Sie die Funktionsebene der Domäne aus und die Optionen für den Domänencontroller (siehe auch Kapitel 10 und 11). Die Vorgehensweise ist identisch zur Installation einer neuen Gesamtstruktur, wie in den Kapiteln 10 und 11 bereits behandelt.

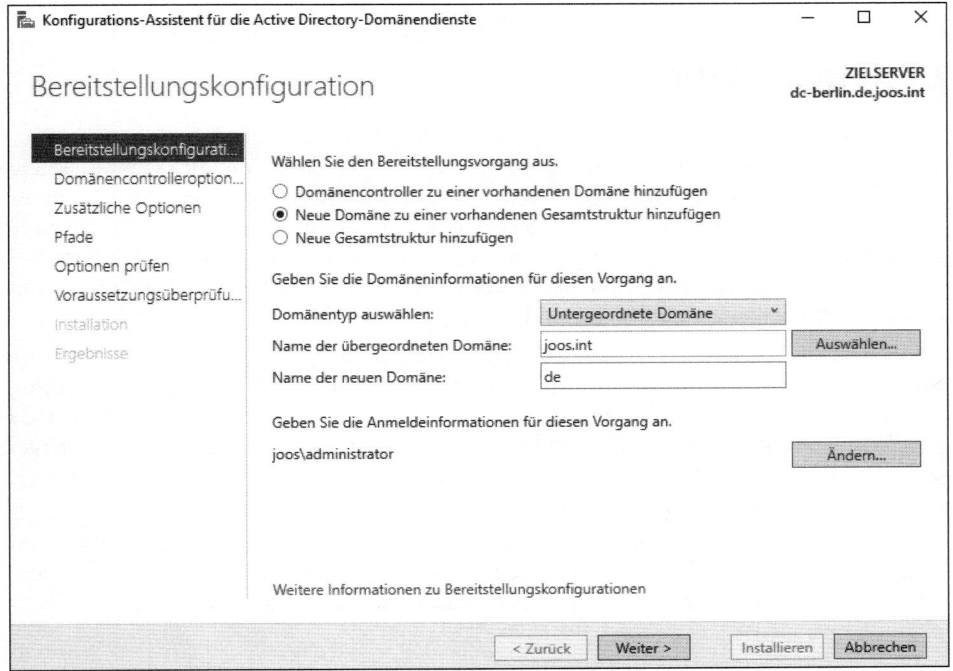

Abbildung 13.8: Erstellen einer neuen Domäne in einer vorhandenen Gesamtstruktur

Sie können sich anschließend an dem Server an der untergeordneten Domäne anmelden und die Domäne wie jede andere auch verwalten. Von der Verwaltung unterscheiden sich untergeordnete Domänen nicht von übergeordneten Domänen, sie erleichtern jedoch die Verteilung der Administration innerhalb von Active Directory. Untergeordnete Domänen werden im Snap-in *Active Directory-Domänen und -Vertrauensstellungen* in der Baumstruktur entsprechend unter ihrer übergeordneten Domäne angezeigt.

Hinweis Nachdem Sie den DNS-Server der neuen untergeordneten Domäne zum Domänencontroller heraufgestuft haben, sollten Sie die Zone der neuen Domäne ebenfalls in Active Directory integrieren und die Replikation der DNS-Daten so einstellen, wie Sie es wünschen.

Standardmäßig werden die Daten auf allen Domänencontrollern der neuen Domäne bereits repliziert und angezeigt, sobald die DNS-Funktion installiert wird. Sie sollten auch darauf achten, dass in den Netzwerkeinstellungen des neuen Domänencontrollers er selbst beziehungsweise ein anderer Domänencontroller mit DNS-Funktionalität dieser Domäne als DNS-Server eingetragen ist. Auch den Betriebsmodus dieser Domäne müssen Sie separat zu den anderen Domänen in Ihrem Active Directory heraufstufen.

Ein Beispiel für das Erstellen einer untergeordneten Domäne in der PowerShell ist:

Install-ADDSDomain -NewDomainName de -ParentDomainName joos.int -DomainType Child -SafeModeAdministratorPassword (Read-Host -Prompt "Kennwort:" -AsSecureString)

Einführen einer neuen Domänenstruktur in einer Gesamtstruktur

Neben der möglichen Einführung untergeordneter Domänen können in einer Gesamtstruktur auch neue Domänenstrukturen hinzugefügt werden. Eine Struktur innerhalb einer Gesamtstruktur teilt sich mit allen ihren untergeordneten Domänen einen Namensraum. In diesem Beispiel wäre das die Struktur *joos.int* mit der untergeordneten Domäne *de.joos.int*. In manchen Unternehmen kann es jedoch sinnvoll sein, unabhängige Namensräume zu erstellen, die zwar Bestandteil der Gesamtstruktur, aber vom Namen her von den anderen Domänen unabhängig sind.

Ein Beispiel wäre die neue Struktur *woodgroove.local* in der Gesamtstruktur *joos.int*. Neue Strukturen werden vor allem dann geschaffen, wenn Teile des Unternehmens, zum Beispiel durch eine Akquisition, vom Namen her unabhängig erscheinen wollen. Im Grunde genommen ist eine neue Domänenstruktur zunächst nichts anderes als eine neue untergeordnete Domäne der Rootdomäne der Gesamtstruktur, mit dem Unterschied, dass sie einen eigenen Namensraum aufweist.

Bevor Sie eine neue Struktur einführen, müssen Sie auch hier zunächst die passende DNS-Infrastruktur erstellen. Bei der Erstellung einer neuen Struktur gibt es keine Möglichkeit, eine neue Delegierung zu erstellen, da der Namensraum von der bisherigen Struktur komplett unabhängig ist.

Auch wenn eine neue Struktur vom Namen her mit der ersten erstellten Struktur einer Gesamtstruktur gleichwertig ist, ist die zweite Struktur immer untergeordnet. Die Gesamtstruktur trägt in Active Directory immer die Bezeichnung der ersten installierten Struktur.

In der ersten Struktur und der in ihr erstellten ersten Domäne befinden sich auch die beiden Betriebsmasterrollen *Domänennamenmaster* und *Schemamaster*. Ein wichtiger Punkt bei der Erstellung von mehreren Strukturen innerhalb einer Gesamtstruktur ist auch der Pfad der Vertrauensstellungen.

In einem Active Directory vertrauen sich alle Domänen innerhalb einer Struktur untereinander. Diese transitiven Vertrauensstellungen werden automatisch eingerichtet. Es werden allerdings keine Vertrauensstellungen zwischen untergeordneten Domänen verschiedener Strukturen eingerichtet, sondern nur zwischen den Rootdomänen der einzelnen Strukturen.

Wenn Anwender auf Daten verschiedener untergeordneter Domänen zugreifen wollen, muss die Authentifizierung daher immer den Weg bis zur Rootdomäne der eigenen Struktur gehen, dann zur Rootdomäne der anderen Struktur und schließlich zur entsprechenden untergeordneten Domäne. Diese Authentifizierung kann durchaus einige Zeit dauern.

Es gibt allerdings Möglichkeiten, diese Aufgabe zu beschleunigen. Dazu müssen Sie manuelle Vertrauensstellungen direkt zwischen den untergeordneten Domänen der verschiedenen Strukturen innerhalb der Gesamtstruktur erstellen.

Erstellen der DNS-Infrastruktur für eine neue Domänenstruktur

Um eine neue Struktur innerhalb einer Gesamtstruktur anzulegen, müssen Sie zunächst eine passende DNS-Infrastruktur schaffen. Sie können dazu entweder wieder auf den DNS-Servern einer bereits vorhandenen Struktur eine neue DNS-Zone mit der Bezeichnung der neuen Struktur oder auf den neuen Domänencontrollern der neuen Struktur eine eigenständige neue Zone erstellen.

Gehen Sie dazu genauso vor wie bei der Erstellung der ersten Struktur. Wenn Sie die neue Zone erstellt haben, sollten Sie auf ihren DNS-Servern in den Weiterleitungen eine entsprechende Weiterleitung zur anderen Struktur einrichten, wie sie bereits bei der Delegierung von DNS-Domänen weiter vorne in diesem Kapitel beschrieben wurde.

Auf allen DNS-Servern aller Strukturen sollten Weiterleitungen eingerichtet werden, die entsprechende Anfragen an die DNS-Server der jeweiligen Struktur weiterleiten.

Überprüfen Sie die Namensauflösung wieder mit Nslookup, damit sichergestellt ist, dass die Auflösung zwischen den verschiedenen Strukturen funktioniert. Erst wenn die Namensauflösung zwischen der neuen und der bereits vorhandenen DNS-Domäne funktioniert, können Sie die neue Struktur in Active Directory erstellen. Wenn Sie eine neue Struktur innerhalb einer Gesamtstruktur erstellen, müssen Sie sich bei der Gesamtstruktur authentifizieren und der neue Domänencontroller muss eine Verbindung zum Domänennamenmaster aufbauen.

Tragen Sie in den IP-Einstellungen des ersten Domänencontrollers der neuen Struktur seine eigene IP-Adresse als bevorzugten DNS-Server ein. In den Eigenschaften des DNS-Servers tragen Sie die Weiterleitungen zu den DNS-Servern der Rootdomäne ein, in der sich der Domänennamenmaster befindet.

Optimieren der IP-Einstellungen beim Einsatz mehrerer Domänen

Installieren Sie einen zusätzlichen Domänencontroller für eine Domäne, muss der bevorzugte DNS-Server in den IP-Einstellungen den Namen der Zone auflösen, die die Domäne verwaltet. Sie können in den IP-Einstellungen eines Servers mehrere DNS-Server eintragen. Es wird immer zunächst der bevorzugte DNS-Server verwendet. Die alternativen DNS-Server werden erst eingesetzt, wenn der bevorzugte DNS-Server nicht mehr zur Verfügung steht, weil er zum Beispiel gerade neu gestartet wird.

Ein Server verwendet nicht alle konfigurierten DNS-Server parallel oder hintereinander, um Namen aufzulösen. Kann der bevorzugte DNS-Server den DNS-Namen nicht auflösen und meldet dies dem Client zurück, wird nicht der alternative Server eingesetzt. Auch das Zurückgeben einer nicht erfolgten Namensauflösung wird als erfolgreiche Antwort akzeptiert.

Über die Schaltfläche *Erweitert* in den IP-Einstellungen in Windows lassen sich weitere Einstellungen vornehmen, um die Zusammenarbeit mit DNS zu konfigurieren. Sie können auf der Registerkarte *DNS* der erweiterten Einstellungen weitere alternative DNS-Server eintragen. Aktivieren Sie auf den Domänencontrollern in den IP-Einstellungen über die Schaltfläche *Erweitert* auf der Registerkarte *DNS* die Option *Diese DNS-Suffixe anhängen (in Reihenfolge)*. Tragen Sie als Nächstes zuerst den Namensraum der eigenen Struktur ein und hängen Sie danach die Namensräume der anderen Strukturen an. Lesen Sie sich dazu Kapitel 5 durch, in dem wir diese Optionen detailliert behandeln, da sie auch für Mitgliedsserver wichtig sind.

Der Sinn dieser Konfiguration ist die schnelle Auflösung von Servern in den anderen Strukturen. Wenn Sie zum Beispiel den Domänencontroller *dc01* in der Struktur *contoso.int* auflösen wollen, müssen Sie immer *dc01.contoso.int* eingeben. Zuerst sollten immer die eigene Domäne und der eigene Namensraum eingetragen sein, bevor andere Namensräume abgefragt werden. Wenn Sie diese Maßnahme durchgeführt haben, lässt sich mit Nslookup der Effekt überprüfen.

Sie können an dieser Stelle lediglich *dc01* eingeben. Der Server befragt seinen bevorzugten DNS-Server, ob ein Server mit dem Namen *dc01.woodgroove.local* gefunden wird. Da dieser Server nicht vorhanden ist (sonst würde dieser Trick nicht funktionieren), wird der nächste Namensraum abgefragt. Das ist in diesem Beispiel *contoso.int.*

Da die Zone *contoso.int* als Weiterleitung in den DNS-Servern definiert ist, fragt der DNS-Server jetzt beim DNS-Server dieser Zone nach und löst den Namen richtig auf. Viele Administratoren tragen auf ihrem DNS-Server einfach einen neuen statischen Hosteintrag ein, der auf die IP-Adresse des Servers des anderen Namensraums zeigt.

Diese Vorgehensweise ist aber nicht korrekt, auch wenn sie grundsätzlich funktioniert. Es wird in diesem Fall nämlich nicht der richtige DNS-Name des entsprechenden Servers zurückgegeben, sondern der Servername mit der Zone des DNS-Servers, in die der Server als Host eingetragen wurde.

Vor allem in einem größeren Active Directory sollten Administratoren darauf achten, die Konfigurationen so vorzunehmen, dass sie auch formal korrekt sind. Das hilft oft, unbedachte Probleme zu vermeiden. Wenn Sie zum Beispiel in der Zone *woodgroove.local* einen neuen Eintrag *dc01* für den Domänencontroller *dc01.contoso.int* erstellen, der auf die IP-Adresse des Servers verweist, wird der Name als *dc01.woodgroove.local* aufgelöst, obwohl der eigentliche Name des Servers *dc01.contoso.int* lautet. Dadurch funktioniert zwar die Auflösung, aber es wird ein falscher Name zurückgegeben.

Erstellen der neuen Domänenstruktur

Sobald die Namensauflösung funktioniert und die Active Directory-Domänendienste-Rolle auf dem Server installiert ist, verwenden Sie den Assistenten, um Active Directory einzurichten. Aktivieren Sie im Assistenten die Option *Neue Domäne zu einer vorhandenen Gesamtstruktur hinzufügen.*

Wählen Sie aus, ob Sie einer vorhandenen Domäne eine weitere Domäne hinzufügen möchten, zum Beispiel *de.contoso.int* (untergeordnete Domäne) oder ob Sie in der Gesamtstruktur einen weiteren unabhängigen Namensraum, also eine Struktur, hinzufügen möchten (Strukturdomäne), zum Beispiel der Gesamtstruktur *contoso.int* den Namensraum *woodgroove.local.* Beide Domänen können sich im gleichen Namensraum befinden. Die weitere Einrichtung entspricht der Konfiguration von untergeordneten Domänen.

Das Active Directory-Schema erweitern

Das Schema ist das Herzstück von Active Directory. Mit dem Schema wird definiert, welche Informationen im Verzeichnis abgelegt werden. Gleichzeitig ist das Schema aus mehreren Gründen besonders sensibel. Je mehr Informationen in Active Directory abgelegt werden, desto größer wird die Datenbank. Die Performance ist allerdings nur bei bestimmten Operationen wie einer domänenweiten Abfrage betroffen.

Im Regelfall wird bei Abfragen über Indizes gearbeitet, sodass die Größe der Datenbank und damit die Erweiterung des Schemas dafür keine Rolle spielt. Es gibt zudem neben Abfragen, die nicht über den globalen Katalog laufen und die erfordern, dass alle Objekte angefasst werden.

Dazu zählen Operationen, bei denen sichergestellt werden muss, dass kein eindeutiger Name gesetzt wurde. In Active Directory können Objektklassen und Attribute hinzugefügt werden. Diese können nicht mehr entfernt werden. Objekte und Attribute lassen sich allenfalls deaktivieren. Das entspricht dem Ansatz der meisten professionellen Datenbankmanagementsysteme.

Im Kern bedeutet dies, dass Änderungen nicht vollständig rückgängig gemacht werden können und daher wohlüberlegt sein müssen. Allerdings gilt, dass nicht mehr erforderliche Objekte und Attribute keine Auswirkungen auf die Größe von Active Directory und die Performance haben. Daher ist die Verwaltung des Schemas an die Gruppe der Schemaadmins gebunden. Die wichtigsten Überlegungen sind:

- Die Schritte für die Änderung des Schemas erfordern eine gründliche Planung. Dazu gehört eine saubere Planung, je nachdem, ob Sie neue Objektklassen definieren oder Attribute zu bestehenden Objektklassen hinzufügen wollen.
- Überlegen Sie genau, ob die geplanten Änderungen am Schema erforderlich sind. Dies bedeutet, ob Informationen in Active Directory oder in einer Datenbank gespeichert werden. Bei Anwendungen, die auf Verzeichnisdienste zugreifen, wird häufig sowohl mit Informationen im LDAP-Verzeichnis und mit einem Datenbankmanagementsystem gearbeitet. Die Grundregel für das Design der Anwendungen ist, dass die stabilen Informationen zu Benutzern und anderen Verzeichnisobjekten im Verzeichnis abgelegt werden, während Daten, die sich permanent ändern, in der Datenbank gespeichert werden.
- Die oben bereits erwähnten Problemstellungen im Zusammenhang mit der Erweiterung des Schemas müssen vertraut sein.
- Es müssen Verwaltungsanwendungen oder Erweiterungen bestehender Verwaltungsanwendungen entwickelt werden, mit denen die neuen Objekte und Attribute verwaltet werden. Dazu ist erforderlich, dass Sie mit den Methoden für die Entwicklung und Erweiterung von Administrationsanwendungen vertraut sind.

Dies sind die wichtigsten Überlegungen, die vor der eigentlichen Implementierung von Änderungen im Schema durchgeführt werden müssen. Die Administration des Schemas kann über das MMC-Snap-in *Active Directory-Schema* erfolgen. Es muss manuell in eine MMC eingefügt werden. Mit diesem Snap-in lassen sich die Informationen zu den Klassen und Attributen im Schema anzeigen.

Tipp Sollte das Snap-in *Active Directory-Schema* in der Microsoft Management Console (MMC) in der Liste der verfügbaren Snap-ins nicht aufgeführt sein, öffnen Sie eine Eingabeaufforderung mit Adminrechten und rufen den folgenden Befehl auf:

regsvr32 schmmgmt.dll

Über das Snap-in *Active Directory-Schema* können Sie auch neue Klassen und Attribute anlegen und außerdem die Zugriffsberechtigungen für das Schema anpassen. Beim Erstellen einer Klasse müssen im ersten Schritt die Identifikationen für die Klasse eingegeben werden. Dazu zählen neben einem eindeutigen Namen die Objekt-ID im X.500-Schema und der Typ der Klasse. Im nächsten Dialogfeld können die Attribute konfiguriert werden, die in die Klasse aufgenommen werden sollen. Es werden zwei Arten unterschieden:

- Verbindliche Attribute müssen in jedem Fall eingegeben werden. Diese können nicht deaktiviert werden.
- Optionale Attribute können deaktiviert werden und müssen vom Benutzer nicht eingegeben werden.

Mit der Festlegung von verbindlichen Attributen sollte Sie grundsätzlich sehr zurückhaltend sein. Wenn es Situationen gibt, in denen dieses Attribut bei einem Objekt doch nicht verwendet werden soll, darf es auf keinen Fall gesetzt werden. Im Zweifelsfall ergibt es mehr Sinn, Plausibilitätsprüfungen bei den Administrations-Anwendungen durchzuführen, über die Attributwerte verändert werden können.

Bei den Attributen sind zunächst die Namen zu definieren. Zusätzlich müssen Syntax und Wertebereich konfiguriert werden. Für die Syntax gibt es eine Vielzahl vorgegebener Auswahlen. Durch das Aktivieren des Kontrollkästchens *Mehrwertig* kann konfiguriert werden, dass mehrere Werte für dieses Attribut eingegeben werden können. Das ist zum Beispiel bei Telefonnummern sinnvoll.

Zusammenfassung

In diesem Kapitel haben wir Ihnen gezeigt, wie Sie zusätzliche Domänencontroller, auch schreibgeschützte Domänencontroller, im Netzwerk integrieren. Auch die Erweiterung von Active Directory mit zusätzlichen Domänen und Domänenstrukturen war Thema dieses Kapitels. Wir sind zudem ausführlich auf die Zusammenarbeit von DNS und Active Directory eingegangen.

Im nächsten Kapitel widmen wir uns der Verwaltung verschiedener Active Directory-Standorte sowie der Replikation zwischen verschiedenen Domänencontrollern.

Kapitel 14
Active Directory – Replikation

In diesem Kapitel:

Ein weiterer wichtiger Bereich in der Verwaltung und Erstellung von Active Directory ist die Replikation der Domänencontroller, vor allem über mehrere Standorte hinweg. Active Directory-Domänen lassen sich über mehrere physische Standorte verteilen. Die Trennung der einzelnen Standorte in Active Directory erfolgt durch IP-Subnetze.

Dazu müssen die Administratoren eines Unternehmens alle IP-Subnetze anlegen, die im Unternehmen verwendet werden, und diese Subnetze wiederum einzelnen Standorten zuweisen. Zwischen den Standorten können Standortverknüpfungen erstellt werden, über die alle Domänencontroller ihre Daten replizieren.

Die Replikation zwischen Standorten erfolgt mit komprimierten Daten und weit weniger häufig als innerhalb eines LAN. Die Hauptaufgabe von Standorten besteht darin, den Datenverkehr über WAN-Leitungen so niedrig wie möglich zu halten und die Replikation von Domänencontrollern zu optimieren. In diesem Kapitel zeigen wir Ihnen, wie Sie die Replikation einrichten und Fehler beheben.

Hinweis In Kapitel 10 haben wir Ihnen bereits einige interessante Cmdlets für die Verwaltung von Active Directory gezeigt. Auch für die Einrichtung der Replikation können Sie die PowerShell verwenden.

Eine Liste der verfügbaren Befehle erhalten Sie durch Eingabe von *Get-Command *adreplication**. Um sich eine Hilfe zu den Cmdlets anzuzeigen, verwenden Sie *Get-Help <Cmdlet>*.

Grundlagen zur Replikation

Active Directory verwendet einen integrierten Dienst, der die Replikation innerhalb und zwischen Standorten automatisch steuert. Dieser Dienst, Konsistenzprüfung (Knowledge Consistency Checker, KCC) genannt, verbindet die Domänencontroller der verschiedenen Standorte und erstellt automatisch eine Replikationstopologie auf Basis der definierten Zeitpläne und Standortverknüpfungen. Wenn in den Standorten mehr als nur ein Domänencontroller zur Verfügung gestellt wird, werden zwischen den Standorten nicht alle Domänencontroller repliziert.

In jedem Standort gibt es sogenannte Bridgeheadserver, die die Informationen ihres Standorts an die Bridgeheadserver der anderen Standorte weitergeben. Dadurch wird der Verkehr über die WAN-Leitung minimiert, da nicht mehr alle Domänencontroller Daten nach extern versenden.

Um die Replikation zwischen Standorten zu nutzen, müssen Sie zunächst Standorte definieren. Diesen Standorten müssen Sie alle IP-Subnetze zuweisen, die in Ihrem Unternehmen eingesetzt werden. Als Nächstes müssen Sie zwischen den Standorten Standortverknüpfungen herstellen und schließlich die bereits vorhandenen Domänencontroller auf die einzelnen Standorte verteilen.

Wenn Sie Standorte definiert haben, werden zukünftig Domänencontroller abhängig von ihrer IP-Adresse automatisch dem Standort zugewiesen, zu dessen Subnetz die IP-Adresse gehört.

Bereits vorhandene Domänencontroller, oder bereits einem Standort zugewiesene, müssen nachträglich manuell innerhalb des Snap-ins *Active Directory-Standorte und -Dienste* dem richtigen Standort zugewiesen werden. Sie können während der Heraufstufung von Domänencontrollern bereits den Standort zuweisen. Das geht aber auch jederzeit nachträglich.

Durch diese physische Trennung der Standorte ist es nicht mehr notwendig, für jede Niederlassung eine eigene Domäne zu erstellen. An jedem Standort müssen zwar weiterhin Domänencontroller installiert sein, allerdings können Sie die Domäne von einem zentralen Standort aus verwalten, von dem die Änderungen auf die einzelnen Standorte repliziert werden.

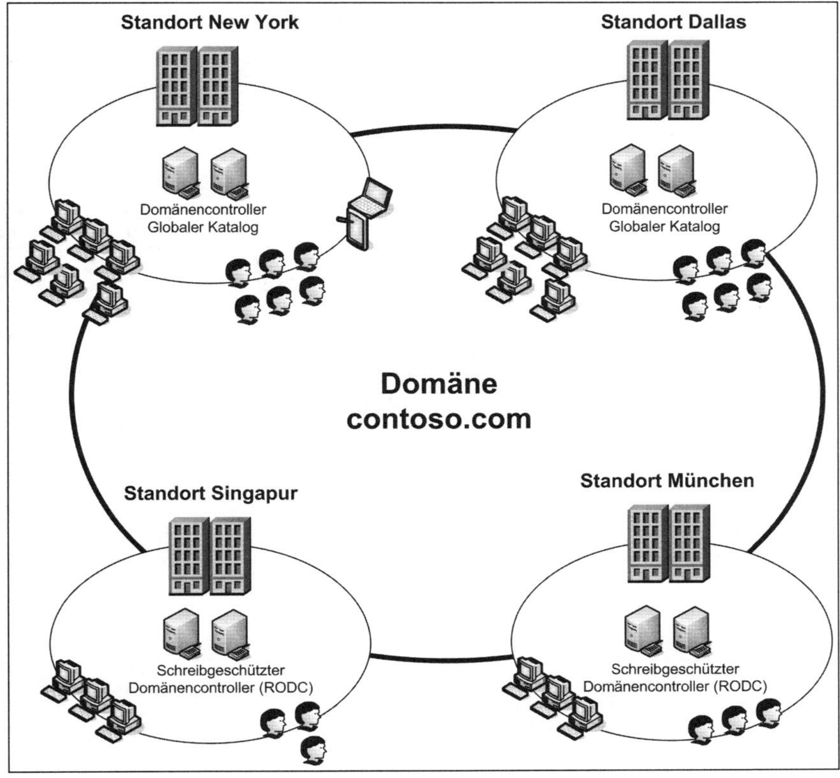

Abbildung 14.1: Active Directory-Replikation im Überblick

Konfiguration der Routingtopologie in Active Directory

Die Replikation zwischen verschiedenen Standorten in Active Directory läuft weitgehend automatisiert ab. Damit aber die Replikation stattfinden kann, müssen Sie zunächst die notwendige Routingtopologie erstellen. Dabei fallen hauptsächlich folgende Aufgaben an, die auf den nächsten Seiten ausführlicher behandelt werden:

- Erstellen von Standorten in Active Directory
- Erstellen von IP-Subnetzen und Zuweisen an die Standorte
- Erstellen von Standortverknüpfungen für die Active Directory-Replikation
- Konfiguration von Zeitplänen und Kosten für die optimale Standortreplikation

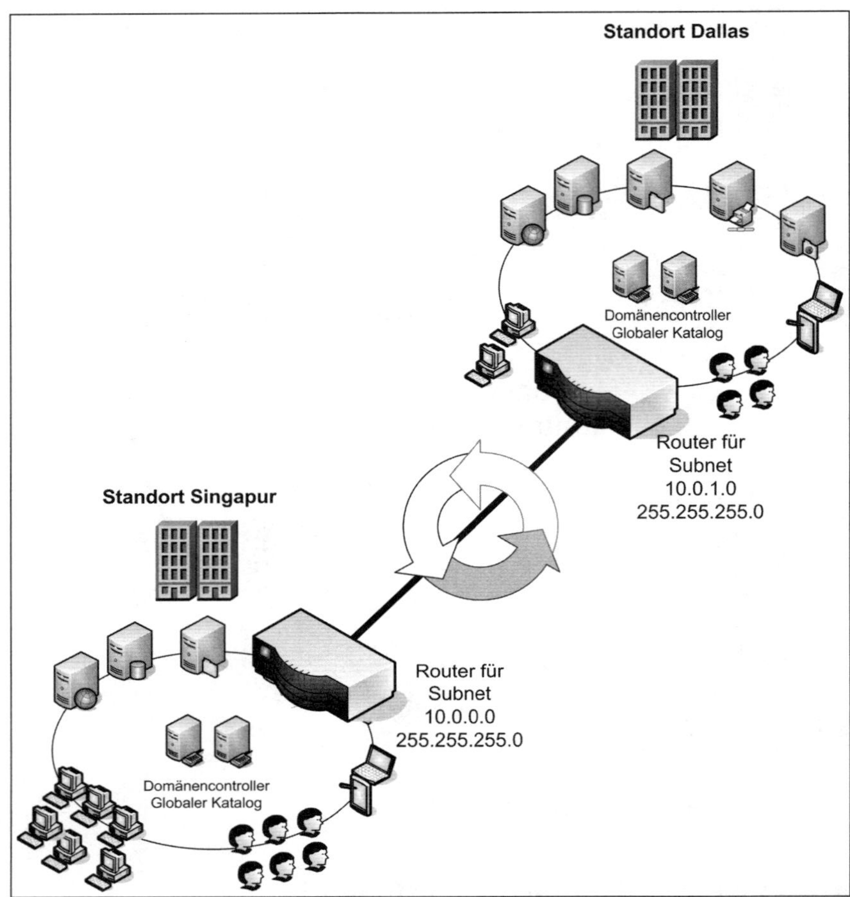

Abbildung 14.2: Standorte auf Basis von IP-Subnetzen

Um die standortübergreifende Replikation von Active Directory zu verwenden, sollten Sie in jedem Standort, an dem später ein Domänencontroller angeschlossen ist, ein unabhängiges IP-Subnetz verwenden. Dieses IP-Subnetz wird in der Active Directory-Verwaltung hinterlegt und dient fortan zur Unterscheidung der Standorte in Active Directory.

Das wichtigste Verwaltungswerkzeug für Standorte in Active Directory ist das Snap-in *Active Directory-Standorte und -Dienste*. Um neue Standorte zu erstellen, müssen Sie Mitglied der Gruppe *Organisations-Administratoren* sein. Administratoren, die nicht Mitglieder dieser Gruppe sind, dürfen keine Standorte in Active Directory erstellen.

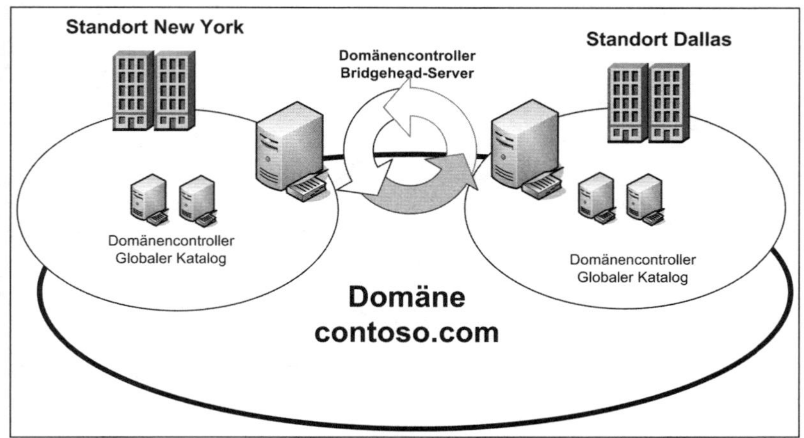

Abbildung 14.3: Die Replikation zwischen Standorten nehmen Bridgehead-Server vor.

Es ist nicht unbedingt notwendig, dass jeder Standort mit der Zentrale durch eine Sterntopologie verbunden ist. Die Replikation in Active Directory ermöglicht auch die Anbindung von Standorten, die zwar mit anderen Standorten verbunden sind, aber nicht mit der Zentrale. In jedem Standort sollten darüber hinaus ein oder mehrere unabhängige IP-Subnetze verwendet werden.

Active Directory unterscheidet auf Basis dieser IP-Subnetze, ob Domänencontroller zum selben oder zu unterschiedlichen Standorten gehören, und steuert entsprechend die Replikation.

Erstellen von neuen Standorten über Active Directory-Standorte und -Dienste

Sobald die Voraussetzungen für die Routingtopologie vorhanden sind, sollten Sie die einzelnen physischen Standorte im Snap-in *Active Directory-Standorte und -Dienste* erstellen. Wenn Sie das Snap-in öffnen, wird unterhalb des Eintrags *Sites* der erste Standort als *Default-First-Site-Name* bezeichnet. Sie finden das Snap-in am schnellsten über den Server-Manager im Menü *Tools*. Im ersten Schritt sollten Sie für diesen Standardnamen den richtigen Namen eingeben, indem Sie ihn mit der rechten Maustaste anklicken und im Kontextmenü den Befehl *Umbenennen* wählen.

Sie müssen die Domänencontroller im Anschluss nicht neu starten, der Name wird sofort aktiv. Als Nächstes können Sie alle notwendigen Standorte erstellen, an denen Sie Domänencontroller installieren wollen. Klicken Sie dazu mit der rechten Maustaste im Snap-in auf *Sites* und wählen Sie im Kontextmenü den Eintrag *Neuer Standort* aus.

Sie können Standorte auch in der PowerShell erstellen. Dazu verwenden Sie den Befehl *New-ADReplicationSite <Standort>*.

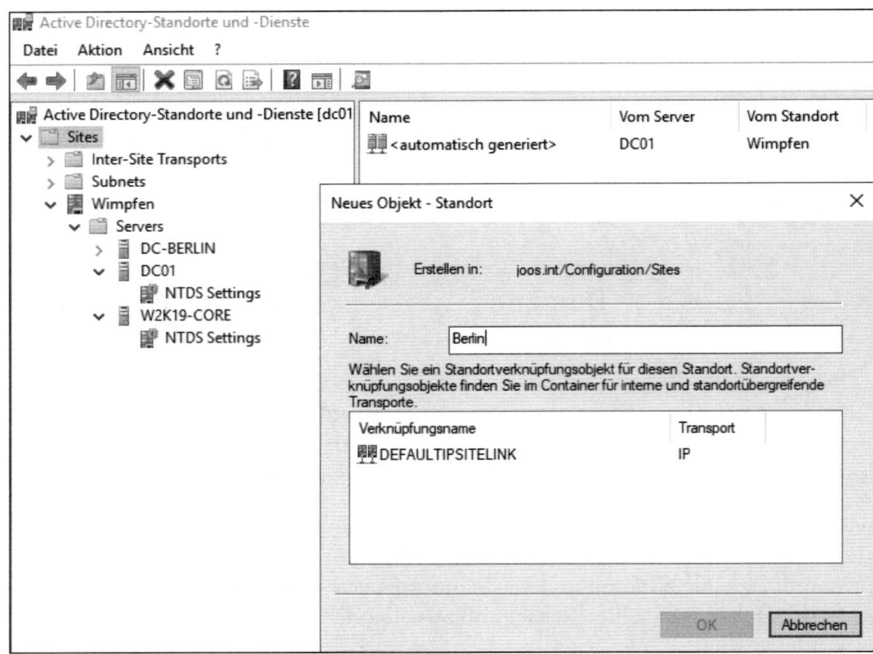

Abbildung 14.4: Erstellen eines neuen Standorts in Active Directory

Es öffnet sich ein neues Fenster, in dem Sie den Namen des Standorts sowie die Standortverknüpfung, die diesem Standort zugewiesen werden soll, auswählen können. Standardmäßig gibt es bereits die Verknüpfung *DEFAULTIPSITELINK*. Verwenden Sie bei der Erstellung eines neuen Standorts zunächst diese Standortverknüpfung.

Bestätigen Sie die Erstellung mit *OK*, erhalten Sie eine Meldung angezeigt, welche Aufgaben nach der Erstellung noch notwendig sind. Bestätigen Sie diese Meldung, damit der Standort erstellt wird. Anschließend erscheint der neue Standort im Snap-in. Legen Sie auf die gleiche Weise alle Standorte in Ihrer Gesamtstruktur an. Nur Mitglieder der Gruppe *Organisations-Admins* dürfen neue Standorte in Active Directory erstellen.

Tipp Erstellen Sie eine CSV-Datei, die mit der Zeile *name* beginnt, können Sie eine Liste von Standorten in eigenen Zeilen erstellen. Diese können Sie dann auf einen Schlag mit dem Befehl *Import-Csv -Path C:\newsites.csv | New-ADReplicationSite* als Standort anlegen.

Erstellen und Zuweisen von IP-Subnetzen

Nachdem Sie die Standorte erstellt haben, an denen Domänencontroller installiert werden sollen, müssen Sie IP-Subnetze anlegen und diese dem jeweiligen Standort zuweisen. Um ein neues Subnetz zu erstellen, klicken Sie mit der rechten Maustaste im Snap-in *Active Directory-Standorte und -Dienste* auf den Konsoleneintrag *Subnets* und wählen im Kontextmenü den Befehl *Neues Subnetz* aus. Es öffnet sich ein neues Fenster, in dem Sie das IP-Subnetz definieren und dem jeweiligen Standort zuweisen.

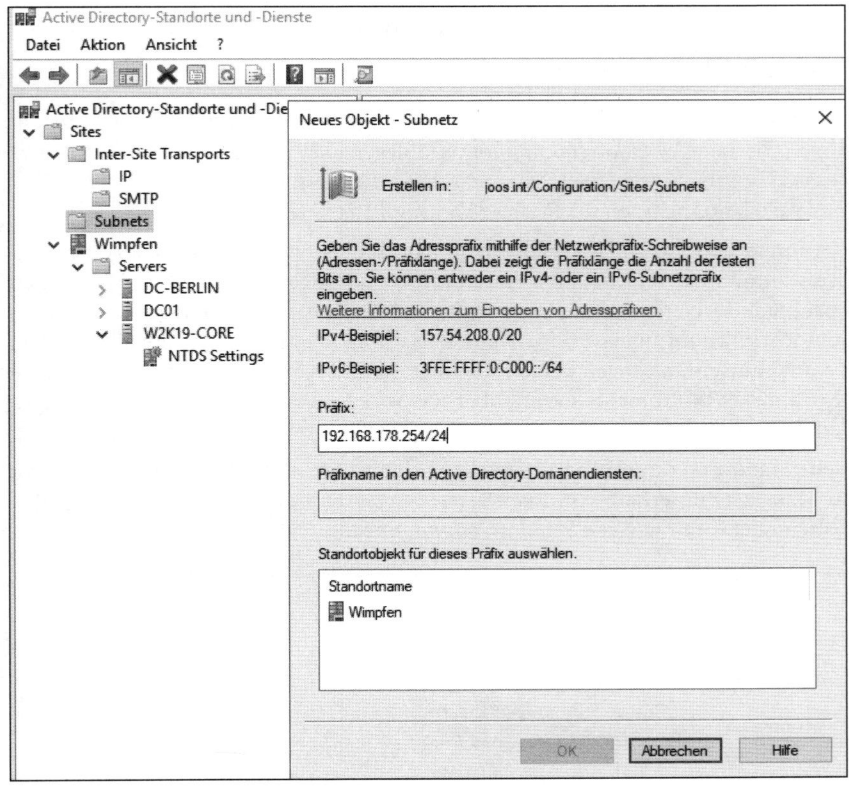

Abbildung 14.5: Erstellen von Subnetzen in Windows Server 2019

In Windows Server 2019 können Sie auch Subnetze auf IPv6-Basis erstellen. Nachdem Sie das Subnetz erstellt und die Erstellung mit *OK* bestätigt haben, wird es unterhalb des Konsoleneintrags *Subnets* angezeigt.

Wiederholen Sie diesen Vorgang für jedes Subnetz in Ihrem Unternehmen. Auch IP-Subnetze, in denen keine Domänencontroller installiert sind, in denen aber unter Umständen Mitgliedsrechner liegen, die sich bei dem Domänencontroller anmelden, sollten Sie an dieser Stelle anlegen und dem entsprechenden Standort zuweisen.

Wenn Sie den Eintrag *Subnets* in der Konsole anklicken, werden Ihnen auf der rechten Seite alle IP-Subnetze und die ihnen zugewiesenen Standorte angezeigt. Die Zuweisung des Subnetzes zu einem bestimmten Standort kann jederzeit über dessen Eigenschaften geändert werden. Sie können auch nachträglich Standorte erstellen und neue Subnetze vorhandenen Standorten zuweisen.

Erstellen von Standortverknüpfungen und Standortverknüpfungsbrücken

Nachdem Sie Standorte und die in den Standorten vorhandenen IP-Subnetze erstellt haben, können Sie neue *Standortverknüpfungen* anlegen. Bei der Installation von Active Directory wird bereits automatisch die Standortverknüpfung *DEFAULTIPSITELINK* angelegt. Für viele Unternehmen reicht diese Verknüpfung bereits aus.

Wenn Sie in Ihrem Unternehmen verschiedene Bandbreiten von WAN-Leitungen einsetzen, macht es Sinn, auch verschiedene Standortverknüpfungen zu erstellen. Sie können auf Basis jeder Standortverknüpfung einen Zeitplan festlegen, wann die Replikation möglich ist. Standortverknüpfungen können auf Basis von IP oder SMTP erstellt werden. SMTP hat starke Einschränkungen bei der Replikation und wird nur selten verwendet. Sie sollten daher auf das IP-Protokoll setzen, über das von Active Directory alle Daten repliziert werden können.

Um eine neue Standortverknüpfung zu erstellen, klicken Sie in der Konsolenstruktur mit der rechten Maustaste unterhalb von *Inter-Site Transports* auf den Eintrag *IP* und wählen im Kontextmenü den Eintrag *Neue Standortverknüpfung* aus.

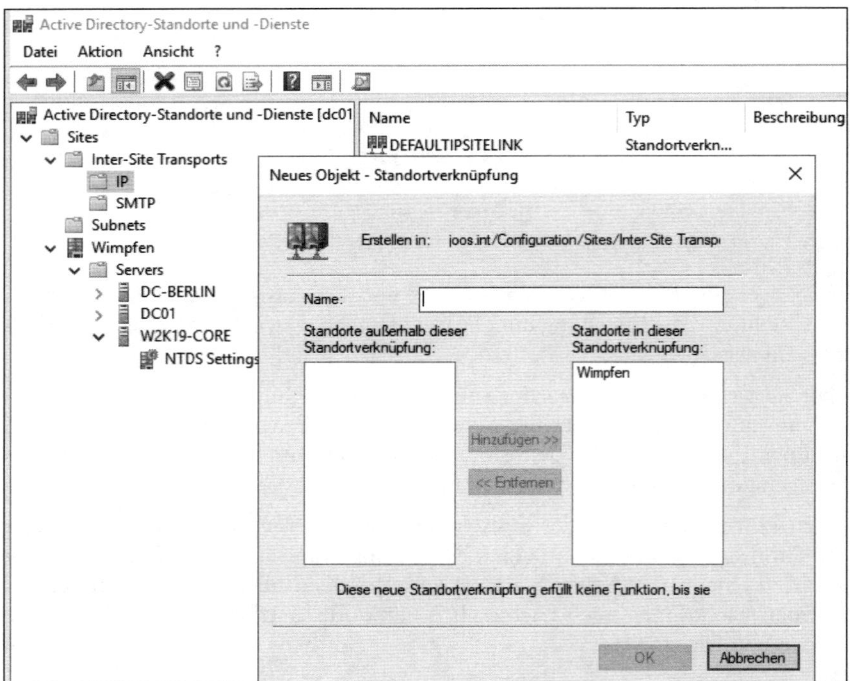

Abbildung 14.6: Erstellen von Standortverknüpfungen zur Anbindung von Niederlassungen

Nachdem Sie die Erstellung einer neuen Standortverknüpfung gewählt haben, erscheint das Fenster, in dem Sie die Bezeichnung der Standortverknüpfung sowie die Standorte eingeben. Wählen Sie den Namen der Standortverknüpfung so, dass bereits durch die Bezeichnung darauf geschlossen werden kann, welche Standorte miteinander verbunden sind, zum Beispiel *Berlin* <> *Frankfurt* oder auch die Art der Verbindung zwischen den verschiedenen Niederlassungen.

In diesem Fenster können Sie auswählen, welche Standorte mit dieser Standortverknüpfung verbunden sein sollen. Ein Standort kann Mitglied mehrerer Standortverknüpfungen sein.

Die Replikation findet immer über die Standortverknüpfungen statt, deren Kosten am geringsten sind. Wenn Sie den Namen der neuen Standortverknüpfung und deren Mitglieder festgelegt haben, können Sie mit *OK* die Erstellung abschließen. Klicken Sie das Protokoll *IP* an, werden auf der rechten Seite alle erstellten Standortverknüpfungen angezeigt.

Nachdem Sie die Standortverknüpfung erstellt haben, können Sie ihre Eigenschaften im Snap-in *Active Directory-Standorte und -Dienste* anpassen. Auf der Registerkarte *Allgemein* können Sie zunächst festlegen, in welchem Intervall die Informationen zwischen den Standorten repliziert werden sollen. Standardmäßig ist die Replikation auf alle drei Stunden sowie die Kosten auf 100 eingestellt. Die Active Directory-Replikation verwendet immer die Standortverknüpfungen, deren Kosten bei der Verbindung am günstigsten sind.

Wenn Sie auf die Schaltfläche *Zeitplan ändern* klicken, können Sie festlegen, zu welchen Zeiten die Replikation über diese Standortverknüpfung möglich ist. Sie können zum Beispiel für Niederlassungen mit schmalbandiger Verbindung die Replikation nur außerhalb der Geschäftszeiten oder am Wochenende zulassen. Die Replikationsdaten von Active Directory werden zwischen verschiedenen Standorten komprimiert.

Den Befehl *Neue Standortverknüpfungsbrücke* im Kontextmenü benötigen Sie an dieser Stelle nicht. Standortverknüpfungsbrücken werden verwendet, wenn zwischen zwei Standorten keine physische Verbindung besteht, aber beide über einen dritten Standort angebunden sind. Standortverknüpfungsbrücken werden automatisch erstellt. Sie müssen sie nur dann manuell erstellen, wenn Sie den Automatismus deaktivieren. Dazu rufen Sie die Eigenschaften des Elements *IP* unterhalb von *Inter-Site Transports* auf und deaktivieren das Kontrollkästchen *Brücke zwischen allen Standortverknüpfungen herstellen.*

Tipp

Neue Standortverknüpfungen erstellen Sie auch in der PowerShell. Ein Beispiel dafür ist:

New-ADReplicationSiteLink CORPORATE-BRANCH1 -SitesIncluded CORPORATE,BRANCH1 -OtherAttributes @{'options'=1}

Die Kosten und den Zeitrahmen der Synchronisierung können Sie ebenfalls in der PowerShell festlegen:

Set-ADReplicationSiteLink CORPORATE-BRANCH1 -Cost 100 -ReplicationFrequencyIn-Minutes 15

Zuweisen der Domänencontroller zu den Standorten

Nachdem Sie die Routingtopologie erstellt haben, werden neu installierte Domänencontroller durch ihre IP-Adresse automatisch dem richtigen Standort zugewiesen. Bereits installierte Domänencontroller müssen Sie jedoch manuell an den richtigen Standort verschieben.

Klicken Sie dazu den Server im Snap-in *Active Directory-Standorte und -Dienste* mit der rechten Maustaste an und wählen Sie im Kontextmenü die Option *Verschieben* aus. Daraufhin werden Ihnen alle Standorte angezeigt und Sie können den neuen Standort des Domänencontrollers auswählen. Nachdem Sie den Domänencontroller an einen anderen Standort verschoben haben, sollten Sie den Server neu starten.

Sie können einen Domänencontroller auch per Ziehen/Ablegen an einen anderen Standort verschieben. Achten Sie vor dem Verschieben darauf, dass die IP-Einstellungen des Servers zu den zugewiesenen IP-Subnetzen des neuen Standorts passen.

Die Replikationsverbindungen richtet Windows Server 2019 automatisch ein. Sie sehen diese im Snap-in *Active Directory-Standorte und -Dienste* über *Sites/<Standort>/<Servers>/<Servername>/NTDS-Settings*. Sie können hier manuelle Verbindungen einrichten, indem Sie über das Kontextmenü *Neue Verbindung für die Active Directory-Domänendienste* auswählen.

Domänencontroller können Sie auch in der PowerShell an neue Standorte verschieben:

Get-ADDomainController <Name des Servers> | Move-ADDirectoryServer -Site <Name des Standorts>

Sie können die Replikationsverbindungen außerdem in der PowerShell anzeigen. Dazu verwenden Sie den Befehl *Get-ADReplicationConnection*.

Tipp

Sie können sich in der PowerShell ausführliche Informationen zu den einzelnen Standorten anzeigen lassen. Dazu verwenden Sie den Befehl *Get-ADReplicationSite -Filter **.

Um sich nur den Namen anzeigen zu lassen, verwenden Sie *Get-ADReplicationSite -Filter * | ft Name*, eine Liste der Domänencontroller und Standorte erhalten Sie mit *Get-ADDomainController -Filter * | ft HostName,Site*.

Die Konsistenzprüfung (Knowledge Consistency Checker)

Wenn Sie die Routingtopologie erstellt haben, kann der Knowledge Consistency Checker (KCC) die Verbindung der Domänencontroller automatisch herstellen. Der KCC konfiguriert auf Basis der konfigurierten Standorte, der Standortverknüpfungen und deren Zeitplänen und Kosten sowie den enthaltenen Domänencontrollern automatisch die Active Directory-Replikation. Der KCC läuft vollkommen automatisch auf jedem Domänencontroller der Gesamtstruktur.

Sind zwei Standorte nicht durch Standortverknüpfungen verbunden, erstellt er automatisch Standortverknüpfungsbrücken, wenn eine Verbindung über einen dritten Standort hergestellt werden kann. Der KCC verbindet nicht jeden Domänencontroller mit jedem anderen, sondern erstellt eine intelligente Topologie.

Er überprüft die vorhandenen Verbindungen alle 15 Minuten auf ihre Funktionalität und ändert bei Bedarf automatisch die Replikationstopologie. Innerhalb eines Standorts erstellt der KCC möglichst eine Ringtopologie, wobei zwischen zwei unterschiedlichen Domänencontrollern maximal drei andere Domänencontroller stehen sollten.

Zwischen verschiedenen Standorten werden die Active Directory-Daten nicht von allen Domänencontrollern auf die anderen Domänencontroller der Standorte übertragen, sondern immer jeweils nur von einem Domänencontroller. Dieser Domänencontroller, auch Bridgeheadserver (Brückenkopfserver) genannt, repliziert sich mit den Bridgeheadservern der anderen Standorte automatisch.

Der KCC legt automatisch fest, welche Domänencontroller in einer Niederlassung zum Bridgeheadserver konfiguriert werden, Sie müssen keine Eingaben oder Maßnahmen vornehmen. Die Auswahl der Bridgeheadserver an einem Standort übernimmt der Intersite Topology Generator (ISTG), ein Dienst, der zum KCC gehört.

Der KCC wiederum legt für jeden Standort fest, welcher Domänencontroller der ISTG sein soll. Wenn Sie einen Standort im Snap-in *Active Directory-Standorte und -Dienste* anklicken, wird auf der rechten Seite der Eintrag *NTDS Site Settings* angezeigt. Rufen Sie die Eigenschaften dieses Eintrags auf, wird Ihnen im Abschnitt *Generator für standortübergreifende Topologie* der derzeitige ISTG angezeigt.

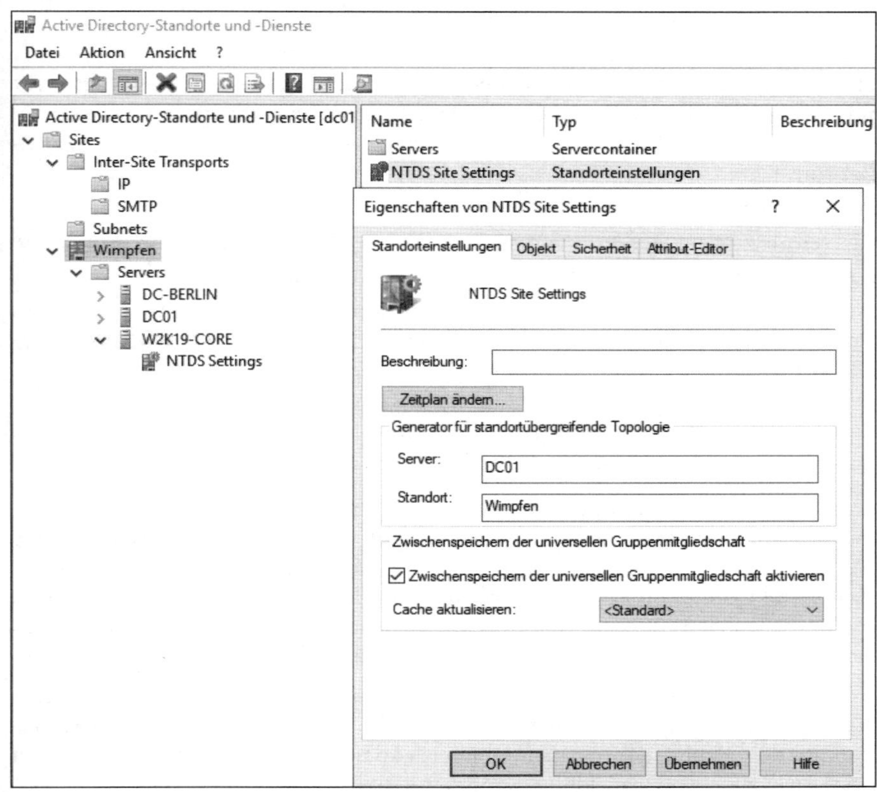

Abbildung 14.7: Anzeigen des ISTG eines Standorts

An dieser Stelle können Sie auch das Kontrollkästchen *Zwischenspeichern der universellen Gruppenmitgliedschaft aktivieren* einschalten. Diese Option hat eine Bedeutung, wenn Sie am Standort keinen globalen Katalog betreiben, der die Mitgliedschaften der universellen Gruppen zwischenspeichert, oder Sie diesen globalen Katalog entlasten wollen.

Da universelle Gruppen Mitglieder aus mehreren Domänen und Standorten enthalten können, ist die Information, welche Benutzerkonten Mitglied sind, bei der Anmeldung eines Benutzers oder dem Zugreifen auf Ressourcen sehr wichtig. Haben Sie an einem

Standort keinen globalen Katalog installiert, sollten Sie auf mindestens einem Domänencontroller diese Option aktivieren. Wenn Sie das Zwischenspeichern der universellen Gruppenmitgliedschaft aktivieren, ergeben sich die folgenden Vorteile:

- Es ist kein globaler Katalogserver an jedem Standort in der Domäne erforderlich, beziehungsweise der globale Katalog wird entlastet.
- Die Anmeldezeiten werden verringert, weil die authentifizierenden Domänencontroller nicht mehr auf einen globalen Katalog zugreifen müssen, um universelle Gruppenmitgliedschaftsinformationen abzurufen.
- Die Auslastung der Netzwerkbandbreite wird minimiert, weil ein Domänencontroller nicht alle Objekte replizieren muss, die sich in der Gesamtstruktur befinden.

Standardmäßig überprüft der KCC automatisch alle 15 Minuten die Funktionalität der Routingtopologie. Haben Sie die Routingtopologie geändert, müssen Sie allerdings nicht zwingend warten, sondern können auch sofort eine Überprüfung durchführen. Am besten führen Sie diese vom derzeitigen ISTG-Rolleninhaber aus durch. Gehen Sie dazu folgendermaßen vor:

1. Öffnen Sie das Snap-in *Active Directory-Standorte und -Dienste.*
2. Navigieren Sie zu dem Standort, von dem aus Sie die Überprüfung starten wollen.
3. Klicken Sie auf den derzeitigen ISTG-Rolleninhaber des Standorts.
4. Klicken Sie mit der rechten Maustaste auf den Konsoleneintrag *NTDS-Settings* und wählen Sie im Kontextmenü den Untermenüeintrag *Alle Aufgaben/Replikationstopologie überprüfen* aus.

Die Überprüfung dauert einige Zeit, abhängig von der Anzahl der Standorte und Domänencontroller. Alle Verbindungen werden überprüft und gegebenenfalls neu erstellt. Sie erhalten eine entsprechende Meldung.

Sie können die Replikation zwischen zwei Domänencontrollern jederzeit manuell starten. Die Verbindungen, die der KCC erstellt hat, werden automatisch angezeigt. Wenn Sie eine solche Verbindung mit der rechten Maustaste anklicken, können Sie die Replikation zu diesem Server mit der Option *Jetzt replizieren* sofort ausführen. Starten Sie die Replikation zu einem Domänencontroller, der in einem anderen Standort sitzt, wird sie allerdings nicht sofort durchgeführt, sondern erst zum nächsten Zeitpunkt, den der Zeitplan zulässt.

Bevor die Daten repliziert werden, stellt der Domänencontroller zunächst sicher, ob er eine Verbindung zu dem Domänencontroller herstellen kann, zu dem die Daten repliziert werden. Wenn mit dem Replikationspartner erfolgreich kommuniziert werden kann, erhalten Sie eine entsprechende Erfolgsmeldung. Kann der Replikationspartner nicht erreicht werden, wird eine Fehlermeldung angezeigt.

Fehler bei der Active Directory-Replikation beheben

Häufige Fehlerursache ist in Active Directory mit vielen Niederlassungen und zahlreichen Domänencontrollern die Replikation zwischen diesen Standorten. Beim Einsatz eines einzelnen Standorts werden nur selten Probleme auftreten. Bei der Fehlersuche bezüglich der Replikation sollten Sie zunächst die beteiligten Domänencontroller überprüfen und testen, ob diese innerhalb ihres Standorts funktionieren.

Der nächste Schritt sollte der Blick in die Ereignisanzeige und das Protokoll *Verzeichnisdienst* sein. Achten Sie vor allem auf Fehler von *NTDS*, *KCC*, *NTDS Replication* oder *NTDS*

General. Bereits mithilfe dieser Fehlermeldungen können Sie auf den nachfolgend genannten Internetseiten eine Lösung für das Problem finden:

- *http://www.eventid.net*
- *http://www.experts-exchange.com*
- *http://support.microsoft.com*

Bei Problemen mit der Active Directory-Replikation sollte immer die vollständige Diagnose der Domänencontroller vorausgehen, die bereits auf den vorigen Seiten beschrieben wurde. Fertigen Sie eine einfache Skizze der Replikationsverbindungen der Domänencontroller an und halten Sie genau fest, welche Domänencontroller sich nicht mehr mit welchen anderen Domänencontrollern replizieren können. Wenn Sie mithilfe dieser Skizze die Probleme verdeutlichen, werden Sie schnell erkennen, welcher Domänencontroller die Hauptursache für das Problem ist.

Suche mit der Active Directory-Diagnose

Wenn die Replikationen zu Domänencontrollern im gleichen Standort funktionieren und auch die Replikation zu anderen Standorten, lässt sich das Problem vielleicht besser eingrenzen. Auch die Replikationsprobleme zu dem oder den Domänencontrollern, zu denen nicht repliziert werden kann, sollten eingegrenzt werden.

Zunächst sollten Sie die Replikationswege von Active Directory aufzeichnen und genau feststellen, welche Domänencontroller sich nicht mehr mit anderen Domänencontrollern replizieren. An dieser Stelle können Sie als Nächstes mit den Diagnosetools wie Dcdiag die problematischen Domänencontroller genauer untersuchen.

Ausschließen der häufigsten Fehlerursachen

Bevor Sie die Replikation mit Tools genauer untersuchen, sollten Sie zunächst die gravierendsten und häufigsten Fehlerursachen ausschließen:

- Liegt auf dem Domänencontroller, der sich nicht mehr replizieren kann, ein generelles Problem vor, das sich mit Dcdiag herausfinden lässt? Liegen also die Probleme überhaupt nicht in der Replikation, sondern hat der Domänencontroller eine Funktionsstörung?
- Wurde auf dem Domänencontroller eine Software installiert, die die Replikation stören kann, wie Sicherheitssoftware, Virenscanner, Firewall oder Sonstiges?
- Ist auf dem Domänencontroller, mit dem die Replikation nicht mehr stattfinden kann, die Hardware ausgefallen?
- Liegt unter Umständen nur ein Leitungs-, Router- oder Firewallproblem vor?
- Lässt sich der entsprechende Domänencontroller noch anpingen und lässt sich der DNS-Name des Servers auflösen?
- Gibt es generelle Probleme mit der Authentifizierung zwischen den Domänencontrollern, die durch Zugriff-verweigert-Meldungen angezeigt werden?
- Sind die Replikationsintervalle zwischen Standorten so kurz eingestellt, dass die vorherige Replikation noch nicht abgeschlossen ist und die nächste bereits beginnt?
- Wurden Änderungen an der Routingtopologie vorgenommen, die eine Replikation verhindern können?

Nltest zum Erkennen von Standortzuweisungen eines Domänencontrollers

Falls Replikationsprobleme in Active Directory auftreten, sollten Sie zunächst sicherstellen, dass die Domänencontroller, die Probleme bei der Replikation haben, für den richtigen Standort konfiguriert sind.

Zu diesem Weg geben Sie in der Eingabeaufforderung den Befehl *nltest /dsgetsite* ein. In der Anzeige sehen Sie, welchem Standort der Domänencontroller zugewiesen ist und ob er seinen Standort auch erkennt. Wird an dieser Stelle der Standort fehlerfrei aufgelöst, ist diese Konfiguration schon mal in Ordnung.

Repadmin zum Anzeigen der Active Directory-Replikation

Das wichtigste Tool, um die Replikation in Active Directory zu überprüfen, ist Repadmin. Geben Sie in der Eingabeaufforderung den Befehl *repadmin /showreps* ein. Angezeigt werden alle durchgeführten Replikationsvorgänge von Active Directory sowie etwaige Fehler, die auf die Ursache für eine nicht funktionierende Replikation hinweisen. Sie können sich die Anzeige auch in eine Datei mit *repadmin /showreps >c:\repl.txt* umleiten lassen.

Tipp Mit *repadmin /showreps * /csv > reps.csv* leiten Sie die Replikationsinformationen in eine CSV-Datei um.

Untersuchen Sie bei Problemen genau, wann welche Replikation funktioniert und welche Verbindung nicht funktioniert. In der Anzeige erhalten Sie auch die Gründe, warum die Replikation nicht durchgeführt werden kann.

Funktioniert die interne Replikation im gleichen Standort zu Domänencontrollern ohne Probleme, stellen Sie sicher, dass sie nur einige Minuten zurückliegt. Dann können Sie interne Replikationsprobleme der Domänencontroller ausschließen.

Sehen Sie, dass ein Domänencontroller nicht replizieren kann, erhalten Sie eine Meldung. Die Fehlermeldung können Sie zum Beispiel in einer Suchmaschine verwenden. Wenn sich der lokale Domänencontroller replizieren kann, liegt vermutlich ein Problem auf dem entfernten Domänencontroller oder mit der Verbindung vor. Untersuchen Sie auf anderen Domänencontrollern, ob diese replizieren können. Wenn nicht, liegt sicherlich ein Problem mit dem entfernen Domänencontroller vor.

Fehlermeldungen können Sie direkt in einer Suchmaschine eingeben und erhalten oft schon hilfreiche Lösungsvorschläge. Sie sehen, dass Sie bereits einige Maßnahmen aus dem Tool ableiten können, die Sie bei der Fehlersuche unterstützen. Wichtig auch in diesem Bereich der Fehlersuche ist, dass Sie den Fehler so genau wie möglich beschreiben, damit Sie bei der Suche im Internet nur die wirklich passenden Antworten präsentiert bekommen.

Funktioniert eine Replikationsverbindung nicht, müssen Sie für jeden Server die Server-GUID auslesen. Dazu verwenden Sie den Befehl *repadmin /showreps.* Jeder Server zeigt im Fenster die DSA-Objekt-GUID an. Diese müssen Sie für das Hinzufügen einer Verbindung verwenden.

Die GUID verwenden Sie anschließend mit dem Befehl *repadmin /add*. Der Domänennamen für dieses Beispiel ist *contoso.int*. Die Server-GUIDs für die beiden DCs sind:

- DC1 GUID = e8b4bce7-13d4-46bb-b521-8a8ccfe4ac06
- DC5 GUID = d48b4bce7-13d4-444bb-b521-7a8ccfe4ac06

In *Active Directory-Standorte und -Dienste* löschen Sie alle Verbindungsobjekte. Erstellen Sie als Nächstes eine neue Verbindung vom defekten DC zu einem funktionierenden DC. Der Befehl ist folgender:

repadmin /add "cn=configuration,dc=contoso,dc=int" e8b4bce7-13d4-46bb-b521-8a8ccfe4ac06._msdcs.contoso.int d48b4bce7-13d4-444bb-b521-7a8ccfe4ac06._msdcs.contoso.int

In Ihrer Umgebung verwenden Sie Ihre eigenen Server-GUIDs und Ihren eigenen Domänennamen. Der Rest der Eingabe ist identisch.

Während dieser Prozedur erhalten Sie manchmal den Fehler 8441 (distinguished name already exists). In diesem Fall ist die Verbindung schon vorhanden. Führen Sie eine vollständige Replikation über die erstellte Verbindung durch. Verwenden Sie dazu den folgenden Befehl:

repadmin /sync cn=configuration, dc=contoso,dc=int DC1 e8b4bce7-13d4-46bb-b521-8a8ccfe4ac06 /force /full

Stellen Sie danach im Snap-in *Active Directory-Standorte und -Dienste* sicher, dass es wieder automatisch generierte Verbindungsobjekte von der defekten Maschine zum funktionierenden DC gibt. Stellen Sie danach sicher, dass die Replikation in alle Richtungen funktioniert.

Replikation in der PowerShell testen

Den Status der Replikation erfahren Sie auch in der PowerShell. Dazu verwenden Sie das Cmdlet *Get-ADReplicationUpToDatenessVectorTable <Name des Servers>*. Eine Liste aller Server erhalten Sie mit:

*Get-ADReplicationUpToDatenessVectorTable * | Sort Partner,Server | ft Partner,Server,UsnFilter*

Um die einzelnen Standorte und die Domänencontroller der Standorte anzuzeigen, verwenden Sie die beiden Cmdlets:

*Get-ADReplicationSite -Filter * | ft Name*

*Get-ADDomainController -Filter * | ft HostName,Site*

Sie zeigen die Replikationsverbindungen in der PowerShell an. Dazu verwenden Sie den Befehl *Get-ADReplicationConnection*.

In der PowerShell finden Sie ausführliche Informationen zu den einzelnen Standorten. Dazu verwenden Sie den Befehl *Get-ADReplicationSite -Filter **. Weitere interessante Cmdlets in diesem Bereich sind:

- *Get-ADReplicationPartnerMetadata*
- *Get-ADReplicationFailure*
- *Get-ADReplicationQueueOperation*

Kerberostest mit Dcdiag ausführen

Die Version von Dcdiag, die mit Windows Server 2019 ausgeliefert wird, enthält einen Test, mit dem sich Replikationsprobleme anzeigen lassen, die von Kerberosproblemen verursacht werden.

Öffnen Sie eine neue Eingabeaufforderung und geben Sie den folgenden Befehl ein:

dcdiag /test:CheckSecurityError /s:<Name des Domänencontrollers, der Probleme hat>

Anschließend überprüft Dcdiag für diesen Domänencontroller, ob irgendeine Active Directory-Replikationsverbindung Probleme mit der Übertragung von Kerberos hat. Sie erhalten eine detaillierte Ausgabe aller Probleme, die der Quelldomänencontroller bei der Replikation im Zusammenhang mit Kerberos hat.

Die Ausgabe dieser Probleme ist eine wertvolle Hilfe bei der Suche nach Problemen in Active Directory. Oft spielen auch Sicherheitsprobleme bei der Replikation von Domänencontrollern eine Rolle. In diesem Fall erscheinen häufig Fehlermeldungen der Art »Zugriff verweigert«.

Überprüfung der notwendigen SRV-Records im DNS unter *_msdcs*

Jeder Domänencontroller in Active Directory hat neben seinem Host-A-Namen, zum Beispiel *dc01.contoso.int*, noch einen zugehörigen *CNAME*, der das sogenannte DSA-(Directory System Agent-)Objekt seiner NTDS-Settings darstellt.

Dieses DSA-Objekt ist als SRV-Record im DNS unterhalb der Zone der Domäne unter dem Knoten *_msdcs* zu finden. Der CNAME ist die GUID dieses DSA-Objekts. Domänencontroller versuchen ihren Replikationspartner nicht mit dem herkömmlichen Host-A-Eintrag aufzulösen, sondern mit dem hinterlegten CNAME. Sollte die Replikation nicht funktionieren, weil unterhalb der Active Directory-DNS-Domäne *_msdcs*-Einträge fehlen, können Sie in der Eingabeaufforderung mit dem Befehl *dcdiag /fix* die Einträge wiederherstellen. Überprüfen Sie danach, ob der CNAME des Servers registriert ist.

Zusammenfassung

In diesem Kapitel haben wir Ihnen erläutert, wie Sie Active Directory auf verschiedene physische Standorte verteilen, die Replikation der Domänencontroller einrichten und eventuell dabei auftretende Fehler beheben.

Im nächsten Kapitel zeigen wir ausführlich, wie Sie Fehler in Active Directory finden und beheben.

Kapitel 15

Active Directory – Fehlerbehebung und Diagnose

In diesem Kapitel:

Treten in Active Directory Probleme auf, können Sie oft leicht bereits mit Bordmitteln eine Diagnose durchführen und die Lösung finden. Auch beim Installieren von neuen Domänencontrollern oder wenn Sie sich einen Überblick über die Replikation der Domänencontroller verschaffen wollen, helfen Bordmittel.

Vor allem nach der Installation eines Domänencontrollers ist eine Diagnose sinnvoll, um die Stabilität zu gewährleisten. In diesem Kapitel zeigen wir Ihnen, wie Sie effizient und schnell Fehler in Active Directory finden und beheben.

Hinweis In Kapitel 14 sind wir ebenfalls auf Diagnosetools und die Fehlerbehebung im Zusammenhang mit der Replikation eingegangen.

Bordmittel zur Diagnose verwenden

In den folgenden Abschnitten zeigen wir Ihnen die wichtigsten Bordmittel, mit denen Sie Domänencontroller überprüfen und Fehler einschränken. Fehler, die Sie durch die Tools aufdecken, können Sie in einer Suchmaschine eingeben und erhalten auf diesem Weg meist schon einen Ansatz zur Fehlerbehebung.

Haben Sie Active Directory installiert, stehen auch in Windows Server 2019 die bekannten Tools Dcdiag, Repadmin & Co. zur Analyse zur Verfügung. Für die Namensauflösung können Sie weiterhin Nslookup verwenden oder die Cmdlets zur Verwaltung von DNS, zum Beispiel *Resolve-DNSName*. Über das Kontextmenü eines Domänencontrollers in der Servergruppe *AD DS* können Sie Verwaltungstools und Tools zur Analyse der Domäne starten.

Die Analyse startet aber nicht, indem Sie das Tool im Kontextmenü des Servers im neuen Server-Manager starten. Hier öffnet sich lediglich eine neue Eingabeaufforderung, die die Hilfe des Tools anzeigt. Die Diagnose selbst starten Sie nach der Installation von Active Directory, indem Sie Dcdiag oder Repadmin verwenden und dabei auf die verschiedenen Optionen der Befehle setzen.

Verwenden der Domänencontrollerdiagnose

Das wichtigste Tool für die Diagnose von Domänencontrollern ist Dcdiag. Sie können das Tool in der Eingabeaufforderung mit Administratorrechten aufrufen, indem Sie *dcdiag* eingeben. Eine ausführliche Diagnose erhalten Sie durch *dcdiag /v*.

Möchten Sie eine ausführlichere Diagnose durchführen, sollten Sie die Ausgabe jedoch in eine Datei umleiten, da Sie dadurch das Ergebnis besser durchlesen und eventuell auch an einen Spezialisten weitergeben können. Der Aufruf in der Eingabeaufforderung könnte dann zum Beispiel *dcdiag/v >c:\dcdiag.txt* lauten. Für die erste Überprüfung reicht die normale Diagnose mit Dcdiag jedoch vollkommen aus. Fehler sollten Sie in einer Suchmaschine recherchieren und beheben. Im Idealfall sollte Dcdiag keine Fehler zeigen.

Tipp

Mit *dcdiag /a* überprüfen Sie alle Domänencontroller am gleichen Active Directory-Standort, über *dcdiag /e* werden alle Server in der Gesamtstruktur getestet.

Um sich nur die Fehler und keine Informationen anzeigen zu lassen, wird *dcdiag /q* verwendet. Die Option *dcdiag /s:<Domänencontroller>* ermöglicht den Test eines Servers über das Netzwerk.

Der Systemdienst *Dateireplikation* verbindet die Domänencontroller der verschiedenen Standorte und erstellt automatisch eine Replikationstopologie auf Basis der definierten Zeitpläne und Standortverknüpfungen. Die Konsistenzprüfung (Knowledge Consistency Checker, KCC) ist ein automatischer Mechanismus in Active Directory und läuft auf jedem Domänencontroller und erstellt sowie pflegt die Topologie des Netzwerks, um die optimalen Replikationspartner zu finden. Er erstellt automatisch Standortverknüpfungsbrücken, wenn zwei Standorte nicht miteinander verbunden sind, sondern nur über einen dritten erreicht werden können.

Der KCC versucht, mit Erfahrungswerten über die Performance der Replikation die optimale Struktur aufzubauen. Dieser Ansatz ist deshalb empfehlenswert, weil die Struktur durch den KCC alle 15 Minuten überprüft wird und damit ausgefallene Verbindungen erkannt werden. Der Zeitraum für die Überprüfung kann verlängert werden. Innerhalb eines Standorts spielt der Netzwerkverkehr keine große Rolle.

Die Replikationsdaten innerhalb eines Standorts werden daher, im Gegensatz zur Replikation zwischen Standorten, nicht komprimiert. Der KCC versucht automatisch, innerhalb eines Standorts eine Ringtopologie und maximal drei Hops zwischen zwei Domänencontrollern zu erstellen. Das heißt, dass nicht unbedingt jeder Domänencontroller mit jedem anderen Domänencontroller Daten replizieren muss, aber dass auch maximal drei Schritte zwischen zwei Domänencontrollern liegen dürfen.

Je mehr Standorte in Active Directory definiert sind, desto ausführlicher muss der KCC die Routingtopologie dauerhaft überwachen. Aus diesen Gründen müssen Domänencontroller über mehr Performance verfügen als in Umgebungen mit nur einem oder wenigen Standorten. Wenn in den Standorten mehr als nur ein Domänencontroller zur Verfügung gestellt wird, werden zwischen den Standorten nicht alle Domänencontroller repliziert.

In jedem Standort gibt es sogenannte Bridgeheadserver, die die Informationen ihres Standorts an die Bridgeheadserver der anderen Standorte weitergeben. Dadurch wird der Verkehr über die WAN-Leitung minimiert, da nicht mehr alle Domänencontroller Daten nach extern versenden. Der Intersite Topology Generator (ISTG) wählt für jeden Standort automatisch die am besten geeigneten Bridgeheadserver aus.

Microsoft empfiehlt, die Bridgeheadserver nicht manuell zu konfigurieren, sondern den ISTG zu verwenden. Wenn Sie Bridgeheadserver manuell auswählen und einzelne Server zu bevorzugten Bridgeheadservern konfigurieren, kann der KCC nur zwischen diesen Servern auswählen, nicht zwischen allen Domänencontrollern eines Standorts. Außerdem besteht darüber hinaus noch die Gefahr, dass bei Ausfall aller bevorzugten Bridgeheadserver keine Replikation zu und von diesem Standort durchgeführt werden kann.

Tipp

Mit *dcdiag /a* überprüfen Sie alle Domänencontroller am gleichen Active Directory-Standort, über *dcdiag /e* werden alle Server in der Gesamtstruktur getestet.

Um sich nur die Fehler und keine Informationen anzeigen zu lassen, verwenden Sie *dcdiag /q*. Die Option *dcdiag /s:<Domänencontroller>* ermöglicht den Test eines Servers über das Netzwerk.

Es wird während des Tests auch geprüft, ob das Computerkonto in Active Directory in Ordnung ist und ob es sich richtig registriert hat. Sie können über die Option *dcdiag /RecreateMachineAccount* eine Fehlerbehebung versuchen, wenn der Test fehlschlägt. Über *dcdiag /FixMachineAccount* können Sie ebenfalls eine Fehlerbehebung versuchen. Eine weitere Option, die Fehler behebt, ist *dcdiag /fix*.

Testen der Namensauflösung mit Nslookup

Die Namensauflösung ist einer der wichtigsten Bereiche für die Diagnose von Active Directory und Windows-Netzwerken. Funktioniert ein Serverdienst nicht, liegt das Problem in den meisten Fällen entweder an Berechtigungen oder der Namensauflösung. Ein wichtiger Test in Active Directory besteht darin, dass Sie in der Eingabeaufforderung *nslookup* eintippen. An dieser Stelle sollte kein Fehler auftreten. Lesen Sie sich zu diesem Thema auch Kapitel 5, 10 und 11 durch.

Dieser Test zeigt, dass der bevorzugte DNS-Server erreicht werden kann und sein Computername sowie seine IP-Adresse im DNS registriert sind. Erhalten Sie hier bereits eine Fehlermeldung, sollten Sie überprüfen, ob die IP-Adresse des DNS-Servers in der *Reverse-Lookupzone* registriert ist. Sollte der Server noch nicht registriert sein, versuchen Sie mit *ipconfig /registerdns* in der Eingabeaufforderung eine erneute automatische Registrierung beim DNS-Server.

Das ist eine häufige Fehlerquelle. Lesen Sie dazu die Anmerkungen in den Kapiteln 5, 10 und 11. Danach sollten Sie durch die Eingabe des vollständigen Computernamens aller restlichen Domänencontroller feststellen, dass alle notwendigen Domänencontroller per DNS erreicht werden können.

Treten in Active Directory Fehler auf, sollten Sie immer zunächst überprüfen, ob sich die beteiligten Server im DNS auflösen können. Verwenden Sie dazu das Befehlszeilentool Nslookup. Neben Nslookup beschreiben wir im nächsten Abschnitt noch weitere Tools, die für die Fehlersuche und Verwaltung von DNS unter Windows Server 2019 eine besondere Rolle spielen. Nslookup gehört zu den Bordmitteln von Windows Server 2019 und ist auch in Windows 7/8/8.1 und Windows 10 integriert. Wenn ein Servername mit Nslookup nicht aufgelöst werden kann, sollten Sie überprüfen, wo das Problem liegt:

1. Ist in den IP-Einstellungen des PC, auf dem Sie das Tool Nslookup aufrufen, der richtige DNS-Server als bevorzugt eingetragen?
2. Verwaltet der bevorzugte DNS-Server die Zone, in der Sie eine Namensauflösung durchführen wollen (siehe Kapitel 11)?
3. Wenn der Server diese Zone nicht verwaltet, ist auf der Registerkarte *Weiterleitungen* in den Eigenschaften des Servers ein Server eingetragen, der die Zone auflösen kann (siehe Kapitel 13)?
4. Wenn eine Weiterleitung eingetragen ist, kann der Server, zu dem weitergeleitet wird, die Zone auflösen (siehe die Kapitel 5, 10, 11 und 12)?
5. Wenn dieser Server nicht für die Zone verantwortlich ist, leitet er wiederum die Anfrage weiter?

An irgendeiner Stelle der Weiterleitungskette muss ein Server stehen, der die Anfrage schließlich auflösen kann, sonst kann der Client keine Verbindung aufbauen und die Abfrage des Namens wird nicht erfolgreich sein. Gehen Sie strikt nach dieser Vorgehensweise vor, werden Sie bereits recht schnell den Fehler in der Namensauflösung finden.

Sollte bei Ihnen ein Fehler auftreten, müssen Sie in der Reverse- und der Forward-Lookupzone überprüfen, ob sich der Server dynamisch in das DNS integriert hat. In Ausnahmefällen kann es vorkommen, dass die Aktualisierung der Reverse-Lookupzone nicht funktioniert hat. In diesem Fall können Sie einfach den Eintrag des Servers manuell ergänzen. Dazu müssen Sie lediglich einen neuen Zeiger (engl. Pointer) erstellen. Ein Zeiger oder Pointer ist ein Verweis von einer IP-Adresse zu einem Hostnamen. Kurz nach der Installation kann dieser Befehl durchaus noch Fehler melden.

Versuchen Sie, die IP-Adresse des Domänencontrollers erneut mit *ipconfig /registerdns* zu registrieren. Nach einigen Sekunden sollte der Name fehlerfrei aufgelöst werden. Sobald Sie Nslookup aufgerufen haben, können Sie beliebige Servernamen auflösen. Wenn Sie keinen FQDN, sondern nur den Computernamen eingeben, ergänzt der lokale Rechner automatisch den Namen durch das primäre DNS-Suffix des Computers beziehungsweise durch die in den IP-Einstellungen konfigurierten DNS-Suffixe (siehe Kapitel 5).

Sie sollten auf kritischen Servern beziehungsweise auf Servern, bei denen die Namensauflösung nicht funktioniert, mit Nslookup überprüfen, an welcher Stelle Probleme auftauchen. Wenn Sie Nslookup aufrufen, um Servernamen aufzulösen, wird als DNS-Server immer der Server befragt, der in den IP-Einstellungen des lokalen Rechners hinterlegt ist. Sie können von dem lokalen Rechner aus aber auch andere DNS-Server nach der Auflösung befragen. Geben Sie dazu in der Eingabeaufforderung *nslookup <host> <server>* ein (also zum Beispiel *nslookup dc02.microsoft.com dc01.contoso.com*).

Bei diesem Beispiel versucht Nslookup, den Host *dc02.microsoft.com* mithilfe des Servers *dc01.contoso.com* aufzulösen. Anstatt den zweiten Eintrag, also den DNS-Server, mit seinem FQDN anzusprechen, können Sie auch die IP-Adresse angeben. Wenn Sie als Servereintrag bei dieser Eingabeaufforderung einen DNS-Server mit seinem FQDN eingeben, setzt dies voraus, dass der DNS-Server, den der lokale Rechner verwendet, zwar nicht den Host *dc02.microsoft.com* auflösen kann, aber dafür den Server *dc01.contoso.com.*

Der DNS-Server *dc01.contoso.com* wiederum muss dann den Host *dc02.microsoft.com* auflösen können, damit keine Fehlermeldung ausgegeben wird. Sie können also mit Nslookup sehr detailliert die Schwachstellen Ihrer DNS-Auflösung testen. Wenn Sie mehrere Hosts hintereinander abfragen wollen, müssen Sie nicht jedes Mal den Befehl *nslookup <host> <server>* verwenden, sondern können Nslookup mit dem Befehl *nslookup -<server>* starten, wobei der Eintrag *server* der Namen oder die IP-Adresse des DNS-Servers ist, den Sie befragen wollen, zum Beispiel *nslookup -10.0.0.11.*

Sie können die beiden eben erwähnten Optionen auch kombinieren:

- Wenn Sie zum Beispiel Nslookup so starten, dass nicht der lokal konfigurierte DNS-Server zur Namensauflösung herangezogen wird, sondern der Remoteserver *10.0.0.11*, können Sie innerhalb der Nslookup-Befehlszeile durch Eingabe von *<host> <server>* wieder einen weiteren DNS-Server befragen.
- Nslookup wird in der Eingabeaufforderung gestartet und so konfiguriert, dass der DNS-Server *10.0.0.11* zur Namensauflösung herangezogen wird.
- Nslookup überprüft, ob der lokal konfigurierte DNS-Server in seiner Reverse-Lookupzone die IP-Adresse *10.0.0.11* zu einem Servernamen auflösen kann. Da dies funktioniert, wird als Standardserver für diese Nslookup-Befehlszeile der DNS-Server *10.0.0.11* mit seinem FQDN *dc01.contoso.com* verwendet. Wäre an dieser Stelle eine Fehlermeldung erschienen, dass der Servername für *10.0.0.11* nicht bekannt ist, würde das bedeuten, dass der DNS-Server, der in den IP-Einstellungen des lokalen Rechners konfiguriert ist, in seiner Reverse-Lookupzone den Servernamen nicht auflösen kann. In diesem Fall sollten Sie die Konfiguration der Reverse-Lookupzone überprüfen und sicherstellen, dass alle Zeiger (Pointer) korrekt eingetragen sind. Zu einer konsistenten Namensauflösung per DNS gehört nicht nur die Auflösung von Servername zu IP (Forward), sondern auch von IP zu Servernamen (Reverse).
- In der nächsten Zeile soll der Rechnername *dc02.microsoft.com* vom Server *10.0.0.13* aufgelöst werden. Der Server *10.0.0.13* kann jedoch den Servernamen *dc02.microsoft.com* nicht auflösen. In diesem Fall liegt ein Problem auf dem Server *10.0.0.13* vor, der die Zone *microsoft.com* nicht auflösen kann. Sie sollten daher auf dem Server *10.0.0.13* entweder in den Eigenschaften des DNS-Servers auf der Registerkarte *Weiterleitungen* überprüfen, ob eine Weiterleitung zu *microsoft.com* eingetragen werden muss, oder eine sekundäre Zone für *microsoft.com* auf dem Server *10.0.0.13* anlegen, wenn dieser Rechnernamen für die Zone *microsoft.com* auflösen können soll.
- Als Nächstes wird versucht, den gleichen Servernamen *dc02.microsoft.com* über den Standardserver dieser Nslookup-Befehlszeile aufzulösen. Der Standardserver kann den Servernamen problemlos auflösen, was zeigt, dass diese Konfiguration in Ordnung ist.

Standard-OUs per Active Directory-Benutzer und -Computer überprüfen

Nach einer Neuinstallation sollten Sie überprüfen, ob sich das Snap-in *Active Directory-Benutzer und -Computer* über *Tools* im Server-Manager fehlerfrei öffnen lässt und die sechs wichtigsten Organisationseinheiten (Organizational Units, OUs) angezeigt werden. Diese OUs sind in jeder Domäne identisch und müssen vorhanden sein:

- **Builtin –** In diesem Container befinden sich vom System vordefinierte Gruppen.
- **Computers –** Dieser Container enthält Computerkonten für alle Computer, die in die Domäne aufgenommen wurden. Jeder Computer wird mit einem eigenen Konto in Active Directory verwaltet.
- **Domain Controllers –** In diesem Container befinden sich Computerkonten für alle Domänencontroller der Domäne.
- **ForeignSecurityPrincipals –** Dieser Container enthält Informationen über SIDs, die mit Objekten aus entfernten, vertrauten Domänen verbunden sind.
- **Managed Service Accounts –** Dieser Container dient der Unterstützung verwalteter Benutzerkonten für Dienste.
- **Users –** In diesem Container stehen die Benutzer und Gruppen, die von Windows Server 2019 automatisch angelegt werden.

Sie müssen nicht den Inhalt der Container überprüfen. Es genügt, wenn Sie testen, ob diese angelegt wurden. Achten Sie darauf, im Snap-in über das Menü *Ansicht* die *Erweiterten Features* zu aktivieren.

Überprüfen der Active Directory-Standorte

Sie sollten bei Problemen oder nach Installationen von Domänencontrollern überprüfen, ob die Domänencontroller dem jeweils richtigen Standort zugewiesen sind und ob an jedem Standort ein Server zum globalen Katalog konfiguriert wurde.

Haben Sie bereits mehrere Domänencontroller installiert, sollten Sie kontrollieren, ob bei allen automatisch konfigurierte Replikationsverbindungen eingerichtet wurden und ob diese auch funktionieren. Alle installierten Domänencontroller sollten angezeigt werden und sich ohne Fehler mit ihren Replikationspartnern replizieren lassen.

Installieren Sie einen neuen Domänencontroller oder auch einen Mitgliedsserver, sollten Sie vor allem dann, wenn dieser auch zum Exchange-Server werden soll, in der Eingabeaufforderung testen, ob dieser Server seinen Standort auflösen kann und korrekt konfiguriert ist.

Geben Sie dazu den Befehl *nltest /dsgetsite* ein. Es darf kein Fehler auftreten, sondern der Server muss seinen richtigen Standort ausgeben. Erscheinen an dieser Stelle Fehler, sollten Sie die IP-Einstellungen des Servers und die DNS-Konfiguration des bevorzugten DNS-Servers überprüfen (siehe Kapitel 5, 10, 11 und 12).

Auch die IP-Subnetze und deren korrekte Zuordnung zu den richtigen Standorten sollten hier überprüft werden (siehe Kapitel 14). Den Standardnamen des ersten Standorts passen Sie am besten im Server-Manager über *Active Directory-Standorte und -Dienste* an. Klicken

Sie dazu den Standort mit der rechten Maustaste an und wählen Sie im Kontextmenü den Eintrag *Umbenennen* (siehe Kapitel 14).

Die Replikationsverbindungen richtet Windows Server 2012 automatisch ein. Sie sehen diese im Snap-in *Active Directory-Standorte und -Dienste* über *Sites/<Standort>/Servers/<Servername>\NTDS Settings*. Sie können hier auch manuelle Verbindungen einrichten, indem Sie über das Kontextmenü *Neue Verbindung für die Active Directory-Domänendienste* auswählen. Überprüfen Sie, ob Replikationsverbindungen vorhanden sind und auch funktionieren.

Überprüfen der Domänencontrollerliste

Geben Sie in der Eingabeaufforderung den Befehl *nltest /dclist:<NetBIOS-DOMÄNEN-NAME>* ein, zum Beispiel *nltest /dclist:Joos*. Alle Domänencontroller sollten mit ihren vollständigen Domänennamen ausgegeben werden. Werden einzelne Domänencontroller nur mit ihrem NetBIOS-Namen angezeigt, überprüfen Sie deren DNS-Registrierung auf den DNS-Servern.

Tipp

Starten Sie mit *net stop netlogon* und dann *net start netlogon* den Anmeldedienst auf dem Domänencontroller neu, versucht der Dienst, die Daten der Datei *netlogon.dns* aus dem Ordner *\Windows\System32\config\netlogon.dns* erneut in DNS zu registrieren. Gibt es hierbei Probleme, finden sich im Ereignisprotokoll unter *System* Einträge des Dienstes, die bei der Problemlösung weiterhelfen.

Auch der Befehl *nltest /dsregdns* hilft oft bei Problemen in der DNS-Registrierung. Funktioniert die erneute Registrierung durch Neustart des Anmeldedienstes nicht, löschen Sie die DNS-Zone *_msdcs* und die erstellte Delegierung.

Beim nächsten Start des Anmeldedienstes liest dieser die Daten von *netlogon.dns* ein, erstellt die Zone *_msdcs* neu und schreibt die Einträge wieder in die Zone. Mit Dcdiag lassen sich danach die Probleme erneut diagnostizieren. Einen ausführlichen Test führen Administratoren mit *dcdiag /v* durch.

Überprüfen der Active Directory-Dateien

Die Active Directory-Daten werden in einer Datenbank gespeichert. Diese Datenbank ist eine Datei im Dateisystem auf den Domänencontrollern. Die Active Directory-Datenbank wird in der Datei *ntds.dit* in dem Ordner gespeichert, den Sie bei der Heraufstufung zum Domänencontroller festgelegt haben.

Standardmäßig wird die Active Directory-Datenbank im Ordner *C:\Windows\NTDS* abgelegt. Überprüfen Sie, ob die Dateien auf dem Domänencontroller vorhanden sind und ob noch genügend Festplattenplatz frei ist, damit die Datenbank wachsen kann. Sie können die Größe jederzeit durch eine Überpüfung feststellen.

Bei den *.jrs*-Dateien handelt es sich um die Transaktionsprotokolle der Datenbank. Die Datei *edb.chk* ist die Checkpoint-Datei. Diese Datei enthält die Informationen, welche Transaktionsprotokolle bereits in die Datenbank geschrieben wurden.

Domänenkonto der Domänencontroller überprüfen und Kennwort zurücksetzen

Die Domänencontroller sollten im Snap-in *Active Directory-Benutzer und -Computer* in der OU *Domain Controllers* angezeigt werden. Von diesem Konto sollten Sie fehlerfrei die Eigenschaften aufrufen können. Die Informationen auf den einzelnen Registerkarten sollten fehlerfrei dargestellt werden und die korrekten Daten enthalten.

Außerdem können Sie mit dem Befehl *net accounts* in der Eingabeaufforderung den Status des Domänenkontos eines Domänencontrollers überprüfen. Innerhalb der Ausgabe von *net accounts* sollte die Rolle des Computers *PRIMÄR* sein, wenn es sich um den PDC-Emulator handelt. Bei allen anderen Domänencontrollern wird an dieser Stelle die Rolle *Sicherung* angezeigt.

Bei Kerberos werden die Identität des Benutzers und des authentifizierenden Servers festgestellt. Kerberos arbeitet mit einem sogenannten Ticket-System, um Benutzer zu authentifizieren. Kennwörter werden in einem Active Directory niemals über das Netzwerk übertragen. Damit sich ein Benutzer an einem Server authentifizieren kann, um zum Beispiel auf eine Freigabe eines Dateiservers zuzugreifen, wird ausschließlich mit verschlüsselten Tickets gearbeitet.

Ein wesentlicher Bestandteil der Kerberos-Authentifizierung ist das Schlüsselverteilungscenter (Key Distribution Center, KDC). Dieser Dienst wird auf allen Domänencontrollern ausgeführt und ist für die Ausstellung der Authentifizierungstickets zuständig. Der zuständige Kerberos-Client läuft auf allen Windows-Arbeitsstationen. Wenn sich ein Benutzer an einer Arbeitsstation in Active Directory anmeldet, muss er sich zunächst an einem Domänencontroller und dem dazugehörigen KDC authentifizieren. Im nächsten Schritt erhält der Client ein Ticket-genehmigendes Ticket (TGT) vom KDC ausgestellt. Nachdem der Client dieses TGT erhalten hat, fordert er damit beim KDC ein Ticket für den Zugriff auf den Dateiserver an. Diese Authentifizierung führt der Ticket-genehmigende Dienst (Ticket Granting Service, TGS) auf dem KDC aus.

Nach der erfolgreichen Authentifizierung des TGT durch den TGS stellt dieser ein Dienstticket aus und übergibt es an den Client. Der gibt es an den Server weiter, auf den er zugreifen will, in diesem Beispiel der Dateiserver. Durch dieses Ticket kann der Dateiserver sicher sein, dass sich kein gefälschter Benutzer mit einem gefälschten Benutzernamen anmeldet. Durch das Dienstticket wird sowohl der authentifizierende Domänencontroller als auch der Benutzer authentifiziert.

Sollten Probleme mit dem Schlüsselverteilungscenter oder Kerberos im Allgemeinen auftreten, besteht unter Umständen noch ein Problem bei der Kerberos-Authentifizierung. In diesem Fall wird allerdings normalerweise eine entsprechende Fehlermeldung bei Dcdiag angezeigt, die auf Probleme mit LDAP oder Kerberos hinweisen. Kerberos ist für die Anmeldung in Active Directory von existenzieller Wichtigkeit.

Aber auch wenn diese Tools keine Fehler gezeigt haben, kann das Zurücksetzen des Maschinenkennworts eine letzte Hoffnung sein, einen ausgefallenen Server oder Domänencontroller wieder zur Zusammenarbeit mit seiner Domäne zu bewegen. Um das Kennwort zurückzusetzen, müssen Sie folgendermaßen vorgehen:

1. Beenden Sie auf dem problematischen Domänencontroller den Dienst *Kerberos-Schlüsselverteilungscenter.*
2. Setzen Sie den Dienst auf *Manuell.*

3. Öffnen Sie eine neue Eingabeaufforderung mit Administratorrechten und geben Sie den folgenden Befehl ein:

   netdom resetpwd /server:<Ein Domänencontroller der Domäne, der noch funktioniert> /userd:<Administratorbenutzert der Domäne> /passwordd:<Kennwort des Administrators>
4. Wenn Sie den Befehl ausführen, muss auf jeden Fall eine positive Rückantwort kommen, die bestätigt, dass das Kennwort der Maschine zurückgesetzt wurde.
5. Starten Sie im Anschluss den Server neu.
6. Starten Sie den Dienst *Kerberos-Schlüsselverteilungscenter* auf dem Server wieder und setzen Sie ihn auf *Automatisch*.
7. Jetzt sollte der Server wieder uneingeschränkt funktionieren. Überprüfen Sie die korrekte Verbindung mit der Domäne durch das Tool Dcdiag.

Überprüfen der administrativen Freigaben

Auf Domänencontrollern gibt es verschiedene Freigaben, die für den Betrieb von Active Directory notwendig sind. Die beiden Freigaben *netlogon* und *SYSVOL* sollten fehlerfrei dargestellt werden. Überprüfen Sie sie mithilfe des Aufrufs *net share* in der Eingabeaufforderung. Standardmäßig werden die beiden folgenden Ordner freigegeben:

- *C:\Windows\SYSVOL\sysvol\<DOMÄNE>\SCRIPTS* als Freigabe *netlogon*
- *C:\Windows\SYSVOL\sysvol* als Freigabe *SYSVOL*

Beide Freigaben werden durch *net share* in der Eingabeaufforderung angezeigt. Alternativ überprüfen Sie die administrativen Freigaben im Server-Manager über *Datei-/Speicherdienste/Freigaben*. Auch hier werden die Freigaben angezeigt.

Überprüfen der Gruppenrichtlinien

Automatisch werden nach der Installation durch Active Directory die beiden folgenden Gruppenrichtlinien angelegt:

- *Default Domain Controller Policy*
- *Default Domain Policy*

Die Einstellungen der beiden Gruppenrichtlinien werden im Dateisystem auf den Domänencontrollern gespeichert. Für beide Richtlinien gibt es im Ordner *C:\Windows\SYSVOL\domain\Policies* jeweils einen Unterordner, der durch eine eindeutige GUID dargestellt wird. Überprüfen Sie, ob diese beiden Unterordner vorhanden sind und fehlerfrei geöffnet werden können:

- *{31B2F340-016D-11D2-945F-00C04FB984F9}* = Default Domain Policy
- *{6AC1786C-016F-11D2-945F-00C04fB984F9}* = Default Domain Controller Policy

DNS-Einträge von Active Directory überprüfen

Nach der Installation von Active Directory werden in der Forward-Lookupzone der entsprechenden Domäne zahlreiche Einstellungen vorgenommen. Überprüfen Sie in der DNS-Verwaltung, ob die Einträge von Active Directory fehlerfrei vorgenommen worden sind. Sie brauchen nicht alle Einträge zu überprüfen, können aber schon an der Übersicht erkennen, ob überhaupt Einträge erstellt wurden. Alle notwendigen Dienste von Active Directory werden als SRV-Record im DNS gespeichert.

Die häufigsten Fehler aller Art innerhalb von Active Directory oder anderen Netzwerken, bei denen die Namensauflösung eine wichtige Rolle spielt, sind Fehler im DNS. Jeder Domänencontroller in Active Directory hat neben seinem Host-A-Namen, zum Beispiel *core.joos.int*, noch einen zugehörigen CNAME, der das sogenannte DSA-(Directory System Agent-)Objekt seiner NTDS-Settings darstellt. Dieses DSA-Objekt ist als SRV-Record im DNS unterhalb der Zone der Domäne unter dem Knoten *_msdcs* zu finden.

Der CNAME ist die GUID dieses DSA-Objekts. Domänencontroller versuchen ihren Replikationspartner nicht mit dem herkömmlichen Host-A-Eintrag aufzulösen, sondern mit dem hinterlegten CNAME. Ein Domänencontroller versucht nach der erfolglosen Namensauflösung des CNAME eines Domänencontrollers, einen Host-A-Eintrag zu finden. Schlägt auch das fehl, versucht er, den Namen mit NetBIOS entweder über Broadcast oder einen WINS-Server aufzulösen.

Jeder Domänencontroller braucht einen eindeutigen CNAME, der wiederum auf seinen Host-A-Eintrag verweist. Überprüfen Sie bei Replikationsproblemen, ob diese Einträge vorhanden sind. Sollte die Namensauflösung mit DNS nicht funktionieren, steht Ihnen noch das Tool Dnslint zur Verfügung, mit denen die SRV-Records in Active Directory überprüft werden können. Sie können das Tool bei Microsoft über *http://download.microsoft.com/download/2/7/2/27252452-e530-4455-846a-dd68fc020e16/dnslint.v204.exe* herunterladen. Entpacken Sie es nach dem Herunterladen in einen Ordner. Sie müssen es nicht installieren. Für das Tool gibt es insgesamt drei verschiedene Funktionen, die jeweils DNS überprüfen und einen entsprechenden HTML-Bericht generieren. Diese drei Funktionen sind:

- **dnslint /d –** Diese Funktion diagnostiziert mögliche Ursachen einer langsamen Delegierung.
- **dnslint /ql –** Diese Funktion überprüft benutzerdefinierte DNS-Datensätze auf mehreren DNS-Servern.
- **dnslint /ad –** Diese Funktion überprüft DNS-Datensätze, die speziell für die Active Directory-Replikation verwendet werden.

Die Syntax lautet:

dnslint /d <Domänenname> | /ad [<LDAP_IP_Adresse>] | /ql <Input_Datei> [/c [smtp,pop,imap]] [/no_open] [/r <Report_Name>] [/t] [/test_tcp] [/s <DNS_IP_Adresse>] [/v] [/y]

Bei der Ausführung von Dnslint müssen Sie eine der Befehlszeilenoptionen */d*, */ad* oder */ql* verwenden. Mit *dnslint /ad* können Sie überprüfen, ob Ihre Domänencontroller die DNS-Einträge in Active Directory zur Replikation abrufen können. Geben Sie zur Überprüfung den Befehl *dnslint /ad <IP-Adresse des ersten DC> /s <IP-Adresse des zweiten DC>* ein. Das Tool benötigt einige Sekunden und überprüft, ob in Active Directory die notwendigen *_msdcs*-Einträge vorhanden sind. Geben Sie an dieser Stelle nicht den DNS-Namen der beiden Server an, die Replikationsprobleme haben, sondern die IP-Adressen.

Die Option */ad* dient zur Angabe eines Domänencontrollers, der die notwenigen GUIDs im DNS auflösen können muss. Jeder Domänencontroller muss in der Lage sein, die Namen dieser GUIDs per DNS aufzulösen. Testen Sie auf jedem Server mit Dnslint, ob die einzelnen Server Probleme bei der Auflösung dieser GUIDs haben. Wenn in diesem Bereich Fehler auftreten, liegen die Replikationsprobleme eindeutig zunächst an diesen fehlenden GUIDs.

Die Option */s* dient dazu, dem Befehl einen DNS-Server mitzuteilen, der die Zone *_msdcs* von Active Directory verwaltet. Der Server hinter der Option */ad* dient zum Verbindungsaufbau per LDAP, während der Server hinter */s* zum Auflösen per DNS dient. Sie müssen nicht unbedingt zwei unterschiedliche Server angeben, sondern können auch zweimal dieselbe IP-Adresse verwenden.

Nachdem der Befehl abgeschlossen ist, wird Ihnen ein HTML-Bericht angezeigt, mit dessen Hilfe Sie die Probleme der GUID-Auflösung mit DNS nachvollziehen können. Der Bericht zeigt die Auflösung der einzelnen GUIDs der Domänencontroller und die vorhandenen Fehler an. Beim Starten des Befehls verbindet sich Dnslint zunächst mit dem Domänencontroller, um alle GUIDs der Gesamtstruktur abzufragen.

Die Abfrage erfolgt mit LDAP. Aus diesem Grund müssen Sie den Befehl unter einem Benutzerkonto starten, das über genügend Rechte verfügt. Sobald die GUID-Liste vom LDAP-Server zurückgegeben wird, versucht Dnslint über den mit der Option */s* konfigurierten DNS-Server, diese GUIDs zu ihrer IP-Adresse aufzulösen.

Mit der Befehlszeilenoption */d* fordern Sie Domänennamentests an. Diese Befehlszeilenoption ist für die Behandlung von Problemen in Bezug auf eine langsame Delegierung nützlich. Sie müssen den zu testenden Domänennamen angeben. Sie können die Befehlszeilenoption */d* nicht in Verbindung mit der Option */ad* verwenden.

Mit der Befehlszeilenoption */ad* rufen Sie einen Active Directory-Test auf und mit */ql* fordern Sie DNS-Abfragetests von einer Liste ab. Die Befehlszeilenoption */ql* versendet die DNS-Abfragen, die in einer Texteingabedatei angegeben sind. Sie müssen den Namen und den Pfad der Eingabedatei angeben. Die Befehlszeilenoption */ql* unterstützt A-, PTR-, CNAME-, SRV- und MX-Datensatzabfragen. Sie können eine Beispieleingabedatei erstellen, indem Sie den folgenden Befehl ausführen: *dnslint /ql autocreate*. Sie können die Befehlszeilenoption */ql* nicht in Verbindung mit der Option */d*, */ad* oder */c* verwenden.

Wenn Sie */ad* verwenden, müssen Sie die Option */s* angeben, um einen DNS-Server zu bestimmen, der für die *_msdcs*-Unterdomäne in der Stammdomäne der Active Directory-Struktur autorisierend ist. Wenn Sie die Option */ad* verwenden, können Sie den Befehl */s localhost* ausführen, um festzustellen, ob das lokale System die Datensätze auflösen kann, die bei den Active Directory-Tests gefunden werden. Verwenden Sie */t*, um die Ausgabe in einer Textdatei anzufordern. Die Textdatei hat denselben Namen wie der HTML-Bericht und wird in denselben Ordner gespeichert wie die HTML-Berichtsdatei.

Verwenden Sie */test_tcp*, um den TCP-Port 53 zu testen. Standardmäßig wird nur der UDP-Port 53 getestet. Die Option */test_tcp* überprüft, ob TCP-Port 53 auf Abfragen reagiert. Diese Option kann nicht in Verbindung mit der Option */ql* verwendet werden. Mit */v* erhalten Sie eine Ausgabe auf dem Bildschirm. Bei dieser Option zeigt das Tool auf dem Bildschirm an, welche Schritte es ausführt, um Daten zu sammeln.

Testen der Betriebsmaster

Als Nächstes sollten Sie auf einem neuen Domänencontroller testen, ob dieser alle FSMO-Rolleninhaber kennt (siehe Kapitel 10). Diese lassen Sie sich gebündelt mit *netdom query fsmo* anzeigen oder einzeln über die Befehle:

dsquery server -hasfsmo pdc (PDC)

dsquery server -hasfsmo rid (RID-Pool-Manager)

dsquery server -hasfsmo infr (Infrastrukturmaster)

dsquery server -hasfsmo schema (Schemamaster)

dsquery server -hasfsmo name (Domänennamen-Master).

Leistungsüberwachung zur Diagnose nutzen

Windows Server 2019 stellt mit der Leistungsüberwachung ein mächtiges Tool zur Verfügung, um Performanceprobleme auf einem Server aufzudecken. Die Bedienung hat sich im Vergleich zu den Vorgängerversionen kaum geändert. Sie finden das Tool im Server-Manager über *Tools/Leistungsüberwachung*.

Schneller starten Sie das Tool durch Eingabe von *perfmon.msc* im Startmenü. Mit *perfmon /res* starten Sie den Ressourcenmonitor, der eine Echtzeitanzeige der aktuell verbrauchten Ressourcen bietet, ähnlich zum Task-Manager. Vor allem wenn in einem Active Directory noch Zusatzdienste installiert sind, zum Beispiel SharePoint, Exchange oder SQL, tauchen schnell Leistungsprobleme auf, die sich oft aber durch die Leistungsüberwachung aufdecken und beheben lassen.

Liegen Leistungsprobleme in Exchange oder anderen Serverdiensten, die von Active Directory abhängen, vor, zum Beispiel bezüglich des Postfachzugriffs oder des Versendens von Nachrichten, liegt häufig auch ein Problem in Active Directory oder DNS vor.

Das heißt, parallel zur Leistungsüberwachung sollten Sie noch eine Diagnose der Namensauflösung sowie eine Diagnose der Domänencontroller durchführen, zum Beispiel über Dcdiag. Exchange, aber auch andere Dienste, die Active Directory benötigen, greifen über die Systemdatei *wldap32.dll* auf Active Directory zu. Dabei laufen (vereinfacht) folgende Vorgänge ab:

1. Die Datei *wldap32.dll* auf dem Exchange-Server erhält durch einen Exchange-Prozess eine Anfrage, um auf den globalen Katalog zuzugreifen.
2. Per DNS versucht der Server, den globalen Katalog-Server aufzulösen, um auf diesen zugreifen zu können. Dauert dieses Auflösen zu lange, verzögert sich bereits an dieser Stelle der Active Directory-Zugriff.
3. Nach der Namensauflösung baut die *wldap32.dll* eine Verbindung zum globalen Katalog auf und überträgt die Anfrage.
4. Anschließend wird eine TCP-Verbindung aufgebaut und eine LDAP-Abfrage gestartet. Damit die Verbindung funktioniert, benötigt die TCP-Verbindung drei Bestätigungen durch den Domänencontroller. Bei einer Latenz von 10 Millisekunden im Netzwerk dauert der Zugriff in diesem Fall also 30 Millisekunden, bevor der Exchange-Server die LDAP-Abfrage übertragen kann.
5. Die LDAP-Abfrage wird zur Datei *lsass* auf dem Domänencontroller übertragen, die auf den LDAP-Port des Servers hört.

6. Der Domänencontroller nimmt die Abfrage an den globalen Katalog entgegen und führt die Suche in seinem globalen Katalog durch.
7. Der globale Katalog sendet die Daten über die Netzwerkkarte zur Datei *wldap32.dll* auf dem Exchange-Server. Handelt es sich um eine hohe Anzahl an Daten, zum Beispiel beim Auflösen der Mitglieder einer Verteilergruppe, müssen erst alle Daten übertragen werden, bevor Exchange mit der Verarbeitung weitermachen kann.

Ein sehr großer Teil der Leistung hängt also bei Servern von der Netzwerkgeschwindigkeit zwischen Exchange-Server und dem globalen Katalog oder Domänencontroller ab. Aus diesem Grund sollten Sie bei Leistungsproblemen der Exchange-Infrastruktur auch immer die Geschwindigkeit des Netzwerks messen.

Auch die Geschwindigkeit zum DNS-Server und eine schnelle, stabile und korrekte Namensauflösung sind sehr wichtig. Die Geschwindigkeit zum DNS-Server darf 50 ms nicht überschreiten, wenn Sie die Leistung optimieren wollen. Dauert die Anfrage länger, haben Sie schon den ersten Flaschenhals in der Exchange-Leistung. Dazu reicht das Pingen des Servers aus, Sie benötigen noch nicht mal die Leistungsüberwachung.

Wichtig für die Verbindung von Exchange zu Active Directory ist die Indikatorgruppe *MSExchange ADAccess-Prozesse* in der Leistungsüberwachung die der Exchange-Installationsassistent auf einem Server hinzufügt. Erweitern Sie diese Gruppe. Interessant sind in dieser Gruppe die beiden Indikatoren *LDAP-Lesedauer* und *LDAP-Suchdauer*.

Klicken Sie dazu auf das Pluszeichen neben der Indikatorgruppe im oberen Bereich und dann auf die beiden Indikatoren. *LDAP-Lesedauer* misst die Zeit, die eine LDAP-Abfrage bis zur Datenübermittlung benötigt. *LDAP-Suchdauer* zeigt die Zeit an, die der Server für eine Suche per LDAP in Active Directory benötigt. Der Durchschnittswert für diese Indikatoren sollte unter 50 Millisekunden liegen, die Maximaldauer sollte nicht über 100 Millisekunden steigen.

Über die Symbolleiste der Leistungsüberwachung können Sie die Anzeige zwischen *Linie*, *Histogrammleiste* und *Bericht* hin und her wechseln. Auf diesem Weg können Sie zum Beispiel schneller eine Übersicht erhalten, wenn ein bestimmter Server Probleme beim Verbinden mit dem Active Directory hat.

LDAP-Zugriff auf Domänencontrollern überwachen

Damit Active Directory-abhängige Dienste schnell und effizient Daten aus dem Active Directory abrufen, muss der globale Katalog schnell antworten und darf nicht überlastet sein. Um diese Auslastung zu überprüfen, können Sie ebenfalls die Leistungsüberwachung verwenden. Klicken Sie anschließend auf *Datensammlersätze/System/Active Directory Diagnostics*.

Klicken Sie auf das grüne Dreieck in der Symbolleiste, um den Sammlungssatz zu starten. Hat ein Server Leistungsprobleme, starten Sie den Sammlungssatz und lassen die Abfragen messen. Nach einiger Zeit beenden Sie die Messung über das Kontextmenü des Sammlungssatzes oder die Symbolleiste.

Anschließend können Sie über *Berichte/System/Active Directory Diagnostics* die Daten der letzten Messung anzeigen lassen. In verschiedenen Bereichen sehen Sie alle durchgeführten Aufgaben und deren Daten und Zugriffsgeschwindigkeiten. Auf diesem Weg sehen Sie schnell, wo Probleme auf dem Server verursacht werden.

Zurücksetzen des Kennworts für den Wiederherstellungsmodus in Active Directory

Um das Kennwort für den Wiederherstellungsmodus auf einem Domänencontroller wiederherzustellen, benötigen Sie das Tool Ntdsutil. Um das Kennwort für den Wiederherstellungsmodus zurückzusetzen, müssen Sie zunächst eine Eingabeaufforderung öffnen und Ntdsutil starten:

1. Rufen Sie in der Eingabeaufforderung *ntdsutil* auf .
2. Geben Sie den Befehl *set dsrm password* ein und bestätigen Sie.
3. Geben Sie in der Zeile *DSRM-Administratorkennwort zurücksetzen* den Befehl *reset password on server <Servername>* ein. Beim lokalen Server können Sie auch den Wert *null* eingeben und bestätigen.
4. Geben Sie das neue Kennwort ein und bestätigen Sie.
5. Geben Sie das neue Kennwort erneut ein.
6. Mit zweimal *quit* verlassen Sie Ntdsutil. Das Kennwort für den Wiederherstellungsmodus ist jetzt zurückgesetzt und dient als Kennwort des lokalen Administrators.

Konfiguration der Ereignisprotokollierung von Active Directory

Im nächsten Schritt besteht die Möglichkeit, die Diagnoseprotokollierung von Active Directory zu erhöhen. Standardmäßig schreiben Domänencontroller nur kritische Fehler von Active Directory in die Ereignisanzeige, speziell in das Protokoll *Verzeichnisdienst*. In diesem Protokoll sollten keine Fehler stehen. Tauchen dennoch Fehler auf, sollten diese genau überprüft und die Ursachen abgestellt werden.

Wenn Ihnen die Protokollierung nicht ausreicht, besteht die Möglichkeit, diese zu erhöhen. Active Directory speichert in diesem Fall deutlich mehr Informationen, die zu seiner Überwachung oder Fehlerbehandlung verwendet werden können. In diesem Bereich ist auch der Best Practices Analyzer hilfreich. Mehr dazu finden Sie in Kapitel 3.

Sie können die Ereignisprotokollierung von Active Directory über die Registry steuern. Wenn Sie die Protokollierung auf einem Domänencontroller erhöhen wollen, müssen Sie mit einem Registrierungs-Editor die Registry öffnen und zu dem Schlüssel *HKEY_LOCAL_MACHINE\SYSTEM\CurrentControlSet\Services\NTDS\Diagnostics* navigieren. An dieser Stelle können Sie für einzelne Bereiche den Wert mit einem REG_DWORD-Eintrag anpassen. Jeder Eintrag in diesem Schlüssel steht für einen eigenen Eventtyp. Sie müssen nicht generell die Überwachung für alle Einträge ändern, sondern können genau die Werte anpassen, die Sie überwachen wollen.

Ihnen stehen verschiedene Ereignistypen zur Verfügung. Jeder dieser Werte wird durch einen eigenen REG_DWORD-Wert repräsentiert, dem standardmäßig der Wert 0 zugeordnet ist. Durch Erhöhung dieses Werts können für die einzelnen Bereiche detaillierte Ereignisprotokollierungen eingestellt werden. Dazu stehen sechs Stufen von 0 bis 5 zur Verfügung:

- **0** – Diese Einstellung ist bereits standardmäßig für alle Ereignistypen gesetzt und protokolliert ausschließlich kritische Fehler.
- **1** – Bei dieser minimalen Einstellung werden auch etwas weniger kritische Probleme in der Ereignisanzeige protokolliert. Wenn Sie die Protokollierung von Active Directory erhöhen, sollten Sie zunächst mit diesem Wert beginnen. Bereits bei dieser Stufe werden deutlich mehr Meldungen in die Ereignisanzeige geschrieben. Stellen Sie daher zunächst sicher, ob diese Stufe ausreichend ist, bevor Sie weiter erhöhen.
- **2** – Bei dieser Stufe wird die Protokollierung noch etwas erhöht. Sollte die Stufe 1 für Sie nicht ausreichen, dann wählen Sie zunächst Stufe 2.
- **3** – Ab der Stufe 3 werden alle Schritte der einzelnen Aufgaben in Active Directory protokolliert. Während sich die Stufen 0 bis 2 hauptsächlich für die Fehlersuche im weiteren Sinne anbieten, wird ab Stufe 3 sehr viel mehr protokolliert. Ab dieser Stufe wird der Server durch die starke Protokollierung extrem belastet. Wenn Sie die Protokollierung auf mehr als Stufe 2 erhöhen, sollten Sie über eine sehr leistungsfähige Hardware verfügen. Zur Überwachung und Fehlerbehebung von Active Directory reichen die Stufen von 0 bis 2 normalerweise aus.
- **4** – Diese Stufe erhöht den Protokollierungsgrad noch mal etwas höher als Stufe 3. Allerdings findet in diesem Fall nicht die starke Steigerung wie bei der Erhöhung von 2 auf 3 statt.
- **5** – Diese Stufe ist die höchste, die Sie für einen Wert einstellen können. Bei dieser Stufe werden alle Informationen in die Ereignisanzeige geschrieben, die Active Directory protokollieren kann. Diese Stufe sollte nur für sehr wenige Kategorien gleichzeitig eingestellt werden, da der Protokollierungsgrad ansonsten die Übersicht in der Ereignisanzeige zu stark einschränkt.

Einbrüche in Active Directory effizient erkennen

Um Einbrüche und Angriffe auf Active Directory und die gesetzten Berechtigungen zu erkennen, gibt es Überwachungsrichtlinien. Die entsprechenden Einstellungen dazu nehmen Sie über Gruppenrichtlinien vor.

Um Zugriffe auf Active Directory zu überwachen, besteht der erste Schritt darin, eine bestehende Richtlinie zu bearbeiten, die den Domänencontrollern zugewiesen ist, zum Beispiel die *Default Domain Controller Policy*, oder eine neue Richtlinie zu erstellen und den Domänencontrollern zuzuweisen. In den Richtlinien werden dann die zu überwachenden Ereignisse konfiguriert.

Sobald die Domänencontroller die Einstellungen übernehmen, beginnen sie mit der Überwachung und speichern die Daten in der Ereignisanzeige. Diese müssen Sie allerdings entsprechend filtern oder so konfigurieren, dass eine automatische Antwort erfolgt.

Aktivieren der einfachen Überwachung

Sollen Sie auf Computern, Dateiservern oder Domänencontrollern den Zugriff auf Dateien und Objekte überwachen, müssen Sie die entsprechenden Einstellungen in der Überwachungsrichtlinie festlegen. Diese findet sich in der Richtlinienüberwachung im Bereich *Computerkonfiguration/Richtlinien/Windows-Einstellungen/Sicherheitseinstellungen/Lokale Richtlinien/Überwachungsrichtlinie*.

Die Überwachung der Zugriffe auf das Dateisystem von Servern unterscheidet sich von der Überwachung der Objekte in Active Directory nicht besonders. Dazu aktivieren Sie die Option *Objektzugriffsversuche überwachen*. Neben Dateizugriffen überwachen Sie mit dieser Einstellung auch Zugriffe auf Drucker. In der Standardeinstellung ist die Überwachung zunächst nicht aktiviert.

Nach der Aktivierung müssen Sie noch auswählen, ob erfolgreiche und/oder fehlgeschlagene Zugriffsversuche protokolliert werden sollen.

Um Anmeldungen in Active Directory zu überwachen, muss die Richtlinie *Anmeldeereignisse überwachen* aktiviert sein. Sie können auswählen, ob die Domänencontroller erfolgreiche Anmeldungen überwachen sollen oder auch erfolglose Anmeldungen an Active Directory. Die Option überwacht allerdings keine Anmeldungen an den Arbeitsstationen, sondern nur für die Domänencontroller selbst. Um auch Arbeitsstationen zu überwachen, muss die Richtlinie als Gruppenrichtlinie mit allen Computern verknüpft sein. Bei allen Einstellungen bedeutet die Überwachung von Fehlern, dass die Änderung versucht wurde, aber nicht geklappt hat. Mit *Erfolgreich* werden vollzogene Änderungen protokolliert.

Sobald die Überwachung aktiviert ist, schreibt der Server in der Ereignisanzeige über *Windows-Protokolle/Sicherheit* die Daten der Überwachung. Aus den Ereignissen ist ersichtlich, wann sich ein Benutzer an- und wieder abgemeldet hat.

Um die Überwachung auszudehnen, gibt es noch die Richtlinieneinstellung *Anmeldeversuche überwachen*, ebenfalls wieder mit den Möglichkeiten *Erfolgreich* oder *Fehler*. Im Gegensatz zu den Anmeldeereignissen überwachen die Anmeldeversuche auch die Anmeldungen an Arbeitsstationen und Mitgliedsservern der Domäne. Diese Überwachung findet daher nur auf Domänencontrollern statt, da diese die Anmeldung von Benutzerkonten auf Mitgliedscomputern erst ermöglichen.

Die nächste Stufe der Überwachung ist die Bearbeitung der Benutzerkonten in Active Directory mit der Einstellung *Kontenverwaltung überwachen*. Domänencontroller können überwachen, wenn ein Administrator Änderungen an einem Benutzerkonto durchführt. Die Kontenverwaltung überwacht das Erstellen, Ändern und Löschen von Benutzerkonten sowie das Umbenennen, Aktivieren oder Deaktivieren. Auch die Änderung von Kennwörtern überwacht die Richtlinie. In der Ereignisanzeige unter *Windows-Protokolle/Sicherheit* findet sich dann der Eintrag, welcher Benutzer zu welchem Zeitpunkt eine Änderung durchgeführt hat und was die Änderung war.

Ein weiterer wichtiger Punkt bei der Überwachung ist *Systemereignisse überwachen*. Hierbei zeichnet der Server Aktionen wie das Herunterfahren von Computern und Änderungen auf, die das Betriebssystem betreffen. Um diesen Bereich noch weiter auszubauen, lässt sich *Richtlinienänderungen überwachen* aktivieren. Dabei halten die Server auch Anpassungen der Gruppenrichtlinien und lokalen Richtlinien fest. Sollen die Server auch das Beenden und Starten von Prozessen überwachen, hilft die Einstellung *Prozessnachverfolgung überwachen*. Diese erzeugt aber eine große Anzahl von Einträgen.

Lassen Sie die *Objektzugriffsversuche überwachen*, besteht die Möglichkeit, den Zugriff auf Dateiserver, Freigaben und die enthaltenen Dateien inklusive der Änderungen nachzuverfolgen. Nach dieser Aktivierung müssen Sie aber zusätzlich die Überwachung in den Eigenschaften des entsprechenden Ordners aktivieren. Danach müssen Sie die eigentliche Überwachung für die entsprechenden zu überwachenden Dateien und Ordnern aktivieren. Dazu sind die Eigenschaften des Ordners und die Registerkarte *Sicherheit* wichtig.

Erweiterte Überwachung nutzen

Neben den herkömmlichen Überwachungseinstellungen lassen sich mit Windows Server 2019 noch detaillierte Maßnahmen treffen, um das eigene Netzwerk effizient zu schützen. Hierzu hat Microsoft neben Richtlinien auch in der PowerShell Möglichkeiten integriert.

Unwichtige Überwachungsinformationen lassen sich auf diesem Weg deaktivieren, sodass Windows nur das Wichtigste protokolliert. Generell ist es empfehlenswert, die klassische Überwachung und die neue Überwachung nicht parallel zu verwenden, sondern sich für Basisüberwachung oder erweiterte Überwachung zu entscheiden.

Beispiel für die neue Überwachung ist die einfache Überwachung der An- oder Abmeldung an Computern. Die erweiterte Überwachung bietet hierzu eine Untergliederung in neun Unterbereiche an.

Die erweiterten Einstellungen sind über *Computerkonfiguration/Richtlinien/Windows-Einstellungen/Sicherheitseinstellungen/Erweiterte Überwachungsrichtlinienkonfiguration* zu finden. Wie bei der normalen Überwachung ist es sehr empfehlenswert, eine eigene Gruppenrichtlinie für Überwachungseinstellungen zu erstellen und zuzuweisen.

Der Vorteil der neuen Überwachungsfunktionen ist eine spezifischere Aufgliederung der überwachten Ereignisse. Es lassen sich zum Beispiel die einzelnen Anmeldefunktionen ausführlich überwachen und untergliedern. Die Einstellungen dazu sind bei *Computerkonfiguration/Richtlinien/Windows-Einstellungen/Sicherheitseinstellungen/Erweiterte Überwachungsrichtlinienkonfiguration/Systemüberwachungsrichtlinien/Kontoanmeldung* zu finden.

Um auszuschließen, dass sich alte Einstellungen und Optionen in den erweiterten Überwachungseinstellungen überschneiden, sollten Sie die Einstellungen setzen, in denen festgelegt ist, dass die neuen Einstellungen die alten immer außer Kraft setzen. Die Einstellung *Überwachung: Unterkategorieeinstellungen der Überwachungsrichtlinie erzwingen* ist in den Richtlinien über *Computerkonfiguration/Richtlinien/Windows-Einstellungen/Sicherheitseinstellungen/Lokale Richtlinien/Sicherheitsoptionen* zu finden.

Ein wichtiger Punkt bei der Überwachung sind die Benutzerkonten und vor allem die Sicherheitsgruppen in Active Directory. Durch Ändern der Mitgliedschaft können nicht unerhebliche Sicherheitsgefahren entstehen, vor allem bei Administratorgruppen. Diese Überwachung ist im Bereich *Kontenverwaltung* der erweiterten Einstellungen zu finden. Da hierbei Active Directory überwacht wird, muss die entsprechende Gruppenrichtlinie mit den Domänencontrollern verknüpft sein, zum Beispiel mit der Organisationseinheit *Domain Controllers*. Die Verwendung der Standardrichtlinie *Default Domain Controllers Policy* wird nicht empfohlen.

Nachdem die Richtlinie erstellt und die Einstellungen gesetzt sind, sollten Sie die Richtlinie auf den Domänencontrollern mit *gpupdate /force* in der Eingabeaufforderung übernehmen. Ob die Einstellung übernommen wurde, testen Sie mit dem Befehl *auditpol /get /category:**.

Lassen Sie über Richtlinien zum Beispiel Sicherheitsgruppen überwachen, muss als Nächstes noch festgelegt werden, welche Sicherheitsgruppen die Überwachung berücksichtigen soll. Sie müssen dazu die Eigenschaften der Sicherheitsgruppe in der Konsole *Active Directory-Benutzer und -Computer* aufrufen, die Registerkarte *Sicherheit* anzeigen, auf *Erweitert* klicken und anschließend auf die Registerkarte *Überwachung*.

Diese Registerkarte ist nur zu sehen, wenn *Ansicht/Erweiterte Features* aktiviert ist. Um die Überwachung zu aktivieren, klicken Sie doppelt auf den ersten Eintrag *Jeder* und wählen

Active Directory

dann *Alle Eigenschaften schreiben* aus. Nach der Änderung übernehmen die Domänencontroller die Änderungen durch Eingabe von *gpupdate /force*.

Ist die Überwachung erfolgreich, finden Sie in der Ereignisanzeige auf den Domänencontrollern über *Windows-Protokolle/Sicherheit* einen neuen Eintrag mit der ID 4728, wenn der Sicherheitsgruppe, zum Beispiel den Domänenadmins, neue Benutzer hinzugefügt werden. In der Meldung der Ereignisanzeige ist zu sehen, welcher Benutzer die Änderung durchgeführt hat und welcher Benutzer aufgenommen wurde. Wird ein Benutzer entfernt, erscheint eine Meldung mit der ID 4729.

Sie können über das Kontextmenü der IDs eine Aufgabe hinterlegen. Über diese Aufgabe besteht zum Beispiel die Möglichkeit, eine E-Mail zu senden, sobald eine Änderung stattfindet. In der Aufgabe legen Sie den Absender fest, den Empfänger, einen Text und den SMTP-Server. Neben E-Mails lassen sich über diesen Weg auch Programme und Batchdateien starten. Mit etwas Feinarbeit können Sie also komplett ohne Zusatzwerkzeuge eine umfangreiche Überwachungskonfiguration betreiben.

Windows Server 2019 kann auch mit Bordmitteln die Ereignisanzeigen verschiedener Server im Netzwerk zusammentragen und anzeigen. Diese Funktion trägt die Bezeichnung *Abonnements* und lässt sich direkt in der Ereignisanzeige einrichten. Basis ist der Systemdienst *Windows-Ereignissammeldienst*. Dieser muss auf dem Server gestartet sein, der die verschiedenen Ereignisse sammeln soll, sowie auf allen beteiligten Servern. Im ersten Schritt müssen Sie die Remoteverwaltung auf den einzelnen Servern aktivieren.

Dazu führen Sie auf jedem Quellcomputer und dem Sammlungscomputer in einer Eingabeaufforderung mit Administratorrechten (über das Schnellmenü mit [Win]+[X] gestartet) den Befehl *winrm quickconfig* aus. Im nächsten Schritt ist noch der Befehl *wecutil qc* notwendig. Das Tool konfiguriert das Weiterleiten von Ereignissen über das Netzwerk zu einem Sammlungscomputer.

Anmeldungen im Netzwerk überwachen

Mit dem Befehlszeilentool LogonSessions von Sysinternals (*https://docs.microsoft.com/de-de/sysinternals/downloads/logonsessions*) zeigen Sie alle angemeldeten Sitzungen auf einem Computer an. Geben Sie den Befehl ohne Optionen ein, reicht unter Umständen der Puffer der Eingabeaufforderung nicht aus, da zu viele Informationen enthalten sind. Verwenden Sie in diesem Fall die Option *logonsessions | more* oder vergrößern Sie den Puffer der Eingabeaufforderung über deren Eigenschaften. Alternativ lassen Sie die Ausgabe über die Option > *logon.txt* in eine Datei umleiten.

Mit diesem Programm erhalten Sie sehr schnell ausführliche Informationen, welche Sitzungen gerade auf dem Computer geöffnet sind. Verwenden Sie zusätzlich noch die Option *-p*, zeigt das Tool auch die geöffneten Prozesse der einzelnen Sitzungen und damit der angemeldeten Benutzer an.

So können Sie effizient überwachen, wer auf einem Server angemeldet ist und mit welchen Applikationen der Anwender arbeitet. Neben den angemeldeten Benutzern zeigt das Tool auch die Systemkonten an. Außer auf Terminalservern ist es außerdem hervorragend in Active Directory-Umgebungen einsetzbar.

Mit Tools für mehr Sicherheit sorgen

Verwenden Unternehmen Active Directory, sollte regelmäßig überprüft werden, ob die verschiedenen Sicherheitsbereiche korrekt konfiguriert sind und keine Lücken aufweisen.

Mit kostenlosen Tools lassen sich Sicherheitslücken und Probleme in Active Directory recht schnell finden und beheben, erst recht, wenn mehrere Tools miteinander kombiniert werden.. Die Tools in diesem Abschnitt finden dazu nicht nur die Lücken, sondern können diese auch beheben.

Berechtigungen auslesen mit SolarWinds Permission Analyzer for Active Directory

Mit SolarWinds Permission Analyzer for Active Directory (*https://www.solarwinds.com/free-tools/permissions-analyzer-for-active-directory*) können effektiv Berechtigungen für Benutzer ausgelesen werden.

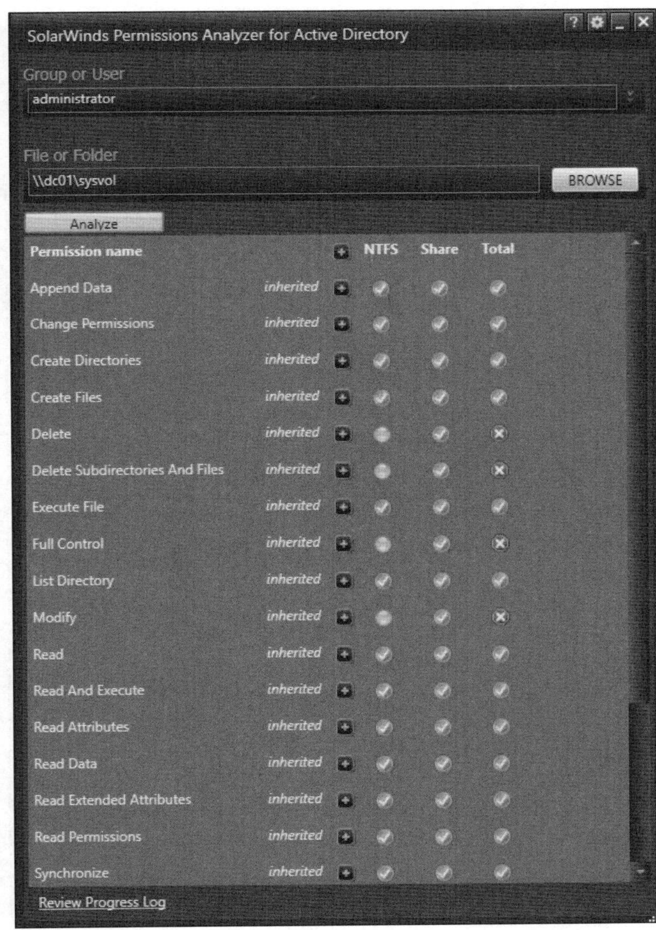

Abbildung 15.1: Berechtigungen auslesen

Es muss dazu nur ein Benutzername oder der Name einer Gruppe und ein Verzeichnis oder eine Freigabe ausgewählt werden. Danach werden die effektiven Berechtigungen für diesen Benutzer angezeigt.

Wird nur ein Teil des Namens eingegeben, zeigt SolarWinds Permission Analyzer for Active Directory alle vorhandenen Gruppen oder Benutzer an, und es kann der passende Benutzer ausgewählt werden. Danach scannt das Tool das Verzeichnis und zeigt die Gruppen an. Zusammen mit Tools wie PingCastle kann so schnell festgestellt werden, ob Benutzergruppen für bestimmte Verzeichnisse und Freigaben zu viele Berechtigungen haben.

Sicherheitslücken mit PingCastle finden

Mit dem Tool PingCastle (*https://www.pingcastle.com*) lassen sich Sicherheitslücken in Active Directory finden. Dazu wird das Archiv entpackt und eine Eingabeaufforderung geöffnet. Um einen ersten Check der Umgebung durchzuführen, wird der folgende Befehl eingegeben:

PingCastle --healthcheck --server joos.int

Zum Starten reicht es aus, auf die Datei *Pingcastle.exe* doppelzuklicken. Das Tool läuft in einem Fenster der Eingabeaufforderung. Die Ausführung kann auf Windows-Arbeitsstationen genauso erfolgen wie auf Domänencontrollern.

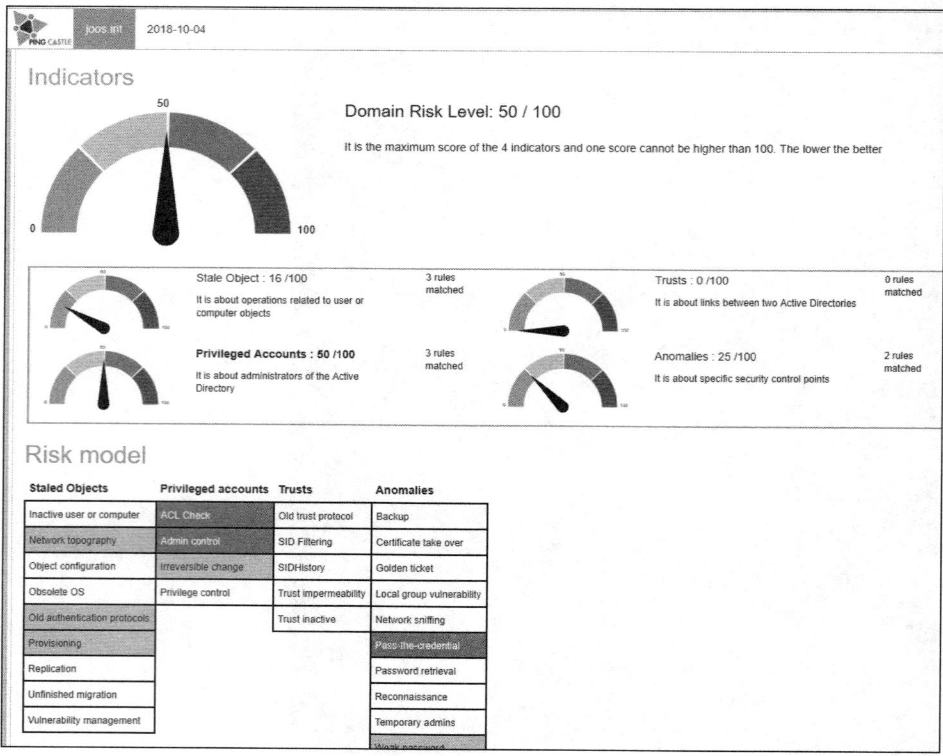

Abbildung 15.2: Sicherheitslücken in Active Directory finden

In diesem Beispiel wird die Domäne *joos.int* getestet. Anschließend erstellt das Tool eine HTML-Datei, die mit einem Browser geöffnet werden kann. Hier wird ersichtlich, wo Sicherheitsgefahren lauern, die behoben werden sollten. Bestandteil des Tools ist eine PDF-Datei, die weitere Informationen zu den anderen Optionen bietet.

Es lohnt sich, die Sicherheitslücken zu beheben und anschließend einen erneuten Scan durchzuführen. Zwar bietet das Tool viele weitere Optionen, in den meisten Fällen reicht der Healthcheck der Domäne aber vollkommen aus, um festzustellen, ob es Sicherheitslücken im Netzwerk gibt.

Wer umfangreichere Informationen zum Tool benötigt, findet im Verzeichnis eine PDF-Datei. Das Tool kann auch direkt in der Befehlszeile gestartet werden. Neben dem Standardstart können natürlich mehrere Optionen verwendet werden. Die Option *--carto* erstellt zum Beispiel eine Karte der Umgebung.

Die einzelnen Aufgaben dazu werden in der Eingabeaufforderung angezeigt. Sobald PingCastle seine Arbeit abgeschlossen hat, wird das Fenster der Eingabeaufforderung geschlossen und der Bericht kann geöffnet werden. Für jede Active Directory-Umgebung legt PingCastle einen HTML-Bericht an, der zum Beispiel im Browser geöffnet werden kann. Auch eine XML-Datei wird erstellt. Im Bericht ist eine Zusammenfassung zu sehen und eine Punktebewertung für einzelne Bereiche. Das Tool *PingCastleReporting.exe* kann Berichte erstellen, die mit Excel oder PowerPoint angezeigt werden können.

Der Vorteil von PingCastle besteht darin, dass es mit kleinen Umgebungen und wenigen bis einer Domäne genau so gut zurechtkommt wie mit großen Umgebungen und vielen Vertrauensstellungen. Wird der interaktive Modus gestartet, also PingCastle ohne weitere Optionen, kann beim Scannen die Domäne eingegeben werden, die gescannt werden soll.

Erfolgt der Start von PingCastle auf einem Computer, der Mitglied der Domäne ist, wird die entsprechende Domäne automatisch verwendet. Natürlich kann die Domäne auch manuell eingegeben werden. Wird als Name der Domäne der Platzhalter »*« genutzt, scannt PingCastle alle Domänen, die es finden kann, auf Basis der Berechtigungen des angemeldeten Benutzers. Es sind keine Administratorrechte notwendig, um das Tool zu nutzen.

AD Permissions Reporter

Mit dem AD Permissions Reporter (*http://www.cjwdev.com/Software/ADPermissionsReporter/Info.html*) lassen sich Berechtigungen in Active Directory auslesen und dadurch Sicherheitslücken erkennen, die auf fehlerhafte Berechtigungen zurückzuführen sind. Nachdem das Tool auf einem Rechner im Netzwerk installiert wurde, kann die komplette Domäne gescannt werden. Dazu wird ihr Name eingegeben und auf *Start* geklickt. Nach einiger Zeit werden die Objekte der Domäne in einer Baumstruktur angezeigt. Durch das Navigieren durch diese Struktur lassen sich anschließend Berechtigungen für die einzelnen Objekte anzeigen.

Nach einem Scanvorgang kann durch die Struktur des Active Directory navigiert werden. Wird ein Objekt angeklickt, ist sofort zu sehen, wer Berechtigungen hat und wie diese im Netzwerk verteilt sind. Zusammen mit PingCastle und SolarWinds Permission Analyzer for Active Directory können Sicherheitslücken auf Basis von Berechtigungen sehr schnell identifiziert werden.

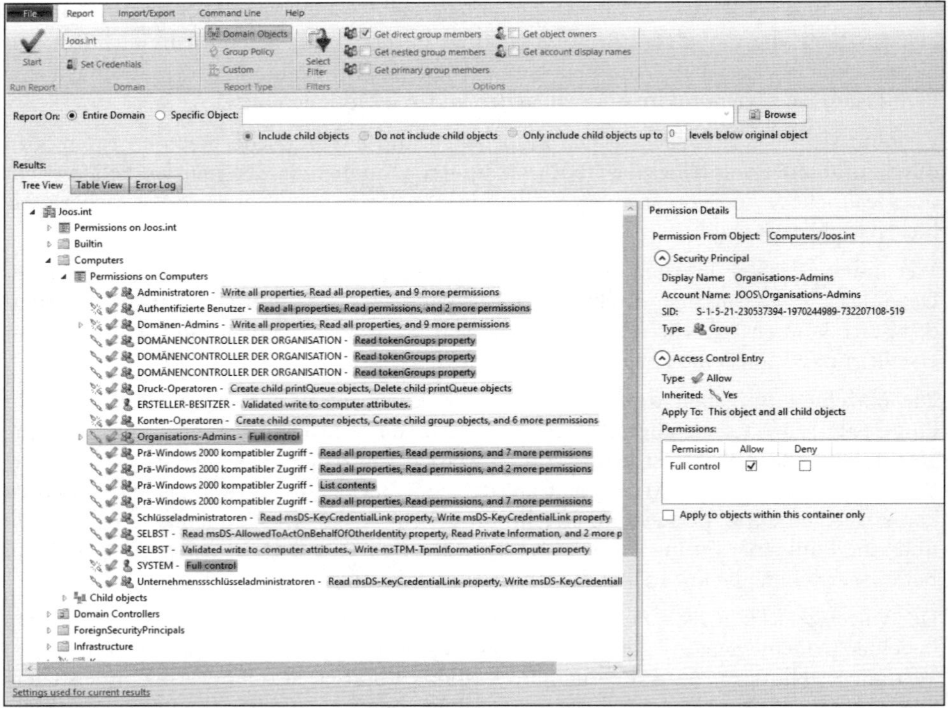

Abbildung 15.3: Berechtigungen auslesen mit AD Premissions Reporter

Das Tool kann nicht nur die Computer und Organisationseinheiten einer Active Directory-Umgebung überprüfen, sondern auch Berechtigungen für Gruppenrichtlinien scannen. So lassen sich Sicherheitslücken in diesem Bereich schnell entdecken.

Netwrix Account Lockout Examiner

Mit Netwrix Account Lockout Examiner (*https://www.netwrix.com/account_lockout_examiner.html*) können in Echtzeit Warnungen per E-Mail über Kontosperrungen versendet werden. Über das Tool lassen sich auch Kennwörter zurücksetzen und Konten entsperren. Der Zugriff funktioniert auf Servern sogar über Smartphones und Tablets mit der webbasierten Oberfläche. Das Tool stellt sicher, dass keine unbefugten Anwender versuchen, sich unerlaubt mit Kennwörtern anzumelden.

AD-Analyse mit Active Directory Recon

Über das PowerShell-Skript Active Directory Recon (*https://github.com/sense-of-security/ADRecon*) lässt sich ohne Installation in der PowerShell ein Bericht über den aktuellen Zustand des Active Directory erstellen. Der Vorteil des Tools besteht darin, dass es auf Standard-Bordmittel und die PowerShell setzt. Es sind weder Installationen noch Konfigurationsänderungen notwendig. Das Skript erstellt CSV-Dateien, die sich anschließend mit Excel analysieren lassen. Mit der Option *-genExcel* erstellt es eine XLSX-Datei, die direkt mit Excel analysiert werden kann. Zusammen mit den anderen Tools bietet Active Directory Recon also eine effektive Weise zur Analyse einer AD-Umgebung.

```
Administrator: Windows PowerShell
Windows PowerShell
Copyright (C) 2016 Microsoft Corporation. Alle Rechte vorbehalten.

PS C:\Users\administrator.JOOS.000> cd \temp
PS C:\temp> .\Adrecon.ps1
[*] ADRecon v1.0 by Prashant Mahajan (@prashant3535) from Sense of Security.
WARNUNG: [Invoke-ADRecon] Error importing ActiveDirectory Module from RSAT (Remote Server Administration Tools) ...
Continuing with LDAP
[*] Running on Joos.int\SCCM - Member Server
[*] Commencing - 10/04/2018 13:58:02
[-] Domain
[-] Forest
[-] Trusts
[-] Sites
[-] Subnets
[-] Default Password Policy
[-] Fine Grained Password Policy - May need a Privileged Account
[-] Domain Controllers
[-] Users - May take some time
[-] User SPNs
[-] PasswordAttributes - Experimental
[-] Groups - May take some time
[-] Group Memberships - May take some time
[-] OrganizationalUnits (OUs)
[-] ACLs - May take some time
[-] GPOs
[-] gPLinks - Scope of Management (SOM)
[-] DNS Zones and Records
[-] Printers
[-] Computers - May take some time
[-] Computer SPNs
[-] LAPS - Needs Privileged Account
WARNUNG: [*] LAPS is not implemented.
[-] BitLocker Recovery Keys - Needs Privileged Account
[-] GPOReport - May take some time
WARNUNG: [*] Currently, the module is only supported with ADWS.
[*] Total Execution Time (mins): 7,80
[*] Output Directory: C:\temp\ADRecon-Report-20181004135802
WARNUNG: [Get-ADRExcelComObj] Excel does not appear to be installed. Skipping generation of ADRecon-Report.xlsx. Use
the -GenExcel parameter to generate the ADRecon-Report.xslx on a host with Microsoft Excel installed.
PS C:\temp> _
```

Abbildung 15.4: Active Directory-Analyse mit AD Recon

Bereinigung von Active Directory und Entfernen von Domänencontrollern

In manchen Fällen ist eine Fehlerbehebung viel aufwendiger, als einfach den betroffenen Domänencontroller neu zu installieren und wieder in Active Directory zu integrieren. Durch die erneute Integration erhält er wieder die Daten von den anderen Domänencontrollern der Domäne. Wenn Sie einen Domänencontroller aus dem Active Directory entfernen müssen, gibt es grundsätzlich folgende Möglichkeiten:

1. Der Domänencontroller soll zu einem Mitgliedsserver heruntergestuft werden, wenn zum Beispiel auf einem Server Exchange und Domänencontroller zusammen Probleme bereiten, aber der Server noch Verbindung zum Active Directory hat.
2. Der Domänencontroller läuft zwar noch und verwaltet installierte Applikationen, hat aber seine Verbindung zu Active Directory verloren. Er soll heruntergestuft werden, ohne Verbindung mit Active Directory zu haben oder neu installiert zu werden. Active Directory muss dazu nachträglich bereinigt werden.
3. Der Domänencontroller ist komplett ausgefallen und funktioniert nicht mehr. Active Directory muss mitgeteilt werden, dass er nicht mehr verfügbar ist.

Auf den folgenden Seiten sind die Abläufe der einzelnen Möglichkeiten beschrieben, einen Domänencontroller aus dem Active Directory zu entfernen.

Active Directory

Vorbereitungen beim Entfernen eines Domänencontrollers

Wird ein Domänencontroller aus Active Directory entfernt, sollten Sie einige Vorbereitungen treffen, damit die Anwender durch seinen Ausfall nicht betroffen sind:

- Stellen Sie sicher, dass der Domänencontroller nicht als bevorzugter oder alternativer DNS-Server von einem anderen Rechner der Domäne verwendet wird (auch nicht als DNS-Weiterleitungsserver).
- Übertragen Sie alle FSMO-Rollen auf andere Domänencontroller. Die entsprechende Vorgehensweise ist in Kapitel 10 beschrieben.
- Entfernen Sie – falls möglich – vor der Herabstufung DNS von diesem Domänencontroller. Haben Sie DNS entfernt, überprüfen Sie auf einem anderen DNS-Server in den Eigenschaften der DNS-Zone, dass der Server auf der Registerkarte *Namenserver* nicht mehr aufgeführt wird. Entfernen Sie aber nicht den Hosteintrag des Servers, da dieser für die Herabstufung noch benötigt wird.
- Stellen Sie sicher, dass der Domänencontroller nicht an irgendeiner Stelle als Domänencontroller explizit eingetragen ist, zum Beispiel auf einem Linux-Server oder einem Exchange-Server.
- Entfernen Sie alle Active Directory-abhängigen Dienste wie VPN, Zertifizierungsstelle oder andere Programme, die nach der Herabstufung nicht mehr funktionieren werden.
- Wenn es sich bei diesem Server um einen globalen Katalog handelt, konfigurieren Sie einen anderen Server als globalen Katalog und entfernen Sie im Snap-in *Active Directory-Standorte- und -Dienste* unter *Sites/<Standort des Servers>/<Servername>/Eigenschaften der NTDS-Settings* den Haken bei *Globaler Katalog*.

Herabstufen eines Domänencontrollers

Um einen Domänencontroller herunterzustufen, verwenden Sie am besten die PowerShell und das Cmdlet *Uninstall-ADDSDomainController*. Sie müssen noch das lokale Kennwort des Administrators über den Befehl festlegen. Dieses müssen Sie als SecureString in der PowerShell definieren. Die Syntax dazu lautet:

Uninstall-ADDSDomainController -LocalAdministratorPassword (Read-Host -Prompt "Kennwort" -AsSecureString)

Mit *Get-Help Uninstall-ADDSDomainController* erhalten Sie mehr Informationen zu dem Befehl. Um zuvor den Vorgang zu testen, verwenden Sie *Test-ADDSDomainControllerUninstallation*. Um ausführliche Informationen zu erhalten, verwenden Sie:

Test-ADDSDomainControllerUninstallation | Select -ExpandProperty Message

Wenn es sich bei dem Domänencontroller, den Sie herabstufen wollen, um einen globalen Katalog handelt, werden Sie darüber mit einer Meldung informiert. Mit der Option *-LastDomainControllerInDomain* können Sie auswählen, ob es sich bei diesem Domänencontroller um den letzten seiner Domäne handelt.

In diesem Fall würde nicht nur der Domänencontroller aus der Gesamtstruktur entfernt, sondern die ganze Domäne. Haben Sie Ihre Auswahl getroffen, beginnt der Assistent mit der Herabstufung des Domänencontrollers.

Sobald Active Directory vom Server entfernt wurde, können Sie diesen neu starten. Nach der Herabstufung eines Domänencontrollers wird dieser als Mitgliedsserver in die Domäne aufgenommen. Wenn auf dem Server Applikationen installiert waren, zum Beispiel Exchange, stehen diese nach dem Neustart weiterhin zur Verfügung.

Hinweis Auch wenn ein herabgestufter Domänencontroller im Anschluss noch als Mitgliedsserver verwendet werden kann, sollten Sie sicherheitshalber das Computerkonto aus der Domäne entfernen und das Betriebssystem neu auf dem Server installieren, um Altlasten zu entsorgen.

Auch den Servernamen sollten Sie ändern, wenn aus dem Namen hervorgeht, dass es sich um einen Domänencontroller gehandelt hat.

Wenn Sie einen Domänencontroller, der die Verbindung mit dem Active Directory verloren hat, nicht neu installieren wollen, können Sie Active Directory trotz fehlender Verbindung entfernen. Verwenden Sie in diesem Fall noch die Option *-force*.

Nach der erzwungenen Entfernung von Active Directory ist der Domänencontroller allerdings kein Mitgliedsserver mehr, sondern ein alleinstehender Server. Sie können sich daher an diesem Server nicht mehr bei der Domäne anmelden.

Wollen Sie danach noch die Binärdateien von Active Directory entfernen, verwenden Sie entweder den Server-Manager, das Windows Admin Center oder die PowerShell und den Befehl:

Uninstall-WindowsFeature AD-Domain-Services

Hinweis Mehr zur Herabstufung eines Domänencontrollers und dem Entfernen von Active Directory von einem Server lesen Sie in Kapitel 11.

Bereinigen der Metadaten von Active Directory

Die Metadaten von Active Directory enthalten alle Einträge und Servernamen, die zu Active Directory gehören. Wenn ein Domänencontroller ausfällt oder erzwungen aus dem Active Directory entfernt wird, sollten die Metadaten nachträglich bereinigt werden.

Für diese Bereinigung benötigen Sie wiederum das Befehlszeilentool Ntdsutil, das Sie bereits beim Verschieben der FSMO-Rollen kennengelernt haben (siehe Kapitel 10). Wenn Sie das Computerobjekt eines Domänencontrollers aus der OU *Domain Controllers* entfernen, bereinigen die verbliebenen Domänencontroller ebenfalls das Active Directory. Es ist aber sicherer, wenn Sie die Metadaten zumindest überprüfen und Reste der alten Domänencontroller entfernen. Um die Metadaten von Active Directory zu bereinigen, starten Sie zunächst Ntdsutil in der Eingabeaufforderung von Active Directory. Gehen Sie wie in den folgenden Schritten beschrieben vor:

1. Geben Sie nach dem Start von Ntdsutil den Befehl *metadata cleanup* ein.
2. Geben Sie im Anschluss daran *connections* ein.
3. Geben Sie den Befehl *connect to server <Domänencontroller>* ein. Verwenden Sie am besten einen globalen Katalog und führen Sie diese Maßnahmen in einer Terminalsitzung auf dem Server aus.

4. Geben Sie dann einmal den Befehl *quit* ein, um wieder zum Menü *metadata cleanup* zurückzukehren.
5. Als Nächstes geben Sie *select operation target* ein.
6. Es folgt der Befehl *list domains*. Damit werden alle Domänen der Gesamtstruktur angezeigt.
7. Geben Sie danach den Befehl *select domain <Nummer der Domäne>* ein. Wählen Sie als Nummer die Domäne aus, von der Sie den Domänencontroller entfernen wollen.
8. Geben Sie als Nächstes *list sites* ein. Daraufhin werden alle Standorte der Gesamtstruktur angezeigt.
9. Wählen Sie den Standort aus, von dem Sie einen Domänencontroller entfernen wollen. Verwenden Sie dazu den Befehl *select site <Nummer des Standorts>*.
10. Nachdem Sie den Standort ausgewählt haben, geben Sie den Befehl *list servers in site* ein. Es werden alle Server in diesem Standort angezeigt.
11. Dann müssen Sie mit *select server <Nummer des Servers>* den Server angeben, den Sie aus dem Active Directory entfernen wollen.
12. Nachdem Sie den Server ausgewählt haben, geben Sie *quit* ein, damit Sie wieder zum Menü *metadata cleanup* gelangen.
13. Geben Sie nun den Befehl *remove selected server* ein. Es folgt eine Warnmeldung, in der Sie das Entfernen des Servers bestätigen müssen. Nach der Bestätigung dieser Meldung wird der Server aus dem Active Directory entfernt.
14. In Ntdsutil werden die einzelnen Vorgänge beim Entfernen des Servers angezeigt.
15. Im Anschluss können Sie Ntdsutil mit *quit* beenden. Die Active Directory-Metadaten sind bereinigt.

Nachdem die Metadaten von Active Directory bereinigt wurden, sollten Sie noch die Einträge im DNS bereinigen. Entfernen Sie alle SRV-Records, in denen noch der alte Server steht, aus der DNS-Zone der Domäne. Gehen Sie bei der Entfernung vorsichtig vor und löschen Sie keine Daten von anderen Domänencontrollern. Entfernen Sie auch alle Hosteinträge des Servers.

In allen Einstellungen und Einträgen auf dem DNS-Server und in der DNS-Zone sollte der Server entfernt sein. Nachdem Sie alle DNS-Einträge aus der Zone entfernt haben, können Sie das Computerkonto des Servers löschen, falls dies noch nicht geschehen ist. Löschen Sie das Konto aus der OU *Domain Controllers* im Snap-in *Active Directory-Benutzer und -Computer*. Im nächsten Schritt müssen Sie den Domänencontroller noch aus dem Standort löschen, dem er zugeordnet war. Verwenden Sie dazu das Snap-in *Active Directory-Standorte und -Dienste*.

Navigieren Sie zum Standort des Domänencontrollers, wählen Sie im zugehörigen Kontextmenü den Befehl *Löschen* aus oder drücken Sie die `Entf`-Taste. Der Server sollte sich ohne Probleme löschen lassen. Überprüfen Sie als Nächstes in den NTDS-Settings jedes Domänencontrollers in Active Directory, ob der Domänencontroller noch als Replikationspartner eingetragen ist, und entfernen Sie in diesem Fall die Verbindung. Der Server sollte sich mit keinem anderen Domänencontroller mehr replizieren.

Zusammenfassung

In diesem Kapitel haben wir Ihnen ausführlich gezeigt, wie Sie Fehler in Active Directory beheben und Ihre Domänen auf Funktionalität hin überprüfen können. Neben der Fehlersuche sollten Sie die Tools in diesem Kapitel auch zur Diagnose der Domänencontroller einsetzen.

Im nächsten Kapitel erfahren Sie, wie sich Active Directory sichern und wiederherstellen lässt.

Kapitel 16

Active Directory – Sicherung, Wiederherstellung und Wartung

In diesem Kapitel:

In diesem Kapitel zeigen wir Ihnen, wie Sie die Active Directory-Datenbank sichern, wiederherstellen und warten. Wollen Sie einzelne Objekte wiederherstellen, verwenden Sie den Active Directory-Papierkorb und das Active Directory-Verwaltungscenter. Dieses behandeln wir in Kapitel 11. Active Directory ist, wie die Exchange-Datenbank, eine Jet-basierte Datenbank. Sie liegt in Form der Datei *ntds.dit* auf jedem Domänencontroller im Ordner *Windows**NTDS*. Für die Datensicherung und anschließende Wiederherstellung reicht es jedoch nicht aus, nur diese Datei zu sichern. Es sind einige Maßnahmen notwendig, die bei der Sicherung und einer eventuell notwendigen Wiederherstellung benötigt werden.

Die Sicherung von Active Directory erfolgt zusammen mit der Sicherung von anderen wichtigen Systemkomponenten eines Servers. Bei dieser Sicherung, die auch durch das Windows-eigene Datensicherungsprogramm durchgeführt werden kann, werden alle zusammenhängenden Daten, die Active Directory benötigt, ebenfalls gesichert. Sie sollten mit Ihrem Datensicherungsprogramm regelmäßig eine Datensicherung von Active Directory durchführen. Alternativ kann die Active Directory-Datensicherung durch das

Windows-Datensicherungsprogramm in eine Datei erfolgen, die dann wieder durch die Datensicherung auf eine CD/DVD oder über das Netzwerk gesichert wird.

In Kapitel 11 sind wir bereits auf wichtige Zusatztools eingegangen, mit denen Objekte in Active Directory wiederhergestellt werden können, falls diese versehentlich gelöscht wurden. Wird die Systempartition eines Domänencontrollers gesichert, enthält diese Sicherung zusätzlich noch den Boot Configuration Data Store (BCD-Store), die kompletten Windows-Systemdateien mit der Registry, den Inhalt des *SYSVOL*-Ordners, die Active Directory-Datenbank (*ntds.dit*) sowie die Logdateien von Active Directory. Auch wenn bei der Sicherung alle Daten gesichert werden, gibt es weiterhin verschiedene Möglichkeiten der Wiederherstellung: Es kann der komplette Server wiederhergestellt werden, der Systemstatus kann wiederhergestellt werden, aber auch einzelne Dateien und Ordner können aus der Sicherung wieder zurückgespielt werden. Um den Systemstatus zurückzuspielen, muss unter Windows Server 2019 der Domänencontroller im Verzeichnisdienst-Wiederherstellungsmodus gestartet werden.

Active Directory sichern und wiederherstellen

In diesem Abschnitt zeigen wir Ihnen die notwendigen Schritte, um eine Datensicherung von Active Directory auf einem Domänencontroller zu erstellen. Die hier beschriebene Sicherung lässt sich manuell durchführen, es kann aber auch ein Zeitplan erstellt werden. Mehr zum Thema Datensicherung erfahren Sie auch in den Kapiteln 8, 16, 35 und 36.

Active Directory mit der Windows Server-Sicherung sichern

Rufen Sie zunächst die Windows Server-Sicherung auf und starten Sie den Assistenten für eine Einmalsicherung oder einem Sicherungszeitplan. Wählen Sie bei der Option der Sicherung *Benutzerdefiniert* aus.

Hinweis Die Windows-Serversicherung ist standardmäßig nicht installiert. Sie müssen das Feature über den Server-Manager nachinstallieren (siehe Kapitel 4). Das Verwaltungsprogramm zur Sicherung finden Sie nach der Installation des Windows-Features über den Menüpunkt *Tools* im Server-Manager.

Natürlich besteht auch die Möglichkeit, die Option *Vollständig* für die Sicherung des Servers auszuwählen. In diesem Fall wird neben der Datensicherung von Active Directory der komplette Server mit allen vorhandenen Festplatten und Partitionen gesichert. Generell ist das auch der empfohlene Weg, wenn Sie sicherstellen wollen, den kompletten Server wiederherstellen zu können.

Auf der nächsten Seite wählen Sie über *Elemente hinzufügen* aus, was gesichert werden soll. Aktivieren Sie die Optionen *Systemstatus* und *EFI-Systempartition*, damit notwendige Daten zur Wiederherstellung von Active Directory mitgesichert werden. Bei einem UEFI-System müssen Sie noch *Bare-Metal-Recovery* mit auswählen.

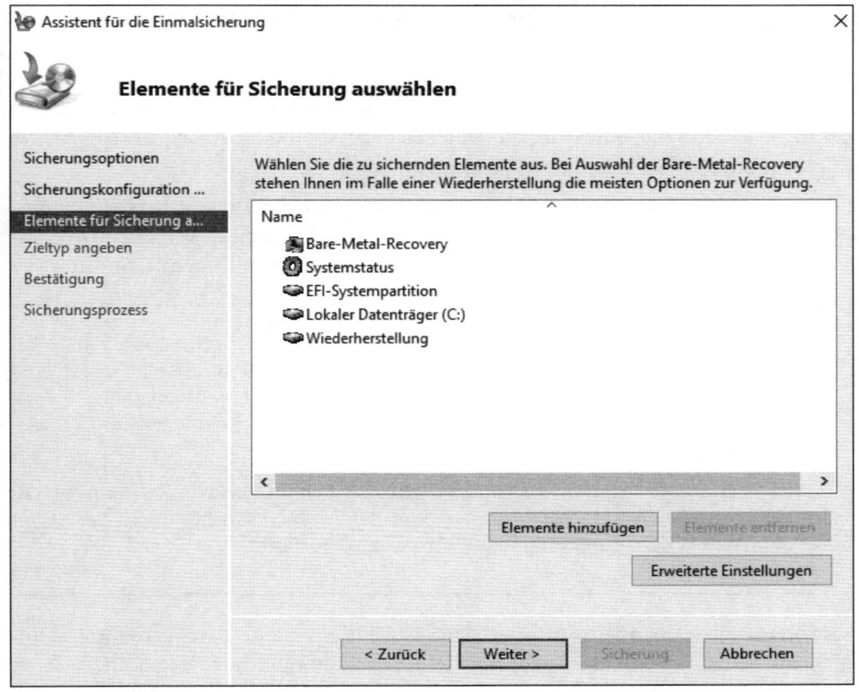

Abbildung 16.1: Auswählen der zu sichernden Elemente

Auf der nächsten Seite wählen Sie aus, wo die Daten im Netzwerk gesichert werden sollen. Die Datensicherung unterstützt das Ablegen der Sicherung nicht auf der Partition, die gesichert wird.

Durch Aktivierung der Option *VSS-Kopiesicherung* in den erweiterten Einstellungen nutzt das Sicherungsprogramm den Volumeschattenkopie-Dienst (Volume Shadow Copy Service, VSS). Nach der Bestätigung der restlichen Eingaben beginnt der Assistent mit der Sicherung.

Tipp

Das Sicherungsprogramm ermöglicht es, die Datensicherung über die Eingabeaufforderung zu konfigurieren. Das kann zum Beispiel sinnvoll sein, wenn die Sicherung über ein Skript oder unter Server Core durchgeführt werden soll. Mit dem folgenden Befehl wird die Sicherung der notwendigen Partitionen auf die Zielfestplatte durchgeführt:

wbadmin start backup -allCritical -backuptarget:<Zielfestplatte> -quiet

Durch Eingabe von *-quit* muss die Eingabe nicht bestätigt werden, sondern die Sicherung beginnt sofort.

Mit dem folgenden Befehl werden alle hinterlegten Partitionen in die Sicherung eingeschlossen:

wbadmin start backup -include:<Partition1>:,<Partition2>:,<PartitionN> -backuptarget:<Zielfestplatte>: -quiet

Die Partitionen werden durch Komma ohne Leerzeichen voneinander getrennt.

Wiederherstellen von Active Directory aus der Datensicherung

Um eine Wiederherstellung durchzuführen, starten Sie zunächst den Domänencontroller neu und drücken direkt nach dem Start die Taste [F8], bis das Bootmenü erscheint. Achten Sie aber darauf, dass sich die Datei, die die Datensicherung enthält, lokal auf dem Server befindet, da diese zur Wiederherstellung benötigt wird.

Wählen Sie in den Bootoptionen den Menüpunkt *Verzeichnisdienstwiederherstellung* aus, anschließend startet Windows. Melden Sie sich mit dem Kennwort des Verzeichnisdienst-Wiederherstellungsmodus an. Danach können Sie die Wiederherstellung durchführen.

Tipp Soll ein Domänencontroller beim nächsten Start mit dem Verzeichnisdienst-Wiederstellungsmodus gestartet werden, geben Sie den Befehl *bcdedit /set safeboot dsrepair* ein. Befindet sich der Server im Verzeichnisdienst-Wiederherstellungsmodus, wird mit dem Befehl *bcdedit /deletevalue safeboot* beim nächsten Mal wieder normal gestartet.

So ersparen Sie sich das Drücken der Taste [F8], wenn Sie sich zum Beispiel nicht direkt an der Konsole befinden. Mit dem Befehl *shutdown t 0 -r* wird der Server dann neu in dem jeweilig konfigurierten Modus gestartet.

Beachten Sie, dass ein Domänencontroller den Anwendern nicht zur Verfügung steht, wenn er sich im Verzeichnisdienst-Wiederherstellungsmodus befindet. Sie sollten daher dafür sorgen, dass noch andere Domänencontroller zur Verfügung stehen, bei denen sich die Anwender anmelden können. Achten Sie darauf, dass am Domänencontroller keine Anmeldung an der Domäne möglich ist. Die Anmeldung erfolgt über die Schaltfläche *Anderer Benutzer*. Als Benutzername wird *Administrator* und das Kennwort für den Verzeichnisdienst-Wiederherstellungsmodus verwendet.

Der Server, auf dem Sie die Active Directory-Daten wiederherstellen wollen, muss wieder funktionieren. Das Betriebssystem muss in der gleichen Version wie vor dem Ausfall installiert sein. Auch der Name des Servers und die Festplattenkonfiguration müssen identisch sein. Nachdem Sie diese Vorbedingungen sichergestellt haben, können Sie den Server in den Verzeichnisdienst-Wiederherstellungsmodus starten. Da das Betriebssystem auf dem Server neu installiert wurde, lässt sich dieser Vorgang problemlos durchführen. Nachdem Sie den Server im Verzeichnisdienst-Wiederherstellungsmodus gestartet haben, führen Sie, wie weiter vorne beschrieben, eine nicht autorisierende Wiederherstellung durch, um sicherzustellen, dass alle Daten auf den Server zurückgespielt wurden. Starten Sie nach dem Wiederherstellungsvorgang den Server normal durch und stellen Sie wie bei der nicht autorisierenden Wiederherstellung fest, ob der Server wieder normal in Active Directory funktioniert.

Wenn ein Domänencontroller einer Domäne ausfällt, werden Sie in den wenigsten Fällen den Weg einer nicht autorisierenden Wiederherstellung gehen müssen. Die einzige Ausnahme wäre, der Server der Domäne steht in einer Niederlassung, die nur durch eine schmalbandige Leitung mit der Domäne in der Zentrale verbunden ist. Wenn Sie einen Domänencontroller einer Niederlassung wiederherstellen wollen, ist der beste Weg, ihn neu zu installieren und wieder in die Domäne als zusätzlicher Domänencontroller mit aufzunehmen (siehe Kapitel 13). In diesem Fall erhält der Domänencontroller alle Funktionen und Daten von Active Directory zurück. Wenn Sie einen ausgefallenen Domänencontroller wiederherstellen möchten, ohne dass ein Backup benötigt wird, gehen Sie folgendermaßen vor:

1. Stellen Sie zunächst sicher, dass ein weiterer Domänencontroller in der Domäne und dem Standort verfügbar ist. Ohne einen weiteren Domänencontroller der Domäne ist die Wiederherstellung eines Domänencontrollers nicht möglich.
2. Bereinigen Sie zunächst das Active Directory von den alten Daten des Domänencontrollers, wie in Kapitel 15 beschrieben.
3. Stellen Sie sicher, dass der noch vorhandene Domänencontroller alle FSMO-Rollen von dem ausgefallenen Domänencontroller übernommen hat (siehe Kapitel 10 und 11).
4. Konfigurieren Sie den noch vorhandenen Domänencontroller als globalen Katalogserver, falls außer dem ausgefallenen Server kein anderer Domänencontroller dieser Niederlassung ein globaler Katalogserver ist (siehe Kapitel 10).
5. Stellen Sie sicher, dass die Bereinigung von Active Directory in alle Niederlassungen repliziert wurde (siehe Kapitel 14 und 15).
6. Installieren Sie den ausgefallenen Domänencontroller neu mit Windows Server 2019 und allen Patches (siehe Kapitel 2 und 3).
7. Installieren Sie auf dem Server auch die DNS-Funktionalität, falls diese vorher auch auf diesem Server installiert war (siehe Kapitel 10 und 11).
8. Geben Sie dem Server den gleichen Netzwerknamen wie vor dem Ausfall, und stellen Sie in den Netzwerkeinstellungen ein, dass ein DNS-Server der Domäne verwendet wird, der verfügbar ist (siehe Kapitel 5).
9. Rufen Sie den Assistenten für die Erstellung von Active Directory auf (siehe Kapitel 10 und 13).
10. Nachdem der Server erfolgreich als Domänencontroller installiert wurde, können Sie die Rollen, die er vor dem Ausfall hatte, auf ihn zurückschieben (siehe Kapitel 10). Die Active Directory-Daten werden automatisch auf ihn repliziert.

Der Weg, einen Domänencontroller einfach neu in die Domäne aufzunehmen, anstatt eine Datensicherung zu verwenden, ist oft schneller und sauberer. Achten Sie jedoch unbedingt darauf, vor der erneuten Aufnahme in eine Domäne die Metadaten von Active Directory zu bereinigen, damit keine veralteten Daten in Active Directory die erneute Heraufstufung des Domänencontrollers verhindern (siehe Kapitel 15).

Active Directory-Datenbank warten

Mit dem Zusatztool Ntdsutil können auch verschiedene Wartungsmaßnahmen mit der Active Directory-Datenbank durchgeführt werden. Diese beschreiben wir in diesem Abschnitt.

Verschieben der Active Directory-Datenbank

Unter manchen Umständen, wenn zum Beispiel der Festplattenplatz auf dem Server nicht mehr ausreicht oder wenn der Domänencontroller an ein hochsicheres SAN angeschlossen wird, kann es sinnvoll sein, den Datenordner von Active Directory auf einen anderen Datenträger zu verschieben. Um die Datenbank von Active Directory auf einem Domänencontroller zu verschieben, müssen Sie den Server im Verzeichnisdienst-Wiederherstellungsmodus starten. Gehen Sie zum Verschieben folgendermaßen vor:

1. Starten Sie zunächst den Domänencontroller im Verzeichnisdienst-Wiederherstellungsmodus und melden Sie sich am Server an.

2. Starten Sie Ntdsutil und geben Sie anschließend den Befehl *activate instance ntds* ein.
3. Geben Sie den Befehl *files* ein.
4. Geben Sie den Befehl *move db to <Lauferk:\Ordner>* ein, um die Datenbank zu verschieben. Wenn der Name des neuen Ordners Leerzeichen enthält, setzen Sie die Bezeichnung in Anführungszeichen.
5. Nachdem Sie den Befehl bestätigt haben, läuft ein Skript ab, das die Datenbank in den gewünschten Ordner verschiebt.
6. Geben Sie nach dem erfolgreichen Verschieben der Datenbank den Befehl *move logs to <Laufwerk:\Ordner>* ein, damit die Logdateien von Active Directory ebenfalls verschoben werden.
7. Geben Sie an dieser Stelle den Befehl *integrity* ein, um die Konsistenz der Active Directory-Datenbank zu überprüfen.
8. Verlassen Sie Ntdsutil mit *quit* und überprüfen Sie, ob die Dateien im neuen Ordner angelegt wurden.
9. Stellen Sie sicher, dass die Dateiberechtigungen auf NTFS-Ebene für den neuen Ordner der Active Directory-Datenbank noch stimmen. Rufen Sie dazu die Eigenschaften des Ordners auf und wechseln Sie zur Registerkarte *Sicherheit*. In den Berechtigungen sollten die vier Gruppen *Administratoren*, *Ersteller-Besitzer*, *Lokaler Dienst* und *System* eingetragen sein.
10. Die beiden Gruppen *Administratoren* und *System* sollten Vollzugriff auf den Ordner haben. Bei den anderen Benutzergruppen sind keinerlei Berechtigungen eingetragen oder verweigert. Die Berechtigungen dürfen auch nicht von übergeordneten Ordnern vererbt werden, sondern sollten direkt in diesem Ordner gesetzt sein. Vererbte Berechtigungen werden in Grau angezeigt. Sollten die Berechtigungen bei Ihnen nicht exakt so gesetzt sein, ändern Sie sie entsprechend ab.

Offlinedefragmentation der Active Directory-Datenbank

Bei der Active Directory-Datenbank handelt es sich, wie bei der Datenbank von Exchange, um eine Jet-basierte ESE-Datenbank. Das Active Directory wächst zwar nicht so stark an wie die Datenbank eines Exchange-Servers, aber dennoch kann es sinnvoll sein, die Active Directory-Datenbank zu defragmentieren. Vor allem in größeren Organisationen, bei denen das Active Directory durchaus mehrere Gigabyte groß werden kann, sollte zumindest jährlich eine Offlinedefragmentation durchgeführt werden.

Bevor Sie eine Offlinedefragmentation durchführen, sollten Sie eine Sicherung des Systemstatus Ihres Active Directory durchführen. Wie bei der Offlinedefragmentation von Exchange wird zunächst die Datenbank kopiert, dann offline defragmentiert und anschließend zurückkopiert. Stellen Sie daher sicher, dass auf dem Datenträger, auf dem Sie die Offlinedefragmentation durchführen, genügend Speicherplatz frei ist. Um eine Offlinedefragmentation durchzuführen, gehen Sie folgendermaßen vor:

1. Starten Sie den Server im Verzeichnisdienst-Wiederherstellungsmodus.
2. Öffnen Sie eine Eingabeaufforderung und starten Sie Ntdsutil.
3. Geben Sie anschließend den Befehl *activate instance ntds* ein.
4. Geben Sie den Befehl *files* ein, um zur *file maintenance* zu gelangen.
5. Geben Sie den Befehl *compact to <Laufwerk:\Ordner>* ein. Wählen Sie als Verzeichnis einen beliebigen Ordner auf der Festplatte aus. Ntdsutil kopiert die Datenbankdatei in diesen Ordner und defragmentiert sie.

6. Wenn keine Fehlermeldungen während der Offlinedefragmentation auftreten, können Sie die Datei *ntds.dit* aus dem Ordner, in den sie defragmentiert wurde, zurück in den Datenbankpfad der produktiven Datenbank kopieren. Diesen Vorgang führt Ntdsutil nicht automatisch aus, Sie müssen die Datei manuell kopieren. Sichern Sie die alte Version der *ntds.dit* aus dem produktiven Datenbankordner. Verschieben Sie die defragmentierte Datei in den produktiven Ordner der Datenbank und überschreiben Sie die alte Version.
7. Geben Sie in der *file maintenance* von Ntdsutil den Befehl *integrity* ein, um die Integrität der Datenbank festzustellen.
8. Wenn die Integrität der neuen Datenbank sichergestellt ist, können Sie den Domänencontroller ganz normal neu starten. Sollten Fehler auftreten, kopieren Sie die zuvor gesicherte Originalversion zurück und führen Sie einen erneuten Integritätstest durch. Ist der Test diesmal erfolgreich abgeschlossen, versuchen Sie wiederum eine Offlinedefragmentation und starten Sie den Test erneut. Sie sollten den Domänencontroller erst in den normalen Modus starten, wenn die Datenbank auch konsistent ist.

Tipp Da Active Directory als Systemdienst läuft, kann dieser für die Defragmentation auch beendet werden. In diesem Fall muss der Server nicht im Verzeichnisdienst-Wiederherstellungsmodus gestartet werden, sodass andere Dienste auf dem Server weiter von den Anwendern verwendet werden können.

Reparieren der Active Directory-Datenbank

Unter manchen Umständen kann es vorkommen, dass die Active Directory-Datenbank nicht mehr funktioniert. Gehen Sie bei einem solchen Problem folgendermaßen vor:

1. Starten Sie den Server im Verzeichnisdienst-Wiederherstellungsmodus.
2. Öffnen Sie eine Eingabeaufforderung und starten Sie Ntdsutil.
3. Geben Sie anschließend den Befehl *activate instance ntds* ein.
4. Geben Sie *files* ein, um zu *file maintenance* zu gelangen.
5. Geben Sie *integrity* ein, um einen Integritätstest der Datenbank durchzuführen. Wenn dieser Test eine Fehlermeldung anzeigt, können Sie versuchen, die Datenbank in Ntdsutil zu retten.
6. Verlassen Sie mit *quit* die *file maintenance*, aber bleiben Sie in der Oberfläche von Ntdsutil.
7. Geben Sie den Befehl *semantic database analysis* ein.
8. Geben Sie zunächst den Befehl *verbose on* ein, damit Sie detaillierte Informationen erhalten.
9. Geben Sie als Nächstes den Befehl *go fixup* ein.
10. Das Tool beginnt daraufhin mit der kompletten Diagnose der Active Directory-Datenbank und versucht, eine Reparatur durchzuführen.
11. Verlassen Sie im Anschluss Ntdsutil und starten Sie den Domänencontroller neu. Überprüfen Sie, ob die Active Directory-Datenbank wieder funktioniert. Sollten noch immer Schwierigkeiten auftreten, stellen Sie die Datenbank aus einer Datensicherung wieder her und überprüfen Sie im Anschluss, ob Active Directory bei diesem Stand noch konsistent war. Sie sollten so lange Backups zurückspielen, bis die Datenbank wieder konsistent ist.

Erstellen von Snapshots der Active Directory-Datenbank

In Windows Server 2019 ist es möglich, einen Snapshot der Active Directory-Datenbank zu erstellen und diesen bereitzustellen. Diese bereitgestellte Offlineversion der Datenbank kann dann ebenso bearbeitet werden wie die Onlineversion. Der Snapshot wird als Schattenkopie der Datenbank erstellt. Die Bereitstellung der Active Directory-Datenbank wird durch das Tool Dsamain durchgeführt.

Die Erstellung von Snapshots wird wiederum mit dem Befehl *snapshot* in Ntdsutil gestartet. Auf den Snapshot kann mit beliebigen LDAP-Tools, wie zum Beispiel Ldp oder dem Snap-in *Active Directory-Benutzer und -Computer*, zugegriffen werden. Snapshots dürfen nur von Domänen-Admins und Organisationsadmins erstellt werden.

Ein Snapshot muss nicht unbedingt mit Ntdsutil erstellt werden. Auch eine Datensicherung von Active Directory kann bereitgestellt werden. Der beste und schnellste Weg, einen Snapshot zu erstellen, ist folgender:

1. Öffnen Sie eine Eingabeaufforderung und starten Sie Ntdsutil.
2. Geben Sie *snapshot* ein.
3. Geben Sie den Befehl *activate instance ntds* ein.
4. Geben Sie *create* ein. Der Snapshot wird anschließend erstellt und dessen GUID angezeigt.
5. Geben Sie den Befehl *mount <GUID des Snapshots>* ein. Mit *list mounted* werden alle gemounteten Snapshots angezeigt. Mit *unmount <GUID>* wird die Bereitstellung wieder aufgehoben und mit *delete <GUID>* der Snapshot wieder gelöscht.

Tipp Per Skript oder als geplante Aufgabe wird ein Snapshot durch die Eingabe des Befehls *ntdsutil "activate instance ntds" snapshot create quit quit* erstellt.

Mit dem Befehl *dsamain /dbpath <Pfad zur Datenbankdatei> /ldapport <Port>* kann eine Offlinekopie der Active Directory-Datenbank als LDAP-Server bereitgestellt werden. Anschließend kann auf diese Offlinekopie wie auf jeden LDAP-Server auch zugegriffen werden.

Zusammenfassung

Wir haben Ihnen in diesem Kapitel gezeigt, wie Sie die Active Directory-Daten sichern und wiederherstellen. Im Gegensatz zum Active Directory-Papierkorb, der in den Kapiteln 10 und 11 beschrieben ist, haben wir in diesem Kapitel erläutert, wie Sie Daten mit der Windows-Serversicherung sichern und später wiederherstellen können. Und auch die Pflege der Datenbank, etwa die Offlinedefragmentation, war Thema dieses Kapitels.

Im nächsten Kapitel gehen wir auf die Erstellung von Vertrauensstellungen für Active Directory ein.

Kapitel 17

Active Directory – Vertrauensstellungen

In diesem Kapitel:

In Active Directory spielen Vertrauensstellungen eine wichtige Rolle. In einer Gesamtstruktur werden bei der Erstellung von Domänen automatisch Vertrauensstellungen zwischen Domänen und Strukturen eingerichtet. Diese Vertrauensstellungen sind transitiv. Wenn Sie in Windows Server 2019 eine Vertrauensstellung zwischen den Domänen A und B sowie zwischen B und C einrichten, dann vertraut auch Domäne A der Domäne C oder umgekehrt die Domäne C der Domäne A.

Wichtige Grundlagen zu Vertrauensstellungen in Active Directory

Durch Domänen, untergeordnete Domänen und Strukturen gibt es die Möglichkeit, fast unbegrenzt Domänen anbinden zu können, die sich automatisch untereinander vertrauen. In Active Directory vertraut jede Domäne jeder anderen Domäne, die Bestandteil der gleichen Gesamtstruktur ist. Es ist nicht mehr notwendig, zahlreiche manuelle Vertrauensstellungen einzurichten.

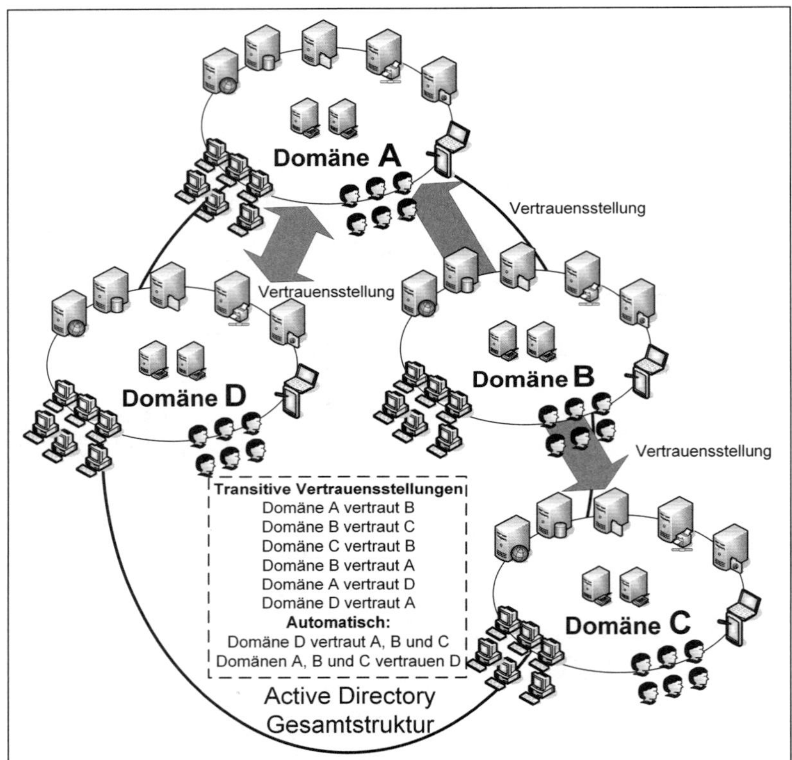

Abbildung 17.1: Transitive Vertrauensstellungen unter Windows Server 2019 in Active Directory

Administratoren müssen keinerlei Maßnahmen vornehmen, damit sich Domänen in einer Gesamtstruktur untereinander vertrauen. In einer Gesamtstruktur werden jedoch nicht automatisch Vertrauensstellungen zwischen allen Domänen eingerichtet, sondern es wird ein gewisses Schema beibehalten:

- Vertrauensstellungen zwischen übergeordneten und untergeordneten Domänen werden immer automatisch eingerichtet. Dieser Typ wird *Untergeordnete Vertrauensstellung* genannt.
- Zusätzlich werden noch Vertrauensstellungen zwischen den Rootdomänen der einzelnen Strukturen eingerichtet. Es gibt jedoch keine Vertrauensstellungen zwischen den Domänen verschiedener Strukturen. Diese vertrauen sich auf Basis der transitiven Vertrauensstellungen. Der Zugriff auf die Ressourcen wird zwischen Domänen durch

transitive Vertrauensstellungen ermöglicht, nicht durch die direkte Verbindung zwischen den Domänen. Die Vertrauensstellungen zwischen den Rootdomänen der verschiedenen Strukturen werden *Strukturstamm-Vertrauensstellungen* genannt.

Die Verwaltung der Vertrauensstellungen findet mithilfe des Snap-ins *Active Directory-Domänen und -Vertrauensstellungen* statt. Wenn Sie in diesem Snap-in die Eigenschaften einer Domäne aufrufen, finden Sie auf der Registerkarte *Vertrauensstellungen* alle Vertrauensstellungen dieser Domäne und die dazugehörigen Informationen.

Außer den automatisch eingerichteten Vertrauensstellungen können Sie zusätzliche manuelle Vertrauensstellungen einrichten. Für viele Administratoren ist die Richtung der Vertrauensstellungen noch immer gewöhnungsbedürftig, da die einzelnen Begriffe teilweise etwas verwirrend sind. Generell gibt es in Active Directory zunächst zwei verschiedene Arten von Vertrauensstellungen: unidirektionale und bidirektionale. Bei unidirektionalen Vertrauensstellungen vertraut eine Domäne der anderen, aber nicht umgekehrt. Das heißt, die Benutzer der Domäne 1 können zwar auf Ressourcen der Domäne 2 zugreifen, aber die Benutzer in der Domäne 2 nicht auf Ressourcen in der Domäne 1. Dieser Vorgang ist auch umgekehrt denkbar.

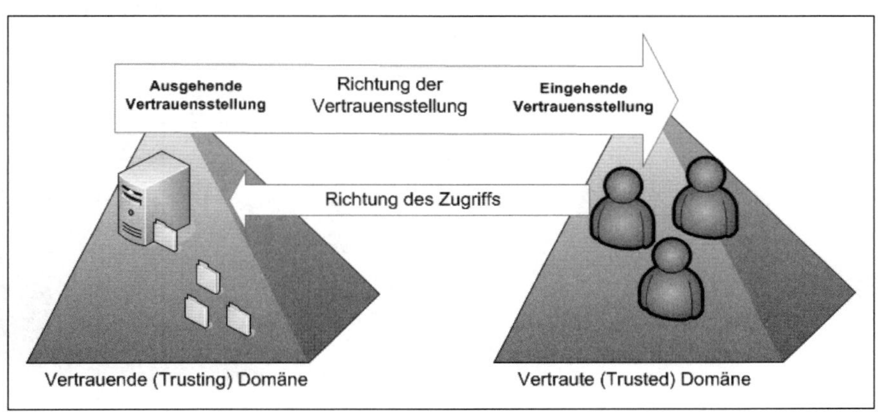

Abbildung 17.2: Vertrauensstellungen in Active Directory verstehen

Weitere Unterscheidungen der Vertrauensstellungen in Active Directory sind ausgehende und eingehende Vertrauensstellungen. Bei ausgehenden Vertrauensstellungen vertraut die Domäne 1 der Domäne 2. Das heißt, Anwender der Domäne 2 dürfen auf Ressourcen der Domäne 1 zugreifen.

Bei diesem Vorgang ist die Domäne, von der die Vertrauensstellung ausgeht, die vertrauende (trusting) Domäne. Bei der Domäne mit der eingehenden Vertrauensstellung handelt es sich um die vertraute (trusted) Domäne, in der die Benutzerkonten angelegt sind, die Berechtigungen in der vertrauenden Domäne haben.

Bevor eine Vertrauensstellung erstellt wird, prüft der Server die Eindeutigkeit in folgender Reihenfolge:

- Den NetBIOS-Namen der Domäne
- Den voll qualifizierten Domänennamen (Fully Qualified Domain Name, FQDN) der Domäne
- Die Sicherheits-ID (SID) der Domäne

Diese drei Punkte müssen eindeutig sein, da ansonsten keine Vertrauensstellung erstellt werden kann. Wenn die Domänen-SID identisch ist, muss eine der beiden Domänen erneut installiert werden. Diese Szenarien können eintreffen, wenn eine Domäne von der anderen geklont oder nach dem Installieren des Betriebssystems auf einem Server dieser geklont wurde und anschließend Sysprep nicht angewendet worden ist. Meistens erhalten Sie in diesem Fall eine Fehlermeldung in der Art *Dieser Vorgang kann nicht auf der aktuellen Domäne ausgeführt werden.*

Varianten der Vertrauensstellungen in Active Directory

Neben den beschriebenen Vertrauensstellungen in Active Directory gibt es verschiedene Möglichkeiten, nachträglich manuelle Vertrauensstellungen einzurichten:

- Externe Vertrauensstellungen zu einer anderen Struktur oder Domäne
- Gesamtstruktur-übergreifende Vertrauensstellungen, um die Rootdomänen von zwei unterschiedlichen Gesamtstrukturen zu verbinden. Alle Domänen der beiden Gesamtstrukturen vertrauen sich anschließend automatisch transitiv.
- Vertrauensstellungen zu einem Nicht-Windows-Kerberossystem

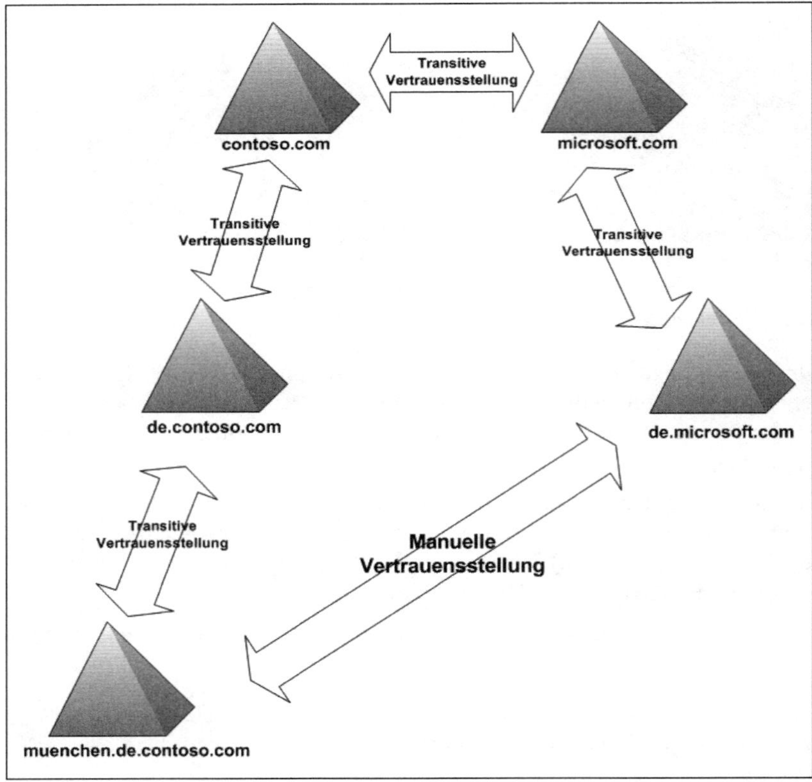

Abbildung 17.3: Pfad der Vertrauensstellungen mit mehreren Domänenstrukturen in einer Gesamtstruktur

- Vertrauensstellungen zwischen untergeordneten Domänen verschiedener Strukturen, sogenannte Shortcut Trusts oder abkürzende Vertrauensstellungen, sind ebenfalls möglich. Diese Art der Vertrauensstellung wird häufig verwendet, um den Zugriff auf Ressourcen zwischen Domänen zu beschleunigen. In Active Directory vertrauen sich alle Domänen innerhalb einer Struktur untereinander. Diese Einrichtung der transitiven Vertrauensstellungen erfolgt automatisch. Es werden allerdings keine Vertrauensstellungen zwischen untergeordneten Domänen verschiedener Strukturen eingerichtet, sondern nur zwischen den Rootdomänen der einzelnen Strukturen. Wenn Anwender auf Daten verschiedener untergeordneter Domänen zugreifen wollen, muss die Authentifizierung daher immer den Weg bis zur Rootdomäne der eigenen Struktur gehen, dann zur Rootdomäne der anderen Struktur und schließlich zur entsprechenden untergeordneten Domäne. Diese Authentifizierung kann durchaus einige Zeit dauern.

Einrichtung einer Vertrauensstellung

Wenn Sie eine Vertrauensstellung zu einer externen Domäne erstellen wollen, sollten Sie zunächst sicherstellen, dass die Namensauflösung zwischen den Domänen fehlerfrei funktioniert (siehe Kapitel 13). Erst wenn die Namensauflösung stabil und zuverlässig funktioniert, sollten Sie die Vertrauensstellung einrichten.

1. Um eine Vertrauensstellung einzurichten, rufen Sie im Snap-in *Active Directory-Domänen und -Vertrauensstellungen* die Eigenschaften der Domäne auf, von der die Vertrauensstellung ausgehen soll.
2. Wechseln Sie in den Eigenschaften zur Registerkarte *Vertrauensstellungen*.
3. Klicken Sie auf die Schaltfläche *Neue Vertrauensstellung*. Es erscheint der Assistent zur Einrichtung neuer Vertrauensstellungen. Bestätigen Sie das Fenster und geben Sie auf der zweiten Seite den Namen der Domäne an, zu der Sie eine Vertrauensstellung einrichten wollen.
4. Wenn Sie eine Vertrauensstellung zu einer Active Directory-Domäne aufbauen wollen, verwenden Sie am besten den DNS-Namen. Wählen Sie als Nächstes die Art der Vertrauensstellung aus.

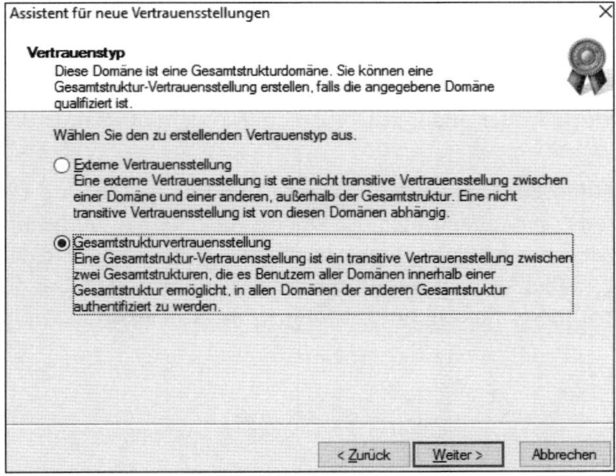

Abbildung 17.4: Auswählen der Art der Vertrauensstellung

Active Directory

Bei einer externen Vertrauensstellung kann eine uni- oder bidirektionale Vertrauensstellung zu einer einzelnen Domäne (in einer separaten Gesamtstruktur) eingerichtet werden. Diese Art einer Vertrauensstellung ist nie transitiv. Eine externe Vertrauensstellung kann notwendig sein, wenn Benutzer Zugriff auf Ressourcen einer anderen Domäne in einer anderen Gesamtstruktur brauchen und keine Gesamtstrukturvertrauensstellung besteht.

Dadurch wird eine explizite Vertrauensstellung nur zu dieser einen Domäne erstellt. Wenn diese Domäne weiteren Domänen vertraut, bleibt der Zugriff auf die weiteren Domänen verwehrt. Gesamtstrukturvertrauensstellungen haben den Vorteil, dass diese eine vollständige Kerberos-Integration zwischen Gesamtstrukturen bieten, und zwar bidirektional und transitiv.

Für die Gesamtstruktur-übergreifenden Vertrauensstellungen müssen einige Voraussetzungen geschaffen werden:

- Stellen Sie sicher, dass die Namensauflösung zwischen den Gesamtstrukturen funktioniert. Stellen Sie domänenspezifische Weiterleitungen her und überprüfen Sie, ob sich die Domänencontroller der beiden Gesamtstrukturen untereinander per DNS auflösen können (siehe Kapitel 13). Alternativ können Sie einen DNS-Server erstellen, der für die Zonen beider Gesamtstrukturen zuständig ist.
- Bei Gesamtstruktur-übergreifenden Vertrauensstellungen müssen Sie nur die beiden Rootdomänen der Gesamtstrukturen durch eine Vertrauensstellung verbinden. Dann vertrauen sich die Domänen der beiden Gesamtstrukturen transitiv, sodass Sie durch eine Vertrauensstellung mehrere Domänen miteinander verbinden können.

Nach der Auswahl der Art der Vertrauensstellung können Sie festlegen, ob Sie eine unidirektionale oder bidirektionale Vertrauensstellung aufbauen wollen.

- **Bidirektional –** In diesem Fall können sich die Anwender beider Domänen in der jeweils anderen Domäne authentifizieren.
- **Unidirektional: eingehend –** Bei dieser Variante legen Sie fest, dass es sich bei dieser Domäne um die vertraute Domäne der Vertrauensstellung handelt. In diesem Fall können sich die Benutzer dieser Domäne bei der anderen Domäne authentifizieren.
- **Unidirektional: ausgehend –** Bei dieser Vertrauensstellung konfigurieren Sie, dass sich ausschließlich die Anwender der anderen Domäne bei dieser Domäne anmelden dürfen. Die Benutzer dieser Domäne können sich hingegen nicht bei der anderen Domäne anmelden.

Im nächsten Fenster können Sie bei *Gesamtstrukturvertrauensstellung* auswählen, ob Sie auch gleich die Vertrauensstellung in der anderen Domäne der anderen Gesamtstruktur erstellen wollen.

Im nächsten Fenster legen Sie den Bereich der Authentifizierung der Vertrauensstellung fest. Die meisten Administratoren verwenden hier die Option *Ausgewählte Authentifizierung* beziehungsweise bei einer Gesamtstrukturvertrauensstellung die Option *Gesamtstrukturweite Authentifizierung*. Dabei können die Anwender der anderen Domäne durch Gruppenmitgliedschaften oder direkte Berechtigungen Zugriff auf die Ressourcen dieser Domäne nehmen.

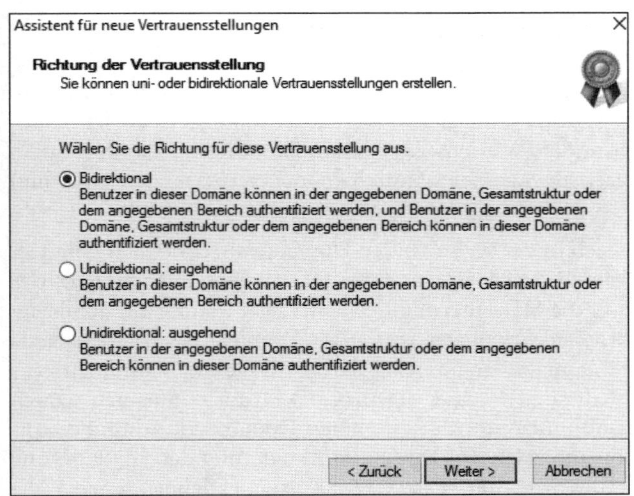

Abbildung 17.5: Festlegen der Richtung von Vertrauensstellungen

Wenn Sie die Variante *Ausgewählte Authentifizierung* wählen, müssen Sie für jeden Server, auf den die Anwender der anderen Domäne zugreifen dürfen, in den Sicherheitseinstellungen die Option *Darf authentifizieren* aktivieren. Durch diese Einstellung erhöhen Sie zwar die Sicherheit auf der anderen Seite, aber auch den Verwaltungsaufwand für die Berechtigungsstruktur. Wenn Sie diese Option aktivieren, wird der Zugriff auf die einzelnen Server im Unternehmen für die Benutzer der anderen Domäne verweigert. Erst muss diese Verweigerung für jeden Server mit Aktivierung der Option *Darf authentifizieren* einzeln zurückgenommen werden. Im nächsten Fenster müssen Sie ein Kennwort für die Vertrauensstellung festlegen. Merken Sie sich dieses Kennwort, da Sie es unter Umständen später wieder für die Verifizierung verwenden müssen.

Hinweis

Verbinden Sie zwei Gesamtstrukturen durch eine Gesamtstruktur-übergreifende Vertrauensstellung, sollten Sie sicherstellen, dass möglichst alle Domänennamen eindeutig sind. Sobald in den Gesamtstrukturen doppelte DNS- oder NetBIOS-Namen auftreten, können diese Domänen nicht auf Ressourcen der jeweils anderen Gesamtstruktur zugreifen.

Wählen Sie im nächsten Fenster aus, ob Sie die Vertrauensstellung überprüfen wollen. Wenn die Erstellung einer Vertrauensstellung nicht funktioniert, liegt es fast immer an Problemen mit der Namensauflösung oder entsprechenden Berechtigungen. Unter Umständen müssen Sie sich bei der Überprüfung der Vertrauensstellung erneut in der anderen Domäne authentifizieren.

Wenn in Ihrer Gesamtstruktur mehrere Strukturen eingesetzt werden, können Sie in der Gesamtstruktur-übergreifenden Vertrauensstellung festlegen, welche Namensräume beziehungsweise Strukturen diese Vertrauensstellung nutzen kann. Sie können einzelne Namensräume aus dem Routing entfernen oder später über die Eigenschaften der Vertrauensstellung hinzufügen. Für die Verwaltung dieser verschiedenen Strukturen können Sie in den Eigenschaften der Vertrauensstellung die Registerkarte *Namensuffixrouting* verwenden.

Automatisch aktivierte SID-Filterung

Der SID-Filter wird automatisch aktiviert, wenn eine Vertrauensstellung zu einer externen Domäne eingerichtet wird. Mit der SID-Filterung werden ausgehende Vertrauensstellungen gesichert. Dadurch soll verhindert werden, dass Administratoren in der vertrauten (trusted) Domäne unberechtigt Berechtigungen innerhalb der vertrauenden (trusting) Domäne vergeben.

Der SID-Filter stellt sicher, dass sich in der vertrauenden Domäne ausschließlich Benutzer aus der vertrauten Domäne authentifizieren dürfen, deren SID die Domänen-SID der vertrauten Domäne enthalten. Wenn die SID-Filterung deaktiviert ist, könnte ein außenstehender Benutzer, der Administratorrechte in der vertrauten Domäne besitzt, den Netzwerkverkehr der vertrauenden Domäne abhören und die SID eines Administrators auslesen. Im Anschluss kann er diese SID seiner eigenen SID-History anhängen. Durch diesen Vorgang würde also ein Administrator der vertrauten Domäne zu Administratorrechten in der vertrauenden Domäne gelangen. Durch die Aktivierung der SID-Filterung ist es allerdings auch möglich, dass die SID-History der Anwender ignoriert wird, die diese unter Umständen aus anderen Domänen durch eine Migration erhalten haben. In diesem Fall könnten Probleme bei der Authentifizierung bei Ressourcen auftreten.

Der SID-Filter kann daher nicht immer eingesetzt werden. Wenn Sie für Ressourcen in der vertrauenden Domäne Berechtigungen für eine universale Gruppe aus Active Directory der vertrauten Domäne vergeben, müssen Sie zuvor sicherstellen, dass diese universale Gruppe auch in der vertrauten Domäne erstellt wurde, und nicht in einer anderen Domäne von Active Directory. Wurde die universale Gruppe nicht in der vertrauten Domäne erstellt, enthält sie auch nicht die SID dieser Domäne und darf durch die SID-Filterung nicht auf die Ressourcen in der vertrauenden Domäne zugreifen. Aus den genannten Gründen, vor allem bei Migrationen oder Vertrauensstellungen zu Domänen eines anderen Active Directory, kann es sinnvoll sein, die SID-Filterung zu deaktivieren.

Die Deaktivierung der SID-Filterung erfolgt über das Befehlszeilentool Netdom. Um die SID-Filterung zu deaktivieren, geben Sie in der Eingabeaufforderung folgenden Befehl ein:

netdom trust <VertrauendeDomäne> /domain:<VertrauteDomäne> /quarantine:no /userD: <Domänenadministrator> /passwordD:<KennwortDesDomänenAdministrators>

Sie können die SID-Filterung wieder ganz einfach aktivieren, indem Sie die Option */quarantine* auf *yes* setzen, also mit dem Befehl:

netdom trust <VertrauendeDomäne> /domain:<VertrauteDomäne> /quarantine:yes /userD: <Domänenadministrator> /passwordD: <KennwortDesDomänenAdministrators>

Zusammenfassung

In diesem Kapitel haben wir Ihnen gezeigt, wie Sie Vertrauensstellungen innerhalb einer Active Directory-Gesamtstruktur einrichten, um die Leistung zu verbessern, aber auch Vertrauensstellungen zwischen Gesamtstrukturen einrichten, was vor allem bei Migrationen eine wichtige Rolle spielt.

Im nächsten Kapitel widmen wir uns der Benutzerverwaltung in Active Directory und der verschiedenen Möglichkeiten der Benutzerprofile.

Kapitel 18

Benutzerverwaltung und Profile

In diesem Kapitel:

In diesem Kapitel erfahren Sie, wie Benutzer in Active Directory und auf lokalen Servern verwaltet werden. Außerdem gehen wir darauf ein, wie Sie Benutzerprofile in Active Directory und auf Clients mit Windows 7/8/8.1/10 verwalten. Sie erfahren ebenfalls, wie Benutzer mit dem Active Directory-Verwaltungscenter administriert werden. Mehr dazu lesen Sie auch in den vorangegangenen Kapiteln.

Die Verwaltung von Benutzern einer Domäne findet meistens mit dem Snap-in *Active Directory-Benutzer und -Computer* statt. Lokale Benutzerkonten verwalten Sie über den lokalen Benutzer-Manager, den Sie über *lusrmgr.msc* im Startmenü aufrufen.

Grundlagen zur Verwaltung von Benutzern

In Active Directory gibt es verschiedene Administratorengruppen, die über unterschiedliche Berechtigungen verfügen. Nur wenn ein Konto in allen wichtigen Administratorgruppen Mitglied ist, verfügt es über umfassende Rechte in Active Directory. Diese Gruppen befinden sich im Container *Users*. Im folgenden Abschnitt beschreiben wir diese Gruppen ausführlicher, damit Sie die Auswirkungen verstehen, wenn Sie einen Anwender als Mitglied in einer dieser Gruppen aufnehmen.

- **Domänen-Admins –** Enthalten die Administratoren, die die lokale Domäne verwalten und umfassende Rechte darin haben. Ein Administrator ist jeweils nur für eine Domäne zuständig. Wenn Sie mehrere Domänen in einer Gesamtstruktur anlegen, gibt es mehrere Benutzerkonten *Administrator*, die jeweils zu einer Domäne gehören und nur in dieser einen Domäne volle administrative Berechtigungen besitzen. Domänen-Admins haben in einer Domäne umfassendere Rechte als Organisations-Admins.
- **Organisations-Admins –** Sind eine spezielle Gruppe von Administratoren, die Berechtigungen für alle Domänen in Active Directory besitzen. Sie haben auf Ebene der Gesamtstruktur die meisten Rechte, aber in einzelnen Domänen haben die Domänen-Admins mehr Rechte. Organisations-Admins gibt es nur in der Rootdomäne.
- **Schema-Admins –** Sind eine der kritischsten Gruppen überhaupt. Mitglieder dieser Gruppe dürfen Veränderungen am Schema von Active Directory vornehmen. Produkte, die das Schema von Active Directory erweitern, wie zum Beispiel Exchange, können nur installiert werden, wenn der installierende Administrator in dieser Gruppe Mitglied ist.

Hinweis Das Konto *Administrator* in der ersten installierten Domäne einer Gesamtstruktur ist das wichtigste und kritischste Konto im gesamten System. Es erlaubt den administrativen Zugriff auf alle wichtigen Systemfunktionen und ist Mitglied aller beschriebenen Administratorengruppen.

Einige der Gruppen sind nur in der ersten innerhalb der Gesamtstruktur eingerichteten Domäne definiert. Andere Gruppen erstellt Windows Server 2019 erst nach der Installation bestimmter Dienste wie DNS und DHCP. Wir gehen nachfolgend ausführlicher auf diese Gruppen ein.

Vor allem in Gesamtstrukturen sind diese Standardgruppen in der Rootdomäne besonders wichtig:

- **DHCP-Administratoren –** Dürfen DHCP-Server in der Domäne verwalten. Die Gruppe wird nach der Installation des ersten DHCP-Servers auf einem Domänencontroller der Domäne erstellt.
- **DHCP-Benutzer –** Enthält Benutzerkonten, die lesend auf die Informationen des DHCP-Dienstes zugreifen, aber keine Änderungen vornehmen dürfen. Diese Gruppe ist nur für Administratoren und Operatoren, nicht für normale Benutzer oder Computer relevant. Computer, die DHCP-Adressen anfordern, müssen darin nicht aufgenommen werden.
- **DnsAdmins –** Diese Gruppe enthält die Administratoren für DNS-Server. Dieser Gruppe sind keine Benutzer zugeordnet. Sie kann verwendet werden, um die Administration von DNS-Servern zu delegieren. Das ist vor allem dann von Bedeutung, wenn

die DNS-Infrastruktur eines Unternehmens von Administratoren verwaltet wird, die nicht für die Active Directory-Umgebung zuständig sind. Diese Gruppe wird erst angelegt, wenn ein DNS-Server auf einem Domänencontroller erstellt wurde, der seine Informationen in Active Directory verwaltet.

- **DnsUpdateProxy –** In dieser Gruppe befinden sich Computer, die als Proxy für die dynamische Aktualisierung von DNS-Einträgen fungieren können. Diese Gruppe steht nur zur Verfügung, wenn ein Domänencontroller angelegt wird. In diese Gruppe können Sie zum Beispiel DHCP-Server aufnehmen, die dynamische DNS-Einträge für die Clients auf den DNS-Servern erstellen sollen.
- **Richtlinien-Ersteller-Besitzer –** Diese Gruppe umfasst die Anwender, die Gruppenrichtlinien für die Domäne erstellen dürfen. Das können Administratoren sein, die sich nur um diese Aufgabe in der Gesamtstruktur kümmern.
- **WINS Users –** Diese Gruppe wird angelegt, wenn es einen WINS-Server auf einem der Domänencontroller gibt. In ihr befinden sich die Benutzer, die nur Leserechte auf die WINS-Datenbank haben.

Die Gruppen *DnsUpdateProxy, Organisations-Admins, Schema-Admins* und *DnsAdmins* werden in der ersten Domäne, die in einer Gesamtstruktur eingerichtet wird, definiert. Dies ist gleichzeitig die oberste Domäne der ersten Struktur der Gesamtstruktur. Einer Gruppe können Benutzer und Benutzergruppen aus unterschiedlichen Domänen der Struktur hinzugefügt werden.

Active Directory-Benutzerverwaltung

Um einen Benutzer anzulegen, klicken Sie im ersten Schritt mit der rechten Maustaste auf die Organisationseinheit (Organizational Unit, OU). Im Kontextmenü dieses Containers wählen Sie im Untermenü *Neu* den Befehl *Benutzer* aus. Alternativ verwenden Sie das Active Directory-Verwaltungscenter.

Tipp Das Snap-in *Active Directory-Benutzer und -Computer* rufen Sie am schnellsten über *dsa.msc* auf, das Active Directory-Verwaltungscenter mit *dsac*.

Im ersten Dialogfeld legen Sie die Namensinformationen für diesen Benutzer fest, wenn Sie *Active Directory-Benutzer und -Computer* verwenden. Im Active Directory-Verwaltungscenter finden Sie alles auf einer Seite. Mit dem kleinen Pfeil können Sie einzelne Optionen ein- und ausblenden lassen. Hier kann der Vorname, ein oder mehrere Mittelinitialen und der Nachname angegeben werden.

Den Benutzeranmeldenamen legen Sie als DNS-Namen für Windows Server 2019 (*joost@contoso.int*) und als NetBIOS-kompatiblen Namen (*contoso\joost*) fest. Meist melden sich die Benutzer über den NetBIOS-Namen an. Der NetBIOS-Name darf eine Länge von bis zu 20 Zeichen haben und muss innerhalb der Domäne eindeutig sein. Es darf aber mehrere Benutzer mit dem gleichen Benutzernamen in unterschiedlichen Domänen der Gesamtstruktur geben, da sich hier der Name schon durch die verschiedenen Domänen unterscheidet.

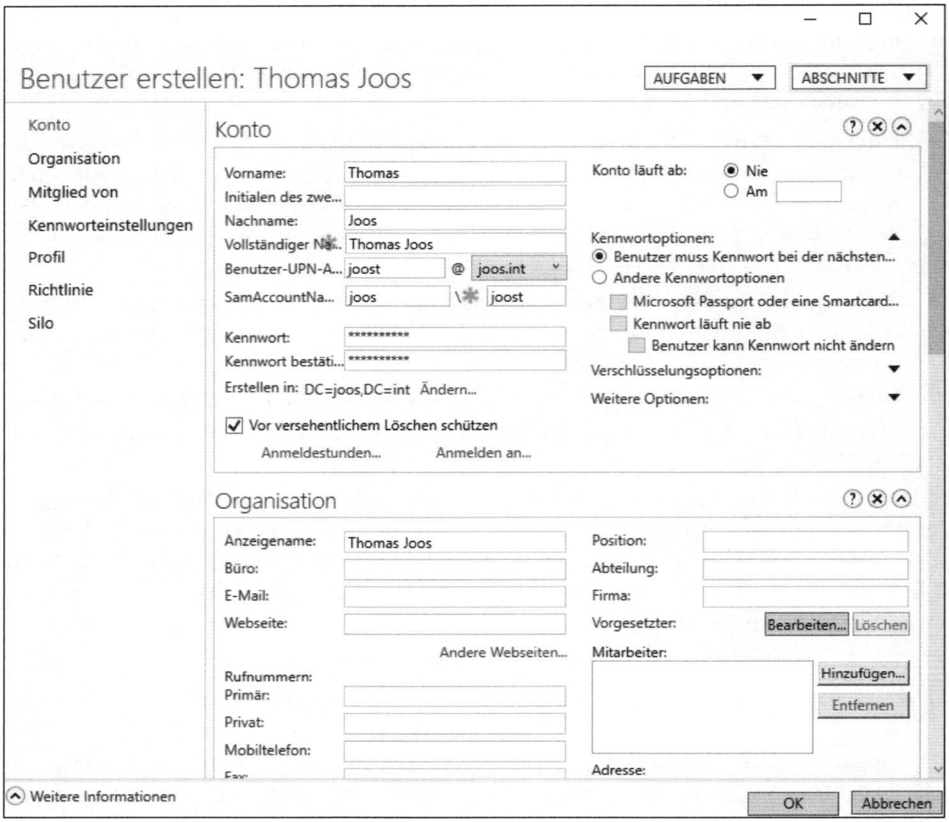

Abbildung 18.1: Anlegen neuer Objekte im Active Directory-Verwaltungscenter

Durch Auswahl der Schaltfläche *Weiter* wechseln Sie zur zweiten Seite des Assistenten, wenn Sie *Active Directory-Benutzer und -Computer* verwenden. Falls Sie den Benutzer im Active Directory-Verwaltungscenter anlegen, nehmen Sie alle Einstellungen auf der ersten Seite des Assistenten vor. Wichtig sind noch folgende Optionen, unabhängig davon, ob Sie *Active Directory-Benutzer und -Computer* oder das Active Directory-Verwaltungscenter verwenden:

- Wenn das Kontrollkästchen *Benutzer muss Kennwort bei der nächsten Anmeldung ändern* aktiviert ist, muss der Benutzer bei der ersten Anmeldung ein neues Kennwort eingeben. Er erhält dazu eine entsprechende Aufforderung.
- *Benutzer kann Kennwort nicht ändern* ist selbsterklärend und wird meistens für Dienstkonten verwendet.
- Aktivieren Sie das Kontrollkästchen *Kennwort läuft nie ab*, muss der Anwender das Kennwort nicht ändern, auch wenn in den Gruppenrichtlinien eine entsprechende Änderung vorgeschrieben ist.
- Durch das Kontrollkästchen *Konto ist deaktiviert* in *Active Directory-Benutzer und -Computer* wird das Konto zwar erstellt, steht aber nicht zur Anmeldung bereit, bis ein Administrator das Konto aktiviert. Diese Option ist von Bedeutung, wenn ein Benutzer für eine längere Zeit abwesend ist und verhindert werden soll, dass trotzdem mit sei-

nem Konto gearbeitet wird. Beispiele dafür sind Mutterschutz, längerer Urlaub und andere Situationen. Sie dürfen einen Benutzer in dieser Situation nicht löschen, da die Zugriffsrechte jeweils über die eindeutige Sicherheits-ID (SID) vergeben werden. Wenn Sie den Benutzer löschen und neu definieren, erhält dieser eine neue SID, die sich definitiv von seiner früheren unterscheidet. Damit müssen Sie ihm alle Zugriffsrechte neu zuweisen.

Zum Anlegen sind keine weiteren Einstellungen möglich. Sie können ohnehin nach dem Anlegen eines Benutzers alle weiteren Einstellungen nachträglich anpassen. Auch hier können Sie das Snap-in *Active Directory-Benutzer und -Computer* oder das Active Directory-Verwaltungscenter einsetzen.

Verwalten von Benutzerkonten

Im Kontextmenü eines angelegten Benutzers in *Active Directory-Benutzer und -Computer* steht Ihnen eine Reihe von Möglichkeiten zur Verfügung. Auf diese gehen wir nachfolgend ein. Viele Einstellungen erreichen Sie auch über das Active Directory-Verwaltungscenter.

- Mit dem Befehl *Kopieren* können Sie die meisten Einstellungen dieses Benutzerkontos in ein neues Konto übernehmen. Die Einstellungen für den Benutzernamen und das Kennwort müssen erneut eingegeben werden. Dazu wird der beschriebene Assistent aufgerufen. Beim Kopieren werden die Gruppenmitgliedschaften übernommen.
- Durch Auswahl von *Einer Gruppe hinzufügen* können Sie den Benutzer zu Gruppen Ihrer Domäne oder Gesamtstruktur hinzufügen. Durch Auswahl von *Mitglieder einer Gruppe hinzufügen* können Sie den Benutzer zu Gruppen ihrer Domäne hinzufügen. Sie können entweder Objektnamen eingeben oder alternativ auf *Erweitert* klicken, um nach Gruppen zu suchen. Dort können Sie Teile von Namen eingeben oder sich alle Gruppen auflisten lassen. Die Änderung wurde durchgeführt, um in großen Umgebungen effizienter suchen zu können.
- Der Befehl *Konto deaktivieren* kann verwendet werden, um die zeitweilige Deaktivierung eines Kontos durchzuführen. Das Konto bleibt mit allen Einstellungen erhalten, kann aber nicht zur Anmeldung genutzt werden. Deaktivierte Konten werden durch ein besonderes Symbol in der Anzeige des Snap-ins *Active Directory-Benutzer und -Computer* gekennzeichnet. Ein deaktiviertes Konto können Sie über den gleichen Weg wieder aktivieren.
- Mit *Kennwort zurücksetzen* können Sie einem Benutzer ein neues Kennwort zuweisen.
- Mit dem Befehl *Verschieben* lässt sich ein Dialogfeld öffnen, über das der Benutzer in eine andere OU der Domäne, in der er angelegt wurde, verschoben werden kann. Damit können auf einfache Weise Reorganisationen durchgeführt werden.
- Zusätzlich gibt es die beiden Befehle *Löschen* und *Umbenennen*. Mit diesen kann ein Benutzerkonto entfernt oder der vollständige Name des Benutzers verändert werden. Beim Löschen ist darauf zu achten, dass es sich um eine nicht widerrufbare Aktion handelt, weil damit die SID des Benutzers gelöscht wird. Haben Sie den Active Directory-Papierkorb aktiviert (siehe Kapitel 12), können Sie das Objekt mit dem Active Directory-Verwaltungscenter wiederherstellen. Durch das Anlegen eines Benutzers mit gleichem Namen erzeugen Sie nicht das gleiche Benutzerkonto, da sich die SID ändert. Die Wiederherstellung muss in diesem Fall über den Active Directory-Papierkorb ablaufen.

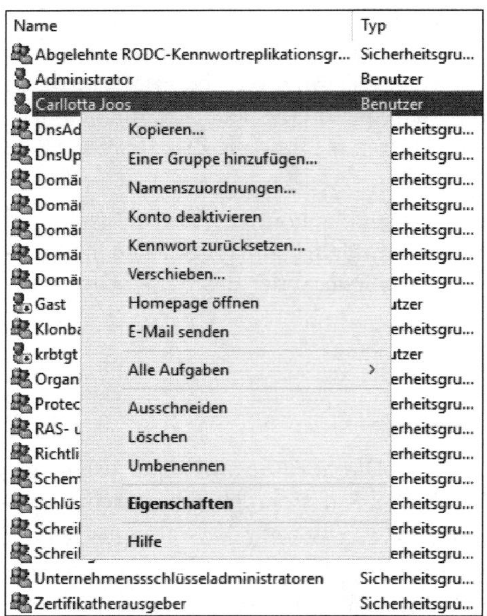

Abbildung 18.2: Kontextmenü von Benutzerkonten

Im Active Directory-Verwaltungscenter stehen an dieser Stelle weniger Optionen zur Verfügung, da hier nur die wichtigsten Befehle notwendig sind. Häufige Aufgaben finden Sie hier auch gleich auf der Startseite, etwa das Zurücksetzen von Benutzerkennwörtern.

Die meisten Informationen liefert der Befehl *Eigenschaften* im Kontextmenü. Damit können Sie im Snap-in auf ein Dialogfeld zugreifen, in dem Sie über eine Vielzahl von Registerkarten die Eigenschaften von Benutzern anpassen können. Im Active Directory-Verwaltungscenter erhalten Sie die gleiche formularbasierte Ansicht wie beim Anlegen. Über die Kategorie *Erweiterungen* zeigt aber auch das Active Directory-Verwaltungscenter die fehlenden Registerkarten an. Auch hier lassen sich wieder einzelne Bereiche ein- und ausblenden. Rufen Sie im Snap-in *Active Directory-Benutzer und -Computer* zuvor den Menübefehl *Ansicht/Erweiterte Features* auf, damit alle Registerkarten angezeigt werden:

- Auf der Registerkarte *Allgemein* befinden sich unter anderem die Informationen zum vollständigen Namen des Benutzers, die Sie beim Anlegen des Benutzerkontos eingegeben haben.
- Auf der Registerkarte *Konto* werden die Einstellungen für Kennwörter und Anmeldenamen verwaltet:
  - **Anmeldezeiten –** Mit dieser Schaltfläche öffnen Sie ein Dialogfeld, in dem Sie die Zeiten festlegen, zu denen sich ein Benutzer anmelden darf.
  - **Anmelden an** – Über diese Schaltfläche wählen Sie Computer aus, an denen sich der Anwender anmelden darf.
  - **Kontosperrung aufheben –** Dieses Kontrollkästchen wählen Sie, nachdem ein Konto gesperrt wurde. Die Situationen, in denen ein Konto gesperrt werden soll, können Sie in den Gruppenrichtlinien konfigurieren (siehe Kapitel 19).

- **Benutzer kann Kennwort nicht ändern –** Setzt ein Kennwort auf eine feste Vorgabe, die nur von entsprechend autorisierten Operatoren und von Administratoren verändert werden kann.
- **Kennwort läuft nie ab –** Definiert, dass für dieses Konto keine Änderungen nach in den Richtlinien definierten Zeiträumen erforderlich werden.
- **Kennwort mit umkehrbarer Verschlüsselung speichern –** Führt dazu, dass Administratoren die Kennwörter auslesen können.
- **Konto ist deaktiviert –** Führt dazu, dass das Konto nicht mehr für eine Anmeldung genutzt werden kann, aber mit allen Eigenschaften verfügbar bleibt.
- **Benutzer muss sich mit einer Smartcard anmelden –** Hat zur Folge, dass sich ein Benutzer in jedem Fall unter Verwendung einer Smartcard authentifizieren muss. Er kann sich nicht mehr mit einer Kombination von Benutzername und Kennwort anmelden.
- **Konto ist vertraulich und kann nicht delegiert werden –** Verhindert die Delegation eines Kontos an andere Benutzer. Es kann nur von Administratoren verwaltet werden.
- **Nur Kerberos-DES-Verschlüsselungstypen für dieses Konto –** Legt fest, welche Verschlüsselungsverfahren für das Konto eingesetzt werden. Das ist für das Deployment von Clients im internationalen Umfeld mit unterschiedlichen rechtlichen Rahmenbedingungen für die Verschlüsselung von Bedeutung. Das gilt auch für das Festlegen des maximalen Verschlüsselungszustands in den nachfolgenden beiden Punkten.
- **Dieses Konto unterstützt Kerberos-AES-128-Bit-Verschlüsselung** – Steuert die Verschlüsselung für das Konto.
- **Dieses Konto unterstützt Kerberos-AES-256-Bit-Verschlüsselung –** Steuert die Verschlüsselung für das Konto.
- **Keine Kerberos-Präauthentifizierung erforderlich –** Laut dem Kerberos-Standard ist die TGT-Anforderung des Clients ein unverschlüsseltes Paket, da es keine sicherheitssensiblen Daten enthält. Bei Verwendung der Kerberos-Präauthentifizierung ist dieses Paket bereits mit dem privaten Schlüssel des Benutzers/Anforderers verschlüsselt. Für die Interoperabilität mit anderen Kerberos-Implementierungen kann diese Präauthentifizierung deaktiviert werden.

Zusätzlich legen Sie im unteren Bereich ein Ablaufdatum für das Konto fest. Die Registerkarte *Mitglied von* zeigt eine Liste der Gruppen an, in denen der Benutzer Mitglied ist. Außerdem kann der Benutzer einer weiteren Gruppe hinzugefügt werden.

Über die Registerkarte *Einwählen* können Sie die RAS-Berechtigungen für diesen Benutzer konfigurieren. Eine weitere interessante Registerkarte bei den Eigenschaften eines Benutzers ist *Objekt*. Diese wird nur angezeigt, wenn Sie im Menü *Ansicht* die erweiterten Features aktiviert haben. Auf dieser Registerkarte werden einige systeminterne Informationen angezeigt. Dazu gehört der voll qualifizierte Domänenname des Objekts, die Objektklasse – die Klasse, auf der dieses Objekt basiert – sowie Erstellungs- bzw. Änderungsdaten und die Aktualisierungssequenznummer (Update Sequence Number, USN). Die USN wird fortlaufend vergeben und zeigt an, um die wievielte Änderung in Active Directory es sich handelt. Sie bildet die Basis für die Replikation, da mit ihr überprüft werden kann, ob die Einträge auf zwei unterschiedlichen Domänencontrollern den gleichen Status haben. Auf dieser Registerkarte können Sie auch konfigurieren, dass das Objekt nicht gelöscht werden kann.

Benutzerverwaltung für Remotedesktopbenutzer

In den Eigenschaften eines Benutzers stehen Ihnen mehrere Registerkarten zur Verfügung, auf denen Sie die Eigenschaften des Benutzerkontos für die Anmeldung auf Remotedesktopservern (siehe auch Kapitel 28) speziell anpassen können:

- *Umgebung*
- *Sitzungen*
- *Remoteüberwachung*
- *Remotedesktopdienste-Profil*

Auf der Registerkarte *Remoteüberwachung* legen Sie fest, ob dieser Benutzer von Administratoren gespiegelt werden kann und mit welchen Optionen das möglich ist. Hier legen Sie auch fest, ob sich Administratoren ohne Bestätigung durch den Benutzer auf die Sitzung spiegeln können. Die Einstellungen in den Benutzerkonten haben nur für diesen Benutzer Gültigkeit.

Auf der Registerkarte *Remotedesktopdienste-Profil* können Sie das servergespeicherte Profil festlegen, das ausschließlich für die Terminalsitzungen dieses Benutzers verwendet wird. Zusätzlich können Sie auf dieser Registerkarte festlegen, ob mit dem Benutzer ein bestimmtes Netzlaufwerk verbunden werden soll. Hier bestimmen Sie auch, ob sich ein Benutzer überhaupt auf einem Remotedesktop anmelden darf. Zu den servergespeicherten Profilen kommen wir noch in den nächsten Abschnitten zurück.

Die Registerkarten *Umgebung* und *Sitzungen* entsprechen den entsprechenden Einstellungen für das Remotedesktopprotokoll in der Konfiguration der Remotedesktopdienste. Wenn der Remotedesktop nur verwendet wird, um eine einzige Anwendung zur Verfügung zu stellen, oder alle anderen Anwendungen über eine Startapplikation gestartet werden sollen, können Sie dem Anwender über die Registerkarte *Umgebung* statt des Windows-Desktops auch nur diese Applikation zur Verfügung stellen.

Aktivieren Sie dazu das Kontrollkästchen *Folgendes Programm beim Anmelden starten* und geben Sie anschließend das zu startende Programm mit dem kompletten Pfad an. Durch diesen Schritt müssen die Anwender beim Starten der Verbindung nicht noch ein Programm starten und können darüber hinaus keine Einstellungen auf dem Remotedesktop verändern.

Benutzerprofile nutzen

Wenn Computer einer Domäne beitreten, legt Windows automatisch ein neues Benutzerprofil für den Domänenbenutzer an. Benutzerprofile werden auf den Arbeitsstationen, aber auch auf den Domänencontrollern verwaltet.

Benutzerprofile lokal und im Profieinsatz verstehen

Alle persönlichen Einstellungen der einzelnen Benutzer auf einem Computer speichert Windows in einem Benutzerprofil. Dieses Profil ist ein Ordner mit dem Namen des Benutzers im Ordner *C:\Benutzer* beziehungsweise *C:\Users*.

Wenn Sie ein Profil löschen, erstellt Windows dieses neu, sobald sich der Benutzer erneut am Computer anmeldet. Alle Einstellungen des Benutzers werden beim Löschen zurückgesetzt, das Profil wird neu erstellt und ist entsprechend vollkommen leer. Beachten Sie aber, dass beim Löschen eines Profils alle Daten des jeweiligen Benutzers verloren gehen. Sie sollten diese daher vorher möglichst sichern. Ausnahme ist, wenn Sie die Ordner im Profil über Gruppenrichtlinien umleiten.

Verwaltung von Benutzerprofilen

Über den Link *Erweiterte Benutzerprofileigenschaften konfigurieren* im Fenster *Benutzerkonten* der Systemsteuerung (*Systemsteuerung/Benutzerkonten*) können Sie sich alle Benutzerprofile auf einem PC unter Windows 8/8.1/10 anzeigen lassen und verwalten. Sie sehen an dieser Stelle auch die Größe des jeweiligen Profils. Im Ordner auf der Festplatte des Profils befinden sich mehrere Unterordner. Die persönlichen Daten jedes Benutzers liegen in seinem eigenen Ordner, auf den nur er selbst sowie die Administratoren Zugriff haben.

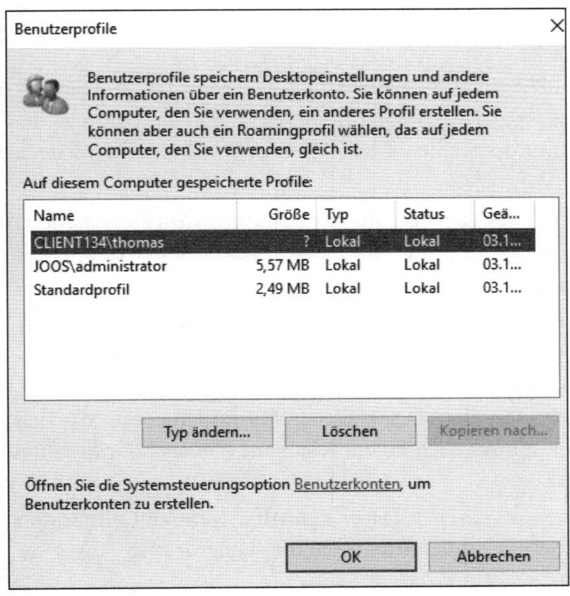

Abbildung 18.3: Verwalten der Benutzerprofile unter Windows 8/8.1/10

Die Benutzerprofile erstellt Windows zunächst als Kopie des Standardprofils, des Default Users. Zusätzlich gibt es einen Ordner *All Users*. Während der Ordner *Default User* die Einstellungen für neu zu erstellende Benutzerprofile für alle Benutzer enthält, finden sich in *All Users* die Einstellungen für die bereits erstellten Profile, die für alle Nutzer der Arbeitsstation gelten. Damit diese beiden Ordner angezeigt werden, müssen Sie die versteckten Dateien einblenden lassen.

In Windows 8/8.1/10 öffnen Sie dazu im Menüband des Explorers die Registerkarte *Ansicht*. Klicken Sie anschließend auf *Optionen/Ordner- und Suchoptionen ändern*. Auf der Registerkarte *Ansicht* können Sie anschließend versteckte Dateien anzeigen lassen. Sie können die Aktivierung auch direkt im Menüband über Kontrollkästchen auf der Registerkarte *Ansicht* durchführen.

Ordnerstruktur von Profilen

Zur Abwärtskompatibilität hat Microsoft zusätzlich einige Verknüpfungen eingefügt, die in den vorangegangen Windows-Versionen noch verwendet wurden oder die direkt auf einen anderen Ordner verweisen.

Folgende Ordner spielen dabei eine wesentliche Rolle. Achten Sie aber darauf, dass einige Ordner standardmäßig im Explorer ausgeblendet sind. Sie müssen zunächst die versteckten Dateien aktivieren:

- **Desktop** – Symbole und Einstellungen des Benutzerdesktops
- **Dokumente** – Standardmäßiger Speicherort aller persönlicher Dateien eines Benutzers
- **Downloads** – Speicherort aller Downloads
- **Favoriten** – Favoriten des Internet Explorers
- **Musik** – Ablageort von Musikdateien
- **Videos** – Ablageort für gespeicherte Filmdateien
- **Bilder** – Ablageort für Bilddateien und Grafiken
- **Suchvorgänge** – Ablageort für abgespeicherte Suchen
- **AppData** – Ablageort für benutzerspezifische Daten und Systemdateien von Applikationen. Diesen Ordner sehen Sie nur, wenn Sie in den Explorer-Optionen die versteckten Dateien anzeigen lassen.
- **Gespeicherte Spiele** – Zentraler Ablageort für Spielstände von kompatiblen Windows-Spielen
- **Links** – Hierbei handelt es sich um die Favoriten im Windows-Explorer.

Neben den Ordnern findet sich im Profilpfad die Datei *NTUSER.DAT*. Diese enthält die Einstellungen der Registry, die sich dort unter *HKEY_CURRENT_USER (HKLM)* finden. Die gesamten benutzerspezifischen Einstellungen sind hier enthalten. Sie müssen dazu die versteckten und geschützten Systemdateien einblenden lassen. Sie finden diese Möglichkeit auf der Registerkarte *Ansicht* im Explorer nach einem Klick auf *Optionen/Ordner- und Suchoptionen ändern.*

Zur Vereinheitlichung von anwendungsspezifischen Daten hat Microsoft den Ordner *AppData* im Benutzerprofil eingeführt. Dieser Ordner enthält die drei Unterordner:

- *Local*
- *LocalLow*
- *Roaming*

In den beiden Ordnern *Local* und *LocalLow* speichert Windows Daten von Anwendungen, die nicht mit dem Benutzer bei der Verwendung von verschiedenen Arbeitsstationen mitwandern.

Der Ordner *Roaming* enthält die Daten, die benutzerspezifisch sind und für servergespeicherte Profile verwendet werden können. Diese Daten können mit dem Benutzer auf verschiedene Arbeitsstationen mitwandern.

Unter den Windows-Versionen vor Windows Vista und Windows 7 hat der Ordner *All Users* die Inhalte zur Verfügung gestellt, die für alle Anwender auf dem PC gegolten haben. So war es möglich, durch Bearbeitung eines einzigen Ordners die Einstellungen aller Benutzer anzupassen. Beispiel für den Einsatz von *All Users* war das Startmenü oder der

Inhalt des Desktops, der sich immer aus dem eigenen Benutzerprofil und dem Inhalt des Ordners *All Users* zusammensetzte.

Hatten Sie eine Verknüpfung in den Ordner *\All Users\Startmenü* kopiert, wurden diese bei allen Benutzern des PC im Startmenü angezeigt. In Windows 8/8.1/10 ist der Ordner *C:\Users\All Users* nur noch als Verknüpfung vorhanden, die auf den Ordner *C:\ProgramData* verweist. Hier wird wiederum auf das Profil *Öffentlich* unter *C:\Users* verlinkt.

Wie bei den Vorgängerversionen legt Windows 8/8.1/10 automatisch ein neues Profil an, wenn sich Benutzer das erste Mal am PC anmelden.

Servergespeicherte Profile für Benutzer in Active Directory festlegen

Auf der Registerkarte *Profil* eines Benutzerkontos im Snap-in *Active Directory-Benutzer und -Computer* können Sie die notwendigen Angaben hinterlegen, um komplette Profile auf den Server auszulagern.

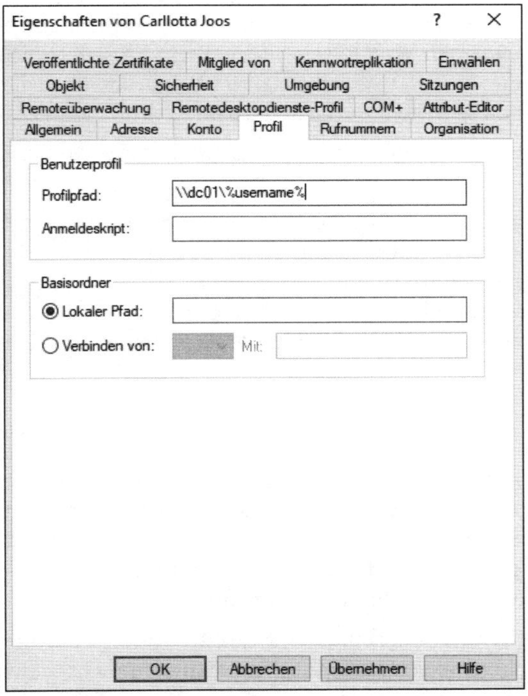

Abbildung 18.4: Anzeigen der Profileigenschaften im Snap-in Active Directory-Benutzer und -Computer

Um servergespeicherte Profile für Anwender festzulegen, rufen Sie die Eigenschaften des Benutzerkontos auf und wechseln zur Registerkarte *Profil*. Bei *Profilpfad* geben Sie den Ordner an, in den Windows das Benutzerprofil des Anwenders beim Abmelden speichern und beim Anmelden laden soll.

Bei Verwendung eines serverbasierenden Benutzerprofils steht dieses Profil an allen Arbeitsstationen im Netzwerk zur Verfügung. Durch die Angabe dieses Pfads wird automatisch ein leerer Ordner für diesen Benutzer erstellt. Die Angabe des Profilpfads erfolgt in der Form \\<*Servername*>\<*Freigabename*>\%*UserName*%.

Der Profilpfad verweist auf den Ordner, in dem das Benutzerprofil des Anwenders abgelegt ist. Haben Sie keinen Pfad angegeben, arbeitet Windows nur mit lokalen Benutzerprofilen. Wenn sich ein Benutzer anmeldet, überprüft Windows, ob für diesen Benutzer ein Profilpfad angegeben und damit ein serverbasierendes Profil definiert ist. Ist dies der Fall, vergleicht Windows, ob das serverbasierende oder das lokale Profil aktueller ist. Ist das serverbasierende Profil aktueller, lädt Windows die geänderten Dateien aus diesem Profil auf das lokale System.

Achten Sie aber darauf, dass die Gruppe *Jeder* – oder eine Sicherheitsgruppe, in der sich die Benutzer befinden – das Recht haben muss, Ordner in der Freigabe für die Profile zu erstellen und in die Ordner zu schreiben.

Bei der Abmeldung aktualisiert Windows das serverbasierende Profil durch die lokal veränderten Dateien. Bei der ersten Anmeldung eines Benutzers nach der Definition eines Profilpfads lädt Windows entweder ein vordefiniertes Profil vom Server oder kopiert bei der Abmeldung das bisherige lokale Profil des Benutzers auf den Server.

Die zweite Einstellung bezieht sich auf das Anmeldeskript. Hier können Sie angeben, dass Windows ein Programm ausführen soll, wenn sich ein Benutzer anmeldet. In den meisten Fällen handelt es sich um eine Batchdatei oder ein Visual Basic-Skript. Diese Einstellung ist nicht mehr erforderlich, da Skripts für die An- und Abmeldung von Benutzern über die Gruppenrichtlinien konfiguriert werden können. Mehr dazu lesen Sie im nächsten Kapitel.

Der Basisordner gibt an, welches Netzwerklaufwerk für den Benutzer automatisch verbunden werden soll.

Auf der Registerkarte *Remotedesktopdienste-Profil* können Sie angeben, ob ein Benutzer auf einem Remotedesktopserver ein zusätzliches Profil bekommt. Die Einstellung des Profilpfads erlaubt die Verwendung eines zweiten Benutzerprofils ausschließlich für die Nutzung mit dem Remotedesktop. Beim Verwenden von gleichen Profilen auf den Arbeitsstationen und dem Remotedesktop können sich Konflikte ergeben, wenn für den Remotedesktop kein eigenes Profil verwendet wird.

Verbindliche Profile (Mandatory Profiles)

Anpassungen, die ein Benutzer in seinen lokalen Einstellungen vornimmt, speichert Windows in seinem Profil. Änderungen an Profilen lassen sich aber verhindern. Ein Benutzer, dem ein verbindliches Profil zugeordnet wurde, kann Änderungen vornehmen, diese werden beim Abmelden aber nicht gespeichert. Meldet sich der Benutzer ab und wieder neu an, erhält er wieder die Einstellungen des verbindlichen Profils.

Die Umwandlung eines normalen Profils in ein verbindliches Profil erfolgt durch die Umbenennung der Datei *Ntuser.dat* in *Ntuser.man*. Dadurch ist es Benutzern nicht mehr möglich, Änderungen zu speichern. Das Profil wird durch Änderung der Datei also schreibgeschützt (read only).

Verbindliche Profile können mehreren Anwendern zugewiesen werden. Dazu wird für alle Anwender der gleiche Benutzerprofilpfad verwendet. Wenn sich ein Benutzer zum ersten Mal anmeldet, lädt der Client das Profil vom Server. Verwenden Unternehmen ein verbindliches Profil, lädt Windows dieses immer automatisch, unabhängig davon, ob auf dem Client ein Profil vorhanden ist, das über eigene Einstellungen verfügt.

Ein verbindliches Profil wird bei jeder Anmeldung verwendet. Ist der Server oder die Freigabe nicht verfügbar, verwendet Windows eine lokal zwischengespeicherte Kopie des Profils. Meldet sich ein Benutzer an einer anderen Arbeitsstation an, wird bei der Anmeldung über den Eintrag für den Benutzerprofilpfad in den Eigenschaften des Benutzers erkannt, dass er über ein servergespeichertes Benutzerprofil verfügt. Wird die Bezeichnung der Datei *Ntuser.man* wieder in *Ntuser.dat* abgeändert, darf der Anwender wieder Änderungen vornehmen.

Festlegen der Version von Benutzerprofilen

Microsoft erweitert ständig die Funktionen von Windows. Das gilt auch für Windows 10. Im Benutzerprofil kann festgelegt werden, für welche Betriebssystem-Version das Profil geeignet ist. Derzeit gibt es sechs Versionen (keine Angabe der Version bis hin zu v6 für Rechner ab Windows 10 Version 1607). Die Version wird als Erweiterung für das Verzeichnis verwendet, in dem das servergespeicherte Profil gespeichert wird, zum Beispiel *\\server\freigabe\profil.v6*.

Die Version hängt von der verwendeten Windows-Version ab sowie den verwendeten Servern, auf denen das Profil gespeichert wird und die als Domänencontroller genutzt werden.

Erstellen eines Default-Netzwerkbenutzerprofils

Wenn Sie für alle PCs im Unternehmen das gleiche standardmäßige Profil bei der ersten Anmeldung erstellen wollen, können Sie dieses am besten auf einem Domänencontroller ablegen. Achten Sie in diesem Fall aber darauf, dass bei jeder ersten Anmeldung eines Anwenders an einem PC Daten über das Netzwerk kopiert werden, was bei entsprechender Benutzerlast eine ganze Menge sein kann.

Wenn für PCs im Unternehmen ein standardmäßiges Profil verwendet werden soll, hilft eine strukturierte Vorgehensweise. Die Erstellung sollte mit einem lokalen Administrator-Konto auf Rechnern mit Windows 10 erfolgen. Danach sollten die Einstellungen so vorgenommen werden, wie sie später den Benutzern zugewiesen sein sollen. Danach wird die Systemsteuerung aufgerufen. Ab Windows 10 Version 1803 kann das über die Eingabe von *systemsteuerung* im Suchfeld des Startmenüs erfolgen.

Am schnellsten werden die Systemeigenschaften über *sysdm.cpl* erreicht. Die Benutzerprofile lassen sich über die Schaltfläche *Einstellungen* bei *Benutzerprofile* auf der Registerkarte *Erweitert* steuern. Anschließend wird das Standardprofil markiert und mit *Kopieren nach* kopiert. Wichtig ist, dass bei *Benutzer* die Gruppe *Jeder* verwendet wird. Anschließend wird der Pfad ausgewählt, in dem das Profil gespeichert werden soll.

Hinweis Weitere Informationen und Möglichkeiten dazu finden Sie auf der Webseite *Create mandatory user profiles* (*https://docs.microsoft.com/en-us/windows/client-management/mandatory-user-profile*).

Um ein solches standardmäßiges Default-Profil anzulegen, gehen Sie folgendermaßen vor:

1. Melden Sie sich an einem PC mit Windows 10 mit dem Benutzerkonto an der Domäne an, welches Sie als Standardprofil definieren wollen.
2. Führen Sie alle Einstellungen aus, zum Beispiel Bildschirmschoner, Hintergrundbild und so weiter, die Sie für das Profil festlegen wollen.

3. Melden Sie sich nach der Fertigstellung der Einstellungen ab.
4. Melden Sie sich am selben PC mit einem Domänen-Admin-Konto an.
5. Erstellen Sie in der NETLOGON-Freigabe auf einem Domänencontroller den neuen Ordner *Default User.v2*.
6. Klicken Sie auf dem PC mit der rechten Maustaste auf *Computer* im Startmenü und rufen Sie den Befehl *Eigenschaften* auf.

   In Windows 8/8.1/10 öffnen Sie auf dem Desktop ein Explorer-Fenster und klicken im Navigationsbereich auf *Dieser PC*. Alternativ können Sie auch einfach die Tastenkombination [⊞]+[Pause] drücken.
7. Klicken Sie links im Fenster auf den Link *Erweiterte Systemeinstellungen*.
8. Klicken Sie auf der Registerkate *Erweitert* im Bereich *Benutzerprofile* auf die Schaltfläche *Einstellungen*.
9. Markieren Sie den Benutzer, dessen Profil Sie als Standard definieren wollen, und klicken Sie auf *Kopieren nach*. Ist die Option für das jeweilige Profil nicht aktiv, dann kopieren Sie den Inhalt des Ordners über den Explorer in das Default-Profil auf dem Server. Achten Sie aber darauf, die versteckten Dateien zu aktivieren, genauso wie die geschützten Systemdateien. Bearbeiten Sie anschließend die Sicherheitseigenschaften des Ordners auf dem Server und weisen Sie der Gruppe *Jeder* das Recht *Ändern* für das Profil zu. Um Manipulationen des Profils zu vermeiden, können Sie auch eine Sicherheitskopie erstellen, mit der Sie das Profil wiederherstellen, wenn das notwendig ist. Die NETLOGON-Freigabe befindet sich auf dem Domänencontroller im Ordner *C:\Windows\SYSVOL\sysvol\contoso.com\scripts*.
10. Geben Sie den Pfad zum *Default User*-Ordner in der NETLOGON-Freigabe an, die Sie zuvor angelegt haben, zum Beispiel *\\x2k19\NETLOGON\Default User.v2*.
11. Klicken Sie im Bereich *Benutzer* auf *Ändern*.
12. Geben Sie im Benutzerfeld *Jeder* ein und klicken Sie auf *Namen überprüfen*.
13. Klicken Sie anschließend auf *OK*.
14. Bestätigen Sie im Anschluss alle noch offenen Fenster mit *OK*, damit das Profil kopiert werden kann. Das servergespeicherte Profil ist jetzt vorbereitet.

Melden sich Benutzer an Rechnern an, die Mitglied der Domäne sind, erhalten diese daraufhin exakt das Profil zugeteilt, das Sie in der Freigabe *\\NETLOGON* auf dem Anmeldedomänencontroller angelegt haben. In den Profileigenschaften der Anwender legen Sie aber einen anderen Profilpfad fest, zum Beispiel *\\<Server>\Profiles\%UserName%*. Dann speichert der Computer das erstellte Profil für den Anwender servergespeichert im hinterlegten Pfad ab, da nur bei der ersten Anmeldung das Standardprofil der Freigabe *\\netlogon* verwendet wird.

Sie können darüber hinaus im unteren Bereich des Dialogfelds den Eintrag für Benutzer ändern, wenn Sie das Profil in den Ordner eines anderen Anwenders kopieren möchten. Über die Schaltfläche *Typ ändern* können Sie festlegen, ob bei der Anmeldung das lokal zwischengespeicherte Profil verwendet oder mit dem serverbasierenden Profil gearbeitet werden soll.

Bei der Erstellung von Benutzerprofilen sind einige Besonderheiten zu beachten. Sie sollten immer daran denken, dass die Benutzer, wenn sie sich an unterschiedlichen Arbeitsstationen anmelden, mit unterschiedlichen Bildschirmauflösungen konfrontiert sind. Sie sollten bei der Definition den typischen Arbeitsplatz des Benutzers, für den das Profil vordefiniert wird, beachten. Das gilt vor allem für verbindliche Profile. Ein weiterer Punkt ist, dass das in *Default User* gespeicherte Profil, das zum Einsatz kommt, wenn Sie keine zentralen Profile für alle Benutzer vorgeben, auf jedem einzelnen Computer definiert ist.

Ordnerumleitungen von Profilen

Windows 8/8.1/10 bietet die Möglichkeit, verschiedene Ordner innerhalb des Profils auf ein Serverlaufwerk umzuleiten. Dadurch ist sichergestellt, dass die Daten der Anwender sicher auf einem Server gespeichert werden, aber dennoch transparent zugreifbar sind, wenn ein Anwender zum Beispiel seinen *Dokumente*-Ordner öffnet. Die Größe der Profile ist dadurch reduziert, die Anmeldezeit verkürzt. Sie finden die Ordnerumleitungen im Gruppenrichtlinienverwaltungs-Editor unter *Benutzerkonfiguration/Richtlinien/Windows-Einstellungen/Ordnerumleitungen.*

Die effizienteste Möglichkeit, um Ordner umzuleiten, ist über eine Gruppenrichtlinie in einer Active Directory-Domäne. Windows Server 2019 bietet dazu auch die Möglichkeit, Ordner abhängig von einer Sicherheitsgruppe umzuleiten, sodass für unterschiedliche Abteilungen im Unternehmen unterschiedliche Ordner im Netzwerk als Umleitung verwendet werden können.

Bei der Umleitung können Sie die Ordner in vordefinierte Ordner auf den Servern umleiten oder für jeden Anwender in einem spezifischen Ordner automatisch einen Ordner für die Ordnerumleitung anlegen lassen. Die Einstellungen in den Richtlinien für die Ordnerumleitung sind selbsterklärend. Sie konfigurieren die Einstellungen über das Kontextmenü und wählen den Befehl *Eigenschaften* aus.

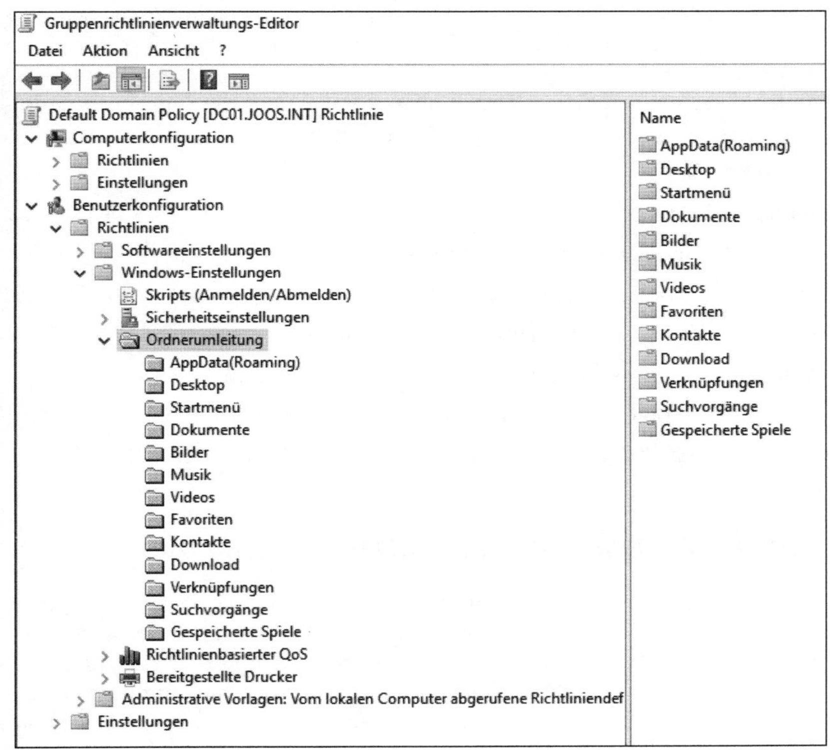

Abbildung 18.5: Aktivieren der Ordnerumleitung über Gruppenrichtlinien

Auf der Registerkarte *Ziel* legen Sie die Umleitungsoptionen fest. Daher müssen Sie zuvor einen Stammordner, also eine Freigabe, auf die alle Anwender zugreifen dürfen, anlegen. Innerhalb des Stammordners legt Windows Unterordner für die Benutzer an und konfiguriert automatisch entsprechende Rechte exklusiv für den Benutzer, genauso wie bei den Profilen.

Für die Anwender ändert sich bei der Umleitung nichts. Sie arbeiten mit den normalen Verknüpfungen des Rechners. Der Vorteil ist, dass Profile schlank bleiben und wichtige Daten automatisch auf den Servern landen, ohne Benutzer zu beeinträchtigen oder dass komplizierte Konfigurationen notwendig sind. Haben Sie das automatische Anlegen von Ordnern aktiviert, legt Windows diese erst dann in der konfigurierten Freigabe an, wenn Anwender darauf zugreifen und Daten speichern.

In den Eigenschaften der Bibliotheken auf dem Clientrechner lässt sich der Pfad der Umleitung anzeigen.

Sie können die entsprechende Freigabe auch als Netzlaufwerk verbinden, dabei werden Sie feststellen, dass alle Daten der umgeleiteten Ordner im Netzwerk liegen und für den Anwender vollkommen transparent zugreifbar sind.

Profile löschen mit Delprof2

Das Freeware-Tool Delprof2 (*https://helgeklein.com/free-tools/delprof2-user-profile-deletion-tool*) ermöglicht das Löschen von Profilen, wenn zum Beispiel Berechtigungs- oder Zugriffsprobleme vorliegen.

Mit dem Tool lassen sich Computer sehr schnell von alten Profilen bereinigen. Neben den Standardoptionen lassen sich mit dem Tool auch die lokalen Kopien von servergespeicherten Profilen löschen. Auch Zeitabfragen sind möglich. Dadurch können Sie Profile mit einem bestimmten Alter löschen lassen. Das Tool starten Sie über die Eingabeaufforderung oder auch innerhalb eines Anmeldeskripts. Seine Syntax lautet:

delprof2 [/q] [/i] [/p] [r] [/c:[\\]] [/d:]

- **/q** – Keine Rückmeldungen
- **/i** – Ignoriert Fehler und führt den Löschvorgang fort.
- **/p** – Erfordert eine Bestätigung für das Löschen jedes einzelnen Profils.
- **/r** – Löscht lokale Kopien von servergespeicherten Profilen.
- **/c:<Computername>** – Löscht Profile auf einem Remotecomputer.
- **/d:<Tage>** – Löscht Profile mit einem bestimmten Alter in x Tagen.
- **/l** – Zeigt nur an, welche Profile gelöscht werden, wenn das Tool startet (What-if).

Anmelde- und Abmeldeskripts für Benutzer und Computer

Sie können Benutzern in Active Directory Anmeldeskripts zuweisen, die ein Computer ausführt, sobald sie sich anmelden. Über Gruppenrichtlinien lassen sich sogar Skripts ausführen, die beim Starten, Herunterfahren, bei der Abmeldung und zusätzlich noch bei der Anmeldung ablaufen. Es gibt daher fünf Arten von Skripts, die Administratoren Anwendern oder Computern zuweisen können. Es ist auch möglich, mehrere Arten von Skripts zu mischen. Windows-Computer führen alle aus.

Um automatisch Befehle beim Anmelden von Benutzern ausführen zu lassen, oder auch wenn PCs starten, gibt es folgende Möglichkeiten:

1. Das klassische Anmeldeskript, das in den Eigenschaften des Profils eingetragen ist. Die Ausführung sieht der Anwender teilweise in einem Fenster der Eingabeaufforderung.
2. Anmeldeskripts in den Gruppenrichtlinien für Benutzer
3. Abmeldeskripts in den Gruppenrichtlinien für Benutzer
4. Skripts in den Gruppenrichtlinien beim Hochfahren eines Computers, unabhängig vom Benutzer
5. Skripts in den Gruppenrichtlinien beim Herunterfahren eines Computers, unabhängig vom Benutzer

Die klassischen Anmeldeskripts, die Programme und Befehle ausführen, hinterlegen Sie auf der Registerkarte *Profil* in den Eigenschaften der Benutzer. An dieser Stelle haben Sie auch die Möglichkeit, das lokale Benutzerprofil des Anwenders auf eine Freigabe zu speichern. Damit die Skripts beim Anmelden von Benutzern starten, müssen Sie die Dateien und Programme, die die Skripts starten sollen, in der NETLOGON-Freigabe auf den Domänencontrollern speichern.

Wenn Sie ein Skript in die NETLOGON-Freigabe eines Domänencontrollers kopieren, wird es durch den Dateireplikationsdienst (File Replication Service, FRS) automatisch auf die anderen Domänencontroller repliziert. Überprüfen Sie den Vorgang oder kopieren Sie das Skript manuell. Der lokale Speicherort der NETLOGON-Freigabe ist der Ordner *\Windows\SYSVOL\sysvol\<Domänennamen>\scripts*.

Die Skripts können entweder einfache Batchdateien, spezielle Varianten mit KiXtart (*http://www.kixtart.org* oder AutoIt (*http://www.autoitscript.com/site*), aber auch andere Skriptdateien sein. Windows muss die Skripts nur ausführen können und über die entsprechende Erweiterung verfügen.

Klassische Anmeldeskripts laufen sichtbar ab, wenn sich ein Anwender bei seinem Computer anmeldet. Mit klassischen Anmeldeskripts ist es nicht möglich, Skripts zu schreiben, die ein Computer bereits beim Starten abarbeitet. In einem Active Directory können Sie neben den klassischen Skripts auch Skripts beim Anmelden und Abmelden sowie beim Starten und Herunterfahren eines Computers über Richtlinien festlegen (siehe Kapitel 19). Dies hat den Vorteil, dass sich solche Skripts auch Organisationseinheiten oder ganzen Domänen zuordnen lassen. Die Skripts werden in den Gruppenrichtlinien an folgender Stelle hinterlegt:

- Skripts für Computer zum Starten und Herunterfahren werden über *Computerkonfiguration/Richtlinien/Windows-Einstellungen/Skripts* gesteuert.
- Skripts für Anwender beim An- oder Abmelden werden über *Benutzerkonfiguration/Richtlinien/Windows-Einstellungen/Skripts* gesteuert.

Die Abarbeitung von Skripts in den Gruppenrichtlinien hat den Vorteil, flexibler zu sein. Es besteht auch die Möglichkeit, herkömmliche Anmeldeskripts einfach über Gruppenrichtlinien ausführen zu lassen, nicht mehr über die Eigenschaften der Benutzerprofile. Die Skripts in den Gruppenrichtlinien laufen nicht sichtbar im Hintergrund ab. Benutzer bekommen von den Skripts nichts mit, auch wenn herkömmliche *.bat*- oder *.cmd*-Dateien im Einsatz sind. Um Skripts in den Gruppenrichtlinien zu verwenden, gehen Sie folgendermaßen vor:

1. Legen Sie die entsprechende Gruppenrichtlinie an und verknüpfen Sie sie mit der Domäne oder den gewünschten Organisationseinheiten.

2. Öffnen Sie die Bearbeitung der Gruppenrichtlinie und navigieren Sie zu dem Bereich, für den Sie das Skript hinterlegen wollen, also *Computerkonfiguration* oder *Benutzerkonfiguration*.
3. Klicken Sie doppelt auf den jeweiligen Eintrag des Skripts, also *Anmelden*, *Abmelden*, *Starten* oder *Herunterfahren*. Neben herkömmlichen Skripts lassen sich an dieser Stelle auch PowerShell-Skripts anbinden.
4. Klicken Sie auf die Schaltfläche *Dateien anzeigen*. Es öffnet sich ein Explorer-Fenster.
5. Kopieren Sie anschließend Ihre Skriptdatei in diesen geöffneten Ordner.
6. Klicken Sie anschließend auf die Schaltfläche *Hinzufügen* und wählen Sie das Skript aus. Das Skript wird danach im Fenster angezeigt. Sie können auch mehrere Skripts hintereinander ausführen lassen.

Auch die Kombination von klassischen Skripts und Skripts über Gruppenrichtlinien ist möglich. Das heißt, manche Skripts können in den Eigenschaften der Benutzerkonten gespeichert sein und ablaufen, andere in den Gruppenrichtlinien. Es ist auch kein Problem, wenn die Skripts in den Gruppenrichtlinien von übergeordneten OUs nach unten vererbt werden und in den untergeordneten OUs weitere Skripts starten.

Sie können alle möglichen Formen miteinander kombinieren. Wenn Unternehmen mit klassischen und Gruppenrichtlinienskripts arbeiten, laufen beide parallel ab. Diesen Sachverhalt sollten Administratoren in den Skripts beachten, wenn zum Beispiel Abhängigkeiten existieren. Skripts in den Gruppenrichtlinien laufen meistens vor den klassischen Anmeldeskripts.

Außer speziellen Skripts lassen sich in den Gruppenrichtlinien auch diverse Einstellungen hinterlegen, die den Ablauf der Skripts steuern. Die Einstellungen sind in den Gruppenrichtlinien zu finden. Die entsprechenden Erläuterungen und Hilfen finden Administratoren direkt in der Hilfe der jeweiligen Einstellung. Folgende Richtlinieneinstellungen spielen dabei eine Rolle:

- *Computerkonfiguration/Richtlinien/Administrative Vorlagen/System/Skripts*
- *Computerkonfiguration/Richtlinien/Administrative Vorlagen/System/Anmeldung*
- *Computerkonfiguration/Richtlinien/Administrative Vorlagen/System/Gruppenrichtlinien*
- *Benutzerkonfiguration/Richtlinien/Administrative Vorlagen/Skripts*
- *Benutzerkonfiguration/Richtlinien/Administrative Vorlagen/Anmeldung*

Gruppen verwalten

Nicht weniger wichtig als die Verwaltung von Benutzern ist die Verwaltung von Gruppen in Active Directory. Im folgenden Abschnitt zeigen wir Ihnen, wie Sie Gruppen anlegen und verwenden.

Gruppen anlegen und verwenden

Gruppen werden ebenfalls im Snap-in *Active Directory-Benutzer und -Computer* erstellt und verwaltet. Wählen Sie im Menü *Neu* die Option *Gruppe* aus. In Active Directory werden die folgenden Gruppentypen unterschieden:

- *Lokal (in Domäne)*
- *Global*
- *Universal*

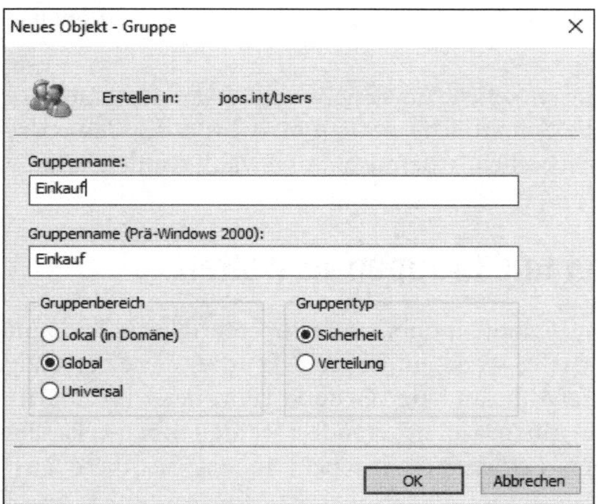

Abbildung 18.6: Erstellen einer neuen Gruppe

Bei der Unterscheidung und Verwendung dieser Gruppen müssen Sie folgende Punkte beachten:

- **Lokale Gruppen –** Werden für die Zusammenfassung von globalen Gruppen oder in Ausnahmefällen für Benutzer eingesetzt, denen Sie Zugriffsberechtigungen erteilen. Aus lokalen Gruppen in einem Active Directory werden automatisch domänenlokale Gruppen. Der Unterschied besteht darin, dass diese Gruppen einheitlich auf allen Mitgliedssystemen der Domäne zu sehen sind. Der Vorteil ist, dass damit eine lokale Gruppe nur einmal pro Domäne definiert werden muss.
- **Globale Gruppen –** Sind überall in der Gesamtstruktur sichtbar, können aber nur Mitglieder aus der eigenen Domäne enthalten. Globale Gruppen können Mitglied von lokalen und universellen Gruppen werden. Globale Gruppen können zudem verschachtelt werden.
- **Universelle Gruppen –** Alle Informationen über Zugehörigkeiten zu universellen Gruppen sind auf den globalen Katalogservern gespeichert. Universelle Gruppen sind in allen Domänen der Gesamtstruktur verfügbar und können Mitglieder aus allen Domänen enthalten. Durch die Replikation im globalen Katalog belasten Sie allerdings das Netzwerk und die globalen Katalog-Server.

Neben den verschiedenen Gruppenbereichen können zwei unterschiedliche Gruppentypen erstellt werden.

- **Sicherheit –** Definiert, dass es sich um eine Gruppe handelt, über die Zugriffsberechtigungen zugeordnet werden sollen. Diese Gruppe können Sie zusätzlich als E-Mail-Verteilerliste verwenden.
- **Verteilung –** Gibt an, dass die Gruppe nur für Verteiler in E-Mail-Programmen zur Verfügung steht. Sie können diese Gruppen aber nicht für die Zuordnung von Zugriffsberechtigungen verwenden.

Die Eigenschaften von Gruppen können Sie auch nach dem Erstellen bearbeiten. Dazu rufen Sie die Eigenschaften der Gruppen auf. Neben dem Gruppennamen können Sie eine Beschreibung für die Gruppe eingeben.

- Auf der Registerkarte *Mitglieder* können Sie über die Schaltflächen *Hinzufügen* und *Entfernen* neue Benutzer in Gruppen aufnehmen oder entfernen.

- Auf der Registerkarte *Mitglied von* werden die Gruppen angezeigt, in denen diese Gruppe Mitglied ist.
- Über die Registerkarte *Verwaltet von* sehen Sie den Benutzer, der für eine Gruppe zuständig ist. Dazu wird über die Schaltfläche *Ändern* eine Liste der Benutzer und Gruppen geöffnet, aus der der entsprechende Benutzer ausgewählt werden kann.

Berechtigungen für Benutzer und Gruppen verwalten

Die Vergabe von Zugriffsberechtigungen sollte immer an Gruppen erfolgen, da damit der geringste administrative Aufwand entsteht. Wenn ein weiterer Benutzer diese Berechtigung erhalten soll, müssen Sie ein Benutzerkonto nur der Gruppe zuordnen, die Zugriff auf einen Ordner hat. Die Berechtigungen müssen nicht verändert werden. Ebenso lassen sich die Zugriffsberechtigungen einzelnen Benutzern entziehen, indem Sie diese aus der Gruppe entfernen.

Microsoft empfiehlt folgende Berechtigungsstruktur:

1. Eine domänenlokale Gruppe erhält Berechtigung auf den Ordner und die Freigabe.
2. Globale Gruppen mit Benutzern werden in die lokale Gruppe aufgenommen.
3. Benutzerkonten der Anwender sind Mitglieder der einzelnen globalen Gruppen.

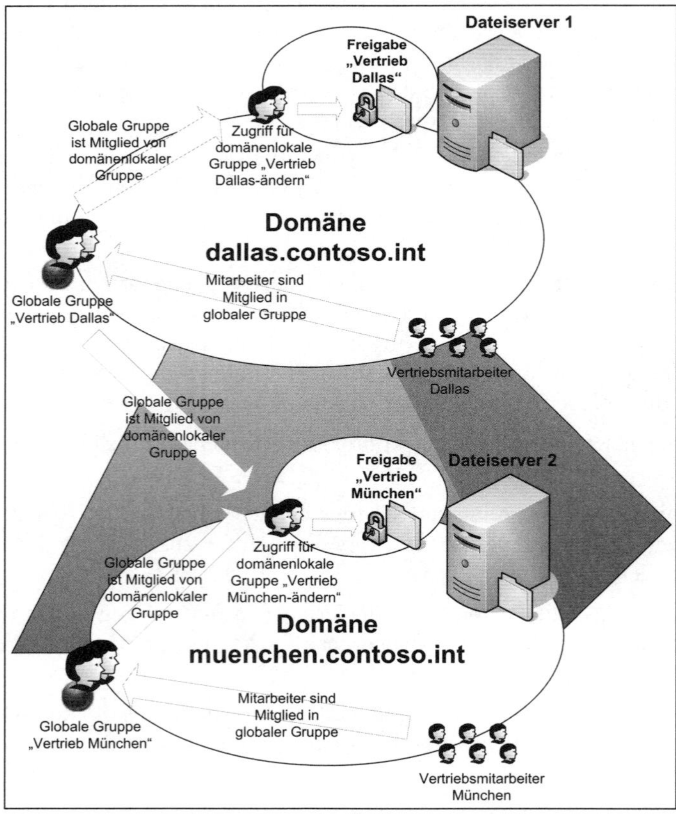

Abbildung 18.7: Aufbau einer Berechtigungsstruktur basierend auf Gruppen

Die Berechtigungen im Dateisystem speichert Windows in der Zugriffssteuerungsliste (Access Control List, ACL). Während der Anmeldung erstellt ein Domänencomputer für den Benutzer ein Zugriffstoken, das die Sicherheits-ID (Security ID, SID) des Benutzerkontos enthält sowie die SIDs der Gruppen, in denen der Benutzer Mitglied ist. Beim Zugriff auf eine Freigabe vergleicht der Server die Einträge des Tokens mit der ACL und ermittelt daraus die Berechtigung. Dazu addiert Windows die Berechtigungen für jeden übereinstimmenden Eintrag. Ein Benutzer bekommt die Berechtigungen, die seinem Konto zugewiesen sind, sowie alle Berechtigungen, die den Gruppen zugewiesen sind, in denen er Mitglied ist.

Geben Sie einem Benutzerkonto die Berechtigung *Lesen* und bekommt zusätzlich eine Gruppe, in der dieser Benutzer Mitglied ist, die Berechtigung *Schreiben* zugewiesen, ergeben sich die effektiven Berechtigungen *Lesen und Schreiben*. Um die Berechtigungen zu setzen, aktivieren Sie in den Eigenschaften des Ordners oder der Datei die Registerkarte *Sicherheit*. Zusätzlich ist es möglich, einzelnen Benutzern oder Gruppen Berechtigungen zu verweigern, wobei die Verweigerung immer Vorrang hat.

Beispiel:

Auf eine Datei sollen alle Mitarbeiter der Abteilung *Buchhaltung* (mit der Mitgliedschaft in der gleich benannten Gruppe) Zugriff erhalten. Eine Ausnahme bilden dabei allerdings die Auszubildenden, die ebenfalls Mitglied der Gruppe *Buchhaltung* sind. Wenn der Gruppe *Buchhaltung* der Zugriff auf diese Datei erlaubt wird, erhalten auch die Auszubildenden Zugriff, da sie Mitglied der Gruppe sind. Anschließend können Sie der Gruppe *Auszubildende* den Zugriff verweigern. So erhalten die Auszubildenden zwar den Zugriff durch die Mitgliedschaft in der Gruppe *Buchhaltung*, der ihnen aber durch die Mitgliedschaft in der Gruppe *Auszubildende* verweigert wird.

Die Verbindung der Clients erfolgt zunächst zu einem Server. Auf diesem Server steht eine Freigabe zur Verfügung. Eine Freigabe definiert, auf welche Ordner auf den Datenträgern Anwender zugreifen können. Der Client sieht nicht die physischen Festplatten auf den Servern und die dort definierten Ordnerstrukturen. Vielmehr stellt ihm eine Freigabe einen Eintrittspunkt zum Server bereit, von dem aus er die dort definierten Ordnerstrukturen durchsuchen kann. Der Benutzer muss nicht wissen, welche Festplatten es auf den Servern gibt und wie diese strukturiert sind, sondern soll nur die Bereiche sehen, die für ihn relevant sind.

Für Freigaben können Administratoren Zugriffsberechtigungen definieren. Auch hier ist die Arbeit mit Gruppen der beste Weg. Damit können Sie Freigaben als weitere Ebene der Sicherheit einsetzen, zusätzlich zu den Berechtigungen auf der Ebene des Dateisystems.

Auf Ordner im Dateisystem sollten die Administratoren Vollzugriff erhalten. Zusätzlich sollten Sie eine domänenlokale Gruppe anlegen, die Berechtigung auf der Ordnerebene und auf Freigabeebenen erhält.

Der Sinn dieses Konzepts liegt darin, dass Sie einerseits nicht ständig Berechtigungen für den freigegebenen Ordner ändern müssen, da nur die domänenlokale Gruppe Zugriff erhält. Da die Anwender in globalen Gruppen aufgenommen sind, können Sie die Gruppen auch in andere domänenlokale Gruppen in anderen Domänen von Active Directory aufnehmen. Das hat in großen Organisationen den Vorteil, dass Freigaben sehr effizient überall zur Verfügung stehen.

Mitgliedschaften und Änderungen sollten Sie deshalb auf ein Minimum reduzieren. Sie sollten keine einzelnen Benutzer zu den Berechtigungen auf Freigabe- oder Dateiebene hinzufügen. Zugriffsberechtigungen vergeben Sie im Regelfall pro Ordner einheitlich. Eine

Anpassung von Berechtigungen für einzelne Dateien ist nur in Ausnahmen sinnvoll und lässt sich oft dadurch umgehen, dass Sie mit eigenen Ordnern arbeiten. Im Beispiel von Abbildung 18.718.7 sehen Sie den Sinn dieses Konzepts.

- Domänenlokale Gruppen können zwar globale Gruppen aus der kompletten Gesamtstruktur aufnehmen, aber selbst nicht in anderen Domänen verwendet werden.
- Globale Gruppen können nur Mitglieder aus der eigenen Domäne aufnehmen, haben aber dafür die Möglichkeit, dass sie überall in Active Directory verwendet werden können.
- Die Vertriebsmitarbeiter in Dallas können durch dieses Konzept sowohl auf die Freigabe in Dallas als auch auf die Freigabe in München zugreifen. Wenn neue Mitarbeiter Zugriff erhalten müssen, kann dies durch Aufnahme in die entsprechende globale Gruppe recht schnell erledigt werden. Zugriffsberechtigungen sollten nie ad hoc, sondern immer nur nach genau definierten Konzepten vergeben werden. Nur so lässt sich sicherstellen, dass mit einem durchdachten und damit sicheren Verfahren gearbeitet wird.

Szenario: Delegierung zum administrativen Verwalten einer Organisationseinheit

Ein gutes Praxisbeispiel für die Delegierung von Benutzerrechten in Active Directory ist das Zurücksetzen von Kennwörtern, das zum Beispiel Support-Mitarbeiter erhalten sollen. Wenn Anwender ihr Kennwort vergessen oder ein neues Kennwort zugewiesen bekommen, sollte das nicht die Aufgabe der Systemadministratoren sein. In diesem Fall könnte zum Beispiel der Abteilungsleiter oder ein Poweruser diese Aufgaben übernehmen. Es besteht außerdem die Möglichkeit, an eine bestimmte Gruppe genau diese Rechte für seine OU zu delegieren:

1. Legen Sie zunächst eine globale oder universelle Benutzergruppe an, die die Rechte der Delegierung erhalten soll. Auch wenn die Gruppe zunächst keinen Benutzer enthält, sollten Sie in den Berechtigungen von Active Directory niemals nur einzelne Konten eintragen, da ansonsten die Berechtigungsstruktur sehr kompliziert wird. Außerdem müssen Sie bei jeder Änderung direkt Änderungen am System vornehmen, anstatt nur Benutzer der Gruppe hinzuzufügen oder aus der Gruppe zu entfernen.
2. Klicken Sie mit der rechten Maustaste auf die OU, in der die Benutzerkonten abgelegt sind, deren Verwaltung Sie delegieren wollen. Wählen Sie im Kontextmenü den Befehl *Objektverwaltung zuweisen* aus.
3. Fügen Sie im Assistenten die angelegte Gruppe hinzu, der Sie das Recht zur Verwaltung der OU geben wollen. Welche Rechte die Gruppe erhält, legen Sie erst später fest.
4. Aktivieren Sie im nächsten Fenster als zuzuweisende Aufgabe zum Beispiel das Recht *Erstellt, entfernt und verwaltet Benutzerkonten.* Wenn Sie den entsprechenden Nutzern nur das Recht zum Ändern der Kennwörter geben wollen, können Sie hier auch die Option *Setzt Benutzerkennwörter zurück und erzwingt Kennwortänderung bei der nächsten Anmeldung* verwenden. Wollen Sie speziellere Rechte erteilen, aktivieren Sie die Option *Benutzerdefinierte Aufgaben zum Zuweisen erstellen.*

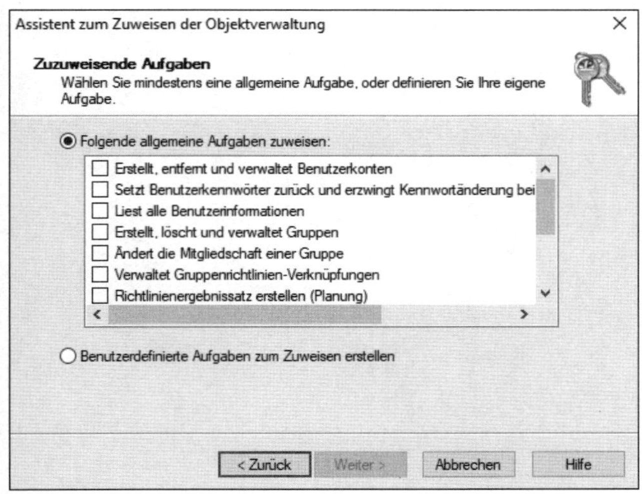

Abbildung 18.8: Auswählen von Rechten für die Gruppe, der Sie Rechte delegieren wollen

Beenden Sie den Assistenten, um die Delegierung abzuschließen. Anschließend erhalten alle Mitglieder, die Sie in die Gruppe aufnehmen, die entsprechenden Rechte. Entfernen Sie ein Benutzerkonto aus der Gruppe, verliert es diese Rechte. Bei der Änderung von Gruppenmitgliedschaften muss sich der entsprechende Benutzer in den meisten Fällen neu anmelden, bevor er die entsprechenden Rechte erhält.

Die entsprechenden Rechte für diese Gruppe finden Sie, indem Sie im Snap-in *Active Directory-Benutzer und -Computer* über den Menübefehl *Ansicht/Erweiterte Features* die erweiterten Ansichtsfunktionen aktivieren. Wenn Sie danach die Eigenschaften der OU oder der Domäne aufrufen und die Registerkarte *Sicherheit* öffnen, sehen Sie die delegierten Rechte. Klicken Sie hier auf *Erweitert*, finden Sie im folgenden Fenster auf der Registerkarte *Berechtigungen* die genauen Rechte der Gruppe aufgelistet, die Sie delegiert haben. Wenn Sie die Delegierung wieder rückgängig machen wollen, müssen Sie einfach an dieser Stelle die Rechte der Gruppe wieder entfernen.

Nachdem die Gruppe die entsprechenden Rechte zur Verwaltung dieser OU bekommen hat und Sie die Benutzer in die Gruppe aufgenommen haben, sollten Sie den entsprechenden Benutzern noch ein Administrationsprogramm zur Verfügung stellen, über das sie die OU verwalten können. Dazu verwenden Sie am besten die Remoteserver-Verwaltungstools (Remote Server Administration Tools, RSAT). Mehr dazu finden Sie in den Kapiteln 3, 4 und 7.

Zusammenfassung

Auch wenn die Verwaltung der Benutzer und die Delegation von Rechten noch sehr ähnlich zu früheren Versionen von Windows Server ist, haben Sie in diesem Kapitel erfahren, dass vor allem im Bereich der Benutzerprofile und der Verwendung von servergespeicherten Profilen in Windows Server 2016/2019 die Möglichkeiten zur Vetwaltung deutlich verbessert wurden.

Im nächsten Kapitel zeigen wir Ihnen, wie Sie mit Gruppenrichtlinien die Konfiguration von Computern und Benutzereinstellungen weitgehend automatisieren.

Kapitel 19

Richtlinien im Windows Server 2019-Netzwerk

In diesem Kapitel:

Die Einstellungen, die Anwender im Windows Server 2019-Netzwerk erhalten, die Anpassungen an den Computern und die Ordnerumleitungen nimmt Windows Server 2019 über Gruppenrichtlinien vor. Sie können die Einstellungen direkt in diesen Richtlinien bearbeiten oder eigene Richtlinien definieren, um bestimmte Einstellungen zu automatisieren.

Mit den Richtlinien in Windows Server 2019 können Sie nicht nur Desktopeinstellungen anpassen, sondern auch sicherheitsrelevante Einstellungen und die Konfiguration von Programmen wie Internet Explorer, Microsoft Edge, Windows-Explorer, Office-Programmen oder die Zuweisung von Sicherheitseinstellungen und Zertifikaten sowie die Konfiguration von Firewallregeln. Für diese Verwaltungsarbeiten stehen die Gruppenrichtlinien zur Verfügung.

Lokale Sicherheitsrichtlinien arbeiten auch unter Windows Server 2019 mit speziellen Registryschlüsseln, die zu keinen permanenten Änderungen der Registry führen. Die Informationen werden so lange in diesen Schlüsseln gehalten, wie die Einstellung in der lokalen Sicherheitsrichtlinie gültig ist.

Erste Schritte mit Richtlinien

Viele Einstellungen der Gruppenrichtlinien in Windows Server 2019 funktionieren nur auf Clients mit Windows 8.1/10, zum Beispiel die Einstellungen für den Datenschutz. Beim Zusammenspiel von Windows Server 2019 und Windows 10 lassen sich auch Gruppenrichtlinien automatisch anwenden, wenn sich ein Client per VPN mit dem Netzwerk verbindet.

Dafür sorgt die DirectAccess-Technik in Windows 10 und Windows Server 2019. Um die Gruppenrichtlinienverwaltung von Windows Server 2019 auf einem Computer mit Windows 10 auszuführen, benötigen Sie die Remoteserver-Verwaltungstools (RSAT), die Sie bei Microsoft herunterladen können (siehe Kapitel 3 und 4).

Über diese Tools lassen sich unter anderem die Richtlinien verwalten. Achten Sie aber darauf, möglichst keine Änderungen an den Einstellungen der Standardrichtlinien von Windows Server 2019 vorzunehmen. Damit Richtlinien angewendet werden, benötigen Clients keine zusätzliche Software, der Beitritt zur Domäne reicht aus.

Hinweis Windows 10 Pro unterstützt nicht alle Gruppenrichtlinieneinstellungen, die Windows 10 Enterprise unterstützt. Beispiel dafür sind die Deaktivierung des Stores oder die Zuweisung eines bestimmten Startmenü-Layouts.

Microsoft hat in der TechNet eine Liste veröffentlicht, welche GPO-Einstellungen nur mit Windows 10 Enterprise und Windows 10 Education (entspricht Windows 10 Enterprise) möglich sind (*https://docs.microsoft.com/de-de/windows/client-management/group-policies-for-enterprise-and-education-editions*).

Verwaltungswerkzeuge für Gruppenrichtlinien

Sie können Gruppenrichtlinien auch über die Windows PowerShell verwalten. Dazu steht das PowerShell-Modul *GroupPolicy* zur Verfügung, das Sie mit dem Befehl *Import-Module GroupPolicy* in Windows PowerShell ISE importieren können. Die PowerShell ist in Windows Server 2019 automatisch installiert, ebenso die grafische Oberfläche (ISE, Integrated Scripting Environment). Die Konfiguration der Gruppenrichtlinien nehmen Sie mit dem Verwaltungsprogramm *Gruppenrichtlinienverwaltung* vor. Sie finden es über das Menü *Tools* den Server-Managers. Über das Kontextmenü einer Richtlinie können Sie deren Bearbeitung starten und Einstellungen ändern.

Sie starten die Gruppenrichtlinienverwaltung auch über *gpmc.msc*. Nach der Installation von Active Directory in Windows Server 2019 gibt es bereits die beiden Gruppenrichtlinienobjekte *Default Domain Controllers Policy* und *Default Domain Policy*. Diese sollten Sie grundsätzlich nicht verändern. Wenn Sie neue Einstellungen vornehmen möchten, definieren Sie möglichst eigene Gruppenrichtlinien und lassen die Einstellungen der Standardrichtlinien unangetastet.

Wichtige Begriffe für Gruppenrichtlinien

Viele Einstellungen, die Sie bei den Benutzern und Clients vornehmen, zum Beispiel Energieverwaltung oder Ordnerumleitung, führt Windows Server 2019 über Richtlinien durch. Bei der Verwendung eigener Einstellungen bietet es sich an, möglichst eigene Gruppenrichtlinienobjekte (Group Policy Objects, GPOs) zu erstellen.

Nach dem Start verbindet sich die Konsole der Gruppenrichtlinienverwaltung (Group Policy Management Console, GPMC) automatisch mit der Domäne. Über das Kontextmenü einer Richtlinie und der Auswahl von *Bearbeiten* startet der Gruppenrichtlinienverwaltungs-Editor. Dieser besteht aus zwei Hälften. Auf der linken Seite können Sie auswählen, für welchen Bereich Sie Einstellungen vornehmen wollen:

- Die Einstellungen unter *Computerkonfiguration* werden auf Server und PCs angewendet, sobald diese gestartet werden.
- Die Einstellungen unter *Benutzerkonfiguration* werden auf die Profile der einzelnen Anwender angewendet, sobald sich diese beim Server anmelden.

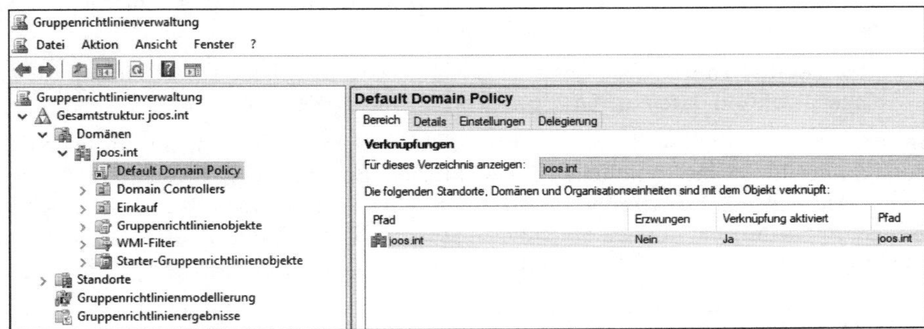

Abbildung 19.1: Richtlinienverwaltung in Windows Server 2019

Die Einstellungen sind jeweils in drei weitere Einträge unterteilt:

- **Softwareeinstellungen** – Über diesen Eintrag können Sie Applikationen automatisch verteilen lassen, deren Installation auf *.msi*-Dateien beruhen.
- **Windows-Einstellungen** – In diesem Bereich befinden sich die meisten Einstellungen, die Sie vornehmen können. Für jede Einstellung finden Sie auch zahlreiche Erklärungen.
- **Administrative Vorlagen** – Hier finden sich Möglichkeiten zur Einstellung und Automatisierung von Windows Server 2019 und Windows Vista/Windows 7/8/8.1/10. Sie können Einstellungen im Explorer, dem Desktop und vielen anderen Funktionen in Windows vornehmen.

Klicken Sie sich durch die Einträge der Konsolenstruktur, werden auf der rechten Seite die Einstellungen angezeigt, die in diesem Bereich verfügbar sind. Öffnen Sie die Einstellungen per Doppelklick, können Sie Änderungen vornehmen, die an die Benutzer bei der Benutzerkonfiguration oder die Server bei der Computerkonfiguration weitergegeben werden.

Die Gruppenrichtlinien ermöglichen auch Einstellungen, bei denen PowerShell-Skripts beim Starten/Herunterfahren beziehungsweise An- oder Abmelden immer vor normalen Skripts ablaufen. Sie finden diese Einstellungen über *Computerkonfiguration/Richtlinien/Administrative Vorlagen/System/Skripts*. Mehr zu diesem Thema erfahren Sie in Kapitel 18. Interessant sind außerdem die erweiterten Starter-Gruppenrichtlinienobjekte. Bei diesen Richtlinien handelt es sich um schreibgeschützte Vorlagen, die Sie bei der Erstellung neuer Richtlinien nutzen können. Wir gehen in diesem Kapitel noch ausführlicher auf diese Themen ein.

Windows Server 2019 unterstützt die Konfiguration der Energiesparoptionen für Windows 10. Dadurch besteht die Möglichkeit, an zentraler Stelle die Energiesparoptionen der Notebooks und PCs festzulegen. Anwender, die ihren PC über Nacht angeschaltet lassen, können so sicherstellen, dass sich ihr Monitor und ihre Festplatte ausschalten, was eine deutliche Kostenreduktion bedeuten kann, da auch für normale Desktop-PCs Energiesparmaßnahmen konfiguriert werden können. Auch der Zugriff auf USB-Sticks kann in Windows Server 2019, zusammen mit Windows 10, konfiguriert werden.

Eine Einstellung in den Gruppenrichtlinien kann verschiedene Zustände annehmen. Diese können Sie in den einzelnen Einstellungen konfigurieren. Viele Einstellungen entsprechenden folgendem Prinzip:

- **Aktiviert –** Bei dieser Einstellung wird die Konfiguration auf das Zielobjekt angewendet und weitergegeben.
- **Deaktiviert –** Bei dieser Einstellung wird die Konfiguration der Gruppenrichtlinie auf dem Server auf den Standard zurückgesetzt.
- **Nicht konfiguriert –** Bei dieser Einstellung wird die lokale Einstellung des Clients beibehalten und durch die Gruppenrichtlinie nicht geändert.

Im Bereich *Hilfe* oder auf der Registerkarte *Erklärung* finden Sie eine ausführliche Erklärung zu der Einstellung und deren Auswirkungen. Bevor Sie eine Einstellung aktivieren, sollten Sie sich möglichst immer die Erklärung genau durchlesen. Bietet eine Richtlinie weitere Einstellungen, können Sie diese entsprechend über Menüs, Dropdownfelder oder die Eingabe von Werten konfigurieren.

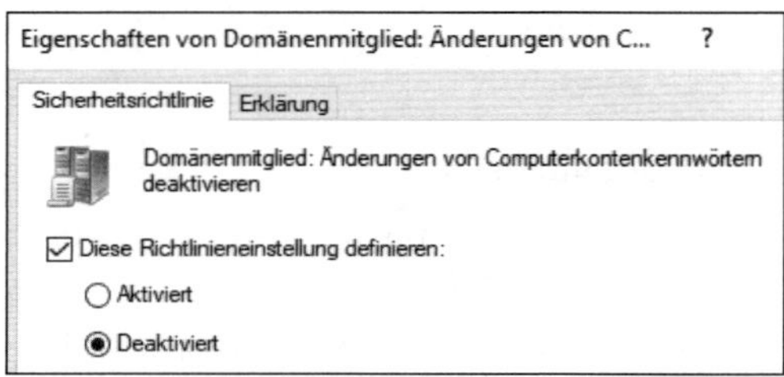

Abbildung 19.2: Einstellungsmöglichkeiten in Gruppenrichtlinien

Gruppenrichtlinien verknüpfen Sie mit einem Container in der Domäne. Wenn Sie über genügend Berechtigungen verfügen, können Sie mit einer zentralen GPMC die Gruppenrichtlinien mehrerer Domänen und sogar Gesamtstrukturen verwalten. Standardmäßig werden Sie bereits mit der lokalen Domäne, dem PDC-Emulator dieser Domäne und damit mit Ihrer Gesamtstruktur verbunden. Wenn Sie weitere Domänen Ihrer Gesamtstruktur anzeigen lassen wollen, klicken Sie in der GPMC mit der rechten Maustaste auf den Knoten *Domänen* und wählen im Kontextmenü den Befehl *Domänen anzeigen* aus. Danach können Sie alle Domänen aktivieren, die in Ihrer Gesamtstruktur vorhanden sind.

Standardmäßig verbindet sich die GPMC automatisch mit dem PDC-Emulator der Domäne, da dieser für die Verwaltung der Gruppenrichtlinien zuständig ist. Wollen Sie jedoch einen anderen Domänencontroller auswählen, zum Beispiel weil der Zugriff auf den PDC-Emulator zu langsam ist, wenn Sie in einer Niederlassung Gruppenrichtlinien verwalten, klicken Sie in der GPMC mit der rechten Maustaste auf die Domäne und wählen im Kontextmenü die Option *Domänencontroller ändern.*

Unterhalb jeder Organisationseinheit werden die Gruppenrichtlinien angezeigt, die mit ihr verknüpft wurden. Sie können in der GPMC auch neue Organisationseinheiten erstellen und Verknüpfungen zwischen den neuen OUs und Gruppenrichtlinien einrichten.

Gruppenrichtlinien-Einstellungen effizient einsetzen

Ein wichtiger Punkt im Bereich der Richtlinienverwaltung ist der Knoten *Einstellungen (Preferences)* unter den Richtlinieneinstellungen, wenn Sie die Bearbeitung einer Richtlinie in der Gruppenrichtlinienverwaltung starten. Über diese Vorgaben definieren Sie Einstellungsvorschläge, die Anwender nicht zwingend übernehmen müssen. Das heißt, Sie geben bestimmte Einstellungen vor, die jedoch vom Anwender geändert werden können. Die Einstellungen setzt das Betriebssystem um, lässt aber Anwendern die Möglichkeit, sie selbst zu ändern. Das verhält sich bei Gruppenrichtlinien anders. Einstellungen, die Sie hier umsetzen, sind im Betriebssystem deaktiviert und lassen sich nicht mehr ändern.

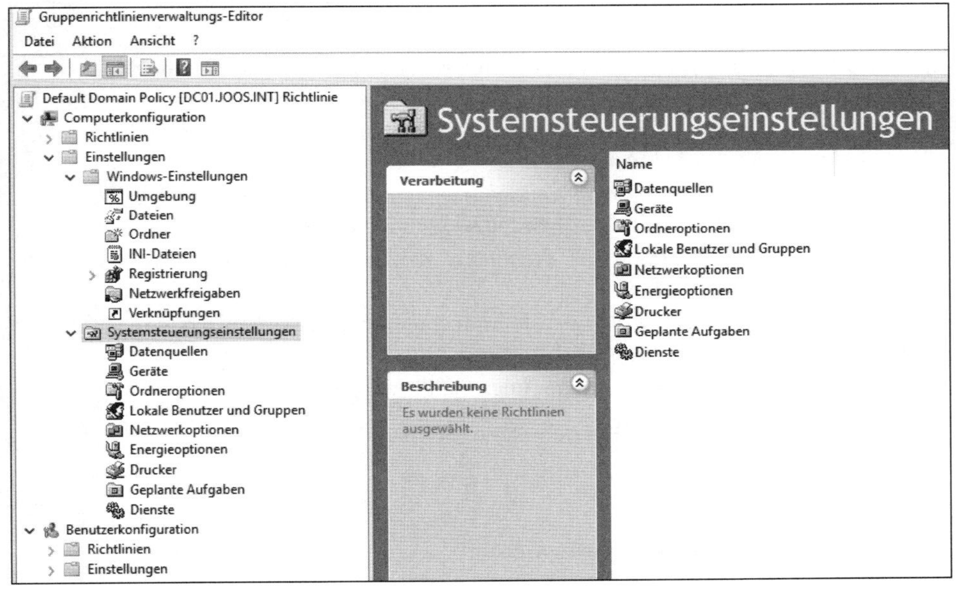

Abbildung 19.3: Verwenden von Einstellungen in Gruppenrichtlinien

Richtlinien sind also feste Vorgaben, die Anwender auch zwingend übernehmen müssen. Eine Änderung auf dem Client ist nicht möglich, da die Richtlinie die entsprechenden Einstellungen deaktiviert. Setzen Sie in den Gruppenrichtlinien Anpassungen um, können Anwender auf ihren Computern entweder gar keine Änderungen in diesem Bereich mehr vornehmen, da diese abgeblendet dargestellt sind, oder die Einstellungen werden beim Neustart wieder durch die Richtlinien überschrieben.

Über den Knoten *Einstellungen* lassen sich hingegen Vorgaben festlegen, die von den Clientcomputern auch übernommen werden, genauso wie herkömmliche Richtlinien. Nehmen Sie Anpassungen über den Knoten *Einstellungen* vor, bleiben diese auch dann auf den Rechnern erhalten, wenn Sie sie wieder entfernen.

Anwender können solche Einstellungen aber selbst lokal anpassen. Nehmen Sie im Knoten *Einstellungen* im Gruppenrichtlinienverwaltungs-Editor Einstellungen vor, verwendet dieser Editor die gleiche grafische Oberfläche wie die entsprechende Einstellung auf dem Computer selbst.

Sie wählen die Einstellungen aus, klicken mit der rechten Maustaste in den Ergebnisbereich rechts und wählen im Kontextmenü den Eintrag *Neu*. Anschließend können Sie Einstellungen vorgeben, die an die Computer übergeben werden. Über die Einstellungen können Sie beispielsweise auch neue Ordner oder Dateien im Dateisystem auf den Rechnern anlegen lassen.

Über die Registerkarte *Gemeinsam* einer solchen Einstellung können Sie darüber hinaus über Filter genau auswählen, auf welche Art von Rechnern die Richtlinie angewendet werden soll. Über diese Einstellungen können Sie beispielsweise auch Netzwerkfreigaben verbinden lassen. Die Einstellungen sind selbsterklärend. Um Einstellungen zu erstellen, gehen Sie folgendermaßen vor:

1. Starten Sie die Gruppenrichtlinienverwaltung, z. B. über das Menü *Tools* im Server-Manager.
2. Klicken Sie mit der rechten Maustaste auf *Gruppenrichtlinienobjekte* und wählen Sie im Kontextmenü den Eintrag *Neu*.
3. Erstellen Sie eine neue Gruppenrichtlinie, klicken Sie diese mit der rechten Maustaste an und wählen Sie *Bearbeiten*.
4. Klicken Sie unter *Computerkonfiguration* oder *Benutzerkonfiguration* auf *Einstellungen*. Gruppenrichtlinien steuern Sie über den Knoten *Richtlinien*.
5. Wählen Sie die Einstellung aus, die Sie auf den Rechnern vorgeben, auf die Sie die Richtlinie anwenden wollen.
6. Klicken Sie mit der rechten Maustaste im rechten Bereich des Fensters und wählen Sie im Kontextmenü den Eintrag *Neu*.
7. Erstellen Sie die Einstellung und nehmen Sie Ihre Änderungen vor.

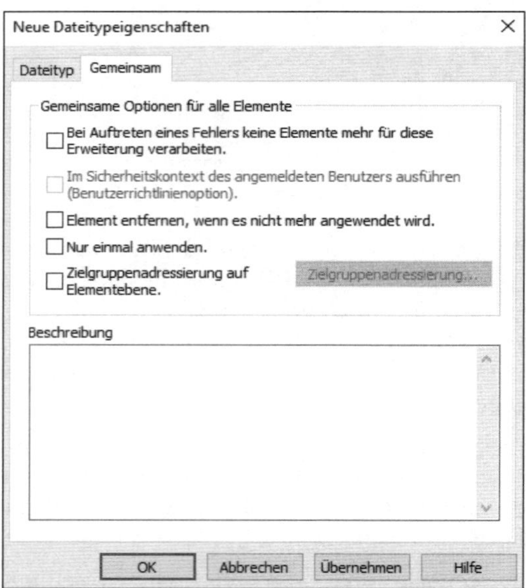

Abbildung 19.4: Erstellen einer neuen Einstellung

Wählen Sie auf der Registerkarte *Gemeinsam* oder *Gemeinsame Optionen* über *Zielgruppenadressierung* die Filterung aus, auf deren Basis Sie die Durchführung der Richtlinie starten wollen. Anschließend müssen Sie die neue Richtlinie mit den Einstellungen noch mit der Domäne oder einer bestimmten Gruppe verknüpfen. Wie das geht, zeigen wir Ihnen in den folgenden Abschnitten zur Verwaltung von herkömmlichen Gruppenrichtlinien.

Diese Möglichkeiten in den Richtlinien dienen also vor allem der Anpassung einzelner Werte. Sie können auch Sammlungen erstellen. Dabei handelt es sich um mehrere Werte, die in einer Ordnerhierarchie angeordnet werden. Um zum Beispiel einen neuen Wert in der Registry zu erstellen, wählen Sie also *Registrierungselement* im Kontextmenü von *Registrierung* aus. Über einen Browser kann der gewünschte Registrypfad ausgewählt werden, ähnlich zum Registry-Editor auf dem lokalen Rechner.

Wird als Option *Aktualisieren* gewählt, setzt die Einstellung den Wert immer auf den festgelegten Wert zurück, auch wenn ein Benutzer diesen lokal ändert. Bei der Auswahl von *Ersetzen* wird der lokale Pfad auf dem Rechner dagegen gelöscht und durch den Wert in der Einstellung ersetzt. Das ist nicht immer empfohlen. Als Aktion lassen sich aber auch neue Werte erstellen oder Werte löschen.

Über die Option *Neu/Registrierungs-Assistent* können Sie Einstellungen von einem Quellrechner exportieren und auf die Zielrechner importieren, denen die gewünschte Gruppenrichtlinieneinstellung zugeordnet wird. In den neuen Fenstern können Sie Einstellungen festlegen, die an die Computer übergeben werden sollen.

Über die Registerkarte *Gemeinsame Optionen* einer neuen Einstellung können Sie über Filter auswählen, auf welche Art von Rechnern die Richtlinie angewendet werden soll. Dieser Filter ist unabhängig von der tatsächlichen Gruppenrichtlinie. Das heißt, die Gruppenrichtlinie wird auf eine bestimmte OU mit Computerkonten oder Benutzern angelegt, danach legt der Filter in den Einstellungen noch fest, auf welchen Rechnern in dieser OU die Registry-Einstellung angepasst wird. Wählen Sie auf der Registerkarte *Gemeinsame Optionen* über die Schaltfläche *Zielgruppenadressierung* die Filterung aus, auf deren Basis Sie die Durchführung der Richtlinie starten wollen, stehen verschiedene Optionen zur Verfügung. Anschließend muss die neue Richtlinie mit den Einstellungen noch mit der Domäne oder einer bestimmten Gruppe verknüpft werden. Die Vorgehensweise dazu entspricht der Vorgehensweise bei normalen Richtlinien.

Registry-Einstellungen von Gruppenrichtlinien herausfinden

Eine Möglichkeit, um nach Gruppenrichtlinien-Einstellungen zu suchen, ist die Internetseite Group Policy Search (*http://gpsearch.azurewebsites.net*). Sie können hier in einer Baumstruktur nach bestimmten Einstellungen suchen. Auf der rechten Seite sehen Sie für die entsprechende Einstellung die genaue Bezeichnung und vor allem den Registrykey und -wert, der geändert wird. Interessant ist das zum Beispiel, wenn Sie Einstellungen auch auf Rechnern vornehmen wollen, die keine Gruppenrichtlinien unterstützen. Sie können auf der Internetseite auch nach Gruppenrichtlinien suchen lassen.

NIT-GPOSearch (*https://www.software-virtualisierung.de/download/nit-gposearch-2.html*) liest die Gruppenrichtlinien-Vorlagen in Ihrem Netzwerk ein und erlaubt die Suche nach bestimmten Einstellungen. Geben Sie zum Beispiel *Desktop* ein, erhalten Sie als Suchergebnis alle Gruppenrichtlinieneinstellungen, die Ihnen dabei helfen, den Desktop von Rechnern einzustellen.

Gruppenrichtlinien verwalten

Wenn Sie mit der Verwaltung von Gruppenrichtlinien beginnen, sollten Sie zunächst zwei Definitionen verstehen, die oft verwechselt werden. Beide Bereiche tauchen auch in der Gruppenrichtlinienverwaltung auf:

- Gruppenrichtlinienobjekte (Group Policy Objects, GPOs)
- Gruppenrichtlinienverknüpfungen

Allgemein wird oft von Gruppenrichtlinien gesprochen. Damit sind meist die GPOs gemeint. Ein GPO ist eine Gruppenrichtlinie, in der Einstellungen vorgenommen und gespeichert sind. Diese Einstellungen legen für Benutzer-PCs oder Benutzerkonten fest, wie sich die Systeme verhalten, zum Beispiel die automatische Konfiguration des Internet Explorers oder von Microsoft Edge in Windows 10.

Diese Einstellungen sind innerhalb eines Containers, des GPO, gespeichert. Damit diese Einstellungen angewendet werden, muss das GPO mit Organisationseinheiten oder einer Domäne verknüpft sein. Erst dann wenden die Computer in der Domäne ihre Einstellungen auf die entsprechende OU oder die ganze Domäne an. In diesem Fall spricht man von Gruppenrichtlinienverknüpfungen. Ein GPO kann nicht nur mit einer OU verknüpft sein, sondern mit mehreren. Wenn Sie Einstellungen in einem GPO ändern, wendet es diese Änderungen auf alle verknüpften OUs an. Ändern Sie aber Einstellungen in einem GPO ab, das noch nicht mit einer OU verknüpft ist, übernehmen Computer auch keinerlei Änderungen. Diese erfolgen erst dann, wenn das GPO verknüpft ist.

Neue Gruppenrichtlinie erstellen

Um Einstellungen per Gruppenrichtlinie an die PCs, Server oder Benutzerkonten in Ihrem Netzwerk weiterzugeben, ist es am besten, immer nach der gleichen Vorgehensweise zu verfahren:

1. Planen der Einstellungen für die Richtlinie
2. Festlegen der OUs, auf die die Richtlinie angewendet werden soll
3. Erstellen des GPO
4. Konfiguration der Einstellungen des GPO
5. Verlinken (Verknüpfen) des GPO mit den gewünschten OUs
6. Testen der Einstellungen
7. Fehlerbehebung, wenn etwas nicht funktioniert

Um ein neues GPO zu erstellen, klicken Sie in der Gruppenrichtlinienverwaltung auf den Knoten *Gruppenrichtlinienobjekte* und wählen im Kontextmenü den Befehl *Neu* aus. Geben Sie danach dem GPO einen passenden Namen, der wiedergibt, welche Einstellungen mit ihm verteilt werden.

Das GPO wird unter dem Menüpunkt *Gruppenrichtlinienobjekte* angezeigt. Hier finden Sie alle GPOs, die Sie erstellt haben oder die Windows Server 2019 bereits automatisch angelegt hat. Interessant an dieser Stelle sind auch die Starter-Gruppenrichtlinienobjekte, die als eine Art Vorlage dienen. Erstellen Sie eine neue Richtlinie, können Sie eine Starter-Richtlinie auswählen und deren bereits vorhandenen Einstellungen in die neue Richtlinie übernehmen. Klicken Sie auf den Knoten *Starter-Gruppenrichtlinienobjekte*, können Sie in Windows Server 2019 Vorlagen erstellen lassen.

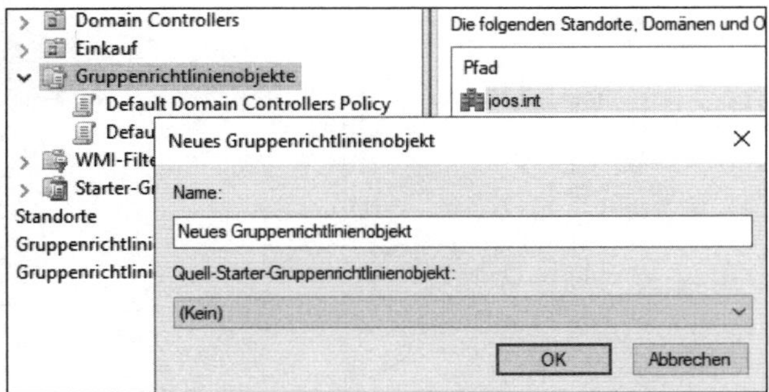

Abbildung 19.5: Erstellen und Verwalten von neuen Gruppenrichtlinienobjekten

Nach der Erstellung des Gruppenrichtlinienobjekts (GPO) ist dieses in der Domäne vorhanden. Allerdings gibt das GPO keine Einstellungen weiter, da es noch keine enthält und nicht verknüpft ist.

Der nächste Schritt besteht daher darin, die Gruppenrichtlinie zu bearbeiten und die Einstellungen vorzunehmen, die Sie an die Arbeitsstationen verteilen wollen. In diesem Beispiel zeigen wir Ihnen die notwendigen Einstellungen dafür, dass automatisch auf allen Rechnern im Netzwerk der Proxyserver eingetragen ist, und weitere im Internet Explorer, Microsoft Edge oder für andere Browser.

Klicken Sie im Knoten *Gruppenrichtlinienobjekte* mit der rechten Maustaste auf das neu erstellte GPO und wählen Sie im Kontextmenü den Eintrag *Bearbeiten* aus. Damit öffnet sich der Gruppenrichtlinienverwaltungs-Editor, mit dessen Hilfe Sie die Einstellungen innerhalb des GPO vornehmen. Der Gruppenrichtlinienverwaltungs-Editor besteht aus zwei Hälften. Auf der linken Seite können Sie auswählen, für welchen Bereich Sie Einstellungen vornehmen wollen. Gruppenrichtlinieneinstellungen nehmen Sie über den Knoten *Richtlinien* vor.

- Die Einstellungen unter *Computerkonfiguration* wenden PCs beim Starten an.
- Die Einstellungen unter *Benutzerkonfiguration* wendet Windows an, wenn sich ein Benutzer am PC anmeldet.

Wenn Sie sich durch die Knoten auf der linken Seite klicken, sehen Sie auf der rechten Seite die Einstellungen, die in diesem Bereich verfügbar sind. Öffnen Sie die Einstellungen einer Gruppenrichtlinie per Doppelklick, können Sie Konfigurationen vornehmen, die an die Benutzer bei der Benutzerkonfiguration oder die PCs bei der Computerkonfiguration weitergegeben werden.

GPO mit einem Container verknüpfen

Damit die Einstellungen in der Gruppenrichtlinie angewendet werden, müssen Sie diese mit einer OU oder der ganzen Domäne verknüpfen. Klicken Sie dazu in der Gruppenrichtlinienverwaltung mit der rechten Maustaste entweder auf die OU, mit der Sie dieses GPO verknüpfen wollen, oder auf die Domäne. Wählen Sie im Kontextmenü den Eintrag *Vorhandenes Gruppenrichtlinienobjekt verknüpfen* aus. Sie können auch direkt in der Gruppenrichtlinienverwaltung neue Organisationseinheiten erstellen.

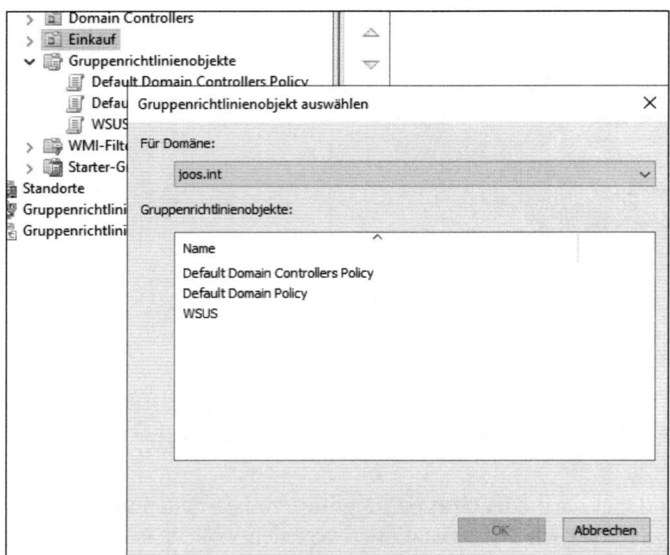

Abbildung 19.6: Verknüpfen eines GPO mit einem Container im Windows Server 2019-Netzwerk

Es öffnet sich ein Fenster, in dem Ihnen alle Gruppenrichtlinien angezeigt werden, die in der Domäne bereits konfiguriert sind. Wählen Sie in dem Fenster das GPO aus und bestätigen Sie mit *OK*. Nach der erfolgreichen Auswahl wird die Verknüpfung des GPO unterhalb der Domäne beziehungsweise der entsprechenden Organisationseinheit angezeigt.

Sie können das GPO auch nur mit einzelnen und so vielen OUs verknüpfen, wie Sie wollen. Wenn Sie später eine Änderung an dem GPO vornehmen, wird diese Änderung automatisch an alle verknüpften OUs weitergegeben. In der Gruppenrichtlinienverwaltung erkennen Sie durch die Baumstruktur unter jedem Container, welche Gruppenrichtlinien verknüpft sind. Ab diesem Moment ist das GPO aktiv, da Einstellungen innerhalb des GPO vorgenommen wurden und es verknüpft ist. Als Nächstes können Sie testen, ob die Einstellungen auch übernommen wurden.

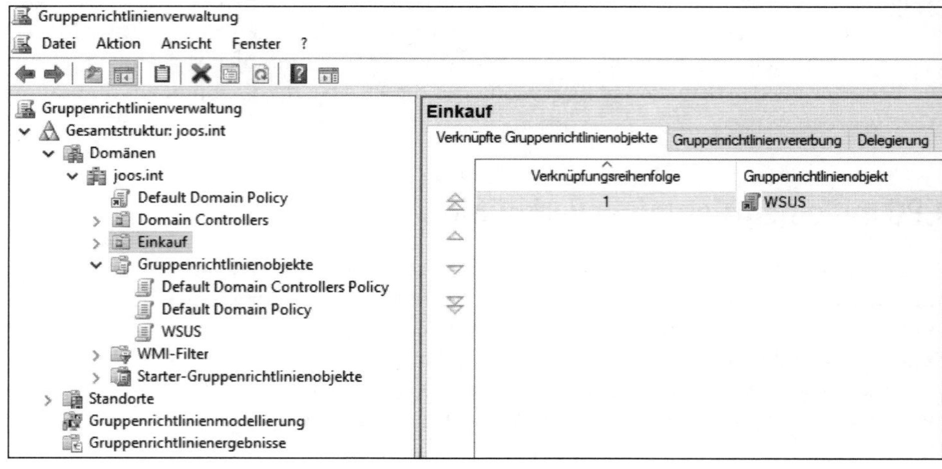

Abbildung 19.7: Anzeigen der verknüpften GPOs

Gruppenrichtlinien erzwingen und Priorität erhöhen

Da Sie mehrere GPOs mit einer OU verknüpfen können, lässt sich die Priorität von Richtlinien so setzen, dass eine Richtlinie immer vor einer anderen gestartet wird. Außerdem besteht die Möglichkeit, eine Einstellung in einer Richtlinie zu setzen und in einer anderen Richtlinie wieder zurückzunehmen, zum Beispiel in einer untergeordneten OU.

Sie haben auch die Möglichkeit, eine Einstellung zu erzwingen. Das heißt, auch wenn in untergeordneten OUs eine Einstellung wieder rückgängig gemacht wird, bleibt die Einstellung so gesetzt, wie in der erzwungenen Richtlinie konfiguriert. Sie können zum Beispiel verlangen, dass nach einer gewissen Zeit der Bildschirmschoner auf den Arbeitsstationen aktiviert wird und Anwender ein Kennwort eingeben müssen, wenn der Bildschirm entsperrt werden soll. Das ist vor allem dann sinnvoll, wenn Anwender ihren Platz verlassen.

Falls der Bildschirm nicht gesperrt ist, können ungehindert andere Anwender unter dem Namen des angemeldeten Benutzers Aktionen durchführen. Sie finden die Einstellungen für Bildschirmschoner unter *Benutzerkonfiguration/Richtlinien/Administrative Vorlagen/Systemsteuerung/Anpassung*. Auf der rechten Seite können Sie verschiedene Einstellungen vornehmen, auch den Sperrbildschirm von Windows 10 deaktivieren. Hier können Sie zum Beispiel ein bestimmtes Hintergrundbild für den Anmeldebildschirm festlegen und verhindern, dass Anwender Startseite und Anmeldebildschirm anpassen.

Zur Konfiguration können Sie entweder ein neues GPO erstellen oder ein bereits vorhandenes konfigurieren. Die Standardrichtlinien sollten Sie möglichst auch bei einer solchen Konfiguration nicht ändern. Konfigurieren Sie die folgenden Einstellungen:

- *Bildschirmschoner aktivieren* auf *Aktiviert*
- *Kennwortschutz für den Bildschirmschoner verwenden* ebenfalls auf *Aktiviert*
- *Zeitlimit für Bildschirmschoner* auf *Aktiviert* und als Einstellung 600 Sekunden bis zur Aktivierung

Haben Sie die gewünschten Eintragungen vorgenommen, können Sie den Gruppenrichtlinienverwaltungs-Editor wieder schließen. Verknüpfen Sie die erstellte Richtlinie mit der Domäne oder einer OU.

Wenn Sie die Richtlinie erstellt und verknüpft haben, klicken Sie die Domäne in der Gruppenrichtlinienverwaltung an. Auf der rechten Seite sehen Sie alle Gruppenrichtlinien, die direkt mit der Domäne verknüpft sind. Markieren Sie die Verknüpfung der Bildschirmschoner-Richtlinie auf der rechten Seite der Gruppenrichtlinienverwaltung und klicken Sie auf die Pfeile, bis die Verknüpfung ganz oben angeordnet ist. Dadurch ist sichergestellt, dass diese Verknüpfung und die Einstellungen des verknüpften GPO zuerst angewendet werden.

Durch die Vererbung von Gruppenrichtlinien besteht die Möglichkeit, dass die Einstellung einer Gruppenrichtlinie durch eine andere Gruppenrichtlinie, die in einer untergeordneten OU definiert ist, überschrieben wird.

Für Benutzer innerhalb eines Containers gilt immer die zuletzt angewendete Richtlinie. Wenn also in der Domänenrichtlinie eine Einstellung gesetzt wird, die in der OU des Benutzers zurückgenommen wird, gilt das auch für den Benutzer. Wenn Domänenadministratoren sicherstellen wollen, dass gewisse Gruppenrichtlinien nicht überschrieben werden, besteht die Möglichkeit, die Einstellungen dieser Richtlinie zu erzwingen. In diesem Fall kann von untergeordneten Organisationseinheiten die Durchsetzung dieser Gruppenrichtlinie nicht verhindert werden.

Sie können eine Gruppenrichtlinie erzwingen lassen, indem Sie auf der rechten Seite der Gruppenrichtlinienverwaltung auf der Registerkarte *Verknüpfte Gruppenrichtlinienobjekte* die Verknüpfung mit der rechten Maustaste anklicken. Wählen Sie im daraufhin geöffneten Kontextmenü den Eintrag *Erzwungen* aus.

Nach der Auswahl erscheint eine Meldung, in der Sie das Erzwingen der Richtlinie bestätigen müssen. Nach der Bestätigung wird die Richtlinie als *Erzwungen* angezeigt. Dadurch stellen Sie sicher, dass diese Einstellungen für alle Benutzer der Domäne Gültigkeit haben und in keiner OU aufgehoben werden können.

Wenn Sie anschließend eine untergeordnete OU aktivieren, sehen Sie auf der rechten Seite auf der Registerkarte *Gruppenrichtlinienvererbung*, dass die Richtlinie auch hier als *Erzwungen* angezeigt wird. Das heißt, die Anwendung dieser Richtlinie kann nicht verhindert werden.

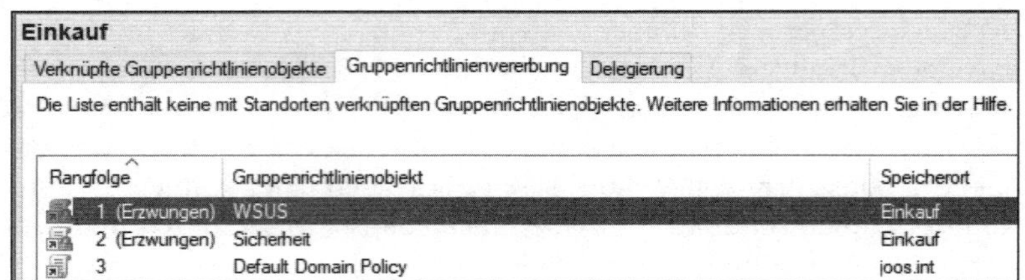

Abbildung 19.8: Anzeige von erzwungenen Richtlinien in der Gruppenrichtlinienvererbung

Vererbung für Gruppenrichtlinien deaktivieren

Für manche Gruppenrichtlinien ist es unter Umständen sinnvoll, die standardmäßige Vererbung zu deaktivieren. Wenn Sie zum Beispiel in allen OUs einer Domäne Einstellungen weitergeben wollen, nur in einer OU nicht, können Sie in dieser OU die Verwendung der Richtlinie deaktivieren, auch wenn diese mit der ganzen Domäne verknüpft ist.

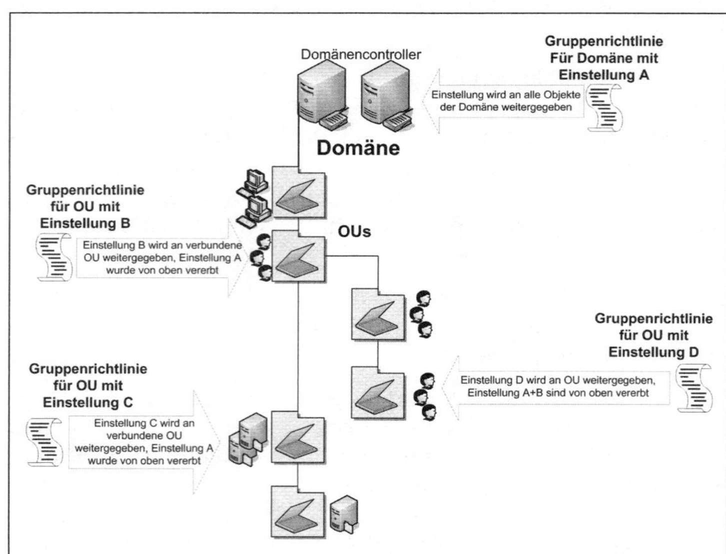

Abbildung 19.9: Gruppenrichtlinien vererben sich in Domänen nach unten.

Die Grenzen von Gruppenrichtlinien stellen immer Domänen dar. Über Domänen hinweg lassen sich keine Gruppenrichtlinien festlegen.

Wenn Sie die entsprechende OU in der Gruppenrichtlinienverwaltung anklicken, können Sie auf der rechten Seite der Konsole auf der Registerkarte *Gruppenrichtlinienvererbung* erkennen, welche Verknüpfungen von übergeordneten OUs auf diese OU übernommen – also vererbt – werden. Sie können allerdings nicht die Vererbung einzelner Gruppenrichtlinien deaktivieren, sondern nur die Vererbung als Ganzes.

Klicken Sie dazu in der Gruppenrichtlinienverwaltung mit der rechten Maustaste auf die OU, für die Sie die Vererbung deaktivieren wollen, und wählen Sie im Kontextmenü den Eintrag *Vererbung deaktivieren* aus.

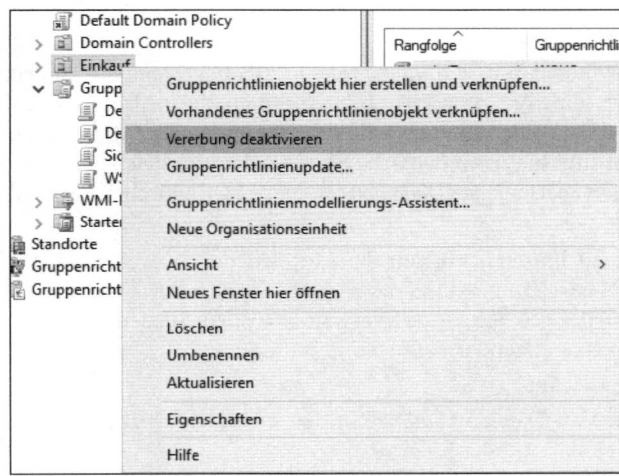

Abbildung 19.10: Vererbung für eine OU deaktivieren

Nachdem Sie die Vererbung von Gruppenrichtlinien für eine OU deaktiviert haben, wird diese OU in der Gruppenrichtlinienverwaltung mit einem blauen Kreis und einem weißen Ausrufezeichen angezeigt.

Auf die gleiche Weise können Sie die Vererbung auch wieder aktivieren. Auf der Registerkarte *Gruppenrichtlinienvererbung* werden jetzt nur noch die Gruppenrichtlinien angezeigt, die erzwungen werden. Achten Sie darauf, dass Sie bei der Deaktivierung der Vererbung die Richtlinien manuell mit der OU verknüpfen. Erzwungene Gruppenrichtlinien lassen sich durch die Deaktivierung der Vererbung nicht deaktivieren. Diese Richtlinien bleiben immer aktiv.

Administration von domänenbasierten GPOs mit ADMX-Dateien

Zentral gespeicherte ADMX-Dateien ermöglichen es den Administratoren, domänenbasierte GPOs mit den gleichen ADMX-Dateien zu bearbeiten. Wenn Sie die ADMX-Dateien nicht zentral speichern, funktioniert das Bearbeiten der GPOs genauso wie im vorherigen Abschnitt bei der Bearbeitung.

Nachdem Sie einen zentralen Speicherort eingerichtet haben, nutzen Gruppenrichtlinientools nur noch diese zentral gespeicherten ADMX-Dateien und ignorieren die lokalen Versionen. Die Ordnerstruktur für die zentrale Speicherung befindet sich im *SYSVOL*-Ordner auf den Domänencontrollern. Sie müssen diesen nur einmal pro Domäne erstellen. Der Dateireplikationsdienst repliziert ihn dann auf alle anderen Domänencontroller der jeweiligen Domäne. Es wird empfohlen, die Ordnerstruktur auf dem PDC-Emulator der Domäne zu erstellen. Da sie sich standardmäßig mit dem PDC-Emulator verbinden, können die Gruppenrichtlinientools so schneller auf die ADMX-Dateien zugreifen. Der zentrale Speicherort setzt sich folgendermaßen zusammen:

- Ein Stammordner, in dem alle sprachneutralen ADMX-Dateien enthalten sind
- Unterordner mit den sprachspezifischen ADML-Dateien

Zum Erstellen eines zentralen Speicherortes für ADMX-Dateien gehen Sie wie folgt vor:

1. Erstellen Sie auf Ihrem Domänencontroller einen Stammordner: *%SystemRoot%\SYSVOL\domain\Policies\PolicyDefinitions*.
2. Erstellen Sie unter *%SystemRoot%\SYSVOL\domain\Policies\PolicyDefinitions* einen Unterordner für jede Sprache, die von Ihren Gruppenrichtlinienadministratoren verwendet wird. Jeder Unterordner sollte entsprechend der passenden ISO-Abkürzung benannt werden. Der Unterordner für einen deutsche Server sieht zum Beispiel so aus: *%SystemRoot%\SYSVOL\domain\Policies\PolicyDefinitions\de-DE*. Für Englisch/USA wird *en-US* verwendet.

Um diese Schritte durchführen zu können, müssen Sie Mitglied der Active Directory-Gruppe *Domänen-Admins* sein. Nach der Erstellung des zentralen Speicherorts müssen Sie die ADMX-Dateien, deren Einstellungen Sie zentral verwalten wollen, in den zentralen Speicherort kopieren. Gehen Sie dazu folgendermaßen vor:

1. Öffnen Sie eine Eingabeaufforderung.
2. Kopieren Sie alle sprachneutralen Dateien (**.admx*) in den zentralen Ordner *\PolicyDefinitions*.
3. Kopieren Sie alle sprachspezifischen Dateien (**.adml*) in die entsprechenden Unterordner.

Tipp

Neben Windows 10 lassen sich auch für Office Vorlagen für Gruppenrichtlinien herunterladen und einbinden. Die Richtlinien ermöglichen den sicheren Betrieb von Office-Programmen auf Rechnern mit Windows 10.

Auch viele Einstellungen für Office 2010/2013/2016/2019 lassen sich über Gruppenrichtlinien durchführen. Im Downloadcenter stellt Microsoft Gruppenrichtlinienvorlagen zur Verfügung, über die Sie Office 2010/2013/2016/2019 per Richtlinie anpassen können.

Damit sich diese verwenden lassen, müssen Sie die *.admx*-Dateien nach dem Entpacken auf dem Domänencontroller in den Ordner *C:\Windows\PolicyDefinitions* kopieren. Die Gruppenrichtlinien-Sprachdateien (*.adml*) müssen Sie aus dem jeweiligen Sprachenordner in den entsprechenden Ordner unterhalb von *C:\Windows\PolicyDefinitions* kopieren.

Die aktuellen Richtlinienvorlagen für Windows 10 finden Sie ebenfalls im Microsoft Download-Center.

Sicherheitseinstellungen in Windows 10 mit Richtlinien steuern

In den folgenden Abschnitten gehen wir auf wichtige Sicherheitseinstellungen ein, mit denen Sie Windows 10 in einem Netzwerk mit Windows Server 2019 sicher betreiben können.

Microsoft Store, Cortana und Datensammlungen in Windows 10 sperren

Wollen Sie auf Rechnern den App-Store sperren, damit andere Anwender keine Apps installieren, haben Sie die Möglichkeit, den Gruppenrichtlinienverwaltungs-Editor zu verwenden. Dieser steht zwar in den Editionen Pro und Enterprise von Windows 10 zur Verfügung, allerdings funktioniert die Sperrung des Stores nur in Windows 10 Enterprise und Education.

Navigieren Sie zu *Computerkonfiguration/Richtlinien/Administrative Vorlagen/Windows-Komponenten/Store*. Aktivieren Sie die Richtlinieneinstellungen zur Deaktivierung des kompletten Stores oder nur das automatische Herunterladen von Updates. Starten Anwender nach der Einrichtung den Store, erscheint eine entsprechende Meldung.

Unternehmen, die Windows 10 Enterprise nutzen, können weitere Sicherheitseinstellungen setzen, die in Windows 10 Pro nicht verfügbar sind. Besonders interessant ist in diesem Bereich die Richtlinieneinstellung *Computerkonfiguration/Richtlinien/Administrative Vorlagen/Windows-Komponenten/Datensammlung und Vorabversionen*. Diese Einstellungen können Sie nutzen, um den Datenschutz zu verbessern, da Windows 10 durch die Aktivierung weniger Daten ins Internet sendet.

Über Gruppenrichtlinieneinstellungen lässt sich Cortana generell recht gut steuern. Dazu nutzen Sie die Einstellung *Nicht im Web suchen und keine Webergebnisse in der Suche anzeigen* bei *Computerkonfiguration/Richtlinien/Administrative Vorlagen/Windows-Komponenten/Suche*. Durch die Aktivierung dieser Option wird verhindert, dass Anwender über Cortana im Internet nach Informationen suchen. Bei solchen Suchvorgängen werden auch Informationen des lokalen Rechners in das Internet gesendet und in der Cloud gespeichert. Das ist nicht immer im Interesse des Unternehmens.

Mit der Richtlinieneinstellung *Cortana zulassen* können Sie über die Option *Deaktivieren* Cortana per Richtlinie komplett deaktivieren. Die herkömmliche Standard-Suche in Windows funktioniert danach problemlos weiterhin.

Mit der Einstellung *Cortana auf Sperrbildschirm zulassen* wird festgelegt, ob die Cortana-Funktion auf Windows 10-Rechnern erlaubt sein soll. Dies bietet die Möglichkeit, Cortana auch dann zu nutzen, wenn der Rechner gesperrt ist.

Microsoft Edge mit Richtlinien steuern

Der Nachfolger des Internet Explorers wird in Windows 10 ständig ausgebaut. Es ist zum Beispiel möglich, Erweiterungen zu installieren. Das ist allerdings in Unternehmen nicht immer gewünscht. Auch Microsoft Edge lässt sich über Gruppenrichtlinien steuern. Zu finden sind die Einstellungsmöglichkeiten über *Computerkonfiguration/Richtlinien/Administrative Vorlagen/Windows-Komponenten/Microsoft Edge*. Hier können Sie zahlreiche Einstellungen vornehmen, um die Arbeit mit Microsoft Edge zu verbessern.

In den Gruppenrichtlinien-Einstellungen von Microsoft Edge können Sie Cookies verbieten und auch die Skriptausführung in Edge blockieren. Außerdem können Sie an dieser Stelle festlegen, dass die Anwender keine Erweiterungen im Browser installieren dürfen. Dazu deaktivieren Sie die Richtlinieneinstellung *Erweiterungen zulassen*.

Windows 10 Pro bietet seit Version 1803 auch die Möglichkeit, das Sandbox-System *Windows Defender Application Guard* für Microsoft Edge zu nutzen. Dazu kommt die Möglichkeit, per Gruppenrichtlinien den Download von Dateien in Application-Guard-Fenstern zu erlauben.

Auf englischen Windows 10-Versionen ist die Einstellung über *Computer Configuration/Policies/Administrative Templates/Windows Components/Windows Defender Application Guard* zu finden. Auf deutschen Rechnern befindet sich die entsprechende Einstellung bei *Computerkonfiguration/Richtlinien/Administrative Vorlagen/Windows-Komponenten/Windows Defender Application Guard*.

Sicherheitseinstellungen für das Netzwerk steuern

In manchen Situationen kann es passieren, dass Windows 10 oder Windows Server 2019 den aktuellen Netzwerktyp nicht erkennt und so einen falschen Netzwerktyp (öffentlich, privat oder Arbeitsplatz/Domäne) verwendet. Dies äußert sich in Problemen beim Netzwerkzugriff, vor allem bei Notebooks oder Heimarbeitsplätzen. Sie haben in Windows 10 Pro und Enterprise die Möglichkeit, über Gruppenrichtlinien nicht identifizierte Netzwerke manuell zuzuordnen:

1. Navigieren Sie zu *Computerkonfiguration/Richtlinien/Windows-Einstellungen/Sicherheitseinstellungen/Netzwerklisten-Manager-Richtlinien*.
2. Öffnen Sie die Einstellung *Nicht identifizierte Netzwerke*.
3. Legen Sie hier die gewünschte Einstellung fest.

Die Einstellungen sind in der Einstellungen-App von Windows 10 über *Netzwerk und Internet* zu finden. Durch einen Klick auf den Netzwerktyp (Ethernet) und der Auswahl des Netzwerks kann das Netzwerkprofil durch einen Klick geändert werden.

Das Netzwerkprofil kann auch über die Registry geändert werden. Die Einstellungen dazu stehen im Pfad *HKEY_LOCAL_MACHINE\SOFTWARE\Microsoft\Windows NT\CurrentVersion\Networklist\Profiles*. Für jede Netzwerkverbindung gibt es ein eigenes Profil. Unterhalb des Profils befindet sich der Eintrag *Category*. Durch Änderung des Eintrags zu *0* handelt es sich um ein öffentliches Netzwerk. Mit *1* wird das Netzwerkprofil auf *Privat* gesetzt. Nach der Änderung sollte der Rechner neu gestartet werden.

Tipp Standardmäßig erreichen Universal-Apps das Internet nur direkt. Wenn Sie einen Proxyserver einsetzen, sollten Sie im System Änderungen vornehmen, damit die Apps eine Verbindung mit dem Internet herstellen können. Da in solchen Umgebungen normalerweise Windows 10 Pro oder Enterprise im Einsatz sind, können Sie die Einstellungen über Gruppenrichtlinien setzen. Navigieren Sie zu *Computerkonfiguration/Richtlinien/Administrative Vorlagen/Netzwerk/Netzwerkisolation*.

Auf der rechten Seite finden Sie die Einstellungen, um die Apps über einen Proxy mit dem Internet zu verbinden. Aktivieren Sie die Einstellung für den Proxy und geben Sie die URL und den Port ein, auf den er auf Anfragen wartet.

Mit Windows Defender SmartScreen kann Windows 10 verschiedene Bereiche schützen. Dazu gehören Apps, die Anwender installieren oder aus dem Store herunterladen, aber auch Webseiten und Downloads, die mit Microsoft Edge genutzt werden. Windows Defender SmartScreen kann über das Windows Defender Security Center gesteuert werden oder mit Gruppenrichtlinien.

Die Einstellungen sind über *Computerkonfiguration/Richtlinien/Administrative Vorlagen/Windows-Komponenten/Windows Defender SmartScreen* zu finden. Hier kann der Schutz von Windows, aber auch von Microsoft Edge gesteuert werden.

Überwachter Ordnerzugriff – Schutz vor Ransomware

Eine interessante Neuerung seit Windows 10 Version 1709 ist der überwachte Ordnerzugriff. Dieser soll verhindern, dass zum Beispiel Ransomware Dateien und Ordner verschlüsselt oder nicht berechtigte Anwender Einstellungen ändern. Die Option kann in der Einstellungen-App von Windows 10 im Windows Defender Security Center über *Viren- & Bedrohungsschutz* und dann bei *Einstellungen für Viren- & Bedrohungsschutz* mit der Option *Überwachter Ordnerzugriff* aktiviert werden. Die weitere Konfiguration kann über die PowerShell erfolgen, zum Beispiel mit:

Set-MpPreference -EnableControlledFolderAccess AuditMode oder *Enabled*

In größeren Netzwerken können die Einstellungen über Gruppenrichtlinien konfiguriert werden. Die vorhandenen Optionen stehen bei *Computerkonfiguration/Richtlinien/Administrative Vorlagen/Windows-Komponenten/Windows Defender Antivirus/Windows Defender Exploit Guard/Überwachter Ordnerzugriff* zur Verfügung. Hier kann konfiguriert werden, welche Ordner geschützt werden sollen, welche Anwendungen Änderungen vornehmen dürfen und ob der überwachte Ordnermodus nur überwachen soll oder Änderungen auch blockieren darf.

Generell stehen bei *Windows Defender Exploit Guard* auch weitere Einstellungen zur Verfügung, die Windows 10-Rechner besser vor Angreifern schützen. Windows 10 bietet einen Exploit-Schutz, der Windows vor unbekannten Angreifern schützen soll. Auch hier finden sich die neuen Einstellungen in der Einstellungs-App über das Windows Security Center.

Tipp Mit dem Exploit Guard Evaluaton Tool (*https://aka.ms/mp7z2w*) bietet Microsoft ein Paket an, mit dem der überwachte Ordnerzugriff getestet werden kann. Das Toolkit stellt verschiedene Möglichkeiten zur Verfügung, um den überwachten Ordnerzugriff zu testen und Dateien in geschützten Ordnern zu erstellen.

Über Gruppenrichtlinien kann diese Einstellung bei *Computerkonfiguration/Richtlinien/Administrative Vorlagen/Windows-Komponenten/Windows Defender Exploit Guard/Exploit-Schutz* gefunden werden. Die Konfiguration kann mit einer XML-Datei erfolgen. Diese wird im Netzwerk gespeichert und durch die Richtlinie auf den Rechnern verteilt.

Datenschutz in Richtlinien steuern

Um den Datenschutz effektiv in Netzwerken zu steuern, sollte auf Gruppenrichtlinien gesetzt werden. Hier stehen verschiedene Optionen zur Verfügung, die dabei helfen, den Schutz auf mehreren Rechnern im Netzwerk zu verbessern. Bezüglich des Datenschutzes spielen auch die Einstellungen des Sprach-Assistenten »Cortana« eine wichtige Rolle. Die Einstellungen dazu sind über *Computerkonfiguration/Richtlinien/Administrative Vorlagen/Windows-Komponenten/Suche* zu finden.

Mit der Option *Nicht im Web suchen und keine Webergebnisse in der Suche anzeigen* kann verhindert werden, dass Anwender Cortana nutzen. Darüber hinaus sind hier zahlreiche weitere Einstellungen zu finden, die den Datenschutz im Zusammenhang mit Cortana verbessern, zum Beispiel die Deaktivierung von Positionsdaten. Das ist bei mobilen Anwendern und Notebooks besonders wichtig.

Mit *Cortana zulassen* kann über die Option *Deaktivieren* Cortana auf allen Rechnern ausgeschaltet werden. Auch die Fehler-Berichterstattung kann deaktiviert werden:

Computerkonfiguration/Richtlinien/Administrative Vorlagen/Windows-Komponenten/Windows-Fehlerberichterstattung

Die WLAN-Einstellungen sollten optimiert werden:

Computerkonfiguration/Richtlinien/Administrative Vorlagen/Netzwerk/WLAN-Dienst/WLAN-Einstellungen

Mit der Richtlinieneinstellung *Computerkonfiguration/Richtlinien/Administrative Vorlagen/Windows-Komponenten/Datensammlung und Vorabversionen* kann der Datenschutz für Rechner mit Windows 10 Enterprise deutlich verbessert werden.

Nur die Editionen Windows 10 Enterprise und Education erlauben die Deaktivierung des Windows-Stores über Gruppenrichtlinien. Die entsprechenden Einstellungen sind in folgendem Pfad zu finden:

Computerkonfiguration/Richtlinien/Administrative Vorlagen/Windows-Komponenten/Store

Benutzer und Kennwörter mit Gruppenrichtlinien absichern

Durch das Festlegen von sicheren Kennwörtern oder dem Verhindern, dass Anmeldedaten gespeichert werden, lässt sich Windows im Netzwerk wesentlich sicherer betreiben.

Unabhängig davon, ob Unternehmen mit lokalen Anmeldungen oder der Authentifizierung mit Active Directory arbeiten, macht es Sinn, die Struktur von Kennwörtern über Richtlinien zu steuern. So kann festgelegt werden, wie kompliziert die Kennwörter von Anwendern sein sollen, wann diese geändert werden müssen und ob Anmeldenamen lokal gespeichert werden sollen. Diese Sicherheitsmaßnahmen gibt es auch in Windows 10 und Windows Server 2019.

Die wichtigsten Einstellungen für mehr Sicherheit von Kennwörtern sind im Bereich *Computerkonfiguration/Richtlinien/Windows-Einstellungen/Sicherheitseinstellungen/Lokale Richtlinien/Sicherheitsoptionen* zu finden.

Mit der Richtlinie *Interaktive Anmeldung: Anwender vor Ablauf des Kennworts zum Ändern des Kennworts auffordern* wird festgelegt, wie viele Tage vor dem Ablauf eines Kennworts die Anwender bereits eine Meldung erhalten, um ihr Kennwort zu ändern.

Mit *Interaktive Anmeldung: Anzahl zwischenzuspeichernder vorheriger Anmeldungen (für den Fall, dass der Domänencontroller nicht verfügbar ist)* steuern Sie, ob Windows Anmeldungen zwischenspeichern soll, und wenn ja, wie viele verschiedene Anmeldungen. Das ermöglicht die Anmeldung an Rechnern, wenn kein Domänencontroller erreicht werden kann.

Mit *Interaktive Anmeldung: Benutzerinformationen anzeigen, wenn Sitzung gesperrt ist* können Sie sicherstellen, dass am PC nicht zu sehen ist, welcher Benutzer derzeit angemeldet ist, wenn dieser den Bildschirm gesperrt hat. Über die Richtlinie lässt sich festlegen, dass Domäne und Benutzer, nur der Benutzer oder keinerlei Informationen angezeigt werden sollen.

Die Richtlinieneinstellung *Interaktive Anmeldung: Zuletzt angemeldeten Benutzer nicht anzeigen* legt fest, dass bei der Anmeldung an Windows-Rechnern immer Benutzername und Kennwort angegeben werden müssen. Windows speichert bei Aktivierung keine Benutzernamen, was die Sicherheit deutlich erhöht, vor allem wenn sich an Rechnern Administratoren anmelden.

Mit den Richtlinieneinstellungen *Konten: Administrator umbenennen* und *Konten: Gastkonto umbenennen* können auf einen Schlag das Gastkonto und das Administratorkonto auf Rechnern umbenannt werden. Zusätzlich zur Deaktivierung kann dadurch die Sicherheit von Rechnern deutlich erhöht werden.

Seit Windows 8 können sich Anwender außerdem mit Microsoft-Konten an Rechnern anmelden. Das ist grundsätzlich auch für Firmenrechner möglich, aber aus Sicherheitsgründen problematisch. Die Einstellungen dazu sind in den lokalen Einstellungen von Windows zu finden.

Sie können über die Richtlinie *Konten: Microsoft-Konten blockieren* festlegen, dass sich Benutzer nur mit bereits vorhandenen Microsoft-Konten an Windows anmelden dürfen (*Benutzer können keine Microsoft-Konten hinzufügen*) oder gar keine Anmeldung mit Microsoft-Konten erlaubt ist (*Benutzer können keine Microsoft-Konten hinzufügen oder sich damit anmelden*).

Im oberen Bereich der Richtlinien und Sicherheitsoptionen sind auch die Richtlinien für die Benutzerkontensteuerung zu sehen. Über diese Richtlinien lässt sich das Verhalten der Benutzerkontensteuerung für Rechner ab Windows 7 festlegen.

Mit *Benutzerkonfiguration/Richtlinien/Administrative Vorlagen/System/STRG+ALT+ENTF (Optionen)* können Sie festlegen, welche Optionen den Anwendern zur Verfügung stehen, wenn sie diese Tastenkombination nutzen.

OneDrive for Business nutzen

Mit OneDrive for Business erhalten Unternehmen einen Cloudspeicher für Anwender. OneDrive for Business lässt sich mit Windows nutzen und kann Daten genauso synchronisieren wie OneDrive.

Im Gegensatz zum kostenlosen OneDrive eines Microsoft-Kontos haben Administratoren bei OneDrive for Business Kontrolle über den Cloudspeicher. Generell handelt es sich bei OneDrive for Business um eine SharePoint-Bibliothek in Office 365, für die sich Rechte und Einstellungen sehr spezifisch vornehmen lassen. Microsoft stellt Clients für Windows, aber auch für gängige Smartphone-Systeme zur Verfügung.

Mit dem OneDrive Admin Center können Administratoren im Webportal von Office 365 zentral alle wichtigen Einstellungen für Anwender festlegen. Denn standardmäßig erhält jeder Benutzer automatisch Zugriff auf OneDrive for Business. Es ist daher wichtig, dass die Sicherheitseinstellungen, vor allem für das Teilen von Dokumenten, optimal eingestellt sind.

Microsoft stellt für Unternehmen Gruppenrichtlinienerweiterungen zur Verfügung (*http://go.microsoft.com/fwlink/p/?LinkId=717805*). Dabei handelt es sich um ADMX- und ADML-Dateien, mit denen Administratoren Gruppenrichtlinieneinstellungen für OneDrive vornehmen. Neben den Gruppenrichtlinieneinstellungen für OneDrive for Business stehen auch Einstellungen für Gruppenrichtlinien in Windows 10 und Office 2016/2019 zur Verfügung.

Gruppenrichtlinien testen und Fehler beheben

Im Anschluss an die Konfiguration und die Anbindung von Richtlinien daran können Sie die Gruppenrichtlinie auf einer Windows-Arbeitsstation mit *gpupdate /force* in der Eingabeaufforderung übertragen. Alternativ können Sie die Arbeitsstation neu starten. Sie können auch den Bildschirmschoner in der Gruppenrichtlinie festlegen, allerdings dürfen die Anwender diesen dann nicht mehr verändern.

Einstieg in die Fehlerbehebung von Gruppenrichtlinien

Beim Einsatz von Gruppenrichtlinien ist es notwendig, zu überprüfen, ob Einstellungen auf den Clients überhaupt verwendet werden und wie sie sich auswirken. Eine Fehlersuche bei Gruppenrichtlinien ist ebenfalls eine häufige Aufgabe, wenn bestimmte Einstellungen oder ganze Richtlinien nicht mehr wirksam sind. Sie sehen in der Beschreibung der meisten Richtlinien, mit welchen Betriebssystemen sie kompatibel sind.

Sie haben auch die Möglichkeit, die Verwaltungswerkzeuge von Gruppenrichtlinien, also vor allem die Gruppenrichtlinienverwaltungskonsole, auf einem Clientrechner zu installieren. Der Vorteil dabei ist, dass Sie Testtools nicht auf Servern installieren müssen, sondern Arbeitsstationen des Administrators verwenden können. Auf einem Admin-PC sind Zusatztools wesentlich besser aufgehoben als auf einem Server.

Um die Gruppenrichtlinienverwaltung von Windows Server 2019 auf einem Computer mit Windows 10 auszuführen, benötigen Sie die Remoteserver-Verwaltungstools (RSAT), die Sie bei Microsoft herunterladen können (siehe Kapitel 3 und 4). Über diese Tools lassen sich unter anderem die Richtlinien verwalten.

Damit Clientcomputer Richtlinien anwenden, benötigen sie grundsätzlich keine zusätzliche Software. Entweder ist der Computer kompatibel mit der entsprechenden Richtlinieneinstellung oder nicht. Windows 10 und Windows Server 2019 bieten die Möglichkeit, Gruppenrichtlinien über die Windows PowerShell zu verwalten. Dazu steht das neue PowerShell-Modul *GroupPolicy* zur Verfügung, das Sie mit dem Befehl *Import-Module GroupPolicy* in die Windows PowerShell ISE oder eine normale PowerShell-Sitzung importieren können. Die wichtigsten Cmdlets können Sie sich anzeigen lassen, wenn Sie *Get-Command *gpo** eingeben.

Mit dem Befehl *Help <Cmdlet>* erhalten Sie eine Hilfe zum entsprechenden Cmdlet, zum Beispiel *Help New-GPO*. Für viele Cmdlets gibt es noch die Option *Help <Cmdlet> -Detailed*. Dieser Befehl bietet noch mehr Informationen. Mit dem Befehl *Help <Cmdlet> -Examples* lassen sich Beispiele für den Befehl anzeigen. Auch das funktioniert für alle Befehle in der PowerShell.

Um Gruppenrichtlinien lokal zu testen, können Sie sie auf einer Windows-Arbeitsstation mit *gpupdate /force* in der Eingabeaufforderung übertragen. Alternativ können Sie auch die Arbeitsstation neu starten.

Wenn Sie die Einstellungen korrekt vorgenommen haben, können Sie feststellen, ob die Arbeitsstation oder der Server die Richtlinie angewendet hat.

Sie sollten bei der Einführung von Richtlinien immer eigene Gruppenrichtlinien anlegen und nicht bereits vorhandene Standardrichtlinien bearbeiten. Das hat den Vorteil, dass bei einem Problem auf jeden Fall der Weg frei bleibt, die eigenen Richtlinien zu deaktivieren.

Vorgehensweise bei der Fehlerbehebung von Gruppenrichtlinien

Falls Gruppenrichtlinien nicht funktionieren, können die Ursachen sehr unterschiedlich sein. Sie sollten Schritt für Schritt untersuchen, wo das Problem liegen könnte. Legen Sie am besten für die unterschiedlichen Einstellungen verschiedene Gruppenrichtlinien an und verknüpfen Sie diese mit der entsprechenden OU oder der ganzen Domäne. Bei der Überprüfung helfen noch folgende Punkte:

- Stellen Sie sicher, dass die Clients den DNS-Server verwenden, auf dem die SRV-Records von Active Directory gespeichert sind.
- Überprüfen Sie mit Nslookup in der Eingabeaufforderung, ob auf den Clients die Namensauflösung zur Domäne funktioniert.
- Überprüfen Sie die Ereignisanzeige auf Fehler.
- Ist der Benutzer/Computer in der richtigen OU, auf der die Richtlinie angewendet wird?
- Versuchen Sie, die Richtlinie auf eine Sicherheitsgruppe anzuwenden? Dies ist nicht ohne Weiteres möglich und erfordert einige Nacharbeit.
- Stimmt die Vererbung? In welcher Reihenfolge starten die Gruppenrichtlinien?
- Haben Sie etwas an der standardmäßigen Vererbung der Richtlinie verändert?
- Haben Sie irgendwo *Erzwungen* oder *Vererbung deaktivieren* aktiviert?
- Geben Sie auf dem PC in der Eingabeaufforderung als angemeldeter Benutzer *gpresult > gp.txt* ein, um sich das Ergebnis der Richtlinie anzeigen zu lassen.

Das Windows-MMC-Snap-in *Richtlinienergebnissatz* bietet eine grafische Oberfläche und wertet die angewendeten Richtlinien aus. Sie können sich den Richtlinienergebnissatz auf einer Arbeitsstation in einer Microsoft Manangement Console (MMC) über *Datei/Snap-in hinzufügen/entfernen* und Auswahl von *Richtlinienergebnissatz* anzeigen lassen. Eine weitere Möglichkeit ist die Eingabe von *rsop.msc*.

Mit dem Assistenten können Sie die Gruppenrichtlinien übertragen lassen und sich in der grafischen Oberfläche alle angewendeten Gruppenrichtlinien anzeigen lassen. Sie starten die Überprüfung über den Menübefehl *Aktion/Abfrage aktualisieren*.

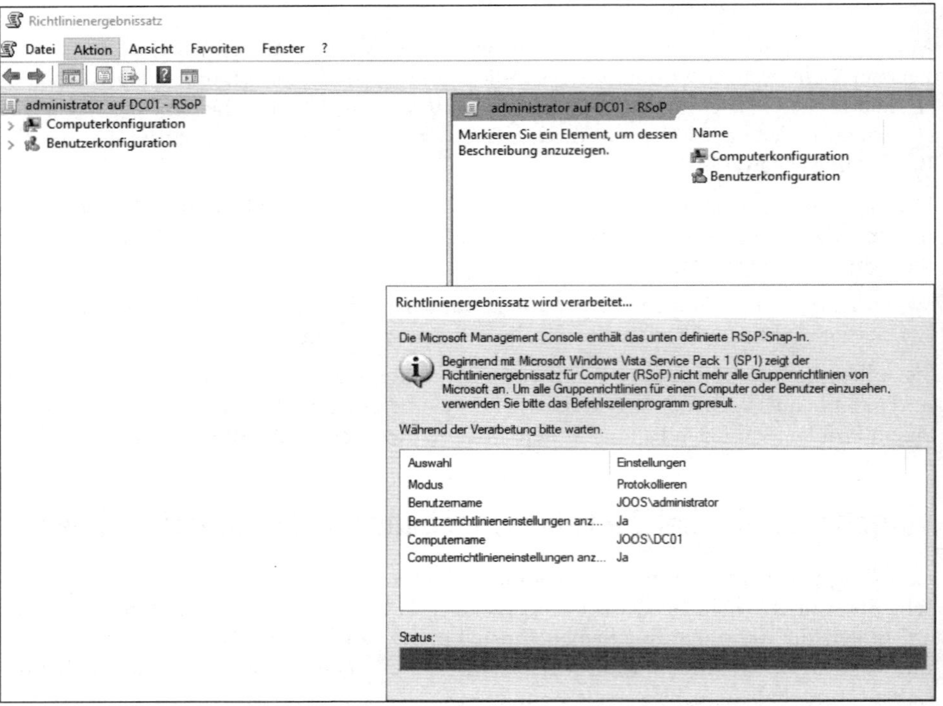

Abbildung 19.11: Überprüfen der übertragenen Einstellungen auf einem Computer

Auf der Internetseite *http://www.gruppenrichtlinien.de* finden Sie weiterführende Informationen und Tipps rund um den Einsatz von Gruppenrichtlinien und der Fehlerbehebung. Schauen Sie sich auf dieser Seite um, wenn Sie planen, Gruppenrichtlinien einzusetzen.

Auch auf der englischsprachigen Seite *https://sdmsoftware.com/gpoguy* finden Sie ausführliche Informationen und Tools für Gruppenrichtlinien. Im deutschsprachigen Gruppenrichtlinien-Forum von Microsoft (*https://social.technet.microsoft.com/Forums/de-DE/home?forum=gruppenrichtliniende*) erhalten Sie ebenfalls umfassende Informationen.

Auf einem Computer können Sie in der Eingabeaufforderung mit dem Tool *gpresult /h <HTML-Datei>* einen HTML-Bericht erstellen, der anzeigt, welche Gruppenrichtlinien der Client anwendet und welche Einstellungen enthalten sind. Mit der Option */x* erstellen Sie wiederum eine *.xml*-Datei, die Sie in Programmen oder Skripts einlesen können.

Ein Beispiel ist der Befehl *gpresult /h c:\temp\test.html*. Anschließend können Sie die Datei im Browser öffnen und sich den Bericht anzeigen lassen. Das Tool kann noch weitere Berichte erstellen.

Fehlerbehebung mit Group Policy Log

Wenn Gruppenrichtlinien auf einzelnen Rechnern nicht korrekt angewendet werden, können Sie das kostenlose Microsoft-Tool Group Policy Log View (*https://www.microsoft.com/en-us/download/details.aspx?id=11147*) verwenden, um die Fehler genauer einzugrenzen.

Installieren Sie das Tool auf dem Rechner, den Sie analysieren wollen. Danach öffnen Sie eine Befehlszeile mit Administratorrechten. Wechseln Sie in das Verzeichnis, in das Sie das Tool installiert haben. Geben Sie zur Überwachung der Gruppenrichtlinien den Befehl *gplogview -o gpevents.txt* ein.

Das Tool analysiert jetzt alle Einträge der Gruppenrichtlinien und zeigt im Verzeichnis eine Textdatei an, in der die Fehler zu den Gruppenrichtlinien gesammelt werden. Sie können das Tool auch in einem Anmeldeskript hinterlegen. Dadurch wird es auf jedem Rechner ausgeführt, der das Anmeldeskript nutzt.

Wenn Sie im Anmeldeskript die Datei mit dem Auswertungsergebnis noch in einer Freigabe speichern, können Sie gezielt die Verwendung der Gruppenrichtlinien auf mehreren Rechnern überwachen. In diesem Fall lassen Sie die Auswertungsdatei aber nicht nur im Netzwerk speichern, sondern geben dem Dateinamen auch noch den jeweiligen Rechnernamen des ausgewerteten Rechners mit. Dazu verwenden Sie den Befehl:

gplogview -o \\<Server>\<Freigabe>\%computername%-gpevent.txt

Sie können auch eine HTML-Datei als Bericht erstellen lassen. Die Syntax in diesem Fall ist folgende:

gplogview -h -o \\<Server>\<Freigabe>\%computername%-gpevent.html

Im HTML-Bericht zeigt das Tool Farben an. Je rötlicher der Eintrag im Feld *Activity Id* ist, umso gravierender ist der Fehler. Das Tool kann die Anwendung der Gruppenrichtlinien außerdem in Echtzeit überwachen. Dazu öffnen Sie eine Befehlszeile mit Administratorrechten und starten die Echtzeitüberwachung mit:

gplogview -m

Das Tool überwacht jetzt den lokalen Rechner auf die Anwendung von Gruppenrichtlinien. Öffnen Sie eine zweite Befehlszeile und geben Sie in dieser den Befehl *gpupdate /force* ein. Im Fenster von Group Policy Log View sehen Sie die Auswertung der Richtlinie. Neben Group Policy Log View können Sie auch *gpresult* mit der Syntax *gpresult /h <Verzeichnis zu einer HTML-Datei>* verwenden.

Dadurch erhalten Sie ein Ergebnis, wie die Gruppenrichtlinien auf dem lokalen Server angewendet werden. Hier sehen Sie auch die einzelnen umgesetzten Einstellungen.

Neben der Sammlung von Protokolleinträgen auf Ereignisanzeigen können Sie auch nur bestimmte Ereignisse anzeigen lassen. Dazu verwenden Sie die Option *-a* und die Activity-ID des Eintrags. Diese ID sehen Sie in der Protokolldatei nach dem Datum. Das Format ist in etwa:

a9034339-85ce-4ab6-9444-b14c33a93e89

Wollen Sie zum Beispiel nur die Einträge mit der oberen Activity-ID in der Textdatei erfassen, weil Sie zum Beispiel gezielt nach einer bestimmten Meldung suchen, verwenden Sie den Befehl:

gplogview.exe -a a9034339-85ce-4ab6-9444-b14c33a93e89 -o \\dell\x\%computername%-GPEvents.txt

Umgekehrt können Sie diese Activity-ID auch aus den Ergebnisdateien ausfiltern, wenn Sie sie nicht benötigen. Dazu arbeiten Sie mit der Option *-n:*

gplogview.exe -n -o \\dell\x\%computername%-GPEvents.txt

Group Policy Log View hilft aber auch bei der gezielten Problemsuche. Dazu können Sie das Tool im Monitormodus starten. In diesem Fall wartet es auf die Abarbeitung von Gruppenrichtlinien und erstellt danach eine Protokolldatei. Sinnvoll ist das zum Beispiel, wenn Sie im Hintergrund mit *gpupdate* eine Aktualisierung der Gruppenrichtlinien durchführen. Der Vorgang dabei ist recht einfach: Sie öffnen eine Befehlszeile mit Administratorrechten und starten das Tool im Monitormodus:

gplogview.exe -m

In einem weiteren Fenster starten Sie jetzt zum Beispiel *gpupdate.* Im Fenster von Group Policy Log View sehen Sie in Echtzeit alle Meldungen, die die Richtlinien erzeugen. Auf diesem Weg finden Sie Fehler wesentlich schneller.

Eine weitere Hilfe dabei ist der Befehl *gpresult > gp.txt* ein, um sich das Ergebnis der Richtlinie anzeigen zu lassen, unabhängig von Group Policy Log View.

Policy Analyzer zur Fehlerbehebung nutzen

Mit dem Policy Analyzer aus dem Microsoft Security Compliance Toolkit (*https://www.microsoft.com/en-us/download/details.aspx?id=55319*) können Administratoren Gruppenrichtlinien effektiv analysieren und Fehler erkennen. Das Tool ist vor allem dann sinnvoll, wenn mehrere Gruppenrichtlinien im Einsatz sind, da alle Einstellungen parallel überprüft werden. Das hilft dabei, genau festzustellen, in welcher Richtlinie Probleme auftreten. Allerdings hat das Tool vor allem die Analyse einzelner Richtlinien im Fokus.

Policy Analyzer liest die Richtlinien ein und zeigt in einer Tabelle alle Registry-Einstellungen an, die umgesetzt werden. Das Tool muss nicht installiert werden. Nach dem Download und dem Entpacken der ZIP-Datei muss lediglich die Datei *PolicyAnalyzer.exe* gestartet werden. Danach kann das Werkzeug verwendet werden.

Beim Starten des Tools kann ausgewählt werden, welche Richtlinien analysiert werden sollen. Auch lokale Richtlinien lassen sich einbinden. Danach wird angezeigt, welche Einstellungen gesetzt und welche Registrywerte angepasst werden. Erkennt das Tool Konflikte, wird das im Fenster angezeigt. Die Daten lassen sich in CSV-Dateien und nach Excel exportieren.

Um Richtlinien einzubinden, wird das Tool geöffnet. Anschließend kann über die Schaltfläche *Add* eine Richtlinie hinzugefügt werden. Danach wird über *File* die entsprechende Richtlinie ausgewählt. Der Pfad zu den Richtlinien in Active Directory-Domänen entspricht *\\joos.int\SYSVOL\joos.int\Policies.*

Danach wird die Liste gespeichert. Erscheinen Fehler beim Einlesen von Gruppenrichtlinien, ist es sinnvoll, die englischen ADML-Dateien (*en-us*) auf den Domänencontrollern zu verwenden. Das ist generell immer dann sinnvoll, wenn mit zusätzlichen Richtlinien gearbeitet wird, zum Beispiel für neue Windows 10-Versionen. Auch bei deutschen Rechnern haben die ein oder anderen Tools Probleme mit den deutschen ADML-Dateien. In diesem Fall müssen einfach die *en-us*-ADML-Dateien zusätzlich kopiert werden.

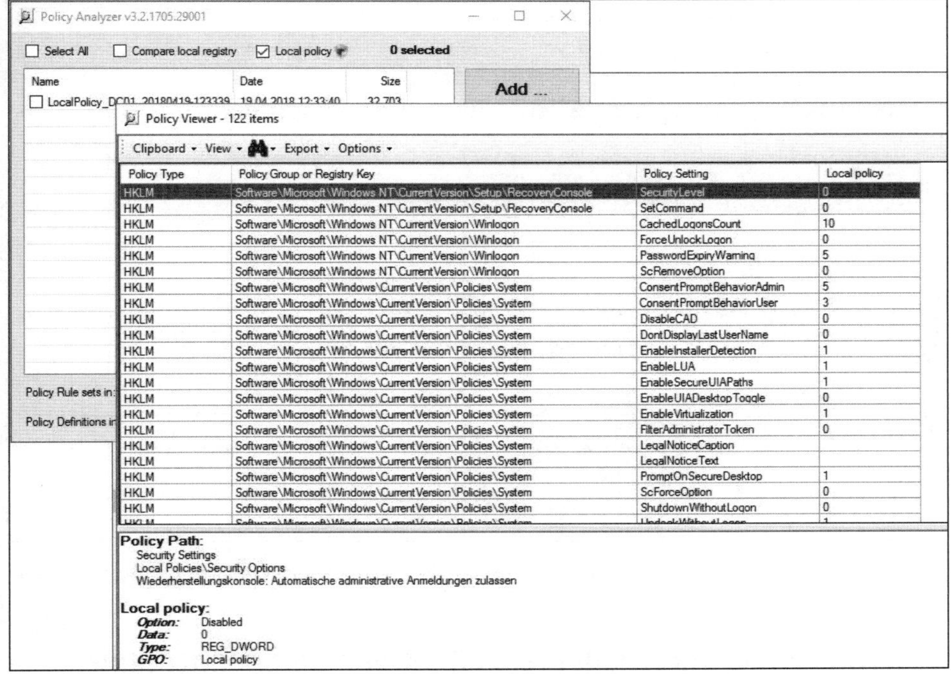

Abbildung 19.12: Mit dem Policy Analyzer lassen sich Daten von Gruppenrichtlinien vergleichen und Fehler finden.

Aktuelle Versionen des Policy Analyzers kommen mit deutschen Sprachdateien zurecht. Auch der zentrale Speicher von Gruppenrichtlinien in Active Directory stellt keine Probleme dar.

Im Policy Analyzer ist der Bereich der Registry zu sehen, der betroffen ist, sowie der genaue Schlüssel und der Name der Einstellung. Auch der genaue gesetzte Wert wird angezeigt. Das Tool ist in der Lage, verschiedene Versionen von Gruppenrichtlinien zu vergleichen. Administratoren können also Datensicherungen von Gruppenrichtlinien importieren und diese miteinander oder mit der aktiven Richtlinie sowie lokalen Richtlinien vergleichen. Vor allem bei der Verwendung von lokalen Richtlinien in Verbindung mit Gruppenrichtlinien bietet das Tool wertvolle Hilfe bei der Analyse.

Policy Analyzer liest auch die Beschreibungen von Richtlinien ein. Ist aus dem Registrywert nicht gleich zu erkennen, um welche Einstellung es sich handelt, muss diese lediglich angeklickt werden. Danach erschein im unteren Bereich des Fensters die entsprechende Einstellung.

Über den Menüpunkt *View* können Filter erstellt werden und die Anzahl an Objekten festgelegt werden, die das Tool anzeigen soll. Auch eine Volltextsuche ist integriert, mit der sich die importierten Richtlinien einfacher durchsuchen lassen.

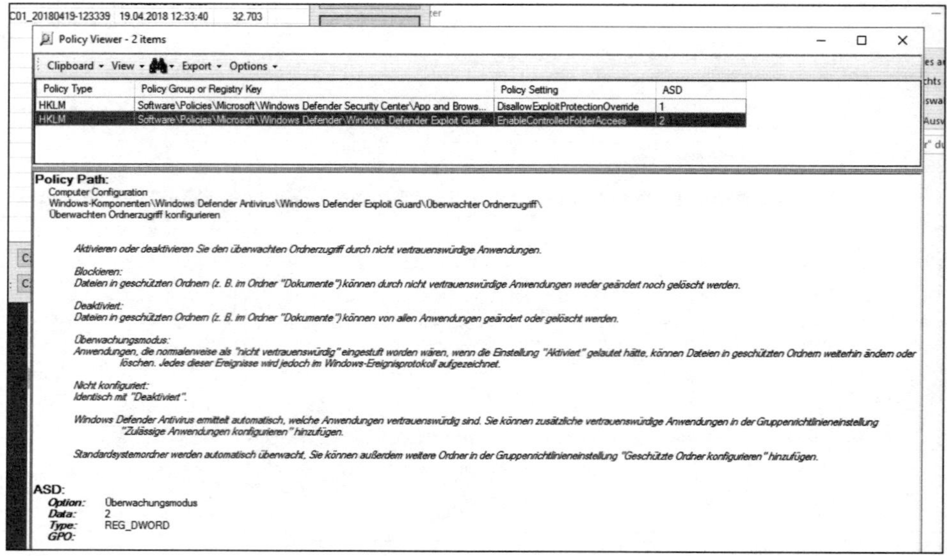

Abbildung 19.13: Policy Analyzer kann auch die Beschreibungen von neuen Gruppenrichtlinien auslesen.

Datensicherung und Wiederherstellung von Gruppenrichtlinien

Gruppenrichtlinien sollten Sie in regelmäßigen Abständen sichern, vor allem wenn Sie eigene Richtlinien erstellen. Zu einer richtigen Backupstrategie gehört in einem Unternehmen auch die Sicherung der Gruppenrichtlinien. Sichern Sie am besten die Gruppenrichtlinie immer in einen speziellen Ordner auf der lokalen Festplatte und kopieren Sie danach diesen Ordner auf einen Datenträger im Netzwerk, damit auch bei Ausfall einer lokalen Festplatte die Sicherung noch zur Verfügung steht.

Mit der Gruppenrichtlinienverwaltung (GPMC) können Sie einzelne Gruppenrichtlinien sichern und wiederherstellen, ohne eine Datensicherung von Active Directory verwenden zu müssen. Da die Datensicherung von Gruppenrichtlinien in Dateien gespeichert wird, können Sie die Sicherung auch zum Erstellen neuer Gruppenrichtlinien verwenden, indem Sie gesicherte Gruppenrichtlinien in neu erstellte importieren.

Um eine Datensicherung einzelner oder aller Gruppenrichtlinien durchzuführen, klicken Sie in der GPMC auf den Knoten *Gruppenrichtlinienobjekte*. Dieser Knoten enthält alle Gruppenrichtlinien. Klicken Sie mit der rechten Maustaste auf eine Gruppenrichtlinie und wählen Sie im Kontextmenü den Eintrag *Sichern* aus.

Bei der Sicherung von Gruppenrichtlinien werden die Einstellungen in eine Datei exportiert. Diese Datei können Sie zur Wiederherstellung importieren. Sie können auch direkt auf den Knoten *Gruppenrichtlinienobjekte* klicken und im Kontextmenü den Eintrag *Alle sichern* auswählen, um sämtliche Gruppenrichtlinien einer Domäne auf einmal zu sichern. Bei der Sicherung eines Gruppenrichtlinienobjekts (GPO) werden folgende Informationen gesichert:

- Einstellungen des GPO als XML-Datei
- Der Globally Unique Identifier (GUID) des GPO

- Die Berechtigungen des GPO
- WMI-Filter und deren Verlinkung
- Zeitstempel der Datensicherung
- Benutzerdefinierte Information zum gesicherten GPO

Danach erscheint ein Fenster, in dem Sie einen Ordner auf der Festplatte auswählen und eine Beschreibung der Sicherung hinterlegen können.

Nach der Bestätigung Ihrer Eingaben beginnt der Sicherungs-Assistent mit der Datensicherung der Gruppenrichtlinie und speichert diese im ausgewählten Ordner der Festplatte. Jede Datensicherung wird auf der Festplatte mit einer eindeutigen GUID im ausgewählten Ordner abgelegt.

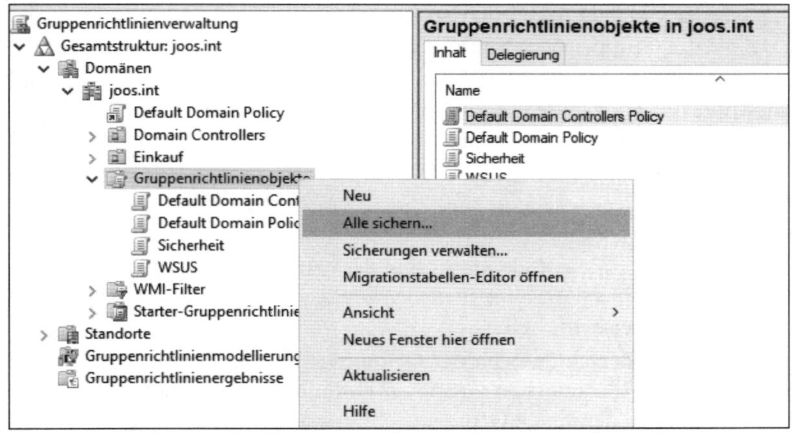

Abbildung 19.14: Starten der Datensicherung von Gruppenrichtlinien

Die Verwaltung der gesicherten Gruppenrichtlinien findet allerdings nicht über das Dateisystem statt, sondern ebenfalls mit der GPMC. Klicken Sie in der GPMC mit der rechten Maustaste auf den Knoten *Gruppenrichtlinienobjekte*. Wählen Sie im daraufhin geöffneten Kontextmenü den Befehl *Sicherungen verwalten* aus. Mit diesem Kontextmenübefehl können Sie alle Datensicherungen der Gruppenrichtlinien an zentraler Stelle verwalten.

Wenn Sie mehrere Sicherungen vorgenommen haben und zahlreiche Gruppenrichtlinien verwalten müssen, können Sie in diesem Fenster auch das Kontrollkästchen *Für jedes Gruppenrichtlinienobjekt nur die neueste Version anzeigen* aktivieren. In diesem Fall werden aus dem Fenster alle Datensicherungen ausgeblendet, die vor der aktuellsten Sicherung des einzelnen GPO angelegt wurden. Sie können die einzelnen Sicherungen markieren und sich über die Schaltfläche *Einstellungen anzeigen* die Einstellungen in der Richtlinie anzeigen lassen, die Sie zum Zeitpunkt der Sicherung gesetzt hatten. Die Einstellungen werden Ihnen als *.html*-Datei angezeigt. Bei der Wiederherstellung einer Gruppenrichtlinie werden die Daten der exportierten Datei wieder in die produktive Richtlinie importiert. Sie können eine Wiederherstellung durchführen, falls Sie die Gruppenrichtlinie versehentlich gelöscht haben oder einen älteren Versionsstand ihrer Einstellungen wiederherstellen möchten.

Bei der Wiederherstellung einer Gruppenrichtlinie stellt Windows, neben den Einstellungen der Richtlinien, auch die Berechtigungen für das Gruppenrichtlinienobjekt sowie, falls vorhanden, die Verknüpfungen der WMI-Filter wieder her. Um eine Gruppenrichtlinie zu restaurieren, klicken Sie in der Verwaltung der Sicherungen auf die Schaltfläche *Wiederherstellen*.

Sie können Gruppenrichtlinien auch komplett kopieren. Bei einem Kopiervorgang erstellt Windows eine komplett neue Gruppenrichtlinie mit neuer GUID und importiert die Einstellungen der Quellrichtlinie. Nach diesem Vorgang sind die beiden Gruppenrichtlinien vollkommen unabhängig voneinander, haben aber identische Einstellungen. Um Gruppenrichtlinien zu kopieren, klicken Sie in der GPMC auf den Knoten *Gruppenrichtlinienobjekte* in der Domäne, aus der Sie die Richtlinie kopieren wollen:

1. Klicken Sie mit der rechten Maustaste auf die entsprechende Gruppenrichtlinie und wählen Sie im Kontextmenü den Befehl *Kopieren* aus. Es erscheint keine weitere Meldung, wenn Sie die Gruppenrichtlinie kopiert haben.
2. Klicken Sie als Nächstes in der GPMC auf den Knoten *Gruppenrichtlinienobjekte* in der Domäne, in der Sie die Gruppenrichtlinie einfügen wollen.
3. Klicken Sie mit der rechten Maustaste auf den Knoten *Gruppenrichtlinienobjekte* und wählen Sie im Kontextmenü den Befehl *Einfügen* aus. Alternativ ziehen Sie die entsprechende Richtlinie auch per Drag&Drop auf den Gruppenrichtlinienobjekt-Container der anderen Gesamtstruktur.
4. Anschließend erscheint der Assistent zum domänenübergreifenden Kopieren von Gruppenrichtlinien.
5. Im nächsten Fenster müssen Sie entscheiden, ob in der neuen Domäne die Standardberechtigungen gesetzt werden oder ob Sie die ursprünglichen Berechtigungen des GPO übernehmen beziehungsweise migrieren.
6. Als Nächstes werden die Berechtigungen der Gruppenrichtlinie überprüft. Wenn Sie die Berechtigungen der ursprünglichen Gruppenrichtlinie nicht übernehmen wollen, werden die Berechtigungen der neuen Gruppenrichtlinie auf die Standardberechtigungen gesetzt.
7. Danach erhalten Sie noch ein Informationsfenster und der Assistent beginnt mit dem Import der Gruppenrichtlinie.

Wenn Sie die Gruppenrichtlinienverwaltung gestartet haben, können Sie mit einem Klick der rechten Maustaste auf den Eintrag *Gruppenrichtlinienverwaltung* in der Konsolenstruktur im Kontextmenü den Befehl *Gesamtstruktur hinzufügen* auswählen. Standardmäßig werden Sie mit der Gesamtstruktur und Domäne verbunden, in der die Gruppenrichtlinienverwaltung gestartet wird. Sie können einmal hinzugefügte Gesamtstrukturen wieder aus der Konsole entfernen, wenn Sie diese mit der rechten Maustaste anklicken und im Kontextmenü den Befehl *Entfernen* auswählen.

Wenn Sie externe Domänen oder andere Gesamtstrukturen hinzufügen wollen, müssen zu diesen Domänen bidirektionale Vertrauensstellungen vorhanden sein. Wollen Sie für die Verwaltung der Gruppenrichtlinien in der GPMC von externen Gesamtstrukturen nicht gleich eine Vertrauensstellung einrichten, können Sie die Überprüfung für Vertrauensstellung deaktivieren.

In diesem Fall müssen Sie in der Systemsteuerung über *Benutzerkonten/Anmeldeinformationsverwaltung* für die Gesamtstruktur ein Benutzerkonto mit Kennwort hinterlegen, das Sie zur Administration der Gruppenrichtlinien berechtigt. Hinterlegen Sie als Servernamen die Bezeichnung **.<DNS-Name der Gesamtstruktur>*, zum Beispiel **.contoso.com*.

Hinweis Wenn Sie eine Gruppenrichtlinie kopieren, wird diese nicht automatisch mit Containern verknüpft. Sie müssen eine kopierte Gruppenrichtlinie zunächst mit den gewünschten Containern verknüpfen, ansonsten werden die Einstellungen der Richtlinie nicht angewendet.

Neben dem kompletten Kopieren von Gruppenrichtlinien können Sie auch nur die Einstellungen einer Gruppenrichtlinie in eine bereits vorhandene Richtlinie übernehmen. Beim Importieren einer Gruppenrichtlinie werden die Einstellungen aus ihrer Datensicherung verwendet. Beim Importvorgang werden alle Einstellungen der Zielrichtlinie gelöscht und danach die Einstellungen der Quellrichtlinie übernommen.

Um Einstellungen aus der Datensicherung von Gruppenrichtlinien in eine neue Richtlinie zu übernehmen, klicken Sie mit der rechten Maustaste auf die Gruppenrichtlinie im Knoten *Gruppenrichtlinienobjekte* und wählen im Kontextmenü den Eintrag *Einstellungen importieren* aus. Es erscheint der Importeinstellungen-Assistent.

Beim Importieren der Einstellungen gehen alle Einstellungen der Zielrichtlinie verloren. Aus diesem Grund schlägt Ihnen der Assistent die Sicherung des Ziel-GPO vor.

Im nächsten Fenster müssen Sie zunächst den Sicherungsordner der Gruppenrichtlinien auswählen. Danach können Sie die Quellrichtlinie auswählen, aus der Sie die Einstellungen in die Zielrichtlinie übernehmen wollen. An dieser Stelle können Sie die Einstellungen mit der Schaltfläche *Einstellungen anzeigen* noch einmal überprüfen. Danach erhalten Sie eine Zusammenfassung angezeigt, nach der die Einstellungen schließlich von der Quell- in die Zielrichtlinie übernommen werden.

Gruppenrichtlinien mit der PowerShell sichern und wiederherstellen

Gruppenrichtlinien lassen sich auch mit der PowerShell sichern und wiederherstellen. Das ist sinnvoll, wenn die Richtlinien automatisiert gesichert werden sollen. Um Richtlinien zu sichern, kann das Cmdlet *Backup-GPO* (*https://technet.microsoft.com/de-de/library/hh967480(v=wps.630).aspx*) verwendet werden. Es sichert alle GPOs. Der Befehl sieht zum Beispiel folgendermaßen aus:

Get-GPO -All | Backup-GPO -Path C:\backup\GPO

Auch die Wiederherstellung kann automatisiert werden. Der Befehl in der PowerShell ist *Restore-GPO*. Er kann alle Gruppenrichtlinien auf einmal wiederherstellen:

Restore-GPO -All -Path C:\backup\GPO

Um die Sicherung mit *Backup-GPO* zu automatisieren, besteht der einfachste Weg darin, auf dem Domänencontroller eine neue Aufgabe zu erstellen und den PowerShell-Befehl direkt oder als Skript zu hinterlegen. Die Sicherung sollte zusätzlich noch mit der Netzwerk-Sicherung erfasst werden. Hier reicht es aus, das Verzeichnis zu sichern, in dem *Backup-GPO* die Sicherungsdateien erstellt.

Gruppenrichtlinienmodellierung

Mit der Gruppenrichtlinienmodellierung aus der GPMC lassen sich die Auswirkungen von Gruppenrichtlinien simulieren. Durch diese Funktion können Sie die Einstellungen vor der eigentlichen Inbetriebnahme einer Gruppenrichtlinie ausführlich testen. Um eine Simulation für eine bestimmte Domäne oder OU durchzuführen, klicken Sie mit der rechten Maustaste auf den Knoten *Gruppenrichtlinienmodellierung* und wählen im Kontextmenü den Eintrag *Gruppenrichtlinienmodellierungs-Assistent* aus. Es erscheint das Startfenster des Assistenten.

Zunächst wählen Sie die Domäne aus sowie einen Domänencontroller. Danach müssen Sie den Container auswählen, in dem sich die Benutzer und Computer befinden, für die Sie die Simulation durchführen wollen. Hier trägt der Assistent standardmäßig die OU ein, über die Sie ihn gestartet haben.

Im nächsten Fenster können Sie Optionen bezüglich des Standorts und der Netzwerkverbindung auswählen. Normalerweise können Sie die vorgegebenen Einstellungen übernehmen. Auf weiteren Seiten können Sie simulieren, was passieren würde, wenn die getesteten Benutzer nicht mehr in ihren entsprechenden Sicherheitsgruppen Mitglied wären, können Active Directory-Standorte und langsame Verbindungen ausprobieren und erstellte WMI-Filter integrieren. Danach können Sie die gleichen Einstellungen für die Computerkonten auswählen.

In den meisten Fällen reichen für Tests die Standardeinstellungen aus und müssen nicht verändert werden. Nachdem Sie die Zusammenfassung bestätigt haben, beginnt bereits die Simulation. Abhängig von der Anzahl Ihrer Benutzer und Computer kann sie bei mehreren Gruppenrichtlinien durchaus eine Weile dauern. Im Anschluss daran erhalten Sie einen detaillierten Bericht im *.html*-Format über die Auswirkungen der simulierten Gruppenrichtlinien für den konfigurierten Container angezeigt.

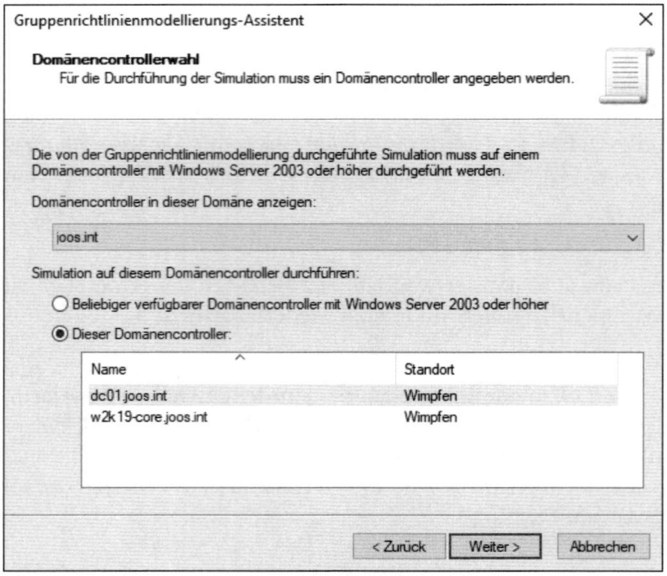

Abbildung 19.15: Simulieren von Gruppenrichtlinien

Auf die gleiche Weise lassen sich auch für den Knoten *Gruppenrichtlinienergebnisse* Abfragen generieren, die exakt aufzeigen, welche Operationen der einzelnen Gruppenrichtlinien angewendet werden und was sie verursachen. Diese Diagnose lässt sich zum Beispiel für die Fehlersuche nutzen.

Softwareverteilung über Gruppenrichtlinien

Die Konfiguration der Softwareverteilung bei Windows Server 2019 kann über die Gruppenrichtlinien erfolgen. Dort können Sie *.msi*-Dateien für die Installation auf Clientsystemen zuordnen. Das ist zwar nicht so komfortabel wie mit System Center Configuration Manager, aber für einzelne Anwendungen oder Tools durchaus sinnvoll.

Die Softwareverteilung erfolgt über die in diesem Kapitel ausführlich behandelten Gruppenrichtlinien. Die Konfiguration der Softwareverteilung in Gruppenrichtlinien findet in dem Bereich *Computerkonfiguration* bzw. *Benutzerkonfiguration* und dort im Knoten *Richtlinien/Softwareeinstellungen* statt. Dort findet sich jeweils der Eintrag *Softwareinstallation.*

Über den Befehl *Paket* im Untermenü *Neu* des Kontextmenüs dieses Eintrags stellen Sie ein Programm auf Basis von *.msi*-Dateien bereit. Dazu kopieren Sie zunächst die Installationsdateien des Programms, das Sie installieren wollen, auf eine Netzwerkfreigabe, die Anwender auch lesen dürfen. Anschließend binden Sie die *.msi*-Datei ein. Installationen, die auf *.exe*-Dateien aufbauen, funktionieren mit diesen Möglichkeiten nicht.

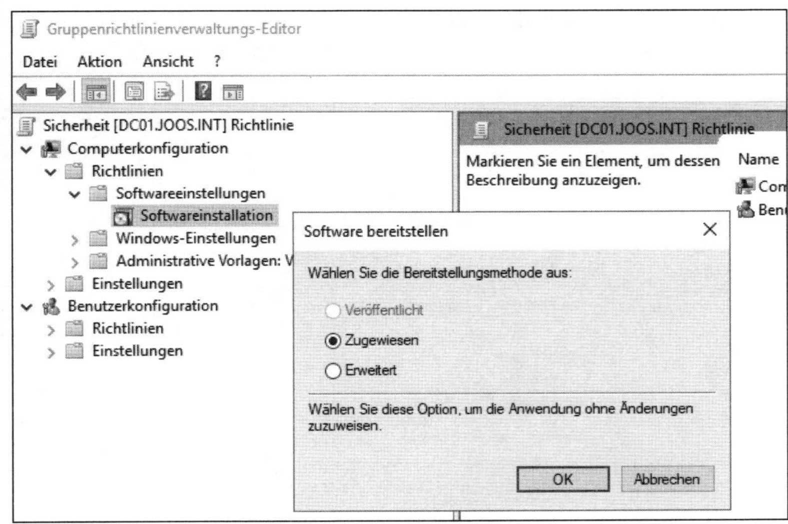

Abbildung 19.16: Erstellen eines neuen Softwarepakets zur automatischen Installation

Wählen Sie anschließend die *.msi*-Datei von der Netzwerkfreigabe aus. Als Nächstes können Sie die Bereitstellungsmethode auswählen. Stellen Sie das Paket für Computer bereit, nicht für Benutzer, steht die Option *Veröffentlicht* nicht zur Verfügung.

Wählen Sie die Option *Veröffentlicht* aus, erscheint das Paket auf dem Client zur manuellen Installation in der Systemsteuerung. Alle erforderlichen Einstellungen sind automatisch gesetzt. Durch einen Doppelklick auf das Paket können Sie die Eigenschaften bearbeiten.

Wählen Sie die Option *Zugewiesen* aus, erstellt Windows ebenfalls automatisch einen Eintrag. Wählen Sie besser die Option *Erweitert* aus. Bei dieser Auswahl können Sie Einstellungen genau definieren. Es öffnet sich ein neues Fenster mit verschiedenen Registerkarten, über die Sie die automatische Installation konfigurieren können.

Über die Registerkarte *Bereitstellung von Software* wählen Sie zwischen *Veröffentlicht* und *Zugewiesen* aus. Abhängig von der Auswahl stehen im unteren Bereich weitere Optionen zur Verfügung, die die Installation beeinflussen:

- **Automatisch installieren, wenn die Dateierweiterung aktiviert wird** – Diese Option bewirkt, dass die Anwendung beim Öffnen einer Datei, deren Dateityp für diese Anwendung registriert ist, automatisch installiert wird. Vorher ist die Anwendung auf dem Computer nicht verfügbar.
- **Anwendung deinstallieren, wenn sie außerhalb des Verwaltungsbereichs liegt** – Mit dieser Option legen Sie fest, dass der Computer eine Anwendung automatisch von den Clientsystemen entfernt, wenn die Gruppenrichtlinien, über die sie eingerichtet ist, keine Gültigkeit mehr für diesen Benutzer oder Computer hat. Das ist bei Anwendungen sinnvoll, die Zugriff auf kritische Informationen im Unternehmen gewähren.
- **Paket in der Systemsteuerung unter "Software" nicht anzeigen** – Hiermit legen Sie fest, dass das Paket zwar über die Gruppenrichtlinie verteilt wird, in der Systemsteuerung aber nicht erscheint. Das kann hilfreich sein, um zu verhindern, dass Anwender dieses Paket deinstallieren. Das Installationsprogramm kann über Skripts oder durch Zugriff auf die Freigabe gesteuert werden.
- **Anwendung bei Anmeldung installieren** – Durch diese Option lässt sich definieren, dass die Anwendung bei der Anmeldung eines Benutzers automatisch installiert wird.

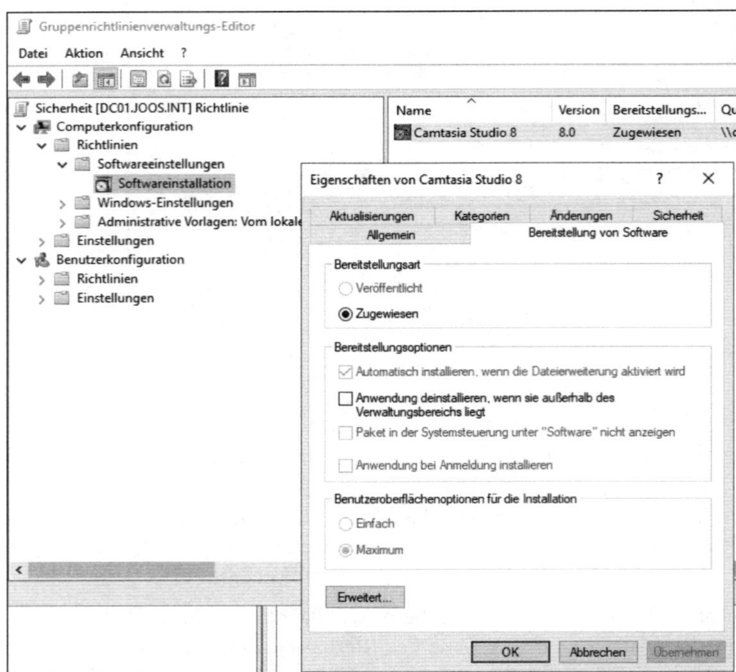

Abbildung 19.17: Anpassen der Software-Installation über Gruppenrichtlinien

Über die Einstellungen für Benutzeroberflächenoptionen konfigurieren Sie, ob dem Benutzer alle Installationsmeldungen präsentiert werden oder ob sich das System darauf beschränkt, nur den Installationsfortschritt anzuzeigen.

Auf der Registerkarte *Aktualisierungen* sehen Sie Informationen über die Zusammenhänge zwischen verschiedenen *.msi*-Paketen, die Sie verteilen. Im oberen Bereich können Sie über die Schaltfläche *Hinzufügen* Pakete aus dieser oder anderen Gruppenrichtlinien angeben, die durch das aktuell bearbeitete Paket aktualisiert werden sollen. Im unteren Bereich sind Pakete aufgeführt, die dem bearbeiteten Paket übergeordnet sind.

Über die Registerkarte *Kategorien* können Sie Kategorien angeben, unter denen diese Anwendung im Bereich *Software* der Systemsteuerung aufgelistet sein soll. Über *Änderungen* können Sie *.mst*-Dateien angeben, die Sie für das Paket anwenden wollen. Mit solchen Transformations-Dateien können Sie Einstellungen für die Installation anpassen, zum Beispiel bei der automatischen Installation von Office.

Mit der Registerkarte *Sicherheit* lassen sich die Zugriffsberechtigungen für die Nutzung der Installationspakete konfigurieren. Haben Sie alle Einstellungen vorgenommen, bestätigen Sie die Eingaben und schließen das Fenster. Im Fenster der Gruppenrichtlinienverwaltung sehen Sie das Paket und können es auf Wunsch auch nachträglich bearbeiten. Verteilen Sie Anwendungen und Tools am besten über eigenständige Gruppenrichtlinien. Diese verknüpfen Sie anschließend mit der OU oder der ganzen Domäne, wie jede andere Gruppenrichtlinie auch. Im laufenden Betrieb eines Rechners lassen Sie mit *appwiz.cpl* die Richtlinie auf den Computer übertragen.

Haben Sie eine Anwendung veröffentlicht, finden Anwender diese in der Systemsteuerung über *Programm vom Netzwerk beziehen* in der Verwaltung der Programme. Diese starten Sie am schnellsten über das Tool *appwiz.cpl*. Durch die Auswahl von *Installieren* installiert sich die Anwendung auf dem Computer.

Geräteinstallation mit Gruppenrichtlinien konfigurieren

Sie haben in den Gruppenrichtlinien oder lokalen Richtlinien von Windows Server 2019 und auch Windows 10 die Möglichkeit, die Installation von Geräten auf den Clientcomputern zu steuern. In diesen Bereich fällt auch die Konfiguration und Anbindung von USB-Sticks. Generell können Sie verschiedene Aufgaben durchführen, die die Geräteinstallation von Benutzern betreffen. Die Anwender haben dann das Recht, entsprechende Geräte auch ohne Administratorrechte zu installieren, beziehungsweise erhalten eine Meldung, falls nicht unterstützte Geräte mit den Computern verbunden werden sollen:

- Sie können verhindern, dass Anwender Geräte installieren und dabei genau festlegen, welche Geräte die Anwender nicht installieren dürfen.
- Sie können konfigurieren, dass Anwender nur Geräte, also auch USB-Sticks, installieren, die auf einer Liste der genehmigten Geräte stehen.
- Umgekehrt können Sie Anwendern untersagen, Geräte zu installieren, die auf einer bestimmten Liste stehen. Alle anderen Geräte können in diesem Fall von den Anwendern installiert werden.
- Sie können den Schreib- und Lesezugriff auf USB-Sticks konfigurieren. Das gilt aber nicht nur für USB-Sticks, sondern auch für CD-, DVD-Brenner, Disketten oder externe Festplatten.

Geräteidentifikationsstring und Gerätesetupklasse

Windows untersucht bei der Anbindung eines neuen Geräts zwei Informationen, die das angeschlossene Gerät übermittelt. Auf Basis dieser Informationen kann Windows entscheiden, ob ein interner Windows-Treiber oder der Treiber des Drittherstellers verwendet werden soll. Auch zusätzliche Funktionen der Endgeräte lassen sich dadurch aktivieren.

Die beiden Informationen zur Installation von Gerätetreibern sind die Geräteidentifikationsstrings und die Gerätesetupklasse. Ein Gerät verfügt normalerweise über mehrere Geräteidentifikationsstrings, die der Hersteller festlegt. Dieser String ist auch in der INF-Datei des Treibers hinterlegt. Auf dieser Basis entscheidet Windows, welchen Treiber es installieren soll. Es gibt zwei Arten von Geräteidentifikationsstrings:

- **Hardware-IDs –** Diese Strings liefern eine detaillierte und spezifische Information über ein bestimmtes Gerät. Hier sind der genaue Name, das Modell und die Version des Geräts als sogenannte Geräte-ID festgelegt. Teilweise liefert der Treiber nicht alle Informationen, zum Beispiel die Version, mit. In diesem Fall kann Windows selbst entscheiden, welche Version des Treibers installiert wird.
- **Kompatible IDs –** Diese IDs verwendet Windows, wenn kein passender Treiber zum Gerät gefunden werden kann. Diese Informationen sind allerdings optional und sehr allgemein gehalten. Der Treiber unterstützt dann nur Grundfunktionen des Geräts. Verwendet Windows diese ID zur Treiberinstallation, lassen sich zumindest die Grundfunktionen des Geräts verwenden.

Windows weist Treiberpaketen einen gewissen Rang zu. Je niedriger der Rang, umso besser passt der Treiber zum Gerät. Der beste Rang für einen Treiber ist 0. In Windows 8/8.1/10 und Windows Server 2019 können beide Informationen nicht nur zur Identifikation des Gerätetreibers verwendet werden, sondern auch zur Zuweisung von Richtlinien, über die Windows die Funktionen und Berechtigungen des Geräts verwaltet.

Die Gerätesetupklassen sind eigene Arten von Identifikationsstrings. Auch auf diese Strings verweist das Treiberpaket. Alle Geräte, die sich in einer gemeinsamen Klasse befinden, installiert Windows auf die gleiche Weise, unabhängig von ihrer eindeutigen Hardware-ID.

Dies bedeutet beispielsweise, dass Windows alle DVD-Laufwerke auf exakt die gleiche Weise installiert. Die Gerätesetupklasse ist durch einen Globally Unique Identifier (GUID) angegeben. Um die Hardware-ID oder die Gerätesetupklasse eines Geräts zu ermitteln, verbinden Sie dieses am besten zunächst mit einem Windows-PC und lassen den Treiber installieren. Im Anschluss rufen Sie den Geräte-Manager auf. Öffnen Sie die Eigenschaften des Geräts und wechseln Sie zur Registerkarte *Details*. Über die Auswahl der Option *Hardware-IDs* im Dropdownmenü *Eigenschaften* können Sie sich alle Hardware-IDs eines Geräts anzeigen lassen. Diese Informationen können Sie später in der Richtlinie hinterlegen.

Über dieses Menü können Sie auch weitere Informationen über die Eigenschaften des Geräts anzeigen lassen, unter anderem auch die Geräteklasse. Die Werte lassen sich markieren und über die Tastenkombination Strg+C in die Zwischenablage kopieren sowie bei Bedarf wieder in die Gruppenrichtlinien einfügen.

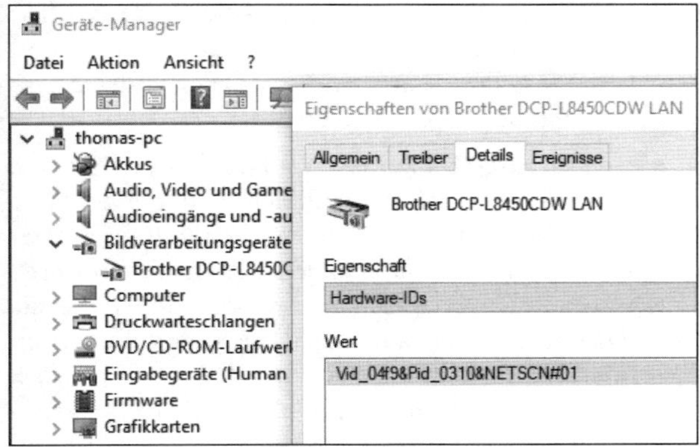

Abbildung 19.18: Anzeigen der Hardware-IDs eines Geräts

Die Einstellungen für die Geräteinstallationen nehmen Sie über Gruppenrichtlinien vor. Die Einstellungen finden Sie über *Computerkonfiguration/Richtlinien/Administrative Vorlagen/System/Geräteinstallation/Einschränkungen bei der Geräteinstallation.*

Aktivieren Sie an dieser Stelle die Richtlinie *Administratoren das Außerkraftsetzen der Richtlinien unter "Einschränkungen bei der Geräteinstallation" erlauben*, können Administratoren auf PCs mit aktivierter eingeschränkter Geräteinstallation Hardware über den Assistenten zum Hinzufügen von Hardwaretreibern installieren. Das funktioniert auch dann, wenn Sie bestimmte Geräte von der Installation ausschließen.

Zusätzlich haben Sie an dieser Stelle weitere Möglichkeiten, die Sie per Richtlinie verteilen können:

- **Installation von Geräten verhindern, die nicht in anderen Richtlinien beschrieben sind –** Aktivieren Sie diese Einstellung, können Anwender keine Geräte installieren, bis diese Geräte in der Einstellung *Installation von Geräten mit diesen Geräte-IDs zulassen* oder *Installation von Geräten mit Treibern zulassen, die diesen Gerätesetupklassen entsprechen* definiert sind.

  Wenn Sie diese Richtlinie nicht konfigurieren oder deaktivieren, können Anwender alle Geräte installieren. Ausgenommen davon sind Geräte, die in den Einstellungen *Installation von Geräten mit diesen Geräte-IDs verhindern* oder *Installation von Geräten mit Treibern verhindern, die diesen Gerätesetupklassen entsprechen* oder *Installation von Wechselgeräten verhindern* definiert sind.
- **Administratoren das Außerkraftsetzen der Richtlinien unter "Einschränkungen bei der Geräteinstallation" erlauben –** Bei dieser Einstellung können die Mitglieder der lokalen Administratoren-Gruppe jede Art von Treiber installieren, unabhängig von den Gruppenrichtlinieneinstellungen. Dazu muss der Administrator allerdings den Assistenten zum Hinzufügen von neuer Hardware verwenden. Wenn diese Einstellung nicht gesetzt ist, dürfen auch die Administratoren die entsprechenden Geräte nicht installieren.
- **Installation von Geräten mit diesen Geräte-IDs verhindern –** Hier können Sie eine Liste festlegen, in der Sie alle Hardware-IDs und kompatiblen IDs der Geräte hinterlegen, deren Installation Sie verhindern wollen. Diese Richtlinie hat immer Vorrang vor allen anderen Richtlinien, in denen die Installation von Geräten erlaubt ist.

- **Installation von Geräten mit Treibern verhindern, die diesen Gerätesetupklassen entsprechen –** Bei dieser Richtlinie wird für die Anwender die Installation kompletter Geräteklassen verhindert. Diese Einstellung hat Vorrang vor allen anderen Einstellungen und Richtlinien, die die Installation von Geräten erlauben.
- **Installation von Geräten mit diesen Geräte-IDs zulassen –** Hier können Sie eine Liste aller Geräte auf Basis der Hardware-ID oder der kompatiblen ID hinterlegen, die die Anwender installieren dürfen. Diese Richtlinie ist aber nur in Verbindung mit der Richtlinie *Installation von Geräten verhindern, die nicht in anderen Richtlinien beschrieben sind* sinnvoll, da dadurch die Anwender davon abgehalten werden, andere Geräte als die hinterlegten zu installieren. Diese Richtlinie kann durch die Richtlinien *Installation von Geräten mit Treibern verhindern, die diesen Gerätesetupklassen entsprechen*, *Installation von Geräten mit diesen Geräte-IDs verhindern* und *Installation von Wechselgeräten verhindern* überschrieben werden.
- **Installation von Geräten mit Treibern zulassen, die diesen Gerätesetupklassen entsprechen –** Hier können Sie, analog zur Richtlinie mit den Geräte-IDs, festlegen, welche Geräteklassen die Anwender installieren dürfen.

So funktioniert die Steuerungen in Geräteinstallationen über Gruppenrichtlinien

Um Hardware-IDs in den Richtlinien für die Zulassung oder Verhinderung der Installation von Geräten aufzunehmen, rufen Sie die Eigenschaften dieser Einstellung auf und aktivieren Sie diese. Klicken Sie im Anschluss auf die Schaltfläche *Anzeigen* und dann auf Schaltfläche *Hinzufügen*. Hier können Sie die Hardware-ID einfügen, die Sie zuvor in den Eigenschaften des Geräts im Geräte-Manager in die Zwischenablage kopiert haben.

Wird die Installation eines Geräts untersagt, erhält der Anwender eine entsprechende Fehlermeldung angezeigt, die darauf hinweist, dass die Installation auf Basis einer Richtlinie verboten ist. In den Richtlinien können Sie auch einen benutzerdefinierten Text hinterlegen.

Konfiguration von Gruppenrichtlinien für den Zugriff auf Wechselmedien

Zusätzlich zur Möglichkeit, die Installation von Geräten zu steuern, können in Windows 8/8.1/10 Gruppenrichtlinien erstellt sein, die den schreibenden und lesenden Zugriff auf Wechselmedien steuern. Die Richtlinie zur Steuerung von Wechselmedien können Sie sowohl unter der Computerkonfiguration als auch in der Benutzerkonfiguration einrichten. Sie finden die Einstellungen für den Zugriff auf Wechselmedien unter

- *Computerkonfiguration/Richtlinien/Administrative Vorlagen/System/Wechselmedienzugriff*
- *Benutzerkonfiguration/Richtlinien/Administrative Vorlagen/System/Wechselmedienzugriff*

Die Einstellungen dieser Richtlinie sind selbsterklärend. Wenn Sie eine Richtlinie aufrufen, finden Sie eine ausführliche Information über ihre Auswirkungen.

Nicht jedes Brennprogramm von Drittherstellern hält sich an die Einstellungen in der Richtlinie für den schreibenden Zugriff auf CDs oder DVDs. Wenn Sie sicherstellen wollen, dass keine CDs oder DVDs gebrannt werden, sollten Sie die Installation von DVD- oder CD-Brennern über die entsprechende Richtlinie verweigern.

Mit AppLocker Desktop- und Windows-Apps in Netzwerken steuern

Administratoren in Windows-Netzwerken können mit Windows Server 2019 und Windows 8/8.1/10 über Richtlinien unerwünschte Anwendungen sperren und so Sicherheitslücken schließen. Die Funktionen sind der Enterprise-Version von Windows 8/8.1/10 vorbehalten.

Auf diesem Weg können Sie verhindern, dass Anwender transportable Programme über USB-Stick, E-Mail oder andere Speichermöglichkeiten ausführen. Durch die Einbindung in Gruppenrichtlinien haben Sie zusätzlich die Möglichkeit, für verschiedene Gruppen unterschiedliche Einstellungen vorzunehmen.

Auch wenn Anwender keine Administratorrechte haben, können sie doch problemlos viele Programme starten. Die Programme haben dann die gleichen Rechte wie der Benutzer und können teilweise sogar Daten ins Internet übertragen. Aus diesem Grund ist eine gewisse Einschränkung durchaus sinnvoll.

AppLocker in Unternehmen nutzen

Um AppLocker zu nutzen, müssen Sie im Unternehmen Windows 8/8.1/10 in der Edition Enterprise einsetzen. AppLocker ist außerdem in Windows Server 2019 enthalten.

Hinweis Betriebssysteme und Versionen von Windows 8/8.1/10, die nicht kompatibel mit AppLocker sind, wenden die Regeln nicht an. Es besteht also keine Gefahr, dass Sie Rechner außer Funktion setzen, wenn Sie AppLocker einsetzen und das Betriebssystem die Regeln nicht versteht.

AppLocker ermöglicht die Erstellung von Whitelists und Blacklists. Auch eine Kombination von Regeln ist möglich. AppLocker kann Anwendungen und für fortgeschrittene Einsatzszenarien einzelne DLL-Dateien sperren. Auch konkrete Versionen von Programmen und DLL-Dateien lassen sich berücksichtigen.

AppLocker kann automatische Regeln erstellen und bestimmte Ordner auf neue Programme hin überwachen. Neben Gruppenrichtlinien können Sie auch über Sicherheitsgruppen filtern. AppLocker können Sie außerdem in der PowerShell steuern. Dazu laden Sie in der PowerShell mit *Import-Module AppLocker* die entsprechenden Cmdlets. Eine Liste der verschiedenen Cmdlets erhalten Sie mit *Get-Command *applocker**.

Gruppenrichtlinien für AppLocker erstellen

Die Konfiguration von Richtlinien findet in zwei Stufen statt. Sie erstellen eine Richtlinie und weisen dieser AppLocker-Regeln zu. Um AppLocker zu verwenden, navigieren Sie zu *Computerkonfiguration/Richtlinien/Windows-Einstellungen/Sicherheitseinstellungen/Anwendungssteuerungsrichtlinien*. Klicken Sie auf *AppLocker*. Hier erstellen Sie die Regeln für AppLocker.

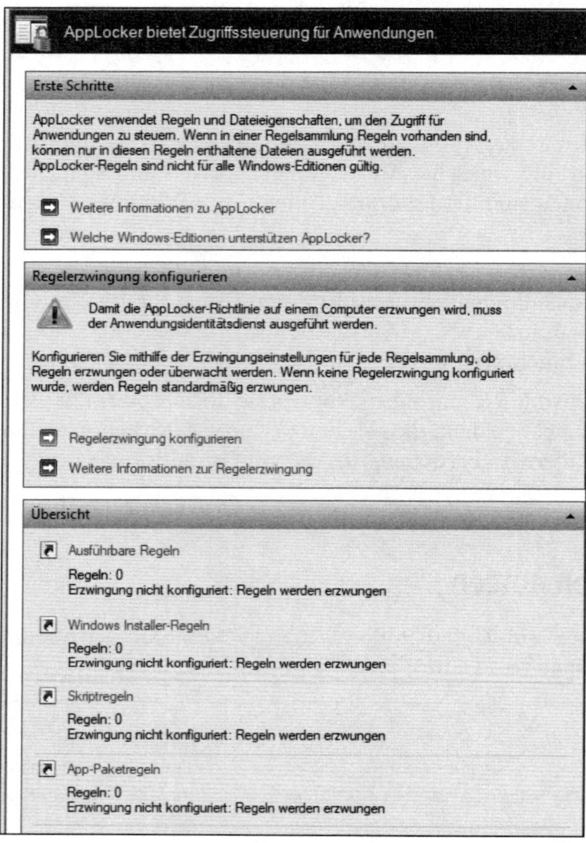

Abbildung 19.19: Verwenden von AppLocker in Windows Server 2019

- Bei *Ausführbare Regeln* erstellen Sie Regeln für Programme mit den Endungen *.exe* und *.com*.
- *Windows Installer-Regeln* steuern die Ausführung von Setupdateien (*.msi* und *.msp*).
- Über *Skriptregeln* erfassen Sie Dateien mit den Endungen *.js*, *.ps1*, *.vbs*, *.cmd* und *.bat*.
- Mit dem Knoten *App-Paketregeln* steuern Sie den Zugriff der Anwender auf Windows-Apps auf den Windows 8/8.1/10-PCs.

Die Regeln lassen sich kombinieren und Sie können auswählen, ob die entsprechende Regel Programme erlauben oder sperren soll. Zusätzlich können Sie bei jeder Regel noch Ausnahmen für bestimmte Programme hinterlegen.

Verweigerungsregeln überschreiben die Zulassungsregeln. Wenn Sie die Ausführung von Programmen verweigern, haben Sie nicht die Möglichkeit, eine Regel zu erstellen, die einer bestimmte Gruppe die Ausführung erlaubt. In diesem Fall sollten Sie die Filterung in der Regel so steuern, dass nicht alle Benutzer eingeschränkt sind.

AppLocker unterstützt bei diesen Vorgängen auch Gruppen in Active Directory. Erstellen Sie eine neue AppLocker-Regel und hinterlegen Sie die Benutzergruppe. Später können Sie dann die Ausführung von Programmen über die Gruppenmitgliedschaft steuern, ohne die AppLocker-Regeln neu erstellen oder ändern zu müssen.

Erstellen von Regeln für AppLocker

Ausführbare Regeln bieten einen Einstieg in AppLocker. Hier können Sie bestimmte Programme blockieren oder bestimmte Versionen sperren lassen:

1. Navigieren Sie zu *Computerkonfiguration/Richtlinien/Windows-Einstellungen/Sicherheitseinstellungen/Anwendungssteuerungsrichtlinien*. Klicken Sie auf *AppLocker*. Die Steuerung können Sie auch auf einzelnen Computern vornehmen. Dann finden Sie AppLocker im Editor für lokale Gruppenrichtlinien über *Computerkonfiguration/Windows-Einstellungen/Sicherheitseinstellungen/Anwendungssteuerungsrichtlinien*.
2. Klicken Sie mit der rechten Maustaste auf *Ausführbare Regeln*.
3. Wählen Sie im Kontextmenü den Eintrag *Neue Regel erstellen* aus.
4. Bestätigen Sie die erste Seite *Vorbereitung* mit einem Klick auf *Weiter*. Wählen Sie auf der Seite *Berechtigungen* aus, ob die Regel Anwendungen zulassen oder verweigern soll.
5. Wählen Sie dann im Dropdownmenü die Gruppe aus, auf die Sie diese Regel anwenden wollen.
6. Auf der nächsten Seite legen Sie fest, auf welcher Grundlage Sie Programme sperren möchten:
   - **Herausgeber** – Durch diese Auswahl können Sie Anwendungen auf Basis ihres Zertifikats filtern. Dazu muss die Anwendung jedoch digital signiert sein. Bei Standardsoftware ist das oft der Fall, beim Einsatz selbst entwickelter Anwendungen funktioniert das nicht, wenn Sie die Anwendung nicht signiert haben. Diese Auswahl ist am besten geeignet, da sie sich nur schwer umgehen lässt. Die Zertifikate einer ausführbaren Datei lassen sich von normalen Benutzern nicht aushebeln. Diese Auswahl ist also empfohlen.
   - **Pfad** – Mit dieser Auswahl berücksichtigt die Regel Programme in einem bestimmten Ordner. Anwender können in diesem Fall aber Programme aus dem Ordner verschieben. In diesem Fall greift die Regel nicht mehr. Benutzer können daher solche Regeln ganz einfach aushebeln. Diese Auswahl ist also nicht empfohlen.
   - **Dateihash** – Hierbei handelt es sich einfach ausgedrückt um den Fingerabdruck der Datei. Dieser ändert sich bei jeder neuen Version und Aktualisierung. Bei jeder Änderung des Programms müssen Sie auch die entsprechende Regel ändern.

Die weiteren Fenster unterscheiden sich etwas, abhängig von der Auswahl, die Sie zum Filtern verwenden.

Zunächst wählen Sie ein Referenzprogramm des Herstellers aus, dessen Programme Sie filtern wollen. Mit dem Schieberegler legen Sie Einstellungen wie die Version des Programms fest, das Sie in der Regel erfassen wollen.

Sie haben auch die Möglichkeit, Versionen von Programmen zu sperren. Aktivieren Sie die Option *Benutzerdefinierte Werte verwenden*, können Sie bestimmen, ab oder bis zu welcher Version Sie das Programm in der Regel erfassen wollen. Auf diesem Weg lassen sich unerwünschte Versionen von Programmen ausfiltern.

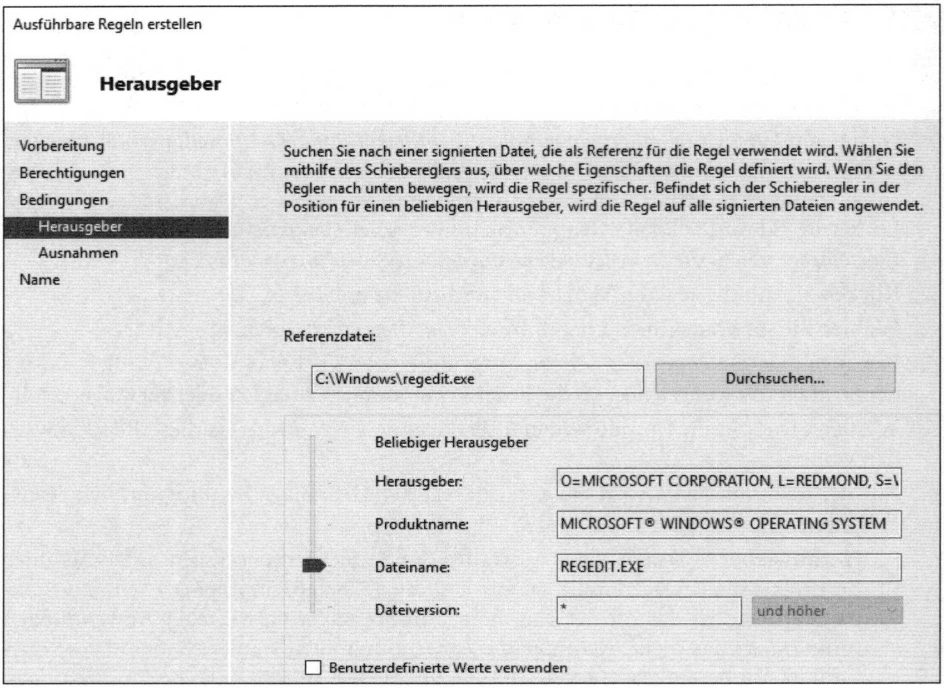

Abbildung 19.20: Auswählen der Filteroptionen für das Programm

Über die weiteren Fenster des Assistenten legen Sie fest, ob Sie Ausnahmen für die Regel zulassen wollen. Regeln lassen sich natürlich jederzeit nachträglich anpassen. Auf diesem Weg erstellen Sie alle Regeln, die Sie in der GPO erfassen wollen. Sobald Sie die GPO mit den Regeln fertiggestellt haben, verknüpfen Sie sie mit einer OU oder der Domäne. Anschließend wenden die Computer die Richtlinie an und setzen die hinterlegten Regeln um.

Die Umsetzung von AppLocker-Richtlinien testen Sie am besten durch einen Neustart oder indem Sie *gpupdate /force* in einer Eingabeaufforderung mit Administratorrechten eingeben.

Automatisches Erstellen von Regeln und Erzwingen von AppLocker

Sie können AppLocker veranlassen, automatisch Regeln zu erstellen. Dazu legen Sie einen bestimmten Ordner fest. Diesen Ordner scannt AppLocker automatisch nach neuen Programmen und nimmt diese direkt in die Regeln auf.

Klicken Sie zur Erstellung einer solchen automatischen Regel mit der rechten Maustaste auf *Ausführbare Regeln* und wählen Sie im Kontextmenü den Eintrag *Regeln automatisch generieren*. Wählen Sie im Assistenten den Ordner aus, den AppLocker einbinden soll, sowie die Benutzergruppe, für die Sie die Regel anwenden wollen. Im Anschluss wählen Sie aus, auf welcher Grundlage AppLocker die Regel erstellen soll.

Auch hier haben Sie die Möglichkeit, den Herausgeber, den Dateihash oder einen Pfad zu verwenden, genauso wie bei den manuellen Regeln. Ähnliche Dateien lassen sich in gemeinsame Regeln zusammenfassen. Anschließend erstellt der Assistent Zulassungsregeln für die gefundenen Programme. Diese Regeln können Sie natürlich nachträglich anpassen.

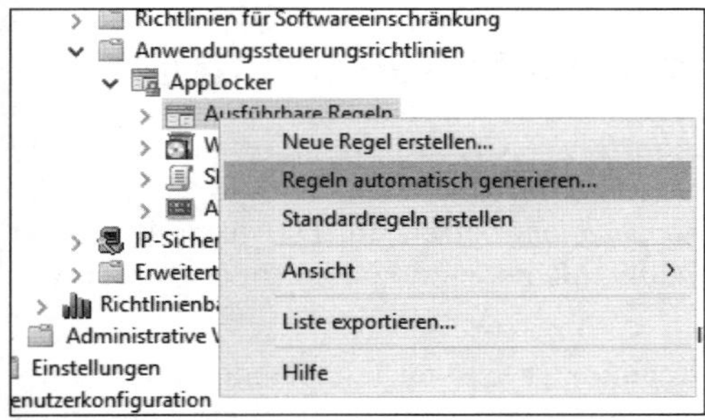

Abbildung 19.21: AppLocker-Regeln automatisch erstellen

Klicken Sie auf *AppLocker* im linken Bereich der Konsole, können Sie auf der rechten Seite festlegen, wie sich AppLocker auf den Clientcomputern verhalten soll. Dazu klicken Sie auf den Link *Regelerzwingung konfigurieren.*

Aktivieren Sie *Regeln erzwingen* oder die Einstellung *Nur überwachen*. Im Überwachungsmodus setzt AppLocker die Regeln nicht um, sondern protokolliert nur die betroffenen Anwendungen. Sie finden die Meldungen in der Ereignisanzeige über *Anwendungs- und Dienstprotokolle/Microsoft/AppLocker.*

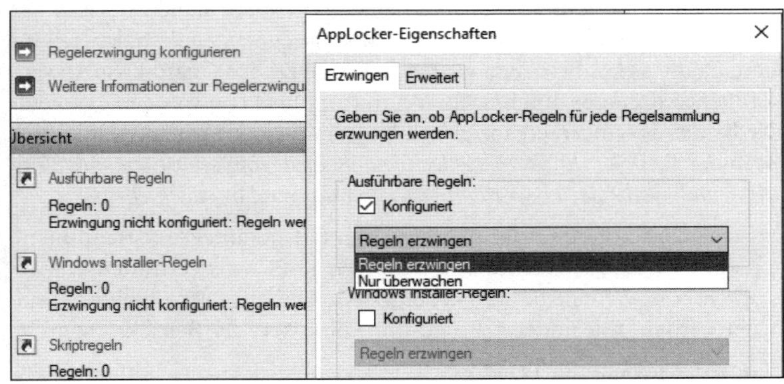

Abbildung 19.22: Konfigurieren von AppLocker

Auf der Registerkarte *Erweitert* aktivieren Sie die DLL-Regeln. Nach der Aktivierung finden Sie im linken Bereich der Konsole die neue Option *DLL-Regeln*. Hier erstellen Sie AppLocker-Regeln auf Basis von DLL-Dateien. Diesen Bereich sollten Unternehmen aber erst dann verwenden, wenn es bereits eine AppLocker-Infrastruktur gibt.

DLL-Regeln erstellen Sie genauso wie ausführbare Regeln. Der Unterschied dabei ist nur, dass Sie keine *.com-* oder *.exe*-Dateien auswählen, sondern DLL-Dateien, die die Regel erfassen soll. Auch hier können Sie – wie bei ausführbaren Regeln – bestimmte Versionen sperren, erlauben oder filtern.

Die Erstellung dieser Regeln funktioniert genauso wie alle anderen Regeln. Das Filtern von DLL-Dateien kann die Clientcomputer stark ausbremsen und eine hohe Anzahl an Anwendungen ungewollt sperren.

Windows 10 Device Guard zusammen mit AppLocker nutzen

Microsoft bietet für Windows 10 die Funktion *Device Guard* (*https://docs.microsoft.com/de-de/windows/security/threat-protection/device-guard/introduction-to-device-guard-virtualization-based-security-and-windows-defender-application-control*) an. Die Technik arbeitet auch auf Servern mit Windows Server 2016/2019. Ältere Windows-Versionen werden von der Technik nicht unterstützt.

Neben dem einfachen Blockieren von Anwendungen können mit Windows 10 Device Guard die Rechner außerdem vor Viren geschützt werden. Wenn unbekannte Anwendungen blockiert werden, lässt Windows 10 auch keine Viren zu, da nur bekannte Anwendungen erlaubt sind. Device Guard schützt den Kernel des Betriebssystems und die Treiber vor Viren.

Die Lösung soll Virenscanner nicht ersetzen, sondern ergänzt den Schutz. Da Device Guard auch den Virenscanner selbst vor Angriffen schützt, arbeitet die Lösung optimal mit aktuellen Virenscannern zusammen und sorgt für zusätzlichen Schutz. Außerdem verhindert die Lösung, dass im Benutzerkontext Viren ausgeführt oder installiert werden.

Einfach ausgedrückt steuern Administratoren mit Device Guard, welche Anwendungen auf den PCs der Anwender ausgeführt werden. Zusammen mit AppLocker lässt sich dadurch recht genau festlegen, welche Programme auf Unternehmensrechnern laufen dürfen und welche nicht. Die Lösung ist also nicht nur für Kiosk-Rechner geeignet, sondern generell für alle PCs im Unternehmen, die sicher betrieben werden müssen. Device Guard lässt Anwendungen von Microsoft generell immer durch, während mit AppLocker etwas genauer gefiltert werden kann. Die beiden Lösungen ergänzen sich also optimal. Die genaue Vorgehensweise zeigt Microsoft in der TechNet (*https://blogs.technet.microsoft.com/sebastianklenk/2016/03/24/konfiguration-des-windows-10-device-guard-zur-sicheren-anwendungsausfuehrung*).

Mit Windows 10 Device Guard können Administratoren mit »Codeintegritätsrichtlinien« festlegen, welche Apps und welche Hersteller auf Windows 10-PCs als vertrauenswürdig eingestuft werden. Durch eine Whitelist kann sichergestellt werden, dass nur bestimmte Anwendungen gestartet werden. Alle anderen Programme blockiert das Betriebssystem.

Neben Windows 10 Enterprise benötigt Windows 10 Device Guard weitere Voraussetzungen, um im Netzwerk verwendet werden zu können. Zunächst muss auf dem Rechner ein UEFI ab Version 2.3.1 verbaut sein. Mit herkömmlichen BIOS-Systemen lässt es sich nicht nutzen. Das liegt daran, dass Device Guard Sicherheits-Funktionen aus dem UEFI nutzt, zum Beispiel Secure Boot. Dadurch ist auch sichergestellt, dass auf dem PC moderne CPUs verbaut sind. Denn Device Guard setzt auf Virtualisierungstechniken in aktuellen CPUs, um Anwendungen zu prüfen.

Zusätzlich ist ein Trustet Platform Module(TPM)-Chip auf den Rechnern notwendig. Dieser wird, zusammen mit Techniken aus Hyper-V, dafür genutzt, das Betriebssystem vor unerlaubten Anwendungen zu schützen und den Start zu blockieren. Mit Hyper-V und TPM schützt Device Guard besonders sensible Komponenten des Betriebssystems vor Angriffen durch Viren.

Sinnvoll eingesetzt wird Windows 10 Device Guard vor allem in großen Netzwerken, die auf Windows 10 Enterprise setzen. Hier bietet es sich an, auf die aktuelle Version von System Center 2019 Configuration Manager zu setzen. Auch hierüber können Rechner mit Windows 10 Enterprise über Device Guard und Codeintegritätsrichtlinien gesteuert werden.

Windows 10 Device Guard startet als Dienst, sobald das Betriebssystem startet. Bevor es aktiv wird, sichert das UEFI den Rechner mit Secure Boot ab. Das vermeidet den Angriff durch Rootkits, die bereits vor dem Betriebssystem gestartet werden.

Windows 10 Device Guard wird über Gruppenrichtlinien gesteuert. Die Einstellungen dazu sind bei *Computerkonfiguration/Richtlinien/Administrative Vorlagen/System/Device Guard* zu finden.

Die Codeintegritätsrichtlinien werden normalerweise in einer Freigabe im Netzwerk gespeichert. Die PCs der Anwender greifen auf die Richtliniendatei in der Freigabe zu und setzen diese auf dem jeweiligen Rechner um.

Die Richtlinien lassen sich zum Beispiel über die PowerShell erstellen und verwalten. Dazu steht das Cmdlet *New-CIPolicy* zur Verfügung. Die Regeln in dieser Richtlinie werden mit *Set-RuleOption* konfiguriert. Die Vorgehensweise dazu zeigt Microsoft ausführlich in der TechNet (*https://docs.microsoft.com/en-us/powershell/module/configci/new-cipolicy?view=win10-ps*), wo auch die Anleitungen für die Regeln zu finden sind (*https://docs.microsoft.com/en-us/powershell/module/configci/set-ruleoption?view=win10-ps*).

Benutzerkontensteuerung über Richtlinien konfigurieren

In Unternehmen lässt sich das Verhalten der Benutzerkontensteuerung per Gruppenrichtlinie konfigurieren. Die dazu notwendigen Einstellungen finden Sie über *Computerkonfiguration/Richtlinien/Windows-Einstellungen/Sicherheitseinstellungen/Lokale Richtlinien/Sicherheitsoptionen.*

Führt ein Anwender Aufgaben durch, die Administratorrechte benötigen, erscheint ein Bestätigungsfenster oder ein Authentifizierungsfenster, wenn er an einer Arbeitsstation als Standardbenutzer angemeldet ist. Auch auf diesem Weg lassen sich Anwendungen sperren.

Erstellen einer neuen Gruppenrichtlinie für sichere Kennwörter

Navigieren Sie zu den Einstellungen der Kennwörter unter *Computerkonfiguration/Richtlinien/Windows-Einstellungen/Sicherheitseinstellungen/Kontorichtlinien/Kennwortrichtlinien* in einer Gruppenrichtlinie, können Sie bestimmen, welche Struktur die Kennwörter der Anwender haben sollen. In Windows Server 2019 gibt es verschiedene Einstellungen, die Sie zur Konfiguration von sicheren Kennwörtern verwenden können:

- **Kennwort muss Komplexitätsvoraussetzungen entsprechen** – Bei dieser Option muss das Kennwort mindestens sechs Zeichen lang sein. Es darf maximal zwei Zeichen enthalten, die auch in der Zeichenfolge des Benutzernamens vorkommen Außerdem müssen drei der fünf Kriterien von komplexen Kennwörtern erfüllt sein:
  - Großbuchstaben (A bis Z)
  - Kleingeschriebene Buchstaben (a bis z)
  - Ziffern (0 bis 9)
  - Sonderzeichen (zum Beispiel !, &, /, %)
  - Unicodezeichen (€, @, ®)

- **Kennwortchronik erzwingen** – Hier können Sie festlegen, wie viele Kennwörter im Active Directory gespeichert bleiben sollen, die ein Anwender bisher bereits verwendet hat. Wenn Sie diese Option wie empfohlen auf 24 setzen, darf sich ein Kennwort erst nach 24 Änderungen wiederholen.
- **Kennwörter mit umkehrbarer Verschlüsselung speichern** – Bei dieser Option speichert Windows die Kennwörter so, dass die Administratoren sie auslesen können. Sie sollten diese Option deaktivieren. Dazu müssen Sie die Richtlinieneinstellung definieren und auf *Deaktiviert* setzen.
- **Maximales Kennwortalter** – Hier legen Sie fest, wie lange ein Kennwort gültig bleibt, bis der Anwender es ändern muss.
- **Minimale Kennwortlänge** – Der Wert legt fest, wie viele Zeichen ein Kennwort mindestens enthalten muss. Dafür wird ein Wert von acht Zeichen empfohlen.
- **Minimales Kennwortalter** – Hier steuern Sie, wann ein Anwender ein Kennwort frühestens ändern darf, also wie lange es mindestens aktuell sein muss. Diese Option ist zusammen mit der Kennwortchronik sinnvoll, damit die Anwender das Kennwort nicht so oft ändern, dass sie wieder ihr altes verwenden können. Microsoft empfiehlt an dieser Stelle einen Wert von 2.

Firewalleinstellungen über Gruppenrichtlinien setzen

Auf Client-PCs erstellen Sie neue Regeln in der Windows-Firewall über die erweiterte Konsole. Diese starten Sie durch Eingabe von *wf.msc* auf der Startseite. Sie können aber auch über Gruppenrichtlinien Firewallregeln erstellen und diese an die Clients verteilen.

Sie finden die Einstellungen über *Computerkonfiguration/Richtlinien/Windows-Einstellungen/Sicherheitseinstellungen/Windows-Firewall mit erweiterter Sicherheit*.

Hier können Sie eingehende und ausgehende Regeln festlegen. Die Oberfläche dazu ist die gleiche wie bei der lokalen Verwaltung der Firewall.

Zusammenfassung

In diesem Kapitel sind wir ausführlich darauf eingegangen, wie Sie Gruppenrichtlinien mit Windows Server 2019 verwenden. Im nächsten Kapitel zeigen wir Ihnen, wie Sie Dateiserver mit Windows Server 2019 optimal betreiben.

Teil E
Datei- und Druckserver mit Windows Server 2019

Kapitel 20

Dateiserver und Daten im Netzwerk freigeben

In diesem Kapitel:

In diesem Kapitel zeigen wir Ihnen den Umgang mit Windows Server 2019 als Datei- oder Druckserver. Wir gehen dabei auf die Möglichkeiten ein, Freigaben zu erstellen und zu verwalten, aber auch auf die Sicherheitsoptionen und Einstellungen, die auf einem Dateiserver notwendig sind.

Damit auf einen Windows Server 2019 über Freigaben zugegriffen werden kann, müssen Sie zunächst sicherstellen, dass im Netzwerk- und Freigabecenter die Dateifreigaben aktiviert sind. Erst dann ist der Zugriff über das Netzwerk möglich. Installieren Sie ebenfalls auf dem Server die Rolle *Dateiserver*, um auf alle Möglichkeiten zugreifen zu können. Sie finden diese Rolle innerhalb der Serverrollen unter *Datei-/Speicherdienste/Datei- und iSCSI-Dienste*. In Kapitel 5 gehen wir auf die Verwaltung der Datenträger ein. Lesen Sie sich zum Aufbau eines Dateiservers daher auch Kapitel 5 durch. In Kapitel 4 sind wir ebenfalls auf den Rollendienst eingegangen. Daher sollten Sie sich auch dieses Kapitel ansehen.

SMB 3.x in Windows Server 2019 nutzen

Windows Server 2019 und Windows 10 kommunizieren mit der neuen Version 3.x des Server Message Block(SMB)-Protokolls. Dieses bietet einige Neuerungen bezüglich der Leistung und der Sicherheit. Damit die neue Version genutzt wird, müssen die beteiligten Computer mit Windows Server 2019 oder Windows 10 installiert sein. Natürlich können Windows Server 2019 und Windows 10 problemlos mit älteren Windows-Versionen und auch mit Linux über SMB kommunizieren. Allerdings kommt in diesem Fall die SMB-Version des jeweils ältesten Systems zum Einsatz.

Mehr Sicherheit und Leistung in SMB 3.x

Die neue SMB-Version soll zunächst deutlich sicherer sein und Man-in-the-Middle-Angriffe verhindern können. Dazu wird SMB-Encryption erweitert. Die Technik verhindert seit SMB 3.0 (Windows 7 und Windows Server 2012), dass Angreifer auf übertragene Daten zugreifen. In SMB 3.x wird der Chiffre bereits beim Verbindungsaufbau ausgetauscht. Das soll die Sicherheit von SMB-Verbindungen bereits gewährleisten, bevor sich Client und Server gegenseitig authentifiziert haben. Microsoft bezeichnet diese Neuerung in SMB 3.x auch als »Pre-Authentication Integrity«. Die Daten zur Authentifizierung werden mit SHA-512 verschlüsselt. Außerdem wird die Authentifizierung sicherer gestaltet.

SMB 3.x nutzt für SMB Encryption AES-128-GCM. Der direkte Vorgänger SMB 3.0.2 in Windows Server 2012 R2 und Windows 8.1 hat hier auf AES-128-CCM gesetzt. Laut Microsoft kommt AES-128-GCM in Windows Server 2019 und Windows 10 besser mit aktuellen Prozessoren von Intel und AMD zurecht. Dieser Sachverhalt kann die Zugriffe per SMB deutlich beschleunigen, vor allem zwischen Servern, wenn zum Beispiel Storage Spaces Direct zum Einsatz kommen sollen oder die neue Storage-Replikation in Windows Server 2019. Beide neuen Funktionen sind in der Lage, mit SMB 3.x zu kommunizieren. Microsoft nennt eine mögliche Leistungssteigerung von 100 % beim Kopieren von großen Dateien über das Netzwerk.

Neben SMB Encryption gibt es noch SMB Signing. Beide Funktionen können parallel genutzt werden, da nur so sichergestellt ist, dass Client und Server nicht übernommen und auch keine Daten ausgelesen werden können.

SMB-Encryption in der Praxis

Generell lässt sich die SMB-Verschlüsselung auch über die PowerShell steuern. Dabei stehen folgende Cmdlets zur Verfügung:

Set-SmbServerConfiguration -EncryptData <0|1>

Set-SmbShare -Name <Freigabe> -EncryptData <0|1>

New-SmbShare -Name <Freigabe> -Path <Pfad> -EncryptData 1

In Ausnahmefällen kann der Zugriff unverschlüsselt durchgeführt werden. Hier steht der folgende Befehl zur Verfügung:

Set-SmbServerConfiguration -RejectUnencryptedAccess <0|1>

Die SMB-Verschlüsselung lässt sich also pro Server und für alle Freigaben definieren oder für einzelne Freigaben. Wenn sie für einen Server konfiguriert ist, besteht keine Möglichkeit, auf Ebene der Freigaben Anpassungen vorzunehmen, um zum Beispiel die Verschlüsselung für einzelne Freigaben zu deaktivieren. Haben Sie die SMB-Verschlüsselung auf einem Server aber deaktiviert, kann die Verschlüsselung auf Basis einzelner Freigaben nachträglich aktiviert werden. Wenn die Verschlüsselung für eine Freigabe oder den kompletten Server aktiviert ist, erhalten Clients keinen Zugriff, wenn sie unverschlüsselte Anfragen stellen. Dieses Verhalten kann mit der PowerShell gesteuert werden:

Set-SmbServerConfiguration -RejectUnencryptedAccess <0|1>

Wird die Option *-RejectUnencryptedAccess* auf *0* gesetzt, akzeptiert der Server auch unverschlüsselte Anfragen von Clients, die keine Verschlüsselung unterstützen. Das sind zum Beispiel Server mit Windows Server 2003 oder Rechner mit Windows XP. Neben der Steuerung von SMB für komplette Server (*Set-SmbServerConfiguration*) und einzelne Freigaben (*Set-SmbShare*) können Sie mit der PowerShell über die beiden Befehle *Get-SmbServerConfiguration* und *Get-SmbShare* detaillierte Informationen zu Freigaben und der lokalen SMB-Konfiguration anzeigen lassen.

Kompatibilität mit älteren SMB-Versionen

Natürlich können Windows Server 2019 und Windows 10 auch mit älteren Windows-Versionen kommunizieren. Allerdings wird in diesem Fall aus Kompatibilitätsgründen die ältere Version eingesetzt. Diese verfügt weder über die Sicherheitsfunktionen noch über die (möglichen) Leistungssteigerungen von SMB 3.x. Das gilt übrigens auch für den Einsatz mit Windows Server 2012 R2 und Windows 8.1.

Die Vorgänger von Windows Server 2019 und Windows 10 nutzen die Version 3.0.2. Sobald ein Server mit Windows Server 2019 mit einem Client auf Basis von Windows 8.1 kommunizieren muss, nutzt er SMB 3.0.2. Sind noch Windows 7 und Windows Server 2012 im Einsatz, setzen Windows 10 und Windows Server 2019 bei der Kommunikation mit diesen Betriebssystemen auf SMB 3.0. Hier fehlen maßgebliche Neuerungen für den schnellen und sicheren Datenaustausch im Netzwerk, zum Beispiel die Möglichkeiten, mehrere parallele Zugriffe per SMB zu nutzen (SMB-Multichannel).

SMB 1.0 im Netzwerk ausfindig machen und deaktivieren

Da Windows Server 2003 und Windows XP nicht mehr offiziell unterstützt werden, gibt es im Netzwerk keinen Grund, auf SMB 1.0 zu setzen. Allerdings verfügt Windows Server 2019 noch über die Möglichkeit dazu. Wenn kein SMB 1.0 eingesetzt werden soll, können Sie die SMB 1.0-Funktionen aus Windows Server 2019 entfernen. In diesem Fall können sich Rechner mit Windows Server 2003 und Windows XP nicht mehr per SMB mit dem Server verbinden. Das erhöht die Sicherheit, da diese Verbindungen nahezu problemlos gekapert werden können. Um SMB 1.0 aus Windows Server 2019 zu entfernen, verwenden Sie die PowerShell:

Remove-WindowsFeature FS-SMB1

Sie können auf Servern mit Windows Server 2019 überwachen lassen, ob noch Clients mit SMB 1.0 einen Zugriff auf den Server vornehmen wollen. In diesem Fall schaltet der Server in den unsicheren SMB 1.0-Modus für diese Verbindung. Die Überwachung aktivieren Sie in Windows Server 2019 mit der PowerShell und folgendem Befehl:

Set-SmbServerConfiguration -AuditSmb1Access $true

Um sich anzeigen zu lassen, ob es noch Clients mit Windows Server 2003 oder Windows XP im Netzwerk gibt, kann ebenfalls die PowerShell verwendet werden. Der Befehl dazu lautet:

Get-WinEvent -LogName Microsoft-Windows-SMBServer/Audit

Hinweis Samba unterstützt ab Version 4.3 auch SMB 3.x. Es lohnt sich also für Unternehmen, die auf Windows 10 setzen und im Netzwerk Samba-Server einsetzen, auf die neue Version 4.x zu aktualisieren. Zusätzlich lassen sich mit Samba auch Domänencontroller aufsetzen, die kompatibel zu Windows 10 sind.

Berechtigungen für Dateien und Ordner verwalten

Die Berechtigungen im Dateisystem sind in der Zugriffssteuerungsliste (Access Control List, ACL) gespeichert. Während der Anmeldung generiert Windows für den Benutzer ein sogenanntes Zugriffstoken, das die Sicherheits-ID (Security ID, SID) des Benutzerkontos enthält sowie die SIDs der Gruppen, in denen der Benutzer Mitglied ist.

Beim Zugriff auf eine Datei vergleicht Windows die Einträge des Tokens mit der ACL und ermittelt daraus die Berechtigung. Dazu addiert das System die Berechtigungen für jeden übereinstimmenden Eintrag. Ein Benutzer bekommt die Berechtigungen, die seinem Konto zugewiesen sind, sowie alle Berechtigungen, die den Gruppen zugewiesen sind, in denen er Mitglied ist.

Geben Sie einem Benutzerkonto die Berechtigung *Lesen* und bekommt zusätzlich eine Gruppe, in der dieser Benutzer Mitglied ist, die Berechtigung *Schreiben* zugewiesen, ergeben die effektiven Berechtigungen *Lesen* und *Schreiben*. Um die Berechtigungen zu setzen, wählen Sie in den Eigenschaften des Ordners oder der Datei die Registerkarte *Sicherheit*. Mehr zu diesem Thema lesen Sie in Kapitel 18.

Abbildung 20.1: Verwalten von Berechtigungen für Ordner und Dateien

Zusätzlich ist es möglich, einzelnen Benutzern oder Gruppen Berechtigungen zu verweigern, wobei die Verweigerung immer Vorrang hat. Auch wenn ein Benutzer Mitglied in einer Gruppe ist, die Berechtigungen auf einen Ordner hat, verweigert Windows den Zugriff, wenn er über eine Gruppe oder sein Benutzerkonto in der Verweigerungsliste eingetragen ist.

Beispiel:

Auf eine Datei sollen alle Mitarbeiter der Buchhaltung (mit der Mitgliedschaft in der gleich benannten Gruppe) Zugriff erhalten. Eine Ausnahme machen dabei allerdings die Auszubildenden, die ebenfalls Mitglied der Gruppe *Buchhaltung* sind.

Wenn der Gruppe *Buchhaltung* der Zugriff auf diese Datei erlaubt ist, erhalten auch die Auszubildenden Zugriff, da sie Mitglied der Gruppe sind. Sie können der Gruppe *Auszubildende* den Zugriff verweigern. So erhalten die Auszubildenden zwar den Zugriff durch die Mitgliedschaft in der Gruppe *Buchhaltung*, der ihnen aber durch die Mitgliedschaft in der Gruppe *Auszubildende* verweigert wird.

Erweiterte Berechtigungen auf Ordner

Um spezielle Berechtigungen zu setzen und weitere Einstellungen vorzunehmen, wählen Sie im Eigenschaftenfenster des Ordners oder der Datei auf der Registerkarte *Sicherheit* die Schaltfläche *Erweitert*. Um die erweiterten Berechtigungen zu konfigurieren, klicken Sie im neuen Fenster auf *Bearbeiten*.

Als Nächstes können Sie entweder bestehende Einträge bearbeiten oder neue Benutzerkonten hinzufügen, denen Sie dann spezielle Berechtigungen zuweisen.

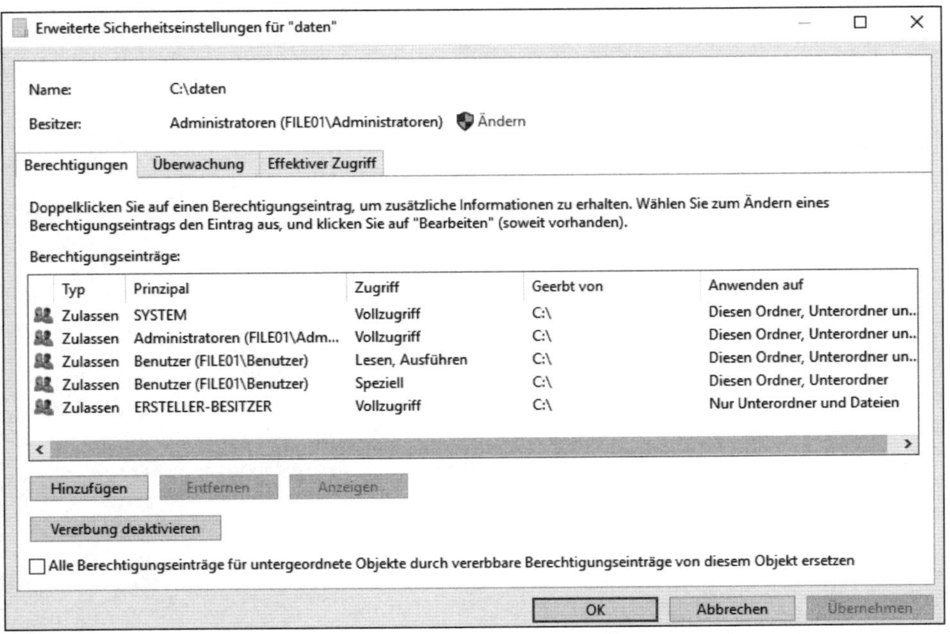

Abbildung 20.2: Bearbeiten der erweiterten Berechtigungen für Ordner

Datei- und Druckserver mit Windows Server 2019

Um für den Ordner erweiterte Berechtigungen zuzuweisen, müssen Sie entscheiden, wie weit sich diese Berechtigungen auswirken. Dazu wählen Sie aus der Liste *Übernehmen für* in den Eigenschaften eines Eintrags aus, in welchem Bereich sich die speziellen Berechtigungen auswirken sollen.

- **Nur diesen Ordner –** Die Berechtigungen werden nur für diesen Ordner gesetzt und gelten nicht für darin enthaltene Unterordner oder Dateien.
- **Diesen Ordner, Unterordner und Dateien –** Die Berechtigungen werden auf die komplette Ordnerstruktur angewendet und gelten für alle Ordner und Dateien unterhalb dieses Ordners.
- **Diesen Ordner, Unterordner –** Die Berechtigungen werden nur auf diesen Ordner und alle Unterordner gesetzt, Berechtigungen auf Dateien werden nicht gesetzt.
- **Diesen Ordner, Dateien –** Die Berechtigungen gelten nur für diesen Ordner und die darin enthaltenen Dateien.
- **Nur Unterordner und Dateien –** Dieser Ordner wird von der Vergabe der Berechtigungen ausgenommen und nur auf darin enthaltene Dateien und andere Ordner gesetzt.
- **Nur Unterordner –** Dieser Ordner wird von der Vergabe der Berechtigungen ausgenommen und nur auf darin enthaltene Ordner gesetzt.
- **Nur Dateien –** Dieser Ordner wird von der Vergabe der Berechtigungen ausgenommen und nur auf darin enthaltene Dateien gesetzt.

Setzen Sie nach der Auswahl die erweiterten Berechtigungen. Über die Schaltfläche *Alle löschen* können Sie die Liste der gesetzten Berechtigungen wieder löschen. Auch bei Dateien gibt es eine Unterteilung in Standard- und erweiterte Berechtigungen.

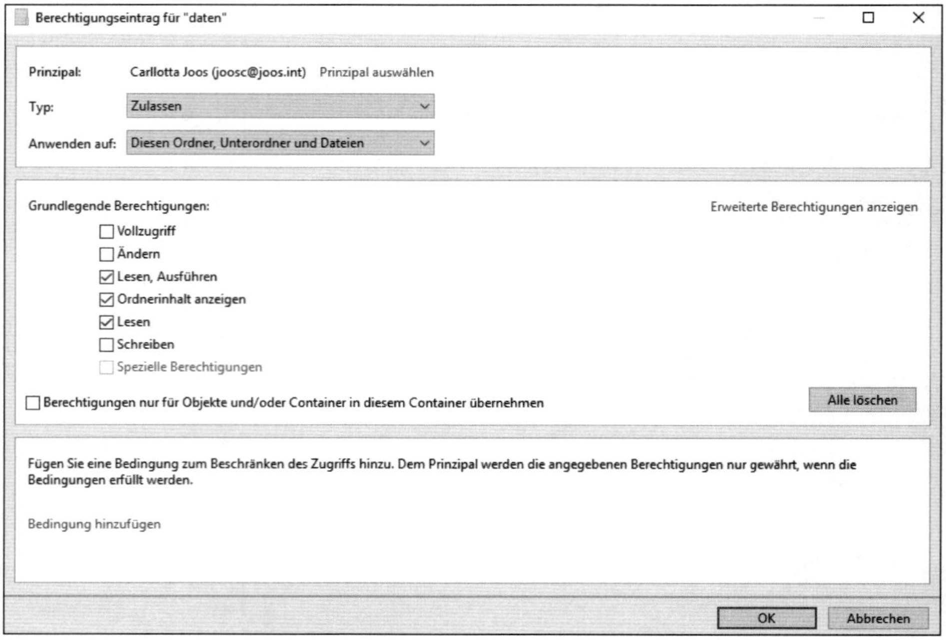

Abbildung 20.3: Bearbeiten der erweiterten Rechte für einen Ordner und einen Benutzer

Zunächst werden nur die grundlegenden Berechtigungen angezeigt. Klicken Sie daher auf den Link *Erweiterte Berechtigungen anzeigen*, um zusätzliche Berechtigungen angezeigt zu bekommen.

Berechtigungen verstehen

Weisen Sie einem Benutzerkonto die Berechtigung *Lesen* für einen Ordner zu und bekommt zusätzlich eine Gruppe, in der dieser Benutzer Mitglied ist, die Berechtigung *Schreiben* zugewiesen, ergeben die effektiven Berechtigungen *Lesen* und *Schreiben*.

Es gelten grundsätzlich die engsten Einschränkungen der Zugriffsberechtigungen. Wenn ein Benutzer Vollzugriff auf eine Freigabe hat und auf einen Ordner zugreift, der nur gelesen werden darf, darf er tatsächlich nur lesen, auch wenn er per Vollzugriff über das Netzwerk zugreift.

Hat er im Dateisystem *Vollzugriff* und wurde auf die Freigabe nur das Leserecht vergeben, darf er auf den Ordner über das Netzwerk nur lesend zugreifen. Er kann allerdings lokal auf dem Computer oder über andere überlappende Freigaben, die diese Einschränkung nicht haben, mit mehr Rechten zugreifen. Die Berechtigungen bilden daher immer eine Schnittmenge zwischen Freigabeberechtigungen und Berechtigungen auf dem Dateisystem (NTFS oder ReFS).

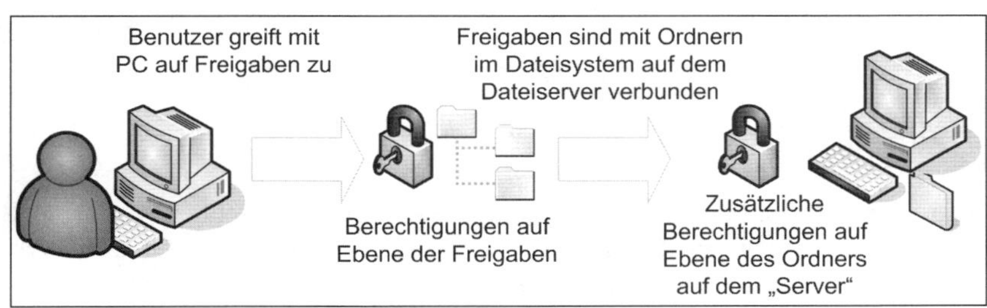

Abbildung 204: Berechtigungsebenen in Windows

Berechtigungen für den Zugriff über das Netzwerk nehmen Sie über die Registerkarte *Freigabe* in den Eigenschaften des Ordners über die Schaltfläche *Erweiterte Freigabe* vor. Mit *Berechtigungen* legen Sie fest, wer über das Netzwerk auf den PC zugreifen darf. Den jeweiligen Benutzer müssen Sie vorher auf dem PC mit der Freigabe anlegen.

Die Festlegung auf NTFS-Ebene, also für das Dateisystem, erfolgt über die Eigenschaften eines Ordners auf der Registerkarte *Sicherheit*. Nach jeweils einem Klick auf die Schaltfläche *Bearbeiten* und *Hinzufügen* können Sie neue Benutzer, denen Sie Berechtigungen gewähren wollen, hinzufügen. Dabei haben Sie folgende Möglichkeiten:

- **Vollzugriff** – Erlaubt den vollen Zugriff auf den Ordner oder die Datei. Bei Ordnern bedeutet das, dass Benutzer Dateien hinzufügen und löschen dürfen. Bei Dateien stehen alle Funktionen zur Verfügung. Dazu gehört auch die Veränderung von Zugriffsberechtigungen. Mit diesem Recht sollten Sie vorsichtig umgehen.
- **Ändern** – Die Berechtigungen sind im Vergleich zu dem Vollzugriff auf das Schreiben, Lesen, Ändern und Löschen beschränkt. Benutzer können keine Berechtigungen erteilen, sonst aber alles mit den Dateien machen.

- **Lesen, Ausführen –** Für Programmdateien relevant, da diese ausgeführt werden dürfen. Fehlt dieses Recht, darf ein Benutzer keine Programme starten, die in diesem Ordner gespeichert sind.
- **Ordnerinhalt auflisten (nur bei Ordnern) –** Benutzer dürfen den Inhalt des Ordners anzeigen. Die Inhalte der Dateien im Ordner lassen sich aber nicht anzeigen.
- **Lesen –** Definiert, dass eine Datei gelesen, aber nicht ausgeführt oder geöffnet werden darf.
- **Schreiben –** Die Datei darf verändert, jedoch nicht gelöscht werden. Anwender dürfen nur Daten hinzufügen.

Mit dem Befehlszeilentool Openfiles können Sie Dateien und Ordner, die auf einem System geöffnet wurden, auflisten und trennen. Vor jedem Dateinamen sehen Sie eine ID und den Namen des jeweiligen Benutzers.

Greifen mehrere Benutzer gleichzeitig auf eine Datei zu, zeigt Openfiles diese Datei unter zwei unterschiedlichen ID-Kennungen entsprechend zwei Mal an. Damit geöffnete Dateien angezeigt werden, müssen Sie zunächst das Systemflag *Maintain Objects List* aktivieren. Mit dem Befehl *openfiles /local on* wird das Systemflag eingeschaltet. Der Befehl *openfiles /local off* schaltet es aus.

Erst nach der Aktivierung dieses Flags werden mit Openfiles geöffnete Dateien angezeigt. Nachdem Sie das Flag gesetzt haben, müssen Sie den Computer neu starten. Wenn Sie nach dem Neustart in der Eingabeaufforderung *openfiles* eingeben, werden die geöffneten Dateien angezeigt.

Möchte man feststellen, welche Dateien auf einem wechselbaren Datenträger (zum Beispiel USB-Stick) geöffnet sind, empfiehlt sich der Befehl *openfiles |find /i "z:"*, wobei *z:* der Laufwerkbuchstabe des USB-Sticks ist.

Wenn Sie noch offene Dateien auf Ihrem System vorfinden und diese schließen möchten, verwenden Sie den Befehl *openfiles /disconnect /id <id> oder openfiles /disconnect /a <user>*. Als *<id>* wird die von Openfiles mitgeteilte ID eingetragen, als *<user>* die mitgeteilte Nutzerkennung.

So setzen Sie diese Berechtigungen optimal:

1. Um Berechtigungen für einen Ordner oder eine Datei zu setzen, wählen Sie in den Eigenschaften des Ordners oder der Datei die Registerkarte *Sicherheit*.
2. Im oberen Bereich sehen Sie, welche Benutzer oder Gruppen bereits Berechtigungen für den Ordner haben.
3. Klicken Sie im oberen Bereich auf eine Gruppe oder einen Benutzer, sehen Sie dessen Standardrechte im unteren Bereich.
4. Über die Schaltfläche *Bearbeiten* können Sie die Berechtigungen steuern.
5. Klicken Sie auf *Hinzufügen*, um neue Benutzer oder Gruppen der Liste hinzuzufügen, oder auf *Entfernen*, um eine Gruppe zu löschen.
6. Wollen Sie Benutzer hinzufügen, klicken Sie erst auf *Hinzufügen* und anschließend im neuen Fenster auf *Erweitert*.
7. Klicken Sie im neuen Fenster auf *Jetzt suchen*. Windows zeigt dann alle Benutzerkonten und Gruppen an, die Sie auf dem Computer angelegt haben.
8. Wählen Sie das Benutzerkonto aus, dem Sie Rechte erteilen wollen.
9. Das Benutzerkonto steht jetzt in der Liste und Sie können zunächst Standardrechte erteilen. Was die verschiedenen Rechte bedeuten, ist nachfolgend erläutert.

Besitzer für ein Objekt festlegen

Der Objektbesitzer ist der Anwender mit den umfangreichsten Rechten für einen Ordner oder eine Datei. Vor allem wenn Anwender versehentlich auch den Administrator von der Berechtigungsliste streichen, kommt dem Objektbesitzer eine besondere Bedeutung zu. Dieser kann nämlich auf den Administrator geändert werden. So lassen sich auch versehentlich gesperrte Ordner durch die Hintertür wieder öffnen:

1. Um den Besitzer einer Datei festzustellen oder zu ändern, öffnen Sie zunächst die Eigenschaften des Objekts und wählen dort die Registerkarte *Sicherheit*.
2. Anschließend klicken Sie auf die Schaltfläche *Erweitert*.
3. Auf der Registerkarte *Berechtigungen* sehen Sie unter *Besitzer* den Inhaber dieses Objekts.
4. Um den Besitz zu übernehmen, klicken Sie auf *Ändern* und wählen dann das Konto in der Liste aus.
5. Wollen Sie den Besitzer nicht nur für diesen Ordner, sondern auch für alle Unterordner und darin enthaltenen Dateien ersetzen, aktivieren Sie das Kontrollkästchen *Besitzer der Objekte und untergeordneten Container ersetzen*.

Vererbung von Berechtigungen

Grundsätzlich gilt bei Ordnerstrukturen das Prinzip der Vererbung. Das heißt, eine Berechtigung, die ein Benutzer auf einen Ordner erhält, erhält er auch auf die darin enthaltenen Verzeichnisse und Dateien. Weisen Sie einem Benutzerkonto die Berechtigung *Ändern* für einen Ordner zu, sehen Sie in den untergeordneten Ordnern, dass der Benutzer die gleichen Berechtigungen hat. Allerdings sind die entsprechenden Felder grau unterlegt. Damit wird angezeigt, dass die Berechtigungen nicht explizit in diesem Ordner zugewiesen werden, sondern vom übergeordneten Ordner vererbt sind.

Sie können für Unterordner einzelne Rechte verweigern. Wählen Sie auf der Registerkarte *Sicherheit* die Schaltfläche *Erweitert*. Mit der Schaltfläche *Vererbung deaktivieren* schalten Sie die Berechtigungsweitergabe ab. Anschließend können Sie bereits gesetzte Rechte übernehmen oder die Liste löschen lassen und neu setzen. Sie können über die Schaltfläche auch die Vererbung wieder aktivieren.

Wichtig ist noch das Kontrollkästchen *Alle Berechtigungseinträge für untergeordnete Objekte durch vererbbare Berechtigungseinträge von diesem Objekt ersetzen*. Aktivieren Sie diese Option, übernimmt Windows die hier gesetzten Rechte für alle Ordner und Dateien, die in dem aktuellen Ordner gespeichert sind. Windows setzt alle bereits konfigurierten Berechtigungen zurück. In der Liste der Berechtigungen sehen Sie den Vererbungsstatus von Berechtigungen in der Spalte *Geerbt von*.

Effektive Berechtigungen

Um die effektiven Berechtigungen anzuzeigen, öffnen Sie in den Eigenschaften des Ordners die Registerkarte *Sicherheit* und dann die erweiterten Einstellungen. Wählen Sie die Registerkarte *Effektiver Zugriff* aus. Sie sehen alle speziellen Berechtigungen, die der Benutzer in Summe hat. Um die Berechtigungen für einen anderen Benutzer anzuzeigen, wählen Sie über den Link *Einen Benutzer auswählen* ein anderes Konto aus.

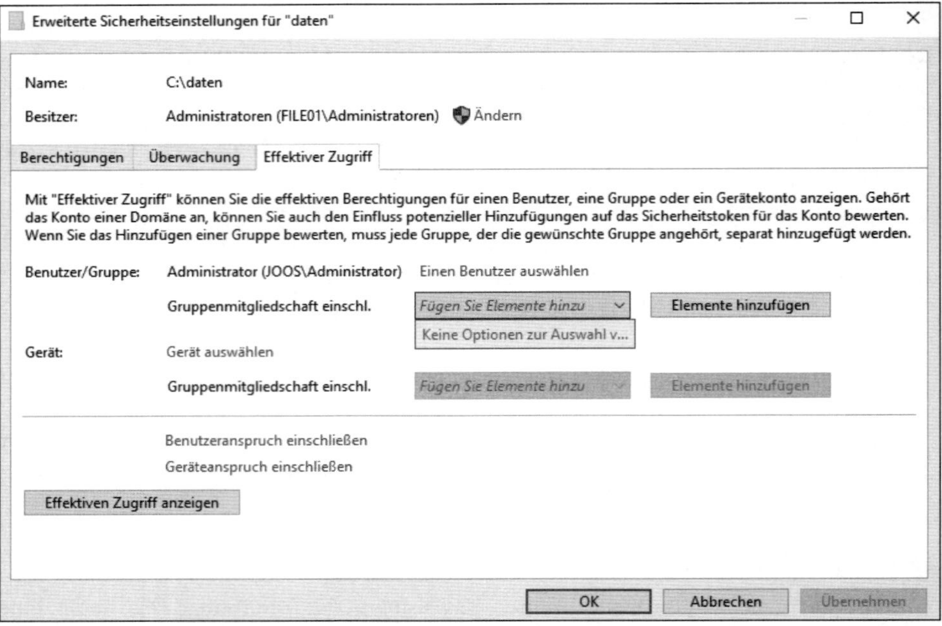

Abbildung 20.5: Anzeigen der effektiven Berechtigungen eines Benutzers für einen Ordner

Tools zur Überwachung von Berechtigungen

In diesem Abschnitt gehen wir auf Tools ein, die dabei helfen, Berechtigungen für Dateien und Ordner zu überprüfen und zu überwachen.

Berechtigungen von Ordnern und der Registry überwachen – AccessChk

Mit AccessChk von der Seite *https://docs.microsoft.com/de-de/sysinternals/downloads/accesschk* können Sie in der Eingabeaufforderung über eine ausführliche Liste anzeigen lassen, welche Rechte ein Benutzer auf Dateien, Dienste oder Teile der Registry hat. Das Tool hilft dabei, die Berechtigungen auch für verschachtelte Ordnerstrukturen auszulesen. Die Syntax mit den wichtigsten Optionen ist nachfolgend aufgeführt. Zusätzliche Optionen finden Sie auf der Webseite des Tools.

accesschk [-s][-r][-w][-n][-p][-k][-c]|[-d]] <Benutzername> <Datei, Ordner, Registrykey, Prozess, Dienst oder Objekt>

Option	Auswirkung
-c	Diese Option verwenden Sie, wenn es sich um einen Dienst handelt. Wenn Sie den Platzhalter * eingeben, zeigt das Tool die Rechte für alle Systemdienste an.
-d	Verarbeitet nur Ordner.
-k	Diese Option liest Rechte in der Registry aus, zum Beispiel *HKLM\SOFTWARE*.
-n	Zeigt nur Objekte an, für die kein Zugriff besteht.
-p	Angeben eines Prozessnamens. Die Option unterstützt auch den Platzhalter *.

→

Option	Auswirkung
-r	Zeigt nur Leserechte an.
-s	Rekursive Abfrage
-w	Zeigt nur Objekte mit Schreibrechten an

Tabelle 20.1: Optionen von AccessChk

Wenn Sie sich die Rechte des Benutzers *joost* für einen Ordner *C:\Einkauf* anzeigen lassen wollen, verwenden Sie den Befehl *accesschk joost c:\einkauf*. Bei jeder Datei erhalten Sie die Information, ob Leserechte (R), Schreibrechte (W) oder beides (RW) bestehen.

Wollen Sie die Zugriffsberechtigungen für einen Benutzer für einen bestimmten Registrykey abprüfen, können Sie zum Beispiel den Befehl *accesschk -kns contoso\joost hklm\software* verwenden. Geben Sie keinen Benutzernamen an, sondern nur einen Ordner, zeigt AccessChk alle Benutzerkonten und deren Rechte auf den Ordner an.

AccessChk ist hervorragend für Skripts geeignet und um festzustellen, welche effektiven Berechtigungen Anwender oder Gruppen haben. Effektive Berechtigungen sind die Berechtigungen, die ein Anwender tatsächlich auf einen Ordner oder eine Datei hat, auch auf Basis seiner Gruppenmitgliedschaften. Um die effektiven Berechtigungen anzuzeigen, öffnen Sie in den Eigenschaften des Ordners die Registerkarte *Sicherheit* und dann die erweiterten Einstellungen. Wählen Sie die Registerkarte *Effektive Berechtigungen* aus. Sie sehen alle speziellen Berechtigungen, die der Benutzer hat. Um die Berechtigungen für einen anderen Benutzer anzuzeigen, wählen Sie über *Auswählen* ein anderes Konto aus.

Sie können das Tool aber auch mit einer grafischen Oberfläche bedienen. Dazu verwenden Sie AccessEnum aus den Sysinternals-Tools (siehe den folgenden Abschnitt).

Mit AccessChk überprüfen Sie also die Berechtigungsstruktur im Netzwerk. Die Berechtigungen im Dateisystem sind in der Zugriffssteuerungsliste (ACL, Access Control List) gespeichert. Während der Anmeldung wird für den Benutzer ein sogenanntes Zugriffstoken generiert, das die Sicherheits-ID (SID) des Benutzerkontos enthält sowie die SIDs der Gruppen, in denen der Benutzer Mitglied ist.

Berechtigung mit grafischer Oberfläche auslesen – AccessEnum

Mit AccessEnum aus den Sysinternals-Tools von der Seite *https://docs.microsoft.com/de-de/sysinternals/downloads/accessenum* erhalten Sie eine grafische Oberfläche für AccessChk, mit der Sie Berechtigungen eines Benutzers oder einer ganzen Gruppe für Ordner oder Teile der Registry überprüfen können. Sie wählen in der Oberfläche einen Ordner aus und lassen sich anschließend die Berechtigungen anzeigen.

Das Tool zeigt auch an, wenn Sie Rechte für einen Ordner oder eine Datei verweigern lassen. Den Ordnernamen sehen Sie in der Spalte *Path*, in der Spalte *Read* sehen Sie die entsprechenden Rechte. Ein Anwender, der zum Beispiel Schreibrechte auf den Ordner *c:\users\joost* und alle darunterliegenden Ordner besitzt, aber über kein Schreibrecht auf den Ordner *C:\Users* verfügt, wird mit dem Eintrag *C:\Users\Joost* und dem Namen des Kontos in der Spalte *Write* dargestellt.

Über das Menü stehen Ihnen Einstellungsmöglichkeiten zur Verfügung. Ist im Menü *Options* die Option *Show Local System account* aktiviert, listet AccessEnum auch die Zugriffsrechte des lokalen Systemkontos auf. Deaktivieren Sie diese, ignoriert das Tool die Zugriffsrechte, die sich auf den lokalen Systemaccount (*NT-AutoritätSystem*) beziehen. Über die Option *File display options* lässt sich festlegen, dass das Tool nur dann die Rechte von untergeordneten Objekten anzeigt, wenn diese von dem entsprechenden übergeordneten Objekt abweichen. Mit einem Klick auf die Spaltenüberschriften können Sie die Einträge sortieren. Über die Schaltfläche *Registry* können Sie auch innerhalb der Registrierungsdatenbank nach Berechtigungen durchsuchen lassen.

Vor allem bei der Kontrolle der Berechtigungen für verschiedene Freigaben hilft das Tool, einen schnellen Überblick zu erhalten, welche Benutzer und Gruppen Zugriffe auf die verschiedenen Ordner haben. Kann es die Rechte nicht korrekt lesen oder die Sicherheits-ID (SID) nicht umsetzen, sehen Sie drei Fragezeichen.

Reset NTFS File Permission im Einsatz

Mit dem kostenlosen Tool Reset File Permissions können Berechtigungen für Verzeichnisse schnell und einfach zurückgesetzt werden. Das Tool (*http://lallouslab.net/2013/08/26/resetting-ntfs-files-permission-in-windows-graphical-utility*) kann in einer grafischen Oberfläche Berechtigungen für einzelne Verzeichnisse wieder auf einen Standard bringen. Sinnvoll ist es vor allem dann, wenn Berechtigungen stark verändert wurden und sich nur noch schwer nachvollziehen lassen. Es kann auch zum Anpassen des Besitzers von Ordnern genutzt werden.

Reset File Permission kann direkt gestartet werden, eine Installation ist nicht notwendig. Auf der Downloadseite des Tools steht auch der Sourcecode zur Verfügung. Das Kennwort zum Entpacken des Archivs ist *lallouslab.*

Reset File Permission kann auf Arbeitsstationen genauso verwendet werden wie auf Servern. Daher ist es auch interessant für Anwender, die sich mit dem Thema Berechtigungen nicht so gut auskennen, aber Anpassungen an einem lokalen Ordner vornehmen wollen. Das Tool arbeitet mit *icacls.exe*, also mit Bordmitteln in Windows 10.

Die Befehle, die Reset File Permission durchführt, werden in einem Fenster angezeigt. Hier können auch Anpassungen an dem Befehl vorgenommen werden. Wenn die Befehle und Optionen korrekt gesetzt sind, kann mit der Schaltfläche *Go* die Umsetzung gestartet werden.

Um Berechtigungen eines Verzeichnisses mit Reset File Permission zurückzusetzen, wird das Tool über seine ausführbare Datei zunächst gestartet. Im nächsten Schritt wird das Verzeichnis ausgewählt, dessen Rechte angepasst werden sollen. Im unteren Bereich des Tools sind die Statusmeldungen zu sehen, die es ausführt, sobald auf *GO* geklickt wird.

Durch das Anpassen der Optionen erstellt Reset File Permission ein Skript als Batch-Datei, deren Speicherort es im Fenster anzeigt. Normalerweise handelt es sich um das Verzeichnis *C:\Users\<Benutzername>\AppData\Local\lallouslab.* Das Skript trägt die Bezeichnung *resetperm.bat*. Auch hier werden die entsprechenden Infos direkt im Fenster angezeigt.

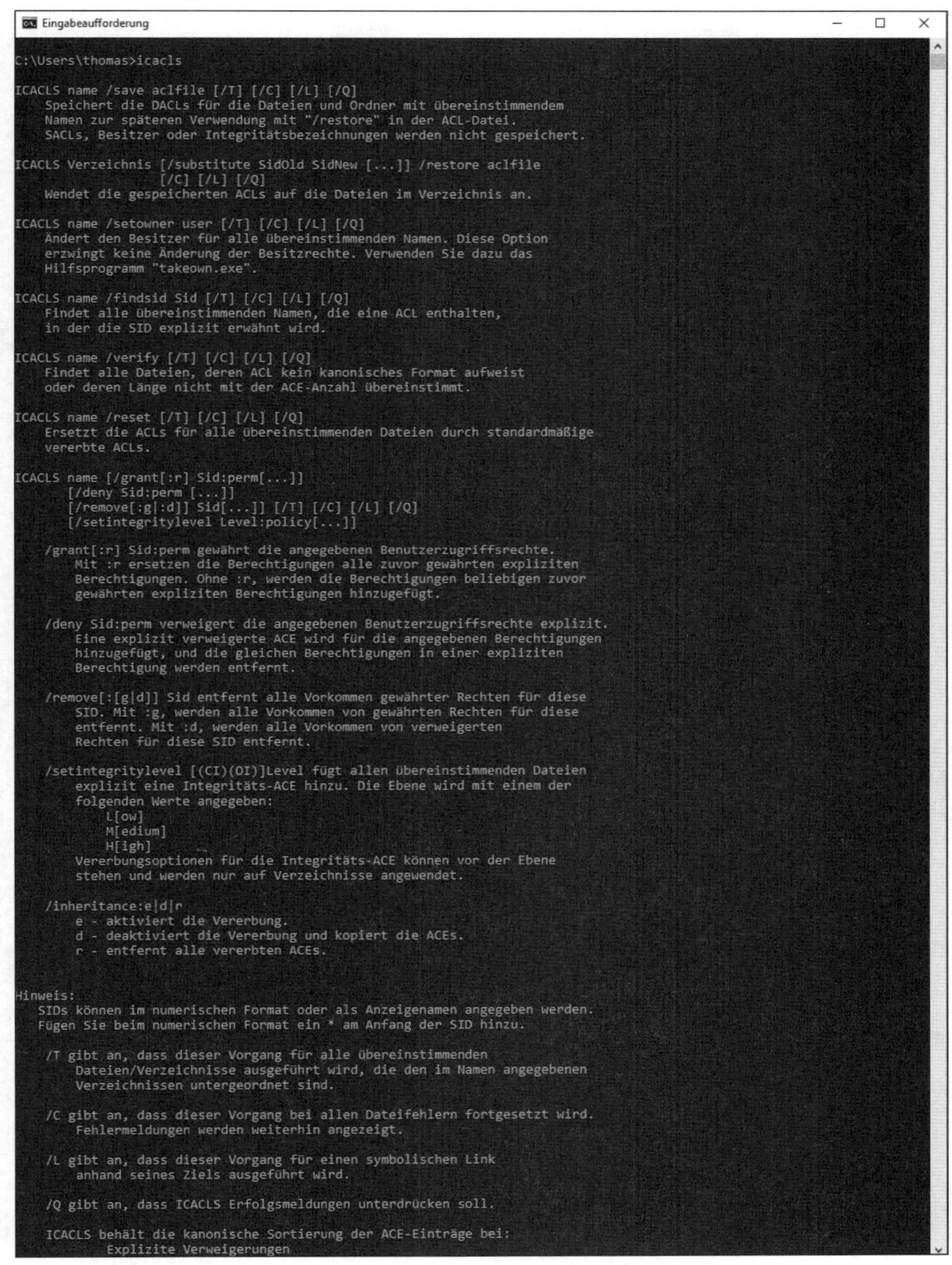

Eingabeaufforderung

C:\Users\thomas>icacls

ICACLS name /save aclfile [/T] [/C] [/L] [/Q]
    Speichert die DACLs für die Dateien und Ordner mit übereinstimmendem
    Namen zur späteren Verwendung mit "/restore" in der ACL-Datei.
    SACLs, Besitzer oder Integritätsbezeichnungen werden nicht gespeichert.

ICACLS Verzeichnis [/substitute SidOld SidNew [...]] /restore aclfile
                   [/C] [/L] [/Q]
    Wendet die gespeicherten ACLs auf die Dateien im Verzeichnis an.

ICACLS name /setowner user [/T] [/C] [/L] [/Q]
    Ändert den Besitzer für alle übereinstimmenden Namen. Diese Option
    erzwingt keine Änderung der Besitzrechte. Verwenden Sie dazu das
    Hilfsprogramm "takeown.exe".

ICACLS name /findsid Sid [/T] [/C] [/L] [/Q]
    Findet alle übereinstimmenden Namen, die eine ACL enthalten,
    in der die SID explizit erwähnt wird.

ICACLS name /verify [/T] [/C] [/L] [/Q]
    Findet alle Dateien, deren ACL kein kanonisches Format aufweist
    oder deren Länge nicht mit der ACE-Anzahl übereinstimmt.

ICACLS name /reset [/T] [/C] [/L] [/Q]
    Ersetzt die ACLs für alle übereinstimmenden Dateien durch standardmäßige
    vererbte ACLs.

ICACLS name [/grant[:r] Sid:perm[...]]
       [/deny Sid:perm [...]]
       [/remove[:g|:d]] Sid[...]] [/T] [/C] [/L] [/Q]
       [/setintegritylevel Level:policy[...]]

    /grant[:r] Sid:perm gewährt die angegebenen Benutzerzugriffsrechte.
        Mit :r ersetzen die Berechtigungen alle zuvor gewährten expliziten
        Berechtigungen. Ohne :r, werden die Berechtigungen beliebigen zuvor
        gewährten expliziten Berechtigungen hinzugefügt.

    /deny Sid:perm verweigert die angegebenen Benutzerzugriffsrechte explizit.
        Eine explizit verweigerte ACE wird für die angegebenen Berechtigungen
        hinzugefügt, und die gleichen Berechtigungen in einer expliziten
        Berechtigung werden entfernt.

    /remove[:[g|d]] Sid entfernt alle Vorkommen gewährter Rechten für diese
        SID. Mit :g, werden alle Vorkommen von gewährten Rechten für diese
        entfernt. Mit :d, werden alle Vorkommen von verweigerten
        Rechten für diese SID entfernt.

    /setintegritylevel [(CI)(OI)]Level fügt allen übereinstimmenden Dateien
        explizit eine Integritäts-ACE hinzu. Die Ebene wird mit einem der
        folgenden Werte angegeben:
            L[ow]
            M[edium]
            H[igh]
        Vererbungsoptionen für die Integritäts-ACE können vor der Ebene
        stehen und werden nur auf Verzeichnisse angewendet.

    /inheritance:e|d|r
        e - aktiviert die Vererbung.
        d - deaktiviert die Vererbung und kopiert die ACEs.
        r - entfernt alle vererbten ACEs.

Hinweis:
   SIDs können im numerischen Format oder als Anzeigenamen angegeben werden.
   Fügen Sie beim numerischen Format ein * am Anfang der SID hinzu.

    /T gibt an, dass dieser Vorgang für alle übereinstimmenden
        Dateien/Verzeichnisse ausgeführt wird, die den im Namen angegebenen
        Verzeichnissen untergeordnet sind.

    /C gibt an, dass dieser Vorgang bei allen Dateifehlern fortgesetzt wird.
        Fehlermeldungen werden weiterhin angezeigt.

    /L gibt an, dass dieser Vorgang für einen symbolischen Link
        anhand seines Ziels ausgeführt wird.

    /Q gibt an, dass ICACLS Erfolgsmeldungen unterdrücken soll.

    ICACLS behält die kanonische Sortierung der ACE-Einträge bei:
            Explizite Verweigerungen

Abbildung 20.6: Berechtigungen lassen sich in der Befehlszeile anpassen.

Datei- und Druckserver mit Windows Server 2019

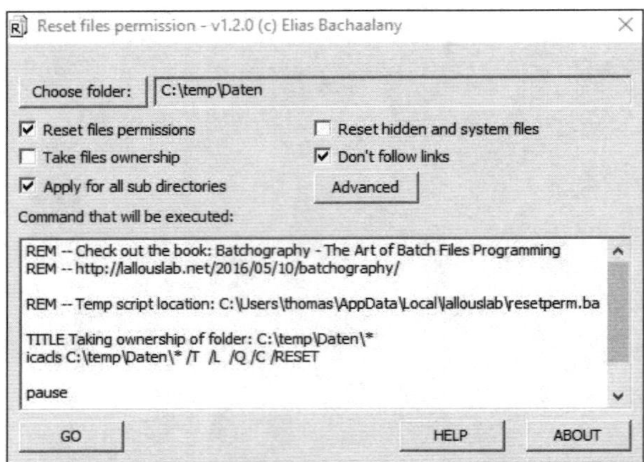

Abbildung 20.7: Nach dem Start von Reset File Permission lassen sich die Berechtigungen schnell und einfach zurücksetzen.

Über die Schaltfläche *Advanced* lassen sich weitere Informationen anzeigen und Optionen im Skript nutzen. Hierüber können die Berechtigungen des entsprechenden Verzeichnisses gesichert werden. Natürlich kann das Tool auch die Berechtigungen wiederherstellen. Außerdem kann es über die Schaltfläche *Advanced* auch in den Windows-Explorer integriert werden. In diesem Fall lassen sich die Berechtigungen über das Kontextmenü eines Verzeichnisses zurücksetzen. Nachdem die Berechtigungen angepasst sind, können Sie sie in den Eigenschaften eines Verzeichnisses auf der Registerkarte *Sicherheit* überprüfen.

Bevor Berechtigungen angepasst werden, kann es sinnvoll sein, sie zu sichern. Das erfolgt entweder direkt in Reset File Permission über die Schaltfläche *Advanced* oder in der Befehlszeile von Windows. Hier kann ebenfalls das Bordmitteltool *icacls.exe* genutzt werden, zum Beispiel mit:

icacls C:\temp\Daten /save C:\Users\thomas\Downloads\ResetPermission\backup.permissions.txt /T*

Bei der Sicherung werden natürlich nur die Einträge gesichert, die vom Standard abweichen.

Besitz von Verzeichnissen übernehmen

Mit Reset File Permission lassen sich Besitzer von Verzeichnissen ändern. Hier arbeitet es mit dem Tool *takeown.exe*. Auch dieses gehört zu den Bordmitteln in Windows. In der Befehlszeile lassen sich mit *takeown /?* die Optionen und Beispiele für Takeown anzeigen. Wie *icacls.exe* kann auch *takeown.exe* ohne Reset File Permission verwendet werden. Allerdings macht Reset File Permission die Verwendung einfacher.

Eingabeaufforderung

```
C:\Users\thomas>takeown /?

TAKEOWN [/S System [/U Benutzername [/P [Kennwort]]]]
        /F Dateiname [/A] [/R [/D Aufforderung]]

Beschreibung:
    Dieses Tool ermöglicht einem Administrator das Wiederherstellen des
    Zugriffs auf eine Datei, für die der Zugriff durch erneutes Zuweisen
    des Besitzers verweigert wurde.

Parameterliste:
    /S          System              Bestimmt das Remotesystem mit dem eine
                                    Verbindung hergestellt werden soll.

    /U          [Domäne\]Benutzer   Bestimmt den Benutzerkontext, unter
                                    dem der Befehl ausgeführt werden soll.

    /P          [Kennwort]          Gibt das Kennwort für den jeweiligen
                                    Benutzerkontext an. Zeigt eine Eingabe-
                                    aufforderung an, wenn keine Eingabe
                                    vorgenommen wurde.

    /F          Dateiname           Gibt das Dateinamen- oder Verzeichnis-
                                    namenmuster an. Platzhalter "*" können
                                    verwendet werden,um das Muster anzugeben.
                                    Ermöglicht die Angabe von Freigabename\
                                    Dateiname.

    /A                              Überträgt die Besitzrechte an die Gruppe
                                    "Administratoren" anstelle des aktuellen
                                    Benutzers.

    /R                              Rekursiv: Weist das Tool zur Bearbeitung von
                                    Dateien im angegebenen Verzeichnis und allen
                                    Unterverzeichnissen an.

    /D          Aufforderung        Standardantwort, die verwendet wird, wenn der
                                    aktuelle Benutzer nicht die Berechtigung
                                    "Ordner auflisten" für ein Verzeichnis hat.
                                    Tritt bei der rekursiven Bearbeitung (/R)
                                    von Unterverzeichnissen auf. Gültige Werte
                                    sind "J" zum Übernehmen der Besitzrechte
                                    oder "N" zum Auslassen dieses Schrittes.

    /SKIPSL                         Keiner symbolischen Verknüpfung folgen.
                                    Nur mit "/R" zulässig.

    /?                              Zeigt die Hilfemeldung an.

    HINWEIS: 1) Wenn "/A" nicht angegeben wird, werden die Besitzrechte für
                die Datei dem derzeit angemeldeten Benutzer übertragen.

             2) Gemischte Muster mit "?" und "*" werden nicht unterstützt.

             3) "/D" wird verwendet, um die Bestätigungsaufforderung zu
                unterdrücken.

Beispiele:
    TAKEOWN /?
    TAKEOWN /F Dateiname
    TAKEOWN /F \\system\share\lostfile /A
    TAKEOWN /F directory /R /D N
    TAKEOWN /F directory /R /A
    TAKEOWN /F *
    TAKEOWN /F C:\Windows\System32\acme.exe
    TAKEOWN /F %windir%\*.txt
    TAKEOWN /S System /F EigeneFreigabe\Acme*.doc
    TAKEOWN /S System /U Benutzer /F EigeneFreigabe\EigeneBinärdatei.dll
    TAKEOWN /S System /U Domäne\Benutzer /P Kennwort /F Freigabe\Dateiname
```

Abbildung 20.8: Anpassen des Besitzers eines Verzeichnisses

Natürlich kann der Besitz von Verzeichnissen auch mit Bordmitteln übernommen werden. Allerdings macht die Verwendung von Reset File Permission es etwas einfacher, vor allem weil es mit Bordmitteln arbeitet und keine Installation benötigt.

Der Objektbesitzer ist der Anwender mit den umfangreichsten Rechten für einen Ordner oder eine Datei. Vor allem wenn Anwender versehentlich auch den Administrator von der Berechtigungsliste streichen, kommt dem Objektbesitzer eine besondere Bedeutung zu. Dieser kann nämlich auf den Administrator geändert werden. So lassen sich auch versehentlich gesperrte Ordner durch die Hintertür wieder öffnen:

Um den Besitzer einer Datei festzustellen oder zu ändern, werden zunächst die Eigenschaften des Objekts und dort die Registerkarte *Sicherheit* geöffnet. Anschließend wird auf die Schaltfläche *Erweitert* geklickt.

Soll der Besitzer nicht nur für diesen Ordner, sondern auch für alle Unterordner und darin enthaltenen Dateien ersetzt werden, muss das Kontrollkästchen *Besitzer der Objekte und untergeordneten Container ersetzen* ausgewählt werden. Um den Besitzer in der Befehlszeile zu ändern, kann auch *takeown.exe* verwendet werden. Die Beispiele dafür sind über *takeown.exe /?* zu finden.

Überwachung von Dateien und Ordnern

In den meisten Fällen kann eine Überwachung der Zugriffe auf Ordner nützlich sein. Bei der Überwachung hält Windows in Protokolldateien fest, wer bestimmte Operationen auf Dateien und Ordnern ausführt. Die Überwachung von Ordnern aktivieren Sie am besten über lokale Richtlinien oder über Gruppenrichtlinien in Windows-Domänen.

Einstieg in die Überwachung von Verzeichnissen

Nachdem Sie die Überwachung für den Computer im Allgemeinen aktiviert haben, müssen Sie die eigentliche Überwachung für die entsprechenden zu überwachenden Dateien und Ordner aktivieren.

Öffnen Sie dazu die Eigenschaften des Objekts und wählen Sie auf der Registerkarte *Sicherheit* die Schaltfläche *Erweitert*. Auf der Registerkarte *Überwachung* sehen Sie, welche Operationen Windows protokollieren soll. Um die bei der Überwachung anfallenden Protokolldaten sinnvoll zu bearbeiten, sollten Sie von diesen Einschränkungsmöglichkeiten Gebrauch machen und nur das Nötigste protokollieren. Über *Bearbeiten* legen Sie fest, welche Gruppen/Benutzer das System überwachen soll.

Wie bei den NTFS-Berechtigungen gilt auch hier das Prinzip der Vererbung, das Sie bei Bedarf ausschalten können. Nachdem Sie *Hinzufügen* gewählt haben, können Sie über den Link *Prinzipal auswählen* den zu überwachenden Benutzer auswählen. Wie schon bei der Vergabe spezieller NTFS-Berechtigungen können Sie wieder angeben, inwieweit sich diese Einstellungen auf untergeordnete Objekte und Ordner auswirken. Wählen Sie anschließend im Feld *Anwenden auf* aus, welche Zugriffe Windows protokollieren soll.

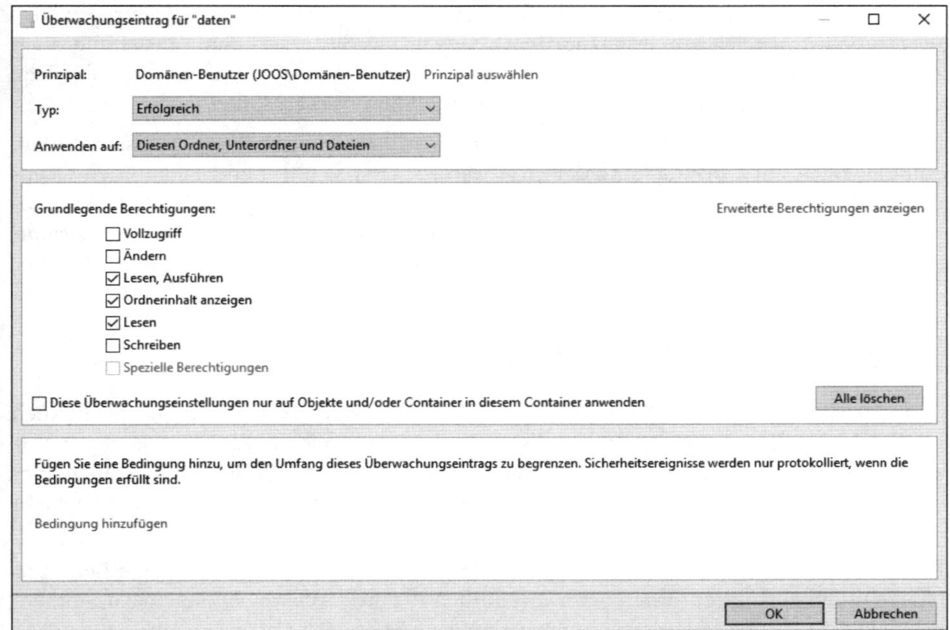

Abbildung 20.9: Konfigurieren der Überwachung für einen Ordner

Die Anzeige der Protokollierung erfolgt in der Ereignisanzeige. Diese starten Sie am schnellsten durch Eintippen von *eventvwr* auf der Startseite. In der Ereignisanzeige finden Sie die protokollierten Zugriffsversuche im Protokoll *Sicherheit* unterhalb des Knotens *Windows-Protokolle*.

Die mit einem Schlüssel gekennzeichneten Einträge stehen für erfolgreiche Zugriffe, wogegen ein Schloss für fehlgeschlagene Zugriffe steht. Genauere Informationen zu einem Eintrag erhalten Sie angezeigt, indem Sie diesen öffnen. Ein einzelner Zugriff erzeugt eine ganze Reihe von Einträgen im Sicherheitsprotokoll.

Überwachung mit Richtlinien steuern

Auch wenn Sie Berechtigungen in einem Ordner vergeben, kommt es durchaus vor, dass Dateien verändert oder sogar gelöscht werden. Mit der Objektüberwachung können Sie genau feststellen, wann welche Anwender mit welchen Rechten auf Dateien zugegriffen haben:

Öffnen Sie die lokale Richtlinie für den Computer über den Befehl *gpedit.msc*. Sie können natürlich auch Gruppenrichtlinien verwenden und so mehrere Server anbinden.

Navigieren Sie zu *Computerkonfiguration/Windows-Einstellungen/Sicherheitseinstellungen/ Lokale Richtlinien/Überwachungsrichtlinie*.

In den Standardeinstellungen ist die Überwachung nicht aktiviert. Nach der Aktivierung der einzelnen Optionen müssen Sie noch auswählen, ob Windows erfolgreiche und/oder fehlgeschlagene Zugriffsversuche protokollieren soll.

Die Überwachung der Zugriffe auf das Dateisystem aktivieren Sie über *Objektzugriffsversuche überwachen*. Neben Dateizugriffen überwachen Sie mit dieser Einstellung auch Zugriffe auf Drucker. Nach der Aktivierung müssen Sie noch auswählen, ob erfolgreiche und/oder fehlgeschlagene Zugriffsversuche protokolliert werden sollen.

Die Überwachung darf nur von Administratoren auf den Servern vorgenommen werden. Soll das Recht zur Überwachung delegiert werden, lässt sich das ebenfalls in den Gruppenrichtlinien steuern. Die Einstellung *Verwalten von Überwachungs- und Sicherheitsprotokollen* steuern Sie über *Computerkonfiguration/Windows-Einstellungen/Sicherheitseinstellungen/Lokale Richtlinien/Zuweisen von Benutzerrechten*.

Die Freigabe von Ordnern

Ordner stellen Sie auch in Windows Server 2019 über Freigaben zur Verfügung. Sie können über Freigaben Benutzern das Recht geben, zu schreiben, zu lesen oder auch Daten zu verändern. Achten Sie darauf, dass Sie im Benutzer-Manager von Windows die Benutzerkonten erst anlegen müssen, für die Sie Rechte vergeben wollen, wenn der Computer nicht Mitglied einer Domäne ist.

Die Anwender müssen sich dann bei der Verbindung mit der Freigabe mit dem Benutzernamen und dem konfigurierten Kennwort authentifizieren. Wichtig in diesem Zusammenhang sind die vorangegangenen Abschnitte sowie die Kapitel 5 und 18.

Freigaben erstellen

Alle Unterordner, die ein freigegebener Ordner enthält, sind ebenfalls im Netzwerk verfügbar.

Abbildung 20.10: Konfiguration einer Dateifreigabe

Klicken Sie den Ordner mit der rechten Maustaste an und wählen Sie im Kontextmenü die Option *Eigenschaften* und dann auf der Registerkarte *Freigabe* die Option *Erweiterte Freigabe* aus.

Standardmäßig darf die Gruppe *Jeder* lesend auf die Freigabe zugreifen. Wenn Sie möchten, dass alle Anwender im Netzwerk schreiben dürfen, müssen Sie das Schreibrecht vergeben. Das Recht *Ändern* berechtigt zum Lesen, Schreiben und Löschen.

Über die Schaltfläche *Berechtigungen* legen Sie fest, welche Anwender über die Freigabe auf den Rechner zugreifen dürfen. Mit *OK* schließen Sie die Freigabe ab. Um Benutzerkonten zusätzlich zu den Berechtigungen hinzuzufügen, klicken Sie auf *Berechtigungen/Hinzufügen* und dann auf *Erweitert*. Im folgenden Fenster können Sie sich alle Benutzerkonten Ihres Computers oder der Domäne anzeigen lassen und den Benutzer auswählen, für den Sie Berechtigungen vergeben wollen.

Sie können auf der Registerkarte *Sicherheit* in den Eigenschaften des Ordners zusätzlich noch Berechtigungen auf Basis des Dateisystems vergeben. Klicken Sie dazu auf *Bearbeiten*. Die einzelnen Möglichkeiten, die Sie hier haben, lesen Sie in den vorangegangenen Abschnitten in diesem Kapitel und in Kapitel 18.

Tipp Freigaben lassen sich in der Eingabeaufforderung durch den Befehl *net share <Name der Freigabe> <Pfad des Ordners, der freigegeben werden soll>* ebenfalls freigeben.

Der Assistent zum Erstellen von Freigaben

Durch Eintippen von *shrpubw* auf der Startseite rufen Sie den Assistenten zur Erstellung von Freigaben auf. Nach einem Klick auf *Weiter* können Sie im nächsten Fenster des Assistenten den Ordner auswählen, den Sie im Netzwerk zur Verfügung stellen wollen.

Auf der nächsten Seite legen Sie den Freigabenamen sowie die Offlineverfügbarkeit der Freigabe fest. Wir kommen dazu noch in einem weiteren Abschnitt. Ist eine Freigabe offline verfügbar, kann diese zum Beispiel mithilfe von Offlinedateien synchronisiert werden. Das ist für mobile Computer sinnvoll.

Auf der letzten Seite des Assistenten legen Sie schließlich fest, welche Berechtigungen Anwender über das Netzwerk auf die Freigabe bekommen sollen. Über die Schaltfläche *Fertig stellen* wird die Freigabe abgeschlossen.

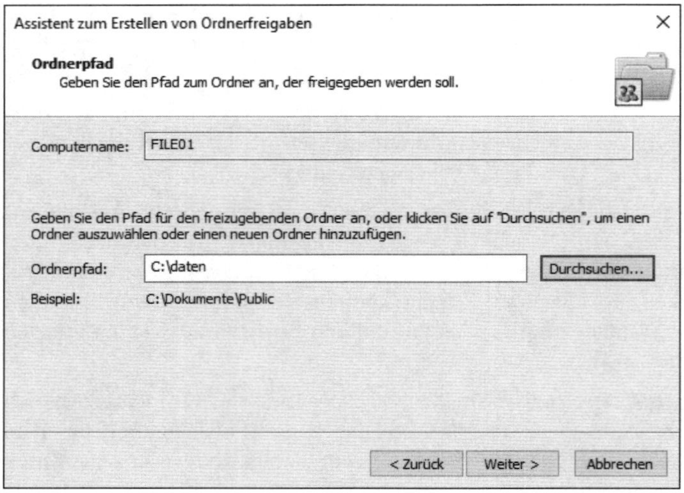

Abbildung 20.11: Erstellen von Freigaben

Anzeigen über das Netzwerk geöffneter Dateien – PsFile

Öffnen Anwender eine Datei auf einem Computer über das Netzwerk, lässt sich das ebenfalls anzeigen. Dazu verwenden Sie das Tool PsFile von *https://docs.microsoft.com/de-de/sysinternals/downloads/psfile*. Auch mit Openfiles können Sie die Dateien anzeigen. Mehr dazu lesen Sie in den vorangegangenen Abschnitten. Sie können zwar mit dem Befehl *net file* eine Liste der über das Netzwerk geöffneten Dateien anzeigen. Allerdings schneidet der Befehl lange Pfadnamen ab. Außerdem können Sie mit *net file* keine Daten auf Remotecomputern abfragen, sondern nur für das lokale System.

Geben Sie nur den Befehl *psfile* an, zeigt das Tool geöffnete Dateien an, inklusive des genauen Dateipfads. Wollen Sie die geöffneten Dateien auf einem Computer im Netzwerk abfragen, können Sie dazu ebenfalls PsFile verwenden. Die Syntax dazu lautet:

psfile [\\<Computer> [-u <Benutzername> [-p <Kennwort>]]] [[Id | <Pfad>] [-c]]

- **-u** – Mit dieser Option können Sie den Benutzernamen zum Anmelden am Remotecomputer angeben.
- **-p** – Mit dieser Option geben Sie das Kennwort für den Benutzernamen mit. Wenn Sie kein Kennwort angeben, müssen Sie dieses bei der Ausführung des Befehls angeben.
- **Id** – Hier können Sie die ID der Datei angeben, von der Sie ausführlichere Informationen anzeigen lassen wollen oder die geschlossen werden soll.
- **Pfad** – Pfad der Dateien, die angezeigt werden sollen.
- **-c** – Schließt die Dateien, deren ID Sie angegeben haben.

Versteckte Freigaben

Auch wenn es möglich ist, die Zugriffsberechtigungen auf eine Freigabe so einzustellen, dass einem unbefugten Anwender der Zugriff auf die Dateien und Ordner der Freigabe verwehrt wird, wird die Freigabe selbst aber immer angezeigt, unabhängig von den zugewiesenen Berechtigungen.

Spezielle Freigaben können jedoch vor Anwendern versteckt werden, sodass sie nicht als Freigaben auftauchen, unabhängig von den jeweiligen Berechtigungen. Um zu verhindern, dass Anwender eine Freigabe sehen, verstecken Sie die Freigabe, indem Sie dem Freigabenamen ein Dollarzeichen anhängen. Sie können sich mit dieser Freigabe jetzt nur noch durch direkte Eingabe des Freigabenamens (inklusive Dollarzeichen) verbinden.

Hinweis Administratoren können auf die komplette Festplatte über das Netzwerk zugreifen, indem sie die Freigabe *C$* bzw. *<Laufwerksbuchstabe>$* verwenden. Diese Freigaben werden Adminfreigaben genannt. Nur Administratoren haben Zugriff darauf.

Sie sollten auf der Ebene der Freigaben die gleichen Gruppen berechtigen wie auf NTFS-Ebene. Die Festlegung auf NTFS-Ebene erfolgt über die Eigenschaften eines Ordners auf der Registerkarte *Sicherheit*.

Anzeigen aller Freigaben

Sie können in der Computerverwaltung alle Freigaben Ihres Servers verwalten. Die Computerverwaltung können Sie über *compmgmt.msc* starten. Dort können Sie sich auch mit anderen Servern verbinden, zum Beispiel Core-Server, die lokal nicht über dieses Snap-in verfügen.

In der Eingabeaufforderung sehen Sie Freigaben, wenn Sie den Befehl *net share* eingeben. Eine weitere Möglichkeit ist der Aufruf von *fsmgmt.msc*. Mit diesem Tool können Sie sich auch in der grafischen Oberfläche die geöffneten Dateien anzeigen lassen.

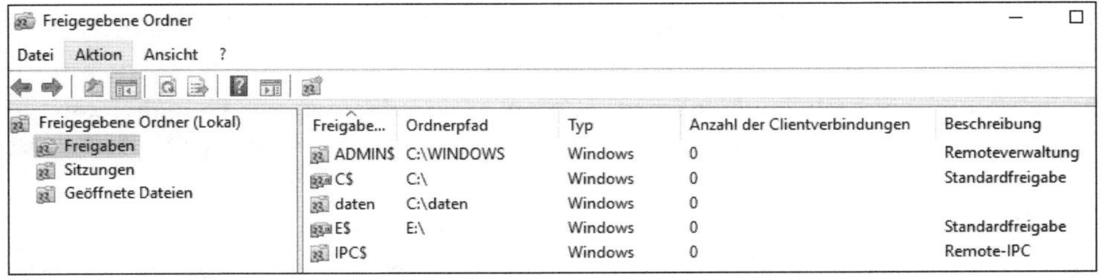

Abbildung 20.12: Anzeigen von Freigaben eines Servers in der Eingabeaufforderung und der grafischen Oberfläche

Im Bereich *Freigegebene Ordner* stehen Ihnen an dieser Stelle drei verschiedene Einträge zur Verfügung, über die Sie Freigaben verwalten und überprüfen können:

- **Freigaben –** Wenn Sie auf diesen Eintrag klicken, werden Ihnen alle Freigaben angezeigt, die derzeit auf dem Computer verfügbar sind. Über das Kontextmenü zu diesem Eintrag können Sie neue Freigaben erstellen und über das Kontextmenü der einzelnen Freigaben lassen sich die Einstellungen der jeweiligen Freigabe konfigurieren.
- **Sitzungen –** Über diesen Eintrag werden Ihnen alle aktuell über das Netzwerk verbundenen Benutzer angezeigt. Sie können die Benutzer per Klick mit der rechten Maustaste vom Server trennen.
- **Geöffnete Dateien –** Hier werden alle Dateien angezeigt, die derzeit von verbundenen Benutzern über Freigaben auf dem Server geöffnet sind. Hier können Sie die Dateien auch schließen.

Auf Freigaben über das Netzwerk zugreifen

Wenn Sie eine Freigabe eines anderen Computers im Netzwerk als Laufwerk verbinden wollen, öffnen Sie am besten den Explorer und klicken dann im Navigationsbereich auf *Computer* beziehungsweise *Dieser PC*. Wählen Sie im Menüband den Eintrag *Netzlaufwerk verbinden* aus.

Geben Sie als Nächstes den Freigabenamen im Feld *Ordner* ein. Die Syntax dazu lautet \\<*Computername oder IP-Adresse*>\<*Name der Freigabe*>. Alternativ klicken Sie auf *Durchsuchen* und dann doppelt auf den Computer, auf dem sich die Freigabe befindet, mit der Sie sich verbinden wollen. Klicken Sie auf *Fertig stellen*, öffnet sich eventuell ein Anmeldefenster, in dem Sie die Authentifizierungsdaten eines Benutzers auf dem Remotecomputer eingeben müssen.

Eine weitere Möglichkeit, Netzlaufwerke zu verbinden, steht Ihnen über die Eingabeaufforderung mit dem Befehl *net use* zur Verfügung. Eine Eingabeaufforderung öffnen Sie durch Eintippen von *cmd* auf der Startseite. Rechtsklick in die linke untere Bildschirmecke (oder ⊞+X) und den Befehl *Eingabeaufforderung* oder *Eingabeaufforderung (Administrator)* anklicken ist eine weitere Möglichkeit.

- **net use –** Zeigt alle derzeit verbundenen Netzlaufwerke an.
- **net use <Laufwerksbuchstabe>: /del –** Trennt das angegebene Netzlaufwerk. Verwenden Sie *, trennt Windows alle Netzlaufwerke.
- **net use <Laufwerksbuchstabe>: \\<Computer mit Freigabe>\<Freigabename> –** Durch Eingabe dieses Pfads verbinden Sie das Netzlaufwerk. Verwenden Sie *, aktiviert Windows den nächsten freien Buchstaben.

Sie können den Befehl auch mit der folgenden Syntax aufrufen:

net use <Laufwerksbuchstabe>: \\<Computer mit Freigabe>\<Freigabename> <Benutzername> <Kennwort>

Mit diesem Befehl können Sie ein Laufwerk mit einem anderen Benutzer als dem derzeitig angemeldeten verbinden.

Verbundene Netzlaufwerke zeigt Windows im Explorer an. Sie können verbundene Laufwerke per Rechtsklick wieder trennen.

Offlinedateien für den mobilen Einsatz unter Windows 10

Mit Offlinedateien haben Sie die Möglichkeit, Dateien aus dem Netzwerk, zum Beispiel von einem Dateiserver, auch dann verfügbar zu machen, wenn Anwender mit einem Notebook oder Tablet unterwegs sind. Dazu wird auf dem Notebook eine Kopie der entsprechenden Datei erstellt, sodass diese ohne Netzwerkverbindung zur Verfügung steht.

Sie können die entsprechenden Dateien auch dann auf dem Notebook bearbeiten, wenn Sie nicht mit dem Netzwerk verbunden sind. Bei der nächsten Verbindung werden die Dateien mit dem Server synchronisiert, sodass die Dateien auf dem Server und dem Notebook wieder übereinstimmen.

So funktionieren Offlinedateien

Die Verwaltung der Offlinedateien unter Windows 10 findet über das Synchronisierungscenter statt, das Sie durch Eingabe von *mobsync* im Startmenü aufrufen. Über den Link *Offlinedateien verwalten* im Synchronisierungscenter öffnet sich ein neues Fenster, über das Sie entsprechenden Einstellungen vornehmen.

In den Eigenschaften jeder Offlinedatei können spezielle Einstellungen vorgenommen werden. Nachdem das System für den Offlinebetrieb aktiviert ist, können Sie Ordner und Dateien von Servern für den Offlinebetrieb verfügbar machen. Hier gibt es Steuerungsmöglichkeiten sowohl vom Client als auch vom Server aus.

Vom Client aus verwenden Sie den Befehl *Immer offline verfügbar*, der sich im Kontextmenü findet, wenn Sie eine Freigabe, eine Datei oder einen Ordner auf einem Server markiert haben, die oder das für den Offlinezugriff freigegeben ist.

Sie können auf diese Weise einzelne Dateien, ganze Ordner oder ein komplettes Netzlaufwerk offline verfügbar machen. Achten Sie aber darauf, dass es sich bei Offlinedateien um Kopien von Dateien aus dem Netzwerk handelt und der Speicherplatzbedarf mit der Anzahl der Offlinedateien zunimmt. Sie sollten daher möglichst nur Dateien offline verwenden, die Sie auch tatsächlich benötigen, nicht gleich alle auf einmal. Bei der ersten Auswahl dieser Option bereitet Windows den Computer vor und nimmt die Dateien und Ordner in den Offlinemodus mit auf.

Vom Server mit der entsprechenden Freigabe aus kann die Nutzung von Offlinedateien über die Freigabe gesteuert werden. Beim Erstellen von Freigaben findet sich die Schaltfläche *Zwischenspeichern* in den erweiterten Einstellungen der Freigabe. Wenn Sie diese auswählen, können Sie steuern, ob das Zwischenspeichern von Dateien in dem freigegebenen Ordner zugelassen ist. Standardmäßig wird das manuelle Zwischenspeichern von Dateien zugelassen. Das heißt, Freigaben lassen es zu, dass Anwender die Offlinedateien von Clients aus konfigurieren.

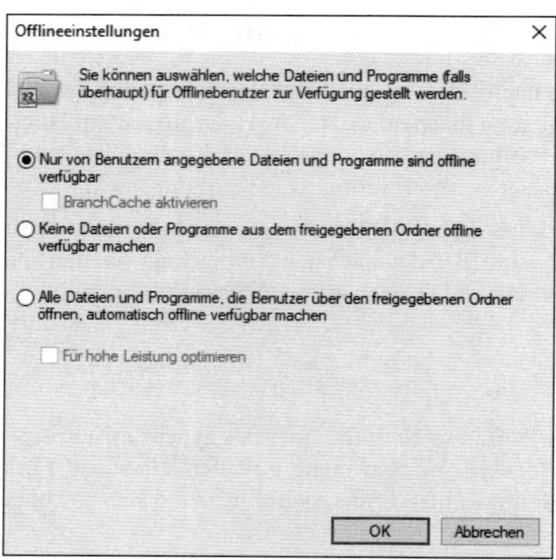

Abbildung 20.13: Konfigurieren von Offlinedateien einer Freigabe in Windows Server 2019

Wenn die Option *Keine Dateien oder Programme aus dem freigegebenen Ordner offline verfügbar machen* aktiviert ist, erscheint der Befehl *Immer offline verfügbar* auf dem Client nicht. Es werden folgende drei Varianten für das Zwischenspeichern von Dokumenten unterschieden:

- Ist die Option *Nur von Benutzern angegebene Dateien und Programme sind offline verfügbar* aktiviert, können die Benutzer selbst festlegen, welche Dateien bzw. Programme offline zur Verfügung stehen sollen. Dazu verwenden die Benutzer die entsprechende Option im Kontextmenü der Freigabe oder des Ordners innerhalb der Freigabe.
- Die Option *Alle Dateien und Programme, die Benutzer über den freigegebenen Ordner öffnen, automatisch offline verfügbar machen* bewirkt, dass alle Dokumente und ausführbaren Dateien in dieser Freigabe lokal zwischengespeichert werden. In diesem Fall muss sich der Benutzer nicht mehr darum kümmern, die Dokumente offline verfügbar zu machen.
- Über das Kontrollkästchen *Für hohe Leistung optimieren* lässt sich festlegen, dass ausführbare Dateien aus dieser Freigabe auf dem Client verfügbar bleiben, wenn sie einmal genutzt wurden. In diesem Fall sollten die Zugriffsberechtigungen für die Freigabe auf *Lesen* gesetzt sein, um zu verhindern, dass Windows veränderte Programme zurückspeichert.

Sie können die Einstellungen der Synchronisierungseigenschaften von Offlinedateien im Synchronisierungscenter von Windows 10 anpassen. Das Synchronisierungscenter finden Sie über das Startmenü oder die Systemsteuerung.

Bei der Synchronisation kann es zu Konflikten kommen. Dies ist immer dann der Fall, wenn eine Datei im Offlinebetrieb und ebenfalls vor der Synchronisation auf dem Server verändert wurde. Der Client erkennt dies über einen Vergleich der Speicherungsdaten dieser Dateien und zeigt bei der Synchronisation Meldungen an. Bei einem Konflikt kann entweder die eigene Version der Datei übernommen oder unter einem anderen Namen abgespeichert werden.

Arbeiten mit Offlinedateien

Als Bestätigung, dass eine Datei oder der Ordner offline verfügbar ist, klicken Sie erneut mit der rechten Maustaste auf die Datei oder den Ordner. Überprüfen Sie, ob ein Häkchen neben *Immer offline verfügbar* angezeigt wird. Eine Kopie der Datei auf der Festplatte wird mit der Netzwerkkopie synchronisiert, sobald die Netzwerkverbindung wieder hergestellt wird. Wenn Sie eine Datei als Offlinedatei markieren, erhält diese ein neues Dateisymbol, das sie als Offlinedatei kennzeichnet.

Den Status der Verbindung sehen Sie unten im Explorer-Fenster. Wenn der Status *Offline* lautet, arbeiten Sie an einer Offlinekopie der Datei auf dem Computer. Lautet der Status *Online*, arbeiten Sie an der Datei im Netzwerk. Außerdem zeigt Windows für offline verfügbare Ordner den grünen Kreis an und für nicht verfügbare Ordner ein X, das kennzeichnet, dass Sie keinen Zugriff auf diese Dateien haben.

Wenn Sie mit Offlinedateien in verschiedenen Ordnern arbeiten, können Sie alle Dateien anzeigen, ohne jeden Ordner einzeln öffnen zu müssen:

1. Öffnen Sie wie beschrieben die Verwaltung der Offlinedateien in Windows über das Synchronisierungscenter und klicken Sie in der linken Seite auf den Link *Offlinedateien verwalten*.
2. Klicken Sie im Dialogfeld *Offlinedateien* auf die Schaltfläche *Offlinedateien anzeigen*.

Manchmal empfiehlt es sich, die Offlinedateien sofort zu synchronisieren, beispielsweise dann, wenn die Verbindung zum Netzwerk demnächst getrennt wird und sichergestellt sein muss, dass die neuesten Dateiversionen im Netzwerk gespeichert sind.

Wenn Sie erstmalig Offlinedateien einrichten, wird im Infobereich der Taskleiste neben der Uhr ein neues Symbol integriert, das das Synchronisierungscenter darstellt. Wenn Sie mit der rechten Maustaste auf das Symbol klicken, können Sie auf die wichtigsten Funktionen zugreifen, zum Beispiel *Alle synchronisieren*. Das Symbol befindet sich eventuell bei dem Pfeil links, über den Sie die weniger aktiven Symbole erreichen.

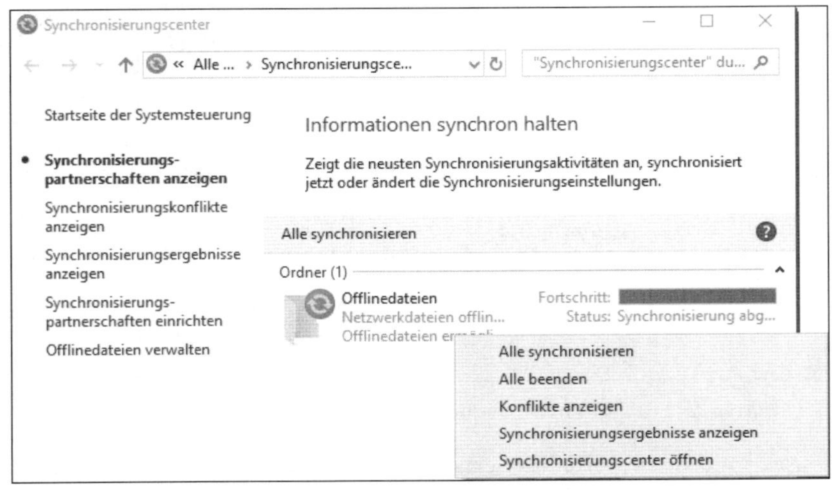

Abbildung 20.14: Synchronisieren von Offlinedateien

Neben dieser Möglichkeit können Sie die Synchronisierung auch auf anderem Wege erreichen:

1. Öffnen Sie das Synchronisierungscenter.
2. Klicken Sie auf die Synchronisierungspartnerschaft *Offlinedateien* und dann in der Symbolleiste auf *Synchronisieren*.

Wenn Sie nur den Inhalt eines bestimmten Ordners synchronisieren möchten, öffnen Sie den Ordner im Explorer und klicken mit der rechten Maustaste auf den darin enthaltenen Unterordner oder die Datei. Wählen Sie anschließend *Synchronisieren*. Nachdem Sie Offlinedateien aktiviert und eingerichtet haben, werden diese als eine Synchronisierungspartnerschaft im Synchronisierungscenter angezeigt. Hierüber können Sie auch eventuelle Konflikte erkennen sowie weitere Einstellungen vornehmen. Sie erreichen den Zeitplan, die Konfliktanzeige und die Eigenschaften über das Kontextmenü.

Zusätzlich können Sie in den Eigenschaften eines offline verfügbaren Ordners auf der Registerkarte *Offlinedateien* den aktuellen Stand des Ordners einsehen. Hier lässt sich auch die Offlineverfügbarkeit des Ordners steuern und die Synchronisierung aktivieren.

Wenn Sie im Synchronisierungscenter die Synchronisierungspartnerschaft der Offlinedateien öffnen, können Sie über die Schaltfläche *Zeitplan* genau einstellen, wann die Offlinedateien synchronisiert werden sollen. Auf der ersten Seite des Assistenten legen Sie zunächst fest, für welche übergeordneten Netzlaufwerke Sie den Zeitplan für die Synchronisierung steuern wollen.

Auf der nächsten Seite bestimmen Sie, ob die Synchronisierung zeitabhängig oder nach einer bestimmten Aktion, zum Beispiel der Anmeldung am PC, erfolgen soll. Wählen Sie zur Synchronisierung die Option *Nach Zeitplan* aus, können Sie auf der nächsten Seite den Zeitpunkt der Synchronisierung definieren. Zusätzlich können Sie hier einstellen, wie oft die Synchronisierung stattfinden und in welchen Abständen sie wiederholt werden soll.

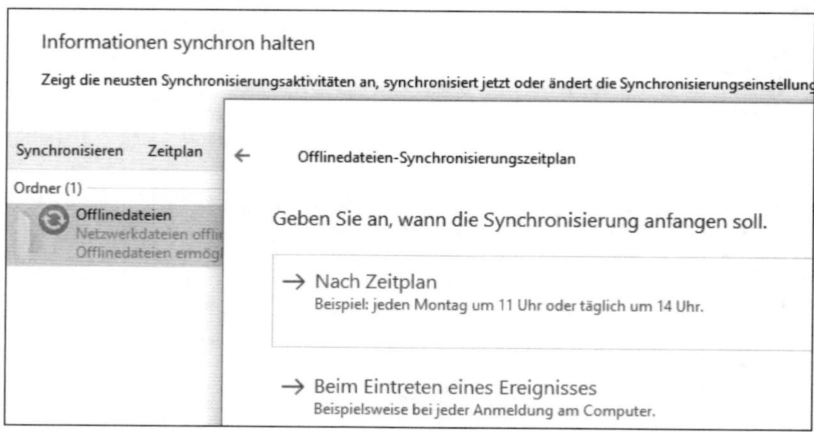

Abbildung 20.15: Festlegen des Zeitplans für die Synchronisierung

Über den Assistenten lässt sich detailliert einstellen, wann die Synchronisierung starten soll und wann nicht. Hier können vor allem für Notebooks Einstellungen vorgenommen werden, die eine Synchronisierung verhindern, um die Akkulaufzeit zu erhöhen.

Wollen Sie als Synchronisierungsoption keine Zeiten konfigurieren, sondern spezielle Ereignisse, wie zum Beispiel die Anmeldung oder das Sperren des PC, wählen Sie die

Option *Beim Eintreten eines Ereignisses*. Im Anschluss stellt Ihnen Windows 10 die Ereignisse zur Verfügung, die eine Synchronisierung auslösen. Über die Schaltfläche erreichen Sie die gleichen Detaileinstellungen wie bei der Synchronisierung nach Zeitplan.

Die Größe und Anzahl der Offlinedateien bestimmen den Umfang des verwendeten Speicherplatzes auf der Festplatte, den die Offlinedateien belegen. Um festzustellen, wie viel Speicherplatz die Offlinedateien belegen, öffnen Sie ihre Verwaltung und wechseln zur Registerkarte *Datenträgerverwendung*. Hier sehen Sie, wie viel Speicherplatz von den Offlinedateien belegt wird.

Über die Schaltfläche *Limits ändern* können Sie den Speicherplatz steuern, der auf dem Notebook für Offlinedateien zur Verfügung steht. Offlinedateien werden nur dann verschlüsselt, wenn Sie dies entsprechend auswählen. Sie können über die Registerkarte *Verschlüsselung* das Verschlüsseln von Offlinedateien aktivieren. Beim Verschlüsseln der Offlinedateien verschlüsseln Sie nur die auf dem Computer gespeicherten Offlinedateien, nicht die Netzwerkversionen der Dateien.

Storage Quality of Services (QoS) – Richtlinien für Datenspeicher

Mit Storage Quality of Services (QoS) können Sie über Richtlinien zentral für alle Server mit Windows Server 2019 festlegen, welche Leistung für Server-Anwendungen, andere Server, VMs und Anwender zur Verfügung stehen. Über diese Richtlinien lassen sich Scale-Out-File-Server steuern, aber auch virtuelle Festplatten von virtuellen Windows-Servern. Neben herkömmlichen virtuellen Festplatten können Sie die Richtlinie außerdem für Shared-VHDX-Festplatten einsetzen, also für virtuelle Cluster innerhalb eines physischen Clusters.

Einstieg in Speicherrichtlinien

Zwar konnten Sie bereits mit Windows Server 2012 R2 Richtlinien festlegen, allerdings war die Konfiguration sehr eingeschränkt und nur auf einen einzigen Server beschränkt. Seit Windows Server 2016 spielt die Technik ihre Vorteile vor allem durch die zentrale Verwaltung in der PowerShell und System Center Virtual Machine Manager aus, aber auch durch Möglichkeiten der Zuweisung an Gruppen von VMs, einzelne Hyper-V-Hosts, ganze Cluster oder virtuelle Scale-Out-File-Server, die sich ebenfalls mit Windows Server 2019 sehr leicht virtualisieren lassen.

Die Verbindung zwischen den Hyper-V-Hosts und dem Scale-Out-File-Server erfolgt über das SMB3-Protokoll. Microsoft hat in SOFS-Clustern den Policy-Manager integriert. Wenn ein Hyper-V-Host eine VM startet, wird das durch den Policy-Manager überwacht. Der Manager überprüft, ob Richtlinien definiert sind, und ob die virtuellen Festplatten der gestarteten VM diese einhalten. Sind Steuerungen notwendig, teilt der Policy-Manager das dem Hyper-V-Host mit, der die entsprechende VM und deren virtuelle Festplatten steuert.

Dateiaktionen, die ein Hyper-V-Host auf einer virtuellen Festplatte vornimmt, werden in einer solchen Umgebung als »Flow« bezeichnet. Nutzt eine VM mehrere virtuelle Festplatten, dann hat jede ihre eigenen »Flows«. Nutzen Sie Shared-VHDX, also eine virtuelle Festplatte für mehrere virtuelle Server, dann hat jeder virtuelle Server seinen eigenen »Flow«. Für Richtlinien spielt auch der Wert »Initiatorname« eine Rolle. Dabei handelt es sich um die VM, die den »Flow« auf ihre virtuelle Festplatte auf dem Dateiserver auslöst. Der Host, auf dem die VM gespeichert ist, wird in diesem Zusammenhang auch als »InitiatorNodeName« bezeichnet.

Speicherrichtlinien werden in der Cluster-Datenbank gespeichert. Sie bestehen vor allem aus den Werten *PolicyId*, *MinimumIOPS*, *MaximumIOPS*, *ParentPolicy* und *PolicyType* (*Aggregated* oder *Dedicated*). Mit der *PolicyID* wird eine Richtlinie eindeutig im Cluster identifiziert. Die ID ist auch im Hyper-V-Manager zu sehen, genauso wie in SCVMM 2019 oder in der PowerShell.

Richtlinien können den Typ *Aggregated* oder *Dedicated* erhalten. Beim *PolicyTyp Aggregated* werden die Werte *MinimumIOPS*, *MaximumIOPS* und *Bandwidth* zwischen allen Flows geteilt, die einer Richtlinie zugewiesen sind. Alle VHDs, die diese Richtlinie nutzen, teilen sich die zugewiesenen Werte. Mit dem Typ *Dedicated* weisen Sie wiederum die Werte speziell einer einzelnen VHD zu.

Wenn Sie Failovercluster in Windows Server 2019 erstellt und CSV aktiviert haben, wird dem Cluster automatisch eine Speicher-QoS-Ressource hinzugefügt. Bevor Sie Speicherrichtlinien konfigurieren, überprüfen Sie also zunächst, ob die Ressource im Failovercluster-Manager angezeigt wird. Sie können sich Informationen dazu auch in der PowerShell anzeigen lassen. Dazu verwenden Sie das Cmdlet *Get-ClusterResource -Name "Storage Qos Resource"*. Auf deutschen Servern nutzen Sie dazu die deutsche Bezeichnung, also: *Get-ClusterResource -Name "Speicher-Qos-Ressource"*. Hyper-V unterstützt in Windows Server 2019 Storage QoS bereits bei der Installation.

Mit Windows Server 2019 lassen sich Netzwerk-weite Richtlinien erstellen sowie deutlich mehr Einstellungen definieren. Das ist auch interessant für Unternehmen, die iSCSI-Ziele auf Basis von Windows Server 2019 einsetzen oder Storage Spaces Direct.

Über die Richtlinien können Sie Datendurchsatz und Bandbreite festlegen und steuern. Dadurch lassen sich Anwendungen, die Zugriff auf Daten nehmen, priorisieren. Auch wenn die Technik vor allem für Datei-Server interessant ist, lassen sich alle blockbasierten Speicher daran anbinden und auf diese Weise zum Beispiel VMs in einem Hyper-V-Cluster optimieren (siehe Kapitel 9).

Sie können in Windows Server 2019 Richtlinien für Storage QoS auf Basis einzelner virtueller Server, einzelner virtueller Festplatten oder ganzer Gruppen erstellen. Sie können Richtlinien auch für eine Gruppe an virtuellen Festplatten oder virtuellen Servern zuweisen. Virtuelle Festplatten, die Sie mit einer gemeinsamen Richtlinie konfigurieren, aggregieren die Werte für *MinimumIOPS* und *MaximumIOPS*.

Die zugewiesenen Richtlinien können Sie entweder in der PowerShell anzeigen und verwalten oder in kleineren Umgebungen auch im Hyper-V-Manager. In größeren Umgebungen können Sie dazu den System Center Virtual Machine Manager 2019 verwenden.

Hinweis Wollen Sie ohne Richtlinien arbeiten, können Sie natürlich für einzelne virtuelle Festplatten im Hyper-V-Manager die Option *Verwaltung der Dienstqualität aktivieren* setzen. Dazu rufen Sie den Menüpunkt *Quality of Service* unterhalb der betreffenden Festplatte auf.

Im Fenster setzen Sie jetzt den Minimum-Wert und den Maximum-Wert, den eine virtuelle Festplatte erhalten soll. Arbeiten Sie mit Richtlinien, ist dieser Wert nicht wählbar. Dafür sehen Sie im Fenster die ID der Speicherrichtlinie und können diese als Administrator natürlich entfernen.

Um Speicherrichtlinien zu verwalten, können Sie die Remote Server Administration Tools (RSAT) für Windows 10 verwenden (*https://www.microsoft.com/de-DE/download/details.aspx?id=45520*). Auf Servern mit Windows Server 2019 müssen Sie für die Verwaltung der Speicherrichtlinien die Verwaltungstools für Hyper-V und Failovercluster installieren.

Storage QoS in der PowerShell verwalten

In einem Failovercluster (siehe Kapitel 9) wird Storage QoS automatisch als Cluster-Ressource aktiviert. Um sich die Einstellungen von QoS auf einem Server anzuzeigen, verwenden Sie am besten die PowerShell und den Befehl:

Get-ClusterResource -Name "Speicher-Qos-Ressource"

Dadurch erhalten Sie Informationen zu den Einstellungen von Storage QoS. Auch die Leistung kann über die PowerShell überwacht werden. Hier stehen die Cmdlets *Get-StorageQosFlow* und *Get-StorageQosVolume* zur Verfügung. Die Befehle sind vor allem dann interessant, wenn Sie die Leistung virtueller Festplatten in Hyper-V überwachen wollen, die Sie mit Storage QoS verwalten. Die Cmdlets zeigen die Werte in Millisekunden an. In diesem Zusammenhang ist außerdem das Cmdlet *Get-StorageQosPolicyStore* interessant, das die Einstellung für IOPS Normalization anzeigt.

Neue Richtlinien in der PowerShell erstellen und verwalten

Um neue Richtlinien zu erstellen, verwenden Sie ebenfalls die PowerShell und das Cmdlet *New-StorageQosPolicy*. Auch hier spielen die Werte für *MinimumIOPS* und *MaximumIOPS* eine Rolle. Diese können Sie in der neuen Richtlinie anlegen. Wollen Sie die Richtlinie weiterverwenden, zum Beispiel für das Zuweisen zu einem Server oder der Abfrage von Informationen, dann speichern Sie sie mit dem Typ *Dedicated*, also nur für eine einzelne virtuelle Festplatte in einer Variablen, zum Beispiel mit:

$desktopVmPolicy = New-StorageQosPolicy -Name Desktop -PolicyType Dedicated -MinimumIops 100 -MaximumIops 200

Für das Zuweisen einer Richtlinie benötigen Sie die ID dieser Richtlinie. Haben Sie die Richtlinie in einer Variablen gespeichert, können Sie die ID daraus auslesen:

$desktopVmPolicy.PolicyId

Wollen Sie jetzt die Speicherrichtlinie verwenden, rufen Sie in der PowerShell den Namen der VMs ab, denen die Richtlinie zugewiesen werden soll. Dazu verwenden Sie das Cmdlet *Get-vm*. Die Informationen können Sie an das Cmdlet zum Anzeigen der virtuellen Festplatten weiterleiten. Dazu verwenden Sie wiederum das Cmdlet *Get-VMHardDiskDrive*. Da die PowerShell auch mehrere Pipes unterstützt, können Sie die abgefragten Festplatten der abgefragten VMs wiederum an das Cmdlet *Set-VMHardDiskDrive* weiterleiten. Durch die Option *-QoSPolicyID* weisen Sie die Richtlinie auf Basis der ID zu. Wir verwenden in diesem Beispiel die virtuellen Server mit der Bezeichnung »Nano« für die Zuweisung der Richtlinie:

Get-VM -Name Nano | Get-VMHardDiskDrive | Set-VMHardDiskDrive -QoSPolicyID 17372765-e725-4226-b52a-51a4c5046611*

Sie sehen die Richtlinien-ID auch in den Eigenschaften der virtuellen Festplatte im Hyper-V-Manager. Dazu wechseln Sie auf den Eintrag *Quality of Service*. Im Fenster können Sie die Richtlinie auch entfernen. Durch das Zuweisen der Richtlinien werden die manuellen Einstellungsmöglichkeiten der virtuellen Festplatte deaktiviert.

Aggregated Policies nutzen

Wenn Sie sicherstellen wollen, dass ein Pool von virtuellen Festplatten sich die Bandbreite und IOPS teilen, erstellen Sie sogenannte »Aggregated Policies«. Weisen Sie eine solche Richtlinie den virtuellen Festplatten mehrerer VMs zu, wird das *MinimumIOPS* zwischen den virtuellen Festplatten so aufgeteilt, wie die Festplatten die Leistung abrufen. Zusammen übersteigen die VMs außerdem nie den Wert, der als *MaximumIOPS* angegeben wurde. Der Befehl dazu sieht dann zum Beispiel folgendermaßen aus:

New-StorageQosPolicy -Name SqlWorkload -MinimumIops 1000 -MaximumIops 5000 -PolicyType Aggregated

Die Zuweisung der Richtlinie erfolgt auf dem gleichen Weg wie die Zuweisung einer dedicated Richtlinie. Die Konfiguration einer Richtlinie ist natürlich keine Einbahnstraße. Sie können Richtlinien und deren Werte jederzeit anpassen. Wollen Sie zum Beispiel die *MaximumIOPS* der oben erstellten »Aggregated Policy« anpassen, verwenden Sie:

Get-StorageQosPolicy -Name SqlWorkload | Set-StorageQosPolicy -MaximumIops 6000

Die Zuweisung der Richtlinie müssen Sie in diesem Fall natürlich nicht wiederholen. Wenn Sie sich die Werte der Richtlinie und der zugewiesenen VMs anzeigen lassen, werden die neuen Werte bei den VMs angezeigt. Das können Sie zum Beispiel mit dem folgenden Cmdlet überprüfen:

Get-StorageQosPolicy -Name SqlWorkload | Get-StorageQosFlow | Format-Table InitiatorName, PolicyId, MaximumIops, MinimumIops, StorageNodeIops -AutoSize

Wollen Sie Richtlinien entfernen, verwenden Sie System Center Virtual Machine Manager 2019 oder die PowerShell. Der Befehl dazu lautet in diesem Beispiel:

Get-StorageQosPolicy -Name SqlWorkload | Remove-StorageQosPolicy

Haben Sie eine Richtlinie versehentlich gelöscht, können Sie sie auf Basis ihrer alten ID wiederherstellen. Wollen Sie eine Richtlinie von einer virtuellen Festplatte entfernen, nicht die Richtlinie selbst, dann verwenden Sie:

Get-VM -Name <Name der VM> | Get-VMHardDiskDrive | Set-VMHardDiskDrive -QoSPolicyID $null

Dazu lassen Sie sich zunächst die VMs anzeigen, die als Status für eine Policy den Wert *UnkownPolicyId* haben, zum Beispiel mit:

Get-StorageQosFlow -Status UnknownPolicyId | ft InitiatorName, PolicyId -AutoSize

Danach erstellen Sie auf Basis der alten *PolicyID* eine neue ID, zum Beispiel mit:

New-StorageQosPolicy -PolicyId 7e2f3e73-1ae4-4710-8219-0769a4aba072 -PolicyType Aggregated -Name RestoredPolicy -MinimumIops 100 -MaximumIops 2000

Überprüfen Sie danach, ob der Status wieder als *Ok* angezeigt wird. Wollen Sie in der PowerShell überprüfen, ob und welche Speicherrichtlinien zugewiesen sind, rufen Sie mit *Get-VMHardDiskDrive |fl* die Informationen der virtuellen Festplatten ab. Die ID der

Richtlinie ist über den Wert *QoSPolicyID* zu sehen. Verwenden Sie dazu zum Beispiel folgenden Befehl:

Get-VMHardDiskDrive -VMName nano | fl Name, QosPolicyID

Wollen Sie wiederum die Werte der Speicherrichtlinie auslesen, dann verwenden Sie:

Get-StorageQosPolicy |fl

Wichtig ist an dieser Stelle auch der Status der Richtlinie. Zeigt Hyper-V diese als *Ok* an, dann funktioniert die Richtlinie, und mit den Werten für IOPS ist alles in Ordnung. Reicht die Leistung einer VM nicht aus, so wie in der Richtlinie als *MinimumIOPS* vorgegeben, erhält die Richtlinie den Status *InsufficientThroughput*, wenn nicht genügend Leistung zur Verfügung steht. Auf Basis dieses Wertes können Sie sich VMs anzeigen lassen, für die nicht genügend Leistung zur Verfügung steht:

Get-StorageQosFlow -Status InsufficientThroughput | fl

Wenn eine Richtlinie nicht korrekt zugewiesen werden kann, erhält sie den Status *UnknownPolicyId*. Solche Richtlinien sollten Sie löschen und neu erstellen.

Die Cmdlets zum Abrufen von Informationen für Speicherrichtlinien können Sie miteinander verbinden. Dadurch können Sie aktuelle Informationen zum Speicherverbrauch anzeigen lassen. Das Cmdlet dazu sieht zum Beispiel folgendermaßen aus:

*Get-StorageQosPolicy -Name Desktop | Get-StorageQosFlow | ft InitiatorName, *IOPS, Status, FilePath -AutoSize*

Sie erhalten dadurch die VMs, die diese Policy nutzen, sowie die Werte der Richtlinie und den Speicherort der virtuellen Festplatte angezeigt.

Storage QoS im Cluster überwachen

Zusammen mit Storage QoS sind in Windows Server 2019 Möglichkeiten integriert, um den Zustand des kompletten Clusters und aller VMs zu überwachen. Wollen Sie zum Beispiel überprüfen, ob im Cluster VMs positioniert sind, die keine gültigen Richtlinien nutzen, rufen Sie die Informationen mit dem folgenden Cmdlet ab:

Get-StorageSubSystem -FriendlyName Clustered | Debug-StorageSubSystem*

Sie können aber auch den generellen Zustand des Clusters bezüglich des Datenspeichers anzeigen lassen:

*Get-StorageSubSystem -FriendlyName Clustered**

Hier erscheint entweder die Meldung, dass alles *Ok* ist, oder Sie erhalten eine Warnung, wo Probleme vorliegen, auch bezüglich der Richtlinien.

Speicherrichtlinien in System Center Virtual Machine Manager

Arbeiten Sie mit SCVMM, können Sie auch hier Speicherrichtlinien verwalten. Die Einstellungen dazu finden Sie über *Fabric/Speicher/QoS-Richtlinien*. Alle Richtlinien, die Sie erstellt haben, sind hier zu sehen. Außerdem können Sie an dieser Stelle eigene Richtlinien definieren. Die Richtlinien an dieser Stelle gelten aber nicht für die VMs und die virtuellen Festplatten, sondern für den Speicher, der an SCVMM angebunden ist, um VMs zu speichern.

Beim Erstellen einer neuen Richtlinie können Sie in diesem Bereich aber auch die neuen Speicherrichtlinien für Windows Server 2019 festlegen. Hier stehen in der grafischen Oberfläche die gleichen Funktionen zur Verfügung, die Sie in der PowerShell steuern können.

In diesem Zusammenhang lassen sich die Speicherrichtlinien aller virtuellen Festplatten, die auf einer Freigabe eines SOFS-Servers abgelegt sind, verwalten. Auch die Speicherung auf Storage Spaces Direct kann dadurch verwaltet werden. Beim Erstellen einer Richtlinie können Sie dazu im Assistenten als Bereich für die Richtlinie einen oder mehreren SOFS auswählen. In den Eigenschaften von VMs können Sie in SCVMM ebenfalls Speicherrichtlinien überprüfen und zuweisen. Sie finden die Einstellungen im Bereich *Erweitert* unterhalb der virtuellen Festplatten.

Dateien und Freigaben auf Windows Server 2019 migrieren

Eine wichtige Aufgabe bei der Migration ist die Übernahme der Dateien und der Freigaben auf den neuen Server mit Windows Server 2019. Im folgenden Abschnitt zeigen wir Ihnen verschiedene Wege, wie Sie diese Daten übernehmen können.

Daten mit Robocopy übernehmen

Microsoft empfiehlt die Übernahme der Daten mit Robocopy, das zu den Bordmitteln von Windows Server 2019 gehört. Verwenden Sie zum Beispiel folgenden Befehl:

robocopy \\<Quellserver>\Users \\<Zielserver>\UserShares /E /COPY:DATSOU /R:10 /LOG: C:\migration.txt

Robocopy ist ein Tool für die Eingabeaufforderung, das ähnlich wie Xcopy funktioniert, aber deutlich mehr Möglichkeiten bietet.

Der Aufruf von Robocopy sieht folgendermaßen aus:

robocopy <Quelle> <Ziel>< Datei(en)>/< Option>

Platzhalter sind erlaubt. Wenn Sie keine Dateien oder Platzhalter eingeben, verwendet Robocopy standardmäßig *(*.*)*, kopiert also alle Dateien. Als Quelle und Ziel kann ein Ordner, ein Laufwerk oder auch ein UNC-Pfad angegeben sein (*\\<Server>\<Freigabe>*). Die Optionen werden hinter dem Befehl angehängt. Sie können beliebig viele Optionen miteinander kombinieren.

Option	Funktion
/S	Kopiert Unterordner (außer leere Ordner).
/E	Kopiert Unterordner (auch leere Ordner).
/LEV:n	Kopiert nur bis zu einer Verzeichnistiefe von *n*. Die restlichen Ordner werden nicht kopiert.
/Z	Wenn der Kopiervorgang unterbrochen wird, können Sie mit dieser Option an der Stelle weitermachen, an der abgebrochen wurde. Es können aber nicht alle Dateien kopiert werden.
/B	Dateien werden im Backupmodus kopiert. Es werden also alle Dateien kopiert, auch diejenigen, mit denen die Option */Z* Probleme hat.

→

Option	Funktion
/ZB	Es wird zunächst die Option */Z* probiert. Schlägt das bei einer Datei fehl, verwendet Robocopy die Option */B*.
/COPY:copyflags	Kopiert nur die Dateiattribute, die definiert werden. Dazu muss das Dateisystem auf dem Quell- und dem Zielordner im NTFS-Format formatiert sein. D – Daten S – Sicherheit (NTFS ACLs) A – Attribute O – Besitzer-Informationen T – Zeitstempel U – Informationen zur Überwachung Standardmäßig kopiert Robocopy nur mit der Option */COPY:DAT*. Überwachung, Sicherheit und Datenbesitzer werden standardmäßig nicht kopiert.
/COPYALL	Kopiert alles, also wie */COPY:DATSOU* (s. o.)
/NOCOPY	Es wird nichts kopiert (nur sinnvoll für Spiegelung, wenn gelöscht werden soll)
/SEC	Entspricht dem Schalter */COPY:DATS*. Sicherheitsinformationen und ACLs werden kopiert.
/MOV	Löscht nach dem Kopieren die Quelldatei.
/MOVE	Verschiebt Dateien und Ordner.
/PURGE	Löscht Dateien und Ordner im Zielverzeichnis, die auf dem Quellordner nicht mehr vorhanden sind.
/MIR	Spiegelt einen kompletten Ordner. Löscht also auch Dateien im Ziel, die in der Quelle nicht mehr vorhanden sind.
/A+:{R|A|S|H|N|T}	Ändert die Dateiattribute beim Kopieren: R – Read only S – System N – Not content indexed A – Archive H – Hidden T – Temporary
/A-:{R|A|S|H|N|T}	Löscht die definierten Attribute beim Kopieren: R – Read only S – System N – Not content indexed A – Archive H – Hidden T – Temporary
/CREATE	Erstellt leere Ordner, falls diese in der Quelle ebenfalls vorhanden sind.
/FAT	Ändert die Dateinamen ab, damit sie dem 8.3-Format entsprechen, also maximal acht Zeichen vor und drei nach dem Punkt.
/FFT	Kopiert auf Systeme, die kompatibel zu NTFS sind, aber eigentlich nur das FAT-Dateisystem beherrschen (wird eher selten benötigt).
/MON:n	Zählt die Änderungen von Dateien im Quellordner mit und startet nach *n* Änderungen den Kopiervorgang nach dem Zeitraum, der mit */MOT* (s. u.) definiert wird. Verwenden Sie diese Option, um Robocopy im Hintergrund laufen zu lassen.

→

Option	Funktion
/MOT:n	Führt den Kopiervorgang nach *n* Minuten erneut aus. In Kombination mit */MON* möglich.
/RH:hhmm-hhmm	Definiert, innerhalb welcher Zeit kopiert werden darf. Die Werte sind im 24-Stunden-Format angegeben und müssen im Format 0000 bis 2359 eingegeben werden.
/PF	Die Option ist optimal, wenn ein laufender Kopiervorgang über den mit */RH* definierten Zeitraum hinausgeht. Der Kopiervorgang kann so schneller abgeschlossen werden.
/IPG:n	Mit dieser Option wird nach 64 KB *n* Millisekunden gewartet, bevor weiterkopiert wird. Vor allem für Kopiervorgänge zwischen Niederlassungen kann so Bandbreite eingespart werden.
/IA:{R|A|S|H|C|N|E|T|O}	Kopiert nur Dateien mit den definierten Attributen: R – Read only A – Archive S – System H – Hidden C – Compressed N – Not content indexed E – Encrypted T – Temporary O – Offline
/XA:{R|A|S|H|C|N|E|T|O}	Kopiert keine Dateien mit den definierten Attributen: R – Read only A – Archive S – System H – Hidden C – Compressed N – Not content indexed E – Encrypted T – Temporary O – Offline
/A	Kopiert nur Dateien, in denen die Eigenschaft *Archiv* gesetzt wurde (kann über die Eigenschaften einer Datei durchgeführt werden).
/M	Wie */A*, allerdings wird das Archivattribut in der Quelldatei zurückgesetzt.
/XF file [file]	Kopiert diese Dateien nicht. Sie können mehrere hintereinander schreiben. Diese Option setzen Sie am Ende des Befehls. Sie können auch mit * als Platzhalter arbeiten.
/XD dir [dir]	Kopiert diese Ordner nicht. Auf diese Weise können Sie Unterordner beim Spiegeln überspringen lassen, indem Sie deren Pfad im Befehl angeben.
/XC	Schließt Dateien aus, die im Quellordner als geändert markiert sind.
/XN	Kopiert keine Dateien, die im Quellordner als neuer deklariert sind.
/XO	Wie */XN*, nur werden Dateien nicht kopiert, die im Quellordner als älter definiert sind.
/MAX:n	Kopiert keine Dateien, die größer als *n* Bytes sind.
/MIN:n	Kopiert keine Dateien, die kleiner als *n* Bytes sind.
/MAXAGE:n	Kopiert keine Dateien, die älter als *n* Tage sind. Sie können *n* auch als Datum in der Form von *YYYYMMDD* angeben.

→

Option	Funktion
/MINAGE:n	Kopiert keine Dateien, die neuer sind (Syntax s. o.).
/MAXLAD:n	Kopiert keine Dateien, auf die vor *n* Tagen nicht zugegriffen wurde (Syntax s. o.).
/MINLAD:n	Wie */MAXLAD*, nur nach *n* Tagen, also neuere Dateien.
/R:n	Definiert die maximalen Fehler, die beim Kopieren übergangen werden (standardmäßig 1 Million).
/W:n	Definiert die Sekunden, die gewartet wird, wenn ein Kopiervorgang nicht erfolgreich war, um es erneut zu versuchen.
/REG	Speichert */R* und */W* in der Registry als Standardwert für weitere Robocopy-Jobs.
/L	Gibt nur eine Liste der Dateien aus, führt aber keinen Kopiervorgang durch. Die Option ist sinnvoll, um einen Kopiervorgang zu simulieren. Sie setzen dazu die Option einfach ans Ende des Befehls.
/TS	Zeigt den Zeitstempel der Quelldateien in der Protokolldatei an.
/FP	Zeigt den vollen Pfadnamen in der Protokolldatei.
/NS	Zeigt nicht die Datei- und Ordnergröße in der Protokolldatei an.
/NFL	Protokolliert keinen Kopiervorgang außer Fehler.
/NP	Zeigt den Fortschritt des Kopiervorgangs bei großen und kleinen Dateien nicht an (%-Angabe).
/ETA	Zeigt die Dauer der Kopiervorgänge an.
/LOG:file	Speichert das Protokoll in der definierten Datei.
/LOG+:file	Hängt das Protokoll an eine bereits bestehende Protokolldatei an.
/TEE	Zeigt die Vorgänger auch in der Eingabeaufforderung an, nicht nur im Protokoll.
/JOB:job	Liest die Parameter von einer Jobdatei aus.
/SAVE:job	Speichert die Parameter in einer Jobdatei.
/QUIT	Führt nichts aus. Zeigt in Verbindung mit dem *job*-Schalter den Inhalt der Jobdatei an.

Tabelle 20.2: Mögliche Optionen von Robocopy

Wenn der Kopiervorgang einer Datei aus irgendwelchen Gründen fehlschlägt, beispielsweise wenn die Datei in Benutzung ist oder Windows den Zugriff verweigert hat, führt Robocopy innerhalb eines definierten Zeitraums einige weitere Versuche durch, um den Kopiervorgang noch erfolgreich abzuschließen. Robocopy wartet standardmäßig 30 Sekunden und 1 Million Versuche, um den Kopiervorgang durchzuführen. Diese beiden Werte lassen sich mit den Optionen */W* und */R* steuern sowie mit */REG* als Standard in der Registry festlegen. Bei jedem Vorgang verwendet der Kopiervorgang die Optionen */W* und */R*. Sind im Befehlsaufruf die Optionen */R* und */W* nicht gesetzt, verwendet das Tool die Standardwerte.

Wenn Sie Datei- oder Ordnernamen kopieren, die ein Leerzeichen enthalten, geben Sie den Pfad in Anführungszeichen an, zum Beispiel *Robocopy "\\fs01\einkauf\lieferanten 2011" \\fs01\archiv\einkauf*. Alle Optionen verwendet das Tool von links nach rechts. Nach unserer Erfahrung verwenden die meisten Administratoren die Option */MIR*, weil so schnell und einfach eine Spiegelung eines Ordners angelegt wird. Ein Beispielskript, auch auf Basis der Optionen von Abbildung 20.220.2, könnte folgendermaßen aussehen:

```
echo on
del C:\Users\thomas\Desktop\backup.log
robocopy "C:\Users\thomas\Documents" "x:\backup\dokumente" /mir /r:5 /
log+:C:\Users\thomas\Desktop\backup.log
robocopy "C:\Users\thomas\Pictures" "x:\backup\Pictures" /mir /r:5 /
log+:C:\Users\thomas\Desktop\backup.log
robocopy "C:\Users\thomas\Documents" "z:\backup\dokumente" /mir /r:5 /
log+:C:\Users\thomas\Desktop\backup.log
robocopy "C:\Users\thomas\Pictures" "z:\backup\Pictures" /mir /r:5 /
log+:C:\Users\thomas\Desktop\backup.log
robocopy "C:\Users\thomas\Documents" "u:\backup\dokumente" /mir /r:5 /
log+:C:\Users\thomas\Desktop\backup.log
robocopy "C:\Users\thomas\Pictures" "u:\backup\Pictures" /mir /r:5 /
log+:C:\Users\thomas\Desktop\backup.log
shutdown /s /t 30
```

Um die Daten in einer Freigabe auf einen anderen Rechner zu spiegeln, schreiben Sie am besten ein Skript mit dem Befehl *robocopy <Quellordner> <Sicherungslaufwerk>:\<Sicherungsordner> /mir*. Mit dem Befehl *robocopy c:\users\thomas\documents y:\backup /mir* kopiert Windows die Ordner und Dateien aus dem *Dokumente*-Ordner auf das Laufwerk *Y:* in den Ordner *backup*. Die Option */mir* kopiert nur geänderte Dateien und löscht Dateien im Zielordner, die im Quellordner nicht mehr vorhanden sind. Das heißt, der erste Kopiervorgang dauert recht lange, da erst alle Dateien kopiert werden müssen. Der zweite geht aber deutlich schneller, da nur geänderte Dateien kopiert werden. Löschen Sie im Quellordner eine Datei, löscht der Kopiervorgang diese auch im Backupordner.

So erhalten Sie immer eine 1:1-Kopie Ihrer wichtigsten Daten. Sie können ohne Weiteres auch mehrere Ordner sichern. Verwenden Sie in diesem Fall einfach mehrmals den Befehl nacheinander in einem Skript.

Nur Freigaben und deren Rechte übernehmen

Wollen Sie keine Daten kopieren, sondern nur die bestehenden Freigaben und Rechte vom Quell- auf den Zielserver übertragen, benötigen Sie die Registry:

1. Öffnen Sie auf dem Server die Registry durch Eingabe von *regedit*.
2. Navigieren Sie zu *HKEY_LOCAL_MACHINE\SYSTEM\CurrentControlSet\Services\LanmanServer\Shares*.
3. Exportieren Sie diesen Schlüssel über das Kontextmenü.
4. Wollen Sie nicht alle Freigaben übernehmen, öffnen Sie die exportierte Datei und löschen Sie die Einträge der Freigaben, die Sie nicht übernehmen wollen.
5. Kopieren Sie die Datei auf den Zielserver und klicken Sie doppelt auf die Datei, um sie auf dem Zielserver zu importieren. Achten Sie aber darauf, dass dieser Import die Einträge der vorhandenen Freigaben auf dem Zielserver überschreibt.
6. Starten Sie anschließend den Server neu.
7. Überprüfen Sie auf dem Server, ob die Freigaben vorhanden sind.

Windows Server Storage Migration Service

Mit dem in Windows Server 2019 integrierten Windows Server Storage Migration Service lassen sich Daten von Freigaben einfacher auf die neue Serverversion migrieren. Der Dienst kann Freigaben und deren Daten migrieren sowie die Benutzerrechte und weitere Einstellungen für die Freigaben. Microsoft beschreibt in einem Blog-Beitrag (*https://blogs.technet.microsoft.com/filecab/2018/04/12/introducing-the-windows-server-storage-migration-service*) die Vorgehensweise.

Migration von älteren Windows-Servern und NAS-Systemen

Als Quellserver werden die älteren Windows-Server verwendet, als Zielserver dient Windows Server 2019. Bisher war die Übernahme von Daten und Freigaben auf neue Dateiserver sehr kompliziert. Das will Microsoft mit Windows Server 2019 ändern. Sollen Daten von einem auf einen anderen Server übertragen werden, kann das über einen Storage Migration Proxy erfolgen. Dieser kann als Serverfeature in Windows Server 2019 installiert werden. Der Dienst selbst wird über »Storage Migration Service« installiert.

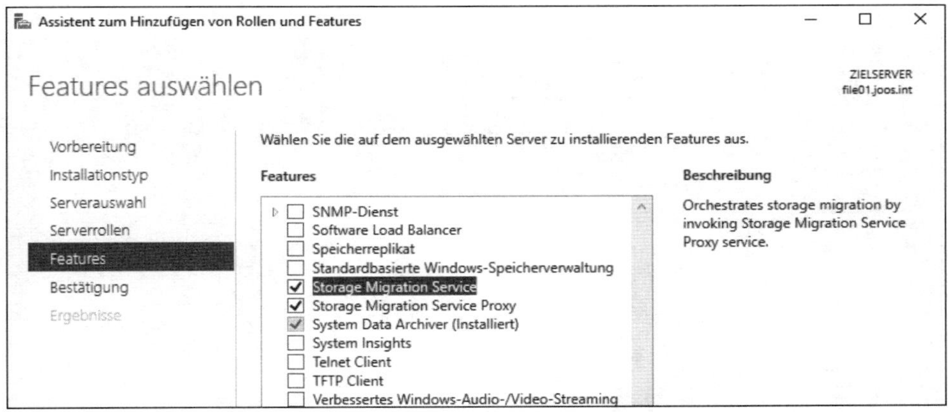

Abbildung 20.16: Installieren des Storage Migration Service

Die Übernahme von Daten kann aber nicht nur von älteren Windows-Versionen aus erfolgen. Auch andere Storage-Systeme wie NAS-Server lassen sich dazu nutzen, um Daten zu übernehmen. Aktuell unterstützt Windows Storage Migration Service alle Windows-Server ab Windows Server 2003 bis hin zu Windows Server 2019. Wenn Windows Server 2019 verfügbar ist, können auch Daten von anderen Servern übernommen werden, in der Vorschauversion müssen die Server alle Mitglied in einem Active Directory sein.

Die Verwaltung erfolgt über das neue Windows Admin Center. Wenn auf einem Server das Feature für den Storage Migration Service installiert ist, zeigt das Windows Admin Center beim Verbinden den Menüpunkt an. Durch einen Klick auf *Storage Migration Service* kann die Migration gestartet werden.

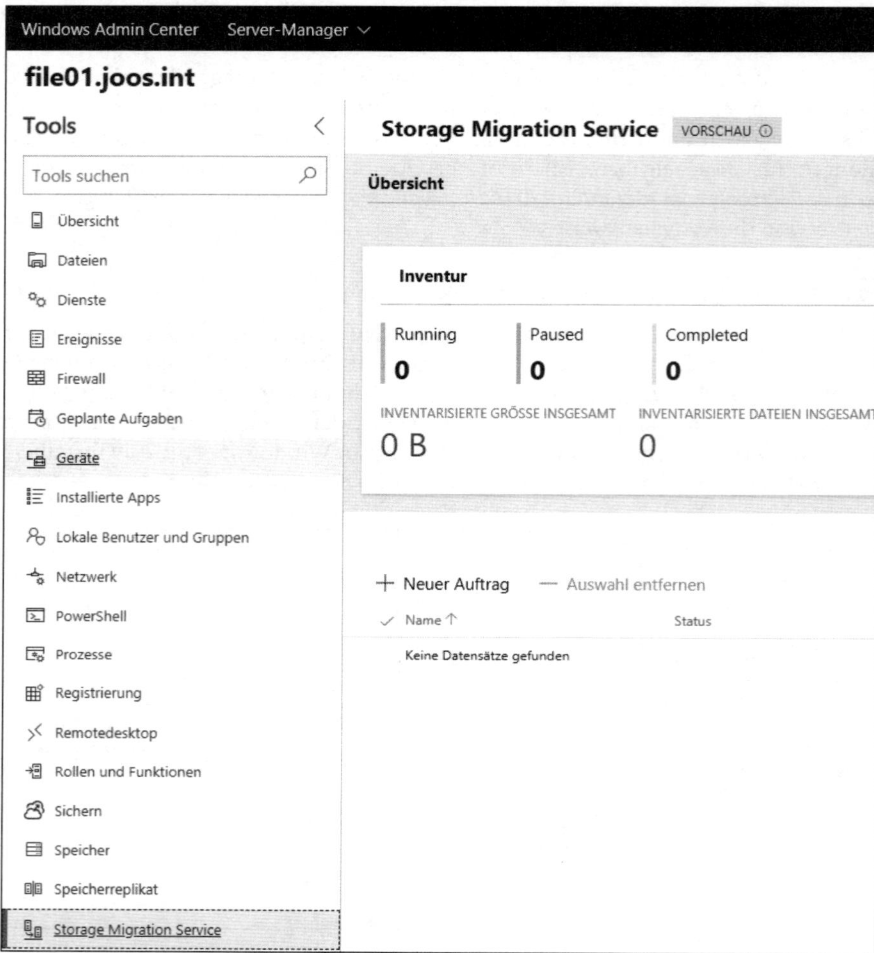

Abbildung 20.17: Anzeigen des Storage Migration Service und Verwalten der Migration

Die Übernahme kann aber auch mit der PowerShell erfolgen. Dazu wird ein neues PowerShell-Modul mit der Bezeichnung *StorageMigrationService* eingeführt. Die zur Verfügung stehenden Cmdlets werden über den Befehl *Get-Command -Module StorageMigrationService* angezeigt.

So läuft die Migration ab

Um Daten auf Server mit Windows Server 2019 zu migrieren, wird auf einem Server der Storage Migration Service und der Storage Migration Service Proxy als Serverfeature in Windows Server 2019 installiert.

Im Netzwerk können auch mehrere Proxies betrieben werden, die durch einen zentralen Orchestrator-Dienst gesteuert werden. Das beschleunigt Migrationen. Wird der Server an das Windows Admin Center angebunden, steht dort der Menüpunkt zur Migration als eigenständiger Bereich zur Verfügung.

Über den Bereich der Storage Migration werden anschließend neue Migration-Jobs erstellt, ähnlich zum Umzug von Postfächern auf Exchange-Servern. Danach werden die Jobs ausgeführt und die Daten übernommen. Die Daten können auch in unstrukturierter Form vorliegen. Storage Migration Service kann Daten zu Freigaben zusammenführen und die Berechtigungen steuern.

Zunächst erstellen Sie einen neuen Auftrag und fügen mit *Gerät hinzufügen* die Server und Speichergeräte hinzu, deren Daten Sie zu Windows Server 2019 migrieren wollen.

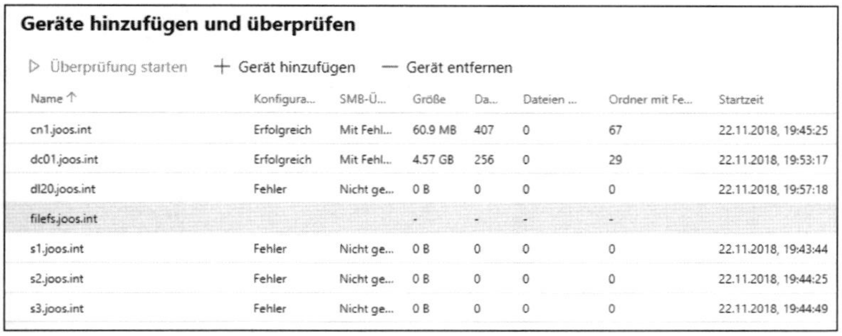

Geräte hinzufügen und überprüfen

▷ Überprüfung starten + Gerät hinzufügen — Gerät entfernen

Name ↑	Konfigura...	SMB-Ü...	Größe	Da...	Dateien ...	Ordner mit Fe...	Startzeit
cn1.joos.int	Erfolgreich	Mit Fehl...	60.9 MB	407	0	67	22.11.2018, 19:45:25
dc01.joos.int	Erfolgreich	Mit Fehl...	4.57 GB	256	0	29	22.11.2018, 19:53:17
dl20.joos.int	Fehler	Nicht ge...	0 B	0	0	0	22.11.2018, 19:57:18
filefs.joos.int			-	-	-	-	
s1.joos.int	Fehler	Nicht ge...	0 B	0	0	0	22.11.2018, 19:43:44
s2.joos.int	Fehler	Nicht ge...	0 B	0	0	0	22.11.2018, 19:44:25
s3.joos.int	Fehler	Nicht ge...	0 B	0	0	0	22.11.2018, 19:44:49

Abbildung 20.18: Hinzufügen von Servern zur Migrationsliste

Sobald die Server angebunden sind, muss eine Inventur der Quellserver stattfinden. Dazu wählen Sie *Überprüfung starten*. Hier wird festgelegt, welche Daten übernommen werden sollen. Tauchen Fehler auf, können Sie über den Link *Ereignisse* überprüfen, wodurch sie verursacht worden sind. Die Inventur dauert natürlich einige Zeit, da der Storage Migration Service alle Freigaben, Daten und Berechtigungen einlesen und verarbeiten muss. Bei diesem Schritt der Migration werden noch keine Daten übernommen, sondern nur die eingebundenen Server eingelesen. Klicken Sie nach der Überprüfung den Server an, erhalten Sie einen Überblick über die Daten, die übernommen werden können.

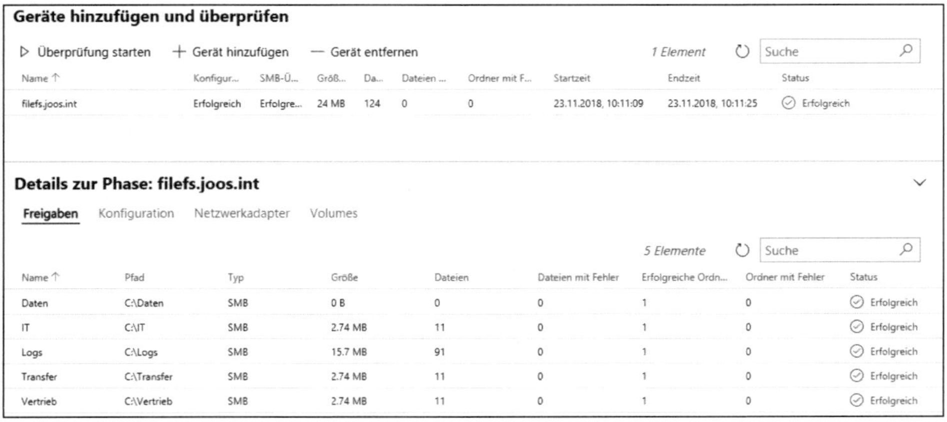

Geräte hinzufügen und überprüfen

▷ Überprüfung starten + Gerät hinzufügen — Gerät entfernen *1 Element* Suche

Name ↑	Konfigur...	SMB-Ü...	Größ...	Da...	Dateien ...	Ordner mit F...	Startzeit	Endzeit	Status
filefs.joos.int	Erfolgreich	Erfolgre...	24 MB	124	0	0	23.11.2018, 10:11:09	23.11.2018, 10:11:25	Erfolgreich

Details zur Phase: filefs.joos.int

Freigaben Konfiguration Netzwerkadapter Volumes

5 Elemente Suche

Name ↑	Pfad	Typ	Größe	Dateien	Dateien mit Fehler	Erfolgreiche Ordn...	Ordner mit Fehler	Status
Daten	C:\Daten	SMB	0 B	0	0	1	0	Erfolgreich
IT	C:\IT	SMB	2.74 MB	11	0	1	0	Erfolgreich
Logs	C:\Logs	SMB	15.7 MB	91	0	1	0	Erfolgreich
Transfer	C:\Transfer	SMB	2.74 MB	11	0	1	0	Erfolgreich
Vertrieb	C:\Vertrieb	SMB	2.74 MB	11	0	1	0	Erfolgreich

Abbildung 20.19: Anzeigen der inventarisierten Daten

Danach erfolgt die Übernahme der Daten auf Basis der Einstellungen, die Sie festgelegt haben. Über den Assistenten geben Sie nochmals die Anmeldedaten für die Migration ein und wählen den Zielserver aus, auf den die Daten übernommen werden sollen. Anschließend wird auch der Zielserver gescannt.

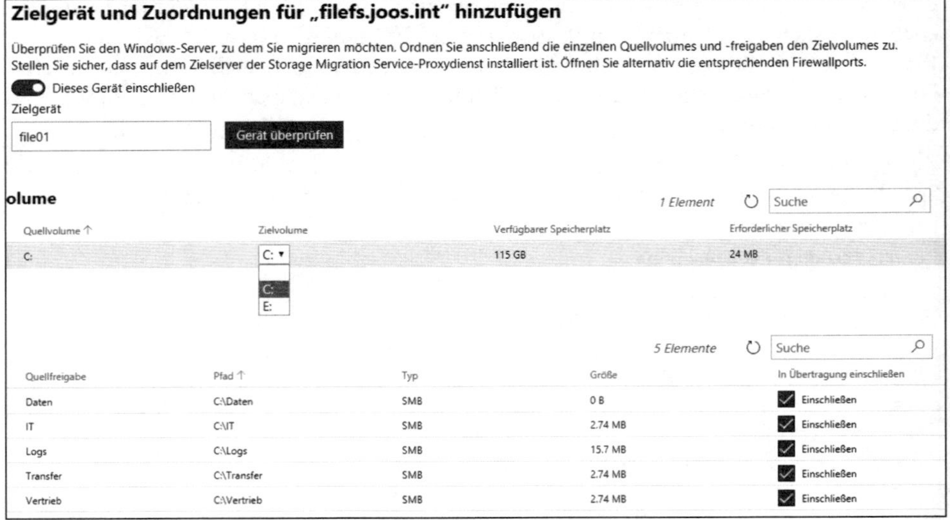

Abbildung 20.20: Festlegen der Daten für den Zielserver

Anschließend können die Zielserver die Identität der Quellserver übernehmen. Die Konfiguration wird über einen Assistenten durchgeführt. Mit *Überprüfen* testet der Storage Migration Service das Zielgerät.

Storage Migration Service > Migr

Geräte inventarisieren | 2 Daten übertragen | 3 Auf die neuen Server umstellen

Anmeldeinformationen eingeben

filefs.joos.int

Einstellungen anpassen

Geräte überprüfen

Übertragung starten

Übertragungseinstellungen anpassen

Zieldateien nicht beibehalten

Überprüfungsmethode (Prüfsumme) für übertragene Dateien

Keine

Max. Dauer (Sekunden)

10080

Wiederholungen

Wie häufig soll die Übertragung von Dateien wiederholt werden, die nicht richtig übertragen wurden?
Max. Wiederholungsversuche

3

Verzögerung zwischen Wiederholungen (Sekunden)

60

Abbildung 20.21: Einrichten der Migration

Anschließend kann die Übertragung mit *Übertragung starten* begonnen werden. Dazu wird auch die Namensauflösung entsprechend konfiguriert.

Abbildung 20.22: Migration von Daten zu Windows Server 2019

Bei der Übernahme werden Freigabe und Berechtigungen genauso übernommen wie die Daten in den Freigaben. Der Status ist im Fenster zu sehen. Bei der Übertragung werden die Daten auf dem Quellserver beibehalten. Sie können diese aber auch löschen lassen. Das ist allerdings nicht empfehlenswert.

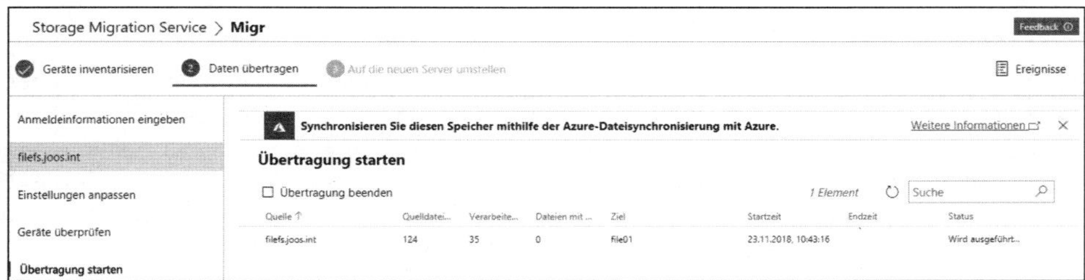

Abbildung 20.23: Übertragung der Daten auf den neuen Dateiserver

Nach der erfolgreichen Übertragung beginnt der Schritt 3 der Migration. Hier werden die letzten Einstellungen der Migration über einen Assistenten durchgeführt. Im Rahmen der Umstellung wird zunächst wieder der Quellserver gescannt. Auch lokale Benutzer und Gruppen lassen sich auf neue Dateiserver mit Windows Server 2019 übernehmen. Bei der Übernahme kann der Dienst außerdem Dateien migrieren, die derzeit in Verwendung sind.

Der Storage Migration Service kann Dateien und Freigaben übernehmen, für die der Administrator keine Zugriffsrechte hat. Wichtig ist, dass die Daten übernommen werden. Administratoren müssen keine Rechte erhalten, die zu übernehmenden Daten einzusehen.

Bei der Übernahme kann Storage Migration Service alle Dateiattribute übernehmen. Dazu gehören Verschlüsselung, komprimierte Dateien und benutzerdefinierte Attribute. Auch Netzwerk-Einstellungen und der Name des Servers können übernommen werden.

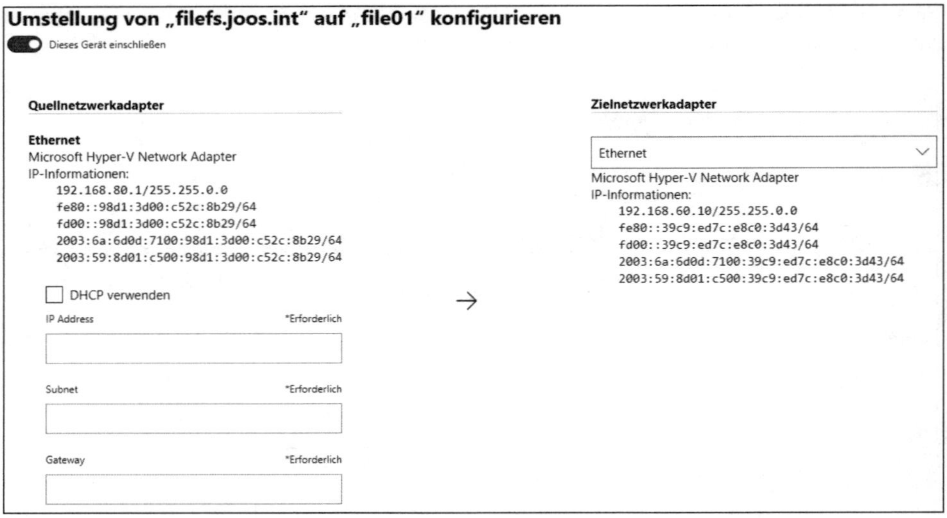

Umstellung von „filefs.joos.int" auf „file01" konfigurieren

Dieses Gerät einschließen

Quellnetzwerkadapter

Ethernet
Microsoft Hyper-V Network Adapter
IP-Informationen:
192.168.80.1/255.255.0.0
fe80::98d1:3d00:c52c:8b29/64
fd00::98d1:3d00:c52c:8b29/64
2003:6a:6d0d:7100:98d1:3d00:c52c:8b29/64
2003:59:8d01:c500:98d1:3d00:c52c:8b29/64

DHCP verwenden

IP Address *Erforderlich

Subnet *Erforderlich

Gateway *Erforderlich

Zielnetzwerkadapter

Ethernet
Microsoft Hyper-V Network Adapter
IP-Informationen:
192.168.60.10/255.255.0.0
fe80::39c9:ed7c:e8c0:3d43/64
fd00::39c9:ed7c:e8c0:3d43/64
2003:6a:6d0d:7100:39c9:ed7c:e8c0:3d43/64
2003:59:8d01:c500:39c9:ed7c:e8c0:3d43/64

Abbildung 20.24: Einstellen der Datenübernahme mit dem Storage Migration Service

Der nächste Schritt besteht darin, die Einstellungen für die Migration anzupassen und die Übertragung der Daten zu starten.

Storage Migration Service und die Cloud – Microsoft Azure nutzen

Storage Migration Service kann nicht nur lokale Daten übernehmen, sondern arbeitet auch in hybriden Umgebungen. So lassen sich Daten von verschiedenen Dateiservern, auch von Servern mit Windows Server 2019, zu Microsoft Azure migrieren. Dabei kann als Ziel Azure File Sync genutzt werden, aber ebenso Azure Files, Freigaben in der Cloud und parallel weitere Server mit Windows Server 2019. Storage Migration Service kann eine Zentrale zwischen verschiedenen Servern in allen Richtungen darstellen.

Dateiserver-Migrationstoolkit

Wollen Unternehmen Dateiserver auf neuere Hardware umstellen, ist das Problem dabei meist, die ganzen Freigaben neu zu erstellen, die Daten zu übernehmen und die Rechte neu einzutragen.

Zwar gibt es viele Werkzeuge, um Daten zu synchronisieren, allerdings können die wenigsten Tools auch NTFS-Rechte übernehmen und Freigaben erzeugen. Nicht immer funktioniert der Storage Migration Service, vor allem weil das Produkt noch recht neu ist. Hier hilft Microsoft mit dem kostenlosen Dateiserver-Migrationstoolkit. Das betagte Tool hilft dabei, Migrationen für die Benutzer vollkommen transparent durchzuführen, sogar auf ganze DFS-Stämme (Distributed File System, verteiltes Dateisystem).

Auch wenn das Tool schon älter ist, funktioniert es noch problemlos für die Migration zu Windows Server 2019. Sie können mit dem Dateiserver-Migrationstoolkit außerdem Dateien zwischen Servern mit Windows Server 2019 migrieren.

Überblick zur Migration zu Windows Server 2019

Das Tool übernimmt komplette Ordner, legt Ordner und Freigaben an, kopiert Dateien und setzt die NTFS-Rechte korrekt um. Auch Berichte werden erstellt. Die ganze Übernahme findet mit einem einfach zu bedienenden Assistenten statt. Außerdem kann das Tool sehr schnell Daten kopieren, sodass auch mehrere Hundert Gigabyte kein Problem darstellen. Selbst das Kopieren nur geänderter Daten ist möglich, sodass Sie zunächst eine Datensicherung zurücksichern können und dann erst die Daten mit dem Tool übernehmen. Das Dateiserver-Migrationstoolkit führt alle Aufgaben in einem Aufwasch durch und Sie können die Konfiguration sehr detailliert über einen Assistenten oder durch Anpassen einer XML-Datei steuern.

Ein weiterer Vorteil des Dateiserver-Migrationstoolkits ist die Möglichkeit, auch mehrere Dateiserver auf einen neuen Server umzuziehen, selbst zu DFS, und zwar unabhängig vom Betriebssystem. Da das Tool auch Windows Server 2008 R2 und damit Windows Server 2019 unterstützt, lässt sich so die Migration zum neuen Betriebssystem deutlich vereinfachen. Sie können dieses Tool bei Microsoft auf der Seite *http://www.microsoft.com/de-de/download/details.aspx?id=10268* herunterladen.

Quellserver und Zielserver müssen nicht mit dem gleichen Betriebssystem installiert sein, was bei der Migration zu Windows Server 2019 sehr hilfreich ist. Und das Toolkit kann auch Daten von mehreren Dateiservern in einem Durchlauf auf einen neuen Server übernehmen, mit allen gesetzten Rechten.

Mit dem Dateiserver-Migrationstoolkit können Sie sowohl zu DFS-Stämmen als auch zu ganz normalen Dateiservern migrieren. DFS als Quelle ist jedoch nicht möglich, sondern nur als Zielsystem.

Selbst Clusterdienste unterstützt das Tool als Quelle und als Ziel. Gibt es bei der Datenübernahme Probleme, kann das Toolkit auch einen Rollback durchführen. Erkennt es bei der Eintragung von Rechten, dass sich bestimmte SIDs nicht auflösen lassen, entfernt es automatisch die problematischen Berechtigungen von den Freigaberechten. Diese Option können Sie aber einstellen, dazu später mehr. Der generelle Ablauf ist ganz einfach:

1. Sie installieren einen neuen Server mit Windows Server 2019.
2. Im Anschluss installieren Sie das Dateiserver-Migrationstoolkit und konfigurieren den Prozess der Migration. Sie benötigen für den Einsatz die .NET Framework-Features, die Sie als Serverfeature über den Server-Manager installieren.
3. Wollen Sie nachträglich noch Daten am Prozess anpassen, konfigurieren Sie einfach die entsprechende XML-Datei des Projekts. Das ist zum Beispiel sinnvoll, wenn Sie den Zielpfad ändern wollen, da das Tool als Stammordner immer den Namen des Quellservers verwendet. Diese Konfiguration können Sie nur in der XML-Datei vornehmen.
4. Sie starten das Projekt und kopieren die Daten auf den neuen Server. Das Dateiserver-Migrationstoolkit kopiert die Daten, die Ordnerstruktur und die Berechtigungen auf den neuen Server. Die Daten auf dem alten Server bleiben erhalten, die Freigaben auf Wunsch auch.

Einrichten der Migration von Daten

Nachdem Sie das Dateiserver-Migrationstoolkit auf dem neuen Dateiserver installiert haben, rufen Sie aus der Programmgruppe das Programm *Dateiservermigrations-Assistent* auf. Dieser Assistent führt Sie durch die Migration. Wollen Sie zu DFS migrieren, müssen Sie zunächst Vorarbeiten durchführen. Dazu später mehr.

Wenn Sie den Assistenten gestartet haben, können Sie entweder ein neues Migrationsprojekt beginnen oder ein abgespeichertes fortsetzen. Wenn Sie ein neues Migrationsprojekt beginnen, erscheint zunächst der Willkommensbildschirm des Dateiserver-Migrationstoolkits.

Nachdem Sie diesen Bildschirm bestätigt haben, können Sie einen Projektnamen und den Speicherort für die Projektdatei festlegen. Die Daten des zu migrierenden Dateiservers werden nicht in diesen Ordner migriert. Im Projektordner liegen nur die Konfigurationsdaten des Projekts, die Sie bei einem erneuten Start laden können. Die Konfiguration speichert das Tool in einer XML-Datei, die Sie nachträglich bearbeiten können. Sie können später den Ordner festlegen, in den die Daten kopiert werden.

Im nächsten Fenster des Assistenten können Sie festlegen, ob Sie einen DFS-Stamm migrieren wollen. Wenn Sie einen normalen Dateiserver migrieren wollen, können Sie in diesem Fenster das Kontrollkästchen deaktivieren. Im nächsten Fenster legen Sie den Speicherort der Dateien und Ordner fest, die von dem zu migrierenden Dateiserver auf den neuen Server kopiert werden sollen. Wenn Sie diese Angaben vorgenommen haben, können Sie den Assistenten mit *Fertig stellen* beenden. An dieser Stelle sind keine weiteren Maßnahmen notwendig und der Assistent ist bereit zur Migration.

Sie sollten sicherstellen, dass Sie diese Migration außerhalb der Geschäftszeiten durchführen, da während des Kopiervorgangs alle Anwender von ihren Freigaben auf dem Quelldateiserver getrennt werden. Bis zu dieser Stelle brauchen Sie nichts zu befürchten. Hier nehmen Sie nur allgemeine Angaben vor, ohne Aktionen durchzuführen.

Nach dem Beenden des Assistenten beginnt erst die eigentliche Migration. Zunächst müssen Sie mit *Server hinzufügen* den Namen des zu migrierenden Quellservers eingeben. Nachdem Sie den Server hinzugefügt haben und der Assistent dessen Namen auflösen kann, zeigt das Tool alle Freigaben auf diesem Server in der Liste an und markiert diese automatisch. Sie können mit dem Tool auch Daten zwischen Dateiservern mit Windows Server 2019 migrieren.

Es kann passieren, dass das Dateiserver-Migrationstoolkit keine Verbindung mit WMI zum Quellserver aufbauen kann. In diesem Fall müssen Sie die WMI-Regeln für die Windows-Firewall erst aktivieren, um die Kommunikation zu gestatten. Dazu verwenden Sie am besten den folgenden Befehl:

netsh advfirewall firewall set rule group="Windows-Verwaltungsinstrumentation (WMI)" new enable=yes

Bei der Aktivierung der Regeln darf keine Fehlermeldung erscheinen. Sie können sich die grafische Verwaltungsoberfläche der Windows-Firewall auch anzeigen lassen, wenn Sie *wf.msc* im Startbildschirm eingeben. Unter *Eingehende Regeln* finden Sie dann die aktivierten Regeln, die ab jetzt den Zugriff gestatten.

Sollten die Befehle in der Eingabeaufforderung nicht funktionieren, aktivieren Sie die entsprechenden WMI-Regeln direkt über die grafische Verwaltungsoberfläche. Wählen Sie dazu die eingehenden und die ausgehenden Firewallregeln aus und aktivieren Sie diese über ihr Kontextmenü.

Sie können entscheiden, welche Freigaben das Tool auf den neuen Server übernehmen soll, und einzelne Freigaben für die Übernahme deaktivieren. Im rechten Bereich der Konsole sehen Sie unter *Details*, wie viele Daten die einzelnen Freigaben enthalten und wie groß die Datenmenge ist.

Bei der Durchführung der späteren Migration übernimmt der Assistent die Ordnerstrukturen und die Dateiinhalte der Ordner. Zusätzlich gibt er die Ordner wieder unter dem gleichen Namen frei wie auf dem Quelldateiserver. Auch die NTFS-Berechtigungen werden auf den neuen Dateiserver uneingeschränkt übernommen.

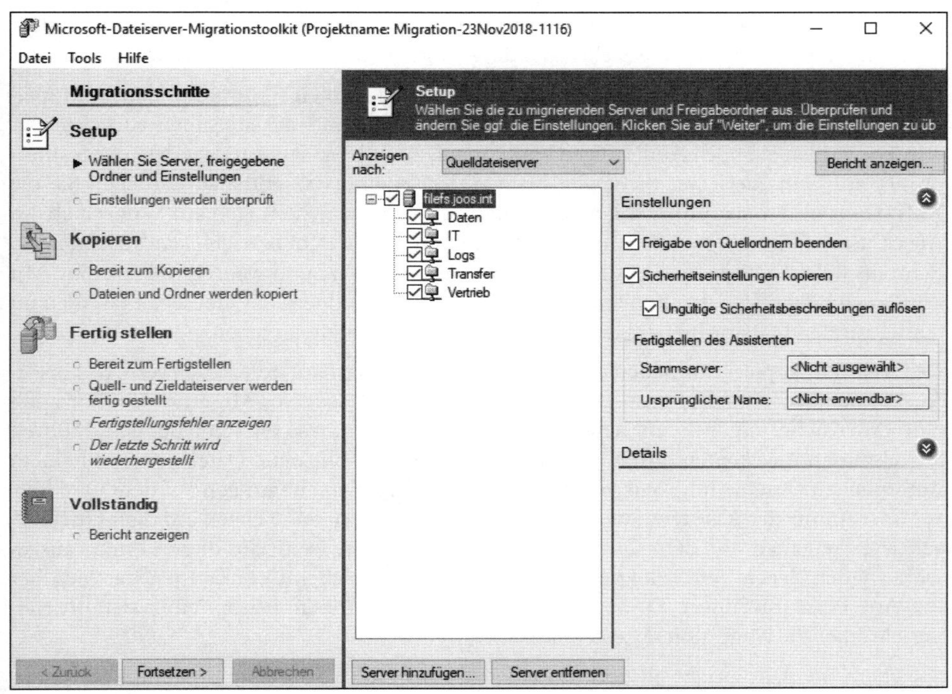

Abbildung 20.25: Anzeigen der Freigaben des Quellservers

Wenn Sie mit dem Dateiserver-Migrationstoolkit Ordner auf einen neuen Server migrieren, entfernt der Assistent auf dem Quellserver alle Freigaben. Die freigegebenen Ordner und alle Daten bleiben auf dem Datenträger erhalten, auch die NTFS-Berechtigungen und der Inhalt bleiben bestehen. Das Dateiserver-Migrationstoolkit entfernt allerdings alle Freigaben, damit die Anwender nicht versehentlich auf die alten Freigaben zugreifen. Sie können diesen Vorgang jedoch während der Migration einstellen.

Stellen Sie sicher, dass in der Anzeige des Quellservers alle Freigaben angezeigt und für die Migration markiert sind. Sobald dies gewährleistet ist, gelangen Sie mit *Fortsetzen* zur nächsten Seite des Assistenten. Sie können bei der Auswahl des Quellservers angeben, ob die NTFS-Berechtigungen kopiert und die Freigaben auf dem Quelldateiserver beendet werden sollen. Sie können an dieser Stelle mehrere Dateiserver auswählen und mit einem Schritt verschiedene Dateiserver auf den neuen Server migrieren.

Sobald Sie sichergestellt haben, dass Ihre Eingaben korrekt vorgenommen sind, können Sie mit *Fortsetzen* zur nächsten Seite des Assistenten wechseln. Im folgenden Schritt überprüft der Assistent, ob alle Freigaben verfügbar sind und darauf zugegriffen werden kann. Bei allen Freigaben, die migriert werden können, setzt er ein Häkchen. Achten Sie darauf, dass bei allen Freigaben die Möglichkeit der Migration besteht, und beseitigen Sie bereits an dieser Stelle etwaige Berechtigungs- oder Zugriffsprobleme. Der Assistent zeigt Ihnen nach der Überprüfung die Anzahl der Dateien und die Gesamtgröße der zu migrierenden Daten an.

Vor allem bei Dateiservern mit einer großen Anzahl an Freigaben und vielen Daten sollten Sie zuvor genau evaluieren, wie lange der Kopiervorgang über das Netzwerk dauert. Während der Migration der Daten sollten keine Anwender auf den Quell- oder Zielserver zugreifen, damit der Assistent alle Daten ungestört migrieren und die Berechtigungen so setzen kann, wie sie auf dem Quellserver eingestellt sind. Vergleichen Sie die Gesamtzahl der zu migrierenden Dateien im Assistenten mit der tatsächlichen Anzahl von Dateien auf dem Quellserver. Nur so ist sichergestellt, dass der Assistent auch alle Daten übernehmen kann.

Im Anschluss können Sie mit *Fortsetzen* die Migration beginnen. Sie erhalten eine Warnmeldung, dass alle Anwender von ihren Freigaben getrennt und die Freigaben zurückgesetzt werden. Wollen Sie noch Änderungen vornehmen, zum Beispiel einstellen, dass der Stammordner auf dem Zielserver nicht den Namen des Quellservers enthält, bearbeiten Sie die XML-Datei im Projektordner mit einem Editor und ändern Sie den Pfad auf Wunsch ab. Im Anschluss beginnt der Assistent mit der Migration der Daten. Im Bereich *Details* sehen Sie in Echtzeit, welche Daten der Assistent bereits übernommen hat und wo es Probleme gibt. Mit *Abbrechen* können Sie den Kopiervorgang beenden. Alle Ordner des Quellservers werden im konfigurierten Unterordner auf dem Zielserver angelegt und freigegeben.

Der Assistent kopiert nur neue Daten von den Quellservern auf den Zielservern, das heißt, Sie können vor dem Kopieren der Daten durch das Dateiserver-Migrationstoolkit auch eine Datensicherung auf dem neuen Server zurückspielen, was oft schneller geht. Führen Sie dann den Assistenten durch, übernimmt das Toolkit nur neue Dateien, was zu einem wesentlichen Geschwindigkeitsgewinn führt. Die NTFS-Berechtigungen auf dem Quellserver übernimmt der Assistent auf den Zielserver, löscht aber keine Daten auf dem Quellserver. Die Freigaben auf dem Quellserver werden entfernt, wenn Sie diese Option ausgewählt haben. Nach dem erfolgreichen Kopiervorgang erscheint ein Fenster, das Sie über den Abschluss informiert. Zusätzlich können Sie sich in diesem Fenster einen detaillierten Bericht über die Migration anzeigen lassen.

Speichern Sie den Bericht ab und legen Sie ihn auf einem Laufwerk ab, damit Sie später auch nachweisen können, dass alle Daten auf den neuen Server migriert wurden. Im Anschluss finden Sie im Zielordner des Zielservers einen neuen Unterordner mit der Bezeichnung des Rechnernamens des Quellservers, falls Sie die Konfiguration in der XML-Datei nicht entsprechend angepasst haben. Unterhalb dieses Ordners finden Sie alle Ordner in der gleichen Struktur wie auf dem Quellserver. Das Tool hat alle Dateien übernommen, die Ordner sind freigegeben und die NTFS-Berechtigungen kopiert. Auf dem Quellserver sind weiterhin alle Daten vorhanden und die Freigaben wurden entfernt.

Bevor Sie jedoch Anwender auf die Freigaben zugreifen lassen, sollten Sie die Rechtestruktur überprüfen, um sicherzustellen, dass auch wirklich alle Rechte korrekt übernommen worden sind.

Der DFS-Konsolidierungsstamm-Assistent

Im Vergleich zur Migration von herkömmlichen Freigaben ist die Migration von Freigaben zu DFS-Stämmen auf neue Server etwas komplizierter. Mit dem Dateiserver-Migrationstoolkit können Sie keine DFS-Stämme migrieren, also kein DFS als Quelle verwenden, aber von mehreren herkömmlichen Dateiservern zu DFS (Distributed File System, verteiltes Dateisystem) unter Windows Server 2019 migrieren.

Die notwendigen Namensräume legt ein Assistent an, und die ursprünglichen Pfade der Anwender funktionieren weiter. Allerdings ist das Tool aufgrund seines Alters unter Umständen fehlerhaft bei der Migration. Deshalb ist es vor der Migration notwendig, dass

Sie die Dateinamen der aktuellen Dateiserver umbenennen. Sinn ist, dass auf neuen Dateiservern DFS eingerichtet ist und die neuen Dateiserver auf Clientanfragen antworten, wenn Anwender auf die alten Servernamen zugreifen. Das ist wichtig, weil sich für Anwender in den Verknüpfungen und Netzlaufwerken nichts ändern soll. In diesem Fall dürfen die alten Dateiserver aber nicht mehr auf ihren bisherigen Namen antworten. Das heißt, für die Anwender ändert sich nach der Migration nichts, die UNC-Pfade bleiben gleich. Da Sie aber die Dateiserver umbenennen müssen, können Anwender in dieser Phase nicht mehr auf die Daten zugreifen, sondern erst, nachdem der Assistent eingerichtet ist. Wollen Sie den Vorgang testen, ohne Ihre Dateiserver umzubenennen, gibt es auch dazu eine Möglichkeit.

Neben dem Assistenten zur Übernahme von Daten enthält das Dateiserver-Migrationstoolkit noch den DFS-Konsolidierungsstamm-Assistenten, den Sie als eigene Verknüpfung in der Programmgruppe des Toolkits finden. Dieser Assistent sorgt dafür, dass der UNC-Pfad von Freigaben auf den Quelldateiservern erhalten bleibt und Anwender zukünftig mit der alten Verbindung auf den neuen Server zugreifen dürfen, auch wenn es sich hierbei um eine DFS-Infrastruktur handelt. Auch der Zugriff auf die Dateien, die sich noch auf den alten Servern befinden, die den neuen Namen haben, funktioniert.

Beispiel:

Sie wollen den Dateiserver *fs01* zum DFS-Dateiserver *fs2019* migrieren. Auf *fs2019* ist DFS eingerichtet. Bevor Sie den DFS-Assistenten des Dateiserver-Migrationstoolkits starten, müssen Sie den Server *fs01* umbenennen, zum Beispiel in *fs01mig*. Im Assistenten hinterlegen Sie später diesen Namen, sodass dieser die entsprechende Konfiguration für die Namensauflösung durchführen kann und Anwender weiter mit dem alten Namen auf den Server mit dem neuen Namen zugreifen können. Auf diese Weise bleiben Verknüpfungen zu den verschiedenen Ordnern auch zum neuen DFS-Stamm gültig.

Der Assistent ändert dazu auch die notwendigen DNS- und WINS-Einträge der Quell- und Zielserver ab beziehungsweise erstellt neue Einträge. Das Tool unterstützt auch Failovercluster und DFS-Hochverfügbarkeit. Passende Netzwerknamensressourcen kann der Assistent problemlos erstellen. Anwender, die den ursprünglichen UNC-Pfad auf die Dateien verwenden, leitet der Server zum neuen Pfad um, auch wenn dieser in einem DFS liegt. Unabhängig davon, ob die Dateien noch auf dem Quelldateiserver liegen oder bereits auf den Zieldateiserver mit DFS migriert sind, funktioniert der alte UNC-Pfad weiterhin.

Microsoft empfiehlt, für diese Konfiguration einen alleinstehenden DFS-Stamm zu verwenden, keinen domänenintegrierten. Nachdem Sie den Servernamen eingegeben haben, überprüft der Assistent noch dessen Konfiguration. Als Nächstes müssen Sie den Pfad angeben, in den der Assistent die einzelnen DFS-Stämme speichern kann. Für jeden Dateiserver, den Sie mit dem Tool zu DFS migrieren, ist ein eigener Stamm notwendig, der sich in diesem Ordner auf den DFS-Servern befindet. Ist der Ordner auf dem Server noch nicht vorhanden, wird er vom Assistenten automatisch angelegt.

Auf der nächsten Seite geben Sie jetzt den alten Namen des Dateiservers und dessen neuen Namen ein. An dieser Stelle können Sie auch den Test durchführen, den wir weiter vorne bereits erwähnt haben. Geben Sie im Assistenten den Namen des ursprünglichen Servernamens mit einem temporären Namen an. Wollen Sie den Server *dfs* migrieren, geben Sie *dfs* als aktuellen Namen und *dfs-test* als ursprünglichen Namen an. Um zu testen, ob der Assistent die Änderungen erfolgreich durchgeführt hat, versuchen Sie anschließend, mit dem Pfad *\\dfs-test\<Freigabename>* auf den Server zuzugreifen. Um diese Änderungen zu entfernen, verwenden Sie das Befehlszeilentool *Dfsconsolidate* mit der Option */DeleteRoot*. Sie finden das Tool im Installationsordner des Dateiserver-Migrationstoolkits.

Führen Sie die eigentliche Migration durch, müssen Sie vor der Ausführung des Assistenten den Servernamen ändern. Bei *Ursprünglicher Name* tragen Sie den Namen vor der Umbenennung, bei *Aktueller Name* den Namen nach der Umbenennung ein.

Wichtig ist, dass der Server im Bereich *Aktueller Name* verfügbar ist. Klicken Sie sich weiter durch den Assistenten, legt das Tool die entsprechenden Daten fest und meldet die erfolgreiche Konfiguration. Sie finden in der Forward-DNS-Zone einen neuen Eintrag zum aktuellen Server, der auf die alte IP-Adresse verweist. Sie können also bereits auf die entsprechenden Freigaben auf dem alten Dateiserver mit dem neuen Namen zugreifen. Im entsprechenden Rootordner auf dem DFS-Server befindet sich ein neuer Ordner mit dem Namen des Servers und den entsprechenden Verknüpfungen.

Alle Freigaben des alten Servers sind jetzt auch über den neuen und den alten Namen verfügbar. Außerdem hat der Assistent den Servernamen als DFS-Namensraum hinzugefügt. Um diesen anzuzeigen, gehen Sie folgendermaßen vor:

1. Rufen Sie die DFS-Verwaltung auf und klicken Sie mit der rechten Maustaste auf *Namespaces.*
2. Wählen Sie aus dem Kontextmenü die Option *Namespaces zur Anzeige hinzufügen.*
3. Aktivieren Sie die Option *Server* und geben Sie den Servernamen des DFS-Servers ein.
4. Klicken Sie auf *Namespaces anzeigen.*
5. Wählen Sie den neuen Namensraum aus. Dieser trägt die Bezeichnung des ursprünglichen Servernamens des Quellservers.
6. Klicken Sie auf *OK.*
7. Der Namensraum wird jetzt angezeigt.
8. Sobald Sie auf den Namensraum klicken, sehen Sie alle Freigaben des Quellservers.
9. Auf den Clients können Sie den Vorgang testen, indem Sie auf die Freigaben zugreifen, genauso wie vorher. Für Benutzer ändert sich absolut nichts und es sind keine Konfigurationen notwendig.

Der letzte Schritt der Migration ist die Datenübernahme der Freigaben und Ordner auf den neuen Server. Um die Daten zu übernehmen, verwenden Sie den normalen Assistenten zur Übernahme von Ordnern, wie bei herkömmlichen Dateiservern auch. Wie Sie dabei vorgehen, haben wir weiter vorne in diesem Abschnitt bereits behandelt.

Im Fenster des Assistenten, auf dem Sie festlegen, ob Sie zu DFS migrieren wollen, aktivieren Sie die Option *Verwenden Sie folgenden DFS-Stammserver* und geben den Namen des DFS-Servers ein. Anschließend überprüft der Assistent den Server und zeigt die erstellten Namensräume und verbundenen Freigaben an.

Die weiteren Schritte entsprechen der Übernahme von normalen Dateiservern. Das gilt auch für die restliche Migration. Sie sehen in den Fenstern auch den Namen des DFS-Servers und den alten Namen des Servers.

Zusammenfassung

In diesem Kapitel haben wir Ihnen gezeigt, wie Sie Windows Server 2019 als Dateiserver betreiben und Freigaben erstellen. Auch die Konfiguration von Zugriffsberechtigungen über Gruppen und im NTFS/ReFS war Thema dieses Kapitels. Schließlich sind wir auf die Verwendung der Offlinedateien näher eingegangen.

Im nächsten Kapitel beschäftigen wir uns ausführlicher mit dem Ressourcen-Manager für Dateiserver und das verteilte Dateisystem, beides Bereiche für Enterprise-Umgebungen.

Kapitel 21

Ressourcen-Manager für Dateiserver und DFS

In diesem Kapitel:

Mit dem Ressourcen-Manager für Dateiserver organisieren Sie Ihre Dateiserver im Unternehmen. Sie können mit dem Tool Kontingente erstellen, Freigaben auf bestimmte Dateitypen durchsuchen oder Daten mit Metadaten versorgen. Auch in Zusammenarbeit mit SharePoint bieten die Dienste eine wertvolle Hilfe. Wir zeigen Ihnen in diesem Kapitel, wie Sie die verschiedenen Möglichkeiten des Ressourcen-Managers für Dateiserver nutzen. Wir gehen in diesem Kapitel auch auf das verteilte Dateisystem (DFS) sowie auf die Anbindung von UNIX-Rechnern mit NFS ein.

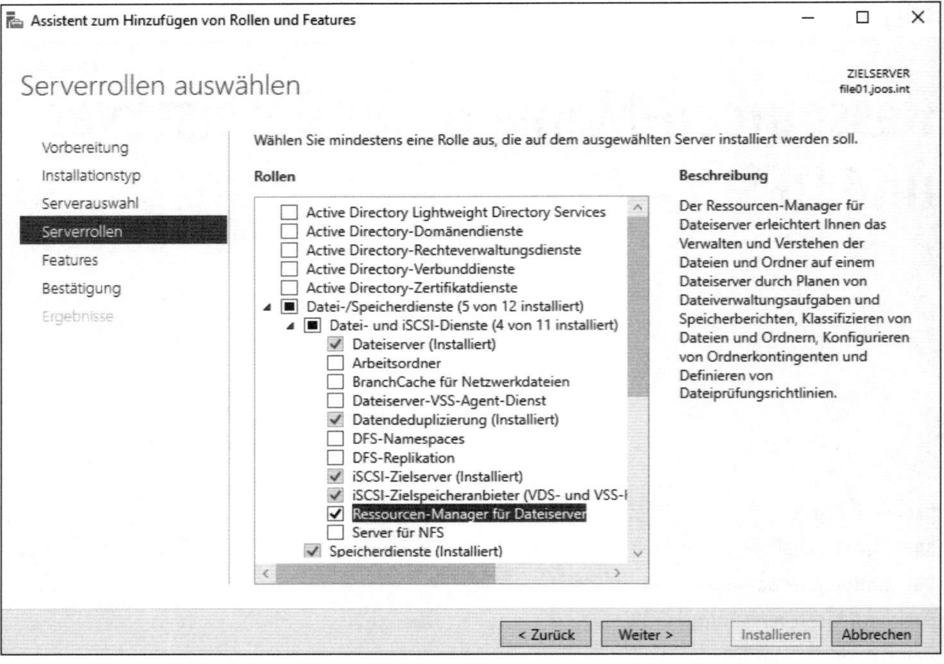

Abbildung 21.1: Installieren des Ressourcen-Managers für Dateiserver

Kontingentverwaltung in Windows Server 2019

Windows 10 und Windows Server 2019 bieten, wie die Vorgängerversionen auch, die Möglichkeit, Datenkontingente festzulegen. Administratoren können so steuern, wie viele Daten Anwender speichern dürfen. Der Ressourcen-Manager für Dateiserver (Fileserver Resource Manager, FSRM) erlaubt eine Steuerung dieser Funktion. Mit diesem Tool lassen sich an zentraler Stelle alle Dateiserver eines Unternehmens konfigurieren und Datenträger-Kontingente (Quotas) steuern. Sie können Anwender daran hindern, unerwünschte Dateien auf den Servern abzulegen, zum Beispiel MP3-Dateien oder Bilder. Mit dem FSRM können Sie außerdem detaillierte Berichte und Vorlagen für Quotas erstellen. Die Technik lässt sich auch zusammen mit Storage Spaces Direct nutzen.

Starten können Sie den Ressourcen-Manager für Dateiserver über die Verwaltungstools des Windows-Servers im Startmenü, dem Server-Manager oder durch Eingabe von *fsrm.msc* im Startmenü. Standardmäßig ist der Rollendienst nicht installiert. Wollen Sie diesen nutzen, müssen Sie ihn zunächst installieren. Dazu wählen Sie *Verwalten/Rollen und Features installieren* und wählen dann über die Serverrollen *Datei-/Speicherdienste/ Datei- und iSCSI-Dienste* den Eintrag *Ressourcen-Manager für Dateiserver* aus.

Tipp Nachdem Sie das Programm gestartet haben, können Sie über *Optionen konfigurieren* im Kontextmenü zum Eintrag *Ressourcen-Manager für Dateiserver* detaillierte Benachrichtigungen und Berichte erstellen lassen.

Vor allem die E-Mail-Adressen der Administratoren sollten Sie konfigurieren, damit Sie später die konfigurierten Berichte und Warnungen erhalten. Nachdem Sie die Administratoren eingetragen haben, sollten Sie zunächst mit der Schaltfläche *Test-E-Mail senden* überprüfen, ob die E-Mail beim gewünschten Empfänger ankommt.

Kontingentverwaltung mit FSRM

Mit einem Kontingent können Sie festlegen, dass ein Benutzer nur eine bestimmte Menge Daten in einem Laufwerk speichern kann. Sie können mithilfe von FSRM eine E-Mail an Administratoren und den Benutzer senden, damit dieser rechtzeitig Daten auf seinem Laufwerk löschen kann.

Erweitern Sie den Konsoleneintrag *Kontingentverwaltung*, steht Ihnen die Konfiguration von Kontingenten und von Kontingentvorlagen an dieser Stelle zur Verfügung. Sie können hier für einzelne Freigaben oder ganze Datenträger Kontingente festlegen, also Speichergrenzen, die von den Anwendern nicht überschritten werden dürfen.

Beispiele:

Sie können eine Grenze von 200 MB für den persönlichen Ordner eines Benutzers auf einem Server festlegen und bestimmen, dass Sie und der Benutzer benachrichtigt werden, wenn 180 MB Speicherplatz überschritten sind.

Für den gemeinsam verwendeten Ordner einer Gruppe legen Sie ein flexibles Kontingent von 500 MB fest. Erreicht die Gruppe diese Speicherbeschränkung, informiert der Server alle Benutzer in der Gruppe per E-Mail, dass das Speicherkontingent temporär auf 520 MB erweitert wurde.

Sie können festlegen, dass Sie eine Benachrichtigung erhalten, wenn die Größe eines Ordners 2 GB erreicht, ohne jedoch das Kontingent dieses Ordners zu beschränken.

Erstellen von Kontingenten und Kontingentvorlagen

Kontingente erstellen Sie aus einer Vorlage oder individuell für einzelne Ordner. Wenn Sie Kontingente aus Vorlagen erstellen, können Sie die Kontingente zentral verwalten, indem Sie statt der einzelnen Kontingente die Vorlagen konfigurieren. Alle Kontingente, die diese Vorlage nutzen, werden dann auf Wunsch automatisch aktualisiert. Bei der Erstellung gehen Sie folgendermaßen vor:

1. Um ein neues Kontingent zu erstellen, klicken Sie im Knoten *Kontingentverwaltung* mit der rechten Maustaste auf den Eintrag *Kontingente* und wählen im Kontextmenü den Befehl *Kontingent erstellen* aus.

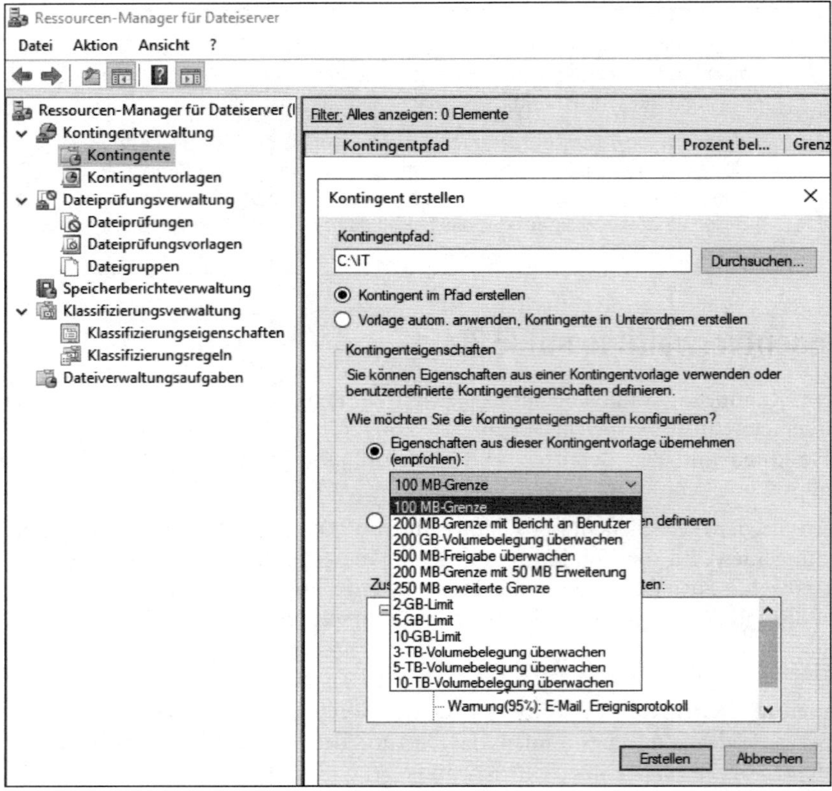

Abbildung 21.2: Erstellen eines neuen Kontingents

2. Wählen Sie unter *Kontingentpfad* den Pfad zu dem Ordner aus, für den das Kontingent gelten soll. Um ein Kontingent basierend auf einer Vorlage zu erstellen, wählen Sie unter *Kontingenteigenschaften* die gewünschte Vorlage aus. Mit *Erstellen* wird das Kontingent auf den Ordner angewendet.
3. Sie können aber Kontingente auch auf Basis von Vorlagen erstellen lassen. Klicken Sie im Menüpunkt *Kontingentvorlagen* mit der rechten Maustaste auf die Vorlage und wählen Sie im Kontextmenü den Befehl *Kontingent mithilfe einer Vorlage erstellen.*
4. Um eine Kontingentvorlage als Basis für das Kontingent zu verwenden, wählen Sie im Dialogfeld *Kontingent erstellen* die Option *Eigenschaften aus dieser Kontingentvorlage übernehmen* aus und legen dann über das zugehörige Listenfeld die Vorlage fest. Alle Vorlageneigenschaften werden unter Zusammenfassung der Kontingenteigenschaften angezeigt. Klicken Sie anschließend auf *Erstellen.*

Nach der Erstellung wird das Kontingent im FSRM angezeigt, wenn Sie auf der linken Seite auf den Eintrag *Kontingente* klicken. Wenn Sie ein neues Kontingent erstellen, können Sie bei der Erstellung die Option *Vorlage autom. anwenden, Kontingente in Unterordnern erstellen* aktivieren. Sobald in dem konfigurierten Ordner ein neuer Unterordner erstellt wird, wendet der Server dieses Kontingent für diesen Unterordner automatisch an.

Schwellenwerte und Grenzwerte verstehen

Sie können einer Vorlage im Eigenschaftenfenster durch Klicken auf die Schaltfläche *Hinzufügen* verschiedene Schwellenwerte und Aktionen, wie die Ereignisprotokollierung oder das Senden von E-Mails, zuweisen. An dieser Stelle können Sie auch den Text der E-Mails festlegen, die vorhandenen Vorlagen bearbeiten oder neue Vorlagen erstellen.

Bei der Erstellung von Kontingentvorlagen oder herkömmlichen Kontingenten können Sie harte oder weiche Grenzen festlegen.

Bei harten Grenzen werden beim Überschreiten der Grenze die Schreibrechte des Anwenders aufgehoben, sodass er keine weiteren Dateien mehr in diesem Ordner speichern kann. Bei einer weichen Grenze ist das Speichern weiterhin möglich, es werden aber Benachrichtigungsaktionen ausgelöst. Benachrichtigungsschwellenwerte bestimmen, was passiert, wenn die Kontingentgrenze erreicht wird.

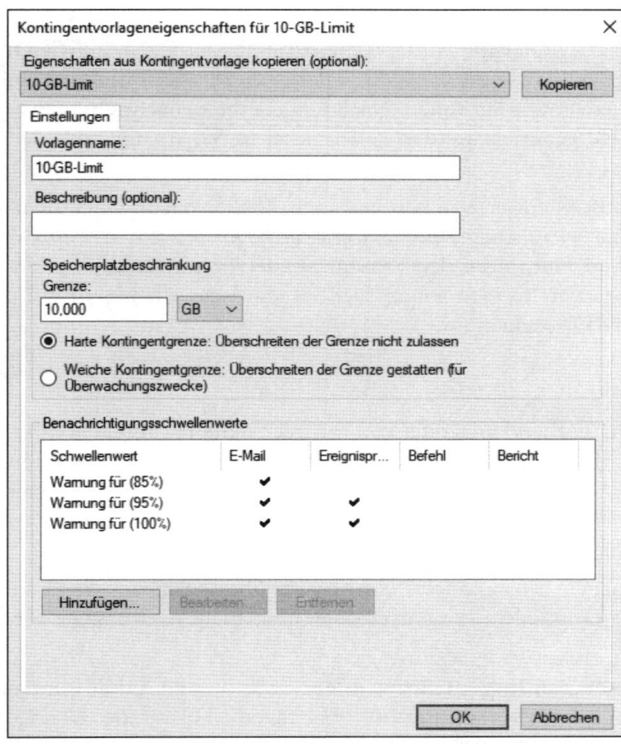

Abbildung 21.3: Festlegen der Grenzen für ein Kontingent

Sie können E-Mail-Benachrichtigungen senden, ein Ereignis protokollieren, einen Befehl oder ein Skript ausführen oder Berichte generieren. Standardmäßig werden keine Benachrichtigungen ausgelöst. Um Benachrichtigungen zu konfigurieren, die bei Erreichen der Kontingentgrenze generiert werden, markieren Sie in der Liste *Benachrichtigungsschwellenwerte* den Schwellenwert und klicken auf *Bearbeiten*. Um E-Mail-Benachrichtigungen zu konfigurieren, legen Sie auf der Registerkarte *E-Mail-Nachricht* die folgenden Optionen fest:

- Aktivieren Sie das Kontrollkästchen *E-Mail an die folgenden Administratoren senden* und geben Sie die E-Mail-Adressen der Administratorkonten ein, die Benachrichtigungen erhalten sollen. Trennen Sie mehrere Konten durch Semikola voneinander. Um den Anwender selbst zu kontaktieren, aktivieren Sie das Kontrollkästchen *E-Mail an den Benutzer versenden, der den Schwellenwert überschritten hat.*

- Der Text in eckigen Klammern fügt Variableninformationen zu dem Kontingentereignis ein, das die Benachrichtigung verursacht hat. Die Variable *[Source Io Owner]* fügt beispielsweise den Namen des Benutzers oder der Anwendung ein, von dem die Datei auf den Datenträger geschrieben wurde. Haben Sie einen Administrator als E-Mail-Empfänger angegeben, können Sie nach einem Klick auf die Schaltfläche *Variable einfügen* weitere Variablen in den Text einfügen.
- Um einen Eintrag im Ereignisprotokoll zu protokollieren, aktivieren Sie auf der Registerkarte *Ereignisprotokoll* das Kontrollkästchen *Warnung an Ereignisprotokoll senden.* Wollen Sie einen Befehl oder ein Skript ausführen, aktivieren Sie auf der Registerkarte *Befehl* das Kontrollkästchen *Diesen Befehl oder dieses Skript ausführen* und geben Sie den Befehl ein.
- Wollen Sie die automatische Generierung von Speicherberichten festlegen, aktivieren Sie auf der Registerkarte *Bericht* das Kontrollkästchen *Berichte generieren* und wählen Sie aus, welche Berichte generiert werden sollen. Nachdem Sie die Benachrichtigungstypen konfiguriert haben, die generiert werden sollen, klicken Sie auf *OK*, um den Schwellenwert zu speichern.

Um weitere Benachrichtigungsschwellenwerte zu konfigurieren, klicken Sie im Eigenschaften-Dialogfeld im Bereich *Benachrichtigungsschwellenwerte* auf *Hinzufügen.* Geben Sie oben im Dialogfeld *Schwellenwert hinzufügen* den Prozentsatz der Kontingentgrenze ein, bei dem Benachrichtigungen generiert werden sollen. Der Standardschwellenwert für die erste Benachrichtigung liegt bei 85 Prozent.

Anpassen von Kontingentvorlagen

Sie können die Eigenschaften der vorhandenen oder von Ihnen erstellten Kontingentvorlagen jederzeit bearbeiten, wenn Sie auf der entsprechenden Vorlage oder dem Kontingent einen Doppelklick ausführen. Wenn Sie eine Vorlage ändern und die Änderung abspeichern, erscheint ein neues Fenster mit verschiedenen Optionen:

- **Vorlage nur auf abgeleitete Kontingente anwenden –** Mit dieser Option werden alle Kontingente mit den neuen Einstellungen der Vorlage überschrieben, wenn sie noch den Einstellungen der Originalvorlage entsprechen, also nicht nachträglich verändert wurden.
- **Vorlage auf alle abgeleiteten Kontingente anwenden –** Mit dieser Option werden alle Änderungen der Vorlage auf die Kontingente übertragen, die mit der Vorlage erstellt wurden, unabhängig davon, ob in den einzelnen Kontingenten nach der Erstellung Einstellungen geändert wurden. Wenn Sie auswählen, die Änderungen an allen Kontingenten vorzunehmen, die von der Originalvorlage abgeleitet sind, werden alle von Ihnen erstellten benutzerdefinierten Kontingenteigenschaften überschrieben.
- **Vorlage nicht auf abgeleitete Kontingente anwenden –** Wenn Sie diese Option wählen, werden die Änderungen der Vorlage nicht auf die bereits erstellten Kontingente übertragen, sondern nur auf neue Kontingente angewendet, die Sie mit der Vorlage erstellen.

Die gleichen Optionen stehen Ihnen zur Verfügung, wenn Sie ein automatisch erstelltes Kontingent bearbeiten.

Entsprechen die Werte *Verwendet* und *Verfügbar* für einige erstellte Kontingente nicht der tatsächlichen Einstellung für *Grenze*, könnte die Ursache ein verschachteltes Kontingent sein. Dabei handelt es sich bei dem Kontingent, das für einen Ordner gilt, um ein restriktiveres Kontingent, das von einem seiner übergeordneten Ordner abgeleitet ist.

Wechseln Sie in diesem Fall im Knoten *Kontingentverwaltung* zu *Kontingente* und wählen Sie dann den Kontingenteintrag mit dem Problem aus. Klicken Sie im Aktionsbereich auf *Kontingente anzeigen, die sich auf Ordner auswirken*, und suchen Sie nach Kontingenten, die auf übergeordnete Ordner angewendet sind. So können Sie identifizieren, welche Kontingente restriktive Einstellungen für das ausgewählte Kontingent haben.

Datenträgerkontingente für Laufwerke festlegen

Klicken Sie ein Laufwerk im Explorer von Windows Server 2019 mit der rechten Maustaste an, steht Ihnen die Registerkarte *Kontingent* zur Verfügung. Aktivieren Sie die Kontingentüberwachung, können Sie festlegen, welche Datenmenge die einzelnen Benutzer auf dem Computer speichern dürfen.

Der Unterschied zur Kontingentverwaltung im Ressourcen-Manager ist, dass Sie an dieser Stelle immer nur einen Eintrag für komplette Datenträger erstellen. Sie können an dieser Stelle weder Ordner mit Kontingenten berücksichtigen noch mehrere Server oder Laufwerke zentral verwalten. Klicken Sie auf die Schaltfläche *Kontingenteinträge*, können Sie festlegen, für welche Anwender Sie besondere Grenzen festlegen wollen. Alle anderen Anwender können die maximale Datenmenge speichern, die Sie auf der Hauptseite des Fensters festlegen.

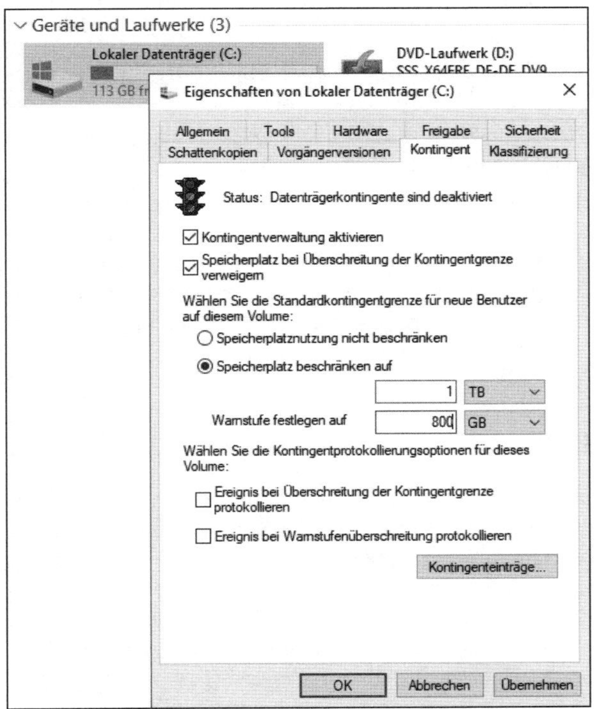

Abbildung 21.4: Festlegen von Kontingenteinträgen für ganze Laufwerke

Datei- und Druckserver mit Windows Server 2019

Sie erreichen durch dieses einfache Werkzeug im Explorer die Möglichkeit, die Datenträgerverwendung zu überwachen. Dazu aktivieren Sie die Kontingentüberwachung im Explorer, legen aber keine Grenzwerte fest.

So erhalten Sie auch ohne die Verwendung des Ressourcen-Managers für Dateiserver eine umfangreiche Überwachung der Datenträgernutzung. Über die Schaltfläche *Kontingenteinträge* sehen Sie die einzelnen Benutzer und Gruppen sowie deren Datenträgernutzung. In der Eingabeaufforderung verwenden Sie dazu den Aufruf *fsutil quota query <Laufwerk>*.

Administratoren sind von der Kontingentüberwachung nicht ausgenommen, allerdings können sie auch bei harten Grenzwerten weiter speichern. Normale Benutzer dürfen beim Erreichen des Grenzwerts nicht mehr speichern.

Hinweis Datenfestplatten lassen sich in Windows Server 2019 auch mit dem Dateisystem ReFS (Resilient File System, unverwüstliches Dateisystem) formatieren (siehe Kapitel 5). ReFS kann allerdings keine Kontingente verwalten. Das heißt, Sie müssen Datenträger mit NTFS formatieren, wenn Sie Kontingente im Explorer oder über den Ressourcen-Manager erstellen wollen.

Dateiprüfungsverwaltung nutzen

Über den Konsoleneintrag *Dateiprüfungsverwaltung* im Ressourcen-Manager für Dateiserver können Sie Dateiprüfungen erstellen, um zu steuern, welche Dateitypen von Benutzern gespeichert werden können, und um Benachrichtigungen zu senden, wenn Benutzer versuchen, blockierte Dateien zu speichern.

Sie können zum Beispiel sicherstellen, dass keine Musikdateien, Bilder oder Videos in persönlichen Ordnern auf einem Server gespeichert werden, können jedoch die Speicherung bestimmter Arten von Mediendateien zulassen, die die Rechteverwaltung unterstützen oder den Unternehmensrichtlinien entsprechen.

Speziellen Anwendern im Unternehmen können dagegen besondere Privilegien zum Speichern beliebiger Dateien in seinem persönlichen Ordner gewährt werden. Mit diesem Feature von FSRM können Sie also Ihren Anwendern das Speichern von bestimmten Dateianhängen wie zum Beispiel **.mp3*, **.mpeg* oder **.wmv* untersagen. Versucht ein Anwender, eine solche Datei zu speichern, können Sie Benachrichtigungen konfigurieren, die automatisch verschickt werden.

Erstellen einer Dateiprüfung

Wenn Sie in FSRM den Eintrag *Dateiprüfungen* mit der rechten Maustaste anklicken, können Sie eine neue Dateiprüfung erstellen. Ähnlich wie bei den Kontingenten müssen Sie einen Pfad festlegen, auf dem die Dateiprüfung aktiviert ist. Sie können die Prüfung anhand einer Vorlage anlegen oder eine benutzerdefinierte Prüfung definieren. In beiden Fällen können Sie konfigurieren, dass die Anwender daran gehindert werden, die Dateien zu speichern (aktive Prüfung). Sie können den Anwendern allerdings auch das Speichern erlauben, aber dennoch eine Aktion zur Überwachung konfigurieren (passive Prüfung).

Hinweis Wenn im geprüften Pfad einer Dateiprüfung bereits Dateien gespeichert sind, die blockiert werden sollen, hindert die Dateiprüfung Anwender nicht am Zugriff. Erst das Speichern nach der aktivierten Dateiprüfung wird verhindert und überwacht.

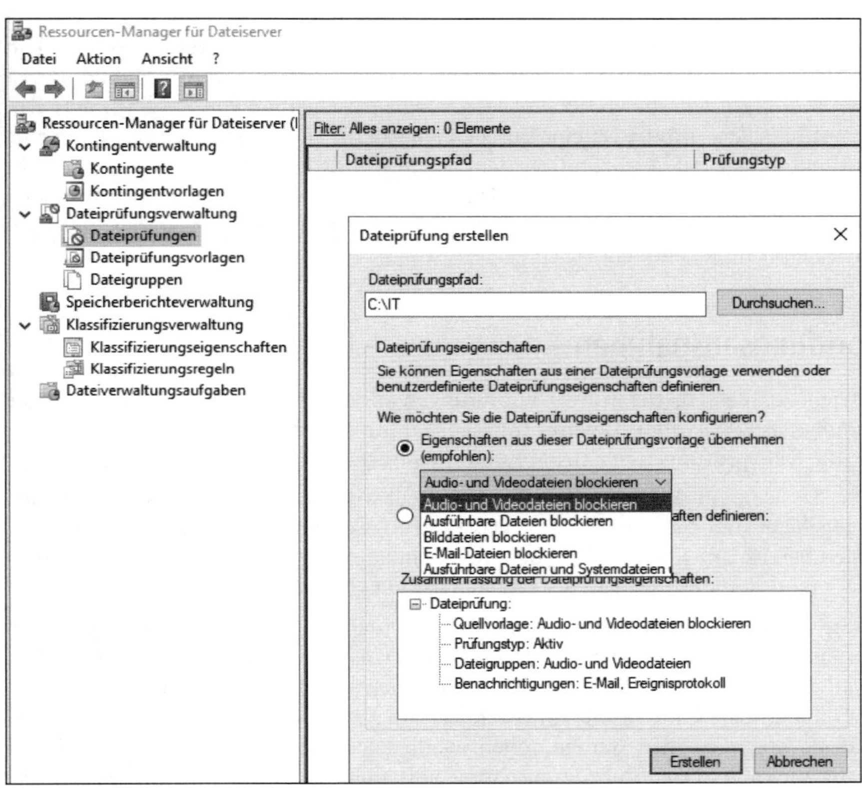

Abbildung 21.5: Erstellen einer Dateiprüfung

Wie bei den Kontingenten können Sie auch für die Dateiprüfungen eigene Vorlagen erstellen oder die bereits erstellten Vorlagen bearbeiten. Sie können die Einstellungen einer bereits erstellten Vorlage in eine neue kopieren und so die Einstellungen einer Vorlage für andere verwenden. Wenn Sie eine Vorlage bearbeiten und speichern, werden Sie (wie bei den Vorlagen für Kontingente) gefragt, ob die Änderungen an die Dateiprüfungen übergeben werden sollen, die mithilfe dieser Vorlage erstellt wurden.

Wählen Sie unter *Wie möchten Sie die Dateiprüfungseigenschaften konfigurieren?* die Option *Benutzerdefinierte Dateiprüfungseigenschaften definieren* aus und klicken Sie dann auf die Schaltfläche *Benutzerdefinierte Eigenschaften*. Möchten Sie Eigenschaften aus einer vorhandenen Vorlage kopieren, wählen Sie die zu verwendende Vorlage aus und klicken Sie auf *Kopieren*. Wählen Sie unter *Prüfungstyp* den Typ aus, der angewendet werden soll:

- **Aktives Prüfen –** Verhindert, dass Benutzer Dateien speichern, die zu blockierten Dateigruppen gehören, und generiert Benachrichtigungen, wenn Benutzer versuchen, blockierte Dateien zu speichern. Wenn ein Benutzer versucht, eine verbotene Datei zu speichern, erhält er eine entsprechende Zugriff-verweigert-Fehlermeldung.
- **Passives Prüfen –** Sendet Benachrichtigungen, hindert Benutzer jedoch nicht daran, blockierte Dateien zu speichern.

Wählen Sie unter *Dateigruppen* die Dateien aus, die einbezogen werden sollen. Um E-Mail-Benachrichtigungen für die Dateiprüfung zu konfigurieren, legen Sie auf der Registerkarte *E-Mail-Nachricht* die Optionen fest, analog zur Erstellung von Kontingenten. Klicken Sie auf *Erstellen*, um die Dateiprüfung zu speichern. Sie werden gefragt, ob Sie eine Dateiprüfungsvorlage auf der Grundlage der Dateiprüfungseigenschaften speichern möchten, die Sie gerade definiert haben. Wenn Sie die aktuellen Einstellungen in anderen Dateiprüfungen verwenden möchten, sollten Sie eine Vorlage speichern. Die Vorlage wird auf die neue Dateiprüfung angewendet.

Dateiprüfungsausnahmen

Um Dateien zuzulassen, die von Dateiprüfungen blockiert werden, erstellen Sie eine *Dateiprüfungsausnahme.* Eine Dateiprüfungsausnahme ist eine besondere Art der Dateiprüfung, die Dateiprüfungen in einem bestimmten Ausnahmepfad außer Kraft setzt.

Das heißt, dass eine Ausnahme für alle Regeln erstellt wird, die von einem übergeordneten Ordner abgeleitet sind. Sie können keine Dateiprüfungsausnahme für einen Ordner erstellen, für den bereits eine Dateiprüfung besteht. Sie müssen die Ausnahme einem Unterordner zuweisen oder Änderungen an der vorhandenen Dateiprüfung vornehmen.

Klicken Sie mit der rechten Maustaste auf *Dateiprüfungen* und rufen Sie im zugehörigen Kontextmenü den Befehl *Dateiprüfungsausnahme erstellen* auf. Wählen Sie unter *Ausnahmepfad* den Pfad aus, für den die Ausnahme gelten soll. Die Ausnahme wird auf den Ordner und alle seine Unterordner angewendet. Um festzulegen, welche Dateien von der Dateiprüfung ausgenommen werden sollen, wählen Sie unter *Dateigruppen* jede Dateigruppe aus, die in der Dateiprüfungsausnahme enthalten sein soll. Ändern Anwender die Endungen der Dateien ab, können diese weiterhin gespeichert werden.

Dateigruppen für die Dateiprüfung

Eine Dateigruppe wird verwendet, um einen Namensraum für eine Dateiprüfung, eine Dateiprüfungsausnahme oder einen Speicherbericht zu definieren. Sie werden in *Einzuschließende Dateien* (Dateien, die zur Gruppe gehören) und *Auszuschließende Dateien* (Dateien, die nicht zur Gruppe gehören) unterschieden.

Standardmäßig werden bereits viele Dateigruppen angelegt, die Sie beliebig bearbeiten können. Um eine neue Dateigruppe zu erstellen, klicken Sie in der Konsolenstruktur von FSRM mit der rechten Maustaste auf *Dateigruppen* und wählen im zugehörigen Kontextmenü den Eintrag *Dateigruppe erstellen* aus. Bei Eingabe von **.exe* werden zum Beispiel alle ausführbaren Dateien ausgewählt.

Speicherberichteverwaltung in FSRM

Sie können mit dem Ressourcen-Manager für Dateiserver auch Berichte erstellen, die die Nutzung der Freigaben und Ordner visualisieren. Dazu nutzen Sie den Eintrag *Speicherberichteverwaltung* in der Konsolenstruktur von FSRM.

Wenn Sie diesen mit der rechten Maustaste anklicken, stehen Ihnen verschiedene Optionen zum Erstellen der Berichte zur Verfügung. Sie können einen Zeitplan erstellen, nach dem ein Bericht regelmäßig erstellt werden soll, oder Sie können einen manuellen Bericht anfertigen. Dazu stehen Ihnen verschiedene Berichtsdaten und Formate zur Verfügung.

Ein Bericht kann zum Beispiel alle doppelt vorhandenen Dateien auf einem Laufwerk oder auf einem Server identifizieren. So lässt sich Speicherplatz schnell freigeben, ohne dass Daten verloren gehen. Sie können einen Bericht für Dateien nach Dateigruppe ausführen, um zu identifizieren, wie Speicherressourcen zwischen verschiedenen Dateigruppen aufgeteilt sind. Oder Sie erstellen einen Bericht für Dateien nach Besitzern, um zu analysieren, wie einzelne Benutzer die gemeinsamen Speicherressourcen verwenden.

Jeder Bericht kann ein eigenes Format haben. Sie können zum Beispiel regelmäßige HTML-Berichte und Abteilungsberichte erstellen, die den Abteilungsleitern einen Überblick über den aktuellen Speicherbedarf der Dateien verschaffen. Durch die Speicherberichte können Sie sich bequem per E-Mail regelmäßig einen Überblick über den aktuellen Stand Ihrer Dateiserver verschaffen. Die Vorgehensweise bei der Erstellung der Berichte ist sehr simpel. Auf der Registerkarte *Zustellung* können Sie eine E-Mail-Adresse festlegen, zu der die einzelnen Berichte gesendet werden.

Wollen Sie einen Speicherbericht erstellen, gehen Sie folgendermaßen vor:

1. Klicken Sie mit der rechten Maustaste auf *Speicherberichteverwaltung* und dann auf *Neue Berichtaufgabe planen*.
2. Legen Sie im daraufhin geöffneten Dialogfeld auf der Registerkarte *Einstellungen* zunächst einen Berichtsnamen fest und klicken Sie dann in der Registerkarte *Bereich* auf die Schaltfläche *Hinzufügen*.
3. Wählen Sie die Volumes und/oder Ordner aus, für die Berichte generiert werden sollen, und klicken Sie auf *OK*.
4. Wählen Sie auf der Registerkarte *Einstellungen* im Abschnitt *Berichtsdaten* per Klick auf das jeweilige Kontrollkästchen die Berichte aus, die Sie generieren möchten.
5. Möchten Sie die Einstellungen eines Berichts anpassen, markieren Sie diesen, und klicken Sie auf die Schaltfläche *Parameter bearbeiten*.
6. Bearbeiten Sie die Parameter nach Bedarf und bestätigen Sie mit *OK*.
7. Möchten Sie Administratoren per E-Mail Kopien der Berichte zustellen, aktivieren Sie auf der Registerkarte *Zustellung* das Kontrollkästchen *Berichte an die folgenden Administratoren senden*, und geben Sie die E-Mail-Konten an.
8. Um die Berichte zu planen, wechseln Sie zur Registerkarte *Zeitplan*. Sie können tägliche, wöchentliche oder monatliche Berichte planen oder die Berichte nur einmalig generieren.
9. Um die Berichtaufgabe zu speichern, klicken Sie auf *OK*. Die Berichtaufgabe wird anschließend angezeigt.

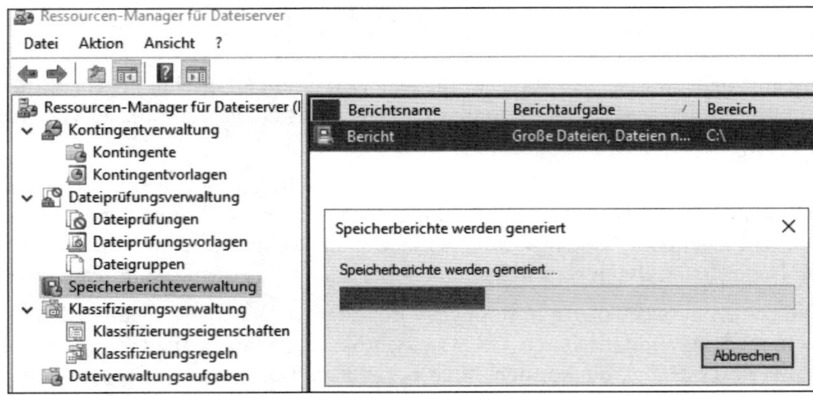

Abbildung 21.6: Verwenden der Speicherberichteverwaltung

Dateiklassifizierungsdienste einsetzen

Die Dateiklassifizierungsdienste (File Classification Infrastructure, FCI) im Ressourcen-Manager für Dateiserver stellen eine interessante Funktion für Dateiserver dar, um zum Beispiel Daten zu SharePoint zu migrieren. Die Dienste können bestehende Dokumente untersuchen, Inhalte feststellen und entsprechende Richtlinien anwenden.

Dazu können Sie Dokumenten zusätzliche Eigenschaften zuweisen wie in SharePoint. Die Eigenschaften liegen direkt im Dokument, nicht im NTFS-Dateisystem. Die Dateiklassifizierungsdienste gehören zum Rollendienst *Ressourcen-Manager für Dateiserver*. Sie verwalten daher diese Funktion auch über die Verwaltungskonsole des Ressourcen-Managers für Dateiserver (FSRM). Über den Menüpunkt *Klassifizierungsverwaltung* verwalten Sie die Dateiklassifizierung.

Hinweis Die Dateiklassifizierung funktioniert auch in Failoverclustern und bei eingescannten Dokumenten, die per OCR bearbeitet sind.

Klassifizierungseigenschaften und Klassifizierungsregeln verstehen und einsetzen

Die Eigenschaften verhalten sich ähnlich zu den Eigenschaften von Dateien in SharePoint. Eigenschaften, die Sie an dieser Stelle für Dokumente festlegen, werden nicht im NTFS, sondern in der Datei direkt gespeichert.

Klicken Sie mit der rechten Maustaste auf *Klassifizierungseigenschaften*, können Sie über den Kontextmenübefehl *Lokale Eigenschaft erstellen* festlegen, welche neuen Kriterien Dateien zugeordnet werden sollen. So lässt sich zum Beispiel festlegen, ob ein Dokument zu einem Projekt gehört, private Daten enthält, nur für den internen Gebrauch oder für bestimmte Personen nutzbar sein soll:

1. Im neuen Fenster geben Sie zunächst den Namen der neuen Eigenschaft an, zum Beispiel *Nur für internen Gebrauch*.
2. Geben Sie anschließend eine Beschreibung der Eigenschaft an, falls diese nicht aus dem Namen ersichtlich ist.
3. Über *Eigenschaftentyp* stehen Ihnen verschiedene Möglichkeiten zur Verfügung, die Eigenschaft festzulegen. Neben Ja/Nein können Sie eine Multiple-Choice-Liste erstellen, eine Nummer angeben oder eine Uhrzeit hinterlegen.
4. Im unteren Bereich bearbeiten Sie schließlich die Eingaben genauer, die als Klassifizierung zur Auswahl stehen.

Sie können mehrere Eigenschaften festlegen und diese auch nachträglich ändern. Die Eigenschaften werden in FSRM unter *Klassifizierungsverwaltung/Klassifizierungseigenschaften* angezeigt.

Das Anlegen und Bearbeiten von Klassifizierungseigenschaften ändert aber noch keine Dokumente ab, sondern bietet nur die Verwendung der jeweiligen Eigenschaften an. Damit diese auch mit Dokumenten verknüpft werden, müssen Sie Klassifizierungsregeln über das Kontextmenü von *Klassifizierungsregeln* erstellen.

Erstellen Sie eine neue Regel, legen Sie zunächst den Namen der Regel fest und bestimmen auf der Registerkarte *Bereich*, welche Ordner im Dateisystem die Regel berücksichtigen soll. Auf der Registerkarte *Klassifizierung* legen Sie fest, dass Sie Dateien mit der Ordnerklassifizierung ändern möchten, und wählen die erstellte Klassifizierungseigenschaft und den Wert aus, den der Server den Dateien zuordnen soll. Anschließend stempelt die Regel alle Dateien in den entsprechenden Ordnern automatisch mit den hinterlegten Klassifizierungseigenschaften.

Über den Befehl *Klassifizierungszeitplan konfigurieren* im Kontextmenü der *Klassifizierungsregeln* können Sie festlegen, wann Klassifizierungsregeln starten sollen, ob Sie einen Bericht erhalten möchten (wenn ja, in welchem Format), und zahlreiche weitere Einstellungen vornehmen.

Klassifizierungsregeln werden durch Klassifizierungszeitpläne gesteuert. Speichern Anwender neue Dokumente in den entsprechenden Ordnern, stempelt der Server automatisch die Dateien mit den entsprechenden Metadaten. Die Klassifizierungsregeln verwenden dann wiederum die Klassifizierungseigenschaften. Sie können die Regeln an dieser Stelle auch sofort ausführen lassen. Auf der Registerkarte *Klassifizierung* in den Eigenschaften einer Regel legen Sie bei *Klassifizierungsmethode* fest, ob Sie die Klassifizierung auf Basis des Ordners, in dem das Dokument gespeichert ist, durchführen wollen oder auf Basis des Inhalts. Bei *Eigenschaft* wählen Sie die Klassifizierungseigenschaft aus, die Sie für die Regel und den hinterlegten Bereich untersucht und festgelegt haben wollen.

Auf der Registerkarte *Klassifizierung* können Sie über die Schaltfläche *Konfigurieren* im Bereich *Parameter* erweiterte Eigenschaften festlegen, die auf .NET Framework basieren. Sie müssen die zusätzlichen Klassifizierungsparameter aber nicht verwenden. Der Einsatz ist nur sinnvoll, wenn Sie sich mit den programmtiertechnischen Hintergründen von .NET auskennen. Der Hintergrund an dieser Stelle sind die .NET Regular Expressions. An dieser Stelle können Sie den Inhalt des Dokuments entsprechend nach bestimmten Inhalten und Textstellen durchsuchen.

Sie können mehrere Regeln erstellen und komplexere Regeln anwenden. Auch das Zuteilen von einzelnen Eigenschaften zu Dateien ist möglich. Haben Sie den Suchlauf gestartet, sehen Sie in den Eigenschaften der Dateien auf der Registerkarte *Klassifizierung* die zugeordneten Eigenschaften.

Dateiverwaltungsaufgaben bei der Dateiklassifizierung einsetzen

Nachdem Sie Klassifizierungsregeln erstellt haben, die zum festgelegten Zeitpunkt die Dateiklassifizierungseigenschaften auf bestimmte Dateien anwenden, können Sie über Dateiverwaltungsaufgaben festlegen, was der Server mit den gefundenen Dateien machen soll. Über das Kontextmenü von Dateiklassifizierungsaufgaben legen Sie eine neue Aufgabe an. Auf verschiedenen Registerkarten steuern Sie wieder den Ablauf:

1. Auf der Registerkarte *Allgemein* legen Sie den Namen sowie den Bereich fest, auf den die Aufgabe angewendet werden soll.
2. Auf der Registerkarte *Bereich* legen Sie den Ordner oder das Laufwerk fest, den beziehungsweise das Sie mit der Aufgabe verwalten wollen.
3. Auf der Registerkarte *Aktion* legen Sie schließlich fest, was die Aufgabe durchführen soll. Sie können zum Beispiel abgelaufene Dateien, also Dateien, die schon lange nicht mehr im Einsatz sind, archivieren oder löschen. Oder Sie können benutzerdefinierte Skripts hinterlegen, zum Beispiel bestimmte Rechte setzen oder Dateien in andere Ordner verschieben.
4. Auf der Registerkarte *Bedingung* legen Sie fest, auf welche Dateien die Aktion der Registerkarte *Aktion* angewendet werden soll. Zusätzlich legen Sie auf der Registerkarte *Bedingung* noch die Tage fest, nach deren Grenzwerte die Aktion auf der Registerkarte *Aktion* durchgeführt werden soll, zum Beispiel wenn Sie die Archivierung nach der Aktion *Dateiablauf* festlegen wollen.
5. Auf der Registerkarte *Zeitplan* legen Sie fest, wann die Aufgabe starten soll. Über das Kontextmenü können Sie eine Aufgabe auch sofort starten.

So schützen Unternehmen ihre Dateiserver vor Ransomware

Ransomware, also Viren, die den Rechner sperren und Daten verschlüsseln, sind eine starke Bedrohung für PCs. Diese Angreifer können aber auch Dateiserver befallen und sich dadurch im Netzwerk ausbreiten. Auch wenn ein Virenschutz auf den Arbeitsstationen und Servern installiert ist, besteht die Gefahr eines Ransomware-Befalls auf dem Dateiserver. Mit etwas Nacharbeit lässt sich das aber verhindern, auch mit dem Ressourcenmanager für Dateiserver.

Die Gefahr, sich im Netzwerk einen Erpressungs-Trojaner einzufangen, ist jederzeit gegeben. Vor allem dann, wenn auch mobile Anwender oder Anwender mit Heimarbeitsplätzen auf den Server zugreifen, kann es passieren, dass Ransomware auf den Server gelangt. Es reicht schon, wenn der Virenscanner keine aktuellen Definitionsdateien nutzen kann. Dazu kommt, dass Erpressungs-Trojaner alle Dateien verschlüsseln, auch die Dateien auf Netzlaufwerken. In diesem Fall schützt der lokale Virenscanner auf dem Dateiserver nicht, da die Verschlüsselung der Dateien nicht automatisch ein Virenangriff sein muss. Viele Erpressungs-Trojaner verbreiten sich über Word-Dokumente.

Allgemeine Tipps für den Schutz vor Ransomware

Unabhängig von Tools und Serverdiensten sollten sich Administratoren umfassende Gedanken zum Schutz gegen Ransomware machen. Folgende generelle Vorgehensweisen sollten ergriffen werden, um den Schutz zu erhöhen:

- Die Schreibberechtigungen auf Dateiservern sollten auf das Minimum reduziert werden.
- Eingehende E-Mails sollten besonders sorgfältig auf Archive und Word-Dokumente gescannt werden.
- Die Abstände der Datensicherungen und deren Aufbewahrungszeit sollten optimiert werden, also häufigere Datensicherungen, die länger aufbewahrt werden.
- Die Anwender sollten über Ransomware aufgeklärt werden, und wie sie sich selbst schützen können.
- Die Abstände für Aktualisierungen der Definitionsdateien für Virenscanner auf Servern und Arbeitsstationen sollten verringert werden.

Generelle Vorgehensweise beim Befall gegen Ransomware

Sobald ein Rechner mit Ransomware befallen ist, sollten Sie folgende Vorgehensweise wählen:

1. Trennen Sie den Rechner sofort vom Netzwerk.
2. Schalten Sie den Rechner aus.
3. Sichern Sie die komplette Festplatte des Rechners auf einen externen Datenträger, etwa mit einer Image-Sicherung. Im nächsten Abschnitt sind die Tools dazu zu finden.
4. Blockiert Sie die Ransomware komplett, können Sie mit dem kostenlosen Tool Kaspersky WindowsUnlocker (*https://support.kaspersky.com/8005#block1*) zumindest den generellen Zugriff auf den Rechner freischalten.
5. Versuchen Sie, den Rechner mit einem herkömmlichen Virenscanner zu bereinigen. Hier stellen viele Antiviren-Hersteller kostenlose Live-CDs zur Verfügung, die häufig auch solche Angreifer entfernen können. Im nächsten Abschnitt finden Sie eine Liste der wichtigsten Antiviren-Scanner dafür.
6. Starten Sie den Rechner im abgesicherten Modus.
7. Versuchen Sie, ob Sie den letzten Wiederherstellungspunkt aktivieren können und dadurch die Verunreinigung entfernt werden kann.

Schattenkopien helfen bei Windows-Servern

Arbeiten Unternehmen mit Schattenkopien (siehe Kapitel 5), lassen sich verschlüsselte Dateien über die Schattenkopien des Servers wiederherstellen. Unternehmen, die diese Funktion noch nicht nutzen, sollten diese für Windows-Dateiserver aktivieren. Erpressungs-Trojaner verschlüsseln zwar die aktiven Dateien, aber nicht die Schattenkopien.

Schattenkopien werden in den Eigenschaften von Datenträgern auf dem Dateiserver auf der Registerkarte *Schattenkopien* konfiguriert. Bei der Nutzung von Schattenkopien muss berücksichtigt werden, dass dafür einiges an Speicherplatz erforderlich ist, da alle Änderungen gespeichert werden müssen.

Werden zusätzliche Datenträger eingebaut, müssen Administratoren die Schattenkopien zunächst manuell konfigurieren. Bei den Eigenschaften der Schattenkopien kann ein Limit für den maximal dadurch belegten Platz auf dem Datenträger definiert werden. Darüber hinaus lässt sich ein Zeitplan für die Erstellung von Schattenkopien erstellen. Sie können Schattenkopien auch jederzeit manuell über die Schaltfläche *Jetzt erstellen* erzeugen. Der hauptsächliche Nutzen der Schattenkopien liegt darin, dass versehentlich gelöschte oder veränderte Dateien sehr schnell wiederhergestellt werden können. Das ist bei Ransomware zumindest ein grundlegender Schutz.

Ressourcen-Manager für Dateiserver gegen Ransomware nutzen

In Windows Server 2019 haben Sie die Möglichkeit, mit dem Ressourcen-Manager für Dateiserver den Zugriff von Anwendern auf die Dateien etwas mehr unter Kontrolle zu behalten. Diese zusätzliche Serverrolle wird über den Server-Manager installiert. Wenn das Verwaltungsprogramm gestartet ist, können über *Optionen konfigurieren* im Kontextmenü zum Eintrag *Ressourcen-Manager für Dateiserver* zunächst allgemeine Einstellungen angepasst werden. Hier konfigurieren Sie Benachrichtigungen und Berichte zur Nutzung des Servers.

Die E-Mail-Adressen der Empfänger werden in den Optionen festgelegt, damit Administratoren später die konfigurierten Berichte und Warnungen bei Ransomware-Befall per E-Mail erhalten. Nachdem die Administratoren eingetragen sind, sollte mit *Test-E-Mail senden* überprüft werden, ob die E-Mail ankommt.

Der Ressourcen-Manager für Dateiserver ist kein Virenscanner. Er kann also nicht aktiv nach Angreifern suchen. Es besteht aber die Möglichkeit, ihm mitzuteilen, mit welchen Dateiendungen die Angreifer normalerweise auf den Server gelangen. Diese Dateigruppen lassen sich mit dem Ressourcen-Manager sperren. Die Dateigruppen werden entweder über die grafische Oberfläche angelegt oder mit dem PowerShell-Cmdlet *New-FsrmFileGroup*. Microsoft stellt dazu in der TechNet ein Skript zur Verfügung (*https://gallery.technet.microsoft.com/scriptcenter/Protect-your-File-Server-f3722fce#content*). Hier ist auch die genaue Syntax zum Erstellen der Dateigruppe zum Schutz vor Ransomware zu sehen. Die Dateiliste sollte ständig erweitert werden.

Die Vorgehensweise dazu wird auch auf dem bekannte Exchange-Blog Franky's Web (*https://www.frankysweb.de/windows-fileserver-vor-ransomware-crypto-locker-schuetzen*) beschrieben. Hier sind die verschiedenen Dateiendungen zu sehen, die durch die aktuellen Erpressungs-Trojaner verwendet werden. Auf dem Blog von Spiceworks (*https://community.spiceworks.com/how_to/100368-cryptolocker-canary-detect-it-early*) sind die Dateiendungen ebenfalls zu sehen. Wer Anwendern mit Ransomware auf dem Rechner die Rechte für die Freigaben entziehen will, findet auf Frankys Web auch ein passendes Skript (*https://www.frankysweb.de/windows-fileserver-vor-ransomware-schuetzen-update*).

Beim Erstellen einer Datenprüfung lässt sich nach einem Klick auf die Schaltfläche **Benutzerdefinierte Eigenschaften** auf der Registerkarte *Befehl* festlegen, dass der Server bei einem solchen Angriff heruntergefahren wird. Das verhindert das Verschlüsseln. Dazu muss einfach *shutdown.exe* ausgeführt werden, und zwar mit den Optionen */s* für Herunterfahren und *t 0* für sofortigen Start des Vorgangs.

Organisieren und Replizieren von Freigaben über DFS

In größeren Netzwerken sind die Freigaben oft über viele Server verteilt, sodass es schwierig wird, eine gesuchte Freigabe auf Anhieb auf dem richtigen Server zu finden. Gelegentlich wird auch gewünscht, dass die Freigaben für einzelne Abteilungen oder Projektgruppen in irgendeiner Form logisch zusammengefasst werden. Letzteres würde bedeuten, dass die Freigaben auf einen Server kopiert werden. Sobald aber mehrere Projektgruppen auf eine Freigabe zugreifen sollen, ist diese Methode nicht mehr praktikabel. Eine Funktion, die dieses Problem lösen soll, ist das verteilte Dateisystem (Distributed File System, DFS).

Einführung und wichtige Informationen beim Einsatz von DFS

In einem DFS wird eine logische Struktur über physische Ordner entwickelt, die auf einem oder mehreren Servern liegen können. Windows Server 2019 unterstützt zwei Varianten von DFS. Der Domänen-DFS-Stamm verwendet Active Directory, um die Struktur- und Konfigurationsinformationen für das DFS zu speichern.

Einfach ausgedrückt bietet das DFS die Möglichkeit, Freigaben zu definieren, die auf unterschiedlichen Dateiservern liegen. Anwender müssen nicht wissen, auf welchem Dateiserver die Dateien liegen, sondern kennen nur noch den Freigabenamen. Diese Form von verteilten Dateisystemen kann fehlertolerant aufgebaut werden. So wird die automatische Replikation von Daten zwischen verschiedenen Servern unterstützt. Der eigenständige DFS-Stamm wird pro Server konfiguriert. Die Informationen werden nur auf diesem einen Server abgelegt und nicht repliziert.

Für ein Domänen-DFS muss der Server, auf dem der Konsolenstamm bereitgestellt ist, ein Domänencontroller oder ein Mitgliedsserver einer Active Directory-Domäne sein. Wichtig ist, dass bei Domänen-DFS mehrere DFS-Roots auf einem Server gehostet werden können.

Über das DFS selbst steuern Sie keine Zugriffsberechtigungen. Die Rechte von Benutzern legen Sie vielmehr über die Dateisysteme fest. DFS-Verknüpfungen sind Ordner im DFS-Baum, die auf eine Freigabe verweisen. Wenn eine DFS-Verknüpfung *Excel-Dateien* angelegt ist, kann diese auf die Freigabe *Budgets* des Servers *file01* verweisen. Der Benutzer sieht bei der Verbindung zum DFS einen Ordner *Excel-Dateien*. Wenn er auf diesen Ordner zugreift, wird er mit dem Server *file01* verbunden und kann dort auf die Dateien und Unterordner des Ordners *Budgets* zugreifen.

Bei der Erstellung einer DFS-Verknüpfung geben Sie den Namen ein, unter dem die Freigabe im DFS erscheinen soll. Mit dieser Freigabe wird ein freigegebener Ordner verbunden. Die DFS-Root vermittelt den Anwendern einen Überblick über alle verfügbaren Freigaben.

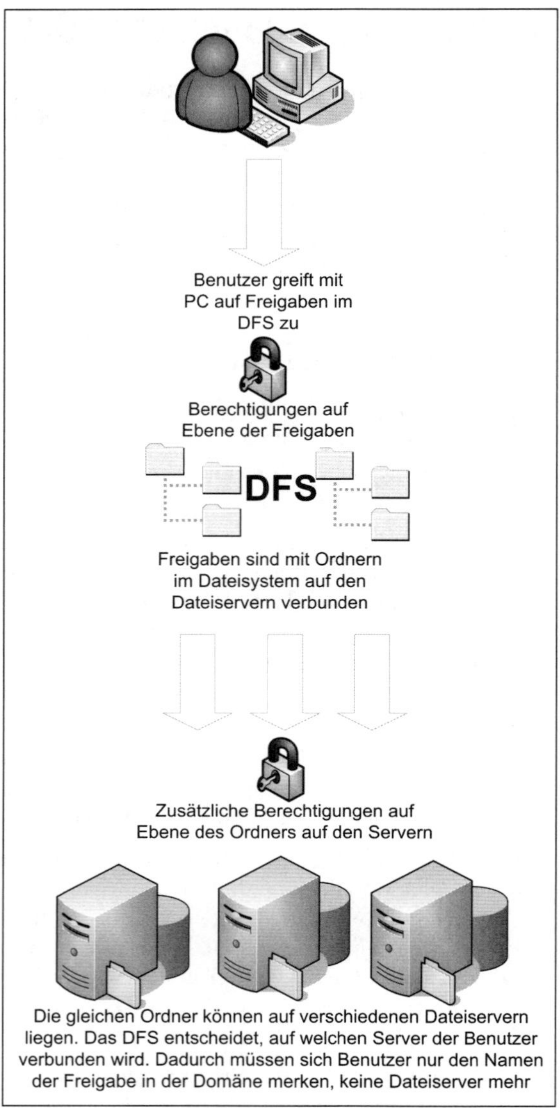

Abbildung 21.7: DFS im Praxiseinsatz

DFS-Namespaces und DFS-Replikation

DFS besteht hauptsächlich aus den beiden Technologien DFS-Namespaces und DFS-Replikation. Diese bieten zusammen eingesetzt einen vereinfachten, fehlertoleranten Dateizugriff, Nutzlastverteilung und WAN-kompatible Replikation. Die DFS-Replikation ist ein Multimasterreplikationsmodul, das die Replikationszeitplanung und Bandbreiteneinschränkung unterstützt. Die DFS-Replikation verwendet ein als RDC (Remote Differential Compression, Remoteunterschiedskomprimierung) bezeichnetes neues Komprimierungsprotokoll, mit dem Dateien über ein Netzwerk mit eingeschränkter Bandbreite effizient aktualisiert werden können. RDC erkennt, wenn Daten in Dateien eingefügt oder anders angeordnet oder aus Dateien entfernt wurden. Dadurch ist es möglich, mit der DFS-Replikation nur die beim Aktualisieren von Dateien auftretenden Änderungen zu replizieren.

Mit DFS-Namespaces, früher als verteiltes Dateisystem bezeichnet, können Sie freigegebene Ordner, die sich auf unterschiedlichen Servern befinden, zusammenfassen und den Benutzern als virtuelle Ordnerstruktur, den sogenannten Namespace, zur Verfügung stellen. Sobald ein Benutzer versucht, auf einen Ordner im Namespace zuzugreifen, stellt der Clientcomputer eine Verbindung mit einem Namespaceserver her. Der Namespaceserver sendet dem Clientcomputer einen Verweis mit einer Liste von Servern, auf denen der freigegebene Ordner gespeichert ist.

Der Clientcomputer speichert den Verweis im Cache und stellt einen Kontakt mit dem ersten Server im Verweis her. Normalerweise ist das ein Server am Standort des Clients. Wenn einer der Server nicht mehr zur Verfügung steht, findet ein Failover des Clientcomputers auf den verbleibenden Server statt.

Wollen Sie DFS im Unternehmen einsetzen, sollten Sie vor der Einrichtung einige wichtige Planungspunkte beachten, die wir im folgenden Abschnitt zusammengestellt haben:

- Sie können DFS nicht dafür verwenden, um Exchange-Datenbanken oder Postfächer abzusichern.
- Offlinedateien können ebenfalls in einem DFS eingesetzt werden. Achten Sie aber darauf, dass in Szenarios, in denen mehrere Mitarbeiter auf die gleiche Datei schreibend zugreifen, Probleme entstehen können, da durch die Offlinesynchronisierung in Verbindung mit der DFS-Replikation durchaus Dateien synchronisiert werden, die von mehreren Mitarbeitern bearbeitet wurden und so unter manchen Umständen Informationen verloren gehen können.
- Da durch das Scannen von Dateien mit Virenscannern unter Umständen der Dateistempel verändert und dadurch die Replikation im DFS aktiviert wird, sollten Sie auch den Einsatz eines Virenscanners planen. Stellen Sie sicher, dass Ihr Virenscanner nicht unnötigen Replikationsverkehr verursacht und kompatibel zu DFS ist.
- Die beteiligten Server in der DFS-Infrastruktur müssen nicht Mitglied derselben Domäne oder Struktur sein, aber zwingend in derselben Gesamtstruktur.
- DFS-Replikation sollte möglichst nicht in Umgebungen eingesetzt werden, in denen mehrere Mitarbeiter auf unterschiedlichen Servern mit denselben Dateien arbeiten. Durch die DFS-Replikation können so sehr schnell Änderungen von Mitarbeitern verloren gehen.
- Sie sollten die DFS-Replikation regelmäßig überwachen. Microsoft stellt dazu das Tool Dfsradmin zur Verfügung. Hierbei handelt es sich um ein Befehlszeilenprogramm, das Sie als Aufgabe in einem Skript regelmäßig verwenden sollten, um Berichte über die DFS-Replikation zu erstellen. Geben Sie in einer Eingabeaufforderung *dfsradmin* ein, erhalten Sie ausführliche Informationen über die Syntax.
- Die DFS-Replikation repliziert auch die NTFS-Berechtigungen auf Dateien. Achten Sie aber darauf, dass die Änderung der Berechtigung von zahlreichen Dateien großen Replikationsverkehr verursacht, da diese Änderungen repliziert werden müssen. Sie sollte daher die Dateiberechtigungen bereits vor der Einrichtung von DFS konfigurieren und abschließen.
- Der DFS-Replikationsverkehr zwischen Servern wird verschlüsselt und kann daher nicht abgehört werden.

- Die DFS-Replikation unterstützt die Replikationszeitplanung und Bandbreiteneinschränkung in 15-minütigen Schritten innerhalb eines Zeitraums von sieben Tagen. Administratoren wählen beim Angeben eines Replikationsintervalls die Start- und die Stoppzeit sowie die zu verwendende Bandbreite in diesem Intervall aus. Die Einstellungen für die Bandbreitenauslastung liegen im Bereich zwischen 16 KBit/s und 256 MBit/s oder voller, unbeschränkter Bandbreite. Sie können eine sofortige Replikation mit dem Befehl *dfsrdiag SyncNow* starten.
- Die globalen Konfigurationseinstellungen für die DFS-Replikation, wie zum Beispiel die Topologie und der Replikationszeitplan, werden in Active Directory gespeichert. Die Einstellungen werden außerdem auf jedem Mitgliedsserver in einer lokalen XML-Datei gespeichert. Diese Datei kann von der DFS-Replikation mit den in Active Directory gespeicherten Einstellungen neu erstellt werden, wenn die Datei beschädigt oder der Server nach einem Ausfall wiederhergestellt wird.
- Bevor Sie einer Replikationsgruppe einen neuen Server hinzufügen, können Sie ein Prestaging der replizierten Ordner auf den Zielservern ausführen. Dazu können Sie die Daten auf die Server kopieren, eine Sicherung wiederherstellen oder Dateien von einem Band, einer DVD oder einer Wechselfestplatte kopieren. Auf diese Weise entsteht bei der anfänglichen Synchronisierung nur minimaler WAN-Datenverkehr. Falls die Dateien auf dem Zielserver veraltet sind, repliziert die DFS-Replikation mithilfe der Remoteunterschiedskomprimierung (RDC) nur die Änderungen, die seit dem Prestaging der Daten aufgetreten sind.

Sie können in einer DFS-Infrastruktur auch die Dateiprüfungen des Ressourcen-Managers für Dateiserver verwenden, die ebenfalls in diesem Kapitel beschrieben werden. Zusätzlich zu dieser Dateiprüfung können Sie in der DFS-Replikation konfigurieren, dass manche Dateitypen von der Replikation ausgeschlossen werden.

Wollen Sie in einer DFS-Infrastruktur Kontingente oder Dateiprüfungen einsetzen, sollten Sie darauf achten, dass vor der Einrichtung der Dateiprüfung nicht schon Dateitypen gespeichert wurden, die später gefiltert werden sollen. Die Dateiprüfung entdeckt nur, wenn neue Dateien abgelegt werden, bereits vorhandene Dateien werden nicht blockiert.

Auf jeden Fall sollten Sie sicherstellen, dass kein Ordner bereits sein Kontingent überschreitet, wenn Sie DFS oder die Kontingentverwaltung einrichten. Sie sollten bei der Einrichtung von harten Kontingenten, bei denen Anwender nach Überschreitung nicht mehr speichern dürfen, vorsichtig sein. Unter manchen Umständen, wenn ein Ordner zum Beispiel kurz vor dem Erreichen der Grenze ist, kann es passieren, dass durch die DFS-Replikation diese Grenze überschritten wird. Arbeiten Sie in einer DFS-Infrastruktur daher besser mit weichen Grenzen, bei denen die Anwender noch schreiben dürfen, aber Meldungen generiert werden.

Voraussetzungen für DFS

Um DFS sinnvoll zu verwenden, müssen in Ihrem Unternehmen einige Voraussetzungen geschaffen sein. Zunächst benötigen Sie Active Directory, da nur unter dem Betrieb eines DFS-Stamms in Active Directory die Struktur sinnvoll ist. Des Weiteren benötigen Sie idealerweise Dateiserver unter Windows Server 2019.

Sie können das DFS auch so einrichten, dass mehrere Dateiserver ihre Daten miteinander replizieren. Dazu verwendet DFS einen ähnlichen Mechanismus wie beim Replizieren der Anmeldeskripts zwischen den Domänencontrollern, den Dateireplikationsdienst (File Replication Service, FRS). Die Replikation der DFS-Daten wird aber nicht durch den FRS des Servers durchgeführt, sondern durch die DFS-Replikation. Die DFS-Replikation kommuniziert nicht mit FRS, sondern läuft eigenständig. Dadurch ist es möglich, eine Freigabe auf mehrere Ziele zu verweisen. Sie können diese Konfiguration leicht über den Assistenten zur Einrichtung von DFS durchführen. Durch diese Replikation können Sie außerdem Niederlassungen anbinden. Dies hat den Vorteil, dass Mitarbeiter auch in den Niederlassungen mit den gleichen Dateien arbeiten, und DFS dafür sorgt, dass die Daten von und zu den Niederlassungen repliziert werden.

Wenn einer der DFS-Server ausfällt, fällt das den Anwendern nicht auf, denn ohne dass sie es merken, verbindet der DFS-Stamm sie auf den zweiten Server. Sie sollten aus diesen Gründen eine DFS-Root auf den Domänencontrollern konfigurieren. Wenn Sie für die Ausfallsicherheit der Domänencontroller sorgen, zum Beispiel durch den Einsatz mehrerer Domänencontroller, finden die Clients immer einen DFS-Rootserver.

Sie können für jede DFS-Verknüpfung, also jede Freigabe, die in DFS hinterlegt ist, mehrere Ziele angeben, zwischen denen die Daten zur Ausfallsicherheit repliziert werden. Zusätzlich kann dieser Mechanismus zur Anbindung von Niederlassungen verwendet werden. Wenn der Dateiserver in der Zentrale steht, müssen die Niederlassungen über langsame WAN-Leitungen zugreifen. Mit DFS kann in der Niederlassung ein kleiner Dateiserver aufgestellt werden, auf den die Daten repliziert werden. Die Mitarbeiter der Außenstelle können dadurch genauso effizient und schnell auf die Freigaben und notwendige Dateien zugreifen wie die Mitarbeiter in der Zentrale.

Installation und Einrichtung von DFS

DFS installieren Sie am besten über den Server-Manager und die Rolle *Datei-/Speicherdienste/Datei- und iSCSI-Dienste*. Stellen Sie sicher, dass die Rollendienste *DFS-Namespaces* und *DFS-Replikation* installiert sind. Überprüfen Sie nach der Installation, ob diese beiden Systemdienste auf *Automatisch* gesetzt und gestartet sind.

Nachdem Sie die notwendigen Rollendienste installiert haben, können Sie das Snap-in *DFS-Verwaltung* über *Tools* im Server-Manager starten. Alternativ starten Sie die Verwaltungsoberfläche über *dfsmgmt.msc*. Die Verwaltungsoberfläche dient zur Konfiguration und Verwaltung sowohl des DFS-Namespace als auch der DFS-Replikation.

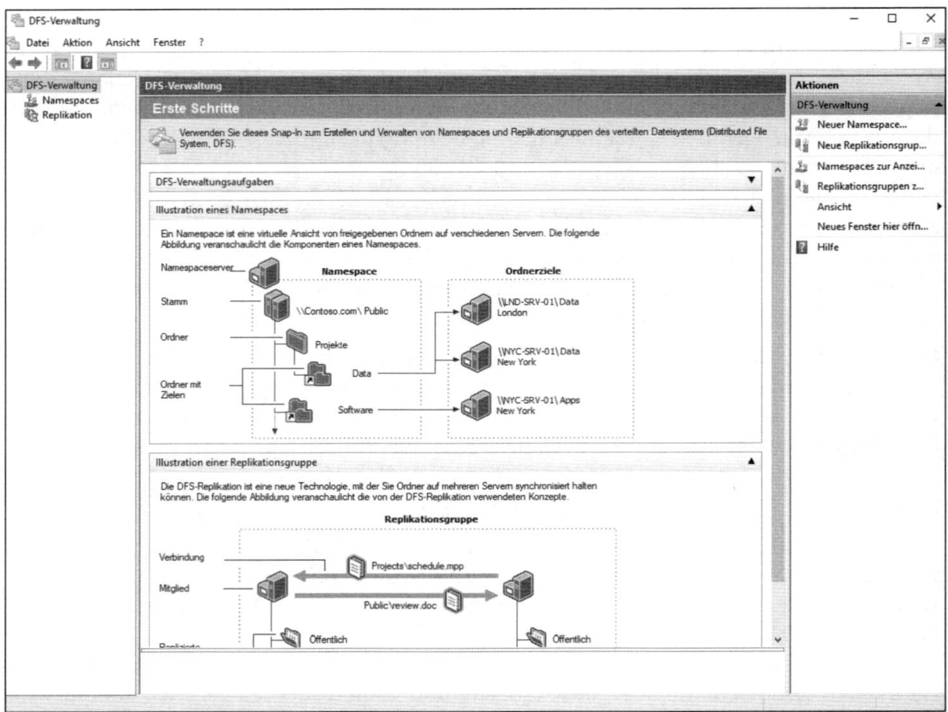

Abbildung 21.8: Konfigurieren von DFS mit der DFS-Verwaltung

Sie können DFS auch auf Core-Servern installieren. Wie Sie dabei vorgehen, lesen Sie in Kapitel 3 und 4.

Einrichtung eines DFS-Namespace

Die Einrichtung eines DFS-Namespace nehmen Sie in der DFS-Verwaltung vor. Ein DFS-Namespace verbindet mehrere physische Freigaben auf verschiedenen Servern zu einer virtuellen DFS-Freigabe, auf die Anwender zugreifen können.

Wenn Sie einen Namespace erstellen, wählen Sie aus, welche freigegebenen Ordner ihm hinzugefügt werden sollen, entwerfen die Hierarchie, in der die Ordner angezeigt werden, und legen die Namen für die freigegebenen Ordner im Namespace fest. Wenn der Namespace von einem Benutzer angezeigt wird, werden die Ordner so angezeigt, als seien sie auf einer einzigen Festplatte gespeichert. Benutzer können im Namespace navigieren, ohne die Namen der Server, die der jeweilige Host für die Daten sind, oder der freigegebenen Ordner kennen zu müssen. Um einen neuen Namespace einzurichten, gehen Sie folgendermaßen vor:

1. Klicken Sie in der DFS-Verwaltung mit der rechten Maustaste auf *Namespaces* und wählen Sie im Kontextmenü den Eintrag *Neuer Namespace* aus.
2. Im ersten Fenster des Assistenten wird der Namespaceserver festgelegt. Dabei handelt es sich nicht gezwungenermaßen um einen Server, auf dem auch die Freigaben liegen, sondern es kann sich auch um einen Domänencontroller oder einen anderen Mitgliedsserver handeln.

3. Im nächsten Dialogfeld wählen Sie den Namen für den neuen Namespace aus.
4. Der Namespacestamm ist der Ausgangspunkt des Namespace.

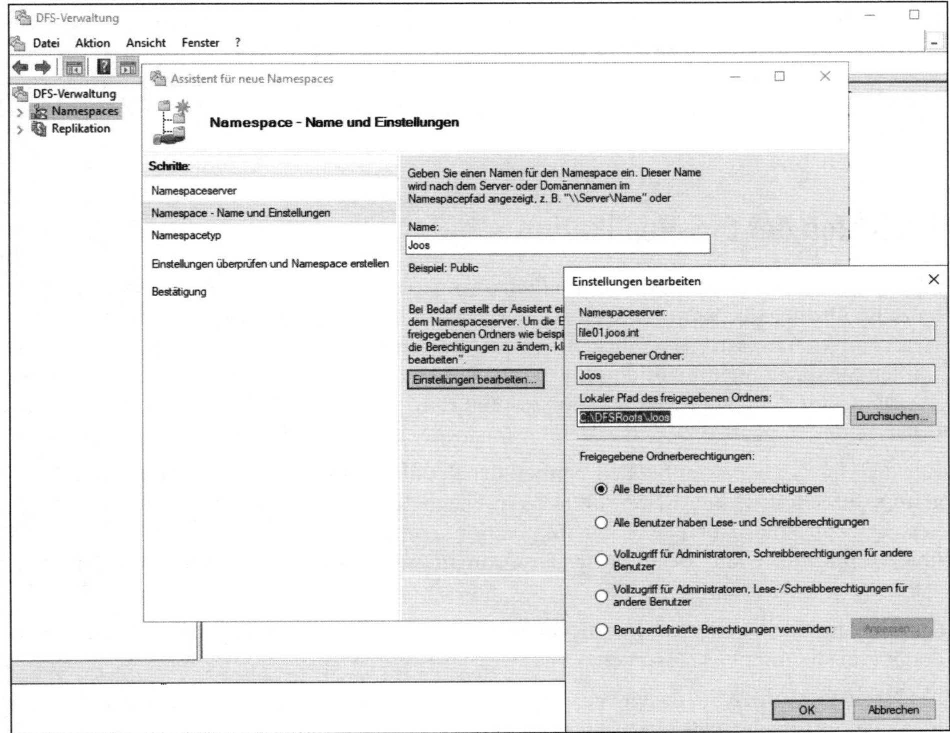

Abbildung 21.9: Anlegen eines DFS-Namespace

5. Auf der nächsten Seite des Assistenten legen Sie den Namespacetyp fest. Dieser Namespacetyp wird als *Domänenbasierter Namespace* bezeichnet, da er mit einem Domänennamen beginnt und seine Metadaten in Active Directory gespeichert werden. Ein domänenbasierter Namespace kann auf mehreren Namespaceservern gehostet werden.
6. Nachdem Sie die Daten eingegeben haben, können Sie den Namespace erstellen lassen, der anschließend in der DFS-Verwaltung angezeigt wird. Sie können zur Ausfallsicherheit jederzeit dem Namespace weitere Namespaceserver hinzufügen. Dies allerdings nur dann, wenn Sie einen domänenbasierten Namespace erstellt haben. Klicken Sie zum Hinzufügen mit der rechten Maustaste auf den erstellten Namespace.
7. Klicken Sie anschließend mit der rechten Maustaste auf den neuen Namespace und wählen Sie *Neuer Ordner* aus. Danach können Sie einen neuen Ordner erstellen, auf den die Anwender zugreifen. Ordnerziele verweisen auf physische Freigaben auf Servern. Sie können beliebig viele Ordner mit dazugehörigen Ordnerzielen erstellen. Die Anwender greifen von ihren Clients zwar physisch auf die Ordnerziele zu, allerdings verwenden sie als Namen die Bezeichnung, die Sie im DFS festlegen. Bestätigen Sie die Erstellung. Sie werden noch gefragt, ob Sie gleich eine Replikationsgruppe erstellen wollen. Dies müssen Sie an dieser Stelle nicht tun. Replikationsgruppen werden in einem späteren Abschnitt noch ausführlicher beschrieben.

Anschließend verbindet DFS den erstellten virtuellen Ordner mit den tatsächlich vorhandenen Freigaben auf den verschiedenen Servern. Der nächste Schritt besteht in der Konfiguration von Verweisen.

Haben Sie den Namespace erstellt, können Anwender auf Daten zugreifen, indem sie \\<*Active Directory-Domäne*\<*Name des Namespace*> eingeben. In der Freigabe erscheinen alle Ordner, die Sie angelegt haben. Der virtuelle DFS-Ordner zeigt den Inhalt der festgelegten Ordnerziele an. Die Anwender müssen dazu nicht die tatsächlichen Server oder die Namen der Freigabe kennen.

Einrichten der DFS-Replikation

Wollen Sie den Inhalt von physischen Freigaben replizieren, können Sie diese Funktion für einzelne Ordner im Namespace aktivieren. Standardmäßig ist die Replikation nicht aktiviert. Um sie zu aktivieren, klicken Sie mit der rechten Maustaste auf den Ordner und wählen Sie im Kontextmenü den Eintrag *Ordner replizieren* aus. Anschließend startet der Assistent, mit dem Sie die Replikation konfigurieren. Über die Technologie kann DFS die Daten in den Freigaben zwischen den Ordnerzielen in einem DFS-Ordner replizieren.

Auf der ersten Seite legen Sie den Namen der Replikationsgruppe fest. Eine Replikationsgruppe besteht aus einer Reihe von Servern, die an der Replikation eines replizierten Ordners beteiligt sind. Der Name der Replikationsgruppe stimmt mit dem Namespacepfad überein und der Name des replizierten Ordners mit dem Ordnernamen in der DFS-Verwaltung.

Auf der nächsten Seite werden die Freigaben und die dazugehörigen Server angezeigt, deren Freigaben repliziert werden.

Als Nächstes wählen Sie das primäre Mitglied der Replikationsgruppe aus. Bestimmen Sie hier den Server, der den aktuellsten Inhalt enthält. Im Anschluss legen Sie fest, welche Replikationstopologie Sie verwenden wollen. Die Definitionen der Replikationstopologien sind selbsterklärend.

Auf der nächsten Seite definieren Sie die Bandbreite oder den Zeitplan für die Replikation. Anschließend wird die Replikation erstellt. Danach wird sie in der DFS-Verwaltung unter dem Knoten *Replikation* angezeigt. Sie können ihre Eigenschaften jederzeit über das Kontextmenü anpassen.

Die erste Replikation beginnt nicht sofort. Die Topologie- und DFS-Replikationseinstellungen müssen zu allen Domänencontrollern repliziert werden, und jedes Mitglied der Replikationsgruppe muss seinen nächstgelegenen Domänencontroller abfragen, um diese Einstellungen zu erhalten. Die erste Replikation tritt zunächst zwischen dem primären Mitglied und den empfangenden Replikationspartnern des primären Mitglieds auf.

Wenn ein Mitglied alle Dateien vom primären Mitglied empfangen hat, repliziert dieses Mitglied Dateien ebenfalls zu seinen empfangenden Partnern. Beim Empfang von Dateien des primären Mitgliedsservers während der ersten Replikation verschieben die empfangenden Mitgliedsserver Dateien, die auf dem primären Server nicht vorhanden sind, in den Ordner *DfsrPrivate\PreExisting*. Wenn eine Datei mit einer Datei auf dem primären Mitglied identisch ist, wird sie nicht repliziert.

Wenn sich die Version einer Datei auf dem empfangenden Mitglied von der Version des primären Mitglieds unterscheidet, wird die Version des empfangenden Mitglieds in den Konfliktordner für gelöschte Dateien verschoben. Nach der Initialisierung des replizierten Ordners wird die Bezeichnung *Primäres Mitglied* entfernt.

Klicken Sie auf eine Replikationsverbindung, können Sie in der Mitte der Konsole über vier Registerkarten die Einstellungen der Replikationsgruppe anpassen. Auf diesen Registerkarten werden unterschiedliche Details zur ausgewählten Replikationsgruppe, ihren Mitgliedern und ihren replizierten Ordnern angezeigt.

Zusammenfassung

In diesem Kapitel sind wir auf die Verwaltungsmöglichkeiten von Dateiservern mit dem Ressourcen-Manager für Dateiserver eingegangen. Mit diesem Werkzeug können Sie die Freigaben im Netzwerk effizient mit Kontingenten, Dateiprüfungen und Klassifizierungen verwalten. Ebenfalls Bestandteil des Kapitels war das verteilte Dateisystem in Windows Server 2019 (DFS).

Im nächsten Kapitel beschäftigen wir uns mit der *BranchCache*-Funktion von Windows Server 2019. Mit dieser Funktion können Windows 10-Rechner in Niederlassungen wesentlich schneller auf Dateifreigaben in der Zentrale zugreifen.

Kapitel 22
BranchCache

In diesem Kapitel:

Windows 7/8/8.1/10 zusammen mit Windows Server 2019 ermöglicht einen schnelleren Zugriff auf Dateien in Freigaben von Dateiservern. Das ist auch dann möglich, wenn die Verbindung durch langsame WAN-Leitungen erfolgt. Dazu bieten Windows-Server die BranchCache-Funktionalität. Damit BranchCache optimal funktioniert, muss auf den beteiligten Webservern und Dateiservern Windows Server 2019 betrieben werden.

Für die Bereitstellung von BranchCache in Organisationen unterschiedlicher Größe benötigen Sie in Windows Server 2019 und Windows 8/8.1/10 nur ein einziges Gruppenrichtlinienobjekt (Group Policy Object, GPO). Es sind keine verschiedenen Einstellungen für unterschiedliche Niederlassungen notwendig. Clients können Sie mit Gruppenrichtlinien standardmäßig als verteilte Cachemodusclients konfigurieren. Die Computer suchen nach einem gehosteten Cacheserver. Ist ein solcher verfügbar, werden Clients automatisch als gehostete Cachemodusclients konfiguriert.

Mit Windows Server 2019 können Sie so viele gehostete Cacheserver wie benötigt bereitstellen. BranchCache verwendet die Datenbanktechnologie Extensible Storage Engine (ESE) von Microsoft Exchange Server. Das macht die Speicherung der Daten wesentlich stabiler. In Windows Server 2019 sind keine Serverzertifikate erforderlich.

Tipp BranchCache können Sie jetzt auch umfassend in der PowerShell verwalten. Die entsprechenden Befehle erhalten Sie durch Eingabe von *Get-Command *bc**.

BranchCache im Überblick – Niederlassungen effizient anbinden

Windows 7/8/8.1/10 kann über das Netzwerk kopierte Dateien automatisch auf der Festplatte zwischenspeichern. Beim erneuten Zugriff auf dieselbe Datei muss Windows 7/8/8.1/10 nur noch neue Daten laden. Alles, was schon mal übertragen wurde, bleibt auf der Festplatte im Cache, gesichert durch Zugriffsberechtigungen, gespeichert.

Ändern sich an der Quelle Dateien, überträgt Windows 7/8/8.1/10 nicht die kompletten geänderten Dateien erneut, sondern nur die Blöcke, die sich geändert haben. Das gilt auch für den Zugriff über DirectAccess oder andere VPN-Szenarien und in allen Konfigurationen von BranchCache. Alleine dadurch beschleunigt sich der Datenzugriff enorm. Diese Technik funktioniert auch ohne Windows Server 2019.

Ruft ein Client mit Windows 7/8/8.1/10 in einer Niederlassung Dateien von der Zentrale ab, speichert der als BranchCache aktivierte Dateiserver in der Niederlassung die Daten zwischen. Ruft ein weiterer Client die gleichen Daten ab, stellt der Dateiserver diesem Client die zwischengespeicherten Daten zur Verfügung, sodass diese nicht erneut über das Netzwerk übertragen werden müssen. Das beschleunigt den Zugriff und spart Bandbreite im WAN ein, die dann für andere Anwendungen zur Verfügung steht.

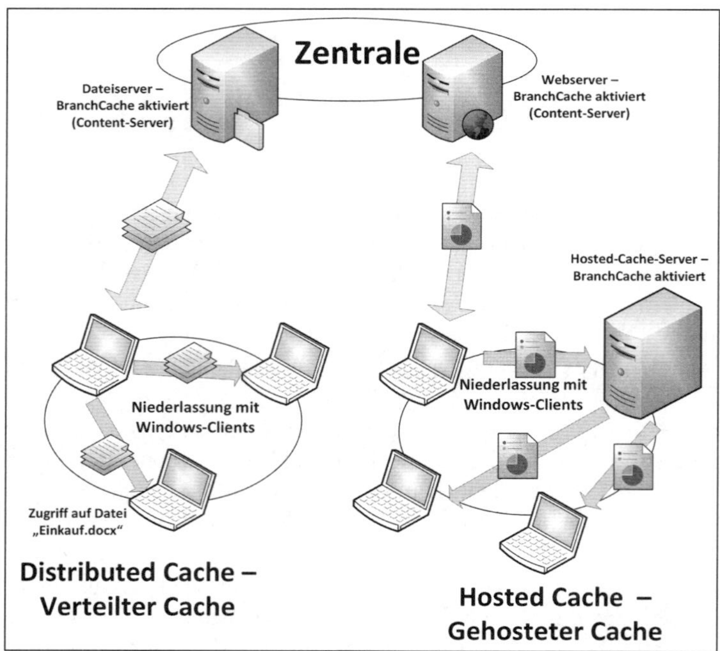

Abbildung 22.1: BranchCache im Überblick

BranchCache unterstützt für die Übertragung der Daten verschiedene Sicherheitstechniken. Neben IPv4 und IPv6 lassen sich Datenzugriffe per SSL oder IPsec absichern. Auch die Autorisierung findet in einem solchen Szenario beschleunigt statt. Diese Technik ist natürlich verschlüsselt.

Gehosteter Cache (Hosted Cache) nutzen

BranchCache lässt sich in den beiden Betriebsmodi »Hosted Cache« und »Distributed Cache« betreiben. Bei »Hosted Cache« stellen Unternehmen in der Niederlassung, in der Windows 7/8/8.1/10-Computer installiert sind, einen Host zur Verfügung, der die Daten vom zentralen Dateiserver über die WAN-Leitung zwischenspeichern kann.

Befindet sich in einer Niederlassung mit Windows 7/8/8.1/10-Computern ein Server mit Windows Server 2019, lassen sich auf diesem Server über »Hosted Cache« zentral Daten zwischenspeichern, wodurch der Zugriff von allen Clientcomputern unter Windows 7/8/8.1/10 aus beschleunigt wird, ohne dass die Sicherheit darunter leidet. Die Computer greifen auf den Host in der Niederlassung zu, um Daten der Zentrale abzurufen.

Benötigen Clients Daten, die noch nicht auf dem Hosted-Cache-Server gespeichert sind, ruft dieser die Daten vom Content-Server, dem Datei- oder Webserver in der Zentrale ab. Der erste Zugriff der Clients ist dadurch etwas langsamer, weitere Zugriffe laufen aber deutlich schneller ab.

Die Konfiguration dieser Technik erfolgt in den Gruppenrichtlinien. Sie finden die Einstellungen unter *Computerkonfiguration/Richtlinien/Administrative Vorlagen/Netzwerk*. Über *LanMan-Server* nehmen Sie Einstellungen für die Server vor. Die Clientkonfiguration nehmen Sie über *BranchCache* vor.

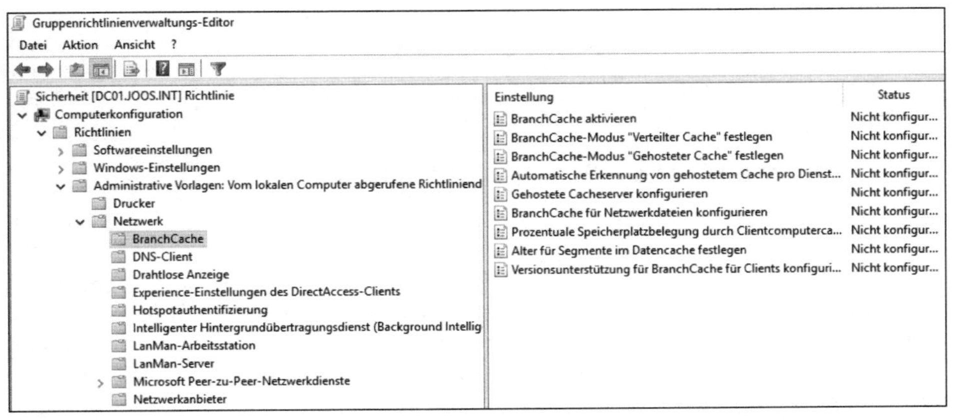

Abbildung 22.2: Konfiguration von BranchCache über Gruppenrichtlinien mit Windows Server 2019

Hinweis Eine Hosted-Cache-Konfiguration ist unabhängig von Active Directory-Standorten und wird über Gruppenrichtlinien gesteuert. In den Gruppenrichtlinieneinstellungen legen Sie fest, ab welcher Netzwerkgeschwindigkeit Clients BranchCache nutzen sollen. Die ganze Konfiguration ist vollkommen unabhängig von der Active Directory-Infrastruktur.

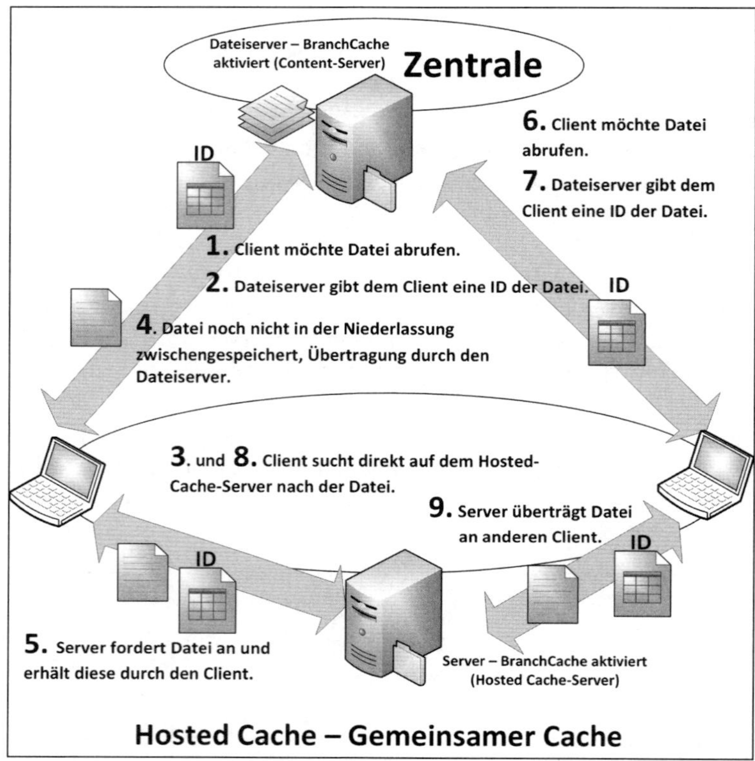

Abbildung 22.3: BranchCache mit Hosted-Cache-Server betreiben

Microsoft empfiehlt die Konfiguration über eine eigene Richtlinie. Mit der Gruppenrichtlinieneinstellung *LanMan-Server/Hashversionsunterstützung für BranchCache* können Sie angeben, ob Hashes der Version 1 (V1), der Version 2 (V2) oder V1- und V2-Hashes im Einsatz sind. Hashes werden auf Basis der Daten in freigegebenen Ordnern, für die BranchCache aktiviert ist, erstellt.

Durch V2-Inhaltsinformationen werden kleinere Datenblöcke mit variabler Größe beschrieben und größere Einsparungen von WAN-Bandbreite ermöglicht. V1-Hashes sind mit Windows 7 und Windows Server 2008 R2/2012 kompatibel, V2-Hashes mit Windows 8/8.1/10 und Windows Server 2012 R2/2016/2019.

Mit der Richtlinieneinstellung *Alter für Segmente im Datencache festlegen* können Sie den Zeitraum in Tagen angeben, für den Segmente im BranchCache-Datencache auf Clientcomputern gültig sind. Wenn Sie diese Richtlinieneinstellung deaktivieren oder nicht konfigurieren, wird ein Standardalter von 28 Tagen festgelegt.

Über *Gehostete Cacheserver konfigurieren* bestimmen Sie, ob Clientcomputer für die Verwendung des gehosteten Cachemodus konfiguriert werden. Zusätzlich können Sie die Computernamen der gehosteten Cacheserver angeben. Im gehosteten Cachemodus kann durch Clientcomputer Inhalt von einem oder mehreren gehosteten Cacheservern abgerufen werden, die in derselben Filiale installiert sind. Mit dieser Einstellung können Sie Clientcomputer automatisch konfigurieren, die für den gehosteten Cachemodus mit Computernamen der gehosteten Cacheserver in der Filiale konfiguriert sind. Damit diese Richtlinieneinstellung wirksam wird, müssen Sie auch die Richtlinieneinstellung *BranchCache aktivieren* steuern. Diese Richtlinieneinstellung kann nur auf Clientcomputer angewendet werden, auf denen Windows 8/8.1/10 installiert ist. Diese Richtlinie hat keine Auswirkungen auf Computer, auf denen Windows 7 oder Windows Vista installiert ist.

Mit *Automatische Erkennung von gehostetem Cache pro Dienstverbindungspunkt aktivieren* werden Clientcomputer so konfiguriert, dass diese mit Active Directory nach gehosteten Cacheservern suchen. Es werden die gefundenen Server und der gehostete Cachemodus und nicht die manuelle BranchCache-Konfiguration oder die BranchCache-Konfiguration durch andere Gruppenrichtlinien verwendet. Wenn Sie diese Richtlinieneinstellung zusätzlich zu der Richtlinieneinstellung *BranchCache aktivieren* setzen, wird durch BranchCache-Clients in der lokalen Filiale nach gehosteten Cacheservern gesucht. Wenn gehostete Cacheserver gefunden werden, wird der gehostete Cachemodus aktiviert. Werden keine gehosteten Cacheserver gefunden, wird der gehostete Cachemodus nicht aktiviert und eine andere manuell oder durch eine Gruppenrichtlinie festgelegte Konfiguration verwendet.

Wenn die Richtlinieneinstellung *BranchCache-Modus "Gehosteter Cache" festlegen* angewendet wird, erfolgt keine automatische Suche nach gehosteten Cacheservern. Dies gilt auch für die Richtlinieneinstellung *Gehostete Cacheserver konfigurieren*. Diese Richtlinieneinstellung kann nur auf Clientcomputer angewendet werden, auf denen Windows 8/8.1/10 installiert ist. Diese Richtlinie hat keine Auswirkungen auf Computer, auf denen Windows 7 oder Windows Vista installiert ist. Wenn Sie diese Einstellung deaktivieren oder nicht konfigurieren, erfolgt keine Suche nach gehosteten Cacheservern anhand von Dienstverbindungspunkten.

Mit *BranchCache aktivieren* können Sie festlegen, ob BranchCache auf Clientcomputern aktiviert wird. Zusätzlich müssen Sie angeben, ob es sich bei den Clientcomputern um gehostete Cachemodus- oder verteilte Cachemodusclients handelt. Konfigurieren Sie dazu die folgenden Richtlinieneinstellungen:

- *BranchCache-Modus "Verteilter Cache" festlegen*
- *BranchCache-Modus "Gehosteter Cache" festlegen*
- *Gehostete Cacheserver konfigurieren*

Im verteilten Cachemodus wird durch Clientcomputer Inhalt von BranchCache-fähigen Inhaltsservern in der Zentrale heruntergeladen, der Inhalt lokal zwischengespeichert und anderen Clients im verteilten BranchCache-Cachemodus in der Filiale zur Verfügung gestellt.

Wenn Clientcomputer als Clients im gehosteten Cachemodus konfiguriert sind, kann zwischengespeicherter Inhalt von einem gehosteten Cacheserver in der Filiale heruntergeladen werden. Beim Abrufen von Inhalt von einem Inhaltsserver durch die gehosteten Cacheclients kann der Inhalt außerdem auf die gehosteten Cacheserver hochgeladen werden, damit der Inhalt für andere gehostete Cacheclients in der Filiale verfügbar ist.

Auf dem Server in der Niederlassung müssen Sie im Server-Manager das Feature *BranchCache* installieren (Seite *Features auswählen*), damit dieser mit den anderen Clients der Niederlassung und den zentralen Dateiservern zusammenarbeiten kann.

In den Gruppenrichtlinien legen Sie außerdem fest, wie viel Bandbreite zur Verfügung stehen muss, damit das Feature Daten zwischenlagert. Ist das Netzwerk zu langsam, soll es durch solche Funktionen natürlich nicht ausgebremst werden.

Auf dem zentralen Dateiserver installieren Sie den Rollendienst *BranchCache für Netzwerkdateien*, der zur Rolle *Datei-/Speicherdienste/Datei- und iSCSI-Dienste* gehört. Installieren Sie diesen Rollendienst, müssen Sie das bereits erwähnte Feature nicht installieren. Erst nach der Installation des Rollendienstes lässt sich BranchCache für Freigaben aktivieren. Um einen Hosted-Cache-Server in einer Niederlassung zu betreiben, müssen Sie keinen dedizierten Server zur Verfügung stellen, es muss sich nur um einen Server mit Windows Server 2019 halten, zum Beispiel auch einen Domänencontroller in der Niederlassung. Der Ablauf dabei ist recht einfach:

1. Ein Client ruft vom zentralen Dateiserver eine Datei ab oder einen aktualisierten Teil einer Datei, wenn sich diese bereits im Cache befinden sollte.
2. Das Dokument wird vom zentralen Dateiserver auf den Client übertragen. Dabei authentifiziert der zentrale Dateiserver, in diesem Szenario der Content-Server, den Anwender und seinen Computer im Active Directory.
3. Der Client überprüft auf Basis des Hashes, ob der Teil der Datei oder die Datei selbst schon auf dem Hosted-Cache-Server der Niederlassung liegt.
4. Der Hosted-Cache-Server verbindet sich mit dem Client und überträgt über einen gesicherten Kanal fehlende Daten auf den Server. Die Daten werden dabei über AES 128 verschlüsselt.
5. Benötigt ein anderer Client der Niederlassung dasselbe Dokument, ruft er dieses automatisch vom Hosted Cache ab. Die Authentifizierung findet aber über den zentralen Server, den Content-Server statt.

Verteilter Cache (Distributed Cache) nutzen

In kleineren Niederlassungen, in denen Unternehmen keinen eigenen Server, aber Clients mit Windows 7/8/8.1/10 betreiben, können Sie auch den Distributed Cache verwenden. Bei diesem Modus gibt es keinen Hostserver in der Niederlassung, sondern Windows 7/8/8.1/10-Clients rufen Daten ab und speichern diese lokal zwischen. Andere Windows 7/8/8.1/10-Clients in der Niederlassung können auf die Daten zugreifen, sodass auch hier einmal abgerufene Daten deutlich effizienter und schneller zur Verfügung stehen.

So lässt sich die Positionierung von Servern in Niederlassung vermeiden und BranchCache dennoch nutzen. Diese Technik funktioniert aber nur innerhalb eines einzelnen Subnetzes. Wird ein Client, der den Inhalt bereitstellt, heruntergefahren, stehen die Daten natürlich nicht zur Verfügung. Braucht ein anderer Client diese Daten, müssen sie erneut über das WAN übertragen werden.

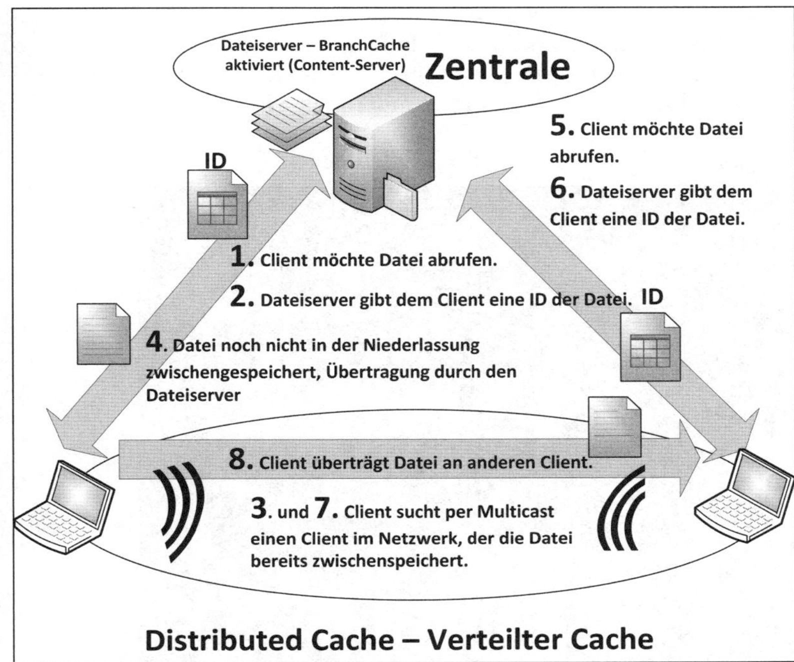

Abbildung 22.4: Verteilten Cache nutzen

Hinweis Arbeiten Sie mit Distributed Cache, tauschen die Windows 7/8/8.1/10-Clients zwischengespeicherte Dateien über das HTTP-Protokoll aus. Dazu müssen Sie sicherstellen, dass auf den Clients die Firewalleinstellungen BranchCache zulassen und den HTTP-Verkehr sowie das WS-Discovery-Protokoll nicht blockieren. Diese Einstellung nehmen Sie entweder lokal auf den Rechnern vor oder besser über eine Gruppenrichtlinie.

Standardmäßig verwendet Windows Server 2019 nicht für alle Freigaben BranchCache, Sie können die Einstellung für jede Freigabe getrennt vornehmen:

1. Rufen Sie die Eigenschaften der Freigabe auf, für die Sie BranchCache aktivieren wollen:
2. Über die Schaltfläche *Erweitert* und der Registerkarte *Zwischenspeichern* steuern Sie den BranchCache-Zugriff der Anwender.

Bei der Übertragung teilt der BranchCache die Daten in Blöcke auf und erstellt für jeden Block einen Hashwert. Beim Übertragen der Daten komprimiert der Server die Blöcke, wobei die Datenmenge enorm reduziert werden kann.

Sie können die Funktion aber erst dann aktivieren, wenn Sie den bereits erwähnten Rollendienst installiert haben, ansonsten ist sie deaktiviert. Bei Distributed Cache und mehreren Windows 7/8/8.1/10-Computern in der Niederlassung arbeiten die Clients mit dem Web Services Discovery Multicast-Protokoll, um im Subnetz abzufragen, ob ein Windows 7/8/8.1/10-Client die benötigten Daten bereits lokal gespeichert hat.

Viele Einstellungen in BranchCache nehmen Sie über Gruppenrichtlinien vor. Sie können in der Eingabeaufforderung aber auch mit *netsh branchcache* verschiedene Einstellungen vornehmen und Informationen abrufen. In den folgenden Abschnitten zeigen wir Ihnen jeweils die Konfiguration von BranchCache über die Eingabeaufforderung. Geben Sie in der Eingabeaufforderung nur *netsh branchcache* ein, erhalten Sie eine Zusammenfassung angezeigt, welche Möglichkeiten Sie in der Eingabeaufforderung haben.

```
Administrator: Eingabeaufforderung
Microsoft Windows [Version 10.0.17763.107]
(c) 2018 Microsoft Corporation. Alle Rechte vorbehalten.

C:\Users\administrator.JOOS>netsh branchcache

Folgende Befehle sind verfügbar:

Befehle in diesem Kontext:
?              - Zeigt eine Liste der Befehle an.
dump           - Zeigt ein Konfigurationsskript an.
exportkey      - Exportiert den Schlüssel für die Informationen zum Inhalt.
flush          - Löscht den Cacheinhalt.
help           - Zeigt eine Liste der Befehle an.
importkey      - Importiert einen neuen Schlüssel für die Informationen
                 zum Inhalt.
reset          - Setzt den BranchCache-Dienst zurück.
set            - Legt Konfigurationsparameter fest.
show           - Zeigt Konfigurationsparameter an.
smb            - Wechselt zum "netsh branchcache smb"-Kontext.

Folgende Unterkontexte sind verfügbar:
 smb

Geben Sie den Befehl, gefolgt von einem Leerzeichen und ? ein, um Hilfe
bezüglich des entsprechenden Befehls zu erhalten.


C:\Users\administrator.JOOS>_
```

Abbildung 22.5: Konfiguration von BranchCache über die Eingabeaufforderung mit Netsh

BranchCache auf dem Hosted-Cache-Server konfigurieren

Der Hosted-Cache-Server ist der BranchCache-Server, der in der Niederlassung positioniert ist und für die Clients in der Niederlassung die Daten zwischenspeichert. Er verbindet sich dazu mit dem Dateiserver in der Zentrale, um Daten abzurufen.

Feature für Hosted Cache installieren

Auf dem Hosted-Cache-Server müssen Sie zunächst das Feature *BranchCache* installieren und den Server anschließend als Hosted-Cache-Server konfigurieren. Sie verwenden dazu den Server-Manager und die bereits erwähnte Seite *Features auswählen*. Die Einrichtung erfolgt über Gruppenrichtlinien. Sie können aber auch mit PowerShell-Skripts arbeiten. Die Einrichtung erfolgt dabei in mehreren Schritten:

1. Aktivierung von BranchCache unter Windows 7/8/8.1/10.
2. Auswahl des Modus, also Hosted Cache oder Distributed Cache.
3. Konfiguration der Cachegröße auf dem Client, beim Einsatz von Distributed Cache. Standardmäßig verwendet Windows 7/8/8.1/10 fünf Prozent des lokalen Speicherplatzes.

4. Verwenden Sie Hosted Cache, müssen Sie den Hosted-Cache-Server in der Niederlassung angeben.

Hinweis Wollen Sie die lokalen Daten auf dem Server bei Hosted Cache oder auf den Clients bei Distributed Cache verschlüsseln, ist der Einsatz von BitLocker empfehlenswert. BitLocker arbeitet mit BranchCache zusammen, ohne dass Sie die beiden Technologien miteinander verbinden müssen. Es reicht aus, auf dem Server oder Client BitLocker zu aktivieren. Auch das verschlüsselnde Dateisystem (EFS) kann die lokalen Daten auf dem Server absichern (siehe Kapitel 5).

Die Einstellungen für Dateiserver in Gruppenrichtlinien finden Sie über *Computerkonfiguration/Richtlinien/Administrative Vorlagen/Netzwerk*. Über *LanMan-Server* nehmen Sie Einstellungen für die Server vor. Die Clientkonfiguration nehmen Sie über *BranchCache* vor. Auf dem Dateiserver, der als Contentserver dient, aktivieren Sie die Einstellung *Hashveröffentlichung für BranchCache*.

Stellen Sie die Veröffentlichung nur für Freigaben ein, auf denen Sie manuell BranchCache aktivieren, müssen Sie beachten, dass Sie auch für Freigaben diese Einstellungen vornehmen müssen. Wie das geht, haben Sie auf den vorherigen Seiten erfahren. Arbeiten Sie mit einem Cluster, müssen Sie die Verschlüsselungsdaten zwischen den Clusterknoten replizieren lassen, damit der Zugriff von den Clients aus funktioniert. Dazu müssen Sie auf allen Clusterknoten eine Eingabeaufforderung mit Administratorrechten öffnen und den folgenden Befehl eingeben:

netsh branchcache set key passphrase=<Selbstdefinierter Schlüssel>

Sie müssen den Befehl auf allen Knoten eingeben.

Zertifikate auf dem Hosted-Cache-Server betreiben

Die Kommunikation der Clients mit dem Hosted-Cache-Server wird für den Datenaustausch über Transport Layer Security (TLS) abgewickelt. Dabei arbeiten Clients und Server mit Zertifikaten. Auf dem Hosted-Cache-Server sollte dazu ein Zertifikat zur Verfügung stehen, dem die Clients vertrauen. Das ist in Windows 8/8.1/10 und Windows Server 2019 zwar optional, aber generell durchaus sinnvoll.

Am besten arbeiten Sie dazu mit einer internen Zertifizierungsstelle. Auf dem Hosted-Cache-Server installieren Sie ein Serverzertifikat, dessen Zertifizierungsstelle die Clients in der Niederlassung vertrauen müssen. Haben Sie das Zertifikat installiert oder ein Zertifikat eines Drittherstellers erworben, muss dieses im lokalen Computerkonto auf dem Hosted-Cache-Server abgelegt sein. Um das zu überprüfen, gehen Sie folgendermaßen vor:

1. Geben Sie *certlm.msc* im Startmenü ein.
2. Unter *Eigene Zertifikate/Zertifikate* muss das Zertifikat des Servers hinterlegt sein.
3. Ist das Zertifikat bereits vorhanden, klicken Sie doppelt darauf. Wie Sie Zertifikate ausstellen, lesen Sie in Kapitel 30.
4. Wechseln Sie zur Registerkarte *Details*.
5. Klicken Sie auf das Feld *Fingerabdruck* des Zertifikats.
6. Kopieren Sie den Wert in die Zwischenablage oder eine Textdatei.

Sie benötigen diesen Wert des Fingerabdrucks, um das Zertifikat ordnungsgemäß mit BranchCache zu verbinden. Öffnen Sie dazu auf dem Hosted-Cache-Server eine Eingabeaufforderung mit Administratorrechten und geben Sie den folgenden Befehl ein:

netsh http add sslcert ipport=0.0.0.0:443 certhash=<Fingerabdruck ohne Leerzeichen> appid={d673f5ee-a714-454d-8de2-492e4c1bd8f8}

Achten Sie darauf, an der entsprechenden Stelle alle Werte des Fingerabdrucks zu verwenden, aber die Leerzeichen zu entfernen. Ein Beispiel des Befehls wäre:

netsh http add sslcert ipport=0.0.0.0:443 certhash=?9651f566c7d0e42679805a6df8688-fe14646fc3a appid={d673f5ee-a714-454d-8de2-492e4c1bd8f8}

Mit dem Befehl *netsh http show urlacl* können Sie überprüfen, ob das Zertifikat korrekt mit der URL *https://+:443/C574AC30-5794-4AEE-B1BB-6651C5315029/* verbunden ist. Sie finden diese URL oft ganz unten im Fenster.

Klicken Sie doppelt auf das Serverzertifikat in der *Zertifikate*-Konsole, sehen Sie auf der Registerkarte *Details* im Bereich *Erweiterte Schlüsselverwendung*, ob es für Clientauthentifizierung und Serverauthentifizierung konfiguriert ist.

Achten Sie darauf, dass die Clients der Zertifizierungsstelle, die das Zertifikat ausgestellt hat, vertrauen. Dazu muss das Zertifikat der Stammzertifizierungsstelle als vertrauenswürdig bei den Clients hinterlegt sein.

Einstellungen auf dem Hosted-Cache-Server anpassen

Standardmäßig verwendet der Hosted-Cache-Server ein Prozent des Speicherplatzes für BranchCache. Wollen Sie den Wert ändern, verwenden Sie den folgenden Befehl:

netsh branchcache set cachesize size=<Prozent> percent=true

Nehmen Sie die Einstellungen über Gruppenrichtlinien vor, können Sie den Wert nicht mehr über die Eingabeaufforderung anpassen. Konfigurieren Sie die Einstellungen nicht über eine Richtlinie, können Sie den Hosted Cache auf dem Server auch mit dem Befehl *netsh branchcache set service mode=HOSTEDSERVER* aktivieren. Der Server nimmt standardmäßig auf den beiden Ports 80 und 443 Daten entgegen. Der Port 80 dient der Verbindung von Clients, die Daten vom Server abrufen wollen, der Port 443 dem Hochladen von Daten von anderen Clients in den Cache. Generell lassen sich diese Ports anpassen. Allerdings ist diese Anpassung nicht empfehlenswert, da Sie sie auf allen Clients manuell anpassen und Registrywerte ändern müssen.

Tipp Mit dem Befehl *netsh branchcache show status all* lassen Sie sich auf dem Hosted-Cache-Server die Einstellungen anzeigen. Hier sehen Sie, ob alle Werte korrekt hinterlegt sind.

Content-Server konfigurieren

Der Content-Server ist der Datei- oder Webserver in der Zentrale, auf dem Sie den Rollendienst und das Feature für BranchCache installiert, über Gruppenrichtlinien den Hashzugriff konfiguriert und bei den Freigaben BranchCache aktiviert haben. Führen Sie auch auf dem Content-Server in der Eingabeaufforderung den Befehl *netsh branchcache show status all* aus, um dessen Konfiguration zu überprüfen. Die Einstellungen für Server, die als Hosted-Cache-Server dienen, finden Sie in den Gruppenrichtlinien über *Computerkonfiguration/Richtlinien/Administrative Vorlagen/Netzwerke.* Über *LanMan-Server* nehmen Sie Einstellungen für die Server vor. Die Clients konfigurieren Sie über *BranchCache.* Auf dem Dateiserver, der als Content-Server dient, aktivieren Sie die Einstellung *Hashveröffentlichung für BranchCache.* BranchCache aktivieren Sie über die Eigenschaften der Freigabe:

1. Rufen Sie die Eigenschaften der Freigabe auf, für die Sie BranchCache aktivieren wollen.
2. Klicken Sie auf der Registerkarte *Freigabe* auf die Schaltfläche *Erweitert.*
3. Wechseln Sie auf die Registerkarte *Zwischenspeichern.*
4. Aktivieren Sie das Kontrollkästchen *BranchCache.*

BranchCache auf Clients konfigurieren

Standardmäßig ist BranchCache auf Windows 7/8/8.1/10-Clients deaktiviert. Damit BranchCache im Netzwerk funktioniert, müssen Sie die Funktion auf den Servern und für Freigaben aktivieren und anschließend die Clients im Netzwerk an die BranchCache-Infrastruktur anbinden.

Deaktivieren Sie den Netzwerkverkehr von BranchCache über die Firewalleinstellungen in Windows 7/8/8.1/10, können andere Clients im Netzwerk bei einer Distributed-Cache-Umgebung nicht auf die Daten des Rechners zugreifen. Arbeiten an dem Client aber verschiedene Benutzer, profitieren diese dennoch von BranchCache, allerdings nur lokal auf dem Rechner.

Clientkonfiguration mit Gruppenrichtlinien konfigurieren

Zur Aktivierung von BranchCache erstellen Sie am besten eine neue Gruppenrichtlinie und weisen diese den Clients zu, die BranchCache nutzen sollen. Die Clientaktivierung finden Sie über die Einstellungen für Dateiserver in Gruppenrichtlinien bei *Computerkonfiguration/Richtlinien/Administrative Vorlagen/Netzwerk.* Hier aktivieren Sie auch den unterstützten Modus und den freien Speicherplatz für BranchCache. Aktivieren Sie *BranchCache-Modus "Gehosteter Cache" festlegen,* müssen Sie über die Richtlinie auch den FQDN des Servers in der Niederlassung festlegen (Hosted-Cache-Server), der die Daten vom Dateiserver der Zentrale (Content-Server) abruft.

Firewalleinstellungen für BranchCache setzen

Damit BranchCache funktioniert, müssen Sie auf den Clients noch Firewalleinstellungen anpassen. Diese Einstellungen sind für den Modus *Distributed Cache* und den Modus *Hosted Cache* notwendig. Am besten verwenden Sie auch dazu eine Gruppenrichtlinie:

1. Sie finden die Einstellungen über *Computerkonfiguration/Richtlinien/Windows-Einstellungen/Sicherheitseinstellungen/Windows-Firewall mit erweiterter Sicherheit/Eingehende Regeln.*
2. Erstellen Sie über das Kontextmenü eine neue Regel.

3. Wählen Sie die Option *Vordefiniert*.
4. Wählen Sie als Regel *BranchCache – Inhaltsabruf (verwendet HTTP)* und schließen Sie die Erstellung der Regel ab.

Betreiben Sie BranchCache im Modus *Distributed Cache*, müssen Sie auf dem gleichen Weg eine weitere Regel erstellen. Wählen Sie als vordefinierte Regel *BranchCache – Peerermittlung (verwendet WSD)*. Über das WSD-Protokoll ermitteln Clients, ob eine benötigte Datei bereits auf einem Windows 7/8/8.1/10-Client im Netzwerk gespeichert ist. Diese Regel benötigt eine Kommunikation auf Port 3702, die Inhaltsübermittlung verwendet Port 80.

Clientkonfiguration mit Netsh

Neben der Möglichkeit über Gruppenrichtlinien können Sie auch mit der Eingabeaufforderung den Cachemodus bearbeiten und Einstellungen vornehmen.

Hinweis Gruppenrichtlinieneinstellungen haben Vorrang vor Einstellungen, die Sie mit *netsh* vornehmen, und überschreiben die Einstellungen wieder, wenn sich diese überschneiden.

BranchCache für Distributed Cache aktivieren

Wollen Sie in der Niederlassung mit Distributed Cache arbeiten, verwenden Sie den Befehl:

netsh branchcache set service mode=DISTRIBUTED

Sind bereits Richtlinien gesetzt, erhalten Sie bei der Ausführung auf dem Client eine entsprechende Meldung. Geben Sie den Befehl ein, wird die Firewall auf dem Client bereits automatisch für die beiden erwähnten Firewallregeln aktiviert.

BranchCache für Hosted Cache aktivieren

Wollen Sie mit Hosted Cache in der Niederlassung arbeiten, verwenden Sie folgenden Befehl:

netsh branchcache set service mode=HOSTEDCLIENT LOCATION=<Server in Niederlassung der als Hosted-Cache-Server funktioniert>

Auch dieser Befehl konfiguriert automatisch die Firewall auf dem Client.

Mit dem Befehl *netsh branchcache show status all* können Sie sich einen Status der Clientkonfiguration anzeigen lassen. Mit dem Befehl *netsh branchcache show hostedcache* lassen Sie sich den Hosted-Cache-Server anzeigen.

Tipp Mit dem Befehl *netsh branchcache flush* löschen Sie den lokalen Cache auf den Clientcomputern.

Die beiden neuen Technologien BranchCache und DirectAccess arbeiten zusammen. Setzen Sie im Unternehmen Windows Server 2019 und Windows 7/8/8.1/10 mit DirectAccess ein, können Client-Rechner auf alle Funktionen im Netzwerk zugreifen, genauso wie beim internen Zugriff. Das hat zum Beispiel den Vorteil, dass auch Gruppenrichtlinien auf Clients funktionieren.

Damit dieser Zugriff funktioniert, muss der DirectAccess-Server im internen Netzwerk unter Windows Server 2019 laufen. Die Verbindung zwischen Client und Server funktioniert über ein IPsec-gesichertes virtuelles Privates Netzwerk (VPN). Die Kommunikation erfolgt dazu mittels IPv6 zwischen Windows 7/8/8.1/10 und dem DirectAccess-Server unter Windows Server 2019.

Sobald sich der Client mit dem Netzwerk verbunden hat, kommuniziert er weiter mit IPv4, die IPv6-Verbindung endet aus Sicherheitsgründen am DirectAccess-Server. Verwenden Sie im Unternehmen IPv6, kann der IPsec-Datenverkehr natürlich auch im internen Netzwerk fortgeführt werden. Auf dem DirectAccess-Server legen Sie außerdem fest, auf welche internen Server der Zugriff erfolgen darf.

Zwischen den Clients, die BranchCache nutzen, muss der Port 3702 erlaubt sein, auch der Port 80 darf nicht blockiert werden. Für die Verschlüsselung verwenden die Clients und der Hosted-Cache-Server oft SSL und benötigen daher die Kommunikation über den Port 443.

Leistungsüberwachung und BranchCache

In Windows Server 2019 finden Sie einige Erweiterungen für den Leistungsmonitor bezüglich BranchCache. Wollen Sie BranchCache überwachen, fügen Sie am besten alle Leistungsindikatoren hinzu und wechseln über die dritte Schaltfläche von links in den Modus *Bericht*. So erhalten Sie einen guten Überblick.

Den Leistungsmonitor starten Sie am schnellsten, wenn Sie *perfmon* auf der Startseite eingeben. Damit die Leistungsindikatoren verfügbar sind, müssen Sie das Feature *BranchCache* auf dem Server aktivieren. Mehr zur Diagnose und Überwachung lesen Sie in Kapitel 38.

Tipp Mit dem Befehl *netsh branchcache show localcache* lassen Sie sich den Ordner und die Größe des Cache auf dem Server anzeigen. Mit *netsh branchcache show status all* können Sie sich über den aktuellen Status informieren.

Zusammenfassung

In diesem Kapitel haben wir Ihnen gezeigt, wie Sie den Zugriff auf Dateien in Windows 7/8/8.1/10 und Windows Server 2019 mit dem BranchCache-Feature beschleunigen. Sie konnten in diesem Kapitel lesen, wie Sie die Einrichtung mit oder ohne einen zusätzlichen Server durchführen und welche Konfigurationen notwendig sind.

Im nächsten Kapitel gehen wir auf die Konfiguration eines Druckservers im Windows-Netzwerk ein.

Kapitel 23

Druckerserver betreiben

In diesem Kapitel:

In diesem Kapitel zeigen wir Ihnen, wie Sie Windows Server 2019 als Druckerserver betreiben. Wir gehen auch darauf ein, wie Sie Smartphones und Tablet-PCs anbinden und das Drucken mit diesen Geräten ermöglichen.

Wollen Sie einen Windows Server 2019 als Druckerserver einsetzen, installieren Sie die Serverrolle *Druck- und Dokumentdienste* über den Server-Manager. In diesem Fall werden die notwendigen Verwaltungsprogramme installiert und in der Windows-Firewall die Ausnahmen für freigegebene Drucker eingetragen. Windows Server 2019 wird mit Druckertreibern geliefert, die mit früheren Windows-Versionen einsetzbar sind. Damit ein Drucker im Netzwerk zur Verfügung gestellt wird, müssen Sie diesen zunächst auf dem Druckerserver installieren. Die Installation erfolgt dabei genauso wie die Installation eines lokalen Druckers auf einer Arbeitsstation. Danach geben Sie ihn frei und binden die Arbeitsstationen, Tablets/Smartphones an.

Drucken im Netzwerk und mit Smartphones oder Tablet-PCs

Es gibt eine Vielzahl an Möglichkeiten, Drucker an das Netzwerk und an die verschiedenen PCs, Smartphones oder Tablet-PCs anzubinden. Viele Drucker beherrschen WLAN und auch die Anbindung von PowerLine-Adaptern, um die Stromleitungen für das Netzwerk zu nutzen, sind ein möglicher Weg, um entfernte Drucker an Windows Server 2019 anzubinden. Viele Drucker verfügen über eine eigene Netzwerkschnittstelle, die eine direkte Ansteuerung erlauben. Dazu kommen noch Drucker mit WLAN-Fähigkeit.

Viele DSL-Router und Firewalls bieten mittlerweile die Möglichkeit, Drucker per USB anzubinden und im Netzwerk freizugeben. Das ist vor allem für kleine Unternehmen sehr wichtig. Wollen Sie Drucker im Netzwerk freigeben, muss zum Drucken dieser Computer angeschaltet sein. Einfacher ist es, Drucker direkt im Netzwerk zur Verfügung zu stellen, am besten mit einer eigenen Schnittstelle. Auch hier können Sie aber Drucker zusätzlich noch an Druckerserver mit Windows Server 2019 anbinden.

Drucker in Windows freigeben

Wenn Sie einen Drucker an einem Server mit Windows Server 2019 angeschlossen haben und von anderen PCs im Netzwerk zugreifen wollen, können Sie diesen freigeben:

1. Dazu installieren Sie den Drucker auf dem Server. Rufen Sie anschließend in der Systemsteuerung *Geräte und Drucker anzeigen* auf. Hier sehen Sie den entsprechenden Drucker.
2. Über das Kontextmenü rufen Sie *Druckereigenschaften* auf. Wechseln Sie zur Registerkarte *Freigabe*.
3. Anschließend aktivieren Sie die Option *Drucker freigeben* und geben einen Namen für den Drucker ein. Dieser sollte so kurz wie möglich sein, da Clientcomputer sich mit diesem Namen mit dem Computer verbinden.
4. Aktivieren Sie die Option *Druckauftragsbearbeitung auf Clientcomputern durchführen*. So entlasten Sie den Druckerserver.
5. Sie haben noch die Möglichkeit, durch Aktivieren des Kontrollkästchens *Im Verzeichnis anzeigen* den Drucker über das Active Directory auffindbar zu machen. Doch dazu später mehr.

Wichtig ist noch die Schaltfläche *Zusätzliche Treiber*. Wenn sich ein Clientcomputer mit der Freigabe des Druckers verbindet, erhält er vom PC einen passenden Treiber. Unterscheiden sich aber das Betriebssystem des Druckerhosts vom Clientcomputer, lässt sich der Drucker nicht verbinden. Das gilt auch dann, wenn auf dem Host ein 64-Bit-System installiert ist und der Client ein 32-Bit-System verwendet. In diesem Fall aktivieren Sie bei den zusätzlichen Treibern noch die Option für das jeweilige Betriebssystem.

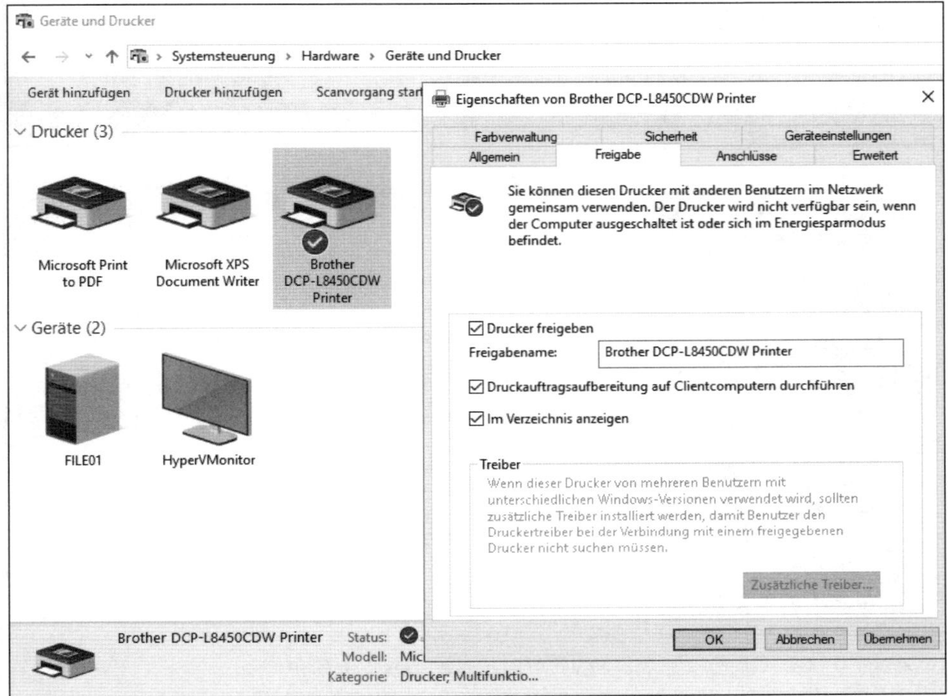

Abbildung 23.1: Drucker in Windows Server 2019 freigeben

Bestätigen Sie die Eingaben mit *OK*, ist der Drucker freigegeben. Nach diesen Maßnahmen steht der Drucker im Netzwerk zur Verfügung. Damit sich dieser auf Clientcomputern verbinden lässt, ist der einfachste Weg die Zeichenfolge \\<*Server-Name des Drucker-Hosts*>\<*Name der Druckerfreigabe*>. Den Drucker sehen Sie auch im Explorer, wenn Sie auf *Netzwerk* klicken. Ist der Drucker nicht sofort ersichtlich, klicken Sie auf den Namen des Computers, der den Drucker zur Verfügung stellt.

Drucker über WLAN anbinden

Drucker lassen sich auch über WLAN anbinden. Dazu müssen Sie einen Drucker einsetzen, der über einen eigenen WLAN-Adapter verfügt, oder ihn an einen WLAN-Accesspoint anbinden. Zunächst binden Sie diesen über seine eigene Steuerung an das WLAN-Netzwerk an.

Das funktioniert normalerweise direkt an der entsprechenden Hardware über einfach zu bedienende Assistenten. Ist der Drucker im Netzwerk verfügbar, sollten Sie den aktuellsten Druckertreiber beim Hersteller herunterladen und den Drucker anbinden. Netzwerkwissen ist in den wenigsten Fällen notwendig, da der Treiber die entsprechenden Schritte erledigt.

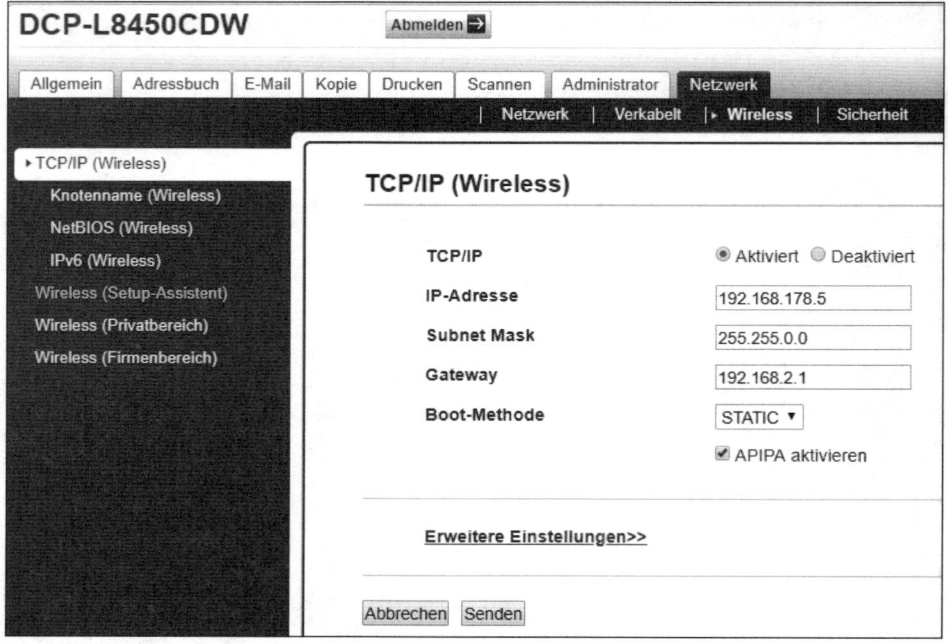

Abbildung 23.2: Druckertreiber können WLAN-Drucker schnell und einfach anbinden.

Anschließend müssen Sie den Druckertreiber nur noch auf den Geräten installieren, die den Drucker nutzen wollen. Konfigurieren Sie noch die Energiesparoptionen auf dem Gerät entsprechend, schaltet sich der Drucker in einen Energiesparmodus, wenn er nicht drucken muss.

Der Vorteil bei dieser Technik ist, dass kein Computer angeschaltet sein muss, um den Drucker zu nutzen, sondern dieser ständig im Netzwerk zur Verfügung steht. Die Drucker verfügen in den meisten Fällen über einen internen Webserver, der verschiedene Einstellungen und Statusabfragen erlaubt. Auf diesem Weg lassen sich besonders leicht Smartphones und Tablet-PCs anbinden.

Auf dem gleichen Weg binden Sie Drucker direkt über eine normale Netzwerkschnittstelle an (LAN). In diesem Fall müssen Sie den Drucker entweder mit einem Router oder WLAN-Accesspoint verbinden, der über eine normale Netzwerkschnittstelle verfügt. Ist kein direkter Anschluss möglich, verwenden Sie Powerline-Adapter. Diese können den Netzwerkverkehr direkt über Steckdosen weiterleiten. Damit dies funktioniert, sollten sich die Steckdosen idealerweise im selben Stromkreis befinden. Ansonsten besteht die Möglichkeit, dass sich die verschiedenen Adapter nicht finden. Elektriker können in diesem Fall mit elektronischen Bauteilen wie Phasengleichschalter eine Verbindung herstellen. Entsprechende Adapter gibt es zum Beispiel von AVM, Devolo, aber auch Netlink und anderen Herstellern.

Verwenden Sie möglichst immer Adapter eines Herstellers, auch wenn viele kompatibel miteinander sind. Die Adapter verfügen über ein eigenes Steuerungsprogramm. Sie können für den Datenverkehr ein Kennwort hinterlegen, sodass in Mehrfamilienhäusern niemand den Datenverkehr mitschneiden kann. So können auch kleine Unternehmen Drucker schnell und einfach anbinden.

Eigenen Netzwerkanschluss konfigurieren

Wenn die Drucker über keinen optimierten Treiber verfügen, der eine direkte Anbindung an das Netzwerk erlaubt, können Sie die entsprechende Verbindung manuell herstellen. Auch beim Anschluss eines USB-Druckers an einen externen Druckerserver können Sie auf dem Druckerserver manuell einen Netzwerkanschluss erstellen, der den Druckertreiber mit dem Drucker verbindet. Die Verbindung funktioniert natürlich ebenso mit professionelleren Druckerservern:

1. Dazu installieren Sie den Druckertreiber auf dem Server und wählen irgendeinen Anschlussport aus. Dieser muss nicht funktionieren.
2. Nach der Installation rufen Sie über das Kontextmenü die *Druckeigenschaften* auf und wechseln zur Registerkarte *Anschlüsse*. Klicken Sie auf *Hinzufügen* und wählen Sie *Standard TCP/IP-Port* aus.
3. Es startet ein Assistent, der Sie bei der Anbindung unterstützt. Geben Sie bei *Druckername oder -IP-Adresse* die IP-Adresse ein, die im Drucker konfiguriert ist. Diese sehen Sie direkt am Drucker in den Netzwerkeinstellungen. Das Feld *Portname* lassen Sie leer, außer der Hersteller des Hardwaredruckerservers gibt eine bestimmte Angabe vor.
4. Anschließend versucht der Assistent eine Erkennung und bindet den Drucker an. Findet der Assistent keinen Anschlussnamen, verwenden Sie die Einstellung *Generic Network Card*.
5. Stellen Sie sicher, dass auf der Registerkarte *Anschlüsse* der neue Port hinzugefügt und ausgewählt ist. Der Drucker sollte jetzt funktionieren.

Drucken mit iPhone und iPad – AirPrint

Ein häufiges Problem ist das Drucken von Dateien über das Smartphone oder Tablet. Während auf PCs das Installieren eines Druckertreibers ausreicht, lassen sich an Smartphones über diesen einfachen Weg keine Druckausgaben durchführen.

Drucker lassen sich per USB nicht so einfach an Smartphones anschließen. Für iPhone und iPad gibt es die Funktion AirPrint. Diese erlaubt das Drucken über WLAN, aber nur auf ausgewählten Druckern. Um diese Funktion zu nutzen, ist keine Installation notwendig. Sie müssen einfach die *Weiterleiten*-Funktion auswählen und den Druck starten. Anschließend scannt das iPhone/iPad das Netzwerk auf kompatible Drucker und bietet eine Druckerauswahl an. Den Druckauftrag sendet das Gerät per WLAN direkt an den Drucker. Sie benötigen dazu keine App und auch keinen Druckerserver. Alle Apps, die eine interne Druckfunktion haben, können AirPrint nutzen.

Freigegebene Drucker verwalten

Unabhängig davon, wie Sie einen Drucker installiert und freigegeben haben, können Sie in der Systemsteuerung auf dem Druckerserver Einstellungen vornehmen, um den Drucker im Netzwerk anzupassen und auch Rechte zu konfigurieren.

Anpassen der Einstellungen von Druckern

Sie finden die Einstellungen in der Systemsteuerung über *Hardware/Geräte und Drucker anzeigen*. Klicken Sie mit der rechten Maustaste auf den Drucker und wählen Sie *Druckereigenschaften*.

Über die Registerkarte *Sicherheit* lassen sich die Zugriffsberechtigungen für Drucker konfigurieren. Hier gibt es drei Berechtigungen, die standardmäßig zugeordnet werden können:

- **Drucken –** Erlaubt die Ausgabe von Dokumenten auf dem Drucker. In den meisten Fällen ist hier die Gruppe *Jeder* eingetragen, das heißt, jeder Anwender darf den Drucker nutzen. Hier sollte die Gruppe entfernt werden. Anschließend kann zum Beispiel eine neu erstellte Gruppe hinzugefügt werden, die das Recht erhält, den Drucker zu nutzen. Andere Benutzergruppen außer Administratoren sollten nicht das Recht haben, den Drucker zu nutzen.
- **Diesen Drucker verwalten –** Ermöglicht die Veränderung von Druckereinstellungen, wie bei den auf den vorangegangenen Seiten beschriebenen Festlegungen.
- **Dokumente verwalten –** Erlaubt die Verwaltung von Warteschlangen und damit beispielsweise das Löschen von Dokumenten aus solchen Warteschlangen. Dieses Recht sollten entweder Administratoren erhalten oder speziell geschulte Anwender, die Dokumente aus den Druckwarteschlangen löschen sollen.

Der Zugriff auf freigegebene Drucker

Drucker können Sie wie Netzlaufwerke im Explorer durch die Syntax *<Servername>**<Drucker>* oder mit *net use <Servername>**<Drucker>* verbinden. Um auf einen freigegebenen Drucker im Netzwerk zuzugreifen, können Sie auch den Assistenten für die Druckerinstallation verwenden. Das ist zum Beispiel sinnvoll, wenn Sie den Drucker im Ordner, also in Active Directory, veröffentlicht haben. Klicken Sie auf *Drucker hinzufügen*, findet Windows 7/8.1/10 veröffentlichte Drucker automatisch.

Eigenschaften von Druckern in der PowerShell ändern

Sie können Einstellungen von Druckern in der PowerShell anpassen. Dazu verwenden Sie das Cmdlet *Set-PrinterConfiguration*. Beispiele sind das Anpassen der Papiergröße von Druckaufträgen. Im Gegensatz zur grafischen Oberfläche können Sie zum Beispiel für alle Drucker auf einem Druckserver die Papiergröße auf einmal festlegen:

Get-Printer | Set-PrintConfiguration -PaperSize A4

Zusätzlich zu *Set-PrinterConfiguration* gibt es aber auch die Möglichkeit, Informationen anzuzeigen. Dazu verwenden Sie das Cmdlet

Get-PrinterConfiguration

Auch dieses können Sie mit *Get-Printer* verknüpfen, um sich zum Beispiel die Papiergröße der Drucker auf dem Server anzuzeigen:

Get-Printer | Get-PrintConfiguration |ft PrinterName, PaperSize

Nachfolgend finden Sie eine Liste aller Cmdlets in der PowerShell, mit denen Sie Drucker in der PowerShell verwalten:

Add-Printer – Fügt einen Drucker hinzu.

Add-PrinterDriver – Installiert einen Druckertreiber.

Add-PrinterPort – Installiert einen Druckerport.

Get-PrintConfiguration – Zeigt die Konfiguration eines Druckers an.

Get-Printer – Zeigt Informationen zu Druckern an.

Get-PrinterDriver – Zeigt die installierten Druckertreiber an.

Get-PrinterPort – Zeigt die vorhandenen Druckerports an.

Get-PrinterProperty – Zeigt die Eigenschaften der Drucker an.

Get-PrintJob – Zeigt die Druckjobs an.

Read-PrinterNfcTag – Liest Informationen zu Druckern aus dem NFC-Tag (Near Field Communication) aus.

Remove-Printer – Löscht Drucker.

Remove-PrinterDriver – Löscht Druckertreiber.

Remove-PrinterPort – Löscht Druckerports.

Remove-PrintJob – Löscht Druckaufgaben.

Rename-Printer – Benennt einen Drucker um.

Restart-PrintJob – Startet einen Druckjob neu.

Resume-PrintJob – Setzt einen Druckjob fort.

Set-PrintConfiguration – Passt die Druckerkonfiguration an.

Set-Printer – Passt Drucker an.

Set-PrinterProperty – Passt die Druckereigenschaften an.

Suspend-PrintJob – Hält einen Druckauftrag an.

Write-PrinterNfcTag – Schreibt ein Drucker-NFC-Tag.

Druckaufträge in der PowerShell erzeugen

Übergeben Sie die Ausgabe von Cmdlets mit der Option | *Out-Printer* an das Cmdlet *Out-Printer*, druckt die PowerShell die Ausgabe auf dem Standarddrucker aus. Soll ein anderer als der Standarddrucker für die Ausgabe verwenden werden, geben Sie diesen mit der Option *-Name* an. Verwenden Sie dazu die Bezeichnung wie in der Druckersteuerung angegeben und setzen Sie den Druckernamen in Anführungszeichen.

Mit dem Cmdlet *Write-Warning* lassen sich eigene Warnungen in der PowerShell anzeigen. *Write-Host* schreibt Nachrichten. Beide sind farblich unterschiedlich formatiert. Farbzuweisungen lassen sich nur für *Write-Host* setzen. Die Farben konfigurieren Sie mit *-ForeGroundColor* und *-BackGroundColor* manuell. Folgende Werte sind möglich:

- Black (Schwarz)
- DarkBlue (Dunkelblau)
- DarkGreen (Dunkelgrün)
- DarkCyan (Dunkelzyan)
- DarkRed (Dunkelrot)
- DarkMagenta (Dunkelmagenta)

- DarkYellow (Dunkelgelb)
- Gray (Grau)
- DarkGray (Dunkelgrau)
- Blue (Blau)
- Green (Grün)
- Cyan (Zyan)
- Red (Rot)
- Magenta (Magentarot)
- Yellow (Gelb)
- White (Weiß)

Auch diese Warnungen und Informationen können Sie dann direkt mit *Out-Printer* drucken lassen. Sie haben die Möglichkeit, direkt einen Text auf dem Drucker auszugeben. Dazu verwenden Sie den Befehl *"<Beliebiger Text>" | Out-Printer*. Wollen Sie den Drucker ansteuern, zum Beispiel einen Drucker im Netzwerk verwenden, geben Sie folgenden Befehl ein:

"<Text>" | Out-Printer -Name \\<Druckserver>\<Freigegebener Drucker>

Neben Texten können Sie auf diesem Weg auch Informationen ausdrucken, zum Beispiel eine Liste aller aktuell gestarteten Prozesse:

Get-Process | Out-Printer

Sie können außerdem den Inhalt von Textdateien direkt auf Druckern ausgeben:

Get-Content <Datei> | Out-Printer

Druckberechtigungen mit Skripts setzen – SetACL.exe

Berechtigungen lassen sich auch über Skripts umsetzen. Dabei kann das kostenlose Tool SetACL (*https://helgeklein.com/setacl*) helfen. Mit diesem können Administratoren die Berechtigungen von freigegebenen Druckern anpassen. Ein Beispielbefehl sieht folgendermaßen aus:

setacl.exe -on "\\<Server>\<Drucker>" -ot prn -actn ace -ace "n:<Domäne>\<Gruppe>; p:print"

Mit dem folgenden Befehl werden die Rechte gelöscht:

setacl.exe -on "\\<Server>\<Drucker>" -ot prn -actn trustee -trst "n1:<Domäne>\<Gruppe>; ta:remtrst;w:dacl"

Das ist zum Beispiel sinnvoll, wenn die Standardgruppen per Skript entfernt werden sollen und danach die gewünschten Gruppen hinzugefügt werden. Die Gruppe *Jeder* darf bei neu freigegebenen Druckern zum Beispiel immer drucken. Soll diese Gruppe entfernt werden, nutzen Sie folgenden Befehl:

setacl.exe -on "\\<Server>\<Drucker>" -ot prn -actn trustee -trst "n1:Jeder;ta:remtrst;w:dacl"

Mit dem Tool lassen sich aber auch Berechtigungen anzeigen. Der Befehl dazu sieht folgendermaßen aus:

setacl.exe -on "\\<Server>\<Drucker>" -ot prn -actn list

Wollen Sie zum Beispiel der Helpdesk-Gruppe in der Active Directory-Domäne *contoso* das Recht erteilen, die Warteschlange des Druckers *brother* auf dem Server *web* zu bearbeiten, wird der folgende Befehl verwendet:

setacl.exe -on "\\web\brother" -ot prn -actn ace -ace "n:contoso\Helpdesk;p:man_docs"

Eine umfangreiche Liste zum Umgang mit dem Tool finden Sie auf der Hilfeseite von SetACL.exe (*https://helgeklein.com/setacl/documentation/command-line-version-setacl-exe*). Für erfahrene Entwickler stellt der Programmierer von SetACL auch eine DLL-Version zur Verfügung. Diese lässt sich zum Beispiel in selbst entwickelte Programme oder grafische Oberflächen integrieren.

Verwaltung von Druckjobs

Führt ein Drucker viele Druckjobs aus, ist es oft notwendig, dass Sie diese Jobs beobachten und unter Umständen beenden, wenn ein Job einen ganzen Drucker blockiert. Klicken Sie in der Druckersteuerung doppelt auf den entsprechenden Drucker und wählen Sie dann den Link *Druckausgabe anzeigen*. Damit wird die Druckerwarteschlange geöffnet. Darin sind alle Dokumente zu finden, die aktuell gedruckt werden beziehungsweise auf ihren Ausdruck warten.

Über die Befehle in den Menüs *Drucker* und *Dokument* lassen sich die anstehenden Druckjobs verwalten. Die dort verfügbaren Befehle sind weitgehend selbsterklärend. Wenn sich fehlerhafte Druckjobs in der Verwaltung des Druckers nicht löschen lassen, beenden Sie die Druckwarteschlange auf dem Server. Sie können diesen Vorgang entweder über die Diensteteuerung vornehmen oder in der Eingabeaufforderung *net stop spooler* eingeben und anschließend den Dienst wieder mit *net start spooler* starten lassen. Alle Druckaufträge sollten jetzt gelöscht sein oder sich zumindest ohne weitere Fehler löschen lassen.

Druckverwaltungs-Konsole – Die Zentrale für Druckerserver

Die Druckverwaltung ist eine zentrale Verwaltungsoberfläche für Drucker in Ihrem Unternehmen. Sie starten das Tool über die Programmgruppe *Tools* im Server-Manager. Mit dieser Konsole lassen sich alle Druckerserver Ihres Unternehmens an zentraler Stelle verwalten und neue Drucker hinzufügen oder entfernen.

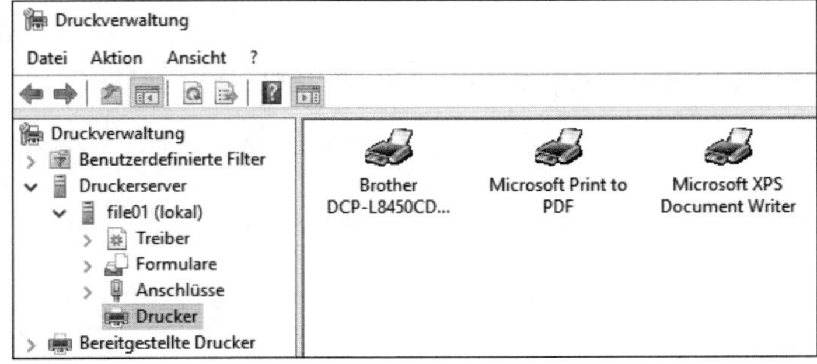

Abbildung 23.3: Druckerserver mit der Druckverwaltung überwachen und konfigurieren

Klicken Sie mit der rechten Maustaste auf der Konsolenstruktur auf den Eintrag *Druckerserver*, können Sie weitere Server der Verwaltungskonsole hinzufügen, die Sie zukünftig über diese zentrale Stelle verwalten. Auf den Servern müssen aber die Druck- und Dokumentdienste installiert sein, wie zu Beginn des Kapitels beschrieben. Die Drucker der verbundenen Druckerserver werden in der Druckverwaltung an drei Orten gespeichert: *Benutzerdefinierte Filter*, *Druckerserver* und *Bereitgestellte Drucker*.

Erstellen von benutzerdefinierten Filteransichten

Der Eintrag *Benutzerdefinierte Filter* in der Druckverwaltung enthält verschiedene Filter, über die Sie auf einen Blick alle notwendigen Informationen zu den installierten Druckern im Unternehmen erhalten.

Sie können erkennen, welche Drucker derzeit nicht bereit sind, und zwar von allen Druckerservern, die Sie verbunden haben. Außerdem werden Ihnen an dieser Stelle alle Drucker zentral angezeigt sowie alle installierten Druckertreiber. Ebenso lassen sich alle Druckaufträge in der Konsole filtern.

Neben den bereits standardmäßig angelegten Filtern können Sie durch einen Klick mit der rechten Maustaste auf den Knoten *Benutzerdefinierter Filter* weitere Filter erstellen, zum Beispiel Farbdrucker, Duplexdrucker oder welche Kategorien auch immer Sie benötigen. Der Assistent zum Erstellen eines neuen benutzerdefinierten Filters lässt viele Auswahlmöglichkeiten zu.

Exportieren und Importieren von Druckern

Klicken Sie mit der rechten Maustaste auf einen der verbundenen Druckerserver, können Sie verschiedene Aufgaben durchführen. Unter anderem können Sie alle Druckertreiber auf einen Schlag exportieren und die Exportdatei auf einem anderen Druckerserver wieder importieren. Durch das Exportieren erhalten Sie außerdem eine Datensicherung der Druckkonfiguration und können beim Einsatz zahlreicher Drucker auf dem Server sehr schnell eine Wiederherstellung durchführen, da Sie nur die Exportdatei benötigen.

Über das Kontextmenü fügen Sie auch neue Drucker hinzu. Im Gegensatz zum normalen Installations-Assistenten für Drucker können Sie über den Assistenten in der Druckverwaltung auch automatisch nach verfügbaren Druckern im gleichen Subnetz suchen lassen.

Drucker verwalten und über Gruppenrichtlinien verteilen lassen

Klicken Sie mit der rechten Maustaste auf einen Drucker, können Sie über das Kontextmenü verschiedene Aufgaben durchführen.

So wählen Sie zum Beispiel mit dem Befehl *Mit Gruppenrichtlinie bereitstellen* eine Gruppenrichtlinie aus, in die Sie den Drucker integrieren. Alle Benutzer und alle Computer, für die diese Richtlinie angewendet wird, werden automatisch mit dem hinterlegten Drucker verbunden.

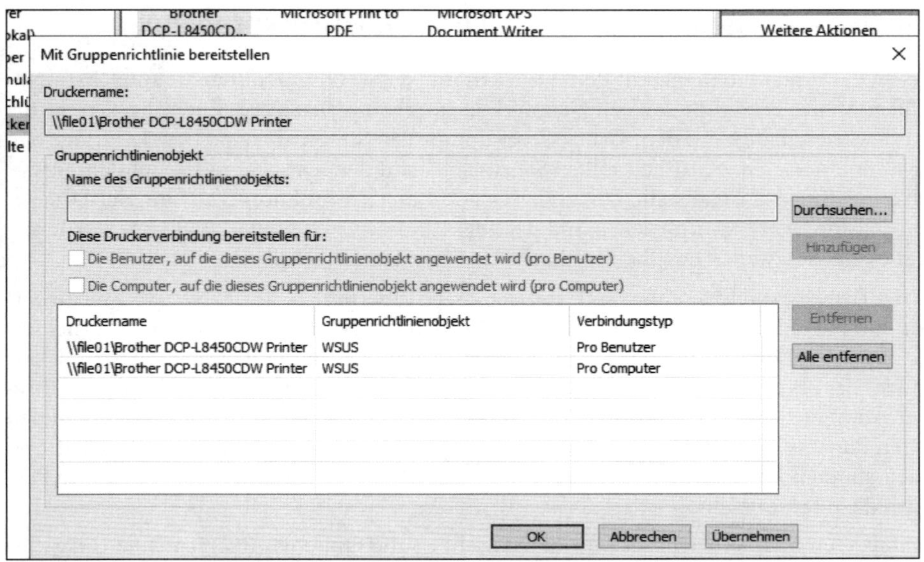

Abbildung 23.4: Verteilen von Druckern über Gruppenrichtlinien

Wenn die Verarbeitung der Gruppenrichtlinie auf Clientcomputern ausgeführt wird, werden die Druckerverbindungseinstellungen auf die dem Gruppenrichtlinienobjekt zugeordneten Benutzer oder Computer angewendet.

Über diese Methode bereitgestellte Drucker werden im Knoten *Bereitgestellte Drucker* in der Druckverwaltung angezeigt. Ein Drucker, der so installiert wurde, kann von jedem Benutzer dieses Computers verwendet werden.

Druckprobleme im Netzwerk lösen

Wenn Anwender über das Internet auf freigegebene Drucker zugreifen wollen oder per IP-Verbindung mit einem Netzwerkdrucker verbunden sind, gibt es eine Vielzahl an möglichen Problemen.

Natürlich sollten Sie auch überprüfen, ob der Drucker auf dem Druckserver optimal funktioniert und der Drucker nicht als offline auf dem Server angezeigt wird. Auf Rechnern im Netzwerk können Sie den verbundenen Drucker löschen und dann erneut verbinden. Am schnellsten geht das, wenn Sie im Explorer mit \\<*Druckservername*> die Freigaben des Servers anzeigen lassen und per Doppelklick den Drucker erneut verbinden. Alternativ verwenden Sie das Kontextmenü des Druckers.

Sie sollten über das Kontextmenü des Netzwerksymbols über das Netzwerk- und Freigabecenter überprüfen, ob im entsprechenden Netzwerkprofil (Domäne oder Privat) die Datei und Druckerfreigabe aktiviert ist.

Generelle Vorgehensweise beim Lösen von Druckproblemen

Liegen bei Ihnen Probleme mit dem Drucken im Netzwerk vor, sollten Sie zunächst überprüfen, ob der Fehler am lokalen Netzwerk liegt oder am Drucker selbst. Checken Sie die Druckwarteschlange auf dem Druckserver und prüfen Sie, ob einzelne Druckaufträge den Drucker blockieren. Natürlich sollten Sie zunächst auf dem Drucker selbst mit dem Auslösen einer Testseite sicherstellen, dass der Drucker an sich funktioniert. Kann der Drucker seine eigene Testseite ausdrucken und der angeschlossene Computer direkt auch drucken, liegt es am Netzwerk. Diese beiden Punkte stehen immer am Anfang.

Ist der Drucker direkt am Netzwerk angeschlossen, überprüfen Sie die Netzwerkverfügbarkeit und pingen Sie den Drucker an. Haben Sie den Drucker an einen Windows-Druckserver angeschlossen, überprüfen Sie über das Kontextmenü die Druckeigenschaften. Überprüfen Sie, ob der korrekte Port hinterlegt ist. Arbeiten Sie mit einem LPR-Port/TCP-IP-Port, kann es helfen, einen neuen Port zu erstellen. Binden Sie den Drucker dann an den neuen Port und löschen Sie den alten. Sie können den Drucker auch einfach zunächst an einen anderen Port konfigurieren, dann den TCP-Port löschen und danach neu erstellen. Doch dazu später mehr.

Deaktivieren oder aktivieren Sie für den Anschluss die Optionen *Bidirektionale Unterstützung aktivieren* und *Druckerpool aktivieren* auf der Seite mit den Anschlüssen. Auch hier kann es oft zu Problemen kommen, wenn der Druckertreiber diese Funktion nicht unterstützt.

Auf der Registerkarte *Erweitert* können Sie entweder die Funktion *Druckaufträge direkt zum Drucker leiten* oder *Über Spooler drucken um Druckvorgänge schneller abzuschließen* aktivieren. Testen Sie hier verschiedene Einstellungen. Abhängig von den Druckjobs auf dem Server und dem eingesetzten Treiber kann es hier zu Problemen kommen, wenn die Einstellungen nicht kompatibel sind.

Mit Änderungen an diesen Einstellungen lassen sich häufig Druckprobleme im Netzwerk beheben. Allerdings sollten Sie zum Testen die Druckaufträge löschen und dann jeweils immer einen neuen Druckauftrag testen lassen.

Auf der Registerkarte *Erweitert* können Sie auch den Treiber auswählen, mit dem der Drucker arbeitet. Eine andere Treiberversion kann bei Problemen durchaus Abhilfe schaffen.

Druckjobs überprüfen und löschen

Wenn ein Druckjob den Drucker blockiert, ist oft der beste Weg, den Druckerspooler-Dienst auf dem lokalen Rechner oder Druckserver neu zu starten. Dazu verwenden Sie in der Eingabeaufforderung mit administrativen Rechten den Befehl *net stop spooler* und danach *net start spooler.*

Administratoren von Druckservern können auch die PowerShell verwenden, um Druckprobleme aufzuspüren und Informationen über Druckjobs zu erhalten. So lassen sich die Aufträge anhalten, fortsetzen, löschen und mehr. Auf Wunsch können Sie auch für alle Drucker alle Aufträge anzeigen und diese sogar filtern lassen:

Get-Printer | Get-PrintJob | fl

Dadurch ist schnell erkennbar, welcher Druckjob einen Drucker ausbremst und alle weiteren Aufträge blockiert. Wollen Sie Druckaufträge löschen, verwenden Sie das Cmdlet

Remove-PrintJob. Auch hier haben Sie die Möglichkeit, die Printjobs einzelner Drucker zu filtern und löschen zu lassen:

Remove-PrintJob -PrinterName "Samsung" -ID 1

Die PowerShell kann aber auch anzeigen, welche Benutzer einen Druckjob gestartet haben. Auf Wunsch können Sie dann in der PowerShell bei allen Druckern im Unternehmen die Druckaufträge eines bestimmten Anwenders löschen lassen. Das geht in der PowerShell wesentlich schneller als mit grafischen Werkzeugen:

Get-Printer | Get-PrintJob | where UserName -LIKE <Benutzername> | Remove-PrintJob

Suspend-PrintJob hält Druckjobs an, mit *Resume-PrintJobs* starten Sie diese wieder.

Druckeinstellungen zur Fehlerbehebung überprüfen

Über das Kontextmenü eines Druckers, der Probleme macht, rufen Sie *Druckereigenschaften* auf. Auf der Registerkarte *Erweitert* können Sie die Funktion *Druckaufträge direkt zum Drucker leiten* oder *Über Spooler drucken um Druckvorgänge schneller abzuschließen* aktivieren. Testen Sie hier verschiedene Einstellungen.

Abhängig von den Druckjobs auf dem Server und dem eingesetzten Treiber kann es hier zu Problemen kommen, wenn die Einstellungen nicht kompatibel sind.

Über die Registerkarte *Sicherheit* lassen sich die Zugriffsberechtigungen für Drucker konfigurieren. Hier gibt es drei Berechtigungen, die standardmäßig zugeordnet werden können:

- **Drucken** – Erlaubt die Ausgabe von Dokumenten auf dem Drucker.
- **Diesen Drucker verwalten** – Ermöglicht die Veränderung von Druckereinstellungen, wie bei den auf den vorangegangenen Seiten beschriebenen Festlegungen.
- **Dokumente verwalten** – Erlaubt die Verwaltung von Warteschlangen und damit beispielsweise das Löschen von Dokumenten aus solchen Warteschlangen.

Berechtigungen und Sicherheitseinstellungen überprüfen

Über die *Druckereigenschaften* erreichen Sie auch die Registerkarte *Sicherheit.* Hier sehen Sie, welche Anwender den Drucker nutzen und verwalten dürfen. Überprüfen Sie an dieser Stelle also, ob die entsprechende Benutzergruppe das Recht hat, zu drucken. Überprüfen Sie auch, ob das Benutzerkonto des entsprechenden Anwenders Mitglied der Benutzergruppe ist.

Es gibt aber auch noch andere Bereiche, in denen Berechtigungen beim Drucken eine Rolle spielen. Können Anwender auf Remotedesktop-Sitzungshosts nicht drucken oder gibt es auf anderen Servern Probleme mit dem Drucken, überprüfen Sie die Berechtigungen für das Verzeichnis *C:\Windows\System32\Spool.* In den Eigenschaften des Verzeichnisses sollten Sie auf der Registerkarte *Sicherheit* überprüfen, ob die entsprechenden Benutzer oder Gruppen das Recht haben, dieses Verzeichnis zu lesen und in das Verzeichnis zu schreiben. Eine Rolle spielt das vor allem dann, wenn Sie in kleinen Niederlassungen oder Netzwerken den RDP-Dienst auf Domänencontrollern oder anderen Servern zusätzlich installieren. Eine weitere Rolle spielt das Verzeichnis *C:\Windows\System32\Spool\Printers.* Geben Sie hier der Gruppe *Jeder* das Recht zum Ändern, wenn die Drucker nicht funktionieren. Auch das kann Probleme mit Netzwerkdruckern beheben.

Drucker mit WMI ansprechen

Wenn Sie die Daten von Servern auslesen wollen, zum Beispiel Informationen zu Druckern, können Sie auf WMI-Befehle setzen. Ausführliche Informationen zu Festplatten lassen sich zum Beispiel ebenfalls mit WMI-Befehlen abrufen. Dazu gibt es das Cmdlet *Get-WmiObject*. Verwenden Sie die Option *Win32_LogicalDisk*, lassen sich Informationen zu Festplatten anzeigen. Ähnlich funktionieren die Abfragen auch für Drucker. Dazu verwenden Sie *Get-WmiObject* mit folgenden Erweiterungen:

- *Win32_Printer* – Druckerwarteschlangen
- *Win32_PrintJob* – Druckjobs
- *Win32_PrinterDriver* – Alle Treiber, die installiert sind
- *Win32_TCPIPPrinterPort* – IP-Ports
- *Win32_PrinterConfiguration* – Druckerkonfiguration
- *Win32_PrinterSetting* – Druckerinformationen zu allen Druckern
- *Win32_PrinterShare* – Freigaben der Drucker
- *Win32_PrinterDriverDll* – Installiere DLLs

Wie mit vielen Befehlen über WMI können Sie auch Informationen von Rechnern im Netzwerk auslesen. Die installierten Drucker auf einem Druckserver können Sie zum Beispiel in einer Variablen speichern und diese dann weiterverwenden, ausdrucken oder auslesen:

```
$Printer = Get-WmiObject -Class Win32_Printer -ComputerName [Druckserver]
```

Sie können aber auch noch weitergehen und die Anzeige filtern lassen. Dazu verwenden Sie die Option *Filter* des Cmdlets *Get-WmiObject*. Auf diesem Weg lassen Sie sich nur die Druckwarteschlangen von bestimmten Druckern auf speziell festgelegten Servern anzeigen. Auch diese Informationen können Sie in einer Variablen speichern, wie zuvor gezeigt. Sie können die Ausgabe aber auch direkt in der PowerShell anzeigen:

```
Get-WmiObject -Class Win32_Printer -ComputerName [Druckserver] -Filter 'name = "[Druckername]"'
```

Sie können sich den Status zu allen oder einzelnen Druckern anzeigen lassen. Sie erhalten den Status als Zahl:

```
(Get-WmiObject Win32_Printer -Filter "Name='<Druckername>'").PrinterStatus
```

Folgende Druckerstatus sind möglich:

- 1 = Andere
- 2 = Unbekannt
- 3 = Bereit
- 4 = Druckt
- 5 = Wärmt auf
- 6 = Druckauftrag beendet
- 7 = Offline

Sie können die Ausgabe skripten, um das Ergebnis ansprechender anzuzeigen, wenn Sie zum Beispiel alle Drucker eines Servers anzeigen wollen:

```
$printstatus = (Get-WmiObject Win32_Printer -Filter "Name='<Drucker>'").PrinterStatus
if ($printstatus = 1) {"Druckerstatus: Unbekannt"}
```

if ($printstatus = 2) {"Druckerstatus: Unbekannt"}

if ($printstatus = 3) {"Druckerstatus: Bereit"}

if ($printstatus = 4) {"Druckerstatus: Druckt"}

if ($printstatus = 5) {"Druckerstatus: Wärmt auf"}

if ($printstatus = 6) {"Druckerstatus: Druckauftrag beendet"}

if ($printstatus = 7) {"Druckerstatus: Offline"}

Viele Drucker liefern auf diesem Weg erweiterte Informationen, wenn zum Beispiel Fehler vorliegen. Auch hier erhalten Sie den Status wieder als Zahlencode:

Get-WmiObject Win32_Printer -Filter "Name='<Drucker>'").DetectedErrorState

- 0 = Unbekannt
- 1 = Anderer
- 2 = Kein Fehler, Drucker nicht verfügbar
- 3 = Wenig Papier
- 4 = Kein Papier
- 5 = Wenig Toner
- 6 = Kein Toner
- 7 = Klappe geöffnet
- 8 = Papierstau
- 9 = Offline
- 10 = Service
- 11 = Ausgabeschacht voll

Auch hier können Sie wieder ein Skript erstellen und die Anzeige formatieren. Neben der Möglichkeit, Drucker auszulesen, können Sie außerdem Änderungen durchführen. Sie können zum Beispiel den Namen eines Druckers in einer Variablen speichern und den Drucker in der PowerShell über WMI umbenennen:

$Printer = Get-WmiObject -class win32_Printer -ComputerName [Druckserver] -Filter 'name = "[Druckername]"'

$Printer.name = "<Neuer Name>"

$Printer.put()

Zusammenfassung

In diesem Kapitel haben wir Ihnen gezeigt, wie Sie Drucker unter Windows Server 2019 freigeben und effizient im Netzwerk verwalten und verteilen. Auch über die Anbindung von Smartphones und Tablet-PCs konnten Sie in diesem Kapitel etwas erfahren.

Im nächsten Kapitel zeigen wir Ihnen, wie DHCP in Windows Server 2019 funktioniert und wie Sie die Funktionen von DHCP in Windows Server 2019 nutzen.

Teil F
Infrastrukturen mit Windows Server 2019

Kapitel 24
DHCP- und IPAM-Server einsetzen

In diesem Kapitel:

Mit DHCP verwalten Sie die IP-Adressen im Netzwerk. Dazu stellt Windows Server 2019, wie seine Vorgänger auch, einen DHCP-Server bereit. Seit Windows Server 2012 gibt es einige Neuerungen in diesem Bereich, zum Beispiel den neuen Serverdienst IP-Adressverwaltungsserver (IPAM). In den Einstellungen für virtuelle Switches in Hyper-V können Sie außerdem den DHCP-Wächter aktivieren. Dieser verhindert, dass virtuelle Server im Netzwerk IP-Adressen verteilen.

Ebenfalls wichtig sind Richtlinien in DHCP. Damit lassen sich IP-Adressen besser verteilen. Außerdem interessant ist die Zusammenarbeit und Synchronisierung von zwei DHCP-Servern im Netzwerk. Diese Failovertechnologie benötigt keinen Cluster, sondern nur zwei DHCP-Server mit Windows Server 2019.

DHCP-Server lassen sich zu Teams zusammenfassen. Ein Team mit Windows Server 2019 kann Einstellungen, IP-Bereiche und Leases untereinander synchronisieren und replizieren. Fällt ein DHCP-Server aus, übernimmt ein anderer DHCP-Server dessen Aufgabe und kann die Leases der Clients weiterverwalten. Einfach ausgedrückt können DHCP-Server mit Windows Server 2019 den exakt gleichen Bereich verwalten, und zwar gleichzeitig.

DHCP-Server einsetzen

DHCP steht für Dynamic Host Configuration-Protokoll. Mit diesem Serverdienst können Arbeitsstationen von einer zentralen Stelle aus automatisch mit IP-Adressen versorgt werden. Einer der zentralen Bereiche von DHCP bei Windows Server 2019 ist die Integration in DNS und die gemeinsame Verwaltung mit IPAM.

Installation eines DHCP-Servers

Der DHCP-Server-Dienst wird über den Server-Manager installiert. Um diese einem Server hinzuzufügen, installieren Sie über den Server-Manager die Rolle *DHCP-Server*. Dadurch installieren Sie auch die Verwaltungstools für DHCP. Wie alle anderen Rollen können Sie auch DHCP im Server-Manager über das Netzwerk installieren.

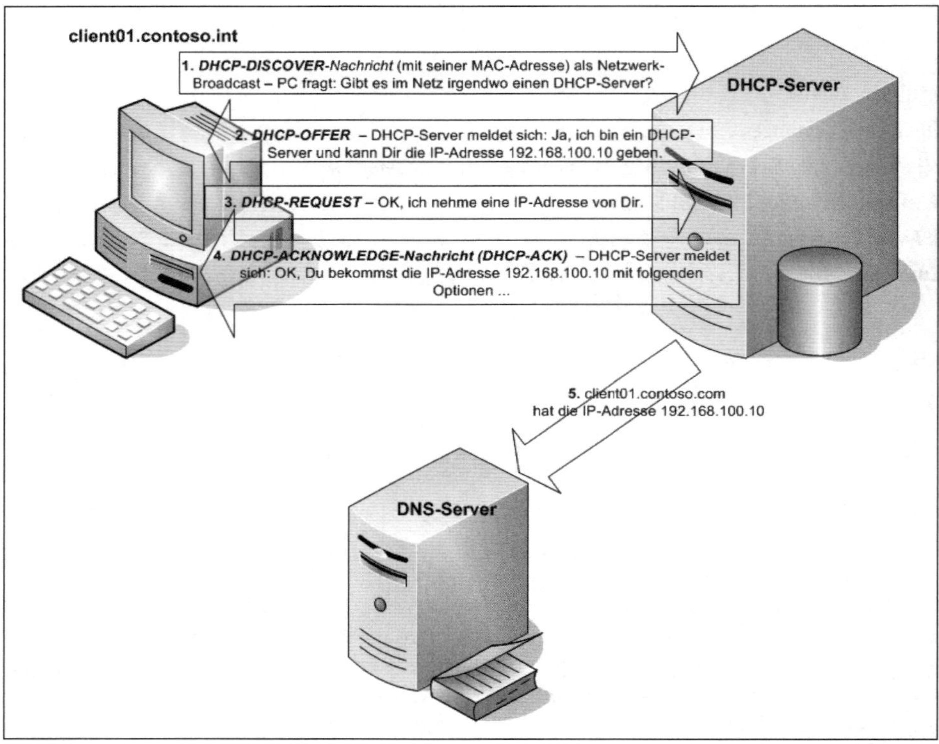

Abbildung 24.1: Vereinfachter Datenverkehr bei der Verwendung von DHCP

Grundkonfiguration eines DHCP-Servers

Haben Sie die Serverrolle installiert, starten Sie die Einrichtung über das Wartungssymbol oben rechts im Server-Manager. Über einen Assistenten nehmen Sie die Grundeinrichtung des DHCP-Servers vor. In den ersten Schritten legen Sie über den Assistenten die notwendigen Sicherheitsgruppen für DHCP an und autorisieren den Server in Active Directory. Erst nach der Autorisierung verteilt der Server IP-Adressen im Netzwerk. Den eigentlichen Dienst verwalten Sie über das Verwaltungsprogramm *DHCP*.

In den Eigenschaften von IPv4 und IPv6 legen Sie auf der Registerkarte *Erweitert* mit der Schaltfläche *Bindungen* fest, auf welchen Netzwerkkarten der Server auf DHCP-Anfragen antwortet. Sind in einem Server mehrere Netzwerkkarten eingebaut, besteht auch die Möglichkeit, den Server auf mehrere dieser Schnittstellen hören zu lassen.

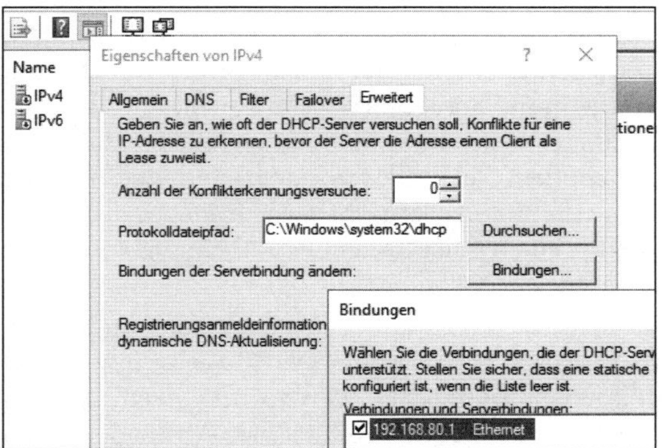

Abbildung 24.2: Auswählen der Bindungen für einen DHCP-Server

Bereiche erstellen

Ein DHCP-Server verteilt bestimmte IP-Adressen auf Basis von Bereichen, die Sie im Kontextmenü von IPv4 oder IPv6 anlegen. Hier steuern Sie, welche IP-Adressen Computer von diesem DHCP-Server erhalten sollen. Zunächst geben Sie einen Namen und eine Beschreibung für einen Bereich an.

Auf der nächsten Seite legen Sie die Start-IP-Adresse und die End-IP-Adresse sowie die Subnetzmaske des Bereichs fest.

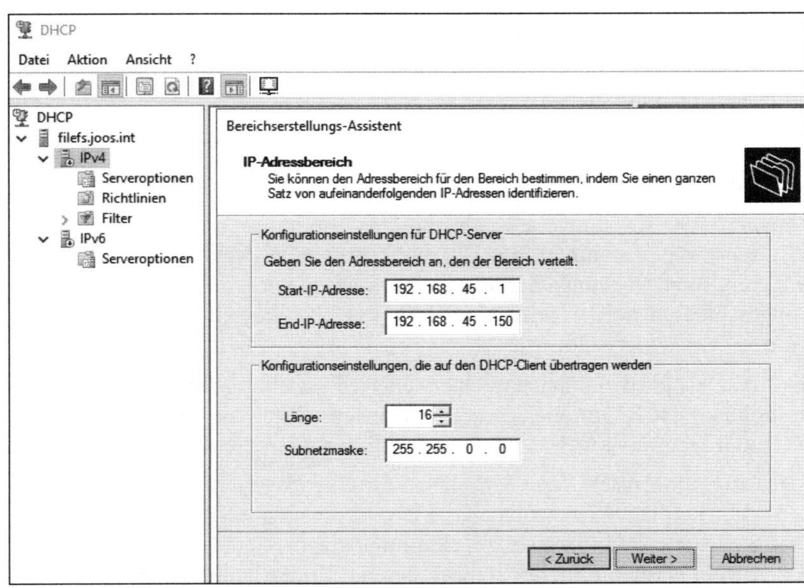

Abbildung 24.3: Festlegen der Start- und End-Adresse eines Bereichs

Als Nächstes legen Sie die IP-Bereiche innerhalb des neuen Bereichs fest, aus denen der Server keine IP-Adressen verteilen soll. Sie können in diesem Bereich auch nur einzelne IP-Adressen ausschließen oder die Antwort des Servers verzögern lassen, sodass unter Umständen andere DHCP-Server vorher auf die Anfragen von Clients antworten.

Bei der Einrichtung des DHCP-Bereichs legen Sie im Anschuss die Leasedauer fest. Diese Einstellung lässt sich nachträglich noch bearbeiten. Weist ein DHCP-Server einem Client eine IP-Adresse zu, dann ist diese Zuweisung immer auf einen gewissen Zeitraum beschränkt, die sogenannte Leasedauer, die in der Standardeinstellung acht Tage beträgt. Windows Server 2019 unterscheidet an dieser Stelle zwischen stationären (verkabelten) Computern, die erfahrungsgemäß länger mit dem Netzwerk verbunden sind, und mobilen (drahtlosen) Computern, also Notebooks von mobilen Mitarbeitern. Je länger die Leasedauer, umso länger wird eine IP-Adresse für einen Client reserviert. Abhängig von dieser Zeit durchläuft der DHCP-Client drei Phasen:

1. Nachdem die Leasedauer zur Hälfte abgelaufen ist, wendet sich der Client an den Server, um die erhaltene IP-Adresse erneut zu bestätigen. Ist der DHCP-Server betriebsbereit, wird die Leasedauer wieder auf ihren ursprünglichen Wert zurückgesetzt, also verlängert. Antwortet der Server nicht, wird der Client in regelmäßigen Abständen einen neuen Versuch unternehmen.
2. Steht nach Ablauf der Zeit der ursprüngliche DHCP-Server nicht mehr zur Verlängerung zur Verfügung, versucht der DHCP-Client nach 7/8 der Leasedauer, irgendeinen DHCP-Server zu erreichen, der ihm eine neue IP-Adresse zuweisen kann. Auch diesen Versuch wiederholt er in regelmäßigen Abständen.
3. Nach Ablauf der Leasedauer muss der Client seine IP-Adresse freigeben und versucht nun weiter, einen DHCP-Server zu erreichen, der ihm eine neue IP-Adresse zuweist.

Bei ausreichend verfügbaren IP-Adressen sollte die Leasedauer möglichst hoch gesetzt werden, damit die Clients keine unnötige Netzwerklast erzeugen. Nur wenn die Anzahl der verfügbaren Adressen kleiner als die Gesamtzahl der Computer ist, sollte der Wert so niedrig gewählt werden (unter Umständen sogar im Stundenbereich), dass der DHCP-Server nicht mehr benötigte Adressen schnell wieder aus der Datenbank löschen und anderen Clients zuweisen kann. Nach der Installation des DHCP-Servers kann die Leasedauer noch genauer konfiguriert werden.

Wenn sich 400 mobile Benutzer mit einem Netzwerk verbinden können, in dem nur rund 240 freie Adressen verfügbar sind, führt das dazu, dass faktisch 160 IP-Adressen mehr benötigt würden. Wenn davon maximal 100 Benutzer gleichzeitig verbunden sind, lässt sich dieser Engpass durch eine sinnvolle Festlegung der Leasedauer umgehen. Die Leasedauer sollte sich in etwa an der durchschnittlichen Verweildauer der Benutzer im lokalen Netzwerk orientieren. Auch in einigen Servicebereichen, in denen immer neue Systeme an ein Netzwerk angeschlossen werden müssen und die ihre IP-Adressen über DHCP erhalten, sind sehr kurze Leasedauern sinnvoll.

Anschließend können Sie für den Bereich noch erweiterte Einstellungen wie Standardgateway, DNS oder andere DHCP-Optionen festlegen. Zunächst legen Sie in den erweiterten Optionen das Standardgateway fest, das der Server an Clients verteilen soll.

Danach legen Sie die DNS-Einstellungen fest, die an die Clients verteilt werden sollen. An dieser Stelle können neben DNS-Servern auch die DNS-Domänen mitgegeben werden, die den DHCP-Clients zugewiesen werden sollen. Computer, die bereits Mitglied der Domäne sind, erhalten den DNS-Namen ohnehin statisch bereits bei der Domänenmitgliedschaft zugewiesen. Alleinstehende Computer ohne DNS-Konfiguration können durch diese

Funktion jedoch ebenfalls die DNS-Domäne des Unternehmens auflösen. Es schadet nicht, wenn Sie hier die Domäne eintragen. Arbeiten Sie im Unternehmen mit mehreren DNS-Domänen innerhalb eines IP-Bereichs, besteht auch die Möglichkeit, den Eintrag an dieser Stelle leer zu lassen. Haben Sie die IP-Adresse der DNS-Server eingetragen, kann über die Schaltfläche *Auflösen* sichergestellt werden, dass die IP-Adresse des Servers stimmt und er auch erreicht werden kann.

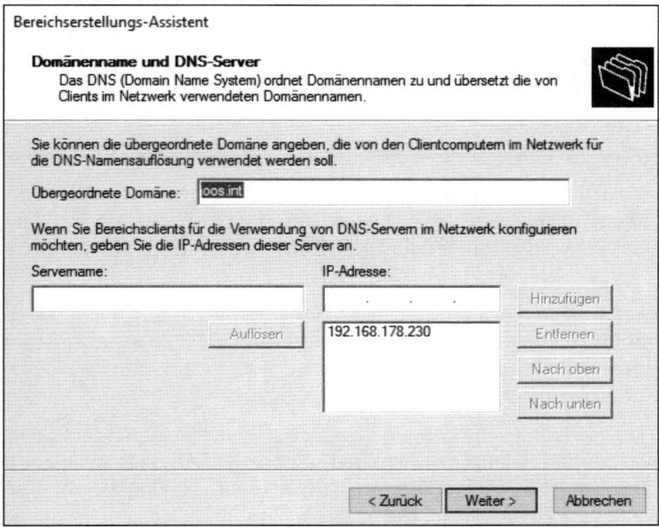

Abbildung 24.4: Konfigurieren der DNS-Einstellungen für DHCP-Clients

Auf der nächsten Seite legen Sie die WINS-Server fest, die den Clients zugewiesen werden sollen. WINS spielt in modernen Netzwerken aber so gut wie keine Rolle mehr.

Hinweis

APIPA (Automatic Private IP Addressing)

Für den Fall, dass kein DHCP-Server für das automatische Zuweisen einer IP-Adresse erreicht werden kann, bestimmt Windows eine Adresse in der für Microsoft reservierten IP-Adressierungsklasse, die von *169.254.0.1* bis *169.254.255.254* reicht. Diese Adresse wird verwendet, bis ein DHCP-Server gefunden wird. Dieses Beziehen einer IP-Adresse wird als automatische IP-Adressierung bezeichnet (APIPA).

Bei dieser Methode wird kein DNS, WINS oder Standardgateway zugewiesen, da diese Methode nur für ein kleines Netzwerk mit einem einzigen Netzwerksegment entworfen wurde. Um die APIPA-Funktion zu deaktivieren, müssen Sie in der Registrierung unter *HKEY_LOCAL_MACHINE\SYSTEM\CurrentControlSet\Services\Tcpip\Parameters* einen Schlüssel namens *IPAutoconfigurationEnabled* anlegen und ihm den Wert *0* zuweisen. Diese Konfiguration kann derzeit noch nicht über Gruppenrichtlinien verteilt werden. Generell wird empfohlen, die Einstellungen auf den Standardwerten zu belassen.

Nach der Erstellung eines DHCP-Bereichs in der Verwaltungskonsole können Sie jederzeit festlegen, wie der Server auf Anfragen reagieren soll und welche Adressen er bereits verteilt hat. Sie können über das Kontextmenü ebenfalls Einstellungen von Bereichen anpassen.

Auf der Registerkarte *Allgemein* können bei Bedarf der Name und die Beschreibung des Bereichs sowie die Start-IP-Adresse, die End-IP-Adresse und die Leasedauer verändert werden. Im Konsolenmenü ist unter *Adresspool* der Adressbereich mit den ein- und ausgeschlossenen Adressen zu sehen. Bei *Adressleases* werden die derzeit vergebenen IP-Adressen, auch Leases genannt, im definierten Bereich angezeigt. Die Reservierungen beinhalten die IP-Adressen, die einer MAC-Adresse fest zugeordnet worden sind.

Zusätzlich zu den Einstellungen bei der Erstellung des Bereichs können Sie die Leasedauer auf *Unbegrenzt* setzen, wenn Sie die Eigenschaften des Bereichs aufrufen. Diese Einstellung wird jedoch nicht empfohlen. Die Registerkarte *DNS* entspricht exakt der Registerkarte *DNS* der Servereigenschaften, wobei die Bereichseinstellungen Vorrang vor den Servereinstellungen haben.

Tipp

Wenn ein Bereich aktiviert ist, sollten Sie ihn erst dann deaktivieren, wenn die enthaltenen IP-Adressen nicht weiter im Netzwerk verfügbar sein sollen. Nach dem Deaktivieren eines Bereichs akzeptiert der DHCP-Server diese Adressen nicht mehr als gültig.

Wenn Adressen nur zeitweise deaktiviert sein sollen, können Sie durch Bearbeiten oder Ändern von Ausschlussbereichen in einem aktiven Bereich das gewünschte Resultat ohne ungewollte Nebeneffekte erzielen. Ausgeschlossene Bereiche lassen sich über das Kontextmenü des Eintrags *Adresspool* erzeugen.

Die Einstellungen eines Bereichs können Sie auch in der PowerShell abfragen. Dazu verwenden Sie den Befehl *Get-DhcpServerv4Scope*. Alle Cmdlets zur Verwaltung von DHCP in Windows Server 2019 erhalten Sie durch die Eingabe von *Get-Command *dhcp**.

DHCP-Server autorisieren

Sobald der DHCP-Server Mitglied in einer Active Directory-Domäne ist, muss er in Active Directory autorisiert werden, falls diese Aktion nicht bereits während der Installation durchgeführt wurde. Daher erscheint der entsprechende Assistent für die Einrichtung in Windows Server 2019 direkt nach der Installation der Serverrolle.

Nur Mitglieder der Gruppe *Organisations-Admins* können standardmäßig DHCP-Server autorisieren. Dadurch ist sichergestellt, dass er IP-Adressen automatisch an die Clients verteilen kann. Nach der Installation wird ein DHCP-Server zunächst als *Nicht autorisiert* angezeigt, was Sie am roten Pfeil erkennen, der nach unten gerichtet ist, wenn Sie seine Verwaltung öffnen. Klicken Sie in der DHCP-Verwaltung mit der rechten Maustaste auf den Servernamen und wählen Sie im Kontextmenü den Befehl *Autorisieren* aus. Auf diesem Weg können Sie die Autorisierung auch wieder aufheben.

Wenn der DHCP-Serverdienst von Windows Server 2019 startet, fragt er zunächst bei Active Directory an, ob er sich in der Liste der autorisierten DHCP-Server befindet. Ist dies der Fall, sendet er eine *DHCPinform*-Nachricht in das Netzwerk, um festzustellen, ob es andere Verzeichnisdienste gibt und er bei diesen gültig ist. Falls der DHCP-Server dagegen keinen Eintrag in Active Directory vorfindet oder keinen Active Directory-Server finden kann, geht er davon aus, dass er nicht autorisiert ist, und beantwortet keine Clientanfragen. Dieser Mechanismus funktioniert allerdings nur dann optimal, wenn mit Active Directory gearbeitet wird.

Bei alleinstehenden Servern mit Windows Server 2019 und DHCP-Dienst kann der DHCP-Serverdienst nur genutzt werden, solange keine Active Directory-Domäne im Netzwerk gefunden wird. Der Schutz von Active Directory greift natürlich nicht, wenn auch andere, nicht auf Windows Server 2019 basierende DHCP-Server im Netzwerk sind, beispielsweise in einem Router.

Dynamische DNS-Updates konfigurieren

Damit der DHCP-Server für die Clients eine automatische DNS-Registrierung auf den DNS-Servern durchführen kann, müssen Sie ihn erst dafür konfigurieren. Wenn Sie die Eigenschaften von IPv4 oder IPv6 des DHCP-Servers aufrufen, können Sie auf der Registerkarte *DNS* konfigurieren, welche Einträge er auf den DNS-Servern erstellen soll.

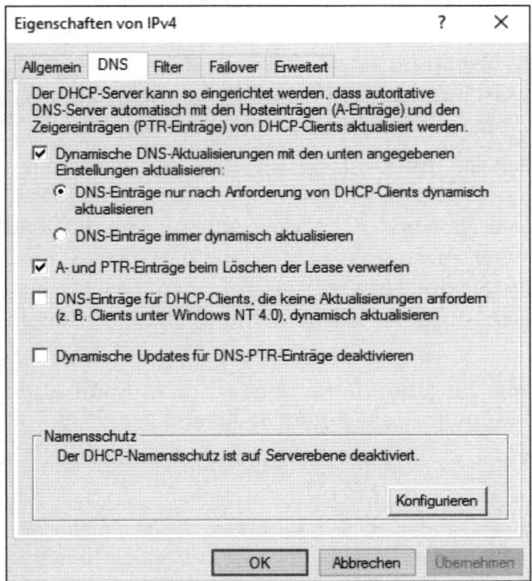

Abbildung 24.5: Konfiguration der DNS-Anbindung eines DHCP-Servers

Setzen Sie Clients ein, die kein dynamisches DNS unterstützen, sollten Sie in den Eigenschaften des DHCP-Servers auf der Registerkarte *DNS* das Kontrollkästchen *DNS-Einträge für DHCP-Clients, die keine Aktualisierungen anfordern* ... sowie zusätzlich die Option *DNS-Einträge immer dynamisch aktualisieren* aktivieren.

Ein Computer, dessen Leasedauer für die IP-Adresse abgelaufen ist, muss seine Adresse abgeben. Daher löscht der DHCP-Server in der Standardeinstellung auch die zugehörigen DNS-Einträge. Falls Sie die Einträge trotzdem behalten wollen, deaktivieren Sie das Kontrollkästchen *A- und PTR-Einträge beim Löschen der Lease verwerfen*.

Über die Schaltfläche *Konfigurieren* auf der Registerkarte *DNS* in den Eigenschaften des DHCP-Servers aktivieren Sie auch den Namenschutz, der bereits existierende Einträge im DNS vor Änderungen schützt.

In der Gruppe *DnsUpdateProxy* in der Domäne befinden sich Computer, die als Proxy für die dynamische Aktualisierung von DNS-Einträgen fungieren können. DHCP-Server werden in diese Gruppen nicht automatisch aufgenommen. Sie sollten die Computerkonten der DHCP-Server in die Gruppe *DnsUpdateProxy* aufnehmen, wenn die DNS-Aktualisierung nicht funktioniert. Alternativ können Sie auf der Registerkarte *Erweitert* in den Eigenschaften für IPv4 oder IPv6 Anmeldedaten hinterlegen, die eine Aktualisierung ermöglichen.

Statische IP-Adressen reservieren

Einige Geräte, zum Beispiel Netzwerkdrucker, können nur sehr umständlich auf eine feste IP-Adresse konfiguriert werden, manche nutzen sogar nur DHCP. Damit sich aber die Anwender nicht täglich auf neue IP-Adressen der Drucker einstellen müssen, sollen die Adressen dennoch statisch sein. Da ein DHCP-Server aber immer auf eine Anfrage irgendeine Adresse aus seinem konfigurierten Bereich vergeben kann, muss diese nicht mit der dem Gerät zuletzt zugewiesenen übereinstimmen.

In einem solchen Fall bietet sich eine Reservierung an, bei der die Hardware- oder MAC-Adresse des Druckers oder sonstigen Netzwerkgeräts mit einer bestimmten IP-Adresse verknüpft wird. Fordert dieses Gerät nun eine IP-Adresse an, vergleicht der DHCP-Server die MAC-Adresse mit seiner Datenbank und weist ihm daraufhin, zwar dynamisch, aber doch immer wieder dieselbe Adresse zu. Dieser Vorgang wird Reservierung genannt.

Um eine Reservierung zu erstellen, klicken Sie unterhalb des Bereichs mit der rechten Maustaste auf den Eintrag *Reservierungen* und wählen im Kontextmenü den Befehl *Neue Reservierung* aus. Geben Sie als Nächstes den Namen der Reservierung ein. Anschließend muss die IP-Adresse, die diesem Gerät immer zugewiesen wird, sowie die MAC-Adresse angegeben werden. Bei Druckservern finden Sie diese in der Regel auf einem Gehäuseaufkleber. Auf Netzwerkkarten finden Sie diesen Aufkleber häufig ebenfalls vor, nur leider in den seltensten Fällen an der Außenblende.

Sie können die MAC-Adresse auch über die Eingabeaufforderung mit dem Kommando *ipconfig /all* ermitteln. Die MAC-Adresse wird in der Zeile *Physische Adresse* angezeigt.

Tipp

Unter Umständen kann es sehr hilfreich sein, sich an einer zentralen Stelle alle MAC-Adressen in Ihrem Netzwerk anzeigen zu lassen. Mit der Batchdatei *getmac.bat*, die Sie von der Seite *https://www.wintotal.de/download/getmac* herunterladen können, werden alle MAC-Adressen in einem Netzwerk in der Eingabeaufforderung ausgelesen. Geben Sie dazu den Befehl *getmac <Subnetz> <Startadresse> <Endadresse>* ein.

So werden zum Beispiel mit *getmac 192.168.1/1078 1 40* die MAC-Adressen aller Rechner im Subnetz *10.0.0* von der IP-Adresse *10.0.0.1* bis zur Adresse *10.0.0.20* ausgelesen. Danach werden die Ergebnisse in der Textdatei *used_ips.txt* ausgegeben, die im selben Ordner angelegt wird, aus dem Sie *getmac.bat* starten.

Mit diesem kostenlosen Tool erhalten Sie schnell alle verfügbaren MAC-Adressen in einem IP-Bereich. Öffnen Sie nach dem Scanvorgang die Textdatei *used_ips.txt*, um sich die MAC-Adressen der Clients anzeigen zu lassen.

Wenn Sie nach dem Erstellen einer Reservierung die Eigenschaften des neuen Objekts öffnen, können Sie alle Einstellungen bis auf die zuzuweisende IP-Adresse wieder ändern. Die zusätzliche Registerkarte *DNS* erlaubt es Ihnen, für dieses eine Gerät zu bestimmen, ob der DHCP-Server die dynamische Registrierung beim DNS-Server übernimmt.

Diese Registerkarte entspricht exakt der Registerkarte *DNS* in den Eigenschaften des DHCP-Servers. Im Kontextmenü der Reservierung finden Sie außerdem den Befehl *Optio-*

nen konfigurieren. Neben den Möglichkeiten für den Server beziehungsweise für den Bereich können zusätzlich zur IP-Adresse und zum Subnetz noch weitere Einstellungen übergeben werden.

Zusätzliche DHCP-Einstellungen vornehmen

Zur Konfiguration der Optionen öffnen Sie entweder die Eigenschaften der Serveroptionen oder der jeweiligen Bereichsoptionen. Serveroptionen haben für alle erstellten Bereiche Gültigkeit, während Bereichsoptionen nur für den Bereich gelten, für den sie konfiguriert wurden.

Um die Optionen zu bearbeiten, wählen Sie im Kontextmenü zu *Bereichsoptionen* den Befehl *Optionen konfigurieren* aus. Aktivieren Sie nun das Kontrollfeld für die gewünschte Option und tragen Sie anschließend im Feld *Dateneingabe* jeweils die entsprechenden IP-Adressen, Namen oder Ähnliches ein. Die wichtigsten Optionen dabei sind:

- 003 Router (Standardgateway)
- 006 DNS-Server
- 015 DNS-Domänenname
- 044 WINS/NBNS-Server
- 046 WINS/NBT-Knotentyp

Tipp Wichtig ist die Überprüfung der Konsistenz der DHCP-Datenbank. Klicken Sie dazu mit der rechten Maustaste auf den Knoten *IPv4* oder *IPv6* und wählen Sie dann im Kontextmenü den Befehl *Alle Bereiche abstimmen* aus. Der Server überprüft daraufhin, ob die Inhalte der Bereiche und der Datenbank konsistent sind und keine Überschneidungen auftreten.

DHCP-Server mit Tools testen und Fehler finden

Ein sehr nützliches Tool zur Fehlersuche auf DHCP-Servern ist *dhcptest.exe* (*http://files.thecybershadow.net/dhcptest*). Obwohl das Tool schon etwas älter ist, funktioniert es auch mit aktuellen DHCP-Servern. Es spielt dabei überhaupt keine Rolle, auf welchem Betriebssystem oder welcher Hardware der DHCP-Server betrieben wird. Sie müssen das Tool nicht installieren, sondern führen es über die Befehlszeile aus.

Der Vorteil von *dhcptest.exe* ist, dass das Tool alle gefundenen DHCP-Server im Netzwerk anzeigt und auch den kompletten Datenverkehr zwischen Client und Server. Dadurch lassen sich schneller Fehler erkennen und unbekannte Netzwerke auslesen.

Ein weiteres Tool in diesem Bereich ist *DHCP Explorer* (*www.networksecurityhome.com/network_tools/dhcp_discovery/dhcp_discovery.html*). Vor der Verwendung muss DHCP Explorer unter Windows installiert werden.

DHCP Find ist ebenfalls ein Windows-Tool mit grafischer Oberfläche (*http://www.roadkil.net/program.php/P10/DHCP%20Find*). Nach dem Start können Sie ein DHCP-Paket in das Netzwerk senden und erfahren im Fenster, welche Antwort ein DHCP-Server gegeben hat.

Core-Server – DHCP mit Netsh über die Eingabeaufforderung verwalten

Der DHCP-Dienst von Windows Server 2019 lässt sich mit dem Befehl *Netsh* auch über die Eingabeaufforderung verwalten. Vor allem auf Core-Servern ist dieses Tool ein möglicher Weg zur Verwaltung, wenn nicht die DHCP-Konsole von einem anderen Server verwendet werden soll oder kann. Geben Sie dazu in der Eingabeaufforderung zunächst *netsh* ein und bestätigen Sie.

Anschließend geben Sie *dhcp* ein und bestätigen Sie. Jetzt können die spezifischen DHCP-Befehle in der Eingabeaufforderung verwendet werden. Die folgenden Befehle stehen zur Verfügung. Innerhalb der Konsole können weitere Befehle über *list* angezeigt werden:

- **add server** – Fügt einen DHCP-Server zur Liste der autorisierten Server in Active Directory hinzu. Die Syntax dazu lautet *add server <Server-DNS> <Server-IP>*. Der Parameter *<Server-DNS>* gibt den DHCP-Server an, der hinzugefügt werden soll. Der Server wird durch die IP-Adresse identifiziert, daher sind beide Optionen wichtig.
- **delete server** – Löscht einen DHCP-Server aus der Liste der autorisierten Server in Active Directory. Die Syntax dazu lautet *delete server <Server-DNS> <Server-IP>*. Der Parameter *<Server-DNS>* gibt den DHCP-Server an, der hinzugefügt werden soll. Der Server wird durch die IP-Adresse identifiziert, daher sind beide Optionen wichtig.
- **server** – Wechselt vom aktuellen Netsh-DHCP-Befehlszeilenkontext zu dem eines anderen DHCP-Servers. Werden keine Parameter verwendet, wechselt *server* vom aktuellen Befehlszeilenkontext zum Kontext des lokalen Computers.
- **show server** – Zeigt eine Liste der autorisierten Server in Active Directory an.

Konfigurieren von DHCP mit der richtlinienbasierten Zuweisung

Die richtlinienbasierte Zuweisung (Policy Based Assignment, PBA) ermöglicht es, DHCP-Clients nach bestimmten Attributen zu gruppieren, die im DHCP-Clientanforderungspaket enthalten sind. Die Richtlinien sind einfach ausgedrückt verbesserte Reservierungen, die über die Abfrage von MAC-Adressen hinausgehen.

DHCP-Richtlinien verstehen

Eine Richtlinie enthält eine Gruppe von Bedingungen. Je nach Typ des Clients können Sie zum Beispiel unterschiedliche Einstellungen für die Leasedauer vornehmen. Die folgenden Felder in der DHCP-Clientanforderung sind beim Definieren von Richtlinien verfügbar:

- Herstellerklasse
- Benutzerklasse
- MAC-Adresse
- Clientkennung
- Informationen zum Relay-Agent

Es gibt drei Typen von Richtlinieneinstellungen, die Sie den Clients zuteilen können:

- **IP-Adressbereich –** Sie können auf Basis der Richtlinie unterschiedliche IP-Adressbereiche verwenden.
- **Standard-DHCP-Optionen –** Sie können mehrere Standard-DHCP-Optionen zum Versand an einen Client konfigurieren.
- **Herstellerspezifische DHCP-Optionen –** Es lassen sich eine oder mehrere herstellerspezifische DHCP-Optionen zum Versand an den Client konfigurieren.

Der DHCP-Server wertet Richtlinien nach einer fest definierten Reihenfolge aus. Wenn Richtlinien auf den Server- und Bereichsebenen vorhanden sind, wendet der Server beide Gruppen von Richtlinien an und wertet die Bereichsrichtlinien vor den Serverrichtlinien aus. Wenn auf Bereichsebene keine Richtlinien definiert sind, gelten die Richtlinien auf der Serverebene für den Bereich. Eine einzige Clientanforderung kann mehreren Richtlinien entsprechen.

Wenn eine Clientanforderung den Bedingungen einer Richtlinie entspricht, weist der Server die erste freie IP-Adresse aus dem Bereich gemäß der Bestimmungen durch die Regel zu. Wenn einer Richtlinie mehrere Adressbereiche zugeordnet sind, weist er IP-Adressen zu, indem er zunächst versucht, eine IP-Adresse aus dem niedrigsten Adressbereich zuzuweisen. Wenn in keinem der Adressbereiche, die durch die Richtlinie zugeordnet sind, freie IP-Adressen verfügbar sind, verarbeitet er die nächste passende Richtlinie, wie durch die Verarbeitungsreihenfolge definiert wird.

Wenn keine der passenden Richtlinien über eine freie IP-Adresse verfügt, löscht der Server das Clientpaket und protokolliert ein Ereignis. Wenn ein DHCP-Clientpaket keiner der für den Bereich gültigen Richtlinien entspricht oder wenn keine der passenden Richtlinien für ein Clientpaket einem IP-Adressbereich zugeordnet ist, leiht der Server dem Client eine IP-Adresse aus dem IP-Adressbereich, der für den Bereich ohne richtlinienspezifische IP-Adressbereiche konfiguriert ist.

Der DHCP-Server wertet die Felder in der Clientanforderung in Bezug auf die einzelnen anwendbaren Richtlinien für den Bereich in der angegebenen Reihenfolge aus. Wenn die Clientanforderung den Bedingungen einer für den Bereich anwendbaren Richtlinie entspricht und die Einstellungen bestimmte Optionen umfassen, gibt der Server diese Optionen an den Client zurück. Wenn mehrere Richtlinien der Clientanforderung entsprechen, gibt er die Summe der Optionen zurück, die für die einzelnen passenden Richtlinien angegeben werden.

Erstellen von DHCP-Richtlinien

Um Richtlinien zu erstellen, verwenden Sie den Menüpunkt *Richtlinien* in der DHCP-Verwaltung von Windows Server 2019. Über das Kontextmenü erstellen Sie eine neue Richtlinie. Zunächst geben Sie einen Namen und eine Beschreibung für die Richtlinie ein. Anschließend legen Sie im nächsten Fenster eine oder mehrere Bedingungen fest.

Klicken Sie auf der Seite *Bedingungen für die Richtlinie konfigurieren* auf *Hinzufügen*. Wählen Sie im Dialogfeld *Bedingung hinzufügen/bearbeiten* die Option bei *Kriterien* aus, die Sie verwenden wollen. Legen Sie die Bedingung fest. Sie können mehrere Bedingungen definieren und diese auch mit Und/Oder miteinander verknüpfen.

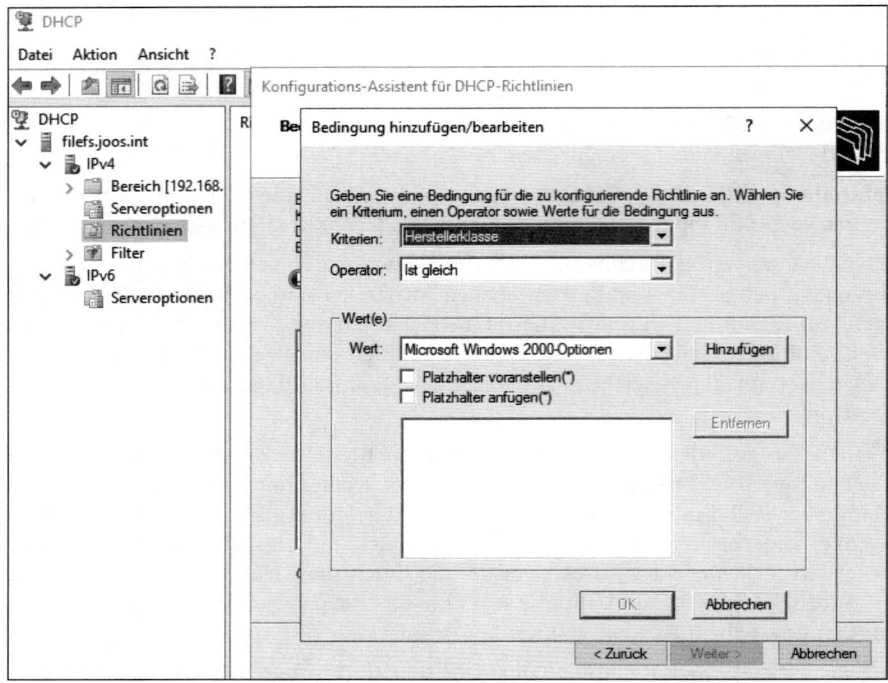

Abbildung 24.6: Mit DHCP-Richtlinien arbeiten

Klicken Sie auf *Weiter*, können Sie dem Client noch verschiedene DHCP-Server-Optionen oder IP-Adressen zuteilen. Klicken Sie abschließend auf *Fertig stellen*. Sie können die Richtlinien in der Verarbeitungsreihenfolge nach oben und unten verschieben sowie löschen oder deaktivieren. Außerdem können Sie die Eigenschaften einer Richtlinie jederzeit anpassen.

MAC-Filterung für DHCP in Windows Server 2019 nutzen

Eine weitere Funktion in Windows Server 2019 ist die MAC-Filterung des DHCP-Servers. Diese Funktion steuern Sie in der DHCP-Konsole über den Menüpunkt *IPv4/Filter*. Der Filter ermöglicht spezielle Zulassungsfilter und Verweigerungsfilter.

Mit der Liste können Sie sicherstellen, dass speziell festgelegte Geräte eine DHCP-Adresse erhalten oder der Server bestimmte Geräte blockiert. Sie können weiße Listen erstellen, bei denen kein Gerät eine IP-Adresse erhält, außer denen auf der Liste. Und Sie können zusätzlich auch schwarze Liste pflegen. Im Gegensatz zu weißen Listen blockieren schwarze Listen nur die Geräte auf der Liste, alle anderen Geräte erhalten vom DHCP-Server eine Adresse zugeteilt. Standardmäßig ist der DHCP-Server für eine schwarze Liste konfiguriert, enthält aber keine MAC-Adressen, die er blockiert.

Die MAC-Adressen können Sie über die grafische Oberfläche manuell eingeben oder mit Platzhaltern einen ganzen Bereich blockieren oder erlauben. Sie können Listen aber auch über das Kontextmenü einzelner Leases des Servers pflegen. Eine weitere Möglichkeit ist das Importieren einer Textdatei zum Blockieren. Klicken Sie mit der rechten Maustaste auf einen Rechner unter *Adressleases* eines Bereichs, können Sie den Rechner mit *Zu Filter hinzufügen* zu einem der Filter hinzufügen.

Anschließend sehen Sie die entsprechenden Rechner innerhalb des Filters. Die Filter sind standardmäßig deaktiviert. Wollen Sie diese aktivieren, können Sie das über das Kontextmenü erledigen. Sobald Sie eine MAC-Adresse im Verweigerungsfilter aufgenommen haben und der Filter aktiv ist, erhält dieses Gerät keine IP-Adresse mehr von diesem DHCP-Server. Aktivieren Sie den Filter *Zulassen*, blockiert der Server alle Anfragen, außer die MAC-Adressen, die im Zulassungsfilter aufgenommen sind. Aktivieren Sie beide Filter, vergibt der DHCP-Server auch dann nur Adressen an Rechner, die in der Zulassungsliste enthalten sind, mit Ausnahme von Geräten, deren MAC-Adressen in der Verweigerungsliste stehen.

Klicken Sie mit der rechten Maustaste auf den Bereich *IPv4* in der DHCP-Konsole und rufen Sie die Eigenschaften auf, können Sie auf der Registerkarte *Filter* weitere Einstellungen vornehmen. Wollen Sie manuell MAC-Adressen in die einzelnen Filter aufnehmen, klicken Sie auf den Filter mit der rechten Maustaste und wählen *Neuer Filter* aus. Sie können auch mit dem Zeichen * bei der Eingabe des Filters arbeiten. Haben Sie eine Liste von MAC-Adressen, die Sie in die Filter aufnehmen wollen, können Sie das kostenlose Zusatzprogramm von Microsoft mit der Bezeichnung *MAC Filter Import Tool* (*https://blogs.technet.microsoft.com/teamdhcp/2009/02/16/mac-filter-import-tool*) verwenden. Die Syntax in der Textdatei sieht folgendermaßen aus:

```
MAC_ACTION = {ALLOW}
000b21ffe430 # Client01
000b21ffd260 # Client02
000b21ffe330 # Client03
000b23ffd260 # Client04
```

Nachdem Sie auf *Import* geklickt haben, sind die MAC-Adressen Bestandteil der entsprechenden Filterliste. Neben der Konfiguration mit der grafischen Oberfläche können Sie die Filterlisten in der Eingabeaufforderung pflegen. Dazu nutzen Sie das Tool Netsh. Die Aktivierung der Listen erfolgt nach folgender Syntax:

netsh dhcp server v4 set filter [enforceallowlist=1|0] [enforcedenylist=1|0]

Wollen Sie zum Beispiel die Zulassungsliste aktivieren, verwenden Sie den Befehl:

netsh dhcp server v4 set filter enforceallowlist=1

Um MAC-Adressen zu den Listen hinzuzufügen, verwenden Sie den Befehl:

netsh dhcp server v4 add filter allow|deny mac-address ["Kommentar"]

Ein Beispiel dafür ist:

netsh dhcp server v4 add filter allow 01-1b-23-de-db-61 "client01"

Migration – Verschieben einer DHCP-Datenbank auf einen anderen Server

Unter manchen Umständen müssen die DHCP-Datenbank und ihr Inhalt auf einen neuen Server verschoben werden. Es können nur DHCP-Datenbanken derselben Sprachversion wiederhergestellt werden. Um diese Schritte auszuführen, müssen Sie auf dem DHCP-

Quell- und -Zielserver Mitglied der Gruppe *Administratoren* oder der Gruppe *DHCP-Administratoren* sein:

1. Sichern Sie die DHCP-Datenbank auf dem Quellserver über das Kontextmenü des Servers in der Verwaltungskonsole. Der DHCP-Dienst erstellt während des normalen Betriebs auch eine automatische Sicherungskopie der DHCP-Datenbank. Standardmäßig wird diese Kopie der Datenbanksicherung im Ordner *Windows\System32\dhcp\backup* gespeichert.
2. Beenden Sie den DHCP-Server. Dadurch wird verhindert, dass er nach dem Sichern der Datenbank neue Adressleases an Clients zuweist.
3. Deaktivieren Sie den DHCP-Serverdienst.
4. Kopieren Sie den Ordner mit der DHCP-Sicherungsdatenbank auf den DHCP-Zielserver.
5. Öffnen Sie auf dem Zielserver die DHCP-Verwaltungskonsole.
6. Klicken Sie im Kontextmenü auf *Wiederherstellen*.
7. Wählen Sie den Ordner mit der DHCP-Sicherungsdatenbank aus und klicken Sie dann auf *OK*.

Eine weitere Möglichkeit, die DHCP-Daten zu exportieren, besteht über die Eingabeaufforderung. Geben Sie dazu die folgenden Befehle ein:

netsh

dhcp

server <IP-Adresse des Quellservers>

export <Pfad und Datei> all

Anschließend kopieren Sie die Datei auf den Zielserver und importieren die Datenbank wieder. Verwenden Sie dazu folgende Befehle:

1. Beenden Sie den DHCP-Server mit *net stop dhcpserver*.
2. Löschen Sie die Datei *dhcp.mdb* im Ordner *C:\Windows\System32\dhcp*.
3. Starten Sie den DHCP-Server mit *net start dhcpserver* neu.
4. Geben Sie *netsh* ein.
5. Geben Sie *dhcp* ein.
6. Geben Sie *server <IP-Adresse des Zielservers>* ein.
7. Geben Sie *import <Pfad der Datei>* ein.
8. Beenden Sie den DHCP-Server mit *net stop dhcpserver*.
9. Starten Sie den DHCP-Server mit *net start dhcpserver* neu.

Ausfallsicherheit von DHCP-/DNS-Servern

Server, die für den Betrieb der Infrastruktur zuständig sind, wie zum Beispiel DNS- oder DHCP-Server, sind für den Betrieb in Unternehmen von immenser Bedeutung. Fallen diese Server aus, können andere Computer im Netzwerk keine Verbindung mehr miteinander herstellen, weil entweder IP-Adressen oder eine korrekte Namensauflösung fehlen. Die Vergabe von IP-Adressen in Unternehmen erfolgt meistens per DHCP. Allerdings machen sich nicht alle Administratoren über die Ausfallsicherheit Gedanken. Dabei hat der Ausfall eines solchen Servers für ein Unternehmen oft enorme Auswirkungen. Erhalten die Arbeitsstationen und VPN-Server zum Beispiel keine IP-Adresse mehr, ist der Verbindungsaufbau zu wichtigen Serverdiensten unterbrochen. Die beiden Serverdienste bieten aber einfache Möglichkeiten zur Schaffung der Ausfallsicherheit.

Sie können neben den bekannten Möglichkeiten zur Ausfallsicherheit, die bereits seit Windows Server 2008 R2 gelten, in Windows Server 2019 verschiedene DHCP-Server zu Teams zusammenfassen, auch ohne Cluster.

Die DHCP-Funktionalität ist clusterfähig. Durch die Einführung eines Clusters erhält jedes Unternehmen einen hervorragenden Ausfallschutz der DHCP-Server. Allerdings besteht der große Nachteil dieser Lösung in den hohen Kosten und der komplizierten Verwaltbarkeit eines Clusters. Aus diesem Grund setzen nur sehr wenige Unternehmen einen Cluster ausschließlich für DHCP ein. Meistens werden andere Lösungen in Unternehmen eingesetzt, um die Ausfallsicherheit von DHCP-Servern zu gewährleisten.

DHCP für Failover konfigurieren

DHCP-Failover in Windows Server 2019 ermöglicht die Bereitstellung einer ausfallsicheren DHCP-Serverstruktur auch ohne Cluster. Wenn ein DHCP-Server nicht mehr erreichbar ist, kann der DHCP-Client seine aktuelle IP Adresse weiterverwenden, indem er einen anderen DHCP-Server im Unternehmensnetzwerk kontaktiert.

Tipp DHCP-Failover unterstützt nur zwei Server mit IPv4-Konfiguration. Die Server können auch Mitglied einer Arbeitsgruppe sein, eine Domänenmitgliedschaft ist nicht unbedingt erforderlich.

DHCP-Failover in Windows Server 2019 verstehen

Mit dem DHCP-Failoverfeature können zwei DHCP-Server IP-Adressen und Optionskonfiguration für dasselbe Subnetz oder denselben Bereich bereitstellen. Zwischen den zwei DHCP-Servern werden Leaseinformationen ausgetauscht. Es ist auch möglich, das Failover in einer Lastausgleichskonfiguration zu konfigurieren, in der Clientanforderungen auf die zwei Server verteilt sind.

Die Failoverbeziehung ist auf IPv4-Bereiche und -Subnetze beschränkt. Computer, die IPv6 verwenden, bestimmen ihre eigene IPv6-Adresse mit der statuslosen automatischen IP-Konfiguration. In diesem Modus stellt der DHCP-Server nur die DHCP-Optionskonfiguration bereit. Der Server behält keine Leasestatusinformationen.

Ein Server mit der Rolle eines primären Servers für ein Subnetz kann aber auch ein sekundärer Server für ein anderes Subnetz sein. In einer Lastenausgleichsmodus-Bereitstellung verarbeiten die beiden Server gleichzeitig IP-Adressen und Optionen für Clients in einem angegebenen Subnetz. Die Clientanforderungen werden per Lastenausgleich verarbeitet und auf die beiden Server verteilt.

Damit DHCP-Failover funktioniert, muss die Zeit zwischen den beiden Servern in einer Failoverbeziehung synchronisiert sein (siehe Kapitel 11). Wenn der Assistent für die Failoverkonfiguration startet, vergleicht er die aktuelle Uhrzeit auf den Servern, die für Failover konfiguriert werden sollen. Wenn der Zeitunterschied zwischen den Servern größer als eine Minute ist, wird der Failover-Einrichtungsprozess mit Fehler angehalten.

Konfigurieren eines Failovers

Öffnen Sie auf dem DHCP-Server die DHCP-Konsole, klicken Sie mit der rechten Maustaste auf den DHCP-Bereich, den Sie ausfallsicher betreiben wollen, und klicken Sie dann auf *Failover konfigurieren*. Klicken Sie im Assistenten für die Failoverkonfiguration auf *Weiter*. Geben Sie auf der zweiten Seite den Partnerserver an und klicken Sie dann auf *Weiter*.

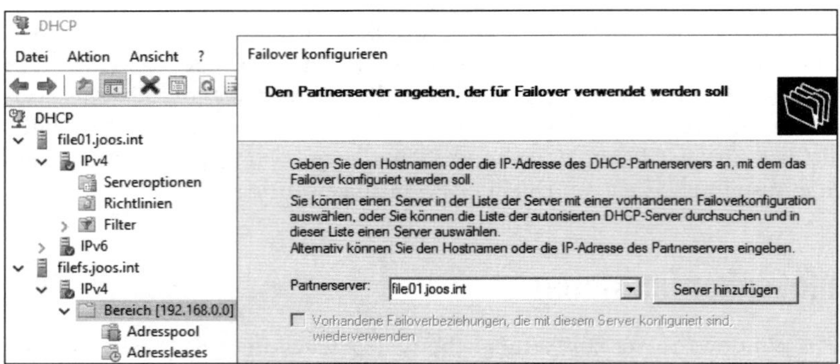

Abbildung 24.7: Festlegen des Partnerservers für DHCP

Geben Sie unter *Neue Failoverbeziehung erstellen* einen Namen ein oder übernehmen Sie den angezeigten Standardnamen. Legen Sie auch einen gemeinsamen geheimen Schlüssel für diese Failoverbeziehung fest. Sie können hier außerdem den Modus angeben, mit dem Sie die Ausfallsicherheit verwenden wollen. Sie können *Lastenausgleich* oder *Hot Standby* auswählen. Standardmäßig ist der Modus *Lastenausgleich* eingeschaltet. Hier teilen sich die Server die Anfragen.

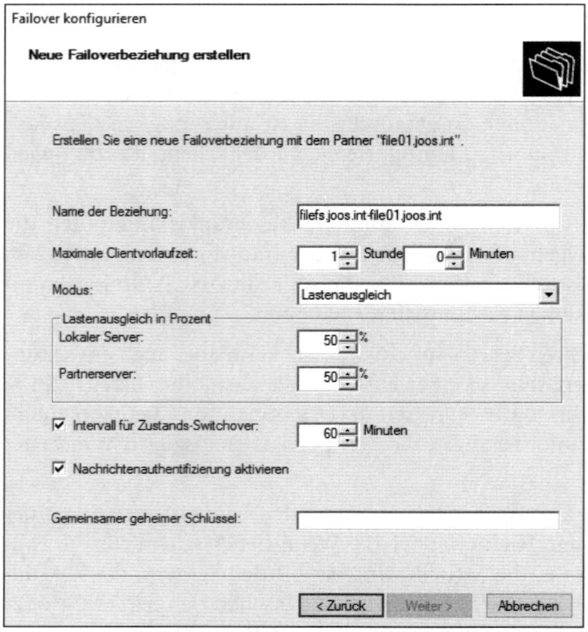

Failover konfigurieren
Neue Failoverbeziehung erstellen
Erstellen Sie eine neue Failoverbeziehung mit dem Partner "file01.joos.int".
Name der Beziehung: filefs.joos.int-file01.joos.int
Maximale Clientvorlaufzeit: 1 Stunde 0 Minuten
Modus: Lastenausgleich
Lastenausgleich in Prozent
Lokaler Server: 50 %
Partnerserver: 50 %
Intervall für Zustands-Switchover: 60 Minuten
Nachrichtenauthentifizierung aktivieren
Gemeinsamer geheimer Schlüssel:
< Zurück | Weiter > | Abbrechen

Abbildung 24.8: Einrichten des Failover eines DHCP-Bereichs

Danach wird noch das Intervall für ein Switchover festgelegt sowie ein Schlüssel für den gesicherten Datenaustausch der beiden Server. Das Intervall legt fest, wie lange ein Server versucht, seinen Partner zu erreichen, bis der die DHCP-Adressverteilung aktiv übernimmt. Zum Abschluss erscheint ein Fenster und die Replikation wird aktiviert. Nach kurzer Zeit erscheint der IP-Bereich auf dem Zielserver.

Klicken Sie auf *Weiter* und anschließend auf *Fertig stellen*. Stellen Sie sicher, dass die Failoverkonfiguration erfolgreich ist, und klicken Sie dann auf *Schließen*.

Aktualisieren Sie auf dem zweiten Failoverserver die DHCP-Konsole und überprüfen Sie, ob jetzt dort dieselbe DHCP-Bereichskonfiguration wie auf dem ersten Server vorhanden ist.

Nachdem Sie die Einrichtung angeschlossen haben, können Sie das Failover in den Eigenschaften des IP-Bereichs auf der Registerkarte *Failover* anzeigen. Stellen Sie sicher, dass neben *Zustand des Servers* und *Partnerserver* jeweils korrekte Einträge angezeigt werden.

Über das Kontextmenü des Bereichs können Sie auch außerhalb des definierten Replikationsplans die Daten zwischen den Servern replizieren oder die Beziehung wieder aufheben. Bearbeiten können Sie das Failover in den Eigenschaften von IPv4 auf dem ersten und zweiten Server. Hier können Sie außerdem den Modus anpassen.

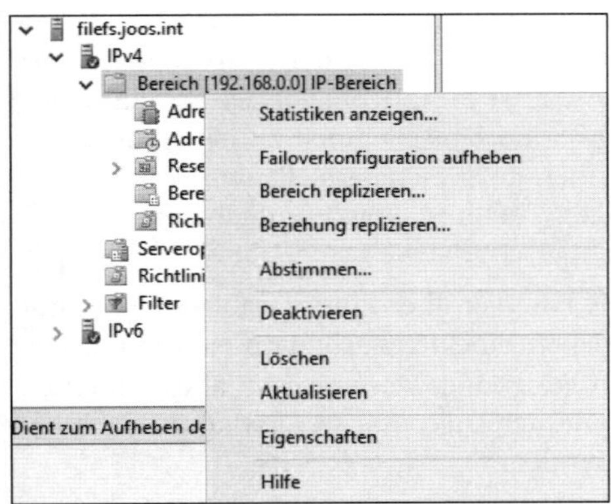

Abbildung 24.9: Bearbeiten des Failovers in der DHCP-Konsole

Ausfallsicherheit mit 80/20-Regel

Eine weitere Möglichkeit und Strategie der Ausfallsicherheit für DHCP-Server ist die sogenannte 80/20-Regel. Diese Regel ist ähnlich der Variante, den verfügbaren Adresspool auf mehrere Bereiche aufzuteilen. Bei dieser Variante verwaltet ein DHCP-Server 80 % der Adressen des Adresspools und ein zweiter Server die restlichen 20 %. Die IP-Adressen dürfen sich in diesem Fall nicht überlappen. Fällt ein Server aus, kann der zweite Server zumindest teilweise übernehmen. Idealerweise ist der zweite Server so ausgestattet, dass er im Notfall alle Clients mit IP-Adressen versorgen kann.

Diese Variante ist zum Beispiel beim Einsatz mehrerer Subnetze denkbar. Auch hier lassen sich die Adressen aus den verschiedenen Subnetzen 80/20 auf verschiedene Server aufteilen. Allerdings muss bei dieser Technik der primäre Server wieder so schnell wie möglich funktionieren, damit dem Backupserver nicht die IP-Adressen ausgehen. Teilen sich mehrere DHCP-Server einen Bereich im Netzwerk, müssen Sie auf allen Servern die Reservierungen entsprechend eintragen.

Bereichsgruppierung (Superscopes)

Wenn ein DHCP-Server ausfällt, muss nicht immer das Betriebssystem oder die Hardware schuld sein. Es besteht auch die Möglichkeit, dass der Server keine IP-Adressen mehr zur Verfügung hat, weil der Bereich erschöpft ist. Automatisch bedient sich ein DHCP-Server nämlich nicht mit den freien IP-Adressen aus weiteren Bereichen, die eventuell auf dem Server konfiguriert sind. Um diesem Problem vorzubeugen, helfen die Bereichsgruppierungen (Superscopes), die mehrere Bereiche auf einem Server unter einem Dach zusammenfassen.

Clients, die IP-Adressen anfragen, erhalten IP-Adressen aus allen Bereichen des Superscopes. Sind die IP-Adressen eines Bereichs erschöpft, erhalten Clients IP-Adressen aus einem anderen Bereich auf dem Server, der noch über freie Adressen verfügt. Dadurch besteht keine Gefahr, dass der DHCP-Server die Anfragen von Clients ablehnt, nur weil ein Bereich für IP-Adressen erschöpft ist. Der Server vergibt an Clients einfach Adressen aus anderen Bereichen innerhalb desselben Superscopes. In diesem Fall muss zusätzlich sichergestellt sein, dass das Routing im Unternehmen so konfiguriert ist, dass die Clients mit den neuen IP-Adressen auch alle notwendigen Server erreichen.

Mehrere IP-Bereiche auf DHCP-Servern ergeben hauptsächlich dann Sinn, wenn sich diese in verschiedenen Subnetzen befinden. Da der DHCP-Server bei der Adressvergabe aber nicht überprüft, ob das Routing noch funktioniert, ist es sinnvoll, vor der Erstellung von Bereichsgruppierungen zunächst den Routingweg im Unternehmen zu überprüfen und, sofern dies notwendig ist, anzupassen. Schließlich muss sichergestellt sein, dass DHCP-Clients alle notwendigen Netzwerkverbindungen aufbauen können, unabhängig davon, welche IP-Adresse der DHCP-Server aus dem Superscope zuweist.

Ebenfalls wichtig: Sofern die Anfragen an DHCP-Server über Router erfolgen, ist es notwendig, dass die Router keine DHCP-Requestpakete blockieren, sondern passieren lassen. Da nicht alle Router diese Option unterstützen beziehungsweise nicht in allen Unternehmen nur wegen der DHCP-Konfiguration die Router angepasst werden können, besteht auch die Möglichkeit, ein DHCP-Relay zu verwenden.

Diese Funktion ermöglicht die Verbindung zwischen Clients und DHCP-Servern in verschiedenen Netzwerken. Dazu fordern die Clients vom DHCP-Relay eine IP-Adresse an. Das Relay ist im selben Subnetz positioniert wie die Clients. Anschließend fordert das DHCP-Relay vom eigentlichen DHCP-Server eine Adresse an und teilt diese dem Client zu. Der Vorgang dauert auch nicht wesentlich länger als bei der Verwendung der Konflikterkennung.

Ausfallsicherheit bei DHCP-Servern durch verschiedene Bereiche herstellen

Die Ausfallsicherheit bei DHCP-Servern herzustellen, gestaltet sich etwas schwieriger als zum Beispiel beim DNS oder Domänencontrollern. Aufgrund der laufenden und schnellen Änderungen an der DHCP-Datenbank ist eine Replikation zwischen zwei DHCP-Servern bis Windows Server 2019 nicht möglich, da während des Replikationsvorgangs bereits ein weiterer Client eine IP-Adresse anfordern könnte, die der andere DHCP-Server soeben vergeben hat. Die Folge wäre ein IP-Adresskonflikt.

Der häufigste Weg, um eine Ausfallsicherheit herzustellen, besteht darin, dass Administratoren den verfügbaren IP-Adresspool im Unternehmen auf verschiedene Server aufteilen. Jeder DHCP-Server erhält in diesem Fall einen eigenen Pool von IP-Adressen, der sich nicht mit dem anderen DHCP-Server überlappen darf. Den kompletten Adresspool aufzuteilen, ist aber nur dann sinnvoll, wenn ein Server allein alle Computer mit IP-Adressen versorgen könnte.

Eine weitere Möglichkeit ist, auf allen Servern einen Bereich zu konfigurieren, der den gesamten Adresspool enthält. Auf jedem Server hinterlegen Sie in der DHCP-Konfiguration als Ausnahmen die IP-Adressen, die die anderen DHCP-Server im Unternehmen verteilen sollen. Fällt ein DHCP-Server aus, lassen sich diese Ausnahmen problemlos entfernen, und die noch laufenden Server übernehmen die Aufgaben des ausgefallenen Servers. Allerdings müssen bei dieser Lösung auch Reservierungen auf den Servern berücksichtigt werden.

Die Reservierungen lassen sich für jeden DHCP-Bereich getrennt auf dem Server festlegen. Benötigt zum Beispiel eine bestimmte Arbeitsstation oder ein Server immer die gleiche IP-Adresse und erhält diese per DHCP, spielen Reservierungen eine wichtige Rolle. Aus diesem Grund müssen auf allen DHCP-Servern, die als DHCP-Bereiche identische Adresspools haben, also die gleichen IP-Adressen vergeben, auch alle Reservierungen hinterlegt sein. Dadurch ist sichergestellt, dass jeder beteiligte DHCP-Server auch alle Reservierungen kennt und an die entsprechenden Clients zuweisen kann.

Erhalten nämlich bestimmte Clients nicht die IP-Adresse, die als Reservierung vorgesehen ist, sondern durch den Ausfall eines DHCP-Servers eine andere Adresse, kann das zu unvorhergesehenen Problemen führen, zum Beispiel beim Netzwerkzugriff direkt über die IP-Adresse. Aber auch wenn der Zugriff nicht über die IP-Adresse, sondern über den DNS- oder NetBIOS-Namen erfolgt, kann es durchaus einige Zeit dauern, bis alle WINS- und DNS-Server oder lokale Konfigurationen wie HOST- und LMHOST-Dateien und vor allem die verschiedenen Zwischenspeicher auf den Servern und Arbeitsstationen mit der neuen IP-Adresse aktualisiert sind.

Daher ist beim Einsatz von Reservierungen extrem wichtig, diese Komponente bei der Ausfallplanung zu berücksichtigen und bereits rechtzeitig festzulegen, was passieren soll, wenn der DHCP-Client nicht seine vorgesehene IP-Adresse erhält. Eine Alternative ist in diesem Fall, mit der Vergabe von statischen IP-Adressen statt mit Reservierungen zu arbeiten.

Standbyserver mit manueller Umschaltung

Ein weiterer Weg zur Herstellung der Ausfallsicherheit ist, einen Standbyserver für den produktiven DHCP-Server zu konfigurieren. Die Umschaltung kann jedoch nur manuell erfolgen, ein Automatismus ist bei diesem Weg nicht möglich. Der Vorteil der Lösung ist allerdings der günstige Preis im Vergleich zur hohen Ausfallsicherheit. Grundlage für einen Standby-DHCP-Server ist die Möglichkeit, DHCP mit dem Befehl *netsh* zu konfigurieren.

Dadurch lassen sich alle notwendigen Maßnahmen in einer Batchdatei zusammenfassen. Die Ausführung erfolgt manuell oder per geplanten Task. Mit der Batchdatei ist es möglich, die Sicherung des aktiven Servers auf den Standby-DHCP-Server zu übertragen, und das regelmäßig. Die Batchdatei verwendet dazu die Option *export* von Netsh. So lassen sich alle aktuellen Konfigurationen und aktuellen DHCP-Leases erfassen und auf den Backup-DHCP-Server kopieren.

Der zweite DHCP-Server ist in Active Directory nicht autorisiert, vergibt also keine IP-Adressen an die Clients, bis Sie entsprechende Konfigurationen vornehmen. Fällt der primäre Server aus, muss dessen Autorisierung nur noch aufgehoben und der Datenaustausch deaktiviert werden. Im Gegenzug autorisieren Sie den Backupserver, der mit der aktuellsten Konfiguration mit seiner Arbeit beginnt und IP-Adressen verteilt.

IPAM im Praxiseinsatz

Mit Windows Server 2019 bietet Microsoft weitere Funktionen, um DHCP-Server stabil, sicher und hochverfügbar im Netzwerk zur Verfügung zu stellen. Eine Neuerung seit Windows Server 2012 ist der IP-Adressverwaltungsserver (IPAM). Dieser Serverdienst überwacht und steuert zentral DHCP- und DNS-Server. Die Installation erfolgt als Serverfeature, die Verwaltung über Assistenten im Server-Manager.

Der Dienst kann Änderungen und die Serverdienste zentral überwachen. IPAM dient nicht nur der Überwachung von DNS- und DHCP-Servern, sondern bietet auch eine Verwaltungsmöglichkeit dieser Server in einer gemeinsamen Oberfläche. IPAM verfügt über folgende Funktionen:

- Automatisches Auffinden der IP-Adress-Infrastruktur im Unternehmen
- Erstellen von Berichten über die IP-Infrastruktur
- Überwachung der Infrastrukturserver im Netzwerk und der vorhandenen IP-Adressen
- Überwachung von Netzwerkzugriffschutzservern
- Überwachung von Domänencontrollern

IPAM-Grundlagen

IPAM sollte auf einem Mitgliedsserver der Domäne installiert sein. Microsoft erlaubt aber auch die Installation auf einem Domänencontroller. Bei der Bereitstellung gibt es mehrere Möglichkeiten. Sie können in jeder Niederlassung einen IPAM-Server installieren oder einen zentralen IPAM-Server, der alle Daten des Unternehmens sammelt. Setzen Unternehmen verschiedene IPAM-Server ein, können diese ihre Daten aber nicht untereinander austauschen. Alle Server arbeiten komplett getrennt voneinander.

IPAM hat seine Grenzen in der Gesamtstruktur. Das heißt, ein Server kann immer nur die Infrastrukturserver einer Gesamtstruktur und aller angebundenen Domänen verwalten. Der Server muss Mitglied einer Domäne in der Gesamtstruktur sein.

Neben Windows Server 2016/2019 kann IPAM auch Infrastrukturserver mit Windows Server 2008 R2 und Windows Server 2012/2012 R2 anbinden. Externe Geräte, DHCP-Relays oder WINS kann IPAM nicht überwachen. Dies gilt auch für Infrastrukturdienste aus anderen Betriebssystemen. Auch eine Überprüfung der Konsistenz der IP-Adressen mit Routern oder Switches ist nicht möglich.

Seine Daten speichert IPAM in einer eigenen Datenbank. Dabei berücksichtigt der Server auch IP-Adressen-Leases und An- oder Abmeldevorgänge von Benutzern. Nach der Installation der Serverrolle für IPAM über den Server-Manager müssen Sie zunächst festlegen, welchen IP-Bereich, welche Domäne oder welche Gesamtstruktur IPAM nach zu verwaltenden Servern durchsuchen soll.

Den festgelegten Bereich durchsucht IPAM automatisch und bindet neue Server oder IP-Bereiche an das System an. Damit sich Infrastrukturserver mit IPAM verwalten lassen, müssen Einstellungen in der Firewall gesetzt sein. Diese können Sie manuell setzen oder über Gruppenrichtlinien. Die Regeln lassen sich über einen Assistenten erstellen und einrichten. Den Assistenten finden Sie im Server-Manager. Zur Kommunikation mit den verwalteten Servern im Netzwerk verwendet IPAM RPC und WMI.

Sobald die Richtlinien oder manuellen Einstellungen gesetzt sind, können Sie das Netzwerk auf kompatible Server hin untersuchen lassen. Auch diesen Vorgang starten Sie über den Server-Manager im IPAM-Bereich. Hierbei muss ausgewählt werden, welche Server IPAM anbinden soll. Zur Auswahl stehen Domänencontroller, DHCP-Server und DNS-Server. Diese lassen sich für jede Domäne genau auswählen. IPAM sucht über einen Zeitplan ständig nach neuen Servern im festgelegten Bereich. Den Zeitplan ändern Sie über die Windows-Aufgabe *Microsoft/Windows/IPAM/DiscoveryTask*. Für jeden einzelnen Server lässt sich festlegen, ob er an IPAM angebunden werden soll oder nicht. Zur Verwaltung verfügt IPAM über ein Rechtemodell auf Basis der Mitgliedschaft in Sicherheitsgruppen:

- **IPAM Users –** Mitglieder dieser Gruppe dürfen IPAM-Daten lesen, aber keine Einstellungen ändern.
- **IPAM MSM Administrators –** Mitglieder dieser Gruppe dürfen lesen und schreiben. Auch IPAM-Aufgaben dürfen die Administratoren genauso wie die Verwaltung der angebundenen Server durchführen.
- **IPAM ASM Administrators –** Diese Administratoren dürfen IP-Adressbereiche verwalten und andere IPAM-Aufgaben durchführen. In dieser Gruppe sollten die Netzwerkadministratoren Mitglied sein.
- **IPAM IP Tracking Administrators –** Diese Administratoren dürfen die Trackingdaten der IP-Adressen betrachten.
- **IPAM Administrators –** Diese Administratoren dürfen innerhalb von IPAM alle Aufgaben durchführen.

IPAM verwaltet IP-Adressen in IP-Adressbereichen und fasst Bereiche zu ganzen Blöcken zusammen. Die Blöcke können Sie bearbeiten und überwachen. DNS- und DHCP-Server bindet IPAM ebenfalls an. Für DHCP-Server können Sie zum Beispiel Bereiche erstellen, Servereinstellungen ändern oder Klassen anlegen.

Auf diese Weise verwalten Unternehmen alle DHCP-Server zentral in der IPAM-Konsole. Für DNS-Server lassen sich alle Zonen anzeigen und überwachen. Die IPAM-Konsole zeigt darüber hinaus noch die gesammelten Ereignisanzeigen aller angebundenen Serverdienste an. Die komplette Verwaltung von IPAM nehmen Sie im Server-Manager vor, wo sich auch die einzelnen Aufgaben erstellen und verwalten lassen.

IPAM einrichten

Um IPAM zu nutzen, installieren Sie das Feature *IP-Anwendungsserver* auf einem Server. Anschließend finden Sie im Server-Manager einen neuen Verwaltungsbereich für IPAM. Hierüber richten Sie den Server mit einem Assistenten ein.

Tipp Sie können IPAM auch über die PowerShell mit *Install-WindowsFeature IPAM -IncludeManagementTools* installieren.

Im ersten Schritt klicken Sie auf *Verbindung mit IPAM-Server herstellen.* Wählen Sie im Fenster den IPAM-Server aus, den Sie im Unternehmen bereitstellen wollen. Danach klicken Sie auf *IPAM-Server bereitstellen.* So richten Sie die IPAM-Server ein. In Windows Server 2019 haben Sie noch die Möglichkeit, auszuwählen, ob Sie die IPAM-Datenbank auf dem lokalen Server in einer internen Windows-Datenbank (WID) speichern wollen oder auf einem SQL-Server. In den meisten Fällen reicht die interne Windows-Datenbank aber aus.

Belassen Sie auf der Seite zur Einrichtung der Bereitstellung die Option *Gruppenrichtlinienbasiert* und geben Sie unten ein Präfix für die neue Gruppenrichtlinie ein, zum Beispiel *IPAM.*

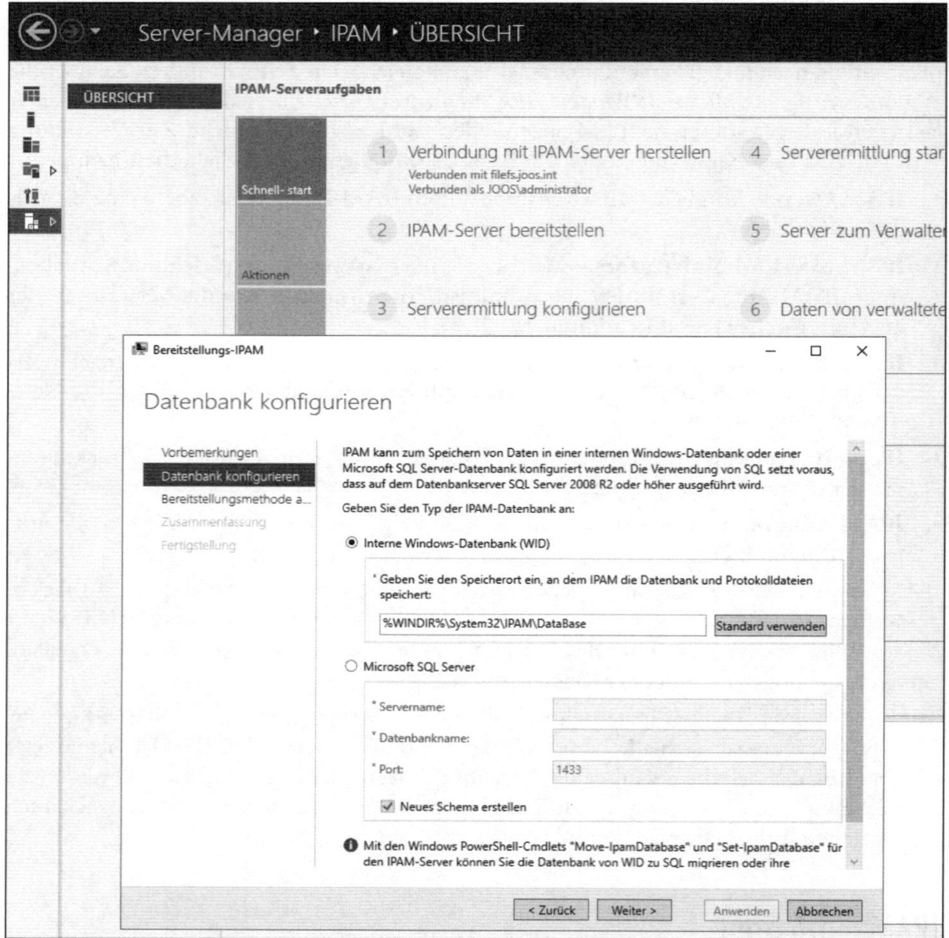

Abbildung 24.10: IPAM-Server einrichten

Nutzen Sie die gruppenrichtlinienbasierte Einrichtung von IPAM, lassen sich alle Server automatisiert anbinden, und Sie müssen nicht alle Einstellungen für jeden IPAM-Server manuell vorgeben. Klicken Sie auf der nächsten Seite auf *Anwenden* und schließen Sie damit die Einrichtung von IPAM ab.

Nachdem Sie IPAM eingerichtet haben, binden Sie die verschiedenen Infrastrukturserver an die IPAM-Struktur an. Dazu wählen Sie im Server-Manager den Punkt 3 *Serverermitt-*

lung konfigurieren. Hier legen Sie fest, welche Domäne Sie anbinden wollen. Klicken Sie dazu auf *Hinzufügen*. Wählen Sie dann im unteren Feld aus, welche Server aus der angebundenen Domäne Sie anbinden wollen. Klicken Sie auf *OK*.

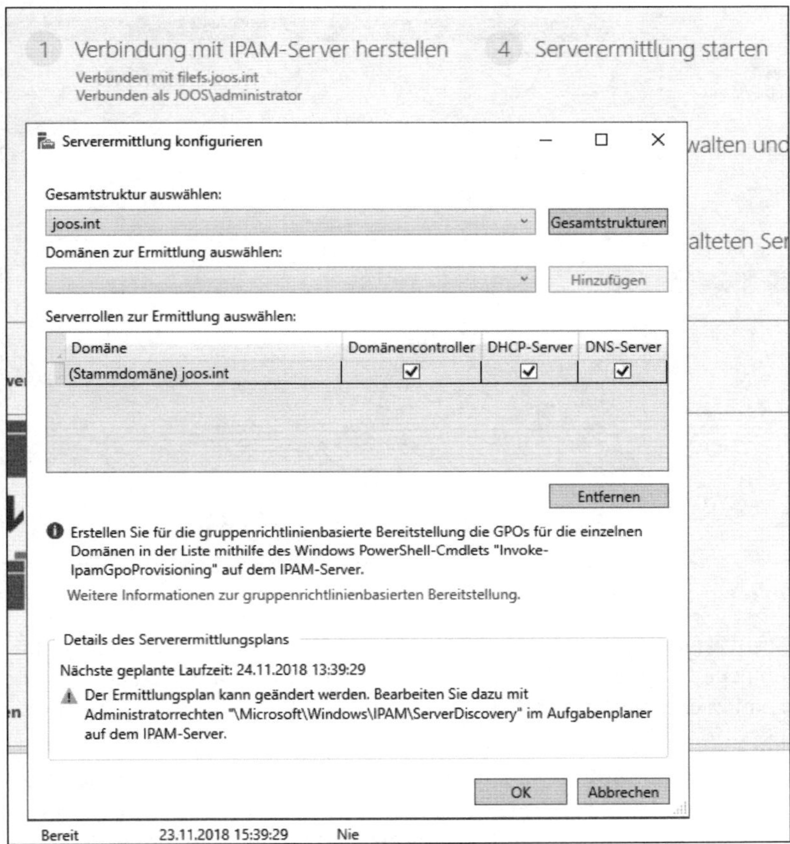

Abbildung 24.11: Anbinden von Infrastrukturservern an IPAM

Nachdem Sie den Ermittlungsplan für die Anbindung der Server konfiguriert haben, klicken Sie in der IPAM-Übersicht auf *Server zum Verwalten und Überprüfen des IPAM-Zugriffs auswählen*. Es dauert aber eine Weile, bis der Ermittlungsplan die gefundenen Server an IPAM anbindet. Die Konsole bleibt daher zunächst leer.

Lassen Sie die Ansicht aktualisieren, sollten nach einiger Zeit die ersten Server erscheinen. Sie sehen den Status der Ermittlung, wenn Sie in der IPAM-Übersicht auf *Serverermittlung starten* und dann auf *Details* klicken. Nach dem Abschluss der Aufgabe sehen Sie die verschiedenen Server. Diese sind allerdings zunächst blockiert. Sie müssen die Verwaltung erst freischalten.

Um die angebundenen Server zu verwalten, starten Sie auf dem IPAM-Server eine PowerShell-Sitzung mit Administratorrechten. Geben Sie in der PowerShell dann den folgenden Befehl ein:

Invoke-IpamGpoProvisioning -Domain <Domäne> -GpoPrefixName <Präfix der GPO> -IpamServerFqdn <IPAM-Server>

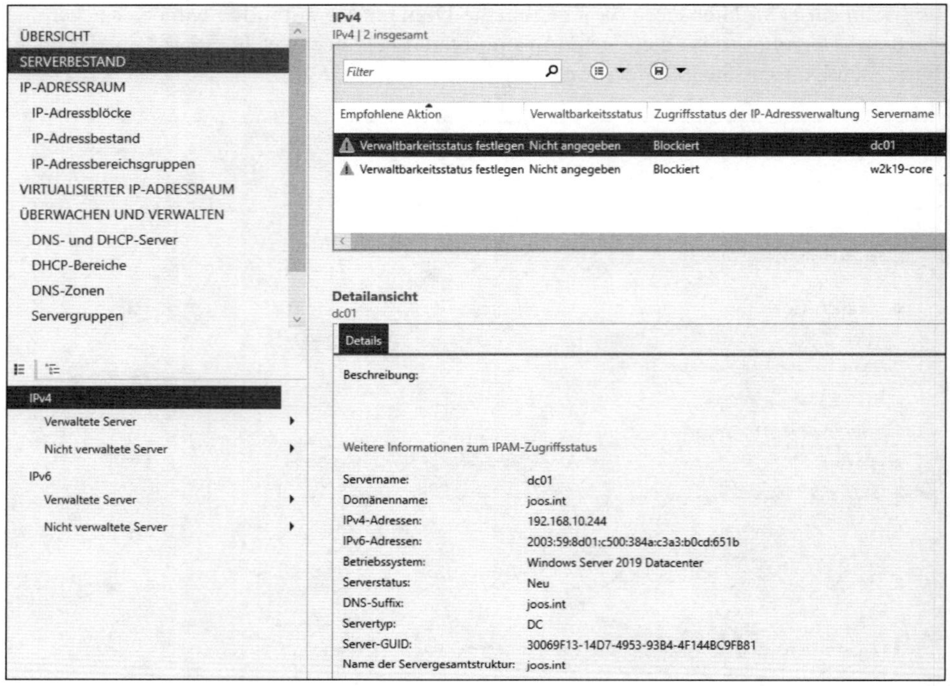

Abbildung 24.12: Anzeigen der angebundenen Server

Nachdem der Befehl erfolgreich durchgelaufen ist, überprüfen Sie in der Gruppenrichtlinienverwaltung, ob neue Gruppenrichtlinien zur Anbindung von IPAM verfügbar sind. Für jede Serverrolle gibt es eine eigene Richtlinie.

Anschließend klicken Sie im Bereich *Serverbestand* mit der rechten Maustaste auf alle gefundenen Server in der IPAM-Konsole und wählen im Kontextmenü den Eintrag *Server bearbeiten* aus. Ändern Sie den *Verwaltbarkeitsstatus* auf *Verwaltet* und klicken Sie auf *OK*. Führen Sie diesen Vorgang für alle Server durch, die Sie an IPAM anbinden wollen.

Die Server lassen sich aber erst dann verwalten, wenn die erstellten Gruppenrichtlinien angewendet wurden (siehe Kapitel 19). Am besten geben Sie dazu auf den einzelnen Servern in der Eingabeaufforderung mit Administratorrechten *gpupdate /force* ein (siehe Kapitel 19). Lassen Sie die Ansicht aktualisieren. Stellen Sie sicher, dass der Server als verwaltet angezeigt wird. Über das Kontextmenü legen Sie auch fest, welchen Serverdienst Sie auf dem Server überwachen wollen.

Fehlerbehebung der Anbindung von IPAM-Clients

Werden Server nicht angezeigt, liegt entweder ein Problem mit der Zuordnung der entsprechenden Gruppenrichtlinie vor oder die Firewall blockiert den Zugriff. Wenn Sie einen Infrastrukturserver an IPAM angebunden und über dessen Kontextmenü eine Serverrolle ausgewählt und als verwaltet konfiguriert haben, wird dem Server eine der drei Richtlinien oder alle drei Richtlinien zugeordnet. Führen Sie in einer Eingabeaufforderung mit Administratorrechten erneut den Befehl *gpupdate /force* aus und stellen Sie sicher, dass der Server die Richtlinien anwendet.

Auf dem Client finden Sie Protokolldateien, über die Sie erkennen können, warum sich ein Client nicht an IPAM anbindet. Sie finden die Dateien im Ordner *%WinDir%\temp named.* Diese tragen die Bezeichnung *IpamDhcpLog.txt* und *IpamDnsLog.txt*.

Tippen Sie anschließend auf der Startseite *Aufgabe* ein und starten Sie die Aufgabenplanung. Klicken Sie auf *Aufgabenplanungsbibliothek*, sehen Sie die Aufgabe, die über die Gruppenrichtlinie erstellt wird, um den Server an IPAM anzubinden. Über das Kontextmenü rufen Sie deren *Eigenschaften* auf. Auf der Registerkarte *Aktionen* sehen Sie in der Aufgabe, welchen Befehl die Aufgabe ausführen will. Um zu überprüfen, ob die Aufgabe funktioniert, gehen Sie folgendermaßen vor:

1. Öffnen Sie auf dem Client eine Eingabeaufforderung mit Administratorrechten.
2. Geben Sie den Befehl *powershell* ein, bestätigen aber **nicht**.
3. Tragen Sie hinter *powershell* den Befehl aus der Spalte *Argumente hinzufügen* ein. Sie können diesen in die Zwischenablage kopieren und in die Eingabeaufforderung einfügen.
4. Setzen Sie Anführungszeichen zwischen der Option *-file* und am Ende von *ipamprovisioning.ps1* und führen Sie den Befehl aus.
5. Erhalten Sie die Meldung, dass die Optionen bereits gesetzt sind, funktioniert das Skript. Erhalten Sie andere Fehler, haben Sie einen Ansatz, woran das Problem liegt. Meistens liegt das an bestimmten Firewalleinstellungen.

Damit ein Server von IPAM überwacht werden kann, muss dieser in der IPAM-Konsole als verwaltbar markiert sein und die Gruppenrichtlinie anwenden. Erst wenn ein Server mit allen überwachten Serverrollen mit dem Status *Blockierung aufgehoben* angezeigt wird, unterstützt er IPAM. Überprüfen Sie auch in den Firewalleinstellungen auf den Clients, ob IPAM eingetragen und der Verkehr nicht blockiert wird.

IPAM arbeitet auf den angebundenen Servern und den IPAM-Servern selbst mit Aufgaben, die bestimmte Konfigurationen vornehmen. Zur Verwaltung des Dienstes können Sie diese Aufgaben anpassen oder überwachen. Sie finden sie in der Aufgabenplanung unter *Microsoft/Windows/IPAM*. Wichtig sind vor allem die folgenden Aufgaben:

- *AddressUtilization* – Die Aufgabe sammelt Daten zur Adressraumverwendung von den angebundenen DHCP-Servern und startet alle zwei Stunden.
- *Audit* – Sammelt Überwachungsinformationen von DHCP- und IPAM-Servern sowie IP-Leaseüberwachungsprotokolle von NPS- und DC-Servern. Die Aufgabe startet ebenfalls einmal am Tag.
- *ServerAvailability* – Sammelt den Dienstverfügbarkeitsstatus für DHCP- und DNS-Server und das alle 15 Minuten.
- *ServerConfiguration* – Sammelt Überwachungsinformationen von DHCP- und DNS-Servern. Die Aufgabe startet alle sechs Stunden.
- *ServerDiscovery* – Ermittelt die Domänencontroller, DHCP- und DNS-Server in der Gesamtstruktur. Die Aufgabe startet einmal am Tag.

Infrastrukturüberwachung und -verwaltung

Klicken Sie im IPAM-Navigationsbereich unter *ÜBERWACHEN UND VERWALTEN* auf *DNS- und DHCP-Server.* Neben *Servertyp* können Sie einen der Einträge *DNS*, *DHCP* oder *DNS und DHCP* auswählen. Angezeigt werden die Serververfügbarkeit, die Dauer im aktuellen Zustand, der Servername, die Serverrolle, der Domänenname und die IP-Adresse.

Klicken Sie auf einen DHCP-Server und überprüfen Sie unter *Detailansicht* die Informationen auf den Registerkarten *Servereigenschaften*, *Optionen* und *Ereigniskatalog*. Klicken Sie mit der rechten Maustaste auf den DHCP-Server. Sie können den DHCP-Server direkt über die IPAM-Konsole konfigurieren.

Wählen Sie neben *Servertyp* die Option *DHCP* und dann neben *Ansicht* die Option *Bereichseigenschaften* aus. Klicken Sie mit der rechten Maustaste auf den DHCP-Bereich und dann im Kontextmenü auf *DHCP-Bereich duplizieren*, können Sie Bereiche kopieren. Auf dem gleichen Weg überwachen Sie die angebundenen DNS-Server und deren Zonen. Neben der Überwachung können Sie noch IP-Gruppen definieren, die mehrere DHCP-Server zusammenfassen.

IP-Adressblöcke mit IPAM

IP-Adressblöcke in IPAM sind größere Bereiche aus IP-Adressen. IP-Adressbereiche sind kleinere Bereiche aus IP-Adressen, diese entsprechen einem DHCP-Bereich. IP-Adressbereiche werden in IPAM zu IP-Adressblöcken zugeordnet. Diese Zuordnung nehmen Sie in der IPAM-Konsole vor:

1. Klicken Sie im IPAM-Navigationsbereich auf *IP-Adressblöcke*.
2. Klicken Sie im unteren Navigationsbereich mit der rechten Maustaste auf *IPv4* und dann auf *IP-Adressblock hinzufügen*.
3. Wählen Sie die Netzwerk-ID und die Präfixlänge aus, also das Subnetz.
4. Klicken Sie auf *OK* und wählen Sie dann neben *Aktuelle Ansicht* die Option *IP-Adressblöcke* aus. Über das Kontextmenü bearbeiten Sie Adressblöcke nachträglich.

Auf der Registerkarte *Konfigurationsdetails* im unteren Bereich der Konsole sehen Sie bei *Verwendete Adressen*, dass zurzeit IP-Adressen verwendet werden. Das sind ausgestellte Leases von DCHP-Servern, die an IPAM angebunden sind.

Wählen Sie neben *Aktuelle Ansicht* die Option *IP-Adressbereiche* aus. Überprüfen Sie die auf der Registerkarte *Konfigurationsdetails* angezeigten Informationen. Hier sollten die Bereiche der angebundenen DHCP-Server zu sehen sein.

Zusammenfassung

In diesem Kapitel haben wir Ihnen gezeigt, wie Sie einen DHCP-Server effizient und sicher im Netzwerk betreiben. Auch über die Ausfallsicherheit von DHCP durch den Betrieb mehrerer DHCP-Server konnten Sie in diesem Kapitel mehr erfahren. Ebenfalls Bestandteil des Kapitels war der MAC-Filter von Windows Server 2019 sowie die neuen Funktionen zur Ausfallsicherheit von DHCP in Windows Server 2019. Auch auf den IP-Adressenverwaltungsserver (IPAM) sind wir in diesem Kapitel eingegangen.

Im nächsten Kapitel gehen wir auf den Betrieb von DNS-Servern mit Windows Server 2019 ein.

Kapitel 25
DNS einsetzen und verwalten

In diesem Kapitel:

DNS spielt auch in Windows Server 2019 zur Namensauflösung eine wichtige Rolle. In den vorangegangenen Kapiteln 10 bis 17 sind wir bereits bei der Einrichtung von Active Directory auf DNS eingegangen. Allerdings bietet der DNS-Server unter Windows Server 2019 noch mehr Funktionen, als lediglich für einzelne Active Directory-Domänen die Namensauflösung zur Verfügung zu stellen.

DNS wird unter Windows Server 2019 weiterhin als Serverrolle installiert und konfiguriert. Für die Einrichtung von Active Directory muss diese Rolle nicht zwingend installiert sein, da der Server-Manager in diesem Fall DNS automatisch mitinstalliert. Unabhängig davon, ob ein DNS-Server Active Directory-Zonen verwaltet, kann er beliebig weitere DNS-Domänen in verschiedenster Ausprägung verwalten.

Erstellen von Zonen und Domänen

In diesem Abschnitt zeigen wir Ihnen, wie Sie manuell Zonen, Domänen und Einträge erstellen können. Clients, die den DNS-Server verwenden, können Abfragen dieser Zonen durchführen.

Erstellen von neuen Zonen

Über das Menü zur Verwaltung von DNS können Sie verschiedene Zonen erstellen. Forward-Lookupzonen übersetzen DNS-Namen in IP-Adressen. Eine Reverse-Lookupzone übersetzt dagegen IP-Adressen in DNS-Namen. Lesen Sie dazu auch die Kapitel 10 bis 17 durch. Nur auf Domänencontrollern kann mit den Active Directory-integrierten Zonen gearbeitet werden.

Unterschieden wird weiterhin zwischen primären und sekundären Zonen sowie Stubzonen, die nur auf andere DNS-Server verweisen. Bei der Einrichtung des ersten DNS-Servers müssen Sie eine primäre Zone erstellen. Grundsätzlich gilt, dass Sie in Active Directory-Umgebungen mit Active Directory-integrierten Zonen arbeiten sollten. Das bedeutet in der Konsequenz allerdings, dass die DNS-Serverdienste immer auf Domänencontrollern installiert werden müssen. Mehr zum Thema lesen Sie in den Kapiteln 10 bis 17.

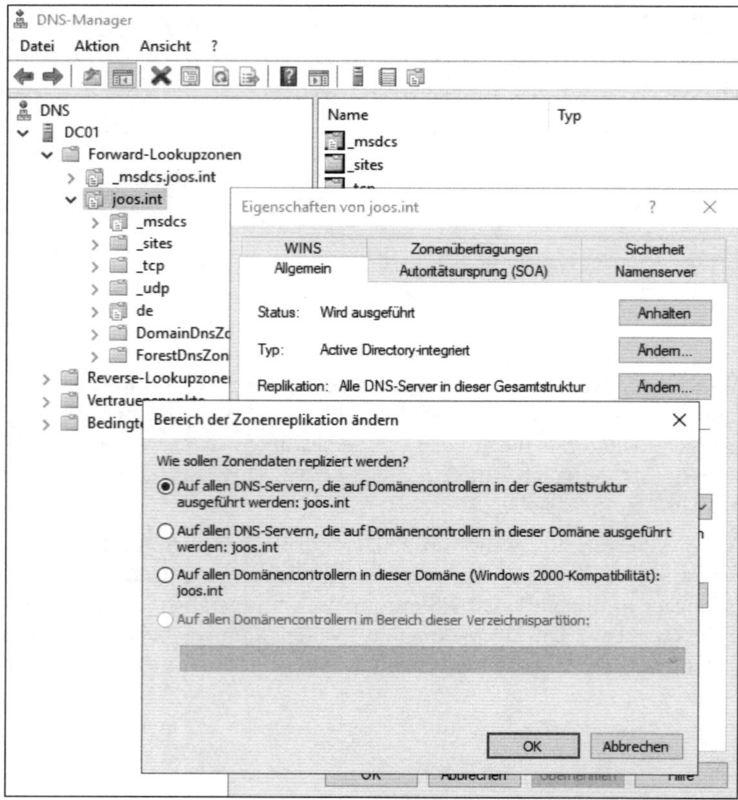

Abbildung 25.1: Festlegen des Replikationsbereichs für eine DNS-Zone

Speichern Sie eine Zone in Active Directory, legen Sie fest, auf welche DNS-Servern in der Gesamtstruktur diese Zone repliziert werden soll. Dieses Fenster erscheint aber nur, wenn eine Zone in Active Directory gespeichert ist. Die Reihenfolge der folgenden Fenster kann variieren, abhängig davon, welche Einstellungen Sie wählen.

Der nächste Schritt ist die Festlegung des Zonennamens. Als Nächstes bestimmen Sie, ob die Zone dynamische DNS-Einträge erlaubt und welche Bedingungen dafür zutreffen müssen. Dynamische Updates aktualisieren die Informationen zu einem Server oder Client. Die Einträge können von Clients oder über DHCP-Server aktualisiert werden.

Bei den Einstellungen für die Reverse-Lookupzone müssen Sie die Netzwerkkennung eingeben. Diese wird automatisch in den Namen der Reverse-Lookupzone umgesetzt. Diese Art von Zonen hat vorgegebene Namen. Falls mehrere IP-Subnetze zu der von Ihnen verwendeten Forward-Lookupzone gehören, müssen Sie mehrere Reverse-Lookupzonen erstellen. Alternativ erstellen Sie eine übergeordnete Zone.

Erstellen von statischen Einträgen in der DNS-Datenbank

Die Administration der DNS-Server erfolgt über den Server-Manager durch Aufruf des Befehls *DNS* im Menü *Tools*. Sie können das Verwaltungstool auch durch Eingabe von *dnsmgmt.msc* im Startmenü aufrufen.

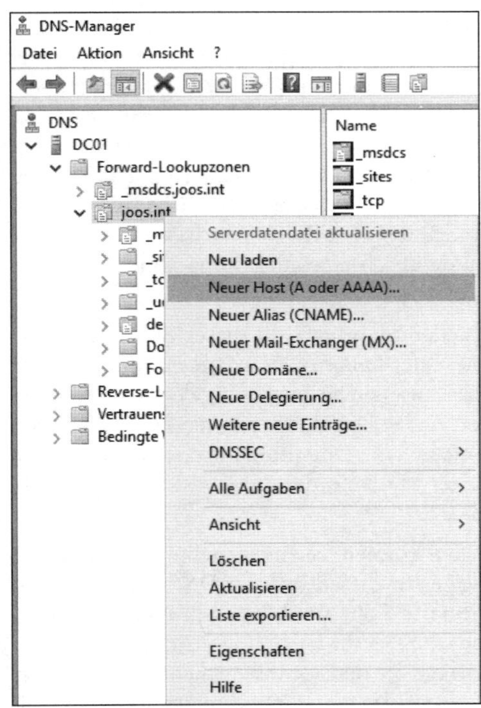

Abbildung 25.2: Erstellen von neuen statischen Hosteinträgen

Es kann Situationen geben, in denen Sie Hostnamen manuell hinzufügen wollen und die dynamischen Einträge alleine nicht ausreichen. In diesem Fall verwenden Sie den Befehl

Neuer Host im Kontextmenü der Zone, zu der der Eintrag hinzugefügt werden soll. Sie können dort den Hostnamen – ohne den Namen der Zone – und die IP-Adresse angeben. Sie können gleich einen als *PTR-Eintrag (Pointer)* bezeichneten Eintrag in der Reverse-Lookupzone vornehmen.

Wenn Sie mit der rechten Maustaste auf eine Zone klicken, stehen Ihnen verschiedene Möglichkeiten zur Verfügung, um diese Zone zu verwalten:

- **Neu laden –** Mit diesem Befehl können Sie die Einstellungen und die Ansicht der Zone im Snap-in neu laden lassen. Diesen Befehl benötigen Sie selten. Die Zone wird aus Active Directory noch mal in die Ansicht übertragen.
- **Neuer Host (A oder AAAA) –** Mit diesem Befehl fügen Sie einen neuen statischen Eintrag in die DNS-Datenbank ein, wie weiter vorne beschrieben. Der AAAA-Eintrag enthält eine IPv6-Adresse, ein Host-A-Eintrag enthält eine IPv4-Adresse.
- **Neuer Alias (CNAME) –** Dieser Menübefehl dient zum Hinzufügen eines neuen Eintrags der Form »Canonical Name«. Dazu wird zu einem bereits vorhandenen Eintrag eines Servers ein weiterer Eintrag zu derselben IP-Adresse hinzugefügt. Dieser zusätzliche Eintrag wird auch Alias genannt. Wenn ein Client versucht, diesen Alias aufzulösen, wird bei der Ausgabe des Namens parallel zum Alias auch der richtige Eintrag ausgegeben.
- **Neuer Mail-Exchanger (MX) –** Mit dieser Option können Sie einen neuen SRV-Record mit der Bezeichnung *MX* erstellen. In einer normalen Umgebung werden Sie einen solchen MX-Record nicht benötigen. Er dient dazu, aus einer Zone den verantwortlichen SMTP-Server zu erfragen, zu dem E-Mails zugestellt werden sollen. Der MX-Record ermöglicht es, unter einer Domäne mehrere Mailserver zu betreiben. Außerdem gibt er anderen Mailservern eine Priorisierung vor, in welcher Reihenfolge sie die Mailserver einer bestimmten Domain kontaktieren sollen. Internetprovider verwenden diese Priorisierung, um zu steuern, wohin E-Mails zuerst zugestellt werden sollen. Der MX10-Eintrag definiert, dass E-Mails vor der Zustellung zum MX20 zunächst zum Server zugestellt werden sollen, der als MX10 hinterlegt ist. Antwortet dieser Server nicht auf Anfragen, wird automatisch eine Zustellung zum MX20 versucht. Sie können auch einen MX30 definieren.
- **Neue Domäne –** Mit diesem Eintrag erstellen Sie unterhalb dieser Zone eine neue Domäne. Diese Unterdomäne, zum Beispiel *sales.contoso.com*, wird von diesem DNS-Server und dieser Zone verwaltet, ohne dass zusätzliche Zonen angelegt werden müssen. Wenn Sie eine neue Unterdomäne von Active Directory erstellen wollen, können Sie unterhalb der bereits erstellten Rootdomäne eine Unterdomäne erstellen oder eine eigene Zone, die allerdings getrennt verwaltet werden muss. In den Kapiteln 10 bis 17 gehen wir ausführlich auf diese Themen ein.
- **Neue Delegierung –** Mit diesem Menübefehl können Sie eine erstellte Zone an einen anderen DNS-Server delegieren. Zukünftig ist für diese Zone der DNS-Server zuständig, den Sie hier definiert haben. Die delegierte Zone wird im ursprünglichen DNS-Server als delegiert angezeigt. Wird dieser DNS-Server nach einem Eintrag aus einer delegierten Zone gefragt, weist er die Anfrage an den verantwortlichen DNS-Server weiter. Eine solche Delegation ergibt Sinn, wenn Sie eine Unterdomäne erstellen wollen, aber ein anderer DNS-Server in einer anderen Niederlassung für diese Zone zuständig sein soll.

Hinweis Wird der erste Domänencontroller einer neuen untergeordneten Domäne erstellt, richtet der Assistent unter Windows Server 2019 automatisch eine Delegation auf dem übergeordneten DNS-Server ein.

- **Weitere neue Einträge** – Zusätzlich zum MX-Record können Sie weitere Servicerecords eintragen. Diese werden aber nur in Ausnahmefällen benötigt und nicht für den Betrieb von Active Directory.
- **DNSSEC** – Dient zur Verschlüsselung der DNS-Daten. Wir gehen dazu in diesem Kapitel noch ausführlich ein.

Einstellungen und Verwalten von Zonen

Wenn Sie die Eigenschaften einer Zone aufrufen, stehen Ihnen verschiedene Registerkarten zur Verfügung, auf denen Sie die Konfiguration der Zone anpassen können.

Die Registerkarte *Sicherheit* dient zur Konfiguration der Sicherheitseinstellungen und der Berechtigungen für die Verwaltung der Zone. Hier können Sie die Berechtigungsstruktur anpassen, damit einige Benutzergruppen oder Administratoren zwar Informationen der Zone lesen, aber keine Informationen schreiben dürfen.

Allgemeine Einstellungen für DNS-Zonen

Auf der Registerkarte *Allgemein* können Sie festlegen, dass die Zone in Active Directory integriert wird und welche Systeme sich dynamisch aktualisieren dürfen. In kleineren Netzwerken kann es durchaus sinnvoll sein, wenn Sie neben den sicheren auch unsichere Aktualisierungen zulassen.

Abbildung 25.3: Verwalten einer Zone über ihre Eigenschaften

Entfernung alter Einträge aus der Zone konfigurieren

So bequem die dynamische Aktualisierung der DNS-Einträge für den Administrator auch sein mag, sie birgt die Gefahr, dass sich im Laufe der Zeit eine Menge veraltete Einträge ansammeln, zum Beispiel Computer, die irgendwann mal in Betrieb waren, sich dynamisch registriert haben und irgendwann wieder außer Betrieb genommen wurden.

Die zugehörigen DNS-Einträge verbleiben allerdings in der Datenbank und erhöhen natürlich den Platzbedarf, die Zeit für Suchen in der Datenbank sowie die Übertragungszeiten bei der Replikation zu anderen DNS-Servern. Um diesem Wachstum Einhalt zu gebieten, sollten Sie die Alterung der dynamischen Einträge konfigurieren. Dies kann auf der Registerkarte *Allgemein* über die Schaltfläche *Alterung* vorgenommen werden. In der Standardeinstellung bleiben alle Einträge so lange erhalten, bis sie vom Administrator manuell gelöscht werden. Aktivieren Sie das Kontrollkästchen *Veraltete Ressourceneinträge aufräumen*, um die Einträge mit Zusatzinformationen über den Zeitpunkt der letzten Aktualisierung, den sogenannten Zeitstempel, zu versehen und sie anschließend aufgrund dieser Informationen als veraltet erkennen und löschen zu können.

Da jede Änderung des Zeitstempels immer dazu führt, dass sekundäre DNS-Server eine Replikation der DNS-Daten anfordern, wird eine Mindestzeit vorgegeben, nach der der Zeitstempel wieder neu gesetzt werden kann. Registriert sich ein System während dieser Zeit erneut beim DNS-Server, wird der Eintrag nicht geändert. Erst nach Ablauf der Zeit wird der Zeitstempel neu gesetzt. Diesen Wert legen Sie im Abschnitt *Intervall für Nichtaktualisierung* fest.

Die eigentliche Verweildauer eines Eintrags in der Datenbank legen Sie im zweiten Abschnitt *Aktualisierungsintervall* fest. Nach Ablauf dieser Zeitspanne wird ein System als inaktiv erkannt und der zugehörige Eintrag aus der Zone gelöscht. Der hier angegebene Wert muss größer sein als das minimale Intervall zwischen zwei Aktualisierungen des Zeitstempels, da sonst auch aktive Einträge gelöscht würden, die lediglich noch nicht aktualisiert werden konnten.

Abbildung 25.4: Konfigurieren der Zonenalterung für DNS-Zonen

Sie können den Prozess auch manuell starten, indem Sie im Kontextmenü des DNS-Servers den Befehl *Veraltete Ressourceneinträge aufräumen* aufrufen und die anschließende Sicherheitsabfrage bestätigen.

Autoritätsursprung (SOA) von DNS-Zonen

Auf der Registerkarte *Autoritätsursprung (SOA)* werden Informationen abgelegt, die für die Replikation der Zone zu anderen Servern sowie die Zwischenspeicherung abgefragter DNS-Einträge wichtig sind. Damit sekundäre DNS-Server erkennen können, ob sich an den Daten des primären DNS-Servers etwas geändert hat und damit eine Replikation notwendig geworden ist, wird für jede Zone eine Serien- oder Versionsnummer gepflegt. Diese Seriennummer wird mit jeder Veränderung an der Datenbank um 1 erhöht.

Abbildung 25.5: Verwalten der Einstellungen zum Übertragen von Informationen an sekundäre DNS-Server

Fragt ein sekundärer DNS-Server die Seriennummer des primären DNS-Servers ab, so stellt er einen Versionsunterschied fest und fordert eine Übertragung der Zonendaten an (man spricht hier auch von einem Zonentransfer). Diesen Wert können Sie nun selbst erhöhen, auch ohne dass neue Einträge in der Datenbank vorhanden sind. Dies ist zum Beispiel dann sinnvoll, wenn Sie eine Beschädigung in der DNS-Datenbank festgestellt und sie anschließend repariert oder von einer Sicherung wieder eingespielt haben.

Damit alle sekundären DNS-Server diese Datenbank erhalten, müssen Sie ihnen signalisieren, dass es eine Änderung gegeben hat.

Der im Feld *Primärer Server* angegebene Eintrag definiert den Server, der im SOA-Eintrag im DNS eingesetzt wird. Da aber noch andere Server als klassische sekundäre DNS-Server eingesetzt werden können, muss diesen klar ein primärer DNS-Server vorgegeben werden. Wählen Sie den gewünschten Server jeweils über *Durchsuchen* aus. Im folgenden Feld geben Sie an, wer die verantwortliche Person für die Verwaltung der Zone ist. Dabei handelt es sich um die E-Mail-Adresse des DNS-Administrators, sodass andere Administratoren Kontakt zu ihm aufnehmen können, falls sie Probleme feststellen.

Da das Zeichen <@> im DNS nicht erlaubt ist, wird es durch einen Punkt ersetzt, der oben abgebildete Eintrag steht also für *hostmaster@joos.int*. Über das *Aktualisierungsintervall* teilt der primäre DNS-Server den sekundären Servern mit, wie oft sie überprüfen sollen, ob es Änderungen in der Zone gibt. Je kleiner die Abstände sind, desto aktueller sind natürlich auch die Kopien auf den sekundären Servern. Dafür steigt allerdings auch die bei der Übertragung anfallende Datenmenge, da je nach Anzahl der Änderungen und verwendeter Software beim sekundären Server eine Übertragung der kompletten Zonendaten notwendig sein kann. Zu große Intervalle dagegen führen unter Umständen zu falschen Informationen.

Kann die Aktualisierung der Daten nicht durchgeführt werden, zum Beispiel wegen eines Ausfalls des Servers oder der Netzwerkverbindung zwischen primärem und sekundären Servern, wird nach Ablauf des Wiederholungsintervalls der Versuch wiederholt. Lässt sich die Replikation länger als unter *Läuft ab nach* nicht durchgeführen, werden die kompletten Informationen der Zone auf dem sekundären Server als ungültig markiert und nicht mehr weiter verwendet. Sie sollten diesen Wert daher nicht zu niedrig setzen. So könnte der Ausfall des primären DNS-Servers an einem Freitagnachmittag dazu führen, dass das komplette Netzwerk montags nicht mehr verwendet werden kann, da zwar für die Ausfallsicherheit sekundäre DNS-Server installiert wurden, diese ihre Daten aber länger als einen Tag nicht mit dem primären DNS-Server abgleichen konnten und ihre Zoneneinträge damit als ungültig markiert haben.

Eine Einstellung von drei Tagen dagegen hätte die Daten bis Montagnachmittag gültig sein lassen. Um die bei DNS-Abfragen entstehende Datenmenge zu reduzieren, werden die Ergebnisse auf Clients wie auf DNS-Servern in einem Cache zwischengespeichert. Wie lange sie gespeichert werden, wird über die TTL (Time to Live) angegeben. Bei dieser TTL handelt es sich um eine absolute Zeit. Kann ein DNS-Server eine Anfrage aus seinem Cache beantworten, dann gibt er als TTL nicht wieder den Startwert (hier eine Stunde) weiter, sondern nur noch die verbleibende TTL von zum Beispiel 15 Minuten. Nach Ablauf der Zeit wird der Eintrag auf allen Systemen aus dem Cache gelöscht. Diese TTL kann für jeden Eintrag in der Zone separat gesetzt werden, der Wert gibt lediglich die Standardeinstellung vor.

Namenserver einer DNS-Zone verwalten

Damit in der Zone nicht nur die Adresse des primären DNS-Servers im SOA-Eintrag aufgeführt wird, sondern auch die aller sekundären DNS-Server in den NS-Einträgen, müssen Sie diese zunächst in der Registerkarte *Namenserver* einfügen. Nachdem Sie über *Hinzufügen* einen neuen Eintrag erstellt haben, wird auch ein neuer Nameservereintrag in der Zone erstellt.

Falls es Änderungen beim Namen beziehungsweise an den IP-Adressen der DNS-Server gibt, können Sie diese über *Bearbeiten* ändern. Bevor ein DNS-Server abgeschaltet wird, sollten Sie ihn über *Entfernen* aus der Liste nehmen, damit kein Client mehr versucht, von diesem System noch Informationen zu erhalten.

Wenn Sie einen neuen Namenserver hinzufügen, geben Sie zunächst den vollständigen Hostnamen an. Alternativ können Sie auch über *Durchsuchen* einen bereits bestehenden DNS-Eintrag auswählen. Sofern Sie einen bereits eingetragenen Servernamen ausgewählt haben, brauchen Sie die zugehörigen IP-Adressen nicht von Hand einzutragen, sondern können sie über *Auflösen* direkt aus dem DNS-Server auslesen. Eine manuelle Überarbeitung der IP-Adressen ist im Anschluss auch über die Schaltflächen *Hinzufügen* und *Entfernen* möglich.

In einigen Fällen sind DNS-Server auch mit mehreren IP-Adressen ausgestattet. Sofern beide Schnittstellen für Clients und andere DNS-Server erreichbar sind, spielt die Reihenfolge keine große Rolle. Wird zwischen den beiden Schnittstellenkarten aber nicht geroutet, dann sollten Sie über die Schaltflächen *Nach oben* und *Nach unten* die IP-Adresse an die erste Stelle setzen, die von den anderen Systemen erreicht werden kann, um Verzögerungen bei der Abfrage zu reduzieren. Wenn Sie noch weitere Namenserver hinzufügen wollen, müssen Sie diesen Eintrag erst mit *OK* bestätigen und anschließend einen weiteren Eintrag erstellen.

Zonenübertragungen für DNS-Zonen zulassen

Auf der einen Seite ist es natürlich gut, dass eine Replikation der Zonendaten auf sekundäre DNS-Server möglich ist, da dies die Verfügbarkeit und die Leistung erhöht. Andererseits drohen hier allerdings auch Gefahren. Ein Angreifer könnte so zum Beispiel eine Replikation der Daten anfordern, die er anschließend lokal modifiziert, und schließlich DNS-Anfragen auf seinen modifizierten Server umleitet.

Die Registerkarte *Zonenübertragungen* erlaubt eine gezielte Einschränkung dieses Zonentransfers. In der Standardeinstellung ist diese Funktion deaktiviert und erlaubt sekundären DNS-Servern keinen Zonentransfer. Wenn Sie das Kontrollkästchen *Zonenübertragungen zulassen* deaktiviert lassen, ist diese Funktion nicht verfügbar. In diesem Fall können nur noch Active Directory-integrierte Zonen zu anderen DNS-Servern repliziert werden, da hier die internen Replikationsmechanismen von Active Directory verwendet werden und nicht die des DNS.

Sofern Sie die Zonenübertragung erlauben, können Sie nun noch feiner abstufen, zu welchen Servern eine solche Zonenübertragung überhaupt nur durchgeführt werden darf:

- **An jeden Server –** Diese Variante ist die einfachste, da keine weitere Konfiguration mehr erfolgen muss. Dafür kann jeder DNS-Server jetzt den Zonentransfer anfordern, was eine entsprechende potenzielle Sicherheitslücke bedeutet.
- **Nur an Server, die in der Registerkarte "Namenserver" aufgeführt sind –** Da Sie im Vorfeld auf der Registerkarte *Namenserver* bereits die sekundären Namenserver eingepflegt haben, ist diese Einstellung auch mit wenig administrativem Aufwand verbunden. Server, die nicht auf dieser Registerkarte geführt sind, werden bei einer Anforderung des Zonentransfers abgewiesen.
- **Nur an folgende Server –** Hier definieren Sie explizit über die Schaltflächen *Hinzufügen* und *Entfernen* die IP-Adressen der DNS-Server, die einen Zonentransfer anfordern dürfen. Da hier auch die sekundären DNS-Server eingepflegt werden müssen, die Sie bereits auf der Registerkarte *Namenserver* eingetragen haben, entsteht eine gewisse Redundanz und es besteht die Gefahr, dass IP-Adressen falsch eingetragen werden.

Der klassische Replikationsprozess sieht vor, dass ein sekundärer DNS-Server zunächst das Replikationsintervall aus dem SOA-Eintrag der Zone ausliest und dann in diesem Intervall den primären DNS-Server nach der aktuellen Versionsnummer der Zonendatenbank fragt. Diese Methode birgt allerdings zwei Risiken:

1. Die Daten der sekundären DNS-Server sind nicht aktuell. Außerdem kann bei einer Funktion, mit der Bandbreite bei der Zonenübertragung gespart werden soll, der inkrementelle Zonentransfer nur dann verwendet werden, wenn eine bestimmte Menge an neuen Einträgen nicht überschritten wird. Bei Überschreitung dieser Menge muss wieder ein Transfer der kompletten Zone erfolgen.
2. Die sekundären DNS-Server fragen den primären DNS-Server zu häufig ab und erzeugen dabei unnötige Last auf dem Server sowie im Netzwerk, auch wenn es keine neuen Einträge gibt. Die Lösung ist eine Erweiterung vom bisher verwendeten Pullverfahren, bei dem der sekundäre Server vom primären Server aufgefordert wird, eine Überprüfung der Versionsnummer durchzuführen. Somit führen die sekundären Server nur dann eine Abfrage durch, wenn auch tatsächlich Änderungen an der Zone vorgenommen wurden. Dabei handelt es sich wieder um eine standardisierte Funktion, die auch andere DNS-Server verwenden können. Über die Schaltfläche *Benachrichtigungen* gelangen Sie zu der entsprechenden Konfigurationsseite.

Da alle Microsoft-DNS-Server die Benachrichtigungen bereits unterstützen, ist das Kontrollkästchen *Automatisch benachrichtigen* in der Standardeinstellung schon aktiviert und sollte nur für die Server abgeschaltet werden, bei denen es zu Kompatibilitätsproblemen kommt. Auch hier werden automatisch die Server benachrichtigt, die auf der Registerkarte für *Namenserver* aufgelistet sind. Alternativ können Sie hier wieder unter *Folgende Server* eine eigene Liste definieren.

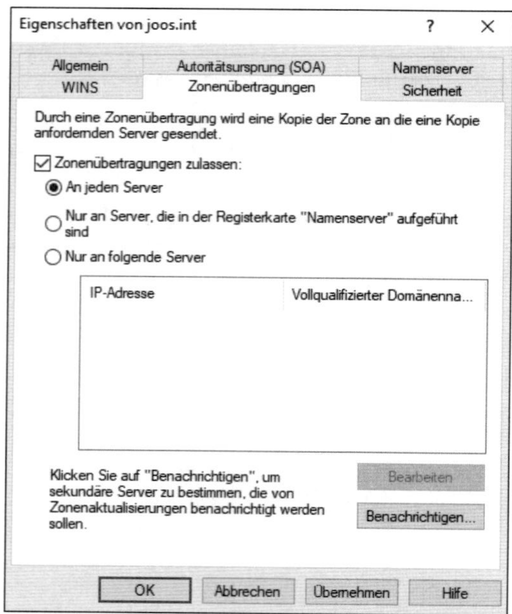

Abbildung 25.6: Konfigurieren der DNS-Zonenübertragungen an andere DNS-Server

Verwalten der Eigenschaften eines DNS-Servers

Neben den Eigenschaften der einzelnen Zonen, die Sie über das Kontextmenü aufrufen können, stehen auch in den Eigenschaften des DNS-Servers selbst einige Möglichkeiten zur Konfiguration zur Verfügung. Wir gehen im folgenden Abschnitt ausführlicher auf die einzelnen Registerkarten in den Eigenschaften eines DNS-Servers ein.

Schnittstellen eines DNS-Servers verwalten

Auf der Registerkarte *Schnittstellen* definieren Sie, auf welchen IP-Adressen der DNS-Server bei Anfragen reagiert. Dies ist zum Beispiel in solchen Fällen sinnvoll, in denen der DNS-Server mit mehreren Netzwerkkarten ausgestattet ist. Teilnetze, die zum Teil öffentlich zugänglich sind, können so von Anfragen an den Server ausgeschlossen werden, wodurch die Sicherheit des Systems erhöht wird.

Wenn Sie die Standardeinstellung, in der der DNS-Server Anfragen auf allen IP-Adressen entgegennimmt, ändern wollen, ändern Sie die Konfiguration von *Alle IP-Adressen* auf *Nur folgende IP-Adressen* und wählen anschließend im Feld *IP-Adresse* jeweils die gewünschte Adresse aus.

Erweiterte Einstellungen für einen DNS-Server

Über die Registerkarte *Erweitert* können einige Serveroptionen konfiguriert werden:

- **Rekursionsvorgang (und Weiterleitungen) deaktivieren –** Unabhängig von den Weiterleitungen (siehe nächsten Abschnitt) können Sie den DNS-Server auch lokal isolieren, indem Sie dieses Kontrollkästchen aktivieren. Damit greift der DNS-Server nur noch auf seine eigene Datenbank zu. Es werden keine Anfragen mehr an weitere DNS-Server weitergeleitet.
- **BIND-Sekundärzonen aktivieren –** Mit der Aktivierung dieses Kontrollkästchens können Sie die Kompatibilität des Servers zum System herstellen, deren Funktionsumfang nicht bis zu BIND 4.9.4 heranreicht. Dazu wird die Komprimierung der Daten beim Zonentransfer ausgeschaltet. Aus Performancegründen ist diese Funktion standardmäßig deaktiviert, die schnelle Übermittlung damit also aktiviert.
- **Beim Laden unzulässiger Zonendaten einen Fehler zurückgeben –** Der DNS-Server liest in der Standardeinstellung alle Zonendaten komplett ein und protokolliert fehlerhafte Einträge lediglich im Ereignisprotokoll. Damit kann der DNS-Server allerdings auch Hostnamen in seine Datenbanken aufnehmen, die nicht den offiziellen Spezifikationen aus den RFCs entsprechen, was wiederum bedeutet, dass es Systeme geben kann, die mit diesen Namen nicht arbeiten können. Sobald dieses Kontrollkästchen aktiviert ist, wird das Laden der kompletten Zone abgebrochen. Wie strikt die Überprüfung erfolgt, stellen Sie über die Option *Namensüberprüfung* ein. Dabei gibt es folgende Stufen:
  - **Ausschließlich RFC (ANSI) –** Nur Namen, die der offiziellen Spezifikation entsprechen
  - **Kein RFC (ANSI) –** Alle Namen, die sich aus dem ANSI-Zeichensatz zusammensetzen

  - **Multibyte (UTF8) –** Alle Namen, deren Zeichen über das Unicode Transformation Format (UTF-8) abgebildet werden können (zum Beispiel arabische oder asiatische Zeichensätze)
  - **Alle Namen –** Keine Einschränkung der verwendeten Zeichen.

- **Roundrobin aktivieren –** Die einfachste Form der Lastverteilung auf mehrere Computer wird als DNS-Roundrobin bezeichnet. Dabei wird ein Hostname mehrfach mit jeweils einer anderen IP-Adresse eingetragen. Erreicht den DNS-Server eine Anfrage des Clients, liefert er die Liste aller gefundenen IP-Adressen zurück, wobei er die Reihenfolge der Einträge jeweils um den Wert 1 verschiebt. Damit wird im Mittel jeder Eintrag gleich häufig an erster Stelle dem Client zurückgeliefert. Diese Funktion muss zum Beispiel dann deaktiviert werden, wenn Sie zwar mehrere Server unter demselben Namen nutzen wollen, die weiteren Systeme aber leistungsschwächer oder weiter entfernt sind und nur der Ausfallsicherheit dienen sollen. Wenn Sie die Funktion lediglich für bestimmte Typen deaktivieren möchten, kann dies nur über die Registry erfolgen. Fügen Sie dazu unter *HKEY_LOCAL_MACHINE\SYSTEM\CurrentControlSet\Services\DNS\Parameters* einen *REG_SZ*-Wert mit dem Namen *DoNotRoundRobinTypes* hinzu und tragen Sie als Werte die Recordtypen ein, zum Beispiel *a ns srv*.
- **Netzwerkmaskenanforderung aktivieren –** Um dem Client möglichst einen Server direkt in seiner Nähe zu nennen – im TCP/IP bedeutet das innerhalb desselben IP-Subnetzes –, wird bei Hostnamen mit mehreren zugeordneten IP-Adressen vor der Umsortierung durch Roundrobin zunächst ermittelt, ob es einen Eintrag gibt, der dem Subnetz des Clients zuzuordnen ist. Dieser wird anschließend an die erste Stelle der zurückgegebenen Liste gesetzt. Nur wenn kein passender eindeutiger Eintrag gefunden wird, kommt Roundrobin zur Lastverteilung zum Einsatz.
- **Cache vor Beschädigungen sichern –** Diese Option ist von ihrer Bezeichnung her etwas irreführend, da es sich hier eher um einen Schutz vor zweifelhaften Einträgen im Cache handelt, die im Original als *Pollution (Verschmutzung)* bezeichnet werden. Dies sind Einträge, die nicht aus erster Hand gewonnen, sondern durch Weiterleitungen von anderen DNS-Servern ermittelt wurden. Hierbei besteht natürlich eine gewisse Gefahr, dass es sich dabei um gefälschte Einträge handelt. Daher werden diese Ergebnisse zwar an den Client weitergeleitet, aber nicht in den Cache eingetragen. Wenn Sie diese Funktion deaktivieren, nimmt der DNS-Server alle Anfragen in seinen Cache auf, wodurch sich die Systemgeschwindigkeit etwas erhöhen kann.
- **DNSSEC-Überprüfung für Remoteantworten aktivieren –** Diese Option ist automatisch gesetzt und stellt sicher, dass der DNS-Server auch DNSSEC unterstützt. Wir kommen in einem eigenen Abschnitt noch ausführlicher zu diesem Thema.

Zonendaten beim Start des DNS-Servers einlesen

Welche Zonendaten der DNS-Server bei seinem Start einliest, erfährt er in der Regel aus Active Directory und der Registry. Wenn kein Active Directory verwendet wird, können Sie die Einstellung unter *Zonendaten beim Start laden* auch auf *Von Registrierung* ändern. Die dritte Option *Von Datei* ist dann sinnvoll, wenn Sie die Funktion von einem BIND-Server übernommen haben, der seine Konfiguration ebenfalls aus einer Konfigurationsdatei (*named.boot*) bezieht.

Die Datei *.boot* muss im Ordner *%WinDir%\Sytem32\Dns* abgelegt sein. Nachdem Sie das Kontrollkästchen *Aufräumvorgang bei veralteten Einträgen automatisch aktivieren* aktiviert haben, geben Sie den Zeitraum des Aufräumvorgangs an, der bestimmt, nach welcher Zeit ein dynamisch (also manuell nicht vom Administrator) erstellter DNS-Eintrag als veraltet betrachtet und aus der Datenbank entfernt wird. Über die Schaltfläche *Zurücksetzen* können Sie die Standardeinstellung bei Bedarf wiederherstellen.

Protokollierung für DNS konfigurieren

Damit die Fehlersuche bei der Namensauflösung vereinfacht werden kann, ist es möglich, die komplette Kommunikation des DNS-Servers mit Clients und anderen Servern in einer Textdatei zu protokollieren. Wenn Sie den Dateipfad und -namen auf der Registerkarte *Debugprotokollierung* nicht angeben, wird die Datei als *%WinDir%\System32\Dns\Dns.log* abgespeichert.

Um zu vermeiden, dass diese Datei die komplette Festplatte füllt, ist immer eine maximale Größe anzugeben. Sobald dieses Limit erreicht ist, werden die ältesten Einträge überschrieben. Nachdem Sie die Protokollierung durch Aktivierung des Kontrollkästchens *Pakete zum Debuggen protokollieren* eingeschaltet haben, können Sie noch genauer angeben, welche Daten überhaupt in die Datei aufgenommen werden, damit Sie bei geringerer Datenmenge schneller suchen können:

- **Paketrichtung –** Mit dieser Einstellung legen Sie fest, ob Sie Pakete protokollieren, die vom DNS-Server stammen (*Ausgehend*) oder an den DNS-Server gerichtet sind (*Eingehend*).
- **Transportprotokoll –** DNS-Daten können über die beiden IP-Protokolle TCP und UDP übertragen werden. Die Protokollierung eines der Protokolle zu deaktivieren, ist dort nützlich, wo Sie Kommunikationsprobleme aufgrund von Paketfiltern vermuten. So können Sie leicht vergleichen, welche Pakete auf beiden Seiten gesendet beziehungsweise empfangen wurden und anhand der Differenz feststellen, dass unter Umständen zum Beispiel eine Firewall nicht korrekt konfiguriert ist.
- **Paketinhalte –** Die übertragenen Daten sind generell in drei Gruppen unterteilt. Unter *Abfragen/Übertragungen* finden Sie alle DNS-Anfragen sowie die zugehörigen Antworten und die Daten für die Replikation von DNS-Servern. *Updates* steht für die Pakete, die bei der dynamischen Registrierung von Hosts beim DNS-Server gesendet werden, und *Benachrichtigungen* für die Pakete, mit denen ein DNS-Server einem anderen signalisiert, dass Änderungen an seiner Datenbank vorgenommen wurden, die der andere replizieren muss.
- **Pakettyp –** Nachdem Sie den Paketinhalt bereits eingeschränkt haben, legen Sie hier nun noch die Richtung fest, aus der die Übertragung gestartet wurde, wobei *Anforderung* für Anfragen vom Client oder Server steht. Bei den Einstellungen für Paketrichtung, Paketinhalt, Pakettyp und Transportprotokoll müssen Sie jeweils mindestens eine Option aktivieren.
- **Weitere Optionen –** Um die Datenmenge zu beschränken, wird nicht der komplette Paketinhalt protokolliert, sondern nur die wichtigsten Daten. Falls Sie alle verfügbaren Informationen aufnehmen wollen, aktivieren Sie das Kontrollkästchen *Details*. Wenn Sie die Daten der Kommunikation mit einem bestimmten Computer aufnehmen wollen, können Sie auch Pakete nach IP-Adressen filtern. Hier ist aber nur die Angabe einzelner Adressen möglich, die Filterung für ganze Netzwerke über die Eingabe einer Subnetzmaske leider nicht.

Ereignisprotokollierung konfigurieren

Wie Sie in der Standardanzeige der Verwaltungskonsole bereits sehen, verfügt der DNS-Server über einen eigenen Abschnitt im Ereignisprotokoll (*Anwendungs- und Dienstprotokolle/ DNS Server*). Sie können die Ereignisse aber auch direkt in der DNS-Konsole abrufen.

Über die Registerkarte *Ereignisprotokollierung* definieren Sie, welche Ereignisse in dieses Protokoll geschrieben werden. Wählen Sie unter *Folgende Ereignisse protokollieren* die gewünschte Option:

- **Keine Ereignisse** – Es erfolgt keine Protokollierung der Ereignisse. Dadurch sparen Sie zwar etwas Speicherplatz und Rechenzeit, haben dafür aber überhaupt keine Möglichkeit zur Fehlersuche, weshalb diese Einstellung nicht zu empfehlen ist.
- **Nur Fehler** – Auf dieser Stufe werden zumindest Fehler protokolliert. Dies können Probleme beim Start des Dienstes, beim Laden der Datenbanken oder der Übernahme von Einträgen sein. Eine vollständige Fehlersuche ist jedoch auch hier noch nicht möglich.
- **Fehler und Warnungen** – Diese Einstellung erlaubt die Anzeige aller Fehler und Warnungen, die beim Start und Betrieb des DNS-Servers auftreten. Damit haben Sie die komplette Datenmenge zusammen, die in den meisten Fällen für das Troubleshooting ausreicht.
- **Alle Ereignisse** – In einigen Fällen ist eine Fehlersuche nur dann möglich, wenn Sie sehen, welche Operationen erfolgreich ausgeführt wurden. Dies ist die Standardeinstellung für die Protokollierung. Allerdings laufen Sie hier Gefahr, dass Sie in der Menge der Informationen die Warnungen oder Fehler übersehen. Ferner können je nach Konfiguration der Ereignisanzeige durch zu viele Einträge Informationen verloren gehen.

DNS-Weiterleitungen verwenden

Ihr DNS-Server kann nur Anfragen der Clients beantworten, für die Zonen hinterlegt wurden. Wenn Sie auch andere Zonen auflösen wollen, müssen Sie im DNS konfigurieren, welche Server kontaktiert werden sollen. Der DNS-Server überprüft zunächst, ob er selbst für die DNS-Domäne zuständig ist. Wenn er keine Zone finden kann und auch keine Delegation, werden die DNS-Server kontaktiert, die über den Eintrag *Bedingte Weiterleitungen* in der Konsolenstruktur hinterlegt sind. In den Kapiteln 10 bis 17 gehen wir auf diese Thematik ebenfalls ein.

Wenn keine Weiterleitungen konfiguriert sind, werden automatisch die DNS-Server kontaktiert, die auf der Registerkarte *Stammhinweise* in den Eigenschaften des DNS-Servers hinterlegt sind. Wenn diese Server nicht erreicht werden, erhält der fragende Client eine Fehlermeldung zurück.

Damit die Benutzer und Server eine Verbindung ins Internet herstellen können, müssen Sie dafür sorgen, dass die Domänennamen im Internet aufgelöst werden. Auch zu diesem Zweck wird DNS eingesetzt. Die DNS-Server von Active Directory können nicht nur die internen Zonen auflösen, sondern auch als Weiterleitungsserver die DNS-Server Ihres Providers verwenden oder alternativ die Stammhinweise, also die Root-DNS-Server des Internets.

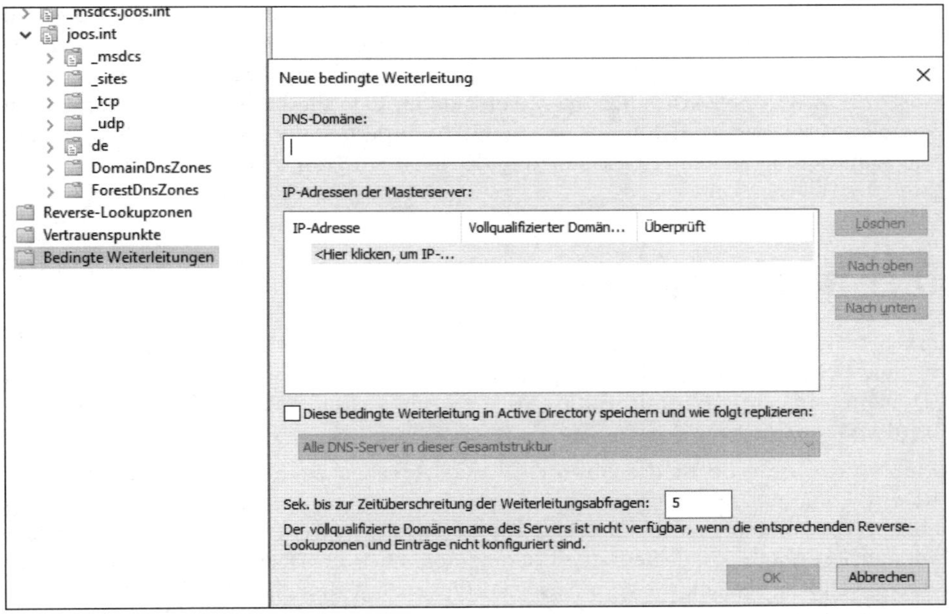

Abbildung 25.7: Festlegen von Weiterleitungsservern, zu denen ein DNS-Server Einträge weiterleiten kann

Dadurch ist sichergestellt, dass die DNS-Server des Unternehmens zuverlässig interne und externe DNS-Namen auflösen können.

Konfiguration sekundärer DNS-Server

Das Erstellen einer sekundären Zone unterscheidet sich nur unwesentlich vom Erstellen einer primären Zone, weshalb wir uns hier nur mit den Unterschieden eingehender befassen. Sekundäre DNS-Server können Anfragen von Benutzern beantworten, verwalten aber keine eigene Zone, sondern erhalten Zonendaten von übergeordneten (primären) DNS-Servern. Haben Sie die Zonen in Active Directory integriert, gibt es nur primäre DNS-Server, da hier alle Server gleichgestellt sind.

Ein primärer DNS-Server kann aber auch für andere Zonen als sekundärer DNS-Server dienen. Die Konfiguration erfolgt pro Zone, nicht pro Domäne:

1. Sie starten den Vorgang, indem Sie in der Verwaltungskonsole im Kontextmenü des Eintrags *Forward-Lookupzonen* den Befehl *Neue Zone* und im zweiten Schritt des Assistenten die Option *Sekundäre Zone* wählen.
2. Geben Sie jetzt im Feld *Zonenname* den Namen der existierenden Domäne ein.
3. Anschließend müssen Sie die IP-Adresse mindestens eines DNS-Servers angeben, der eine Kopie der Zone gespeichert hat. Dabei muss es sich nicht unbedingt um den primären DNS-Server handeln. In diesem Fall wählen Sie einen der bereits vorhandenen sekundären DNS-Server aus. Die Liste wird anschließend, beginnend mit dem obersten Eintrag, abgearbeitet, bis ein Server auf die Anfrage zum Zonentransfer antwortet. Alle weiteren Server in der Liste werden dann nicht mehr berücksichtigt. Die Replikation findet also immer nur mit einem Server statt, nicht mit allen in der Liste aufgeführten Servern.

Falls Sie den Transfer manuell (außerhalb des regulären Intervalls) starten wollen, wählen Sie im Kontextmenü der Zone den Eintrag *Übertragung vom Master*. Danach wird ermittelt, ob es neue Einträge gibt, die anschließend angefordert werden. Der Eintrag *Neue Kopie der Zone vom Master übertragen* sorgt dafür, dass die bisher empfangenen Daten komplett verworfen werden und eine erneute Anforderung der kompletten Zone erfolgt, was zum Beispiel bei einer Beschädigung der lokalen DNS-Datei nach einem Systemabsturz der Fall sein kann.

DNS-Troubleshooting

In den meisten Netzwerken, vor allem beim Einsatz von Active Directory, hängen Fehler in den meisten Fällen von der DNS-Konfiguration ab. Die hauptsächliche Aufgabe von DNS (Domain Name System) ist die Auflösung von Computernamen zu IP-Adressen, auch Forward-Lookup genannt.

Eine weitere Aufgabe ist das Auflösen von IP-Adressen zu Computernamen, auch als Reverse-Lookup bezeichnet. Da viele Serverdienste von einer optimalen Namensauflösung abhängen, funktionieren diese nicht mehr richtig, wenn das DNS-System nicht korrekt konfiguriert oder sogar fehlerhaft ist. Computernamen im DNS bestehen nicht nur aus einem NetBIOS-Namen, wie zum Beispiel *dc01*, sondern zusätzlich aus dem Domänennamen, wie zum Beispiel *contoso.com*. Einen vollständigen Rechnernamen bezeichnet man auch als voll qualifizierten Domänennamen (Full Qualified Domain Name, FQDN). Der FQDN eines Servers *dc01* in der Domäne *contoso.com* lautet *dc01.contoso.com*.

Die beiden Rechner *dc01.contoso.com* und *dc01.contoso.int* sind zwei vollkommen unterschiedliche Systeme. Um eine Verbindung mit einem dieser Systeme aufzubauen, reicht es nicht aus, nur den Namen *dc01* auflösen zu können. Es ist wichtig, dass die beteiligten Computer, die die Verbindung zu den beiden Servern aufnehmen sollen, beide Domänennamen auflösen können. DNS-Domänen, wie in diesem Beispiel *contoso.com* und *contoso.int*, werden auf DNS-Servern in sogenannten Zonen verwaltet.

Eine Zone kann mehrere Subdomänen einer Domäne verwalten, zum Beispiel *de.contoso.com* oder *fr.contoso.com*. Allerdings kann eine Zone auf einem DNS-Server nicht verschiedene Namensräume verwalten, wie zum Beispiel *contoso.com* und *contoso.int*. In diesem Fall müssten für diese beiden DNS-Domänen zwei getrennte Zonen angelegt sein.

Eine weitere wichtige Aufgabe von DNS ist das Auflösen von SRV-Records (Service-Records). In SRV-Records werden spezielle Serverdienste abgelegt, die in DNS veröffentlicht sind. Ein Beispiel wäre der bekannte SRV-Record MX (Mailexchanger), der festlegt, welche E-Mail-Server es in einer Domäne gibt und wie die IP-Adresse dieses Servers lautet. Aber auch Active Directory legt solche SRV-Einträge an. Wollen Computer spezielle Dienste in Active Directory erreichen, zum Beispiel einen globalen Katalogserver, können die DNS-Server befragt werden, die alle SRV-Records der globalen Katalogserver kennen.

Überprüfung und Fehlerbehebung der DNS-Einstellungen

Funktioniert die Namensauflösung nicht, sollten Sie strukturiert vorgehen, um Fehler zu finden. Auch wenn der Fehler auf den ersten Blick nichts mit DNS zu tun hat, lohnt es sich, zu überprüfen, ob sich Namen korrekt auflösen lassen. Überprüfen Sie, ob sich der Server sowohl in der Forward- als auch in der Reverse-Lookupzone korrekt eingetragen hat. Öffnen Sie danach eine Eingabeaufforderung und geben Sie den Befehl *nslookup* ein. Die Eingabe des Befehls darf keinerlei Fehlermeldungen verursachen. Es muss der richtige FQDN des DNS-Servers und seine IP-Adresse angezeigt werden. Sollte das nicht der Fall sein, gehen Sie Schritt für Schritt vor, um den Fehler einzugrenzen:

1. Sollte ein Fehler erscheinen, versuchen Sie es einmal mit dem Befehl *ipconfig /registerdns* in der Eingabeaufforderung.
2. Sollte der Fehler weiterhin auftreten, überprüfen Sie, ob das primäre DNS-Suffix auf dem Server mit dem Zonennamen der DNS-Zone übereinstimmt.
3. Stellen Sie als Nächstes fest, ob die IP-Adresse des Servers stimmt und der Eintrag des bevorzugten DNS-Servers in den IP-Einstellungen korrekt ist.
4. Überprüfen Sie in den Eigenschaften der Zone, ob die dynamische Aktualisierung zugelassen wird, und ändern Sie gegebenenfalls die Einstellung, damit die Aktualisierung stattfinden kann. Die Eigenschaften der Zonen erreichen Sie, wenn Sie mit der rechten Maustaste auf die Zone klicken und *Eigenschaften* auswählen.

Wenn sich ein Servername mit Nslookup nicht auflösen lässt, gehen Sie auch hier am besten Schritt für Schritt vor:

1. Ist in den IP-Einstellungen des Servers der richtige DNS-Server als bevorzugt eingetragen?
2. Verwaltet der bevorzugte DNS-Server die Zone, in der Sie eine Namensauflösung durchführen wollen?
3. Wenn der Server diese Zone nicht verwaltet, ist auf der Registerkarte *Weiterleitungen* in den Eigenschaften des Servers ein Server eingetragen, der die Zone auflösen kann?
4. Wenn eine Weiterleitung eingetragen ist, kann dann der Server, zu dem weitergeleitet wird, die Zone auflösen?
5. Wenn dieser Server nicht für die Zone verantwortlich ist, leitet er dann wiederum die Anfrage weiter?

In Ausnahmefällen kann es vorkommen, dass die Aktualisierung der Reverse-Lookupzone nicht funktioniert hat. In diesem Fall ist der Server zwar in der Forward-Zone hinterlegt, aber nicht in der Reverse-Zone. In diesem Fall können Sie einfach den Eintrag des Servers manuell ergänzen. Dazu müssen Sie lediglich einen neuen Zeiger (engl. Pointer) erstellen. Ein Zeiger oder Pointer ist ein Verweis von einer IP-Adresse zu einem Hostnamen. Kurz nach der Installation kann dieser Befehl durchaus noch Fehler melden.

Versuchen Sie, die IP-Adresse des Domänencontrollers erneut mit *ipconfig /registerdns* zu registrieren. Nach einigen Sekunden sollte der Name fehlerfrei aufgelöst werden. Sobald Sie Nslookup aufgerufen haben, können Sie beliebig Servernamen auflösen. Wenn Sie keinen FQDN eingeben, sondern nur den Computernamen, ergänzt der lokale Rechner automatisch den Namen durch das primäre DNS-Suffix des Computers beziehungsweise durch die in den IP-Einstellungen konfigurierten DNS-Suffixe.

Sie können von dem lokalen Rechner aus auch andere DNS Server mit der Auflösung befragen. Geben Sie dazu in der Eingabeaufforderung die Anweisung *nslookup <host> <server>*, also zum Beispiel *nslookup dc02.microsoft.com dc01.contoso.com*, ein. Bei diesem Beispiel versucht *nslookup*, den Host *dc02.microsoft.com* mithilfe des Servers *dc01.contoso.com* aufzulösen. Anstatt den zweiten Eintrag, also den DNS-Server, mit seinem FQDN anzusprechen, können Sie auch die IP-Adresse angeben.

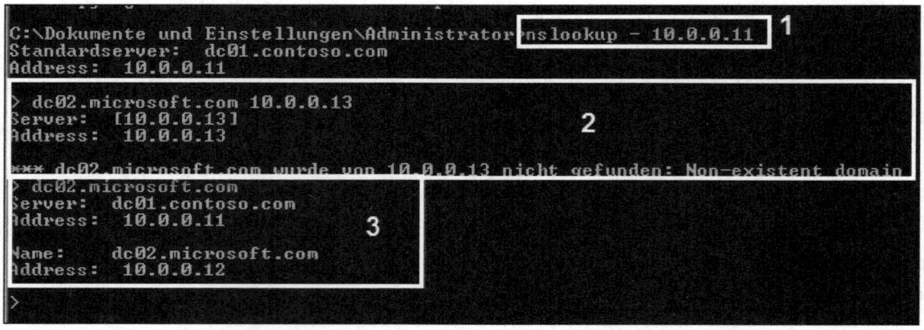

```
C:\Dokumente und Einstellungen\Administrator>nslookup - 10.0.0.11   1
Standardserver:  dc01.contoso.com
Address:  10.0.0.11

> dc02.microsoft.com 10.0.0.13
Server:  [10.0.0.13]                  2
Address:  10.0.0.13

*** dc02.microsoft.com wurde von 10.0.0.13 nicht gefunden: Non-existent domain
> dc02.microsoft.com
Server:  dc01.contoso.com
Address:  10.0.0.11                    3

Name:    dc02.microsoft.com
Address:  10.0.0.12

>
```

Abbildung 25.8: Namensauflösung mit nslookup *testen*

Wenn Sie als Servereintrag bei dieser Eingabeaufforderung einen DNS-Server mit seinem FQDN eingeben, setzt dies voraus, dass der DNS-Server, den der lokale Rechner verwendet, zwar nicht den Host *dc02.microsoft.com* auflösen kann, aber dafür den Server *dc01.contoso.com*. Der DNS-Server *dc01.contoso.com* wiederum muss dann den Host *dc02.microsoft.com* auflösen können, damit keine Fehlermeldung ausgegeben wird.

Sie können also mit Nslookup sehr detailliert die Schwachstellen Ihrer DNS-Auflösung aufdecken. Wenn Sie mehrere Hosts hintereinander abfragen wollen, müssen Sie nicht jedes Mal den Befehl *nslookup <host> <server>* verwenden, sondern können Nslookup mit dem Befehl *nslookup <server>* starten, wobei der Eintrag *server* der Name oder die IP-Adresse des DNS-Servers ist, den Sie befragen wollen, zum Beispiel *nslookup - 10.0.0.11*. Sie können die beiden Optionen auch kombinieren.

Wenn Sie zum Beispiel Nslookup so starten, dass nicht der lokal konfigurierte DNS-Server zur Namensauflösung herangezogen wird, sondern der Remoteserver 10.0.0.11, können Sie innerhalb der Nslookup-Befehlszeile durch Eingabe von *<host> <server>* wieder einen weiteren DNS-Server befragen.

Nslookup startet in der Eingabeaufforderung und ist so konfiguriert, dass das Tool den DNS-Server 10.0.0.11 zur Namensauflösung verwendet.

Nslookup überprüft, ob der lokal konfigurierte DNS-Server in seiner Reverse-Lookupzone die IP-Adresse 10.0.0.11 zu einem Servernamen auflösen kann (1). Da das funktioniert, zeigt die Ausgabe als Standardserver für diese Nslookup-Befehlszeile den DNS-Server 10.0.0.11 mit seinem FQDN *dc01.contoso.com* an. Wäre an dieser Stelle eine Fehlermeldung erschienen, dass der Servername für 10.0.0.11 nicht bekannt ist, würde das bedeuten, dass der DNS-Server, der in den IP-Einstellungen des lokalen Rechners konfiguriert ist, in seiner Reverse-Lookupzone den Servernamen nicht auflösen kann.

In diesem Fall sollten Sie die Konfiguration der Reverse-Lookupzone überprüfen und sicherstellen, dass alle Zeiger (Pointer) korrekt eingetragen sind. Zu einer konsistenten Namensauflösung per DNS gehört nicht nur die Auflösung von Servername zu IP (Forward), sondern auch von IP zu Servernamen (Reverse).

In der nächsten Zeile (2) soll der Rechnername *dc02.microsoft.com* vom Server 10.0.0.13 aufgelöst werden. Der Server 10.0.0.13 kann jedoch den Servernamen *dc02.microsoft.com* nicht auflösen. In diesem Fall liegt ein Problem auf dem Server 10.0.0.13 vor, der die Zone *microsoft.com* nicht auflösen kann. Sie sollten daher auf dem Server 10.0.0.13 entweder in den Eigenschaften des DNS-Servers auf der Registerkarte *Weiterleitungen* überprüfen, ob eine Weiterleitung zu *microsoft.com* eingetragen werden muss, oder eine sekundäre Zone für *microsoft.com* auf dem Server 10.0.0.13 anlegen, wenn dieser Rechnernamen für die Zone *microsoft.com* auflösen können soll.

Als Nächstes wird versucht, den gleichen Servernamen *dc02.microsoft.com* über den Standardserver dieser Nslookup-Befehlszeile aufzulösen (3). Der Standardserver kann den Servernamen problemlos auflösen, was zeigt, dass diese Konfiguration in Ordnung ist.

Zusätzlich können Sie mit Nslookup auch die SRV-Records von Active Directory überprüfen. Clients können im DNS nachfragen, welcher Host im Netzwerk für die einzelnen Serverdienste verantwortlich ist. Active Directory baut stark auf diese SRV-Records auf. Aus diesem Grund ist eine Diagnose dieser Einträge mit Nslookup durchaus sinnvoll. Alle SRV-Records von Active Directory befinden sich parallel in der Datei *\%WinDir%\System32\config\netlogon.dns*. Die Datei lässt sich mit einem Editor auch anzeigen. Fehlen Einträge in den DNS-Zonen, die Active Directory benötigt, ist es meist hilfreich, wenn Sie den Befehl *dcdiag /fix* ausführen. Dabei versucht das Tool, auch fehlende Einträge aus der Datei *netlogon.dns* einzubauen.

Ipconfig für DNS-Diagnose verwenden

Ein weiteres wichtiges Tool zur DNS-Diagnose ist Ipconfig, das ebenfalls zum Lieferumfang von Windows Server 2019 gehört. Vor allem die beiden Optionen */registerdns* und */flushdns* sollten jedem Administrator bekannt sein, der einen DNS-Server verwaltet. In der PowerShell verwenden Sie *Clear-DnsClientCache*, um den Cache zu löschen Sie können sich in der PowerShell den Cache mit dem Befehl *Get-DnsClientCache* anzeigen lassen.

Wenn Sie eine DNS-Diagnose durchführen und Fehlerbehebungsmaßnahmen daraus ableiten, müssen Sie aufpassen, dass Ihnen der lokale DNS-Cache keinen Strich durch die Rechnung macht. Wenn Sie mit Nslookup Namen auf dem DNS-Server überprüfen, versucht der Client zunächst, den Namen aus seinem lokalen DNS-Cache zu lesen. Wenn Sie einen eventuell vorhandenen Fehler behoben haben, kann dennoch der lokale DNS-Cache fehlerhafte Einträge enthalten. Löschen Sie daher immer vor der erneuten Abfrage den lokalen DNS-Cache in der Eingabeaufforderung mit *ipconfig /flushdns*.

Auch der DNS-Server verwendet einen eigenen Cache, der bei einer Fehlerdiagnose störend sein kann. Wenn ein Client in seinem DNS-Cache keinen Eintrag findet, gibt er die Abfrage an den DNS-Server weiter. Bevor der Server in seinen Zonen überprüft, ob er die Anfrage beantworten kann, beziehungsweise die Anfrage weitergeleitet wird, sucht er in seinem eigenen Server-Cache. Sie sollten daher bei einer Fehlerbehebung diesen Cache ebenfalls löschen lassen. Sie finden diese Möglichkeit im Kontextmenü des DNS-Servers im Snap-in *DNS*.

Startet ein Windows-Client, registriert er sich automatisch am DNS, wenn die lokalen Dienste *Anmeldedienst* und *DNS-Client* gestartet werden. Da Sie bei einer Fehlerbehebung nicht jedes Mal die beiden Dienste neu starten oder den ganzen Server neu booten wollen, können Sie in der Eingabeaufforderung mit dem Befehl *ipconfig /registerdns* die Einträge auf dem DNS manuell aktualisieren.

Nach der Eingabe des Befehls sollten die Einträge recht schnell auf dem DNS aktualisiert sein. Sollte das dynamische Aktualisieren noch immer nicht funktionieren, überprüfen Sie in den Eigenschaften der Zone, ob die dynamische Aktualisierung aktiviert ist. Wenn sich an der Zone auch Arbeitsstationen und Server dynamisch registrieren sollen, die nicht Mitglied der Gesamtstruktur sind, können Sie auch die Option *Nicht sichere und sichere* aktivieren.

Domänencontroller kann nicht gefunden werden

Erhalten Clients oder Server die Meldung, dass der Domänencontroller nicht erreicht werden kann, sollten Sie auf dem beteiligten Computer zunächst per Ping testen, ob eine Verbindung zur IP-Adresse des Servers funktioniert. Klappt das, stellen Sie sicher, dass in den Netzwerkeinstellungen der Server die IP-Adresse eines DNS-Servers eingetragen ist, der den Domänencontroller auflösen kann. Auch auf den Domänencontrollern selbst müssen in den Netzwerkeinstellungen die DNS-Server so gesetzt sein, dass die Auflösung funktioniert.

Achten Sie dabei in den erweiterten Netzwerkeinstellungen darauf, ob spezielle DNS-Suffixe gesetzt sind (siehe Kapitel 6). Auch der Test mit Nslookup zur Namensauflösung ist wichtig. Verwenden Sie nicht den vollständigen DNS-Namen des aufzulösenden Servers (FQDN), stellen Sie sicher, dass das DNS-Suffix des Clients korrekt ist oder in den erweiterten DNS-Einstellungen der Netzwerkverbindung eingetragen ist.

Haben Sie diese Grundlagentests durchgeführt, aber die Auflösung funktioniert noch immer nicht, fehlen unter Umständen DNS-Einträge der Domänencontroller in den DNS-Zonen. Diese Einstellungen finden Sie unter *_msdcs* auf den DNS-Servern. Auf den Domänencontrollern finden Sie solche Fehler am schnellsten, wenn Sie *dcdiag* in der Eingabeaufforderung eingeben. Überprüfen Sie mit *nltest /dsgetsite*, ob der Domänencontroller dem richtigen Active Directory-Standort zugewiesen ist. Mit *nltest /dclist:<NetBIOS-Name der Domäne>* lassen Sie sich eine Liste aller Domänencontroller einer entsprechenden Domäne anzeigen.

Die Einträge sollten als FQDN aufgelistet sein. Ebenfalls ein wichtiger Befehl ist *nltest /dsgetdc:<NetBIOS-Name der Domäne>*. Dieser Befehl listet Name, IP-Adresse, GUID, FQDN von Active Directory und weitere Informationen auf. Alle Informationen sollten ohne Fehler angezeigt werden.

Starten Sie mit *net stop netlogon* und dann *net start netlogon* den Anmeldedienst auf dem Domänencontroller neu. Beim Starten versucht der Dienst, die Daten der Datei *netlogon.dns* erneut in DNS zu registrieren. Gibt es hierbei Probleme, finden Sie im Ereignisprotokoll unter *System* einen Eintrag des Dienstes, der bei der Problemlösung weiterhilft.

Auch der Befehl *nltest /dsregdns* hilft oft bei Problemen in der DNS-Registrierung. Funktioniert die erneute Registrierung durch Neustart des Anmeldedienstes nicht, löschen Sie die DNS-Zone *_msdcs* und die erstellte Delegierung ebenfalls. Starten Sie dann den Anmeldedienst neu, liest dieser die Daten von *netlogon.dns* ein, erstellt die Zone *_msdcs* neu und schreibt die Einträge wieder in die Zone. Testen Sie anschließend wieder mit Dcdiag, ob die Probleme behoben sind. Einen ausführlichen Test führen Sie mit *dcdiag /v* durch.

Namensauflösung von Mitgliedsservern

Stellen Sie Probleme bei der Namensauflösung von Mitgliedsservern fest, lassen sich diese leichter beheben. Die Server müssen die richtigen DNS-Server in den Netzwerkeinstellungen eingetragen haben, außerdem muss ein Host-A-Eintrag in der entsprechenden Zone gesetzt sein. Arbeiten Sie mit dynamischer DNS-Registrierung, achten Sie darauf, dass dynamische Aktualisierungen für die Zone in den Eigenschaften von DNS erlaubt sind.

Vor allem, wenn es sich um Server handelt, die nicht Mitglied einer Domäne sind, aber von Active Directory-DNS-Servern aufgelöst werden sollen, müssen Sie darauf achten, die entsprechenden Namenseinträge manuell zu setzen, oder auch unsichere Aktualisierungen für die Zone in den Eigenschaften der Zone festlegen. Im laufenden Betrieb starten Sie mit dem Befehl *ipconfig /registerdns* die dynamische Aktualisierung auf dem Mitgliedsserver. Starten Sie mit *net stop netlogon* und *net start netlogon* den Anmeldedienst neu, um sicherzustellen, dass die Aktualisierung funktioniert hat.

Erweiterte Namensauflösung sicherstellen

Findet ein DNS-Server keine Daten zu einem Client, leitet er diese an den Server weiter, der als Weiterleitungsserver für die Domäne hinterlegt ist. Sind keine Weiterleitungsserver konfiguriert, verwenden DNS-Server die Server, die auf der Registerkarte *Stammhinweise* in ihren Eigenschaften hinterlegt sind.

Ein weiteres Problem kann darin liegen, dass der DNS-Server nicht bei allen eingebauten Netzwerkkarten und -verbindungen auf Anfragen wartet. In seinen Eigenschaften finden Sie auf der Registerkarte *Schnittstelle* eine Auflistung aller IP-Adressen, bei denen er auf DNS-Anfragen wartet. Wollen Sie im Unternehmen auch sekundäre DNS-Zonen einsetzen, die nicht unbedingt unter Windows installiert sein müssen, können Sie auf diesen Servern nur dann die Zonen übertragen, wenn Sie in den Eigenschaften der Zone auf dem primären DNS-Server auf der Registerkarte *Zonenübertragungen* diese Übertragung zulassen. Standardmäßig verweigern Windows-DNS-Server eine solche Übertragung.

Ist zwischen verschiedenen DNS-Servern oder DNS-Server und Client eine Firewall positioniert, blockiert diese unter Umständen DNS-Abfragen. DNS-Server verwenden den TCP-UDP-Port 53, den Sie für DNS-Abfragen freischalten sollten. Gelingt der Verbindungsaufbau immer noch nicht, schalten Sie UDP-Ports über 1023 frei.

Ein häufiges Problem ist die Namensauflösung der eigenen Internetdomäne über interne DNS-Server, vor allem dann, wenn die Active Directory-Domäne die gleiche Bezeichnung hat, was nicht empfohlen ist. Dieses Problem lösen Sie dadurch, dass Sie manuell entweder nur einen Host-A-Eintrag mit der Bezeichnung *www* und der externen IP-Adresse der Internetseite oder für jeden Servernamen, den Sie extern auflösen lassen wollen, einen eigenen Eintrag erstellen. In diesem Fall lösen die internen DNS-Server den Eintrag der WWW-Seite korrekt nach der externen IP-Adresse auf.

Ändern Sie die IP-Adresse eines Servers, ändert sich nicht unbedingt gleich der entsprechende DNS-Eintrag des Servers. Funktioniert nach einer IP-Änderung die Namensauflösung auch nach dem Ausführen von *ipconfig /registerdns* nicht, löschen Sie den Host-A-Eintrag auf dem Server und versuchen Sie die dynamische Registrierung erneut. Ist auf dem Client der korrekte DNS-Server eingetragen und auf dem DNS-Server die dynamische Aktualisierung aktiv, sollte sich der Server neu registrieren. Arbeiten Sie mit DHCP, müssen Sie noch weitere Bereiche beachten.

Damit der DHCP-Server für die Clients eine automatische DNS-Registrierung auf den DNS-Servern durchführen kann, müssen Sie ihn erst dafür konfigurieren. Wenn Sie die Eigenschaften von IPv4 oder IPv6 des DHCP-Servers aufrufen, können Sie auf der Registerkarte *DNS* konfigurieren, welche Einträge der DHCP-Server auf den DNS-Servern erstellen soll (siehe Kapitel 24).

Setzen Sie noch Clients ein, die kein dynamisches DNS unterstützen, sollten Sie in den Eigenschaften des DHCP-Servers auf der Registerkarte *DNS* die Option *DNS-Einträge für DHCP-Clients, die keine Aktualisierungen anfordern ?* sowie zusätzlich die Option *DNS-Einträge immer dynamisch aktualisieren* aktivieren. Sie sollten die Computerkonten der

DHCP-Server in die Gruppe *DnsUpdateProxy* aufnehmen, wenn die DNS-Aktualisierung nicht funktioniert. Alternativ können Sie auf der Registerkarte *Erweitert* in den Eigenschaften für IPv4 oder IPv6 Anmeldedaten hinterlegen, die eine Aktualisierung ermöglichen. Ändern Sie die IP-Adresse des DNS-Servers selbst, stellen Sie sicher, dass in den Eigenschaften der Zonen, die dieser Server verwaltet, auf der Registerkarte *Namenserver* der korrekte Name und die richtige IP-Adresse hinterlegt ist.

Nslookup zur Auflösung von Internetdomänen verwenden

Bei entsprechend konfigurierter Weiterleitung auf dem DNS-Server muss ein lokaler Rechner auch Internetdomänen auflösen können. Die Antwort kann zwar etwas dauern, da der interne DNS-Server zunächst durch die konfigurierte Weiterleitung einen DNS-Server im Internet befragen muss. Wenn Sie aber eine Antwort erhalten, können Sie sicher sein, dass die Namensauflösung ins Internet ebenfalls funktioniert.

Sie können über Nslookup auch ausführlichere Informationen über eine DNS-Zone oder einen DNS-Server abfragen. Starten Sie dazu Nslookup in der Eingabeaufforderung und geben Sie den Befehl *set debug* ein. Im Anschluss erhalten Sie deutlich ausführlichere Informationen über die Hostnamen, DNS-Server und DNS-Zonen, die Sie an dieser Stelle überprüfen.

Durch die Eingabe *nslookup contoso.int* können Sie überprüfen, welche Namenserver für die DNS-Domäne *contoso.int* zuständig sind. Sie können auch auf einem Remoteserver feststellen, welche Namenserver für eine Domäne konfiguriert sind, ohne in das Snap-in *DNS* wechseln zu müssen.

Mit Nslookup SRV-Records oder MX-Records anzeigen

Eine der wichtigsten Abfragen, um zum Beispiel Exchange SMTP-Connectoren einzurichten, ist die auf SRV-Records. Wenn Sie die bereits beschriebene Internetverbindung der DNS-Server sichergestellt haben, können Sie mit Nslookup auch die MX-Einträge von Domänen im Internet abfragen.

Dadurch lässt sich zum Beispiel sicherstellen, dass zu Ihnen geschickte E-Mails auch über diese MX-Server gekommen sind. Die Abfrage von SRV-Records über Nslookup wird hauptsächlich für die Mailexchanger(MX)-Einträge verwendet. Um SRV-Records einer Domäne abzufragen, starten Sie in der Eingabeaufforderung ganz normal Nslookup. Geben Sie als Nächstes den Befehl *set q=mx* ein, damit für abgefragte Domänen explizit nur der MX-Eintrag zurückgegeben wird. Sie können durch diese Diagnose auch zum Beispiel Ihren eigenen MX-Eintrag im Internet auf Korrektheit überprüfen.

Komplette Zonen mit Nslookup übertragen

Zusätzlich können Sie alle Einträge einer Zone in Nslookup anzeigen lassen. Starten Sie dazu in der Eingabeaufforderung Nslookup. Geben Sie als Nächstes den Befehl *ls <Domäne>* ein, zum Beispiel *ls contoso.com*. Nslookup stellt eine Verbindung zum Namenserver dieser Zone her und überträgt den Inhalt der kompletten Zone auf den lokalen Rechner, um diesen anzuzeigen.

Allerdings muss diese Übertragung auf der Registerkarte *Zonenübertragungen* erst aktiviert werden. Standardmäßig verweigert Windows Server 2019 eine solche Übertragung. Die Option *-a* liefert Aliasnamen und kanonische Namen (CNAMEs), *-d* liefert alle Daten, und *-t* filtert nach Typ. Durch diese Option können Sie sich alle Informationen über eine Zone anzeigen lassen.

Da es sich bei dieser Abfrage um ein klares Sicherheitsproblem handelt, da ein Angreifer auf diese Weise sehr schnell an alle Informationen und Servernamen einer DNS-Zone gelangt, verweigert ein DNS-Server unter Windows Server 2019 standardmäßig diese Abfrage. Sie können jedoch diese Sicherheitseinstellungen für jede einzelne Zone auf einem DNS-Server anpassen. Rufen Sie dazu die Eigenschaften der Zone auf und wechseln Sie zur Registerkarte *Zonenübertragung*. An dieser Stelle können Sie die Übertragung auf einzelne Server zulassen oder verweigern.

Zusätzlich können mit Nslookup auch die SRV-Records von Active Directory überprüft werden. Mit SRV-Records werden spezielle Netzwerkdienste, wie zum Beispiel Mailexchanger (MX) oder auch LDAP und Kerberos, im DNS veröffentlicht. Clients können im DNS nachfragen, welcher Host im Netzwerk für die einzelnen Serverdienste verantwortlich ist. Active Directory baut stark auf diese SRV-Records auf. Aus diesem Grund ist eine Diagnose dieser Einträge mit Nslookup durchaus sinnvoll. Alle SRV-Records in Active Directory befinden sich parallel in der Datei *\%WinDir%\System32\config\netlogon.dns*.

Dnscmd zur Verwaltung eines DNS-Servers in der Eingabeaufforderung

Ein weiteres wichtiges Befehlszeilenprogramm ist Dnscmd, mit dem Sie einen DNS-Server über die Eingabeaufforderung verwalten können. Mit Dnscmd können sowohl Informationen über einen DNS-Server abgerufen als auch Informationen in Textdateien exportiert werden. Mit dem Tool lässt sich ein DNS-Server komplett über die Eingabeaufforderung verwalten, zum Beispiel über Skripts. Über *dnscmd /?* erhalten Sie zusätzliche Informationen zu den verfügbaren Optionen angezeigt.

Unter manchen Umständen, zum Beispiel für die Diagnose von DNS-Problemen, kann es durchaus sinnvoll sein, eine komplette Zone aus dem DNS in eine Textdatei zu importieren. Wenn die Zonen nicht in Active Directory integriert sind, sondern es sich um normale primäre oder sekundäre DNS-Zonen handelt, ist ein Export mit Dnscmd unnötig.

Sie können in diesem Fall die Zonendateien mit der Endung *.dns* aus dem Ordner *\%WinDir%\System32\dns* kopieren. Active Directory-integrierte Zonen werden nicht in *.dns*-Dateien gespeichert, sondern direkt in die Active Directory-Datenbank eingefügt. Um mit Dnscmd eine Active Directory-integrierte DNS-Zone in eine Textdatei zu kopieren, öffnen Sie eine Eingabeaufforderung und geben zum Beispiel den folgenden Befehl ein:

dnscmd dc01.contoso.com /zonexport contoso.com contoso.txt

Die Zonendatei wird in den Ordner *\%WinDir%\System32\dns* kopiert. Die Optionen von Dnscmd und deren Aufgaben sind:

- **dnscmd ageallrecords** – Verändert die Zeitstempel von Einträgen innerhalb einer bestimmten Zone, zum Beispiel
  dnscmd reskit.com /ageallrecords test.reskit.com
- **dnscmd clearcache** – Löscht den Cache des Servers aus der Eingabeaufforderung.

- **dnscmd config** – Mit dieser Option können verschiedene Einstellungen der Zonen und des kompletten Servers vorgenommen werden.
- **dnscmd createbuiltindirectorypartitions** – Mit dieser Option können DNS-Anwendungspartitionen auf Gesamtstruktur- oder Domänenebene erstellt werden. Der Befehl dient hauptsächlich zur Wiederherstellung der Standardanwendungspartitionen.
- **dnscmd createdirectorypartition** – Mit dieser Option können neben den Standardpartitionen weitere Anwendungspartitionen erstellt werden, um die DNS-Replikation detailliert steuern zu können.
- **dnscmd deletedirectorypartition** – Löscht erstellte DNS-Anwendungsverzeichnispartitionen.
- **dnscmd directorypartitioninfo** – Zeigt Informationen über eine spezifische DNS-Anwendungsverzeichnispartition an.
- **dnscmd enlistdirectorypartition** – Fügt DNS-Server zu der Replikationsliste einer Anwendungsverzeichnispartition hinzu.
- **dnscmd enumdirectorypartitions** – Zeigt alle DNS-Anwendungsverzeichnispartitionen eines bestimmten Servers an.
- **dnscmd enumrecords** – Zeigt die Ressourcen eines bestimmten Knotens innerhalb einer DNS-Zone an.
- **dnscmd enumzones** – Zeigt die Zonen eines bestimmten Servers an, zum Beispiel

  dnscmd contoso.com /enumzones

  oder

  dnscmd contoso.com /enumzones /auto-created /reverse
- **dnscmd info** – Zeigt bestimmte Einstellungen für den DNS-Server an, die auch im Registryschlüssel *HKEY_LOCAL_MACHINE\SYSTEM\CurrentControlSet\Services\DNS\Parameters* gespeichert sind. Beispiele hierfür sind

  dnscmd contoso.com /info isslave

  oder

  dnscmd contoso.com /info recursiontimeout
- **dnscmd nodedelete** – Löscht alle Einträge eines bestimmten Hosts, zum Beispiel

  dnscmd contoso.com /nodedelete test.contoso.com node /tree

  oder

  dnscmd contoso.com /nodedelete test.contoso.com host /F
- **dnscmd recordadd** – Fügt einen neuen Eintrag auf einem bestimmten DNS-Server und einer bestimmten DNS-Zone hinzu.
- **dnscmd recorddelete** – Löscht einen Eintrag auf einem bestimmten DNS-Server und einer bestimmten DNS-Zone.
- **dnscmd resetforwarders** – Löscht die Liste der Weiterleitungsserver eines bestimmten DNS-Servers.
- **dnscmd resetlistenaddresses** – Legt die Schnittstelle fest, auf die der DNS-Server auf Clientanfragen hört.
- **dnscmd startscavenging** – Veranlasst einen bestimmten DNS-Server, nach abgelaufenen Einträgen zu suchen.

- **dnscmd statistics** – Zeigt Informationen für einen bestimmten DNS-Server an oder löscht diese. Entsprechende Aufrufe sind zum Beispiel

  dnscmd contoso.com /statistics 00000001

  oder

  dnscmd contoso.com /Statistics 00200000
- **dnscmd unenlistdirectorypartition** – Löscht einen DNS-Server von der Replikationsliste einer bestimmten Zone, wenn eine eigene DNS-Anwendungsverzeichnispartition erstellt wurde.
- **dnscmd writebackfiles** – Überprüft, ob im Arbeitsspeicher des DNS-Servers noch Änderungen stehen, die nicht auf die Festplatte geschrieben wurden, und speichert diese dann auf der Festplatte.
- **dnscmd zoneadd** – Fügt einem Server eine neue Zone hinzu.
- **dnscmd zonechangedirectorypartition** – Verschiebt eine Zone in eine bestimmte DNS-Anwendungsverzeichnispartition, um die Replikation der Zone besser zu steuern.
- **dnscmd zonedelete** – Löscht eine bestimmte Zone von einem Server, zum Beispiel

  dnscmd contoso.com /zonedelete test.contoso.com
- **dnscmd zoneexport** – Exportiert eine Zone in eine Textdatei
- **dnscmd zoneinfo** – Zeigt Informationen einer bestimmten Zone an, die auch in der Registry im Schlüssel *HKEY_LOCAL_MACHINE\SYSTEM\CurrentControlSet\Services\DNS\Parameters\Zones\<Zonen-Namen>* gespeichert sind, zum Beispiel

  dnscmd contoso.com /zoneinfo test.contoso.com refreshinterval

  oder

  dnscmd contoso.com /zoneinfo test.contoso.com aging
- **dnscmd zonepause** – Pausiert eine Zone. Clientanfragen an diese Zone werden nicht beantwortet.
- **dnscmd zoneprint** – Zeigt alle Einträge einer Zone an.
- **dnscmd zoneresettype** – Ändert den Typ einer Zone.
- **dnscmd zonerefresh** – Zwingt einen sekundären DNS-Server zum Abgleich der Zone mit seinem Master.
- **dnscmd zonereload** – Lässt eine Zone aus Active Directory oder deren Textdatei aus dem Ordner *\%WinDir%\System32\dns* neu laden.
- **dnscmd zoneresetmasters** – Setzt die IP-Adresse des Master-DNS-Servers auf die sekundären DNS-Server zurück.
- **dnscmd zoneresetscavengeservers** – Konfiguriert die IP-Adressen, die eine bestimmte Zone bereinigen dürfen.
- **dnscmd zoneresetsecondaries** – Legt auf einem DNS-Master-Server die IP-Adressen der sekundären DNS-Server fest, die Zonendaten abrufen dürfen.
- **dnscmd zoneresume** – Startet eine pausierte Zone wieder.
- **dnscmd zoneupdatefromds** – Aktualisiert eine Active Directory-integrierte Zone aus Active Directory.
- **dnscmd zonewriteback** – Überprüft, ob im Arbeitsspeicher für eine bestimmte Zone noch Einträge stehen, und schreibt diese auf die Festplatte.

DNSSEC – Sicherheit in DNS

Bereits mit Windows Server 2008 R2 hat Microsoft DNSSEC eingeführt, um Zonen und Einträge abzusichern. Windows Server 2008 R2 konnte bereits Zonen digital signieren und dadurch vor unerlaubten Änderungen schützen. Die Erstellung des Schlüssels erfolgt manuell über das Befehlszeilentool *Dnscmd*. Dynamische DNS-Updates sind bei dieser Konfiguration nicht erlaubt.

In Windows Server 2019 lassen sich Zonen auch online digital signieren. Es ist nicht notwendig, diese vorher offline zu setzen. DNSSEC lässt sich in der neuen Version komplett in Active Directory integrieren. Dies umfasst auch die Möglichkeit, dynamische Updates für geschützte Zonen zu aktivieren. Windows Server 2019 unterstützt offizielle Standards wie NSEC3 und RSA/SHA-2. Windows Server 2008 R2 konnte das noch nicht. Die Verwaltungsoberfläche für DNS hat Microsoft ebenfalls verbessert und auch die Windows PowerShell ermöglicht jetzt die Verwaltung von DNS über Skripts.

DNSSEC verstehen

DNSSEC wird auch auf schreibgeschützten Domänencontrollern (Read-only Domain Controller, RODC) unterstützt. Findet ein RODC mit Windows Server 2019 eine signierte DNS-Zone, legt er automatisch eine sekundäre Kopie der Zone an und überträgt die Daten der DNSEC-geschützten Zone. Dies hat den Vorteil, dass Niederlassungen mit RODCs gesicherte Daten auflösen können, aber die Signatur und Daten der Zone nicht in Gefahr sind.

Über das Menü *Tools* im Server-Manager lässt sich das Verwaltungswerkzeug starten. DNSSEC lässt sich über das Kontextmenü von Zonen erstellen. Eine komplizierte Konfiguration in der Eingabeaufforderung ist nicht erforderlich. Auch das Offlinesetzen von Zonen ist nicht mehr notwendig.

Die Signierung der Zone erfolgt über einen Assistenten, mit dem Administratoren recht einfach DNS-Zonen vor Manipulationen schützen können. Der Assistent erlaubt die manuelle Signierung, eine Aktualisierung der Signierung und eine Signierung auf Basis automatischer Einstellungen.

Im Assistenten legen Sie auch den Schlüssel für die eigentliche Signatur fest: also den Schlüsselsignaturschlüssel (Key Signing Key, KSK) und den Zonensignaturschlüssel (Zone Signing Key, ZSK).

Nachdem die Schlüssel festgelegt sind, lässt sich die Absicherung festlegen. Windows Server 2019 unterstützt hierbei Next Secure 3 (NSEC3), aber auch die ältere Version NSEC. In Windows Server 2019 stellt ein DNS-Server den Key-Master-Server dar. Dieser Server verwaltet die primäre Zone. Verwenden Sie NSEC3, lässt sich die Zone nicht auf DNS-Server mit Windows Server 2008 R2 übertragen. Die Zone muss dann auf Servern mit Windows Server 2019 gehostet werden. Auch die Clientcomputer müssen mit Windows 8 installiert sein, um Daten von NSEC3-Zonen lesen zu können. Der Key Master ist für alle Schlüssel der Zone verantwortlich.

In den DNSSEC-Eigenschaften einer Zone lassen sich die Einstellungen und Schlüssel jederzeit anpassen. Hier stehen alle Eigenschaften zur Verfügung, die auch der Assistent bietet. Das Aufheben der Signierung ist über diesen Weg ebenfalls möglich.

In den normalen DNS-Eigenschaften einer Zone lassen sich mit Windows Server 2019 dynamische Updates festlegen. Sobald ein Server der signierten Zone ein genehmigtes Update erhält, trägt er die Daten in die signierte Zone ein und repliziert sie zu den anderen Servern.

DNS sicher betreiben – DNSSEC in der Praxis

Die Namensauflösung im Netzwerk spielt für die Sicherheit eine wichtige Rolle. Manipulieren Hacker DNS-Zonen, kann es passieren, dass Anwender auf kompromittierte Server zugreifen, Dienste ausfallen oder Daten verloren gehen. Es lohnt sich also, DNS vor Angriffen abzusichern.

Angreifer, die das DNS-System in einem Netzwerk manipulieren, ändern entweder den DNS-Cache ab, betreiben Spoofing oder manipulieren ganze Zonen. Der erste Schritt, um in Active Directory DNS abzusichern, ist die Integration der DNS-Daten in Active Directory und das Festlegen, dass nur authentifizierte Computer Einträge erstellen oder eigene Einträge ändern können. Dadurch erhalten Unternehmen zwar keinen perfekten Schutz, aber die Sicherheit wird dennoch erhöht. Weitere Maßnahmen sind das Überprüfen der Berechtigungen und das Aktivieren von DNSSEC.

Einstellungen für DNS-Zonen optimieren

Um DNS in Windows Server 2019 sicher zu konfigurieren, besteht der erste Schritt darin, die DNS-Verwaltung aufzurufen, zum Beispiel mit *dnsmgmt.msc*. In der DNS-Verwaltung sind unterhalb der einzelnen DNS-Server die verschiedenen Zonen zu erkennen. Für den ersten Schritt der Absicherung sollten die Eigenschaften der DNS-Zone aufgerufen werden. Auf der Registerkarte *Allgemein* sind erste, wichtige Sicherheits-Einstellungen vorzunehmen.

Bei *Typ* ist es sinnvoll, über *Ändern* die Option *Active Directory-integriert* zu aktivieren. Dadurch ist sichergestellt, dass die DNS-Daten zusammen mit Active Directory repliziert werden. Das ist nur möglich, wenn der DNS-Server auf einem Active Directory-Domänencontroller installiert ist. Auch in Active Directory-Umgebungen ist das sehr sinnvoll.

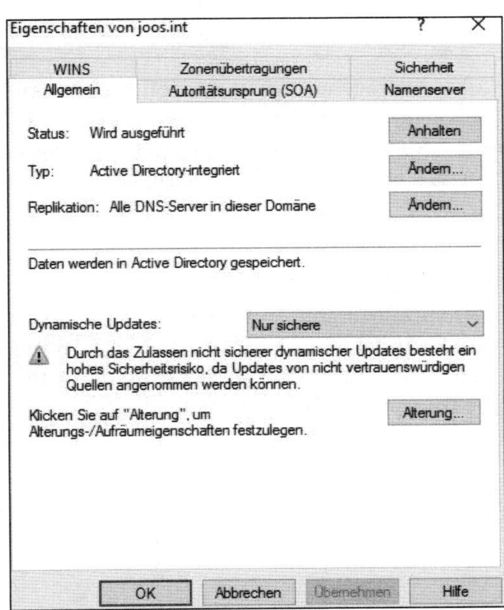

Abbildung 25.9: Sicherheit einer DNS-Zone verbessern

Danach sollte bei *Dynamische Updates* sichergestellt sein, dass die Option *Nur sichere* aktiviert ist. In diesem Fall dürfen nur Computer, die an Active Directory authentifiziert sind, eigene Einträge erstellen.

Auf der Registerkarte *Namenserver* sollte überprüft werden, ob die Namen und die IP-Adresse der Namenserver für die DNS-Zone korrekt sind und nur berechtigte Server enthalten sind.

Abbildung 25.10: Überprüfen der Namenserver im Netzwerk

Werden im Netzwerk keine sekundären DNS-Server eingesetzt, ist es sinnvoll, zu überprüfen, dass die primären DNS-Server von Zonen keine Zonenübertragungen zulassen oder zumindest nur Übertragungen an fest definierte Server. Dazu muss auf der Registerkarte *Zonenübertragungen* in den Eigenschaften von Zonen die Option *Zonenübertragungen zulassen* deaktiviert sein.

Sicherheitseinstellungen von DNS-Servern und DNS-Zonen überprüfen

In den Eigenschaften von DNS-Servern und DNS-Zonen gibt es die Registerkarte *Sicherheit.* Hier sollte überprüft werden, ob die Gruppe *Jeder* nur *Lesen* darf und keine unbekannten Gruppen das Recht haben, Einstellungen zu ändern. Außerdem sollte überprüft werden, welche Benutzer Mitglied der Gruppe *DNSAdmins* sind. Mitglieder dieser Gruppe können Anpassungen an DNS-Zonen vornehmen.

Verwaltet wird die Gruppe zum Beispiel über *Active Directory-Benutzer und -Computer* (*dsa.msc*). Die Gruppe befindet sich in der Organisationseinheit *Users*, dort stehen auch weitere Administrator-Gruppen, deren Mitgliedschaft überprüft werden sollte.

DNS-Zonen digital signieren mit DNSSEC

Um DNS-Zonen vor Angriffen zu schützen, können sie in der DNS-Verwaltung über das Kontextmenü durch die Auswahl von *DNSSEC/Zone signieren* vor unbefugten Änderungen geschützt werden. Durch die Auswahl startet ein Assistent, mit dem die Signierung durchgeführt wird.

In den meisten Fällen reicht die Option *Standardeinstellungen für die Zonensignierung verwenden* aus. Es besteht jedoch die Möglichkeit, die Signierung manuell zu konfigurieren. Dazu wird die Option *Zonensignaturparameter anpassen* gewählt. Werden die Standardparameter verwendet, signiert der Server die Zone und meldet die erfolgreiche Signierung anschließend.

Nach der ersten Signierung stehen über das Kontextmenü von Zonen über *DNSSEC* neue Optionen zur Verfügung. Mit *Eigenschaften* können auf Wunsch Einstellungen bezüglich der DNS-Signierung vorgenommen werden. Das ist allerdings selten notwendig.

Werden signierte DNS-Zonen über das Kontextmenü aktualisiert, sind die Signaturen der einzelnen Einträge zu erkennen. Clients können ab jetzt überprüfen, ob ein DNS-Eintrag auch vom erwarteten DNS-Server stammt und nicht manipuliert wurde. Die Zone erhält außerdem als Icon ein kleines Schloss, was die Signierung symbolisiert. Die Einträge der Signierung können in der DNS-Verwaltung aufgerufen werden. Der signierte Datensatz ist in der DNS-Verwaltung zu sehen.

DNSSEC lässt sich über das Kontextmenü von Zonen erstellen. Die Signierung der Zone erfolgt über einen Assistenten, mit dem Sie DNS-Zonen vor Manipulationen schützen können. Der Assistent erlaubt die manuelle Signierung, eine Aktualisierung der Signierung und eine Signierung auf Basis automatischer Einstellungen.

Im Assistenten legen Sie den Schlüssel für die eigentliche Signatur fest: also den Schlüsselsignaturschlüssel (Key Signing Key, KSK) und den Zonensignaturschlüssel (Zone Signing Key, ZSK).

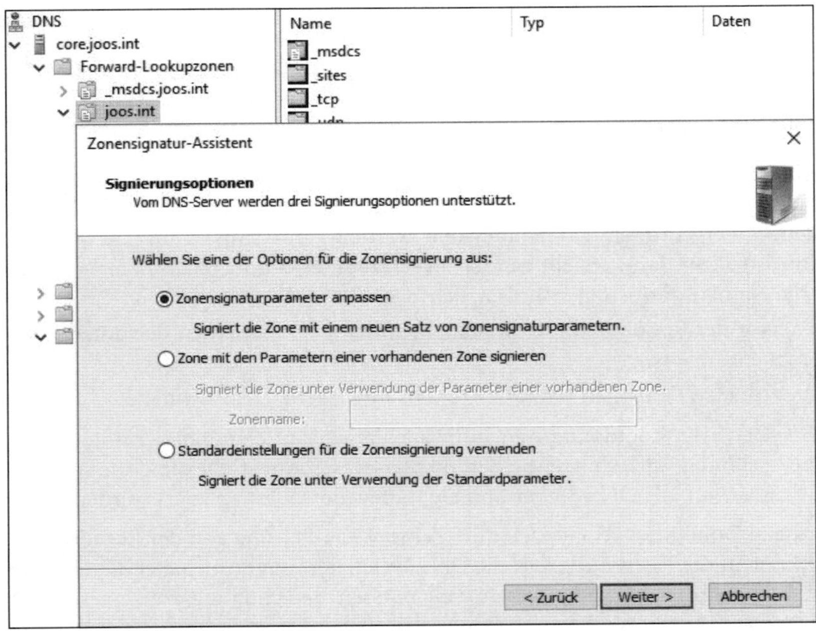

Abbildung 25.11: Festlegen der Verschlüsselung einer Zone

In Windows Server 2019 stellt ein DNS-Server den Key-Master-Server dar. Dieser Server verwaltet die primäre Zone. Der Key Master ist für alle Schlüssel der Zone verantwortlich.

In den DNSSEC-Eigenschaften einer Zone lassen sich die Einstellungen und Schlüssel jederzeit anpassen. Hier stehen alle Eigenschaften zur Verfügung, die auch der Assistent bietet. Ebenfalls ist das Aufheben der Signierung über diesen Weg möglich.

In den normalen DNS-Eigenschaften einer Zone lassen sich mit Windows Server 2019 auch dynamische Updates festlegen. Sobald ein Server der signierten Zone ein genehmigtes Update erhält, trägt er die Daten in die signierte Zone ein und repliziert sie zu den anderen Servern.

Erweiterte Einstellungen für einen DNS-Server setzen

Über die Registerkarte *Erweitert* können einige Serveroptionen konfiguriert werden, mit denen sich auch die Sicherheit verbessern lässt:

- *Rekursionsvorgang (und Weiterleitungen) deaktivieren* – Unabhängig von den Weiterleitungen können DNS-Server lokal isoliert werden. Damit greift der DNS-Server nur noch auf seine eigene Datenbank zu. Es werden keine Anfragen mehr an andere DNS-Server weitergeleitet.
- *Cache vor Beschädigungen sichern* – Diese Option ist von ihrer Bezeichnung her etwas irreführend, da es sich hier eher um einen Schutz vor zweifelhaften Einträgen im Cache handelt, die im Original als Pollution (Verschmutzung) bezeichnet werden. Das sind Einträge, die nicht aus erster Hand gewonnen, sondern durch Weiterleitungen von anderen DNS-Servern ermittelt wurden. Hierbei besteht natürlich eine gewisse Gefahr, dass es sich dabei um gefälschte Einträge handelt. Daher werden diese Ergebnisse zwar an den Client weitergeleitet, aber nicht in den Cache eingetragen.
- *DNSSEC-Überprüfung für Remoteantworten aktivieren* – Diese Option ist automatisch gesetzt und stellt sicher, dass der DNS-Server auch DNSSEC unterstützt.

Anpassen der DNS-Infrastruktur an untergeordnete Domänen

Bei der Erstellung von untergeordneten Domänen werden durch die enge Verzahnung von Active Directory und DNS die Anforderungen an die DNS-Infrastruktur komplizierter. Bevor eine neue untergeordnete Domäne erstellt werden kann, muss zunächst die passende DNS-Infrastruktur dafür erstellt werden. Werden untergeordnete Domänen erstellt, bestehen für die Namensauflösung grundsätzlich zwei Möglichkeiten:

1. Die DNS-Server der Rootdomäne verwalten auch die DNS-Domänen der untergeordneten Domänen.
2. Die untergeordneten Domänen verwalten jeweils ihre eigene DNS-Domäne.

Wenn die DNS-Server der Rootdomäne auch für die Namensauflösung in der untergeordneten Domäne zuständig sind, sollten die Replikationseinstellungen für die Zone so geändert werden, dass sie auf alle DNS-Server und Domänencontroller repliziert werden.

Da untergeordnete Domänen oft physisch durch eine WAN-Leitung von der Rootdomäne getrennt sind, besteht die Notwendigkeit, die DNS-Daten der untergeordneten Domäne in die Niederlassung zu replizieren. In diesem Fall müssen Berechtigungskonzepte erstellt werden, da ansonsten Administratoren der untergeordneten Domäne Änderungen an der DNS-Infrastruktur der übergeordneten Domäne durchführen können.

In vielen Unternehmen wird dieses Sicherheitsproblem dadurch gelöst, dass die untergeordnete Domäne als eigenständige Zone ausschließlich von den Administratoren der untergeordneten Domäne verwaltet wird. Dadurch ist sichergestellt, dass jede Domäne ihre eigene DNS-Zone verwaltet, damit die Administratoren der einzelnen untergeordneten Domänen sich nicht gegenseitig beeinträchtigen können.

Gruppenrichtlinien für die digitale Signierung nutzen

Damit Clients DNS-Anfragen signiert erhalten und verarbeiten können, müssen eine Gruppenrichtlinie erstellt oder Einstellungen von vorhandenen Gruppenrichtlinien angepasst werden. Generell ist es für die Verwaltung von Gruppenrichtlinien besser, wenn für DNSSEC eine eigene Richtlinie erstellt wird, aus der hervorgeht, dass hier Sicherheitseinstellungen für DNSSEC vorgenommen werden.

Die Einstellungen befinden sich im Gruppenrichtlinienverwaltungseditor bei *Computerkonfiguration/Richtlinien/Windows-Einstellungen/Namensauflösungsrichtlinie*. Bei *Suffix* wird der Name der Zone eingegeben. Anschließend wird die Option *DNSSEC in dieser Regel aktivieren* gesetzt sowie *Sicherstellung durch DNS-Clients erforderlich, dass Namens- und Adressdaten vom DNS-Server überprüft wurden*. Durch einen Klick auf *Erstellen* und *Anwenden* wird die Richtlinie umgesetzt.

Zusammenfassung

In diesem Kapitel haben wir Ihnen die Verwaltung und den Betrieb von DNS-Servern mit Windows Server 2019 erläutert. Auch die neuen Möglichkeiten zur Absicherung von DNS über DNSSEC sowie Möglichkeiten zum Troubleshooting waren Thema dieses Kapitel. In den Kapiteln 10 bis 17 finden Sie Hinweise zur Verwaltung von DNS-Servern, die vor allem im Bereich von Active Directory eine wichtige Rolle spielen.

Im nächsten Kapitel zeigen wir Ihnen, wie Sie mit Containern arbeiten.

Kapitel 26
Windows Server Container, Docker und Hyper-V-Container

In diesem Kapitel:

Neben Nano-Servern gehörten Windows Server Container als Docker-Implementation zu den wichtigsten Neuerungen in Windows Server 2016. In Windows Server 2019 hat Microsoft die Möglichkeiten der Container-Technologie weiter ausgebaut. So lassen sich zum Beispiel Windows Server Container parallel zu Linux-Containern betreiben und mit Kubernetes verwalten. Der Nano-Server ist mittlerweile Geschichte und nur noch als Nano-Image für Container-Hosts verfügbar.

Windows Server Container lassen sich auch auf Core-Servern betreiben und Core-Server lassen sich wiederum als Cluster betreiben, sodass auch Container hochverfügbar betrieben werden können, auch in virtuellen Umgebungen und auch mit virtuellen Clustern.

Container lassen sich also auf allen Arten von Windows-Servern betreiben. Außerdem steht die Container-Technologie auch in Windows 10 Professional und Enterprise ab Version 1607 (Anniversary Update) zur Verfügung. Administratoren oder Entwickler können mit Windows 10 Container erstellen und diese auf Container-Hosts mit Windows Server 2019 übertragen. Hier kann auch auf den Docker-Hub in der Cloud gesetzt werden, um die Container-Images über das Internet und die Cloud bereitzustellen.

Mit Windows Server 2019 hat Microsoft die Container-Technologie erweitert und zum Beispiel die Unterstützung von Kubernetes integriert. Windows Server 2019 unterstützt für den Betrieb von Docker-Containern auch Technologien aus Docker Swarm. So können zum Beispiel Container jetzt einen gemeinsamen Port nutzen, um mit dem Netzwerk zu kommunizieren.

Tipp In Windows Server 2019 können die Standard-Images *nanoserver* und *windowsservercore* mit Curl und Tar angesprochen werden. Auch OpenSSH kann in Containern genutzt werden.

Einstieg in Container und Docker

Windows Server Container ermöglichen den Betrieb von Cloudanwendungen oder Webdiensten in einer sicheren und einfach zu erstellenden Umgebung. Alles, was Sie benötigen, ist ein Container-Host auf Basis von Windows Server 2019. Dabei kann es sich um einen physischen Server handeln, eine VM oder einen virtuellen Computer in Microsoft Azure.

Innerhalb des Container-Hosts, der zum Beispiel auf Basis eines Core-Servers oder eines Servers mit grafischer Oberfläche auf Basis von Windows Server 2019 zur Verfügung gestellt wird, verwalten Sie die Images für Container und die Container selbst. Die Verwaltung findet vor allem über die PowerShell oder Befehlszeile statt. Auch die Container werden mit der Befehlszeile oder der PowerShell verwaltet. Der Verbindungsaufbau zum Containerhost kann über eine RDP-Sitzung erfolgen. Container bauen auf Images auf, die Sie im Container-Host einbinden. Hier lassen sich jederzeit weitere Container-Images herunterladen und auf dem Server integrieren.

Container im Vergleich zu virtuellen Servern

Die Windows Server Container sowie deren Erweiterung Hyper-V-Container basieren weiterhin auf der Plattform Docker (*https://www.docker.com*). Microsoft arbeitet für die optimale Integration von Docker mit dessen Entwicklern zusammen. Docker können Sie mit dem Docker-Client oder in der PowerShell verwalten und Container mit System Center.

Virtualisieren Unternehmen Server auf herkömmlichen Technologien, gibt es einige Nachteile, zum Beispiel, dass die Betriebssysteme in den virtuellen Servern eine Grundlast verursachen und damit Ressourcen verbrauchen und Sicherheitslücken darstellen.

Das Betriebssystem in Docker-Containern und die notwendigen Ressourcen sind auf dem Container-Host zusammengefasst. Startet ein Container, muss er nicht das ganze Betriebssystem booten, Bibliotheken laden und Ressourcen für das eigene Betriebssystem zur Verfügung stellen. Container nutzen Teile des Betriebssystems auf dem Container-Host. Die Vorteile dabei sind eine geringere Auslastung der Server und mehr Sicherheit. Der gestartete Container betrachtet die lokale Festplatte wie eine Kopie des Betriebssystems, inklusive Arbeitsspeicher, Dateien und andere Ressourcen.

Virtuelle Anwendungen sind kleiner als virtuelle Server, benötigen weniger Ressourcen und sind gleichzeitig sicherer, da die meisten Angriffspunkte fehlen. Außerdem lassen sich wesentlich mehr virtuelle Anwendungen auf einem Virtualisierungs-Host betreiben als auf herkömmlichen virtuellen Servern.

Windows Server Container unterstützen zahlreiche Programmiersprachen und -Umgebungen. Entwickler können unter anderem .NET, ASP.NET, PowerShell, Python, Ruby on Rails, Java und viele andere Umgebungen nutzen. Der Container-Host auf Basis von Windows Server 2019 steuert, welche und wie viele Ressourcen des Hosts ein Container nutzen darf, ohne die anderen Container oder den Host zu beeinträchtigen.

Container-Feature installieren

Um Container zu nutzen, müssen Sie das Container-Feature installieren. Dabei spielt es zunächst keine Rolle, ob es sich um einen vollständig installierten Server oder um eine Core-Installation handelt. Auf einem herkömmlichen Server verwenden Sie dazu den Server-Manager oder die PowerShell, auf einem Core-Server installieren Sie das Feature vor allem in der PowerShell. Dazu verwenden Sie den Befehl *Install-WindowsFeature Containers*.

Danach brauchen Sie ein Image, auf dessen Basis Container auf dem Container-Host erstellt werden. Die Verwaltung erfolgt entweder mit der PowerShell, alternativ mit dem Docker-Client, den Sie in der PowerShell herunterladen. Auch die Verwendung einer Container-Verwaltung wie Kubernetes kann auf diesem Weg genutzt werden.

Mit dem Windows-Docker-Client verwalten Sie Container zum Einstieg in die Technologie auf Basis von Docker sehr einfach. Der Docker-Client dient nur der Verwaltung der Container-Technologie, die direkt in Windows Server 2019 integriert ist, er stellt selbst keinen Serverdienst zur Verfügung. Der Client kann die Windows Server Container verwalten, zusätzlich aber auch andere Hosts, zum Beispiel Linux-Server. Die Docker Toolbox (*https://docs.docker.com/installation/windows*) ermöglicht für aktuelle Windows-Versionen die Verwaltung von Docker auf Basis von Servern mit Windows Server 2019 oder Linux.

In Windows Server 2019 ist der Docker-Client ebenfalls integriert und steht in der Befehlszeile zur Verfügung.

Um Windows Server Container zu verwalten, installieren Sie die notwendigen Erweiterungen auf dem Server. Dazu sollte der Server über eine Internetverbindung verfügen, da so die Installation der notwendigen Clients und der Download von Images wesentlich einfacher gestaltet wird.

Install-Module -Name DockerMsftProvider -Force

Install-Package -Name docker -ProviderName DockerMsftProvider -Force

Restart-Computer -Force

Um eine Mindestversion für die Installation vorzugeben, kann der folgende Befehl verwendet werden:

Install-Package -Name docker -ProviderName DockerMsftProvider -Force -RequiredVersion 18.09

Anschließend steht der Server bereit und Sie können mit Containern arbeiten. Generell kann es sinnvoll sein, dass Docker als Windows-Dienst startet. Dazu hilft der Befehl:

Start-Service docker

Tipp Für Entwickler und Administratoren kann es interessant sein, Hyper-V für Container-Hosts zu nutzen, auch in Windows 10. Dazu sind auf dem Windows 10-Host einige Befehle notwendig:

netsh advfirewall firewall add rule name="docker engine" dir=in action=allow protocol=TCP localport=2375

Stop-Service docker

dockerd --unregister-service

dockerd -H npipe:// -H 0.0.0.0:2375 --register-service

Start-Service docker

Erste Schritte mit Docker in Windows Server 2019

Der Befehl *docker images* zeigt die vorhandenen Docker-Images auf dem Windows-Server an. Standardmäßig sind noch keine Images vorhanden. Sie müssen daher erst welche herunterladen und auf dem Container-Host einbinden.

Tipp Erhalten Sie bei der Ausführung des Docker-Befehls eine Fehlermeldung, dass die Authentifizierung fehlt, müssen Sie sich zuerst über *docker login* mit Ihrer Docker-ID anmelden. Eine Docker-ID erhalten Sie auf der Internetseite von Docker (*https://docs.docker.com/docker-hub/accounts*).

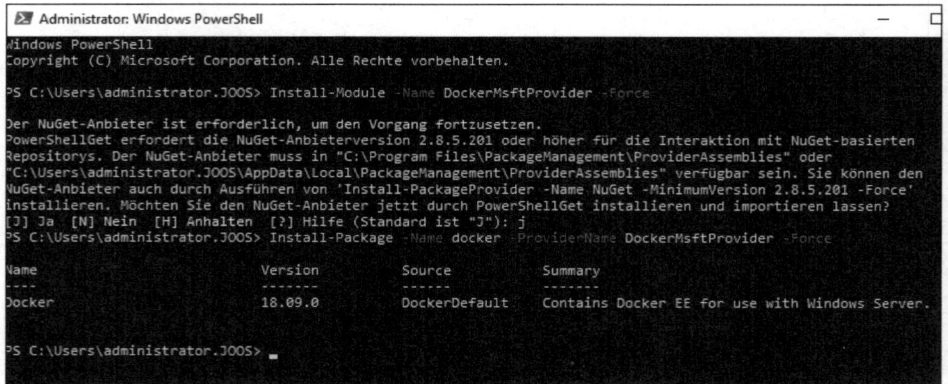

Abbildung 26.1: Container-Technologie in Windows Server 2019 installieren

Um ein Image auf der Grundlage von Windows Server 2019 zur Verfügung zu stellen, können Sie die notwendigen Daten direkt bei Microsoft/Docker herunterladen:

docker image pull mcr.microsoft.com/windows/servercore:1809

docker image pull mcr.microsoft.com/windows/nanoserver:1809

Die neuen Container-Images von Windows Server 2019 sind in der Microsoft Container Registry (MCR) verfügbar.

Sie können als Image für Docker-Container in Windows Server 2019, neben der Core-Installation, auch eine Nano-Installation verwenden. Der Nano-Server aus Windows Server 2016 steht in Windows Server 2019 nur noch als Container-Image zur Verfügung.

Wollen Sie einen Container erstellen und starten, verwenden Sie zum Beispiel den Befehl *docker run*.

Tipp Mit dem Docker-Client durchsuchen Sie den Docker-Hub nach Images unter Verwendung von Windows Server 2019. Dazu nutzen Sie zum Beispiel den Befehl:

docker search Microsoft

Neben den vollständigen Images für Windows Server 2019 lassen sich auch .NET Core Images herunterladen:

docker image pull microsoft/dotnet:2.1-sdk-nanoserver-1809

docker image pull microsoft/dotnet:2.1-aspnetcore-runtime-nanoserver-1809

Auch ein Webserver auf Basis des IIS in Windows Server 2019 lässt sich als Container bereitstellen:

docker run -it -p 80:80 microsoft/iis cmd

Das Image muss zuvor aber erst heruntergeladen werden. Ist es nicht verfügbar, lädt es der Client automatisch herunter.

Nach dem Start steht der Webserver mit der Standardwebseite bereit. Um die Standardwebseite im Container zu löschen, verwenden Sie zum Beispiel:

del C:\inetpub\wwwroot\iisstart.htm

Wollen Sie die Startseite mit einer eigenen Seite ersetzen, verwenden Sie folgenden Befehl:

echo "Test für den IIS im Windows Server Container" > C:\inetpub\wwwroot\index.html

Sobald der Container erstellt wurde, können Sie ihn in der Befehlszeile mit der Eingabeaufforderung und der PowerShell verwalten. Um sich eine Liste aller Container auf einem Container-Host anzuzeigen, verwenden Sie den Befehl:

docker ps -a

Tipp Die installierte Docker-Version und den Docker-Client lassen Sie sich mit *docker version* anzeigen.

Windows Server Container und der Host teilen sich einen Kernel, da die Container den Kernel des Container-Hosts nutzen. Dabei muss das Basisimage des Containers mit dem des Hosts übereinstimmen. Windows Server 2019 kennt hier vier Versionierungsgrade: Hauptversion, Nebenversion, Build und die Revision. Die Revisionsnummer wird aktualisiert, wenn Windows-Updates installiert werden. Das Starten von Windows Server Containern wird verhindert, wenn die Buildnummer nicht übereinstimmt. Das kann zum Beispiel passieren, wenn Sie Vorabversionen von Windows Server 2019 einsetzen oder aktualisierte Container nutzen. Wenn die Buildnummer übereinstimmt, die Revisionsnummer aber anders ist, wird der Container zwar gestartet, allerdings ist der produktive Betrieb nicht empfohlen und wird von Microsoft auch nicht unterstützt.

Sie erkennen in der Registry im Pfad *HKEY_LOCAL_MACHINE\Software\Microsoft\Windows NT\CurrentVersion*, welche Version auf einem Container-Host installiert ist. Stellen Sie sicher, dass die Tags auf Docker Hub oder die Image-Hash-Tabelle in der Beschreibung des Image zu der Version des Hosts passt.

Hinweis Hyper-V-Container verwenden eine eigene Instanz des Windows-Kernels. Daher müssen die Versionen von Container-Host und Container-Image nicht übereinstimmen.

Hyper-V-Container-Host

Wollen Sie Hyper-V-Container nutzen, benötigen Sie auf dem Container-Host natürlich noch Hyper-V als Serverrolle. Hier haben Sie auch die Möglichkeit, mit einer VM zu arbeiten. In diesem Fall müssen Sie aber für die VM die eingebettete (nested) Virtualisierung konfigurieren. Damit das funktioniert, müssen Sie auf dem Hyper-V-Host, auf dem Sie den Container/Hyper-V-Host betreiben, einige Anpassungen in der PowerShell vornehmen (siehe auch Kapitel 7):

```
#replace with the virtual machine name
$vm = "<virtual-machine>"
#configure virtual processor
Set-VMProcessor -VMName $vm -ExposeVirtualizationExtensions $true -Count 2
#disable dynamic memory
Set-VMMemory $vm -DynamicMemoryEnabled $false
#enable mac spoofing
Get-VMNetworkAdapter -VMName $vm | Set-VMNetworkAdapter -MacAddressSpoofing On
```

In der VM, die Sie als Container-Host für Docker und Hyper-V-Container nutzen wollen, können Sie dann noch Hyper-V über die PowerShell installieren:

```
Install-WindowsFeature hyper-v
```

Tipp Mit dem Befehl *Install-Module posh-docker* laden Sie die Vervollständigungs-Automatik für den Docker-Client auf einen Rechner. Nach der Installation können Sie mit der [Tab]-Taste durch die Befehle und Optionen des Docker-Clients schalten.

Erweiterte Konfiguration von Containern

Sobald Sie den Container-Host installiert und gestartet haben, können Sie mit Docker bereits Container-Images bei Microsoft herunterladen und starten. Mit Containern lassen sich schnell und einfach eigene Images erstellen. Sie können auch in den Containern Serveranwendungen installieren und bereitstellen. Wie Sie dabei vorgehen, haben wir in den vorhergehenden Abschnitten bereits gezeigt.

Neues Container-Image für Windows Server 2019 verfügbar

Microsoft stellt ein neues Image zur Verfügung, mit dem Windows nahezu komplett auch in einem Container betrieben werden kann. Das Image soll mehr Möglichkeiten bieten als die Nano- und Core-Bereitstellungen.

Immer mehr Entwickler wollen ihre Apps und Dienste über Container zur Verfügung stellen. Zwar bietet auch Microsoft mittlerweile die Möglichkeit, Container in Windows einzubinden oder kleinere Windows-Server als Nano- und Core-Server bereitzustellen, allerdings sind die enthaltenen Funktionen in den Container-Images oft etwas eingeschränkt. Das neue Container-Image mit der Bezeichnung *windows* soll über einen deutlich größeren Funktionsumfang verfügen und bietet auch mehr APIs als die Images für Nano-Server (*nanoserver*) und Core-Server (*windowsservercore*).

Die aktuellste Version des Image wird in Docker über den folgenden Befehl abgerufen. Dazu muss aber Windows Server 2019 im Einsatz sein.

docker pull mcr.microsoft.com/windows-insider:latest

Aktuell sind keine weiteren Details bekannt, außer dass das Image über einen erweiterten API-Satz verfügt, mehr Dienste als Nano- und Core-Server bietet und sich Apps sehr viel leichter integrieren lassen. Microsoft will DirectX integrieren, sodass auch UI-Tests automatisiert mit dem Image durchgeführt werden können.

Bei dem Image handelt es sich um eine nahezu vollständige Windows-Version, die als Container auf einem Container-Host mit Windows Server 2019 eingesetzt werden kann.

Mit dem neuen Windows-Container-Image will Microsoft Entwickler dabei unterstützen, nicht nur spezielle Microservices in Containern zu betreiben, sondern auch Anwendungen und Dienste, die bisher eine vollständige Installation eines Windows-Servers benötigt haben. Dadurch lassen sich solche Anwendungen zum Beispiel mit Kubernetes orchestrieren.

Container erstellen und Serverdienste verwalten

Erstellen Sie zum Beispiel mit dem folgenden Befehl einen neuen Container und wechseln durch die Option *-it* in die Befehlszeile, können Sie innerhalb des Containers die PowerShell starten und Installationen vornehmen:

docker run -it --name winiis -p 80:80 microsoft/windowsservercore

Sobald sich die Befehlszeile des Containers öffnet, können Sie mit dem Befehl *powershell* auf dem Container eine lokale PowerShell-Sitzung öffnen.

Anschließend können Sie zunächst überprüfen, ob der IIS auf dem Container installiert ist. Hier verwenden Sie den gleichen Befehl, wie bei herkömmlichen Servern mit Windows Server 2019:

Get-WindowsFeature web-server

Um den IIS zu installieren, verwenden Sie wiederum den folgenden Befehl:

Install-windowsfeature web-server

Sobald der IIS im Container installiert ist, können Sie über *ipconfig* die IP-Adresse des Containers anzeigen lassen und zum Beispiel vom Container-Host aus mit dem Internet Explorer auf die IP-Adresse des Containers zugreifen. Da der IIS installiert ist und Sie den Port 80 auf dem Container aktiviert haben, wird die Startseite des IIS angezeigt.

Tipp Mit *docker inspect <ID>* rufen Sie erweiterte Informationen für Container ab, auch die IP-Adresse des Containers.

In Windows Server 2019 können Docker-Container einen gemeinsamen Netzwerkport nutzen. Damit das funktioniert, muss der Container-Host in den Docker-Swarm-Modus versetzt werden, zum Beispiel mit:

docker swarm init --advertise-addr 127.0.0.1

Container und eigene Images erstellen

Sie können natürlich eigene Images erstellen und bearbeiten, zum Beispiel auf Basis bestehender Container, die Sie wiederum mit *docker ps -a* anzeigen lassen:

docker commit <ID> <Ordner>/meinContainerimage

Beispiel:

docker commit 662f25d6d835 windowsiis/joosimageiis

In Docker können Sie also Container mit bereits installierten Anwendungen als neues Image speichern und dieses Image für neue Container verwenden. Ob das Image erstellt wurde, lassen Sie mit *docker images* anzeigen.

Um Container zu löschen, verwenden Sie den Befehl *docker rm <Name des Containers>*, der Befehl *docker rmi <Name des Image>* löscht Docker-Images.

Um zum Beispiel einen Container mit IIS zur Verfügung zu stellen und darauf aufbauend weitere Images zu erstellen, müssen Sie auf Basis des vorgefertigten Image zunächst einen neuen Container erstellen:

docker run -d -p 80:80 microsoft/iis ping -t localhost

Über den Befehl können Sie auch gleich die Ports aktivieren *(-p)* und sicherstellen, dass der IIS als Dienst gestartet wird *(-d)*. Alle gestarteten Container sehen Sie mit *docker ps*. Nehmen Sie Änderungen an einem Container vor, können Sie diesen zum Beispiel als neues Image speichern und auf dessen Basis weitere Container. Dazu verwenden Sie den Befehl *docker ps -a*, um sich den Namen des Containers anzuzeigen. Anschließend erstellten Sie das Image mit:

docker commit <ID> <Neuer Name>

Dockerfiles für eigene Images erstellen

Auf Grundlage dieses Image erstellen Sie jederzeit weitere Container. Der Vorgang lässt sich automatisieren, indem Sie ein »Dockerfile« verwenden. Dabei handelt es sich um eine Anweisungsdatei für neue Container.

Erstellen Sie dazu ein Verzeichnis auf dem Host und in dem Verzeichnis eine Datei *Dockerfile* (ohne Endung). Sie können den Vorgang zum Beispiel mit der PowerShell durchführen:

powershell new-item c:\build\Dockerfile -Force

Die Automatisierung nehmen Sie über Befehle in der Datei vor. Dazu müssen Sie die Datei *Dockerfile* in Notepad öffnen:

notepad c:\build\Dockerfile

In der Datei können Sie zum Beispiel festlegen, dass ein neues Image erstellt werden soll, das den IIS als Basis nutzt, und dass Änderungen an der Konfiguration vorgenommen werden:

FROM microsoft/iis

RUN echo "Dockerfile-Test für automatische Bereitstellung" > c:\inetpub\wwwroot\index.html

Generell können Sie bei Dockerfiles mit der Anweisung *FROM* festlegen, auf welcher Basis der neue Container erstellt werden soll, zum Beispiel mit:

FROM windowsservercore

Mit *RUN* legen Sie fest, was im neuen Container-Image vorgenommen werden soll. Sie installieren zum Beispiel mit dem folgenden Befehl den IIS in einem neuen Container-Image:

RUN dism.exe /online /enable-feature /all /featurename:iis-webserver /NoRestart

Wollen Sie das Visual Studio-Paket in einem Container installieren, verwenden Sie:

RUN start-Process c:\vcredist_x86.exe -ArgumentList '/quiet' -Wait

---

Tipp Sie können über ein Dockerfile auch PowerShell-Skripts in ein Container-Image kopieren und ausführen, zum Beispiel mit:

FROM windowsservercore

ADD script.ps1 /windows/temp/script.ps1

RUN powershell.exe -executionpolicy bypass c:\windows\temp\script.ps1

Um auf Basis dieser Änderungen wieder ein Image zu erstellen, verwenden Sie in diesem Beispiel:

docker build -t iis-dockerfile c:\Build

Sie können jederzeit erstellte Container mit Änderungen, die Sie durchgeführt haben, als neues Image speichern und dieses Image wiederum für neue Container verwenden. So erstellen Sie also enorm schnell zahlreiche Container mit allen Einstellungen, die Sie benötigen. Um ein Image zu erstellen, verwenden Sie zum Beispiel folgenden Befehl:

docker commit <ID> meinContainerimage

Sobald Sie das Image erstellt haben, können Sie es mit dem Befehl *docker images* anzeigen lassen und es als Grundlage für einen neuen Container verwenden:

docker run -it --name dockertest2 meinContainerimage cmd

Docker Push – Container in die Cloud laden

Mit dem Befehl *docker pull* laden Sie Container-Images aus Ihrem Docker-Konto auf den Container-Host, um darauf aufbauend einen neuen Container zu erstellen. Sie können aber auch den umgekehrten Weg gehen und Images in das Cloud-Konto hochladen. Das hat den Vorteil, dass Sie dieses Image jederzeit wieder herunterladen und auch auf anderen Container-Hosts verwenden können. Sie benötigen dazu eine Docker-ID und müssen sich mit *docker login* anmelden.

Für das Hochladen von Container-Images verwenden Sie den Befehl *docker push*:

docker push <Benutzername>/iis-dockerfile

Nach dem Upload können Sie mit *docker pull* das Image auf Container-Hosts herunterladen. Wollen Sie das Image nicht mehr verwenden, löschen Sie es:

docker rmi <Benutzername>/iis-dockerfile

Hyper-V-Container in Windows Server 2019

Betreiben Sie Docker-Container mit Windows Server 2019 innerhalb von Hyper-V als spezielle Hyper-V-Container, schottet das Betriebssystem diese noch mehr ab als herkömmliche Windows Server Container auf Basis von Docker. Das erhöht die Sicherheit und Stabilität.

Hyper-V-Container werden ebenfalls über virtuelle Switches an das Netzwerk angebunden, genauso wie virtuelle Server (siehe Kapitel 7). Auch Hyper-V-Container bauen auf Docker auf, bieten aber mehr Möglichkeiten zur Erstellung von Containern.

Der Vorteil der Hyper-V-Container ist eine effizientere Isolierung sowie eine Optimierung der Umgebung für Hyper-V. Hyper-V-Container sind immer von anderen Containern und dem Host isoliert. Da Windows Server Container Teile des Betriebssystems mit dem Host teilen, besteht das Problem, dass ein Container einen ganzen Host und andere Container beeinträchtigen kann. Mit Hyper-V-Containern ist das nicht möglich, da das Betriebssystem isoliert und virtualisiert wird. Das ermöglicht das Betreiben von Containern mit Anwendungen, die in »Lower Trust«-Umgebungen laufen, zum Beispiel Webserver, die anfällig für Angriffe sind.

Einstieg in Hyper-V-Container

Windows Server Container teilen sich wichtige Bereiche des Betriebssystems mit dem Host und anderen Containern. Das erhöht zwar die Effizienz der Container im Vergleich zu virtuellen Servern, bietet aber auch mögliche Angriffsflächen. Grundsätzlich ist es möglich, dass ein Container andere Docker-Container auf dem Host beeinträchtigt oder angegriffen wird. Der Nachteil von Hyper-V-Containern ist eine etwas schlechtere Leistung im Vergleich zu Windows Server Container. Der Vorteil liegt in der besseren Isolierung der Container. Sie können auch Freigaben des Hosts in Hyper-V-Containern nutzen, zum Beispiel für die Datenspeicherung oder für Installationsmedien. Die Verwaltung von Hyper-V-Containern kann über die PowerShell oder Befehlszeile erfolgen, genauso wie die Verwaltung herkömmlicher Container.

In Hyper-V-Containern ist eine eigene Kopie des Betriebssystems integriert. Der Container läuft in einer Art eingeschränkten VM. Zusammen mit Nano-Servern lassen sich dadurch schnelle und sichere Container zur Verfügung stellen, die alle Vorteile von Windows Server 2019 nutzen. Windows Server Container und Hyper-V-Container können zusammen und parallel eingesetzt werden.

Sie können in Hyper-V-Containern auch Rechte delegieren, zum Beispiel für mandantengestützte Systeme. Die Hyper-V-Container eines Mandanten können miteinander kommunizieren, während die Container der anderen Mandanten abgeschottet sind. Die Abschottung der Gruppen erfolgt durch Hyper-V in Windows Server 2019. Hyper-V-Container lassen sich mit Hyper-V-Replikation auf andere Hyper-V-Hosts replizieren und mit

Hyper-V-Clustern hochverfügbar betreiben. Die Übertragung von Hyper-V-Container auf andere Knoten mit der Live-Migration ist ebenfalls möglich.

Hinweis Container-Images müssen nicht angepasst werden, um sie auch als Hyper-V-Container zu nutzen. Images für Container lassen sich für herkömmliche Container, aber auch für Hyper-V-Container nutzen, Sie brauchen also keine verschiedenen Images für die unterschiedlichen Einsatzgebiete.

Bei Bedarf konvertieren Sie Windows Server Container mit wenigen Schritten zu Hyper-V-Containern. Auch der umgekehrte Weg ist jederzeit möglich. Aus Hyper-V-Containern lassen sich jederzeit wieder herkömmliche Container machen. Einstellungen und Daten gehen dabei nicht verloren.

Arbeiten Sie mit einem Nano-Server als Container-Host, können Sie in diesem Hyper-V-Container aktivieren. Nach der Aktivierung verfügt der Container über virtuelle Hardware. Diese zeigen Sie in der PowerShell des Servers mit *Get-PnpDevice* an. In Hyper-V-Containern werden Netzwerk-Adapter und SCSI-Adapter als Hyper-V-Hardware angezeigt.

Hyper-V-Container erstellen und konfigurieren

Haben Sie Container erstellt, können Sie diese mit der PowerShell und dem Docker-Client verwalten. Hier gibt es zunächst keine Unterschiede zwischen Hyper-V-Containern und Windows Server Containern. Beim Erstellen eines Hyper-V-Containers mit Docker wird der Parameter *--isolation=hyperv* verwendet.

Wollen Sie einen herkömmlichen Container mit Docker zu einem Hyper-V-Container konvertieren, setzen Sie eine Isolierungs-Markierung. Der Befehl sieht dann zum Beispiel folgendermaßen aus:

docker run --rm -it --isolation=hyperv nanoserver cmd

Die Vorteile lassen sich an einem Beispiel zeigen. Erstellen Sie mit dem folgenden Befehl einen Container und lassen in diesem Container einen dauerhaften Ping-Befehl laufen, ist der Prozess auf dem Host selbst zu erkennen:

docker run -d Microsoft/windowsservercore ping localhost -t

Der erfolgreich erstellte Container wird mit *docker ps* angezeigt. Mit *docker top <Name des Containers>* lassen Sie sich die Prozesse im Container anzeigen. Den Namen sehen Sie mit *docker ps.*

In diesem Beispiel sehen Sie anschließend den Ping-Prozess und dessen ID. Mit dem Befehl *get-process -Name ping* lassen Sie sich diese Informationen anzeigen. An dieser Information ist zu erkennen, dass der Prozess die gleiche ID hat wie im Container.

Erstellen Sie aber einen Hyper-V-Container mit dem gleichen Befehl, zum Beispiel mit:

docker run -d --isolation=hyperv microsoft/nanoserver ping -t localhost

Hier können Sie jetzt auf dem gleichen Weg die ID des Prozesses für den Ping-Befehl abrufen. Dazu verwenden Sie wieder *docker top.* Suchen Sie erneut nach dem Prozess auf dem Host, ist dieser nicht zu sehen. Auf dem Host wird in diesem Fall aber der Prozess einer neuen VM sichtbar. Dabei handelt es sich um den virtuellen Computer, der den Hyper-V-Container kapselt und die ausgeführten Prozesse vor dem Hostbetriebssystem schützt.

Docker, Hyper-V-Container und VMs parallel einsetzen

Neben herkömmlichen Windows Server Containern und Hyper-V-Containern können Sie auf einem Hyper-V-Host virtuelle Server erstellen, die wiederum mit Containern kommunizieren. Container-Host und Hyper-V-Host schließen sich also nicht aus.

Herkömmliche Installationen von Windows Server 2019 arbeiten mit Containern und Hyper-V-Containern zusammen, genauso wie Core-Server oder Installationen mit der grafischen Oberfläche auf Basis von Windows Server 2019. Die Server und Dienste lassen sich in einem gemeinsamen Netzwerk betreiben, auch zusammen mit anderen Betriebssystemen wie Windows Server 2012/2012 R2/2016 oder Linux.

Windows Server Container in der PowerShell verwalten

Container können Sie recht einfach über die PowerShell verwalten. Das gilt auch für lokale Installationen von Container-Hosts. Mit dem Befehl *powershell* starten Sie in der Befehlszeile eine neue PowerShell-Sitzung. Nachdem ein Container gestartet ist, können Sie eine PowerShell-Sitzung öffnen und sich mit dem Container verbinden. Dadurch verwalten Sie auch Einstellungen und Serverdienste im Container. Für den Verbindungsaufbau benötigen Sie die ID des Containers. Diese zeigen Sie zum Beispiel mit *docker ps* an.

Für den Verbindungsaufbau verwenden Sie den Befehl *Enter-PSSession*. Zusammen mit der Container-ID sowie der Option *RunAsAdministrator* bauen Sie eine Verbindung auf. Der Container hat eine eigene IP-Adresse erhalten, damit er mit dem Netzwerk/Internet kommunizieren kann. Die Syntax des Befehls sieht folgendermaßen aus:

Enter-PSSession -ContainerId <ID> -RunAsAdministrator

Befehle, die Sie hier eingeben, werden im Container durchgeführt. Mit *exit* verlassen Sie die Sitzung im Container und arbeiten wieder mit dem eigentlichen Container-Host. Bei der Erstellung neuer Container spielen auch die virtuellen Switches auf dem Host eine Rolle. Diese zeigen Sie in der PowerShell mit *Get-VMSwitch* an. Container verbinden sich über die virtuellen Switches mit dem Netzwerk.

Sie können in Containern auch Sitzungen unterbrechen und erneut aufbauen. Bei unterbrochenen Sitzungen laufen die Cmdlets in der Sitzung weiter. Dazu nutzen Sie die Cmdlets *Disconnect-PSSession*, *Connect-PSSession* und *Receive-PSSession*.

Wollen Sie von einer lokalen PowerShell-Sitzung über das Netzwerk Programme auf einem Container starten, verwenden Sie folgenden Befehl:

Invoke-Command -ContainerId <ID> -RunAsAdministrator -ScriptBlock { <Befehl> } -RunAsAdministrator

Ein Beispiel für die Ausführung ist:

Invoke-Command -ContainerId b2f55c8c-28d7-4c0c-ab2b-9ee62c9ae6ea -RunAsAdministrator -ScriptBlock { ipconfig } -RunAsAdministrator

Zusammenfassung

In diesem Kapitel haben wir gezeigt, wie Sie die neuen Container in Windows Server 2019 nutzen und Hyper-V-Container einsetzen. Auch die Installation von Container-Hosts war Thema. Im nächsten Kapitel gehen wir darauf ein, wie Sie den Webserver IIS in Windows Server 2019 nutzen. Dieser lässt sich sowohl in Containern betreiben als auch auf Nano-Images auf Core-Servern und weiterhin auf herkömmlichen Servern mit Windows Server 2016.

Kapitel 27

Webserver – Internetinformationsdienste (IIS)

In diesem Kapitel:

Microsoft hat in Windows Server 2019 auch die Internetinformationsdienste (Internet Information Services, IIS) überarbeitet. Sie sind in der neuen Version enthalten. Wir gehen in diesem Kapitel ausführlicher auf den Webdienst ein. Im Kapitel 30 finden Sie ebenfalls weitere Informationen zum Thema IIS.

Hinweis Die Internetinformationsdienste (IIS) sind nicht nur auf Servern mit grafischer Oberfläche verfügbar, sondern auch auf Core-Servern und in Containern (siehe Kapitel 2, 3 und 26).

Auf der offiziellen Website von Microsoft (*http://www.iis.net*) finden Sie zusätzliche Informationen und Tools rund um IIS.

Für die Remoteverwaltung von Webservern wird unter Windows Server 2019 HTTP und HTTPS verwendet. Der IP-Filter in IIS kann dynamisch IP-Adressen filtern und blockieren. Diese Funktion installieren Sie als eigenes Feature für IIS im Server-Manager.

Seit Windows Server 2016 haben Sie zusätzlich noch die Möglichkeit, SSL-Zertifikate einer IIS-Farm zentral zu speichern. Bis Windows Server 2008 R2 mussten Sie diese Daten noch lokal auf jedem Server der Farm speichern.

Mit IIS in Windows Server 2019 unterstützt Microsoft auch HTTP/2. Außerdem können Sie für HostHeader Platzhalter verwenden, auch zusammen mit der PowerShell. Ein Befehl dazu sieht zum Beispiel folgendermaßen aus:

New-WebBinding -Name "Default Web Site" -IPAddress "" -Port 80 -HostHeader "*.contoso.com"*

Wollen Sie verhindern, dass sich der Webserver als IIS 2019-Server nach außen meldet, entfernen Sie den Serverheader in der PowerShell:

Set-WebConfigurationProperty -pspath 'MACHINE/WEBROOT/APPHOST' -filter "system.webServer/security/requestFiltering" -name "removeServerHeader" -value "True"

Hinweis Der neue IIS 2019 arbeitet auch mit Nano-Images zusammen und lässt sich auf Nano-Images in Containern installieren. Die Verwaltung des IIS erfolgt in diesem Fall über das Netzwerk mit den gleichen Verwaltungstools wie bei der Verwaltung lokaler Server. Sie können in einer solchen Infrastruktur auch externe Dienste wie Tomcat oder WordPress direkt auf Nano-Images betreiben.

Installation, Konfiguration und erste Schritte

IIS 2019 installieren Sie als Rolle über den Server-Manager und der Rolle *Webserver*. Das Verwaltungstool finden Sie nach der Installation über den Server-Manager oder durch Eingabe von *inetmgr* im Startmenü. Die Installation von weiteren Rollendiensten können Sie jederzeit über den Server-Manager oder das Windows Admin Center durchführen.

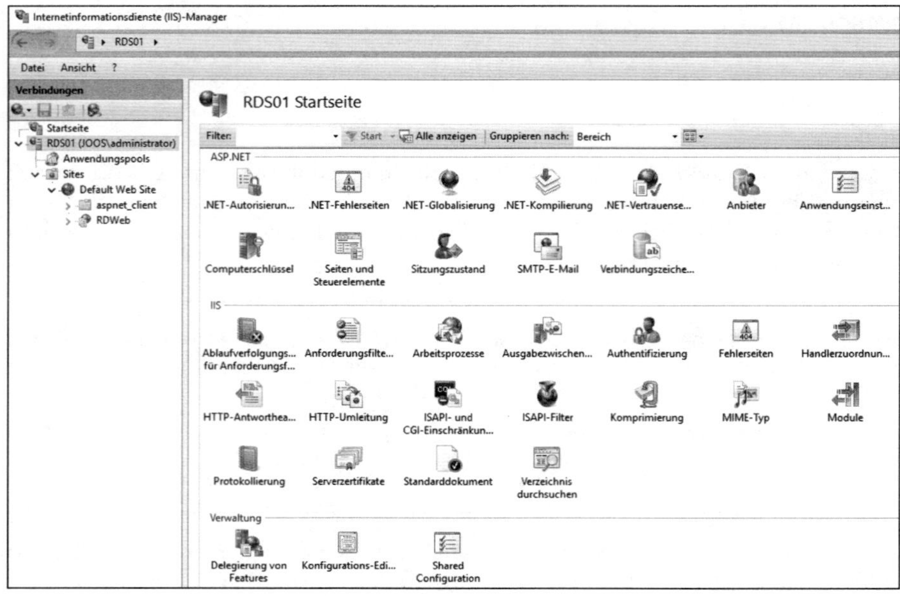

Abbildung 27.1: Verwalten der Internetinformationsdienste

Der Internetinformationsdienste-Manager ist das zentrale Werkzeug zur Verwaltung des Webservers in Windows Server 2019. Lesen Sie sich dazu auch das Kapitel 30 durch.

Wichtig für den Betrieb von IIS ist der Ordner *C:\Windows\System32\inetsrv*. Er enthält die Dateien zur Konfiguration, Verwaltung und Module, die der Server benötigt. Standardmäßig liest und schreibt Appcmd Änderungen in die Datei *applicationHost.config* aus dem Ordner *C:\Windows\System32\inetsrv\Config*. Es handelt sich dabei um eine editierbare XML-Datei. Sie enthält Definitionen für alle Websites, Anwendungen, virtuelle Ordner und Anwendungspools. Auch globale Einstellungen sind hier hinterlegt. Aus diesem Grund ist daher die Sicherung mit Appcmd besonders sinnvoll.

Der Ordner *C:\inetpub* ist der Arbeitsordner von IIS. Es enthält verschiedene Unterordner. Hier sind die Webseiten gespeichert (*C:\inetpub\wwwroot*), die Fehlerseiten (*C:\inetpub\custerr*) und verschiedene Protokolldateien (*C:\inetpub\logs*). Auch eine regelmäßige Sicherung der Konfiguration (*C:\inetpub\history*) und den temporären Arbeitsordner (*C:\inetpub\temp*) finden Sie hier. Diese Dateien sichert Appcmd nicht, Sie müssen sie manuell sichern.

Anzeigen der Webseiten in IIS

Die Webseiten, die ein IIS-Server verwaltet, zeigen Sie in der grafischen Verwaltungsoberfläche oder über die Eingabeaufforderung an. In der grafischen Oberfläche werden die Webseiten und deren virtuelle Ordner in einer Baumstruktur wie im Explorer dargestellt. Aufrufen können Sie die grafische Verwaltungsoberfläche im Server-Manager über *Tools/ Internetinformationsdienste (IIS)-Manager*.

Neben der grafischen Oberfläche können Sie die Webseiten auch in der Eingabeaufforderung über den Befehl *appcmd list site* anzeigen. Mit diesem Befehl sehen Sie aber nur die Webseiten, nicht die enthaltenen virtuellen Ordner. Auch der Status der einzelnen Seiten wird in der Eingabeaufforderung angezeigt. Allerdings befindet sich der Pfad zu diesem Tool nicht in den Systemvariablen. Sie können es daher nur aus dem Verzeichnis *C:\Windows\System32\inetsrv* heraus starten.

Hinzufügen und Verwalten von Webseiten

Das Hinzufügen von Webseiten übernehmen viele Applikationen selbst, wie zum Beispiel Exchange, die Remotedesktopdienste, SharePoint oder die Active Directory-Zertifikatsdienste (siehe Kapitel 30). Um eine neue Webseite manuell hinzuzufügen, klicken Sie in der Verwaltungsoberfläche von IIS mit der rechten Maustaste auf den Eintrag *Sites* und wählen im Kontextmenü den Befehl *Website hinzufügen* aus. Dieser Menübefehl steht auch im *Aktionen*-Bereich der MMC zur Verfügung.

Im Dialogfeld *Website hinzufügen* geben Sie die Daten für die neue Webseite ein. Hier wählen Sie auch den Anwendungspool aus sowie den physischen Pfad zu den Daten der Webseite. Zusätzlich wählen Sie aus, mit welchem Benutzerkonto sich das System in dem physischen Ordner anmeldet, um auf die Daten des Servers zuzugreifen. Im Bereich *Bindung* wählen Sie aus, mit welchem Protokoll auf die Webseite zugegriffen werden kann, welche IP-Adresse im Einsatz ist und welcher Port für den Zugriff offen ist. Mehr zu diesem Thema lesen Sie auch in Kapitel 30.

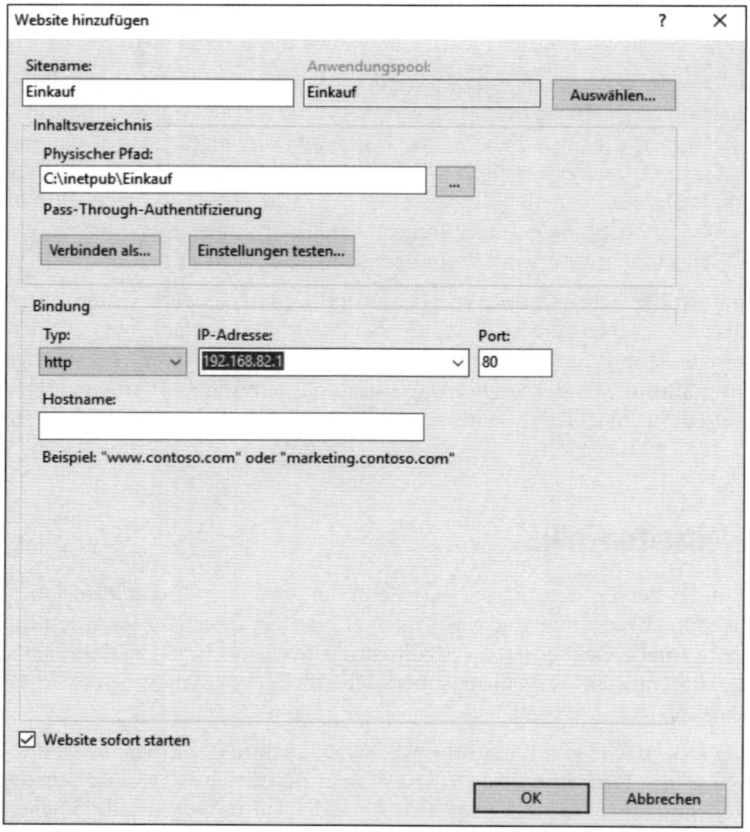

Abbildung 27.2: Erstellen und Konfigurieren einer neuen Webseite in IIS

Neben der grafischen Oberfläche können Sie neue Webseiten auch über die Eingabeaufforderung erstellen:

appcmd add site /name:<Name> /id:<ID> /physicalPath:<Pfad> /bindings:<URL>

Die Datei *appcmd.exe* befindet sich im Verzeichnis *C:\Windows\System32\inetsrv.*

Als *ID* können Sie eine normale Zahl zur Identifikation der Seite verwenden. Die Option *bindings* ist eine Kombination aus Protokoll, IP-Adresse, Port und Header der Seite. So aktiviert die Option *http/*:88*, dass die neue Seite auf alle Anfragen zu allen Domänen auf dem Port 88 antwortet. Durch die Option *http/*:88:shop.contoso.com* hört die Seite auf den Port 88 aller IP-Adressen zur Domäne *shop.contoso.com.*

Beispiel:

Um eine Seite mit der ID 2 aus dem physischen Ordner *c:\contoso*, die auf HTTP-Anfragen zum Port 88 auf alle IP-Adressen und der Domäne *shop.contoso.com* hört, zu erstellen, verwenden Sie den folgenden Befehl:

appcmd add site /name:contoso /id:2 /physicalPath:c:\contoso /bindings:http/:88:shop.contoso.com*

Bindungen einer Seite nachträglich bearbeiten

Haben Sie eine Webseite erstellt, können Sie die Bindungen, also das Protokoll, die IP-Adresse und den Port, über den die Webseite zur Verfügung steht, anpassen. Über das Bindungs-Menü können Sie auch Hostnamen von Webseiten nachträglich bearbeiten. Lesen Sie sich dazu auch das Kapitel 30 durch.

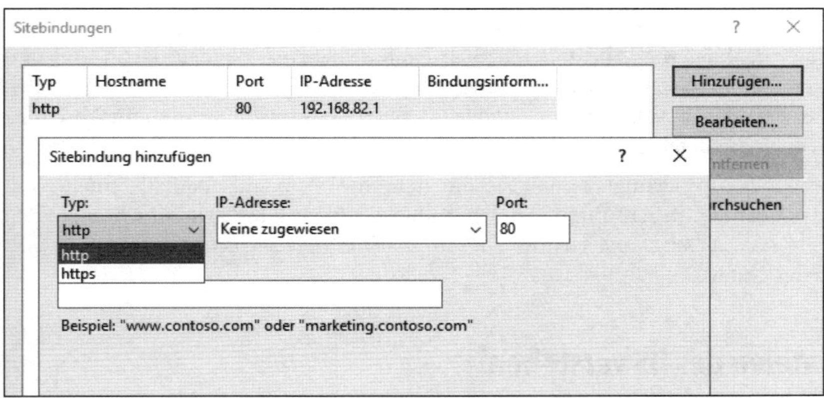

Abbildung 27.3: Die Bindungen von Webseiten können nachträglich angepasst werden.

Über die Bindungen aktivieren Sie zum Beispiel auch SSL für eine Webseite. Wie Sie dabei vorgehen, lesen Sie in Kapitel 30.

Grundeinstellungen von Webseiten bearbeiten

Über den Link *Grundeinstellungen* im *Aktionen*-Bereich der Verwaltungskonsole passen Sie den physischen Pfad und den Anwendungspool einer Webseite nachträglich an.

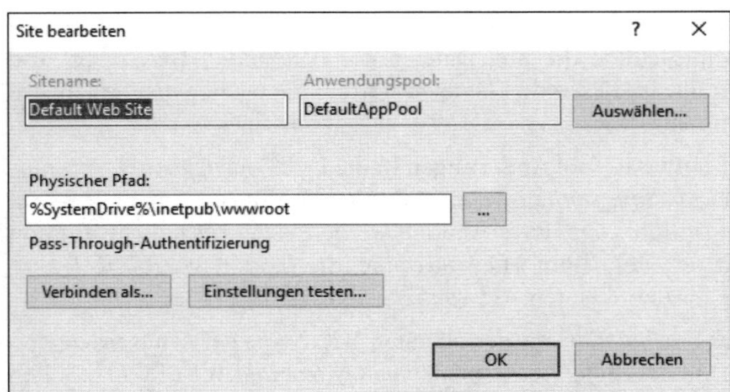

Abbildung 27.4: Bearbeiten der Grundeinstellungen einer Webseite

Starten und Beenden des Webservers

Beim Installieren von Patches oder der Änderung von wichtigen Systemeinstellungen ist es oft nötig, den Webserver neu zu starten. Dazu müssen Sie nicht den ganzen Server booten, sondern Sie können die Dienste von IIS einzeln beenden und starten. Das Beenden und der Start von IIS führen Sie über die Verwaltungskonsole durch, indem Sie die entsprechenden Punkte aus dem Kontextmenü des Servers oder im *Aktionen*-Bereich auswählen.

Alternativ geben Sie in der Eingabeaufforderung den Befehl *net stop w3svc* zum Beenden und *net start w3svc* zum Starten des Dienstes ein. In vielen Fällen verwenden Sie zum Neustart das Dienstprogramm *Iisreset* in der Eingabeaufforderung. Damit keine Daten verloren gehen, sollten Sie den Befehl möglichst immer mit der Option *iisreset /noforce* starten.

Neben dem Starten und Stoppen des kompletten Servers können Sie auch einzelne Webseiten zeitweise deaktivieren. Alle anderen Webseiten des Servers bleiben davon unbeeinflusst. Klicken Sie dazu im Internetinformationsdienste-Manager auf die Website, die neu gestartet oder beendet werden soll. Im *Aktionen*-Bereich der Konsole werden im Abschnitt *Website verwalten* die Befehle zum Neustart und zum Beenden angezeigt.

Über die Eingabeaufforderung können Sie mit dem Tool Appcmd ebenfalls einen Neustart oder das Beenden durchführen. Zum Beenden der Webseite *Contoso* geben Sie den Befehl *appcmd stop site /site.name:contoso* ein, mit *appcmd start site /site.name:contoso* wird die Seite wieder gestartet.

Systemdateien des IIS verstehen

Neben der grafischen Oberfläche bietet IIS 2019 auch ein Befehlszeilentool für die Verwaltung mit der Bezeichnung *Appcmd* an.

Das Tool befindet sich allerdings nicht direkt im Pfad der Eingabeaufforderung, kann also nicht direkt aufgerufen werden. Sie müssen zuvor in den Ordner *\Windows\System32\inetsrv* wechseln. Eine ausführliche Hilfe erhalten Sie über *appcmd /?*. Da die Hilfe kontextsensitiv ist, können Sie für einzelne Befehle, wie zum Beispiel *appcmd site /?* die entsprechende Hilfe aufrufen. Wir zeigen Ihnen in den entsprechenden Abschnitten in diesem Kapitel auch die zu Appcmd gehörigen Befehle.

Mit Appcmd können Einstellungen des Servers, einzelner Webseiten und von *Web.config*-Dateien angepasst werden, zum Beispiel für Skripts. Für die Systemverwaltung von IIS und einzelner Seiten spielen hauptsächlich die drei Dateien *Machine.config*, *Web.config*, und *applicationHost.config* eine Rolle. In diesen drei Dateien werden die wichtigsten Systemeinstellungen von IIS vorgenommen.

Standardmäßig liest und schreibt das Tool Änderungen in die Datei *applicationHost.config*. Soll der Fokus auf die Datei *Machine.config* oder der obersten *Web.config* gesetzt werden, muss zusätzlich noch die Option *commit* verwendet werden. Die zusätzliche Option *MACHINE* für *commit* setzt den Fokus auf *Machine.config*, die Option *WEBROOT* aktiviert oder liest Änderungen aus der obersten *Web.config*.

Soll zum Beispiel der Bereich *machineKey* aus der obersten *Web.config* gelesen werden, verwenden Sie den Befehl *appcmd list config /section:machineKey /commit:WEBROOT*. Sollen Einstellungen in der *Web.config* einzelner Seiten vorgenommen werden, muss die Bezeichnung der Seite in den Befehl integriert werden, zum Beispiel über *appcmd set config "Contoso" /section:defaultDocument /enabled:false*.

Bei diesem Beispiel werden die Änderungen in der Datei *Web.config* für alle Webseiten unterhalb der Seite *Contoso* vorgenommen. Sollen Änderungen nur in einzelnen Unterwebseiten oder virtuellen Ordnern durchgeführt werden, muss auch dieser Pfad im Befehl mit angegeben werden, zum Beispiel über:

appcmd set config "Contoso/Produkte" /section:defaultDocument /enabled:true

Sie können mit Appcmd auch die aktuellen Anfragen an einen Webserver anzeigen. Dazu wird der Befehl *appcmd list request* verwendet.

Tipp Die aktuellen Einstellungen eines Servers lassen sich mit Appcmd sichern. Mit dem Befehl *appcmd add backup <Name>* kann ein Backup erstellt werden, zum Beispiel bevor Systemänderungen vorgenommen werden.

Die erstellten Sicherungen lassen sich über *appcmd list backups* anzeigen und über *appcmd restore backup <Name>* wiederherstellen.

Das Tool sichert vor allem die folgenden Dateien und kann diese daher auch wiederherstellen:

- *config\applicationHost.config*
- *config\administration.config*
- *config\redirection.config*
- *config\metabase.xml*
- *config\mbschema.xml*
- Alle Schemadateien in *config\schema*

Nutzen Sie aber eine verteilte Konfiguration in IIS, sind die Konfigurationsdateien nicht auf dem lokalen Server gespeichert, sondern in einer Freigabe. Diese nutzen mehrere Webserver für ihre Konfiguration. Appcmd sichert nur lokale Dateien, keine Freigaben. Sichern Sie mit Appcmd in einer verteilten Konfiguration die Internetinformationsdienste, berücksichtigt es aber die Datei *redirection.config*. Hier ist gespeichert, wo die Konfigurationsdateien von IIS liegen.

Sichern Sie den Server vor der Änderung zu einer verteilten Konfiguration und stellen diese wieder her, haben Sie nach der Wiederherstellung wieder eine lokale Konfiguration vorliegen.

Sie können zum Beispiel eine regelmäßige Aufgabe in Windows erstellen und die Konfiguration von IIS in eine Datei sichern. Die Datei lässt sich in der Sicherung des Servers integrieren. Dazu verwenden Sie den Befehl:

%WinDir%\system32\inetsrv\appcmd.exe add backup "<Name der Datensicherung>"

Natürlich können Sie vorhandene Sicherungen wieder löschen. Dazu verwenden Sie den Befehl:

appcmd.exe delete backup "<Name der Datensicherung>"

Verwalten der Webanwendungen und virtuellen Ordner einer Webseite

Eine einzelne Webseite kann aus mehreren virtuellen Ordnern oder Anwendungen bestehen, die jeweils über eine eigene URL verfügen, aber unter einem gemeinsamen Dach, der Webseite, agieren.

Die Anwendungen werden im Internetinformationsdienste-Manager als untergeordnete Objekte der Webseite angezeigt. In der Eingabeaufforderung können Sie die Anwendungen eines Webservers mit dem Befehl *appcmd list app* anzeigen.

Wollen Sie nur die Anwendung einer einzelnen Webseite anzeigen, verwenden Sie den Befehl *appcmd list app /site.name:<Name>*.

Um eine neue Webanwendung zu erstellen, die eine bereits angelegte Webseite nutzt, klicken Sie mit der rechten Maustaste auf die Webseite, unter der Sie die neue Anwendung erstellen wollen, und wählen im Kontextmenü den Befehl *Anwendung hinzufügen* aus. Wollen Sie einen virtuellen Ordner hinzufügen, verwenden Sie im Kontextmenü die Option *Virtuelles Verzeichnis hinzufügen*.

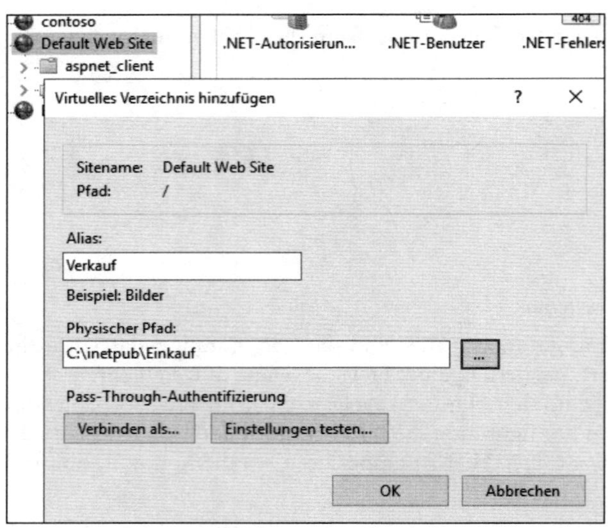

Abbildung 27.5: Hinzufügen von neuen Anwendungen zu einer Webseite

Es öffnet sich ein neues Fenster, über das Sie die Daten für die neue Anwendung konfigurieren. Hier geben Sie den Alias, den Anwendungspool, den physischen Pfad und den Benutzer an, mit dem der Dienst auf den Pfad zugreifen soll.

Nachdem die Anwendung erstellt ist, sehen Sie sie als untergeordnetes Objekt der Webseite. Über die Eingabeaufforderung verwenden Sie den Befehl:

appcmd add app /site.name:<Name der Webseite> /path:/<Alias der Anwendung> /physicalPath:<Pfad auf der Platte>

Die Einstellungen lassen sich ebenfalls wieder über den *Aktionen*-Bereich der Konsole bearbeiten.

Die erweiterten Einstellungen einer Webanwendung oder der kompletten Seite lassen sich durch den Link *Erweiterte Einstellungen* im *Aktionen*-Bereich oder im Kontextmenü mit dem Befehl *Anwendung verwalten* beziehungsweise *Website verwalten* aufrufen.

Entwicklungstools im Internet Explorer und Microsoft Edge

Vor allem für Administratoren, aber auch für Entwickler sind die Entwicklertools in Internet Explorer und Microsoft Edge interessant. Diese rufen Sie über die `F12`-Taste auf. Die Tools zeigen den Quelltext zu einer Seite an und helfen bei der Fehleranalyse, wenn zum Beispiel eine Seite lange zum Laden braucht.

Über die Registerkarte *Netzwerk* prüfen Sie die Ladedauern von Seiten, um festzustellen, welche Bereiche einer Website das Laden verzögern.

Um eine Seite auch nachträglich zu analysieren, speichern Sie die Ausgabe.

Verwalten von Anwendungspools

Webseiten und Webanwendungen können Sie in eigenen Anwendungspools und damit Speicherbereichen betreiben. Der Absturz einer einzelnen Anwendung führt dabei nicht zum Absturz anderer Anwendungen oder des kompletten Servers.

Alle Anwendungspools werden im Internetinformationsdienste-Manager über den Eintrag *Anwendungspools* in der Konsolenstruktur angezeigt und konfiguriert. Über die Eingabeaufforderung lassen Sie die Anwendungspools über *appcmd list apppool* anzeigen.

Abbildung 27.6: Verwalten und Anzeigen der Anwendungspools

Über den Befehl *Anwendungen anzeigen* im Kontextmenü oder *Aktionen*-Bereich des Anwendungspools zeigen Sie die Webseiten und Anwendungen, die sich diesen Anwendungspool teilen, an. Über die *Zurück*-Schaltfläche in der Oberfläche kommen Sie im Fenster wieder zur Hauptansicht zurück.

In der Eingabeaufforderung werden die Anwendung eines Anwendungspools über *appcmd list app /apppool.name:<Name>* angezeigt.

Erstellen und Verwalten von Anwendungspools

Beim Erstellen einer neuen Webseite können Sie im Fenster einen neuen Anwendungspool erstellen. Über den Eintrag *Anwendungspools* in der Konsolenstruktur des Internetinformationsdienste-Managers können Sie ebenfalls neue Anwendungspools über das Kontextmenü oder den *Aktionen*-Bereich erstellen.

Beim Erstellen geben Sie auf dem Standardfenster den Namen, die Version der unterstützten .NET-Version und den verwalteten Pipelinemodus an. Dieser steht normalerweise auf *Integriert*. Dadurch werden Anfragen direkt über IIS und der ASP.NET-Pipeline abgebildet. Ältere Anwendungen haben mit dieser Funktion unter Umständen Schwierigkeiten. In diesem Fall können Sie den Modus auf *Klassisch* stellen.

Wollen Sie die Identität des Anwendungspools oder erweiterte Einstellungen anpassen, rufen Sie nach der Erstellung den Befehl *Erweiterte Einstellungen* oder *Anwendungspoolstandardwerte festlegen* im Kontextmenü oder dem *Aktionen*-Bereich auf. In dem Fenster passen Sie die Einstellungen des Anwendungspools an.

Beenden Sie einen Anwendungspool auf einem Server, sind auch die in diesem Pool verankerten Anwendungen nicht mehr verfügbar. Das ist zum Beispiel beim Einsatz von Exchange interessant.

Exchange ActiveSync läuft als eigener Anwendungspool in IIS. Anwendungspools können für eine oder mehrere webbasierende Anwendungen definiert werden. Die Pools werden in getrennten Prozessräumen ausgeführt, sodass ein Fehler einer Anwendung in einem Pool keine Auswirkungen auf Anwendungen in anderen Pools hat.

Beenden Sie einen Pool, sind auch die enthaltenen Applikationen nicht mehr verfügbar. Da Exchange-ActiveSync seinen eigenen Pool hat, können Sie über das Beenden des Pools auch Exchange ActiveSync dauerhaft oder für bestimmte Zeit auf diesem Server deaktivieren.

Auf die gleiche Weise können Sie auch andere Anwendungen zeitweise beenden. Funktioniert eine Anwendung nicht, sollten Sie deren Anwendungspool überprüfen, ob er funktioniert. Überprüfen Sie in der IIS-Verwaltung über *Anwendungspools* auch, ob alle notwendigen Exchange-Anwendungspools gestartet sind, beim Einsatz von Exchange zum Beispiel der Pool *MSExchangePowerShellAppPool*. Viele Webanwendungen legen automatisch eigene Anwendungspools in IIS an.

Stellen Sie auch sicher, dass das Benutzerkonto, das dem Anwendungspool der Webanwendung zugeordnet ist, Mitglied einer Administratorengruppe ist, wenn Webanwendungen bestimmte Rechte erhalten sollen. Um diesen Benutzer anzuzeigen, starten Sie den IIS-Manager und klicken auf *Anwendungspools*. Klicken Sie anschließend auf den Anwendungspool der Webanwendung.

Klicken Sie auf den Anwendungspool, sehen Sie auch die zugeordnete Identität. Alternativ klicken Sie im *Aktionen*-Bereich des IIS-Managers auf *Erweiterte Einstellungen*, nachdem Sie den Anwendungspool markiert haben.

Zurücksetzen von Arbeitsprozessen in Anwendungspools

Manche Anwendungen werden im Laufe der Zeit instabiler, da zu viele Anfragen vorliegen oder die Speicherlast zu stark ansteigt. Anwendungspools können in regelmäßigen Abständen die Arbeitsprozesse von Anwendungen zurücksetzen und damit neu starten. Diese Funktion ist ähnlich zum Neustart eines Servers.

Das Zurücksetzen von Arbeitsprozessen bereinigt laufende Anwendungen und kann diese nach dem Neustart beschleunigen. Dieses Wiederverwenden kann über das Kontextmenü konfiguriert werden. Dazu wählen Sie den Befehl *Wiederverwendung*. Dabei besteht die Möglichkeit, in regelmäßigen Zeitabständen ein Zurücksetzen zu konfigurieren, nach einer bestimmten Anzahl Anfragen oder zu einer bestimmten Zeit. Weitere Möglichkeiten sind das Zurücksetzen bei der starken Auslastung des Arbeitsspeichers oder des virtuellen Speichers.

Das Zurücksetzen von Arbeitsprozessen für Webanwendungen kann Ereignisse in der Ereignisanzeige generieren. Auf der zweiten Seite des Assistenten zur Konfiguration dieses Vorgangs kann ausgewählt werden, welche Ereignisse protokolliert werden sollen.

Verwalten von Modulen in IIS 2019

IIS 2019 unterscheidet im Betrieb zwischen systemeigenen (nativen) Modulen, die nicht von .NET-Funktionen wie ASP.NET erstellt werden, und verwalteten (managed) Modulen, die durch .NET-Prozesse erstellt werden. Bei den systemeigenen Modulen handelt es sich meistens um DLL-Dateien, die im Webserver integriert werden müssen. Die Module werden über *Module* auf der Hauptseite des Internetinformationsdienste-Managers verwaltet und konfiguriert.

Native Module werden geladen, wenn der Arbeiterprozess (Worker Process) einer Anwendung gestartet und initialisiert wird. Native Module werden immer auf Serverbasis hinzugefügt, können für einzelne Webseiten oder Anwendungen aber deaktiviert werden.

Um ein systemeigenes Modul hinzuzufügen, wählen Sie in der Moduleverwaltung aus dem Kontextmenü oder dem *Aktionen*-Bereich die Option *Verwaltetes Modul hinzufügen* oder *Systemeigene Module konfigurieren* aus. Anschließend kann das entsprechende Modul aktiviert und über die Schaltfläche *Registrieren* dem Server hinzugefügt werden.

Nachdem Sie auf die Schaltfläche *Registrieren* geklickt haben, können Sie einen Namen für das Modul festlegen sowie die entsprechende DLL-Datei für das native Modul auswählen. Auf dem gleichen Weg kann ein Modul wieder deinstalliert werden, wenn es nicht mehr benötigt wird.

Delegierung der IIS-Verwaltung

Mit IIS 2019 können Sie die Verwaltung von einzelnen Webseiten oder des kompletten Servers delegieren. Administratoren für Webseiten oder Anwendungen müssen nicht unbedingt auch Administratoren des kompletten Servers sein. Es besteht die Möglichkeit, die Verwaltung einzelner Funktionen und Webseiten an verschiedene Administratoren zu verteilen. Da viele IIS-Einstellungen in *Web.config*-Dateien liegen, können Berechtigungen und Einstellungen auch im Rahmen der Synchronisierung von Webseiten zwischen verschiedenen Servern kopiert werden.

Vorgehensweise bei der Delegierung von Berechtigungen

Um Benutzern das Recht der Verwaltung für einzelne Webseiten oder Anwendungen zu erteilen, können entweder Windows-Benutzerkonten oder spezielle IIS-Konten verwendet werden. Die IIS-Konten können ausschließlich innerhalb des Webservers für die Delegierung von Rechten benutzt werden. Damit die Webadministratoren ihre Webseiten auch verwalten können, muss der Verwaltungsdienst auf dem Webserver so konfiguriert sein, dass der Zugriff gestattet wird.

Verwalten von IIS-Manager-Benutzern

Damit Benutzerkonten speziell in IIS verwaltet werden können, starten Sie den *Internetinformationsdienste (IIS)-Manager* in der Programmgruppe *Windows-Verwaltungsprogramme* im Windows-Startmenü. Sie können das Tool auch durch Eintippen von *inetmgr* aufrufen. Die Benutzerverwaltung wird über den Menüpunkt *IIS-Manager-Benutzer* durchgeführt. Klicken Sie darauf, werden im Fenster alle bereits angelegten Benutzer in IIS angezeigt. Über dieses Fenster werden weitere Benutzer angelegt, die Kennwörter geändert oder Benutzer gelöscht.

Dieses Feature wird allerdings nur dann angezeigt, wenn der Rollendienst *Verwaltungsdienst* unterhalb der *Verwaltungsprogramme* für den Webserver installiert ist. Über das Kontextmenü eines IIS-Manager-Benutzers können Sie verschiedene Verwaltungsaufgaben durchführen. So besteht zum Beispiel die Möglichkeit, Benutzer zu deaktivieren. In diesem Fall kann der Benutzer bis zu seiner Aktivierung nicht mehr auf die Verwaltungsoberfläche zugreifen.

Berechtigungen der IIS-Manager-Benutzer verwalten

Nachdem die Benutzerkonten in IIS für die Delegierung angelegt sind, verwalten Sie die Rechte für diese Benutzer über den Menüpunkt *IIS-Manager-Berechtigungen*. Dazu klicken Sie auf die Webseite, für die Sie den IIS-Manager delegieren wollen, und wählen den Menüpunkt *IIS-Manager-Berechtigungen* aus. Anschließend klicken Sie auf *Benutzer zulassen*. Es öffnet sich ein neues Fenster, über das Sie auswählen können, welche Benutzer zugelassen werden, um den Server zu verwalten. Hier können Sie natürlich auch mit Benutzern aus Active Directory arbeiten.

Tipp

Um Benutzer für Webseiten zuzulassen, müssen Sie zunächst den *Verwaltungsdienst* im IIS-Manager unter *Verwaltung* aktivieren und die entsprechenden Einstellungen vornehmen. Hier steuern Sie zum Beispiel, ob neben Benutzern aus Windows/Active Directory auch die internen Benutzer aus dem IIS für die Zuweisung von Rechten verwendet werden dürfen. Der Verwaltungsdienst muss aber zunächst als Rollendienst für den Webserver installiert werden.

Hinweis

Standardmäßig ist die Möglichkeit, IIS-Manager für eine Webseite zu delegieren, deaktiviert, da der Server nur Windows-Benutzerkonten zulässt. Damit auch die angelegten IIS-Manager-Benutzer verwendet werden können, muss auf Serverebene über das Feature *Verwaltungsdienst* die Option *Windows-Anmeldeinformationen oder IIS-Manager-Anmeldeinformationen* aktiviert und bestätigt sein. Der Dienst muss anschließend gestartet werden. Erst dann kann in den IIS-Manager-Berechtigungen auch ein IIS-Manager ausgewählt werden.

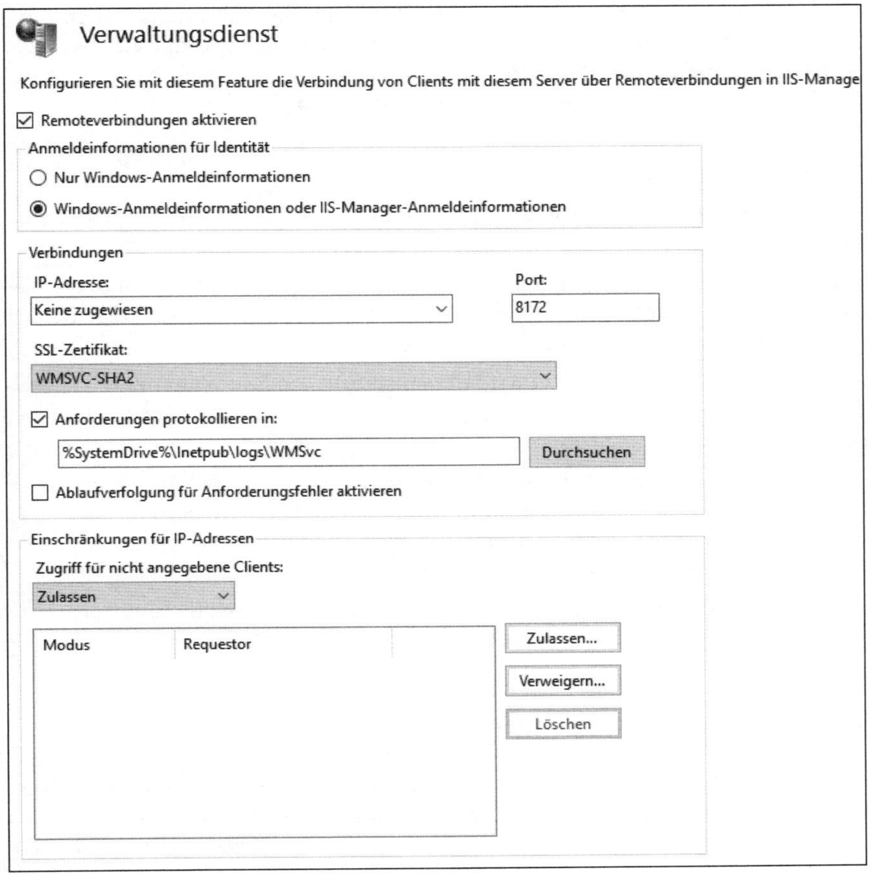

Verwaltungsdienst

Konfigurieren Sie mit diesem Feature die Verbindung von Clients mit diesem Server über Remoteverbindungen in IIS-Manage

☑ Remoteverbindungen aktivieren

Anmeldeinformationen für Identität

○ Nur Windows-Anmeldeinformationen

◉ Windows-Anmeldeinformationen oder IIS-Manager-Anmeldeinformationen

Verbindungen

IP-Adresse: Keine zugewiesen

Port: 8172

SSL-Zertifikat: WMSVC-SHA2

☑ Anforderungen protokollieren in:

%SystemDrive%\Inetpub\logs\WMSvc

Durchsuchen

☐ Ablaufverfolgung für Anforderungsfehler aktivieren

Einschränkungen für IP-Adressen

Zugriff für nicht angegebene Clients: Zulassen

Modus	Requestor

Zulassen...

Verweigern...

Löschen

Abbildung 27.7: Aktivieren und Konfigurieren des Verwaltungsdienstes für die Remoteverwaltung

Verwalten der Delegierung

Nachdem den entsprechenden IIS-Manager-Benutzern und/oder Windows-Benutzern das Recht zur Anmeldung für spezielle Webseiten gewährt wurde, können Sie festlegen, welche Rechte überhaupt für Webseiten auf dem Server delegiert werden.

Da die Delegierungseinstellungen automatisch nach unten vererbt werden, lässt sich gezielt einstellen, welche Rechte auf welcher Ebene und Webseite die einzelnen Manager-Benutzer erhalten sollen. Diese Einstellungen finden entweder in oberster Ebene über den Server statt oder indem Sie auf eine übergeordnete Website im Internetinformationsdienste-Manager klicken. Die Verwaltung der Delegierung erfolgt dann auf Ebene des Webservers über das Feature *Delegierung von Features.*

In diesem Bereich legen Sie fest, welche Rechte die einzelnen Manager-Benutzer erhalten sollen. Über das Kontextmenü oder den *Aktionen*-Bereich der Konsole werden bereits gesetzte Delegierungen wieder zurückgesetzt oder benutzerdefinierte Delegierungen konfiguriert.

Durch die benutzerdefinierte Delegierung können Sie Aufgaben für einzelne untergeordnete Sites festlegen. Auch hier werden die Rechte wieder an die untergeordneten Webseiten vererbt. Die benutzerdefinierten Delegierungen können Sie aber ebenfalls jederzeit entweder wieder auf den Standard oder auf Vererbung von oben zurücksetzen.

Für die einzelnen Features, die delegiert werden können, besteht die Möglichkeit, unterschiedliche Rechte festzulegen:

- **Lesen/Schreiben –** Bei diesem Recht darf das entsprechende Feature angezeigt und angepasst werden.
- **Schreibgeschützt –** Wird für ein Feature diese Option ausgewählt, kann der IIS-Manager, der sich an der Seite anmelden darf, die entsprechenden Einstellungen in der IIS-Verwaltung zwar anzeigen, aber nicht bearbeiten.
- **Nicht delegiert –** Bei diesem Recht wird das entsprechende Feature in der IIS-Verwaltung nicht angezeigt. So können die Administratoren der Webseite die Einstellung der jeweiligen Funktion nicht mal lesen.
- **Auf geerbt zurücksetzen –** Durch das Aktivieren diese Option wird die benutzerdefinierte Einstellung des jeweiligen Features wieder auf den Standard zurückgestellt und das Recht wird vom jeweils übergeordneten Objekt vererbt. Das übergeordnete Objekt kann jeweils der Server oder eine Webseite sein.
- **Alle Delegierungen zurücksetzen –** Durch diese Option werden alle benutzerspezifischen Einstellungen der Features wieder auf den Standard zurückgesetzt.

Aktivieren der Remoteverwaltung

Damit die Delegierungen verwendet werden können, muss auf einem Server die Remoteverwaltung konfiguriert und aktiviert sein. Diese Option findet auf Serverebene über den Menüpunkt *Verwaltungsdienst* statt. Damit die Einstellungen angepasst werden können, muss ein gestarteter Verwaltungsdienst zunächst beendet werden.

Erst dann können Sie Einstellungen vornehmen. Neben der allgemeinen Aktivierung und der Möglichkeit, neben Windows-Benutzern auch IIS-Manager-Benutzer zu berechtigen, können Sie in diesem Bereich der Konsole weitere Einstellungen zur Remoteverwaltung eines Servers vornehmen:

- Über das Listenfeld *IP-Adresse* wird die Netzwerkschnittstelle festgelegt, mit der sich Administratoren über das Netzwerk verbinden können. Dadurch besteht die Möglichkeit, in größeren Serverfarmen spezielle Netzwerkverbindungen nur für die Verwaltung zu definieren.
- Im Feld *Port* wird der Standardport festgelegt, über den sich die Benutzer verbinden.

Hinweis Der Verwaltungsdienst verwendet für die Remoteverbindung von Clients standardmäßig den Port 8172. Ändern Sie den Port ab, muss im Internetinformationsdienste-Manager des Clients ebenfalls der neue Port beim Verbindungsaufbau festgelegt werden. Dazu wird dieser mit einem Doppelpunkt nach dem Servernamen angegeben.

- Über *SSL-Zertifikat* legen Sie fest, welches SSL-Zertifikat für die Verbindung verwendet werden soll. Hier werden die Zertifikate angezeigt, die als Serverzertifikat dem Server zugewiesen wurden. Über die SSL-Verbindung wird der Datenverkehr zwischen Client und Server verschlüsselt. Mehr zu diesem Thema lesen Sie in Kapitel 30.
- Im Ordner unterhalb des Kontrollkästchens *Anforderungen protokollieren in* werden die Protokolldateien festgelegt, in denen die Verbindungen der Administratoren über das Netzwerk festgehalten werden.
- Über den Bereich *Einschränkungen für IP-Adressen* können Sie entweder eine Liste pflegen, welchen Clients der Zugriff gestattet wird, oder eine Liste, welchen Clients der Zugriff generell untersagt wird. Hier wird auch festgelegt, ob nicht angegebenen Clients der Zugriff generell erlaubt wird (Standardeinstellung) oder nicht.

Auf der rechten Seite der Konsole werden die Einstellungen schließlich bestätigt und der Verwaltungsdienst gestartet oder beendet. Änderungen können nur vorgenommen werden, wenn der Dienst beendet wurde.

Sicherheit in IIS 2019 konfigurieren

In diesem Abschnitt beschäftigen wir uns maßgeblich mit der Sicherheit und der Authentifizierung in IIS 2019. Die Konfiguration der Authentifizierung ist eine der wichtigsten Konfigurationsmaßnahmen auf einem Webserver. Bei Windows Server 2019 können Sie die verschiedenen Authentifizierungsoptionen nachträglich installieren oder einzeln deinstallieren.

Auf dem Server stehen nur die Authentifizierungsoptionen zur Verfügung, die auch bei der Installation als Rollendienst ausgewählt wurden. Über den Server-Manager können Sie einzelne Rollendienste und auch Authentifizierungsoptionen nachträglich installieren oder deinstallieren.

Konfiguration der anonymen Authentifizierung

Teilweise wird auf Webservern ein Zugriff benötigt, bei dem keinerlei Authentifizierung stattfindet. In IIS 2019 ist diese anonyme Authentifizierung standardmäßig bereits aktiviert. Soll daher den Anwendern der Zugriff auf einige Ordner verwehrt werden, können Sie mit NTFS/ReFS-Berechtigungen den Zugriff entziehen.

Soll für eine Webseite immer eine Authentifizierung stattfinden, muss der anonyme Zugriff zunächst deaktiviert und eine Authentifizierungsvariante ausgewählt werden. Bei der Standardauthentifizierung erscheint ein Anmeldefenster und Anwender müssen sich mit Benutzernamen und Kennwort authentifizieren. Die Daten werden dabei in Klartext übertragen, können also durch spezielle Programme angezeigt werden. Sie können aber den Datenverkehr mit SSL verschlüsseln (siehe Kapitel 30). In diesem Fall ist auch die Standardauthentifizierung verschlüsselt.

Um die anonyme Authentifizierung generell auf dem Server zu aktivieren oder zu deaktivieren, öffnen Sie den Internetinformationsdienste-Manager und doppelklicken auf das Feature *Authentifizierung*. Über das Kontextmenü der Option *Anonyme Authentifizierung* aktivieren oder deaktivieren Sie diese.

An dieser Stelle aktivieren oder deaktivieren Sie auch die anderen Authentifizierungsoptionen, die auf dem Server verfügbar sein sollen.

Über die Eingabeaufforderung deaktivieren Sie die anonyme Authentifizierung mit dem Befehl

appcmd set config /section:anonymousAuthentication /enabled:false

Mit dem folgenden Befehl wird die anonyme Authentifizierung wieder aktiviert:

appcmd set config /section:anonymousAuthentication /enabled:true

Achten Sie darauf, dass der Ordner *C:\Windows\System32\Inetsrv,* in dem sich das Befehlszeilentool Appcmd von IIS 2019 befindet, nicht im Standardpfad des Servers enthalten ist. Sie müssen daher entweder den Pfad hinzufügen oder in der Eingabeaufforderung zunächst in den Ordner wechseln. Die erfolgreiche Aktivierung oder Deaktivierung wird in der Eingabeaufforderung gemeldet und im IIS-Manager angezeigt.

Über das Kontextmenü der anonymen Authentifizierung kann neben der Deaktivierung die Bearbeitung der Funktion durchgeführt werden. In diesem Fall werden das Konto und das Kennwort, das für den anonymen Zugriff verwendet werden soll, konfiguriert. Es kann entweder ein spezielles Benutzerkonto ausgewählt werden oder es wird das Benutzerkonto verwendet, mit dem der Anwendungspool gestartet wird, in dem die Anwendung, die den anonymen Zugriff verwendet, gespeichert ist.

Auch diese Einstellungen führen Sie in der Eingabeaufforderung durch. Dazu verwenden Sie den folgenden Befehl:

appcmd set config /section:anonymousAuthentication /userName:<Name> /password:<Kennwort>

Konfiguration der Standardauthentifizierung

Bei der Standardauthentifizierung müssen sich Anwender über ein Windows-typisches Fenster zuerst am Server authentifizieren, dabei wird allerdings Benutzername und Kennwort im Klartext übertragen. Die Standardauthentifizierung ergibt daher nur für Webseiten Sinn, bei denen SSL aktiviert ist (siehe Kapitel 30). Hier wird der komplette Datenverkehr, auch die Standardauthentifizierung, verschlüsselt.

Die Standardauthentifizierung ist standardmäßig nach der Installation deaktiviert. Um diese zu aktivieren oder zu deaktivieren, rufen Sie im Internetinformationsdienste-Manager den Punkt *Authentifizierung* auf. Über das Kontextmenü der Option *Standardauthentifizierung* kann diese aktiviert oder deaktiviert werden. Über *Bearbeiten* legen Sie zum Beispiel die Standarddomäne fest. Gibt ein Besucher einen Benutzer ein, wird das Konto erst in der hier angegebenen Domäne gesucht. Sie müssen aber zuvor den Rollendienst für die Standardauthentifizierung aktivieren.

Über die Eingabeaufforderung deaktivieren Sie die Standardauthentifizierung mit dem Befehl *appcmd set config /section:basicAuthentication /enabled:false*. Mit dem Befehl *appcmd set config /section:basicAuthentication /enabled:true* wird die Standardauthentifizierung aktiviert. Achten Sie darauf, dass der Ordner *C:\Windows\System32\Inetsrv,* in dem sich das Befehlszeilentool Appcmd von IIS 2019 befindet, nicht im Standardpfad des Servers enthalten ist. Sie müssen daher entweder den Pfad hinzufügen oder in der Eingabeaufforderung zunächst in den Ordner wechseln. Die erfolgreiche Aktivierung oder Deaktivierung wird in der Eingabeaufforderung gemeldet und im IIS-Manager angezeigt.

Konfiguration der Windows-Authentifizierung

Auch die Windows-Authentifizierung kann getrennt installiert werden und ist, wie die Standardinstallation, zunächst deaktiviert. Im Internetinformationsdienste-Manager können Sie diese Authentifizierungsmethode über den Punkt *Authentifizierung* konfigurieren.

Über die Eingabeaufforderung deaktivieren Sie die Windows-Authentifizierung mit dem Befehl

appcmd set config /section:windowsAuthentication /enabled:false

Mit dem folgenden Befehl wird die Windows-Authentifizierung aktiviert:

appcmd set config /section:windowscAuthentication /enabled:true

Einschränkungen für IP-Adressen und Domänen

Über das Feature *Einschränkungen für IP-Adressen und Domänen* gelangen Sie zur Steuerung der Zugriffsregeln für den Webserver. Über das Kontextmenü oder den *Aktionen-*Bereich können bestimmte Zulassungs- oder Verweigerungsregeln für einzelne IP-Adressen oder komplette Bereiche erstellt werden. Auch hier gilt, dass Sie den entsprechenden Rollendienst erst über den Server-Manager installieren müssen. Auch über das Windows Admin Center kann der Rollendienst installiert werden.

Um Domänen auszuschließen, muss die DNS-Infrastruktur im Unternehmen Reverse-DNS unterstützen, damit im Internet die IP-Adressen der zugreifenden Clients zu einer Domäne aufgelöst werden können. Die Einschränkungen für Domänenfilterung müssen darüber hinaus zunächst aktiviert werden. Klicken Sie dazu im Bereich *Einschränkungen für IP-Adressen und Domänen* mit der Maustaste auf die Option *Featureeinstellungen bearbeiten.* Um diese Funktion zu nutzen, müssen Sie den Rollendienst *IP- und Domänenbeschränkungen installieren.*

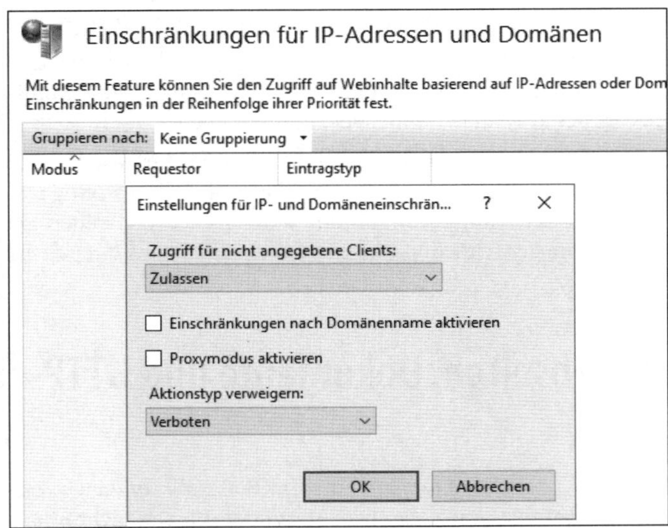

Abbildung 27.8: Die Einstellungen der Einschränkungen für IPv4-Adressen und Domänen müssen zunächst konfiguriert werden.

Anschließend öffnet sich ein neues Fenster. Hier legen Sie zunächst fest, was mit Clients passieren soll, für die keine Regeln hinterlegt wurden. Standardmäßig dürfen alle Clients zugreifen, außer diejenigen, für die Sie Ablehnungseinträge konfigurieren.

Aktivieren Sie an dieser Stelle aber die Option *Verweigern*, dürfen nur die Clients Verbindung zu diesem Webserver aufbauen, für die Sie einen Zulassungseintrag konfiguriert haben. Schalten Sie das Kontrollkästchen *Einschränkungen nach Domänenname aktivieren* ein, können auch Zulassungs- beziehungsweise Ablehnungseinträge konfiguriert werden, die als Basis einen bestimmten Domänennamen haben. Nach Aktivierung erhalten Sie noch eine Warnung, dass Reverse-DNS-Einträge den Server belasten. Das ist allerdings auch abhängig von den Zugriffen.

Freigegebene Konfiguration

Mit IIS 2019 ist es weiterhin möglich, die Konfiguration des Webservers an einer zentralen Stelle im Netzwerk freizugeben, sodass mehrere Webserver von einer zentralen Stelle aus verwaltet werden können. Die Konfiguration dieser Funktion erfolgt im Internetinformationsdienste-Manager im Abschnitt *Verwaltung* über das Feature *Shared Configuration* (*Freigegebene Konfiguration*).

Im angegebenen Ordner müssen sich alle Konfigurationsdateien von IIS befinden. Erst dann lässt sich die Konfiguration durchführen. Aus diesem Grund bietet es sich vor der Konfiguration der freigegebenen Konfiguration an, zunächst Einstellungen auf einem Webserver vorzunehmen und dann über den Link *Konfiguration exportieren* in den Einstellungen für die freigegebene Konfiguration die notwendigen Installationsdateien in eine Netzwerkfreigabe zu exportieren.

Beim Exportieren werden folgende Daten berücksichtigt:

- **administration.config –** Diese Datei enthält die Servereinstellungen für den Internetinformationsdienste-Manager.
- **applicationHost.config –** Diese Datei enthält die Einstellungen auf Serverebene.
- **configEncKey.key –** Diese Datei enthält den Verschlüsselungsschlüssel für den Zugriff auf die freigegebene Konfiguration. Alle Computer, die die gemeinsame Konfiguration nutzen, importieren diesen Schlüssel und speichern ihn lokal.

Wird die freigegebene Konfiguration auf einem Server aktiviert, muss das Kennwort angegeben werden, dass beim Exportieren konfiguriert wurde. Erst dann wird diese Konfiguration übernommen. Nachdem die gemeinsame Konfiguration aktiviert wurde, sollten Sie den Internetinformationsdienste-Manager schließen und den Dienst *IIS-Verwaltungsdienst* neu starten.

Konfigurieren der Webseiten, Dokumente und HTTP-Verbindungen

Greifen Anwender auf einen Server über eine Domäne zu, zum Beispiel *http://www.contoso.com*, wird das Standarddokument der Seite angezeigt. Anwender müssen nicht *http://www.contoso.com/default.html* eingeben, sondern die Seite *default.html* kann in IIS bereits hinterlegt sein.

Sie können aber nicht nur ein Dokument angeben, sondern eine komplette Liste, die der Server nach und nach abarbeitet. Wird kein Standarddokument hinterlegt oder kann der entsprechende Ordner nicht durchsucht werden, erhält der Anwender eine *404 – Datei nicht gefunden*-Meldung.

Festlegen des Standarddokuments

Damit ein Standarddokument angezeigt wird, muss diese Funktion erst aktiviert und entsprechende Standarddokumente hinterlegt sein. Die Konfiguration des Standarddokumentes eines Servers findet über das Feature *Standarddokument* im Internetinformationsdienste-Manager statt.

Die Funktion ist standardmäßig bereits aktiviert und es sind einige Dokumente hinterlegt. Über das Kontextmenü kann die Funktion deaktiviert werden, zum Beispiel, wenn Sie die Funktion *Verzeichnis durchsuchen im* nächsten Abschnitt konfigurieren. Auch neue Dokumente können an dieser Stelle hinterlegt werden.

Bereits vorhandene Dokumente lassen sich über deren Kontextmenü aus der Liste entfernen. Hierüber kann auch die Reihenfolge, in der der Server nach einem Dokument sucht, konfiguriert werden. Standarddokumente lassen sich auf Ebene des Servers, aber auch für einzelne Webseiten und Anwendungen hinterlegen.

Abbildung 27.9: Konfigurieren von Standarddokumenten in IIS

Das Feature »Verzeichnis durchsuchen« aktivieren und verwalten

Neben der Anzeige einer Webseite können Sie auch den Inhalt eines Ordners anzeigen lassen, um zum Beispiel Dokumente zum Download zur Verfügung zu stellen.

Aktivieren Sie im Internetinformationsdienste-Manager das Feature *Verzeichnis durchsuchen* und konfigurieren die Funktion, sehen Anwender den kompletten Inhalt des hinterlegten Ordners wie im Explorer, wenn in der URL nicht ein spezifisches Dokument hinterlegt ist. Auch wenn kein Standarddokument hinterlegt ist oder das Feature *Standarddokument* deaktiviert wurde, sehen Anwender in diesem Fall den ganzen Ordner in einer Explorer-ähnlichen Ansicht.

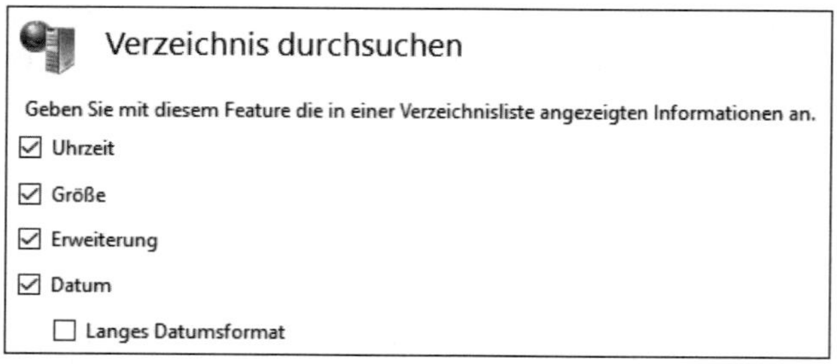

Verzeichnis durchsuchen

Geben Sie mit diesem Feature die in einer Verzeichnisliste angezeigten Informationen an.

- [x] Uhrzeit
- [x] Größe
- [x] Erweiterung
- [x] Datum
  - [ ] Langes Datumsformat

Abbildung 27.10: Aktivieren der Verzeichnis durchsuchen*-Funktion*

Standardmäßig ist dieses Features deaktiviert. Durch diese Funktion können verschiedene Dateien zur Verfügung gestellt werden, zum Beispiel ohne eine HTML-Seite zu konfigurieren. Klicken Sie im mittleren Bereich der IIS-Konsole doppelt auf den Menüpunkt *Verzeichnis durchsuchen.*

Diese Funktion können Sie auf Ebene des Servers, also der Standardwebseite, oder für einzelne Webseiten und Anwendungen aktivieren. Sollen nicht alle Ordner oder Dateien angezeigt werden, können Sie auch mit NTFS-Berechtigungen arbeiten.

Konfigurieren der HTTP-Fehlermeldungen und -Umleitungen

Auf Ebene des Servers oder der einzelnen Webseiten können Sie die Fehlermeldungen, die den Anwendern angezeigt werden, ebenfalls bearbeiten und konfigurieren. Über das Feature *Fehlerseiten* im Internetinformationsdienste-Manager lassen Sie sich eine Liste aller hinterlegten Fehlermeldungen anzeigen. Über das Kontextmenü werden entweder andere HTML-Seiten hinterlegt oder neue Fehlermeldungen konfiguriert und angezeigt.

Neben den Standardfehlermeldungen besteht natürlich die Möglichkeit, die angezeigten Meldungen anzupassen. Für die Fehlermeldungen 400, 403.9, 411, 414, 500, 500.11, 500.14, 500.15, 501, 503 und 505 können allerdings keine angepassten Fehlermeldungen erstellt werden.

Um angepasste Fehlermeldungen anzuzeigen, öffnen Sie die Verwaltung der Fehlerseiten im Internetinformationsdienste-Manager. Klicken Sie im *Aktionen*-Bereich auf den Link *Hinzufügen.* Anschließend öffnet sich ein Dialogfeld, über das Sie die verschiedenen Daten der Fehlermeldung konfigurieren können.

Konfigurieren von HTTP-Umleitungen

Bei einer HTTP-Umleitung werden alle Zugriffe auf eine bestimmte URL zu einer anderen URL automatisch umgeleitet. So können Sie zum Beispiel Ihre Seite umleiten lassen, wenn Teile davon bearbeitet werden.

Beispielsweise können Sie alle Anfragen zu *http://www.contoso.com/marketing/default.aspx* zur Seite *http://www.contoso.com/sales/default.aspx* umleiten lassen. Die Konfiguration der Umleitungen können Sie auf Serverebene oder auf Ebene der Webseiten über das Feature *HTTP-Umleitung* durchführen. Sie müssen diese Funktion aber zunächst als Rollendienst über *Webserver (IIS)/Webserver/Allgemeine HTTP-Features* installieren.

Neben der Umleitung legen Sie an dieser Stelle auch das Verhalten dieser Konfiguration fest. Aktivieren Sie das Kontrollkästchen *Alle Anforderungen an eigentliches Ziel (und nicht relativ zum Ziel) umleiten*, werden Anfragen immer exakt zu der Adresse umgeleitet, die in der Umleitung konfiguriert wurde.

Das gilt auch dann, wenn Anfragen an Unterordner gestellt werden. Aktivieren Sie das Kontrollkästchen *Anforderungen zu Inhalt in diesem Verzeichnis (nicht in Unterverzeichnissen) umleiten*, leitet der Server Anfragen, die an Unterordner des umgeleiteten Ordners gerichtet sind, direkt an das Weiterleitungsziel um.

Automatische Umleitung auf SSL-Seiten aktivieren

Versuchen Anwender, per HTTP auf die Seite zuzugreifen, erhalten sie eine HTTP-403-Fehlermeldung, wenn Sie SSL aktiviert und in den Einstellungen von IIS festgelegt haben. In Kapitel 30 beschreiben wir das Thema SSL ausführlicher.

Solche Fehlermeldungen verwirren allerdings die meisten Anwender und belasten unnötig die IT-Abteilung. Aus diesem Grund ist der beste Weg, wenn Sie statt der Anzeige des Fehlers eine automatische Umleitung auf die richtige SSL-Adresse auf dem Server hinterlegen.

Sie haben zwei Möglichkeiten der Umleitung. Die entsprechende Konfiguration führen Sie in der Konfiguration der HTTP-403-Fehlermeldung durch:

1. Rufen Sie auf dem Server den IIS-Manager auf.
2. Klicken Sie auf den Servernamen. Alternativ führen Sie diese Umleitung durch, wenn Sie die Website anklicken. Auch hier gibt es die Option *Fehlerseiten*.
3. Doppelklicken Sie auf der Startseite im Bereich *IIS* auf *Fehlerseiten*.
4. Klicken Sie doppelt auf den Fehler 403.
5. Aktivieren Sie die Option *Antwortcode 302 für Umleitung* und tragen Sie die HTTPS-URL ein, auf die die Anwender zugreifen sollen.
6. Bestätigen Sie mit *OK*.

Diese Art der Umleitung funktioniert allerdings nicht immer, in diesem Fall verwenden Sie die zweite Möglichkeit für die Umleitung:

1. Starten Sie den IIS-Manager.
2. Klicken Sie auf die Seite, für die Sie die HTTP-Umleitung konfigurieren wollen.
3. Klicken Sie im *Aktionen*-Bereich auf *Bindungen* (siehe auch Kapitel 30).
4. Ändern Sie den Port der Bindung von Port 80 auf einen anderen freien Port ab, zum Beispiel 8001.
5. Klicken Sie mit der rechten Maustaste auf *Sites* und erstellen Sie eine neue Website mit dem Befehl *Website hinzufügen*.
6. Weisen Sie der neuen Website bei *Sitename* den Namen zu, mit dem Anwender per HTTP auf den Server zugreifen, zum Beispiel *powerpivot.contoso.int*.
7. Legen Sie einen physischen Pfad an. Der Ordner bleibt leer, Sie benötigen diesen nur wegen IIS, nicht für die Konfiguration.
8. Belassen Sie die Bindung auf Port 80. Da Sie die Bindung der Standardseite bereits geändert haben, ist dieser Port frei. Tragen Sie als Hostnamen noch den Namen ein, auf den der Server antworten soll, zum Beispiel *powerpivot.contoso.int*.
9. Bestätigen Sie die Erstellung der Website. Sie erhalten eine Meldung, dass der Port 80 bereits belegt ist, auch wenn Sie den Port der Site von 80 auf einen anderen Port geändert haben. Dies liegt daran, dass der Port 80 noch der *Default Web Site* innerhalb von IIS zugeordnet ist.

10. Klicken Sie als Nächstes auf die neu erstellte Seite und doppelklicken Sie dann im Bereich *IIS* auf *HTTP-Umleitung*.
11. Aktivieren Sie das Kontrollkästchen *Anforderungen zu diesem Ziel umleiten*.
12. Tragen Sie die HTTPS-Adresse ein, zu der der Server die Anfragen umleiten soll.
13. Aktivieren Sie das Kontrollkästchen *Alle Anforderungen an eigentliches Ziel umleiten*.
14. Klicken Sie auf *Übernehmen*.

Geben Anwender jetzt die URL ein, für die Sie eine Umleitung konfiguriert haben, wird der Zugriff von IIS erkannt und leitet die Anfrage automatisch um.

Vereinfachen von URLs

Damit Anwender zum Beispiel auf Outlook Web App in Exchange zugreifen können, müssen sie die URL *https://<Clientzugriff-Server>/owa* verwenden. Sie können aber diese URL vereinfachen. Ein Beispiel ist, dass Sie alle Zugriffe auf den Clientzugriffserver zur URL */owa* weiterleiten. Eine weitere Möglichkeit ist, dass Sie einen DNS-Eintrag *mail* erzeugen, damit Anwender nur noch https://mail.*<Domäne>* für den Zugriff eingeben müssen. Gehen Sie für die Konfiguration folgendermaßen vor:

1. Öffnen Sie den IIS-Manager auf dem Server.
2. Erweitern Sie *<Servername>\Sites*.
3. Klicken Sie auf *Default Web Site*.
4. Im rechten Bereich des Fensters finden Sie unten die Option *HTTP-Umleitung*.
5. Öffnen Sie das Feature per Doppelklick.
6. Aktivieren Sie die Option *Anforderungen zu diesem Ziel umleiten*.
7. Geben Sie den vollständigen Pfad zu OWA ein, zum Beispiel *https://dell-exchange01.contoso.com/owa*.
8. Aktivieren Sie im Bereich *Umleitungsverhalten* die Option *Anforderungen zu Inhalt in diesem Verzeichnis (nicht in Unterverzeichnissen) umleiten*.
9. Wählen Sie bei *Statuscode* die Option *Gefunden (302)* aus.
10. Bestätigen Sie die Eingabe durch Klicken auf *Übernehmen*.
11. Geben Sie in der Eingabeaufforderung den Befehl *iisreset* ein, um IIS auf dem Server neu zu starten.

Achtung

Konfigurieren Sie eine HTTP-Umleitung für eine übergeordnete Webseite, übernimmt IIS diese Einstellung für alle untergeordneten Webseiten und virtuellen Ordner.

Wollen Sie die Umleitung für diese untergeordneten Ordner deaktivieren, klicken Sie auf den Ordner und wählen Sie auch hier das Feature *HTTP-Umleitung* aus, um es zu deaktivieren.

IIS 2019 überwachen und Protokolldateien konfigurieren

In diesem Abschnitt gehen wir auf die Überwachung der IIS-Zugriffe ein. Vor allem zur Fehlersuche beim Zugriff sind die verschiedenen Möglichkeiten der Überwachung ein wichtiger Punkt bei der Verwaltung von IIS. Die Überwachung kann auf Ebene des Servers, der Webseiten, von Applikation und physischen wie virtuellen Ordnern abgewickelt werden.

Ablaufverfolgungsregeln für Anforderungsfehler

Doppelklicken Sie im Internetinformationsdienste-Manager auf das Feature *Ablaufverfolgungsregeln für Anforderungsfehler*, können Sie Regeln erstellen, mit denen Sie die fehlerhaften Zugriffe auf den Server überwachen.

Neue Regeln lassen sich über das Kontextmenü oder den *Aktionen*-Bereich erstellen. Das Feature ist aber erst verfügbar, wenn Sie die Rollendienste *Ablaufverfolgung* und *Anforderungsüberwachung* bei *Webserver (IIS)/Webserver/Systemzustand und Diagnose* installieren.

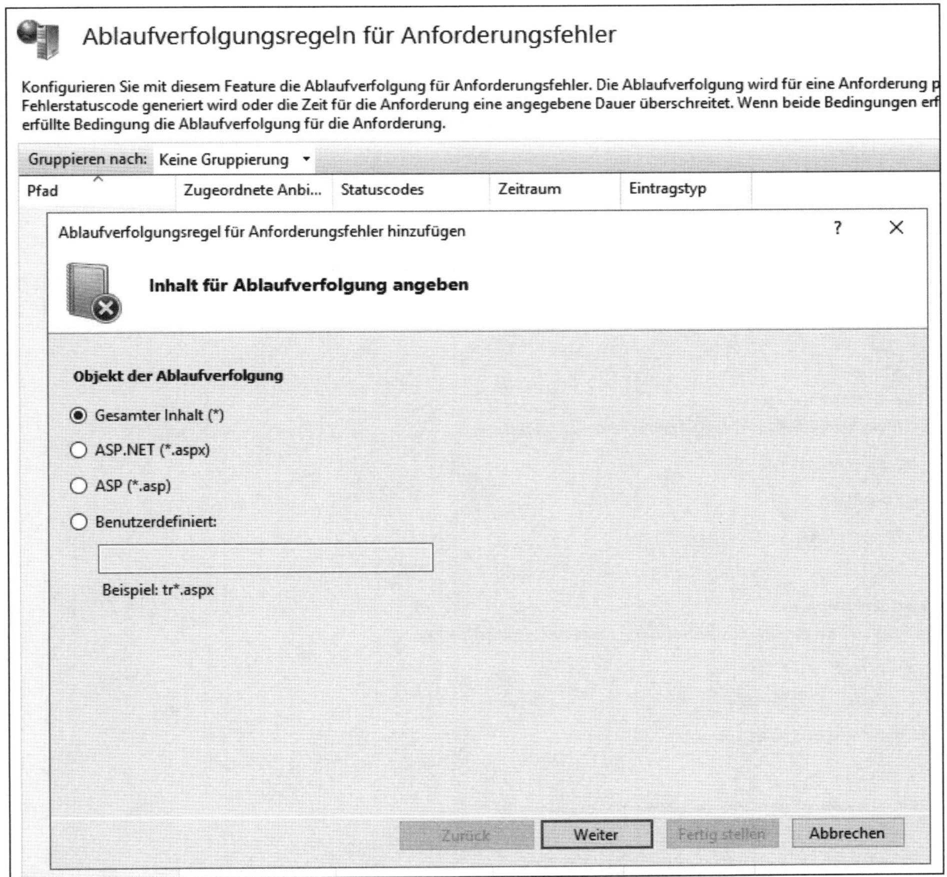

Abbildung 27.11: Erstellen und Verwalten von Regeln für die Ablaufverfolgung

Auf der nächsten Seite des Assistenten legen Sie fest, welche Fehler protokolliert werden sollen. Sobald eine der hinterlegten Bedingungen auftritt, wird der Fehler protokolliert.

Auf einer weiteren Seite des Assistenten legen Sie fest, welche der Anbieter Sie überwachen wollen und, sofern möglich, auch welche Module der Anbieter. Über das Listenfeld *Ausführlichkeitsgrad* legen Sie fest, wie viele Daten protokolliert werden sollen. Hier kann für die jeweiligen Anbieter ein unterschiedlicher Protokollierungsgrad ausgewählt werden.

Nach der Erstellung der Regel wird diese im Fenster angezeigt. Sie können weitere Regeln erstellen und vorhandene Regeln können Sie über deren Kontextmenü bearbeiten. Die Protokolldateien sind standardmäßig im Ordner *\inetpub\logs\FailedReqLogFiles* gespeichert.

Allgemeine Protokollierung aktivieren und konfigurieren

Neben der Ablaufverfolgung für fehlerhafte Anforderungen können Sie auch den normalen Betrieb von IIS protokollieren. Dazu steht der Punkt *Protokollierung* auf der Startseite des Internetinformationsdienste-Managers zur Verfügung.

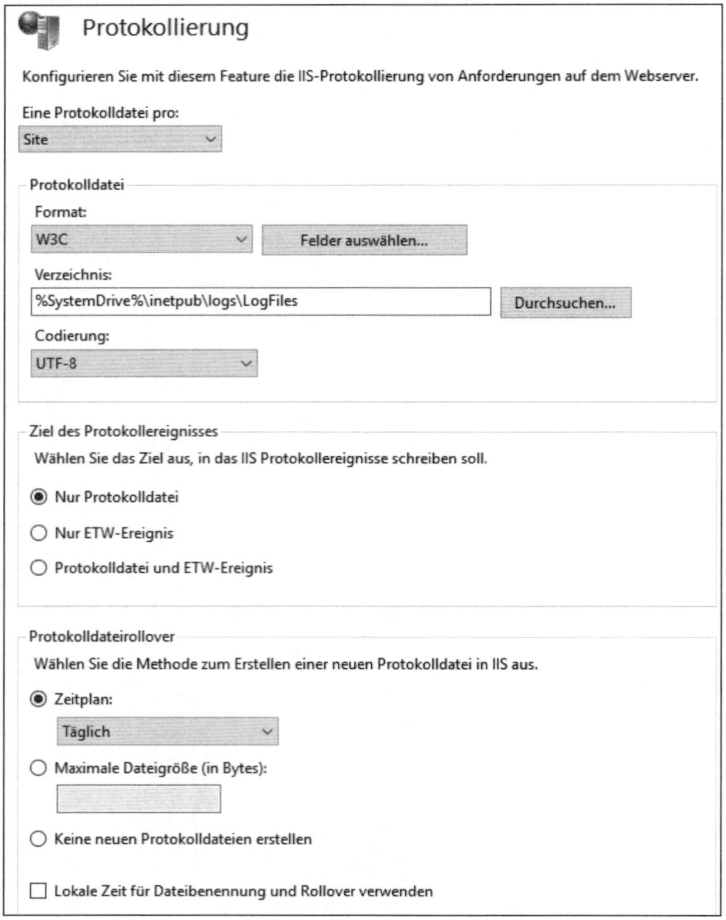

Abbildung 27.12: Konfiguration der Protokollierung für IIS

Die Protokollierung kann für einzelne Seiten und Anwendungen getrennt aktiviert oder deaktiviert werden. Auch dazu steht das Feature *Protokollierung* zur Verfügung, wenn Sie die entsprechende Seite oder Anwendung im IIS-Manager anklicken. Standardmäßig ist die Protokollierung für den Server an sich und für Webseiten aktiviert.

Über den *Aktionen*-Bereich der Konsole deaktivieren Sie diese für einzelne Bereiche gezielt. Die Protokolldateien können in einem beliebigen Ordner abgelegt werden und befinden sich standardmäßig im Ordner *\inetpub\logs\LogFiles*.

Im ersten Auswahlfeld wählen Sie über ein Listenfeld aus, ob für jede Webseite eine Protokolldatei erstellt werden soll oder eine Datei für den kompletten Server. Als Format stehen für die Protokolldatei verschiedene Möglichkeiten zur Verfügung. Die Codierung der Protokollierung sollte bei UTF-8 belassen werden:

- **W3C** – Dies ist die Standardauswahl. Diese Protokolldateien werden textbasiert gespeichert und über die Schaltfläche *Felder auswählen* wird festgelegt, was in der Datei protokolliert werden soll. Die einzelnen Felder werden durch Leerzeichen getrennt.
- **IIS** – Bei dieser Auswahl werden die Protokolldateien ebenfalls im Textformat gespeichert. Die einzelnen Felder sind allerdings fest vorgegeben und können daher nicht angepasst werden. Die einzelnen Felder werden durch Kommas getrennt.
- **NCSA** – Bei NCSA handelt es sich um die National Center For Supercomputing Applications. Auch hier werden die Felder fest vorgegeben und es werden weniger Informationen protokolliert als bei den anderen Protokollmethoden.

Ebenfalls in diesem Fenster legen Sie fest, wann neue Protokolldateien erstellt werden sollen, also nach einem bestimmten Zeitplan (Stündlich, Täglich, Wöchentlich oder Monatlich), nach einer bestimmten Größe oder überhaupt nicht. Die Auswahl hängt unter anderem von der Besucheranzahl des Servers ab. Aktivieren Sie nicht die Option *Lokale Zeit für Dateibenennung und Rollover verwenden*, wird standardmäßig die UTC-Zeit (Universelle Weltzeit) verwendet (*http://de.wikipedia.org/wiki/Koordinierte_Weltzeit*).

Überprüfen der Arbeitsprozesse der Anwendungspools

Über das Feature *Arbeitsprozesse* auf der Startseite des Internetinformationsdienste-Managers werden die laufenden Prozesse sowie deren Ressourcenverbrauch angezeigt. Anwendungspools können dabei auch mehrere Arbeitsprozesse, oft auch als Worker Processes bezeichnet, starten. Die eigentlichen Websites, sei es in Form von simplen statischen Websites oder als komplexe webbasierende Anwendungen, werden über diese Worker Processes abgewickelt, die eine Art von Mini-Webservern sind.

Diese Arbeitsprozesse nutzen die Dienste der zentralen Komponenten, agieren also aus Sicht der Anwendungen als Webserver. Die Verwaltungskomponente überwacht den Status der Arbeitsprozesse, löscht sie, wenn sie nicht mehr erforderlich sind, und startet sie neu, wenn Fehler in diesen Prozessen auftreten.

Optimieren der Serverleistung

In diesem Abschnitt gehen wir auf Möglichkeiten ein, Anfragen an IIS mit den Bordmitteln des Internetinformationsdienste-Managers zu verbessern.

Komprimierung aktivieren

Mit der Komprimierung werden die Antwortzeiten eines Servers verbessert und Bandbreite bei der Übertragung von Webseiten gespart. Die Komprimierung steuern Sie über das Feature *Komprimierung* im Internetinformationsdienste-Manager.

Manche Einstellungen stehen nur auf Serverebene zur Verfügung. Viele Einstellungen können Sie aber auch auf Ebene der Websites und Anwendungen vornehmen, sodass jede Anwendung eigene Einstellungen für die Komprimierung verwenden kann. Aktivieren Sie die Komprimierung, belastet das zwar die Serverhardware, aber die Netzwerkleistung erhöht sich. Ob durch diese Maßnahmen mehr Leistung erzielt wird, hängt davon ab, ob der Server oder die Leitung der Flaschenhals ist. Da meist eher die Leitung schuld an einer langsamen Übertragung ist, wird bei IIS 2019 die Komprimierung von statischen Inhalten standardmäßig bereits aktiviert.

Haben Sie statischen Inhalt, zum Beispiel eine Seite oder eine Datei, bereits komprimiert, belastet das den Server nicht erneut, da diese Datei bei der nächsten Anfrage einfach wieder aus dem Komprimierungscache zur Verfügung gestellt wird. Aktivieren Sie auch die Komprimierung für dynamische Inhalte, muss jede Übertragung immer wieder erneut komprimiert werden, was zwar Bandbreite spart, aber CPU-Leistung kostet. Um auch dynamische Inhalte zu komprimieren, müssen Sie zunächst den entsprechenden Rollendienst installieren.

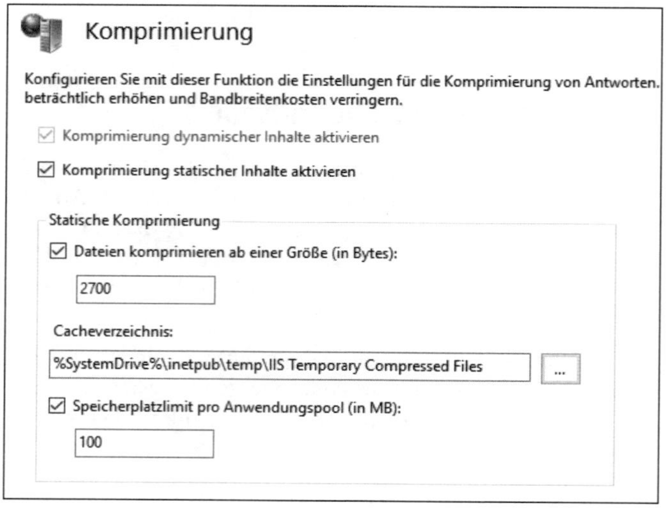

Abbildung 27.13: Konfigurieren der Komprimierung für IIS

Sie legen hier fest, ab welcher Größe Dateien komprimiert werden sollen und wie viel Speicherplatz jedem Anwendungspool und den darin enthaltenen Webseiten und Anwendungen zur Verfügung steht. Auch der Speicherplatz des Cache wird an dieser Stelle festgelegt.

Ausgabezwischenspeicherung verwenden

Im Cache des Webservers können Teile der Webseiten zur Verfügung gestellt werden, sodass die Abrufe dieser Teile den Server nicht belasten. Über das Feature *Ausgabezwischenspeicherung* im Internetinformationsdienste-Manager erreichen Sie die Verwaltung dieser Funktion. Die allgemeinen Einstellungen werden über den Befehl *Featureeinstellungen bearbeiten* über das Kontextmenü oder den *Aktionen*-Bereich vorgenommen.

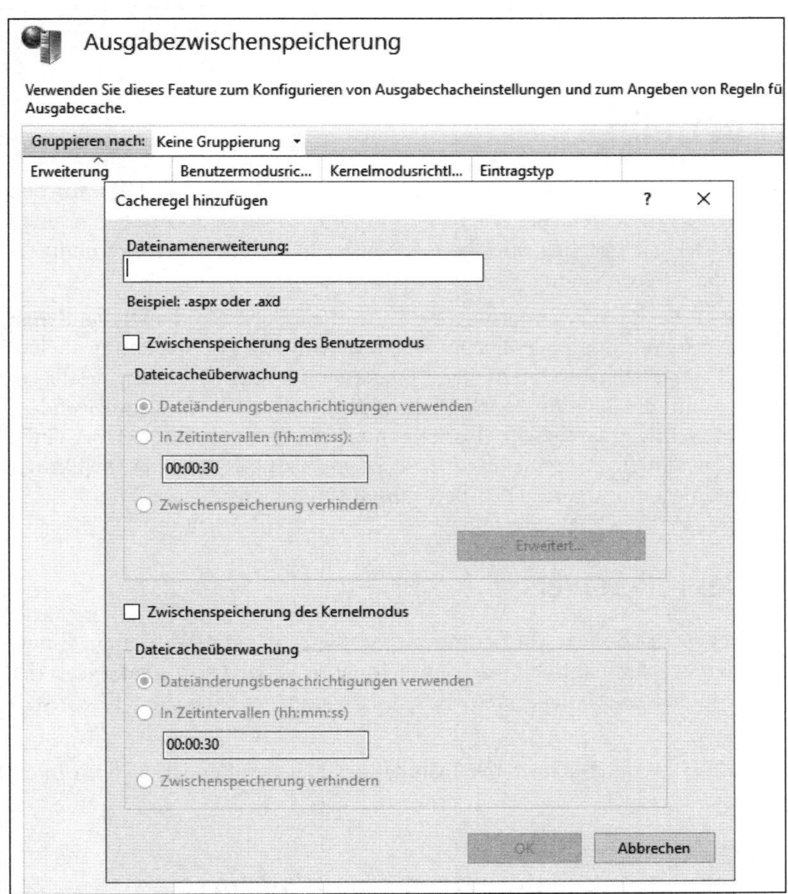

Abbildung 27.14: Konfigurieren der Ausgabezwischenspeicherung

In den Einstellungen können Sie die Funktion aktivieren sowie ein Limit festlegen. Der Cache wird allerdings erst dann produktiv genutzt, wenn Regeln festgelegt sind, die bestimmen, welche Daten der Server zwischenspeichern soll.

Auch das Kernelcaching steuern Sie an dieser Stelle. Bei dieser Funktion werden Anfragen an den Cache nicht im Benutzermodus des Servers durchgeführt, sondern im Kernel selbst. Die Anwendungen werden durch diese Funktion also nicht belastet. IIS entscheidet selbst, wie viel Speicher er zur Verfügung stellt. Nur wenn Sie feststellen, dass Ihr Server noch nicht vollständig ausgelastet ist, können Sie das Limit erhöhen, sollten dabei aber sehr vorsichtig vorgehen, da schnell ein gegenteiliger Effekt erreicht wird.

Über das Kontextmenü erstellen Sie neue Regeln für den Cache. Es öffnet sich ein neues Fenster, über das Einstellungen vorgenommen werden, wie Inhalte für den Benutzermodus und den Kernelmodus zwischengespeichert werden sollen. Zunächst legen Sie fest, welche Dateien zwischengespeichert werden können. Als Nächstes legen Sie fest, wie lange die Daten im Zwischenspeicher verbleiben sollen.

Sie können entweder eine Zwischenspeicherung bis zur Änderung der Datei oder ein Zeitintervall festlegen. Auch das generelle Verhindern der Zwischenspeicherung für einige Dateitypen kann an dieser Stelle konfiguriert werden. Sie können beliebig viele Cacheregeln erstellen. Die Regeln lassen sich nach der Erstellung jederzeit bearbeiten.

FTP-Server betreiben

Mit IIS 2019 lässt sich auch ein FTP-Server betreiben, um zum Beispiel Dateien für den Download zur Verfügung zu stellen. Bei der FTP-Komponente handelt es sich um einen eigenen Rollendienst, der nachträglich oder bereits bei der Installation der Internetinformationsdienste installiert werden kann.

Damit IIS auch als FTP-Server verwendet werden kann, benötigen Sie den Rollendienst *FTP-Server*. Sie können in Windows Server 2019 FTP auch mit SSL zur Verfügung stellen. Mit dem FTP-Server lässt sich ein virtueller Hostname für eine FTP-Site festlegen. Dadurch können Sie mehrere FTP-Sites erstellen, die zwar dieselbe IP-Adresse verwenden, aber auf Basis ihrer eindeutigen virtuellen Hostnamen unterschieden werden. Über einen Webbrowser greifen Sie mit der Adresse *ftp://<Servername>* zu. Sie können im Ordner normale Unterordner anlegen und mit NTFS-Berechtigungen arbeiten.

Konfiguration des FTP-Servers

Der FTP-Dienst bietet nicht so viele Konfigurationsparameter wie die Webseiten. Einige davon sind zudem denen relativ ähnlich, die sich beim WWW-Dienst finden. Nach der Installation müssen Sie den IIS-Manager neu starten. Erst dann werden die FTP-Einstellungen angezeigt.

Die Einstellungen zu FTP finden Sie nach der Installation über den Bereich *FTP* im Internetinformationsdienste-Manager.

Schritt für Schritt-Anleitung zum FTP-Server in IIS 2019

Die Installation eines FTP-Servers ist schnell durchgeführt. In den folgenden Abschnitten zeigen wir Ihnen Schritt für Schritt, wie Sie einen FTP-Server installieren, einrichten und betreiben:

FTP-Server installieren

Zunächst müssen Sie den Rollendienst *FTP-Server* für IIS installieren. Anschließend steht die Verwaltung im IIS-Manager zur Verfügung. Nach der Installation müssen Sie zunächst eine FTP-Site erstellen:

1. Klicken Sie zum Erstellen einer FTP-Site mit der rechten Maustaste auf den Menüpunkt *Sites* im IIS-Manager und wählen Sie *FTP-Site hinzufügen*.

2. Es startet der Assistent zur Einrichtung. Geben Sie den Namen sowie den Ordner auf der Festplatte an, in dem die Daten des FTP-Servers liegen.
3. Auf der nächsten Seite konfigurieren Sie die IP-Adresse, den Port und auf Wunsch einen virtuellen Hostnamen, wenn Sie zum Beispiel mehrere FTP-Server betreiben wollen.
4. Auf dieser Seite aktivieren Sie auch SSL für den FTP-Server und wählen das passende Zertifikat aus.

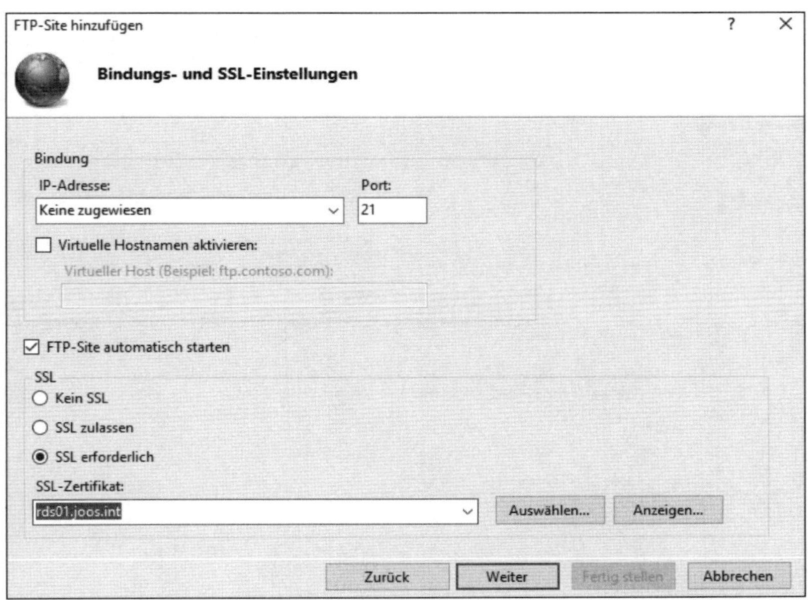

Abbildung 27.15: Konfigurieren einer FTP-Seite in IIS 2019

5. Als Nächstes wählen Sie aus, welche Authentifizierung Sie auf dem Server unterstützen möchten und welche Rechte diese Benutzer haben sollen.
6. Klicken Sie anschließend auf *Fertig stellen*, um die Seite zu erstellen.

Anschließend sehen Sie die FTP-Site im IIS-Manager wie jede andere Website und können Einstellungen für diese Seite zur Verwaltung vornehmen.

Firewall konfigurieren

Wollen Sie die Authentifizierung weiter anpassen, wählen Sie den Menüpunkt *FTP-Authentifizierung* aus. Über den Menüpunkt *FTP-Firewallunterstützung* legen Sie fest, welche Ports der Server unterstützen und auf welche externe IP-Adresse er hören soll. Sollte der Verbindungsaufbau von Clients zum Port 21 nicht funktionieren, müssen Sie diesen Port in der Windows-Firewall erst freischalten.

Neben diesen Einstellungen müssen Sie, abhängig von Ihrer Konfiguration, weitere Einstellungen in der Firewall vornehmen, indem Sie neue Regeln erstellen.

Verwenden Sie dazu den folgenden Befehl:

netsh advfirewall firewall add rule name="FTP (non-SSL)" action=allow protocol=TCP dir=in localport=21

Wollen Sie dynamische Ports für FTP freischalten und die Stateful FTP-Filterung verwenden, geben Sie den folgenden Befehl ein:

netsh advfirewall set global StatefulFtp enable

Mit dem folgenden Befehl deaktivieren Sie die Filterung wieder:

netsh advfirewall set global StatefulFtp disable

Wollen Sie FTP über SSL erlauben, müssen Sie auch diesen Verkehr freischalten. Verwenden Sie dazu den Befehl:

netsh advfirewall firewall add rule name="FTP for IIS7" service=ftpsvc action=allow protocol=TCP dir=in

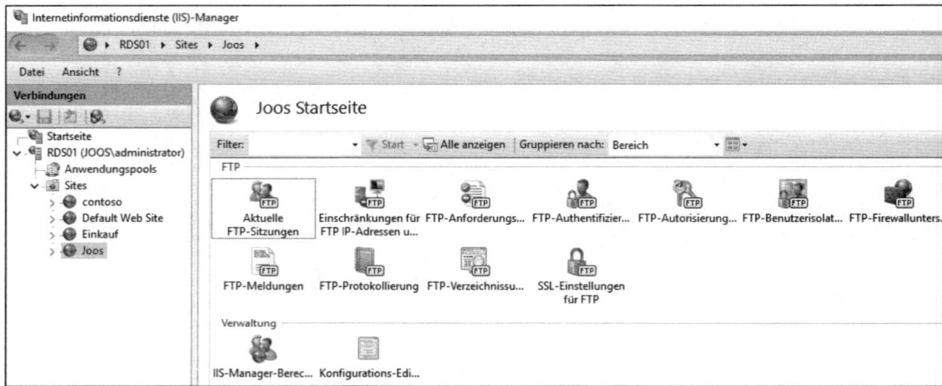

Abbildung 27.16: Anpassen von FTP im IIS 2019

Authentifizierung konfigurieren

Über das Kontextmenü von *Anonyme Authentifizierung* oder *Standardauthentifizierung* legen Sie fest, über welches Benutzerkonto oder welche Domäne die jeweilige Anmeldung erfolgen soll. Die Konfiguration ist grundsätzlich identisch mit der Konfiguration der jeweiligen Einstellung für Webseiten.

Über das Kontextmenü aktivieren oder deaktivieren Sie die jeweilige Anmeldung auch. Über *FTP-Autorisierungsregeln* konfigurieren Sie die Rechte, die Benutzer auf die FTP-Site erhalten sollen. Neben den standardmäßig vorhandenen Regeln können Sie zusätzliche Regeln anlegen oder bestehende Regeln anpassen.

Die Möglichkeit, den IIS fernzuwarten, indem Sie den Verwaltungsdienst nutzen, funktioniert auch für den FTP-Server. Gehen Sie zur Einrichtung der Fernwartung analog vor. In diesem Fall müssen Sie bei der FTP-Authentifizierung noch über den Menüpunkt *Benutzerdefinierte Anbieter* das Modul *IisManagerAuth* aktivieren.

Anschließend wird bei der FTP-Authentifizierung zusätzlich noch die Authentifizierung über den IIS-Manager angezeigt. Anschließend müssen Sie über *IIS-Manager-Berechtigungen/Benutzer zulassen* noch identische Einstellungen vornehmen wie bei der Delegierung von IIS-Seiten. Legen Sie am besten für die FTP-Verwaltung einen eigenen Benutzer im IIS-Manager an und schalten Sie diesen dann explizit für FTP frei. Anschließend müssen Sie für den Adminbenutzer die gleichen Zulassungsregeln analog erstellen wie für normale FTP-Benutzer auch. Um auf den Server zuzugreifen, verwenden Sie entweder ein FTP-Programm oder den Internet Explorer.

FTP-Benutzerisolation einsetzen

Mit der Benutzerisolation für FTP schotten Sie einzelne Benutzer auf dem FTP-Server voneinander ab und stellen Anwendern jeweils einen eigenen Ordner zur Verfügung. Aktivieren Sie *Benutzernamenverzeichnis*, werden die Benutzer mit ihrem eigenen Verzeichnis auf dem FTP-Server verbunden, aber nicht isoliert.

Der Ordner muss die gleiche Bezeichnung wie der Benutzernamen des Anwenders haben. Ist ein solcher Ordner oder auch virtueller Ordner nicht vorhanden, wird der Benutzer mit dem Stammordner auf dem FTP-Server verbunden. Aktivieren Sie die Option *FTP-Stammverzeichnis*, sehen alle Anwender denselben Ordner, die Isolierung ist komplett deaktiviert.

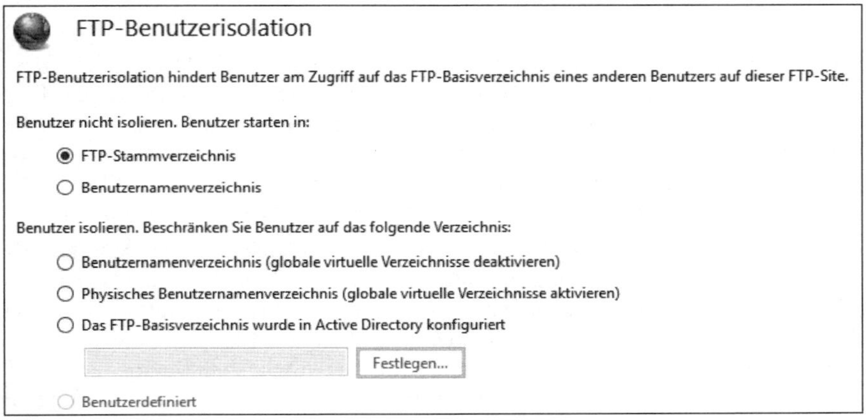

Abbildung 27.17: Konfigurieren der FTP-Benutzerisolation

Die Ordnernamen variieren je nach Authentifizierungsebene:

- Verwenden Sie Benutzer innerhalb von IIS und die anonyme Verbindung, müssen Sie im FTP-Rootordner die Ordnerstruktur *<LocalUser>\Public* anlegen.
- Arbeiten Sie mit lokalen Benutzerkonten auf dem Server auf IIS-Ebene und nicht mit der anonymen Authentifizierung, verwenden Sie *%FtpRoot%\LocalUser\%UserName%* als Pfad.
- Arbeiten Sie mit lokalen Benutzerkonten auf dem Server auf Windows-Ebene und nicht mit der anonymen Authentifizierung, verwenden Sie *%FtpRoot%\LocalUser\%UserName%* als Pfad.
- Arbeiten Sie mit Domänenkonten, verwenden Sie den Pfadnamen *%FtpRoot%\%UserDomain%\%UserName%*.

Die Pfadangabe *%FtpRoot%* entspricht dabei dem Stammordner der FTP-Seite, die Sie erstellt haben. Alle virtuellen Ordner, die Sie auf der Stammebene der FTP-Seite erstellt haben, können von allen Benutzern eingesehen haben, die über entsprechende Rechte verfügen.

Aktivieren Sie eine der Isolierungsoptionen im unteren Bereich, stehen folgende Auswahlmöglichkeiten zur Verfügung. In diesem Fall sehen die Anwender nur den isolierten Bereich, keinerlei andere Ordner:

- **Benutzernamenverzeichnis –** Bei dieser Option dürfen Benutzer nur auf ihren eigenen Ordner zugreifen und in der Navigation in der Baumstruktur in keine anderen Ordner wechseln.
- **Physisches Benutzernamenverzeichnis –** Bei dieser Option erhalten Anwender nur Zugriff auf physisch vorhandene FTP-Ordner, keine virtuellen Ordner. Sind globale virtuelle Ordner auf dem Server vorhanden, sind diese für alle Anwender zugreifbar.
- **Das FTP-Basisverzeichnis wurde in Active Directory konfiguriert –** Bei dieser Option legen Sie den Zugriff auf den Stammordner im Benutzerkonto in Active Directory des Anwenders fest.

Virtuelle Ordner legen Sie über das Kontextmenü der FTP-Seite im IIS-Manager an. Diese verweisen auf einen physischen Ordner, den Sie entweder vorher oder während der Einrichtung der virtuellen Seiten anlegen. Wollen Sie in einer isolierten Umgebung Zugriffe auf Benutzerebene festlegen, sollten Sie innerhalb des FTP-Stammordners einen weiteren Ordner mit der Bezeichnung der Benutzerdomäne oder der Bezeichnung *LocalUser* anlegen. Innerhalb dieses Ordners legen Sie dann die Ordner der jeweiligen Benutzer fest.

Ordnername, virtueller Ordner und Benutzername müssen übereinstimmen. Sind globale Ordner deaktiviert, reicht es auch, einzelnen Anwendern nur virtuelle Ordner zur Verfügung zu stellen. Der einfachste Weg, eine zuverlässig funktionierende Benutzerisolierung durchzuführen, ist das Anlegen von physischen Ordnern, das Erstellen von virtuellen Ordnern mit Verweis auf die physischen Ordner und das durchgehend einheitliche Verwenden der gleichen Bezeichnungen der Ordnernamen und Benutzernamen. Wichtig ist auch das lokale Anlegen des Ordners *LocalUser* oder der jeweiligen Domäne. Legen Sie alle Ordner innerhalb des FTP-Stammordners an.

Die einzelnen physischen Ordner der Anwender können Sie auch mit NTFS-Berechtigungen absichern, wenn Sie mit Windows- oder Domänenkonten arbeiten. Wollen Sie zusätzlich noch Quotas einsetzen, verwenden Sie am besten den Ressourcen-Manager für Dateiserver (siehe Kapitel 21).

Zusammenfassung

In diesem Kapitel haben wir Ihnen gezeigt, wie Sie den neuen Webserver in Windows Server 2019 mit der Version IIS 2019 betreiben. Erläutert wurden auch die Installation, Einrichtung und Absicherung von Webservern. Ebenso sind wir auf die Verwaltung in der Eingabeaufforderung sowie das Erstellen von neuen Webseiten eingegangen. Und schließlich konnten Sie mehr über den Betrieb eines FTP-Servers erfahren und einige Praxistricks zum Einsatz von IIS lesen.

Im nächsten Kapitel gehen wir auf die Einrichtung der Remotedesktopdienste und der Anbindung von Anwendern ein. Auch die Virtualisierung über den Remotedesktop ist Bestandteil des nächsten Kapitels.

Kapitel 28
Remotedesktopdienste – Anwendungen virtualisieren

In diesem Kapitel:

Mit den Remotedesktopdiensten (ehemals Terminalserver) stellen Sie Anwendungen oder den Desktop für Anwender zentral auf Servern zur Verfügung. Bereits in Windows Server 2008 R2 hat Microsoft einige Neuerungen in die Remotedesktopserver integriert. Aber auch im Vergleich zu Windows Server 2012 R2/2016 gibt es in Windows Server 2019 zahlreiche Neuerungen, die eine Aktualisierung rechtfertigen.

Neuerungen in RDS

Mit Windows Server 2019 verbessert Microsoft außerdem die Remotedesktopserver-Funktionen im Vergleich zu Windows Server 2016. Es gibt einen neuen Client und bessere Grafikunterstützung. Es wird also auch in lokalen Rechenzentren weiterhin Funktionen für den Remotedesktop geben. Wir zeigen, was Administratoren dazu wissen müssen.

Vergleich zu Windows Server 2016

Da Microsoft immer mehr Funktionen in die Cloud auslagert, vor allem Richtung Microsoft Azure und Office 365, kommt bei vielen Administratoren immer wieder die Sorge auf, dass mit der nächsten Serverversion wieder Funktionen gestrichen werden. Da die Remote Desktop Services (RDS) aber auch in Windows Server 2019 verfügbar sind und sogar Neuerungen erhalten haben, müssen sich Unternehmen keine Sorgen machen. Remote Desktop Services werden auch in Zukunft lokal im Rechenzentrum verfügbar sein. Die Multipoint-Services hat Microsoft aus Windows Server 2019 ersatzlos gestrichen. Hier gibt es aktuell keine Alternative für Unternehmen, die diese Technik genutzt haben. Die einzige Möglichkeit besteht darin, Multipoint-Services mit Windows Server 2016 einzusetzen.

Neben den Remote Desktop Services, die in Windows Server 2019 zur Verfügung stehen, will Microsoft auch einige Funktionen von RDS in Microsoft Azure zur Verfügung stellen. Der RDS-Broker, das Gateway und der Webzugriff lassen sich in Zukunft in Microsoft Azure nutzen. Dazu stellt Microsoft Remote Desktop modern Infrastructure (RDmi) zur Verfügung. Dabei sollen verschiedene Funktionen aus RDS ganz oder teilweise in die Cloud integriert werden. Auch die Speicherung von Daten ist in Microsoft Azure möglich. Wer seine Profile für RDS-Umgebungen ebenfalls in der Cloud speichern will, kann auf Azure Files und andere Speicherfunktionen in der Cloud setzen.

Natürlich lassen sich bereits jetzt RDS-Infrastrukturen als virtuelle Server in der Cloud zur Verfügung stellen, allerdings bietet eine solche Umgebung keine nennenswerten Vorteile für den Betrieb in der Cloud. Microsoft strebt an, dass einzelne Dienste aus RDS in Azure zur Verfügung stehen, ohne dass die Installation von VMs in Microsoft Azure erfolgen muss. Die Authentifizierung erfolgt in diesem Fall über Azure Active Directory.

Die generelle Installation von RDS entspricht in Windows Server 2019 noch den Möglichkeiten in Windows Server 2016. Wollen Unternehmen Remote Desktop modern Infrastructure nutzen, ist das aktuell nur direkt in Microsoft Azure möglich. Um hybride Bereitstellungen durchzuführen, müssen aktuell noch virtuelle Server in Microsoft Azure installiert werden. Es ist aber zu erwarten, dass Microsoft die Dienste verschmelzen will.

In Windows Server 2019 ist über Remote Desktop Web Access ein HTML5-Client verfügbar. Der Client bietet ähnliche Funktionen wie der Standard-RDP-Client, der auch für Windows und andere Betriebssysteme zur Verfügung steht. Der Vorteil des neuen HTML5-Clients besteht darin, dass Anwender nichts installieren müssen. Aktuelle Browser, die HTML5 kennen, unterstützen die Anbindung an Remote Desktop Web Access.

Der neue HTML5-Client, aber auch der Remotedesktop-Webzugriff verbraucht weniger CPU-Last auf dem Client und dem Server. Ebenso wird die notwendige Bandbreite reduziert.

Nutzen Anwender Windows 10, können Remote-Apps in den Remote Desktop Services die Benachrichtigungen in Windows 10 nutzen, um Anwender über Aktionen der Anwendung zu informieren. Dadurch lassen sich zum Beispiel eingehende E-Mails im Nachrichtencenter von Windows 10 anzeigen, wenn Outlook als Remote-App genutzt wird. Aber auch andere Anwendungen unterstützen diese Funktion.

Drucken wird in RDS 2019 ebenfalls einfacher und übersichtlicher. So zeigt RDS in Windows Server 2019 den Fortschritt eines Druckvorgangs an. Das Verwenden von Videokonferenzen wird mit RDS 2019 besser. Sind Geräte für Videokonferenzen an einem lokalen Rechner angeschlossen, lassen sich diese in RDS-Sitzungen verwenden. Dabei wird die Qualität wesentlich besser.

In Windows Server 2019 führt Microsoft GPU Partitioning ein. Dabei lassen sich virtuellen Rechnern mit Windows 10 und Hyper-V deutlich bessere Zugriffe auf die Grafikadapter zuteilen. Die Technik funktioniert ebenfalls mit Remotedesktop-Sitzungshosts. Der Vorteil besteht vor allem darin, dass Grafikanwendungen in Sitzungen deutlich besser funktionieren. Microsoft will die Technik weiter verbessern, sodass Remote-Apps besser auf die Grafikadapter von Servern zugreifen können.

Unternehmen, die den Zugriff mit Remote Desktop Web Access nutzen, benötigen nicht unbedingt die Installation eines RDS-Gateways. Greifen Anwender nur von intern mit Remote Desktop Web Access auf einen Remotedesktop-Sitzungshost zu, ist kein Gateway mehr erforderlich. Wenn kein Gateway zum Einsatz kommt, ist der HTML5-Client in Windows Server 2019 dennoch verfügbar. Der Client ist in der neuen Version direkt in den Webzugriff der Remote Desktop Services integriert.

Mit Windows Server 2019 kann endlich auch der Lizenzserver in der Remotedesktop-Umgebung hochverfügbar zur Verfügung gestellt werden. Bisher war das nicht möglich. In der neuen Version kann ein Lizenzserver seine Daten in einer SQL-Datenbank speichern, auf die weitere Lizenzserver zugreifen können. Außerdem wurde die Zusammenarbeit zwischen Lizenzserver, Active Directory und Remotedesktop-Sitzungshost verbessert. Die Benutzerlizenzen werden vom Lizenzserver an den Sitzungs-Host übergeben, der die Lizenzen dann in Active Directory hinterlegt. Hier ist zukünftig auch die Anbindung von mehreren Domänen möglich.

Aktuell hat Microsoft die Funktionen der Remote Desktop Services noch nicht in das Windows Admin Center integriert. Das heißt, die Verwaltung der Dienste erfolgt weiterhin mit dem Server-Manager. Es ist aber zu erwarten, dass Microsoft in neuen Versionen des Windows Admin Centers auch RDS integrieren wird.

Vergleich zu Windows Server 2012 R2

Die Funktionen der Remotedesktopdienste in Windows Server 2019 entsprechen noch weitgehend den Funktionen in Windows Server 2012 R2. Die Verwaltung und die Möglichkeiten hat Microsoft nicht stark verändert. Dafür wurden einige Verbesserungen eingeführt, die auch bereits in Windows Server 2016 verfügbar sind.

Microsoft hat vor allem viele Neuerungen, die bereits in Windows Server 2012 R2 verfügbar, aber in den Remotedesktopdiensten nicht nutzbar waren, integriert. So lassen sich für virtuelle Desktops in Virtual Desktop Infrastructures (VDI) Vorlagen auf Basis von Generation 2-VMs erstellen. Virtuelle Computer in VDI-Infrastrukturen unterstützen in Windows Server 2019 das UEFI-System und auch Secure Boot in UEFI. Diese VMs nutzen auch virtuelle SCSI-Festplatten für den Bootvorgang, arbeiten also sofort im Virtualisierungsmodus und müssen nicht erst eine Emulation für den Systemstart durchführen.

Virtuelle Computer auf Basis von Generation 2 nutzen keinerlei emulierte Hardware mehr. Außerdem können diese Computer über das Netzwerk booten. Generation-2-VMs können Sie ab Windows Server 2019 auch in Linux-VMs nutzen. Das bietet Linux-VMs die Möglichkeit, über UEFI zu booten und die Secure Boot-Funktion von UEFI zu nutzen.

Virtuelle GPUs unterstützen in Windows Server 2019 OpenGL/OpenCL. Zusammen mit den Verbesserungen in RemoteFX ermöglicht das den Betrieb grafikintensiver Anwendungen, wie Adobe Photoshop auf Remotedesktopservern.

Vor allem RemoteFX, das Protokoll für die Verbesserung der Grafikleistung auf virtuellen Desktops und RDS-Sitzungen, hat Microsoft erweitert. Die Neuerungen im Vergleich zu Windows Server 2016 haben wir bereits im vorherigen Abschnitt behandelt. Sie finden die Einstellungen im Hyper-V-Manager über die Hyper-V-Einstellungen bei *Physische GPUs*. In Windows Server 2019 können Sie dadurch den Server Based Personal Desktops virtuelle Grafikkarten zuweisen. Für jeden Server können Sie dediziert steuern, ob er RemoteFX zur Verfügung stellt.

Um RemoteFX in Windows Server 2019 zu nutzen, muss die Grafikkarte mindestens DirectX 11 unterstützen. Außerdem müssen Sie einen passenden Treiber installieren.

Die Prozessoren auf dem Server müssen außerdem Second Level Address Translation (SLAT)-Erweiterungen und Data Execution Prevention (DEP) unterstützen. Außerdem muss die Virtualisierung in der Firmware/BIOS des Servers aktiviert sein. Um diese Vorgaben zu überprüfen, starten Sie die Systeminformationen in der Systemsteuerung, indem Sie *msinfo32.exe* in der Eingabeaufforderung im Startmenü eingeben.

RemoteFX in Windows Server 2019 unterstützt OpenGL 4.4 und OpenCL 1.1 API. Außerdem können Sie mehr Grafikspeicher einsetzen. Die neue Version unterstützt in diesem Bereich jetzt mehr als 1 GB VRAM. Administratoren haben hier aber Einstellungsmöglichkeiten und können auf Basis von Hyper-V festlegen, wie viel Arbeitsspeicher eine virtuelle Grafikkarte erhalten soll. Sobald auf dem Hyper-V-Host RemoteFX konfiguriert und aktiviert ist, können Sie einzelnen virtuellen Computern eine neue RemoteFX-Grafikkarte zuordnen. Auch dazu nutzen Sie den Hyper-V-Manager.

In Windows Server 2019 können Anwender durch diese Neuerungen mit Stifteingaben arbeiten. Das funktioniert auf Hybrid-PCs/Notebooks, aber auch auf Tablets. Die Eingaben werden durch das RDP-Protokoll in die Sitzung des Anwenders weitergeleitet.

Server Based Personal Desktop – Private Server für Anwender

Mit dem Server Based Personal Desktop lässt sich für Anwender ein personalisierter Server bereitstellen, der einen Windows 10-Desktop bietet. Sinnvoll ist das in Umgebungen, in denen Anwender eigene Desktops erhalten sollen, aber keine Windows 10-Lizenz vorliegt, zum Beispiel bei Desktop as a Service (DaaS). Dadurch können Unternehmen auf Basis von Windows Server 2019 einen virtuellen Rechner für Anwender zur Verfügung stellen, der den Funktionen und Möglichkeiten von Windows 10 entspricht. Die Bereitstellung dieses Servers erfolgt als VM, in der der Anwender auf Wunsch auch administrative Rechte erhält.

Die neuen Server Based Personal Desktops ergänzen die Möglichkeiten von herkömmlich bereitgestellten Desktops um die Möglichkeit, neue Sammlungen zu erstellen, in denen

Anwender echte virtuelle Computer mit administrativen Rechten erhalten. Die Verwaltung erfolgt über das Cmdlet *New-RDSessionCollection* mit den drei Optionen:

- *-PersonalUnmanaged* – Legt den neuen Typ der Sammlung fest und erlaubt, dass Anwender direkt zu einem speziellen Sitzungs-Host weitergeleitet werden.
- *-GrantAdministrativePrivilege* – Erteilt dem Anwender Administrator-Rechte auf dem Sitzungs-Host, indem er in die lokale Administrator-Gruppe aufgenommen wird.
- *-AutoAssignUser* – Legt fest, dass Anwender automatisch zu einem noch freien Sitzungs-Host verbunden werden, den noch kein anderer Anwender nutzt.

Die Zuweisung kann aber auch manuell erfolgen. Dadurch weisen Sie einem Benutzer einen fest definierten Sitzungs-Host zu. Sie verwenden dazu das Cmdlet *Set-RDPersonalSessionDesktopAssignment* mit den folgenden Optionen, um die Zuweisung vorzunehmen:

-CollectionName <Name der Sammlung>

-ConnectionBroker<Name des Verbindungsbrokers>

-User <Benutzer>

-Name <Name des Sitzungs-Hosts>

Die Zuordnungen zeigen Sie mit *Get-RDPersonalSessionDesktopAssignment* an, gelöscht werden sie mit *Remove-RDPersonalSessionDesktopAssignment*.

Einstieg in die Remotedesktopdienste

Die Installation der Remotedesktopdienste erfolgt über den Server-Manager. Auch in Windows Server 2019 handelt es sich bei den Remotedesktopdiensten um eine Serverrolle, die verschiedene Rollendienste umfasst:

- **Remotedesktop-Virtualisierungshost –** Der Dienst wird in Hyper-V integriert, um in einem Pool virtuelle Desktops mit RemoteApp- und Desktopverbindung bereitzustellen.
- **Remote Desktop Session Host –** RemoteApp-Programme oder sitzungsbasierte Desktops nutzen diesen Dienst. Hierbei handelt es sich um den Nachfolger der Terminaldienste.
- **Remotedesktop-Verbindungsbroker –** Benutzer können erneut eine Verbindung mit ihren vorhandenen virtuellen Desktops, RemoteApp-Programmen und sitzungsbasierten Desktops herstellen. Die Verbindungsdaten merkt sich der Broker. In Windows Server 2019 können Sie diesen auch in Microsoft Azure installieren.
- **Web Access für Remotedesktop** ermöglicht Benutzern den Zugriff auf RemoteApp- und Desktopverbindung über einen Webbrowser. Auf diesem Weg stellen Sie zum Beispiel Remotedesktops im Internet zur Verfügung.
- **Remotedesktoplizenzierung** verwaltet die Lizenzen, die für eine Verbindung mit einem Remotedesktop-Sitzungshostserver oder einem virtuellen Desktop erforderlich sind. Sie können die RD-Lizenzierung zum Installieren, Ausstellen und Nachverfolgen der Verfügbarkeit von Lizenzen verwenden.
- **Remotedesktopgateway** ermöglicht es autorisierten Benutzern, von jedem Gerät mit Internetzugang eine Verbindung mit virtuellen Desktops, RemoteApp-Programmen und sitzungsbasierten Desktops in einem internen Unternehmensnetzwerk herzustellen.

Die Konfiguration erfolgt ebenfalls im Server-Manager. Windows Server 2019 bietet Sammlungen für Sitzungs-Hosts (ehemals Terminalserver) und in Virtual Desktop Infrastructure-Umgebungen (VDI) auch für Virtualization-Hosts. In Windows Server 2019 können Sie mit den Remotedesktopdiensten virtuelle Desktops auf Basis von Windows 10 zur Verfügung stellen. Auch diese profitieren von den Neuerungen in Windows Server 2019.

Sie können Vorlagen für virtuelle Desktops erstellen und personifizierte sowie öffentliche Desktops erstellen. Eine Sitzungssammlung, früher Farm genannt, ist eine Gruppierung von RD-Sitzungshostservern für eine bestimmte Sitzung. Eine Sitzungssammlung wird verwendet, um sitzungsbasierte Desktops oder RemoteApp-Programme zur Verfügung zu stellen. Die Sitzungsvirtualisierung erfolgt über den Server-Manager. Dieser ermöglicht, RD-Sitzungshostserver von einem zentralen Ort aus zu installieren und zu konfigurieren. Während der Installation haben Sie drei Möglichkeiten:

- **Standardbereitstellung** – Ermöglicht Ihnen die flexible Bereitstellung der unterschiedlichen Remotedesktopdienste-Rollendienste auf unterschiedlichen Servern für den Produktionsbetrieb.
- **Schnellstart** – Alle notwendigen Remotedesktopdienste-Rollendienste werden auf einem einzigen Server installiert. Das ist zum Beispiel für Testumgebungen oder in kleineren Unternehmen sinnvoll.

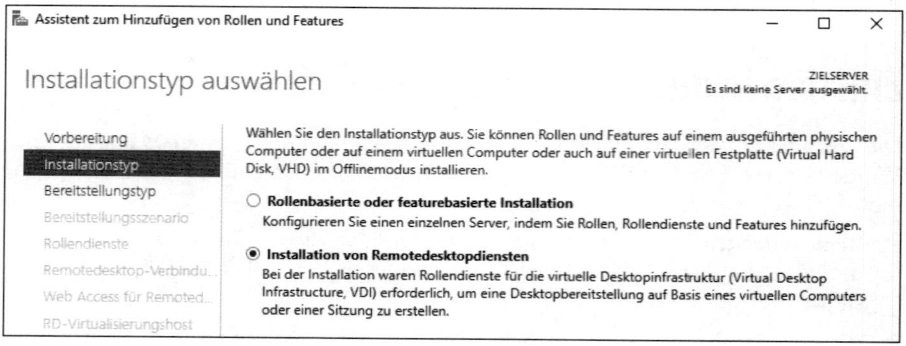

Abbildung 28.1: Installieren der Remotedesktopdienste

Haben Sie die Auswahl getroffen, können Sie im Assistenten auswählen, ob Sie virtuelle Desktops zur Verfügung stellen wollen oder Remotedesktopsitzungen. Im Assistenten wählen Sie auf den folgenden Seiten die verschiedenen Server im Pool aus, denen Sie die unterschiedlichen Rollendienste zuweisen. Haben Sie im Szenario alle Server ausgewählt, die an der Infrastruktur teilnehmen sollen, schließen Sie die Installation über den Server-Manager ab.

Installieren Sie zum Beispiel einen Remotedesktop-Sitzungshosts, um Anwendungen und Desktops zentral zur Verfügung zu stellen, müssen Sie nach der Installation der Rollendienste im Server-Manager eine Sitzungssammlung erstellen, also eine Terminalserverfarm. In den nächsten Abschnitten gehen wir ausführlich auf die Installation einer solcher Farm ein.

Installation eines Remotedesktopservers

In den nächsten Abschnitten gehen wir darauf ein, wie Sie Remotedesktopserver in Windows Server 2019 installieren und die Serverdienste im Netzwerk verteilen.

Installation und Verteilen der notwendigen Rollendienste

Die Installation eines Remotedesktopservers findet über den Server-Manager statt, indem Sie *Verwalten/Rollen und -Features hinzufügen* auswählen. Im Gegensatz zu herkömmlichen Rollen installieren Sie die Remotedesktopdienste über einen eigenen Assistenten, den Sie direkt vor der Installation eigentlicher Rollen starten.

Um die Serverrollen auf mehreren Server zu verwalten, müssen Sie diese zuvor über *Verwalten/Server hinzufügen* dem lokalen Server-Manager hinzufügen (siehe Kapitel 3).

Auf der zweiten Seite wählen Sie aus, ob Sie eine Standardbereitstellung durchführen oder eine Schnellstartinstallation mit nur einem einzigen Server installieren wollen. Mit der Standardinstallation installieren Sie eine Serverfarm mit mehreren Remotedesktop-Sitzungshosts.

Über den Assistenten legen Sie danach fest, ob Sie eine Virtual Desktop Infrastructure (VDI) installieren wollen (siehe Kapitel 29), also virtuelle Computer auf Basis von Hyper-V, oder eine sitzungsbasierte Bereitstellung, also Server, die Anwendungen oder den Desktop den Anwendern zur Verfügung stellen.

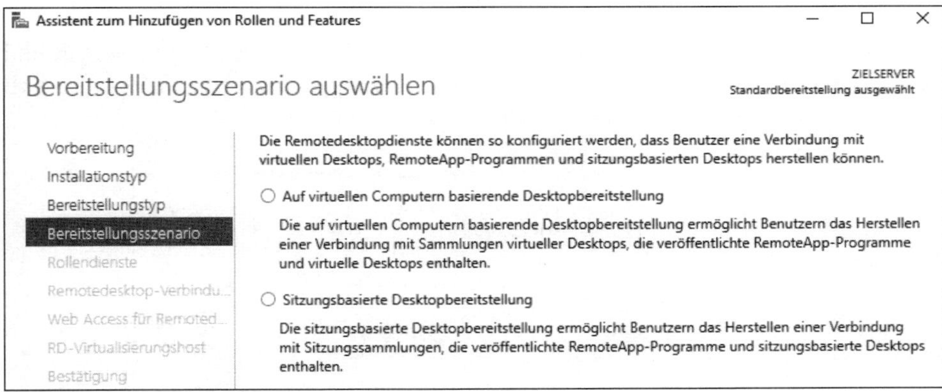

Abbildung 28.2: Auswählen des Bereitstellungsszenarios

Haben Sie das Szenario ausgewählt, bestätigen Sie die zu installierenden Rollendiensten, die installiert werden müssen. Auf einem Server in der Sammlung müssen Sie den Remotedesktop-Verbindungsbroker installieren.

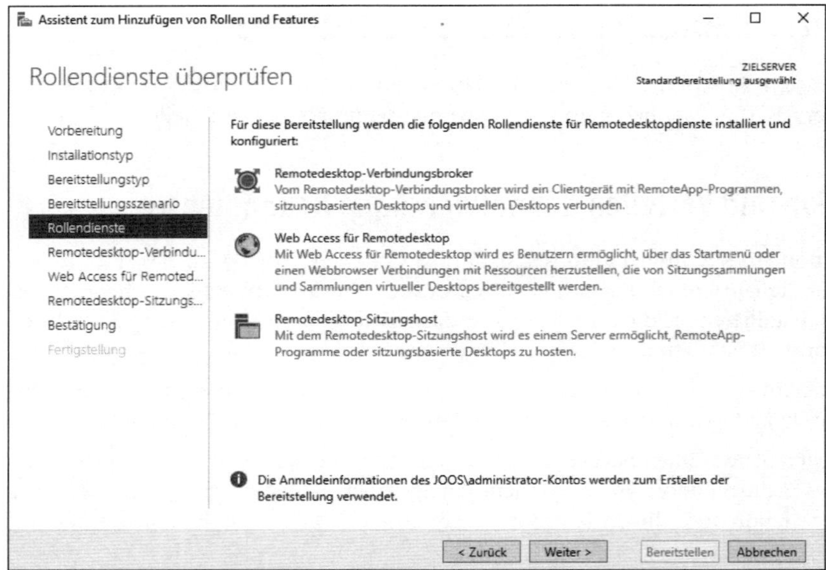

Abbildung 28.3: Auswählen der Bereitstellungsoptionen für RDS

Mit diesem Dienst können Sie Anwender wieder mit ihrer ursprünglichen Sitzung verbinden, wenn Sie mehrere Remotedesktopserver in einem Loadbalancing-Verbund einsetzen. Der Verbindungsbroker stellt einen Aggregationspunkt für RemoteApps im Unternehmen zur Verfügung und verbindet alle installierten Server, damit Sie diese zentral im Server-Manager verwalten können. Er sammelt RemoteApps der verschiedenen Server ein und stellt sie im Startmenü der Clientrechner zur Verfügung. Webzugriffsserver holen sich dazu die Daten von einem Server mit dem Verbindungsbroker.

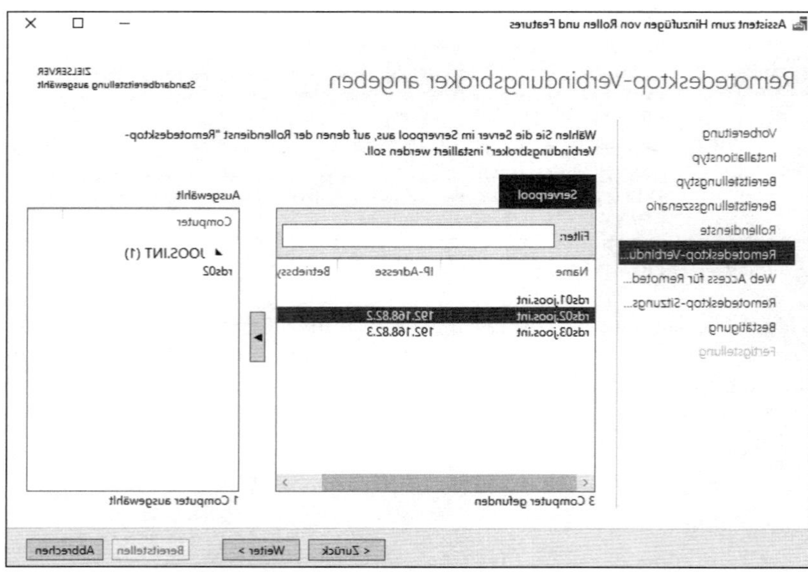

Abbildung 28.4: Installieren des Remotedesktop-Verbindungsbrokers

Als Nächstes wählen Sie einen Server mit Web Access aus, der die RemoteApps der Farm zentral zur Verfügung stellt. Als Letztes wählen Sie noch den eigentlichen Server aus, der den Remotedesktop-Sitzungshost bereitstellt. Klicken Sie im letzten Fenster auf *Bereitstellen*, damit der Assistent auf den ausgewählten Servern die entsprechende Funktion installiert.

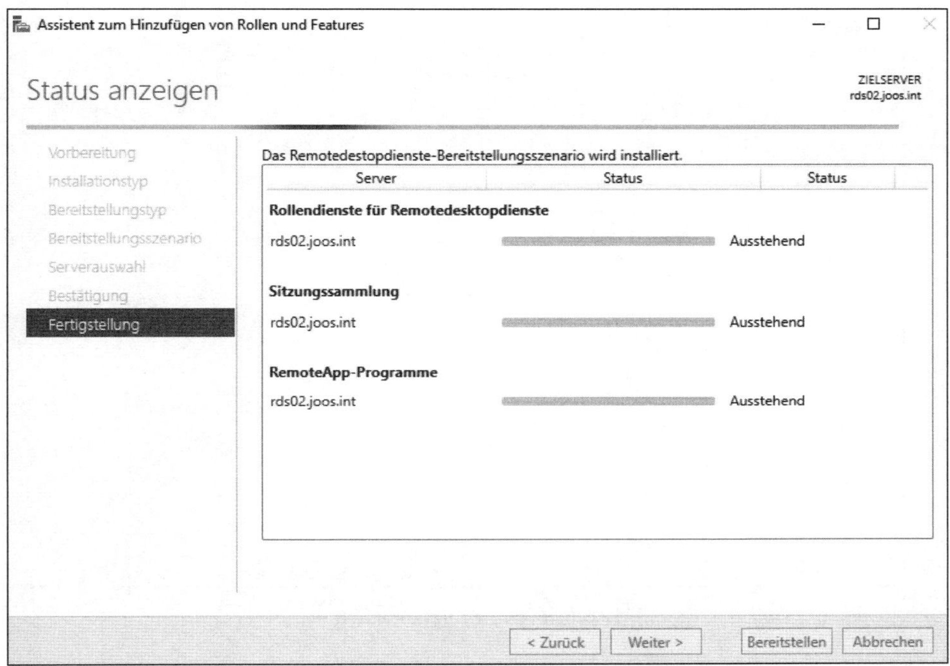

Abbildung 28.5: Der Server-Manager in Windows Server 2019 installiert auf allen beteiligten Servern die notwendigen Dienste.

Einrichten einer neuen Sitzungssammlung

Installieren Sie Remotedesktop-Sitzungshosts, um Anwendungen und Desktops zentral zur Verfügung zu stellen, müssen Sie nach der Installation der Rollendienste im Server-Manager eine Sitzungssammlung erstellen. Dazu steht die neue Gruppe *Remotedesktopdienste* im Server-Manager zur Verfügung, über die Sie die Infrastruktur installieren:

1. Klicken Sie in der linken Seite des Fensters auf *Remotedesktopdienste.*
2. Klicken Sie auf *Sammlungen.*
3. Klicken Sie auf *Aufgaben/Sitzungssammlung erstellen.* Es startet der Assistent zum Erstellen einer Sitzungssammlung.
4. Geben Sie im Assistenten zunächst einen Namen für die Sammlung ein.
5. Wählen Sie auf der nächsten Seite die Server aus, die der Sitzungssammlung beitreten sollen.
6. Legen Sie danach fest, welche Gruppe aus Active Directory Zugriff auf den Server erhalten soll. Hier bietet es sich an, wie in den Vorgängerversionen, eigene Gruppen anzulegen. Auf diese Weise können Sie über die Gruppenmitgliedschaft den Zugriff steuern.

7. Übernehmen Sie auf der Seite *Benutzergruppen angeben* die Standardauswahl und klicken Sie auf *Weiter*.

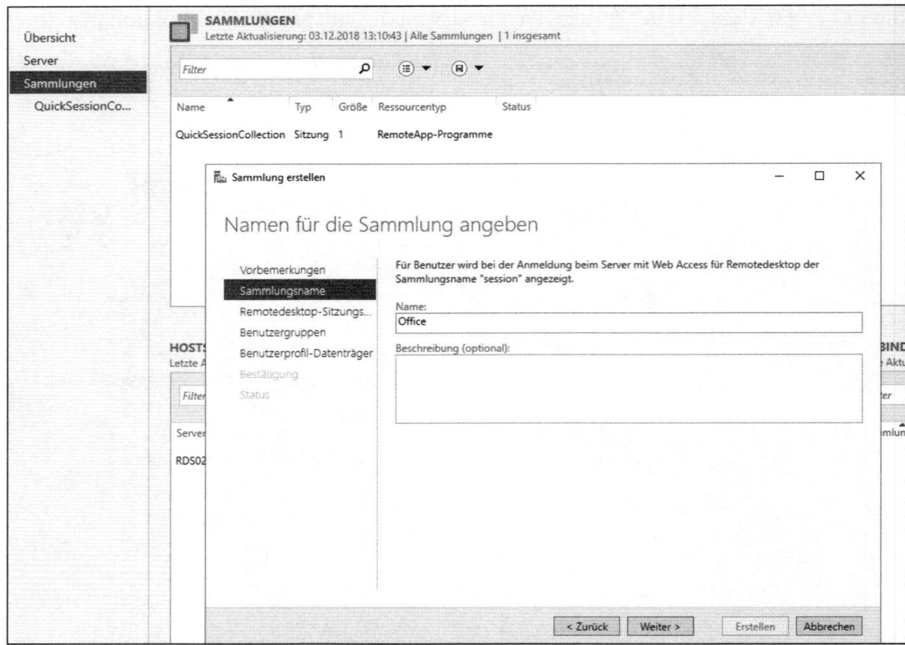

Abbildung 28.6: Erstellen und Verwalten von Sitzungssammlungen

In Windows Server 2019 können Sie über den Assistenten einen Benutzerprofildatenträger eingeben. Dazu verwenden Sie eine Freigabe. Hierbei handelt es sich um den Nachfolger der Terminaldiensteprofile. Benutzer erhalten beim Verwenden der Remotedesktopdienste ein eigenes Benutzerprofil.

Schließen Sie die Erstellung der Gruppe ab. Anschließend steht die Sitzungssammlung zur Verfügung.

Tipp Haben Sie die Sammlung erstellt und auch den Webzugriff über den Installations-Assistenten installiert, können Sie bereits mit der URL *https://<Servername>/rdweb* auf die Webfreigabe zugreifen. Per Webzugriff haben Sie auch die Möglichkeit, eine Verbindung mit anderen Servern oder mit PCs herzustellen, auf denen der Remotedesktop aktiviert ist.

RemoteApp – Anwendungen bereitstellen

Wollen Sie nicht nur den Desktop zur Verfügung stellen, sondern auch einzelne Programme, die Anwender direkt über die Weboberfläche starten, klicken Sie im Server-Manager auf *Remotedesktopdienste* und dann auf die *Sammlung*. Hier sehen Sie Informationen zur aktuellen Sammlung und können die verschiedenen Bereiche bearbeiten. Dazu klicken Sie jeweils in dem Bereich, den Sie verwalten wollen, auf *Aufgaben* und wählen dann aus, welche Konfiguration Sie anpassen möchten.

Um eine Anwendung der Liste hinzuzufügen, klicken Sie im Bereich *RemoteApp-Programme* auf den Link *RemoteApp-Programme veröffentlichen*. Im Anschluss startet der RemoteApp-Assistent, über den Sie die Anwendungen der Liste hinzufügen können. Wählen Sie entweder das Programm aus der Liste aus oder klicken Sie auf *Durchsuchen*, um die Startdatei der Anwendung hinzuzufügen. Sie können an dieser Stelle mehrere Anwendungen auswählen und die Eigenschaften der Applikationen jederzeit anpassen.

Abbildung 28.7: Veröffentlichen von Anwendungen im Server-Manager

RemoteApps stehen nach der Veröffentlichung automatisch für alle Clients über den Webzugriff zur Verfügung. Diesen erreichen Sie über die URL *https://<Servername>/rdweb*. Nach der Authentifizierung stehen sofort alle RemoteApps zur Verfügung, die Sie veröffentlichen, Berechtigungen vorausgesetzt.

Abbildung 28.8: Verwenden der veröffentlichten Anwendungen über Remotedesktop Web Access

Sie können im Server-Manager über diesen Bereich jederzeit weitere Anwendungen veröffentlichen. Achten Sie aber darauf, dass die Anwendungen auf den Remotedesktop-Sitzungshosts installiert sein müssen, nicht auf dem Server mit Web Access oder dem Remotedesktop-Verbindungsbroker.

Um weitere Anwendungen hinzuzufügen, klicken Sie im Server-Manager in der Verwaltung der Remotedesktopdienste auf die entsprechende Sammlung. Im Bereich *Aufgaben* der App-Verwaltung entfernen Sie veröffentlichte Anwendungen auch wieder.

Im Server-Manager sehen Sie die aktuell verbundenen Benutzer im Bereich *Verbindungen*, wenn Sie auf die Sammlung klicken. An dieser Stelle trennen Sie einzelne Verbindungen auch wieder.

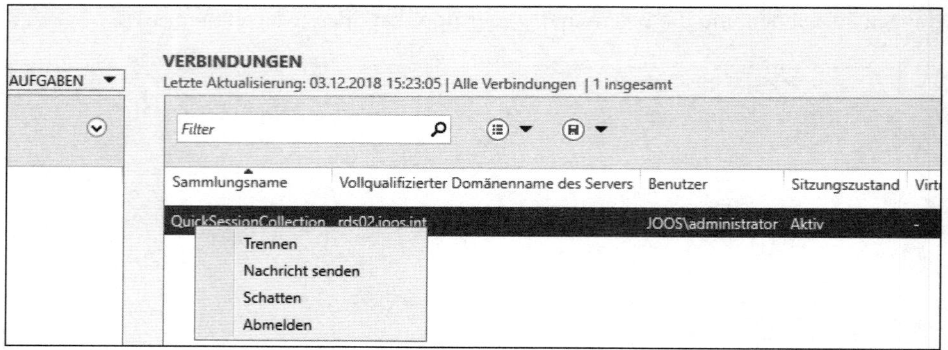

Abbildung 28.9: Verwalten der verbundenen Benutzer

Tipp In Windows Server 2019 finden Sie die Option *Schatten* im Kontextmenü von Benutzersitzungen. Hierüber können Sie eine Verbindung zur Sitzung des Anwenders aufbauen, auch »Spiegeln« genannt. Dieser muss dazu die Verbindung bestätigen.

Remotedesktoplizenzierung

Sie benötigen für jeden Remotedesktopserver (Remotedesktop-Sitzungshost) eine Windows Server-Lizenz. Zusätzlich benötigen Sie für jeden Benutzer, wie bei normalen Serverzugriffen auf Datei- oder Druckserver, eine entsprechende Client-Zugriffslizenz. Diese CALs sind bei keinem Betriebssystem integriert, sondern müssen immer gesondert erworben werden.

Hinweis In Windows Server 2019 können Sie keine Benutzer-CALs und RDS-CALs von Windows Server 2012/2012 R2/2016 verwenden. Sie müssen also CALs neu erwerben.

Setzen Sie andere Lösungen für den Remotedesktop ein, müssen Sie auch RDS-CALs erwerben.

Setzen Sie neue RDS-CALs ein, können Sie diese auch mit Vorgängerversionen von Windows Server 2019 betreiben.

Bei einem Remotedesktopserver benötigen Sie zusätzlich für jeden Client, der sich mit dem Remotedesktopserver verbindet, eine spezielle Remotedesktopserver-Zugriffslizenz (RDS-CAL). Diese Lizenz wird pro PC oder pro Benutzer vergeben und gilt nicht pro gleichzeitigen Zugriff (siehe auch Kapitel 1). Das heißt, Sie müssen nicht so viele Lizenzen kaufen, wie gleichzeitig Benutzer mit dem Remotedesktopserver arbeiten, sondern so viele Lizenzen, wie Benutzer überhaupt mit dem Remotedesktopserver arbeiten.

Microsoft bietet für die Lizenzierung der RD-CALs die gleichen Lizenzierungsmöglichkeiten wie bei den normalen CALs (siehe Kapitel 1). Es gibt RD-Geräte-CALs und RD-Benutzer-CALs. Befindet sich der Remotedesktopserver in Active Directory, sollten Sie die Remotedesktopdienste-Lizenzierung auf einem Mitgliedsserver installieren. Sie haben 120 Tage Zeit, bevor Sie den Lizenzierungsdienst auf einem Server installieren und aktivieren müssen. Ein Remotedesktopserver findet in Active Directory automatisch Lizenzserver. Der Ablauf bei der Lizenzierung ist folgender:

1. Ein Client verbindet sich mit einem Remotedesktopserver (Remotedesktop-Sitzungshost).
2. Der Remotedesktopserver ruft von einem Remotedesktoplizenzserver eine Lizenz ab. Hierbei muss es sich nicht um den lokalen Remotedesktopserver handeln. Ein Lizenzserver kann Lizenzen für mehrere Remotedesktopserver zur Verfügung stellen. Für die Verbindung mit einem Administratorkonto benötigen Sie auch auf einem Remotedesktopserver keine Lizenz, es dürfen aber gleichzeitig nur zwei Admins verbunden sein.
3. Der Remotedesktopserver stellt dem Client die Lizenz zur Verfügung.

Lizenzserver in den Remotedesktopdiensten registrieren sich automatisch in Active Directory. Installieren Sie einen neuen Remotedesktopserver, können Sie manuell Lizenzserver zuweisen. So ist sichergestellt, dass einzelne Remotedesktopserver genau mit den Lizenzservern arbeiten, die Sie als Administrator hinterlegen.

Um die Remotedesktopdienste-Lizenzierung zu installieren, wählen Sie im Server-Manager *Remotedesktopdienste* aus und klicken auf *Übersicht*. Über den Link *Remotedesktoplizenzierung* wählen Sie den Server aus, der die Lizenzierung steuert. Sie können an dieser Stelle allerdings nur Server auswählen, die Sie im Server-Manager über *Verwalten/Server hinzufügen* integriert haben.

Haben Sie die Server im Server-Manager integriert, können Sie schließlich über den Link *Remotedesktoplizenzierung* einen oder mehrere Server auswählen, auf denen Sie diesen Dienst betreiben wollen. Schließen Sie den Assistenten ab, um die Lizenzierung zu aktivieren.

Abbildung 28.10: Auswählen der Remotedesktoplizenzserver im Unternehmen

Nachdem Sie die Remotedesktoplizenzierung installiert haben, müssen Sie noch Einstellungen für die Sammlung konfigurieren. Dazu klicken Sie im Server-Manager bei *Remotedesktopdienste/Übersicht* bei *Bereitstellungsübersicht* auf *Aufgaben* und dann auf *Bereitstellungseigenschaften bearbeiten*. Klicken Sie danach auf *Remotedesktoplizenzierung*. Hier legen

Sie fest, welche Lizenzierung Sie verwenden wollen und welchen Lizenzserver die Sammlung nutzen soll. Klicken Sie danach auf *Anwenden.*

Auf dem Server, den Sie als Remotedesktoplizenzierungs-Server installiert haben, finden Sie nach der Installation im Startmenü das Tool *Remotedesktoplizenzierungs-Manager* vor. Dieses starten Sie auch durch Eingabe von *licmgr*.

Haben Sie das Programm gestartet, durchsucht es das Netzwerk und zeigt die gefundenen Lizenzserver an. Nicht aktivierte Lizenzserver werden entsprechend hervorgehoben. Um einen Lizenzserver zu aktivieren, klicken Sie mit der rechten Maustaste auf den Servernamen und wählen im Kontextmenü den Befehl *Server aktivieren.*

Anschließend können Sie den Server entweder direkt über die Konsole aktivieren, wenn er an das Internet angebunden ist, oder Sie führen die Aktivierung per Telefon durch.

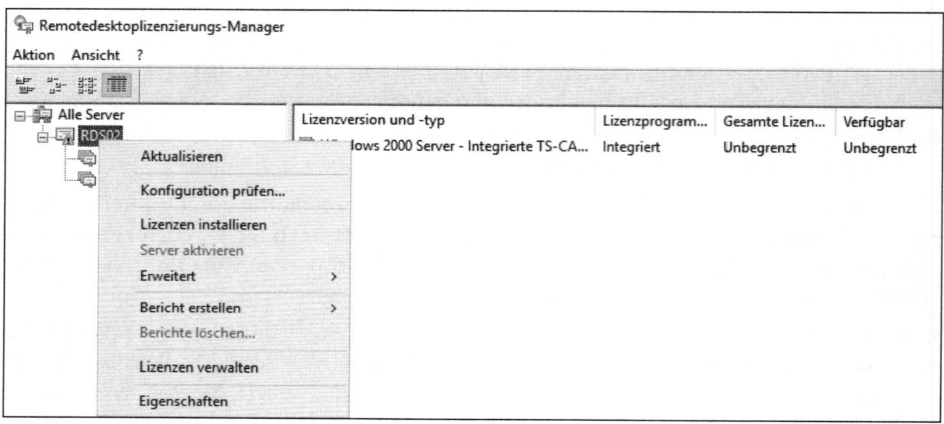

Abbildung 28.11: Verwalten der Remotedesktoplizenzierungs-Server

Die Aktivierung können Sie auch über einen Webbrowser durchführen. Dazu verwenden Sie die URL *https://activate.microsoft.com* und geben die Produkt-ID ein, die Sie vom Lizenzierungs-Manager erhalten. Danach erhalten Sie eine Lizenzserver-ID, die Sie im Assistenten des Remotedesktoplizenzierungs-Manager eintragen.

Nachdem ein Lizenzserver aktiviert worden ist, stellt er eine temporäre Lizenz aus, die 120 Tage gültig ist. Nach diesem Testzeitraum müssen Ihre Clients mit permanenten Lizenzen versorgt werden, die Sie im Lizenzserver einspielen. Diese Aktivierung ist kostenlos, nur nicht die RD-CALs, die Sie später benötigen. Die RD-CALs erhalten Sie als Seriennummer, die Sie über das Kontextmenü des Lizenzservers im Remotedesktoplizenzierungs-Manager eintragen. Für die Aktivierung eines Lizenzservers benötigen Sie noch keine RD-CALs. Die Aktivierung ist kostenlos und notwendig, damit der Server zumindest Testlizenzen ausstellt, die bis zu 120 Tage gültig sind.

Nach der erfolgreichen Aktivierung wird der Lizenzserver als fehlerfrei dargestellt, aber oft mit einer Warnung. Klicken Sie auf den Server mit der rechten Maustaste und wählen Sie *Konfiguration prüfen* aus. Sie erhalten die Information, dass der Server nicht Mitglied der Windows-Gruppe *Terminalserver-Lizenzserver* ist. Durch einen Klick auf die Schaltfläche neben der Meldung können Sie das Computerkonto in die Gruppe aufnehmen.

Die Aufnahme ist notwendig, damit der Server Benutzern in der Domäne Lizenzen für den Zugriff auf den Remotedesktopserver zuteilen kann. Neben der Aktivierung müssen Sie auch noch den Lizenzmodus festlegen, wie auf den vorangegangenen Seiten beschrieben.

Im Remotedesktoplizenzierungs-Manager können Sie auch Berichte erstellen, um die Nutzung der Lizenzen zu bestimmten Zeiträumen anzuzeigen. Ausführliche Informationen werden allerdings nur dann angezeigt, wenn sich der Remotedesktopserver und die Arbeitsstationen in einer Active Directory-Domäne befinden.

Weitere Optionen der Lizenzierung, wie den Suchmodus für den Lizenzserver oder den Lizenzierungsmodus, stellen Sie im Server-Manager ein. Dazu klicken Sie im Bereich *Bereitstellungsübersicht* auf *Aufgaben* und wählen *Bereitstellungseigenschaften bearbeiten*.

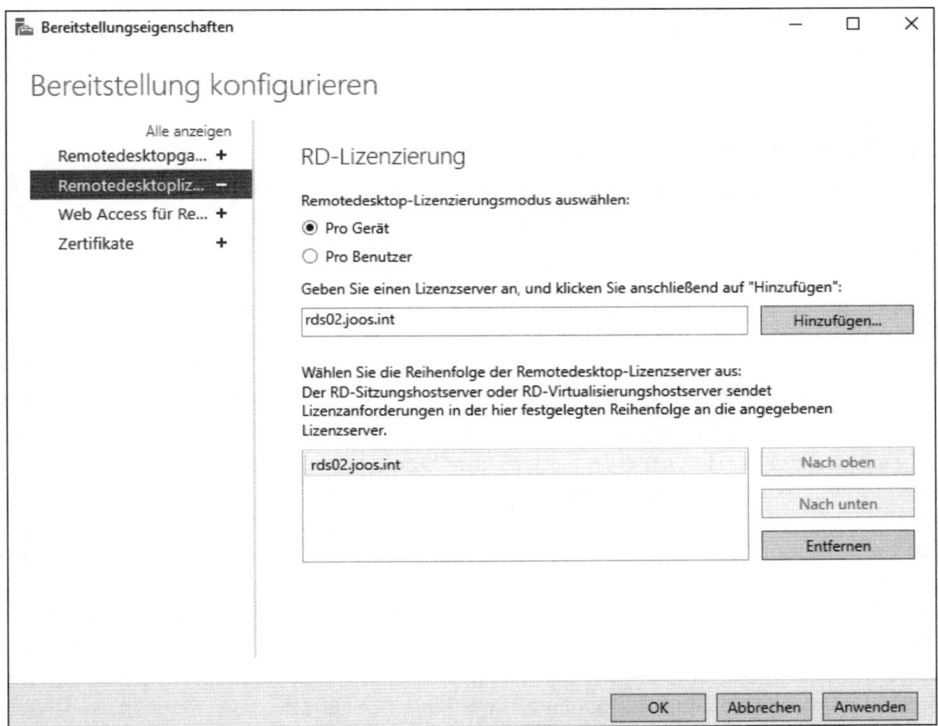

Abbildung 28.12: Anpassen der Bereitstellung einer RDS-Umgebung

Klicken Sie im Server-Manager auf *Remotedesktopdienste* und dann auf *Remotedesktop-Lizenzierungsdiagnose*, können Sie sich Meldungen zur Lizenzierung anzeigen lassen. Dieses Programm finden Sie im Startmenü auf den Remotedesktop-Sitzungshosts. In diesem Tool hinterlegen Sie auch Zertifikate und passen das Remotedesktopgateway an.

Sie sollten in regelmäßigen Abständen eine Sicherung des Lizenzservers durchführen, damit bei einem Serverausfall die Datenbank mit den ausgestellten Lizenzen möglichst nicht verloren geht. Um einen Lizenzserver zu sichern, können Sie die Windows-Datensicherung verwenden. Standardmäßig befindet sich der Pfad im Ordner *\Windows\System32\lserver*.

Tipp Sie können die Arbeitsweise des Lizenzservers mit Gruppenrichtlinien steuern. Wenn Sie eine Gruppenrichtlinie aufrufen, finden Sie die Richtlinien für die Remotedesktopserver-Lizenzierung in der Konsolenstruktur unter *Computerkonfiguration/(Richtlinien)/Administrative Vorlagen/Windows-Komponenten/Remotedesktopdienste/Remotedesktoplizenzierung*.

Remotedesktopsitzungen spiegeln

Mit Windows Server 2019 können sich Administratoren mit Sitzungen von Anwendern verbinden, um bei Problemen zu helfen. Die Funktion bietet viele Einstellungsmöglichkeiten, zum Beispiel auch die Option, dass Anwender mit dem Spiegeln der Sitzung einverstanden sein müssen.

Einstieg in die Spiegelung von verbundenen Benutzern

Sie können Ihre Remotedesktopserver per Remotedesktop oder von anderen Servern mit dem Server-Manager aus verwalten. Bequemer ist die Verwaltung aber von Arbeitsstationen aus. Das ist ein sehr effizienter Weg, da Sie auch den Server-Manager auf Arbeitsstationen installieren und alle Server einfach und effizient vom eigenen Rechner aus verwalten können. Die Verwaltung von Servern in Windows Server 2019 und Windows 10 können Sie komplett von Rechnern mit Windows 10 aus erledigen. Dazu brauchen Sie die Remoteserver-Verwaltungstools für Windows 10 ab Version 1809. Diese enthalten auch den Server-Manager und die Möglichkeit, Benutzersitzungen zu spiegeln, ohne dass Sie weitere Tools installieren müssen.

Haben Sie den Server-Manager in Windows 10 aufgerufen, klicken Sie auf *Verwalten/Server hinzufügen*. Hier durchsuchen Sie jetzt Ihre Domäne und wählen alle Server aus, die Sie von der Arbeitsstation aus verwalten wollen. Um Benutzersitzungen zu spiegeln, müssen Sie die Remotedesktop-Sitzungshosts und die Verbindungsbroker auswählen. Berechtigen Sie Anwender zum Spiegeln von Sitzungen, zum Beispiel Support-Mitarbeiter oder den Helpdesk, installieren Sie auf den Rechnern der entsprechenden Mitarbeiter am besten auch die Remoteserver-Verwaltungstools und fügen zum Server-Manager die Remotedesktop-Sitzungshosts hinzu.

Wenn Sie eine Sammlung eingerichtet haben, sehen Sie die angebundenen Anwender im Bereich *Verbindungen*, wenn Sie auf den Namen der entsprechenden Sammlung klicken. Hier sind alle angebundenen Benutzer in der Farm zu sehen. Über das Kontextmenü verwalten Sie die Benutzer und starten auf Wunsch auch die Spiegelung, doch dazu später mehr.

Mit dem Befehlszeilentool *Query* starten Sie in der Eingabeaufforderung verschiedene Abfragen, um sich einen Überblick zu verschaffen, welche Prozesse zurzeit laufen und welche Benutzer angemeldet sind. Spiegelungen zu den Sitzungen starten Sie dann im Server-Manager. In der Befehlszeile sind vor allem folgende Befehle interessant:

- *query process* – Dieser Befehl zeigt alle laufenden Prozesse auf dem Remotedesktopserver.
- *query session* – Mit diesem Befehl werden alle laufenden Remotedesktopsitzungen angezeigt.
- *query termserver* – Alle Remotedesktopserver im Subnetz werden angezeigt.
- *query user* – Alle auf dem Remotedesktopserver angemeldeten Benutzer werden angezeigt.

Mit dem Befehlszeilentool *Reset* können Sie Sitzungen anhand ihrer ID auf dem Remotedesktopserver zurücksetzen. Sie zeigen zum Beispiel mit der Anweisung *query session* alle Sitzungen mit ihrer ID an. Im Anschluss können Sie mit *reset session <Nummer der Sitzung>* eine bestimmte Sitzung zurücksetzen. Dieser Vorgang geht oft schneller als im Server-Manager. Spiegeln können Sie über diesen Weg aber keine Spiegelungen, dazu müssen Sie in den Server-Manager wechseln.

Spiegelungen von Benutzersitzungen durchführen

Über das Kontextmenü von Sitzungen im Server-Manager können Sie auf Remotedesktop-Sitzungshosts Sitzungen von Anwendern spiegeln. Klicken Sie eine Sitzung mit der rechten Maustaste an, haben Sie verschiedene Möglichkeiten, die Benutzer zu verwalten. Mit der Option *Schatten* spiegeln Sie Sitzungen. Es sind dazu keine weiteren Konfigurationen notwendig. Sobald Sie eine Sammlung erstellen und RemoteApps veröffentlichen, sind die Anwendungen zur Spiegelung bereit.

Spiegeln können Sie nicht nur Desktopsitzungen, sondern auch RemoteApps, inklusive deren Steuerelemente. Klicken Sie die Option zum Spiegeln an (*Schatten*), wählen Sie zunächst aus, ob Sie die Sitzung nur sehen wollen, ohne selbst steuern zu können (*Anzeige*), oder ob Sie in der Sitzung auch Eingaben vornehmen wollen (*Steuerelement*). Standardmäßig ist nach der Installation der Remotedesktop-Sitzungshosts beides erlaubt und möglich. Sie müssen dazu keinerlei Einstellungen vornehmen.

Außerdem können Sie festlegen, ob der Benutzer die Verbindung bestätigen muss oder ob die Verbindung auch ohne Bestätigung stattfinden soll. Standardmäßig ist in den Richtlinien von Remotedesktopservern die Zustimmung der Benutzer festgelegt. Wollen Sie sich mit Sitzungen verbinden, ohne dass Anwender die Verbindung bestätigen müssen, sind erst Änderungen in den Richtlinien der Remotedesktopserver notwendig. Zu diesen Einstellungen kommen wir später noch. Auch diese Einstellungen lassen sich über lokale Richtlinien oder mit Gruppenrichtlinien festlegen.

Aktivieren Sie die Anzeige einer Sitzung und bestätigt der entsprechende Anwender die Spiegelung, sehen Sie den Remotedesktop oder die geöffnete Remote-App des Anwenders. Sie sehen allerdings nicht seinen Rechner oder andere Anwendungen, sondern nur seine Remotedesktopsitzung. Sie können bei der Verwendung der Anzeige auch keinerlei Eingaben vornehmen, sondern sehen nur das, was der Benutzer in seiner RemoteApp oder seinem RDP-Desktop sieht. Interaktion mit dem Benutzer ist nicht möglich, auch keine Unterhaltung, Datenaustausch oder sonstige Funktionen. Minimiert der Anwender die RemoteApp auf seinem Rechner, wird die App auch in der Spiegelsitzung minimiert und es ist kein Inhalt der Anwendung mehr zu sehen. Generell ist durch die Spiegelung festgelegt, dass nur die Anwendung und deren Informationen angezeigt werden, die auch in der gespiegelten Sitzung laufen. Alle anderen Daten des zugreifenden Rechners sind für den zugreifenden Administrator nicht sichtbar.

In den Standardeinstellungen von Remotedesktopservern erscheint bei den Anwendern immer eine Meldung auf dem Bildschirm, wenn eine Spiegelung erfolgen soll. Der Anwender kann in dieser Meldung die Spiegelung erlauben oder sie verweigern. Seine Entscheidung dürfen Administratoren nicht überstimmen. Nachdem die Spiegelung aufgebaut ist, kann sie der Administrator durch das Schließen des Fensters beenden, der Anwender kann die Spiegelung in diesem Zusammenhang nicht schließen. Er erhält auch keine Information darüber, ob sich der Administrator von der Sitzung wieder getrennt hat.

RDP-Sitzungen remote steuern

Neben der Möglichkeit, die Sitzungen anzuzeigen, können Sie Benutzersitzungen natürlich auch komplett steuern. Dazu müssen Sie als Option *Steuerelement* auswählen, wenn Sie die Option *Schatten* für eine Benutzersitzung ausgewählt haben. Auch hier muss der entsprechende Benutzer die Verbindung erst genehmigen, wenn Sie mit den Standardeinstellungen arbeiten.

Die Trennung der Sitzung erfolgt auf dem gleichen Weg wie bei der Anzeige. Der Administrator muss das Fenster nur schließen. Der Anwender, den Sie spiegeln, sieht alle Eingaben, die Sie vornehmen. Leider fehlen Funktionen wie Chat oder Dateiaustausch. Auch Drag&Drop funktioniert zwischen den Sitzungen nicht. Ansonsten lassen sich in der Sitzung aber alle Aufgaben durchführen, die auch der gespiegelte Benutzer durchführen kann. Beide Benutzer arbeiten gleichzeitig mit dem Desktop oder der RemoteApp.

Gruppenrichtlinieneinstellungen und Systemeinstellungen für die Spiegelung

Einstellungen für die Spiegelung nehmen Sie über lokale Richtlinien oder in den Gruppenrichtlinien vor, die Sie den Remotedesktop-Sitzungshosts zuweisen. Sie finden die Konfiguration über *Benutzerkonfiguration/(Richtlinien)/Administrative Vorlagen/Windows-Komponenten/Remotedesktopdienste/Remotedesktopsitzungs-Host/Verbindungen*. Hier finden Sie die Einstellung *Regeln für Remotesteuerung von Remotedesktopdienste-Benutzersitzungen festlegen*.

Entweder erstellen Sie an dieser Stelle eine Gruppenrichtlinie in der Domäne und weisen den Remotedesktop-Sitzungshosts zu oder Sie nehmen die Einstellung einfach in den lokalen Richtlinien der einzelnen Remotedesktop-Sitzungshosts vor (*gpedit.msc*). Ohne dass Sie etwas einstellen, dürfen Administratoren nach der Erstellung einer Sammlung im Server-Manager die Spiegelung durchführen. Es sind keine Zusatzwerkzeuge oder besondere Einstellungen notwendig, Spiegelungen funktionieren in Windows Server 2019 automatisch. Aktivieren Sie die Richtlinie auf einem Server, haben Sie verschiedene Einstellungsmöglichkeiten:

Um Einstellungen zu ändern, aktivieren Sie die Richtlinie und wählen aus dem Dropdownmenü aus den angezeigten Optionen aus:

- *Keine Remoteüberwachung zulassen* – Administratoren können keine Remotesteuerung verwenden oder Remotebenutzersitzungen anzeigen. Eine Spiegelung ist daher nicht erlaubt. Wenn ein Administrator eine Sitzung spiegeln will, erscheint die Meldung, dass die Funktion über Richtlinien geblockt ist.
- *Vollzugriff mit Erlaubnis des Benutzers* – Erlaubt Administratoren mit der Zustimmung des entsprechenden Benutzers die Steuerung einer Sitzung, also auch die Bedienung. Natürlich ist dann das Anzeigen erlaubt.
- *Vollzugriff ohne Erlaubnis des Benutzers* – Erlaubt Administratoren auch ohne Zustimmung des Benutzers die Steuerung der Sitzung. In diesem Fall können Administratoren beim Spiegeln den Haken bei der Option entfernen, dass der Benutzer gefragt werden muss. Auch die Anzeige-Funktion ist mit dieser Einstellung erlaubt.
- *Sitzung mit Erlaubnis des Benutzers anzeigen* – Erlaubt Administratoren das Anzeigen von Sitzungen mit Zustimmung des Benutzers. Eine Steuerung der Sitzungen ist aber nicht erlaubt.
- *Sitzung ohne Erlaubnis des Benutzers anzeigen* – Ermöglicht Administratoren das Anzeigen von Sitzungen auch ohne Zustimmung.

Wenn Sie diese Richtlinieneinstellung deaktivieren, können Administratoren mit der Zustimmung des Benutzers in dessen Remotedesktopdienste-Sitzung eingreifen und spiegeln. Das geht auch, wenn Sie gar nichts konfigurieren.

Spiegelung für Nicht-Administratoren

Standardmäßig dürfen nur Administratoren des Servers Sitzungen auf den Remotedesktop-Sitzungshosts spiegeln. Sollen auch normale Anwender, zum Beispiel Support-Mitarbeiter, Sitzungen spiegeln dürfen, müssen Sie die entsprechenden Benutzerkonten erst dazu berechtigen. Sie können dazu die Befehlszeile auf dem Remotedesktop-Sitzungshost verwenden:

wmic /NameSpace:\\root\cimv2\TerminalServices PATH WIN32_TSPermissionsSetting.TerminalName="RDP-TCP" call AddAccount "<Domäne\Benutzer>", <Wert>

Für *<Wert>* stehen folgende Möglichkeiten zur Verfügung:

- 0 = WINSTATION_GUEST_ACCESS
- 1 = WINSTATION_USER_ACCESS
- 2 = WINSTATION_ALL_ACCESS

Damit die Anwender die Spiegelung auch durchführen können, ist der beste Weg, wenn Sie auf ihren Arbeitsstationen die Remoteserver-Verwaltungstools für Windows 10 installieren und den Server-Manager zur Verfügung stellen.

Mit welchen Optionen sich die Anwender zur Spiegelung verbinden, also Anzeigen oder Steuern von Sitzungen, legen Sie über die Gruppenrichtlinien fest, wie zuvor beschrieben. Sobald Sie Anwendern das Spiegeln erlauben, dürfen diese die Spiegelung auch durchführen, selbst wenn Sie noch keine weiteren Einstellungen vorgenommen haben. Nach der entsprechenden Berechtigung dürfen sie auch Administrator-Sitzungen spiegeln, allerdings nicht die Konsolen-Sitzung direkt auf dem Server.

Sitzungen trennen und neu verbinden

Neben der Spiegelung im Server-Manager können Administratoren die Sitzungen aber auch in der Befehlszeile trennen, ohne eine Spiegelung durchzuführen. Dazu stehen verschiedene Tools zur Verfügung. Mit *TSCON* und *TSDISCON* werden Remotedesktopsitzungen verbunden oder abgemeldet. Wenn Sie den optionalen Parameter */dest:<Sitzungsname>* verwenden, ist dieser die Kennung der Sitzung, mit der eine Verbindung hergestellt werden soll. Er gibt den Namen der aktuellen Sitzung an. Diese Sitzung wird getrennt, wenn eine Verbindung mit der neuen Sitzung hergestellt wird.

Mit der Option */dest:<Sitzungsname>* verbinden Sie die Sitzung eines anderen Benutzers mit einer anderen Sitzung. Geben bei der Option *Password* kein Kennwort an und gehört die Zielsitzung einem anderen Benutzer, schlägt *TSCON* fehl. Mit der Konsolensitzung auf dem Server können Sie keine Verbindung herstellen.

Geben Sie zum Beispiel *tscon 12* ein, um eine Verbindung mit Sitzung 12 auf dem aktuellen Remotedesktopserver herzustellen und um die aktuelle Sitzung zu trennen. Mit *tscon 23 /password:<Kennwort>* bauen Sie eine Verbindung mit Sitzung 23 auf dem aktuellen Remotedesktopserver auf und trennen die aktuelle Sitzung.

Geben Sie *tscon TERM03 /v /dest:TERM05* ein, um eine Verbindung zwischen der Sitzung TERM03 und der Sitzung TERM05 herzustellen und die noch verbundene Sitzung TERM05 zu trennen.

Geben Sie keine Sitzungskennung oder keinen Sitzungsnamen an, trennt *TSDISCON* die aktuelle Sitzung. Alle Anwendungen, die beim Trennen der Sitzung laufen, werden beim erneuten Verbinden mit dieser Sitzung automatisch und ohne Datenverlust wieder ausgeführt. Verwenden Sie den Befehl *reset session*, um die aktiven Anwendungen der getrennten Sitzung zu beenden.

Beispiele:

- Geben Sie *tsdiscon* zum Trennen der aktuellen Sitzung ein.
- Geben Sie *tsdiscon 10* zum Trennen von Sitzung 10 ein.
- Geben Sie *tsdiscon TERM04* zum Trennen der Sitzung mit dem Namen TERM04 ein.

Mit *TSKILL* können Sie einzelne Prozesse auf einem Remotedesktopserver beenden. Sie können sich zum Beispiel mit *query process* alle laufenden Prozesse anzeigen lassen und im Anschluss mit *tskill <PID des Prozesses>* den Prozess beenden. Die Syntax des Befehls lautet:

Tskill {<Prozesskennung> | <Prozessname>} [/server:<Servername>] [{/id:<Sitzungskennung> | /a}] [/v]

- *Prozesskennung* – Die Kennung des zu beendenden Prozesses (PID).
- *Prozessname* – Der Name des zu beendenden Prozesses. Sie können bei der Eingabe dieses Parameters Platzhalterzeichen verwenden.
- */server:<Servername>* – Gibt den Remotedesktopserver an, auf dem sich der zu beendende Prozess befindet. Erfolgt keine Angabe, wird der aktuelle Remotedesktopserver verwendet.
- */id:<Sitzungskennung>* – Beendet den in der angegebenen Sitzung ausgeführten Prozess.
- */a* – Beendet den in allen Sitzungen ausgeführten Prozess.
- */v* – Zeigt Informationen zu den Aktionen an, die gerade ausgeführt werden.

Wenn Sie kein Administrator sind, können Sie den Befehl *TSKILL* nur zum Beenden der Prozesse verwenden, die Sie besitzen. Beispiele:

- Um den Prozess 6543 zu beenden, geben Sie *tskill 6543* ein.
- Um den in Sitzung 5 ausgeführten Prozess *explorer* zu beenden, geben Sie *tskill explorer /id:5* ein.

Nacharbeiten zur Installation

Haben Sie auf einem Server die Remotedesktopdienste installiert, sollten Sie einige empfohlene Nacharbeiten durchführen, die im folgenden Abschnitt ausführlicher vorgestellt werden.

Auslagerungsdatei auf einem Remotedesktop-Sitzungshost optimieren

Zunächst sollten Sie die Auslagerungsdatei auf eine andere physische Festplatte des Servers verschieben, damit Schreibzugriffe auf die Auslagerungsdatei nicht von Schreibzugriffen auf der Festplatte ausgebremst werden.

Wenn keine zweite physische Festplatte zur Verfügung steht, macht ein Verschieben keinen Sinn, da die Auslagerung auf eine Partition, die auf derselben Platte liegt, keine positiven Auswirkungen hat. Zusätzlich sollten Sie die Größe der Auslagerungsdatei etwa auf das 2,5-Fache des tatsächlichen Arbeitsspeichers legen. Damit wird die Fragmentierung der Datei minimiert:

1. Die Einstellungen für die Auslagerungsdatei finden Sie über *Systemsteuerung/System und Sicherheit/System/Erweiterte Systemeinstellungen/Leistung/Einstellungen/Erweitert/Virtueller Arbeitsspeicher/Ändern*. Sie erreichen die Systemeigenschaften auch durch das Aufrufen von *sysdm.cpl*.
2. Deaktivieren Sie das Kontrollkästchen *Auslagerungsdateigröße für alle Laufwerke automatisch verwalten*.
3. Aktivieren Sie die Option *Benutzerdefinierte Größe*.
4. Setzen Sie bei *Anfangsgröße* und bei *Maximale Größe* in etwa das 2,5-Fache Ihres Arbeitsspeichers ein. Dadurch ist sichergestellt, dass die Datei nicht fragmentiert wird, da sie immer die gleiche Größe hat. Setzen Sie die Größe der Auslagerungsdatei für Laufwerk *C:* auf 0.
5. Klicken Sie auf *Festlegen*.
6. Schließen Sie alle Fenster und starten Sie den Server neu.

Prozessorzeitplanung anpassen

Standardmäßig ist Windows Server 2019 darauf optimiert, Hintergrunddienste zu beschleunigen. Wenn Sie auf einem Server die Remotedesktopdienste installieren, sollten Sie aber die Optimierung auf Anwendungen einstellen, damit Benutzer möglichst performant arbeiten können.

Diese Einstellung sowie die Konfiguration der Auslagerungsdatei finden Sie an der gleichen Stelle wie die Konfiguration des virtuellen Arbeitsspeichers. Wählen Sie für die Prozessorzeitplanung die Option *Programme* aus.

Aktualisierung der Treiber

Überprüfen Sie nach der Installation, ob alle Geräte im Geräte-Manager korrekt erkannt worden sind. Vor allem der Treiber der Grafikkarte ermöglicht den Benutzern die Wahl der Farbtiefe, mit der die Sitzung aufgebaut wird. Installieren Sie daher möglichst aktuelle Treiber und stellen Sie sicher, dass jedes Gerät erkannt und mit einem passenden Treiber in das System integriert wurde.

Loopbackverarbeitung von Gruppenrichtlinien berücksichtigen

Setzen Sie Remotedesktop-Sitzungshosts zusammen mit Gruppenrichtlinien ein, bietet es sich an, die Server in einer eigenen OU abzulegen und für diese OUs dann Gruppenrichtlinien mit den gewünschten Einstellungen zu aktivieren.

Für diese Richtlinien sollten Sie auch den Loopbackverarbeitungsmodus aktivieren. Bei diesem Modus wendet die Gruppenrichtlinie auch Einstellungen des Benutzerbaums an, wenn das Konto der Anwender nicht in der OU gespeichert ist, in der die Richtlinie definiert ist, sondern nur der entsprechende Server. So erhalten Sie die Möglichkeit, Benutzereinstellungen für Remotedesktopserver festzulegen, die nur bei der Anmeldung der Anwender auf den Remotedesktopservern angewendet werden, nicht bei der Anmeldung an ihren lokalen Computern.

Sie finden diese Einstellung in der Gruppenrichtlinienverwaltung über *Computerkonfiguration/Richtlinien/Administrative Vorlagen/System/Gruppenrichtlinie*. Aktivieren Sie die Richtlinie *Loopbackverarbeitungsmodus für Benutzergruppenrichtlinie konfigurieren*. Aktivieren Sie die Richtlinie, haben Sie die Wahl zwischen zwei Modi:

- **Ersetzen** – Aktivieren Sie diesen Modus, ersetzt die Richtlinie Einstellungen, die bereits von anderen Richtlinien an gleicher Stelle gesetzt sind.
- **Zusammenführen** – Bei dieser Einstellung werden die normalen Richtlinien des Anwenders eingesetzt und die Einstellungen der Remotedesktopserver-Richtlinie. Gibt es Konflikte, gewinnt die Richtlinie der Remotedesktopserver.

Drucken mit Remotedesktop-Sitzungshosts

Verbinden sich Clients mit einem Remotedesktop-Sitzungshost, sind die installierten Drucker der Clients und die Drucker auf dem Server verfügbar. In den folgenden Abschnitten gehen wir auf einige Bereiche zur Einstellung des Druckerverhaltens in Windows Server 2019 ein.

Einstieg in das Drucken mit den Remotedesktopdiensten

Der Remotedesktopdienst Easy Print Driver kann Druckaufträge verschiedener Drucker an den Client umleiten. Auch in den Gruppenrichtlinien wurden viele Einstellungen für die Konfiguration von Druckern integriert. Um den Easy Print Driver zu verwenden, müssen Sie den aktuellen RDP-Client nutzen, am besten den Client in Windows 10, notfalls den Treiber in Windows 8.1.

Der Treiber unterstützt für die kompatiblen Drucker alle Features, nicht nur die grundlegenden Funktionen. Auch die Performance bei der Übertragung des Druckauftrags verbessert er. Unterstützen Clients diesen universalen Druckertreiber nicht, muss auf dem Remotedesktopserver ein aktueller Treiber der Drucker installiert sein. Auf dem Server wird beim Einsatz des Easy Print Drivers ein Abbild des Druckertreibers des Clients angezeigt, aber nicht installiert. Druckt ein Anwender in der Sitzung, leitet der Treiber den Druck in eine XPS-Datei um und schickt diese zum Client, auf dem der Druck schließlich auf dem Drucker ausgegeben wird.

Damit der Easy Print Driver funktioniert, muss nichts auf dem Server installiert sein. Die auf dem Client verfügbaren Drucker übernimmt der Server, sofern sie kompatibel sind. Auch die spezifischen Einstellungen des Druckers zeigt der Server an und leitet diese beim Abrufen wieder auf den Client zurück. Ob Drucker umgeleitet werden, muss im RDP-Client eingestellt sein. Auf der Registerkarte *Lokale Ressourcen auf dem Client* muss dies zunächst aktiviert werden.

In Windows Server 2019 gibt es auch Möglichkeiten, die Anbindung von Druckern über Gruppenrichtlinien zu steuern. Die meisten Einstellungen für Gruppenrichtlinien werden im Gruppenrichtlinien-Editor unter *Computerkonfiguration/Richtlinien/Administrative Vorlagen/Windows-Komponenten/Remotedesktopdienste* vorgenommen. Drucker werden über den Untereintrag *Remotedesktopsitzungs-Host/Druckerumleitung* verwaltet. Hier können auch Einstellungen des Easy Print Drivers angepasst werden.

Wird die Richtlinie *Zuerst Easy Print-Druckertreiber der Remotedesktop verwenden* aktiviert, versucht ein Remotedesktopserver, zuerst diesen Treiber zu verwenden, bevor ein anderer Treiber installiert wird. Auch wenn diese Richtlinie nicht konfiguriert ist, verwendet er standardmäßig zuerst den Easy Print Driver.

Unterstützt der Drucker diesen Treiber nicht, sucht der Remotedesktopserver als Nächstes lokal nach einem passenden Treiber. Findet er keinen Treiber, kann der Drucker in der Sitzung nicht verwendet werden. Standardmäßig ist diese Richtlinie nicht konfiguriert. Deaktivieren Sie diese Einstellung, versucht der Server zunächst, einen Druckertreiber zu finden, der kompatibel für den Drucker ist, und verwendet dann erst den Easy Print Driver.

Ob Drucker umgeleitet werden, muss im RDP-Client eingestellt sein. Auf der Registerkarte *Lokale Ressourcen* auf dem Client muss dies aktiviert werden.

Tipp

Unterstützen Ihre Unternehmensdrucker den neuen Easy Print Driver nicht, können Sie auch unter Windows Server 2019 den Weg einer Druckermapping-Datei gehen. Diese Möglichkeit gibt es bereits seit Windows 2000 Server.

Dabei kann über eine spezielle Datei mehreren Druckern der gleiche Treiber zugeordnet werden. Sehen Sie sich dazu den Microsoft Knowledge Base-Artikel *http://support.microsoft.com/kb/239088/en-us* an.

Druckerprobleme auf Remotedesktop-Sitzungshosts lösen

Arbeiten Unternehmen mit Remotedesktop-Sitzungshosts, müssen Anwender in vielen Fällen auch Dokumente ausdrucken. Leider kommt es oft zu Problemen bei der Verbindung der lokalen Drucker eines Anwenders mit seiner Remotedesktopsitzung. Verbinden sich Anwender mit einem Remotedesktop-Sitzungshost (Terminalserver), verbindet der Remotedesktopclient die Drucker mit der Sitzung. Die Einstellung dazu ist im Bereich *Lokale Ressourcen* des Clients zu finden.

Abbildung 28.13: Die Druckerumleitung können Anwender in ihrem Remotedesktopclient steuern.

Remotedesktopserver arbeiten normalerweise mit dem Easy Print Driver. Der Remotedesktop Easy Print Driver kann Druckaufträge vom Server an den Client umleiten. Dazu schreibt er den Druck in eine XPS-Datei. Diese wird zum Client des Anwenders geschickt und dann ausgedruckt.

In diesem Zusammenhang sollten Sie sich auch in der Gruppenrichtlinienverwaltung den Bereich *Computerkonfiguration/Richtlinien/Administrative Vorlagen/Windows-Komponenten/Remotedesktopdienste* ansehen. Die Verwaltung von Druckern ist bei *Remotedesktopsitzungs-Host/Druckerumleitung* zu finden. Überprüfen Sie an dieser Stelle, ob die Einstellungen korrekt gesetzt sind. Die Druckerumleitungen müssen konfiguriert sein und den Standard-Drucker oder eben den Easy Printer Driver verwenden.

Berechtigungs-Probleme auf Remotedesktop-Sitzungshosts lösen

Die Druckerumleitung verursacht häufig Probleme auf Remotedesktop-Sitzungshosts, egal wie Sie die Einrichtung vornehmen.

Oft gibt es auch Probleme in Umgebungen, bei denen die Remotedesktopdienste auf Domänencontrollern betrieben werden beziehungsweise auch auf anderen Servern, die besonders abgesichert sind. Außer beim Einsatz von Windows Server 2019 Essentials rät Microsoft von einem solchen Betrieb ab. Zunächst entstehen hier Sicherheitsprobleme und Probleme mit der Authentifizierung von Benutzerkonten. Außerdem leidet die Leistung des Servers. Dazu kommt, dass die Installation von Druckertreibern auf dem Server diesen in einen instabilen Zustand versetzen kann, was im Falle eines Domänencontrollers auch andere Server beeinträchtigen kann beziehungsweise andere Serverdienste auf dem gleichen Server.

Wenn Sie allerdings diese Nachteile in Kauf nehmen, können Sie technisch gesehen durchaus die Remotedesktopdienste auf einem Domänencontroller installieren. Allerdings gibt es hier oft Probleme bei der Installation von Druckern, meist Sicherheitsprobleme. Diese können Sie beheben. In den meisten Fällen liegt ein Berechtigungsproblem mit dem Verzeichnis *C:\Windows\System32\Spool* vor.

Rufen Sie die Eigenschaften des Verzeichnisses auf, wechseln Sie auf die Registerkarte *Sicherheit* und klicken Sie auf *Bearbeiten*. Nehmen Sie entweder eine neue Gruppe auf, die die Benutzerkonten der Remotedesktopbenutzer enthält, oder verwenden Sie die Benutzer-Gruppe der Domäne. Geben Sie der Gruppe das Recht *Ändern* auf das Verzeichnis. Starten Sie anschließend den Server neu und testen Sie, ob die Drucker der Anwender funktionieren.

Arbeiten Sie nicht mit dem Easy Printer Driver, sondern mit einem speziellen Treiber für Drucker, müssen Sie darauf achten, dass dieser auch auf dem Remotedesktop-Sitzungshost installiert ist und funktioniert.

Drucker, die viele Anwender verwenden, können durchaus direkt auf dem Remotedesktop-Sitzungshost installiert werden. In diesem Fall müssen Sie aber auf den korrekten Treiber, die entsprechende Version und die korrekten Einstellungen in den Gruppenrichtlinien achten.

In manchen Umgebungen haben Anwender nicht genügend Rechte, um Drucker zu verbinden oder Druckaufträge zu starten. Solche Rechte sind dann auch die Ursache, dass die komplette Druckerumleitung nicht funktioniert, unabhängig davon, welche Einstellungen Sie vorgenommen haben. Wenn Sie den Verdacht haben, solche Probleme in Ihrer Umgebung zu haben, sollten Sie die Ereignisanzeige überprüfen. Sie finden normalerweise

»Zugriff verweigert«-Meldungen, wenn dieses Problem vorliegt. Die Anwender selbst sehen diese Meldung nicht, sondern können nur feststellen, dass die Drucker nicht verbunden wurden.

Um das Problem zu lösen, müssen Sie auf dem Server einige Einstellungen vornehmen und Rechte ändern. Öffnen Sie dazu den Windows-Explorer und navigieren Sie zu *C:\Windows\System32\Spool\Printers*. Rufen Sie die Eigenschaften des Verzeichnisses auf und wechseln Sie auf die Registerkarte *Sicherheit*. Fügen Sie die Gruppe *Jeder* hinzu. Testen Sie, ob die Anwender jetzt Dokumente drucken können. Funktioniert die Verbindung nicht, überprüfen Sie die Rechte der Benutzer-Gruppe und passen Sie diese entsprechend an. Testen Sie zunächst, ob lesender Zugriff ausreicht, und geben Sie danach schreibenden Zugriff auf das Verzeichnis.

Installation von Applikationen

Wollen Sie auf einem Remotedesktopserver Software für die Benutzer installieren, sollten Sie darauf achten, dass die entsprechende Software auch mit der Installation auf einem Remotedesktopserver kompatibel ist. Die aktuellen Microsoft-Programme aus dem Office-Paket sind standardmäßig kompatibel. Allerdings können OEM- oder MSDN-Versionen von Office 2010/2013/2019 nicht auf Remotedesktopservern installiert werden. Sie benötigen dazu entsprechende Lizenzen.

Achten Sie beim Einsatz von Unternehmenssoftware darauf, ob diese Terminalserver, Remotedesktop oder Remotedesktop-Sitzungshosts unterstützt. Ist das nicht der Fall, testen Sie die Anwendung zuvor in einer Testumgebung. Die meisten Programme sind kompatibel zum Remotedesktop, allerdings nicht alle.

Installieren Sie eine Applikation auf einem Remotedesktopserver, sollten Sie den Server zuvor in den Installationsmodus versetzen. Sie verwenden dazu den Befehl *change user* in der Eingabeaufforderung.

Mit *change user /install* wird der Remotedesktopserver in den Installationsmodus versetzt. Sie geben diesen Befehl ein und installieren danach die Software. Durch den Befehl erstellt Windows im Systemordner INI-Dateien für die Anwendung. Diese Dateien verwendet Windows als Masterkopien für benutzerspezifische INI-Dateien.

Wenn die Anwendung das erste Mal startet, durchsucht sie den Basisordner nach INI-Dateien. Wenn sich die INI-Dateien nicht im Basisordner, sondern im Systemordner befinden, werden sie von den Remotedesktopdiensten in den Basisordner kopiert. So wird gewährleistet, dass jeder Benutzer über eine eindeutige Kopie der INI-Dateien der Anwendung verfügt.

Neue INI-Dateien werden im Basisordner erstellt. Jeder Benutzer muss eine eindeutige Kopie der INI-Dateien für eine Anwendung haben. Dadurch wird verhindert, dass verschiedene Benutzer über inkompatible Anwendungskonfigurationen verfügen. Wenn sich das System im Installationsmodus befindet, finden mehrere Aktionen statt:

- Von allen erstellten Registrierungseinträgen werden unter *HKEY_LOCAL_MACHINE\SOFTWARE\Microsoft\Windows NT\CurrentVersion\Terminal Server\Install* Schattenkopien erstellt.
- Zu *HKEY_CURRENT_USER* hinzugefügte Schlüssel werden in den Schlüssel *\Software* kopiert.

- Zu *HKEY_LOCAL_MACHINE* hinzugefügte Schlüssel werden in den Schlüssel *\Machine* kopiert.
- Wenn der *Windows*-Ordner von der Anwendung durch Systemaufrufe abgefragt wird, gibt der Remotedesktopserver den Ordner *Systemroot* zurück.
- Werden Einträge in der INI-Datei mithilfe von Systemaufrufen hinzugefügt, werden sie zu den INI-Dateien im Ordner *Systemroot* hinzugefügt.

Geben Sie nach der Installation *change user /execute* ein, um den Ausführungsmodus zu aktivieren. Versucht die Anwendung, eine nicht vorhandene INI-Datei zu lesen, wird diese INI-Datei von den Remotedesktopdiensten im Systemstamm gesucht.

Befindet sich die INI-Datei im Systemstamm, wird sie in den Unterordner *\Windows* des Basisordners des Benutzers kopiert. Fragt die Anwendung den Ordner *Windows* ab, gibt der Remotedesktopserver den Unterordner *\Windows* des Basisordners des Benutzers zurück. Melden sich Benutzer an, wird von den Remotedesktopdiensten überprüft, ob die eigenen INI-Dateien des Systems aktueller sind als die INI-Dateien auf dem Computer.

Ist die Version des Systems aktueller, wird die INI-Datei entweder ersetzt oder mit der aktuelleren Version zusammengeführt. Sind die Systemregistrierungswerte im Schlüssel *\Terminal Server\Install* aktueller als die Version unter *HKEY_CURRENT_USER*, wird die Version der Schlüssel gelöscht und durch die neuen Schlüssel aus *\Terminal Server\Install* ersetzt. Registrierungseinstellungen in *HKEY_CURRENT_USER* werden manchmal nicht bei der Installation, sondern beim ersten Ausführen eines Programms erstellt. Wird das Programm nicht ausgeführt, während der Installationsmodus noch aktiv ist, werden die *HKEY_CURRENT_USER*-Einstellungen nicht in *HKEY_LOCAL_MACHINE* kopiert. Führt ein Benutzer das Programm erstmals aus, wird *HKEY_CURRENT_USER* mit den Standardeinstellungen geladen.

Reichen diese Standardeinstellungen nicht aus, müssen für jeden Benutzer individuelle Anpassungen vorgenommen werden. Um dieses Problem auf Remotedesktopservern zu vermeiden, sollte das Programm einmal ausgeführt werden, bevor der Installationsmodus auf einem Remotedesktopserver verlassen wird.

Mit *change user /execute* wird der Remotedesktopserver wieder in den Ausführungsmodus versetzt. Wenn Sie ihn durchstarten, befindet er sich immer im ausführenden Modus, auch wenn er heruntergefahren wurde, weil Sie zuvor die Option */install* ausgeführt haben. Mit *change user /query* fragen Sie den aktuellen Status des Servers ab. Unabhängig davon, wie Sie eine Applikation auf dem Remotedesktopserver installieren, sollten Sie nach der Installation in einer Remotedesktopserver-Sitzung überprüfen, ob die Applikation auf dem Remotedesktopserver funktioniert.

Um einen zuverlässigen Test durchzuführen, sollten Sie die Applikation möglichst in zwei gleichzeitig laufenden Sitzungen starten, da erst in diesem Fall die Remotedesktopserver-Kompatibilität sichergestellt ist.

Hinweis Installieren Sie eine Anwendung über eine MSI-Datei, müssen Sie diesen Befehl nicht verwenden, sondern können die Installation wie auf einem normalen PC ohne weitere Eingaben durchführen. In MSI-Dateien sind die entsprechenden Optionen für die Installation auf Remotedesktopservern bereits gesetzt.

Remotedesktopclient

Remotedesktopserver unter Windows Server 2019 können in den Sitzungen auch Digitalkameras und Media Player unterstützen, die an den Remotedesktopclient angeschlossen sind. Auch Plug & Play für diese Geräte wird unterstützt.

Wollen Sie die Weiterleitung von an den Client angeschlossenen Plug & Play-Geräten in die Remotedesktopserver-Sitzung erlauben, nehmen Sie im RDP-Client über *Optionen/Lokale Ressourcen/Weitere* die Einstellungen vor.

Die Remotedesktopdienste unterstützen zahlreiche Auflösungen, zum Beispiel 1.680 x 1.050, 1.900 x 1.200 oder größere Auflösungen wie 2.560 x 1.440. Auch der Einsatz von Mehrmonitorlösungen wird unterstützt. Durch die Monitor-Spanning-Funktion können Remotedesktopserver-Sitzungen über mehrere Monitore gestreckt werden. Neben den herkömmlichen Auflösungen im 4:3-Format unterstützt Windows Server 2019 auch Auflösungen im 16:9- und 16:10-Format. Damit alle Funktionen der Remotedesktopdienste in Windows Server 2019 verwendet werden können, empfiehlt Microsoft den Einsatz des neuen Remotedesktopclients, der Bestandteil in Windows 10 und Windows Server 2019 ist.

Der Client kann Audiosignale bidirektional wiedergeben, das heißt, am Client kann ein Mikrofon angeschlossen sein. Dadurch lassen sich Audiosignale vom Server zum Client leiten.

Tipp

Sie finden den Client für den Remotedesktop über *Remotedesktopverbindung* auf der Startseite von Windows 8.1 oder im Startmenü von Windows 10. Schneller können Sie den Client aufrufen, wenn Sie das Befehlzeilentool *Mstsc* aufrufen:

- Über den Befehl *mstsc /w:<Auflösung> /h:<Auflösung>* geben Sie beim Starten des Clients die Auflösung an.
- Geben Sie *mstsc /span* ein, kann die Remotedesktopserver-Sitzung in einer Mehrmonitorumgebung genutzt werden. Über die Option *span:i:1* wird die Erweiterung in einer RDP-Datei hinterlegt.

Eine weitere Funktion ist die Schriftartglättung im RDP-Client. Mit dieser Funktion werden ClearType-Schriftarten in einer Remotedesktopserver-Sitzung besser dargestellt. Sie können die Funktion *Schriftartglättung* in den Optionen des RDP-Clients über die Registerkarte *Leistung* aktivieren. ClearType dient dazu, Computerschriftarten klar und mit geglätteten Kanten anzuzeigen. Bildschirmtext kann mithilfe von ClearType detaillierter dargestellt werden und ist daher über einen längeren Zeitraum besser zu lesen, da die Augen weniger stark belastet werden.

Jedes Pixel in einer Schriftart besteht aus drei Teilen: Rot, Blau und Grün. ClearType verbessert die Auflösung, indem die einzelnen Farben im Pixel aktiviert und deaktiviert werden. Ohne ClearType muss das gesamte Pixel aktiviert oder deaktiviert werden. Durch diese genauere Steuerung der Rot-, Bau- und Grünanteile eines Pixels wird die Deutlichkeit auf einem Monitor deutlich verbessert. ClearType nutzt die Besonderheit der LCD-Technologie, bei der Pixel sich an einer festen Position befinden, indem Teile des Pixels aktiviert und deaktiviert werden.

Hinweis

Standardmäßig verwendet der RDP-Client eine Farbtiefe von 32 Bit. Dieser Modus ist der effizienteste im Kompromiss zwischen Darstellung und Netzwerkverkehr. Eine Herabstufung auf 24 oder 16 Bit bringt keine Geschwindigkeitsvorteile, schränkt aber die Anzeige ein.

Befehlszeilenparameter für den Remotedesktopclient

Der RDP-Client hat einige Optionen für die Eingabeaufforderung, mit denen Sie manche Einstellungen direkt beim Aufrufen mitgeben können:

mstsc [<Verbindungsdatei>] [/v:<server[:port]>][/console] [/f[ullscreen]] [/w:<width>] [/h:<height>]

[/public] | [/span] [/edit "Verbindungsdatei"] [/migrate] [/?] /v:<Server[:Port]>

- **/f –** Startet die Remotedesktopverbindung im Vollbildmodus.
- **/w:<Breite> –** Gibt die Breite des Fensters *Remotedesktopverbindung* an.
- **/h:<Höhe> –** Gibt die Höhe des Fensters *Remotedesktopverbindung* an.
- **/public –** Führt die Remotedesktopverbindung im öffentlichen Modus aus. Im öffentlichen Modus erfolgt durch den RDP-Client keine Zwischenspeicherung der Daten im lokalen System. Verwenden Sie den öffentlichen Modus, wenn Sie zum Beispiel eine Verbindung von einem System in einem Konferenzzentrum zu einem Geschäftsserver herstellen.
- **/span –** Stimmt die Remotedesktopbreite und -höhe mit dem lokalen virtuellen Desktop ab und verteilt diese bei Bedarf monitorübergreifend. Beachten Sie, dass die Monitore alle die gleiche Höhe haben und parallel ausgerichtet sein müssen.
- **/edit –** Öffnet die angegebene RDP-Verbindungsdatei zum Bearbeiten. RDP-Dateien werden verwendet, um die Verbindungsinformationen für ein bestimmtes Remotesystem zu speichern.
- **/migrate –** Wandelt ältere Verbindungsdateien, die mit dem Clientverbindungs-Manager erstellt wurden, in neue RDP-Verbindungsdateien um.

Umleitung von Digitalkameras und Mediaplayer

Plug & Play-Geräte wie Digitalkameras und Mediaplayer können Sie auf den Remotedesktopserver umleiten. Die Einstellungen finden sich im RDP-Client auf der Registerkarte *Lokale Ressourcen*. Über die Schaltfläche *Weitere* aktivieren Sie die Umleitung von Plug & Play-Geräten. Diese Umleitung funktioniert auch, wenn das Gerät nach dem Verbindungsaufbau mit dem Remotedesktopserver verbunden wird.

Verwaltung eines Remotedesktop-Sitzungshosts

Bevor Sie sich mit speziellen Funktionen wie dem Gateway oder Webzugriff auseinandersetzen, sollten Sie zunächst die Standardverwaltung eines Servers verstehen. Um Systemeinstellungen für eine Sammlung und den enthaltenen Remotedesktop-Sitzungshosts vorzunehmen, verwenden Sie den Server-Manager und den Bereich *Remotedesktopdienste*. Klicken Sie auf *Sammlungen* und dann auf die Sammlung. Über *Aufgaben/Eigenschaften bearbeiten* können Sie die wichtigsten Einstellungen einer Sammlung konfigurieren.

Sie passen an dieser Stelle den Namen der Sammlung an sowie die Benutzer, die Zugriff auf die veröffentlichten Apps haben sollen. Im Bereich *Sitzung* bestimmen Sie, wie sich die Remotedesktopserver-Sitzungen der Benutzer bei den verschiedenen Zuständen verhalten sollen. Diese Einstellungen gelten für alle Benutzer, die sich mit der Sammlung verbinden.

Für einzelne Benutzer können Sie in *Active Directory-Benutzer und -Computer* identische Einstellungen in den Eigenschaften des Benutzerkontos auf der Registerkarte *Sitzungen* einstellen. Benutzersitzungen können folgende Zustände annehmen:

- **Aktiv –** Der Benutzer ist mit der Sitzung verbunden und arbeitet. Es werden Daten zwischen Client und Server übermittelt.
- **Leerlauf –** Der Benutzer ist verbunden, es findet allerdings zwischen Server und Client kein Datenverkehr statt.
- **Getrennt** – Der Benutzer hat seinen Client von der Sitzung getrennt, sich aber nicht abgemeldet. Die Sitzung bleibt auf dem Remotedesktopserver bestehen und alle Programme laufen weiter. Der Benutzer kann sich erneut mit dem Remotedesktopserver verbinden und wird automatisch wieder mit seiner laufenden Sitzung verbunden.
- **Zurückgesetzt –** Die Sitzung ist nicht mehr vorhanden, alle Programme werden beendet. Dieser Status ähnelt dem Abmelden von einem Computer.

Sie können einstellen, dass eine Sitzung nach einer bestimmten Zeit getrennt wird oder getrennte Sitzungen zurückgesetzt werden. Sie definieren hier Grenzwerte für spätere Sitzungen. Diese Einstellungen sind für alle Benutzer bindend.

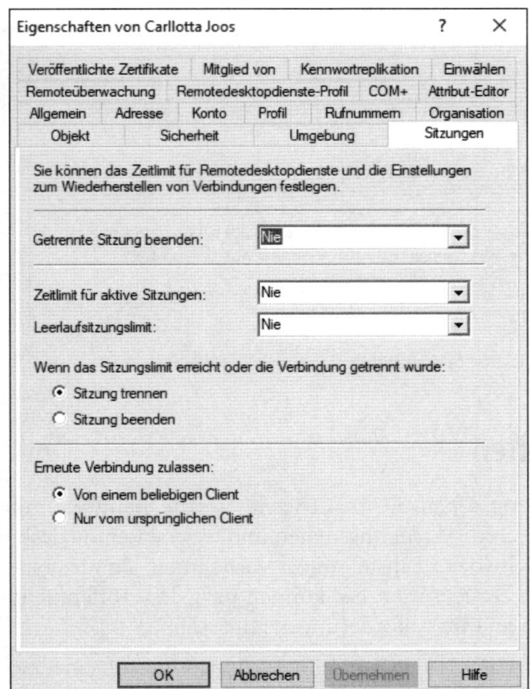

Abbildung 28.14: Anpassen der Sitzungseinstellungen

Im Bereich *Sicherheit* legen Sie die Verschlüsselungsstufe fest, mit der Clients über diese RDP-Verbindung Sitzungen aufbauen. Beachten Sie, dass die Geschwindigkeit der einzelnen Sitzungen abnimmt, je höher Sie die Verschlüsselung einstellen.

Bei *Lastenausgleich* steuern Sie beim Einsatz mehrerer Remotedesktop-Sitzungshosts, in welcher relativer Gewichtung neue Benutzer auf die Server in der Sammlung verteilt werden sollen.

Über den Bereich *Clienteinstellungen* legen Sie fest, welche Funktionen der Clients auf dem Server verfügbar sein sollen. Hier steuern Sie, ob lokale Laufwerke verfügbar sind oder die Zwischenablage. Auch das Umleiten von Druckern steuern Sie hier.

Über *Benutzerprofil-Datenträger* steuern Sie, wo die Remotedesktop-Sitzungshosts die Daten der Benutzer speichern sollen. Sie können festlegen, welche Benutzerordner zentral gespeichert werden sollen, oder das komplette Profil berücksichtigen.

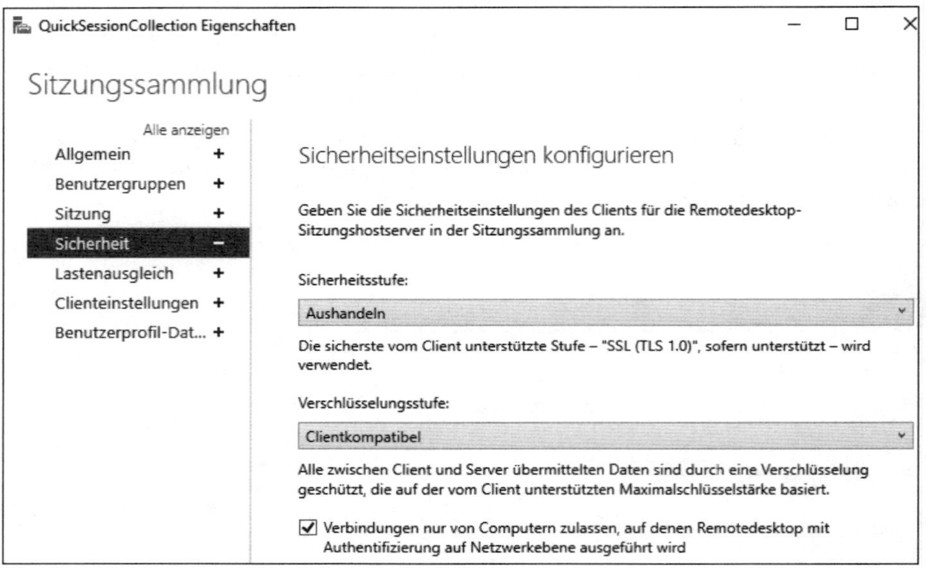

Abbildung 28.15: Anpassen der Einstellungen für eine Sammlung

Remotedesktopdienste verwalten

Im Bereich *Verbindungen* einer Sammlung sehen Sie in Echtzeit, welche Benutzer mit einem Server verbunden sind, welche Apps zur Verfügung stehen und welche Remotedesktop-Sitzungshosts. Sie können hier verschiedene Einstellungen vornehmen: Benutzersitzungen trennen und getrennte Sitzungen zurücksetzen. Sie können für jede veröffentliche App Einstellungen aufrufen und die App an Ihre Anforderungen anpassen.

Unabhängig von den Einstellungen der kompletten Sammlung können Sie für einzelne veröffentlichte Apps Sicherheitseinstellungen bestimmen und festlegen, welche Benutzer auf die einzelnen Apps zugreifen dürfen. Müssen bestimmte Anwendungen mit speziellen Optionen starten, können Sie auch diese hier festlegen. Klicken Sie eine Sitzung mit der rechten Maustaste an, können Sie diese Sitzung im Kontextmenü über die Option *Abmelden* wieder freigeben.

REMOTEAPP-PROGRAMME
Letzte Aktualisierung: 03.12.2018 15:24:19 | Veröffentlichte RemoteApp-Programme | 9 insgesamt
AUFGABEN
Filter

RemoteApp-Programmname	Alias	Sichtbar in Web Access für Remotedesktop
Access	MSACCESS	Ja
Excel	EXCEL	Ja
Outlook	OUTLOOK	Ja
Paint	Paint	Ja
PowerPoint	POWERPNT	Ja
Publisher	MSPUB	Ja
Rechner	Rechner	Ja

Eigenschaften bearbeiten

Abbildung 28.16: Anpassen von veröffentlichten Apps

Single Sign-On (SSO) für Remotedesktop-Sitzungshosts

In Windows Server 2019 und Windows 10 können Sie SSO-Szenarien erstellen, damit sich Anwender nur noch einmal authentifizieren müssen, zum Beispiel an ihrer Arbeitsstation. Der Zugriff auf weitere Server im Netzwerk, RemoteApps und veröffentlichte Desktops (siehe Kapitel 30) erfolgt ohne weitere Authentifizierung.

Um diese Funktionalität zu nutzen, müssen Sie Windows 8.1 oder Windows 10 zusammen mit Windows Server 2019 einsetzen. Außerdem müssen sich beide Systeme in der gleichen Active Directory-Gesamtstruktur befinden. Auf den Arbeitsstationen können Sie entweder die lokale Richtlinie bearbeiten oder Sie erstellen eine Gruppenrichtlinie. Navigieren Sie zum Bereich *Computerkonfiguration/Administrative Vorlagen/System/Delegierung von Anmeldeinformationen.*

1. Öffnen Sie die Richtlinie *Delegierung von Standardanmeldeinformationen zulassen.*
2. Aktivieren Sie diese Richtlinie.
3. Tragen Sie in der Serverliste den Eintrag *termsrv/<Servername>* ein. Wichtig an dieser Stelle ist, dass Sie vor dem Eintrag des Servernamens noch *termsrv* eintragen. In einer Remotedesktopdienste-Infrastruktur verwenden Sie als Servernamen den FQDN des Remotedesktop-Verbindungsbrokers.

Connection Broker an Microsoft Azure anbinden

Um den Connection Broker an Microsoft Azure anzubinden, müssen Sie den nativen SQL-Client installieren (*https://msdn.microsoft.com/de-de/library/jj730314(v=sql.1).aspx*). Dieser wird auch benötigt, wenn Sie einen eigenen Datenbank-Server für die Hochverfügbarkeit von RDS installieren.

Anschließend konfigurieren Sie im Server-Manager über das Kontextmenü des Connection Brokers die Hochverfügbarkeit der Umgebung. Bei der Einrichtung hilft ein Assistent. Wählen Sie als Option *Freigegebener Datenbankserver* aus. Anschließend geben Sie den DNS-Namen zu Ihrer Datenbank in Microsoft Azure und die kopierte Verbindungszeichenfolge ein, inklusive der angepassten Daten zur Anmeldung.

Abbildung 28.17: RD-Verbindungsbroker lassen sich hochverfügbar an eine Azure SQL-Datenbank anbinden.

Anschließend erfolgt die Anbindung. Ist sie erfolgreich abgeschlossen, wird die Azure SQL-Datenbank verwendet. Binden Sie weitere Connection Broker an, lassen sich diese auf dem gleichen Weg verbinden. Dadurch erreichen Sie eine Hochverfügbarkeit für den Connection Broker, ohne dass Sie eine eigene Datenbank betreiben müssen.

RemoteApps verwalten

Sie können Anwendungen, die auf dem Remotedesktop-Sitzungshost installiert sind, für Anwender freigeben. Über den gleichen Weg können Sie die Bereitstellung der App auch wieder aufheben. Alle notwendigen Konfigurationen nehmen Sie im Server-Manager vor.

Für den Anwender ist diese Technik transparent, er kann nicht feststellen, ob diese Anwendung lokal oder in einer Remotedesktopserver-Sitzung läuft. Durch diese Funktion wird auch die Sicherheit erhöht, da die Anwender keinen Zugriff auf den Desktop des Servers haben, sondern nur mit den Anwendungen Verbindung aufbauen.

Die Bedienung von veröffentlichten Anwendungen ist identisch mit der Bedienung eines lokalen Programms auf dem PC. Anwender können die Größe des Fensters anpassen oder das Fenster minimieren. Die Anwendung wird in den Desktop des Anwenders integriert. Auch Symbole, die die Anwendung in der Informationsleiste anzeigen, werden auf dem Desktop des Anwenders angezeigt.

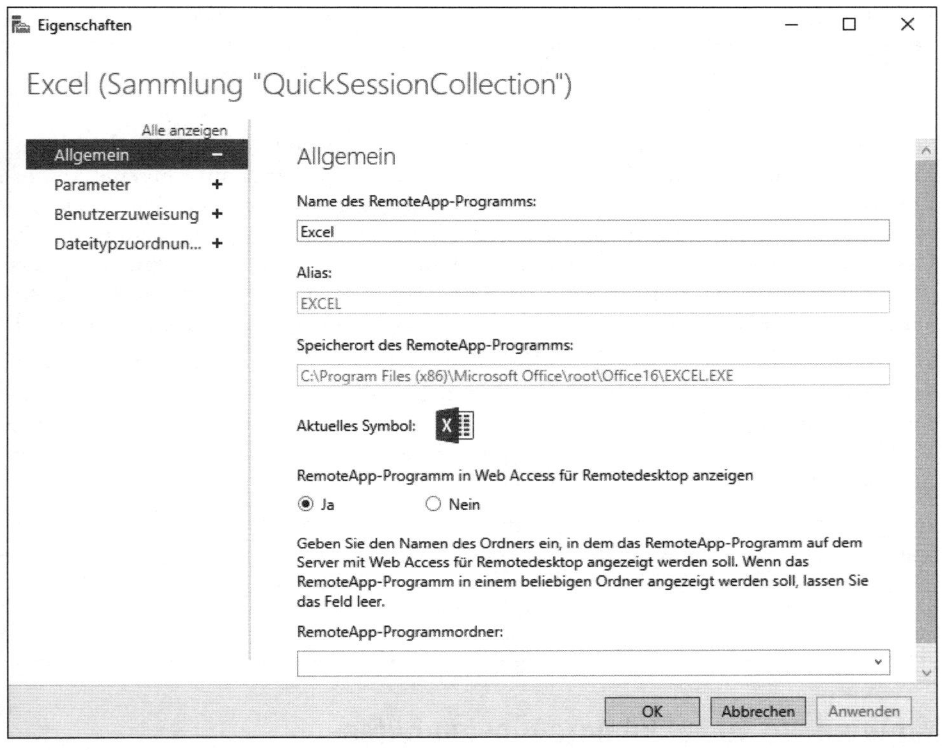

Abbildung 28.18: Verwalten der veröffentlichten Apps

Die Funktion unterstützt alle Anwendungen, die auf einem Remotedesktopserver installiert werden können, Sie müssen dazu keine besonderen Versionen kaufen. Beim Einsatz von Office 2013/2016/2019 benötigen Sie eine Lizenz, die für den Remotedesktopeinsatz freigegeben ist.

Anwender können mit ihrem Desktop, parallel zu den serverbasierten RemoteApp-Anwendungen, auch lokale Anwendungen starten. Ein Mischbetrieb ist möglich, ebenso ein Datenaustausch zwischen lokalen Anwendungen und RemoteApps, zum Beispiel über die Zwischenablage.

Die RemoteApp-Programme können Sie außerdem über eine Weboberfläche zur Verfügung stellen (*https://<Servername>/rdweb*). Die Verknüpfungen lassen sich durch die Softwareverteilung in den Gruppenrichtlinien in die Startmenüs/Startseiten oder Desktops auf den Clients pushen, wenn Sie mindestens Windows 7 einsetzen.

Konfiguration von Remotedesktopdienste-RemoteApp

Um eine Anwendung als RemoteApp zur Verfügung zu stellen, müssen Sie zunächst den Remotedesktopserver regulär installieren und die Sammlung einrichten, wie in den vorangegangenen Abschnitten beschrieben.

Auch die Anwendungen werden auf normalen Weg auf dem Server installiert. Nachdem Sie den Server vorbereitet haben, finden Sie alle notwendigen Einstellungen im Server-Manager über *Remotedesktopdienste/Sammlungen/<Name der Sammlung>* im Bereich *RemoteApp-Programme*.

Über diesen Bereich fügen Sie zusätzliche Anwendungen hinzu und verwalten die Anwendungsliste. Auch Einstellungen für Apps rufen Sie auf diesem Weg auf. Um eine Anwendung der Liste hinzuzufügen, klicken Sie in der Spalte *Aufgaben* auf *RemoteApp-Programme veröffentlichen*. Im Anschluss startet der RemoteApp-Assistent, über den Sie die Anwendungen der Liste hinzufügen können. Wählen Sie entweder das Programm aus der Liste aus oder klicken Sie auf *Hinzufügen*, um die Startdatei der Anwendung hinzuzufügen. Achten Sie darauf, dass die Anwendung auf den Remotedesktop-Sitzungshosts installiert sein muss. Sie können an dieser Stelle mehrere Anwendungen auswählen.

Auf der nächsten Seite sehen Sie eine vollständige Liste und veröffentlichen die Anwendung über die Schaltfläche *Veröffentlichen*. Die Apps sind anschließend schon im Web Access der Remotedienste verfügbar. Bereits veröffentlichte Anwendungen sind davon nicht betroffen.

Tipp Über die Eigenschaften einer RemoteApp können Sie auf der Registerkarte *Benutzerzuweisung* auf Basis von Benutzergruppen oder Benutzern in Active Directory festlegen, welche Benutzer darauf zugreifen dürfen.

Mit Windows 10 auf RemoteApps zugreifen

RemoteApps stehen nach der Veröffentlichung automatisch für alle Clients über den Webzugriff zur Verfügung. Diesen erreichen Sie über die URL *https://<Servername>/rdweb*. Nach der Authentifizierung stehen sofort alle RemoteApps zur Verfügung, die Sie veröffentlichen, Berechtigungen vorausgesetzt.

Zwischen lokalen Anwendungen und RemoteApps auf dem Server können Daten ausgetauscht werden. So besteht beispielsweise die Möglichkeit, über eine ERP-Anwendung, die remote auf dem Remotedesktopserver ausgeführt wird, Daten über die Zwischenablage in ein lokales Excel zu übernehmen oder umgekehrt. Die Abläufe dabei sind für den Anwender komplett transparent, da er bei der Bedienung der Software keinerlei Unterschiede zwischen der lokalen Anwendung und der Anwendung auf dem Server feststellen kann:

1. Um die Anbindung der veröffentlichten Anwendungen auf Windows 10-Clients zu testen, melden Sie sich am Client an und suchen in der Systemsteuerung nach *RemoteApp*.
2. Öffnen Sie die Verwaltung der RemoteApps und klicken Sie auf *Auf RemoteApps und Desktops zugreifen*.
3. Geben Sie die URL *https://<Webzugriff-Server>/RDWeb/Feed/webfeed.aspx* ein. Der Webzugriffsserver erhält seine Daten vom Verbindungsbroker, auf dem Sie als Quelle wiederum den Remotedesktopserver eingerichtet haben.

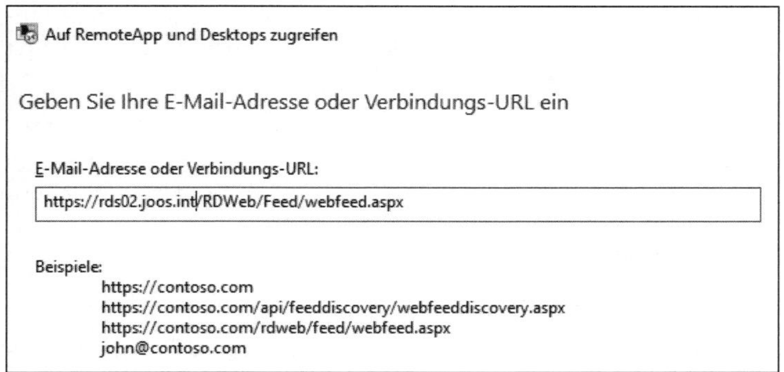

Abbildung 28.19: Einrichten der Remote-Apps

Anschließend lädt der Client alle Daten zu den RemoteApps herunter und stellt diese im Startmenü zur Verfügung. Sie erhalten hierzu ein Informationsfenster angezeigt. Sie sehen den aktuellen Verbindungsstatus auch über ein Symbol in der Taskleiste. Hier können Sie die Verbindung zum Server trennen oder sich die Einstellungen der Programme und den Status der Verbindung anzeigen lassen.

Anwender finden die Anwendungen auf der Startseite in Windows 8.1 oder im Startmenü von Windows 10 und können diese wie lokal installierte Anwendungen aufrufen. Klicken Anwender auf eine Verknüpfung, öffnet sich die Anwendung auf dem Remotedesktopserver, aber die Anwender können mit der Software arbeiten, als ob diese lokal installiert ist.

Remotedesktopdienste-Webzugriff

Windows Server 2019 bietet einen Webzugriff für die Remotedesktopdienste an. Der Funktionsumfang ist ähnlich zu Outlook Web Access von Exchange. Standardmäßig werden die Applikationen, die Sie als RemoteApps zur Verfügung stellen, über den Remotedesktopdienste-Webzugriff veröffentlicht.

Hinweis Wird der RemoteApps-Liste eine neue Anwendung hinzugefügt, wird diese automatisch im Remotedesktopdienste-Webzugriff angezeigt; es sind keine weiteren Maßnahmen zur Konfiguration notwendig.

Der Remotedesktopdienste-Webzugriff ist ein Rollendienst der Remotedesktopdienste, den Sie entweder bereits bei der Installation oder auch nachträglich anpassen können. Die Einstellungen dazu finden Sie im Server-Manager über *Remotedesktopdienste/Sammlungen*. Klicken Sie bei der entsprechenden Sammlung auf *Aufgaben* und dann auf *Bereitstellungseigenschaften bearbeiten*. Nach der Einrichtung steht Ihnen über *https://<Servername>/rdweb* der Webzugriff zur Verfügung.

Erstellen Sie eine neue Sammlung, legen Sie bereits bei der Einrichtung die Einstellungen für den Webzugriff fest. Die Rolle sollte auf einem Windows Server 2019 mit installiertem IIS durchgeführt werden (siehe Kapitel 27). Beim Server mit Web Access muss es sich aber nicht unbedingt um einen Remotedesktop-Sitzungshost handeln. Greifen Anwender über das Webportal auf den Remotedesktopserver zu, müssen diese nicht zuvor auch den RDP-

Client gestartet haben. Anwendungen, die als RemoteApp konfiguriert sind, stehen standardmäßig automatisch auch über den Remotedesktopdienste-Webzugriff zur Verfügung und lassen sich über einen einfachen Klick starten.

Hinweis Handelt es sich beim Webzugriff-Server um einen anderen Server als den Remotedesktopserver, müssen Sie auf dem Remotedesktopserver mit den RemoteApps das Computerkonto des Servers mit Web Access in die Sicherheitsgruppe *RDS-Remotezugriffsserver* hinzufügen.

Standardmäßig arbeitet der Remotewebzugriff mit einem selbstsignierten Zertifikat. Dieses sollten Sie in produktiven Umgebungen aber gegen ein Zertifikat einer internen Zertifizierungsstelle austauschen. Sie finden die Einstellungen dazu im Server-Manager über *Remotedesktopdienste/Sammlungen*. Klicken Sie die Sammlung an, für die Sie das Zertifikat anpassen wollen, und wählen Sie *Aufgaben/Bereitstellungseigenschaften bearbeiten*. Im Bereich *Zertifikate* erstellen Sie ein neues Zertifikat für die entsprechenden Dienste.

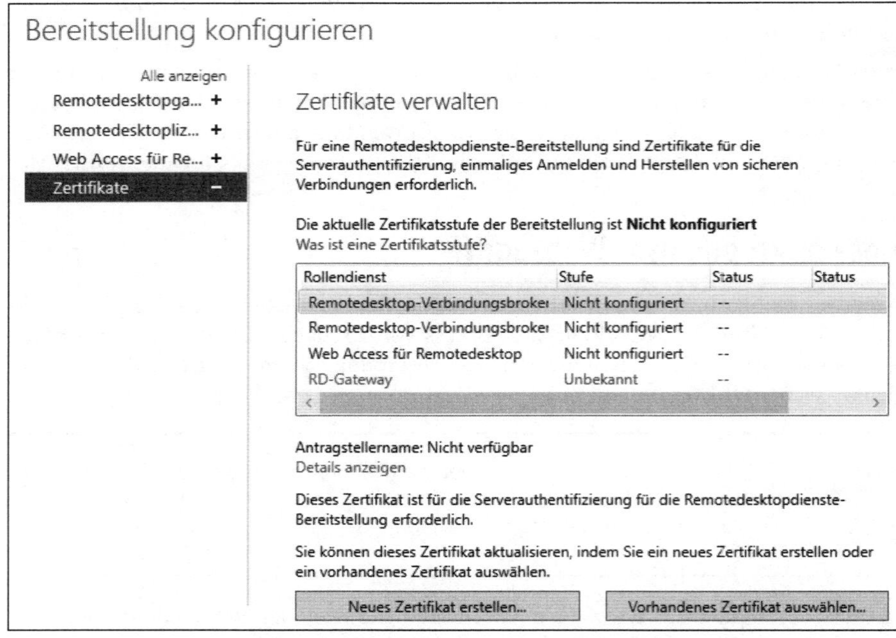

Abbildung 28.20: Neues Zertifikat für Remotedesktopdienste

Remotedesktopgateway

Die Aufgabe des Remotedesktopgateways besteht darin, Anwendern, die sich über das Internet mit dem Unternehmen über HTTPS verbinden, Zugriff auf die internen Remotedesktopserver zu gestatten. Ein Remotedesktopgateway verbindet das RPD- mit dem HTTPS-Protokoll, um eine gesicherte Verbindung zu allen möglichen Remotedesktopservern, auch über RemoteApps, zu ermöglichen.

Gateways ermöglichen den Zugriff auf RDP-Sitzungen über Firewalls oder Netzwerkadressübersetzung (Network Address Translation, NAT) hinweg. Die Verbindung zwischen Client und Gateway erfolgt über den Port 443 (SSL). Nur die Verbindung zwischen Gateway und Remotedesktopserver erfolgt über den RDP-Port (3389).

Über Richtlinien legen Sie fest, wer sich über das Internet auf die Remotedesktopserver verbinden darf und auf welche Server sich die Anwender verbinden können. Auch die Umleitung der lokalen Ressourcen wie Drucker, Zwischenablage und Laufwerke steuern Sie über diese Richtlinien. Neben der herkömmlichen Authentifizierung werden auch Smartcards unterstützt.

Um ein Gateway zu installieren, wählen Sie im Server-Manager im Bereich *Remotedesktopdienste/Übersicht* den Link *Remotedesktopgateway* aus. Es startet ein Assistent, über den Sie das Gateway einrichten. Achten Sie aber darauf, dass Sie den Server im Server-Manager vorher über *Verwalten/Server hinzufügen* verbinden müssen.

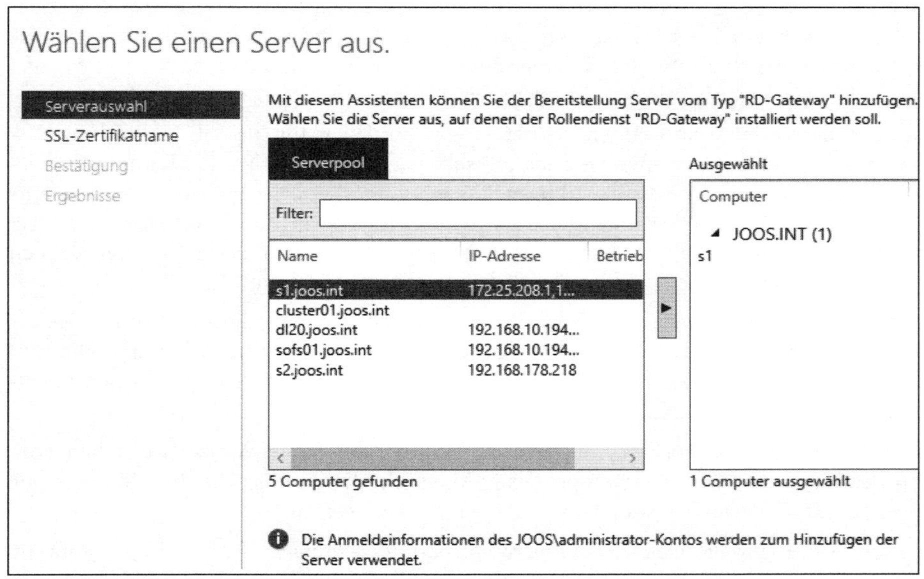

Abbildung 28.21: Installieren eines Remotedesktopgateways

Es ist nicht notwendig, dass sich diese Anwender zusätzlich über ein VPN oder RAS einwählen. Die Verbindung erfolgt über HTTPS und kann ohne weitere Maßnahmen RDP-Sitzungen im internen Netzwerk aufbauen. Gateways können so konfiguriert werden, dass Administratoren genau festlegen können, auf welche internen Server, oder auch RDP-aktivierte PCs, die Anwender über das Internet zugreifen.

Gateways können auch die Netzwerkzugriffsschutz (Network Access Protection, NAP)-Funktion von Windows Server 2019 nutzen, um den Zugriff zu steuern (siehe Kapitel 31). Achten Sie darauf, dass der Name des Zertifikats mit dem DNS-Namen des Gateways übereinstimmt, mit dem sich die Anwender über das Internet verbinden. Stimmen die Namen nicht überein, erhalten die Anwender eine Zertifikate-Fehlermeldung und der Zugriff wird blockiert. Natürlich muss der Client der Zertifizierungsstelle des Unternehmens vertrauen. Sie müssen dazu unter Umständen das Zertifikat der Stammzertifizierungsstelle im Zertifikatespeicher des Gateways und des Clients integrieren. Befinden sich Gateway und Firewall in einer Active Directory-Domäne, wird die Zertifizierungsstelle automatisch als vertrauenswürdig integriert. Die Zuweisung erfolgt über Richtlinien.

Der Verbindungsaufbau der Clients zu den Remotedesktopservern findet über die Richtlinien auf dem Gateway statt. Diese werden auch als *Verbindungsautorisierungsrichtlinien* bezeichnet. Außerdem gibt es noch die *Ressourcenautorisierungsrichtlinien*. Diese steuern, auf welche Server die Clients zugreifen dürfen, die Sie in mindestens einer Verbindungsautorisierungsrichtlinie festgelegt haben. Bevor der Zugriff auf ein Gateway und die Remotedesktopserver funktioniert, müssen Sie mindestens eine Verbindungsautorisierungsrichtlinie und eine Ressourcenautorisierungsrichtlinie konfiguriert haben.

Einrichtung und Konfiguration eines Remotedesktopgateways

Um ein Gateway zu installieren, wählen Sie im Server-Manager im Bereich *Remotedesktopdienste/Übersicht* den Link *Remotedesktopgateway* aus. Es startet ein Assistent, über den Sie das Gateway einrichten. Achten Sie aber darauf, dass Sie den Server im Server-Manager vorher über *Verwalten/Server hinzufügen* verbinden müssen.

Während der Installation können Sie bereits das Zertifikat für die SSL-Verbindung auswählen. Für Testzwecke können Sie auch das selbstsignierte Zertifikat der Remotedesktopdienste verwenden. In einer produktiven Umgebung sollten Sie jedoch möglichst eine eigene Zertifizierungsstelle verwenden oder ein Zertifikat von einer öffentlichen Zertifizierungsstelle, der die beteiligten Server und Arbeitsstationen vertrauen müssen. Sie können das Zertifikat in den Bereitstellungseigenschaften jederzeit ändern.

Nachdem der Server-Manager die Rolle für das RD-Gateway installiert hat, sollten Sie die notwendigen Richtlinien bearbeiten, mit denen sich Clients verbinden können. Die Einstellungen zur Konfiguration des RD-Gateways können Sie auch jederzeit in den Bereitstellungseigenschaften anpassen.

Die Richtlinien für das Gateway dürfen Sie nicht über den Server-Manager erstellen, sondern benötigen den Remotedesktopgateway-Manager. Diesen rufen Sie über die Gruppe *Remote Desktop Services* im Menü *Tools* des Server-Managers auf.

Über den Eintrag *Richtlinien/Verbindungsautorisierungsrichtlinien* erstellen Sie im Remotedesktopgateway-Manager neue Richtlinien oder ändern Einstellungen vorhandener Richtlinien. Über das Kontextmenü von *Verbindungsautorisierungsrichtlinien* starten Sie einen Assistenten, mit dem Sie gleichzeitig eine Verbindungsautorisierungsrichtlinie (RD-CAP) und eine Ressourcenautorisierungsrichtlinie (RD-RAP) erstellen. Standardmäßig sind nach der Installation eines RD-Gateways bereits entsprechende Richtlinien vorhanden.

Ressourcenautorisierungsrichtlinien erstellen und verwalten

Die Konfiguration der Richtlinie, in der definiert wird, auf welche Remotedesktopserver die Anwender zugreifen können (RD-RAP), finden Sie über den Knoten *Ressourcenautorisierungsrichtlinien* im Remotedesktopgateway-Manager.

Stellen Sie hier nach der Installation sicher, ob in der entsprechenden Richtlinie die Remotedesktopserver entweder als einzelnes Computerkonto oder besser als Gruppe hinterlegt sind. Sie müssen an dieser Stelle sicher sein, dass Ihre Auswahl konsistent ist. Das heißt, dass für die Gruppen, die Sie in der RD-CAP definieren, eine RD-RAP existieren muss, die auf die entsprechende Gruppe in Active Directory verweist, in der sich die Computerkonten der Remotedesktopserver befinden.

Damit das Remotedesktopgateway funktioniert, müssen Sie darüber hinaus sicherstellen, dass der Systemdienst *Remotedesktopgateway* gestartet ist. Ohne diesen Dienst ist keine Verbindung möglich. Auch die Standardwebseite in der IIS-Verwaltung muss gestartet sein, damit der Zugriff funktioniert. Stellen Sie sicher, dass das Zertifikat für den Gatewayserver installiert ist.

Sie können in den Eigenschaften des Servers auf der Registerkarte *SSL-Zertifikat* entweder das bei der Installation erstellte Zertifikat verifizieren oder ein neues Zertifikat ausstellen. Stellen Sie sicher, dass das Zertifikat auf dem Server installiert ist. Mehr zu diesem Thema lesen Sie in Kapitel 30.

Damit sich Clients über das Internet mit dem Gateway verbinden, müssen Anwender in den Optionen für den Remotedesktopclient auf der Registerkarte *Erweitert* die Schaltfläche *Einstellungen* anklicken. Anschließend können Sie Einstellungen für den Verbindungsaufbau über ein Gateway konfigurieren.

Abbildung 28.22: Konfigurieren des Verbindungsaufbaus zu einem Remotedesktopgateway im RDP-Client

Remotedesktop-Verbindungsbroker

Der Remotedesktop-Verbindungsbroker hat die Aufgabe, Benutzer wieder mit ihren getrennten Sitzungen zu verbinden, wenn Sie die Remotedesktopdienste in einer Sammlung einsetzen. Im Gegensatz zu Windows Server 2008 R2 ist der Betrieb eines Verbindungsbrokers in Windows Server 2019 zwingend notwendig, nicht optional. Daher müssen Sie auch einen Server als Remotedesktop-Verbindungsbroker angeben, wenn Sie eine neue Sammlung erstellen.

Beim Einsatz von Loadbalancing, also mehrerer Server in der Sammlung, speichert diese Funktion den Benutzernamen, die Sitzungs-ID und den Remotedesktopserver, auf dem der Anwender verbunden war.

Der Netzwerklastenausgleich unterstützt die Lastverteilung auf der Ebene des TCP/IP-Protokolls und findet sich daher bei den Einstellungen für die Netzwerkverbindungen. Bei NLB werden mehrerer Systeme zu einem Cluster zusammengeschlossen (siehe Kapitel 34). NLB sorgt dafür, dass die eingehenden TCP/IP-Anforderungen optimal auf die verschiedenen Server verteilt werden. Diese Art des Clusterings ist vor allem für Webserver sowie für Remotedesktopdienste sinnvoll.

Hinweis Der Remotedesktop-Verbindungsbroker sollte nicht auf einem Remotedesktop-Sitzungshost installiert werden. Da der Remotedesktop-Verbindungsbroker auf die Network Loadbalancing (NLB)-Funktion von Windows Server 2019 aufsetzt, sollte auch diese Funktion eingerichtet werden.

Der Sitzungsbroker speichert seine Informationen in einer Datenbank. Alle Server, die in einem NLB-Verbund beteiligt sind, sollten sich im gleichen Subnetz befinden. Sie müssen für alle beteiligten Server im NLB-Verbund den gleichen Farmnamen verwenden, da über diese Konfiguration der Remotedesktop-Verbindungsbroker die Benutzeranmeldungen verteilt.

Sie können leistungsfähigeren Servern mehr Benutzer zuteilen als weniger leistungsfähigen Servern. Diese Einstellungen sind zum Beispiel in den Gruppenrichtlinien enthalten. Die entsprechenden Einstellungen finden Sie unter *Computerkonfiguration/Richtlinien/Administrative Vorlagen/Windows-Komponenten/Remotedesktopdienste/Remotedesktopsitzungs-Host/Remotedesktop-Verbindungsbroker*.

Zertifikate installieren und einrichten

Viele Sicherheitseinstellungen in den Remotedesktopdiensten werden über Zertifikate abgewickelt. Standardmäßig verwenden RDS selbstsignierte Zertifikate. Sie können Zertifikate von Drittherstellern verwenden oder auf Active Directory-Zertifikatdienste setzen. Auch für den Zugriff auf RemoteApps sind Zertifikate notwendig, vor allem wenn die RemoteApps direkt im Startmenü von Windows 10 eingebunden werden sollen.

RDS-Zertifikate im Überblick

Nachdem Sie alle Einstellungen in RDS vorgenommen haben, besteht einer der ersten Schritte darin, die Zertifikate korrekt zuzuweisen. Diesen Schritt nehmen Sie vor, wenn Sie die Sammlung eingerichtet und betriebsbereit gemacht haben. Die installierten Zertifikate können Sie natürlich jederzeit auf den einzelnen Servern anpassen.

Die Zertifikate werden nicht nur für die Authentifizierung der verschiedenen Webdienste in RDS genutzt, sondern auch für den Remotedesktopclient und die Anbindung der Clients oder die veröffentlichten Anwendungen. Es gibt eine Vielzahl an Kommunikationen in RDS, die eine korrekte Konfiguration der Zertifikate erfordern.

Um Zertifikate in RDS zu installieren, rufen Sie den Server-Manager auf, klicken auf *Remotedesktopdienste* und dann auf den Menüpunkt *Übersicht*. Im Bereich *Bereitstellungsübersicht* klicken Sie danach auf *Aufgaben* und dann auf *Bereitstellungseigenschaften bearbeiten*. Der untere Menüpunkt hilft dabei, die Zertifikate optimal zu integrieren. Hier befindet sich also der zentrale Bereich der Zertifikate in RDS. Bevor Sie diesen aber nutzen können, müssen Sie zuvor Zertifikate auf den Servern installieren und einrichten. Erst dann können Sie diese in RDS einbinden.

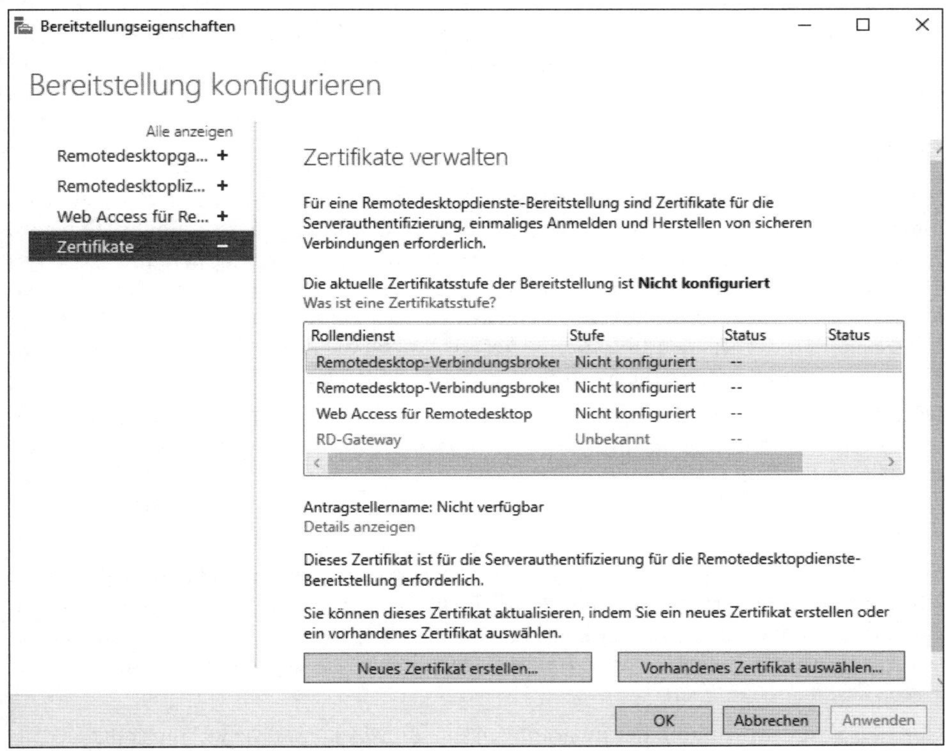

Abbildung 28.23: Zertifikate in RDS einbinden

Sie haben an dieser Stelle im Server-Manager die Möglichkeit, entweder mit selbstsignierten Zertifikaten zu arbeiten, oder Sie wählen ein Zertifikat aus, das Sie zuvor auf dem Server als Server-Zertifikat installiert haben.

In produktiven Umgebungen sollten Sie aber besser mit richtigen Zertifikaten arbeiten. In diesem Bereich können Sie auch die Active Directory-Zertifikatdienste einsetzen. Im Assistenten können Sie bereits installierte Zertifikate auslesen oder Sie verwenden exportierte Zertifikate und PFX-Dateien.

Sie können ein Zertifikat auch für mehrere Stellen in RDS verwenden oder für jeden Dienst ein eigenes Zertifikat. Die Vorgehensweise dabei ist ähnlich. Sie können allerdings einem Dienst nicht mehrere Zertifikate zuordnen. Achten Sie in jedem Fall darauf, dass die Zertifikate der Zertifizierungsstelle bei allen Clients und Servern gespeichert sind und die Clients dieser Zertifizierungsstelle vertrauen. Nach der Konfiguration der Zertifikate sollte für jeden angezeigten Dienst in RDS ein vertrauenswürdiges Zertifikat zur Verfügung stehen.

Zertifikate von den Active Directory-Zertifikatdiensten abrufen

Damit auf den RDS-Servern Zertifikate zur Verfügung stehen, installieren Sie im Netzwerk zum Beispiel die Active Directory-Zertifikatdienste. Zertifikate rufen Sie auf einem RDS-Server im IIS-Manager ab oder Sie verwenden die Konsole zur Verwaltung der lokalen Zertifikate, die Sie mit *certlm.msc* starten.

Klicken Sie zum Abrufen im Internetinformationsdienste-Manager auf den Servernamen und wählen Sie dann *Serverzertifikate* aus. In der Verwaltung der Serverzertifikate klicken Sie auf *Domänenzertifikat erstellen* auf der rechten Seite der Konsole. Dadurch startet ein Assistent, mit dem Sie über das Netzwerk von der Zertifizierungsstelle ein Zertifikat abrufen können.

Zertifikate im IIS-Manager installieren

Verwenden Sie als *Gemeinsamer Name* zunächst _*.<Domänennamen>_, zum Beispiel _*.contoso.int_. Das hat den Sinn, dass Sie dieses Zertifikat für alle Server und Webdienste gemeinsam nutzen können. Außerdem erhalten Anwender eine Fehlermeldung, wenn das Zertifikat nicht den Namen der Sammlung oder einen Platzhalter als Namen verwendet. Es gibt viele Gründe, besser mit einem Platzhalter- oder Domänenzertifikat zu arbeiten als mit benannten Zertifikaten für einzelne Server. Wollen Sie das nicht, verwenden Sie den Namen der Sammlung, für die Sie dieses Zertifikat ausstellen.

Die restlichen Daten auf der ersten Seite sind optional. Auf der nächsten Seite des Assistenten wählen Sie die Online-Zertifizierungsstelle aus, von der Sie das Zertifikat abrufen wollen. Hier sollte Ihre interne Active Directory-Zertifizierungsstelle erscheinen. Im Fenster legen Sie auch einen Namen für das Zertifikat fest. Mit diesem Namen erscheint es in der Konsole des IIS-Managers.

Danach ruft der Assistent das Zertifikat von der Zertifizierungsstelle ab und installiert es auf dem Server. Exportieren Sie danach das Zertifikat. Sie verwenden dazu aber nicht den IIS-Manager, sondern die Verwaltungskonsole für lokale Zertifikate. Diese starten Sie am schnellsten durch Eingabe von *certlm.msc*. Sie finden das ausgestellte Zertifikat über *Eigene Zertifikate/Zertifikate*.

Über das Kontextmenü und der Auswahl von *Alle Aufgaben/Exportieren* startet der Zertifikatexport-Assistent. Mit diesem exportieren Sie das ausgestellte Zertifikat zunächst in eine Datei. Lassen Sie im Assistenten auch den privaten Schlüssel des Zertifikats exportieren. Schließen Sie danach den Assistenten mit den Standardeinstellungen ab. Sie benötigen das Kennwort, das Sie beim Exportieren eingeben, später beim Importieren im Server-Manager wieder. Speichern Sie die PFX-Datei entweder im Netzwerk oder auf dem Desktop des Servers, auf dem Sie die Zertifikate in RDS einbinden.

Zertifikat in RDS einbinden

Nachdem die PFX-Datei zur Verfügung steht, binden Sie das Zertifikat in den RDS-Diensten ein. In der Verwaltung klicken Sie dazu auf *Vorhandenes Zertifikat auswählen* in den Bereitstellungseigenschaften, wie zuvor beschrieben. Klicken Sie auf *Anderes Zertifikat auswählen* und wählen Sie danach die Zertifikatedatei aus. Wenn auf dem Server bereits ein Zertifikat installiert ist, können Sie auch die Option *Auf dem RD-Verbindungsbrokerserver gespeichertes Zertifikat anwenden* auswählen. Danach sind die Zertifikate zunächst grundlegend installiert. Stellen Sie sicher, dass jedem Dienst ein passendes Zertifikat zugewiesen ist.

Erhalten Sie Fehlermeldungen bei der Zuweisung von Zertifikaten oder müssen Anwender die Zertifikate manuell bestätigen, ergibt es Sinn, das Zertifikat, das Sie für die Farm verwenden, auf jedem einzelnen Remotedesktop-Sitzungshost manuell zuzuweisen. Dazu verwenden Sie die PowerShell.

Zunächst rufen Sie den Fingerabdruck des Zertifikats auf dem Server ab:

gci cert:\LocalMachine\My | select FriendlyName, Thumbprint

Danach verwenden Sie den Fingerabdruck:

wmic /namespace:\\root\cimv2\TerminalServices PATH Win32_TSGeneralSetting Set SSLCertificateSHA1Hash="<Fingerabdruck>"

Den Befehl führen Sie auf allen Remotedesktop-Sitzungshosts in der Farm aus.

Eigene Zertifikate-Vorlagen für die Anmeldung an RDS verwenden

In produktiven Umgebungen kann es auch sinnvoll sein, mit eigenen Zertifikat-Vorlagen für RDS und die Kommunikation von Clients zu arbeiten. Denn hier haben Sie die Möglichkeit, gezielt zu steuern, welche Daten in den Zertifikaten hinterlegt werden und welche Funktionen Sie nutzen wollen.

Sie verbinden sich dazu am besten mit dem Server, auf dem Sie die Active Directory-Zertifikatdienste installiert haben, und rufen die Verwaltung der Zertifikate-Vorlagen auf. Am schnellsten geht das durch Eingabe von *certtmpl.msc*.

Im ersten Schritt kopieren Sie die Vorlage *Computer* über das Kontextmenü und der Auswahl *Vorlage duplizieren*. Sie können jetzt alle beliebigen Einstellungen anpassen, zum Beispiel auch die Kompatibilität mit Betriebssystemen. Wechseln Sie auf die Registerkarte *Allgemein* und geben Sie den Namen der Vorlage ein, zum Beispiel *RemoteDesktop*. Legen Sie die Gültigkeitsdauer fest. Wechseln Sie danach auf die Registerkarte *Erweiterungen* und klicken Sie auf *Anwendungsrichtlinien/Bearbeiten*. Löschen Sie die Option *Clientauthentifizierung* für die Erstellung einer Vorlage der RDS-Server. Klicken Sie danach im gleichen Fenster auf *Hinzufügen*, um eine angepasste *Authentifizierungsrichtlinie* für RDS zu hinterlegen. Danach klicken Sie auf *Neu*, um die Richtlinie anzupassen.

Verwenden Sie als Name für die neue Anwendungsrichtlinie *RemoteDesktopAuthentication*. Im Feld *Objekterkennung* ändern Sie den Wert ab. Dieser muss *1.3.6.1.4.311.54.1.2* lauten. Den Rest des Feldes können Sie löschen. Bestätigen Sie die Eingabe mit *OK*. Wählen Sie die neu erstellte Anwendungsrichtlinie aus und stellen Sie sicher, dass für die neue Vorlage die von Ihnen erstellte Anwendungsrichtlinie hinterlegt ist. Grundsätzlich könnten Sie auch die Serverauthentifizierung von den Anwendungsrichtlinien entfernen, da Sie die erstellte Vorlage für die Anmeldung der Anwender nutzen wollen. Schließen Sie jetzt die Bearbeitung der neuen Vorlage.

Eigene Zertifikate für die Anmeldung an RDS nutzen

Wenn Sie mit eigenen Vorlagen arbeiten, können Sie diese der Zertifizierungsstelle hinzufügen, damit auf deren Basis neue Zertifikate ausgestellt werden. Öffnen Sie dazu die Verwaltung der Zertifikatsstelle und klicken Sie auf *Zertifikatvorlagen*. Hier sind alle Vorlagen zu sehen, die derzeit für Zertifikate genutzt werden können. Damit Ihre eigene Vorlage hier erscheint, müssen Sie sie erst in der Konsole integrieren.

Klicken Sie dazu mit der rechten Maustaste auf *Zertifikatvorlagen* und wählen Sie *Neu/Auszustellende Zertifikatvorlagen.* Im Fenster sehen Sie jetzt alle Vorlagen, die in der Active Directory-Zertifizierungsstelle zur Verfügung stehen, auch die von Ihnen erstellte. Wählen Sie diese aus. Danach steht sie zum Ausstellen von Zertifikaten zur Verfügung. Im nächsten Schritt können Sie das Ausstellen der Zertifikate über Gruppenrichtlinien automatisieren lassen. Wie Sie dabei vorgehen, lesen Sie in den nächsten Abschnitten.

Zertifikate mit Gruppenrichtlinien verteilen

Arbeiten Sie mit den Active Directory-Zertifikatdiensten und eigenen Vorlagen, können Sie über Gruppenrichtlinien Zertifikate automatisiert ausstellen und Anwendern oder Computern zuweisen lassen. Dazu öffnen Sie die Gruppenrichtlinienverwaltung, erstellen eine neue GPO und ändern deren Einstellungen. Wechseln Sie in den Bereich *Computerkonfiguration/Richtlinien/Administrative Vorlagen/Windows-Komponenten/Remotedesktopdienste/Remotedesktopsitzungs-Host/Sicherheit.* Rufen Sie die Einstellung *Zertifikatvorlage für Serverauthentifizierung* auf. Geben Sie in den Namen die Zertifikatvorlage ein, die Sie erstellt haben. Achten Sie aber darauf, dass der Name der Zertifikatvorlage an dieser Stelle mit dem Namen der Zertifikatvorlage in den Einstellungen der Zertifizierungsstelle übereinstimmen muss.

Verknüpfen Sie jetzt die neue Gruppenrichtlinie mit den Computern in der Domäne, die ein Zertifikat auf Basis dieser Vorlage erhalten sollen. In kleineren Umgebungen können Sie das Zertifikat auch gleich mit der kompletten Domäne verknüpfen. Starten die Computer neu, wird auf Basis der Richtlinie automatisch ein Zertifikat mit Ihrer Zertifikatvorlage von den Zertifizierungsdiensten abgerufen. Sie können den Vorgang in der Befehlszeile durch Eingabe von *gpupdate /force* auch erzwingen lassen.

Überprüfen Sie in den Einstellungen der lokalen Zertifikate, ob das Zertifikat vorhanden ist. Rufen Sie dazu auf den Computern *certlm.msc* auf und wechseln Sie zu *Eigene Zertifikate/Zertifikate.* Hier muss ein neues Zertifikat mit der Bezeichnung des Computernamens und dem Eintrag *RemoteDesktopAuthentication* in der Spalte *Beabsichtigte Zwecke* zu finden sein.

Wenn das Zertifikat nicht vorhanden ist, überprüfen Sie über das Kontextmenü von *Eigene Zertifikate/Zertifikate*, ob Sie berechtigt sind, ein Zertifikat auf Basis der Vorlage manuell abzurufen. Hier muss die Vorlage erscheinen und die Möglichkeit bieten, ein Zertifikat abzurufen.

Erscheint die Vorlage an dieser Stelle nicht, liegt häufig ein Berechtigungsproblem vor. Rufen Sie dann auf dem Server mit der Zertifizierungsstelle die Konsole *certtmpl.msc* auf und dann die Eigenschaften Ihrer Vorlage. Überprüfen Sie auf der Registerkarte *Sicherheit*, wer ein Zertifikat auf Basis dieser Vorlage nutzen darf. Wichtig ist, dass für die entsprechende Computergruppe der Haken bei *Registrieren* gesetzt ist.

Verbindungen mit Zertifikaten durchführen

Wurden auf den Servern und den Computern die Zertifikate installiert, starten Sie auf den Clients eine neue Remotedesktopverbindung, zum Beispiel durch Aufrufen von *mstsc.* Wenn Sie sich mit dem Server verbinden, sind keine weiteren Eingaben mehr notwendig, da der Client das Zertifikat verwendet. Idealerweise haben Sie dazu auch noch Single Sign-On (SSO) für die Farm verwendet. Dann verwendet der Remotedesktopdiensteclient zur Anmeldung an den Remotedesktop-Sitzungshosts die lokalen Anmeldedaten des Anwenders und das hinterlegte Zertifikat. Diese Schritte erfahren Sie in den nächsten Abschnitten.

RemoteFX – Virtual Desktop Infrastructure und Remotedesktop-Sitzungshost

Eine wichtige Funktion in den Remotedesktopdiensten ist RemoteFX. Diese hat Microsoft auch in Windows Server 2019 eingebaut und verbessert. Allerdings will Microsoft auf Dauer diese Technologie durch paravirtualisierte Grafikadapter ersetzen. Bei RemoteFX handelt es sich um eine erweiterte Funktion des Remotedesktopprotokolls (RDP), das die bessere grafische Darstellung von Windows 10-Desktops ermöglicht, die Sie zum Beispiel über Virtual Desktop Infrastructure (VDI) zur Verfügung stellen (siehe Kapitel 29). Sie können die Technik auf Remotedesktop-Sitzungshosts verwenden, um eine bessere Grafikleistung für Anwender zu erreichen. Vor allem 3D-Grafiken, Audio und Animationen laufen schneller in der neuen Version.

Neben einer Verbesserung der grafischen Darstellung verbessert RemoteFX die USB-Unterstützung von virtuellen Windows 10-Computern zur Anbindung von USB-Laufwerken, Smartphones oder Digitalkameras. Um RemoteFX zu nutzen, muss auf dem Server Windows Server 2019 und auf dem virtuellen Computer Windows 8.1, besser Windows 10 installiert sein. Auf dem Clientcomputer, mit dem Sie auf den virtuellen Windows 10-Computer zugreifen, muss Windows 8.1, besser Windows 10 installiert sein (mehr dazu siehe Kapitel 29).

Grundlagen und Voraussetzungen von RemoteFX

Bevor Sie RemoteFX nutzen, müssen Sie den aktuellsten Treiber für die Grafikkarte auf dem Hyper-V-Host installieren. Alle Berechnungen zu 3D-Grafiken nimmt der Server vor und leitet diese an den Client weiter, der die Daten nur noch anzeigen muss. RemoteFX ist kein eigenständiges Remoteprotokoll, sondern nur eine Erweiterung des Remotedesktopprotokolls (RDP).

Einstieg in RemoteFX

Sie können als Host für RemoteFX-Clients auch den kostenlosen Hyper-V-Server 2019 einsetzen (siehe Kapitel 7). Wollen Sie RemoteFX nicht nur für Hosted Desktops (siehe Kapitel 29), sondern auch für Sitzungen eines Remotedesktopdienste-Sitzungshosts verwenden, muss auf dem Server ebenfalls Windows Server 2019 installiert sein. Um RemoteFX zu nutzen, muss der Prozessor Second Level Address Translation (SLAT) unterstützen (siehe Kapitel 7).

Intel verwendet hier auch die Bezeichnung *Extended Page Tables*, AMD nennt die Funktion *Nested Page Tables*. Der Grafikprozessor (GPU) muss DirectX 9.0c und DirectX 10.0 unterstützen, besser die neuen Versionen ab DirectX 11. Verwenden Sie mehrere Grafikkarten pro Server, müssen diese identisch sein, das gilt auch für Clusterknoten in einem Hyper-V-Cluster.

Generell ist die Installation des Grafikkartentreibers vor der Installation der Serverrollen für die Remotedesktopdienste oder Hyper-V zu empfehlen. Ein Monitor für eine virtuelle Maschine (VM), den Sie für RemoteFX konfiguriert haben, wird auf dem Server genauso wie ein lokal angeschlossener Monitor behandelt. Das heißt, der Server muss den Bildaufbau berechnen. Jede Sitzung benötigt in etwa 200 MB Grafikkartenspeicher bei der Verwendung von RemoteFX (bei 1.024 x 768 etwa 75 MB, bei 1.920 x 1.200 etwa 220 MB). Betreiben Sie mehrere Monitore, verdoppelt sich nicht die Anforderung, sondern es kommen noch einmal etwa 50 bis 100 MB hinzu. Allerdings arbeiten die Karten nicht immer zusammen und können nur ihren eigenen Speicher nutzen. Sie ordnen nicht selbst die Sitzungen oder virtuellen Clients den Karten zu, sondern der Hyper-V-Host skaliert automatisch.

In den Hyper-V-Einstellungen des Hyper-V-Managers können Sie bei *Physische GPUs* erkennen, ob der Server über eine RemoteFX-fähige Grafikkarte verfügt.

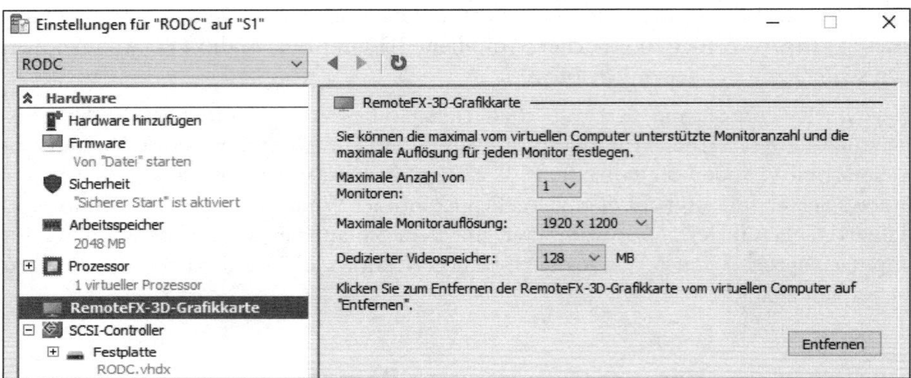

Abbildung 28.24: RemoteFX auf einem Server aktivieren

RemoteFX und Verwaltungsports

Wenn Sie spezielle Verwaltungsports an Servern mit einem speziellen Verwaltungsadapter auf dem Server verwenden, empfiehlt Microsoft die Installation des RemoteFX-Treibers, nachdem Sie RemoteFX auf dem Server installiert und aktiviert haben. Die Fernwartungskonsole auf Servern kann die RemoteFX-Verbindung stören. Dies liegt daran, dass diese Konsolen meist noch das alte XP-Treibermodell verwenden (XPDM).

RemoteFX benötigt aber das neue Treibermodell Windows Display Driver Model (WDDM). Auf einem Server lässt sich immer nur eine Art Treiber installieren. Ist also ein XPDM-Treiber installiert, lässt sich kein WDDM-Treiber installieren. Aus diesem Grund müssen Sie solche alten Karten entweder deaktivieren oder Sie verwenden den speziellen RemoteFX-Treiber für diese Karten, falls das Gerät kompatibel ist. Den Treiber installieren Sie in der Eingabeaufforderung durch Eingabe von:

dism /online /enable-feature /featurename:Microsoft-Windows-RemoteFX-EmbeddedVideoCap-Setup-Package

Probleme bereiten können I/O-Virtualisierung (Intel VT-d, AMD-Vi und IOMMU). Diese Funktionen sollten Sie im BIOS des Servers ausschalten. Auch Intel Trusted Execution Technology (TXT) kann Probleme mit RemoteFX auslösen. Data Execution Prevention (DEP) muss auf dem Hyper-V-Host aktiv sein. AMD nennt diese Technik Enhanced Virus Protection (EVP), Intel bezeichnet sie mit No Execution (NX).

In VMs und Remotesitzungen auf RemoteFX setzen

Der Treiber unterstützt RemoteFX auch beim Booten des Rechners, sodass Sie auf das BIOS zugreifen können. Anschließend können Sie dem virtuellen Computer eine neue Grafikkarte zuordnen. Dazu rufen Sie die Einstellungen des virtuellen Computers auf, klicken auf *Hardware*, wählen *RemoteFX-3D-Grafikkarte* aus und klicken auf *Hinzufügen*.

Ist die *Funktion*-Schaltfläche deaktiviert, unterstützt die Grafikkarte oder der installierte Treiber diese Funktion nicht. Außerdem muss auf dem Server, auf dem Sie RemoteFX nutzen wollen, die Serverrolle *Remotedesktopdienste* installiert sein. Diese enthält die notwendigen Funktionen für RemoteFX. Sie müssen diesen Rollendienst auch installieren, wenn Sie RemoteFX auf einem Remotedesktop-Sitzungshost zur Verfügung stellen wollen, nicht nur in einer VDI-Struktur (siehe Kapitel 29). Nach dem Hinzufügen haben Sie noch die Möglichkeit, die Anzahl der unterstützten Monitore sowie die Auflösung zu konfigurieren.

Ein weiterer Vorteil von RemoteFX ist die verbesserte Unterstützung von USB-Geräten auf den virtuellen Desktops. Verbinden Sie ein USB-Gerät mit dem Client, der über RDP mit dem RemoteFX-Gerät verbunden ist, installiert Windows 8.1/10 den Treiber. Es ist kein Treiber auf dem Client notwendig, der sich mit dem virtuellen Computer verbindet, sondern der USB-Stick ist lediglich auf dem virtuellen Windows 8.1/10-Client zu installieren. Diese Technik vermeidet Treiberprobleme auf den Clients und notwendige Umleitungen. Für Anwender ist die Umleitung der USB-Geräte transparent.

RemoteFX produktiv einrichten und verwalten – VDI und Remotedesktop-Sitzungshost

Haben Sie die notwendigen Vorbereitungen getroffen, können Sie für den virtuellen Client, auf dem Sie RemoteFX zur Verfügung stellen wollen, die Funktion integrieren:

1. Starten Sie den Hyper-V-Manager (siehe Kapitel 7).
2. Schalten Sie den virtuellen Client aus.
3. Rufen Sie über das Kontextmenü die Einstellungen des virtuellen Clients auf.
4. Klicken Sie auf *Hardware hinzufügen*.
5. Wählen Sie *RemoteFX-3D-Grafikkarte* aus.
6. Klicken Sie auf *Hinzufügen*. Sie können immer nur eine RemoteFX-3D-Karte pro Client aktivieren.
7. Starten Sie den virtuellen Client.
8. Melden Sie sich am Client an.
9. Windows 8.1/10 installiert jetzt den Treiber im virtuellen Client für die RemoteFX-3D-Karte.
10. Starten Sie den Client neu.

Im Verbindungsfenster des Hyper-V-Managers bringt Ihnen RemoteFX nichts, Sie können nach der Installation der RemoteFX-3D-Karte auch diese Möglichkeit nicht mehr für den Verbindungsaufbau zum Client verwenden. Sie können RemoteFX nur über den Remotedesktopclient oder kompatible Thin-Clients nutzen. Damit Thin-Clients RemoteFX auf dem Hyper-V-Server nutzen können, müssen diese mindestens RDP 7.1 unterstützen.

Klappt der Verbindungsaufbau über das RDP-Protokoll nicht, rufen Sie die Einstellungen des virtuellen Clients auf und klicken auf *RemoteFX-3D-Grafikkarte*. Im rechten Bereich des Fensters können Sie jetzt die Karte entfernen. Sie können Einstellungen an der Hardware aber nur vornehmen, wenn der virtuelle Client ausgeschaltet ist. Anschließend können Sie sich wieder über den Hyper-V-Manager mit dem Client verbinden.

Um die USB-Umleitung von RemoteFX auch für Sitzungen auf einem Remotedesktop-Sitzungshost zu nutzen, müssen Sie noch eine Gruppenrichtlinie oder lokale Richtlinie erstellen, die auf die Remotedesktop-Sitzungshosts gebunden ist. Die entsprechende Einstellung finden Sie über die Richtlinie:

Computerkonfiguration/Administrative Vorlagen/Windows-Komponenten/Remotedesktopdienste/Remotedesktopverbindungs-Client/RemoteFX-USB-Geräteumleitung

Hier finden Sie die entsprechende Einstellung, damit USB-Geräte, die Sie mit dem Client verbinden, der wiederum mit RDP-RemoteFX mit dem virtuellen Client oder der Remotedesktopsitzung verbunden ist, in die Sitzung umgeleitet werden. Haben Sie die Richtlinie aktiviert und wenden sie auf den Remotedesktop-Sitzungshost oder die virtuellen Clients an, sind alle USB-Geräte, die Sie mit dem Client verbinden, in der Sitzung verfügbar.

Zusammenfassung

Mit den Funktionen in den Remotedesktopdiensten wie RemoteApp, das Remotedesktopgateway, den Remotedesktopdienste-Webzugriff sowie den neuen RDP-Client stellen die Remotedesktopdienste in Windows Server 2019 ein mächtiges Werkzeug zur Anwendungsvirtualisierung dar. Wir haben Ihnen in diesem Kapitel ausführlich gezeigt, wie Sie einen Remotedesktopserver unter Windows Server 2019 installieren und betreiben.

Im nächsten Kapitel erläutern wir Ihnen, wie Sie Desktops in Unternehmen zusammen mit Hyper-V und den Remotedesktopdiensten virtualisieren.

Kapitel 29

Virtual Desktop Infrastructure – Arbeitsstationen virtualisieren

In diesem Kapitel:

Zusammen mit Hyper-V und den Remotedesktopdiensten haben Unternehmen die Möglichkeit, virtuelle Computer auf Basis von Windows 10 per Remotedesktop zur Verfügung zu stellen. Im Vergleich zur Arbeit mit dem Desktop auf einem Remotedesktop-Sitzungshost steht so dem Anwender – wenn auch nur virtuell – ein eigener Computer zur Verfügung und beeinflusst die Arbeit anderer Benutzer nicht.

Unternehmen sind bei der Konfiguration dieser Desktops durch diese Technik wesentlich flexibler, als wenn alle Anwender mit einem Desktop der RemoteApps auf den Servern arbeiten würden. Diese virtuellen Computer lassen sich aus Kompatibilitätsgründen oder für Testzwecke bereitstellen oder einfach, um Energie zu sparen, da leistungsfähige Computer über das Netzwerk zur Verfügung stehen.

Einstieg in VDI

Virtuelle Computer erstellen Sie mit Hyper-V, die Anbindung erfolgt über den Remotedesktop-Verbindungsbroker, die Konfiguration im Server-Manager und die Bereitstellung über den Webzugriff (Web Access), als RDP-Datei oder über die Startseite herkömmlicher Computer mit Windows 10. Um Virtual Desktop Infrastructure (VDI) zu nutzen, benötigen Sie einen Hyper-V-fähigen Server und einen Remotedesktopserver. Unternehmen haben die Möglichkeit, Anwendern direkt auf Basis ihres Benutzerkontos einen persönlichen virtuellen Computer bereitzustellen oder einen Pool zu installieren.

Es lassen sich auch mehrere Pools bereitstellen, zum Beispiel auf Basis des Betriebssystems, der Konfiguration oder der installierten Anwendungen. Dieser Pool steht dann verschiedenen Anwendern zur Verfügung. Unabhängig davon können die Anwender mit dem Computer so arbeiten, als ob es sich um einen herkömmlichen Computer handelt. Sie können mehrere Pools, zum Beispiel mit unterschiedlichen Programmen oder Konfigurationen, erstellen und Anwendern über Web Access für Remotedesktop zur Verfügung stellen. Anwender sehen ein entsprechendes Symbol in der Weboberfläche für jeden Pool und werden beim Start mit einem freien Rechner des Pools verbunden, oder eben mit einem fest definierten Rechner, wenn die virtuellen Computer fest zugeteilt sind.

Arbeiten Sie mit Pools, sollten Sie Anwender darauf hinweisen, dass diese lokal keine Daten speichern sollen. Da Rechner im Pool verschiedenen Anwendern zur Verfügung stehen und es nicht festgelegt ist, mit welchem Rechner im Pool ein Anwender beim nächsten Start verbunden wird, ist ein Speichern in Netzwerkfreigaben besser. Oder Sie arbeiten alternativ mit zugewiesenen virtuellen Computern, damit jeder Benutzer seinen eigenen Rechner hat.

Hinweis Als Betriebssystem auf virtuellen Computern in einer Virtual Desktop Infrastructure (VDI) sind nur Windows-Clientbetriebssysteme geeignet. Sie können zum Beispiel nicht Windows Server 2019 als Poolrechner zur Verfügung stellen. Mehr zu diesem Thema lesen Sie auch in Kapitel 28.

Windows 10 als virtuellen Computer in einer VDI-Struktur einsetzen

Im folgenden Abschnitt zeigen wir Ihnen, wie Sie Windows 10 als virtuellen Computer in einer VDI-Umgebung mit Windows Server 2019 einsetzen.

Installieren des Remotedesktop-Sitzungshosts

Um Hyper-V mit den Remotedesktopservern zu verbinden, müssen Sie auf dem Server, auf dem Sie die virtuellen Desktops installieren, den Rollendienst für Remotedesktopdienste installieren. Dabei gehen Sie vor wie in Kapitel 28 beschrieben.

Wählen Sie über den Server-Manager *Verwalten/Rollen und Features hinzufügen* und anschließend *Installation von Remotedesktopdiensten*. Auf der Seite *Bereitstellungstyp auswählen* wählen Sie *Standardbereitstellung* (siehe auch Kapitel 28). Auf der Seite *Bereitstel-*

lungsszenario auswählen wählen Sie schließlich *Auf virtuellen Computern basierende Desktopbereitstellung* aus.

Hinweis Installieren Sie Remotedesktop-Sitzungshosts und wollen Anwendungen oder Desktops auf den Servern veröffentlichen (siehe Kapitel 28), wählen Sie die Option *Sitzungsbasierte Desktopbereitstellung* aus.

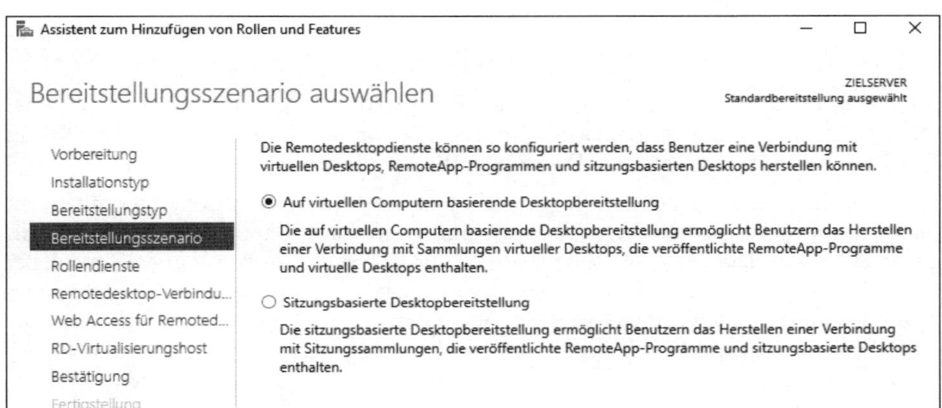

Abbildung 29.1: Erstellen einer neuen VDI-Infrastruktur

Haben Sie das Szenario ausgewählt, sehen Sie auf der nächsten Seite des Assistenten, welche Rollendienste er installiert. Auf der folgenden Seite wählen Sie, wie bei Remotedesktop-Sitzungshosts auch (siehe Kapitel 28), den Remotedesktop-Verbindungsbroker aus. Dieser stellt die Verbindung zwischen Clients und der VDI/Remotedesktopinfrastruktur zur Verfügung. Hier können Sie nur Server auswählen, die Sie zuvor im Server-Manager über *Verwalten/Server hinzufügen* angebunden haben.

Haben Sie im Netzwerk bereits eine Remotedesktopinfrastruktur installiert und ist damit bereits ein Remotedesktop-Verbindungsbroker vorhanden, erkennt das der Assistent und schlägt die Anbindung an den Verbindungsbroker vor.

Im Rahmen der Installation wählen Sie danach die Server aus, auf denen Sie virtuelle Computer zur Verfügung stellen wollen. Diese tragen die Bezeichnung RD-Virtualisierungshostserver. Die Server müssen Hyper-V unterstützen, da die virtuellen Windows 10-Computer damit virtualisiert werden.

Nach der Auswahl installiert der Assistent die notwendigen Rollendienste auf allen ausgewählten Servern und startet die Server bei Bedarf neu, genauso wie bei einer herkömmlichen Installation der Remotedesktopdienste. Sie erhalten eine Zusammenfassung, welche Rollendienste der Assistent auf den verschiedenen Servern installiert.

VDI-Umgebung verwalten

Nachdem Sie die Installation abgeschlossen haben, verwalten Sie die VDI-Infrastruktur im Server-Manager genauso wie die Remotedesktopdienste. Sie finden die Konfiguration über *Remotedesktopdienste.* Wie bei der Verwendung von Remotedesktop-Sitzungshosts (siehe

Kapitel 28), erstellen Sie auch bei der Virtualisierung von Desktops eine neue Sammlung. Dazu verwenden Sie *Sammlung virtueller Desktops erstellen.*

In den Remotedesktopdiensten sind zwei Arten virtueller Desktopsammlungen verfügbar: persönliche und im Pool zusammengefasste Sammlungen. Sie können im Pool zusammengefasste virtuelle Desktops automatisch in einer Sammlung durch Remotedesktopdienste verwalten lassen oder sie manuell verwalten.

Eine verwaltete, im Pool zusammengefasste Sammlung virtueller Desktops bietet das automatische Erstellen von im Pool zusammengefassten virtuellen Desktops auf Basis einer virtuellen Desktopvorlage. Auch automatisches Installieren von Sicherheitsupdates und Anwendungen auf Basis einer virtuellen Desktopvorlage ist möglich.

Auf einem Benutzerprofildatenträger werden Benutzerprofilinformationen auf einer separaten virtuellen Festplatte gespeichert, sodass die Benutzerprofileinstellungen über in Pools zusammengefasste virtuelle Desktops verfügbar bleiben.

Beim Erstellen der virtuellen Desktopsammlung müssen Sie an dem Computer mit einem Benutzerkonto, das die Berechtigung zum Hinzufügen von Computern zur Domäne hat, angemeldet sein. Die virtuelle Desktopvorlage für Computer im Pool muss als virtueller Hyper-V-Computer hinzugefügt werden. Der virtuelle Computer muss mit Sysprep generalisiert und heruntergefahren werden. Sie müssen die virtuelle Desktopvorlage zu Hyper-V hinzufügen, damit Sie sie der im Pool zusammengefassten Sammlung virtueller Desktops zuweisen können. Wie Sie dabei vorgehen, lesen Sie in den nächsten Abschnitten.

Virtuelle Computer installieren und für VDI vorbereiten

Im nächsten Schritt installieren Sie virtuelle Computer, die Sie als Vorlage für den Pool verwenden wollen, auf dem RD-Virtualisierungshost. Möchten Sie die virtuellen Computer in einem Pool bereitstellen, können Sie Windows 10 installieren. Nehmen Sie die Computer in die Domäne auf und bereiten Sie den Computer mit dem Befehlszeilentool *Sysprep* vor.

Neben der Anbindung an die Domäne müssen Sie bei der Installation zunächst nichts beachten. Nach der Installation, Aktivierung und Anbindung an die Domäne sind auf den Computern noch einige Vorbereitungen zu treffen, damit diese optimal in einem VDI-Pool funktionieren.

Remotedesktop auf Clientcomputern aktivieren und konfigurieren

Im ersten Schritt aktivieren Sie Remotedesktop auf den Clientcomputern. Sie finden die Einstellung, wenn Sie die *Eigenschaften* von *Dieser PC* aufrufen (⊞+Pause) und auf den Link *Remoteeinstellungen* klicken. Aktivieren Sie den Remotedesktop mit der Option, dass nur sichere Verbindungen erlaubt sind.

Zusätzlich müssen Sie noch festlegen, welche Benutzer über den Remotedesktop auf den virtuellen Computer zugreifen dürfen. Klicken Sie dazu auf die Schaltfläche *Benutzer auswählen* oder rufen Sie über *lusrmgr.msc* den lokalen Benutzer-Manager des Computers auf.

Standardmäßig dürfen per Remotedesktop Administratoren und Mitglieder der lokalen Gruppe *Remotedesktopbenutzer* zugreifen, das Gleiche gilt auch für Server. Entweder nehmen Sie die einzelnen Benutzerkonten aus der Domäne in die lokale Gruppe *Remotedesk-*

topbenutzer auf oder Sie erstellen eine Gruppe in der Domäne und nehmen diese in die lokale Gruppe *Remotedesktopbenutzer* auf.

Die einzelnen Benutzerkonten nehmen Sie dann nur noch in die Gruppe in der Domäne auf. So ist sichergestellt, dass alle berechtigten Anwender per RDP auf die Rechner im VDI-Pool zugreifen dürfen und Sie nur Mitgliedschaften konfigurieren müssen.

Remote RPC-Zugriff auf Clientcomputern erlauben

Damit sich die Clients optimal an die VDI-Infrastruktur anbinden, sollten Sie mit Adminrechten auf den Clientcomputern noch den Registrierungs-Editor durch Eintippen von *regedit* auf der Startseite öffnen:

1. Navigieren Sie zum Schlüssel *HKEY_LOCAL_MACHINE\SYSTEM\CurrentControlSet\Control\TerminalServer.*
2. Klicken Sie doppelt auf den Wert *AllowRemoteRPC* und geben Sie den Wert *1* ein.

Firewalleinstellungen auf Clientcomputern konfigurieren

Im nächsten Schritt müssen Sie auf den Clientcomputern noch die Firewalleinstellungen anpassen:

1. Öffnen Sie über das Schnellmenü ([Win]+[X]) die Systemsteuerung.
2. Navigieren Sie zu *System und Sicherheit/Windows-Firewall.*
3. Klicken Sie auf *Eine App oder Feature durch die Firewall kommunizieren lassen.*
4. Aktivieren Sie *Remotedienstverwaltung.*

System mit Sysprep vorbereiten

Um den vorbereiteten Computer als Vorlage für einen virtuellen Desktoppool zu verwenden, müssen Sie ihn mit dem Befehlszeilentool Sysprep vorbereiten. Sie finden es im Ordner *C:\Windows\System32\Sysprep.* Starten Sie das Tool über sein Kontextmenü mit Administratorrechten. Wählen Sie *Out-of-Box-Experience (OOBE) für System aktivieren*, *Verallgemeinern* und *Herunterfahren* aus.

Konfiguration des virtuellen Desktop-Pools

Nachdem Sie die Clients vorbereitet haben, können Sie fortfahren, den Pool zu generieren und an die Umgebung anzubinden. Erstellen Sie die verwaltete, in einem Pool zusammengefasste Sammlung virtueller Desktops, um Benutzern eine Verbindung zu den Desktops in der Sammlung zu ermöglichen.

Hinweis Die Verwaltung der Sammlungen für virtuelle Desktops entspricht weitgehend der Verwaltung von Sammlungen für RemoteApps und Remotedesktop-Sitzungshosts. Lesen Sie sich daher zur Verwaltung einer VDI-Infrastruktur auch Kapitel 28 durch.

Sammlung virtueller Pools im Server-Manager erstellen

Um eine Sammlung für virtuelle Pools zu erstellen, gehen Sie folgendermaßen vor:

1. Klicken Sie im linken Bereich auf *Remotedesktopdienste* und anschließend auf *Sammlungen.*
2. Klicken Sie auf *Aufgaben* und dann auf *Sammlung virtueller Desktops erstellen.*
3. Klicken Sie auf der Seite *Vorbemerkungen* auf *Weiter.*
4. Tippen Sie auf der Seite *Namen für die Sammlung angeben* im Feld *Name* eine Bezeichnung für die Sammlung ein.
5. Klicken Sie auf der Seite *Sammlungstyp angeben* auf die Option *In einem Pool zusammengefasste Sammlung virtueller Desktops.* Stellen Sie sicher, dass das Kontrollkästchen *Virtuelle Desktops automatisch erstellen und verwalten* aktiviert ist, und klicken Sie dann auf *Weiter.*
6. Klicken Sie auf der Seite *Vorlage für virtuelle Desktops angeben* auf den Computer, den Windows Server 2019 als Vorlage verwenden soll. Wie Sie virtuelle Computer erstellen, lesen Sie in Kapitel 7 und in den vorherigen Abschnitten. Der virtuelle Computer, den Sie als Vorlage verwenden, muss im Hyper-V-Manager erstellt worden und ausgeschaltet sein.
7. Klicken Sie auf der Seite *Einstellungen für virtuelle Desktops angeben* auf *Einstellungen für die unbeaufsichtigte Installation angeben* und klicken Sie dann auf *Weiter.* In diesem Schritt des Assistenten können Sie auch eine Antwortdatei hinterlegen.
8. Geben Sie auf der Seite *Einstellungen des unbeaufsichtigten Modus angeben* die fehlenden Informationen ein, behalten Sie die Standardeinstellungen für nicht angegebene Optionen bei und klicken Sie dann auf *Weiter.*
9. Klicken Sie im Feld *Zeitzone* auf die Ihrem Standort entsprechende Zeitzone.
10. Legen Sie fest, in welcher Organisationseinheit die Computerkonten abgelegt werden sollen.
11. Wählen Sie aus, welche Benutzer Zugriff auf die virtuellen Desktops erhalten dürfen. Außerdem können Sie festlegen, wie viele virtuelle Desktops der Assistent vorbereiten soll und wie die Namen der Computer aufgebaut sein sollen.
12. Wählen Sie aus, wie viele virtuelle Desktops Sie auf den einzelnen RD-Virtualisierungshosts erstellen wollen.
13. Als Nächstes steuern Sie, wo Sie die Dateien der virtuellen Computer speichern wollen. Sie können an dieser Stelle auf jedem Host, in einer Netzwerkfreigabe oder in einem CSV-Clusterlaufwerk die Dateien speichern lassen (siehe Kapitel 9).
14. Geben Sie auf der Seite *Benutzerprofil-Datenträger angeben* im Feld *Speicherort von Benutzerprofil-Datenträgern* eine entsprechende Freigabe an und klicken Sie dann auf *Weiter.* Stellen Sie sicher, dass die Computerkonten auf dem RD-Virtualisierungshost über Lese- und Schreibrechte für diesen Speicherort verfügen. In diesem Fall lassen sich die Daten der Anwender auf die Freigabe auslagern.
15. Klicken Sie auf der Seite *Auswahl bestätigen* auf *Erstellen.* Anschließend exportiert der Assistent den virtuellen Computer auf den RD-Virtualisierungshost und importiert die virtuellen Computer in die RD-Infrastruktur. Sie sehen die Vorgänge auch im Hyper-V-Manager.

Desktop testen und verwenden

Zur Überprüfung, ob die verwaltete, im Pool zusammengefasste Sammlung virtueller Desktops erfolgreich erstellt wurde, bauen Sie zunächst eine Verbindung zum Server mit Web Access für Remotedesktop auf. Hier gehen Sie vor wie in Kapitel 28 beschrieben. Die Adresse ist normalerweise *https://<Servername>/rdweb*.

Wenn Sie eine Verbindung zwischen einem Server und einer Website eines Servers mit Web Access für Remotedesktop herstellen wollen, müssen Sie im Server-Manager die verstärkte Sicherheitskonfiguration für Internet Explorer deaktivieren (siehe Kapitel 3).

Um den Pool zu testen, melden Sie sich mit dem Benutzerkonto an Web Access für Remotedesktop an, das Sie berechtigt haben, RDP-Sitzungen auf den Clients zu öffnen. Klicken Sie auf das Symbol, das den virtuellen Desktoppool darstellt, und melden Sie sich an.

Unter Umständen müssen Sie erneut eine Authentifizierung für den Computer durchführen, wenn er zum Beispiel über das Internet zugreift oder kein Mitglied der Domäne ist. Anschließend baut sich die RDP-Sitzung zu einem der freien Rechner im Pool auf. Die Anwender müssen dazu nicht wissen, welcher Rechner das ist, sondern werden automatisch weitergeleitet und können mit der RDP-Sitzung auf dem Computer arbeiten.

Tipp

Haben Sie RemoteApps an Windows 10-Clients verteilt (siehe Kapitel 28), finden Anwender auch auf der Startseite eine Verknüpfung zu den Rechnern im virtuellen Pool.

Das gilt ebenso, wenn Sie einem Anwender einen persönlichen Desktop zur Verfügung stellen. Über den gleichen Weg wie die Verteilung der RemoteApps stellen Sie virtuelle Clients als Desktop zur Verfügung. Sie müssen dazu alle Schritte der vorangegangenen Abschnitte durchführen sowie die Schritte, die wir Ihnen im Abschnitt zu den RemoteApps in Kapitel 28 zeigen.

Personalisierte virtuelle Rechner verwenden

Wollen Sie einzelnen Anwendern keinen Rechner aus einem Pool zur Verfügung stellen oder zusätzlich noch einen virtuellen Rechner, den Sie persönlich dem jeweiligen Anwender zuweisen, gehen Sie bei der Einrichtung generell fast identisch vor. Sie wählen in diesem Fall auf der Seite *Sammlungstyp* aber die Option *Persönliche Sammlung von Desktops* aus. Deaktivieren Sie auf Wunsch das Kontrollkästchen *Virtuelle Desktops automatisch erstellen und verwalten* und klicken Sie dann auf *Weiter.* Klicken Sie auf der Seite *Vorhandene virtuelle Desktops angeben* auf den Namen des virtuellen Desktops und klicken Sie dann auf *Hinzufügen.*

Eigenes Hintergrundbild für gehostete Desktops aktivieren

Viele Unternehmen wollen Anwendern ein festes Hintergrundbild zuweisen, wenn diese mit einem virtuellen Computer arbeiten. Dazu arbeiten Sie am besten mit Gruppenrichtlinien. Legen Sie die Computerkonten der virtuellen Computer in eine eigene Organisationseinheit (OU) und konfigurieren Sie auf dieser OU eine Gruppenrichtlinie.

Da das Hintergrundbild, wie viele Einstellungen, eine benutzerspezifische Einstellung ist, müssen Sie zunächst festlegen, dass es für Computer fest vorgegeben wird. Mit der Richtlinie *Loopbackverarbeitungsmodus für Benutzergruppenrichtlinie* im Bereich *Computerkonfiguration/Richtlinie/Administrative Vorlagen/System/Gruppenrichtlinie* legen Sie fest, dass Einstellungen von Benutzern auf alle Computer angewendet werden. Mehr zu diesem Thema lesen Sie in Kapitel 29.

Aktivieren Sie die Richtlinie, können Sie als Option entweder *Ersetzen* oder *Zusammenführen* wählen. Wählen Sie *Ersetzen*, dann ersetzt die Richtlinie alle Einstellungen, die auf Benutzer festgelegt sind, auch aus anderen Richtlinien. Wählen Sie *Zusammenführen*, verwendet die Richtlinie alle Einstellungen. Bei Konflikten verwendet Windows Server 2019 die Richtlinie, für die Sie den Loopbackverarbeitungsmodus aktiviert haben. Anschließend können Sie das Hintergrundbild aktivieren. Die Einstellung für Hintergrundbilder finden Sie bei *Benutzerkonfiguration/Richtlinien/Administrative Vorlagen/Desktop/Desktop* in der Richtlinie *Desktophintergrund*.

Zusammenfassung

In diesem Kapitel haben wir Ihnen erläutert, wie Sie neben der Sitzungs-Virtualisierung mit Remotedesktop-Sitzungshosts auch virtuelle Computer über die Remotedesktopdienste zur Verfügung stellen. Dazu arbeiten in Windows Server 2019 die Remotedesktopdienste noch enger mit Hyper-V zusammen.

Im nächsten Kapitel zeigen wir Ihnen in der Praxis, wie Sie Zertifikate mit einer Active Directory-Zertifizierungsstelle zur Verfügung stellen.

Teil G
Sicherheit und Hochverfügbarkeit

Kapitel 30
Active Directory-Zertifikatdienste

In diesem Kapitel:

Der Einsatz einer internen Zertifizierungsstelle (Certification Authority, CA) ist in Active Directory nahezu unerlässlich. Viele aktuelle Serversysteme von Microsoft oder auch Drittanbietern benötigen Zertifikate für den Zugriff. Beispiele dafür sind Exchange Server 2013/2016/2019, die Remotedesktopdienste oder auch SharePoint. Auch Microsoft SQL Server benötigt ein Zertifikat, wenn Sie Verbindungen verschlüsseln wollen. Wir sind in den verschiedenen Kapiteln bereits auf die Konfiguration von Zertifikaten für den jeweiligen Serverdienst eingegangen. In diesem Kapitel beschreiben wir, wie Sie eine Zertifizierungsstelle installieren und betreiben.

Hinweis Da die Standard-Edition von Windows Server 2019 nahezu die gleichen Funktionen und Serverrollen unterstützt wie Windows Server 2019 Datacenter Edition (siehe Kapitel 1), können Sie alle verfügbaren Funktionen der Active Directory-Zertifikatdienste auch auf Servern mit Windows Server 2019 Standard Edition betreiben.

Außerdem unterstützen alle Funktionen der Active Directory-Zertifikatdienste vollständig Core-Installationen von Windows Server 2019 (siehe die Kapitel 2, 3 und 4).

Für die Veröffentlichung von Outlook Web Access, Outlook Anywhere und Exchange ActiveSync (EAS) sind ebenfalls oft eigene Zertifikate notwendig. Mit den Webdiensten für die Zertifikatregistrierung und den Zertifikatregistrierungsrichtlinien können Sie Zertifikate über HTTP auch für verschiedene Gesamtstrukturen zur Verfügung stellen. So lassen sich Zertifizierungsstellen mit mehreren Gesamtstrukturen betreiben.

Installation einer Zertifizierungsstelle

Installieren Sie die Zertifizierungsstelle möglichst auf einem Mitgliedsserver, nicht auf einem Domänencontroller. Entfernen Sie den Server, der die Zertifizierungsstelle verwaltet, aus der Domäne, verlieren die Zertifikate ihre Gültigkeit.

Serverrolle für Active Directory-Zertifikatdienste installieren

Die Installation führen Sie über das Hinzufügen der Rolle *Active Directory-Zertifikatdienste* im Server-Manager durch. Wählen Sie diese Rolle aus, können Sie die Zertifikatdienste mit einem Assistenten installieren, über den Sie verschiedene Auswahlmöglichkeiten haben.

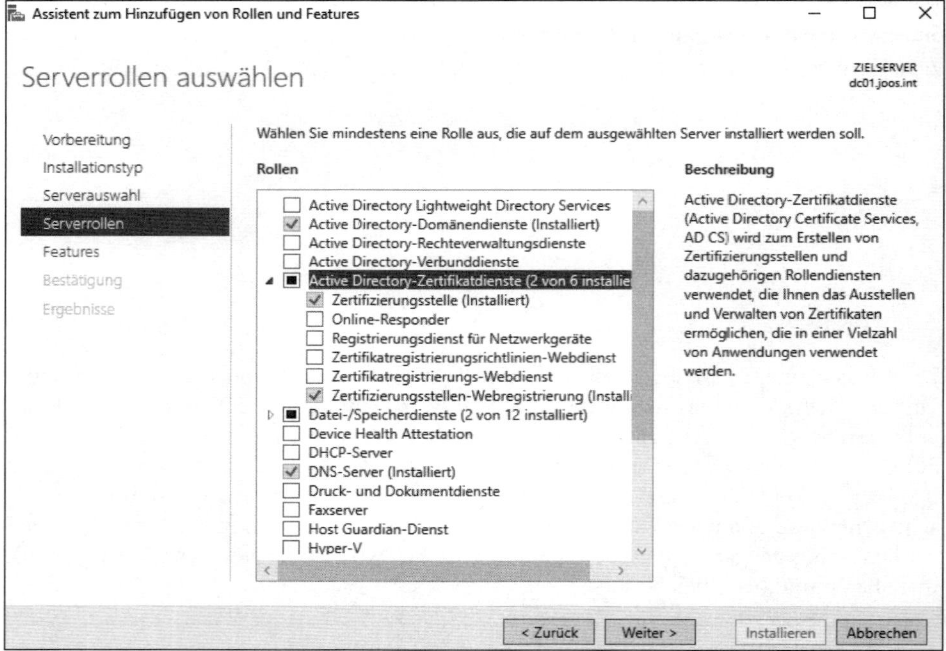

Abbildung 30.1: Installieren der Active Directory-Zertifikatdienste

Insgesamt haben Sie bei der Installation die Wahl unter sechs Rollentypen:

- **Zertifizierungsstelle –** Hierbei handelt es sich um den wichtigsten Rollendienst, der die Basis der Zertifikatdienste darstellt. Dieser Rollendienst wird für das Ausstellen und Verwalten der Zertifikate benötigt.
- **Online-Responder –** Dieser Rollendienst stellt die Funktion zur Verfügung, über die die Clients erweiterte Informationen über den aktuellen Zustand der Zertifikatsabfrage erhalten. Der Dienst setzt die Installation des IIS voraus. Es wird ein neues Web mit der Adresse *http://<Servername>/ocsp* erstellt.
- **Registrierungsdienst für Netzwerkgeräte –** Diese Funktion kann nur alleine installiert werden, nicht zusammen mit einer Zertifizierungsstelle. Mit diesem Rollendienst wird die Funktion zum automatischen Ausstellen von Zertifikaten an Netzwerkgeräte ermöglicht.
- **Zertifikatregistrierungsrichtlinie-Webdienst** – Diesen Dienst benötigen Sie, wenn Sie eine richtlinienbasierte Zertifikatregistrierung ermöglichen, der Clientcomputer jedoch kein Mitglied einer Domäne ist. Der Webdienst verwendet HTTPS, um Informationen zur Zertifikatrichtlinie an Computer weiterzuleiten. Sie benötigen diesen Dienst nicht im Zusammenhang mit SharePoint.
- **Zertifikatregistrierungs-Webdienst –** Stellt einen Webdienst zur Verfügung, der Clients eine Aktualisierung der Zertifikate erlaubt, ohne dass die Computer Mitglied einer Domäne sein müssen.
- **Zertifizierungsstellen-Webregistrierung –** Wird dieser Rollendienst installiert, können auch Zertifikate über die Webadresse *http://<Servername>/certsrv* angefordert werden. Hierbei handelt es sich um die Webschnittstelle der Zertifikatdienste.

Sie sollten die Rollendienste *Zertifizierungsstelle* und *Zertifizierungsstellen-Webregistrierung* auswählen. Der Rollendienst *Zertifizierungsstellen-Webregistrierung* stellt die Weboberfläche der Zertifikatdienste zur Verfügung, die Sie über *http://<Servername>/certsrv* aufrufen, um Zertifikate anzufordern.

Zertifizierungsstelle einrichten

Sie nehmen keine Einstellungen bezüglich der Zertifizierungsstelle während der Installation vor. Wie bei der Installation von Active Directory starten Sie nach der Installation der Serverrolle für die Zertifizierungsstelle den Einrichtungs-Assistenten über das Wartungssymbol im Server-Manager.

Nach dem Start des Assistenten geben Sie den Benutzernamen ein, mit dem Sie den Dienst einrichten wollen. Standardmäßig übernimmt der Assistent den Benutzer, mit dem Sie am Server angemeldet sind. Als Nächstes wählen Sie aus, welche Rollendienste Sie konfigurieren wollen. Nicht installierte Rollendienste sind deaktiviert.

Auf der nächsten Seite legen Sie den Setuptyp fest. Hier sollten Sie die Option *Unternehmenszertifizierungsstelle* auswählen, da Sie bei der ersten Zertifizierungsstelle (Certification Authority, CA) eine Root-CA installieren. Bei dieser Auswahl wird auch die CA in Active Directory integriert. Dadurch verteilt die Zertifizierungsstelle das Zertifikat auf allen Servern und Clientcomputern im Netzwerk. Mehr dazu lesen Sie in Kapitel 28.

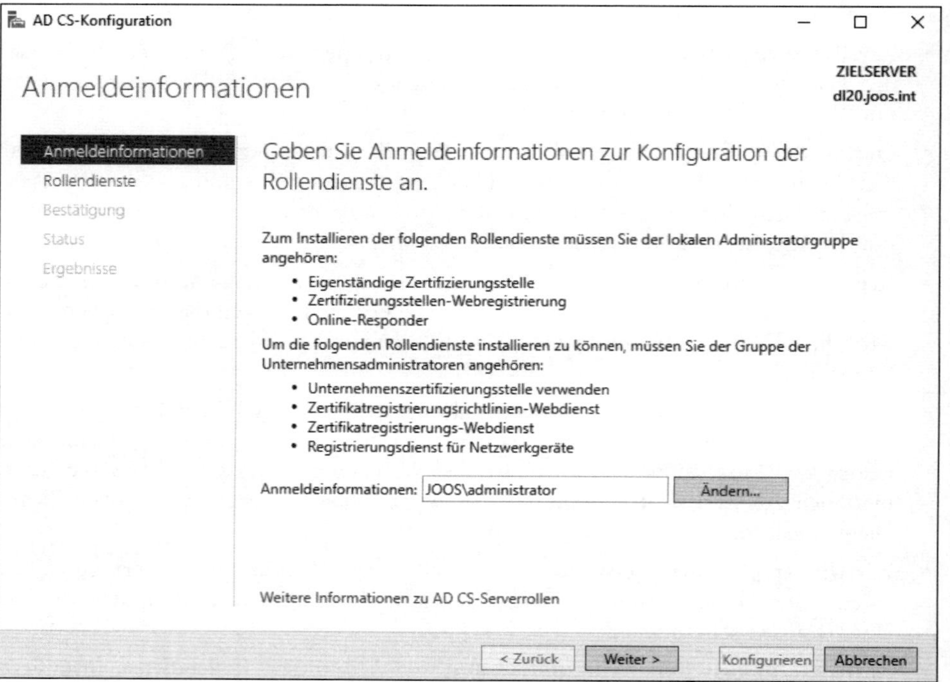

Abbildung 30.2: Einrichten der Zertifizierungsstelle nach der Installation

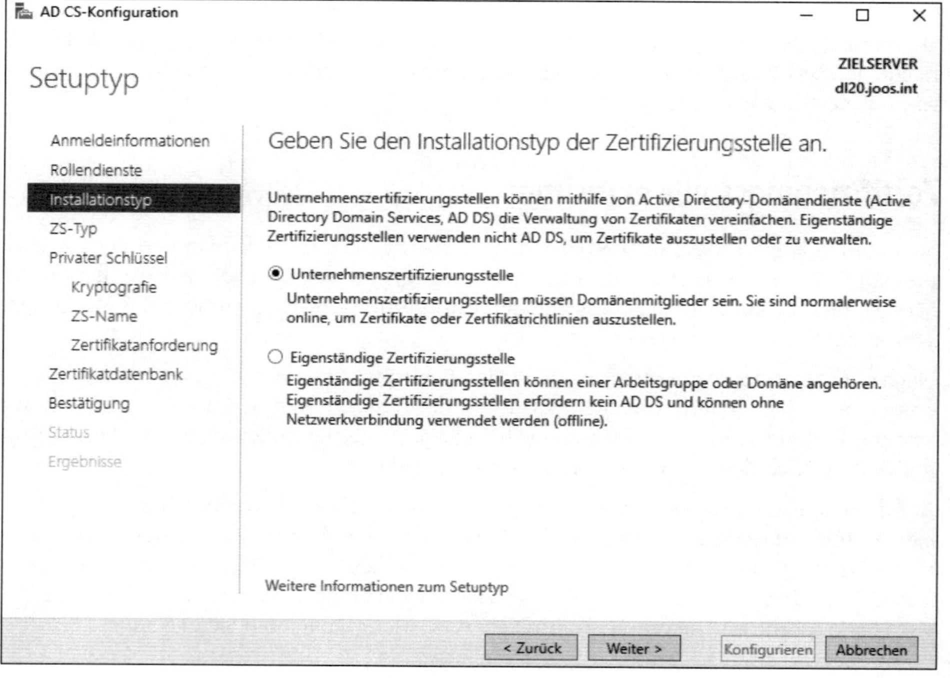

Abbildung 30.3: Auswählen des Installationstyps der Zertifizierungsstelle

Auf der nächsten Seite des Assistenten legen Sie den Zertifizierungsstellentyp fest. Hier sollten Sie bei der ersten Installation möglichst eine *Stammzertifizierungsstelle* auswählen.

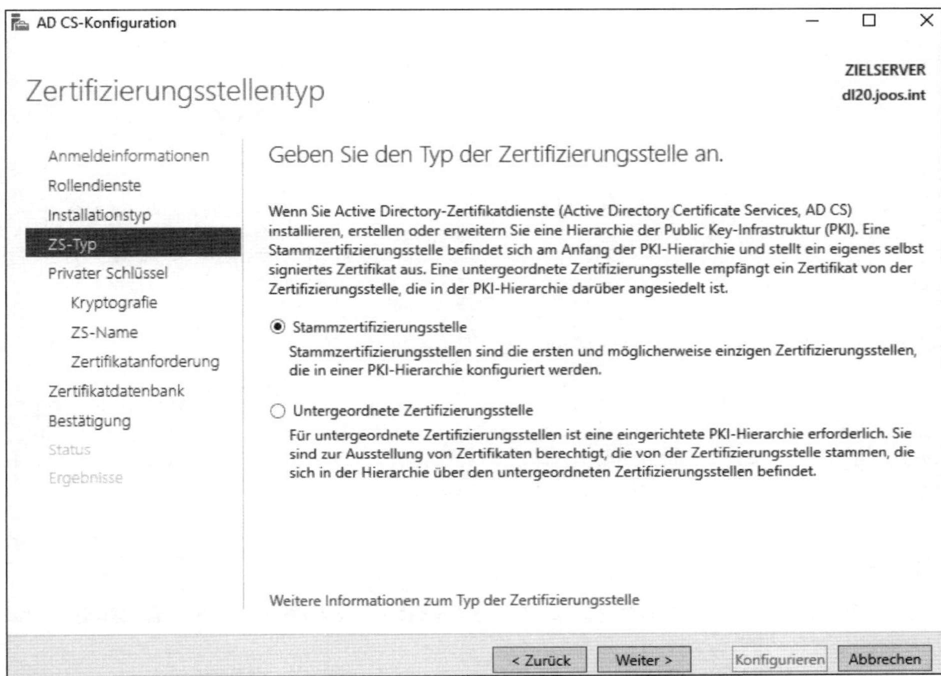

Abbildung 30.4: Auswählen des Zertifizierungsstellentyps

Bei der ersten Installation einer Zertifizierungsstelle wählen Sie aus, dass Sie einen neuen privaten Schlüssel erstellen wollen, da es für diese Zertifizierungsstelle noch keinen Schlüssel gibt. Auf der nächsten Seite des Assistenten wählen Sie aus, mit welcher Verschlüsselung Sie Zertifikate ausstellen wollen. Hier sollten Sie möglichst den Standard belassen.

Über die folgende Seite legen Sie den Namen für die neue Zertifizierungsstelle fest. Hier sollten Sie bei der ersten Stammzertifizierungsstelle im Unternehmen einen passenden Namen wählen. Im Anschluss bestimmen Sie die Gültigkeitsdauer für die Zertifikate und schließen die Konfiguration ab.

Nach der Installation können Sie über das Verwaltungsprogramm *Zertifizierungsstelle* im Menü *Tools* des Server-Managers überprüfen, ob die Installation erfolgreich war. Der Server sollte mit einem grünen Häkchen in der Verwaltungsoberfläche angezeigt werden. Sie können das Tool auch mit dem Befehl *certsrv* aufrufen.

certsrv - [Zertifizierungsstelle (Lokal)\joos-DC01-CA\Ausgestellte Zertifikate]

Datei Aktion Ansicht ?

- Zertifizierungsstelle (Lokal)
  - joos-DC01-CA
    - Gesperrte Zertifikate
    - Ausgestellte Zertifikate
    - Ausstehende Anforderungen
    - Fehlgeschlagene Anforderungen
    - Zertifikatvorlagen

Anforderungs-ID	Antragstellername	Binäres Zertifikat	Zertifikatvorlage
2	JOOS\DC01$	-----BEGIN CERTI...	Domänencontrol...
3	JOOS\DC01$	-----BEGIN CERTI...	Domänencontrol...
4	JOOS\S1$	-----BEGIN CERTI...	Computer (Mac...
5	JOOS\Administrator	-----BEGIN CERTI...	Basis-EFS (EFS)
6	JOOS\S1$	-----BEGIN CERTI...	Computer (Mac...
7	JOOS\S2$	-----BEGIN CERTI...	Computer (Mac...
8	JOOS\S3$	-----BEGIN CERTI...	Computer (Mac...
9	JOOS\DL20$	-----BEGIN CERTI...	Computer (Mac...
10	JOOS\W2K19-CORE$	-----BEGIN CERTI...	Domänencontrol...
11	JOOS\S1$	-----BEGIN CERTI...	Computer (Mac...
12	JOOS\RDS03$	-----BEGIN CERTI...	Computer (Mac...

Abbildung 30.5: Verwalten der Zertifizierungsstelle

Haben Sie bei der Installation noch den Rollendienst *Zertifizierungsstellen-Webregistrierung* ausgewählt, steht zusätzlich noch die Weboberfläche der Zertifizierungsstelle über den Link *http://<Servername>/certsrv* zur Verfügung. Diese Webseite sollte sich nach erfolgter Authentifizierung fehlerfrei öffnen lassen.

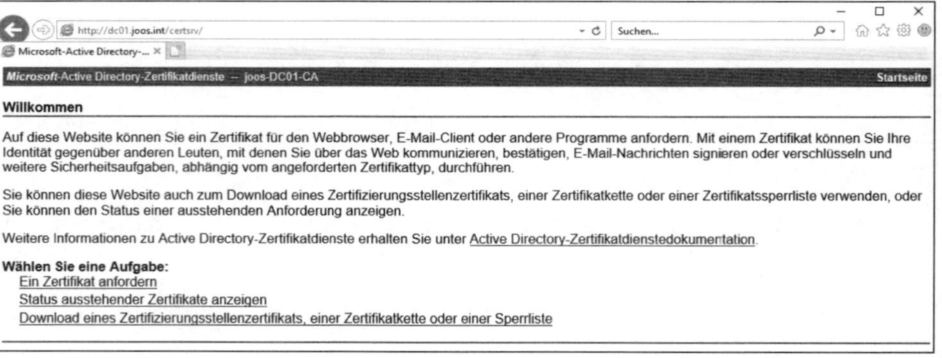

Abbildung 30.6: Aufrufen der Webseite einer neu installierten Zertifizierungsstelle

Zusätzlich gibt es das Zusatztool Pkiview, mit dem sehr schnell der allgemeine Zustand der Zertifizierungsstelle überprüft werden kann. Findet das Tool Fehler, werden diese in einer Konsole angezeigt. Das Tool starten Sie am schnellsten durch Eingabe von *pkiview* in einer Eingabeaufforderung.

Alle Mitgliedcomputer einer Domäne vertrauen einer internen Stammzertifizierungsstelle mit dem Typ *Unternehmen* automatisch. Das Zertifikat dieser Zertifizierungsstelle wird dazu auf den Clientcomputern und Mitgliedsservern in den Zertifikatspeicher der vertrauenswürdigen Stammzertifizierungsstellen integriert. Damit der Server fehlerfrei Zertifikate ausstellt, muss er Mitglied der Gruppe *Zertifikateherausgeber* sein. Diese Gruppe befindet sich in der OU *Users*.

Die wichtigsten Daten der Active Directory-Zertifikatdienste lassen sich auch sichern. Wählen Sie im Kontextmenü der Zertifizierungsstelle in der Verwaltungskonsole die Option *Alle Aufgaben/Zertifizierungsstelle sichern*. Anschließend startet der Assistent, über den die Zertifizierungsstelle und deren Daten gesichert werden.

Auf der nächsten Seite des Assistenten wählen Sie aus, welche Dateien gesichert werden sollen und in welcher Datei die Sicherung abgelegt wird. Anschließend vergeben Sie ein Kennwort für die Sicherung, damit niemand Zugriff auf die Daten erhält. Auf dem gleichen Weg lassen sich auch Daten wiederherstellen.

Eigenständige Zertifizierungsstellen

Eigenständige Zertifizierungsstellen werden dazu verwendet, S/MIME oder SSL-Zertifikate auszustellen, wenn keine Active Directory-Unterstützung benötigt wird. Diese Art der Zertifizierungsstellen läuft vollkommen unabhängig von Active Directory. Eigenständige Zertifizierungsstellen verwenden auch keine Vorlagen und Anwender müssen beim Beantragen von Zertifikaten mehr Informationen angeben, da diese nicht aus Active Directory gelesen werden können. Administratoren müssen außerdem jede Anfrage manuell genehmigen.

Tipp

Installieren Sie eine eigenständige Zertifizierungsstelle, erhalten, wie bei der Unternehmenszertifizierungsstelle, alle Mitgliedscomputer das Zertifikat der Zertifizierungsstelle.

Das Zertifikat wird im Speicher der vertrauenswürdigen Stammzertifizierungsstellen abgelegt. Da keine Unterstützung für die Domäne integriert ist, werden alle Zertifikate ohne Benutzerüberprüfung ausgestellt.

Installieren einer untergeordneten Zertifizierungsstelle

Während der Einrichtung der Zertifikatdienste wählen Sie aus, ob Sie eine untergeordnete Zertifizierungsstelle einrichten wollen. Clients verbinden sich in diesem Fall mit der untergeordneten Zertifizierungsstelle und die Stammzertifizierungsstelle wird bei vielen Anfragen entlastet. Ansonsten sind die Installation und die Verwaltung von untergeordneten Zertifizierungsstellen identisch zu übergeordneten.

Zuweisen und Installieren von Zertifikaten

In diesem Abschnitt zeigen wir Ihnen, wie Sie von einem Computer ein Zertifikat von einer Zertifizierungsstelle anfordern und installieren. Generell können Sie bei der Zuweisung eines Zertifikats auch den Weg über die lokale Verwaltung der Zertifikate gehen. Die Zuweisung über die Weboberfläche der Zertifikatdienste funktioniert ebenso zuverlässig. Wir zeigen Ihnen nachfolgend die verschiedenen Möglichkeiten, die Sie zum Abrufen von Zertifikaten haben.

Zertifikate mit Assistenten aufrufen

In der lokalen Verwaltung von Zertifikaten können Sie in Active Directory auch Zertifikate auf einem Server installieren. Dazu gehen Sie folgendermaßen vor:

1. Starten Sie durch Eingabe von *certlm.msc* auf der Startseite die Verwaltung der lokalen Zertifikate. Alternativ können Sie bei der Verwendung von Webservern auch den Inter-

netinformationsdienste-Manager zum Abrufen von Zertifikaten verwenden (siehe Kapitel 28).

2. Klicken Sie unterhalb von *Eigene Zertifikate* mit der rechten Maustaste auf *Zertifikate* und wählen Sie dann *Alle Aufgaben/Neues Zertifikat anfordern*.
3. Bestätigen Sie auf der nächsten Seite die Option *Active Directory-Registrierungsrichtlinie*.
4. Aktivieren Sie auf der folgenden Seite die Option *Computer* und klicken Sie auf *Registrieren*. Das Zertifikat erscheint anschließend in der Konsole und lässt sich nutzen.

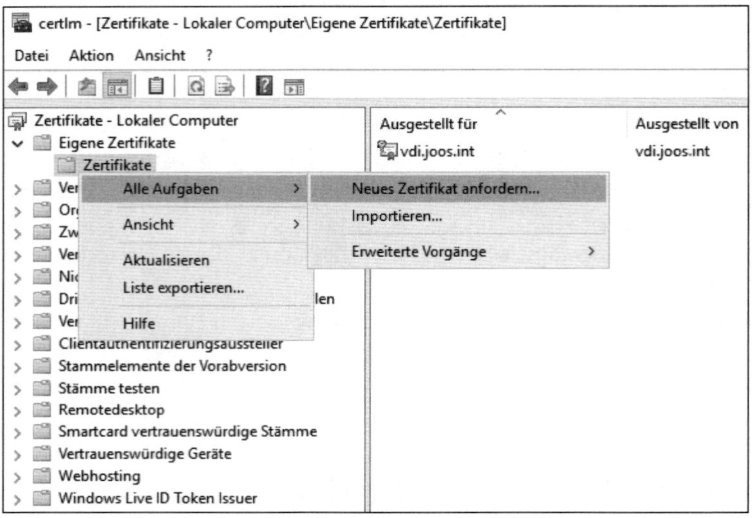

Abbildung 30.7: Registrieren eines neuen Zertifikats

Zertifikate im IIS-Manager abrufen

Sie können SSL auf Webservern, zum Beispiel SharePoint oder Remotedesktopdienste und Exchange, nur verwenden, wenn der Server über ein Serverzertifikat verfügt. Dieses müssen Sie zunächst von der internen Zertifizierungsstelle anfordern und installieren. Sie können neben dem beschriebenen Weg der Zertifikateverwaltung auch den IIS-Manager auf einem Server nutzen:

1. Öffnen Sie den IIS-Manager über das Menü *Tools* im Server-Manager.
2. Klicken Sie auf den *Servernamen*.
3. Doppelklicken Sie auf das Feature *Serverzertifikate* im mittleren Bereich der Konsole. Hier sehen Sie alle Serverzertifikate, die Sie verwenden können, damit sich Anwender per SSL verbinden.
4. Klicken Sie im Bereich *Aktionen* auf *Zertifikatanforderung erstellen*. Alternativ können Sie auch *Domänenzertifikat erstellen* auswählen, wenn Sie mit den Active Directory-Zertifikatdiensten arbeiten. Die folgenden Fenster sind dabei identisch. Mehr dazu lesen Sie in Kapitel 28.

Geben Sie im neuen Fenster den Namen des Zertifikats ein. Achten Sie darauf, dass der Name, den Sie im Feld *Gemeinsamer Name* eingeben, dem Servernamen entspricht, mit dem Anwender auf den Server zugreifen. Verwenden Anwender für den Zugriff einen anderen Namen als den gemeinsamen Namen des Zertifikats, erhalten die Anwender eine Zertifikatewarnung, die besagt, dass das Zertifikat für eine andere Seite ausgestellt ist.

Auch wenn Sie den FQDN eines Servers verwenden, zum Beispiel *sps01.contoso.com*, erhalten Anwender eine Fehlermeldung, wenn der Zugriff über den NetBIOS-Namen erfolgt, zum Beispiel mit *sps01*. Soll der Zugriff auf den Server mit *www.contoso.com* erfolgen, muss der gemeinsame Name des Zertifikats auch *www.contoso.com* sein. Greifen Sie mit verschiedenen Hostnamen einer Domäne zu, zum Beispiel *sps01.contoso.com* und *portal.contoso.com*, können Sie als gemeinsamen Namen auch mit dem Platzhalter * arbeiten, zum Beispiel **.contoso.com*. In diesem Zusammenhang spricht man von einem Platzhalterzertifikat.

Wählen Sie auf der nächsten Seite *Eigenschaften für Kryptografiedienstanbieter* Werte für *Kryptografiedienstanbieter* und *Bitlänge* aus und klicken Sie dann auf *Weiter*. In den meisten Fällen können Sie den Standardwert belassen. Erstellen Sie ein Domänenzertifikat, können Sie auf der nächsten Seite direkt über *Auswählen* die Zertifizierungsstelle auswählen, wenn Sie in Active Directory eine Zertifizierungsstelle installiert haben.

Klicken Sie auf *Fertig stellen*, um das Zertifikat auf dem Server zu installieren. Speichern Sie die Anfrage als Datei, wenn Sie ein normales Zertifikat verwenden. Arbeiten Sie mit einem Domänenzertifikat, können Sie den Assistenten an dieser Stelle schon abschließen. Bei diesem Vorgang überträgt der Assistent automatisch das Zertifikat von den Active Directory-Zertifikatdiensten auf den Server.

Arbeiten Sie mit einer manuellen Zertifikatanfrage für ein Zertifikat eines Drittanbieters oder auch mit den Active Directory-Zertifikatdiensten, müssen Sie noch weitere Schritte durchführen. Sie speichern dazu die Anfrage in einer Datei. Im nächsten Schritt öffnen Sie das Webfrontend des Zertifikateausstellers. Arbeiten Sie mit den Active Directory-Zertifikatdiensten, erreichen Sie diese über die Adresse *http://<Servername>/certsrv*.

Wählen Sie anschließend auf der Webseite für die Zertifizierungsstelle die Option *Ein Zertifikat anfordern* und wählen Sie dann die *Erweiterte Anforderung* aus. Als Nächstes wählen Sie die Option *Reichen Sie eine Zertifikatanforderung ein, die eine Base64-codierte CMD- oder PKCS10-Datei verwendet, oder eine Erneuerungsanforderung, die eine Base64-codierte PKCS7-Datei verwendet, ein.*

Im nächsten Fenster geben Sie im Feld *Gespeicherte Anforderung* den kompletten Text der *.txt*-Datei ein, die Sie im Vorfeld erstellt haben. Sie können dazu die Datei im Editor öffnen und den Inhalt in die Zwischenablage kopieren. Klicken Sie dazu in die Datei und markieren Sie den kompletten Text mit Strg+A. Mit Strg+C kopieren Sie den Text in die Zwischenablage, mit Strg+V fügen Sie ihn in das Feld ein. Wählen Sie als Zertifikatvorlage noch *Webserver* aus, wenn Sie die Internetinformationsdienste (IIS) oder einen Serverdienst absichern wollen, und klicken Sie dann auf *Einsenden*.

Im nächsten Schritt laden Sie das Zertifikat als DER- oder Base-64-Datei auf den Server und schließen den Browser. Danach müssen Sie das Zertifikat aus der heruntergeladenen *.cer*-Datei auf dem Server installieren:

1. Doppelklicken Sie im Internetinformationsdienste-Manager auf das Feature *Serverzertifikate*.
2. Wählen Sie *Zertifikatanforderung abschließen* im Aktionsbereich aus.
3. Geben Sie einen Anzeigenamen für das Zertifikat ein und klicken Sie auf *OK*. Verwenden Sie als Anzeigenamen am besten den gemeinsamen Namen des Zertifikats, den Sie bei der Erstellung ausgewählt haben.

Zertifikate über Webinterface ausstellen

In diesem Abschnitt zeigen wir Ihnen, wie Sie von einem Server ein Zertifikat von einer Zertifizierungsstelle unter Windows Server anfordern und installieren. Generell können Sie bei der Zuweisung eines Zertifikats auch den Weg über die lokale Verwaltung der Zertifikate gehen, aber die Zuweisung über die Weboberfläche funktioniert ebenso zuverlässig. Sie können zum Beispiel die Verschlüsselung in SQL Server nur verwenden, wenn der Server über ein Serverzertifikat verfügt. Dieses müssen Sie zunächst von der internen Zertifizierungsstelle anfordern und installieren.

Aktivieren Sie auf der Webseite für die Zertifizierungsstelle (*http://<Servername>/certsrv*) die Option *Ein Zertifikat anfordern* und wählen Sie dann die *Erweiterte Zertifikatanforderung* aus. Aktivieren Sie vorher noch SSL für die Seite, wie im nächsten Abschnitt behandelt. Rufen Sie die Webseite der Zertifizierungsstelle auf, blockiert der Server viele Einstellungen. Nur beim Aufrufen über SSL funktioniert der Abruf von Zertifikaten:

1. Als Nächstes wählen Sie die Option *Eine Anforderung an diese Zertifizierungsstelle erstellen und einreichen.*
2. Wählen Sie als Vorlage die Option *Webserver* und als Name den vollständigen Domänennamen des Servers aus. Klicken Sie anschließend auf *Einsenden* und dann auf *Dieses Zertifikat installieren.*
3. Dadurch ist das Zertifikat auf dem Server verfügbar.

Damit das Zertifikat fehlerfrei funktioniert, muss das Zertifikat der Zertifizierungsstelle, von der Sie es haben, bei den vertrauenswürdigen Stammzertifizierungsstellen auf dem Server hinterlegt sein sowie auf den Clients, die auf den Server zugreifen. Wie das geht, zeigen wir ebenfalls in den nachfolgenden Abschnitten.

Zertifikate mit Gruppenrichtlinien verteilen

Arbeiten Unternehmen mit den Active Directory-Zertifikatdiensten und eigenen Vorlagen, können Administratoren über Gruppenrichtlinien Zertifikate automatisiert ausstellen und Anwendern oder Computern zuweisen lassen. Das ist zum Beispiel sinnvoll, wenn die Remotedesktopdienste eingesetzt werden.

Die Einstellungen dazu sind im Bereich *Computerkonfiguration/Richtlinien/Administrative Vorlagen/Windows-Komponenten/Remotedesktopdienste/Remotedesktopsitzungs-Host/Sicherheit* zu finden. Rufen Sie die Einstellung *Zertifikatvorlage für Serverauthentifizierung* auf, lässt sich hier der Name der Zertifikatvorlage eingeben, die erstellt wurde.

Hier muss aber darauf geachtet werden, dass der Name der Zertifikatvorlage an dieser Stelle mit dem Namen der Zertifikatvorlage in den Einstellungen der Zertifizierungsstelle übereinstimmt. Verknüpfen Sie die neue Gruppenrichtlinie mit den Computern in der Domäne, die ein Zertifikat auf Basis dieser Vorlage erhalten sollen, wird das Zertifikat automatisch verteilt.

Zertifizierungsstelle verwalten

Damit die Zertifizierungsstelle optimal funktioniert, müssen Sie einige Verwaltungsaufgaben durchführen. Dazu gehört zum Beispiel auch die Aktivierung von SSL.

SSL für Zertifikatdienste einrichten

Viele Optionen für den Webdienst der Zertifizierungsstelle funktionieren erst dann, wenn Sie SSL für die Webdienste aktivieren. Standardmäßig erreichen Sie den Webdienst über *http://<Servername>/certsrv.* Wenn Sie ein Zertifikat über diese URL abrufen wollen, erhalten Sie aber die Meldung, dass Sie erst SSL für den Webdienst aktivieren müssen. Dazu gehen Sie folgendermaßen vor:

1. Klicken Sie im Internetinformationsdienste-Manager auf *Sites/Default Web Site.*
2. Klicken Sie rechts auf *Bindungen*.
3. Klicken Sie im neuen Fenster auf *Hinzufügen* und wählen Sie *https* aus.
4. Wählen Sie bei *SSL-Zertifikat* ein Zertifikat aus. Sie können das Zertifikat jederzeit anpassen.
5. Klicken Sie zweimal auf *OK*, um die Änderungen zu speichern.

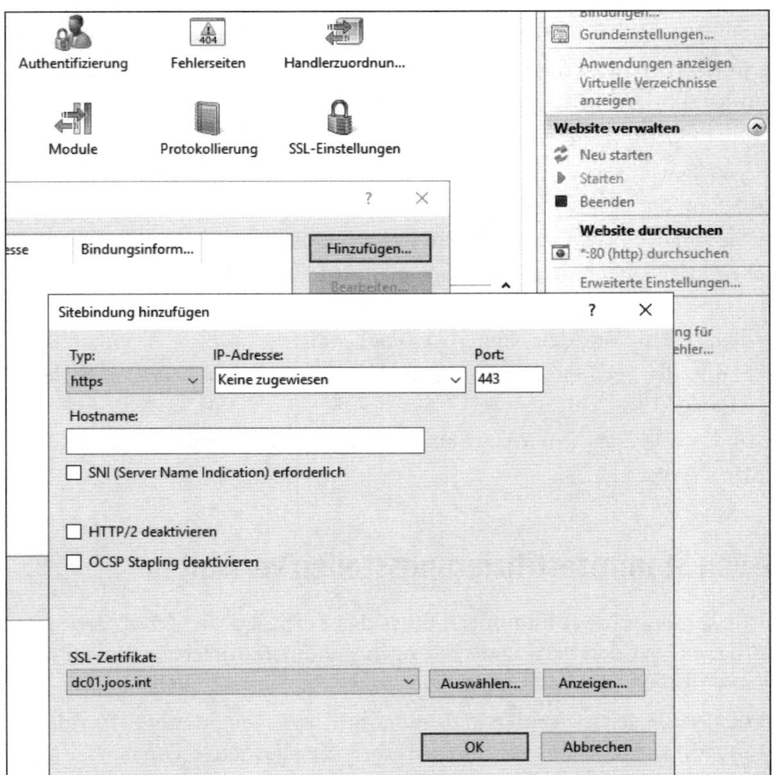

Abbildung 30.8: Konfigurieren der SSL-Bindung für die Webdienste der Zertifizierungsstelle

Sobald Sie die Bindung definiert haben, können Sie bereits per SSL auf die Seite zugreifen. Es sind zwar noch Optimierungsarbeiten notwendig, die wir in den nächsten Abschnitten behandeln, ein Zugriff ist aber per SSL bereits möglich. Dazu verwenden Sie den Link *https://<Servername>/certsrv*.

Greifen Sie mit URLs auf den Server zu, erscheint unter Umständen mehrere Male ein Authentifizierungsfenster. Die Ursache liegt in einer Sicherheitsfunktion, die in Windows Server 2019 integriert ist. Diese verhindert den Zugriff auf einen Server über das Netzwerk mit einem anderen Namen als dem Servernamen.

In diesem Fall sollten Sie zunächst überprüfen, ob im Browser die Adresse auch als lokales Intranet konfiguriert ist. Achten Sie darauf, dass Sie entweder mit einem Platzhalterzertifikat arbeiten, wie in den vorangegangenen Abschnitten beschrieben, oder für die entsprechende URL den richtigen Namen im Zertifikat angeben. Zusätzlich sollten Sie auf dem Server diese URLs noch in die Registry eintragen. Gehen Sie dazu folgendermaßen vor:

1. Rufen Sie mit *regedit* den Registrierungseditor auf.
2. Navigieren Sie zu *HKEY_LOCAL_MACHINE\SYSTEM\CurrentControlSet\Control\Lsa\MSV1_0.*
3. Klicken Sie mit der rechten Maustaste auf *MSV1_0*, wählen Sie *Neu* und dann *Wert der mehrteiligen Zeichenfolge.*
4. Geben Sie als Namen *BackConnectionHostNames* ein.
5. Klicken Sie mit der rechten Maustaste auf *BackConnectionHostNames* und dann auf *Ändern.*
6. Geben Sie in das Feld *Wert* die Hostnamen für die Sites ein, die sich auf dem lokalen Server befinden, und klicken Sie danach auf *OK.*
7. Starten Sie IIS mit *iisreset* neu.

Hilft diese Vorgehensweise nicht, können Sie auf dem Server noch einen anderen Registryeintrag bearbeiten, der eventuell den Fehler behebt:

1. Navigieren Sie zu *HKEY_LOCAL_MACHINE\SYSTEM\CurrentControlSet\Control\Lsa.*
2. Klicken Sie mit der rechten Maustaste auf *Lsa*, wählen Sie *Neu* und dann *DWORD-Wert.*
3. Geben Sie dem neuen Wert den Namen *DisableLoopbackCheck*.
4. Klicken Sie mit der rechten Maustaste auf *DisableLoopbackCheck* und dann auf *Ändern.*
5. Geben Sie in das Feld *Wert* den Wert *1* ein und klicken Sie anschließend auf *OK.*
6. Starten Sie den Server neu.

Zertifikate von Stammzertifizierungsstellen verwalten

Damit das Zertifikat fehlerfrei funktioniert, muss das Zertifikat der Zertifizierungsstelle, von der Sie es haben, bei den vertrauenswürdigen Stammzertifizierungsstellen auf dem Server hinterlegt sein sowie auf den Clients, die auf den Server zugreifen.

Das Zertifikat der Stammzertifizierungsstelle muss hinterlegt sein, damit Server den Zertifikaten dieser Zertifizierungsstelle vertrauen. Haben Sie die Active Directory-Zertifikatdienste installiert, können Sie den Import des Zertifikats auf Clients und dem Server beschleunigen, wenn Sie auf dem Server über *gpupdate /force* die Gruppenrichtlinien erneut abrufen.

Die Installation der Zertifikate von internen Zertifizierungsstellen findet über die Gruppenrichtlinie in Active Directory statt. Arbeiten Sie mit einer Zertifizierungsstelle eines Drittanbieters, müssen Sie das Zertifikat der Zertifizierungsstelle in die vertrauenswürdigen Stammzertifizierungsstellen importieren. Zertifikate überprüfen Sie auf folgendem Weg:

1. Geben Sie *certlm.msc* im Startmenü ein.
2. Erweitern Sie in der Konsole *Zertifikate/Vertrauenswürdige Stammzertifizierungsstellen/ Zertifikate.*
3. Überprüfen Sie an dieser Stelle, ob das Zertifikat der Zertifizierungsstelle hinterlegt ist. Finden Sie es nicht, dann geben Sie in einer Eingabeaufforderung *gpupdate /force* ein, um es per Gruppenrichtlinie abzurufen. Erscheint auch dann das Zertifikat nicht, exportieren Sie es auf dem Zertifikatserver selbst und importieren es auf dem Server.

Sofern die Zertifizierungsstelle in derselben Active Directory-Domäne installiert ist, in der auch der Server installiert ist, für den Sie ein Zertifikat nutzen wollen, sollte dies automatisch stattfinden. Dies ist anders, sofern die Zertifizierungsstelle nicht in Active Directory integriert ist. In diesem Fall können Sie das Zertifikat leicht auf dem Server mit der Zertifizierungsstelle exportieren.

Die vertrauenswürdigen Zertifizierungsstellen finden Sie auch über den Internet Explorer. Rufen Sie nach dem Start über *Extras/Internetoptionen* die Registerkarte *Inhalte* und dann per Klick auf die Schaltfläche *Zertifikate* und Auswahl der Registerkarte *Vertrauenswürdige Stammzertifizierungsstellen* die Auflistung der Zertifizierungsstellen auf dem Server auf, der über das Zertifikat bereits verfügt.

Hier sollte das Zertifikat der Zertifizierungsstelle hinterlegt sein. Markieren Sie diese Zertifizierungsstelle und klicken Sie auf die Schaltfläche *Exportieren.* Unter Umständen tauchen an dieser Stelle mehrere Zertifikate Ihrer Stammzertifizierungsstelle auf, wählen Sie im Zweifel das mit dem höchsten Ablaufdatum aus. Erscheint beim Exportieren eine Abfrage des privaten Schlüssels des Zertifikats, haben Sie das falsche erwischt. Verwenden Sie dann einfach das andere Zertifikat. Exportieren Sie auf dem Server das Zertifikat in eine *.cer*-Datei.

Klicken Sie doppelt auf das Zertifikat, wird es auf dem Server angezeigt und Sie können es installieren. Klicken Sie auf die Schaltfläche *Zertifikat installieren*, damit das Zertifikat auf dem Server installiert wird. Lassen Sie das Stammzertifikat in den Speicher der vertrauenswürdigen Stammzertifizierungsstellen importieren. Überprüfen Sie anschließend, ob das Zertifikat erfolgreich importiert ist.

Auf allen beteiligten Servern und Arbeitsstationen muss der Zertifizierungsstelle des Unternehmens auf dieser Registerkarte vertraut werden. Eine weitere Möglichkeit, das Zertifikat der vertrauenswürdigen Stammzertifizierungsstelle zu ex- und importieren, ist das Snap-in zur Verwaltung von Zertifikaten. Um das Zertifikat über die MMC-Konsole zu exportieren, gehen Sie folgendermaßen vor:

1. Tippen Sie *certlm.msc* im Startmenü ein.
2. Erweitern Sie in der Konsole *Zertifikate/Eigene Zertifikate/Zertifikate.*

Die Zertifizierungsstellentypen und -Aufgaben

Bei der Installation der Active Directory-Zertifikatdienste wählen Sie aus, ob der Typ *Unternehmen* oder *Eigenständig* installiert werden soll. Wählen Sie *Unternehmen* aus, integriert Windows die Zertifikatdienste in Active Directory. Außerdem verteilt eine Zertifizierungsstelle (Certificate Authority, CA) das Zertifikat für die vertrauenswürdigen Stammzertifizierungsstellen auf den Computern automatisch über eine Gruppenrichtlinie. Wir haben diese Vorgänge zu Beginn des Kapitels beschrieben.

Hinweis Alle Mitgliedcomputer einer Domäne vertrauen einer internen Stammzertifizierungsstelle mit dem Typ *Unternehmen* automatisch. Das Zertifikat dieser Zertifizierungsstelle wird dazu auf den Clientcomputern und Mitgliedsservern in den Zertifikatspeicher der vertrauenswürdigen Stammzertifizierungsstellen integriert.

Damit der Server fehlerfrei Zertifikate ausstellen kann, muss er Mitglied der Gruppe *Zertifikateherausgeber* sein. Diese Gruppe befindet sich in der Organisationseinheit *Users*.

Innerhalb einer Unternehmenszertifizierungsstelle werden die Zertifikate auf Basis von Zertifikatvorlagen ausgestellt. Sie können in der Verwaltungskonsole durch Eingabe von *certsrv.msc* und *certtmpl.msc* jederzeit weitere Vorlagen erstellen.

Die Zertifikatvorlagen verwalten Sie aber hauptsächlich mit dem Snap-in *Zertifikatvorlagen*. Dieses startet, wenn Sie im Kontextmenü *Zertifikatvorlagen* in der Verwaltungskonsole *Zertifizierungsstelle* auf den Menüpunkt *Verwalten* klicken. Direkt starten Sie die Verwaltung durch die Eingabe von *certtmpl.msc* auf der Startseite. Neben den Standardvorlagen gibt es noch zahlreiche weitere, die über die Verwaltungskonsole konfiguriert und aktiviert werden können.

Jede Zertifikatvorlage verfügt über eine eigene Sicherheitsverwaltung, die Sie über das Kontextmenü in den Eigenschaften auf der Registerkarte *Sicherheit* aufrufen. Erstellen Sie Zertifikate auf Basis der Zertifikatvorlagen, können die Zertifikatdienste die Daten und den Namen des Antragstellers automatisch aus Active Directory auslesen.

Verteilung der Zertifikateinstellungen über Gruppenrichtlinien

Die Einstellungen für Zertifikate finden Sie unter *Computerkonfiguration/Richtlinien/Windows-Einstellungen/Sicherheitseinstellungen/Richtlinien für öffentliche Schlüssel*. Einstellungen an dieser Stelle gelten zentral für alle Rechner einer Domäne. So kann zum Beispiel eingestellt werden, dass Anwender nur geprüfte und vertrauenswürdige Zertifikate herunterladen dürfen. In Kapitel 28 sind wir ausführlich auf diese Themen eingegangen.

Sicherheit für Zertifizierungsstellen verwalten

Zum Betrieb einer Zertifizierungsstelle gehört auch die Absicherung und die Steuerung der Berechtigungen für die CA. Die Active Directory-Zertifikatdienste sind in das Berechtigungsmodell von Active Directory integriert.

Zertifizierungsstellenverwaltung delegieren

Verwaltungsrollen können an verschiedene Personen in einer Organisation verteilt werden. Die rollenbasierte Verwaltung wird von Unternehmenszertifizierungsstellen und eigenständigen Zertifizierungsstellen unterstützt.

Klicken Sie auf der Registerkarte *Zertifikatverwaltungen* auf *Zertifikatverwaltungen einschränken* und überprüfen Sie, ob der Name der Gruppe oder des Benutzers angezeigt wird. Klicken Sie unter *Zertifikatvorlagen* auf *Hinzufügen* und wählen Sie die Vorlage für die Zertifikate aus, die von diesem Benutzer oder dieser Gruppe verwaltet werden sollen. Über *Berechtigungen* konfigurieren Sie die Rechte für die einzelnen Gruppen. In Windows Server 2019 sind Zertifikatvorlagen enthalten, die unterschiedliche Registrierungs-Agenttypen aktivieren.

Die Einstellungen für diese Agents werden auf der Registerkarte *Registrierungs-Agents* durchgeführt. Klicken Sie im Bereich *Registrierungs-Agents* auf *Hinzufügen* und geben Sie die Namen des Benutzers oder der Gruppen ein.

Auf der Registerkarte *Überwachung* werden die zu überwachenden Ereignisse ausgewählt. Die generellen Optionen der Überwachungsrichtlinie können in Gruppenrichtlinien unter *Computerkonfiguration/Windows-Einstellungen/Sicherheitseinstellungen/Lokale Richtlinien* eingestellt werden. Die Ereignisse werden im Überwachungsprotokoll der Ereignisanzeige festgehalten.

Sichern von Active Directory-Zertifikatdiensten

Die wichtigsten Daten der Active Directory-Zertifikatdienste lassen sich sichern. Wählen Sie im Kontextmenü der Zertifizierungsstelle in der Verwaltungskonsole die Option *Alle Aufgaben/Zertifizierungsstelle sichern*. Anschließend startet der Assistent, über den die Zertifizierungsstelle und deren Daten gesichert werden.

Auf der nächsten Seite des Assistenten wählen Sie aus, welche Dateien gesichert werden sollen und in welcher Datei die Sicherung abgelegt wird. Anschließend vergeben Sie ein Kennwort für die Sicherung, damit niemand Zugriff auf die Daten erhält. Im Anschluss wird die Zertifizierungsstelle gesichert. Auf dem gleichen Weg lassen sich auch Daten wiederherstellen.

Zusammenfassung

In diesem Kapitel haben wir Ihnen gezeigt, wie Sie Zertifizierungsstellen installieren, einrichten und in Active Directory verwenden, um zum Beispiel SSL-Zertifikate für Webserver anzufordern und zu installieren.

Im nächsten Kapitel zeigen wir Ihnen, wie Sie die Sicherheit in Windows Server 2019 verwalten.

Kapitel 31

Firewall, Defender und IPsec im Netzwerk einsetzen

In diesem Kapitel:

Für Unternehmen, die keinen externen Virenscanner betreiben oder die bereits während der Einrichtung des Servers geschützt sein wollen, bietet Windows Server 2019 die standardmäßige Aktivierung von Windows Defender. Der Virenscanner aus Windows 10 bietet einen rudimentären Virenschutz, der sich auch per Gruppenrichtlinie steuern lässt.

Installieren Sie auf dem Server einen anderen Virenscanner, wird Defender deaktiviert. Sie können Windows Defender in der grafischen Oberfläche verwalten, aber auch in der Befehlszeile und der PowerShell.

In diesem Kapitel gehen wir auf die grundlegende Steuerung von Windows Defender und den anderen internen Sicherheitsfunktionen in Windows Server 2019, zum Beispiel der Windows-Firewall, ein.

Windows Server 2019 verfügt standardmäßig über Windows Defender Advanced Threat Protection (ATP). Das heißt, der Server ist bereits standardmäßig recht effektiv vor Sicherheitslücken geschützt.

Windows Defender Advanced Threat Protection

Microsoft bietet immer mehr Funktionen und Dienste an, die sich mit der Sicherheit von Netzwerken befassen. In Windows 10 und Windows Server 2019 hat Microsoft dazu zahlreiche weitere Funktionen integriert, zum Beispiel die neue Technik zur Installation von Updates.

Windows Defender Advanced Threat Protection (ATP) (*https://www.microsoft.com/de-de/windowsforbusiness/windows-atp*) ist ein Clouddienst, der Unternehmen in die Lage versetzt, Angriffe auf das eigene Netzwerk zu erkennen. Die Verwaltung erfolgt über ein webbasiertes Dashboard, in dem die Daten der einzelnen angebundenen Firmenrechner angezeigt werden. In Windows Server 2019 ist keine Verwaltung von ATP notwendig, der Server schützt sich selbstständig vor Angriffen.

ATP erkennt, wenn sich Windows-Rechner verdächtig verhalten, und kann Administratoren darüber informieren. Es sind daher keine Definitionsdateien notwendig, sondern der Clouddienst überwacht die Windows-Geräte und zeigt verdächtiges Verhalten an.

Die notwendigen Techniken zum Messen und Übertragen von Telemetriedaten sind direkt in das Betriebssystem integriert. Optimal arbeitet ATP mit Windows 10 Enterprise und Windows Server 2019 zusammen, da hier alle Komponenten für Windows Defender Advanced Threat Protection (ATP) bereits integriert sind. Die Anbindung an ATP erfolgt in diesem Fall über Gruppenrichtlinien, Skript oder mit System Center Configuration Manager. Microsoft stellt auch die entsprechenden Skripts zur Verfügung sowie Vorlagen für Gruppenrichtlinien oder die Anbindung an SCCM.

ATP arbeitet daher auch mit herkömmlichen Virenscannern zusammen, die mit Definitionsdateien arbeiten. Dadurch erhalten Unternehmen einen zusätzlichen Schutz. ATP hat also nicht die Aufgabe, Firewalls oder Virenscanner zu ersetzen, sondern soll die vorhandenen Technologien einbinden, um Netzwerke noch sicherer zu betreiben. ATP erkennt Angriffe, bei denen Firewall und Virenscanner überfordert sind oder keine Maßnahmen ergreifen können. Dennoch müssen in sicheren Netzwerken die Computer abgesichert werden. Dazu gehört das Installieren von Windows-Updates genauso wie das Verwenden von sicheren Benutzerkonten und eine sichere Authentifizierung.

ATP arbeitet mit Machine Learning und erkennt, ob sich Rechner im Netzwerk anders verhalten, als es der Norm entspricht. Die Lösung analysiert dazu nicht nur einzelne Rechner im Netzwerk, sondern nutzt die Daten von allen angebundenen Rechnern. So erkennt die Software auch zusammenhängende Angriffe und kann entsprechende Gegenmaßnahmen einleiten. Dadurch werden im Netzwerk Rechner bereits geschützt, die überhaupt noch nicht angegriffen worden sind.

So funktioniert Windows Defender Advanced Threat Protection

ATP arbeitet mit einem Systemdienst in Windows 10 und Windows Server 2019. Dieser analysiert das eigene System und sendet Daten in die Cloud. Der Cloudteil von ATP analysiert die gesendeten Daten aller angebundenen Rechner und wertet sie entsprechend aus. Dazu kann der Dienst auch mit anderen Daten arbeiten, die Microsoft zur Verfügung steht.

Durch die starke Verbreitung von Windows und anderen Microsoft-Diensten stehen Microsoft zahlreiche Informationen zur Verfügung. Alleine durch diese starke Verbreitung von Microsoft-Produkten und -Diensten kann ATP auf eine umfassende Basis in der Heuristik zurückgreifen, zusammen mit den Daten, die durch die Windows 10-PCs und Server mit Windows Server 2019 zugestellt werden.

Der Vorteil von ATP besteht in der breiten Datenbasis, die Microsoft vorliegt, sowie den intelligenten Algorithmen im Bereich Machine Learning. Um ATP zu nutzen, müssen die Rechner kein Bestandteil einer Active Directory-Domäne sein. Das heißt, Unternehmen können auch Notebooks mit einbeziehen, aber auch Heimarbeitsplätze und Kiosk-Rechner. Das verbreitert die Datenbasis, erleichtert den Schutz und bietet weitere Sicherheitsstufen für besonders gefährdete Rechner. Neben der automatisierten Analyse können Administratoren auch verschiedene verdächtige Dateien in die Cloud laden und analysieren lassen.

Microsoft nutzt dazu Funktionen aus Big Data und Indicators of Attacks (IOAs). Auch Ergebnisse von früheren Angriffen auf Basis von Indicators of Compromises (IOCs) werden mit einbezogen.

Windows Defender System Guard

Microsoft erweitert die Sicherheitstechnologien von Windows 10 und Windows-Server mit jeder neuen Version. Die Schutzfunktionen werden unter dem Markennamen »Windows Defender« zusammengefasst. Dabei handelt es sich nicht nur um eine Erweiterung des kostenlosen Virenscanners für Windows, sondern um erweiterte Schutzfunktionen.

Dazu gehören Windows Defender System Guard, Windows Defender Application Guard und Windows Defender Exploit Guard. Diese Techniken haben den Schutz vor gefährlicher Malware im Fokus, die durch den Standard-Virenschutz auf Windows-Rechnern nicht bekämpft werden. Windows Defender System Guard, Application Guard und Exploit Guard arbeiten also mit anderen Schutztechnologien zusammen und ergänzen den Schutz von Windows 10-Arbeitsstationen und Servern mit Windows Server 2019 mit Bordmitteln.

Alle diese Technologien sind in Windows 10 Pro und Enterprise sowie in Windows Server 2019 integriert und lassen sich auch mit Gruppenrichtlinien steuern. In diesem Abschnitt zeigen wir die Möglichkeiten von Windows Defender System Guard und gehen auch auf die Schutzfunktionen ein, die Windows Defenster System Guard ergänzen.

Schutz vor Bootkits, Rootkits und anderen Angreifern

Bei Windows Defender System Guard handelt es sich um eine zusätzliche Schutzebene für Windows 10 und Windows Server 2019. Diese schützt das Betriebssystem bereits beim Start vor Angreifern. Mit Windows Defender System Guard (WDSG) werden bislang Computer mit Windows 10 Enterprise und Windows 10 Pro vor gefährlichen Webseiten und Malware geschützt.

Die zusätzliche Sicherheitsebene kann Windows 10 und Windows Server 2019 auch vor Bootkits und Rootkits schützen sowie vor Attacken, die von herkömmlichen Virenscannern noch nicht bereinigt werden können.

Windows Defender System Guard (WDSG) bindet sich seit Windows 10 Version 1709 (Fall Creators Update) direkt in den Startbereich von Windows 10 Pro und Enterprise ein und kann mit weitreichenden Rechten gegen Angreifer und Malware agieren. Mit WDSG soll sichergestellt werden, dass Windows-Rechner nicht schon beim Starten von Malware kompromittiert werden, also bevor der Virenschutz eingreifen kann.

Die Funktionen dazu beschreibt Microsoft in seinen Blogbeiträgen »Hardening the system and maintaining integrity with Windows Defender System Guard« (*https://www.microsoft.com/security/blog/2017/10/23/hardening-the-system-and-maintaining-integrity-with-windows-defender-system-guard*) und »Introducing Windows Defender System Guard runtime attestation« (*https://www.microsoft.com/security/blog/2018/04/19/introducing-windows-defender-system-guard-runtime-attestation*). Bei der Sicherheitstechnologie handelt es sich um sehr komplexe und tief in das Betriebssystem integrierte Sicherheitsfunktionen zum Schutz vor Angreifern.

Bereits beim Starten des Betriebssystems kann WDSG erkennen, ob auf einem Rechner Bootkits oder Rootkits eingeschleust wurden. Der System Guard überwacht dazu die Treiber und andere Programme, die mit dem System starten, auf korrekte Signierung und erkennt dadurch nicht erwünschte Bestandteile des Betriebssystems. Diese lassen sich dadurch aussperren.

Der Schutz umfasst nicht nur das Prüfen des Betriebssystems, sondern auch der Teile, die durch Dritthersteller integriert werden, also in erster Linie Systemtreiber oder Erweiterungen des Betriebssystems, wie zum Beispiel Virenscanner. Auch Exploits und andere Manipulationen werden erkannt und können blockiert werden. Einfach ausgedrückt startet WDSG, bevor Angreifer aller Art eine Chance haben, das System zu beeinträchtigen. Derzeit wird WDSG in Windows 10 Pro und Windows 10 Enterprise eingesetzt sowie in Windows Server 2019.

Windows Defender Exploit Guard

Ab Windows 10 Version 1709 und in Windows Server 2019 lassen sich Verzeichnisse auf Computern vor Ransomware und Exploits schützen. Verantwortlich dafür ist Windows Defender Exploit Guard. Die Technologie arbeitet eng mit Windows Defender System Guard zusammen. Dazu wird der »überwachte Ordnerzugriff« genutzt sowie Gruppenrichtlinien, mit denen auch Server vor Ransomware und Exploits geschützt werden.

Wenn die Option in den Einstellungen von Windows 10 oder Windows Server 2019 aktiviert wurde, dürfen nur noch genehmigte Apps Änderungen an Dateien in den gesicherten Verzeichnissen vornehmen. Die Einstellungen lassen sich lokal in den Einstellungen von Windows 10 über das neue Windows Security Center vornehmen, in der PowerShell oder über Gruppenrichtlinien. Dazu müssen die neuen ADMX-Dateien importiert werden, am besten die Version von Windows 10 Version 1809.

Die Optionen für den überwachten Ordnerzugriff und den Exploit-Schutz in Windows 10 und Windows Server 2019 stehen unter *Computerkonfiguration/Richtlinien/Administrative Vorlagen/Windows-Komponenten/Windows Defender Antivirus/Windows Defender Exploit Guard/Überwachter Ordnerzugriff* zur Verfügung. Hier legen Sie fest, welche Ordner das System schützen soll, welche Anwendungen Änderungen vornehmen dürfen und ob der überwachte Ordnermodus die Verzeichnisse nur überwachen oder Änderungen auch blockieren soll.

Abbildung 31.1: Windows Server 2019 verfügt über einen internen Schutz vor Ransomware.

Zusätzlich stehen bei *Windows Defender Exploit Guard* in den Richtlinien weitere Einstellungen zur Verfügung, die Windows 10-Rechner und Server mit Windows Server 2019 besser vor Angreifern durch Exploits schützen. Über Gruppenrichtlinien können die entsprechenden Einstellungen bei *Computerkonfiguration/Richtlinien/Administrative Vorlagen/Windows-Komponenten/Windows Defender Exploit Guard/Exploit-Schutz* gefunden werden.

Mit dem Exploit Guard Evaluaton Tool (*https://aka.ms/mp7z2w*) bietet Microsoft ein Paket an, mit dem Sie den Schutz testen können. Mit dem Toolkit stehen verschiedene Möglichkeiten zur Verfügung, um den überwachten Ordnerzugriff zu testen und Dateien in geschützten Ordnern zu erstellen.

Windows Defender SmartScreen

Eine weitere Ebene, die Windows Defender System Guard nutzt, um ein Windows 10-System oder Server mit Windows Server 2019 zu schützen, ist Windows Defender SmartScreen. Mit Windows Defender SmartScreen kann Windows 10 verschiedene Bereiche des Betriebssystems schützen.

Die Einstellungen dazu sind über *Computerkonfiguration/Richtlinien/Administrative Vorlagen/Windows-Komponenten/Windows Defender SmartScreen* zu finden. Hier kann der Schutz von Windows gesteuert werden.

Windows Defender für den Virenschutz nutzen

Bereits bei der Installation ist Windows Defender in Windows Server 2019 so lange aktiv, bis eine andere Lösung installiert wird. Die Aktualisierung der Definitionsdateien findet über Windows Update statt. Sie müssen Windows Update also manuell aktivieren oder über Gruppenrichtlinien.

Die Windows Update-Steuerung erreichen Sie in Windows Server 2019 über die Einstellungen-Apps durch Auswahl von *Update und Sicherheit/Windows Update*. Die Einstellungen für den Windows Defender finden Sie wiederum direkt im Menü *Update und Sicherheit/Windows-Sicherheit*.

Windows Update

*Einige Einstellungen werden von Ihrer Organisation verwaltet.

Konfigurierte Updaterichtlinien anzeigen

Es sind Updates verfügbar.

Letzte Überprüfung: Heute, 12:24

Definitionsupdate für Windows Defender Antivirus – KB2267602 (Definition 1.281.1418.0)

Status: Installation ausstehend

*Updates werden automatisch heruntergeladen, außer bei getakteten Verbindungen (für die Gebühren anfallen können). In diesem Fall werden nur die Updates automatisch heruntergeladen, die zur weiteren reibungslosen Ausführung von Windows erforderlich sind. Sie werden zur Installation von Updates aufgefordert, nachdem sie heruntergeladen wurden.

Nutzungszeit ändern

Updateverlauf anzeigen

Erweiterte Optionen

Abbildung 31.2: Windows Defender wird auch in Windows Server 2019 über Windows Update mit Definitionsdateien versorgt.

Windows Defender wird über die Befehlszeile, die PowerShell oder im Windows Security Center gesteuert, das in der Einstellungen-App von Windows Server 2019 im Bereich *Update und Sicherheit/Windows-Sicherheit* zur Verfügung steht.

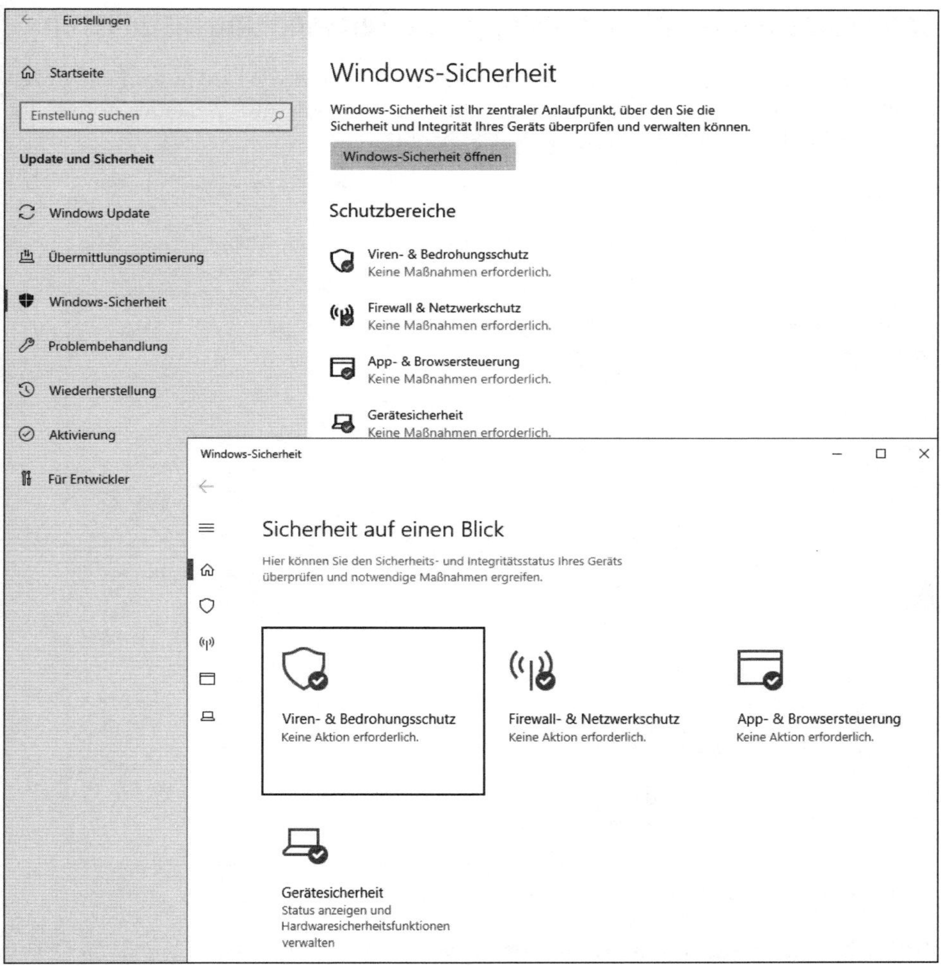

Abbildung 31.3: Windows Defender und andere Schutzfunktionen in der Windows-Sicherheit konfigurieren

Windows Defender in der GUI und Befehlszeile steuern

Windows Defender schützt das System im Hintergrund automatisch. Sie können die Funktion des Schutzes in der Befehlszeile überprüfen:

sc query Windefend

Der Dienst muss als gestartet angezeigt werden. Ausgeführt wird dieser Dienst durch die Datei *C:\Program Files\Windows Defender\MsMpEng.exe*.

Grundsätzlich müssen auf dem Server folgende Dienste vorhanden sein:

- *Windows Defender-Dienst* (muss gestartet sein).
- *Windows Defender-Netzwerkinspektionsdienst (Windows Defender Network Inspection service, Wdnissvc)*

Definitionsdateien automatisiert herunterladen und installieren

Damit der Server zuverlässig geschützt wird, müssen Sie Windows-Updates auf einem Server aktivieren. Das ist aber auch ohne den Einsatz von Windows Defender notwendig. Hier ist außerdem eine Anbindung an WSUS möglich.

Abbildung 31.4: Windows Defender in Windows Server 2019 überprüfen

Klicken Sie im Fenster auf die Schaltfläche *Schnellüberprüfung*, beginnt Windows Defender, die Festplatte nach Schädlingen zu durchsuchen.

Über den Link *Bedrohungsverlauf* lassen Sie sich die aktuellen Aktionen von Windows Defender anzeigen und welche Applikationen blockiert sind. Sie sollten den Verlauf in regelmäßigen Abständen überprüfen, damit Sie den Überblick behalten, welche Anwendungen blockiert sind und welche Schädlinge Windows Defender erkannt hat.

Über *Einstellungen verwalten* gelangen Sie zum Konfigurationsfenster von Windows Defender. Hier nehmen Sie alle Einstellungen des Programms vor. Auf der Seite sehen Sie auch die Version der aktuell installierten Definitionsdateien und können ggf. eine Aktualisierung durchführen.

Windows Defender in der PowerShell verwalten

Wollen Sie den Echtzeitschutz in Windows Server 2019 deaktivieren, verwenden Sie die PowerShell und den Befehl:

Set-MpPreference -DisableRealtimeMonitoring $true

Um die Funktion wieder zu aktivieren, verwenden Sie:

Set-MpPreference -DisableRealtimeMonitoring $false

Wollen Sie einige Pfade aus der Echtzeitüberprüfung ausnehmen, verwenden Sie:

Add-MpPreference -ExclusionPath "<Verzeichnis>"

Diese Ausnahmen können Sie aus der Konfiguration auch wieder löschen:

Remove-MpPreference -ExclusionPath "<Verzeichnis>"

Generell stehen zum Steuern des Virenschutzes in Windows Server 2019 vor allem folgende Cmdlets zur Verfügung:

Add-MpPreference – Ändert die Einstellungen von Windows Defender. Wollen Sie zum Beispiel einen Pfad zur Ausnahmeliste hinzufügen, verwenden Sie:

Add-MpPreference -ExclusionPath "C:\Temp"

Um die Standardeinstellungen beim Entdecken eines Virus anzupassen, verwenden Sie die Option *-ThreatIDDefaultAction_Actions*. Hier stehen folgende Optionen zur Verfügung:

- 1: Clean
- 2: Quarantine
- 3: Remove
- 4: Allow
- 8: UserDefined
- 9: NoAction
- 10: Block

Folgende Cmdlets stehen zusätzlich zur Steuerung bereit:

Get-MpComputerStatus – Zeigt den Status des Virenschutzes an.

Get-MpPreference – Zeigt Einstellungen der Scans und Updates an.

Get-MpThreat – Zeigt den Verlauf der gefundenen Angriffe an.

Get-MpThreatCatalog – Zeigt die Angriffe an, die Defender finden kann.

Get-MpThreatDetection – Zeigt aktuelle Virenverseuchungen an.

Remove-MpPreference – Entfernt Ausnahmen.

Remove-MpThreat – Entfernt aktive Angriffe.

Set-MpPreference – Konfiguriert die Scans. Wollen Sie zum Beispiel festlegen, dass Defender jeden Tag nach aktuellen Definitionsdateien sucht, verwenden Sie:

Set-MpPreference -SignatureScheduleDay Everyday

Sie können auch hier Ausnahmen definieren. Um mehrere Verzeichnisse aus den Scans auszuschließen, verwenden Sie:

Set-MpPreference -ExclusionPath "C:\temp", "C:\VMs", "C:\NanoServer"

Wollen Sie einzelne Prozesse als Ausnahme definieren, verwenden Sie:

Set-MpPreference -ExclusionProcess "vmms.exe", "Vmwp.exe"

Zusätzlich können Sie auch Scans in der PowerShell starten oder die Definitionsdateien aktualisieren:

Start-MpScan – Startet einen Scan.

Update-MpSignature – Aktualisiert die Definitionsdateien.

Tipp Alle Befehle zur Steuerung von Windows Defender in Windows Server 2019 lassen Sie mit *Get-Command -Module Defender* anzeigen.

Windows Defender in den Einstellungen und Gruppenrichtlinien anpassen

Sie greifen über die Einstellungen-App auf die Konfiguration von Windows Defender in Windows Server 2019 zu. Hier stehen generell die gleichen Funktionen zur Verfügung wie in Windows 10. Nutzen Sie keinen externen Virenscanner, sollten Sie über *Einstellungen/Update und Sicherheit/Windows-Sicherheit* im Windows-Sicherheitscenter bei *Viren- & Bedrohungsschutz* überprüfen, ob die Optionen *Echtzeitschutz*, *Cloudbasierter Schutz* und *Automatische Übermittlung von Beispielen* aktiviert sind. Bei dieser Vorgehensweise überträgt Windows Server 2019 ausführbare Dateien und DLL-Dateien, keine persönlichen Daten. Es werden weder Word-Dokumente noch PDF-Dateien übertragen.

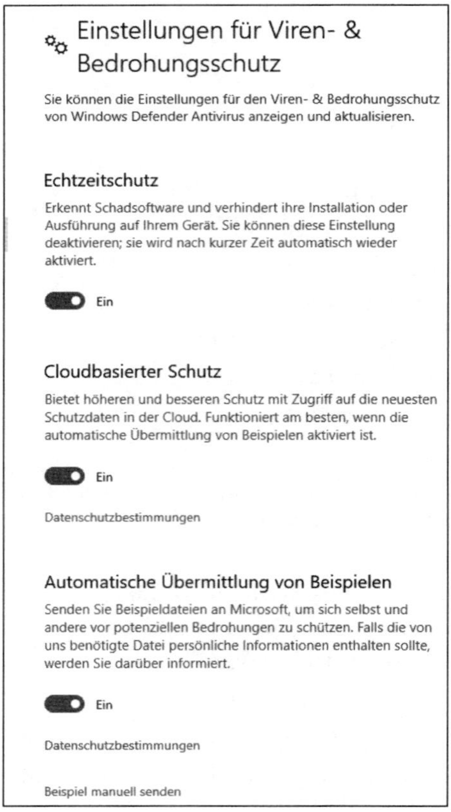

Abbildung 31.5: Anpassen von Windows Defender in Windows Server 2019

Außerdem sollten Sie sicherstellen, dass Windows Defender über alle aktuellen Virendefinitionen verfügt. Die Installation der Definitionen erfolgt über Windows Update.

Ausnahmen für Serverrollen verwalten – Hyper-V

Standardmäßig ist Windows Defender bereits so konfiguriert, dass die notwendigen Ausnahmen für Serverrollen, auch für Hyper-V, bereits eingetragen sind. Wollen Sie das nicht, deaktivieren Sie die Ausnahmen. Dazu verwenden Sie die PowerShell und folgenden Befehl:

Set-MpPreference -DisableAutoExclusions $true

Ausnahmen für Serverrollen und dem Standardbetrieb

Standardmäßig verwendet Windows Defender folgende Ausnahmen:

windir%\SoftwareDistribution\Datastore*\tmp.edb

%ProgramData%\Microsoft\Search\Data\Applications\Windows\\\.log

%windir%\SoftwareDistribution\Datastore*\Datastore.edb

%windir%\SoftwareDistribution\Datastore*\edb.chk

%windir%\SoftwareDistribution\Datastore\\edb\.log

%windir%\SoftwareDistribution\Datastore\\Edb\.jrs

%windir%\SoftwareDistribution\Datastore\\Res\.log

%windir%\Security\database*.chk

%windir%\Security\database*.edb

%windir%\Security\database*.jrs

%windir%\Security\database*.log

%windir%\Security\database*.sdb

%allusersprofile%\NTUser.pol

%SystemRoot%\System32\GroupPolicy\Machine\registry.pol

%SystemRoot%\System32\GroupPolicy\User\registry.pol

%systemroot%\System32\Wins\\\.chk

%systemroot%\System32\Wins\\\.log

%systemroot%\System32\Wins\\\.mdb

%systemroot%\System32\LogFiles\

%systemroot%\SysWow64\LogFiles\

%windir%\Ntfrs\jet\sys*\edb.chk

%windir%\Ntfrs\jet*\Ntfrs.jdb

%windir%\Ntfrs\jet\log\\\.log

%windir%\Ntfrs\\Edb\.log

%systemroot%\Sysvol\\Nntfrs_cmp

%systemroot%\SYSVOL\domain\DO_NOT_REMOVE_NtFrs_PreInstall_Directory\\Ntfrs

%systemdrive%\System Volume Information\DFSR\db_normal

%systemdrive%\System Volume Information\DFSR\FileIDTable_*

*%systemdrive%\System Volume Information\DFSR\SimilarityTable_**

%systemdrive%\System Volume Information\DFSR.XML*

%systemdrive%\System Volume Information\DFSR\db_dirty

%systemdrive%\System Volume Information\DFSR\db_clean

%systemdrive%\System Volume Information\DFSR\db_lostl

%systemdrive%\System Volume Information\DFSR\Dfsr.db

%systemdrive%\System Volume Information\DFSR.frx*

%systemdrive%\System Volume Information\DFSR.log*

%systemdrive%\System Volume Information\DFSR\Fsr.jrs*

%systemdrive%\System Volume Information\DFSR\Tmp.edb

%systemroot%\System32\dfsr.exe

%systemroot%\System32\dfsrs.exe

%systemroot%\Sysvol\Domain.adm*

%systemroot%\Sysvol\Domain.admx*

%systemroot%\Sysvol\Domain.adml*

%systemroot%\Sysvol\Domain\Registry.pol

%systemroot%\Sysvol\Domain.aas*

%systemroot%\Sysvol\Domain.inf*

%systemroot%\Sysvol\Domain.Scripts.ini*

%systemroot%\Sysvol\Domain.ins*

%systemroot%\Sysvol\Domain\Oscfilter.ini

%windir%\Ntds\ntds.dit

%windir%\Ntds\ntds.pat

%windir%\Ntds\EDB.log*

%windir%\Ntds\Res.log*

%windir%\Ntds\Edb.jrs*

%windir%\Ntds\Ntds.pat*

%windir%\Ntds\EDB.log*

%windir%\Ntds\TEMP.edb

%windir%\Ntds\Temp.edb

%windir%\Ntds\Edb.chk

%systemroot%\System32\ntfrs.exe

%systemroot%\System32\lsass.exe

%systemroot%\System32\DHCP\\\.mdb

%systemroot%\System32\DHCP\\\.pat

%systemroot%\System32\DHCP\\\.log

%systemroot%\System32\DHCP\\\.chk

%systemroot%\System32\DHCP\\\.edb

%systemroot%\System32\Dns\\\.log

%systemroot%\System32\Dns\\\.dns

%systemroot%\System32\Dns\\\.scc

%systemroot%\System32\Dns\BOOT*

%SystemDrive%\ClusterStorage

%clusterserviceaccount%\Local Settings\Temp

%SystemDrive%\mscs

%systemroot%\System32\dns.exe

*%system32%\spool\printers**

%SystemRoot%\IIS Temporary Compressed Files

%SystemDrive%\inetpub\temp\IIS Temporary Compressed Files

%SystemDrive%\inetpub\temp\ASP Compiled Templates

%systemDrive%\inetpub\logs

%systemDrive%\inetpub\wwwroot

%SystemRoot%\system32\inetsrv\w3wp.exe

%SystemRoot%\SysWOW64\inetsrv\w3wp.exe

%SystemDrive%\PHP5433\php-cgi.exe

%systemroot%\WSUS\WSUSContent

%systemroot%\WSUS\UpdateServicesDBFiles

%systemroot%\SoftwareDistribution\Datastore

%systemroot%\SoftwareDistribution\Download

Zusätzlich wird der Pfad zum Dateireplikationsdienst (File Replication Service, FRS) ebenfalls als Ausnahme definiert. Der Pfad ist über die Registry zu finden. Zusätzlich sind die Pfade in folgenden Registrykeys als Ausnahme definiert:

- *HKEY_LOCAL_MACHINE\System\CurrentControlSet\Services\NtFrs\Parameters\Working Directory*
- *HKEY_LOCAL_MACHINE\System\CurrentControlset\Services\Ntfrs\Parameters\DB Log File Directory*

Ausnahmen von Windows Defender für Hyper-V

Die Ausnahmen für Hyper-V sind besonders wichtig. Hier scannt Windows Defender folgende Dateitypen nicht:

*.vhd

*.vhdx

*.avhd

*.avhdx

*.vsv

Sicherheit und Hochverfügbarkeit

**.iso*

**.rct*

**.vmcx*

**.vmrs*

Zusätzlich werden folgende Verzeichnisse nicht gescannt:

%ProgramData%\Microsoft\Windows\Hyper-V

%ProgramFiles%\Hyper-V

%SystemDrive%\ProgramData\Microsoft\Windows\Hyper-V\Snapshots

%Public%\Documents\Hyper-V\Virtual Hard Disks

Besonders wichtig sind darüber hinaus die folgenden Prozesse:

%systemroot%\System32\Vmms.exe

%systemroot%\System32\Vmwp.exe

Windows-Firewall nutzen

Auch in Windows Server 2019 spielt die Windows-Firewall eine wichtige Rolle bei der Absicherung von Windows-Servern. In der neuen Version wurde die Bezeichnung der Firewall zu Windows Defender-Firewall geändert. Die Funktionen der Firewall sind aber noch weitgehend identisch mit den Einstellungsmöglichkeiten der Windows-Firewall aus Windows Server 2016.

Auch in der neuen Windows-Server-Version ist die Firewall standardmäßig aktiviert. Die Konfiguration erfolgt im Grunde genommen genauso wie in Windows Server 2016 oder auf Arbeitsstationen ab Windows 10. In den folgenden Abschnitten gehen wir darauf ein, welche erweiterten Möglichkeiten es für die Windows-Firewall gibt.

Windows-Firewall in der PowerShell steuern

In Windows 10 und Windows Server 2019 können Sie zur Steuerung der Windows-Firewall mit der PowerShell viele Einstellungen vornehmen. Vorteil dabei ist die Möglichkeit, die Konfiguration zu skripten oder zu automatisieren.

Um eine neue Firewallregel zu erstellen, verwenden Sie zum Beispiel den Befehl *New-NetFirewallRule -DisplayName "ICMP block" -Direction Inbound -Protocol icmp4 -Action Block*. Wie Sie aus dem Befehl erkennen, geben Sie den Namen des Protokolls an, legen das Protokoll fest und steuern auch die jeweilige Aktion.

Anstatt mit *New-NetFirewallRule* eine neue Firewallregel zu erstellen, ist es häufig einfacher, bestehende Firewallregeln zu kopieren. Dazu verwenden Sie den Befehl *Copy-NetFirewallRule*. Arbeiten Sie mit IPsec, können Sie auch hier Regeln kopieren. Dazu wird das Cmdlet *Copy-NetIPsecRule* verwendet. Wir gehen in einem eigenen Abschnitt in diesem Kapitel noch näher auf Ipsec ein. Nachdem Sie eine Regel kopiert haben, können Sie diese natürlich auch umbenennen. Dazu verwenden Sie das Cmdlet *Rename-NetFirewallRule*. Oder Sie definieren bereits beim Kopieren einen neuen Namen. Beispiel:

Copy-NetFirewallRule -DisplayName "Require Outbound Authentication" -NewName "Alternate Require Outbound Authentication"

Firewallregeln lassen sich auch in der PowerShell löschen:

Remove-NetFirewallRule

Sie können Firewallregeln mit Gruppenrichtlinien verteilen. Hier besteht auch die Möglichkeit, Firewallregeln des Domänenprofils zu kopieren und diese anschließend per GPO zu verteilen. Auf diesem Weg können Sie aber auch die Firewallregeln abrufen, die über bestimmte Gruppenrichtlinien im Netzwerk verteilt werden:

Get-NetFirewallProfile -Profile Domain -PolicyStore <FQDN der Domäne>\<GPO-Name> | Copy-NetFirewallRule -NewPolicyStore <FQDN der Domäne>\<Neuer GPO-Name>

In der PowerShell aktivieren oder deaktivieren Sie Regeln. Die Syntax dazu ist:

Disable-NetFirewallRule -DisplayName "<Anzeigename>"

Wollen Sie zum Beispiel alle erstellten Regeln deaktivieren, die Sie mit einer bestimmten Gruppenrichtlinie im Netzwerk verteilen, verwenden Sie den Befehl:

Disable-NetFirewallRule -Direction Outbound -PolicyStore <Domäne>\<GPO-Name>

Alternativ speichern Sie einen bestimmten Satz von Regeln erst in einer Variablen und aktivieren oder deaktivieren sie dann über diese Variablen:

$Rules = Get-NetFirewallRule -PolicyStore ActiveS-tore -PolicyStoreSourceType Dynamic

Disable-NetFirewallRule -InputObject $Rules

Natürlich besteht auch hier die Möglichkeit, die Ergebnisse mit der Pipe (|) direkt an ein anderes Cmdlet zu übergeben:

Get-NetFirewallRule -PolicyStore ActiveStore -PolicyStoreSourceType Dynamic | Disable-NetFirewallRule

Den Status von Firewallregeln zeigen Sie mit *Get-NetFirewallRule* an. Alle Regeln sehen Sie über *Get-NetFirewallRule -All*. Um die aktivierten Regeln anzuzeigen, die Datenverbindungen zulassen, verwenden Sie:

Get-NetFirewallRule -Enabled True -Action Allow

IPsec mit der Windows-Firewall nutzen

Die Windows Defender-Firewall lehnt jeglichen eingehenden Netzwerkverkehr ab, der nicht als Antwort auf eine Anfrage des lokalen Servers eingeht oder für den keine Ausnahme konfiguriert ist. Die Firewall lässt allerdings ausgehenden Netzwerkverkehr automatisch zu. In der Verwaltungskonsole für die Windows-Firewall sind Einstellungen für IPsec (Internet Protocol Security) integriert. Damit können Sie eigene Verschlüsselungsregeln erstellen oder IPsec verwenden.

Konfigurieren von Verbindungssicherheitsregeln

Öffnen Sie die Verwaltungskonsole für die Windows Defender-Firewall über *wf.msc*. Klicken Sie auf der linken Seite der Konsole mit der rechten Maustaste auf *Verbindungssicherheitsregeln* und wählen Sie im Kontextmenü den Eintrag *Neue Regel* aus. Es startet ein Assistent zum Erstellen von neuen Regeln für IPsec-Verbindungen. Sie können über den Assistenten mehrere Bedingungen für die Regel festlegen.

Erstellen Sie Gruppenrichtlinien mit integrierten Firewallregeln, können Sie diese im Netz auf weitere Server verteilen. Alternativ erstellen Sie auf den einzelnen Servern manuell Regeln für IPsec.

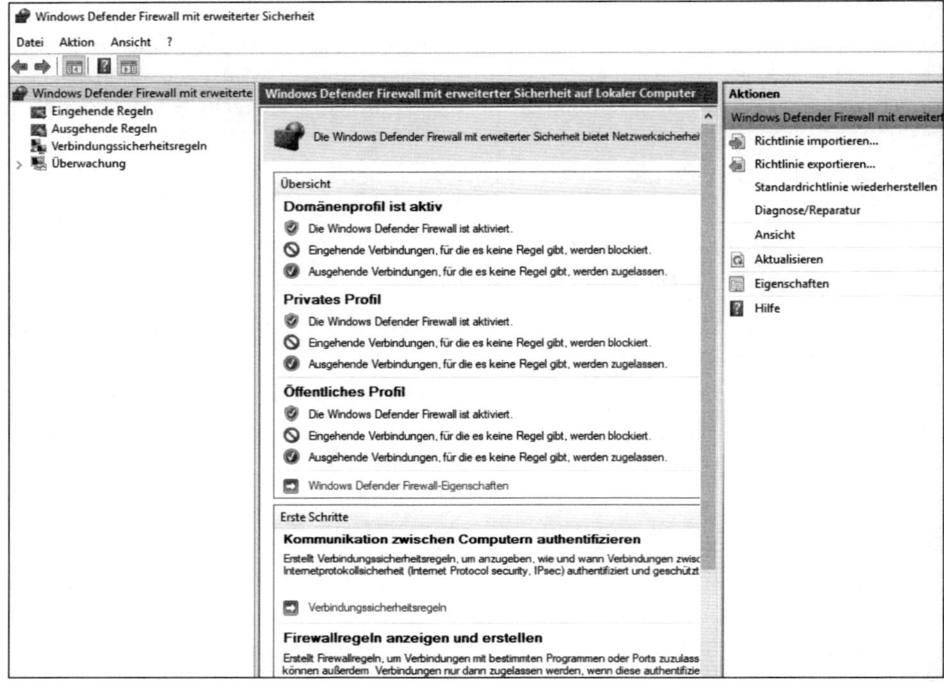

Abbildung 31.6: Erstellen einer Verbindungssicherheitsregel mit der Windows-Firewall

Folgende Konfigurationen lassen sich als Basis einer Verbindungssicherheitsregel vornehmen, unabhängig davon, ob Sie diese als Richtlinie oder lokal in der Firewall-Konsole erstellen:

- **Isolierung –** Legt über Active Directory oder über den Status von Computern fest, welche Computer von anderen isoliert sind. Sie müssen angeben, wann eine Authentifizierung zwischen den Computern stattfinden soll (zum Beispiel bei eingehendem oder ausgehendem Netzwerkverkehr) und ob die Verbindung geschützt sein muss oder ob dies nur angefordert wird, aber keine Voraussetzung ist. Die Isolation über den Status eines Computers nutzt den Netzwerkzugriffsschutz. Auf diesem Weg sichern Sie den Zugriff auf sensible Server auf IP-Ebene ab.
- **Authentifizierungsausnahme –** Legt über die IP-Adresse die Computer fest, die sich nicht authentifizieren müssen oder keine geschützte Verbindung benötigen.
- **Server-zu-Server –** Legt fest, wie die Verbindung zwischen Computern geschützt ist. Sie müssen Endpunkte (IP-Adressen) bestimmen, wann die Authentifizierung stattfinden soll. Außerdem müssen Sie die Authentifizierungsmethode festlegen.
- **Tunnel –** Legt eine durch einen Tunnel geschützte Verbindung fest, zum Beispiel bei Verbindungen über das Internet. Sie müssen die Tunnelendpunkte über deren IP-Adressen angeben.
- **Benutzerdefiniert –** Erstellt eine frei konfigurierbare Regel mit allen zur Verfügung stehenden Optionen für IPsec.

Windows Defender-Firewall mit Gruppenrichtlinien steuern

IPsec-Richtlinien können Sie als Firewallregel zwischen Servern einrichten. IPsec-Richtlinien erstellen Sie über die Einstellungen der erweiterten Firewall über die Gruppenrichtlinien. Sie können dazu die Default Domain Policy verwenden oder für IPsec eine neue Gruppenrichtlinie erstellen, die Sie mit der OU verknüpfen, in der Sie die Computerkonten der Server und PCs aufnehmen, die per IPsec kommunizieren sollen.

Sie finden die notwendigen Einstellungen für IPsec in der Gruppenrichtlinienverwaltung über *Computerkonfiguration/Richtlinien/Windows-Einstellungen/Sicherheitseinstellungen/Windows Defender Firewall mit erweiterter Sicherheit*:

1. Rufen Sie über die rechte Maustaste die Eigenschaften von *Windows Defender-Firewall mit erweiterter Sicherheit* auf.
2. Anschließend stehen Ihnen verschiedene Registerkarten zur Verfügung, auf denen Sie Voreinstellungen treffen. Hauptsächlich nehmen Sie die Einstellungen für die verschiedenen Netzwerkprofile der Computer vor. Sie sollten alle Netzwerkprofile identisch einstellen.
3. Setzen Sie den *Firewallstatus* auf *Ein (Empfohlen).*
4. Setzen Sie die Option für *Eingehende Verbindungen* auf *Blockieren (Standard).*
5. Setzen Sie die Option auf *Ausgehende Verbindungen* auf *Zulassen (Standard).*
6. Führen Sie diese Einstellungen für alle drei Netzwerkprofile durch.
7. Bestätigen Sie die Eingaben mit *OK*.

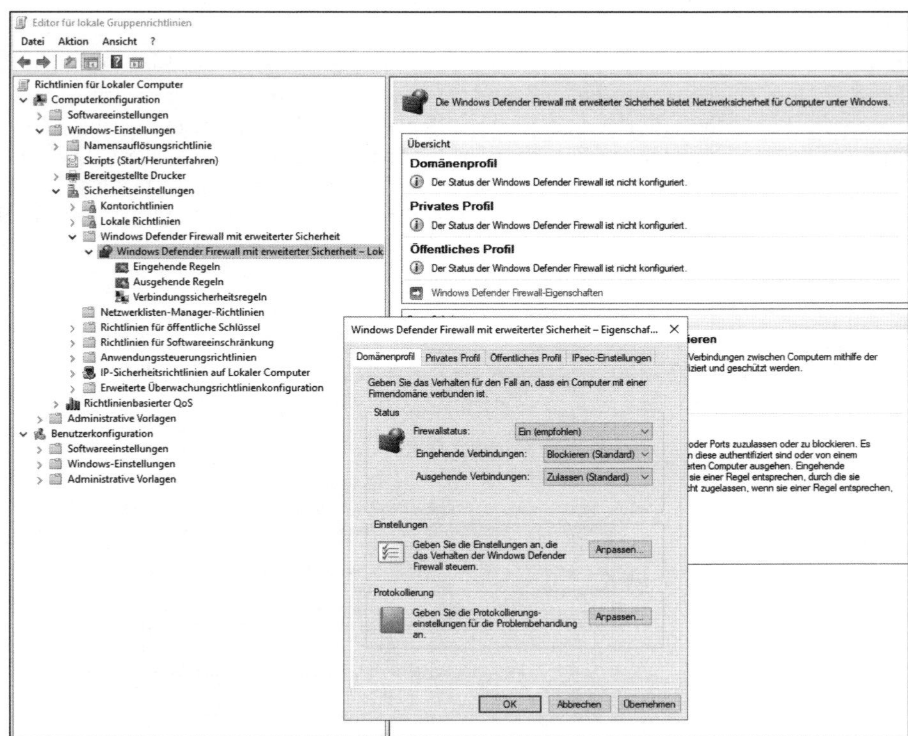

Abbildung 31.7: Aktivieren der Windows-Firewall und sicherer Verbindungen über Gruppenrichtlinien

Klicken Sie zur Erstellung von IPsec-Regeln auf *Verbindungssicherheitsregeln* und wählen Sie *Neue Regel* aus. Danach legen Sie fest, welche Art von Regel Sie erstellen wollen. Dazu stehen Ihnen verschiedene Möglichkeiten zur Verfügung, wie im vorangegangenen Abschnitt beschrieben.

Für die Einrichtung von IPsec-Verbindungen eignet sich die Option *Isolierung* oder *Server-zu-Server*. Eine Isolierungsregel schränkt Verbindungen auf Grundlage der von Ihnen definierten Authentifizierungskriterien ein. Sie können Computer Ihrer Domäne von Computern außerhalb der Domäne isolieren.

Die Authentifizierungsausnahme verwenden Sie, um Computer von der Anforderung auszunehmen. Dieser Regeltyp kommt zum Einsatz, um den Zugriff auf Domänencontroller, Zertifizierungsstellen oder DHCP-Server sicherzustellen. Der Regeltyp *Server-zu-Server* kümmert sich um die Kommunikation zwischen zwei Computern. Mit einem Tunnel sichern Sie die Kommunikation von Computern zwischen Tunnelendpunkten ab, zum Beispiel bei virtuellen privaten Netzwerken oder L2TP-Tunneln (IPsec Layer Two Tunneling-Protokoll).

Auf der nächsten Seite des Assistenten legen Sie die Art der Authentifizierung fest. Wählen Sie hier die Option *Authentifizierung ist für eingehende Verbindungen erforderlich und muss für ausgehende Verbindungen angefordert werden* aus. Mit dieser Option bestimmen Sie, dass der gesamte eingehende Datenverkehr authentifiziert oder anderenfalls blockiert wird. Der ausgehende Datenverkehr kann authentifiziert werden, ist aber auch bei fehlerhafter Authentifizierung zugelassen. Sie haben hier alle Möglichkeiten zur Auswahl, müssen sich aber über die Konsequenzen im Klaren sein, wenn die Authentifizierung nicht funktioniert.

Mit der Option *Authentifizierung für eingehende und ausgehende Verbindungen anfordern* legen Sie fest, dass der gesamte ein- und ausgehende Datenverkehr authentifiziert wird, lassen die Kommunikation jedoch auch bei fehlerhafter Authentifizierung zu. Wenn die Authentifizierung erfolgreich ist, ist auch der Datenverkehr authentifiziert. Die Option *Authentifizierung ist für eingehende und ausgehende Verbindungen erforderlich* legt fest, dass der gesamte ein- und ausgehende Datenverkehr authentifiziert ist oder Windows den Datenverkehr blockiert.

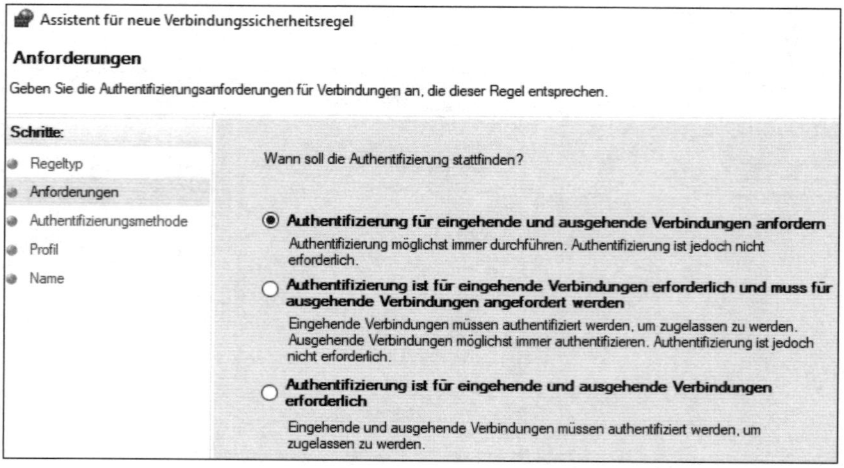

Abbildung 31.8: Festlegen der Authentifizierung für eine IPsec-Isolierungsregel

Auf der nächsten Seite legen Sie fest, welche Art die Authentifizierung verwenden soll. Wählen Sie hier *Standard* aus. Haben Sie als Regeltyp *Server-zu-Server* festgelegt, verwenden Sie *Computerzertifikat*. Die Option *Standard* legt die Authentifizierungsmethode auf *Basis der Konfiguration* auf der Registerkarte *IPsec-Einstellungen* in den Eigenschaften der Windows-Firewall mit erweiterter Sicherheit fest.

Bei *Computer und Benutzer (Kerberos V5)* verwenden Sie sowohl die Computer- als auch die Benutzerauthentifizierung. Kerberos lässt sich nur verwenden, wenn Computer und die Benutzer Mitglied einer Domäne sind. Bei *Computer (Kerberos V5)* ist die Computerauthentifizierung über Kerberos Version 5 erforderlich oder wird angefordert. *Benutzer (Kerberos V5)* ist die Benutzerauthentifizierung über Kerberos Version 5.

Aktivieren Sie die Option *Nur Integritätszertifikate akzeptieren*. Bei dieser Methode ist ein gültiges Integritätszertifikat zur Authentifizierung erforderlich oder Windows fordert dieses an. Diese Option erscheint nur bei der Auswahl des Regeltyps *Server-zu-Server*.

Klicken Sie auf *Durchsuchen* und wählen Sie die Root-CA aus. Aktivieren Sie auf der nächsten Seite die Regel für alle drei Netzwerkprofile. Schließen Sie die Erstellung der Regel mit der Definition der Bezeichnung ab. Die Regel wird anschließend in der Gruppenrichtlinie unter den Verbindungsregeln angezeigt.

Firewallregeln für SQL Server steuern

Beim Betrieb von Microsoft SQL Server müssen Administratoren einiges im Bereich der Firewallregeln beachten. Das Freischalten der Firewalleinstellungen für die Verwaltung von SQL Server kann auch in der Befehlszeile erfolgen, zum Beispiel auf Core-Servern.

Erstellen von Regeln in der Befehlszeile

Das beginnt bereits bei der Installation des Servers, geht über Einstellungen in der Verwaltung und muss auch bei der Anbindung von Clients beachtet werden. Häufig erscheint bei der Installation von SQL-Server zum Beispiel ein Fehler, dass die Windows-Firewall die entsprechenden Ports für SQL Server blockiert. Diese können Sie nachträglich aber immer noch freischalten. Die Warnungen können Sie daher übergehen, müssen aber nach der Installation nacharbeiten. Im MSDN sind ebenfalls Informationen zu den einzelnen Ports von SQL Server zu finden (*https://docs.microsoft.com/en-us/sql/sql-server/install/configure-the-windows-firewall-to-allow-sql-server-access?view=sql-server-2017*).

Um die entsprechenden Ausnahmen für die Remoteverwaltung einzutragen, verwenden Sie zum Beispiel folgenden Befehl:

netsh advfirewall firewall add rule name="SQL Server" dir=in action=allow program="C:\Program Files\Microsoft SQL Server\MSSQL11.MSSQLSERVER\MSSQL\Binn\sqlservr.exe" enable=yes profile=domain

Da auf Core-Servern der SQL Server Konfigurations-Manager nicht funktioniert, können Sie das TCP/IP-Protokoll in der Registry ändern. Dazu setzen Sie den Wert *HKLM\SOFTWARE\Microsoft>Microsoft SQL Server\MSSQL11.MSSQLSERVER\MSSQLServer\SuperSocketNetLib\Tcp* auf *1*. Anschließend starten Sie den Server neu. Standardmäßig ist nach der Installation von TCP/IP in SQL Server aber ohnehin aktiviert. Sie sollten dennoch wissen, wie Sie den Wert steuern, wenn Sie die Installation über eine Konfigurationsdatei durchführen.

Sie müssen die Windows-Firewall auf dem Server konfigurieren, damit SQL Server kommunizieren kann:

netsh advfirewall firewall add rule name = SQLPorttcp dir = in protocol = tcp action = allow localport = 1433-1434 remoteip = localsubnet profile = DOMAIN

netsh advfirewall firewall add rule name = SQLPortudp dir = in protocol = udp action = allow localport = 1433-1434 remoteip = localsubnet profile = DOMAIN

Zusätzlich aktivieren Sie über *sconfig* noch die Remoteverwaltung für den Server. Hier sollten Sie am besten alle vier Punkte zulassen, die der Assistent auflistet.

SQL Server können Sie in der PowerShell remote über das Netzwerk verwalten. Dazu müssen Sie aber auf dem entsprechenden Computer die Verwaltungstools für SQL Server über die Installations-DVD installieren und die Remoteverwaltung für den Server im SQL Server-Konfigurations-Manager aktivieren und auch in der PowerShell. Verwenden Sie den Befehl *Enable-PSRemoting -force.*

Der Befehl aktiviert auch die Ausnahmen in der Windows-Firewall. Außerdem müssen Sie in der Windows-Firewallsteuerung in der Systemsteuerung folgende Ausnahmen aktivieren, damit der Zugriff über das Netzwerk funktioniert:

- Datei- und Druckerfreigabe
- Remotedienstverwaltung
- Windows-Remoteverwaltung
- Windows-Remoteverwaltung (Kompatibilität)
- Windows-Verwaltungsinstrumentation (WMI)

Der Server-Broker des SQL-Servers nutzt den Port 4022. Auch dieser muss über die Firewall freigeschaltet werden, wenn Dienste nicht funktionieren. Welcher Port auf Ihrem SQL-Server genutzt wird, erfahren Sie über die Abfrage:

SELECT name, protocol_desc, port, state_desc

FROM sys.tcp_endpoints

WHERE type_desc = 'SERVICE_BROKER'

Firewallregeln für SQL-Server in der grafischen Oberfläche erstellen

Damit Anwendungen wie SharePoint auf einen Server zugreifen dürfen, um zum Beispiel selbst Datenbanken zu erstellen, müssen Sie Firewallregeln erstellen und im Konfigurations-Manager Protokolle freischalten. Dazu muss auf dem SQL-Server eine neue Firewallregel erstellt werden, da die Firewall die beiden TCP-Ports 1433 und 1434 blockiert. Mit diesen Ports bauen Clients eine Verbindung zum Server auf. Sie können die beschriebenen Wege in der PowerShell verwenden, aber auch die grafische Oberfläche:

1. Geben Sie dazu auf dem SQL-Server im Suchfeld des Startmenüs *wf.msc* ein.
2. Klicken Sie auf *Eingehende Regeln.*
3. Klicken Sie dann rechts auf *Neue Regel.*
4. Aktivieren Sie auf der ersten Seite des Assistenten zum Erstellen von neuen Firewallregeln die Option *Port.*
5. Aktivieren Sie auf der nächsten Seite die Optionen *TCP* und *Bestimmte lokale Ports.*
6. Geben Sie im Feld neben der Option *Bestimmte lokale Ports* den Wert *1433-1434* ein.

7. Aktivieren Sie auf der nächsten Seite die Option *Verbindung zulassen* und auf der folgenden Seite die Profile, für die Sie den Zugriff gestatten wollen. In sicheren Umgebungen reicht es auch aus, wenn Sie nur das Domänenprofil aktivieren.
8. Weisen Sie abschließend der Regel einen passenden Namen zu und bestätigen Sie die Erstellung.

Auf dem gleichen Weg erstellen Sie Regeln auch über die Konfiguration in den Gruppenrichtlinien. Haben Sie auf dem Server noch benannte Instanzen installiert und wollen auf diese über das Netzwerk mit dem Management Studio zugreifen, erstellen Sie eine weitere Regel, die die Ports UDP 1433-1434 zulässt.

Außerdem muss für die Verbindung der Systemdienst SQL Server-Browser gestartet sein. Dieser nimmt Abfragen aus dem Netzwerk entgegen und verteilt diese an die entsprechende Instanz oder Server. Dazu ist es notwendig, dass der Server über das Netzwerk mit TCP/UDP erreichbar ist und die Ports TCP/UDP 1433-1434 in der Firewall freigeschaltet sind.

Erhalten Sie Fehler beim Netzwerkzugriff angezeigt, schalten Sie über die Standardeinstellung der Firewall in der Systemsteuerung noch die Remoteverwaltung des Servers frei. Sie finden die Einstellung in der Systemsteuerung unter *System und Sicherheit/Windows-Firewall* über den Link *Eine App oder ein Feature durch die Windows-Firewall durchlassen.*

Außerdem sollten Sie an dieser Stelle auch die verschiedenen anderen SQL Server-Dienste freischalten, vor allem den SQL Server-Browser. Dieser nimmt Anfragen aus dem Netzwerk entgegen und verbindet die Clients mit der entsprechenden Instanz. Funktioniert die Verbindung zum SQL-Server nicht, öffnen Sie auf dem SQL-Server den SQL Server Konfigurations-Manager. Klicken Sie dann auf *SQL Server-Netzwerkkonfiguration/Protokolle für <Instanz>* und stellen Sie sicher, dass *TCP/IP* und *Named Pipes* aktiviert sind. Für den Zugriff über das Netzwerk ist vor allem TCP/IP notwendig, *Named Pipes* steuert den Zugriff auf dem lokalen Server.

Erweiterte Firewallregeln in der Befehlszeile erstellen

Außer über die grafische Oberfläche der Firewall können Sie erweiterte Regeln, zum Beispiel für die Analysis Services, auch in der Befehlszeile erstellen. Dazu verwenden Sie als Beispiel des Standardports TCP 2383 die folgende Syntax:

netsh advfirewall firewall add rule name="SQL Server Analysis Services eingehend" dir=in action=allow protocol=TCP localport=2383 profile=domain

Sie können aber auch den SQL Server-Browser verwenden, um eine Verbindung mit einer benannten Instanz zu ermöglichen. In diesem Fall müssen Anwender in ihrem Programm nur die Syntax *<Servername>**<Instanzname>* eingeben, um auf Analysis Services zuzugreifen. Die Verbindung mit der entsprechenden Instanz nimmt dann der Systemdienst SQL Server-Browser vor.

Dazu muss der Dienst gestartet sein und Sie müssen eine Firewallregel erstellen, die den Port TCP 2382 zulässt. Wenn Sie bei benannten Instanzen nicht den SQL Server-Browser-Dienst verwenden, müssen Sie einen festen Port zuweisen. Ohne diesen Dienst müssen alle Clientverbindungen die Portnummer in der Verbindungszeichenfolge eingeben. Verwenden Sie dynamische Portzuweisungen für benannte Instanzen von Analysis Services, übernimmt der Dienst die erste verfügbare Portnummer, die er findet. Er verwendet bei jedem erneuten Start eine andere Portnummer.

Der SQL Server Browser-Dienst überwacht sowohl den UDP-Port 1434 als auch den TCP-Port 2382 für das Datenbankmodul und Analysis Services. Auch wenn Sie die Blockierung des UDP-Ports 1434 für den SQL Server Browser-Dienst bereits aufgehoben haben, müssen Sie die Blockierung des TCP-Ports 2382 für Analysis Services aufheben.

Neben dynamischen Ports für Analysis Services können Sie auch einen statischen Port für den Zugriff festlegen. Um eine Liste der TCP-Ports anzuzeigen, die in Ihrem System bereits geöffnet sind und verwendet werden, öffnen Sie eine Eingabeaufforderung und geben *netstat -a -p TCP* ein. Suchen Sie sich einen freien Port. Nachdem Sie den neuen Port ermittelt haben, geben Sie diesen entweder durch Bearbeiten der Portkonfigurationseinstellung in der Datei *msmdsrv.ini* im Ordner *%ProgramFiles%\Microsoft SQL Server\MSAS11.<Instanz>\OLAP\Config im Abschnitt <Port><Portnummer></Port>* oder in SQL Server Management Studio in den Eigenschaften einer Analysis Services-Instanz an.

Starten Sie den Dienst der Analysis Services neu, oder am besten den ganzen Server, wenn Sie etwas geändert haben. Den Neustart nehmen Sie am besten über das Kontextmenü des Dienstes im SQL Server-Konfigurations-Manager vor. Haben Sie den Dienst geändert, testen Sie den Zugriff erneut, wie in diesem Abschnitt beschrieben, mit der PID des Dienstes und dem Befehl

netstat -ao -p TCP

Achten Sie darauf, dass Sie in der Windows-Firewall den neuen Port und den Port TCP 2382 für den Systemdienst SQL Server-Browser freischalten müssen, wenn Anwender mit der Syntax *<Servername>\<Instanz>* auf den Server zugreifen sollen. Auf Computern mit mehreren Netzwerkkarten überwacht Analysis Services alle IP-Adressen unter Verwendung des von Ihnen angegebenen Ports. In einem Cluster überwacht Analysis Services alle IP-Adressen der Clustergruppe, jedoch nur auf TCP-Port 2383. Sie können für eine gruppierte Instanz keinen anderen festen Port angeben.

Zusammenfassung

In diesem Kapitel haben Sie erfahren, wie Windows Defender in Windows Server 2019 funktioniert und welche Möglichkeiten Sie bezüglich der Windows-Firewall haben. Wir sind auch darauf eingegangen, wie spezielle Serverdienste wie SQL Server mit der Windows Defender-Firewall zusammenarbeiten und welche Möglichkeiten es zur Steuerung über die PowerShell, mit Gruppenrichtlinien und der Befehlszeile gibt. Im nächsten Kapitel zeigen wir Ihnen, wie Sie externe Arbeitsstationen mit DirectAccess an Netzwerke anbinden.

Kapitel 32

Remotezugriff mit DirectAccess und VPN

In diesem Kapitel:

Mit DirectAccess können Sie PCs ab Windows 7 über das Internet direkt mit dem Unternehmensnetzwerk verbinden, ohne dass Sie Zusatzsoftware einsetzen müssen. Für den Verbindungsaufbau ist kein VPN notwendig, Windows verbindet sich automatisch. Nach der ersten Einrichtung erkennt ein DirectAccess-PC automatisch die Verbindung, verschlüsselt sie und kann sich mit dem Netzwerk verbinden. Auch Gruppenrichtlinien lassen sich über diesen Weg ausliefern.

Remotezugriff und DirectAccess lassen sich gemeinsam verwalten und es gibt keine Konflikte beim parallelen Einsatz der Systeme. Clientcomputer lassen sich effizient über das Internet sicher am Netzwerk anbinden, ohne dass Anwender erst VPN-Verbindungen aufbauen müssen. Der Datenzugriff funktioniert, Gruppenrichtlinien lassen sich anwenden und Software-Updates verteilen. Die Kommunikation erfolgt über IPv6. Ist dies mit der aktuellen Datenverbindung nicht möglich, kapselt das Betriebssystem die IPv6-Pakete in IPv4-Pakete und versendet sie an die Zielserver.

In Windows Server 2019 und Windows 10 hat Microsoft in diesem Zusammenhang auch einige Neuerungen eingeführt, die Windows 10-Clients die DirectAccess-Anbindung erleichtern:

- Sie können nur Windows 8/8.1/10 Enterprise und Windows 7 Ultimate/Enterprise mit DirectAccess nutzen. Optimal arbeitet nur Windows 10 Enterprise mit DirectAccess von Windows Server 2019 zusammen.
- Die Verbindung zwischen Client und Server erfolgt mit IP über HTTPS.
- Eine Zertifizierungsstelle und deren Einrichtung ist optional, nicht zwingend notwendig. DirectAccess-Server arbeiten mit Kerberos und Active Directory zusammen.
- Windows Server 2016/2019 erfordern keine IPv6-Anpassungen, sondern richten notwendige Einstellungen automatisch ein.

Remotezugriff installieren und einrichten – Erste Schritte

Die Installation von DirectAccess und dem Remotezugriff erfolgt über den Server-Manager. Über *Verwalten/Rollen und Funktionen hinzufügen/Remotezugriff* installieren Sie die notwendigen Funktionen auf dem Server. Weitere Einstellungen sind zur Installation nicht notwendig. Sie installieren auf diesem Weg nur die notwendigen Systemdateien auf dem Server, die eigentliche Einrichtung erfolgt später.

Remotezugriff – Die Grundlagen

In Windows Server 2019 sind DirectAccess und RRAS-VPN (Routing und RAS-Dienst) zu einer einzigen Remotezugriffsrolle zusammengefasst und werden in einer gemeinsamen Oberfläche verwaltet. Clientcomputer, auf denen Windows 8/8.1/10 und Windows 7 ausgeführt wird, können Sie als DirectAccess-Clientcomputer konfigurieren. Diese Clients können über DirectAccess auf interne Netzwerkressourcen zugreifen, ohne sich über eine VPN-Verbindung einzuloggen. VPNs lassen sich aber weiterhin parallel einsetzen.

DirectAccess-Clientcomputer können von Remotezugriffsadministratoren über DirectAccess verwaltet werden, auch wenn sich die Clientcomputer nicht im internen Unternehmensnetzwerk befinden. Mehrere RAS/DirectAccess-Server lassen sich über eine einzelne Remotezugriffs-Verwaltungskonsole verwalten.

Die Remotezugriffsrolle wird über den Server-Manager, das Windows Admin Center oder die PowerShell installiert. Die Rolle umfasst DirectAccess sowie die Routing- und RAS-Dienste (bisher ein Rollendienst unter der Serverrolle für Netzwerkrichtlinien- und Zugriffsdienste). Die Remotezugriffsrolle besteht aus zwei Komponenten:

- **DirectAccess und VPN (RAS)** – DirectAccess und VPN werden gemeinsam in der Remotezugriffs-Verwaltungskonsole verwaltet.
- **Routing** – Bietet Unterstützung für NAT und generelles Routing, wenn der Server über mehrere Netzwerkadapter verfügt.
- **Webanwendungsproxy** – Mit dem Webanwendungsproxy lassen sich Dienste im lokalen Netzwerk über das Internet zur Verfügung stellen.

Auf dem VPN-Server muss mindestens ein Netzwerkadapter installiert, aktiviert und mit dem internen Netzwerk verbunden sein. Werden zwei Adapter verwendet, sollte ein Adapter mit dem internen Unternehmensnetzwerk und der andere mit dem externen Netzwerk (Internet oder privates Netzwerk) verbunden sein.

Hinweis Es können nur die folgenden Betriebssysteme als DirectAccess-Clients verwendet werden: Windows Server 2016/2019, Windows Server 2008 R2/2012/2012 R2, Windows 8/8.1/10 Enterprise, Windows 7 Enterprise und Windows 7 Ultimate.

Windows 10 Pro unterstützt DirectAccess nicht!

Der Remotezugriffsserver muss Domänenmitglied sein. Er kann an der Schwelle zum internen Netzwerk oder geschützt durch eine Edgefirewall oder ein anderes Gerät bereitgestellt werden. Wird der VPN-Server durch eine Edgefirewall oder ein NAT-Gerät geschützt, muss das Gerät so konfiguriert sein, dass ein- und ausgehender Datenverkehr für ihn zugelassen wird.

Der Anwender, der den Remotezugriff auf dem Server einrichtet, muss lokale Administratorberechtigungen für den Server und Benutzerberechtigungen für die Domäne besitzen. Zusätzlich benötigt er Berechtigungen für die Gruppenrichtlinien, die bei der DirectAccess-Bereitstellung verwendet werden. Um die Features nutzen zu können, die die DirectAccess-Bereitstellung auf mobile Computer beschränken, ist die Berechtigung zum Erstellen von WMI-Filtern für den Domänencontroller erforderlich.

DirectAccess-Clients müssen Domänenmitglieder sein. Domänen, die Clients enthalten, können zur selben Gesamtstruktur gehören wie der Remotezugriffsserver oder eine bidirektionale Vertrauensstellung mit der Remotezugriffsserver-Gesamtstruktur oder -Domäne verwenden. Eine Active Directory-Sicherheitsgruppe wird benötigt, um die Computer aufzunehmen, die als DirectAccess-Clients konfiguriert werden.

Geben Sie beim Konfigurieren der DirectAccess-Clienteinstellungen keine Sicherheitsgruppe an, wird das Client-Gruppenrichtlinienobjekt standardmäßig auf alle Notebooks in der Sicherheitsgruppe *Domänencomputer* angewendet. Die DirectAccess-Konfiguration kann nur von einem Domänenbenutzer mit lokalen Administratorrechten für den DirectAccess-Server durchgeführt werden. Das verwendete Konto muss außerdem Mitglied der Gruppe *Konten-Operatoren* sein oder dem Konto muss die zum Erstellen von Sicherheitsgruppen in Active Directory geeignete Berechtigung übertragen werden. Außerdem sind Berechtigungen zum Erstellen und Bearbeiten von Gruppenrichtlinienobjekten in der Domäne, zum Verknüpfen von Gruppenrichtlinienobjekten mit der Domäne und zum Anwenden von WMI-Filterberechtigungen beim Übernehmen von DirectAccess-Richtlinien für Notebooks erforderlich.

DirectAccess ist eine IPv6-abhängige Anwendung. Daher dürfen sowohl IPv6 als auch die IPv6-Übergangstechnologien auf dem RAS-Server nicht deaktiviert sein und sie dürfen auch durch Gruppenrichtlinien nicht deaktiviert werden. Die Active Directory-Domäne muss erreichbar sein.

Vorbereiten der Installation von DirectAccess und Remotezugriff

Passen Sie die Netzwerkadapter auf dem DirectAccess-Server an. Wenn Sie zwei Adapter verwenden, verbinden Sie die Schnittstelle zum internen Netzwerk und die Schnittstelle zum Internet und konfigurieren Sie die entsprechenden IP-Adressen. Benennen Sie auch die Netzwerkverbindungen entsprechend.

Achtung Konfigurieren Sie kein Standardgateway auf Intranetschnittstellen beim Einsatz von DirectAccess-Server und fügen Sie den DirectAccess-Server Ihrer Domäne hinzu.

Für die Installation von DirectAccess sind anschließend drei Schritte notwendig:

1. **Installieren der Remotezugriffs-Serverrolle**

   Die Remotezugriffs-Serverrolle fasst das DirectAccess-Feature und den VPN-Rollendienst in einer neuen, einheitlichen Serverrolle zusammen. Diese neue Remotezugriffsserverrolle ermöglicht die zentrale Verwaltung, Konfiguration und Überwachung sowohl von DirectAccess- als auch von VPN-basierten Remotezugriffsdiensten.

2. **Konfigurieren von DirectAccess**

   Der Assistent für erste Schritte sorgt für eine Vereinfachung der Konfiguration. In der grafischen Oberfläche lässt sich DirectAccess recht schnell einrichten.

3. **Aktualisieren von Clients mit der DirectAccess-Konfiguration**

   Zum Verwenden der DirectAccess-Einstellungen müssen Clients die Gruppenrichtlinien aktualisieren, während sie mit dem Intranet verbunden sind. Anschließend können sie eine Verbindung per DirectAccess auch über das Internet herstellen.

Rollendienste installieren und Remotezugriff aktivieren

Starten Sie im Server-Manager *Verwalten/Rollen und Features hinzufügen* und installieren Sie die Rolle *Remotezugriff*. Auf der Seite *Rollendienste auswählen* legen Sie fest, ob der Server als Router oder als Remotezugriffsserver mit VPN und DirectAccess funktionieren soll. Es wird nicht mehr zwischen DirectAccess und VPN unterschieden, die Installation erfolgt immer parallel.

Neu seit Windows Server 2012 R2 ist der Rollendienst *Webanwendungsproxy*. Dieser bietet auf Basis der Active Directory-Verbunddienste (Active Directory Federation Services, AD FS) die Möglichkeit, Webanwendungen in Private-Cloud-Umgebungen zu veröffentlichen. Nach der Installation des Webanwendungsproxys können Sie diesen über einen Assistenten einrichten, den Sie über das Benachrichtigungscenter des Server-Managers starten. Sinnvoll ist das zum Beispiel, um die Webdienste von Exchange im Internet zur Verfügung zu stellen.

Tipp Sie können den Remotezugriff auch über die PowerShell installieren. Dazu verwenden Sie den folgenden Cmdlet-Aufruf:

Install-WindowsFeature RemoteAccess -IncludeManagementTools

DirectAccess und VPN-Zugang einrichten

Nach der Installation findet sich im Server-Manager die neue Gruppe *Remotezugriff*. Über das Kontextmenü der hier integrierten Server lässt sich die Verwaltung des Remotezugriffs starten. Über eine gemeinsame Konsole findet dann die Einrichtung der beiden Funktionen statt.

Nach der Installation erscheint im Server-Manager auch die Meldung, dass eine Konfiguration für den Serverdienst erforderlich ist. Über die Meldung oder das Kontextmenü des Servers starten Sie den Assistenten für die erste Einrichtung. Dieser führt durch alle Schritte.

Oder Sie starten den Assistenten über die Remotezugriffs-Verwaltungskonsole. Diese finden Sie im Menüpunkt *Tools* des Server-Managers.

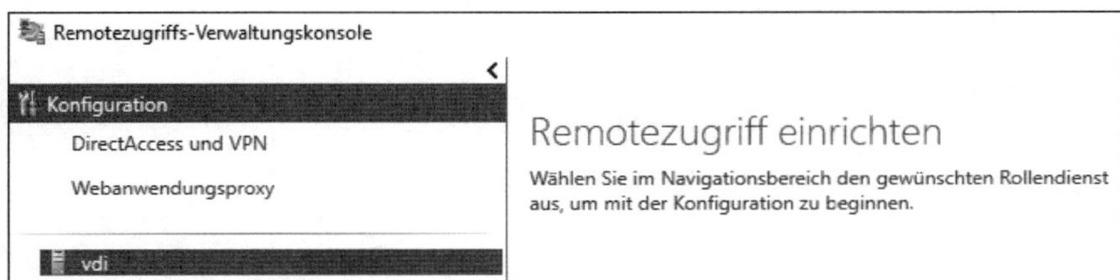

Abbildung 32.1: Einrichten von DirectAccess

Wählen Sie am besten den Link *Assistent für erste Schritte ausführen*, nachdem Sie *DirectAccess und VPN* angeklickt haben. Dieser fragt nur die wichtigsten Optionen ab und richtet die Funktion ein. Sie können anschließend immer noch Änderungen vornehmen.

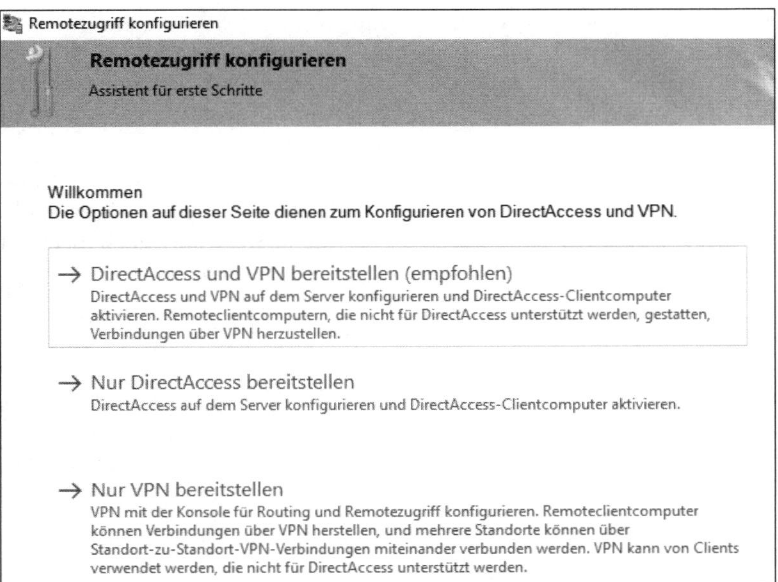

Abbildung 32.2: Starten des Assistenten zum Einrichten des Remotezugriffs

Der Assistent ermöglicht die Auswahl, ob auf dem Server DirectAccess und/oder VPN genutzt werden soll.

Wählen Sie die Topologie Ihrer Netzwerkkonfiguration aus und geben Sie den öffentlichen Namen ein, mit dem Remotezugriffclients eine Verbindung herstellen sollen. Klicken Sie auf *Weiter*. Nach der Auswahl prüft der Assistent zunächst die Voraussetzungen und startet danach die Einrichtung. Auf der ersten Seite wählen Sie aus, wo der Server positioniert ist und wie der Zugriff auf ihn erfolgen soll.

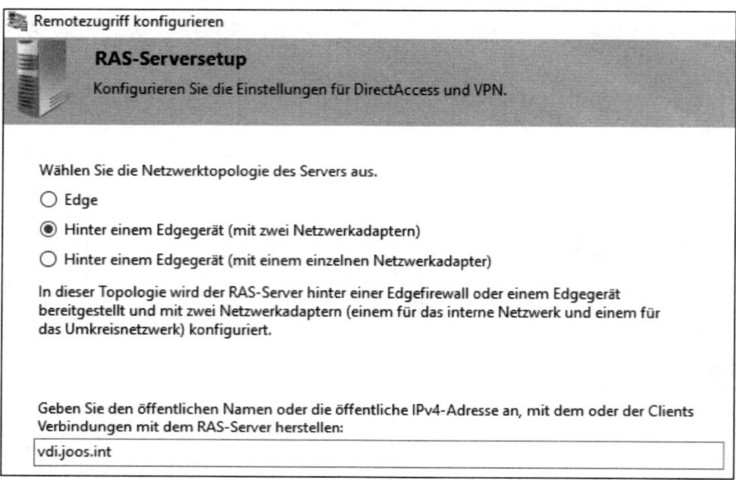

Abbildung 32.3: Auswählen der Netzwerktopologie für die Einrichtung von DirectAccess

Achten Sie nach der Einrichtung darauf, die Firewallregeln zu überprüfen, die DirectAccess auf dem Server einrichtet. Dies gilt vor allem, wenn Sie die Einrichtung nur mit einer einzigen Netzwerkkarte vornehmen. In diesem Fall ist der DirectAccess-Server unter Umständen per RDP erreichbar und auch IIS ist im Internet verfügbar. Sie können die Einstellungen aber in der Firewall des Servers steuern, nachdem Sie DirectAccess eingerichtet haben.

Standardmäßig stellt der Assistent für erste Schritte DirectAccess für Laptops und Notebooks in der Domäne bereit, indem er einen WMI-Filter auf das Gruppenrichtlinienobjekt für die Clienteinstellungen anwendet. Klicken Sie an dieser Stelle aber noch nicht auf *Fertig stellen*, sondern auf den Link *hier*, um Einstellungen anzupassen.

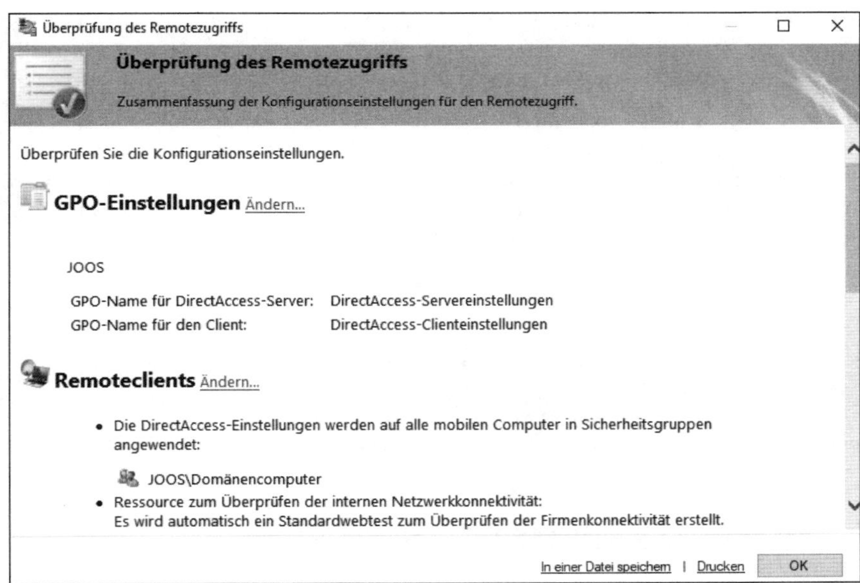

Abbildung 32.4: Anpassen der notwendigen Einstellungen für DirectAccess vor dem Fertigstellen des Assistenten

Standardmäßig erlaubt der Einrichtungs-Assistent den Zugriff per DirectAccess für alle Domänencomputer. Diese Einstellung sollten Sie möglichst anpassen und eine eigene Sicherheitsgruppe erstellen. Computer, deren Konten Sie in diese Gruppe aufnehmen, dürfen sich dann mit DirectAccess verbinden. Andere Computer dürfen das nicht.

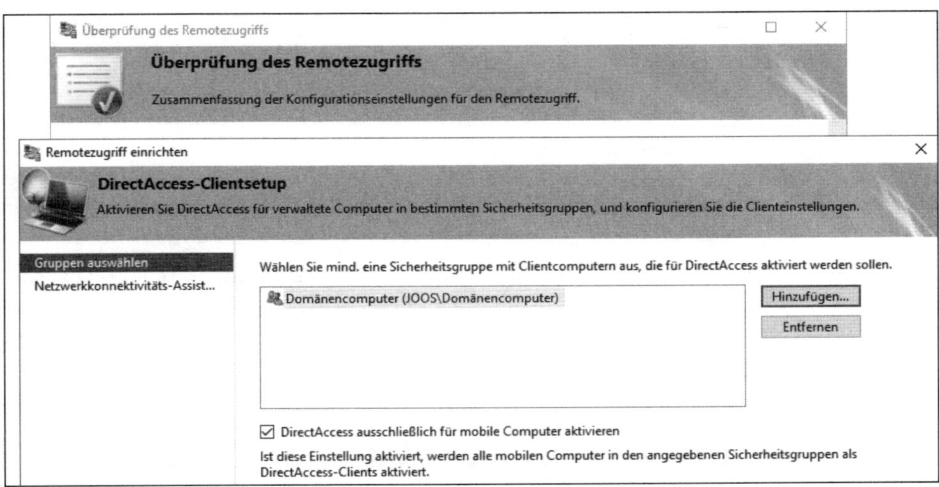

Abbildung 32.5: Anpassen der DirectAccess-Gruppe

Standardmäßig erstellt der Assistent automatisch WMI-Filter für die Gruppenrichtlinien von DirectAccess, die den Zugriff nur für Notebooks oder andere mobile Computer erlaubt. Sie können den Haken an dieser Stelle aber entfernen, da Sie den Zugriff ohnehin schon für einzelne Computer über die Sicherheitsgruppe einschränken.

Passen Sie die Einstellungen an, können Sie neben der Sicherheitsgruppe für DirectAccess auch noch die Gruppenrichtlinien anzeigen, die für den Betrieb notwendig sind. Hier sollten Sie aber keine Einstellungen vornehmen.

Lassen Sie anschließend den Assistenten seine Arbeit beenden. Nach der ersten Einrichtung können Sie in der Verwaltungskonsole weitere Maßnahmen durchführen. Wenn der Assistent die Einrichtung erfolgreich abschließt, erhalten Sie entsprechende Meldungen und können die Einrichtung überprüfen. Warnungen zeigt der Assistent auch an. Hier sollten Sie in den Details überprüfen, wo das Problem liegt.

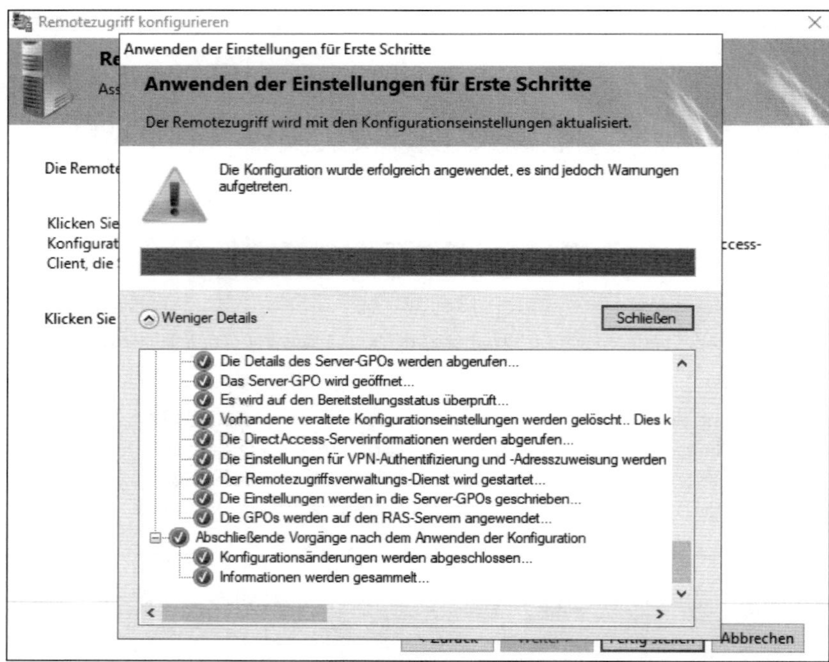

Abbildung 32.6: Erfolgreiche Einrichtung von DirectAccess mit Warnungen

Nach der ersten Einrichtung startet der Assistent die Konsole zur Überarbeitung der DirectAccess-Infrastruktur.

Klicken Sie in der Konsolenstruktur der Remotezugriffs-Verwaltungskonsole auf *Vorgangsstatus*. Warten Sie, bis der Status aller Monitore *Funktionsfähig* lautet. Klicken Sie danach im Bereich *Aufgaben* unter *Überwachung* auf *Aktualisieren*, um die Anzeige zu aktualisieren.

Aktualisieren von Clients mit der DirectAccess-Konfiguration

Haben Sie DirectAccess eingerichtet, sollten Sie die Clients aktualisieren, die sich damit verbinden sollen. Rufen Sie zunächst die Gruppenrichtlinien für den Client ab. Geben Sie dazu in der Eingabeaufforderung *gpupdate /force* ein. Mehr zu diesem Thema lesen Sie in Kapitel 19.

Warten Sie, bis die Computerrichtlinien erfolgreich aktualisiert wurden, und geben Sie in der PowerShell *Get-DnsClientNrptPolicy* ein. Die Einträge in der Richtlinientabelle für die Namensauflösung (Name Resolution Policy Table, NRPT) für Direct Access werden angezeigt. Der Assistent für erste Schritte hat diesen DNS-Eintrag für den DirectAccess-Server automatisch erstellt und ein zugehöriges selbstsigniertes Zertifikat bereitgestellt, sodass der DirectAccess-Server als Netzwerkadressenserver fungieren kann.

Geben Sie *Get-NCSIPolicyConfiguration* ein. Die vom Assistenten bereitgestellten Einstellungen für die Statusanzeige der Netzwerkkonnektivität werden angezeigt. Achten Sie auf den Wert von *DomainLocationDeterminationURL*. Sobald auf diese Netzwerkadressenserver-URL zugegriffen werden kann, ermittelt der Client, dass sich diese innerhalb des Unternehmensnetzwerks befindet, und die NRPT-Einstellungen werden nicht angewendet.

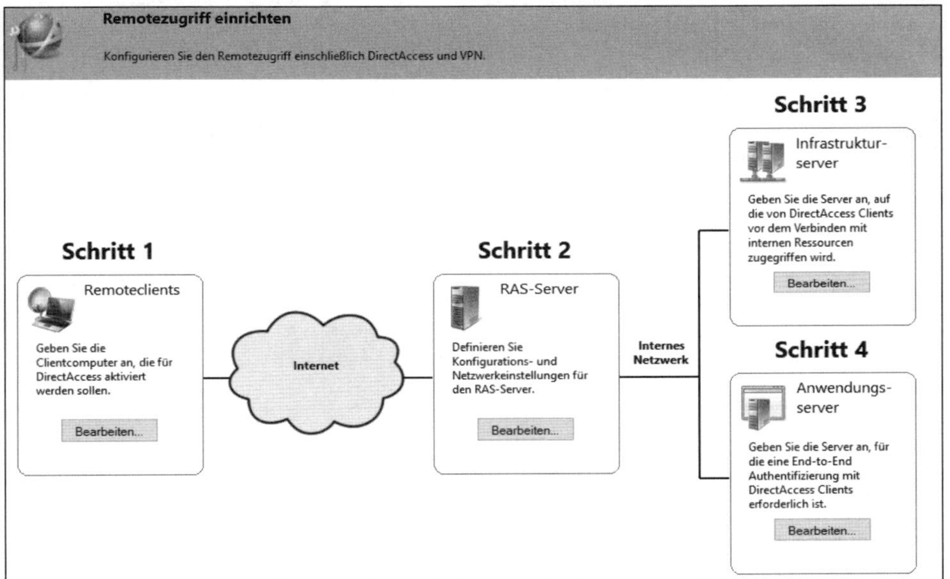

Abbildung 32.7: Überprüfen von DirectAccess nach der Einrichtung auf dem Client

Geben Sie *Get-DAConnectionStatus* ein. Wenn der Client die Netzwerkadressenserver-URL erreichen kann, wird der Status *ConnectedLocally* angezeigt.

Diesen Status ruft der DirectAccess-Client vom Infrastruktur-Server ab. Er verwendet dazu die Internetinformationsdienste auf dem DirectAccess-Server. Sie können die entsprechenden Einstellungen über die Verwaltungskonsole anpassen. Klicken Sie dazu im Bereich *Infrastrukturserver-Setup* auf *Bearbeiten*. Hier wählen Sie den Server und das dazugehörige Zertifikat aus.

Clients, die per DirectAccess verbunden sind, finden Sie über den Link *Remoteclientstatus* in der Remotezugriffs-Verwaltungskonsole. Sie können in der Konsole Berichte erstellen, um die Nutzung des Servers zu messen. Die Gruppenrichtlinien für die Anbindung an DirectAccess erstellen auch Firewallregeln und Verbindungssicherheitsregeln. Diese lassen Sie über *wf.msc* auf dem Client anzeigen.

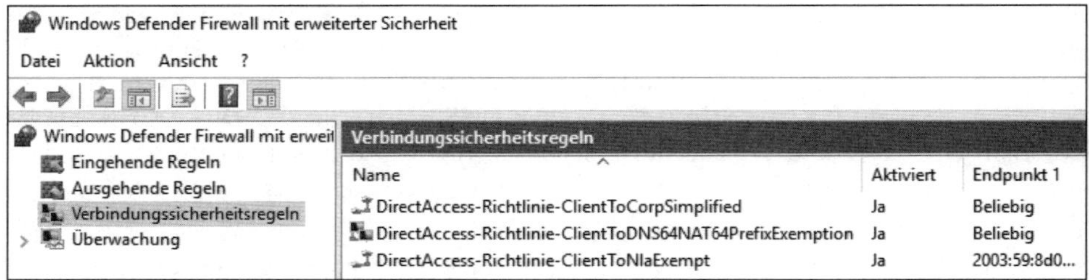

Abbildung 32.8: Anzeigen der Verbindungssicherheitsregeln auf den Clients

Während der Einrichtung legt der Assistent DNS-Einträge fest, mit denen er überprüfen kann, ob sich Clients im internen Netzwerk befinden oder mit DirectAccess einwählen. Verbindet sich ein Client mit DirectAccess, sehen Sie die Verbindung, wenn Sie auf das Netzwerksymbol klicken.

Tipp

Damit im Netzwerk DirectAccess funktioniert, müssen die beteiligten Firewalls teilweise angepasst werden. Zunächst sollte 6to4-Datenverkehr (IP-Protokoll 41) eingehend und ausgehend erlaubt sein. Auch HTTPS-Datenverkehr darf über den Port 443 zum DirectAccess-Server kommunizieren.

Der TCP-Port 62000 muss zum DirectAccess-Server durchgelassen werden. Beim Einsatz von IPv6 muss außerdem das IP-Protokoll 50 sowie der UDP-Port 500 ein- und ausgehend geöffnet sein. Die Daten müssen in das Internet gesendet werden können. Zusätzlich sollten im internen Netzwerk ISATAP (IP-Protokoll 41) und der komplette IPv4/IPv6-Datenverkehr durchgelassen werden.

Überprüfen der Bereitstellung

Im vorangegangenen Abschnitt haben wir bereits beschrieben, wie Sie DirectAccess auf dem Client testen. Sobald die HTTPS-Verbindung zum Netzwerkadressenserver (Infrastruktur-Server) erfolgreich hergestellt wurde, deaktiviert der DirectAccess-Client die DirectAccess-Clientkonfiguration und verwendet eine direkte Verbindung zum Unternehmensnetzwerk.

Verbinden Sie einen Clientcomputer mit Ihrem Unternehmensnetzwerk und melden Sie sich mit einem Domänenbenutzernamen an. Öffnen Sie eine Eingabeaufforderung mit erhöhten Rechten und rufen Sie den Befehl *ipconfig /all* auf. Im Abschnitt *Tunneladapter iphttpsinterface* sehen Sie, ob die Verbindung intern oder über DirectAccess erfolgt.

Geben Sie in der PowerShell *Get-DAConnectionStatus* ein. Der Status sollte als *ConnectedRemotely* angegeben werden. In diesem Fall sind Sie mit DirectAccess verbunden. Sie erkennen dies auch, wenn Sie im Desktop auf das Netzwerksymbol klicken. Geben Sie in der PowerShell *Get-NetIPAddress* ein, um die IPv6-Konfiguration zu prüfen. Kontrollieren Sie, ob der Tunneladapter *iphttpsinterface* aktiv ist und über eine gültige IP-HTTPS-Adresse verfügt. Ihr Client verwendet IP-HTTPS für das Tunneling von IPv6-Datenverkehr zum DirectAccess-Server über das Internet.

Geben Sie *wf.msc* ein. Erweitern Sie *Überwachung* und dann *Sicherheitszuordnungen*, um die festgelegten IPsec-Sicherheitszuordnungen zu prüfen. Es müssen die Authentifizierungsmethoden *Computer (Kerberos)* und *Benutzer (Kerberos)* verwendet werden. Der Client nutzt den Kerberosproxy, der vom DirectAccess-Assistenten automatisch bereitgestellt wird. Wählen Sie im Konsolenbaum *Verbindungssicherheitsregeln*, um die zugeordneten Richtlinien zu prüfen, die angewendet werden.

Auch wenn DirectAccess generell recht einfach einzurichten ist und Microsoft Assistenten für die Konfiguration zur Verfügung stellt, ist das Troubleshooting nicht gerade leicht. Microsoft bietet zur Fehlerbehebung das Microsoft Windows DirectAccess Client Troubleshooting Tool (*http://www.microsoft.com/en-us/download/confirmation.aspx?id=41938*) kostenlos an, mit dem Anwender auf ihren Rechnern die Anbindung prüfen können. Um das Tool zu verwenden, muss es nur aufgerufen werden, eine Installation ist nicht notwendig.

Damit DirectAccess auf einem Rechner funktioniert, müssen die erstellten Gruppenrichtlinien angewendet werden. Dazu können Administratoren auf den Zielrechnern die Befehle *rsop.msc* oder *gpresult /r* nutzen. Damit lässt sich überprüfen, ob die Richtlinien übertragen wurden. Nach einer Änderung der Gruppenmitgliedschaft müssen Computer erst neu gestartet werden, damit die Richtlinien übernommen werden. Die Firewall muss auf den Rechnern gestartet sein.

Remotezugriff verwalten

Unabhängig davon, ob Sie DirectAccess oder den Remotezugriff mit VPN nutzen, findet die Verwaltung in Windows Server 2019 über die Remotezugriffs-Verwaltungskonsole statt.

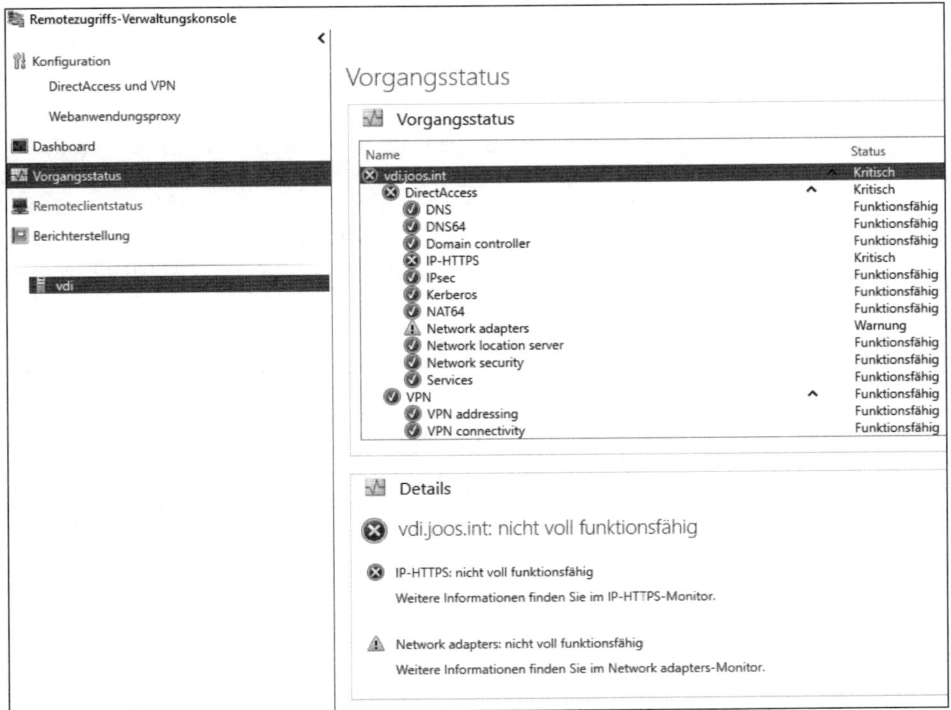

Abbildung 32.9: Verwalten des Remotezugriffs in Windows Server 2019

Diese finden Sie direkt im Server-Manager. Schließen Sie den Assistenten zur Einrichtung ab. Dieser integriert die notwendigen Einstellungen, erstellt Gruppenrichtlinien und ändert Einstellungen auf dem Server.

Nach der ersten Einrichtung lässt sich die Remotezugriffs-Verwaltungskonsole öffnen. Hier können Sie jederzeit Änderungen vornehmen. Die Konsole lässt sich auch über das Kontextmenü der Remotezugriffsserver im Server-Manager starten.

Über die Kategorie *Konfiguration* auf der linken Seite ändern Sie Einstellungen. Durch einen Klick auf die entsprechende Schaltfläche im mittleren Bereich passen Sie verschiedene Einstellungen an.

Über *Remoteclients* legen Sie fest, welche Benutzer und Clientcomputer sich mit dem Netzwerk verbinden dürfen. Hier bietet es sich an, mit Gruppen aus Active Directory zu arbeiten und diese im Assistenten zu hinterlegen. Standardmäßig dürfen alle Benutzer von extern eine Verbindung aufbauen. Hier ist eine eigene Active Directory-Gruppe besser geeignet.

Über den Assistenten lassen sich WMI-Filter hinterlegen und in den Einstellungen des RAS-Servers in der Mitte die Einstellungen ändern, die bei der Einrichtung über den Assistenten vorgenommen wurden. DirectAccess kann mit internen Zertifizierungsstellen arbeiten oder mit selbstsignierten Zertifikaten, was die Einrichtung vereinfacht. Besser ist eine Zertifizierungsstelle auf Basis der Active Directory-Zertifikatdienste (siehe Kapitel 30).

Über die Einrichtung des Servers legen Sie die Art der Authentifizierung fest. An dieser Stelle müssen Sie auch die Verbindung von Windows 7-Computern genehmigen, wenn außer Windows 8/8.1/10 auch noch Clients mit dem älteren Betriebssystem Zugriff erhalten sollen. Standardmäßig lässt DirectAccess in Windows Server 2019 nur Windows 8/8.1/10-Computer zu. Hier aktivieren Sie auch die Unterstützung des Netzwerkzugriffschutzes mit DirectAccess (siehe Kapitel 31).

Die notwendigen Einstellungen für Clientcomputer nimmt der Assistent über Gruppenrichtlinien vor. Deren Einstellungen lassen sich in der Gruppenrichtlinienverwaltung anpassen. Auch für die Einstellungen der DirectAccess-Server sind Gruppenrichtlinien verantwortlich. In den erweiterten Firewalleinstellungen finden sich auf dem DirectAccess-Server ebenfalls Einstellungen für die Verbindung. Die Einstellungen lassen sich auch in der PowerShell überprüfen. Dabei hilft zum Beispiel das Cmdlet *Get-NetTeredoConfiguration*.

Die Einstellungen können Sie jederzeit anpassen. Dazu rufen Sie die Remotezugriffs-Verwaltungskonsole auf und klicken auf den DirectAccess/VPN-Server, den Sie verwalten wollen.

Haben Sie alle Einstellungen vorgenommen, klicken Sie unten im Fenster auf *Fertig* und dann auf *Anwenden*, damit der Assistent die Einstellungen übernimmt. Im Fenster sehen Sie die Änderungen, die der Assistent vornimmt, und ob die Einstellungen erfolgreich übernommen wurden. Überprüfen Sie danach immer über den Link *Vorgangstatus*, ob alles noch funktioniert.

VPN verwalten

Windows Server 2019 arbeitet auch im VPN-Bereich mit der Remotezugriffs-Verwaltungskonsole. Ebenso kann die klassische Routing- und RAS-Konsole weiterhin eingesetzt werden. Diese starten Sie am schnellsten durch Eingabe von *rrasmgmt.msc* im Startmenü. Hier können Sie weiterhin Einstellungen vornehmen und zum Beispiel Konfigurationen von PPTP anpassen sowie Clients steuern.

Verwalten und Konfigurieren der RAS-Benutzer und RAS-Ports

Eine einfache Methode, um mit Windows Server 2019 ein VPN aufzubauen, ist der Einsatz von PPTP. Dieser Verbindungstyp ist zwar nicht so sicher wie L2TP oder IPsec, ist aber dennoch für viele Unternehmen sinnvoll.

PPTP-basierter VPN-Datenverkehr besteht aus einer TCP-Verbindung zum TCP-Port 1723 auf dem VPN-Server, um den Tunnel zu verwalten, und aus GRE (Generic Routing Encapsulation)-gekapselten Paketen für die VPN-Daten. PPTP-Datenverkehr kann jedoch Probleme mit Firewalls, NATs und Webproxies haben. Um Probleme zu vermeiden, müssen Firewalls so konfiguriert werden, dass sie sowohl die TCP-Verbindung als auch GRE-gekapselte Daten ermöglichen.

PPTP ermöglicht die verschlüsselte Einkapselung von verschiedenen Netzwerkprotokollen und unterstützt Schlüssellängen bis zu 128 Bit. Nachdem die Authentifizierung durchgeführt wurde, wird die Verbindung verschlüsselt. Die Verschlüsselung baut auf dem Kennwort der Authentifizierung auf. Je komplexer das Kennwort ist, umso besser ist die Verschlüsselung. Da die Verschlüsselung und der Transport der einzelnen IP-Pakete durch das GRE-Protokoll durchgeführt wird, müssen Sie darauf achten, dass die Hardwarefirewall beziehungsweise der DSL-Router, den Sie im Internet platzieren, dieses Protokoll beherrscht. Viele preisgünstige Modelle beherrschen GRE nicht. PPTP wird allerdings von immer weniger VPN-Clients unterstützt, da das Protokoll im Vergleich zu anderen Protokollen zu unsicher ist.

Eine weitere Variante, ein VPN aufzubauen, ist das Layer 2 Tunnel-Protokoll (L2TP). Dieses Protokoll ist sicherer als PPTP, aber dafür komplexer in der Einrichtung. Auch bei diesem Protokoll werden die IP-Pakete in die Verschlüsselung eingekapselt. Das L2TP verwendet IPsec, um eine Verschlüsselung aufzubauen. Beim Aufbau eines VPN mit L2TP wird der Datenverkehr, im Gegensatz zu PPTP, bereits vor der Authentifizierung zuverlässig verschlüsselt. Da L2TP zur Verschlüsselung des Datenverkehrs IPsec verwendet, kann mit diesem VPN-Typ auch eine 3DES-Verschlüsselung durchgeführt werden. Der Einsatz eines VPN auf Basis von L2TP setzt eine Zertifizierungsstellen-Infrastruktur voraus. Vor allem mittelständische Unternehmen tun sich wesentlich leichter, wenn als VPN-Protokoll PPTP verwendet wird. Der Einsatz eines VPN mit L2TP ist nur Experten zu empfehlen, die genau wissen, wie Zertifizierungsstellen eingerichtet werden und L2TP beziehungsweise IPsec funktionieren. Für den schnellen, effizienten und sicheren Aufbau eines VPN ist PPTP sicherlich die beste Wahl.

Sie können die Konfiguration im Server-Manager über *Tools/Routing und RAS* überprüfen. Öffnen Sie dieses Snap-in, sehen Sie die Konfigurationen, die der Assistent auf dem Windows Server 2019 durchgeführt hat. Klicken Sie auf den Konsoleneintrag *RAS-Clients*, sehen Sie alle derzeit verbundenen VPN-Clients sowie deren aktuelle Verbindungsdauer.

Klicken Sie mit der rechten Maustaste auf den Client, können Sie dessen Verbindung vom Server aus trennen.

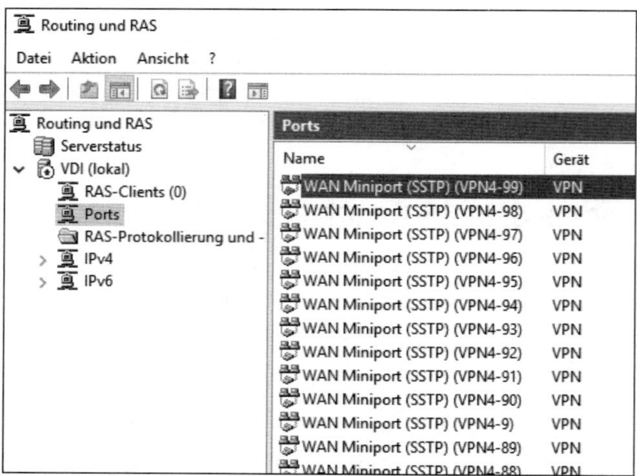

Abbildung 32.10: Konfigurieren von Routing und RAS in Windows Server 2019

Klicken Sie mit der rechten Maustaste auf den Eintrag *Ports*, können Sie die Anzahl der Ports und damit der gleichzeitig möglichen Einwahlen definieren. Wird etwa nur PPTP und kein L2TP verwendet, können die benötigen Ports für L2TP auf 0 gesetzt werden. Sollen für die Einwahl für PPTP weniger Ports zur Verfügung stehen, lässt sich diese Anzahl reduzieren oder die Einwahlmöglichkeiten in diesem Bereich komplett deaktivieren.

Über das Kontextmenü des Servers und der Auswahl von *Routing und RAS konfigurieren und aktivieren*, wird das VPN in der Konsole eingerichtet.

Im Assistenten kann jetzt ausgewählt werden, wie der VPN-Server betrieben werden soll. Für einen VPN-Server wird die Option *RAS (DFÜ oder VPN)* verwendet. Im Rahmen der Einrichtung muss noch ausgewählt werden, auf welcher Netzwerkverbindung der Server nach Verbindungsanfragen hören soll und welche IP-Adressen zugewiesen werden sollen. Auch die Authentifizierung lässt sich über den Assistenten festlegen. Anschließend kann die Konfiguration über den Assistenten abgeschlossen werden.

Nach dem Öffnen dieses Tools ist die Konfiguration zu sehen, die der Assistent durchgeführt hat. Durch einen Klick auf den Konsoleneintrag *RAS-Clients* sind alle derzeit verbundenen VPN-Clients sowie deren aktuelle Verbindungsdauer zu sehen. Durch einen Rechtsklick auf den Client lässt sich dessen Verbindung vom Server aus trennen.

Damit Benutzer das Recht erhalten, auf einen VPN-Server zuzugreifen, muss im Snap-in *Active Directory-Benutzer und -Computer* auf der Registerkarte *Einwählen* im Bereich *Netzwerkzugriffsberechtigung* die Option *Zugriff gestatten* aktiviert sein. In einer produktiven Umgebung können Sie auch die Option *Zugriff über NPS-Netzwerkrichtlinien steuern* wählen. In diesem Fall erstellen Administratoren eine Gruppe in Active Directory, zum Beispiel mit der Bezeichnung *VPN-Zugriff* und nehmen die Benutzerkonten in die Gruppe mit auf, denen sie VPN-Zugriff gestatten wollen.

HTTPS-VPN über Secure Socket Tunneling-Protokoll

Windows Server 2016/2019 und Windows 8/8.1/10 unterstützen neben PPTP und L2TP auch das Secure Socket Tunneling-Protokoll (SSTP) für die VPN-Einwahl. Mit diesem Protokoll wird ein VPN auf Basis von HTTPS aufgebaut, das viel leichter durch Firewalls und NAT-Geräten geschleust werden kann. Meistens wird der Port 443 in Firewalls nicht geschlossen und auch eine Verbindung über Proxyserver ist möglich.

SSTP verwendet eine HTTP-über-SSL-Sitzung zwischen VPN-Clients und -Servern, um gekapselte IPv4- oder IPv6-Pakete auszutauschen. Ein IPv4- oder IPv6-Paket wird zunächst zusammen mit einem PPP-Header und einem SSTP-Header gekapselt. Die Kombination aus dem IPv4- oder IPv6-Paket, dem PPP-Header und dem SSTP-Header wird durch die SSL-Sitzung verschlüsselt. Ein TCP-Header und ein IPv4-Header werden hinzugefügt, um das Paket zu vervollständigen.

SSTP unterstützt allerdings keine authentifizierten Webproxykonfigurationen, in denen der Proxy während der HTTPS-Verbindungsanforderung irgendeine Form von Authentifizierung verlangt. Sie brauchen auch nicht IIS zu installieren, da der Remotezugriff eingehende Verbindungen überwacht. Es können jedoch gleichzeitig sowohl Remotezugriff als auch IIS auf demselben Server vorhanden sein. Auf dem SSTP-Server muss ein Computerzertifikat mit der Serverauthentifizierung oder der Universaleigenschaft *Erweiterte Schlüsselverwendung* (Enhanced Key Usage, EKU) installiert sein. Dieses Computerzertifikat wird vom SSTP-Client verwendet, um den SSTP-Server zu authentifizieren, wenn die SSL-Sitzung eingerichtet wird. Der SSTP-Client überprüft das Computerzertifikat des SSTP-Servers. Um dem Computerzertifikat zu vertrauen, muss die Stammzertifizierungsstelle (CA) der CA, die das Computerzertifikat des SSTP-Servers ausgestellt hat, auf dem SSTP-Client installiert sein.

Ablauf beim Verbinden über SSTP

Wenn ein Benutzer auf einem Computer, der Windows Server 2016/2019 oder Windows 8/8.1/10 ausführt, eine SSTP-basierte VPN-Verbindung initiiert, findet Folgendes statt:

1. Der SSTP-Client richtet eine TCP-Verbindung mit dem SSTP-Server zwischen einem dynamisch zugewiesenen TCP-Port auf dem Client und TCP-Port 443 auf dem Server ein.
2. Der SSTP-Client sendet eine SSL-Client-Begrüßungsnachricht, die anzeigt, dass er eine SSL-Sitzung mit dem SSTP-Server einrichten will.
3. Der SSTP-Server sendet dem SSTP-Client sein Computerzertifikat.
4. Der SSTP-Client überprüft das Computerzertifikat, bestimmt die Verschlüsselungsmethode für die SSL-Sitzung, generiert einen SSL-Sitzungsschlüssel und verschlüsselt diesen dann mit dem öffentlichen Schlüssel des SSTP-Serverzertifikats.
5. Der SSTP-Client sendet das verschlüsselte Formular des SSL-Sitzungsschlüssels zum SSTP-Server.
6. Der SSTP-Server entschlüsselt den verschlüsselten SSL-Sitzungsschlüssel mit dem privaten Schlüssel seines Computerzertifikats. Die gesamte zukünftige Kommunikation zwischen dem SSTP-Client und dem SSTP-Server wird mit der ausgehandelten Verschlüsselungsmethode und dem SSL-Sitzungsschlüssel verschlüsselt.
7. Der SSTP-Client sendet eine HTTP-über-SSL-Anforderungsnachricht zum SSTP-Server.

8. Der SSTP-Client handelt mit dem SSTP-Server einen SSTP-Tunnel aus.
9. Der SSTP-Client handelt mit dem SSTP-Server eine PPP-Verbindung aus. Zu dieser Aushandlung gehören die Authentifizierung der Anmeldeinformationen des Benutzers mit einer PPP-Authentifizierungsmethode und die Konfiguration der Einstellungen für den IPv4- oder IPv6-Datenverkehr. Verbindungen, die unter Verwendung von PPP (Point-to-Point-Protokoll) erstellt wurden, müssen den Standards entsprechen, die in PPP-RFCs festgelegt sind. Nachdem eine physische oder logische Verbindung mit einem PPP-basierten RAS-Server hergestellt ist, wird unter Verwendung der folgenden Aushandlungen eine PPP-Verbindung eingerichtet.

   PPP verwendet LCP (Link Control-Protokoll), um Verknüpfungsparameter wie die maximale PPP-Datenblockgröße, die Verwendung von Multilink und die Verwendung eines bestimmten PPP-Authentifizierungsprotokolls auszuhandeln. Das Link Control-Protokoll (LCP) konfiguriert die PPP-Datenblockerstellung. Die PPP-Datenblockerstellung bestimmt, auf welche Weise die Daten zu Datenblöcken zusammengefasst werden, bevor sie im WAN übertragen werden. Das standardmäßige PPP-Datenblockformat stellt sicher, dass RAS-Programme aller Hersteller miteinander kommunizieren können und Datenpakete von jeder RAS-Software erkennen, die den PPP-Standards entspricht.

   Der RAS-Client und der RAS-Server tauschen Nachrichten entsprechend des ausgehandelten Authentifizierungsprotokolls aus. Wenn EAP (Extensible Authentication-Protokoll) verwendet wird, handeln der Client und der Server eine bestimmte EAP-Methode aus, die als EAP-Typ bekannt ist. Dann werden Nachrichten dieses EAP-Typs ausgetauscht. Die Nutzung von EAP ist die von Microsoft favorisierte Variante für Wählverbindungen und erlaubt eine einheitliche Authentisierung eines Nutzers über LAN, WLAN und WAN. Wenn für die DFÜ-Verbindung der Rückruf konfiguriert ist, wird die physische Verbindung beendet, und der RAS-Server ruft den RAS-Client zurück.
10. Der SSTP-Client beginnt, über die PPP-Verbindung IPv4- oder IPv6-Datenverkehr zu senden.

Installation von SSTP

Um SSTP in einer Active Directory-Domäne zu verwenden, müssen nicht alle Server und die Domäne zu Windows Server 2016/2019 migriert werden. Es reicht der Einsatz eines VPN-Servers mit Windows Server 2016/2019. Auf den Clients muss Windows 7 oder Windows 8/8.1/10 installiert sein. Die Berechtigung für die Einwahl der Benutzer erfolgt identisch zu den Berechtigungen über andere VPN-Methoden. Benutzern müssen nur die entsprechenden Rechte zugewiesen werden.

Vorbereiten der Installation von SSTP – Zertifizierungsstelle vorbereiten

Damit SSTP verwendet werden kann, muss der Rollendienst *Zertifizierungsstellen-Webregistrierung* der Rolle *Active Directory-Zertifikatdienste* installiert sein (siehe Kapitel 30). Der beste Weg ist, wenn Sie auf dem VPN-Server selbst eine Zertifizierungsstelle installieren, und zwar als Typ *Eigenständig,* keine *Unternehmenszertifizierungsstelle.* Richten Sie zuerst die Zertifizierungsstelle ein und installieren Sie danach über den Server-Manager noch den Rollendienst *Zertifizierungsstellen-Webregistrierung.*

Die Zertifizierungsstelle muss außerdem als Stammzertifizierungsstelle installiert sein. Alle weiteren Einstellungen wählen Sie so, wie in Kapitel 30 erläutert. Für eine Testumgebung und auch für die meisten Produktivumgebungen verwenden Sie einfach die Standardeinstellungen.

Sicherheitseinstellungen im Internet Explorer auf dem VPN-Server konfigurieren

Nachdem die Zertifizierungsstelle auf dem Server installiert ist, müssen Sie auf dem VPN-Server noch das Serverzertifikat installieren, über das das SSTP-VPN ermöglicht wird. Da der Internet Explorer von Windows Server 2019 sehr strenge Sicherheitseinstellungen aufweist, müssen Sie zunächst in seinen Optionen Änderungen vornehmen:

1. Starten Sie den Internet Explorer.
2. Drücken Sie die `Alt`-Taste und klicken Sie auf *Extras/Internetoptionen*.
3. Wechseln Sie zur Registerkarte *Sicherheit*.
4. Klicken Sie auf *Lokales Intranet* und stellen Sie sicher, dass die Sicherheitsstufe auf *Niedrig* eingestellt ist. In einer produktiven Umgebung sollten über die Schaltfläche *Stufe anpassen* nur die ActiveX-Controls aktiviert werden. Den geschützten Modus des Internet Explorers können Sie aktiviert lassen, außer Sie stellen bei Ihrer Verbindung Probleme fest.

Serverzertifikat auf dem VPN-Server installieren

Der nächste Schritt, den VPN-Server vorzubereiten, besteht darin, ein Serverzertifikat von der Zertifizierungsstelle anzufordern und zu installieren:

1. Geben Sie auf der Startseite *certlm.msc* ein.
2. Klicken Sie anschließend mit der rechten Maustaste auf *Eigene Zertifikate/Zertifikate* und wählen Sie *Alle Aufgaben/Neues Zertifikat anfordern*.
3. Bestätigen Sie den Assistenten.
4. Klicken Sie auf der Seite *Zertifikatregistrierung* auf *Weiter*.
5. Wählen Sie *Computer* als Zertifikat aus und klicken Sie auf *Registrieren*.

Wird bei Ihnen kein Zertifikat angezeigt, müssen Sie auf dem Zertifikatserver in einer MMC das Snap-in *Zertifikatvorlagen* laden:

1. Klicken Sie mit der rechten Maustaste auf das Zertifikat *Computer* und rufen Sie die *Eigenschaften* auf.
2. Wechseln Sie auf die Registerkarte *Sicherheit*.
3. Klicken Sie auf *Authentifizierte Benutzer* oder *Domänen-Admins*, je nachdem, wem Sie das Recht zum Registrieren ermöglichen möchten.
4. Klicken Sie bei dem Recht *Registrieren* auf *Zulassen* und bestätigen Sie das Fenster.
5. Starten Sie auf dem NPS-Server das Snap-in *Zertifikate* erneut und überprüfen Sie, ob das Zertifikat jetzt registriert werden kann. Bis das Zertifikat angezeigt wird, kann es etwas dauern.

VPN-Client konfigurieren

Um ein VPN über HTTPS mit SSTP zu verwenden, muss auf den Clients Windows Vista, Windows 7 oder Windows 8/8.1/10 installiert sein. Damit sich der VPN-Client verbinden kann, muss das Zertifikat der Stammzertifizierungsstelle auf dem Client installiert werden.

Diese Vorgänge sind ausführlich in den Kapiteln 30 und 31 erläutert. Im folgenden Abschnitt gehen wir darauf ein, wie das Zertifikat der Zertifizierungsstelle über die Weboberfläche der Zertifizierungsstelle in Ihrem Unternehmen angefordert wird. Computer, die Mitglied der gleichen Active Directory-Gesamtstruktur wie der Zertifikatserver sind, vertrauen dem Server automatisch.

Damit Clients über das Internet per HTTPS ein VPN aufbauen können, muss daher entweder vorher das Zertifikat im Unternehmen auf dem Rechner installiert werden, oder Sie veröffentlichen die Zertifizierungsstelle im Internet. Um das Zertifikat der Zertifizierungsstelle auf dem Computer zu installieren, rufen Sie zunächst im Internet Explorer des Clients die Webseite der Zertifizierungsstelle auf (*https://<Servername>/certsrv*). Nach einem Klick auf den Link *Download eines Zertifizierungsstellenzertifikats, einer Zertifikatkette oder einer Sperrliste* erscheint eine Sicherheitsmeldung im Internet Explorer, die Sie mit *Ja* bestätigen.

Klicken Sie in der nächsten Seite auf den Link *Download des Zertifizierungsstellenzertifikats.* Wählen Sie im Downloadfenster *Öffnen* aus. Klicken Sie im neuen Fenster auf *Zertifikat installieren.* Schließen Sie den Assistenten zur Installation mit den Standardeinstellungen ab.

Anschließend muss das Zertifikat noch in den richtigen Zertifikatspeicher verschoben werden. Aktuell befindet es sich im Speicher des Benutzers, muss aber in den Speicher des lokalen Computerkontos, und zwar in den Speicher der vertrauenswürdigen Stammzertifizierungsstellen (siehe Kapitel 30 und 31). Gehen Sie dazu folgendermaßen vor:

1. Öffnen Sie eine neue MMC-Konsole.
2. Fügen Sie das Snap-in *Zertifikate* hinzu.
3. Wählen Sie als Option *Eigenes Benutzerkonto* aus.
4. Fügen Sie noch mal das Snap-in *Zertifikate* hinzu.
5. Wählen Sie als Option *Computerkonto* aus und wählen Sie den lokalen Computer aus.
6. Öffnen Sie den Konsoleneintrag *Zertifikate - Aktueller Benutzer/Zwischenzertifizierungsstellen/Zertifikate.*
7. Klicken Sie mit der rechten Maustaste auf das Zertifikat des VPN-Servers und wählen Sie im Kontextmenü den Eintrag *Kopieren* aus. Da das Zertifikat keinen privaten Schlüssel benötigt, muss es nicht exportiert werden wie auf dem VPN-Server.
8. Öffnen Sie den Konsoleneintrag *Zertifikate (Lokaler Computer)/Vertrauenswürdige Stammzertifizierungsstellen/Zertifikate* und fügen Sie das Zertifikat per Klick mit der rechten Maustaste über den Kontextmenübefehl *Einfügen* ein.

Konfigurieren einer SSTP-VPN-Verbindung

Der nächste Schritt besteht darin, eine VPN-Verbindung zu konfigurieren, die SSTP verwendet, nicht PPTP oder L2TP. Gehen Sie dazu folgendermaßen vor:

1. Öffnen Sie das *Netzwerk- und Freigabecenter* auf dem Computer.
2. Klicken Sie auf *Neue Verbindung oder neues Netzwerk einrichten.*
3. Wählen Sie *Verbindung mit dem Arbeitsplatz herstellen.*
4. Geben Sie die Daten der Verbindung ein, wie bei einer normalen VPN-Verbindung.
5. Rufen Sie in den Netzwerkverbindungen die Eigenschaften der neuen VPN-Verbindung auf.
6. Wechseln Sie zur Registerkarte *Sicherheit.*
7. Wählen Sie bei *VPN-Typ* die Option *Secure Socket Tunneling-Protokoll (SSTP)* aus.

Fehlerbehebung bei SSTP-VPN

Wie bei allen Verbindungen werden auch Informationen zum SSTP-VPN in den Ereignisanzeigen des Servers gespeichert. Fehlermeldungen werden im Protokoll *System* gespeichert. Die Meldungen von SSTP haben die Quelle *RasSstp*. Sollten Verbindungsprobleme auftreten, liegt es fast immer an fehlerhaften Zertifikaten und dem Namen des Zertifikats.

Unter *Eigenschaften* in den Ports der RAS-Verwaltungskonsole können weitere Einstellungen bezüglich SSTP-VPN vorgenommen werden.

Auf der Registerkarte *Sicherheit* des Routing- und RAS-Servers konfigurieren Sie noch das Zertifikat, das die SSTP-Verbindung verwenden soll. In den Eigenschaften für Ports legen Sie die Anzahl und Konfiguration der Ports für SSTP fest.

Exchange & Co. veröffentlichen – Anwendungsproxy einsetzen

Eine neue Funktion seit Windows Server 2012 R2 bietet auch in Windows Server 2019 eine effiziente Möglichkeit, Webanwendungen wie Exchange im Internet zur Verfügung zu stellen. Der Webanwendungsproxy (Web Application Proxy, WAP) hat die Aufgabe, eine sichere Schnittstelle vom internen Netzwerk zum Internet zur Verfügung zu stellen, vor allem für die Veröffentlichung von Serverdiensten.

Mit diesem Server-Feature können Unternehmen Webdienste, wie zum Beispiel Exchange Outlook Web App, und andere Webdienste, wie SharePoint, aus dem internen Netzwerk im Internet bereitstellen.

In Windows Server 2019 lassen sich Exchange ActiveSync-Geräte wesentlich stabiler anbinden. Diese verbinden sich über den Webanwendungsproxy, authentifiziert durch ADFS mit Exchange. In Windows Server 2012 R2 war das durch die nicht kompatible Authentifizierung noch nicht ohne Weiteres möglich. Außerdem kann der Webanwendungsproxy in Windows Server 2019 HTTP-Anfragen automatisch zu HTTPS-Adressen weiterleiten.

Sie können in Windows Server 2019 auch mit Platzhaltern arbeiten, um SharePoint oder andere Webanwendungen besser zu veröffentlichen. Auch das ist mit Windows Server 2012 R2 noch nicht möglich gewesen. Das Remote Desktop Gateway und die über diesen Weg veröffentlichten Apps in den Remotedesktopdiensten lassen sich mit dem Webanwendungsproxy im Internet bereitstellen.

Auch das Routing von Anwenderanmeldungen ist möglich. Das heißt, Unternehmen können mit dem Webanwendungsproxy und den Active Directory-Verbunddiensten eine sichere und kostengünstige Veröffentlichung von Webdiensten durchführen und mit Bordmitteln verwalten.

Neben der Möglichkeit, die Authentifizierung an Exchange über das Internet mit dem Webanwendungsproxy durchzuführen, lassen sich mit der Lösung auch Single-Sign-On-Szenarien mit Office 365 oder Microsoft Azure realisieren.

Webanwendungsproxy installieren

Webanwendungsproxy ist ein Rollendienst der Serverrolle *Remotezugriff*. Diese installieren Sie im Server-Manager über *Verwalten/Rollen und Features hinzufügen.*

Hinweis Sie können die Active Directory-Verbunddienste (Active Directory Federation Services, AD FS) und den Rollendienst *Webanwendungsproxy* nicht auf dem gleichen Server installieren, sondern müssen für den Einsatz mindestens zwei Server betreiben.

Während der Installation des Rollendienstes müssen Sie keine Einstellungen vornehmen. Sie starten den Assistenten zur Einrichtung nach der Installation des Rollendienstes über das Benachrichtigungscenter im Server-Manager.

Im ersten Schritt bei der Einrichtung des Anwendungsproxys müssen Sie den AD FS-Server angeben, der für die Authentifizierung verwendet werden soll. Diesen müssen Sie unabhängig vom Webanwendungsproxy zuvor installiert und eingerichtet haben. Während der Einrichtung müssen Sie die Anmeldedaten für ein Administratorkonto auf dem AD FS-Server eingeben.

Anschließend müssen Sie für den Server ein Serverzertifikat als AD FS-Proxy-Zertifikat auswählen. Das Zertifikat müssen Sie ebenfalls vor der Einrichtung des Webanwendungsproxys auf dem Server installieren.

Tipp Die lokale Verwaltung der Zertifikate starten Sie durch Eingabe von *certlm.msc* auf dem Server.

Sie können an dieser Stelle auch selbstsignierte Zertifikate erstellen. Ein solches Zertifikat erstellen Sie auf Wunsch aber auch selbstsigniert in der PowerShell. Die Syntax dazu ist:

New-SelfSignedCertificate -CertStoreLocation Cert:\localmachine\my -DnsName <FQDN des Servers>

Haben Sie die Daten eingegeben und das Zertifikat ausgewählt, wird vom Assistenten der Dienst eingerichtet. Sie können die erste Einrichtung des Webanwendungsproxys auch in der PowerShell durchführen. Dazu benötigen Sie lediglich den Servernamen des AD FS-Servers und den Fingerabdruck des Zertifikats.

Active Directory mit dem Webanwendungsproxy einrichten

Haben Sie den Assistenten für die Einrichtung des Webanwendungsproxys erfolgreich abgeschlossen, besteht der nächste Schritt darin, Active Directory anzupassen. Hier stellen Sie sicher, dass Outlook Web App, SharePoint oder andere Webdienste und der neue Webanwendungsproxy zusammenarbeiten.

Zunächst müssen Sie einen »Service Principal Name« festlegen. Dieser stellt sicher, dass der Webanwendungsproxy auch Kerberos-Tokens für http-basierte Anfragen anfordern kann. Zusätzlich müssen Sie hier festlegen, dass der Webanwendungsproxy das Recht erhält, sich am Exchange-Server im Namen des zugreifenden Anwenders anzumelden, das gilt auch für andere Webdienste. Der Benutzer selbst meldet sich über ADFS am Webanwendungsproxy an:

Für die Einrichtung öffnen Sie mit *adsiedit.msc* den ADSI-Editor. Lassen Sie über das Kontextmenü vom ADSI-Editor eine Verbindung zum Active Directory herstellen: Wählen Sie im Fenster die Option *Standardmäßiger Namenskontext* aus und klicken Sie auf *OK*.

Navigieren Sie zum Objekt des Servers, auf dem Sie den Webanwendungsproxy installiert haben, und rufen Sie dessen Eigenschaften auf.

Wechseln Sie auf die Registerkarte *Attribut-Editor* und klicken Sie auf *servicePrincipalName*. Bei dem Wert handelt es sich um eine *Mehrteilige Zeichenfolge*. Sie können also für diesen Wert mehrere Daten eingeben, die der Server nutzt.

Sie müssen an dieser Stelle zwei Zeilen hinzufügen. Beide Zeilen bekommen als Präfix den Eintrag *HTTP/*. In der ersten Zeile tragen Sie den NetBIOS-Namen ein, in der zweiten Zeile den FQDN. Beispiel:

HTTP/S1

HTTP/S1.CONTOSO.COM

Bestätigen Sie die Änderungen mit *OK*. Nachdem Sie Active Directory mit ADSI-Edit angepasst haben, rufen Sie als Nächstes das Snap-in *Active Directory-Benutzer und -Computer* auf:

1. Navigieren Sie zur OU mit dem Computerkonto des Webanwendungsproxys und rufen Sie dessen Eigenschaften auf.
2. Wechseln Sie auf die Registerkarte *Delegierung*.
3. Aktivieren Sie die Optionen *Computer bei Delegierungen angegebener Dienste vertrauen/ Beliebiges Authentifizierungsprotokoll verwenden*.
4. Klicken Sie auf *Hinzufügen*, wählen Sie die Computerkonten Ihrer Exchange-Server aus und fügen Sie den Dienst *HTTP* für diese Server hinzu.

Exchange für Webanwendungsproxy anpassen

Im folgenden Beispiel zeigen wir Ihnen, wie Sie Outlook Web App und die Exchange-Verwaltungskonsole (Exchange Control Panel, ECP) in Exchange Server 2013 für die Anbindung über den Webanwendungsproxy anpassen. Die Anbindung von Exchange 2016 und 2019 läuft genauso ab.

Die Einstellungen dazu nehmen Sie im Exchange Admin Center vor. Navigieren Sie zu den entsprechenden Servern und rufen Sie im Bereich *ClientAccess* die Eigenschaften für das virtuelle Web auf.

Rufen Sie danach die Verwaltung des Remotezugriffs im Server-Manager auf. Dazu klicken Sie auf *Tools/Remotezugriffsverwaltung*. Im Fenster erstellen Sie neue Veröffentlichungen für den Webanwendungsproxy. Für die Einrichtung starten Sie in der Verwaltungskonsole einen Assistenten, mit dem Sie Webanwendungen über den Webanwendungsproxy veröffentlichen. Sie geben im Fenster die externe URL ein und wählen das externe Zertifikat aus. Auch den zuvor angepassten Service Principal Name geben Sie im Fenster ein, zum Beispiel:

HTTP/S1.Contoso.int

Schließen Sie den Assistenten ab und geben Sie die notwendigen Daten der Server darin ein. Wenn Anwender eine externe URL eingeben, die Sie hier veröffentlicht haben, erscheint die formularbasierte Authentifizierung von ADFS. Hier muss sich der Anwender authentifizieren und erhält dann Zugriff auf Outlook Web App.

Active Directory-Verbunddienste einrichten

Bevor der Webanwendungsproxy in Betrieb gehen kann, müssen im Netzwerk die Active Directory-Verbunddienste (AD FS) installiert und eingerichtet sein (siehe Kapitel 36). Die Installation dieser Dienste erfolgt ebenfalls über den Server-Manager in Windows Server 2019. Haben Sie alle Vorbereitungen getroffen, installieren Sie AD FS als Serverrolle auf dem AD FS-Server. Die Rolle wird über *Verwalten/Rollen und Features hinzufügen* über den Rollendienst *Active Directory-Verbunddienste* installiert.

Während der Installation von AD FS sind keine Konfigurationsaufgaben durchzuführen, hier werden nur die notwendigen Dateien auf dem Server installiert. Die Einrichtung erfolgt erst danach. Zusätzlich müssen Sie für die Verwendung von Exchange und dem Webanwendungsproxy eine Vertrauensstellung zu AD FS einrichten. Dazu gehen Sie folgendermaßen vor:

1. Öffnen Sie im Server-Manager über *Tools/AD FS-Verwaltung* die Verwaltungskonsole von AD FS.
2. Navigieren Sie zu *Anspruchsanbieter-Vertrauensstellungen*.
3. Erstellen Sie über das Kontextmenü einen neuen Anbieter.
4. Geben Sie bei der Einrichtung auf der Seite *Datenquelle auswählen* die URL *https://<interner oder externer Name des AD FS-Servers>* ein.
5. Schließen Sie den Assistenten ab.
6. Anschließend öffnen Sie das Fenster mit den Anspruchsregeln für die neue Vertrauensstellung. Hier wählen Sie den Typ *Windows-Kontoname* und die Option *Alle Anspruchswerte zulassen* aus.

Zusammenfassung

In diesem Kapitel haben wir Ihnen gezeigt, wie Sie Clientcomputer über das Internet an Active Directory-Domänen anbinden. Zusätzlich haben Sie erfahren, wie Sie ein VPN aufbauen und Clients mit DirectAccess anbinden, sowie die Verwendung und Installation des Webanwendungsproxy. Im nächsten Kapitel erläutern wir Ihnen, wie Sie die Active Directory-Rechteverwaltung nutzen.

Kapitel 33

Active Directory-Rechteverwaltungsdienste nutzen

In diesem Kapitel:

Mit Windows Server 2019 stellt Microsoft auch wieder die Active Directory-Rechteverwaltungsdienste (Active Directory Rights Management Services, AD RMS) zur Verfügung. Mit dieser Technik können Sie erweiterte Berechtigungen steuern, zum Beispiel die Erlaubnis zum Ausdrucken von bestimmten Dokumenten oder andere Rechte.

Für die Editionen Standard und Datacenter benötigen Sie weiterhin Clientzugriffslizenzen (CALs). Auch in Windows Server 2019 können Sie diese benutzerbasiert oder pro Gerät erwerben, dürfen sie aber nicht aufsplitten. Clientzugriffslizenzen (CALs) und Remotedesktop-Clientzugriffslizenzen (RDCALs) sowie Lizenzen für die Active Directory-Rechteverwaltungdienste (AD RMS) sind auch in Windows Server 2019 weiterhin notwendig. Auch hier gibt es Gerätelizenzen oder Benutzerlizenzen für den Zugriff. Sie müssen bereits bei der Bestellung Ihrer Lizenzen im Voraus planen, welchen Lizenztyp Sie einsetzen wollen.

Active Directory-Rechteverwaltungsdienste im Überblick

In Windows Server 2019 gibt es für Unternehmen vor allem die beiden Editionen Standard und Datacenter zur Auswahl. Die Active Directory-Rechteverwaltungsdienste (AD RMS) sind daher umfassend in der Standard-Edition des Windows-Servers enthalten und erlaubt auch kleineren Unternehmen, diese Funktion zu nutzen. In Windows Server 2019 ist es nicht notwendig, dass das Installationskonto, mit dem Sie die Active Directory-Rechteverwaltungsdienste (AD RMS) installieren, über lokale Administratorrechte auf dem SQL-Server verfügt. Auf dem Server sind wichtige Informationen in einer Datenbank gespeichert. Allerdings muss das Konto innerhalb von SQL Server umfassende Administratorrechte erhalten. Außerdem muss auf dem SQL-Server der SQL Server-Browser gestartet sein, damit AD RMS auf den Server zugreifen darf. Vor der Installation von AD RMS muss der SQL-Server, auf dem die Dienste Daten speichern sollen, vorbereitet werden.

AD RMS und dynamische Zugriffssteuerung

AD RMS und die dynamische Zugriffssteuerung arbeiten zusammen. Wie bei der Rechteverwaltung lassen sich auch bei der dynamischen Zugriffssteuerung Richtlinien für den Zugriff auf Dateien erstellen. Diese Richtlinien steuern den Zugriff auf Dokumente parallel zum herkömmlichen Rechtemodell.

Dieses hat sich in Windows Server 2019 nicht geändert. In diesem Bereich arbeitet die dynamische Zugriffssteuerung auch mit den Dateiklassifizierungsdiensten zusammen (siehe Kapitel 21). Dieser Windows-Dienst erlaubt die Zuteilung von Metadaten (Tags) zu Dateien, die den Zugriff regeln. Auf Basis der Klassifizierung erstellen Administratoren zentrale Zugriffsrichtlinien (Central Access Policies, CAPs) als zusätzliche Berechtigungsebene.

Darf ein Anwender auf eine Datei über das Dateisystem zugreifen, verweigert die CAP aber den Zugriff, ist das Öffnen der Datei nicht zulässig. Dies gilt auch umgekehrt. Verweigerungen haben in Windows Server 2019 immer Vorrang vor erteilten Berechtigungen. Dürfen Anwender eine Datei nicht öffnen, besteht die Möglichkeit, direkt einen Administrator per E-Mail zu benachrichtigen. Dazu setzen Unternehmen am besten noch parallel zu Windows Server 2019 auf SharePoint und Exchange.

Der Zugriff auf Dateien wird durch Ordner nach unten vererbt, genauso wie bei herkömmlichen Berechtigungen. Anwender dürfen auch noch selbst Rechte erteilen und auch Anwendungen dürfen automatisch Metadaten in Dateien schreiben, die sich anschließend auf die Rechte auswirken. Die CAP des Unternehmens prüft die Metadaten der Dateien und weist die entsprechenden Rechte zu. Der Vorgang lässt sich dann mit AD RMS automatisieren.

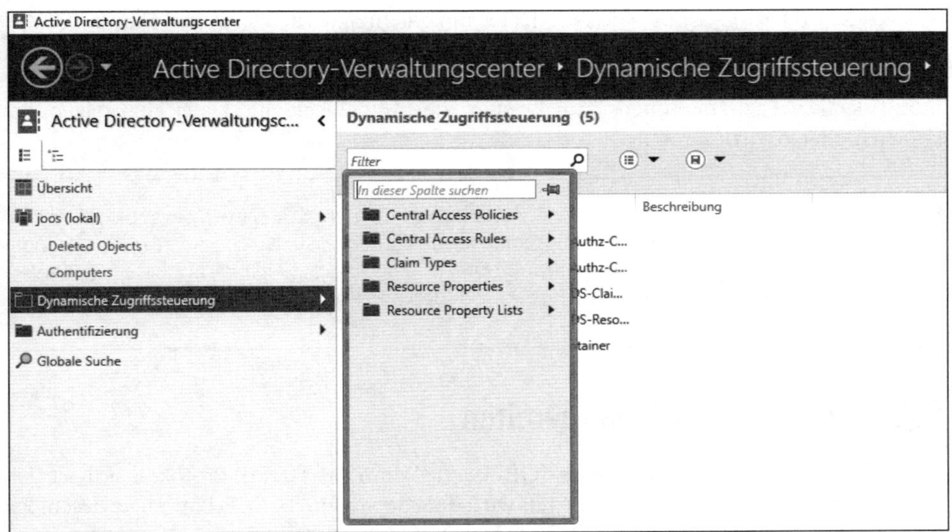

Abbildung 33.1: Verwalten der dynamischen Zugriffssteuerung im neuen Active Directory-Verwaltungscenter von Windows Server 2019

Rechteverwaltungsdienste installieren und einrichten

Die Installation der Active Directory-Rechteverwaltungsdienste findet über den Server-Manager statt. Sie rufen dazu *Verwalten/Rollen und Funktionen hinzufügen* auf und wählen die Rolle *Active Directory-Rechteverwaltungsdienste* aus. Die notwendigen zusätzlichen Features müssen ebenfalls bestätigt werden.

Die Active Directory-Rechteverwaltungsdienste bieten eine umfassende Unterstützung der PowerShell. Um die Dienste in PowerShell zu installieren, geben Sie den Befehl *Install-WindowsFeature ADRMS -IncludeAllSubFeature* ein.

Während der Installation muss ausgewählt werden, welche Rollendienste der Server bereitstellen soll. Auf diesem Weg lassen sich die Active Directory-Rechteverwaltungsdienste in einer einzelnen Gesamtstruktur betreiben oder mit dem Rollendienst *Unterstützung für Identitätsverbund* über mehrere Strukturen hinweg.

Tipp Auf Core-Servern mit Windows Server 2019 können Sie die Active Directory-Rechteverwaltungsdienste ebenfalls installieren. Parallel dazu lassen sich auch auf Core-Servern noch Active Directory-Domänendienste (Active Directory Domain Services, AD DS) und Active Directory-Zertifikatdienste (Active Directory Certificate Services, AD CS) installieren (siehe die Kapitel 4, 10 bis 17 und 30).

Nach der Installation der Active Directory-Rechteverwaltungsdienste müssen Sie über den Server-Manager zunächst den Einrichtungs-Assistenten starten. Erst nachdem dieser Assistent durchgelaufen ist, funktionieren die AD RMS.

Sobald der AD RMS-Schutz für eine Datei hinzugefügt wird, bleibt der Schutz für die Datei bestehen. Standardmäßig kann der Schutz für eine Datei nur vom Inhaltsbesitzer entfernt werden. Der Inhaltsbesitzer gewährt anderen Benutzern das Recht, Aktionen am Inhalt der Datei vorzunehmen, zum Beispiel die Möglichkeit, die Datei anzuzeigen, zu kopieren oder zu drucken.

Hinweis Starten Sie den SQL Server-Browserdienst auf dem SQL-Server, bevor Sie die Active Directory-Rechteverwaltungdienste einrichten. Erstellen Sie auch die notwendigen Regeln für den Netzwerkzugriff in der Windows-Firewall auf dem SQL-Server. Wie Sie dabei vorgehen, lesen Sie in den nächsten Abschnitten.

SQL-Server für AD RMS vorbereiten

AD RMS benötigen Zugriff auf einen SQL-Server. Wenn das TCP/IP-Protokoll aktiviert ist und eine Instanz von SQL Server startet, wird dem Server ein TCP/IP-Port zugewiesen. Ist das Named Pipes-Protokoll aktiviert, lauscht SQL Server an einer speziell benannten Pipe. Dieser Port wird von der betreffenden Instanz zum Zugriff mit Clientanwendungen verwendet. Bei der Installation von SQL Server wird der TCP-Port 1433 und die Pipe *\sql\query* der Standardinstanz zugewiesen. Die Einstellungen lassen sich aber ändern.

Da ein Port oder eine Pipe von nur jeweils einer Instanz von SQL Server verwendet werden kann, benutzen benannte Instanzen andere Portnummern und Pipenamen. Sie können einer Instanz von SQL Server einen bestimmten Port zuweisen. Beim Verbindungsaufbau können Clients einen bestimmten Port angeben.

Wie das geht, zeigen wir im folgenden Abschnitt noch genauer. Wenn der Port jedoch dynamisch zugewiesen wird, kann sich die Portnummer bei jedem Neustart von SQL Server ändern, sodass die richtige Portnummer dem Client unbekannt bleibt. Das heißt, auf dem SQL-Server muss ein Dienst dafür sorgen, dass sich Anwender mit den Instanzen verbinden können, ohne den entsprechenden Port zu kennen. Diese Funktion übernimmt der Systemdienst *SQL Server-Browser*. Der Dienst ist nur dann notwendig, wenn auf einem SQL-Server mehr als eine Instanz installiert ist und wenn Sie Active Directory-Rechteverwaltungsdienste einsetzen.

Beim Starten verwendet SQL Server-Browser den UDP-Port 1434. Der SQL Server-Browser liest die Registrierung des Servers, identifiziert alle Instanzen darauf und speichert die verwendeten Ports und Named Pipes. Wenn ein Server über zwei oder mehr Netzwerkkarten verfügt, gibt der SQL Server-Browser den ersten gefundenen aktivierten Port zurück.

Der SQL Server-Browser unterstützt IPv4 und IPv6. Wenn SQL Server-Clients eine Verbindung mit einer Instanz aufbauen, sendet der Client über den Port 1434 eine UDP-Nachricht an den Server. Der SQL Server-Browser antwortet anschließend mit dem TCP/IP-Port oder der Named Pipe der angeforderten Instanz. Wenn der SQL Server-Browserdienst nicht ausgeführt wird, können Sie dennoch eine Verbindung herstellen, wenn Sie den Port oder die Pipe der Instanz angeben. Allerdings funktioniert das nicht mit den Active Directory-Rechteverwaltungsdiensten.

Damit Anwendungen wie die Active Directory-Rechteverwaltungsdienste auf einen Server zugreifen dürfen, um zum Beispiel selbst Datenbanken zu erstellen, müssen Sie Firewallregeln erstellen und im Konfigurations-Manager Protokolle freischalten. Dazu muss auf dem

SQL-Server eine neue Firewallregel erstellt werden, da die Firewall die beiden TCP-Ports 1433 und 1434 blockiert. Mit diesen Ports bauen Clients eine Verbindung zum Server auf:

1. Geben Sie dazu auf dem SQL-Server auf der Startseite *wf.msc* ein.
2. Klicken Sie auf *Eingehende Regeln.*
3. Klicken Sie dann auf *Neue Regel.*
4. Aktivieren Sie auf der ersten Seite des Assistenten zum Erstellen von neuen Firewallregeln die Option *Port.*
5. Aktivieren Sie auf der nächsten Seite die Optionen *TCP* und *Bestimmte lokale Ports.*
6. Geben Sie im Feld neben der Option *Bestimmte lokale Ports* den Wert *1433-1434* ein.
7. Aktivieren Sie auf der nächsten Seite die Option *Verbindung zulassen* und auf der folgenden Seite die Profile, für die Sie den Zugriff gestatten wollen. In sicheren Umgebungen reicht es aus, wenn Sie nur das Domänenprofil aktivieren.
8. Weisen Sie abschließend der Regel einen passenden Namen zu und bestätigen Sie die Erstellung.

Tipp

Haben Sie auf dem Server noch benannte Instanzen installiert und wollen auf diese über das Netzwerk mit dem Management Studio zugreifen, erstellen Sie eine weitere Regel, die die Ports UDP 1433-1434 zulässt. Auch wenn Sie Active Directory-Rechteverwaltungsdienste einsetzen, müssen Sie diese Einstellung vornehmen.

Außerdem muss für die Verbindung der Systemdienst *SQL Server-Browser* gestartet sein. Dieser nimmt Abfragen aus dem Netzwerk entgegen und verteilt diese an die entsprechende Instanz beziehungsweise Server. Dazu ist es notwendig, dass der Server über das Netzwerk mit TCP/UDP erreichbar ist und die Ports TCP/UDP 1433-1434 in der Firewall freigeschaltet sind.

Erhalten Sie Fehler beim Netzwerkzugriff angezeigt, schalten Sie über die Standardeinstellung der Firewall in der Systemsteuerung noch die Remoteverwaltung des Servers frei. Sie finden die Einstellung in der Systemsteuerung unter *System und Sicherheit/Windows-Firewall* über den Link *Eine App oder ein Feature durch die Windows-Firewall durchlassen.*

Außerdem müssen Sie an dieser Stelle die verschiedenen anderen SQL Server-Dienste freischalten, vor allem den SQL Server-Browser. Dieser nimmt Anfragen aus dem Netzwerk entgegen und verbindet die Clients mit der entsprechenden Instanz.

Funktioniert die Verbindung zum SQL-Server nicht, öffnen Sie auf dem SQL-Server den SQL Server-Konfigurations-Manager in der Untergruppe *Konfigurationstools.* Klicken Sie dann auf *SQL Server-Netzwerkkonfiguration/Protokolle für <Instanz>* und stellen Sie sicher, dass *TCP/IP* und *Named Pipes* aktiviert sind. Für den Zugriff über das Netzwerk ist vor allem TCP/IP notwendig. *Named Pipes* steuert den Zugriff auf dem lokalen Server.

Vor allem bei der Developer-Edition oder bei der kostenlosen Express-Edition von SQL Server ist TCP/IP meist deaktiviert. In den Eigenschaften von *Protokolle für <Instanz>* nehmen Sie ebenfalls Einstellungen vor, genauso wie in den Eigenschaften von einzelnen Protokollen auf der rechten Seite.

Für die Eigenschaften aller Protokolle können Sie zum Beispiel eine Verschlüsselung aktivieren. Dann dürfen sich nur noch verschlüsselte Clients mit dem Server verbinden. Aktivieren Sie die Verschlüsselung, können Sie in den Eigenschaften von *Protokolle für <Instanz>* noch ein Zertifikat hinterlegen, das Sie für die Verschlüsselung verwenden.

An dieser Stelle nehmen Sie für alle installierten Instanzen Einstellungen für die verwendeten Protokolle vor. Über das Kontextmenü von *Protokolle für <Instanz>* finden Sie die Eigenschaften für alle Protokolle dieser Instanz. Hier können Sie ein installiertes Zertifikat hinterlegen und die Verschlüsselung aktivieren. Auf den Clients können Sie ebenfalls die Verschlüsselung aktivieren, sodass der Server nur noch verschlüsselte Verbindungen erlaubt. Standardmäßig ist die Verschlüsselung nicht aktiv.

Tipp

Funktioniert die Verbindung zu einer benannten Instanz über das Netzwerk nicht und erhalten Sie noch den Fehler 26 bei der Verbindung angezeigt, sollten Sie zunächst auf dem Server, mit dem Sie auf die Instanz des anderen Servers zugreifen wollen, die Verbindung zum SQL Server-Browserdienst testen lassen. Die Verbindung muss funktionieren, da ansonsten das Management Studio oder andere Clients nicht auf benannte Instanzen zugreifen können. Sie können dazu das Microsoft-Tool PortQry nutzen:

1. Laden Sie die PortQryV2.exe von der Seite *https://www.microsoft.com/en-us/download/details.aspx?id=17148* herunter.
2. Rufen Sie das Tool mit den folgenden Optionen auf:

   portqry.exe -n <Servername> -p UDP -e 1434
3. Es müssen eine Antwort des SQL Server-Browserdienstes und die verschiedenen Instanzen des Servers erscheinen. Nur wenn eine Instanz vom Browserdienst erkannt wird, kann der Systemdienst die Benutzeranfragen an die entsprechende Instanz weiterleiten.

Die Verbindung setzt voraus, dass die Server über Ping miteinander kommunizieren können und auch die Namen per DNS auflösbar sind. Sobald auf einem Server mehrere Instanzen installiert sind, muss der Systemdienst *SQL Server-Browser* gestartet sein. Ansonsten lässt sich auf benannte Instanzen nicht über das Netzwerk zugreifen. Sie können die Funktion des SQL Server-Browser auch in der Eingabeaufforderung mit *sc query sqlbrowser* testen. Der Dienst muss fehlerfrei funktionieren.

Funktioniert die Verbindung nicht, wenn Sie sich im Management Studio verbinden, können Sie das Verbindungsprotokoll des Management Studios auch steuern. Dazu geben Sie nicht die Verbindung in der Syntax *<Server>\<Instanz>* an, sondern mit *tcp:<Server>\<Instanz>* oder *np:<Server>\<Instanz>*, je nachdem, wie Sie die Verbindung testen wollen, also mit TCP/IP oder Named Pipes. Haben Sie in den Eigenschaften des TCP/IP-Protokolls für die Instanz einen Port definiert, können Sie auf dem Server, mit dem Sie auf die Instanz zugreifen wollen, diesen in der Verbindung mit der Syntax *<Server>\<Instanz>,<Port>* angeben. Hier funktioniert dann in der Regel die Verbindung.

Ist das entsprechende Protokoll auf dem Zielserver im SQL Server-Konfigurations-Manager für die Instanz freigeschaltet, muss die Verbindung auch funktionieren.

Wollen Sie zeitweise oder dauerhaft eine Instanz von SQL Server im Netzwerk ausblenden, also noch verfügbar machen, aber nicht mehr über das Netzwerk zur Verfügung stellen, verwenden Sie den SQL Server-Konfigurations-Manager. Rufen Sie die Eigenschaften von *Protokolle für <Instanz>* auf und wechseln Sie zur Registerkarte *Flags*. Konfigurieren Sie die Option *Instanz ausblenden* mit *Ja*.

Konfigurieren von AD RMS

Ist der SQL-Server verfügbar und sind die Rollendienste von AD RMS installiert, machen Sie sich an die Einrichtung der Funktion. Der erste Server in einer AD RMS-Umgebung ist der Stammcluster. Ein AD RMS-Stammcluster besteht aus einem oder mehreren AD RMS-Servern, die in einer Lastenausgleichsumgebung konfiguriert sind.

Unter Windows Server 2019 stellen das Hinzufügen der AD RMS-Rolle und die Konfiguration eines neuen AD RMS-Clusters zwei separate Vorgänge dar. Das war in Windows Server 2008 R2 noch anders. Nachdem Sie die Rolle erfolgreich hinzugefügt haben, ist eine weitere Konfiguration erforderlich, um die AD RMS-Rolle bereitzustellen:

1. Klicken Sie im Server-Manager auf das Symbol *Benachrichtigungen.*
2. Klicken Sie bei dem Taskereignis *Konfiguration für Active Directory-Rechteverwaltungsdienste erforderlich* auf *Zusätzliche Einstellungen konfigurieren.*
3. Der AD RMS-Konfigurations-Assistent wird geöffnet.
4. Klicken Sie im Konfigurations-Assistenten auf *Weiter.*

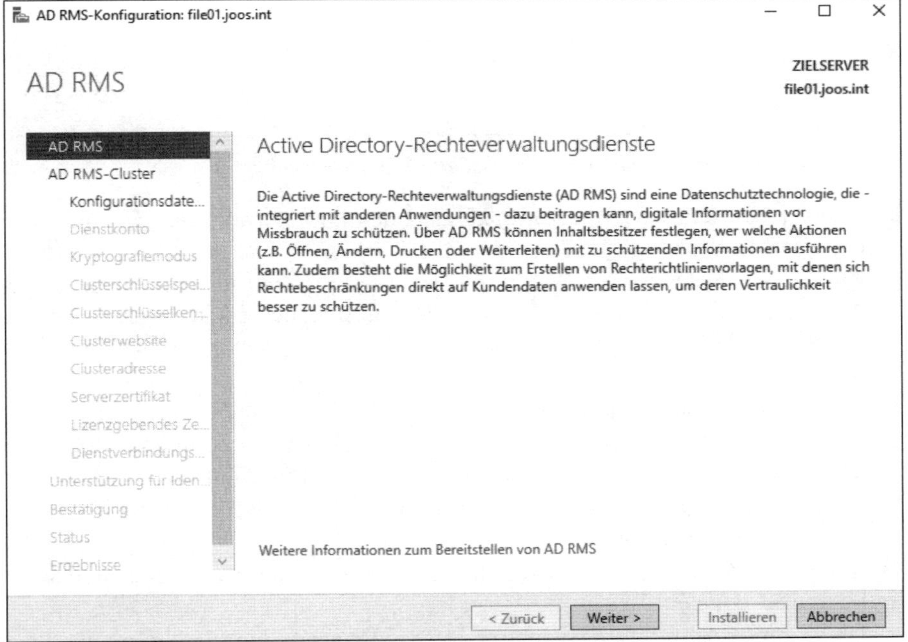

Abbildung 33.2: Starten des Assistenten zur Einrichtung von AD RMS

5. Akzeptieren Sie die Standardauswahl für den AD RMS-Cluster (*AD RMS-Stammcluster erstellen*) und klicken Sie auf *Weiter.*
6. Akzeptieren Sie die Standardauswahl für die Konfigurationsdatenbank (*Datenbankserver und Datenbankinstanz angeben*) und klicken Sie auf *Auswählen.*
7. Wählen Sie den SQL-Server aus und klicken Sie danach auf *Auflisten*, um die Instanzen einzulesen.

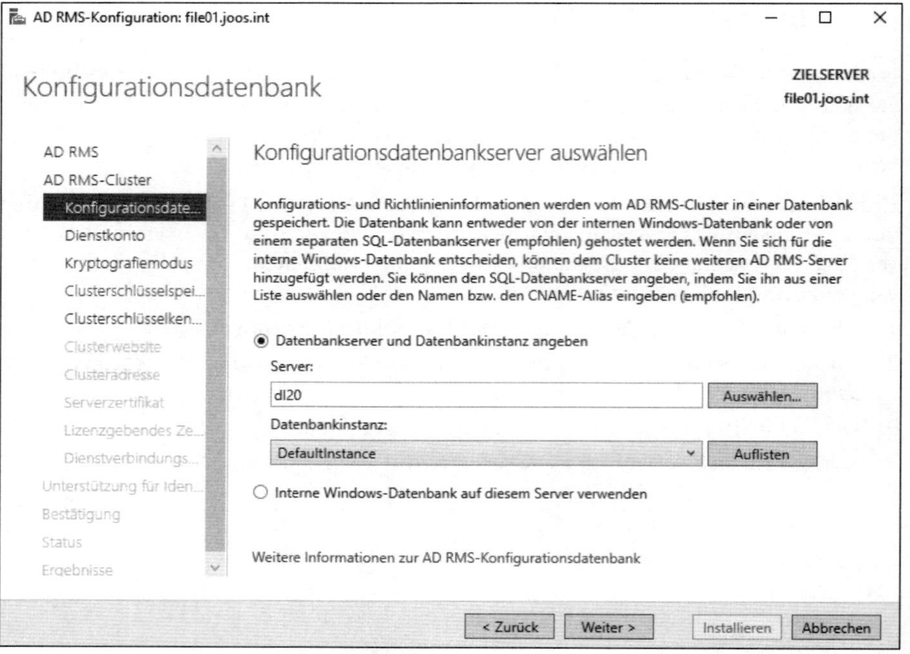

Abbildung 33.3: Verbinden von AD RMS mit dem SQL-Datenbankserver

8. Wählen Sie im Listenfeld *Datenbankinstanz* den Eintrag *DefaultInstance* aus und klicken Sie auf *Weiter.*
9. Klicken Sie im Dialogfeld *Dienstkonto angeben* auf *Angeben* und wählen Sie einen Administratorbenutzer aus. Sie können den Benutzer auch direkt eingeben. Sie benötigen für den Vorgang ein anderes Benutzerkonto als das Konto, mit dem Sie AD RMS einrichten.
10. Akzeptieren Sie den Kryptografiemodus 2 und klicken Sie dann auf *Weiter.*
11. Übernehmen Sie für *Clusterschlüsselspeicher* die Standardeinstellung (*Zentral verwalteten AD RMS-Schlüsselspeicher verwenden*) und klicken Sie dann auf *Weiter.*
12. Geben Sie auf der Seite *Clusterschlüsselkennwort* ein Kennwort ein und bestätigen Sie es. Klicken Sie auf *Weiter.*
13. Akzeptieren Sie für die Clusterwebsite die Standardeinstellung (*Default Web Site*) und klicken Sie dann auf *Weiter.*
14. Übernehmen Sie für *Verbindungstyp* die Standardeinstellung (*SSL-verschlüsselte Verbindung (https://) verwenden*) und geben Sie für *Vollqualifizierter Domänenname* den Namen des Servers ein.

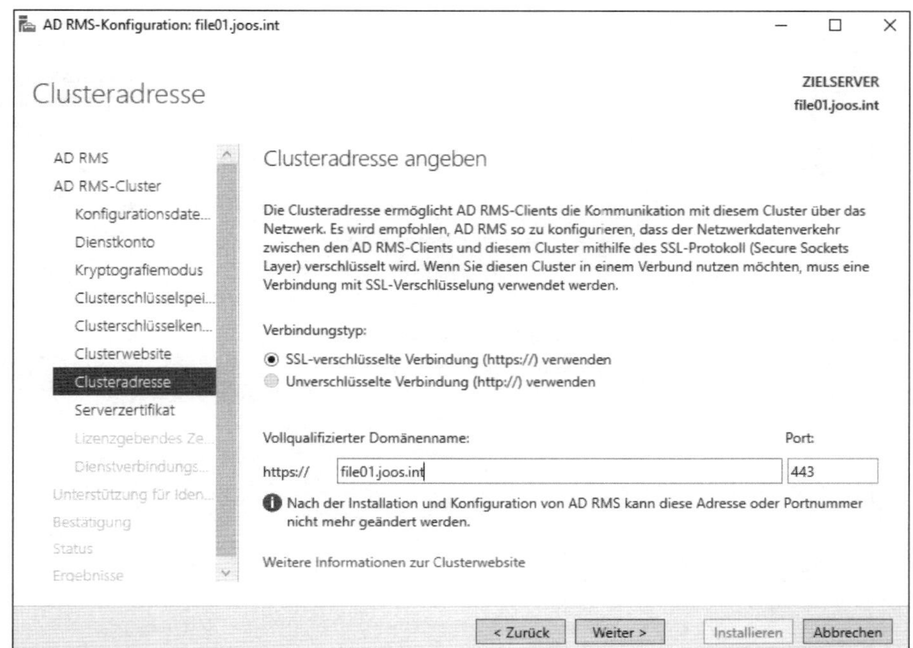

Abbildung 33.4: Auswählen der Clusteradresse

15. Akzeptieren Sie bei *Serverzertifikat* die Standardeinstellung *(Selbstsigniertes Zertifikat zur SSL-Verschlüsselung erstellen*) und klicken Sie dann auf *Weiter.* Sie können an dieser Stelle auch eigene Zertifikate verwenden, wenn Sie auf die Active Directory-Zertifikatdienste setzen (siehe Kapitel 30). Am schnellsten fordern Sie ein Zertifikat an, wenn Sie *certlm.msc* starten. Wenn Sie ein selbstsigniertes Zertifikat für den Cluster verwenden, können Sie eine Kopie davon im Ordner *Vertrauenswürdige Stammzertifizierungsstellen* erstellen, damit diesem Zertifikat vertraut wird. Diesen Vorgang führen Sie ebenfalls in der Konsole *certlm.msc* durch. Sie kopieren dazu über das Kontextmenü einfach das Zertifikat und fügen es danach bei den vertrauenswürdigen Stammzertifizierungsstellen ein.
16. Akzeptieren Sie für *Lizenzgebendes Zertifikat* den Standardnamen und klicken Sie dann auf *Weiter.*
17. Akzeptieren Sie für *Dienstverbindungspunkt registrieren* die Standardeinstellung (*SCP jetzt registrieren*) und klicken Sie dann auf *Weiter.*
18. Überprüfen Sie zur Bestätigung Ihre Installationsauswahl und klicken Sie anschließend auf *Installieren.*
19. Klicken Sie auf *Schließen.*
20. Melden Sie sich vom Server ab und anschließend wieder an, um das Sicherheitstoken für das angemeldete Benutzerkonto zu aktualisieren.

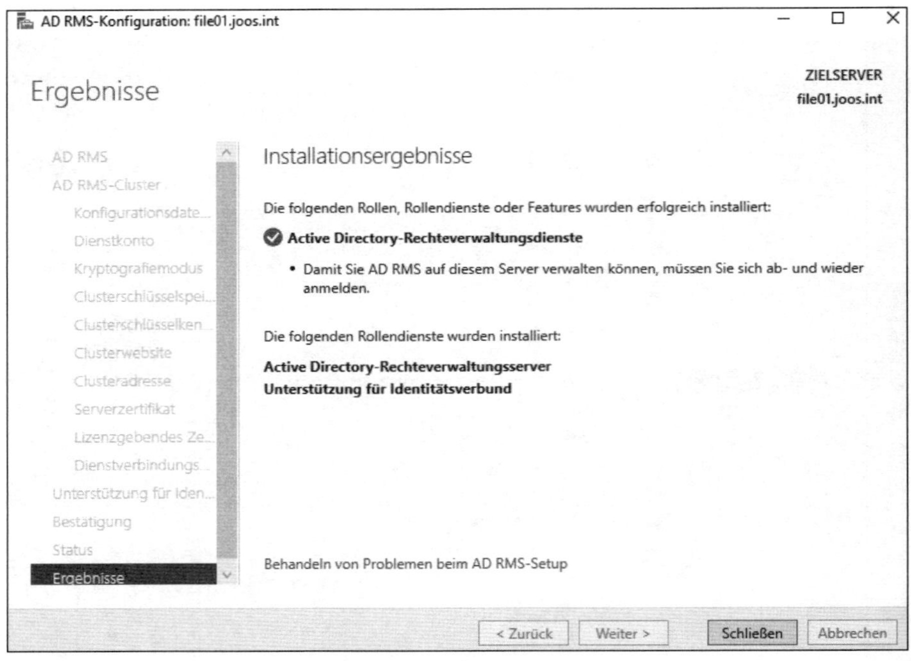

Abbildung 33.5: Erfolgreiche Einrichtung von AD RMS

Das Benutzerkonto, das bei der Installation der AD RMS-Serverrolle angemeldet ist, wird automatisch zu einem Mitglied der lokalen AD RMS-Gruppe *Organisations-Admins*. Ein Benutzer muss Mitglied dieser Gruppe sein, um AD RMS zu verwalten. Der AD RMS-Stammcluster ist jetzt installiert und konfiguriert. Sobald Sie sich erneut anmelden, können Sie AD RMS über die Konsole der Active Directory-Rechteverwaltungsdienste verwalten.

AD RMS nach der Installation verwalten und überprüfen

Nach der Installation und Einrichtung verwalten Sie AD RMS mit dem Server-Manager oder indem Sie das Verwaltungstool aufrufen. Klicken Sie dazu im Server-Manager auf *Tools* und wählen Sie *Active Directory-Rechteverwaltungsdienste* aus.

Über die Konsole können Sie Vertrauensrichtlinien und Ausschlussrichtlinien konfigurieren und Vorlagen für Benutzerrechterichtlinien erstellen.

Bevor Sie durch Rechte geschützten Inhalt verwenden können, müssen Sie die URL des AD RMS-Clusters zur Sicherheitszone *Lokales Intranet* hinzufügen:

1. Klicken Sie auf der Taskleiste im Windows-Client auf das Internet Explorer-Symbol.
2. Klicken Sie auf *Extras* (mit der `Alt`-Taste einblenden) und dann auf *Internetoptionen*.
3. Klicken Sie auf die Registerkarte *Sicherheit* und dann auf *Lokales Intranet*.
4. Klicken Sie dann auf *Sites*.
5. Klicken Sie auf *Erweitert*.
6. Geben Sie unter *Diese Website zur Zone hinzufügen* die Adresse *https://<Servername des AD RMS-Clusters>* ein und klicken Sie dann auf *Hinzufügen*.
7. Klicken Sie auf *Schließen*.

Sie überprüfen den Zugriff auf die AD RMS-Lizenzierungswebsite, indem Sie die URL im Internet Explorer eingeben. Es sollte eine Warnung zu den Zertifikaten für diese Website angezeigt werden. Dies kommt daher, dass Sie bei der Konfiguration von AD RMS ein selbstsigniertes Zertifikat verwendet haben.

Klicken Sie im Menü eines Programms, zum Beispiel in Microsoft Office, unter *Datei* auf *Dokument schützen*, zeigen Sie dann auf *Zugriff einschränken* und klicken Sie auf *Eingeschränkter Zugriff*. Sie können an dieser Stelle Vorlagen vom AD RMS-Cluster herunterladen und in Office verwenden.

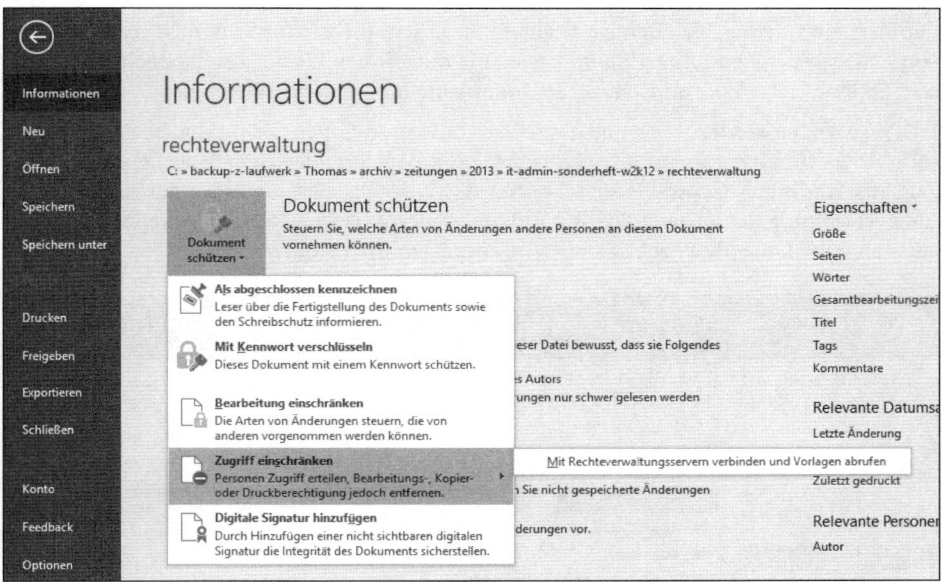

Abbildung 33.6: In Office-Programmen können Sie nach der Einrichtung von AD RMS auf die Funktionen des Servers zugreifen.

Dynamische Zugriffssteuerung nutzen

Die dynamische Zugriffssteuerung (Dynamic Access Control, DAC) in Windows Server 2019 soll Unternehmen dabei helfen, die Berechtigungen von Dateien besser zu verwalten. Allerdings müssen Administratoren beachten, dass die Verwaltung dieser Rechte extrem kompliziert und mit viel Aufwand verbunden ist. Wir zeigen Ihnen, welche Hürden es zu umschiffen gibt und wie DAC im Unternehmen eingeführt werden kann.

Die grundsätzliche Funktionsweise von DAC ist recht einfach. Die Berechtigungen, die Anwender für ein Dokument haben, sind im Dokument selbst als Metadaten gespeichert. Die Berechtigungen, also Lesen, Schreiben, Drucken und mehr, bleiben im Dokument immer gültig, unabhängig davon, ob es in einen anderen Ordner verschoben, als E-Mail verschickt oder in SharePoint gespeichert wird. Das bisherige Berechtigungsmodell bleibt auch in Windows Server 2019 erhalten, die dynamische Zugriffssteuerung ergänzt sie nur.

Damit Daten dynamisch gesichert werden können, müssen die einzelnen Dateien zunächst klassifiziert werden (siehe Kapitel 21). Dies kann in Windows Server 2019 durch die Dateiklassifizierungsdienste automatisch erfolgen. Auch Anwendungen können einzelne Dateien automatisch klassifizieren und Benutzer selbst haben ebenfalls die Möglichkeit, ihre Dokumente zu klassifizieren.

Außerdem erben Dateien die Berechtigungstags übergeordneter Verzeichnisse. Auf Basis dieser Tags werden durch die DAC Rechte auf der Grundlage von Richtlinien zugewiesen, die Administratoren erstellen. So lassen sich zum Beispiel Dokumente der Geschäftsleitung entsprechend markieren und automatisch schützen. Die automatische Absicherung übernehmen dann die Active Directory-Rechteverwaltungsdienste.

DAC erweitern das Standardrechtemodell um eine zusätzliche Schicht. Haben Anwender auf einen Ordner Schreibrechte, greifen aber über eine Freigabe zu, in der nur Leserechte definiert sind, haben sie effektive Rechte zum Lesen, nicht zum Schreiben. Beim Einsatz von DAC werden beim Zugriff auf Dateien die festgelegten Rechte also noch einmal erweitert. So lässt sich ein Grundschutz für Dokumente im Netzwerk festlegen.

Die Verwaltung von Rechten und Zugriffsrichtlinien nehmen Sie im neuen Active Directory-Verwaltungscenter vor. Grundlagen für die Berechtigungssteuerungen sind zentrale Zugriffsrichtlinien (Central Access Policies, CAP). Auch diese legen Sie im Active Directory-Verwaltungscenter fest. Die Richtlinien steuern, welche Rechte Anwender auf Ressourcen haben, die dieser zentralen Richtlinie zugeordnet sind.

Abbildung 33.7: Erstellen einer neuen zentralen Zugriffsrichtlinie

Die zentralen Zugriffsregeln steuern, welche Berechtigungen einem bestimmten Satz Ressourcen, also Dateien, Ordner oder Bibliotheken, zugewiesen sind. Während die zentrale Zugriffsrichtlinie steuert, wer zugreifen darf, steuern zentrale Zugriffsregeln, mit welchen Rechten die Anwender auf die klassifizierten Dateien zugreifen dürfen und welche Ressourcen die Regel verwendet.

Nachdem festgelegt ist, wer auf welche Ressourcen zugreifen darf, legen Sie in der zentralen Zugriffsregel fest, mit welchen genauen Rechten der Zugriff erfolgt. Auf diese Weise können Unternehmen eine Grundregel für Berechtigungen für alle Ressourcen in der Gesamtstruktur festlegen.

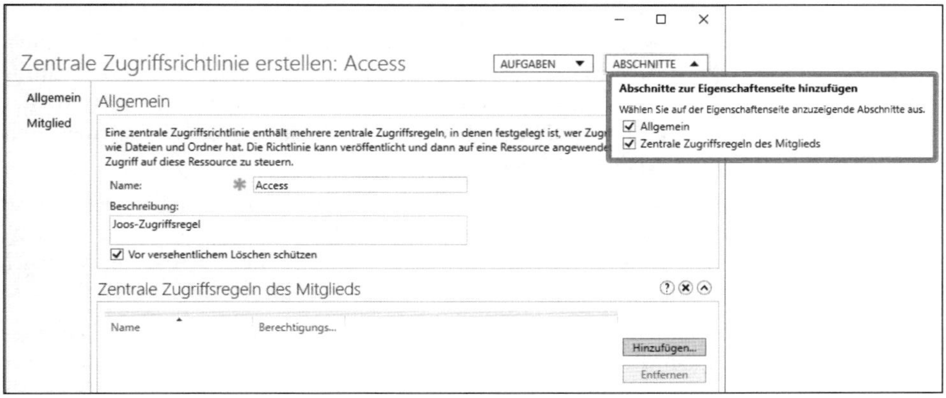

Abbildung 33.8: Erstellen einer zentralen Zugriffsregel

Damit die zentralen Zugriffsregeln Ressourcen genauer filtern können, um der zentralen Zugriffsrichtlinie die Zuteilung von Benutzern und den Zugriffsregeln das Zuteilen von Rechten zu erlauben, sind Ressourceneigenschaften notwendig. Diese Ressourceneigenschaften fassen bestimmte Dokumente zusammen.

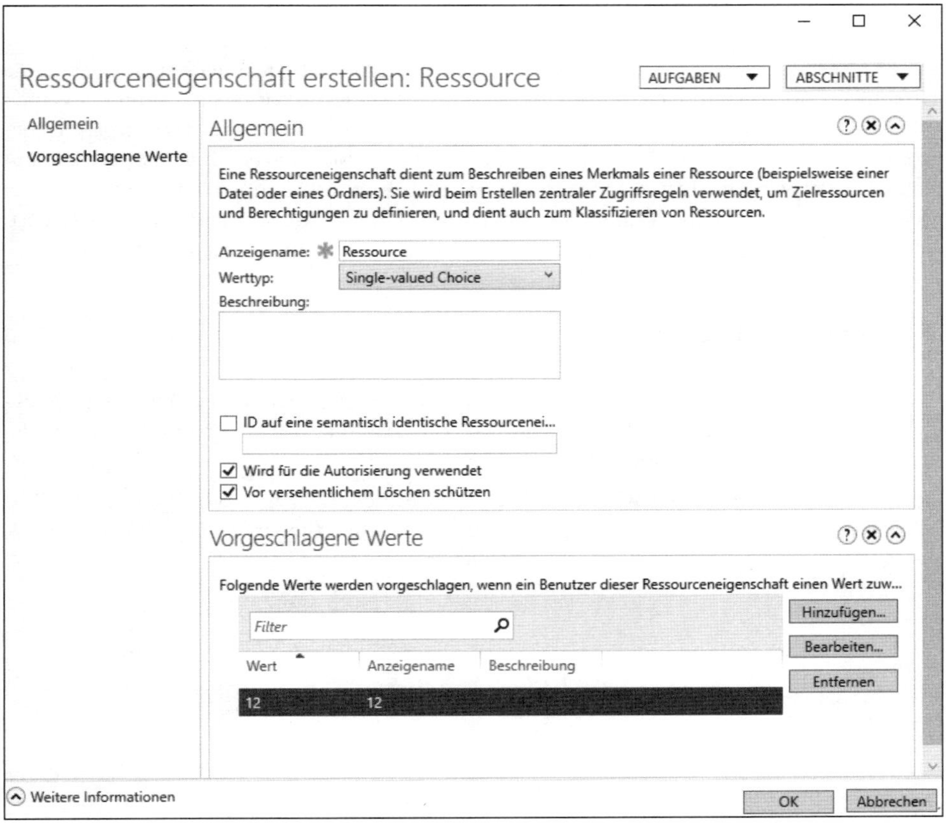

Abbildung 33.9: Erstellen von Ressourceneigenschaften

Ein weiterer Baustein sind die Anspruchstypen (Claim Types), also die Zuteilung von Attributen. Dabei handelt es sich um Attribute in Active Directory. Berücksichtigen Unternehmen zum Beispiel das Active Directory-Attribut *department*, lassen sich in der zentralen Zugriffsrichtlinie einzelne Abteilungen abfragen, wie *Verkauf*. Allen Anwendern in dieser Abteilung lassen sich dann besondere Rechte zuteilen. Unternehmen können aber auch Computerkonten mit einbeziehen und beides kombinieren.

Einer der wichtigsten Bausteine von DAC sind die Dateiklassifizierungsdienste (siehe Kapitel 21). Diese steuern Sie über den Ressourcen-Manager für Dateiserver. Die Installation erfolgt als Rollendienst der Rolle *Datei- und Speicherdienste* über den Server-Manager (siehe Kapitel 4 und 21).

Klassifizierungseigenschaften, die Sie für Dokumente festlegen, werden nicht im Dateisystem, sondern in der Datei direkt gespeichert. Klicken Sie mit der rechten Maustaste auf *Klassifizierungseigenschaften*, können Sie mit *Eigenschaft erstellen* festlegen, welche neuen Kriterien Dateien zugeordnet werden. So lässt sich zum Beispiel bestimmen, ob ein Dokument zu einem Projekt gehört, private Daten enthält, nur für den internen Gebrauch oder für bestimmte Personen nutzbar sein soll. Mehr zu diesem Thema lesen Sie in Kapitel 21.

Für die Eigenschaft geben Sie den Namen an, zum Beispiel *Nur für internen Gebrauch*. Über *Eigenschaftentyp* stehen verschiedene Möglichkeiten zur Verfügung, die Eigenschaft festzulegen. Neben *Ja/Nein* können Sie eine Multiple Choice-Liste erstellen, eine Nummer oder eine Uhrzeit hinterlegen. Im unteren Bereich bearbeiten Sie dann die Eingaben genauer, die als Klassifizierung zur Auswahl stehen.

Das Anlegen und Bearbeiten von Klassifizierungseigenschaften ändert aber noch keine Dokumente ab, sondern bietet nur die Verwendung der Eigenschaften an. Damit diese auch mit Dokumenten verknüpft werden, müssen Administratoren Klassifizierungsregeln erstellen. Über den Menübefehl *Klassifizierungszeitplan konfigurieren* können Sie festlegen, wann Klassifizierungsregeln starten sollen, ob Sie einen Bericht erhalten wollen und wenn ja, in welchem Format. Klassifizierungsregeln werden durch Klassifizierungszeitpläne gesteuert. Die Klassifizierungsregeln verwenden wiederum die Klassifizierungseigenschaften.

Zusammenfassung

Dieses Kapitel sollte dazu dienen, Ihnen einen kurzen Einstieg in die Active Directory-Rechteverwaltungsdienste zu bieten. Und auch die Grundlagen zur dynamischen Zugriffssteuerung waren Thema dieses Kapitels.

Im nächsten Kapitel zeigen wir Ihnen die Hochverfügbarkeit mit Windows Server 2019. Wir sind bereits in Kapitel 9 auf Cluster und die Hochverfügbarkeit mit Hyper-V eingegangen.

Kapitel 34
Hochverfügbarkeit und Lastenausgleich

In diesem Kapitel:

In Kapitel 9 haben wir Ihnen bereits gezeigt, wie Sie Cluster mit Windows Server 2019 und Hyper-V aufbauen. In diesem Kapitel erfahren Sie, wie Sie den Netzwerklastenausgleich in Windows Server 2019 und Storage Spaces Direct nutzen. Die Installation und Verwaltung von Clustern ist Thema von Kapitel 9.

Anwender greifen zum Beispiel über SharePoint-Webserver auf die SharePoint-Anwendungsserver zu. Um Webserver ausfallsicher zur Verfügung zu stellen, auch ohne SharePoint, ist der beste Weg der Einsatz eines Netzwerklastenausgleich-Clusters (Network Load Balancing, NLB). SharePoint bietet die Möglichkeit, zusammen mit dem Netzwerklastenausgleich von Windows Server 2019 einen NLB-Cluster für Webserver zu erstellen. Auf diese Weise können Sie auch diese Server leichter hochverfügbar machen.

In diesem Kapitel zeigen wir Ihnen verschiedene Möglichkeiten, um Windows Server 2019 hochverfügbar zu betreiben und gehen auch noch mal etwas tiefer in die Verwaltung von Failoverclustern ein. Schauen Sie sich dazu aber auch Kapitel 9 an.

Grundlagen zum Lastenausgleich

Die Anwender verbinden sich mit dem NLB-Cluster, der die Anfragen anschließend auf die einzelnen Server im Verbund verteilt. Netzwerklastenausgleich-Cluster haben die Aufgabe, die Last eines Servers auf mehrere Server zu verteilen, damit die Auslastung einzelner Server gesenkt und die Performance verbessert wird. Auch beim Einsatz der Remotedesktopdienste nutzen Sie diese Funktion (siehe Kapitel 28). Hier nehmen Sie die Einrichtung aber über die Remotedesktop-Verwaltungskonsole vor. Sobald Sie einen Serverdienst auf mehrere Server verteilen können, zum Beispiel bei Webservern, ergibt ein NLB-Cluster Sinn.

Generell ist es unerheblich, ob Anwender zum ersten oder zweiten Server verbunden werden. Bei NLB bauen die Clients eine Verbindung zum NLB-Cluster auf, der wie ein Failovercluster einen eigenen Namen und eine IP-Adresse hat. Anschließend verteilt der Cluster die entsprechende Anforderung der Anwender an einen Server im Cluster.

Beim Netzwerklastenausgleich können Sie bis zu 32 Server zu einem Netzwerklastenausgleich-Cluster zusammenfügen, der von außen über eine gemeinsame virtuelle IP-Adresse angesprochen wird und somit wie ein einziger Computer erscheint. Beim Zugriff durch die Anwender verteilt der Netzwerklastenausgleich die Anwender auf die Anwendungsserver der Farm. Dabei können Sie das Lastenausgleichsgewicht der einzelnen Hosts im Cluster für jeden einzelnen Server konfigurieren.

Fällt ein Host des Clusters aus, übernehmen die anderen Server im Cluster die Zugriffe der Anwender. Daten tauscht der NLB-Cluster allerdings nicht aus und NLB-Cluster verwenden auch keinen gemeinsamen Datenträger.

Das ist Sache eines Failoverclusters. Serverdienste wie Webserver können Sie aber vor Ausfall schützen, da diese keine Daten speichern müssen, sondern Daten nur weiterleiten. Der Zugriff der Clients erfolgt zwar über die virtuelle IP-Adresse des NLB-Clusters, aber letztlich auf die physischen Server in diesem Cluster. Für die Kommunikation der NLB-Hosts im NLB-Cluster können Sie auch IPv6 verwenden. Für einzelne Knoten lassen sich mehrere dedizierte IP-Adressen konfigurieren.

Mit dem Netzwerklastenausgleich-Manager nehmen Sie die komplette Steuerung des NLB-Clusters vor.

Achtung Sie können Webserver auch über Hyper-V und NLB clustern, müssen aber an dieser Stelle bei der Konfiguration einiges beachten. Erstellen Sie einen NLB-Cluster, spielt die MAC-Adresse eine wichtige Rolle. In einigen Fällen ändert Windows diese MAC-Adresse in Hyper-V ab (siehe die Kapitel 7 bis 9). Standardmäßig verwendet Hyper-V dynamische MAC-Adressen. Jeder Host im Hyper-V-Cluster verfügt über einen eigenen Pool an MAC-Adressen.

Führen Sie im Cluster einen Failover durch, ändert sich die MAC-Adresse des virtuellen Servers beim nächsten Neustart. In diesem Fall funktioniert der virtuelle NLB-Cluster nicht mehr. Mehr zu diesem Thema lesen Sie in Kapitel 9. Sie können diesen Fehler aber leicht umgehen. Rufen Sie die Einstellungen der virtuellen Server im Hyper-V-Manager auf, klicken Sie auf *Netzwerkkarte* und aktivieren Sie die statische Zuordnung der MAC-Adressen. Diese Einstellung lässt sich aber nur vornehmen, wenn der Server ausgeschaltet ist. Aktivieren Sie außerdem noch Spoofing von MAC-Adressen für die Webserver.

Notwendige Vorbereitungen für NLB-Cluster

Setzen Sie mehrere Netzwerkkarten in den Webservern ein, sollten Sie entweder für eine der Karten ein Standardgateway eintragen oder IP-Forwarding aktivieren. Diese Funktion ist in Windows Server 2019 allerdings standardmäßig deaktiviert. Um sie zu aktivieren, geben Sie in der Eingabeaufforderung den folgenden Befehl ein:

netsh interface ipv4 set int "<Name der LAN-Verbindung> forwarding=enabled

Durch diese Option erlauben Sie dem Server, IP-Pakete, die nicht zum lokalen Server gehören, an andere Server weiterzuleiten. Da die Server in einem Cluster laufen, ist das unbedingt notwendig.

Sind im Server zwei Netzwerkkarten verfügbar, sollten Sie eine Karte für den NLB-Cluster, die andere für das produktive Netzwerk einsetzen, mit denen sich die Anwender verbinden. Außerdem sollten Sie sicherstellen, dass die Namen dieser Verbindungen im Netzwerk- und Freigabecenter entsprechend gesetzt sind. Ist im Server nur eine Netzwerkkarte vorhanden, müssen Sie hierbei nichts beachten.

Netzwerklastenausgleich installieren

Als Nächstes müssen Sie auf allen Webservern, die Sie in den NLB-Cluster aufnehmen wollen, das Netzwerklastenausgleich-Feature installieren. Unter Windows Server 2019 erfolgt dies über den Server-Manager.

Öffnen Sie zur Installation den Server-Manager und klicken Sie auf *Verwalten/Rollen und Features hinzufügen*. Wählen Sie das Feature *Netzwerklastenausgleich* aus und führen Sie die Installation durch. Während der Installation des Features müssen keinerlei Konfigurationen vorgenommen werden.

Die Einrichtung des NLB-Clusters findet nachträglich in der entsprechenden Verwaltungskonsole statt. Installieren Sie das Feature auf allen Servern, die Sie zum NLB-Cluster hinzufügen wollen. Fügen Sie im Server-Manager über *Verwalten/Server hinzufügen* weitere Server hinzu, können Sie das Feature auf allen Servern im Cluster gleichzeitig installieren (siehe die Kapitel 3 und 4).

Nach der Installation können Sie auch gleich den DNS-Eintrag erstellen, in dem Sie den Namen und die IP-Adresse des NLB-Clusters hinterlegen. Anwender verwenden diesen Namen und werden zur IP-Adresse des NLB-Clusters weitergeleitet.

Rufen Sie zur Erstellung das DNS-Verwaltungsprogramm auf und erstellen Sie einen neuen Host-A-Eintrag mit dem Namen, den Sie dem NLB-Cluster geben wollen und der IP-Adresse, die Sie dem NLB-Cluster zuweisen wollen (siehe Kapitel 25).

NLB-Cluster erstellen

Nach der Installation erstellen Sie in der Netzwerklastenausgleich-Verwaltung einen neuen NLB-Cluster. Starten Sie dazu das Verwaltungsprogramm *Netzwerklastenausgleich-Manager* über das Menü *Tools* im Server-Manager. Klicken Sie dann mit der rechten Maustaste auf *Netzwerklastenausgleich-Cluster* und dann auf *Neuer Cluster*.

Geben Sie im neuen Fenster den Servernamen des ersten Clusterknotens ein und klicken Sie auf *Verbinden*. Wählen Sie die Netzwerkverbindung aus, die Sie für den NLB-Cluster verwenden wollen, und klicken Sie auf *Weiter*.

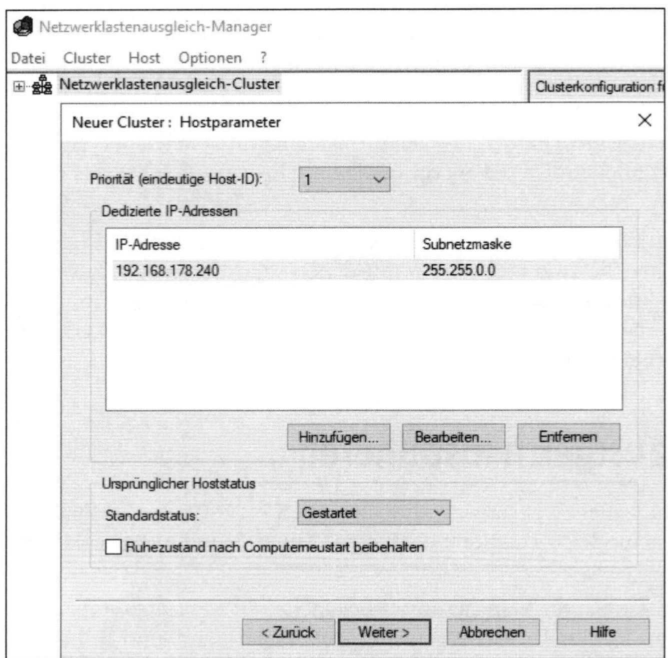

Abbildung 34.1: Verbindungsaufbau mit dem ersten Clusterknoten im NLB-Cluster

Auf der nächsten Seite fügen Sie die IP-Adresse hinzu, die Sie dem NLB-Cluster als Ganzes zuweisen wollen. Hier tragen Sie die IP-Adresse ein, die Sie auch als Hosteintrag auf dem DNS-Server hinterlegt haben.

Auf der nächsten Seite geben Sie bei *Vollständiger Internetname* den DNS-Eintrag als FQDN ein, den Sie in DNS hinterlegt haben. Belassen Sie den Clusterausführungsmodus auf *Unicast*. Stellen Sie Verbindungsprobleme fest, können Sie an dieser Stelle auch *Multicast* verwenden.

Bei Unicast erhält jeder Server im NLB-Cluster die gleiche MAC-Adresse. Die vorhandene MAC-Adresse der Netzwerkkarten entfernt der Assistent dabei. Setzen Sie Multicast ein, fügt der Assistent den MAC-Adressen der Netzwerkkarten eine zusätzliche MAC-Adresse hinzu. Die Clients können dann über ihre alte MAC-Adresse und über die neue des NLB-Clusters kommunizieren.

Auf der nächsten Seite belassen Sie die angelegte Standardregel oder passen diese an, wenn die Standardeinstellungen nicht für Ihre Umgebung geeignet sind, zum Beispiel bei besonderen Sicherheitsvorgaben.

Nutzen Sie Multicast-IP-Adressen mit IGMP, sind Class-D IP-Adressen erforderlich. Auf der nächsten Seite löschen Sie auf Wunsch die angelegte Standardregel und erstellen mit *Hinzufügen* eine neue Regel. Die Regeln dienen dem Zugriff der Clients über das Netzwerk. Standardmäßig wartet ein NLB-Cluster auf allen Ports seiner konfigurierten IP-Adressen auf Anfragen. Diese sollten Sie in sicheren Umgebungen aber einschränken.

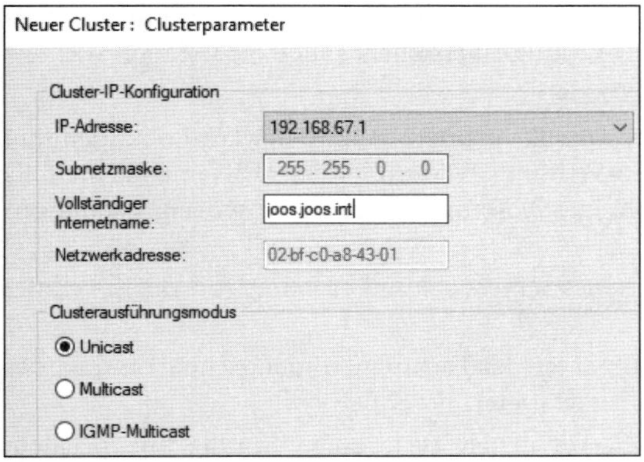

Abbildung 34.2: Festlegen des Namens des NLB-Clusters

Erstellen Sie eine eigene Regel, deaktivieren Sie die Option *Alle* bei *Cluster-IP-Adresse* und wählen Sie die IP-Adresse des Clusters aus.

Im nächsten Schritt fügen Sie weitere Webserver zum NLB-Cluster hinzu. Achten Sie darauf, dass auf allen Mitgliedern auch das Feature für den Netzwerklastenausgleich installiert sein muss. Klicken Sie mit der rechten Maustaste auf den erstellten Cluster und wählen Sie die Option *Host dem Cluster hinzufügen* aus.

Geben Sie den Namen des Servers ein, den Sie hinzufügen wollen, und klicken Sie auf *Verbinden*. Behalten Sie die bereits erstellten Portregeln bei und klicken Sie auf *Fertig stellen*. Fügen Sie alle Server auf dem gleichen Weg hinzu und stellen Sie sicher, dass die Verbindung funktioniert, also kein Fehler in der Clusterverwaltung angezeigt wird.

NLB versus DNS-Roundrobin

Neben NLB können Sie auch über DNS-Roundrobin eine gewisse Ausfallsicherheit und Lastverteilung für Webserver ermöglichen. Die Konfiguration ist zwar sehr einfach, aber bei Weitem nicht so effizient wie ein NLB-Cluster.

Roundrobin ist ein einfacher Mechanismus, mit dem DNS-Server die Last auf Netzwerkressourcen, also auch verschiedene Server, verteilen können. Sie verwenden diese Funktion, um die Reihenfolge der zurückgegebenen Ressourceneinträgen bei DNS-Abfragen in der Antwort auf eine Abfrage zyklisch zu ändern, wenn es für den verlangten DNS-Domänennamen mehrere Einträge desselben Typs gibt. Einfach ausgedrückt, erstellen Sie für jeden Server einen DNS-Eintrag mit demselben Namen und der jeweiligen IP-Adresse. Auf diese Weise können Sie in DNS konfigurieren, dass Clients bei der Namensabfrage eines Servers immer eine andere IP-Adresse erhalten und diese dann verwenden.

Dabei tragen Sie einen Hostnamen mehrfach mit jeweils einer anderen IP-Adresse in die DNS-Zone ein. Erreicht den DNS-Server jetzt eine Anfrage des Clients, liefert er die Liste aller gefundenen IP-Adressen zurück, wobei er die Reihenfolge der Einträge jeweils um eins verschiebt. Damit steht im Durchschnitt jeder Eintrag gleich häufig an erster Stelle.

Um dem Client möglichst einen Server direkt in seiner Nähe zu nennen, ermittelt Roundrobin bei Hostnamen mit mehreren zugeordneten IP-Adressen vor der Umsortierung, ob es einen Eintrag gibt, der dem Subnetz des Clients zuzuordnen ist. Diesen setzt das DNS-System dann anschließend an die erste Stelle der zurückgegebenen Liste. Nur wenn kein passender eindeutiger Eintrag vorhanden ist, kommt Roundrobin zur Netzwerklastverteilung zum Einsatz. Um einen Roundrobin-Eintrag zu erstellen, gehen Sie wie folgt vor:

1. Öffnen Sie die Verwaltung Ihres DNS-Servers.
2. Erstellen Sie in der Zone von Active Directory einen neuen Forward-Lookupeintrag mit der Bezeichnung des Roundrobin-Verbunds. Verwenden Sie als Namen keinesfalls den Namen eines Servers innerhalb des Verbunds, sondern einen eigenständigen Namen.
3. Tragen Sie als IP-Adresse die Adresse eines Servers ein und bestätigen Sie die Erstellung des Eintrags.
4. Erstellen Sie jetzt für jeden weiteren Server der Farm einen identischen Eintrag, der jeweils zur IP-Adresse eines anderen Servers zeigt.
5. Abschließend haben Sie für jeden Server in der Farm einen Eintrag mit gleichem Namen und jeweils einer IP-Adresse für einen Server in der Farm.

Antwortet ein Server auf eine Clientanfrage nicht, erhält der Client einen Hinweis und muss die Anfrage wiederholen. Im Beispiel von Outlook äußert sich das in einer Fehlermeldung, und die Anwender müssen Outlook neu starten und hoffen, dass der nächste Server verfügbar ist.

Aus diesem Grund ist NLB ein wesentlich effizienteres Mittel, um die Last zu verteilen und für die Ausfallsicherheit zu sorgen. Damit ein DNS-Server Roundrobin unterstützt, müssen Sie in der DNS-Verwaltung das Kontrollkästchen *Roundrobin aktivieren* in den Eigenschaften des Servers einschalten (siehe Kapitel 25).

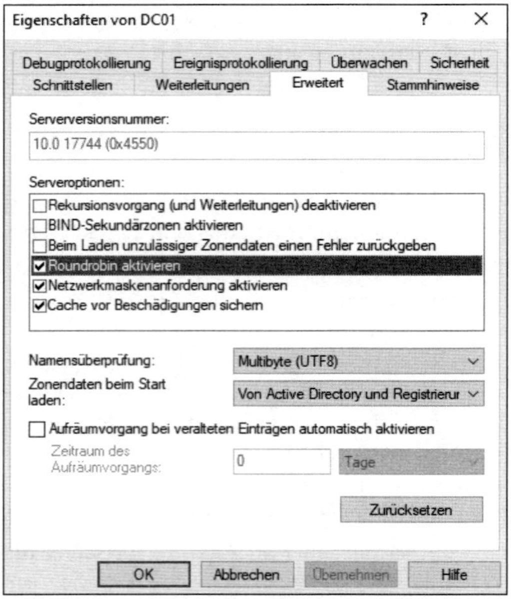

Abbildung 34.3: Aktivieren von Roundrobin für DNS-Server mit Windows Server 2019

Hinweis Erreicht den DNS-Server eine Anfrage des Clients, liefert er die Liste aller gefundenen IP-Adressen zurück, wobei er die Reihenfolge der Einträge jeweils um den Wert 1 verschiebt. Damit wird im Mittel jeder Eintrag gleich häufig an erster Stelle dem Client zurückgeliefert.

Wenn Sie die Funktion für bestimmte Typen deaktivieren wollen, kann dies nur über die Registry erfolgen. Fügen Sie dazu unter *HKEY_LOCAL_MACHINE\SYSTEM\CurrentControlSet\Services\DNS\Parameters* einen *REG_SZ*-Wert mit dem Namen *DoNotRoundRobinTypes* hinzu und tragen Sie als Werte die Recordtypen ein.

Storage Spaces Direct nutzen

Storage Spaces Direct stellen sicherlich die wichtigste Neuerung im Storage-Bereich von Windows Server 2016 dar. Mit diesem System können Sie lokal zugewiesenen Speicherplatz von Clusterknoten zu einem gemeinsamen, virtuellen Speicher im Cluster zusammenfassen. Der Speicher lässt sich im Cluster als gemeinsamer Datenträger nutzen, zum Beispiel zur Datenablage von virtuellen Servern im Cluster (siehe Kapitel 9). Mit Windows Server 2019 hat Microsoft die Technik weiter verbessert und die Leistung deutlich erhöht. Auch kleine Cluster, mit nur zwei Knoten, können einen Cluster für Storage Spaces Direct zur Verfügung stellen.

Mit Storage Spaces Direct tritt Microsoft in Konkurrenz mit VMware Virtual SAN. Auch hier können Laufwerke mehrerer Server im Cluster als gemeinsamer Datenspeicher genutzt werden. Im Fokus dieser Technologie stehen vor allem Virtualisierungsumgebungen. Der gemeinsame Speicher eines Clusters für Hyper-V kann jetzt also auf verschiedene Standorte repliziert werden.

Außerdem stellen die Speicherorte der virtuellen Festplatten der VMs eines Hyper-V-Clusters keinen Single-Point-of-Failure mehr dar, wenn sie auf einem Storage Space Direct positioniert sind, dessen Festplatten sich auch noch auf verschiedene Server replizieren. Auf dieser Basis lassen sich VMs nicht nur speichern, sondern Unternehmen können auch Hyper-V-Replikation zusammen mit Storage Spaces Direct und Volume Replication nutzen. Als Dateisystem sollte NTFS oder besser das ReFS-Dateisystem eingesetzt werden. Dieses ist stabiler und bereits für Storage Spaces vorbereitet.

Einstieg in Storage Spaces Direct

Unternehmen erhalten dadurch also einen hochverfügbaren und sehr skalierbaren Datenspeicher, der auf die physischen Datenspeicher im Cluster aufbaut. Mit Storage Spaces Direct lassen sich nicht nur herkömmliche Datenträger zusammenfassen, sondern Sie können verschiedene Speichertechnologien miteinander bündeln, um mehr Speicherplatz mit höherer Geschwindigkeit zu erreichen. In einem Storage Space Direct (S2D) lassen sich NVMe-Speicher mit herkömmlichen SSDs und HDDs mischen. Windows Server 2019 teilt die Daten dazu ideal auf.

Setzen Sie noch einen Scale-Out-File-Server als Clusterdienst ein, können Sie Freigaben auf Storage Spaces Direct speichern und innerhalb des SOFS verwalten und im Netzwerk zur Verfügung stellen. Storage-Replika kann wiederum die Daten von Storage Spaces

Direct replizieren, zum Beispiel in anderen Rechenzentren und zu anderen Clustern. Wie Sie einen solchen Cluster erstellen, haben wir Ihnen bereits im Kapitel 9 gezeigt.

Storage Spaces Direct (S2D) ermöglichen in Windows Server 2019 also, dass lokale Datenträger von Clusterknoten im Cluster als gemeinsamer Datenspeicher genutzt werden können. Dazu fasst Windows Server 2019 die physischen Festplatten zu einem virtuellen Speicherpool zusammen. Auf Basis dieses übergreifenden Speicherpools lassen sich virtuelle Festplatten erstellen und zur Datenspeicherung im Cluster nutzen.

So funktioniert Storage Spaces Direct

Grundlage von S2D ist zunächst ein Cluster, in dem die Knoten über verschiedene physische Datenträger verfügen. Dabei kann es sich auch um verschiedene Datenträgersysteme handeln. Die Kommunikation zwischen den Datenträgern erfolgt mit dem SMB-Protokoll, inklusive SMB-Multichannel und SMB-Direct. Die Verbindung erfolgt über den Software Storage Bus in Windows Server 2019. Auf diesen setzen die Storage Pools auf. Diese fassen die physischen Festplatten der einzelnen Clusterknoten zu einem oder mehreren Speichern zusammen.

Die nächste Schicht sind Storage Spaces. Diese stellen virtuelle Festplatten dar, die auf die Storage Pools aufbauen, die wiederum auf die physischen Festplatten der Clusterknoten aufbauen. Das Cluster Shared Volume (*C:\ClusterStorage*) ist dabei ebenfalls mit dem S2D verbunden. Die Daten in diesem Verzeichnis der Clusterknoten werden im Storage Space Direct abgelegt.

Im Cluster können Sie aber nicht nur Hyper-V betreiben und die VMs im Storage Space Direct ablegen, sondern auch einen Scale-Out-File-Server. Dieser stellt die Freigaben im Netzwerk zur Verfügung. Die Freigaben sind auf den virtuellen Festplatten (Storage Spaces) gespeichert, die wiederum in den Storage Pools gespeichert sind.

Virtualisieren Sie mit Hyper-V im Netzwerk, können Sie die Daten der VMs auch in den Freigaben des SOFS speichern. Dadurch werden die VMs im S2D abgelegt und durch den Cluster hochverfügbar und skalierbar zur Verfügung gestellt. Für Hyper-V ist aber nicht unbedingt ein Scale-Out-File-Server notwendig. Lesen Sie sich dazu auch das Kapitel 9 durch.

Storage Spaces Direct in der Praxis

Um Storage Spaces Direct einzusetzen, brauchen Sie einen Cluster mit mindestens zwei Knoten, besser drei, vier oder mehr. Wie Sie einen solchen Cluster erstellen, ist in Kapitel 9 zu sehen. Dadurch können Sie alle verfügbaren Konfigurationen einsetzen. Die Knoten müssen über passenden lokalen Datenspeicher verfügen, der sich in einem Pool zusammenfassen lässt. Die internen Festplatten der Clusterknoten stellen also den elementaren Teil des Datenspeichers dar. Für Storage Spaces Direct sollten Server über mindestens zwei zusätzliche Festplatten verfügen. Sie können dazu auch virtuelle Server verwenden.

Tipp

Auf allen Servern, die Mitglied des Clusters für Storage Spaces Direct werden sollen, müssen Sie die Serverrolle *Dateiserver* und die Clusterfeatures installieren. Am einfachsten geht das in der PowerShell mit dem Befehl:

Install-WindowsFeature -Name File-Services, Failover-Clustering -IncludeManagement-Tools

Außerdem müssen in der Datenträgerverwaltung die Festplatten für Storage Spaces Direct als online und initialisiert angezeigt werden. Partitionen dürfen nicht erstellt werden.

Nach der Installation der Rolle und des Clusterfeatures sowie der Initialisierung der Festplatten können die Server neu gestartet werden – das müssen sie aber nicht. Wenn ein Neustart notwendig ist, erscheint in der PowerShell die entsprechende Meldung.

Geben Sie auf einem Clusterknoten in der PowerShell den Befehl *Get-Physicaldisk* ein, zeigt die PowerShell alle Festplatten aller Clusterknoten an sowie die Information, dass diese poolfähig sind. Allerdings funktioniert das erst dann, wenn Sie die Storage Space Direct-Funktion im Cluster aktiviert haben.

Die Festplatten dürfen dazu über keine eigenen Partitionen verfügen. Im Rahmen des Konfigurationsüberprüfungs-Assistenten im Failovercluster-Manager finden Sie einen eigenen Test, der sicherstellt, ob im Cluster Storage Spaces Direct eingesetzt werden können. Diesen sollten Sie vor der Einrichtung durchlaufen lassen, um sicherzustellen, dass alles korrekt konfiguriert werden kann. Alternativ können Sie aber auch die PowerShell verwenden.

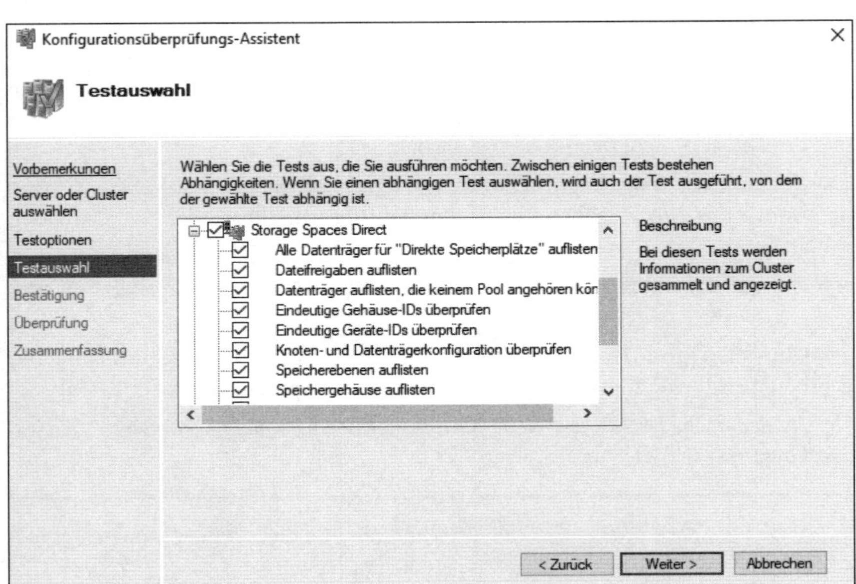

Abbildung 34.4: Im Failovercluster-Manager testen Sie die Tauglichkeit der Clusterknoten für Storage Spaces Direct.

Sobald der Cluster aufgebaut ist, wie in Kapitel 9 beschrieben, lässt sich die Funktion in der PowerShell mit *Enable-ClusterStorageSpacesDirect* aktivieren.

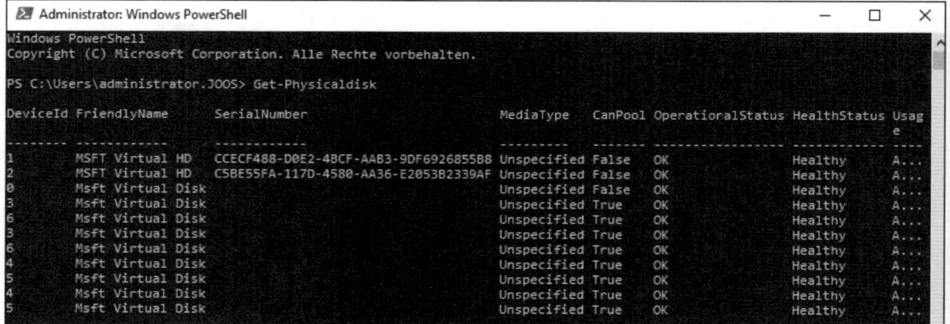

Administrator: Windows PowerShell
Windows PowerShell
Copyright (C) Microsoft Corporation. Alle Rechte vorbehalten.
PS C:\Users\administrator.JOOS> Get-Physicaldisk
DeviceId FriendlyName SerialNumber MediaType CanPool OperationalStatus HealthStatus Usage
1 MSFT Virtual HD CCECF488-D0E2-4BCF-AAB3-9DF6926855B8 Unspecified False OK Healthy A...
2 MSFT Virtual HD C5BE55FA-117D-4580-AA36-E2053B2339AF Unspecified False OK Healthy A...
0 Msft Virtual Disk Unspecified False OK Healthy A...
3 Msft Virtual Disk Unspecified True OK Healthy A...
6 Msft Virtual Disk Unspecified True OK Healthy A...
3 Msft Virtual Disk Unspecified True OK Healthy A...
6 Msft Virtual Disk Unspecified True OK Healthy A...
4 Msft Virtual Disk Unspecified True OK Healthy A...
5 Msft Virtual Disk Unspecified True OK Healthy A...
4 Msft Virtual Disk Unspecified True OK Healthy A...
5 Msft Virtual Disk Unspecified True OK Healthy A...

Abbildung 34.5: Überprüfen der Cluster-Datenträger auf die Unterstützung für Storage Spaces Direct

---

Tipp Im Rahmen der Einrichtung können Sie die Clusterknoten in der PowerShell auf Clustertauglichkeit und Unterstützung für Storage Spaces Direct testen. Auch dazu können Sie die PowerShell verwenden. Der Befehl dazu lautet:

Test-Cluster -Node <Knoten1,Knoten2,Knoten3,Knoten4> -Include "Storage Spaces Direct",Inventory,Network,"System Configuration"

Im Rahmen der Einrichtung eines Clusters (siehe auch Kapitel 9) sollte die Namensauflösung mit *nslookup* geprüft werden, damit sichergestellt ist, dass alle Clusterknoten im Netzwerk optimal funktionieren. In Testumgebungen spielen Warnungen keine Rolle, da diese die Installation des Clusters nicht verhindern. Nur Fehler dürfen keine erscheinen. In produktiven Umgebungen sollte den Warnungen natürlich nachgegangen werden, damit die Leistung des Clusters nicht beeinträchtigt wird.

Wenn der Test für alle Knoten erfolgreich absolviert wurde, wird im Anschluss der Cluster erstellt. Sie können dazu so vorgehen, wie in Kapitel 9 beschrieben, oder Sie verwenden die PowerShell:

New-Cluster -Name <ClusterName> -Node <Knoten1,Knoten2,Knoten3,Knoten4> -NoStorage

In Test- sowie in vielen produktiven Umgebungen wird mit DHCP für die Zuweisung des Clusters gearbeitet. Soll eine statische IP-Adresse verwendet werden, lautet der Befehl:

New-Cluster -Name <ClusterName> -Node <Knoten1,Knoten2,Knoten3,Knoten4> -NoStorage -StaticAddress <X.X.X.X>

Tipp Storage Space Direct wird im Cluster mit dem Cmdlet *Enable-ClusterStorageSpacesDirect* aktiviert.

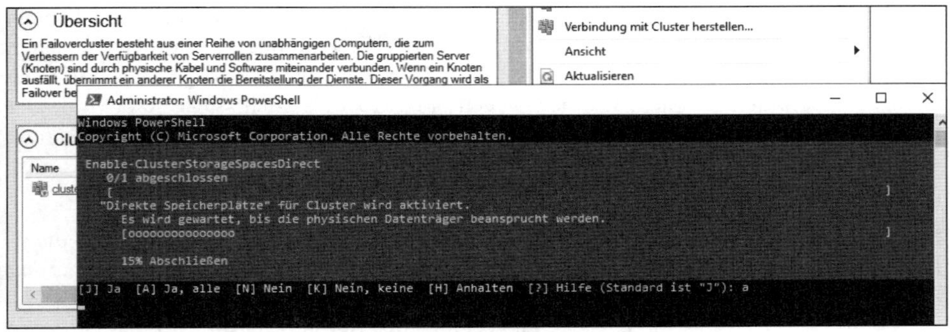

Abbildung 34.6: Storage Spaces Direct werden im Cluster in der PowerShell aktiviert.

Hinweis Bei der Verwendung des Cmdlets *Enable-ClusterStorageSpacesDirect* (*https://technet.microsoft.com/de-de/library/mt589697.aspx*) erstellt die PowerShell automatisch eine Konfiguration, die auf der Hardware aufbaut, die im Storage Space Direct zusammengefasst ist.

Das Cmdlet erstellt dazu zum Beispiel den Storage-Pool sowie die passenden Storage-Tiers, wenn im System SSD und herkömmliche HDDs integriert sind. In einer solchen Konfiguration wird der NVMe-Teil zum Zwischenspeichern genutzt, während SSDs und HDDs für das Speichern von Daten zur Verfügung stehen.

Um Storage Spaces Direct in produktiven Umgebungen zu verwenden, benötigen Unternehmen spezielle Hardware, vor allem kompatible Netzwerkkarten, die RDMA beherrschen. In Testumgebungen lassen sich aber auch virtuelle Server, virtuelle Festplatten und virtuelle Netzwerkkarten ohne besondere Hardware nutzen.

Geben Sie auf einem Clusterknoten in der PowerShell den Befehl *Get-PhysicalDisk* ein, werden alle Festplatten aller Clusterknoten angezeigt sowie die Information, ob diese poolfähig sind. Die Festplatten dürfen dazu über keine eigenen Partitionen verfügen.

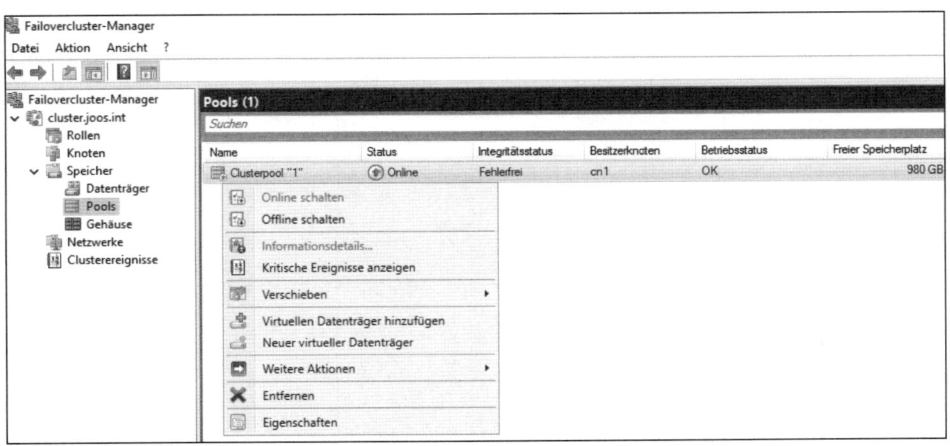

Abbildung 34.7: Im Failovercluster-Manager lassen sich die physischen Festplatten der Clusterknoten zu einem Storage Space Direct zusammenfassen.

Sobald der Speicher eingerichtet ist, erstellen Sie im Failovercluster-Manager im Bereich *Speicher/Pool* einen oder mehrerer Speicherpools. Diese umfassen die verschiedenen Datenträger der Clusterknoten. Sie können über das Kontextmenü des Speicherpools neue virtuelle Festplatten erstellen, wie bei lokalen Speicherpools auch (siehe Kapitel 5). Der Unterschied ist, dass die Datenträger der einzelnen lokalen Datenträger der Clusterknoten verwendet werden.

In der PowerShell lautet die Syntax:

New-StoragePool -StorageSubSystemName <FQDN des Subsystems> -FriendlyName <StoragePoolName> -WriteCacheSizeDefault 0 -FaultDomainAwarenessDefault StorageScaleUnit -ProvisioningTypeDefault Fixed -ResiliencySettingNameDefault Mirror -PhysicalDisk (Get-StorageSubSystem -Name <FQDN des Subsystems> | Get-PhysicalDisk)

Der Cluster hat zunächst keinen gemeinsamen Datenspeicher. Sobald er erstellt und Storage Spaces Direct aktiviert ist, wird der notwendige Storage Pool erstellt und danach die Storage Spaces. Anschließend legen Sie auf Basis des erstellten Storage Pools virtuelle Festplatten an, auch Storage Spaces genannt. Die Verwaltung der zugrunde liegenden Speicherstruktur wird durch den Cluster vorgenommen. Dateiserver oder Hyper-V-Hosts müssen also nicht wissen, auf welchen physischen Datenträgern die Daten tatsächlich gespeichert sind.

Sie können innerhalb von Storage Spaces Direct auch Storage Tiers erstellen. Dabei handelt es sich um die Vermischung von SSD- und HDD-Festplatten. Windows erkennt Dateien, die häufig verwendet werden, und speichert diese automatisch im SSD/NVMe-Bereich des Storage Space. Weniger verwendete Dateien werden auf die langsamen Festplatten ausgelagert. Natürlich können Sie auch manuell steuern, welche Art von Dateien auf schnellen Datenträgern zur Verfügung stehen soll und welche auf langsame Festplatten ausgelagert werden kann. Diese Technik wird Storage Tiers genannt.

Windows Server 2019 speichert bei dieser Konfiguration häufig verwendete Daten im Pool vor allem auf All-Flash-Speichern oder SSD-Platten und lagert weniger verwendete Daten auf die langsamen Platten aus. In Windows Server 2019 können Sie drei Storage-Tiers nutzen, und zwar NVMe, SSD und HDD. Der NVMe-Speicher wird zum Zwischenspeichern der häufig verwendeten Daten eingesetzt, während SSD und HDD zur Datenspeicherung dienen. Sie können diese drei Datenträgertypen aber auch anders kombinieren und entsprechende Storage-Tiers definieren. Die Befehle dazu lauten wie folgt:

New-StorageTier -StoragePoolFriendlyName Pool -FriendlyName SSD-Storage -MediaType SSD

New-StorageTier -StoragePoolFriendlyName Pool -FriendlyName HDD-Storage -MediaType HDD

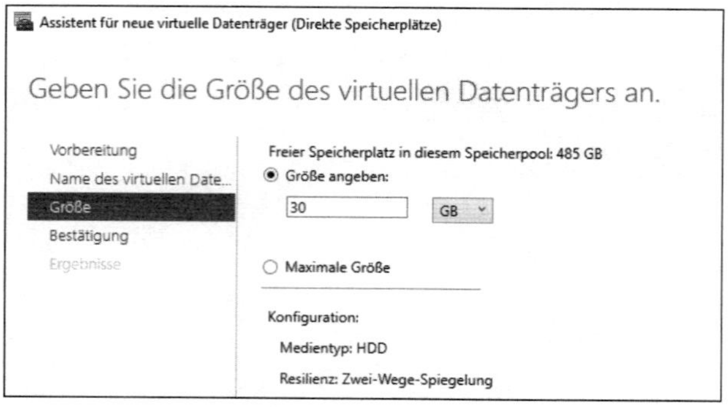

Abbildung 34.8: Virtuelle Festplatten, auch Storage Spaces genannt, werden auf Basis des Speicherpools erstellt, der sich über die verschiedenen physischen Festplatten des Clusters ausdehnt.

Sobald also der Speicherpool im Cluster zur Verfügung steht, können Sie über das Kontextmenü der Pools im Failover Cluster Manager neue virtuelle Festplatten, auch Storage Spaces genannt, erstellen. Im Assistenten lässt sich auch die Verfügbarkeit und das Storage Layout des neuen Storage Space festlegen. Dieser baut auf den erstellten Storage Pool auf. Mehr zu diesem Thema lesen Sie in Kapitel 5.

Auf Basis des Storage Spaces erstellen Sie dann wiederum ein neues Volume, genauso wie bei herkömmlichen Speicherpools. Die Volumes können Sie wiederum über das Kontextmenü zum Cluster Shared Volume hinzufügen und damit zum Beispiel zur Datenspeicherung von VMs nutzen (siehe Kapitel 9).

Ausfallsicherheit bei Storage Spaces Direct

Storage Spaces Direct sind vor dem Ausfall eines Hosts geschützt. Bei entsprechender Anzahl Clusterknoten können auch mehrere Clusterknoten ausfallen, ohne dass der S2D in Mitleidenschaft gezogen wird. Auch komplette Gehäuse, Racks oder sogar ganze Rechenzentren können ausfallen, wenn die Daten zwischen genügend Clusterknoten repliziert werden und unter Umständen auch auf Storage-Replikation gesetzt wird (siehe Kapitel 5). Mit Storage-Replikation können Sie in Windows Server 2019 auch ganze Storage Spaces Direct komplett zu anderen Clustern und Rechenzentren replizieren lassen. In Windows Server 2019 kann auch in einem 2-Knoten-Cluster ein ganzer Knoten ausfallen, ohne dass Daten im Speicherpool verloren gehen.

Standardmäßig wird beim Erstellen eines Storage Pools bereits mit der Hochverfügbarkeit gearbeitet. Hier spielt auch die Option *FaultDomainAwarenessDefault* und deren Standardwert *StorageScaleUnit* eine wichtige Rolle. Sie können sich den Wert für den jeweiligen Storage Pool jederzeit anzeigen lassen. Dazu verwenden Sie die PowerShell und den Befehl:

Get-StoragePool -FriendlyName <PoolName> | fl FriendlyName, Size, FaultDomainAwarenessDefault

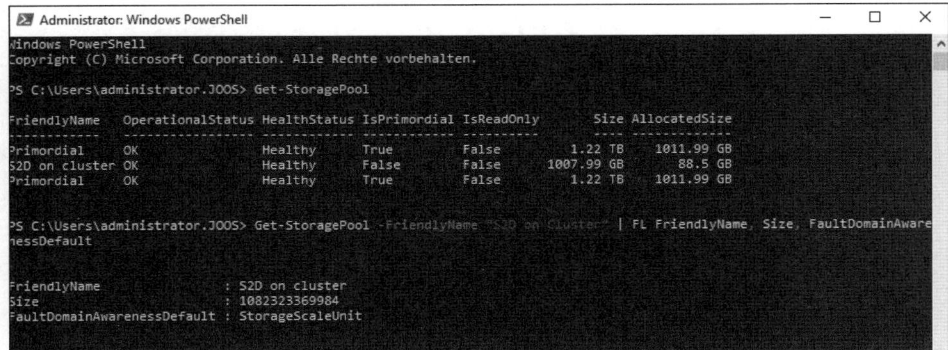

Abbildung 34.9: Überprüfen der Hochverfügbarkeit von Speicherpools in Storage Spaces Direct

Virtuelle Festplatten, also die Storage Spaces im Speicherpool der Storage Spaces Direct-Umgebung, erben die Hochverfügbarkeit vom Storage-Pool, aus dem sie erstellt werden. Sie lassen sich den Wert von Storage Spaces bezüglich der Hochverfügbarkeit ebenfalls in der PowerShell anzeigen:

Get-VirtualDisk -FriendlyName <VirtualDiskName>| FL FriendlyName, Size, FaultDomainAwareness, ResiliencySettingName

Eine virtuelle Festplatte besteht aus Extents mit einer Größe von 1 GB. Eine Festplatte mit 100 GB besteht also aus 100 Extents. Erstellen Sie eine virtuelle Festplatte mit der Hochverfügbarkeitseinstellung *Mirrored*, also gespiegelt, werden die einzelnen Extents der virtuellen Festplatte kopiert und auf verschiedenen Clusterknoten gespeichert.

Abhängig von der eingesetzten Anzahl an Knoten lassen sich zwei oder drei Kopien von Extents auf die Datenspeicher der verschiedenen Clusterknoten verteilen. Sichern Sie also eine 100 GB große, virtuelle Festplatte durch dreifache Kopien ab, dann braucht diese Festplatte 300 Extents. Dabei versucht Windows Server 2019, die Extents möglichst gleichmäßig zu verteilen. Beispiel: Der Extent A wird auf den Knoten 1, 2 und 3 gespeichert. Der Extent B, auf der gleichen virtuellen Festplatte positioniert, wird auf den Knoten 1, 3 und 4 kopiert. Eine virtuelle Festplatte und deren Daten/Extents sind also im kompletten Cluster auf allen Knoten verteilt.

Microsoft bietet auch die Möglichkeit, eine Umgebung mit Storage Space Direct mit drei Hosts aufzubauen. Das ist für kleine Unternehmen oder in Testumgebungen interessant. Unter vier Hosts unterstützt die Technik nur die Spiegelung der Daten zur Absicherung (mirrored resiliency). Sollen auch Paritiäts-basierte Datenträger (parity-based resiliency) erstellt werden, sind mindestens vier oder mehr Hosts notwendig. Storage Spaces Direct sind standardmäßig vor dem Ausfall eines Hosts geschützt.

Windows Server 2019 arbeitet dazu mit »Fault Domains«. Dabei handelt es sich um eine Gruppe von Clusterknoten, die sich einen Single-Point-Of-Failure teilen. Eine Fault Domain kann ein einzelner Clusterknoten sein, Clusterknoten in einem gemeinsamen Rack/Gehäuse, aber auch alle Clusterknoten in einem Rechenzentrum. Die Verwaltung der Fault Domains nehmen Sie mit Get-, Set-, New-, und Remove-Cmdlets des Befehls *ClusterFaultDomain* vor.

Um sich zum Beispiel Informationen zu bereits erstellten Fault Domains anzeigen zu lassen, verwenden Sie:

Get-ClusterFaultDomain

Get-ClusterFaultDomain -Type Rack

Get-ClusterFaultDomain -Name "server01.contoso.com

Sie können also auch mit verschiedenen Typen arbeiten. Um eigene Fault Domains zu erstellen, stehen zum Beispiel folgende Befehle zur Verfügung:

New-ClusterFaultDomain -Type Chassis -Name "Chassis 007"

New-ClusterFaultDomain -Type Rack -Name "Rack A"

New-ClusterFaultDomain -Type Site -Name "Shanghai"

Sie können Fault Domains auch miteinander verknüpfen oder anderen Fault Domains unterordnen:

Set-ClusterFaultDomain -Name "server01.contoso.com" -Parent "Rack A"

Set-ClusterFaultDomain -Name "Rack A", "Rack B", "Rack C", "Rack D" -Parent "Shanghai"

Fault Domains können in größeren Umgebungen auch in einer XML-Datei vorgegeben und dann im System integriert werden. Dazu gibt es das neue Cmdlet *Get-ClusterFaultDomainXML*. Damit können Sie die aktuelle Fault Domain-Infrastruktur in eine XML-Datei speichern, zum Beispiel mit:

Get-ClusterFaultDomainXML | Out-File <Pfad>

XML-Dateien können Sie natürlich anpassen und als neue Infrastruktur einlesen. Dazu verwenden Sie die folgenden Befehle:

$xml = Get-Content <Path> | Out-String

Set-ClusterFaultDomainXML -XML $xml

Speicherpools in Storage Spaces Direct optimieren

Bei längerer Verwendung kann es passieren, dass einzelne Festplatten im Storage Pool mehr belastet werden als andere. Dazu kommt, dass neue physische Festplatten, die im System integriert werden, optimal eingebunden werden müssen. Microsoft bietet dazu neue Cmdlets, mit denen Sie Speicher-Pools optimieren können, um Daten effizienter zu verteilen:

Optimize-StoragePool <PoolName>

Den aktuellen Status der Aktion fragen Sie in der PowerShell ebenfalls ab:

Get-StorageJob | ? Name -eq Optimize

Storage Spaces Direct können auch in System Center Virtual Machine Manager 2019 verwaltet werden. Hier lassen sich neue Cluster erstellen, die gleich Storage Space Direct nutzen, oder bestehende Cluster werden zu Clustern umgewandelt, die Storage Spaces Direct unterstützen. Außerdem gibt es die Möglichkeit der automatischen Konfiguration.

Scale-Out-File-Server erstellen

Über den Assistenten zum Erstellen neuer Clusterrollen können Sie in Windows Server 2019 einen neuen Scale-Out-File-Server im Cluster anlegen. Sobald dieser zur Verfügung steht und auch Zugriffspunkte festgelegt wurden, lassen sich Freigaben auf dem Server bereitstellen. Dazu müssen Sie keine VM mit Windows Server 2019 im Cluster erstellen, sondern die Freigaben werden über den Scale-Out-File-Server (SOFS) angeboten.

Der Dateiserver kann auf den gemeinsamen Datenspeicher des Clusters zugreifen und damit auch auf die S2D-Speicher. Im Rahmen der Erstellung des Dateiservers können Sie auswählen, ob Sie einen herkömmlichen Dateiserver erstellen wollen (*Dateiserver zur allgemeinen Verwendung*) oder einen Scale-Out-File-Server (*Dateiserver mit horizontaler Skalierung für Anwendungsdaten*). Die Freigaben des SOFS werden im Failovercluster-Manager verwaltet und zur Verfügung gestellt.

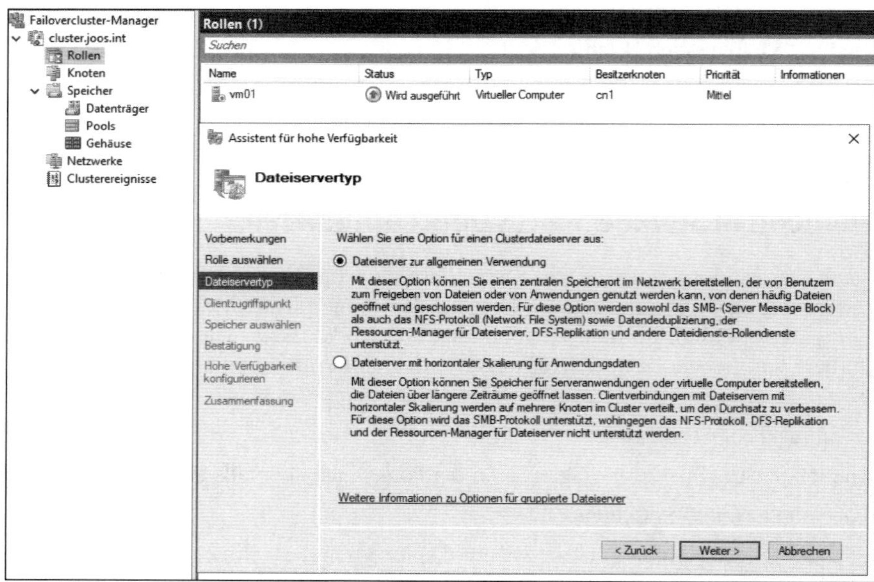

Abbildung 34.10: In einem Cluster mit Windows Server 2019 lassen sich auch virtuelle Dateiserver ohne Hyper-V erstellen.

Cluster Operating System Rolling Upgrade

Die Funktion *Cluster Operating System Rolling Upgrade* erlaubt die Aktualisierung von Clusterknoten zu Windows Server 2019, ohne dass Serverdienste ausfallen. Bei diesen Vorgängen werden weder Hyper-V-Dienste noch Dateiserver-Freigaben beendet und stehen den Anwendern weiter zur Verfügung. Wenn Sie einen Clusterknoten zu Windows Server 2019 aktualisieren, gibt es also keine Ausfallzeit mehr.

So aktualisieren Sie einen Cluster zu Windows Server 2019

Sie können Clusterknoten mit Windows Server 2019 installieren und in bestehende Cluster mit Windows Server 2012 R2/2016 integrieren. Auch das Verschieben von Clusterressourcen und virtuellen Maschinen zwischen den Clusterknoten ist dann möglich. Wenn alle Knoten auf Windows Server 2019 aktualisiert sind, wird die Clusterkonfiguration auf die neue Version gesetzt und unterstützt ab dann keine Vorgängerversionen wie Windows Server 2012 R2/2016 mehr.

Hinweis Bevor Sie einen Cluster zu Windows Server 2019 aktualisieren, sollten Sie eine vollständige Sicherung aller Clusterknoten und der Clusterdatenbank vornehmen. Außerdem sollten Sie Cluster Aware Update (CAU) während der Aktualisierung über Cluster Rolling Update (CRU) deaktivieren.

Ob CAU auf einem Cluster aktiv ist, fragen Sie am schnellsten in der PowerShell mit *Get-CauRun* ab. Mit *Disable-CauClusterRole* deaktivieren Sie den Dienst.

Zur Aktualisierung eines Clusters steht das neue Cmdlet *Update-ClusterFunctionalLevel* zur Verfügung. Der Ablauf bei dieser Migration ist folgender:

1. Der Clusterknoten wird angehalten. Alle virtuellen Maschinen, die auf diesem Knoten ausgeführt werden, erkennt der Cluster. Dazu wählen Sie im Kontextmenü des Knotens den Befehl *Anhalten/Rollen ausgleichen*. Sie können dazu auch die PowerShell und den Befehl *Suspend-ClusterNode <Name des Knotens> -Drain* verwenden. Die virtuellen Maschinen und die anderen Cluster-Workloads werden zu einem anderen Knoten verschoben, der noch in Produktion ist.

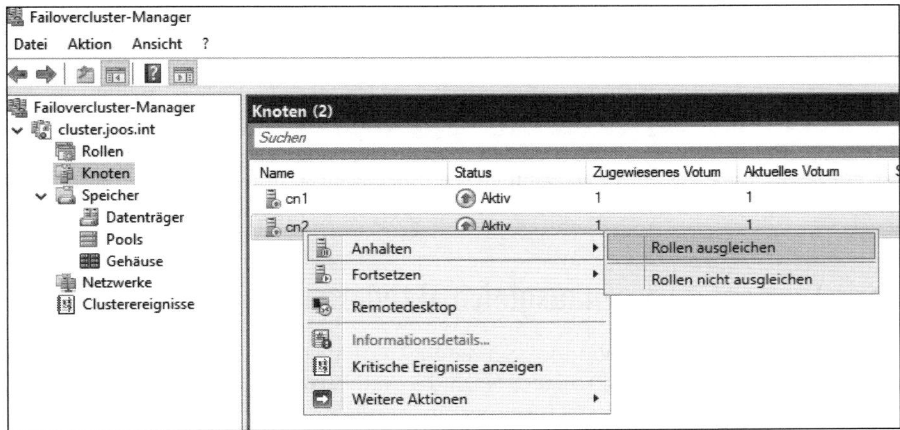

Abbildung 34.11: Anhalten von Clusterknoten zur Aktualisierung

2. Die virtuellen Maschinen oder anderen Cluster-Workloads werden zu einem anderen Knoten verschoben.
3. Das vorhandene Betriebssystem wird entfernt und Windows Server 2019 neu installiert. Entfernen Sie vorher den Knoten aus dem Cluster. Dazu verwenden Sie entweder den Failovercluster-Manager oder die PowerShell und den Befehl *Remove-ClusterNode <Knoten>*. Danach installieren Sie Windows Server 2019 neu auf dem Server. Eine Aktualisierung des Betriebssystems ist in diesem Fall nicht zu empfehlen.
4. Nachdem Sie das Betriebssystem installiert haben, müssen Sie es für die Aufnahme im Cluster vorbereiten. Installieren Sie alle Updates und alle notwendigen Treiber und nehmen Sie den Server wieder in Active Directory auf. Sie können hier auch den gleichen Servernamen verwenden. An diesem Punkt wird der Cluster im gemischten Modus ausgeführt, da die restlichen Clusterknoten noch auf Windows Server 2012 R2/2016 basieren. Verwenden Sie dazu die grafische Oberfläche oder die PowerShell: *Add-ClusterNode -Cluster <Name des Clusters>*.
5. Die funktionelle Cluster-Ebene bleibt bei Windows Server 2012 R2/2016. Überprüfen Sie, ob alle Clusterknoten funktionieren. Auch dazu können Sie die PowerShell verwenden und den Befehl *Get-ClusterNode*.
6. Sie aktualisieren jetzt alle Clusterknoten.

Nach diesen Vorgängen wird die Cluster-Funktionsebene für Windows Server 2019 mit dem PowerShell-Cmdlet *Update-ClusterFunctionalLevel* geändert. Ab jetzt können Sie die Vorteile von Windows Server 2019 nutzen. Sie können dem Cluster jetzt aber keine Knoten mit Windows Server 2012 R2 hinzufügen.

Tipp Die Version des Clusters überprüfen Sie mit *Get-Cluster | Select UpdateFunctionalLevel*.

Windows Server 2019 erlaubt den Betrieb von Zeugenserver (Witness) in Microsoft Azure. Für global verteilte Cluster und Rechenzentren kann die Effizienz von Clustern erheblich verbessert und die Verwaltung erleichtert werden.

Durch »Cluster Compute Resiliency« und »Cluster Quarantine« verschiebt ein Windows-Cluster seine Clusterressourcen nicht mehr unnötig zwischen Knoten, wenn ein Clusterknoten Probleme hat. Windows versetzt einen Knoten in Isolation, wenn das Betriebssystem erkennt, dass er nicht mehr stabil funktioniert. Alle Ressourcen werden vom Knoten verschoben und Administratoren informiert. Der Network Controller erkennt in diesem Zusammenhang auch fehlerhafte physische und virtuelle Netzwerke und kann entsprechend eingreifen. Ein Scale-Out-File-Server lässt sich in einem Cluster mit Windows Server 2019 als Clusterressource verwenden und gleichzeitig auch mit einem Storage Space Direct verbinden.

Node Fairness – Lastenausgleich aktivieren

Wenn Sie einen Cluster zu Windows Server 2019 aktualisiert haben, können Sie den automatischen Lastenausgleich aktivieren. Nach der Aktivierung kann Hyper-V VMs automatisch zu weniger ausgelasteten Clusterknoten verschieben. Dazu nutzt Windows Server 2019 die Live-Migration. Die bestehenden Server bleiben dabei gestartet.

Node Fairness misst dazu die Auslastung des Arbeitsspeichers und der CPU im Cluster. Die Aktivierung dieser Funktion nehmen Sie im Failovercluster-Manager vor oder in der PowerShell. Im Failovercluster-Manager finden Sie die Einstellung in den Eigenschaften des Clusters auf der Registerkarte *Ausgleichsmodul*. Hier aktivieren und steuern Sie die Funktion.

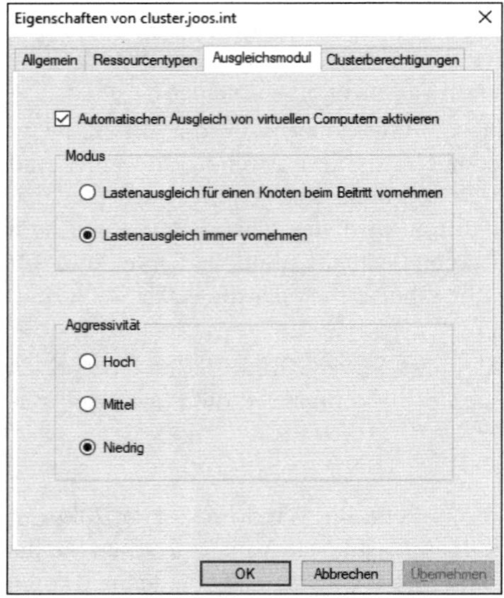

Abbildung 34.12: Windows Server 2019 verfügt über sein eigenes Lastenausgleichsmodul.

Mit Node Fairness misst Windows Server 2019 die Auslastung des Arbeitsspeichers und der CPU von Virtualisierungs-Hosts im Cluster. Auf Basis dieser Informationen kann der Cluster einzelne VMs oder ganze Gruppen auf andere, weniger ausgelastete Hosts verteilen. Dazu sind keine Zusatzprodukte wie System Center Virtual Machine Manager (SCVMM) notwendig. Liegt die Auslastung von CPU oder Arbeitsspeicher über einem bestimmten Bereich, migriert der Cluster über die Livemigration die VMs automatisch auf weniger stark ausgelastete Knoten. Wichtig ist beim Einsatz von Node Fairness eine vorherige optimale Einrichtung der Live-Migration, denn diese ist Basis des Verschiebens von VMs in Windows-Servern (siehe auch Kapitel 9).

Node Fairness und die dynamische Optimierung von SCVMM lassen sich nicht parallel nutzen. Allerdings stellt Node Fairness nur eine eingeschränkte Möglichkeit dar, die Last im Cluster optimal zu verteilen. Die dynamische Optimierung in SCVMM stellt mehr Möglichkeiten zur Verfügung. Unternehmen, die auf SCVMM zusammen mit Windows Server 2019 setzen, sollten daher die dynamische Optimierung verwenden. Ohne den Einsatz von SCVMM ist Node Fairness aber durchaus sinnvoll.

In der PowerShell lässt sich die Funktion mit dem folgendem Cmdlet steuern:

(Get-Cluster).AutoBalancerMode = 1 oder 2

Durch Aktivierung des Wertes *1* überprüft der Cluster bei der Aufnahme eines Knotens, ob eine Neubewertung stattfinden muss, beim Wert *2* überprüft der Cluster alle 30 Minuten. Durch Aktivierung des Wertes *0* deaktivieren Sie Node Fairness im Cluster.

Generell entspricht Node Fairness in Windows Server 2019 den Funktionen von DRS in vSphere: Das Virtualisierungssystem kann die VMs auf Basis von Regeln effizienter auf die einzelnen Hosts im Cluster verteilen.

Die Schwellenwerte für das Verschieben von VMs über Node Fairness werden über die PowerShell gesteuert. Dazu steht der folgende Befehl zur Verfügung:

(Get-Cluster).AutoBalancerLevel = <Option>

Durch die Verwendung der Option *1* verschiebt der Host, wenn CPU oder Arbeitsspeicher zu 80 % ausgelastet sind. Das ist auch der Standardwert der Option. Bei *2* verschiebt der Cluster bereits bei 70 % Auslastung. Der aggressivste Wert ist *3*. Hier verschiebt der Cluster die VMs ständig, da dauerhaft geprüft wird, welcher Host zu stark belastet ist.

Startreihenfolge der VMs nach der Migration anpassen

In Windows Server 2019 können Sie darüber hinaus auch ohne SCVMM die Startreihenfolge von VMs im Cluster festlegen. Dazu klicken Sie die VMs im Failovercluster-Manager mit der rechten Maustaste an und wählen die Option *Startpriorität ändern*. Sie sehen die Priorität auch im Failovercluster-Manager in der Spalte *Priorität*.

Sie passen die Einstellungen dazu auch in der PowerShell an. Alle zur Verfügung stehenden Cmdlets dazu sehen Sie über den Befehl *Get-Command *ClusterGroup**. Hier haben Sie die Möglichkeit, VMs zu gruppieren und dadurch zu einem Verbund zusammenzufassen. Außerdem können Sie über die Cmdlets Abhängigkeiten der Gruppen definieren, zum Beispiel die Abhängigkeit der Gruppe der Anwendungsserver von der Gruppe der SQL-Server. Dazu verwenden Sie das Cmdlet *Add-ClusterGroupSetDependency*.

Compute Resiliency – Ausfallsicherheit steuern

Windows Server 2019 lässt im Cluster effizientere Steuerungen bezüglich der Verfügbarkeit zu. Nicht immer ist das sofortige Verschieben von VMs zu einem anderen Clusterknoten ideal, nur weil ein Knoten kurzzeitig Probleme hat. Selbst wenn ein Verschieben mit der Livemigration durchgeführt wurde, ist ein Failback teilweise ebenfalls nicht sinnvoll, wenn der ursprüngliche Knoten noch Probleme hat. Beispiel dafür sind kurzzeitige Netzwerkprobleme in einem Cluster.

Erkennt ein Cluster mit Windows Server 2019, dass ein Knoten kurzzeitig nicht mehr reagiert, erhält er den Status *Isoliert*. Hat ein Knoten über mehrere Stunden häufiger mit Ausfällen zu kämpfen, wird er in Quarantäne versetzt. Windows Server 2019 verschiebt dann die VMs des Knotens mit der Livemigration auf andere Knoten. Sie können die Quarantäne mit der PowerShell manuell beenden. Dazu verwenden Sie den Befehl *Start-ClusterNode -ClearQuarantine*. Die aktuellen Einstellungen des Clusters sehen Sie in der PowerShell mit dem Befehl *Get-Cluster | fl Res**.

Der Wert *ResiliencyDefaultPeriod* legt fest, wie lange VMs in Sekunden isoliert laufen dürfen, *ResiliencyLevel* bestimmt das Verhalten des Clusters. Der Standardwert *AlwaysIsolate* legt fest, dass Knoten immer erst isoliert werden, bevor der Cluster alle VMs isoliert.

Cluster Aware Update nutzen und einrichten

Mit Windows Server 2012 hat Microsoft die Funktion Cluster Aware Update (CAU) eingeführt. Auch Windows Server 2019 arbeitet mit dieser Funktion. Diese Technik erlaubt die Installation von Softwareupdates im laufenden Betrieb des Clusterdienstes. Die neue Technik erlaubt in Clustern eine Aktualisierung des Betriebssystems und Serveranwendungen, ohne dass Clusterdienste ausfallen. Dazu kann ein Cluster Ressourcen automatisiert auf andere Knoten auslagern, damit die beteiligten Server im Cluster aktualisiert werden können. Sinnvoll ist so ein Ansatz vor allem, wenn es um Cluster mit Hyper-V geht.

Denn hier sind nicht nur einige Serverdienste betroffen, sondern in den meisten Fällen zahlreiche virtuelle Server mit noch mehr Serverdiensten. Aber auch bei einfachen Clustern mit Exchange, SQL oder anderen Anwendungen ist der Einsatz von CAU sinnvoll. Wir geben Ihnen im folgenden Abschnitt einen Einblick in die Funktion und zeigen, wie Sie diese einrichten und verwalten.

Grundlagen für die Einführung von Cluster Aware Update

Cluster Aware Update können Sie nur in Clustern nutzen, die mit Windows Server 2012/2012 R2/2016 oder Windows Server 2019 betrieben werden. CAU unterstützt allerdings alle Clusteranwendungen, die auf Clustern laufen können. Außerdem können Sie CAU auch mit System Center Configuration Manager 2012/2012 R2/2019 verwenden.

Sie müssen allerdings darauf achten, dass sich die Softwareaktualisierungs-Komponente in SCCM nicht mit einer CAU-Installation überschneidet. Sie können bei der Konfiguration nur den kompletten zu aktualisierenden Cluster auswählen. Wenn Sie nur einzelne Knoten aktualisieren wollen, können Sie CAU nicht verwenden. Hier müssen Sie manuell die Windows-Update-Funktion über Skripts steuern und ebenfalls per Skript die aktiven Clusterrollen auf andere Knoten verschieben.

System Center Virtual Machine Manager verfügt ebenfalls über eine Komponente, um Hyper-V-Cluster zu aktualisieren. Diese Funktion lässt sich aber nur mit SCVMM und mit Hyper-V nutzen. Andere Clusterdienste können Sie mit SCVMM nicht automatisch aktualisieren lassen. CAU unterstützt alle Clusterrollen in Windows Server 2012/2012 R2/2016/2019, inklusive Hyper-V. Der Einsatz von VMM erfordert außerdem zusätzliche Lizenzen, während CAU für alle Editionen von Windows Server 2012/2012 R2/2016/2019 kostenlos als Feature von Failoverclustern zur Verfügung steht. Wenn Sie bereits SCVMM einsetzen, können Sie Hyper-V-Cluster auch mit VMM aktualisieren. In einem solchen Fall müssen Sie nicht auf CAU setzen.

Standardmäßig verwendet CAU die API für den Windows-Update-Agent. Das heißt, Sie müssen zusätzlich zur Konfiguration von CAU noch festlegen, wie die Updates installiert werden sollen. Dazu verwenden Sie am besten eine WSUS-Infrastruktur und Gruppenrichtlinien zur Anbindung an WSUS. CAU nutzt die entsprechenden Updates und verwendet zur Installation die Quelle, die Sie in den Gruppenrichtlinien angegeben haben. Ohne WSUS verwendet CAU die interne Update-Funktion von Windows Server 2019. Wichtig zu wissen ist noch, dass CAU nur die Updates automatisiert installieren kann, die auch über Windows Update installiert werden können.

Durch die Konfiguration von CAU in einem Cluster erstellen Sie eine neue Rolle, die zukünftig Softwareaktualisierungen vollkommen selbstständig durchführen kann. Diese Serverrolle ist der zentrale Bestandteil bei der automatisierten Aktualisierung der Clusterknoten. Die Rolle übernimmt auch die Konfiguration des Wartungsmodus auf den einzelnen Clusterknoten, kann Clusterknoten neu starten, Clusterrollen wieder auf die korrekten Clusterknoten verschieben und mehr. Das Verschieben von Clusterrollen auf andere Knoten entspricht einem geplanten Failover der Rollen. Solche Failover können Sie auch manuell vornehmen.

Vor der Einrichtung von CAU sollten Sie genau überprüfen, ob einzelne Serverdienste oder Clusterrollen Probleme damit haben, wenn ein Failover ausgelöst wird. Vor allem beim Betrieb von Hyper-V-Clustern sollten Sie im Vorfeld die einzelnen VMs auf Kompatibilität mit einem Failover überprüfen. CAU kann auch nur die Clusterknoten selbst aktualisieren. Betreiben Sie einen Hyper-V-Cluster, kann die Funktion nicht die einzelnen virtuellen Server aktualisieren. Hier sollten Sie mit WSUS und Windows-Update-Einstellungen über Gruppenrichtlinien arbeiten.

Erstellen Sie zunächst im Snap-in *Active Directory-Benutzer und -Computer* ein neues Computerobjekt. Dieser Vorgang ist zwar optional, denn das Computerobjekt kann später auch der Assistent für CAU selbst erstellen. Dieses Computerobjekt stellt allerdings die Grundlage für die neue Clusterrolle zur Einrichtung der automatischen Aktualisierung dar. Sie müssen keine Einstellungen für das Objekt vornehmen, sondern es nur erstellen. Die Konfiguration nehmen Sie später bei der Einrichtung von CAU vor. Verwenden Sie als Beispiel den Namen des Clusters mit der Erweiterung CAU, zum Beispiel »cluster-cau«. Sie können aber jeden Namen verwenden, der passt. Später wird das Computerobjekt mit dem Cluster verbunden.

Firewall-Einstellungen und mehr für CAU

Zusätzlich müssen Sie auf allen Clusterknoten, die an CAU teilnehmen sollen, eine eingehende Firewallregel erstellen. Als Regeltyp verwenden Sie *Vordefiniert/Remoteherunterfahren*. Das Verwaltungsprogramm für die Firewall starten Sie durch Eingabe von *wf.msc*. Ist die Regel schon vorhanden, können Sie diese über das Kontextmenü einfach aktivieren. Der Sinn der Regel soll sein, dass der CAU-Dienst die einzelnen Clusterknoten bei Bedarf neu starten kann, nachdem Updates installiert sind.

Haben Sie diese Einrichtung vorgenommen, suchen Sie im Startmenü nach dem Einrichtungsprogramm von *Clusterfähiges Aktualisieren* und starten das Tool. Mit diesem Programm nehmen Sie die grundlegenden Einstellungen für CAU vor. Im ersten Schritt lassen Sie sich mit dem Cluster verbinden, für den Sie CAU aktivieren wollen. Danach klicken Sie auf den Link *Vorbereitung auf das Clusterupdate analysieren*. Der Assistent überprüft im Anschluss, ob Sie CAU im Cluster aktivieren können und ob alle wichtigen Voraussetzungen getroffen sind.

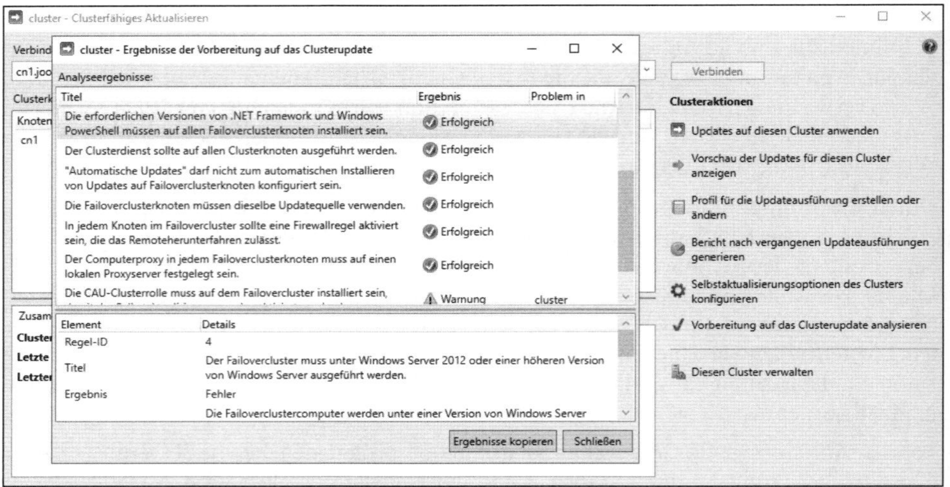

Abbildung 34.13: Vor der Aktivierung von Cluster Aware Update analysieren Sie den Cluster. Damit stellen Sie sicher, dass die Funktion später auch optimal funktioniert.

CAU für den Cluster aktivieren

Haben Sie sich mit dem gewünschten Cluster verbunden und die Analyse durchgeführt, starten Sie anschließend die Einrichtung von CAU über den Assistenten. Diesen rufen Sie mit Selbstaktualisierungsoptionen des Clusters auf. Auf der ersten Seite des Assistenten erhalten Sie eine Information, was er alles konfiguriert. Auf der nächsten Seite aktivieren Sie die Option *Selbstaktualisierungsoptionen des Clusters konfigurieren*.

Danach aktivieren Sie die Option *Ich habe das Computerobjekt für die CAU-Clusterrolle vorab bereitgestellt*, wenn Sie diesen Schritt bereits selbst durchgeführt haben. Geben Sie im Feld den Namen des Computerobjekts ein, das Sie im Vorfeld angelegt haben. Der Assistent kann das Objekt auch automatisch erstellen, was die Konfiguration in Testumgebungen vereinfacht. In produktiven Umgebungen ist es jedoch meistens sinnvoll, wenn Sie solche Aufgaben im Vorfeld vornehmen lassen. Oft gibt es auch verschiedene Administrator-Gruppen für Cluster und Active Directory. In diesem Fall ist es ebenfalls sinnvoll, vorher das Objekt durch berechtigte Administratoren anlegen zu lassen.

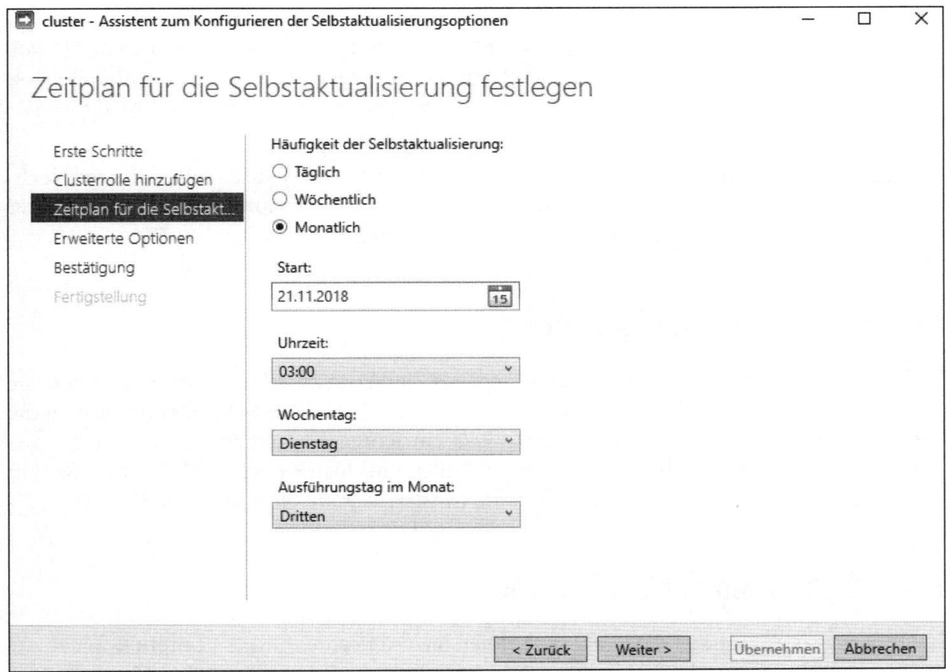

Abbildung 34.14: Zeitplan für das automatisierte Aktualisieren eines Clusters

Auf der nächsten Seite legen Sie den Zeitplan fest, an dem sich der Cluster und die einzelnen Knoten automatisiert aktualisieren sollen. Natürlich hängt diese Aktualisierung auch von der Verfügbarkeit der Updates ab. Auf der Seite *Erweiterte Optionen* können Sie weitere Einstellungen vornehmen, um CAU für Ihr Unternehmen anzupassen, diese sind aber optional.

Sinnvoll ist hier zum Beispiel die Option, die überprüft, dass die Aktualisierung nur dann gestartet wird, wenn alle Clusterknoten auch online sind und zur Verfügung stehen. Das ist vor allem wichtig, um andere Wartungsarbeiten auszuschließen. Bei der Installation von Patches muss CAU die auf dem Clusterknoten betriebenen Ressourcen auf andere Server im Cluster verschieben. Idealerweise sollten dann die anderen Knoten zur Verfügung stehen.

Dazu aktivieren Sie die Option *True* bei *RequireAllNodesOnline*. Weitere Möglichkeiten sind das Hinterlegen von Skripts, die vor oder nach der Aktualisierung vom Clusterdienst gestartet werden sollen. Hier haben Administratoren alle Möglichkeiten zum Eingreifen in die Aktualisierung. Über die Skripts lassen sich zum Beispiel auch automatisiert E-Mails verwenden oder bestimmte Dienste überprüfen. Am besten arbeiten Sie hier mit PowerShell-Skripts. Das Skript vor dem Update wird auf jedem einzelnen Clusterknoten ausgeführt, bevor der entsprechende Knoten angehalten und aktualisiert wird. Das Skript nach dem Update startet auf jedem einzelnen Clusterknoten, nachdem CAU die Updates installiert hat. Die erweiterten Einstellungen müssen Sie allerdings nicht erst bei der Einrichtung von CAU vornehmen. Der Assistent zum Aktivieren von CAU enthält auch einen Updateausführungs-Editor. Damit bereiten Sie die Einstellungen vor, speichern diese als XML-Datei und verwenden bei der Einrichtung von CAU einfach diese XML-Datei.

Auf der nächsten Seite legen Sie bei der Einrichtung von CAU fest, wie sich der Clusterdienst mit empfohlenen Updates befassen soll und ob diese die gleiche Rolle spielen wie wichtige Updates. Sie können hier gezielt festlegen, wie die Installation von Updates erfolgen soll. Im Anschluss erhalten Sie eine Zusammenfassung und der Dienst wird schließlich erstellt.

Startet CAU ein Update, führt der Dienst ein Failover für die Clusterrollen durch. Nachdem ein Knoten aktualisiert wurde, werden die Clusterrollen durch ein Failback wieder auf den ursprünglichen Clusterknoten zurückverschoben.

CAU in der PowerShell steuern

Neben der Möglichkeit, die Aktualisierung mit der PowerShell zu starten, können Sie CAU auch mit anderen Cmdlets verwalten. Sie können in der PowerShell zum Beispiel die Einrichtung von CAU mit *Add-CauClusterRole* einrichten oder einen Bericht mit *Export-CauReport* exportieren. Alle interessanten Cmdlets, inklusive deren Hilfe, sehen Sie am schnellsten, wenn Sie *Get-Command -Module ClusterAwareupdating* eingeben.

Fehlerbehebung der Einrichtung

Zeigt der Assistent einen Fehler an, überprüfen Sie die Rechte für das Computerobjekt zur Clusteraktualisierung, das Sie im Vorfeld erstellt haben. Geben Sie in den Eigenschaften des Objekts dem Clusterkonto volle Zugriffsrechte auf das neue CAU-Konto. Alternativ lassen Sie den Assistenten selbst das Computerobjekt erstellen. In diesem Fall werden die Rechte durch den Assistenten gesetzt. Lassen Sie bei Fehlern einfach die Analyse noch einmal durchführen und nehmen Sie die gleichen Einstellungen erneut vor.

Auch bei weiteren Tests sollten keine Fehler mehr erscheinen. Welche Patches der Dienst schließlich installiert, steuern Sie durch Freigabe der Patches auf einem WSUS-Server. Alternativ aktivieren Sie die lokale Update-Verwaltung auf dem Server. Die Liste der Patches, die der Dienst als Nächstes installiert, erhalten Sie im Verwaltungsprogramm für CAU, wenn Sie auf *Vorschau der Updates für diesen Cluster anzeigen* klicken. Der Dienst greift dabei auf Windows Update auf dem Server zu. Wenn Sie mit WSUS arbeiten, werden die Updates von WSUS heruntergeladen; arbeiten Sie mit Windows-Update, verwendet diese Funktion wiederum direkt die Windows-Update-Funktion im Internet.

Um eine sofortige Aktualisierung nach der Einrichtung zu starten, oder auch nachträglich, wenn Sie zum Beispiel gerade ein festes Wartungsfenster haben, klicken Sie auf *Updates auf diesen Cluster anwenden*. Danach beginnt der Dienst sofort mit der Aktualisierung der einzelnen Clusterknoten. Den Status der aktuellen Installationen sehen Sie im Verwaltungstool von CAU, mit dem Sie den Dienst bereits eingerichtet haben. Bei der Aktualisierung wird der entsprechende Knoten in den Wartungszustand versetzt, die Clusterressourcen, wie zum Beispiel die VMs, auf andere Knoten verschoben, danach die Aktualisierung gestartet und dann die Ressourcen wieder zurückübertragen. Danach wird der nächste Knoten aktualisiert und so weiter.

Updates mit CAU planen

CAU unterstützt verschiedene Aktualisierungsmodi, bei denen Sie Updates planen können. Mit der Remoteaktualisierung starten Sie manuell eine Aktualisierungsausführung für den Cluster. Sie können dazu die Benutzeroberfläche verwenden, wie bereits beschrieben, oder Sie verwenden das Cmdlet *Invoke-CauRun* in der PowerShell. Die Remoteaktualisierung ist der Standardaktualisierungsmodus für CAU. Mit der Aufgabenplanung können Sie auch das Cmdlet *Invoke-CauRun* zu einem von Ihnen gewünschten Zeitpunkt starten lassen. Achten Sie aber darauf, hier keinen Clusterknoten zu verwenden, sondern einen Server, der nicht Mitglied eines Clusters ist.

Mit der Selbstaktualisierung kann sich der Cluster auf Basis eines definierten Profils und automatisch selbst aktualisieren. Wenn Sie den Selbstaktualisierungsmodus aktivieren wollen, müssen Sie dem Cluster die CAU-Clusterrolle hinzufügen, wie zuvor beschrieben. Das Selbstaktualisierungsfeature von CAU wird wie jeder andere Clusterdienst betrieben. Sie können auch dieses für den geplanten und ungeplanten Failover verwenden.

Standardmäßig verwendet CAU als Reihenfolge der zu aktualisierenden Knoten deren Aktivitätsgrad. Die Knoten, auf denen die wenigsten Clusterrollen gehostet werden, aktualisiert der Dienst zuerst. Sie können aber eine Reihenfolge festlegen. Dazu verwenden Sie die CAU-Benutzeroberfläche und die Optionen zur Einstellung von CAU. Sie können in den Optionen die Anzahl von Knoten festlegen, die offline sein dürfen, wenn CAU mit der Aktualisierung startet.

CAU bietet außerdem Exportoptionen über PowerShell und die Benutzeroberfläche. Die Befehle in der PowerShell sind meistens schneller zu erreichen:

Invoke-CauScan | ConvertTo-Xml

Get-CauReport | Export-CauReport

Entsprechende Optionen finden Sie auch direkt in der grafischen Benutzeroberfläche. Die Cmdlets und die grafische Oberfläche von CAU stehen zur Verfügung, wenn Sie die Verwaltungstools für Cluster installieren. Dazu können Sie den Server-Manager verwenden, aber auch die Remoteserver-Verwaltungstools (RSAT) für Windows 10.

Wollen Sie die Updates aus dem Internet herunterladen lassen, der Cluster hat aber keine direkte Verbindung zum Internet, können Sie auch einen Proxyserver verwenden. Die Einstellungen konfigurieren Sie auch in der Befehlszeile mit netsh:

netsh winhttp set proxy <Name oder IP des Proxy>:<Port> "<.Domäne, , <local>>"*

Sie geben im Befehl also den Namen oder die IP-Adressen und den Port des Proxys an. Danach müssen Sie in Anführungszeichen die Ausnahmen eintragen. Hier tragen Sie zunächst Ihre interne Domäne ein und zusätzlich noch die Option *<local>*, um alle lokalen Server als Ausnahme zu konfigurieren.

Cloud Witness mit Microsoft Azure

Grundlage für Cloud Witness in einem Cluster mit Windows Server 2019 ist die Vorbereitung des passenden Microsoft Azure Storage Accounts (Speicherkonto). In diesem Konto wird das Blob-File gespeichert, in welchem die Zeugendaten für den Cluster gespeichert werden.

Dazu fügen Sie im Azure-Portal über den Assistenten zum Hinzufügen von neuen Ressourcen ein neues Speicherkonto hinzu. Wählen Sie im Bereich *Replikation* die Option *Lokal redundanter Speicher (LRS)* aus.

Die Erstellung eines Speicherkontos dauert etwas. Wichtig zur Anbindung Ihrer Clusterknoten sind die Zugriffsschlüssel des Speicherkontos. Diese müssen Sie im Azure-Portal abrufen, damit Sie sie auf den Clusterknoten verwenden können. Die beiden Schlüssel sind über den Menüpunkt *Zugriffsschlüssel* in der Verwaltung des Speicherkontos zu finden.

Wenn Sie ein Speicherkonto erstellen, dann erstellt Microsoft Azure auch eine URL, über die das Speicherkonto von extern zugreifbar ist. Diese hat das Format:

https://<Storage Account Name>.<Storage Type>.<Endpoint>

Beispiel:

https://cloudwitnessjoos.blob.core.windows.net

Cluster an Microsoft Azure anbinden

Sobald Sie das Speicherkonto erstellt haben, können Sie das Quorum des Clusters anpassen. Am schnellsten geht das, wenn Sie im Failovercluster-Manager im Kontextmenü des Clusters die Option *Weitere Aktionen/Clusterquorumeinstellungen konfigurieren* auswählen. Hier können Sie über einen Assistenten die Quorumkonfiguration anpassen. Für die Anbindung an Microsoft Azure verwenden Sie *Erweiterte Quorumkonfiguration* und klicken auf *Weiter*, bis Sie auf der Seite *Quorumzeuge auswählen* sind. Hier wählen Sie die Option *Cloudzeugen konfigurieren.*

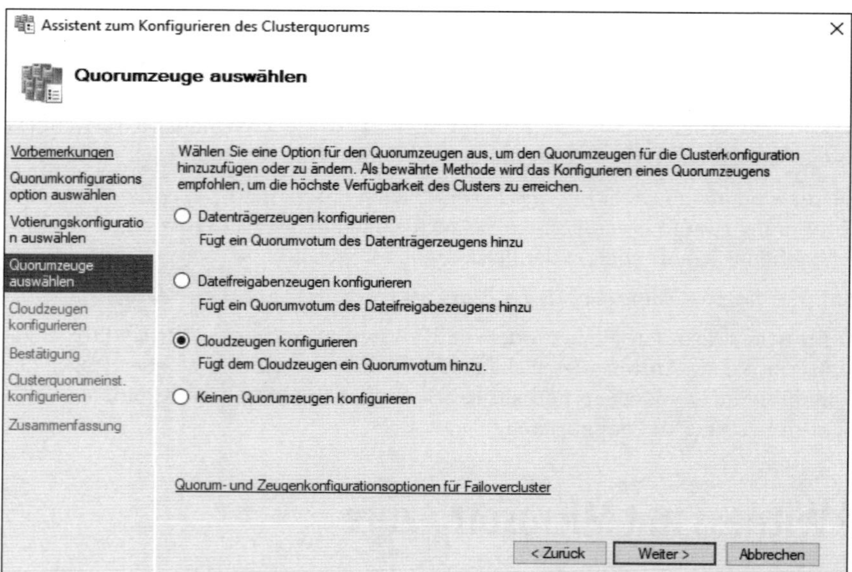

Abbildung 34.15: Die Anbindung an Microsoft Azure erfolgt im Failovercluster-Manager von Windows Server 2019.

Im nächsten Fenster geben Sie den Namen des Speicherkontos ein, das als Cloudzeuge verwendet werden soll, und geben den Zugriffsschlüssel ein. Danach schließt der Assistent die Anbindung an Microsoft Azure ab. Sie können die Anbindung an Microsoft Azure auch mit der PowerShell durchführen. Dazu verwenden Sie den folgenden Befehl:

Set-ClusterQuorum -CloudWitness -AccountName <StorageAccountName> -AccessKey <StorageAccountAccessKey>

Entspricht der Endpunkt nicht dem Standard *https://<Name>.blob.core.windows.net*, verwenden Sie:

Set-ClusterQuorum -CloudWitness -AccountName <StorageAccountName> -AccessKey <StorageAccountAccessKey> -Endpoint <Servername>

Lassen sich die Clusterknoten nicht direkt anbinden, können Sie auch testweise eine Anbindung über einen Proxy durchführen. Allerdings ist das nicht immer so einfach und funktioniert leider auch nicht sehr stabil. Eine Anleitung dazu finden Sie im MSDN (*https://msdn.microsoft.com/en-us/library/windows/desktop/aa384069(v=vs.85).aspx*).

Zeugenserver überprüfen

Sie können die erfolgreiche Anbindung auch im Microsoft Azure-Portal überprüfen. Klicken Sie auf das Speicherkonto und dann auf *Blobs*, sehen Sie den neuen Container *msft-cloud-witness*. Dabei handelt es sich um den Container für die Blob-Datei für den Cluster. Klicken Sie auf den Container, sehen Sie die Zeugendatei. Der Name der Datei ist die GUID des Clusters.

Im Failovercluster-Manager klicken Sie auf den Cluster und sehen dann in der Mitte des Fensters bei *Hauptressourcen des Clusters* den Cloudzeugen. Dieser muss als aktiv angezeigt werden. Per Doppelklick auf die Ressourcen rufen Sie deren Eigenschaften auf. Hier muss der *Status* die Option *Online* anzeigen.

In der PowerShell können Sie die Konfiguration mit *Get-Clusterquorum* überprüfen. Der Befehl *Get-Clusterquorum |fl* zeigt mehr Informationen an.

Der Netzwerkcontroller im Überblick

Mit Windows Server 2019 geht Microsoft ein weiteres großes Stück in Richtung Software Defined Networking. Bestandteil ist der Netzwerkcontroller als Rollendienst. Dieser ermöglicht die zentrale Verwaltung, Überwachung und auch Konfiguration von Netzwerkgeräten und virtuellen Netzwerken über eine zentrale Stelle. Der Dienst kann alle Funktionen in Windows Server 2019 zentral steuern und überwachen, zusammen mit System Center Virtual Machine Manager. Neben der Überwachung sind kompatible Hardware-Switches auch mit dem Netzwerkcontroller konfigurierbar.

Zusätzlich lassen sich an den Netzwerkcontroller auch Clouddienste wie Microsoft Azure anbinden und zentral, zusammen mit lokalen (On-Premise) Netzwerken, verwalten. Neben Hardware-Geräten wie Router, Switches, VPN-Server, Lastenausgleichsmodule und Firewalls lassen sich mit dem Netzwerkcontroller auch softwarebasierte Netzwerkdienste verwalten, nicht nur auf Basis von Windows Server 2019, sondern auch auf Basis von Windows Server 2012 R2/2016. Das heißt, virtuelle Switches, Appliances und andere Bereiche der virtuellen Netzwerke können zentral überwacht und gesteuert werden. Der Netzwerkcontroller arbeitet dazu auch eng mit System Center Virtual Machine Manager (SCVMM) zusammen. Die Überwachung des Dienstes erfolgt wiederum mit System Center Operations Manager (SCOMM). Microsoft spricht hier auch von Network Function Virtualization.

Erst im Zusammenspiel mit System Center Virtual Machine Manager und Hyper-V in Windows Server 2019 spielt der Netzwerkcontroller alle seine Fähigkeiten aus. Dazu wird der Netzwerkcontroller als Netzwerkdienst in SCVMM hinzugefügt. Im Assistenten zum Hinzufügen von neuen Netzwerkdiensten steht dazu »Microsoft Network Controller« zur Verfügung.

Mit dem Netzwerkcontroller erhalten Administratoren die Möglichkeit, zentral in Windows Server 2019 physische Netzwerkkomponenten, aber auch virtuelle Netzwerke zu verwalten und gemeinsam zu betreiben und zu überwachen. Vor allem die Automatisierung der Konfiguration steht hier im Mittelpunkt. Dazu kommen auch Möglichkeiten, auf die einzelnen Geräte per PowerShell zugreifen zu können. Damit das funktioniert, muss der entsprechende Hardware-Hersteller das aber auch unterstützen. Die Softwarekomponenten in Windows Server 2019, die direkt mit dem Netzwerkcontroller zusammenarbeiten, unterstützen die PowerShell in Windows Server 2019.

Durch die Schnittstellen-Funktion bietet Netzwerkcontroller zwei verschiedene APIs. Eine API, die mit den Endgeräten kommuniziert, und eine API, mit der Administratoren und deren Anwendungen zur Verwaltung kommunizieren. Das heißt, im Netzwerk gibt es nur noch eine Schnittstelle, mit der wiederum alle Geräte verwaltet werden. Im Bereich des Fabric Network Managements erlaubt Netzwerkcontroller auch die Konfiguration und Verwaltung von IP-Subnetzen, VLANs, Layer 2- und Layer 3-Switches sowie die Verwaltung von Netzwerkadaptern in Hosts.

Die Southbound-API, die Schnittstelle zwischen Netzwerkcontroller und Netzwerkgeräten, kann im Netzwerk auch Netzwerkgeräte und deren Konfiguration automatisiert erkennen und anbinden. Außerdem überträgt diese API die Konfigurationsänderungen von Administratoren an die Geräte. Sie übernimmt die Kommunikation zwischen dem Netzwerkcontroller, den Administratoren und schließlich den Endgeräten. Dabei kann es sich auch um Hyper-V-Hosts handeln.

Northbound-API ist wiederum die Schnittstelle zwischen Administrator und Netzwerkcontroller. Über diese API nimmt der Netzwerkcontroller die Konfigurationseinstellungen der Administratoren entgegen und zeigt die Überwachungsdaten an. Außerdem dient die Schnittstelle zur Fehlerbehebung von Netzwerkgeräten, dem Anbinden neuer Geräten und weiterer Aufgaben, die Administratoren durchführen müssen.

Bei der Northbound-API handelt es sich um eine Representational State Transfer (REST)-API. Die Anbindung ist über eine GUI möglich, mit der PowerShell und natürlich mit Systemverwaltungsprogrammen wie System Center. Die neue Version von System Center lässt sich in diesem Bereich nahtlos an den Windows Server 2019-Netzwerkcontroller anbinden, hauptsächlich System Center Virtual Machine Manager. Die Überwachung findet wiederum mit System Center Operations Manager statt.

Für einen optimalen und sicheren Betrieb sollte der Netzwerkcontroller auf einem Cluster betrieben werden. Die Einrichtung und Konfiguration lässt sich in diesem Fall auch in der PowerShell durchführen. Die Installation des Rollendienstes erfolgt zum Beispiel mit:

Install-WindowsFeature -Name NetworkController -IncludeManagementTools

Um einen Cluster zu erstellen, müssen Sie zunächst ein NodeObject in der PowerShell erstellen:

New-NetworkControllerNodeObject -Name <Name des Servers> -Server <FQDN des Servers> -FaultDomain <Andere Server, die zum Controller gehören> -RestInterface <Netzwerk-Adapter, der REST-Anfragen annimmt> [-NodeCertificate <Zertifikat für die Computerkommunikation>]

Anschließend kann der Cluster für den Netzwerkcontroller ebenfalls in der PowerShell erstellt werden:

Install-NetworkControllerCluster -Node <NetworkControllerNode[]> -ClusterAuthentication <ClusterAuthentication> [-ManagementSecurityGroup <Gruppe in AD>][-DiagnosticLogLocation <string>][-LogLocationCredential <PSCredential>] [-CredentialEncryptionCertificate <X509Certificate2>][-Credential <PSCredential>][-CertificateThumbprint <String>] [-UseSSL][-ComputerName <Name>]

Danach wird der eigentliche Netzwerkcontroller erstellt:

Install-NetworkController -Node <NetworkControllerNode[]> –ClientAuthentication <ClientAuthentication> [-ClientCertificateThumbprint <String[]>] [-ClientSecurityGroup <String>] -ServerCertificate <X509Certificate2> [-RESTIPAddress <String>] [-RESTName <String>] [-Credential <PSCredential>][-CertificateThumbprint <String>] [-UseSSL]

Durch die PowerShell-Funktionalität kann die Installation des Netzwerkcontrollers also auch automatisiert werden, zum Beispiel über ein Skript. Ein Beispielskript zur Erstellung eines Netzwerkcontrollers sieht dann zum Beispiel folgendermaßen aus:

$a = New-NetworkControllerNodeObject –Name Node1 -Server NCNode1.contoso.com -FaultDomain fd:/rack1/host1 -RestInterface Internal

$b = New-NetworkControllerNodeObject –Name Node2 -Server NCNode2.contoso.com -FaultDomain fd:/rack1/host2 -RestInterface Internal

$c = New-NetworkControllerNodeObject –Name Node3 -Server NCNode3.contoso.com -FaultDomain fd:/rack1/host3 -RestInterface Internal

$cert= Get-Item Cert:\LocalMachine\My | Get-ChildItem | Where {$_.Subject -imatch "networkController.contoso.com" }

Install-NetworkControllerCluster –Node @($a,$b,$c) –ClusterAuthentication Kerberos -DiagnosticLogLocation \\share\Diagnostics – ManagementSecurityGroup Contoso\NCManagementAdmins -CredentialEncryptionCertificate $cert

Install-NetworkController –Node @($a,$b,$c) –ClientAuthentication Kerberos -ClientSecurityGroup Contoso\NCRESTClients -ServerCertificate $cert –RestIpAddress 10.0.0.1/24

Data Center Abstraction (DAL) stellt in der PowerShell den Schnittpunkt zum Netzwerkcontroller dar. DAL bietet eine Remoteverwaltung von Rechenzentren und kompatiblen Netzwerkkomponenten über die PowerShell und PowerShell-kompatible Tools, die eine grafische Oberfläche für die Skripts bieten. Dazu müssen die Netzwerkkomponenten allerdings von Microsoft zertifiziert sein. Zu den zertifizierten Herstellern gehören derzeit Cisco und Huawei. Es ist aber zu erwarten, dass nach der Veröffentlichung von Windows Server 2019 in diesem Bereich weitere Hersteller dazukommen werden. Auch der Netzwerkcontroller in Windows Server 2019 ist über diesen Weg ansprechbar, parallel zu den Cmdlets, die ohnehin für den Dienst zur Verfügung stehen werden.

Setzen Sie kompatible Geräte ein, lassen sich diese also in der PowerShell verwalten, und zwar mit Netzwerkcontroller, aber auch ohne.

Data Center Bridging (DCB)

Data Center Bridging (DCB, siehe auch Kapitel 4) ist eine Suite aus IEEE-Standards (Institute of Electrical and Electronics Engineers), die verschiedene Datencenter miteinander verbinden können. DCB bietet eine hardwarebasierte Bandbreitenzuweisung (Bandwidth Allocation) für einen bestimmten Typ des Datenverkehrs und verbessert die Zuverlässigkeit der Datenübertragung durch die Verwendung von Prioritäten.

Die hardwarebasierte Bandbreitenzuweisung ist notwendig, wenn der Datenverkehr im Betriebssystem umgangen und auf einen Converged Network Adapter verlegt werden soll, der SCSI (Small Computer System Interface), Remotezugriff auf den direkten Speicher (RDMA) über Converged Ethernet oder Fibrechannel über Ethernet (FCoE) unterstützt.

Unternehmen, die zum Beispiel über ein großes Fibrechannel-SAN verfügen, erhalten durch DCB die Möglichkeit, ein Ethernet-basiertes Converged Fabric für Speicher- und Datennetzwerke zu erstellen. Damit die Funktion genutzt werden kann, müssen Switches und Netzwerkkarten diese neue Funktion unterstützen. Lesen Sie dazu auch Kapitel 1.

Administratoren können Anwendungen zu einer bestimmten Datenverkehrsklasse oder zu prioritätsbasierten Protokollen, TCP/UDP-Ports oder NetworkDirect-Ports anbinden. Die Steuerung erfolgt hauptsächlich über PowerShell-Cmdlets.

DCB verwenden das DCB Exchange Protocol (DCBX). Dieses erlaubt die Konfiguration von Servern, Netzwerkkarten und kompatiblen Switches. Sie installieren das Serverfeature am schnellsten in der PowerShell über *Install-WindowsFeature Data-Center-Bridging*. Sie können die Installation auch über den Server-Manager durchführen (siehe die Kapitel 3 und 4).

Müssen Sie den Server neu starten, verwenden Sie zum Beispiel das Cmdlet *Restart-Computer*. Eine Liste der wichtigsten Cmdlets sowie eine Hilfe dazu erhalten Sie mit dem Befehl *Help *qos**. Ausführliche Hilfen erhalten Sie in der PowerShell, wie für alle anderen Cmdlets auch (siehe Kapitel 40). Wichtige Cmdlets in diesem Zusammenhang sind:

- *Set-NetQosPolicy...*
- *Disable-NetQosFlowControl*
- *Enable-NetQosFlowControl*
- *Get-NetQosDcbxSetting*
- *Get-NetQosFlowControl*
- *Get-NetQosTrafficClass*
- *New-NetQosTrafficClass*
- *Remove-NetQosTrafficClass*
- *Set-NetQosDcbxSetting*
- *Set-NetQosFlowControl*
- *Set-NetQosTrafficClass*
- *Disable-NetAdapterQos*
- *Enable-NetAdapterQos*
- *Get-NetAdapterQos*
- *Set-NetAdapterQos*

Tipp *New-NetQoSTrafficClass* zeigt ebenfalls Informationen an. Sie können den Befehl auch für andere Cmdlets nutzen. Auch *Get-Help New-NetQoSTrafficClass -Full | More* zeigt ausführliche Hilfen an. Sie können ebenfalls wieder jedes Cmdlet verwenden.

Bevor Sie eine umfassende Hilfe erhalten, müssen Sie mit *Update-Help* die PowerShell aktualisieren.

Sie können bis zu sieben Verkehrsklassen erstellen. Bei mehr Klassen sind aktuelle Netzwerkadapter überfordert. Die aktuellen Klassen lassen Sie sich mit *Get-NetQoSTrafficClass* anzeigen. Änderungen nehmen Sie mit *Set-NetQoSTrafficClass* vor, neue Klassen erstellen Sie mit *New-NetQoSTrafficClass*.

Enable-NetQosFlowControl aktiviert die Flusskontrolle, *Get-NetQosFlowControl* zeigt Informationen dazu an, mit *Disable-NetQosflowControl* deaktivieren Sie diese Funktion wieder.

New-NetQosPolicy erstellt neue Richtlinien, *Get-NetQosPolicy* zeigt die erstellten Richtlinien an, *Set-NetqosPolicy* ermöglicht das Ändern einer Richtlinie, *Remove-NetQosPolicy* löscht erstellte Richtlinien.

Get-NetAdapterQos zeigt Einstellungen für DCB für Netzwerkadapter an, *Disable-NetAdapterQos* deaktiviert DCB für einen Netzwerkadapter, *Enable-NetAdapterQos* aktiviert die Unterstützung.

Zusammenfassung

In diesem Kapitel haben wir Ihnen gezeigt, wie Sie mit dem Netzwerklastenausgleich eine hochverfügbare Serverinfrastruktur für viele Server erschaffen. In Kapitel 9 haben wir Ihnen bereits den Aufbau eines Failoverclusters am Beispiel von Hyper-V gezeigt. Ebenfalls Bestandteil dieses Kapitels ist Data Center Bridging, eine neue Funktion in Windows Server 2019 für sehr große Unternehmen. Zusätzlich haben wir Ihnen gezeigt, wie Sie mit Cluster Aware Update die Clusterknoten im Netzwerk aktualisieren.

Im nächsten Kapitel erfahren Sie, wie Sie Windows Server 2019 sichern und wiederherstellen.

Kapitel 35
Datensicherung und Wiederherstellung

In diesem Kapitel:

Windows Server 2019 verfügt über ein eigenes Sicherungsprogramm,, mit dem Sie den Server und die Daten wiederherstellen können. Sie haben auch die Möglichkeit, den kompletten Server mit der Windows Server-Sicherung zu sichern und dabei SQL Server-Datenbanken oder andere Daten zu berücksichtigen. Das Programm sichert die Daten über den Volumeschattenkopie-Dienst (Volume Shadow Service, VSS) mithilfe einer Technologie, die als Sicherung auf Blockebene (Block Level Backup) bezeichnet wird, in *.vhd*-Dateien.

Hinweis In Kapitel 8 sind wir bereits auf die Sicherung von virtuellen Servern eingegangen. In Kapitel 16 wurde Ihnen die Datensicherung von Active Directory erläutert. In diesem Kapitel erläutern wir die komplette Sicherung des Servers.

Grundlagen zur Datensicherung

Nach einem vollständigen Backup des Servers können einfach inkrementelle Sicherungen auf Blockebene erstellt werden. Auch diese benötigen deutlich weniger Platz als bei den Vorgängerversionen von Windows Server 2019.

Die Systempartitionen des Servers werden automatisch immer in alle Sicherungen integriert, sodass die auf diesen Partitionen gespeicherten Daten sehr leicht wiederhergestellt werden können. Auf diese Weise stellen Sie nicht nur Daten wieder her, sondern auch die Systemdateien von Windows Server 2019 und den installierten Serveranwendungen.

Mit der Windows Server-Sicherung lassen sich vollständige Server (alle Volumes), ausgewählte Volumes oder der Systemstatus sichern. Anschließend können Sie einzelne Volumes, Ordner, Dateien, bestimmte Anwendungen und den Systemstatus wiederherstellen. Mit der Verwaltungskonsole der Windows Server-Sicherung erstellen und verwalten Sie auch Sicherungen für Remotecomputer. Um die Sicherung zu verwenden, müssen Sie Mitglied der Gruppe *Administratoren* oder *Sicherungsoperatoren* sein.

Tipp In der Eingabeaufforderung verwenden Sie das Tool Wbadmin zur Konfiguration und Verwaltung der Sicherungen. Außerdem sind in Windows Server 2019 einige Cmdlets für die PowerShell enthalten.

Windows Server-Sicherung installieren und konfigurieren

Um die Windows Server-Sicherung zu verwenden, installieren Sie sie über den Server-Manager als neues Feature. In Windows Server 2019 gibt es dazu das Feature mit der Bezeichnung *Windows Server-Sicherung*. Im Windows Admin Center können Sie zusätzlich noch Server über Azure Backup sichern. Dazu muss das Windows Admin Center aber an Microsoft Azure angebunden sein. Wie das geht, lesen Sie in Kapitel 3.

Nach der Installation starten Sie die Windows Server-Sicherung über das Menü *Tools* im Server-Manager mit dem Befehl *Windows Server-Sicherung*. Alternativ suchen Sie auf der Startseite nach *wbadmin.msc*. Diese Konsole laden Sie darüber hinaus in jeder Microsoft Management Console (MMC).

Die Datensicherung sichert die Daten blockbasiert von den Datenträgern, nicht pro Datei. Standardmäßig führt das Tool immer vollständige Sicherungen durch. Über den Menübefehl *Aktion/Leistungseinstellungen konfigurieren* aktivieren Sie aber auch inkrementelle Sicherungen. Eine inkrementelle Sicherung sichert alle Daten, die sich seit der letzten Sicherung geändert haben. Unveränderte Daten werden nicht gesichert, da sie sich in einer vorherigen Sicherung befinden. Bei dieser Sicherungsart bauen die Datensicherungen aufeinander auf.

Zu einem gewissen Zeitpunkt benötigen Sie eine Vollsicherung, zum Beispiel freitags. Am Montag werden alle Daten gesichert, die sich seit Freitag verändert haben. Am Dienstag werden alle Daten gesichert, die sich seit Montag verändert haben.

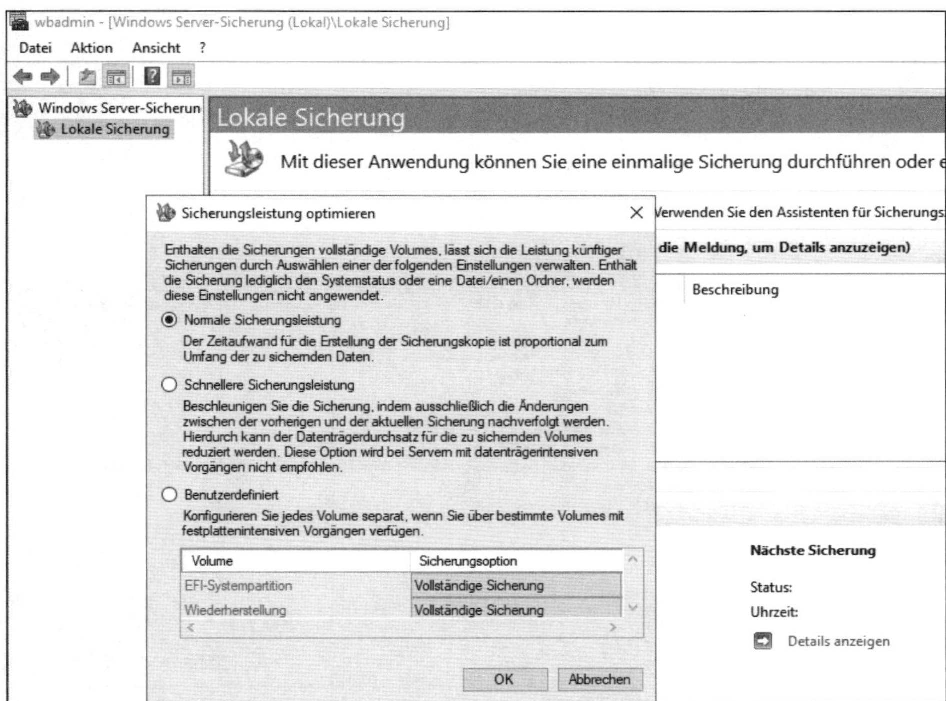

Abbildung 35.1: Einstellen der Datensicherung in Windows Server 2019

Wenn Sie daher am Freitagmorgen eine vollständige Wiederherstellung durchführen müssen, werden erst die letzte Vollsicherung des letzten Freitags und dann alle Sicherungen bis zur aktuellen inkrementellen Sicherung benötigt.

Der Vorteil dabei ist, dass jeder Sicherungsvorgang sehr schnell durchgeführt wird, da nur wenige Daten gesichert werden müssen. Bei inkrementellen Sicherungen sollten Sie auf jeden Fall einmal in der Woche eine Vollsicherung durchführen. Nachdem die Sicherung und Verwaltungsprogramme installiert sind, können Sie eine Datensicherung einrichten.

Achtung Achten Sie darauf, dass die zur Sicherung verwendete externe Festplatte keine Daten enthält. Vor der Sicherung wird der Datenträger durch das Sicherungsprogramm automatisch formatiert, sodass alle bisher darauf gespeicherten Daten verloren gehen.

Um einen neuen Sicherungsauftrag zu erstellen, rufen Sie entweder über die Verwaltung die Konsole des Sicherungsprogramms auf oder geben auf der Startseite den Befehl *wbadmin.msc* ein. Der Befehl *wbadmin.exe* startet das Befehlszeilentool der Sicherung.

Einen neuen Auftrag erstellen Sie über *Aktion/Sicherungszeitplan*. Nach der Bestätigung der Begrüßungsseite wählen Sie auf der ersten Seite des Assistenten aus, ob Sie den kompletten Server sichern wollen oder benutzerdefinierte Volumes/Dateien auswählen möchten. Bei der benutzerdefinierten Sicherung wählen Sie auf der nächsten Seite aus, welche Partitionen gesichert werden sollen.

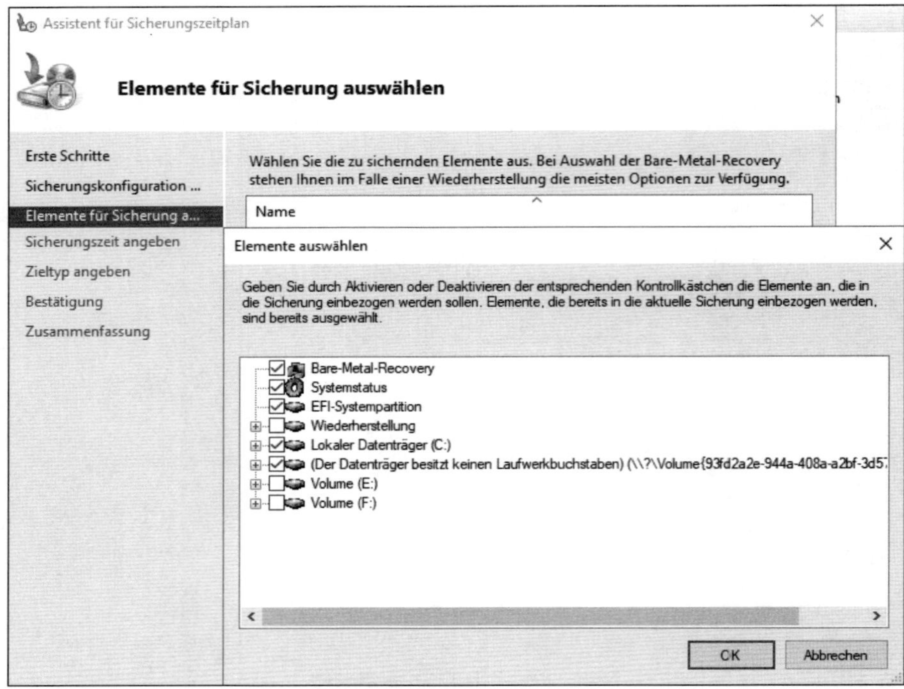

Abbildung 35.2: Auswählen der zu sichernden Partitionen des Servers

Auf der nächsten Seite legen Sie den Zeitplan fest, über den der Server gesichert werden soll. Hier definieren Sie, ob Sie die Sicherung mehrmals oder nur einmal pro Tag durchführen möchten. Als Nächstes wählen Sie aus, wo Sie Daten sichern wollen, also das Zielmedium. Haben Sie dieses ausgewählt, spezifizieren Sie die Auswahl auf den nächsten Seiten des Assistenten.

Nachdem der Datenträger ausgewählt wurde und Sie auf *Weiter* geklickt haben, erscheint eine Meldung, dass der Datenträger formatiert wird, damit das Sicherungsprogramm einen Überblick über seine Größe und Verfügbarkeit erhält. Die Formatierung wird aber nicht sofort, sondern erst nach der Einrichtung durchgeführt. Auf den nächsten Seiten erhalten Sie noch eine Zusammenfassung angezeigt und der Datenträger wird anschließend neu formatiert.

Hinweis Die Windows Server-Sicherung überwacht automatisch den Speicherplatz auf den Datenträgern, auf denen die Sicherungen abgelegt werden. Steht nicht mehr genügend Plattenplatz zur Verfügung, werden Sie entsprechend darüber informiert und die Sicherung wird nicht durchgeführt. Außerdem wird der Datenträger nicht mehr im Explorer des Servers angezeigt und steht ausschließlich nur für die Datensicherung zur Verfügung.

Die Einrichtung des Sicherungszeitplans ist damit abgeschlossen. Wollen Sie eine sofortige Einmalsicherung durchführen, starten Sie den entsprechenden Assistenten über das Menü *Aktion*. Der Assistent übernimmt auf Wunsch die Einstellungen der vorhandenen geplanten Sicherung, erlaubt aber auch eigenständige Einstellungen.

Sicherung in der Eingabeaufforderung und PowerShell konfigurieren

Für Skripts oder Core-Server steht das Befehlszeilentool *Wbadmin* für die Verwaltung der Sicherungen zur Verfügung. Über */?* erhalten Sie für jeden der unten aufgelisteten Befehle eine entsprechende Hilfe eingeblendet. Die wichtigsten Befehle für das Tool sind:

- **Wbadmin enable backup** – Erstellt oder ändert einen täglichen Sicherungszeitplan.
- **Wbadmin disable backup** – Deaktiviert die geplanten Sicherungen.
- **Wbadmin start backup** – Startet einmalig einen Sicherungsauftrag.
- **Wbadmin stop job** – Beendet eine laufende Sicherung oder Wiederherstellung.
- **Wbadmin get disks** – Zeigt aktuelle Datenträger an, die online sind.
- **Wbadmin get versions** – Zeigt Informationen über die verfügbaren Sicherungen an.
- **Wbadmin get items** – Zeigt die enthaltenen Elemente einer Sicherung an.
- **Wbadmin start recovery** – Startet eine Wiederherstellung.
- **Wbadmin get status** – Zeigt den Status einer laufenden Sicherung oder Wiederherstellung an.
- **Wbadmin start systemstaterecovery** – Stellt den Systemstatus wieder her.
- **Wbadmin start systemstatebackup** – Startet eine Sicherung des Systemstatus, die später in den Computerreparaturoptionen wiederhergestellt werden kann.
- **Wbadmin delete systemstatebackup -keepversions:n** – Löscht alle Systemstatussicherungen bis auf die letzten *n* Versionen.
- **Wbadmin delete systemstatebackup -deleteoldest** – Löscht die jeweils älteste Systemstatussicherung.
- **Wbadmin delete backup** – Löscht vorhandene Sicherungen

Weitere Befehle zur Sicherung sind:

- **Vssadmin list shadows /for=x:** – Zeigt die vorhandenen Volumeschattenkopien für das Laufwerk *x:* an.
- **Vssadmin delete shadows /for=x: /oldest** – Löscht die jeweils älteste Volumeschattenkopie des Laufwerks *x:*.

Neben Wbadmin können Sie für die Datensicherung auch die PowerShell einsetzen. Das verfügbare Modul für Windows Server 2019 trägt die Bezeichnung *WindowsServerbackup* und ist automatisch vorhanden, wenn Sie das Feature *Windows Server-Sicherung* über den Server-Manager installiert haben. Sie können die Windows Server-Sicherung auch in der PowerShell mit dem folgenden Befehl einrichten:

Add-WindowsFeature Windows-Server-Backup

Mit dem Befehl *Get-Command -Module WindowsServerbackup* lassen Sie sich in Windows Server 2019 die Cmdlets der PowerShell anzeigen. Die drei folgenden Befehle liefern eine ausführliche Hilfe und Beispiele der Cmdlets in der PowerShell:

- *Get-Help <Cmdlet_Name> -Detailed*
- *Get-Help <Cmdlet_Name> -Examples*
- *Get-Help <Cmdlet_Name> -Full*

Sicherheit und Hochverfügbarkeit

Um eine neue Sicherung über die PowerShell zu erstellen, müssen Sie zunächst einen Sicherungssatz anlegen, also eine Richtlinie, die steuert, welche Daten der Server sichern soll.

Daten mit dem Sicherungsprogramm wiederherstellen

Wenn auf dem Server Sicherungen zur Verfügung stehen, besteht auch die Möglichkeit, einzelne Dateien und Ordner wiederherzustellen. Auch dazu verwenden Sie das Sicherungsprogramm. Eine Wiederherstellung starten Sie über das Menü *Aktion*.

Auch hier führt ein Assistent durch die einzelnen Schritte der Wiederherstellung. Bestätigen Sie zunächst seine Begrüßungsseite. Auf der nächsten Seite wählen Sie den Server aus, den Sie wiederherstellen wollen.

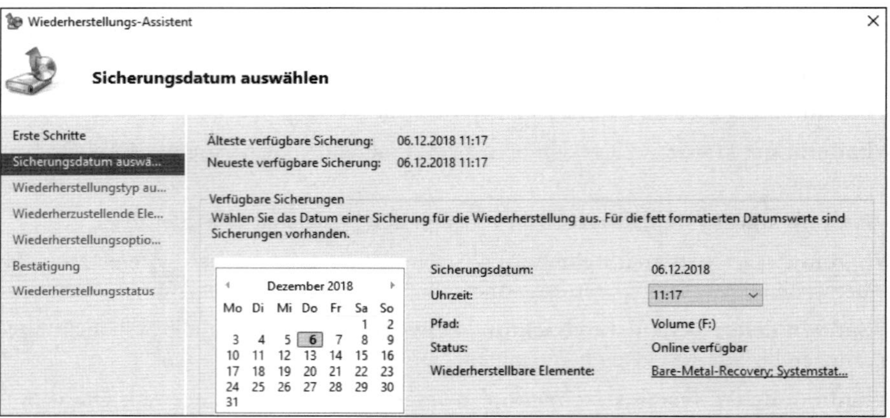

Abbildung 35.3: Starten der Wiederherstellung und Auswählen des Servers

Danach legen Sie das Datum der Sicherung fest, von dem Sie Daten wiederherstellen wollen. Auf der nächsten Seite bestimmen Sie, welche Daten Sie wiederhergestellt werden sollen. Hier besteht die Möglichkeit, komplette Volumes wiederherzustellen oder nur einzelne Dateien und Ordner.

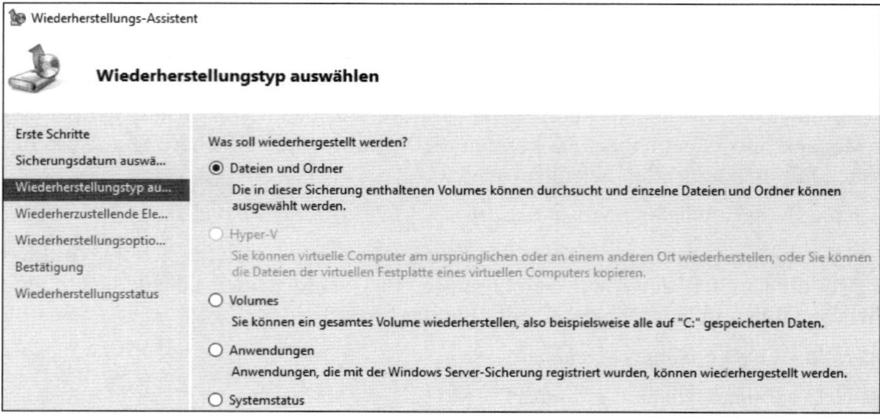

Abbildung 35.4: Auswählen der Wiederherstellungsoptionen

Auf der nächsten Seite wählen Sie aus, wo Sie die Dateien wiederherstellen wollen, ob vorhandene Dateien überschrieben werden dürfen und ob die Berechtigungen und Sicherheitseinstellungen der Dateien ebenfalls wiederhergestellt werden sollen.

Kompletten Server mit dem Sicherungsprogramm wiederherstellen

Haben Sie auf dem Server eine vollständige Datensicherung erstellt, können Sie damit den kompletten Server wiederherstellen, falls dieser zum Beispiel nicht mehr starten kann. Dazu muss der Datenträger mit der Sicherung mit dem Server verbunden und dieser mit der Windows Server 2019-DVD gebootet werden.

Tipp Bricht der Startvorgang von Windows Server 2019 einige Male ab, startet der Server auch ohne Installations-Dateien automatisch den Wiederherstellungsmodus. Auch hier lässt sich die Wiederherstellung des Servers durchführen.

Auf der Startseite des Installations-Assistenten klicken Sie auf *Weiter*. Auf der nächsten Seite wählen Sie *Computerreparaturoptionen* aus. In den Systemwiederherstellungsoptionen wählen Sie die Option zur Wiederherstellung einer Systemabbildsicherung aus. Dazu klicken Sie auf *Problembehandlung* und *Systemimage-Wiederherstellung*.

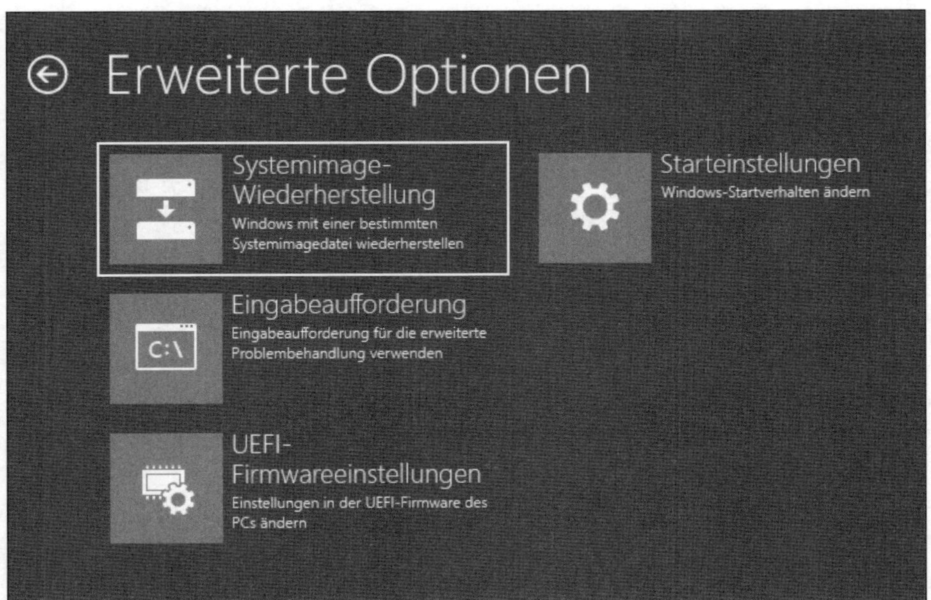

Abbildung 35.5: Erweiterte Wiederherstellungsmöglichkeiten in Windows Server 2019

Sie wählen aus, aus welcher Sicherung Sie den Server wiederherstellen wollen, und anschließend auch die Datenträger, die wiederhergestellt werden sollen. Auf diese Weise können Sie das Betriebssystem wieder in einen lauffähigen Zustand zurückführen. Wichtig ist dazu, dass Sie die Bare-Metal-Restore-Möglichkeit bei der Sicherung ausgewählt haben.

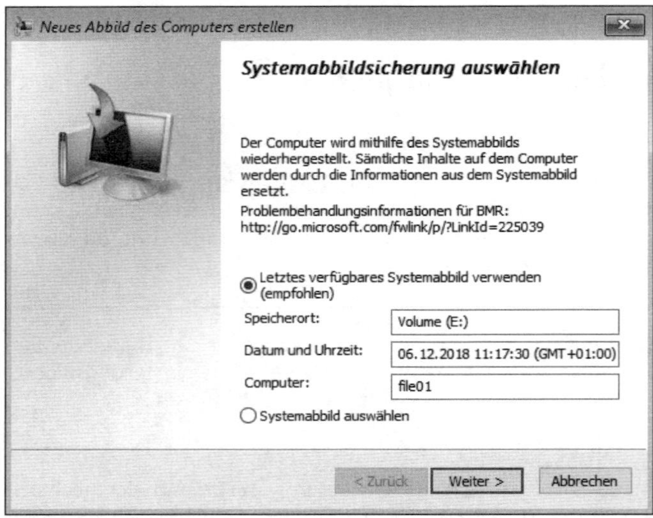

Abbildung 35.6: Starten einer Wiederherstellung

Als Nächstes wählen Sie aus, ob Windows den Datenträger formatieren und partitionieren soll oder ob Sie die Daten auf die bisherige Partition zurücksichern wollen.

Über die Schaltfläche *Datenträger ausschließen* wählen Sie die Datenträger aus, die nicht wiederhergestellt werden sollen, weil diese zum Beispiel Datenbankdateien von SQL Server enthalten.

Über *Treiber installieren* lassen sich wichtige Treiber integrieren, die für die Wiederherstellung unter Umständen benötigt werden. In den Optionen unter *Erweitert* legen Sie fest, dass der Server automatisch nach der Wiederherstellung neu starten und Datenträger auf Defekte überprüfen soll.

Zum Abschluss erscheint eine Meldung, die darüber informiert, dass die Datenträger neu formatiert werden. Diese Meldung müssen Sie bestätigen, bevor die Wiederherstellung beginnt. Anschließend beginnt der Assistent mit der Wiederherstellung des Servers. Danach steht der Server wieder zur Verfügung. Sie sollten nach erfolgreicher Wiederherstellung den Status der Datenbanken überprüfen und unter Umständen aktuelle Sicherungen der SQL-Datenbanken wiederherstellen. Anschließend funktioniert der Server wieder.

Erweiterte Wiederherstellungsmöglichkeiten

In den folgenden Abschnitten zeigen wir Ihnen verschiedene Möglichkeiten, um Windows Server 2019 zu reparieren oder wiederherzustellen, falls der Server nicht mehr funktioniert. Um Windows Server 2019 wiederherzustellen, verwenden Sie entweder die Windows Server 2019-Installations-DVD oder drücken beim Bootvorgang die F8-Taste.

Schrittaufzeichnung – Fehler in Windows nachvollziehen und beheben

Windows Server 2019 bietet die Möglichkeit, Fehler in Windows aufzuzeichnen und für Spezialisten so aufzubereiten, dass diese den Fehler leicht nachvollziehen und überprüfen können. Diese schrittweise Aufzeichnung von Fehlern hat die Bezeichnung »Schrittaufzeichnung«.

Am schnellsten starten Sie die Schrittaufzeichnung, indem Sie *psr* im Startmenü eintippen. Es öffnet sich die Oberfläche, mit der Sie die Aufzeichnung durchführen. Um einen Fehler aufzuzeichnen und weiterzugeben, gehen Sie folgendermaßen vor:

1. Tippen Sie *psr* auf der Startseite ein.
2. Klicken Sie nach dem Start des Tools auf *Aufzeichnung starten*.
3. Gehen Sie exakt die Schritte in Windows oder dem jeweiligen Programm durch, die zum Fehler führen.
4. Per Klick auf *Kommentar hinzufügen* können Sie eigene Hinweise einfügen, wenn der Fehler nicht schnell offensichtlich ist.
5. Haben Sie den Fehler nachgestellt, klicken Sie auf *Aufzeichnung beenden*.
6. Speichern Sie die Datei als ZIP-Archiv ab.
7. Das Tool speichert die eigentliche Aufzeichnung als *.mht*-Datei, die Sie mit dem Internet Explorer öffnen können. Extrahieren Sie die *.zip*-Datei per Rechtsklick oder klicken Sie doppelt auf die *.zip*-Datei und dann auf die *.mht*-Datei. Sie sehen die Aufzeichnung des Problems als Dokument, das jeder nachvollziehen kann.

Datensicherung über Ereignisanzeige starten

Mit Windows Server 2019 können Sie eine Datensicherung des Servers auf einem Netzwerkspeicher anlegen, zum Beispiel einem NAS-System. Zusätzlich können Sie nach der erfolgreichen Datensicherung weitere Sicherungsmaßnahmen im Netzwerk durchführen, zum Beispiel durch selbst erstellte Batchdateien auf Basis des Befehlszeilentools Robocopy. Sobald ein Sicherungsjob startet, protokolliert Windows Server 2019 einen Eintrag in der Ereignisanzeige.

An dieses Ereignis lässt sich sehr leicht eine Aufgabe über die Aufgabenplanung anbinden. Die Aufgabe wiederum kann eine Batchdatei starten, in der Daten auf verschiedene Freigaben im Netzwerk repliziert und Rechner heruntergefahren werden. Die Einrichtung ist nicht sehr kompliziert und baut komplett auf Bordmittel von Windows Server 2019 auf.

Sie haben die Möglichkeit, über die Ereignisanzeige, zusammen mit der Aufgabenplanung, in Windows Server 2019 weitere Aktionen durchführen zu lassen. Wollen Sie nach bestimmten Ereignissen in der Ereignisanzeige noch Batchdateien oder Befehle ausführen, können Sie die Funktion in Windows Server 2019 nutzen, mit der sich Aufgaben an bestimmte Ereignisse anhängen lassen. Dazu klicken Sie mit der rechten Maustaste auf das Ereignis und wählen *Aufgabe an dieses Ereignis anfügen*. Das heißt, Windows startet die Aufgabe immer genau dann, wenn das entsprechende Ereignis auftritt. Im folgenden Assistenten wählen Sie dann aus, welche Befehle Windows ausführen soll. Im ersten Fenster weisen Sie der Aufgabe einen Namen zu.

Im zweiten Fenster sehen Sie noch einmal das Ereignis, zu dem Windows die Aufgabe startet. Im dritten Fenster wählen Sie die Option *Programm starten* aus. Als Nächstes geben Sie den Befehl und die Optionen ein, die Windows ausführen soll. Wollen Sie zum Beispiel nach der Sicherung verschiedene Aufgaben durchführen, zum Beispiel Replikationen mit Robocopy oder den Rechner herunterfahren oder auch beides, schreiben Sie am besten eine Batchdatei und lassen diese an dieser Stelle ausführen.

Ein Beispielskript könnte folgendermaßen aussehen. Als Dateiendung verwenden Sie entweder *.bat* oder *.cmd*.

```
echo on
del C:\Users\thomas\Desktop\backup.log
robocopy "C:\Users\thomas\Documents" "x:\backup\dokumente" /mir /r:5
/log+:C:\Users\thomas\Desktop\backup.log
robocopy "C:\Users\thomas\Pictures" "x:\backup\Pictures" /mir /r:5
/log+:C:\Users\thomas\Desktop\backup.log
robocopy "C:\Users\thomas\Documents" "z:\backup\dokumente" /mir /r:5
/log+:C:\Users\thomas\Desktop\backup.log
robocopy "C:\Users\thomas\Pictures" "z:\backup\Pictures" /mir /r:5
/log+:C:\Users\thomas\Desktop\backup.log
robocopy "C:\Users\thomas\Documents" "u:\backup\dokumente" /mir /r:5
/log+:C:\Users\thomas\Desktop\backup.log
robocopy "C:\Users\thomas\Pictures" "u:\backup\Pictures" /mir /r:5
/log+:C:\Users\thomas\Desktop\backup.log
shutdown /s /t 30
```

Listing 35.1 Erstellen einer Batchdatei zur Sicherung

So erhalten Sie immer eine 1:1-Kopie Ihrer wichtigsten Daten. Sie können ohne Weiteres auch mehrere Ordner sichern. Verwenden Sie in diesem Fall einfach mehrmals den Befehl nacheinander in einem Skript.

Haben Sie die Batchdatei ausgewählt, aktivieren Sie am Ende des Assistenten noch die Option *Beim Klicken auf "Fertig stellen", die Eigenschaften für diese Aufgabe öffnen*. Schließen Sie die Erstellung der Aufgabe ab, können Sie diese noch an Ihre Bedürfnisse anpassen.

Sie können die Aufgabe aber auch ohne diese Option jederzeit anpassen. Dazu starten Sie durch Eintippen von *Aufgabe* auf der Startseite die Aufgabenplanung. Die Aufgabe finden Sie über *Aufgabenplanungsbibliothek/Aufgaben der Ereignisanzeige*. Über das Kontextmenü rufen Sie die Eigenschaften der Aufgabe auf. Zunächst sollten Sie auf der Registerkarte *Allgemein* im unteren Bereich bei *Sicherheitsoptionen* ein Benutzerkonto auswählen, um die Aufgabe zu starten. Außerdem aktivieren Sie die Option *Mit höchsten Privilegien ausführen*, falls dies notwendig ist.

Auf der Registerkarte *Trigger* überprüfen Sie, ob die korrekte Ereignismeldung als Startwert ausgewählt ist. Bei *Aktionen* sollte Ihre Batchdatei erscheinen. Bei *Bedingungen* können Sie weitere Konfigurationen vornehmen, das gilt auch für die Registerkarte *Einstellungen*.

Alle Aufgaben, die Sie ausführen wollen, müssen Sie nur noch in die Batchdatei aufnehmen. Zur Sicherung und Replikation im Netzwerk bietet es sich zum Beispiel an, verschiedene Ordner an andere Ordner und Rechner im Netzwerk zu replizieren, am besten mit Robocopy. Anschließend können Sie den Rechner mit *Shutdown* herunterfahren lassen. Beide Tools gehören zum Lieferumfang von Windows Server 2019.

Wenn Sie Datei- oder Ordnernamen kopieren, die ein Leerzeichen enthalten, geben Sie den Pfad in Anführungszeichen an, zum Beispiel *robocopy "C:\Users\thomas\Documents" "x:\backup\dokumente" /mir*. Alle Optionen verwendet das Tool von links nach rechts.

Nach unserer Erfahrung verwenden die meisten Administratoren die Option */mir*, weil so schnell und einfach ein Ordner gespiegelt wird. Um die Daten in einer Freigabe auf einen anderen Rechner zu spiegeln, schreiben Sie am besten ein Skript mit dem Befehl *robocopy <Quellordner> <Sicherungslaufwerk>:\<Sicherungsordner> /mir.*

Die Option */mir* kopiert nur geänderte Dateien und löscht Dateien im Zielordner, die im Quellordner nicht mehr vorhanden sind. Das heißt, der erste Kopiervorgang dauert recht lange, da erst alle Dateien kopiert werden müssen. Der zweite läuft aber deutlich schneller ab, da nur geänderte Dateien kopiert werden. Löschen Sie im Quellordner eine Datei, löscht der Kopiervorgang diese auch im Backupordner. So erhalten Sie immer eine 1:1-Kopie Ihrer wichtigsten Daten. Sie können ohne Weiteres auch mehrere Ordner sichern. Verwenden Sie in diesem Fall einfach mehrmals den Befehl nacheinander in einem Skript.

Windows-Abstürze analysieren und beheben

Bluescreens sind in Windows Server 2019 schon lange nicht mehr so häufig anzutreffen wie bei vorangegangenen Windows-Versionen. Was viele ärgert, soll das System jedoch schützen. Ein Bluescreen ist in fast allen Fällen kein Fehler, der durch Windows oder eine Anwendung verursacht wird. Hauptsächlich sind fehlerhafte Treiber schuld, dass Windows aufgibt und mit einem Fehler abstürzt. Neben fehlerhaften Treibern kommen Bluescreens auch sehr oft dann vor, wenn Hardware defekt ist.

Am häufigsten liegen Probleme mit dem Arbeitsspeicher oder einer überhitzten CPU vor. Ebenfalls weit verbreitet sind defekte Festplattencontroller oder Hauptplatinen. Auch wenn Windows an einem Dateizugriff scheitert, weil die Festplatte defekt ist, bedeutet das oft eine Ankündigung eines Plattenausfalls. Bei einem Bluescreen läuft Windows noch stabil genug, um den Fehler zu protokollieren und sich selbst sofort zu beenden.

Meistens erscheint eine achtstellige Hexadezimalzahl sowie eine kurze Beschreibung des Fehlers, oft *IRQ_NOT_LESS_OR_EQUAL* oder *INACCESSIBLE_BOOT_DEVICE*. Manchmal zeigt Windows auch die Datei an, die den Fehler verursacht hat – meistens eine *.sys*-Datei, also ein Treiber. Schreibt ein Treiber durch Programmierfehler in einen Arbeitsspeicherbereich, in dem sich bereits Daten eines anderen Treibers oder sogar des Systems befinden, stellt Windows sofort seinen Betrieb ein und meldet den Fehler als Bluescreen. Würde das System nicht so vorgehen, könnten durch die ungültigen Bereiche im Arbeitsspeicher Daten zerstört oder im Falle von Hardwaretreibern sogar die Hardware eines Computers in Mitleidenschaft gezogen werden.

Solche Kernelzugriffe von Treibern hat Microsoft nahezu abgeschafft, sodass Bluescreens in diesem Bereich eher selten auftreten. Verliert ein Teil des Arbeitsspeichers durch einen physischen Defekt jedoch Daten, kann auch unter Windows Server 2019 ein Bluescreen erscheinen.

Bluescreens gibt es auch unter UNIX oder Linux, werden hier aber als »Kernel panic« bezeichnet. Der Prozessor kann bei mangelnder Kühlung zu heiß werden und eine eventuelle Übertaktung den Effekt noch verstärken. In Windows Server 2019 gibt es das Windows-Speicherdiagnosetool, das Sie über den Befehl *mdsched* auf der Startseite aufrufen.

Windows Server 2019 ist standardmäßig so eingestellt, dass nach einem Bluescreen automatisch der Rechner neu startet. Dies hat den Vorteil, dass der Server dann recht schnell wieder zur Verfügung steht. Allerdings können Sie in diesem Fall auch die entsprechende Fehlermeldung nicht lesen.

Erscheint der Bluescreen nach jedem Start, verfängt sich der Computer in einer Schleife, da er nach jedem Bluescreen neu startet. Die möglichen Einstellungen, wie sich Windows nach einem Bluescreen verhalten soll, finden Sie unter *Systemsteuerung/System und Sicherheit/System/Erweiterte Systemeinstellungen*. Klicken Sie im Abschnitt *Starten und Wiederherstellen* auf die Schaltfläche *Einstellungen*. Sie erreichen den Bereich auch durch Eingabe von *sysdm.cpl* im Startmenü.

Über den Abschnitt *Systemfehler* lassen sich die Einstellungen vornehmen. Zunächst sollten Sie das Kontrollkästchen *Automatisch Neustart durchführen* deaktivieren, wenn Sie wollen, dass der Rechner bei der Anzeige des Bluescreens stehen bleiben soll. Über das Listenfeld *Debuginformationen speichern* wählen Sie aus, welche Art von Informationen das Betriebssystem protokollieren soll.

Am besten ist die Variante *Automatisches Speicherabbild* oder *Kleines Speicherabbild* geeignet, da andere Informationen ohnehin eher verwirrend sind. Hier legen Sie auch fest, in welchem Ordner das Speicherabbild mit dem Fehler abgelegt werden soll. Um eine *.dmp*-Datei mit den nachfolgend genannten Tools zu analysieren, laden Sie diese ganz normal in das jeweilige Programm.

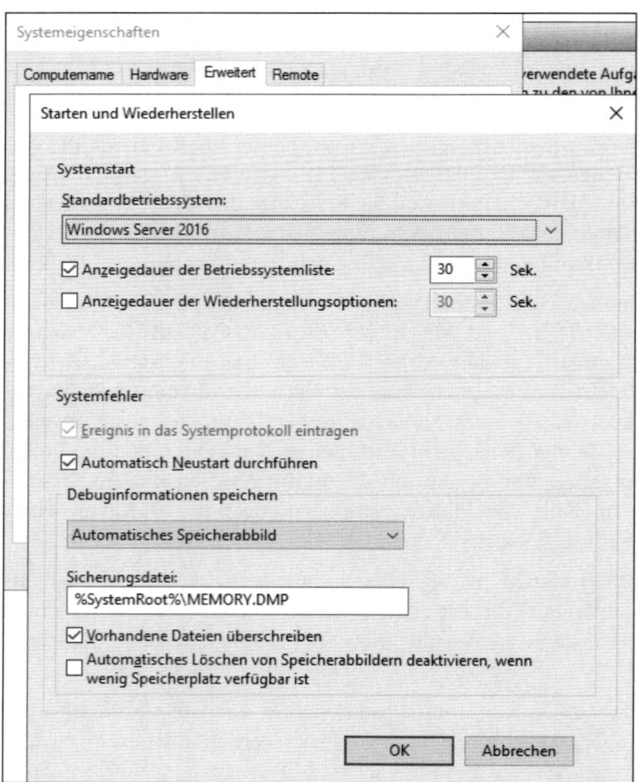

Abbildung 35.7: Windows Server 2019 für Bluescreens konfigurieren

Eine gute Möglichkeit, um Bluescreens auf die Spur zu kommen, ist die Software BlueScreenView, die Sie von der Seite *http://www.nirsoft.net/utils/blue_screen_view.html* herunterladen. Sie erhalten Informationen zu den Bluescreens und finden schneller Fehler. Der

Vorteil des Tools ist, dass Sie den Viewer nicht installieren müssen. Er lässt sich daher auch über einen USB-Stick aufrufen.

Das Tool analysiert die Datei *memory.dmp*, die Windows mit dem Bluescreen erzeugt. Liegt diese Datei im Ordner *C:\Windows\minidump*, liest es sie automatisch ein. Findet es die Datei nicht, kopieren Sie *memory.dmp* von *C:\Windows* in den Ordner *C:\Windows\minidump*. Ist der Ordner nicht vorhanden, legen Sie ihn an. Nach dem Einlesen der Datei liefert der Fehler in der Spalte *Bug Check String* schon einen ersten Hinweis, den Sie für die Internetrecherche nutzen können.

Zusätzlich verwenden Sie noch den Code in der Spalte *Bug Check Code*. Klicken Sie doppelt auf *memory.dmp*, öffnet sich ein Detailfenster des Absturzes. Hat ein Treiber den Bluescreen verursacht, sehen Sie diesen in der Spalte *Caused by Driver*. Auch diese Information sollten Sie in die Recherche mit einbeziehen.

Können Sie den Bluescreen eingrenzen und erhalten über eine Suchmaschine nähere Informationen, zum Beispiel das Ändern bestimmter Registrykeys, sind Sie schon ein Stück weiter. Ist ein Treiber schuld am Fehler, installieren Sie eine aktualisierte oder ältere Version. Tritt ein Fehler bei Ihnen erst nach der Installation eines neuen Treibers auf, können Sie in Windows den vorherigen Treiber aktivieren, mit dem das System noch stabil läuft. Das geht natürlich nur dann, wenn Windows noch startet und Sie den Geräte-Manager aufrufen können.

Haben Sie den Treiber über ein Installationsprogramm installiert oder ist der Absturz nicht durch einen Treiber verursacht, sondern von einer von Ihnen installierten Anwendung, können Sie in Windows auch den Systemzustand wiederherstellen wie vor der Installation der Anwendung. Um den Zustand zurückzusetzen, müssen Sie Windows starten oder den Rechner über die Windows-DVD oder einen Rettungsdatenträger booten und die Computerreparaturoptionen starten. Setzen Sie in diesem Fall den Systemwiederherstellungspunkt zurück.

Oft stürzt in Windows nur ein einzelner Prozess ab oder belegt zu viele Ressourcen. Finden Sie diesen Prozess und beenden ihn, läuft Windows Server 2019 in den meisten Fällen aber problemlos weiter:

1. Klicken Sie mit der rechten Maustaste auf die Taskleiste und wählen Sie im Kontextmenü den Befehl *Task-Manager* aus. Alternativ starten Sie den Task-Manager auch mithilfe von `Strg`+`Alt`+`Entf` und der Auswahl des entsprechenden Befehls. Aktivieren Sie im unteren Bereich immer die Option *Mehr Details*.
2. Wechseln Sie zunächst zur Registerkarte *Leistung*. Manchmal verursachen Prozesse eine hohe CPU-Last von bis zu 100 % oder belegen den kompletten Arbeitsspeicher. Dauerhaft sollte die Belastung immer schwanken und nicht dauerhaft mehr als 30 bis 40 % betragen.

Rufen Sie anschließend die Registerkarte *Details* auf. Hier sehen Sie Programme, die gestartet sind, und bei *Status* die Meldung *Keine Rückmeldung*, wenn ein Programm nicht mehr funktioniert. Versuchen Sie, ein solches Programm mit *Task beenden* zu beenden.

Auch wenn keine hohe CPU-Last vorliegt, kann dennoch ein Prozess das System lahmlegen. Handelt es sich um einen Prozess, der eine hohe CPU-Last verursacht, klicken Sie auf die Spalte *CPU*. Der Task-Manager sortiert anschließend die Prozesse absteigend nach dem CPU-Verbrauch. Hier sehen Sie recht schnell, welcher Prozess das Problem verursacht.

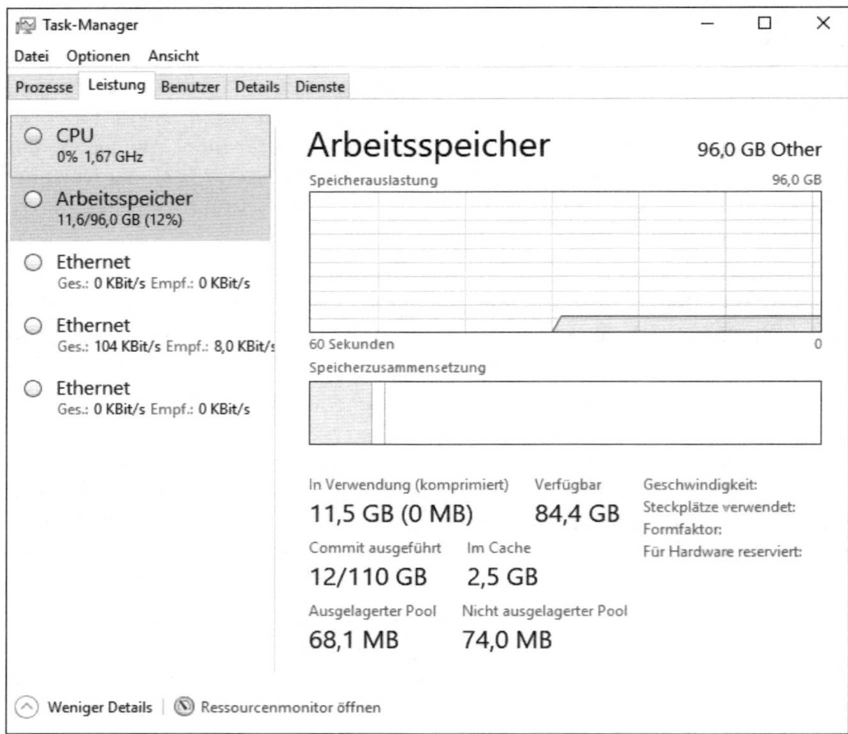

Abbildung 35.8: Überwachen der Systemleistung in Windows Server 2019

Verursacht ein Prozess zu viel Last, können Sie ihn beenden. Aber Achtung: Dabei können auch ungespeicherte Daten verloren gehen. Bevor Sie einen Prozess beenden, suchen Sie nach dessen Namen im Internet, wenn Sie ihn nicht kennen.

Speichern Sie möglichst alle Programme, die noch reagieren, und beenden Sie diese ordnungsgemäß. Klicken Sie den Prozess mit der rechten Maustaste an und wählen Sie *Task beenden*. Teilweise erscheint noch eine Rückfrage nach einigen Sekunden, dann beendet Windows den Prozess.

Reagiert Windows wieder, sollten Sie möglichst alle noch offenen Programme beenden und Daten speichern. Starten Sie anschließend den Rechner neu, damit Windows wieder alle notwendigen Prozesse starten kann. Beenden Sie den Explorer, fehlt oft die grafische Oberfläche. Diese starten Sie dann einfach über den Task-Manager mit *Datei/Neuen Task ausführen* und der Eingabe von *explorer*.

Zusammenfassung

In diesem Kapitel haben wir Ihnen gezeigt, wie Sie mit der Windows Server-Sicherung in der grafischen Oberfläche, der Eingabeaufforderung und der PowerShell Daten sichern und wiederherstellen. Außerdem sind wir darauf eingegangen, wie Sie mit dem Befehlszeilentool Robocopy manuell oder automatisiert Daten sichern. Im nächsten Kapitel gehen wir auf die Active Directory-Verbunddienste ein.

Kapitel 36

Active Directory-Verbunddienste und Workplace Join

In diesem Kapitel:

Mit Windows Server 2019 und Windows 8.1/10 und iOS-Geräten haben Sie die Möglichkeit, Clients über das Internet durch Active Directory-Verbunddienste an Unternehmensressourcen anzubinden. Anwender arbeiten bei Workplace Join mit ihrer gewohnten Umgebung, können aber auf bestimmte Ressourcen im Unternehmensnetzwerk zugreifen, die ansonsten nur Domänenmitgliedern vorbehalten sind.

Mit den Active Directory-Verbunddiensten (Active Directory Federation Services, AD FS) können Sie im Unternehmen eine zentrale Authentifizierungsinfrastruktur aufbauen, die Single Sign-On-Szenarien zwischen verschiedenen Active Directory-Gesamtstrukturen bietet. Zusätzlich besteht auch die Möglichkeit, Benutzer sicher für den Zugriff auf Office 365 und Microsoft Azure zu authentifizieren. Damit die Lösung stabil und sicher eingesetzt werden kann, müssen Sie einiges beachten. Wir zeigen, wie Sie dazu vorgehen.

Mit Conditional Access Control lassen sich vor allem mobile Anwender effizienter anbinden. Außerdem können Sie Rechner mit Windows 10 per Geräteauthentifizierung an Windows Server 2019 anbinden. Microsoft zeigt die Möglichkeiten dazu im Windows IT

Pro Center (*https://docs.microsoft.com/de-de/windows-server/identity/active-directory-federation-services*).

Sie können in Windows Server 2019 auch Benutzerkonten in AD FS authentifizieren, die nicht aus einem Active Directory kommen. Beispiel dafür sind X.50000-kompatible LDAP-Verzeichnisse oder auch SQL-Datenbanken:

- AD LDS
- Apache DS
- IBM Tivoli DS
- Novell DS
- Open LDAP
- Open DJ
- Open DS
- Radiant Logic Virtual DS
- Sun ONE v6, v7, v11

Passive Authentifizierungsmöglichkeiten wie SAML, OAuth, WS-Trust und WS-Federation sind ebenfalls möglich. Windows Server 2019 bietet zusätzlich die Möglichkeit, mehrere LDAP-Verzeichnisse mit einer AD FS-Farm zu verbinden.

Installieren und Einrichten der Active Directory-Verbunddienste

Die Active Directory-Verbunddienste haben die Aufgabe, mehrere Gesamtstrukturen miteinander zu verbinden oder externe Anwender über eine eigene Authentifizierung an Unternehmensressourcen anzubinden. Die nachfolgende Anleitung zur Installation einer Beispielumgebung mit AD FS dient später für die Einrichtung von Workplace Join, zusammen mit einem Windows 8.1/10-Rechner.

Um eine Testumgebung mit AD FS aufzubauen, brauchen Sie mindestens drei Server: einen Domänencontroller, den AD FS-Server und einen Webserver, auf den Sie zugreifen können, um die Authentifizierung zu testen. Auf allen drei Servern installieren Sie Windows Server 2019. Um den Zugriff auf die Webanwendung mit Workplace Join zu testen, brauchen Sie noch einen Rechner mit Windows 8.1/10.

Einstieg in die Installation von AD FS

Wichtig ist vor allem die strikte Trennung zwischen Domänencontroller, AD FS-Server und den restlichen Servern im Netzwerk. Die grundlegende Installation von AD FS erfolgt über das Hinzufügen von Serverrollen im Server-Manager.

Um eine AD FS-Infrastruktur optimal und sicher zu betreiben, zum Beispiel für eine Umgebung mit Single Sign-On-Szenarien, benötigen Sie neben einer Active Directory-Gesamtstruktur auch eine interne Zertifizierungsstelle, am besten auf Grundlage der Active Directory-Zertifikatdienste. Außerdem sollten Sie mit verwalteten Dienstkonten arbeiten, damit notwendige Systemdienste ihre Kennwörter selbst sicher und stabil verwalten und auch ändern können.

Für die Active Directory-Verbunddienste verwenden Sie am besten ein gruppiertes verwaltetes Dienstkonto. Dieses legen Sie in der PowerShell an. Die Befehle zum Anlegen des verwalteten Dienstkontos sehen für einen Server mit der Bezeichnung *rds03.joos.int* folgendermaßen aus:

Add-KdsRootKey -EffectiveTime (Get-Date).AddHours(-10)

New-ADServiceAccount adfsGmsa -DNSHostName rds03.joos.int -ServicePrincipalNames http/rds03.joos.int

Die Daten des angelegten Dienstkontos zeigen Sie mit *Get-ADServiceAccount adfsGmsa* an.

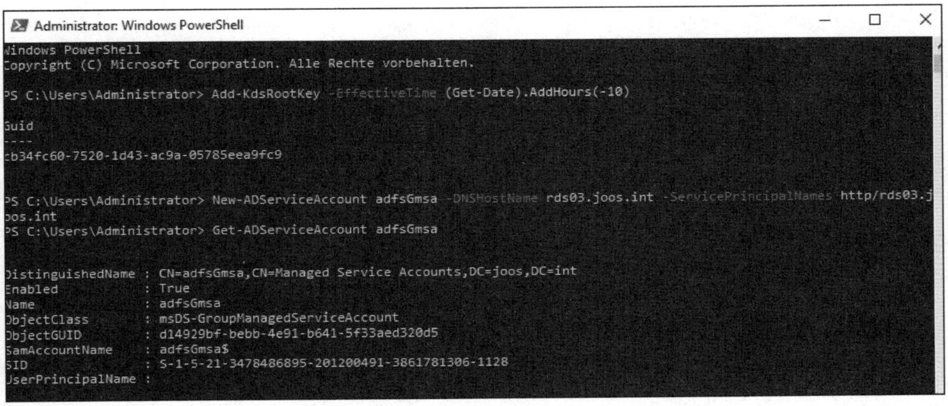

```
Administrator: Windows PowerShell
Windows PowerShell
Copyright (C) Microsoft Corporation. Alle Rechte vorbehalten.

PS C:\Users\Administrator> Add-KdsRootKey -EffectiveTime (Get-Date).AddHours(-10)

Guid
----
cb34fc60-7520-1d43-ac9a-05785eea9fc9


PS C:\Users\Administrator> New-ADServiceAccount adfsGmsa -DNSHostName rds03.joos.int -ServicePrincipalNames http/rds03.j
oos.int
PS C:\Users\Administrator> Get-ADServiceAccount adfsGmsa


DistinguishedName : CN=adfsGmsa,CN=Managed Service Accounts,DC=joos,DC=int
Enabled           : True
Name              : adfsGmsa
ObjectClass       : msDS-GroupManagedServiceAccount
ObjectGUID        : d14929bf-bebb-4e91-b641-5f33aed320d5
SamAccountName    : adfsGmsa$
SID               : S-1-5-21-3478486895-201200491-3861781306-1128
UserPrincipalName :
```

Abbildung 36.1: Anlegen eines neuen verwalteten Dienstkontos für AD FS

Außerdem sollten Sie dem Server ein SSL-Zertifikat zuweisen. Haben Sie alle Vorbereitungen getroffen, installieren Sie AD FS als Serverrolle auf dem AD FS-Server. Dazu wählen Sie über *Verwalten/Rollen und Features hinzufügen* den Rollendienst *Active Directory-Verbunddienste* aus.

Während der Installation müssen Sie nichts einstellen, die eigentliche Einrichtung nehmen Sie erst nachträglich vor. Im Rahmen der Einrichtung geben Sie den Namen der verwalteten Dienste ein. Stehen Kennwortänderungen an, können die Systemdienste diese Aktion selbst durchführen.

Vorbereitungen für die AD FS-Infrastruktur

Um eine AD FS-Infrastruktur mit einer Beispielanwendung aufzubauen, benötigen Sie eine Active Directory-Gesamtstruktur sowie einen Server mit einer internen Zertifizierungsstelle (siehe Kapitel 30). Außerdem müssen Sie verwaltete Dienstkonten anlegen (siehe Kapitel 12) und Servern SSL-Zertifikate zuweisen (siehe Kapitel 27). In den folgenden Abschnitten zeigen wir mit Beispielen, wie Sie dabei vorgehen. Die nachfolgenden Schritte können Sie natürlich auch bei der Einrichtung von anderen Serverdiensten verwenden.

Achten Sie im ersten Schritt darauf, dass der FQDN des AD FS-Servers auf den DNS-Servern eingetragen ist und aufgelöst werden kann. Da der Server Mitglied der Domäne ist, sollte das ohnehin der Fall sein.

SSL-Zertifikate als Vorlage in Active Directory-Zertifikatdiensten festlegen

Bevor Sie AD FS als Serverrolle installieren, müssen Sie den Server, auf dem Sie AD FS installieren wollen, in die Domäne aufnehmen. Danach müssen Sie dem Server ein Zertifikat zuweisen (siehe Kapitel 30).

Das Zertifikat muss SSL unterstützen. Daher benötigen Sie zunächst eine interne Zertifizierungsstelle. Wie Sie diese installieren und einrichten, lesen Sie in Kapitel 30. Im Anschluss müssen Sie auf dem Server mit der Zertifizierungsstelle eine neue Vorlage für SSL-Zertifikate bereitstellen. Auf Basis dieser Vorlage rufen Sie dann auf dem AD FS-Server ein neues SSL-Zertifikat ab. Gehen Sie dazu auf dem Zertifikatserver wie folgt vor:

1. Rufen Sie mit *certtmpl.msc* die Verwaltung der Vorlagen auf dem Zertifikatserver auf.
2. Klicken Sie mit der rechten Maustaste auf die Vorlage *Webserver* und wählen Sie *Vorlage duplizieren*.
3. Verwenden Sie als Namen für das neue Zertifikat auf der Registerkarte *Allgemein* die Bezeichnung *ADFS*.
4. Wechseln Sie auf die Registerkarte *Sicherheit* und klicken Sie auf *Hinzufügen*.
5. Klicken Sie im neuen Fenster auf *Objekttypen* und wählen Sie *Computer* aus.
6. Geben Sie den Namen der AD FS-Server ein, die Sie betreiben wollen.
7. Aktivieren Sie für alle Computer das Recht *Registrieren* für die Zertifikatvorlage.
8. Klicken Sie auf *OK*.
9. Rufen Sie die Verwaltung der Zertifizierungsstelle mit *certsrv.msc* auf.
10. Klicken Sie mit der rechten Maustaste auf *Zertifikatvorlagen* und wählen Sie *Neu/Auszustellende Zertifikatvorlage*.
11. Wählen Sie die von Ihnen erstellte Vorlage aus. Die Vorlage steht jetzt in der Infrastruktur für die Zuteilung an Server bereit.

Um auf dem AD FS-Server ein Zertifikat auf Basis der von Ihnen erstellten Vorlage abzurufen, gehen Sie folgendermaßen vor:

1. Rufen Sie auf dem AD FS-Computer die Konsole *certlm.msc* auf.
2. Klicken Sie mit der rechten Maustaste auf *Eigene Zertifikate/Zertifikate* und wählen Sie *Alle Aufgaben/Neues Zertifikat anfordern*.
3. Bestätigen Sie die erste Seite der Registrierung.
4. Bestätigen Sie auf der nächsten Seite die Active Directory-Registrierungsrichtlinie.
5. Wählen Sie auf der Seite mit den Vorlagen die von Ihnen erstellte Vorlage aus. Steht diese nicht zur Verfügung, überprüfen Sie die vorangegangenen Schritte noch einmal.

Im Fenster müssen Sie jetzt noch auf den Link mit dem Text unterhalb der Vorlage klicken, um wichtige Daten für das Zertifikat einzugeben. Das sind die folgenden Daten, anschließend bestätigen Sie mit *OK*. Danach rufen Sie das Zertifikat mit *Registrieren* ab.

- *Allgemeiner Name: rds03.joos.int* (bei Ihnen der entsprechende Name des AD FS-Servers)
- *Alternativer Name* (DNS verwenden):
  - *Rds03.joos.int* (bei Ihnen der entsprechende Name des AD FS-Servers)

AD FS als Serverrolle installieren

Haben Sie alle Vorbereitungen getroffen, installieren Sie AD FS als Serverrolle auf dem AD FS-Server. Dazu wählen Sie über *Verwalten/Rollen und Features hinzufügen* den Rollendienst *Active Directory-Verbunddienste* aus.

Während der Installation müssen Sie keine Einstellungen vornehmen, sondern wie bei den Active Directory-Domänendiensten nur die Systemdateien einrichten.

Der erste Server, den Sie in der Farm installieren, ist automatisch der primäre Verbundserver. Alle nachfolgenden Verbundserver, die der Farm hinzugefügt werden, synchronisieren die Konfigurationsdaten vom primären Server. Die Daten werden anschließend in die lokale Konfigurationsdatenbank des Servers gespeichert.

Die anderen Server in der Infrastruktur bleiben in Betrieb, wenn der primäre Server im Verbund ausfällt, aber sie sind nicht in der Lage, Änderungen an der Konfiguration von AD FS vorzunehmen, bis der primäre Verbundserver wiederhergestellt ist oder ein anderer Verbundserver als primärer Server heraufgestuft wird. Um einen sekundären Verbundserver zum primären heraufzustufen, führen Sie den folgenden Befehl auf dem sekundären Server aus:

Set-AdfsSyncProperties -Role PrimaryComputer

Wenn Sie einen neuen Primärserver eingerichtet haben, müssen Sie die anderen sekundären Verbundserver mit dem neuen primären Verbundserver verbinden. Verwenden Sie dazu diesen Befehl, um auf den verbleibenden Farm-Mitgliedsservern die Synchronisierung zu starten und den neuen Server zu hinterlegen:

Set-AdfsSyncProperties -Role SecondaryComputer -PrimaryComputerName {FQDN des Primary Federation Server}

AD FS einrichten

Nachdem die Installation abgeschlossen ist, richten Sie über das Benachrichtigungscenter des Server-Managers die Infrastruktur im Netzwerk über einen Assistenten ein:

1. Bestätigen Sie die Startseite und geben Sie dann die Anmeldedaten eines Domänenadministrators ein.

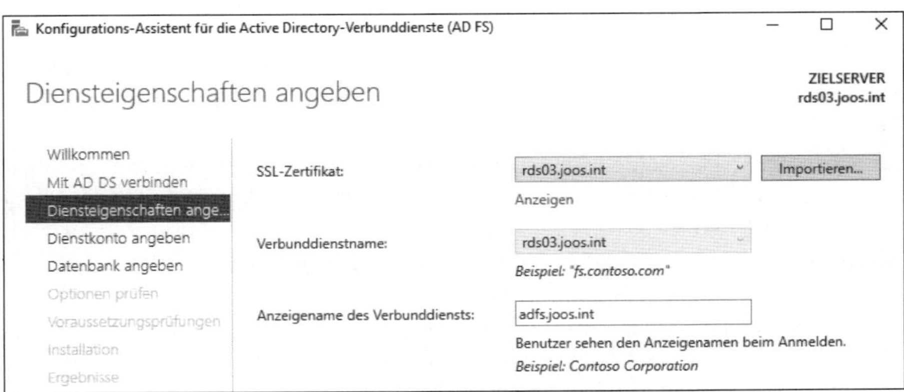

Abbildung 36.2: Konfigurieren der Diensteigenschaften von AD FS auf dem AD FS-Server

2. Wählen Sie auf der Seite *Diensteigenschaften bearbeiten* das von Ihnen installierte Zertifikat. Lassen Sie das Zertifikat anzeigen und stellen Sie sicher, dass das richtige Zertifikat verwendet wird.
3. Als Anzeigenamen können Sie einen beliebigen Namen verwenden, zum Beispiel *ADFS.*
4. Auf der Seite *Dienstkonto angeben* aktivieren Sie die Option *Verwenden Sie ein Domänenbenutzerkonto oder ein gruppenverwaltetes Dienstkonto.* Wählen Sie dann das von Ihnen erstellte verwaltete Dienstkonto aus. Mehr zu diesem Thema erfahren Sie zu Beginn des Kapitels und in Kapitel 12.

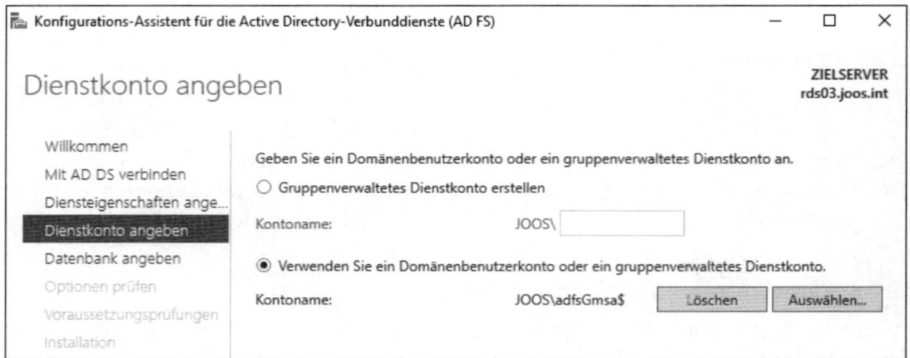

Abbildung 36.3: Auswählen des Dienstkontos für AD FS

5. Auf der Seite *Datenbank angeben* verwenden Sie *Erstellen Sie eine Datenbank auf diesem Server mit der internen Windows-Datenbank.*
6. Auf dem nächsten Fenster erhalten Sie noch mal eine Zusammenfassung. Als Nächstes werden die Voraussetzungen überprüft und dann die AD FS-Infrastruktur erstellt. Klicken Sie danach auf *Konfigurieren,* um die AD FS-Infrastruktur auf dem Server zu installieren.

Damit AD FS funktioniert, müssen Sie darauf achten, dass die Zertifikate vorhanden sind und funktionieren. Sie konfigurieren die Zertifikate in der AD FS-Verwaltung im Bereich *Dienst/Zertifikate.*

Windows Server 2019 bietet in diesem Bereich auch die Möglichkeit, mehrere LDAP-Verzeichnisse mit einer AD FS-Farm zu verbinden. Auch die Anbindung an Active Directory lässt sich parallel durchführen. Durch diese Skalierbarkeit brauchen Sie also keine verschiedenen AD FS-Farmen, sondern können alles mit einer einzigen Farm betreiben.

Um LDAP-Verzeichnisse an AD FS anzubinden, müssen Sie zunächst die grundsätzliche Verbindung herstellen. Dazu verwenden Sie das Cmdlet *New-AdfsLdapServerConnection.*

Sie haben die Möglichkeit, mehrere LDAP-Server des externen Verzeichnisses anzubinden. Dazu verwenden Sie die Option *-LdapServerConnection* des Cmdlets *Add-AdfsLocalClaimsProviderTrust.*

Mit dem Cmdlet *New-AdfsLdapAttributeToClaimMapping* binden Sie Attribute des externen LDAP-Verzeichnisses an AD FS-Claims.

Außerdem müssen Sie den LDAP-Speicher noch mit AD FS als lokaler Claims-Provider-Trust verbinden. Auch dazu verwenden Sie die PowerShell und das Cmdlet *Add-AdfsLocalClaimsProviderTrust.* Microsoft zeigt in der Technet einige Beispiele dazu:

http://technet.microsoft.com/en-us/library/dn823754.aspx

Alle Cmdlets lassen Sie sich am schnellsten mit *Get-Command *adfs** anzeigen. Der Befehl *Get-Command *adfsLDAP** zeigt die Cmdlets an, mit denen Sie die LDAP-Verbindungen aktivieren.

Geräteregistrierung konfigurieren

Sobald die AD FS-Infrastruktur konfiguriert ist, können Sie zum Beispiel die Geräteregistrierung auf dem AD FS-Server einrichten. Dazu öffnen Sie eine PowerShell-Sitzung und geben den folgenden Befehl ein:

Initialize-ADDeviceRegistration

Sie werden nach dem Dienstkonto gefragt. Hier geben Sie die Daten des verwalteten Dienstkontos ein, zum Beispiel *joos\adfsgmsa$*.

Danach geben Sie den folgenden Befehl ein:

Install-AdfsFarm

Hinweis Das bisher zu diesem Zweck verwendete Cmdlet *Enable-AdfsDeviceRegistration* gilt in Windows Server 2019 als veraltet und sollte nicht mehr eingesetzt werden.

Öffnen Sie auf dem AD FS-Server die AD FS-Verwaltungskonsole, können Sie den Dienst beliebig verwalten.

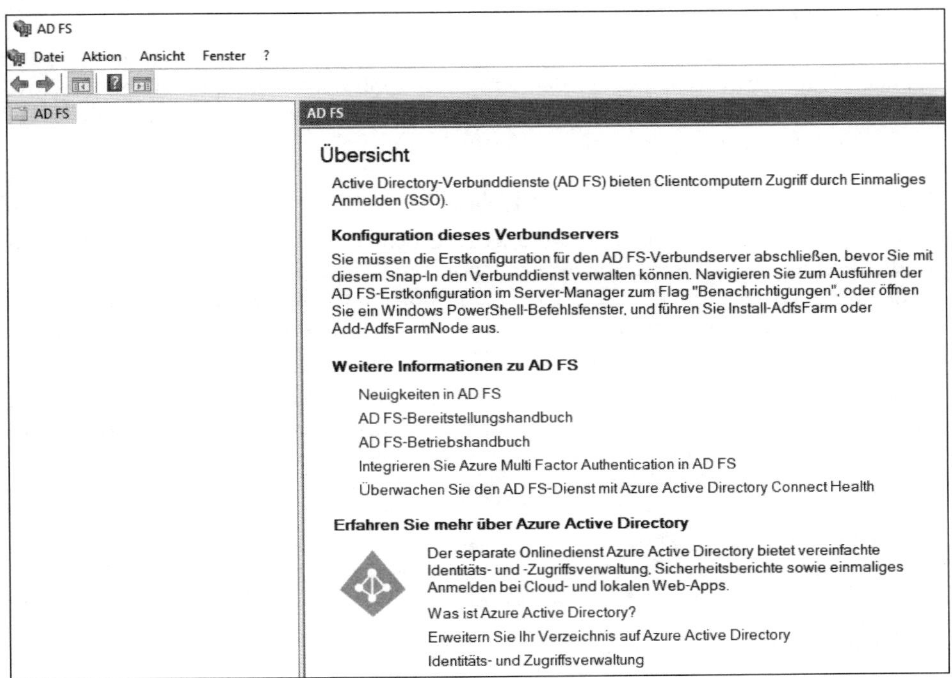

Abbildung 36.4: AD FS in Windows Server 2019 verwalten

Einrichten einer Beispiel-Webanwendung für AD FS

Um den Nutzen von AD FS und Workplace Join von Windows 8.1/10 zu demonstrieren, eignet sich am besten eine Webanwendung auf einem Server mit dem IIS. Sie konfigurieren die Webanwendung so, dass Anwender mit Windows 8.1/10 auf die Webanwendung zugreifen können, auch ohne dass der entsprechende Computer oder das Notebook Mitglied der Domäne ist.

Microsoft stellt eine solche Webanwendung über das Windows Identity Foundation SDK kostenlos zur Verfügung. Dieses finden Sie auf der Seite *http://www.microsoft.com/de-de/download/details.aspx?id=4451*. Außerdem benötigen Sie für die Installation der notwendigen Rollen die Windows Server 2019-Installations-DVD.

Webserver und notwendige Features installieren

Um den Server zu testen, müssen Sie zunächst auf einem anderen Server als dem AD FS-Server die Serverrolle *Webserver* installieren (siehe Kapitel 27). Zusätzlich müssen Sie noch *Webserver/Anwendungsentwicklung/ASP.NET 3.5* oder *ASP.NET 4.7* installieren. Lassen Sie auch die dazugehörigen Features installieren, die der Assistent vorschlägt.

Auf der Seite *Features auswählen* müssen Sie bei der Installation des Webservers noch das Serverfeature *Windows Identity Foundation 3.5* für die Installation auswählen (siehe Kapitel 4). Haben Sie alle Features ausgewählt, müssen Sie auf der letzten Seite noch den Speicherort der Installationsdateien angeben. Dazu klicken Sie auf den Link *Alternativen Quellpfad angeben* und wählen dann den Datenträger mit der Windows Server 2019-Installations-DVD aus und das Unterverzeichnis *sources\sxs*, zum Beispiel *d:\sources\sxs*.

Nach der Installation des Webservers installieren Sie als Nächstes das Windows Identity Foundation SDK *http://www.microsoft.com/de-de/download/details.aspx?id=4451*.

Danach installieren Sie auf dem Webserver ein SSL-Zertifikat für den Webserver (siehe Kapitel 27 und in diesem Kapitel den Abschnitt »SSL-Zertifikate als Vorlage in Active Directory-Zertifikatdiensten festlegen«). Das Zertifikat muss als CN den FQDN des Webservers aufweisen und von der internen Zertifizierungsstelle stammen.

Beispielanwendung für AD FS und Workplace Join vorbereiten

Haben Sie alle Vorbereitungen des vorangegangenen Abschnitts durchgeführt, kopieren Sie die Beispielanwendung aus dem Installationsverzeichnis des Windows Identity Foundation SDK (*C:\Program Files (x86)\Windows Identity Foundation SDK\v3.5\Samples\Quick Start\Web Application\PassiveRedirectBasedClaimsAwareWebApp*) in das Verzeichnis *C:\inetpub\claimapp*. Öffnen Sie danach die Datei *Default.aspx.cs* mit einem Texteditor.

Suchen Sie nach dem Eintrag *ExpectedClaims* und verwenden Sie die zweite gefundene Stelle. Sie müssen jetzt mit // die Zeilen in der Datei auskommentieren, die um die gefundene Stelle herum aufgeführt sind. Danach muss der Bereich so aussehen:

```
Foreach (claim claim in claimsIdentity.Claims)
{
   //Before showing the claims validate that this is an expected claim
   //If it is not in the expected claims list then don't show it
   //if (ExpectedClaims.Contains( claim.ClaimType ) )
   // {
      writeClaim( claim, table );
   //}
}
```

Listing 36.1 Beispiellisting einer Datei für AD FS

Speichern Sie die Datei. Öffnen Sie die Datei *web.config*. Löschen Sie den ganzen Bereich *<microsoft.identityModel>* bis einschließlich *</microsoft.identityModel>*. Speichern Sie die Datei.

Öffnen Sie den IIS-Manager und klicken Sie auf *Anwendungspools* (siehe Kapitel 27). Klicken Sie mit der rechten Maustaste auf *DefaultAppPool* und wählen Sie *Erweiterte Einstellungen*. Setzen Sie den Wert *Prozessmodell/Benutzerprofil laden* auf *True*. Rufen Sie danach über das Kontextmenü die Grundeinstellungen auf und ändern Sie *.NET CLR Version* zu *NET CLR Version v2.0.50727.*

Klicken Sie danach mit der rechten Maustaste auf *Default Web Site* und wählen Sie *Bindungen bearbeiten* aus. Fügen Sie eine HTTPS-Bindung zum Port 443 hinzu und verwenden Sie das SSL-Zertifikat, das Sie auf dem Server installiert haben.

Beispielanwendung installieren

Wenn Sie alle Vorbereitungen getroffen haben, aktivieren Sie die Beispielanwendung auf dem Webserver. Dazu klicken Sie mit der rechten Maustaste auf die *Default Web Site* im IIS-Manager und wählen *Anwendung hinzufügen*. Setzen Sie den Alias auf *claimapp* und den physischen Pfad auf *C:\inetpub\claimapp*. Achten Sie darauf, dass als Anwendungspool *DefaultAppPool* ausgewählt ist.

Klicken Sie danach doppelt auf die Datei *FedUtil.exe* im Verzeichnis *C:\Program Files (x86)\Windows Identity Foundation SDK\v3.5*. Wählen Sie als *Speicherort der Anwendungskonfiguration* die Datei *web.config* im Verzeichnis *C:\inetpub\claimapp* aus. Als URl verwenden Sie die Adresse: *https://<Webserver>/claimapp*.

Auf der nächsten Seite aktivieren Sie die Option *Vorhandenen STS verwenden*. Als Adresse verwenden Sie *https://<AD FS-Server>/federationmetadata/2007-06/federationmetadata.xml*.

Auf der nächsten Seite belassen Sie die Option *Zertifikatkettenüberprüfung deaktivieren*. Danach belassen Sie die Option *Keine Verschlüsselung*. Auf der Seite *Angebotene Ansprüche* nehmen Sie ebenfalls keine Änderungen vor und klicken auch hier auf *Weiter*. Auf der letzten Seite aktivieren Sie die Option *Aufgabe für tägliche WS-Federationmetadatenupdates planen* und klicken auf *Fertig stellen*.

Rufen Sie nach der Einrichtung die Adresse der Claimapp auf, also *https://s2.contoso.int/claimapp* in diesem Beispiel, werden Sie auf den AD FS-Server umgeleitet und erhalten eine Fehlermeldung. Damit die Authentifizierung funktioniert, müssen Sie erst noch die weiteren Einstellungen vornehmen.

Vertrauensstellung zwischen Webanwendung und AD FS einrichten

Im nächsten Schritt erstellen Sie auf dem AD FS-Server Regeln für den Zugriff auf die Webanwendung. Dazu rufen Sie auf dem AD FS-Server die Verwaltungskonsole von AD FS im Server-Manager über Tools auf und klicken auf *Vertrauensstellungen der vertrauenden Seite* mit der rechten Maustaste. Wählen Sie *Vertrauensstellung der vertrauenden Seite hinzufügen*. Klicken Sie auf der ersten Seite auf *Start*.

Als Datenquelle wählen Sie *Online oder in einem lokalen Netzwerk veröffentlichte Daten über die vertrauende Seite importieren* und geben die Adresse *https://<Webserver>/claimapp/federationmetadata/2007-06/federationmetadata.xml* ein.

Klicken Sie auf *Weiter*, überprüft der Assistent, ob die Datei vorhanden ist. Erhalten Sie einen Fehler, überprüfen Sie im Browser, ob Sie die Adresse öffnen können und die Datei vorhanden ist. Stellen Sie auch im Explorer auf dem Webserver sicher, dass die Datei vorhanden ist. Auf der nächsten Seite geben Sie dann den Namen für die neue Vertrauensstellung ein.

Danach legen Sie die mehrstufige Authentifizierung fest. Hier belassen Sie die Einstellung auf *Jetzt keine Einstellungen für die mehrstufige Authentifizierung konfigurieren*. Auf der Seite *Ausstellungsautorisierungsregeln wählen* legen Sie die Option *Allen Benutzern Zugriff auf diese vertrauende Seite verweigern* fest. Danach erhalten Sie eine Zusammenfassung Ihrer Eingaben. Auch hier klicken Sie auf *Weiter*.

Auf der letzten Seite belassen Sie die Einstellung auf *Nach Abschluss des Assistenten das Dialogfeld "Anspruchsregeln bearbeiten" für diese Vertrauenstellung der vertrauenden Seite öffnen* und klicken auf *Schließen*.

Klicken Sie im neuen Fenster auf *Regel hinzufügen*. Wählen Sie *Ansprüche mithilfe einer benutzerdefinierten Regel senden* aus und klicken Sie auf *Weiter*. Geben Sie der Regel einen beliebigen Namen und tragen Sie als Text die folgenden Daten ein:

c:[ ]

=> issue(claim = c);

Klicken Sie auf *Fertig stellen* und dann auf *OK*.

Fehlerbehebung und Überwachung bei einem AD FS-Server

Betreiben Sie im Netzwerk System Center Operations Manager, können Sie für AD FS ein eigenes Management Pack bei Microsoft herunterladen und auf diesem Weg AD FS überwachen.

AD FS lässt sich aber auch über die Ereignisanzeige überwachen. In der AD FS-Konsole steuern Sie über das Kontextmenü von AD FS und der Auswahl von *Verbunddiensteigenschaften bearbeiten* auf der Registerkarte *Ereignisse* genauer, was die Umgebung in die Ereignisanzeige schreiben soll.

Öffnen Sie die Ereignisanzeige, klicken Sie auf das Menü *Ansicht* und wählen Sie *Analytische und Debugprotokolle einblenden*. Danach müssen Sie die Ansicht aktualisieren, damit das AD FS Tracing-Log zu sehen ist. Mit einem Rechtsklick auf das Debug-Protokoll können Sie das Protokoll aktivieren. Sobald Sie die Debug-Protokollierung aktiviert haben, erhalten Sie einen umfassenden Überblick über die Vorgänge in der AD FS-Infrastruktur. Beim Filtern des AD FS-Ereignisprotokolls können Sie auch alle Ereignisse einer bestimmten Transaktion filtern lassen. Sie müssen dazu nur einen Filter basierend auf der *ActivityID* mit den folgenden Schritten erstellen:

1. Öffnen Sie die Ereignisanzeige.
2. Erweitern Sie *Anwendungs- und Dienstprotokolle* und dann den Admin-Bereich beim AD FS-Protokoll.
3. Wählen Sie aus dem Menü *Aktion Aktuelles Protokoll filtern*.
4. Klicken Sie auf die Registerkarte *XML* und wählen Sie *Manuell bearbeiten*.

Eine Beispielabfrage für AD FS sieht folgendermaßen aus:

```
<QueryList>
  <query Id="0" Path="AD FS 2.0 Eventing/Admin">
    <Select Path=" AD FS 2.0/Admin "> * [System [ Correlation [@ ActivityID = ' {
77269359 - 0b7d - 45cb - 9760 - e3a4009883d9 }' ]]] </ select >
  < / Query >
</ Querylist >
```

Mit einer benutzerdefinierten Abfrage lesen Sie Fehlermeldungen und Informationen in AD FS effektiver aus. Aus Gründen der Sicherheit zeigt AD FS nicht genau, wann ein Fehler aufgetreten ist oder eine Aktion durchgeführt wurde.

Sie können die Ereignisse aber auch in der PowerShell anzeigen und filtern lassen:

Get-WinEvent -FilterHashtTable @{LogName='AD FS Admin'; Level=2; StartTime=(Get-Date) -Computername <Servername>.

Für erweiterte Überwachung und Diagnosezwecke bietet Microsoft zusätzlich kostenlose PowerShell-Cmdlets zur Überwachung an. Sie können sich das AD FS Diagnostics Module kostenlos in der TechNet-Gallery herunterladen (*https://gallery.technet.microsoft.com/scriptcenter/AD-FS-Diagnostics-Module-8269de31*). Auf der Downloadseite sehen Sie die verschiedenen Cmdlets, die schnell und unkompliziert Daten auslesen.

Single Sign-On mit AD FS – auch mit Office 365

Mit AD FS konfigurieren Sie lokale Dienste und Clouddienste wie Office 365 für Single Sign-On (SSO). Anwender müssen sich in solchen Umgebungen nur einmal an der Weboberfläche von AD FS anmelden und können dann auf Ressourcen in Office 365 und anderen Webdiensten zugreifen, ohne sich erneut anmelden zu müssen. Während der Installation von AD FS sollten Sie eine Verbundfarm erstellen. Auf diese Weise können Sie jederzeit weitere Server zum Verbund hinzufügen und so sicherstellen, dass die Infrastruktur hochverfügbar ist. Auch wenn Sie zunächst nur einen Server betreiben wollen, ist das Verwenden einer Farm immer der bessere Weg.

Als Alternative zu der Windows Internal Database können Sie auch eine SQL-Datenbank für AD FS verwenden. Dies erfordert einige zusätzliche Arbeit beim Setup, aber Sie können SQL für hohe Verfügbarkeit nutzen. Außerdem gibt es keine primären oder sekundären AD FS-Server in der Farm, da alle Daten in der SQL-Datenbank gespeichert werden. Wenn Sie bereits SQL im Unternehmen einsetzen und eine SQL-Infrastruktur zur Verfügung haben, bietet es sich an, diese zu nutzen. Verwendung von SQL bedeutet auch, Sie können mehr als fünf Server in einer Farm und zusätzliche AD FS-Funktionen wie SAML integrieren.

Sie können in Windows Server 2019 auch auf Active Directory-Verbunddienste setzen, um Single Sign-On mit anderen Gesamtstrukturen oder der Cloud aufzubauen. Die neue AD FS-Version beherrscht Openid Connect Web Sign-On sowie OAuth2. Um AD FS oder andere neue Dienste in Windows Server 2019 umfassend zu nutzen, sind Zertifikate notwendig. Ein solches Zertifikat erstellen Sie auf Wunsch selbstsigniert in der PowerShell. Die Syntax dazu ist:

New-SelfSignedCertificate -CertStoreLocation cert:\localmachine\my -DnsName <FQDN des Servers>

Auf Basis des Fingerabdruckes können Sie das Zertifikat auch in eine Datei exportieren. Dazu speichern Sie das notwendige Kennwort für das Exportieren als Variable:

$pwd = ConvertTo-SecureString -String "test" -Force -AsPlainText

Danach exportieren Sie das Zertifikat auf Basis seines Thumbprints:

Export-PfxCertificate -Cert cert:\localMachine\my\075D8E7B207CEC1E204B6356E28576 D378E577BF -FilePath c:\s2.contoso.int.pfx -Password $pwd

Anschließend arbeiten Sie den Assistenten zum Erstellen einer neuen AD FS-Konfiguration durch. Als Zertifikat verwenden Sie das selbstsignierte Zertifikat. Natürlich können Sie auch auf Zertifikate aus den Active Directory-Zertifikatdiensten von Windows Server 2019 setzen.

Nachdem AD FS eingerichtet ist, können Sie in der AD FS-Verwaltungskonsole den Assistenten zum Einrichten starten. Dieser bietet einige Vorlagen und ermöglicht die Einrichtung von OpenId Connect.

Zusammenfassung

In diesem Kapitel haben wir Ihnen an einer Beispielumgebung erklärt, wie Sie die Active Directory-Verbunddienste einrichten. Mit der Beispielumgebung erhalten Sie einen tiefen Einblick in die Möglichkeiten der Technologien in Windows 8.1/10 und Windows Server 2019.

Im nächsten Kapitel erläutern wir Ihnen, wie Sie Patches im Netzwerk über die Windows Server Update Services (WSUS) verteilen.

Kapitel 37
Windows Server Update Services

In diesem Kapitel:

Wie Windows Server 2012 R2 verfügt Windows Server 2019 über den Serverdienst Windows Server Update Services (WSUS). Dieser Dienst kann für Microsoft-Betriebssysteme, aber auch für alle anderen Microsoft-Produkte Updates herunterladen und im Netzwerk zur Verfügung stellen. In Windows Server 2019 ist der Dienst in der Lage, die größeren Updates für Windows 10 zu verwalten sowie die Erweiterungen für Hyper-V. Auch große Update-Pakete, wie zum Beispiel Windows 10 Version 1809 oder spätere Versionen, verteilen Sie über WSUS.

Die Clients und Server im Netzwerk rufen Updates über diesen Server ab, nicht mehr über das Internet. Das ist besonders für Windows 10 relevant, da durch das neue Aktualisierungsverhalten auch größere Internetleitungen blockiert werden können. Die Einstellungen für WSUS lassen sich mit Gruppenrichtlinien steuern, auch die neuen Funktionen in Windows 10 und Windows Server 2019. Der Vorteil dabei ist die zentrale Steuerung der Updates. Außerdem müssen Unternehmen Updates nur noch einmal herunterladen, nicht für jeden Server und Computer einzeln. Das entlastet die Datenleitung zum Internet enorm. Auch kleine Netzwerke, die zu Windows 10 aktualisieren, sollten WSUS installieren.

WSUS installieren Sie über den Server-Manager oder das Windows Admin Center. Die grundlegende Funktion hat sich wenig geändert. WSUS in Windows Server 2019 lässt sich auch über die PowerShell verwalten.

Unternehmen, die WSUS bereits einsetzen, können die Daten, Einstellungen und bereits gespeicherten Patches auch direkt zu Windows Server 2019 migrieren.

Tipp Ein wichtiges Tool für die Diagnose von Clientproblemen ist das WSUS Client Diagnostics Tool von Microsoft (*https://docs.microsoft.com/en-us/windows-server/administration/windows-server-update-services/manage/wsus-tools*). Es ermittelt, ob die Anbindung an den Server funktioniert.

WSUS installieren

Im Server-Manager klicken Sie auf *Verwalten/Rollen und Features hinzufügen*. Als Serverrolle wählen Sie *Windows Server Updates Services (WSUS)* aus. Während der Installation nehmen Sie noch keine Einstellungen vor, sondern erst nachträglich. Während der Installation wählen Sie auch aus, ob auf dem Server eine interne Windows-Datenbank für WSUS installiert werden soll (WID) oder nur der Dienst zum Verteilen von Patches. Bei der Auswahl von *Datenbank* lässt sich eine SQL Server-Datenbank hinterlegen, in der WSUS seine Daten speichern soll.

Tipp In manchen Umgebungen erscheinen Fehlermeldungen, wenn WSUS auf virtuellen Servern betrieben wird. Das liegt daran, dass die Patches dann auf einer virtuellen Festplatte abgespeichert werden sollen. In diesem Fall sollten Sie eine lokale Festplatte des Hyper-V-Hosts für die Patches zuteilen (siehe Kapitel 7).

Abbildung 37.1: Auswählen der Rollendienste zur Installation von WSUS

Als Nächstes wählen Sie aus, wo WSUS Patches speichern soll. Diese liegen nicht in der Datenbank, sondern in einem Dateipfad. In der Datenbank liegen nur die Konfigurationsdaten von WSUS und die Berichte, die Administratoren erstellen.

Nach Abschluss der Installation warnt der Server-Manager, dass noch eine nachträgliche Konfiguration der Dienste erfolgen muss. Diese sollten Sie nach der Installation von WSUS starten. Bei diesem Vorgang richtet der Assistent vor allem die Datenbank von WSUS ein. Danach erst starten Sie den eigentlichen Assistenten zur Einrichtung der Patches und Clients.

WSUS nach der Installation einrichten

Wie für andere Serverdienste legt der Server-Manager in Windows Server 2019 auch für WSUS eine eigene Gruppe an. Über das Kontextmenü des Servers im Server-Manager starten Sie den Einrichtungs-Assistenten von WSUS. Sie können aber auch die WSUS-Verwaltungskonsole über den Menüpunkt *Tools* des Server-Managers oder dem Startmenü von Windows Server 2019 starten. Beim ersten Aufrufen des Tools startet ein Assistent, der WSUS grundlegend konfiguriert.

Im Rahmen des Assistenten legen Sie fest, ob der Server Updates direkt bei Microsoft herunterladen soll oder von einem anderen WSUS-Server. Im Rahmen der Einrichtung können Sie WSUS auch an einen Proxyserver anbinden. Bei der ersten Einrichtung überprüft der Assistent, ob WSUS die Update-Server von Microsoft erreicht. Nur bei einer erfolgreichen Verbindung können Sie die Einrichtung fortführen. Der Verbindungsaufbau dauert eine Weile, da bereits jetzt Informationen von Microsoft heruntergeladen werden.

Außerdem lassen sich die Sprachen und Produkte festlegen, die über WSUS aktualisiert werden sollen. Auch den Zeitplan der Aktualisierung legen Sie bei der Einrichtung fest.

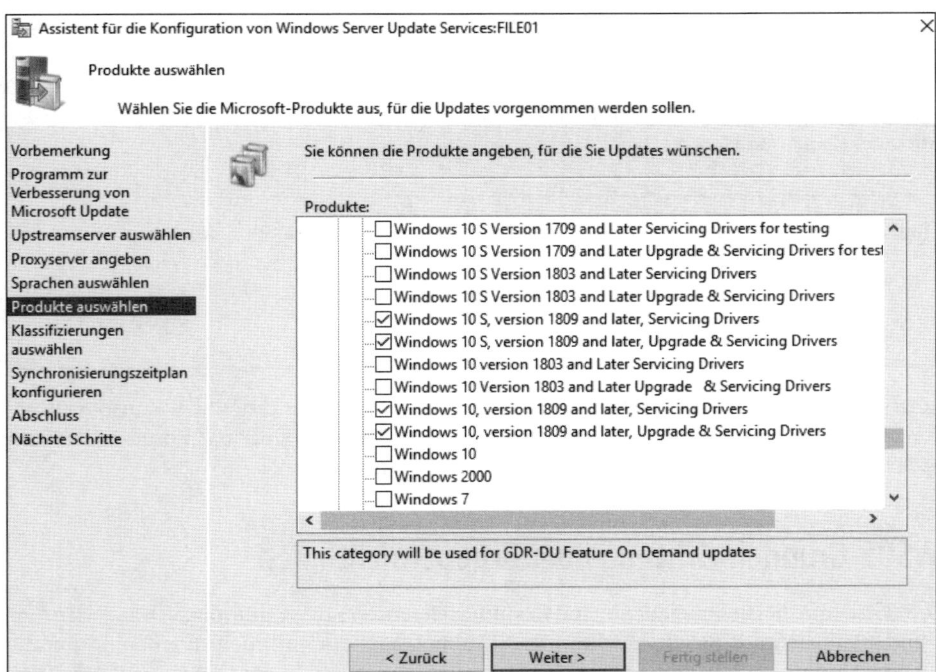

Abbildung 37.2: Festlegen der Produkte, die mit WSUS aktualisiert werden sollen

Achten Sie darauf, dass nach der ersten Einrichtung erst das Herunterladen der Patches erfolgt. Das kann einige Stunden dauern, abhängig von der Auswahl.

Hinweis Damit Windows 10-Upgrades über WSUS bereitgestellt werden können, muss bei *Klassifizierungen auswählen* auch die Option *Upgrades* auf der Registerkarte aktiviert sein.

Auf der Registerkarte *Produkte auswählen* sollten wiederum die verschiedenen Windows 10-Optionen aktiviert werden. Muss eine der Optionen angepasst werden, dann ist auch eine erneute Synchronisierung notwendig.

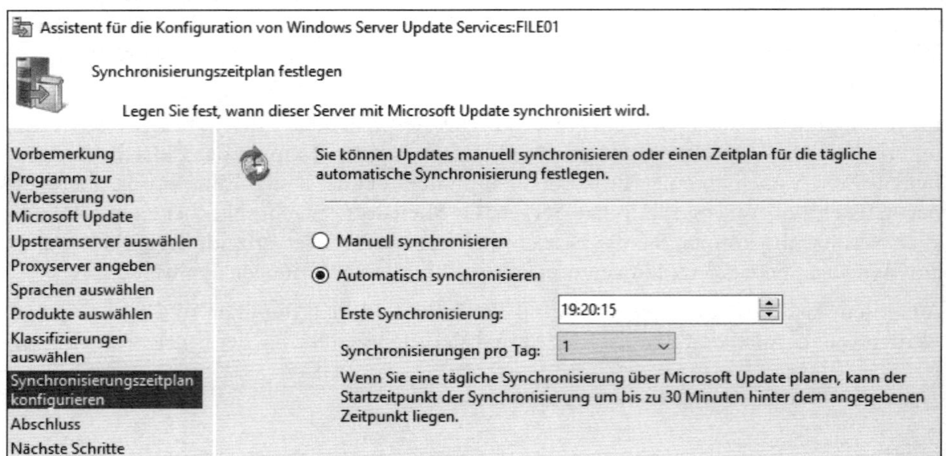

Abbildung 37.3: Im Rahmen der WSUS-Einrichtung wird auch ein Zeitplan für die Synchronisierung mit Microsoft Update festgelegt.

Tipp Den Zeitplan für die Synchronisierung steuern Sie über *Optionen* in der Verwaltungskonsole von WSUS. Hier finden Sie den Bereich *Synchronisierungszeitplan*. Sie können den Server auch mehrmals pro Tag synchronisieren lassen, auf Wunsch auch jede Stunde.

Nach der ersten Einrichtung lassen sich alle Einstellungen über die WSUS-Konsole anpassen, Berichte erstellen und die erste Synchronisierung starten. Über das Kontextmenü von WSUS-Servern starten Sie dann zukünftig die Verwaltungskonsole.

WSUS-Grundeinrichtung über Gruppenrichtlinien

WSUS scannt heruntergeladene Updates und referenziert diese automatisch mit den verbundenen Clients. Einstellungen können Sie über Gruppenrichtlinien verteilen. Damit die Clients Updates installieren, müssen diese so konfiguriert sein, dass sie keine Patches aus dem Internet herunterladen, sondern den internen WSUS verwenden.

Die Konfiguration der automatischen Updates in den Gruppenrichtlinien nehmen Sie in der Gruppenrichtlinienverwaltung unter *Computerkonfiguration/Richtlinien/Administrative*

Vorlagen/Windows-Komponenten/Windows Update vor. Wir gehen auf die Einrichtung dazu noch ausführlich ein.

Über einen eigenen Menübereich in der Verwaltungskonsole lassen sich auch Berichte für WSUS erstellen. So können sich Administratoren jederzeit einen Überblick verschaffen, welche Updates aktuell im Unternehmen verteilt sind und wie der Updatestatus der einzelnen Server und Computer ist. Der wichtigste Schritt der Einrichtung besteht zunächst aus dem Herunterladen der Windows-Updates. Nur Updates, die auf dem Server zur Verfügung stehen, kann WSUS an die Clients übergeben.

Upstream-Server in WSUS nutzen

Setzen Sie mehrere WSUS-Server im Unternehmen ein, ist es nicht notwendig, dass sich alle Server direkt bei Microsoft synchronisieren. Sie können auch einen Upstream-Server festlegen, von dem andere WSUS-Server ihre Updates beziehen. Auf Wunsch haben Sie auch die Möglichkeit, nicht nur die Updates zu synchronisieren, sondern auch die Einstellungen. Auf diesem Weg können Sie einen einzelnen WSUS-Server installieren und einrichten sowie dessen Daten und Patches im Unternehmen auf andere WSUS-Server verteilen.

Für die Einstellungen in diesem Bereich gehen Sie in den *Optionen* zu *Updatequelle und Proxy*. Hier können Sie die Aktualisierungen auch über Proxyserver konfigurieren, natürlich mit der Möglichkeit, einen Benutzernamen und ein Kennwort bereitzustellen.

Abbildung 37.4: Steuern der WSUS-Optionen, inklusive der Upload-Server

Sobald Sie den Quell-WSUS-Server eingerichtet haben, rufen Sie auf den untergeordneten WSUS-Servern *Optionen/Updatequelle und Proxyserver* auf. Aktivieren Sie die Option *Von einem anderen Windows Server Update Services-Server synchronisieren*. Im Fenster geben Sie den Servernamen ein sowie den Port 8530, wenn Sie kein SSL konfiguriert haben. Nutzen Sie bereits SSL, verwenden Sie den entsprechenden Port. Im Fenster zur Steuerung des Upstream-Servers können Sie auch festlegen, dass der untergeordnete WSUS-Server die Einstellungen vom übergeordneten Server erhält. Dazu aktivieren Sie die Option *Dieser Server ist ein Replikat des Upstreamservers*.

Nachdem Sie diese Option aktiviert haben, müssen Sie auf den untergeordneten Servern auch keine Updates mehr freigeben, da diese Option ebenfalls synchronisiert wird. Nach einigen Stunden sollten die Server miteinander synchronisiert sein. Im Bereich *Downstreamserver* in der Verwaltungskonsole von WSUS sehen Sie die untergeordneten WSUS-Server. In diesem Bereich können Sie den Server zur Verwaltung zur aktuellen Konsole hinzufügen und auf diesem Weg in einer WSUS-Konsole mehrere Server verwalten.

SSL in WSUS nutzen

Standardmäßig nutzt WSUS für die Kommunikation mit den Clients und der Verwaltungskonsole das HTTP-Protokoll. In sicheren Umgebungen sollten Sie besser SSL aktivieren. Dazu müssen Sie auf dem Server zunächst ein Serverzertifikat installieren. Hier gehen Sie vor wie bei der üblichen Installation von Serverzertifikaten im IIS-Manager. Sie können hier natürlich auch auf eine interne Zertifizierungsstelle setzen.

Nachdem Sie das Serverzertifikat installiert haben, rufen Sie im IIS-Manager *Sites/WSUS-Verwaltung* auf. Klicken Sie danach auf *Bindungen* und bearbeiten Sie die Bindung für SSL zum Port 8531. Hier können Sie jetzt auch das installierte Zertifikat auswählen.

Zusätzlich müssen Sie noch für die folgenden untergeordneten Verzeichnisse der Seite *WSUS-Verwaltung* die SSL-Einstellungen aufrufen und danach die Option *SSL erforderlich* aktivieren:

- *ApiRemoting30*
- *ClientWebService*
- *DssAuthWebService*
- *ServerSyncWebService*
- *SimpleAuthWebService*

Tipp Nachdem Sie SSL für WSUS aktiviert haben, erhalten Sie eine Fehlermeldung, wenn Sie die WSUS-Verwaltungskonsole öffnen.

Damit die Konsole wieder funktioniert, öffnen Sie zunächst eine Befehlszeile und wechseln in das Verzeichnis *C:\Programme\Update Services\Tools*. Geben Sie den Befehl *wsusutil ConfigureSSL <Name des Zertifikats>* ein.

Im nächsten Schritt entfernen Sie die veraltete HTTP-Verbindung in der WSUS-Verwaltungskonsole und fügen über das Kontextmenü eine neue Verbindung hinzu. Geben Sie den Servernamen ein sowie die korrekte Portnummer für die Anbindung an SSL. Aktivieren Sie außerdem die Option *Verbindung mit diesem Server über SSL herstellen*.

Klicken Sie nach der erfolgreichen Anbindung des Servers auf den Servernamen in der Konsole, sehen Sie im unteren Bereich bei *Verbindung*, dass dieser jetzt SSL für die Kommunikation nutzt.

Achten Sie aber darauf, dass Sie auch in den Gruppenrichtlinien zur Anbindung der Clients den Port zur Verfügung auf *8531* setzen müssen. Der HTTP-Port 8530 steht nicht mehr zur Verfügung. Sie finden die Einstellungen über *Computerkonfiguration/Richtlinien/Administrative Vorlagen/Windows-Komponenten/Windows Update*. Passen Sie die Einstellung *Internen Pfad für den Microsoft Updatedienst angeben* an.

Updates im Griff behalten und professionell steuern

Microsoft erweitert mit jeder Windows 10-Version die Einstellungsmöglichkeiten für Windows-Updates innerhalb von Windows 10, aber auch in Windows Server 2019. In der Einstellungs-App von Windows 10 und Windows Server 2019 stehen verschiedene Optionen zur Verfügung, um Updates möglichst effektiv im Netzwerk zu verteilen.

Zwar arbeiten Windows 10 und Windows Server 2019 weiterhin problemlos mit den Windows Server Update Services (WSUS) zusammen, aber auch ohne diese Dienste kann einiges konfiguriert werden.

Viele Einstellungen für Updates ändern sich mit neuen Versionen und Builds von Windows 10. Um auszulesen, welche Version derzeit auf einem Rechner installiert ist, hilft das Tool *winver.exe*. PCs wechseln zum Beispiel seit Windows 10 Version 1803 nicht in den Ruhemodus, während Windows-Updates installiert werden. Das ist natürlich auf Rechnern mit Akkus nicht sinnvoll. Daher ist hier die entsprechende Option nicht aktiv.

Neue Update-Funktionen in Windows 10 verstehen

Microsoft arbeitet an der Verbesserung der Updates, nicht nur deren Steuerung in der Einstellungs-App. Generell will Microsoft die Updates verkleinern. Dadurch soll der Download und die Installation schneller ablaufen. Dazu kommt, dass Rechner mit Windows 10 Updates, die sie heruntergeladen haben, für andere Windows 10-Rechner bereitstellen können. Das reduziert die Downloadmenge und beschleunigt die Bereitstellung und Installation.

In Zukunft soll es drei verschiedene Update-Größen geben. »Full Updates« enthalten alle Verbesserungen und Aktualisierungen seit der letzten Veröffentlichung einer Windows-Version. Von den neuen Express-Updates profitieren Windows 10-Rechner und aktuelle Windows-Server, auch Windows Server 2019.

Express-Updates sind wesentlich kleiner als die aktuellen kumulativen Updates und die Delta-Updates, die nur noch fehlende Aktualisierungen nachladen. Express-Updates funktionieren in etwa wie aufeinander aufbauende Datensicherungen und lassen sich wesentlich schneller herunterladen und installieren. Außerdem wird die Anzahl an Neustarts deutlich verringert.

Im Fokus soll die Verkleinerung der Updates sein, sodass diese schneller auf dem entsprechenden Server und Computer ankommen und installiert werden.

Windows-Updates in Windows 10 steuern

Windows-Updates werden in der Einstellungen-App über den Bereich *Update und Sicherheit/Windows Update* gesteuert. Hier kann schnell und einfach nach Updates gesucht werden. Neben der Konfiguration über die grafische Oberfläche können alle Einstellungen auch über Gruppenrichtlinien definiert werden. Wir zeigen diese Vorgehensweise noch ausführlich in diesem Kapitel in den nächsten Abschnitten. Die Einstellungen dazu sind entweder in der lokalen Richtlinienverwaltung von Windows 10 Pro und Enterprise oder in den Gruppenrichtlinien in Active Directory zu finden. Die Konfiguration ist über *Computerkonfiguration/Administrative Vorlagen/Windows-Komponenten/Windows Update* erreichbar. Im Untermenüpunkt *Windows Update für Unternehmen* sind weitere Einstellungen verfügbar, auf die wir ebenfalls noch eingehen.

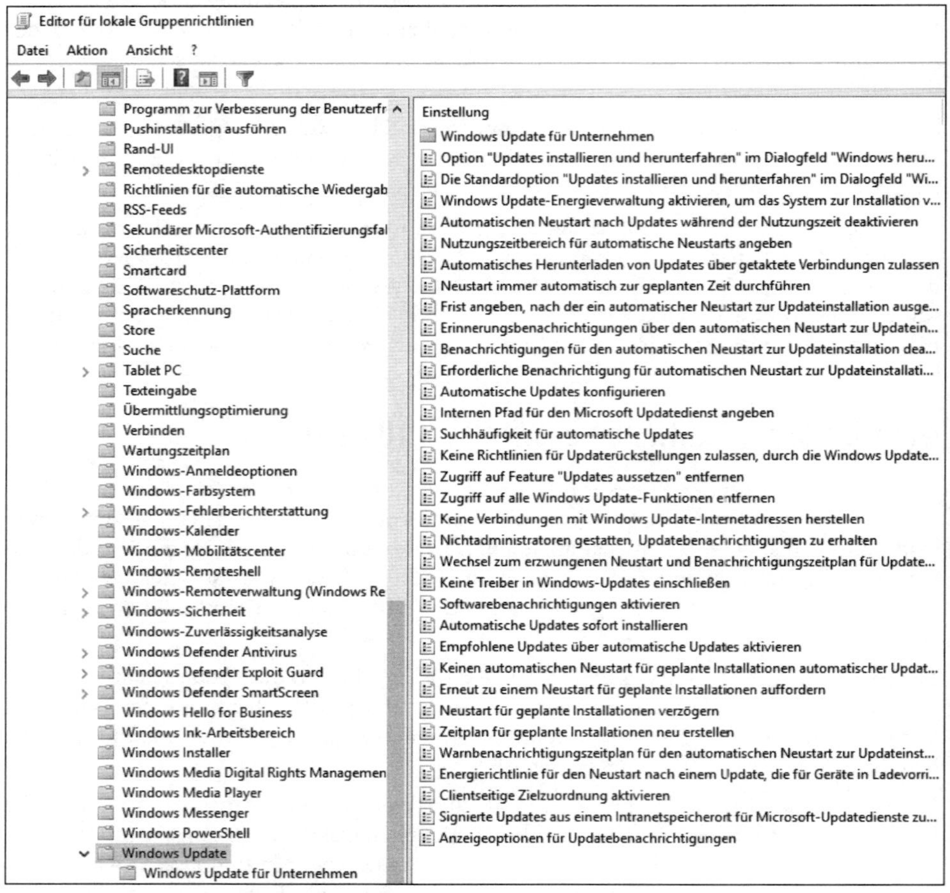

Abbildung 37.5: Windows-Updates über Gruppenrichtlinien steuern.

Die Installation erfolgt weitgehend automatisch. Über *Erweiterte Optionen* werden in Windows 10 die Einstellungsbereiche konfiguriert, mit denen Windows-Updates effektiver gesteuert werden können. Hier hat Microsoft in Windows 10 Version 1809 einiges verändert. Die entsprechenden Einstellungen sind ebenfalls über Gruppenrichtlinien im bereits erwähnten Pfad auffindbar.

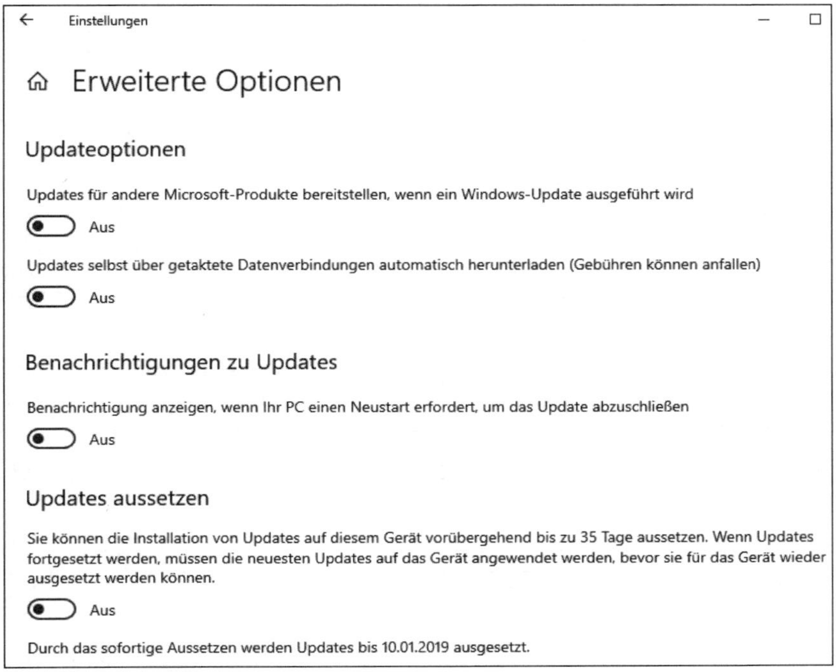

Einstellungen

Erweiterte Optionen

Updateoptionen

Updates für andere Microsoft-Produkte bereitstellen, wenn ein Windows-Update ausgeführt wird

Aus

Updates selbst über getaktete Datenverbindungen automatisch herunterladen (Gebühren können anfallen)

Aus

Benachrichtigungen zu Updates

Benachrichtigung anzeigen, wenn Ihr PC einen Neustart erfordert, um das Update abzuschließen

Aus

Updates aussetzen

Sie können die Installation von Updates auf diesem Gerät vorübergehend bis zu 35 Tage aussetzen. Wenn Updates fortgesetzt werden, müssen die neuesten Updates auf das Gerät angewendet werden, bevor sie für das Gerät wieder ausgesetzt werden können.

Aus

Durch das sofortige Aussetzen werden Updates bis 10.01.2019 ausgesetzt.

Abbildung 37.6: In Windows 10 Version 1809 stehen verschiedene Optionen zur Steuerung von Updates zur Verfügung.

In den erweiterten Optionen kann zum Beispiel festgelegt werden, dass Windows 10 Updates auch für andere Microsoft-Produkte installiert. Diese Option ist standardmäßig nicht aktiv. Auch das Herunterladen von Updates über Mobilfunktarife kann hier gesteuert werden. Schlussendlich kann, abhängig von der eingesetzten Edition, festgelegt werden, dass Updates eine bestimmte Zeit ausgesetzt werden. Hier lassen sich bis zu 35 Tage überbrücken, bis ein Rechner Updates installiert.

Installation von Funktionsupdates steuern

In den erweiterten Optionen der Update-Steuerung in Windows 10 kann noch festgelegt werden, an welchem Zeitpunkt die Installation erfolgen soll. In den Editionen Pro und Enterprise von Windows 10 kann die Installation von Updates zurückgestellt werden.

Die Funktion zum Zurückstellen von Updates kann auch in den Gruppenrichtlinien gesteuert werden. Die Einstellungen dazu sind im bereits erwähnten Bereich *Windows Updates für Unternehmen* verfügbar.

Aber auch in der Einstellungen-App lassen sich in Windows 10 Pro und Enterprise Updates zurückstellen. Hier stehen die beiden Optionen *Semi-Annual Channel (Targeted)* und *Semi-Annual Channel* zur Verfügung.

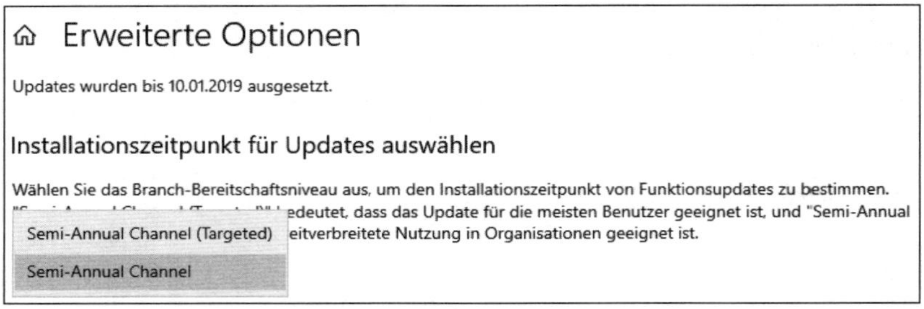

Erweiterte Optionen

Updates wurden bis 10.01.2019 ausgesetzt.

Installationszeitpunkt für Updates auswählen

Wählen Sie das Branch-Bereitschaftsniveau aus, um den Installationszeitpunkt von Funktionsupdates zu bestimmen. ... bedeutet, dass das Update für die meisten Benutzer geeignet ist, und "Semi-Annual ... eitverbreitete Nutzung in Organisationen geeignet ist.

Semi-Annual Channel (Targeted)

Semi-Annual Channel

Abbildung 37.7: Installationszeitpunkt für Updates steuern

Die Standardoption ist *Semi-Annual Channel (Targeted)*. Dadurch wird festgelegt, dass ein Funktionsupdate installiert wird, sobald es verfügbar ist. Die Einstellung *Semi-Annual Channel* ermöglicht das Verzögern der Installation von Funktionsupdates um bis zu 365 Tage.

Diese Einstellungen lassen sich lokal konfigurieren, aber natürlich auch mit Gruppenrichtlinien. Die Konfiguration ist über *Computerkonfiguration/Administrative Vorlagen/ Windows-Komponenten/Windows Update/Windows Update für Unternehmen* zu finden.

Hier steht die Einstellung *Zeitpunkt für den Empfang von Vorabversionen und Funktionsupdates* zur Verfügung. Über diese Einstellung wird festgelegt, wann Updates installiert werden sollen.

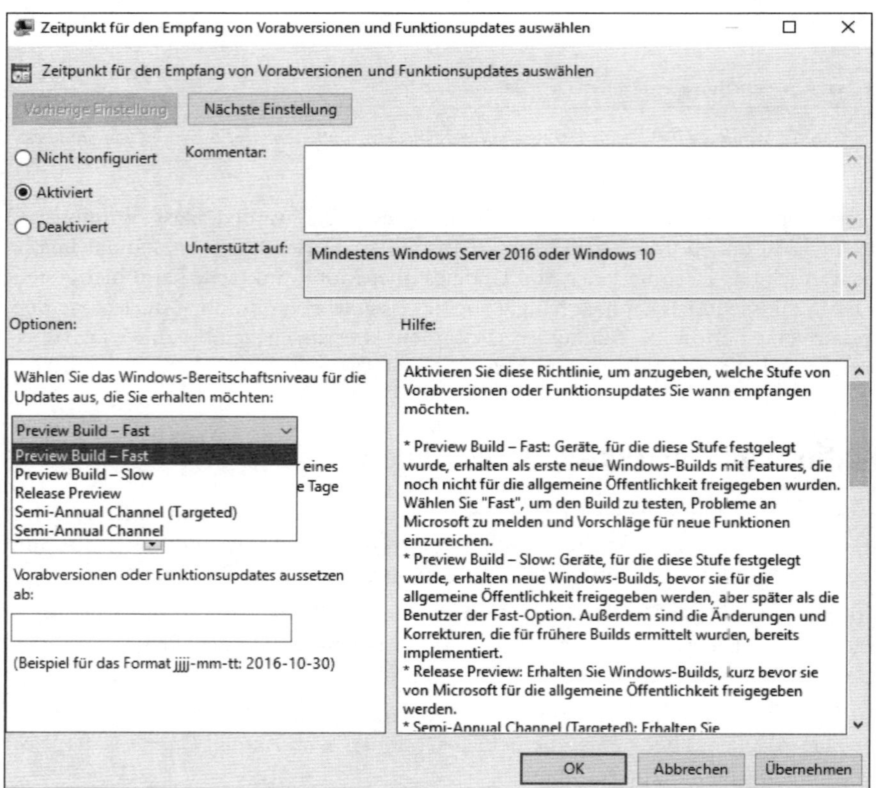

Abbildung 37.8: Einstellen der Installation von Funktionsupdates über Gruppenrichtlinien

Neben den Optionen *Semi-Annual Channel (Targeted)* und *Semi-Annual Channel* stehen hier noch die Optionen *Preview Build – Fast*, *Preview Build – Slow* und *Release Preview* zur Verfügung. Mit diesen drei lassen sich Previews von Windows 10 installieren, die noch nicht offiziell verteilt werden, aber fertiggestellt sind.

Windows 10 und WSUS

Werden Windows 10-Rechner an WSUS angebunden, um Updates zu installieren, besteht dennoch die Möglichkeit, dass sie parallel zur Suche auf dem WSUS-Server auch Updates bei Microsoft herunterladen. Auch dann, wenn Updates zurückgestellt werden, suchen Windows 10-Rechner parallel zu WSUS bei Microsoft über das Internet nach Updates. Wir kommen in den nächsten Abschnitten noch ausführlicher auf dieses Thema zurück.

Die Konfiguration der automatischen Updates in den Gruppenrichtlinien werden in der Gruppenrichtlinienverwaltung unter *Computerkonfiguration/Richtlinien/Administrative Vorlagen/Windows-Komponenten/Windows Update* vorgenommen. Über die WSUS-Konsole wird dann festgelegt, welche Updates auf dem WSUS zur Installation freigegeben werden. Nur diese stehen den Arbeitsstationen zur Verfügung.

Erkennen Windows 10-Rechner, dass die Installation von Updates zurückgestellt wurde, wird zusätzlich noch bei Microsoft Update überprüft, ob Updates für einen Rechner zur Verfügung stehen. Anwender können außerdem in der Einstellungs-App bei Microsoft nach Updates suchen, selbst wenn ein Rechner an WSUS angebunden ist. Dazu steht der Link *Suchen Sie online nach Updates von Microsoft Update* zur Verfügung. Der Link kann über Gruppenrichtlinien ausgeblendet werden. Die Einstellung dazu ist über *Computereinstellungen/Richtlinien/Administrative Vorlagen/System/Internetkommunikationsverwaltung/Internetkommunikationseinstellungen* zu finden. Die Option *Zugriff auf alle Windows Update-Funktionen deaktivieren* muss aktiviert werden. Nach einer Aktualisierung der Gruppenrichtlinien mit *gpupdate /force* und der erneuen Suche nach Updates sollte der Link ausgeblendet werden.

Soll den Anwendern aber weiterhin das manuelle Suchen nach Updates erlaubt werden, aber gleichzeitig verhindert werden, dass durch das Zurückstellen von Updates die Dual Scan-Funktion aktiviert wird, kann eine Richtlinie gesetzt werden. *Keine Richtlinien für Updaterückstellungen zulassen, durch die Windows Update überprüft wird* unter *Computerkonfiguration/Richtlinien/Administrative Vorlagen/Windows-Komponenten/Windows Update* ermöglicht diese Konfiguration.

Der Menüpunkt *Übermittlungsoptimierung* im Bereich *Computerkonfiguration/Richtlinien/Administrative Vorlagen/Windows-Komponenten* spielt für Windows 10 eine besondere Rolle. Hier sollten vor allem der Downloadmodus und die Bandbreiten angepasst werden, damit Windows 10-Rechner Updates optimal herunterladen und nicht zu viel Bandbreite verbrauchen.

Die Konfiguration an dieser Stelle kann auch in der Einstellungs-App vorgenommen werden. Dazu steht der Menüpunkt *Update und Sicherheit/Übermittlungsoptimierung* zur Verfügung. Hier kann festgelegt werden, dass Windows 10-Rechner Updates für andere Rechner mit Windows 10 im Netzwerk zur Verfügung stellen. Windows 10-Rechner können Updates für andere Windows 10-Rechner im Netzwerk/Internet bereitstellen (Peer-To-Peer).

Der Vorteil dabei ist, dass in Niederlassungen nicht jeder Rechner seine Updates aus Windows Update oder von einem WSUS-Server herunterladen muss, sondern von anderen Rechnern im gleichen Netzwerk beziehen kann. Die Einstellungen dazu sind auch in Windows 10 ohne Gruppenrichtlinien über *Einstellungen/Update und Sicherheit/Windows Update/Erweiterte Optionen/Übermittlungsoptimierung* zu finden.

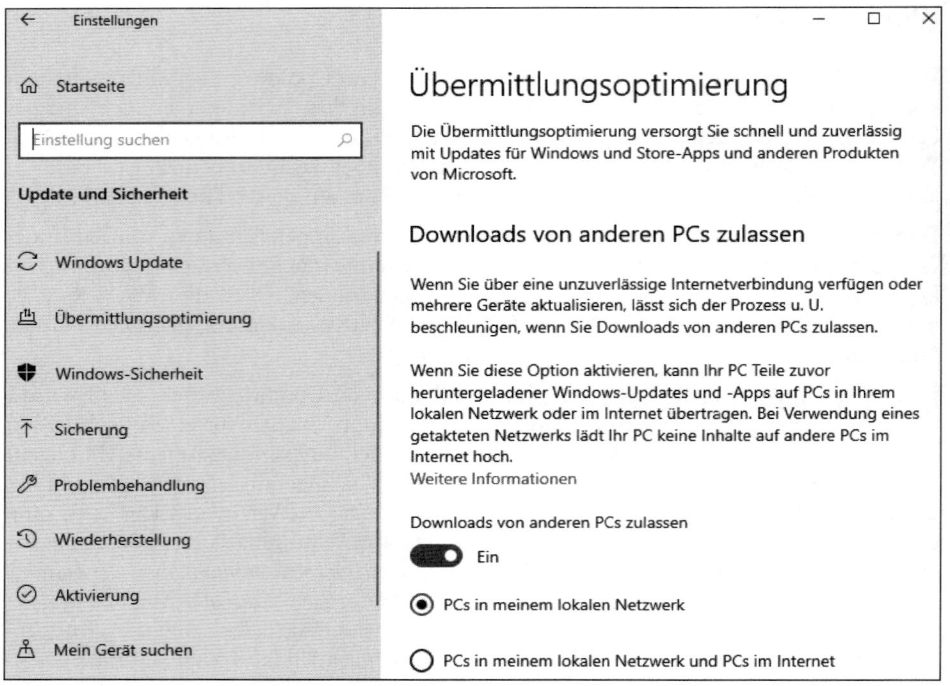

Abbildung 37.9: Übermittlungsoptimierung in Windows 10 steuern

Probleme bei der Installation von Updates beheben

Hilft die interne Problembehandlung in Windows 10 nicht, kann der Windows Update Troubleshooter (*https://support.microsoft.com/de-de/help/4027322/windows-update-troubleshooter*) teilweise Probleme bei der Installation von Updates verhindern. Er wird als CAB-Datei zur Verfügung gestellt.

Der Start erfolgt über einen Doppelklick auf die Datei. Durch die Option *Reparaturen automatisch anwenden* versucht der Assistent, Änderungen am System durchzuführen, ohne dass diese erst bestätigt werden müssen.

Microsoft bietet in der Technet-Gallery das Skript *Reset Windows Update Agent* (*https://gallery.technet.microsoft.com/scriptcenter/Reset-Windows-Update-Agent-d824badc*) an. Auch dieses kann Probleme bei der Update-Installation in Windows 10 beheben. Nach dem Download und der Extrahierung der ZIP-Datei wird das Skript durch einen Doppelklick auf *ResetWUEng.cmd* gestartet.

```
Administrator: Reset Windows Update Tool.

Microsoft Windows 10 [Version: 10.0.17134.167]
Reset Windows Update Tool.

This tool reset the Windows Update Components.

    1. Opens the system protection.
    2. Resets the Windows Update Components.
    3. Deletes the temporary files in Windows.
    4. Opens the Internet Explorer options.
    5. Runs Chkdsk on the Windows partition.
    6. Runs the System File Checker tool.
    7. Scans the image for component store corruption.
    8. Checks whether the image has been flagged as corrupted.
    9. Performs repair operations automatically.
    10. Cleans up the superseded components.
    11. Deletes any incorrect registry values.
    12. Repairs/Resets Winsock settings.
    13. Force Group Policy Update.
    14. Searches Windows updates.
    15. Explores other local solutions.
    16. Explores other online solutions.
    17. Downloads the Diagnostic Tools.
    18. Restarts your PC.

                                              ?. Help.    0. Close.

Select an option:
```

Abbildung 37.10: Probleme mit Windows Update beheben

Patchverwaltung mit WSUS

In den folgenden Abschnitten zeigen wir Ihnen, wie Sie WSUS verwalten und Clients an den Server anbinden.

Tipp Weitere Informationen, Anleitungen und Hilfen finden Sie auf der Internetseite *http://www.wsus.de.*

Über den Eintrag *Synchronisierungen* in der Verwaltungskonsole sehen Sie, ob der erste Synchronisierungsvorgang erfolgreich war. Sie erfahren dann auch im oberen Bereich der Konsole, ob neue Updates zur Verfügung stehen, die Sie genehmigen müssen. WSUS kann nur die Updates verteilen, die heruntergeladen wurden.

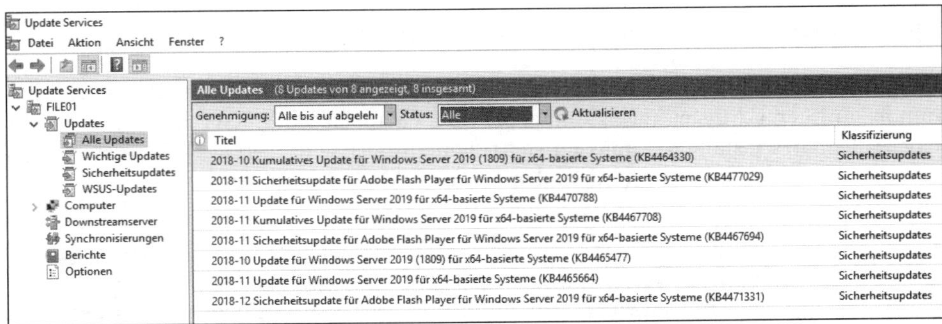

Abbildung 37.11: Überprüfen der neuen Updates in WSUS

Mit dem *Assistenten für die Serverbereinigung* in den *Optionen* können Sie WSUS säubern. Auf diesem Weg lassen sich zum Beispiel Updates für Produkte, die Sie im Unternehmen nicht mehr einsetzen, oder alte Versionen vom Server löschen. Auch veraltete und abgelaufene Updates können Sie über den Assistenten löschen lassen. Es ist durchaus sinnvoll, in regelmäßigen Abständen eine Bereinigung des Servers durchzuführen.

Über den Assistenten zur Bereinigung können Sie darüber hinaus PCs aus der Datenbank löschen, die sich lange nicht mehr am WSUS angemeldet haben. Veraltete oder abgelehnte Updates lassen sich löschen und weitere Bereinigungsmaßnahmen durchführen.

Der Assistent führt durch diese Bereinigung, sodass keine unnötigen Daten auf dem Server verbleiben. Sie starten ihn in der Konsolenstruktur über den Eintrag *Optionen* und einen Klick auf *Assistent für die Serverbereinigung.*

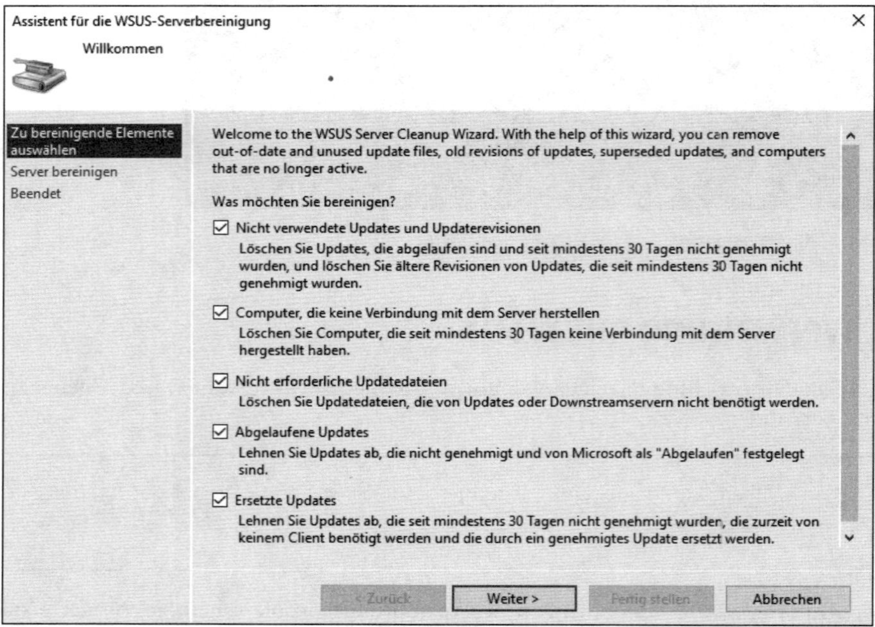

Abbildung 37.12: WSUS verfügt über eine interne Reinigungsroutine, die über die Verwaltung in den Optionen gestartet werden kann.

Clientcomputer über Gruppenrichtlinien anbinden

WSUS scannt heruntergeladene Updates und referenziert diese automatisch mit den verbundenen Clients. Einstellungen können Sie über Gruppenrichtlinien verteilen. Damit die Clients Updates installieren, müssen sie so konfiguriert sein, dass sie keine Patches aus dem Internet herunterladen, sondern den internen WSUS verwenden.

Tipp Damit Windows 10-Updates installiert werden können, auch Upgrades wie Windows 10 Version 1903, müssen Einstellungen in der WSUS-Verwaltung vorgenommen werden. Außerdem sollten die neuen Gruppenrichtlinienvorlagen (ADMX) für Windows 10 im Netzwerk eingebunden werden.

Damit die neuen ADMX-Dateien in das Verzeichnis *C:\Windows\PolicyDefinitions* auf den Domänencontrollern und dem Server, auf dem die Richtlinie bearbeitet wird, kopiert werden können, müssen der Besitzer des Verzeichnisses und die Berechtigungen angepasst werden.

Die Einstellungsmöglichkeiten bis Windows 10 Version 1809 sind in Windows Server 2019 bereits verfügbar.

WSUS verteilt die Patches nicht automatisch an die Clients, sondern lädt sie nur aus dem Internet herunter und stellt sie bereit.

Die Clients holen die Patches selbst vom WSUS-Server und installieren diese automatisch, abhängig von den lokalen Einstellungen beziehungsweise den Einstellungen in den Gruppenrichtlinien. Um Arbeitsstationen und Server mit Patches zu versorgen, erstellen Sie am besten spezielle Gruppenrichtlinien:

1. Starten Sie die *Gruppenrichtlinienverwaltung* über die Startseite.
2. Navigieren Sie zu *Gesamtstruktur/Domänen/<Ihre Domäne>/Gruppenrichtlinienobjekte*.
3. Klicken Sie mit der rechten Maustaste auf *Gruppenrichtlinienobjekte* und wählen Sie *Neu*.
4. Geben Sie als Name *WSUS* oder Ähnliches ein.
5. Klicken Sie auf *OK*.

Windows Update für Unternehmen
Option "Updates installieren und herunterfahren" im Dialogfeld "Windows herunterfahren" nicht anzeigen
Die Standardoption "Updates installieren und herunterfahren" im Dialogfeld "Windows herunterfahren" nicht anpassen
Windows Update-Energieverwaltung aktivieren, um das System zur Installation von geplanten Updates automatisch zu reaktivieren
Automatischen Neustart nach Updates während der Nutzungszeit deaktivieren
Nutzungszeitbereich für automatische Neustarts angeben
Automatisches Herunterladen von Updates über getaktete Verbindungen zulassen
Neustart immer automatisch zur geplanten Zeit durchführen
Frist angeben, nach der ein automatischer Neustart zur Updateinstallation ausgeführt wird
Erinnerungsbenachrichtigungen über den automatischen Neustart zur Updateinstallation konfigurieren
Benachrichtigungen für den automatischen Neustart zur Updateinstallation deaktivieren
Erforderliche Benachrichtigung für automatischen Neustart zur Updateinstallation konfigurieren
Automatische Updates konfigurieren
Internen Pfad für den Microsoft Updatedienst angeben
Suchhäufigkeit für automatische Updates
Keine Richtlinien für Updaterückstellungen zulassen, durch die Windows Update überprüft wird
Zugriff auf Feature "Updates aussetzen" entfernen
Zugriff auf alle Windows Update-Funktionen entfernen
Keine Verbindungen mit Windows Update-Internetadressen herstellen
Nichtadministratoren gestatten, Updatebenachrichtigungen zu erhalten
Wechsel zum erzwungenen Neustart und Benachrichtigungszeitplan für Updates festlegen
Keine Treiber in Windows-Updates einschließen
Softwarebenachrichtigungen aktivieren
Automatische Updates sofort installieren
Empfohlene Updates über automatische Updates aktivieren
Keinen automatischen Neustart für geplante Installationen automatischer Updates durchführen, wenn Benutzer angemeldet sind
Erneut zu einem Neustart für geplante Installationen auffordern
Neustart für geplante Installationen verzögern
Zeitplan für geplante Installationen neu erstellen
Warnbenachrichtigungszeitplan für den automatischen Neustart zur Updateinstallation konfigurieren
Energierichtlinie für den Neustart nach einem Update, die für Geräte in Ladevorrichtungen gilt
Clientseitige Zielzuordnung aktivieren
Signierte Updates aus einem Intranetspeicherort für Microsoft-Updatedienste zulassen
Anzeigeoptionen für Updatebenachrichtigungen

Abbildung 37.13: Konfigurieren von Gruppenrichtlinien für Windows-Updates

6. Starten Sie über das Kontextmenü die Bearbeitung der Richtlinie. Die Konfiguration der automatischen Updates in den Gruppenrichtlinien nehmen Sie unter *Computerkonfiguration/Richtlinien/Administrative Vorlagen/Windows-Komponenten/Windows Update* vor.

Die Arbeitsstationen lassen sich so konfigurieren, dass sie automatisch Aktualisierungen vom WSUS herunterladen und installieren. Auf diesem Weg aktualisieren Sie auch den Server. Grundsätzlich lässt sich die Konfiguration der automatischen Updates in drei Bereiche untergliedern:

- Automatisches Herunterladen der Patches vom WSUS auf den Rechner, aber keine Installation, sondern nur die Meldung anzeigen, dass Patches vorhanden sind.
- Meldung anzeigen, dass neue Patches auf dem WSUS zur Verfügung stehen, aber kein Herunterladen der Patches auf den lokalen Computer.
- Automatisches Herunterladen und automatische Installation der Patches. Dies ist die optimale Einstellung für Arbeitsstationen und kleine Netze.

Die erste Option ist *Internen Pfad für den Microsoft Updatedienst angeben*. Diese Option aktivieren Sie. Da WSUS eine Webapplikation ist, müssen Sie den Servernamen mit einer HTTP-Adresse angeben: *http://<Servername>:<Port>*.

Den Port sehen Sie, wenn Sie über das *Tools*-Menü im Server-Manager den Internetinformationsdienste-Manager starten und auf *WSUS-Verwaltung* klicken. Im rechten Bereich sehen Sie bei *Website durchsuchen* den Port für die HTTP-Verbindung. Alternativ finden Sie den Port auch in der WSUS-Konsole im unteren Bereich bei *Serverstatistik*.

Die zweite wichtige Option ist das Updateverhalten, das Sie über *Automatische Updates konfigurieren* festlegen. Dabei stehen hauptsächlich folgende Möglichkeiten zur Verfügung:

- **Vor Dowload und automatischer Installation benachrichtigen** – Mit dieser Option benachrichtigt Windows Administratoren vor dem Download und vor der Installation der Updates. Dazu blendet es ein Symbol in der Taskleiste ein.
- **Autom. Herunterladen, aber vor Installation benachrichtigen** – Mit dieser Option führt der Client automatisch den Download der Updates durch, eine Installation findet aber nicht automatisch statt. Diese Einstellung ist optimal für Server.
- **Autom. Herunterladen und laut Zeitplan installieren** – Mit dieser Installation versorgt sich der Client vollkommen automatisch mit den notwendigen Updates. Wenn die Clients zum Zeitpunkt der Aktualisierung nicht eingeschaltet sind, startet Windows beim nächsten Start die Aktualisierung.
- **Lokalen Administrator ermöglichen, Einstellung auszuwählen** – Mit dieser Option lassen Sie zu, dass lokale Administratoren mithilfe der Option *Automatische Updates* in der Systemsteuerung die Konfiguration selbst auswählen können.

Ebenfalls interessant ist die Funktion, die Energieverwaltung von Windows 7/8/8.1 und Windows 10 zusammen mit der Anbindung an den WSUS über Gruppenrichtlinien zu steuern. Der PC reaktiviert sich dazu automatisch, wenn Windows Update zur automatischen Installation von Updates konfiguriert ist.

Wenn sich das System zum Zeitpunkt der geplanten Installation im Ruhezustand befindet, startet es mit dem Windows-Energieverwaltungsfeature automatisch, um die Updates zu installieren. Wenn es sich zum Zeitpunkt der Reaktivierung im Akkubetrieb befindet, installiert Windows aber keine Updates.

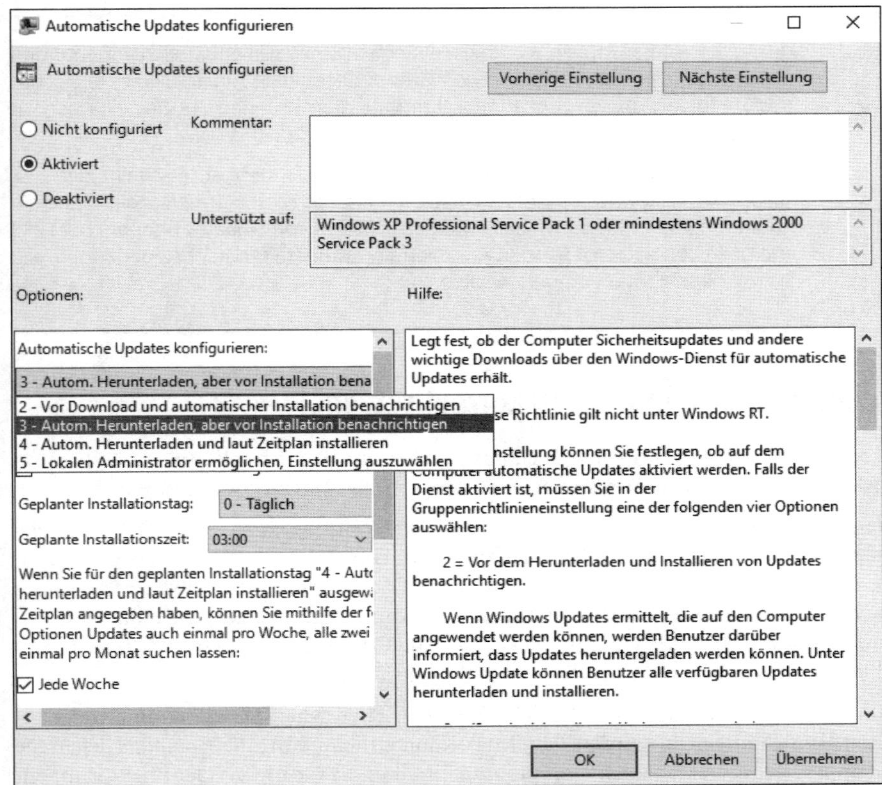

Abbildung 37.14: Updateverhalten der Clients konfigurieren

Haben Sie alle Einstellungen vorgenommen, beenden Sie die Bearbeitung der neuen Gruppenrichtlinien. Ziehen Sie sie anschließend per Ziehen/Ablegen auf den Namen Ihrer Domäne in der Gruppenrichtlinienverwaltung, damit diese verknüpft wird. Sie erhalten eine entsprechende Meldung angezeigt. Starten Sie anschließend die Computer neu und überprüfen Sie in der Windows Update-Steuerung der Systemsteuerung, ob die Anbindung erfolgreich war.

In der Systemsteuerung auf den Clients und Servern erhalten Sie Hinweise, falls Einstellungen zentral durch Gruppenrichtlinien vorgegeben sind. Sie starten die Windows Update-Verwaltung in Windows 7/8/8.1 am schnellsten durch Eingabe von *wuapp* auf der Startseite und dem Startmenü. In Windows 10 müssen Sie die Konfiguration über das Startmenü und die Einstellungen vornehmen. Wir sind bereits im vorhergehenden Kapitel darauf eingegangen.

Klicken Sie auf *Einstellungen ändern*, sehen Sie, dass der Client Einstellungen von Servern erhält. Diese sind für die Änderung auf dem Client festgesetzt und lassen sich nicht deaktivieren. Genauso funktioniert das auch in Windows 10. Nur sieht in der neuen Windows-Version die Meldung etwas anders aus. Die generelle Anbindung über Gruppenrichtlinien erfolgt allerdings identisch.

Tipp

Um zu überprüfen, ob ein Windows 10-Rechner an WSUS erfolgreich angebunden wurde und die Einstellungen in den Gruppenrichtlinien funktionieren, reicht das Ausführen von *rsop.msc* als Administrator auf dem Rechner. Die Einstellungen für die Gruppenrichtlinien müssen jetzt angezeigt werden.

Sobald ein Windows 10-Rechner an WSUS angebunden ist, erscheint der Link *Suchen Sie online nach Updates von Microsoft Update*. Dieser Link erscheint ohne die Anbindung an WSUS nicht, da hier die Installation von Updates ohnehin per GPO erfolgt. In den vorhergehenden Absätzen sind wir bereits darauf eingegangen, wie Sie mit dieser Option umgehen sollten.

Einstellungen für Windows 10 korrekt setzen

Neben den Standard-Einstellungen für Updates stehen für Windows 10 weitere Anpassungen zur Verfügung, die Administratoren per Gruppenrichtlinien festsetzen können.

Über den Menüpunkt *Computer* sind in der WSUS-Verwaltungskonsole bei *Nicht zugewiesene Computer* alle angebundenen Rechner zu sehen. Hier sollte für Windows 10-Computer eine eigene Computergruppe angelegt werden. Das Anlegen und Zuweisen zu dieser Gruppe erfolgt jeweils über das Kontextmenü. So können Sie Updates für manche Computer freigeben und für andere nicht. Sie können die Computergruppen auch über Gruppenrichtlinien zuweisen und in Updateregeln berücksichtigen.

Computergruppen steuern Sie im Bereich *Computer*. Hier sehen Sie alle Computergruppen, die in WSUS angelegt wurden. Über das Kontextmenü von *Alle Computer* legen Sie neue Gruppen an. Sie verschieben Computer manuell in die Gruppen oder über Gruppenrichtlinien. Wenn alle Computer zugewiesen sind, können Sie im Assistenten zum Genehmigen von Patches festlegen, auf welchen Computergruppen die Updates freigegeben werden. Beim Genehmigen von Updates können Sie auch Computergruppen berücksichtigen.

Innerhalb der Gruppen sehen Sie im Kontextmenü der einzelnen Computer sofort, ob Patches installiert werden müssen.

Um die Einstellungen über Gruppenrichtlinien zu steuern, navigieren Sie zu *Computerkonfiguration/Richtlinien/Administrative Vorlagen/Windows-Komponenten/Windows-Update*. Über die Einstellung *Clientseitige Zuordnung aktivieren* legen Sie fest, zu welcher Computergruppe ein Computer zugeordnet werden soll, wenn er an WSUS angebunden wird.

Aktivieren Sie zusätzlich noch die Option *Gruppenrichtlinie oder Registrierungseinstellung auf Computern verwenden* im Bereich *Optionen/Computer* in der WSUS-Verwaltungskonsole.

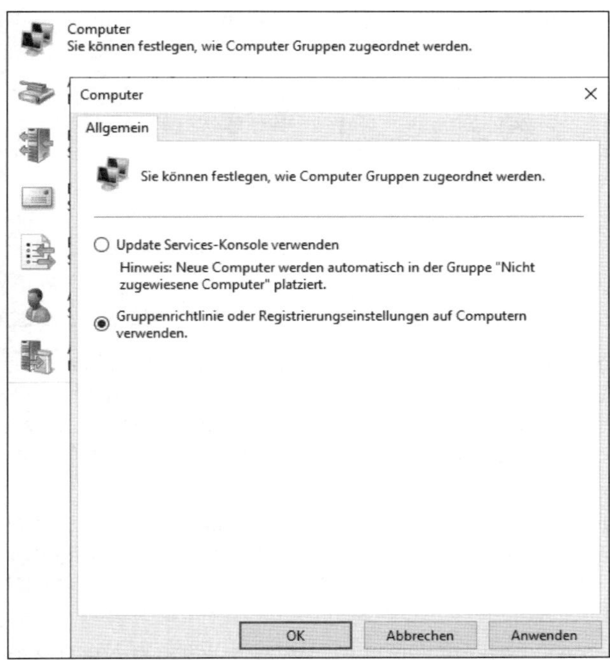

Abbildung 37.15: Mit Computergruppen behalten Sie die Aufteilung der verschiedenen Rechner im Blick.

Wichtige Einstellungen für Windows 10-Updates sind in den Richtlinien über *Computereinstellungen/Administrative Vorlagen/Windows-Komponenten/Übermittlungsoptimierung* zu finden.

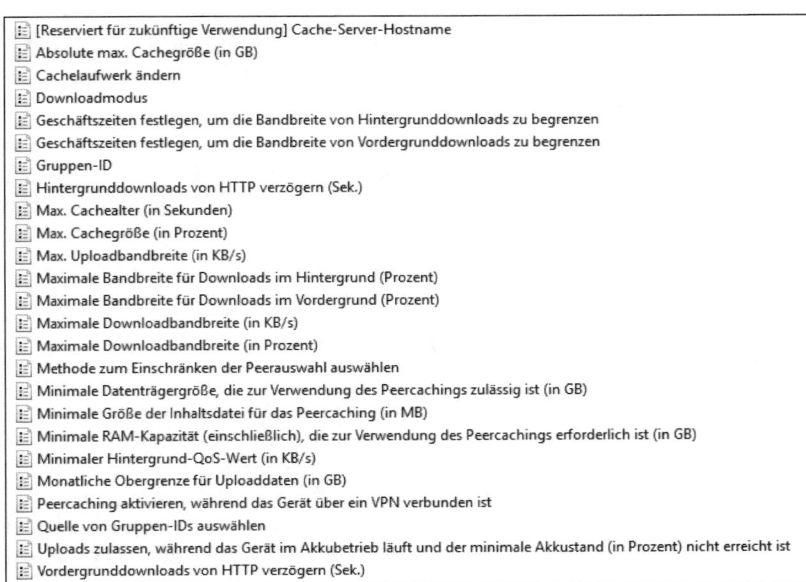

Abbildung 37.16: Festlegen der Geschwindigkeitseinstellungen für Updates

Hier wird festgelegt, wie sich das Betriebssystem beim Herunterladen von Updates verhalten soll.

Tipp

Bei *Computereinstellungen/Administrative Vorlagen/Windows-Komponenten/Übermittlungsoptimierung/Downloadmodus* lässt sich festlegen, ob und wie der neue Verteilungsmodus für Windows-Updates verwendet werden soll.

Soll die neue Technologie verwendet werden, sollten die Werte bei *Maximale Downloadbandbreite, Max. Uploadbandbreite* und *Minimaler Hintergrund-QoS-Wert* überprüft und angepasst werden.

Besonders wichtig ist auch das Zurückstellen von Updates, die erst später oder überhaupt nicht installiert werden sollen. Die Einstellungen dazu sind über *Computereinstellungen/Administrative Vorlagen/Windows-Komponenten/Windows Update/Windows Update für Unternehmen* zu finden. Wir sind in den vorhergehenden Abschnitten bereits auf diese Möglichkeiten eingegangen.

Bei *Computereinstellungen/Administrative Vorlagen/Windows-Komponenten/Windows Update* ist auch die Einstellung *Automatischen Neustart nach Updates während der Nutzungszeit deaktivieren* zu finden. Hier kann ein Zeitrahmen definiert werden, zum Beispiel die Arbeitszeit, in dem der Rechner nach der Installation von Updates nicht neu gestartet wird.

Über die Einstellung *Computereinstellungen/Administrative Vorlagen/Windows-Komponenten/Windows Update* und der Auswahl von *Keine Treiber in Windows-Updates einschließen* lässt sich verhindern, dass Windows 10 und Windows Server 2019 Treiber über Windows-Updates installieren.

Die Anbindung an WSUS wird weiterhin über die Option *Computereinstellungen/Administrative Vorlagen/Windows-Komponenten/Windows* und der Auswahl von *Internen Pfad für den Microsoft Updatedienst angeben* sowie *Automatische Updates konfigurieren* gesteuert.

Wie bei den Vorgängern von Windows 10 blendet Windows einen Hinweis in den Einstellungen ein, wenn bestimmte Konfigurationen durch Gruppenrichtlinien gesteuert sind. Die jeweilige Einstellung wird dann ausgegraut.

Anwender können aber nach der Anbindung an WSUS über den Link *Online nach Updates aus Windows Update suchen* und in Windows 10 mit *Suchen Sie online nach Updates von Microsoft Update* außerdem im Internet nach Aktualisierungen suchen, die noch nicht auf dem WSUS zur Verfügung stehen. Auch diese Funktion lässt sich über Gruppenrichtlinien definieren.

Updates genehmigen und bereitstellen

WSUS lädt die konfigurierten Updates basierend auf den vorgenommenen Spracheinstellungen, Produkten und Klassifizierungen aus dem Internet herunter, installiert sie aber nicht automatisch. Erst wenn ein Administrator einen Patch genehmigt, installiert Windows ihn auf Computern. Über die Optionen in der WSUS-Verwaltung können Sie Regeln erstellen, über die Sie Updates automatisch zur Installation auf den verschiedenen Computergruppen genehmigen. Updates können Sie aber auch manuell oder in Gruppen genehmigen oder ablehnen.

Es besteht zum Beispiel die Möglichkeit, Updates zunächst für Testcomputer freizugeben und anschließend über die Berichte zu kontrollieren, ob die Aktualisierung erfolgreich war. Ist dies der Fall, geben Sie die entsprechenden Updates für andere Computergruppen oder alle Clients frei. Um Updates zu genehmigen, gehen Sie folgendermaßen vor:

1. Klicken Sie in der WSUS-Verwaltungskonsole auf *Updates/Alle Updates*. Anschließend sehen Sie eine Zusammenfassung der Updates, die auf dem Server verfügbar sind.
2. Wählen Sie in der Liste die Updates aus, die Sie zum Installieren genehmigen möchten. Die Ansicht können Sie entsprechend filtern. Wählen Sie ein Update aus, erhalten Sie im mittleren Bereich der Konsole ganz unten ausführliche Informationen angezeigt.
3. Klicken Sie mit der rechten Maustaste auf den oder die Patches und wählen Sie im Kontextmenü den Befehl *Genehmigen* aus. Sie können auch mehrere Updates oder mit der Tastenkombination Strg+A alle Updates auswählen und über das Kontextmenü genehmigen.

Wählen Sie die Gruppen aus und klicken Sie auf das Dreieck links neben der Gruppe. Sie können jetzt aus verschiedenen Optionen auswählen: *Für die Installation genehmigt*, *Zur Entfernung genehmigt*, *Nicht genehmigt*, *Stichtag*, *Identisch mit übergeordnetem Objekt* und *Auf untergeordnete Elemente anwenden*. Klicken Sie auf die Option *Für die Installation genehmigt* und anschließend auf *OK*. Wie Sie aus dem Menü erkennen können, kann WSUS installierte Patches auch wieder deinstallieren, wenn diese zum Beispiel mit speziellen Applikationen Probleme bereiten.

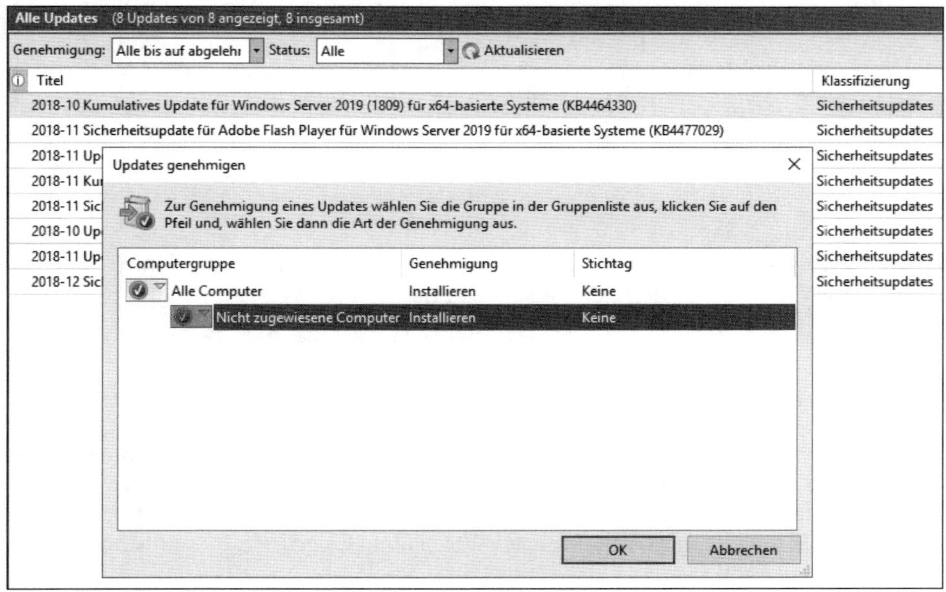

Abbildung 37.17: Genehmigen von Updates in WSUS

Klicken Sie in der WSUS-Verwaltung auf den Servernamen, sehen Sie rechts im Fenster, wie viele Updates auf dem Server zur Verfügung stehen und wie viele Sie noch manuell genehmigen müssen. Neben der manuellen Genehmigung können Sie auch Regeln für das automatische Genehmigen von Updates festlegen.

Die automatische Genehmigung steuern Sie im Bereich *Optionen/Automatische Genehmigungen*. Hier erstellen Sie manuelle Regeln oder verwenden die Standardregeln. Bei Replikats-Servern können Sie keine automatischen Updates konfigurieren, da diese von den übergeordneten Upstream-Servern synchronisiert werden.

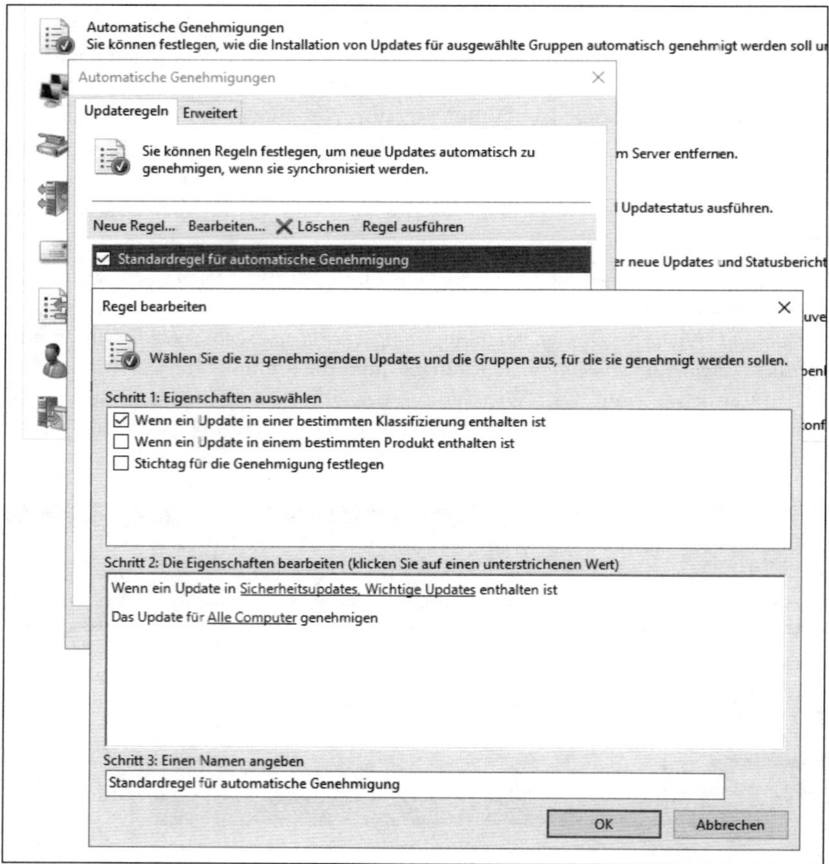

Abbildung 37.18: Auf übergeordneten Servern können Sie Updates automatisch genehmigen lassen.

Bei Bedarf erstellen Sie auch komplexe Regeln für das automatische Genehmigen von Updates. Zusätzlich können Sie in diesem Bereich auch mit Computergruppen arbeiten, um Patches automatisiert bereitzustellen. Sie können an dieser Stelle auch mehrere Regeln definieren, um festzulegen, welche Updates WSUS ohne Eingriff des Administrators automatisch freigeben soll.

Berichte mit WSUS abrufen

Ab 24 Stunden nach der Freigabe von Patches können Sie in den Berichten zum WSUS überprüfen, ob die Updates auf den Computern bereitgestellt wurden. Wollen Sie mit Berichten arbeiten, muss auf dem Server das Tool Microsoft Report Viewer Redistributable 2012 (*http://go.microsoft.com/fwlink/?LinkId=313207*) installiert sein. Zusätzlich müssen auf dem Server noch die CLR-Types für SQL Server 2012 installiert werden (*https://www.microsoft.com/de-de/download/details.aspx?id=49999*). Um Updateberichte anzuzeigen, gehen Sie folgendermaßen vor:

1. Klicken Sie in der WSUS-Verwaltungskonsole im linken Fenster auf *Berichte*.
2. Klicken Sie auf die Option *Updatestatus-Zusammenfassung*.
3. Die Liste kann durch entsprechende Kriterien gefiltert werden.
4. Klicken Sie anschließend in der Symbolleiste des Fensters auf *Bericht erstellen*.
5. Berichte können Sie auch als Excel-Tabelle oder PDF-Datei speichern oder drucken. Klicken Sie dazu in der Symbolleiste auf das *Speichern*-Symbol.

WSUS in Windows Server 2019 überwachen

Funktioniert die Update-Verteilung mit WSUS nicht korrekt, kann mit Tools und einer strukturierten Vorgehensweise überprüft werden, wo das Problem verursacht wird und wie es sich lösen lässt. Wir zeigen die Vorgehensweise dazu.

Sobald Computer an WSUS angebunden sind, erscheinen sie in der WSUS-Konsole im Bereich *Computer*. Bei Arbeitsstationen, bei denen das nicht der Fall ist, sollte überprüft werden, ob die Gruppenrichtlinien von WSUS angewendet werden und warum die Anbindung an WSUS nicht funktioniert.

Überprüfung der Gruppenrichtlinien

In den meisten Fällen werden Server und Arbeitsstationen mit Gruppenrichtlinien an WSUS angebunden. Wenn die Richtlinien korrekt gesetzt sind, sollte daher zunächst überprüft werden, ob die jeweiligen Richtlinien auf den Zielcomputern auch angewendet werden.

Das lässt sich am schnellsten überprüfen, indem das Tool *rsop.msc* gestartet wird. Nach dem Start überprüft das Tool zunächst, ob Richtlinien vorhanden sind, und liest deren Daten aus.

Mit *gpupdate /force* werden in der Befehlszeile die Gruppenrichtlinien abgerufen und auf dem Computer angewendet. Auch das Befehlszeilentool *gpresult* bietet Unterstützung bei Problemen mit der Anwendung von Gruppenrichtlinien, zum Beispiel mit *gpresult /h <HTML-Datei>*. In der HTML-Datei werden die angewendeten Gruppenrichtlinieneinstellungen angezeigt.

In der Befehlszeile nach Problemen suchen

Nach der Konfiguration der Gruppenrichtlinie kann es einige Zeit dauern, bis die Arbeitsstationen und Server mit WSUS verbunden sind und in dessen Administrationsoberfläche erscheinen.

Auf den einzelnen Rechnern kann in der Eingabeaufforderung durch Eingabe des Befehls *wuauclt /detectnow* eine sofortige Verbindung zum WSUS erzwungen werden. Generell ist das auch per Gruppenrichtlinie und einem Skript möglich. Ist der Client noch immer nicht angebunden, wird in der Befehlszeile *gpupdate /force* und dann *wuauclt /reportnow /detectnow* eingegeben. Auch das kann helfen, Probleme bei der Anbindung zu umgehen.

Wenn einige Rechner nicht angezeigt werden, kann es auch helfen, eine WSUS-Systemdatei auf den Client-Rechnern zu löschen. Die Vorgehensweise dazu ist folgende:

Zunächst wird die Datei *\Windows\System32\wuaueng.dll* in *wuaueng.old* umbenannt.

Danach wird die Datei *wuaueng.dl* des WSUS-Servers aus demselben Verzeichnis auf den fehlenden Computer kopiert. Auch diese beiden Vorgänge lassen sich problemlos skripten.

Der Zielcomputer muss neu gestartet werden.

Nach dem Anmelden sollten die Dateien, die mit *wu** beginnen, im Verzeichnis *\Windows\System32* ebenfalls aktualisiert worden sein.

In der Eingabeaufforderung wird jetzt wieder der Befehl *wuauclt /detectnow* eingegeben. Nach einiger Zeit sollte sich der Rechner in WSUS integrieren.

Sollte dies nicht funktionieren, können noch im Registryschlüssel *HKLM\SOFTWARE\Microsoft\Windows\CurrentVersion\WindowsUpdate* die Einträge für den WSUS gelöscht werden. Anschließend wird der Befehl *wuauclt /detectnow /reauthorization* eingegeben. Auch das kann die Probleme lösen.

Auch auf dem WSUS-Server kann die Anbindung überprüft werden. Dazu wird in der PowerShell der Befehl *Get-WsusComputer* eingegeben. Die WSUS-Server selbst werden mit *Get-WsusServer* angezeigt.

SSL-Port beachten

Viele Unternehmen verwenden SSL für die Anbindung der Clients an WSUS. Damit das funktioniert, muss in den Gruppenrichtlinien die Verbindung zum Server angepasst werden. WSUS verwendet bei der Anbindung ohne SSL einen anderen Port als bei der Anbindung mit SSL. Wird auf dem WSUS SSL aktiviert und die normale HTTP-Verbindung deaktiviert, können sich die Rechner nicht mehr mit WSUS verbinden. Das gilt übrigens auch für die Verwaltungskonsole von WSUS. Auch hier muss nach der Umstellung auf WSUS eine Anpassung erfolgen.

Nachdem SSL für WSUS aktiviert wurde, erscheint eine Fehlermeldung, wenn die WSUS-Verwaltungskonsole geöffnet wird. Damit die Konsole wieder funktioniert, wird die Befehlszeile benötigt. Dazu muss in das Verzeichnis *C:\Programme\Update Services\Tools* gewechselt werden. Mit dem Befehl *wsusutil Configure SSL <Name des Zertifikats>* kann schließlich die WSUS-Verbindung der Konsole aktiviert werden.

Diagnostic Tool for the WSUS Agent

Der Softwarehersteller Solarwinds bietet das Tool »Diagnostic Tool for the WSUS Agent« kostenlos an. Es analysiert die Verbindung zum WSUS-Server. Mit dem Tool werden auch Informationen zum WSUS-Server angezeigt, zum Beispiel der verwendete Server und die URL zum WSUS. Zeigt es einen Fehler an, muss dieser behoben werden. Anschließend kann mit der Schaltfläche *Start Diagnostic* eine erneute Verbindung zum WSUS hergestellt werden.

WSUS mit der PowerShell verwalten

WSUS können Sie, wie die meisten anderen Dienste in Windows Server 2019, auch in der PowerShell steuern.

Tipp Wer WSUS in der PowerShell verwalten will, kann sich mit dem Befehl *get-command -module updateservices* alle Cmdlets anzeigen lassen, mit denen sich die Windows Server Update Services verwalten lassen.

Die Steuerung von WSUS nehmen Sie mit folgenden Cmdlets vor:

- *Add-WsusComputer* – Fügt einen angebundenen PC einer bestimmte WSUS-Gruppe hinzu.
- *Add-WsusDynamicCategory* – Fügt einem WSUS-Server eine dynamische Kategorie hinzu.
- *Approve-WsusUpdate* – Genehmigt ein Update, das auf Clients angewendet werden soll.
- *Deny-WsusUpdate* – Lehnt das Update für die Bereitstellung ab.
- *Get-WsusClassification* – Zeigt alle verfügbaren Klassifikationen an, die aktuell verfügbar sind.
- *Get-WsusComputer* – Zeigt WSUS-Clients und -Computer an. Geben Sie den Befehl ein, sehen Sie auf einen Blick die angebundenen Clientcomputer, deren Betriebssystem und den Zeitpunkt der letzten Statusübermittlung.
- *Get-WsusDynamicCategory* – Ruft dynamische Kategorien auf eine WSUS-Server ab.
- *Get-WsusProduct* – Zeigt eine Liste aller Produkte auf dem WSUS an, für die der Server Patches bereithält.
- *Get-WsusServer* – Zeigt alle WSUS-Server im Netzwerk an.
- *Get-WsusUpdate* – Zeigt Informationen zu Updates an.
- *Invoke-WsusServerCleanup* – Führt den Bereinigungsprozess auf einem WSUS-Server durch.
- *Remove-WsusDynamicCategory* – Entfernt eine dynamische Kategorie von einem WSUS-Server.
- *Set-WsusClassification* – Legt fest, ob die Klassifizierungen von Updates, die WSUS synchronisiert, aktiviert sind.
- *Set-WsusDynamicCategory* – Legt den Synchronisationsstatus einer dynamischen Kategorie fest.
- *Set-WsusProduct* – Legt fest, ob das Produkt, das die Kategorie der zu synchronisierenden Updates darstellt, aktiviert ist.
- *Set-WsusServerSynchronization* – Legt fest, ob der WSUS-Server über Microsoft Update oder einen Upstream-Server synchronisiert wird.

Windows-Updates in der Eingabeaufforderung und PowerShell steuern

Sie können auch in Windows 10 und Windows Server 2019 in der Eingabeaufforderung oder der PowerShell mit dem Tool *wusa.exe* Windows-Updates installieren und deinstallieren:

wusa.exe <MSU-Datei des Patches> /quiet /norestart

Die Option */quiet* installiert ohne Rückmeldung, durch die Option */norestart* startet der Computer auch dann nicht neu, wenn der Patch das fordert. Mit der Option */uninstall* können Sie Updates deinstallieren:

wusa.exe /uninstall /kb:<Knowledgebase-Nummer des Patches>

In der Eingabeaufforderung lassen Sie auch in Windows 10 und Windows Server 2019 die installierten Updates anzeigen. Dazu wird der Befehl *wmic qfe* verwendet.

Ebenso lassen sich in der PowerShell die installierten Updates anzeigen. Dazu wird das Cmdlet *Get-HotFix* verwendet.

Das Cmdlet kann aber nicht nur Updates des lokalen Rechners anzeigen, sondern auch Updates, die auf Rechnern im Netzwerk installiert sind:

Get-HotFix -ComputerName <Rechnername>

Zusammenfassung

In diesem Kapitel haben wir Ihnen gezeigt, wie Sie Updates mit WSUS im Netzwerk bereitstellen und WSUS verwalten. Auch die Anbindung von Windows 8/8.1, Windows 10 und Windows Server 2019 an WSUS war Thema dieses Kapitels.

Im nächsten Kapitel lesen Sie, wie Sie Windows Server 2019 überwachen und optimieren.

Kapitel 38

Diagnose und Überwachung

In diesem Kapitel:

In diesem Kapitel zeigen wir Ihnen, welche Bordmittel und Zusatztools Ihnen bei der Überwachung von Windows Server 2019 behilflich sein können. In Kapitel 15 sind wir bereits auf die Überwachung von Active Directory eingegangen. In diesem Kapitel erläutern wir die Überwachung aller anderen Serverdienste in Windows Server 2019. In Kapitel 3 sind wir bereits darauf eingegangen, wie Sie die neue Windows Server System Insights-Funktion im Windows Admin Center nutzen, um Server mit Windows Server 2019 zu überwachen.

Fehler mit der Ereignisanzeige beheben

Alle Fehler und Aktionen von Windows werden in den Ereignisanzeigen festgehalten und stehen Administratoren zur Verfügung, um Fehler zu beheben. Anhand des Ereignisprotokolls können Sie nach Ereignissen suchen, die auf Probleme hinweisen. Darüber hinaus dienen diese Informationen zur Diagnose von Problemen.

Sie können nach Programm- und Systemaktionen suchen, die zu einem Problem führen, und Details herausfinden, die Ihnen bei der Ermittlung der Grundursache behilflich sind. Zugleich lassen sich anhand dieser Informationen auch Leistungsprobleme beurteilen und beheben. Sie sollten in regelmäßigen Abständen auf Datenbankservern nach Einträgen suchen, da Sie hier frühzeitig Fehler erkennen.

Ereignisanzeige nutzen

Sie rufen die Ereignisanzeige durch Eingabe von *eventvwr.msc* im Startmenü auf.

Hinweis Unter Windows Server 2019 können Sie im Startmenü direkt mit dem Tippen von *eventvwr.msc* beginnen oder über [Win]+[R] das Dialogfeld *Ausführen* aufrufen und dort den Programmnamen eingeben.

Die Ereignisanzeige sehen Sie auch im Abschnitt *Ereignisse* im Server-Manager. Und ebenfalls im Server-Manager steht Ihnen zum Aufruf der Befehl *Ereignisanzeige* im *Tools*-Menü zur Verfügung. Anschließend ist über den Knoten *Windows-Protokolle* auch weiterhin der Zugriff auf die vertrauten Anwendungs-, System- und Sicherheitsprotokolle möglich.

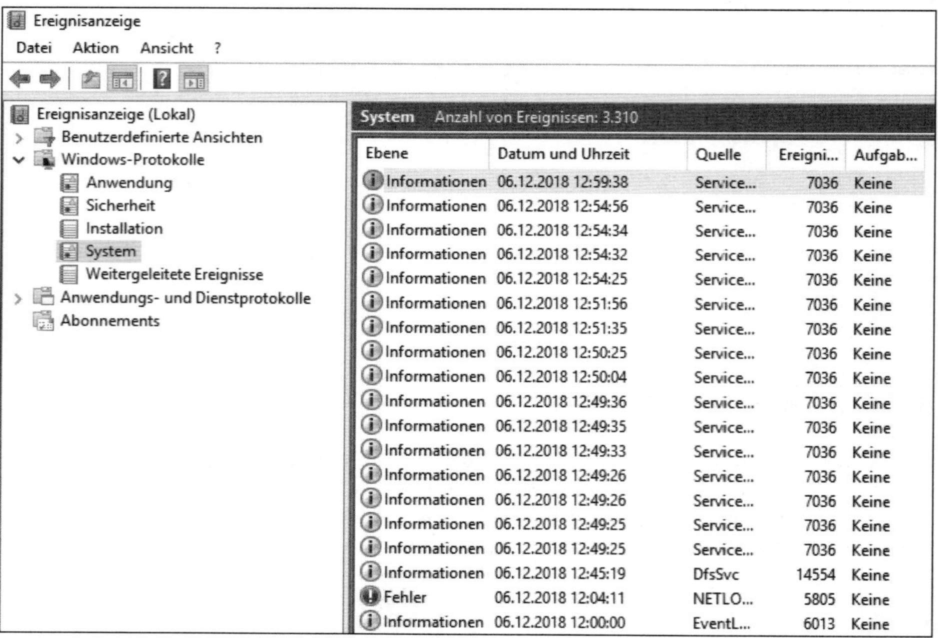

Abbildung 38.1: Anzeigen der Ereignisprotokolle in Windows Server 2019

Klicken Sie direkt auf den Knoten *Ereignisanzeige*, sehen Sie eine Zusammenfassung aller Serverfehler im rechten Bereich. Im Knoten *Anwendungs- und Dienstprotokolle* finden Sie zahlreiche Protokolle zu den einzelnen Serverdiensten in Windows Server 2019. Viele Einträge für Serveranwendungen wie SQL Server sind im Knoten *Windows-Protokolle/Anwendung* zu finden.

Über den Knoten *Benutzerdefinierte Ansichten* lassen sich Ereignisse für alle installierten Serverrollen filtern. Auf diese Weise erstellen Sie auch Filter für die SQL-Instanzen oder andere Serveranwendungen, die auf dem Server installiert sind.

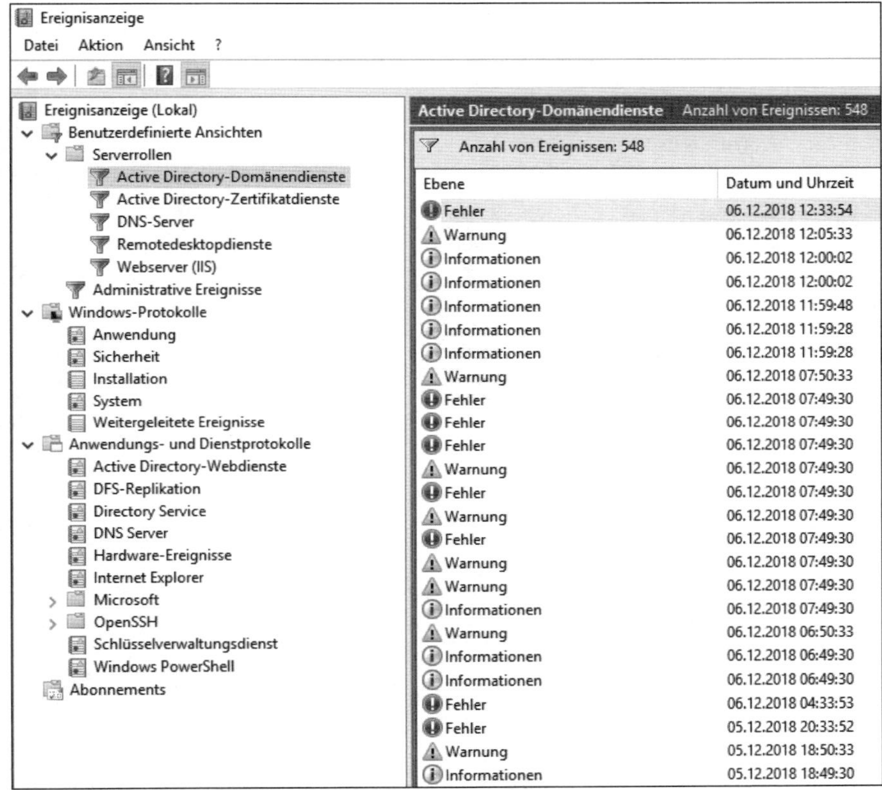

Abbildung 38.2: Anzeigen von Meldungen gefiltert nach Serverrollen

---

Hinweis Der Speicherort der Standardprotokolle in der Ereignisanzeige ist *%SystemRoot%\System32\winevt\Logs*. Die Protokolldateien erhalten die Endung *.evtx*, da sie XML-basiert sind.

Unter dem Knoten *Benutzerdefinierte Ansichten* werden administrative Ereignisse angezeigt. Hier sind alle Fehler und Warnungen aus den verschiedenen Protokolldateien aufgelistet, die für Administratoren von Interesse sind. Windows Server 2019 bietet die Möglichkeit, weniger interessante Ereignisse herauszufiltern, sodass Sie sich auf jene Ereignisse konzentrieren können, die wichtig sind. Klicken Sie eine Meldung an, erhalten Sie im unteren Bereich ausführlichere Informationen.

Mit dem Windows-Aufgabenplaner fügen Sie einem Ereignis eine Aufgabe hinzu. Jedes Mal, wenn ein Ereignis erscheint, das der Abfrage entspricht, startet anschließend die entsprechende Aufgabe. Dazu klicken Sie mit der rechten Maustaste auf das Ereignis und wählen *Aufgabe an dieses Ereignis anfügen.* Beispielsweise könnte Windows die Aufgabe immer genau dann starten, wenn eine Datensicherung erfolgreich abgeschlossen ist.

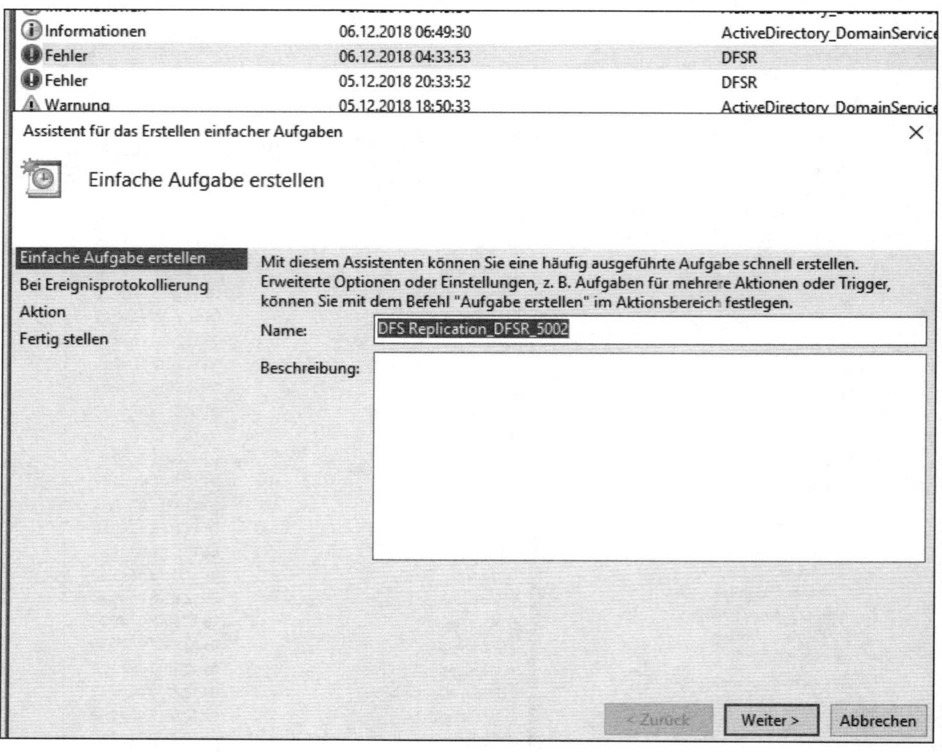

Abbildung 38.3: Aufgaben an Ereignisse anhängen

Wenn Sie ein Ereignisprotokoll aufrufen, erhalten Sie im mittleren Bereich des Fensters eine Zusammenfassung aller Einträge, deren detaillierte Informationen Sie per Doppelklick auf einzelne Meldungen anzeigen lassen. Auf Basis dieser Fehlermeldung erkennen Sie, welche Probleme Windows Server 2019 mit einzelnen Komponenten erkannt hat. Sie sollten regelmäßig die Ereignisanzeigen auf Fehler überprüfen, da Sie hier schnell Probleme erkennen, bevor diese gravierendere Auswirkungen haben.

Tipp

Haben Sie den Fehler genauer eingegrenzt und Fehlermeldungen in der Ereignisanzeige und der Diagnose festgestellt, suchen Sie auf der Internetseite *http://www.eventid.net* gezielt nach diesen Fehlern. Auf dieser Seite gibt es zu so gut wie jedem Eintrag der Ereignisanzeige Hinweise und mögliche Lösungsansätze.

Außerdem können Sie den Fehler in einer Suchmaschine oder in speziellen Supportseiten eingeben, wie zum Beispiel *http://www.experts-exchange.com*. Auch die Suche in der Microsoft Knowledge Base unter *http://support.microsoft.com* hilft oft weiter. Suchen Sie allerdings in der englischen Microsoft Knowledge Base immer nur nach englischen Begriffen, da Sie hier mehr Antworten erhalten.

Klicken Sie ein Protokoll mit der rechten Maustaste an, können Sie weitere Einstellungen vornehmen. Im Kontextmenü werden Ihnen zahlreiche Möglichkeiten angezeigt:

- **Gespeicherte Protokolldatei öffnen –** Über diesen Menübefehl können Sie eine Protokolldatei öffnen, die Sie über die Option *Ereignisse speichern unter* abgespeichert haben. Dadurch lassen sich Protokolle per E-Mail versenden und andere Benutzer können den Inhalt überprüfen.
- **Benutzerdefinierte Ansicht erstellen –** Über diesen Menübefehl passen Sie die Anzeige der Ereignisanzeigen an und legen sie als benutzerdefinierten Filter ab. In diesem Fall werden Ihnen nur noch die Ereignisse in Ihrer gespeicherten Ansicht angezeigt.
- **Benutzerdefinierte Ansicht importieren –** Mit dieser Option werden zuvor exportierte Ansichten auf einem Server wieder importiert und sind auf diese Weise schnell verfügbar.
- **Protokoll löschen –** Wählen Sie diesen Menübefehl aus, wird nicht das Protokoll gelöscht, sondern sein Inhalt. Sie erhalten zuvor noch eine Meldung, ob das Protokoll wirklich gelöscht werden soll und ob Sie es vorher speichern möchten. Speichern Sie es zuvor, entspricht dies der Option *Ereignisse speichern unter.*
- **Aktuelles Protokoll filtern –** Dieser Menübefehl wird verwendet, wenn Sie keine eigene Ansicht des Protokolls erstellen möchten, sondern nur die aktuelle Ansicht gefiltert werden soll. Dadurch suchen Sie zum Beispiel nach einem bestimmten Fehler und überprüfen, wann er aufgetreten ist.
- **Eigenschaften –** Über die Eigenschaften können Sie die Größe der einzelnen Protokolle festlegen beziehungsweise bestimmen, wie sich Windows Server 2019 beim Erreichen der maximalen Ereignisprotokollgröße verhalten soll.
- **Alle Ereignisse speichern unter –** Speichert die Ereignisse in einer **.evtx*-Datei.
- **Aufgabe an dieses Protokoll anfügen –** Mit dieser Option starten Sie über die Aufgabenplanung automatisch bestimmte Aktionen und Skripts, wenn in den Ereignisanzeigen bestimmte Fehler auftauchen. Solche Aufgaben lassen sich auch an einzelne Ereignisse anfügen.

Tipp

Überprüfen Sie in der Ereignisanzeige, ob Fehler gemeldet werden, die mit dem Problem in Zusammenhang stehen können, wenn Sie eine Fehlerbehebung durchführen. Überprüfen Sie auch, ob parallel zu diesem Fehler in anderen Protokollen der Ereignisanzeige Fehler auftreten, die zur gleichen Zeit gemeldet werden, also unter Umständen auf einen Zusammenhang schließen lassen. Stellen Sie fest, wann der Fehler in der Ereignisanzeige das erste Mal aufgetreten ist. Überlegen Sie genau, ob zu diesem Zeitpunkt irgendetwas verändert wurde (auch auf Basis der Ereignisprotokolle).

Schauen Sie auch in anderen Protokollen der Ereignisanzeige nach, ob der Fehler mit anderen Ursachen zusammenhängt. Ein Fehler tritt selten ohne vorherige Änderung der Einstellung oder aufgrund defekter Hardware auf, sondern meist durch Änderungen am System oder der Installation von Applikationen und Tools. Durch die Filtermöglichkeiten der Ereignisanzeige in Windows Server 2019 werden Fehler oft sehr genau eingegrenzt.

Ereignisprotokolle im Netzwerk einsammeln

Nicht jedes Unternehmen setzt auf professionelle und teure Überwachungslösungen, um Server im Netzwerk zu überwachen. Selbst beim Einsatz solcher Lösungen kann es sinnvoll sein, zusätzlich noch Protokolldateien und Ereignisanzeigen zu überwachen. Es gibt zahlreiche kostenlose Möglichkeiten, um die Ereignisanzeigen und Protokolle der Server an einer zentralen Stelle zu sammeln und zu analysieren.

Zunächst bietet Windows Server 2019 die Möglichkeit, Ereignisse von Servern im Netzwerk zu sammeln, Abonnement genannt. Darüber hinaus gibt es Freewaretools, die ebenfalls in der Lage sind, Ereignisse in den Protokollen von Windows-Servern zu sammeln und Administratoren zentral zur Verfügung zu stellen. Nachfolgend zeigen wir Ihnen, welche Möglichkeiten es gibt. Achten Sie aber darauf, dass derartige Tools teilweise auch den Server belasten und vorsichtig eingesetzt werden sollten.

Ereignisanzeigen sammeln – PsLogList

Mit PsLogList aus der PsTools-Sammlung von Sysinternals (*https://docs.microsoft.com/de-de/sysinternals/downloads/psloglist*) können Sie über die Eingabeaufforderung die Ereignisanzeigen verschiedener Computer einsammeln, anzeigen und vergleichen. Wenn Sie das Tool ohne Optionen aufrufen, zeigt es alle Einträge des lokalen Systemereignisprotokolls an. Das Programm verfügt darüber hinaus über zahlreiche Optionen, die beim Abfragen der Ereignisanzeigen viele verschiedene Vergleichsmöglichkeiten bieten:

psloglist [\\<Computer>[,<Computer>[,...] | @<Datei> [-u <Benutzername>[-p <Kennwort>]]] [-s [-t delimiter]] [-m #|-n #|-h #|-d #|-w][-c][-x][-r][-a mm/dd/yy][-b mm/dd/yy][-f filter] [-i ID[,ID[,...] | -e ID[,ID[,...]]] [-o event source[,event source][,..]]] [-q event source[,event source][,..]]] [-l event log file] <eventlog>

Option	Auswirkung
@<Datei >	Führt den Befehl auf allen Computern aus, die in der Datei aufgelistet sind. Jeder Computer muss dazu in einer eigenen Spalte in der Textdatei stehen. Die entsprechenden Ereignisse der Computer werden hierüber also gesammelt.
-a	Zeigt die Einträge nach dem genannten Datum an. Als Format wird *dd/mm/yy* verwendet.
-b	Zeigt die Einträge vor dem genannten Datum an.
-c	Löscht die entsprechenden Ereignisanzeigen nach der Anzeige über PsLogList. Dies ist zum Beispiel bei der Abfrage über eine Batchdatei sinnvoll.
-d	Zeigt nur die Einträge der letzten *n* Tage an. Dabei werden die letzten Tage als *<n>* hinter der Option mit angegeben.
-e	Filtert Einträge mit definierten IDs aus. Die Syntax entspricht der Option *-i* weiter unten.
-f	Filtert Ereignisse mit bestimmten Typen aus (*-f w* filtert Warnungen). Es können beliebige Buchstaben verwendet werden. Es werden nur Ereignisse angezeigt, die mit den entsprechenden Buchstaben anfangen.
-h	Zeigt nur Einträge der letzten *n* Stunden. Die Syntax entspricht der Option *-d* weiter oben.
-i	Zeigt nur Einträge mit den definierten IDs. Es können auch mehrere IDs kommagetrennt angezeigt werden.
-l	Speichert Einträge der definierten Ereignisanzeige.
-m	Zeigt nur Einträge der letzten *n* Minuten.
-n	Zeigt nur die aktuellsten definierten Einträge an.

→

Option	Auswirkung
-o	Zeigt nur die Einträge der spezifizierten Ereignisquelle (zum Beispiel *-o cdrom*). Diese Option schließt in der Ausgabe also zusätzliche Informationen ein.
-p	Gibt das Kennwort für den konfigurierten Benutzer an. Geben Sie kein Kennwort ein, fragt das Tool notfalls nach. Dabei wird das Kennwort nicht in Klartext angezeigt oder über das Netzwerk geschickt.
-q	Zeigt die Einträge der spezifizierten Ereignisquelle nicht an (zum Beispiel *-q cdrom*). Benutzerdefinierte Einträge werden so von der Ausgabe ausgeschlossen. Sollen mehrere Quellen von der Ausgabe ausgeschlossen werden, müssen diese durch Komma voneinander getrennt werden.
-r	Speichert die Einträge aufsteigend ab.
-s	Hier werden die Einträge kommabasiert angezeigt, um sie zum Beispiel in einer Excel-Tabelle oder SQL-Datenbank zu speichern. Nach der Auswertung kann zum Beispiel über den Befehl *start* die CSV-Datei sofort geöffnet und angezeigt werden.
-t	Definiert das Trennzeichen.
-u	Legt den Benutzernamen fest, mit dem Sie auf die Server zugreifen.
-w	Wartet auf neue Einträge und speichert sie, sobald sie in der Ereignisanzeige angezeigt werden. Das funktioniert aber nur für das lokale System.
-x	Speichert erweiterte Daten, die standardmäßig nicht angezeigt werden. Hierbei handelt es sich meistens um binäre Rohdaten.
eventlog	Standardmäßig verwendet das Tool das Systemereignisprotokoll. Sie können die Ereignisanzeige auswählen, wenn Sie die ersten Buchstaben oder die entsprechende Abkürzung angeben. Allerdings müssen auch auf deutschen Windows-Servern die englischen Abkürzungen, also beispielsweise *sec* für »security«, eingegeben werden, wenn das Ereignisprotokoll *Sicherheit* geöffnet werden soll. Eine wichtige Funktion des Tools ist, dass es in der Lage ist, direkt auf die Quell-DLLs auf den Remotesystemen zuzugreifen. Allerdings muss dazu auf dem entfernten System die administrative Freigabe (*Admin$*) aktiviert sein.

Tabelle 38.1: Optionen von PsLogList

Geben Sie zum Beispiel den Befehl *psloglist system* ein, listet das Tool in der Eingabeaufforderung alle Ereignisse des Systemereignisprotokolls auf. Der Befehl *psloglist application* zeigt das Anwendungsprotokoll an. Wollen Sie nur die aktuellsten fünf Einträge sehen, verwenden Sie den Befehl *psloglist system -n 5*. Die fünf ältesten Einträge zeigen Sie mit *psloglist system -r -n 5* an.

Um effizient Daten anzuzeigen, sollten Sie die Anzeige filtern, da ansonsten zu viele Informationen auf dem Bildschirm erscheinen. Dazu verwenden Sie die Option *-f*. Wollen Sie zum Beispiel nur Fehlermeldungen erfassen, geben Sie den Befehl *psloglist system -f e* ein. Fehler und Warnungen erhalten Sie mit der Option *-f ew* angezeigt. Um nur Meldungen einer bestimmten ID anzuzeigen, verwenden Sie *-i*, gefolgt von einer kommagetrennten Liste der IDs, die Sie anzeigen wollen.

Eine weitere Möglichkeit ist das Exportieren der Ausgabe in eine *.evt*-Datei, die Sie wiederum mit der Ereignisanzeige in Windows öffnen können. Dazu verwenden Sie zusätzlich die Option *-g .\<.evt-Datei>*.

Mit PsLogList lesen Sie auch die Ereignisanzeigen von Computern im Netzwerk aus. Dazu verwenden Sie zunächst die Option *psloglist \\<Computer>* und dann die verschiedenen Optionen des Tools, um die Anzeige zu aktivieren. Dabei gehen Sie genauso vor wie bei der Abfrage lokaler Ereignisanzeigen.

Ereignis-Abonnements verwalten

Windows Server 2019 kann auch mit Bordmitteln die Ereignisanzeigen verschiedener Server im Netzwerk zusammentragen und anzeigen. Diese Funktion trägt die Bezeichnung *Abonnements* und lässt sich direkt in der Ereignisanzeige einrichten. Basis ist der Systemdienst *Windows-Ereignissammeldienst*. Dieser muss auf dem Server gestartet sein, der die verschiedenen Ereignisse sammeln soll, sowie auf allen beteiligten Servern. Damit die Sammlung von Ereignisanzeigen funktioniert, müssen Sie die beteiligten Computer vorbereiten, das Abonnement erstellen und dann in der Ereignisanzeige die Fehler der entsprechenden Server anzeigen.

Die Sammlung von Ereignisanzeigen basiert auf zwei Grundlagen. Es gibt einen Server, der die Daten sammelt (Sammlungscomputer), und Server, die an den Sammlungsserver angebunden sind (Quellcomputer). Die Sammlung von Ereignisanzeigen führen Sie am besten auf Servern durch, die in einer gemeinsamen Active Directory-Gesamtstruktur positioniert sind.

Im ersten Schritt müssen Sie die Remoteverwaltung auf den einzelnen Servern aktivieren. Dazu führen Sie auf jedem Quellcomputer und dem Sammlungscomputer in einer Eingabeaufforderung mit Administratorrechten (über das Kontextmenü gestartet) den Befehl *winrm quickconfig* aus. Im nächsten Schritt führen Sie noch den Befehl *wecutil qc* aus. Das Tool konfiguriert das Weiterleiten von Ereignissen über das Netzwerk zu einem Sammlungscomputer. Nehmen Sie anschließend das Computerkonto des Sammlungscomputers, auf dem Sie die Ereignisse aller angebundenen Server anzeigen wollen, in die lokalen Administratorgruppen der einzelnen Server auf.

Die lokale Benutzerverwaltung starten Sie am schnellsten durch die Eingabe von *lusrmgr.msc* im Startmenü. Rufen Sie die Eigenschaften der lokalen Administratorgruppe auf, klicken Sie auf die Schaltfläche *Hinzufügen* und im daraufhin geöffneten Dialogfeld auf die Schaltfläche *Objekttypen*, um auch Computerkonten in die Gruppe aufnehmen zu können.

Wollen Sie Ereignisabonnements in Arbeitsgruppen erstellen, müssen Sie manuell eine Ausnahme in der Windows-Firewall für *Remote-Ereignisprotokollverwaltung* auf jedem Quellcomputer hinzufügen. Das Konto, mit dem Sie die Ereignisse auf den Quellcomputer sammeln, müssen Sie anschließend bei der Einrichtung des Abonnements hinterlegen. Zusätzlich ist auf dem Sammlungscomputer der folgende Befehl einzugeben:

winrm set winrm/config/client @{TrustedHosts="<Alle Quellcomputer, durch Komma getrennt>"}

Die Sammlung nehmen Sie am besten mit einem Konto vor, das über Administratorrechte in der Domäne verfügt. Wollen Sie ein eigenes Konto dafür anlegen, müssen Sie dieses in die lokale Administratorgruppe auf allen Quellcomputern aufnehmen. Normalerweise reicht es aus, wenn nur das Computerkonto des Sammlungscomputers Mitglied der Administratorgruppe auf den Quellcomputern ist.

Haben Sie alle Vorbereitungen getroffen, starten Sie auf dem Sammlungscomputer die Ereignisanzeige und klicken auf *Abonnements*. Ist der Systemdienst *Windows-Ereignissammlungsdienst* nicht gestartet, erhalten Sie eine entsprechende Meldung. Lassen Sie in diesem Fall den Dienst starten. Anschließend klicken Sie mit der rechten Maustaste auf *Abonnements* und dann auf *Abonnement erstellen*. Alternativ klicken Sie im rechten Abschnitt *Aktionen* auf *Abonnement erstellen*.

Im neuen Fenster konfigurieren Sie jetzt das Abonnement. Bei *Abonnementname* geben Sie eine Bezeichnung und auf Wunsch auch eine Beschreibung ein. Bei *Zielprotokoll* wählen Sie aus, wo auf dem Sammlungsserver die Ereignisse der Quellcomputer gesammelt werden sollen. Standardmäßig ist hier das Protokoll *Weitergeleitete Ereignisse* ausgewählt.

Anschließend wählen Sie die Art des Abonnements aus. Aktivieren Sie die Option *Sammlungsinitiiert* und klicken Sie auf die Schaltfläche *Computer auswählen*. Anschließend wählen Sie die Quellcomputer aus, die das Abonnement erfassen soll. Sie sollten für jeden Computer, den Sie hinzufügen, auf die Schaltfläche *Testen* klicken, um sicherzustellen, dass der Sammlungscomputer eine Verbindung aufbauen kann.

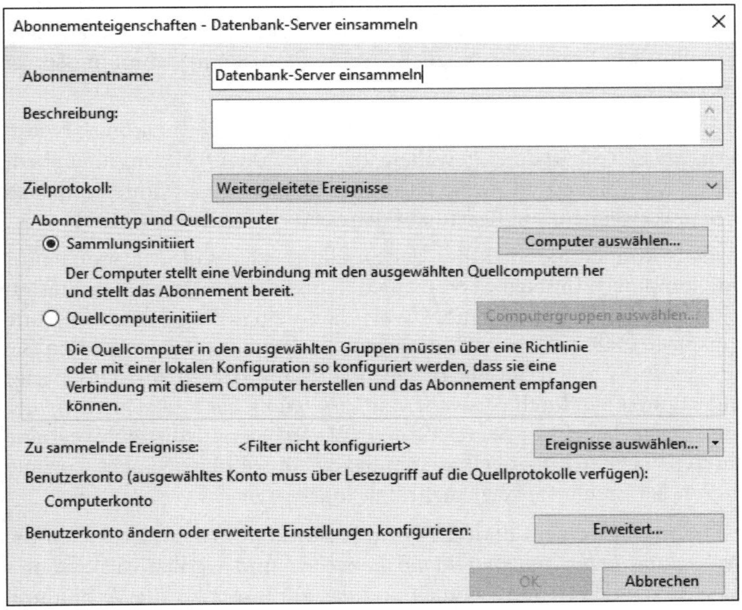

Abonnementeigenschaften - Datenbank-Server einsammeln

Abonnementname: Datenbank-Server einsammeln

Beschreibung:

Zielprotokoll: Weitergeleitete Ereignisse

Abonnementtyp und Quellcomputer

Sammlungsinitiiert — Computer auswählen...

Der Computer stellt eine Verbindung mit den ausgewählten Quellcomputern her und stellt das Abonnement bereit.

Quellcomputerinitiiert — Computergruppen auswählen...

Die Quellcomputer in den ausgewählten Gruppen müssen über eine Richtlinie oder mit einer lokalen Konfiguration so konfiguriert werden, dass sie eine Verbindung mit diesem Computer herstellen und das Abonnement empfangen können.

Zu sammelnde Ereignisse: <Filter nicht konfiguriert> — Ereignisse auswählen...

Benutzerkonto (ausgewähltes Konto muss über Lesezugriff auf die Quellprotokolle verfügen):

Computerkonto

Benutzerkonto ändern oder erweiterte Einstellungen konfigurieren: Erweitert...

OK — Abbrechen

Abbildung 38.4: Konfigurieren eines neuen Abonnements

Über die Schaltfläche *Ereignisse auswählen* erstellen Sie neue Filter, über die Sie festlegen, welche Ereignisse auf den Quellcomputern der Sammlungscomputer angezeigt werden sollen. Grundsätzlich legen Sie fest, welche Ereignisse von welchen Protokollen erfasst werden sollen. Haben Sie den Filter erstellt, klicken Sie auf *OK*. Bevor Sie weitere Einstellungen vornehmen, klicken Sie auf *OK*, um das Abonnement zu überprüfen.

Nach der Erstellung muss das Abonnement als *Aktiv* gekennzeichnet sein. Auf diesem Weg können Sie auch mehrere Abonnements erstellen, die verschiedene Computer mit verschiedenen Abfragefiltern erfassen. Mit einem Doppelklick auf das Abonnement können Sie dieses jederzeit wieder anpassen.

Anschließend können Sie die Ereignisse im ausgewählten Protokoll anzeigen. Haben Sie das Standardprotokoll *Weitergeleitete Ereignisse* ausgewählt, finden Sie es im Bereich *Windows-Protokolle*. Bis die ersten Ereignisse eintreffen, kann es allerdings eine Weile dauern. Von welchem Server die Ereignisse stammen, sehen Sie in der Spalte *Computer*.

Neben den Standardeinstellungen für Abonnements können Sie über die Schaltfläche *Erweitert* in den Eigenschaften des Abonnements einige Einstellungen ändern. Sie können an dieser Stelle zum Beispiel festlegen, dass die Abfrage der Ereignisse nicht durch das

Computerkonto des Servers erfolgt, sondern mit einem speziellen Benutzerkonto, dessen Daten Sie in den erweiterten Einstellungen des Abonnements hinterlegen. Achten Sie jedoch darauf, dieses Konto in die lokale Administratorengruppe der Quellcomputer aufzunehmen.

Außerdem können Sie in den erweiterten Einstellungen noch festlegen, wie der Sammlungscomputer die Daten abrufen soll. Hier stehen die drei Optionen *Normal*, *Bandbreite minimieren* und *Wartezeit minimieren* zur Verfügung.

Bei der Standardeinstellung *Normal* verwendet das Abonnement den Pullzustellungsmodus. Dabei fasst das Abo immer fünf Elemente zusammen und überträgt diese vom entsprechenden Quellcomputer auf den Sammlungsserver. Die Option *Bandbreite minimieren* begrenzt die Bandbreite, die dem Abo zur Verfügung steht. Mit der Option *Wartezeit minimieren* wird sichergestellt, dass Ereignisse möglichst schnell auf dem Sammlungsserver zur Verfügung stehen.

In den erweiterten Einstellungen legen Sie auch den Port und die Übertragungsart fest. Wenn Sie diese ändern, müssen Sie in den Firewalleinstellungen der Quellcomputer ebenfalls entsprechende Regeln definieren. In Active Directory-Umgebungen können Sie dazu auch Gruppenrichtlinien verwenden, um Regeln auf den Servern zu erstellen.

Neben den Abonnements können Sie auch mit der Standardereignisanzeige problemlos Ereignisanzeigen von Computern im Netzwerk abrufen. Sie können dazu die Ereignisanzeige selbst verwenden oder das Befehlszeilentool Wevtutil an einer Eingabeaufforderung eingeben, um Ereignisprotokolle auf einem Remotecomputer zu verwalten. Starten Sie dazu die Ereignisanzeige und klicken Sie mit der rechten Maustaste auf *Ereignisanzeige (Lokal)*. Anschließend können Sie durch Auswahl von *Verbindung mit anderem Computer herstellen* die Ereignisanzeige beliebiger Server öffnen. Wollen Sie auf diesem Weg eine Verbindung mit mehreren Servern aufbauen, müssen Sie eine neue Management Console erstellen und das Snap-in der Ereignisanzeige mehrmals integrieren.

Wollen Sie eine Verbindung mit einem anderen Benutzerkonto aufbauen, aktivieren Sie noch die Option *Verbindung unter anderem Konto herstellen* und wählen das entsprechende Konto aus. Sie können den Benutzernamen und das Kennwort für die Verbindung festlegen.

Sie öffnen die Ereignisanzeige eines Servers auch direkt durch Eingabe des Befehls *eventvwr<Computername>*.

Ereignisanzeige in der Systemsteuerung steuern – Wevtutil

Sie können auch in der Eingabeaufforderung eine Verbindung zur Ereignisanzeige eines anderen Servers aufbauen. Dazu verwenden Sie den folgenden Befehl:

wevtutil <Option> /r:<Computername> /u:<Benutzername> /p:<Kennwort>

Verwenden Sie die Optionen */u* und */p* nicht, verbindet Sie *wevtutil* mit dem Benutzer, mit dem Sie angemeldet sind.

Welche Optionen zur Verfügung stehen, sehen Sie, wenn Sie *wevtutil* eingeben. Das Tool dient nicht dazu, die Ereignisanzeige über das Netzwerk zu öffnen, sondern Einstellungen vorzunehmen oder das Protokoll zu löschen. Mit dem Aufruf *wevtutil el /r:sbs.contoso.local* lassen Sie sich zum Beispiel alle verfügbaren Protokolle auf dem Remotecomputer anzeigen. Sie können mit *wevtutil* auch Ereignisanzeigen ohne Rücksprache löschen lassen. Dazu verwenden Sie den Befehl *wevtutil cl <Name des Protokolls>*. Der Befehl *wevtutil cl System /r:sql* löscht zum Beispiel das Systemprotokoll auf dem Server *sql* ohne weitere

Rücksprache. Natürlich können Sie mit dem Tool auch Protokolle über das Netzwerk auf den lokalen Computer in *.evtx*-Dateien exportieren. Dazu verwenden Sie den Befehl *wevtutil epl*.

Ereignisanzeige mit der PowerShell anzeigen

Sie können auch mit der PowerShell die Ereignisanzeige auf Computern anzeigen lassen. Dazu wird das Cmdlet *Get-EventLog* verwendet. Mit den Optionen *System*, *Application* und *Security* lassen sich die einzelnen Ereignisanzeigen öffnen. Das Sicherheitsprotokoll wird allerdings nur dann angezeigt, wenn die PowerShell-Sitzung mit Administratorrechten gestartet wurde.

Wird auf diesem Weg die ganze Ereignisanzeige ausgelesen, wird es schnell unübersichtlich. Sie können aber zum Beispiel auch nur die aktuellsten Meldungen anzeigen, zum Beispiel mit folgendem Befehl: *Get-EventLog System -Newest 100.* Reicht dieser Filter nicht aus, lässt er sich noch so erweitern, dass er nur die Fehlermeldungen anzeigt:

Get-EventLog System -Newest 100 | here-Object {$_.entryType -Match "Error"}

Der Filter lässt sich auch noch ausbauen, sodass er die Meldungen optimal formatiert und nur die gewünschten Informationen anzeigt:

Clear-Host

$Event = Get-EventLog -LogName System -Newest 1000

$logError = $Event | Where {$_.entryType -Match "Error"}

$logError | Sort-Object EventID | ft EventID, Source, TimeWritten, Message -auto

Interessant in diesem Zusammenhang ist die Möglichkeit, nach bestimmten Quellen filtern zu lassen:

Get-EventLog System -Newest 10 -Source "Service" | ft TimeWritten, Source, EventID, Message -auto*

Auch nach der ID lässt sich filtern:

Get-EventLog -LogName System -InstanceID 7040 -Newest 10

Eigene Ereignismeldungen erzeugen

Sie können über die Eingabeaufforderung mit dem Befehl *eventcreate.exe* eigene Einträge in den verschiedenen Ereignisanzeigen erstellen. Beispielsweise lässt sich dieser Befehl für eigene Skripts oder Batchdateien verwenden. Die Syntax lautet:

eventcreate [/S <Computername> [/U <Benutzername> [/P <Kennwort>]]] /ID <Ereignis-ID>

[/L <Protokollname>] [/SO <Quelle>] } /T Typ /D <Beschreibung>

Als Typ stehen *SUCCESS*, *ERROR*, *WARNING* und *INFORMATION* zur Verfügung.

Ein Beispielevent ist:

eventcreate /T Information /ID 523 /L System /D "Anwendung Thomas 1 erfolgreich installiert"

Diese Informationen lassen sich dann auch wieder mit der PowerShell auslesen Soll nur der Text der Ereignismeldung angezeigt werden, kann dieser natürlich gesondert gefiltert werden:

Get-EventLog System -Newest 1 | fl Message

Systemleistung überwachen

Über den Eintrag *Leistung* in der Konsolenstruktur des Server-Managers können Sie sich die aktuelle Systemleistung Ihres Servers mit verschiedenen Tools und Ansichten anzeigen lassen. Über den Ressourcenmonitor lässt sich eine detaillierte Ansicht des aktuellen CPU-Verbrauchs, des Arbeitsspeichers, der Datenträger und des Netzwerkverkehrs anzeigen. In Windows Server 2019 finden Sie das Programm über den Menüpunkt *Tools* im Server-Manager. Alternativ starten Sie das Tool durch Eingabe von *perfom /res*.

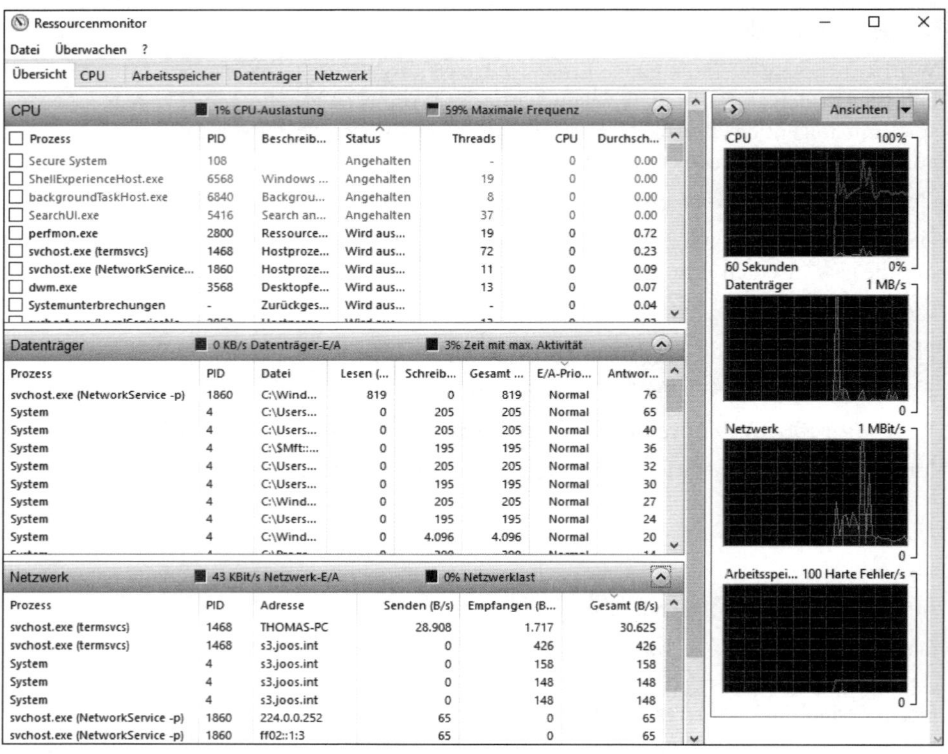

Abbildung 38.5: Anzeige des Ressourcenmonitors in Windows Server 2019

Die Gesamtleistung eines Systems wird durch verschiedene Faktoren begrenzt. Hierzu zählen etwa die Zugriffsgeschwindigkeit der physischen Datenträger, die für alle laufenden Prozesse zur Verfügung stehende Speichermenge, die Prozessorgeschwindigkeit und der Datendurchsatz der Netzwerkschnittstellen.

Nachdem die einschränkenden Faktoren auf der Hardwareseite identifiziert wurden, kann der Ressourcenverbrauch einzelner Anwendungen und Prozesse überprüft werden. Anhand einer umfassenden Leistungsanalyse, die sowohl die Auswirkungen von Anwendungen als auch die Gesamtkapazität berücksichtigt, können IT-Experten einen Bereitstellungsplan entwickeln und an die jeweiligen Anforderungen anpassen. Alternativ starten Sie diese Funktion über *perfmon /res*. Durch Erweitern der *Ressourcenübersicht* zeigen Sie zusätzliche Informationen an und überprüfen, welche Ressourcen von welchen Prozessen genutzt werden.

Der Bereich mit der Ressourcenübersicht enthält vier animierte Diagramme, die die Auslastung der CPU-, Datenträger-, Netzwerk- und Speicherressourcen des lokalen Computers in Echtzeit anzeigen. Unter den Diagrammen befinden sich vier erweiterbare Bereiche, in denen Einzelheiten zur jeweiligen Ressource angezeigt werden können. Klicken Sie zur Anzeige dieser Informationen auf den Abwärtspfeil rechts neben dem jeweiligen Balken.

Die Leistungsüberwachung

Klicken Sie im Server-Manager auf den Eintrag *Tools/Leistungsüberwachung*, können Sie den Server noch genauer überwachen lassen, indem Sie verschiedene Leistungsindikatoren hinzufügen. In der Leistungsüberwachung werden die integrierten Leistungsindikatoren grafisch dargestellt. Sie können Daten in Echtzeit oder Verlaufsdaten anzeigen und Leistungsindikatoren entweder per Ziehen/Ablegen hinzufügen oder benutzerdefinierte Datensammlergruppen (Data Collector Sets, DCS) erstellen. Die Leistungsüberwachung unterstützt verschiedene Ansichten für die visuelle Überprüfung der Daten in Leistungsprotokollen.

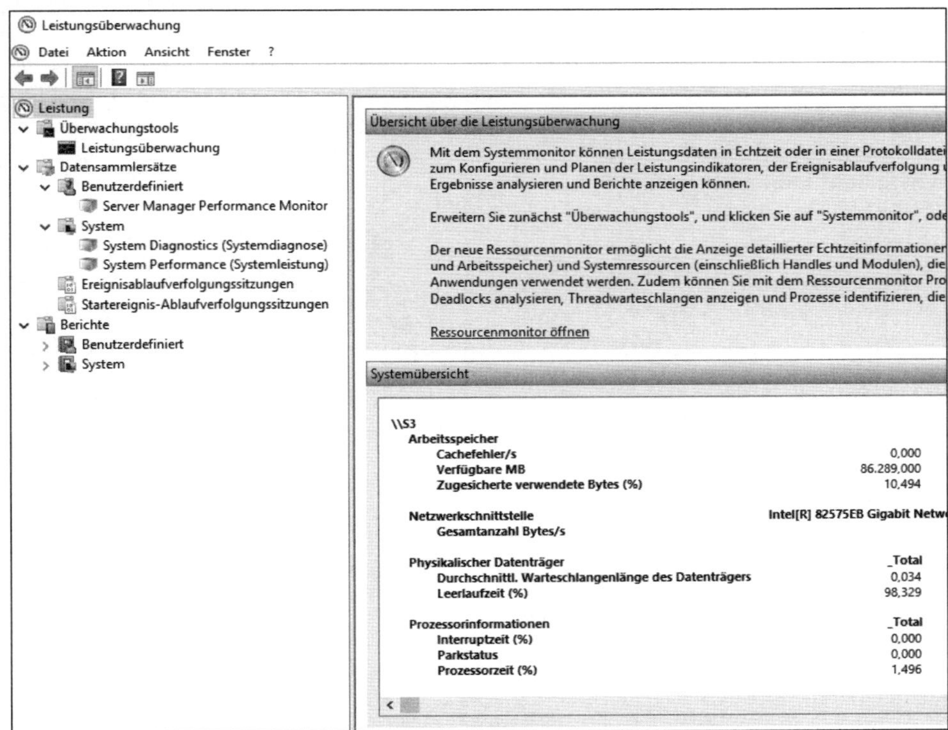

Abbildung 38.6: Leistungsüberwachung produktiv nutzen

Auch die Auswahl *Berichte* bietet oft mehr Übersicht als die anderen Optionen in der Liste. Außerdem können Sie benutzerdefinierte Ansichten in Form von Datensammlergruppen für die Verwendung in Leistungs- und Protokollfunktionen exportieren.

Nach Auswahl des Knotens *Überwachungstools/Leistungsüberwachung* lassen sich über das grüne Pluszeichen in der Symbolleiste weitere Leistungsindikatoren einblenden. Für

Serveranwendungen wie zum Beispiel Microsoft SQL Server gibt es einige solcher Indikatoren. Das *SQLServer:Databases*-Objekt in SQL Server stellt Indikatoren zum Überwachen von Transaktionsprotokollaktivitäten zur Verfügung. Die folgenden Indikatoren sind besonders für die Überwachung der Transaktionsprotokollaktivität von Verfügbarkeitsdatenbanken interessant:

- *Schreibdauer für Protokollleerungen (ms)*
- *Protokollleerungen/Sekunde*
- *Protokollpool-Cachefehlversuche/Sekunde*
- *Protokollpool-Lesevorgänge auf dem Datenträger/Sekunde*
- *Protokollpoolanforderungen/Sekunde*

Mit den Windows-Leistungsindikatoren *Device Throughput Bytes/sec* des Objekts *SQLServer:Backup Device* und *Backup/Restore Throughput/sec* des Objekts *SQLServer:Databases* messen Sie die Übertragungsgeschwindigkeit auf das Sicherungsmedium. Auf diesem Weg können Sie die Übertragungsrate für komprimierte im Vergleich zu nicht komprimierten Sicherungen messen und auf dieser Basis entscheiden, ob die Komprimierung die höhere CPU-Last rechtfertigt.

Wählen Sie zunächst den entsprechenden Indikator aus und klicken Sie auf *Hinzufügen*. Sie können eine Beschreibung der Indikatorengruppe anzeigen, die aktuell in der Liste ausgewählt ist. Aktivieren Sie dazu das Kontrollkästchen *Beschreibung anzeigen* in der unteren linken Ecke des Fensters. Wenn Sie eine andere Gruppe auswählen, wird die zugehörige Beschreibung angezeigt.

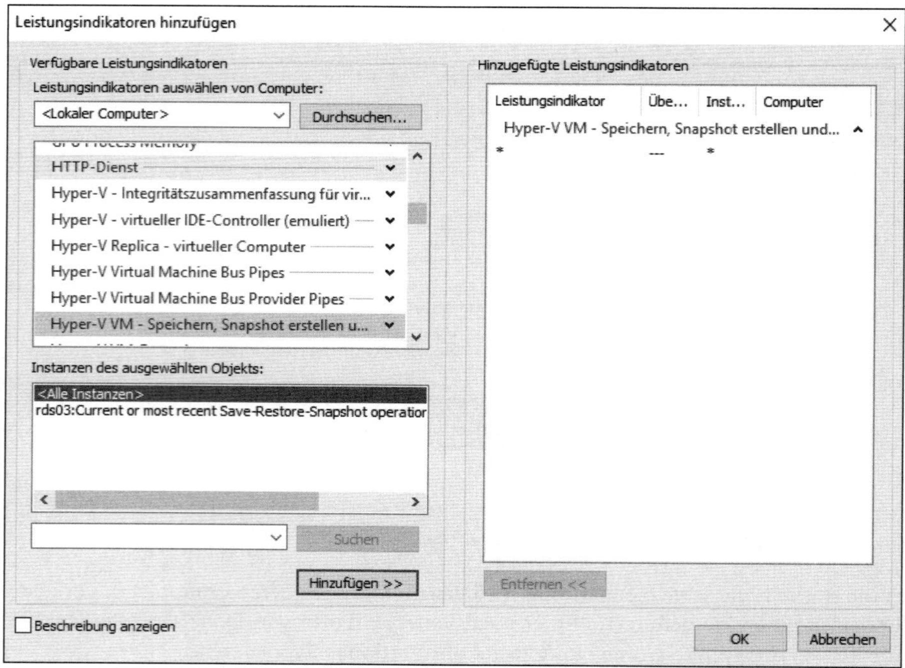

Abbildung 38.7: Hinzufügen von Leistungsindikatoren zur Leistungsüberwachung

Sie zeigen die verfügbaren Indikatoren einer Gruppe an, indem Sie auf den Abwärtspfeil rechts neben dem Gruppennamen klicken. Zum Hinzufügen einer Indikatorengruppe markieren Sie den Gruppennamen und klicken auf die Schaltfläche *Hinzufügen*.

Nachdem Sie einen Gruppennamen markiert haben, können Sie die enthaltenen Leistungsindikatoren anzeigen. Markieren Sie einen Indikator in der Liste, bevor Sie auf *Hinzufügen* klicken, wird nur dieser Indikator hinzugefügt.

Sie können einen einzelnen Indikator hinzufügen, indem Sie auf den kleinen Pfeil neben dem Gruppennamen klicken, den gewünschten Indikator markieren und danach auf *Hinzufügen* klicken. Möchten Sie mehrere Indikatoren einer Gruppe auswählen, klicken Sie bei gedrückter Strg-Taste auf die Namen in der Liste. Sobald alle gewünschten Indikatoren ausgewählt sind, klicken Sie auf *Hinzufügen*.

Möchten Sie nur eine bestimmte Instanz eines Indikators hinzufügen, markieren Sie einen Gruppennamen in der Liste, wählen den gewünschten Prozess in der Liste im Bereich *Instanzen* des gewählten Objekts aus und klicken auf *Hinzufügen*. Derselbe Indikator kann von mehreren Prozessen generiert werden. Bei Auswahl einer Instanz protokolliert der Server nur die Indikatoren, die der gewählte Prozess erzeugt. Wenn Sie keine Instanz auswählen, protokolliert der Server alle Instanzen des Indikators.

Sie können nach Instanzen eines Indikators suchen, indem Sie die Indikatorengruppe markieren oder die Gruppe erweitern und den gewünschten Indikator markieren, den Prozessnamen in das Feld unterhalb der Instanzenliste für das gewählte Objekt eingeben und auf *Suchen* klicken. Der eingegebene Prozessname wird in der Dropdownliste für eine weitere Suche angeboten.

Indikatorendaten in der Leistungsüberwachung beobachten

Standardmäßig zeigt die Leistungsüberwachung die Daten in Form eines Liniendiagramms an. Abgebildet werden Daten über einen Zeitraum von zwei Minuten. Die Abtastung erfolgt von links nach rechts. Die X-Achse ist beschriftet.

Mithilfe des Diagramms lassen sich Änderungen an den Aktivitäten der einzelnen Indikatoren über einen kurzen Zeitraum beobachten. Sie können Details für einen bestimmten Indikator anzeigen, indem Sie im Diagramm mit der Maus auf die entsprechende Indikatorlinie zeigen. Mit dem Dropdownlistenfeld in der Symbolleiste können Sie die Anzeige für die aktuelle Datensammlergruppe ändern.

In der Histogrammansicht sehen Sie Daten ebenfalls in Echtzeit und Balkenform. In dieser Ansicht lassen sich Änderungen an den Aktivitäten der einzelnen Indikatoren beobachten. Die Berichtansicht enthält die Werte für den ausgewählten Indikator in Textform. Unter dem Ansichtsfenster befindet sich eine Legende mit Angaben zu den einzelnen Leistungsindikatoren. Über die Kontrollkästchen der einzelnen Zeilen steuern Sie, welche Indikatoren in der Ansicht dargestellt werden.

Ist eine Zeile in der Legende ausgewählt, lässt sich die zugehörige Indikatorlinie optisch hervorheben, indem Sie auf der Symbolleiste auf die Schaltfläche *Markierung* klicken. Durch erneutes Klicken auf diese Schaltfläche wird die ursprüngliche Anzeige wiederhergestellt.

Sie können die Eigenschaften für die Anzeige eines Indikators ändern. Klicken Sie dazu mit der rechten Maustaste auf die entsprechende Zeile in der Legende und wählen Sie im Kontextmenü den Eintrag *Eigenschaften*. Daraufhin wird das Dialogfeld *Eigenschaften von Leistungsüberwachung* mit aktivierter Registerkarte *Daten* geöffnet. Passen Sie die Eigenschaften mithilfe der Einträge in den Listenfeldern an. Mit der Schaltfläche *Anzeige fixieren* auf der Symbolleiste frieren Sie die Anzeige ein, um die aktuelle Aktivität zu überprüfen. Wenn Sie die Anzeige wieder aktivieren möchten, klicken Sie auf die Schaltfläche *Fixierung der Anzeige aufheben*. Per Klick auf die Schaltfläche *Daten aktualisieren* kann die Anzeige schrittweise durchlaufen werden.

Halten Sie die Anzeige des Liniendiagramms an und starten diese wieder, ändert sich der auf der X-Achse dargestellte Zeitraum. Die Leistungsüberwachung arbeitet mit *Objekten*, die sich beobachten lassen. Für jedes dieser Objekte wie zum Beispiel den Prozessor gibt es eine Reihe von Leistungsindikatoren wie *Prozessorzeit* oder *Interrupts/s*. Für einzelne Objekte gibt es zudem mehrere Instanzen. Dies ist zum Beispiel beim Prozessor der Fall, wenn mit einem Multiprozessorsystem gearbeitet wird. Beim Objekt *Prozesse* wird eine Instanz für jeden aktiven Prozess definiert.

Sammlungssätze nutzen

Die Echtzeitanzeige ist nur eine Möglichkeit, die Leistungsüberwachung zu nutzen. Nachdem Sie eine Kombination aus Indikatoren zusammengestellt haben, können Sie diese als *Sammlungssätze* (Data Collector Set, DCS) speichern. Um einen Sammlungssatz zu erstellen, beginnen Sie mit der Anzeige der Leistungsindikatoren. Erweitern Sie in der Konsole die Hierarchiestruktur, klicken Sie mit der rechten Maustaste auf *Leistungsüberwachung* und rufen Sie im Kontextmenü den Untermenübefehl *Neu/Datensammlersatz* auf.

Daraufhin wird der Assistent für die Erstellung einer neuen Datensammlergruppe gestartet. Die neue Datensammlergruppe enthält alle Indikatoren, die in der aktuellen Ansicht ausgewählt sind. Möchten Sie nicht den Standardbenutzer verwenden, klicken Sie im dritten Schritt des Assistenten auf die Schaltfläche *Ändern* und geben den Namen und das Kennwort des gewünschten Benutzers ein. Der Sammlungssatz muss unter dem Konto eines Benutzers mit Administratorrechten ausgeführt werden. Über das Kontextmenü starten Sie einen Datensammlersatz. Nach dem Beenden erstellt der Satz einen Bericht, den Sie sich im Server-Manager anzeigen lassen können.

Ein Sammlungssatz erstellt eine Protokolldatei. Diese können Sie sich nach dem Beenden über den Bereich *Datensammlersätze/Benutzerdefiniert* aufrufen. Sie haben die Möglichkeit, für jeden Satz Speicheroptionen zu konfigurieren. Klicken Sie in der Liste des Fensters mit der rechten Maustaste auf den Namen des Sammlungssatzes und wählen Sie im Kontextmenü den Eintrag *Eigenschaften*.

Auf der Registerkarte *Allgemein* können Sie eine Beschreibung oder Schlüsselwörter für die Datensammlergruppe eingeben. Auf der Registerkarte *Verzeichnis* ist der Stammordner als Standardordner festgelegt, in dem alle Protokolldateien für die Datensammlergruppe gespeichert sind. Mit *Zeitplan* geben Sie an, wann mit der Datensammlung begonnen wird.

Auf der Registerkarte *Stoppbedingung* können Sie Kriterien für Bedingungen angeben, bei denen die Datensammlung angehalten wird. Wenn Sie auf der Registerkarte *Zeitplan* ein Ablaufdatum festgelegt haben, das nach einer auf der Registerkarte *Stoppbedingung* definierten Bedingung liegt, hat die Stoppbedingung Vorrang.

Speicherengpässe beheben

Performanceprobleme können eine Reihe unterschiedlicher Ursachen haben. Ein Problem bei der Performanceanalyse ist, dass die Beseitigung eines Engpasses oft zum nächsten Engpass führt. Dafür gibt es viele Beispiele. Wenn mehr Speicher bereitsteht, zeigt sich oft, dass auch die Prozessorauslastung bereits an der Kapazitätsgrenze ist. Es gibt nun einige grundsätzliche Regeln für den Einsatz von Hauptspeicher. Die erste Regel lautet: Viel hilft viel, sowohl beim Hauptspeicher als auch beim Cache.

Die zweite Regel besagt, dass die Auslagerungsdatei am besten auf einer anderen physischen Festplatte als der der Systempartition, der Datenbankdateien und der Transaktionsprotokolle aufgehoben ist.

Im Ressourcenmonitor sehen Sie auf der Registerkarte *Arbeitsspeicher* die verschiedenen laufenden Prozesse und deren verbrauchten Arbeitsspeicher. Am schnellsten starten Sie den Ressourcenmonitor durch Eingabe von *perfmon /res* im Startmenü von Windows Server 2019. Mit einem Klick auf die Spalte *Arbeitssatz* lassen Sie sich den Arbeitsspeicherverbrauch der Prozesse sortiert anzeigen.

Arbeitsspeicher mit der Leistungsüberwachung optimieren und überwachen

Die Überwachung des Arbeitsspeichers übernehmen Sie am besten ebenfalls mit der Leistungsüberwachung. Auf Servern bieten sich folgende Leistungsindikatoren an:

- **Arbeitsspeicher: Verfügbare Bytes –** Gibt an, wie viele Bytes an Arbeitsspeicher derzeit für die Verwendung durch Prozesse verfügbar sind. Niedrige Werte können ein Anzeichen dafür sein, dass insgesamt zu wenig Arbeitsspeicher auf dem Server vorhanden ist oder dass eine Anwendung keinen Arbeitsspeicher freigibt.
- **Arbeitsspeicher: Seiten/s –** Gibt die Anzahl der Seiten an, die wegen Seitenfehlern vom Datenträger gelesen oder auf den Datenträger geschrieben wurden, um Speicherplatz aufgrund von Seitenfehlern freizugeben. Ein hoher Wert kann auf überhöhte Auslagerungen hindeuten. Überwachen Sie noch *Seitenfehler/s*, um sicherzustellen, dass die Datenträgeraktivität nicht durch Auslagern verursacht wird.

Sinnvoll ist dies zum Beispiel beim Einsatz von SQL Server oder anderen Servern. Wir erläutern die Überwachung und Optimierung nachfolgend am Beispiel des Einsatzes von Microsoft SQL Server. Der Manager für virtuellen Arbeitsspeicher (VMM) entnimmt Seiten von SQL Server und anderen Prozessen, um die Größen der Arbeitsspeicherbereiche dieser Prozesse anzupassen. Um festzustellen, ob die überhöhten Auslagerungen von SQL Server oder einem anderen Prozess verursacht werden, sollten Sie *Seitenfehler/s* der SQL Server-Prozessinstanz überprüfen.

In der Standardkonfiguration werden Arbeitsspeicheranforderungen von SQL Server auf Basis der verfügbaren Systemressourcen dynamisch geändert. Wenn der SQL-Server mehr Arbeitsspeicher benötigt, wird das Betriebssystem nach der Verfügbarkeit von freiem physischen Arbeitsspeicher abgefragt. Wenn SQL Server den zugeordneten Arbeitsspeicher nicht benötigt, wird der Arbeitsspeicher für das Betriebssystem freigegeben. Sie können die Option zur dynamischen Verwendung des Arbeitsspeichers jedoch mit den Serverkonfigurationsoptionen *minservermemory* und *maxservermemory* überschreiben.

Durch Sperren von Seiten im Arbeitsspeicher können Sie die Leistung eines SQL-Servers teilweise auch nach Auslagerung von Arbeitsspeicherdaten auf die Festplatte verbessern. Die SQL Server-Option *Sperren von Seiten im Speicher* wird bei SQL Server auf *ON* gesetzt, wenn dem Dienstkonto der Instanz das Windows-Benutzerrecht *Lock Pages in Memory (LPIM)* erteilt wurde. Entfernen Sie zum Deaktivieren der Option *Sperren von Seiten im Speicher* für SQL Server das Benutzerrecht *Lock Pages in Memory* für das SQL Server-Startkonto. In diesem Fall kann der Server selbst die entsprechenden Seiten nicht mehr steuern, sondern das Betriebssystem übernimmt diese Aufgabe.

Erstellen Sie für die Einstellung entweder eine Gruppenrichtlinie, die Sie den SQL-Servern zuweisen, oder nehmen Sie die Einstellungen lokal auf dem Server vor:

1. Geben Sie im Suchfeld des Startmenüs den Befehl *gpedit.msc* ein.
2. Erweitern Sie *Computerkonfiguration/Windows-Einstellungen/Sicherheitseinstellungen/Lokale Richtlinien/Zuweisen von Benutzerrechten.*
3. Klicken Sie doppelt auf *Sperren von Seiten im Speicher.*
4. Entfernen Sie das Konto des SQL-Servers in diesem Bereich, wenn es angezeigt wird.

Um die Menge des von SQL Server speziell verwendeten Arbeitsspeichers zu beobachten, überwachen Sie die folgenden Leistungsindikatoren:

- **Prozess: Arbeitsseiten –** Gibt die Menge an Arbeitsspeicher an, die ein Prozess verwendet. Wenn dieser Wert konstant unter der Menge an Arbeitsspeicher liegt, die in den Serveroptionen in den Eigenschaften des SQL-Servers festgelegt sind, haben Sie den SQL-Server so konfiguriert, dass er zu viel Arbeitsspeicher beansprucht.
- **SQLServer: Buffer-Manager: Buffer cache hit ratio –** Eine Rate von 90 Prozent oder höher ist hier empfohlen. Erhöhen Sie den Arbeitsspeicher so lange, bis der Wert konstant über 90 Prozent liegt. Ein Wert von über 90 Prozent bedeutet, dass mehr als 90 Prozent aller Datenanforderungen vom Datencache erfüllt wurden. Aktivieren Sie zur besseren Übersicht in der Windows-Leistungsüberwachung die Ansicht *Bericht*.

Karte des Arbeitsspeichers – RAMMap und VMMap

Für die Fehleranalyse oder Leistungsmessung eines Computers kann es sinnvoll sein, die aktuelle Auslastung des Arbeitsspeichers zu kennen. Das Sysinternals-Tool RAMMap (*https://docs.microsoft.com/de-de/sysinternals/downloads/rammap*) zeigt die aktuelle Zuteilung des Arbeitsspeichers in einer grafischen Oberfläche an.

Mit dem Tool erkennen Sie, wie viel Arbeitsspeicher aktuell für den Kernel reserviert ist und welchen Arbeitsspeicher die Treiber des Computers verbrauchen. Auf verschiedenen Registerkarten zeigt das Tool ausführliche Informationen zum Arbeitsspeicher an:

- **Use Counts –** Zusammenfassung
- **Processes –** Prozesse
- **Priority Summary –** Priorisierte Standbylisten
- **Physical Pages –** Seitenübersicht für den kompletten Arbeitsspeicher
- **Physical Ranges –** Adressen zum Arbeitsspeicher
- **File Summary –** Dateien im Arbeitsspeicher
- **File Details –** Individuelle Seiten im Arbeitsspeicher nach Dateien sortiert

Das Tool hilft vor allem Technikern und Entwicklern dabei, zu verstehen, wie die aktuellen Windows-Versionen den Arbeitsspeicher verwalten und an die verschiedenen Anwendungen, Treiber und Prozesse verteilen.

Noch ausführlicher bezüglich der Arbeitsspeicheranalyse ist VMMAP (*https://docs.microsoft.com/de-de/sysinternals/downloads/vmmap*). Das Tool zeigt sehr detailliert den Arbeitsspeicherverbrauch von Prozessen an. Durch die ausführlichen Filtermöglichkeiten geht VMMap bei der Analyse also wesentlich weiter als RAMMap. Beide Tools sind nicht nur für Administratoren geeignet, sondern auch für Entwickler oder Techniker, die genau das Aufteilen der Ressourcen verstehen wollen.

VMMap hat die Möglichkeit, auch anzuzeigen, ob ein Prozess Arbeitsspeicher durch den physischen Arbeitsspeicher zugewiesen bekommt oder durch Windows in die Auslagerungsdatei ausgelagert wird. VMMap listet sehr detailliert auf, welche Daten eines Programms oder eines Prozesses in welchen Bereichen des Arbeitsspeichers oder der Auslagerungsdatei liegen. Das Tool ermöglicht auch das Erstellen von Momentaufnahmen und dadurch von Vorher-Nachher-Beobachtungen.

Durch die ausführlichen Analysemöglichkeiten kann das Tool in der grafischen Oberfläche genau anzeigen, wie viel Arbeitsspeicher einzelne Funktionen in einem Prozess benötigen. Über den Menübefehl *View/String* lässt sich anzeigen, welche Daten ein einzelner Speicherbereich enthält. Gescannte Ergebnisse lassen sich über das Menü *File* abspeichern.

Neben dem Standardformat von VMMap (*.mmp*), lassen sich die Daten auch im *.txt*-Format sowie als *.csv*-Datei abspeichern. Mit diesen Möglichkeiten können Sie also auch Analysen mit Excel durchführen. Im Gegensatz zu RAMMap können Sie VMMap auch unter Windows 2000, XP und Windows Server 2003 nutzen.

Diagnose des Arbeitsspeichers

Häufig sind die Probleme auf einem Server auf defekten Arbeitsspeicher zurückzuführen. In Windows Server 2019 wurde daher ein spezielles Diagnoseprogramm integriert, das den Arbeitsspeicher ausführlich auf Fehler überprüft. Sie können das Tool über *mdsched* aufrufen. Es steht auch in der Programmgruppe *Verwaltung* zur Verfügung und – wenn Sie den Server mit der DVD oder einem USB-Stick starten – über die *Computerreparaturoptionen*.

Sie können entweder den Server sofort neu starten und eine Diagnose durchführen oder festlegen, dass die Diagnose erst beim nächsten Systemstart durchgeführt werden soll. Während der Speicherdiagnose prüft das Programm, ob der eingebaute Arbeitsspeicher Fehler aufweist, was eine häufige Ursache für ungeklärte Abstürze ist.

Nachdem der Test abgeschlossen ist, startet der Server automatisch neu und meldet das Ergebnis über ein Symbol im Infobereich der Taskleiste. Über die Funktionstaste F1 gelangen Sie zu den Optionen der Überwachung und können verschiedene Überprüfungsmethoden auswählen und mit F10 starten. Ist der Test beendet, startet der Server automatisch wieder.

Prozessorauslastung messen und optimieren

Auch die Prozessorleistung kann einen Flaschenhals darstellen. Zu wenig Hauptspeicher kann die Konsequenz haben, dass auch der Prozessor sehr stark belastet wird. Denn die Auslagerung von Seiten und viele andere Vorgänge gehen natürlich nicht spurlos am Prozessor vorbei. Er hat an der Verwaltung des Arbeitsspeichers einen relativ hohen Anteil. Da Engpässe beim Hauptspeicher typischerweise deutlich kostengünstiger zu beheben sind als solche beim Prozessor, sollte diese Situation zunächst untersucht werden.

Die Auslastung ist kein Problem, wenn sie kurzzeitig über 90 % liegt oder wenn das gelegentlich vorkommt. Zum Problem wird sie, wenn sie über längere Zeiträume in diesem Bereich liegt. Aber auch dann muss man mit der Analyse noch etwas vorsichtig sein. Bei Mehrprozessorsystemen gilt das Augenmerk vor allem den Leistungsindikatoren aus dem Objekt *System*. Dort werden Informationen von mehreren Systemkomponenten zusammengefasst.

So kann dort beispielsweise die Gesamtbelastung aller Prozessoren ermittelt werden. Ergänzend ist aber auch hier der Leistungsindikator *Prozessorzeit* des Objekts *Prozessor* von Bedeutung. Wenn viele verschiedene Prozesse ausgeführt werden, ist eine einigermaßen gleichmäßige Lastverteilung fast sicher. Bei einem einzigen Prozess ist dagegen die Aufteilung in einigermaßen gleichgewichtige Threads wichtig. Ein Thread ist eine Ausführungseinheit eines Prozesses. Wenn ein Prozess mehrere Threads verwendet, können diese auf unterschiedlichen Prozessoren ausgeführt werden. Die Verteilung erfolgt entsprechend der Auslastung der einzelnen Prozessoren durch das System.

Eine hohe Zahl von Warteschlangen bedeutet, dass mehrere Threads rechenbereit sind, ihnen aber vom System noch keine Rechenzeit zugewiesen wurde. Die Faustregel für diesen Wert ist, dass er nicht allzu häufig über 2 liegen sollte. Wenn die Auslastung des Prozessors im Durchschnitt relativ gering ist, spielt dieser Wert nur eine untergeordnete Rolle.

Eine konstant hohe CPU-Nutzungsrate macht deutlich, dass der Prozessor eines Servers überlastet ist. Überwachen Sie in der Leistungsüberwachung von Windows Server 2019 den Leistungsindikator *Prozessor: Prozessorzeit (%)*. Dieser Leistungsindikator überwacht die Zeit, die die CPU zur Verarbeitung eines Threads benötigt, der sich nicht im Leerlauf befindet. Ein konstanter Status von 80 bis 90 % ist zu viel. Bei Multiprozessorsystemen sollten Sie für jeden Prozessor eine eigene Instanz dieses Leistungsindikators überwachen. Dieser Wert stellt die Summe der Prozessorzeit für einen bestimmten Prozessor dar.

Zusätzlich können Sie die Prozessornutzung aber auch über *Prozessor: Privilegierte Zeit (%)* überwachen. Dieser gibt den prozentualen Zeitanteil an der Gesamtzeit an, die der Prozessor benötigt, um Windows-Kernelbefehle, wie die Verarbeitung von E/A-Anforderungen von SQL Server, auszuführen. Sollte dieser Leistungsindikator bei hohen Werten für die Leistungsindikatoren *Physischer Datenträger* dauerhaft hoch sein, sollten Sie die Installation eines schnelleren oder effizienteren Datenträgers planen.

- **Prozessor: Benutzerzeit (%) –** Gibt den prozentualen Zeitanteil an der Gesamtzeit an, die der Prozessor benötigt, um Benutzerprozesse wie den SQL-Server auszuführen.
- **System: Prozessor-Warteschlangenlänge –** Zählt die Threads, die auf Prozessorzeit warten. Ein Prozessorengpass entsteht, wenn die Threads eines Prozesses mehr Prozessorzyklen benötigen, als zur Verfügung stehen. Wenn viele Prozesse versuchen, Prozessorzeit zu beanspruchen, sollten Sie einen schnelleren Prozessor installieren.

Der Task-Manager als Analysewerkzeug

Ein weiteres wichtiges Werkzeug für die Analyse der Performance ist der Windows Task-Manager. Dieser zeichnet sich dadurch aus, dass er mit sehr wenig Aufwand genutzt werden kann. Sie können den Task-Manager durch einen Klick mit der rechten Maus auf die Taskleiste über dessen Kontextmenü aufrufen.

Alternativ rufen Sie den Task-Manager über das Menü auf, das mit der Tastenkombination `Strg`+`Alt`+`Entf` erscheint, oder über *taskmgr* im Startmenü. Direkt lässt sich der Task-Manager über die Tastenkombination `Strg`+`⇧`+`Esc` starten.

- **Prozesse –** Gibt einen Überblick über die aktuell laufenden Anwendungen. Angezeigt wird ihr Status. Darüber hinaus können Sie über das Kontextmenü der Anwendungen steuern, wie diese angezeigt werden sollen. Außerdem können Sie hier laufende Anwendungen (Tasks) beenden.

- **Leistung** – Gibt einen schnellen Überblick zum aktuellen Leistungsverbrauch des Computers. Dahinter verbirgt sich ein kleiner Systemmonitor, der die wichtigsten Informationen zur Systemauslastung in grafischer Form zur Verfügung stellt. In kleinen Fenstern wird die Auslastung der CPU und des Speichers zum aktuellen Zeitpunkt und im Zeitablauf dargestellt. Darunter findet sich eine Fülle von Informationen rund um die aktuelle Speichernutzung.
- **Benutzer** – Liefert Informationen über die aktuell gestarteten Programme der angemeldeten Benutzer auf dem Computer.
- **Details** – Hier erhalten Sie einen Überblick über die derzeit aktiven Prozesse. Dabei handelt es sich nicht nur um Anwendungen, sondern auch um die gesamten Systemdienste, die im Hintergrund ausgeführt werden. Mehr zu den Diensten sehen Sie auf der Registerkarte *Dienste*. Zu jedem dieser Prozesse werden Informationen über die Prozess-ID (PID), den aktuellen Anteil an der Nutzung der CPU, die insgesamt in dieser Arbeitssitzung konsumierte CPU-Zeit sowie die aktuelle Speichernutzung angezeigt. Gerade diese letzte Information ist von besonderem Interesse, da sie darüber informiert, in welchem Umfang Anwendungen den Hauptspeicher tatsächlich nutzen – ohne dass man komplexe Parameter überwachen muss. Auch hier können Prozesse über die entsprechende Schaltfläche wieder beendet werden. Sie sollten damit allerdings sehr vorsichtig sein, da das Beenden eines Dienstes dazu führen kann, dass Ihr System nicht mehr korrekt ausgeführt wird.
- **Dienste** – Zeigt Informationen zu den Systemdiensten an.

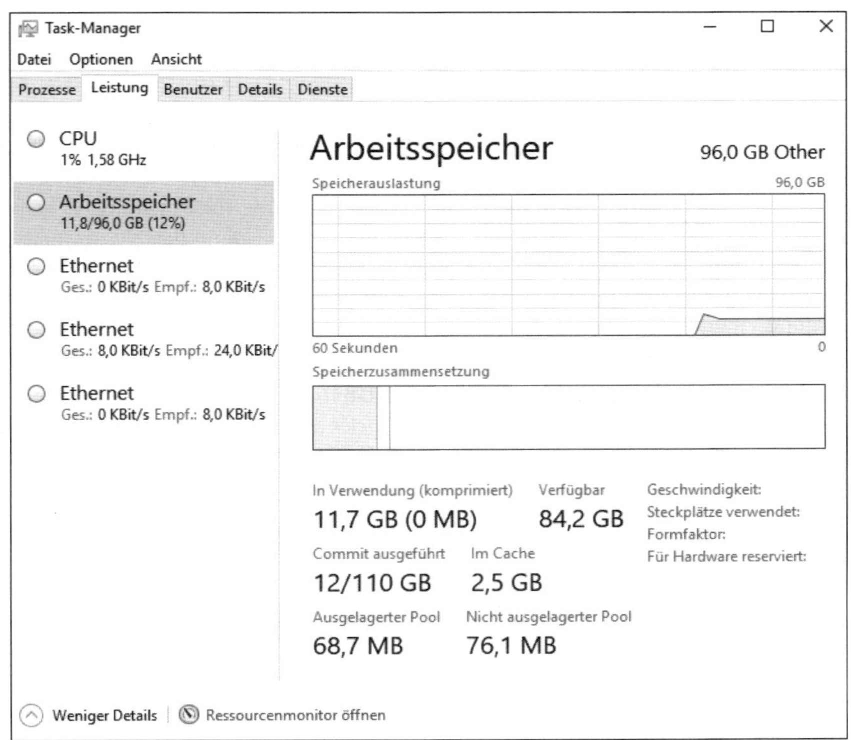

Abbildung 38.8: Systemüberwachung von Windows Server 2019 mit dem Task-Manager

Von besonderem Interesse ist dabei das Verhältnis von insgesamt zugesichertem virtuellen Speicher und dem physisch vorhandenen Hauptspeicher. Wenn mehr virtueller Speicher zugesichert ist, als im System vorhanden ist, muss auf jeden Fall ausgelagert werden. Eine optimale Systemgestaltung führt dazu, dass ausreichend physischer Hauptspeicher vorhanden ist beziehungsweise der Mittelwert des zugesicherten virtuellen Speichers zumindest nicht wesentlich über dem physischen Hauptspeicher liegt.

Laufwerke und Datenträger überwachen – Leistungsüberwachung und Zusatztools

Der folgende Abschnitt geht auf Tools ein, mit denen Sie Datenträger und Laufwerke in Windows Server 2019 optimal überwachen können. Auf diesem Weg greifen Sie eventuellen Problemen mit den Servern vor. Sie können aber auch mit der Windows-Leistungsüberwachung die wir in diesem Kapitel an den verschiedenen Stellen behandelt haben, ebenfalls die Datenträger im System überwachen.

SQL Server verwendet zum Beispiel Aufrufe für die Windows-Betriebssystemeingabe/-ausgabe, um Lese- und Schreibvorgänge auf dem Datenträger auszuführen. SQL Server verwaltet zwar, wann und wie Datenträger-E/A ausgeführt werden, aber das Betriebssystem führt E/A-Vorgänge aus. Das E/A-Teilsystem umfasst Systembus, Datenträgercontroller, Datenträger, CD/DVD-ROM-Laufwerk und zahlreiche andere E/A-Geräte. Datenträger-E/A ist häufig die Ursache von Engpässen in einem System, vor allem beim Einsatz von SQL-Servern.

Die folgenden zwei Leistungsindikatoren können überwacht werden, um die Datenträgeraktivität zu bestimmen:

- **Physikalischer Datenträger: Zeit (%) –** Prozentsatz der Zeit, den der Datenträger für Lese-/Schreibaktivitäten benötigt. Wenn der Leistungsindikator einen hohen Wert besitzt, überprüfen Sie noch *Physikalischer Datenträger: Aktuelle Warteschlangenlänge*, um festzustellen, wie viele Anforderungen auf einen Datenträgerzugriff warten. Die Anzahl der wartenden E/A-Anforderungen sollte das Anderthalbfache bis Zweifache der Anzahl der Spindeln, aus denen sich der physische Datenträger zusammensetzt, nicht überschreiten. Wenn *Aktuelle Warteschlangenlänge* und *Zeit (%)* durchgängig sehr hoch sind, müssen Sie den Datenträger entlasten, weitere Datenträger einsetzen und die verschiedenen Datenbankdateien aufteilen oder einen weiteren Server hinzufügen (siehe Kapitel 4).
- **Physikalischer Datenträger: Durchschnittliche Warteschlangenlänge des Datenträgers –** Überwachen Sie den *Arbeitsspeicher: Seitenfehler/s*, um sicherzustellen, dass die Datenträgeraktivität nicht durch Auslagern verursacht wird. In diesem Fall liegt das Problem nicht am Datenträger, sondern an fehlendem Arbeitsspeicher.

Wenn Sie über mehr als eine logische Partition auf derselben Festplatte verfügen, sollten Sie statt der Leistungsindikatoren für physische Arbeitsspeicher die Leistungsindikatoren für logische Datenträger verwenden. Haben Sie die Datenträger mit hoher Lese-/Schreibaktivität festgestellt, können Sie zum Beispiel mit *Logischer Datenträger: Bytes geschrieben/s* den Fehler weiter eingrenzen.

Sie können zusätzlich die folgenden zwei Leistungsindikatoren überwachen, um den durch SQL Server-Komponenten erstellten E/A-Umfang zu ermitteln:

- *SQLServer: Buffer Manager: Page reads/sec*
- *SQLServer: Buffer Manager: Page writes/sec*

Sie können auch den Datenbankoptimierungsratgeber (DTA) im SQL Server Management Studio oder über die Eingabeaufforderung verwenden, um typische SQL Server-Arbeitsauslastungen zu analysieren.

Windows mit der Aufgabenplanung automatisieren

Die Aufgabenplanung wird durch einen eigenen Menüpunkt in der Computerverwaltung konfiguriert. Sie können die Aufgabenplanung auch über *Systemsteuerung/System und Sicherheit/Verwaltung/Aufgabenplanung* oder über das Startmenü durch Eintippen von *taskschd.msc* aufrufen. In Kapitel 35 sind wir bereits auf Möglichkeiten der Aufgabenplanung eingegangen.

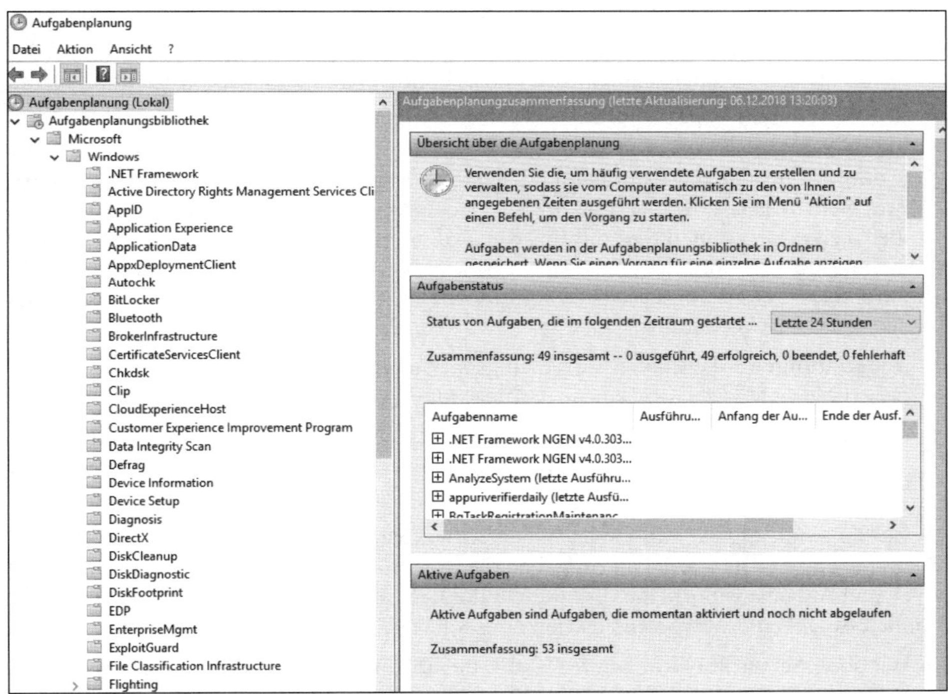

Abbildung 38.9: Aufgabenplanung in Windows Server 2019

Aufgabenplanung verstehen

Das Hauptfenster in der Mitte der Aufgabenplanung ist in drei Bereiche untergliedert. Sie können die einzelnen Menüs ausblenden, wenn Sie mit der Maus auf den kleinen Pfeil am Ende des Balkens klicken. Klicken Sie auf den obersten Punkt *Aufgabenplanung*, ändert sich der Inhalt des mittleren Fensters:

- **Übersicht über die Aufgabenplanung –** Hier wird ein kurzer Hilfetext angezeigt, der die Möglichkeiten des Aufgabenplaners erläutert. Da dieser Text sich nicht dynamisch ändert, können Sie diesen Bereich normalerweise ausblenden.

- **Aufgabenstatus –** Dieser Bereich zeigt alle Aufgaben an, die auch von Windows Server 2019 intern durchgeführt werden. Sie können einzelne Aufgaben anzeigen lassen und erkennen, wann diese ausgeführt wurden.
- **Aktive Aufgaben –** Hier werden alle Aufgaben angezeigt, die zwar aktiv, aber noch nicht durchgeführt sind. Hier können Sie per Doppelklick auf die einzelnen Aufgaben deren Konfiguration überprüfen und abändern. Sie sehen hier auch einige Systemaufgaben. Um die Einstellungen der Aufgabe zu ändern, zum Beispiel den Zeitpunkt des Starts, klicken Sie im neuen Fenster, in dem die Konfiguration der Aufgabe angezeigt wird, doppelt auf die Aufgabe. Es öffnet sich ein weiteres Fenster, über das Sie die Einstellungen anpassen.

Die Einheit für Vorgänge in der Aufgabenplanung ist ein *Task*. Ein solcher Task besteht aus verschiedenen Startbedingungen, einschließlich Triggern, Bedingungen und Einstellungen sowie eine oder mehrere Aktionen genannte Ausführungsvorgänge:

- **Trigger –** Sind Kriteriensätze, bei deren Erfüllung ein Task ausgeführt wird. Sie können zeit- oder ereignisabhängig sein und es können Parameter wie Startzeitpunkte und Wiederholungskriterien angegeben werden.
- **Bedingungen –** Schränken Tasks so ein, dass sie nur ausgeführt werden, wenn sich der Computer in einem bestimmten Zustand befindet. Ein Task wird nur ausgeführt, wenn ein Trigger erfüllt ist und alle für den Task definierten Bedingungen wahr sind. Beispielsweise können Sie mithilfe von Bedingungen erreichen, dass ein Programm beim Eintreten eines Ereignisses nur gestartet wird, wenn das Netzwerk verfügbar ist, oder dass eine Aktion zu einem bestimmten Zeitpunkt nur gestartet wird, wenn der Computer im Leerlauf ist.
- **Einstellungen –** Legen die Ausführungsoptionen fest. Dadurch können Sie beispielsweise angeben, wie häufig eine fehlschlagende Aktion wiederholt werden soll.
- **Aktionen –** Sind die auszuführenden Befehle, wenn die Trigger und Bedingungen erfüllt sind. Mit einer Aktion können Sie beispielsweise ein Programm starten oder eine E-Mail senden.

Wenn Sie eine Aufgabe aufgerufen haben, sehen Sie auf der rechten Seite der Managementkonsole, welche speziellen Aufgaben Sie durchführen können. Sie können zum Beispiel eine Aufgabe exportieren, um diese auf einem anderen Rechner zu importieren. Sie können Aufgaben deaktivieren, löschen oder sofort starten lassen.

In Windows Server 2019 können Sie Tasks, die abhängig vom Auftreten von Ereignissen gestartet werden sollen, sehr einfach mit dem Taskplaner-Assistenten einrichten. Ein Administrator kann in der Ereignisanzeige einfach das als Trigger zu verwendende Ereignis auswählen und mit nur einem Klick den Taskplaner-Assistenten starten, um den Task einzurichten.

Durch die nahtlose Integration der Taskplaner-Benutzeroberfläche in die Ereignisanzeige erstellen Sie einen durch ein Ereignis ausgelösten Task mit wenigen Mausklicks. Klicken Sie das Ereignis mit der rechten Maustaste an und wählen Sie die Option *Aufgabe an dieses Ereignis anfügen*. Mehr zu diesem Thema lesen Sie in Kapitel 35.

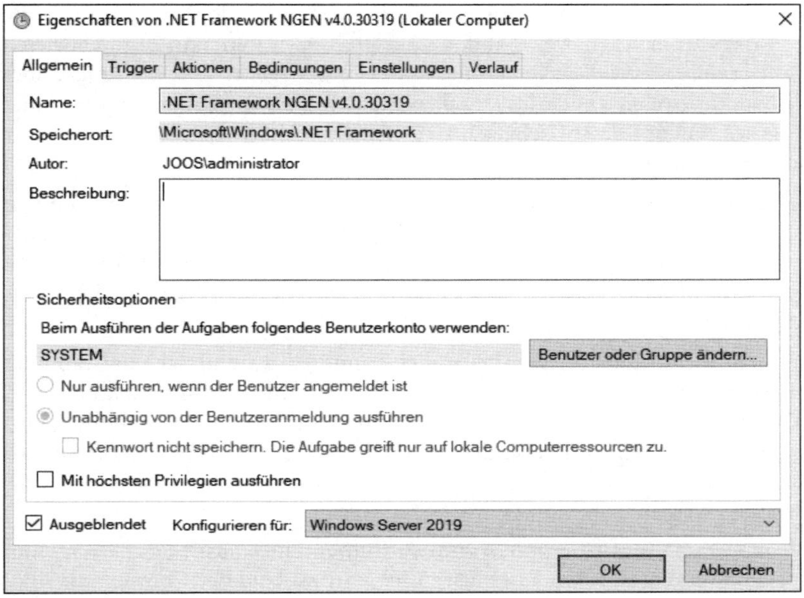

Abbildung 38.10: Aufgaben verwalten

Über Ereignisse hinaus unterstützt der Taskplaner von Windows Server 2019 auch weitere Triggertypen, beispielsweise Trigger, die Tasks starten, wenn der Computer startet, sich ein Benutzer anmeldet oder sich der Computer im Leerlauf befindet. Mithilfe weiterer zusätzlicher Trigger können Administratoren Tasks einrichten, die abhängig vom Sitzungsstatus gestartet werden, zum Beispiel beim Herstellen oder Trennen einer Verbindung mit einem Terminalcomputer oder beim Sperren und Entsperren einer Arbeitsstation. Mit dem Taskplaner lösen Sie Tasks weiterhin abhängig von Datum und Uhrzeit aus.

Im Taskplaner lassen sich Trigger genauer anpassen und so detailliert festlegen, wann Tasks gestartet und wie häufig sie ausgeführt werden sollen. Ein Administrator kann einem Trigger eine Verzögerung hinzufügen oder einen Task einrichten, der nach dem Auftreten des Triggers in regelmäßigen Intervallen wiederholt wird.

Für jeden Task lassen sich mehrere Bedingungen definieren. Durch Bedingungen können Sie Tasks so einschränken, dass diese nur ausgeführt werden, wenn sich der Computer in einem bestimmten Zustand befindet. Beispielsweise können Sie mit dem Taskplaner erreichen, dass ein Programm beim Eintreten eines Ereignisses nur gestartet wird, wenn das Netzwerk verfügbar ist, dass eine Aktion zu einem bestimmten Zeitpunkt nur gestartet wird, wenn der Computer im Leerlauf ist, oder dass eine Aktion beim Anmelden nur gestartet wird, wenn sich der Computer nicht im Akkubetrieb befindet.

In Windows Server 2019 können mit einem bestimmten Task mehrere Trigger verbunden werden. Beispielsweise gilt eine bestimmte Fehlerbedingung möglicherweise nur beim Auftreten von drei verschiedenen Ereignissen als erfüllt. Ein Administrator kann einfach einen Task definieren, der nur gestartet wird, wenn alle drei Ereignisse auftreten. Für Tasks können nicht nur mehrere Trigger erforderlich sein, mit einem einzelnen Task können auch mehrere Aktionen gestartet werden.

Mit dem Taskplaner müssen Sie beim aufeinanderfolgenden Ausführen von Tasks keine Vermutungen mehr anstellen. Ein Administrator muss beispielsweise immer nachts um

1:00 Uhr einen bestimmten Batchprozess ausführen und nach dessen Abschluss die Ergebnisse des Prozesses drucken. Vor Windows Server 2008 waren zum Automatisieren dieses Prozesses zwei Tasks erforderlich: ein um 1:00 Uhr gestarteter Task zum Ausführen der Batchdatei und ein zweiter Task zum Drucken der Ergebnisse. Sie mussten die Dauer zur Ausführung des Batchprozesses schätzen und den Drucktask so einrichten, dass er nach einem angemessenen Zeitraum gestartet wird.

Wenn der Batchprozess beim Starten des Druckprozesses noch nicht abgeschlossen war (oder sogar fehlschlug), wurden die Ergebnisse nicht gedruckt. Mit Windows Server 2019 ist dieses Szenario einfach zu verwalten. Ein einzelner Task kann definiert werden, mit dem der Batchprozess um 1:00 Uhr ausgeführt wird und nach dessen Abschluss die Ergebnisse gedruckt werden.

Der Taskplaner stellt die Ausführung von Tasks auch dann sicher, wenn sich ein Computer zum geplanten Zeitpunkt im Standbymodus befindet. Durch diese Funktionalität, durch die der Taskplaner einen Computer zum Ausführen eines Tasks aus dem Standbymodus oder Ruhezustand reaktivieren kann, können Sie die Vorteile der verbesserten Stromsparmodi von Windows Server 2019 nutzen, ohne darauf achten zu müssen, ob wichtige Tasks pünktlich ausgeführt werden.

Neben dem Reaktivieren eines Computers zum Ausführen eines Tasks können Sie nun durch eine Option festlegen, dass ein Task ausgeführt wird, sobald der Computer verfügbar ist. Wenn Sie diese Option aktivieren und der geplante Ausführungszeitpunkt eines Tasks nicht eingehalten wurde, wird der Task beim nächsten Einschalten des Computers vom Taskplaner ausgeführt.

Für Administratoren, die statt mit der grafischen Oberfläche bevorzugt mit der Eingabeaufforderung arbeiten, wurde das Befehlszeilentool *Schtasks* so erweitert, dass es auch die in Windows Server 2019 neu hinzugekommenen Funktionen umfasst.

Erstellen einer neuen Aufgabe

Um eine manuelle Aufgabe zu erstellen, stehen Ihnen drei Möglichkeiten zur Verfügung. Nachdem Sie die Aufgabenplanung gestartet haben, werden auf der rechten Seite die Aktionen angezeigt, die Sie durchführen können. Um eine neue Aufgabe zu erstellen, gibt es drei Möglichkeiten:

- **Einfache Aufgaben erstellen –** Mithilfe dieser Aktion wird ein Assistent gestartet, der Sie bei der Erstellung einer neuen Aufgabe unterstützt.
- **Aufgabe erstellen –** Wenn Sie diese Aktion auswählen, öffnet sich ein Aufgabenfenster, in dem Sie auf verschiedenen Registerkarten ohne Unterstützung von Assistenten die Aufgabe konfigurieren können.
- **Aufgabe importieren –** Mit dieser Option importieren Sie Aufgaben, die Sie vorher auf demselben oder einem anderen Computer exportiert haben.

Wenn Sie den Assistenten zum Erstellen einfacher Aufgaben starten, legen Sie zunächst die Bezeichnung der Aufgaben sowie deren Beschreibung fest. Auf der nächsten Seite des Assistenten bestimmen Sie, wann diese Aufgabe durchgeführt werden soll.

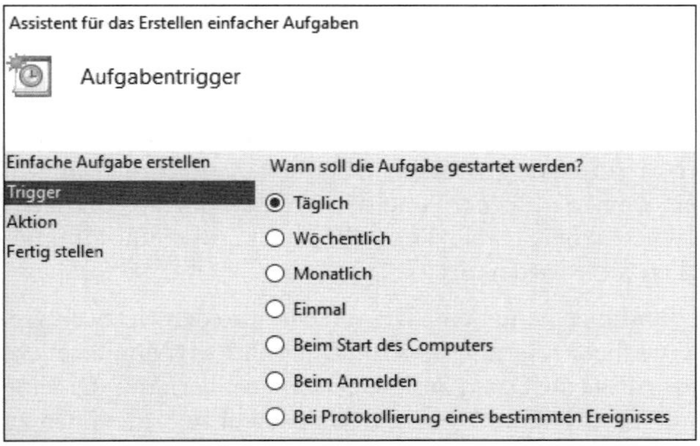

Assistent für das Erstellen einfacher Aufgaben

Aufgabentrigger

Einfache Aufgabe erstellen
Trigger
Aktion
Fertig stellen

Wann soll die Aufgabe gestartet werden?

- (•) Täglich
- ( ) Wöchentlich
- ( ) Monatlich
- ( ) Einmal
- ( ) Beim Start des Computers
- ( ) Beim Anmelden
- ( ) Bei Protokollierung eines bestimmten Ereignisses

Abbildung 38.11: Aufgaben verwalten

Abhängig von der Auswahl des Aufgabentriggers können Sie die Ausführung der Aufgabe auf dem nächsten Fenster detailliert spezifizieren. Haben Sie beispielsweise die tägliche Ausführung einer Aufgabe definiert, können Sie auf der nächsten Seite festlegen, zu welcher Uhrzeit die Aufgabe durchgeführt werden soll.

Als Nächstes legen Sie fest, welche Aktion diese Aufgabe durchführen soll. Sie können entweder ein Programm starten, was die häufigste Aufgabe ist, aber auch eine E-Mail schicken oder eine Meldung anzeigen lassen. Als ausführbares Programm lassen Sie zum Beispiel eine Batchdatei starten.

Auf der nächsten Seite des Assistenten wird Ihnen nochmals eine Zusammenfassung angezeigt. Sie können sich nach der Fertigstellung die Eigenschaften der Aufgabe anzeigen lassen und alle Werte anpassen, wenn Sie nachträglich Änderungen vornehmen wollen.

Nachdem Sie die Aufgabe erstellt haben, wird diese bei den aktiven Aufgaben angezeigt. Doppelklicken Sie auf eine dieser Aufgaben, um das zugehörige Konfigurationsfenster zu öffnen. Hier lässt sich die Aufgabe konfigurieren oder sofort starten. An dieser Stelle werden Aufgaben auch gelöscht oder lediglich deaktiviert.

Tipp

Erstellen Sie eine neue geplante Aufgabe in Windows, können Sie auch PowerShell-Skripts hinterlegen. Dazu müssen Sie die PowerShell als ausführende Datei hinterlegen und anschließend noch die folgende Syntax verwenden:

Als *Aktion* legen Sie bei *Programm/Skript* den Befehl *powershell.exe* fest. Bei *Argumente hinzufügen* tragen Sie die folgende Zeile ein:

-Command "&<Pfad, in dem sich das Skript befindet>"

Prozesse und Dienste überwachen

Der folgende Abschnitt geht vor allem auf Tools ein, mit denen Sie die laufenden Prozesse auf dem Computer überwachen und anzeigen lassen. Insbesondere bei der Systemdiagnose sind die folgenden Tools nützlich.

Dateisystem, Registry und Prozesse überwachen – Sysinternals Process Monitor

Mit dem Sysinternals-Tool Process Monitor (*https://docs.microsoft.com/de-de/sysinternals/downloads/procmon*) überwachen Sie in einer grafischen Oberfläche ausführlich und in Echtzeit alle Aktivitäten im Dateisystem, der Registry und der Prozesse/Threads und markieren sie farblich. Über Schaltflächen aktivieren Sie die einzelnen Überwachungsfunktionen durch einen Klick oder schalten diese wieder aus.

Auch der Aufbau von TCP/IP-Verbindungen und den UDP-Verkehr, also den Netzwerkverkehr des Servers, lassen sich überwachen. Allerdings speichert der Process Monitor nicht den Inhalt der TCP-Pakete, sodass sich keine Daten auslesen lassen, sondern nur die reine Funktionalität des Netzwerks. Auf Wunsch kann Process Monitor mehr Informationen zu laufenden Prozessen anzeigen, zum Beispiel die zum Prozess gehörenden DLL-Dateien. Sie können mit Filtern die Anzeige anpassen und unnötige Informationen ausblenden oder den Fokus auf spezielle Daten legen.

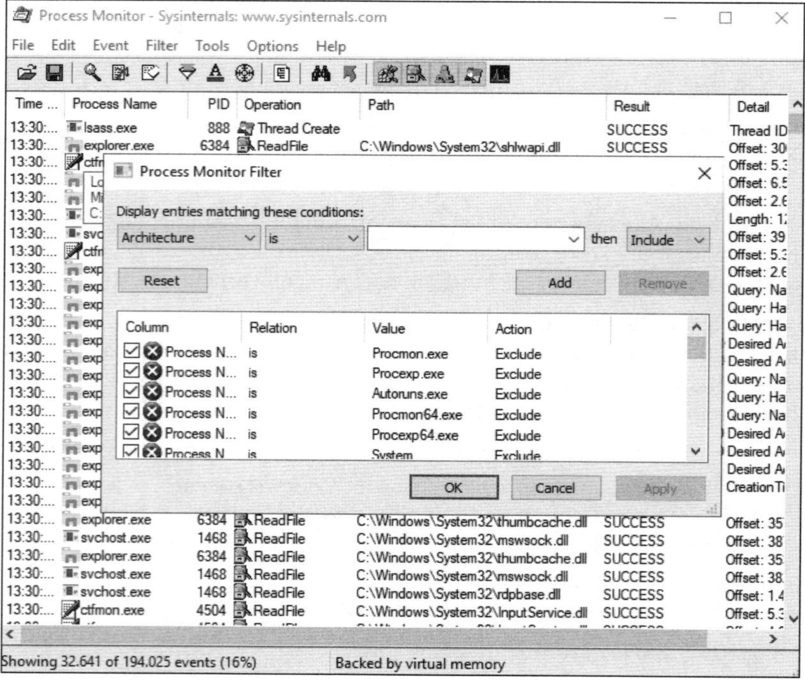

Abbildung 38.12: Verwenden von Filtern für Process Monitor

Im Menü *Tools* stehen verschiedene Ansichten zur Verfügung. Das Tool kann auch den Bootvorgang von Servern überwachen, da es sehr früh startet. Alle Ergebnisse lassen sich dabei in eine Datei umleiten. Kann Windows nicht starten, lässt sich durch Analyse dieser Datei der Fehler schnell finden.

Haben Sie die Anzeige angepasst, besteht die Möglichkeit, die Daten über das Menü *File* zu speichern. Auf einem anderen Rechner können Sie die Ausgabe jederzeit über das aktuelle Fenster wieder laden und Filter setzen sowie das Ergebnis durchsuchen.

Neben der Möglichkeit, die aktuelle Ausgabe zu speichern, lassen sich über *File/Export Configuration* die Einstellungen des Tools exportieren. Die Einstellung können Sie dann auf einem anderen Rechner wieder importieren, um diese nicht neu vornehmen zu müssen. Im Menü steht dazu auch der *Import*-Befehl zur Verfügung.

Klicken Sie doppelt auf einen Eintrag, öffnet sich ein Fenster mit weiteren Informationen, die sehr detailliert die Arbeit des Prozesses und die dabei verwendeten Dateien beschreiben. Klicken Sie im Informationsfenster auf der Registerkarte *Process* oder *Stack* wiederum auf eine der beteiligten Dateien des Prozesses, können Sie von dieser Datei Informationen anzeigen lassen, zum Beispiel die Version und den Speicherort.

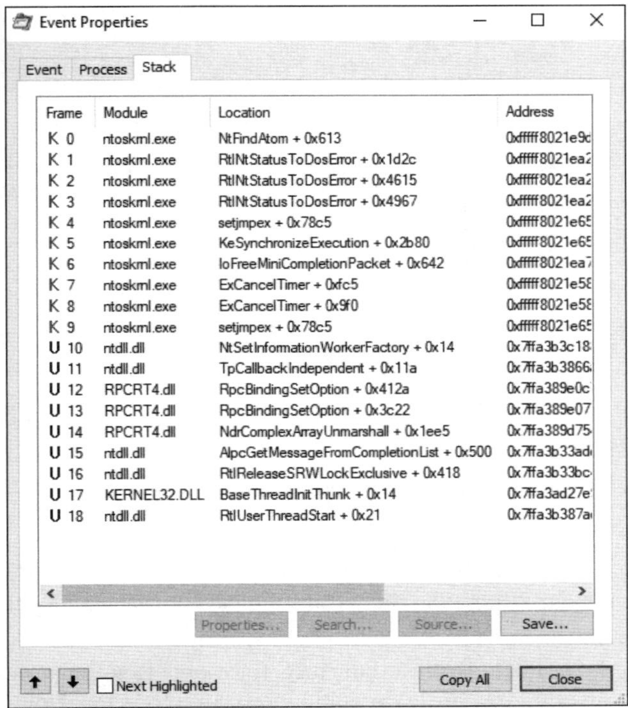

Abbildung 38.13: Anzeigen weiterer Informationen zu Prozessen und beteiligten Dateien

Die Details eines Prozesses können Sie ebenfalls als CSV-Datei abspeichern, um sie später weiter zu analysieren. Wie bei dem Tool Autoruns von Sysinternals haben Sie auch im Process Monitor die Möglichkeit, über das Kontextmenü eine Onlinesuche zum ausgewählten Prozess durchzuführen. Über das Kontextmenü können Sie einen Prozess und dessen Ausgabe auch farblich hervorheben.

Über das Kontextmenü eines Prozesses können Sie alle überwachten Vorgänge, die vor dem Prozess stattgefunden haben, ausblenden lassen, indem Sie die Option *Exclude Events Before* auswählen. Weitere Möglichkeiten im Kontextmenü sind das Einblenden nur eines einzelnen Prozesses und der Vorgänge, die dieser durchführt. Filter erstellen Sie über den Menübefehl *Filter/Filter*. Erstellen Sie komplexe Filter, können Sie diese über den Menübefehl *Filter/Save Filter* auch abspeichern und über den Menübefehl *Filter/Load Filter* jederzeit erneut aufrufen.

Wollen Sie zum Beispiel nach dem Prozess filtern, der ein bestimmtes Fenster auf dem Desktop geöffnet hat oder ein gestartetes Programm, ziehen Sie das Fadenkreuzsymbol in der Symbolleiste des Process Monitor mit der Maus auf das Fenster, dessen Prozess Sie anzeigen wollen. Anschließend erstellt Process Monitor automatisch einen Filter.

Wollen Sie den Speicherort einer Datei anzeigen oder im Registrierungs-Editor direkt zum ausgewählten Schlüssel wechseln, klicken Sie im Process Monitor den entsprechenden Eintrag mit der rechten Maustaste an und wählen im Kontextmenü den Eintrag *Jump To*.

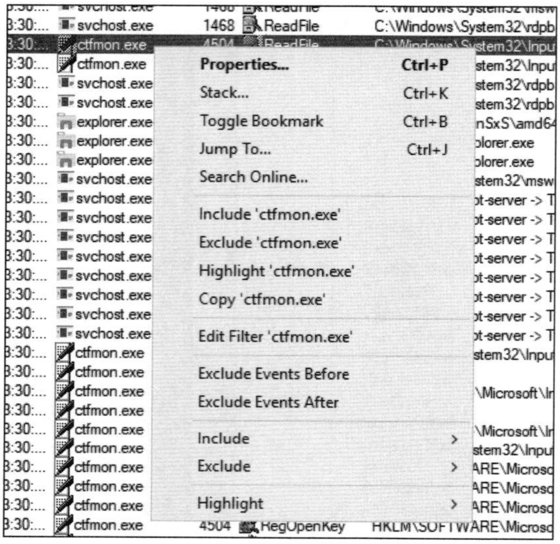

Abbildung 38.14: Durchführen verschiedener Aktionen über das Kontextmenü

Mit der Tastenkombination Strg+T rufen Sie den Process Tree auf. Hier erhalten Sie eine ähnliche Ansicht wie mit dem Process Explorer und sehen gestartete Prozesse sowie deren Abhängigkeiten. Auch hier zeigt Process Monitor – falls möglich – das Symbol der Anwendung des Prozesses an.

Klicken Sie im Process Tree mit der rechten Maustaste auf einen Tracevorgang, können Sie über das Kontextmenü und der Auswahl von *Go To Event* in Process Monitor zum aktuellen Vorgang springen, den der Prozess ausführt und den Process Monitor überwacht.

Wenn Sie Probleme mit einem Server haben und dabei Hilfe benötigen, ist oft ein gespeicherter Tracevorgang von Process Monitor notwendig. Dazu starten Sie Process Monitor, erstellen Filter oder arbeiten mit dem Standardfilter und speichern dann den Tracevorgang mit *File/Save* ab. Anschließend erscheint ein Fenster, in dem Sie auswählen, welches Format Sie beim Speichern verwenden und welche Events der Speichervorgang enthalten soll.

Gespeicherte Tracevorgänge können Sie mit *File/Open* wieder öffnen und bearbeiten. Wenn Sie auf einem 32-Bit-System einen Tracevorgang speichern und auf einem 64-Bit-System öffnen wollen, müssen Sie Process Monitor (*Procmon.exe*) über die Eingabeaufforderung mit der Option */run32* starten.

Process Monitor speichert in der Datei nicht nur die Daten des Tracevorgangs, sondern auch den Namen des Computers, das Betriebssystem, die Anzahl der Prozessoren und den Arbeitsspeicher sowie den Systemtyp (32 Bit oder 64 Bit). Öffnen Sie einen gespeicherten Vorgang, können Sie diese Informationen über *Tools/System Details* öffnen.

Neben der Überwachung eines laufenden Systems können Sie Process Monitor so konfigurieren, dass das Tool den Bootvorgang überwacht. Um einen solchen Vorgang auszuführen, wählen Sie im Menü *Options* den Befehl *Enable Boot Logging*.

Bei diesem Vorgang erstellt das Tool einen Treiber, der mit dem Systemstart gestartet wird. Dieser protokolliert alle Startvorgänge von Prozessen und Dienste, die vor der Benutzeranmeldung starten, und speichert die Daten im *Windows*-Ordner in der Datei *procmon.pmb*. Starten Sie Process Monitor das nächste Mal, erkennt das Tool, dass eine Protokollierung des Bootvorgangs stattgefunden hat, und öffnet die entsprechende Datei.

Bestandteil des Downloadpakets ist eine englischsprachige Hilfedatei, die den Umgang mit dem Tool detailliert erläutert. Funktioniert die Darstellung der Hilfe nicht, rufen Sie die Eigenschaften der Datei in *procmon.chm* auf. Wechseln Sie zur Registerkarte *Allgemein* und aktivieren Sie ganz unten die Schaltfläche *Zulassen*.

Laufende Prozesse analysieren – Process Explorer

Ein wichtiges Tool für die Analyse der laufenden Prozesse auf einem Computer ist Process Explorer (*https://docs.microsoft.com/de-de/sysinternals/downloads/process-explorer*) von Sysinternals.

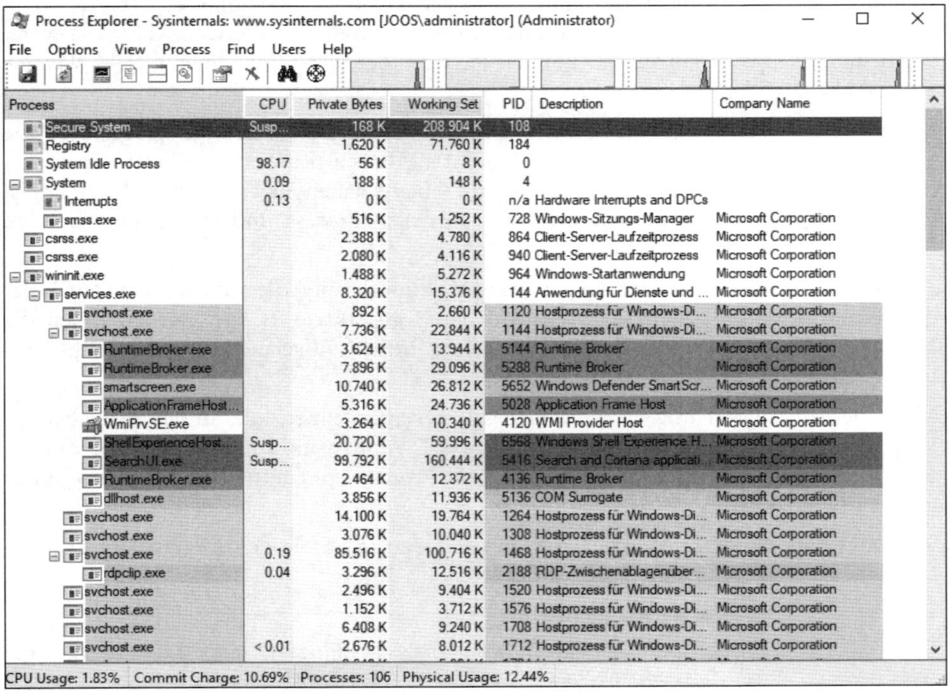

Process Explorer - Sysinternals: www.sysinternals.com [JOOS\administrator] (Administrator)

File Options View Process Find Users Help

Process	CPU	Private Bytes	Working Set	PID	Description	Company Name
Secure System	Susp...	168 K	208.904 K	108		
Registry		1.620 K	71.760 K	184		
System Idle Process	98.17	56 K	8 K	0		
System	0.09	188 K	148 K	4		
Interrupts	0.13	0 K	0 K	n/a	Hardware Interrupts and DPCs	
smss.exe		516 K	1.252 K	728	Windows-Sitzungs-Manager	Microsoft Corporation
csrss.exe		2.388 K	4.780 K	864	Client-Server-Laufzeitprozess	Microsoft Corporation
csrss.exe		2.080 K	4.116 K	940	Client-Server-Laufzeitprozess	Microsoft Corporation
wininit.exe		1.488 K	5.272 K	964	Windows-Startanwendung	Microsoft Corporation
services.exe		8.320 K	15.376 K	144	Anwendung für Dienste und ...	Microsoft Corporation
svchost.exe		892 K	2.660 K	1120	Hostprozess für Windows-Di...	Microsoft Corporation
svchost.exe		7.736 K	22.844 K	1144	Hostprozess für Windows-Di...	Microsoft Corporation
RuntimeBroker.exe		3.624 K	13.944 K	5144	Runtime Broker	Microsoft Corporation
RuntimeBroker.exe		7.896 K	29.096 K	5288	Runtime Broker	Microsoft Corporation
smartscreen.exe		10.740 K	26.812 K	5652	Windows Defender SmartScr...	Microsoft Corporation
ApplicationFrameHost...		5.316 K	24.736 K	5028	Application Frame Host	Microsoft Corporation
WmiPrvSE.exe		3.264 K	10.340 K	4120	WMI Provider Host	Microsoft Corporation
ShellExperienceHost....	Susp...	20.720 K	59.996 K	6568	Windows Shell Experience H...	Microsoft Corporation
SearchUI.exe	Susp...	99.792 K	160.444 K	5416	Search and Cortana applicati...	Microsoft Corporation
RuntimeBroker.exe		2.464 K	12.372 K	4136	Runtime Broker	Microsoft Corporation
dllhost.exe		3.856 K	11.936 K	5136	COM Surrogate	Microsoft Corporation
svchost.exe		14.100 K	19.764 K	1264	Hostprozess für Windows-Di...	Microsoft Corporation
svchost.exe		3.076 K	10.040 K	1308	Hostprozess für Windows-Di...	Microsoft Corporation
svchost.exe	0.19	85.516 K	100.716 K	1468	Hostprozess für Windows-Di...	Microsoft Corporation
rdpclip.exe	0.04	3.296 K	12.516 K	2188	RDP-Zwischenablagenüber...	Microsoft Corporation
svchost.exe		2.496 K	9.404 K	1520	Hostprozess für Windows-Di...	Microsoft Corporation
svchost.exe		1.152 K	3.712 K	1576	Hostprozess für Windows-Di...	Microsoft Corporation
svchost.exe		6.408 K	9.240 K	1708	Hostprozess für Windows-Di...	Microsoft Corporation
svchost.exe	< 0.01	2.676 K	8.012 K	1712	Hostprozess für Windows-Di...	Microsoft Corporation

CPU Usage: 1.83% Commit Charge: 10.69% Processes: 106 Physical Usage: 12.44%

Abbildung 38.15: Systemüberwachung mit Process Explorer

Process Explorer zeigt Prozesse in einem Fenster und darunter weitere Informationen zum aktuellen Prozess an, zum Beispiel ein aktueller Zugriff auf Ordner. Das Tool enthält wesentlich mehr Informationen als der Task-Manager in Windows. Klicken Sie auf die

Messfenster im oberen Bereich, blendet es ein Systeminformationsfenster ein, das ähnliche Informationen enthält wie der Task-Manager, diese nur viel umfangreicher auf verschiedenen Registerkarten darstellt.

Um alle notwendigen Daten anzuzeigen, müssen Sie Process Explorer über das Kontextmenü mit Administratorrechten starten.

Das Programm zeigt Prozesse in verschiedenen Farben an. Prozesse, die im gleichen Benutzerkontext laufen wie Process Explorer selbst, stellt es in Hellblau dar.

Pinkfarbene Prozesse sind Prozesse, die einen oder mehrere Windows-Dienste unterstützen. Eine weitere Farbe ist Violett. Damit werden Prozesse gekennzeichnet, die unter Umständen ausführbaren Code enthalten, um das System anzugreifen.

Viren und Trojaner verwenden solchen Code, um sich in das System einzuschleusen. Die Anzeige ist nicht immer korrekt, da es viele falsche Erkennungen gibt. Es schadet aber nicht, die einzelnen Prozesse zu überprüfen, zum Beispiel über das Kontextmenü mit dem Befehl *Search Online*.

Durch diese Auswahl startet der Browser und verwendet die hinterlegte Standardsuchmaschine im Internet, um nach dem Prozess zu suchen. Auf diese Weise finden Sie verschiedene Quellen und können den Prozess leicht identifizieren.

Über das Kontextmenü können Sie auch die Priorität von Prozessen erhöhen, um mehr Systemressourcen zuzuteilen oder Prozesse sowie ganze Prozessbäume zu beenden, zum Beispiel bei verdächtigen oder abgestürzten Prozessen. Wenn ein Prozess als aktives Fenster auf dem Desktop vorhanden ist, können Sie ihn über den Kontextmenübefehl *Window* anzeigen lassen oder minimieren.

Mit dem Befehl *Set Affinity* im Kontextmenü eines Prozesses können Sie festlegen, welche CPUs oder CPU-Kerne der Prozess nutzen darf. Mit dem Kontextmenübefehl *Properties* rufen Sie die Detailansicht eines Prozesses auf. Hier erhalten Sie auf verschiedenen Registerkarten ausführliche Informationen zum aktuellen Prozess und seiner ausführenden Datei angezeigt.

Auf den verschiedenen Registerkarten sehen Sie zum Beispiel die ausführende Datei oder den Verbrauch der Systemressourcen. Auf der Registerkarte *TCP/IP* werden Ihnen die Netzwerkverbindungen oder die vom aktuellen Prozess aufgerufenen Verbindungen ins Internet angezeigt.

Mit einer braunen Farbe werden Prozesse gekennzeichnet, die durch Aufgaben in Windows ausgelöst wurden. Prozesse, die .NET Framework auf dem Rechner nutzen, stellt Process Explorer in Gelb dar. Dunkelgraue Prozesse sind aktuell pausiert, also gestartet, aber nicht aktiv.

Sie können die Farben der Anzeige anpassen. Dazu rufen Sie den Menübefehl *Options/ Configure Colors* auf.

Tipp Markieren Sie eine Zeile im Sysinternals-Tool Process Explorer, können Sie diese mit der Tastenkombination Strg+C in die Zwischenablage kopieren.

Beim Starten zeigt Process Explorer zunächst die Standardspalten an.

Spalte	Beschreibung
Process	Hier sehen Sie die laufenden Prozesse und die Prozessbäume mit aufbauenden Prozessen. Falls möglich, blendet Process Explorer auch das Symbol der zugeordneten Anwendung ein.
PID	Prozess-ID des Prozesses. Diese wird vom Betriebssystem zugewiesen.
CPU	Prozentuale CPU-Zeit, die der Prozess aktuell verwendet.
Private Bytes	Die Anzahl an Bytes, die der Prozess benötigt und die andere Prozesse nicht mit verwenden können.
Working Set	Der dem Prozess zugeteilte Arbeitsspeicher. Die Zuteilung übernimmt in Windows der Speicher-Manager.
Description	Beschreibung, die der Entwickler der ausführenden Datei des Prozesses beigefügt hat. Diese Informationen benötigen Administratorrechte.
Company Name	Entwickler des Prozesses

Tabelle 38.2: Standardspalten des Process Explorer

Sie können die Größe der Spalten anpassen und auch die Reihenfolge per Ziehen/Ablegen verändern. Wollen Sie Spalten ausblenden oder zusätzliche Spalten anzeigen, klicken Sie mit der rechten Maustaste auf eine Spaltenüberschrift und wählen im Kontextmenü den Eintrag *Select Columns*.

Anschließend wählen Sie aus, welche Spalten Process Explorer anzeigen soll oder welche Spalten Sie ausblenden möchten. Die Sortierreihenfolge innerhalb einer Spalte passen Sie an, indem Sie auf die entsprechende Spaltenüberschrift klicken.

Die wichtigsten Informationen über die laufenden Prozesse sehen Sie in der ersten Spalte. Process Explorer ordnet die Prozesse auch nach ihren Abhängigkeiten an und zeigt an, welche von anderen gestartet wurden. Diese Anzeige erreicht das Tool über einen Process Tree.

Einzelne Strukturen klappen Sie ein und aus, indem Sie auf das Minus- oder Pluszeichen klicken. Fahren Sie mit der Maus über einen Prozess, zeigt Process Explorer den kompletten Pfad zur ausführenden Datei an.

Auf diese Weise erhalten Sie auch mehr Informationen zu Diensten, die die Prozesse starten. Fahren Sie mit der Maus zum Beispiel über *taskhost.exe*, sehen Sie auch die Aufgaben der Aufgabenplanung, die den aktuellen Prozess gestartet haben.

Auf diesem Weg erhalten Sie zu den einzelnen Prozessen ganz unterschiedliche Informationen über die Anwendungen, die für diesen Prozess zuständig sind. Wenn Sie zum Beispiel über den Prozess des Internet Explorers fahren, sehen Sie, welche Registerkarte im Internet Explorer aktuell von ihm genutzt wird. Der Internet Explorer öffnet für verschiedene Registerkarten (Tabs) eigene Prozesse. Fahren Sie mit der Maus über den Prozess, zeigt Process Explorer die Beschreibung der aktuell geöffneten Internetseite an.

Ein häufiger Prozess ist *svchost.exe*. Dieser ist in den meisten Fällen auch mehrmals gestartet. Die Datei *svchost.exe* gibt es seit Windows 2000; sie liegt im *System32*-Ordner und wird beim Systemstart von Windows automatisch als allgemeiner Prozess gestartet. Der Prozess durchsucht beim Systemstart die Registry nach Diensten, die beim Systemstart geladen werden müssen. Dienste, die nicht eigenständig lauffähig sind, sondern über Dynamic Link Library (DLL)-Dateien geladen werden, werden mithilfe der *svchost.exe* geladen.

Auch wenn Windows läuft, kommt die *svchost.exe* immer dann ins Spiel, wenn Dienste über DLL-Dateien geladen werden müssen. Das Betriebssystem startet SVCHOST-Sessions, sobald solche benötigt werden, und beendet sie auch wieder, sobald sie nicht mehr gebraucht werden. Da unter Windows die unterschiedlichsten Dienste parallel laufen, können auch mehrere Instanzen der *svchost.exe* gleichzeitig in der Prozessliste auftauchen.

Fahren Sie mit der Maus über einen Process, zeigt Process Explorer an, welche aktuellen Dienste oder Anwendungen von dieser Instanz der *svchost.exe* abhängen.

Hinweis Über den Befehl *tasklist /svc* in der Eingabeaufforderung können Sie sich ebenfalls anzeigen lassen, welche Anwendungen auf *svchost.exe* zurückgreifen. Alternativ können Sie die mit *svchost.exe* verbundenen Dienste auch im Task-Manager anzeigen lassen. Gehen Sie dazu folgendermaßen vor:

1. Öffnen Sie den Task-Manager
2. Holen Sie die Registerkarte *Details* in den Vordergrund.
3. Klicken Sie mit der rechten Maustaste auf eine Instanz von *svchost.exe* und klicken Sie dann auf *Zu Dienst(en) wechseln*. Die dem betreffenden Prozess zugeordneten Dienste werden auf der Registerkarte *Dienste* hervorgehoben.

Rufen Sie in Process Explorer über das Kontextmenü eines Prozesses den Befehl *Properties* auf, sehen Sie auf der Registerkarte *Services*, für welche Dienste der Prozess zuständig ist (dies gilt auch für *svchost.exe*).

In der Symbolleiste von Process Explorer sehen Sie ein Fadenkreuz. Klicken Sie mit der Maus auf das Kreuz und ziehen es auf ein Fenster im Desktop, markiert Process Explorer automatisch den Prozess, der für dieses Fenster verantwortlich ist.

Über den Menübefehl *Options/Replace Task Manager* können Sie den Standard-Task-Manager in Windows ersetzen. Rufen Sie diesen zukünftig auf, zum Beispiel über das Kontextmenü der Taskleiste, startet direkt der Process Explorer. Auf dem gleichen Weg können Sie diese Option wieder rückgängig machen. Über den Menübefehl *View/Show Lower Pane* blenden Sie den unteren Bereich des Übersichtsfensters ein. Anschließend können Sie über den Menübefehl *View/Lower Pane View* konfigurieren, ob Sie im unteren Bereich die DLLs der Prozesse oder Handles anzeigen wollen.

Handles sind einfach ausgedrückt Zuteilungen des Betriebssystems, die Prozesse oder Anwendungen für Funktionen des Kernels erhalten, zum Beispiel der Zugriff auf den Arbeitsspeicher, Ein- oder Ausgabegeräte und so weiter. Da Prozesse und Anwendungen keinen direkten Zugriff auf den Kernel von Windows erhalten, sondern die benötigen Ressourcen zugeteilt bekommen, lassen sich diese Vorgänge überwachen. Benötigt der Prozess oder die Anwendung den Zugriff nicht mehr, wird das Handle wieder freigegeben, sodass andere Prozesse oder Anwendungen Zugriff auf die freigewordenen Ressourcen erhalten.

Über das Menü *Process* können Sie ausgewählte Prozesse beenden, neu starten oder deren Eigenschaften anzeigen. Über das Kontextmenü haben Sie aber die gleichen Möglichkeiten.

Mit der Tastenkombination `Strg`+`F` öffnen Sie ein Suchfenster. Tragen Sie hier einen Suchbegriff ein, um anzuzeigen, welche Prozesse oder DLLs dem Suchbegriff entsprechen und aktuell gestartet sind. Sie sehen, ob es sich um ein Handle oder eine DLL handelt. Auch hier können Sie die Suchergebnisse wieder über die entsprechenden Spaltenüberschriften sortieren lassen und die Reihenfolge ändern. Aktivieren Sie die DLL-Ansicht, werden Ihnen alle geladenen DLL-Dateien eines Prozesses angezeigt.

Über das Menü *View* oder das Symbol *System Information* in der Symbolleiste rufen Sie die Systeminformationen des Process Explorers auf.

Wichtige Informationen immer im Blick – BgInfo

Administratoren, die mehrere Server oder Computer von Anwendern im Netzwerk fernwarten, haben oft das Problem, dass nicht alle Informationen über den aktuell verbundenen Computer angezeigt werden, zum Beispiel IP-Adresse, Informationen zu den Laufwerken, Rechnernamen, Bootzeit etc. Auch wenn Anwender eine Fernwartung benötigen, ist es hilfreich, wenn sie auf dem Desktop den Namen ihres Computers, die IP-Adresse und weitere Informationen auf einen Blick sehen. In vielen Fällen ist es also für Administratoren extrem hilfreich, wenn auf dem Desktop des ferngewarteten Computers nützliche Informationen angezeigt werden, allerdings ohne dass diese Informationen die Anwender stören.

Ein hilfreiches Tool für diese Zwecke ist BgInfo (*https://docs.microsoft.com/de-de/sysinternals/downloads/bginfo*) von Sysinternals. BgInfo kann Informationen in verschiedenen Schriftgrößen, Farben und anderen Formatierungen auf dem Desktop anzeigen.

Neben vorgegebenen Feldern können Sie auch eigene Abfragen erstellen und Informationen einblenden lassen. Diese Anzeige lässt sich vorkonfigurieren, als Konfigurationsdatei abspeichern und per Skript oder Gruppenrichtlinie an Computer im Netzwerk verteilen. Das Tool verbraucht keinerlei Systemressourcen, sondern erstellt beim Start aus den gewünschten Informationen eine neue Desktopbitmap und beendet sich danach wieder. Im laufenden Betrieb ist das Tool daher nicht gestartet.

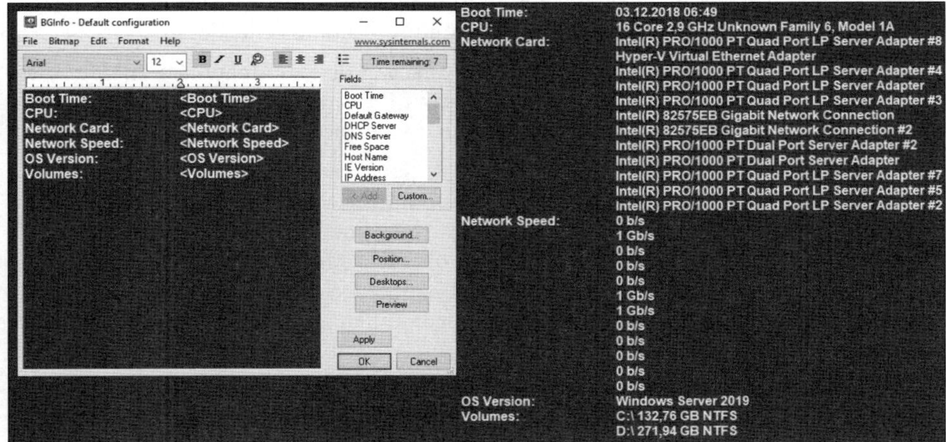

Abbildung 38.16: Informationen des Servers auf dem Desktop anzeigen

Informationen zum Computer auf dem Desktop anzeigen

Nach dem Start von BgInfo können Sie konfigurieren, welche Daten Sie zukünftig anzeigen wollen, und diese als Konfigurationsdatei abspeichern. Die Konfiguration ist sehr einfach. Im Feld *Field* sehen Sie, welche Daten Sie in das Hintergrundbild einbinden können.

Klicken Sie auf ein Feld und dann auf *<-Add*, um es einzubinden. Verfügt ein Computer über mehrere Netzwerkkarten, bindet BgInfo diese mit ihren unterschiedlichen Konfigurationen wie IP-Adressen, MAC-Adressen und weitere Daten automatisch mit ein. Über die Schaltfläche *Custom* definieren Sie eigene Felder, indem Sie mit *New* eine neue Abfrage starten.

Sie haben im neuen Fenster die Möglichkeit, Umgebungsvariablen abzufragen, einen Registrywert, eine WMI-Abfrage oder Daten einer Datei. In den meisten Fällen ist dies aber nicht notwendig, da die Standardfelder schon viele Informationen umfassen.

Felder und Zeilen, die Sie nicht benötigen, löschen Sie im mittleren Fenster einfach. Auch Leerzeilen können Sie einfügen, wie in jeder Textverarbeitung. Einzelne Zeilen bearbeiten Sie mit den Formatierungswerkzeugen, die Sie im oberen Bereich finden. Hier können Sie die Schriftgröße und Schriftart einstellen, Farben ändern und die Ausrichtung anpassen.

Haben Sie ausgewählt, welche Felder Sie anzeigen wollen, und diese formatiert, legen Sie über die Schaltfläche *Background* fest, welches Hintergrundbild Sie mit diesen Informationen anpassen möchten. Standardmäßig verwendet BgInfo das Hintergrundbild des Desktops, das aktuell ausgewählt ist.

Über die Schaltfläche *Position* bestimmen Sie, an welcher Stelle des Hintergrundbilds BgInfo die Informationen aufnehmen soll. Da das Tool auch mehrere Monitore unterstützt, können Sie festlegen, auf welchem Monitor die Informationen zu sehen sein sollen. Über das Kontrollkästchen *Compensate for Taskbar position* (Ausgleich für Taskleistenposition) legen Sie die Position so fest, dass die Taskleiste den Text nicht überdeckt.

Über die Schaltfläche *Desktops* legen Sie fest, wo BgInfo die Informationen anzeigen soll. Standardmäßig sind die Daten erst ersichtlich, wenn sich ein Anwender anmeldet. Sie können noch die Einstellung *Update this wallpaper* für die Option *Logon Desktop for Console users* aktivieren. In diesem Fall werden die ausgewählten Informationen bereits am Anmeldebildschirm angezeigt, ohne dass sich Anwender anmelden müssen. Dies ist zum Beispiel für Server sinnvoll, wenn an der Konsole kein Administrator angemeldet ist.

Klicken Sie auf *Preview,* zeigt Windows eine Vorschau der Informationen an. Um diese wieder zu deaktivieren, klicken Sie noch einmal auf *Preview.* Um die Anzeige zu übernehmen, klicken Sie auf *Apply.* Mit *OK* übernehmen Sie die Einstellungen und schließen BgInfo.

Natürlich ist es nicht sinnvoll, eine Konfiguration immer wieder neu zu erstellen oder für jeden Computer einzeln anzufertigen. Aus diesem Grund haben Sie in BgInfo auch die Möglichkeit, die von Ihnen angepassten Daten über den Menübefehl *File/Save As* als *.bgi*-Datei abzuspeichern. Sie können anschließend BgInfo so starten, dass es diese *.bgi*-Datei als Konfigurationsdatei übernimmt und die ausgewählten Daten anzeigt. Dazu starten Sie BgInfo einfach mit dem Befehl:

bginfo <Name der .bgi-Datei> /timer:0

Geben Sie keine Konfigurationsdatei an, verwendet BgInfo die Standardkonfigurationsinformationen, die in der Registrierung im Pfad *HKEY_CURRENT_USER\Software\Winternals\BGInfo* gespeichert sind.

Die Option */timer:0* bewirkt, dass das BgInfo-Konfigurationsfenster nicht erscheint, sondern sofort die Informationen übernommen werden. Sie können diesen Befehl in ein Anmeldeskript übernehmen und auf diese Weise auch Daten wie die Anmeldezeit oder Bootzeit des Computers erfassen. Diese Zeiten sind natürlich immer nur dann aktuell, wenn Sie BgInfo bei jedem Systemstart oder jedem Anmelden starten lassen. BgInfo aktualisiert sich niemals dynamisch, sondern verwendet immer nur die Daten, die es beim Start vorfindet. Nach der Erstellung des neuen Hintergrundbilds beendet sich BgInfo wieder. Neben Skripts können Sie BgInfo auch mit der Aufgabenplanung in Windows während des Systemstarts und im laufenden Betrieb ständig aktualisieren lassen. Das ergibt allerdings nur dann Sinn, wenn Sie auch Felder anzeigen lassen, deren Informationen sich im laufenden Betrieb ändern. Neben der Option */timer* stehen in BgInfo weitere Möglichkeiten zur Verfügung:

- **/popup** – Geben Sie diese Option an, zeigt BgInfo ein Popupfenster an, das die Informationen enthält. Dieses können Anwender schließen.
- **/taskbar** – Bei dieser Option blendet BgInfo ein Symbol im Infobereich der Taskleiste bei der Uhr ein. Klicken Anwender auf das Symbol, erscheinen die gewünschten Informationen genauso wie bei der Option */popup*.
- **/all** – Ändert die Daten für alle aktuell angemeldeten Benutzer (zum Beispiel auf Terminalservern). Auf diese Weise erhalten also alle angemeldeten Anwender das neue Hintergrundbild.
- **/log** – Erstellt eine Protokolldatei über die Ausführung, in die das Tool auch Fehler schreibt. Diese Option ist sinnvoll, wenn Sie das Tool im laufenden Betrieb über den Aufgabenplaner häufiger starten lassen.
- **/rtf** – Erstellt eine *.rtf*-Datei. Diese Datei enthält auch die Formatierungen und Farbe zur Protokollierung.

BgInfo als Inventur- und Überwachungstool verwenden

Über den Menübefehl *File/Database* können Sie in der Konfigurationsdatei eine Verbindung zu einer Datenbank vorgeben, um die Daten eines oder mehrerer Computer zu erfassen, zum Beispiel für eine Inventur. In diesem Fall ändert das Tool nicht nur das Hintergrundbild, sondern erfasst die Daten in der Datenbank oder der ausgewählten Excel-Tabelle.

Auf allen Computern, die diese Konfigurationsdatei nutzen, muss dieselbe Version von MDAC- und JET-Datenbankunterstützung installiert sein. Microsoft empfiehlt mindestens die Versionen *MDAC 2.5* und *JET 4.0*. Sie können an dieser Stelle als Datenbank auch eine Excel-Tabelle verwenden (*.xls*). Die Datei muss verfügbar sein, das Tool kann selbst keine Excel-Dateien erstellen.

Wollen Sie mit BgInfo keine Hintergrundbilder ändern, sondern nur die Daten beim Systemstart abfragen und in die Datenbank oder Excel-Tabelle aufnehmen, legen Sie in der Konfigurationsdatei fest, dass keine Änderungen stattfinden sollen. Dazu klicken Sie im Rahmen der Konfiguration auf die Schaltfläche *Desktops* und deaktivieren die Änderung der entsprechenden Desktops.

Systeminformationen in der Eingabeaufforderung anzeigen – PsInfo

Wollen Sie über einen bestimmten Computer Informationen in der Eingabeaufforderung anzeigen, zum Beispiel zur eingebauten Hardware oder installierten Service Packs und Betriebssystemständen, können Sie das kostenlose Sysinternals-Tool PsInfo aus der PsTool-Sammlung nutzen (*https://docs.microsoft.com/de-de/sysinternals/downloads/psinfo*). PsInfo kann nicht nur Daten des lokalen Computers abfragen (dazu könnten Sie zum Beispiel auch *msinfo32* nutzen oder *systeminfo* in der Eingabeaufforderung), sondern auch Daten von Netzwerkcomputern.

Um Daten des lokalen Systems abzufragen, geben Sie einfach *psinfo* in der Eingabeaufforderung ein. PsInfo benötigt für die Abfrage von Remoteinformationen auch einen Remotezugriff auf die Registrierung des entsprechenden Computers, um Daten anzuzeigen. Das heißt, auf dem Computer muss der Systemdienst *Remoteregistrierung* gestartet sein. Außerdem muss das Benutzerkonto, mit dem Sie PsInfo ausführen, Zugriff auf den Remotecomputer haben.

Die Syntax des Tools lautet:

psinfo [[\\Computer[,Computer[,..] | @Datei [-u Benutzer [-p Kennwort]]] [-h] [-s] [-d] [-c [-t Trennzeichen]] [Filter]

Optionen	Auswirkung
@Datei	Führt den Befehl auf allen Computern aus, die in der Textdatei angegeben sind. Schreiben Sie die einzelnen Computer jeweils in eine eigene Zeile.
-u	Benutzernamen für den Remotecomputer
-p	Kennwort für den Benutzer
-h	Liste der installierten Patches
-s	Liste der installierten Anwendungen
-d	Zeigt Informationen zu Datenträgern
-c	Ausgabe im CSV-Format
-t	Legt das Trennzeichen für die Ausgabe mit *-c* fest (standardmäßig Komma).
Filter	Ausgabe nach Feldern filtern, die dem angegebenen Text entsprechen.

Tabelle 38.3: Optionen von PsInfo

Der Aufruf *psinfo proc* zeigt zum Beispiel nur Informationen über die Prozessoren an.

Zusammenfassung

In diesem Kapitel haben wir Ihnen verschiedene Möglichkeiten in Windows Server 2019 zur Überwachung der eigenen Systemleistung aufgezeigt. Neben den Bordmitteln in Windows Server 2019 haben wir Ihnen auch verschiedene Zusatztools vorgestellt, mit denen Sie Server überwachen. Die Aufgabenplanung sowie die Ereignisanzeige waren ebenfalls Thema dieses Kapitels.

Das nächste Kapitel beschäftigt sich mit den Windows-Bereitstellungsdiensten in Windows Server 2019.

Teil H
Bereitstellung, Verwaltung, Cloudanbindung

Kapitel 39
Windows-Bereitstellungsdienste

In diesem Kapitel:

In diesem Kapitel zeigen wir Ihnen, wie Sie mit Bordmitteln Windows 10 und Windows Server 2019 zentral im Unternehmen bereitstellen können. Microsoft bietet dazu einige Tools, zum Beispiel das Windows Assessment and Deployment Kit (ADK). Dieses arbeitet auch mit Windows Server 2019 und den Windows-Bereitstellungsdiensten zusammen. Microsoft stellt zusammen mit neuen Versionen von Windows 10 jeweils eine angepasste Version des Windows 10 ADK zur Verfügung.

Windows Assessment and Deployment Kit (ADK)

Um Windows 10 im Unternehmen bereitzustellen, stellt Microsoft das Windows Assessment and Deployment Kit (ADK) zur Verfügung. Dieses stellt den Nachfolger des Windows Automated Installation Kit (WAIK) dar. Das Toolkit bietet neue Werkzeuge und Funktionen, um Windows 10 mit seinen neuen Möglichkeiten im Unternehmen zur Verfügung zu stellen.

Microsoft stellt das ADK kostenlos zur Verfügung (*https://docs.microsoft.com/en-us/windows-hardware/get-started/adk-install*). Es unterstützt auch die Bereitstellung von Windows Server 2019.

Das Windows-Imageformat

Windows 10 arbeitet weiterhin mit dem WIM-Imageformat (Windows Imaging). Wir sind in Kapitel 2 darauf eingegangen, wie Sie WIM-Dateien aufsplitten und anpassen. Statt eines sektorbasierten Imageformats ist das WIM-Format dateibasiert, was mehrere Vorteile hat. WIM ist hardwareunabhängig. Das bedeutet, Administratoren müssen nur ein Image für verschiedene Hardwarekonfigurationen erstellen. Mit WIM lassen sich mehrere Images in einer zentralen Datei speichern.

Außerdem nutzt WIM eine Kompression und das Single-Instance-Verfahren, womit sich die Größe von Imagedateien deutlich reduziert. Single-Instancing ist eine Technologie, bei der jede Datei nur einmal gespeichert wird. Wenn zum Beispiel Image 1, 2 und 3 alle die gleiche Datei A enthalten, sorgt Single-Instancing dafür, dass Datei A nur einmal tatsächlich gespeichert wird.

WIM-Images ermöglichen die Offlinebearbeitung von Images. So können Administratoren Betriebssystemkomponenten, Patches und Treiber hinzufügen oder löschen, ohne ein neues Image erstellen zu müssen. Windows 10 stellt eine Programmierschnittstelle (API) für das WIM-Imageformat zur Verfügung, die WIMGAPI. Auch dieses Tool ist Bestandteil des ADK.

Diese kann von Entwicklern für die Arbeit mit WIM-Imagedateien genutzt werden. In Kombination mit Windows PE lassen sich diese Images auch erweitern oder ändern, ohne dass Windows dazu komplett gestartet sein muss. So ist es etwa möglich, einen Treiber auszutauschen, ohne das Administratorenimage komplett neu erstellen zu müssen.

Windows Systemabbild-Manager, Antwortdateien und Kataloge

Der Windows Systemabbild-Manager (Windows System Image Manager, Windows-SIM) ist ein Tool, mit dem Administratoren auf einfache Weise Antwortdateien auf XML-Basis erstellen. Das Tool ist Bestandteil des ADK. Auch Netzwerkfreigaben lassen sich so einrichten, dass diese Konfigurationseinstellungen zur Verteilung von Windows 10 und zusätzliche Treiber enthalten.

Die Antwortdatei enthält das Grundgerüst, das Windows für die einzelnen Konfigurationsphasen benötigt. Dadurch lassen sich Eingaben wie PC-Namen, Product Keys und Weiteres in einer Datei vorgeben, sodass während der Installation keinerlei Eingaben mehr notwendig sind. Die Katalogdatei eines Image (*.clg*) enthält die Einstellungen und Pakete, die in einem Image auf WIM-Basis enthalten sind.

Auch wenn die normale Installation von Windows 10 auf einem WIM-Image basiert, finden Sie auf der Windows 10-Installations-DVD im Ordner *\sources* keine *.clg*-Dateien der verschiedenen Windows-Editionen mehr. Das war in früheren Windows noch anders. Sie erstellen Katalogdateien jedoch schnell und einfach mit dem Systemabbild-Manager. Die Standardinstallationsdatei *install.wim* finden Sie weiterhin in diesem Ordner, auch die Windows PE-Bootumgebung *boot.wim*.

WIM-Images haben als Dateityp die Bezeichnung *.wim*. In diesen Dateien ist festgelegt, welche Komponenten Windows 10 bei den einzelnen Windows 10-Editionen installiert. Windows 10-Antwortdateien speichern Sie am besten als *AutoUnattend.xml*. Beim Starten der Installation durchsucht Windows 10 standardmäßig den Stammordner von Laufwerken, auch USB-Sticks, nach einer Datei *AutoUnattend.xml* und verwendet die hinterlegten Antworten zur Installation.

Das ADK enthält kostenlose Werkzeuge, mit denen Sie automatisierte Installationspakete von Windows 10 erstellen und verteilen. Sie können mit dem ADK aber auch Windows Server 2019 sowie die Vorgängerversionen von Windows 10 und Windows Server 2019 bereitstellen.

Windows Assessment and Deployment Kit installieren

Wie beim Windows Automated Installation Toolkit (WAIK) handelt es sich beim Windows Assessment and Deployment Kit (ADK) um eine Sammlung verschiedener Programme, die Administratoren dabei helfen sollen, Windows 10 für die automatisierte Bereitstellung vorzubereiten. Sie laden dazu zunächst die Installationsdatei.

Die Installationsdatei lädt weitere Dateien aus dem Internet. Das ADK benötigt .NET Framework, das der Assistent aber automatisch auf dem entsprechenden Rechner installiert. Nach dem Download starten Sie die Datei *adksetup.exe* über einen Doppelklick. Bestätigen Sie anschließend die Fenster des Assistenten und lassen Sie die Installationsdateien herunterladen.

Starten Sie die Installation, sollten Sie aber nicht die Option *Windows Assessment and Deployment Kit – Windows 10 auf diesem Computer installieren* auswählen, sondern *Windows Assessment and Deployment Kit ? Windows 10 für die Installation auf einem separaten Computer herunterladen*. Das hat den Vorteil, dass das Tool die entsprechenden Dateien herunterlädt und Sie im Benutzerprofil im *Downloads*-Ordner die vollständigen Installationsdateien des ADK vorfinden. Diese können Sie dann später jederzeit wieder installieren, ohne erneut Dateien herunterladen zu müssen. Sie können die Installation aber auch direkt starten und die Installation über das Internet durchführen lassen. Die Installation ist auch auf Windows Server 2019 möglich.

Sie können das ADK außerdem skriptbasiert über die Eingabeaufforderung installieren. Dazu verwenden Sie den folgenden Befehl:

adksetup /quiet /installpath <Installations-Pfad> /features <ID1><ID2>

Um sich eine Liste aller verfügbaren IDs der verschiedenen Features anzeigen zu lassen, geben Sie in der Eingabeaufforderung den Befehl *adksetup /list* ein. Nach der Installation finden Sie die verschiedenen Programme und Tools zunächst im Startmenü. Die Tools und Beispiele stehen darüber hinaus im Installationsverzeichnis zur Verfügung.

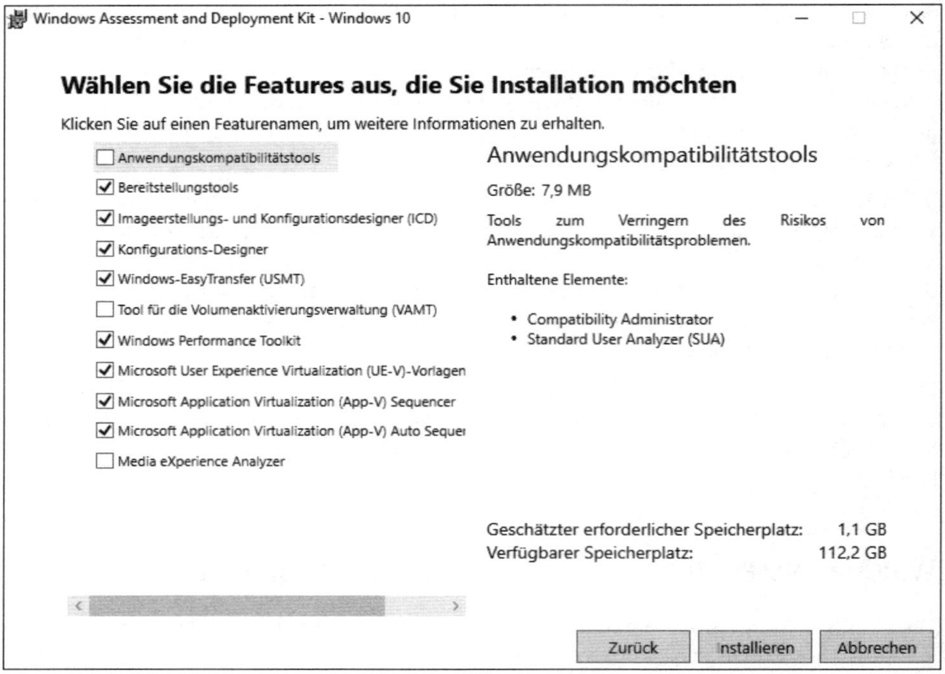

Abbildung 39.1: Das Windows 10 ADK besteht aus verschiedenen Tools, die bei der Bereitstellung von Windows 10 helfen.

Automatisierte Installation von Windows 10

Um eine Antwortdatei oder ein vorgefertigtes Bootmedium für die Installation von Windows 10 bereitzustellen, installieren Sie zunächst das Windows ADK, wie zuvor beschrieben. Im Startmenü finden Sie unter *Windows Kits* den Eintrag *Umgebung für Bereitstellungs- und Imageerstellungstools*. Ein Klick darauf startet eine Eingabeaufforderung mit den wichtigsten Tools zur Bereitstellung von Windows 10. Starten Sie diese am besten über die App-Leiste mit Administratorrechten.

Windows System Image Manager nutzen

Im Windows 10 ADK ist das Tool Windows System Image Manager (WSIM) dabei. Hierüber erstellen Sie Antwortdateien, mit denen Sie die Installation von Windows 10 automatisieren.

Sie können auch Installationsmedien erstellen, mit denen Sie unbeaufsichtigt Windows 10 über herkömmliche Datenträger, mit System Center Configuration Manager oder mit den Windows-Bereitstellungsdiensten zur Verfügung stellen. Auch eine automatisierte Installation über einen USB-Stick ist mit dem Tool möglich. Um die automatisierte Installation durchzuführen, gehen Sie folgendermaßen vor:

1. Kopieren Sie für die Erstellung einer Antwortdatei die Datei *install.esd* von den Windows 10-Installationsdateien aus dem Verzeichnis *\sources* in ein temporäres Verzeichnis auf der Festplatte, zum Beispiel *c:\temp* oder *c:\software.*
2. Öffnen Sie eine Eingabeaufforderung mit Administratorrechten und wechseln Sie in das temporäre Verzeichnis, in das Sie die Datei *install.esd* kopiert haben.
3. Rufen Sie den folgenden Befehl auf, um sich eine Liste der verfügbaren Windows 10-Versionen anzeigen zu lassen:

   dism /Get-Wiminfo /WimFile:install.esd
4. Merken Sie sich die Indexnummer der Windows-Version, die Sie bereitstellen möchten und rufen Sie anschließend den folgenden Befehl auf:

   dism /Export-Image /SourceImagefile:install.esd /SourceIndex:5 /DestinationImagefile: install.wim /Compress:max /CheckIntegrity

   (Im obigen Beispielaufruf steht die Indexnummer 5 für die Version Windows 10 Pro)
5. Starten Sie Windows System Image Manager.
6. Öffnen Sie über *Datei/Windows-Abbild auswählen* die zuvor konvertierte Datei *install.wim* auf der Festplatte.
7. Bestätigen Sie das Erstellen einer neuen Katalogdatei. Das Paket wird jetzt eingelesen und im Windows System Image Manager angezeigt. Das Erstellen des Katalogs kann einige Zeit dauern.
8. Anschließend starten Sie die Erstellung einer neuen Antwortdatei über *Datei/Neue Antwortdatei.*

Die Antwortdatei wird mit ihren verschiedenen Bereichen in der Mitte des Fensters angezeigt. Die Bereiche stellen die verschiedenen Phasen während der Installation von Windows 10 dar.

Im Bereich *Windows Image* erweitern Sie *Components.* Hier nehmen Sie verschiedene Einstellungen vor, um die Installation an Ihre Bedürfnisse anzupassen. Klicken Sie hierzu mit der rechten Maustaste auf die Komponente und wählen Sie die gewünschte Konfigurationsphase aus. So wird die Komponente der Antwortdatei in der Phase der Windows-Installation hinzugefügt. Sie können anschließend sehr umfangreich konfigurieren, welche Einstellungen der Windows 10-Installation Sie automatisieren wollen.

Klicken Sie zum Beispiel unterhalb von *x86_Microsoft-Windows-International-Core-WinPE_...* mit der rechten Maustaste auf *SetupUILanguage* und wählen Sie *Einstellung zu Pass 1 windowsPE hinzufügen.*

Genauso gehen Sie mit allen Bereichen vor, die Sie in der Antwortdatei steuern wollen. Das können Dutzende oder Hunderte sein, abhängig davon, welche Einstellungen Sie automatisieren wollen.

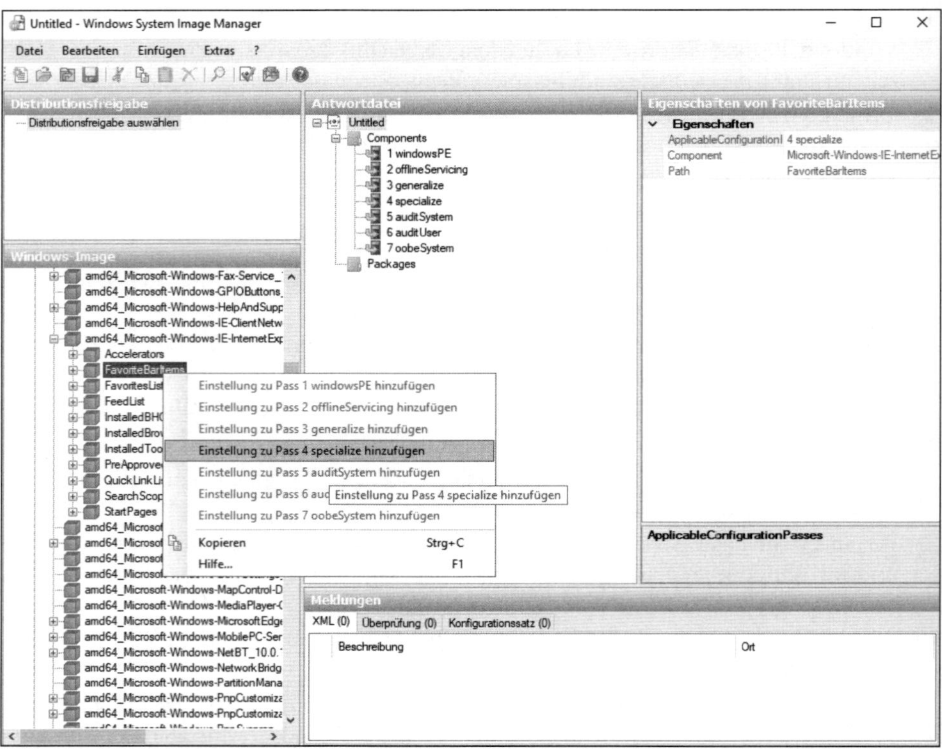

Abbildung 39.2: In WSIM passen Sie die Antwortdateien zur automatisierten Installation von Windows 10 an.

Anschließend füllen Sie die verschiedenen Bereiche der Antwortdatei in der Mitte mit den Daten, die für die Installation notwendig sind. Klicken Sie zum Beispiel auf *x86_Microsoft-Windows-International-Core-WinPE*. Genauso pflegen Sie jetzt alle Daten in der Antwortdatei, die Sie automatisieren wollen.

Im Anschluss überprüfen Sie die Antwortdatei über *Extras/Antwortdatei überprüfen*. Es dürfen keine Fehler erscheinen. Speichern Sie die Antwortdatei über *Datei/Antwortdatei speichern* als *AutoUnattend.xml* ab. Die Erstellung der Datei ist damit abgeschlossen. Sie können sie natürlich jederzeit öffnen und weiterbearbeiten.

Speichern Sie die Datei auf einem USB-Stick und verbinden Sie diesen mit dem Rechner, auf dem Sie Windows 10 mit der Datei automatisiert installieren wollen. Booten Sie vom Windows 10-USB-Stick, verwendet der Setup-Assistent die Antwortdatei zur automatisierten Installation. Sie können die Antwortdatei aber auch mit den Windows-Bereitstellungsdiensten oder in System Center Configuration Manager verwenden.

Windows 10 aktivieren

Den Stand der Aktivierung von Windows 10 sehen Sie in den Eigenschaften von *Dieser PC*. In diesem Fenster können Sie unten über den Link *Product Key ändern* einen neuen Product Key eingeben, um Windows zu aktivieren. Funktioniert die Aktivierung nicht, starten Sie eine Befehlszeile mit Administratorrechten. Starten Sie das Tool *slui*, um die Aktivierung zu verwalten. Über den Befehl *slui 3* wird ein Dialogfeld geöffnet, um einen neuen Produktschlüssel einzugeben.

Der Befehl *slui 4* öffnet die Auswahl der Aktivierungshotlines. Funktioniert die Online-Aktivierung nicht, können Sie oft auf diesem Weg die Aktivierung durchführen. Wollen Sie sich die aktuelle Windows 10-Edition anzeigen lassen, öffnen Sie eine Eingabeaufforderung mit Administratorrechten und geben den Befehl *dism /online /get-currentEdition* ein.

Für die Verwaltung und die Abfrage von Lizenzinformationen auf Windows 10-PCs stellt Microsoft das Skript *slmgr.vbs* zur Verfügung, das Sie über die Eingabeaufforderung ebenfalls mit erhöhten administrativen Rechten starten. Das Tool kennt folgende verschiedene Optionen:

- */ato* – Windows online aktivieren
- */dli* – Zeigt die aktuellen Lizenzinformationen an.
- */dlv* – Zeigt noch mehr Lizenzdetails an.
- */dlv all* – Zeigt detaillierte Infos für alle installierten Lizenzen.

Möchten Sie den Status der Aktivierung anzeigen, geben Sie in der Eingabeaufforderung den Befehl *slmgr.vbs /dli* ein. Sie können den Product Key einer Windows 10-Installation auch in der Befehlszeile anpassen. Dazu benötigen Sie eine Eingabeaufforderung, die Sie mit Administratorrechten starten:

1. Geben Sie zum Löschen des alten Product Key in der Eingabeaufforderung den Befehl *slmgr /upk* ein. Zwar ersetzen die nächsten Punkte den vorhandenen Product Key, allerdings funktioniert das nicht immer, wenn nicht zuvor die alte Nummer gelöscht wurde.
2. Bestätigen Sie das Löschen.
3. Den neuen Product Key geben Sie dann mit *slmgr /ipk xxxxx-xxxxx-xxxxx-xxxxx-xxxxx* ein.
4. Mit *slmgr /ato* aktivieren Sie Windows 10.

Grundlagen der Windows-Bereitstellungsdienste

Mit den Windows-Bereitstellungsdiensten (Windows Deployment Services, WDS) können Sie in Windows Server 2019 Arbeitsstationen auf Basis von Windows 10 oder älter automatisiert installieren lassen. Der WDS-Server muss einer bestehenden Active Directory-Domäne angehören.

Der WDS-Server muss außerdem Zugang zu einem aktiven DHCP-Server haben. Der Server benötigt eine separate Partition, die mit NTFS oder ReFS formatiert ist. In dieser speichern Sie die Abbilder zur automatisierten Installation von Windows 10. Die PCs im Netzwerk booten und verbinden sich mit dem Server. Dieser kopiert dann über das Netzwerk das Image auf den Computer und führt die Installation von Windows 10 durch.

Multicast-Verbindung zu langsamen Clients kann ein WDS-Server automatisch trennen und so Übertragungen auf Basis der Clientgeschwindigkeit in mehrere Streams aufteilen. Außerdem wird Multicasting in Umgebungen mit IPv6 unterstützt. Mit Transportserver sind Netzwerkstarts und Datenmulticasting im Rahmen einer erweiterten Konfiguration möglich. Ein Transportserver ist ein eigenständiger Server, der WDS der PXE, also das Booten von Computern, über das Netzwerk unterstützt.

Beim Verwenden eines Transportservers für Netzwerkstarts und Multicasting sind Sie nicht auf ein Active Directory oder DNS angewiesen. WDS unterstützen Netzwerkstarts von x64-Computern mit EFI, einschließlich Funktionen zum automatischen Hinzufügen, DHCP-Verweisen zum Weiterleiten von Clients an einen bestimmten PXE-Server sowie der Fähigkeit, Startabbilder mithilfe von Multicasting bereitzustellen. Treiberpakete lassen sich jetzt direkt in Startabbilder integrieren.

Abbilder in WDS verwalten

Sobald der WDS-Server installiert worden ist, können Abbilder hinzugefügt werden. Hier gibt es verschiedene Typen. Ein Startabbild kommt zum Einsatz, wenn auf dem Client Windows PE starten soll, um auf dieser Basis Windows 10 zu installieren.

Installationsabbilder dienen der Installation von Windows und erfordern eine Abbildgruppe. Eine Abbildgruppe ist ein Ordner, der sich unterhalb des Knotens *Installationsabbilder* befindet. Für alle Clientcomputer, die keine Unterstützung für PXE bieten, gibt es die Möglichkeit, ein Startabbild zu exportieren. Somit können auch diese Clientcomputer durch den WDS-Server bedient werden. Diese Abbilder werden Suchabbilder genannt und erhalten vor der Generierung die Information, welcher Bereitstellungsserver verwendet werden soll. Aufzeichnungsabbilder bieten eine Alternative zum Befehlszeilentool ImageX, wenn ein mit dem Dienstprogramm Sysprep vorbereitetes Abbild aufgezeichnet wird.

Beim Start eines Clients mit einem Aufzeichnungsabbild wird das Aufzeichnungsdienstprogramm der Windows-Bereitstellungsdienste aufgerufen. Es führt den Benutzer durch die erforderlichen Schritte zum Aufzeichnen und Hinzufügen eines neuen Abbilds. Das Aufzeichnungsabbild muss als Startabbild hinzugefügt werden.

Für das Booten über das Netzwerk (PXE) stellen die Bereitstellungsdienste verschiedene Network Bootstrap-Programme (NBP) zur Verfügung. Um diese effektiv zu nutzen, sollten alle Clients im Active Directory bereits mit eindeutigen IDs ausgestattet sein. Nur durch diese Identifizierung anhand der GUID oder der MAC-Adresse kann das Bootverhalten der Clients durch die Zuweisung der NBP beeinflusst werden.

Das Tool PXEboot erfordert, dass der Benutzer beim Starten des Computers die F12-Taste drücken muss, um einen Netzwerkboot durchzuführen. Wird PXEboot.n12 genutzt, erfolgt der Boot über das Netzwerk ohne Drücken der F12-Taste. Das Tool AbortPXE legt fest, dass ein Computer direkt das nächstverfügbare Bootmedium nutzt. Es erfolgt kein Netzwerkboot.

Wdsnbp stellt Funktionen bereit, die zur Erkennung der Architektur und zur Verwaltung von Anfragen der Bootberechtigung benötigt werden. Es wird noch vor PXEboot geladen. Steht in der Bootreihenfolge des Rechners das Booten über Netzwerk vor dem Booten von Festplatte und wird PXEboot.n12 genutzt, wird der Client bei jedem Hochfahren in den Netzwerkboot übergehen und nicht das eigentliche Betriebssystem laden. Dieses Verhalten lässt sich dadurch vermeiden, dass Sie PXEboot.com oder AbortPXE.com verwenden.

So funktioniert die automatisierte Installation von Windows über WDS

Ein Clientcomputer wird mit PXE im Netzwerk gestartet. Nach dem Laden des BIOS sendet das PXE-ROM auf der Netzwerkkarte eine Netzwerkdienstanforderung an den nächstgelegenen DHCP-Server. Mit der Anforderung sendet der Client seine GUID (Globally Unique Identifier). Der DHCP-Server erteilt dem Client eine IP-Lease mit Optionen für DNS (006), Domäne (015) und PXE-Server (060).

Als Nächstes startet das Bootimage mit Windows PE, das in den Hauptspeicher geladen wird. Über einen Eintrag in der Antwortdatei wird die Festplatte angepasst. Das Setup führt die in der Antwortdatei enthaltene Anmeldung an den WDS-Server aus. Existiert dieser Eintrag nicht, wird um eine Authentifizierung gebeten. Soll eine unbeaufsichtigte Installation durchgeführt werden, darf immer nur ein Image in der Imagegruppe existieren.

Wurde die Antwortdatei mit Informationen, wie Product Key, Sprachversion und Domänenkonto, korrekt konfiguriert, läuft die Installation völlig automatisiert ab.

Die Windows Deployment Services bieten eine effektive Möglichkeit, Windows-Betriebssysteme ohne den Einsatz von Installationsmedien zu installieren. Durch den Einsatz von Antwortdateien lässt sich die Installation automatisieren. In Kombination mit der Lite Touch Installation (LTI) beziehungsweise der Zero Touch Installation (ZTI) kann der Bereitstellungsdienste-Server, ohne viel Speicherplatz zu verbrauchen, als reines Transportmittel für die verwendeten Startabbilder verwendet werden.

Installation der Windows-Bereitstellungsdienste

Die Installation besteht aus der Installation der Serverrolle und der anschließenden Ersteinrichtung des Servers. Als Erstes starten Sie den Server-Manager und installieren die Rolle *Windows-Bereitstellungsdienste* über das Menü *Verwalten* (siehe Kapitel 4). Standardmäßig wird sowohl der *Bereitstellungsserver* als auch der *Transportserver* installiert. Zur Installation gehört eine Ersteinrichtung, auch Initialisierung genannt, die über die Verwaltungskonsole der Windows-Bereitstellungsdienste durchgeführt wird. Während der Installation nehmen Sie keine Einstellungen vor. Die Anpassung des Dienstes findet erst nachträglich statt.

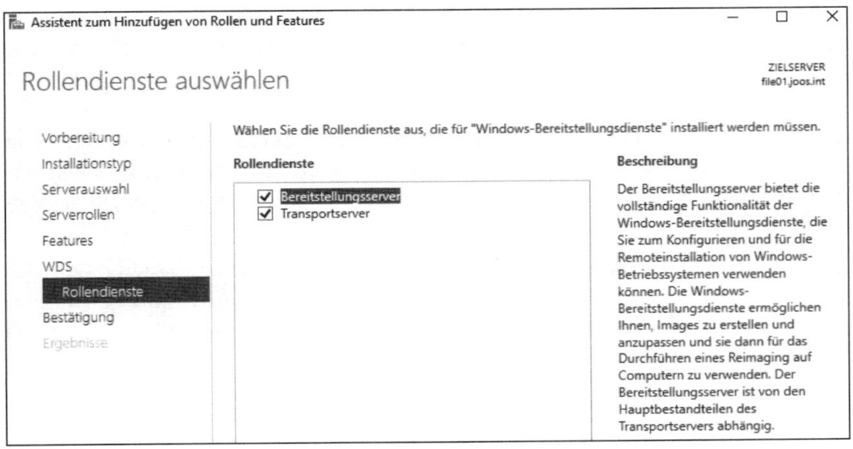

Abbildung 39.3: Installieren der Windows-Bereitstellungsdienste

Ersteinrichtung der Windows-Bereitstellungsdienste

Öffnen Sie für die erste Einrichtung die Verwaltungskonsole der Windows-Bereitstellungsdienste über *Tools* im Server-Manager oder durch Eingabe von *wdsmgmt.msc* im Startmenü. Der Server wird angezeigt, ist aber noch mit einem Warnzeichen versehen.

Über das Kontextmenü starten Sie den Befehl *Server konfigurieren*. Es startet ein Assistent, über den Sie den WDS-Server einrichten. Auf der ersten Seite nach dem Begrüßungsfenster legen Sie den Speicherort fest, in dem die Installationsabbilder gespeichert werden. Es bietet sich an, dafür eine eigene Partition zu wählen. Statt über den Assistenten können Sie diesen Vorgang auch über die Eingabeaufforderung mit dem Befehl *wdsutil /Initialize-Server /RemInst:<Ordner>* durchführen.

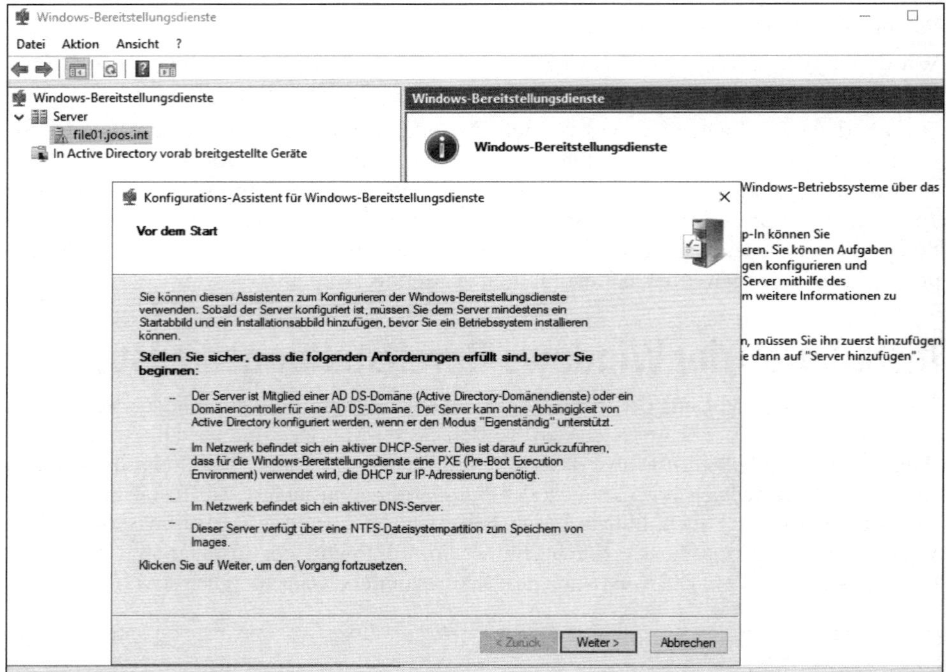

Abbildung 39.4: Die Einrichtung der Windows-Bereitstellungsdienste erfolgt über einen Assistenten.

Im Assistenten legen Sie auch fest, auf welche Clients der PXE-Server antworten soll, wenn eine Bootabfrage an ihn gestellt wird. Aktivieren Sie die Option *Nur bekannten Clientcomputern* antworten, können nur Computer, für die in der Domäne ein Konto erstellt ist, diesen Server verwenden.

Damit der Server ordnungsgemäß Clients anbinden kann, sollten Sie am besten die Optionen *Allen Clientcomputern antworten (bekannten und unbekannten)* und, falls gewünscht, das Kontrollkästchen *Administratorgenehmigung für unbekannte Computer erforderlich machen* aktivieren.

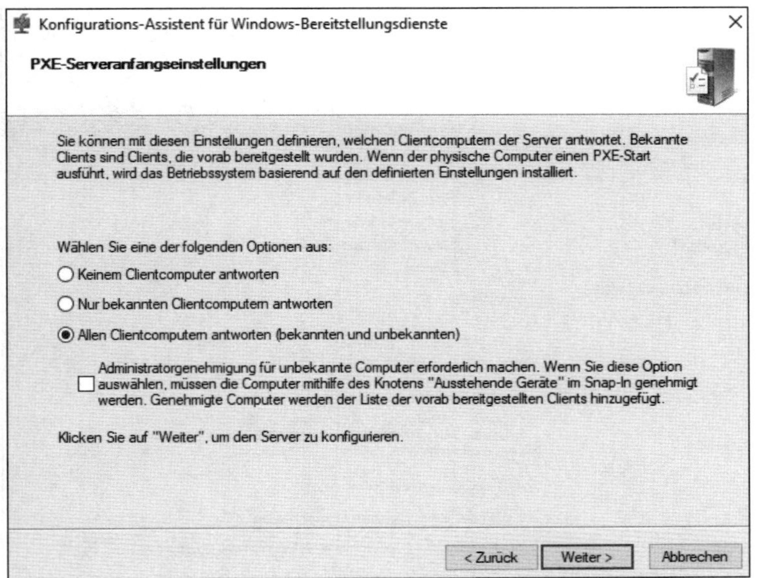

Abbildung 39.5: Konfigurieren der PXE-Anfragen an den WDS-Server

Nach der Installation können Sie diese Einstellung auch in der WDS-Konsole in den Eigenschaften des Servers auf der Registerkarte *PXE-Antworteinstellungen* konfigurieren. Anschließend ist der Server einsatzbereit für das Hinzufügen von Abbildern.

Tipp

Neben der Verwaltungskonsole bieten die Windows-Bereitstellungstools ein Befehlszeilentool mit der Bezeichnung Wdsutil. Viele Administrationsaufgaben, zum Beispiel das Verwalten von Abbildern, lassen sich neben der grafischen Oberfläche auch mit diesem Tool durchführen.

Eine ausführliche Hilfe über die Optionen erhalten Sie mit *wdsutil /?*. Bereits bei der Einrichtung des Servers kann über Wdsutil einiges automatisiert oder über Skripts abgewickelt werden.

Nach der ersten Einrichtung über den Assistenten können Sie in der WDS-Konsole über die Eigenschaften die Konfiguration des Servers anpassen.

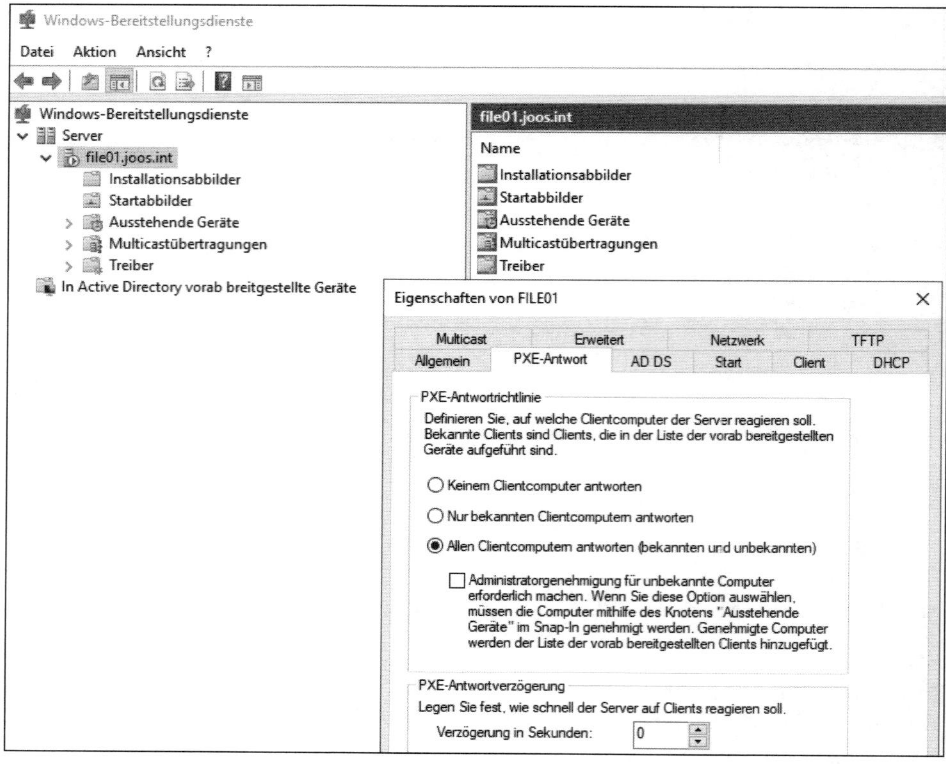

Abbildung 39.6: Verwalten von WDS in der WDS-Verwaltungskonsole

Multicast verwenden

Multicast verwenden Sie, wenn sich nicht nur wenige Clients mit dem Bereitstellungsserver verbinden, sondern eine große Anzahl von Clients gleichzeitig. Beim Erstellen einer Multicastübertragung für ein Abbild werden die Daten nur einmal über das Netzwerk gesendet, wodurch eine deutliche Verringerung der verwendeten Netzwerkbandbreite erreicht wird.

Achten Sie aber darauf, dass diese Funktion von den Routern im Netzwerk unterstützt werden muss. Verwenden Sie mehrere WDS-Server im Netzwerk, dürfen die Multicast-IP-Adressen nicht kollidieren. Ansonsten besteht die Gefahr eines übermäßigen Datenverkehrs. Um neue Multicastübertragungen zu aktivieren, klicken Sie mit der rechten Maustaste auf den Menüpunkt *Multicastübertragungen* und wählen im Kontextmenü den Befehl *Multicastübertragung erstellen* aus.

Anschließend geben Sie einen Namen für die Übertragung ein und wählen das Installationsabbild aus, das verwendet werden soll. Interessant wird die Konfiguration auf der nächsten Seite des Assistenten, auf dem die Multicastübertragung ausführlicher konfiguriert wird.

Mit der Funktion *Cast (automatisch)* wird angegeben, dass eine Multicastübertragung des ausgewählten Abbilds beginnt, sobald von einem Client ein Installationsabbild angefordert wird. Wenn dasselbe Abbild noch von anderen Clients angefordert wird, werden auch diese in die bereits gestartete Sitzung eingebunden. Mit der Option *Cast (geplant)* werden die Startbedingungen für Multicast speziell festgelegt. Basis für diese Einstellung ist die Anzahl der Clients, die ein Abbild zu einer bestimmten Zeit anfordern. Daten werden nur dann über das Netzwerk übertragen, wenn diese von Clients angefordert werden.

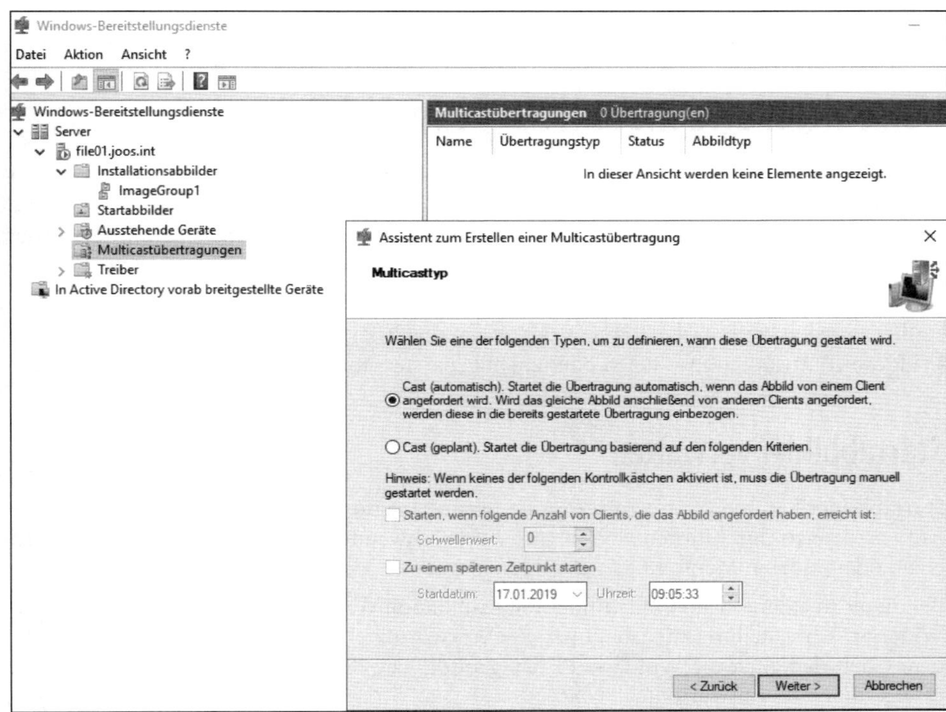

Abbildung 39.7: Festlegen der Bedingungen für den Start der Übertragung

Wenn die Übertragung als geplante Umwandlung konfiguriert, mindestens ein Client verbunden und die Übertragung noch nicht gestartet ist, können Sie mit der rechten Maustaste die Übertragung anklicken und den Befehl *Starten* wählen.

Klicken Sie mit der rechten Maustaste auf die Übertragung, kann diese beendet werden. Die Clientinstallationen werden dabei nicht gelöscht, sondern lediglich auf Unicast umgestellt. Deaktivieren Sie die Übertragung über das Kontextmenü, wird die bereits begonnene Installation von Clients fortgesetzt.

Es werden jedoch keine neuen Clients in die Übertragung eingebunden. Die Übertragung wird gelöscht, nachdem die Installation aller aktuellen Clients abgeschlossen ist. Clientcomputer können auch mit dem Tool Wdsmcast, ein Befehlszeilentool des ADK, an einer Übertragung teilnehmen. In den Eigenschaften des Servers kann auf der Registerkarte *Netzwerkeinstellungen* das Verhalten des Servers bezüglich Multicast konfiguriert werden.

Tipp Werden im Unternehmen mehrere WDS-Server für Multicast konfiguriert, sollte in den Eigenschaften jedes Servers auf der Registerkarte *Netzwerk* ein anderer Portbereich eingestellt werden, da sich sonst Datenpakete überlappen können und die Netzwerkbelastung stark ansteigt.

Verwalten und Installieren von Abbildern

Die Installation von Clientcomputern über den WDS erfolgt über die bereits erwähnten Abbilder. Bei Startabbildern handelt es sich um Images, die lediglich Windows PE, also die Installationsumgebung des Servers, laden. Dabei kann es sich zum Beispiel um die Datei *boot.wim* aus dem Verzeichnis *\sources* der Windows 10-Installationsdateien handeln.

Installationsabbilder sind schließlich die Abbilder, über die zum Beispiel Windows 10 installiert werden kann. Dabei handelt es sich um die Datei aus dem Verzeichnis *\sources* der Windows 10-Installationsdateien oder ein angepasstes Abbild auf Basis einer WIM-Datei.

Startabbilder verwalten

Startabbilder kommen dann zum Einsatz, wenn Sie eine automatisierte Installation über Antwortdateien durchführen wollen, also wenn Anwender selbst bei der Installation den einen oder anderen Menüpunkt auswählen können.

Bei dieser Installationsmethode findet die Installation von Windows unabhängig von den Windows-Bereitstellungsdiensten über eine Antwortdatei statt. Der WDS startet dazu auf dem Client lediglich die Windows PE-Umgebung. Die weitere automatisierte Installation erfolgt über eine Antwortdatei.

Um ein Startabbild hinzuzufügen, starten Sie zunächst die Verwaltungsoberfläche der WDS. Als Nächstes klicken Sie den Konsoleneintrag *Startabbilder* mit der rechten Maustaste an und wählen danach im Kontextmenü den Befehl *Startabbild hinzufügen* aus.

Sie können entweder ein eigenes Abbild erstellen, wie bereits in diesem Kapitel beschrieben, oder Sie verwenden das Standardabbild *boot.wim* aus dem Ordner *\sources* auf der Windows 10-CD.

Dieses sollten Sie vorher auf die Festplatte des Servers kopieren. Auf der nächsten Seite sehen Sie den Namen sowie die Beschreibung des Abbilds. Bestätigen Sie die restlichen Fenster, damit das Startabbild dem Server hinzugefügt wird.

Sobald das Startabbild dem Server hinzugefügt ist, sehen Sie es in der Verwaltungskonsole als *Online*. Über das Kontextmenü können Sie es bearbeiten oder andere Abbilder daraus erstellen.

Über das Kontextmenü können Sie auch zusätzliche Treiber in das Startabbild einfügen. Startabbilder werden auch über die Eingabeaufforderung mit dem folgenden Befehl hinzugefügt:

wdsutil /Add-Image /ImageFile:<Pfad zur .wim-Datei> /ImageType:boot

Computer über WDS booten und Fehler beheben

Sobald die Windows-Bereitstellungsdienste installiert und konfiguriert und ein Startabbild oder Installationsabbilder hinzugefügt sind, können Computer über das Netzwerk gebootet werden und sich mit dem WDS-Server verbinden. Achten Sie darauf, dass die Netzwerkkarte des Computers PXE beherrscht und der DHCP-Server korrekt konfiguriert ist, damit eine Namensauflösung funktioniert und Clients beim Booten eine IP-Adresse erhalten.

Hinweis Haben Sie WDS und DNS auf dem gleichen Server installiert, besteht die Möglichkeit, dass das Booten der Clients fehlschlägt. Das Problem liegt daran, dass der DNS-Server die Ports des WDS-Servers blockiert. Mehr Informationen zu diesem Fehler erhalten Sie auf der Internetseite *http://support.microsoft.com/kb/977512.*

Die Clients erhalten zwar eine IP-Adresse durch den DHCP-Server, aber können anschließend keine TFTP-Verbindung zum WDS-Server aufbauen, um Abbilder zu laden. Sie beheben den Fehler folgendermaßen:

1. Öffnen Sie den Registrierungs-Editor und navigieren Sie zu *HKEY_LOCAL_MACHINE\System\CurrentControlSet\Services\WDSServer\Parameters.*
2. Öffnen Sie den Wert *UdpPortPolicy.*
3. Setzen Sie den Wert von *1* auf *0.*
4. Starten Sie den WDS-Dienst über das Kontextmenü zum Server in der WDS-Konsole neu.

Sobald sich der Computer erfolgreich mit dem WDS-Server verbindet, erhält er eine IP-Adresse zugewiesen und Windows PE wird auf diesem Computer gestartet. Nach Bestätigung des Netzwerkbootvorgangs startet der Computer mit dem Startabbild, das auf dem Computer hinterlegt worden ist.

Installationsabbilder verwenden

Installationsabbilder sind Abbilder, über die auf Basis eines Image installiert wird. Entweder erstellen Sie mit ImageX ein angepasstes Abbild, verwenden das Standardabbild *install.wim* aus dem Ordner *\sources* auf der DVD oder erstellen mit den Tools des Windows 10 ADK ein eigenes, angepasstes Abbild.

Installationsabbilder werden in Abbildgruppen zusammengefasst. Bei der Erstellung des ersten Installationsabbilds wird automatisch eine erste Abbildgruppe erstellt. Um ein Installationsabbild zu integrieren, klicken Sie in der WDS-Verwaltungskonsole mit der rechten Maustaste auf *Installationsabbilder* und wählen im Kontextmenü den Befehl *Installationsabbild hinzufügen* aus.

Im ersten Fenster wählen Sie die Abbildgruppe aus, in der Sie das Installationsabbild integrieren. Ist noch keine Abbildgruppe vorhanden, erstellen Sie eine. Im nächsten Fenster wählen Sie die Imagedatei aus. Enthält ein Image mehrere Möglichkeiten und Windows-Editionen, legen Sie im nächsten Fenster fest, welche Edition Sie integrieren wollen. Das Installationsabbild wird in seiner Gruppe angezeigt und Sie können es nachträglich bearbeiten. Es lassen sich beliebige weitere Installationsabbilder hinzufügen, sodass bei der Betriebssystemauswahl auf dem Client weitere Optionen zur Verfügung stehen. Nach dem

Hinzufügen können Sie einen Computer einrichten und das Image installieren lassen. Durch das konfigurierte Startabbild wird der Computer gebootet und durch die integrierten Installationsabbilder kann das zu installierende Betriebssystem auf dem Computer ausgewählt werden.

Diese Installation kann auch vollkommen automatisiert durchgeführt werden. Darauf kommen wir später in diesem Kapitel noch ausführlicher zurück. Über die Eingabeaufforderung wird ein Installationsabbild mit dem folgenden Befehl hinzugefügt:

wdsutil /Add-Image /ImageFile:<Pfad> /ImageType:install /ImageGroup:<Abbildgruppe>

Mit der zusätzlichen Option */SingleImage:<Bezeichnung>* wird nur ein einzelnes Image der WIM-Datei ausgewählt.

Tipp Auf der Registerkarte *Client* in den Eigenschaften des WDS-Servers können Sie Antwortdateien hinterlegen, die die Installation automatisieren, wenn das hinterlegte WIM-Abbild nicht bereits automatisiert ist.

Suchabbilder verwenden

Suchabbilder sind Abbilder für Computer, die kein PXE-Boot über das Netzwerk beherrschen. Dazu wird ein Datenträger erstellt, mit dem der entsprechende Computer gebootet wird und sich mit dem WDS-Server verbinden kann.

Suchabbilder werden über ein Startabbild erstellt. Klicken Sie dazu das Startabbild mit der rechten Maustaste an und wählen Sie im Kontextmenü den Eintrag *Suchabbild erstellen* aus.

Es öffnet sich ein neues Fenster, auf dem mehrere Eingaben für das Suchabbild vorgenommen werden können. Legen Sie die Beschreibung des Abbilds fest und geben Sie den Namen und den Speicherort der zu erstellenden WIM-Datei an. Auch der WDS-Server, der auf Anfragen dieses Clients antworten soll, wird hier festgelegt. Achten Sie darauf, dass für Suchabbilder immer nur ein WDS-Server konfiguriert werden kann.

Haben Sie alle Daten konfiguriert, wird das Abbild über *Weiter* erstellt. Das Abbild ist allerdings nicht als bootfähige ISO-Datei vorhanden, sondern wird als WIM-Image erstellt. Da sich aber der Client nicht mit dem WDS-Server verbinden kann, bringt das WIM-Image des Suchabbilds an dieser Stelle nicht viel und muss daher zunächst in eine ISO-Datei umgewandelt werden.

Aufzeichnungsabbilder verwenden

Aufzeichnungsabbilder sind eine Alternative, ein Abbild zu erstellen. Der Unterschied ist, dass mit diesem Aufzeichnungsstartabbild der Clientcomputer über PXE gebootet und ein Aufzeichnungsabbild auf dem WDS-Server erstellt wird.

Aufzeichnungsabbilder werden wie Suchabbilder auf Basis von Startabbildern erstellt. Klicken Sie in der WDS-Konsole mit der rechten Maustaste auf das Startabbild, auf dessen Grundlage Sie das Aufzeichnungsabbild erstellen wollen, und wählen Sie *Aufzeichnungsabbild erstellen* aus. Im folgenden Fenster geben Sie den Namen des Abbilds sowie den Speicherort für seine WIM-Datei ein.

Nachdem das Abbild erstellt ist, müssen Sie es noch als zusätzliches Startabbild hinzufügen. Gehen Sie dazu genauso vor wie beim Hinzufügen des ersten Startabbilds weiter vorne in diesem Kapitel. Sind mehrere Startabbilder konfiguriert, kann auf den Clientcomputern standardmäßig ausgewählt werden, welches verwendet werden soll.

Startet ein Computer über ein Aufzeichnungsstartabbild, erscheint der Assistent, mit dem ein Image des Computers erstellt und über das Netzwerk auf dem WDS-Server gespeichert werden kann.

Achtung Vom Assistenten zur Abbildaufzeichnung für die Windows-Bereitstellungsdienste werden nur die mithilfe von Sysprep vorbereiteten Laufwerke angezeigt.

Automatische Namensgebung für Clients konfigurieren

Clientcomputer werden bei der Installation über WDS automatisch an die Windows-Domäne angebunden und entsprechend benannt. In den Eigenschaften des Servers auf der Registerkarte *AD DS* konfigurieren Sie diese Funktion.

Wird die Installation nicht über eine Antwortdatei gesteuert, in der auch die Namen der Computer angegeben sind, besteht die Möglichkeit, an dieser Stelle in der WDS-Konsole eine Richtlinie zu konfigurieren. Die automatische Benennungsrichtlinie basiert auf dem Namen des Benutzers, der sich am WDS zur Installation anmeldet. Dabei wird eine inkrementelle Zahl hinzugefügt, damit der Computername eindeutig ist. Über Variablen wird der Name gesteuert:

- **%First** – Der Vorname des Benutzers wird als Computername verwendet.
- **%Last** – Der Nachname des Benutzers wird als Computername verwendet.
- **%Username** – Der Benutzername wird als Computername verwendet.
- **%MAC** – Die MAC-Adresse der Netzwerkkarte wird als Computername verwendet.
- **%[0][n]#** – Wenn Sie die Zahl im Namen mit einer Null auffüllen möchten, geben Sie zusätzlich eine 0 an. Verwenden Sie zum Beispiel *%05#*, wird eine fünfstellige Zahl zwischen 00001 und 99999 verwendet.

Soll die Länge des Computernamens auf vier Zeichen des Nachnamens des Benutzers und einer angefügten dreistelligen Zahl begrenzt werden, geben Sie *%4Last%03#* ein. Soll der Computername aus den ersten drei Buchstaben des Vornamens und des Nachnamens des Benutzers und einer dreistelligen Zahl bestehen, geben Sie die Zeichenfolge *%3First%3Last%03#* ein.

Achtung Ein Computername darf aus maximal 15 Zeichen bestehen. Mit der Standardrichtlinie sind jedoch Namen mit einer Länge von bis zu 63 Zeichen möglich. Wenn ein Name mit einer Länge von mehr als 15 Zeichen generiert wird, werden alle Zeichen abgeschnitten, die auf die ersten 15 folgen, und der Computer kann der Domäne in diesem Fall nicht beitreten.

Im Computernamen dürfen nur Standardzeichen enthalten sein. Die zugelassenen Zeichen sind: alle Großbuchstaben (A–Z), Kleinbuchstaben (a–z), Zahlen (0–9) und der Bindestrich (-).

Berechtigungen für Abbilder verwalten

Über das Kontextmenü der Abbildgruppe erreichen Sie mit dem Menüpunkt *Sicherheit* die Berechtigungsstruktur für die enthaltenen Abbilder. Wenn die Anwender im Unternehmen selbst das Abbild auswählen, achten Sie darauf, dass diese nur Leserechte für die Abbilder erhalten.

Virtuelle Festplatten in WDS verwenden

Windows Server 2019 und Windows 10 unterstützen die direkte Einbindung von VHD(X)-Festplatten in das Betriebssystem. Die beiden Betriebssysteme lassen sich sogar von virtuellen Festplatten booten (siehe Kapitel 1 und 2). WDS in Windows Server 2019 bietet die Möglichkeit, auch virtuelle Festplatten im Unternehmen bereitzustellen.

VHD-Dateien erstellen und in WDS einbinden

VHD-Dateien lassen sich genauso verteilen wie WIM-Images. Zur Einbindung benötigen Sie Wdsutil, da sich VHD-Dateien in WDS nur über die Eingabeaufforderung einbinden lassen. Um eine VHD-Datei in WDS einzubinden, muss der WDS-Server konfiguriert und mit einem Startabbild versehen sein.

Hinweis Auf der VHD-Datei darf sich nur ein Betriebssystem und nur eine Partition befinden. GPT-Datenträger werden nicht unterstützt. Für VHD-Dateien müssen Sie eigene Abbildgruppen erstellen, WIM-Dateien und VHD-Dateien lassen sich nicht vermischen.

Um ein Image zu WDS hinzuzufügen, öffnen Sie eine Eingabeaufforderung mit Administratorrechten. Sie erstellen die Abbildgruppe für VHD-Dateien auch in der Eingabeaufforderung mit Wdsutil. Verwenden Sie dazu den Befehl:

wdsutil /Add-ImageGroup /ImageGroup:<Name>

Anschließend können Sie mit Wdsutil VHD-Dateien, die ein Betriebssystem enthalten, in die Abbildgruppe integrieren:

wdsutil /Verbose /Progress /Add-Image /ImageFile:<Pfad> /ImageType:Install /ImageGroup:<Name>

Wenn Sie differenzierende Festplatten verwenden, müssen Sie den Pfad zur differenzierenden Festplatte eingeben, nicht zur übergeordneten Festplatte. Die komplette Syntax des Befehls ist:

wdsutil /add-Image /ImageFile:<Pfad zur VHD-Datei> [/Server:<Name>] /ImageType:install [/ImageGroup:<Name>] [/Filename:<Neuer Dateiname des Image>] [/UnattendFile:<Pfad zur XML-Datei>]

Beispiel:

wdsutil /Verbose /Progress /Add-Image /ImageFile:"C:\vhd\Windows10.vhd" /Server:dc02 /ImageType:Install /ImageGroup:"VHD-Images"

Wollen Sie die Eigenschaften eines Image anzeigen, verwenden Sie den Befehl:

wdsutil /Get-ImageGroup /ImageGroup:<Name> /Detailed

Mit dem folgenden Befehl passen Sie die Beschreibung des Image an:

wdsutil /Set-Image /Image:<Name> /ImageType:Install /ImageGroup:<Name> /Description: <Beschreibung>

Unbeaufsichtigte Installation über eine VHD-Datei durchführen

Über zwei Antwortdateien können Sie über VHD-Images auch unbeaufsichtigte Installationen durchführen. Eine Antwortdatei automatisiert das Benutzerinterface, die andere den Rest der Installation. Beide Dateien erstellen Sie mit Windows SIM. Dieser Vorgang nennt sich Prestaging: Ein Computerkonto wird in Active Directory mit einer vorgegebenen GUID erstellt und dann über WDS installiert und angebunden.

Mit dem folgenden Befehl binden Sie einen Client, den Sie über WDS installieren, an das erstellte Konto an:

wdsutil /Add-Device /Device:<Name> /ID:<GUID oder MAC>.

Beispiel:

wdsutil /Add-Device /Device:Client35 /ID:ACEFA3E81F20694E953EB2DAA1E8B1B6

Zusätzlich können Sie diesem Gerät eine Antwortdatei zuweisen:

wdsutil /Set-Device /Device:<Name> /WDSClientUnattend:<Pfad zur XML-Datei>.

Beispiel:

wdsutil /Set-Device /Device:Client35 /WDSClientUnattend:WDSClientUnattend\Unattend.xml

Bevor Computer, die Sie nicht vorbereitet haben und die daher in den WDS unbekannt sind, eine Installation über den WDS durchführen können, müssen diese für den Zugriff auf den WDS und Abbilder berechtigt sein.

Im Bereich *Ausstehende Geräte* sehen Sie solche Anfragen und können diese freischalten. In den Eigenschaften des WDS-Servers gewähren Sie auch unbekannten Clients automatisch Zugriff. Sie steuern diese Konfiguration über die PXE-Eigenschaften des WDS-Servers. Antwortdateien lassen sich auch generell für alle Clients hinterlegen, die sich mit dem Server verbinden, also als Standard.

Treiberpakete in WDS verwenden

In Windows Server 2019 können Sie in den WDS einzelnen Startabbildern Treiberpakete hinzuweisen, die Clients beim Starten automatisch laden. Sie steuern diese Funktion über das Kontextmenü von Startabbildern. Ein solches Paket kann aus mehreren verschiedenen Treibern bestehen und Sie können einen Filter festlegen, für welche Computer diese Treiber gültig sind. Achten Sie darauf, die Treiber zu extrahieren. Es darf sich nicht um *.msi-* oder *.exe*-Dateien handeln. Starten Sie die Erstellung eines Treiberpakets, können Sie bequem über einen Assistenten die Treiber hinzufügen.

Volumenaktivierungsdienste nutzen

Wollen Sie Windows 10 und Windows Server 2019 über Volumenaktivierung zentral im Unternehmen aktivieren, können Sie die Volumenaktivierungsdienste in Windows Server 2019 nutzen. Diese installieren Sie über den Server-Manager als Serverrolle (siehe Kapitel 4). Der folgende Befehl installiert die Rolle in der PowerShell:

Install-WindowsFeature VolumeActivation

Nach der Installation müssen Sie den Rollendienst noch konfigurieren:

1. Öffnen Sie im Server-Manager das *Tools*-Menü und wählen Sie den Befehl *Volumenaktivierungstools* aus.
2. Wählen Sie auf der Seite *Volumenaktivierungsmethode auswählen* die Option *Aktivierung über Active Directory* aus. Wenn das Konto, das Sie gerade verwenden, über keine Administratorberechtigungen auf Unternehmensebene verfügt, geben Sie die Anmeldeinformationen für ein Konto mit Berechtigungen zur Erstellung eines neuen Containers auf dem Domänencontroller ein und klicken Sie anschließend auf *Weiter.*
3. Geben Sie den KMS-Hostschlüssel und einen optionalen Namen für das Active Directory-Objekt ein und klicken Sie danach auf *Weiter.*

Nachdem der KMS-Hostschlüssel aktiviert ist, werden Clientcomputer, die Sie der Domäne hinzufügen, automatisch aktiviert. Alle Ereignisse der Active Directory-basierten Aktivierung werden im Ereignisprotokoll der Windows-Anwendung unter der Quelle *Microsoft-Windows-Security-SPP* erfasst. Sehen Sie unter dem Ereignis 12308 nach, um die Informationen zu prüfen. Bei Clients, auf denen Windows Server 2019 oder Windows 10 ausgeführt wird, sollte die Aktivierung automatisch erfolgen, wenn der Computer das nächste Mal gestartet wird und sich der Benutzer anmeldet.

Wählen Sie *Schlüsselverwaltungsdienst (KMS)* als Aktivierungsmethode, können Sie auch ältere Systeme und Microsoft Office-Anwendungen aktivieren. Die KMS-Volumenaktivierung erfordert einen Mindestschwellenwert von 25 Computern, bevor Aktivierungsgesuche verarbeitet werden. Der hier beschriebene Überprüfungsprozess erhöht den Aktivierungszähler mit jedem Mal, wenn ein Clientcomputer den KMS-Host anruft. Wenn der Aktivierungsschwellenwert noch nicht erreicht ist, ergibt die Überprüfung jedoch eine Fehlermeldung.

Zusammenfassung

Mit den Windows-Bereitstellungsdiensten und dem Windows Assessment and Deployment Kit (ADK) lassen sich Windows 10-Arbeitsstationen und Windows Server 2019 automatisiert installieren und im Netzwerk verteilen. Wir haben Ihnen in diesem Kapitel gezeigt, wie Sie den Dienst installieren sowie einrichten und wie Sie Antwortdateien zur automatischen Installation erstellen.

Im nächsten Kapitel zeigen wir Ihnen, wie Sie über Windows Server 2019 Server mit der PowerShell verwalten.

Kapitel 40

Windows PowerShell

In diesem Kapitel:

Mit Windows 8.1/10 und Windows Server 2016/2019 stellt Microsoft auch die neue Version der PowerShell zur Verfügung. Diese ist standardmäßig bereits vorinstalliert.

Wissenswertes zur PowerShell in Windows Server 2019

Neben den Installationen mit grafischer Benutzeroberfläche unterstützen auch Core-Server und Container-Images in Windows Server 2016/2019 die Cmdlets der PowerShell. Wir sind bereits in den einzelnen Kapiteln in diesem Buch auf die PowerShell eingegangen. In diesem Kapitel zeigen wir Ihnen weiterführende Informationen und den Umgang mit der PowerShell.

Hinweis Es gibt viele Cmdlets, die Abfragen mit HTTP-Sitzungen verbinden können, zum Beispiel *Invoke-WebRequest* und *Invoke-RestMethod*. PowerShell bietet zusätzlich noch PowerShell Web Access. Auf diese Weise lässt sich die PowerShell über einen Webbrowser nutzen.

In diesem Fall können Sie die PowerShell auf Geräten nutzen, auf denen sie nicht installiert ist oder die nicht mit ihr kompatibel sind. Die komplette Sitzung läuft dazu in einem Browser. Sie können in einer solchen Sitzung eine Verbindung zu jedem anderen Server aufbauen, wenn die PowerShell-Remoteunterstützung auf dem entsprechenden Server aktiviert ist.

Auch wenn die PowerShell die bevorzugte Shell für Windows-Server und Microsoft-Produkte ist, kommt der Befehlszeile (*cmd.exe*) noch einige Bedeutung zu. Microsoft hat dazu Verbesserungen im darunterliegenden Konsolen-Prozess *conhost.exe* integriert und auch die Befehlszeile überarbeitet, also die Funktionen, mit denen Anwender schlussendlich arbeiten, wenn sie *cmd.exe*, *bash.exe* oder *powershell.exe* aufrufen.

Die PowerShell-Standardkonsole basiert ebenfalls auf der Windows-Konsole, also der Eingabeaufforderung. Alle Konsolen bauen wiederum auf *conhost.exe* auf. Diese verwendet wiederum vor allem bei beiden Bibliotheken *conhostv1.dll* und *conhostv2.dll*.

Daher spielt für die Verwaltung von Windows Server 2016/2019, neben der PowerShell, auch die herkömmliche Windows-Konsole eine Rolle. PowerShell und Eingabeaufforderung basieren in Windows 10 auf den gleichen Techniken wie in Windows Server 2016/2019.

Hinweis In Windows 10 können Sie zusätzlich noch mit Linux-Befehlen lokale Rechner verwalten. Auch dazu nutzen Sie die Eingabeaufforderung. Diese Funktion müssen Sie aber zusätzlich installieren.

Dazu haben die Ubuntu-Entwickler, zusammen mit Microsoft, die Möglichkeit geschaffen, die offizielle Ubuntu-Bash direkt in Windows 10 zu integrieren. Sobald diese installiert ist, können Sie mit dem Befehl *bash* in die Ubuntu-Shell wechseln, und zwar direkt aus jeder Sitzung der PowerShell oder der Eingabeaufforderung.

Die Maximierung des Fensters der Eingabeaufforderung und der PowerShell hat Microsoft verbessert. Maximieren Sie das Fenster der Befehlszeile, wird diese in Windows 10 und Windows Server 2016/2019 auf den kompletten Monitor ausgedehnt. Generell können Sie die Größe des Fensters mit der Maus größer und kleiner ziehen. Dabei wird der Inhalt in Windows 10 und Windows Server 2016/2019 wesentlich besser dargestellt und passt sich dem neuen Fenster an.

Der Text im Fenster wird bei Anpassung der Eingabeaufforderung automatisch umbrochen. Sie deaktivieren diese Funktion in den Eigenschaften der Eingabeaufforderung auf der Registerkarte *Layout*, indem Sie den Haken bei *Textausgabe bei Größenänderung umbrechen* entfernen.

Sie können auch die Snap-Funktion nutzen, wie mit herkömmlichen Programmen und Windows-Apps. Geben Sie lange Befehle ein oder kopieren Sie Textpassagen in die Befehlszeile, verschwinden diese nicht mehr am Rand des Fensters, sondern passen sich an seine Größe an.

Tipp

Es kann teilweise passieren, dass ältere oder nicht kompatible Konsolenanwendungen nicht korrekt funktionieren. Daher hat Microsoft auch neue Optionen in der Konsole integriert, mit denen Sie die neuen Funktionen deaktivieren und die alten wieder einschalten können.

Dazu rufen Sie in einem Konsolenfenster die Eigenschaften auf. Auf der Registerkarte *Optionen* passen Sie alle neuen Funktionen der Konsole an und deaktivieren sie auf Wunsch. Sollen generell alle neuen Funktionen nicht zur Verfügung stehen und die Konsole im älteren Modus bis Windows 8.1 und Windows Server 2012 R2 betrieben werden, aktivieren Sie die Option *Legacykonsole verwenden (Neustart erforderlich, betrifft alle Konsolen)*.

Weitere Neuerungen in der PowerShell betreffen die mit der PowerShell 4.0 eingeführte Technologie Desired State Configuration (DSC). Damit automatisieren Sie die Konfiguration von Computern über die PowerShell. Hauptsächlich bietet die neue Version der PowerShell neue Optionen, um festzulegen, auf wie vielen Computern gleichzeitig Änderungen implementiert werden sollen. Mit dem Modul *PowerShellGet* können Sie DSC-Ressourcen in der PowerShell Gallery (*https://www.powershellgallery.com*) nutzen, installieren oder hochladen. Installieren Sie dazu das Modul über *Install-Module –Name PowerShellGet –Force*.

Tipp

Sie können in der PowerShell auch Zip-Archive entpacken und erstellen. Dabei helfen die beiden neuen Cmdlets *Compress-Archive* und *Expand-Archive*.

Das neue Cmdlet *ConvertFrom-String* bietet die Möglichkeit, Objekte direkt aus Suchergebnissen und Texten auszulesen und für Befehle zu verwenden.

Ebenfalls neu seit PowerShell 4.0 ist Data Center Abstraction (DAL). Mit dieser Technologie greifen Sie direkt auf bestimmte Netzwerkkomponenten wie Switches und Router zu. Dazu muss die Hardware diese Technik aber unterstützen. In diesem Bereich spielen vor allem Cisco und Huawei eine wichtige Rolle. Interessant ist die Möglichkeit, die zertifizierten Geräte über System Center Virtual Machine Manager zu verwalten. Die PowerShell 5.0 in Windows Server 2016/2019 bietet dazu eine Layer-2-Verwaltung für die Netzwerkswitches an. Die Befehle werden mit *Get-Command *-NetworkSwitch** angezeigt.

Entwickler wird freuen, dass mit der PowerShell auch Klassendefinitionen möglich sind. Hier können Sie mit dem neuen Schlüsselwort *class* wie in objektorientierten Sprachen eigene Klassen definieren. Beispiel:

 # Definition einer Klasse

class Computer

Die Klasse *Computer* können Sie anschließend im PowerShell-Skript verwenden.

Einstieg in die PowerShell und Eingabeaufforderung

Das Fenster der Eingabeaufforderung und der PowerShell ist in Windows Server 2016/2019 größer und die Schriftart wurde angepasst. Die Eingabeaufforderung nutzt TrueType. Sie können natürlich weiterhin Raster-Fonts nutzen, allerdings skalieren diese nicht auf allen PCs und Monitoren. Teilweise ist bei der Installation von Windows-Updates die Schriftart der Eingabeaufforderung sehr klein. In diesem Fall passen Sie die Größe in den Eigenschaften der Eingabeaufforderung bzw. der PowerShell an. Dazu wechseln Sie auf die Registerkarte *Schriftart*.

Hinweis PowerShell-Cmdlets werden in der neuen Konsole in Gelb angezeigt, während herkömmliche Befehle weiterhin in Weiß dargestellt werden.

Die Tastenkombinationen [Strg]+[C], [Strg]+[V] und [Strg]+[X] funktionieren jetzt auch in der Befehlszeile problemlos. Vor Windows 10 und Windows Server 2016 konnten Administratoren die Funktionen nicht korrekt nutzen. Sie können zum Kopieren und Einfügen von Texten aber auch weiterhin wie bisher vorgehen, also mit der [⇧]-Taste Text in die Zwischenablage kopieren und mit der [Einfg]-Taste einfügen. Nutzen Sie Anwendungen in der Eingabeaufforderung, die diese Tastenkombinationen für andere Funktionen vorgesehen haben, dann deaktivieren Sie diese Funktionen über die Eigenschaften der Eingabeaufforderungen auf der Registerkarte *Optionen*.

Um in den Vollbild-Modus oder zurück zum Fenster-Modus zu wechseln, verwenden Sie [Alt]+[⇧].

Tipp Mit verschiedenen Tastenkombinationen können Sie Text in der Eingabeaufforderung markieren. Eine besonders wichtige Taste ist die [Tab]-Taste. Damit vervollständigen Sie Befehle und Pfadeingaben, was einiges an Tipparbeit erspart.

Sie können diese Tastenkombinationen jetzt auch in der Befehlszeile zum Kopieren und Einfügen von Texten nutzen. Auch die Kombinationen [Strg]+[A] und [Strg]+[F] funktionieren in der Befehlszeile.

Alle Erweiterungen und Module, die auf einem Server für die PowerShell installiert sind, erkennt die PowerShell und verwendet sie automatisch, sobald Sie ein Cmdlets eines bestimmten Moduls eingeben. Sie müssen Module nicht mehr manuell laden.

Die aktuelle PowerShell-Version zeigt weniger Fehlermeldungen an, wenn eine Option eines Cmdlets fehlt. Stattdessen fragt die PowerShell nach den noch fehlenden Optionen.

Rufen Sie eine Hilfe zu Cmdlets auf, kann sich die PowerShell selbstständig aktualisieren. Dazu bietet sie das Cmdlet *Update-Help*, das ihre Hilfedateien aktualisieren kann. Dazu muss der Server über eine Internetverbindung verfügen, da der Befehl die Hilfe direkt aus dem Internet abruft.

Tipp Das Cmdlet *Show-Command* blendet ein neues Fenster mit allen Befehlen ein, die in der PowerShell verfügbar sind. Sie können im Fenster nach Befehlen suchen und sich eine Hilfe zum Befehl sowie Beispiele anzeigen lassen.

Alle Befehle aus der normalen Eingabeaufforderung sind auch in der PowerShell verfügbar. Die Befehle werden dazu in PowerShell-Aliasse übersetzt.

Unter Windows 8.1/10 und Windows Server 2016/2019 haben Sie den Vorteil, dass die Shell bereits in das Betriebssystem integriert und installiert ist. Auch wenn Sie die Windows PowerShell als zusätzliche Funktion installieren, ändert sich die Eingabeaufforderung nicht, sondern Sie müssen die PowerShell über die entsprechende Verknüpfung erst starten.

In diesem Kapitel gehen wir auf Befehle und Funktionen ein, die in den anderen Kapiteln noch nicht behandelt wurden. Die meisten neuen Server-Produkte von Microsoft bauen auf der Windows PowerShell auf und ergänzen diese um weitere Befehle. Die grafischen Oberflächen dieser Produkte dienen dann nur noch dazu, Befehle zu generieren, sogenannte Cmdlets, die durch die PowerShell ausgeführt werden.

Mit dem Befehl *Get-Help <Befehl> -Detailed* erhalten Sie eine ausführliche Hilfe zu einem Befehl, Praxisbeispiele, alle Optionen und ausführliche Anleitungen. Beispiele erhalten Sie auch durch *Get-Help <Befehl> -Examples*.

Tipp Die PowerShell starten Sie entweder über die Verknüpfung im Startmenü oder Sie geben *powershell* in einer Eingabeaufforderung ein. Innerhalb der PowerShell starten Sie mit dem Befehl *ise* ihre grafische Oberfläche. Mit *cmd* kommen Sie dann wieder in die Eingabeaufforderung zurück.

Standardmäßig blockiert die PowerShell Skripts, die nicht signiert sind. Administratoren können die Ausführungsrichtlinie mit dem Cmdlet *Set-ExecutionPolicy* ändern und mit *Get-ExecutionPolicy* anzeigen. Dabei stehen folgende Einstellungen zur Verfügung:

- *Restricted* – Keine Skripts erlaubt.
- *AllSigned* – Nur signierte Skripts sind erlaubt.
- *RemoteSigned* – Bei dieser Einstellung müssen Sie Skripts durch eine Zertifizierungsstelle signieren lassen. Diese Einstellung ist die Standardeinstellung in Windows Server 2016/2019.
- *Unrestricted* – Mit dieser Einstellung funktionieren alle Skripts.

PowerShell und PowerShell ISE – Eine Einführung

Sie starten die PowerShell, indem Sie *powershell* im Startmenü eingeben, die entsprechende Verknüpfung aufrufen oder in der Eingabeaufforderung mit dem Befehl *powershell* in die PowerShell wechseln. Außerdem lässt sie sich im Explorer über die Registerkarte *Datei* öffnen. Im zugehörigen Untermenü kann sie auch mit Administratorrechten aufgerufen werden. Die herkömmliche Eingabeaufforderung mit den bekannten Befehlen steht jedoch weiterhin zur Verfügung. Dies gilt ebenso für die Unterstützung von VBScript.

Ebenfalls interessant ist die Oberfläche zur Erstellung von Skripts und Ausführung von Befehlen für die Windows PowerShell, die Windows PowerShell Integrated Scripting Environment (ISE). Diese rufen Sie über das Startmenü durch Eintippen von *powershell ise* auf. Die grafische Oberfläche bietet die Möglichkeit, Skripts für die Windows PowerShell in einer einheitlichen zentralen Oberfläche zu erstellen. In einer PowerShell-Sitzung starten Sie die grafische Oberfläche durch Eingabe von *ise*. Der Vorteil der PowerShell ISE ist, dass sie beim Eingeben von Befehlen bereits Vorschläge für Cmdlets unterbreitet, die Sie auswählen können. Außerdem sind die Befehle farblich besser hervorgehoben, sodass sich die einzelnen Optionen leichter unterscheiden lassen.

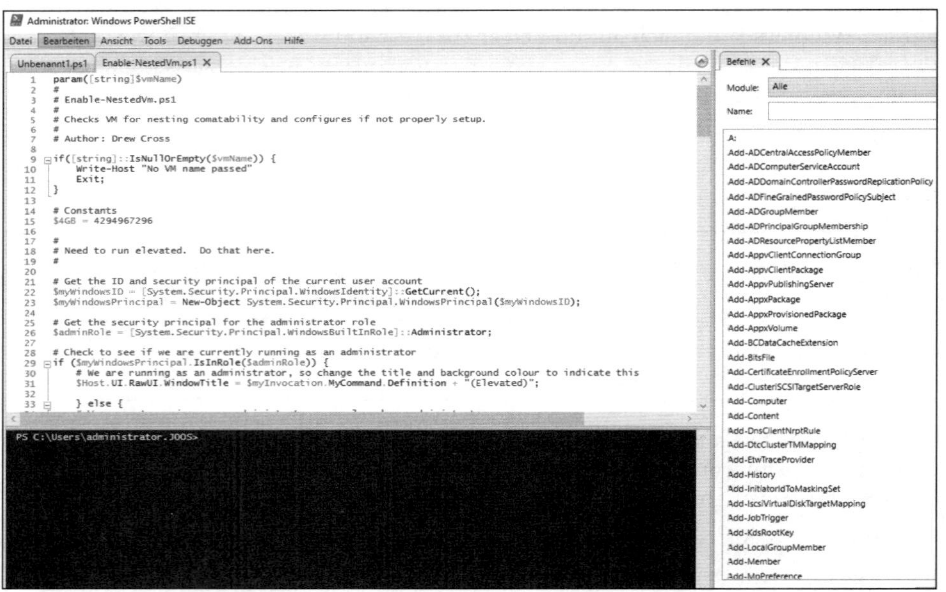

Abbildung 40.1: Die grafische Oberfläche der Windows PowerShell

Mit PowerShell ISE effizient arbeiten

Im oberen Bereich können Sie Skriptbefehle angeben und diese dann als Skript speichern. In der Oberfläche können Sie außerdem eine PowerShell remote auf einem anderen Computer öffnen. Über den Menüpunkt *Ansicht* aktivieren oder deaktivieren Sie den Skriptbereich.

Auch das Menü *Datei* spielt eine Rolle. Denn hier laden Sie PowerShell-Skripts in die ISE. Die PowerShell zeigt jedes geöffnete Skript in der ISE als zusätzliche Registerkarte an. Das heißt, dadurch erhalten Sie eine Oberfläche, in der Sie Befehle testen, deren Ergebnis anzeigen, Skripts schreiben und Fehler in den Skripts über den Menüpunkt *Debuggen* beheben können.

Geben Sie im oberen Bereich Befehle ein, werden diese nicht sofort ausgeführt, sondern wie in einem normalen Skript zunächst aufgelistet. Sind Sie fertig mit der Eingabe der Befehle, starten Sie deren Ausführung, indem Sie auf das grüne Abspielsymbol mit der QuickInfo *Skript ausführen* klicken oder die Taste F5 drücken.

Über den Menüpunkt *Ansicht* passen Sie die verschiedenen Bereiche des ISE an Ihre Anforderungen an und ändern die Anordnung. So lässt sich zum Beispiel der Bereich zum Erstellen von Skripts auf die rechte Seite verschieben.

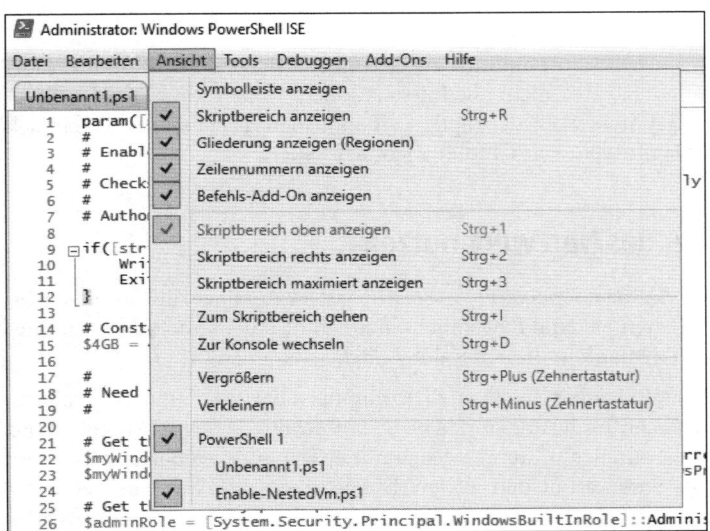

Abbildung 40.2: Anpassen des PowerShell ISE

Die Größe und Anzeige der verschiedenen Felder lassen sich anpassen. Skripts können Sie während der Ausführung bearbeiten und so Fehler schneller beheben. Laden Sie ein Skript über *Datei/Öffnen*, sehen Sie im Befehlsfenster seine Bestandteile. Markieren Sie eine Zeile im Skript, können Sie über den Menüpunkt *Debuggen/Haltepunkt umschalten* eine Pause im Skript festlegen.

Einstieg in die PowerShell

Geben Sie *Get-Command* ein, sehen Sie alle Befehle, die die Shell zur Verfügung stellt. Die wenigsten Anwender kennen alle Cmdlets und ihre verschiedenen Optionen, die Microsoft zur Verfügung stellt. Die PowerShell bietet eine ausführliche Hilfe an. Haben Sie nur einen Teil eines Befehls in Erinnerung, arbeiten Sie mit dem Platzhalter *.

Der Befehl *Get-Command *computer* zeigt zum Beispiel alle Cmdlets an, deren Namen mit *computer* endet. Ist der gesuchte Befehl nicht dabei, können Sie auch mehrere Platzhalter verwenden, zum Beispiel den Befehl *Get-Command *computer**. Dieser Befehl zeigt alle Befehle an, in denen an einer beliebigen Stelle das Wort *computer* vorkommt.

Haben Sie das gewünschte Cmdlet gefunden, unterstützt Sie die PowerShell aber mit weiteren Möglichkeiten. Für nahezu alle Cmdlets gilt die Regel, dass sie in vier Arten vorliegen: Es gibt Cmdlets mit dem Präfix *New-*, um etwas zu erstellen, zum Beispiel *New-Item*. Das gleiche Cmdlet gibt es dann immer noch mit *Remove-*, um etwas zu löschen, zum Beispiel *Remove-Item*. Wollen Sie das Objekt anpassen, gibt es das Präfix *Set-*, zum Beispiel *Set-Item*. Als Letztes gibt es noch das Cmdlet *Get-*, zum Beispiel *Get-Item*, um Informationen zum Objekt abzurufen.

Neben diesen Cmdlets gibt es natürlich noch viele andere, zum Beispiel Start- und Stopp- oder Export- und Import-Cmdlets. Allerdings bestehen die meisten Administrationsausgaben aus den erwähnten New-, Remove-, Set- und Get-Cmdlets. Geben Sie nur diesen Befehl ein, passiert entweder überhaupt nichts, das Cmdlet zeigt Objekte an oder Sie werden nach der Identität des Objekts gefragt.

Mit *Get-Cmdlets* lassen Sie sich Informationen zu Objekten anzeigen. Die Option *|fl* formatiert die Ausgabe. Wollen Sie aber nicht alle Informationen, sondern nur einzelne Parameter anzeigen, können Sie diese nach der Option *|fl* anordnen. Dazu geben Sie einfach eine der Spalten an, die Sie mit dem Get-Cmdlet abgefragt haben.

Die PowerShell über das Netzwerk nutzen

Über den Menübefehl *Datei/Neue Remote-PowerShell-Registerkarte* oder die Tastenkombination [Strg]+[⇧]+[R] bauen Sie eine PowerShell-Sitzung auf einem anderen Computer auf. Wir gehen auf diese Thematik in diesem Kapitel noch genauer ein.

Damit dies funktioniert, müssen Sie auf dem Zielcomputer aber die Remoteverwaltung zunächst über die Eingabeaufforderung mit *winrm quickconfig* starten. Anschließend müssen Sie sich noch authentifizieren, wenn Sie sich mit einem anderen Benutzer als dem aktuell angemeldeten am Server anmelden wollen. Danach baut die PowerShell eine Sitzung auf und Sie können auf dem Quellserver Befehle eingeben, die auf dem Zielserver ausgeführt werden.

Um einen Computer über die PowerShell remote zu verwalten, müssen Sie außerdem die Remoteverwaltung auf dem Computer aktivieren. Dazu geben Sie auf dem entsprechenden Computer noch den Befehl *Enable-PSRemoting -Force* in der PowerShell ein.

Der Befehl aktiviert auch die Ausnahmen in der Windows-Firewall. Mit *Disable-PSRemoting -Force* können Sie die Remoteverwaltung eines Computers über die PowerShell wieder deaktivieren. Sie müssen für solche administrativen Befehle die PowerShell über das Startmenü mit Administratorrechten starten.

Um den Port für die Verbindung zu überprüfen, verwenden Sie den Befehl *winrm enumerate winrm/config/listener*. Der Listener verwendet den Port 5985. Funktioniert der Zugriff nicht, können Sie auf dem Zielcomputer auch eine Liste von Computern pflegen, die Zugriff auf Remote-PowerShell-Sitzungen haben sollen. Dazu verwenden Sie den Befehl:

winrm set winrm/config/client @{TrustedHosts="<Alle Quellcomputer, durch Komma getrennt>"}

Auf Servern und Computern, die Mitglied einer Domäne sind, funktionieren diese Sitzungen am besten und einfachsten.

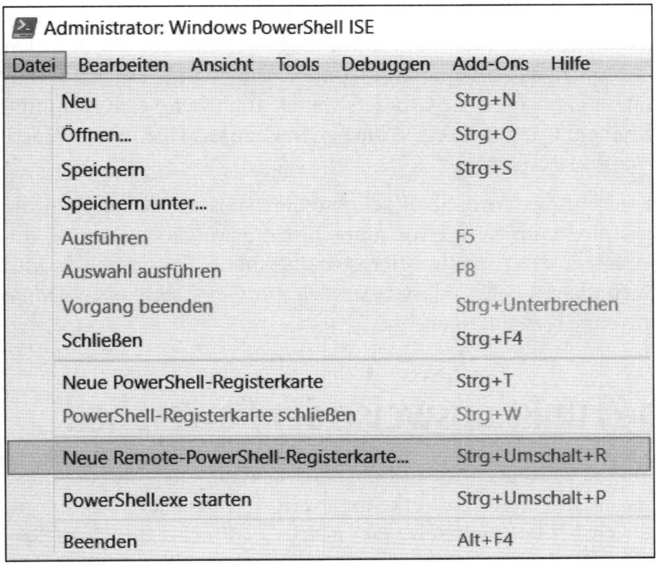

Administrator: Windows PowerShell ISE

Datei Bearbeiten Ansicht Tools Debuggen Add-Ons Hilfe

Neu	Strg+N
Öffnen...	Strg+O
Speichern	Strg+S
Speichern unter...	
Ausführen	F5
Auswahl ausführen	F8
Vorgang beenden	Strg+Unterbrechen
Schließen	Strg+F4
Neue PowerShell-Registerkarte	Strg+T
PowerShell-Registerkarte schließen	Strg+W
Neue Remote-PowerShell-Registerkarte...	Strg+Umschalt+R
PowerShell.exe starten	Strg+Umschalt+P
Beenden	Alt+F4

Abbildung 40.3: Remote-PowerShell-Sitzungen parallel zu lokalen Sitzungen verwenden

In Remote-PowerShell-Sitzungen verwenden Sie die gleichen Cmdlets wie auf den lokalen Computern. Allerdings erlauben nicht alle Cmdlets eine Remoteverwaltung. Sie sehen die kompatiblen Cmdlets am schnellsten, indem Sie überprüfen, ob sie die Option *-ComputerName* unterstützen. Mit dem Befehl *Get-Help * -Parameter ComputerName* lassen Sie sich eine Liste aller dieser Cmdlets anzeigen. Hier zeigt sich auch eine Neuerung in der PowerShell.

Wollen Sie von einer lokalen PowerShell-Sitzung über das Netzwerk Programme auf einem Remotecomputer starten, verwenden Sie folgenden Befehl:

Invoke-Command -ComputerName <Zielcomputer> -ScriptBlock { <Befehl> } -Credential <Benutzername>

Funktioniert der Befehl, öffnet sich ein Authentifizierungsfenster und Sie müssen das Kennwort für den Benutzer eingeben. Mit dem Cmdlet *Test-WsMan <Computername>* testen Sie den Zugriff. Erhalten Sie keine Fehlermeldung, sondern eine Statusanzeige, funktioniert der Zugriff vom Quellcomputer auf den Zielcomputer.

Microsoft hat Funktionen der Windows Workflow Foundation (WWF) in die PowerShell integriert. Diese Technik erlaubt das parallele Ausführen von mehreren Befehlen. Aktionen lassen sich in Abhängigkeit voneinander setzen und mit Bedingungen konfigurieren.

Sitzungen über das Netzwerk lassen sich trennen und wieder erneut aufbauen. Dazu gibt es die beiden neuen Cmdlets *Disconnect-PSSession* und *Connect-PSSession*. Auch das Rechtemodell hat Microsoft verbessert und eine Delegierung von Berechtigungen integriert, um Benutzer mit weniger Rechten die Ausführung von Skripts zu erlauben.

In der neuen Version können Sie von öffentlichen Netzwerken aus zugreifen. Dazu ist die Option *-SkipNetworkProfileCheck* von *Enable-PSRemoting* und *Set-WSManQuickConfig* integriert worden. Die Option erstellt automatisch Firewallregeln, die den Zugriff erlauben.

Um eine Remotesitzung aufzubauen, verwenden Sie auch das Cmdlet *New-PSSession*. Mit *Enter-PSSession <Servername>* bauen Sie eine Verbindung auf. Mit *Exit-Session* beenden Sie sie wieder. Neu ist die Möglichkeit, Sitzungen zu unterbrechen und erneut aufzubauen. Bei unterbrochenen Sitzungen laufen die Cmdlets weiter, auch wenn sich Administratoren vom Server getrennt haben. Dazu nutzen Sie die neuen Cmdlets *Disconnect-PSSession*, *Connect-PSSession* und *Receive-PSSession*.

PowerShell-Aufgaben lassen sich in der PowerShell zeitgesteuert starten. Sie nehmen die entsprechenden Einstellungen direkt im Skript vor, ohne auf die Aufgabenplanung des Betriebssystems setzen zu müssen. Dazu stellt Microsoft das neue PowerShell-Modul *PSScheduledJob* bereit. Alle verfügbaren Befehle lassen Sie sich mit *Get-Command -Module PSScheduledJob | Sort-Object Noun, Verb* anzeigen.

Die grundsätzliche Funktionsweise der PowerShell

Grundlage der PowerShell sind die Cmdlets. Das sind die Befehle in der Shell, auf der diese aufbaut. Sie können Cmdlets an ihrem Aufbau erkennen: ein Verb und ein Substantiv, getrennt durch einen Bindestrich (-), beispielsweise *Get-Help*, *Get-Process* und *Start-Service*. Die meisten Cmdlets sind sehr einfach und für die Verwendung zusammen mit anderen Cmdlets vorgesehen. So rufen Sie mit Get-Cmdlets Daten ab, mit Set-Cmdlets erzeugen und ändern Sie Daten, mit Format-Cmdlets formatieren Sie Daten und mit Out-Cmdlets leiten Sie Ausgaben an ein angegebenes Ziel um.

Einstieg in die Befehle der PowerShell

Zur Anzeige einer Liste aller Befehle verwenden Sie den Befehl *Get-Command*. Über *Get-Command >C:\befehle.txt* lenken Sie alle Befehle in die Datei *C:\befehle.txt* um. Mit dem Befehl *Update-Help* lassen Sie die Hilfedateien der PowerShell über eine bestehende Internetverbindung aktualisieren.

Wenn Sie für das Cmdlet *Get-Help* die Option *-Online* verwenden, zum Beispiel mit *Get-Help Get-Command -Online*, öffnet sich ein Browserfenster mit einer ausführlichen Hilfe zum Befehl. Der Befehl *Show-Command* zeigt ein Fenster mit allen verfügbaren Befehlen in der PowerShell an.

Über die PowerShell lassen sich Einstellungen der Systemsteuerung öffnen, auch über das Netzwerk. Um zum Beispiel alle Tools der Systemsteuerung in der PowerShell anzuzeigen, hilft das Cmdlet *Get-ControlPanelItem*. Um ein Programm zu öffnen, verwenden Sie den Befehl *Show-ControlPanelItem*.

Auch die Verwaltung der Registry, von Zertifikaten und der Ereignisanzeigen lässt sich über die PowerShell automatisieren. Windows PowerShell baut auf .NET Framework und der Common Language Runtime (CLR) von .NET Framework auf und kann .NET-Objekte akzeptieren und zurückgeben. Diese grundlegende Änderung ermöglicht es, neue Tools und Skriptverfahren für die Verwaltung und Konfiguration von Windows zu verwenden. Standardmäßig ist die PowerShell mit der Installation von Windows 10 bzw. Windows Server 2019 automatisch integriert.

Patches und Datensicherungen verwalten

Außerdem hat Microsoft zahlreiche zusätzliche Cmdlets integriert, zum Beispiel *Get-Hotfix, Send-MailMessage, Get-ComputerRestorePoint, New-WebServiceProxy, Debug-Process, Add-Computer, Rename-Computer, Reset-ComputerMachinePassword* oder *Get-Random*. Neu ist die Möglichkeit, PowerShell-Skripts als Aufgabe im Hintergrund auszuführen. Dazu hat Microsoft einige neue Cmdlets zur Verwaltung dieser Aufgaben eingebaut. Geben Sie in der PowerShell den Befehl *Get-Command *job** ein, erhalten Sie eine Liste der Möglichkeiten angezeigt, um Skripts im Hintergrund laufen zu lassen.

Die PowerShell verfügt über einige neue Cmdlets, um Netzwerkeinstellungen eines Computers zu steuern oder abzufragen, zum Beispiel *Get-NetIPAddress*. Um eine Liste aller Cmdlets anzuzeigen, mit denen sich Netzwerkeinstellungen festlegen lassen, hilft der Befehl *Get-Command -Noun Net**.

Sie können aber nicht nur Informationen auslesen, sondern auch bearbeiten, wie die folgenden Beispiele für die Registry oder einzelne Dateien zeigen. Der Befehl *Remove-Item C:\Scripts* -Exclude *.doc* löscht alle Dateien, außer denen, die Sie mit *-Exclude* ausgeschlossen haben. *Remove-Item C:\Scripts* -Include .xls,.doc* löscht nur die Dateien hinter *-Include*.

Beide Optionen können Sie auch gemeinsam verwenden, zum Beispiel: *Remove-Item C:\Scripts* -Include *.txt -Exclude *test**. Hier löscht die PowerShell alle Textdateien im Ordner, außer Dateien mit der Zeichenfolge *test* im Dateinamen. Der Parameter *-Whatif* entfernt nichts, gibt aber aus, was passieren würde: *Remove-Item C:\Windows*.exe -Whatif*.

Statt *Remove-Item* können Sie auch *ri, rd, erase, rm, rmdir* oder *del* verwenden. Vorhandene Objekte benennen Sie mit dem Cmdlet *Rename-Item* um: *Rename-Item C:\Scripts\test.txt neu.txt*. Die Befehle *rni* und *ren* führen ebenfalls zum Ziel. Das Cmdlet *Get-ChildItem* hat eine ähnliche Funktionalität wie der Befehl *dir* und zeigt auch den Inhalt von Registryschlüsseln an.

Registry und Co. mit der PowerShell verwalten

Mit *Get-ChildItem -Recurse* wird zusätzlich der Inhalt der Unterordner angegeben, ähnlich zu *dir /s*, nur übersichtlicher. Die Anweisung *Get-ChildItem HKLM:\SOFTWARE* zeigt den Inhalt des Registryschlüssels *HKLM\SOFTWARE* an.

Durch die PowerShell-Laufwerke können Sie alle Registryschlüssel auf diese Weise auslesen. Auch hier lässt sich mit den beiden Optionen *-Include* und *-Exclude* arbeiten: *Get-ChildItem C:\Windows*.* -Include *.exe,*.pif*. Die Funktionsweise ist ähnlich zu *Copy-Item* beziehungsweise *Remove-Item*.

Die zurückgegebenen Informationen können an das Cmdlet *Sort-Object* weitergegeben werden, um eine Sortierung durchzuführen: *Get-ChildItem C:\Windows*.* | Sort-Object Length*. Mit *Get-ChildItem C:\Windows*.* | Sort-Object Length -Descending* wird mit den größten Dateien begonnen.

Für den Befehl können Sie auch die Aliasse *gci, ls* und *dir* verwenden. Das Cmdlet *Test-Path* überprüft das Vorhandensein einer Datei oder eines Ordners: *Test-Path C:\Temp*. *Test-Path* gibt *True* zurück, wenn der Ordner vorhanden ist, und *False*, falls es keinen solchen Ordner gibt. Auch hier können Sie mit Platzhaltern arbeiten.

Die Anweisung *Test-Path HKCU:\Software\Microsoft\Windows* testet, ob ein bestimmter Registryschlüssel vorhanden ist. Mit dem Cmdlet *Invoke-Item* starten Sie über die Windows PowerShell eine ausführbare Datei oder öffnen eine Datei: *Invoke-Item C:\Windows\System32\Calc.exe*. Statt *Invoke-Item* können Sie auch *ii* verwenden.

Mit der verbesserten *Where*-Abfrage lassen sich Informationen filtern. Sollen zum Beispiel alle gestoppten Systemdienste in der PowerShell angezeigt werden, geben Sie den Befehl *Get-Service | Where-Object {$_.Status -Eq "Stopped"}* ein.

Auch auf die Ereignisanzeige lässt sich zugreifen. Um zum Beispiel die *x* neuesten Fehlermeldungen in der Ereignisanzeige *System* in der PowerShell zu betrachten, geben Sie den Befehl *Get-EventLog System -Newest 100 | Where {$_.entryType -Match "Error"}* ein.

Die PowerShell-Laufwerke verwenden

Neben den bekannten Dateisystemlaufwerken wie *C:* und *D:* enthält Windows PowerShell auch Laufwerke, die die Registrierungsstrukturen *HKEY_LOCAL_MACHINE (HKLM:)* und *HKEY_CURRENT_USER (HKCU:)*, den Speicher für digitale Signaturzertifikate auf Ihrem Computer *(Cert:)* und die Funktionen in der aktuellen Sitzung (*Function:*) darstellen.

Diese bezeichnet die Shell als Windows PowerShell-Laufwerke. Eine entsprechende Liste rufen Sie mit dem Befehl *Get-PSDrive* auf.

```
Auswählen Administrator: Windows PowerShell
PS C:\Users\administrator.JOOS> Get-PSDrive

Name           Used (GB)     Free (GB) Provider      Root
----           ---------     --------- --------      ----
Alias                                  Alias
C                 145,70        785,32 FileSystem    C:\
Cert                                   Certificate   \
E                                      FileSystem    E:\
Env                                    Environment
F                                      FileSystem    F:\
Function                               Function
G                                      FileSystem    G:\
H                                      FileSystem    H:\
HKCU                                   Registry      HKEY_CURRENT_USER
HKLM                                   Registry      HKEY_LOCAL_MACHINE
I                                      FileSystem    I:\
Variable                               Variable
WSMan                                  WSMan

PS C:\Users\administrator.JOOS> _
```

Abbildung 404: Anzeigen der Laufwerke, auf die die PowerShell zugreifen kann

Um zum Beispiel in die lokale Registry in *HKEY_CURRENT_USER* zu wechseln, geben Sie in der PowerShell *cd hkcu*: ein. Den Inhalt des Registry-Hives können Sie sich mit *dir* anzeigen lassen.

Durch die zahlreichen neuen Cmdlets in der PowerShell erhalten Sie für Anmeldeskripts deutlich mehr Möglichkeiten. In der neuen Version lassen sich jetzt auch Netzlaufwerke in Windows verbinden. Dazu verwenden Sie das Cmdlet *New-PSDrive*. Dabei hilft die neue Option *-Persist*. Alle Optionen des Cmdlets sind über *Get-Help New-PSDrive -Detailed* verfügbar.

Sie können in der PowerShell aber auch mit den echten physischen Laufwerken auf dem PC arbeiten. Um zum Beispiel die physischen Festplatten abzufragen, hilft der Befehl *Get-*

PhysicalDisk. Die Ausgabe zeigt an, ob sich die Platte in einem neuen Speicherpool anordnen lässt (siehe Kapitel 5). Das erkennen Sie an der Option *CanPool* über den Wert *True*.

Wer genauere Informationen will, gibt *Get-PhysicalDisk |fl* ein. Durch Eingabe von Spaltenbezeichnungen nach *|fl* lassen sich erweiterte Informationen angeben und unwichtige ausblenden. Ein Beispiel dafür ist *Get-PhysicalDisk |fl FriendlyName, BusType, CanPool, Manufacturer, Healthstatus*. Das funktioniert mit allen Get-Cmdlets.

Um einen neuen Speicherpool zu erstellen, bietet es sich zum Beispiel an, Festplatten, die poolfähig sind, also bei der Option *CanPool* den Wert *True* aufweisen, in einer Variablen zu speichern. Diese Variable können Sie dann an das Cmdlet *New-StoragePool* weitergeben, um einen Speicherpool zu erstellen.

Ist erst ein Pool erstellt, können Sie virtuelle Laufwerke erstellen, die sogenannten Speicherplätze (Storage Spaces). Auch dieser Vorgang lässt sich leicht in der PowerShell durchführen. Dabei hilft das Cmdlet *New-VirtualDisk*.

Ein weiterer Vorteil der PowerShell liegt darin, dass Sie viele vertraute Tools der normalen Eingabeaufforderung nicht aufgeben müssen, da sie diese auch unterstützt. Dazu gibt es für jeden Cmdlet-Befehl einen PowerShell-Alias. Die Verwendung dieser Befehle ist analog zur bisherigen Eingabeaufforderung, die natürlich noch immer parallel zur Verfügung steht. Über den Befehl *Alias* zeigt die PowerShell alle Aliasse in der Eingabeaufforderung an. Mit dem Befehl *Alias <Buchstabe>** lassen Sie sich die einzelnen Aliasse, die mit dem angegebenen Buchstaben beginnen, anzeigen.

Der Vorteil der Ausführung in der PowerShell ist, dass sich die Ausgabe filtern lässt. Geben Sie zum Beispiel *ipconfig /all* ein, erhalten Sie die gleichen Informationen wie in der Eingabeaufforderung. Es sind also keine zwei Konsolen nebeneinander notwendig.

Soll die Ausgabe gefiltert werden, hilft die Option *Select-String -Pattern "<Text>"*, zum Beispiel *ipconfig /all | Select-String -Pattern "gateway"*. Auf diesem Weg lassen sich Informationen wesentlich gezielter auslesen.

Skripts mit der PowerShell erstellen

Wenn Sie immer wieder bestimmte Befehlsfolgen ausführen oder ein PowerShell-Skript für eine komplexe Aufgabe entwickeln, empfiehlt es sich, die Befehle nicht einzeln einzugeben, sondern in einer Datei zu speichern. Die Dateierweiterung für Windows PowerShell-Skripts lautet *.ps1* (das dritte Zeichen der Dateierweiterung ist die Zahl 1).

Sie müssen immer einen voll qualifizierten Pfad zu der Skriptdatei angeben, selbst wenn sich das Skript im aktuellen Ordner befindet. Wenn Sie auf den aktuellen Ordner verweisen wollen, geben Sie einen Punkt ein, zum Beispiel *.script.ps1*. Zum Schutz des Systems enthält die PowerShell verschiedene Sicherheitsfeatures, zu denen auch die Ausführungsrichtlinie zählt. Die Ausführungsrichtlinie bestimmt, ob Skripts ausgeführt werden dürfen und digital signiert sein müssen.

Mit dem Cmdlet *Start-Sleep* stoppen Sie Windows PowerShell-Aktivitäten für einen bestimmten Zeitraum. Mit dem Befehl *Start-Sleep -s 10* hält das Skript zehn Sekunden an. *Start-Sleep -m 10000* verwendet Millisekunden. Übergeben Sie die Ausgabe von Cmdlets mit der Option *| Out-Printer* an das Cmdlet *Out-Printer*, druckt die PowerShell die Ausgabe auf dem Standarddrucker aus.

Den Drucker können Sie in Anführungszeichen und der Bezeichnung in der Druckersteuerung angeben. Mit dem Cmdlet *Write-Warning* lassen sich eigene Warnungen in der PowerShell anzeigen. *Write-Host* schreibt Nachrichten. Beide sind farblich unterschiedlich formatiert. Farbzuweisungen lassen sich nur für *Write-Host* setzen. Die Farben konfigurieren Sie mit *-ForeGroundColor* und *-BackGroundColor* manuell. Folgende Werte sind möglich:

- Black (Schwarz)
- DarkBlue (Dunkelblau)
- DarkGreen (Dunkelgrün)
- DarkCyan (Dunkelzyan)
- DarkRed (Dunkelrot)
- DarkMagenta (Dunkelmagenta)
- DarkYellow (Dunkelgelb)
- Gray (Grau)
- DarkGray (Dunkelgrau)
- Blue (Blau)
- Green (Grün)
- Cyan (Zyan)
- Red (Rot)
- Magenta (Magentarot)
- Yellow (Gelb)
- White (Weiß)

Mit dem Cmdlet *Invoke-Expression* starten Sie in der Windows PowerShell ein Skript:

Invoke-Expression c:\scripts\test.ps1

Mit PowerShell Desired State Configuration Windows-Server absichern

Mit der PowerShell 4.0 hat Microsoft die neue Funktion Desired State Configuration (DSC) eingeführt und verbessert die Funktionen in jeder neuen Version. Diese ermöglicht es, Sicherheitsvorlagen für Server zu erstellen, die automatisch angewendet werden. Auf diesem Weg erstellen Sie für alle Server im Netzwerk effiziente Sicherheitsvorlagen und weisen sie zu. Ändern sich Einstellungen, die von der Vorlage abweichen, kann PowerShell DSC die Vorgaben wiederherstellen.

In der Vorlagendatei zur Absicherung des Betriebssystems hinterlegen Sie zum Beispiel, dass bei der Ausführung der Richtlinie auf einem Server bestimmte Dateien kopiert, Dienste gestartet oder installiert und Programme ausgeführt werden. Unsichere und nicht notwendige Dienste lassen sich beenden und damit auch Server härten. Das kann zum Beispiel für Webserver-Farmen sinnvoll sein. Auch Registryeinstellungen passen Sie über diesen Weg an, genauso wie Gruppen und lokale Benutzerkonten. Natürlich können Sie auch Skripts ausführen lassen, die ebenfalls bestimmte Systemeinstellungen setzen oder anpassen.

Erkennt PowerShell DSC Änderungen am System, die von der Vorlage abweichen, lässt sich die Vorlage erneut anwenden und der Server dadurch wieder besser absichern. Das heißt, durch Systemaudits können Administratoren oder auch Sicherheitsbeauftragte im Unternehmen jederzeit sicherstellen, dass wichtige Sicherheitseinstellungen im Netzwerk noch dem vorgegebenen Stand entsprechen. Die Verwendung der DSC ist sehr modular. Das heißt, Sie beginnen mit einigen wenigen Einstellungsblöcken und erweitern sie dann nach und nach, wenn Sie sich mit der Arbeit mit dem System vertraut gemacht haben.

Die neue Version in Windows Server 2016/2019 und Windows 10 kann mehr Computer gleichzeitig ansprechen, um die Änderungen über das Netzwerk zu steuern. Dazu steht die neue Option *ThrottleLimit* für die verschiedenen Cmdlets zur Verfügung, mit denen DSC gesteuert wird. Das sind vor allem:

Get-DscConfiguration

Get-DscConfigurationStatus

Get-DscLocalConfigurationManager

Restore-DscConfiguration

Test-DscConfiguration

Compare-DscConfiguration

Publish-DscConfiguration

Set-DscLocalConfigurationManager

Start-DscConfiguration

Update-DscConfiguration

Tipp Mit dem DSC Resource Kit (*https://gallery.technet.microsoft.com/scriptcenter/DSC-Resource-Kit-All-c449312d*) können Sie Einstellungen von Serverdiensten wie Active Directory, SQL Server, IIS, Hyper-V und auch anderen Diensten mit DSC steuern.

Basis von DSC sind Vorlagen. Diese enthalten zum Beispiel Sicherheitseinstellungen. Um die Vorlage einem Server zuzuweisen, erstellen Sie ein Management Object File (MOF). Das MOF wird von der PowerShell gelesen und auf den Servern angewendet, die mit DSC abgesichert werden. Diese Datei kann jederzeit erneut angewendet werden, wenn Einstellungen auf dem Server abweichen.

Um PowerShell DSC zu verwenden, muss das dazugehörige Modul über den Server-Manager installiert werden. Es ist über die Installation der Features bei *Windows PowerShell/ Windows PowerShell Desired State Configuration Service* zu finden.

Die Verwaltung von DSC erfolgt zunächst über eine Konfigurationsdatei. Die Datei speichern Sie als PowerShell-Skript-Datei mit der Endung **.ps1*. Ein Skript für DSC beginnt immer mit dem Schlüsselwort *Configuration* und einem von Ihnen definierten Namen. Diesen Namen benötigen Sie später bei der Erstellung der MOF-Datei und deren Anwendung. Es bietet sich daher an, hier einen einfachen und klar zugewiesenen Namen zu verwenden. Die Befehle für die Absicherung sind zwischen zwei geschweiften Klammern eingeschlossen:

```
Configuration MeineWebsite
{
}
```

Bei der Anzahl an Befehlen sind Sie nicht an Vorgaben gebunden. Sie können entweder mehrere kleine oder eine große Skriptdatei erstellen.

Ein Beispiel für den Inhalt ist:

```
Configuration Security
Service Wuauserv
{
    ServiceName = "wuauserv"
    StartupType = "Automatic"
}
```

Dadurch wird festgelegt, dass ein bestimmter Dienst, hier der Dienst *Windows Update* den Starttyp *Automatisch* erhalten soll, wenn DSC angewendet wird.

MOF-Dateien für DSC erstellen und umsetzen

Haben Sie die Konfiguration als PS1-Datei gespeichert, erstellen Sie eine MOF-Datei:

<Name der Konfiguration> -MachineName <Name des Servers, auf den die Datei angewendet werden soll>

Den Namen der Konfiguration haben Sie der Skript-Datei vorgegeben. Für jeden Server, dem Sie die Datei zuweisen wollen, erstellt die PowerShell eine eigene MOF-Datei. Um zu ändern, ändern Sie die Skript-Datei und erstellen danach die MOF-Dateien neu. Zum Absichern eines Servers mit DSC kopieren Sie die MOF-Dateien auf die Zielserver oder verwenden eine Freigabe im Netzwerk. Für die Anwendung von MOF-Dateien auf den Zielservern wird das Cmdlet *Start-DscConfiguration* verwendet:

Start-DscConfiguration -Wait -Verbose -Path .\<Name>

Sie können jederzeit überprüfen, ob die mit DSC gesetzten Sicherheitseinstellungen auf einem Server noch so gesetzt sind, wie Sie sie vorgegeben haben. Dazu verwenden Sie das Cmdlet *Test-DscConfiguration*. Es überprüft, ob es Unterschiede zwischen der MOF-Datei und den tatsächlichen Einstellungen auf dem Server gibt. Das Cmdlet zeigt mit *True* (Einstellungen stimmen noch) oder *False* (Einstellungen wurden geändert) an, ob die Konfiguration noch den Vorgaben entspricht. Sie können jederzeit die MOF-Datei mit *Start-DscConfiguration* wieder anwenden lassen.

MOF-Dateien erweitern

Sie können über DSC auch Gruppen auf Servern anlegen und Benutzer zuweisen. Die Syntax dazu ist:

```
Group Webadmins anlegen
{
    Ensure = "Present"
    GroupName = "Webadmins"
}
```

Nehmen Sie diesen Teil in die Datei mit auf, überprüft die PowerShell, ob es die Gruppe *Webadmins* auf den Servern gibt, und legt sie an, wenn sie fehlt. Hier besteht auch die

Möglichkeit, mit PowerShell DSC Benutzer aufzunehmen oder aus Gruppen zu entfernen. Dazu werden die beiden Optionen *MembersToExclude* und *MembersToInclude* verwendet.

Ein weiteres Beispiel für die Verwendung von DSC ist die Überprüfung, ob Dateien des Webservers im Verzeichnis *inetpub* gespeichert sind und ob auf dem Server der IIS installiert ist. Außerdem können Sie bestimmte Daten von einem Quell- auf die Zielserver kopieren und so sicherstellen, dass auf allen Webservern die von Ihnen abgesicherten Dateien vorhanden sind.

Eine Beispieldatei sieht folgendermaßen aus:

```
Configuration MeineWebsite
{
  Node ("s1.contoso.int“, „s2.contoso.int")
  {
 #IIS-Installation sicherstellen
WindowsFeature IIS
    {
      Ensure = “Present”
      Name = “Web-Server”
    }
 #Existenz Webdateien sicherstellen
File Beispieldatei
    {
   Ensure = “Present”
  Type = "Directory“
  Recurse= $true
  SourcePath = “\\dc01\Daten“
 Destinationpath = "C:\inetpub\wwwroot"
      }
  }
}
```

In diesem Beispiel legen Sie über die Option *Node* den Namen der Server fest, auf denen Sie die von Ihnen gewünschten Einstellungen und Sicherheitsoptionen umsetzen wollen.

Mit der Option *Ensure* bei *WindowsFeature IIS* überprüfen Sie, ob bestimmte Rollen (*WindowsFeature*) installiert (*Present*) oder eben nicht installiert (*Absent*) sind. In der Datei können Sie natürlich auch mehrere Rollen überprüfen lassen. Der Assistent kann die Rollen auch deinstallieren oder installieren.

Sie können nicht nur testen lassen, ob bestimmte Rollendienste installiert sind, sondern auch nach Dateien oder Verzeichnissen suchen lassen. Das ist zum Beispiel für das Überprüfen auf bestimmte Daten oder das Testen von Sicherheitsskripts wichtig. Aber auch zum Sicherstellen, dass auf Webservern immer die von Ihnen gewünschten Dateien in den fest definierten Verzeichnissen vorhanden sind, kann DSC verwendet werden. Fehlt ein Skript, eine Datei oder ein bestimmtes Verzeichnis, lassen Sie es über DSC auf den Server kopieren. Über *Type* legen Sie fest, ob Sie nach einem bestimmten Verzeichnis (*Directory*) oder nach einer Datei (*File*) suchen. Sie legen den Quellpfad (*SourcePath*) und den Zielpfad (*Destinationpath*) der Dateien fest. Bei der Ausführung dieser Richtlinie werden automatisch durch die PowerShell die Dateien aus dem Quellverzeichnis in das Zielverzeichnis kopiert. Neben dem Kopieren einzelner Dateien können Sie auch sicherstellen, dass auf den abgesicherten Webservern in den gewünschten Zielverzeichnissen immer nur die Dateien vorhanden sind, die Sie im Quellverzeichnis festlegen. Vorteil dabei ist, dass Sie ein Quellverzeichnis auf Basis einer Freigabe im Netzwerk festlegen und auf allen Webservern, auf denen Sie DSC nutzen, diese Dateien kopiert werden.

Haben Sie in der Konfigurationsdatei die von Ihnen gewünschten Einstellungen vorgegeben, speichern Sie die Datei als *.ps1*-Datei ab. Sie können die Datei jederzeit anpassen, aus der Datei eine neue MOF-Datei erstellen und diese dann erneut an Server verteilen. Haben Sie die Datei abgespeichert, starten Sie das Skript entweder durch Eingabe des Namens in der PowerShell oder Sie verwenden das grüne Abspielzeichen in der PowerShell ISE. Um zu testen, ob später die Umsetzung auch auf den Zielservern funktionieren kann, führen Sie das Skript auf einem der Zielserver aus.

Für jeden Zielserver, den Sie über *Node* in der Konfigurationsdatei festlegen, erstellt der Befehl *<Name der Konfiguration> -MachineName <Name des Servers, auf den die Datei angewendet werden soll>* eine MOF-Datei. In den Dateien sind die Sicherheitseinstellungen aus Ihrer Konfigurationsdatei hinterlegt. Das Verzeichnis, in dem die PowerShell die MOF-Datei erstellt hat, sehen Sie im PowerShell-Fenster. Sie steuern den Ausgabepfad der MOF-Dateien auch mit der Option *OutputPath*.

Windows PowerShell zur Administration verwenden

Geben Sie in der Windows PowerShell den Befehl *Get-Command* ein, um sich eine Befehlsreferenz anzeigen zu lassen. Über *Get-Command >C:\befehle.txt* lenken Sie alle Befehle in die Datei *C:\befehle.txt* um. Sie erhalten wie immer bei der Dateiumleitung keine Bestätigung der Ausführung.

PowerShell Direct – Virtuelle Betriebssysteme steuern

Mit PowerShell Direct können Sie über PowerShell-Sitzungen auf einem Hyper-V-Host auf VMs des Hosts zugreifen und Aktionen durchführen. Dazu muss auf dem Host aber Windows Server 2016/2019 betrieben werden. Auch in den VMs ist entweder Windows 10 oder Windows Server 2016/2019 notwendig. Hier stehen dann die gleichen Befehle zur Verfügung wie bei normalen Sitzungen. Der Unterschied liegt darin, dass in einer PowerShell Direct-Sitzung die Befehle direkt in der jeweiligen VM gestartet werden. Um eine Sitzung zu starten, geben Sie in der PowerShell-Sitzung auf dem Host einen dieser Befehle ein:

Enter-PSSession -VMName <Name der VM im Hyper-V-Manager>

Invoke-Command -VMName <Name der VM im Hyper-V-Manager> -ScriptBlock { Commands }

Für die erfolgreiche Verbindung müssen Sie sich unter Umständen an der Sitzung erst authentifizieren. Weitere Konfigurationen oder Einstellungen in der Firewall sind dazu nicht notwendig.

Wollen Sie sich mit einem anderen Benutzer authentifizieren, verwenden Sie *Enter-PSSession -VMName <Computer> -Credential <Benutzer>*. Mit *Exit-Session* beenden Sie diese Sitzung wieder. Sie können in Windows Server 2016/2019 und Windows 10 auch Sitzungen unterbrechen und erneut aufbauen. Bei unterbrochenen Sitzungen laufen die Cmdlets in der Sitzung weiter. Dazu nutzen Sie die Cmdlets *Disconnect-PSSession, Connect-PSSession* und *Receive-PSSession*.

OneGet Framework – Software im Netzwerk verteilen

Die PowerShell in Windows Server 2016/2019 verfügt über das OneGet-Framework. Dabei handelt es sich um eine Sammlung von Cmdlets, die beim Verteilen und Installieren von Anwendungen im Netzwerk hilft. Die Anwendungen werden dabei als Pakete installiert.

Die Einstellungen für die Installation sind in den Paketen bereits integriert. Erfreulich dabei ist, dass Anwender mit der PowerShell auf die Pakete von NuGet (*http://www.nuget.org*) und Chocolatey Repositories (*http://chocolatey.org*) zugreifen können. Damit lassen sich mehrere Tausend Anwendungen installieren.

Generell ist die Verwendung der PowerShell ISE besser für OneGet geeignet. Sie nutzen aber auch problemlos über Skripts in der normalen PowerShell die Paketfunktion. Bevor Sie Pakete installieren, überprüfen Sie, ob die Ausführungsrichtlinie für Skripts auf *RemoteSigned* gesetzt ist. Dazu verwenden Sie den Befehl *Set-ExecutionPolicy RemoteSigned*. Welche Quellen derzeit angebunden sind, sehen Sie mit *Get-PackageSource*. Die zur Verfügung stehenden Pakete lassen Sie sich mit *Find-Package | Out-Gridview* anzeigen.

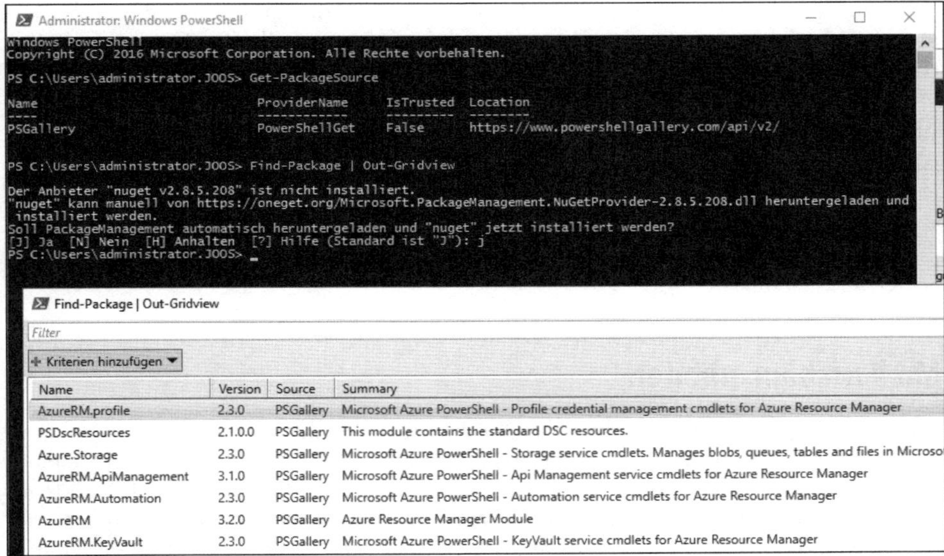

Abbildung 40.5: Über die PowerShell installieren Sie verschiedene Pakete auf den angebundenen Rechnern.

Wollen Sie bestimmte Pakete suchen, verwenden Sie:

*Find-Package -Name *<Name>**

Um ein Paket zu installieren, verwenden Sie:

Find-Package | Out-GridView -Title "<Paket, das installiert werden soll>" -PassThru | Install-Package -Force

Die Pakete werden standardmäßig ohne Benutzereingaben installiert. Die dazu notwendigen Optionen wurden direkt in das Paket integriert. Sie steuern dieses Verhalten also nicht über die PowerShell, sondern über die Installationsdateien des Pakets. Wie Sie solche

Pakete für die PowerShell 5.0 erstellen, sehen Sie in einem Video unter *https://www.youtube.com/watch?v=Wt_unjS_SUo.*

Sie erstellen mit OneGet auch Basis-Images von Windows-Arbeitsstationen. Dazu installieren Sie das Betriebssystem und danach Basis-Anwendungen, die über die Pakete zur Verfügung stehen.

Arbeiten Sie immer mit den beiden Platzhaltern *, da Sie nur so alle relevanten Pakete angezeigt bekommen. Kennen Sie den genauen Namen des Pakets, können Sie die Platzhalter natürlich weglassen. Neben der Möglichkeit, nach Anwendungen in den Paketen zu suchen, können Sie auch nach Versionen suchen. Dazu verwenden Sie die Option *-MinimumVersion <Version>* des Cmdlets *Find-Package*. Wollen Sie neuere Versionen filtern, verwenden Sie *-MaximumVersion.*

Grundlagen zur Verwaltung von Servern mit der PowerShell

Über den Befehl *Help <Befehlname>* lassen Sie sich zu einzelnen Befehlen eine ausführliche Hilfe anzeigen. Wenn Sie eine detaillierte Hilfe zu einem Cmdlet einschließlich Parameterbeschreibungen und Beispielen anzeigen möchten, verwenden Sie *Get-Help* mit dem *-Detailed*-Parameter, zum Beispiel *Get-Help Add-Computer -Detailed.* Über die Tastenkombination Strg+C stoppen Sie innerhalb der Shell einzelne Aktionen.

Wollen Sie Serverdienste verwalten, die auf dem Server nicht aktiviert sind, können Sie auch die Verwaltungstools installieren. Dazu benötigen Sie aber keine Patches, sondern aktivieren die entsprechenden Tools direkt über den Server-Manager. Die Installation erfolgt im Server-Manager über die Auswahl *Verwalten/Rollen und Features hinzufügen.* Bei diesem Vorgang werden auch die jeweiligen Cmdlets der PowerShell für die ausgewählte Serverrolle installiert.

Mit Variablen arbeiten

Interessant ist auch die Möglichkeit, dass Sie innerhalb der Shell Variablen definieren können, die aktuelle Informationen automatisch abfragen. Diese Variablen können Sie dann später innerhalb eines Skripts verwenden. Wollen Sie zum Beispiel das aktuelle Datum als Variable *$heute* hinterlegen, geben Sie in der Shell den Befehl *$heute = Get-Date* ein. Anschließend wird das heutige Datum als Variable *$heute* hinterlegt. Geben Sie dann in der Shell *$heute* ein, wird das aktuelle Datum ausgegeben.

Sie können auch auf einzelne Bestandteile der Variablen getrennt zugreifen. Interessiert Sie zum Beispiel aus dem Datum lediglich die Zeit, lesen Sie einzelne Elemente objektorientiert aus der Variablen aus. So extrahieren Sie durch Eingabe des Befehls *$heute.ToShortTimeString()* ohne viel Aufwand nur die Uhrzeit in Stunden und Minuten. Weitere Möglichkeiten sind die Formatierung der Ausgabe. So erzwingt der Befehl *$heute.ToString("MMMM")* Monatsnamens oder *$heute.ToString("MM")* die Ausgabe des Monats als Zahl innerhalb des Kalenderjahres. Generell können Sie hinter den meisten Befehlen, die einen Status oder eine Statistik ausgeben, noch den Zusatz *|fl* eingeben. Dieser Zusatz bewirkt, dass Sie eine formatierte Liste (daher »fl«) erhalten, die deutlich mehr Informationen ausgibt als der Befehl ohne diesen Zusatz.

Der Befehl *Get-Date -DisplayHint Date* zeigt nur das Datum, *Get-Date -DisplayHint Time* nur die Uhrzeit an. Sie ermitteln, welche Art von Objekt von einem bestimmten Cmdlet abgerufen wird, indem Sie die Ergebnisse des Befehls *Get* mit einem Pipelineoperator (|) an den Befehl *Get-Member* übergeben. So senden Sie mit dem Befehl *Get-Service | Get-Member* abgerufene Objekte an *Get-Member*.

Mit diesem Befehl lassen sich Informationen über das .NET-Objekt anzeigen, das von einem Befehl zurückgegeben wird. Zu den Informationen zählen der Typ, die Eigenschaften und die Methoden des Objekts. Wenn Sie beispielsweise alle Eigenschaften eines Dienstobjekts anzeigen wollen, geben Sie *Get-Service | Get-Member -MemberType *property* ein.

Systemprozesse verwalten

Eine häufige Administrationsaufgabe ist die Verwaltung der laufenden Prozesse auf einem Server. Über den Befehl *Get-Process* zeigen Sie alle laufenden Prozesse eines Computers an. Wollen Sie aber zum Beispiel nur alle Prozesse mit dem Anfangsbuchstaben »S« sehen, geben Sie den Befehl *Get-Process s** ein. Sollen die Prozesse zusätzlich noch sortiert werden, zum Beispiel absteigend nach der CPU-Zeit, geben Sie *Get-Process s** gefolgt von der Pipe-Option |*Sort-Object cpu -Descending* ein.

Dateien und Objekte kopieren, löschen und verwalten

In diesem Abschnitt zeigen wir Ihnen einige Cmdlets, die in der Praxis sehr nützlich sind und die Möglichkeiten der PowerShell im Vergleich zur herkömmlichen Eingabeaufforderung verdeutlichen. Mit dem Cmdlet *Copy-Item* kopieren Sie Dateien oder Ordner in der PowerShell. Mit dem Befehl *Copy-Item C:\Scripts\test.txt C:\Test* kopieren Sie zum Beispiel die Datei *test.txt*. Die Syntax ist ähnlich zum *Copy*-Befehl der herkömmlichen Eingabeaufforderung.

Der Befehl *Copy-Item C:\Scripts* C:\Test* kopiert alle Dateien im entsprechenden Quellordner in den Zielordner. Der Befehl *Copy-Item C:\Scripts C:\Test -Recurse* legt eine Kopie des Ordners *C:\Scripts* im Ordner *C:\Test* an. Ohne die Option *-Recurse* wird in *C:\Test* ein Ordner *Scripts* angelegt, es werden aber keine Dateien und Ordner kopiert. Neben dem vollständigen Befehl kann auch mit den Abkürzungen *cpi, cp* oder *copy* gearbeitet werden.

Das Cmdlet *Move-Item* verschiebt Objekte: *Move-Item C:\Scripts\test.zip c:\test*. Auch hier können Sie wieder mit Platzhaltern arbeiten, genauso wie beim Kopieren. Standardmäßig überschreibt *Move-Item* vorhandene Dateien im Zielordner nicht. Mit dem Parameter *-Force* werden vorhandene Zieldateien oder Ordner überschrieben: *Move-Item C:\Scripts\test.zip C:\Test -Force*. Mit dem Befehl *Move-Item C:\Scripts\test.log C:\Test\ad.log* verschieben Sie Dateien und benennen diese gleichzeitig um.

Neben *Move-Item* können Sie auch mit *mi, mv* oder *move* arbeiten. Mit dem Cmdlet *New-Item* erstellen Sie neue Dateien oder Ordner. Mit dem Befehl *New-Item C:\Temp\PowerShell -Type Directory* legen Sie im Ordner *C:\Temp* einen neuen leeren Ordner mit der Bezeichnung *PowerShell* an.

Um eine neue Datei zu erstellen, verwenden Sie die gleiche Syntax, aber den Typ *File*: *New-Item C:\Scripts\skript.txt -Type File*. Mit dem Befehl *New-Item C:\Scripts\skript.txt -Type File -Force* ersetzen Sie eine vorhandene Datei durch eine neue leere Datei. Mit dem Befehl *New-Item C:\Scripts\skript.txt -Type File -Force -Value "Text"* erstellen Sie eine neue Datei mit dem angegebenen Text als Inhalt. Statt *New-Item* können Sie auch *ni* verwenden.

Mit dem Cmdlet *Add-Content* fügen Sie Daten an eine Textdatei an: *Add-Content C:\Scripts\test.txt "Text"*. Standardmäßig fügt *Add-Content* den neuen Wert hinter dem letzten Zeichen in der Textdatei ein.

Den Inhalt einer Datei ersetzen Sie mit *Set-Content*. Das Cmdlet *Clear-Content* löscht den Inhalt einer Datei. Nach der Ausführung existiert die Datei weiterhin, hat aber keinen Inhalt mehr. Auch hier können Sie mit Platzhalterzeichen arbeiten: *Clear-Content C:\Test\e**. Neben Textdateien unterstützt das Cmdlet ebenso Excel-Tabellen, Word-Dokumente und andere Dateien. Statt *Clear-Content* können Sie auch *clc* verwenden. Das Cmdlet *Remove-Item* löscht Objekte: *Remove-Item C:\Scripts\test.txt*.

Mit dem Platzhalterzeichen * löschen Sie Objekte in einem angegebenen Ordner: *Remove-Item C:\Scripts**. Mit dem Befehl *Remove-Item C:\Scripts* -Recurse* muss das Löschen nicht bestätigt werden. Der Befehl *Remove-Item C:\Scripts* -Exclude *.doc* löscht alle Dateien, außer denen, die Sie mit *-Exclude* ausgeschlossen haben. *Remove-Item C:\Scripts* -Include .xls,.doc* löscht nur die Dateien hinter *-Include*. Beide Optionen können Sie auch gemeinsam verwenden, zum Beispiel: *Remove-Item C:\Scripts* -Include *.txt -Exclude *test**.

Hier löscht die PowerShell alle Textdateien im Ordner, außer Dateien mit der Zeichenfolge *test* im Dateinamen. Der Parameter *-Whatif* entfernt nichts, gibt aber aus, was passieren würde: *Remove-Item C:\windows*.exe -Whatif*.

Statt *Remove-Item* können Sie auch *ri, rd, erase, rm, rmdir* oder *del* verwenden. Vorhandene Objekte benennen Sie mit dem Cmdlet *Rename-Item* um: *Rename-Item C:\Scripts\test.txt neu.txt*. Die Befehle *rni* und *ren* führen ebenfalls zum Ziel. Das Cmdlet *Get-ChildItem* hat eine ähnliche Funktionalität wie der Befehl *Dir* und kann auch den Inhalt von Registryschlüsseln anzeigen.

Mit *Get-ChildItem -Recurse* wird auch der Inhalt der Unterordner angegeben, ähnlich zu *dir /s*, nur übersichtlicher. *Get-ChildItem HKLM:\SOFTWARE* zeigt den Inhalt des Registryschlüssels HKLM an.

Durch die PowerShell-Laufwerke können Sie alle Registryschlüssel auf diese Weise auslesen. Auch hier können Sie mit den beiden Optionen *-Include* und *-Exclude* arbeiten. Diese beiden Optionen funktionieren an allen Stellen der PowerShell, ebenfalls bei der Anzeige von Informationen und Inhalten eines Ordners: *Get-ChildItem C:\Windows*.* -Include *.exe,*.pif*. Die Funktionsweise ist ähnlich zu *Copy-Item* beziehungsweise *Remove-Item*. Die zurückgegebenen Informationen können auch an das Cmdlet *Sort-Object* weitergegeben werden, um eine Sortierung durchzuführen: *Get-ChildItem C:\Windows*.* | Sort-Object Length*.

Mit *Get-ChildItem C:\Windows*.* | Sort-Object Length -Descending* wird mit den größten Dateien begonnen. Für den Befehl können Sie auch die Aliasse *gci, ls* und *dir* verwenden. Das Cmdlet *Test-Path* überprüft das Vorhandensein einer Datei oder eines Ordners: *Test-Path C:\Temp*. *Test-Path* gibt *True* zurück, wenn die Datei vorhanden ist, und *False*, wenn nicht. Auch hier können Sie mit Platzhaltern arbeiten.

Die Anweisung *Test-Path HKCU:\Software\Microsoft\Windows* testet, ob ein bestimmter Registryschlüssel vorhanden ist. Mit dem Cmdlet *Invoke-Item* starten oder öffnen Sie über die Windows PowerShell eine ausführbare Datei: *Invoke-Item C:\Windows\System32\Calc.exe*. Statt *Invoke-Item* können Sie auch *ii* verwenden.

Tipp Im Internet gibt es zahlreiche Communitys und Zusatzprodukte, die den Nutzen der PowerShell weiter verbessern. Ebenfalls im Internet erhältlich sind Cmdlets für die PowerShell, die spezielle Aufgaben im Netzwerk durchführen, auf Active Directory zugreifen oder Dateien übertragen. Auch hier haben wir für Sie Beispiele aufgeführt. Selbst eine grafische Oberfläche wird mittlerweile angeboten, die Administratoren bei der Erstellung von Cmdlets unterstützt. Wichtige Internetseiten für den Umgang mit der Windows PowerShell finden Sie unter:

- *http://web.powershell-ag.de*
- *http://www.it-visions.de/scripting/powershell*
- *http://gallery.technet.microsoft.com/scriptcenter*
- *https://devblogs.microsoft.com/powershell*

Dienste in der PowerShell und Befehlszeile steuern

Dienste starten und beenden Sie in der PowerShell mit *Start-Service, Stop-Service, Get-Service* und *Set-Service*. Ebenso helfen die Befehlszeilentools *net start* und *net stop* bei der Verwaltung der Systemdienste. Am schnellsten rufen Sie die Verwaltungsoberfläche der Systemdienste in Windows durch die Eingabe von *services.msc* auf. In der Eingabeaufforderung sehen Sie die gestarteten Dienste über *net start*. Mit *net start >dienste.txt* werden alle gestarteten Dienste in die Datei *dienste.txt* gespeichert.

Eine weitere Möglichkeit ist der Befehl *sc query*, der deutlich mehr Informationen liefert. Dienste lassen sich, neben der grafischen Oberfläche, in der Eingabeaufforderung über *net stop <Dienstname>* stoppen und über *net start <Dienstname>* wieder starten.

Aus der PowerShell E-Mails schreiben

Vor allem um Systemnachrichten aus Skripts zu versenden, kann es sinnvoll sein, aus der PowerShell E-Mails zu verschicken. Für diese Funktion muss kein Zusatztool installiert werden. Alle notwendigen Objekte stehen in der PowerShell zur Verfügung.

Um E-Mails zu versenden, nutzen Sie das Cmdlet *New-Object*. Es kann E-Mails erstellen und sich sogar an E-Mail-Servern anmelden, wenn diese eine Authentifizierung benötigen.

Um eine einfache E-Mail zu versenden, speichern Sie am besten die einzelnen Daten in Variablen und lösen danach den Befehl aus. So bleibt die Übersicht in PowerShell-Skripts, zum Beispiel zur Systemüberwachung oder Sicherung erhalten. Zunächst speichern Sie den Absender und den Empfänger der E-Mail in der PowerShell als Variable. Im folgenden Beispiel verwenden wir dazu die E-Mail-Adressen *thomas.joos@live.de* als Absender und *thomas.joos@outlook.com* als Empfänger.

$from = "thomas.joos@live.de"

$to = "thomas.joos@outlook.com"

Danach speichern Sie den Betreff:

$Subject = "PowerShell-E-Mail"

Den Text der E-Mail speichern Sie ebenfalls als Variable:

$text = "Dies ist eine E-Mail aus der PowerShell"

In den nächsten Schritten legen Sie den SMTP-Server fest, über den Sie die E-Mails senden wollen. Dazu speichern Sie zunächst den Server in der Variablen *$server*, legen danach den Benutzernamen für die Anmeldung mit der Variablen *$user* und danach das Kennwort zur Anmeldung mit der Variablen *$pass* fest.

$server = "smtp.live.com"

$user = "thomas.joos@live.de"

$pass = "<Kennwort in Klartext>"

Danach erstellen Sie den Befehl, um eine E-Mail zu versenden, und greifen dabei auf die erstellten Variablen zurück:

$Smtpclient = New-Object Sys-tem.Net.Mail.SmtpClient($server, 25)

Auch diese Konfiguration speichern Sie in einer Datei. Im Anschluss müssen Sie noch die Anmeldedaten festlegen und versenden anschließend die E-Mail.

$mail.Credentials = New-Object System.Net.NetworkCredential($User, $Pass); $mail.Send ($From, $To, $Subject, $text)

Wenn der Server TLS oder eine andere Sicherheitsverbindung nutzt, müssen Sie die Befehle etwas anders aufbauen:

$Server = "smtp.live.com"

$Port = "587"

$User = "thomas.joos@live.de"

$Pass = "<Kennwort in Klartext>"

$email = New-Object System.Net.Mail.MailMessage

$email.From = "thomas.joos@live.de"

$email.To.Add("thomas.joos@outlook.com")

$email.Subject = "Power-Shell-Test-E-Mail"

$email.IsBodyHtml = $false

$email.Body = "Test-Text“

$SMTPClient = New-Object System.Net.Mail.SmtpClient($Server , $Port)

$SMTPClient.EnableSsl = $true

$SMTPClient.Credentials = New-Object System.Net.NetworkCredential($User , $Pass);

$SMTPClient.Send($email)

Windows-Firewall in der PowerShell steuern

In Windows 10 und Windows Server 2019 können Sie mit der PowerShell so gut wie alle Einstellungen vornehmen, die auch in der grafischen Oberfläche möglich sind. Vorteil bei der Verwendung der PowerShell ist die Möglichkeit, die Konfiguration zu skripten oder zu automatisieren.

Neben der PowerShell lassen sich viele Einstellungen der Windows-Firewall auch in der Befehlszeile durchführen. Dazu wird der Befehl *netsh* mit der Option *advfirewall* genutzt, zum Beispiel *netsh advfirewall firewall add rule name="All ICMP V4 Allow" dir=in action=allow protocol=icmpv4*. Verwenden Sie als Befehl *netsh firewall set opmode disable*, deaktivieren Sie die Firewall. Sie müssen ihn aber über das Kontextmenü als Administrator starten. Mit dem Befehl *netsh firewall set opmode enable* aktivieren Sie die Firewall wieder. Auch dazu benötigen Sie administrative Rechte.

Tipp Wollen Sie Einstellungen in der Firewall wieder rückgängig machen, aktivieren Sie für die Firewall einfach wieder die Standardeinstellungen, zum Beispiel mit: *netsh advfirewall reset.*

Um eine Liste der vorhandenen Firewallregeln anzuzeigen, verwenden Sie den Befehl *netsh advfirewall firewall show rule name=all*. Den Status der einzelnen Profile der Firewall lassen Sie zum Beispiel mit *netsh advfirewall show allprofiles* anzeigen.

In aktuellen Windows-Versionen sollten Sie aber besser auf die PowerShell setzen, um die Firewall zu konfigurieren. Hier stehen mehr Möglichkeiten zur Verfügung und auch andere Einstellungen lassen sich konfigurieren. Alle verfügbaren Befehle lassen sich am besten mit dem Befehl *Get-Command -Module Netsecurity* anzeigen. Wie für alle Cmdlets kann auch für die Cmdlets der Firewall eine Hilfe angezeigt werden. Dazu steht in der PowerShell der Befehl *Get-Help <Cmdlet>* zur Verfügung. Mit der Option *-Examples* zeigt die PowerShell Beispiele an.

Um zum Beispiel eine neue Firewallregel zu erstellen, hilft der Befehl *New-NetFirewallRule -DisplayName "ICMP block" -Direction Inbound -Protocol icmp4 -Action Block.*

Remotezugriff auf Rechner in der Befehlszeile erlauben

Bei Windows Server 2016/2019 kann es passieren, dass Dienste über das Netzwerk keine Verbindung mit WMI zum Quellserver aufbauen können. In diesem Fall müssen Sie die WMI-Regeln für die Windows-Firewall erst aktivieren, um die Kommunikation zu gestatten. Dazu verwenden Sie am besten den folgenden Befehl:

netsh advfirewall firewall set rule group="Windows-Verwaltungsinstrumentation (WMI)" new enable=yes

Um einen Server remote im Netzwerk zu verwalten, müssen Sie diese Zugriffe ebenfalls erst erlauben:

netsh advfirewall set allprofiles settings remotemanagement enable oder den Befehl netsh advfirewall firewall set rule group="remoteverwaltung" new enable=yes

Um testweise den kompletten Datenverkehr auf Computern freizuschalten, verwenden Sie:

netsh advfirewall set allprofiles firewallpolicy allowin-bound,allowoutbound

In der PowerShell nutzen Sie dazu den Befehl:

Set-NetFirewallProfile -DefaultInboundAction Block -DefaultOutboundAction Allow -NotifyOnListen True

---

Tipp Um mit der PowerShell von einem Rechner auf den anderen zuzugreifen, müssen Sie noch den Remotezugriff aktivieren. Das können Sie auf dem Rechner zum Beispiel mit dem Cmdlet *Enable-PSRemoting -Force.*

Firewallregeln in der PowerShell erstellen, ändern, löschen und kopieren

Anstatt mit *New-NetFirewallRule* eine neue Firewallregel zu erstellen, ist es häufig einfacher, Firewallregeln zu kopieren. Dazu steht der Befehl *Copy-NetFirewallRule* zur Verfügung. Auch IPsec-Regeln lassen sich kopieren. Dazu wird das Cmdlet *Copy-NetIPsecRule* verwendet.

Umbenennen lassen sich Firewallregeln mit dem Cmdlet *Rename-NetFirewallRule.* Beim Kopieren können Sie einen neuen Namen angeben. Beispiel:

Copy-NetFirewallRule -DisplayName "Require Outbound Authentication" -NewName "Alternate Require Outbound Authentication"

Löschen können Sie Firewallregeln mit *Remove-NetFirewallRule.*

Firewallregeln lassen sich auch mit Gruppenrichtlinien verteilen. Auch hier haben Sie die Möglichkeit, die Firewallregeln eines Domänenprofils zu kopieren, die mit einer bestimmten GPO im Unternehmen verteilt werden. Beispiel:

Get-NetFirewallProfile -Profile Domain -PolicyStore <FQDN der Domäne>\<Name der GPO> | Copy-NetFirewallRule -NewPolicyStore <FQDN der Domäne>\<Neue GPO>

Im vorangegangenen Profil ist auch das Cmdlet *Get-NetFirewallProfil* eingebunden. Mit diesem Cmdlet lassen sich Firewallregeln in der PowerShell anzeigen.

Firewall in der PowerShell steuern und Regeln aktivieren oder deaktivieren

Neben dem Erstellen und Anpassen von Firewallregeln können Sie auch die PowerShell als Ganzes steuern. Auf diesem Weg lassen sich Firewallregeln zeitweise deaktivieren (*Disable-NetFirewallRule*) und dann wieder aktivieren (*Enable-NetFirewallRule*). Die Syntax ist recht einfach:

Disable-NetFirewallRule -DisplayName "<Anzeigename>"

Mit dem Cmdlet ist es zum Beispiel möglich, alle Firewallregeln einer bestimmten Gruppenrichtlinie zu deaktivieren:

Disable-NetFirewallRule -Direction Outbound -PolicyStore <Domäne>\<GPO>

Um alle Firewallregeln eines Rechners in einer Variablen zu speichern, verwenden Sie zum Beispiel:

$Rules = Get-NetFirewallRule -PolicyStore ActiveStore -PolicyStoreSourceType Dynamic

Über diese Variable lassen sich dann alle Firewallregeln deaktivieren:

Disable-NetFirewallRule -InputObject $Rules

Anstatt das Ergebnis einer Abfrage in einer Variablen zu speichern, lassen sich die Ergebnisse mit der Pipe (|) direkt an ein anderes Cmdlet übergeben:

Get-NetFirewallRule -PolicyStore ActiveStore -PolicyStoreSourceType Dynamic | Disable-NetFirewallRule

Auf dem gleichen Weg, wie sich Firewallregeln mit *Disable-NetFirewallRule* deaktivieren lassen, können Sie die Regeln mit *Enable-NetFirewallRule* auch aktivieren.

Firewallregeln anzeigen und Status abfragen

Der Status von Firewallregeln lässt sich mit *Get-NetFirewallRule* anzeigen. Alle Regeln eines Rechners, unabhängig von ihrem Status, zeigen Sie mit *Get-NetFirewallRule -All* an.

Die aktivierten Regeln zeigt die PowerShell mit *Get-NetFirewallRule -Enabled True* an. Um die aktivierten Regeln anzuzeigen, die den Datenverkehr erlauben, verwenden Sie *Get-NetFirewallRule -Enabled True -Action Allow.*

Alle Regeln eines bestimmten Profils sehen Sie über *Get-NetFirewallProfile -Name Public | Get-NetFirewallRule* anzeigen. Die IPsec-Regeln lassen Sie sich am einfachsten mit *Show-NetFirewallRule* anzeigen.

Neben den Regeln lassen sich auch die einzelnen Profile in der PowerShell steuern. Dazu steht das Cmdlet *Set-NetFirewallProfile* zur Verfügung. So lassen sich auf diesem Weg alle Profile und die damit verbundenen Regeln aktivieren, damit die Firewall funktioniert:

Set-NetFirewallProfile -Profile Domain,Public,Private -Enabled True

Um das Standardverhalten eines Profils zu steuern, verwenden Sie:

Set-NetFirewallProfile -Name Domain -DefaultInboundAction Block

Die globalen Einstellungen für die Windows-Firewall lassen sich mit *Set-NetFirewallSetting* steuern.

PowerShell Web Access

In diesem Abschnitt zeigen wir Ihnen, wie Sie PowerShell Web Access einrichten. Sie müssen dieses Feature nachträglich über den Server-Manager oder der PowerShell installieren und dann über die PowerShell einrichten.

Windows PowerShell Web Access stellt eine webbasierte Windows PowerShell-Konsole bereit. Auf diese Weise können Sie Windows PowerShell-Befehle und -Skripts über eine Windows PowerShell-Konsole in einem Webbrowser ausführen. Dazu ist ein Windows PowerShell Web Access-Gateway und ein Browser auf dem Clientgerät erforderlich, der JavaScript unterstützt und Cookies akzeptiert.

Nach der Installation und Konfiguration des Gateways können Benutzer mithilfe eines Webbrowsers auf eine Windows PowerShell-Konsole zugreifen. Wenn ein Benutzer die sichere Windows PowerShell Web Access-Website öffnet, kann er nach der erfolgreichen Authentifizierung eine webbasierte Windows PowerShell-Konsole ausführen.

Hinweis Sie greifen mit PowerShell Web Acess auch problemlos über Smartphones und Tablets remote auf die PowerShell von Servern zu. Dabei können Sie alle Cmdlets nutzen, die auf dem Server verfügbar sind.

Abbildung 40.6: PowerShell-Sitzung über ein Smartphone zu Windows Server 2016/2019 mit PowerShell Web Access

Installieren von PowerShell Web Access

PowerShell Web Access setzt voraus, dass der Webserver (IIS), .NET Framework 4.5 und PowerShell auf dem Server installiert sind, auf dem Sie das Gateway ausführen. Installieren Sie PowerShell Web Access mit dem Server-Manager oder in der PowerShell, werden die erforderlichen Rollen und Features automatisch hinzugefügt:

1. Starten Sie den Server-Manager und klicken Sie im Menü *Verwalten* auf *Rollen und Features hinzufügen.*
2. Wählen Sie auf der Seite *Installationstyp auswählen* die Option *Rollenbasierte oder featurebasierte Installation* aus. Klicken Sie auf *Weiter.*
3. Wählen Sie auf der Seite *Zielserver auswählen* einen Server aus dem Serverpool aus oder wählen Sie eine Offline-VHD aus. Um eine Offline-VHD als Zielserver auszuwählen, müssen Sie zuerst den Server festlegen, auf dem die VHD eingebunden werden soll. Wählen Sie danach die VHD-Datei aus.
4. Erweitern Sie auf der Seite *Features auswählen* des Assistenten *Windows PowerShell* und wählen Sie dann *Windows PowerShell Web Access* aus.

5. Sie werden aufgefordert, erforderliche Features, wie .NET Framework 4.5, und Rollendienste des Webservers (IIS) hinzuzufügen. Fügen Sie die erforderlichen Features hinzu und setzen Sie den Vorgang fort.

Hinweis Wenn Sie Windows PowerShell Web Access mit der PowerShell installieren, werden die Verwaltungstools für den IIS nicht hinzugefügt:

Install-WindowsFeature -Name WindowsPowerShellWebAccess -ComputerName <Name des Servers> -IncludeManagementTools -Restart

---

Konfigurieren des Gateways für PowerShell Web Access

Nach der Installation von PowerShell Web Access besteht der nächste Schritt in der Einrichtung seines Gateways. Das Cmdlet *Install-PswaWebApplication* bietet eine schnelle Möglichkeit zur Konfiguration. Sie können mit der Option *-UseTestCertificate* auch ein selbstsigniertes SSL-Zertifikat installieren. Verwenden Sie für eine sichere Produktionsumgebung aber besser ein gültiges SSL-Zertifikat, das von einer Zertifizierungsstelle signiert wurde. Über die IIS-Manager-Konsole ersetzen Sie das Testzertifikat durch ein signiertes Zertifikat. In Kapitel 30 finden Sie mehr zu diesem Thema.

Sie können die Konfiguration mit *Install-PswaWebApplication* oder im IIS-Manager durchführen. Standardmäßig wird durch das Cmdlet die Webanwendung *pswa* und der zugehörige Anwendungspool *pswa_pool* im Standardwebsite-Container installiert.

Der IIS-Manager bietet Konfigurationsoptionen, die für Webanwendungen verfügbar sind, zum Beispiel das Ändern der Portnummer oder des SSL-Zertifikats (Secure Sockets Layer). Um eine Testumgebung einzurichten, geben Sie in der PowerShell den Befehl *Install-PswaWebApplication -UseTestCertificate* ein. Wie Sie nachträglich Einstellungen ändern, lesen Sie in den Kapiteln 27 und 30.

Webanwendung werden im Standardwebsite-Container von IIS installiert. Die Webseite von PSWA erreichen Sie über den Link *https://<Servername>/pswa*.

Um die Webanwendung auf einer anderen Website zu installieren, müssen Sie den Websitenamen über die Option *-WebSiteName* angeben. Beispiel:

Install-PswaWebApplication -WebApplicationName <Name> -UseTestCertificate

Eine Anmeldung ist erst möglich, nachdem den Benutzern durch Hinzufügen von Autorisierungsregeln der Zugriff auf die Website gestattet wurde. Sie können das Zertifikat jederzeit über die Bindungen der Webseite ändern (siehe Kapitel 30).

Hinweis Haben Sie das Gateway eingerichtet, können Sie die Webseite öffnen, indem Sie die Adresse *https://<Servername>/pswa* eingeben. Eine Anmeldung ist aber erst möglich, nachdem den Benutzern durch Hinzufügen von Autorisierungsregeln der Zugriff auf die Website gestattet wurde.

Abbildung 40.7: Aufrufen der Anmeldeseite für PowerShell Web Access

Konfigurieren der Berechtigungen für PowerShell Web Access

Nachdem Sie PowerShell Web Access installiert und das Gateway mit der Webseite und dem Zertifikat eingerichtet haben, müssen Sie Benutzern noch den Zugriff auf die PowerShell über PowerShell Web Access gestatten.

Eine Beispielregel für den Zugriff auf PSWA ist:

```
Add-PswaAuthorizationRule -Usergroupname Contoso\pswa-administrators -ComputerName * -ConfigurationName *
```

Mit diesem Befehl erteilen Sie allen Mitgliedern der Gruppe *pswa-administrators* das Recht, auf alle Server im Netzwerk über die PowerShell zuzugreifen. Sie können auch die Option *-ComputerGroupName* verwenden. In diesem Fall können Sie Computerkonten in die Gruppe aufnehmen, auf die Administratoren zugreifen. Generell ist auch hier die Konfiguration mit Gruppen immer am besten.

Um erweiterte Berechtigungen zu konfigurieren, führen Sie in einer PowerShell-Sitzung, die mit erhöhen Benutzerrechten (*Als Administrator ausführen*) geöffnet wurde, die folgenden Befehle aus:

```
$applicationPoolName = "<Name des Anwendungspools für PSWA>"

$authorizationFile = "C:\windows\web\powershellwebaccess\data\AuthorizationRules.xml"

c:\windows\system32\icacls.exe $authorizationFile /grant ('"' + "IIS AppPool\$applicationPoolName" + '":R') > $null
```

Anschließend lassen Sie sich mit *C:\Windows\System32\icacls.exe $authorizationFile* die gesetzten Rechte anzeigen.

PowerShell Web Access-Authentifizierungsregeln sind Positivlistenregeln. Jede Regel entspricht einer Definition einer zugelassenen Verbindung zwischen Benutzern, Zielcomputern und bestimmten Windows PowerShell-Sitzungskonfigurationen auf angegebenen Zielcomputern.

Für einen Benutzer muss nur eine Regel zutreffen, damit er Zugriff erhält. Wenn ein Benutzer über die webbasierte Konsole auf einen Computer zugreifen darf, kann er sich bei anderen Computern anmelden, die mit dem ersten Zielcomputer verbunden sind. Das sicherste Verfahren, um Windows PowerShell Web Access zu konfigurieren, besteht darin, Benutzern nur den Zugriff auf eingeschränkte Sitzungskonfigurationen zu gewähren, die ihnen das Ausführen bestimmter Aufgaben ermöglichen:

- **Add-PswaAuthorizationRule –** Fügt Autorisierungsregeln hinzu.
- **Remove-PswaAuthorizationRule –** Entfernt eine angegebene Autorisierungsregel aus PowerShell Web Access.
- **Get-PswaAuthorizationRule –** Zeigt die erstellten Regeln an.
- **Test-PswaAuthorizationRule –** Wertet Autorisierungsregeln aus.

PowerShell Web Access-Benutzer müssen immer einen Benutzernamen und ein Kennwort angeben, um ihr Konto auf dem Gateway zu authentifizieren. Nachdem ein Benutzer am Gateway authentifiziert ist, werden die Autorisierungsregeln geprüft, um festzustellen, ob er Zugriff auf den angeforderten Zielcomputer hat. Nach der erfolgreichen Autorisierung werden seine Anmeldeinformationen an den Zielcomputer übergeben. Die Syntax für das Erstellen einer Regel ist:

Add-PswaAuthorizationRule -UserName <Domäne\Benutzer | Computer\Benutzer> -ComputerName <Computername> -ConfigurationName <Sitzungskonfigurationsname>

Diese Autorisierungsregel erlaubt es einem bestimmten Benutzer, auf einen Computer im Netzwerk zuzugreifen. Der Zugriff ist auf eine bestimmte Sitzungskonfiguration beschränkt. Im folgenden Beispiel wird dem Benutzer *administrator* in der Domäne *contoso* der Zugriff für die Verwaltung des Computers *srv1.contoso.int* und die Verwendung der Sitzungskonfiguration *microsoft.powershell* gestattet.

Add-PswaAuthorizationRule -UserName contoso\administrator -ComputerName srv1.contoso.int -ConfigurationName microsoft.powershell

Überprüfen Sie, ob die Regel erstellt wurde, indem Sie das Cmdlet *Get-PswaAuthorizationRule* ausführen. Mit *Remove-PswaAuthorizationRule -ID <Regel-ID>* löschen Sie eine Regel. Sie werden nicht aufgefordert, das Löschen der angegebenen Autorisierungsregel zu bestätigen. Die Regel wird gelöscht, sobald Sie die ⇧-Taste drücken.

Für jede Windows PowerShell-Sitzung wird eine Sitzungskonfiguration verwendet. Falls für eine Sitzung keine Sitzungskonfiguration angegeben wird, verwendet Windows PowerShell die in Windows PowerShell integrierte Standardsitzungskonfiguration *Microsoft.PowerShell*. Diese schließt alle auf einem Computer verfügbaren Cmdlets ein.

Administratoren können den Zugriff auf alle Computer einschränken, indem sie eine Sitzungskonfiguration mit eingeschränktem *Runspace* (einem begrenzten Bereich von Cmdlets und Aufgaben, die die Benutzer ausführen können) definieren. Ein Benutzer, dem der Zugriff auf einen Computer gestattet wurde, kann Verbindungen mit anderen Computern herstellen, die mit dem ersten Computer verbunden sind. Durch das Definieren eines eingeschränkten Runspaces können Sie verhindern, dass Benutzer auf Computer außerhalb ihres zulässigen Windows PowerShell-Runspaces zugreifen.

Die Sitzungskonfiguration kann mit Gruppenrichtlinien an alle Computer verteilt werden. Autorisierungsregeln werden in einer XML-Datei gespeichert, standardmäßig unter *%WinDir%\Web\PowershellWebAccess\data\AuthorizationRules.xml*. Der Pfad zu dieser XML-Datei wird in der Datei *powwa.config* unter *%WinDir%\Web\PowershellWebAccess\data* gespeichert.

Standardmäßig ist in PowerShell Web Access die Anzahl gleichzeitiger Sitzungen je Benutzer auf drei Sitzungen begrenzt. Sie können in der *web.config*-Datei der Webanwendung im IIS-Manager einen anderen Wert für die Anzahl der Sitzungen pro Benutzer eingeben. Die Datei *web.config* ist unter *$Env:WinDir\Web\PowerShellWebAccess\wwwroot\Web.config* gespeichert.

Grundlegend ist der Webserver (IIS) so konfiguriert, dass der Anwendungspool neu gestartet wird, wenn Einstellungen bearbeitet werden, so zum Beispiel, wenn die Datei *web.config* geändert wird. Die Sitzungen von Benutzern, die bei PowerShell Web Access angemeldet sind, werden getrennt, wenn der Anwendungspool neu gestartet wird.

Hinweis Nach 15-minütiger Inaktivität wird angemeldeten Benutzern eine Timeoutmeldung angezeigt. Wenn der Benutzer nicht innerhalb von fünf Minuten reagiert, wird die Sitzung beendet und der Benutzer abgemeldet. Sie können die Zeitspanne für den Sitzungstimeout in den Websiteeinstellungen im IIS-Manager ändern.

Bevor Sie PowerShell Web Access auf dem Gatewayserver deinstallieren, müssen Sie die PowerShell Web Access-Website und -Webanwendungen im IIS-Manager löschen. Wählen Sie im IIS-Manager die Website aus, auf der die PowerShell Web Access-Webanwendung ausgeführt wird. Klicken Sie im *Aktionen*-Bereich unter *Website verwalten* auf *Beenden*. Danach können Sie die Seite entfernen.

Normale Eingabeaufforderung verwenden

Neben der neuen PowerShell besteht auch weiterhin die Möglichkeit, die normale Eingabeaufforderung zu nutzen. In diesem Abschnitt zeigen wir Ihnen ein paar Tipps und Tricks zur Arbeit damit In diversen Kapiteln dieses Buchs wurde bereits auf einzelne Befehle eingegangen, die ohne grafische Oberfläche in der Eingabeaufforderung eingegeben werden können.

Eine Eingabeaufforderung öffnen Sie am besten, indem Sie auf der Startseite die Zeichenfolge *cmd* eintippen. Alternativ gibt es auch hier – wie bei der PowerShell – die Möglichkeit, im Explorer die Registerkarte *Datei* zu öffnen, um hier die Eingabeaufforderung sowohl mit als auch ohne Administratorrechte aufzurufen.

Wenn Sie häufiger eine Eingabeaufforderung benötigen, erstellen Sie zur Datei *cmd.exe* eine Verknüpfung auf dem Desktop oder heften diese an die Taskleiste an, zum Beispiel über die App-Leiste, die Sie auf der Startseite mit einem Klick der rechten Maustaste öffnen. Wollen Sie die Eingabeaufforderung mit Administratorrechten öffnen, können Sie dies über die Verknüpfung per Rechtsklick durchführen. Mit der Eingabeaufforderung zu arbeiten, heißt tippen: Man erteilt dem System Befehle, indem man ihren Namen per Tastatur eingibt und die Zeile mit einem Druck auf die `Eingabe`-Taste abschließt. Der Rechner führt daraufhin die gewünschten Aktionen aus, schreibt die angeforderten Informationen – oder auch eine Fehlermeldung – in dasselbe Fenster und steht anschließend für weitere Eingaben zur Verfügung.

Nicht nur der eigentliche Umgang mit der Eingabeaufforderung, auch die Auswahl der zur Verfügung stehenden Befehle hat sich im Laufe der Zeit stark verbessert. Viele von ihnen erschließen – wie Ping – Funktionen, die man in der grafischen Oberfläche vergeblich sucht. Um eine weitere beliebte Startmöglichkeit der Eingabeaufforderung schätzen zu lernen, muss man wissen, dass beim Arbeiten mit ihr immer genau ein Ordner eines Laufwerks der sogenannte aktuelle Ordner ist. Nur Dateien in diesem Ordner lassen sich ansprechen, ohne ihnen einen Pfad voranstellen zu müssen.

Zum Wechseln des aktuellen Ordners dient der Befehl *ChDir* oder kurz *cd*, der als Argument – wie bei allen Befehlen üblich durch ein Leerzeichen abgetrennt – den Namen des Ordners benötigt, in den man wechseln will. Wem die Darstellung nicht gefällt, der findet im Systemmenü dieses Fensters den Befehl *Eigenschaften*, mit dessen Hilfe sich beispielsweise die Schriftart und -größe, die Vorder- und Hintergrundfarbe und manches andere anpassen lassen.

Empfehlenswert ist, auf der Registerkarte *Layout* die voreingestellte Fensterhöhe auf 50 Zeilen zu verdoppeln und die Fensterpuffergröße etwas großzügiger zu bemessen, etwa auf 300 bis 500 Zeilen. Die erste Zahl gibt an, wie viele Zeilen Text das Fenster vollständig anzeigt, die zweite definiert die Größe des Speichers, aus dem die Bildlaufleiste am rechten Rand Text zurückholen kann, der nach oben aus dem Fenster gerutscht ist. Die Breite sollte besser auf 80 Zeichen eingestellt bleiben, da manche Programme sonst nur noch wirren Zeichensalat ausgeben.

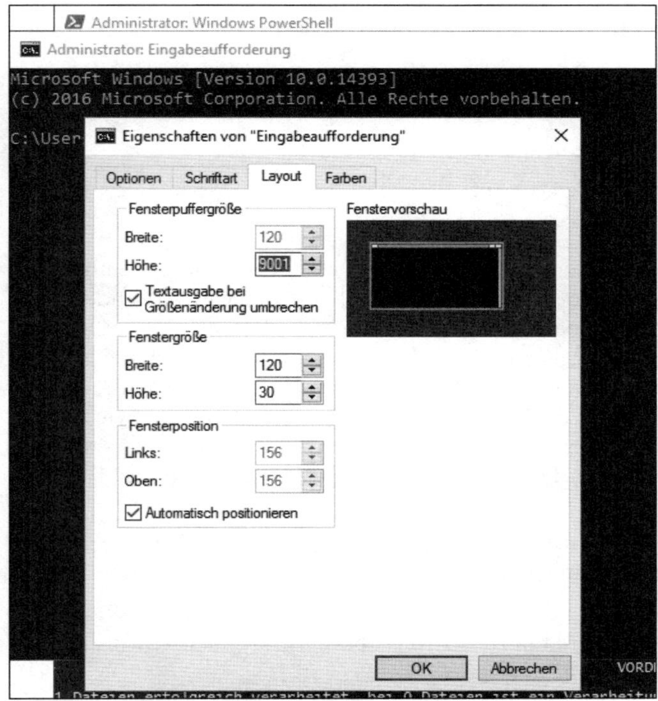

Abbildung 40.8: Konfigurieren der Eingabeaufforderung

Interessant sind noch einige Einstellungen auf der Registerkarte *Optionen*. Hier spart ein Häkchen bei *QuickEdit-Modus* ein paar Mausklicks beim Kopieren von Text aus der Eingabeaufforderung in andere Anwendungen. Um den Text zu markieren, müssen Sie ihn nur bei gedrückter Maustaste einrahmen und dann die [↵]-Taste drücken; ohne QuickEdit leitet der Befehl *Markieren* aus dem Systemmenü das Kopieren ein.

Ein Druck auf [Esc] löscht die Eingabezeile. Weitere Editiermöglichkeiten stellen die Funktionstasten [F1] bis [F5] zur Verfügung. Beim Arbeiten mit der Eingabeaufforderung ist es recht häufig notwendig, Ordner- oder Dateinamen einzugeben. Die wichtigsten Befehle sind nachfolgend aufgelistet:

- **APPEND –** Sucht nach Dateien im Unterordner.
- **ASSIGN –** Weist dem Laufwerk einen anderen Buchstaben zu.
- **ATTRIB –** Zeigt Dateiattribute an oder ändert diese.
- **C: –** Wechselt zum Laufwerk *C:*.
- **CALL –** Ruft einer Batchdatei aus einer anderen heraus mit Rücksprung auf.
- **CD –** Zeigt den Namen des aktuellen Ordners an oder wechselt den aktuellen Ordner. Wird *CD* nur mit einem Laufwerkbuchstaben (z. B. *ChDir C:*) verwendet, zeigt es diesen Laufwerkbuchstaben und den Namen des Ordners an, der auf dem Laufwerk der aktuelle Ordner ist. Ohne Parameter zeigt *CD* das aktuelle Laufwerk und den aktuellen Ordner an.
- **CHKDSK –** Überprüft Datenträger.
- **CHOICE –** Erlaubt verschiedene Auswahlmöglichkeiten innerhalb von Batchdateien.
- **CLS –** Löscht den Bildschirm.
- **COMP –** Vergleicht Dateien miteinander.
- **COPY –** Kopiert Dateien.
- **DATE –** Zeigt das aktuelle Datum an oder ändert dieses.
- **DEL –** Löscht eine oder mehrere Dateien.
- **DELTREE –** Löscht komplette Verzeichnisbäume.
- **DIR –** Zeigt Inhaltsverzeichnisse an. Zeigt eine Liste der in einem Ordner enthaltenen Dateien und Unterverzeichnisse an. Wenn Sie *DIR* ohne Parameter verwenden, wird die Datenträgervolumebezeichnung und Seriennummer des Datenträgers, gefolgt von einer Liste der Ordner und Dateien auf dem Datenträger, einschließlich der entsprechenden Namen, des Datums und der Uhrzeit der letzten vorgenommenen Änderung angezeigt. Bei Dateien zeigt *DIR* die Namenerweiterung und die Größe in Byte an. *DIR* zeigt auch die Gesamtzahl der aufgelisteten Dateien und Verzeichnisse an, ihre Gesamtgröße und den Umfang des auf dem Datenträger noch verfügbaren Speicherplatzes (in Byte).
- **ECHO –** Zeigt Meldungen auf dem Bildschirm aus einer Batchdatei heraus an; schaltet die Befehlsanzeige ein beziehungsweise aus.
- **EXIT –** Beendet das aktuelle Batchskript (mit den Parameter */b*) oder das Programm *cmd.exe* und kehrt zu dem Programm zurück, das über *cmd.exe* gestartet wurde.
- **EXPAND –** Expandiert eine oder mehrere komprimierte Dateien.
- **FC –** Vergleicht Dateien.

- **FIND –** Sucht Textstellen in Dateien.
- **FOR –** Batchbefehle zur mehrfachen Wiederholung eines DOS-Befehls
- **FORMAT –** Bereitet Festplatten vor (formatieren).
- **FTP –** Öffnet die FTP-Verbindung.
- **GOTO –** Sprungbefehl in Batchdatei
- **IF –** Setzt Bedingungen in Batchdateien.
- **LABEL –** Weist einen Datenträgernamen zu und ermöglicht das Ändern oder Löschen.
- **MD –** Erstellt einen Unterordner.
- **MOVE –** Verschiebt Dateien, benennt Ordner um.
- **PATH –** Legt den Suchpfad für ausführbare MS-DOS-Befehlsdateien fest oder zeigt ihn an.
- **PAUSE –** Stoppt innerhalb von Batchdateien und wartet auf einen Tastendruck.
- **PING –** Testet eine Netzwerkverbindung.
- **PRINT –** Druckt Textdateien im Hintergrund aus.
- **RD –** Löscht einen Unterordner.
- **REM –** Fügt Kommentare in Batchdateien ein.
- **REN –** Benennt Dateien um.
- **SUBST –** Ersetzt einen Ordnernamen durch einen Laufwerkbezeichner.
- **TELNET –** Öffnet das Telnet-Fenster. Dazu muss aber die Funktion *Telnetclient* installiert sein.
- **TIME –** Zeigt die Systemzeit an und ändert sie.
- **TREE –** Zeigt die Ordnerstruktur eines Datenträgers grafisch an.
- **TYPE –** Zeigt den Inhalt einer Datei auf dem Bildschirm an.
- **VOL –** Zeigt den Namen und die Seriennummer eines Datenträgers an.
- **XCOPY –** Erweitertes Kopierprogramm mit zusätzlichen Möglichkeiten zur Übertragung von Dateien und kompletten Verzeichnisbäumen. Mit Xcopy lassen sich Dateien und Ordner einschließlich der Unterordner kopieren. Die Syntax dazu lautet:
  xcopy Quelle [Ziel] [/c] [/v] [/l] [/d[:TT.MM.JJ]] [/u] [/s [/e]] [/t] [/k] [/r] [/h] [{/y|/-y}] [/z]
  Dabei können Sie folgende Optionen verwenden:
- **/c –** Unterdrückt Fehlermeldungen.
- **/v –** Bewirkt, dass jede Zieldatei nach dem Schreiben überprüft wird, um sicherzustellen, dass die Zieldateien mit den Quelldateien übereinstimmen.
- **/l –** Zeigt eine Liste der zu kopierenden Dateien an.
- **/d[:TT.MM.JJ] –** Kopiert nur Quelldateien, die an oder nach dem angegebenen Datum geändert wurden. Wenn Sie keinen Wert für TT.MM.JJ angeben, kopiert Xcopy alle Dateien aus Quelle, die neuer sind als vorhandene Dateien aus Ziel. Mit dieser Befehlsoption können Sie veränderte Dateien aktualisieren.
- **/u –** Kopiert nur die Dateien aus der Quelle, die bereits im Ziel existieren.

- **/s** – Kopiert Ordner und Unterordner, wenn diese nicht leer sind. Wenn Sie */s* weglassen, arbeitet Xcopy nur innerhalb eines Ordners.
- **/e** – Kopiert alle Unterordner, auch wenn diese leer sind.
- **/t** – Kopiert nur die Unterverzeichnisstruktur (Tree), keine Dateien. Um auch leere Ordner zu kopieren, müssen Sie die Befehlsoption */e* angeben.
- **/k** – Kopiert Dateien und behält das Attribut *Schreibgeschützt* bei den Zieldateien bei, wenn es bei den Quelldateien gesetzt war. Standardmäßig entfernt Xcopy das Attribut *Schreibgeschützt*.
- **/r** – Kopiert schreibgeschützte Dateien.
- **/h** – Kopiert Dateien mit den Attributen *Versteckt* und *System*. Standardmäßig kopiert Xcopy weder versteckte Dateien noch Systemdateien.
- **/y** – Unterdrückt die Ausgabe einer Aufforderung zur Bestätigung des Überschreibens einer vorhandenen Zieldatei.
- **/-y** – Fordert Sie auf, das Überschreiben einer vorhandenen Zieldatei zu bestätigen.
- **/z** – Kopiert im ausführbaren Modus über ein Netzwerk.

Tipp

Arbeiten Sie mit der Eingabeaufforderung, rufen Sie die verschiedenen Befehle schneller auf, wenn Sie den Anfangsbuchstaben des Verzeichnisses eingeben, zu dem Sie sich bewegen wollen, und dann die [Tab]-Taste drücken. Windows vervollständigt anschließend den Befehl.

Wollen Sie zum Beispiel zum Stammverzeichnis der Partition wechseln, geben Sie den Befehl *cd* ein. Um vom Stammverzeichnis aus das Verzeichnis *Programme* zu öffnen, reicht es aus, wenn Sie *P* eingeben und so lange die [Tab]-Taste drücken, bis das richtige Verzeichnis erscheint.

In der Eingabeaufforderung tragen die Verzeichnisse meistens englische Bezeichnungen, außer die Verzeichnisse, die Sie selbst erstellen.

Wollen Sie aus dem Explorer direkt einen Pfad in der Eingabeaufforderung öffnen, klicken Sie auf das Verzeichnis mit [↵]+Rechtsklick und wählen *Eingabeaufforderung hier öffnen*.

Batchdateien für Administratoren

Geht es um das Skripting im Netzwerk, liest man vor allem von Möglichkeiten über die PowerShell. Natürlich ist die PowerShell extrem mächtig und bietet umfassende Möglichkeiten, Server und Computer zu verwalten. Es ist aber auch möglich, in der normalen Befehlszeile zahlreiche Verwaltungsaufgaben durchzuführen und diese in Batchdateien zusammenzufassen. Wir zeigen Ihnen einige interessante Möglichkeiten.

Grundlagen zu Batchdateien

Sie verwenden die Befehle auf den nachfolgenden Seiten entweder direkt in der Eingabeaufforderung oder Sie schreiben eine Batchdatei. Dazu schreiben Sie einfach die Befehle in eine neue Textdatei und geben dieser die Endung **.cmd* oder **.bat*.

Sie können auch Beschreibungen und Kommentare vor einzelne Zeilen von Batchdateien aufnehmen. Dazu verwenden Sie den Befehl *Rem* in der Zeile, zum Beispiel *Rem Ab hier werden Netzlaufwerke verbunden.* Alternativ schreiben Sie einfach einen Doppelpunkt als Erstes in die Zeile. Dann lässt sich diese Zeile parallel noch als Sprungmarke nutzen, doch dazu später mehr.

Netzwerkverwaltung in der Befehlszeile

Wollen Sie Netzwerkeinstellungen von Computern in der Befehlszeile ändern, greifen Sie auf das Tool *netsh* zurück. Um zum Beispiel IP-Adresse und DNS-Server der Netzwerkschnittstelle *lan* zu ändern, verwenden Sie die drei Befehle:

netsh interface ip set address "lan" static 192.168.1/1078.99 255.255.255.0 192.168.1/1078.4 1

netsh interface ip delete dns "lan" 192.168.1/1078.1/10

netsh interface ip add dns "lan" 192.168.1/1078.4

Die Einstellungen lassen Sie sich mit den folgenden Befehlen in der Eingabeaufforderung anzeigen:

netsh interface ip show address "lan"

netsh interface ip show dns "lan

Packen Sie das alles in eine Batchdatei, können Anwender selbstständig Netzwerkeinstellungen, abhängig vom Netzwerk, mit dem sie verbunden sind, einstellen.

Sie erreichen in der Befehlszeile auch wesentlich schneller Konfigurationsfenster der grafischen Oberfläche der Netzwerkkartenverwaltung. Geben Sie zum Beispiel *ncpa.cpl* ein, öffnet sich das Fenster zur Verwaltung der Netzwerkeinstellungen, *certlm.msc* öffnet die Verwaltung der lokalen Zertifikate des Computers. Das ist vor allem bei der Einrichtung von Serverdiensten sinnvoll, die Zertifikate benötigen. Administratoren, die verschiedene Subnetze verwalten, können IP-Pakete mit den Befehlen *pathping* oder *tracert* nachverfolgen. So lassen sich schnell Probleme auf Routern finden oder Geschwindigkeitsprobleme beseitigen, um bestimmte Routen zu umgehen.

Geben Sie den Befehl *netstat -an* ein, zeigt Windows die geöffneten Ports an. Ausführlichere Informationen erhalten Sie mit *netstat -banvo*. Die Routingtabelle des Computers sehen Sie mit *netstat -r*, Statistiken zu TCP/IP zeigt das Tool mit *netstat -s* an. Auf diesem Weg rufen Sie also umfassende Informationen zu Netzwerkeinstellungen eines Servers ab.

Sprungmarken und Warte-Befehle

Interessant für Batchdateien sind generell Sprungmarken, Pause-Zeichen und Befehle zum Warten. Wollen Sie zum Beispiel, dass die Ausführung einer Batchdatei zu einer bestimmten Stelle springt, dann schreiben Sie vor der entsprechenden Zeile einfach einen Doppelpunkt und die Bezeichnung der Sprungmarke, zum Beispiel *:sprung1*. Wenn Sie jetzt in einer Batchdatei ein *goto sprung1* schreiben, dann führt die Befehlszeile die Batchdatei ab der Sprungmarke aus.

Weniger bekannt sind die Befehle zum Warten in Batchdateien. Hier bietet sich in Windows Server 2016/2019 der Befehl *timeout* an. So wartet zum Beispiel der Befehl *timeout /t:5* fünf Sekunden auf eine Eingabe und macht dann mit der Batchdatei weiter. Wollen Sie das

Warten erzwingen, also keine Unterbrechung per Tastendruck erlauben, verwenden Sie zusätzlich die Option */nobreak*. Mit dem Befehl *timeout /t -1* läuft kein Countdown, sondern die Batchdatei wartet, bis eine Taste gedrückt wird. Das Gleiche erreichen Sie aber auch mit dem Befehl *pause*.

Wenn/Dann-Abfragen nutzen

Interessant sind solche Sprungmarken zum Beispiel in Verbindung mit Befehlen zum Überprüfen von Bedingungen. So können Sie mit *if exist c:\temp\systeminfo.txt goto sprung1* festlegen, dass die Batchdatei zur Zeile *sprung1* springt, wenn im Verzeichnis *c:\temp* eine Datei *systeminfo.txt* existiert. Um eine Batchdatei zu beenden, verwenden Sie als Befehl *exit*. Danach schließt Windows das Fenster der Datei.

Sie können aber nicht nur mit der Option *exist* testen, ob eine bestimmte Datei vorhanden ist, sondern mit der Option *not exist* prüfen, ob sie explizit nicht vorhanden ist: *if not exist c:\temp\test.txt goto sprung1*. Interessant ist in diesem Zusammenhang auch die Möglichkeit, zu testen, ob in einem beliebigen Verzeichnis Dateien vorhanden sind, zum Beispiel mit: *if exist c:\temp*.**. Verwenden Sie Verzeichnisse mit Leerzeichen, dann müssen Sie den Pfad in Anführungsstriche schreiben. Natürlich lassen sich die Befehle miteinander verschachteln:

if exist c:\temp\test.bak if not exist test2.bak ren test.bak test2.bak

Wenn die Datei *test.bak* vorhanden ist und die Datei *test2.bak* nicht, dann wird *test.bak* in *test2.bak* umbenannt.

In Batchdateien können Sie den Fehlerstatus eines vorangegangenen Befehls abfragen. Wenn der vorherige Befehl einen Fehler verursacht hat, können Sie in der Batchdatei anders vorgehen als bei einer erfolgreichen Ausführung. Umgekehrt können Sie sicherstellen, dass der vorhergehende Befehl erfolgreich war. Beispiel:

md c:\temp\test

if errorlevel 1 goto fehler

echo Verzeichnis erstellt

:fehler

echo Erstellung nicht möglich

Der Befehl erstellt ein neues Verzeichnis. Ist das nicht möglich, springt die Batchdatei zur Sprungmarke *Fehler*. *Errorlevel 0* ist die erfolgreiche Ausführung des Befehls, *Errorlevel 1* ein Fehler. Programme können auch unterschiedliche Errorlevel zurückgeben. Das testen Sie einfach, indem Sie den entsprechenden Befehl ausführen und dann in der Befehlszeile *%errorlevel%* eingeben. Sie erhalten den aktuellen Wert, den Sie wiederum in einer Batchdatei verwenden. Sie können zusätzlich zu den Wenn-Abfragen (*If*) Ansonsten-Befehle mit *else* einbauen. Wenn die Bedingung nicht eintritt, führt die Batchdatei einen anderen Befehl aus:

```
If exist c:\temp\test.bak
(
goto weiter
)
else if exist c:\temp\test\test.bak
(
goto weiter2
)
```

Im vorangegangenen Befehl haben wir zwei *If*-Anfragen miteinander verknüpft, Sie können aber mit *else* jeden anderen beliebigen Befehl verwenden.

Informationen zum lokalen Server abrufen

Wenn sich Administratoren an einem Computer anmelden, lassen sich viele wichtige Informationen zu einem PC in der Eingabeaufforderung wesentlich schneller und gebündelter anzeigen als in der grafischen Oberfläche und der PowerShell.

Die aktuelle IP-Adresse wird mit *ipconfig* angezeigt, mehr Informationen mit *ipconfig /all.* Der Befehl *ipconfig /displaydns* zeigt den lokalen DNS-Cache an, auch die zuletzt geöffneten Internetseiten und aufgelösten DNS-Namen. Löschen Sie den Verlauf im Browser, sind die Daten dennoch an dieser Stelle vorhanden. Sie müssen den lokalen DNS-Cache getrennt löschen, indem Sie *ipconfig /flushdns* verwenden.

Den Namen des Computers sehen Sie mit *hostname*, die Version des installierten Windows mit *ver*, mit *winver* öffnet sich ein Fenster in der grafischen Oberfläche. Wollen Sie den angemeldeten Benutzer anzeigen, zum Beispiel zur Überprüfung von Rechten, geben Sie *whoami* ein.

Ausführliche Informationen zu einem Computer erhalten Sie durch Eingabe von *systeminfo.* Lassen Sie die Ausgabe am besten mit *systeminfo >c:\temp\systeminfo.txt* in eine Textdatei umleiten, um alle Informationen in eine Datei zu schreiben. Das funktioniert mit allen Befehlen der Befehlszeile. Der Befehl überschreibt bereits vorhandenen Text in der Datei. Wollen Sie den vorhandenen Text erhalten und den neuen anhängen, was zum Beispiel beim Einsatz von Batchdateien durchaus sinnvoll ist, verwenden Sie den Befehl

systeminfo >>c:\temp\systeminfo.txt.

Über den Befehl *driverquery* im Fenster der Eingabeaufforderung lassen Sie sich eine Liste aller aktuell geladenen Treiber anzeigen. Mit dem Befehl *driverquery >c:\treiber.txt* werden alle Treiber in die Textdatei *treiber.txt* geschrieben, die Sie mit dem Windows-Editor bearbeiten und überprüfen. Auch hier können Sie wieder mit >> arbeiten, um den Text anzuhängen.

Wollen Sie den Inhalt des aktuellen Fensters löschen, geben Sie *cls* ein. In Batchdateien blenden Sie die Anzeige der eigentlichen Befehle aus, indem Sie am Anfang der Datei *@echo off* schreiben. Wollen Sie bestimmte Nachrichten in der Eingabeaufforderung anzeigen, geben Sie *echo <Text>* ein. Der Text wird dann in der Befehlszeile angezeigt. Wollen Sie Leerzeilen in der Anzeige einfügen, verwenden Sie *echo* mit einem Punkt (*echo.*).

In der Befehlszeile sehen Sie Freigaben, wenn Sie den Befehl *net share* eingeben. Mit *openfiles* können Sie Dateien und Ordner, die auf einem System geöffnet sind, auflisten und trennen. Damit geöffnete Dateien angezeigt werden, müssen Sie zunächst die Einstellung *Maintain Objects List* aktivieren. Mit dem Befehl *openfiles /local on* wird das Systemflag eingeschaltet.

Der Befehl *openfiles /local off* schaltet ihn aus. Wenn Sie nach dem Neustart *openfiles* eingeben, werden die geöffneten Dateien angezeigt. Möchten Sie überprüfen, welche Dateien auf einem USB-Stick geöffnet sind, empfiehlt sich der Befehl *openfiles |find /i "z:"*, wobei *z:* der Laufwerkbuchstabe des USB-Sticks ist. Wenn Sie offene Dateien auf Ihrem System finden und diese schließen wollen, verwenden Sie den Befehl *openfiles /disconnect /id <id>* oder *openfiles /disconnect /a <user>*. Als *<id>* wird die von *openfiles* mitgeteilte ID eingetragen, als *<user>* die mitgeteilte Nutzerkennung.

Schleifen und Variablen

Soll es komplizierter werden, können Sie auch Schleifen in Batchdateien erstellen, also für bestimmte Passagen eine bestimmte Anzahl an Wiederholungen vorgeben. Dazu verwenden Sie den Befehl *for*. Die Syntax lautet *for <Variable> do (*. Nach der Klammer schreiben Sie in eigene Zeilen die Befehle und schließen dann mit einer Klammer in der letzten Zeile ab:

```
for <Variable> do (
   Befehl 1
   Befehl 2
 )
```

Sie können die Schleifen auch als Zählschleifen nutzen und eine bestimmte Anzahl lang ablaufen lassen. Dazu verwenden Sie die Option */L* und die Syntax *for /L <Variable< in* (Startzahl, Schrittweite, Endzahl) *do* (Aktion). Eine weitere Möglichkeit, eine Zählschleife zu erstellen, ist:

```
Rem Echo ausschalten
@echo off
Rem Setzt die Variable Wert auf 0
set /a wert=0
Sprungmarke start
:start
Erhöht die Variable Wert um 1
set /a wert=%wert+1
Rem Gibt die Variable Wert aus
echo %wert%
Rem Überprüft, ob die Variable Wert 3 erreicht hat, und springt zur Sprungmarke 3
if %wert%==3 goto drei
Rem Springt zur Sprungmarke start
goto start
Rem Sprungmarke drei
:drei
echo ***Drei erreicht***
pause
```

Auch Variablen können Sie in Batchdateien nutzen. So ist zum Beispiel die Variable *%1* die ausgewählte Datei, wenn Sie mit einer Batchdatei eine Datei bearbeiten wollen. Ein Beispiel dafür ist:

attrib -R %1

EDIT %1

attrib +R %1

Speichern Sie diese Datei zum Beispiel als *test.bat* ab, können Sie mit dem Befehl *test.bat c:\temp\test.txt* den Schreibschutz einer Datei entfernen, die Datei zum Bearbeiten aufrufen und anschließend den Schreibschutz wieder setzen.

WMI-Abfragen nutzen

Generell lassen sich Windows-Server weiterhin mit WMI-Fragen verwalten und Informationen abrufen. Sie nehmen die Konfiguration der Auslagerungsdatei auch in der Befehlszeile vor. Dies ist zum Beispiel notwendig, wenn die Datei größer als 2 TB sein soll oder wenn Sie die Einstellungen skripten möchten. Zum Erstellen einer Auslagerungsdatei führen Sie den folgenden Befehl aus:

wmic pagefileset create name="<Laufwerksbuchstabe>:\pagefile.sys"

Zum Festlegen der Größe der Auslagerungsdatei verwenden Sie den Befehl:

wmic pagefileset where name="<Laufwerksbuchstabe>:\\pagefile.sys" set InitialSize=<MB>,MaximumSize=<MB>

Bitte beachten Sie den doppelten Backslash \\!

Mit dem folgenden Befehl deaktivieren Sie die Auslagerungsdatei auf einem Laufwerk:

wmic pagefileset where name="<Laufwerksbuchstabe>:\\pagefile.sys" delete

Haben Sie die Datei bereits gelöscht, erscheint die Meldung *Keine Instanzen verfügbar.* Auf diese Weise überprüfen Sie daher auch, ob auf einem Laufwerk eine Auslagerungsdatei vorhanden ist.

Wenn Sie die Daten von Servern auslesen wollen, zum Beispiel den freien Festplattenplatz oder andere Informationen, können Sie auf WMI-Befehle setzen. Dabei ist es nicht notwendig, sich mit der komplexen WMI-Problematik auseinanderzusetzen, sondern über die PowerShell lassen sich diese Daten schnell und einfach ablesen. Wir zeigen, wie dabei vorgegangen wird.

Um sich einen Überblick über einen Server oder eine Arbeitsstation zu verschaffen, müssen Administratoren nicht unbedingt auf Tools und die grafische Oberfläche setzen. Auch in der PowerShell oder der Befehlszeile lassen sich Informationen anzeigen. Der Vorteil dabei ist, dass sich auf diesem Weg auch Skripts erstellen lassen und Informationen wesentlich schneller zur Verfügung stehen als über andere Wege. In der PowerShell gibt es dazu zahlreiche Befehle.

Mit einigen Cmdlets lassen sich direkt Festplatten abfragen, andere rufen mit WMI direkt Objekte vom Betriebssystem ab. Auch hier gibt es zahlreiche Varianten. Neben Festplatteninformationen lassen sich ebenfalls Daten der Netzwerkkonfiguration abfragen. Für den Umgang mit den Befehlen muss man kein Skriptprofi sein. Die PowerShell-Befehle sind für jeden Administrator sehr leicht zu bedienen.

Get-PhysicalDisk zeigt Informationen von Festplatten an. Ausführliche Informationen erhalten Sie mit *Get-PhysicalDisk |fl* oder *Get-PhysicalDisk |ft.* Es lassen sich auch nur einzelne Informationen anzeigen, wenn nach der Option *|fl* das entsprechende Feld angehängt wird.

Ausführliche Informationen zu Festplatten lassen sich mit WMI-Befehlen abrufen. Dazu gibt es das Cmdlet *Get-WmiObject*. Verwenden Sie die Option *Win32_LogicalDisk*, erhalten Sie sehr ausführliche Informationen zu Festplatten.

Um nur lokale Festplatten anzuzeigen, nutzen Sie den Befehl *Get-WmiObject Win32_LogicalDisk -filter "Drive-Type=3"*. Soll die Anzeige noch gefiltert werden, lassen sich die gewünschten Filter direkt einblenden: *Get-WmiObject Win32_LogicalDisk -filter "Drive-Type=3" -computer . | Select SystemName,DeviceID,VolumeName, freespace.*

Die PowerShell zeigt aber noch weitere Informationen an. Eine Liste für Datenträger ist mit dem Befehl *gwmi -list|where {$_.name -like "*disk*"}* verfügbar.

Wenn Sie das installierte Betriebssystem und das Datum der Installation sehen wollen, können Sie ebenfalls WMI und die PowerShell verwenden. Mit dem Befehl *Get-WmiObject Win32_OperatingSystem | select @{Name="Installed"; Expression={$_.ConvertToDateTime($_.InstallDate)}}, Caption* zeigen Sie die entsprechenden Informationen an.

Auch die Bit-Variante des Betriebssystems (*Get-WmiObject -Class Win32_ComputerSystem -ComputerName . | Select-Object -Property SystemType*), Domäne, Hersteller, Modell und mehr (*Get-WmiObject -Class Win32_ComputerSystem*) lassen sich auflisten.

Informationen zur Netzwerkverbindung und zu den Netzwerkadaptern können Sie ebenfalls anzeigen. Dabei sind die beiden Befehle *Get-WmiObject Win32_Networkadapter* und *Get-NetAdapter* interessant.

Viele dieser Befehle lassen sich auch über das Netzwerk nutzen. Zusätzlich haben Administratoren noch die Möglichkeit, die Daten von Rechnern über das Netzwerk abzufragen, zum Beispiel *Get-WmiObject Win32_LogicalDisk -filter "DriveType=3" -Computername 192.168.1/1078.9.*

Zusammenfassung

In diesem Kapitel haben wir Ihnen gezeigt, wie Sie mit der PowerShell und der Eingabeaufforderung umgehen. In den einzelnen Kapiteln in diesem Buch sind wir ebenfalls auf diese Bereiche eingegangen. Außerdem wurde in diesem Kapitel kurz die Erstellung von Skripts und Batchdateien erläutert.

Index

B

C

D

G

H

I

J

K

O

P

Q

R

S

T

U

V

W

X

Z